W9-CPO-060

ARAMAIC DOCUMENTS FROM EGYPT: A KEY-WORD-IN-CONTEXT CONCORDANCE

The Comprehensive Aramaic Lexicon Project
Texts and Studies

edited by Stephen A. Kaufman

1. *Aramaic Documents from Egypt: A Key-Word-in-Context Concordance*, by Bezalel Porten and Jerome A. Lund

Other Publications of the Comprehensive Aramaic Lexicon Project
published by The Johns Hopkins University Press

An Aramaic Bibliography, Part I: Old, Official, and Biblical Aramaic, by Joseph A. Fitzmyer S.J. and Stephen A. Kaufman

A Key-Word-in-Context Concordance to Targum Neofiti: A Guide to the Complete Palestinian Aramaic Text of the Torah, by Stephen A. Kaufman and Michael Sokoloff

Palmyrene Aramaic Texts, by Delbert R. Hillers and Eleonora Cussini

A Dictionary of Jewish Babylonian Aramaic, by Michael Sokoloff

Aramaic Documents from Egypt:
A Key-Word-in-Context Concordance

by

Bezalel Porten

and

Jerome A. Lund

EISENBRAUNS
Winona Lake, Indiana
2002

Copyright © 2002
The Comprehensive Aramaic Lexicon Project.

All rights reserved.

Printed in the United States of America.

Library of Congress Cataloging-in-Publication Data

Porten, Bezalel.
Aramaic documents from Egypt : a key-word-in-context concordance / by Bezalel Porten and Jerome A. Lund.
p. cm. — (The Comprehensive Aramaic Lexicon Project : Texts and Studies, vol. 1)
A key-word-in-context concordance to the Aramaic materials from Elephantine published in Textbook of Aramaic documents from ancient Egypt [Jerusalem] : Hebrew University, Dept. of the History of the Jewish People ; Winona Lake, IN, U.S.A. : Distributed by Eisenbrauns, ©1986–©1999).
Includes bibliographical references and index.
ISBN 1-57506-068-X (cloth : alk. paper)
1. Aramaic language—Texts. 2. Egypt—Antiquities. 3. Manuscripts, Aramaic—Egypt—Facsimiles. I. Lund, Jerome A., 1948– II. Textbook of Aramaic documents from ancient Egypt. III. Title. IV. Series.

PJ5208.A2 P67 2002
492′.2—dc21

2002035341

The paper used in this publication meets the minimum requirements of the American National Standard for Information Sciences—Permanence of Paper for Printed Library Materials, ANSI Z39.48-1984.⊗™

For Anne, Petter, Jon Michael, and David

J. A. L.

For Deborah

B. P.

CONTENTS

PREFACE

The following reference work represents the fruit of many years of collaborative effort. One of the first actions of the editors of the Comprehensive Aramaic Lexicon Project was to invite scholars specializing in particular areas of Aramaic studies to collaborate with the CAL staff in the development of the computerized database of the corpus of their specialization. Prof. Bezalel Porten was and remains one of the most active respondents to that call. During the course of the publication of the *TAD* series, CAL staff worked regularly with him in correcting the electronic text and preparing lexical indices to the *TAD* volumes. In addition, he made several trips to Cincinnati during that time to work with Dr. Lund and familiarize himself with the workings of the CAL.

Thus, in addition to the two named authors, contributions to this publication have been made over the years, in one way or another, by all of the staff of the CAL, including Stephen Bennett, Edward M. Cook, Naicong Li, Deirdre Dempsey, Steven Boyd, and Annalisa Azzoni, as well as various student employees.

On behalf of all of these hard workers, I hope that those interested in this unique corpus of ancient documents will find this to be a useful reference work.

Finally, we continue to be grateful to the National Endowment for the Humanities for its generous support of the CAL Project, without which this and other publications would never have appeared.

Stephen A. Kaufman

Editor-in-Chief
The Comprehensive Aramaic Lexicon

INTRODUCTION

THE TEXTS: This work is a KWIC (key-word-in-context concordance) and prosopography of the Aramaic documents from ancient Egypt as published in the four-volume edition: Bezalel Porten and Ada Yardeni, *Textbook of Aramaic Documents from Ancient Egypt Newly Copied, Edited and Translated into Hebrew and English. 1: Letters (Appendix: Aramaic Letters from the Bible); 2: Contracts; 3: Literature, Accounts, Lists; 4: Ostraca & Assorted Inscriptions*, Jerusalem: Academon (distributed by Eisenbrauns), 1986-99. Texts from these volumes are referred to in the CAL files as TADA, TADB, TADC, and TADD, here just abbreviated A, B, C, D.*

The Aramaic texts from ancient Egypt come primarily from the Persian period, though there are a couple earlier and several later (Ptolemaic period) texts. They encompass writing mostly on papyrus and ostraca, but also on wood, stone and metal. Three major genres account for the bulk of the documents: legal, epistolary, and administrative, although many of the latter are essentially just accounts consisting mostly of personal names. One historical text (Bisitun) and three literary (Aḥiqar, Bar Pwonš, Sheikh Fadl) are also included in the corpus, along with a handful of funerary inscriptions. The intact legal texts and letters read smoothly and are readily intelligible, but the fragmentary letters, particularly those on ostraca, are replete with uncertainties because of broken context. Lexicographically, the most interesting, albeit the most difficult text is the proverbs section of Aḥiqar, because it contains many words not found elsewhere. Overall, the vocabulary is richest in legal terminology.

SEQUENCE OF KEY WORDS: Within each entry, the individual forms of the target word are sorted according to regular principles. Identical forms are sorted primarily according to the following word, for in most cases with a large number of entries such a procedure greatly simplifies the identification of regular collocations. In the case of a few common words, though, such as the demonstratives זנה 'this' and זך 'that', we thought it to be more helpful to the researcher to sort the forms by the previous word when they are attributive in function.

Nominal/adjectival forms are arranged in the following sequence:

A: Singular

1) absolute

2) construct

3) determined

B: Plural

1) absolute

* NB: The exceptional Siglum [D]C : Texts [D]C1.1fraga and [D]C1.1fragb are found in TAD D, page 133. Though they appear in the D volume (hence [D]), they belong to text C1.1.

2) construct

3) determined

Determined forms include those with pronominal suffixes. Within each subgroup, the unprefixed form is given first, followed, in alphabetical (rather than any grammatical) order, by forms with suffixes, and, finally, forms with prefixes such as *waw*, *beth*, *kaph*, or *lamadh*. Thus, for example, from the word **בר** 'son', we have the following sequence:

Singular

Absolute: **בר**

ובר, כבר, לבר

Construct: **בר**

Determined: **ברא, ברה, ברי, ברך, ברכם**

וברי, וברה

ובריהם (NB: Apparently this is an unusual collective form, rather than a plural.)

Plural: etc.

Verbs are arranged in the first instance by lexical stem (*binyan*) in the traditional order. Within each stem, the sequence is:

Perfect

Singular

1st person common

2nd person masculine

2nd person feminine

3rd person masculine

3rd person feminine

Plural

etc.

Imperfect

Jussive

Imperative

Participle

Active

Passive

Infinitive

In each case, forms with prefixes follow the unprefixed forms of the same category. Active forms precede passive forms. So, for example, from the verb **עבד** 'to make, to do', we have the following sequence:

Peal		
Perfect		
Singular		
1st person common	עבידת, עבדת	001-013
2nd person masculine	עבדת	014-015
2nd person feminine	עבדתי	016
3rd person masculine		
active	עבד	017-037
passive	עביד	038-064
active with *waw* prefix	ועבד	065-067
passive with *waw* prefix	ועביד	068-116
3rd person feminine	עבדת	117-118
Plural		
1st person common	עבדן	119-121
3rd person common		
active	עבדו	122-151
passive	עבידו	152
active with suffix	עבדוני	153
Imperfect		
Singular		
1st person common	אעבד	154
with *waw* prefix and suffix	ואעבדהי	155
2nd person masculine	תעבד	156-161
2nd person feminine	תעבדן	162-163
3rd person masculine	יעבד	164-182
with *waw* prefix	ויעבד	183-187
3rd person feminine	תעבד	188-193
Plural		
1st person common	נעבד	194-196
2nd person common	תעבדן, תעבדון, תעבדו	197-200
3rd person common	יעבדון	201-203
Jussive		
Singular		
3rd person masculine	יעבד	204-206
with *waw* prefix	ויעבד	207-208
3rd person feminine	תעבד	209
Plural		
3rd person common	יעבדו	210-211
Imperative		
Singular		
masculine	עבד	212-215
with *waw* prefix	ועבד	216
plus suffix	עבדהי	217
feminine	עבדי	218
Plural		
common	עבדו	219-222
with *waw* prefix	ועבדו	223-224
Participle		
Active		
Masculine singular	עבד	225-229
Masculine plural	עבדן	230-235
Feminine singular	עבדה	236
Passive		
Masculine singular	עביד	237-243
Masculine plural	עבידין, עבידן	244-246
Infinitive		
with *lamadh* prefix	למעבד	247-259
with *waw* prefix and suffix	ולמעבדה	260-261
with suffix	למעבדה	262
fragmentary	.למעבד	263
Etpeel		
Imperfect		
Singular		
3rd person masculine	יתעבד	264-271
with *waw* prefix	ויתעבד	272
Jussive		
Singular		
3rd person masculine	יתעבד	273-275
Participle		
Masculine singular	מתעבד	276

PROSOPOGRAPHY: The concordance of names is in fact a combination KWIC and prosopography: i.e., a listing of individuals rather than just names. Thus the ten occurrences of the name Abihi belong to five different individuals, who are listed chronologically and marked #1 **אביהי**, #2 **אביהי**, #3 **אביהי**,etc. Adding to the difficulty of identification is the fact that many persons appear in our documents under different versions of their name, say Ananyah and Anani, Yezanyah and Yezan, Šemayah and Šammua. In such cases where identification is certain, the textual citation is given under the full name and not under the hypocoristicon, even though the hypocoristic form itself may have an entry for other persons. Note the following cross-referenced hypocoristica — **אורי** → **אוריה**, **אושע** → **אושעיה**, **הושע** → **הושעיה**, **זכור** → **זכריה**, **נתן** → **יהונתן**, **יזן** → **יזניה**, **מב/פטח** → **מב/פטחיה**, **מחסה** → **מחסיה**, **מעוזי** → **מעוזיה**, **ענני** → **ענניה**, **קון** → **קוניה**, **שלם** → **שלמיה**. One of the popular names at Elephantine was Ošea, occurring eighteen times. But three of these Ošeas are nicknames for Hoshaiah — #10 **אושע** (f Yedanyah) = #6 **הושעיה** (f Yedanyah), #12 **אושע** (s Yatom) = #9 **הושעיה** (s Yatom), and #14 **אושע** (s U[riah]) = #6 **הושעיה** (s Uriah) — and are cross-referenced and listed under their respective full names. Names with initial *he* may alternate with names with initial *alef* — **הושעיה/הושע** = **אושעיה/אושע** and **הצול** → **אצול**.[1]

In addition to the use of explicit dates in contracts and some letters, and relative dating using palaeographic considerations, the regular and characteristic use of papponymy — naming the son after his grandfather or great grandfather — has been helpful in the identification of the proper chronological placement of individuals. Altogether, thirty-seven instances of papponymy have been uncovered, including one in the Saqqarah papyri not tabulated here, and these have been discussed by Porten in an article in the Shmuel Ahituv jubilee volume.[2]

Names have been identified by language — Hebrew, Aramaic, Arabian, Northwest Semitic, Akkadian, Egyptian, Persian, Anatolian, Greek, and Unknown — transcribed phonetically and referenced (e.g. Grelot, Hinz, Kornfeld, Muchiki). The explanation and implicit or explicit English transcription of the names found in these cited references, however, is not always the one adopted herein. A detailed article on the Egyptian names, drawn up in consultation with Günter Vittmann, will appear in the Acts of the Seventh International Conference of Demotic Studies. All the Persian names accord with the transcription of Shaul Shaked and will appear in volume 5 of *Irano-Judaica* (2003), eds. A. Netzer and S. Shaked. Transcriptions of the Greek names have been provided by Ranon Katzoff and Joseph Modrzejewski. Semitic and Iranian names have been discussed with Ran Zadok. Names whose ending is missing are presented along with the other names while those whose beginning is missing appear at the end of the list. The language of these fragmentary names is suggested when the remaining traces or context allow it. Where a Hebrew name also occurs in the Bible, the common transcription, as found in the New JPS translation, is added in parentheses. Likewise so added is the transcription of a Persian name with a common Greek rendering. All feminine names are specifically noted. Divine names, geographical names, months, gentilics, and numerals appear in separate sections respectively.

---

[1] In exceptional instances, an individual is known by two names. Thus, an Egyptian named Esḥor in early documents appears under the name Natan in later ones. Accordingly #12 **נתן** is cross-referenced and listed under #3 **אסחור**. For similar reasons, **פלין** is cross-referenced and listed under **בזו**.

[2] B. Porten, "Jews of Elephantine who were Named after their Ancestors," in: Z. Talshir, S. Yona, and D. Sivan, eds., *Homage to Shmuel: Studies in the World of the Bible*, (Beersheba, 2001) 332-61.

MISCELLANEA: We have included separate lists of “Titles and Occupations” and of “Weights and Measures”, though the words themselves appear in the regular concordance. Words of unclear meaning but clear reading have also been included in the body of the concordance. Separate sections are assigned for words of unclear reading and for fragmentary words with the hope that the discovery of future texts may unravel their meaning. Within the main concordance, particularly troublesome entries have been marked with an asterisk; these are discussed in greater detail in notes in the Appendix. For additional reference value we have added a “Reverse Index” of personal names and a “TAD/CAL Index” providing CAL Project text numbers corresponding to the TAD numbers. The latter is to facilitate searching these texts on our CAL website: http://cal1.cn.huc.edu.

Particular thanks are due to the editor of the CAL project, Stephen A. Kaufman, friend and colleague, for his encouragement and readiness to fulfill our many special requests.

Jerusalem and Cincinnati, June 14, 2002 **ד בתמוז תשס"ב**

ABBREVIATIONS AND REFERENCES

Akk	Akkadian
Anat	Anatolian
Arab	Arabian
Aram	Aramaic
b	brother
Bechtel	F. Bechtel *Die historischen Personennamen des Griechischen bis zum Kaiserzeit* (Halle, 1917)
d	daughter
DDD	K. van der Toorn, B. Becking, and P. W. van der Horst, *Dictionary of Deities and Demons in the Bible* (2nd extensively revised edition; Leiden and Grand Rapids, 1999)
DemNb	E. Lüddeckens, *Demotisches Namenbuch* (Wiesbaden, 1979-2000)
ed(s).	editor(s)
Egypt	Egyptian
f	father
fem	feminine
GEA	T. Muraoka and B. Porten, *A Grammar of Egyptian Aramaic* (Leiden, 1998)
gf	grandfather
gm	grandmother
Gr	Greek
gs	grandson
Greenfield-Porten	J. C. Greenfield and B. Porten, *The Bisitun Inscription of Darius the Great Aramaic Version* (London, 1982)
Grelot	P. Grelot, *Documents araméens d'Égypte* (Paris, 1972)
h	husband
Harding	G. L. Harding, *An Index and Concordance of Pre-Islamic Names and Inscriptions* (Toronto, 1971)
Ḥasson	Yitzḥak Ḥasson, orally transmitted
Heb	Hebrew
Hinz	W. Hinz, *Altiranisches Sprachgut der Nebenüberlieferungen* (Wiesbaden, 1975)
Katzoff	Ranon Katzoff, orally transmitted
Kent	R. G. Kent, *Old Persian* (New Haven, 1953)
Kornfeld	W. Kornfeld, *Onomastica aramaica aus Ägypten* (Vienna, 1978)
KWIC	Key-Word-in-Context
Lipiński	E. Lipiński, "Études d'onomastique ouest-sémitique," *Bibliotheca Orientalis* 37 (1980) 3-12
Lipiński, *Aramaeans*	E. Lipiński, *The Aramaeans: Their Ancient History, Culture, Religion* (Orientalia Lovaniensia Analecta 100; Leuven, 2000)
m	mother
Maraqten	M. Maraqten, *Die semitischen Personennamen in den alt- und reichsaramäischen Inschriften aus Vorderasien* (Hildesheim, 1988)
masc	masculine
Modrzejewski	Joseph Modrzejewski, orally transmitted
Muchiki	Y. Muchiki, *Egyptian Proper Names and Loanwords in North-West Semitic* (SBL Diss. Series 173; Atlanta, 1999)
Noth	M. Noth, *Die israelitischen Personennamen im Rahmen der gemeinsemitischen Namengebung* (Stuttgart, 1928)

NWS	North-West Semitic
Pape-Benseler	W. Pape and G. E. Benseler, *Wörterbuch der griechischen Eigennamen* (3rd ed.; Braunschweig, 1884)
Pers	Persian
Phoen	Phoenician
Porten	B. Porten, *Archives from Elephantine* (Berkeley, 1968)
Porten, EPE	B. Porten, *Elephantine Papyri in Egypt: Three Millenia of Cross-cultural Continuity and Change* (Leiden, 1996)
Porten-Gee	B. Porten and J. Gee, "Aramaic Funerary Practices in Egypt," in P. M. M. Daviau, J. W. Wevers, and M. Weigl, eds., *The World of the Aramaeans II: Studies in History and Archaeology in Honour of Paul-Eugène Dion* (JSOTSupp 325; Sheffield, 2001)
Preisigke	F. Preisigke, *Namenbuch enthaltend alle griechischen Menschennamen* (Heidelberg, 1922)
Rabinowitz	I. Rabinowitz, "Aramaic Inscriptions of the Fifth Century B.C.E. from a North-Arab Shrine in Egypt," *Journal of Near Eastern Studies* 15 (1956) 1-9
Renz-Röllig	J. Renz and W. Röllig, *Handbuch der althebräischen Epigraphik*, II/1 (Darmstadt, 1995)
Rosenthal	Franz Rosenthal, orally transmitted
s	son
Sass	N. Avigad, *Corpus of West Semitic Stamp Seals* (revised by B. Sass; Jerusalem, 1997)
Schwartz	Daniel Schwartz, orally transmitted
Segal	J. B. Segal, *Aramaic Texts from North Saqqâra* (London, 1983)
Shaked	Shaul Shaked, orally transmitted
Vittmann (with pagination)	G. Vittmann, "Zu den ägyptischen Entsprechungen aramäisch überlieferter Personen namen," *Orientalia* 58 (1989) 212-229
Vittmann (without pagination)	G. Vittmann, orally transmitted
vols.	volumes
w	wife
Yoyotte	J. Yoyotte, "Berlin 7707. Un détail," *Transeuphratène* 9 (1995) 91
Zadok (with pagination)	R. Zadok, *The Pre-Hellenistic Israelite Anthroponomy and Prosopography* (Leuven, 1988)
Zadok (without pagination)	R. Zadok, orally transmitted
Zadok, *West Semites*	R. Zadok, *On West Semites in Babylonia during the Chaldean and Achaemenian Periods* (Jerusalem, 1977)
Zgusta	L. Zgusta, *Anatolische Personennamensippen* (Prague, 1964)

SYMBOLS

{ }	text enclosed deleted by editor
< >	text enclosed added by editor
[ ]	lacuna; text enclosed restored by editor
.	a single dot indicates an illegible character or letter when outside of square brackets; but, when inside square brackets, indicates a missing character or letter. NB: the symbol [...] with three dots indicates an indeterminate number of missing characters and/or letters
{{ }}	text enclosed deleted/erased in the manuscript
^ ^	text enclosed added in the manuscript interlinearly or over an erasure
####	vacat in text
ẋ	dot over any letter or number indicates an uncertain reading

א — s — 1st letter of the alphabet

No.	Form	Ref	Before	Keyword	After
001	א	D10.1:1	...	א	בגדהוזחטיכל
002		D10.2:3	חפמן ####### סי.	א	בגדהוזחטיכל
003		D22.28:1		א	בגדהוזחטיכל

א — N — (unclear)

No.	Form	Ref	Before	Keyword	After
001	א s ab/cn	D5.12:3	ו[...] [...ולא] [...]	א	[...]
002		D7.38:4	ויהב [...]ד̇ וֹ	א	מדן 2+10+20

א #2 — N — abbreviation for ארדב

אב — N — father

No.	Form	Ref	Before	Keyword	After
001	אבהון s em/sf	D1.17fragc:12	שלי[... ...] [... ...]	אבהון[	ישו חלק 1+[... ...]
002	אבוה	B2.10:7	זי יהב לה מחסיה	אבוה	דבק לה זך ביתא זי
003		B3.8:28	[1] בכף 1 ותהך לבית	אבוה	וה[ן] ימות ענניה ובר
004		C1.1:55	תדחל לם [תח]יי אחיקר	אבוה	זי אתור כלה זי על עטתה
005		C1.1H:11	[נב]וס[מסכן רביא ...]	א[בוה	זי]את[ור כלא]זי על
006	אבוהי	A6.11:4	[ו]בגה זי פמון זך	אבוהי	בית זרע א 10+20 זך
007		A6.11:6	לקבל זי קדמן פמון	אבוהי	הוה חשל יחשל על ביתא
008		C1.1:138	[ז]י לא יתרום בשם	אבוהי	ובשם אמה אל ידנח שמ[ש
009		C1.1:180	גנבה פת̇.ה̇ .... [שם	אבוהי	וזרעה בשם שרחות[א]
010		C1.1:47	מן קטל זכי [....	א]בוהי	זי אסרחאדן זנה מלכא
011		A6.11:4	[על]י זי פמון שמה	אבוהי	זך כזי יוזא הוה במצרין
012		C1.1:5	חלף שנחאריב	א]בוהי	[....] שב [....].
013		C1.2:18	זי ינתן לה	אבוהי	איש כיבי אלהיהם [....]
014	אבוהם	B8.4:14	לנבושזב עם סנבנת	אבוהם	כן אמרו הנצל. .אבו 1
015	אבוך	C1.1:15	ל[שנח]אריב [מ]ל[כ]א	אבוך	[ז]י מלך הוה[ן קדמיך
016		B7.3:7	א]נה לה[חסנותה פמסי	אבוך	לא יהב לי חמר חלף פלגה
017		C1.1:27	לשנחאר[י]ב מלכא	אבוך]	....
018	אבוכם	B2.9:6	נכסן לאמר אסחור	אבוכם	לקח מן שלומם בר עזריה
019	אבי	A2.1:13	שלחת ספרה זנה שלם	אבי	פסמי מן עבדך נבושה שלם
020		A2.3:14	שלחת ספר[ה זנה אל	אבי	פסמי בר נבונתן מן
021		A2.4:14	{{[.]ל}} ספרה זנה אל	אבי	פסמי מן מכבנת בר פסמי
022		A6.11:2	הוה מהחסן פמון שמה	אבי	בית זרע א 10+20 ז[ך]
023		B8.10:7	[דמי חקל]תא אלך נתן	אבי	החלף [ע]ם מנכי זנה
024		A6.3:2	[.... עב]דן זי עחחפי	אבי	זי אנה מ.... [...] אחרי
025		C1.1:33	[ ]חד מן רבי	אבי	זי לחם אבי [....
026		A6.11:3	לי בגה זי פמון	אבי	יתעשת לי ינתנו לי אהחסן
027		A6.11:1	אמר איתי פמון שמ[ה	א]בי	כזי יוזא במצרין הוה זך
028		C1.1:33	[ ]חד מן רבי אבי זי לחם	אבי	[.... ....] תבעה
029	ואבי	B3.5:19	ענני גבר אחרן אמי	ואבי	אח ואחה ואיש אחרן לא
030	לאבוה	B3.6:12	ברך כבר זי יסבל	לאבוה	כזי הוין עבדן לך בחייך
031	לאבוהי	B3.6:11	זי יסבל בר וברה	לאבוהי	בחייך ועד מותך נסבל
032		C1.2:22	ואי[ש לא יעבד] צדקה	לאבוהי	ויזב[ן ....
033		B3.6:14	נסבלנך כזי יסבל בר	לאבוהי	ולזכור ברך אחרי מותך
034	אבהיהם p em/sf	D23.1.XII:5	ויגד̇[...] אחר̇י	אבהיה̇ם	[.[...] [מ]ן̇ כל ז̇י
035	אבהין	A4.7:13	ומן יומי מלך מצרין	אבהין	בנו אגורא זך ביב בירתא
036		A4.8:12	ומן יום מלכי מצרין	אבהין	בנו אגורא זך ביב

אב #2 — N — fruit

No.	Form	Ref	Before	Keyword	After
001	באביך p em/sf	C1.1:101	כביך̇ ל]פגע	ב̇[א]ביך	[.... ע]נה ר[מ]נא

אבד — V — to be lost

No.	Form	Ref	Before	Keyword	After
001	אבד peal	A6.11:2	יוזא במצרין הוה זך	אבד	ובגה זי הוה מהחסן פמון
002		A6.11:4	כזי יוזא הוה במצרין	אבד	עם נשי [ביתה ו]בגה זי
003	אבדו	A4.7:16	וכל נכסין זי קנה	אבדו	וכל גברין זי בער באיש
004		A4.8:15	וכ[ל נכסן זי קנה	אבדו	וכל גבר זי] בעה באיש
005		A6.11:2	בזי נשי ביתן כלא	א]בדו	[... לי בגה זי פמון אבי
006	יאבד	B2.6:27	מפטחיה מהרה	[י]אבד	וכל זי הנעלת בידה תהנפק
007		D7.16:3	אלפא מחר בשבה למה הן	יאבד	חיליהה הן לא נפשכ[י]
008		B3.8:25	כסף שנאה בראשה מהרה	יאבד	תתב על מוזנא ותנתן לבעלה
009	ותאבד	C1.2:21	[.... מה]	ותאבד	צדקתא ואי[ש לא יעבד]
010	יאבד	D7.5:10	לכי הלו עליכ־י־ הו אל	יאבד	
011	אבד	B1.1:13	[ ]חקלי כסף ש 2 תקל	אבד	ות[ק]ל קים ותשא [..]רי
012	אבדה	C1.1:189	חמרא ולא[...] וחכמתה	אבדה	ו̇[...]נ̇. מן חזה %% מ̇ן

אבי — V — to want, to wish

No.	Form	Ref	Before	Keyword	After
001	אבו peal	D7.56:5	בכל עדן וכעת כען לא	אבו	אסתס וברה למאתה באתר

אביגרן — N — penalty (for contract violation) (Pers; GEA 370.1)

No.	Form	Ref	Before	Keyword	After
001	אבגרן s ab/cn	B3.6:14	נחוב לך ולזכור ברך	אבגרן	כסף כרשן 10+20+20
002		B3.6:8	זי ילתי לי ינתן לך	אבגרן	כסף כרשן 10+20+20
003		B3.13:6	אחוב ואנתן לך כסף	אבגרן	כרש חד 1 כסף צריף אחר
004	אביגרן	B3.10:20	ועל בניכי ינתן לכי	אביגרן	כסף כרשן 10+20 באבני
005		B3.11:10	אחוב ואנתן ליהוישמע	אביגרן	כסף כרשן 10+20 כסף
006		B3.11:14	וינתן לכי ועל בניכי	אביגרן	כסף כרשן 10+20 באבני
007		B3.12:30	יחוב וינתן לך ולבניך	אביגרן	כסף כרשן 20 באבני מלכא
008		B3.7:17	[ינתן ליהוישמע] ברתי	אביגרן	כסף כרשן 10 [באבני
009		B3.9:7	ולמעבדה עבד ינתן לך	אביגרן	כסף כרשן תלתין במתקלת
010		B5.5:11	כתיב מנעל [ינתן לכי	אביגרן	כסף כרשן 2 כתב .... בר
011		B5.5:6	יהבת לכי ינתן לכי	אביג־ר־ן	כסף כרשן 2 [א]פם אמרת
012	אבגרן	D2.25:5	אתוב .[.... ...] [...	א]בג[ר]ן	כס[ף]כרשן חמשה[...
013	אבגרנא s em/sf	B3.13:7	ענני אשלם ואנתן לך	אבגרנא	זי מנעל כתיב בין יומן
014	אביגרנא	B2.10:15	ירשכם דין ינתן לכם	אביגרנא	זי כסף כרשן עשרה הו
015		B2.9:14	או למן זי ירשון	אביגרנא	זי כסף כרשן עשרה באבני
016		B3.8:31	[ל]ה[ינ]תן לה	א]ביגרנא	זי כסף כרשן עשרן באבני
017		B6.3:10	אנתתה [זי שלומם	אביגרנא	זי כסף כרשן [.... באבני
018		B2.11:10	בחלק אחר ננתן לך	אביגרנא	כסף צריף כרשן עשרה
019		B7.1:8	[....	א[ביגרנ]א	שערן קב 1 לפרס 1 כל

[אבל] — V — to mourn

No.	Form	Ref	Before	Keyword	After
001	יאבל peal	C1.1:90	אל יחדה ובזעריהם [אל	יאבל]	מלך כרחמן אף קלה גבה

אבן N stone

001	s ab/cn	אבן	B3.8:19	[חסף]2 זי עק 2 זי	אבן	1 כל 3+2 קף זי עק 1
002			B2.6:16	1 זי גמא בה נעבצן זי	אבן	1+3 פק 1 זי סלק כפן 2
003			A4.7:10	ˆהמרˇ אף הוה תרען זי	אבן	2+3 בנין פסילה זי אבן
004			A4.7:10	2+3 בנין פסילה זי	אבן	זי הוו באגורא זך נדשו
005			A4.8:9	2+3 בנין פסלה זי	אבן	זי הוו באגורא זך [נדשו
006			B3.8:18	גמא 1 חדת בה נעבצן זי	אבן	שש [2]+1+3 [....]מין
007			D3.16:12	חדת 1 על מבֿן זי	אבן	שש 2 אחדי מבֿן
008	s em/sf	אבנא	A4.7:9	עד ארעא ועמודיא זי	אבנא	זי הוו תמה תברו ˆהמרˇ אף
009			A4.8:8	עד ארעא ועמודיא זי	א[בנא	זי הוו תמה תברו המו אף
010	p const	באבני	B2.1:7	לך כסף כרשן 3+2	באבני	מלכא כסף צריף ואגרא זך
011			B2.10:16	10 כסף ר 2 לכרש 1	באבני	מלכא וביתא אפם זילכם עד
012			B2.2:14	כרשן 20 הו עשרן	באבני	מלכא כסף ר 2 לעשרתא
013			B2.3:14	כרשן 10 הו עשרה	באבני	מלכא כסף ר 2 לעשרתא ולא
014			B2.3:21	לכי כסף כרשן 10	באבני	מלכא כסף ר 2 לעשרתא ולא
015			B2.4:15	לך כסף כרשן 10	באבני	מלכא כסף ר 2 לעשרתא ולא
016			B2.6:10	כסף שקלן 3+3+2	באבני	מלכא לבש אחרן זי עמר
017			B2.6:14	20 כסף ר 2 לס10	באבני	מלכא על עלי וטיב לבבי
018			B2.6:34	כסף כרשן 20	באבני	מלכא ולא אכל [אהנ]תר
019			B2.6:36	[כס]ף כרשן 20	באבני	מלכא כתב נתן בר ענניה
020			B2.6:5	[כסף] שקלן 3+2	באבני	מלכ[א] על עליך וטב לבבך
021			B2.6:6	כרש 1 ˆשקלן 2ˇ	באבני	מלכא כסף ר 2 לס10 הנעלת
022			B2.6:9	2 שקלן ˆ3+3+2ˇ	באבני	מלכא שביט 1 חדת הוה ארך
023			B2.8:10	כסף כרשן 3+2	באבני	מלכא ולא דין ולא דבב
024			B2.9:15	זי כסף כרשן עשרה	באבני	מלכא כסף ר 2 לכרש 1
025			B3.1:4	שקלן 3+1 הו ארבעה	באבני	מלכא במרביתה ירבה עלי
026			B3.10:20	כסף כרשן 20+10	באבני	מלכא כסף צריף ואנתי
027			B3.11:11	20+10 כסף צרף	באבני	מלכא ואנתי אם שליטה
028			B3.11:14	כסף כרשן 20+10	באבני	מלכא ואנתי אם שליטה
029			B3.12:30	אביגרן כסף כרשן 20	באבני	מלכא כסף צרף וביתא זילך
030			B3.4:6	כרש 1 שקלן 3+1	באבני	מלכא כסף זוז לכרש 1
031			B3.5:15	כרשן 3+2 הו חמשה	באבני	מלכא כסף ר 2 לכרש 1
032			B3.5:21	להם כסף כרשן 10	באבני	מלכא כסף ר 2 לכרש 1
033			B3.6:15	כרשן 20+20+10	באבני	מלכא כסף צריף ולא דין
034			B3.6:8	כרשן 20+20+10	באבני	מלכא ואנתי שביקה מן טלא
035			B3.7:17	אביגרן כסף כרשן 10	[באבני	מלכא כסף ר 2 לעשרתא ולא
036			B3.8:16	3+3+2 חלרן 3+2	באבני	מלכא כסף זוז לעשרתא קפף
037			B3.8:32	זי כסף כרשן עשרן	באבני	[מלכא] כסף ר 2 לס10
038			B5.3:5	[כרשן . כסף]ר 2 לס10	באב[ני	מלכא
039			B5.4:6	לך כסף כרשן [20	באבני	מלכא ולא דין ואהך]
040			B5.5:3	שקלן 3+3 הו שתה	באבני	מלכא כסף זוז לכרש 1 אנה
041			B6.1:4	[ברתך .... כסף כרש 1	באבני]	מלכא כסף ר 2 לכר[ש 1
042			B6.3:11	[זי כסף כרשן ....]	באבני	מלכא ר]ˆ 2 לעשרתא ויעבד
043			D2.14fragb+c:2	ˆ[... ...]כרשן 10	ˆב[אבני	מלכאˇ [ובי]תא בית[ך
044			D2.2:3	קהֿ[... ...] [... ...	]באבני[	מלכא ...] [... ...]...ך
045			B4.2:2	שק[לן 3 ר 1+]1	באבני	פתח כסף ש 1 לס10 וירבה

אבנצרף N dye stone

001	s ab/cn	אבנצרף	A4.3:3	לאבוט אסרני עלדבר	אבנצרף	1 זי השכחו גניב ביד

אברת N area; cf. לאברת

אבשוך N presser (?) (Pers; GEA 370.2)

001	p abs	אבשוכן	A6.7:5	שמה 1 כל גברן 10+3	אבשוכן	ממנין הוו בין בגיא זילי

אגור N temple (Akk; GEA 375.2)

001	s ab/cn	אגור	B3.4:9	דבק לה למערב שמש ˆלהˇ	אגור	יהו ˆאלהאˇ ושוק מלכא
002	s em/sf	אגורא	A4.5:24	זי א[....] [....	אגור]א	זי לן זי נדשו
003			A4.7:24	מנך ישתלח עליהום על	אגורא	זי יהו אלהא למבניה ביב
004			A4.7:6	זי פרתרך תנה הוה לם	אגורא	זי יהו אלהא זי ביב
005			A4.7:7	הוה בסון בירתא לאמר	אגורא	זי ביב בירתא ינדשו אחר
006			A4.8:24	[מנך ישתלח עליהום] על	אגורא	זי יהו אלהא למבניה ביב
007			A4.8:5	זי תֿנֿה הוה ל[ם	אגורא	זי יהו אלהא זי ביב
008			A4.8:6	[הוה בסון בירתא לאמר	אגורא]	זי יהו אלהא ביב בירתא
009			B2.10:6	תמה מועה שמש לה	אגורא	זי יהו אלהא וארח מלכא
010			B2.7:14	בר פנוליה תחתיא לה	אגורא	זי יהה אלה מועה לה בית
011			B3.12:18	אגר באגר מערב שמש לה	אגורא	זי יהו ושוק מלכא ביניהן
012			B3.5:10	דבק לה תחתיה לה	אגורא	זי יהו אלהא ושוק מלכא
013			A4.7:13	מלך מצרין אבהין בנו	אגורא	זך ביב בירתא וכזי
014			A4.7:14	כנבוזי על למצרˇיןˆ	אגורא	זך בנה השכחה ואגורי
015			A4.7:23	על מראן טב אתעשת על	אגורא	זך למבנה בזי לא שבקן לן
016			A4.7:27	תנה הן כן עבדו עד זי	אגורא	זך יתבנה וצדקה יהוה לך
017			A4.8:10	[דששיא] אלך נחש ומטלל	אגורא	זך כלא עקהן ז[י] ארז עם
018			A4.8:12	[כנבוזי על למצרין	אגורא]	זך בנה השכח ואגורי
019			A4.8:12	מצרין אבהין בנו	אגורא	זך ביב ב[ירתא וכזי
020			A4.8:22	מר[א]ן טב את[עשת על	אגורא	זך למבניה בזי לא] שבקן
021			A4.8:26	תנה הן כן תעבד זי עד	אגורא	זך יתב[נה וצדקה יהוה לך
022		באגורא	A4.7:10	פסילה זי אבן זי הוו	באגורא	זך נדשו ודשיהם קימן
023			A4.7:12	ומנדעמתא זי הוה	באגורא	זך כלא לקחˇרˆ ולנפשהום
024			A4.7:14	כל מגרו ואיש מנדעם	באגורא	זך לא חבל וכזי כזנה
025			A4.7:22	ועלוה לא עבדו	באגורא	זך כען עבדיך ידניה
026			A4.7:9	יב עם תליהם עלו	באגורא	זך נדשוהי עד ארעא
027			A4.8:11	ומ[נ]דעמתא ז[י הוה	באגורא	זך כלא לקחו לנפשהום]
028			A4.8:13	[מגרו] ואיש מנד[עם	[באגורא	זך לא חבל וכזי כזנה]
029			A4.8:21	ועלוה לא עבדֿן	באגורא	זך כען[עבדיך ידניה
030			A4.8:8	[יב עם] זניהום עלו	באגורא	זך נדשוהי עד ארעא
031			A4.8:9	פסלה זי אבן זי הוו	באגורא	זך [נדשו ודשיהום קימן
032			D1.6fragb:1	[... ...]	]באגורא	שלם אושע בר זכ[ור
033		ואגורא	A4.10:8	אמרן הן מראן [...]	ואגורא	זי יהו אלהא זילן יתבנה
034		לאגורא	A4.7:17	גברין זי בעו באיש	לאגורא	זך כל קטילו וחזין בהום
035			A4.8:16	[גבר זי] בעה באיש	לאגורא	זך כלא קטילו וחזין בהום
036	p const	ואגורי	A4.7:14	אגורא זך בנה השכחה	ואגורי	אלהי מצרין כל מגרו
037			A4.8:13	[אגורא] זך בנה השכח	ואגורי	אלה[י] מצריא [כ]ל[א

אגן N basin

001	p abs	ואגנן	D7.57:7	שע וחד בעזכתיה	ואגנן	2 וכֿדדן 1+3 ופינך 1

אגר N payment, wages

001	s ab/cn	אגר	C1.1:100	ילוה עמה ב[....] ובעל	אגר	לא יהוה לה גבר טב עֿם
002		באגר	B8.5:15	[....] זילי	באגר	יהבת לה א[....]
003			A3.10:3	יעבד לה אף חלקי	באגר	אלפא [....] הבו על ידה
004		לאגר	B1.1:14	אדר בחמר נפשך ולא	לאגר	חמר ולא א[כל] אצל חקלי

אגר #2 N wall (Akk; GEA 375.1)

001	s ab/cn	אגר	B2.1:4	תרע ביתא זילך למבנה	אגר	1 תמה אגרא זך זילך הי זי
002			D2.11:5	[... ...] אנת [... ...]	]אגר	.[... ...]ל[...] [...
003			D3.21:1	[...] זכרן אשרנא זי	אגֿ[ר	...]
004			B3.10:9	לה בית קנחנתי דבק לה	אגר	באגר תחתיא מנה אגר דרגא
005			B3.11:4	שמש לה אוצר מלכא דבק	אגר	באגר להנפנא זי בנו מצריא
006			B3.11:5	ואגר ביתא זילה דבק לה	אגר	באגר הו תרי רבתא זילי
007			B3.11:5	לה בית קנחנתי דבק לה	אגר	באגר ואגר ביתא זילה דבק
008			B3.11:6	זי חנום אלהא דבק לה	אגר	ˆבאגרˆ זנה ביתא זי
009			B3.12:18	על ספר אנתותה דבק	אגר	באגר מערב שמש לה אגורא
010			B3.12:20	ומרדו אחוהי דבק לה	אגר	באגר תחתיא לה ביתה זי
011		באגר	B8.2:32	[....]	באגר	[....] בֿנה
012			B3.11:5	ביתא זילה דבק לה אגר	באגר	הו תרי רבתא זילי תחתיא
013			B3.11:5	קנחנתי דבק לה אגר	באגר	ואגר ביתא זילה דבק לה
014			B3.11:6	אלהא דבק לה אגר	ˆבאגרˆ	זנה ביתא זי תחומוהי
015			B3.11:4	לה אוצר מלכא דבק אגר	באגר	להנפנא זי בנו מצריא מערב
016			B3.12:18	ספר אנתותה דבק אגר	באגר	מערב שמש לה אגורא זי יהו
017			B3.10:9	קנחנתי דבק לה אגר	באגר	תחתיא מנה אגר דרגא ובית
018			B3.12:20	אחוהי דבק לה אגר	באגר	תחתיא לה ביתה זי פחי
019		ואגר	D5.47:1	2[...]יא	ואגר[	...]
020		אגר	B3.10:10	לה אגר באגר תחתיא מנה	אגר	דרגא ובית חור בר פטאסי
021			B3.10:11	לדרגא דך מערב שמש לה	אגר	תרי רבתא זילך הי אנתי
022		ואגר	B3.11:5	דבק לה אגר באגר	ואגר	ביתא זילה דבק לה אגר
023	s em/sf	אגרא	B2.1:20	שלם בר הושעיה ספר	אגרא	זי בנה זי כתב קוניה
024			B3.10:8	ברתי מועה שמש לה	אגרא	זי הנפנא זי בנהו מצריא
025			B2.1:10	או לבר לה למבנה עלוי	אגרא	זך זילה זי יכלא מנהם
026			B2.1:4	זילך למבנה אגר 1 תמה	אגרא	זך זילך הי זי דבקה לביתא
027			B2.1:5	זילי לזויתה זי לעליה	ˆאגרא	זך תדבק לשטר ביתי מן
028			B2.1:6	אכלאנך למבנה עלוי	אגרא	זך זילך הן כליתך אנתן לך
029		ואגרא	B2.1:10	כספא זי כתיב מן עלא	ואגרא	זילך אפם ואנת שליט
030			B2.1:7	באבני מלכא כסף צריף	ואגרא	זך אפם והן מית קוניה
031	p em/sf	אגרוה	B3.4:4	זי ביב ברתא זי	אגרוה	קימן ותרבצה ארע הי ולא

אגרה N letter; cf. אגרת

אגרת N letter (Akk; GEA 375.3)

001	s ab/cn	אגרה	A4.7:19	זי ענני וחרי יהודיא	אגרה	חדה לא שלחו עלין אף מן
002			A4.8:18	זי ענני וחרי יהוד	אג[ר]ה	חדה [לא שלחו עלין אף מן
003			A4.8:28	[אף ...] {{בכלה}} מליא	אגרה	חדה בשמן שלחן על דליה
004			A4.7:24	ˆזיˆ תנה במצרין	אגרה	מנך ישתלח עליהום על
005			A4.8:23	זי תנה [במצרין	אגרה	מנך ישתלח עליהום] על
006			A4.8:17	[זי זא באישתא עביד] לן	אגרה	על זנה שלחן שלחן על מראן
007			D7.56:8	לא צֿבין למאתה ישלחון	אגרה	על אפלניס זֿי על
008			A3.6:3	וא[....] ושלח	אגרה	עלדברכן לצ<ח>א
009			A4.7:18	זא באישˆתאˆ עביד לן	אגרה	שלחן מראן ועל יהוחנן
010		אגרת	D4.34:2	.[...]	אגר[ת	...] וכעת[...]
011			A3.5:5	מן סון	אגרת	חדה בשלמך לא שלחת עלי
012			A6.13:2	הן על מראי לם כות טב	אגרת	מן מראי תשתלח על נחתחור
013			A6.15:1	עליˆ כן אמר בבל לם	אגרת	מן ארשם יהבת על
014			A4.3:10	עליכם הו אמר לי שלח	אגרת	קדמתי [..]לו חסרן שגיˆאˆ
015			A4.7:7	אחר וידרנג זך לחיא	אגרת	שלח על נפין ברה זי
016			A4.8:6	ˆאחרˆ וידרנג זך לחיא	אגרת	שלח על נ[פי]ן ברה ז[י
017		באגרה	A4.7:29	הודען אף כלא מליא	באגרה	חדה שלחן ˆבשמןˆ על
018			C3.28:89	מֿ[....].א ומ 1	באֿגרה	שטריא ביד יונתן ואנה
019		ואגרת	D5.41frage:2	א[...]	ואגר[ת	...]
020		אגרת	A6.15:4	כן אמר הא אנת חזי	אגרת	ארשם זי היתיו על פסמשך
021		כאגרת	C3.8IIIA:4	[ ].נן	כאגרת	בגפת [...]
022	s em/sf	אגרתא	A3.3:13	[ב ...] למחר כתבת	אגרתא	זא כזי כן שמיע לן לאמר
023			A3.8:7	זי יקום עלוהי וכזי	אגרתא	זא [ת]מטא עליך אל תקום
024			A3.9:2	[.מט]אני כזי תמטנך	אג[רתא	זא ....]
025			A3.9:8	ב3+2 לאפף כתיב	אגרתא	ז[א] א[ל] מראי יסלח
026			A5.1:4	וש[רירתא ....]אף	אגרתא	זא [כתבת ב.... ל....]
027			A5.1:6	בזרע פטנ[תר] אף	אגרתא	ז[א....]
028			D1.23:2	שא[ל ...] [...] שלחת	אגרתא.	ז[א ...] כן לאמר אף ..[...
029			D5.59:2	...] [...].י .[...]	]אגרתאֿ	זי[...]
030			D7.24:13	עֿסנךֿ לם [....]	אגרתא	זי שלח לך מיכֿ[יה] הלו
031			D7.56:9	על אפלניס זֿי על	אגרת[א]	זי ישלח על גבריא זי
032		באגרתא	A3.3:9	[....]	באגרתא	זילך על כתון ולבש כתונך
033	p em/sf	אגרתא	A4.2:15	ביום 3+3 לפאפי מטו	אגרתא[	....] נעבד מלה אל

אדון N route (Pers; GEA 370.3)

001	s em/sf	אדונא	A6.9:5	מן פקיד על פקיד לקבל	אדונא	זי מן מדינה עד מדינה עד

אדיהבן N (unclear)

001	s ab/cn	לאדיהבן	C3.7EV1:15	[כ]סף מנפקה לימא	לאדֿי[ה]בן[	....]. [ב .... לאפף]
002			C3.7EV2:6	[ ]כסף מנפקה לימאֿ	לאֿ[דֿ]יהבן	....[....] [כל ספינתא

אדין a then

001		אדין	B8.1:8	[...] אנתתה זי [...]	אדין	ושחֿי [...]. זֿך א.[.] בבית
002			A6.10:1	קדמן כזי מצריא מרדו	אדין	סמשך פקידא קדמיא גרדא
003			A6.7:6	מרדת וחילא הנדיז הוו	אדין	פרימא זך וכנותה לא
004			B3.10:1	שנת 1 ארתחשסש מלכא	אדין	אמר ענני בר עזריה לחן

005		B3.11:1	שנת 3 ארתחשסש מלכא	אדין	אמר ענני בר עזריה לחן
006		B3.12:10	ארתחשסש מלכא 1+3	אדין	אמר ענני בר עזריה לחן
007		B3.12:1	ארתחשסש מלכא 1+3	אדין	אמר ענני בר עזריה לחן
008		B4.6:1	אמורטיס מלכא 2+3	אדין	אמר מנחם בר [של]ום
009		B2.10:1	דריוהוש מלכא 3+3+3	אדין	ביב בירתא אמר ידניה בר
010		B2.9:1	דריוהוש מלכא 1+3	אדין	ביב בירתא אמר מנחם
011		B3.7:1	שנת 3 דריהוש מלכא	אדין	[ביב בי]רתא אמר אנה
012		B3.8:1	דריוהוש [מלכא	אדי]ן	ביב בירתא אמר ענניה
013		B5.2:1	[ב...	אדין	ביב בירתא] אמר מתן בר
014		B5.5:1	... ...]	אדין	ביב אמרת מפט[חיה ברת
015		B3.13:1	ארתחשסש מלכא 1+3	אדין	בסון בירתא אמר ענני בר
016		B3.9:1	דריוהוש מלכא 2+3+3	אדין	בסון בירתא אמר אוריה
017		D2.9:1	[... ... .]ש מלכא	אדין	בס[ון] [... ... ...].י
018		B2.8:4	וקנין וספר ˆאנתרˆ	אדין	מומאה מטאה עליכי וימאתי
019		C1.1:78	אמר [....]	א[ד]ין	עד אסרחא[דן] מלכא
020		C1.1:127	כל כציר ועבד כל עבידה	אדין	תאכל ותשבע ותנתן לבניך
021	אדן	B3.6:1	ארתחשסש מלכא	אדן	אמר משלם בר זכור יהודי
022		B6.1:1	ארתחשסש מלכא]	אדן	אמר ... בר ....] ארמי זי

אדכל N (unclear); or read לארכלˆיˆ

001 s em/sf	לאדכלי	D7.47:9	לי [...]ת לכם	לאדכלˆיˆ	[כ]ען אכלת

אדן N ear

001 s em/sf	באדנך	C2.1.11:67	הלכתך [....] זי	בא]דנך	יאמר שמע זי פרתר יאמר
002 p abs	אדנין	C1.1:215	עויל וחרש	אדנין	לא[ ] [....] מן
003	ואדנין	C1.1:157	עינין טבן אל יאכמו	ואדנין	[טבן אל ....]
004 p em/sf	באדניך	C1.1:132		באדניך	כי חן גבר הימנותה
005	ואדניהם	C1.1:81	בכל אתר ע[יני]הם	ואדניהם	לו[ת] פמך אשתמר לך

אדר N threshing floor

001 s ab/cn	אדר	B1.1:13	ותק[ל קים ותשא [..]רי	אדר	בחמר נפשך ולא לאגר חמר

אדרנג N guarantor (Pers; GEA 370.4)

001 s ab/cn	ואדרנג	B3.11:12	אח ואחה הנגית והנבג	ואדרנג	זי ירשנכי דין ודבב
002		B3.10:18	לי הנגית זילי והנבג	ואדרנג	זילי ירשנכי דין ודבב
003		B3.12:27	ואחה לן הנגית והנבג	ואדרנג	זילן זי ירשנך דין וירשה
004 p em/sf	ואדרנגי	B3.13:9	מנעל כתיב אחר בני	ואדרנגי	ישלמון לך כספא זי מנעל
005		B3.13:9	והן לא שלמו לך בני	ואדרנגי	כספא זנה זי מנעל כתיב
006	ואדרנגיכי	B4.6:10	ולבני]כי]	וא[דרנ]גˆיˆכי	[ואנתי סלואה שליטה

או c or

001	או	D7.29:6	כען אנתננהי לחגי	או	יגדל דבר עלוהי וינתנהי
002		B8.8:9	אופתשתו עד ימלל	או	[....]
003		D1.1:4	ק.[... ... ...] תהוי מת	או]	... ...]. אבל חי שלמ]
004		A6.14:5	אחתבסתי פקידא ז[ילי]	או	אחוהי או ברה יאתה עלי
005		B2.3:26	מחר או יום אחרן דרגמן	או	בר זילה ירשה על ביתא זך
006		A6.14:5	פקידא ז[ילי] או אחוהי	או	ברה יאתה עלי בבאל עם
007		B3.4:22	זי אפולי ˆזכר ונקבהˆ	או	ברה ˆלה יתהˆ ולא כהלן
008		B2.10:11	אח ואחה אנתה ואיש לכם	או	גבר זי תזבנון לה ביתא זך
009		B2.10:14	וברה ואנתה ואיש לכם	או	גברן זי תזבנון לה או זי
010		B7.1:6	אנת]ן לך כל נונין]	או	דמיהם זי תמא [לי עליהם
011		B2.10:11	זי תזבנון לה ביתא זך	או	זי ברחמן תנת<נ>ון לה בשמי
012		B2.10:14	או גברן זי תזבנון לה	או	זי ברחמן תנתנו לה ביתא זך
013		B3.12:23	ולמן זי רחמת תנתן	או	זי תזבן לה בכסף אנה ענני
014		B2.1:6	ועד בית זכריהˆ מחר	או	יום אחרן לא אכהל אכלאנך
015		B2.1:8	אפם והן מית קוניה מחר	או	יום אחרן לא יכהל בר וברה
016		B2.3:18	ואף אנה מחסיה מחר	או	יום אחרן לא אהנצל מנכי
017		B2.3:20	למן זי רחמתי הן מחר	או	יום אחרן ארשנכי דין ודבב
018		B2.3:26	לכי אנתי החסנהי הן מחר	או	יום אחרן דרגמן או בר
019		B2.4:13	שליטן בה אחריך הן מחר	או	יום אחרן ארשנך דין ודבב
020		B2.4:8	שליטן בה אחריכם הן מחר	או	יום אחרן ארקא זך תבנה אחר
021		B2.6:17	2+3 שנן משאן ˆ1 מחר	או	יום א[חר]ן ימות אסחור
022		B2.6:20	על אנפי ארעא כלה מחר	או	יום תמות מפטחיה ובר דכר
023		B2.6:22	בנכסיה וקנינה מחר	א[ו	]יום אחרן תקום מפטחיה
024		B2.6:26	ולא {י} דין ולא דבב מחר	או	יום אחרן יקום אסחור בעדה
025		B3.3:10	תהנפק מן חם עד חוט מחר	או	יום אחרן ימות ענניה תמת
026		B3.3:12	בין ענני ותמת מחר	או	יום אחרן תמות תמת ענני
027		B3.3:13	ענני ואנה משלם מחר	או	יום אחרן לא אכל אנצל
028		B3.3:7	חלרן 1+3+3 פלג מחר	או	יום אחרן יקום ענני בעדה
029		B3.3:9	תהנפק מן חם עד חוט מחר	או	יום אחרן תקם תמת ותאמר
030		B3.8:21	1 תקם חפנן 2+3 מחר	או	יום אחרן יקום ענניה בעדה
031		D7.19:12	לֿ[...] [יכ]תֿבונה מחר	א[ו]	[יו]םֿ אחרן
032		B2.9:14	דין עלא ינתן לכם	או	לבניכם או למן זי ירשון
033		B2.1:9	דגל וקריה יכלא למחסה	או	לבר לה למבנה עלוי אגרא זך
034		B2.9:14	עלא ינתן לכם או לבניכם	או	למן זי ירשון אביגרנא זי
035		A6.10:8	יהוי לך הן מן גרדא	או	מן נכסיא אחרנן זילי מנדעם
036		B2.11:9	עלא אנחנה מחסיה ובני	או	נרשה לבר וברה לך ולאנש
037		B7.1:5	לך] [ומן מומאה] אתוב	או	עבורא זנה דמי נוניך [שערן
038		B3.12:26	ובנתך וזי תנתן לה בכסף	או	רחמת אף לא יכהל בר לן
039		A6.9:3	קמח רמי חפנן תלת חמר	או	שכר חפנן תרתין [...]ד חד

אודיס N statement, investigative report (Pers; GEA 370.5)

001 s ab/cn	אודיס	A4.10:12	[....] ומראן	אודיס	יעב[ד ....] נתן על

אוי a oh!

001	אוי	D16.2:1		אוי	לי

און N strength, wickedness

001 s ab/cn	עלאון	C1.1:96	עם אלהן ומה יתנטר	עלאון	גוה [...] [...]מ[ן

אופכרת N reckoning (Pers; GEA 370.6)

No.	Parse	Form	Ref	Preceding	Keyword	Following
001	s em/sf	אופכרתא	C3.8IIIB:24	שנת[2+3+10]	אופכרתא	זי עב[דו ע]ל צלצלא
002		ואופכרתה	A6.2:5	יחוו [....]	ואופכרתה	יעבדו וישתלח על מן זי

אופסתא N type of land (Pers; GEA 370.7)

No.	Parse	Form	Ref	Preceding	Keyword	Following
001	s ab/cn	אופסתא	C3.18:13	...] [...]3 ח 1 ג 2	]אופסתא	לפכמי .[...] [...] [...]כנתן
002		אופסתה	C3.21:4	[... ...]קריתא תֿ	אופסתה	במיע ק[ריתא] פקרקפתח
003			C3.21:9	[...] רסתכה אשל[...] [...].	אופסתה	זי יֿ[...] [...] [כ]ל]

אופשר N needs (?) (Pers; GEA 370.8)

No.	Parse	Form	Ref	Preceding	Keyword	Following
001	s ab/cn	אופשר	A6.2:22	נגריא ספינתכן לעינין	אופשר	ספינתא זך ולעבק יעבד
002	s em/sf	אופשרה	A6.2:6	[....] ינתנו ולעבק	אופשרה	יתעבד ואחרן זי מני שליח
003			A6.2:3	אנֿחֿנה עדן הוה	אופשרה	למעב[ד ....] יתנגד על
004			A6.2:9	זנה אשרנא זי אפיתי	אופשרה	למעבד עקי ארז ואר חדתן
005			A6.2:9	וכן אמרו עדן הוה	אופֿשֿ[ר]הֿ	למעבד זנה אשרנא זי

אופתשתו N (unclear)

No.	Parse	Form	Ref	Preceding	Keyword	Following
001	s ab/cn	אופתשתו	B8.8:3	ז[ך ...]	אופתשתו	עד פתגמא יֿאמֿ[ר
002			B8.8:9	[....]	אופתשתו	עד ימלל או

אוצר N treasury

No.	Parse	Form	Ref	Preceding	Keyword	Following
001	s ab/cn	אוצר	B3.11:4	תחומוהי מועה שמש לה	אוצר	מלכא דבק אגר באגר להנפנא
002			B3.13:4	פתפא זי יתנתן לי מן	אוצר	מלכא והן לא שלמת ויהבת
003			B3.7:7	ביניהם ע[ל]י לה	אוצר	מלכא מערב [לה בית
004	s em/sf	אוצרא	B4.3:13	מל[כא וקדם ספרי	אוצרא	זי יהבת [....
005			B4.3:16		אוצר]א	
006			B4.4:14	בבית מלכא וקדם ספרי	א]וצרא	[....
007			B4.2:6	פרסי זי ינתנון לי מן	אוצרא	ותכתב לי נבז על כל כסף
008			B3.4:9	ביניהם מועה שמש לה	אוצרא	זי מלכא דבק לה למערב
009			B4.4:12	בית מלכא וקדם ספרי	אוצרא	זנ[ה .... זי
010		באוצרא	D1.34fraga:5	עבֿ[...] [...]. יקמו	באוצרא	ב[...] [...] כנופי .[...]

אזד A known (Pers; GEA 370.9)

No.	Parse	Form	Ref	Preceding	Keyword	Following
001	s ab/cn	אזד	A4.5:8	אלך ברא זך סכרו הן	אזד	יתעבד מן דיניא תיפתיא
002			B8.11:4	[....]נש כן אמר	אזד	עבֿדוֿ איך[

אזדכר N herald (Pers; GEA 370.10)

No.	Parse	Form	Ref	Preceding	Keyword	Following
001	s em/sf	אזדכרא	A6.1:7	עלים סינערש [....]	אזדכרא	כנתהם בס3+3+3+10
002	p em/sf	אזדכריא	A6.1:5	אחמנש וכנותה	אזדכריא	ב[גדן וכנותה] דיניא

אזל V to go

No.	Parse	Form	Ref	Preceding	Keyword	Following
001	peal		C1.1:76	[....]	אזלת	השכחת לאחיקר]
002			C1.1:22	[.... יֿ]היבא	אזלת	לי לביתי
003			D7.55:3	ומשחֿ[א ... בר ישיב	אזלת	על חוֿ[...] אמר לי עבדת
004			B8.1:11	הוית [....] אנה	אזלת	עם שארית [....]
005			A3.6:2		אזלת	אנה וצחא בר פחה
006			A3.3:2	[לך] [וכעת] מן יום זי	אזלת	בארחא זך לבביֿ לא טיב אף
007		אזל	C2.1.8:60	[ב]רתא במ[ת הרוחתי	אזל	אחר ו]ימן עֿםֿ חיל[א
008			C2.1.5:20	[לי קטל] אחר והומס	אזל	לאררט לממטה מרדֿ[י]אֿ
009			C2.1.4:3	לין[אחר ודרן עם חילא	אזל	למדי לממטה מרו]
010			A4.4:2	[ ]י בר יֿחֿ[..	]אזל	לסון ועבד
011			C2.1.7:41	[עם]חיֿ[לא	אזל	לפרס לממ]טא ברחאֿ שמה[
012			D23.1.Va:6	סֿרֿיֿסֿאֿ חד זי	אֿזֿלֿ	להי עם[כל נ]כֿסֿיֿ
013			B8.1:14	ירחא לא [....]	אזל	למנשא מאכל
014			C2.1.8:60	[אחר ו]ימן עֿםֿ חיל[א	אזל	לערקהום] [תמה גברא זך
015			C2.1.5:26	זך עֿ[ם חילא]	[אזל	לערקי למעבד קרב עבדן
016			C2.1.7:45	קר[ק] [פשי]ח[וד	]אזל[	מן אתרא זך לחילא כנש]
017			C2.1.7:32	[שמען ל]י אחר ד[דרש	א]זל	עבד קרב עם מרג[ו]יא
018			A4.5:3	[מל]כא כזי מראן ארשם	אזל	על מלכא זנה דושכרתא זי
019			D1.32:1	.[...]	אז[ל]	על ניֿ. ת.[...] [...].. זיֿ..
020			D23.1.II:13	אנה להי שגיא ועלימא	אזל	על אֿסֿרֿסֿ[...] לא[ ]
021			C1.1:168	להן למונק דמה %% דֿבא	אזל	על אמֿרֿ[יא ...].. אֿ[...]
022			C1.1:75	[....]	אזל	על אסרחאדן מל[כא
023			C3.8I:8	[שנת 3+10] אחמנש	אזל	[...] ב 20 לתשרי הו]
024			C1.1:94	[ ]תביר הנפקה ברא אריא	אזל	קרב לש[לם חמרא]לֿםֿ שלם
025		ואזל	D23.1.II:12	[....]ה לם ...כם עמי	ואזל	ואמר לחראֿ אנהֿ לם ֿ
026			A4.7:5	מלכא כזי ארשם נפק	ואזל	על מלכא כמריא זי חנוב
027			A4.8:4	מלכא כזי ארשם נפק	ואזל	[על] מלכא [.... כמריא זי
028		אזלו	C2.1.7:40	[ ] פרס ומד[י] עמי	אז[ל]וֿ	אחר ארתורֿ[זי] [עם
029			C2.1.7:38	[מן קדמי מרדו על]והי	אזלו	הו מ[לכ]א ב[פרס ה]וה אחר
030			C2.1.4:9	[אררט מרדיא א]תכנשו	[אזלו	]לערעה זין[ד]דֿרש
031			C2.1.5:11	רגליא מרדיא אתכנש[ו	אזלו]	[לערקה זי דדרש] למעבד
032			C2.1.5:15	[רגליא מרדיא] אֿתכנשו	אזלו	לערקהֿ זי דדרש למעבד
033			C2.1.5:20	מרדֿ[י]אֿ אתכנֿשו	אזל[ו	לערקה זי] וה[ומס
034			C2.1.5:22	[רגליא מר]דיא אתכנשו	א[ז]לוֿ	לערקה זי והמוֿסֿ למעבד
035			C2.1.4:7	[זי אנה אזל למדי אחר	אזלו	עלי לאחמתן] [דריה]וש
036			C2.1.8:54	[שלח לערקה זי וימן	[אזלו	על ..[ ] אהורֿמזד סעדני
037		אזל	C2.1.5:19	[לאררט] שלֿ[חת] אמרת	אזל	חֿ[יל]א זך מרדיא [זי לא]
038			D7.45:3	לחֿמֿה.	אֿזֿלֿ	מטא [...].. א..[..] [...
039			A3.8:8	לא השכחת אפם חת לעבק	אזל	על ביתאלתדן וינתן לך
040			C2.1.4:3	[הוה עלו]הֿיֿ א[מרת	אזל	קטל לחילא זי מדי זי לא]
041			C2.1.7:31	פחתא זֿ[י בחתר]י אמרת	אזל	קֿטל [לחילא זי לא שמען
042		אזלי	D7.43:7	[...] [כען חזי י]נקא	אזלי	[....] ותנתן לכי [...]ה
043			D7.3:4	לכי אנתתא שֿ[...]	[אז]לי	יומא זנה ועל[י על]
044			D7.1:5	אתה סון עם קנא לזבנה	אזלי	קומי עמה בסון יומא זנה
045		אזלו	C2.1.8:53	[פחתא] זי בהרוחתי לם	אזלו	ל[וימן קטלו ולחילא זי
046		אזל	C2.1.5:25	[אחר מן בב]ל [נפ]קֿת	אזל	מ[די] לממטה מדי
047			A6.9:2	שמה פקידא זיל[י	אז]ל	מצרין אנתם הבו [לה פ]תף
048			C2.1.4:7	לֿיֿ [עד זי אנה	אזל	למדי אחר אזלו עלי
049			C2.1.5:18	מכתֿ[ר לי] [עד זי אנה	אזל	ל]מֿ[די] [דריהוש מלכא
050			C2.1.5:24	[מ]כתר לי[עד זי] [אנה	אזל	למדי] [דריהוש מלכא כן
051		אזלן	A6.9:4	כל תלתה עלימן זילי זי	אזלן	עמה מצרין לגבר לגבר
052*		למאזל	D7.25:2	[ה]ושע	למאֿ[זל	...] [...] הֿלו אהוה
053			D7.1:9	[ה]ו הלו מֿחֿר לי	למאזל	[ל]ביתי וינתנו לכי ענז

אזת A free (Pers; GEA 370.11)

No.	Gram.	Form	Ref.	Preceding	Keyword	Following
001	s ab/cn	אזת	B3.6:4	אנה עשתת לכי בחיי	אזת	שבקתכי במותי ושבקת

אח N brother

No.	Gram.	Form	Ref.	Preceding	Keyword	Following
001	s ab/cn	אח	B2.1:8	אחרן לא יכהל בר וברה	אח	ואחה קריב ורחיק בעל דגל
002			B2.10:11	נכהל נרשה לבר וברה לכם	אח	ואחה אנתה ואיש לכם או גבר
003			B2.11:8	אנה מחסיה בר וברה לי	אח	ואחה לי ואנש זילי דינן
004			B2.2:13	אנה ובר לי וברה לי	אח˄	ואחה לי קריב ורחיק˄ על
005			B2.2:13	זך אנת ובר לך וברה לך	אח	ואחה לך קריב ורחיק זי
006			B2.3:10	איתי לי בר וברה אחרנן	אח	ואחה ואנתה ואיש אחרן שליט
007			B3.11:12	לא יכהל בר לי וברה לי	אח	ואחה הנגית והנבג ואדרנג
008			B3.12:27	אף לא יכהל בר לן וברה	אח	ואחה לן הנגית והנבג
009			B3.2:8	כסף כרשן 2+3 הן גרך	אח	ואחה קרב ור<ח>ק בשם הירא
010			B3.5:13	אף לא יכהל בר לי וברה	אח	ואחה יגרנכי בשם ביתא זך
011			B3.5:19	גבר אחרן אמי ואבי	אח	ואחה ואיש אחרן לא ישלט
012			B3.9:4	אנה אוריה ובר וברה לי	אח	ואחה לי ואיש לי יכבשנהי
013			B3.9:6	אכהל אנה ובר וברה לי	אח	ואחה לי ואיש לי נקום
014			B4.7:4	]	אח	וא]חה וה̇נבג זי יקום
015			B5.1:5	אנחן יהבנה לכי לא יכל	אח	ואחה בר וברה קרב ורחיק
016			B5.3:3	[בניך ולא יכל בר וברה]	[אח	ואחה דינן למרשה על]יך
017			B5.5:5	ולא יכהל בר לי וברה לי	אח	ואחה לי קריב ורחיק
018			B6.3:6	אף [לא יכהל ...]	אח	ואחה זי שלומם קריב
019			D2.10:11	[שליטן[... ...] [... ...]	אח]	ואחה ה[נגית ... ...] [...
020		ואח	B2.7:10	דין ו<ד>בב אנה	ואח	ואחה קרב ורחק בעל דגל
021			B3.6:5	ילתי לי בר לי ˄וברה˄	ואח	לי ואחה קריב ורחיק הנגית
022	s em/sf	אחוהא	D7.57:4	עדן וכעת שלחת לך ביד	אחוהא	זי תם אנתת מלכיה בר
023		אחוה	B2.10:3	נתן ומחסיה בר נתן	אחוה	אמהם מבטחיה ברת מחסיה
024		אחוהי	A4.4:7	הושע בר נתום חגי	אחוהי	אחיו בר מכי[ה
025			B2.11:17	נתן לידניה בר נתן	אחוהי	
026			D1.17fraga:4	ו[..]גי זי נתן	אחוה[י	...] [... ...] שלמת
027			D5.55:1	...]	אחוהי[	[... ...] [...] [... ...] פטוסר̇.
028			D6.8fragi:3	שלח תאתון .[...] [...]ה	אחו[הי	...
029			A6.14:5	פקידא ז[ילי] או	אחוהי	או ברה יאתה עלי בבאל
030			C3.26:17	כא 2[פ̇] [....]תי	אחוהי	א 2 פ [....]ורי כא 2
031			B3.12:19	פרנו בר זלי ומרדו	אחוהי	דבק לה אגר באגר תחתיא
032			C1.1:49	מסבל לך כאיש עם	אחוהי	והצפנתך מנה אמרת קטלתה
033			A4.7:18	בירושלם ועל אוסתן	אחוה˄י˄	זי ענני וחרי יהודיא
034			A4.8:18	[בירושלם [ועל אוסתן	אחוהי	זי ענני וחרי יהוד
035			B2.10:21	בר נתן ומחסיה	אחוהי	כל 2
036			B8.4:13	בר סנבנת בריכאל	אחוהי	כל 2 ארמין לנבושזב עם
037			B3.12:20	ביתה זי פחי ופמט	אחוהי	מלחן זי מיא בני תויא
038			C1.1H:5	[מ]ס[בל לך כאיש עם	אחוהי	...] אח[רנן ש]גיא[ן
039			B2.11:15	כפם מחסיה וידניה	אחוהי	שהדיא בגו מנחם בר
040		אחוך	A3.5:1	אל אחי מח[סיה	אחוך	.... שלם אחי אל]היא כלא
041			A3.3:14	אחי שלמם בר א̇[ו]שע	אחוך	אושע בר פט[חנום]
042			A3.3:1	אל ברי שלמם [מ]ן	אחוך	אושע שלם ושררת [הושרת
043			A3.8:1	[אל אחי חג]וס	אחוך	ה[וש]ע שלם ושררת שגיא
044			A3.8:15	חגו̇ס [ב]ר הודו	אחוך	ה[ושע בר נתן]
045			A3.6:1	אל אחי פלטי	אחוך	הושעי[ה שלמך אל]ה שמיא
046			A3.6:5	אחי פל[טי בר יא]וש	אחוך	הושעיה בר נתן
047			A4.4:10	[אחי .... בר] גדול	אח[ו]ך	יסלח בר נתן
048			A4.4:1	[אל אחי ...	אחוך	יסלח ....]אלהיא
049			D7.22:1	ה[... ...]	אחוך	מיכ̇[יה ...] [....] לך
050			D7.30:1	אל אחי חגי	אחוך	ירחו שלם אחי בל ונבו שמש
051		אחוכי	A2.7:1	אל אמי עתרדמרי מן	אחוכי	אמי ש̇[לם ו]חין שלחת
052			A2.7:5	אל אחתי עתרדי מן	א̇ח̇ו̇[כי	א]מי אפי יובל
053			A2.6:1	אל אחתי תבי מן	א̇[חוכי	....]ר ברכתכי לפתח זי
054			D1.8:1	·שבתי [... ...]סתרי	אחוכי]	... ...] [... ...] [...]ובניה
055		אחוכם	A3.5:9	[ו...]יה בר גדו[ל]	אחוכם	[....]
056			A4.1:10	וכנותה חילא יהודיא	אחוכם	חנניה ב[ר ...]
057			A4.1:1	וכנותה ח[ילא] יהודיא	אחוכם	חננ[י]ה שלם אחי אלהיא
058			A3.10:1	אל אחי חורי ופטמחו	אחוכם	ספנתדת שלם אחי אלהיא
059			A3.10:9	בר כ̇מן ופטמחו	אחוכם	ספנתדת בר פרורתפת
060		אחוכן	A2.5:1	אחתי תרו ותבי מן	אחוכן	נבושה ומכבנת ברכנכן
061		אחי	A4.4:10	[אפיך בשלם [אל	אחי	.... בר] גדול אח[ו]ך
062			A4.4:1	[אל	אחי	... אחוך יסלח ....
063			A2.1:14	שלם אמי ממה {{ו}}	אחי	בתי ואנשתה שלם וחפרע
064			A2.4:3	בשלם שלם אמי ממה שלם	אחי	בתי ואנשתה ובנוהי שלם
065			A2.4:5	וכעת עבד אנה לה אל	אחי	וחפרע מן אחך מכבנת שלם
066			A3.8:1	[אל	אחי	חג]וס אחוך ה[וש]ע שלם
067			A3.8:15	לתעובי [אל]	א[חי]	חגו̇ס [ב]ר הודו אחוך
068			D7.30:1	אל	אחי	חגי אחוך ירחו שלם אחי
069			A3.10:9	מנכם עד ימטא [ע]לי אל	אחי	חורי בר כ̇מן ופטמחו
070			D7.56:1	אל	אחי	ישיב בר שבתי ואחברוהי
071			D7.57:1	אל	אחי	לפתינא בר אביתי אחיך
072			D1.18:2	ירח פ̇ק.[... ...] אל	אחי	מ[... ...]
073			A3.5:1	אל	אחי	מח[סיה אחוך .... שלם
074			A3.5:9	[יחווני אפיך] בשלם אל	[אחי	מחסיה בר .... ו...]יה
075			A3.6:1	אל	אחי	פלטי אחוך הושעי[ה שלמך
076			A3.6:5	אל	אחי	פל[טי בר יא]וש אחוך
077			A3.3:14	תתפטרן [....] אל	אחי	שלמם בר א̇[ו]שע אחוך
078			D1.2:4	[... ...]+4 במ[...] ...	אחי]	[... ...] [... ...] שלם אחי
079			D7.34:1	[של]ם	אחי	[א]חיו ש.[...] [...]ת .[..]
080			D1.3:1	[... ...] [... ...] שלם	אחי	בכל [.... ...]שלם כעת [...
081			D7.57:3	אחיך אביתי שלם	אחי	בכל עדן וכעת שלחת לך ביד
082			D7.30:2	חגי אחוך ירחו שלם	אחי	בל ונבו שמש ונר[ו]גל
083			A2.3:8	תעבד בנת עלי ארה לא	אחי	הו חרוץ וכעת הלו יהב
084			D7.33:1	לקלי	א̇ח̇י̇	כענת ולדא על לך אתמל
085		אחיך	D7.57:2	אחי לפתינא בר אביתי	אחיך	אביתי שלם אחי בכל עדן
086		אחך	A2.4:5	לה אל אחי וחפרע מן	אחך	מכבנת שלם וחין שלחת לך
087		אחכי	A2.2:1	א̇ל אחתי תשי מן	אחכי	מכבנת ברכתכי לפתח זי
088			A2.3:1	נבו אל אחתי רעיה מן	אחכי	מכבנת ברכתכי לפתח זי
089			A2.1:2	אל אחתי נניחם מן	אחכי	נבושה ברכתכי לפתח זי
090		אחוך.	D7.23:5	[...] גץ יצלן 2 [...]	[.]אחוך	מיכי[ה ...] [א]לך כענת]
091	p em/sf	אחי	A3.10:1	אל	אחי	חורי ופטמחו אחוכם
092			A4.1:10	[אלה] [....]א [אל]	אחי	ידניה וכנותה חילא
093			A4.1:1	[אל	אחי	י]דניה וכנותה ח[ילא]
094			A3.10:1	אחוכם ספנתדת שלם	אחי	אלהיא כ[ל]א ישאלו בכל

No.	Form	Morph	Ref	Context	Keyword	Context
095			A3.5:1	[אחוך .... שלם	אחי	אל]היא כלא ישאל[ו] שגי
096			A4.1:1	אחוכם חננ[י]ה שלם	אחי	אלהיא [ישאלו] [בכל עדן]
097			D7.56:4	אחיכון עקבן שלם	אחי	בכל עדן וכעת כען לא אׄבו
098	אחיכון		D7.56:3	בר שבתי ואחברוהי	אחיכון	עקבן שלם אחי בכל עדן
099	ואחוהי		D1.1:13	[... ... ...] שלם עקב	ואחו[הי	... ...]ברתכי לבעל[
100			D8.3:4	[...] פתו בר פתו	ואחוהי	[.] פתו בר פתת אשל 1
101	ואחיכם		B2.9:12	יכהלון ירשון לבניכם	ואחיכם	ואיש לכם ב[ש]ם נכסן
102	ואחין		B2.9:10	אנחנה ובנין ובנתן	ואחין	ואיש זילן קריב ובעל

אחבר N companion; cf. חבר

אחד V to hold, to take, to catch, to seize

No.	Form	Morph	Ref	Context	Keyword	Context
001	אחדת	peal	C2.1.5:27	[וחין]	אחדת	
002	אחד		A6.7:7	אחר [י]נ[ח]רו לחיא	אחד	המו עמה הוו כען הן עליך
003			D23.1.XI:7	...]תׄי שגיא [....]ן	אחׄד	ו[....] כחׄדה [...
004*			B8.12:1	[....].ל .ת.	אחׄד	לקבל מליהם]
005			C2.1.8:61	[תמה גברא זך	א]חׄד	קטׄ]לה וחרא זי עמה הוה
006	אחז		B8.10:3	[....]אׄ	אחזׄ	בזא שנתא
007*	ואחד		B8.1:15	שמה ערביא	ואחׄד]	....] בנביה מתא
008	אחדו		C2.1.5:14	לףׄ+20+20+1]3+2+] [וחין	אחדו	[20+100×2+3] [בתלת
009			B8.5:7	[ ]כן אמר	אחדו	[....] [....]שׄמׄהׄ
010			C2.1.7:44	וחיׄן]	אחדו	אחר ויזדת זך עם] חילא
011			A4.6:16	[....] גברין מנן	אח[ד]ו	אסרו בכבלי[א ....]
012			D23.1.Vb:7	א... וׄנשיהם תרׄיהם	אחׄדו	וברתׄ[הם ...]
013			C2.1.8:48	[וחין אחדו] ויזדת	אחדו	וחרא זי עמׄ[ה אחר
014			C2.1.4:6	[וחין	אחדו	
015			C2.1.5:23	[ו]חׄיׄן	אחדו	
016			C2.1.7:34	וחין	אׄחׄ[דו	[
017			C2.1.8:47	קרבא קטלו בה[ם וחין	אחדו	] ויזדת אחדו וחרא זי
018			C2.1.8:56	[וחין	אחדו]	
019			C2.1.8:58	[ו]חׄין	אחדו	
020			C2.1.5:17	וחין	אחׄד[ו	...]×2+100 אׄחר דדרש
021			C2.1.5:11	וׄחין	אחדוׄ	[..]×3+3+100 בתרתי
022	אחזו		A1.1:5	[....]	אחזו	וׄיׄבלו [....] בכל]
023	ואחדו		C2.1.8:62	[זי חי]לי קטלו	[ואחדו	]2+3 אחר מת[א לי הות
024			C2.1.8:49	[זי חילא זילי קטלו	ואחדו	[20+20+10+2 זנה
025	יאחדן		C1.1:107	שמי בשרחו[ת]אׄ הׄן	יאחדן	רשיעא בכנפי לבשך שבק
026	אחד		B3.4:5	וכוין בה וגשרן לא	אחד	אנחן זבנהי לך ויהבת לך
027			B3.10:13	לך ברחמן מבני בי תחתי	אחד	גשורן וכון בה 3 דש חד בה
028			B3.11:2	בי חׄד מבני בי תחתי	אחד	גשורן ודששן 3 הו תרי רסי
029			B3.12:13	כספיא בי תחתי מבני	אחד	גשורן כון ודששן 2 מבני
030			B3.5:8	בנה בי תחתי חדת	אחד	גשורן וכון והא זנה תחומי
031			B3.7:4	לכי בי חׄד בׄנׄהׄ	אחד	גשורן הוה א[רך]אמן
032			B3.10:13	וכון בה 3 דש חד בה	אחד	ופתח אף שליטא אנתי
033	אחדתה		B3.8:29	אנתתה יהוישמע הי	[א]חדתה	ביתה ונכסוהי וקנינה
034	אחזן		B5.6:1	[....] אמה תטוסרי	אחזׄן	.קׄ.ל ארנׄפי בׄהׄפׄתח
035	למאחד		B4.3:19	לי אׄנׄתׄ[ש]לט	למאׄ[חד	
036			B4.4:17	לן אנת שלט	למאחד	עד תתמלא בעבורא] זנה זי
037			B4.6:12	[ש]לׄ[יט]הׄ	ל[מאחד]	[עד תתמלאי בכספ]כי
038	למחד		B3.13:10	פחנום שליט בערבני	למחד	ותלקח לך מן בי זי לבנן
039	ואתחדו	etpeel	A4.4:5	א]שתכחו בבבא] [בנא	ואתחדו	א]סירן רמי אתת הודו
040			A4.4:6	זי אשתכחו בבבא בנא	ואתחדו	[אסירן] ידניא בר

אחד N bar, secret

No.	Form	Morph	Ref	Context	Keyword	Context
001	אחדי	p const	D3.16:13	מבׄן זי אבן שש 2	אחדׄי	מבׄן פלג חפן 1
002			C1.1:83	גבר לא לבׄ[ב] מ[.]י	אחדי	פמך אחרי כן הנפק [מלי]ך

אחדה N bar; cf. **אחרה** P, entry 001

אחה N sister

No.	Form	Morph	Ref	Context	Keyword	Context
001	אחה	s ab/cn	D2.10fragb:2	[...]אחר[ן ...] [... ...	]אחה	ל[... ...]
002	ואחה		B2.10:11	נרשה לבר וברה לכם אח	ואחה	אנתה ואיש לכם או גבר זי
003			B5.1:5	יהבנה לכי לא יכל אח	ואחה	בר וברה קרב ורחיק
004			B5.3:3	[ולא יכל בר וברה] [אח	ואחה	דינן למרשה על]יך ועל
005			B3.11:12	בר לי וברה לי אח	ואחה	הנגית והנבג ואדרנג זי
006			D2.10:11	[... ...] [... ...]אח	ואחה	ה[נגית ... ...] [... ...]
007			B3.5:19	גבר אחרן אמי ואבי אח	ואחה	ואיש אחרן לא ישלט בביתה
008			B2.3:10	לי בר וברה אחרנן אח	ואחה	ואנתה ואיש אחרן שליט
009			B4.7:4	[אח	וא]חׄה	והׄנבג זי יקום וידׄח[..]
010			B6.3:6	[...] אף [לא יכהל אח	ואחה	זי שלומם קריב ורחיק]
011			B3.5:13	יכהל בר לי וברה אח	ואחה	יגרנכי בשם ביתא זך והן
012			B2.11:8	מחסיה בר וברה לי אח	ואחה	לי ואנש זילי דינן למרשה
013			B2.2:13	ובר לי וברה לי ^אח	ואחה	לי קריב ורחיק^ על ארקא
014			B3.9:4	ובר וברה לי אח	ואחה	לי ואיש לי יכבשנהי עבד
015			B3.9:6	אנה ובר וברה לי אח	ואחה	לי ואיש לי נקום למעבדה
016			B5.5:5	בר לי וברה לי אח	ואחה	לי קריב ורחיק [ירשנכי
017			B2.2:13	ובר לך וברה לך אח	ואחה	לך קריב ורחיק זי יגרנך
018			B3.12:27	יכהל בר לן וברה אח	ואחה	לן הנגית והנבג ואדרנג
019			B2.7:10	דין ו<ד>בב אנה ואח	ואחה	קרב ורחק בעל דגל ובעל
020			B3.2:8	כרשן 2+3 הן גרך אח	ואחה	קרב ור<ח>ק בשם הירא זנה
021			B2.1:8	לא יכהל בר וברה אח	ואחה	קריב ורחיק בעל דגל וקריה
022			B3.6:5	בר לי ^וברה^ ואח לי	ואחה	קריב ורחיק הנגית והנבג
023	אחת		C3.15:85	ברת [...]ה כש 2	אחת	מחתושׄ מפתח ברת טסתי
024			A2.2:5	ופדׄת לבנתסר בר תבי	אחת	נבושה כסף ש 3+3 וזוז
025	אחתה	s em/sf	B5.5:13	[לאסורי ברת גמריה	]אחתה	
026			A4.4:6	תבלא ברת משלם קולא	אחתה	הא שמהת גבריא זי אשתכחו
027			B5.5:2	לאסורי ברת גמרׄ[י]ה	אחתה	יׄהׄוׄדׄיׄהׄ לזׄכׄם
028			B5.1:2	ברת קניה ויתומה	אחתה	ליהאור ברת שלומם אנחן
029			D1.17fragb:10	[שׄל]קן 3 זי תודה לפלטה	אחתה	ל.[... ...] [... ...]עליהא
030			C1.1:12	לברה ולא בר[....	א]חׄתה	.[ ] [.... א]חר
031	אחתי		A2.7:2	[ו]חין שלחת לכי שלם	אחתי	אסורי וזבבו וככי וכען
032			D6.13fraga:1	אל	אח[תי	]אסורי.[...] שלם[...]
033			D1.6fraga:1	[... ...]אל	אחתי	יהישמע[...]
034			A2.1:1	ובית מלכת שמין אל	אחתי	נניחם מן אחכי נבושה
035			A2.7:5	שלחת ספרא זנה אל	אחתי	עתרדי מן אׄחׄו[כי

No.	Form	Ref	Preceding	Keyword	Following
036		A2.3:1	שלם בית נבו אל	אחתי	רעיה מן אחכי מכבנת
037		A2.6:1	אל	אחתי	תבי מן אֹ[חוכי ....]ר
038		A2.2:1	שלם בית בנת בסון אֹל	אחתי	תשי מן אחכי מכבנת
039		C1.1:25	[בר	א]חֹתי	זי אנה רבית עשת על[י
040		D1.8:3	שלם [... ...] [... ...]	אחתי	ס[תרי ...] [... ...] נתן
041*		C1.1:6	ל[..] ..[.]לבר	אחתֹ[י	....]מותה
042		D1.21:2	...ת א.[... ...] [...] שלם	אחתי	תקותיא שלם .[... ...]
043	אחתך	B3.8:4	עד עלם ויהבת לך מהר	אחתך	יהוישמˆעˆ כסף כר[ש 1]
044		B3.8:3	מנך לנשן יהוישמע שמה	אחתך	לאנתו ויהבתה לי הי אנתתי
045		B3.8:5	בגו הנעלת לי יהוישמע	אחתך	לביתי תכונה זי כסף כרשן
046	ואחתה	A3.9:2	[ע]ל דבר אפוחס	ואחתה	לאמר [.... .מט]אני כזי
047	ואחתהה	A2.7:4	ופטמון שלם הריוטא	ואחתהה	לשלמכי שלחת ספרא זנה אל
048	לאחתה	B3.8:41	לא יכהל זכור יאמר	לאח[ת]ה	נכס[י]א אלה ברחמן יהבת
049	אחתי p em/sf	A2.5:1	אל	אחתי	תרו ותבי מן אחוכן

אחז V
to hold, to take, to catch, to seize; cf. **אחד**

אחר a
then, afterwards

No.	Form	Ref	Preceding	Keyword	Following
001	אחר	C2.1.7:40	ומד[י] עמי אז[ל]וֹ	אחר	ארתורֹ[זי] [עם]חיֹ[לא
002		C2.1.4:9	[ד]דֹרש למעבד קֹ[רב	אחר	דדרש עבד קרבא בזוז שמה
003		C2.1.5:17	אחדֹ[ו ...]×100+2	אֹחר	דדרש מנֹ[דעם ל]א עביד
004		C2.1.7:32	[לחילא זי לא שמען ל]י	אחר	ד[דרש א]זל עבד קרב עם
005		C2.1.4:3	[מדי זי לא] שֹמען לי[	אחר	ודרן עם חילא אזל למדי
006		C2.1.4:6	]	אחר	ודרן במדי מנ]דֹעם לא
007		C2.1.5:20	[זי לא] [שמען לי קטל]	אחר	והומס אזל לארדט לממטה
008		C2.1.5:23		אחר	וה[ומ]סֹ מנדעם [לא עבד
009		A4.7:6	בירתא יהעדו מן תמה	אחר	וידרנג זך לחיא אגרת שלח
010		A4.8:6	[בירתא] יהעדו מן תמה	ˆאחרˆ	וידרנג זך לחיא אגרת
011		C2.1.7:44	וחין[אחדו	אחר	ויזדת זך עם] חילא
012		C2.1.8:60	במ[ת הרוחתי אזל	אחר	ו]ימן עֹםֹ חיל[א אזל
013		A6.7:7	לא שנציו למנעל בבירתא	אחר	[י]נ[ח]רו לחיא אחד המו
014		C1.1:71	מלכא קטיל	אחר	נבוס[מסכן
015		A4.7:8	זי ביב בירתא ינדשו	אחר	נפין דבר מצריא עם חילא
016		A4.8:7	אלהא ביב בירתא ינדשו	אחר	נפין זך דבר מצר[יא עם
017		B8.10:2	[.... .]מֹן דיניא	אחר	נתן זך מית
018		D1.12:14	[...] [... ...] עש.[...].ו	אחר[	... ...] [... הו]שרתה[ל]ך
019		D23.1.VIII:10	...פֹנֹםֹ תהוֹין תֹמהֹ	אחר	.. שֹ...ן תֹעֹלֹן
020		C1.1:107	בכנפי לבשך שבק בידה	אחר	אדני לשמש הו [י]לקח זילה
021		C2.1.4:7	[עד זי אנה אזל למדי	אחר	אזלו עלי לאחמתן]
022		A6.11:5	אחרן זילי מני לא יהיב	אחר	אנה בגה זי פמון זך יהבת
023		B2.7:5	כסף ונכסן לשלמה לכי	אחר	אנה יהבת לכי לביתא זנה
024		B3.13:3	לי כנתן פרסן 2 סאן 3	אחר	אנה ענני בר חגי אשלם
025		B3.13:6	לי פתפא מן בית מלכא	אחר	אנה ענני אחוב ואנתן לך
026		B3.13:7	כרש חד 1 כסף צריף	אחר	אנה ענני אשלם ואנתן לך
027		D1.12:10	[...] [...]אמרת לי	אחר	אנה דֹברֹת א[...]. כזי
028		C1.1:8	מֹ[ל]ךְ אתור	אחר	אנ[ה ....]ברי
029		C2.1.7:38	הו מ[לכ]א ב[פרס ה]וה	אחר	אֹנה חילא [ז]י בפרס
030		B3.13:10	כספא זנה זי מנעל כתיב	אחר	אנת פחנום שליט בערבני
031		C1.1:53	יזכרני ועטתי יבעה	אחֹ[ר	]אנת תֹקֹרֹבני עלוהי
032		C2.1.8:48	אחדו וחרא זי עמֹ[ה	אחר	בהודשי בפרס ויזדת
033		B3.13:8	זילך זי מנעל כתיב	אחר	בני ואדרנגי ישלמון לך
034		B2.4:8	יום אחרן ארקא זך תבנה	אחר	ברתי תשנאנך ותנפק מנך לא
035		C2.1.8:58	]	אחר]	גברא זך זי רֹב הוה עֹ[ל
036		C1.1:13	.[ ] [....	א]חר	גהנת וסגדתֹ לם אחיקר
037		C2.1.4:1	]	אחר	הו מלך במדי] [הוה חילא
038		B8.1:3	אמר [...]. היתי [...]	אחר	[....]..והי [....].יתֹ
039		A6.9:6	חד יתיר מן יום חד	אחר	זי יומיא אלך יתיר פתף אל
040		C2.1.4:2	[ומדיא זי עמי זעיר הוה	אחר]	חיל[א למדי שלחת ודרן
041		C2.1.7:37	[ברזי בר]הֹ זי כרש	אחר	חֹ[י]לא ז[י פרס] כמסת
042		A6.15:3	2+3 כל גברן [10]	אחר	חלכיא גברן 2+3 שאל מן
043		B8.2:25	לחרתֹ.[...]	אחר	יהיב[....] כנופיֹ
044		B8.6:11	[....]בֹ 3ֹ תֹמוֹז	אחר	יהיב לבֹת...ת
045		B8.6:2	בשניתא זיליֹ	אחר	יהיב [ל.... וכנותה] [ב
046		B8.6:6	כסן 10 מאֹנן 3ֹ+2	אחר	[יהיב ל.. ו]כנותה [....
047		C1.1:63	זי אחיקר זנה למחזה	אחר	י[חזון פגר]ה זי סריסה
048		A6.7:6	זי בעליתא ותחתיתא	אחר	כזי מצרין מרדת וחילא
049		C1.1:36	למה הֹו יחבל מתא עלין	אחר	כזי [.... מלך א]תור מני
050		C1.1:39	קליל [.... אל]ךְ עמה	אחר	לי[ו]מן אחרנן תלתה לם
051		C1.1:4	שנאחריב מלך אתור	א[חר	מית שנ]חאריב מל[ך אתור
052		C2.1.5:25	[דריהוש מלכא כן אמר	אחר	מן בב]ל [נפ]קֹת אזל
053		B8.11:3	[....] צֹבוֹתא	אחר	מנדתא זֹיֹ
054		C2.1.7:29	]	אחר]	מתא לי הֹות זנה זי
055		C2.1.7:35		[אחר	מתא לי ה]ות זנה זי אנה[
056		C2.1.8:62	קטלו [ואחדו]3+2	אחר	מת[א לי הות זנה] [זי אנה
057		B2.11:10	עבדא זך זי מטאך בחלק	אחר	ננתן לך אביגרנא כסף צריף
058		C2.1.5:12	[זי דדרש] למעבד קרבֹ	אֹחר	עבדו קרבא בֹתגר שמה
059		C2.1.5:15	זי דדרש למעבד קרב	אחר	עבדו קרב בֹהיו [שמה]
060		C2.1.5:21	וה[ומס למעבד] [קרב	אחר	עבדו קר]בֹאֹ קטל בהם
061		C1.1:54	עלוהי ויהחיני	אחר	[ענ]הֹ נבוסמסכן רביא
062		C1.1H:10	[...] על[והי ויהחיני	אחר	ענה נב]וס[מסכן רביא ...]
063		C1.2:2	[חור] בר פונש הו	אחר	ענה מלכא וֹ[אמר] [..
064		C1.1:58	[ ]ועטה טבה הי [שגי]אֹ	אח[ר	ענו גבריא]אלך תרין
065		A6.8:3	יֹהוה לך הן פסמש[ך]	אחר	קבלת מנך ישלח עלי חסן
066		C1.1:11	[ז]י שאלה	אחר	רחמה אסרחאדן מלך אתור
067		B2.9:8	התיב לה ומנכן רשינכם	אחר	שאילתם ואנת ידניה
068		C2.1.7:31	עליהם עבדו [פרד שמה	אחר	שלחת לדדרש] שמ[ה עלימי

אחר p
after; cf. **אחרי**

אחרה P
other (fem)

No.	Form	Ref	Preceding	Keyword	Following
001*	אחרה	D3.38fraga:1		אחרֹהֹ[	...] חד דֹ[...]
002		D3.46fragd:3	פץ 1 ב[...] [... פ]ץ	אחרה	[...] [... אח]רֹה ב[...]
003		D3.26:3	פשכן 3+1 בגו לוח	אחרה	אמן 3+3+3 ופלג פתי אמה
004		D3.26:4	אמה 1 דורֹ[הֹ ...] לוח	אחרה	אמן 3+2 פתי א[מה 1 פשך
005		D3.46fragd:4	[פ]ץ אחרה [...] [...	אח]רֹה	ב[...] [....][ל[..]
006		B3.8:36	[ענניה י]לקח אנתה	אחר[ה	בר מן יהוישמע] לה

007		B6.4:1	[ילקח א]נֿתֿה	[אחרה]	[בר מן סלואה אנתתה לה
008*		D1.33fragc:2	[...] [... ...]יֿת	אחרֿה	היתי כ[... ...] [...]ת
009		B2.6:32	אכל אמר איתי לי אנתה	אחרה	להן מפט<ח>יה ובנן אחרנן

אחרי A responsible

001	ואחריא p em/sf	D1.17fragb:7	[... ...] [... ...]א	ואחריא	לקבל חלקן 3 כען

אחרי P other (fem)

001	אחרי	D1.12:7	[...]זבנו .כסף ש 3	אחרי	לעלא[...]ינת לכי
002		C3.27:29	שם 1 פּבֿי 1 נפקה	אחרי	עלימי ביתא סֿברן 3 עלים
003		D23.1.XIII:4	עֿרכי בזוה כלמת היא	אחרי	[..]שֿ[..]..[..]....לֿ. [...]

אחרי p after

001	אחר	C2.1.1:2	בטללןה זי אהורמזד	אחר	זי אנה מלך הוית] [איש חד
002		B3.5:17	ילדתי לי המו שליטן בהֿ	אחר	מותכי ואף הן אנה ענני
003	אחרי	D23.1.XII:5	[...]..הם ויגדֿ[...]	אחריֿ	אֿבהיהם [.]..[...] [...] [מ]ן
004		D4.14:1		אחרי	יהוי [...] [...] ...[...] [...]
005		C1.1:83	לבֿ[ב] מ[.]י אחדי פמך	אחרי	כן הנפק [מלי]ך
006		C2.1.11:77	מן אנ[ת מלך]. מן	אחריֿ	לזר[עהום זי גבריא אלך
007		B3.5:21	וגברא זי יהנצל ביתי	אחרי	מותי מן פלטי ויהוישמע
008		B7.3p:2	כסף ונכסן [זי]ישתכח	אחרי	מותי
009		B3.6:14	בר לאבוהי ולזכור ברך	אחרי	מותך אנחן נחוב לך
010		C1.1:213	יאתה [...]	א]חרי	עו[יר ....]
011		C2.1.11:64	כן אמר מן אנ]ת מלך זי	אחרי	תהוה איש זי יכדב
012	אחרוהי	A4.3:10	חסרן שגֿיֿאֿ שים	אחרוהי	בבית ענני זי תעבדון לה
013		B2.7:7	זי כתב לי משלם זך	אחרוהי	זנה ביתא יהבתה לכי
014		B2.4:4	אנתתך וספר כתבת לה	אחרוהי	משחת ביתא זך אמן 3+10
015		C1.1:209	[ ]ידע זי יֿאתה מן	אחרוהי	[....] ינסח נרם מן
016	אחרי	B8.1:12	שארית [....]	אחרי	ורז שמה עלן]
017		A6.3:3	אבי זֿיֿ אנה מ....[...]	אחרי	על מראי פסמשכחסי שמה
018	אחריך	B2.4:13	מבטחיה המו שליטן בה	אחריך	הן מחר או יום אחרן
019		B3.4:19	זילך אם וזי בניך מן	אחריך	והן גבר אחרן יגרנך
020		B5.4:4	[זילך ו]זי בניך מן	]אחריך	והן קבלת עליך ועל] בר
021		B2.11:12	לך יהוה וזי בניך	אחריך	ולמן זי צבית תנתן ולא
022		B2.11:7	זנה ועד עלם ובניך	אחריך	ולמן זי צבית תנתן לא
023		B3.12:23	ועד עלמן ובניך שליטן	אחריך	ולמן זי רחמת תנתן או זי
024		B3.4:12	בביתא ֿזךֿ ובניך מן	אחריך	ולמן די צבית למנתן אנחן
025		B3.4:16	זילך אם וזי בניך מן	אחריך	ולמן זי צבית למנתן ולא
026	אחריכי	B3.11:9	עד עלם ובניכי שליטן	אחריכי	ֿאנהֿ ענני בר עזריה
027		B3.5:5	בניכי זי ילדתי לי מן	אחריכי	והא משחת ביתא זך זי אנה
028		B3.10:19	ודבב וירשה לבניכי	אחריכי	ויקבל עליכי לסגן ומרא
029		B2.3:15	ביתכי אפם ולבניכי	אחריכי	ולא יכהלון יהנפקון
030		B2.7:8	דילכי הו ולבניכי מן	אחריכי	ולמן זי רחמתי תנתננה לא
031		B3.10:21	שליטא ובניכי שליטן	אחריכי	ולמן זי רחמתי תנתנן אף
032		B3.10:19	לסגן ומרא ועל בניכי	אחריכי	זי ירשנכי דין ודבב
033		B2.3:9	זנה ועד עלם ובניכי	אחריכי	למן זי רחמתי תנתנן לא
034	אחריכם	B2.4:8	ברתי המו שליטן בה	אחריכם	הן מחר או יום אחרן ארקא
035		B2.10:9	נתן עד עלם וזי בניך	אחריכם	ולמן זי רחמתן תנתנונה
036		B2.10:16	עד עלם וזי בניכם	אחריכם	שטר מן בנן זי יזן בר
037	אחרין	C1.1:63	אחרנן מלכא ישלח	[א]חרין	פגרה זי אחיקר זנה

אחרן P other

001	אחרן	B2.3:26	החסנהי הן מחר או יום	אחרן	דרגמן או בר זילה ירשה
002		D2.10fragb:1	...]	]אחרן[	...] [... ...]אחה לן...
003		D7.19:13	מחר א[ו] [יו]םֿ	אחרן	
004		B3.5:19	אחרנא אנה ענני גבר	אחרן	אמי ואבי אח ואחה ואיש
005		B2.4:8	אחריכם הן מחר או יום	אחרן	ארקא זך תבנה אחר ברתי
006		B2.4:13	אחריך הן מחר או יום	אחרן	ארשנך דין ודבב ואמר לא
007		B2.3:20	רחמתי הן מחר או יום	אחרן	ארשנכי דין ודבב ואמר לא
008		B3.8:33	יהו[ישמע ל]הבעלה בעל	אחרן	בר [מן] ענני והן תעבד
009		A6.10:2	ביתא זילי אף מן אתר	אחרן	גרד אמנן וספזן ונכ[ס]ן
010		A6.10:6	ביתא זילי אף מן אתר	אחרן	גרד אמנן וספזן שפיק בעו
011		B3.11:10	על ספר אנתותכי עד	אחרן	הן אמר אהנצל מנך אחוב
012		C1.1:49	קטלתה עד זי לעדן	[א]חרן	וליומן אחרנן שגיאן
013		A6.10:4	אחרנן בעי[ן] מן אתר	אחרן	ומהוס[פן ע]ל בית מראיהם
014		A6.15:7	חמרא עבורא ומנדע[ם]	אחרן	זי לקחת כלא התב הב
015		B2.6:10	באבני מלכא לבש	אחרן	זי עמר נשחט הוה ארך אמן
016		A6.11:5	לא עביד לעלים	אחרן	זילי מני לא יהיב אחר אנה
017		B2.3:16	על ארקא זך למנתן לאיש	אחרן	זך ספרא זי יהנפקון עליכי
018		B3.4:19	בניך מן אחריך והן גבר	אחרן	יגרנך ויגרה לבר וברה לך
019		B3.5:16	1 ולא דין והן גבר	אחרן	יגרנך דין ינתן לכי כסף
020		B2.7:11	דילכי אף לא יכל גבר	אחרן	יהנפק עליכי ספר חדת ועתק
021		B2.6:17	משאן 1ֿ מחר או יום	א[חר]ן	ימות אסחור ובר דכר
022		B3.3:11	חם עד חוט מחר או יום	אחרן	ימות ענניה {{משלם בר
023		B2.6:26	ולא דבב מחר או יום	אחרן	יקום אסחור בעדה ויאמר
024		B3.3:7	פלג מחר או יום	אחרן	יקום ענני בעדה ויאמר
025		B3.8:21	חפנן 2+3 מחר או יום	אחרן	יקום ענניה בעדה ויאמר
026		B2.7:9	ובני וזרע זילי וגבר	אחרן	ירשנכי דין ודבב בשם ביתא
027		A6.10:9	כסנתו יהוה ומן אתר	אחרן	לא תבעון ולא תהוספון על
028		B2.1:6	זכריהֿ מחר או יום	אחרן	לא אכהל אכלאנך למבנה
029		B2.1:8	מית קוניה מחר או יום	אחרן	לא יכהל בר וברה אח ואחה
030		B2.3:18	אנה מחסיה מחר או יום	אחרן	לא אהנצל מנכי למנתן
031		B3.3:13	ואנה משלם מחר או יום	אחרן	לא אכל אנצל לפלטי
032		B3.5:20	אמי ואבי אח ואחה ואיש	אחרן	לא ישלט בביתה כלה להן
033		B3.6:9	ויהישמע ברתכי וגבר	אחרן	לא שליט עליכי ועל
034		B3.9:5	וברה לי ואיש לי ואנש	אחרן	לא שליטן למשנתה לא אכהל
035		B5.1:4	עם נאהבת מחר יום	אחרן	לא נכל נגרכי במנתא זכי
036		B2.6:33	איתי לי ב[נן] ואנתה	אחרן	להן מפטחיה ובניה אנתן
037		B2.3:11	אח ואחה ואנתה ואיש	אחרן	שליט בארקא זך להן אנתי
038		B3.3:12	ותמת מחר או יום	אחרן	תמות תמת ענני הו ֿהרֿ
039		B2.6:22	וקנינה מחר א[ו]יום	אחרן	תקום מפטחיה בעדה ותאמר
040		B3.3:9	חם עד חוט מחר או יום	אחרן	תקם תמת ותאמר שנאת
041	ואחרן	D6.3fraga:10	[...] [...]עֿן	ואחרן]	[...
042		A4.7:11	זי עם שירית אשרנא	ואחרן	זי תמה הוה כלא באשה
043		A4.8:10	ארז עם ש[ירית אשרנא	ואחרן	זי תמה הוה כלא] באשתא

No.	Form	Ref	Context	Keyword	Context
044		A6.2:5	זי הוה אשרנא הנדונה	ואחרן	זי [....] ינתנו ולעבק
045		A6.2:6	ולעבק אופשרה יתעבד	ואחרן	זי מני שליח עליהם על
046		B2.9:12	נכסן וכסף עבור	ואחרן	זי שלומם בר עזריה והן
047		C3.7AR2:11	[10] [כל מנדתא	ואחרן	זי גבי מנה ועביד] [על
048		C3.7AR3:19	[10] [כל מנדתא	ו]אֹחֹרֹן	[זי גבי מנהם ועביד על
049		C3.7DR3:24	[10] כל מנֹדֹתֹא	ואח[רן	זי גבי מנה] ועביד על
050		C3.7ER1:7	ספיתן 10 כל מנדתא	ואחרן	זי גבי מנה [ועביד ע]ל
051		C3.7ER2:4	[10] כל מנֹדֹתא	ואחרן	זי ג[ב]י מנה[ועביד על
052		C3.7FV2:21	1 [כ]ל [מנד]תֹאֹ[	ואחרן	]זֹיֹ גֹבֹיֹ[מנהם]
053		C3.7FV2:6	לק עתיק 1 כל מנדתא	ואחרן	זי גבי מנהם ועביד על
054		C3.7GR2:3	לק עתיק 1 כל מנדתא	ˆואחרןˆ	זי גבי מנהֹם ועביד על
055		C3.7JR1:18	[10] [כל מנדתא	ואחרן]	זי גבי[מנה ועביד על]
056		C3.7JR2:19	[10] [כל מנדתא	ואחרן	זי גבי מנה ועביד על בית
057		C3.7JV2:22	20{ כל מנדתא	ו[אחרן]	זי גבי מנהם ועביד על
058		C3.7	[כל מנ]דֹתֹאֹ[	ואח]רן[	זי גבי מנה ועביד על]
059		C3.7KR2:14	[10+20] כל מנדתא	ואחרן	זי גב[י מנ]הֹם ועביד על
060		C3.7KR3:18	[10] כל מֹנֹדֹתֹאֹ	ואחרן[	זי גבי מנה ועביד על
061		C3.7CR1:17	ספיתן 10 [כל מנדתא	ואחרן	זי גבי מ]נה ועביד עֹ[ל]
062		C3.7CR2:18	[10] כל מנדתא	ואח[רן]	זי [גבי מנה] ועביד על
063		B2.9:6	מאני עק וחוצן עבור	ואחרן	נכסן לאמר אסחור אבוכם
064		C3.7DR2:7	20 כל מנד[תא	]ואח[רן	....] עֹל בית
065	אחרנא	B3.5:19	בני המו שליטן בחלקי	אחרנא	אנה ענני גבר אחרן אמי
066		B2.4:11	לה למלקח ופלגא	אחרנא	אנת שליט בה חלף בנויא
067	אחרנן	C1.1:52	לב[י]תך ע[ד] ליומן	אחרנן	אסרחאדן מלכא רחמן הו
068		B2.3:10	לא איתי לי בר וברה	אחרנן	אח ואחה ואנתה ואיש אחרן
069		A4.7:8	דבר מצריא עם חילא	אחרנן	אתו לבירת יב עם תליהם
070		A4.8:7	דבר מצר[יא עם חילא	אחרנן	אתו לבירת יב עם]
071		A6.10:4	מראיהם חסין נטרן אף	אחרנן	בעי[ן] מן אתר אחרן
072		D23.1.VI:6	כֹלֹהֹם ..[... ....]	אֹחֹרֹנן	הן פר[... ....] נֹבֹוֹ
073		D7.6:5	אל תוכ‖ל המו על	אחרנן	הן גרס לחמהם לשו לחם קב
074		A6.12:3	קדמן עבד קדמי ופתכרן	אחרנן	והושרו יהיתו עלי אפריע
075		A6.10:8	מן גרדא או מן נכסיא	אחרנן	זילי מנדעם כסנתו יהוה
076		C1.1:40	תלתה לם [....	א]חרנן	זי עמה הֹ[וו] ואנה מהלך
077		C1.2:21	ויהוון .[....] וביומן	אחרנן	יאכל [....]מה
078		B2.6:32	להן מפט<ח>יה ובנן	אחרנן	להן בנן זי תלד לי
079		C1.1:37	מני עמֹה גברן 2	אחרנן	למחזה איך [....
080		C1.1:62	וכזי[....]גברן	אחרנן	מלכא ישלח [א]חרין פגרה
081		C1.1:49	לעדן [א]חרן וליומן	אחרנן	שגיאן קרבתך קדם
082		C1.1H:6	[לך כאיש עם אחוהי ...]	אח[רנן	ש]גיא[ן]קרבתך[...] לא
083		A6.10:3	אמנן וספזן ונכ[ס]ן	אחרנן	שפיק בעה ועבד על ביתא
084		C1.1:39	עמה אחר לי[ו]מן	אחרנן	תלתה לם [.... א]חרנן
085	כאחרנן	A6.12:2	שושן זך פתפא הב לה	כאחרנן	ˆולנשי ביתהˆ גרד בדיכרן
086	לאחרנן	B2.3:19	לא אהנצל מנכי למנתן	לאחרנן	ארקא זך זיליכי בני והבי
087		B5.4:3	[אהנצל מנך למנתן	[לאחרנן]	[ביתא זנה זילך ו]זי
088		B2.4:7	לזבנה ולמנתן רחמת	לאחרנן	להן בניך מן מבטחיה
089		B2.4:9	הי למלקחה ולמנתנה	לאחרנן	להן בניך מן מבטחיה המו
090		D23.1.III-IV:8	[ונ]כסיהם נֹתֹןֹ	לאחרנן	..[..]מן .ל..לנא שֹ.תֹ עד]

איאב N (unclear)

No.	Form	Ref	Context	Keyword	Context
001	s ab/cn איאב	D3.27:5	כפ[י] רֹגליך וֹ0	איאב	אנת.[...] [...].אגפא[.]פחפט

איטשרי A (unclear)

No.	Form	Ref	Context	Keyword	Context
001	s ab/cn איטשרי	C3.11:4	1 עבד משח זרע כתן	איטשרי	1 לכסףֹ[...] כ[..]. מחא
002		C3.11:9	מכס פטאסי בר .[...]	איטשרי	זי בכצת שנת 3+3 כסף

איך a how

No.	Form	Ref	Context	Keyword	Context
001	איך	A5.2:5	קדם תרוח ודי[נא]	איך	[....] [....]
002		B8.11:4	כן אמר אזד עבֹדוֹ	איך]	.... [....]זֹ
003		D1.26fragb:4	[...] עבדאֹ לי	איך]	... י]הוישמע בר[ת ...]
004		A3.3:6	[פ]רסכן זי כלי כלה כעת	איך	ביתא עביד ואיך נפקת הן
005		A5.1:3	זי תהוֹיֹ לך [....	איך	בי]תך עביד אנה
006		C2.1.11:66	[שגי]אֹ הודע	איך	זי עביד אנת ואיך הלכתך
007		A5.2:7	זי סון ודיני מדנתא	איך	לקֹ[חו ...] [.... על]
008		C1.1:37	גברן 2 אחרנן למחזה	איך	[.... נ]בוסמסכן זך
009		D1.30:4	[...]. שאל עליהו[...].ן	איך	ת[...] [...]ואלהא שזבן
010	ואיך	C2.1.11:66	הודע איך זי עביד אנת	ואיך	הלכתך [.... זי
011		A3.3:6	כעת איך ביתא עביד	ואיך	נפקת הן יהו[....]

איל N stag

No.	Form	Ref	Context	Keyword	Context
001	s em/sf לאילא	C1.1:183	אריא יהוה מסמה	לאילא	בסתר סוירא והו

אילה N hind

No.	Form	Ref	Context	Keyword	Context
001	s em/sf אילתא	C1.1:182	]עבדֹתֹ[...] קֹם	אילתא	שגיאת מסמ[....]

אימנש A remiss (Pers; GEA 370.12)

No.	Form	Ref	Context	Keyword	Context
001	s ab/cn אימנש	C2.1.11:69	[.... אל ב]טובך	אימנש	תהוה [.]דֹכליך אל יל..

אימת c when, whenever

No.	Form	Ref	Context	Keyword	Context
001	אמת	D7.6:9	1 עד תאתה אמהם שלח לי	אמת	תעבדן פסח‖א הוי שלח שלם

איש N man

No.	Form	Ref	Context	Keyword	Context
001	s ab/cn איש	D1.12:3	כזי כן[א]ל תזב[ן]מן	איש	[... ...] [... ...]סבלת[
002		C1.2:24	[....] מראה וישוה	אˆיˆש	בני מראיֹהֹםֹ[...
003		C1.1:164	[זי] שמהתהם לא ידע	איש	הא כן אנשא לא ידע איש
004		B4.1:3	[ו]כל מדעם זי יחיה בה	איש	ול.. וֹ[לא אכל אמר] לבר
005		C2.1.11:64	מלך זי אחרי תהוֹה	אישֹ	זי יכדב [....
006		C1.1:145	[....] הא כן	איש	זעיר ועם [....
007		C1.1:162	מין שפין בין רעין טבן	איש	זעיר וירבה מלוהי מסרסרן
008		C2.1.1:3	[אחר זי אנה מלך הוית]	[איש]	חד כנבוזי ברה זי] כרש
009		C1.2:19	ינתן לה אבוהי [....]	איש	כיבי אלהיהם
010		D20.5:2	באיש לא עבדת וכרצי	איש	לא אמרת תמה קדם אוסרי
011		C1.1:217	[ ] [....]הוה	איש	לא בסֹולה [....]
012		C1.1:199	וא[....	]איש	לחה זי יהנשג כֹ.[....]

013		C1.2:23	בלבה ויקטל	איש	למ[רא]ה על דבר כספה
014		C1.1:99	פתיח [לא חזה]	איש	מה בלבב כנתה וכזי
015		A6.7:8	טב מנך יתשם טעם כזי	איש	מנדעם באיש לא יעבד
016		C1.1:173	עיני אלהן על אנש[א]	איש	מצלח עקן בחשוכא ולא חזה
017		C1.1:88	עם אשה בשר עם סכין	איש	עם מ[לך] טעמת אנזעררתא
018		C1.1:96	[ ]איתי [מה י]שתמר	איש	עם אלהן ומה יתנטר עלאון
019		C1.1:164	איש הא כן אנשא לא ידע	איש	[....] אריה לא איתי בימא
020		C1.2:22	[ ]כסף ויהנפק	איש	.[....] ויתקלנהי בידה
021		C1.1:95	חמרא ואמר לאריא[ ]	איש	שפיר מדדה ולבבה טב
022	אש	A3.8:6	[ו]הן לא זבנו המו בעי	אש	זי יזבן ביתא [ר]בא זי
023		A2.2:13	בשם לבת בנת ולעד אשכח	אש	למושרתהם לכן וכעת הושרי
024		A2.4:11	למתיה לכן ולה אשכחת	אש	למיתית לכן וכעת תקם יתו
025		A2.1:9	מן חבב וכעת אן אשכחת	אש	מהימן אתה לכן מדעם שלם
026	ואיש	D2.21:2	.[....] [....]יה	וא[יש	... ... [...] [... ... ז]ילכם
027		D2.21:3	[...] [... ... ז]ילכם	ואיש]	... ... [...] [... ...]תנתנון
028		B2.3:11	אחרנן אח ואחה ואנתה	ואיש	אחרן שליט בארקא זך להן
029		B3.5:19	אמי ואבי אח ואחה	ואיש	אחרן לא ישלט בביתה כלה
030		B2.10:13	בר לי וברה אנתה	ואיש	בשמי ובשם בני שטר מן בר
031		B2.3:12	אנתי ובר וברה לכי	ואיש	זילכי בשם ארקא זך זי
032		B2.9:14	וירשון לבניכם ובנתכם	ואיש	זילכם וזי ירשו[ן] דין
033		B2.9:10	ובנין ובנתן ואחין	ואיש	זילן קריב ובעל קריה לא
034		B2.9:13	אנחנה ובנין ובנתן	ואיש	זילן ובני.שלומם בר
035		C2.1.8:52	[חילא להרוחתי] שלח	ואיש	חד בראשהו[ם שלח לערקה זי
036		C1.2:21	[ ]מה ותאבד צדקתא	ואי[ש	לא יעבד] צדקה לאבוהי
037		B2.10:10	ידניה ובני ואנתה	ואיש	לי לא אכהל אגרנכם דין
038		B2.10:12	ובשם בנן ואנתה	ואיש	לי והן אנה ידניה רשיתכם
039		B3.9:4	וברה לי אח ואחה לי	ואיש	לי יכבשנהי עבד ברי יהוה
040		B3.9:5	יהוה אנה ובר וברה לי	ואיש	לי ואנש אחרן לא שליטן
041		B3.9:6	וברה לי אח ואחה לי	ואיש	לי נקום למעבדה ע[בד]
042		B5.2:9	[	ו]איש	לי יגרנך די[ן ודבב
043		B2.10:11	לכם אח ואחה אנתה	ואיש	לכם או גבר זי תזבנון לה
044		B2.10:14	לבר וברה ואנתה	ואיש	לכם או גברן זי תזבנון לה
045		B2.9:12	ירשון לבניכם ואחיכם	ואיש	לכם ב[ש]ם נכסן וכסף עבור
046		A4.7:14	אלהי מצרין כל מגרו	ואיש	מנדעם באגורא זך לא חבל
047		A4.8:13	מצריא [כ]ל[א מגרו]	ואיש	מנד[עם] [באגורא זך לא
048	ולאיש	B3.12:28	דין וירשה לבניך	ולאיש	זי תנתן לה וזי יקבל
049	כאיש	C1.1:134	זי[....] לאנפין	כאיש	זי יעבד לחיתא [....]י
050		C1.1:173	עקן בחשוכא ולא חזה	כאיש	{{זי}} גנב זי שתר בי
051		C1.1:49	הוית מסבל לך	כאיש	עם אחוהי והצפנתך מנה
052		C1.1H:5	אתור כלא [מ]ס[בל לך	כאיש	עם אחוהי ...] אח[רנן
053	לאיש	B2.3:16	על ארקא זך למנתן	לאיש	אחרן זך ספרא זי יהנפקון
054		C1.1:150	[....] זי יהשפל	לאיש	[ר]ם כו.[...

את V there is; cf. איתי

איתי V there is

001	peal	את	D1.22:3	מראי [...].[...]ל[א	]את	[...]. עלין יתום שא[ל ...]
002			B6.3:3	[ובר דכר ונקבה לא]	את	לה עם א[ביהי אנתתה
003			B6.3:4	ו[קנינה וכל זי	את	לה ....]
004			A3.1:R4	הא שלחת לנבונתן הן	את	לך חמרן 10 ישבקון המו
005			A6.15:9	וגרדא זילי עבידה לא	את	לך ומה זי לקחת נכס[ן] מן
006			D2.9:3	ברת זכור [... ...	א]ת	עמכי למחיה ...נה [... ...
007		איתי	A5.5:8	חרבה חיל לא	איתי	
008			A6.11:1	זילי שלח עלי כן אמר	איתי	פמון שמ[ה א]בי כזי יוזא
009			B2.11:12	צבית תנתן ולא דין אף	איתי	תבא שמה אמהם זי עלימיא
010			D1.12:7	לי כסף מ...[.]. .[.]	איתי[	...].. 1 זי נחש[...] [...
011			B2.4:3	אוריה בזכם דגלא לאמר	איתי	ארק בי 1 זילי מערב לביתא
012			A4.5:6	זך בנה במנציעת בירתא	איתי	באר חדה זי בניה בג[ו]
013			C1.1:165	ידע איש [....] אריה לא	איתי	בימא על כן יקראון לקפא
014			A3.3:7	[.... ש]לם ומחבל לא	איתי	גבר הוי אל תתאשד עד תאתה
015			A6.7:2	קדמ[י]ך שלם יהוי וכעת	איתי	גברן חיל[כין] עבדן זילי
016			B2.9:7	בר עזריה אף אמר	איתי	זי בפקד[ן] הפקדו והו
017			D6.3frage:1	...]	]איתי	זי[...]
018			C1.1:159	חלא וטענת מלח ולא	איתי	זי יקיר מן נכ[רי]
019			C1.1:160	ונסבת פרן ולא {ולא}	איתי	זי קליל מן תותב חרב תדלח
020			C1.1:89	ו[טעמ]א חסין ולא	איתי	זי [מ]ריר מן ענוה% רכיך
021			A3.10:3	[....] הבו על ידה	איתי	כסף ש 3+3+2 יהבת ל...
022			A3.4:4	יגרוהי והן	איתי	כסף הבי עלוהי
023			B2.6:18	ובר דכר ונקבה לא	איתי	לה מן מפ[ט]חיה אנתתה
024			B2.6:19	ונכסוהי וקנינה וכל זי	איתי	לה על אנפי ארעא כלה מחר
025			B2.6:21	ובר דכר ונקבה לא	איתי	לה מן אסחור בעלה אסחור
026			B3.8:30	[ותכונתה וכ]ל [זי	איתי	]ל[ה] וזי יקום על[
027			B3.8:31	[וקנינ]ה וכל זי	איתי	[ל]ה[ינ]תן ל[ה א]ביגרנא
028			B3.8:35	ובר זכ[ר] ונקבה לא	איתי	לה מן ענני בע[לה ענני
029			B3.8:36	ונכסיה וקנינה וכל זי	איתי	לה אף ל[א יכהל ענניה
030			D2.16:1	דין [... ...] [... ...	]איתי	לה מ[ן ... ...] [... ...
031			A3.10:2	ישאלו בכל עדן וכעת	איתי	לי אלף חדה בידכם ביני
032			B2.3:10	למן זי רחמתי תנתנן לא	איתי	לי בר וברה אחרנן אח ואחה
033			B2.6:32	ספרא זנה ולא אכל אמר	איתי	לי אנתה אחרה להן
034			B2.6:33	תלד לי מפטחיה הן אמר	איתי	לי ב[נן] ואנתה אחרן להן
035			B5.6:11	[...]. עלא כת[יב]לא	איתי	לי עמך [....
036			B8.9:2	[...]אה... דין לא	איתי	לי עמהם על זנה טעמ[א
037			B8.9:6	[.. לא	אי]תי	לי עמהם על זנה טעמא]
038			D7.27:5	[...] [.... ˆכ]סףˆ ש 2	איתי	לי [...] [...] ש 1 ר 2
039			D7.3:7	זרע דלען אף הן[.] [...]	איתי	לי ..[...] [...] למחר ...[.]
040			B4.5:2	לדגל [.... לא]מר	איתי	לך עלי כסף כרש[חד שקלן
041			B4.5:3	[סת]תרי במנין 3+3[+1	איתי	לך] עלי מן קצת כסף דמי
042			B4.6:3	ברת סמוח לאמר	איתי	לכי עלי כסף ש 2 הו [כס]ף
043			A4.2:4	הו קבל פתיפרס א[....]	איתי	לן בזי מצריא שחד להן
044			D23.1.Va:10	אמר ק[ד]ם מראי מלכא	אית[י	]לן ג[...]
045			C1.1:95	זי מי[ן] בג[וה	]איתי	[מה י]שתמר איש עם אלהן
046			B2.9:5	וידרנג רב חילא לאמר	אית[י]	נכסיא לבשי קמר וכתן
047			B2.3:23	וספרא זנה בידכי אף	איתי	ספר מרחק 1 זי דרגמן בר
048			B8.7:5	מהחסן ˆאנהˆ להן	איתי	עבדן זי לי המו

No.	Form	Ref	Preceding	Keyword	Following
049		B8.11:6	תל.. [....]	איתי	עלא לעבק
050		C1.1:61	הוו אנחנה אל נקטלנהי	איתי]	עלים ח]ד סריס זילי
051		C1.1H:17	ו[על ...] אל נקטלנהי	[איתי]	עלים ח[ד ...] תרין חלף
052		C1.1:115	[....]ס	איתי	[....]אנפוהי.
053		A4.5:4	הוה כסף ונכסן יהבו לה	איתי	קצת מן יודנא זי מלכא זי
054	את	A2.3:9	קדמתהן בסון וכעת הן	את	ערב עליכי אתיה לתפמת
055	יתלי	B4.1:2	[אנה לא]אכל אמר לך	יתלי	עליך כסף וחטן ושערן
056		B4.1:4	[אכל אמר] לבר לך וברה	יתל]י	ע]ליכם מדעם מכל
057	ואית	B1.1:15	א[כל] אצל חקלי מנך	ואית	לך פמטן וחוב על[י]אלה
058	ואיתי	A3.10:4	בעבור למובל לביתי	ואיתי	כסף כרש 1 זי אנה יהבת

אכל V to eat

No.	Form	Ref	Preceding	Keyword	Following
001	אכלת peal	D7.47:10	לאדכל־י־ [כ]ען	אכלת	אתמ־ל־
002		B2.7:4	הנדז הוית בבירת<א>	אכלת	המו ולא השכחת כסף ונכסן
003	אכל	C1.1:26	לם [....]לן.	אכל]	א]....
004	תאכל	C1.1:127	ועבד כל עבידה אדין	תאכל	ותשבע ותנתן לבניך [הן
005		C1.1:129	ברי זף דגנא וחנטתא זי	תאכל	ותשבע ותנתן לבניך עמך
006	יאכל	C1.1:184	ודמה יאשד ובשרה	יאכל	הא כן פגעהם זי [אנ]שא
007		C1.1:181	[....] לחם [.]ולא	יא[כ]ל]	]לחיה ועלוהי
008		C1.2:21	[....] וביומן אחרנן.	יאכל	[....]מה ותאבד
009	נאכל	D7.8:14	אחטב כען על לחמא זנה	נאכל	עד מחר ערובה א קמח שאר
010	תאכלו	A4.1:6	מנדעם זי חמיר אל]	תאכלו]	[....]מן יום 10+3+1
011	יאכלו	D7.17:10	הן צבתי אל תזבני המו	יאכלו	ינקי־א־ הלו לא שאר קטין
012	למאכל	D7.32:5	[...] [...] יבעי]	למאכל]	...]

אכם V to be black

No.	Form	Ref	Preceding	Keyword	Following
001	יאכמו peal	C1.1:157	עינין טבן אל	יאכמו	ואדנין [טבן אל

אכר N farmer

No.	Form	Ref	Preceding	Keyword	Following
001	אכרא s em/sf	D8.11:5	3+3+3 √ לאספליון	אכרא	זי √ אבא ק 3 לתשא

אכרפך N a kind of wood

No.	Form	Ref	Preceding	Keyword	Following
001	אכרפך s ab/cn	C3.7FR2:20	עקי 100×1+לף[×2	אכרפך]	100×3+3+[....
002		C3.7DV1:13	עקי	אכרפך	כרשן 3+[3+3]×100
003		C3.7GR2:26	כרשן 3+3×לף עקי	אכרפך	כרשן 2×לף
004		C3.7GR3:13	[3+3]×100 עקי	אכרפך	כרשן [2 ×100 לקן חדתן
005		C3.7GR3:22	[כרשן 3+3×לף עקי	אכרפך	כרשן [1+]2+3+1×לף]
006		C3.7GR3:5	כר[שן [....] עקי	אכר[פ]ך	כרשן 100×2 ....
007		C3.7HR2:17	[....].. עקי	אכרפך	כרשן 2×לף
008		C3.7FR3:15	[....] עקי	אכרפך]	....]

אל a not (prohibitive)

No.	Form	Ref	Preceding	Keyword	Following
001	אל	D1.1:16	[... ... ...] ואל תצפי לה	אל]	... ...] [... ... ...] [...
002		D1.21:4	שלם יהוין [... ...] [...	אל]	... ...[..]..[לא]... [...
003		C2.1.11:69	אף קדמתך [....	אל	ב]טובך אימנש תהוה [.]דכליך
004		D7.5:10	לכי הלו עליכ־י־ הו	אל	יאבד
005		C1.1:90	לבבך אל יחדה ובזעריהם	[אל	יאבל] מלך כרחמן אף קלה
006		C1.1:157	עינין טבן	אל	יאכמו ואדנין [טבן אל
007		C1.1:206	הן %%	אל	יאמר עתירא בעתרי הדיר אנה
008		C1.1:138	בשם אבוהי ובשם אמה	אל	ידנח שמ[ש לה] כי גבר לחה
009		C1.1:81	לו[ת] פמך אשתמר לך	אל	יהוה טרפי[הם] מן כל מנטרה
010		D23.1.IX:6	ג.. כותה[ם]	אל	[י]חבל מצרין
011		C1.1:90	%% בשגיא בנן לבבך	אל	יחדה ובזעריהם [אל יאבל]
012		C1.1:86	מן ברק אנת אשתמר לך	אל	יחזנהי על אמריך ותהך
013		C2.1.11:69	אימנש תהוה [.]דכליך	אל	יל.. [....]חרי
014		D7.39:6	יבלו המ־ר־ בית פטוסרי	אל	ילקחו [...].. בסון ושלח
015		C1.1:205	ובין שאני בזק	אל	ינעל ברגלי
016		D7.5:4	רבתא ואף זעירתא [....]	אל	ינפי מנהם הלו שגא זי לא
017		C1.1:141	אל תגלי קדם [רח]מיך	אל	יקל שמך קדמיהם עם זי רם
018		C1.1:153	נפשך	אל	ירחםן]
019		A3.10:8	י[..] עמך באלפ[א	אל]	ירחק מנכם עד ימטא [ע]לי
020		A1.1:7	למשלח חיל לחצלתנ[י	אל	ישבקנ[י
021		D7.4:2	שלם אחוטב	אל	ישגא נתן לוו סון מן אלפא
022		A5.2:9	ודינא על דנה כעשק	אל	יתעבד לי ב[....]
023		C1.1:61	[אתו]ר כלא הוו אנחנה	אל	נקטלנהי [איתי עלים ח]ד
024		C1.1H:17	[את]ור הו ו[על ...]	אל	נקטלנהי [איתי] עלים ח]ד
025		C1.1:137	לכביר זי ימנע מנך	[אל	....]חילא ואל תהשגא
026		C1.1:143	זי חצי[ף] ועזיז מנך	[אל	....] מן מנתך
027		C1.1:157	אל יאכמו ואדנין [טבן	אל	[....]כשיטא
028		A4.1:6	וכל מנדעם זי חמיר	אל]	תאכלו] [....]מן יום
029		C1.1:81	יומא עד תחזה[לי]לה	א[ל]	תאתה על בלך כזי בכל אתר
030		C1.1:141	[מסתר]יך	אל	תגלי קדם [רח]מיך אל יקל
031		C1.1:54	רביא ואמ[ר]לי	אל	תדחל לם [תח]יי אחיקר
032		C1.1:126	חלא ו[...] א.[..]..[...]	[אל	תדרג ק]שתך ואל תהרכב
033		D7.44:10	לי אתמל ט[מא] כען	אל]	תהושרו] לי ל[חם ...]
034		D7.44:4	אנה [שלח]ת לכם לם	אל	תהושרו לי לחם ולא הו חתם
035		C1.1:176	ברגלו[הי ....]	אל	תהחשך ברך מן חטר הן לו לא
036		C1.1:87	יקדה הי עבק עבדהי	אל	תהנשק עליך ותכסה כפיך[ ]
037		C1.1:146	[....]	אל	תהעדי מנך חכמתא
038		D7.6:4	ינקיא עד תאתוה אחטב	אל	תוכול המו על אחרנן הן
039		D1.12:3	[...] [... ...]י כזי כן]	א]ל	תזבנ[ן]מן איש [... ...]
040		A2.3:10	אתיה לתפמת וכעת מדעם	אל	תזבני בכסת ותשרי לה שלם
041		D7.17:9	שלמ־י־ כען הן צבתי	אל	תזבני המו יאכלו ינקי־א־
042		D1.27:3	[ ]לך ת...ה[...] [... ...]	אל	תזערי [...]
043		C1.1:130	ותשבע ותנתן לבניך עמך	[אל	תזף ז]פתא יקירתא ומן גבר
044		C1.1:130	יקירתא ומן גבר לחה	אל	תזף אף [ה]ן תזף זפתא
045		C1.1:148		אל	תחלי ואל [י]ב[ל]עוך אל
046		C1.1:84	ארב פם מן ארב מלחם	אל	תכסה מלת מלך רפ־א־ה תהוי
047		C1.1:80	בעל קדשן נשא[ה] בר[י]	אל	תל[ו]ט יומא עד תחזה]
048		C1.1:167	למה לי כסיכי גלדי	אל	תלקחן מני כי לא [ישא]ל
049		A3.3:10	לאמך עבדת [....]	אל	תמלי לבת בזי לא איתית המו
050		C1.1:148	תחלי ואל [י]ב[ל]עוך	אל	תמר[....] הן צבה
051		C1.1:192	[...] למשבק זהב בידך %%	אל	ת[....]ן[....] [..]א.
052		A6.9:6	זי יומיא אלך יתיר פתף	אל	תנתנו להם בגסרו ידע טעמא
053		C1.1:147		אל	תסתכל כביר [ו]אל ידעך

054		A4.1:5	הוו ואזדהרו עבידה	א[ל	תעבדו] [....]אל תשתו
055		C1.1:142	קדמיהם עם זי רם מנך	אל	תעבד בנצ̂[...
056		D7.20:4	שכר הו להׄ למחר כען	אל	תפשר למאתה מחר שלם מיכיה
057		A2.4:3	ובנוהי שלם רעיה	אל	תצף לחרוץ לה שבק אנה לה
058		A3.9:6	שלם כל בני .[....] תנה	אל	ת[צף לן ע]לדבר [..] מלה מלה
059		A2.2:3	בשלם שלם נבושה תנה	אל	תצפו לה לה מנס אנה לה מן
060		A2.4:12	תקם יתו לי חפנן 2+3	אל	תצפו לי לכן אנה יצף
061		D1.1:8	נבוכׄדׄ[רי	]אל	תצפו לה [... ... ...]ל
062		A2.1:7	לן ונתנהי במשח וכעת	אל	תצפי לן לי ולמכבנת לכן
063		A2.3:4	שלם {{ל}} לחרוץ תנה	אל	תצפי לה כדי תכלן תעבדן לה
064		A2.6:9	שלם בנתסר תנה וברה	אל	ת[צפי לה ....]אנחן
065		A3.8:13	[..] י [...] מליהם	אל	תקום חת לעבק ולעבק הנחת
066		A3.8:7	אגרתא זא [ת]מטא עליך	אל	תקום חת מנפי לעבק הן
067		C1.1:85	קשה [על] אׄנפי מ[ל]ךׄ	אל	תקום זעיר כצפׄה מן ברק
068		C1.1:52	עבדת לך כן אפו עבד לי	אל	תקטלני בלני לב[י]תך ע[ד]
069		A2.2:15	זבן גשרן ושבק בבתה	אל	תקמי קדמתה כל גשר זי ישכח
070		A3.8:11	הן נחת אנת 1 למנפי	אל	תשבק לאשנ[. ....]ותׄ הב
071		C1.1:130	תזף זפתא שלין לנפשך	אל	תשים עד [תשלם ז]פתא [כי
072		C1.1:191	לך מראך מין למנטר	[אל]	תשתׄהׄ[...] למשבק זהב
073		A4.1:6	א[ל תעבדו] [....	]אל	תשתו וכל מנדעם זי חמיר
074		A3.3:7	ומחבל לא איתי גבר הוי	אל	תתאשד עד תאתה
075		D7.16:4	הן לא נפשכ[י] אלקח	אל	תתכלי על משלמת ועל
076	ואל	C1.1:193	קרב עלי	ואל	יאמׄר לך ר[ח]ק מני
077		C1.1:155	ואל פמי	ואל[	...] יאפך אל פם
078		C1.1:146	חכמתא	ואׄ[ל	...] אל תסתכל
079		C1.1:148	אל תחלי	ואל	[י]בׄ[ל]עׄוך אל תמרן
080		C1.1:147	אל תסתכל כביר	[ו]אׄל	ידׄעך
081		C1.1:155	יהשחתון ידי	ואל	פמי
082		C1.1:126	[אל תדרג ק]שתך	ואל	תהרׄכב חטך לצדיק למה
083		C1.1:137	מנך [אל ....]חילאׄ	ואל	תהשגא לבבא [גבר
084		D1.1:14	לבעל[... ... ...]	ואל	תצפי לה אל[... ... ...]
085		C1.1:136	[לזעי]ר זי בעדבך	ואל	תרגג לכביר זי ימנע מנך

אל p to

001	אל	D7.6:1		אל	הושעיה שלמך כען חזי 1 על
002		A2.1:15	בתי ואנשתה שלם וחפרע	אל	נניחם מן נבושזב בר
003		A2.5:10	לשלמכן שלחת ספרה זנה	אל	תרו מן נבושה בר פטחנם
004		A2.2:18	לשלמכן שלחת ספרה זנה	אל	תשי מן מכבנת בר פסמי
005		A4.4:10	יחוונג[י אפיך בשלם]	[אל	.... אחי .... בר] גדול
006		A2.3:14	לשלמכי שלחת ספר||ה זנה	אל	אבי פסמי בר נבונתן מן
007		A2.4:14	שלחת {{ל[.]}} ספרה זנה	אל	אבי פסמי מן מכבנת בר
008		A2.4:5	ידי וכעת עבד אנה לה	אל	אחי וחפרע מן אחך מכבנת
009		A3.10:1		אל	אחי חורי ופטמחו אחוכם
010		A3.10:9	מנכם עד ימטא [ע]לי	אל	אחי חורי בר כׄמן
011		A3.3:14	תתפטרן [....]	אל	אחי שלמם בר אׄ[ו]שע
012		A3.5:1		אל	אחי מח[סיה אחוך ....
013		A3.5:9	[יחווני אפיך] בשלם	אל	[אחי מחסיה בר ....
014		A3.6:1		אל	אחי פלטי אחוך הושעי[ה
015		A3.6:5		אל	אחי פל[טי בר יא]וׄש
016		A3.8:1		[אל	אחי חג]וס אחוך ה[וש]ע
017		A3.8:15	ב20+3+3+1 לתעובי	[אל]	א[חי] חגוׄס [ב]ר הודו
018		A4.1:1		[אל	אחי י]דניה וכנותה
019		A4.1:10	יומיא[אלה] [....]א	[אל]	אחי ידניה וכנותה חילא
020		A4.4:1		[אל	אחי ... אחוך יסלח
021		D1.18:2	ירח ירח פׄק.[... ...]	אל	אחי מ[... ...]
022		D7.30:1		אל	אחי חגי אחוך ירחו שלם
023		D7.56:1		אל	אחי ישיב בר שבתי
024		D7.57:1		אל	אחי לפתינא בר אביתי
025		A2.1:1	בתאל ובית מלכת שמין	אל	אחתי נניחם מן אחכי
026		A2.2:1	שלם בית בנת בסון	אׄל	אחתי תשי מן אחכי מכבנת
027		A2.3:1	שלם בית נבו	אל	אחתי רעיה מן אחכי מכבנת
028		A2.5:1		אל	אחתי תרׄו ותבי מן אחוכן
029		A2.6:1		אל	אחתי תבי מן אׄ[חוכי
030		A2.7:5	לשלמכי שלחת ספרא זנה	אל	אחתי עתרדי מן אׄחׄוׄ[כי
031		D1.6fraga:1	... ...]	]אל	אחתי יהישמע[...]
032		D6.13fraga:1		אל	אח[תי]אסורי.[...] שלם[
033		A2.6:11	ל[שלמכי שלחת ס]פרה זנה	אל	אמי [תבי מן ..ר בר] סרה
034		A2.7:1		אל	אמי עתרדמרי מן אחוכי
035		A3.4:1		אל	אמ[י] יהוישמע ברך שלום
036		A3.4:7	[שלם] יהוישמע	[אל	אמ]יׄ יׄהׄוׄיׄשׄמׄעׄ
037		D7.1:1		אל	אמי קויליה ברכת[.] שלחת
038		A3.3:1	[שלם ב]ית יהו ביב	אל	ברי שלמם [מ]ן אחוך אושע
039		D1.32:8	[....י[.] [...].. 3	אׄל	...ה ל..י...[...] [...]..ן
040		D1.7:1	[...]ם	אל	היכלי שלמכי שלם[... ...]
041		A1.1:1		אל	מרא מלכן פרעה עבדך אדן
042		A3.11:1		אל	מראי ישביה עבדך [שלם
043		A3.11:6		אל	מ[ראי ישביה ....]
044		A3.9:1		[אל	מראי יסלח עבדך] שוא
045		A3.9:9	לאפף כתיב אגרתא ז[א]	א[ל]	מראי יסלח בר[....]עבדך
046		A4.2:1		אל	מראי ידניה מעוזיה
047		A4.2:17	[....] נעבד מלה	אל	מראי יאדניה מעוזיה
048		A4.3:1		אל	מראי ידניה אוריה וכהניא
049		A4.3:12	לה לא יתכסון מן ענני	אל	מראי ידניה אוריה וכהניא
050		A5.3:1		אל	מראי מתרוהשת עבדך פחים
051		A5.3:4		אל	מראי מתרוהשת
052		A4.7:1		אל	מראן בגוהי פחת יהוד
053		A4.8:1		אל	מ[ראן בגוהי עבדיך
054		A3.7:1		אל	מראתי שלוה עבדכי הושע
055		A3.7:5	לי יאוש לאמר הבה בזהב	אל	מראתי שלוה עבדכי [הושע
056		D7.21:1		אל	מרי מיכיה עבדך גדל שלם
057	ואל	D7.10:10	[...] [....]	ואל	[....]

אלה N god

001	s ab/cn אלה	B2.7:14	תחתיא לה אגורא זי יהה	אלה	מועה לה בית גדול בר
002		D22.51:3	זי כתב כתיבתא זא קדם.	אלה	טורא ואלה מצרין זי ישמן
003		A4.9:3	ארשם על בית מדבחא זי	אלה	{{שמי}} שמיא זי ביב

No.	Lemma	Form	Ref	Preceding	Keyword	Following
004			A3.6:1	אחוך הושעי]ה שלמך	אל]ה	שמיא [י]שאל בכל עדן שלם
005			A4.3:2	מעוזיה שלם מרא[י	אלה	שמיא ישאל שגיא בכל עדן
006			A4.3:3	[עדן ו]לרחמן הוו קדם	אלה	שמיא וכעת כזי וידרנג
007			A4.3:5	וידרנג וחרנופי בטלל	אלה	שמיא עד שזבוני כען הא
008			A4.7:2	ביב בירתא שלם מראן	אלה	שמיא ישאל שגיא בכל עדן
009			A4.7:27	וצדקה יהוה לך קדם יהו	אלה	שמיא מן גבר זי יקרב לה
010			A4.8:2	[שלם מראן]	אלה	שמ[יא] ישאל בכל עדן
011			A4.8:26	[וצדקה יהוה לך קדם יהו	אלה]	שמיא מן גבר זי יקרב לה
012	ואלה		D22.51:3	זא קדם אלה טורא	ואלה	מצרין זי ישמן לי שלם
013	אלהא	s em/sf	A1.1:2	שמיא וארקא ובעל שמין	אלה[א	
014			A4.5:15	למעבד תמה ליהו	א]להא	....] [....]מ]...
015			A4.3:1	אוריה וכהניא זי יהו	אלהא	מתן בר ישביה ברכיה
016			B3.12:33	כפם ענני לחנא זי יהו	אלהא	תפמת ברת פתו אנתתה כל
017			B3.12:11	בר עזריה לחן ליהו	אלהא	1 תפמת אנתתה פריפת זי
018			D1.12:16	[....]ן דבחי חנום	אלהא	[....] בכל עדן ש[לם ...]
019			D20.6:1	תחבס מנחה זי אוסרי	אלהא	
020			D23.1.III-IV:4	[ ]קד[ם	]אֹלהֹאֹ[	.... [...] [...]
021			D8.8:1	[...]אנה בשם	אלהא	אֹ[...] [ל]ספריא סֹ 1
022			D20.3:2	חסתמח קריתא קדם אוסרי	אלהא	אבסלי בר אבה אמה אחתבו
023			D23.1.VI:7	הן פר[....] נֹבֹוֹ	אלהא	אמר[...] [... ... ...]
024			A4.8:7	[לאמר אגורא] זי יהו	אלהא	ביב בירתא ינדשו אחר
025			B2.2:4	לאמר ימאת לי ביהו	אלהא	ביב בירתא אנת ואנתתך
026			B3.10:2	בר עזריה לחן ליהו	אלהא	ביב ברתא לנשן יהוישמע
027			B3.11:2	בר עזריה לחן זי יהו	אלהא	ביב ברתא ליהוישמע ברתה
028			B3.5:2	בר עזריה לחן זי יהו	אלהא	ביב בירתא לנשן תמת
029			D22.47:4	כתב כתבתא זא קדם שמש	אלהא	בֹטֹבֹ רֹבֹ זֹי בת...
030			B7.2:8	אקרא לך על חרמביתאל	אלהא	בין [מ]קמן 1+3 לא[מר]
031			B7.3:3	למשלם בר נתן בח[רם	אלה]א	במסגדא ובענתיהו ו[ימא
032			A4.7:26	על מדבחא זי יהו	אלהא	בשמך ונצלה עליך בכל עדן
033			A4.8:25	נקרב על מדבחא זי יהו	אלהא	בשמך ונצל[ה עליך בכל עדן
034			B3.10:10	בר פטאסי גנן זי חנום	אלהא	דבק לדרגא דך מערב שמש לה
035			B3.11:6	בר פטאסי גנן זי חנום	אלהא	דבק לה אגר ^באגר^ זנה
036			D17.1:5	[ל.].ופדֹנחתי	אלהא	דרות [....]ל. ....
037			B4.4:16	זו[ז ....]	אלהא	ואנת שלט בפרסן זי בית
038			B2.10:6	שמש לה אגורא זי יהו	אלהא	וארח מלכא בניהם מערב שמש
039			B3.4:10	שמש ^לה^ אגור יהו	^אלהא^	ושוק מלכא ביניהם אנה
040			B3.4:8	לתחתיה לה תמי זי חנום	אלהא	ושוק מלכא ביניהם מועה
041			B3.5:10	שמש לה תמא זי חנום	אלהא	ושוק מלכא בניהם מערב שמש
042			B3.5:10	תחתיה לה אגורא זי יהו	אלהא	ושוק מלכא בניהם מועה שמש
043			A3.3:2	כעת ברך אנת [ליהו	אלהא]	[זי יח]וני אנפיך בשלם
044			A4.7:5	מלכא כמריא זי חנוב	^אלהא^	זי ביב בירתא המונית עם
045			A4.7:6	הוה לם אגורא זי יהו	אלהא	זי ביב בירתא יהעדו מן
046			A4.8:4	[.... כמריא זי חנוב	אלהא	זי ביב] בירתא כסף
047			A4.8:5	הוה ל[ם אגורא זי יהו	אלהא	זי ביב בירתא] יהעדו מן
048			B3.3:2	בר עזריה לחן זי יהה	אלהא	זי ביב בירתא למשלם בר
049			D23.1.II:11	אתמנבֹן [..].	אלהא	זי לה הן תנתן לי[....]ה
050			A4.10:8	[...] ואגורא זי יהו	אלהא	זילן יתבנה ביב בירתא
051			B2.7:15	פלטו כמר זי חנ[ו]ם	אלהא	זך ביתא יהבתה לך ורחקת
052			B3.7:8	בית חור עבד זי ח[נום	אלהא	....]י אנת
053			B8.4:7	עבד נֹבוֹ	אלהא	יהב להם עלדבר תטוסרי
054			B7.1:4	[מומא]ה לך ביהו	אלהא	כזי נונן לא חמצ[ת מנך
055			D6.13fraga:2	[...]שלם ...]אסורי.[ ]	אלהא	כלא [...]
056			B4.3:17		אלהא	כסף זוז
057			B3.7:2	בר עזריה לחן זי יהו	אלהא	ליהישמע שמה ברי אמה
058			B3.4:3	בר עזריה לחן ליהו	אלהא	לאמר אנחן זבן ויהבן לך
059			C3.15:1	זי יהב כסף ליהו	אלהא	לגבר לגבר כסף ש[2]
060			A4.7:24	על אגורא זי יהו	אלהא	למבניה ביב בירתא לקבל
061			A4.8:24	על אגורא זי יהו	אלהא	למבניה ביב בירתא לקבל]
062			D20.5:1	תחפי תמנחא זי אוסרי	אלהא	מנדעם באיש לא עבדת וכרצי
063			A4.5:3	זי כמריא זי חנוב	אלהא	[עבד]ו ביב בירתא המונית
064			D22.49:2	ארתוזי בר פרם קדם שמש	אלהא	רבא
065			C3.12:26	2 לנקיה קדם אפתח	אלהא	רבא קלבי 1 לנקיה ^קדם^
066			B3.10:23	בר עזריה לחנא זי יהו	אלהא	שהדיא בגו שהד הושעיה בר
067			B3.11:17	בר עזריה לחנא זי יהו	אלהא	שהדיא בגו שהד נתן בר
068			D1.24:2	כן לאמר אף ..[....]	אלהא	שזבך חילין ....] [...
069			B3.12:2	אנתתה לחנה זי יהו	אלהא	שכן יב ברתא לענני בר
070			D22.8:2	בריך [.]פתח קדם מֹ[..].	אלהֹא	שנת 3 מלכא
071	אלהא.		B8.5:15	על מֹרֹאֹן ל[אמר] [...	אלהא.]	[....]זילי באגר
072	ואלהא		D1.30:5	[...]ן איך ת[...] [...	]ואלהא	שזבן [...]א שלחתֹ]
073	לאלהא		B3.6:10	ברתכי ואנתי שביקה	לאלהא	ואמרת תפמת ויהוישמע
074	אלהן	p abs	C1.1:128	חטך לצדיק מנך חטא מן	אלהן	הו [....] אנת יה ברי זף
075			C1.1:163	מענה אלה[ן] והן רחים	אלהן	הו ישימון טב בחנכה למאמר
076			C1.1:163	כי מפתח פמה מענה	אלה[ן]	והן רחים אלהן הו ישימון
077			C1.2:7	ל[א ....] [..].ה עם	אלהן	ולחש חֹור בֹ[ר פונ]ש
078			C1.1:96	[מה י]שתמר איש עם	אלהן	ומה יתנטר עלאון גוה
079			C1.1:172	לחיה תנפק מ[ן] פמהם	אלהן	ילחון להם %% הן עיני
080			C1.1:135	לחיתא [....]י ומן	אלהן	לא נפקת %% [.... לזעי]ר
081			C1.1:170	ומנחתותהם מן בלע[די	אלה]ן	ל.[...] כי לא בידיך מנשא
082			B7.2:6	שאיל[ת] ומקריא על	אלהן	מטא עלי בדינא אנה מלכיה
083			D23.1.XVIA:2	לֹיֹהֹ.	אֹלהֹן	נבו סֹן [...]אֹלהיאֹ]
084			C1.1:172	ילחון להם %% הן עיני	אלהן	על אנש[א] איש מצלח עקן
085	לאלהן		C1.1:79	אף [....]	לאלהן	יק[י]רה הי
086	אלהי	p const	A4.7:14	זך בנה השכחה ואגורי	אלהי	מצרין כל מגרו ואיש
087			D23.1.IX:8	קֹ[ב]ל	אֹלהֹ[י	]מֹצֹרין הֹן
088			C1.2:19	[....]ל.שי	אלהי	מצרין זֹי [...]
089			C1.2:25	[....] לחם ויתכנשון	אלהי	מצרין [....]ה 1 ויאמרון
090			D23.1.XVIC:5	.... ומ.. וכֹנֹ אמרו	אלהי	חֹרא שלֹמֹ[....] לספרא
091			A4.8:13	זך בנה השכח ואגורי	אלה[י]	מצריא [כ]ל[א מגרו] ואיש
092	אלהיא	p em/sf	C1.1:189	עממא ו[ח]כמתה[ם]	אלהיא	ה[....] חד דרך קשתה
093			D23.1.XVIA:3	נבו סֹן [...	]אֹלהיאֹ[	ז]י יֹתֹבֹ[ן ...
094			A3.5:8	וטעמך [.... עד ..	אלהיא	יחווני אפיך בשלם אל
095			A4.4:9	שלם ביתך ובניך עד	אלהיא	יחוונ[י אפיך בשלם] [אל
096			C1.1:126	תהרכב חטך לצדיק למה	אלהיא	יסגה בעדרה ויהתיבנהי
097			A3.11:1	עבדך [שלם מראי	אלהיא	ישאלו בכל עדן וכעת] בזך
098			A4.1:1	חננ[י]ה שלם אחי	אלהיא	[ישאלו] [בכל עדן] וכעת
099			A4.4:1	[אחוך יסלח	]אלהיא	ישאלו שלמך בכל עדן וכעת
100			A5.3:1	עבדך פחים ש[לם מראי	אלהיא	ישאלו בכל עדן] חיא חדה
101			A3.7:1	הושע ש[לם	אלהיא	כל ישאלו שלמכי בכל עדן

No.	Form	Ref	Context	Keyword	Context
102		A3.10:1	ספנתדת שלם אחי	אלהיא	כ[ל]א ישאלו בכל עדן
103		A3.5:1	[אחוך .... שלם אחי	אל]היא	כלא ישאל[ו] שגי בכ[ל
104		A3.9:1	[עבדך] שוא שלם מראי	אלהיא	כלא [ישאלו] שגיא בכל
105		A4.2:1	עבדכ[ם .... שלם מראי	אלהיא	כלא] ישאלו בכל עדן שלם
106		A6.1:1	מדינתא שלם מראן	אלהיא	[כלא] [ישאלו שגיא ב]כל
107		C3.5:11	[ ]כמרן בבתי	אלהיא	כסף[..]
108		A6.16:5	[ ]תמ[..] [....]	אלהיא	שלם ישמו לך מן ארתחי
109		A6.6:1	[לי שלם אף תמה לך	אל]היא	שלם ישמו ו[כעת
110	אלהיהם	C1.2:19	[....] איש כיבי	אלהיהם	[....]ל.שי
111	לאלהיא	A6.16:2	[ ]כן עבד כזי	לאלהיא	ולארשם תחד[י] אף זי

אלה P these

No.	Form	Ref	Context	Keyword	Context
001	אלה	D6.14frago:2	.[...]. [...]	אלה	2 [...] ס[...].[..] הנג[ית
002		B7.2:10	קרית לך בין מקמיא	אלה	[3+]1 אף אק[....]
003		A4.1:8	וחתמו בין יומיא[	[אלה]	[....]א [אל] אחי ידניה
004		B3.7:14	ענני יהבת לך בתיא	אלה	ברחמה ˆלאˆ אכהל אנה
005		B3.8:41	יאמר לאח[ת]ה נכס[י]א	אלה	ברחמן יהבת ליהוישמע כען
006		B2.11:13	שמה אמהם זי עלימיא	אלה	ולילו ברה זי לא עד נפלג
007		B6.4:7	ברתה כזי נכסיא	ˆ[א]להˆ	וכספא זי כתיבן בספרא
008		A3.9:5	מליא	אלה	זבנה מנחם
009		A6.11:3	אמר הן כנם הו כמליא	אלה	זי פטסרי שלח [עלי זי
010		B4.4:13	עלידן למובל לגבריא	אלה	זי כתיבן [מנעלא
011		C1.1:62	ˆיתקטלˆ בין טוריא[	אל]ה	תרין חלף אחיקר זנה
012		D2.29fraga:2	... [..].ב.. [...]	אלה	[...] ....א מ[...] ....ה
013		C2.1.11:74	דריהוש [מלכא כן אמר	אלה	גבר]יא זי קד[מ]ן עמי הוו
014		B8.7:6	[....]	אלה	זי מנכי זנה רשה
015		C1.1:1		[אלה]	]מלי אחיקר שמה ספר
016		B2.9:15	1 והו אפם רחיק מן	אלה	נכסיא זי רשין עליהם ולא
017		C2.1.11:75	[זי כדב לם אנה ברזי	[אלה]	שגיא עמ[י] אתנצחו
018		B1.1:15	לך פמטן וחוב על[י	]אלה	שהדיא ת נרגי נני חור
019		B2.7:13	לא אנה כת[בתה] אף הא	אלה	תחומי ביתא זך עליה לה
020		B3.7:5	מצרית [תחית	]אלה	תח[ומ]י ביתא [ז]ך תחת
021		B3.4:7	בדמיא זי יהבת לן והא	אלה	תחמי ביתא זך זי אנחן זבן
022		D23.1.Va:9	תהרקא וה[..]	אלה[	]א[...]ן זנה מראי
023		C3.8IIIB:2	[ ] [...]כן אמרו	אלה	.. מ.ה בגו בגו [...
024	באלה	B8.7:3	אמר מ{נ}<כ>דב מנכי	באלה	מליא תחה[
025	ואלה	D7.40:10	...] [...]ולא דכר	]ואלה	לם .[...]

אלהה N goddess

No.	Form	Ref	Context	Keyword	Context
001	s em/sf אלהתא	D15.2:1	בר פסרי קרב להנאלת	אלהתא	
002		D23.1.XVII:1	[...]י ... קדם אנאלת	אלהתא	
003		B8.12:7	י[....]	אלהתא	כתב לה
004		C3.12:27	1 לנקיהˆקדםˆ אסי	אלהתא	קלבי 1 לשרתא חמר צידן
005	אלהתה	B2.8:5	וימאתי לי עליהם בסתי	אלהתה	וטיב לבבי במומאה דכא זי

אלך P those

No.	Form	Ref	Context	Keyword	Context
001	אלך	B8.8:10	[....]....א	אלך	החסן[
002		D7.23:6	[.]אחוך מיכי[ה ...]	[א]לך	כענת[...] .[..]
003		B8.7:7	נש.ן ....יה	אלך	מהח[סן
004		B8.8:6	[אמר ...] [....]..א	אלך	משאלתא זך יהוה[
005		C1.1:39	בסוסה חד קליל [....	אל]ך	עמה אחר לי[ו]מן אחרנן
006		C3.19frag:3	[...] [...]לי לא..	אלך[	...] [...]. וך ווהוכ..א
007		D2.30:3	[... כ]מרן	אלך	תריהם מצרין ..[....] [...
008		A6.14:3	[זי]לי עד מנדת [בגיא	אלך	יהי]תה עלי בבאל כן
009		A6.13:3	זילי זי עד מנדת בגיא	אלך	יהנפק ויהיתה עלי עם
010		C2.1.11:78	לזר[עהום זי גבריא	אלך	שגיא בפר]סא סבל[
011		C1.1:56	רביא אמר לכנותה גבריא	אלך	תרין זי עמה [.... הצ]יתו
012		C1.1:58	אח[ר ענו גבריא	]אלך	תרין ואמרו ל[ה אנ]ת לם
013		A4.7:11	קימן וציריהם זי דששיא	אלך	נחש ומטלל עקהן ˆזיˆ ארז
014		A4.8:10	[וציריהום זי דששיא]	אלך	נחש ומטלל אגורא זך כלא
015		A6.15:5	[....] הב למספת חלכיא	אלך	2+3 שטר מן זי יהבו
016		B8.10:7	[.... דמי חקל]תא	אלך	נתן אבי החלף [ע]ם
017		B8.10:4	[ד]מי חקלתא	אלך	.... יהב לין[
018		A6.9:6	יום חד אחר זי יומיא	אלך	יתיר פתף אל תנתנו להם
019		A4.5:8	שתין כמריא זי חנוב	אלך	ברא זך סכרו הן אזד יתעבד
020		C1.1:67	טיבת על כנותה	אלך	ת[רין
021		B3.13:5	שלמת ויהבת לך כנתיא	אלך	זי מנעל כתיב כזי יתנתן
022		B3.13:4	אשלם ואנתן לך כנתניא	אלך	כפ 2 סאן 3
023		C2.1.4:5	[זילי קטלו למרדיא	אלך	ב לטבת עבדו קרבא קטלו]
024		C2.1.7:33	[ק]טלו למרד[יא]	אלך	ב לכסלו עבדו קרב [קטלו
025		B2.7:6	לביתא זנה חלף נכסיך	אלך	דמי כסף כרשן 2+3 ויהבת
026		B2.8:6	זי עבדתי לי על נכסיא	אלך	ורחקת מנכי מן יומא זנה
027		B8.7:1	דמי עבדי	אלך	כסף כרשן 2+3+20 שאיל
028	באלך	C1.2:6	[ ]לך תהך ותשתה[...	]באלך	וגרמיך לא יחתון שאול
029		B2.9:8	אסחור הוטבתם לבבן	באלך	נכסיא וטיב לבבן בגו מן

אלכי P those

No.	Form	Ref	Context	Keyword	Context
001	אלכי	A6.3:5	ארתונת [כזי עבדיא]	אלכי	אהקרב קדמוהי סרושיתא זי
002		A5.2:4	מנהן ל[א] לקחת	אלכי	דיני [מדינתא ....]
003		A3.1:V3		אלכי	השרת
004		B2.8:8	וברה לכי בשם נכסיא	אלכי	זי ימאתי לי עליהם הן
005		A2.7:3	אנה הוי חזית על ינקיא	אלכי	שלם וסרז ושפנית ובניה

אלף V to teach

No.	Form	Ref	Context	Keyword	Context
001	etpaal יתאלף	C1.1:175	חמר נער ב[.]תא ברא זי	יתאלף	ויתסר ויתשים ארחא

אלף N boat

No.	Form	Ref	Context	Keyword	Context
001	s ab/cn אלף	D7.43:11	אקרא [...] תשכח	אלף	[....]. ותהך [....]אלף
002		D7.43:13	אלף [....]. ותהך [....	]אלף	מ[...]
003		A2.6:9	[לה ....]אנחן בען	אלף	ויתונה לכן ל[שלמכי שלחת
004		A3.10:2	בכל עדן וכעת איתי לי	אלף	חדה בידכם ביני ובין מריה
005	באלף	D7.13:19	[פ]טנתר בר [...]	באלף	

No.	Form	Gram.	Ref.	Preceding	Keyword	Following
006			D7.13:5	פטוסרי [...] שחפמו	באלף	ב̇..[...] ושאל על חנ.[....]
007			D7.13:13	והן אמרו [...	באל]ף	חרתבא ובאלף חכרטיˆס
008			D7.13:2	[..] ועל אסמן בר [...]	באלף	מנ̇חמן זי הס[...]
009			D7.24:2	שלחת לך ספר̇[א] זנה	באלף	פמהן לם אעל סון ימא זנה
010	ובאלף		D7.13:13	[... באל]ף חרתבא	ובאלף	חכרטˆסˆ [....].[ן לך על
011	אלפא	s em/sf	A3.10:3	יעבד לה אף חלקי באגר	אלפא	[...] הבו על ידה איתי
012			D7.4:3	ישגא נתן ל סון מן	אלפא	[...]חו והו̇ [...] חזי
013			D7.15:3	יבנון לי אף על מר̇י	אלפא	טר̇ מ.. ש.. ויעבד לן̇י
014			D7.16:2	בקלא אוש|ור מחר ערקי	אלפא	מחר בשבה למה הן יאבד
015	באלפא		A3.10:8	פטמחו י[..] עמך	באלפ[א	]אל ירחק מנכם עד ימטא
016			D23.1.Va:7	מלן ע̇[ש]ת ונח̇ת	באלפ[א]	.כ̇ס. ..לומ̇..
017	אלפן	p abs	C3.14:39	זי יהב לח[ילא] מן	אלפ̇ן	2̇[...]ח
018			D7.47:3	...[ ] [...] שאר 10	א]לפן	אושר ˆ1ˆ [...]ח הא אקבר
019	אלפי	p const	C1.2:7	ח̇ור ב̇[ר פונ]ש על	אלפי	מלכא ....ת̇ במנצ[יעת]
020			D7.2:4	לאית בביתא זבנו מן	אלפי	עבורא זי ביב הלו לאיתי

אלף n thousand; cf. 1000 and higher in *Numbers KWIC*

No.	Form	Gram.	Ref.	Preceding	Keyword	Following
001	אלף	s ab/cn	A4.10:14	כ[....] שערן ארדבן	אל[ף	[
002			A5.1:2	[....]	אלף	גברן א[....] מן קדמן בצבו
003			A4.7:3	יתיר מן זי כען חד	אלף	וחין אריכן ינתן לך וחדה
004			A4.8:27	ודבחן דמי כסף כנכרן	אלף	על] זנה שלחן הודען
005	לאלפ		D3.11:2	[...]3+3 ש[...] [...].ק	לאלפ[	...

אלפן N discipline

No.	Form	Gram.	Ref.	Preceding	Keyword	Following
001	אלפן	s ab/cn	C1.1:178	לחנת אף לכל עבדיך	אלפ[ן]	קנה עבד פרי[ד]

אם a nonetheless

No.	Form	Gram.	Ref.	Preceding	Keyword	Following
001	אם		B2.7:11	לכי כסף כרשן 10 ובית	אם	דילכי אף לא יכל גבר אחרן
002			B3.4:16	זוז לעשרתא וביתא זילך	אם	וזי בניך מן אחריך ולמן זי
003			B3.4:19	זוז לך 10 וביתא זילך	אם	וזי בניך מן אחריך והן גבר
004			A4.4:8	ונכסיא זי לקחו אתבו	אם	על מריהם להן דכרו
005			B3.10:21	צריך ואנתי יהוישמע	אם	שליטא ובניכי שליטן אחריכי
006			B3.11:11	צרף באבני מלכא ואנתי	אם	שליטה בביתא זנה זי
007			B3.11:14	באבני מלכא ואנתי	אם	שליטה בביתא זנה זי

אם N mother

No.	Form	Gram.	Ref.	Preceding	Keyword	Following
001	אמה	s em/sf	C4.1:3	[...] [....] בר ח̇פרע	אמה	ניתרטיס[...] [....]ן̇
002			B2.11:4	ידניה פטוסירי שמה	אמה	תבא עבד יו̇ד 1 שנית
003			B2.11:5	אנה מחסיה בלא שמה	אמה	תבא עבד יו̇ד 1 שנית
004			C4.9col2:1	פטי בר וחפרע	אמה	תחנא פסמשך בר פנ̇י̇ת
005			B5.6:1	[....אמר .... בר]	אמה	תטוסרי אחזן ק̇.ל ארנ̇פי
006			C4.1:2	[...וצחור בר נכו]	אמה	תטחרפי[...] [....] בר
007			B3.7:3	אלהא ליהישמע שמה ברי	אמה	תמ[ת]אנתתי לאמר אנה
008			D20.3:2	אלהא אבסלי בר אבה	אמה	אחתבו כן אמר בשנת 1+3
009			C1.1:138	יתרום בשם אבוהי ובשם	אמה	אל ידנח שמ[ש לה] כי גבר
010			B8.6:9	על [....].סי תסר̇י	אמה	כל [1+] 1א[ר]מ̇ין לדגל
011			C4.1:1	[ ]. חרחבי בר נחמסאח	אמה]	[...] [...]וצחור בר נכו

No.	Form	Gram.	Ref.	Preceding	Keyword	Following
012			C4.1:4	[....]ן̇ בר פסמשך	אמה	[...].
013	אמהם		B2.10:3	ומחסיה בר נתן אחוה	אמהם	מבטחיה ברת מחסיה בר
014			B2.11:13	דין אף איתי תבא שמה	אמהם	זי עלימיא אלה ולילו ברה
015			D7.6:8	לשו לחם קב 1 עד תאתה	אמהם	שלח לי אמת תעבדן פסח||א
016	אמי		A3.4:1	אל	אמ[י]	יהוישמע ברך שלום [שלם
017			A3.4:7	[שלם] יהוישמע [אל	אמ]י̇	יה̇ו̇י̇ש̇מ̇ע̇ בר̇[ת
018			A2.1:13	מן עבדך נבושה שלם	אמי	ממה {{ו}} שלם אחי בתי
019			A2.4:2	יחזני אפיך בשלם שלם	אמי	ממה שלם אחי בתי ואנשתה
020			A3.4:5	שלחת ספרה זנה שלם	ˆאמיˆ	מנחמת שלם [....
021			A2.7:1	אל	אמי	עתרדמרי מן אחוכי אמי
022			A2.6:11	[שלחת ס]פרה זנה אל	אמי	[תבי מן ..ר בר] סרה
023			B3.5:19	אנה ענני גבר אחרן	אמי	ואבי אח ואחה ואיש אחרן
024			D7.1:1	אל	אמי	קויליה ברכת[.] שלחת לכי
025	אמך		B4.5:4	[..] [...]....[.].[...] .לם	אמ̇ך	אנה נתן[אשל]ם לך כספא
026			A3.3:12	ולבש עד תאתה שלם	אמך	וינקיא כלא כעת תנה הוין
027			A3.3:2	זך לבב̇י לא טיב אף	אמך	כעת ברך אנת [ליהו אלהא]
028	אמן		B2.11:3	עלין עבדיה זי מבטחיה	אמן	והא זנה חלקא זי מטאך
029	לאמה		B3.3:14	בר מן זי אנת תתרך	לאמה	תמת ˆוהן הנצלתה מנך
030			D5.3:3	[...] דילך [...]	לאמי	
031	לאמך		A3.3:10	[....] [....]	לאמך	עבדת אל תמלי לבת בזי לא

אמה N cubit

No.	Form	Gram.	Ref.	Preceding	Keyword	Following
001	אמה	s ab/cn	D3.26:2	חדה אמן 2+10 פתי	אמה	1 דו̇רה̇ פשכן 1+3 בגו
002			D3.26:3	אמן 3+3+3 ופלג פתי	אמה	1 דור[ה̇ ...] לוח אחרה
003			D3.26:4	לוח אחרה אמן 2+3 פתי	א[מה	1 פשך]1 דו̇רה̇ פשן[ך
004	אמין	p abs	B3.12:15	מן מועה שמש למערב ארך	אמין	3+3+10 כ 2 בעשתא ומן
005			B3.12:8	2+3 כ 2 בעשתא לאברת	אמין	10+20+20+100×1 והא
006	אמן		B2.3:5	1 פתי מן מועא למערב	אמן	1+10 בעשתא תחומוהי
007			D3.26:2	1+3 .[.].[...] בגו חדה	אמן	2+10 פתי אמה 1 דו̇רה̇
008			B3.12:7	שמש {למערב שמש} ארך	אמן	3+3+10 כ 2 בעשתא ומן
009			B2.3:4	ארכה מן תחתיה לעליה	אמן	3+10 ופשך 1 פתי מן
010			B2.4:4	אחרוהי משחת ביתא זך	אמן	3+10 ופשך ב10+1
011			B3.12:16	2+3 כ 2 ˆל̇ˆאברת	ˆאמןˆ	1+10+20+20+100×1
012			B3.5:8	1+3+1 כ 1 לאברת	אמן	1+20+20+20+20 בנה
013			D2.10:5	א[מן ...] [... ....]	א[מן	2 ה...[...].[...].לה כ[...]
014			B3.8:7	1+3+1 פשכן 3 פתי	אמן	1+3 ר 2 שוה כסף כרש 1
015			B3.12:16	ומן עליה לתחתיא פתי	אמן	2+3 כ 2 ˆל̇ˆאברת ˆאמןˆ
016			B3.12:8	ומן תחתיא לעליא פתי	אמן	2+3 כ 2 בעשתא לאברת
017			B6.2:5	[כסף שקלן ... 1 חדת זי]	אמן	2+3 פשכן 1+3 בג ופשכן
018			D3.26:4	דו̇ר[ה̇ ...] לוח אחרה	אמן	2+3 פתי א[מה 1 פשך]1
019			B3.10:7	בעשתא ומן מועה למערב	אמן	1+3+3 בעשתא לאברת אמן
020			B6.2:5	שקלן 3 שביט 1 חדת זי	אמן	1+3+3 ב1+3 וזרת דמי
021			B2.6:8	חטב צבע ידין הוה ארך	אמן	2+3+3 ב2+3 שוה כסף
022			B2.6:9	שביט 1 חדת הוה ארך	אמן	ˆ2ˆ+3+3 ב2+3 שוה כסף
023			B3.10:6	ברתי מן תחתיא לעליא	אמן	2+3+3 ופלג בעשתא ומן
024			D3.26:3	1+3 בגו לוח אחרה	אמן	3+3+3 ופלג פתי אמה 1
025			B2.6:11	זי עמר נשחט הוה ארך	אמן	3+3 ב1+3 שוה כסף שקלן
026			B3.8:11	1 זי כתן חדת ארך]	אמן	3+3 ב 1+3] שוה כסף

No.	Form	Ref	Context	Keyword	Context
027		B3.8:12	כתן 1 זי כתן חדת ארך [	אמן	3+3 ב 3 שוה כס[ף שקל
028		C3.13:47	בר שלום[...] ארך	אמן	3 כ 2 בפ[תי] זכרן על
029		B3.10:7	1+3+3 בעשתא לאברת	אמן	
030		B6.2:1	.... 1 זי קמר חדת זי	אמן	... ב ...]דמוהי כסף כ 2
031		B6.2:2	.... 1 זי קמר חדת זי	אמן	... ב ... דמי כסף]שקלן
032		B6.2:3	.... 1 זי קמר חדת זי	אמן	... ב ... דמי כסף שקלן]...
033		B6.2:4	כסף שקלן [...] חדת זי[ן	א]מן[	... ב ....]ו̇פשכ̇ן[
034		B8.2:19	כתן	אמ̇ן	100×1 [....]. יה[יב
035		D2.10:4	ארך מן מו[ע]א למערב	א[מן	2 א]מן ... ...] [.... ...
036		B3.5:6	הוה מן עליה עד תחתיה	אמן	1+10 בעשתא בפתי אמן מן
037		B3.5:7	אמן מן מועה עד מערב	אמן	1+3+3 בעשתא כ 1 לאברת
038		B3.7:4	אחד גשורן הוה א[רך	אמן]	1+3]+3 בעשתא שבע הו
039		A6.9:4	פתף לגברן חלכין תרין	אמן	חד כל תלתה עלימן זילי זי
040		A6.2:14	ארז חדתן חנן תרין לחד	אמן	חמשה פשכן תלתה בפשכן
041		B3.5:7	1+10 אמן בעשתא בפתי	אמן	מן מועה עד מערב אמן
042		A6.2:10	בפשכן תלתה בגו סגנן	אמן	עשרה ותרין שף עשרה וחמשה
043		A6.2:10	עקי ארז ואר חדתן טף	אמן	עשרה שים [ל]בטק אמן
044		A6.2:13	ארז לובר חסין תמיס	אמן	עשרן כלא יהיתה חליפתהם
045		A6.2:16	עשרן וחמשה טסן זי נחש	אמן	עשרן מסמריהם מאתין עקי
046		A6.2:11	חד [ל]אמן עשרן סעבל	אמן	שבען חנן לבטנא תלתה קלעס
047		A6.2:12	לקו̇מתא חד עקי חלא	אמן	שתן פחטמוני לפערער חד
048		A6.2:10	אמן עשרה שים [ל]בטק	אמן	תמנין בפשכן תלתה בגו
049	לאמן	B3.8:6	לבש 1 זי קמר חדת	לאמן	1+3+3 פשכן 3 פתי אמן
050		B3.8:7	גמידה 1 זי קמר חדת	לאמן	3+3 ב 1+3 חטיב צבע
051		B3.8:8	1 לבש 1 מעדר חדת	[ל]אמן	3+3 ב 1+3 דמי כסף
052		B3.8:9	1 זי [קמ[ר] חדת	לאמן	3+3 ב 3[2+] ר 2 [חטיב
053		B6.1:6	לבש 1 זי קמר חדת [	לאמן	] .... שוה
054		A6.2:11	שף עשרה וחמשה חד	[ל]אמן	עשרן סעבל אמן שבען חנן
055		A6.2:12	פחטמוני לפערער חד	לאמן	תרין אפסי תחת חלא חמשה

אמה #2 N maidservant

No.	Form	Ref	Context	Keyword	Context
001 s ab/cn	אמה	C1.1:179	עבד פרי[ד]	אמה	ג̇נבה פת̇.ה .... [שם
002	ואמה	B3.13:11	לך מ̇ן בי זי לבנן עבד	ואמה	מאן נחש ופרזל לבוש ועבור
003		B4.6:12	[בי זי] לבנ[ן] עבד	ואמה	מאן] נח[ש] ופר[ז]ל שערן
004		B3.1:10	ודהב נחש ופרזל עבד	ואמה	שערן כנתן וכל זון זי
005 s em/sf	אמתא	B5.6:3	[.....]חירנם	אמת[א	]ז̇ילי זי סטירה על שמי
006		D1.26fraga:3	[... ...] הו ב[... ...]	אמת[א	... ...]
007	אמתה	B8.2:2	] [מהחסן[..] [....	א]מתה	זי [....] וסטר
008		B3.6:3	לנשן תפמת שמה	אמתה	זי שניתה על ידה בימן
009	אמתי	D4.11:2	..[...]ת [...]	אמתי	
010	אמתך	B3.3:3	למנתן לי לתמת שמה זי	אמתך	לאנתו הי אנתתי ואנה בעלה
011	לאמתה	D1.12:6	... ...] [...]. א[...]	]לאמת[ה	זי מ˚˚תת כען ....

אמן N artisan, skilled worker

No.	Form	Ref	Context	Keyword	Context
001 p abs	אמנן	A6.10:3	אף מן אתר אחרן גרד	אמנן	וספזן ונכ[ס]ן אחרנן שפיק
002		A6.10:6	אף מן אתר אחרן גרד	אמנן	וספזן שפיק בעו והנעלו

אמר V to say

No.	Form	Ref	Context	Keyword	Context
001 peal	אמרת	D3.25:2	[ ].[...] [...]ד̇ אנה	אמר[ת	...]
002		C2.1.4:3	רב] [הוה עלו[ה̇י̇]	א[מרת	אזל קט̇ל לחילא זי מדי
003		C2.1.5:19	פרסי [לארתך] של̇[חת	אמרת	אזל ח̇[יל]א זך מרדיא [זי
004		C2.1.7:31	פחתא ז̇[י בחתר]י	אמרת	אזל ק̇טל [לחילא זי לא
005		C1.1:24	ה̇י̇[....]	אמרת	הו טבתא יבעה̇[
006		D7.14:10	ואנתן לך מ[...]	אמרת	הן רב [....] זעיר
007		D7.29:1	על חגי	אמרת	לאשין על כסף מרזחא כן
008		B2.4:5	בעשתא כען אנה מחסיה	אמרת	לך ארקא זך בני ועתד̇
009		D7.5:9	אף בעי גלדא [זי]	אמרת	לכי הלו עליכ˚˚ הו אל
010		D23.1.II:12	לחרא̇ אנה לם	אמרת	למה̇[ ]ה̇ן
011		C1.1:49	עם אחוהי והצפנתך מנה	אמרת	קטלתה עד זי לעד̇ן [א]חרן
012	ואמרת	C1.1:14	אתור טבן ענית̇	ו[אמרת]	]ך̇ אנ[ה ....]
013		C1.1:45	דחלת לם אחיקר ענית	ואמרת	לנבוסמ[סכן] [....
014		A5.2:3	קד[ם תרו[ח ו]דינא	ואמרת	קדם דינ[א ....]
015		A5.2:5	וכעשק עביד ˚לי˚	ואמרת	קדם תרוח ודי[נא] איך
016	אמרת	D6.14fragp:1	ש]לחת עלי כן ...]	א[מרת	...] [...] פמון [...]
017		D7.25:1	כען זי	אמ[רת	...] [ה]ושע
018		A3.2:13	..[....]. [....]	אמרת	לי [....] יהב לג̇דר̇ך̇
019		D1.12:10	לכסף ש[קלן ...] [...	אמרת]	לי אחר אנה ד̇ב̇ר̇ת
020	אמר	B3.9:1	מלכא אדין בסון בירתא	אמר	אוריה בר מחסיה ארמי זי
021		B2.6:2	ארתחשס]ש מלכ[א]	אמר	אסחור בר צ[חא] ארדכל
022		B3.4:1	ארתחשסש מלכא	אמר	בגזשת בר בזו כספי לדגל
023		B4.2:1		אמר]	גמ[ריה [בר א]חי[ו
024		B2.2:2	מלכא יתב בכרסאה	אמר	דרגמן בר חרשין חרזמי
025		B4.3:1	שנת 3 חשירש מלכא [	אמר	הושע] בר[הו]דויה
026		B4.4:1	שנת 3 חשירש [מ]לכ[א	אמר	הושע] בר הודויה
027		B2.10:2	מלכא אדין ביב בירתא	אמר	ידניה בר הושעיה בר
028		B2.11:2	מלכא ביב בירתא	אמר	מחסיה בר נתן 1 ידניה
029		B2.3:1	3+3 ארתחשסש מלכא	אמר	מחסיה בר ידניה מהחסן
030		B2.4:1	3+3 ארתחשסש מלכא	אמר	מחסיה בר ידניה יה[ודי
031		B2.7:1	ארתחשסש מלכא	אמר	מחסיה בר ידניה ארמי זי
032		B3.2:2	לארתחשסש ˆמלכאˆ	אמר	מיכא בר [אחיו ל]ענני
033		B7.2:2	מלכ[א] ב[י]ב בירתא	אמר	מלכיה בר ישביה ארמי
034		B2.9:1	מלכא אדין ביב בירתא	אמר	מנחם ועניה כל 2 בני
035		B4.6:2	אמורטיס מלכא אדין	אמר	מנחם בר [של]ום ארמי זי
036		B3.6:2	ארתחשסש מלכא אדן	אמר	משלם בר זכור יהודי זי
037		B5.2:2	[אדין ביב בירתא]	אמר	מתן בר ישביה ארמי
038		B4.5:1	מלכא ביב בירתא]	אמר	נתן בר[ן] הושע ארמי זי
039		B4.1:1		אמר	סמכי בר ששר לשלמם בר
040		B3.10:1	1 ארתחשסש מלכא אדין	אמר	ענני בר עזריה לחן ליהו
041		B3.11:1	3 ארתחשסש מלכא אדין	אמר	ענני בר עזריה לחן זי
042		B3.12:10	ארתחשסש מלכא אדין	אמר	ענני בר עזריה לחן ליהו
043		B3.12:1	ארתחשסש מלכא אדין	אמר	ענני בר עזריה לחן זי
044		B3.13:1	מלכא אדין בסון בירתא	אמר	ענני בר חגי בר משלם
045		B3.3:1	3+3+10 ארתחש מלכא	אמר	ענניה בר עזריה לחן זי
046		B3.5:1	ארתחשסש מלכא	אמר	ענניה בר עזריה לחן זי
047		B3.8:1	[אדין] ביב בירתא	אמר	ענניה בר חגי ארמי זי
048		B1.1:1	3+3 דרוש ירח מחר	אמר	פדי בר דג[נ]מלך לאחא

No.	Form	Ref.	Context	Word	Context
049		B4.7:1		אמר]	פטאסי בר .... ל.... ב]ר
050		B2.8:1	ארתחשסש מלכא	אמר	פיא בר פחי ארדיכל
051		B5.6:15	[....]	אמ̇ר̇	פשנתסו
052		B2.1:1	חשיארש מלכא	אמר	קוניה בר צדק ארמי זי
053		A4.2:13	לי כזי כלוהי על כדא	אמר	תירי...[...] בצות מלכא
054		B5.6:1		אמר]	.... בר ....] אמה תטוסרי
055		B6.1:1	[ארתחשסש מלכא אדן	אמר	... בר ....] ארמי זי יב
056		B8.1:1	[...]	אמר	[...]. היתי [...] אחר
057		B8.2:22	קבל כן [....]	אמרן]	....] שמהם לא̇י̇
058		B8.5:1	]המו כן [....]	אמ[ר	....]....[.]. .[....]....[
059		B8.7:10	מ̇נכי כן	אמר]	
060		B8.8:5	זך שאיל ו̇פת̇[גמא	אמר	...] [....]..א אלך
061		D1.31fragb+c:3	.[...] [...].	אמר.[	....]. אסרטיס
062		D2.1:1	[...] 2 לאחשירש מלכא	אמר	... ...]ל[דגל ...] [...] ...
063		D23.1.VI:7	נ̇ב̇ו̇ אלהא [....]	אמרן]	....] ... ... [...] ...
064		D2.31fraga:1	...]א[ף	אמרן]	... [...] ע̇חחנס בר] [...]
065		D3.19:4	בארעא [...] בג 3 לתעובי	אמ[ר	...] #### כל [...] [...]...
066		D4.12:3	...] [...]דגלא[...]	אמרן]	[...
067		D7.13:14	...].[ן לך על פוחרב	אמר	....]י[הבתם לה סד̇נו
068		C1.1:78	[....]	אמר	א[ד]י[ן עד אסרחא[דן
069		B8.11:4	]נש כן.[....]	אמר	איד עב̇דו̇ איך]
070		B8.5:7	[כן]	אמר	אחדו [....] [....
071		B2.9:7	שלומם בר עזריה אף	אמר	איתי זי בפקד[ן] הפקדו
072		B8.8:2	....] פתגמא לא	אמר	אמי̇ר̇ עלא
073		B3.7:2	אדין [ביב בי]רתא	אמר	אנה ענני בר עזריה לחן
074		B8.9:5	כן [....] [....]	אמר	אנה מומא נפרת יהבת
075		C2.1.7:41	[בפרס ויזד]ת [זך] זי	אמ[ר	]אנה ב[ר]זי א̇ת̇ה [ע]ם
076		C1.1:2	ו[....] [...	אמר]	ברא לם יהוה לי קדמת
077		D2.12:1	שנת 2 ארתחשסש מלכא	אמר	[ב]רזנרו בר ארתברזן הו
078		D20.3:3	בר אבה אמה אחתבו כן	אמר	בשנת 3+1 ירח מחיר
079		B8.6:5	[זי ....]ם סיכן כן	אמר	הנצלני כסף כרשן 20
080		D23.1.XVIC:4	.[..]...[.]..ל[א כ̇ן̇	אמר	ו̇א̇[...] ..... ומ..
081		C1.2:3	בר פונש מליא זי מלכא	אמר	ו.[...] [..]לולא באתר
082		D1.33fragc:3	[...] [...]ת מצרין	אמר	למנכ[י]ו...[... ...]
083		A6.8:7	ארמפי על זי פסמש[ך]	אמר	לא משתמ[ען] לי מן ארשם
084		A3.7:4	.].	אמר]	לי יאוש לאמר הבה בזהב
085		A4.3:10	בזך שלח אנה עליכם הו	אמר	לי שלח אגרת קדמתי [..]לו
086		D7.29:3	על כסף מרזחא כן	אמר	לי לם לאיתי כען אנתננהי
087		D7.55:4	ישיב אזלת על חו[...]	אמר	לי עבד̇י
088		C1.1:56	קרבתא נבוסמסכן רביא	אמר	לכנותה גבריא אלך תרין זי
089		C1.1H:12	[...] נבוסמס[כן רב]יא	אמר	לכנותה ...] עלי ו[אנה אמר
090		C2.1.7:36	פרסי יתב בפרס ק̇[ם	אמרן]	[לעמא אנה ברזי בר]ה̇ זי
091		B8.7:3	פתחנופי כן	אמר	מ(נ)<כ>דב מנכי באלה̇
092		D22.1:1	...[..]. ש... כן	אמר	מצי[...] ... [...] הו עמי
093		C3.8II:10	...]חזק א[...] [...	א̇מ̇ר̇]	... [ב 3+3 לאדר שנת
094	ואמר	D7.55:1	יהב [...].[...]	ואמר]	...] {{כתני זילי}} זילי
095		D23.1.IX:9	[..]....[..]..לכ̇[..]ועגה	ואמר	א̇נ̇ש̇א̇ לפ̇ר̇ע̇ה̇ [...
096		C1.1:11	אסרחאדן מלך אתור	ואמר	חין ש[....
097		D23.1.II:15	לביתי̇	ואמר	לא הוה ואנתנהם [.]א̇נ̇ה̇
098		C1.1:94	שלם יהוי לך ענה חמרא	ואמר	לאריא[ ] איש שפיר מדדה
099		C1.1:59	ע̇[נה נבוסמסכן ר]ביא	ואמר	להם שמעו לי לם זנה
100		D23.1.II:12	לם ...כם עמי ואזל	ואמר	לחרא̇ אנה לם אמרת
101		C1.1:20	[מל]ך אתור	ואמר	לי כותא לם ˹יה[וה]˺
102		C1.1:54	נבוסמסכן רביא	ואמ[ר	]לי אל תדחל לם [תח]יי
103		C1.1:102	[... ע]נה ר[מ]נא	ואמר	לסניא אנת כלך כבן עם זי
104		C1.1:166	והי עריה ענה נמרא	ואמר	לענזא אתי ואכסנכי משכין]
105		C1.1:204	[ואכסנך ענה ערדא	ואמר	ל.... ...]. סבוליך
106		D23.1.IX:10	[פרעה [ענה] [...	ו̇אמר	ל[.].ק̇.ו̇ ...[...]לא̇.מ̇[.]
107		C1.1:32	[אס]רחאדן מלך אתור	ואמר	....] חד מן
108		C1.1H:15	נ˙ב˙וס[מסכן רבי]א	ואמ[ר	...] אסרחאדן מ[ל]ך]
109		C1.2:2	הו אחר ענה מלכא	ו̇[אמר]	[.. א]תלנהי כן
110	אמרת	B5.5:6	כסף כרשן 2 [א]פם	אמרת	[אסורי פתפא זילי מן בית
111		B3.1:2	3+3+3 ארתחשסש מלכא	אמרת	יהוחן ברת משלך נשן זי
112		B5.5:1	[מלכא] אדין ביב	אמרת	מפט[חיה ברת גמריה
113		B5.1:1	לדריוש מלכא	אמרת	סלואה ברת קניה ויתומה
114		B8.10:6	זי לן שאילת תבא וכן	אמרת	כפם ה̇[....] [....
115		D7.3:3	זרע קטין[.] [כ]זי	אמרת	לכי אנתתא ש̇[...]
116		D20.5:2	לא עבדת וכרצי איש לא	אמרת	תמה קדם אוסרי בריכה הוי
117	ואמרת	B3.6:11	ואנתי שביקה לאלהא	ואמרת	תפמת ויהישמע ברתה
118		D23.1.II:10	כסף כרש [1 ו]ענת̇	ו̇א̇מ̇ר̇ת̇	[ל]דנא חרא לאשכב עם
119		C1.1:167	משכי[ענת] ענזא	ואמרת	לנמרא למה לי כסיכי גלדי
120		C1.1:209	ג̇ד̇י̇כי וענת ענזא	[ואמרת	....]י̇דע זי י̇אתה מן
121	אמרן	B8.12:5	עלין החוין להם וכן	אמרן	[...]...[....] [....
122		D3.33:2	[...]ב[...] [...	אמרן]	.[...] [...]ש̇
123		B8.9:3	[....] [...] ומ̇ת̇ך כנם	אמרן	וא̇[ף]אמרן אנחנה
124		A3.6:2	אנה וצחא בר פחה	אמרן	לפיסן וא[....] ושלח
125		C3.8fraga:2	[....]	אמרן	[....]
126	אמרו	A5.5:6		אמרו	[.. ו]אתו פנה על
127		D7.13:12	[.] [...]ינ[תנון והן	אמרו	[... באל]ף חרתבא ובאלף
128		D23.1.XVIC:5	[ ]..... ..... ומ.. וכ̇ן̇	אמרו	אלהי ח̇רא ש̇ל̇מ̇[...]
129		C3.8IIIB:2	פרמ[נכריא] [...]כן	אמרו	אלה .. מ.ה̇ בגו בגו [...
130		B8.4:14	עם סנבנת אבוהם כן	אמרו	הנצל. .אבו̇ 1 סמש̇ס̇
131		A3.5:4	לא	אמרו	[לי] מנכן הוית מלא לבתך
132		A4.9:1	זכרן זי בגוהי ודליה	אמרו	לי זכרן לם יהוי לך
133		A6.2:3	כרכיא כן	אמרו	ספינתא זי מהחסנן
134		A6.2:9	סגן נגריא ספיתכן וכן	אמרו	עדן הוה אופ̇ש̇[ר]ה̇
135	ואמרו	C1.1:169	אשתק ענו אמריא	ואמרו	לה שא לך זי ת[נ]שא מנן
136		C1.1:58	[ענו גבריא]אלך תרין	ואמרו	ל[ה אנ]ת לם אמר לן
137		C1.1H:14	[לכם עט]תא זילן[...	ואמרו	ל[ה אנת לם אמר לן ...]
138	אמר	B3.11:10	אנתותכי עד אחרן הן	אמר	אהנצל מנך אחוב ואנתן
139		B2.6:31	דין ספרא זנה ולא אכל	אמר	איתי לי אנתה אחרה להן
140		B2.6:33	זי תלד לי מפטחיה הן	אמר	איתי לי ב[נן] ואנתה אחרן
141		B5.4:3	ויהבת לך אף לא אכל	אמר	אנה [אהנצל מנך למנתן
142		B3.11:9	עזריה לחנא לא אכהל	אמר	יהבת לך ברחמן פסשדת על
143		B2.1:12	ואנה קוניה לא אכהל	אמר	למחסה לאמר {{לא}} תרעא
144		B4.1:3	בה איש ול.. ו̇[לא אכל	אמר]	לבר לך וברה יתלך
145		B3.1:11	בכספך ומרביתה ולא אכל	אמר	לך ˹לם˺ שלמתך בכספך
146		B4.1:2	לא[מר אנה לא]אכל	אמר	לך יתלי עליך כסף וחטן

#	Form	Ref	Preceding	Keyword	Following
147		C1.1:57	אף[ק]רב[ו] עלי ואנה	אמר	לכם עטתא[זילי]ועטה טבה
148		C1.1H:13	[לכנותה ....] עלי ו[אנה	אמר	לכם עט]תא זילן[י ...]
149		C1.1:139	בטני הגשש ביתי ומֹה	אמר	לנכריא [ברי] הֹוה לי שהד
150		B3.7:15	אהנצל מנכי ולא אכהל	אמר	נפשי צבית אהנצל מנכי זי
151	ואמר	B2.3:20	אחרן ארשנכי דין ודבב	ואמר	לא יהבת לכי אנה אנתן לכי
152		B2.4:14	אחרן ארשנך דין ודבב	ואמר	לא יהבת לך ארקא זך למבנה
153	תאמרן	D7.26:2	[...]מֹר לה אף הן	תאמרן	לם [...]. על פכרֹס משחק
154		D7.16:12	לא יצפ֯ה֯ לי אנתי מה	תאמרן	תחזין אנפי ואחזה אפיכי
155	יאמר	B8.8:3	אופתשתו עד פתגמא	יאמֹ[ר	[....
156		B3.8:42	כען צבית אהנצל המו הן	יאמר	כות לא ישתמע לה חיב הו
157		B3.8:41	ה<י אף לא יכהל זכור	יאמר	לאח[ת]ה נכס[י]א אלה
158		A6.8:2	ביתא זילי זי פסמשך	יאמר	לך ולחילא זי לידך זכי
159		A3.10:2	מריה חזו חלקא זילי זי	יאמר	לכם ארמנתידת למטען בה
160		A4.2:9	לא כזנה הו[ה ....]	יאמר	מלין קדם ארשם פיסן
161		C2.1.11:67	יאמר שמע זי פרתר	יאמר	[.... י]עֲבד זי
162		C2.1.11:67	[.... זי בא]דֹנך	יאמר	שמע זי פרתר יאמר
163	ויאמר	B2.6:27	יקום אסחור בעדה	ויאמר	שנאת [לאנ]תתי מפטחיה
164		B3.3:7	יקום ענני בעדה	ויאמר	שנאת לתמת אנתתי כסף
165		B3.8:21	יקום ענניה בעדה	ויאמר	שנית לאנתתי יהוישמע לא
166	ויאמרנה	C1.1:158	כשיטא	ויאמרנה	נשאית חלא וטענת מלח
167	תאמר	D7.11:5	[...] בשמי לֹא	תאמר	אתה .. [...] [...]
168		B6.4:8	כען צבית אהנצל הם הן	תאמר	כות חיבה הי לא ישתמע לה
169		B6.4:6	יהוחן ברת [....	תאמר	לה[ולסלוא ברתה כזי
170	ותאמר	B3.8:25	תשנא לבעלה ענניה	ותאמר	לה שניתך לא אהוה לך
171		B2.6:23	תקום מפטחיה בעדה	ותאמר	שנאת לאסחור בעלי כסף
172		B3.3:9	יום אחרן תקם תמת	ותאמר	שנאת לבעלי ענני כסף
173	ויאמרון	C1.2:25	מצרין [....]ה 1	ויאמרון	לה צעני וי[ן ....]
174	יאמר	C1.1:193	קרב עלי ואל	יאמֹר	לך ר[ח]ק מני [....
175		C1.1:206	הן %% אל	יאמר	עתירא בעתרי הדיר אנה
176	אמר	D7.14:7	[...] [...] לכתוני אף	אמר	לן[...]ה לם חוני [...]
177		C1.1:58	ואמרו ל[ה אנ]תֹ לם	אמר	לן נבוסמסכן רביא זי
178		C1.1H:14	[...] ואמרו ל[ה אנת לם	אמר	לן ...] עֲנה נ֯ב֯ו֯ס[מסכן
179		A3.11:4	כען חזי שושניא	אמר	לפ.[...]
180	אמרי	D7.18:3	זי שבקת בית יהה	אמרי	לאריה [ו]ירמה על סלואה
181	אמרו	A5.5:12	אנתם דיניא	אמרו	לפ.[...]
182	אמר	A5.5:2	פקיד נא כן	אמר	[....] חֹילא
183		A6.6:3	[זי במצרין שלח עלי כן	אמ[ר	[.... בר ינחרון
184		A6.8:1	פקידא זילי שלח עלי כן	אמר	ארמפי עם חילא זי לידה
185		C2.1.4:8	[דריה]וש מלכא [כן]	אֹמר	דֹדרש אֹ[רדתי עלימי
186		C2.1.5:19	[דריהוש מלכא כן	אמ[ר	והומס [ש]מה עילמי פרסי
187		C2.1.7:36	[דריהוש מלכא כן	]אמ[ר	]וידזת ש[מה] בפרת[ו
188		C2.1.8:51	דריהוש מלכא כן	אמר	ו[יזדת זך זי אמר אנה
189		A5.5:11	כען כן	אמֹר	מתרדת
190		A6.2:2	מתרדת נופתא לם כן	אמר	פסמסני[ת
191		A6.3:6	להם כעת ארשם [כן]	אמר	[פ]סמש[כחסי] זכי וכנותה
192		C3.8IIIB:30	זי על נוֹ[...]. כֹן	אמר	שתברזן .[....]תֹ שמו
193		A6.15:1	זילי֯ שלח עלי֯ כן	אמר	בבל לם אגרת מן ארשם
194		C2.1.5:25	[דריהוש מלכא כן	אמר	אחר מן בב[ל [נפ]קֹת אזל
195		A6.11:1	עלים זילי שלח עלי כן	אמר	איתי פמון שמ[ה א]בי כזי
196		C2.1.11:74	[לך] דריהוש [מלכא כן	אמר	אלה גבר]יא זי קד[מ]ן עמי
197		A6.8:2	לי בצבות מראי זי	אמר	אנה להם כעת ארשם כן אמר
198		C2.1.8:51	כן אמר ו[יזדת זך זי	אמר	אנה ברזי בר כרש חילא
199		A6.2:22	שים טעם כעת ארשם כן	אמר	אנת עבד לקבל זנה זי
200		A6.13:4	נחתחור כעת ארשם כן	אמר	אנתם הנדרז עבדו
201		A6.15:3	יהב לי כעת ורפש כן	אמר	הא אנת חזי אגרת ארשם זי
202		A6.11:3	אהחסן כעת ארש[ם] כן	אמר	הן כנם הו כמליא אלה זי
203		A6.6:4	[כ]עת ארשם כן	אמר	הן [....]. [....]
204		C2.1.1:2	[ ] [ד]ריהוש מלכא כן	אמר	זנה זי אנ[ה עבדת בטלל[ה
205		A6.3:2	זילי קבל בזנה כן	אמר	כזי אנה הוית אתה [ע]ל
206		A6.13:1	בר ביתא בזנה כן	אמר	לי בגא לם זי מן מראי
207		C1.1:59	רביא זי אֹנת	אמ[ר	לן אנחנה נשמע[נך קרבתא
208		C2.1.11:64	דריהוש מלכא כן	אמר	מן אנ[ת מלך זי אחרי
209		C2.1.7:30	עבדת [דריהוש מלכא כן	אמר	עלי מרדת מת] פרתו שמה
210		C3.8IV:6	.. [....] וֹכעת חיר כן	[אמר	[שמו ....
211		A6.8:2	אנה להם כעת ארשם כן	אמר	צבות ביתא זילי זי פסמשך
212		D23.1.Va:10	וֹמֹ..הֹ מלן זי [א]נה	אמר	ק[ד]ם מראי מלכא איתי
213	אמרין	A4.7:22	כל בעלי יב כן	אמרי֯ן֯	הן על מראן טב אתעשת על
214	אמרן	A4.2:6	[....] מדינת נא וכן	אמרן	מזדיזן הו פקיד
215		B8.9:3	כנם אמרן וא[ף	אמרן]	אנחנה תֹמא֯ר֯ לה על[
216		A4.5:10	לקבל זנה זי אנחנה	אמרן	אף פרישן אנחנה
217		A4.7:4	עבדך ידניה וכנותה כן	אמרן	בירח תמוז שנת 1+3+10
218		A4.8:3	[וכנותה [.... כן	אמרן	בירח תמוז] שנת 1+3+10
219		A4.10:7	בירתא מה[חס]נן כן	אמרן	הן מראן [...] ואגורא זי
220		A4.8:22	כלא בעלי יב כן	אמרן	הן על מר[א]ן טב את[עשת
221		A6.2:23	לקבל זנה זי המרכריא	אמרן	כזי שים טעם ענני ספרא
222		B3.7:5	[.... תרבצא]	אמרן	לה מצרית [תחית ....
223		D6.8fragb:1	[...] <ע>לי כן	אמרן	נשיביתן זי במצרין
224	אמרה	D7.26:1	אנתי	אמרה	וינתנו שקא [...]מֹר לה
225	אמיר	A5.4:2	תחותמעו כמר	אמיר	לשחפימו [ז]ך צחא זך
226		A3.3:4	פרסכן תנה במגדל כן	אמיר	לן לאמר על זנה [....]
227		C1.1:209	הו יֹנטרנהי לענז]א	אמיר	מית גֹדיכי וענת ענזא
228		B8.8:2	[ ]פתגמא לא אמר	אמיֹר	עלא
229	לאמר	A3.9:2	[ע]ל דֹבר אפוחס ואחתה	לאמר	[.... .מט]אני כזי תמטנך
230		B2.9:6	עבור ואחרן נכסן	לאמר	אסחור אבוכם לקח מן
231		B3.9:3	רב חילא זי סון	לאמר	ידניה שמה בר תחוא
232		B7.1:2	סון [לדגל	[לאמר	[....] עדבר נונין לאמר
233		D1.2:2	.[... ...] [... ... ...]	[לאמר	[...] [... ... ...]+4
234		D2.11:4	[... ...] שערן [... ...]	[לאמר	[... ...] אנת [... ...]אגר
235		D5.41fragjj:1	[...]	[לאמר	[...] [...]סֹן ת.[...] [...]
236		D7.9:11	למכתבה אף כזי תשמעין	לֹאמר	. שרין יהבן פרס בסון
237		D5.4:3	[...] [...]לאתֹ .[...]	[לאמר	א.[...]
238		A4.7:7	הוה בסון בירתא	לאמר	אגורא זי ביב בירתא
239		A4.8:6	[הוה בסון בירתא	לאמר	אגורא] זי יהו אלהא ביב
240		B2.4:3	בר אוריה בזכם דגלא	לאמר	איתי ארק בי 1 זילי מערב
241		B2.9:5	וידרנג רב חילא	לאמר	איתֹ[י] נכסיא לבשי קמר
242		B4.5:2	סון לדגל [....	לא[מר	איתי לך עלי כסף כרשֹ[
243		B4.6:3	לסלו[אה] ברת סמוח	לאמר	איתי לכי עלי כסף ש 2 הו
244		B8.5:14	מלל על מֹרֹאן	ל[אמר]	[... ..]אלהא [....

245		B2.1:3	זי סון לדגל וריזת	לאמר	אנה אתית עליך ויהבת לי
246		B2.3:3	לנשן מבטחיה ברתה	לאמר	אנה יהבת לכי בחיי ובמותי
247		B2.6:3	זי סון לדגל וריזת	לאמר	אנה [א]תית ביתך למנתן לי
248		B2.7:2	וריזת למפטחיה ברתה	לאמר	אנה יהבת לכי לביתא זי
249		B3.10:2	לנשן יהוישמע ברתה	לאמר	אנה עשתת לכי בחיי ויהבת
250		B3.12:3	ברתא לדגל נבוכדרי	לאמר	אנה 1 תפמת ברת פתו כל
251		B3.13:2	זי סון לדגלא זך אפם	לאמר	אנה אתית עליך בביתך
252		B3.3:3	זי סון לדגל וריזת	לאמר	אנה אתית עליך למנתן לי
253		B3.5:2	לנשן תמת אנתתה	לאמר	אנה יהבת לכי פלג תרי
254		B3.6:3	ידה בימן כדנה למשלם	לאמר	אנה עשתת לכי בחיי אזת
255		B3.7:3	ברי אמה תמ[ת]אנתתי	לאמר	אנה ענני י[הב]ת לכי בי
256		B3.8:2	זי סון לדכם דגלא	לאמר	אנה אתית על[יך בבי]תך
257		B4.1:1	לשלמם בר גלגל	לא[מר	אנה לא]אכל אמר לך יתלי
258		B5.2:3	לזכם דגלא	ל[אמר	אנה] גריתך בדין
259		B5.5:2	לזכם [דגלא	ל]אמר	אנה יהבת לכי כסף שקלן
260		B6.1:3	[....]	לאמר	אנה אתית עליך בביתך
261		B3.4:3	עזריה לחן ליהו אלהא	לאמר	אנחן זבן ויהבן לך ביתה
262		B2.11:2	סון לדגל ור[יז]ת	לאמר	אנחנה אשתוין כחדה ופלגן
263		B2.9:4	יהודין לזכם דגלא	לאמר	אנ[ח]נה רשינכם בדין נפא
264		B3.12:12	בר חגי בר בסס	לאמר	אנחנה זבן ויהבן לך ביתן
265		B7.2:4	לדג[ל] מרין	לא]מר	[א]נת קב[לת עלי] בנפא
266		D1.24:1	אגרתא ז[א ...] כן	לאמר	אף .. [... ...] אלהא שזבך
267		B7.3:4	[ובעןתיהו ו[ימא לה]	לאמר	אתנא זי ביד פ[מסי בר
268		D23.1.Va:11	נכוֹאּ.. שׁן לחין	לאמֹר	ה[...].. סֹנחרוֹ .לֹ.עֹי
269		A3.8:5	ברבא ולא [..]בו לך	לאמר	הב ערבן זבן ביתא זי
270		A3.7:4	[.].אמר לי יאוש	לאמר	הבה בזהב אל מראתי שלוה
271		B5.6:2	צחא בזכם הנ.ת.	לאמר	הוטבת [לבבי ....
272		D7.9:5	על דרעה הלו כן שלח	לאמר	זי לא ישכחן עלימתה
273		B7.1:3	[....] עדבר נונין	לאמר	חמצת מני ושא[ילת קדם ...
274		B3.1:3	יהודי זי יב בירתא	לאמר	יהבת לי זפת כסף שקלן
275		B3.11:2	ברתא ליהוישמע ברתה	לאמר	יהבת לכי בי חד מבני בי
276		B3.2:3	[ ]לחן ליהו ביב	לאמר	יהבת לי כסף שקלן 2+3
277		B4.3:3	[.... זי תחפנס נגיא	לאמר	יהבת] עלידן שערן [ארדבן
278		B4.4:3	[זי] [ת]חפנס נגיא	לאמר	יהבת על ידן שע[רן ארדבן
279		B4.7:2	אשמרם ב.[....]	[לאמר	יהבת לי ....]+3 לכסף
280		B2.2:4	יב לדגל וריזת	לאמר	ימאת לי ביהו אלהא ביב
281		B7.2:8	בין [מ]קמן 1+3	לא[מר]	כחסן בביתך [לא] עלת
282		A5.2:8	[ ] דנה קדם מראי שלחת	לאמר	כעשק עביד לי וכע[ת הן
283		B2.1:12	לא אכהל אמר למחסה	לאמר	{{לא}} תרעא זך לא זילך
284		B3.6:13	{{הן קמן}} ^אנחןˆ	לאמר	לא נסבלנך כזי יסבל בר
285		B5.1:5	נכל נגרכי במנתא זכי	ל]אמר	לא אנחן יהבנה לכי לא
286		A2.3:6	וכעת זי מלתי ^לבתיˆ	לאמר	לה שאל על חרוץ כעת מלו
287		B4.2:1	[ל....] בר יתמא	ל[א]מר	נתנת לי כסף שק[לן 3 ר
288		A3.3:4	במגדל כן אמיר לן	לאמר	על זנה [....] [קדם]
289		C3.13:56	חנן בר עזריה[...]	לאמ[ר]	עלדבר פת.[...] [.].[.] לא
290		B2.10:4	רב חילא זי סון	לאמר	רחקת מנכם מן בית יזניה
291		A3.3:13	זא כזי כן שמיע לן	לאמר	תתפטרן [....] אל
292	למאמר	D7.39:10	אף פרנדת לה	למאמר	לה לם בטבה שאלת
293		C1.1:163	הו ישימון טב בחנכה	למאמר	שגיאן [כ]וכב[י שמיא זי]
294	לממר	A4.9:2	לם יהוי לך במצרין	לממר	{{קד}} קדם ארשם על בית
295	ל.מר	B8.2p:6	[...]נה לה	ל.מר	כ[...]
296	יתאמר etpeel	D6.7fragIh:1		יתאמ[ר	....] .את[...]

אמר N lamb

001	אמריא p em/sf	C1.1:169	[...] .. אֹ[...] אשתק ענו	אמריא	ואמרו לה שא לך זי
002		C1.1:168	דמה %% דבא אזל על	אמר]יא	...] .. אֹ[...] אשתק ענו

אמר #2 N saying

001	אמריך p em/sf	C1.1:86	לך אל יחזנהי על	אמֹריך	ותהך [ו]לא ביומיך [חזי

אן a where, wherever

001	אן	B2.6:25	מן חם עד חוט ותהך לה	אן	זי צבית ולא {י} דין ולא
002		B2.6:29	חד בכף חדה ותהך לה	אן	זי צבית ולא דין ולא דבב
003		B3.8:24	בכף 1 [ו]תהך [לה מנה]	אן	[זי צבי]ת והן יהוישמ[ע]

אן c if; cf. הן

אנה P I

001	אנה	A5.1:3	[.... איך בי]תך עביד	אנה	[....] אנפכם
002		B3.9:4	כתבת לי עלא לא אכהל	אנה	אוריה ובר וברה לי אח
003		C1.1:14	[מלך]אתור [....	אנה	א]חיקר כזי חזית אנפי
004		B5.5:9	מן בית מלכא ולא אכהל	[אנה	אסורי ארשנכי דין ודבב
005		B3.4:10	ושוק מלכא ביניהם	אנה	בגזשת ואובל כל 2 אנחן
006		C2.1.11:75	[ז]ך מֹגושא [זי כדב לם	אנה	ברזי אלה] שגיא עֹמ[י]
007		C2.1.7:37	בפרס ק[ם אמר] [לעמא	אנה	ברזי בר]הֹ זי כרש אחר
008		C2.1.7:41	[ויזד]ת [זך] זי אמ[ר	[אנה	ב[ר]זי אֹתֹה [ע]ם
009		C2.1.8:51	אמר ו[יזדת זך זי אמר	אנה	ברזי בר כרש חילא
010		B2.2:8	ימאת לי עלדברה ביתי	^אנהˆ	דרגמן למוע שמש מנה
011		B2.10:12	תנת<נ>ון לה בשמי	אנה	ידניה ובשם בנן ואנתה
012		B2.10:12	בנן ואנתה ואיש לי והן	אנה	ידניה רשיתכם ורשכם בר
013		B2.10:9	רחמתן תנתנונה לא אכהל	אנה	ידניה ובני ואנתה ואיש
014		B2.11:5	חלקא זי מטאני בחלק	אנה	מחסיה בלא שמה אמה תבא
015		B2.11:8	זי צבית תנתן לא אכהל	אנה	מחסיה בר וברה לי אח
016		B2.3:18	וספרא זנה בידכי ואף	אנה	מחסיה מחר או יום אחרן
017		B2.4:5	ב10+1 בעשתא כען	אנה	מחסיה אמרת לך ארקא זך
018		B7.2:7	על אלהן מטא עלי בדינא	אנה	מלכיה אקרא לך על
019		B2.9:9	מן יומא זנה עד עלם	אנה	מנחם ועננה רחיקן
020		B4.6:5	זי על ספר אנתותכי	אנה	מנחם אנתננה ואשלמן לכי
021		B5.5:3	מלכא כסף זוז לכרש 1	אנה	מפטחיה יהבת לכי ברחמן
022		B5.2:8	[....	אנה	מתן] רחקת מנך מן י[ומא
023		B4.5:4	[..] [....] [.....] לם אמֹך	אנה	נתן] אשל[ם לך כספא זנה
024		B3.10:12	כתבן בספרא זנה	אנה	ענני בר עזריה יהבתה לך
025		B3.10:16	כתיבן בספרא ^זנהˆ	אנה	ענני יהבתה ליהוישמע
026		B3.10:5	זנה משחת ביתא זי	אנה	ענני יהבת ליהוישמע
027		B3.10:8	והא תחומי ביתא זי	אנה	ענני יהבת ליהוישמע

No.	Ref			
028	B3.11:16	כדב הו זנה ספרא זי	אנה	ענני כתבת לכי הו יצב
029	B3.11:7	כתיבן בספרא זנה	אנה	ענני בר עזריה יהבתה לך
030	B3.11:9	ובניכי שליטן אחריכי	ˆאנהˆ	ענני בר עזריה לחנא לא
031	B3.12:24	או זי תזבן לה בכסף	אנה	ענני ותפמת אנתתי זי
032	B3.13:3	פרסן 2 סאן 3 אחר	אנה	ענני בר חגי אשלם ואנתן
033	B3.13:6	פתפא מן בית מלכא אחר	אנה	ענני אחוב ואנתן לך כסף
034	B3.13:7	כרש חד 1 כסף צריף אחר	אנה	ענני אשלם ואנתן לך
035	B3.5:18	בה אחר מותכי ואף הן	אנה	ענני אמות בר שנן 100×1
036	B3.5:19	המו שליטן בחלקי אחרנא	אנה	ענני גבר אחרן אמי ואבי
037	B3.7:12	ופלגא ל[י]ה[וישמע]..	אנה	ענני [יה]בת לכי ביתא
038	B3.7:14	עלא ולמנחת ולמנפק ברא	אנה	ענני יהבת לך בתיא אלה
039	B3.7:15	אלה ברחמה ˆלאˆ אכהל	אנה	ענני אהנצל מנכי ולא
040	B3.7:2	אדין [ביב בי]רתא אמר	אנה	ענני בר עזריה לחן זי
041	B3.7:3	אמה תמ[ת]אנתתי לאמר	אנה	ענני י[הב]ת לכי בי חד
042	B3.5:12	כתיבן ותחומוהי	אנה	ענניה יהבתה לכי ברחמן
043	B3.5:13	לכי ברחמן לא אכהל	אנה	ענניה ארשנכי עלדברה דין
044	B3.5:4	כספין זי יב בירתא	אנה	ענניה יהבתה לכי ברחמן
045	B3.5:5	והא משחת ביתא זך זי	אנה	ענניה יהבת לכי תמת מן
046	B3.5:9	לכי עליה לה חלקא זילי	אנה	ענניה דבק לה תחתיה לה
047	B4.7:3	[כ]תיב ולא דין והן	א[נ]ה	פטאסי [....]
048	B2.8:9	וברא לי בשם מומאה דכי	אנה	פיא ובני אנתן
049	B3.12:3	לדגל נבוכדרי לאמר	אנה	1 תפמת ברת פתו כל 2
050	B4.5:6	מלכא [....]ה והן[	אנה	] כספא זנה כרש חד שקלן
051	B5.6:9	[.... ב]שמהם	אנה	.... ואנתה סענת
052	D1.1:11	שלמן .... [יצף	אנה[	.... [....] ובסה תנה
053	D2.11:3	[....] לדגל [....]	אנה[	.... [....] שערן [....]לאמר
054	D6.5frag:1	....]	]אנה[	....]
055	D7.51:5	[....] [..]ב[..].[..] [....]	אנה	[....] [....] שלן [....]
056	B5.4:3	לך אף לא אכל אמר	אנה	[אהנצל מנך למנתן לאחרנן]
057	C2.1.4:7	[מכת]רן לי [עד זי	אנה	אזל למדי אחר אזלו עלי
058	C2.1.5:18	מכת[ר לין [עד זי	אנה	אזל ל[מ]די] [דריהוש
059	C2.1.5:24	[עבד מ]כתר לי[ן עד זי]	[אנה]	אזל למדי] [דריהוש מלכא
060	B8.1:11	הוית [....]	אנה	אזלת עם שארית
061	B3.5:14	דין בשם ביתא זך	אנה	אחוב ואנתן לכי כסף כרשן
062	D23.1.Va:9	ומ.ה מלן זי	[א]נה	אמר ק[ד]ם מראי מלכא
063	D3.25:2	[ ] [..] [..]ד	אנה	אמר[ת ....]
064	D23.1.Vb:6	לא תה[....] להם	אנה	אנשא למצרין ומצרין
065	B2.3:21	ודבב ואמר לא יהבת לכי	אנה	אנתן לכי כסף כרשן 10
066	B2.4:14	ולא כתבת לך ספרא זנה	אנה	אנתן לך כסף כרשן 10
067	D23.1.VIII:11	כל זי תבעין	אנה	אנתן מלן [.]..
068	C1.1:66	] .... [נכסן	אנה	אנתן לכם כמס[ת
069	B2.2:7	ארק לדרגמן זילי הא	אנה	אף הא תחומי ארקא זך זי
070	B3.2:9	ור<ח>ק בשם הירא זנה	אנה	אפצל ואנתן לך כתב בוני
071	A6.3:6	קדמוהי סרושיתא זי	אנה	אשים להם טעם יתעבד להם
072	D23.1.II:13	[ ]הן תמ.[....].[..]ל[....]	אנה	אשכב עמה רחם אנה להי
073	B2.1:3	סון לדגל וריזת לאמר	אנה	אתית עליך ויהבת לי תרע
074	B2.6:3	סון לדגל וריזת לאמר	אנה	[א]תית ביתך למנתן לי
075	B3.13:2	לדגלא זך אפם לאמר	אנה	אתית עליך בביתך בסון
076	B3.3:3	סון לדגל וריזת לאמר	אנה	אתית עליך למנתן לי לתמת
077	B3.8:3	סון לדכם דגלא לאמר	אנה	אתית על[יך בבי]תך ושאלת
078	B6.1:3	לאמר [.... ....]	אנה	אתית עליך בביתך ושא[ל]ת[
079	C2.1.8:63	מת[א לי הות זנה] [זי	אנה	בהר]וחתי עבד[ת]
080	C2.1.8:50	זנה זי	אנה	בפרס [עבדת] דריהוש
081	A6.11:5	זילי מני לא יהיב אחר	אנה	בגה זי פמון זך יהבת
082	B5.4:7	[מלכא ולא דין ואהך	[אנה]	בדין ודבב בשם בי]תא זנה
083	C2.1.7:35	[מתא לי ה]ות זנה זי	אנה[	במ]רגויא [עבד]ת [דריהוש
084	D8.8:1	....]	]אנה	בשם אלהא א.[...]
085	B5.2:3	לזכם דגלא ל[אמר	אנה]	גריתך בדין
086	B3.5:14	בשם ביתא זך והן	אנה	גריתכי דין בשם ביתא זך
087	A2.7:2	וככי וכען עליכי מתכל	אנה	הוי חזית על ינקיא אלכי
088	A6.3:2	קבל בזנה כן אמר כזי	אנה	הוית אתה [ע]ל מראי
089	C1.1:46	לנבוסמ[סכן] [....	]אנה	הו אחיקר זי קדמן שזבך
090	C2.1.3:1	[....]זי לן לקיחת זך	א[נה	....]ה הקימת]
091	C2.1.3:2	] [....]ם	אנה	ה[....] [....]זנה
092	A3.6:2	אזלת	אנה	וצחא בר פחה אמרן
093	B2.7:10	זי יגרנכי דין ו<ד>בב	אנה	ואח ואחה קרב ורחק בעל
094	B2.7:8	רחמתי תנתננה לא אכל	אנה	ובני וזרע זילי וגבר אחרן
095	B2.2:12	אכהל אגרנך דין ודבב	אנה	ובר לי וברה לי ˆאח ואחה
096	B3.9:5	יכבשנהי עבד ברי יהוה	אנה	ובר וברה לי ואיש לי ואנש
097	B3.9:6	שליטן למשנתה לא אכהל	אנה	ובר וברה לי אח ואחה לי
098	A2.6:4	ואפקני	אנה	וברי וכתבת לה ע[ל.
099	A2.5:9	מית ולה שלחתן הן חי	אנה	והן מת אנה לשלמכן שלחת
100	A2.1:7	התתי לי סון הי מלבש	אנה	וכעת תקם יתו לן ונתנהי
101	C2.1.7:38	ב]פרס ה]וה אחר	אנה	חילא [ז]י בפרס זעיר [זי
102	D7.17:3	1 חזית ומן עדנא הו	אנה	חמם שגא תחזי
103	A3.10:4	ואיתי כסף כרש 1 זי	אנה	יהבת לך למזבנה עבור
104	B2.3:3	מבטחיה ברתה לאמר	אנה	יהבת לכי בחיי ובמותי בי
105	B2.4:3	מערב לביתא זילך זי	אנה	יהבת למבטחיה ברתי אנתתך
106	B2.7:2	למפטחיה ברתה לאמר	אנה	יהבת לכי לביתא זי יהב לי
107	B2.7:5	ונכסן לשלמה לכי אחר	אנה	יהבת לכי לביתא זנה חלף
108	B2.7:9	ודבב בשם ביתא זך זי	אנה	יהבת לך וספרא כתבת לכי
109	B3.10:17	הוית בידי וסבלתני אף	אנה	יהבת לה במותי לא יכהל בר
110	B3.10:5	הו זנה משחת ביתא זי	אנה	יהבת ליהוישמע ברתי
111	B3.5:2	לנשן תמת אנתתה לאמר	אנה	יהבת לכי פלג תרי רבתא
112	B3.5:9	זנה תחומי ביתא זך זי	אנה	יהבת לכי עליה לה חלקא
113	B5.5:2	לזכם [דגלא ל]אמר	אנה	יהבת לכי כסף שקלן 3+3
114	B5.5:5	[כספ]א [זנה] ז[י]	אנה	י[הבת לכי זי כתיב]
115	B2.3:25	כתב ויהב לי ספרא זך	אנה	יהבתה לכי אנתי החסנהי הן
116	B2.3:8	מיא קשיא ביתא זנך ארק	אנה	יהבתה לכי בחיי ובמותי
117	A2.4:12	2+3 אל תצפו לי לכן	אנה	יצף לשלמכן שלחת {{ל[.]}}
118	B2.7:12	ועתק להן זנה ספרא זי	אנה	כתבת ויהבת לך זי ינפק
119	B2.3:17	עליכי כדב יהוה לא	אנה	כתבתה ולא יתלקח בדין
120	B2.7:12	ינפק עליכי ספ<ר> לא	אנה	כת[בתה] אף הא אלה תחומי
121	A3.3:11	המו קדמתך כעת זבנת לי	אנה	כתן 1 זי כתן כעת
122	A2.3:7	חרוץ כעת מלו כזי עבד	אנה	לחרוץ כות תעבד בנת עלי
123	B4.1:1	לשלמם בר גלגל לא[מר	אנה	לא]אכל אמר לך יתלי עליך
124	C1.1:17	[....] שב	אנה	לא אכהל למפלח בבב היכלא[
125	C3.28:65	[לגן]3 בר 1 מ 1 פ	אנה	לגן 2+10 בב אנה לגן

No.	Form	Ref	Preceding	Keyword	Following
126		C3.28:66	1 פ אנה לגן 2+10 בב	אנה	לגן 1+3 בב אנה לגן
127		C3.28:67	בב אנה לגן 1+3 בב	אנה	לגן 3+3 בב אנה לגן
128		C3.28:68	בב אנה לגן 3+3 בב	אנה	לגן 3+3 נכיס כא 1 ש 1
129		C3.28:71	1 ˆר 2ˆ שאר ר 3 בב	אֿ[נ]הֿ	לגן 1+3 יהודה[לג]ן
130		C3.28:9	לגן 3+3 בר 3	אנה	לגן 2 נתן נדבי לג 1
131		A2.2:3	תנה אל תצפו לה לה מנס	אנה	לה מן מפי שלם פסמי
132		A2.3:4	כדי תכלן תעבדן לה עבד	אנה	לה ותפמת ואחתסן מסבלן
133		A2.4:4	כדי מטאה ידי וכעת עבד	אנה	לה אל אחי וחפרע מן אחך
134		A2.4:4	אל תצף לחרוץ לה שבק	אנה	לה 1 כדי מטאה ידי וכעת
135		B7.3:7	[לם] פלגה זילי הו צדיק	אֿ[נה	לה]חסנותה פמסי אבוך לא
136		D23.1.II:13	אנֿהֿ אשכב עמה רחם	אנה	להי שגיא ועלימא אזל על
137		D23.1.II:8	אשבקנה אשכב עמה רחם	אנה	להי שגי ו.הע[....]
138		A6.8:2	לי בצבות מראי זי אמר	אנה	להם כעת ארשם כן אמר
139		B8.7:5	מהחסן	ˆאנהˆ	להן איתי עבדן זי לי המו
140		D7.48:7	[...]לעבֿדֿ	אֿנה	לחֿהֿ [.]..[.]. שלחתן לם
141		D23.1.II:12	ואזל ואמר לחראֿ	אנה	לם אמרת למהֿ[ ]הֿן
142		A2.5:9	הן חי אנה והן מת	אנה	לשלמכן שלחת ספרה זנה אל
143		A6.3:2	זי עחחפי אבי זֿיֿ	אנה	מ....[...] אחרי על מראי
144		B8.9:5	[....] [....] כן אמר	אנה	מומא נפרת יהבת
145		C2.1.1:2	[זי אהורמזד אחר זי	אנה	מלך הוית] [איש חד
146		B3.10:22	ועטיק להן ספרא זנה זי	אנה	עבדת לכי הו מיצב כתב
147		D1.12:10	[...] [...]אמרת לי אחר	אנה	דֿבֿרֿת א[...]. כזי
148		C1.1:52	קטלתך כען אנת לקבל זי	אנה	עבדת לך כן אפו עבד לי אל
149		C1.1H:8	[...] לֿ[קֿ]בל זי[	אנה	עבדת לך כן אפו ...]
150		C2.1.1:2	[מלכא כן אמר זנה זי	אנ]ה	עבדת בטלל]ה זי אהורמזד
151		C2.1.11:70	כל [..]....[...]. זֿיֿ	אנה	עבדת
152		C2.1.3:3	ה[....] [....]זנה	אנה	עבדת אנה[....]
153		D1.32:10	למדֿ[....] [...]הֿ[...]ל.ל זי	אנה	על אחרן .[...] [...]... ...
154		D7.56:14	כען מֿ...דֿ	אנה	עליכון
155		A4.3:9	חסרן הו לכם בזך שלח	אנה	עליכם הו אמר לי שלח אגרת
156		B3.10:2	יהוישמע ברתה לאמר	אנה	עשתת לכי בחיי ויהבת לכי
157		B3.6:3	בימן כדנה למשלם לאמר	אנה	עשתת לכי בחיי אזת שבקתכי
158		C1.1:15	ךֿ[....]	אנ[ה	....] לֿ[שנח]אריב
159		C1.1:206	יאמר עתירא בעתרי הדיר	אנה	[.... ה]חוי לערבי ימא
160		C1.1:8	מֿ[לֿ]ךֿ אתור אחר	אנ[ה	....] ברי
161		C2.1.3:3	[....]זנה אנה עבדת	אנה[	....] [..
162		B5.6:8	המו עם דינהםֿ הֿאֿ	אנה	צדיק בהם [....
163		A6.14:1	וכנותה וכעת תנה	אנה	קבלת לארשם על אחתבסתי
164		B2.2:5	כל 3 על ארקא זילי זי	אנה	קבלת עליך עלדברה קדם
165		C2.1.11:74	זי קד[מ]ן עמי הוו עדֿ	אנה	[קט]לֿתֿ לגומ[ת ז]ך
166		C1.1:25	[בר א]חֿתי זי	אנה	רבית עשת עלֿ[י ....
167		D1.19:3	...] [....]למֿ	אנ[ה	שלחת ל[....] [.... ...
168		D7.44:2	[...] מן [... כע]ןֿ	אנה	[שלח]תֿ לכם לם אל תהושרו
169		D1.12:11	לא[...] [...]רת..] שאל	אנה	שלם ...[....]. כען א[...]
170	אנה.	D23.1.II:15	ואמר לא הוה ואנתנהם	[.]אֿנֿהֿ	.[...] [... ... ...] [... ...
171	אנה...	C1.1:3	מלך אתוֿ[ר	...]אנה	לם בנן לא[....]
172	ואנה	B3.3:13	תמת ובין ענני	ואנה	משלם מחר או יום אחרן לא
173		B2.1:11	למבנה עלויה עד עלא	ואנה	קוניה לא אכהל אמר
174		D7.43:3	[...] .לאתי תנה [...]	וֿאנה	אושר [...] ואושר שקֿ[א
175		C1.1:57	לם אף[ק[רב]ו] עלי	ואנה	אמר לכם עטתא[זילי]ועטה
176		C1.1H:13	[אמר לכנותה ...] עלי	ו[אנה	אמר לכם עט]תא זיל[י ...]
177		C1.1:203	לערדא [אר]כֿ[ב] עליך	ואנהֿ	אסבלנך [ואכסנך ענה ערדא
178		B2.6:4	לאנתו הי אנתתי	ואנה	בעלה מן יומא זנה ועד עלם
179		B3.3:4	אמתך לאנתו הי אנתתי	ואנה	בעלה מן יומא זנה ועד עלם
180		B3.8:4	ויהבתה לי הי אנתתי	ואנה	בעל[ה] מן יומא זנה עד
181		B6.1:4	[ויהבתה לי הי אנתתי]	ואנה	בעלה מן יומא זנה עד על[ם
182		B5.6:12	[.... ל]מֿקנה מנך	ואנה	[....]..הֿןֿ
183		B3.10:17	ברחמן לקבל זי סבלתני	ואנה	ימין סב לא כהל הוית בידי
184		A6.16:4	סרת[....]	ואנה	ל[א] חדית אנת שגיא
185		C1.1:40	[א]חרנן זי עמה הֿ[וו]	ואנה	מהלך בין כרמיא [....
186		B5.6:13	ז[י]לי דינהם	ואנה	[....]מ....ת
187		A2.5:8	זי ספר לה הושרתן לי	ואנה	נכתני חויה והות מית ולה
188		C3.28:90	שטריא ביד יונתן	ואנה	סלק לאפנא שמעון בר חגי
189		B2.8:11	מלכא ולא דין ולא דבב	ואנה	רחיק מן כל דין ודבב כתב
190		C1.1:204	...]. סבוליך וכסתך	ואנה	רכביך לא אחזה

אנוש	N	household	
001	s em/sf ואנושה	D8.4:24	ר 1 רבע 1 תֿונפרי — ואנושה — ש 1 נתן בר אביתי מ 1

אנזעררה	N	medlar	
001	s em/sf אנזעררתא	C1.1:89	איש עם מ[לך] טעמת — אנֿזעררתא — מררתא ו[טעמ]א חסין

אנחנה P we

No.	Form	Ref	Preceding	Keyword	Following
001	אנחן	A2.6:9	אל ת[צפי לה	אנחן]	בען אלף ויתונה לכן
002		B3.6:13	הוין עבדן לך בחייך	ˆאנחןˆ	{{הן קמן}} לאמר לא
003		B3.4:21	10+20 והן לא פצלן	אנחן	ובנין ננתן לך בית לדמות
004		B3.4:10	בגושת ואובל כל 2	אנחן	זבן ויהבן לך ורחקן מנה
005		B3.4:13	ודבב בשם ביתא זנה זי	אנחן	זבן ויהבן לך ורחקן מנה
006		B3.4:3	לחן ליהו אלהא לאמר	אנחן	זבן ויהבן לך ביתה זי
007		B3.4:7	אלה תחמי ביתא זך זי	אנחן	זבן לך לעליה לה בית
008		B3.4:5	וכוין בה וגשרן לא אחד	אנחן	זבנהי לך ויהבת לן דמוהי
009		B5.1:2	ליההאור ברת שלומם	אנחן	יהבן לכי פלג מנ[ת]א זי
010		B5.1:5	במנתא זכי [ל]אמר לא	אנחן	יהבנה לכי לא יכל אח ואחה
011		B3.6:11	תפמת ויהישמע ברתה	אנחן	{י}<נ>פלחנך זי יסבל בר
012		A2.1:8	לן לי ולמכבנת לכן	אנחן	יצפן אזדהרי בביתאלנתן
013		B3.4:12	ולמן די צבית למנתן	אנחן	לא נכל נגרנך דין ודבב
014		B3.6:14	ולזכור ברך אחרי מותך	אנחן	נחוב לך ולזכור ברך
015		B3.4:15	לך ולמן זי צבית למנתן	אנחן	ננתן לך כסף כרשן 20 כסף
016		B3.4:20	ויגרה לבר וברה לך	אנחן	נקום ונפצל וננתן לך בין
017		D23.1.XI:8	[...]..ֿי מתעשתן	אנחן	עם תהרקא [...]שֿ[..]מו
018	אנחנה	B2.11:9	הן רשינך דינא עלא	אנחנה	מחסיה ובני או נרשה לבר
019		B8.10:5	בזי המכריגרב מהחסנן	אנחנֿהֿ	[....] [....] חיל
020		C1.1:61	חיל[אתו]ר כלא הוו	אנחנה	אל נקטלנהי [איתי עלים
021		A4.5:10	למראן לקבל זנה זי	אנחנה	אמרן אף פרישן אנחנה
022		C1.1:169	שא לך זי ת[נ]שא מנן	אנחנה	אֿ[....] כי
023		B2.11:2	לדגל ור[יז]ת לאמר	אנחנה	אשתוין כחדה ופלגן עלין

024			A4.2:7	נדחל בזי זעירן [....]	אנחנה	ב2 כען הא סברו [....]
025			A4.5:22	[....] [....]	אנחנה	הן על מ]ראן טב ....]
026			B2.9:10	זנה עד עלם ל[א] נכהל	אנחנה	ובנין ובנתן ואחין ואיש
027			B2.9:12	שלומם בר עזריה והן	אנחנה	ובנין ובנתן ואיש זילן
028			A4.7:26	ונצלה עליך בכל עדן	אנחנה	ונשין ובנין ויהודיא כל
029			A4.8:25	ונצל]ה עליך בכל עדן	אנחנה	ונשין ובנין] ויהודיא
030			B3.12:12	בר חגי בר בסס לאמר	אנחנה	זבן ויהבן לך ביתן זי
031			A4.5:10	אנחנה אמרן אף פרישן	אנחנה	[....]ך דחפניא
032			D1.32:11	לקבל זי ....[...]	אנחנה	ל.[...] [... ...] 3[...]
033			A4.5:20	ד[....]	אנחנה	מן חילא [....] ...]
034			A4.5:1	דגלן זי מצריא מרדו	אנחנה	מנטרתן לא שבקן
035			D11.26:3	שבתי לא ידען	אנחנה	מנינה
036			B2.11:11	במתקלת מלכא ורחיקן	אנחנה	מנך ומן בניך מן דין
037			B2.9:9	מנחם וענניה רחיקן	אנחנה	מנך מן יומא זנה עד עלם
038			B4.3:8	[על ידן וטיב לבבן בגו	אנחנה	נבל] עבו[רא] זנה סון
039			B4.4:9	וטיב לבבן בגו	אנחנה	נבל עבורא[זנה סון על
040			B4.4:15	[....]	אנחנה	נחוב לך כסף כרשן 1×100
041			B4.4:11	[זי] כתיבן בספרא זנה	אנחנה	ננתן
042			C1.1:59	רביא זי אנת אמ]ר לן	אנחנה	נשמע]נך קרבתא ע]נה
043			A6.2:3	ספינתא זי מהחסנן	אנחנה	עדן הוה אופשרה למ[עב]ד
044			A4.7:15	חבל וכזי כזנה עביד	אנחנה	עם נשין ובנין שקקן לבשן
045			A4.8:14	[חבל וכזי כזנה] עביד	אנחנה	עם נשין ובנין שקקן לבשן
046			A4.5:1	]תנגן[....]	אנחנה	רבין דגלן זי מצריא
047			A4.5:12	]ן[....]	אנחנה	רבין [....]
048			B2.9:4	לזכם דגלא לאמר	אנ[ח]נה	רשינכם בדין נפא קדם
049			A4.7:20	מלכא ועד זנה יומא	אנחנה	שקקן לבשן וצימין נשיא
050			A4.8:19	מלכא ועד זנה יומא	אנחנה	שקקן] לבשן וצימין נשיא
051			B8.9:3	כנם אמרן וא[ף]אמרן	אנחנה	תמא׳ר להן על] זנה טעמא
052	ואנחנה		A6.2:8	כרכיא נגידה על תבלא	ואנחנה	החוין לשמשלך וכנותה

אנחן P we; cf. אנחנה

אנפין N face

001	אנפי	p const	C1.1:14	[אנה א]חיקר כזי חזית	אנפי	אסרחאדן מלך אתור טבן
002			C1.1:85	קדמתך מנדעם קשה [על]	אנפי	מ[ל]ך אל תקום זעיר
003	אנפוהי	p em/sf	C1.1:201	דמו[....]	אנפוהי]	על דבר זי
004			C1.1:115	איתי .[....]	אנפוהי]	ש.[....] באנ]פוהי
005	אנפי		D7.16:12	אנתי מה תאמרן תחזין	אנפי	ואחזה אפיכי
006	אנפיך		A3.3:3	[אלהא] [זי יח]וני	אנפיך	בשלם כעת מן יום זי
007			A3.9:4		אנפיך	בשלם בירתא סו[ן]
008	אנפין		A4.2:9	ארשם פיסן מהשדך	אנפין]	תשכחון דבש ....]
009			A4.2:8	[....] הנלו גלין	אנפין	על ארשם קדמן לכן לא
010	אנפכם		A5.1:4	אנה [....]	אנפכם	במצרין חדיתא וש]רירתא
011	אפיך		A2.1:2	ברכתכי לפתח זי יחוני	אפיך	בשלם שלם ביתאלנתן שלם
012			A2.3:2	ברכתכי לפתח זי יחוני	אפיך	בשלם שלם בנתסרל וארג
013			A2.4:2	ברכתך לפתח זי יחוני	אפיך	בשלם שלם אמי ממה שלם
014			A3.5:8	[עד .. אלהיא יחוונני	אפיך]	בשלם אל [אחי מחסיה בר
015			A4.4:9	עד אלהיא יחווננ]י	אפיך	בשלם] [אל .... אחי ....
016	אפיכי		D7.16:13	תחזין אנפי ואחזה	אפיכי	
017			A2.2:2	ברכתכי לפתח זי יחזני	אפיכי	בשלם שלם נבושה תנה אל
018			A2.6:2	ברכתכי לפתח זי יחוני	אפיכי	בש[לם .... ב]רי שאל
019	אפיכן		A2.5:2	ברכנכן לפתח זי יחזני	אפיכן	בשלם וכעת תדען זי מדעם
020	באנפוהי		C1.1:116	[ ]אנפוהי ש.[....]	באנ]פוהי	[....
021			C1.1:133	כדבתה וירוקן	באנפוהי	מכדב גזיר קדלה [...]
022	לאנפין		C1.1:134	תימנה זי[....]	לאנפין	כאיש זי יעבד לחיתא

אנש N person, someone, individual, mankind

001	ואנש	s ab/cn	B3.9:5	ובר וברה לי ואיש לי	ואנש	אחרן לא שליטן למשנתה לא
002			B2.11:8	וברה לי אח ואחה לי	ואנש	זילי דינן למרשה עליך ועל
003			B3.9:8	זך ברי יהוה אפם	ואנש	לא שליט למשנתה ולמעבדה
004	ולאנש		B2.11:10	או נרשה לבר וברה לך	ולאנש	זילך עלדבר פטוסירי
005	אנשא	s em/sf	C1.1:172	%% הן עיני אלהן על	אנש[א]	איש מצלח עקן בחשוכא ולא
006			C1.1:103	עם זי פגע בך צדיק	אנשא	בעררה כל נטחוהי
007			C1.1:98	מן יהו..אנהי להי[...]ה	אנשא	ועממא עבדו בהם ולא
008			C1.1:171	%% הן נפקה טבה מן פם	א[נשא	טב] והן לחיה תנפק מ[ן]
009			C1.1:164	לא ידע איש הא כן	אנשא	לא ידע איש [....] אריה לא
010			C1.1:151	מה ילוטון שפות	א[נ]שא	לן....]
011			C1.1:170	כי לא בידי	אנ[ש]א	מנשא רגלהם ומנחתותהם
012			C1.1:125	[....].	אנשא]	...] חלא ו[...] א.[.]..[.]...[...]
013			C1.1:184	יאכל הא כן פגעהם זי	[אנ]שא	%% מלוכת

אנשה N people (?)/wife (?) cf. אנתה

001	ואנשתה	s em/sf	A2.4:3	ממה שלם אחי בתי	ואנשתה	ובנוהי שלם רעיה אל תצף
002			A2.1:14	{{ו}}שלם אחי בתי	ואנשתה	שלם וחפרע אל ניחם מן

אנת P you (masc); see also אנתי for אנת fem

001	אנת		B2.10:8	כתיבן מנעל זילכם הו	אנת	ידניה ומחסיה כל 2 בני
002			B2.11:3	זנה חלקא זי מטאך בחלק	אנת	ידניה פטוסירי שמה אמה
003			B2.11:6	ארמית כזנה למבטחיה	אנת	ידניה שליט בפטוסירי
004			B2.9:11	לא יכהלון ירש[ו]נ[כ]ם	אנת	ידניה ומחסיה דין ודבב
005			B3.1:16	לך כספא זנה ומרביתה	אנת	משלם שליט למלקח לך כל
006			B3.1:8	זי כתיב בספרא זנה	אנת	משלם ובניך שליטן למלקח
007			B3.12:17	לך מועה שמש לה ביתך	אנת	ענני בר חגי זי יהבן
008			B3.12:22	כתיב בספרא זנה	אנת	ענני שליט בה מן יומא
009			B3.4:11	מן יומא זנה ועד עלמן	אנת	ענניה בר עזריה שליט
010			B3.13:10	זנה זי מנעל כתיב אחר	אנת	פחנום שליט בערבני למחד
011			A3.8:11	[ש]לח עלי כען הן נחת	אנת	1 למנפי אל תשבק לאשנ[...
012			D2.11:4	[.... ...] לאמר[....]	אנת	[... ....]אגר .[.... ...]ל[...]
013			D7.15:9	ל[...] [...] אחיו [...]	אנת	[...] [...]יד]ניה
014			C1.1:59	לן נבוסמסכן רביא זי	אנת	אמ[ר לן אנחנה נשמע]נך
015			C1.1:85	זעיר כצפה מן ברק	אנת	אשתמר לך אל יחזנהי על
016			A6.16:1	שגיא הושרת לך וכע]ת	אנ[ת	אתנצח [....] [....] כ]ן
017			B2.4:12	שליט בה חלף בנויא זי	אנת	בנית בביתא זך ותוב פלגא
018			C1.1:149	[....] הן צבה	אנת	ברי זי תהוה[....
019			A6.16:3	היתי עלי להן לא [....]	אנת	הושרת ו[....]

020			C2.1.11:66	הודע איך זי עביד	אנת	ואיך הלכתך [.... זי
021			B2.2:4	ביהו אלהא ביב בירתא	אנת	ואנתתך וברך כל 3 על ארקא
022			B2.2:13	ורחיק̈ על ארקא זך	אנת	ובר לך וברה לך אח ואחה
023			A6.15:9	כתש ונכסן לקח מנה כעת	אנת	וגרדא זילי עבידה לא אית
024			D1.12:5	]בזנ[ה]בעה	אנת	זנ.[... ...]א .[...] [... ...
025			A6.15:3	כעת ורפש כן אמר הא	אנת	חזי אגרת ארשם זי היתיו
026			C1.1:127	ויהתיבנהי עליך [....]	אנת	יה ברי הכצר כל כציר ועבד
027			C1.1:129	חטא מן אלהן הו [....]	אנת	יה ברי זף דגנא וחנטתא זי
028			C1.1:102	ר[מ]נא ואמר לסניא	אנת	כלך כבן עם זי פגע בך
029			B2.4:6	להן ביתא זנך לא שליט	אנת	לזבנה ולמנתן רחמת לאחרנן
030			A3.3:2	לא טיב אף אמך כעת ברך	אנת	[ליהו אלהא] [זי יח]וני
031			C1.1:58	[ ]אלך תרין ואמרו ל[ה	אנ]ת	לם אמר לן גבוסמסכן
032			C1.1H:14	זיל[י ...] ואמרו ל[ה	אנת	לם אמר לן ...] ענה
033			C1.1:51	החיתך ולא קטלתך כען	אנת	לקבל זי אנה עבדת לך כן
034			C2.1.11:64	דריהוש מלכא כן אמר מן	אנ]ת	מלך זי אחרי תהוה איש
035			C2.1.11:77	[בר בגבגן פ]רסי מן	אנ[ת	מלך]. מן אחרי לזר[עהום
036			A6.2:22	טעם כעת ארשם כן אמר	אנת	עבד לקבל זנה זי המרכריא
037			B2.4:10	בה חלף עבידתא זי	אנת	עבדת הן תהנצל מנך פלג
038			B7.2:4	[א]נת קב[לת עלי] בנפא	אנת	[על]ת [בביתי] כחסן וכתשת
039			C1.1:68	עבד לקבל זי	אנת	עשת] ....
040			B7.2:4	לדג[ל] מרי[לא]מר	[א]נת	קב[לת עלי] בנפא אנת
041			B7.3:5	פ[מסי בר פ]מט זי	אנת	רשה לי ע[ליה לם] פלגה
042			A6.16:4	ואנה ל[א] חדית	אנת	שגיא פתסתו לי ומנ[...
043			B4.3:19	לי	אנת]	ש]לט למא[חד
044			B4.4:17	לן	אנת	שלט למאחד עד תתמלא
045			B2.4:11	לה למלקח ופלגא אחרנא	אנת	שליט בה חלף בנויא זי אנת
046			A6.3:7	יהקרב קדמיך ת[מה]	אנת	שם טעם סרוש[ית]א זי
047			A6.5:3	זי כל [....] עלי	אנת	שם ט[ע]ם
048			C1.1:34	[ ]תבעה אתר זי	אנת	תהשכח [....]הגלו
049			C1.1:53	ועטתי יבעה אח[ר	]אנת	תקרבני עלוהי ויהחיני
050			B3.3:14	מן תחת לבבך בר מן זי	אנת	תתרך לאמה תמת ˆוהן
051	ואנת		B2.9:8	רשינכם אחר שאילתם	ואנת	ידניה ומחסיה בני
052			D2.15:2	אדו[... ...] [...	וא]נת	אפם[... ...] [... ... ו]לא
053			B2.2:15	וארקא זך אפם זילך	ואנת	רחיק מן כל דין זי יקבלון
054			B4.4:16	אלהא [....]	ואנת	שלט בפרסן זי בית מלכא
055			B2.1:11	ואגרא זילך אפם	ואנת	שליט למבנה עלויה עד עלא
056			B2.1:14	כספא זי כתיב מן עלא	ואנת	שליט למפתח תרעא זך למנפק

אנתה N woman, wife; cf. נשיף

001	אנתה	s ab/cn	B2.6:32	ולא אכל אמר איתי לי	אנתה	אחרה להן מפט<ח>יה ובנן
002			B3.8:36	ל[א יכהל ענניה י]לקח	אנתה	אחר[ה בר מן יהוישמע] לה
003			B6.4:1	[יכהל הושעיה ילקח	א]נתה	[אחרה] [בר מן סלואה
004			B2.10:11	לבר וברה לכם אח ואחה	אנתה	ואיש לכם או גבר זי
005			B2.10:13	ורשכם בר לי וברה	אנתה	ואיש בשמי ובשם בני
006			D6.1:3	[...] זי [...]ת[.]מ.א .[...]	אנתה	רבה בגו 3 זי א.דת
007	ואנתה		B2.6:33	אמר איתי לי ב[נן]	ואנתה	אחרן להן מפטחיה ובניה
008			B2.10:10	אנה ידניה ובני	ואנתה	ואיש לי לא אכהל אגרנכם
009			B2.10:12	אנה ידניה ובשם בנן	ואנתה	ואיש לי והן אנה ידניה
010			B2.10:14	וירשון לבר וברה	ואנתה	ואיש לכם או גברן זי
011			B2.3:10	וברה אחרנן אח ואחה	ואנתה	ואיש אחרן שליט בארקא זך
012			C1.1:218	מתקנה גב[ר] כגרה	ואנתה	[....].וה[
013			B5.6:9	[ב]שמהם אנה	ואנתה	סענח
014	אנתת		C3.13:35	[....]1+3 תויא	אנתת	אחרטיס ש פ 1+3
015			D7.57:5	לך ביד אחוהא זי תם	אנתת	מלכיה בר עזגד ענז חד
016			B3.8:22	יהוישמע לא תהוה לי	אנתת	כסף שנ[א]ה בראשה כל זי
017			B3.8:25	לה שניתך לא אהוה לך	אנתת	כסף שנאה בראשה מהרה יאבד
018	אתת		A4.4:5	[ואתחדו א]סירן רמי	אתת	הודו אסרשות אתת הושע
019			A4.4:5	אתת הודו אסרשות	אתת	הושע פלול אתת יסלח
020			A4.4:5	אתת הושע פלול	אתת	יסלח רעיא [....] תבלא
021			C3.4:6	כסף[...] [...].י	אתת	עבדיהה[...] [אס]פמת בר
022			D9.15:2	אביתי שר[...] תפחי	אתת	פבן [...] שרתית עצב
023	אנתתא	s em/sf	D7.12:2	[....]..[..]	[א]נתתא	זי ג[....] וקפת ידניה[
024			D7.3:3	[כ]זי אמרת לכי	אנתתא	ש[...] [אז]לי יומא
025	אתתה		D23.1.II:9	שגי ו.הע[....] על	אתתה	ואשכח{י}<ת>ה <י>תבה
026	אנתתה		B6.3:3	אית לה עם א[ביהי	אנתתה	אביהי הי שליטה בביתה]
027			B3.8:29	לה מן [י]הו[י]שמע	אנתתה	יהוישמע הי [א]חדתה
028			B8.4:16	[..]מוו i א....	אנתתה	.למנת ברה צחא ברה
029			B2.6:18	איתי לה מן מפ[ט]חיה	אנתתה	מפטחיה הי שליטה בביתה
030			B3.12:35	בר עזריה ותפמת	אנתתה	
031			B3.5:25	זי כתב ענניה לתמת	אנתתה	
032			B6.4:4	[ ] נשי כנותה לסלואה	[אנתתה	הן לא יעבד דין חדה
033			D2.20:1	[... ...] [... ...]	אנתתה	הן ל[א ... ...] [...]. .[...
034			B3.8:38	נשי כנותה ליהוישמע	אנתתה	והן לא יעבד כות שנאה
035			B6.3:10	[ינתן] לאביהי	אנתתה	[זי שלומם אביגרנא זי
036			B6.3:12	[ספרא זנה לאביהי]	אנתתה	זי שלו[מם ולא דין]
037			B6.3:7	[דגל ירשה לאביהי	אנתתה	זי שלומם] לאם לא
038			B8.1:7	[....]..א שליח [...]	אנתתה	זי [...] אדין ושחי
039			D2.28:1	[...] ספ[ר]א זי לבטתא	אנתתה	זי [... ...] [...]. .ב.[..]
040			B3.12:33	אלהא תפממת ברת פתו	אנתתה	כל 2 כפם חד שהד משלם
041			B3.5:2	ביב בירתא לנשן תמת	אנתתה	לאמר אנה יהבת לכי פלג
042			B6.4:2	[אחרה] [בר מן סלואה	אנתתה	לה לאנתו הן יעבד כות
043			B3.12:2	זי יהו ונשין תפמת	אנתתה	לחנה זי יהו אלהא שכן
044			D7.42:1	עכו	אנתתה	לי מן .. מלה זא
045			D8.4:8	דלוי . ש 1 מ 2 [..].	אנתתה	מ 1 רבען 2 עבדי
046			C3.9:2	[בר .... יור]	אנתתה	נשן רבה] [.]..[אנ]ת[ת]ה
047			C3.9:21	[..].רנס[....] [...]א	אנתת[ה	נשן רבה] מסחנה בר[...]
048			C3.9:3	[אנתתה נשן רבה] [.]..[	אנ]ת[ת]ה	נשן ר[בה] בלה ברתה
049			C3.9:9	[... בר]ת פחפי	[אנת]תה	נשן רבה [...]ף ברה תחת
050			B3.12:11	ליהו אלהא 1 תפמת	אנתתה	פריפת זי משלם בר זכור
051	אנתתי		B2.6:4	מפט<ח>יה לאנתו הי	אנתתי	ואנה בעלה מן יומא זנה
052			B3.3:3	שמה זי אמתך לאנתו הי	אנתתי	ואנה בעלה מן יומא זנה
053			B3.8:4	לאנתו ויהבתה לי הי	אנתתי	ואנה בעל[ה] מן יומא זנה
054			B6.1:3	[לאנתו ויהבתה לי הי	אנתתי]	ואנה בעלה מן יומא זנה
055			B3.12:24	אנה ענני ותפמת	אנתתי	זי הות גוא למשלם בר
056			B3.3:7	ויאמר שנאת לתמת	אנתתי	כסף שנא בראשה ינתן
057			B3.7:3	שמה ברי אמה תמ[ת	]אנתתי	לאמר אנה ענני י[הב]ת
058	אנתתך		B2.4:4	יהבת למבטחיה ברתי	אנתתך	וספר כתבת לה אחרוהי

No.	Form	Ref.	Preceding context	Keyword	Following context
059		B2.4:6	בהמיתה ותב בגו עם	אנתתך	להן ביתא זנך לא שליט
060	ואנתתה	D8.13:2	בר פ·שודת	ואנתתה	כסף ר 3 בשם כסף מלחא
061	ואנתתך	B2.2:4	אלהא ביב בירתא אנת	ואנתתך	וברך כל 3 על ארקא זילי
062	לאנתתי	B3.8:21	בעדה ויאמר שנית	לאנתתי	יהוישמע לא תהוה לי
063		B2.6:27	בעדה ויאמר שנאת	[לאנ]תתי	מפטחיה מהרה [י]אבד
064		B7.2:5	[בביתי] כחסן וכתשת	לאנתתי	ונכסן כחסן הנפקת מן
065	ולאנתתא	B7.2:9	בביתך [לא] עלת	ולאנתתא	זילך לא כתשת ונכסן מן
066	נשי p const	B3.8:38	דין [חדה] ותרתין מן	נשי	כנותה ליהוישמע אנתתה
067		B6.4:3	[חדה ותר]תׄ[ין מן]	נׄשי	כנותה לסלואה [אנתתה הן
068		B6.4:4	[דין חדה ותרתין מן	נש[י]	כנותה שנאה הי[ואׄ]ף לא
069	ונשיהם p em/sf	D23.1.Vb:7	מׄ[...] וׄחיׄל. אׄ...	וׄנשיהם	תׄריהם אׄחדו וברתׄ[הם
070	ונשין	A4.7:26	עליך בכל עדן אנחנה	ונשין	ובנין ויהודיא כל זי תנה
071		A4.8:25	[עליך בכל עדן אנחנה	ונשין	ובנין] ויהודיא כלא זי
072	לנשיהם	D23.1.Va:13	....[..]לׄ[..] זׄי אׄ....	לנשיהם	ובריהם ואׄרׄעׄא אזרע
073	נשיא	A4.7:20	שקקן לבשן וצימין	נשיא	זילן כארמלה עבידין משח
074		A4.8:19	שקקן] לבשן וצימן	נשיא	זילן כארמלה עבידין] משח
075		A4.4:4	פחנום הא זנה שמהת	נשיא	זי א[שתכחו בבבא] [בנא
076	נשין	A4.7:15	כזנה עביד אנחנה עם	נשין	ובנין שקקן לבשן הוין
077		A4.8:14	[כזנה] עביד אנחנה עם	נשין	ובנין שקקן לבשן הוין

אנתו N wifehood, matrimony

No.	Form	Ref.	Preceding context	Keyword	Following context
001	אנתו s ab/cn	B2.8:4	כל נכסן וקנין וספר	ˆאנתוˇ	אדין מומאה מטאה עליכי
002		B3.3:17	כרש 1 שקלן 2+3 ספר	א[נ]תו	זי כתב ענני לת]מת
003		B3.8:45	ידניה בר גמריה ספר	אנתו	זי כתב ענניה בר משלם
004	לאנתו	B2.5:2	[....] ברתך למלקחה	לאנתו	אנתן למחסיה [כסף כרשן
005		B2.6:3	לי לברתך מפט<ח>יה	לאנתו	הי אנתתי ואנה בעלה מן
006		B3.3:3	לתמת שמה זי אמתך	לאנתו	הי אנתתי ואנה בעלה מן
007		B3.8:37	[בר מן יהוישמע] לה	לאנתו	הן יעבד [כות שנאה הי
008		B6.4:2	סלואה אנתתה לה]	לאנתו	הן יעבד כות שנאה הי
009		B3.8:3	יהוישמע שמה אחתך	לאנתו	ויהבתה לי הי אנתתי ואנה
010		B6.1:3	[מנך ל.... ברתך	לאנתו	ויהבתה לי הי אנתתי]
011		B3.12:25	בר זכור ויהבה לי	לאנתו	לא נכהל נרשנך דין ודבב
012	אנתותה s em/sf	B3.12:18	ברתן פסשדת על ספר	אנתותה	דבק אגר באגר מערב שמש
013		B3.12:9a	לך פסשדת {{ על ספר	אנתותה	זי יהוישמע}} ב10+2
014	אנתותכי	B4.6:5	ונכסיא זי על ספר	אנתותכי	אנה מנחם אנתננה
015		B3.11:10	ברחמן פסשדת על ספר	אנתותכי	עד אחרן הן אמר אהנצל
016	אנתתכי	B3.11:7	זי לא ˆכתב על ספר	אנתתכיˇ	עם ענני בר חגי בר

אנתום P you (masc plural); cf. אנתם

אנתי P you (fem singular)

No.	Form	Ref.	Preceding context	Keyword	Following context
001	אנת	B3.7:8	[אלהא ....]י	אנת	יהוישמע ברתי שליט
002		B3.10:14	בפלגא דילך אף שליטא	אנת	למנפק בתרע זי תחית הו
003	אנתי	B3.11:8	חגי בר משלם בר בסס	אנתי	יהוישמע ברתי שליטה בה
004		B5.5:7	[מן בית מלכא וכספי	אנתי	מ]פטחיה זי הוה בידכי
005		B4.6:10	[ש 1] ואשלמן לכי]	א[נתי]	סלואה [ולבני]כי
006		D7.26:1		אנתי	אמרה וינתנו שקא [...]מׄר
007		B6.3:8	[שלומם] לאם לא שליט[ה	אנתי	בביתה זי שלומם ונכסוהי
008		B3.7:13	ופלג דר[גא ושליטה]	אׄ·נׄ·תי	בהן למנסק עלא ולמנחת
009		B3.10:15	הו תרבצא אף שליטא	אנתי	בפלג דרגא למסלק ומנחת
010		B3.10:13	בה אחד ופתח אף שליטא	אנתי	בתחˆתˇ הו תרבצא שליטא
011		B2.3:26	ספרא זך אנה יהבתה לכי	אנתי	החסנהי הן מחר או יום
012		B2.3:11	שליט בארקא זך להן	אנתי	ובניכי עד עלם זי ירשנכי
013		B2.3:12	זי ירשנכי דין ודבב	אנתי	ובר וברה לכי ואיש זילכי
014		B2.8:7	אכהל אגרנכי דין ודבב	אנתי	ובר וברה לכי בשם נכסיא
015		B3.7:10	ומ[ן ע]ל וש[ל]יטה	אנת[י	ל]מנסק ולמנחת בדרגא ז[ך
016		D7.16:12	משלמת לא יצפˆהˇ לי	אנתי	מה תאמרן תחזין אנפי
017		B2.3:9	יהבתה לכי בחיי ובמותי	אנתי	שליטה בה מן יומא זנה ועד
018		B3.10:11	אגר תרי רבתא זילך הי	אנתי	שליטה בה ביתא זנה זי
019	ואנתי	B3.10:20	באבני מלכא כסף צריף	ואנתי	יהוישמע אם שליטא
020		B4.6:11	וא[דרנ]גׄיׄכי	[ואנתי	סלואה שליטה ב]כל ערבן
021		B3.11:11	כסף צרף באבני מלכא	ואנתי	אם שליטה בביתא זנה זי
022		B3.11:14	10+20 באבני מלכא	ואנתי	אם שליטה בביתא זנה זי
023		B3.6:10	ועל יהישמע ברתכי	ואנתי	שביקה לאלהא ואמרת תפמת
024		B3.6:8	באבני מלכא	ואנתי	שביקה מן טלא לסמשא

אנתם P you (masc plural)

No.	Form	Ref.	Preceding context	Keyword	Following context
001	אנתום	D2.10fraga:1	[...	אנתום[	ונרׄגׄ[...]
002	אנתם	A5.5:1		אנתׄםׄ	
003		A4.3:8	לחור לבׄ[..]כם עבדן	[אנ]תם	חור עלים חנניה אנתם
004		A6.10:5	שלחת עליכם על זנה	אנתם	[א]תנצחו גרדא ונכסי[א
005		A6.14:2	מהיתין בבׄ[אל] כ[ע]ת	אנתם	אתנצח[ו] והנדרזא עבדו
006		A5.5:12		אנתם	דיניא אמרו
007		A6.9:2	זיל[י אז]ל מצרין	אנתם	הבו [לה פ]תף מן ביתא
008		A6.11:5	זך יהבת לפטסורי	אנתם	החווהי יהחסן והלכא לקבל
009		A6.13:4	כעת ארשם כן אמר	אנתם	הנדרז עבדו לחתובסתי
010		A4.3:8	חור עלים חנניה	אנתם	זולו מן בתין נכסן לקבל
011		A4.3:5	כען הא אתין תמה עליכם	אנתם	חזו עליהם מה צבו ומלה זי
012		A4.1:3	[...] [....]יא כעת	אנתם	כן מנו ארב[עת עשר] [יומן
013		A4.3:6	צחא ˆחורˇ יבעה מנכם	אנתם	קמו קבלהם כן כזי מלה
014	ואנתם	A6.10:5	[ע]ל בית מראיהם	ואנתם	כן לא עבדן כען אף קדמן

אסות N (unclear)

No.	Form	Ref.	Preceding context	Keyword	Following context
001	אסות s ab/cn	C3.7AR2:22	פסלׄ[רשי ....]	אׄ[סות]	כח[מוש ספינה רבה הי]
002		C3.7BR1:10	פסלׄרׄשׄי [... ...]	[אס]ות	כ[חמ]וש ספ[ינה רבה הי]
003		C3.7DR1:13	[....] ספינה רבה 2	א[סות]	כחמוש [....]
004		C3.7DR1:7	[יוני] [פסלר]שי	אסות	כחמוש ספינה רבה הי
005		C3.7DR2:20	[פסלׄר]שי	[אסות]	כח[מוש ספינה רבה הי
006		C3.7DR3:4	זׄ[י ....] פסלרׄשי	אס[ו]ת	כ[חמוש ספינה רבה הי]
007		C3.7ER2:13	[יוני פסלרשי]	אסׄ[ות]	כחמוש]סׄפׄיׄנׄהׄ
008		C3.7FV3:24	רׄבה 3+3+3+20	אסות	כחמוש ספינה רבה
009		C3.7GR2:17	[בר ... יו]נׄי פסלרׄשי	אסות	כחמוש ספינה[רבה הי]
010		C3.7JR2:1		[אסות]	כ]חׄמׄוש סׄ[פינה רבה
011		C3.7KR2:25	בר מכס יוני פסלרשי	אסות	כחמוש ספינה רבה הי
012		C3.7KR4:2	[בר .... יוני פסלרשי]	אסות	כחמו[ש ספינה רבה הי]

013	C3.7KR4:8	[בר .... פסלרֹשי	אסות	כחמו[ש ספינה רבה הי]
014	C3.7JV2:5	]בגו ספינה רבה 2	אֹסֹות	כֹּ[....] ספינת
015	C3.7AR3:21	בֹּ.[....	]אֹסֹותֹ[	....] מֹנֹה לקבל[

אסי N physician

001	s em/sf אסיא	D2.31fragb:3	י[...] [...] ..[...]	אסיא	ו[...] [..]לֹ[....]
002		D8.5:5	חגי רבען 3 עבדיהו	אסיא	מ 1 רב[ע ...] [...]בר

אסיף N gatherer

001	s em/sf אסיפא	D8.9:14	לגן 1+3[.] נתן	אסיפא	לגן 2[...] חגין[...]ל...]

אסיר N captive

001	p abs אסירן	A4.4:6	בבבא בנא ואתחדו	[אסירן]	ידניא בר גמריה הושע
002		A4.4:5	[בבבא] [בנא ואתחדו	א]סירן	רמי אתת הודו אסרשות
003		D1.33fragc:4	במפֹ[... גב]ריא זי	אסירן	[....]י כלא רֹ.[...]

אספרן a in full (Pers; GEA 370.13)

001	אספרן	A6.13:4	מנדת בגיא זי ורוהי	אספרן	והדאבגו יהנפק ויהיתה

אסר V to bind

001	peal ואסרו	D3.34:2	[...] זי ב[..] [...] .[...]	ו[א]סרו	[...] הו[...] [...]
002	אסרני	A4.3:3	רב חילא מטא לאבוט	אסרני	עלדבר אבנצרף 1 זי השכחו
003	אסירו	A4.4:3	[זנה שמהת גבריא ז]י	אסירו	ב[י]ב ברכיא הוש[ע
004	אסרו	A4.6:16	גברין מנן אחד]ו	אסרו	בכבלי[א ....] [... ....
005	ואסרוהי	B8.5:8	i[...]על [...	ואסרוהי]	ושֹׁ[....] [...]יי וחטרן
006	אסר	D1.32:14	....] [...]ביו	אסר	כעת שתברזן וכנותה כן]

אסר N oath, vow, bond

001	s em/sf ואסרה	B5.6:10	קימה	ואסֹרה	כֹּתֹב ועבד כל אסריא
002	p abs אסרן	B8.4:5	ולקחו מני [..]נֹי	אסרן	2 נחשן מֹנֹין 10
003		B8.10:1	[... יה]בת לה וספר	אסרן	כתבן
004	p em/sf אסריא	B5.6:10	כֹּתֹב ועבד כל	אסריא	....]
005	אסריהם	D3.16:15	1 פרכס 1 כֹן	אסריהם	לבשיא הומי תֹמחא

אף a also, even

001	אף	A4.2:5	ארשם להן גנבית עבדן	אף]	....] מדינת נא וכן אמרן
002		A4.8:27	[זנה שלחן הודען	אף	[...] {{בכלה}} מליא אגרה
003		A6.14:4	בגֹא זֹךְ [....] לא כשר	אף	אחתבסתי פקידא ז[י]לי או
004		A6.15:8	תשלם ותשתאל על זנה	אף	מספת שלח גרדא לם זי
005		D7.39:9	לי פתגם ולא .ל..תֹי	אֹף	פרנדת לֹה למאמר לה לם
006		D22.1:2	סוסא 100×2+3 כודנן	אף	2 גמלן ....[..]
007		D1.20:8	לֹ[... ....] [...] הקשט	אף]	... [...] זי צבית
008		D1.24:1	אגרתא ז[א ...] [... כן לאמר	אף	..[... ...] אלהא שזבך חילין]
009		D23.1.IX:4	[ ]זי.. [... ...] [...	]אֹף[	...]ענ[ה ס]נֹחֹרֹו
010		D6.3fragf:1	...]	]אֹף[	.[...]
011		D7.14:2	לם הושֹ[ר ...] לכתוני	אף	[... י]דניה יהפק
012		D7.40:4	הֹנֹ[ם ...] [...]. זֹה	אף	.[...] [...] .דֹ מנה
013		D7.25:8	לי עבד[...] [...]	אף	א...[...] [...]
014		A5.1:4	חדיתא וש[רירתא	]אף	אגרתא זא [כתבת ב....
015		A5.1:6	פשנפתח בזרע פטנ[תר]	אף	אגרתא ז[א....]
016		A6.10:4	ונכסי מראיהם חסין נטרן	אף	אחרנן בעי[ן] מן אתר אחרן
017		B2.11:12	זי צבית תנתן ולא דין	אף	איתי תבא שמה אמהם זי
018		B2.3:23	אצדק וספרא זנה בידכי	אף	איתי ספר מרחק 1 זי דרגמן
019		D7.27:14	שלחו[...] [...]	אֹף	עֹל תתֹאֹי לֹא
020		A3.3:2	בארחא זך לבבי לא טיב	אף	אמך כעת ברך אנת [ליהו
021		B2.9:6	מן שלומם בר עזריה	אף	אמר איתי זי בפקד[ן] הפקדו
022		D2.31fraga:1	...]	א]ף	אמר[...] [...] עֹחנס בר]
023		D7.14:7	חוט[...] [...] לכתוני	אף	אמר ל[...]ה לם חוני [...]
024		B3.10:17	כהל הוית בידי וסבלתני	אף	אנה יהבת לה במותי לא יכהל
025		B7.2:10	בין מקמיא אלה [3+]1	אף	אק[....]
026		A4.7:30	סנאבלט פחת שמרין	אף	בזנה זי עביד לן ^כלא^
027		A4.8:28	[סנאבלט פחת שמרין	אף	בזנה] כלא זי עביד לן
028		D7.5:8	פמן הבהי [לפטו]סרי	אף	בעי גלדא [זי] אמרת לכי
029		A6.14:4	כן עב[דו] כזי לי תחדון	אף	הא שנן שגיא זי בגא זך
030		B2.2:7	לדרגמן זילי הא אנה	אף	הא תחומי ארקא זך זי ימאת
031		B2.7:13	ספ<ר> לא אנה כת[בתה]	אף	הא אלה תחומי ביתא זך עליה
032		D7.1:9	[ט]בה בסון יעבד לי	]אף	ה]ו הלו מֹחֹר לי למאזל
033		A4.7:9	זי הוו תמה תברו ^המו^	אף	הוה תרען זי אבן 2+3 בנין
034		A4.8:8	[זי הוו תמה תברו המו	אף	הוה] תרען רברבן 2+3 בנין
035		D7.10:8	ואהך אגרס [...] [...]רא	אף	הושרו לי שֹׁ[....] [...]
036		D7.26:2	וינתנו שקא [...]מֹר לה	אף	הן תאמרן לם [...]. על פכרֹס
037		D7.3:6	את....[.] ... זרע דלען	אף	הן[.] [...] איתי לי ..[...]
038		C1.1:130	ומן גבר לֹהֹ אל תזף	אֹף	[ה]ן תזף זפתא שלין לנפשך
039		A6.16:2	לאלהיא ולארשם תחד[י]	אף	זי הושרת [....] עלי ביד
040		D7.14:5	ו[...] קֹ עמה .א[...]	אף	חוט[...] [...] לכתוני אף
041		D7.7:5	2 דקק וחצף קפתא עלוהי	אף	חזי אפק לי תלי וכתון 1 הן
042		D7.9:3	מן שכרא ובלוה לאוריא	אף	חזי תטוס^ר^ זילן יכתבוה
043		C1.1:19	[צב]ית עזקה יהוה לך	אף	חכמתי ועט[תי ....
044		A3.10:3	וזי צבי יעבד לה	אף	חלקי באגר אלפא [....] הבו
045		B3.12:31	בניך ודי תנתן לה רחמת	אף	יהבן לך ספרא עטיקא זי כתב
046		B3.1:19	ודין וספרא זנה בידך	אף	יהכון בדין ולא יצדקון
047		D7.9:10	למ[..]א[.]ריי למכתבה	אף	כזי תשמעין לאמר . שרין
048		A4.7:29	זהב על זנה שלחן הודען	אף	כלא מליא באגרה חדה שלחן
049		D1.12:12	הוש]רת[לך[...]	א]ף	כן ה.[....]..[...] [...]ל[...
050		D7.43:9	ותנתן לכי [...]ה	אף	כסה 1 [...] כען אקרֹא
051		A5.5:10		אף	כען בירתא זא חי[ל
052		D7.54:5	ג.[..] [...] [...] [...]	]אֹף	כֹעֹן [...] [...
053		B2.10:10	אכהל אגרנכם דין ודבב	אף	לא נכהל נרשה לבר וברה לכם
054		B2.7:11	כרשן 10 ובית אם דילכי	אף	לא יכל גבר אחרן יהנפק
055		B3.10:21	ולמן זי רחמתי תנתנן	אף	לא יכה{{י}}לון ינפקון
056		B3.11:11	כתבן מנעל בחיי ובמותי	אף	לא יכהל בר לי וברה לי אח
057		B3.11:15	זנא ויהך בדן ולא יצדק	אף	לא יכלון ינפקון עליכי ספר
058		B3.12:26	תנתן לה בכסף או רחמת	אף	לא יכהל בר לן וברה אח
059		B3.12:26	כסף וטיב ^לבבן בגו^	אף	לא נכהל נרשה לבניך ובנתך

No.	Ref	Preceding	Keyword	Following
060	B3.5:13	ארשנכי עלדברה דין	אף	לא יכהל בר לי וברה אח
061	B3.8:36	וקנינה וכל זי איתי לה	אף	ל[א יכהל ענניה י]לקח
062	B3.8:40	לא תעבד לה שנאה <ה>י	אף	לא יכהל זכור יאמר
063	B5.4:3	[זנה זי כתבת] ויהבת לך	אף	לא אכל אמר אנה [אהנצל מנך
064	B5.5:9	[אסורי ארשנכי דין ודבב	אף	לא יכהל בר] לי וברה לי
065	B6.3:6	[....]נ[ך ...]	אף	[לא יכהל אח ואחה זי
066	B6.4:1	....]	אף	לא יכהל הושעיה ילקח
067	C1.1:79	[....]	אף	לאלהן יק[י]רה הי
068	D7.1:13	.למעבד לה הלו כפנן המו	אף	לחם אף קמח הב[י] לה
069	D23.1.III-IV:10	.לם יל.[..].[..]...ההוי תמה	אף	לכל א[...]המו נ..ך.
070	C1.1:178	מחאה לעלים כאיה לחנת	אף	לכל עבדיך אלפ[ן] קנה עבד
071	C1.1:88	עליך ותכסה כפיך [	[א]ף	מלת מלך בחמד לבבא
072	A4.7:19	אגרה חדה לא שלחו עלין	אף	מן ירח תמוז שנת 1+3+10
073	A4.7:21	לא משחין וחמר לא שתין	אף	מן זכי ועד יום שנת
074	A4.8:18	חדה [לא שלחו עלין	אף	מן ירח תמוז] שנת
075	A4.8:20	לא משחן וחמר לא שתין	[אף	מ]ן זך ע[ד]נא ועד ז]נה
076	A6.10:2	לא הוה מן ביתא זילי	אף	מן אתר אחרן גרד אמנן
077	A6.10:6	לא יהוה מן ביתא זילי	אף	מן אתר אחרן גרד אמנן
078	A6.1:3	כירח הוו שלחן עלי	אף	נשתונא כתיב יהיב לך כעת
079	A4.8:17	זנה שלחן שלחן על מראן	א[ף]	על יהוחנן] כהנא רבא
080	D7.15:2	יבנון לי [....]	אף	על מרי אלפא טר מ.. ש..
081	A4.5:10	לקבל זנה זי אנחנה אמרן	אף	פרישן אנחנה [....]ך
082	A6.15:5	יהבו בבבאל גברן 2+3	אף	קבילה שלח עליך חמרא לם זי
083	A6.10:5	ואנתם כן לא עבדן כען	אף	קדמן שלחת עליכם על זנה
084	A4.7:17	זך כל קטילו וחזין בהום	אף	קדמת זנה בעדן זי זא
085	A4.8:16	כלא קטילו וחזין בהום	אף	[קדמת זנה בעדן זי זא
086	C2.1.11:68	זי מסכן יעבד זך חזי	אף	קדמתך [.... אל
087	A5.5:3	[...] למקטל	אף	קטל [....] המו
088	C1.1:91	[אל יאבל] מלך כרחמן	אף	קלה גבה ה[ו] מן הו זי
089	D7.1:13	לה הלו כפנן המו אף לחם	אף	קמח הב[י] לה ושאלהי[.] לם
090	D7.39:2	בגוה [...] [... ...]	אף	[ק]פתא זי בה שערי״א״ זי
091	C1.1:57	זי עמה [.... הצ]יתו לם	אף]	ק]רב[ו] עלי ואנה אמר
092	C1.1:51	ובאישת[א] לא עבד לך	אף	שגיא סנחאריב מלכא רחמני
093	C1.1H:7	[...] לא עבד] לך	א[ף	שגיא ס]נחאריב [...
094	D7.24:16	ושלחת לה למפרש לי מלתא	אף	שלחת לה למחוה טעמא
095	B3.10:13	בה 3 דש חד בה אחד ופתח	אף	שליטא אנתי בתח״ת״ הו
096	B3.10:14	דחה ומרשה בפלגא דילך	אף	שליטא אנת למנפק בתרע זי
097	B3.10:15	בתרע זי תחית הו תרבצא	אף	שליטא אנתי בפלג דרגא
098	A6.5:1	וכע[ת שלם בזנה קדמי	[אף	שלם תמה קדמיך [יהוי
099	A6.6:1	[הוש]רת לך תנה [לי שלם	אף	תמה לך אל]היא שלם ישמו
100	A6.7:2	וכעת בזנה קדמי שלם	אף	תמה קדמ[י]ך שלם יהוי וכעת
101 וְאף	B8.9:3	ומתך כנם אמרן	וא[ף	]אמרן אנחנה תמא״ר לה
102	B2.3:18	בדין וספרא זנה בידכי	ואף	אנה מחסיה מחר או יום
103	C3.8IIIB:27	דוגית i[....]א]	ואף	]הו [לזכרן נבוצדק זין[
104	C3.8IIIB:33	]ת ינ[....]...[ ]	וא[ף	הו [לז]כרן נע.[...
105	D7.9:9	על שמה כענת ש[...	ואף	הזדהרי למ[..]א[.]רי למכתבה
106	B3.5:18	שליטן בה אחר מותכי	ואף	הן אנה ענני אמות בר שנן
107	D7.5:3	כענת חזי [....] רבתא	ואף	זעירתא [....] אל ינפי
108	D1.20:7	ג[... ...] [...]שין.	ואף	ל[... ...] [...] הקשט אף]
109	B3.8:37	לה [די]ן [ש]נאה	ואף	לא יכהל ענניה ולא יעבד
110	B3.8:39	יעבד לה דין שנאה	ואף	לא תכהל יהוישמע ולא
111	B6.4:3	יעבד לה] דין שנאה]	[ואף	לא יכהל הושעיה ולא יעבד
112	B6.4:4	נשין] כנותה שנאה הי[ן]	וא[ף	לא [תכהל סלואה ולא תעבד
113	A2.2:11	משח זית ליקה וכתן	ואף	לכי תקבת 1 שפרת ואף משח
114	A2.5:3	לה מפקן לן מן סון	ואף	מן זי נפקת מן סון שאל
115	A2.2:12	ואף לכי תקבת 1 שפרת	ואף	משח בשם לבת בנת ולעד

אפו a then

No.	Form	Ref	Preceding	Keyword	Following
001	אפו	C1.1:52	זי אנה עבדת לך כן	אפו	עבד לי אל תקטלני בלני
002		C1.1H:8	זי] אנה עבדת לך כן	אפו	[... א[סר]חאדן] מ[לכא
003		C1.1:140	הוה לי שהד חמס ומן	אפו	צדקני %% מן ביתי נפקת

אפין N face; cf. אנפין

אפיתי a necessary (Pers; GEA 370.14)

No.	Form	Ref	Preceding	Keyword	Following
001	אפיתי	A6.2:9	למעבד זנה אשרנא זי	אפיתי	אופשרה למעבד עקי ארז

אפך V to twist

No.	Form	Ref	Preceding	Keyword	Following
001	יאפך peal	C1.1:156		יאפך	אל פם אפכא וינסח לשן]
002	אפכא	C1.1:156	יאפך אל פם	אפכא	וינסח לשן]

אפם a nonetheless

No.	Form	Ref	Preceding	Keyword	Following
001	אפם	D2.15:2	אדן[...] [... ...]ואנא]נת	אפם]	[... ...] [... ... ו]לא דין
002		B5.5:6	אביג״ד״ן כסף כרשן 2	[א]פם	אמרת [אסורי פתפא זילי
003		B2.3:22	ולא דבב וביתא ביתכי	אפם	ואהך בדין ולא אצדק וספרא
004		B3.9:8	וידניה זך ברי יהוה	אפם	ואנש לא שליט למשנתה
005		B2.1:11	מן עלא ואגרא זילך	אפם	ואנת שליט למבנה עלויה עד
006		B2.1:8	כסף צריף ואגרא זך	אפם	והן מית קוניה מחר או
007		B3.5:22	2 לכרש 1 וביתי זילהם	אפם	ולא דין כתב מעוזיה בר
008		B2.3:15	ולא דבב וביתא ביתכי	אפם	ולבניכי אחריכי ולא
009		B2.2:15	ר 2 לעשרתא וארקא זך	אפם	זילך ואנת רחיק מן כל דין
010		B5.3:2	]	[אפם]	זילך וז[י בניך ולא יכל
011		B3.5:16	כסף כרשן 20 וביתא	אפם	זילכי להן הן מיתתי
012		B2.10:16	1 באבני מלכא וביתא	אפם	זילכם עד עלם וזי בניכם
013		A3.8:8	לעבק והן לא השכחת	אפם	חת לעבק אזל על ביתאלתדן
014		D1.12:2	...]דלן^[זי]לה^	אפם	ירחן] פ]אוני ת.[... ...] [...
015		B3.13:2	ארמי זי סון לדגלא זך	אפם	לאמר אנה אתית עליך בביתך
016		B2.9:15	כסף ר 2 לכרש 1 והו	אפם	רחיק מן אלה נכסיא זי

אפסי N stanchion (?) (Egypt; GEA 373.1)

No.	Form	Ref	Preceding	Keyword	Following
001	אפסי s ab/cn	A6.2:12	לפערער חד לאמן תרין	אפסי	תחת חלא חמשה מסמרי נחש

אפץ N tin

No.	Form	Ref	Before	Key	After
001	אפץ s ab/cn	C3.7DV1:10	100×1+לף×2+3[כ]רשן [	אפץ	כרשן 100×2 קמר כפר צע
002		C3.7FR2:21	100×3+3+[....]	אׄפׄץׄ	כרשן 1[1+]100× כ̇[...]
003		C3.7GV2:14	[....] נחש שלמוא	אׄ[פ]ץׄ	[....] [...

אפריע a at once

No.	Form	Ref	Before	Key	After
001	אפריע	A6.12:3	והושרו יהיתו עלי	אפריע	לעבק ול[עב]ק ארתוהי

אקנס a by force (Egypt; Lipiński, *Aramaeans*, 589 note 210)

No.	Form	Ref	Before	Key	After
001	אקנס	B1.1:10	ו̇לכל זי י[ד]חנך ו	אקנס	אקם ואנקה ואנתן לך ו[ה]ן

אר N kind of wood

No.	Form	Ref	Before	Key	After
001	ואר s ab/cn	A6.2:10	אופשרה למעבד עקי ארז	ואר	חדתן טף אמן עשרה שים

ארב N ambush

No.	Form	Ref	Before	Key	After
001	ארב s ab/cn	C1.1:83	כי עזיז ארב פם מן	ארב	מלחם אל תכסה מלת מלך
002		C1.1:83	בעדׄרה כי עזיז	ארב	פם מן ארב מלחם אל תכסה

ארבע N fourth (?)

No.	Form	Ref	Before	Key	After
001	ארבעיא s em/sf	C3.28:1	[בגרב]	ארבעיא	באפנא כ̇ל̇ל כא 1 בש

ארבע n four

No.	Form	Ref	Before	Key	After
001	ארבעה	B3.1:4	זפת כסף שקלן 1+3 הו	ארבעה	באבני מלכא במרביתה ירבה
002		B4.5:3	כסף כרש̇ן חד שקלן	ארבעה	הו סת]תרי במנין
003		B4.5:6	כספא זנה כרש חד שקלן	ארב]עה	לא ש]למת יהבת לך בין
004		B4.5:5	לך כספא זנה כרש חד	ארבעה	עד גרו̇ן[...] ירח
005		D1.34fraga:3	...] [...]. 1+3+10	אר]בעה	עליד גבריא ו[...] [...
006	ארבע s ab/cn	A6.2:16	צבען עשרה כל מסמרין	ארבע	מאה עשרן וחמשה טסן זי

ארבע עשר n fourteen

No.	Form	Ref	Before	Key	After
001	ארבעת עשר s ab/cn	A4.1:3	כעת אנתם כן מנו	ארב[עת עשר]	[יומן לניסן

ארדב N ardab (dry measure)

No.	Form	Ref	Before	Key	After
001	א s ab/cn	C3.28:88	חניה ברכ̇סא א̇ 3̇	א̇	1̇ עליא מ̇[....].א ומ
002		D7.8:15	זנה נאכל עד מחר ערובה	א	קמח שאר תנה
003	ארדב	B4.4:4	...] ח 2+3 וטלפחן	ארדב	1+10 לש[ער]ן ארדבן
004		B4.3:8	טלפחן	ארדב	1 [יהבת על ידן וטיב לבבן
005	כא	C3.18:4	[...] ן̇ ברת פסמשך	כא	1 ג 1 ח 2+3 [...
006		C3.18:5	ברת תׄנונית	כא	1 ג 1 ח 2+3 [...]יׄ
007		C3.18:6	[...]יׄ [ב]רׄת חור	כא	1 ג 1 ח 2+3 [...
008		C3.26:38	עלימ̇[תא] בגבגן	כ̇[א]	לכלבא ובן [...] פחפי בר
009	שא	C3.14:10	[בר]אשה ב̇ר̇ .]תׄ	שא	1]הו ש ...] בר]נתן ש[א
010		C3.14:11	[1]הו ש ...] בר]נתן	ש[א	1] ש [....] .אחלבׄבׄנׄיׄ]
011		C3.14:12	ש [....] .אחלבׄבׄנׄיׄ]	ש[א	1 ש ז̇.[.]ב̇ר נורשוש
012		C3.14:13	ז̇.[.]ב̇ר נ̇ורשוש	שא	1 ש ש[.].גוי בר בלבן שא
013		C3.14:1	פטמ[ון בר]אשמ[ר]ם	שא	1 ש זבידו בר נבושלם שא
014		C3.14:14	1 ש ש[.].גוי בר בלבן	שא	1 ש ורׄד בר זותי חור
015		C3.14:16	זותי חור בר יעולו	שא	1 ר 2 ש .[...] ב[ר אדי
016		C3.14:17	ב]ר אדי הו	שא	1 ש [.... ב]ר פחרי שא 1
017		C3.14:18	שא 1 ש [.... ב]ר פחרי	שא	1 [....] ..נ̇ח̇
018		C3.14:19	נ̇ח̇ .א̇.ו̇ בר פבי..	שא	1 הו [.... שא
019		C3.14:21	[.... בר]ענחחפי	שא	1 [... בר ...]שא[1] [...
020		C3.14:22	שא 1 [... בר ...	]שא[	1] [... בר ...]שא[1 [..]
021		C3.14:23	[...]שא[1] [... בר ...	שא[	1 [..] .[..] בר פטנתר שא 1
022		C3.14:2	ש זבידו בר נבושלם	שא	1 ש חגי ב̇ר שמעי[ה] שא
023		C3.14:24	[ ]שא 1 [..] .[..] בר פטנתר	שא	1 [..]נכל בר אורי שא
024		C3.14:25	1 [..]נכל בר אורי	שא[	1 [כ]ל נפש
025		C3.14:27	בגו [2] לחד	שא	1 ר 2 לשא 3 2+20 לחד
026		C3.14:28	ר 2 לשא 3 2+20 לחד	שא	1 לשא 2+20 [נ]פש
027		C3.14:3	ש חגי ב̇ר שמעי[ה]	שא	1 ש אשמ[ ]בר ..[...שא] 1
028		C3.14:5	1 ש פטסי בר חרוץ[	ש]א	1 ש צחא [ב]ר חור...[..
029		C3.14:6	חור...[..] .ל	שא	1 הו כ{{ש}} שמון בר
030		C3.14:7	שמו]ן בר	ש̇א[	1 ר 2 ש ז̇תו̇.[...
031	א p abs	C3.28:83	2+20 בב ארסינה שערן	א	3+1[+2 ק 1+]2+3+10
032		C3.28:99	זכור שטר 1 בחנטן	א	10 שבתי חגי תתו שטר
033		C3.18:10	[ ].[...] [....]כנתן	א	1+10+20+100×1 ג̇[
034		A6.11:2	פמון שמה אבי בית זרע	א	10+20 ז̇[ך] אשתבק בגו
035		A6.11:4	פמון זך אבוהי בית זרע	א	10+20 זך אשתבק[
036		C3.27:7	2+3+3 ב 2+3+20 א	א	3+3+3 ב [2+1]+2+20
037		C3.18:18	[..]ח̇2 [...] כ̇ל כנתן	א	2+20+20 .. הנע]לו
038		C3.28:82	ארסינה ברת יחנן חנטן	א	2+20 בב ארסינה שערן א
039		C3.27:10	1+10 ב 2+3+20 א	א	2+10 ב 2+3+20 א
040		C3.27:11	2+10 ב 2+3+20 א	א	3+10 ב 2+3+20 א
041		C3.27:12	3+10 ב 2+3+20 א	א	1+3+10 ב 2+3+20 א
042		C3.27:13	1+3+10 ב 2+3+20	א	2+3+10 ב 2+3+20 א
043		C3.27:14	2+3+10 ב 2+3+20	א	3+3+10 ב 2+3+20 א
044		C3.27:15	3+3+10 ב 2+3+20	א	1+3+3+20 ב 2+3+20
045		C3.27:17	לת̇חות ב 2+3+3+20	א	3+3+3+20 ב 2+3+20
046		C3.27:18	ב 3+3+3+20	א	2+3+20 [...]תי נפקן
047		C3.27:4	ב 2+3 מן פטאסי ח̇לפן	א	3+3 ב 2+3+20 א
048		C3.27:5	3+3 ב 2+3+20 א	א	1+3+3 ב 2+3+20 א
049		C3.27:6	1+3+3 ב 2+3+20 א	א	2+3+3 ב 2+3+20 א
050		C3.27:8	3+3+3 ב	א	10 ב [2+3+]20 א
051		C3.27:9	10 ב [2+3+]20 א	א	1+10 ב 2+3+20 א
052		C3.28:101	שבתי חגי שטר 1 בחנטן	א	2+3+20 בידה שטריה̇
053		C3.18:12	ב̇[...] [...] [...]כנתן	א	2 ג 1 ח 3[...] [...
054		C3.26:11	2 [....]י̇מ̇.. טלפחן	א	2 [...] .[....]כ̇[א] 3̇
055		C3.26:17	כא 2[פ] [....]תי אחוהי	א	2 פ [....]ורי כא 2
056		C3.28:110	זי י̇.... ח̇נ̇ט̇ן	א	2 ר 1 בידה חרשא זי נחש
057		C3.18:14	לפכמי .[...] [...]כנתן	א	2+3 [...]ר̇קחא זי משח.[
058		C3.18:16	זי משח.[...] [...]כנתן	א	2+3 [.]. כא 2+10 ג 1[
059		D7.50:3	שלח̇.. ו̇ שער[ו]ן	א	3
060		C3.28:88	ברת חניה ברכ̇סא	א̇	3̇ א̇ 1̇ עליא

No.	Form	Ref.	Context	Keyword	Context
061	ארדבן	D1.34fragb:2	...] [...]ם...[...]	א]רדבן	1×לף שׂעׂ]רן ...]
062		B4.4:5	כל שערן וטלפחן מערב	ארדבן	1+3+10+20+2̊0[.. ג
063		B4.3:5	טלפחן	ארדבן	20[
064		B4.4:7	2 לגבר לגבר 1 שערן	ארדבן	2 ג 2 ח]
065		B4.3:4	] יהבת עלידן שערן	ארדבן]	....]ג[..
066		B4.3:6	[שער]ן וטלפח]ן מערב	ארדבן	....]
067		B4.4:4	ארדב 1+10 לשׂ]ער[ן	ארדבן	....] כל
068		B4.4:8	נבושלו גברן 2 לשערן	ארדבן	....] נתנת על ידן] וטיב
069		A4.10:14	מראן כ[....] שערן	ארדבן	אל[ף]
070	כא	C3.26:5	[ביר]ח̊ פחנס תחא	[כא]	2+2[+1 תנרי כא
071		C3.18:17	...] כנתן א 2+3 .[.]	כא	2+10 ג 1[..] ח̊ [2 ...]
072		C3.26:7	בני חפיׂעׂנח	כא	2+3+10 תרי זין[....]ת
073		C3.25:19	בגו כסף ש 3+3 דמי	כא	3+10[...] לכסף ש 3+1
074		C3.26:8	תרי זין[....]ת	כא	10 תורא] כ]א 10
075		C3.26:9	...] ת כא 10 תורא]	כ]א	10 חית.[...] כא 2 [....
076		C3.26:3	שמו כ[..]....] ...]	כא	10+20+20+20+20
077		C3.26:6	[כא 1+]2+2 תנרי	כא	2+3+20 בני חפיׂעׂנח
078		C3.18:2	] 1[...] ..	כא	2 [....].[....] 1[...] ן̊
079		C3.26:10	] כ]א 10 חית.[...]	כא	2 [....]. .ימ.. טלפחן א 2
080		C3.26:14	][כ̊[א] 3 [...]שׂנׂ.א̊	כא	2 פ [...]יו שושנא כא 2 פ
081		C3.26:15	כא 2 פ [...]יו שושנא	כא	2 פ [...] .[.]ש̊...ן כא 2[
082		C3.26:16	כא 2 פ [...] .[.]ש̊...ן	כא	2[פ] [....]תי אחוהי א 2
083		C3.26:18	אחוהי א 2 פ [....]ורי	כא	2 [....].ת̊.ח̊ כא 2̊
084		C3.26:19	כא 2 [....].ת̊.ח̊	כא	2̊ [....].[.
085		C3.18:7	ח 2+3 [...].[....]א	כא	3 [...
086		C3.26:13	א 2 [...]. [....	[כ̊]א]	3 [...]שׂנׂ.א̊ כא 2 פ
087		C3.26:30	מלחא [...] שמינפי	כא]	...] כלבי כא [...]
088		C3.26:31	שמינפי כא] ...] כלבי	כא	...] חרפרן כא] ...] תרט
089		C3.26:32	כא [...] חרפרן	כא]	...] תרט ברת ש.[...
090	לשא	C3.14:28	3 2+20 לחד שא 1	לשא	2+20 [נ]פש 10+20 לחד
091		C3.14:27	בגו [2]לחד שא 1 ר 2	לשא	3 2+20 לחד שא 1 לשא
092		C3.14:29	לחד שא 1+]1 ר 2	ל]שא	כ̊ל נפקתא יו̊.[..]. שׂא
093	שא	C3.14:29	[נ]פש 10+20 לחד	שא	1[+1 ר 2 ל]שא כ̊ל נפקתא
094		C3.14:20	בר פבי שא 1 הו ....]	שא	1+]100×3+2 ....] בר
095		C3.14:31	כ̊ל נפקתא יו̊.[..].	שׂא	100×1 כל נפק]תא זי
096		C3.14:37	אד̊מ]..... [...]....]	שא	

ארדיכל N builder, architect (Akk; GEA 376.6)

No.	Form	Ref.	Context	Keyword	Context
001	ארדיכל s ab/cn	B2.8:2	אמר פיא בר פחי	ארדיכל	לסון בירתא למבטחיה
002	ארדיכל	B2.6:2	אמר אסחור בר צ]חא]	ארדיכל	זי מלכא למח]סיה א]רמי

ארה I behold

No.	Form	Ref.	Context	Keyword	Context
001	ארה	A2.3:8	כות תעבד בנת עלי	ארה	לא אחי הו חרוץ וכעת הלו
002		D7.46:6	ד̊א[...] 2+10	א̊רה	...]ס ל.[..]
003		A2.3:5	ואחתסן מסבלן לה וכעת	ארה	ספר לה שלחתי בשמה וכעת

ארון N chest

No.	Form	Ref.	Context	Keyword	Context
001	ארון s ab/cn	A2.5:4	ומנדעם וכעת יהתו לן	ארון	ובינבן והן תכלן תהיתן לן

ארז N cedar

No.	Form	Ref.	Context	Keyword	Context
001	ארז s ab/cn	A6.2:10	אופשרה למעבד עקי	ארז	ואר חדתן טף אמן עשרה שים
002		A6.2:14	כרשן מאתין וחמשן עקי	ארז	חדתן חנן תרין לחד אמן
003		A4.7:11	נחש ומטלל עקהן ˆזיˆ	ארז	כלא זי עם שירית אשרנא
004		A6.2:13	נחש ופרזל מאתין עקי	ארז	לובר חסין תמיס אמן עשרן
005		A6.2:17	מסמריהם מאתין עקי	ארז	לובר ד̇שות מצן כנכר
006		C3.7FR2:26	בגו עק ארז סי 2+3 עק	ארז	מלות 10+20+20 לקן
007		C3.7GR3:25	עק 10+20+20 סי	ארז	מלות 100×2+3
008		C3.7GV2:22	בגו עק ארז סי 2+3 עק	ארז	מלות 10+20+20 עק ארז
009		C3.7FR2:25	בגו עק	ארז	סי 2+3 עק ארז מלות
010		C3.7GR3:24	בגו עק	ארז	סי 10+20+20 עק ארז
011		C3.7GV2:21	2×[3+100+]1 בגו עק	ארז	סי 2+3 עק ארז מלות
012		A4.8:10	זך כלא עקהן ז]י]	ארז	עם ש]ירית אשרנא ואחרן זי
013		C3.7FV2:18	ק[ע]	ארז	פעמי 2̊0+3̊+1] [1] לקן
014		C3.7FV3:14	עק 3+1̊0+2̊0+2̊0	ארז	פעמי 1+3+20 לק[ן̊
015		C3.7GV2:24	עק 3+10+20+20	ארז	פעמי 1+3+20
016		C3.7JV1:25	עק] [3+10]+20+20]	ארז	פעמי] 1[+3+20
017		C3.7FV2:17	ב]גו [עק]]	ארז	פק 2̊0+2̊0+10[+3]
018		C3.7FV3:13	] במנין 100[×1 בגו̊ עק	ארז	פק 3+1̊0+2̊0+2̊0 עק
019		C3.7GV2:23	מלות 10+20+20 עק	ארז	פ̊ק 3+10+20+20 עק
020		C3.7FR3:21	עק [....]	א̊]רז	....] לקן̊
021	ארזא s em/sf	C1.1:111	שבקתך בסתר	ארזא	וסחרתׂ[...] שבקת לרחמיך

ארח N way, road

No.	Form	Ref.	Context	Keyword	Context
001	וארח s ab/cn	B2.10:6	לה אגורא זי יהו אלהא	וארח	מלכא בניהם מערב שמש לה
002	ארחא s em/sf	C1.1:122	ססא]ן נ̊פשי לא תדע	ארחא	עלכן י[....] כפן
003	בארחא	A3.3:2	[ ] מן יום זי אזלת	בארחא	זך לבבי לא טיב אף אמך

ארח #2 N fetter

No.	Form	Ref.	Context	Keyword	Context
001	ארח s ab/cn	C1.1:195		ארח	ו.[..]ה̊ב לא יקנה
002*	ארחא s em/sf	C1.1:175	ויתסר ויתשים	ארחא	ברגלו]הי ....]

ארי N lion

No.	Form	Ref.	Context	Keyword	Context
001	אריא s em/sf	C1.1:94	ז̊]י]תביר הנפקה ברא	אריא	אזל קרב לש]לם חמרא]לם̊
002		C1.1:183	שגיאת מסמ[....]	אריא	יהוה מסמה לאילא בסתר
003	אריה	C1.1:165	אנשא לא ידע איש [....]	אריה	לא איתי בימא על כן
004		C1.1:184	מ̊ל̊ו̊כ̊ת̊	אריה	[....] שבק חמר ולא
005	לאריא	C1.1:94	לך ענה חמרא ואמר	לאריא]	] איש שׂפיר מדדה ולבבה

אריך A long

No.	Form	Ref.	Context	Keyword	Context
001	אריכן p abs	A4.7:3	זי כען חד אלף וחין	אריכן	ינתן לך וחדה ושריר הוי
002		A4.8:3	] יתיר מן זי כען וחין]	אריכן	ינתן לך וחדה ושריר הוי

ארך V to be prolonged

No.	Parse	Form	Ref.	Preceding	Keyword	Following
001	peal	יארכון	C2.1.11:72	[וזרעך י]שגא ויומיך	יארכון	והן תהצפּנהי אהורמזד

ארך N length

No.	Parse	Form	Ref.	Preceding	Keyword	Following
001	s ab/cn	ארך	B2.3:0		ארך	3+10 ופשך ב20+1
002			D2.19:1	[... ...] [... ... ח]דתה	ארך]	... ... [... ...] [...]גמידה[...
003			B3.12:15	לך מן מועה שמש למערב	ארך	אמין 3+3+10 כ 2 בעשתא
004			B2.6:11	אחרן זי עמר נשחט הוה	ארך	אמן 3+3 ב3+1 שוה כסף
005			B2.6:8	חדת חטב צבע ידין הוה	ארך	אמן 3+3+2 ב3+2 שוה
006			B2.6:9	מלכא שביט 1 חדת הוה	ארך	אמן 3+3+ˆ2ˆ ב3+2 שוה
007			B3.12:7	למערב שמש {למערב שמש}	ארך	אמן 3+3+10 כ 2 בעשתא
008			B3.7:4	בֿנֿה אחד גשורן הוה	א[רך	]אמן בעשתא שבע הו
009			B3.8:11	[ ] שנטא 1 זי כתן חדת	ארך]	אמן 3+3 ב 3+1] שוה
010			B3.8:12	[1 כתן 1 זי כתן חדת]	ארך	אמן 3+3 ב 3 שוה כס[ף
011			C3.13:47	מנחם בר שלום[...]	ארך	אמן 3 כ 2 בפ[תי] זכרן
012			D2.10:4	[... משח]תה	ארך	מן מוֹ[ע]א למערב א[מן ...
013	s em/sf	ארכה	B2.3:4	1 ארק זילי הוה משחתה	ארכה	מן תחתיה לעליה אמן
014		בארכא	A6.2:18	עקיא זי יתיהב על טף	בארכא	לחד פשכן תלתה חפוש ועל
015			A6.2:19	צבען תרין ועל שים	בארכא	לחד פשכן תלתה חפוש ועל
016			A6.2:19	תרין ועל שף וחנניא	בארכא	לחד פשך חד ועל סעבל עקי
017			A6.2:20	עקי חלא דרי תמים	בארכא	לחד פשכן תלתה חפוש ועל

ארכל N cf. אדכל

ארמית N Aramaic language

No.	Parse	Form	Ref.	Preceding	Keyword	Following
001	s ab/cn	ארמית	B2.11:4	ידה בימן שניתת מקרא	ארמית	כזנה למבטחיה והא זנה
002			B2.11:6	ידה בימן שניתת מקרא	ארמית	כזנה למבטחיה אנת

ארמלה N widow

No.	Parse	Form	Ref.	Preceding	Keyword	Following
001	s ab/cn	כארמלה	A4.7:20	וצימין נשיא זילן	כארמלה	עבידין משח לא משחין
002			A4.8:19	[וצימן נשיא זילן	כארמלה	עבידן] משח לא משחן וחמר

ארע N ground, land, earth; cf. ארק

ארק N ground, land, earth

No.	Parse	Form	Ref.	Preceding	Keyword	Following
001	s ab/cn	ארע	B8.10:5	[....]. לא	ארע	בגו בזי המכריגרב מהחסנן
002			B3.4:5	זי אגרוה קימן ותרבצה	ארע	הי ולא בניה וכוין בה
003		ארק	B2.3:8	זי מיא קשיא ביתא זנך	ארק	אנה יהבתה לכי בחיי
004			B2.4:3	בזכם דגלא לאמר איתי	ארק	בי 1 זילי מערב לביתא
005			D2.10:9	[... ...] אתרפרן[... ...	א]רק	ביתא זך זי מש[חתה ...]
006			B2.3:3	לכי בחיי ובמותי בי 1	ארק	זילי הוה משחתה ארכה מן
007			B2.2:7	ארקא זך כזי לא הות	ארק	לדרגמן זילי הא אנה אף
008	s em/sf	ארעא	B2.1:5	זך תדבק לשטר ביתי מן	ארעא	ועד עלא מן זוית ביתי זי
009			A4.7:9	באגורא זך נדשוהי עד	ארעא	ועמודיא זי אבנא זי הוו
010			A4.8:8	באגורא זך נדשוהי עד	ארעא	ועמודיא זי א[בנא זי הוו
011			B2.2:16	זי יקבלון עליך עלדבר	ארעא	זך כתב איתו בר אבה
012			B2.6:19	זי איתי לה על אנפי	ארעא	כלה מחר או יום תמות
013		ארקא	C1.1:92	ויקיר הדרה לדרכי	ארקא	בניח[רן] מאן טב
014			B2.2:5	ואנתתך וברך כל 3 על	ארקא	זילי זי אנה קבלת עליך
015			B2.2:12	ביהו והוטבת לבבי על	ארקא	זך לא אכהל אגרנך דין
016			B2.2:13	לי קריב ורחיקˆ על	ארקא	זך אנת ובר לך וברה לך אח
017			B2.2:14	זי יגרנך בשמי ˆעלˆ	ארקא	זך ינתן לך כסף כרשן 20
018			B2.2:6	למומא ביהו עלדבר	ארקא	זך כזי לא הות ארק
019			B2.2:7	הא אנה אף הא תחומי	ארקא	זך זי ימאת לי עלדברה
020			B2.3:12	לכי ואיש זילכי בשם	ארקא	זך זי יהבת לכי ויקבל
021			B2.3:16	ספר חדת ועתיק בשמי על	ארקא	זך למנתן לאיש אחרן זך
022			B2.3:19	מנכי למנתן לאחרנן	ארקא	זך זיליכי בני והבי למן
023			B2.3:24	חרזמיא כתב לי על	ארקא	זך כזי רשה עליה קדם
024			B2.4:14	ודבב ואמר לא יהבת לך	ארקא	זך למבנה ולא כתבת לך
025			B2.4:5	אנה מחסיה אמרת לך	ארקא	זך בני ועתד
026			B2.4:8	הן מחר או יום אחרן	ארקא	זך תבנה אחר ברתי תשנאנך
027		בארעא	D3.19:3	זכרן חמר[...] ####	בארעא	[...] ב3 לתעובי אמ[ר ...]
028		בארקא	B2.3:11	ואיש אחרן שליט	בארקא	זך להן אנתי ובניכי עד
029		וארעא	D23.1.Va:13	לנשיהם ובריהם	וֿארֿעֿאֿ	אזרע מלח וֿפֿריֿה.
030		וארקא	A1.1:2	שמיא	וארקא	ובעל שמין אלה[א
031			B2.2:15	מלכא כסף ר 2 לעשרתא	וארקא	זך אפם זילך ואנת רחיק
032	p em/sf	ארקתא	A6.15:6	בפֿפֿרֿם ועבור	ארקתא	כלא נחתחור לקח עבד

אשד V to pour

No.	Parse	Form	Ref.	Preceding	Keyword	Following
001	peal	יאשד	C1.1:184	[....] ודמה	יאשד	ובשרה יאכל הא כן פגעהם
002	etpeel	תתאשד	A3.3:7	לא איתי גבר הוי אל	תתאשד	עד תאתה

אשה N fire

No.	Parse	Form	Ref.	Preceding	Keyword	Following
001	s ab/cn	אשה	C1.1:88	%% [מ]ה ישפטון עקן עם	אשה´	בשר עם סכין איש עם מ[לך]
002			C1.1:87	מלך הן פקיד ˆלךˆ	אֿשה	יקדה הי עבק עבדהיֿ אֿל
003			C1.1:196	ביֿתהֿ עמה [....]תֿ	אשה	מ[.]..אֿפֿין [....
004		באשה	C1.1:221	בית רעה נשק	באשה]	....] [....].
005			A4.7:12	ואחרן זי תמה הוה כלא	באשה	שרפו ומזרקיא זי זהבא
006	s em/sf	אשתא	D23.1.Vb:8	וברתֿ[הם ...]	אשתֿאֿ	אשלחֿ בֿהֿם #####
007			C1.1fraga:3	]למנ[...] [...]זי	אֿשתֿא	ינ.[... ...]
008		באשתא	A4.8:11	[זי תמה הוה כלא]	באשתא	שרפו ומזרקיא זי זהבא

אשל N aroura (measure of area) (Akk; GEA 376.7)

No.	Parse	Form	Ref.	Preceding	Keyword	Following
001	s ab/cn	אשל	D8.3:11	זילה אש[...] פתחור	אשל	1 למתנא וֿחֿענח אשל 1
002			D8.3:12	אשל 1 למתנא וֿחֿענח	אשל	1 למתנ[א] פחי בר .[...]
003			D8.3:16	פלקי.[...] [...].. לפמן	אשל	1 למתנא
004			D8.3:5	ואחוהי [.] פתו בר פתת	אשל	1 למת[נא ...] שבתי בר
005			D8.3:9	חשףֿ דחנא זילה	אש{ד}<ל>	1[...] פתו בר פכיף
006			C3.21:8	תני אמה .[...] רסתכה	אשל]	...] אופסתה זי יֿ[...]
007	p abs	אשלן	C3.23:3	תחתי[...] [....] .ומ.ת	אשלן	1[100× ...] [...].תחק אֿשלן
008			C3.23:4	1[100× ...] [...].תחק	אֿשלן	10 .[...] [....].]
009			D8.3:6	[...] שבתי בר ידלה	אשלן	1[...] פשנפור בר פתו
010			C3.22:8	[...] עד שאר לעשך .[...]	אשלן	1×לףֿ+3+1×100+10[...]

011			C3.20:1	[....] .... .] ק[ריתא	אשל]ן	2[+1+3]+3[×100 ...]
012			C3.21:6	פקרקפתח קרי[תא] כל	אשלן	20+10+2[...] תני אמה
013			C3.24:4	חקל אשלן[...] [כל	א]שלן	20+3+3+2 ר 3
014			D8.3:8	פשנפמוי וצ..	אשלן	2 [...] חשף דחנא
015			C3.23:1	..] [...] [....	א]שלן	2 .] [...] [....]מ..
016			C3.22:10	חקלתא זי ב.חעא[...]	אשלן	2×100+10+3+1 ר 2[
017			C3.20:4	[....] קריתא	אשלן	2×100[...] [....]
018			C3.20:2	[...]פמ.ן קריתא	אשלן	3+3 [...] [....]... אשלן
019			C3.20:3	3+3 [...] [....]...	אשלן	3+3×100+3+2 [.]. ת[
020			B1.1:3	בר חפיו נתנת לך חקלי	אשלן	[....] בקריה כרב למזרעה
021			C3.20:5	[....] קריתא	אשלן	[...]100+10+3+3[
022			C3.21:10	זי י[...] [כ]ל[	אש]ל[ן]	[...]יא 2×100 בגו [...
023			C3.24:1	[.... קר]יתא חקל	אשלן[	...] [.... ק]ריתא חקל
024			C3.24:2	[.... ק]ריתא חקל	אשלן[	...] [.... קרי]תא חקל
025			C3.24:3	[...] [.... קרי]תא חקל	אשלן[	...] [כל א]שלן
026			D8.3:3	ורשנף בחקלה זילה	א[שלן	...] פתו בר פתו ואחוהי

אשרן N materials, carpentry work, fittings (Pers; GEA 370.16)

001	s ab/cn	אשרן	B3.4:23	ובנינא זי תבנה בה וכל	אשרן	זי יהכן על ביתא זך ˆכתב
002	s em/sf	אשרנא	A6.2:5	וישתלח על מן זי הוה	אשרנא	הנדונה ואחרן זי [....]
003			A4.7:11	ארז כלא זי עם שירית	אשרנא	ואחרן זי תמה הוה כלא
004			A4.8:10	ז[י] ארז עם ש[ירית	אשרנא	ואחרן זי תמה הוה כלא]
005			C3.8IIIB:32	דכ[...	א]שרנא	זבנן [....
006			A6.2:9	למעבד זנה	אשרנא	זי אפיתי אופשרה למעבד
007			D3.21:1	[...] זכרן	אשרנא	זי אג[ר ...]
008			A6.2:21	פרס יתיהב ישתלח לם	אשרנא	זנה יתיהב עליד שמו בר
009			A4.5:18	[....] [....]	אשרנא	לקחו לנפש[הום עבדו

אתה N woman, wife; cf. אנתה

אתי V to come

001	peal	אתית	B2.6:3	לדגל וריזת לאמר אנה	[א]תית	ביתך למנתן לי לברתך
002			B2.5:1	זי כתיב מן עלא ולא	את[ית	על ....] ברתך למלקחה
003			B2.1:3	לדגל וריזת לאמר אנה	אתית	עליך ויהבת לי תרע ביתא
004			B3.13:2	לדגלא זך אפם לאמר אנה	אתית	עליך בביתך בסון בירתא
005			B3.3:3	לדגל וריזת לאמר אנה	אתית	עליך למנתן לי לתמת שמה
006			B3.8:3	לדכם דגלא לאמר אנה	אתית	על[יך בבי]תך ושאלת מנך
007			B6.1:3	[לדגל ....] לאמר אנה	אתית	עליך בביתך ושא[ל]ת[מנך
008			D7.20:10	לם אתה ליומא זנה ולא	אתית	ביד בנתי שלח לי
009		אתה	A4.2:11	[....] מלין לבתכם	אתה	פסו בר מנכי למנפי
010			D7.11:5	[...] תאמר	אתה	..[...] [...] כען ..[...]
011			D7.12:9	ואבשל [... ...]שבה	את˄ה˄	[...]אעבד מן
012			C3.8IIIB:16	על בגפרן [ב]ר פר[י]	אתה	בבית ספינתא למ[...] זי
013			D1.17fraga:3	בטבה בירתא	אתה	חז.[...] [... ...] זי שבק
014			D22.26:1	]..ן בר מ.תא.ל..	אתה	לאבוט [...] קדם[
015			C2.1.7:45	[מן אתרא זך לחילא כנש]	אתה	לער[ק]ה [זי א]רתור[ז]י
016			C2.1.7:41	זי אמ[ר]אנה ב[ר]זי	אתה	[ע]ם [חילא] [לע]רקה[

017		אתו	A4.6:11	[....] [....]י	אתו	ליב בירתא [....]
018			A4.7:8	מצריא עם חילא אחרנן	אתו	לבירת יב עם תליהם עלו
019			A4.8:7	מצר[יא עם חילא אחרנן	אתו	לבירת יב עם] זניהום עלו
020			A1.1:4	זי מלך בבל	אתו	מטאו אפק
021			D22.27:3	[ו]אברמוש[...] זי	אתו	עד לפנה
022			B8.4:4	1 [....]ל זי כחסן	אתו	על ביתא זילי זי בפסחמי
023			D22.25:4	[ו]אברמוש[...] זי	אתו	פנה
024		ואתו	A5.5:6	אמרו [..	ו]אתו	פנה על
025		תאתה	A3.3:10	איתית המו מנפי כזי	ת[אתה	...] [איתי] המו קדמתך
026			A3.3:7	גבר הוי אל תתאשד עד	תאתה	[....]
027			D23.1.XII:12	ביומ[א] זי אמון	תאתה[	...]. אסחדן וי[...].
028			A6.15:7	על ביתא זילי למה כזי	תאתה	בזנה מה זי לקחת זיני
029			C1.1:81	עד תחזה[לי]לה א[ל]	תאתה	על בלך כזי בכל אתר
030			A3.3:12	[....]כן ולבש עד	תאתה	שלם אמך וינקיא כלא כעת
031		יאתה	C1.1:209	[ואמרת ....]ידע זי	יאתה	מן אחרוהי [....]
032			A6.14:5	או אחוהי או ברה	יאתה	עלי בבאל עם מנדתא מן
033			A3.5:3	זי הוה	י[א]תה	עליך הוית אשלח שלמך כען
034			B5.6:6	[זנ]ה עד עלם זי	יאתה	עליך עלדברהם
035			C1.1:213	.[....]	יאתה	[... א]חרי עו[יר
036			D1.17fragb:11	]עליהא תריהון והן	יאתה	שלי[... ...] [... ...]אבהון
037		יתה	B3.4:22	ונקבה˄ או ברה ˄לה	יתה˄	ולא כהלן פצלן ננתן לך
038		ויאתה	A6.13:5	יהנפק ויהיתה	ויאתה	עם גנזא זי מני שים
039		תאתה	D7.6:4	חזי 1 על ינקיא עד	תאת‖ה	אחטב אל תוכ‖ל המו על
040			D7.6:8	לחמהם לשו לחם קב 1 עד	תאתה	אמהם שלח לי אמת תעבדן
041		תאתון	A3.3:5	ויתיהב לכן כעת כזי	תאתון	מצרין
042			D6.8fragi:2	פקיד[...] [...]... שלח	תאתון	.[...] [...]ה אחו[הי ...]
043		ליאתו	D23.1.Va:10	[ ] 20+20 זי	ליאתו	עמהם ו[כ]נותהם
044		יאתו	A6.5:3		יאתו	עלי מן א[רשם על
045		אתה	D7.8:6	קדמא מתמרט בכבא כען	אתה	וגזה ביום זי תרחענה
046			D7.20:9	הודויה בר זכריה לם	אתה	ליומא זנה ולא אתית ביד
047			D7.20:2	מן נתן בר גמריה כען	אתה	על מחר ולא פשרן הלו שכר
048		אתי	C1.1:166	ענה נמרא ואמר לענזא	אתי	ואכסנכי משכי[ענת] ענזא
049		אתה	D7.1:4	זי סחמרי בעל ‖טבתכם	אתה	סון עם קנא לזבנה אזלי
050			A2.5:6	חרוץ בר ביתאלשזב זי	אתה	למחתה לבמרשרי אתריה
051			A6.3:2	כן אמר כזי אנה הוית	אתה	[ע]ל מרא[י .... עב]דן
052		אתין	A4.3:5	שמיא עד שזבוני כען הא	אתין	תמה עליכם אנתם חזו עליהם
053		למאתה	D7.56:6	לא אבו אסתס וברה	למאתה	באתר עבורא והין לא
054			D7.56:8	עבורא והין לא צבין	למאתה	ישלחון אגרה על אפלניס
055			D7.20:4	למחר כען אל תפשר	למאתה	מחר שלם מיכיה מן
056	(h)afel	איתית	A3.3:10	אל תמלי לבת בזי לא	איתית	המו מנפי כזי ת[אתה ...]
057		היתת	D7.9:13	עלי חזי נחת קפירא זי	היתת	בידי הושרוהי לי וקפרא
058		התתי	A2.1:6	1 לאטי וכעת כתנה זי	התתי	לי סון הי מלבש אנה וכעת
059		היתי	A6.12:1	זילי זי בגסרו	היתי	שושן זך פתפא הב לה
060			B8.1:2	[...] אמר [...].	היתי	[...] אחר [....]..והי
061			D1.33fragc:2	[... ...]ית אחרה	היתי	כ[... ...] [...]ת מצרין
062			A6.16:3	כתן 1 גלדי תולע 2 זך	היתי	עלי להן לא [....] אנת
063			C3.14:35	זי יהיב מכלא[...]	היתי]ן	....]. מדינת נא
064			C3.14fragd:3	לחילא[...] [..].[.. ...]	היתי	[...]
065		היתיו	D7.48:4	לחמא יומא זנה וכענת	היתיו	לי בש.תא [..].[..] [...

No.	Form	Ref	Preceding	Keyword	Following
066		A6.15:4	חזי אגרת ארשם זי	היתיו	על פסמשך על חלכיא זי
067	איתי	A3.3:11	מנפי כזי ת[אתה ...]	[איתי]	המו קדמתך כעת זבנת לי
068	אתה	A2.1:10	אן אשכחת אש מהימן	אתה	לכן מדעם שלם שבתי בר
069	יהיתה	A6.2:13	תמיס אמן עשרן כלא	יהיתה	חליפתהם לובר ותבירן על
070		D3.31:1	[...].ה עד	יהיתה	כל[...] [... ...] [...].
071*		C3.16:7	[...] [ש]נת 2+3	יהי[תה]	[.]ל ביד מעו[זי]
072		A6.14:3	עד מנדת [בגיא אלך	יהי]תה	עלי בבאל כן עב[דו] כזי
073		A3.10:6	ליד אר[מנתי]דת ה[ו	יה]יתה	עלין והן עבו[רא ..] קים
074	ויהיתה	A6.13:5	אספרן והדאבגו יהנפק	ויהיתה	ויאתה עם גנזא זי מני
075		A6.13:3	מנדת בגיא אלך יהנפק	ויהיתה	עלי עם מנדתא זי מהיתה
076	תהיתן	A2.5:5	ארון ובינבן והן תכלן	תהיתן	לן תקם יתו ביד חרוץ בר
077	יהיתו	D6.9fragb:4	ושהז [...]כעת [...	י]היתו	[...]. {{על}} [...]זילי
078		A5.4:5	כעת [...	יה]יתו	על משאלתא
079	יהיתון	A3.9:3	....]	י]היתון	מנפי מלכא אמורטי[ס
080	ויתונה	A2.6:10	[ ]אנחן בען אלף	ויתונה	לכן ל[שלמכי שלחת ס]פרה
081	יהיתו	A6.12:3	ופתכרן אחרנן והושרו	יהיתו	עלי אפריע לעבק ול[עב]ק
082	יהתו	A2.5:4	לי ספר ומנדעם וכעת	יהתו	לן ארון ובינבן והן תכלן
083	יתו	A2.5:5	והן תכלן תהיתן לן תקם	יתו	ביד חרוץ בר ביתאלשזב
084		D1.1:6	שלמ[... ... ...]ש נחת	יתו	ל[... ... ...]. .נסי וכע]ת ...
085		A2.4:12	למיתית לכן וכעת תקם	יתו	לי חפנן 2+3 אל תצפו לי
086		A2.1:7	הי מלבש אנה וכעת תקם	יתו	לן ונתנהי במשח וכעת אל
087	אתיה	A2.3:10	וכעת הן את ערב עליכי	אתיה	לתפמת וכעת מדעם אל
088	היתיו	D7.48:4	לחמא יומא זנה וכענת	היתיו	לי בש.תא [..].[..] [...
089	מהיתה	A6.13:4	עלי עם מנדתא זי	מהיתה	נחתחור כעת ארשם כן
090		A6.14:2	זי מ[..]ת[.] מנדעם לא	מהיתה	לי אח[....]ת מהיתין
091		C3.16:2	למנחת[...] [....].	מהיתה	ע[ל] [....] שפ 1 ס 3]
092	מיתי	A3.11:5	רכשא	מיתי	מן כפן
093	מהיתין	A6.14:2	מהיתה לי אח[....]ת	מהיתין	בבֿ[אל] כ[ע]ת אנתם
094		A6.13:2	זך מנדעם מן תמה לא	מהיתין	עלי הן על מראי לם כות
095	לאיתי	A3.8:14	[....]	לא̇יתי	עלי כתב ב20+3+3+1
096	להיתיה	A4.5:14	[....]יא	להיתיה	מנח[ה ....]
097	למיתית	A2.4:11	לכן ולה אשכחת אש	למיתית	לכן וכעת תקם יתו לי
098	למתיה	A2.4:11	זבנת חטבת ומשח בשם	למתיה	לכן ולה אשכחת אש למיתית
099	להיתיה	A6.13:5	עם גנזא זי מני שים	להיתיה	בבאל ארתוהי ידע טעמא
100		A5.4:4	צחא זך	להיתיה	ביום 10 לפאוני כעת

אתמל a yesterday

No.	Form	Ref	Preceding	Keyword	Following
001	אתמל	D7.47:10	[כ]ען אכלת	אתמ̂ל̂	
002		D7.20:7	כענת הלו שלחת לך	אתמל	בשם הודויה בר זכריה לם
003		D7.44:9	לחמא זי הוש[רת]̂ם̂ לי	אתמל	ט̇[מא] כען אל[תהושרו]
004		D7.33:4	וגרשא שבק קמרא מן	אתמל	כענת שאל̇י̇
005		D7.33:2	כענת ולדא על לך	אתמל	עדבר ספא 1 וגרשא

אתן N she-ass

No.	Gram	Form	Ref	Preceding	Keyword	Following
001	s em/sf	אתנא	B7.3:4	ו[ימא לה] לאמר	אתנא	זי ביד פ[מסי בר פ]מט
002		לאתנא	C1.1:186	יטעננהי %% חמרא רכב	לאתנא	.[.].[.]ח̇מתה וצנפריא

אתר V to specify (?), have in abundance (?)

No.	Gram	Form	Ref	Preceding	Keyword	Following
001	peal	אתרתן	A2.1:5	לה דבק לה הן חזית מה	אתרתן	אתננה בתקבה 1 לאטי

אתר N place

No.	Gram	Form	Ref	Preceding	Keyword	Following
001	s ab/cn	אתר	A6.10:2	מן ביתא זילי אף מן	אתר	אחרן גרד אמנן וספזן
002			A6.10:4	אף אחרנן בעי[ן] מן	אתר	אחרן ומהוס[פן ע]ל בית
003			A6.10:6	מן ביתא זילי אף מן	אתר	אחרן גרד אמנן וספזן שפיק
004			A6.10:9	מנדעם כסנתו יהוה ומן	אתר	אחרן לא תבעון ולא
005			A6.1:2	לם זי יהבה במדינתא	אתר	זי פ[....]
006			B8.3:5	[.... .]ה̇חוה̇	אתר	זי לא פתי.[....]
007			C1.1:34	[....]תבעה	אתר	זי אנת תהשכח [....
008			C1.1:81	תאתה על בלך כזי בכל	אתר	ע[יני]הם ואדניהם לו̇[ת]
009		באתר	A6.9:6	ימטא מצרין והן יהוה	באתר	חד יתיר מן יום חד אחר זי
010			C1.2:4	אמר ו.[...] [..]לולא	באתר	ימא̇ קטלת̇ ה̇מ̇ו̇[
011			D7.56:6	א̇בו אסתם וברה למאתה	באתר	עבורא והין לא צ̇בין
012	s em/sf	אתרא	B2.7:19	בר דרגי כספי זי	אתרא	..[....]. ח̇ג̇י̇ בר
013			C2.1.7:45	[פשי]ח[וד]אזל[מן	אתרא	זך לחילא כנש] אתה
014		אתרה	B2.2:2	בר חרשין חרזמי זי	אתרה	ביב בירתא עביד לדגל
015			D2.12:3	הו פתו בחתרי זי	[א]תרה	ביב בירתא עביד לדגל
016			C1.1:190	והרכב [חט]ה ולא ידע	את[רה	...] הן יפקד לך מראך מין
017		באתרה	A4.9:8	מלכא למבניה	באתרה	כזי הוה לקדמ̇ן ומנ̇חתא

אתרודן N brazier (Pers; GEA 370.17)

No.	Gram	Form	Ref	Preceding	Keyword	Following
001	s ab/cn	אתרודן	A4.5:17	[....] להן	אתרודן	חדה [....] [....]

אתריה N (unclear)

No.	Gram	Form	Ref	Preceding	Keyword	Following
001	s ab/cn	אתריה	A2.5:6	אתה למחתה לבמרשרי	אתריה	ומהי דה זי ספר לה

ב s 2nd letter of the alphabet

No.	Form	Ref	Preceding	Keyword	Following
001	ב	D10.1:1	... א	ב	ג ד ה ו ז ח ט י כ ל מ
002		D10.2:3	חפמן #######. ס̇י̇ א	ב	ג ד ה ו ז ח ט י כ ל מ
003		D22.28:1	א	ב	ג ד ה ו ז ח ט י כ ל מ

ב_ p in

No.	Form	Ref	Preceding	Keyword	Following
001	בה	C3.29:6	לגין 10+3+1 ב 3+2	בה	נקדרוס שיטא מש לגין
002		B3.10:13	בי תחתי אחד גשורן וכון	בה	3 דש חד בה אחד ופתח אף
003		B3.10:13	גשורן וכון בה 3 דש חד	בה	אחד ופתח אף שליטא אנתי
004		B3.5:17	זי ילדתי לי המו שליטן	בה	אחר מותכי ואף הן אנה
005		B2.4:13	מן מבטחיה המו שליטן	בה	אחריך הן מחר או יום אחרן
006		B2.4:7	מבטחיה ברתי המו שליטן	בה	אחריכם הן מחר או יום אחרן
007		B4.1:3	[ו]כל מדעם זי יחיה	בה	איש ול.. ו̇[לא אכל אמר]
008		B3.10:11	זילך הי אנתי שליטה	בה	ביתא זנה זי משחת̂ה̂
009		B3.4:5	ארע הי ולא בניה וכוין	בה	וגשרן לא אחד אנחן זבנהי
010		A3.10:3	לכם ארמנתידת למטען	בה	וזי צבי יעבד לה אף
011		B3.4:22	1+3 ובנינא זי תבנה	בה	וכל אשרן זי יהכן על ביתא
012		B2.4:10	מן מבטחיה המו שליטן	בה	חלף עבידתא זי אנת עבדת הן

No.	Ref.	Lemma	Context	Keyword	Context
013	B2.4:11		ופלגא אחרנא אנת שליט	בה	חלף בנויא זי אנת בנית
014	C3.7EV1:12		נתרא זי הנפקו לימא	בה	[כסף כרשן ...]3+3 ח
015	C3.7EV1:1		[נתר]א זי הנפקו לימא	בה	]כסף כ[רשן ....]1+ [ב
016	C3.7EV2:14		זי הנ[פק]ו לי[מ]א[	בה	כסף כרשן ....] ב 10[
017	C3.7EV2:16		נתרא זי הנפקו לימא	בה[	כ]סף כרשן [....]. ב
018	C3.7EV2:18		נ֯[תרא]זי הנפקו לימא	בה	כסף[כרשן ....] ב
019	C3.7EV2:2		[נתרא]ז[י ה[נפ]קו לימא	בה[	כסף כרשן ....] ב[....
020	C3.7EV2:4		נתרא זי הנפקו ל[ימא	בה	כסף כרשן ....] [ב
021	C3.7GV5:16		[נתרא] זי הנפקו לימ[א]	ב֯[ה	כסף כרשן ....]
022	C3.7GV5:19		[זי] [הנפקו לי[מ֯א֯	בה	כסף[כרשן ....] [כל
023	C3.7KV2:10		[נתרא זי הנפקו לימ[א	בה	כ]סף כרשן ...]. ש [3+]3+3
024	C3.7KV2:15		נתרא זי הנפקו לימא	בה	כס]ף כרשן 10 ש 3+3 ח
025	C3.7KV2:17		נת[ר]א]זי הנפקו [לימא	בה	כסף כ]רשן 1+10 ש 3+2 ח
026	C3.7KV2:19		נת֯ר֯א זי ה[נפקו ל]ימא	בה	כסף כרשן 1+10 ש 2+3+3
027	C3.7KV2:21		נת[ר]א זי הנפקו ל[ימא	בה	כ]סף כרשן 3+3 ש 3+3 ח
028	C3.7KV2:23		[נת]רא [זי הנפקו לימא	בה	כס]ף כרשן 2+3+3 ש 2+3
029	C3.7KV2:25		נת[ר]א]זי הנפקו לימא	בה	כסף כרשן
030	C3.7KV2:4		דמי נתרא זי הנפקו לימא	בה	כסף כרשן 3+3+3 ש[...] ב
031	C3.7KV2:6		זי הנפק[ו] לימא	בה	כסף כר[שן ....] ב
032	C3.7KV2:8		נתרא זי הנפק[ו] לימא	בה	כסף כרש[ן ...]ש 3+2 ח
033	C3.7KV3:10		[נתרא זי הנ]פקו [לימא	]בה[	כסף כרשן ....] ש
034	C3.7KV3:13		זי הנפק[ו לי[מ]א	ב]ה	כס[ף כרשן ....] [כל
035	C3.7KV3:18		נתרא זי הנפק[ו לימא	בה	כסף כרשן ....]
036	C3.7KV3:20		נתרא זי הנפקו לימא	ב[ה	כסף כרשן ....] ב
037	C3.7KV3:22		[ ]נתרא זי הנפקו לימא	ב[ה	כסף כרשן ....] ש
038	C3.7KV3:3		נתרא זי הנ[פקו לימא	בה	כסף כרשן ....] [ב
039	C3.7KV3:5		[נתר]א[זי הנפקו לימא	בה	כ]סף כר[שן ....]
040	C3.7KV3:8		נתרא זי הנפקו[לימא	בה	כסף כרשן ....] ב
041	D7.56:12		עמהון וינתנון לי שלטנא	בה	לזבנותה כען מ֯...ד֯
042	A2.2:17		לי שלם תטסרי אזדהרי	בה	לשלמכן שלחת ספרה זנה אל
043	B2.3:9		בחיי ובמותי אנתי שליטה	בה	מן יומא זנה ועד עלם
044	B3.11:8		יהוישמע ברתי שליטה	בה	מן יומא זנה {זנה} עד עלם
045	B3.12:23		זנה אנת ענני שליט	בה	מן יומא זנה ועד עלמן
046	B4.2:4		1 וירחא זי לא אנתן לך	בה	מרבית יהוה ראש וירבה
047	C3.7AR2:4		מנת משחא זי אשתכח	[בה	משח חמוש ....] [כ]סף
048	C3.7BR1:18		משחא זי אשתכח	בה	מ֯[שח ספן 20+20+10]
049	C3.7BR1:22		מנת משחא זי אשתכח	[בה	משח חמוש ...] פלג֯[
050	C3.7DR3:12		משחא זי אשתכח֯]	בה	משח ספן 20+20+10]
051	C3.7DR3:16		מנת משחא זי [אשתכח	בה	משח] ח֯מ֯וש .... [....]
052	C3.7ER1:1		[מנת משחא]זי אשתכח	ב[ה	משח חמוש ....] [כ]סף
053	C3.7ER1:17		משח[א]זי אשתכח	בה	משח ס֯פ֯ן 20+[10+20]
054	C3.7ER1:21		משח[א ז]י[א]שת[כח	]בה[	משח[ח֯מ֯ו֯ש[מע]שר[
055	C3.7ER2:20		משחא [זי אש]ת֯[כ]ח	בה	מ֯[שח ספן 20+20+10]
056	C3.7HR1:2		[מש]ח֯א֯ ז[י א]שתכח֯]	ב[ה֯	[משח]ספן 20+20+10]
057	C3.7JR1:11		[מנת]מ[שחא זי אשתכח	בה	מ]שח חמוש ...] [כסף גבריא
058	C3.7JR1:6		[משחא]זי אשתכח	בה	[משח] ס֯פ֯ן[
059	C3.7JR2:12		[מנת משחא זי אשתכח	בה	משח חמוש ...] [כסף גבריא
060	C3.7JR2:8		[מ]ש֯ח֯א֯ זי אשת֯כ֯[ח	בה	משח ספן 20+20+10]
061	C3.7KR1:2		[מנת משחא זי אשתכח	בה	מ]שח חמוש ...] [כסף גבריא
062	C3.7KR3:11		[מנת משחא]זי אשתכ֯ח֯	ב֯ה֯	מ֯ש֯ח֯ ..[...] [....]
063	C3.7KR3:7		[משחא זי א]שתכח	בה	משח ס֯פ֯ן 20+20+10
064	C3.7CR1:10		[מנת משחא זי אשתכח	ב[ה]	משח ח֯מ֯ו֯ש[...] [כסף
065	C3.7CR2:10		מנת משחא זי אשת[כח	ב[ה]	מ֯ש֯ח֯ ח֯מ֯ו֯ש֯ יו 20[
066	C3.7CR2:6		משחא זי אש[תכח	בה	משח [ספן 20+20+10]
067	B2.6:15		לבבי בגו שוי 1 זי גמא	בה	נעבצן זי אבן 3+1 פק 1
068	B3.8:17		לבשיה ת.[.] זי גמא 1 חדת	בה	נעבצן זי אבן שש [2]+1+3
069	C3.13:22		קנ[ן ...] זלוח[ן	בה	.[...] בח֯.[...] זכר[ן ...]
070	C3.7GR2:23		.. מנדעמתא זי אשתכחו	בה	[....] [חמר] זי שנת
071	C3.7GR3:18		אש]ת֯כ֯ח֯ ....]	בה[	....] [....] ש]נ֯ת֯ 10
072	D7.39:3		[...] בגוה אף [ק]פתא זי	בה	שערי֯א֯ זי חנם יבלו המ֯ר֯
073	A4.7:17	בהום	זך כל קטילו וחזין	בהום	אף קדמת זנה בעדן זי זא
074	A4.8:16		זך כלא קטילו וחזין	בהום	אף [קדמת זנה בעדן זי זא
075	D23.1.Vb:8	בהם	[...] אשת֯א֯ אשלח֯	ב֯ה֯ם֯	##### .זנ֯ה֯ הנ֯על. הו
076	C2.1.5:21		[אחר עבדו קר]ב֯א֯ קטל	בהם	2×לף+20+10+3+1
077	C2.1.5:23		עב֯[דו קרב] [קטלו	בהם	2×לף+20+20+[3+3
078	C2.1.5:13		לאיר עבדו קרב קטלו	בהם	3+2×לף+20+20+1[+2+3]
079	C2.1.7:43		[ ]עבדו קרבא [ק]טלו	ב֯הם	3×10000+3+[2×לף]
080	B5.6:8		דינה֯ם֯ ה֯א אנה צדיק	בהם	[.... ב]שמהם אנה
081	C2.1.8:47		ע֯ב֯ד֯ו קרבא קטלו	בה[ם	וחין אחדו] ויזדת אחדו
082	C1.1:98		אנשא ועממא עבד֯ו	בהם	ולא שבקו המו ולבבה֯ם֯
083	C3.7GV5:12		[בשנת 10] [לי]מ֯א֯	בהם	[כסף כרשן ... .] יו֯[ר]ח֯
084	C3.7GV5:22		[נתרא זי הנפקו] לימא	בהם	כסף כרשן]
085	C3.7KV2:1		הנפקו לימא	בהם	כסף כרשן .[....]
086	C3.7KV2:12		[נתרא] [זי הנפקו לימא	בהם	כסף כרשן ...]ו֯ ח֯
087	C3.7KV3:15		נתרא זי הנפקו לי[מא]	בהם	כסף כ[רשן
088	C3.7DR1:19		מנת משחא זי אשתכח	בהם	מ֯ש֯[ח .....] [...]
089	C3.7JV2:14		משחא זי אשת[כ]ח	ב[ה]ם	משח .[....] [כס]ף
090	C3.7KR2:4		מנת משחא זי אשתכח	בהם	[מ]ש֯[ח חמ]ו֯ש .. ....]
091	D7.36:4		פטחנם בחנתא מובלן 3	בהם	עקן 20+20+20+10
092	C2.1.4:6		[לטבת עבדו קרבא קטלו]	[ב]הם	
093	C2.1.5:11		[קרבא קטלו]	בהם	
094	C2.1.5:17		[לסיון] [עבדו קרב קטלו	ב]הם	
095	C2.1.5:27		[עבדן קרב קטלת	בהם	
096	C2.1.7:34		לכסלו עבדו קרב [קטלו	בהם	
097	C2.1.8:56		לח֯[ילא מרדיא קטלו]	בהם	
098	C2.1.8:58		[לחילא] מרדיא קטלו	בהם	
099	B3.7:13	בהן	דר[גא ושליטה] א֯נ֯תי	בהן	למנסק עלא ולמנחת ולמנפק
100	B3.6:6	בך	{ל}י<ל>דתי לי לא שליט	בך	למשנתכי ולמזלכי מנדת כסף
101	C1.1:102		כל֯ך֯ כבן עם זי פ֯גע	בך	צ֯דיק אנ֯שא בערר֯ה֯
102	B3.6:6	בכי	הנגית והנבג לא שליט	בכי	וביהישמע ברתכי זי
103	A2.1:9	בביתאלנתן	אנחן יצפן אזדהרי	בביתאלנתן	מן חבב וכעת אן אשכחת
104	A4.7:16	בוידרנג	מרא שמיא זי החוין	בוידרנג	זך כלביא הנפקו כבלא מן
105	A4.8:15		[מרא שמיא ז]י חוינא	בוידרנג	זך כלביא הנפקו כבלוהי
106	B2.11:6	בפטוסירי	אנת ידניה שליט	בפטוסירי	עבדא זך זי מטאך בחלק
107	A3.1:V4	באבט	נבונתן	באבט	[....]
108	A6.9:1	בג.כד	מרדך פקידא זי	בג֯[.]כד	נבודלני פקי[דא]
109	C2.1.7:37	באלוך	[פרס] כמסת זי בבתיא	באלוך	זי ב[א]נז [מן קדמי
110	C2.1.7:37	באנז	זי ב֯בתיא באלוך זי	ב[א]נז	[מן קדמי מרדו על]והי

No.	Word	Ref.	Preceding context	Keyword	Following context
111	בארבל	A6.9:1	אפסתבר פקידא זי	בארבל	חלן[.] ומתלבש בגפרן
112	בארזוחן	A6.9:1	זתוהי פקידא [זי	ב]ארזוחן	אפסתבר פקידא זי
113	בארדט	C2.1.4:9	[בזוז שמה ברתא]	בארדט	[אהור]מזד סעדני
114		C2.1.5:12	בתגר שמה ברתא	בארדט	אהורמזד סעדנ[י בטלה]
115		C2.1.5:16	בהיו [שמה] [ברתא]	בארדט	אהו]רמזד סעדני בטלה זי
116	באתור	C1.1:5	^שמה^ ברה והוה מלך	באתור	חלן[ף שנחאריב]אבוהי
117	בדמשק	A6.9:2	[פ]קי[די]א זי	בדמשק	וכ[ע]ת [ה]א נחתחור
118	בהודשי	C2.1.8:48	וחרא זי עמ[ה אחר	בהודשי	בפרס ויזדת וחרא זי
119	בהיו	C2.1.5:15	קרב אחר עבדו קרב	בהיו	[שמה] [ברתא בארדט
120	בהרוחתי	C2.1.8:53	[זילי פרסי פחתא] זי	בהרוחתי	לם אזלו ל[וימן קטלו
121		C2.1.8:63	[הות זנה] [זי אנה	בהר]וחתי	עבד[ת]
122	בזוז	C2.1.4:9	[אחר דדרש עבד קרבא	בזוז	שמה ברתא] בארדט
123	בחנבן	C2.1.4:7	[מנ]דעם לא ע[בד]	[ב]חנבן	[זי ב]מדי [תמה
124	ב.חעא	C3.22:9	..חרן חקלתא זי	ב.חעא[	...] אשלן
125	ביב	A4.4:3	[שמהת גבריא ז]י אסירו	ב[י]ב	ברכיא הוש[ע
126		B3.4:25	ויבל לעני[ה] לחן ליה	ביב	
127		A3.3:1	[שלם ב]ית יהו	ביב	אל ברי שלמם [מ]ן אחוך
128		B5.5:1	אדין [... ...	ביב	אמרת מפט]חיה ברת גמריה
129		A4.10:6	גברין 2+3 סונכנן זי	ביב	בירתא מה[חס]נן כן אמרן
130		A4.10:9	יהו אלהא זילן יתבנה	ביב	בירתא כזי קדמ[ן ב]נה הוה
131		A4.5:11	דחפניא זי	ביב	ב[ירתא ....]
132		A4.5:3	זי חנוב אלהא [עבד]ו	ביב	בירתא המונית עם וידרנג
133		A4.5:5	מן יודנא ז[י מלכא זי	ביב	בירתא נדשו ושור חד בנ[ו
134		A4.7:1	וכנותה כהניא זי	ביב	בירתא שלם מראן אלה שמיא
135		A4.7:13	אבהין בנו אגורא זך	ביב	בירתא וכזי כנבוזי על
136		A4.7:25	זי יהו אלהא למבניה	ביב	בירתא לקבל זי בנה הוה
137		A4.7:5	זי חנוב ^אלהא^ זי	ביב	בירתא המונית עם וידרנג
138		A4.7:6	אגורא זי יהו אלהא זי	ביב	בירתא יהעדו מן תמה אחר
139		A4.7:7	בירתא לאמר אגורא זי	ביב	בירתא ינדשו אחר נפין
140		A4.8:12	אבהין בנו אגורא זך	ביב	ב[ירתא וכזי כנבוזי על
141		A4.8:24	זי יהו אלהא למבניה	ביב	בירתא לקבל[זי בנה הוה
142		A4.8:4	[זי חנוב אלהא זי	[ביב]	בירתא כסף ונכסין יהבו
143		A4.8:5	[אגורא זי יהו אלהא זי	ביב	בירתא] יהעדו מן תמה
144		A4.8:7	[אגורא] זי יהו אלהא	ביב	בירתא ינדשו אחר נפין זך
145		A4.9:4	אלה {{שמי}} שמיא זי	ביב	בירתא בנה הוה מן קדמן
146		B2.10:1	דריוהוש מלכא אדין	ביב	בירתא אמר ידניה בר
147		B2.11:1	דריוהוש מלכא	ביב	בירתא אמר מחסיה בר נתן
148		B2.11:15	בר נבוזראבן ספרא זנה	ביב	בירתא כפם מחסיה וידניה
149		B2.2:3	חרשין חרזמי זי אתרה	ביב	בירתא עביד לדגל ארתבנו
150		B2.2:4	ימאת לי ביהו אלהא	ביב	בירתא אנת ואנתתך וברך כל
151		B2.3:2	בר ידניה מהחסן	ביב	בירתא לדגל הומדת לנשן
152		B2.9:1	דריוהוש מלכא אדין	ביב	בירתא אמר מנחם ועבניה
153		B3.3:2	לחן זי יהה אלהא זי	ביב	בירתא למשלם בר זכור
154		B3.5:2	לחן זי יהו אלהא	ביב	בירתא לנשן תמת אנתתה
155		B3.7:2	3 דריוהוש מלכא אדין	[ביב	בי]רתא אמר אנה ענני בר
156		B3.8:1	דריוהוש [מלכא אדין]	ביב	בירתא אמר ענניה בר חגי
157		B4.5:1	דריוהוש מלכא	ביב	בירתא] אמר נתן בר]
158		B5.2:1	[ב... .... אדין	ביב	בירתא] אמר מתן בר
159		B7.2:1	1+3 ארתחששס מלכ[א]	ב[י]ב	בירתא אמר מלכיה בר
160		B7.2:2	בר ישביה ארמי מהחסן	ביב	ב[ירתא לד]גל נבוכד[רי
161		D2.12:3	פתו בחתרי זי [א]תרה	ביב	בירתא עביד לדגל מרי 1
162		D2.12:4	[נ]תן [י]הו[ד]י זי	ביב	בירתא מהחסן לדגל <...>
163		B3.10:2	עזריה לחן ליהו אלהא	ביב	ברתא לנשן יהוישמע ברתה
164		B3.10:23	בר שמעיה ספרא זנה	ביב	ברתא כפם ענני בר עזריה
165		B3.11:2	לחן זי יהו אלהא	ביב	ברתא ליהוישמע ברתה לאמר
166		B3.12:32	בר שמעיה ספרא זנה	ביב	ברתא כפם ענני לחנא זי
167		B3.4:4	זי אפולי בר מסדי זי	ביב	ברתא זי אגרוה קימן
168		B3.12:4	בר מסדי כספי זי	ביב	הו מהחסן ויהבת לן דמי
169		D7.2:5	זבנו מן אלפי עבורא זי	ביב	הלו לאיתי לי מלח למשם
170		B3.13:11	ועבור ^זי תהשכח לי	ביב	ובסון ובמדנתא^ עד תשלם
171		A4.4:8	בתיא זי עלו בהן	ביב	ונכסיא זי לקחו אתבו אם
172		B3.11:17	בר שמעיה ספרא זנה	ביב	כפם ענני בר עזריה לחנא
173		B3.6:16	דבב כתב חגי ספרא זנה	ביב	כפם משלם בר זכור
174		B3.2:2	בר עזר[יה]לחן ליהו	ביב	לאמר יהבת לי כסף שקלן
175		B4.3:2	[כל 2 יהודין זי	[ביב]	מה[חסנן]לאספמ[ת
176	ביותי	C2.1.7:36	ש[מה] בפרת[ו	בי]ותי	שמה פרסי יתב בפרס
177	בירושלם	A4.7:18	רבא וכנותה כהניא זי	בירושלם	ועל אוסתן אחוה^י^ זי
178		A4.8:17	[וכנותה כהניא זי	[בירושלם]	ועל אוסתן אחוהי זי
179	בכלח	C3.7GVEx1:1	סנח[אריב מ]לכא	בכלח	.... מלוכת אתור
180	בכנדור	C2.1.5:25	מ[די] לממטה מדי	בכנדור	שמה במד[י פרו]רת
181	בלער	A6.9:1	נבודלני פקי[דא] זי	בלער	זתוהי פקידא [זי
182	במגדל	A3.3:4	לפחותא על פרסכן תנה	במגדל	כן אמיר לן לאמר על זנה
183	במדי	C2.1.5:25	מדי בכנדור שמה	במד[י	פרו]רת זך ע[ם חילא]
184		C2.1.4:1	[.... אחר הו מלך	במדי	[הוה חילא פ]רסי[א ומדיא
185		C2.1.4:6	[אחר ודרן	במדי	מנ]דעם לא ע[בד]
186		C2.1.4:4	[למדי לממטה מרו]	[במדי]	תמה קרב[א עבד עם
187		C2.1.4:7	[ב]חנבן [זי	ב]מדי	[תמה מכת]רן ל[י [עד
188	במיע	C3.21:2	[ ]. 1+3+3 רסתכה	במיע	קרי[תא] פחפמיע קריתא
189		C3.21:4	ת[....] אופסתה	במיע	ק[ריתא] פקרקפתח
190	במנפי	B8.4:1	שנת 20+10+3+1	במנפי	נבושזב פיסן
191		B8.2:10	מלכא	במנפי	[....] חדוסבי
192		B8.2:31	בקלן[....]	במנפי	[....] באגר
193	במצרין	A6.7:2	חיל[כין] עבדן זילי	במצרין	פרימא שמה 1 אמון שמה
194		D6.8fragb:1	כן אמרן נשיביתן זי	במצרין	
195		A6.11:4	זך כזי יוזא הוה	במצרין	אבד עם נשי [ביתה ו]בגה
196		A4.7:24	ורחמיך ^זי^ תנה	במצרין	אגרה מנך ישתלח עליהום
197		A4.8:23	ורחמיך זי תנה	[במצרין]	אגרה מנך ישתלח עליהום]
198		A6.10:11	על נחתחור פקידא זי	במצרין	בתחתיתא על הנדרזא זי
199		A6.11:2	שמ[ה א]בי כזי יוזא	במצרין	הוה זך אבד ובגה זי הוה
200		A6.5:2	בין בגיא זילי זי	[במצרי]ן	זי כל [....] עלי
201		A6.13:2	זי מן מראי יהיב לי	במצרין	זך מנדעם מן תמה לא
202		A5.1:4	[....] אנפכם	במצרין	חדיתא וש[רירתא ....]אף
203		A6.3:9	ב[יתא על ארתונת זי	במ]צרין	[...]חס.[...] [...]חפין[...]
204		A6.10:2	ונכסיא זילנא [זי]	במצרין	חסין נטר כן כזי מנדעם
205		C3.8IIIB:10	בגו.שת [...]כלה	במצרין	יעבדון [...]... ביו.
206		A4.9:2	לי זכרן לם יהוי לך	במצרין	למומר {{קד}} קדם ארשם
207		A6.11:7	וכנותה [המרכ]ריא זי	במצרין	מן ארשם על נחתחור
208		A6.4:4	למנשא דשנא זכי תמה	במ[צ]רין	[מ]ן ארשם ברבית[א]

209		A6.1:5	מראן ארשם [ז]י	במצרין	[עב]דיך אחמנש וכנותה
210		D6.8fragn:1	[...]זילי זי	במצרין	עביד[...]
211		A4.3:7	הו עלין מן זי חנניה	במצרין	עד כען ומה זי תעבדון
212		A6.12:4	וכנותה המ[ר]כריא זי	במצרין	על[..] [....] [....]
213		A6.13:6	וכנותה המרכריא זי	במצרין	על הנדרזא זי [....]
214		A6.15:13	[נ]חתחו[ר פקידא זי	ב]מצרין	על [....] זי [....]
215		A6.2:27	כתב מן ארשם זי	במצ[רין	על וחפרעמחי
216		A6.7:10	על ארתהנת זי	ב[מצרי]ן	על חילכיא [....]זילי
217		A6.6:2	שמ[ה עלימא זי	במצרין	שלח עלי כן אמ[ר
218	במרגויא	C2.1.7:35	[לי ה]ות זנה זי אנה[	במ]רגויא	[עבד]ת [דריהוש מלכא
219	בנא	A4.4:5	זי א[שתכחו בבבא]	[בנא	ואתחדו א]סירן רמי אתת
220		A4.4:6	גבריא זי אשתכחו בבבא	בנא	ואתחדו [אסירן] ידניא בר
221	בנביה	B8.1:16	ואחד[....]	בנביה	מתא מהחס[ן
222	בסון	D18.1:2	כמרא זי נבו יתב תקמא	בסון	
223		D2.9:1	[....]ש מלכא אדין	בס[ון]	[... ... ...].י
224		A2.2:1	שלם בית בנת	בסון	אל אחתי תשי מן אחכי
225		A4.7:7	ברה זי רבחיל הוה	בסון	בירתא לאמר אגורא זי
226		A4.8:6	ברה ז[י רבחיל הוה	בסון	בירתא לאמר אגורא] זי
227		B2.2:17	בר אבה ספרא זנה	בסון	בירתא כפם דרגמן שהד
228		B2.3:28	נבוזראבן ספרא זנה	בסון	בירתא כפם מחסיה שהדיא
229		B2.4:16	נבוזראבן ספרא זנה	בסון	בירתא כפם מחסיה שהדיא
230		B2.8:12	בר נבונתן ספרא זנה	בסון	בירתא כפם פיא בר פחי
231		B3.13:12	בר אשמשזב ספרא זנה	בסון	בירתא כפם ענני בר
232		B3.13:1	ארתחשסש מלכא אדין	בסון	בירתא אמר ענני בר חגי
233		B3.13:3	אנה אתית עליך בביתך	בסון	בירתא ויזפת מנך ויהבת
234		B3.9:1	דריוהוש מלכא אדין	בסון	בירתא אמר אוריה בר
235		B7.1:1	לדרי[והוש] מלכא	בסו[ן]	בירתא [אמר ... בר ...
236		B7.1:9	ענני ספרא [ז]נה	ב[ס]ון	בירתא
237		A2.3:9	תנה ויתלקח קדמתהן	בסון	וכעת הן את ערב עליכי
238		D7.39:7	אל ילקחו [...]..	בסון	ושלח לי פתגם ולא
239		D7.1:6	לזבנה אזלי קומי עמה	בסון	יומא זנה הן תעבדן [לה
240		D7.1:8	הן תעבדן [לה ט]בה	בסון	יעבד לי [אף ה]ו הלו
241		B2.8:3	על דינא זי עבדן	בסון	נפרת על כסף ועבור ולבוש
242		A2.4:1	שלם בית בנת	בסון	על מראי פסמי עבדך
243		D7.9:12	לאמר . שרין יהבן פרס	בסון	שלחי עלי חזי נחת קפירא
244	בסעלם	A6.9:2	בגפרן פקידא [ז]י	בסעלם	פרדפרן והו[..]ת
245	בפסחמי	B8.4:4	על ביתא זילי זי	בפסחמי	ודפני עבדוני ולקחו
246	בפפרם	A6.15:6	עליך חמרא לם זי	בפפרם	ועבור ארקתא כלא
247	בפרגא	C2.1.7:46	למעבד [קרב]	[בפר]גא[	טו]רא[בפרס תמה עבדו
248	בפרס	C2.1.7:41	[לממ]טא ברחא שמה[	בפרס	ויזד]ת [זך] זי אמ[ר
249		C2.1.8:48	זי עמ[ה אחר בהודשי	בפרס	ויזדת וחרא זי עמה כלא
250		C2.1.7:38	אזלו הו מ[לכ]א	ב[פרס	ה]וה אחר אנה חילא [ז]י
251		C2.1.7:38	אחר אנה חילא [ז]י	בפרס	זעיר [זי מן קדמי לא
252		C2.1.8:50	זנה זי אנה	בפרס	[עבדת] דריהוש מלכא כן
253		C2.1.7:36	שמה פרסי יתב	בפרס	ק[ם אמר] [לעמא אנה
254		C2.1.7:46	[בפר]גא[טו]רא[	בפרס	תמה עבדו קרב חילא זילי
255	בפרתו	C2.1.7:36	[ ]וידזת ש[מה]	בפרת[ו	בי]ותי שמה פרסי יתב
256		C2.1.7:29	מתא לי הות זנה זי	בפרתו	עבדת [דריהוש מלכא כן
257	בפשי	C3.8I:2	[ ]ה זי הות	בפשי	הנפקת מן תמה[...]
258	ברחא	C2.1.7:41	[אזל לפרס לממ]טא	ברחא	שמה[בפרס ויזד]ת [זך]
259	בתגר	C2.1.5:12	קרב אחר עבדו קרבא	בתגר	שמה ברתא בארדט
260	באביך	C1.1:101	כביך[ל]פגע	ב[א]ביך	[... ע]נה ר[מ]נא
261	באבני	B2.1:7	לך כסף כרשן 2+3	באבני	מלכא כסף צריף ואגרא זך
262		B2.10:16	10 כסף ר 2 לכרש 1	באבני	מלכא וביתא אפם זילכם עד
263		B2.2:14	כסף כרשן 20 הו עשרן	באבני	מלכא כסף ר 2 לעשרתא
264		B2.3:14	כסף כרשן 10 הו עשרה	באבני	מלכא כסף ר 2 לעשרתא ולא
265		B2.3:21	לכי כסף כרשן 10	באבני	מלכא כסף ר 2 לעשרתא ולא
266		B2.4:15	אנתן לך כסף כרשן 10	באבני	מלכא כסף ר 2 לעשרתא ולא
267		B2.6:10	שוה כסף שקלן 2+3+3	באבני	מלכא לבש אחרן זי עמר
268		B2.6:14	20 כסף ר 2 ל10	באבני	מלכא על עלי וטיב לבבי
269		B2.6:34	כסף כרשן 20	באבני	מלכא ולא אכל [אהנ]תר
270		B2.6:36	[כס]ף כרשן 20	באבני	מלכא כתב נתן בר ענניה
271		B2.6:5	[כסף] שקלן 2+3	באבני	מלכ[א] על עליך וטב לבבך
272		B2.6:6	כרש 1 ^שקלן 2^	באבני	מלכא כסף ר 2 ל10 הנעלת
273		B2.6:9	2 שקלן ^2+3+3^	באבני	מלכא שביט 1 חדת הוה ארך
274		B2.8:10	כסף כרשן 2+3	באבני	מלכא ולא דין ולא דבב
275		B2.9:15	זי כסף כרשן עשרה	באבני	מלכא כסף ר 2 לכרש 1
276		B3.1:4	שקלן 1+3 הו ארבעה	באבני	מלכא במרביתה ירבה עלי
277		B3.10:20	כסף כרשן 10+20	באבני	מלכא כסף צריף ואנתי
278		B3.11:11	כרשן 10+20 כסף צרף	באבני	מלכא ואנתי אם שליטה
279		B3.11:14	כסף כרשן 10+20	באבני	מלכא ואנתי אם שליטה
280		B3.12:30	אביגרן כסף כרשן 20	באבני	מלכא כסף צרף וביתא זילך
281		B3.4:6	כסף כרש 1 שקלן 1+3	באבני	מלכא כסף זוז לכרש 1
282		B3.5:15	כרשן 2+3 הו חמשה	באבני	מלכא כסף ר 2 לכרש 1
283		B3.5:21	להם כסף כרשן 10	באבני	מלכא כסף ר 2 לכרש 1
284		B3.6:15	כרשן 10+20+20	באבני	מלכא כסף צריף ולא דין
285		B3.6:8	כרשן 10+20+20	באבני	מלכא ואנתי שביקה מן טלא
286		B3.7:17	אביגרן כסף כרשן 10	[באבני	מלכא כסף ר 2 לעשרתא ולא
287		B3.8:16	2+3+3 חלרן 2+3	באבני	מלכא כסף זוז לעשרתא קפף
288		B3.8:32	זי כסף כרשן עשרן	באבני	[מלכא] כסף ר 2 ל10
289		B5.3:5	[כרשן . כסף]ר 2 ל10	באב[ני	מלכא
290		B5.4:6	לך כסף כרשן [20	באבני	מלכא ולא דין ואהך]
291		B5.5:3	כסף שקלן 3+3 הו שתה	באבני	מלכא כסף זוז לכרש 1 אנה
292		B6.1:4	[ברתך .... כסף כרש 1	באבני]	מלכא כסף ר 2 לכר[ש 1
293		B6.3:11	[זי כסף כרשן ....]	באבני	מלכא ר[2 לעשרתא ויעבד
294		D2.14fragb+c:2	[... ... ...]כרשן 10	^ב[אבני]^	מלכא^ [ובי]תא בית[ך
295		D2.2:3	קה[... ...] [... ...	]באבני[	מלכא ...] [... ...] ...ך
296		B4.2:2	כסף שק[לן 3 ר 1+]1	באבני	פתח כסף ש 1 ל10 וירבה
297	באגורא	A4.7:10	פסילה זי אבן זי הוו	באגורא	זך נדשו ודשיהם קימן
298		A4.7:12	וכסף ומנדעמתא זי הוה	באגורא	זך כלא לקח^ו^ ולנפשהום
299		A4.7:14	כל מגרו ואיש מנדעם	באגורא	זך לא חבל וכזי כזנה
300		A4.7:22	ועלוה לא עבדו	באגורא	זך כען עבדיך ידניה
301		A4.7:9	יב עם תליהם עלו	באגורא	זך נדשוהי עד ארעא
302		A4.8:11	ומ[נ]דעמתא ז[י הוה	באגורא	זך כלא לקחו לנפשהום]
303		A4.8:13	[מגרו] ואיש מנד[עם]	[באגורא	זך לא חבל וכזי כזנה]
304		A4.8:21	ועלוה לא עבדן	באגורא	זך כען[עבדיך ידניה
305		A4.8:8	[יב עם] זניהום עלו	באגורא	זך נדשוהי עד ארעא
306		A4.8:9	פסלה זי אבן זי הוו	באגורא	זך [נדשו ודשיהום קימן

No.	Word	Ref.	Preceding	Keyword	Following
307		D1.6fragb:1	[... ...]	באגורא[	שלם אושע בר זכ[ור
308	באגר	B8.2:32	[....]	באגר	[....] בנה
309		A3.10:3	יעבד לה אף חלקי	באגר	אלפא [....] הבו על ידה
310		B3.11:5	ביתא זילה דבק לה אגר	באגר	הו תרי רבתא זילי תחתיא
311		B3.11:5	בית קנחנתי דבק לה אגר	באגר	ואגר ביתא זילה דבק לה
312		B3.11:6	חנום אלהא דבק לה אגר	ˆבאגרˆ	זנה ביתא זי תחומוהי
313		B8.5:15	[....]זילי	באגר	יהבת לה א[....]
314		B3.11:4	לה אוצר מלכא דבק אגר	באגר	להנפנא זי בנו מצריא מערב
315		B3.12:18	על ספר אנתותה דבק אגר	באגר	מערב שמש לה אגורא זי יהו
316		B3.10:9	בית קנחנתי דבק לה אגר	באגר	תחתיא מנה אגר דרגא ובית
317		B3.12:20	אחוהי דבק לה אגר	באגר	תחתיא לה ביתה זי פחי
318	באגרה	A4.7:29	הודען אף כלא מליא	באגרה	חדה שלחן ˆבשמןˆ על
319		C3.28:89	מ̇ן[....]א ומ i	באגרה	שטריא ביד יונתן ואנה
320	באגרתא	A3.3:9	[....]	באגרתא	זילך על כתון ולבש כתונך
321	באדניך	C1.1:132	[....]לל̇[....]הי	באדניך	כי חן גבר הימנותה
322	באדנך	C2.1.11:67	הלכתך [.... זי	בא]דנך	יאמר שמע זי פרתר יאמר
323	באוצרא	D1.34fraga:5	ע̇ב[...] [...]. יקמו ˆ	באוצרא	ב[...] [...] כנופי .[...]
324	באלה	B8.7:3	אמר מ{נ}<כ>דב מנכי	באלה	מליא תחה[
325	באלך	C1.2:6	[ ]לך תהך ותשתה[...	]באלך	וגרמיך לא יחתון שאול
326		B2.9:8	אסחור הוטבתם לבבן	באלך	נכסיא וטיב לבבן בגו מן
327	באלף	D7.13:19	[פ]טנתר בר [...]	באלף	
328		D7.13:5	פטוסרי [...] שחפמו	באלף	ב̇[...] ושאל על חנ.[....]
329		D7.13:13	[ינ]תנון והן אמרו ...	באל[ף	חרתבא ובאלף חכרט־ס־
330		D7.13:2	[..] ועל אסמן בר [...]	באלף	מנחמן זי הס[...]
331		D7.24:2	שלחת לך ספר[א] זנה	באלף	פמהן לם אעל סון ימא זנה
332	באלפא	A3.10:8	פטמחו י[..] עמך	באלפ[א	]אל ירחק מנכם עד ימטא
333		D23.1.Va:7	מלן ע̇[ש]ת ונחת	באלפ[א]	.כ̇ס̇. ..לו̇מ̇..
334	באן	D23.1.II:6	[ ]...[...] ...[..] .... תנהם.	באן	ע̇ל̇ת ולא
335	באנפוהי	C1.1:116	[ ]א̇נ̇פוהי ש.[....]	באנ]פוהי	[....
336		C1.1:133	כדבתה וירוקן	באנפוהי	[...] מכדב גזיר קדלה
337	באפף	A3.9:3	מלכא נפעורת יתב	[ב]אפף	ה[....]
338		C3.13:51	י[ד]ניה בר אושע	באפף	שנת 3+10 [...] ולא יהב
339	בארחא	A3.3:2	[ ] מן יום זי אזלת	בארחא	זך לבבי לא טיב אף אמך
340	בארכא	A6.2:18	עקיא זי יתיהב על טף	בארכא	לחד פשכן תלתה חפוש ועל
341		A6.2:19	צבען תרין ועל שים	בארכא	לחד פשכן תלתה חפוש ועל
342		A6.2:19	תרין ועל שף וחנניא	בארכא	לחד פשך חד ועל סעבל עקי
343		A6.2:20	עקי חלא דרי תמים	בארכא	לחד פשכן תלתה חפוש ועל
344	בארעא	D3.19:3	זכרן חמר[...] ####	בארעא	[...] בז לתעובי אמ[ר ...
345	בארקא	B2.3:11	ואנתה ואיש אחרן שליט	בארקא	זך להן אנתי ובניכי עד
346	באשה	C1.1:221	בית רעה נשק	באשה[	.... [...] [....
347		A4.7:12	ואחרן זי תמה הוה כלא	באשה	שרפו ומזרקיא זי זהבא
348	באשתא	A4.8:11	[זי תמה הוה כלא]	באשתא	שרפו ומזרקיא זי זהבא
349	באתר	A6.9:6	ימטא מצרין והן יהוה	באתר	חד יתיר מן יום חד אחר זי
350		C1.2:4	אמר ו.[...] [..]לולא	באתר	ימא̇ קטלת המ̇ו[
351		D7.56:6	א̇בו אסתס וברה למאתה	באתר	עבורא והין לא צ̇בין
352	באתרה	A4.9:8	דריוהוש מלכא למבניה	באתרה	כזי הוה לקדמן ומנחתא
353	בב	C4.2fraga:2	נבודלה[בר ...].ם זי	בב[	...] בוה בר וחפרע עם
354	בבב	C1.1:17	שב אנה לא אכהל למפלח	בבב	היכלא[....]
355		C1.1:23	[....]ת̇ והקימת	בבב	היכלא[....
356		C1.1:9	י̇[הבת ל]ה [....	בב]ב	היכלא עם[....]
357	בבבא	A4.4:4	שמהת נשיא זי א[שתכחו	[בבבא]	[בנא ואתחדו א]סירן
358		A4.4:6	שמהת גבריא זי אשתכחו	בבבא	בנא ואתחדו [אסירן]
359	בבימא	C3.8IIIB:37	מנפי עם מרדכשראצר̇	בבימא	זי סי.. ..מ̇א̇ב̇ קדם ...
360	בבירת	B2.2:3	בר ידניה יהודי זי	בבירת	יב לדגל וריזת לאמר
361		D4.12:1	...]	בביר]ת	סו[ן ...] [...]דגלא[
362	בבירתא	A6.7:7	לא שנציו למנעל	בבירתא	אחר [י]נ[ח]רו לחיא אחד
363		B2.7:4	לי כזי הנדז הוית	בבירת<א>	אכלת המו ולא השכחת כסף
364	בבית	C3.28:47	3 [ב]ר 1 מ 1 פ ...	בבית	ישיב יקל ה̇לעתיך 2+3
365		B8.1:10	ושח̇י [...]. ז̇ך א.[.]	בבית	מסשין עבידת הוית
366		A4.3:10	שגי־א־ שים אחרוהי	בבית	ענני זי תעבדון לה לא
367		B4.3:13	[לך] במנין	[ב]בית	מל[כא וקדם ספרי אוצרא
368		B4.4:14	[....] לך במנין	בבית	מלכא וקדם ספרי א[וצרא
369		C1.1:121	את..[..]. מיא[....]	בב̇ית	נ̇חשא נפלת סס̇א] נ̇פ̇שי
370		C3.8IIIA:11	ת.[ ]	בבית	ספינתא
371		C3.8IIIB:16	[ב]ר פר[ן] אתה	בבית	ספינתא למ̇[...] זי על
372		D5.44:2	[...]. ר̇יא̇[...] [...]	]בבית	ספריא[...]
373	בביתא	D7.2:3	זנה והן מלח לאית	בביתא	זבנו מן אלפי עבורא זי
374		B2.4:12	בנויא זי אנת בנית	בביתא	זך ותוב פלגא הו בניך מן
375		B3.4:12	בר עזריה שליט	בביתא	ˆזךˆ ובניך מן אחריך
376		B3.11:11	מלכא ואנתי אם שליטה	בביתא	זנה זי תחומוהי כתבן
377		B3.11:14	מלכא ואנתי אם שליטה	בביתא	זנה זי תחומוהי כתבן
378		B3.7:9	יהוישמע ברתי שליט	בבית[א	זנה ז]י תחומוה כתיבן
379	בביתה	B3.8:29	יהוישמע הי [א]חדתה	בביתה	ונכסוהי וקנינה [ותכונתה
380		B6.3:3	[אביהי הי שליטה	[בביתה]	[ונכ]סוהי ו[קנינה וכל
381		B2.6:18	מפטחיה הי שליטה	בביתה	זי אסחור ונכסוהי
382		B6.3:8	לאם לא שליט[ה אנתי	בביתה	זי שלומם ונכסוהי
383		B8.5:14	[..]....מחות	בב[י]תה	זי .ה..ש̇
384		B3.8:22	בראשה כל זי הנעלת	בביתה	ינתן לה תכונתה ולבשיה
385		B3.5:20	ואיש אחרן לא ישלט	בביתה	כלה להן בני זי ילדתי לי
386		C3.28:100	חגי תתו̇ שטר 1	בביתה	{{...}} בב שבתי חגי
387		D23.1.II:9	ואשכח{י}<ת>ה <י>תבה	בביתה	[.].[.]ת̇ ... תשכבן עם
388	בביתי	B7.2:4	[עלי] בנפא אנת [על]ת	[בביתי]	כחסן וכתשת לאנתתי
389		A2.3:12	ושלחי כל טעם זי הוה	בב־י־תי	לשלמכי שלחת ספר[ה זנה
390	בביתך	B3.13:3	לאמר אנה אתית עליך	בביתך	בסון בירתא ויזפת מנך
391		B3.8:3	לאמר אנה אתית על[יך	בבי]תך	ושאלת מנך לנשן יהוישמע
392		B6.1:3	לאמר אנה אתית עליך	בביתך	ושא[ל]ת מנך ל.... ברתך
393		B7.2:8	1+3 לא[מר] כחסן	בביתך	[לא] עלת ולאנתתא זילך
394	בביתנא	C3.28:48	יקל ה̇לעתי̇ך 2+3	ב̇ביתנא	ה̇לעתי̇ך 2 ברא מן 2
395	בברא	A4.5:8	כזי הן הנדיז יהוון	בברא	[ז]ך מיא שתין כמריא זי
396	בבתה	A2.2:15	ויהוי זבן גשרן ושבק	בבתה	אל תקמי קדמתה כל גשר זי
397	בבתי	C3.5:11	[ ]כמרן	בבתי	אלהיא כסף[...]
398	בבתיא	C2.1.7:37	ז]י פרס] כמסת זי	ב̇בתיא	באלוך זי ב[א]נז [מן]
399	בגנזא	C3.19:1	ה̇נע]לו [.. 2+20+20	בגנזא	גויא [י]ומא הו
400		C3.19frag:2	... .. [...] [...] .ב̇	בגנזא[	...] [...] לי לא̇.. אלך[
401		D8.7:8	1 מ 1 √ י̇ס̇ל̇ק̇	בג̇נ̇ז̇א	ר̇ 2 ר 1 [....].צ̇יתא
402	בגפה	D8.11:7	ק 3 לתשא ברת חו̇ר̇	בגפה	√ ק 3 √ לשמעון בגפה
403		D8.11:9	ק 3 √ לשמעון	בגפה	ק 3+3
404	בגרב	C3.28:1		[בגרב]	ארבעיא באפנא כ̇ל̇ל̇ כא

405		C3.28:22	1 פ בׄ[ש 1+]1 ר 1	בגרב	חמשת[א] יסדרס לגן 2 בר
406	בגשרן	A2.4:9	שערן מן תשי ויהב	בגשרן	ושבק כל גשר זי תשכח
407	בדין	B5.2:3	דגלא ל[אמר אנה] גריתך	בדין	.[....
408		D2.21:5	[זי]לכם הן גרי[ת]כם	[ב]ד[ין	...] [... ...]מנכם ומן
409		B5.4:7	[ולא דין ואהך] [אנה]	בדין	ודבב בשם בי[תא זנה ולא
410		B2.3:22	וביתא ביתכי אפם ואהך	בדין	ולא אצדק וספרא זנה בידכי
411		B3.1:19	זנה בידך אף יהכון	בדין	ולא יצדקון וספרא זנה
412		B2.3:17	אנה כתבתה ולא יתלקח	בדין	וספרא זנה בידכי ואף אנה
413		B2.9:4	לאמר אנ[ח]נה רשינכם	בדין	נפא קדם רמנדין פרתרך
414	בדינא	B7.2:7	על אלהן מטא עלי	בדינא	אנה מלכיה אקרא לך על
415	בדינה	C1.1:197	[ ]למרׄ[אה ....ש]מש	בדינה	כזי עבד לחיתׄא ל[מ]ראה
416	בדמוהי	B2.7:3	בר אטר ארמי זי סון	בדמוהי	וספר כתב לי עלא ויהבתה
417		B3.2:4	עלי בגו [וט]ב לבבי	בדמוה[י	]לא אכהל אגרנך דן ודבב
418	בדמי	B3.2:3	יהבת לי כסף שקלן 3+2	בדמי	הירא זילך זי קבלת עלי
419		D1.26fragb:2	...]פדׄ.. ו..ב[...]	בדמי	היראׄ[... ...]עם זי תנ[...
420	בדמיא	B3.12:14	שקל 1 וטיב לבבן	בדמיא	זי יהבת לן זנה משחת
421		B3.4:7	זוז לכרש 1 וטיב לבבן	בדמיא	זי יהבת לן והא אלה תחמי
422	בדן	B3.11:15	כתבן בספרא זנא ויהך	בדן	ולא יצדק אף לא יכלון
423	בדרגא	B3.7:10	אנת[י ל]מנסק ולמנחת	בדרגא	ז[ך זי ב]יתי ותחית
424	בהן	A4.4:8	בתיא זי עלו	בהן	ביב ונכסיא זי לקחו אתבו
425	בזא	B8.10:3	אחזׄ	בזא	שנתא
426		C1.2:5	יחלף לך ושביא זי שבית	בזא	שנתא[....]לׄך תהך
427	בזהב	A3.7:4	לי יאוש לאמר הבה	בזהב	אל מראתי שלוה עבדכי
428	בזוזן	C3.28:98	עבדיהו זכור שטר 1	בזוזן	1×100+20 בב עבדיהו
429		C3.28:103	בר דלוי ערׄבׄאׄ	בזוזן	1×100 ביד[יו]נתן
430		C3.28:95	בׄב שמעון שטר 1[	בזוז]ןׄ	[בב]שׄמׄעׄון שטר 1
431	בזך	A3.11:2	[ישאלו בכל עדן וכעת]	בזך	השכחת יׄמה ברכשא
432		C1.1:70	[....]	בזך	עדנא אשתמיע במ[ת ....
433		A4.3:9	הבו לה לא חסרן הו לכם	בזך	שלח אנה עליכם הו אמר לי
434	בזכם	B2.4:2	ליזניה בר אוריה	בזכם	דגלא לאמר איתי ארק בי 1
435		B5.6:2	בר צחא	בזׄכם	הנ.חׄ. לאמר הוטבת [לבבי
436	בזן	B5.6:4	עם עׄבׄדׄא אׄרמי ילד	בזן	בי [.... ...].רנף
437	בזנה	A4.7:30	פ˄ח˄ת שמרין אף	בזנה	זי עביד לן ˄כלא˄ ארשם
438		A4.8:28	[פחת שמרין אף	[בזנה]	כלא זי עביד לן ארשם לא
439		A6.13:1	וכעת ורוהי בר ביתא	בזנה	כן אמר לי בגא לם זי מן
440		A6.3:2	עלימא זילי קבל	בזנה	כן אמר כזי אנה הוית אתה
441		C3.28:73	בר 1 מ 1 פ שבתי	בׄזׄנׄה	לגן 3+1 בר 2
442		A6.15:7	זילי למה כזי תאתה	בזנה	מה זי לקחת זיני תשלם
443		A6.5:1	[הושרת]לך וכע[ת שלם	בזנה	קדמי אף] שלם תמה קדמיך
444		A6.7:1	שגיא הושרת ל[ך] וכעת	בזנה	קדמי שלם אף תמה קדמ[י]ך
445		D6.4fraga:1	...]	בזנ]ה	קדׄמׄ[י ...]
446	בזפה	C3.28:58	ׄ|	בׄזׄפה	נכיס ח[...] 20+10
447	בזקיפא	C2.1.8:48	[וחרא זי עמה כלא	[בזקיפא]	שמת נפחׄר קטיליא
448	בזרע	A5.1:6	פתחוא בר פשנפתח	בזרע	פטנ[תר] אף אגרתא
449		B1.1:4	למזרעה לפלגן תזרענה	בזרע	נפשך בשנן 3+3+1 ותפלג
450	בזרען	C2.1.1:3	[כנבוזי ברה זי] כרש	בזרען	זיל[ן תנה מלכא הוה]
451	בחגב	C3.8IIIB:25	צלצלא ודגיתא כׄנׄתן	בחגׄב	ש[....]לׄ [.].בׄלׄדׄ.הׄ
452	בחיי	B3.6:4	לאמר אנה עשתת לכי	בחיי	אזת שבקתכי במותי ושבקת
453		B2.3:3	לאמר אנה יהבת לכי	בחיי	ובמותי בי 1 ארק זילי הוה
454		B2.3:8	זנך ארק אנה יהבתה לכי	בחיי	ובמותי אנתי שליטה בה מן
455		B3.11:11	זי תחומוהי כתבן מנעל	בחיי	ובמותי אף לא יכהל בר לי
456		B3.11:13	ביתא זנה מן קדמיכי	בחיי	ובמותי יחוב וינתן לכי
457		B3.10:2	לאמר אנה עשתת לכי	בחיי	ויהבת לכי קצת מן ביתי זי
458	בחייך	B3.6:13	כזי הוין עבדן לך	בחייך	˄אנחן˄ {{הן קמן}} לאמר
459		B3.6:12	יסבל בר וברה לאבוהי	בחייך	ועד מותך נסבל לזכור
460	בחין	C1.1:202	מכרא[.... י]וׄמיך	בחין	קדם
461	בחכמה	C1.1:105	ולבבי זי יהבת לך	בחכמה	[.... י]הבת שמי
462	בחלכין	C3.28:96	[ ]שׄמׄעׄון שטר 1	בחלכין	3+1 מדלא 20 וירחין
463	בחלק	B2.11:10	עבדא זך זי מטאך	בחלק	אחר ננתן לך אביגרנא כסף
464		B2.11:5	והא זנה חלקא זי מטאני	בחלק	אנה מחסיה בלא שמה אמה
465		B2.11:3	והא זנה חלקא זי מטאך	בחלק	אנת ידניה פטוסירי שמה
466		B2.11:9	שמה עבדא זי מטאך	בחלק	הן רשינך דינא עלא אנחנה
467		B2.11:12	פטוסירי זך זי מטאך	בחלק	לך יהוה וזי בניך אחריך
468		B2.11:7	עבדא זך זי מטאך	בחלק	מן יומא זנה ועד עלם
469	בחלקי	B3.5:19	כל 2 בני המו שליטן	בחלקי	אחרנא אנה ענני גבר
470	בחלתא	D23.1.XII:12	עדׄ..[..]םׄ שים	בׄחׄלתא	וׄחׄמׄר ...[...]. תשתה
471	בחמד	C1.1:88	[ ] [א]ף מלת מלך	בחמדׄ	לבבא %% [מ]ה ישפטון
472	בחמר	C3.28:92	חגי בר שמתי שטר 1	בחמר	כאן 20+20 בב שמעון
473		B1.1:13	קים ותשא [..]רי אדר	בחמר	נפשך ולא לאגר חמר ולא
474	בחנטן	C3.28:101	בב שבתי חגי שטר 1	בחנטן	א 20+3+2 בידה שטריהׄ
475		C3.28:99	עבדיהו זכור שטר 1	בחנטן	א 10 שבתי חגי תתוׄ
476		C3.28:75	[...]3ׄ	בחנ[ט]ן	ס 1 [...]3 מ 1 [...
477		C3.28:77	[...]3 מ 1 [...]3	בחנטן	ס 1 [...]ר 2 מ 1 חשבן
478	בחנכה	C1.1:163	אלהן הו ישימון טב	בחנכה	למאמר שגיאן [כ]וכב[י
479	בחנתא	D7.36:2	הושרת ביד פטחנם	בחנתא	מובלן 3 בהם עקן
480	בחקלא	D8.3:15	בכא חד 1 גנה .. אי.	בחקלא	פחפי פלקי.[...] [...]..
481		D8.3:1	פתו בר פכיף	בחקלא[	...] פחי בר פתופעחם
482		D8.3:2	[...] פחי בר פתופעחם	בח[קלא	...] ורשנף בחקלה זילהׄ
483	בחקלה	D8.3:3	בח[קלא ...] ורשנף	בחקלה	זילהׄ א[שלן ...] פתו
484	בחקלי	B1.1:8	[ ]שנבי נחות זי יה[ו]ה	בחקלי	מן ש[....].[..]מנא אמס
485	בחרב	C1.2:4	[ק]טלת המו תהך	בחרב	חילך וח[....] [....].
486	בחרבי	C1.1:110	ימותון שאני ולא	בחרבי	[....] שבקתך
487	בחרם	B7.3:3	ימא למשלם בר נתן	בח[רם	אלה]א במסגדא ובענתיהו
488	בחשוכא	C1.1:173	אנש[א] איש מצלח עקן	בחשוכא	ולא חזה כאיש {{זי}} גנב
489	בטב	D22.47:5	זא קדם שמש אלהא	בׄטׄבׄ	רׄבׄ זׄי בת...
490	בטבה	D1.17fraga:3	[... ...]ב.דׄתחׄמי	בטבה	בירתא אתה חז.[...]
491		D7.39:11	להׄ למאמר לה לם	בטבה	שאלת ..לׄ
492	בטובך	C2.1.11:69	קדמתך [.... אל	ב]טובך	אימנש תהוה [.]דׄכליך
493	בי	C3.25:16	כׄסׄףׄ שׄ[...] עלתה	בי[	...] בגו כסף ש 3+3 דמי
494	ביהו	B2.2:4	וריזת לאמר ימאת לי	ביהו	אלהא ביב בירתא אנת
495		B7.1:4	[ ] [וטעינת מומא]ה לך	ביהו	אלהא כזי נונן לא חמצ[ת
496		B2.2:11	קשיא לעליה לה ימאת לי	ביהו	והוטבת לבבי על ארקא זך
497		B2.2:6	וטענוך לי מומאה למומא	ביהו	עלדבר ארקא זך כזי לא הות
498	ביום	A5.4:4	צחא זך להיתיה	ביום	10 לפאוני כעת
499		B3.8:24	זי כתיבן ינתן לה	ביום	1 בכף 1 [ו]תהך [לה מנה]
500		B3.8:28	זי כתיבן ינתן לה	ביו[ם	1] בכף 1 ותהך לבית
501		B5.1:1		בי[ו]ם	2 ל[י]רח אפף שנת
502		A4.2:15	וחורי זי כלו	ביום	3+3 לפאפי מטו אגרתא]

No.	Lemma	Ref.	Preceding	Keyword	Following
503		*D7.8:6*	בכבא כען אתה וגזה	ביום	זי תרחענה תגזנה והן לא
504		*B2.6:28*	תהנפק מן חם עד חוט	ביום	חד בכף חדה ותהך לה אן זי
505		*C1.1:104*	הוין [קרית] רשיען	ביום	רוח תתחלל ובשהינן יצעון
506	ביומא	*D23.1.XII:11*	.א .... [..]נו	ביום[א]	זי אמון תאתה[...].
507	ביומיך	*C1.1:86*	על אמריך ותהך [ו]לא	ביומיך	[חזי ט]בת מלך הן פקיד
508	בים	*D21.6:1*		בים	10+20 אפלנס ....
509	בימא	*C1.1:165*	[....] אריה לא איתי	בימא	על כן יקראון לקפא
510	בימן	*B3.6:3*	אמתה זי שניתה על ידה	בימן	כדנה למשלם לאמר אנה
511		*B2.11:4*	יוד 1 שנית על ידה	בימן	שניתת מקרא ארמית כזנה
512		*B2.11:6*	יוד 1 שנית על ידה	בימן	שניתת מקרא ארמית כזנה
513	בירח	*D7.52:8*	...]	בירח]	[...]
514		*B2.9:1*		בירח	אלול הו פאו[ני] שנת 3+1
515		*C3.13:12*	[ליד] מנחם בר עזריה	בירח	אפף שנת[.... דר]יהו[ש
516		*C3.7EV2:7*	[זי]בקרו לימא	בירח	א[פ]ף ספינה[3+3 בגו]
517		*C3.7AR3:4*	[זי בקרו למצרין	בירח	חתחור] מנ[דתא ....]
518		*C3.7GV5:20*	ספינ]תא זי בקרו[לימא	בירח	חתחור] [ספינה 2] כספא
519		*B4.5:1*		בירח	מסורע שנת
520		*C3.13:52*	[...] ולא יהב לרמנדין	בירח	מסורע[...] חנן מאת
521		*D17.1:3*	רב חילא זי סון עבד	בירח	סיון הו מחיר שנת שבע
522		*D2.12:1*	[... ...] [...]. ית[...]	[בי]רח	פאוני שנת 2 ארתחשסש
523		*C3.7EV1:6*	[ספינתא זי בקרו]לימא	בירח	פאוני ספינה 3+2 בגו
524		*C3.12:6*	קלבין 2 [....]. נפקתה	בירח	פאפי ב 1 לפאפי לשרתא חמר
525		*C3.26:4*	פרסא	[ביר]ח	פחנס תחא [כא 1+]2+2
526		*C3.7KR1:22*	[זי בקרו למצרין	ביר]ח	פחנס [... ...] [... ...]
527		*C3.7KV3:14*	זי בקרו לימא	בירח	[פ]חנס ספינה[3+2
528		*C3.15:124*	ביד ידניה בר גמריה	בירח	פמנחתף כסף כרשן
529		*C3.7JV2:2*	[למצ[ר]ין	בירח	[....] ש.[....
530		*A4.7:4*	ידניה וכנותה כן אמרן	בירח	תמוז שנת 10+3+1
531		*A4.8:3*	[[.... כן אמרן	בירח	תמוז] שנת 10+3+1
532		*C2.1.7:46*	חיל[א ז]י [ויזד]ת	בירח	ת[מוז]
533		*C3.7DR1:12*	זי בקרו למצרין	[ב]ירח	תעבי [....] ספינה רבה
534		*B3.8:1*		בירח	תשרי הו אפף [ש]נת [3+]1
535		*B4.2:5*	וירבה ואשלמנהי לך ירח	בירח	מן פרסי זי ינתנון לי מן
536	בכבא	*D7.8:5*	עמרא זילה קדמא מתמרט	בכבא	כען אתה וגזה ביום זי
537	בכבליא	*A4.6:16*	מנן אח[ד]ו אסרו	בכבלי[א	....] [.... ק]דם
538	בכל	*A1.1:5*	אחזו ויבלו [....]	בכל[	....]
539		*D1.3:1*	[...] [... ...] שלם אחי	בכל	[... ...]שלם כעת [... ...
540		*C1.1:81*	א[ל] תאתה על בלך כזי	בכל	אתר ע[יני]הם ואדניהם לו[ת]
541		*A4.2:2*	עדן שלם לן תנה כענת	בכל	יום זי[....] הו קבל
542		*B3.3:11*	{{בפלג}} ˆתמת הי˘ שליט˘ה˘	בכל	נכסן זי יהוון בין ענני
543		*B3.3:12*	{{בפלג}} הו ˆהו˘ שליט	בכל	נכסן זי יהוון בין
544		*A3.10:1*	אחי אלהיא כ[ל]א ישאלו	בכל	עדן וכעת איתי לי אלף חדה
545		*A3.11:1*	[שלם מראי אלהיא ישאלו	בכל	עדן וכעת] בזך השכחת
546		*A3.5:1*	כלא ישאל[ו] שגי	בכ[ל	עד]ן [ו]כ[ע]ת [...]
547		*A3.6:1*	[שלמך אל]ה שמיא [י]שאל	בכל	עדן שלם שוא ובנוהי שלם
548		*A3.7:1*	אלהיא כל ישאלו שלמכי	בכל	עדן שלם מראי מנחם שלם
549		*A3.9:1*	כלא [ישאלו] שגיא	בכל	עדן כע[ת
550		*A4.1:2*	שלם אחי אלהיא [ישאלו]	[בכל	עדן] וכעת שנתא זא שנת
551		*A4.2:2*	[מראי אלהיא כלא] ישאלו	בכל	עדן שלם לן תנה כענת בכל
552		*A4.3:2*	[אלה שמיא ישאל שגיא	בכל	עדן ו]לרחמן הוו קדם אלה
553		*A4.4:1*	[ ]אלהיא ישאלו שלמך	בכל	עדן וכעת [....]
554		*A4.7:2*	אלה שמיא ישאל שגיא	בכל	עדן ולרחמן ישימנך קדם
555		*A4.7:26*	אלהא בשמך ונצלה עליך	בכל	עדן אנחנה ונשין ובנין
556		*A4.7:3*	לך וחדה ושריר הוי	בכל	עדן כען עבדך ידניה
557		*A4.8:2*	[מראן] אלה שמ[יא] ישאל	בכל	עדן לרחמן י[שי]מנ[ך קדם
558		*A4.8:25*	אלהא בשמך ונצל[ה עליך	בכל	עדן אנחנה ונשין ובנין]
559		*A4.8:3*	לך וחדה ושריר הוי	בכל	עדן כעת עב[ד]ך ידניה[
560		*A5.3:1*	ש[לם מראי אלהיא ישאלו	בכל	עדן] חיא חדה ושרירא מראי
561		*A6.1:2*	[כלא] [ישאלו שגיא	ב]כל	עדן וכעת לן ש[י]ם טעם
562		*D1.13:1*	חנום אלהא [... ...]	בכל	עדן ש[לם ...] [... ...] שלם
563		*D1.15:1*	כסף [... ...] [... ...	ב]כל	עדן וכעת כן [...] [... ...
564		*D7.35:2*	שלמך יהה [.... ישא]ל	בכל	עדן כען כזי [....] זי
565		*D7.56:4*	אחיכון עקבן שלם אחי	בכל	עדן וכעת כען לא אבו
566		*D7.57:3*	אחיך אביתי שלם אחי	בכל	עדן וכעת שלחת לך ביד
567		*B4.6:11*	[ואנתי סלואה שליטה	ב]כל	ערבן ז[י י]שתכ[ח בי זי]
568	בכלה	*A4.8:28*	[הודען .... אף ...]	{{בכלה}}	מליא אגרה חדה בשמן
569	בכנפי	*C1.1:107*	הן יאחדן רשיעא	בכנפי	לבשך שבק בידה אחר אדני
570	בכסלו	*C3.13:60*	[ ]כל שמוע [....].	בכסלו	ל...נ.[...] [....]. ר 2 ש
571	בכסף	*B3.12:26*	ובנתך וזי תנתן לה	בכסף	או רחמת אף לא יכהל בר לן
572		*B3.12:24*	תנתן או זי תזבן לה	בכסף	אנה ענני ותפמת אנתתי
573		*D6.3fraga:1*	.[...]	בכסף	ו.[...] [...]א השכחת]
574		*B3.10:3*	קצת מן ביתי זי זבנת	בכסף	ודמוהי יהבת יהבתˆהˇ לכי
575		*B3.12:4*	ויהבן לך ביתן זי זבן	בכסף	מן בגזשת בר פלין כספיא
576	בכספ.	*B4.6:15*	...]ירֹ[...	]בכספ[.	....]ל כל[....]
577	בכספא	*A3.8:6*	זי הודו והבה לה	בכספא	זי יקום עלוהי וכזי
578		*B3.1:14*	והן מיתת ולא שלמתך	בכספא	זנה ומרביתˆהˇ בני המו
579	בכספך	*B3.1:11*	זי תשכח לי עד תתמלא	בכספך	ומרביתה ולא אכל אמר לך
580		*B3.1:12*	אמר לך ˆלםˇ שלמתך	בכספך	ומרביתה וספרא זנה בידך
581		*B3.1:18*	זי תשכח להם עד תתמלא	בכספך	ומרביתה ולא יכלון
582		*B3.1:7*	תנין שנה ולא שלמתך	בכספך	ומרביתה זי כתיב בספרא
583		*B3.13:11*	ובמדנתאˇ עד תשלם	בכספך	זי מנעל כתיב ולא דן כתב
584	בכספכי	*B4.6:17*	[ע]ד תתמל[אי	בכספ]כי	זנה[....]ב[... כתב]
585		*B4.6:13*	ל[מאחד] [עד תתמלאי	בכספ]כי	[כסף] שקלן 3
586	בכסת	*A2.3:10*	וכעת מדעם אל תזבני	בכסת	ותשרי לה שלם יקיה הוי
587	בכף	*B3.8:24*	כתיבן ינתן לה ביום 1	בכף	1 [ו]תהך [לה מנה] אן [זי
588		*B3.8:28*	ינתן לה ביו[ם 1]	בכף	1 ותהך לבית אבוה וה[ן]
589		*B2.6:28*	מן חם עד חוט ביום חד	בכף	חדה ותהך לה אן זי צבית
590	בכפי	*B2.7:17*	בגו כתב מחסיה	בכˆפˇי	נפשה מתרסרה בר מתרסרה
591		*B4.3:21*	כתב הושע	בכפי	נ[פשה
592	בכפיד	*B8.4:5*	מנין 10 וכתשוני	בכפיד	10 בכפרגל 3+3
593		*B8.6:10*	[.. כתש]וני	בכפיד	1×100 בכפרגל
594	בכפרגל	*B8.6:10*	בכפיד 1×100	בכפרגל	10+3+2 וחיבוני
595		*B8.4:5*	וכתשוני בכפיד 10	בכפרגל	3+3 ושקפוני רגלן 2
596	בכצת	*C3.11:9*	בר .[...] איטשרי זי	בכצת	שנת 3+3 כסף חל[רן] מכס
597	בכרסאה	*B2.2:2*	ארתחשסש מלכא יתב	בכרסאה	אמר דרגמן בר חרשין
598	בכרשן	*C3.28:93*	בב שמעון שטר 1	בכרשן	2+10 ש 3+3+2 בב
599	בלבב	*C1.1:99*	[לא חזה] איש מה	בלבב	כנתה וכזי [יח]זה גבר
600	בלבבה	*C1.1:93*	מאן טב כס[י] מלה	בלבבה	והו ז[י]תביר הנפקה

601	בלבה	C1.2:23	ויתקלנהי [....].	בלִבּה	ויקטל איש למ[רא]ה
602	במ	C3.28:10	לגן 2 נתן נדבי לג 1	במ	1 פ יניא לגן 3 בר 1 מ
603		C3.28:37	בר 1 מ 1 פ רחבל לג 1	במ	1 פ עֲבַדִי ס..ד
604	במדינת	A4.5:9	גושכיא זי ממנין	במדינת	תשטרס יתי[דע] למראן
605		D3.30:1	...]	]במדינת	...[...] [... ו]חפרע בר
606	במדינתא	A6.1:2	מִנְּתא לם זי יהבה	במדינתא	אתר זי פ[....]
607	במדינתכם	A6.9:2	מן ביתא זילי זי	במדינתכם	יום ליום קמח חורי חפנן
608	במומאה	B2.8:6	בסתי אלהתה וטיב לבבי	במומאה	דכא זי עבדתי לי על
609	במותי	B3.10:17	יהבתה ליהוישמע ברתי	במותי	ברחמן לקבל זי סבלתני
610		B3.6:4	לכי בחיי אזת שבקתכי	במותי	ושבקת ליהישמע שמה
611		B3.10:18	אף אנה יהבת לה	במותי	לא יכהל בר לי וברה לי
612	במכלא	C3.14:34	[2+3 ...]. זי יהיב	]במכלא	...] היתין [....].
613	במכלי	D8.8:4	ג 1 ק 3 [לי]הדת	במכלי	ג 1 ק[...] [.].[.]...[ס 1
614	במכס	C3.28:50	תמריא זי פחן שנתא זא	במכס	כרשן 1+3+3 ש
615	במלאתא	B1.1:9	ש[....][..]מנא אמס	במלאתא	ואלקח לי קבלך ו וֹלכל
616	במנדת	B8.5:3	גנזא ..[.... ....].ה	במנד[ת	....] [....] עביד]
617	במנין	C3.7FV3:12	[כרשן 2×לף] [עק]ן]	במנין	×1[100 בגו עק ארז פק
618		C3.7FR2:24	100×3+3 עקן	במנין	20+20+20+20+3+3
619		C3.7GV2:20	כרשן 3+3×100 עקן	במנין	2[×100+3]+1 בגו עק
620		C3.7GR3:23	לף[...] עקן	במנין	10+20+20+100×2+3
621		B4.5:3	[שקלן ארבעה הו סת]תרי	במנין	3+3[+1 איתי לך] עלי
622		B4.3:13	[לך]	במנין	[ב]בית מל[כא וקדם ספרי
623		B4.4:14	לך [....]	במנין	בבית מלכא וקדם ספרי
624		B3.12:14	חד שקלן 3 כסף יון	במנין	סתתרי 3+3 שקל 1 וטיב
625		C3.7FV2:16	כרשן 2×לף [עקן]	במנין	
626	במנת	D5.8:1	ך[...]	במנת	ביתא
627	במנתא	B5.1:4	אחרן לא נכל נגרכי	במנתא	זכי [ל]אמר לא אנחן
628		B5.1:6	יגרונכי וזי יגרנכי	במנתא	זכי זי יהבן לכי ינתן
629	במסגדא	B7.3:3	בר נתן בח[רם אלה]א	במסגדא	ובענתיהו ו[ימא לה] לאמר
630	במערב	A4.1:7	עד יום 20+1 לניס[ן	]במערב	[שמשא .... ה]נעלו
631		A4.1:7	[יום 10+3+1 לניסן	ב]מערב	שמשא עד יום 20+1
632	במציעתא	C3.28:112	בידה חרשא זילנא	במציעתא	חמרא זי יהבו לתלי שנתא
633	במרביתה	B3.1:4	הו ארבעה באבני מלכא	במרביתה	ירבה עלי כסף חלרן 2
634	במשאלתא	D1.32:3	[...] [...]...[...] [.].ב..[.].	במשאלתא	^3+3^ [...].פד..
635	במשח	A2.1:7	תקם יתו לן ונתנהי	במשח	וכעת אל תצפי לן לי
636	במשתלא	D7.57:9	ובית ח 1 חדת וזינא	במשתלא	חתם
637	במת	C2.1.8:60	[ק]רק ארשׁד [ב]רתא	במ[ת	הרוחתי אזל אחר ו]ימן
638		B8.1:17	יבלוני	במת	נביה[....] מן
639		C1.1:70	בזך עדנא אשתמיע	במ[ת	....
640	במתא	A1.1:9	פחה	במתא	וספר שנדור
641	במתקלת	A6.2:21	רקעתא זרניכא כבריתא	במתקלת	פרס יתיהב ישתלח לם
642		B2.11:11	כסף צריף כרשן עשרה	במתקלת	מלכא ורחיקן אנחנה מנך
643		B3.9:8	כסף כרשן תלתין	במתקלת	מלכא כסף זוז לעשרתא
644	בנכסיה	B2.6:21	בעלה אסחור הו ירתנה	בנכסיה	וקנינה מחר או[ ]יום
645	בנפא	B7.2:4	[א]נת קב[לת עלי]	בנפא	אנת [על]ת [בביתי] כחסן
646	בסגרא	D7.10:2	שלם ידניה כען לו	[ב]סגרא	שימת ופקיד [..]כלאו
647	בסוסה	C1.1:38	זך רביא רכב	בסוסה	חד קליל [.... אל]ך
648	בספינן	C1.2:8	בר פונש	בִּסְפִינָן	
649	בספנן	C1.2:24	...[בני מראיהם	]בספנן	לקבלה ולא[....] לחם
650	בספרא	B3.11:15	זנה זי תחומוהי כתבן	בספרא	זנא ויהך בדן ולא יצדק
651		B3.1:8	ומרביתה זי כתיב	בספרא	זנה אנת משלם ובניך
652		B3.10:12	ותחומוהי כתבן	בספרא	זנה אנה ענני בר עזריה
653		B3.10:16	כתיבן ומלוהי כתיבן	בספרא	^זנה^ אנה ענני יהבתה
654		B3.11:16	זי תחומוהי מנעל כתב	בספרא	זנה זי יהנפק כדב הו זנה
655		B3.11:7	זי תחומוהי כתיבן	בספרא	זנה אנה ענני בר עזריה
656		B3.12:22	משחתה ותחומוהי כתיב	בספרא	זנה אנת ענני שליט בה
657		B3.7:9	[זנה ז]י תחומוה כתיבן	בספרא	[ז]נ[ה] מן תחת ומ[ן ע]ל
658		B4.3:10	[זי כתיבן]	בספרֿא	[ז]נה
659		B4.4:11	[זי נבושלו זי] כתיבן	בספרא	זנה אנחנה ננתן
660		B5.5:5	[לכי זי כתיב	]בִּסְפִּרִ[א	זנֿה ולא יכהל בר לי
661		B6.4:7	וכספא זי כתיבן	בספרא	^זנה^ ברחמן יהבת לכם
662		D2.25:3	הן[...] [...]כתי[ב	ב]ספרא	זנה לא[....] ....[.תנחֿ[...
663	בסתי	B2.8:5	עליכי וימאתי לי עליהם	בסתי	אלהתה וטיב לבבי במומאה
664	בסתר	C1.1:111	שבקתך	בסתר	ארזא וסחרת[...] שבקת
665		C1.1:183	אריא יהוה מסמה לאילא	בסתר	סוירא והו [....]
666	בסתתרין	C3.13:8	[....] זי	ב[ס]תתרין	2 סכ[.]ה למאכל 3+3
667	בעבדת	B7.3p:1	.[...]	בעֲבדת	כפיכֿן ... ..ן ..מת. לא..
668	בעבור	A3.10:4	יהבת ל... למנתן	בעבור	למובל לביתי ואיתי כסף
669	בעבורא	B4.4:17	שלט למאחד עד תתמלא	בעבורא[	זנה זי כתב מנעלא] כתב
670	בעדבך	C1.1:136	[.... לזעי]ר זי	בעדבך	ואל תרגג לכביר זי ימנע
671	בעדה	B2.6:26	יום אחרן יקום אסחור	בעדה	ויאמר שנאת [לאנ]תתי
672		B3.3:7	יום אחרן יקום ענני	בעדה	ויאמר שנאת לתמת אנתתי
673		B3.8:21	יום אחרן יקום ענניה	בעדה	ויאמר שנית לאנתתי
674		B2.6:22	אחרן תקום מפטחיה	בעדה	ותאמר שנאת לאסחור בעלי
675	בעדן	A4.7:17	בהום אף קדמת זנה	בעדן	זי זא באיש^תא^ עביד לן
676		A4.8:16	בהום אף [קדמת זנה	בעדן	זי זא באישתא עביד] לן
677	בעדרה	C1.1:126	לצדיק למה אלהיא יסגה	בעדרה	ויהתיבנהי עליך [....]
678		C1.1:83	[מלי]ך	בעדרה	כי עזיז ארב פם מן
679	בעזכתיה	D7.57:7	שנתא שע וחד	בעזכתיה	ואגנן 2 וכדדן 1+3
680	בעזקת	A5.1:6	[....	בעזקת	פתחוא בר פשנפתח בזרע
681	בעליתא	A6.4:2	בין בגיא זילי זי	בע[ליתא	.... פס]משך ברה זי
682		A6.4:3	בין בגיא זילי זי	בעליתא	[ו]תח[תיתא דשנא זכי
683		A6.7:6	הוו בין בגיא זילי זי	בעליתא	ותחתיתא אחר כזי מצרין
684	בערבני	B3.13:10	אחר אנת פחנום שליט	בערבני	למחד ותלקח לך מן בי זי
685	בעררה	C1.1:103	בך צדיק אנשא	בעררה	כל נטחוהי הוין
686	בעשתא	B3.5:7	מן עליה עד תחתיה אמן	בעשתא	10+1 בפתי אמן מן מועה
687		B3.5:7	מן מועה עד מערב אמן	בעשתא	3+1+3 כ 1 לאברת אמן
688		B3.10:6	אמן 3+3 ופלג	בעשתא	ומן מועה למערב אמן
689		B3.12:16	אמין 10+3+3 כ 2	בעשתא	ומן עליה לתחתיא פתי אמן
690		B3.12:7	אמן 10+3+3 כ 2	בעשתא	ומן תחתיא לעליא פתי אמן
691		B3.10:7		בעשתא	ופלג תרבצא ופלג דרגא
692		B2.4:5	10+3 ופשך ב10+1	בעשתא	כען אנה מחסיה אמרת לך
693		B3.10:7	למערב אמן 3+3+1	בעשתא	לאברת אמן
694		B3.12:8	פתי אמן 3+2 כ 2	בעשתא	לאברת אמין
695		B3.7:4	גשורן הוה א[רך]אמן	בעשתא	שבע הו 3+[3+1 ....
696		B2.3:5	למערב אמן 10+1	בעשתא	תחומוהי עליה לה בית
697	בעתחתא	D7.11:10	המו [...] סנֹיִ	בעתחתא[	...] ותוב כסי עתח[תא]
698	בעתרי	C1.1:206	אל יאמר עתירא	בעתרי	הדיר אנה [.... ה]חוי

699	בפאוני	C3.13:44	זכרן	בפ[אונ]י	שנת 3+3 [...]
700	בפלג	B3.3:12	ענני הו ^הו^ שליט	{{בפלג}}	בכל נכסן זי יהוון בין
701		B3.10:15	תרבצא אף שליטא אנתי	בפלג	דרגא למסלק ומנחת זנה
702		C1.2:26	1+3 ותן[....]נתה	בפלג	.... ותלד ולן[....]
703	בפלגא	B3.10:14	למסמך דחה ומרשה	בפלגא	דילך אף שליטא אנת למנפק
704	בפסחא	D7.24:5	תעבד[ד] [...]ג	בפסחא	וקום ע[ם] [...] זי אקמנך
705	בפקדן	B2.9:7	אף אמר איתי זי	בפקד[ן]	הפקדו והו החסן ולא
706	בפרסא	C2.1.11:78	[זי גבריא אלך שגיא	בפר]סא	סבלן
707	בפרסן	B4.4:16	אלהא ואנת שלט	בפרסן	זי בית מלכא
708	בפשכן	A6.2:10	שים [ל]בטק אמן תמנין	בפשכן	תלתה בגו סגנן אמן עשרה
709		A6.2:15	אמן חמשה פשכן תלתה	בפשכן	תלתה לחלא מסמרי נחש מאה
710	בפתי	B3.5:7	אמן בעשתא 1+10	בפתי	אמן מן מועה עד מערב אמן
711		C3.13:47	[...] ארך אמן 3 כ 2	בפ[תי]	זכרן על עז[ר]יה לחנא
712	בצבו	A5.1:3	גברן א[....] מן קדמן	בצבו	זי תהוי לך [....] איך
713	בצבות	A6.8:2	זי לידה לא משתמען לי	בצבות	מראי זי אמר אנה להם כעת
714	בצדיק	C1.1:109	וינתן לך הקימני אל	בצדיק	עמך ל[....]
715	בצות	A4.2:14	כדא אמר תירי...[...]	בצות	מלכא וכלין להן ונזק
716	בצפרא	D3.47fragb:9	[...]מ 1 [...] השכחו	בצפרא	[...]לם 3 [...] ברה
717	בקבא	D7.46:2	כען הושר[....]	בקבא	רבא [....] וקפירא
718	בקל....	B8.2:30	זי	בקל[....]	במנפי
719	בקמח	D7.2:7	לאיתי לי מלח למשם	בקמח	1
720	בקפס	D1.30:2	[....] [...]..א	בקפס	בו 10 .[...]. ומחין[
721	בקריה	B1.1:18	זנה על פם פדי	בקריה	כרב ספר חוב חקל זי
722		B1.1:3	לך חקלי אשלן [....]	בקריה	כרב למזרעה לפלגן
723	בקריתא	D3.44:3	לגברא [...] [...].	בקריתא	[...] [...] כתיב
724	בר	C3.28:11	1 במ 1 פ יניא לגן 3	בר	1 מ 1 פ בב נכיס לגן
725		C3.28:18	שאר ר 2 יהודה לגן 2	בר	1 {{1}} בב נכיס לג 1 מ
726		C3.28:20	1 מ 1 פ יניא לגן 2	בר	1 יניא כא 1 פ ב[ש]
727		C3.28:23	חמשת[א] יסדרס לגן 2	בר	1 פרס כא 1 בש 1 ר 2
728		C3.28:34	1 מ 1 פ יוניא לגן 2	בר	1 יהודה לגן 1+4 בר 2 מ
729		C3.28:36	2 מ 1 פ יניא לגן 3	בר	1 מ 1 פ רחבל לג 1 במ 1
730		C3.28:43	פ}}.... זפרה לגן 2	בר	1 ב<ב> פתו כאן 2 בש 3 שאר
731		C3.28:45	2+3^ ארמיס לגן 3	[ב]ר	1 מ 1 פ ... בבית ישיב
732		C3.28:64	בר 2 ססרתס] לגן]3	בר	1 מ 1 פ אנה לגן 2+10
733		C3.28:72	יהודה[לגן] 1[1+]1	בר	1 מ 1 פ שבתי בזנה
734		C3.28:7	2 יניא לגן 1[1+]	בר	1 בב נכיס לגן
735		C3.28:15	בר 3 יניא לגן 1+3	בר	2 בב נכיס לגן 3+3 בר 3
736		C3.28:28	דכדרס לגן 1+4	בר	2 מ 1 פ אביתי נתינא
737		C3.28:31	יסדרס לגן 1+3	בר	2 יניא לגן 3+3 בר 3
738		C3.28:35	בר 1 יהודה לגן 1+4	בר	2 מ 1 פ יניא לגן 3 בר
739		C3.28:38	ס..ד ל[גן] 1+3	בר	2 יניא לגן [2+1]1+1
740		C3.28:39	יניא לגן [2+1]1+1	[בר	2 פתפי לגן 1+3 בר 2
741		C3.28:40	[ ]בר 2 פתפי לגן 1+3	בר	2 פתו לגן 3+3 בר 3
742		C3.28:42	יוניא לגן 3+{{2}}1	בר	2 {{מ 1 פ}}.... זפרה
743		C3.28:52	בש 1 פתפי לגן {{2}}2	בר	2 אביתי לבתנא רבען
744		C3.28:54	לסמקס[לגן] 1+3	בר	2 [... ...
745		C3.28:54e	1 [... לגן [1+3	בר	2 [... לגן [1+3 בר
746		C3.28:54g	2 [... לגן [1+3	בר	2 נתן ....[....]
747		C3.28:54x	2 [... לגן [1+3	בר	2 [... לגן [1+3 בר
748		C3.28:6	2 ר 1 יניא לגן 1+3	בר	2 יניא לגן 1[1+] בר 1
749		C3.28:63	לגן 1+3	בר	2 ססרתס] לגן]3 בר 1 מ
750		C3.28:69	3+3 נכיס כא 1 ש 1	בר[	2]שאר ר 2 יהודה לגן
751		C3.28:74	שבתי בזנה לגן 1+3	בר	2
752		C3.28:12	1 פ בב נכיס לגן 3+3	בר	3 יניא לגן 1[1+] נבס
753		C3.28:14	1[1+] נבס לגן 3+3	בר	3 יניא לגן 1+3 בר 2 בב
754		C3.28:16	2 בב נכיס לגן 3+3	בר	3 שאר ר 2 יהודה לגן 2
755		C3.28:25	בש 1 ר 2 הרגלתי פלג	בר	3 לסמקס לגן 3+4 בר 3 מ
756		C3.28:26	בר 3 לסמקס לגן 3+4	בר	3 מ 1 פ כסתס לגן 2+4
757		C3.28:27	מ 1 פ כסתס לגן 2+4	בר	3 דכדרס
758		C3.28:32	בר 2 יניא לגן 3+3	בר	3 בכיס לגן 3+3+3 בש
759		C3.28:3	ש 1 נכיס לגן 3+3	בר	3 שאר מ 1 פ בב נכיס לגן
760		C3.28:41	בר 2 פתו לגן 3+3	בר	3 יוניא לגן 3+{{2}}1
761		C3.28:4	1 פ בב נכיס לגן 3+3	בר	3 שאר 1 אפלניס יסן כא
762		C3.28:8	נכיס לגן 3+3	בר	3 אנה לגן 2 נתן נדבי
763	בראשה	B3.3:8	לתמת אנתתי כסף שנא	בראשה	ינתן לתמת כסף תקלן
764		B3.8:22	לי אנתת כסף שנ[א]ה	בראשה	כל זי הנעלת בביתה ינתן
765		B3.8:25	לך אנתת כסף שנאה	בראשה	מהרה יאבד תתב על מוזנא
766		B3.3:9	ענני כסף ש<נ>אה	בראשה	תנתן לענני כסף שקלן
767		B2.6:23	בעלי כסף שנאה	בראשה	תתב על מוזנא ותתקל
768	בראשהום	C2.1.8:52	שלח ואיש חד	בראשהו[ם	שלח לערקה זי וימן שמה
769		C2.1.7:40	פרסי [עלימא זילי	בראשהו]ם	שלחת ושא[ר חילא זי]
770	ברבא	A3.8:5	לא [....] כל כספ[א]	ברבא	ולא [..]בו לך לאמר הב
771	ברגלוהי	C1.1:175	ויתשים ארחא	ברגלו[הי	....] אל תהחשך
772	ברגלי	C1.1:205	שאני בזק אל ינעל	ברגלי	
773	ברחמה	B3.7:14	יהבת לך בתיא אלה	ברחמה	^לא^ אכהל אנה ענני
774	ברחמן	B5.2:10	[זנ]ה זי	ברחמן	[....].
775		B3.5:4	אנה ענניה יהבתה לכי	ברחמן	זילכי הו מן יומא זנה עד
776		B3.10:5	יהבת ליהוישמע ברתי	ברחמן	זנה משחת ביתא זי אנה
777		B3.8:41	לאחו[ת]ה נכס[י]א אלה	ברחמן	יהבת ליהוישמע כען צבית
778		B6.4:7	זי כתיבן בספרא ^זנה^	ברחמן	יהבת לכם כען צבית אהנצל
779		B3.5:12	אנה ענניה יהבתה לכי	ברחמן	לא אכהל אנה ענניה
780		B3.10:17	ליהוישמע ברתי במותי	ברחמן	לקבל זי סבלתני ואנה
781		B5.5:3	אנה מפטחיה יהבת לכי	ברחמן	לקבל סבול [זי סבלתני
782		B3.10:12	בר עזריה יהבתה לך	ברחמן	מבני בי תחתי אחד גשורן
783		B3.11:9	לא אכהל אמר יהבת לך	ברחמן	פסשדת על ספר אנתותכי עד
784		B2.10:14	זי תזבנון לה או זי	ברחמן	תנתנו לה ביתא זך וזי
785		B2.10:11	לה ביתא זך או זי	ברחמן	תנת<נ>ון לה בשמי אנה
786	ברכשא	A3.11:2	השכחת ימה	ברכשא	[....]
787	בש	C3.28:21	2 בר 1 יניא כא 1 פ	ב[ש]	1+[1 ר 1 בגרב חמשת[א]
788		C3.28:2	באפנא כלל כא 1	בש	1 ר 2 שאר ש 1 נכיס לגן
789		C3.28:24	לגן 2 בר 1 פרס כא 1	בש	1 ר 2 הרגלתי פלג בר 3
790		C3.28:33	3 בכיס לגן 3+3+3	בש	1 מ 1 פ יוניא לגן 2 בר
791		C3.28:51	בב פתו לגן 2+3+3	בש	1 [...] לגן
792		C3.28:51a	לגן 2+3+3	בש	1 פתפי לגן {{2}}2 בר 2
793		C3.28:54d	[לגן 2+3+]2+1	בש	1 [... לגן [1+3 בר
794		C3.28:70	ר 2 יהודה לגן 2+10	בש	1 ^ר ^2 שאר ר 3 בב
795		C3.28:107	זי משלם בר עזגד `	בש	2 וזיכא זילי בידה וזיכא
796		C3.28:5	1 אפלניס יסן כא 1 פ	בש	2 ר 1 יניא לגן 1+3 בר

No.	Lemma	Ref.	Before	Keyword	After
797		C3.28:44	2 בר 1 ב<ב> פתו כאן 2	בש	3 שאר ^מ 2+3^ ארמיס
798	בשבה	D7.28:4	1 ר 1 מאסרה .[...] [..]	בשבה	[...]
799		D7.16:2	מחר ערקי אלפא מחר	בשבה	למה הן יאבד חיליהה הן
800	בשגיא	C1.1:90	זי [ל]א מתחזה %%	בשגיא	בנן לבבך אל יחדה
801	בשוזיא	A6.10:4	זי [בתח]תיתֿא	בשוזיא	מתנצחן גרדא ונכסי
802	בשוקא	B2.1:12	לא זילך הו ולא תנפק	בשוקא	זי בינין ובין בית
803		B2.1:14	למפתח תרעא זך למנפק	בשוקא	זי בינין כתב פלטיה בר
804	בשלם	A2.6:2	לפתח זי יחוני אפיכי	בש[לם	.... ב]רי שאל שלמכי וכעת
805		A3.5:8	[.. אלהיא יחווננ[י אפיך]	בשלם	אל [אחי מחסיה בר ....
806		A4.4:9	אלהיא יחוונ[ני אפיך	[בשלם]	[אל .... אחי .... בר]
807		A3.9:4	אנפיך	בשלם	בירתֿא סֿו[ן ...]חק
808		A2.5:2	לפתח זי יחזני אפיכן	בשלם	וכעת תדען זי מדעם לה
809		A3.3:3	[זי יח]וני אנפיך	בשלם	כעת מן יום זי נפקתם מן
810		A2.1:2	לפתח זי יחוני אפיך	בשלם	שלם ביתאלנתן שלם נכי
811		A2.2:2	לפתח זי יחזני אפיכי	בשלם	שלם נבושה תנה אל תצפו
812		A2.3:2	לפתח זי יחזני אפיך	בשלם	שלם בנתסרל וארֿגֿ
813		A2.4:2	לפתח זי יחזני אפיך	בשלם	שלם אמי ממה שלם אחי
814	בשלמך	A3.5:5	מן סון אגרת חדה	בשלמך	לא שלחת עלי
815	בשם	C1.1:138	[גבר ז]י לא יתרום	בשם	אבוהי ובשם אמה אל ידנח
816		D8.8:1	[...]אנה	בשם	אלהא אֿ.[...] [ל]ספריא סֿ
817		C1.1:180	[.... שם אבוהי וזרעה	בשם	שרחות[א] % עק[ר]בא
818	בשמה	A2.3:6	וכעת ארה ספר לה שלחתי	בשמה	וכעת זי מלתי ^לבתי^ לאמר
819	בשמהם	B5.6:12	[....	בשמהם]	.... ל]מקנה מנך ואנה
820		B5.6:9	בהם [....	ב]שמהם	אנה .... ואנתה סענת
821	בשמי	D2.21:4	[.... ...]תנתנון לה	בשמ[י	...]. [...] [... ... זי]לכם
822		B2.10:12	זי ברחמן תנת<נ>ון לה	בשמי	אנה ידניה ובשם בנן
823		B2.10:13	בר לי וברה אנתה ואיש	בשמי	ובשם בני שטר מן בר וברה
824		D7.11:4	יגדל ושלח [...] לה	בשמי	לאֿ [...] תאמר
825		B2.2:14	קריב ורחיק זי יגרנך	בשמי	^על^ ארקא זך ינתן לך כסף
826	בשמין	C1.1:79	מלכותא	בשמ[י]ן	שימה הי כי בעל קדשן
827	בשמך	A4.7:26	על מדבחא זי יהו אלהא	בשמך	ונצלה עליך בכל עדן אנחנה
828		A4.8:25	על מדבחא זי יהו אלהא	בשמך	ונצל[ה עליך בכל עדן
829	בשמן	A4.7:29	מליא באגרה חדה שלחן	^בשמן^	על דליה ושלמיה בני
830		A4.8:28	מליא אגרה חדה	בשמן	שלחן על דליה ושלמיה
831	בשניתא	B8.3:8	[....]סטיר	בשניתא	אחֿ[....]
832		B8.9:1	[....]לן מנך ולאֿ סטרן	בשניתא	זא זי נשאת הן
833		B8.6:2	[וסטיר]ןֿ	בשניתא	זילי אחר יהיב
834	בשנן	B1.1:1		בשנן	1+3+3 למלכא דרוש ירח
835		B1.1:4	תזרענה בזרע נפשך	בשנן	1+3+3 ותפלג עמי בשנן
836		B1.1:5	1+3+3 ותפלג עמי	בשנן	2+3+3 חמר קבל חמר פר[ס
837	בשנת	C3.7DV1:1	[מנד]תא זי הוה	בש[נת	1+10] זהב
838		C3.7DV2:2	עֿ[ל מ]נֿדתא זי הוה	בשנת	1+10 זהב כרש 1 ש
839		A4.5:2	מחבל לא אשתכח לן	בשנת	1+10 דריוהוש
840		A4.9:7	וידרנג לחיא זך נדש	בשנת	1+10 דריוהוש מלכא
841		C3.7DV2:1	[מנד]תא זי הוה יתיר	בשנת	10 עֿ[ל מ]נֿדתא זי הוה
842		C3.7GV5:10	ספינתא זי [בקרון לימא	בשנת	10] [לי]מֿא בהם [כסף
843		D22.29:3	אסחור בר ערוד למן	בשנת	20+3+3+3 למלכא
844		D20.3:3	אבה אמה אחתבו כן אמר	בשנת	1+3 ירח מחיר חשיארש
845		D23.1.XIII:2	...א נדרא כללה	בשנת	2+3 כתב סֿנתאמֿלבת
846		C3.11:10	מכס גבריא זי יתוספו	בשנת	3+3 [1+]1 .[.]דסניר
847		C3.11:1	יור [כספ]אֿ זי קים	בשנת	3+3 כסף כרש] [...] [...]
848		C3.11:6	הוה יתרן כספא זי קים	בשנת	3+3] [... כסף כרשן 2
849	בשנתא	A6.10:7	בתרבצא זילי וסטרו	בשנתא	זילי ועבדו על ביתא זילי
850	בשרחותא	C1.1:106	[.... י]הבת שמי	בשרחו[ת]א	הן יאחדן רשיעא בכנפי
851	בש.תא	D7.48:5	זנה וכענת היתיו לי	בש.תא	[..] [..] [...] [...]לעבד
852	בשתא	D7.40:2	[...].[..] [...] [...]ב	בשתא	זי [...] [...]וחנתי
853	בתוניכם	A4.1:8	[שמשא .... ה]נעלו	בתוניכם	וחתמו בין יומיא[אלה]
854	בתחית	B3.10:13	ופתח אף שליטא אנתי	בתחי^ת^	הו תרבצא שליטא למסמך
855	בתחתיה	B2.10:6	בר זכריה דבק לה	בתחתיה	ומנעלא כוין פתיחן תמה
856	בתחתיתא	A6.10:4	לי כזי פקידיא זי	בתח]תיתֿא]	בשוזיא מתנצחן גרדא
857		A6.10:11	פקידא זי במצרין	בתחתיתא	על הנדרזא זי [....] מן
858	בתכונתה	B3.8:35	[בעלה] הו ירתנה	[בתכו]נ[ת]ה	ונכסיה וקנינה וכל זי
859	בתלת	C2.1.5:15	אחדו 3+2×100+20]	בתלת]	רגליא מרדיא] אֿתכנשו
860	בתמא	C1.2:5	וחן] [....].[....]. שעתסם	בתמא	יומן חמ[שה] הֿו יחלף לך
861	בתקבה	A2.1:5	חזית מה אתרתן אתננה	בתקבה	1 לאטי וכעת כתנה זי
862	בתרבי	D7.52:2	[..] חזי .. ה]לו	בתרב^י^	[...]והוש[ר] ...]
863	בתרבצא	A6.10:7	שפיק בעו והנעלו	בתרבצא	זילי וסטרו בשנתא זילי
864	בתרע	C1.1:44	[....]ת זי הקימת	בתרע	היכלא הו חבלך ותובא
865		B3.10:15	אף שליטא אנת למנפק	בתרע	זי תחית הו תרבצא אף
866	בתרעא	D6.7fragIc:1	[.... ...]תנה	בתרעא	זילֿ[י [...] .]למ<ס>פת
867	בתרתי	C2.1.5:11	אחדוֿ [..]×100+3+3	בתרתי	רגליא מרדיא אתכנש[ו
868		C2.1.5:22	2×לף+20+10+3+1	[בתרתי	רגליא מר]דיא אתכנשו
869	וביהישמע	B3.6:6	והנבג לא שליט בכי	וביהישמע	ברתכי זי {ל}י<ל>דתי
870	ובסון	B3.13:11	^זי תהשכח לי ביב	ובסון	ובמדנתא^ עד תשלם בכספך
871	ובאלף	D7.13:13	[... באל]ף.חרתבא	ובאלף	חכרטי^ס^ [....]ן לך על
872	ובזעריהם	C1.1:90	בנן לבבך אל יחדה	ובזעריהם	[אל יאבל] מלך כרחמן אף
873	וביומן	C1.2:21	[....]. ויהוון	וביומן	אחרנן יאכל ....
874	ובמדנתא	B3.13:11	לי ביב ובסון	ובמדנתא^	עד תשלם בכספך זי מנעל
875	ובמותי	B3.11:13	זנה מן קדמיכי בחיי	ובמותי	יחוב וינתן לכי ועל
876	ובמרשא	C3.29:3	דמוקלס לגין 10	ובמרשא	לדמכלס לגן 10 ב 2
877	ובענתיהו	B7.3:3	בח[רם אלה]א במסגדא	ובענתיהו	ו[ימא לה] לאמר אתנא זי
878	ובערב.	C1.1:119	[....]פלת ססא	ובערב.]	[....] [...]. [...]. [...].
879	ובשהינן	C1.1:104	ביום רוח תתחלל	ובשהינן	יצעון תרעיה כי בזיזת
880	ובשם	C1.1:138	לא יתרום בשם אבוהי	ובשם	אמה אל ידנח שמ[ש לה] כי
881		B2.10:13	וברה אנתה ואיש בשמי	ובשם	בני שטר מן בר וברה זי
882		B2.10:12	לה בשמי אנה ידניה	ובשם	בנן ואנתה ואיש לי והן
883	ב	C3.7EV2:13	מ[ס]ורע שנת 10+[1]	[ב	1]+2+3+3 למס[ורע]בקרו
884		C3.12:7	[....]. נפקתה בירח פאפי	ב	1 לפאפי לשרתא חמר צידן
885		C3.7EV2:5	[בה כסף כרשן	[ב	....]1 לאפף בקרו לימא
886		D8.8:9	ק 3 ליהדת	ב	2 ויזֿפ[...]
887		C3.12:8	1 מצרין[קלול 1]	ב	2 לפאפי לשרתא מצרין קלול
888		C3.29:4	לדמכלס לגן 10	ב	2 לסון נקדרוס אפרודיתס
889		C3.7BR1:7	שנֿתֿ 10+iֿ .[..].[..]	ב	2ֿ לכיחך] ב]קרֿוֿ
890		B3.8:11	כתן חדת ארך] אמן 3+3	ב	1+3] שוה כסף שקל] 1 כתן
891		B3.8:7	זי קמר חדת לאמן 3+3	ב	1+3 חטיב צבע ידין פשך 1
892		B3.8:8	מעדר חדת [ל]אמן 3+3	ב	1+3 דמי כסף שקלן
893		C3.27:1	[...].[...] חיֿוֿף בר	ב	1+3 לתעבי מטא צחא מנפי
894		C3.7GVEx1:1	למֿרֿ	ב	1+3 שנן למרא מלכן

No.	Form	Ref.	Preceding	Key	Following
895		B3.8:9	[ ]קמ[ר] חדת לאמן 3+3	ב	3[2+] ר 2 [חטיב צבע
896		D1.19:2	]לן ... ...] [...]. .	ב	2+3 למֹ[... ...] [...]
897		C3.27:3	לתעבי מטא צחא מנפי	ב	2+3 מן פטאסי חֹלפן א
898		C3.29:6	משח לגין 1+3+10	ב	2+3 בה נקדרוס שיטא מש
899		C3.7GR2:15	אפף] שנת]1+1ô	[ב	]2+3 לא[פף בקרו למצ]רין
900		C2.1.4:10	[זילי קטלו לחילא מרדיא	ב	+3]1+3[1+]1 לא]יר
901		C3.27:6	ב 3+3 א 2+3+20	ב	1+3+3 א 2+3+20 ב
902		C3.7ER1:14	[זילא]ס[פי]תן [10	[ב	]1+3+3 לֹ[פ]חנס בקרו
903		C3.7GR2:21	10ô חֹ 2ׄ [ר 2]	[ב]	1+3+3 לאפף בקרו
904		C2.1.5:16	זילי למר[ד]יא [ק]טלו	ב	1]+2+3+3 לסיון] [עבדו קרב
905		B3.7:1		ב	2+3+3 לפרמותי הו י[ו]ם
906		C3.27:7	ב 1+3+3 א 2+3+20	ב	2+3+3 א 2+2+20[1+2]
907		C3.27:8	א 2+2+20[1+2]	ב	3+3+3 א 20[2+3+] ב
908		C3.7GR3:15	לקן חדתן 10+20	ב	3+3+3 לאֹפֹף בקרו
909		C3.7KR2:23	[פאו]נֹיֹ[ש]נת 1+10	ב	[3]+3+3 לפֹאֹ[ו]נֹיֹ
910		C3.27:5	חֹלפן א 2+3+20	ב	3+3 א 2+3+20 ב
911		C3.29:7	שיטא מש לגין 2+3+3	ב	3+3 פלוקיתס שיטא משח
912		C3.8IIIA:1	[...] [...]]אֹמֹרֹ[...]	[ב	3+3 לאדר שנת 1+3+10
913		B3.8:12	[כתן חדת] ארך אמן 3+3	ב	3 שוה כס[ף שקל]1 [...]...
914		C3.15:1	[..].[.. ...] היתי [...]	ב	3 לפמנחתף שנת 2+3 זנה
915		B6.2:1	[1 זי קמר חדת זי אמן ...	ב	...]דמוהי כסף כ 2 [....
916		B6.2:2	[1 זי קמר חדת זי אמן ...	ב	... דמי כסף] שקלן 2+3+3
917		B6.2:3	[1 זי קמר חדת זי אמן ...	ב	... דמי כסף שקלן ...] חדת
918		B6.2:4	[...] חדת זי[א]מן[...	ב	....]ופֹשכֹן[... דמי
919		B8.6:4	יהיב [ל.... וכנותה]	[ב	.... שמ]הֹ עבדה זי
920		C3.14fragecol2:3	צחא בר ח....] [...]	בֹ]	...]
921		C3.14fragbR:2	[...] .מ.[...]	ב	[...] לפת[...] סכ.[...]
922		C3.28:124	קרֹהֹ[..] ...ה 2+3	ב]	[...] [...]הרגלתי בש[...]
923		C3.7BR1:15	כרשן 10 ח 2 ר 2	[ב	...]לכיחך בקרו למצרין
924		C3.7EV1:11	2 [ירח אפף שנת 1+10]	[ב	.... לאפף ב]קרו לימא ספינה
925		C3.7EV1:14	[ ]3+3 ח 2+3+10[...].	[ב	.... לאפף בקר]ו לימא דוגי
926		C3.7EV1:16	לאדֹי[ה]בן[....].	[ב	.... לאפף] בקרו לימא דוגי
927		C3.7EV2:1		[ב	.... לא]פף ב[קרו ל]ימא
928		C3.7EV2:3	לימא בה[כסף כרשן ...]	ב]	....]לאפף בקרו לימא
929		C3.7JR1:2	[ירח מסורע ש]נת 1+10	[ב	.... למסורע] בקרו למצרין
930		C3.7JR1:26	ב[גו] זיל[א ספיתן] 10	[ב	.... למסורע] בקרו
931		C3.7JR2:5	[כרשן]10 ח[2 ר 2]	[ב	.... למסורע בקרו למצרין]
932		C3.7KR1:16	[בגו זילא ספי]תן 10	[ב	... לפחנס בקרו
933		C3.7KV2:14	[פרמותי שנת 1+10]	[ב	.... לפרמותי בקרו לימא
934		C3.7KV3:2	[ירח] פחנס[שנת 1+10]	ב]	.. לפ]חנס בקרו לימא ס[פינה
935	ב1+2+3+2	B6.1:1		ב1[2+]+2+3	לאיר הו יום 20
936	ב2	D7.41:1	....]	ב2]	בק[....] [... בי]תאל<נ>תן
937		A4.2:7	נדחל בזי זעירן אנחנה	ב2	כען הא סברו[....] הנלו
938	ב2....	B8.4:23		ב2[....]	בֹרֹ .[....]
939	ב3	B6.2:5	אמן 3+2 פשכן 1+3	ב3	ופשכן 1+3 דמי כסף שקלן
940		B2.10:1		ב3	לכסלו שנת 2+3+3 הו יום
941		D3.19:1	####	ב3	לתעובי #### זכרן חמר[...]
942		D3.19:4	[...] #### בארעא [...]	ב3	לתעובי אמ[ר ...] #### כל
943	ב1+3	B6.2:6	חדת זי אמן 1+3+3	ב1+3	וזרת דמי כסף שקלן 1+3
944		B2.6:11	הוה ארך אמן 3+3	ב1+3	שוה כסף שקלן 1+3+3
945	ב2+3	A3.9:8	[....]	ב2+3	לאפף כתיב אגרתא ז[א]
946		B2.6:8	הוה ארך אמן 2+3+3	ב2+3	שוה כסף כרשן 2 שקלן
947		B2.6:9	ארך אמן 3+3+^2^	ב2+3	שוה כסף שקלן 2+3+3
948	ב3+3	B3.9:1		ב3+3	לתשרי הו יום 2+20
949	ב1+3+3	B3.4:1		ב1+3+3	לאלול הו יום 3+3+3
950		B3.1:1		ב1+3+3	לכסלו הו יום 1+3 לירח
951	ב	C3.27:10	ב 10 א 2+3+20	ב	1+10 א 2+3+20 ב
952		C2.1.7:43	[ ]לחילה[זי ויזדת	ב	2+10 לאיר]עבדו קרבא
953		C3.27:11	ב 1+10 א 2+3+20	ב	2+10 א 2+3+20 ב
954		C3.7JR2:26	[בגו זי]לא ספיתן 20	ב	2+10 למסורע[בקרו
955		C3.27:13	ב 3+10 א 2+3+20	ב	1+3+10 א 2+3+20 ב
956		C3.29:10	משח לגין 2+10	ב	1+3+10 לדמוקלס משח
957		B5.5:1		ב	2+3+10 לפאוֹ[ני שנת
958		C3.27:14	1+3+10 א 2+3+20	ב	2+3+10 א 2+3+20 ב
959		C3.7ER2:17	כסף כרשן 10 ח 2 ר 2	[ב	2+3+10]לפחנס בקרו
960		C3.8IIIB:15	[ ]ליד פחה בר[...]	ב	3+3+10[1+]1+ לא[דר
961		C3.7GV5:14	חתֹ[חור שנת 1+10]	[ב	]1+3+3+10 ל[ח]תֹחור]
962		C3.7KR3:25	בגו[זילא ספיתן 10]	ב	1+3+3+10 לפאוני ב[קרו
963		C3.7KV3:17	ירח פאוני[שנת 1+10]	ב	1+3+3+10 לפאוני
964		C3.8I:1		[ב	1+3+3+10 לתש]רי הו
965		C2.1.5:13	[זי]ליֹ קטלו למרדיא	בֹ	2+3+3+10 לאיר עבדו
966		C3.7DR1:4	בגו זי לא ספיתן 2+20	ב	2+3+3+10 לֹתעבי בקרו
967		C3.7KV3:4	[בה כסף כרשן ....]	[ב	]2+3+3+10 לפחנס בקרו
968		C3.8I:5	[....]ךֹ	[ב	2+3+3+10 לתשרי הו
969		C3.8I:7	ש[...]	ב	3+3+3+10 לתש]רי הו
970		C3.27:15	2+3+10 א 2+3+20	ב	3+3+10 א 2+3+20 ב
971		C3.7KV2:5	כרשן 3+3+3 ש[...]	ב	3+3+10 ל[פמנחת]ףֹ בקרו
972		C3.7CR2:3	בגו זילא ספיתן 10ô	ב	3+3+10 לתעבי בקרו
973		C3.8IIIB:8	כלאֹ[...] [ש]ים טעם]	ב	3+3+10 לאדר שנת
974		C2.1.8:56	]	ב	3+10 לטבת] עבדו קרב
975		C3.27:12	ב 2+10 א 2+3+20	ב	3+10 א 2+3+20 ב
976		C3.27:9	3+3+3 א 20[2+3+]	ב	10 א 2+3+20 ב 1+10
977		C3.29:8	שיטא משח לגין 3+10	ב	10 זנון שיטא משח לגין
978		C3.7DR3:1		ב]	10 ל]מֹחֹי[ר בקרו
979		C3.7ER2:11	בגו זילא סֹ[פיתן 10]	ב	10 [לפח]נֹסֹ בקרו
980		C3.7EV2:15	[בה כסף כרשן ...]	ב	10[ל]מסורע בקרו לימ[א]
981		C3.7KR3:4	[כר]שן 10 ח 2 ר 2	[ב	10 ... לפא]וני בקרו
982		C3.7KV2:3	פמנח[תף שנת 1+10]	ב	10 לפמנחתף בקרו לימא
983		C2.1.5:22	קרבֹ[ע]בדו קרבא	[ב	10+20] לאיר עבֹ[דו קרב] [קטלו
984		C3.7AR2:19	בגו[זילא]ספיתן 10	ב	10+20 לחתחור בקרו
985		C3.7KV2:22	3+3 ח 3+3+20 ר 2	ב	10+20 לפרמ[ות]י בקרו
986		C3.7KV2:9	[...]ש 2+3 ח 20+[...]	ב	10+20 לפמנחתף בקרו לימא
987		C3.7KV3:12	ח 1+3+10[..]	ב	10+20 לפחנס בקרו
988		C3.29:11	משח לגין 3+10	ב	1+20 בעֹנֹו נקדרוס
989		C3.7KV2:18	1+10 ש 2+3 ח 10	ב	1+20 ל[פרמו]תֹי בֹ[קרו
990		C3.7KV3:19	[כרשן ....]	ב	1+20 לפאוני בקרו לימא
991		C3.8I:12	[...] [..].אֹ [...]	[ב	1+20]ל[תשרי הו יום
992		C3.7EV2:19	לימא בה כסף[כרשן ...]	ב	2+20[1+1+]1+ למסורע

#	Ref	Form	Preceding	Key	Following
993	C3.7EV2:17		בה[כ]סף כרשן [....].	ב	20[+2] למסורע בקרו לימא
994	C3.7KV3:7		[....] [....]	[ב	2+20[לפחנס בקרו לימא
995	B3.10:1			ב	1+3+20 למרחשון הו יום
996	C3.12:25		לשרתא קלול 1 קלבי 1	ב	1+3+20 לבגוד 1 קלבין
997	C3.7BV1:17		[....]	ב	1+3+20 לתשרין [....]
998	C3.8IIIB:29		[ ]..א ס.ר [...] א...	ב	1+3+20 לאדר שנת]
999	C2.1.5:26		חילא זי [פרורת ק]טלת	בׄ	[2+3+20] [לניסן עבדן
1000	C3.12:29		לשרתא חמר צידן קלבי 1	ב	2+3+20 לכיחך זי הו יום
1001	C3.7KV2:7		בה כסף כר[שן ....]	ב	2+3+20 לפמנחתף בקרו
1002	C2.1.4:5		זילי קטלו למרדיא אלך]	ב	1+3+3+20 לטבת עבדו קרבא
1003	C3.7KV3:24		ש 3+3 ח 1+3+3 ר 2	ב	1+3+3+20 לפאוני בקרו
1004	C3.7KV3:9		כסף כרשן [....]	ב	1+3+3+20 לפחנס בקרו
1005	C3.12:32		[...] עליד אחומי [...]	ב	2+3+3+20 לש[רתא] ב
1006	C3.12:33		לש[רתא] 2+3+3+20	ב	3+3+3+20 ל[שרתא]
1007	C3.12:30		1 לניסן לשרתא קלולן 2	ב	3+3+20 קדם א.[...]
1008	C3.7GV5:17		כרשן [....]	ב	3+3+20 לחת[חור בקרו
1009	C3.7KV2:20		ש 2+3+3 ח 3 ר 2	ב	3+3+[20] ל[פר]מותי
1010	C3.7KV3:21		כסף כרשן [....]	ב	3+3+20 לפאוני בקרו
1011	C2.1.7:33		ק]טלו למרד[יא] אלך]	ב	3+20 לכסלו עבדו קרב [קטלו בהם
1012	C3.12:24		1 [.... ס]פינתא	ב	3+20 לשרתא קלול 1 קלבי
1013	C3.8IIIB:23		יה[...]הֹנֹה	ב	3+20 לאדר שנת 3+10+1
1014	D2.7fraga:1			ב	20[... ... ...] יהודי .[...
1015	D2.8:1		[... ...]אח[... ...]	[ב]	20 לניסן הו יום 2[...
1016	C3.7DR3:8		כרשן 10 ח 2 ר 1+[1]	ב	20 למחיר בקרו ל[מצרין]
1017	C3.7GV5:24		כׄיחך שנת 10+1[	ב	[20] לׄ[כ]יׄחׄךׄ בקרו
1018	C3.7KR4:12		10[....]	ב	20[... לפאוני בקרו
1019	C3.7KR4:6		כרשן] 10 ח 2 ר 2]	ב	20 לפאוני [בקרו למצרין]
1020	C3.8I:9		אחמנש אזל [...]	ב	20 לתשרי הו[יום 2+20
1021	B2.7:1			ב	2 לכסלו הו יום 1+10
1022	B7.1:1			[ב	.. לפאו]ני שנת 1ׄ+10ׄ
1023	D1.30:2	10ב	[...] [...]..א בקפׄסׄ	10ב	.[...]. ומחיך[...] [...].
1024	B2.4:5	1+10ב	זך אמן 3+10 ופשך	1+10ב	בעשתא כען אנה מחסיה
1025	B3.12:1	2+10ב		2+10ב	לתחות שנת 1+3
1026	B3.12:10		זי יהוישמע{ }	2+10ב	לתחות שנת 1+3
1027	A6.2:28	1+2+10ב	נבועקב ספרא	1+2+10ב	[ל]טבת שנת 2+10
1028	B2.8:1	1+3+10ב		1+3+10ב	לאב הו יום
1029	B8.4:1	2+2+1+3+10ב		[ב1ׄ0ׄ+3+1]+2ׄ+2ׄ	
1030	D3.29:1	1+3+3+10ב		1+3+3+10ב]	... עד יום [...
1031	B3.3:1	2+3+3+10ב		[ב]2+3+3+10	ל[א]ב[הו יום
1032	B2.1:1			2+3+3+10ב	לאלול הו יום
1033	B2.2:1			2+3+3+10ב	לכסלו הו י]ום
1034	B7.2:1			2+3+3+10ב	לפאפי שנת 1+3
1035	A6.1:7	3+3+3+10ב	אזדכרא כנתהם	3+3+3+10ב	למרחשון שנת
1036	B3.11:1	20ב		20ב	לאדר הו יום 2+3+3
1037	A4.7:30		לן ־כלא־ ארשם לא ידע	20ב	למרחשון שנת 1+3+3+10
1038	A4.8:29		עביד לן ארשם לא ידע	20ב	למרחשון שנת
1039	D11.24:2		לנבו[...]	[20ב	ל....שׁ[...]
1040	B3.6:1			20ב	סיון הו יום 1+3+3
1041	B2.3:1	1+20ב	ארך 3+10 ופשך	1+20ב	לכסלו הו יום [20+]1
1042	B2.4:1			[1]+20ב	לׄ[כס]לׄ[ו הו יו]ם
1043	B4.6:1	3+20ב		3+20ב	לפמנחתף שנת 3+2
1044	D12.2:1	1+3+20ב		1+3+20ב	לאב שנת 2 ארתחשס[ש
1045	D12.2:2			1+3+20ב	לאׄב שנת 2 ארתחשש[סש
1046	B2.11:1			1+3+20ב	לשבט שנת 3+10 הו
1047	D22.26:1	2+3+20ב		2+3+20ב	למ[חיר
1048	B3.2:1			2+3+20ב	לפמנ[ח]תף הו יום 20
1049	B3.5:1			2+3+20ב	לתשרי הו יום
1050	B2.6:1	3+3+20ב		3+3+20ב	[ל]תשרי [הו יום
1051	A3.8:14	1+3+3+20ב	לאיׄתי עלי כתב	1+3+3+20ב	לתעובי [אל] א[חי]
1052	B4.3:1	2+3+3+20ב		2+3+3+20ב	ל[ירח פאפי שנת 3
1053	B4.4:1			2+3+3+20ב	לירח פאפי שנת 3
1054	C3.7EV1:2	ב	[בה]כסף כ[רשן ....]+1	[ב	10+20 לפאוני בקר]ו לימא
1055	C3.8IV:4		זי ה.[...] ..[....]..	ב	10+20 לניסן ה]ו יום
1056	C3.27:16		3+3+10 א 2+3+20	ב	1+3+3+20 לתׄחׄוׄת ב
1057	C3.27:17		ב 1+3+3+20 לתחות	ב	2+3+3+20 א 2+3+20
1058	C3.27:18		2+3+20 א	ב	3+3+3+20 א 2+3+20
1059	D8.13:4	10+20ב	כתב יוסף ספרא	10+20ב	לתעבן[י] שנת 3+10+20
1060	B8.2:8	3+3+3+20ב	הוה	[בׄ3+3+3+20	[....]

באיש A evil

#	Form	Ref	Preceding	Key	Following
001 s ab/cn	באיש	A6.7:8	טעם כזי איש מנדעם	באיש	לא יעבד לפירמא זך
002		D20.5:2	זי אוסרי אלהא מנדעם	באיש	לא עבדת וכרצי איש לא
003		A4.7:17	אבדו וכל גברין זי בעו	באיש	לאגורא זך כל קטילו וחזין
004		A4.8:16	[אבדו וכל גבר זי] בעה	באיש	לאגורא זך כלא קטילו
005	באישה	A4.3:6	קמו קבלהם כן כזי מלה	באישה	לא יהשכחון לכם לכם ידיע

באישה N evil thing

#	Form	Ref	Preceding	Key	Following
001 s em/sf	באישתא	A4.7:17	קדמת זנה בעדן זי זא	באיש־תא־	עביד לן אגרה שלחן מראן
002		A4.8:16	קדמת זנה בעדן זי זא]	באישתא	עביד] לן אגרה על זנה
003	ובאישתא	C1.1:50	חטאיך קדמוהי	ובאישת[א]	לא עבד לך אף שגיא

באנפי p before

#	Form	Ref	Preceding	Key	Following
001	באנפוהי	C1.1:200	למ־ה־ תשתנה	באנפוהי	

באפי p in front of

#	Form	Ref	Preceding	Key	Following
001	באפנא	C3.28:1	[בגרב] ארבעיא	באפנא	כׄלׄל כא 1 בש 1 ר 2

באר N well

#	Form	Ref	Preceding	Key	Following
001 s ab/cn	באר	A4.5:6	במנציעת בירתא איתי	באר	חדה זי בניה בג[ו]
002 s em/sf	בברא	A4.5:8	כזי הן הנדיז יהוון	בברא	[ז]ך מיא שתין כמריא זי
003	ברא	A4.5:8	כמריא זי חנוב אלך	ברא	זך סכרו הן אזד יתעבד מן

בב N gate, entry (Akk; GEA 376.8)

No.	Form	Gram	Ref	Preceding	Keyword	Following
001	בב	s ab/cn	C3.28:83	יחנן חנטן א 2+20	בב	ארסינה שערן א
002			C3.28:12	לגן 3 בר 1 מ 1 פ	בב	נכיס לגן 3+3 בר 3
003			C3.28:16	3 יניא לגן 3+1 בר 2	בב	נכיס לגן 3+3 בר 3 שאר
004			C3.28:19	לגן 2 בר 1 {{1}}	בב	נכיס לג 1 מ 1 פ יניא
005			C3.28:4	3+3 בר 3 שאר מ 1 פ	בב	נכיס לגן 3+3 בר 3 שאר
006			C3.28:8	לגן 1[1+] בר̇ 1	ב̇ב̇	נ̇כ̇י̇ס̇ לגן 3+3 בר 3
007			C3.28:99	1 בזוזן 1×100+20	בב	עבדיהו זכור שטר 1 בחנטן
008			C3.28:44	זפרה לגן 2 בר 1	ב<ב>	פתו כאן 2 בש 3 שאר ^מ
009			C3.28:51	1+3+3 ש [1+]2+1	בב	פתו לגן 3+3+2 בש 1
010			C3.28:101	שטר 1 בביתה {{...}}	בב	שבתי חגי שטר 1 בחנטן א
011			C3.28:93	1 בחמר כאן 20+20	בב	שמעון שטר 1 בכרשן 10+2
012			C3.28:95	10+2 ש 3+3+2	ב̇ב	שמעון שטר 1[בזוז]ן̇
013			C3.28:96	שטר 1[3+1×100	]בב	]ש̇מ̇ע̇ו̇ן שטר 1 בחלכין
014			C3.28:66	מ 1 פ אנה לגן 10+2	בב	אנה לגן 3+1 בב אנה לגן
015			C3.28:67	10+2 בב אנה לגן 3+1	בב	אנה לגן 3+3 בב אנה לגן
016			C3.28:68	3+1 בב אנה לגן 3+3	בב	אנה לגן 3+3 נכיס כא 1
017			C3.28:71	ב̇ש̇ 1 ^ר 2^ שאר ר 3	בב	א̇[נ]ה̇ לגן 3+1 יהודה]
018			D2.10:8	דבק לה[... ...] [... ...]ה	בב	ב[יתא ... ...]ה לה בית] ...
019	בבב		C1.1:17	שב אנה לא אכהל למפלח	בבב	היכלא[....]
020			C1.1:23	[....]ת̇ והקימת	בבב	היכלא[....
021			C1.1:9	י̇[הבת ל]ה [....	בב]ב	היכלא עם[....]
022	בבא	s em/sf	B3.11:4	מצריא מערב שמש לה הו	בבא	זילך למנפק ושוק מלכא
023	בבבא		A4.4:4	נשיא זי א[שתכחו	בבבא]	[בנא ואתחדו א]סירן
024			A4.4:6	שמהת גבריא זי אשתכחו	בבבא	בנא ואתחדו [אסירן]
025	בבה		B3.11:3	מבני דרגה ותרבצה הו	בבה	למנפק ודנה תחומוהי מועה

בג N domain, estate (Pers; GEA 370.18)

No.	Form	Gram	Ref	Preceding	Keyword	Following
001	בג	s ab/cn	C3.6:11	בר עלנ̇בו.[...] לא	בג	ביתאלשזב בר פט.[...] לא
002			C3.6:12	בר פט.[...] לא	בג	ביתאלתקום ב[ר ...] ל]א
003			C3.6:8	בר כנא לכנס̇[...] לא	בג	הקר בר פ̇מ̇ונרב.]
004			C3.6:13	ב[ר ...] ל]א	]בג	יהורם בר חג̇[י ...] [לא
005			C3.6:10	לא בג פסי בר[...] לא	בג	פטתורי בר עלנ̇בו.[...]
006			C3.6:7	ב̇ר̇ .]ונפ̇ן .[...] [לא	בג	פ]מון בר כנא לכנס̇[...]
007			C3.6:9	פ̇מ̇ונדב.[...] לא	בג	פסי בר[...] לא בג
008			C3.6:14	בר חג̇[י ...] [לא	]בג[	....]..[...].בד̇ח̇
009			C3.6:6	ז]ילה [...]ל. [לא	בג	...].[.] ב̇ר̇ .]ונפ̇ן .[...]
010	בגא	s em/sf	D6.12frage:1	.[...]	בגא	.[...]
011			A6.14:4	אף הא שנן שג̇י̇א זי	בגא̇	ז̇ך [....] לא כשר אף
012			A6.13:1	בזנה כן אמר לי	בגא	לם זי מן מראי יהיב לי
013	בגה		A6.11:3	כלא א[בדו ...] לי	בגה	זי פמון אבי יתעשת לי
014			A6.11:5	מני לא יהיב אחר אנה	בגה	זי פמון זך יהבת
015	ובגה		A6.11:2	במצרין הוה זך אבד	ובגה	זי הוה מהחסן פמון שמה
016			A6.11:4	אבד עם נשי [ביתה	ו]בגה	זי פמון זך אבוהי בית
017	בגיא	p em/sf	A6.13:3	פקידא זילי זי עד מנדת	בגיא	אלך יהנפק ויהיתה עלי עם
018			A6.14:3	[זי]לי עד מנדת	[בגיא	אלך יהי]תה עלי בבאל כן
019			D3.39fragb:2	[...].[ ]למן זיעם	בג̇י̇א̇]	.] [...].ה חרזמיא ...]
020			A6.13:4	ורוהי זי עד מנדת	בגיא	זי ורוהי אספרן והדאבגו
021			A6.6:3	זך אתעדי מן בין	בגיא	זי מרא]י
022			A6.4:2	זי פק[יד] הוה בין	בגיא	זילי זי בע[ליתא ....
023			A6.4:3	פקיד עבד חלפוהי בין	בגיא	זילי זי בעליתא
024			A6.5:2	הוה בין	בגיא	זילי זי [במצרי]ן זי כל
025			A6.7:5	אבשוכן ממנין הוו בין	בגיא	זילי זי בעליתא ותחתיתא

בגו a herein

No.	Form	Gram	Ref	Preceding	Keyword	Following
001	בגו		B3.6:16	משלם בר זכור ושהדיא	בגו	אתרפרן בר ניסי מדי שהד
002			B3.5:23	בר עזריה לחנא ושהדיא	בגו	גמריה בר מחסיה הושעיה
003			B3.2:10	בר אחי[ו] שהדיא	בגו	זבדי נבו̇ז̇י
004			B3.8:43	בר משלם ושהדיא	בגו	חגי בר שמעיה יסלח בר
005			B2.10:18	בר הושע ושהדיא	בגו	מנחם בר שלום מחסיה בר
006			B2.11:15	וידניה אחוהי שהדיא	בגו	מנחם בר גדול שהד חנן
007			B3.4:23	בגזשת ואבל ושהדי<א>	בגו^	מתרדת בר מתריזן שהד
008			B2.8:12	פיא בר פחי שהדיא	בגו	נבורעי בר נבונתן לוחי
009			B3.9:10	כפם אוריה שהדיא	בגו	עתרמלכי בר קלקלן
010			B2.6:37	[כפם אסחור] ושהדיא	בגו	פנוליה בר יזניה[...]יה
011			B5.5:11	ברת גמריה ושהדיא	בגו	
012			B4.3:8	[על ידן וטיב לבבן	בגו	אנחנה נבל] עבו[רא] זנה
013			B4.4:9	[על ידן] וטיב לבבן	בגו	אנחנה נבל עבורא[זנה
014			B3.12:26	דמוהי כסף וטיב ^לבבן	בגו^	אף לא נכהל נרשה לבניך
015			A6.11:2	א 20+10 ז̇[ך] אשתבק	בגו	בזי נשי ביתן כלא
016			B8.10:5	[....]. לא ארע	בגו	בזי המכריגרב מהחסנן
017			B3.2:5	הירא זנה זי קבלת עלי	בגו	הן קבלת עליך דין ומרא
018			B2.6:6	על עליך וטב לבבך	בגו	הנעלת לי [ברתך] מפטחיה
019			B3.8:5	על עליך [וטי]ב [לבב]ך	בגו	הנעלת לי יהוישמע אחתך
020			B6.1:5	[1 על עליך וטיב לבבך	בגו	הנעלת לי .... ברתך לביתי
021			B3.2:4	הירא זילך זי קבלת עלי	בגו	[וט]ב לבבי בדמוה[י]לא
022			B3.2:7	[ז]נה זי קבלת עליך	ב̄גו	ויהבת ל[י] דמוהי כסף
023			B3.12:6	3+3 שקל חד וטיב לבבן	בגו	זי לא אשתאר לן עליך מן
024			B2.7:17	זנה כפם מחסיה ושהדיא	בגו	כתב מחסיה בכ^פ^י נפשה
025			B2.9:9	באלך נכסיא וטיב לבבן	בגו	מן יומא זנה עד עלם אנה
026			B5.5:8	יהבתהי לי וטיב לבבי	[בגו	מן יומא זנה ועד עלם
027			B2.4:6	ועתד̇ בהמיתה ותב	בגו	עם אנתתך להן ביתא זנך לא
028			B2.1:15	זנה כפם קוניה שהדיא	בגו	שהד מחסה בר ישעיה שהד
029			B2.3:28	כפם מחסיה שהדיא	בגו	שהד גמריה בר מחסיה שהד
030			B2.4:17	כפם מחסיה שהדיא	בגו	שהד הושע בר פלליה שהד
031			B3.1:21	זנה כפם יהוחן ושהדיא	בגו	שהד אושע בר גלגול
032			B3.10:23	זי יהו אלהא שהדיא	בגו	שהד הושעיה בר יתום
033			B3.11:18	זי יהו אלהא שהדיא	בגו	שהד נתן בר יהואור שהד
034			B3.13:13	חגי בר משלם שהדיא	בגו	שהד מנחם בר שלום שהד
035			B3.3:15	ספרא זנה ושהדיא	בגו	שהד נתן בר גדול מנחם
036			B4.6:18	[כפם מנ]חם שה[דיא]	בגו	[שהד .... בר ....]שה[ד
037			B6.4:9	ויהוחן ושהדיא	בגו	שהד חרמנתן בר ביתאלנתן
038			B2.6:15	מלכא על עלי וטיב לבבי	בגו	שוי 1 זי גמא בה נעבצן זי

בגו p within

No.	Form	Ref	Preceding	Keyword	Following
001	בגו	C3.7FV3:21	[...] ..[..] ..[ח ... ...]i	בגו	# ספ[ינ]ת[י]וניא
002		C3.7FR1:19	[....]+3+2	בגו	[....]+10 לקן
003		C3.8IIIB:18a	[...] דו[גי]ת חנה.[...]	בגו	1 כל 3 נגיד[ן ....]
004		C3.14:26	20+20+10+3+1	בגו	[2]לחד שא 1 ר 2 לשא
005		D6.1:4	.[...] אנתה רבה	בגו	3 זי א.דת [...] אוסירי
006		B3.8:18	זלוען 2 פיק זי סלק 2	בגו	[..]ירה 1 רמן זי
007		D1.20:9	[...] זי צבית	בגו	[... ...] [... ...]
008		C3.8IIIB:3	[ ]כן אמרו אלה .. מ.ה	בגו	בגו [...]ספינה 1 זי ת.[
009		A4.5:7	איתי באר חדה זי בניה	בג[ו]	ב[י]רתא ומין לא חסרה
010		C3.7JV2:6	....] ספינת	]בגו	[ד]וגי[....] דוגי
011		C3.8IIIB:26	[...].[...]מנפי	בגו	דוגית i [....]א [ואף
012		C3.7AR2:18	[.[.] ספן ריקנן 20+10	בגו[	זילא]ספיתן 10 ב
013		C3.7BR1:5	ריקנן 20+20+10	בגו	זילא ספ[יתן 10] ירח
014		C3.7DR2:6	ריקנן 20+20[+20	]בגו	זילא ספיתן 20 כל מנד[תא
015		C3.7DR3:23	1 ספן ריקנן 20+10]	בגו	זילא ספיתן 10] כל
016		C3.7DV1:23		[בגו	זי]ל[א ס]פיתן]
017		C3.7ER1:13	[ס]פן[ריקנן 20+10	ב]ג[ו	זילא]ס[פי]תן[10] [ב
018		C3.7ER1:6	ספן ריקנן 20+10	בגו	זילא ספיתן 10 כל מנדתא
019		C3.7ER2:10	ספן[ריקנ]ן 20+10	בגו	זילא ס[פיתן 10] ב 10
020		C3.7ER2:3	[ריקנ]ן[20]+10	בגו	[זילא]ספיתן[10] כל
021		C3.7FR1:5	[ריקנן 20+20+20	בגו	]זילא ספיתן 20
022		C3.7FV3:17	ריקנן 20+20+20	בגו	זילא ספיתן 20 כל
023		C3.7GR2:13	1 ספן ריקנן 20+10	בגו	זילא ספיתן 10 י[ר]ח
024		C3.7GV3:5		בגו	זילא ספיתן
025		C3.7JR1:25	[רי]קנ[ן 20]+10	ב[גו]	זיל[א ספיתן] 10 [ב
026		C3.7JR2:18	[ספן ריקנן 20+10	בגו	זילא ספיתן 10] [כל
027		C3.7JR2:25	1 ספן[ריקנן 20+10	בגו	זי]לא ספיתן 20 ב 10+2
028		C3.7JV2:21	[ ]20[+20+20]	ב[גו]	זילא ספיתן{ }20 כל
029		C3.7KR1:15	[ספן ריקנן 20+10	בגו	זילא ספי]תן 10 [ב ...
030		C3.7KR2:13	[20+20+20+20+10	בגו	ז]ילא ספיתן [20+10] כל
031		C3.7KR2:21		בגו[	זילא ספ]יתן 20+10
032		C3.7KR3:17	ר[יק]נ[ן]20+10]	בגו	זילא ספיתן 10] כל
033		C3.7KR3:24	1 ספן ריקנן 20+10	בגו[	זילא ספיתן 10] ב
034		C3.7CR2:17	[1] ספן ריקנן 20+10	בגו[	זילא ספיתן 10] כל מנדתא
035		C3.7CR2:2	1 ספן ריקנן 20+10	בגו	זילא ספיתן 10 ב
036		C3.7AR2:10	[ספן ריקנן 20+10	בגו	זי לא ספיתן 10] [כל
037		C3.7AR3:18	[ספן ריקנ]ן 20+10	ב[גו	זי לא ספיתן 10] [כל
038		C3.7DR1:3	1 ספן ריקנן 20+10	בגו	זי לא ספיתן 20+2 ב
039		C3.7JR1:17	[ספן ריקנן 20+10	בגו	זי לא ספיתן 10] [כל
040		C3.7CR1:16	[ספן ריקנן 20+10	בגו	זי]לא ספיתן 10 [כל
041		D3.26:2	...[...] 3+1 .[.].[...]	בגו	חדה אמן 10+2 פתי אמה 1
042		C3.7FV2:2	כנדן 20+3 כ 2 ושתות	בגו	חמר זי[שנת 10] כנדן
043		C3.7FV2:9	כ[1	]בגו	חמר זי שנת 10 כנדן[
044		C3.7FV3:2	כ 1	בגו	חמר[יון כנד]ן
045		C3.7FV3:4	1×100+3+3+2 כ 1	בגו	חמר זי שנת 10 כנדן
046		C3.7GR2:6	כ 2 ושתות	בגו	[חמר]יון כנ[דן]20+1
047		C3.7GV2:4	ופלג	בגו	חמר יון כ[נדן
048		C3.7GV2:6	[ ]3+2×100+10[+1]	בג[ו]	חמ[ר זי]שנת 10 כנדן
049		C3.19:3		בגו	[יהי]ב לענחחפי בר
050		C3.9:12	מסתא [כל נפש] 3+1	בגו	יור 1 נשן רבה [1 בנן 2]
051		C3.9:5	ח.[....] כל נפש 3+1	בגו[	יור 1] [נשן] רבה 2 ב[רה
052		C3.7FV3:22	20+10+[3+3	[בגו]	[כל]ספינה רבה
053		C3.25:17	ש[...] עלתה בי[...]	בגו	כסף ש 3+3 דמי כא
054		C3.11:7	כסף כרשן 2 חלרן 3	בגו	כספא זי אתוסף על מכס
055		A4.5:16	[....]מ[...	]בגו	[.]לה [....]
056		D3.26:3	1 דורה פשכן 3+1	בגו	לוח אחרה אמן 3+3+3
057		C3.15:126	שקלן 3+3+2	בגו	ליהו כ 10+2 ש 3+3
058		C3.7GV3:1	לקן 20+20+10+3	בגו	לקן חדתן 20+20+10
059		C3.7FR1:10	[....]+3+2	[בג]ו	[....]ן
060		A6.2:10	אמן תמנין בפשכן תלתה	בגו	סגנן אמן עשרה ותרין שף
061		C3.7JV2:10	פסלרשי 3+1	ב[גו]	ס.[....]ל..
062		C3.7FV2:13	1×100 פרזל כרשן 3×לף	בגו	סני כרשן 1×לף פכרן
063		C3.7FV3:9	פרזל כרשן 3×לף	בגו	סני כרשן [1]×לף פכ[רן
064		C3.7GV2:10	[כרשן] 3+2×לף+1×100]	ב]גו	סני כר[שן] 1×לף פכרן
065		C3.7JV2:4	י[....]פסלרשי	]בגו	ספינה רבה 2 אסות
066		C3.7EV1:6	בירח פאוני ספינה 3+2	בגו	[ספינת יוניא פסלר]שי
067		C3.7EV2:7	א[פ]ף ספינה[3+3	בגו]	ספ[ינת יו]ניא פסלרשי 3
068		C3.7FR2:24		בגו	עק ארז סי 3+2 עק ארז
069		C3.7FV2:16	]	ב]גו	[עק] ארז פק
070		C3.7FV3:12	[עק]ן[במנין 1×]100	בגו	עק ארז פק
071		C3.7GR3:23		בגו	עק ארז סי 20+20+10
072		C3.7GV2:20	במנין 2[×100+3]+1	בגו	עק ארז סי 3+2 עק ארז
073		C3.22:1	[...]יא 2×100	בגו	[...]. [.×]100 לא יכשרון
074		C3.7FR1:6	[ס]פינת כזדי 3	בגו	....]
075		C3.7FR2:27	לקן 20+10[+1]	בגו	
076		C3.7JV1:23		בגו	[.... פק
077		C3.8IIIA:5	[ ]תחתיא	בגו	[....].
078		C3.8IIIB:4	אמרו אלה .. מ.ה בגו	בגו	[...]ספינה 1 זי ת.[...]
079		C3.9Rfraga:3	ברת[...] [כל נ]פש 2	ב[גו]	[....].. [...]
080		C3.12:10	חמר מצרין מאנן 3+2	בגו	קלולן 2 קלבין 3 עליד
081		C3.9:23	[ברה] כל נפש 2[+1+1	בגו]	.ש .. ..[...] [...] [...].ה ברה 1
082	בגוה	C1.1:95	חסינה זי מי[ן]	בג[וה	]איתי [מה י]שתמר איש עם
083		D7.39:2	...] [... ...]	]בגוה	אף [ק]פתא זי בה שערי˄א˄

בדי V to contrive, to invent

No.	Gram.	Form	Ref	Preceding	Keyword	Following
001	peal	בדא	C1.1:30	כזי ברי זי לא ברי	בדא]	....

בדיכר N artisan (Pers; GEA 371.19)

No.	Gram.	Form	Ref	Preceding	Keyword	Following
001	p abs	בדיכרן	A6.12:2	ˆולנשי ביתהˆ גרד	בדיכרן	זילי ויעבד פתכרן זי פרש

בות N shame (?)

No.	Gram.	Form	Ref	Preceding	Keyword	Following
001	s ab/cn	בות	C1.1:185	חמר ולא יסבלנהי ינשא	בות	מן כנתה [וינ]שא מובלא זי

בזי c inasmuch as

No.	Form	Parse	Ref	Before	Keyword	After
001	בזי		D20.3:3	ירח מחיר חשיארש מלכא	בזי	.... בי. פמנ..
002			B8.10:5	לא ארע בגו	בזי	המכריגרב מהחסנן אנחנה
003			D6.7fraglg:2	...] [...] תשתאל[[...]	]בזי[	חל[כיא ...]
004			A3.3:10	לאמך עבדת אל תמלי לבת	בזי	לא איתית המו מנפי כזי
005			A4.8:22	על אגורא זך למבניה]	בזי	לא] שבקן לן למבניה חזי
006			A4.2:4	א[....] איתי לן	בזי	מצריא שחד להן יהבן ומן
007			A6.11:2	ז[ך] אשתבק בגו	בזי	נשי ביתן כלא
008			A5.1:2		בזי	הו שלח לי א[....]כ
009			A4.2:7	למדינא[....] נדחל	בזי	זעירן אנחנה ב2 כען הא
010			A4.7:23	על אגורא זך למבנה	בזי	לא שבקן לן למבניה חזי

בזיזה N spoil

No.	Form	Parse	Ref	Before	Keyword	After
001	בזיזת	s ab/cn	C1.1:104	יצען תרעיה כי	בזיזת	[....] %% עיני זי

בזע V to tear

No.	Form	Parse	Ref	Before	Keyword	After
001	בזע	peal	C1.1:41	רביא זך קרבתא	בזע	כתונה הילל [....]ה

בזק N pebble, broken piece of pottery

No.	Form	Parse	Ref	Before	Keyword	After
001	בזק	s ab/cn	C1.1:205	ובין שאני	בזק	אל ינעל ברגלי

בחן V to test

No.	Form	Parse	Ref	Before	Keyword	After
001	בחינו	peal	D3.17:10	...] משלם בר נתן	]בחינו	מחתוש בר נריה מעוזיה
002	בחן		D7.24:7	אקמנך עם [....]. ומאנהי	בחן	[....] שאלי [.... ז]י יהבת

בטלל p with the help of (a god)

No.	Form	Parse	Ref	Before	Keyword	After
001	בטלל		A4.3:5	עם וידרנג וחרנופי	בטלל	אלה שמיא עד שזבוני כען
002	בטלה		C2.1.4:10	[אהור]מזד סעדני	בטלה	זי אהורמ[זד חילא זילי
003			C2.1.4:4	] תמה אה]ור[מזד סעדני	[בטלה]	[זי] אהורמזד ח]ילא זילי
004			C2.1.5:12	אהורמזד סעדנ[י	[בטלה]	[זי אהורמזד חילא זי]לי
005			C2.1.5:16	[אהו]רמזד סעדני	בטלה	זי אהו[רמזד] חילא זילי
006			C2.1.5:26	] אהור]מ[זד ס]עדני	בט[ל]ה	זי אהורמזד חילא זי
007			C2.1.7:33	אהורמזד סעדני	[בטלה]	זי אהורמזד] חילא זי ל[י
008			C2.1.7:42	]אהורמזד [ס]עדני[ ]	בטלה	זי אהו[רמזד] [חי]לא
009			C2.1.8:55	..[ ] אהורמזד סעדני	ב[טלה	זי אהורמזד קטלו חיל]א
010			C2.1.8:57	קרב אהורמזד ס]עדני	בטלה	זי אה]ורמזד חילא זי[לי
011	בטללה		C2.1.1:2	] אמר זנה זי אנ]ה עבדת	בטלל[ה	זי אהורמזד אחר זי אנה
012			C2.1.3:4	..] אתנצ]חת	בטללה	זי אהו[רמזד

בטן N belly

No.	Form	Parse	Ref	Before	Keyword	After
001	בטן	s ab/cn	C1.1:97	[...]מ[ן ....ד]ששי	בטן	וזי לא אל עמה מן
002			C1.1:216	לא[ ] [....] מן	בטן	ידע ברחרן ולא מן[ ]
003	בטנהם	s em/sf	C1.2:18	[....]. ולא ימלא	בטנהם	לחם[....]
004	בטני		C1.1:139	ועם מן אצדק %% בר	בטני	הגשש ביתי ומה אמר
005	לבטנא		A6.2:11	סעבל אמן שבען חנן	לבטנא	תלתה קלעס לקומתא

בטק N (unclear)

No.	Form	Parse	Ref	Before	Keyword	After
001	לבטק	s ab/cn	A6.2:10	טף אמן עשרה שים	[ל]בטק	אמן תמנין בפשכן תלתה

בי N house

No.	Form	Parse	Ref	Before	Keyword	After
001	בי	s ab/cn	B2.3:3	יהבת לכי בחיי ובמותי	בי	1 ארק זילי הוה משחתה ארכה
002			B2.4:3	דגלא לאמר איתי ארק	בי	1 זילי מערב לביתא זילך זי
003			B5.6:4	עבדא ארמי ילד בזן	בי	[.... ...].רנף ברה
004			D22.45:1		בי	
005			C1.1:173	כאיש {{זי}} גנב זי שתר	בי	וישתכ[ח] מה חסין הו מן
006			B3.12:35	בר יהואור מגר ספר	בי	זי זבן ענני בר עזריה
007			B3.4:25	שהד איסך בר זמסף ספר	בי	זי זבן בגזשת ויבל
008			B2.3:35	שהד הושע בר יגדל ספר	בי	[זי] כתב מחסה בר ידניה
009			B2.7:21	זכור בר שלם ספר	בי	[זי כתב מ]חסיה בר ידניה
010			B3.10:27	שהד חגי בר מרדו ספר	בי	זי כתב ענני בר עזריה
011			B3.11:21	ידניה בר גמריה ספר	בי	זי כתב ענני בר עזריה
012			B3.5:25	מגשיא תת מגשיא ספר	בי	זי כתב ענניה לתמת אנתתה
013			B3.13:11	למחד ותלקח לך מן	בי	זי לבנן עבד ואמה מאן נחש
014			B3.1:9	לך כל ערבן זי תשכח לי	בי	זי לבנן כסף ודהב נחש
015			B4.6:11	] ב[כל ערבן ז[י י]שתכ[ח	בי	זי] לבנ[ן] [עבד ואמה מאן]
016			B3.11:2	ברתה לאמר יהבת לכי	בי	חד מבני בי תחתי אחד
017			B3.7:3	אנה ענני י[הב]ת לכי	בי	חד בנה אחד גשורן הוה
018			C1.1:131	ומשלמותה ממלא	בי	[....]לל[....]..הי
019			B3.10:12	יהבתה לך ברחמן מבני	בי	תחתי אחד גשורן וכון בה 3
020			B3.11:2	יהבת לכי בי חד מבני	בי	תחתי אחד גשורן ודשן 3 הו
021			B3.12:12	בגזשת בר פלין כספיא	בי	תחתי מבני אחד גשורן כון
022			B3.12:13	גשורן כון ודשן 2 מבני	בי	תחתי הו תרי רבתא זילי
023			B3.5:8	בנה	בי	תחתי חדת אחד גשורן וכון
024	ובי		B4.3:18		ובי	זי לבנן ו[....
025	בימלך		D1.17fragb:8	] [...]פהו ולא הוה	בימלך	ויתנון ל[.... ...] [...]
026	בית		B2.3:7	בר נתן מערב לה	בית	אספמת בר פפטעונית מלח
027			B2.7:14	זי יהה אלה מועה לה	בית	גדול בר אושע ושקא
028			B2.3:5	בעשתא תחומוהי עליה לה	בית	דרגמן בר חרשין דבק
029			B2.10:5	הא תחומוהי עליה	בית	הושע בר אוריה דבק לה
030			B2.10:5	דבק לה תחתיה לה	בית	הצול בר זכריה דבק לה
031			B3.4:24	חירו בר אתרלי כספי	בית	ויזבל כספי שהד איסך
032			B2.1:5	ביתי זי לעליה ועד	בית	זכריה מחר או יום אחרן
033			B3.7:8	מדנח שמש לה {{בית}}	בית	חור עבד זי ח[נום אלהא
034			B2.7:15	בניהם מערב שמש לה	בית	חרוץ בר פלטו כמר זי
035			B2.7:13	תחומי ביתא זך עליה לה	בית	יאוש בר פנוליה תחתיא
036			B2.3:6	בר צדק מועא שמש לה	בית	יזן בר אוריה בעלכי
037			B2.10:20	ידניה בר הושע על	בית	יזניה בר אוריה לידניה
038			B2.10:4	לאמר רחקת מנכם מן	בית	יזניה בר אוריה הא
039			B2.10:7	בניהם מערב שמש לה	בית	מבטחיה ברת מחסיה זי
040			B3.7:6	ביתא [ז]ך תחת ל[ה]	בית	ענני בר עזריה
041			D7.39:5	זי חנם יבלו המ'ר	בית	פטוסרי אל ילקחו [...]..
042			B2.1:13	בשוקא זי בינין ובין	בית	פפטעונית מלחא הן כליתך
043			B3.12:19	מלכא ביניהן עליה לה	בית	פרנו בר זלי ומרדו
044			B2.3:6	חרשין דבק תחתיה לה	בית	קוניה בר צדק מועא שמש
045			B3.4:8	אנחן זבן לך לעליה לה	בית	שתבר לתחתיה לה תמי זי

No.	Ref.	Preceding	Key	Following
046	A2.2:1	שלם	בית	בנת בסון אל אחתי תשי
047	A2.4:1	שלם	בית	בנת בסון על מראי פסמי
048	A2.1:1	שלם	בית	בתאל ובית מלכת שמין אל
049	D7.18:2	חזו כתוני זי שבקת בית	בית	יהה אמרי לאריה [ו]ירמה
050	A3.3:1	[שלם	ב]ית	יהו ביב אל ברי שלמם
051	D4.9:1	...]	בי]ת	יהו [...]יגדל את.[...]
052	A2.3:1	שלם	בית	נבו אל אחתי רעיה מן
053	B3.7:7	לה אוצר מלכא מערב [לה	בית	... ל]ה מדנח שמש לה
054	D2.10:8	בב ב[יתא ... ...]ה לה	בית]	... [...] [... ...] אתרפרן]
055	D5.41fraghh:1	...]	[בית]	...]
056	B3.7:7	[ל]ה מדנח שמש לה	{{בית}}	בית חור עבד זי ח]נום
057	D7.18:2	חזו כתוני זי שבקת	בית	בית יהה אמרי לאריה
058	B4.5:4	[ ] עלי מן קצת כסף דמי	בית	בניך[..]....[...].[..] [...].לם
059	A6.11:2	מהחסן פמון שמה אבי	בית	זרע א 10+20 זן[ך]
060	A6.11:4	זי פמון זך אבוהי	בית	זרע א 10+20 זך אשתבק]
061	D1.15:2	...] ... ...+2+10..	בית	חש[...] [... ...] [זי ל...
062	B3.4:21	אנחן ובנין ננתן לך	בית	לדמות ביתך ומשחתה בר מן
063	A4.9:3	{{קד}} קדם ארשם על	בית	מדבחא זי אלה {{שמי}}
064	B3.13:6	כזי יתנתן לי פתפא מן	בית	מלכא אחר אנה ענני אחוב
065	B4.4:12		בית	מלכא וקדם ספרי אוצרא
066	B4.4:16	ואנת שלט בפרסן זי	בית	מלכא
067	B5.5:10	[זנה זי הוה לי מן	בית	מלכא] ^[... ז]ילי^ זי
068	B5.5:7	[אסורי פתפא זילי מן	בית	מלכא וכספכי אנתי
069	B5.5:8	ופתפא זי הוה לי מן	בית	מלכא ולא אכהל [אנה
070	C3.7AR2:12	[זי גבי מנה ועביד] [על	בית	מלכא] [זהב סתתרן 10+2
071	C3.7AR2:1	זי גבי מנה וע[ביד ע]ל	בית	מלכא זהב סתתרן 10+2
072	C3.7AR2:5	ג[בר]יא זי] עביד על	בית	מלכא] כסף ש 3+[2 ח
073	C3.7AR3:1	[זי גבי מנה ועביד על	בית	מלכא] זה[ב סתתרן 10
074	C3.7AR3:19	[זי גבי מנהם ועביד על	בית	מלכא] [כל כסף]כרשן]
075	C3.7BR1:12	זי גבי מנה ועביד על	ב]ית	מלכא [זה]ב סתתרן 10
076	C3.7BR1:19	זי גבי מנה ועביד] על	בית	מלכא] זהב סתתרן 10+2
077	C3.7DR1:8	[ג[ב]י מנה ועביד על	בית	מלכא] זהב סתתרן 10
078	C3.7DR2:22	זי גבי מנה ועביד על	ב]י]ת	מלכא [זה]ב סתתרן 10
079	C3.7DR2:8	[....] על	בית	מ[לכ]א זהב ס[ת]ת[רן]
080	C3.7DR3:13	זי גבי מנ]ה ועביד על	בית	מלכא] זהב סתתרן 10+2
081	C3.7DR3:18	[כסף גבריא זי עביד על	בית	מלכא] כסף ש 3+2 ח]
082	C3.7DR3:25	[זי גבי מנה] ועביד על	ב]ית	מלכא]
083	C3.7DR3:5	זי גבי מנה] ועביד על	בית	מלכא] זהב סתתרן 10
084	C3.7ER1:18	גבי מנה] ועביד ע]ל	ב]י]ת]	מלכא] זהב [ס]תתרן
085	C3.7ER1:22	גבר]יא זי עביד ע]ל	בית	מ]לכא כסף ש 3+[2 [ח]
086	C3.7ER1:2	גבריא זי עביד על	בית	[מל]כא] כסף ש 3+2 ח
087	C3.7ER1:7	זי גבי מנה [ועביד ע]ל	ב]ית	מל]כא ז[ה]ב סתתרן 10+2
088	C3.7ER2:14	זי גבי מנה ועביד [על	בית	מלכא] [זהב] סתת[ר]ן 10
089	C3.7ER2:21	[ ]גבי מנה ועב]יד על	בית	מלכא] זה[ב סת]ת[ר]ן]
090	C3.7ER2:4	ג[ב]י מנה] ועביד על	בית	מלכא] זהב סתתרן 20+]2
091	C3.7FR1:22	על[....] 10+.	בית	מלכא [....]... לידי
092	C3.7FR1:8	מנה[ם] ועביד על	בית	מלכא [....]
093	C3.7FR2:13	זי גבי מנהם ועביד על	בית	מלכ[א] כסף כרשן 3 ש
094	C3.7FR2:3	כסף גבריא זי עביד על	בית]	מלכא] מן דוגי קנרתשירי
095	C3.7FR2:7	זי גבי מנהם ועביד על	בית	מלכא כסף כרש 1 ש 2 ח 3
096	C3.7FR3:3	מנדתא [....] ע]ל	בית	מ]לכא] ז[ה]ב סתת[רן
097	C3.7FV1:24	[זי גבי מנהם ועביד על	בית	מ]לכא
098	C3.7FV2:22	[מנהם] ועביד על	בי]ת	מלכא זהב סתתרן
099	C3.7FV2:7	זי גבי מנהם ועביד על	בית	מלכא כסף כרשן 3 ש 3+3
100	C3.7GR2:18	זי גבי מנה ו[עביד על	בית]	מלכא זהב סתתרן 10 לזהב
101	C3.7GR2:3	זי גבי מנהם ועביד על	בית	מלכא זהב סתתרן
102	C3.7GR3:10	זי גבי מנה] ועביד על]	בית	מלכא [חמר זי שנת 10+]1
103	C3.7GR3:2	[זי ג]בי מנה ועבי]ד על	בית	מ]לכא חמר זי שנת 10+1
104	C3.7GR3:7	גבר]יא	בית]	מלכא ....] חמר זי
105	C3.7HR1:3	[זי גבי מנה ועביד על	בית	מלכא] זה[ב]סתתרן
106	C3.7JR1:12	[כסף גבריא זי עביד על	בית	מלכא] [כסף ש 3+2 ח]
107	C3.7JR1:19	זי גבי[מנה ועביד על]	[בית	מלכא] [זהב סתתרן]10+2
108	C3.7JR1:8	[גבי מנה ועביד ע]ל]	בי]ת	מלכא] [זהב סתתרן
109	C3.7JR2:13	[כסף גבריא זי עביד על	בית	מלכא] [כסף ש 3+2 ח
110	C3.7JR2:19	[זי גבי מנה ועביד על	בית	מלכא] זה[ב סתתרן 10+2
111	C3.7JR2:2	מנה [ועביד על	בית	מלכא] [זהב]סתתרן]
112	C3.7JR2:9	זי גבי מנה] ועביד על	בית	מלכא] [זהב]סתתרן]
113	C3.7JV1:21	זי עבי[ד ע]ל	בית]	מל]כא [חמר זי]שנת
114	C3.7JV2:22	זי גבי מנהם ועביד על	בית	מלכ[א] זהב סתתרן
115	C3.7JV2:9	[גבי מנהם ועביד] על	בית	מלכא ....]
116	C3.7	[זי גבי מנה ועביד על]	[בית	מ]ל[כא]
117	C3.7	[זי עביד על	בית	מלכא] [כסף]ש 2+[1+2 ח
118	C3.7KR1:25	[זי גבי מנהם ועביד על	ב]ית	מלכא
119	C3.7KR1:3	[כסף גבריא זי עביד על	בית	מ]לכא [.... ...] [... ...]
120	C3.7KR2:14	גב[י מנ]הם ועביד על	בית	מלכא זהב סתתרן
121	C3.7KR2:6	[ ]גבריא זי עביד על	[בית	מלכא] [מן ספינה ר]בה 3
122	C3.7KR3:1	ג]בי מנה ועביד ע]ל	בית	מלכא זה[ב סתתר]ן 10
123	C3.7KR3:18	[זי גבי מנה ועביד על	בית	מלכ]א זהב סתתרן 10+[2
124	C3.7KR3:8	[גבי מנה] ועביד על	בית	מלכא זהב [סתת]רן 10+2
125	C3.7KR4:3	[זי גבי מנה ועביד על	בית	מלכא] זהב סתתרן]10
126	C3.7KR4:9	זי ג[בי מנה ועביד על	בית	מלכא] זהב ס[ת]ת[ר]ן]10
127	C3.7CR1:11	[כסף גבריא זי עביד על	בי]ת	מלכא [כסף ש 3+2 ח
128	C3.7CR1:18	[גבי מ]נה ועביד ע[ל]	[בית]	מלכא] [זהב סתתרן 10+2
129	C3.7CR1:7	[זי גבי מנה ועביד על	בי]ת	מלכא זהב סתתרן 10+2
130	C3.7CR2:12	כסף גבריא זי עביד על	ב]ית	מלכא] [כסף]ש 3+2 ח
131	C3.7CR2:19	זי [גבי מנה] ועביד על	בית	מלכא זהב סתתרן 10+2
132	C3.7CR2:7	[זי גבי מנה ועביד על	בי]ת	מלכא [זהב סת]ת[ר]ן]
133	A6.10:5	אתר אחרן ומהוס[פן ע]ל	בית	מראיהם ואנתם כן לא עבדן
134	A4.10:13	[....] נתן על	בית	מראן כ[....] שערן ארדבן
135	B3.10:4	ופלג דרגא ^ותחת^ מנה	בית	פרסא הו זנה משחת ביתא זי
136	C3.7GR1:21	[זי ג]בי מנה ועביד על	בית	[....1+]1 ח 3[...]
137	B3.10:9	הו תמואנתי עליא לה	בית	קנחנתי דבק לה אגר באגר
138	B3.11:5	מלכא בינים עליא לה	בית	קנחנתי דבק לה אגר באגר
139	D1.33fraga:2	[... ...] [...	בית]	קרותא[... ...]
140	C1.1:221	[...]חזה	בית	רעה נשק באשה[....]

בבית

No.	Ref.	Preceding	Key	Following
141	C3.28:47	... פ 1 מ 1 [ב]ר 3	בבית	ישיב יקל הלעתיך 2+3
142	B8.1:10	ושחי [...]. זך א.[.]	בבית	מסשין עבידת הוית
143	A4.3:10	שגי^א^ שים אחרוהי	בבית	ענני זי תעבדון לה לא

144			B4.3:13	[לך] במנין	[ב]בית	מל[כא וקדם ספרי אוצרא
145			B4.4:14	[....] לך במנין	בבית	מלכא וקדם ספרי א[וצרא
146			C1.1:121	את..[..]. מיא[....]	בֿבית	נֿחשא נפלת ססא[נֿפשי
147			C3.8IIIA:11	[ ].ת	בבית	ספינתא
148			C3.8IIIB:16	[ב]ר פר[י] אתה	בבית	ספינתא למֿ[...] זי על
149			D5.44:2	[...]. רֿיֿאֿ[...] [...	]בבית	ספריא[...]
150	ובית		B2.2:10	וריזת לתחתיה לה	ובית	אספמת בר פפטעונית מלח
151			B2.3:7	יזן בר אוריה בעלכי	ובית	זכריה בר נתן מערב לה
152			B3.10:10	תחתיא מנה אגר דרגא	ובית	חור בר פטאסי גנן זי
153			B2.2:9	למערב שמש לה	ובית	[יז]ניה בר אוריה יהודי
154			B2.2:8	דרגמן למוע שמש מנה	ובית	קוניה בר צדק יהודי
155			A2.1:1	שלם בית בתאל	ובית	מלכת שמין אל אחתי נניחם
156			B2.7:11	לכי כסף כרשן 10	ובית	אם דילכי אף לא יכל גבר
157			D7.57:8	ופינך 1 וצפחא חדה	ובית	ח 1 חדת וזינא במשתלא חתם
158			B3.10:7	ופלג תרבצא ופלג דרגא	ובית	פרס˄א˄ פלגה והא תחומי
159	לבית		D7.22:5	לשממך של[חת ...] [...]	לבית	[...]... ....ךֿ את[...] [...
160			B3.8:28	ביו[ם 1] בכף 1 ותהך	לבית	אבוה והו[ן] ימות ענניה
161			D8.11:2	[... ...]2 לתעבי [√]	לבית	בכיא זי שרתי √ בר
162	לבת		A2.2:12	1 שפרת ואף משח בשם	לבת	בנת ולעד אשכח אש
163	בביתא	s em/sf	D7.2:3	זנה והן מלח לאית	בביתא	זבנו מן אלפי עבורא זי
164			B2.4:12	בנויא זי אנת בנית	בביתא	זך ותוב פלגא הו בניך מן
165			B3.4:12	בר עזריה שליט	בביתא	˄זך˄ ובניך מן אחריך
166			B3.11:11	מלכא ואנתי אם שליטה	בביתא	זנה זי תחומוהי כתבן
167			B3.11:14	מלכא ואנתי אם שליטה	בביתא	זנה זי תחומוהי כתבן
168			B3.7:9	יהוישמע ברתי שליט	בבית[א	זנה ז]י תחומוה כתיבן
169	בביתנא		C3.28:48	יקל הֿלעתיך 2+3	בֿביתנא	הלעתיךֿ 2 ברא מן 2
170	ביתא		D2.10:8	[...] [... ...]ה בב	ב[יתא	... ...]ה לה בית[... ...]
171			D2.21:6	[...] [... ...]מנכם ומן	ב[יתא	... ...] [... ...] .... זך
172			D5.8:1	[...]ך במנת	ביתא	
173			B8.2:15	כל 2 עבדיא [....]	ביתא	הנצלוני [....] לבשי זי
174			A3.8:5	לך לאמר הב ערבן זבן	ביתא	זי זכור וביתא זי אשנ[.
175			B3.10:5	ברתי ברחמן זנה משחת	ביתא	זי אנה ענני יהבת
176			B3.10:5	בית פרסא הו זנה משחת	ביתא	זי אנה יהבת ליהוישמע
177			B3.10:8	פרס˄א˄ פלגה והא תחומי	ביתא	זי אנה ענני יהבת
178			B3.12:15	זי יהבת לן זנה משחת	ביתא	זי זבן ויהבן לך מן מועה
179			B3.12:17	כ 1 זנה תחומוהי	ביתא	זי זבן ויהבן לך מועה שמש
180			B3.12:6	עליך מן דמיא זנה משחת	ביתא	זי זבן ויהבן לך מן מועה
181			B3.12:9	והא זנה תחומי	ביתא	זי זבן ויהבן לך מועה שמש
182			B3.5:3	פלג תרי רבתא ותֿונה זי	ביתא	זי זבנת מן אוביל ברת
183			B3.5:12	כספי דבק לה זנה חלק	ביתא	זי משחת<ה> כתיבן
184			B3.11:7	דבק לה אגר ˄באגר˄ זנה	ביתא	זי תחומוהי כתיבן בספרא
185			B2.10:8	מחסיה אבוה דבק לה זך	ביתא	זי תחומוהי כתיבן מנעל
186			B3.10:16	למסלק ומנחת זנה {זנא}	ביתא	זי תחומוהי ומשחתה כתיבן
187			B3.11:5	דבק לה אגר באגר ואגר	ביתא	זילה דבק לה אגר באגר הו
188			A6.10:2	מנדעם כסנתו לא הוה מן	ביתא	זילי אף מן אתר אחרן גרד
189			A6.10:3	שפיק בעה ועבד על	ביתא	זילי וכען תנה כן שמיע לי
190			A6.10:6	כסנתו לא יהוה מן	ביתא	זילי אף מן אתר אחרן גרד
191			A6.10:7	בשנתא זילי ועבדו על	ביתא	זילי כן כזי פקידיא
192			A6.10:9	תבעון ולא תהוספון על	ביתא	זילי חסין תשתאלון וגסת
193			A6.11:6	אבוהי הוה חשל יחשל על	ביתא	זילי ארתוהי ידע טעמא
194			A6.15:7	התב הב למספת יעבד על	ביתא	זילי למה כזי תאתה בזנה
195			A6.8:2	כעת ארשם כן אמר צבות	ביתא	זילי זי פסמשך יאמר לך
196			A6.9:2	אנתם הבו [לה פ]תף מן	ביתא	זילי זי במדינתכם יום
197			B8.4:4	זֿי כחסן אתו על	ביתא	זילי זֿי בפסחמי ודפנֿי
198			B2.1:3	עליך ויהבת לי תרע	ביתא	זילך למבנה אגר 1 תמה
199			B2.10:11	או גבר זי תזבנון לה	ביתא	זך או זי ברחמן תנת<נ>ון
200			B2.10:15	או זי ברחמן תנתנו לה	ביתא	זך וזי ירשכם דין ינתן
201			B2.3:27	או בר זילה ירשה על	ביתא	זך ספרא זך הנפקי ולקבלה
202			B2.4:4	כתבת לה אחרוהי משחת	ביתא	זך אמן 10+3 ופשך
203			B2.7:13	אף הא אלה תחומי	ביתא	זך עליה לה בית יאוש בר
204			B2.7:9	ירשנכי דין ודבב בשם	ביתא	זך זי אנה יהבת לך וספרא
205			B3.4:23	וכל אשרן זי יהכן על	ביתא	זך ˄כתב חגי בר שמעיה
206			B3.4:7	יהבת לן והא אלה תחמי	ביתא	זך זי אנחן זבן לך לעליה
207			B3.5:14	אח ואחה יגרנכי בשם	ביתא	זך והן אנה גריתכי דין
208			B3.5:14	אנה גריתכי דין בשם	ביתא	זך אנה אחוב ואנתן לכי
209			B3.5:5	לי מן אחריכי והא משחת	ביתא	זך זי אנה ענניה יהבת
210			B3.5:8	וכון והא זנה תחומי	ביתא	זך זי אנה יהבת לכי עליה
211			B3.7:5	[....]אלה תח[ומ]י	ביתא	[ז]ך תחת ל[ה] בית ענני
212			D2.10:9	אתרפרן[... ... א]רק	ביתא	זך זי מש[חתה ...] [... ...
213			D2.24:2	הן גרית[ך ... ...] [...	ב]יתא	זֿנֿא [... ...]
214			B3.10:11	זילך הי אנתי שליטה בה	ביתא	זנה זי משחת˄ה˄ ותחומוהי
215			B3.11:13	לסגן ומרא להעדיה	ביתא	זנה מן קדמיכי בחיי
216			B3.11:15	ספר חדת ועטיק בשם	ביתא	זנה זי תחומוהי מנעל כתב
217			B3.12:22	מן תמה תנפק ותנעל	ביתא	זנה זי משחתה ותחומוהי
218			B3.12:25	נרשנך דין ודבב בשם	ביתא	זנה זי זבן ויהבן לך
219			B3.12:28	לסגן ומרא ודין בשם	ביתא	זנה זי משחת<ה> כתב מנעל
220			B3.12:29	ספר חדת ועתיק בשם	ביתא	זנה זי זבן ויהבן לך יחוב
221			B3.4:13	נגרנך דין ודבב בשם	ביתא	זנה זי אנחן זבן ויהבן לך
222			B3.4:17	לן יגרנך זין וזבב בשם	ביתא	זנה זי תחמוהי כתבן מנעל
223			B5.4:2	קדם סגן ומ[רא בשם	ביתא	זנה זי כתבת] ויהבת לך אף
224			B5.4:5	סגן ומרא ל[העדיה מנך	ביתא	זנה זי כתבת] ויהבת לך
225			B3.7:12	אנה ענני [יה]בת לכי	ביתא	זנה ופלג תחית ופלג דר[גא
226			B5.4:4	[מנך למנתן לאחרנן]	[ביתא	זנה זילך ו]זי בניך מן
227			B5.4:7	[אנה] בדין ודבב בשם	בי[תא	זנה ולא אצדק
228			B2.3:8	מלח זי מיא קשיא	ביתא	זנך ארק אנה יהבתה לכי
229			B2.4:6	ותב בגו עם אנתתך להן	ביתא	זנך לא שליט אנת לזבנה
230			B2.7:15	כמר זי חנ[ו]ם אלהא זך	ביתא	יהבתה לך ורחקת מנה דילכי
231			B2.7:7	משלם זך אחרוהי זנה	ביתא	יהבתה לכי ורחקת מנה
232			B2.4:11	עבדת הן תהנצל מנך פלג	ביתא	[י]ה[ו]ה לה למלקח ופלגא
233			C3.27:30	1 נפקה אחרי עלימי	ביתא	סֿבֿרן 3 עלים צחא
234			A3.3:6	זי כלי כלה כעת איך	ביתא	עביד ואיך נפקת הן
235			A6.3:9	להם מן ארשם בר	ב[יתא	על ארתונת זי במ]צרין
236			A3.8:6	המו בעי אש זי יזבן	ביתא	[ר]בא זי הודו והבה לה
237			D5.51:1	[...	]ביתא	
238	ביתה		B2.6:30	על מפטחיה לתרכותה מן	ביתה	זי אסחור ונכסוהי וקנינה
239			B3.4:4	אנחן זבן ויהבן לך	ביתה	זי אפולי בר מסדי זי
240			B3.11:6	רבתא זילי תחתיא לה	ביתה	זי חור בר פטאסי גנן זי
241			B3.12:20	לה אגר באגר תחתיא לה	ביתה	זי פחי ופמט אחוהי מלחן

No.	Form	Ref	Context	Word	Context
242		B3.12:4	בר פלין כספיא הו	ביתה	זי ינבולי בר מסדי כספי
243		B3.8:30	[יהוישמע] לתרכותה מן]	ביתה	[זי ע]נני[יה ו]נכס[והי
244		B6.3:9	וזי יקום לתרכ[ותה מן	ביתה	זי שלומם ונכסוהי ינתן]
245		B3.5:11	בניהם מערב שמש לה	ביתה	זי שתיבר כספי דבק לה
246		B3.12:9	ויהבן לך מועה שמש לה	ביתה	זי יהבת לך פסשדת {{על
247		C1.1:196	ב..[....] %%	ביתֹה	עמה [....]ת אשה
248	ביתי	B3.5:21	לי וגברא זי יהנצל	ביתי	אחרי מותי מן פלטי
249		B2.2:8	זך זי ימאת לי עלדברה	ביתי	^אנה^ דרגמן למוע שמש
250		D7.40:7	הֹ[.].[...] [...]. [...]	ביתי	ו[.] [...]אֹת
251		B7.2:5	ונכסן כחסן הנפקת מן	ביתי	ולקחת לנפש[ך] עבדת
252		C1.1:139	אצדק %% בר בטני הגשש	ביתי	וֹמה אמר לנכריא [ברי]
253		B3.7:10	ולמנחת בדרגא ז[ך זי	ב]יתי	ותחית [....] בינ[י]הם
254		B2.1:5	ארעא ועד עלא מן זוית	ביתי	זי לעליה ועד בית זכריה^
255		B3.10:3	בחיי ויהבת לכי קצת מן	ביתי	זי זבנת בכסף ודמוהי יהבת
256		B2.1:5	^אגרא זך תדבק לשטר	ביתי	מן ארעא ועד עלא מן זוית
257		C1.1:139	כי גבר לחה הו [מן]	בי[תֹ]י	נפקת לחיתי ועם מן אצדק
258		C1.1:140	ומן אפו צדקני %% מן	ביתי	נפקת חמתי עם מן אקשה
259	ביתך	D2.14fragb+c:2	מלכא^ [ובי]תא	בית[ך	...
260		B3.12:17	ויהבן לך מועה שמש לה	ביתך	אנת ענני בר חגי זי
261		A4.4:9	יהוי להן תנה שלם	ביתך	ובניך עד אלהיא יחוונ[נ]י
262		B3.4:21	ננתן לך בית לדמות	ביתך	ומשחתה בר מן בר זי
263		B7.2:9	זילך לא כתשת ונכסן מן	ביתך	כחסן לא לקחת והן [לא]
264		B2.6:3	לאמר אנה [א]תית	ביתך	למנתן לי לברתך מפט<ח>יה
265		A5.1:3	תהוי לך [....] איך	בי[תך	עביד אנה [....]
266	ביתכי	B2.3:15	דין ולא דבב וביתא	ביתכי	אפם ולבניכי אחריכי ולא
267		B2.3:22	דין ולא דבב וביתא	ביתכי	אפם ואהך בדין ולא אצדק
268	ביתן	D1.34fraga2:2	...] [...] שנת[.] [...]	ביתן]	המ[...]
269		B3.12:12	אנחנה זבן ויהבן לך	ביתן	זי זבן מן בגזשת בר
270		B3.12:3	כל 2 זבן ויהבן לך	ביתן	זי זבן בכסף מן בגזשת בר
271		B3.12:5	הו מהחסן ויהבת לן דמי	ביתן	כסף כרש חד הו 1 שקלן
272	בביתה	B3.8:29	יהוישמע הי [א]חדתה	בביתה	ונכסוהי וקנינה [ו]תכונתה
273		B6.3:3	] אביהי הי שליטה	[בביתה	[ונכ]סוהי ו[קנינה וכל
274		B2.6:18	מפטחיה הי שליטה	בביתה	זי אסחור ונכסוהי
275		B6.3:8	לאם לא שליט[ה אנתי	בביתה	זי שלומם ונכסוהי
276		B8.5:14	מחות...[.]	בב[י]תה	זי .ה..שׁ
277		B3.8:22	בראשה כל זי הנעלת	בביתה	ינתן לה תכונתה ולבשיה
278		B3.5:20	ואיש אחרן לא ישלט	בביתה	כלה להן בני זי ילדתי לי
279		C3.28:100	חגי תתו שטר 1	בביתה	{{...}} בב שבתי חגי
280		D23.1.II:9	ואשכח(י) <ת>ה<י>תבה	בביתה	[.].[.]ת ... תשכבן עם
281	בביתי	B7.2:4	בנפא אנת [על]ת	[בביתי]	כחסן וכתשת לאנתתי
282		A2.3:12	כל טעם זי הוה	בב״י״תי	לשלמכי שלחת ספר[ו]ה זנה
283	בביתך	B3.13:3	לאמר אנה אתית עליך	בביתך	בסון בירתא ויזפת מנך
284		B3.8:3	לאמר אנה אתית על[יך	בבי[תך	ושאלת מנך לנשן יהוישמע
285		B6.1:3	לאמר אנה אתית עליך	בביתך	ושא[לת] מנך ל.... ברתך
286		B7.2:8	כחסן [לא]מר 1+3	בביתך	[לא] עלת ולאנתתא זילך
287	בבתה	A2.2:15	ויהוי זבן גשרן ושבק	בבתה	אל תקמי קדמתה כל גשר זי
288	וביתה	D23.1.Va:5	..[.].[..]...כ...ה...[.]..	וביתה	יהיב לפסמשך סׂרׂיׂסׂא
289		D23.1.Va:6	להי עם] כל נ]כׂסׂי	וביתֹ[ה	יהיב לפסמשך]
290	וביתי	B3.5:22	כסף ר 2 לכרש 1	וביתי	זילהם אפם ולא דין כתב
291		A3.5:6	חזי על עלימיא	וביתי	כזי תעבד לביתך
292	לביתי	A3.10:4	למנתן בעבור למובל	לביתי	ואיתי כסף כרש 1 זי אנה
293		D23.1.II:15		לֿביתי	ואמר לא הוה ואנתנהם
294		D7.1:10	הלו מחר לי למאזל	[ל]ביתי	וינתנו לכי ענז 1 עד
295		C1.1:22	לי י]היבא אזלת לי [....]	לביתי	
296		B3.8:5	לי יהוישמע אחתך	לביתי	תכונה זי כסף כרשן תרין
297		B6.1:5	] הנעלת לי .... ברתך	לביתי	תכונה ז[י] כסף כ]רש
298	לביתך	A3.5:6	וביתי כזי תעבד	לביתך	
299		C1.1:52	לי אל תקטלני בלני	לב[י]תך	ע[ד] ליומן אחרנן
300	וביתא	B2.10:16	לכרש 1 באבני מלכא	וביתא	אפם זילכם עד עלם וזי
301		B3.5:16	לכי כסף כרשן 20	וביתא	אפם זילכי להן הן מיתתי
302		D2.14fragb+c:2	ב[אבני] מלכא^ 10	[ובי]תא	בית[ך ...]
303		B2.3:15	ולא דין ולא דבב	וביתא	ביתכי אפם ולבניכי
304		B2.3:22	ולא דין ולא דבב	וביתא	ביתכי אפם ואהך בדין ולא
305		A3.8:5	זבן ביתא זי זכור	וביתא	זי אשנ[.] ו]הן לא זבנו
306		B3.12:30	באבני מלכא כסף צרף	וביתא	זילך ודי בניך ודי תנתן
307		B3.4:16	כסף זוז לעשרתא 20	וביתא	זילך אם וזי בניך מן
308		B3.4:19	20 כסף זוז לס10	וביתא	זילך אם וזי בניך מן
309	לביתא	B2.7:2	לאמר אנה יהבת לכי	לביתא	זי יהב לי משלם בר
310		B2.1:4	זך זילך הי זי דבקה	לביתא	זילי לזויתה זי לעליה
311		C1.1:48	קרב[תא יבלתך ....]	לביתא	זילי תמה הוית
312		B2.4:3	ארק בי 1 זילי מערב	לביתא	זילך זי אנה יהבת
313		B2.7:5	אחר אנה יהבת לכי	לביתא	זנה חלף נכסיך אלך דמי
314	לבתנא	C3.28:53	בר 2 בר 2{{2}} אביתי	לבתנא	רבען 3 לסמכסן
315	בבתי p const	C3.5:11	כמרן[ ]	בבתי	אלהיא כסף[...]
316	בבתיא p em/sf	C2.1.7:37	ז[י פרס כמסת זי	בבתיא	באלוך זי ב[א]נז [מן]
317	בתיא	B3.7:14	ברא אנה ענני יהבת לך	בתיא	אלה ברחמה^לא^ אכהל אנה
318		A4.4:8	בר מכי[ה ....]	בתיא	זי עלו בהן ביב ונכסיא
319		B3.7:16	עליכי לתרכתכי מן	בת״י״א	זי כתבת ויה[בת לכי ינתן
320	בתין	A3.10:6	המו עבור ויבלתון על	בתין	טב והן לא כספא הבו ליד
321		A4.3:8	חנניה אנתם זולו מן	בתין	נכסן לקבל זי ידכם מהשכחה
322	ובתיהם	C2.1.3:2		ובתיהם]	...]ם אנה
323	ולבתיהם	D23.1.III-IV:8	בעין ו.[....] להם	ולב[תיהם	ונ]כסיהם נתן

ביד p in the possession of

No.	Form	Ref	Context	Word	Context
001	ביד	A6.16:2	אף זי הושרת [....] עלי	ביד	אנא[....] [....]
002		D7.35:9	משלם נונן 3 ו[...]	ביד	בעדי 3 רבר[בן] ויהבת לה
003		C3.14:35	מדינת נא	ביד	ונפר[...] לן
004		A2.5:5	תכלן תהיתן לן תקם יתו	ביד	חרוץ בר ביתאלשזב זי
005		C3.15:123	כספא זי קם יומא הו 2	ביד	ידניה בר גמריה בירח
006		C3.28:104	ערבא בזוזן 100x1	ביד]	יו[נתן חנטא] ז]י יחיי
007		C3.28:105	[ז]י יחיי בר שבניה	ביד	יונתן רכיסה 3+3 זי
008		C3.28:90	ומ 1 באגרה שטריא	ביד	יונתן ואנה סלק לאפנא
009		C3.16:8	יהי[תה] [.]ל	ביד	מעו[זי]
010		D7.35:8	עד יום שבה [...]	ביד	משלם נונן 3 ו[...]
011		C3.28:107	וחתו 2 זי כסף	ביד	נתן וזיכה זי משלם בר
012		A2.4:6	הן מטאך סרחלצה שלח לי	ביד	עקבה בר וחפרע וכעת כל
013		D7.36:1	הושרת	ביד	פטחנם בחנתא מובלן 3 בהם

No.	Form	Ref.	Preceding	Keyword	Following
014		*D7.5:7*	עקא זי [הושר]ת לכי	ביד	פמן הבהי [לפטו]סרי אף
015		*B7.3:4*	[לה] לאמר אתנא זי	ביד	פ]מסי בר פ]מט זי אנת
016		*A6.2:7*	החוין ספינתא נחוי זי	ביד	פסמסנית [....] כל
017		*D3.1:2*	דכרן כנ[תן ... [....] ספרא	ביד]	... ...] כנתן פרסן[... ...]
018		*D7.57:4*	בכל עדן וכעת שלחת לך	ביד	אחוהא זי תם אנתת מלכיה
019		*D6.3fraga:5*	...] [....] סרׄדׄין	ביד[	אנו[...] [....] פסמשך
020		*D7.20:10*	ליומא זנה ולא אתית	ביד	בנתי שלח לי
021		*A3.9:4*	כספא זי הושרת לי	ביד	[....]וון
022		*A4.3:4*	1 זי השכחו גניב	ביד	רכליא על אחרן צחא וחור
023		*C3.13:43*	[....] זי יהבׄ	ביד]	....]תׄי זכרן בפ[אונ]י
024	בידה	*D2.33:3*	[...]ם [...] בר בש.[...	בידה]	[...] חרפנחסן ... [....].וט
025		*C1.1:107*	רשיעא בכנפי לבשך שבק	בידה	אחר אדני לשמש הו [י]לקח
026		*C3.28:108*	עזגד בש 2 וזיכא זילי	בידה	וזיכא רבא זילנא בידה
027		*C3.28:110*	בידה כמׄ[...]ה שפירהׄ	בידה[	חר]שא זי יׄ.... חׄנׄטׄן
028		*C3.28:111*	חׄנׄטׄן א 2 ר 1	בידה	חרשא זי נחש וכרסא
029		*C3.28:112*	ברת חניה ססן..]חׄ	בידה	חרשא זילנא במציעתא חמרא
030		*C3.28:109*	[...] רבא בידה ספלא	בידה	כמׄ[...]ה שפירהׄ בידה]
031		*B2.6:6*	לי [ברתך] מפטחיה	בידה	כס[ף] תכונה כרש 1 ˆשקלן
032		*B3.3:16*	הנעלת תמת לענני	בידה	כסף כרש 1 שקלן 3+2 ספר
033		*B2.6:7*	כסף ר 2 לו10 הנעלת לי	בידה	לבש 1 זי עמר חדת חטב צבע
034		*B3.3:4*	ועד עלם הנעלת לי תמת	בידה	לבש 1 זי עמר שוה כסף
035		*C3.28:109*	בידה קׄ.כׄ.[...] רבא	בידה	ספלא בידה כמׄ[...]ה
036		*C3.28:108*	בידה וזיכא רבא זילנא	בידה	קׄ.כׄ.[...] רבא בידה ספלא
037		*C3.28:102*	1 בחנטן א 20+3+2	בידה	שטריהׄ יחנן בר דלוי
038		*B2.6:25*	ר 2 וכל זי הנעלת	בידה	תהנפק מן חם עד חוט ותהך
039		*B2.6:28*	[י]אבד וכל זי הנעלת	בידה	תהנפק מן חם עד חוט ביום
040		*B3.3:10*	ˆר 2ˆ וכל זי הנעלת	בידה	תהנפק מן חם עד חוט מחר
041		*B3.3:8*	ˆר 2ˆ וכל זי הנעלת	בידה	תהנפק מן חם עד חוט מחר
042	בידי	*C1.1:170*	כי לא	בידי	אנ[ש]א מנשא רגלהם
043		*D7.9:13*	נחת קפירא זי היתת	בידׄי	הושרוהי לי וקפרא
044		*B3.10:17*	ימין סב לא כהל הוית	בידי	וסבלתני אף אנה יהבת לה
045		*A2.2:5*	הלו מסת כספה זי הוה	בידי	נתתן ופדת לבנתסר
046	בידיך	*C1.1:171*	[אלה]ן ל.[...] כי לא	בידיך	מנשא רגלך למנחתותה %%
047	בידך	*D7.27:2*	...]ןׄ [...].[.] [...].[...]	בידך]	...] [... י]תנתן
048		*B3.1:19*	סגן ודין וספרא זנה	בידך	אף יהכון בדין ולא יצדקון
049		*B3.1:14*	מני ערבן וספרא זנה	בידך	והן מיתת ולא שלמתך בכספא
050		*B3.1:12*	ומרביתה וספרא זנה	בידך	ולא אכל אקבל עליך קדם
051		*B3.1:20*	ולא יצדקון וספרא זנה	בידך	כתב נתן בר ענני ספרא
052		*A3.8:13*	ולעבק הנחת לי כתון 1	בידך	על [....]
053		*C1.1:192*	תשתהׄ [...] למשבק זהב	בידך	%% אל ת[....]ן[....]
054	בידכי	*B2.3:22*	ולא אצדק וספרא זנה	בידכי	אף איתי ספר מרחק 1 זי
055		*B2.3:18*	יתלקח בדין וספרא זנה	בידכי	ואף אנה מחסיה מחר או
056		*B5.5:7*	[אנתי מ]פטחיה זי הוה	בידכי	יהבתהי לי וטיב לבבי
057	בידכם	*A3.10:2*	וכעת איתי לי אלף חדה	בידכם	ביני ובין מריה חזו חלקא
058		*A3.10:7*	והן עבו[רא ..] קים	בידכ[ם	ה]ודעו לארמתידת עלוהי
059		*D7.28:2*	חזי .[..].[..]א 1 מלח	בידכם	ומן[...] .שׁ 1 ר 1
060	בידה	*A2.6:7*	הלו כספה זי הוה	בידה	יהב ש[1 .... ומכ]בנת

בין p between, among

No.	Form	Ref.	Preceding	Keyword	Following
001	בין	*B3.3:11*	בכל נכסן זי יהוון	בין	ענני ותמת מחר או יום
002		*B3.7:11*	תחתיתˆאˆ וזׄ[י עׄ]לא	בין	פלטיה ברי ו[יהוי]שמע
003		*B3.3:12*	נכסן זי יהוון בין	{{בין}}	תמת ובין ענני ואנה
004		*A6.4:2*	זילי זי פק[יד] הוה	בין	בגיא זילי זי בע[ליתא
005		*A6.4:3*	כען פקיד עבד חלפוהי	בין	בגיא זילי זי בעליתא
006		*A6.5:2*	הוה	בין	בגיא זילי זי [במצרי]ן
007		*A6.6:3*	זך אתעדי מן	בין	בגיא זי מרא[י
008		*A6.7:5*	אבשוכן ממנין הוו	בין	בגיא זילי זי בעליתא
009		*B3.3:12*	בכל נכסן זי יהוון	בין	{{בין}} תמת ובין ענני
010		*C1.1:62*	זילי אנתן לכם ˆיתקטלˆ	בין	טוריא[אל]ה תרין חלף
011		*A4.1:8*	[ה]נעלו בתוניכם וחתמו	בין	יומיא[אלה] [....]א [אל]
012		*B3.13:7*	אבגרנא זי מנעל כתיב	בין	יומן 20 הו עשרן ולא דן
013		*B3.4:20*	נקום ונפצל ננתן לך	בין	יומן 10+20 והן לא פצלן
014		*B7.1:7*	[ ]לך הן לא יהבת לך	בין	יומ]ן
015		*B8.7:8*	[....]	בׄיׄן	יומן 10+2 שאיל מנכי
016		*B4.5:7*	[לא ש]למת יהבת לך	בין	ירח
017		*C1.1:40*	עמה הׄ[וו] ואנה מהלך	בין	כרמיא [.... וכזי
018		*B7.2:10*	לקחת והן [לא] קרית לך	בין	מקמיא אלה [3+]1 אף
019		*B7.2:8*	לך על חרמביתאל אלהא	בין	[מ]קמן 3+1 לא[מר] כחסן
020		*C1.1:161*	חרב תדלח מין שפין	בין	רעין טבן איש זעיר ויׄרבה
021	ביני	*A3.10:2*	איתי לי אלף חדה בידכם	ביני	ובין מריה חזו חלקא זילי
022	ובין	*B3.3:13*	בין {{בין}} תמת	ובין	ענני ואנה משלם מחר או
023		*B2.1:13*	תנפק בשוקא זי בינין	ובין	בית פפטעונית מלחא הן
024		*D20.5:4*	קחי הוי פלחה נמעתי	ובין	חסיה[...] [.].[.]
025		*A3.10:2*	אלף חדה בידכם ביני	ובין	מריה חזו חלקא זילי זי
026		*C1.1:205*		ובין	שאני בזק אל ינעל ברגלי
027	ביניהן	*B3.12:21*	בני תויא ושוק מלכא	ביניהן	וכונה 1 פתיח לתרי רבתא
028		*B3.12:19*	זי יהו ושוק מלכא	ביניהן	עליה לה בית פרנו בר
029	בינים	*B3.11:5*	זילך למנפק ושוק מלכא	בינים	עליא לה בית קנחנתי דבק
030	בינין	*B2.1:13*	הו ולא תנפק בשוקא זי	בינין	ובין בית פפטעונית מלחא
031		*B2.11:14*	וספר פלגנן נכתב	בינין	ולא דין כתב נבותכלתי
032		*B2.1:14*	זך למנפק בשוקא זי	בינין	כתב פלטיה בר אחיו
033	בניהם	*B3.5:10*	יהו אלהא ושוק מלכא	בניהם	מועה שמש לה תמא זי חנום
034		*B2.10:7*	יהו אלהא וארח מלכא	בניהם	מערב שמש לה בית מבטחיה
035		*B2.7:14*	גדול בר אושע ושקא	בניהם	מערב שמש לה בית חרוץ
036		*B3.5:11*	חנום אלהא ושוק מלכא	בניהם	מערב שמש לה ביתה זי
037	ביניהם	*B3.4:10*	יהו ˆאלהאˆ ושוק מלכא	ביניהם	אנה בגזשת ואובל כל 2
038		*B3.4:8*	חנום אלהא ושוק מלכא	ביניהם	מועה שמש לה אוצרא זי
039		*B3.7:6*	..[....]	ביניהם	עׄ[ל]י לה אוצר מלכא
040		*B3.7:11*	[ב]יתי ותחית [....]	בינ[י]הם	תחתיתˆאˆ וזׄ[י עׄ]לא

בינבן N (unclear)

No.	Form	Ref.	Preceding	Keyword	Following
001	s ab/cn ובינבן	*A2.5:5*	וכעת יהתו לן ארון	ובינבן	והן תכלן תהיתן לן תקם

בירה N fortress (Akk; GEA 376.9)

No.	Form	Ref.	Preceding	Keyword	Following
001	s ab/cn בבירת	*B2.2:3*	בר ידניה יהודי זי	בבירת	יב לדגל וריזת לאמר
002		*D4.12:1*	...]	בביר]ת	סון[...] [...]דגלא]

No.	Form	Ref	Before	Keyword	After
003	בירת	A4.5:5	ושור חד בנ[ו ב]מנציעת	בירת	יב וכען שורא זך בנה
004	לבירת	A4.7:8	עם חילא אחרנן אתו	לבירת	יב עם תליהם עלו באגורא
005		A4.8:7	] עם חילא אחרנן אתו	לבירת	יב עם [ז]ניהום עלו
006 s em/sf	בבירתא	A6.7:7	לא שנציו למנעל	בבירתא	אחר [י]נ[ח]רו לחיא אחד
007		B2.7:4	לי כזי הנדז הוית	בבירת<א>	אכלת המו ולא השכחת כסף
008	בירתא	A4.5:11	דחפניא זי ביב	ב[ירתא	....] [....]ן
009		A4.6:11	[....]י אתו ליב	בירתא	[....] [....]
010		A3.9:4	אנפיך בשלם	בירתא	סו[ן ...]חק מלכא
011		B7.1:9	ספרא [ז]נה בס]ון	בירתא	[....]
012		D2.9:5	[.]... [...	]בירת˄א˄	[... ... ...] ברת זכור
013		A4.5:6	שורא זך בנה במנציעת	בירתא	איתי באר חדה זי בניה
014		B2.10:2	מלכא אדין ביב	בירתא	אמר ידניה בר הושעיה
015		B2.11:1	דריוהוש מלכא ביב	בירתא	אמר מחסיה בר נתן 1
016		B2.9:1	מלכא אדין ביב	בירתא	אמר מנחם וענניה כל 2
017		B3.13:1	מלכא אדין בסון	בירתא	אמר ענני בר חגי בר
018		B3.7:2	מלכא אדין [ביב	בי]רתא	אמר אנה ענני בר עזריה
019		B3.8:1	[מלכא אדין] ביב	בירתא	אמר ענניה בר חגי ארמי
020		B3.9:1	מלכא אדין בסון	בירתא	אמר אוריה בר מחסיה
021		B4.5:1	דריוהוש מלכא ביב	בירתא[	אמר נתן בר] הושע ארמי
022		B5.2:1	] .... אדין ביב	בירתא]	אמר מתן בר ישביה ארמי
023		B7.1:1	מלכא בסו[ן]	בירתא	[אמר ... בר ... יהודי
024		B7.2:2	מלכ[א] ב[י]ב	בירתא	אמר מלכיה בר ישביה
025		B3.5:4	בגזושת כספין זי יב	בירתא	אנה ענניה יהבתה לכי
026		B2.2:4	לי ביהו אלהא ביב	בירתא	אנת ואנתתך וברך כל 3 על
027		D1.17fraga:3	] [...]ב.דתחמי בטבה	בירתא	אתה חז.[...] [... ....]
028		A6.2:7	[...] חלא זי לקבל	ב[י]רתא	ב[....]ה מתרדת
029		A4.9:4	{{שמי}} שמיא זי ביב	בירתא	בנה הוה מן קדמן קדם
030		A4.5:3	אלהא [עבד]ו ביב	בירתא	המונית עם וידרנג זי
031		A4.7:5	חנוב ˄אלהא˄ זי ביב	בירתא	המונית עם וידרנג זי
032		B3.13:3	עליך בביתך בסון	בירתא	ויזפת מנך ויהבת לי כנתן
033		A4.7:13	בנו אגורא זך ביב	בירתא	וכזי כנבוזי על
034		A4.8:12	בנו אגורא זך ביב	ב[ירתא	וכזי כנבוזי על למצרין
035		A4.5:7	חדה זי בניה בג[ו]	ב[י]רתא	ומין לא חסרה להשקיא
036		A5.5:10	אף כען	בירתא	זא חי[ל
037		A4.7:6	זי יהו אלהא זי ביב	בירתא	יהעדו מן תמה אחר
038		A4.8:5	] זי יהו אלהא זי ביב	בירתא]	יהעדו מן תמה ˄אחר˄
039		A4.7:8	לאמר אגורא זי ביב	בירתא	ינדשו אחר נפין דבר
040		A4.8:7	זי יהו אלהא ביב	בירתא	ינדשו אחר נפין זך דבר
041		A4.10:9	אלהא זילן יתבנה ביב	בירתא	כזי קדמן[ב]נה הוה וקן
042		A4.8:5	[חנוב אלהא זי ביב]	בירתא	כסף ונכסין יהבו
043		B2.11:15	ספרא זנה ביב	בירתא	כפם מחסיה וידניה
044		B2.2:17	אבה ספרא זנה בסון	בירתא	כפם דרגמן שהד הושע בר
045		B2.3:28	ספרא זנה בסון	בירתא	כפם מחסיה שהדיא בגו
046		B2.4:16	ספרא זנה בסון	בירתא	כפם מחסיה שהדיא בגו
047		B2.8:12	ספרא זנה בסון	בירתא	כפם פיא בר פחי שהדיא
048		B3.13:12	ספרא זנה בסון	בירתא	כפם ענני בר {{משלם}}
049		B2.8:2	בר פחי ארדיכל לסון	בירתא	למבטחיה ברת מחסיה בר
050		B3.1:2	ברת משלך נשן זי יב	בירתא	למשלם בר זכור יהודי
051		B3.3:2	זי יהה אלהא זי ביב	בירתא	למשלם בר זכור ארמי זי
052		A4.7:7	זי רבחיל הוה בסון	בירתא	לאמר אגורא זי ביב
053		A4.8:6	ז[י רבחיל הוה בסון	בירתא	לאמר אגורא] זי יהו אלהא
054		B3.1:3	זכור יהודי זי יב	בירתא	לאמר יהבת לי זפת כסף
055		B2.3:2	בר ידניה מהחסן ביב	בירתא	לדגל הומדת לנשן
056		B2.9:2	שלומם יהודין זי יב	בירתא	לדגל אדננבו לידניה
057		B3.8:2	בר חגי ארמי זי יב	בירתא	[ל]דגל [אדן]נבו לזכור
058		B6.1:2	] בר .... ארמי זי יב	בירתא	לדגל אדננבו ל[..]ל....
059		B7.2:3	ארמי מהחסן ביב	ב[ירתא	לד]גל נבוכד[רי
060		B5.5:2	[יהודיה] זי יב	בירתא	לדגלה ארמ[יה] לאסורי
061		B3.5:2	לחן זי יהו אלהא ביב	בירתא	לנשן תמת אנתתה לאמר
062		A4.7:25	יהו אלהא למבניה ביב	בירתא	לקבל זי בנה הוה קדמין
063		A4.8:24	יהו אלהא למבניה ביב	בירתא	לקבל[זי בנה הוה לקדמין
064		D2.12:4	י[הו]די זי ביב	בירתא	מהחסן לדגל <...>
065		A4.10:6	2+3 סונכנן זי ביב	בירתא	מה[חס]נן כן אמרן הן
066		A4.5:5	ז מלכא זי ביב	בירתא	נדשו ושור חד בנ[ו
067		B2.2:3	חרזמי זי אתרה ביב	בירתא	עביד לדגל ארתבנו
068		D2.12:3	בחתרי זי [א]תרה ביב	בירתא	עביד לדגל מרי 1
069		B2.10:2	אוריה ארמי זי יב	בירתא	קדם וידרנג רב חילא זי
070		A4.7:1	וכנותה כהניא זי ביב	בירתא	שלם מראן אלה שמיא ישאל
071	ברתא	C2.1.4:9	] עבד קרבא בזוז שמה	ברתא]	בארר[ט] [אהור]מזד
072		C2.1.5:12	עבדו קרבא בתגר שמה	ברתא	בארר[ט] אהורמזד סעדנ[י
073		C2.1.5:16	קרב בהיו [שמה]	[ברתא]	בארר[ט] אהו[רמזד סעדני
074		C2.1.8:60	[סוסין] [ק]רק ארשד	[ב]רתא	במ[ת הרוחתי אזל אחר
075		B3.4:4	בר מסדי זי ביב	ברתא	זי אגרוה קימן ותרבצה ארע
076		B3.10:23	שמעיה ספרא זנה ביב	ברתא	כפם ענני בר עזריה לחנא
077		B3.12:32	שמעיה ספרא זנה ביב	ברתא	כפם ענני לחנא זי יהו
078		B3.11:2	לחן זי יהו אלהא ביב	ברתא	ליהוישמע ברתה לאמר יהבת
079		B3.12:2	זי יהו אלהא שכן יב	ברתא	לענני בר חגי בר משלם
080		B3.12:3	בסס ארמי זי {זי} יב	ברתא	לדגל נבוכדרי לאמר אנה 1
081		B3.6:2	בר זכור יהודי זי יב	ברתא	לדגל אדננבו לנשן תפמת
082		B4.6:2	[של]ום ארמי זי יב	ברתא	לדגל נבוכדרי לסלו[אה]
083		B3.10:2	לחן ליהו אלהא ביב	ברתא	לנשן יהוישמע ברתה לאמר

ביתשכן N (unclear)

No.	Form	Ref	Before	Keyword	After
s ab/cn 001	ביתשכן	B8.2:29	חנבנש גנ[....]	ביתשכן	1[....] זי

בכא N (unclear)

No.	Form	Ref	Before	Keyword	After
s ab/cn 001	בכא	D8.3:15	בר .[...] פי.[...] [...] [...].	בכא	חד 1 גנה .. אי. בחקלא

בכו N crying

No.	Form	Ref	Before	Keyword	After
s em/sf 001	בכותא	C1.1:210	מן גלדי %% רגז...	[בכותא	הו יתנ.מכ[...]בלנ]

בכי N wailing

No.	Form	Ref	Before	Keyword	After
s em/sf 001	בכיא	D8.11:2	[...]2 לתעבי [√] לבית	בכיא	זי שרתי √ בר פתרסא

בל — N — mind

No.	Gram.	Form	Ref.	Preceding	Keyword	Following
001	s em/sf	בלך	C1.1:81	[לי]לה אֿ[ל] תאתה על	בלך	כזי בכל אתר ע[יני]הם

בל #2 — N — (unknown)

No.	Gram.	Form	Ref.	Preceding	Keyword	Following
001	p abs	בלן	D11.26:1	ב.	בלן i0	שבתי לא ידען

בלי — A — worn out, old

No.	Gram.	Form	Ref.	Preceding	Keyword	Following
001	s ab/cn	בלה	B3.8:10	[1 ש]לב 2+3+3	בלה	שוה [כסף שקל 1 חלרן 20
002		בליה	B3.8:12	[שקל 1] ...[...] כתן 1	בליה	ו[.... ד]מי כסף שקל 1 כל

בלע — V — to swallow

No.	Gram.	Form	Ref.	Preceding	Keyword	Following
001	peal	יבלעוך	C1.1:148	אל תחלי ואל	[י]בֿ[ל]עֿוך	אל תמר[....] הן

בלעד — p — without

No.	Gram.	Form	Ref.	Preceding	Keyword	Following
001		בלעדי	C1.1:170	רגלהם ומנחתותהם מן	בלע[די	אלה[ן ל.[...] כי לא בידיך
002			B1.1:12	מ[ן]חלקי למלך מן	בלעדי	מלת מלך ונתנת לי פמ[טן
003		בלעדיהם	D23.1.XII:3	[..]המ[....].תה הוא	בלעדיהם	[....] ... ...[..].[

במנציעת — p — in the middle of

No.	Gram.	Form	Ref.	Preceding	Keyword	Following
001		במנציעת	A4.5:5	נדשׂו ושור חד בנ[ו	ב]מנציעת	בירת יב וכען שורא זך
002			A4.5:6	וכען שורא זך בנה	במנציעת	בירתא איתי באר חדה זי
003			C1.2:7	אלפי מלכא ....תֿ	במנצ[יעת]	[..] חור בר פֿוֹנֹשׁ

בן — N — son (Phoen)

No.	Gram.	Form	Ref.	Preceding	Keyword	Following
001			D11.4:3	ת ימחת בן חר ענחפמס	בן	אב.רֿ
002			D11.6:2	בר ˆתˆ פגו [..]עבדאסר	בן	בנחף [.. צ]חפמו בן צחא
003			D11.4:2	מחלם בר מערם ת ימחת	בן	חר ענחפמס בן אב.רֿ
004			D11.5:2	בר אפֿרֿי לחוי	בן	עבדאבסת אחמן בן עכבר
005			D11.5:3	לחוי בן עבדאבסת אחמן	בן	עכבר
006			D11.6:3	בן בנחף [.. צ]חפמו	בן	צחא

בנוי — N — construction

No.	Gram.	Form	Ref.	Preceding	Keyword	Following
001	s em/sf	בנויא	B2.4:12	אנת שליט בה חלף	בנויא	זי אנת בנית בביתא זך

בני — V — to build

No.	Gram.	Form	Ref.	Preceding	Keyword	Following
001	peal	בנית	B2.4:12	בה חלף בנויא זי אנת	בנית	בביתא זך ותוב פלגא הו
002		בנה	B2.1:20	הושעיה ספר אגרא זי	בנה	זי כתב קוניה למחסה
003		בנו	A4.7:13	יומי מלך מצרין אבהין	בנו	אגורא זך ביב בירתא וכזי
004			A4.8:12	יום מלכי מצרין אבהין	בנו	אגורא זך ביב ב]ירתא
005			A4.5:5	בירתא נדשׂו ושור חד	בנ[ו	ב]מנציעת בירת יב וכען
006			B3.11:4	אגר באגר להנפנא זי	בנו	מצריא מערב שמש לה הו בבא
007		בנהו	B3.10:9	לה אגרא זי הנפנא זי	בנהו	מצריא הו תמואנתי עליא לה
008		תבנה	B2.4:8	או יום אחרן ארקא זך	תבנה	אחר ברתי תשנאנך ותנפק
009			B3.4:22	שקלן 3+1 ובנינא זי	תבנה	בה וכל אשרן זי יהכן על
010		יבנון	D7.15:2	עלֿדֿבֿרֿ [....]	יבנון	לי אף על מרֿיֿ אלפא
011			C1.2:20	זי [...] קדמיהם עד	יבנון	קד[...
012		יבנוהא	D6.14fragb:1	...]	י]בנוהא	[.].בֿ..[.]
013		בני	B2.4:5	אמרת לך ארקא זך	בני	ועתדֿ בהמיתה
014			B2.3:19	לאחרנן ארקא זך זיליכי	בני	והבי למן זי רחמתי הן מחר
015		בנה	B3.7:3	י[הב]ת לכי בי חדֿ	בֿנֿהֿ	אחד גשורן הוה א[רך]אמן
016			B3.5:8	1+20+20+20+20	בנה	בי תחתי חדת אחד גשורן
017			A4.5:6	בירת יב וכען שורא זך	בנה	במנציעת בירתא איתי באר
018			A4.10:9	ביב בירתא כזי קדמן[	ב]נה	הוה וקן תור ענז מקלו
019			A4.7:25	ביב בירתא לקבל זי	בנה	הוה קדמין ומחתא ולבונתא
020			A4.8:24	ביב בירתא לקבל] זי	בנה	הוה לקדמין ומנחתא
021			A4.9:4	שמיא זי ביב בירתא	בנה	הוה מן קדמן קדם כנבוזי
022			A4.8:13	[על למצרין אגורא [זך	בנה	השכח ואגורי אלה[י] מצריא
023			A4.7:14	על למצרˆיןˆ אגורא זך	בנה	השכחה ואגורי אלהי מצרין
024			B8.2:33	[....]	בֿנה	על [....] זנה ה
025		בנין	A4.7:10	הוה תרען זי אבן 3+2	בנין	פסילה זי אבן זי הוו
026			A4.8:9	[הוה] תרען רברבן 3+2	בנין	פסלה זי אבן זי הוו
027		בניה	A4.5:6	בירתא איתי באר חדה זי	בניה	בג[ו] ב[י]רתא ומין לא
028			B3.4:5	ותרבצה ארע הי ולא	בניה	וכוין בה וגשרן לא אחד
029		למבנה	B2.1:3	לי תרע ביתא זילך	למבנה	אגר 1 תמה אגרא זך זילך
030			A4.7:23	אתעשת על אגורא זך	למבנה	בזי לא שבקן לן למבניה
031			B2.4:14	לא יהבת לך ארקא זך	למבנה	ולא כתבת לך ספרא זנה
032			B2.1:6	אחרן לא אכהל אכלאנך	למבנה	עלוי אגרא זך זילך הן
033			B2.1:9	למחסה או לבר לה	למבנה	עלוי אגרא זך זילה זי
034			B2.1:11	זילך אפם ואנת שליט	למבנה	עלויה עד עלא ואנה
035		למבניה	A4.7:25	אגורא זי יהו אלהא	למבניה	ביב בירתא לקבל זי בנה
036			A4.8:24	אגורא זי יהו אלהא	למבניה	ביב בירתא לקבלן זי בנה
037			A4.9:8	דריוהוש מלכא	למבניה	באתרה כזי הוה לקדמן
038			A4.8:22	את[עשת על אגורא זך	למבניה	בזי לא] שבקן לן למבניה
039			A4.7:23	בזי לא שבקן לן	למבניה	חזי בעלי ‖טבתך ורחמיך
040			A4.8:23	[בזי לא] שבקן לן	למבניה	חזי בעלי טבתך ורחמיך זי
041	pael	מבני	B3.12:12	פלין כספיא בי תחתי	מבני	אחד גשורן כון ודשׁן 2
042			B3.10:12	עזריה יהבתה לך ברחמן	מבני	בי תחתי אחד גשורן וכון
043			B3.11:2	לאמר יהבת לכי בי חדֿ	מבני	בי תחתי אחד גשורן ודשׁן
044			B3.12:13	אחד גשורן כון ודשׁן 2	מבני	בי תחתי הו תרי רבתא זילי
045			B3.11:3	ודשׁן 3 הו תרי רסי	מבני	דרגה ותרבצה הו בבה למנפק
046	etpeel	יתבנה	A4.10:8	זי יהו אלהא זילן	יתבנה	ביב בירתא כזי קדמן]
047			A4.7:27	עבדו עד זי אגורא זך	יתבנה	וצדקה יהוה לך קדם יהו
048			A4.8:26	תעבד זי עד אגורא זך	יתב[נה	וצדקה יהוה לך קדם יהו

בנין — N — building

No.	Gram.	Form	Ref.	Preceding	Keyword	Following
001	s em/sf	ובנינא	B3.4:22	כרש 1 שקלן 3+1	ובנינא	זי תבנה בה וכל אשרן זי

בסולה — N — (unclear)

No.	Gram.	Form	Ref.	Preceding	Keyword	Following
001	s ab/cn	בסולה	C1.1:217	[ ]הוה איש לא	בסֿולה	[....] מתקנה

בעי V to seek

001	peal	בעית	B8.3:3	סחה ורכני 1	בעית	ו.[....] [....].מא
002		בעא	D1.6fragc:2	.כ[..]מו	בעא	ה[מו ... ...]
003			A4.8:16	[קנה אבדו וכל גבר זי]	בעה	באיש לאגורא זך כלא קטילו
004			A6.10:3	ונכ[ס]ן אחרנן שפיק	בעה	ועבד על ביתא זילי וכען
005			B8.1:19	...ת	בֿעה	[....]
006		בעו	A4.7:17	קנה אבדו וכל גברין זי	בעו	באיש לאגורא זך כל קטילו
007		תבעה	D7.1:15	ושאלהי[.] למ.ה	תבעהֿ	
008			C1.1:34	אבי [.... ....]	]תבעה	אתר זי אנת תהשכח
009		תבעין	D23.1.VIII:11	כֿל זֿי	תבעיֿן	אנה אֿנֿתֿן מֿלן[.]..
010			D23.1.VIII:11	[.].. קבֿלֿ זֿי	תֿבֿעֿיֿן	כֿל אֿ.[...]פֿם ולֿ...
011		יבעה	C1.1:53	על אחרן יזכרני ועטתי	יבעה	אחֿ[ר]אנת תֿקֿרֿבני
012			A4.3:6	ומלה זי צחא ˆחורˆ	יבעה	מנכם אנתם קמו קבלהם כן
013			C1.1:24	אמרת הו טבתא	יבעהֿ]	....
014		יבעך	C1.1:43	ומלוהי הות אתור כלא	יבֿעֿך	[....]ת זי הקימת
015		תבעון	A6.10:9	יהוה ומן אתר אחרן לא	תבעון	ולא תהוספון על ביתא
016		יבעי	D7.32:4	[...] [...]ת .[...].	]יבעי	[...] [...] למאכל[...]
017		בעי	A3.8:6	[ו]הן לא זבנו המו	בעי	אש זי יזבן ביתא [ר]בא זי
018			D7.5:8	הבהי [לפטו]סרי אף	בעי	גלדא [זי] אמרת לכי הלו
019		ובעי	D7.16:6	כען החלפי לי שערˆךˆ	ובעי	1 ואחט המו בקל כענת חי
020		בעו	A6.10:7	גרד אמנן וספזן שפיק	בעו	והנעלו בתרבצא זילי וסטרו
021		בעא	D1.12:5	[...]בזֿנ[ה	]בעהֿ	אנת זנ.[... ...]א
022		בעין	D23.1.III-IV:7	.[...]יֿ[.]לֿ[.]. כֿלֿ	בעיֿן	ו.[....]. להם ולב[תיהם
023			A6.10:4	חסין נטרן אף אחרנן	בעי[ן]	מן אתר אחרן ומהוס[פן
024		בען	A2.6:9	[לה ....]אנחן	בען	אלף ויתונה לכן ל[שלמכי

בעל V to take a husband

001	(h)afel	להבעלה	B3.8:33	לא שליטה יהו[ישמע	ל]הבעלה	בעל אחרן בר [מן] ענני

בעל N master, lord, husband, member; cf. בעלענות and בעל שמין in *Divine Names KWIC*

001	s ab/cn	בעל	B3.8:33	יהו[ישמע ל]הבעלה	בעל	אחרן בר [מן] ענני והן
002		ובעל	C1.1:100	[לא] ילוהֿ עמה ב[....]	ובעל	אגר לא יהוה לה גבר טב
003		לבעל	D1.1:14	[... ... ...]ברתכי	לבעל[	... ...] ואל תצפי לה
004			C3.7GV4:1		לבעל	טֿלֿפֿת לבעל מ.לין לבעל
005			C3.7GV4:2	לבעל טֿלֿפֿת	לבעל	מ.לין לבעל מלֿ...כן לבעל]
006			C3.7GV4:3	לבעל טֿלֿפֿת לבעל מ.לין	לבעל	מלֿ...כן לבעל]
007			C3.7GV4:4	מ.לין לבעל מלֿ...כן	לבעל]	....]
008		בעל	B2.1:9	אח ואחה קריב ורחיק	בעל	דגל וקריה יכלא למחסה או
009			B2.7:10	אנה ואח ואחה קרב ורחק	בעל	דגל ובעל קריה ינתן לכי
010			C1.1:79	בשמֿ[י]ן שימה הי כי	בעל	קדשן נשא[ה] ברֿ[י] אל
011			B6.3:7	[זי שלומם קריב ורחיק]	בעל	קריה ובֿ[על דגל ירשה
012		ובעל	B6.3:7	[ורחיק] בעל קריה	ובֿ[על	דגל ירשה לאביהי אנתתה
013			C1.1:42	ספרא חכימא	ובעל	עטתא טבתא זי גבר [....
014			B2.7:10	קרב ורחק בעל דגל	ובעל	קריה ינתן לכי כסף כרשן
015			B2.9:10	ואחין ואיש זילן קריב	ובעל	קריה לא יכהלון
016	s em/sf	בעלה	B2.6:21	לא איתי לה מן אסחור	בעלה	אסחור הו ירתנה בנכסיה
017			B3.8:35	לא איתי לה מן ענני	בע[לה	ענני בעלה] הו ירתנה
018			B3.8:35	מן ענני בע[לה ענני	בעלה]	הו ירתנה [בתכו]נ[ת]ה
019			B3.8:40	חד ו[ת]רין לענניה	בעלה	והן לא תעבד לה שנאה< ה>י
020			B2.6:4	לאנתו הי אנתתי ואנה	בעלה	מן יומא זנה ועד עלם יהבת
021			B3.3:4	לאנתו הי אנתתי ואנה	בעלה	מן יומא זנה ועד עלם
022			B3.8:4	לי הי אנתתי ואנה	בעל[ה]	מן יומא זנה עד עלם
023			B6.1:4	[לי הי אנתתי] ואנה	בעלה	מן יומא זנה עד על[ם
024		בעלי	B2.6:23	ותאמר שנאת לאסחור	בעלי	כסף שנאה בראשה תתב על
025		בעלכי	B2.3:7	בית יזן בר אוריה	בעלכי	ובית זכריה בר נתן
026		לבעלה	B3.8:24	והן יהוישמ[ע] תשנא	לבעלה	ענניה ותאמר לה שניתך
027			B3.8:26	תתב על מוזנא ותנתן	לבעלה	ענניה כסף שקלן 3+3+1
028		לבעלי	B3.3:9	תקם תמת ותאמר שנאת	לבעלי	ענני כסף ש<נ>אה בראשה
029	p const	בעלי	A4.7:22	וכנותה ויהודיא כל	בעלי	יב כן אמרˆיןˆ הן על
030			A4.8:22	ויהודיא כלא	בעלי	יב כן אמרן הן על מר[א]ן
031			C3.27:22	נפקן 3+3+2 קֿבֿ.ה 3	בעלי	פתורא צחא 1 פטנתר 1

בעל טבה N obligee

001	s em/sf	בעל טבתכם	D7.1:4	ˆקןˆ זי סחמרי	בעל ‖טבתכם	אתה סון עם קנא
002	p em/sf	בעלי טבתא	C1.1:222	רחמי וֿמן	בעלי טֿ[בתא]	
003		בעלי טבתך	A4.7:24	לן למבניה חזי	בעלי ‖טבתך	ורחמיך ˆזיˆ תנה
004			A4.8:23	שבקן לן למבניה חזי	בעלי טבתך	ורחמיך זי תנה

בעל טעם N chancellor (Akk; GEA 376.10)

001	s ab/cn	בעל טעם	A6.2:23	שים טעם ענני ספרא	בעל טעם	נבועקב כתב וחפֿרעמחי

בצר V to diminish, to detract

001	etpeel	אתבצרו	D1.34fraga:4	[פמנח]תֿףֿ גבריא זי	אתבצרו	עבֿ[...] [...] .[...] יקמו

בק N jar

001	p em/sf	בקיא	D7.44:7	ולא הו חתם הלו כל	בק{א}‖יא	טמאן הא לחמא זי

בקל N legumes

001	s ab/cn	בקל	D7.16:6	ובעי 1 ואחט המו	בקל	כענת חי ליהה הן לא על
002	s em/sf	בקלא	D7.16:1	שלם יסלח כענת הא	בקלא	אוש‖ר מחר ערקי אלפא מחר

בקר V to inspect, examine

001	peal	בקרו	C3.7AR2:19	10 ב 10+20 לחתחור	בקרו	למצרין ספינה 1 זי[....
002			C3.7AR3:4	[2 ר 2] [כל ספינתא זי	בקרו	למצרין בירח חתחור]
003			C3.7BR1:15	ח 2 ר 2 [ב ...]לכיחך	בקרו	למצרין ס[פינה 1 זי
004			C3.7BR1:7	.[..].[...] ב 2ֿ לכיחך]	ב]קֿרֿוֿ	למֿ[צרין] ספינה 1 זי
005			C3.7DR1:11	ח 2 ר 2 כל ספינתא זי	בקרו	למצרין [ב]ירח תעבי
006			C3.7DR1:4	ב 10+3+3+2 לתעבי	בקרו	למצרין ספ[י]נ[ה]1[זי
007			C3.7DR3:1	ב[10 ל]מֿחֿיֿ[ר	בקרו	למצרין] ספינה 1 ז[י
008			C3.7DR3:8	ר 1+[1] ב 20 למחיר	בקרו	ל[מצרין] ספינה 1 זֿיֿ
009			C3.7ER1:14	[ב]3+3+1 לֿ[פ]חנס	בקרו	למֿצֿרֿיֿן [ס]פינהֿ 1]
010			C3.7ER2:11	[10] ב 10 [לפח]נֿסֿ	בקרו	למצרין ס[פינה]1[ז]י

No.	Ref.	Preceding	Word	Following
011	C3.7ER2:17	2 [ב 10+3+2]לפחנס	בקרו	למ[צרין] [ספי]נה 1 [זי]
012	C3.7FV3:18	20 כל ספינתֿאֿ ז[י]	בקרו	למצרין בֿ..מֿא[...] זי
013	C3.7GR2:15	[ב]3+2 לא[פף	בקרו	למצ]רין ספינֿה 1 זי
014	C3.7GR2:21	[2] [ב] 3+3+1 לאפף	בקרו	למצרין דוגי קנרתשירי 1
015	C3.7GR3:15	ב 3+3+3 לֿאֿפֿף	בקרו	לֿמֿצרין דוגי קנרֿתעא 1
016	C3.7JR1:2	[ב .... למסורע]	בקרו	למצרין [ס]פֿינֿהֿ] 1
017	C3.7JR1:26	10 [ב .... למסורע]	בקרו	[למצרין] [ספינ]ה 1 זי
018	C3.7JR2:26	20 ב 10+2 למסורע]	בקרו	למצ]רֿיֿן
019	C3.7JR2:5	[ר 2] [ב .... למסורע	בקרו	למצרין] ספינה 1 זֿיֿ
020	C3.7KR1:16	10 [ב ... לפחנס	בקרו	ל]מֿצֿ[רי]ן [....]
021	C3.7KR1:22	[כל ספינתא זי	בקרו	למצרין ביר]ח פחנס [...
022	C3.7KR2:23	לפֿאֿ[ו]נֿיֿ	בקרו	למצרין [ס]פינה 1 [ז]י
023	C3.7KR3:25	10+3+3+1 לפאוני	ב[קרו	למצרין]
024	C3.7KR3:4	2 [ב 10 ... לפא]וֿני	בקרו	למצרין [ספינה 1 זי
025	C3.7KR4:12	ב 20] ... לפאוני	בקרו	למצרין] [....]
026	C3.7KR4:6	[2 ר 2] ב 20 לפאוני	[בקרו	למצרין] ספינה 1 זי[
027	C3.7CR2:3	ב 10+3+3 לתעבי	בקרו	למצרין ספינה 1 זי
028	C3.7EV1:11	[10+1] [ב .... לאפף	ב]קרו	לימא ספינה 1 זי
029	C3.7EV1:14	[...]. [ב .... לאפף	בקר]ו	לימא דוגי קנרֿתשירי 1
030	C3.7EV1:16	[....]. [ב .... לאפף]	בקרו	לימא דוגי קנרֿתעא 1 [זי]
031	C3.7EV1:2	[ב 20+10 לפאוני	בקר]ו	לימא דוגי קנרֿ[ת]עא
032	C3.7EV1:6	ח 3+2 [כל ספינתא זי	בקרו	]לימא בירח פאוני ספינה
033	C3.7EV2:1	[ב .... לא]פף	ב[קרו	ל]ימא ספינה 1 [ז]י ש.[...
034	C3.7EV2:13	[1]+2+3+3 למס[ורע	]בקרו	לימא [ספ]ינה 1 ז]י ....
035	C3.7EV2:15	[...] ב 10[ל]מסורע	בקרו	לימ[א] ספינה 1[זי
036	C3.7EV2:17	ב 20[+2] למסורע	בקרו	לימא ספינה 1 זי פנֿסֿ
037	C3.7EV2:19	למסורע	בק[ר]ו	לֿימֿא דוגי קנרֿתעא 1
038	C3.7EV2:3	[...] ב[....]לאפֿף	בקרו	לימא ספינה 1 זי
039	C3.7EV2:5	[ב ....]1 לאפף	בקרו	לימא דוגי קנרֿתשי[רי 1
040	C3.7EV2:7	[כל ספינתא זי	]בֿקֿרֿוֿ	לימא בירח א[פ]ף
041	C3.7GV5:10	[כל ספינתא זי	]בקרו[	לימא בשנת 10] [לי]מֿאֿ
042	C3.7GV5:14	ל[ח]תֿחור[	בקרו	לימא ספינה 1 זי]
043	C3.7GV5:17	ב 20+3+3 לחת[חור	בקרו	לימא ספינה 1 זי ....]
044	C3.7GV5:20	[כל ספינ]תא זי	בקרו[	לימא בירח חתחור] [ספינה
045	C3.7GV5:24	ב [20] לֿ[כ]יֿחֿךֿ	בקרו	לי]מא ספינה 1 זי
046	C3.7KV2:14	[ב .... לפרמותי	בקרו	לימא ספינה 1 זי ...]
047	C3.7KV2:16	ב[..] לפרמו[תי	בקרו	לימא ספינה 1 זי ..]
048	C3.7KV2:18	ב 20+1 ל[פרמו]תֿיֿ	בֿ[קרו	ל]ימא ספי[נה 1 זי
049	C3.7KV2:20	[20]+3+3 ל[פר]מותי	בקרו	ל[י]מא [ס]פינה 1 זי
050	C3.7KV2:22	ב 20+10 לפרמ[ות]י	בקרו	לי[מא ספינה 1] זי גלפרס
051	C3.7KV2:3	[10+1] ב 10 לפמנחתף	בקרו	לימא ספינה 1 זי ...סֿיֿ
052	C3.7KV2:5	10+3+3 ל[פמנחת]ףֿ	בקרו	לימא [ספינה]1 זי
053	C3.7KV2:7	ב 20+3+2 לפמנחתף	בקרו	לימא ספינה 1 זי ...]
054	C3.7KV2:9	ב 20+10 לפמנחתף	בקרו	לימא ספינה 1 זי .]....
055	C3.7KV3:12	[..] ב 20+10 לפחנס	בקרו	[ל]ימ[א]ספי[נה 1 זי]
056	C3.7KV3:14	[כל]סֿפֿיֿנֿתֿא זי	בקרו	לימא בירח [פ]חֿנֿסֿ
057	C3.7KV3:17	10+3+3+1 לפאוני	[בקר]ו	לימא ס[פינה 1 זי
058	C3.7KV3:19	ב 20+1 לפאוני	בקרו	לימא ספינה 1[זי
059	C3.7KV3:21	ב 20+3+3 לפאוני	בקרו	לימא ספינה 1 זי]....
060	C3.7KV3:2	[10+1] ב[.. לפ]חנס	בקרו	לימא ס[פינה 1 זי
061	C3.7KV3:24	ב 20+3+3+1 לפאוני	בקרו	לימא ספינה 1 זי .]....
062	C3.7KV3:4	[ ]10+3+3+2 לפחנס	בקרו	[לימא ספינה 1 זי ....
063	C3.7KV3:7	[ב]20+2 לפחנס	בקרו	לימא ספינה [1 זי
064	C3.7KV3:9	ב 20+3+3+1 לפחנס	בקרו	לימא ספינ]ה 1 זי

בר N son

No.	Form	Ref.	Preceding	Word	Following
001	s ab/cn בר	B8.4:24	ב2[....]	בֿרֿ	.[....] בֿ[....]
002		B2.1:8	או יום אחרן לא יכהל	בר	וברה אח ואחה קריב ורחיק
003		B2.10:13	בשמי ובשם בני שטר מן	בר	וברה זי יזניה בר אוריה
004		B2.11:8	לא אכהל אנה מחסיה	בר	וברה לי אח ואחה לי ואנש
005		B2.3:10	רחמתי תנתנן לא איתי לי	בר	וברה אחרנן אח ואחה ואנתה
006		B3.4:17	זי צבית למנתן ולא יכהל	בר	וברה לן יגרנך זין וזבב
007		B3.6:11	{י}<נ>פלחנך זי יסבל	בר	וברה לאבוהי בחייך ועד
008		B5.1:5	לכי לא יכל אח ואחה	בר	וברה קרב ורחיק יגרונכי
009		B5.3:2	זילך וז[י בניך ולא יכל	בר	וברה] [אח ואחה דינן למרשה
010		B5.4:5	[והן קבלת עליך ועל]	בר	וברה לך קדם סגן ומרא
011		B3.4:21	ביתך ומשחתה בר מן	בר	זי אפולי ˆזכר ונקבהˇ או
012		B2.3:26	או יום אחרן דרגמן או	בר	זילה ירשה על ביתא זך ספרא
013		B3.6:13	לא נסבלנך כזי יסבל	בר	לאבוהי ולזכור ברך אחרי
014		B2.10:13	ידניה רשיתכם ורשכם	בר	לי וברה אנתה ואיש בשמי
015		B2.8:9	גריתכי דין ודבב וגרכי	בר	לי וברא לי בשם מומאה דכי
016		B3.10:18	יהבת לה במותי לא יכהל	בר	לי וברה לי הנגית זילי
017		B3.11:12	בחיי ובמותי אף לא יכהל	בר	לי וברה לי אח ואחה הנגית
018		B3.5:13	עלדברה דין אף לא יכהל	בר	לי וברה אח ואחה יגרנכי
019		B3.6:5	שמה ברתכי זי ילתי לי	בר	לי ˆוברהˇ ואח לי ואחה
020		B5.5:5	זֿנֿה ולא יכהל	בר	לי וברה לי אח ואחה לי
021		B5.5:9	[דין ודבב אף לא יכהל	בר]	לי וברה לי הנגית והנבגא
022		B3.12:27	או רחמת אף לא יכהל	בר	לן וברה אח ואחה לן הנגית
023		B2.6:17	א[חר]ן ימות אסחור	ובר	דכר ונקבה לא איתי לה מן
024		B2.6:20	או יום תמות מפטחיה	ובר	דכר ונקבה לא איתי לה מן
025		B6.3:2	[1×100	ובר	דכר ונקבה לא] אית לה עֿםֿ
026		B2.3:12	ירשנכי דין ודבב אנתי	ובר	וברה לכי ואיש זילכי בשם
027		B2.8:7	אגרנכי דין ודבב אנתי	ובר	וברה לכי בשם נכסיא אלכי
028		B3.9:4	לא אכהל אנה אוריה	ובר	וברה לי אח ואחה לי ואיש
029		B3.9:5	עבד ברי יהוה אנה	ובר	וברה לי ואיש לי ואנש
030		B3.9:6	למשנתה לא אכהל אנה	ובר	וברה לי אח ואחה לי ואיש
031		B3.8:28	וה[ן] ימות ענניה	ובר	זכר ונקבה לאיתי לה מן
032		B3.8:34	והן תמות [יהוישמע]	ובר	זכ[ר] ונקבה לא איתי לה
033		B2.2:12	אגרנך דין ודבב אנה	ובר	לי וברה לי ˆאח ואחה לי
034		B2.2:13	על ארקא זך אנת	ובר	לך וברה לך אח ואחה לך
035	כבר	B3.6:12	מותך נסבל לזכור ברך	כבר	זי יסבל לאבוה כזי הוין
036	לבר	C1.1:6	שב [....] ל[..] ..[.	]לבר	אחתֿ[י ....
037		B3.4:15	גרינך דין ודבב וגרין	לבר	בברה לך ולמן זי צבית
038		B2.10:10	ודבב אף לא נכהל נרשה	לבר	וברה לכם אח ואחה אנתה
039		B2.10:14	בר אוריה וירשון	לבר	וברה ואנתה ואיש לכם או
040		B2.11:9	מחסיה ובני או נרשה	לבר	וברה לך ולאנש זילך עלדבר
041		B3.4:18	מנעל הן גרוך וגרו	לבר	וברה לך ינתנון לך כסף

No.	Ref.	Context	Word	Context	Lemma
042	B3.4:20	גבר אחרן יגרנך ויגרה	לבר	וברה לך אנחן נקום ונפצל	
043	B2.1:9	וקריה יכלא למחסה או	לבר	לה למבנה עלוי אגרא זך	
044	B3.4:14	מנה ולא נכהל נגרה	לבר	לך וברה ולמן זי צבית	
045	B4.1:3	ול.. ו[לא אכל אמר	לבר	לך וברה יתל[י ע]ליכם	
046	B5.3:4	[ירשנך דין וירשה	]לבר	לך וברה[בשם	
047	A3.7:5	שלוה עבדכי [הושע	בר	[....	בר
048	A3.5:9	בשלם אל [אחי מחסיה	בר	.... ו...]יה בר גדו[ל]	
049	A3.9:9	ז[א] א[ל] מראי יסלח	בר[	....]עבדך שוא בר זכריה	
050	A4.1:10	יהודיא אחוכם חנניה	ב[ר	...]	
051	A4.3:1	מתן בר ישביה ברכיה	ברׄ[	....]עבדך מעוזיה שלם	
052	A4.6:10	בגדת [....]מ[....]	בר	[....] [....]י אתו	
053	A5.2:1	מ[..]ו[... נ]תון	בר	[....] [.... ח]קלא	
054	A6.3:3	על מראי פסמשכחסי שמה	[בר	.... 1.... בר ....]טוי 1	
055	B3.13:13	בסון בירתא כפם ענני	בר	{{משלם}} חגי בר משלם	
056	B2.5:4	משל[ם]	בׄרׄ	...].	
057	B3.8:44	יסלח בר גדול [...	בר	....] חגי בר אצול מנחם	
058	B4.4:20	שורי בר כרז אתעדרי	בר	[.... בגדת בר פסמשך]	
059	B4.6:19	[.... בר ....]שה[ד נתן	בר	] מעוזי[ה] [שהד .... בר	
060	B4.6:20	[ ] מעוזי[ה] [שהד	בר	.... שהד] נ[חום בר בי]תא	
061	B4.7:1	[אמר פטאסי	בר	.... ל.... ב]ר ננישורי	
062	B5.3:6	[כתב	בר	.... כפם מ]חסיה בר	
063	B5.3:7	[ ]שהד גׄדׄוׄל	ב[ר	....]	
064	B5.5:11	[כסף כרשן 2 כתב	בר	....] ספרא זנה כפם	
065	B6.1:1	[מלכא אדן אמר ...	בר	....] ארמי זי יב בירתא	
066	B6.3:13	[ולא דין] שהדיא זכור	ב[ר	.... שהד .... בר	
067	B6.3:13	זכור ב[ר .... שהד	בר	.... שהד] משלך בר	
068	B6.3:14	בר הושעי[ה שהד	בר	.... שהד .... בר ....] שהד	
069	B6.3:14	[.... בר .... שהד	בר	....] שהד גדול בר הו[שע	
070	B6.3:15	[.... בר .... שהד	בר	....] כל 2+3+3 כתׄ[ב	
071	B6.3:15	בר הו[שע שהד	בר	.... שהד .... בר ....] כל	
072	B6.3:16	כל 2+3+3 כתׄ[ב	בר	.... ספרא זנה כפם ....]	
073	B8.12:3	חרסׄיׄסׄי	ברׄ[	...] [....]שך פסחמצנותי	
074	B8.12:4	פסחמצנותי שרנהיב	בר[	....] [....]. עלין	
075	D1.15:4	[ ]והוטב[ת ...] [... ...]...	בר	...[...] [... ...]שלם מראי	
076	D1.26fragb:5	[...]ברׄךׄ.	בר	.[...] ליהוישמע [....].	
077	D21.12:1	פסא	בר[	...]	
078	D2.23:3	[...] [... ...]. הודויה	בר[	... ...] [... אגר]נך הן	
079	D22.35:1	ועזרן [....]	ב[ר	...]	
080	D2.26:1	[... ...]כתב גדול	ב[ר	...] [...] לידניה בר ז[...]	
081	D2.31fraga:2	אמר[...] [...]עׄחחנס	בר[	...]	
082	D3.10:2	[...].י פמת	ב[ר	...] [...]מה הו.[...] [... ...	
083	D3.3:4	[...] [... בר אגז.[...]	בר	..[...] [...].[...].[...]. ונ[...]	
084	D3.3:7	ונ[...] [... וח]פרע	בר	[...] [...]פחרׄ[...]	
085	D3.5:1	[...]יזן	בר[	...] [...]אושע[...] [...	
086	D4.15fragb:1	[... נ]תן	בר[	...] [....]נב ח[...] מן	
087	D5.34:2	לסמוח [...] [..]....[..]	בר	[...].	
088	D5.41fragaa:1	ל.[...]	בר	[...] [...] בר א[...]	
089	D5.41fragii:1	[...].	בר[	...]	
090	D5.41fragg:2	[..]... מנמ..[...] [...].	בר	...[..]	
091	D5.41fragdd:1	[...י]ה	בר[	..[.].[.]	
092	D5.41frags:1	[...].	בר[	...] [...]ש[...]2 [...].	
093	D5.41fragq:2	[...]כספא .[...] [...]	בר[	...]	
094	D5.41fragr:2	[... כס]ף ש [...] [...]ה	בר[	...]	
095	D7.13:1	ועל אסמן [..]	בר	[...] באלף מנׄחמן זי	
096	D7.13:18	סון [....] [פ]טנתר	בר	[...] באלף	
097	D8.3:13	אשל 1 למתנ[א] פחי	בר	.[...] פי.[...] [...]. בכא חד 1	
098	D9.12:2	מיכיה [..]...	ב[ר	...] מיכה בר[...] משלם	
099	D9.12:3	מיכיה ב[ר ...] מיכה	ב[ר	...] משלם [...] [...]יה בר	
100	D9.14:2	ה[....] יסל[ח	בר	...] אבערש[...] יהוטל	
101	D9.14:6	שריה ברת[...] חרמן	ב[ר	...] שמעיה בר זכור	
102	D9.2:2	גמריה[...] [...]	בר[	...] ברכיה בר הוש[ע	
103	D9.4:3	כיה בר משלם נהב	בר[	...]	
104	D9.9:10	בר אספמת אספמת	בר	...[...] אספמת בר פטאסי	
105	D9.9:2	אסמתשבס [...] אסחנום	בר[	...] אספעמרא [...]	
106	D9.9:7	אספמת [..]... [...]כל [ ]	בר	..[...] פטחור בר אספמת	
107	D22.18:1	ב<ר>ך חור	בר	אׄ‖שמרם בר קמ‖עׄםׄ	
108	D5.41fragaa:2	[...] [... בר ...]ל.[...]	בר	א[...]	
109	D9.10:1	שלם	בר	א..[...] ביתאלנתן בר שורי	
110	B2.2:16	ארעא זך כתב איתו	בר	אבה ספרא זנה בסון בירתא	
111	D20.3:2	קדם אוסרי אלהא אבסלי	בר	אבה אמה אחתבו כן אמר	
112	B4.4:20	רׄוכל	בר	אביהו שורי בר כרז	
113	D7.57:1	אל אחי לפתינא	בר	אביתי אחיך אביתי שלם	
114	D8.4:25	ואנושה ש 1 נתן	בר	אביתי מ 1 ר... סׄלפן מ	
115	D8.9:13	משלם לגן[...] דלוי	בר	אביתי לגן 3+1[.] נתן	
116	D22.17:1	ברך חגג	בר	אבלת לאסרי	
117	D3.3:3	כב[דא ...] [...]	בר	אגז.[...] [...] בר ..[...]	
118	C3.14:17	שא 1 ר 2 ש .[...]	ב[רׄ	אדי הו שא 1 ש	
119	B2.10:13	בר וברה זי יזניה	בר	אוריה וירשון לבר וברה	
120	B2.10:17	שטר מן בנן זי יזן	בר	אוריה ולא דין כתב	
121	B2.10:20	בר הושע על בית יזניה	בר	אוריה לידניה בר נתן	
122	B2.10:2	אמר ידניה בר הושעיה	בר	אוריה ארמי זי יב בירתא	
123	B2.10:4	מנכם מן בית יזניה	בר	אוריה הא תחומוהי עליה	
124	B2.10:5	תחומוהי עליה בית הושע	בר	אוריה דבק לה תחתיה לה	
125	B2.2:9	שמש לה ובית [יז]ניה	בר	אוריה יהודי לדגל וריזת	
126	B2.3:6	מועא שמש לה בית יזן	בר	אוריה בעלכי ובית זכריה	
127	B2.4:2	לדגל הומדת ליזניה	בר	אוריה בזכם דגלא לאמר	
128	C4.5:3	בר א[...] אושע	בר	או[ריה] מתן בר שלם בר]	
129	C3.14:25	פטנתׄר שא 1 [..]נכל	בר	אׄוׄרי שא 1 [כ]ל נפש	
130	C3.15:121	דׄעויה	בר	אורי כש 2 משלם בר	
131	C3.15:68	בר מיכא כש 2 מחסה	בר	אורי כש 2 שלום בר	
132	C3.15:71	כש 2 20+20 משלך	בר	אורי כש 2 פמת בר סגרי	
133	C3.15:76	הודיא כש 2 [מ]נׄחם	בר	אורי בר משל[ך] כש 2	
134	C4.6:14	חגי בר מיכיה דידי	בר	אורי בר מחסה שוא בר	
135	A3.3:14	אל אחי שלמם	בר	אׄ[ו]שע אחוך אושע בר	
136	B2.7:14	אלה מועה לה בית גדול	בר	אושע ושקא בניהם מערב שמש	
137	D12.1:6	ישביה מיכיה בר נתן	בר	אושע	
138	B2.9:18	שהד הודויה בר זכור	בר	אושעיה ספר [מרחק] זי כתב	
139	C3.13:51	הושר ולקׄח י[ד]נׄיה	בר	אושע באפף שנת 10+3[	

#	Ref.			
140	C4.4:2	חגי בר נתון חרמן	בר	אושע אושע בר יתום
141	B6.4:10	בר פנוליה שהד יאוש	בר	[א]זניה שהד
142	D9.10:4	פשגז בר וני נבונתן	בר	אחוני נבודלה בר ספמת
143	B2.1:15	זי בינין כתב פלטיה	בר	אחיו ספרא זנה כפם קוניה
144	B2.2:18	בר יגדל שהד גמריה	בר	אחיו משלם בר הושע
145	B2.6:38	בר יזניה[...]יה	בר	אחיו מנחם בר [ז]כור
146	B3.1:22	אחיו בר פלטיה אגור	בר	אחיו ספר כסף דנה זי כתבת
147	B3.2:10	בר מנכי כפם מיכא	בר	אחין[ו] שהדיא בגו זבדי
148	B3.2:12	שכאל בר נבוכצר מכיה	בר	אחיו אחושן בר רנפנפרי
149	B3.2:2	ˆמלכאˆ אמר מיכא	בר	[אחיו ל]ענני בר עזר[יה
150	B3.6:17	ניסי מדי שהד מיכיה	בר	אחיו שהד ברכיה בר מפטח
151	B4.2:1	[אמר גמ]ריה	[בר	א]חי[ו ל....] בר יתמא
152	B4.2:16	זכריה כתב ספרא גמריה	בר	אחיו על פם שהדיא זי על
153	D7.9:2	לנסכˆאˆ הביה לגמריה	בר	אחיו ויערכה מן שכרא
154	D9.4:1	הגור	בר	אחיו כיה בר משלם נהב
155	B2.7:3	יהב לי משלם בר זכור	בר	אטר ארמי זי סון בדמוהי
156	D21.4:2	עקביה	בר	אליועי[ני]
157	D21.17:1	לאנן	בר	אליש כמרא זי בעל בעלענות
158	D22.30:2	ברך נבונתן	בר	אסחר למן
159	B4.4:19	אחיאב שהדיא כיא	בר	אסכישו נשכעדרי בר
160	C4.8:7	אשמכדרי בר יפע חור	בר	אסכשית אשמרם בר
161	D9.9:12	בר פטאסי אסחנום	בר	אספטנסני אספטנסני בר
162	D9.9:8	אספמת בר ..[...] פטחור	בר	אספמת פטמכבסא בר אספמת
163	D9.9:9	בר אספמת פטמכבסא	בר	אספמת אספמת בר ...[...]
164	C3.15:84	2 מנחמת ברת ע[נני]	בר	אסתח כש 2 משלמת ברת
165	C3.14:36	לֿ[....]בי[.]	בר	אפֿה ועדרי בר אדֿמ[...
166	D11.5:1	לשובי	בר	אפֿרי לחוי בן
167	C4.5:2	[...].[..] .. בעדיה	בר	א[...] אושע בר או[ריה]
168	B3.8:44	[... בר ....] חגי	בר	אצול מנחם בר עזריה
169	C3.7ER2:18	[ספי]נה 1 [זי]	בר	ארגל[ס יוני פסלרשי]
170	B2.2:21	בר ענניה שהד ארישא	בר	ארוסתמר ספר מרחק זי כתב
171	B7.2:3	נבוכד[רי ל]אר]תפרד	בר	א[רוסת]מר לדג[ל] מרי[
172	D11.9:1	...]	]בר	ארימלך
173	C3.14:36	בר אפֿה ועדרי	בר	אדֿמ[... ...]
174	D2.12:2	מלכא אמר [ב]רזנרו	בר	ארתברזן הו פתו בחתרי זי
175	B2.1:17	בר הושע שהד פרתנזן	בר	ארתכרן שהד בגדת בר
176	D18.2:a	חרמשזב	בר	אשה כמרא חרמשזב בר אשה
177	D18.2:b	בר אשה כמרא חרמשזב	בר	אשה
178	C3.14:10	[....] ש ....]	בר	]אשה בֿ[ר .]תֿ[. שא 1]הו
179	C4.5:9	בר יזני[ה] אגרי	בר	אשמֿ[...] נתן בר
180	B3.13:12	כתיב ולא דן כתב שוהרם	בר	אשמרם בר אשמשזב ספרא
181	D18.7:a	לביתאלזבד	בר	אשמרם
182	D19.2:1	ביתאלזבד	בר	אשמרם
183	C3.14:1	[....] ר 2 ש פטמ[ון]	בר	]אשמ[ר]ם שא 1 ש זבידו
184	B3.13:12	כתב שוהרם בר אשמרם	בר	אשמשזב ספרא זנה בסון
185	B3.9:11	בר ביתאלרעי אשמרם	בר	אשמשזב וריזת בר
186	D7.3:5	זנה ועל[י על] [מש]לֿךֿ	בר	את.... [.] .... זרע דלען אף
187	B2.1:16	בר ישעיה שהד שתברזן	בר	אתרלי שהד שמעיה בר
188	B2.7:18	בר מתרסרה ויזב[לו]	בר	אתרלי כספי שהד ברברי בר

#	Ref.			
189	B3.4:23	מתריזן שהד חירו	בר	אתרלי כספי בית ויזבל
190	C4.8:3	פטאסי בר נתין חגי	בר	בארי פסו בר כשי
191	D22.12:1	חורי	בר	בגבגא
192	C2.1.11:77	פרסי ודֿ[רן שמה	בר	בגבגן פ]רסי מן אנ[ת מלך
193	D19.1a:1	פחי	בר	בגדת
194	D19.1b:2	בגפרן	בר	בגדת
195	B3.2:13	מחסיה בר ידניה מנכי	בר	בגין עתרמלכי בר פסמי
196	B3.4:2	מלכא אמר בגזשת	בר	בזו כספי לדגל נמסו ונשן
197	D8.12:5	פבא מ 3 כרתרס מ 3 שבי	בר	בחי מ 3
198	D2.25:9	[....] חמן שהֿ[ד ...	ב]ר	בית[אל... ....] שהד[...
199	B3.9:11	בר אשמשזב וריזת	בר	ביתאלזבד חרמנתן בר פחא
200	D19.3:1	אגרי	בר	ביתאלזבד
201	C3.15:6	ש 2 כל 2[+1] הושע]	בר	בית]אלנורי הו כסף ש 2
202	B6.4:9	ושהדיא בגו שהד חרמנתן	בר	ביתאלנתן בר צחא שהד
203	D9.13:4	[.]....יה ברת[...] [...]	]בר	ביתאלעקב [...] [...]עקב
204	C4.3:12	בר צחא[...] תחותמעו	בר	ביתא[ל...] פכמי בר
205	C4.3:16	בר חרוץֿ[...] עקב	בר	ביתא[ל...] פחור בר
206	C4.3:17	בר ביתא[ל...] פחור	בר	ביתאֿ[ל...] ארדי בר
207	B3.9:11	בר כפא נבושלם	בר	ביתאלרעי אשמרם בר
208	A2.5:6	לן תקם יתו ביד חרוץ	בר	ביתאלשזב זי אתה למחתה
209	C3.14:14	שא 1 ש ש[.]גוי	בר	בלבן שא 1 ש ורדֿ בר
210	C3.3:13	ברֿ[....] הושעיה	בר	בֿניה יאזניה בר]
211	D20.1:2	לאוסו[ר]י חפי עבד אביטב	בר	בנת לה יעבד קדם
212	B3.13:15	[חגי] בר משלם לפחנום	בר	בסא
213	B3.13:2	לדגל נבוכדרי לפחנום	בר	בסא ארמי זי סון לדגלא
214	D18.10:a	חרמנתן	בר	בסא
215	D18.10:b	חרמנתן	בר	בסא
216	B3.11:8	ענני בר חגי בר משלם	בר	בסס אנתי יהוישמע ברתי
217	B3.12:11	כפם חד לענני בר חגי	בר	בסס לאמר אנחנה זבן ויהבן
218	B3.12:2	בר חגי בר משלם	בר	בסס ארמי זי {זי} יב
219	B2.10:18	ידניה מנחם בר גדול	בר	בעדיה ידניה בר משלם
220	D11.10:1	...]	ב]ר	בעלעזר
221	B2.10:19	יסלח בר גדול גדול	בר	ברכיה יזניה בר פנוליה
222	B2.9:17	מנחם בר גדול גדול	בר	ברכיה מנחם בר עזריה
223	C3.15:133	בר הצול כש 2 ישביה	בר	ברכיה [כ]ש 2
224	D2.33:3	ישזב [....]ם [...]	בר	בש.[...]בידה [...]חרפנחס]
225	A3.5:9	] מחסיה בר .... ו...]יה	בר	גדו[ל] אחוכם
226	A4.4:10	[אל .... אחי	[בר]	גדול אח[ו]ך יסלח בר
227	B2.10:18	מחסיה בר ידניה מנחם	בר	גדול בר בעדיה ידניה בר
228	B2.10:19	ידניה בר משלם יסלח	בר	גדול גדול בר ברכיה
229	B2.11:15	אחוהי שהדיא בגו מנחם	בר	גדול שהד חנן בר חגי
230	B2.9:17	בר שלומם ˆשהדˆ מנחם	בר	גדול גדול בר ברכיה
231	B3.11:18	בר יהואור שהד מנחם	בר	גדול שהד אחיו בר נתן
232	B3.3:15	ושהדיא בגו שהד נתן	בר	גדול מנחם בר זכור
233	B3.6:17	ברכיה בר מפטח דלה	בר	גדול [ספר] מרחק זי כתב
234	B3.8:43	חגי בר שמעיה יסלח	בר	גדול [... בר ....] חגי
235	B4.5:2	לדגל נבוכדרי ליס[לח]	בר	גדול ארמי זי סון לדגל
236	D3.17:4	הושע בר נתון בניה	בר	גדול מחתוש בר נריה כל
237	D3.17:9	זכור מחתוש ויסלח	ˆבר	גדולˆ משלם בר נתן [...

238	D9.6:1	יסלח	בר	גדול
239	B3.1:22	בר גלגול הודויה	בר	גדליה אחיו בר פלטיה
240	D2.26:2	ב[ר ...] [...] לידניה	בר	ז[...] [... ...]שערן
241	B3.1:21	ושהדיא בגו שהד אושע	בר	גלגול הודויה בר גדליה
242	B4.1:1	סמכי בר ששר לשלמם	בר	גלגל לא[מר אנה לא]אכל
243	A4.10:1	עבדיך ידניה	בר	גמ[ריה] שמה 1 מעוזי בר
244	A4.4:7	ואתחדו [אסירן] ידניא	בר	גמריה הושע בר יתום
245	B3.11:20	בר מרדו שהד ידניה	בר	גמריה ספר בי זי כתב
246	B3.8:44	מנחם בר עזריה ידניה	בר	גמריה ספר אנתו זי כתב
247	B4.3:2	ברן הו]דויה ואח[יאב	בר	גמריה כל 2 יהודין זי
248	B4.4:2	בר הודויה ואחיאב	בר	גמריה לאספמת
249	D7.20:1	שלם מיכיה מן נתן	בר	גמריה כען אתה על מחר ולא
250	C3.15:124	קם יומא הו ביד ידניה	בר	גמריה בירח פמנחתף כסף
251	C3.3:15	פל]טיה זכריה	בר[	ג]מריה משלם בר[ן
252	D15.4:1	זי קינו	בר	גשם מלך קדר קרב להנאלת
253	B1.1:2	ירח מחר 3+3 אמר פדי	בר	דג[נ]מלך לאחא בר חפיו
254	D8.4:7	ר 2 [... שמ]עון	בר	דלוי . ש 1 מ 2 [..]. אנתתה
255	D8.5:6	אסיא מ 1 רב[ע ...] [...	]בר	דלוי מ 1[...]פ
256	C3.28:102	בידה שטריה יחנן	בר	דלוי ערבא בזוזן
257	B2.3:33	בר צפניה שהד הושע	בר	דעויה שהד מחסה
258	B2.4:21	בר צפני־ה־ שהד הושע	ב[ר]	דעויה שהד מחסה
259	B2.1:18	בר נבוכדרי ינבולי	בר	דרגא שהד בנתרש בר
260	B2.7:19	אתרלי כספי שהד ברברי	בר	דרגי כספי זי אתרא
261	D7.35:3	כזי [....] זי וחפרע	בר	[....]ה הושר לי [....]\י
262	D3.31:3	[... ...] [...] . לעדרי	ב[ר	...]ג[...]
263	C3.15:23	2 לה מלכיה בר יתום	בר	הדדנורי [כ]ש 2 לה 20
264	B8.6:8	[ל.. ו]כנותה [....	]בר	הובראֿ ארמי לדגל
265	A3.8:15	[אל] א[חי] חגוס	[ב]ר	הודו אחוך ה[ושע בר
266	B6.3:17	[זנה כפם ....] ושלומם	בר	הוד[ו]
267	D9.3:2	בר צפני[ה ...] משלם	בר	הודו √ שלמם בר הודו
268	D9.3:3	בר הודו √ שלמם	בר	הודו יאזן בר זכר[יה ...
269	B7.3:1	[ז]י מנחם בר שלום	בר	הו[דויה] ימא
270	C4.6:6	חנן בר פחנם שלום	בר	הו[דויה]
271	B4.3:2	[מלכא אמר הושע]	ברן	הו]דויה ואח[יאב בר
272	B4.4:2	[מ]לכ[א אמר הושע]	בר	הודויה ואחיאב בר גמריה
273	B5.1:9	תוב שהדיא [ה]ושע	בר	הודויה שלומם בר
274	C3.15:130	כש 2 אושע בר נתן	בר	הודויה כש 2 אחיו בר
275	C4.5:10	בר אשמ[...] נתן	בר	הודויה[...]
276	C3.15:42	[בר .... כש [2 שלם	בר	הודו[כש] 2 חורי בר
277	C4.4:4	אושע בר יתום אושע	בר	הודו שמוע בר חגי נתן
278	C3.15:75	בר מנחם כש 2 נתן	בר	הודיא כש 2 [מ]נחם בר
279	B2.1:17	בר אתרלי שהד שמעיה	בר	הושע שהד פרתנזן בר
280	B2.10:17	בר נתן כפם ידניה	בר	הושע ושהדיא בגו מנחם בר
281	B2.10:20	ספר מרחק זי כתב ידניה	בר	הושע על בית יזניה בר
282	B2.2:18	גמריה בר אחיו משלם	בר	הושע סינכשר בר
283	B4.5:1	ביב בירתא[אמר נתן	בר]	הושע ארמי זי סון לדגל
284	B6.3:15	[.... בר ....] שהד גדול	בר	הו[שע שהד .... בר ....
285	D19.7:1	שבה	בר	הושע
286	D9.7:1	ידניה	בר	הושע[...]
287	D9.1:1	[...	]בר	הוש[ע ...]
288	D9.2:4	[ ]גמריה בר[...] ברכיה	בר	הוש[ע ...]
289	B2.1:19	בר וחפרע שהד שלם	בר	הושעיה ספר אגרא זי בנה
290	B2.10:2	ביב בירתא אמר ידניה	בר	הושעיה בר אוריה ארמי זי
291	B6.3:14	[בר .... שהד] משלך	בר	הושעי[ה שהד .... בר ....
292	C3.15:7	ל[ה] הוש[עיה בר נתן]	בר	הושעיה בר צפניה כסף ש 2
293	C3.15:3	מחסיה כסף ש 2 זכור	בר]	הוש[ע בר זכור כסף ש 2
294	C3.15:59	[... בר ... כש] 2 [...	בר	]הושע כש 2 [... בר]
295	C3.15:83	פוסי כש 2 פלוליה	בר	[הו]שע כש 2 מנחמת ברת
296	C3.15:8	כסף ש 2 לה נתן	ב[ר	....][.]ה כסף ש 2 לה [...
297	C3.15:132	בר ענני כש 2 עזריה	בר	הצול כש 2 ישביה בר
298	C3.15:26	[כ]ש [2] לה מנחם	בר	הצול הו בר שמע[יה כש 2]
299	C3.15:29	כש 2 לה משלם בר חגי	בר	הצול כש 2 לה הצול בר
300	C3.15:30	כש 2 לה הצול בר חגי	בר	הצול כש 2 לה כל [מאת
301	A2.4:6	שלח לי ביד עקבה	בר	וחפרע וכעת כל זי תצבה
302	A6.3:4	בר וחפרעמחי 1 [....]י	בר	וח[פרע 1] כל גברן
303	B2.1:19	בר דרגא שהד בנתרש	בר	וחפרע שהד שלם בר
304	B8.12:2	חרסיסי[....]ן [....]	בר	וחפרע[...] [....] .ור
305	D9.10:7	בר נפטרנפש. ביתאלשזב	בר	וחפר־ע־ ענניה בר פסמשך
306	A6.3:4	[... בר ש]חפמו 1 פסמשך	בר	וחפרעמחי 1 [....]י בר
307	C4.1:3	אמה תטחרפי[...] [....]	בר	וחפרע אמה ניתרטיס[...]
308	C4.2fraga:3	[...] ...].ם זי בב[...] בוה	בר	וחפרע עם חרי[...] עדרי
309	C4.2fragc:1	....]	בר]	וחפרע [..]...ב בר .[...]
310	C4.3:13	בר ביתא[ל...] פכמי	בר	וחפר[ע] פמון בר
311	C4.9col2:1	פטי	בר	וחפרע אמה תחנא פסמשך
312	C3.15:43	בר הודו[כש] 2 חורי	בר	ונה [כש] 2 שמוע בר שלם
313	D9.10:3	בר שורי פשגז	בר	וני נבונתן בר אחוני
314	C4.2fragb:2	יהורם [...] [...]לן..	ב[ר	ו]ניה [....]בר
315	C3.6:6	[...]ל. [לא בג ...]..[.]	בר	.]ונפן. [...] [לא בג
316	C3.15:136	ברת כיה[כ]ש 2 בגפרן	בר	ושחי כש 2 לאנדם ושחי
317	B2.8:13	דומא נבורעי	בר	ושתן ספר מרחק זי כתב
318	D3.17:1	זי עבדו חמי מעוזיה	בר	{ז}נתן מנחם בר שלום
319	D18.9:a	לבסא	בר	זבדי
320	D19.4:1	לבסא	בר	זבדי
321	B3.2:14	בר פסמי זבוד	בר	זבעדרי
322	C3.14:15	בר בלבן שא 1 ש ורד	בר	זותי חור בר יעולו שא
323	D1.6fragb:1	[...]באגורא שלם אושע	בר	זכ[ור ...]
324	B2.5:3	[כסף כרשן ....]	בר	זכור
325	B2.6:38	....יה בר אחיו מנחם	בר	[ז]כור שהד ויזבלו
326	B2.7:3	לביתא זי יהב לי משלם	בר	זכור בר אטר ארמי זי
327	B2.9:18	בר עזריה שהד הודויה	בר	זכור בר אושעיה ספר
328	B3.1:2	זי יב בירתא למשלם	בר	זכור יהודי זי יב בירתא
329	B3.1:24	ברת משלך למשלם	בר	זכור
330	B3.12:11	אנתתה פריפת זי משלם	בר	זכור כל 2 כפם חד לענני
331	B3.12:24	זי הות גוא למשלם	בר	זכור ויהבה לי לאנתו לא
332	B3.3:11	ימות ענניה {משלם	בר	זכור הו} ־תמת הי־ שליט־ה־
333	B3.3:15	נתן בר גדול מנחם	בר	זכור גמריה בר מחסיה
334	B3.3:2	זי ביב בירתא למשלם	בר	זכור ארמי זי סון לדגל
335	B3.6:16	זנה ביב כפם משלם	בר	זכור ושהדיא בגו אתרפרן

No.	Ref.			
336	B3.6:18	מרחק זי כתב משלם	בר	זכור לתפמת ויהישמ<ע>
337	B3.6:2	מלכא אדן אמר משלם	בר	זכור יהודי זי יב ברתא
338	D12.1:3	בר שמ[עיה] חנן	בר	זכור שמעיה בר זכור
339	D12.1:4	חנן בר זכור שמעיה	בר	זכור גמריה בר ישביה
340	D9.12:5	[...]יה [...] משלם [...]	בר	זכו[ר ...]
341	D9.14:7	חרמן ב[ר ...] שמעיה	בר	זכור עזריה בר מתן [...
342	C3.15:101	יהושמע ברת הושע	בר	זכור כש 2 יהושמע ברת
343	C3.15:3	ש 2 זכור [בר הוש]ע	בר	זכור כסף ש 2 שריה[
344	C4.6:12	מנחם בר מתן נחום	בר	זכור חגי בר מיכיה
345	C3.15:69	בר אורי כש 2 שלום	בר	זכריא כש 2 מנחם בר
346	C3.15:70	בר זכריא כש 2 מנחם	בר	זכריא כש 2 20+20
347	A3.9:9	בר[....]עבדך שוא	בר	זכריה
348	B2.10:5	לה תחתיה לה בית הצול	בר	זכריה דבק לה בתחתיה
349	B4.2:15	בר ידניה מלכיה	בר	זכריה כתב ספרא גמריה בר
350	D3.2fraga:1	ה[... ...]	בר	זכריה ב[....] [...] [בר]
351	D7.20:8	לך אתמל בשם הודויה	בר	זכריה לם אתה ליומא זנה
352	D9.3:4	שלמם בר הודו יאזן	בר	זכר[יה ...] [.]אי[..]
353	C3.3:10	חגס [....]	בר	זכר[יה] חעדש השו[...]
354	C4.6:10	חורי דעויה	בר	זכריה מנחם בר מתן
355	C4.6:15	בר אורי בר מחסה שוא	בר	זכריה [...] .[...]
356	B3.12:19	עליה לה בית פרנו	בר	זלי ומרדו אחוהי דבק לה
357	B3.4:24	כספי שהד איסך	בר	זמסף ספר בי זי זבן
358	C3.15:137	כש 2 לאנדם ושחי	בר	זרמר כש 2 לה חגי בר
359	D5.33fraga:2	ב[.].[...] [...]מנחם	בר	ח[...] [...].א.ם ל[...]
360	A4.10:3	בר נתן שמה [1] שמעיה	בר	חגי שמה 1 הושע בר יתום
361	B2.11:16	בר גדול שהד חנן	בר	חגי שהד נתן בר יהואור
362	B3.11:8	ספר אנתתכי עם ענני	בר	חגי בר משלם בר בסס
363	B3.12:11	כל 2 כפם חד לענני	בר	חגי בר בסס לאמר אנחנה
364	B3.12:17	שמש לה ביתך אנת ענני	בר	חגי זי יהבן ליהוישמע
365	B3.12:2	שכן יב ברתא לענני	בר	חגי בר משלם בר בסס
366	B3.13:1	בסון בירתא אמר ענני	בר	חגי בר משלם יהודי לדגל
367	B3.13:15	עבור ז[י כתב ענני	בר	חגי] בר משלם לפחנום בר
368	B3.13:3	2 סאן 3 אחר אנה ענני	בר	חגי אשלם ואנתן לך כנתניא
369	B3.8:1	ביב בירתא אמר ענניה	בר	חגי ארמי זי יב בירתא
370	B3.8:43	ספרא זנה כפם ענניה	בר	חגי [ו]זכור בר משלם
371	D1.17fraga:2	[... ...ד]לוי דליה	בר	ח[גי] שבעם בר עבדיה
372	D4.29:2	[...] .[... ש]מוע	בר	חגי נשכע[דרי ...]
373	D8.5:4	מ 1 רב[ע ...] דלוי	בר	חגי רבען 3 עבדיהו אסיא
374	C3.13:2	[וכסף ... זי יהב] חנן	בר	חגי ליד [י]דניה בר[...]
375	C3.13:40	[ ]זי ליהוישמע	בר	חגי ש פ 1 [....] פ
376	C3.15:29	שמוח הו כש 2 לה משלם	בר	חגי בר הצול כש 2 לה
377	C3.15:30	בר הצול כש 2 לה הצול	בר	חגי בר הצול כש 2 לה כל
378	C3.15:66	בר מתן כש 2 נתון	בר	חגי כש 2 חגי בר מיכא
379	C3.28:91	ואנה סלק לאפנא שמעון	בר	חגי בר שמתי שטר 1 בחמר
380	C3.6:13	ב[ר ...] ל[א]בג יהורם	בר	חג[י ...] [לא]בג]
381	C4.4:5	אושע בר הודו שמוע	בר	חגי נתן בר נריה מנחם
382	A4.6:14	בר פטנתר שמ[ה] פיא	בר	חו[.... ...] [....]
383	A6.3:4	בר פסמשך 1 פשובסתי	בר	חור[. 1 ... בר ש]חפמו 1
384	C3.14:6	חרוץ[ש]א 1 ש צחא	[ב]ר	חור[...] .ל.
385	D20.3:1	בריך אבה	בר	חור ואחתבו ברת עדיה כל 2
386	D8.7:7	תמן ברת תסי מ 1 פסי	בר	חורי כסף ש 1 מ 1 √
387	C4.6:9	עזור 10[...] פטחנם	בר	חורי דעויה בר
388	C4.2:10	בר חרמחי [...] חפימן	בר	חור [...] ימחות בר
389	C3.4:7	עבדיהה[...] [אס]פמת	בר	חחר[...] [...]ב. בר[...]
390	C3.19:10	פטאסי .[...] לשחפימו	בר	ח..ט[...] לפטחרפחרט בר
391	C3.25:4	חלף [....]פסי	בר	חיף .... גברן [...].
392	D7.13:11	ל[...] [...]צחא	בר	חכרטיס [.] [... ינ]תנון והן
393	D11.7:1	שמשי	בר	חלץ
394	C3.3:17	בר[יא]זניה יאזניה[	בר	] חלקיה
395	C4.8:5	פסו בר כשי צחנום	בר	חנמו אשמכדרי בר יפע
396	D22.15:1	[...	בר[	חנס[.]
397	B1.1:2	בר דג[נ]מלך לאחא	בר	חפיו נתנת לך חקלי אשלן
398	C3.19:16	20+20+20 לאחרטיס	בר	חפימן 20+20+20 כל
399	B5.6:14	מ....ת..	ב[ר]	[...]נופי
400	C3.14fragecol2:1	נא .... צחא	בר	ח....[...] ב[...]
401	D22.34:1	[...]	בר	חר[...]
402	C3.14:5	[ ]בר ..[...שא] 1 ש פטסי	בר	חרוץ[ש]א 1 ש צחא [ב]ר
403	C4.3:15	פטא[ח] פאח	בר	חרוץ[...] עקב בר
404	D22.53:1	אכי	בר	חרזבד
405	D22.10:1	בריך אבמא.	בר	חרי קדם אוסרי
406	C4.2:9	בר קנ[...] נפסי	בר	חרמחי [...] חפימן בר
407	C4.2fraga:5	כסי עם גון [...]נפסי	בר	חרמחי[...] .... בר
408	D9.14:12	[....] ברת גמריה [...	ב]ר	חרמן
409	C3.15:4	2 שריה[בר]ת הושע	בר	חרמן כסף ש 2 כל 2[+1]
410	B2.2:22	מרחק זי כתב [דרגמ]ן	בר	חרשין ל מחסיה
411	B2.2:2	יתב בכרסאה אמר דרגמן	בר	חרשין חרזמי זי אתרה ביב
412	B2.3:23	ספר מרחק 1 זי דרגמן	בר	חרשין חרזמיא כתב לי על
413	B2.3:5	עליה לה בית דרגמן	בר	חרשין דבק תחתיה לה בית
414	A6.3:3	שמה [בר 1	בר	....]טוי 1 עחחפי בר
415	D21.15:1	[...]	בר	י[...]
416	D8.9:7	10[...] [...]י נחתמא	בר	י.[...] [...] שלמצין .[....]
417	A3.6:5	אל אחי פל[טי	בר	יא]וש אחוך הושעיה בר
418	B3.10:25	משלם בר מעוזי פלטי	בר	יאוש ישביה בר ידניה
419	D3.17:8	פלטיה בר ענני פלטיה.	בר	יאוש [... בר]ת זכור
420	C3.15:92	כש 2 יחמול ברת פלטי	בר	יאוש כש 2 אביהי ברת
421	C3.3:16	בר[ג]מריה משלם	בר]	יא]זניה יאזניה[בר]
422	D21.11:1	סרה	בר	י[...]
423	B2.2:18	בר פטחנום שהד גדול	בר	יגדל שהד גמריה בר אחיו
424	B2.3:34	בר ישעיה שהד הושע	בר	יגדל ספר בי [זי] כתב
425	B2.4:22	בר ישעיה שהד הו[שע	בר	י]גדל ס[פר ....
426	D8.3:6	אשל 1 למת[נא ...] שבתי	בר	ידלה אשלן 1[...] פשנפור
427	D8.5:2	דלוי [..][ת]...]	בר	ידלה מ 1 רב[ע ...] שלום
428	B2.8:2	למבטחיה ברת מחסיה	בר	ידניא ארמיא זי סון לדגל
429	B2.10:18	מנחם בר שלום מחסיה	בר	ידניה מנחם בר גדול בר
430	B2.10:3	מבטחיה ברת מחסיה	בר	ידניה קדם ודרנג רב חילא
431	B2.2:3	לדגל ארתבנו למחסיה	בר	ידניה יהודי זי בבירת יב
432	B2.3:2	מלכא אמר מחסיה	בר	ידניה מהחסן ביב בירתא
433	B2.3:31	בר מלכיה שהד שמעיה	בר	ידניה שהד ידניה בר

No.	Ref.			
434	B2.3:35	ספר בי [זי] כתב מחסה	בר	ידניה למבטח ברת מחסה
435	B2.4:19	בר מלכיה שהד שמעיה	בר	ידניה שהד ידניה בר
436	B2.4:2	מלכא אמר מחסיה	בר	ידניה יה[ודי ז]י יב
437	B2.7:1	מלכא אמר מחסיה	בר	ידניה ארמי זי סון לדגל
438	B2.7:21	ספר בי [זי כתב מ]חסיה	בר	ידניה [למפטחי]ה ברתה
439	B3.10:25	פלטי בר יאוש ישביה	בר	ידניה שהד חגי בר מרדו
440	B3.2:13	בר רנפנפרי מחסיה	בר	ידניה מנכי בר בגין
441	B4.2:14	קצרי בר יההרם מחסיה	בר	ידניה מלכיה בר זכריה
442	C3.15:45	בר שלם [כש] 2 מתן	בר	ידנ[יה כ]ש 2 און.. בר
443	D20.4:1	ברך פטאס[י]	בר	יהא[...]
444	B4.2:13	בר שמשנורי קצרי	בר	יההרם מחסיה בר ידניה
445	B2.11:16	חנן בר חגי שהד נתן	בר	יהואור שהד שלם בר נתן
446	B3.10:24	זכור בר שלם שהד נתן	בר	יהואור שהד הושעיה בר
447	B3.11:18	שהדיא בגו שהד נתן	בר	יהואור שהד מנחם בר
448	B3.12:34	נחום בר ביתא שהד נתן	בר	יהואור מגר ספר בי זי
449	C3.15:10	כסף ש 2 לה [מחס]ה	בר	יהוט[ל כסף] ש 2 לה
450	C3.15:60	[בר]הושע כש 2 ...	בר]	יהוטל כ[ש 2] [20+10
451	C4.6:4	בר פדיה מחסה	בר	יהוטל חנן בר פחנם
452	D3.17:6	עבדו חמי למיכיה נחום	בר	יה[ו]ישמע פלטיה בר
453	C3.15:129	כסף כרשן 2+10 מיכיה	בר	יהוישמע כש 2 אושע בר
454	B6.4:10	שהד ביתאלנתן	בר	יהונתן
455	C4.2fragb:1	[...]דיה	בר	יהורם [...] [...]לן.. ב]ר
456	B4.4:21	[בר פסמשך] ארורת	בר	יהנתן שבתי בר כבדא
457	C3.15:118	2 [של[מ]יה] בר נתן	בר	[....י]ה כש 2 אושע בר
458	C3.15:119	כש 2 אושע בר שלם	ב]ר	....י]ה כש 2 יהושמע ברת
459	C4.3:10	[ ]פט[...] תחותמ[עו	בר	..יה[...] פסמשך בר
460	C4.4:8	מנחם בר פוסי יאוש	בר	אזניה ביתאלעקב
461	B2.6:38	ושהדיא בגו פנוליה	בר	יזניה[...]יה בר אחיו
462	C4.5:8	מנחם בר משל[ם] חגי	בר	יזני[ה] אגרי בר אשמ[
463	A4.4:2	[ ]י	בר	יח[..]אזל לסון ועבד
464	D8.4:12	ש 2 מ 1 רבע 1 פ ...]	ב]ר	יחנן ש 2 מ 1 רבע 1 [...
465	C3.8I:3	[ ]ת מנכי	בר	ימחות זי עביד א..ש[...]
466	B2.1:2	לדגל וריזת למחסיה	בר	י{נ}ד<נ>יה ארמי זי סון
467	A6.6:3	[כן אמ[ר ....].	בר	ינחרו[ן ....] זך
468	C3.14:16	ורד בר זותי חור	בר	יעולו שא 1 ר 2 ש. [...]
469	C4.8:6	בר חנמו אשמכדרי	בר	יפע חור בר אסכשית
470	C3.10fraga:2	.פ[...] זבע[דרי ...	בר	....]י יור
471	A4.3:1	זי יהו אלהא מתן	בר	ישביה ברכיה בר[ן ....]
472	B5.2:2	[ביב בירתא] אמר מתן	בר	ישביה ארמי סונכן לדגל[
473	B7.2:2	בירתא אמר מלכיה	בר	ישביה ארמי מהחסן ביב
474	D12.1:5	שמעיה בר זכור גמריה	בר	ישביה מיכיה בר נתן בר
475	C3.15:54	כש [1+]1 .... בר	בר	]ישביה [כש 2] .... בר
476	C3.15:62	[בר ע]נני כש 2 ....]	[בר]	ישביה] כש 2] .... בר
477	C3.15:24	[כ]ש 2 לה 20 שלמיה	בר	ישוב כש 2 [ל]ה גדול בר
478	D7.55:3	כתני וחמרא ומשח[א ...]	בר	ישיב אזלת על חו[...] אמר
479	B2.1:16	שהדיא בגו שהד מחסה	בר	ישעיה שהד שתברזן בר
480	B2.3:33	דעויה שהד מחסה	בר	ישעיה שהד הושע בר יגדל
481	B2.4:21	דעויה שהד מחסה	בר	ישעיה שהד הו[שע בר
482	B5.3:6	[בר .... כפם מ]חסיה	בר	יש[עיה ....]

No.	Ref.			
483	D4.16:1	...]	]בר	ית[...] [...]א כחדה
484	A4.10:4	בר חגי שמה 1 הושע	בר	יתום שמה 1 הושע בר
485	A4.4:7	ידניא בר גמריה הושע	בר	יתום הושע בר נתום חגי
486	B3.10:23	שהדיא בגו שהד הושעיה	בר	יתום זכור בר שלם שהד
487	B3.5:24	בר מחסיה הושעיה	בר	יתום .מתרסרה מגשיא תת
488	D1.13:6	[... ...]. ערבנן [... ...]	בר	יתום [...] [... ...]מן יום
489	C3.15:23	מיכה כש 2 לה מלכיה	בר	יתום בר הדדנורי [כ]ש 2
490	C4.4:3	חרמן בר אושע אושע	בר	יתום אושע בר הודו
491	B4.2:1	[בר א]חי[ו ל....]	בר	יתמא ל[א]מר נתנת לי כסף
492	D8.7:2	..י[..].[..]. √ דליה	בר	יתקום מ 1 √ יהדת ברת
493	D2.14fraga:2	[... ... ...] לך [... ...]	]בר	...ך
494	D3.3:2	בר פסמ[י ...] [...]בה	בר	כב[דא ...] [...] בר
495	B4.4:21	ארורת בר יהנתן שבתי	בר	כבדא כתב הושע
496	A3.10:9	[ע]לי אל אחי חורי	בר	כמן ופטמחו אחוכם
497	C3.8IIIB:36	עליד אה..מ[...]	בר	כמשפלט [..]...[..] לדגל
498	C3.6:7	[לא בג פ]מון [...].	בר	כנא לכנס[...] לא בג הקר
499	A6.2:21	זנה יתיהב עליד שמו	בר	כנופי סגן נגריא ספיתכן
500	A6.2:8	וכנותה פרמנכריא שמו	ב[ר]	כנופי סגן נגריא ספיתכן
501	D3.17:12	[ב]ר מחסיה [... ...]ם	בר	כנו[פ]י בשם פטי
502	C4.2:6	בר [...] [ע]דרי	בר	כסי [...] מנכי בר
503	C4.2fraga:4	עם חרין [...] עדרי	בר	כסי עם גון [...] נפסי בר
504	B3.9:10	בר שבתי שהרעקב	בר	כפא נבושלם בר ביתאלרעי
505	B4.3:22	שהדיא שורי	בר]	כרז
506	B4.4:20	רוכל בר אביהו שורי	בר	כרז אתעדרי בר [....
507	C2.1.8:51	[זך זי אמר אנה ברזי	בר	כרש חילא להרוחתי] שלח
508	C4.8:4	חגי בר בארי פסו	בר	כשי צחחנום בר חנמו
509	D22.52:1	ועספי	בר	נוי
510	C4.2fraga:2	נבודלה]	בר	...].ם זי בב[...] בוה בר
511	D9.8:1	[...]גמריה	בר	מ[...]
512	C3.15:25	2 [ל]ה גדול בר משלם	בר	מבטחי[ה כ]ש [2] לה מנחם
513	C3.15:11	ש 2 לה [....] בר נה[ב	בר	מח]סה [כסף ש] 2 לה [10
514	C4.6:14	מיכיה דידי בר אורי	בר	מחסה שוא בר זכריה [...
515	B2.3:29	שהדיא בגו שהד גמריה	בר	מחסיה שהד זכריה בר נתן
516	B2.3:31	בר ידניה שהד ידניה	בר	מחסיה שהד נתן בר ענניה
517	B2.4:18	בר נתן שהד גמריה	בר	מחסיה שהד זכריה בר
518	B2.4:20	בר ידניה שהד ידניה	בר	מחסיה שהד נתן בר ענניה
519	B3.3:15	מנחם בר זכור גמריה	בר	מחסיה הנעלת תמת לענני
520	B3.5:23	לחנא ושהדיא בגו גמריה	בר	מחסיה הושעיה בר יתום
521	B3.9:2	בסון בירתא אמר אוריה	בר	מחסיה ארמי זי סון קדם
522	D3.17:11	בר פוסי [...]יה[	ב]ר	מחסיה [... ...]ם בר
523	C3.15:2	משל[מ]ת ברת גמר[י]ה	בר	מחסיה כסף ש 2 זכור [בר
524	C3.15:67	בר חגי כש 2 חגי	בר	מיכא כש 2 מחסה בר אורי
525	C3.15:22	בר שמוח כש 2 לה פלטי	בר	מיכה כש 2 לה מלכיה בר
526	C4.6:13	נחום בר זכור חגי	בר	מיכיה דידי בר אורי בר
527	D22.22:1	[פ]טאסי	בר	מית 1
528	B5.1:11	בר עזריה צפניה	בר	מכי
529	A4.4:7	נתום חגי אחוהי אחיו	בר	מכי[ה ....] בתיא זי
530	C3.7KR2:24	1 [ז]י תמכתס	בר	מכס יוני פסלרשי אסות
531	D12.1:1	ישביה	בר	מיכיה אושע בר

No.	Ref			
532	B2.3:30	בר משלם שהד מעזיה	בר	מלכיה שהד שמעיה בר
533	B2.4:19	בר משלם שהד מעזיה	בר	מלכיה שהד שמעיה בר
534	C3.7KR3:5	[ספינה 1 זי ....]	בר	.מן יוני פסלרׁשי [ספינה 1
535	D3.17:10	מעוזיה בר פוסי נתן	בר	מנחם ˆבר פוסיˇ [...]יה[
536	C3.15:20	מאת נבועקב שלום	בר	מנחם[כסף ש 2 לה]פ
537	C3.15:74	2 [א]ושע	בר	מנחם כש 2 נתן בר
538	C3.15:81	מתן כש 2 [√]מ[..]יא	בר	מנחם בר פוסי כש 2
539	C3.15:82	בר פוסי כש 2 חג[י]	בר	מנחם [בר] פוסי כש 2
540	A4.2:11	מלין לבתכם אתה פסו	בר	מנכי למנפי
541	B2.8:13	בר נבונתן לוחי	בר	מנכי עוסנהר בר דומא
542	B3.2:10	ואנתן לך כתב בוני	בר	מנכי כפם מיכא בר
543	C4.8:9	נבונד[ן] פסו	בר	מנכי
544	B3.12:4	הו ביתה זי ינבולי	בר	מסדי כספי זי ביב הו
545	B3.4:4	לך ביתה זי אפולי	בר	מסדי זי ביב ברתא זי
546	C3.7ER2:12	[ ]1 ז[י פ[..]תלן	בר	מסכס[יוני פסלרׁשי]
547	B3.10:25	בר נתן שהד משלם	בר	מעוזי פלטי בר יאוש
548	B3.11:19	נחום בר ביתא שהד נתן	בר	מעוזיה שהד שמוע בר
549	B3.12:34	כל 2 כפם חד שהד משלם	בר	מעוזיה שהד נחום בר ביתא
550	C4.6:2	אחיו בר נתן נתן	בר	מעוזיה חור בר נריה
551	C3.15:112	בר ענתי כש 2 משלם	בר	מעוזי כש 2 משלמת ברת
552	C3.15:73	בר סגרי כש 2 ענני	בר	מעוזי כש 2 [א]ושע
553	D11.4:1	מחלם	בר	מערם ת ימחת בן חר ענחפמס
554	B3.6:17	בר אחיו שהד ברכיה	בר	מפטח דלה בר גדול [ספר]
555	C3.15:138	בר זרמר כש 2 לה חגי	בר	מפטחיה כש 2 לטבשל[ם]
556	D18.11:1	....	בר	מצ...
557	B3.10:26	בר ידניה שהד חגי	בר	מרדו ספר בי זי כתב ענני
558	B3.11:20	בר פלוליה שהד חגי	בר	מרדו שהד ידניה בר
559	B3.13:14	נחום בר ביתא שהד חגי	בר	מרדו [ס]פר עבור ז[י כתב
560	C2.1.11:76	[גוברו ש]מה	בר	מרד[ונ]י פרסי וד[רן
561	D21.7:1	עזגד	בר	מרי שלמצין ברת
562	D21.7:3	ברת עזגד עזגד	בר	מרי זבדיה בר
563	C3.10:2	.[...] אחר[...	בר	].מרי יור חור ב[ר]ה תחת
564	C3.15:76	כש 2 [מ]נחם בר אורי	בר	משל[ך] כש 2 [.... בר ....
565	B2.10:18	גדול בר בעדיה ידניה	בר	משלם יסלח בר גדול
566	B2.3:30	בר פלליה שהד זכריה	בר	משלם שהד מעזיה בר
567	B2.4:18	בר מחסיה שהד זכריה	בר	משלם שהד מעזיה בר
568	B3.11:8	עם ענני בר חגי	בר	משלם בר בסס אנתי
569	B3.12:2	ברתא לענני בר חגי	בר	משלם בר בסס ארמי זי
570	B3.13:1	אמר ענני בר חגי	בר	משלם יהודי לדגל נבוכדרי
571	B3.13:13	בר {{משלם}} חגי	בר	משלם שהדיא בגו שהד מנחם
572	B3.13:15	ז[י כתב ענני בר חגי]	בר	משלם לפחנום בר בסא
573	B3.8:2	[אדנ]נבו לזכור	בר	מ[שלם אר]מי זי סון לדכם
574	B3.8:43	בר חגי [ו]זכור	בר	משלם ושהדיא בגו חגי בר
575	B3.8:45	ספר אנתו זי כתב ענניה	בר	משלם ליהוישמע
576	B3.9:2	רב חילא זי סון לזכור	בר	משלם ארמי זי סון קדם
577	D3.2fraga:6	[...]. בר פסמי [...]ה	בר	משלם
578	D8.9:12	חורי לגן 3+2 שבתי	בר	משלם לג[ן ...] דלוי בר
579	D9.4:2	הגור בר אחיו כיה	בר	משלם נהב בר[...]
580	C3.15:25	ישוב כש 2 [ל]ה גדול	בר	משלם בר מבטחי[ה כ]ש [2]
581	C3.15:27	שמע[יה כש 2] לה סימך	בר	משלם הו כש 2 לה גדול בר
582	C4.5:7	בר שלם[...] מנחם	בר	משל[ם] חגי בר יזני[ה]
583	D22.26:1	למ[חיר]..ן	בר	מ.תא.ל.. אתה לאבוט
584	D9.14:8	שמעיה בר זכור עזריה	בר	מתן [... ...]הי [... ב]רת
585	C3.15:65	בר סגרי כש 2 מנחם	בר	מתן כש 2 נתון בר חגי
586	C3.15:79	[.... בר ....] כש 2 [...	בר]	מתן כש 2 [.... ב]ר מתן
587	C3.15:80	[בר] מתן כש 2 [....	ב]ר	מתן כש 2 [√]מ[..]יא בר
588	C4.6:11	בר זכריה מנחם	בר	מתן נחום בר זכור חגי
589	C4.6:7	הו[דויה] פלטי	בר	מתן כשי בר עזור 10[
590	B3.4:23	ושהדי<א> בגוˇ מתרדת	בר	מתריזן שהד חירו בר
591	B2.7:18	בכˇפˇי נפשה מתרסרה	בר	מתרסרה וי'זב[לו] בר
592	A3.4:3	זילי הבה לפחנום	בר	נבודלה
593	B2.11:14	ולא דין כתב נבותכלתי	בר	נבוזראבן ספרא זנה ביב
594	B2.3:28	עבדי עמה כתב עתרשורי	בר	נבוזראבן ספרא זנה בסון
595	B2.4:16	ולא דבב כתב עתרשורי	בר	נבוזראבן ספרא זנה בסון
596	C4.9col2:2	פסמשך בר פנית	בר	נבויהב במ.[...] פמן בר
597	B2.1:18	בר ארתכרן שהד בגדת	בר	נבוכדרי ינבולי בר דרגא
598	B3.2:11	נבוזי {{מכיה}} שכאל	בר	נבוכצר מכיה בר אחיו
599	C4.8:8	חור בר אסכשית אשמרם	בר	נבונד[ן] פסו
600	A2.3:14	זנה אל אבי פסמי	בר	נבונתן מן מכבנת סון
601	B2.8:11	כל דין ודבב כתב פטאסי	בר	נבונתן ספרא זנה בסון
602	B2.8:12	פחי שהדיא בגו נבורעי	בר	נבונתן לוחי בר מנכי
603	B2.2:19	משלם בר הושע סינכשר	בר	נבוסמסכן שהד הדדנורי
604	D11.12:2	לנבוברך	בר	נבוש[זב]
605	C3.14:2	שא 1 ש זבידו	בר	נבושלם שא 1 ש חגי בר
606	B4.3:23	נשכעדרי	בר	נבנת[ן
607	B4.4:19	בר אסכישו נשכעדרי	בר	נ[בנתן ....]
608	D2.2:5	זנ[ה ...] [נשכעדר[י	בר	נבנתן] [...]לאדר הו [...
609	C3.4:11	פהו זי עב[ד] תדן	בר	נב[...] אספמת בר ש[...]
610	C3.15:11	[כסף] ש 2 לה [....]	בר	נה[ב בר מח]סה [כסף ש] 2
611	C3.14:13	[ש]א 1 ש ז.[.	]בר	נורשוש שא 1 ש
612	C4.1:1	[...]. חרחבי	בר	נחמסאח אמה[...] [...
613	B3.6:16	ושהדיא בגו אתרפרן	בר	ניסי מדי שהד מיכיה בר
614	C4.1:2	אמה[...] [...]וצחור	בר	נכו אמה תטחרפי[...]
615	B4.7:1	[פטאסי בר .... ל....	ב]ר	נישורי ארמי זי סון
616	D9.9:13	בר אספטנסני אספטנסני	בר	נס[...] תטא ביתאלנורי[
617	D9.10:6	נבודלה בר ספמת פטסי	בר	נפטרנפש. ביתאלשזב בר
618	B1.1:17	פטמן קשר כתב מכבנת	בר	נרגי [ספ]רא זנה על פם
619	B3.9:9	ברי יהוה כתב רוחשן	בר	נרגלשזב כפם אוריה שהדיא
620	A3.9:6	[ ]שלם ענני	בר	נריה שלם כל בני .[....]
621	C4.6:3	נתן בר מעוזיה חור	בר	פדיה מחסה בר
622	D3.17:10	נתן [...]בחינו מחתוש	בר	נריה מעוזיה בר פוסי
623	D3.17:4	בניה בר גדול מחתוש	בר	נריה כל 3 לנריה זי עבדו
624	C4.4:6	שמוע בר חגי נתן	בר	נריה מנחם בר פוסי
625	A4.4:7	הושע בר יתום הושע	בר	נתום חגי אחוהי אחיו בר
626	A4.10:5	בר יתום שמה 1 הושע	בר	נתון שמה 1 כל גברין
627	D3.17:3	זי עבדו חמי הושע	בר	נתון בניה בר גדול
628	D3.2fraga:2	בר זכריה ב[....] [...	]בר[	נת]ון [... ... ש]למם [...
629	C3.15:114	כש 2 נתון בר פלליה	בר	נתון כש 2 הצול ברת

No.	Ref.	Context	Word	Context
630	C3.15:50	[בר .... כש 2] הוש[ע	]בר	נתון[כש] 2 20 [....]
631	C4.4:1	חגי	בר	נתון חרמן בר אושע
632	C4.8:2	[...]י בר נתן פטאסי	בר	נתין חגי בר בארי פסו
633	A3.6:5	[יא]וש אחוך הושעיה	בר	נתן
634	A3.8:15	[ב]ר הודו אחוך ה[ושע	בר	נתן]
635	A4.10:2	גמ[ריה] שמה 1 מעוזי	בר	נתן שמה [1] שמעיה בר
636	A4.3:12	ע[בד]כם מעוזיה	בר	נתן
637	A4.4:10	[בר] גדול אח[ו]ך יסלח	בר	נתן
638	B2.10:17	ולא דין כתב מעוזיה	בר	נתן כפם ידניה בר הושע
639	B2.10:19	בר פנוליה אחיו	בר	נתן ספר מרחק זי כתב
640	B2.10:21	בר אוריה לידניה	בר	נתן ומחסיה אחוהי כל 2
641	B2.10:3	זי סון לידניה	בר	נתן ומחסיה בר נתן אחוה
642	B2.10:3	בר נתן ומחסיה	בר	נתן אחוה אמהם מבטחיה
643	B2.11:16	בר יהואור שהד שלם	בר	נתן ספר פלגן עבד
644	B2.11:17	פטוסירי כתב מחסיה	בר	נתן לידניה בר נתן
645	B2.11:17	מחסיה בר נתן לידניה	בר	נתן אחוהי
646	B2.11:2	ביב בירתא אמר מחסיה	בר	נתן 1 ידניה בר נתן 1
647	B2.11:2	בר נתן 1 ידניה	בר	נתן 1 כל 2 ארמין זי
648	B2.3:29	בר מחסיה שהד זכריה	בר	נתן שהד הושע בר פלליה
649	B2.3:7	בעלכי ובית זכריה	בר	נתן מערב לה בית אספמת
650	B2.4:17	בר פלליה שהד זכריה	בר	נתן שהד גמריה בר מחסיה
651	B2.9:16	ולא דבב כתב מעוזיה	בר	נתן ספרא זנה כפם מנחם
652	B3.10:24	בר יהואור שהד הושעיה	בר	נתן שהד משלם בר מעוזי
653	B3.11:18	בר גדול שהד אחיו	בר	נתן שהד נחום בר ביתא
654	B3.5:22	ולא דין כתב מעוזיה	בר	נתן כפם ענניה בר עזריה
655	B3.8:42	לה חיב הו כתב מעוזיה	בר	נתן ספרא זנה כפם ענניה
656	B6.4:8	ישתמע לה כתב מעוזיה	בר	נתן בר ענניה ספרא זנה
657	B7.1:9	[כתב] [מעוזיה	בר	נתן בר] ענני ספרא [ז]נה
658	B7.3:2	ימא למשלם	בר	נתן בח[רם אלה]א במסגדא
659	D12.1:2	מיכיה אושע	בר	נתן בר שמ[עיה] חנן
660	D12.1:6	בר ישביה מיכיה	בר	נתן בר אושע
661	D2.12:4	לדגל מרי 1 לידניה	]בר	נ]תן י[הו]די זי
662	D3.17:9	ˆבר גדולˆ משלם	בר	נתן [...]בחינו מחתוש בר
663	C3.14:11	[.]תן. שא 1]הו ש [...	בר	]נתן ש[א 1] ש [....
664	C3.15:118	[....]כש 2 [של]מ[יה]	בר	נתן בר [....]ה כש 2
665	C3.15:130	בר יהוישמע כש 2 אושע	בר	נתן בר הודויה כש 2
666	C3.15:131	בר הודויה כש 2 אחיו	בר	נתן בר ענני כש 2 עזריה
667	C3.15:52	בר שלם[כ]ש 2 [..]...	בר	נת[ן כ]ש 2 [.... בר ..]..
668	C3.15:7	כסף ש 2 ל[ה] הוש[עיה	בר	נתן] בר הושעיה בר
669	C4.6:1	אחיו [.... בר ....]	בר	נתן נתן בר מעוזיה חור
670	C4.8:1	י[...]	בר	נתן פטאסי בר נתין
671	C3.15:64	[בר .... כש 2] הושע	בר	סגרי כש 2 מנחם בר מתן
672	C3.15:72	בר אורי כש 2 פמת	בר	סגרי כש 2 ענני בר
673	D7.13:9	פומן כ[...]	בר	סנ[...] ל[...] [...] צחא
674	B8.4:13	שמו	בר	סנבנת בריכאל אחוהי כל
675	D14.5:2	לעביד	בוור	סנעיד
676	D9.10:5	בר אחוני נבודלה	בר	ספמת פטסי בר נפטרנפש.
677	B5.5:12	[בר] פדיה שהד מנכי	בר	ספעמרא[....]
678	A2.6:11	אל אמי [תבי מן ..ר	בר]	סרה אפי יבל
679	D1.17fraga:2	דליה בר ח[גי] שבעם	בר	עבדיה [...] [.... ...]ב.לתחמי
680	D15.3:1	זי קרב צחא	בר	עבדעמרו להנאלת
681	C3.4:4	[... ש]למיא כס[ף] [...	]בר	עבסככן .[...] [...] חר
682	D1.7:3	[.... ...]	בר	עדרי בר שבתי [.... ...
683	D21.7:4	בר מרי זבדיה	בר	עזגד משלם בר עזגד
684	D21.7:5	זבדיה בר עזגד משלם	בר	עזגד
685	D7.57:5	זי תם אנתת מלכיה	בר	עזגד ענז חד תהם חד זי
686	C3.28:107	נתן וזיכא זי משלם	בר	עזגד בש 2 וזיכא זילי
687	C4.6:8	פלטי בר מתן כשי	בר	עזור 10[...] פטחנם בר
688	C3.17fragb:3	ש.[...] [.... ...]ור	בר	עז[...] [...]תי ש פ 1 ס
689	B2.9:12	עבור ואחרן זי שלומם	בר	עזריה והן אנחנה ובנין
690	B2.9:13	ואיש זילן ובני שלומם	בר	עזריה ירשונכם וירשון
691	B2.9:17	גדול בר ברכיה מנחם	בר	עזריה שהד הודויה בר
692	B2.9:6	אבוכם לקח מן שלומם	בר	עזריה אף אמר איתי זי
693	B3.10:1	מלכא אדין אמר ענני	בר	עזריה לחן ליהו אלהא ביב
694	B3.10:12	בספרא זנה אנה ענני	בר	עזריה יהבתה לך ברחמן
695	B3.10:23	ביב ברתא כפם ענני	בר	עזריה לחנא זי יהו אלהא
696	B3.10:27	ספר בי זי כתב ענני	בר	עזריה לחנא ליהוישמע
697	B3.11:1	מלכא אדין אמר ענני	בר	עזריה לחן זי יהו אלהא
698	B3.11:17	זנה ביב כפם ענני	בר	עזריה לחנא זי יהו אלהא
699	B3.11:21	ספר בי זי כתב ענני	בר	עזריה ליהוישמע ברתה
700	B3.11:7	בספרא זנה אנה ענני	בר	עזריה יהבתה לך פסשדת קבל
701	B3.11:9	אחריכיˆאנהˆ ענני	בר	עזריה לחנא לא אכהל אמר
702	B3.12:10	מלכא אדין אמר ענני	בר	עזריה לחן ליהו אלהא 1
703	B3.12:1	מלכא אדין אמר ענני	בר	עזריה לחן זי יהו ונשין
704	B3.12:35	ספר בי זי זבן ענני	בר	עזריה ותפמת אנתתה
705	B3.2:2	בר [אחיו ל]ענני	בר	עזר[יה]לחן ליהו ביב
706	B3.3:2	ארתחש מלכא אמר ענניה	בר	עזריה לחן זי יהה אלהא זי
707	B3.4:11	ועד עלמן אנת ענניה	בר	עזריה שליט בביתאˆזךˆ
708	B3.4:3	ˆגבר 1ˆ נשן 1 לענניה	בר	עזריה לחן ליהו אלהא לאמר
709	B3.5:2	מלכא אמר ענניה	בר	עזריה לחן זי יהו אלהא
710	B3.5:23	בר נתן כפם ענניה	בר	עזריה לחנא ושהדיא בגו
711	B3.7:2	[בי]רתא אמר אנה ענני	בר	עזריה לחן זי יהו אלהא
712	B3.7:6	תחת ל[ה] בית ענני	בר	עזריה [....]..
713	B3.8:44	[ ] חגי בר אצול מנחם	בר	עזריה ידניה בר גמריה
714	B5.1:10	בר הודויה שלומם	בר	עזריה צפניה בר מכי
715	C3.13:11	יהבת[ליד] מנחם	בר	עזריה בירח אפף שנת[
716	C3.13:55	ב.[...] זכרן חנן	בר	עזריה[...] לאמ[ר] עלדבר
717	C3.17fraga:1	[ענ]ני	בר	עזריה[...]
718	A6.15:2	ארשם יהבת על פס[מש]ך	בר	עחחפי למנתן חלכין [גברן
719	A6.3:1	לך ו[כעת פס]משך שמה	בר	עחחפ[י] עלימא זילי קבל
720	C3.6:10	ברך[...] לא בג פטתורי	בר	עלנבר.[...] לא בג
721	C3.14:21	[שא 1+]100×3+2 [....	בר	]ענחחפי שא 1 [... בר ...
722	C4.9col2:3	נבויהב במ.[...] פמן	בר	ענחמנוי סמתו בר
723	C4.9col2:4	בר ענחמנוי סמתו	בר	ענחמנוי הריו בר פטאח
724	D7.37:6	הושרו [...] זי עם	בר	ענחפמעי א.[...] מלך
725	D3.4:1	[...]	בר	ענ[ני ...] [...
726	B3.1:20	זנה בידך כתב נתן	בר	ענני ספרא זנה כפם יהוחן
727	B7.1:9	[כתב] [מעוזיה בר נתן	בר]	ענני ספרא [ז]נה ב[ס]ון

728	D2.22:1	1+[... ... כתב נתן	בר]	ענני ספרא זנ[ה ... ...]
729	D3.17:7	בר יה[ו]ישמע פלטיה	בר	ענני פלטיה בר יאוש [...
730	C3.15:12	[ש] 2 לה [10 נ]תן	בר	ענני ב[ר .... כסף ש 2
731	C3.15:131	כש 2 אחיו בר נתן	בר	ענני כש 2 עזריה בר
732	C3.15:61	[2] 10+20]	בר	ע]נני כש 2 [.... בר]
733	C3.15:9	כסף ש 2 לה [...]	בר	ע]נני [..]מתל כסף ש 2 לה
734	B2.2:20	בבליא שהד גדליה	בר	ענניה שהד ארייאשא בר
735	B2.3:32	בר מחסיה שהד נתן	בר	ענניה זכור בר צפניה
736	B2.4:20	בר מחסיה שהד נתן	בר	ענניה שהד זכור בר
737	B2.6:37	באבני מלכא כתב נתן	בר	ענניה [ספרא זנה כפם
738	B2.7:17	זי תצבין הבהי כתב נתן	בר	ענניה ספרא זנה כפם
739	B3.3:14	כרשן 3+2^ כתב נתן	בר	ענניה ספרא זנה ושהדיא
740	B6.4:8	לה כתב מעוזיה בר נתן	בר	ענניה ספרא זנה כפם
741	C4.4:9	אזניה ביתאלעקב	בר	ענר כל גברן 3+3+3
742	C3.15:111	מנחמת ברת ידניה	בר	ענתי כש 2 משלם בר
743	D7.24:12	מה [... פ]מהן	בר	עסנך לם
744	D22.29:3	#### דריוש ברך אסחור	בר	ערוד למן בשנת
745	D11.11:1	...]	בר[	ערקי
746	C4.2:11	בר חור [...] ימחות	בר	עשתרתי[תן] פטאסי בר]
747	D3.30:2	...[...] [... ו]חפרע	בר	פ[...] [... וחפ]רע ש[...]
748	C3.14:19	..נה א.ו	בר	פבי שא 1 הו [.... שא
749	B5.5:12	]	[בר	פדיה שהד מנכי בר
750	D7.13:8	על חנ.[....] פטחרפחרט	בר	פומן כ[...] בר
751	C1.2:2	[.... חור].	בר	פונש הו אחר ענה מלכא
752	C1.2:3	לבנוהי[וכזי שמע חור	בר	פונש מליא זי מלכא אמר ו.[
753	C1.2:7	עם אלהן ולחש חור	ב[ר	פונ]ש על אלפי מלכא
754	C1.2:8	במנצ[יעת] [..] חור	בר	פונש בספינן
755	D3.17:10	בר פוסי נתן בר מנחם	^בר	פוסי^ [...]יה[ב]ר מחסיה
756	D3.17:10	בר נריה מעוזיה	בר	פוסי נתן בר מנחם ^בר
757	C3.15:81	[√ מ]א[..]יא בר מנחם	בר	פוסי כש 2 חג[י] בר
758	C3.15:82	כש 2 חג[י] בר מנחם	[בר]	פוסי כש 2 פלוליה בר
759	C4.4:7	נתן בר נריה מנחם	בר	פוסי יאוש בר יזניה
760	B3.9:12	בר ביתאלזבד חרמנתן	בר	פחא אשמזבד בר שוין
761	A3.6:2	אזלת אנה וצחא	בר	פחה אמרן לפיסן
762	C3.12:16	[קלול [1] [יהיב ל....	בר[	פחה מצרין קלול 1
763	B2.8:12	בסון בירתא כפם פיא	בר	פחי שהדיא בגו נבורעי בר
764	B2.8:2	ארתחשסש מלכא אמר פיא	בר	פחי ארדיכל לסון בירתא
765	C3.25:5	.... גברן [..].	בר	פחי חלף [...]. בר צחא בר
766	C4.6:5	מחסה בר יהוטל חנן	בר	פחנם שלום בר הו[דויה]
767	C3.25:6	פחי חלף [...]. בר צחא	בר	פחפי [...].. בר שמו חלף
768	C3.14:18	....] אדי הו שא 1 ש	ב]ר	פחרי שא 1
769	C4.9col2:5	בר ענחמנוי הריו	בר	פטאח חוף בר פטאסי
770	C4.3:14	בר וחפר[ע] פמון	בר	פטא[ח] פאח בר
771	B3.10:10	מנה אגר דרגא ובית חור	בר	פטאסי גנן זי חנום אלהא
772	B3.11:6	תחתיא לה ביתה זי חור	בר	פטאסי גנן זי חנום אלהא
773	B8.12:6	[ ]זנה ^יהבן^ לצחא	בר	פטאסי
774	D9.9:11	בר ...[...] אספמת	בר	פטאסי אסחנום בר
775	C3.19:4	בגו [יהי]ב לענחפי	בר	פטאסי לדגל [...]..
776	C3.19:9	[ל]ענחפי	בר	פטאסי .[...] לשחפימו בר

777	C4.9col2:6	הריו בר פטאח חוף	בר	פטאסי
778	C3.26:28	לכלביא זי פס[י] פסי	בר	פטבס[תי] פסא מלחא [
779	C3.11:11	[.]דסניו.	בר	פטוסרי עבד משה זרע [...]
780	C3.9:13	רבה [1 בנן 2] [...]ט	בר	פטוסרי יור [.... בר]ת
781	C4.2:7	בר כסי [...] מנכי	בר	פטוסרי[...] מרדכעדרי בר
782	A3.3:14	בר א[ו]שע אחוך אושע	בר	פט[חנום]
783	B2.2:17	כפם דרגמן שהד הושע	בר	פטחנום שהד גדול בר
784	A2.1:12	שאל בר פטחרטיס ואשה	בר	פטחנם שלם סחתה כלה
785	A2.1:15	אל נניחם מן נבושזב	בר	פטחנם סון
786	A2.5:10	זנה אל תרו מן נבושה	בר	פטחנם אפי יבל
787	A2.1:11	עדר בר פסי שלם שאל	בר	פטחרטיס ואשה בר פטחנם
788	D11.2:1	עקוב	בר	פטי
789	C3.19:35	לצחא [....]	בר	פטמיחת בר תסי [..].
790	A4.6:14	א[....] [...]ת	בר	פטנתר שמ[ה] פיא בר
791	C3.14:24	[... בר ...]שא 1 [..].	בר	פטנתר שא 1 [..]נכל בר
792	D18.6:a	חרמנתן	בר	פטסי
793	D18.6:b	חרמנתן	בר	פטסי
794	D22.20:1	ברך פטנאסי	בר	פטסרי
795	C3.19:11	ח..ט[...] לפטחרפחרט	בר	פט.[...] {ל}לפטסבק
796	C3.6:11	[...] לא בג ביתאלשזב	בר	פט.[...] לא בג ביתאלתקום
797	C3.14fragaR:4	[...] [כס]ף כרשן [...]	]בר	פי.[...] [...] ..כא א[...]
798	D8.3:10	אש{ד}<ל> 1[...] פתו	בר	פכיף דחנא זילה אש[...]
799	D8.3:1	פתו	בר	פכיף בחקלא[...] פחי בר
800	D8.4:9	עבדי	בר	כד..ס מ 1 [..]ן
801	D11.8:1	[.]גדעזו	בר	פל[...]
802	B3.11:19	בר מעוזיה שהד שמוע	בר	פלוליה שהד חגי בר מרדו
803	B2.7:15	מערב שמש לה בית חרוץ	בר	פלטו כמר זי חנ[ו]ם אלהא
804	B3.1:22	בר גדליה אחיו	בר	פלטיה אגור בר אחיו ספר
805	D8.1:4	.על..	בר	פל.יה וצ..
806	B3.12:12	ביתן זי זבן מן בגזשת	בר	פלין כספיא בי תחתי מבני
807	B3.12:4	זי זבן בכסף מן בגזשת	בר	פלין כספיא הו ביתה זי
808	B2.3:30	בר נתן שהד הושע	בר	פלליה שהד זכריה בר
809	B2.4:17	שהדיא בגו שהד הושע	בר	פלליה שהד זכריה בר נתן
810	C3.15:114	ברת פנוליה כש 2 נתון	בר	פלליה בר נתון כש 2
811	C3.25:13	[...] בר פסי חלף [...	]בר	פמוא חלף
812	C3.12:9	1 קלבין 2 היב לצחא	בר	פמון חמר מצרין מאנן
813	C3.25:8	[...]. בר שמו חלף שמו	בר	פמון [...]. בר פתום חלף
814	C3.6:8	לכנס[...] לא בג הקר	בר	פמונדב.[
815	B7.3:5	אתנא זי ביד פ]מסי	בר	פ]מט זי אנת רשה לי ע]ליה
816	B2.10:19	גדול בר ברכיה יזניה	בר	פנוליה אחיו בר נתן ספר
817	B2.7:13	זך עליה לה בית יאוש	בר	פנוליה תחתיא לה אגורא זי
818	B6.4:10	בר צחא שהד חגי	בר	פנוליה שהד יאוש בר
819	C3.25:11	[חל]ף [...]	בר	תפנום
820	C4.9col2:2	אמה תחנא פסמשך	בר	פנית בר נבויהב במ.[
821	D2.35:5	כתב פבי	בר	פסי
822	A2.1:11	שוג שלם פסי שלם עדר	בר	פסי שלם שאל בר פטחרטיס
823	D18.4:1	שרא	בר	פסי
824	C3.25:12	תפנום [...]	בר	פסי חלף [...]בר פמוא
825	A2.2:18	זנה אל תשי מן מכבנת	בר	פסמי סון יבל

826	A2.4:14	אל אבי פסמי מן מכבנת	בר	פסמי סון יבל
827	B3.2:13	בר בגין עתרמלכי	בר	פסמי זבוד בר זבעדרי
828	B5.3:9	[ ]זכרי[ה]	בר	פסמ[י]
829	D3.2fraga:5	[... ...]נאהב [...].	בר	פסמי [...]ה בר משלם
830	D3.3:1	[...]ן	בר	פסמ[י ...] [...]בה בר
831	C3.4:5	עבססכן .[...] [...]חר	בר	פסמי כסף[...] [...].י
832	A6.3:4	פ[שנפ]ברחף 1 אחר[טיס]	בר	פסמשך 1 פשובסתי בר
833	B4.3:24	בגדת	[ב]ר	פסמשך
834	B4.4:20	אתעדרי בר [.... בגדת	בר	פסמשך] ארורת בר יהנתן
835	B8.4:10	כרזד. פטובסתי	בר	פסמשך [....].ה
836	D9.10:8	בר וחפר˘ע˘ ענניה	בר	פסמשך
837	C4.1:4	ניתרטיס[...] [....]ן	בר	פסמשך אמה .[...]
838	C3.10:6	פטחרפחרט ב[ר] [..].....	בר	פס[...] .... .פ[...]
839	D15.2:1	חרבך	בר	פסרי קרב להנאלת אלהתא
840	B2.2:10	לתחתיה לה ובית אספמת	בר	פפטעונית מלח זי מיא קשיא
841	B2.3:7	מערב לה בית אספמת	בר	פפטעונית מלח זי מיא קשיא
842	C3.7BR1:8	ספינה 1 זי מר.ג.ס	בר	פק.[...] [יו]ני פסלרשי
843	A3.10:9	ופטמחו אחוכם ספנתדת	בר	פרורתפת
844	C3.8IIIB:16	לזכרן על בגפרן	[ב]ר	פר[י] אתה בבית ספינתא
845	C3.7JR1:3	[...] כריסתן	בר	פריתכמ[...] [יו]ני
846	D22.49:1	ברך ארתוזי	בר	פרם קדם שמש אלהא רבא
847	D8.13:1	יהב ש[מע]ון	בר	פ.שודת ואנתתה כסף ר 3
848	A6.3:3	[בר ....]טוי 1 עחחפי	בר	פ[שנפ]ברחף 1 אחר[טיס] בר
849	A5.1:6	בעזקת פתחוא	בר	פשנפתח בזרע פטנ[תר] אף
850	D8.3:4	זילה א[שלן ...] פתו	בר	פתו ואחוהי [.] פתו בר
851	D8.3:7	אשלן 1[...] פשנפור	בר	פתו למתנא פשנפמוי רצ..
852	C3.25:9	חלף שמו בר פמון [...].	בר	פתום חלף
853	D8.3:2	פכיך בחקלא[...] פחי	בר	פתופעחם בח[קלא ...] ורשנף
854	D8.11:3	לבית בכיא זי שרתי √	בר	פתרסא חנסן √ ק
855	D8.3:5	בר פתו ואחוהי [.] פתו	בר	פתת אשל 1 למת[נא ...]
856	B2.1:2	מלכא אמר קוניה	בר	צדק ארמי זי סון לדגל
857	B2.2:8	שמש מנה ובית קוניה	בר	צדק יהודי לדגל אתרופרן
858	B2.3:6	תחתיה לה בית קוניה	בר	צדק מועא שמש לה בית יזן
859	B2.6:2	מלכ[א] אמר אסחור	בר	צ[חא] ארדכל זי מלכא
860	B2.9:20	כל 2 בני אסחור	בר	צחא
861	B2.9:3	כל 2 בני אסחור	בר	צחא מן מבטחיה ברת
862	B5.6:2	בהפתח [....].	בר	צחא בזכם הנ.ה. לאמר
863	B6.4:9	חרמנתן בר ביתאלנתן	בר	צחא שהד חגי בר פנוליה
864	D19.6:1	...[.]	בר	צחא
865	C3.25:6	בר פחי חלף [...].	בר	צחא בר פחפי [...].. בר
866	C3.8IIIA:8	עדרי	בר	צחא לדגל [...]
867	C4.3:11	[בר ..]יה[...] פסמשך	בר	צחא[...] תחותמעו בר
868	C4.3:18	בר ביתא[ל...] ארדי	בר	צחא[...] מנכי בר
869	C4.3:19	בר צחא[...] מנכי	בר	צח[א] ביתאלנורי בר [
870	D5.28:2	...]	[בר	צחי]ס
871	B2.3:32	נתן בר ענניה זכור	בר	צפניה שהד הושע בר
872	B2.4:20	בר ענניה שהד זכור	בר	צפני˘ה˘ שהד הושע ב[ר]
873	D9.3:1	זכור √	בר	צפני[ה ...] משלם בר
874	C3.15:7	[בר נתן] בר הושעיה	בר	צפניה כסף ש 2 לה נתן
875	D5.22:1	[... א]ספמת	בר	ק[...]
876	D2.3:2	הו [... ... ...] [צדק	[בר]	קון ארמי זי[... ...] [...]
877	B3.9:10	שהדיא בגו עתרמלכי	בר	קלקלן סנכשר בר שבתי
878	D22.18:2	ב<ר>ך חור בר אאושמרם	בר	קמוועם לוסרי
879	C4.2:8	פטוסרי[...] מרדכעדרי	בר	קנ[...] נפסי בר
880	B2.8:13	לוחי בר מנכי עוסנהר	בר	דומא נבורעי בר
881	B3.2:12	מכיה בר אחיו אחושן	בר	רנפנפרי מחסיה בר ידניה
882	D5.39:2	[...]כ.[...] [...]..	בר	ש[...] [...] שמה[...] [.].[.]
883	C3.8IIIA:9		בר	שאילא לדגל בגפ[ת [....]
884	C3.28:104	חנטא[ז]י יחיי	בר	שבניה ביד יונתן רכיסה
885	B3.9:10	בר קלקלן סנכשר	בר	שבתי שהרעקב בר כפא
886	D1.7:3	[... ...] בר עדרי	בר	שבתי [...
887	D7.56:2	אל אחי ישיב	בר	שבתי ואחברוהי אחיכון
888	D8.5:3	מ 1 רב[ע ...] שלום	בר	שבתי מ 1 רב[ע ...] דלוי
889	D22.41:1	ברך עזריו	בר	שגבי לחר
890	D22.2:1	מנכנען ...	בר	שוא
891	A2.1:10	אתה לכן מדעם שלם שבתי	בר	שוג שלם פסי שלם עדר בר
892	B3.9:12	בר פחא אשמזבד	בר	שוין
893	D9.10:2	בר א..[...] ביתאלנתן	בר	שורי פשגז בר וני
894	C3.19:13	[ ]+3[...] לפמסח	בר	שחפימו רעי
895	A6.3:4	פשובסתי בר חור[. 1 ...	בר	ש]חפמו 1 פסמשך בר
896	B7.1:2	[לדגל אדננ]בו למחסיה	בר	שיבה ארמי זי סון [לדגל
897	D2.25:8	פטמ[ון ...]זבדי	ב[ר	ש]כאל [....] חמן שה[ד
898	B2.10:18	הושע ושהדיא בגו מנחם	בר	שלום מחסיה בר ידניה
899	B3.13:13	שהדיא בגו שהד מנחם	בר	שלום שהד חגי שהד נחום
900	B4.6:2	מלכא אדין אמר מנחם	בר	[של]ום ארמי זי יב ברתא
901	B7.3:1	מומ[אה ז]י מנחם	בר	שלום בר הו[דויה]
902	D1.13:9	[...] [... ...]מנח[ם	בר	שלום [...] [... ...]שלם
903	D3.17:2	בר (ז) נתן מנחם	בר	שלום ליחמול ברת נריה
904	C3.13:46	זי[....] זכרן על מנחם	בר	שלום[...] ארך אמן 3 כ 2
905	B2.9:17	וענניה כל 2 בני משלם	בר	שלומם˘שהד˘ מנחם בר
906	B2.9:19	וענניה כל 2 בני מנחם	בר	שלומם [לידני]ה ומחסיה
907	B2.9:2	וענניה כל 2 בני משלם	בר	שלומם יהודין זי יב
908	B2.7:20	בר שמעיה זכור	בר	שלם ספר בי [זי כתב
909	B3.10:24	הושעיה בר יתום זכור	בר	שלם שהד נתן בר יהואור
910	C3.15:119	בר [....י]ה כש 2 אושע	בר	שלם ב[ר ....י]ה כש 2
911	C3.15:44	בר ונה [כש] 2 שמוע	בר	שלם [כש] 2 מתן בר
912	C3.15:51	נתון[כש] 20 2 [....]	בר	שלם כ]ש 2 [..].. בר
913	C3.15:88	כש 2 שבית ברת חורי	בר	שלם כש 2 רעיא ברת נרי
914	C4.5:4	אושע בר או[ריה] מתן	בר	שלם בר[...] מש[ל]ם בר
915	C4.5:6	בר שמעי[ה] שמעיה	בר	שלם[...] מנחם בר
916	C3.15:21	[כסף ש 2 לה]פ משלם	בר	שמוח כש 2 לה פלטי בר
917	C3.15:28	משלם הו כש 2 לה גדול	בר	שמוח הו כש 2 לה משלם בר
918	C3.25:7	בר צחא בר פחפי [...]..	בר	שמו חלף צחא אתכלו ש
919	C3.25:8	חלף צחא אתכלו ש [...].	בר	שמו חלף שמו בר פמון
920	C3.26:2	...ב ל ו...[.]	בר	שמו כ[...]....] [...] כא
921	D22.9a:2	[א]בטב	בר	שמטב
922	D22.9b:2	אבטב	בר	שמטב
923	D22.3:1	פבי	בר	שמן בבלי

No.	Ref.	Before	Word	After
924	C3.7CR2:4	ספינה 1 זי שומֿן	בר	שמנֿדס יוני [פסלרֿשי]
925	D21.8:1	עבדיהו	בר	שמעון
926	D21.9:1	נתני	בר	שמעון
927	B2.7:19	אתרא ..[....]. חֿגֿי	בר	שמעיה זכור בר שלם ספר
928	B3.10:22	לכי הו מיצב כתב חגי	בר	שמעיה ספרא זנה ביב ברתא
929	B3.11:17	לכי הו יצב כתב חגי	בר	שמעיה ספרא זנה ביב כפם
930	B3.12:32	לה דמוהי כסף כתב חגי	בר	שמעיה ספרא זנה ביב ברתא
931	B3.4:23	על ביתא זך ˆכתב חגי	בר	שמעיה כפם בגזשת ואבל
932	B3.8:43	משלם ושהדיא בגו חגי	בר	שמעיה יסלח בר גדול ...]
933	B4.6:18	[....]ב[...כתב] חגי	בר	שמעיה ספרא] זנה [כפם
934	D12.1:2	מֿיכיה אושע בר נתן	בר	שמֿ[עיה] חנן בר זכור
935	C3.14:3	נבושלםֿ שא 1 ש חגי	ברֿ	שמעי[ה] שא 1 ש אשמ[.
936	C3.15:122	בר אורי כש 2 משלם	בר	שמעיה כש 2 כספא זי קם
937	C3.15:26	לה מנחם בר הצול הו	בר	שמע[יה כש 2] לה סימך בר
938	C4.5:5	שלם בר[...] מש[ל]ם	בר	שמעי[ה] שמעיה בר שלם]
939	B4.2:12	אשלמנהי לך שהדיא עקבן	בר	שמשנורי קצרי בר יההרם
940	C3.28:92	לאפנא שמעון בר חגי	בר	שמתי שטר 1 בחמר כאן
941	C3.3:14	בר בֿניה יאזניה	בר[	פל]טיה זכריה
942	C3.17fragb:2	[...] [...]..	בר	ש.[...] [... ...][...]ור בר
943	C3.4:12	בר נב[...] אספמת	בר	ש[...]
944	C3.4:9	[...]ב. בר[...] פֿנֿא	בר	ש.[...] פהו זי עב[ד] תדן
945	C3.7JR1:27	[ספינ]ה 1 זי יוכלס	בר	ש[...] [יוני]
946	D18.5:a	פטאסי	בר	שרה
947	D18.5:b	פטאסי	בר	שרה
948	B4.1:1	אמר סמכי	בר	ששר לשלמם בר גלגל
949	D22.11:1	ברך פטמון	בר	ש[.]ת[.] קדם וסרי
950	D11.6:1	לאחאב	בר	ˆתˆ פגו [..] [עבדאסר בן
951	C3.17fraga:3	[...] [.... ...]ש	בר	תבא ש[...]
952	A2.2:5	ופדת לבנתסר	בר	תבי אחת נבושה כסף ש
953	C3.26:34	ברת ש.[...] פטבסתי	ב[ר]	..תֿברא [...] פֿוֿן
954	D8.12:1	אותכס	בר	תודרס מ 3 מנאס מ 3
955	D20.6:1	ענחחפי	בר	תחבס מנחה זי אוסרי אלהא
956	B3.9:3	סון לאמר ידניה שמה	בר	תחוא עלימ[א זיל]ך זי
957	D2.25:6	חמשה[... ...] [...] .אל	בר	תחנום ספרא[זנ]ה[... ...]
958	D8.4:11	[..]פסיס ש 1 מ 2 [...].ן	בר	תנפי ש 2 מ 1 רבע 1 פ 1 ...]
959	C3.19:35	לצחא בֿרֿ פטמיחת	ברֿ	תסֿיֿ [..]. לפרמותי רעֿי
960	C3.14:10	ש [.... בר]אשה	ב[ר	.]תֿ[שא 1]הו ש 1 ... בר
961	C3.10:4	ב[ר]ה תחת מסתא אס[....	בר	...]ורתת[....] פטחרפחרט
962	C3.10:5	[....] פטחרפחרט	ב[ר]	[...]....[...] בר פס[...] ....
963	C3.11:8	זי אתוסף על מכס פטאסי	בר	[...]. איטשרי זי בכצת שנת
964	C3.13:2	חנן בר חגי ליד [י]דניה	בר[	...] כסין זי נחשֿ
965	C3.13:57	[.]לא שזבאל [מש]לם	בֿ[ר	....] [...] [...]... ....
966	C3.14:22	[בר]ענחחפי שא 1 ...]	בר	...]שא[1] [...] בר ...]שא
967	C3.14:23	...] 1[שא] ... בר ...]	בר	...]שא 1 [..]. בר פטנתרֿ
968	C3.14:7	שא 1 הו כ{{ש}} שמו]	בר	....]שֿא 1 רֿ 2 ש
969	C3.15:117	[2] [....] פדיה	[בר	....]כש 2 [של]מ[יה בר
970	C3.15:12	10 נ]תן בר ענני	ב[ר	.... כסף ש 2 לה[[..]י
971	C3.15:32	[נבועקב] 1+10 ....]	בר	.... כ]ש 2 [.... בר .... כש
972	C3.15:33	[.... בר .... כ]ש 2 ....]	בר	....] כש 2 [.... בר .... כש]
973	C3.15:34	[.... בר ....] כש 2 ....]	בר	.... כש] 2 [.... בר .... כש]
974	C3.15:35	[.... בר .... כש] 2 ....]	בר	.... כש] 2 [.... בר .... כש
975	C3.15:36	[.... בר .... כש] 2 ....]	בר	.... כש 2] [√]דֿע[ו]יה
976	C3.15:37	√[ ]דֿע[ו]יה	בר	....]כש 2 צחֿ]א בר ....
977	C3.15:38	[בר ....]כש 2 צחֿ]א	בר	.... כש 2] אגרי ב[ר ....
978	C3.15:39	[בר .... כש 2] אגרי	ב[ר	.... כש 2] שבתי[בר ....
979	C3.15:40	ב[ר .... כש 2] שבתי[	בר	.... כש 2] [10 א]שמ[.. בר
980	C3.15:41	[.... כש 2] [10 א]שמ[..	בר	.... כש 2] שלם בר הודו]
981	C3.15:46	בר ידנ[יה כ]ש 2 או[..	בר	.... כש] 2 ענני[בר ... כש
982	C3.15:47	[בר .... כש] 2 ענני[	בר	... כש 2] זכ[ור
983	C3.15:48	[כש 2] זכ[ור	בר	.... כ]ש 2 ענני]בר
984	C3.15:49	[בר .... כ]ש 2 ענני	[בר	.... כש 2] הוש[ע]בר
985	C3.15:53	....] בר נת[ן כ]ש 2	בר	..[.. כש [1+] 1[.... בר ....
986	C3.15:54	[בר ..[.. כש [1+] 1[....]	בר	.... בר]ישביה [כש 2]
987	C3.15:55	[בר]ישביה [כש 2] ....]	בר	.... כ]ש 2 [.... בר .... כש]
988	C3.15:56	....] בר .... כ]ש 2 ....]	בר	.... כש] 2 [.... בר ... כש
989	C3.15:57	....] בר .... כש] 2 ....]	בר	...כש 1]1+ [... בר ... כש]
990	C3.15:58	[בר ... כש 1]1+ ...]	בר	... כש] 2 [... בר]הושע כש
991	C3.15:63	[בר] ישביה[כש 2] ....]	בר	.... כש 2] הושע בר סגרי
992	C3.15:77	בר משלך[כש 2 ....]	בר	.... כש 2] [.... בר ....] כש
993	C3.15:78	....] [כש 2 .... בר ....]	בר	....] כש 2 [... בר] מתן כש
994	C3.26:40	לכלבא ובן[...] פחפי	בר	.[...] חיֿוֿף בר [...] ב
995	C3.26:41	פחפי בר .[...] חיוֿף	בר	[...] ב 1+3 לתעבי מטא
996	C3.3:12	השֿ[...] שמעיה	בר[	....] הושעיה בר בֿניה
997	C3.3:9	הֿ[...]חדת יֿאשיה	בר	[....] חֿגֿסֿ בר
998	C3.4:8	בר חחר[...] [...]ב.	בר[	...] פֿנֿא בר ש.[...] פהו
999	C3.6:12	[...] לא בג ביתאלתקום	ב[ר	...] ל[א]בג יהורם בר
1000	C3.6:9	[...] לא בג פסי	בר[	...] לא בג פטתורי בר
1001	C3.7AR2:20	ספינה 1 זי[....	בר	....] [יוני] פסל[רשי
1002	C3.7AV1:18	כל 2[....] בגזושת	בר	.[....]
1003	C3.7DR1:5	ספ[י]נ[ה]1[זי	בר	.... יוני] [פסלרֿ]שי
1004	C3.7ER1:15	[ס]פינֿהֿ [1 זי]..גותֿ.	[בר	... יוני פסלרֿשי]
1005	C3.7GR2:16	ספינֿה 1 זי גלפר[ס	בר	... יו]נֿי פסלרֿשי אסות
1006	C3.7JR2:6	ספינה 1 זֿיֿ פנֿסֿ	ב[ר	.... יוני פסלרֿשי]
1007	C3.7KR4:1	ספינה 1 זי[....	בר	.... יוני פסלרֿשי] אסות
1008	C3.7KR4:7	ספינה 1 זי[....	בר	.... פסלרֿשי] אסות
1009	C3.8IIIB:13	[ ]ליד חרמחן[י	בר	....] [...]דֿ.
1010	C3.8IIIB:14	.[....]ליד פחה	בר]	...] ב 10+3+3[1+]1+
1011	C3.9:1	....]	בר	.... יור] [...] אנתתה נשן
1012	C3.9:16	רבה [כל נפש 2] פחנום	בר]	.... יור] תטחרור בר[ת]
1013	C3.9:22	[נשן רבה] מסחנה	בר]	...] פטסבק [ברה] כל נפש
1014	C3.9Rfraga:1	חורֿ	ברֿ]	...] [.]..ברת[...]
1015	C4.2:1	במלך	בר]	...] זבעדרי[...] כל 2 [
1016	C4.2:12	עשתרתי[תן] פטאסי	בר]	...] אס[...]
1017	C4.2:4	[...] כל 2 [...] בוה	בר]	...]מֿן עתרשגא בר
1018	C4.2:5	[....]מֿן עתרשגא	בר	[...] [ע]דרי בר כסי]
1019	C4.2fraga:6	בר חרמחי[...] [...]	בר	...[...
1020	C4.2frage:1	....]	בר	.... ע]ם בגפר[ן]
1021	C4.2frage:2	בגפר[ן] [....]ֿ.יֿ	בר	[...]

1022			C4.2fragb:3	[ב]ר וניה [....	]בר	.... [...]
1023			C4.2fragc:2	[בר] וחפרע [..]...ב	בר	.[...] [..]ה בר ..[...]
1024			C4.2fragc:3	[..]...ב בר .[...] [..]ה	בר	..[...]
1025			C4.3:20	בר צח[א] ביתאלנורי	בר	[...]
1026			C4.5:4	או[ריה] מתן בר שלם	בר[	...] משׁ[ל]ם בר שמעי[ה]
1027			C4.6:0	....]	בר	....] אחיו בר נתן נתן
1028			C3.14:4	שמעי[ה] שא 1 ש אשמ].	]בר	..[...שא] 1 ש פטסי בר
1029			B4.6:19	שה[דיא] בגו [שהד	בר	....]שה[ד נתן בר]
1030			C1.1:25	[....]	]בר	א]חתי זי אנה רבית עשת
1031			C3.28:88	2 תסא ברת חניה	ברכסא	א 3 א 1 עליא
1032			C1.1:139	לחיתי ועם מן אצדק %%	בר	בטני הגשש ביתי ומה אמר
1033			A6.3:9	זכי יתעבד להם מן ארשם	בר	ב[יתא על ארתונת זי
1034			C1.1:12	כלה זי הקים לברה ולא	בר[	.... א]חתה .[ ]
1035	s em/sf	ברא	C1.1:175	הו מן חמר נער ב[.]תא	ברא	זי יתאלף ויתסר ויתשים
1036			C1.1:2	[...]אמר	ברא	לם יהוה לי קדמת מלוהי
1037		ברה	B8.4:15	בר[ה] פחי	ברה	עדר ברה תנית ברתה
1038			B8.4:15	ברתה 1 פכמי	בר[ה]	פחי ברה עדר
1039			B8.4:21	פט[...] ברה שמו	ברה	פטא[ח
1040			B8.4:18	פרט ברה תחותמעו	ברה	פפ[א]ב[ר]ה[....]
1041			B8.4:17	אנתתה .למנת ברה צחא	ברה	צובא. 1 ט..]...
1042			B8.4:17	1 א.... אנתתה .למנת	ברה	צחא ברה צובא. 1
1043			B8.4:21	.[....] פט[...]	ברה	שמו ברה פטא]סי
1044			B8.4:20	[....] ח.ב..	ברה	תחא ברתה חד.]...
1045			B8.4:18	[ ]..[....] פרט	ברה	תחותמעו ברה פפ]א
1046			B8.4:15	פחי ברה עדר	ברה	תנית ברתה תחבס 1 תחה
1047			B8.4:19	אחרטיס ברתה פפא	ברה	תסי בר[תה
1048			C3.9Vfragb:1	.ה.[...]	ברה	1
1049			B8.4:18	תחותמעו ברה פפ[א	]ב[ר]ה[	....] אחרטיס ברתה
1050			D3.47fragb:11	בצפרא [...]לם 3 [...]	ברה	.[...]
1051			D9.13:5	עקב[...] [...]	ברה	
1052			B8.11:1	[....] ו[פ]סמשכמר	ברה	[..]ת[...] [....]
1053			C1.1:5	[וקם] אסרחאדן ^שמה^	ברה	והוה מלך באתור חל[ף
1054			A2.3:12	הוי חזית על תשי ועל	ברה	ושלחי כל טעם זי הוה
1055			A4.7:7	אגרת שלח על נפין	ברה	זי רבחיל הוה בסון בירתא
1056			A4.8:6	אגרת שלח על נ[פי]ן	ברה	ז[י רבחיל הוה בסון
1057			A6.4:2	[.... פס]משך	ברה	זי עחחפי זי כען פקיד
1058			B2.11:13	זי עלימיא אלה ולילו	ברה	זי לא עד נפלג עלין כזי
1059			C2.1.1:3	[הוית] [איש חד כנבוזי	ברה	זי] כרש בזרען זיל[ן תנה
1060			C2.1.7:37	[אמר] [לעמא אנה ברזי	בר]ה	זי כרש אחר ה[י]לא ז[י
1061			A6.14:5	ז[ילי] או אחוהי או	ברה	יאתה עלי בבאל עם מנדתא
1062			B5.6:5	[.... ...].רנף	ברה	כל .... 3 זי לך המו עם
1063			C3.9:23	בר[...] פטסבק	[ברה]	כל נפש 2[+1+1 בגו] .ש
1064			C3.9:19	תתף ברתה .[...] חור	ברה	[...] 10+20+20 תחי
1065			A6.4:4	[י]הב לעחחפי פסמשך	ברה	שליט יהוי למנשא דשנא זכי
1066			C3.10:3	[בר].מרי יור חור	ב[ר]ה	תחת מסתא אס[.... בר ...
1067			C3.9:10	נשן רבה [...]ף	ברה	תחת מסתא [...].ס ברה תחת
1068			C3.9:11	ברה תחת מסתא [...].ס	ברה	תחת מסתא [כל נפש] 1+3
1069		ברי	A3.3:1	[שלם ב]ית יהו ביב אל	ברי	שלמם [מ]ן אחוך אושע
1070			C1.1:80	כי בעל קדשן נשא[ה]	בר[י]	אל תל[ו]ט יומא עד תחזה]
1071			B3.7:3	יהו אלהא ליהישמע שמה	ברי	אמה תמ[ת]אנתתי לאמר
1072			C1.1:30	כזי ברי זי לא	ברי	בדא[.... ....
1073			C1.1:140	ומה אמר לנכריא	[ברי]	הוה לי שהד חמס ומן אפו
1074			C1.1:127	עליך [....] אנת יה	ברי	הכצר כל כציר ועבד כל
1075			B3.7:11	[ע]לא בין פלטיה	ברי	ו[יהוי]שמע ברתי [פלגא]
1076			C1.1:149	[....] הן צבה אנת	ברי	זי תהוה[....
1077			C1.1:30	[....] כזי	ברי	זי לא ברי בדא[....
1078			C1.1:129	אלהן הו [....] אנת יה	ברי	זף דגנא וחנטתא זי תאכל
1079			B3.9:5	ואיש לי יכבשנהי עבד	ברי	יהוה אנה ובר וברה לי
1080			B3.9:8	זוז לעשרתא וידניה זך	ברי	יהוה אפם ואנש לא שליט
1081			B3.9:9	ולמעבדה עבד להן	ברי	יהוה כתב רוחשן בר
1082			C1.1:177	[....] הן אמחאנך	ברי	לא תמות והן אשבקן על
1083			C1.1:8	אחר אנ[ה	]ברי	[....]
1084			C1.1:18	[כז]י נדן שמה	ברי	רבא והו יחלף לי ספר]
1085			A2.6:2	יחוני אפיכי בש[לם	ב]רי	שאל שלמכי וכעת יהב
1086		ברך	A3.4:1	אל אמ[י] יהוישמע	ברך	שלום [שלם ושררת שגיא
1087			B3.6:14	אנחן נחוב לך ולזכור	ברך	אבגרן כסף כרשן
1088			B3.6:14	בר לאבוהי ולזכור	ברך	אחרי מותך אנחן נחוב לך
1089			B3.6:12	ועד מותך נסבל לזכור	ברך	כבר זי יסבל לאבוה כזי
1090			C1.1:176	[.... ....] אל תהחשך	ברך	מן חטר הן לו לא תכהל
1091			C1.1:20	לי כותא לם ^יה[וה]^	ב[רך	....]
1092		וברה	A2.6:9	[וכ]עת שלם בנתסר תנה	וברה	אל ת[צפי לה ....
1093			B8.11:5	זך כנם עויר הו	וברה	זך[....]
1094			D7.56:6	כען לא אבו אסתס	וברה	למאתה באתר עבורא והין לא
1095		וברי	A2.6:4	ואפקני אנה	וברי	וכתבת לה ע[ל. ....]
1096		ובריהם	D23.1.Va:13	זי א.... לנשיהם	ובריהם	וארעא אזרע מלח
1097		וברך	B2.2:5	בירתא אנת ואנתתך	וברך	כל 3 על ארקא זילי זי אנה
1098		לברה	C1.1:12	אתור כלה זי הקים	לברה	ולא בר[.... א]חתה .[
1099			C1.1:1	חכים ומהיר זי חכם	לברה	ו[....] [...]אמר
1100	p abs	בנן	C3.9:12	בגו יור 1 נשן רבה [1	בנן	2] [...]ט בר פטוסרי יור
1101			B2.10:12	בשמי אנה ידניה ובשם	בנן	ואנתה ואיש לי והן אנה
1102			B2.6:33	הן אמר איתי לי	ב[נן]	ואנתה אחרן להן מפטחיה
1103			B2.10:17	בניכם אחריכם שטר מן	בנן	זי יזן בר אוריה ולא
1104			B2.6:32	ובנן אחרנן להן	בנן	זי תלד לי מפטחיה הן אמר
1105			C1.1:3	אתו[ר ....]אנה לם	בנן	לא[....] ומלי הוה
1106			C1.1:90	[ל]א מתחזה %% בשגיא	בנן	לבבך אל יחדה ובזעריהם
1107			C1.1fraga:1	[... ...]הי .[.]ה כ[ל]	בנן	[...] [...]עיני [...]
1108		ובנן	B2.6:32	אחרה להן מפט<ח>יה	ובנן	אחרנן להן בנן זי תלד לי
1109	p const	בני	A3.9:6	ענני בר גריה שלם כל	בני	.[....] תנה אל ת[צף לן
1110			B2.9:20	ומחסיה כל 2	בני	אסחור בר צחא
1111			B2.9:3	לידניה ומחסיה כל 2	בני	אסחור בר צחא מן
1112			B2.9:8	ואנת ידניה ומחסיה	בני	אסחור הוטבתם לבבן באלך
1113			C3.26:7	תנרי כא 2+3+20	בני	חפיענח כא 2+3+10
1114			C3.28:116	זערא גנבין 3+3 חל 1	בני	ידלה אביתי גרבין 3
1115			B2.9:19	מנחם ועגניה כל 2	בני	מנחם בר שלומם
1116			B2.9:17	מנחם ועגניה כל 2	בני	משלם בר שלומם ^שהד^
1117			B2.9:2	מנחם ועגניה כל 2	בני	משלם בר שלומם יהודין
1118			B2.10:9	ידניה ומחסיה כל 2	בני	נתן עד עלם וזי בניך
1119			A4.7:29	על דליה ושלמיה	בני	סנאבלט פ^ח^ת שמרין אף

1120			A4.8:28	שלחן על דליה ושלמיה	ב[ני	סנאבלט פחת שמרין אף
1121			B3.12:20	אחוהי מלחן זי מיא	בני	תויא ושוק מלכא ביניהן
1122			C1.2:24	[....] מראה וישוה א״״ש	בני	מראיהם[...]בספנן
1123		ובני	B2.9:13	ובנתן ואיש זילן	ובני	שלומם בר עזריה ירשונכם
1124	p em/sf	בני	B3.1:15	בכספא זנה ומרבית ה	בני	המו ישלמון לך כספא זנה
1125			B3.5:18	פלטי ויהוישמע כל 2	בני	המו שליטן בחלקי אחרנא
1126			B3.13:8	זילך זי מנעל כתיב אחר	בני	ואדרנגי ישלמון לך כספא
1127			B3.13:9	כתיב והן לא שלמו לך	בני	ואדרנגי כספא זנה זי מנעל
1128			B3.5:17	מיתתי ברת שנן 100×1	בני	זי ילדתי לי המו שליטן בה
1129			B3.5:20	לא ישלט בביתה כלה להן	בני	זי ילדתי לי וגברא זי
1130			B2.10:13	אנתה ואיש בשמי ובשם	בני	שטר מן בר וברה זי יזניה
1131		בניך	B4.5:4	מן קצת כסף דמי בית	בנ[יך	..[...]....[...]...[...]לם אמך
1132			B2.11:12	מטאך בחלק לך יהוה וזי	בניך	אחריך ולמן זי צבית תנתן
1133			B2.10:9	2 בני נתן עד עלם וזי	בניך	אחריכם ולמן זי רחמתן
1134			B5.3:3	[דינן למרשה על]יך ועל	בניך	[בשם .... וזי
1135			B3.12:30	צרף וביתא זילך ודי	בניך	ודי תנתן לה רחמת אף יהבן
1136			B5.3:2	[אפם] זילך וז[י	בניך	ולא יכל בר וברה [אח
1137			B2.11:11	ורחיקן אנחנה מנך ומן	בניך	מן דין עלדבר פטוסירי זך
1138			B2.4:12	בביתא זך ותוב פלגא הו	בניך	מן מבטחיה המו שליטן בה
1139			B2.4:7	רחמת לאחרנן להן	בניך	מן מבטחיה ברתי המו
1140			B2.4:9	ולמנתנה לאחרנן להן	בניך	מן מבטחיה המו שליטן בה
1141			B3.4:16	וביתא זילך אם וזי	בניך	מן אחריך ולמן זי צבית
1142			B3.4:19	וביתא זילך אם וזי	בניך	מן אחריך והן גבר אחרן
1143			B5.4:4	[ביתא זנה זילך ו]זי	בניך	מן [אחריך והן קבלת עליך
1144			B2.11:8	דינן למרשה עליך ועל	בניך	עלדבר פטוסירי שמה עבדא
1145		בניכי	B3.11:14	יחוב וינתן לכי ועל	בניכי	אביגרן כסף כרשן 10+20
1146			B3.10:19	עליכי לסגן ומרא ועל	בניכי	אחריכי זי ירשנכי דין
1147			B3.5:5	יומא זנה עד עלם וזי	בניכי	זי ילדתי לי מן אחריכי
1148			B3.10:20	ודבב ויקבל עליכי ועל	בניכי	ינתן לכי אביגרן כסף
1149			B3.11:13	ודבב ויקבל עליך ועל	בניכי	לסגן ומרא להעדיה ביתא
1150		בניכם	B2.10:16	אפם זילכם עד עלם וזי	בניכם	אחריכם שטר מן בנן זי
1151		ובנוהי	A2.4:3	שלם אחי בתי ואנשתה	ובנוהי	שלם רעיה אל תצף לחרוץ
1152			A3.6:1	בכל עדן שלם שוא	ובנוהי	שלם אבי[ה]י וכעת [שמעת
1153		ובני	B2.11:9	עלא אנחנה מחסיה	ובני	או נרשה לבר וברה לך
1154			B2.8:9	מומאה דכי אנה פיא	ובני	אנתן למ<ב>טחיה כסף כרשן
1155			B2.10:9	לא אכהל אנה ידניה	ובני	ואנתה ואיש לי לא אכהל
1156			B2.7:8	תנתננה לא אכל אנה	ובני	ורע זילי וגבר אחרן
1157		ובניה	D1.13:2	[....] שלם ס[...]ה.	ובנ[יה	[.... ...]חנך חד[...]
1158			B2.6:34	אחרן להן מפטחיה	ובניה	אנתן למפטחיה כסף כרשן
1159			A2.7:3	שלם וסרו ושפנית	ובניה	ופטמון שלם הריוטא
1160			D1.8:2	[....] [.... ...	ובניה[	שלם [....] [.... ...]
1161		ובניך	B2.11:7	מן יומא זנה ועד עלם	ובניך	אחריך ולמן זי צבית תנתן
1162			B3.4:12	שליט בביתא ״זך	ובניך	מן אחריך ולמן די צבית
1163			A4.4:9	להן תנה שלם ביתך	ובניך	עד אלהיא יחוונ[ני] אפיך
1164			B3.1:8	בספרא זנה אנת משלם	ובניך	שליטן למלקח לך כל ערבן
1165			B3.12:23	יומא זנה ועד עלמן	ובניך	שליטן אחריך ולמן זי
1166		ובניכי	B2.3:9	מן יומא זנה ועד עלם	ובניכי	אחריכי למן זי רחמתי
1167			B2.3:11	בארקא זך להן אנתי	ובניכי	עד עלם זי ירשנכי דין
1168			B3.10:21	יהוישמע אם שליטא	ובניכי	שליטן אחריכי ולמן זי
1169			B3.11:9	זנה {זנה} עד עלם	ובניכי	שליטן אחריכי ˇאנה
1170		ובנין	B2.9:10	עלם ל[א] נכהל אנחנה	ובנין	ובנתן ואחין ואיש זילן
1171			B2.9:13	בר עזריה והן אנחנה	ובנין	ובנתן ואיש זילן ובני
1172			A4.7:26	בכל עדן אנחנה ונשין	ובנין	ויהודיא כל זי תנה הן כן
1173			A4.8:25	[בכל עדן אנחנה ונשין	[ובנין	ויהודיא כלא זי תנה הן
1174			B3.4:21	והן לא פצלן אנחן	ובנין	ננתן לך בית לדמות ביתך
1175			A4.7:15	עביד אנחנה עם נשין	ובנין	שקקן לבשן הוין וצימין
1176			A4.8:14	עביד אנחנה עם נשין	ובנין	שקקן לבשן הוין צי[מן
1177		ולבניך	B3.12:30	לך יחוב וינתן לך	ולבניך	אביגרן כסף כרשן 20
1178		ולבניכי	B2.3:15	וביתא ביתכי אפם	ולבניכי	אחריכי ולא יכהלון
1179			B4.6:10	א[נתי] סלואה [	ולבני]כי	וא[דרנ]גֹיכי [ואנתי
1180			B2.3:13	סגן ודין ינתן לכי	ולבניכי	כסף כרשן 10 הו עשרה
1181			B2.7:7	ורחקת מנה דילכי הו	ולבניכי	מן אחריכי ולמן זי
1182		לבנוהי	C1.2:3	כן כזי עבדת	לבנוהי[	וכזי שמע חור] בר
1183		לבני	C1.2:1	ומשח .[....]	לבני	על תסהרא זי מלכא ושמע
1184		לבניך	C1.1:127	תאכל ותשבע ותנתן	לבניך	[... ד]רגת קשתך
1185			B3.12:26	אף לא נכהל נרשה	לבניך	ובנתך וזי תנתן לה בכסף
1186			B3.12:28	זי ירשנך דין וירשה	לבניך	ולאיש זי תנתן לה וזי
1187			C1.1:129	זי תאכל ותשבע ותנתן	לבניך	עמך [אל תזף ז]פתא
1188		לבניכי	B3.10:19	דין ודבב וירשה	לבניכי	אחריכי ויקבל עליכי לסגן
1189		לבניכם	B2.9:14	דין עלא ינתן לכם או	לבניכם	או למן זי ירשון אביגרנא
1190			B2.9:11	ולא יכהלון ירשון	לבניכם	ואחיכם ואיש לכם ב[ש]ם
1191			B2.9:13	ירשונכם וירשון	לבניכם	ובנתכם ואיש זילכם וזי
1192		ובניה	B8.7:4	[....]	ובניה	עבדיא זילה לא הנ[..]תֹ

בר #2 N field

001	s em/sf	ברא	D5.54fragb:2	[...]20 כ יתֹ[...] חמר	ברא	זי .[...] [...] [...]ל. [...]

בר בי N house-born, prince

001	s em/sf	בר ביתא	B4.6:20	[בר .... שהד] נ[חום	בר בי]תא	
002			A6.13:1	וכנותה וכעת ורוהי	בר ביתא	בזנה כן אמר לי בגא לם
003			A6.7:10	כזי קדמן מן ארשם	בר ביתא	על ארתהנת זי
004			B3.11:19	בר נתן שהד נחום	בר ביתא	שהד נתן בר מעוזיה
005			B3.12:34	מעוזיה שהד נחום	בר ביתא	שהד נתן בר יהואור
006			B3.13:14	שהד חגי שהד נחום	בר ביתא	שהד חגי בר מרדו
007		ברביתא	D14.6:2	חתם] ארשם	ברב[יתא]	
008			A6.4:5	[מ]ן ארשם	ברבית[א]	על [ארתונת ....]
009	p em/sf	ובני ביתא	A4.7:3	קדם דריוהוש מלכא	ובני ביתא	יתיר מן זי כען חד אלף

בר חרין N free person

001	s ab/cn	ברחרן	C1.1:216	מן בטן ידע	ברחרן	ולא מן[ ] [....
002*	p abs	בניחרן	C1.1:92	לדרכי ארקא	בניח[רן]	מאן טב כס[ן] מלה

בר מן p except for

001		בר מן	B3.8:36	[י]לקח אנתה אחר[ה	בר מן	יהוישמע] לה לאנתו הן
002			B6.4:2	[ילקח א]נֹתֹה [אחרה]	[בר מן	סלואה אנתתה לה לאנתו
003			B3.8:33	[ל]הבעלה בעל אחרן	[בר [מן	ענני והן תעבד כות

בר מן c — unless

001	בר מן	B3.4:21	לדמות ביתך ומשחתה	בר מן	בר זי אפולי ^זכר
002		B3.3:14	לפלטי מן תחת לבבך	בר מן	זי אנת תתרך לאמה תמת

בר שנין A — x years old (masc)

001 s ab/cn	בר שנין	B6.3:2	[והן ימות] שלומם	בר שנין	[1×100 .... ובר
002	בר שנן	B3.5:18	הן אנה ענני אמות	בר שנן	100×1 פלטי ויהוישמע

ברא a — outside

001	ברא	B3.7:14	עלא ולמנחת ולמנפק	ברא	אנה ענני יהבת לך בתיא
002		C1.1:93	והו ז]י תביר הנפקה	ברא	אריא אזל קרב לש]לם חמרא

ברא מן p — except for (?)

001	ברא מן	C3.28:48	בּביתנא הלעתיך 2	ברא מן	2 פתחן נחשיא זי יהבו על

ברה N — daughter

001 s ab/cn	בברה	B3.4:15	דין ודבב וגרין לבר	בברה	לך ולמן זי צבית למנתן
002	ברה	C3.9:6	[יור 1] [נשן] רבה 2	ב[רה	1] .... יו]ר 3 נשן
003		B3.4:22	אפולי ^זכר ונקבה^ או	ברה	^לה יתה^ ולא כהלן פצלן
004	וברא	B2.8:9	דין ודבב וגרכי בר לי	וברא	לי בשם מומאה דכי אנה
005	וברה	B2.1:8	יום אחרן לא יכהל בר	וברה	אח ואחה קריב ורחיק בעל
006		B3.12:27	אף לא יכהל בר לן	וברה	אח ואחה לן הנגית והנבג
007		B3.5:13	דין אף לא יכהל בר לי	וברה	אח ואחה יגרנכי בשם ביתא
008		B5.3:2	[בניך ולא יכל בר	[וברה]	אח ואחה דינן למרשה]
009		B2.3:10	תנתנן לא איתי לי בר	וברה	אחרנן אח ואחה ואנתה ואיש
010		B2.10:13	רשיתכם ורשכם בר לי	וברה	אנתה ואיש בשמי ובשם בני
011		B5.3:4	[דין וירשה]לבר לך	וברׄהׄ]	בשם
012		B3.6:5	זי ילתי לי בר לי	^וברה^	ואח לי ואחה קריב ורחיק
013		B2.10:14	בר אוריה וירשון לבר	וברה	ואנתה ואיש לכם או גברן
014		B3.4:14	ולא נכהל נגרה לבר לך	וברה	ולמן זי צבית למנתן הן
015		B2.10:13	ובשם בני שטר מן בר	וברה	זי יזניה בר אוריה
016		B4.1:4	[אכל אמר] לבר לך	וברה	יתל[י ע]ליכם מדעם מכל
017		B3.6:11	זי יסבל בר	וברה	לאבוהי בחייך ועד מותך
018		B2.11:8	אכהל אנה מחסיה בר	וברה	לי אח ואחה לי ואנש זילי
019		B2.2:12	דין ודבב אנה ובר לי	וברה	לי ^אח ואחה לי קריב
020		B3.10:18	במותי לא יכהל בר לי	וברה	לי הנגית זילי והנבג
021		B3.11:12	אף לא יכהל בר לי	וברה	לי אח ואחה הנגית והנבג
022		B3.9:4	אכהל אנה אוריה ובר	וברה	לי אח ואחה לי ואיש לי
023		B3.9:5	עבד ברי יהוה אנה ובר	וברה	לי ואיש לי ואנש אחרן לא
024		B3.9:6	לא אכהל אנה ובר	וברה	לי אח ואחה לי ואיש לי
025		B5.5:5	זׄנׄה ולא יכהל בר לי	וברה	לי אח ואחה לי קריב ורחיק
026		B5.5:9	[אף לא יכהל [בר] לי	וברה	לי הנגית והנבגא זי ל[י
027		B2.11:10	ובני או נרשה לבר	וברה	לך ולאנש זילך עלדבר
028		B2.2:13	ארקא זך אנת ובר לך	וברה	לך אח ואחה לך קריב ורחיק
029		B3.4:18	הן גרוך וגרו לבר	וברה	לך ינתנון לך כסף כרשן
030		B3.4:20	אחרן יגרנך ויגרה לבר	וברה	לך אנחן נקום ונפצל וננתן
031		B5.4:5	[קבלת עליך ועל] בר	וברה	לך קדם סגן ומרא ל[העדיה
032		B2.3:12	דין ודבב אנתי ובר	וברה	לכי ואיש זילכי בשם ארקא
033		B2.8:8	דין ודבב אנתי ובר	וברה	לכי בשם נכסיא אלכי זי
034		B2.10:10	אף לא נכהל נרשה לבר	וברה	לכם אח ואחה אנתה ואיש
035		B3.4:17	למנתן ולא יכהל בר	וברה	לן יגרנך זין וזבב בשם
036		B5.1:5	לא יכל אח ואחה בר	וברה	קרב ורחיק יגרונכי וזי
037	ברת	A3.4:7	יהוׄישׄמׄעׄ	בׄרׄ[ת	[....
038		C3.15:85	בר אסתח כש 2 משלמת	ברת	[...]ה כש 2 אחת מחתוש
039		B6.4:6	ולא ת[כ]הל יהוחן	ברת	[.... תאמר לה ולסלוא
040		D1.26fragb:4	לי איך] ... י]הוישמע	בר[ת	...] מן חב. הׄוׄשׁ[...
041		D22.4:1	[...	[ברת]	[...
042		D3.7:2	[...]ליההאור	ב[רת	[...
043		D7.49:6	ת[...] [..]... [...]	ברת	[...]. [... ע]בׄדׄ
044		D9.13:1	תשחלת	ברת]	...] [...] [.]...יה ברת] [...] [...
045		D9.13:2	תשחלת ברת] [...] [.]....יה	ברת]	...] [...]בר ביתאלעקב
046		D9.14:4	[...] אבערש] [... יהוטל	בר[ת	...] שריה ברת] [... חרמן
047		D9.14:5	יהוטל בר[ת ...] שריה	ברת]	...] חרמן ב[ר ...] שמעיה
048		C3.15:14	[כסף ש 2 לה] [....	בר[ת	...] כסף ש 2 לה] [...
049		C3.15:16	[כסף ש 2 לה] [....]	ברת	....] כסף ש 2 לה] [....].
050		C3.15:17	[כסף ש 2 לה] [....].	ב[רת	.... כסף ש 2 לה] [....
051		C3.15:18	[.... כסף ש 2 לה] [....	ברת]	....] כסף ש 2 לה] כל מאת
052		C3.15:97	צפליא כש 2 [.]לׄ[..	בר[ת	.... כש 2] מנ[ח]מת
053		C3.15:98	[.... כש [2] מנ[ח]מת	ברת]	.... כ]ש 2 נהבת ברת
054		C3.26:22	..פׄיׄן [...] תרׄט	[ב]רׄתׄ]	...] נטירא [...]
055		C3.28:84	[ק 2+]1+3 .מ..	בׄרׄתׄ	..[.].[..] חׄנטן אׄ[.]...אׄ
056		C3.9Rfraga:2	חׄוׄר ברׄ[...] [.]..	ברת]	...] [כל נ]פש 2 ב[גון]
057		C3.15:93	בר יאוש כש 2 אביהי	ברת	אושע כש 2 נהבת ברת
058		D18.14:1	..[..]	ברת	אספמת
059		D2.4:2	חת[חור ...] [... ...].	ברת	אשין ארמיה[... ...] [...
060		D20.2:1	ברכה תמא	ברת	בכרנף לוסרי
061		C3.28:81	חנטן ס 1 ר 1 שבתית	ברת	אׄברי חנטן ס 1
062		C3.15:104	ברת נתון כש 2 יהוחן	ברת	גדליה כש 2 סלוה ברת
063		B5.5:1	ביב אמרת מפט[חיה	ברת	גמריה יהודיה] זי יב
064		B5.5:11	ספרא זנה כפם מפטחיה	ברת	גמריה ושהדיא בגו
065		B5.5:13	[....] זי כתבת מפטחיה	בר[ת	גמריה לאסורי ברת
066		B5.5:13	בר[ת גמריה לאסורי.	ברת	גמריה]אחתה
067		B5.5:2	ארׄמׄ[י]ה לאסורי	ברת	גמרׄ[י]ה אחתה
068		D2.5:2	[... ...] [... ... ...]ה	ברת	גׄמריה יהוד[יה] [... ...
069		D9.14:11	[... ב]רת נריה [....]	ברת	גמריה [... ב]ר חרמן
070		C3.15:2	כסף ש[2] משלמ[ת	ברת	גמר[י]ה בר מחסיה כסף ש
071		D8.7:3	יתקום מ 1 √ יהדת	ברת	דלוי מ 1 חצי √ אליעזר
072		C3.15:99	ברת] .... כ]ש 2 נהבת	ברת	הׄ.... כש 2 יחמול
073		C3.15:115	בר נתון כש 2 הצול	ברת	הודויה כש 2 [....]
074		C3.15:101	יהושמע	ברת	הושע בר זכור כש 2
075		C3.15:107	ברת יסלח כש 2 אבעשר	ברת	הושע כש 2 יהועלי ברת
076		C3.15:4	כסף ש 2 שריהׄ]	בר[ת	הושע בר חרמן כסף ש 2
077		C3.15:13	[כסף ש 2 לה] [..]יׄ	[ב]רת	זבדי[ה כסף ש 2 לה]
078		D2.9:2	[... ...] ׳ ליחמול	ברת	זכור [... ... א]ית עמכי
079		D2.9:6	[...]בירת^א^ ... ...]	ברת]	זכור [....] יום
080		D3.17:9	פלטיה בר יאוש [...	בר[ת	זכור מחתוש ויסלח ^בר

081			C3.15:110	ברת צפליה כש 2 נהבת	ברת	זכור כש 2
082			C3.13:37	[מנח]מת	ברת	זכריה ש פ 2 סאן 1+3
083			C3.15:102	בר זכור כש 2 יהושמע	ברת	חגי כש 2 אבי[ה]י ברת
084			D8.11:7	זי √ אבא ק 3 לתשא	ברת	חוֹר בגפה √ ק 3 √
085			C3.15:88	ברת נתן כש 2 שבית	ברת	חורי בר שלם כש 2 רעיא
086			C3.18:6	ג 1 ח 2+3 [...]יׄ	[ב]רׄתׄ	חור כא 1 ג 1 ח 2+3
087			C3.9:14	בר פטוסרי יור [....	בר]ת	חור נשן רבה [כל נפש 2]
088			C3.18:5	ח 2+3 [... ...]תׄפׄסׄ	ברת	חׄנׄונית כא 1 ג 1 ח
089			C3.28:111	נחש וכדׄסׄאׄ	ברת	חניה סס[..]חׄ בידה
090			C3.28:88	דיפרס גרבין 2 תׄסא	ברת	חניה ברכׄסׄאׄ אׄ 3 אׄ
091			D19.5:1	שבו	ברת	חרי
092			C3.15:86	2 אחת מחתושׁ מפתח	ברת	טסתי כש 2 יהושמע ברת
093			C3.15:95	ברת מחסה כש 2 יהוחן	ברת	יגדל כש 2 משלמת ברת
094			C3.15:111	מנחמת	ברת	ידניה בר ענתי כש 2
095			D18.13:a	תמין	ברת	יחוט
096			D18.13:b	תמין	ברת	יחוט
097			C3.28:82	ק 3+3+2 פ ארסינה	ברת	יחנן חנטן א 20+2 בב
098			C3.15:106	ברת נרי כש 2 יהוטל	ברת	יסלח כש 2 אבעשר ברת
099			C3.15:135	[כש] 2 כׄ[לכל]יה	ברת	כיה[כ]שׁ 2 בגפרן בר
100			B2.3:36	בר ידניה למבטח	ברת	מחסה
101			C3.15:94	ברת אושע כש 2 נהבת	ברת	מחסה כש 2 יהוחן ברת
102			B2.10:3	אחוה אמהם מבטחיה	ברת	מחסיה בר ידניה קדם
103			B2.10:7	שמש לה בית מבטחיה	ברת	מחסיה זי יהב לה מחסיה
104			B2.8:2	לסון בירתא למבטחיה	ברת	מחסיה בר ידניא ארמיא
105			B2.9:3	בר צחא מן מבטחיה	ברת	מחסיה יהודין לזכם דגלא
106			B3.1:2	מלכא אמרת יהוחן	ברת	משלך נשן זי יב בירתא
107			B3.1:23	דנה זי כתבת יהוחן	ברת	משלך למשלם בר זכור
108			A4.4:6	רעיא [....] תבלא	ברת	משלם קולא אחתה הא שמהת
109			C3.15:90	ברת נרי כש 2 יהושמע	ברת	משלם כש 2 20+20+20
110			D3.17:2	בר שלום ליחמול	ברת	נדׄבׄה זי עבדו חמי
111			D9.14:10	בר מתן [... ...]הי [...	ב]רת	נריה [....] ברת גמריה
112			C3.15:105	ברת גדליה כש 2 סלוה	ברת	נרי כש 2 יהוטל ברת
113			C3.15:89	בר שלם כש 2 רעיא	ברת	נרי כש 2 יהושמע ברת
114			C3.15:103	חגי כש 2 אבי[ה]י	ברת	נתון כש 2 יהוחן ברת
115			C3.15:87	טסתי כש 2 יהושמע	ברת	נתן כש 2 שבית ברת
116			B4.6:3	נבוכדרי לסלו[אה]	ברת	סמוח לאמר איתי לכי עלי
117			D20.3:1	אבה בר חור ואחתבו	ברת	עדיה כל 2 זי חסתמח קריתא
118			D21.7:2	מרׄי שלמצין	ברת	עזגד עזגד בר מרׄי
119			C3.15:108	הושע כש 2 יהועלי	ברת	עמניה כש 2 מפתח ברת
120			C3.15:84	[הו]שע כש 2 מנחמת	ברת	ע[נני] בר אסחח כש 2
121			D21.1:1	לנסנו	ברת	פחנום
122			C3.9:9	[....].[.... יור] [...	בר]תׄ	פחפי [אנת]תה נשן רבה
123			C3.15:15	[.... כסף ש 2 לה] [...	ב]רת	פלול[יה כסף ש 2 לה]
124			C3.15:92	ברת שלם כש 2 יחמול	ברת	פלטי בר יאוש כש 2
125			C3.15:113	בר מעוזי כש 2 משלמת	ברת	פנוליה כש 2 נתון בר
126			D8.7:5	אליעזר מ 1 √ ברוכה	ברת	פסי מ 1 תמן ברת תסי מ
127			C3.18:4	[ ]1 [...]ןׄ	ברת	פסמשך כא 1 ג 1 ח 2+3
128			B3.12:33	זי יהו אלהא תפממת	ברת	פתו אנתתה כל 2 כפם חד
129			B3.12:3	לאמר אנה 1 תפמת	ברת	פתו כל 2 זבן ויהבן לך
130			C3.15:96	ברת יגדל כש 2 משלמת	ברת	צפליא כש 2 [.]לׄ[..
131			C3.15:109	ברת עמניה כש 2 מפתח	ברת	צפליה כש 2 נהבת ברת
132			C3.15:120	[....י]ה כש 2 יהושמע	ברת	קון כש 2
133			B5.1:1	מלכא אמרת סלואה	ברת	קניה ויתומה אחתה
134			B5.1:2	ויתומה אחתה ליהאור	ברת	שלומם אנחן יהבן לכי פלג
135			C3.15:100	הׄ.... כש 2 יחמול	ברת	שלם כש 2
136			C3.15:91	2 20+20+20 מפתח	ברת	שלם כש 2 יחמול ברת
137			D18.16:1	אבותי	ברת	שמשנורי
138			C3.26:33	חרפרן כא[...] תרט	ברת	ש.[...] פטבסתי ב[ר]
139			B3.4:2	נמסו ונשן וב־י־ל	ברת	שתבר כספיה זי סון לדגל
140			B3.5:3	זי זבנת מן אוביל	ברת	שתיבר ומן בגזושת כספין
141			D20.5:1	בריכה תבא	ברת	תחפי תמנחא זי אוסרי אלהא
142			D8.7:6	ברת פסי מ 1 תמן	ברת	תסי מ 1 פסי בר חורי
143			C3.9:17	[.... יור] תטחרור	בר[ת]	תתף ברתה .[...] חור
144	ברתה	s em/sf	B8.4:20	ח.בׄ.. ברהׄ תחא	ברתה	חדׄ.[...
145			B8.4:16	תחבס 1 תחה i תסי	ברתה	[..]מׄוׄ i אׄ....
146			B8.4:19	[....] אחרטיס	ברתה	פפׄא ברה תסיׄ בׄרׄ[תה
147			B8.4:15	ברה עדר ברה תנית	ברתה	תחבס 1 תחה i תסי
148			B8.4:15	הנצלׄ. .אבוׄ 1 סמשׄסׄ	ברתה	i פכׄמׄי בׄרׄ[ה] פחא
149			B2.7:21	בר ידניה [למפטחי]ה	ברתה	
150			B3.10:27	עזריה לחנא ליהוישמע	ברתה	
151			B3.11:21	בר עזריה ליהוישמע	ברתה	
152			B8.4:19	פפׄא ברה תסיׄ	בׄרׄ[תה	....] ח.בׄ..
153			B3.6:11	ואמרת תפמת ויהישמע	ברתה	אנחן {י}<נ>פלחנך זי יסבל
154			B8.3:2	[....] עם תחמפת	ברתה	גניב מ[נ.. ....]
155			B6.4:7	[תאמר לה] ולסלוא	ברתה	כזי נכסיא ˆ[א]לה˜ וכספא
156			B2.3:3	הומדת לנשן מבטחיה	ברתה	לאמר אנה יהבת לכי בחיי
157			B2.7:2	לדגל וריזת למפטחיה	ברתה	לאמר אנה יהבת לכי לביתא
158			B3.10:2	ברתא לנשן יהוישמע	ברתה	לאמר אנה עשתת לכי בחיי
159			B3.11:2	ביב ברתא ליהוישמע	ברתה	לאמר יהבת לכי בי חדׄ
160			D6.1:5	א.דׄת [...] אוסירי	ברתה	תח[ת ...] חא ב[ר]ת[ה] תחת
161			D6.1:6	ברתה תח[ת ...] חא	ב[ר]ת[ה]	תחת [...] [...] פריא נתר
162	ברתי		B3.7:17	[לכי ינתן ליהוישמע]	ברתי	אביגרן כסף כרשן 10
163			B2.4:4	זי אנה יהבת למבטחיה	ברתי	אנתתך וספר כתבת לה
164			B3.10:17	ענני יהבתה ליהוישמע	ברתי	במותי ברחמן לקבל זי
165			B3.10:5	זי אנה יהבת ליהוישמע	ברתי	ברחמן זנה משחת ביתא זי
166			B2.4:7	להן בניך מן מבטחיה	ברתי	המו שליטן בה אחריכם הן
167			B2.7:4	עלא ויהבתה למפטחיה	ברתי	חלף נכסיה זי יהבת לי כזי
168			B3.10:8	ענני יהבת ליהוישמע	ברתי	מועה שמש לה אגרא זי
169			B3.10:6	ענני יהבת ליהוישמע	ברתי	מן תחתיא לעליא אמן
170			B3.7:11	ברי ו[יהוי]שמע	ברתי	[פלגא] לפלטיה ופלגא
171			B3.7:8	אנת יהוישמע	ברתי	שליט בבית[א זנה ז]י
172			B3.11:8	בר בסס אנתי יהוישמע	ברתי	שליטה בה מן יומא זנה
173			B2.4:8	אחרן ארקא זך תבנה אחר	ברתי	תשנאנך ותנפק מנך לא
174	ברתך		B2.6:5	ועד עלם יהבת לך מהר	ברתך	מפטחיה [כסף] שקלן 2+3
175			B2.6:6	לבבך בגו הנעלת לי	[ברתך]	מפטחיה בידה כס[ף]
176			B6.1:4	עד על[ם ויהבת לך מהר	ברתך	.... כסף כרש 1 באבני]
177			B3.6:7	עליכי ועל יהישמע	ברתך	זי ילתי לי ינתן לך אבגרן
178			B6.1:3	ושא[ל]ת[מנך ל....	ברתך	לאנתו ויהבתה לי הי

No.	Gram.	Form	Ref.	Preceding	Keyword	Following
179			B6.1:5	[בגו הנעלת לי	ברתך	לביתי תכונה זי] כסף כ[רש
180			B2.5:2	ולא אתֿ[ית על ....]	ברתך	למלקחה לאנתו אנתן
181		ברתכי	B3.6:10	עליכי ועל יהישמע	ברתכי	ואנתי שביקה לאלהא ואמרת
182			B3.6:9	טלא לסמשא ויהישמע	ברתכי	וגבר אחרן לא שליט עליכי
183			B3.6:4	ושבקת ליהישמע שמה	ברתכי	זי ילתי לי בר לי ׳וברה׳
184			B3.6:6	שליט בכי וביהישמע	ברתכי	זי {ל} י<ל>דתי לי לא
185			D1.1:13	ואחו[הי	]ברתכי	לבעל[... ... ...] ואל
186		ברתן	B3.12:18	זי יהבן ליהוישמע	ברתן	פסשדת על ספר אנתותה דבק
187		וברתה	A3.7:2	אביהי ש[לם ....]ה	וברתה	שלם תחנום ויהוישמע
188		וברתהם	D23.1.Vb:7	תריהם אחדו	וברת[הם	...] אשתא אשלה
189		לברתך	B2.6:3	ביתך למנתן לי	לברתך	מפט<ח>יה לאנתו הי
190		ברתה	C3.9:4	נשן ר[בה] בלה	ברתה	ח.[...] כל נפש 1+3 בגו[
191			C3.9:18	תטחרור בר[ת] תתף	ברתה	[...] חור ברה [...].
192			C3.9:20	תחי 10+20+20	ברתה[	...] חור בר[...] [...] ..[.]..
193	p em/sf	בנתי	D7.20:10	זנה ולא אתית ביד	בנתי	שלח לי
194		ובנתה	D1.1:9	תצפו לה [... ... ...]ל	ובנתה	שלמ[... ... ...] יצף אנה]
195		ובנתכם	B2.9:13	וירשון לבניכם	ובנתכם	ואיש זילכם וזי ירשון[]
196		ובנתן	B2.9:10	נכהל אנחנה ובנין	ובנתן	ואחין ואיש זילן קריב
197			B2.9:13	והן אנחנה ובנין	ובנתן	ואיש זילן ובני שלומם
198		ובנתך	B3.12:26	לא נכהל נרשה לבניך	ובנתך	וזי תנתן לה בכסף או

ברזל — N — iron; cf. פרזל

ברזמדן — N — shrine (?) (Pers; GEA 371.20)

No.	Gram.	Form	Ref.	Preceding	Keyword	Following
001	s em/sf	ברזמדנא	D17.1:1		ברזמדנא	זנה ..דֿנ[..]

בריום — N — a day old

No.	Gram.	Form	Ref.	Preceding	Keyword	Following
001	s ab/cn	בריום	D7.37:2	[...]ן כען הוי [...]	בריום	מן . [או]שר לכם עקן

בריך — A — blessed

No.	Gram.	Form	Ref.	Preceding	Keyword	Following
001	s ab/cn	בריך	D20.3:1		בריך	אבה בר חור ואחתבו ברת
002			D22.10:1		בריך	אבמא. בר חרי קדם אוסרי
003			D22.24:1		בריך	פנדֿומס קדם
004			D22.8:1		בריך	[.]פתח קדם מֿ[..]. אלהֿא
005			D22.50:1		בריך	זי כתב[...] [...]נֿה
006			D22.25:1		בריך	רבה תרכמנה פשדיא ותרבמי
007			D22.27:1		בריך	רבה תרכמנא פשדיא זי
008		בריכה	D20.5:1		בריכה	תבא ברת תחפי תמנחא זי
009			D20.5:3	אמרת תמה קדם אוסרי	בריכה	הוי מן קדם אוסרי מין
010		ברך	D22.44:1	ברך	ברך	א.. ### נ.ר לחנם
011			D22.43:1		ברך	אבינבו לחנם
012			D22.40:1		ברך	אוגה לאסי
013			D22.29:2	#### דריוש	ברך	אסחור בר ערוד למן בשנת
014			D22.49:1		ברך	ארתוזי בר פרם קדם שמש
015			D22.14:1		ברך	אש..[..] ..ר.
016			D22.33:1		בר<ך>	אשמ[...]
017			D22.31:1		ברך	בבי למן
018			D22.21:1		ברך	ביתאל[... ...]
019			D22.13:1		ברך	בלהבה לאסרי
020			D22.42:1		ברך	גמלן סרצר לחר[...]
021			D22.17:1		ברך	חגג בר אבלת לאסרי
022			D22.18:1		ב<ר>ך	חור בר אֿ‖שמרם בר
023			D22.46:2	....	ברך	מחפרע במ...
024			D22.30:1		ברך	נבונתן בר אסחר למן
025			D22.32:1		ברך	נטיי למן ל
026			D21.16:1		ברך	עבדי יאיר
027			D22.41:1		ברך	עזריו בר שגבי לחר
028			D20.4:1		ברך	פטאס[י] בר יהא[...]
029			D22.11:1		ברך	פטמון בר ש[.]ת[.] קדם
030			D22.20:1		ברך	פטנאסי בר פטסרי
031			D22.16:1		ברך	פטסי קדם אסר[י]
032			A3.3:2	לא טיב אף אמך כעת	ברך	אנת [ליהו אלהא] [זי
033			D22.44:1		ברך	ברך א.. ### נ.ר לחנם
034			D22.47:2	ארתוזי	ברך	זי כתב כתבתא זא קדם שמש
035			D22.51:1		ברך	.זי כתב כתיבתא זא קדם אלה
036		ברכה	D20.2:1		ברכה	תמא ברת בכרנף לוסרי
037		ובריך	D22.27:2	פשדיא זי אוגננ[...]	ובריך	תרבמי פלותה [ו]
038		וברך	D22.51:6	.... מן כל [...]...	וברך	זי יקרא[.] כת[י]ב[ת]א זא

ברך — V — to bless

No.	Gram.	Form	Ref.	Preceding	Keyword	Following
001	pael	ברכתך	D7.21:3	גדל שלם וחין שלחת לך	ברכתך	ליהה ולחנ̇ו̇ם כען
002			A2.4:1	פסמי עבדך מכבנת	ברכתך	לפתח זי יחזני אפיך בשלם
003		ברכתכי	A2.1:2	מן אחכי נבושה	ברכתכי	לפתח זי יחוני אפיך בשלם
004			A2.2:2	תשי מן אחכי מכבנת	ברכתכי	לפתח זי יחזני אפיכי
005			A2.3:2	רעיה מן אחכי מכבנת	ברכתכי	לפתח זי יחזני אפיך בשלם
006			A2.6:1	מן א[חוכי ....]ר	ברכתכי	לפתח זי יחוני אפיכי
007			D1.1:1	שלם א.[...	]ברכתכי[	לפתח[... ... ...]י עליכי
008		ברכנכן	A2.5:1	אחוכן נבושה ומכבנת	ברכנכן	לפתח זי יחזני אפיכן
009		יברכנך	C2.1.11:72	לא תהצפן אֿהורמזד	יב[רכנך	וירחמנך וזרעך י]שגא

ברכה — N — blessing

No.	Gram.	Form	Ref.	Preceding	Keyword	Following
001	p em/sf	ברכת.	D7.1:1	אל אמי קויליה	ברכת[.]	שלחת לכי כענת הלו האֿ[.]

ברק — N — lightning

No.	Gram.	Form	Ref.	Preceding	Keyword	Following
001	s ab/cn	ברק	C1.1:85	אל תקום זעיר כצפה מן	ברק	אנת אשתמר לך אל יחזנהי

ברת שנין — A — x years old (fem)

No.	Gram.	Form	Ref.	Preceding	Keyword	Following
001	s ab/cn	ברת שנן	B3.5:17	זילכי להן הן מיתתי	ברת שנן	100×1 בני זי ילדתי לי
002			B3.7:18	הן תמות יהוישמע	ברת ש[נן	100×1

בשים — A — scented, perfumed

No.	Gram.	Form	Ref.	Preceding	Keyword	Following
001	s ab/cn	בשים	D3.16:8	ח[מש]ח ר 2 2+3+10	בשים	חפן 1 תקם חפנן 2+3 שנן
002		בשם	B3.3:5	פלג שנן משאן 1 משח	בשם	{{חפן 1}} פלג חפנא תקם

003		A2.2:12	תקבת 1 שפרת ואף משח	בשם	לבת בנת ולעד אשכח אש
004		A2.4:11	לממה זבנת חטבת ומשח	בשם	למתיה לכן ולה אשכחת אש

בשר N flesh

001	s ab/cn בשר	C1.1:88	ישפטון עקן עם אשה	בשר	עם סכין איש עם מ[לך]
002	s em/sf ובשרה	C1.1:184	ודמה יאשד	ובשרה	יאכל הא כן פגעהם זי

בשל V to cook

001	pael ואבשל	D7.12:8	[..] [..]..[...] [....]ך	ואבשל	[... ...]שבה את־ה־

בשם p concerning

001	בשם	D7.20:7	כענת הלו שלחת לך אתמל	בשם	הודויה בר זכריה לם
002		D3.17:12	[... ...]ם בר כנו[פ]י	בשם	פטי
003		B5.3:3	[למרשה על]יך ועל בניך	[בשם	[... ....
004		B5.3:4	[וירשה]לבר לך וברה]	בשם	
005		B2.3:12	וברה לכי ואיש זילכי	בשם	ארקא זך זי יהבת לכי
006		B2.7:9	אחרן ירשנכי דין ודבב	בשם	ביתא זך זי אנה יהבת לך
007		B3.11:15	עליכי ספר חדת ועטיק	בשם	ביתא זנה זי תחומוהי מנעל
008		B3.12:25	נכהל נרשנך דין ודבב	בשם	ביתא זנה זי זבן ויהבן לך
009		B3.12:28	עליך לסגן ומרא ודין	בשם	ביתא זנה זי משחת<ה> כתב
010		B3.12:29	עליך ספר חדת ועתיק	בשם	ביתא זנה זי זבן ויהבן לך
011		B3.4:13	לא נכל נגרנך דין ודבב	בשם	ביתא זנה זי אנחן זבן
012		B3.4:17	לן יגרנך דין וזבב	בשם	ביתא זנה זי תחמוהי כתבן
013		B3.5:14	וברה אח ואחה יגרנכי	בשם	ביתא זך והן אנה גריתכי
014		B3.5:14	זך והן אנה גריתכי דין	בשם	ביתא זך אנה אחוב ואנתן
015		B5.4:2	עליך קדם סגן ומ[רא	בשם	ביתא זנה זי כתבת ויהבת
016		B5.4:7	[ואחך] [אנה] בדין ודבב	בשם	בי[תא זנה ולא אצדק
017		B3.2:5	אכהל אגרנך דן ודבב	בשם	הירא זנה זי קבלת עלי בגו
018		B3.2:6	הן קבלת עליך דין ומרא	בשם	הירא [ז]נה זי קבלת עליך
019		B3.2:9	אח ואחה קרב ור<ח>ק	בשם	הירא זנה אנה אפצל ואנתן
020		D8.13:2	פ שודת ואנתתה כסף ר 3	בשם	כסף מלחא כתב יוסף ספרא
021		B5.5:10	[... ז]ילי־ זי ירשנכי	בשם	כספא זנה ופתפ[א זי] כתיב
022		B5.5:4	ארשנכי דין [ו]דבב	בשם	[כספ]א [זנה] ז[י]
023		B5.5:6	[דין ודבב זי ירשנכי	בשם	כספא זנה זי] יהבת לכי
024		B5.5:9	הנגית והנבגא זי לן	בש[ם	כספא זנה [זי יהבת לי
025		B2.8:9	וגרכי בר לי וברא לי	בשם	מומאה דכי אנה פיא ובני
026		B2.8:8	אנתי ובר וברה לכי	בשם	נכסיא אלכי זי ימאתי לי
027		B2.9:12	ואחיכם ואיש לכם	ב[ש]ם	נכסן וכסף עבור ואחרן זי
028	בשמי	B2.3:16	עליכי ספר חדת ועתיק	בשמי	על ארקא זך למנתן לאיש

בת מאסר N (unclear)

001	s ab/cn בתמאסר	C3.28:114	זא שלמ[יה] כהנא	בתמאסר	1+20 חל גרבין 2[

בתולה N virgin

001	s em/sf כבתולה	C1.1:134	מכדב גזיר קדלה [...]	כבתולה	תימנה זי[....] לאנפין

בתן N (unclear)

001	s ab/cn בתן	C3.7FR1:21	לקן עתיקין	בֿתֿן	...] i0+. על בית

ג s 3rd letter of the alphabet

001	ג	D10.1:1	א ב ...	ג	ד ה ו ז ח ט י כ ל מ נ
002		D10.2:3	חפמן ####### .סי א ב	ג	ד ה ו ז ח ט י כ ל מ נ
003		D22.28:1	א ב	ג	ד ה ו ז ח ט י כ ל מ נ

גבה A high

001	s ab/cn גבה	C1.1:91	מלך כרחמן אף קלה	גבה	ה[ו] מן הו זי יקום

גבי V to collect

001	peal גבי	C3.7AR3:19	[מנדתא ו]אחרן [זי	גבי	מנהם ועביד על בית מלכא]
002		C3.7FR1:8	....] 2	[גבי	מנה[ם] ועביד על בית
003		C3.7FR2:12	כ[ל] מנדתא ומעשרא זי	גבי	מנהם ועביד על בית
004		C3.7FR2:6	כל כסף גברין זי	גבי	מנהם ועביד על בית מלכא
005		C3.7FV1:24	[כל כסף גברין זי	גבי	מנהם ועביד על בית
006		C3.7FV2:21	[ואחרן]זי	גבי]	מנהם [וע]ביד על
007		C3.7FV2:6	1 כל מנדתא ואחרן זי	גבי	מנהם ועביד על בית מלכא
008		C3.7GR2:3	1 כל מנדתא ־ואחרן זי	גבי	מנהם ועביד על בית מלכא
009		C3.7JV2:22	כל מנדתא ו[אחרן] זי	גבי	מנהם ועביד על בית מלכ[א]
010		C3.7JV2:9	....[....] מנדתא זי	[גבי	מנהם ועביד] על בית מלכא
011		C3.7KR1:25	[...] [... ...] [מנדתא זי	גבי	מנהם ועביד על ב]ית מלכא
012		C3.7KR2:14	כל מנדתא ואחרן זי	גב[י	מנ]הם ועביד על בית מלכא
013		C3.7AR2:11	כל מנדתא ואחרן זי]	גבי	מנה ועביד] [על בית מלכא]
014		C3.7AR2:1	מנדתא זי	גבי	מנה וע[ביד ע]ל בית מלכא
015		C3.7AR3:1	מ]נדתא זי	גבי	מנה ועביד על בית מלכא]
016		C3.7BR1:11	[רבה הי] מנדתא זי	גבי	מנה ועביד על [ב]ית מלכא
017		C3.7BR1:19	מנדתא זי	גבי	מנה ועביד] על בית מלכא]
018		C3.7DR1:8	רבה הי מ[נדתא ז]י]	ג[ב]י	מנה ועביד על בית מלכא]
019		C3.7DR2:21	רבה הי [מנד]תא זי	גבי	מנה ועביד על [בי]ת מלכא
020		C3.7DR3:13	מנדתא זי	גבי	מנ[ה ועביד על בית מלכא]
021		C3.7DR3:24	כל מנדתא ואח[רן זי	גבי	מנה] ועביד על [בית מלכא]
022		C3.7DR3:5	[רבה הי] מנדתא זי	גבי	מנה] ועביד [על בית מלכא]
023		C3.7ER1:18	מנדת[א]זי	גבי	מנה] ועביד ע]ל ב[י]ת[
024		C3.7ER1:7	10 כל מנדתא ואחרן זי	גבי	מנה [ועביד ע]ל ב]ית
025		C3.7ER2:14	רבה[הי] מנדתא זי	גבי	מנה ועביד [על בית מלכא]
026		C3.7ER2:21	מנדתא ז]י	[גבי	מנה ועב]יד על בית מלכא]
027		C3.7ER2:4	כל מנדתא ואחרן זי	ג[ב]י	מנה] ועביד על בית מלכא]
028		C3.7GR1:21	[.... זי	ג]בי	מנה ועביד על בית
029		C3.7GR2:18	[רבה הי] מנדתא זי	גבי	מנה ו[עביד על]בית מלכא
030		C3.7GR3:2	[100×3] מעשרא] זי	ג]בי	מנה ועבי[ד על בית מ]לכא
031		C3.7GR3:9	ופלג כל מעשרא זי	גבי	מנה] ועביד [על בית מלכא
032		C3.7HR1:3	[מנדתא זי	גבי	מנה ועביד על בית מלכא]
033		C3.7JR1:18	[כל מנדתא ואחרן] זי	גבי]	מנה ועביד על] [בית מלכא]
034		C3.7JR1:8	[מנדתא זי	גבי	מנה ועביד ע]ל] בי]ת[
035		C3.7JR2:19	[כל מנדתא ואחרן זי	גבי	מנה ועביד על בית מלכא]

No.	Form	Parse	Ref	Preceding	Keyword	Following
036			C3.7JR2:2	[רבה הי] [מנדתא זי	]גָבִי	מִנֹּה [ועביד על בית
037			C3.7JR2:9	מנדתא זי	גבי	מנה[ועביד על בית מלכא]
038			C3.7	[מנ]דֹתֹאֹ[ואח]רן[זי	גבי	מנה ועביד על[בית
039			C3.7KR3:1	מ]נדתא ז[י	ג]בי	מנה ועביד ע]ל בית מלכא
040			C3.7KR3:18	מִנְדֹּתָא ואחרן[זי	גבי	מנה ועביד על בית מלכ]אֹ
041			C3.7KR3:8	[מנדתא]ז[י	גבי	מנה] ועביד על בית מלכא
042			C3.7KR4:3	[רבה הי] מנדתא[זי	גבי	מנה ועביד על בית מלכא]
043			C3.7KR4:9	[רבה הי] מנ[דת]א זי	ג]בי	מנה ועביד על בית מלכא]
044			C3.7CR1:17	[כל מנדתא ואחרן ז]י	גבי	מ]נה ועביד עַ[ל] [בית
045			C3.7CR1:7	[מנדתא זי]	גבי	מנה ועביד על בי]ת מלכא
046			C3.7CR2:18	כל מנדתא ואח]רן[זי	[גבי	מנה] ועביד על בית מלכא
047			C3.7CR2:7	[מנדתא זי]	גבי	מנה ועביד על בי]ת מלכא

גבר N man, person

No.	Form	Parse	Ref	Preceding	Keyword	Following
001	גבר	s ab/cn	B3.4:3	זי סון לדגל נמסו כל	גבר˘	1˘ נשן 1 לענניה בר
002			B2.7:11	אם דילכי אף לא יכל	גבר	אחרן יהנפק עליכי ספר חדת
003			B3.4:19	וזי בניך מן אחריך והן	גבר	אחרן יגרנך ויגרה לבר
004			B3.5:16	2 לכרש 1 ולא דין והן	גבר	אחרן יגרנך דין ינתן לכי
005			B3.5:19	בחלקי אחרנא אנה ענני	גבר	אחרן אמי ואבי אח ואחה
006			A3.3:7	[ש]לם ומחבל לא איתי	גבר	הוי אל תתאשד עד תאתה
007			C1.1:132	באדניך כי חן	גבר	הימנותה ושנאתה כדבת
008			A4.7:28	קדם יהו אלה שמיא מן	גבר	זי יקרב לה עלוה ודבחן
009			A4.8:15	[נכסן זי קנה אבדו וכל	גבר	זי] בעה באיש לאגורא זך
010			A4.8:27	[קדם יהו אלה] שמיא מן	גבר	זי יקרב לה עלוה ודבחן
011			B2.10:11	ואחה אנתה ואיש לכם או	גבר	זי תזבנון לה ביתא זך או
012			D23.1.II:10	ל]דנא חרא לאשכב עם	גבר	זי [....] לֹמרא.ה.. למ[
013			C1.1:113	רתא	גבר	זי לא ידע מה
014			C1.1:138	ואל תהשגא לבבא	[גבר	ז]י לא יתרום בשם אבוהי
015			C1.1:100	ובעל אגר לא יהוה לה	גבר	טב עִם ג[בר לח]ה [סנ]יא
016			C1.1:99	כנתה וכזי [יח]זה	גבר	טבֿ לגבר לחֿ[ה ...] [לא]
017			C1.1:218	[....] מתקנה	גֿב[ר]	כגרה ואנתהֿ
018			C1.1:82	כי צנפר הי מלה ומשלחה	גבר	לא לבֿ[ב] מ[.]י אחדי פמך
019			C1.1:100	לא יהוה לה גבר טב עִם	ג]בר	לח]ה [סנ]יא שדר לרמנ[א
020			C1.1:130	[תזף ז]פתא יקירתא ומן	גבר	לחֿה אל תזף אףֿ [ה]ן
021			C1.1:138	אל ידנח שמ[ש להן כי	גבר	לחה הו [מן בי]תֿי נפקת
022			C1.1:42	ובעל עטתא טבתא זי	גבר	ע]ל עטתה ומלוהי [....
023	וגבר		B2.7:8	אנה ובני וזרע זילי	וגבר	אחרן ירשנכי דין ודבב בשם
024			B3.6:9	לסמשא ויהישמע ברתכי	וגבר	אחרן לא שליט עליכי ועל
025			B2.11:14	יהוה נפלג המו עלין	וגבר	חלקה נהחסן וספר פלגנן
026	לגבר		B4.4:7	[כל] גברן 2 לגבר	לגבר	1 שערן ארדבן 2 ג 2 ח]
027			D6.8fragc:5	2+10....[...] [...]	לגבר]	[...
028			C3.15:1	כסף ליהו אלהא לגבר	לגבר	כסף ש[2] משלמ[מ]ת ברת
029			A6.9:4	זי אזלן עמה מצרין	לגבר	לגבר ליומא קמח חפן חדה
030			B4.4:7	2 כל גברן [....]	לגבר	לגבר 1 שערן ארדבן 2 ג 2
031			C3.15:1	זי יהב כסף ליהו אלהא	לגבר	לגבר כסף ש[2] משלמ[מ]ת
032			C1.1:99	וכזי [יח]זה גבר טבֿ	לגבר	לחֿ[ה ...] [לא] ילוהֿ עמה
033			A6.9:5	אזלן עמה מצרין לגבר	לגבר	ליומא קמח חפן חדה פתפא
034	גברא	s em/sf	B8.8:8	[....]ןֿ	גברא	זך שאלן ולא מלל
035			C2.1.8:59	[אחר]	גברא	זך זי רֿב הוה עֿ[ל חילא
036			C2.1.8:61	[תמה] [אזל לערקהום]	גברא	זך א]חֿד קטֿ[לה וחרא זי
037			C3.8IIIAfraga:1		גברא	זנה [...] קדם הומיס]
038	וגברא		B3.5:20	להן בני זי ילדתי לי	וגברא	זי יהנצל ביתי אחרי מותי
039	לגברא		D3.44:2	.[...]	לגברא]	...] [...].
040	גברין	p abs	A4.10:5	בר נתון שמה 1 כל	גברין	2+3 סונכנן זי ביב
041			A4.7:16	זי קנה אבדו וכל	גברין	זי בעו באיש לאגורא זך
042			C3.7FR2:6	כנדן[....] כל כסף	גברין	זי גבי מנהם ועביד על
043			C3.7FV1:24	[ופ]לג [כל כסף	גברין	זי גבי מנהם ועביד על
044			A4.6:16	[....]	גברין	מנן אח[ד]ו אסרו בכבלין[א
045	גברן		C3.25:4	[ ]פסי בר חיף	גברן	[...].י בר פחי חלף [...].
046			A6.15:2	לי חלכין 2+3 כל	גברן	[10] אחר חלכיא גברן
047			A6.7:5	1 מוסרם שמה 1 כל	גברן	3+10 אבשוכן ממנין הוו
048			B4.4:7	1+10 [.... כל]	גברן	2 לגבר לגבר 1 שערן
049			B4.4:8	[זי]מאת נבושלו	גברן	2 לשערן ארדבן [.... נתנת
050			C1.1:37	[מלך א]תור מני עמֿה	גברן	2 אחרנן למחזה איך
051			A6.15:2	עחחפי למנתן חלכין	[גברן	1[+1]+3 ובבל [....] לי
052			A6.15:3	גברן [10] אחר חלכיא	גברן	2+3 שאל מן [נח]תחור
053			A6.15:4	על חלכיא זי מלכו לי	גברן	2+3 [....] הב למספת
054			A6.15:5	שטר מן זי יהבו בבבאל	גברן	2+3 אף קבילה שלח עליך
055			A6.3:5	בר וחֿ[פרע 1] כל	גברן	2+3+3 נכסי לקחו וקרקו
056			C4.4:10	ביתאלעקב בר ענר כל	גברן	3+3+3
057			D6.8fragh:2	[...] [...]..[...] כל	גברן	[....] [....]דֿש שמה]
058			A5.1:2	אלף	גברן	א[....] מן קדמן בצבו זי
059			C1.1:62	זנה וכזי[....	]גברן	אחרנן מלכא ישלח [א]חרין
060			B2.10:14	ואנתה ואיש לכם או	גברן	זי תזבנון לה או זי ברחמן
061			A6.7:2	שלם יהוי וכעת איתי	גברן	חיל[כין] עבדן זילי
062			A6.9:3	[...]ד חד ולעלימוהי	גב[ר]ן	עשרה לחד ליומא קמח חפן
063	לגברן		B4.3:7		לגברן	[.].. ח 3
064			A6.9:4	לקבל רכשה והבו פתף	לגברן	חלכין תרין אמן חד כל
065	גבריא	p em/sf	C1.1:56	רביא אמר לכנותה	גבריא	אלך תרין זי עמה [....
066			C1.1:58	הי [שגי]אֿ אח[ר ענו	גבריא	אלך תרין ואמרו לה]
067			C2.1.11:78	אחֿריֿ לזר[עהום זי	גבריא	אלך שגיא בפר]סא סבל]
068			D1.34fraga:3	.[...] [... אר]בעה עליד	גבריא	ו[...] [... פמנח]תֿף
069			A4.4:3	[הא זנה שמהת	גבריא	ז]י אסירו ב[י]ב ברכיא
070			A4.4:6	קולא אחתה הא שמהת	גבריא	זי אשתכחו בבבא בנא
071			A4.6:13	[....] [.... ש]מהת	גבריא	[ז]י א[...] [....][...]ת
072			A4.6:15	[....] [.... ....]חו	גבריא	זי ש[מ]התהם כתיב
073			D1.33fragc:4	[...] [...]י במפֿ[...	גב[ר]יא	זי אסירן [....]י כלא
074			D1.34fraga:4	ו[...] [... פמנח]תֿף	גבריא	זי אתבצרו עבֿ[...]
075			D7.56:10	אגרת[א] זי ישלח על	גבריא	זי עבורא נתירה עמהון
076			C2.1.11:74	[מלכא כן אמר אלה	גבר]יא	זי קד[מ]ן עמי הוו עדֿ
077			C3.11:10	3+3 כסף חלֿ[רן] מכס	גבריא	זי יתוספו בשנת
078			C3.7AR2:5	[חמוש [....] [כ]סף	גֿ[בר]יא	ז]יֿ עביד על בית מלכא]
079			C3.7DR1:21	[...] [....ח]מֿשֿ	גֿבֿרֿיֿא	זֿ עבֿי]ד
080			C3.7DR3:18	.... [....] [כסף	גבריא	זי עביד על בית מלכא]
081			C3.7ER1:2	[חמוש ....] [כ]סף	גבריא	זי עביד על בית [מל]כא]
082			C3.7ER1:22	[מע]שר[...] כֿסֿף	גֿבֿר]יא	זי עביד ע]ל בית מ[לכא
083			C3.7FR2:3	כֿ i לק עתיק 1 כסף	גבריא	זי עביד על [בית מלכא]

084			C3.7JR1:12	[מ]שח חמוש ...] [כסף	גבריא	זי עביד על בית מלכא]
085			C3.7JR2:13	בה משח חמוש ...] [כסף	גבריא	זי עביד על בית מלכא]
086			C3.7	כסף]	ג]בׄרׄיׄאׄ]	זי עביד על בית מלכא]
087			C3.7KR1:3	[מ]שח חמוש ...] [כסף	גבריא	זי עביד על בית מ]לכא
088			C3.7KR2:6	..ןׄ ....] ....] כסף	גבׄרׄיׄא]	זי עביד על [בית מלכא]
089			C3.7CR1:11	חׄמׄוׄש] ...] כסף	גבריא	זי עביד על בי]ת מלכא
090			C3.7CR2:12	יׄ 20] .... כסף	גבריא	זי עביד על ב]ית מלכא]
091			C3.7EV1:19	2 שׄ 2+3 [כסף	גבריא	.... כסף כרש 1 ש [1]
092			C3.7GR3:7	כׄסׄףׄ	גׄבׄרׄ]יא	....[בית מׄלׄכא
093	לגבריא		B4.4:13	[יהבת] עלידן למובל	לגבריא	אלה זי כתיבן [מנעלא
094			C1.1:77	מלכא שאל	לגבריא	ת]רין

גדי — N — kid

001	s em/sf	גדיכי	C1.1:209	לענז]א אמיר מית	גׄדׄיׄכי	וענת ענזא [ואמרת ....

גהן — V — to bow, to prostrate onself

001	peal	גהנת	C1.1:13	[ ] [.... א]חר	גהנת	וסגדת לם אחיקר קדם

גו — N — one belonging to the inner chamber, midst, inner parts

001	s em/sf	גוא	B3.12:24	ותפמת אנתתי זי הות	גוא	למשלם בר זכור ויהבה לי
002		גוה	C1.1:96	אלהן ומה יתנטר עלאון	גוה	[...] [...]מׄן] ....ד]ששי

גוי — A — interior, inner

001	s em/sf	גויא	C3.19:1	.. הנע]לו בגנזא [	גויא	י]ומא הו
002			C3.19:21	יומ[א הו] מן גנזא	גׄ]ויא]	לע] ...] [....

גושך — N — a Persian official: 'hearer' (GEA 371.21)

001	p em/sf	גושכיא	A4.5:9	מן דיניא תיפתיא	גושכיא	זי ממנין במדינת תשטרס

גזה — N — fleece

001	s em/sf	וגזתה	A2.2:8	הן יהב לכי נקיה	וגזתה	שלחי לי והן יהב לכי

גזז — V — to shear

001	peal	תגזנה	D7.8:8	וגזה ביום זי תרחענה	תגזנה	והן לא תנפק יומא זנה
002		וגזה	D7.8:6	מתמרט בכבא כען אתה	וגזה	ביום זי תרחענה תגזנה
003		למגז	D7.8:3	תאתא זי לך רבתא מטאת	למגז	עמרא זילה קדמא מתמרט

גזר — V — to cut

001	peal	גזירה	D7.35:11	לה הׄ.... ...]	גזירה	[....] 1 זע]ירה
002		גזיר	C1.1:134	באנפוהי [...] מכדב	גזיר	קדלה כבתולה תימנה זי[

גלד — N — hide, animal skin

001	s em/sf	גלדא	D7.5:8	לפטו]סרי אף בעי]	גלדא	[זי] אמרת לכי הלו
002		גלדי	C1.1:167	לנמרא למה לי כסיכי	גלדי	אל תלקחן מני כי לא
003			C1.1:210	....] ינסח נרם מן	גלדי	%% רגׄ[...] בכותא הו
004			A6.16:3	תחדו כתן 1	גלדי	תולע 2 זך היתי עלי להן

גלי — V — to uncover

001	peal	גלין	A4.2:8	הא סברו] .... הנלו	גלין	אנפין על ארשם ˆקדמןˆ
002		תגלי	C1.1:141	מסתר]יך אל	תגלי	קדם [רח]מיך אל יקל שמך

גמא — N — papyrus reed (Egypt; GEA 373.2)

001	s ab/cn	גמא	B3.8:17	חוצן תחת לבשיה ת.[.] זי	גמא	1 חדת בה נעבצן זי אבן שש
002			B2.6:15	לבבי בגו שוי 1 זי	גמא	בה נעבצן זי אבן 1+3 פק
003			D3.16:11	שנן משאנן 2 זלוין זי	גמא	חדת 1 על מבֿן זי

גמידה — N — kind of garment (cf. Kaufman 51)

001	s ab/cn	גמִדה	B3.8:7	כסף כרש 1 שקלן 2	גמדה	1 זי קמר חדת לאמן 3+3
002			D2.19:2	ארך] ... ...] [... ...	]גמידה[	[... ...] [... ...] אנתתה

גמל — N — camel

001	s em/sf	גמלא	C1.1:186	זי לא זיל[ה] וטעון	גמלא	יטעננהי %% חמרא רכב
002	p abs	גמלן	D22.1:2	3+2×100 כודנן אף 2	גמלן	....[..]

גנב — V — to steal

001	peal	גנבו	B8.2:24	לאׄיׄ [....]	גנבו	לחרתׄ.[...] אחר
002		גנבה	C1.1:179	עבד פרי[ד] אמה	גׄנבה	פתׄ.ה [.... שם אבוהי
003		גניב	A4.3:4	אבנצרף 1 זי השכחו	גניב	ביד רכליא על אחרן צחא
004			B8.3:2	עם תחמפת ברתה	גניב	מ]..ו ....]

גנב — N — thief

001	s ab/cn	גנב	C1.1:173	ולא חזה כאיש {{זי}}	גנב	זי שתר בי וישתכׄ[ח] מהׄ
002			C1.1fragf:3	[...] [...]וא[...] [...]ש	גנב]	[...
003	p abs	גנבין	D5.57:2	.[...] [...]. עׄלׄיׄ[ ]	גנבין	[...] [...]הוין עלא

גנבית — a — like a thief

001		גנבית	A4.2:5	מצריא קדם ארשם להן	גנבית	עבדן אף] .... מדינת

גנה — N — garden

001	s ab/cn	גנה	D8.3:15	פי.[...] [...]. בכא חד 1	גנה	.. אי. בחקלא פחפי פלקי.]

גנז — N — treasure, treasury (Pers; GEA 371.22)

001	s ab/cn	לגנז.	B8.5:2	שימן] ....]	לגנזׄ.	....]שלם
002	s em/sf	גנזא	B8.5:3	[ ]שלם לבבׄ.[...] [....]	גנזא	..[.... ....]ה במנדׄ[ת
003			C3.19:21	כל ר[עי] יומ[א הו] מן	גנזא	גׄ[ויא] לע] ...]

No.	Gram.	Form	Ref.	Preceding	Keyword	Following
004			A6.2:4	וישתלח על המרכריא זי	גנזא	המו עם פרמנכר[יא
005			A6.13:5	יהנפק ויהיתה ויאתה עם	גנזא	זי מני שים להיתיה בבאל
006			A6.2:13	לובר ותבירן על	גנזא	עזלי כתן עבין כרשן מאה
007		בגנזא	C3.19:1	גויא [י]ומא הו	בגנזא	הנע]לו ..]
008			C3.19frag:2	ב̇ .]...] [...]	בגנזא]	[...] [...]לי לא̇.. אלךן
009			D8.7:8	1 מ 1 √ י̇סלק	בגנזא	ר̇ 2 ר 1 [....].צ̇יתא

גנן V — to protect

No.	Gram.	Form	Ref.	Preceding	Keyword	Following
001	(h)afel	יהגנון	A4.5:23	[.... טב] [....]	יה]גנון	למנדעמתא זי א[....]

גנן N — gardener

No.	Gram.	Form	Ref.	Preceding	Keyword	Following
001	s ab/cn	גנן	B3.10:10	ובית חור בר פטאסי	גנן	זי חנום אלהא דבק לדרגא
002			B3.11:6	זי חור בר פטאסי	גנן	זי חנום אלהא דבק לה אגר

גסת A — severe reprimand (Pers; GEA 371.23) + פתגם

No.	Gram.	Form	Ref.	Preceding	Keyword	Following
001	s ab/cn	וגסת	A6.10:9	זילי חסין תשתאלון	וגסת	פתגם יתעבד לך [אר]תחי
002			A6.8:3	ישלח עלי חסן תשתאל	וגסת	פתגם יתעבד לך בגסרו ידע

גף N — body, alone

No.	Gram.	Form	Ref.	Preceding	Keyword	Following
001	s em/sf	בגפה	D8.11:7	ק 3 לתשא ברת חור̇	בגפה	√ ק 3 √ לשמעון בגפה
002			D8.11:9	√ ק 3 √ לשמעון	בגפה	ק 3+3

גץ N — gypsum

No.	Gram.	Form	Ref.	Preceding	Keyword	Following
001	s ab/cn	גץ	D7.23:4	[...] קמרא עתי]קא ...].	גץ	יצלן 2 [...] [.]אחוך

גרב N — flagon, jug

No.	Gram.	Form	Ref.	Preceding	Keyword	Following
001	s ab/cn	גרב	C3.28:85	גרבן 3 יוחנן כהנא	גרב	1 מן שבתי ישיב גרבין
002			C3.28:86	גרבין 2 מן נתני	גרב	1 מן חגי דיפרס גרבין
003		בגרב	C3.28:1		[בגרב]	ארבעיא באפנא כ̇לל כא
004			C3.28:22	1 פ ב̇[ש +1]1 ר 1	בגרב	חמשת[א] יסדרס לגן 2 בר
005	p abs	גנבין	C3.28:115	.... דלוי זערא	גנבין	3+3 חל 1 בני ידלה
006		גרבין	C3.28:114	בתמאסר 1+20 חל	גרבין	2[{{כ]הנא}} ....
007			C3.28:86	גרב 1 מן שבתי ישיב	גרבין	2 מן נתני גרב 1 מן
008			C3.28:87	גרב 1 מן חגי דיפרס	גרבין	2 ת̇סא ברת חניה
009			C3.28:117	גרבין 3 עבדיהו פחס	גרבין	3+3 חל 1 מהויהון
010			C3.28:116	1 בני ידלה אביתי	גרבין	3 עבדיהו פחס גרבין
011		גרבן	C3.28:85	מ̇ן ..[.]....	גרבן	3 יוחנן כהנא גרב 1 מן

גרד N — domestic staff (Pers; GEA 371.24)

No.	Gram.	Form	Ref.	Preceding	Keyword	Following
001	s ab/cn	גרד	A6.10:2	זילי אף מן אתר אחרן	גרד	אמנן וספזן ונכ[ס]ן אחרנן
002			A6.10:6	זילי אף מן אתר אחרן	גרד	אמנן וספזן שפיק בעו
003			A6.12:2	כאחרנן ולנשי ביתה	גרד	בדיכרן זילי ויעבד פתכרן
004	s em/sf	גרדא	A6.10:8	כן ידיע יהוי לך הן מן	גרדא	או מן נכסיא אחרנן זילי
005			A6.15:10	ומה זי לקחת נכס[ן] מן	גרדא	התב הב להם כן כזי מספת
006			A6.10:4	בשוזיא מתנצחן	גרדא	ונכסי מראיהם חסין נטרן
007			A6.10:1	סמשך פקידא קדמיא	גרדא	ונכסיא זילנא [זי]
008			A6.10:5	על זנה אנתם [א]תנצחו	גרדא	ונכסי[א זיל]י חסין טרו
009			A6.15:8	על זנה אף מספת שלח	גרדא	לם זי מראתי כתש ונכסן
010		וגרדא	A6.15:9	לקח מנה כעת אנת	וגרדא	זילי עבידה לא איתי לך

גרה N — (unclear)

No.	Gram.	Form	Ref.	Preceding	Keyword	Following
001	s ab/cn	כגרה	C1.1:218	מתקנה גב[ר]	כגרה	ואנתה [....].וה]

גרי V — to take legal action against someone, to sue

No.	Gram.	Form	Ref.	Preceding	Keyword	Following
001	pael	גריתך	D2.24:1	[...] [... אגר]נך הן	גריתך	[... ...] [... ב]יתא זנ̇א
002			B5.2:3	לזכם דגלא ל[אמר אנה	גריתך	בדין
003		גריתכי	B2.8:8	זי ימאתי לי עליהם הן	גריתכי	דין ודבב וגרכי בר לי
004			B3.5:14	בשם ביתא זך והן אנה	גריתכי	דין בשם ביתא זך אנה
005		גריתכם	D2.21:5	[... ... זי]לכם הן	גרי[ת]כם	[ב]ד]ין ...] [... ...
006		גרך	B3.2:8	לך כסף כרשן 2+3 הן	גרך	אח ואחה קרב ור<ח>ק בשם
007		וגרכי	B2.8:9	הן גריתכי דין ודבב	וגרכי	בר לי וברא לי בשם מומאה
008		וגרין	B3.4:14	הן גרינך דין ודבב	וגרין	לבר בברה לך ולמן זי
009		גרינך	B3.4:14	זי צבית למנתן הן	גרינך	דין ודבב וגרין לבר בברה
010		וגרו	B3.4:18	כתבן מנעל הן גרוך	וגרו	לבר וברה לך ינתנון לך
011		גרוך	B3.4:18	תחמוהי כתבן מנעל הן	גרוך	וגרו לבר וברה לך ינתנון
012		אגרנך	B2.2:12	על ארקא זך לא אכהל	אגרנך	דין ודבב אנה ובר לי
013			B3.2:4	בדמוה[י]לא אכהל	אגרנך	דן ודבב בשם הירא זנה זי
014			D2.24:1	ברך [... ...] [...	אגר]נך	הן גריתך [.... ...] [...
015		אגרנכי	B2.8:7	זנה ועד עלם לא אכהל	אגרנכי	דין ודבב אנתי ובר וברה
016		אגרנכם	B2.10:10	ואיש לי לא אכהל	אגרנכם	דין ודבב אף לא נכהל
017		ויגרה	B3.4:19	והן גבר אחרן יגרנך	ויגרה	לבר וברה לך אנחן נקום
018		יגרנך	B2.2:14	לך קריב ורחיק זי	יגרנך	בשמי ˆעל˜ ארקא זך ינתן
019			B3.5:16	ולא דין והן גבר אחרן	יגרנך	דין ינתן לכי כסף כרשן
020			B5.2:9	[ו]איש לי	יגרנך	די̇[ן ודבב ....]
021			B3.4:19	אחריך והן גבר אחרן	יגרנך	ויגרה לבר וברה לך אנחן
022			B3.4:17	ולא יכהל בר וברה לן	יגרנך	זין וזבב בשם ביתא זנה
023		יגרנכי	B5.1:6	ורחיק יגרונכי וזי	יגרנכי	במנתא זכי זי יהבן לכי
024			B3.5:14	בר לי וברה אח ואחה	יגרנכי	בשם ביתא זך והן אנה
025			B2.7:10	כתבת לכי עלא זי	יגרנכי	דין ו<ד>בב אנה ואח ואחה
026		נגרה	B3.4:14	לך ורחקן מנה ולא נכהל	נגרה	לבר לך וברה ולמן זי צבית
027		נגרכי	B5.1:4	מחר יום אחרן לא נכל	נגרכי	במנתא זכי [ל]אמר לא
028		נגרנך	B3.4:12	למנתן אנחן לא נכל	נגרנך	דין ודבב בשם ביתא זנה
029		יגרוהי	A3.4:4		יגרוהי	והן איתי כסף הבי עלוהי
030		יגרונכי	B5.1:6	בר וברה קרב ורחיק	יגרונכי	וזי יגרנכי במנתא זכי

גריו N — measure of grain (1/3 ardab) (Pers; GEA 371.25)

No.	Gram.	Form	Ref.	Preceding	Keyword	Following
001	s ab/cn	ג	D8.10:2	זעירה 10+20 מ 1	ג	1 נוכדו̇ זעירה 1
002			D8.10:5	נפרנוב 2+3+3 מ 1	ג	1 זעירה 5[..] תפורתחם 3
003			D8.8:3	[ל]ספריא ס̇ 1 [ל..]עסן	ג	1 ק 3 [לי]הדת במכלי ג 1
004			D8.8:4	1 ק 3 [לי]הדת במכלי	ג	1 ק[...] [..].[...]ס̇ 1 ק 2
005			C3.14:40	2+10+20+20+100×[ ]	ג	1 ח [...] וזי .[....
006			C3.18:12	ב...] [...] [...כנתן א 2	ג	1 ח 3[...] [...]אופסתא

1[..]ת[2 [...] כל כנתן	ג	א 2+3 .[.] כא 2+10	C3.18:17			007
1 ח 2+3 [... ...]תפֹּם	ג	[ ]ן ברת פסמשך כא 1	C3.18:4			008
1 ח 2+3 [...]י [ב]רֹת	ג	ברת חֲנונית כא 1	C3.18:5			009
1 ח 2+3 [...].[...]...א כא	ג	[ב]רֹת חור כא 1	C3.18:6			010
2 ח [....]	ג	לגבר 1 שערן ארדבן 2	B4.4:7			011
2 ח 2+3[...] ומן עבור	ג		C3.14:37			012
[...]... [חזה עבדן	גֹ[	א 1×100+20+10+1	C3.18:10			013

גרם N bone

לא יחתון שאול וטללך ל[א	וגרמיך	תהך ותשתה[...]באלך	C1.2:6	וגרמיך	p em/sf	001

גרס V to grind

[...] [...]רא אף הושרו לי	אגרס	תמה ינפק עלי ואהך	D7.10:7	אגרס	peal	001
לחמהם לשו לחם קב 1 עד	גרס	המו על אחרנן הן	D7.6:6	גרס		002

גרש N grits

שבק קמרא מן אתמל	וגרשא	עדבר ספא 1	D7.33:3	וגרשא	s em/sf	001

גשור N beam (Akk; GEA 376.11)

זי ישכח יזבן והן יהב לכי	גשר	בבתה אל תקמי קדמתה כל	A2.2:15	גשר	s ab/cn	001
זי תשכח לממה זבנת חטבת	גשר	ויהב בגשרן ושבק כל	A2.4:10			002
הוה א[רך]אמן בעשתא שבע	גשורן	בי חד בְּנֵה אחד	B3.7:4	גשורן	p abs	003
ודששן 3 הו תרי רסי מבני	גשורן	חד מבני בי תחתי אחד	B3.11:2			004
וכון בה 3 דש חד בה אחד	גשורן	מבני בי תחתי אחד	B3.10:13			005
וכון והא זנה תחומי ביתא	גשורן	בנה בי תחתי חדת אחד	B3.5:8			006
כון ודששן 2 מבני בי	גשורן	בי תחתי מבני אחד	B3.12:13			007
ושבק בבתה אל תקמי קדמתה	גשרן	עבר לוחפרע ויהוי זבן	A2.2:14	גשרן		008
ושבק כל גשר זי תשכח	בגשרן	שערן מן תשי ויהב	A2.4:9	בגשרן		009
לא אחד אנחן זבנהי לך	וגשרן	ולא בניה וכוין בה	B3.4:5	וגשרן		010
מ[...] ושאל על פטוסרי	גשוריא	זי הס[...] וידניה	D7.13:3	גשוריא	p em/sf	011

גשש V to spy

ביתי ומֹה אמר לנכריא	הגשש	מן אצדק %% בר בטני	C1.1:139	הגשש	(h)afel	001

ד S 4th letter of the alphabet

ה ו ז ח ט י כ ל מ נ ס	ד	א ב ג ...	D10.1:1	ד		001
ה ו ז ח ט י כ ל מ נ ס	ד	חפמן ####### .סֹי א ב ג	D10.2:3			002
ה ו ז ח ט י כ ל מ נ ס	ד	א ב ג	D22.28:1			003

דב N bear

..[... אזל על אמר]יא	דֹבא	טביא להן למונק דמה %%	C1.1:168	דבא	s em/sf	001

דבב N lawsuit, process (Akk; Kaufman 42)

ואנה רחיק מן כל דין ודבב	דבב	מלכא ולא דין ולא	B2.8:10	דבב	s ab/cn	001
וביתא ביתכי אפם ולבניכי	דבב	לעשרתא ולא דין ולא 2	B2.3:14			002
וביתא ביתכי אפם ואהך	דבב	לעשרתא ולא דין ולא 2	B2.3:22			003
ו[ז]י יקום על מפטחיה	דבב	זי צבית ולא דין ולא	B2.6:29			004
כתב עתרשורי בר	דבב	לעשרתא ולא דין ולא 2	B2.4:15			005
כתב מעוזיה בר נתן ספרא	דבב	עליהם ולא דין ולא	B2.9:16			006
כתב חגי ספרא זנה ביב	דבב	כסף צריך ולא דין ולא	B3.6:15			007
מחר או יום אחרן יקום	דבב	צבית ולא {י} דין ולא	B2.6:26			008
[....	ודבב	[ו]איש לי יגרנך די[ן	B5.2:9	ודבב		009
אנה ובר לי וברה לי אח	ודבב	זך לא אכהל אגרנך דין	B2.2:12			010
אנה ואח ואחה קרב ורחק	ו<ד>בב	עלא זי יגרנכי דין	B2.7:10			011
אנתי ובר וברה לכי ואיש	ודבב	עד עלם זי ירשנכי דין	B2.3:12			012
אנתי ובר וברה לכי בשם	ודבב	לא אכהל אגרנכי דין	B2.8:7			013
אף לא נכהל נרשה לבר וברה	ודבב	לא אכהל אגרנכם דין	B2.10:10			014
אף לא יכהל בר[לי וברה	ודבב	] אסורי ארשנכי דין	B5.5:9			015
בשם ביתא זך זי אנה יהבת	ודבב	וגבר אחרן ירשנכי דין	B2.7:9			016
בשם ביתא זנה זי זבן	ודבב	לא נכהל נרשנך דין	B3.12:25			017
בשם הירא זנה זי קבלת עלי	ודבב	לא אכהל אגרנך דן[ ]	B3.2:5			018
בשם ביתא זנה זי אנחן זבן	ודבב	לא נכל נגרנך דין	B3.4:13			019
בשם בי]תא זנה ולא אצדק	ודבב	] דין ואהך[[אנה] בדין	B5.4:7			020
בשם [כספ]אֹ [זנה] זֹ[י]	[ו]דבב	לא אכהל ארשנכי דין	B5.5:4			021
ואמר לא יהבת לכי אנה	ודבב	יום אחרן ארשנכי דין	B2.3:20			022
ואמר לא יהבת לך ארקא זך	ודבב	יום אחרן ארשנך דין	B2.4:13			023
וגרין לבר בברה לך ולמן	ודבב	למנתן הן גרינך דין	B3.4:14			024
וגרכי בר לי וברא לי בשם	ודבב	עליהם הן גריתכי דין	B2.8:9			025
ויקבל עליכי ועל בניכי	ודבב	אחריכי זי ירשנכי דין	B3.10:20			026
ויקבל עליך ועל בניכי	ודבב	ואדרגא זי ירשנכי דין	B3.11:12			027
וירשה לבניכי אחריכי	ודבב	זילי ירשנכי דין	B3.10:19			028
ולא יכהלון ירשון לבניכם	ודבב	ידניה ומחסיה דין	B2.9:11			029
זי ירשנכי בשם כספא זנה	ודבב	ורחיק [ירשנכי דין	B5.5:6			030
כתב פטאסי בר נבונתן	ודבב	ואנה רחיק מן כל דין	B2.8:11			031
בשם ביתא זנה זי תחמוהי	וזבב	בר וברה לן יגרנך זין	B3.4:17	וזבב		032

דבח N animal sacrifice

דמי כסף כנכרן אלף על[	ודבחן	גבר זי יקרב לה עלוה	A4.8:27	ודבחן	p abs	001
דמן כדמי כסף כנכרין 1×לף	ודבחן	גבר זי יקרב לה עלוה	A4.7:28			002
חנום אלהא [... ...] בכל	דבחי	בא.[...] [... ...]ן	D1.12:16	דבחי	p const	003

דבלה N fig-cake

[...] [... ...ר]ן לחם תמ 2	דבלן[	[...] [...]יה[בת לא[...	D1.11:2	דבלן	p abs	001

דבק V to adjoin

לשטר ביתי מן ארעא ועד	תדבק	זי לעליה אגרא זך	B2.1:5	תדבק	peal	001
אגר באגר להנפנא זי בנו	דבק	מועה שמש לה אוצר מלכא	B3.11:4	דבק		002
אגר באגר מערב שמש לה	דבק	פסשדת על ספר אנתותה	B3.12:18			003
לדרגא דך מערב שמש לה אגר	דבק	גנן זי חנום אלהא	B3.10:10			004

005			A2.1:5	שנטת כלה ולבבי לה	דבק	לה הן חזית מה אתרתן
006			B2.10:5	בית הצול בר זכריה	דבק	לה בתחתיה ומנעלא כוין
007			B2.10:5	בית הושע בר אוריה	דבק	לה תחתיה לה בית הצול בר
008			B2.10:8	זי יהב לה מחסיה אבוה	דבק	לה זך ביתא זי תחומוהי
009			B3.10:9	עליא לה בית קנחנתי	דבק	לה אגר באגר תחתיא מנה
010			B3.11:5	באגר ואגר ביתא זילה	דבק	לה אגר באגר הו תרי רבתא
011			B3.11:5	עליא לה בית קנחנתי	דבק	לה אגר באגר ואגר ביתא
012			B3.11:6	גנן זי חנום אלהא	דבק	לה אגר ˆבאגרˇ זנה ביתא
013			B3.12:19	בר זלי ומרדו אחוהי	דבק	לה אגר באגר תחתיא לה
014			B3.4:9	שמש לה אוצרא זי מלכא	דבק	לה למערב שמש ˆלהˇ אגור
015			B3.5:11	ביתה זי שתיבר כספי	דבק	לה זנה חלק ביתא זי
016			B3.5:9	חלקא זילי אנה ענניה	דבק	לה תחתיה לה אגורא זי יהו
017			D2.10:7	[...] [... ... את]רלי	דבק	לה[... ...] [... ...]ה בב
018			B2.3:6	בית דרגמן בר חרשין	דבק	תחתיה לה בית קוניה בר
019		דבקה	B2.1:4	אגרא זך זילך הי זי	דבקה	לביתא זילי לזויתה זי

דבר V to lead, to drive

001	peal	דברת	D1.12:10	[ ]אמרת לי אחר אנה	דׁברׁת	א[...]. כזי לא[...]
002	pael	ודברת	D3.45:7	[...] [...].ש	ודברת	על א[...] [...
003		דבר	A4.7:8	בירתא ינדשו אחר נפין	דבר	מצריא עם חילא אחרנן אתו
004			A4.8:7	ינדשו אחר נפין זך	דבר	מצר[יא עם חילא אחרנן אתו
005		דבר	D7.29:7	לחגי או יגדל	דבר	עלוהי וינתנהי לכם

דבש N honey

001	s ab/cn	דבש	A4.2:10	[....] תשכחון	דבש	תקם חתילן חבלן משכי צל

דגל N military detachment

001	s ab/cn	דגל	B2.7:10	ואח ואחה קרב ורחק בעל	דגל	ובעל קריה ינתן לכי כסף
002			B2.1:9	ואחה קריב ורחיק בעל	דגל	וקריה יכלא למחסה או לבר
003			B6.3:7	בעל קריה ובׄ[על	דגל	ירשה לאביהי אנתתה זי
004			D22.7:1	מׄן	דגל	נקמן
005			D23.1.XVIB:1	.[..]יׄתׄאׄ מׄן	דגל	נקמן ....[... ...]
006		לדגל	B4.5:2	גדול ארמי זי סון	לדגל	[.... לא]מר איתי לך
007			B2.9:2	יהודין זי יב בירתא	לדגל	אדננבו לידניה ומחסיה
008			B3.6:2	יהודי זי יב ברתא	לדגל	אדננבו לנשן תפמת שמה
009			B3.8:2	ארמי זי יב בירתא	[ל]דגל	[אדנ]נבו לזכור בר
010			B6.1:2	ארמי זי יב בירתא	לדגל	אדננבו ל[..]ל[.... בר ...
011			B7.1:2	[... ...]	[לדגל	אדננ]בו למחסיה בר
012			B8.6:9	כל [1+]1 א[ר]מׄיׄן	לדגל	אׄלׄ[..] ..[.. כתש]וני
013			C3.8IIIB:35	[שתבר]זׄן שמ[ו טע]םׄ	לדגל	א[.]ל[..]..[....]ם
014			B2.2:3	אתרה ביב בירתא עביד	לדגל	ארתבנו למחסיה בר
015			D2.3:3	זי[... ...] [... ...]	ל[ד]גל	אר[תבנו ...] [... ...
016			B2.2:9	קוניה בר צדק יהודי	לדגל	אתרופרן למערב שמש לה
017			C3.8IIIA:7	]	ל]דגל	בגפת
018			C3.8IIIA:9	בר שאילא	לדגל	בגפ[ת [....]
019			B8.6:8	[ ]בׄר הוברׄאׄ ארמי	לדגל	ביתאלשגב מלל על
020			B2.3:2	מהחסן ביב בירתא	לדגל	הומדת לנשן מבטחיה ברתה
021			B2.4:2	יה[ודי ז]י יב	לדגל	הומדת ליזניה בר אוריה
022			C3.8IIIB:36	בר כמשפלט [.]...[..]	לדגל	וידׄרן זי מנפי עם
023			B2.1:2	בר צדק ארמי זי סון	לדגל	וריזת למחסיה בר
024			B2.1:3	ארמי זי סון	לדגל	וריזת לאמר אנה אתית
025			B2.11:2	כל 2 ארמין זי סון	לדגל	ור[יז]ת לאמר אנחנה
026			B2.2:10	בר אוריה יהודי	לדגל	וריזת לתחתיה לה ובית
027			B2.2:4	יהודי זי בבירת יב	לדגל	וריזת לאמר ימאת לי ביהו
028			B2.6:2	[א]רמי זי סון	לדגל	וריזת לאמר אנה [א]תית
029			B2.7:2	ידניה ארמי זי סון	לדגל	וריזת למפטחיה ברתה
030			B2.8:3	ידניא ארמיא זי סון	לדגל	וריזת על דינא זי עבדן
031			B3.3:3	זכור ארמי זי סון	לדגל	וריזת לאמר אנה אתית
032			B7.2:3	בר א[רוסת]מר	לדג[ל]	מרי[לא]מר [א]נת קב[לת
033			D2.12:3	ביב בירתא עביד	לדגל	מרי 1 לידניה [בר
034			D3.39fragb:4	חרזמיא [...]משזבנבו	לדגל	מרי[ ] [...]מא זי צדני
035			B3.12:3	זי {זי} יב ברתא	לדגל	נבוכדרי לאמר אנה 1
036			B3.13:2	חגי בר משלם יהודי	לדגל	נבוכדרי לפחנום בר בסא
037			B4.5:2	הושע ארמי זי סון	לדגל	נבוכדרי ליס[לח] בר
038			B4.6:2	ארמי זי יב ברתא	לדגל	נבוכדרי לסלו[אה] ברת
039			B7.2:3	מהחסן ביב ב[ירתא	לד]גל	נבוכד[רי ל[אר]תפרד בר
040			B3.4:2	שתבר כספיה זי סון	לדגל	נמסו כל ˆגבר 1ˇ נשן 1
041			B3.4:2	בגזשת בר בזו כספי	לדגל	נמסו ונשן ובˆיˇל ברת
042			B5.2:2	ישביה ארמי סונכן	לדגל[	....]
043			B7.1:2	שיבה ארמי זי סון	[לדגל	.... לאמר] [....]
044			D2.1:2	מלכא אמר [...	]ל[דגל	...] [.·.. ... ח]תחור שנ[ת
045			D2.11:2	זי מ[יא] [... ... ...]	לדגל	[... ...] אנה[... ...] שערן
046			D2.12:4	זי ביב בירתא מהחסן	לדגל	<...> [...]ב.[...].. [...]
047			C3.19:4	לענחחפי בר פטאסי	לדׄגׄל	[...]..
048			C3.8IIIA:8	עדרי בר צחא	לדגל	[...]
049	s em/sf	דגלא	B8.10:6	[....] [....] חיל	דגל[א	] זי לן שאילת תבא וכן
050			D2.5:3	יהוד[יה] [...	]דגלא	.... ספר ### מרחק [...
051			D4.12:2	[בביר]ת סו[ן ...] [...	]דגלא[	...] [...]אמר[...]
052			B2.4:2	בר אוריה בזכם	דגלא	לאמר איתי ארק בי 1 זילי
053			B2.9:4	מחסיה יהודין לזכם	דגלא	לאמר אנ[ח]נה רשינכם בדין
054			B3.8:2	[אר]מי זי סון לדכם	דגלא	לאמר אנה אתית על[יך
055			B5.2:3	לזכם	דגלא	ל[אמר אנה] גריתך בדין
056			B5.5:2	יׄהׄוׄדׄיׄהׄ לזׄכׄם	[דגלא	ל]אמר אנה יהבת לכי כסף
057		דגלהם	A5.5:7		דגלהם	ורבי מאותהם
058			A5.2:2	[.... ח]קלא	[דג]לן	מהחסן לה מן שנת
059		לדגלה	B5.5:2	זי יב בירתא	לדגלה	ארׄמׄ[יה] לאסורי ברת
060		לדגלא	B3.13:2	בסא ארמי זי סון	לדׄגלא	זך אפם לאמר אנה אתית
061	p abs	דגלן	A4.5:1	אׄנׄחׄנׄהׄ רׄבין	דגלן	זי מצריא מרדו אנחנה

דגן N grain

001	s em/sf	דגנא	C1.1:129	[....] אנת יה ברי זף	דגנא	וחנטתא זי תאכל ותשבע

דה — P — this (fem); cf. **זא**

דהב — N — gold; cf. **זהב**

דוגי — N — sea-going vessel

001	s ab/cn	דוגי	C3.7EV2:10	לכסף כרשן 1[....]	דוגֿ[י	... ...].ש...[..].כֿ.רֿ.]
002			C3.7FR1:23	[....]... לידי	דוגי	[....] [....].. ל...ין
003			C3.7JV2:7	ספינת [....]בגו	[ד]וגי[	....] דוגי
004			C3.7EV1:16	[.... לאפף] בקרו לימא	דוגי	קנרֿתעא 1 [זי]
005			C3.7EV1:2	[לפאוני בקר]ו לימא	דוגי	קנרֿ[ת]עא שמֿ...ן[...]י
006			C3.7EV2:19	למסורע בק[ר]ו לימֿא	דוגי	קנרֿתעא 1 זי[....] [כסף
007			C3.7GR1:12	....]	דוגי[	קנרתעא 1
008			C3.7GR3:16	בקרו למֿצרין	דוגי	קנרֿתעא 1 [....]
009			C3.7EV1:14	[.... לאפף בקר]ו לימא	דוגי	קנרֿתשירי 1 זי [....
010			C3.7EV2:5	[....]1 לאפף בקרו לימא	דוגי	קנרֿתשי[רי 1 זי ....]
011			C3.7FR2:4	עביד על [בית מלכא] מן	דוגי	קנרֿתשירי 2 זי]
012			C3.7GR2:22	לאפף בקרו למצרין	דוגי	קנרתשירי 1 זי שמ...הֿ.]
013			C3.7JV2:7	[ד]וגי[....]	דוגי	קנרֿתשירי זֿי ....[....]

דוגית — N — fishing boat

001	s ab/cn	דוגית	C3.8IIIB:26	[...].[...] בֿגֿוֿ	דוגית	ו[....]אֿ [ואף]הו]
002			C3.8IV:5	[שנת 2+3+10]	דֿוֿגֿיֿתֿ	1 .. .[...] וֿכעת חיר
003			C3.8IIIB:18	צלצל נוש...[....].. 1	דוגית	.הֿ ..[...] דו[גי]ת חנה.]
004			C3.8IIIB:18a	1 דוגית .הֿ ..[...]	דו[גי]ת	חנה.[...] בגו 1 כל 3
005			C3.8I:10	[לאפף שנת 3+10]	[ד]וגית	[...] [..].אֿ [...] [ב
006	s em/sf	דוגיתא	D3.46frage:2	[...]2 .[...] [...	דוג]יתא	[...] [...]ן פֿצֿן [...]
007			C3.8fraga:7	לתֿ...פֿחֿרט [....	דו]גיתא	זא ינתנו [....].....
008			C3.8II:7	[...]. [מא]ני פרזל	[דוג]יתא	זי לקדמן ס]פינתא לקנ]
009			C3.8IIIA:3	]	דו]גיתא	זי העדיו .[...]
010		דוגיתה	C3.8fraga:5	[....]חֿ[ל]ף	דוגיתה	[....]תהם
011		דוגיתי	C3.8fraga:9	[....] ...מי חלף	דוגיתי	[....]ף על מרֿביתא
012		ודגיתא	C3.8IIIB:24	זי עב[דו ע]ל צלצלא	ודגיתא	כנתן בחגב ש[....]ל].

דוחן — N — millet

001	s em/sf	דחנא	D8.3:10	1[...] פתו בר פכיף	דחנא	זילה אש[...] פתחור אשל 1
002			D8.3:9	אשלן 2 [...] חשףֿ	דחנא	זילה אש{ד}<ל> 1[...] פתו

דון — V — to judge

001	peal	ידין	[D]C1.1fragb:2	[...]תא ו[...] [...]	ידין	ל[...] [...]ש כן ה[...]

דור — N — thickness (?)

001	s ab/cn	דורה	D3.26:4	פתי א[מה 1 פשך]1	דֿוֿרה	פש]ך ...]
002			D3.26:3	ופלג פתי אמה 1	דוֿר[הֿ	...] לוח אחרה אמן 2+3
003			D3.26:2	אמן 2+10 פתי אמה 1	דֿוֿרה	פשכן 1+3 בגו לוח אחרה

דושן — A — ill-willed (Pers; GEA 371.26)

001	p abs	דושנן	B8.4:2	וכנותה דֿיניא	דֿושֿנֿן	הוו [.... בית]אלשגב

דושכרת — N — crime (Pers; GEA 371.27)

001	s em/sf	דושכרתא	A4.5:3	אזל על מלכא זנה	דושכרתא	זי כמריא זי חנוב אלהא

דחי — V — to knock down; to oust

001	peal	דחה	B3.10:14	הו תרבצא שליטא למסמך	דחה	ומרשה בפלגא דילך אף
002		ימחנך	B1.1:9	קבלךֿ ׀ ולֿכל זי	י[ד]חנך	אקנס אקם ואנקה ואנתן

דחל — V — to fear

001	peal	דחלת	C1.1:45	ותובא [.... קר]בתא	דחלת	לם אחיקר ענית ואמרת
002		תדחל	C1.1:54	רביא ואמ[ר]לי אל	תדחל	לם [תח]יי אחיקר אבוה זי
003		נדחל	A4.2:7	הו פקיד למדינא[....]	נדחל	בזי זעירן אנחנה בב 2 כען

דחפן — V — (unknown); or read **רֿחפניא**

001	p em/sf	דחפניא	A4.5:11	[....]ך	דֿחפניא	זי ביב ב[ירתא

די — p — of (genitive particle); cf. **זי**

די — c — who, which (relative); cf. **זי**

דיל_ — P — independent possessive pronoun; cf. **זיל_**

דין — N — law, lawsuit

001	s ab/cn	דין	D2.15:3	[... ...] [... ... ו]לא	דין	[... ...] [... ...]איתי לה
002			B2.11:12	ולמן זי צבית תנתן ולא	דין	אף איתי תבא שמה אמהם זי
003			B3.5:13	ענניה ארשנכי עלדברה	דין	אף לא יכהל בר לי וברה אח
004			B3.5:14	זך והן אנה גריתכי	דין	בשם ביתא זך אנה אחוב
005			B3.7:17	[כסף ר 2 לעשרתא ולא	דין]	הן תמות יהוישמע
006			B5.4:6	[20 באבני מלכא ולא	דין	ואהך] [אנה] בדין ודבב
007			B2.10:10	לי לא אכהל אגרנכם	דין	ודבב אף לא נכהל נרשה לבר
008			B2.2:12	ארקא זך לא אכהל אגרנך	דין	ודבב אנה ובר לי וברה לי
009			B2.3:12	עד עלם זי ירשנכי	דין	ודבב אנתי ובר וברה לכי
010			B2.3:20	או יום אחרן ארשנכי	דין	ודבב ואמר לא יהבת לכי
011			B2.4:13	מחר או יום אחרן ארשנך	דין	ודבב ואמר לא יהבת לך
012			B2.7:10	לכי עלא זי יגרנכי	דין	ו<ד>בב אנה ואח ואחה קרב
013			B2.7:9	זילי וגבר אחרן ירשנכי	דין	ודבב בשם ביתא זך זי אנה
014			B2.8:11	דבב ואנה רחיק מן כל	דין	ודבב כתב פטאסי בר
015			B2.8:7	עלם לא אכהל אגרנכי	דין	ודבב אנתי ובר וברה לכי
016			B2.8:9	לי עליהם הן גריתכי	דין	ודבב וגרכי בר לי ובֿרא לי
017			B2.9:11	אנת ידניה ומחסיה	דין	ודבב ולא יכהלון ירשון
018			B3.10:18	ואדרנג זילי ירשנכי	דין	ודבב וירשה לבניכי אחריכי
019			B3.10:19	אחריכי זי ירשנכי	דין	ודבב ויקבל עליכי ועל

No.	Form	Parse	Ref.	Preceding context	Keyword	Following context
020			B3.11:12	ואדרגג זי ירשנכי	דין	ודבב ויקבל עליך ועל
021			B3.12:25	לאנתו לא נכהל נרשנך	דין	ודבב בשם ביתא זנה זי זבן
022			B3.4:12	אנחן לא נכל נגרנך	דין	ודבב בשם ביתא זנה זי
023			B3.4:14	צבית למנתן הן גרינך	דין	ודבב וגרין לבר בברה לך
024			B5.2:9	[ו]איש לי יגרנך	די[ן]	ודבב ....[
025			B5.5:4	עלם לא אכהל ארשנכי	דין	[ו]דבב בשם [כספ]אׄ [זנה]
026			B5.5:6	לי קריב ורחיק [ירשנכי	דין	ודבב זי ירשנכי בשם כספא
027			B5.5:9	[אנה אסורי ארשנכי	דין	ודבב אף לא יכהל בר] לי
028			B3.5:15	כסף ר 2 לכרש 1 ולא	דין	והן גבר אחרן יגרנך דין
029			B4.7:3	[זי מנעל כ]תיב ולא	דׄין	והן אׄ[נ]ה פטאסי
030			B3.12:27	ואדרגג זילן זי ירשנך	דין	וירשה לבניך ולאיש זי
031			B5.3:4	[ירשנך [...]	דין	וירשה]לבר לך וברהׄ[
032			B2.3:14	כסף ר 2 לעשרתא ולא	דין	ולא דבב וביתא ביתכי אפם
033			B2.3:21	כסף ר 2 לעשרתא ולא	דין	ולא דבב וביתא ביתכי אפם
034			B2.4:15	כסף ר 2 לעשרתא ולא	דין	ולא דבב כתב עתרשורי בר
035			B2.6:26	לה אן זי צבית ולא	{י}דין	ולא דבב מחר או יום אחרן
036			B2.6:29	לה אן זי צבית ולא	דין	ולא דבב ו[ז]י יקום על
037			B2.8:10	2+3 באבני מלכא ולא	דין	ולא דבב ואנה רחיק מן כל
038			B2.9:16	זי רשין עליהם ולא	דין	ולא דבב כתב מעוזיה בר
039			B3.6:15	מלכא כסף צריף ולא	דין	ולא דבב כתב חגי ספרא
040			B2.2:16	זילך ואנת רחיק מן כל	דין	זי יקבלון עליך עלדבר
041			B2.10:15	לה ביתא זך וזי ירשכם	דין	ינתן לכם אביגרנא זי כסף
042			B3.5:16	והן גבר אחרן יגרנך	דין	ינתן לכי כסף כרשן 20
043			B2.10:17	זי יזן בר אוריה ולא	דין	כתב מעוזיה בר נתן כפם
044			B2.11:14	פלגנן נכתב בינין ולא	דין	כתב נבותכלתי בר
045			B3.5:22	1 וביתי זילהם אפם ולא	דין	כתב מעוזיה בר נתן כפם
046			B8.9:2	...]אה...[	דׄין	לא איתי לי עמהם על זנה
047			B3.8:32	[לה] דין ספרא זנה ולא	דין	להן לא שליטה יהו[ישמע
048			B2.6:31	כסף כרשן 20 ויעבד לה	דין	ספרא זנה ולא אכל אמר
049			B3.8:32	ר 2 לו10 ויעבד [לה]	דין	ספרא זנה ולא דין להן לא
050			B2.3:27	ספרא זך הנפקי ולקבלה	דין	עבדי עמה כתב עתרשורי בר
051			B2.9:14	זילכם וזי ירשו[ן]	דין	עלא ינתן לכם או לבניכם
052			B2.11:11	אנחנה מנך ומן בניך מן	דין	עלדבר פטוסירי זך זי
053			B6.3:12	אנתתה זי שלו[מם ולא	[דין]	שהדיא זכור ב[ר .... שהד
054	דן		B3.2:5	בדמוה[י]לא אכהל אגרנך	דן	ודבב בשם הירא זנה זי קבלת
055			B3.13:8	יומן 20 הו עשרן ולא	דן	והן מאתת ולעד שלמת ויהבת
056			B3.13:12	בכספך זי מנעל כתיב ולא	דן	כתב שוהרם בר אשמרם בר
057	בדין		B5.2:3	ל[אמר אנה] גריתך	בדין	....].
058			D2.21:5	[זי]לכם הן גרי[ת]כם	[ב]ד[ין	[...] [... ...] מנכם ומן
059			B5.4:7	[ולא דין ואהך] [אנה]	בדין	ודבב בשם בי[תא זנה ולא
060			B2.3:22	וביתא ביתכי אפם ואהך	בדין	ולא אצדק וספרא זנה בידכי
061			B3.1:19	זנה בידך אף יהכון	בדין	ולא יצדקון וספרא זנה
062			B2.3:17	אנה כתבתה ולא יתלקח	בדין	וספרא זנה בידכי ואף אנה
063	בדן		B3.11:15	כתבן בספרא זנא ויהך	בדן	ולא יצדק אף לא יכלון
064	זין		B3.4:17	יכהל בר וברה לן יגרנך	זין	וזבב בשם ביתא זנה זי
065	דין		B3.8:40	יהוישמע ולא תעבד	דין	חד ו[ת]רין לעניה בעלה
066			B6.4:5	[להושעיה והן לא תעבד	דין	חד] ותׄ[רי]ן שנ[אה הי
067			B6.4:5	[תכהל סלואה ולא תעבד	די[ן]	חד ותרין להושעיה והן
068			B3.8:38	יכהל ענניה ולא יעבד	דין	[חדה] ותרתין מן נשי
069			B6.4:3	[יכהל הושעיה ולא יעבד	דין	חדה ותר]תׄ[ין מן] נׄשי
070			B6.4:4	[אנתתה הן לא יעבד	דין	חדה ותרתין מן נשין] כנותה
071			B6.3:11	רׄ] 2 לעשרתא ויעבד	דין	ספרא זנה לאביהי] אנתתה
072			B3.8:34	שנאה הי יעבדון להן[	דין	ש]נאה והן תמות
073			B3.8:37	[שנאה הי יע]ב[ד] לה	[ד]י[ן]	[ש]נאה ואף לא יכהל
074			B3.8:39	כות שנאה [הי] יעבד לה	דין	שנאה ואף לא תכהל
075			B6.4:2	[כות שנאה הי יעבד לה]	דׄין	שנאׄה [ואף לא יכהל
076			B6.4:6	שנ[אה הי]תׄעׄבׄד לה	דין	שנאה ולא ת[כ]הׄל יהוחן
077	בדין		B2.9:4	לאמר אנ[ח]נה רשינכם	בדין	נפא קדם רמנדין פרתרך
078	דינא	s em/sf	D7.49:7	[...] [... ע]בׄדׄ ...[.[...]	דינאׄ]	...] [...]. [..] לא [...]. הׄ.
079			B2.8:3	סון לדגל וריזת על	דינא	זי עבדן בסון נפרת על
080			B2.11:9	זי מטאך בחלק הן רשינך	דינא	עלא אנחנה מחסיה ובני או
081	דינהם		B5.6:8	[זי]לך המו עם	דינהם	הׄא אנה צדיק בהם
082			B5.6:13	..לׄ[....]ל.. זן[י]לי	דינהם	ואנה
083	בדינה		C1.1:197	[למרׄ[אה ....ש[מש	בדינה	כזי עבד לחיתׄא ל[מ]ראה
084	בדינא		B7.2:7	על אלהן מטא עלי	בדינא	אנה מלכיה אקרא לך על
085	דינן	p abs	B2.11:8	אח ואחה לי ואנש זילי	דינן	למרשה עליך ועל בניך
086			B5.3:3	[יכל בר וברה [אח ואחה	דינן	למרשה על]יך ועל בניך

דין #2 N judge

No.	Form	Parse	Ref.	Preceding context	Keyword	Following context
001	דין	s ab/cn	B4.6:14	ע[ליכי]לסגן וׄ[מרא]	דין	א[....] [....]יר
002			B3.2:6	עלי בגו הן קבלת עליך	דין	ומרא בשם הירא [ז]נה זי
003	ודין		B3.12:28	יקבל עליך לסגן ומרא	ודין	בשם ביתא זנה זי משחת<ה>
004			B3.1:19	יקבלון עליך קדם סגן	ודין	וספרא זנה בידך אף יהכון
005			B2.3:13	לכי ויקבל עליכי סגן	ודין	ינתן לכי ולבניכי כסף
006			B3.1:13	אקבל עליך קדם סגן	ודין	לם לקחת מני ערבן וספרא
007	דינא	s em/sf	A5.2:3	[ו]דינא ואמרת קדם	דינ[א	....] [....
008			A3.8:2	[.... פי]סן	דינא	ועל[יד]ה שלמן כסף כרשן
009	ודינא		A5.2:5	ואמרת קדם תרוח	ודי[נא]	[....] איך
010			A5.2:3	שאילת [קד]ם תרו[ח	ו]דינא	ואמרת קדם דינ[א
011			A5.2:9	[טב י]שאל לתרוח	ודינא	על דנה כעשק אל יתעבד לי
012	דיני	p const	A5.2:4	מנהן ל[א] לקחת אלכי	דיני	[מדינתא ....]
013			B5.1:3	פלג מנ[ת]א זי יהבו לן	דיני	מלכא ורוך רבחילא חלף
014	ודיני		A5.2:7	רב חילא זי סון	ודיני	מדנתא איך לקׄ[חו ...]
015	דיניא	p em/sf	A6.1:6	ב[גדן וכנותה]	דיניא	פטאסי וכנותה ספרי
016			B7.1:3	[קדם ... וכנותה	דיניא	[ו]טעינת מומא]ה לך
017			B8.10:2	[....]מׄן	דיניא	אחר נתן זך מית
018			A5.5:12	אנתם	דיניא	אמרו
019			B8.4:2	[....]ת וכנותה	דׄיניא	דושׄנׄך הוו [....
020			B2.2:6	קדם דמידת וכנותה	דיניא	וטענוך לי מומאה למומא
021			D2.33:5	[...]ת.תה וח[...]ׄ	דיניא	וישאלו
022			B2.3:24	זך כזי רשה עליה קדם	דיניא	ומומא טעינת לה וימאת לה
023			D1.17fraga:1	[...] ד[....] [...]עבדיך	דיניא	זי א.[...] [...] ... ד]לוי
024			A5.2:6	ונפין ̊ומנכי ̊	̊ד[ינ]יאׄ ̊	עלו לסון ולקׄחו
025			A4.5:9	סכרו הן אזד יתעבד מן	דיניא	תיפתיא גושכיא זי ממנין

דך P that (masc); cf. **זך**

דכי A innocent, clean; cf. **זכי**

דכי P that (fem); cf. **זכי**

דכם P that same; cf. **זכם**

דכר N male; cf. **זכר**

דכר V to remember; cf. **זכר**

דכרן N record, memorandum; cf. **זכרן**

דלח V to trouble, to make turbid

No.	Parse	Form	Ref	Preceding	Keyword	Following
001	peal	תדלח	C1.1:161	זי קליל מן תותב חרב	תדלח	מין שפין בין רעין טבן

דלעת N gourd

No.	Parse	Form	Ref	Preceding	Keyword	Following
001	p abs	דלען	D7.3:6	בר את.....[.] ... זרע	דלען	אף הן[.] [...] איתי לי

דם N blood

No.	Parse	Form	Ref	Preceding	Keyword	Following
001	s em/sf	דמה	C1.1:168	שלם טביא להן למונק	דמה	%% דבא אזל על אמר[יא
002		ודמה	C1.1:184	והו [....]	ודמה	יאשד ובשרה יאכל הא כן

דמו N likeness

No.	Parse	Form	Ref	Preceding	Keyword	Following
001	s ab/cn	לדמות	B3.4:21	ובנין ננתן לך בית	לדמות	ביתך ומשחתה בר מן בר זי

דמין N price, value

No.	Parse	Form	Ref	Preceding	Keyword	Following
001	p abs	דמן	A4.7:28	זי יקרב לה עלוה ודבחן	דמן	כדמי כסף כנכרין 1×לף ועל
002			B8.4:6	חפימן פטמיחוס כל 2	דמן	קימן
003	p const	דמי	B4.5:4	[לך] עלי מן קצת כסף	דמי	בית בניך]
004			B3.12:5	הו מהחסן ויהבת לן	דמי	ביתן כסף כרש חד הו 1
005			C3.28:56	היבלו נכיס	דמי	חמר כר[שן ...] ש 3
006			B8.10:4	....]	ד]מי	חקלתא אלך .... יהב
007			B8.10:7	כפם ה[....] [....	דמי	חקל]תא אלך נתן אבי החלף
008			C3.25:19	[...] בגו כסף ש 3+3	דמי	כא 3+10[...] לכסף ש
009			A4.8:27	זי יקרב לה עלוה ודבחן	דמי	כסף כנכרן אלף על[זנה
010			B2.7:6	זנה חלף נכסיך אלך	דמי	כסף כרשן 2+3 ויהבת לכי
011			B3.8:12	כתן 1 בליה ו[....	ד]מי	כסף שקל 1 כל לבשן זי קמר
012			B3.8:13	מאני נחש מחזי 1	דמ[י]	כסף [שקל] 1 תמסא 1 זי
013			B3.8:14	1 תמסא 1 זי נחש	דמי	כסף שקל 1 ח 10 כס 1 זי
014			B3.8:14	1 ח 10 כס 1 זי נחש	דמי	כסף שקל [1 ח 10] כס 1]
015			B3.8:14	שקל [1 ח 10] כס 1]	דמ[י]	כסף חלרן 20 זלוע 1 דמי
016			B3.8:15	כסף חלרן 20 זלוע 1	דמי	כסף ח 20 כ[ל]
017			B3.8:23	ינתן לה תכונתה ולבשיה	דמי	כסף כרשן שבעה ש]קלן
018			B3.8:27	תכונתה ונכסיה וקנינה]	דמי	כסף כרשן 3+3 שקלן
019			B3.8:8	[ל]אמן 3+3 ב 1+3	דמי	כסף שקלן 1+3+3 שביט
020			B6.2:2	[חדת זי אמן ... ב ...	דמי	כסף] שקלן 2+3+3 [....
021			B6.2:3	[חדת זי אמן ... ב ...	דמי	כסף שקלן ...] חדת זי[
022			B6.2:4	[ב ....]ופשכן[...	דמי	כסף שקלן ... 1 חדת זי]
023			B6.2:5	1+3 בז 3 ופשכן 1+3	דמי	כסף שקלן 3 שביט 1 חדת
024			B6.2:6	מסחטה 1 חדתה זי קמר	דמי	כסף חלרן 10 כס 1 זי נחש
025			B6.2:6	1+3+3 בז 1+3 וזרת	דמי	כסף שקלן 1+3 חלרן 20
026			B6.2:7	זלוע 1 זי נחש]	דמ]י	כסף שקלן 2 זל[וע 1] [זי
027			B6.2:7	חלרן 10 כס 1 זי נחש	דמי	כסף חלרן 2+3+10 זלוע
028			B6.2:8	2 זל[וע 1] [זי נחש	דמי	כסף ...]
029			B6.2:8	[... ...]..	דמי]	כסף]
030			B7.1:5	אתוב או עבורא זנה	דמי	נוניך [שערן פרסן .... לא
031			C3.7EV1:1	[כספא תשי]	דמי	נתר]א זי הנפקו לימא[בה
032			C3.7EV1:12	[פסלרשי כספא תשי]	]דמי	נתרא זי הנפקו לימא בה
033			C3.7EV2:14	[פסלר]שי כספא תשי	דמי	נתרא זי הנ[פק]ו לי[מ]א[
034			C3.7EV2:16	[פסלרשי כספא] [תשי	]דמי	נתרא זי הנפקו לימא בה[
035			C3.7EV2:18	[פסלרשי] כספא תשי	דמי	נ[תרא]זי הנפקו לימא בה
036			C3.7EV2:2	[פסלרשי] כ[ספא ת]שי	דמי]	נתרא ז]י ה[נפ]קו לימא
037			C3.7EV2:4	[פסלרשי] [כספא ת]שי	דמי	נתרא זי הנפקו ל[ימא בה
038			C3.7GV5:15	[פסלרשי כספא תשי	דמי	נתרא] זי הנפקו לימ[א]
039			C3.7GV5:18	[פסלרשי כספא תשי	דמי	נתרא זי] [הנפקו לי]מא
040			C3.7GV5:21	[ספינה 2] כספא תש[י	דמי	נתרא זי הנפקו] לימא בהם
041			C3.7GV5:25	פסלרשי [כספא תשי	דמי	נתרא זי]
042			C3.7KV2:10	[פס]לרשי כספא תש[י	דמי	נתרא זי הנפקו לימ]א בה
043			C3.7KV2:11	ספינה[1+3 כספא תשי	דמי	נתרא] [זי הנפקו לימא בהם
044			C3.7KV2:15	פסלרשי [כספא תשי	דמי	נתרא זי הנפקו לימא בה
045			C3.7KV2:17	פסלרשי כספא [תשי	דמי	נת]ר[א]זי הנפקו [לימא
046			C3.7KV2:19	פסלרשי [כס]פא תשי	דמי	נתרא זי ה[נפקו ל]ימא
047			C3.7KV2:21	פסלרשי כספא תש[י]	דמי	נת[ר]א זי הנפקו ל[ימא בה
048			C3.7KV2:23	פסלרשי כספא תשי	[דמי	נת]רא [זי הנפקו לימא בה
049			C3.7KV2:24	ספינה 2+3 כספא תשי	דמי	נת[ר]א זי [הנפקו לימא בה
050			C3.7KV2:4	פסלר[שי כ]ספא תש]י	דמי	נתרא זי הנפקו לימא בה
051			C3.7KV2:6	[פס]לרשי כספא תשי	דמי	נתרא זי הנפק[ו] לימא
052			C3.7KV2:8	פסלרשי כספא תשי	דמי	נתרא זי הנפק[ו] לימא בה
053			C3.7KV3:10	[פסלרשי] כספא תשי	ד[מי	נתרא זי הנ]פקו [לימא
054			C3.7KV3:13	[פסלרשי כספא] [תשי	]דמי	נת[ר]א זי הנפק[ו לי]מ[א
055			C3.7KV3:15	ספינה[2+3 כספא תשי]	דמי	נתרא זי הנפקו לי[מא] בהם
056			C3.7KV3:18	[פסלרשי] כספא תשי	דמי	נתרא זי הנפק[ו לימא בה
057			C3.7KV3:20	[פסלרשי] כספא תשי	[ד]מי	נתרא זי הנפקו לימא ב[ה
058			C3.7KV3:22	[פסלרשי] כספא תשי[	דמי	]נתרא זי הנפקו לימא ב[ה
059			C3.7KV3:3	[פסלרשי] [כספא ת]ש[י	]דמי	נתרא זי הנ[פקו לימא בה
060			C3.7KV3:5	[פסלרשי] [כספא תשי	דמי	נתר]א[זי הנפקו לימא בה
061			C3.7KV3:8	[פסלרשי] כספא תשי	דמי	נתרא זי הנפקו[לימא בה
062			B8.7:1		דמי	עבדי אלך כסף כרשן
063		בדמי	B3.2:3	לי כסף שקלן 2+3	בדמי	הירא זילך זי קבלת עלי
064			D1.26fragb:2	...]פד.. ו..ב[...]	בדמי	הירא[... ...]עם זי תנ[...

No.	Form	Parse	Ref	Preceding	Keyword	Following
065	ודמי		B7.3:9	ו[ל]א [יה]ב לי כסף	ודמי	כסף חלף פ[לגה]
066			B2.6:14	שוה כסף ר 2 כל כספא	ודמי	נכסיא כסף כרשן 3+3 שקל
067			B3.3:6	3+3 פיק 1 כל כספא	ודמי	נכסיא כסף כסף שקלן
068	כדמי		A4.7:28	לה עלוה ודבחן דמן	כדמי	כסף כנכרין 1×אלף ועל זהב
069	דמוהי	p em/sf	B3.2:7	עליך בגו ויהבת לן[י]	דמוהי	כסף שקלן [2+3] ורחקת
070			B3.12:13	רבתא זילי ויהבת לן	דמוהי	כסף כרש חד שקלן 3 כסף
071			B3.12:25	ויהבן לך ויהבת לן	דמוהי	כסף וטיב ˆלבבן בגר˜ אף
072			B3.12:32	זי זבן לן ויהבן לה	דמוהי	כסף כתב חגי בר שמעיה
073			B3.4:6	זבנהי לך ויהבת לן	דמוהי	כסף כרש 1 שקלן 1+3
074			B6.2:1	חדת זי אמן ... ב ...]	]דמוהי	כסף כ 2 [.... 1 זי קמר
075	דמיא		B3.12:6	לא אשתאר לן עליך מן	דמיא	זנה משחת ביתא זי זבן
076	דמיהם		B7.1:6	לך כל נונין או	דמיהם	זי תמא [לי עליהם
077	בדמוהי		B2.7:3	אטר ארמי זי סון	בדמוהי	וספר כתב לי עלא ויהבתה
078			B3.2:4	עלי בגו [וט]ב לבבי	בדמוה[י	]לא אכהל אגרנך דן ודבב
079	בדמיא		B3.12:14	שקל 1 וטיב לבבן	בדמיא	זי יהבת לן זנה משחת
080			B3.4:7	לכרש 1 וטיב לבבן	בדמיא	זי יהבת לן והא אלה תחמי
081	ודמוהי		B3.10:3	ביתי זי זבנת בכסף	ודמוהי	יהבת יהבת˘ה˘ לכי דרירסי

דמן N — cf. רמן #2

דנא P — this (masc); cf. **זנה**

דנה N — document, contract

No.	Form	Parse	Ref	Preceding	Keyword	Following
001	דנה	s ab/cn	B3.1:23	ספר כסף	דנה	זי כתבת יהוחן ברת משלך

דנה P — this (masc); cf. **זנה**

דנח V — to shine

No.	Form	Parse	Ref	Preceding	Keyword	Following
001	ידנח	peal	C1.1:138	בשם אבוהי ובשם אמה אל	ידנח	שמ[ש לה] כי גבר לחה הו

דני V — to approach

No.	Form	Parse	Ref	Preceding	Keyword	Following
001	אדני	(h)afel	C1.1:107	לבשך שבק בידה אחר	אדני	לשמש הו [י]לקח זילה

דעך V — to be extinguished

No.	Form	Parse	Ref	Preceding	Keyword	Following
001	ידעך	peal	C1.1:147	אל תסתכל כביר [ו]לא	ידעך	

דפני A — harmed (Pers; Shaked)

No.	Form	Parse	Ref	Preceding	Keyword	Following
001	ודפני	s ab/cn	B8.4:4	זילי זי בפסחמי	ודפני	עבדוני ולקחו מני

דקק A — fine

No.	Form	Parse	Ref	Preceding	Keyword	Following
001	דקק	s ab/cn	D7.7:3	הושרו לי מלח קבן 2	דקק	וחצף קפתא עלוהי אף חזי

דרג V — to bend

No.	Form	Parse	Ref	Preceding	Keyword	Following
001	דרגת	peal	C1.1:128	ותנתן לבניך [...	ד]רגת	קשתך והרכבת חטך לצדיק
002	תדרג		C1.1:126	ו[...]א.[.].[...] [אל	תדרג	ק]שתך ואל תהרכב חטך

דרג N — stairway, step(s)

No.	Form	Parse	Ref	Preceding	Keyword	Following
001	דרגא	s em/sf	B3.10:10	באגר תחתיא מנה אגר	דרגא	ובית חור בר פטאסי גנן
002			B3.10:7	בעשתא ופלג תרבצא ופלג	דרגא	ובית פרס˘א˘ פלגה והא
003			B3.7:13	זנה ופלג תחית ופלג	דר]גא	ושליטה] א˘נ˘תי בהן
004			B3.10:4	פלג תחית מצרית ופלג	דרגא	ˆותחת˜ מנה בית פרסא הו
005			B3.10:15	אף שליטא אנתי בפלג	דרגא	למסלק ומנחת זנה {זנא}
006	דרגה		B3.11:3	3 הו תרי רסי מבני	דרגה	ותרבצה הו בבה למנפק ודנה
007	בדרגא		B3.7:10	אנת[י ל]מנסק ולמנחת	בדרגא	זו[ך זי ב]יתי ותחית
008	לדרגא		B3.10:10	זי חנום אלהא דבק	לדרגא	דך מערב שמש לה אגר תרי

דרות N — peace (Pers; GEA 371.28)

No.	Form	Parse	Ref	Preceding	Keyword	Following
001	דרות	s ab/cn	D17.1:5	[ל.]ופדנחתי אלהא	דרות	[... ...]ל.. ...

דרי N — wall of ship (?) (Egypt; GEA 373.3)

No.	Form	Parse	Ref	Preceding	Keyword	Following
001	דרי	s ab/cn	A6.2:20	חד ועל סעבל עקי חלא	דרי	תמים בארכא לחד פשכן תלתה

דרי #2 N — room; cf. **תרי**

דרך V — to tread, draw (a bow)

No.	Form	Parse	Ref	Preceding	Keyword	Following
001	דרך	peal	C1.1:190	אלהיא ה[....] חד	דרך	קשתה והרכב [חט]ה ולא ידע
002	לדרכי		C1.1:92	כשמש ויקיר הדרה	לדרכי	ארקא בניח[רן]

דרע N — arm

No.	Form	Parse	Ref	Preceding	Keyword	Following
001	דרעה	s em/sf	D7.9:5	עלא מן כתבתא זי על	דרעה	הלו כן שלח לאמר זי לא
002			D7.9:4	זילן יכתבוה על	דרעה	עלא מן כתבתא זי על דרעה

דרשחד N — (unclear)

No.	Form	Parse	Ref	Preceding	Keyword	Following
001	דרשחדא	s em/sf	D8.2:2	קֹדמֹן בֹ[...] [...].[	דֹרֹשחדֹא	נשיֹף כס..[...]
002			D8.2:3	נשיֹף כס..[...] [...].[	דֹרֹשחדֹא	נשיֹף ב.[...]
003			D8.2:4	נשיֹף ב.[...] [...	דֹרשחדֹא[	נשיֹף..[...]

דש N — door (Akk; GEA 376.12)

No.	Form	Parse	Ref	Preceding	Keyword	Following
001	דש	s ab/cn	B3.10:13	אחד גשורן וכון בה 3	דש	חד בה אחד ופתח אף שליטא
002	ודשן	p abs	B3.12:13	מבני אחד גשורן כון	ודשן	2 מבני בי תחתי הו תרי
003			B3.11:3	בי תחתי אחד גשורן	ודשן	3 הו תרי רסי מבני דרגה
004	דשי	p const	C1.1:97	גוה [...] [...מ]ן....	ד]שי	בטן וזי לא אל עמה מן
005	דשיא	p em/sf	A4.7:11	קימן וציריהם זי	דשיא	אלך נחש ומטלל עקהן ˆזי˜
006			A4.8:9	] קימן וציריהום זי	[דשיא	אלך נחש ומטלל אגורא זך
007	ודשיהום		A4.8:9	באגורא זך [נדשו	ודשיהום	קימן וציריהום זי
008	ודשיהם		A4.7:10	הוו באגורא זך נדשו	ודשיהם	קימן וציריהם זי דששיא

דשן N grant (Pers; GEA 371.29)

No.	Form	Ref	Context	Keyword	Context
001	דשנא s em/sf	A6.4:6	על [....]	דשנא	זי עֲחֹפִי
002		A6.4:3	זילי זי בעליתא למנשא]	דשנא	זכי ז[י] מן מלכא ומני
003		A6.4:4	ברה שליט יהוי למנשא	דשנא	זכי תמה במ[צ]רין [מ]ן
004		A6.4:1	הושרת ל[ך וכעת	דשנא	מ]ן מלכא ומני יהב

דשות N (unclear); or read **רְשׁוּת**

No.	Form	Ref	Context	Keyword	Context
001	דשות s ab/cs	A6.2:17	מאתין עקי ארז לובר	דשות	מצן כנכר חד מנן עשרה

דתבר N judicial official (Pers; Hinz 85)

No.	Form	Ref	Context	Keyword	Context
001	דתבריא p em/sf	D3.45:6	[...] [...]. וכנותה	דתבר[י]א[	...] ש.[...] ודברת

ה S 5th letter of the alphabet

No.	Form	Ref	Context	Keyword	Context
001	ה	D10.1:1	א ב ג ד ...	ה	ו ז ח ט י כ ל מ נ ס ע
002		D10.2:3	א ב ג ד סׄי. #######	ה	ו ז ח ט י כ ל מ נ ס ע
003		D22.28:1	א ב ג ד	ה	ו ז ח ט י כ ל מ נ ס ע

הא I behold

No.	Form	Ref	Context	Keyword	Context
001	הא	A6.9:2	זי בדמשק וכ[ע]ת	[ה]אׄ	נחתחור שמה פקידא זילי[
002		B2.7:13	לא אנה כת[בתה] אף	הא	אלה תחומי ביתא זך עליה לה
003		B2.2:7	הות ארק לדרגמן זילי	הא	אנה אף הא תחומי ארקא זך
004		B5.6:8	[זי]לך המו עם דינהם	הׄא	אנה צדיק בהם
005		A6.15:3	לי כעת ורפש כן אמר	הא	אנת חזי אגרת ארשם זי
006		D7.47:4	[א]לפן אושר ^1^ [...]ח	הא	אקבר [...] קׄמׄ. [...].[...].ב..
007		A4.3:5	אלה שמיא עד שזבוני כען	הא	אתין תמה עליכם אנתם חזו
008		D7.16:1	שלם יסלח כענת	הא	בקלא אושׄו מחר ערקי אלפא
009		A4.4:3	]	הא	זנה שמהת גבריא ז]י אסירו
010		A4.4:4	פחנום	הא	זנה שמהת נשיא זי א]שתכחו
011		C1.1:188	וישמע מלה ולא יהחוה %%	הא	זנה יקיר [קד]םׄ שמש וזי
012		D7.15:11	ומל[כיה ....] [...].רׄ	הא	טעמאׄ[...] על עלוה ויחוךׄ
013		D7.44:7	הלו כל בק{א}|יא טמאן	הא	לחמא זי הוש[רת]^ם^ לי
014		A4.2:7	בזי זעירן אנחנה 22 כען	הא	סברון [....] הנלו גלין
015		D7.27:4	לן פ[.. ...] [...]י	הא	צׄרׄתׄ[...]
016		A3.1:R2	עבד [....]ה	הא	שלחת לנבונתן הן אית לך
017		A4.4:6	ברת משלם קולא אחתה	הא	שמהת גבריא זי אשתכחו בבבא
018		A6.14:4	עב[דו] כזי לי תחדון אף	הא	שנן שגׄיאׄ זי בגאׄ זךׄ
019		B2.10:4	בית יזניה בר אוריה	הא	תחומוהי עליה בית הושע בר
020		B2.2:7	לדרגמן זילי הא אנה אף	הא	תחומי ארקא זך זי יהאת לי
021	והא	B3.4:7	בדמיא זי יהבת לן	והא	אלה תחמי ביתא זך זי אנחן
022		B2.11:3	עבדיה זי מבטחיה אמן	והא	זנה חלקא זי מטאך בחלק
023		B2.11:5	ארמית כזנה למבטחיה	והא	זנה חלקא זי מטאני בחלק
024		B3.12:8	10+20+20+100×1	והא	זנה תחומי ביתא זי זבן
025		B3.5:8	חדת אחד גשורן וכון	והא	זנה תחומי ביתא זך זי אנה
026		B3.5:5	ילדתי לי מן אחריכי	והא	משחת ביתא זך זי אנה
027		D7.27:6	2 ר 1 שׁׄ [...] [...]	והא	שאר [....]תׄ ה[...]
028		B3.10:8	ובית פרס^א^ פלגה	והא	תחומי ביתא זי אנה ענני

הדאבגו a accrued increment (Pers; GEA 371.30)

No.	Form	Ref	Context	Keyword	Context
001	והדאבגו	A6.13:5	זי ורוהי אספרן	והדאבגו	יהנפק ויהיתה ויאתה עם

הדיר A splendid, distinguished

No.	Form	Ref	Context	Keyword	Context
001	הדיר s ab/cn	C1.1:206	אל יאמר עתירא בעתרי	הדיר	אנה [....ה]חוי לערבי

הדר N glory

No.	Form	Ref	Context	Keyword	Context
001	הדרה s em/sf	C1.1:92	כשמש ויקיר	הדרה	לדרכי ארקא בניח[רן]

הו P he

No.	Form	Ref	Context	Keyword	Context
001	הו	C1.1:46	[....]אנה	הו	אחיקר זי קדמן שזבך מן
002		A2.3:8	בנת עלי ארה לא אחי	הו	חרוץ וכעת הלו יהב להן
003		D2.12:2	[ב]רזנרו בר ארתברזן	הו	פתו בחתרי זי [א]תרה ביב
004		B3.12:5	לן דמי ביתן כסף כרש חד	הו	1 שקלן תלתה הו 3 כסף
005		B3.7:4	א[רך]אמן בעשתא שבע	הו	3+[1+3] .... תרבצא]
006		B3.8:16	ומהרא כסף כרשן שבעה	הו[	1+3+3 ש]ק[ל]ן תמניה הו
007		B3.8:16	[1+3+3 ש]ק[ל]ן תמניה	הו	2+3+3 חלרן 2+3 באבני
008		B3.12:5	כרש חד הו 1 שקלן תלתה	הו	3 כסף יון סתתרי 3+3
009		D2.3:1	[בר נבנתן[...] לאדר	הו	[... ... ...] [צדק בר] קון
010		D3.34:3	[...]. ו[א]סר[...] [...	הו[	.[...] [...]בׄדׄ. [...]
011		D7.14:11	הן רב [....] זעיר	הו	[...]
012		D3.45:10	גׄ[...] [...]שׁ.ןׄ	הו	### [...].[...] [...]. [...]
013		C1.2:2	[חור] בר פונש	הו	אחר ענה מלכא וׄ[אמר] ..
014		D7.5:10	אמרת לכי הלו עליכ^י^	הו	אל יאבד
015		A4.3:9	לכם בזך שלח אנה עליכם	הו	אמר לי שלח אגרת קדמתי
016		D7.17:3	חלם 1 חזית ומן עדנא	הו	אנה חמם שגא תחזי
017		B2.10:8	כתיבן מנעל זילכם	הו	אנת ידניה ומחסיה כל 2
018		B3.8:1	בירח תשרי	הו	אפף [ש]נת [1+3] דריוהוש
019		B3.1:4	לי זפת כסף שקלן 1+3	הו	ארבעה באבני מלכא במרביתה
020		D1.26fraga:2	אורי[ה ... ...]	הו	ב[... ...] [... אמת[א ...]
021		B3.11:4	בנו מצריא מערב שמש לה	הו	בבא זילך למנפק ושוק מלכא
022		B3.11:3	רסי מבני דרגה ותרבצה	הו	בבה למנפק ודנה תחומוהי
023		C3.15:123	כש 2 כספא זי קם יומא	הו	ביד ידניה בר גמריה בירח
024		B3.12:4	בגזשת בר פלין כספיא	הו	ביתה זי ינבולי בר מסדי
025		B2.4:12	בביתא זך ותוב פלגא	הו	בניך מן מבטחיה המו שליטן
026		C3.15:26	[2] לה מנחם בר הצול	הו	בר שמע[יה כש [2 לה סימך
027		B3.3:12	אחרן תמות תמת ענני	הו	^הר^ שליט {{בפלג}} בכל
028		D7.1:9	בסון יעבד לי]אף	ה[ו	הלו מחׄר לי למאזל
029		B8.11:5	זך כנׄם עוׄיׄר	הו	וברׄה זך[....]
030		B2.1:12	{{לא}} תרעא זך לא זילך	הו	ולא תנפק בשוקא זי בינין
031		B2.7:7	לכי ורחקת מנה דילכי	הו	ולבניכי מן אחריכי ולמן זי
032		C1.1:28	חכים [....]	הו	ועל עטתה ומל[והי ....
033		C1.1:60	אסרחא[ד]ן [מלך אתור	ה[ו	ועל עטתה ומלוהי חיל]
034		C1.1H:16	אסרחאדן מ[ל]ך [את]ור	הו	ו[על [... אל נקטלנהי
035		C1.1:208	פריש. [....] חמרא	הו	זי יטעמנהי ומ[....]
036		C1.1:91	אף קלה גבה ה[ו] מן	הו	זי יקום קדמוהי להן זי אל
037		B3.10:4	^ותחת^ מנה בית פרסא	הו	זנה משחת ביתא זי אנה יהבת

038	B3.11:16	בספרא זנה זי יהנפק כדב	הו	זנה ספרא זי אנה ענני
039	C1.1:44	זי הקימת בתרע היכלא	הו	חבלך ותובא [.... קר]בתא
040	B3.5:15	לכי כסף כרשן 2+3	הו	חמשה באבני מלכא כסף ר 2
041	D7.44:5	אל תהושרו לי לחם ולא	הו	חתם הלו כל בק{א}||יא טמאן
042	C1.1:24	[....]הי אמרת	הו	טבתא יבעה̊[....
043	A3.10:6	הבו ליד אר[מנתי]דת	ה[ו	יה]יתה עלין והן עבו[רא
044	B2.1:1	ב2+3+3+10 לאלול	הו	יום 2+3+3+20 לפחנס
045	B2.10:1	ב3 לכסלו שנת 2+3+3	הו	יום 2+10 לתחות שנת
046	B2.11:1	לשבט שנת 3+10	הו	יום 3+3+3 לתחתור שנת
047	B2.2:1	ב2+3+3+10 לכסלו	הו	י[ום 1+3+[3+10 לתחות
048	B2.3:1	ופשך ב1+20 לכסלו	הו	יום [1[+20 למסורע שנת
049	B2.4:1	ב[1]+20 ל[כס]ל[ו	הו	יו]ם [1[+20 ל[מס]ורע
050	B2.6:1	ב3+3+20 [ל]תשרי	[הו	יום [3+3+20 לירח אפף
051	B2.7:1	ב 2 לכסלו	הו	יום 1+10 לירח מסורע שנת
052	B2.8:1	ב1+3+10 לאב	הו	יום 3+3+3+10 לפחנס
053	B3.1:1	ב1+3+3 לכסלו	הו	יום 1+3 לירח תחות שנת
054	B3.10:1	ב 1+3+20 למרחשון	הו	יום 3+3+3+20 למסורע
055	B3.11:1	ב20 לאדר	הו	יום 2+3+3 לכיחך שנת 3
056	B3.2:1	ב2+3+20 לפמנ[ח]תף	הו	יום 20 לסיון שנת
057	B3.3:1	[ב]2+3+3+10 ל[א]ב[	הו	יום [10+20 לירח פרמותי
058	B3.4:1	ב1+3+3 לאלול	הו	יום 3+3+3 לירח פאוני
059	B3.5:1	ב2+3+20 לתשרי	הו	יום 2+3+20 לירח אפף
060	B3.6:1	ב20 סיון	הו	יום 1+3+3 לפמנחתף שנת
061	B3.7:1	ב 2+3+3 לפרמותי	הו	י[ו]ם 2+3+3 לתמוז שנת
062	B3.9:1	ב3+3 לתשרי	הו	יום 2+20 לפאוני שנת
063	B6.1:1	ב1[+2]+3+2 לאיר	הו	יום 20 לתעבי שנת]
064	D2.8:1	[...] [ב] 20 לניסן	הו	יום 2[... ...] [... ... ...
065	C3.12:29	1 ב 2+3+20 לכיחך זי	הו	יום 1 לניסן לשרתא קלולן
066	C3.14:33	[3+10 לאיר]	הו	י[ום 3+3+3+10
067	C3.14:33	עד יום] 1+3+20 לאיר	הו	יום] 20 למח[יר שנת 2+3
068	C3.8I:12	[...] [ב 1+20]ל[תשרי	הו	יום 3+20 לאפף שנת
069	C3.8I:1	[ב 1+3+3+10 לתש]רי	הו	יום 3+3+3+10 לאפף
070	C3.8I:5	[ב 2+3+3+10 לתשרי	הו	י]ום [20 לאפף שנת 3+10
071	C3.8I:7	ב 3+3+3+10 לתש[רי	הו	יום 1+20 לאפף שנת
072	C3.8I:9	אזל [...] ב 20 לתשרי	הו[	יום 2+20 לאפף שנת
073	C3.8II:3	...] שנת 1+3+10	הו	יום ...]לפאפ[י] שנת
074	C3.8IIIA:1	[לאדר שנת 1+3+10	הו]	יום 1+20 לחתחור[שנת
075	C3.8IIIB:15	לא[דר ש]נת 1+3+10	הו	יום 3 לכיחך שנת
076	C3.8IIIB:23	לאדר שנת 1+3+10	הו	יום 2+3+3 לכיחך שנת]
077	C3.8IIIB:29	שנת] 1+2[+1+10	הו	יום 3+3+3 לכ[י]חך שנת
078	C3.8IIIB:8	[לאדר שנת 1+3+10	הו	יו]ם 1 לכיחך שנת
079	C3.8IV:1	[ב.... לניסן	הו	יום .... לתע]בי שנת
080	C3.8IV:4	ב 10+20 לניסן	ה[ו	יום 3+10 לתעבי שנת
081	C1.1:36	חכים [....]ר למה	הו̊	יחבל מתא עלין אחר כזי
082	C1.2:5	שעתסס בתמא יומן חמ[שה	]הו̊	יחלף לך ושביא זי שבית
083	C1.1:107	שבק בידה אחר אדני לשמש	הו	[י]לקח זילה וינתן לך
084	C1.1:208	יטעמנהי ומ[....]	הו	ינ̊טרנהי [לענז]א אמיר מית
085	C1.1:21	[...]חלפיך עבידתך	הו	יעבד
086	B3.11:17	זי אנה ענני כתבת לכי	הו	יצב כתב חגי בר שמעיה
087	B2.6:21	מן אסחור בעלה אסחור	הו	ירתנה בנכסיה וקנינה מחר
088	B3.8:35	בע[לה ענני בעלה]	הו	ירתנה [בתכו]נ[ת]ה ונכסיה
089	C1.1:163	אלה[ן] והן רחים אלהן	הו	ישימון טב בחנכה למאמר
090	C1.1:210	גלדי %% ר̊ג[...]בכותא	הו	יתׄנ.מכׄ[...]בלנ[[....]
091	A6.11:3	ארש[ם] כן אמר הן כנ̊ם	הו	כמליא אלה זי פטסרי שלח
092	C1.1:53	אסרחאדן מלכא רחמן	הו	כמנדע על אחרן יזכרני
093	C1.1H:9	[מ]ל[כא ר]חמ[ן	]הו	כמנד[ע ...] על[והי
094	B4.6:4	איתי לכי עלי כסף ש 2	הו	[כס]ף סתתרי 1 מן קצת כספא
095	B4.6:9	[הוה] כסף שק[לן 3	הו	כס[ף סתת]רי 1 [ש 1]
096	C3.15:6	הושע[בר בית]אלנורי	הו	כסף ש 2 ל[ה] הוש[עיה בר
097	B2.10:15	זי כסף כרשן עשרה	הו	כרשן 10 כסף ר 2 לכרש 1
098	C3.14:6	ח̊ו̊ר̊...[..]ל. שא 1	הו	כ{{ש}} שמו[בר ....
099	C3.15:27	[2] לה סימך בר משלם	הו	כש 2 לה גדול בר שמוח הו
100	C3.15:28	כש 2 לה גדול בר שמוח	הו	כש 2 לה משלם בר חגי בר
101	B3.8:42	כות לא ישתמע לה חיב	הו	כתב מעוזיה בר נתן ספרא
102	D7.20:3	מחר ולא פשרן הלו שכר	הו	לה̊ למחר כען אל תפשר
103	A3.1:V2	כעת	הו̊	לי חמרן 10
104	A4.3:9	מהשכחה הבו לה לא חסרן	הו	לכם בזך שלח אנה עליכם הו
105	B3.12:4	בר מסדי כספי זי ביב	הו	מהחסן ויהבת לן דמי ביתן
106	B3.10:3	יהבת˄ה˄ לכי דרירסי	הו	מועה שמש מן תרי רבתא זילי
107	D17.1:3	זי סון עבד בירח סיון	הו	מחיר שנת שבע ארתחשסש
108	B3.10:22	זנה זי אנה עבדת לכי	הו	מיצב כתב חגי בר שמעיה
109	C2.1.4:1	[.... .... אחר	הו	מלך במדי] [הוה חילא
110	C2.1.7:38	[קדמי מרדו על]והי אזלו	הו	מ[לכ]א ב[פרס ה]וה אחר
111	B3.5:4	יהבתה לכי ברחמן זילכי	הו	מן יומא זנה עד עלם וזי
112	C1.1:138	שמ[ש לה] כי גבר לחה	הו	[מן בי]ת̊י נפקת לחיתי
113	C1.1:174	בי וישתכ̊[ח] מה̊ חסין	הו	מן חמר נער ב[.]תא ברא זי
114	C1.1:84	ממלל מלך שדק ועזיז	הו	מן סכין פמי̊[ן] חזי קדמתך
115	C1.1:91	מלך כרחמן אף קלה גבה	ה[ו]	מן הו זי יקום קדמוהי להן
116	C3.19:20	[...] כל ר[עי] יומ[א	[הו]	מן גנזא ג̊[ויא] לע[...]
117	B4.5:3	כרש̊[חד שקלן ארבעה	הו	סת]תרי במנין 3+3[+1
118	B4.6:7	לכי כספא זנה [ש]קלן 2	[הו]	סתתרי [1] [עד יומא] זנה
119	B2.7:16	לך ורחקת מנה דילכי	הו	עד עלם ולמן זי תצבין הבהי
120	A4.3:7	לכם לכם ידיע זי חנום	הו	עלין מן זי חנניה במצרין עד
121	D22.1:2	כן אמר מצי[...]... [...]	הו	עמי סוסא 3+2×100 כודנן
122	B2.3:14	ולבניכי כסף כרשן 10	הו	עשרה באבני מלכא כסף ר 2
123	B2.2:14	ינתן לך כסף כרשן 20	הו	עשרן באבני מלכא כסף ר 2
124	B3.13:7	מנעל כתיב בין יומן 20	הו	עשרן ולא דן והן מאתת ולעד
125	B2.9:1	בירח אלול	הו	פאו[ני] שנת 1+3 דריוהוש
126	B3.10:4	רבתא זילי ופלג תרבצא	הו	פלג תחית מצרית ופלג דרגא
127	A4.2:6	אמרן מזדיזן	הו	פקיד למדינא[....] נדחל
128	C1.1:128	לצדיק מנך חטא מן אלהן	הו	[....] אנת יה ברי זף דגנא
129	C3.14:19	א̊.ו̊ בר פבי שא 1	הו	[.... שא 1+]2+3×100
130	C3.19:2	בגנזא גויא [י]ומא	הו	
131	C3.3:2	[...] ו[...]	]הו	[... ...]ד̊ [...]בקע [...]
132	C3.8IIIB:27	דוגית ו̊[....]א̊ [ואף	]הו	[לזכרן] נבוצדק זי[
133	C3.8IIIB:33	י̊נ̊....[...] [וא]ף	הו	[לז]כרן נ̊ע̊.[...
134	B7.3:6	לי ע[ליה לם] פלגה זילי	הו	צדיק א[נה לה]חסנותה פמסי
135	A4.2:3	כענת בכל יום זי[....]	הו	קבל פתיפרסן חד זיוך הו

הו

No.	Form	Ref.	Preceding context	Keyword	Following context
136		A4.2:3	קבל פתיפרסן חד זיוך	הו	קבל פתיפרס א[....] איתי
137		D23.1.Vb:9	##### .זנה הנעל.	הו	קדמ[. ...] [... ... ...] [...
138		C3.14:17	ש .[...] ב]ר אדי	הו	שא 1 ש [.... ב]ר פחרי שא
139		A5.1:2	בזי	הו	שלח לי א[....]כ
140		B3.3:11	{{משלם בר זכור	הו}}	^תמת הי^ שליט^ה^ {{בפלג}}
141		B3.3:12	תמות תמת ענני הו	^הו^	שליט {{בפלג}} בכל נכסן
142		C3.14:10	[ ]אשה ב[ר .]ת[. שא 1	]הו	ש [... בר]נתן ש[א 1] ש
143		B5.5:3	יהבת לכי כסף שקלן 3+3	הו	שתה באבני מלכא כסף זוז
144		D23.1.XIII:3	סנתאמלבת	הו	.תלה ערכי בזוה
145		B3.10:9	זי הנפנא זי בנהו מצריא	הו	תמואנתי עליא לה בית
146		B3.10:14	אף שליטא אנתי בתחי^ת^	הו	תרבצא שליטא למסמך דחה
147		B3.10:15	אנת למנפק בתרע זי תחית	הו	תרבצא אף שליטא אנתי בפלג
148		B3.11:3	תחתי אחד גשורן ודששן 3	הו	תרי רסי מבני דרגה ותרבצה
149		B3.11:6	זילה דבק לה אגר באגר	הו	תרי רבתא זילי תחתיא לה
150		B3.12:13	ודששן 2 מבני בי תחתי	הו	תרי רבתא זילי ויהבת לן
151	הוא	D23.1.XII:3	[....] [..]המ[....].תה	הוא	בלעדיהם [....] ... ...[..].[
152	והו	D7.4:4	מן אלפא [...]חו	והו	[...] חזי [...] סבך 1 זי
153		B2.9:15	מלכא כסף ר 2 לכרש 1	והו	אפם רחיק מן אלה נכסיא זי
154		B2.9:7	זי בפקד[ן] הפקדו	והו	החסן ולא התיב לה ומנכן
155		C1.1:93	טב כס[י] מלה בלבבה	והו	ז[י]תביר הנפקה ברא
156		C1.1:18	נדן שמה ברי רבא	והו	יחלף לי ספר[
157		C1.1:183	מסמה לאילא בסתר סוירא	והו	[....] ודמה יאשד

הוי V to be

No.	Form	Ref.	Preceding context	Keyword	Following context
001	peal הוית	B8.1:10	עבידת	הוית	[....] אנה אזלת
002		D5.24:1	[...]. [...]	הוית[	...] [...].ב
003		D6.12fragn:1	...]	]הוית[	...]
004		C2.1.1:2	[אחר זי אנה מלך	הוית]	[איש חד כנבוזי ברה זי]
005		A3.5:3	זי הוה י[א]תה עליך	הוית	אשלח שלמך כען
006		A6.3:2	בזנה כן אמר כזי אנה	הוית	אתה [ע]ל מרא[י ....
007		B2.7:4	זי יהבת לי כזי הנדז	הוית	בבירת<א> אכלת המו ולא
008		B3.10:17	ואנה ימין סב לא כהל	הוית	בידי וסבלתני אף אנה יהבת
009		D7.22:3	כענת ש[...] [....]	הוית	הן אח[...] [...
010		A3.5:4	לא אמרו [לי] מנכן	הוית	מלא לבתך קדם דלה
011		C1.1:48	לביתא זילי תמה	הוית	מסבל לך כאיש עם אחוהי
012	והות	A2.5:8	לי ואנה נכתני חויה	והות	מית ולה שלחתן הן חי אנה
013	הוה	A4.2:8	^קדמך^ לכן לא כזנה	הו[ה	....] יאמר מלין קדם
014		A5.4:3	ל[..]^ עמ[.]ג	הוה	צחא זך
015		C1.1:4	לא[....] ומלי	הוה	שנאחריב מלך אתור א[חר
016		B8.2:7	[....]	הוה	
017		D2.29fraga:4	[...] ....א מ[...] ....ה	הוה[	...]
018		D4.22:1	...]	]הוה	.[...] [...] המו
019		A6.2:3	מהחסנן אנתנה עדן	הוה	אופשרה למע[בד ....]
020		A6.2:9	ספיתכן וכן אמרו עדן	הוה	אופש[ר]ה למעבד זנה
021		C2.1.4:2	[ומדיא זי עמי זעיר	הוה	אחר] חיל[א למדי שלחת
022		C2.1.7:38	אזלו הו מ[לכ]א ב[פרס	ה]וה	אחר אנה חילא [ז]י בפרס
023		C1.1:217	מן[ ] [....	]הוה	איש לא בסולה
024		A6.11:4	שמה אבוהי זך כזי יוזא	הוה	במצרין אבד עם נשי [ביתה
025		A4.7:7	על נפין ברה זי רבחיל	הוה	בסון בירתא לאמר אגורא
026		A4.8:6	נ[פי]ן ברה ז[י רבחיל	הוה	בסון בירתא לאמר אגורא]
027		A4.7:12	זהבא וכסף ומנדעמתא זי	הוה	באגורא זך כלא לקח^ו^
028		A4.8:11	כספא ומ[נ]דעמתא ז[י	הוה	באגורא זך כלא לקחו
029		A2.3:12	ברה ושלחי כל טעם זי	הוה	בב^י^תי לשלמכי שלחת
030		A2.6:6	[ס]ון הלו כספה זי	הוה	בידה יהב ש[1 ....
031		A2.2:5	וכעת הלו מסת כספה זי	הוה	בידי נתתן ופדת
032		B5.5:7	[אנתי מ]פטחיה זי	הוה	בידכי יהבתהי לי וטיב
033		D1.17fragb:8	[...] [... ...]פהו ולא	הוה	במלך ויתנון
034		A6.4:2	עלימא זילי זי פק[יד]	הוה	בין בגיא זילי זי בע[ליתא
035		A6.5:2		הוה	בין בגיא זילי זי
036		C3.7DV1:1	[מנד]תא זי	הוה	בש[נת 1+10] זהב
037		C3.7DV2:2	10 ע[ל מ]נדתא זי	הוה	בשנת 1+10 זהב כרש 1 ש
038		D23.1.II:15	לביתי ואמר לא	הוה	ואנתנהם [.]אנה .[...]
039		C1.1:2	וי[עט אתור כלה	[הוה]	[וצ]בית עזקתה זי
040		A4.10:9	בירתא כזי קדמ[ן ב]נה	הוה	וקן תור ענז מקלו [ל]א
041		A6.11:2	[א]בי כזי יוזא במצרין	הוה	זך אבד ובגה זי הוה מהחסן
042		C2.1.4:2	[אחר הו מלך במדי]	[הוה]	חילא פ]רסי[א ומדיא זי
043		A6.11:6	זי קדמן פמון אבוהי	הוה	חשל יחשל על ביתא זילי
044		A3.5:3	זי	הוה	י[א]תה עליך הוית אשלח
045		C3.7DV2:1	[מנד]תא זי	הוה	יתיר בשנת 10 ע[ל
046		C3.11:6	.. מחא ל[....]ל.[....]	הוה	יתרן כספא זי קים בשנת
047		A4.7:12	אשרנא ואחרן זי תמה	הוה	כלא באשה שרפו ומזרקיא זי
048		A4.8:10	[אשרנא ואחרן זי תמה	הוה	כלא] באשתא שרפו ומזרקיא
049		A4.5:4	וידרנג זי פרתרך תנה	הוה	כסף ונכסן יהבו לה איתי
050		C1.1:211	[[....] כן	הוה	ל[...]א זי תה..ג.[ ]להן
051		B5.2:4	[צדיק]	הוה	להחסנו[תה מן]יתומה
052		B5.5:10	[יהבת לי ופתפא זנה זי	הוה	לי מן בית מלכא] ^[...
053		B5.5:8	[מן כס]פא זנה ופתפא זי	הוה	לי מן בית מלכא ולא אכהל
054		C1.1:140	אמר לנכריא [ברי]	הוה	לי שהד חמס ומן אפו צדקני
055		A4.7:6	וידרנג זי פרתרך תנה	הוה	לם אגורא זי יהו אלהא זי
056		A4.8:5	פרתרכא זי תנה	הוה	ל[ם אגורא זי יהו אלהא זי
057		A4.8:24	בירתא לקבל[זי בנה	הוה	לקדמין ומנחתא לבונתא]
058		A4.9:8	מלכא למבניה באתרה כזי	הוה	לקדמן ומנחתא ולבונתא
059		A6.11:2	הוה זך אבד ובגה זי	הוה	מהחסן פמון שמה אבי בית
060		A6.10:2	כן כזי מנדעם כסנתו לא	הוה	מן ביתא זילי אף מן אתר
061		A4.9:5	זי ביב בירתא בנה	הוה	מן קדמן קדם כנבוזי זי
062		C1.1:72	[....]	הוה	מסבל לי תמה כע[בד
063		B2.3:3	ובמותי בי 1 ארק זילי	הוה	משחתה ארכה מן תחתיה
064		A4.9:11	זך לקבל זי לקדמין	הוה	מתעבד
065		C2.1.4:3	[שמה עלימי פרסי רב]	[הוה	עלו]הי א[מרת אזל קטל
066		C2.1.8:59	[אחר] גברא זך זי רב	הוה	ע[ל חילא זי שלח ויזדת
067		C2.1.1:3	בזרען זיל[ן תנה מלכא	הוה]	
068		C1.1:15	אבוך [ז]י מלך	הוה[	קדמיך] [....
069		A4.7:25	בירתא לקבל זי בנה	הוה	קדמין ומחתא ולבונתא
070		C2.1.8:61	קט[לה וחרא זי עמה	הוה	ק]טלו נפחר ק[טיליא וחייא
071		C2.1.7:39	וחילא זי מדי זי עמ[י	הו]ה	שלחת ארתורזי שמה פרסי
072		C2.1.4:4	[זי על מד]יא רבהם[לא	הוה	תמה אה]ור[מזד סעדני
073		C3.12:18	קלולן 2 [....	ה]וה	תנה [.... קלב]י 1

074		A4.7:9	הוו תמה תברו ^המו^ אף	הוה	תרען זי אבן 2+3 בנין
075		A4.8:8	[הוו תמה תברו המו אף	הוה]	תרען רברבן 2+3 בנין
076	והוה	C1.1:5	אסרחאדן ^שמה^ ברה	והוה	מלך באתור חלף שנחאריב
077	הות	D2.29fragb:3	לין[...] [...]לא	הות	צחא [...] [...] עם
078		C1.1:43	[ע]ל עטתה ומלוהי	הות	אתור כלא יבׄעׄך
079		C1.1H:1	[... על עטתה ומלוה]י	הות	אתור כלא [מ]ס[בל לך
080		B2.2:7	עלדבר ארקא זך כזי לא	הות	ארק לדרגמן זילי הא אנה
081		C3.8I:2	[ ]ה זי	הות	בפשי הנפקת מן תמה[...]
082		B3.12:24	ענני ותפמת אנתתי זי	הות	גוא למשלם בר זכור
083		C2.1.7:29	[אחר] מתא לי	הׄות	זנה זי בפרתו עבדת
084		C2.1.7:35	[אחר מתא לי	ה]ות	זנה זי אנה[במ]רגויא
085		C2.1.8:62	[2+3 אחר מת]א לי	הות	זנה] [זי אנה בהר]וׄחתי
086	הוין	A3.3:12	וינקיא כלא כעת תנה	הוין	[...] [ב ...] למחר
087		A4.7:15	נשין ובנין שקקן לבשן	הוין	וצימין ומצלין ליהו מרא
088		B3.6:12	כבר זי יסבל לאבוה כזי	הוין	עבדן לך בחייך ^אנחן^
089		D5.57:3	[...]. גנבין [...] [...	הוין]	עלא
090		A4.8:14	נשין ובנין שקקן לבשן	הוין	צי[מן ומצלין ליהו מרא
091	הוו	B8.4:2	דׄיניא דושׄנׄן	הווׄ	[.... בית]אלשגב עם
092		A6.7:6	מרדת וחילא הנדיז	הוו	אדין פרימא זך וכנותה לא
093		C1.1:61	חיל[אתו]ר כלא	הוו	אנחנה אל נקטלנהי [איתי
094		A4.7:10	בנין פסילה זי אבן זי	הוו	באגורא זך נדשו ודשיהם
095		A4.8:9	בנין פסלה זי אבן זי	הוו	באגורא זך [נדשו ודשיהום
096		A6.7:5	3+10 אבשוכן ממנין	הוו	בין בגיא זילי זי בעליתא
097		C1.1:40	[א]חרנן זי עמה	הׄ[וו]	ואנה מהלך בין כרמיא
098		A6.7:8	לחיא אחד המו עמה	הוו	כען הן עליך כות טב מנך
099		A5.5:9	חילא זנה	הוו	מחסנן
100		A6.10:8	כן כזי פקידיא [קד]מיא	הוו	עבדן כן ידיע יהוי לך הן
101		C2.1.11:74	[גבר]יא זי קד[מ]ן עמי	הוו	עׄד אנה [קט]לׄת לגומ[ת
102		A4.3:2	[שגיא בכל עדן ו]לרחמן	הוו	קדם אלה שמיא וכעת כזי
103		C1.1:56	וחיל אתור [כל]אׄ	הו[ו	קרבתא נבוסמסכן רביא אמר
104		A4.7:9	ועמודיא זי אבנא זי	הוו	תמה תברו ^המו^ אף הוה
105		A4.8:8	ועמודיא זי א[בנא זי	הוו	תמה תברו המו אף הוה]
106	אהוה	D7.25:3	[...] [...] הׄלו	אהוה	[...] [...] [...]. לא שמ[...] [...]
107		B3.8:25	ותאמר לה שניתך לא	אהוה	לך אנתת כסף שנאה בראשה
108		B4.2:7	על כל כסף ומרבי זי	אהוה	משלם לך והן לא שלמת לך
109	תהוה	C2.1.11:64	מן אנ]ת מלך זי אחרי	תהוה	איש זי יכדב
110		C2.1.11:69	[אל ב]טובך אימנש	תהוה	[.]דׄכליך אל יל..
111		C1.1:149	הן צבה אנת ברי זי	תהוה]	[.... ...
112	תהוי	A5.1:3	מן קדמן בצבו זי	תהויׄ	לך [.... איך בי]תך עביד
113	תהוין	D23.1.VIII:10	...פׄנׄםׄ	תהויׄ[ן	תׄמהׄ אחר .. שׄ..ׄ[
114	יהוה	B8.8:6	אלך משאלתא זך	יהוהׄ[	[....
115		D7.54:7	[... מ]טאוני.. [...]ו	יהו[ה	[...
116		B3.9:5	לי יכבשנהי עבד ברי	יהוה	אנה ובר וברה לי ואיש לי
117		B3.9:8	לעשרתא וידניה זך ברי	יהוה	אפם ואנש לא שליט למשנתה
118		A6.9:6	עד ימטא מצרין והן	יהוה	באתר חד יתיר מן יום חד
119		B1.1:8	[....]שנבי נחות זי	יה[ו]ה	בחקלי מן
120		C1.1:20	ואמר לי כותא לם	^יה[וה]^	בׄ]רך
121		B2.11:12	זך זי מטאך בחלק לך	יהוה	וזי בניך אחריך ולמן זי
122		A6.10:8	זילי מנדעם כסנתו	יהוה	ומן אתר אחרן לא תבעון
123		B3.9:9	ולמעבדה עבד להן ברי	יהוה	כתב רוחשן בר נרגלשזב
124		B3.7:19	ית.[....]	יהוה	ל..[....]
125		D1.12:6	מ־ ־תת כען .... ק..[...]	יהוה	לן[...]^[...]זבנו .כסף ש 3
126		B2.3:17	זי הנפקון עליכי כדב	יהוה	לא אנה כתבתה ולא יתלקח
127		B2.4:11	תהנצל מנך פלג ביתא	[י]ה[ו]ה	לה למלקח ופלגא אחרנא
128		C1.1:100	ב[....] ובעל אגר לא	יהוה	לה גבר טב עׄם ג[בר לח]ה
129		C1.1:2	[...]אמר ברא לם	יהוה	לי קדמת מלוהי [ר]בׄה
130		A4.7:27	אגורא זך יתבנה וצדקה	יהוה	לך קדם יהו אלה שמיא מן
131		A4.8:26	אגורא זך יתב[נה וצדקה	יהוה	לך קדם יהו אלה] שמיא מן
132		C1.1:19	[צב]ית עזקה	יהוה	לך אף חכמתי ועטׄ]תי
133		C2.1.11:73	יק[ללנך וזרע לא	יהוה	לך] דריהוש [מלכא כן אמר
134		A6.10:6	כזי מ[נ]דעם כסנתו לא	יהוה	מן ביתא זילי אף מן אתר
135		C1.1:183	מסמ[....] אריא	יהוה	מסמה לאילא בסתר סוירא
136		B2.11:13	נפלג עלין כזי עדן	יהוה	נפלג המו עלין וגבר חלקה
137		A3.6:3	עליך לבבי שדיק כל זי	יהוה	על [....] מ[..]א מלה
138		B4.2:5	לא אנתן לך בה מרבית	יהוה	ראש וירבה ואשלמנהי לך
139	ויהוה	B4.2:9	זי ישתאר עלי	ויהוה	רבה עלי ירח לירח עד יום
140	תהוה	B3.8:22	לאנתתי יהוישמע לא	תהוה	לי אנתת כסף שנ[א]ה בראשה
141	ותהוה	B4.2:3	יום זי אשלמנהי לׄך]	ותהוה	מרבית כספך חלרן 1+3+3
142	יהוון	A4.5:7	חילא כזי הן הנדיז	יהוון	בברא [ז]ך מיא שתין
143		B3.3:11	שליטה בכל נכסן זי	יהוון	בין ענני ותמת מחר או
144		B3.3:12	{{בפלג}} בכל נכסן זי	יהוון	בין {{בין}} תמת ובין
145		A6.12:2	פתכרן זי פרש [....]	יהוׄון	ויעבד פתכר סוסה עם
146	ויהוון	C1.2:20	[ ]מצרין	ויהוון	.[....] וביומן אחרנן
147	תהוי	C1.1:84	תכסה מלת מלך רפ־א־ה	תהוי	[ללב]בך% רכיך ממלל מלך
148		D1.1:3	עליכי הי ק.[... ... ...]	תהוי	מת און ... ...[.. אבל חי
149	יהוה	C1.1:81	לוׄ[ת] פמך אשתמר לך אל	יהוה	טרפי[הם] מן כל מנטרה טר
150		A6.8:3	לה ועבדו כן יד[י]עׄ	יׄהוה	לך הן פסמש[ך] אחר קבלת
151	יהוי	B8.8:11	עׄשה כן.[....]	יהוי	
152		D1.21:3	דׄוׄ.י שלם.	יהוי]	.... [... ...] [...]אל ... ...
153		D4.14:1	אחרי	יהוי	[...] [...]... [...]
154		A6.5:1	[אף] שלם תמה קדמיך	יהוי]	וכעת] [....]ל
155		A6.7:2	אף תמה קדמ[י]ך שלם	יהוי	וכעת איתי גברן חיל[כין]
156		A5.3:2	חיא חדה ושרירא מראי	יהוי	יתיר
157		A4.4:9	עוד טעם לא עד	יהוי	להן תנה שלם ביתך ובניך
158		A4.9:2	אמרו לי זכרן לם	יהוי	לך במצרין לממר {{קד}}
159		A6.10:8	הוו עבדן כן ידיע	יהוי	לך הן מן גרדא או מן
160		C1.1:94	לש[לם חמרא]לׄם שלם	יהוי	לך ענה חמרא ואמר לאריא]
161		A6.4:4	פסמשך ברה שליט	יהוי	למנשא דשנא זכי תמה
162		D23.1.III-IV:9	עד[...]כל א.ן זי	יהוי	תמה [.][...]..לם יל. אף
163	ויהוי	A2.2:14	יהבת עבר לוחפרע	ויהוי	זבן גשרן ושבק בבתה אל
164	יהוו	C1.1:11	חין ש[....	יׄ]הׄוׄו	[ס]פרא חכימא יעט אתור
165	הוי	D7.37:1	[...]ן כען	הוי	[...] בריום מן . [או]שר
166		A3.3:7	ומחבל לא איתי גבר	הוי	אל תתאשד עד תאתה
167		A4.7:3	ינתן לך וחדה ושריר	הוי	בכל עדן כען עבדך ידניה
168		A4.8:3	ינתן לך וחדה ושריר	הוי	בכל עדן כעת עב[ד]ך
169		A2.7:2	וכען עליכי מתכל אנה	הוי	חזית על ינקיא אלכי שלם
170		D7.6:10	לי אמת תעבדן פסח|א	הוי	שלח שלם ינקא
171	והוי	A2.4:9	משכן מסת לבש משך 1	והוי	לקח שערן מן תשי ויהב

172	הוי	A2.3:11	הוי שלחת לה וכעת	הוי	חזית על תשי ועל ברה
173		D20.5:3	תמה קדם אוסרי בריכה	הוי	מן קדם אוסרי מין קחי הוי
174		D20.5:4	מן קדם אוסרי מין קחי	הוי	פלחה נמעתי ובין חסיה]
175		A2.3:11	ותשרי לה שלם יקיה	הוי	שלחת לה וכעת הוי חזית על
176	והוי	A2.2:14	לי תקם חפנן 2+3	והוי	יהבת עבר לוחפרע ויהוי
177	הוו	A4.1:5	[....] [....] דכין	הוו	ואזדהרו עבידה א[ל תעבדו]
178		A6.1:3	מפרש זן זן ירח כירח	הוו	שלחן עלי אף נשתונא כתיב
179	הוה	B2.6:10	לבש אחרן זי עמר נשחט	הוה	ארך אמן 3+3 ב1+3 שוה
180		B2.6:8	עמר חדת חטב צבע ידין	הוה	ארך אמן 2+3+3 ב2+3
181		B2.6:9	באבני מלכא שביט 1 חדת	הוה	ארך אמן 3+3^+2^ ב2+3
182		B3.7:4	חד בנה אחד גשורן	הוה	א[רך]אמן בעשתא שבע הו
183		A6.2:5	יעבדו וישתלח על מן זי	הוה	אשרנא הנדונה ואחרן זי
184		B3.1:5	חלרן 2 לתקל 1 לירח 1	הוה	כסף חלרן 2+3+3 לירח חד
185		B4.6:9	[ירבה עלי] כספכי [	[הוה]	כסף שק[לן 3] הו כס[ף
186		B3.5:6	מן פלג תרי רבתא ותונה	הוה	מן עליה עד תחתיה אמן
187	הויה	C1.1:198	מראה [....]אבא	הויה	%% צנפריא [....]און על
188	מהויהון	C3.28:118	גרבין 3+3 חל 1	מהויהון	100×1 זי[של]חת

הוי #2 V to perish (?)

001	peal	הוין	C1.1:103	בערֿרה כל נטחוהי	הוין	[קרית] רשיען ביום רוח

הוך V to go, to proceed

001	peal	ואהך	D7.10:7	לנתן תמה ינפק עלי	ואהך	אגרס [...] [...]רא אף
002			B5.4:6	[באבני מלכא ולא דין	ואהך]	[אנה] בדין ודבב בשם
003			B2.3:22	דבב וביתא ביתכי אפם	ואהך	בדין ולא אצדק וספרא זנה
004		תהך	D1.28:4	[...]לבשך ולא[...	]תהך[	...] [...]לת פת[ג]ם[
005			C1.2:4	[ק]טלת המו	תהך	בחרב חילך וח[....] [....].
006			C1.2:6	בזא ....] [....]]לך	תהך	ותשתה[...]באלך וגרמיך
007			D7.45:2	[... ...] הן תכל	תהך	עמהם .לחמה אזל
008		ותהך	C1.1:86	אל יחזנהי על אמריך	ותהך	[ו]לא ביומיך [חזי ט]בת
009		ויהך	B3.11:15	כתבן בספרא זנא	ויהך	בדן ולא יצדק אף לא יכלון
010		תהכ	D7.4:6	חזי [...] סבך 1 זי	תהכ[	...] ושלחהי לי הלו
011		ותהך	D7.43:12	[...] תשכח אלף [....].	ותהך	[....]אלף מ[...]
012			B3.8:28	לה ביו[ם 1] בכף 1	ותהך	לבית אבוה וה[ן] ימות
013			B2.6:25	תהנפק מן חם עד חוט	ותהך	לה אן זי צבית ולא {י}דין
014			B2.6:28	חוט ביום חד בכף חדה	ותהך	לה אן זי צבית ולא דין
015			B3.8:24	לה ביום 1 בכף 1	[ו]תהך	[לה מנה] אן [זי צבי]ת
016		יהכון	B3.1:19	וספרא זנה בידך אף	יהכון	בדין ולא יצדקון וספרא
017		יהכן	B3.4:23	תבנה בה וכל אשרן זי	יהכן	על ביתא זך ^כתב חגי בר
018			D8.1:1		יהכן	פדר 1 ...ן .על.. וצ..
019		למהך	A3.1:V5	[....]	למהך	מן קדם רבחילא
020			D7.23:2	לזכור [....]	למהך	על .[...] קמרא עתי[קא ...]

הי P she

001	הי	B3.3:11	{{משלם בר זכור הו}} ^תמת	הי^	שליט^ה^ {{בפלג}} בכל
002		B3.8:29	אנתתה יהוישמע	הי	[א]חדתה בביתה ונכסוהי
003		B3.10:11	לה אגר תרי רבתא זילך	הי	אנתי שליטה בה ביתא זנה זי
004		B2.6:4	לברתך מפט<ח>יה לאנתו	הי	אנתתי ואנה בעלה מן יומא
005		B3.3:3	שמה זי אמתך לאנתו	הי	אנתתי ואנה בעלה מן יומא
006		B3.8:4	אחתך לאנתו ויהבתה לי	הי	אנתתי ואנה בעל[ה] מן יומא
007		B6.1:3	[ברתך לאנתו ויהבתה לי	הי	אנתתי] ואנה בעלה מן יומא
008		B3.8:40	והן לא תעבד לה שנאה<	ה<י	אף לא יכהל זכור יאמר
009		B6.4:4	[מן נשי] כנותה שנאה	הי[	וא]ף לא [תכהל סלואה ולא
010		B3.4:5	אגרוה קימן ותרבצה ארע	הי	ולא בניה וכוין בה וגשרן
011		B2.3:25	לה וימאת לה כזי זילי	הי	וספר מרחק כתב ויהב לי
012		B2.1:4	אגר 1 תמה אגרא זך זילך	הי	זי דבקה לביתא זילי לזויתה
013		B3.8:37	הן יעבד [כות שנאה	הי	יע]ב[ד] לה [די]ן [ש]נאה
014		B3.8:39	והן לא יעבד כות שנאה	[הי]	יעבד לה דין שנאה ואף לא
015		B6.4:2	[לאנתו הן יעבד כות שנאה	הי	יעבד לה] דין שנאה [ואף
016		B3.8:34	והן תעבד כות שנאה	הי	יעבדון לה[דין ש]נאה והן
017		B8.1:13	[....] שפתם	הי	ירחא לא [....] אזל
018		C1.1:79	מלכותא בשמ[י]ן שימה	הי	כי בעל קדשן נשא[ה] בר[י]
019		B6.4:8	הם הן תאמר כות חיבה	הי	לא ישתמע לה כתב מעוזיה
020		B2.4:9	ותנפק מנך לא שליטה	הי	למלקחה ולמנתנה לאחרנן להן
021		C3.7BR1:17	[פסלרשי] [ספינה 1 רבה]	הי	לק[בל משחתה] משחא זי
022		C3.7DR3:11	פסלרשי ספינה 1 רבה	הי[	לקבל משחתה] משחא זי
023		C3.7ER1:16	[ס]פינה[1]רבה	הי	לקבל משחתה משח[א]זי
024		C3.7ER2:19	[פסלרשי] ספינה 1 רבה	הי	לקבל מ[שחתה] משחא [זי
025		C3.7HR1:1	[ס]פינ[ה]1 רבה	הי	ל[קב]ל מ[שחתה] [מש]חא
026		C3.7JR1:5	[ספי]נה[1 רב]ה	הי	לקבל[משח]תה [משחא]זי
027		C3.7JR2:7	ס[פינה 1 רבה	]הי	לקב[ל משחתה] [מ]שחא
028		C3.7KR3:6	פסלרשי [ספינה 1 רבה	]הי	לקבל משח[תה] [משחא זי
029		C3.7CR2:5	[ספינה 1]רבה[	הי	]לקבל[משחתה] משחא
030		A2.1:6	כתנה זי התתי לי סון	הי	מלבש אנה וכעת תקם יתו לן
031		C1.1:82	הוקר לבב כי צנפר	הי	מלה ומשלחה גבר לא לב[ב]
032		C3.7BR1:10	כ[חמ]וש ספ[ינה רבה	הי]	מנדתא זי גבי מנה ועביד
033		C3.7DR1:7	אסות כחמוש ספינה רבה	הי	מ[נדתא ז]י[ג]ב[י מנה
034		C3.7DR2:20	[אסות כח]מוש ספינה רבה	הי	[מנד]תא זי גבי מנה ועביד
035		C3.7DR3:4	כ[חמוש ספינה רבה	הי]	מנדתא זי גבי מנה[ועביד
036		C3.7ER2:13	[ ]ספינה רבה[	הי]	מנדתא זי גבי מנה ועביד
037		C3.7GR2:17	אסות כחמוש ספינה[רבה	הי]	מנדתא זי גבי מנה ו[עביד
038		C3.7JR2:1	[כ]חמוש ס[פינה רבה	הי]	[מנדתא זי]גבי מנה
039		C3.7KR4:2	אסות כחמו[ש ספינה רבה	הי]	מנדתא[זי גבי מנה ועביד
040		C3.7KR4:8	אסות כחמו[ש ספינה רבה	הי]	מנ[דת]א זי ג[בי מנה
041		C1.1:87	הן פקיד ^לך^ אשה יקדה	הי	עבק עבדהי אל תהנשק עליך
042		C1.1:79	אף לאלהן יק[י]רה	הי	ענ[....]ל.[..] מלכותא
043		C3.7AR2:22	כח[מוש ספינה רבה	הי]	
044		C3.7KR2:25	אסות כחמוש ספינה רבה	הי	
045		D1.1:3	לפתח[... ... ...]י עליכי	הי	ק.[... ... ...] תהוי מת או[
046		C1.1:57	עטתא[זילי]ועטה טבה	הי	[שגי]א אח[ר ענו גבריא
047		B2.6:18	אנתתה מפטחיה	הי	שליטה בביתה זי אסחור
048		B6.3:3	א[ביהי אנתתה אביהי	הי	שליטה בביתה] [ונכ]סוהי
049		B6.4:6	[חד] ות[רי]ן שנ[אה	הי	]תעבד לה דין שנאה ולא
050	היא	D23.1.XIII:4	.תלה ערכי בזוה כלמת	היא	אחרי [..]ש[...]..[..].....
051	הי	D7.24:14	מיכ[יה] הלו מלת ספר	הי	זי שלח לי רוך ושלחת לה
052		D7.19:4	תעב[ד ...] [..]. עבדה	הי	לי [...] [.]עד כען לחם 10

No.	Form	Gram.	Ref.	Preceding	Keyword	Following
053	והי		C1.1:166	לבא נמרא פגע לענזא	והי	עריה ענה נמרא ואמר לענזא

היכל N palace (Akk; Kaufman 27)

No.	Form	Gram.	Ref.	Preceding	Keyword	Following
001	היכלא	s em/sf	C1.1:44	זי הקימת בתרע	היכלא	הו חבלך ותובא [....
002			C1.1:9	[ל]ה [.... בב]ב	היכלא	עם[....]
003			C1.1:17	לא אכהל למפלח בבב	היכלא]	[....] [כז]י
004			C1.1:23	[....]ת והקימת בבב	היכלא]	....
005	היכלי		D1.7:1	[...]ם אל	היכלי	שלמכי שלם[... ...]

הימנו N trustworthiness

No.	Form	Gram.	Ref.	Preceding	Keyword	Following
001	הימנותה	s em/sf	C1.1:132	באדניך כי חן גבר	הימנותה	ושנאתה כדבת שפותה [...

היר N (unclear)

No.	Form	Gram.	Ref.	Preceding	Keyword	Following
001	היר	s ab/cn	C3.28:120	[....]כ [....] 1+3	היר	ח[...] לח[...]צ̇ין רבה

הירא N (unclear) (Egypt; GEA 373.5)

No.	Form	Gram.	Ref.	Preceding	Keyword	Following
001	הירא	s em/sf	D1.26fragb:2	...]פד̇..ו..ב[...] בדמי	הירא]	... ...]עם זי תנ[... ...]
002			B3.2:3	לי כסף שקלן 2+3 בדמי	הירא	זילך זי קבלת עלי בגו
003			B3.2:5	אגרנך דן ודבב בשם	הירא	זנה זי קבלת עלי בגו הן
004			B3.2:6	עליך דין ומרא בשם	הירא	[ז]נה זי קבלת עליך בגו
005			B3.2:9	ואחה קרב ור<ח>ק בשם	הירא	זנה אנה אפצל ואנתן לך

הכן a thus, so

No.	Form	Gram.	Ref.	Preceding	Keyword	Following
001	הא כן		C1.1:145	[....]	הא כן	איש זעיר ועם
002			C1.1:164	שמהתהם לא ידע איש	הא כן	אנשא לא ידע איש [....]
003			C1.1:184	ודמה יאשד ובשרה יאכל	הא כן	פגעהם זי [אנ]שׂא %%

הלה c if not (הן + לא)

No.	Form	Gram.	Ref.	Preceding	Keyword	Following
001	הן לו		C1.1:176	אל תהחשך ברך מן חטר	הן לו	לא תכהל תהנצלנה[י]
002	והלה		A2.2:10	זי על מכי שלחי לי	והלה	יהב לכי שלחי לי ואקבל

הלו I behold

No.	Form	Gram.	Ref.	Preceding	Keyword	Following
001	הלו		D1.20:4	[...] [... ....]ת אספמט	הל[ו]	... [...] [....]לין מן זי
002			D7.25:3	[...] [...]זל למא̇[	הל̇ו	אהוה [...] [...]. לא שמ[...]
003			D7.52:2	..] . חזי . [..]	ה[ל]ו	בתרב˘י˘ [....] והושו[ר
004			D7.1:2	ברכת[.] שלחת לכי רעיא	הלו	הא̇[.] נפנא רעיא ˘קן˘ זי
005			D7.17:1	כען	הלו	חלם 1 חזית ומן עדנא הו
006			A2.3:8	לא אחי הו חרוץ וכעת	הלו	יהב להן פרס תנה ויתלקח
007			D7.44:6	לי לחם ולא הו חתם	הלו	כל בק(א)ו˘א טמאן הא
008			D7.24:1	כענת	הלו	כן שלחת לך ספר[א] זנה
009			D7.9:5	מן כתבתא זי על דרעה	הלו	כן שלח לאמר זי לא ישכחן
010			A2.6:6	[לתשי ס]ון	הלו	כספה זי הוה בידה יהב שׁ]
011			D7.1:12	זי טבה[.] למעבד לה.	הלו	כפנן המו אף לחם אף קמח
012			D7.17:11	המו יאכלו ינקי˘א˘	הלו	לא שאר קטין
013			D7.2:5	מן אלפי עבורא זי ביב	הלו	לאיתי לי מלח למשם בקמ̇ח
014			D7.4:8	זי תהכ[....] ושלחהי לי	הלו	(ל)לאיתי ל[.] קנ̇ן
015			D7.1:9	בסון יעבד לי [אף ה]ו	הלו	מ̇חר לי למאזל [ל]ביתי
016			D7.24:14	זי שלח לך מיכ[יה]	הלו	מלת ספר הי זי שלח לי
017			A2.2:4	יקה שלם נניחם ו̇כעת	הלו	מסת כספה זי הוה בידי
018			D7.24:3	אעל סון ימא זנה כען	הלו	עלדבר סכיא [....].
019			D7.5:9	גלדא [זי] אמרת לכי	הלו	עליכ˘י˘ הו אל יאבד
020			D7.5:4	[....] אל ינפי מנהם	הלו	שגא זי לא [...]הם חזי עקא
021			D7.20:3	אתה על מחר ולא פשרן	הלו	שכר הו לה למחר כען אל
022			D7.20:7	מיכיה מן ידניה כענת	הלו	שלחת לך אתמל בשם הודויה
023			D7.8:2	שלם אוריה כען	הלו	תאתא זי לך רבתא מטאת

הלך V to go, to proceed

No.	Form	Gram.	Ref.	Preceding	Keyword	Following
001	מהלך	pael	C1.1:40	זי עמה ה[וו] ואנה	מהלך	בין כרמיא [.... וכזי
002			B8.3:4	חזית עבדא זך	מהלך	תנ[ה ....] [....

הלך N tribute (Akk; Kaufman 58)

No.	Form	Gram.	Ref.	Preceding	Keyword	Following
001	הלך	s ab/cn	D6.13fragd:1	...]	ה[לך	ומנדה[...]
002	והלכא	s em/sf	A6.11:5	אנתם החווהי יהחסן	והלכא	לקבל זי קדמן פמון

הלכה N conduct

No.	Form	Gram.	Ref.	Preceding	Keyword	Following
001	הלכתך	s em/sf	C2.1.11:66	איך זי עביד אנת ואיך	הלכתך	[.... זי בא]דנך

הלעה N (unclear)

No.	Form	Gram.	Ref.	Preceding	Keyword	Following
001	הלעתיך	p em/sf	C3.28:48	2+3 בּביתנא	הלעתיך	2 ברא מן 2 פתחן נחשיא
002			C3.28:47	פ ... בבית ישיב יקל	הלעתיך	2+3 בּביתנא הלעתיך

המו P they, them

No.	Form	Gram.	Ref.	Preceding	Keyword	Following
001	הם		B6.4:8	לכם כען צבית אהנצל	הם	הן תאמר כות חיבה הי לא
002			D23.1.XI:9	[...]שׁ[..]מו כמרן עבדן	הם	קרבן [...] [...
003	המו		A5.5:3	[....] אף קטל [...]	המו	[....]
004			A3.3:10	תמלי לבת בזי לא איתית	המו	מנפי כזי ת[אתה ...]
005			B8.7:5	להן איתי עבדן זי לי	המו	אלה [....]
006			D1.6fragc:2	.כ[..]מו בעא	ה]מו	[... ...
007			D7.11:9	ול[...] לספרן	המו	[...] סנ̇י בעתחתא]
008			A3.1:R6	לך חמרן 10 ישבקון	המו	[....]א[.] לא
009			A4.7:9	אבנא זי הוו תמה תברו	˘המו˘	אף הוה תרען זי אבן 2+3
010			A4.8:8	א]בנא זי הוו תמה תברו	המו	אף הוה[תרען רברבן 2+3
011			D7.1:12	למעבד לה הלו כפנן.	המו	אף לחם אף קמח הב[ן] לה
012			D7.39:4	שערי˘א˘ זי חנם יבלו	˘המו˘	בית פטוסרי אל ילקחו
013			A3.8:6	זי אשנ[.] ו[הן לא זבנו	המו	בעי אש זי יזבן ביתא
014			D7.16:6	לי שער˘ן˘ ובעי 1 ואחט	המו	בקל כענת חי ליהה הן לא
015			B3.8:42	כען צבית אהנצל	המו	הן יאמר כות לא ישתמע לה
016			D23.1.Va:11	ו̇[כ]נו̇תהם כשר[ן]	המ̇ו	הן [תש]לח על פרעה
017			B2.7:5	הוית בבירת<א> אכלת	המו	ולא השכחת כסף ונכסן
018			C1.1:98	עבדו בהם ולא שבקו	המו	ולבבהם פ̇תי̇ח̇ [לא
019			D7.17:9	כען הן צבתי אל תזבני	המו	יאכלו ינקי˘א˘ הלו לא שאר

No.	Ref	Preceding	Keyword	Following
020	A3.8:12	לא ת[...] כזי יהנעלן	המו	יהודיא קדם [....]
021	B3.1:15	זנה ומרבית˙ה˙ בני	המו	ישלמון לך כספא זנה
022	B8.5:1	....]	]המו	כן אמ[ר ....].
023	D4.22:2	[...] [...]. הוה [ ]	המו	ל[...]..[...]..[...] [...] [...]
024	C1.1:154	ירפון	המו	להן זי אל עמה
025	D7.9:17	[...]מלכיה הושר˙י˙	המו	לי
026	A3.8:10	לך שלח עלי והן לא יהב	המו	לך [ש]לח עלי כען הן נחת
027	A3.8:10	כתן 1 סחיק וכזי ינתן	המו	לך שלח עלי והן לא יהב
028	B2.6:35	מן מפטחיה והן העדת	המו	מנה {{לקבל ספרא [זנה]
029	D23.1.III-IV:10	יל. אף לכל א[....	]המו	נ..ך. [.]ל[..]ל[..]..[...] [...]..[..]ל.
030	A3.10:5	ש 2+3+3 ה[ן] זבנתון	המו	עבור ויבלתון על בתין טב
031	D7.6:5	תאת||ה אחטב אל תוכ||ל	המו	על אחרנן הן גרס לחמהם
032	B2.11:13	כזי עדן יהוה נפלג	המו	עלין וגבר חלקה נהחסן
033	A6.2:4	על המרכריא זי גנזא	המו	עם פרמנכר[יא ....
034	B5.6:5	ברה כל .... 3 זי לך	המו	עם [.... מן יומא זנ]ה עד
035	B5.6:7	לך עליהם [זי]לך	המו	עם כל [.... זי]לך
036	B5.6:8	כל [.... זי]לך	המו	עם דינהם הא אנה צדיק
037	A6.7:7	[י]נ[ח]רו לחיא אחד	המו	עמה הוו כען הן עליך כות
038	C1.2:4	באתר ימא קטלת	המו]	.... ק]טלת
039	A3.3:11	כזי ת[אתה .... [איתי]	המו	קדמתך כעת זבנת לי אנה
040	B2.4:10	להן בניך מן מבטחיה	המו	שליטן בה חלף עבידתא זי
041	B2.4:13	הו בניך מן מבטחיה	המו	שליטן בה אחריך הן מחר או
042	B2.4:7	בניך מן מבטחיה ברתי	המו	שליטן בה אחריכם הן מחר
043	B3.5:17	בני זי ילדתי לי	המו	שליטן בה אחר מותכי ואף
044	B3.5:18	ויהוישמע כל 2 בני	המו	שליטן בחלקי אחרנא אנה
045	C1.2:4	ק]טלת]	המו	תהך בחרב חילך וח[....]

המונית a in agreement (Pers; GEA 371.31)

No.	Ref	Preceding	Keyword	Following
001	A4.5:4 המונית	[עבד]ו ביב בירתא	המונית	עם וידרנג זי פרתרך תנה
002	A4.7:5	ˆאלהאˆ זי ביב בירתא	המונית	עם וידרנג זי פרתרך תנה

המכריגרב N joint holding (Pers; GEA 371.33)

No.	Ref	Preceding	Keyword	Following
001 s ab/cn	B8.10:5 המכריגרב	לא ארע בגו בזי	המכריגרב	מהחסנן אנחנה [....]

המרכר N accountant (Pers; GEA 371.32)

No.	Ref	Preceding	Keyword	Following
001 p em/sf	D3.28:2 המרכריא	[...] 3+3 כען קדם	המרכריא]	...]
002	A6.2:23	אנת עבד לקבל זנה זי	המרכריא	אמרן כזי שים טעם ענני
003	A6.11:7	[כנז]סרם וכנותה	[המרכ]ריא	זי במצרין מן ארשם
004	A6.12:4	כנזסרם וכנותה	המ[ר]כריא	זי במצרין על[..]
005	A6.13:6	כנזסרם וכנותה	המרכריˆא	זי במצרין על הנדרזא
006	A6.2:4	על [ת]בלא וישתלח על	המרכריא	זי גנזא המו עם
007	A6.13:3 והמרכריא	על נחתחור פקידא	והמרכריא	כזי הנדרז יעבדון

הן c if

No.	Ref	Preceding	Keyword	Following
001	A2.1:9 אן	מן חבב וכעת	אן	אשכחת אש מהימן אתה לכן
002	A6.6:4 הן	[כ]עת ארשם כן אמר	הן	[....]. [....]
003	B8.8:5	מלל [....]תה	הן	אסושן זך שאיל
004	D7.16:11	להוסמ.ל הושרתה	הן	משלמת לא יצפ˙ה˙ לי אנתי
005	A6.8:3	כן יד[י]ע יהוה לך	הן	פסמש[ך] אחר קבלת מנך
006	B8.11:2	מנדתא יתב [....] [...]	הן	פסמשכמ[ר ....]
007	B8.3:7	ה[....]	הן	תברחש עבדא [....]
008	D2.25:2	[ ]ישאלונני ע[לדבר ...]	ה[ן]	[...] [...]כתי[ב ב]ספרא
009	D7.3:6	.... [.] ... זרע דלען אף	ה[ן]	.[...] [...] איתי לי ..[...]
010	A4.5:8	חנוב אלך ברא זך סכרו	הן	אזד יתעבד מן דיניא תיפתיא
011	A3.1:R4	הא שלחת לנבונתן	הן	אית לך חמרן 10 ישבקון
012	C1.1:177	תהנצלנה[י ....]	הן	אמחאנך ברי לא תמות והן
013	B2.6:33	בנן זי תלד לי מפטחיה	הן	אמר איתי לי ב[נן] ואנתה
014	B3.11:10	על ספר אנתותכי עד אחרן	הן	אמר אהנצל מנך אחוב ואנתן
015	B3.5:18	שליטן בה אחר מותכי ואף	הן	אנה ענני אמות בר שנן
016	D7.22:3	ש[...] [....] הוית	הן	אח[...] [...] לי
017	A2.3:9	קדמתהן בסון וכעת	הן	את ערב עליכי אתיה לתפמת
018	B3.4:18	זי תחמוהי כתבן מנעל	הן	גרוך וגרו לבר וברה לך
019	B3.4:14	ולמן זי צבית למנתן	הן	גרינך דין ודבב וגרין לבר
020	D2.24:1	ברן .... [...] ... אגר]נך	הן	גריתך .... [...] ... ב]יתא
021	B2.8:8	אלכי זי ימאתי לי עליהם	הן	גריתכי דין ודבב וגרכי בר
022	D2.21:5	[...]. [...] [...] .... זי]לכם	הן	גרי[ת]כם [ב]ד[ין ...] [... ...
023	B3.2:8	אנתן לך כסף כרשן 3+2	הן	גרך אח ואחה קרב ור<ח>ק
024	D7.6:6	אל תוכ||ל המו על אחרנן	הן	גרס לחמהם לשו לחם קב 1 עד
025	A4.5:7	חסרה להשקיא חילא כזי	הן	הנדיז יהוון בברא [ז]ך מיא
026	A3.8:7	אל תקום חת מנפי לעבק	הן	השכחת כסף [ח]ת לעבק והן
027	A3.10:5	כסף כרש 1 ש 3+3+2	ה[ן]	זבנתון המו עבור ויבלתון
028	D2.32fraga:1	...]	]הן	ח.[...] [... ה]ן יכתש[ו ...]
029	A2.1:5	כלה ולבבי לה דבק לה	הן	חזית מה אתרתן אתננה בתקבה
030	A2.5:9	והות מית ולה שלחתן	הן	חי אנה והן מת אנה לשלמכן
031	D7.16:3	ערקי אלפא מחר בשבה למה	הן	יאבד חיליהה הן לא
032	C1.1:107	[י]הבת שמי בשרחו[ת]א	הֿן	יאחדן רשיעא בכנפי לבשך
033	B3.8:42	כען צבית אהנצל המו	הן	יאמר כות לא ישתמע לה חיב
034	A2.2:8	קצתה זי כסף ש 1 וכעת	הן	יהב לכי נקיה וגזתה שלחי
035	A3.3:6	ביתא עביד ואיך נפקת	הן	יהו[....] [....] ש]לם
036	D2.32fraga:2	...] [...]ת הן [....	ה[ן]	יכתש[ו ...]
037	B8.9:1	זא זי נשאת	הן	ימא[....] [....]אה
038	B3.8:37	[יהוישמע] לה לאנתו	הן	יעבד [כות שנאה הי יע]ב[ד]
039	B6.4:2	[סלואה אנתתה לה לאנתו	הן	יעבד כות שנאה הי יעבד לה]
040	D7.7:7	חזי אפק לי תלי וכתון 1	הן	יעדרן ותפק
041	C1.1:191	ולא ידע את[רה ...]	הן	יפקד לך מראך מין למנטר
042	B2.1:13	בית פפטעונית מלחא	הן	כליתך אנתן לך כספא זי
043	B2.1:7	עלוי אגרא זך זילך	הן	כליתך אנתן לך כסף כרשן
044	A4.7:27	ויהודיא כל זי תנה	הן	כן עבדו עד זי אגורא זך
045	A4.8:26	ויהודיא כלא זי תנה	הן	כן תעבד זי עד אגורא זך
046	A6.11:3	כעת ארש[ם] כן אמר	הן	כנם הו כמליא אלה זי
047	B4.6:6	אמו[ר]טיס מלכא	הֿן	לא [שלמת]ויהבת לכי כספא
048	B6.4:4	כנותה לסלואה [אנתתה	הן	לא יעבד דין חדה ותרתין מן
049	B7.1:7	לך [....]	הן	לא יהבת לך בין יומן]
050	D2.20:1	[... ....] [.... ...] אנתתה	הן	ל[א ... .] [...]..[... ...]
051	D7.10:6	להן [.... י]ום שבה כען	הן	לא שבו לנתן תמה ינפק עלי
052	D7.16:3	למה הן יאבד חיליהה	הן	לא נפשכ[י] אלקח אל תתכלי

No.	Lemma	Ref	Preceding	Keyword	Following
053		D7.16:7	המו בקל כענת חי ליהה	הן	לא על נפשכי .ל.אנה על דבר
054		D7.33:5	שאלי לטמסי	הן	לא .[...] ישלח ספתא זי [...]
055		D7.3:2	וכענת למ[...]	[ה]ן	לא איתי זרע קטין[.]
056		C2.1.11:71		[הן]	לא תהצפן אהורמזד
057		D23.1.IX:8	אלה[י]מצרין	הן	[.]....[..].לכ[...]וענה
058		B2.3:20	בני והבי למן זי רחמתי	הן	מחר או יום אחרן ארשנכי
059		B2.3:26	יהבתה לכי אנתי החסנהי	הן	מחר או יום אחרן דרגמן או
060		B2.4:13	המו שליטן בה אחריך	הן	מחר או יום אחרן ארשנך דין
061		B2.4:8	המו שליטן בה אחריכם	הן	מחר או יום אחרן ארקא זך
062		A2.4:6	שלם וחין שלחת לך וכעת	הן	מטאך סרחלצה שלח לי ביד
063		B3.1:6	חלרן 2+3+3 לירח חד	הן	מטת מרביתא לרשא ירבה
064		B3.5:17	וביתא אפם זילכי להן	הן	מיתתי ברת שנן 100×1 בני
065		A6.10:8	עבדן כן ידיע יהוי לך	הן	מן גרדא או מן נכסיא אחרנן
066		A4.10:7	בירתא מה[חס]נן כן אמרן	הן	מראן [...] ואגורא זי יהו
067		A3.8:11	המו לך [ש]לח עלי כען	הן	נחת אנת 1 למנפי אל תשבק
068		C1.1:171	מנשא רגלך למנחתותה %%	הן	נפקה טבה מן פם א[נשא טב]
069		C1.1:172	פמהם אלהן ילחון להם %%	הן	עיני אלהן על אנש[א] איש
070		A4.5:22	[....] אנחנה	הן	על מ[ראן טב ....]
071		A4.7:23	כל בעלי יב כן אמרי^ן^	הן	על מראן טב אתעשת על אגורא
072		A4.8:22	כלא בעלי יב כן אמרן	הן	על מר[א]ן טב את[עשת על
073		A5.2:8	כעשק עביד לי וכע[ת	הן	על] [מראי טב י]שאל לתרוח
074		A6.13:2	מן תמה לא מהיתין עלי	הן	על מראי לם כות טב אגרת מן
075		A6.3:5	לקחו וקרקו מני כען	הן	על מראי טב ישתלח על
076		A6.7:8	אחד המו עמה הוו כען	הן	עליך כות טב מנך יתשם טעם
077		C1.1:87	ביומיך [חזי ט]בת מלך	הן	פקיד ^לך^ אשה יקדה הי
078		D23.1.VI:6	..[... ....] אחרנן	הן	פר[... ....] נבו אלהא
079		C1.1:206		הן	%% אל יאמר עתירא בעתרי
080		C1.1:149	אל תמר[....]	הן	צבה אנת ברי זי תהוה[
081		D7.17:8	יח‖מליה שלמ^י^ כען	הן	צבתי אל תזבני המו יאכלו
082		B3.2:5	זנה זי קבלת עלי בגו	הן	קבלת עליך דין ומרא בשם
083		B3.6:13	עבדן לך בחייך ^אנחן^	{{הן	קמן}} לאמר לא נסבלנך כזי
084		D7.14:10	מ[...] אמרת	הן	רב [....] זעיר הו [...]
085		B2.11:9	שמה עבדא זי מטאך בחלק	הן	רשינך דינא עלא אנחנה
086		B6.4:8	לכם כען צבית אהנצל הם	הן	תאמר כות חיבה הי לא ישתמע
087		D7.26:2	שקא [...]מר לה אף	הן	תאמרן לם [...]. על פכרס
088		B2.4:10	חלף עבידתא זי אנת עבדת	הן	תהנצל מנך פלג ביתא
089		C1.1:130	גבר לחה אל תזף אף	[ה]ן	תזף זפתא שלין לנפשך אל
090		D7.24:10	יהבת לה [....	הן]	תכל תעבד [....]
091		D7.24:4	סכיא [....]. ימא זנה	הן	תכל תעב[ד] [...]ה
092		B3.7:18	[ר 2 לעשרתא ולא דין]	הן	תמות יהוישמע ברת ש[נן
093		D23.1.II:12	אנה לם אמרת למה[	]הן	תמ.[...].[..]ל[...] אנה
094		D23.1.II:11	אתמנבן אלהא זי לה	הן	תנתן לי[....]ה לם ...כם
095		D7.1:7	עמה בסון יומא זנה	הן	תעבדן [לה ט]בה בסון יעבד
096		D23.1.Va:11	כשר[ן] המו	הן	[תש]לח על פרעה נכוא
097		D7.45:2	[... ...]	הן	תכל תהך עמהם .לחמה
098	והין	D7.56:7	למאתה באתר עבורא	והין	לא צבין למאתה ישלחון
099	והן	B3.8:24	[לה מנה] אן [זי צבי]ת	והן	יהוישמ[ע] תשנא לבעלה
100		A3.4:4	יגרוהי	והן	איתי כסף הבי עלוהי
101		D7.13:12	[.] [... ינ]תנון	והן	אמרו [... באל]ף חרתבא

No.	Ref	Preceding	Keyword	Following
102	B2.10:12	בנן ואנתה ואיש לי	והן	אנה ידניה רשיתכם ורשכם
103	B3.5:14	יגרנכי בשם ביתא זך	והן	אנה גריתכי דין בשם ביתא
104	B4.5:6	מלכא [....]ה	והן[	אנה] כספא זנה כרש חד
105	B4.7:3	[מנעל כ]תיב ולא דין	והן	א[נ]ה פטאסי [....]
106	B2.9:12	זי שלומם בר עזריה	והן	אנחנה ובנין ובנתן ואיש
107	C1.1:177	הן אמחאנך ברי לא תמות	והן	אשבקן על לבבך [....] מחאה
108	B3.4:19	אם וזי בניך מן אחריך	והן	גבר אחרן יגרנך ויגרה לבר
109	B3.5:16	ר 2 לכרש 1 ולא דין	והן	גבר אחרן יגרנך דין ינתן
110	B3.3:14	זי אנת תתרך לאמה תמת	^והן	הנצלתה מנך אנתן לענני
111	B2.6:35	וקניני מן מפטחיה	והן	העדת המו מנה {{לקבל ספרא
112	D1.17fragb:11	[... ...]עליהא תריהון	והן	יאתה שלי[... ...] [... ...
113	A2.2:16	כל גשר זי ישכח יזבן	והן	יהב לכי רעיה עמר שלחי לי
114	A2.2:9	נקיה וגזתה שלחי לי	והן	יהב לכי עמרה זי על מכי
115	A6.9:6	מדינה עד ימטא מצרין	והן	יהוה באתר חד יתיר מן יום
116	B3.8:28	בכף 1 ותהך לבית אבוה	וה[ן]	ימות ענניה ובר זכר
117	B6.3:1	]	והן	ימות] שלומם בר שנין
118	A3.10:6	ויבלתון על בתין טב	והן	לא כספא הבו ליד
119	A3.8:10	ינתן המו לך שלח עלי	והן	לא יהב המו לך [ש]לח עלי
120	A3.8:4	וכתב להם ספר עליהם	והן	לא [....] כל כספ[א] ברבא
121	A3.8:5	זכור וביתא זי אשנ[.	ו]הן	לא זבנו המו בעי אש זי
122	A3.8:8	השכחת כסף [ח]ת לעבק	והן	לא השכחת אפם חת לעבק אזל
123	B1.1:10	אקם ואנקה ואנתן ל[ך	ו]הן	לא קמת ונקת ונתנת לך
124	B2.5:0	]	והן	לא יהבת לך] כספא זנה
125	B3.1:15	לך כספא זנה ומרביתה	והן	לא שלמו לך כספא זנה
126	B3.13:5	יתנתן לי מן אוצר מלכא	והן	לא שלמת ויהבת לך כנתיא
127	B3.13:9	לך כספא זי מנעל כתיב	והן	לא שלמו לך בני ואדרנגי
128	B3.4:20	לך בין יומן 10+20	והן	לא פצלן אנחן ובנין ננתן
129	B3.8:38	כנותה ליהוישמע אנתתה	והן	לא יעבד כות שנאה [הי]
130	B3.8:40	ו[ת]רין לענניה בעלה	והן	לא תעבד לה שנאה< ה>י אף
131	B4.2:7	ומרבי זי אהוה משלם לך	והן	לא שלמת לך כל כספך
132	B6.4:5	[חד ותרין להושעיה	והן	לא תעבד דין חד]
133	B7.1:4	כזי נונן לא חמצ[ת מנך	והן	לא ימאת לך] [ומן מומאה]
134	B7.2:10	מן ביתך כחסן לא לקחת	והן	[לא] קרית לך בין מקמיא
135	D23.1.Vb:5	לך הנח... ..ן ..	והן	לא תה[...] להם אנה
136	D7.8:9	זי תרחענה תגזנה	והן	לא תנפק יומא זנה שלח לי
137	C1.1:172	טבה מן פם א[נשא טב]	והן	לחיה תנפק מ[ן] פמהם אלהן
138	D23.1.Va:12	כ... ..א 20+20	והן	לתפשר .מ. א.ה
139	B3.13:8	20 הו עשרן ולא דן	והן	מאתת ולעד שלמת ויהבת לך
140	B3.1:7	מרביתא כרשא חד כחד	והן	מטא תנין שנה ולא שלמתך
141	B2.1:8	כסף צריף ואגרא זך אפם	והן	מית קוניה מחר או יום
142	B3.1:14	ערבן וספרא זנה בידך	והן	מיתת ולא שלמתך בכספא זנה
143	D7.2:3	לי זעיר מלח יומא זנה	והן	מלח לאית בביתא זבנו מן
144	A2.5:9	ולה שלחתן הן חי אנה	והן	מת אנה לשלמכן שלחת ספרה
145	A3.10:6	ה[ו יה]יתה עלין	והן	עבו[רא ..] קים בידכ[ם
146	B5.4:4	[ו]זי בניך מן [אחריך	והן	קבלת עליך ועל] בר וברה
147	C1.1:163	פמה מענה אלה[ן]	והן	רחים אלהן הו ישימון טב
148	C2.1.11:72	[י]שגא ויומיך יארכון	והן	תהצפנהי אהורמזד
149	A2.5:5	יהתו לן ארון ובינבן	והן	תכלן תהיתן לן תקם יתו
150	B3.8:34	יעבדון לה[דין ש]נאה	והן	תמות [יהוישמע] ובר

151			D23.1.II:7	ת.ל שמש.	[ו]הֹןֹ	תמטא עמה ס..ד. ...[.] לא
152			B3.8:33	אחרן בר [מן] ענני	והן	תעבד כות שנאה הי יעבדון

הנבג N partner in realty (Pers; GEA 371.34)

001	s ab/cn	והנבג	B3.10:18	וברה לי הנגית זילי	והנבג	ואדרנג זילי ירשנכי דין
002			B3.11:12	לי אח ואחה הנגית	והנבג	ואדרנג זי ירשנכי דין
003			B3.12:27	אח ואחה לן הנגית	והנבג	ואדרנג זילן זי ירשנך
004			B4.7:4	] אח וא[חֹה	והֹנבג	זי יקום וידח[..]
005			B3.6:5	קריב ורחיק הנגית	והנבג	לא שליט בכי וביהישמע
006	s em/sf	והנבגא	B5.5:9	לי וברה לי הנגית	והנבגא	זי ל[י בש]ם כספא זנה

הנגית N partner in chattel (Pers; GEA 371.35)

001	s ab/cn	הנגית	D2.10:11	[...] [....]אח ואחה	ה]נגית	לכם .... [....] [....
002			D6.14frago:4	אלה 2 [...] ס[...].[..]	הנג]ית	...]
003			B3.11:12	לי וברה לי אח ואחה	הנגית	והנבג ואדרנג זי ירשנכי
004			B3.12:27	לן וברה אח ואחה לן	הנגית	והנבג ואדרנג זילן זי
005			B3.6:5	לי ואחה קריב ורחיק	הנגית	והנבג לא שליט בכי
006			B5.5:9	] יכהל בר[לי וברה לי	הנגית	והנבגא זי ל[י בש]ם כספא
007			B3.10:18	יכהל בר לי וברה לי	הנגית	זילי והנבג ואדרנג זילי

הנדונה N varnish, paint, coating (Pers; GEA 371.36)

001	s ab/cn	הנדונה	A6.2:5	על מן זי הוה אשרנא	הנדונה	ואחרן זי [....] ינתנו
002		ולהנדונה	A6.2:17	כברי כרשן עשרה	ולהנדונה	זרניך כרשן מאה

הנדיז A garrisoned (Pers; GEA 371.37)

001	s ab/cn	הנדז	B2.7:4	נכסיה זי יהבת לי כזי	הנדז	הוית בבירת<א> אכלת המו
002		הנדיז	A6.7:6	מצרין מרדת וחילא	הנדיז	הוו אדין פרימא זך
003			A4.5:7	להשקיא חילא כזי הן	הנדיז	יהוון בברא [ז]ך מיא

הנדרז N order, inspection (Pers; GEA 371.38)

001	s ab/cn	הנדרז	A6.13:3	פקידא והמרכריא כזי	הנדרז	יעבדון לחתובסתי שמה
002			A6.13:4	ארשם כן אמר אנתם	הנדרז	עבדו לחתובסתי פקיד
003	s em/sf	הנדרזא	A6.10:12	במצרין בחתחיתא על	הנדרזא	זי [....] מן ארשם על
004			A6.13:7	זי במצרין על	הנדרזא	זי [....] [....]
005		והנדרזא	A6.14:3	אנתם אתנצח[ו]	והנדרזא	עבדו לפקידא [זי]לי עד

הנלו c if

001		הנלו	C1.1:35	אנת תהשכח [....	הֹנלוּ[	א[ח]יקר זך שבא ספר
002			A4.2:8	בכען הא סברון [.... 2	הנלו	גלין אנפין על ארשם

הנפן N protection (Pers; GEA 371.39)

001	s em/sf	הנפנא	B3.10:9	מועה שמש לה אגרא זי	הנפנא	זי בנהו מצריא הו
002		להנפנא	B3.11:4	מלכא דבק אגר באגר	להנפנא	זי בנו מצריא מערב שמש

הפתחפתא N ‘guardian of the seventh’ (Pers; GEA 372.40)

001	s em/sf	הפתחפתא	B3.9:2	זי סון קדם וידרנג	הפתחפתא	רב חילא זי סון לזכור
002			B3.9:3	זי סון קדם וידרנג	הפתחפתא	רב חילא זי סון לאמר

ו s 6th letter of the alphabet

001		ו	D10.1:1	א ב ג ד ה ...	ו	ז ח ט י כ ל מ נ ס ע פ
002			D10.2:3	סֹי א ב ג ד ה. #######	ו	ז ח ט י כ ל מ נ ס ע פ
003			D22.28:1	א ב ג ד ה	ו	ז ח ט י כ ל מ נ ס ע פ

ו_ c and, also

001		ו...	B8.5:5	[....]	ו..[....]	
002			A6.16:3	לא [....] אנת הושרת	ו[....]	[....]סרת ואנה
003			C1.1:1	זי חכם לברה	ו[....]	[...]אמר ברא לם
004		ואבל	B3.4:23	בר שמעיה כפם בגזשת	ואבל	ושהדי<א> בגו˜ מתרדת בר
005		ואברמוש	D22.25:3	פלותהׂ	[ו]אברמושׂ]	...] זי אתו פנה
006			D22.27:2	פלותה	[ו]אברמושׂ]	...] זי אתו עד
007		ואובל	B3.4:10	ביניהם אנה בגזשת	ואובל	כל 2 אנחן זבן ויהבן לך
008		ואחיאב	B4.3:2	] הושע] בר[הו]דויה	ואח[יאב	בר גמריה כל 2 יהודין
009			B4.4:2	] הושע] בר הודויה	ואחיאב	בר גמריה לאספּמּת
010			B4.4:22	כבדא כתב הושע	ואחׂ[יא]ב	לאספּ[מת
011		ואחתסן	A2.3:5	עבד אנה לה ותפמת	ואחתסן	מסבלן לה וכעת ארה ספר
012		ואטי	A2.1:3	ועשה ותשי וענתי	ואטי	ורע וכעת מטתני כתנה זי
013		ואסרשת	A2.3:3	וארג̇	ואסרשת	ושרדר חרוץ שאל שלמהן
014		וארג	A2.3:2	בשלם שלם בנתסרל	וארג̇	ואסרשת ושרדר
015		ואשה	A2.1:11	שלם שאל בר פטחרטיס	ואשה	בר פטחנם שלם סחתה כלה
016		ובגפרן	A5.2:6	עד שנת 1+10+20	ובגפרן	ונפין ˆומנכי˜
017		ובסה	D1.1:11	יצף אנה[... ... ...]	ובסה	תנה אתננ[ה ... ...]
018		ודליה	A4.9:1	זכרן זי בגוהי	ודליה	אמרו לי זכרן לם יהוי לך
019		ודמוקלס	C3.29:14	משח לגין 3+3 זנון	ודמוקלס	שיטיא לגין 10+3+3
020		והו..ת	A6.9:2	[ז]י בסעלם פרדפרן	והו[..]ת	[פ]קי[די]א זי בדמשק
021		וזבבו	A2.7:2	לכי שלם אחתי אסורי	וזבבו	וככי וכען עליכי מתכל
022		וזכור	B3.8:43	כפם ענניה בר חגי	[ו]זכור	בר משלם ושהדיא בגו
023		וחור	A4.3:4	רכליא על אחרן צחא	וחור	עלימי ענני אשתדרו עם
024		וחורי	A4.2:15	צח[א ....]	וחורי	זי כלו ביום 3+3 לפאפי
025		וחנדסירם	A6.14:6	ורוהי על נחתחור	וחנדסירם	פקֹ[....] מן
026		וחרנופי	A4.3:5	אשתדרו עם וידרנג	וחרנופי	בטלל אלה שמיא עד
027		ויבל	B3.4:25	ספר בי זי זבן בגזשת	ויבל	לענניה לחן ליה ביב
028		וידניה	B2.11:15	בירתא כפם מחסיה	וידניה	אחוהי שהדיא בגו מנחם
029			D7.13:3	מנֹחמן זי הס[...]	וידניה	גשוריא מ[...] ושאל על
030			B3.9:8	מלכא כסף זוז לעשרתא	וידניה	זך ברי יהוה אפם ואנש
031		ו...יה	A3.5:9	[אחי מחסיה בר	ו...]יה	בר גדו[ל] אחוכם
032		ויהוחן	B6.4:9	זנה כפם הושעיה	ויהוחן	ושהדיא בגו שהד חרמנתן
033		ויהוישמע	B3.7:11	בין פלטיה ברי	ו[יהוי]שמע	ברתי [פלגא] לפלטיה
034			B3.5:21	אחרי מותי מן פלטי	ויהוישמע	ינתן להם כסף כרשן 10
035			B3.5:18	100×1 פלטי	ויהוישמע	כל 2 בני המו שליטן
036			A3.7:2	וברתה שלם תחנום	ויהוישמע	שלם משלמת שלם הצול
037		ויהישמע	B3.6:18	בר זכור לתפמת	ויהישמ<ע>	
038			B3.6:11	לאלהא ואמרת תפמת	ויהישמע	ברתה אנחן {י}<נ>פלחנך

039		B3.6:9	שביקה מן טלא לסמשא	ויהישמע	ברתכי וגבר אחרן לא
040	ויסלח	D4.25:3	קמר ש.[...] [...]. הושע	ויסלח	.[...] [...].מהי זילי׳
041		D3.17:9	[בר]ת זכור מחתוש	ויסלח	ˆבר גדול˜ משלם בר
042	ויתומה	B5.1:2	סלואה ברת קניה	ויתומה	אחתה ליהו אור ברת
043	וכדסא	C3.28:111	חרשא זי נחש	וכדסֿא	ברת חניה סס[..]חֿ
044	וככי	A2.7:2	אחתי אסורי וזבבו	וככי	וכען עליכי מתכל אנה הוי
045	וכנדסירם	A6.14:1	ורוהי על נחתחור	וכנדסירם	וכנותה וכעת תנה אנה
046	ולילו	B2.11:13	אמהם זי עלימיא אלה	ולילו	ברה זי לא עד נפלג עלין
047	ומחסיה	B2.10:21	לידניה בר נתן	ומחסיה	אחוהי כל 2
048		B2.9:8	שאילתם ואנת ידניה	ומחסיה	בני אסחור הוטבתם לבבן
049		B2.10:3	לידניה בר נתן	ומחסיה	בר נתן אחוה אמהם
050		B2.9:11	אנת ידניה	ומחסיה	דין ודבב ולא יכהלון
051		B2.10:8	זילכם הו אנת ידניה	ומחסיה	כל 2 בני נתן עד עלם
052		B2.9:20	בר שלומם [לידני]ה	ומחסיה	כל 2 בני אסחור בר
053		B2.9:3	אדננבו לידניה	ומחסיה	כל 2 בני אסחור בר
054	ומכבנת	A2.5:1	מן אחוכן נבושה	ומכבנת	ברכנכן לפתח זי יחזני
055		A2.6:7	יהב ש] 1	ומכ]בנת	שאלן שלמכי ושלם תרו
056	ומלכיה	D7.15:10	[...] [... יד]ניה	ומל[כיה	...] [...].רֿ הא טעמאֿ]
057	ומנכי	A5.2:6	ובגפרן ונפין	ˆומנכי˜	ˆד[יני]א˜ עלו לסון
058	ומרדו	B3.12:19	לה בית פרנו בר זלי	ומרדו	אחוהי דבק לה אגר באגר
059	ונפין	A5.2:6	1+10+20 ובגפרן	ונפין	ˆומנכי˜ ˆד[יני]א˜ עלו
060	וסלואה	B5.2:4	[מן]יתומה	וסלואה]	
061	ועדרי	C3.14:36	בר אפֿה	ועדרי	בר אדֿמ[... ...]
062	ועבניה	B2.9:16	ספרא זנה כפם מנחם	ועבניה	כל 2 בני משלם בר
063		B2.9:19	[מרחק] זי כתב מנחם	ועבניה	כל 2 בני מנחם בר
064		B2.9:2	בירתא אמר מנחם	ועבניה	כל 2 בני משלם בר
065		B2.9:9	עד עלם אנה מנחם	ועבניה	רחיקן אנחנה מנך מן
066	וענתי	A2.1:3	שלם נכי ועשה ותשי	וענתי	ואטי ורע וכעת מטתני
067	ועשה	A2.1:3	ביתאלנתן שלם נכי	ועשה	ותשי וענתי ואטי ורע
068	ופטמון	A2.7:3	וסרז ושפנית ובניה	ופטמון	שלם הריוטא ואחתהה
069	ופטמחו	A3.10:1	אל אחי חורי	ופטמחו	אחוכם ספנתדת שלם אחי
070		A3.10:9	אחי חורי בר כֿמן	ופטמחו	אחוכם ספנתדת בר
071	ופמט	B3.12:20	לה ביתה זי פחי	ופמט	אחוהי מלחן זי מיא בני
072	ופסמשכמר	B8.11:1	[....]	ו[פ]סֿמשכמֿר	ברה [..]תֿ[...]
073	וצחא	A3.6:2	אזלת אנה	וצחא	בר פחה אמרן לפיסן
074	ורוך	B5.1:3	זי יהבו לן דיני מלכא	ורוך	רבחילא חלף פלג מנתא זי
075	ורע	A2.1:3	ותשי וענתי ואטי	ורע	וכעת מטתני כתנה זי
076	ושלומם	B6.3:17	[ספרא זנה כפם ....]	ושלומם	בר הוד[ו]
077	ושלמיה	A4.7:29	ˆבשמן˜ על דליה	ושלמיה	בני סנאבלט פ˜ח˜ת
078		A4.8:28	בשמן שלחן על דליה	ושלמיה	ב[ני סנאבלט פחת
079	ושפנית	A2.7:3	אלכי שלם וסרז	ושפנית	ובניה ופטמון שלם
080	ושרדר	A2.3:3	וארֿגֿ ואסרשת	ושרדר	חרוץ שאל שלמהן וכעת
081	ותבי	A2.5:1	אל אחתי תרֿו	ותבי	מן אחוכן נבושה ומכבנת
082	ותדורס	C3.29:17	3+3+2 הרמונקתוס	ותדורס	לגין 10+3+3 לקינוס
083	ותמת	B3.3:11	זי יהוון בין ענני	ותמת	מחר או יום אחרן תמות
084	ותפמת	B3.12:35	זבן ענני בר עזריה	ותפמת	אנתתה
085		B3.12:24	לה בכסף אנה ענני	ותפמת	אנתתי זי הות גוא למשלם
086		A2.3:5	תעבדן לה עבד אנה לה	ותפמת	ואחתסן מסבלן לה וכעת
087	ותרבמי	D22.25:3	בריך רבה תרכמנה פשדיא	ותרבמי	פלותהֿ [ו]אברמוֹשֿ]
088	ותשי	A2.1:3	שלם נכי ועשה	ותשי	וענתי ואטי ורע וכעת
089	ובבל	A6.15:2	חלכין [גברן 3+1+]1	ובבל	[....] לי חלכין 3+2 כל
090	ומדי	C2.1.7:40	[חילא זי] פרס	ומד[י]	עמי אז[ל]וֿ אחר
091	ומצרין	D23.1.Vb:6	אנה אנֿשא למצרין	ומצרין	אפֿק זֿי מֿ[...]
092	ומתלבש	A6.9:1	זי בארבל חל[.]	ומתלבש	בגפרן פקידא [ז]י
093	ואבי	B3.5:19	ענני גבר אחרן אמי	ואבי	אח ואחה ואיש אחרן לא
094	ואבשל	D7.12:8	[..]. [...]..[.] [....].ן	ואבשל	[... ...]שבה את˜ה˜
095	ואגורא	A4.10:8	כן אמרן הן מראן [...]	ואגורא	זי יהו אלהא זילן יתבנה
096	ואגורי	A4.7:14	אגורא זך בנה השכחה	ואגורי	אלהי מצרין כל מגרו
097		A4.8:13	[אגורא] זך בנה השכח	ואגורי	אלה[י] מצריא [כ]ל[א
098	ואגנן	D7.57:7	שע וחדֿ בעזכתיה	ואגנן	2 וכֿדדן 3+1 ופינך 1
099	ואגר	D5.47:1	2[...]יא	ואגר]	...]
100		B3.11:5	דבק לה אגר באגר	ואגר	ביתא זילה דבק לה אגר
101	ואגרא	B2.1:10	כספא זי כתיב מן עלא	ואגרא	זילך אפם ואנת שליט
102		B2.1:7	באבני מלכא כסף צריף	ואגרא	זך אפם והן מית קוניה
103	ואגרת	D5.41frage:2	[..].[..] [...]א	ואגר[ת	...]
104	ואדניהם	C1.1:81	בכל אתר ע[יני]הם	ואדניהם	לו[ת] פמך אשתמר לך
105	ואדנין	C1.1:157	עינין טבן אל יאכמו	ואדנין	[טבן אל ....]
106	ואדרנג	B3.11:12	אח ואחה הנגית והנבג	ואדרנג	זי ירשנכי דין ודבב
107		B3.10:18	לי הנגית זילי והנבג	ואדרנג	זילי ירשנכי דין ודבב
108		B3.12:27	ואחה לן הנגית והנבג	ואדרנג	זילן זי ירשנך דין וירשה
109	ואדרנגי	B3.13:9	מנעל כתיב אחר בני	ואדרנגי	ישלמון לך כספא זי מנעל
110		B3.13:9	והן לא שלמו לך בני	ואדרנגי	כספא זנה זי מנעל כתיב
111	ואדרנגיכי	B4.6:10	[ולבני]כי	וא[דרנ]גֿיכי	[ואנתי סלואה שליטה
112	ואהך	D7.10:7	לנתן תמה ינפק עלי	ואהך	אגרס [...] [...]רא אף
113		B5.4:6	[באבני מלכא ולא דין	ואהך]	[אנה] בדין ודבב בשם
114		B2.3:22	דבב וביתא ביתכי אפם	ואהך	בדין ולא אצדק וספרא זנה
115	ואופכרתה	A6.2:5	[....] יחוו	ואופכרתה	יעבדו וישתלח על מן זי
116	ואושר	D7.43:4	[...] ואֿנה אושר [...]	ואושר	שק[א ...] פלג קבן]
117	ואושריהי	A2.6:6	כזי תמטו֯ה ידכי	ואו[שריהי	לתשי ס]וֿן הלו כספה
118	ואזדהרו	A4.1:5	[....] דכין הוו	ואזדהרו	עבידה א[ל תעבדו] [....
119	ואזל	D23.1.II:12	לי[....]ה לם ...כם עמי	ואזל	ואמר לחראֿ אנה לם
120		A4.7:5	מלכא כזי ארשם נפק	ואזל	על מלכא כמריא זי חנוב
121		A4.8:4	מלכא כזי ארשם נפק	ואזל	[על] מלכא [.... כמריא זי
122	ואח	B2.7:10	יגרנכי דין ו<ד>בב אנה	ואח	ואחה קרב ורחק בעל דגל
123		B3.6:5	ילתי לי בר לי ˆוברה˜	ואח	לי ואחה קריב ורחיק הנגית
124	ואחברוהי	D7.56:2	אחי ישיב בר שבתי	ואחברוהי	אחיכון עקבן שלם אחי
125	ואחד	B8.1:15	שמה ערביא	ואחדֿ]	....] בנביה מתא
126	ואחדו	C2.1.8:62	[זי חי]לי קטלו	ואחדו]	2+3] אחר מת[א לי הות
127		C2.1.8:49	[זי חילא זילי קטלו	ואחדו	[2+10+20+20 זנה
128	ואחה	B2.10:11	נרשה לבר וברה לכם אח	ואחה	אנתה ואיש לכם או גבר זי
129		B5.1:5	יהבנה לכי לא יכל אח	ואחה	בר וברה קרב ורחיק
130		B5.3:3	[ולא יכל בר וברה] [אח	ואחה	דינן למרשה על]יך ועל
131		B3.11:12	יכהל בר לי וברה לי אח	ואחה	הנגית והנבג ואדרנג זי
132		D2.10:11	[... ...] [... ...]אח	ואחה	ה[נגית ... ...] [... ...]
133		B3.5:19	גבר אחרן אמי ואבי אח	ואחה	ואיש אחרן לא ישלט בביתה
134		B2.3:10	לי בר וברה אחרנן אח	ואחה	ואנתה ואיש אחרן שליט
135		B4.7:4	[אח	וא]חֿה	והֿנבג זי יקום וידֿח[..]
136		B6.3:6	[...] אף [לא יכהל אח	ואחה	זי שלומם קריב ורחיק]

No.	Word	Ref.	Preceding context	Keyword	Following context
137		*B3.5:13*	לא יכהל בר לי וברה אח	ואחה	יגרנכי בשם ביתא זך והן
138		*B2.11:8*	מחסיה בר וברה לי אח	ואחה	לי ואנש זילי דינן למרשה
139		*B2.2:13*	ובר לי וברה לי ˆאח	ואחה	לי קריב ורחיקˆ על ארקא
140		*B3.9:4*	אוריה ובר וברה לי אח	ואחה	לי ואיש לי יכבשנהי עבד
141		*B3.9:6*	אנה ובר וברה לי אח	ואחה	לי ואיש לי נקום למעבדה
142		*B5.5:5*	יכהל בר לי וברה לי אח	ואחה	לי קריב ורחיק [ירשנכי
143		*B2.2:13*	אנת ובר לך וברה לך אח	ואחה	לך קריב ורחיק זי יגרנך
144		*B3.12:27*	לא יכהל בר לן וברה אח	ואחה	לן הנגית והנבג ואדרנג
145		*B2.7:10*	דין ו<ד>בב אנה ואח	ואחה	קרב ורחק בעל דגל ובעל
146		*B3.2:8*	כרשן 2+3 הן גרך אח	ואחה	קרב ור<ח>ק בשם הירא זנה
147		*B2.1:8*	לא יכהל בר וברה אח	ואחה	קריב ורחיק בעל דגל וקריה
148		*B3.6:5*	בר לי ˆוברהˆ ואח לי	ואחה	קריב ורחיק הנגית והנבג
149	ואחוהי	*D1.1:13*	[... ... ...] שלם עקב	ואחו[הי	... ...]ברתכי לבעל[
150		*D8.3:4*	[...] פתו בר פתו	ואחוהי	[.] פתו בר פתת אשל 1
151	ואחזה	*D7.16:13*	מה תאמרן תחזין אנפי	ואחזה	אפיכי
152	ואחט	*D7.16:6*	לי שערˆךˆ ובעי 1	ואחט	המו בקל כענת חי ליהה הן
153	ואחטנה	*D7.21:5*	לבשא זי עליך	ואֿחטנה	לשלמך שלחת ספרא
154	ואחיכם	*B2.9:12*	יכהלון ירשון לבניכם	ואחיכם	ואיש לכם ב[ש]ם נכסן
155	ואחין	*B2.9:10*	אנחנה ובנין ובנתן	ואחין	ואיש זילן קריב ובעל
156	ואחריא	*D1.17fragb:7*	[... ...] [... ...]א	ואחריא	לקבל חלקן 3 כען
157	ואחרן	*D6.3fraga:10*	[...] [...]עֿן	ואחרן[	...]
158		*A4.7:11*	זי עם שירית אשרנא	ואחרן	זי תמה הוה כלא באשה
159		*A4.8:10*	ארז עם ש[ירית אשרנא	ואחרן	זי תמה הוה כלא] באשתא
160		*A6.2:5*	זי הוה אשרנא הנדונה	ואחרן	זי [....] ינתנו ולעבק
161		*A6.2:6*	ולעבק אופשרה יתעבד	ואחרן	זי מני שליח עליהם על
162		*B2.9:12*	ב[ש]ם נכסן וכסף עבור	ואחרן	זי שלומם בר עזריה והן
163		*C3.7AR2:11*	[ספיתן 10] [כל מנדתא	ואחרן	זי גבי מנה ועביד] [על
164		*C3.7AR3:19*	[10] [כל מנדתא	ו]אֿחֿרֿןֿ	[זי גבי מנהם ועביד על
165		*C3.7DR3:24*	[10] כל מנֿדֿתֿא	ואח[רן	זי גבי מנה] ועביד על
166		*C3.7ER1:7*	ספיתן 10 כל מנדתא	ואחרן	זי גבי מנה [ועביד ע]ל
167		*C3.7ER2:4*	[10] כל מנֿדֿתא	ואחרן	זי ג[ב]י מנה[ועביד על
168		*C3.7FV2:21*	1 [כ]לֿ [מנד]תֿאֿ[	ואחרן	]זֿיֿ גֿבֿיֿ[מנהם]
169		*C3.7FV2:6*	לק עתיק 1 כל מנדתא	ואחרן	זי גבי מנהם ועביד על
170		*C3.7GR2:3*	לק עתיק 1 כל מנדתא	ˆואחרןˆ	זי גבי מנהֿם ועביד על
171		*C3.7JR1:18*	[ספיתן 10] [כל מנדתא	ואחרן]	זי גבי[מנה ועביד על]
172		*C3.7JR2:19*	[ספיתן 10] [כל מנדתא	ואחרן	זי גבי מנה ועביד על בית
173		*C3.7JV2:22*	{20 כל מנדתא	ו[אחרן]	זי גבי מנהם ועביד על
174		*C3.7*	[כל מנ]דֿתֿאֿ[	ואח]רן[	זי גבי מנה ועביד על]
175		*C3.7KR2:14*	[10+20] כל מנדתא	ואחרן	זי גב[י מנ]הֿם ועביד על
176		*C3.7KR3:18*	[10] כל מֿנֿדֿתֿאֿ	ואחרןֿ[	זי גבי מנה ועביד על
177		*C3.7CR1:17*	ספיתן 10 [כל מנדתא	ואחרן	זי גבי מ]נה ועביד עֿ[ל]
178		*C3.7CR2:18*	[ספיתן 10] כל מנדתא	ואח[רן]	זי [גבי מנה] ועביד על
179		*B2.9:6*	מאני עק וחוצן עבור	ואחרן	נכסן לאמר אסחור אבוכם
180		*C3.7DR2:7*	ספיתן 20 כל מנד[תא	]ואח[רן	....] עֿלֿ בית
181	ואחתבו	*D20.3:1*	בריך אבה בר חור	ואחתבו	ברת עדיה כל 2 זי חסתמח
182	ואחתה	*A3.9:2*	[ע]ל דבר אפוחס	ואחתה	לאמר [.... .מט]אני כזי
183	ואחתהה	*A2.7:4*	ופטמון שלם הריוטא	ואחתהה	לשלמכי שלחת ספרא זנה אל
184	ואיך	*C2.1.11:66*	הודע איך זי עביד אנת	ואיך	הלכתך [.... זי
185		*A3.3:6*	כלה כעת איך ביתא עביד	ואיך	נפקת הן יהו[....]

No.	Word	Ref.	Preceding context	Keyword	Following context
186	ואיש	*D2.21:2*	.[... ...] [... ...]יה	וא[יש	... ...] [... ...] [... ז]ילכם
187		*D2.21:3*	[... ...] [... ... ז]ילכם	ואיש]	... ...] [... ...] [... ...]תנתנון
188		*B2.3:11*	אחרנן אח ואחה ואנתה	ואיש	אחרן שליט בארקא זך להן
189		*B3.5:19*	אחרן אמי ואבי אח ואחה	ואיש	אחרן לא ישלט בביתה כלה
190		*B2.10:13*	ורשכם בר לי וברה אנתה	ואיש	בשמי ובשם בני שטר מן בר
191		*B2.3:12*	אנתי ובר וברה לכי	ואיש	זילכי בשם ארקא זך זי
192		*B2.9:14*	וירשון לבניכם ובנתכם	ואיש	זילכם וזי ירשו[ן] דין
193		*B2.9:10*	ובנין ובנתן ואחין	ואיש	זילן קריב ובעל קריה לא
194		*B2.9:13*	והן אנחנה ובנין ובנתן	ואיש	זילן ובני שלומם בר
195		*C2.1.8:52*	[חילא להרוחתי] שלח	ואיש	חד בראשהו[ם שלח לערקה זי
196		*C1.2:21*	[ ]מה ותאבד צדקתא	ואי[ש	לא יעבד] צדקה לאבוהי
197		*B2.10:10*	אנה ידניה ובני ואנתה	ואיש	לי לא אכהל אגרנכם דין
198		*B2.10:12*	ידניה ובשם בנן ואנתה	ואיש	לי והן אנה ידניה רשיתכם
199		*B3.9:4*	וברה לי אח ואחה לי	ואיש	לי יכבשנהי עבד ברי יהוה
200		*B3.9:5*	יהוה אנה ובר וברה לי	ואיש	לי ואנש אחרן לא שליטן
201		*B3.9:6*	וברה לי אח ואחה לי	ואיש	לי נקום למעבדה ע[בד]
202		*B5.2:9*	....]	ו]איש	לי יגרנך דיֿ[ן ודבב
203		*B2.10:11*	וברה לכם אח ואחה אנתה	ואיש	לכם או גבר זי תזבנון לה
204		*B2.10:14*	וירשון לבר וברה ואנתה	ואיש	לכם או גברן זי תזבנון לה
205		*B2.9:12*	ירשון לבניכם ואחיכם	ואיש	לכם ב[ש]ם נכסן וכסף עבור
206		*A4.7:14*	אלהי מצרין כל מגרו	ואיש	מנדעם באגורא זך לא חבל
207		*A4.8:13*	מצריא [כ]ל[א מגרו]	ואיש	מנד[עם] [באגורא זך לא
208	ואית	*B1.1:15*	א[כל] אצל חקלי מנך	ואית	לך פמטן וחוב על[י]אלה
209	ואיתי	*A3.10:4*	בעבור למובל לביתי	ואיתי	כסף כרש 1 זי אנה יהבת
210	ואכסנך	*C1.1:204*	עליך ואנהֿ אסבלנך	[ואכסנך	ענה ערדא ואמר ל... ש]א
211	ואכסנכי	*C1.1:166*	נמרא ואמר לענזא אתי	ואכסנכי	משכי[ענת] ענזא ואמרת
212	ואכתב	*D7.10:9*	לי שֿ[....] [...]	ואכתב	[....] [...] ואל
213	ואל	*D7.10:10*	ואכתב [....] [...]	ואל	[....]
214		*C1.1:193*	קרב עלי	ואל	יאמֿר לך ר[ח]ק מני
215		*C1.1:155*	ואל פמי	ואל[	...] יאפך אל פם
216		*C1.1:147*	אל תסתכל כביר	[ו]אֿל	ידעך
217		*C1.1:155*	יהשחתון ידי	ואל	פמי
218		*C1.1:126*	[אל תדרג ק]שתך	ואל	תהרֿכב חטך לצדיק למה
219		*C1.1:137*	מנך [אל ....]חילאֿ	ואל	תהשגא לבבא [גבר
220		*D1.1:14*	לבעל[... ... ...]	ואל	תצפי לה אל[... ... ...]
221		*C1.1:136*	[.... לזעי]ר זי בעדבך	ואל	תרגג לכביר זי ימנע מנך
222	ואלה	*D22.51:3*	זא קדם אלה טורא	ואלה	מצרין זי ישמן לי שלם
223		*D7.40:10*	ולא דכר[...] [...	]וֿאלה	לם .[...]
224	ואלהא	*D1.30:5*	[...].ן איך ת[...] [...	]ואלהא	שזבן [...]א שלחתֿ[
225	ואל	*C1.1:148*	אל תחלי	ואל	[י]בֿ[ל]עֿוך אל תמר[
226	ואלקח	*B1.1:9*	אמס במלאתא	ואלקח	לי קבלךֿ ׀ וֿלֿכל זי
227	ואמה	*B3.13:11*	לך מן בי זי לבנן עבד	ואמה	מאן נחש ופרזל לבוש ועבור
228		*B4.6:12*	[בי זי] לבנ[ן] [עבד	ואמה	מאן] נח[ש] ופֿר[ז]ל שערן
229		*B3.1:10*	ודהב נחש ופרזל עבד	ואמה	שערן כנתן וכל זון זי
230	ואמלא	*D7.19:6*	10 הו[שרת]	ואמלא	נפש 2+3 כל [...] עֿדֿ
231	ואמר	*D7.55:1*	[...].[...] יהב	ואמר[	...] {{כתני זילי}} זילי
232		*D23.1.IX:9*	[.]....[..].לכֿ[...]וענה	ואמר	אֿנֿשֿאֿ לפֿרֿעֿהֿ [...
233		*C1.1:11*	אסרחאדן מלך אתור	ואמר	חין ש[....
234		*B2.3:20*	אחרן ארשנכי דין ודבב	ואמר	לא יהבת לכי אנה אנתן לכי

235		B2.4:14	אחרן ארשנך דין ודבב	ואמר	לא יהבת לך ארקא זך למבנה
236		D23.1.II:15	לביתי	ואמר	לא הוה ואנתנהם [.]אֿנֿה
237		C1.1:94	שלם יהוי לך ענה חמרא	ואמר	לאריא[ ] איש שׁפיר מדדה
238		C1.1:59	[נבוסמסכן ר]ביא	ואמר	להם שמעו לי לם זנה
239		D23.1.II:12	לם ...כם עמי ואזל	ואמר	לחרא̇ אנה לם אמרת
240		C1.1:20	[אסרחאדן] [מל]ך אתור	ואמר	לי כותא לם ^יה[וה]^
241		C1.1:54	נבוסמסכן רביא	ואמ[ר	]לי אל תדחל לם [תח]יי
242		C1.1:102	[... ע]נה ר[מ]נא	ואמר	לסניא אנת כלך כבן עם זי
243		C1.1:166	והי עריה ענה נמרא	ואמר	לענזא אתי ואכסנכי משכי[
244		C1.1:204	[ואכסנך ענה ערדא	ואמר	ל... ...]. סבוליך
245		D23.1.IX:10	[...]פרעה [ענה]	ואמר	ל[.].ק.ו ...[...]לא.מ[.]
246		C1.1:32	[אס]רחאדן מלך אתור	ואמר	[....]חד מן
247		C1.1H:15	נ^ב^וס[מסכן רבי]א[	ואמ]ר[	...] אסרחאדן מ[ל]ך[
248		C1.2:2	הו אחר ענה מלכא	ו[אמר]	[.. א]תלנהי כן
249	ואמרו	C1.1:169	אשתק ענו אמריא	ואמרו	לה שא לך זי ת[נ]שא מנן
250		C1.1:58	[ענו גבריא]אלך תרין	ואמרו	ל[ה אנ]ת לם אמר לן
251		C1.1H:14	[לכם עט]תא זיל[י ...]	ואמרו	ל[ה אנת לם אמר לן ...]
252	ואמרת	B3.6:11	ואנתי שביקה לאלהא	ואמרת	תפמת ויהישמע ברתה
253		C1.1:14	אתור טבן ענית	ו[אמרת]	[....]ך אנ[ה
254		C1.1:45	דחלת לם אחיקר ענית	ואמרת	לנבוסמ[סכן] [....
255		D23.1.II:10	כסף כרש [1 ו]ענת	ואמרת	[ל]דנא חרא לאשכב עם
256		C1.1:167	משכי[ענת] ענזא	ואמרת	לנמרא למה לי כסיכי גלדי
257		C1.1:209	גדיכי וענת ענזא	[ואמרת	....]ידע זי יאתה מן
258		A5.2:3	[קד]ם תרו[ח ו]דינא	ואמרת	קדם דינ[א ....]
259		A5.2:5	וכעשק עביד ^לי^	ואמרת	קדם תרוח ודי[נא] איך
260	ואנ.	D23.1.XII:10	1+3 זי אמון	ואנ.	.[.].סת מה[.]ין[
261	ואנה	B3.3:13	תמת ובין ענני	ואנה	משלם מחר או יום אחרן לא
262		B2.1:11	למבנה עלויה עד עלא	ואנה	קוניה לא אכהל אמר
263		C1.1:57	לם אף[ק]רב[ו] עלי	ואנה	אמר לכם עטתא[זילי]ועטה
264		C1.1H:13	[אמר לכנותה ...] עלי	ו[אנה	אמר לכם עט]תא זיל[י ...]
265		C1.1:203	לערדא [אר]כ[ב] עליך	ואנה	אסבלנך [ואכסנך ענה ערדא
266		B2.6:4	לאנתו הי אנתתי	ואנה	בעלה מן יומא זנה ועד עלם
267		B3.3:4	אמתך לאנתו הי אנתתי	ואנה	בעלה מן יומא זנה ועד עלם
268		B3.8:4	ויהבתה לי הי אנתתי	ואנה	בעל[ה] מן יומא זנה עד
269		B6.1:4	[ויהבתה לי הי אנתתי]	ואנה	בעלה מן יומא זנה עד על[ם
270		B5.6:12	[.... ל]מקנה מנך	ואנה	[....]..הן
271		B3.10:17	ברחמן לקבל זי סבלתני	ואנה	ימין סב לא כהל הוית בידי
272		A6.16:4	[....]סרת	ואנה	ל[א] חדית אנת שגיא
273		C1.1:40	[א]חרנן זי עמה ה[וו]	ואנה	מהלך בין כרמיא [....
274		B5.6:13	ז[י]לי דינהם	ואנה	[....]...מ....ת
275		A2.5:8	זי ספר לה הושרתן לי	ואנה	נכתני חויה והות מית ולה
276		C3.28:90	שטריא ביד יונתן	ואנה	סלק לאפנא שמעון בר חגי
277		B2.8:11	מלכא ולא דין ולא דבב	ואנה	רחיק מן כל דין ודבב כתב
278		C1.1:204	...]. סבוליך וכסתך	ואנה	רכביך לא אחזה
279	ואנה	D7.43:3	[...] .לאתי תנה [...]	ואנה	אושר [...] ואושר שק[א
280	ואנושה	D8.4:24	ר 1 רבע 1 תונפרי	ואנושה	ש 1 נתן בר אביתי מ 1
281	ואנחנה	A6.2:8	כרכיא נגידה על תבלא	ואנחנה	החוין לשמשלך וכנותה
282	ואנקה	B1.1:10	זי י[ד]חנך אקנס אקם	ואנקה	ואנתן ל[ך ו]הן לא קמת
283	ואנש	B3.9:5	ובר וברה לי ואיש לי	ואנש	אחרן לא שליטן למשנתה לא
284		B2.11:8	בר וברה לי אח ואחה לי	ואנש	זילי דינן למרשה עליך ועל
285		B3.9:8	זך ברי יהוה אפם	ואנש	לא שליט למשנתה ולמעבדה
286	ואנשתה	A2.4:3	ממה שלם אחי בתי	ואנשתה	ובנוהי שלם רעיה אל תצף
287		A2.1:14	{{ו}}שלם אחי בתי	ואנשתה	שלם וחפרע אל נניחם מן
288	ואנת	B2.9:8	רשינכם אחר שאילתם	ואנת	ידניה ומחסיה בני
289		D2.15:2	אדו[... ...] [...	וא]נת	אפם[... ...] [... ... ו]לא
290		B2.2:15	וארקא זך אפם זילך	ואנת	רחיק מן כל דין זי יקבלון
291		B4.4:16	[....] אלהא	ואנת	שלט בפרסן זי בית מלכא
292		B2.1:11	מן עלא ואגרא זילך אפם	ואנת	שליט למבנה עלויה עד עלא
293		B2.1:14	כספא זי כתיב מן עלא	ואנת	שליט למפתח תרעא זך למנפק
294	ואנתה	B2.6:33	הן אמר איתי לי ב[נן]	ואנתה	אחרן להן מפטחיה ובניה
295		B2.10:10	אכהל אנה ידניה ובני	ואנתה	ואיש לי לא אכהל אגרנכם
296		B2.10:12	אנה ידניה ובשם בנן	ואנתה	ואיש לי והן אנה ידניה
297		B2.10:14	וירשון לבר וברה	ואנתה	ואיש לכם או גברן זי
298		B2.3:10	וברה אחרנן אח ואחה	ואנתה	ואיש אחרן שליט בארקא זך
299		C1.1:218	מתקנה גב[ר] כגרה	ואנתה	[....].וה[
300		B5.6:9	[ב]שמהם אנה	ואנתה	סענח
301	ואנת.ה	D23.1.II:11	למרא.ה.. למ[]	ואנת[.]ה	.[..] אתמנבן אלהא
302	ואנתי	B3.10:20	באבני מלכא כסף צריף	ואנתי	יהוישמע אם שליטא
303		B4.6:11	וא[דרנ]גיכי	[ואנתי	סלואה שליטה ב]כל ערבן
304		B3.11:11	כסף צרף באבני מלכא	ואנתי	אם שליטה בביתא זנה זי
305		B3.11:14	10+20 באבני מלכא	ואנתי	אם שליטה בביתא זנה זי
306		B3.6:10	ועל יהישמע ברתכי	ואנתי	שביקה לאלהא ואמרת תפמת
307		B3.6:8	באבני מלכא	ואנתי	שביקה מן טלא לסמשא
308	ואנתם	A6.10:5	[ע]ל בית מראיהם	ואנתם	כן לא עבדן כען אף קדמן
309	ואנתן	B3.11:10	אמר אהנצל מנך אחוב	ואנתן	ליהוישמע אביגרן כסף
310		B1.1:10	אקנס אקם ואנקה	ואנתן	ל[ך ו]הן לא קמת ונקת
311		B3.13:4	ענני בר חגי אשלם	ואנתן	לך כנתניא אלך
312		B3.13:6	אחר אנה ענני אחוב	ואנתן	לך כסף אבגרן כרש חד 1
313		B3.13:7	אחר אנה ענני אשלם	ואנתן	לך אבגרנא זי מנעל כתיב
314		B3.2:9	הירא זנה אנה אפצל	ואנתן	לך כתב בוני בר מנכי
315		D7.14:9	ל[...]ה לם חוני [...]	ואנתן	לך מ[...] אמרת
316		B3.5:15	בשם ביתא זך אנה אחוב	ואנתן	לכי כסף כרשן 2+3 הו
317	ואנתתה	D8.13:2	בר פ.שודת	ואנתתה	כסף ר 3 בשם כסף מלחא
318	ואנתנהם	D23.1.II:15	לביתי ואמר לא הוה	ואנתנהם	[.]אנה .[...] [... ...
319	ואנתתך	B2.2:4	אלהא ביב בירתא אנת	ואנתתך	וברך כל 3 על ארקא זילי
320	ואסר	D3.34:2	.[...] [...] זי ב[...]	ו[א]סר[	...] [...]הו [...]
321	ואסרה	B5.6:10	קימה	ואסרה	כתב ועבד כל אסריא
322	ואסרוהי	B8.5:8	ו[...]על [...	]ואסרוהי	וש[....] [...]יי וחטרן
323	ואעבדהי	D7.37:8	פסא זעי[רא]	ואעב<ד>הי	לי חמ[...] משח וטח[ן
324	ואעפה	C1.1:140	חמתי עם מן אקשה	ואעפה	[מסתר]יך אל
325	ואף	B8.9:3	[...] ומתך כנם אמרן	וא[ף	]אמרן אנחנה תמא^ר^ לה
326		B2.3:18	בדין וספרא זנה בידכי	ואף	אנה מחסיה מחר או יום
327		C3.8IIIB:27	דוגית ו[....]א [	ואף	]הו [לזכרן] נבוצדק זי[
328		C3.8IIIB:33	...]ת ינ....[...] [	וא]ף	הו [לז]כרן נע.[...
329		B3.5:18	שליטן בה אחר מותכי	ואף	הן אנה ענני אמות בר שנן
330		D7.5:3	כענת חזי [....] רבתא	ואף	זעירתא [....] אל ינפי
331		D1.20:7	ג[... ...] [...].שין	ואף	ל[... ...] [...] הקשט אף[
332		B3.8:37	לה [די]ן [ש]נאה	ואף	לא יכהל ענניה ולא יעבד

No.	Word	Ref.	Preceding	Keyword	Following
333		B3.8:39	[הי] יעבד לה דין שנאה	ואף	לא תכהל יהוישמע ולא
334		B6.4:3	[יעבד לה] דין שנאה̇	[ואף	לא יכהל הושעיה ולא יעבד
335		B6.4:4	[נשי] כנותה שנאה הי[	וא]ף	לא [תכהל סלואה ולא תעבד
336		A2.2:11	משח זית ליקה וכתן	ואף	לכי תקבת 1 שפרת ואף משח
337		A2.5:3	לה מפקן לן מן סון	ואף	מן זי נפקת מן סון שאל
338		A2.2:12	ואף לכי תקבת 1 שפרת	ואף	משח בשם לבת בנת ולעד
339	ואפק	D23.1.Va:8	עמ̇ה ושכרו̇ .ה הקם	ו̇א[פ]ק̇	על תהרקא מ̇לך כ̇שיא[
340	ואפקני	A2.6:4	וזוז א̇[....]	ואפקני	אנה וברי וכתבת לה ע[ל.
341	ואקבל	A2.2:10	והלה יהב לכי שלחי לי	ואקבל	עליהן תנה וכעת זבנת משח
342	ואר	A6.2:10	אופשרה למעבד עקי ארז	ואר	חדתן טף אמן עשרה שים
343	וארח	B2.10:6	לה אגורא זי יהו אלהא	וארח	מלכא בניהם מערב שמש לה
344	וארחעה	D7.8:11	תנפק יומא זנה שלח לי	וארחעה	עד תנפק שלם אחטב כען על
345	וארעא	D23.1.Va:13	א̇.... לנשיהם ובריהם	ו̇א̇רע̇א̇	אזרע מלח ו̇פר̇יה̇.
346	וארקא	A1.1:2	שמיא	וארקא	ובעל שמין אלה[א
347		B2.2:15	מלכא כסף ר 2 לעשרתא	וארקא	זך אפם זילך ואנת רחיק
348	ואשכחתה	D23.1.II:9	על אתתה̇	ואשכח{י}<ת>ה	<י>תבה בביתה [.].[.]ת̇
349		A2.1:4	כתנה זי אושרתי לי	ואשכחתה	שנטת כלה ולבבי לה דבק
350	ואשלמן	B4.6:10	[סתת]רי 1 [ש 1]	[ואשלמן	לכי] א[נתי] סלואה [
351		B4.6:5	אנה מנחם אנתננה	ואשלמן	לכי עד 20+10 לפרמתי
352	ואשלמנהי	B4.2:5	יהוה ראש וירבה	ואשלמנהי	לך ירח בירח מן פרסי זי
353	ואתו	A5.5:6	אמרו [..	ו]אתו	פנה על
354	ואתחדו	A4.4:5	א[שתכחו בבבא] [בנא	ואתחדו	א]סירן רמי אתת הודו
355		A4.4:6	זי אשתכחו בבבא בנא	ואתחדו	[אסירן] ידניא בר
356	וביהישמע	B3.6:6	והנבג לא שליט בכי	וביהישמע	ברתכי זי {ל}י<ל>דתי
357	ובסון	B3.13:11	ˆזי תהשכח לי ביב	ובסון	ובמדנתאˇ עד תשלם בכספך
358	ובאישתא	C1.1:50	חטאיך קדמוהי	ובאישת̇[א]	לא עבד לך אף שגיא
359	ובאלף	D7.13:13	אמרו [... באל]ף חרתבא	ובאלף	חכרטˆסˇ [....].ן לך על
360	ובגה	A6.11:2	במצרין הוה זך אבד	ובגה	זי הוה מהחסן פמון שמה
361		A6.11:4	אבד עם נשי [ביתה	ו]בגה	זי פמון זך אבוהי בית
362	ובזעריהם	C1.1:90	בנן לבבך אל יחדה	ובזעריהם	[אל יאבל] מלך כרחמן אף
363	ובי	B4.3:18		ובי	זי לבנן ו[....
364	וביומן	C1.2:21	ויהוון .[....]	וביומן	אחרנן יאכל [....
365	ובין	B3.3:13	בין {{בין}} תמת	ובין	ענני ואנה משלם מחר או
366		B2.1:13	תנפק בשוקא זי בינין	ובין	בית פפטעונית מלחא הן
367		D20.5:4	קחי הוי פלחה נמעתי	ובין	חסיה[...].[.]
368		A3.10:2	לי אלף חדה בידכם ביני	ובין	מריה חזו חלקא זילי זי
369		C1.1:205		ובין	שאני בזק אל ינעל ברגלי
370	ובינבן	A2.5:5	וכעת יהתו לן ארון	ובינבן	והן תכלן תהיתן לן תקם
371	ובית	B2.2:10	לדגל וריזת לתחתיה לה	ובית	אספמת בר פפטעונית מלח
372		B2.3:7	יזן בר אוריה בעלכי	ובית	זכריה בר נתן מערב לה
373		B3.10:10	תחתיא מנה אגר דרגא	ובית	חור בר פטאסי גנן זי
374		B2.2:9	אתרופרן למערב שמש לה	ובית	[יז]ניה בר אוריה יהודי
375		B2.2:8	דרגמן למוע שמש מנה	ובית	קוניה בר צדק יהודי
376		B2.7:11	ינתן לכי כסף כרשן 10	ובית	אם דילכי אף לא יכל גבר
377		D7.57:8	ופינך 1 וצפחא חדה	ובית	ח 1 חדת וזינא במשתלא חתם
378		A2.1:1	שלם בית בתאל	ובית	מלכת שמין אל אחתי נניחם
379		B3.10:7	ופלג תרבצא ופלג דרגא	ובית	פרסˆאˇ פלגה והא תחומי
380	וביתא	B2.10:16	2 לכרש 1 באבני מלכא	וביתא	אפם זילכם עד עלם וזי
381		B3.5:16	לכי כסף כרשן 20	וביתא	אפם זילכי להן הן מיתתי

No.	Word	Ref.	Preceding	Keyword	Following
382		D2.14fragb+c:2	10 ˆב[אבני] מלכאˇ	[ובי]תא	בית[ך ...]
383		B2.3:15	ולא דין ולא דבב	וביתא	ביתכי אפם ולבניכי
384		B2.3:22	ולא דין ולא דבב	וביתא	ביתכי אפם ואהך בדין ולא
385		A3.8:5	זבן ביתא זי זכור	וביתא	זי אשנ[. ו]הן לא זבנו
386		B3.12:30	באבני מלכא כסף צרף	וביתא	זילך ודי בניך ודי תנתן
387		B3.4:16	20 כסף זוז לעשרתא	וביתא	זילך אם וזי בניך מן
388		B3.4:19	20 כסף זוז ל10	וביתא	זילך אם וזי בניך מן
389	וביתה	D23.1.Va:5	..[.]ה... ...כ.[..]..[.]..	וביתה	יהיב̇ לפסמשך ס̇ר̇י̇ס̇א̇
390		D23.1.Va:6	להי עם[כל נ]כ̇ס̇י̇	וביתה[	]י̇ה̇יב לפסמשך
391	וביתי	B3.5:22	מלכא כסף ר 2 לכרש 1	וביתי	זילהם אפם ולא דין כתב
392		A3.5:6	חזי על עלימיא	וביתי	כזי תעבד לביתך
393	ובלוה	D7.9:3	אחיו ויערכה מן שכרא	ובלוה	לאוריא אף חזי
394	ובמדנתא	B3.13:11	לי ביב ובסון	ובמדנתאˇ	עד תשלם בכספך זי מנעל
395	ובמותי	B2.3:8	אנה יהבתה לכי בחיי	ובמותי	אנתי שליטה בה מן יומא
396		B3.11:11	כתבן מנעל בחיי	ובמותי	אף לא יכהל בר לי וברה
397		B2.3:3	אנה יהבת לכי בחיי	ובמותי	בי 1 ארק זילי הוה משחתה
398		B3.11:13	זנה מן קדמיכי בחיי	ובמותי	יחוב וינתן לכי ועל
399	ובמרשא	C3.29:3	דמוקלס לגין 10	ובמרשא	לדמכ̇לס לגן 10 ב 2
400	ובנוהי	A2.4:3	שלם אחי בתי ואנשתה	ובנוהי	שלם רעיה אל תצף לחרוץ
401		A3.6:1	בכל עדן שלם שוא	ובנוהי	שלם אבי[הי וכעת] שמעת
402	ובני	B2.9:13	ובנין ובנתן ואיש זילן	ובני	שלומם בר עזריה ירשונכם
403		B2.11:9	דינא עלא אנחנה מחסיה	ובני	או נרשה לבר וברה לך
404		B2.8:9	מומאה דכי אנה פיא	ובני	אנתן למ<ב>טחיה כסף כרשן
405		B2.10:9	לא אכהל אנה ידניה.	ובני	ואנתה ואיש לי לא אכהל
406		B2.7:8	תנתננה לא אכל אנה	ובני	וזרע זילי וגבר אחרן
407	ובני ביתא	A4.7:3	קדם דריוהוש מלכא	ובני ביתא	יתיר מן זי כען חד אלף
408	ובניה	D1.13:2	[... ...] שלם ס[...].ה	ובנ[יה]	[... ...].חנך חד̇י[...]
409		B2.6:34	אחרן להן מפטחיה	ובניה	אנתן למפטחיה כסף כרשן
410		A2.7:3	שלם וסרז ושפנית	ובניה	ופטמון שלם הריוטא
411		B8.7:4	תחה[....]	ובני̇ה	עבדיא זילה לא הנ[..]ת̇
412		D1.8:2	אחוכי[... ...] [... ...	]ובניה	שלם [... ...] [... ...]
413	ובניך	B2.11:7	מן יומא זנה ועד עלם	ובניך	אחריך ולמן זי צבית תנתן
414		B3.4:12	שליט בביתא ˆזךˇ	ובניך	מן אחריך ולמן די צבית
415		A4.4:9	להן תנה שלם ביתך	ובניך	עד אלהיא יחוונ[י אפיך
416		B3.1:8	בספרא זנה אנת משלם	ובניך	שליטן למלקח לך כל ערבן
417		B3.12:23	מן יומא זנה ועד עלמן	ובניך	שליטן אחריך ולמן זי
418	ובניכי	B2.3:9	מן יומא זנה ועד עלם	ובניכי	אחריכי למן זי רחמתי
419		B2.3:11	בארקא זך להן אנתי	ובניכי	עד עלם זי ירשנכי דין
420		B3.10:21	יהוישמע אם שליטא	ובניכי	שליטן אחריכי ולמן זי
421		B3.11:9	זנה {זנה} עד עלם	ובניכי	שליטן אחריכי ˆאנהˇ
422	ובנין	B2.9:10	עלם ל[א] נכהל אנחנה	ובנין	ובנתן ואחין ואיש זילן
423		B2.9:13	בר עזריה והן אנחנה	ובנין	ובנתן ואיש זילן ובני
424		A4.7:26	בכל עדן אנחנה ונשין	ובנין	ויהודיא כל זי תנה הן כן
425		A4.8:25	[בכל עדן אנחנה ונשין	ובנין]	ויהודיא כלא זי תנה הן
426		B3.4:21	והן לא פצלן אנחן	ובנין	ננתן לך בית לדמות ביתך
427		A4.7:15	עביד אנחנה עם נשין	ובנין	שקקן לבשן הוין וצימין
428		A4.8:14	עביד אנחנה עם נשין	ובנין	שקקן לבשן הוין צי[מן
429	ובנינא	B3.4:22	כרש 1 שקלן 3+1	ובנינא	זי תבנה בה וכל אשרן זי
430	ובנן	B2.6:32	אחרה להן מפט<ח>יה	ובנן	אחרנן להן בנן זי תלד לי

431	ובנתה	D1.1:9	תצפו לה [... ... ...]ל	ובנתה	שלמ[... ... ...] יצף אנה[
432	ובנתך	B3.12:26	לא נכהל נרשה לבניך	ובנתך	וזי תנתן לה בכסף או
433	ובנתכם	B2.9:13	וירשון לבניכם	ובנתכם	ואיש זילכם וזי ירשון[
434	ובנתן	B2.9:10	נכהל אנחנה ובנין	ובנתן	ואחין ואיש זילן קריב
435		B2.9:13	והן אנחנה ובנין	ובנתן	ואיש זילן ובני שלומם
436	ובעי	D7.16:6	כען החלפי לי שער־ך	ובעי	1 ואחט המו בקל כענת חי
437	ובעל	C1.1:100	ילוה עמה ב[....]	ובעל	אגר לא יהוה לה גבר טב
438		B6.3:7	[קריב ורחיק] בעל קריה	ובׄ[על	דגל ירשה לאביהי אנתתה
439		C1.1:42	[....]ה ספרא חכימא	ובעל	עטתא טבתא זי גבר ....
440		B2.7:10	ואחה קרב ורחק בעל דגל	ובעל	קריה ינתן לכי כסף כרשן
441		B2.9:10	ואחין ואיש זילן קריב	ובעל	קריה לא יכהלון
442	ובעל שמין	A1.1:2	שמיא וארקא	ובעל שמין	אלה[א
443	ובענתיהו	B7.3:3	בח[רם אלה]א במסגדא	ובענתיהו	ו[ימא לה] לאמר אתנא זי
444	ובערב.	C1.1:119	[....] פלת ססא	וׄבערב.[	[....] [...]..[.].[...].
445		B2.6:17	א[חר]ן ימות אסחור	ובר	דכר ונקבה לא איתי לה מן
446		B2.6:20	או יום תמות מפטחיה	ובר	דכר ונקבה לא איתי לה מן
447		B6.3:2	[100×1	ובר	דכר ונקבה לא] אית לה עׄם
448		B2.3:12	ירשנכי דין ודבב אנתי	ובר	וברה לכי ואיש זילכי בשם
449		B2.8:7	אגרנכי דין ודבב אנתי	ובר	וברה לכי בשם נכסיא אלכי
450		B3.9:4	לא אכהל אנה אוריה	ובר	וברה לי אח ואחה לי ואיש
451		B3.9:5	עבד ברי יהוה אנה	ובר	וברה לי ואיש לי ואנש
452		B3.9:6	למשנתה לא אכהל אנה	ובר	וברה לי אח ואחה לי ואיש
453		B3.8:28	והן] ימות ענניה	ובר	זכר ונקבה לאיתי לה מן
454		B3.8:34	והן תמות [יהוישמע]	ובר	זכ[ר] ונקבה לא איתי לה
455		B2.2:12	אגרנך דין ודבב אנה	ובר	לי וברה לי ־אח ואחה לי
456		B2.2:13	ורחיק־ על ארקא זך אנת	ובר	לך וברה לך אח ואחה לך
457	ובר	B2.8:9	דין ודבב וגרכי בר לי	ובר	לי בשם מומאה דכי אנה
458	וברה	B2.1:8	יום אחרן לא יכהל בר	וברה	אח ואחה קריב ורחיק בעל
459		B3.12:27	רחמת אף לא יכהל בר לן	וברה	אח ואחה לן הנגית והנבג
460		B3.5:13	דין אף לא יכהל בר לי	וברה	אח ואחה יגרנכי בשם ביתא
461		B5.3:2	וז[י בניך ולא יכל בר	וברה]	[אח ואחה דינן למרשה
462		B2.3:10	תנתנן לא איתי לי בר	וברה	אחרנן אח ואחה ואנתה ואיש
463		A2.6:9	[וכ]עת שלם בנתסר תנה	וברה	אל ת[צפי לה ....
464		B2.10:13	רשיתכם ורשכם בר לי	וברה	אנתה ואיש בשמי ובשם בני
465		B5.3:4	[דין וירשה]לבר לך	ובׄרׄה[	בשם
466		B3.6:5	זי ילתי לי בר לי	׳וברה	ואח לי ואחה קריב ורחיק
467		B2.10:14	בר אוריה וירשון לבר	וברה	ואנתה ואיש לכם או גברן
468		B3.4:14	ולא נכהל נגרה לבר לך	וברה	ולמן זי צבית למנתן הן
469		B2.10:13	ובשם בני שטר מן בר	וברה	זי יזניה בר אוריה
470		B8.11:5	זך כנם עוׄיׄר הׄו	ובׄרׄה	זך[....]
471		B4.1:4	וׄ[לא אכל אמר] לבר לך	וברה	יתׄלׄ[י ע]ליכם מדעם מכל
472		B3.6:11	זי יסבל בר	וברה	לאבוהי בחייך ועד מותך
473		B2.11:8	לא אכהל אנה מחסיה בר	וברה	לי אח ואחה לי ואנש זילי
474		B2.2:12	דין ודבב אנה ובר לי	וברה	לי ־אח ואחה לי קריב
475		B3.10:18	במותי לא יכהל בר לי	וברה	לי הנגית זילי והנבג
476		B3.11:12	אף לא יכהל בר לי	וברה	לי אח ואחה הנגית והנבג
477		B3.9:4	אכהל אנה אוריה ובר	וברה	לי אח ואחה לי ואיש לי
478		B3.9:5	עבד ברי יהוה אנה ובר	וברה	לי ואיש לי ואנש אחרן לא
479		B3.9:6	לא אכהל אנה ובר	וברה	לי אח ואחה לי ואיש לי
480		B5.5:5	זׄנׄה ולא יכהל בר לי	וברה	לי אח ואחה לי קריב ורחיק
481		B5.5:9	[אף לא יכהל בר]ן לי	וברה	לי הנגית והנבגא זי ל[י
482		B2.11:10	ובני או נרשה לבר	וברה	לך ולאנש זילך עלדבר
483		B2.2:13	על ארקא זך אנת ובר לך	וברה	לך אח ואחה לך קריב ורחיק
484		B3.4:18	מנעל הן גרוך וגרו לבר	וברה	לך ינתנון לך כסף כרשן
485		B3.4:20	אחרן יגרנך ויגרה לבר	וברה	לך אנחן נקום ונפצל וננתן
486		B5.4:5	[והן קבלת עליך ועל] בר	וברה	לך קדם סגן ומרא ל[העדיה
487		B3.4:15	דין ודבב וגרין לבר	{ב}<ו>ברה	לך ולמן זי צבית למנתן
488		B2.3:12	דין ודבב אנתי ובר	וברה	לכי ואיש זילכי בשם ארקא
489		B2.8:8	דין ודבב אנתי ובר	וברה	לכי בשם נכסיא אלכי זי
490		B2.10:10	אף לא נכהל נרשה לבר	וברה	לכם אח ואחה אנתה ואיש
491		D7.56:6	וכעת כען לא אׄבו אסתס	וברה	למאתה באתר עבורא והין לא
492		B3.4:17	למנתן ולא יכהל בר	וברה	לן יגרנך זין וזבב בשם
493		B5.1:5	לכי לא יכל אח ואחה בר	וברה	קרב ורחיק יגרונכי וזי
494	וברי	A2.6:4	ואפקני אנה	וברי	וכתבת לה על[. ....]
495		D23.1.Va:13	זׄי אׄ.... לנשיהם	ובריהם	ואׄרׄעׄא אזרע מלח
496	ובריך	D22.27:2	פשדיא זי אוגננ[...]	וׄבריך	תרבמי פלוחה [ו]
497	וברך	D22.51:6	..[.] ...[...] מן כל	וברך	זי יקרא[.] כת[י]ב[תא] זא
498		B2.2:5	ביב בירתא אנת ואנתתך	וברך	כל 3 על ארקא זילי זי אנה
499	וברתה	A3.7:2	אביהי ש[לם ....]ה	וברתה	שלם תחנום ויהוישמע
500	וברתהם	D23.1.Vb:7	תׄריהם אׄחדו	וברתׄ[הם	...] אשׄתׄא אשלחׄ
501	ובשהינן	C1.1:104	ביום רוח תתחלל	ובשהינן	יצעון תרעיה כי בזיזת
502	ובשם	C1.1:138	לא יתרום בשם אבוהי	ובשם	אמה אל ידנח שמ[ש לה] כי
503		B2.10:13	וברה אנתה ואיש בשמי	ובשם	בני שטר מן בר וברה זי
504		B2.10:12	לה בשמי אנה ידניה	ובשם	בנן ואנתה ואיש לי והן
505	ובשרה	C1.1:184	ודמה יאשד	ובשרה	יאכל הא כן פגעהם זי
506	ובתיהם	C2.1.3:2		ובתיהם[	...]ם אנה
507	וגבר	B2.7:8	אנה ובני וזרע זילי	וגבר	אחרן ירשנכי דין ודבב בשם
508		B3.6:9	לסמשא ויהישמע ברתכי	׳ וגבר	אחרן לא שליט עליכי ועל
509		B2.11:14	יהוה נפלג המו עלין	וגבר	חלקה נהחסן וספר פלגנן
510	וגברא	B3.5:20	להן בני זי ילדתי לי	וגברא	זי יהנצל ביתי אחרי מותי
511	וגזה	D7.8:6	מתמרט בכבא כען אתה	וגזה	ביום זי תרחׄענה תגזנה
512	וגזתה	A2.2:8	וכעת הן יהב לכי נקיה	וגזתה	שלחי לי והן יהב לכי
513	וגסת	A6.10:9	זילי חסין תשתאלון	וגסת	פתגם יתעבד לך [אר]תחי
514		A6.8:3	ישלח עלי חסן תשתאל	וגסת	פתגם יתעבד לך בגסרו ידע
515	וגרדא	A6.15:9	לקח מנה כעת אנת	וגרדא	זילי עבידה לא אית לך
516	וגרו	B3.4:18	כתבן מנעל הן גרוך	וגרו	לבר וברה לך ינתנון לך
517	וגרין	B3.4:14	הן גרינך דין ודבב	וגרין	לבר בברה לך ולמן זי
518	וגרכי	B2.8:9	הן גריתכי דין ודבב	וגרכי	בר לי וברא לי בשם מומאה
519	וגרמיך	C1.2:6	תהך ותשתה[...]באלך	וגרמיך	לא יחתון שאול וטללך ל[א
520	וגרשא	D7.33:3	עדבר ספא 1	וגרשא	שבק קמרא מן אתמל
521	וגשרן	B3.4:5	הי ולא בניה וכוין בה	וגשרן	לא אחד אנחן זבנהי לך
522	ודבב	B5.2:9	[ו]איש לי יגרנך די[ן	ודבב	[....
523		B2.2:12	זך לא אכהל אגרנך דין	ודבב	אנה ובר לי וברה לי ־אח
524		B2.7:10	עלא זי יגרנכי דין	ו<ד>בב	אנה ואח ואחה קרב ורחק
525		B2.3:12	עד עלם זי ירשנכי דין	ודבב	אנתי ובר וברה לכי ואיש
526		B2.8:7	לא אכהל אגרנכי דין	ודבב	אנתי ובר וברה לכי בשם
527		B2.10:10	לי לא אכהל אגרנכם דין	ודבב	אף לא נכהל נרשה לבר וברה
528		B5.5:9	[אסורי ארשנכי דין	ודבב	אף לא יכהל בר]ן לי וברה

No.	Word	Ref.			
529		B2.7:9	וגבר אחרן ירשנכי דין	ודבב	בשם ביתא זך זי אנה יהבת
530		B3.12:25	לא נכהל נרשנך דין	ודבב	בשם ביתא זנה זי זבן
531		B3.2:5	[ ]לא אכהל אגרנך דן	ודבב	בשם הירא זנה זי קבלת עלי
532		B3.4:13	אנחן לא נכל נגרנך דין	ודבב	בשם ביתא זנה זי אנחן זבן
533		B5.4:7	[דין ואהך] [אנה] בדין	ודבב	בשם בי[תא זנה ולא אצדק
534		B5.5:4	לא אכהל ארשנכי דין	[ו]דבב	בשם [כספ]א [זנה] ז[י]
535		B2.3:20	יום אחרן ארשנכי דין	ודבב	ואמר לא יהבת לכי אנה
536		B2.4:13	או יום אחרן ארשנך דין	ודבב	ואמר לא יהבת לך ארקא זך
537		B3.4:14	למנתן הן גרינך דין	ודבב	וגרין לבר לברה לך ולמן
538		B2.8:9	עליהם הן גריתכי דין	ודבב	וגרכי בר לי וברא לי בשם
539		B3.10:20	אחריכי זי ירשנכי דין	ודבב	ויקבל עליכי ועל בניכי
540		B3.11:12	ואדרנג זי ירשנכי דין	ודבב	ויקבל עליך ועל בניכי
541		B3.10:19	זילי ירשנכי דין	ודבב	וירשה לבניכי אחריכי
542		B2.9:11	ידניה ומחסיה דין	ודבב	ולא יכהלון ירשון לבניכם
543		B5.5:6	ורחיק [ירשנכי דין	ודבב	זי ירשנכי בשם כספא זנה
544		B2.8:11	ואנה רחיק מן כל דין	ודבב	כתב פטאסי בר נבונתן
545	ודבחן	A4.8:27	גבר זי יקרב לה עלוה	ודבחן	דמי כסף כנכרן אלף על]
546		A4.7:28	גבר זי יקרב לה עלוה	ודבחן	דמן כדמי כסף כנכרין 1×לף
547	ודברת	D3.45:7	[...] [...] ש	ודברת	על א[...] [...
548	ודהב	B3.1:9	לי בי זי לבנן כסף	ודהב	נחש ופרזל עבד ואמה שערן
549	ודגיתא	C3.8IIIB:24	זי עב[דו ע]ל צלצלא	ודגיתא	כנתן בחגב ש[....]ל [.
550	ודי	B3.12:30	כסף צרף וביתא זילך	ודי	בניך ודי תנתן לה רחמת אף
551		B3.12:31	וביתא זילך ודי בניך	ודי	תנתן לה רחמת אף יהבן לך
552	ודין	B3.12:28	יקבל עליך לסגן ומרא	ודין	בשם ביתא זנה זי משחת<ה>
553		B3.1:19	יקבלון עליך קדם סגן	ודין	וספרא זנה בידך אף יהכון
554		B2.3:13	לכי ויקבל עליכי סגן	ודין	ינתן לכי ולבניכי כסף
555		B3.1:13	אכל אקבל עליך קדם סגן	ודין	לם לקחת מני ערבן וספרא
556	ודינא	A5.2:5	ואמרת קדם תרוח	ודי[נא]	איך [....]
557		A5.2:3	שאילת [קד]ם תרו[ח	ו]דינא	ואמרת קדם דינ[א
558		A5.2:9	[טב י]שאל לתרוח	ודינא	על דנה כעשק אל יתעבד לי
559	ודיני	A5.2:7	רב חילא זי סון	ודיני	מדנתא איך לק[חו ...]
560	ודמה	C1.1:184	והו [....]	ודמה	יאשד ובשרה יאכל הא כן
561	ודמוהי	B3.10:3	מן ביתי זי זבנת בכסף	ודמוהי	יהבת יהבת^ה^ לכי דרירסי
562	ודמי	B7.3:9	ו[ל]א [יה]ב לי כסף	ודמי	כסף חלף פ[לגה]
563		B2.6:14	שוה כסף ר 2 כל כספא	ודמי	נכסיא כסף כרשן 3+3 שקל
564		B3.3:6	3+3 פיק 1 כל כספא	ודמי	נכסיא כסף כסף שקלן
565	ודנה	B3.11:3	ותרבצה הו בבה למנפק	ודנה	תחומוהי מועה שמש לה אוצר
566	ודפני	B8.4:4	זילי זי בפסחמי	ודפני	עבדוני ולקחו מני
567	ודשיהום	A4.8:9	הוו באגורא זך [נדשו	ודשיהום	קימן וציריהום זי
568	ודשיהם	A4.7:10	הוו באגורא זך נדשו	ודשיהם	קימן וציריהם זי דששיא
569	ודשן	B3.12:13	מבני אחד גשורן כון	ודשן	2 מבני בי תחתי הו תרי
570		B3.11:3	בי תחתי אחד גשורן	ודשן	3 הו תרי רסי מבני דרגה
571	והא	B3.4:7	לבבן בדמיא זי יהבת לן	והא	אלה תחמי ביתא זך זי אנחן
572		B2.11:3	עבדיה זי מבטחיה אמן	והא	זנה חלקא זי מטאך בחלק
573		B2.11:5	ארמית כזנה למבטחיה	והא	זנה חלקא זי מטאני בחלק
574		B3.12:8	10+20+20+100×1	והא	זנה תחומי ביתא זי זבן
575		B3.5:8	חדת אחד גשורן וכון	והא	זנה תחומי ביתא זך זי אנה
576		B3.5:5	זי ילדתי לי מן אחריכי	והא	משחת ביתא זך זי אנה
577		D7.27:6	[...] [...] ש 1 ר 2	והא	שאר [....]ת ה[...]
578		B3.10:8	דרגא ובית פרס^א^ פלגה	והא	תחומי ביתא זי אנה ענני
579	והבה	A3.8:6	ביתא [ר]בא זי הודו	והבה	לה בכספא זי יקום עלוהי
580	והבו	A6.9:4	חדה עמיר לקבל רכשה	והבו	פתף לגברן חלכין תרין אמן
581	והבוהי	A3.10:7	לארמתידת עלוהי	[וה]בוהי	לה [ויז]בנהי פטמחו
582	והבי	B2.3:19	ארקא זך זיליכי בני	והבי	למן זי רחמתי הן מחר או
583	והדאבגו	A6.13:5	זי ורוהי אספרן	והדאבגו	יהנפק ויהיתה ויאתה עם
584	והו	D7.4:4	מן אלפא [...]חו	והוֹ	[...] חזי [...] סבך 1 זי
585		B2.9:15	מלכא כסף ר 2 לכרש 1	והו	אפם רחיק מן אלה נכסיא זי
586		B2.9:7	איתי זי בפקד[ן] הפקדו	והו	החסן ולא התיב לה ומנכן
587		C1.1:93	טב כס[י] מלה בלבבה	והוֹ	ז[י]תביר הנפקה ברא
588		C1.1:18	נדן שמה ברי רבא	והו	יחלף לי ספר]
589		C1.1:183	לאילא בסתר סוירא	והו	[....] ודמה יאשד
590	והוה	C1.1:5	אסרחאדן ^שמה^ ברה	והוה	מלך באתור חלף שנחאריב
591	והוטבת	D1.15:3	[.... ...]זי לן...	]והוטב[ת	...] [... ...] ... בר
592		B2.2:11	לה יםאת לי ביהו	והוטבת	לבבי על ארקא זך לא אכהל
593	והוי	A2.2:14	לי תקם חפנן 3+2	והוי	יהבת עבר לוחפרע ויהוי
594		A2.4:9	לי משכן מסת לבש משך 1	והוי	לקח שערן מן תשי ויהב
595	והוקרת	C1.1:112	שבקת לרחמיך	והוקרת	לך[....]
596	והושר	D7.52:4	[ה]לו בתרב^י^ ...	]והושר[ר	...] [...]מו אז.[...]
597	והושרו	A6.12:3	קדמי ופתכרן אחרנן	והושרו	יהיתו עלי אפריע לעבק
598	והות	A2.5:8	לי ואנה נכתני חויה	והות	מית ולה שלחתן הן חי אנה
599	והי	C1.1:166	לבא נמרא פגע לענזא	והי	עריה ענה נמרא ואמר לענזא
600	והין	D7.56:7	וברה למאתה באתר עבורא	והין	לא צבין למאתה ישלחון
601	והלה	A2.2:10	זי על מכי שלחי לי	והלה	יהב לכי שלחי לי ואקבל
602	והלכא	A6.11:5	אנתם החווהי יהחסן	והלכא	לקבל זי קדמן פמון
603	והמרכריא	A6.13:3	על נחתחור פקידא	והמרכריא	כזי הנדרז יעבדון
604	והן	A3.4:4	יגרוהי	והן	איתי כסף הבי עלוהי
605		D7.13:12	חכרטיס [.] [... ינ]תנון	והן	אמרו [... באל]ף חרתבא
606		C1.1:177	אמחאנך ברי לא תמות	והן	אשבקן על לבבך [....] מחאה
607		D1.17fragb:11	[.... ...]עליהא תריהון	והן	יאתה שלי[.... ...] [...] ...
608		A2.2:16	כל גשר זי ישכח יזבן	והן	יהב לכי רעיה עמר שלחי לי
609		A2.2:9	נקיה וגזתה שלחי לי	והן	יהב לכי עמרה זי על מכי
610		A6.9:6	מדינה עד ימטא מצרין	והן	יהוה באתר חד יתיר מן יום
611		B6.3:1	....]	והן	ימות] שלומם בר שנין
612		A3.10:6	ויבלתון על בתין טב	והן	לא כספא הבו ליד
613		A3.8:10	ינתן המו לך שלח עלי	והן	לא יהב המו לך [ש]לח עלי
614		A3.8:4	וכתב להם ספר עליהם	והן	לא [....] כל כספ[א] ברבא
615		A3.8:5	זכור וביתא זי אשנ[	ו]הן	לא זבנו המו בעי אש זי
616		A3.8:8	השכחת כסף [ח]ת לעבק	והן	לא השכחת אפם חת לעבק אזל
617		D23.1.Vb:5	לָךְ הַנְהֿ.. ..ךְ ..	וֹהֵן	לֹא תהַ[...] להֹם אנה
618		C1.1:172	טבה מן פם א[נשא טב]	והן	לחיה תנפק מ[ן] פמהם אלהן
619		D23.1.Va:12	כ... ..א 20+20	והן	לֹתֹפֹשֹׁר .מ. א.ה
620		A2.5:9	ולה שלחתן הן חי אנה	והן	מת אנה לשלמכן שלחת ספרה
621		A3.10:6	ה[ו יה]יתה עלין	והן	עבו[רא ..] קים בידכ[ם
622		C1.1:163	מפתח פמה מענה אלה[ן]	והן	רחים אלהן הו ישימון טב
623		C2.1.11:72	[י]שגא ויומיך יארכון	והן	תהצפנהי אהורמזד
624		A2.5:5	יהתו לן ארון ובינבן	והן	תכלן תהיתין לן תקם יתו
625		D23.1.II:7	.ת.ל שמש	[ו]הֹן	תמטא עמה ס..ד. ...[.] לא
626		D7.8:9	ביום זי תרחענה תגזנה	והן	לא תנפק יומא זנה שלח לי

627		D7.2:3	לי זעיר מלח יומא זנה	והן	מלח לאית בביתא זבנו מן
628	והנ...	A4.2:11	בר מנכי למנפי	והנ[....]	ופתפרסא ויהב לי
629	והנבג	B3.10:18	וברה לי הנגית זילי	והנבג	ואדרנג זילי ירשנכי דין
630		B3.11:12	לי אח ואחה הנגית	והנבג	ואדרנג זי ירשנכי דין
631		B3.12:27	אח ואחה לן הנגית	והנבג	ואדרנג זילן זי ירשנך
632		B4.7:4	[אח וא]חֹה	והֹנבג	זי יקום וידֹח[..]
633		B3.6:5	קריב ורחיק הנגית	והנבג	לא שליט בכי וביהישמע
634	והנבגא	B5.5:9	[בר] לי וברה לי הנגית	והנבגא	זי ל[י בש]ם כספא זנה
635	והנדרזא	A6.14:3	כ[ע]ת אנתם אתנצח[ו]	והנדרזא	עבדו לפקידא [זי]לי עד
636	והנעלו	A6.10:7	אמנן וספזן שפיק בעו	והנעלו	בתרבצא זילי וסטרו בשנתא
637	והעדית	C1.1:50	קדם סנחאריב מלכא	והעדית	חטאיך קדמוהי ובאישתֹ[א]
638	והצפנתך	C1.1:49	לך כאיש עם אחוהי	והצפנתך	מנה אמרת קטלתה עד זי
639	והקימת	C1.1:23	[....]תֹ	והקימת	בבב היכלא[
640	והרכב	C1.1:190	ה[....] חד דרך קשתה	והרכב	[חט]ה ולא ידע את[רה ...]
641	והרכבת	C1.1:128	[... ד]רֹגת קשתך	והרכבת	חטך לצדיק מנך חטא מן
642	וזבב	B3.4:17	בר וברה לן יגרנך זין	וזבב	בשם ביתא זנה זי תחמוהי
643	וזבני	A2.6:5	לה ע[ל. ....]	וזבני	עמר כזי תמטו[ו]ה ידכי
644	וזוז	A2.6:4	זי נבשה כסף ש 3+3	וזוז	אֹ[....] ואפקני
645		A2.2:6	אחת נבושה כסף ש 3+3	וזוז	כסף זוז וכעת שלחי על
646	וזי	B2.10:9	כל 2 בני נתן עד עלם	וזי	בניך אחריכם ולמן זי
647		B2.11:12	זי מטאך בחלק לך יהוה	וזי	בניך אחריך ולמן זי צבית
648		B3.4:16	לעשרתא וביתא זילך אם	וזי	בניך מן אחריך ולמן זי
649		B3.4:19	לו10 וביתא זילך אם	וזי	בניך מן אחריך והן גבר
650		B5.3:2	[אפם] זילך	וז[י	בניך ולא יכל בר וברה]
651		B5.4:4	[ביתא זנה זילך	ו]זי	בניך מן [אחריך והן קבלת
652		B3.5:5	הו מן יומא זנה עד עלם	וזי	בניכי זי ילדתי לי מן
653		B2.10:16	אפם זילכם עד עלם	וזי	בניכם אחריכם שטר מן בנן
654		B5.1:6	קרב ורחיק יגרונכי	וזי	יגרנכי במנתא זכי זי יהבן
655		B3.12:29	זי משחת<ה> כתב מנעל	וזי	ינפק עליך ספר חדת ועתיק
656		B3.12:28	ולאיש זי תנתן לה	וזי	יקבל עליך לסגן ומרא ודין
657		B2.6:29	צבית ולא דין ולא דבב	ו[ז]י	יקום על מפטחיה לתרכותה
658		B3.8:30	[וכ]ל [זי איתי]ל[ה]	וזי	יקום על[יהוישמע]
659		B6.3:9	[ונכסוהי וקנינה]	וזי	יקום לתרכ[ותה מן ביתה זי
660		B2.9:14	ובנתכם ואיש זילכם	וזי	ירשו[ן] דין עלא ינתן לכם
661		B2.10:15	תנתנו לה ביתא זך	וזי	ירשכם דין ינתן לכם
662		C1.1:188	זנה יקיר [קד]םֹ שמש	וזי	ישתה חמרא ולא[...] וחכמתה
663		A4.8:11	שרפו ומזרקיא זי זהבא	וזי	כספא ומ[נ]דעמתא ז[י הוה
664		C1.1:97	[....ד]שֹשי בטן	וזי	לא אל עמה מן יהו..אנהי
665		B8.6:1	1	וזי	ליד אוסתן סֹיֹכן
666		B4.4:10	זי מאתה זי ביתאלתקם	וזי	מֹ[אתה זי נבושלו זי]
667		B3.7:11	בינ[י]הם תחתית˄א˄	וזֹ[י	עֹ]לא בין פלטיה ברי
668		C3.14:41	ג 1 ח [...]	וזי	.[....]יהיב פתף
669		A3.10:3	ארמנתידת למטען בה	וזי	צבי יעבד לה אף
670		C1.1:187	[ ] תרתין מלן שפירה	וזי	תלתא רחימה לשמש ש[תה]
671		B3.12:26	נכהל נרשה לבניך ובנתך	וזי	תנתן לה בכסף או רחמת אף
672	וזינא	D7.57:9	חדה ובית ח 1 חדת	וזינא	במשתלא חתם
673	וזעק	C1.2:1	[...]. מלכא	וזעק	ומשח .[....]
674	וזרע	B2.7:8	לא אכל אנה ובני	וזרע	זילי וגבר אחרן ירשנכי
675		C2.1.11:73	אהורמזד יק[ללנך	וזרע	לא יהוה לך] דריהוש

676	וזרעה	C1.1:180	פתֹ.ה ....] שם אבוהי	וזרעה	בשם שרחות[א] % עקֹ[ר]בא
677	וזרעך	C2.1.11:72	יב[רכנך וירחמנך	וזרעך	י]שגא ויומיך יארכון והן
678	וזרת	B6.2:6	זי אמן 3+3+1 ב3+1	וזרת	דמי כסף שקלן 3+1 חלרן
679	וחבוב	D8.6:5	פ בידיה ר 2 [פ]תלמיס	וֹחבוב	מ 1 פ אחיו שרֹעם מ 1
680	וחברוהי	C3.29:11	בעֹנו נקדרוס	וחברוהי	שיטיא לגין
681	וחד	D7.57:6	ערֹה שנתא שע	וחדֹ	בעזכתיה ואגנן 2 וכֹדדן
682	וחדה	A4.7:3	וחין אריכן ינתן לך	וחדה	ושריר הוי בכל עדן כען
683		A4.8:3	[וחין] אריכן ינתן לך	וחדה	ושריר הוי בכל עדן כעת
684		A4.2:12	לי כסף סתתרן 10+2	וחדה	מנה[....] חורי
685	וחוב	B1.1:15	חקלי מנך ואית לך פמטן	וחוב	על[י]אלה שהדיא ת נרגי
686	וחובי	B4.7:5	...]ותֹיֹ	וחובֹי	ישבק לחיי ספרא זנה[
687	וחוצן	B2.9:6	נחש ופרזל מאני עק	וחוצן	עבור ואחרן נכסן לאמר
688	וחזין	A4.7:17	לאגורא זך כל קטילו	וחזין	בהום אף קדמת זנה בעדן
689		A4.8:16	לאגורא זך כלא קטילו	וחזין	בהום אף [קדמת זנה בעדן
690	וחטה	D4.4:3	[...]. i .[...] [...].	וֹחטה	2[...] [... ל]בש משך 1
691	וחטן	B4.1:2	אמר לך יתלי עליך כסף	וחטן	ושערן [וכנתן ועמר ו]כתן
692	וחטרן	B8.5:9	ושֹ[....] [...]יי	וחטרן	רֹגלן[.... .]לא
693	וחיבוני	B8.6:10	בכפרגל 10+3+2	וחיֹבונֹי	.מֹן 1+[1]+2
694	וחייא	C2.1.8:49	שמת נפחֹרֹ קטיליא	וח[ייא	זי חילא זילי קטֹלו ואֹחדו
695		C2.1.8:61	[ק]טלו נפחר ק[טיליא	וחייא	זי] [ויזדת זי חי]לי
696	וחיל	C1.1:55	על עטתה סנחאריב מלכא	וחיל	אתור [כל]אֹ[הו]ו קרבתא
697	וחיל.	D23.1.Vb:7	אפֹק זֹי מֹ[...]	וֹחיֹל.	א... וֹנשיהם תריהם
698	וחילא	A6.7:6	אחר כזי מצרין מרדת	וחילא	הנדיז הוו אדין פרימא
699		C2.1.7:39	[זי מן קדמי לא מר]דו	וחילא	זי מדי זי עמ[י הו]ה
700		A4.2:1	מעוזיה אוריה	וחילא	עבדכ[ם .... שלם מראי
701	וחין	C2.1.4:6	]	וחין	אחדו
702		C2.1.5:11		וֹחין	אחדוֹ [..]×100+3+3
703		C2.1.5:14	3+2×לף+20+20+1[+2+3]	[וחין	אחדו 3+2×100+20]
704		C2.1.5:17		וֹחין	אחדֹ[ו ...]×100+2 אֹחר
705		C2.1.5:23	[2×לף+20+20+]3+3	[ו]חֹיֹן	אחדו
706		C2.1.7:34		וחין	אֹחֹ[דו]
707		C2.1.7:44	[1+3]+100×[1+3]	וחיֹן[	אחדו אחר ויזדת זך עם]
708		C2.1.8:47	עבֹדו קרבא קטלו בה[ם	וחין	אחדו] ויזדת אחדו וחרא
709		C2.1.8:56	]	וחין	אחדו]
710		C2.1.8:58	]	ו]חֹין	אחדו
711		C2.1.5:27		[וחין]	אחדת
712		A4.7:3	יתיר מן זי כען חד אלף	וחין	אריכן ינתן לך וחדה ושריר
713		A4.8:2	[יתיר מן זי כען	וחין]	אריכן ינתן לך וחדה
714		A2.4:5	מן אחך מכבנת שלם	וחין	שלחת לך וכעת הן מטאך
715		A2.7:1	מן אחוכי אמי שֹ[לם	ו]חין	שלחת לכי שלם אחתי
716		D7.21:2	מיכיה עבדך גדל שלם	וחין	שלחת לך ברכתך ליהה
717	וחכמה	C1.1:10	אסרחאדן מלך אתור	וחכמה	מ[....] [ז]י
718	וחכמתה	C1.1:189	ישתה חמרא ולא[...]	וחכמתה	אבדה וֹ[...].נ. מֹן חזה %%
719		C1.1:9		וחכמתה	וטבתא יֹ[הבת ל]ה [....
720	וחכמתהם	C1.1:189	[...]ינו עממא	ו[ח]כֹמתה[ם]	אלהיא ה[....] חד דרך
721	וחמר	D23.1.XII:13	עדֹ..[..]םֹ שים בֹחֹלתא	וֹחמֹרֹ	...[...]. תשתה [.]..[..]...הֹ
722		A4.7:21	עבידין משח לא משחין	וחמר	לא שתין אף מן זכי ועד
723		A4.8:20	[עבידן] משח לא משחן	וחמר	לא שתין [אף מ]ן זך
724	וחמרא	D7.55:2	זֹילי כתני	וחמרא	ומשחֹ[א ...] בר ישיב

No.	Lemma	Ref.	Preceding	Keyword	Following
725	וחמשה	A6.2:11	עשרה ותרין שף עשרה	וחמשה	חד [ל]אמן עשרן סעבל אמן
726		A6.2:16	מסמרין ארבע מאה עשרן	וחמשה	סםן זי נחש אמן עשרן
727		A6.2:15	פשכן תלתה מאתין שבען	וחמשה	לחד צבען עשרה כל מסמרין
728	וחמשן	A6.2:15	לחלא מסמרי נחש מאה	וחמשן	לחד פשכן תלתה מאתין
729		A6.2:14	רקען כרשן מאתין	וחמשן	עקי ארז חדתן חנן תרין
730	וחנטתא	C1.1:129	אנת יה ברי זף דגנא	וחנטתא	זי תאכל ותשבע ותנתן
731	וחנניא	A6.2:19	צבען תרין ועל שף	וחנניא	בארכא לחד פשך חד ועל
732	וחנתי	D7.40:3	זי [...] [...]	]וחנתי	זי חנ[ם ...]
733	וחקלא	B1.1:7	דשתוא מן נפשך	˚וחקלא˚	ותחצד נפשך[....
734	וחרא	C2.1.8:48	[אחדו] ויזדת אחדו	וחרא	זי עמ[ה אחר בהודשי
735		C2.1.8:48	[בהודשי בפרס ויזדת	וחרא	זי עמה כלא בזקיפא] שמת
736		C2.1.8:61	[גברא זך א]חד קט[לה	וחרא	זי עמה הוה ק]טלו נפחר
737	וחרי	A4.8:18	אוסתן אחוהי זי ענני	וחרי	יהוד אג[ר]ה חדה [לא
738		A4.7:19	אחוה˚˚ זי ענני	וחרי	יהודיא אגרה חדה לא שלחו
739	וחרש	C1.1:215	[ ]. [....]א עויל	וחרש	אדנין לא[ ] [....]
740	וחתמו	A4.1:8	[.... ה]נעלו בתוניכם	וחתמו	בין יומיא[אלה] [....]א
741	וטב	D23.1.VIII:10	תעלן	וטב	א....כן כל זי
742		B3.2:4	זילך זי קבלת עלי בגו	[וט]ב	לבבי בדמוה[י]לא אכהל
743		B2.6:5	באבני מלכ[א] על עליך	וטב	לבבך בגו הנעלת לי [ברתך]
744	וטבתא	C1.1:9	וחכמתה	וטבתא	י[הבת ל]ה [.... בב]ב
745	וטבתה	A1.1:8		וטבתה	עבדך נצר ונגדא
746	וטחן	D7.37:9	לי חמ[...] משח	וטח[ן	...] ולא פשרן[...]
747	וטיב	B2.6:15	באבני מלכא על עלי	וטיב	לבבי בגו שוי 1 זי גמא בה
748		B2.8:5	לי עליהם בסתי אלהתה	וטיב	לבבי במומאה דכא זי עבדתי
749		B5.2:7	]	]וטיב	לבב[י
750		B5.5:7	הוה בידכי יהבתהי לי	וטיב	לבבי [בגו מן יומא זנה
751		D2.13:2	[...] ..[...]ב.[...] <...>	וטיב	לבבי [.... ...] לך [...
752		B3.8:5	כסף כר[ש 1] על עליך	[וטי]ב	[לבב]ך בגו הנעלת לי
753		B6.1:5	ר 2 לכר[ש 1 על עליך	וטיב	לבבך בגו הנעלת לי ....
754		B2.9:9	לבבן באלך נכסיא	וטיב	לבבן בגו מן יומא זנה עד
755		B3.12:14	סתתרי 3+3 שקל 1	וטיב	לבבן בדמיא זי יהבת לן
756		B3.12:26	לך ויהבת לן דמוהי כסף	וטיב	˚לבבן בגו˚ אף לא נכהל
757		B3.12:6	סתתרי 3+3 שקל חד	וטיב	לבבן בגו זי לא אשתאר לן
758		B3.4:6	מלכא כסף זוז לכרש 1	וטיב	לבבן בדמיא זי יהבת לן
759		B4.3:8	ארדב 1 [יהבת על ידן	וטיב	לבבן בגו אנחנה נבל]
760		B4.4:9	[.... נתנת על ידן]	וטיב	לבבן בגו אנחנה נבל
761	וטללך	C1.2:6	וגרמיך לא יחתון שאול	וטללך	ל[א ....] [..].ה עם אלהן
762	וטלפחן	B4.4:4	... .] ח 3+2	וטלפחן	ארדב 10+1 לש[ער]ן
763		B4.3:6	כל [שער]ן	[וטלפח]ן	מערב ארדבן
764		B4.4:5	כל שערן	וטלפחן	מערב ארדבן
765	וטעון	C1.1:186	מובלא זי לא זיל[ה]	וטעון	גמלא יטעננהי % חמרא
766	וטעינת	B7.1:4	[... וכנותה דיניא]	[וטעינת	מומא]ה לך ביהו אלהא
767	וטעמא	C1.1:89	א[נזע]רתא מררתא	ו[טעמ]א	חסין ולא איתי זי
768	וטעמך	A3.5:7	זי יעבד לעינוהי שלמך	וטעמך	[.... עד .. אלהיא
769	וטענוך	B2.2:6	דמידת וכנותה דיניא	וטענוך	לי מומאה למומא ביהו
770	וטענת	C1.1:159	ויאמרנה נשאית חלא	וטענת	מלח ולא איתי זי יקיר מן
771	ויאמר	B2.6:27	יקום אסחור בעדה	ויאמר	שנאת לא[נ]תתי מפטחיה
772		B3.3:7	אחרן יקום ענני בעדה	ויאמר	שנאת לתמת אנתתי כסף
773		B3.8:21	יקום ענניה בעדה	ויאמר	שנית לאנתתי יהוישמע לא
774	ויאמרון	C1.2:25	מצרין [....]ה 1	ויאמרון	לה צעני וי[....]
775	ויאמרנה	C1.1:158	כשיטא	ויאמרנה	נשאית חלא וטענת מלח
776	ויאתה	A6.13:5	והדאבגו יהנפק ויהיתה	ויאתה	עם גנזא זי מני שים
777	ויבלו	A1.1:5	[....] אחזו	ו̇י̇בלו	[....] בכלן
778	ויבלתון	A3.10:5	זבנתון המו עבור	ויבלתון	על בתין טב והן לא כספא
779	ויגרה	B3.4:19	והן גבר אחרן יגרנך	ויגרה	לבר וברה לך אנחן נקום
780	ויהב	A2.4:9	והוי לקח שערן מן תשי	ויהב	בגשרן ושבק כל גשר זי
781		A3.2:9	[....] ותפסה 1	ויהב	לי [....] זכריה כרש
782		A4.2:12	ופתפרסא	ויהב	לי כסף סתתרן 10+2 וחדה
783		B2.3:25	זילי הי וספר מרחק כתב	ויהב	לי ספרא זך אנה יהבתה לכי
784		D7.38:3	[ ]זי חנם עליד [...]אוא	ויהב	[...]ד̇ 1 א מדן
785	ויהבה	B3.12:24	גוא למשלם בר זכור	ויהבה	לי לאנתו לא נכהל נרשנך
786	ויהבן	B3.12:32	ספר זבנתא זי זבן לן	ויהבן	לה דמוהי כסף כתב חגי
787		B3.12:12	בסס לאמר אנחנה זבן	ויהבן	לך ביתן זי זבן מן
788		B3.12:15	זנה משחת ביתא זי זבן	ויהבן	לך מן מועה שמש למערב
789		B3.12:17	תחומוהי ביתא זי זבן	ויהבן	לך מועה שמש לה ביתך אנת
790		B3.12:25	בשם ביתא זנה זי זבן	ויהבן	לך ויהבת לן דמוהי כסף
791		B3.12:29	בשם ביתא זנה זי זבן	ויהבן	לך יחוב וינתן לך ולבניך
792		B3.12:3	ברת פתו כל 2 זבן	ויהבן	לך ביתן זי זבן בכסף מן
793		B3.12:7	זנה משחת ביתא זי זבן	ויהבן	לך מן מועה למערב שמש
794		B3.12:9	תחומי ביתא זי זבן	ויהבן	לך מועה שמש לה ביתה זי
795		B3.4:10	ואובל כל 2 אנחן זבן	ויהבן	לך ורחקן מנה מן יומא
796		B3.4:13	ביתא זנה זי אנחן זבן	ויהבן	לך ורחקן מנה ולא נכהל
797		B3.4:3	אלהא לאמר אנחן זבן	ויהבן	לך ביתה זי אפולי בר
798	ויהבת	D4.22:3	[...] [...]	ויהבת	לבש ח[ד ...]
799		D7.35:10	ביד בעדי 3 רבר[בן]	ויהבת	לה ה[....] גזירה
800		B2.1:3	לאמר אנה אתית עליך	ויהבת	לי תרע ביתא זילך למבנה
801		B3.13:3	בירתא ויזפת מנך	ויהבת	לי כנתן פרסן 2 סאן 3
802		B3.2:7	זי קבלת עליך בגו	ויהבת	ל[י] דמוהי כסף שקלן
803		B2.7:12	זנה ספרא זי אנה כתבת	ויהבת	לך זי ינפק עליכי ספ<ר>
804		B3.13:5	מלכא והן לא שלמת	ויהבת	לך כנתיא אלך זי מנעל
805		B3.13:8	והן מאתת ולעד שלמת	ויהבת	לך כספא זילך זי מנעל
806		B3.8:4	מן יומא זנה עד עלם	ויהבת	לך מהר אחתך יהוישמ˚ע
807		B5.4:3	[ביתא זנה זי כתבת]	ויהבת	לך אף לא אכל אמר אנה
808		B5.4:6	[ביתא זנה זי כתבת]	ויהבת	לך אנתן לך כסף כרשן
809		B6.1:4	מן יומא זנה עד על[ם]	ויהבת	לך מהר ברתך .... כסף
810		B2.7:6	דמי כסף כרשן 3+2	ויהבת	לכי ספרא עתיקא זי כתב
811		B3.10:2	אנה עשתת לכי בחיי	ויהבת	לכי קצת מן ביתי זי זבנת
812		B3.7:16	מן בת˚˚א זי כתבת	ויה[בת	לכי ינתן ליהוישמע]
813		B4.6:7	מלכא ה[ן לא [שלמת	]ויהבת	לכי כספא זנה [ש]קלן 2
814		B3.12:13	הו תרי רבתא זילי	ויהבת	לן דמוהי כסף כרש חד
815		B3.12:25	זנה זי זבן ויהבן לך	ויהבת	לן דמוהי כסף וטיב ˚לבבן
816		B3.12:5	זי ביב הו מהחסן	ויהבת	לן דמי ביתן כסף כרש חד
817		B3.4:5	לא אחד אנחן זבנהי לך	ויהבת	לן דמוהי כסף כרש 1 שקלן
818	ויהבתה	B2.7:4	וספר כתב לי עלא	ויהבתה	למפטחיה ברתי חלף נכסיה
819		B3.8:3	שמה אחתך לאנתו	ויהבתה	לי הי אנתתי ואנה בעל[ה]
820		B6.1:3	[מנך ל.... ברתך לאנתו	ויהבתה	לי הי אנתתי] ואנה בעלה
821	ויהודיא	A4.7:22	עבדיך ידניה וכנותה	ויהודיא	כל בעלי יב כן אמרי˚ן
822		A4.7:26	אנחנה ונשין ובנין	ויהודיא	כל זי תנה הן כן עבדו

823		A4.8:22	[וכנותה....]	ויהודיא	כלא בעלי יב כן אמרן
824		A4.8:26	[אנחנה ונשין ובנין]	ויהודיא	כלא זי תנה הן כן תעבד
825		A4.3:12	אוריה וכהניא	ויהודיא	ע[בד]כם מעוזיה בר
826	ויהוה	B4.2:9	ומרביתה זי ישתאר עלי	ויהוה	רבה עלי ירח לירח עד יום
827	ויהוון	C1.2:20	[מצרין]	ויהוון	.[....] וביומן אחרנן
828	ויהוי	A2.2:14	יהבת עבר לוחפרע	ויהוי	זבן גשרן ושבק בבתה אל
829	ויהוספון	A6.2:18	זרניך כרשן מאה	ויהוספון	על עקיא זי יתיהב על טף
830	ויהחיני	C1.1:54	תקרבני עלוהי	ויהחיני	אחר [ענ]ה נבוסמסכן
831	ויהחיני	C1.1H:10	כמנד[ע ...] על[והי	ויהחיני	אחר ענה נב]וס[מסכן
832	ויהיתה	A6.13:5	אספרן והדאבגו יהנפק	ויהיתה	ויאתה עם גנזא זי מני
833		A6.13:3	מנדת בגיא אלך יהנפק	ויהיתה	עלי עם מנדתא זי מהיתה
834	ויהך	B3.11:15	כתבן בספרא זנא	ויהך	בדן ולא יצדק אף לא יכלון
835	ויהנפק	C1.2:22	[....] כסף	ויהנפק	איש .[....] ויתקלנהי
836	ויהתיבנהי	C1.1:126	אלהיא יסגה בעדרה	ויהתיבנהי	עליך [....] אנת יה
837	ויומיך	C2.1.11:72	[וירחמנך וזרעך י]שגא	ויומיך	יארכון והן תהצפנהי
838	ויורדת..	B4.7:4	והנבג זי יקום	וידח[..]	
839	ויזבן	C1.2:22	[לא יעבד] צדקה לאבוהי	ויזב[ן	כסף[....
840	ויזבנהי	A3.10:7	עלוהי [וה]בוהי לה	[ויז]בנהי	פטמחו י[..] עמך
841	ויזפ	D8.8:9	ק 3 ליהדת ב 2	ויזפ[	...]
842	ויזפת	B3.13:3	בביתך בסון בירתא	ויזפת	מנך ויהבת לי כנתן פרסן
843	ויחוך	D7.15:12	טעמא[...] על עלוה	ויחוך	[...] לא אכל אעל כ[...]
844	וימא	B7.3:4	במסגדא ובענתיהו	ו[ימא	לה] לאמר אתנא זי ביד
845	וימאת	B2.3:24	דיניא ומומא טעינת לה	וימאת	לה כזי זילי הי וספר
846	וימאתי	B2.8:5	מומאה מטאה עליכי	וימאתי	לי עליהם בסתי אלהתה
847	וימטאן	D23.1.XII:4	...[.].[.]...[להם כען	וימטאן	בדל[...]
848	ויניקנהי	C1.1:187	לשמש ש[תה] חמרא	ויניקנהי	כבש חכמה [....]
849	וינסח	C1.1:156	יאפך אל פם אפכא	וינסח	לשן]
850	וינקיא	A3.3:12	ולבש עד תאתה שלם אמך	וינקיא	כלא כעת תנה הוין
851	וינשא	C1.1:185	ינשא בות מן כנתה	[וינ]שא	מובלא זי לא זילה[ה]
852	וינתן	A3.8:8	אזל על ביתאלתדן	וינתן	לך כתון שטטן [1] ואסה
853		B3.12:30	זי זבן ויהבן לך יחוב	וינתן	לך ולבניך אביגרן כסף
854		C1.1:108	לשמש הו [י]לקח זילה	וינתן	לך הקימני אל בצדיק עמך
855		B3.11:13	בחיי ובמותי יחוב	וינתן	לכי ועל בניכי אביגרן
856	וינתנהי	D7.29:9	או יגדל דבר עלוהי	וינתנהי	לכם
857	וינתנו	D7.1:10	לי למאזל [ל]ביתי	וינתנו	לכי ענז 1 עד אמטאנך כען
858		D7.26:1	אנתי אמרה	וינתנו	שקא [...]מר לה אף הן
859	וינתנון	C3.8IIIA:13	.[...] [...] .י	{{וינתנון	להן}} גברא זנה [....]
860		D7.56:12	עבורא נתירה עמהון	וינתנון	לי שלטנא בה לזבנותה
861	ויעבד	B6.3:11	מלכא ר[2 לעשרתא	ויעבד	דין ספרא זנה לאביהי]
862		B2.6:31	ינתן לה כסף כרשן 20	ויעבד	לה דין ספרא זנה ולא אכל
863		B3.8:32	[מלכא] כסף ר 2 לו10	ויעבד	[לה] דין ספרא זנה ולא
864		A6.12:2	פרש [....] יהוון	ויעבד	פתכר סוסה עם רכבה לקבל
865		A6.12:2	גרד בדיכרן זילי	ויעבד	פתכרן זי פרש [....]
866		D7.15:5	אלפא טר מ.. ש..	ויעבד	לן[..]אן[...] ויתעבד
867	ויעט	C1.1:2	מלוהי [ר]בה אחיקר	וי[עט	אתור כלה הוה] [וצ]בית
868	ויערכה	D7.9:2	לגמריה בר אחיו	ויערכה	מן שכרא ובלוה לאוריא
869	ויקבל	B3.11:12	זי ירשנכי דין ודבב	ויקבל	עליך ועל בניכי לסגן
870		B2.3:13	ארקא זך זי יהבת לכי	ויקבל	עליכי סגן ודין ינתן לכי
871		B3.10:19	וירשה לבניכי אחריכי	ויקבל	עליכי לסגן ומרא ועל

872		B3.10:20	זי ירשנכי דין ודבב	ויקבל	עליכי ועל בניכי ינתן
873	ויקחונה	D4.8:1	...]	[ויקחונה]	[...] [...] זך ב..[...]
874	ויקטל	C1.2:23	ויתקלנהי בלבבה	ויקטל	איש למ[רא]ה על דבר כספה
875	ויקיר	C1.1:92	מלך למחזה כשמש	ויקיר	הדרה לדרכי ארקא
876	וירבה	B4.2:5	לך בה מרבית יהוה ראש	וירבה	ואשלמנהי לך ירח בירח מן
877		C1.1:162	רעין טבן איש זעיר	וירבה	מלוהי מסרסרן לעלא מנה
878		B4.2:2	פתח כסף ש 1 לו10	וירבה	עלי כסף חלרן 2 לכסף ש
879		B4.7:2	לכסף שקלן 3+3	וירבה	עלי ולא ...[....]
880	וירחא	B4.2:4	חלרן 1+3+3 לירח 1	וירחא	זי לא אנתן לך בה מרבית
881	וירחין	C3.28:97	בחלכין 1+3 מדלא 20	וירחין	2+10 מדלא עבדיהו
882	וירחמנך	C2.1.11:72	אהורמזד יב[רכנך	וירחמנך	וזרעך י]שגא ויומיך
883	וירשה	B3.12:27	זילן זי ירשנך דין	וירשה	לבניך ולאיש זי תנתן לה
884		B3.10:19	זילי ירשנכי דין ודבב	וירשה	לבניכי אחריכי ויקבל
885		B5.3:4	[ירשנך דין [...]	וירשה	לבר לך וברה[] בשם
886	וירשון	B2.9:13	בר עזריה ירשונכם	וירשון	לבניכם ובנתכם ואיש
887		B2.10:14	זי יזניה בר אוריה	וירשון	לבר וברה ואנתה ואיש לכם
888	וישאלו	D2.33:5	וח[...]...[1 דיניא	וישאלו	
889	וישבק	A3.1:V6	שלחו לנבונתן	וישבק	רי[....]
890	וישוה	C1.2:24	ו...לן [....] מראה	וישוה	א־־ש בני מראיהם[...
891	וישמע	C1.1:188	כבש חכמה [....]	וישמע	מלה ולא יהחוה % הא זנה
892	וישתכח	C1.1:173	גנב זי שתר בי	וישתכ[ח]	מה חסין הו מן חמר
893	וישתלח	A6.2:4	יתנגד על [ת]בלא	וישתלח	על המרכריא זי גנזא המו
894		A6.2:5	יחוו ואופכרתה יעבדו	וישתלח	על מן זי הוה אשרנא
895	ויתונה	A2.6:10	[אנחן בען אלף]	ויתונה	לכן ל[שלמכי שלחת ס]פרה
896	ויתיהב	A3.3:5	ספריא [קדם] [....]	ויתיהב	לכן כעת כזי תאתון
897	ויתכנשון	C1.2:25	לקבלה ולא[....] לחם	ויתכנשון	אלהי מצרין [....]ה 1
898	ויתלקח	A2.3:9	הלו יהב להן פרס תנה	ויתלקח	קדמתהן בסון וכעת הן את
899	ויתנון	D1.17fragb:9	[...]תה להן כלהן פרי	ויתנון	ח.[....] ... חל[קן 3
900		D1.17fragb:8	הוה בימלך	ויתנון	ל[...]... [....] ...]תה להן
901	ויתסר	C1.1:175	ב[.]תא ברא זי יתאלף	ויתסר	ויתשים ארחא
902	ויתעבד	D7.15:6	ויעבד לן[..]אן[...]	ויתעב[ד	...]ה[...] [...] אחיו
903	ויתקלנהי	C1.2:23	ויהנפק איש .[....]	ויתקלנהי	בלבבה ויקטל איש
904	ויתשים	C1.1:175	ברא זי יתאלף ויתסר	ויתשים	ארחא ברגלוה[י ....
905	וכדדן	D7.57:7	וחד בעזכתיה ואגגן 2	וכדדן	1+3 ופינך 1 וצפחא חדה
906	וכהניא	A4.3:12	מראי ידניה אוריה	וכהניא	ויהודיא ע[בד]כם מעוזיה
907		A4.3:1	אל מראי ידניה אוריה	וכהניא	זי יהו אלהא מתן בר
908	וכוין	B3.4:5	ארע הי ולא בניה	וכוין	בה וגשרן לא אחד אנחן
909	וכון	B3.10:13	בי תחתי אחד גשורן	וכון	בה 3 דש חד בה אחד ופתח
910		B3.5:8	בי תחתי חדת אחד גשורן	וכון	והא זנה תחומי ביתא זך זי
911	וכונה	B3.12:21	ושוק מלכא ביניהן	וכונה	1 פתיח לתרי רבתא ותרעא
912	וכזי	A4.7:13	אגורא זך ביב בירתא	וכזי	כנבוזי על למצר־ין
913		A4.8:12	אגורא זך ביב ב[ירתא	וכזי	כנבוזי על למצרין
914		A3.8:6	בכספא זי יקום עלוהי	וכזי	אגרתא זא [ת]מטא עליך אל
915		C1.1:41	בין כרמיא [....	וכזי	חזני נ[בוסמסכן רביא
916		C1.1:99	איש מה בלבב כנתה	וכזי	[יח]זה גבר טב לגבר
917		A3.8:10	כ 3+3+1 כתן 1 סחיק	וכזי	ינתן המו לך שלח עלי והן
918		A4.7:15	באגורא זך לא חבל	וכזי	כזנה עביד אנחנה עם נשין
919		A4.8:13	[באגורא זך לא חבל]	וכזי	כזנה] עביד אנחנה עם נשין
920		C1.1:62	תרין חלף אחיקר זנה	[וכזי	....] גברן אחרנן מלכא

No.	Word	Ref.			
921		C1.1H:18	חלף [אח]יקר זנה	[וכזי	...] זי על אחרן
922		A3.3:4	פרס לא י[היב ....]	[וכזי]	קבלן לפחותא על פרסכן
923		C1.2:3	עבדת לבנוהי[	וכזי	שמע חור] בר פונש מליא
924	וכל	B3.4:23	ובנינא זי תבנה בה	וכל	אשרן זי יהכן על ביתא זך
925		A4.8:15	וכ[ל נכסן זי קנה אבדו	וכל	גבר זי] בעה באיש לאגורא
926		A4.7:16	וכל נכסין זי קנה אבדו	וכל	גברין זי בעו באיש לאגורא
927		B3.1:10	עבד ואמה שערן כנתן	וכל	זון זי תשכח לי עד תתמלא
928		B2.6:19	אסחור ונכסוהי וקנינה	וכל	זי איתי לה על אנפי ארעא
929		B2.6:24	כסף שקלן 3+3+1 ר 2	וכל	זי הנעלת בידה תהנפק מן
930		B2.6:27	מפטחיה מהרה [י]אבד	וכל	זי הנעלת בידה תהנפק מן
931		B3.3:10	שקלן 3+3+1 ^ר 2^	וכל	זי הנעלת בידה תהנפק מן
932		B3.3:8	תקלן 3+3+1 ^ר 2^	וכל	זי הנעלת בידה תהנפק מן
933		B3.8:30	וקנינה [ותכונתה	וכ[ל	[זי איתי]ל[ה] וזי יקום
934		B3.8:31	[ו]נכס[והי וקנינ]ה	וכל	זי איתי [ל]ה[ינ]תן לה
935		B3.8:35	ונכסיה וקנינה	וכל	זי איתי לה אף ל[א יכהל
936		B6.3:4	[ונכ]סוהי ו[קנינה	וכל	זי אית לה ....]
937		D1.13:3	[... ...]חנך חדין[...]	וכל	זילן [... ... ...]ת מנך
938		B4.1:3	[וכנתן ועמר ו]כתן	[ו]כל	מדעם זי יחיה בה איש ול..
939		A4.1:6	[תעבדו] [....]אל תשתו	וכל	מנדעם זי חמיר אל] תאכלו
940		A4.7:16	הנפקו כבלא מן רגלוהי	וכל	נכסין זי קנה אבדו וכל
941		A4.8:15	כבלוהי מן רגלוהי	וכ[ל	נכסן זי קנה אבדו וכל גבר
942	וכלין	A4.2:14	בצות מלכא	וכלין	להן ונזק ארשם וכפר
943	וכן	A6.2:6	עליהם על זנה שלחו	וכן	[...] חלא זי לקבל ב[י]רתא
944		A6.2:9	סגן נגריא ספיתכן	וכן	אמרו עדן הוה אופ̇ש̇[ר]ה̇
945		D23.1.XVIC:5	ו̇א̇[...] ..... ומ..	ו̇כ̇ן̇	אמרו אלהי חרא שלמ̇[.
946		A4.2:6	אף[....] מדינת נא	וכן	אמרן מזדיזן הו
947		B8.12:5	[....]. עלין החוין להם	וכן	אמרן [...]...[....]
948		B8.10:6	[ ] זי לן שאילת תבא	וכן	אמרת כפם ה̇[....]
949	וכנוהי	D3.39fraga:3	פסין [...] [... ...]סכן	וכנוהי	[...].
950	וכנותה	A4.8:21	זך כען[עבדיך ידניה	וכנותה	....] ויהודיא
951		A4.8:3	כעת עב[ד]ך ידניה[	וכנותה	....] כן אמרן בירח
952		A6.1:1	[ארש]ם עבדיך אחמנש	וכנותה	בגדן וכנותה וספרי
953		D5.46:2	...] [.].[..]	וכ]נותה	[...] 2
954		B8.5:16	[ ]יהיב לפתנשן	וכנותה	
955		B8.6:11	לב̇ת...ת	וכנותה	
956		B8.6:7	2+3̇ אחר [יהיב ל..	ו]כנותה	[....]ב̇ר̇ הוב̇ר̇א̇
957		D1.34fragd:1	[...]ק̇את	וכ̇נ̇ו̇ת̇[ה	[...] [...]ל ע̇[...]
958		A6.1:5	[עב]ד̇יך אחמנש	וכנותה	אזדכריא ב[גדן וכנותה]
959		B8.6:3	אחר יהיב [ל....	[וכנותה]	[ב .... שמ]ה̇
960		A6.1:5	אזדכריא ב[גדן	[וכנותה]	דיניא פטאסי וכנותה
961		B2.2:6	עלדברה קדם דמידת	וכנותה	דיניא וטענוך לי מומאה
962		B7.1:3	מני ושא[ילת קדם ...	וכנותה	דיניא] [וטעינת מומא]ה
963		B8.4:2	ח....שת̇ [....]ת̇	וכנותה	ד̇יניא דושונ̇ן הוו̇
964		D3.45:6	לויגוש [...] [...].	וכנותה	דתבר[י]א[...] [..]ש
965		A6.11:7	פקידא [כנז]ס̇רם	וכנותה	[המרכ]ריא זי במצרין מן
966		A6.12:4	פקי[דא] כנזסרם	וכנותה	המ[ר]כריא זי במצרין
967		A6.13:6	פקידא כנזסרם	וכנותה	המרכריא זי במצרין על
968		A5.4:3	[תחותמ]עו	וכנותה	הנש[....]^עביד ל[..]^ ל
969		A4.7:22	זך כען עבדיך ידניה	וכנותה	ויהודיא כל בעלי יב כן

No.	Word	Ref.			
970		A6.11:1	על נחתחור כנזסרם	וכנותה	וכעת פטוסרי שמה ורשבר
971		A6.12:1	על נחתחור כנזסרם	וכנותה	וכעת ח̇נ̇ז̇פ̇י
972		A6.13:1	על נחתחור כנזסרם	וכנותה	וכעת ורוהי בר ביתא
973		A6.14:1	על נחתחור וכנדסירם	וכנותה	וכעת תנה אנה קבלת
974		A6.1:1	אחמנש וכנותה בגדן	וכנותה	וספרי מדינתא שלם מראן
975		A4.1:10	[אל] אחי ידניה	וכנותה	חילא יהודיא אחוכם
976		A4.1:1	[אל אחי י]דניה	וכנותה	ח[ילא] יהודיא אחוכם
977		A6.7:9	לא יעבד לפירמא זך	וכנותה	ישתבקו עבידתא זילי
978		A4.7:1	יהוד עבדיך ידניה	וכנותה	כהניא זי ביב בירתא שלם
979		A4.7:18	ועל יהוחנן כהנא רבא	וכנותה	כהניא זי בירושלם ועל
980		A4.8:17	על יהוחנ[ן כהנא רבא	וכנותה	כהניא זי בירושלם] ועל
981		A4.7:4	עדן כען עבדך ידניה	וכנותה	כן אמרן בירח תמוז שנת
982		D1.32:14	אסר כעת שתברזן	וכנותה	כן[...] [...] יתעבד
983		A6.7:7	הוו אדין פרימא זך	וכנותה	לא שנציו למנעל בבירתא
984		A6.1:6	[וכנותה] דיניא פטאסי	וכנותה	ספרי מדינת נ̇סונפרע
985		A6.1:6	נ̇סונפרע חרוץ	וכנותה	ספרי מדינ[ת .... ו
986		A6.3:7	[פ̇]סמש[כחסי] זכי	וכנותה	עבדי עחחפי זי פ[ס]משך
987		A6.2:8	ואנחנה החוין לשמשלך	וכנותה	פרמנכריא שמו ב[ר]
988		C3.8IIIB:1	[...] [...] למנתן[...]	[ו]כנותה	פרמ[נכריא] [...]כן
989	וכנותהם	D23.1.Va:10	ע̇מ̇ה̇ם̇	ו̇[כ]נ̇ו̇ת̇ה̇ם̇	כשר[ן] ה̇מו̇ ה̇ן
990	וכנתן	B4.1:2	עליך כסף וחטן ושערן	[וכנתן]	ועמר ו[כתן [ו]כל מדעם
991		B4.6:12	ופ̇ר[ז]ל שערן	[ו]כ̇[נת]ן̇	[ש]ל[יט]ה̇ ל[מאחד]
992	וכסף	A4.7:12	שרפו ומזרקיא זי זהבא	וכסף	ומנדעמתא זי הוה באגורא
993		B2.9:12	ואיש לכם ב[ש]ם נכסן	וכסף	עבור ואחרן זי שלומם בר
994		C3.13:1	[...] זכרן כסין זי נחש]	וכסף	... זי יהב] חנן בר חגי
995	וכספא	B6.4:7	כזי נכסיא ^[א]לה^	וכספא	זי כתיבן בספרא ^זנה^
996	וכספכי	B5.5:7	[זילי מן בית מלכא	וכספכי	אנתי מ]פטחיה זי הוה
997	וכסתך	C1.1:204	[ל....]. סבוליך	וכסתך	ואנה רכביך לא אחזה
998	וכען	A2.7:2	אסורי וזבבו וככי	וכען	עליכי מתכל אנה הוי חזית
999		A4.5:6	[ב]מנציעת בירת יב	וכען	שורא זך בנה במנציעת
1000		A6.10:3	בעה ועבד על ביתא זילי	וכען	תנה כן שמיע לי כזי
1001	וכענת	D7.48:4	זעיר לחמא יומא זנה	וכענת	היתיו לי בש.תא [..].[..]
1002		D7.3:1	[ש]לם אחוטב	וכ̇ענת	למ̇[...] [ה][ן לא איתי
1003	וכעשק	A5.2:5	[....] [....]	וכעשק	עביד ^לי^ ואמרת קדם
1004	וכעת	A3.3:2	שלם ושררת [הושרת לך]	[וכעת]	מן יום זי אזלת בארחא]
1005		A3.5:1	שגי בכ[ל עדן]	[ו]כ̇[ע]ת̇	[...]
1006		A3.8:1	ושררת שגיא הושרת ל[ך]	וכעת	[.... פי]סן [...]
1007		A4.4:1	ישאלו שלמך בכל עדן	וכעת	[....]
1008		A6.6:2	[לך אל]היא שלם ישמו	ו[כעת	....]
1009		A6.13:1	כנזסרם וכנותה	וכעת	ורוהי בר ביתא בזנה כן
1010		D6.8fragl:1	א...[...]	וכעת	וחפרמנית שמה[...]
1011		C3.8IV:6	[...] .. 1 ד̇ו̇ג̇י̇ת̇	ו̇כעת	חיר כן [אמר
1012		A6.12:1	כנזסרם וכנותה	וכעת	ח̇נ̇ז̇פ̇י שמה
1013		A6.15:1	מן ורפש על נחתחור	וכעת	מספת פקידא זילי ^שלח
1014		A6.11:1	כנזסרם וכנותה	וכעת	פטוסרי שמה ורשבר עלים
1015		A6.3:1	ושררת שגיא הושרת לך	ו[כעת	פס]משך שמה בר עחחפ[י]
1016		A6.8:1	מן ארשם על ארמפי	וכעת	פסמשך פקידא זילי שלח
1017		D1.1:7	יתו ל[..... ...]. נסי	וכע[ת	... ... ש]אל שלם
1018		D4.34:3	[...] אגר[ת ...] [...].	וכעת]	...]

No.	Headword	Ref.	Preceding	Keyword	Following
1019		D6.7fragle:1	[...]	וכע[ת	...] [...]חמ[ר ...]
1020		A3.10:1	כ[ל]א ישאלו בכל עדן	וכעת	איתי לי אלף חדה בידכם
1021		A6.7:2	תמה קדמ[י]ך שלם יהוי	וכעת	איתי גברן חיל[כין] עבדן
1022		A2.1:7	יתו לן ונתנהי במשח	וכעת	אל תצפי לן לי ולמכבנת
1023		A2.1:9	בביתאלנתן מן חבב	וכעת	אן אשכחת אש מהימן אתה
1024		A6.16:1	ושררת שגיא הושרת לך	וכע[ת	אנ]ת אתנצח[....] [....
1025		A2.3:5	ואחתסן מסבלן לה	וכעת	ארה ספר לה שלחתי בשמה
1026		A3.11:1	[אלהיא ישאלו בכל עדן	וכעת]	בזך השכחת ימה
1027		A6.7:1	ושררת שגיא הושרת ל[ך]	וכעת	בזנה קדמי שלם אף תמה
1028		A6.2:1	מן ארשם על וחפרעמחי	וכעת	בלא[
1029		A6.4:1	שג[י]א הושרת ל[ך	וכעת	דשנא מ]ן מלכא ומני יהב
1030		A6.9:2	[פ]קי[די]א זי בדמשק	וכ[ע]ת	[ה]א נחתחור שמה פקידא
1031		A2.3:11	שלם יקיה הוי שלחת לה	וכעת	הוי חזית על תשי ועל ברה
1032		A2.2:13	אשכח אש למושרתהם לכן	וכעת	הושרי לי תקם חפנן 2+3
1033		A3.7:3	זי עליכי שלם כלכליה	וכעת	הושרתי
1034		A2.2:4	יקה שלם נניחם	וכעת	הלו מסת כספה זי הוה
1035		A2.3:8	ארה לא אחי הו חרוץ	וכעת	הלו יהב להן פרס תנה
1036		A2.2:8	מן קצתה זי כסף ש 1	וכעת	הן יהב לכי נקיה וגזתה
1037		A2.3:9	ויתלקח קדמתהן בסון	וכעת	הן את ערב עליכי אתיה
1038		A2.4:5	שלם וחין שלחת לך	וכעת	הן מטאך סרחלצה שלח לי
1039		A5.2:8	לאמר כעשק עביד לי	וכע[ת	הן על] [מראי טב י]שאל
1040		A2.2:11	לי ואקבל עליהן תנה	וכעת	זבנת משח זית ליקה וכתן
1041		A2.3:6	ארה ספר לה שלחתי בשמה	וכעת	זי מלתי ˆלבתי˜ לאמר לה
1042		A3.4:2	תנה שלם ינקיה	ו[כ]ע[ת]	זך [....] זילי הבה
1043		A2.6:3	[.... ב]רי שאל שלמכי	וכעת	יהב מ[כבנת לבנתסר
1044		A2.5:4	לה הושר לי ספר ומנדעם	וכעת	יהתו לן ארון ובינבן והן
1045		A4.3:3	הוו קדם אלה שמיא	וכעת	כזי וידרנג רב חילא מטא
1046		A2.4:7	ביד עקבה בר וחפרע	וכעת	כל זי תצבה שלח לי הושר
1047		D1.15:1	[...] [... ... ב]כל עדן	וכעת	כן [...] [... ...
1048		D7.56:4	עקבן שלם אחי בכל עדן	וכעת	כען לא אבו אסתס וברה
1049		A2.1:6	אתננה בתקבה 1 לאטי	וכעת	כתנה זי התתי לי סון הי
1050		A6.5:1	שלם תמה קדמיך [יהוי	וכעת]	[....]ל כוסכן
1051		A6.1:2	[ישאלו שגיא ב]כל עדן	וכעת	לן ש[י]ם טעם מנתא לם
1052		A2.3:10	ערב עליכי אתיה לתפמת	וכעת	מדעם אל תזבני בכסת ותשרי
1053		A2.1:4	וענתי ואטי ורע	וכעת	מטתני כתנה זי אושרתי לי
1054		A2.4:4	אנה לה 1 כדי מטאה ידי	וכעת	עבד אנה לה אל אחי וחפרע
1055		A6.10:1	מן ארשם על נחתחור	וכעת	קדמן כזי מצריא מרדו אדין
1056		D7.41:3	ל.[...] [...]ל	וכעת	שלח [...] [... ...]. ישל[ח
1057		A2.2:6	ש 3+3 וזוז כסף זוז	וכעת	שלחי על תבי ותושר לכי
1058		D7.57:3	שלם אחי בכל עדן	וכעת	שלחת לך ביד אחוהא זי תם
1059		A2.3:3	חרוץ שאל שלמהן	וכעת	שלם {{ל}} לחרוץ תנה אל
1060		A2.6:8	ושלם תרו [ו... ו...	וכ]עת	שלם בנתסר תנה וברה אל
1061		A6.5:1	[שגיא הושרת]לך	וכע[ת	שלם בזנה קדמי אף] שלם
1062		A3.6:1	ובנוהי שלם אבי[הי	וכעת]	שמעת כעמלא זי עמלת כזי
1063		A4.1:2	[ישאלו] [בכל עדן]	וכעת	שנתא זא שנת 2+3
1064		A2.5:2	זי יחזני אפיכן בשלם	וכעת	תדען זי מדעם לה מפקן לן
1065		A6.14:1	וכנדסירם וכנותה	וכעת	תנה אנה קבלת לארשם על
1066		A2.1:7	לי סון הי מלבש אנה	וכעת	תקם יתו לן ונתנהי במשח
1067		A2.4:11	אשכחת אש למיתית לכן	וכעת	תקם יתו לי חפנן 2+3 אל
1068	וכפר	A4.2:14	וכלין להן ונזק ארשם	וכפר	צח[א ....] וחורי
1069	וכרבלה	A3.2:6	[זי] כתן [....]	וכרבלה	1 [....] צצנן
1070	וכרצי	D20.5:2	מנדעם באיש לא עבדת	וכרצי	איש לא אמרת תמה קדם
1071	וכרש	A3.8:2	שלמן כסף כרשן 10	וכרש	1 [....]
1072	וכתב	A3.8:4	לך כסף כ[ר]שן 3+2	וכתב	להם ספר עליהם והן לא
1073	וכתבת	A2.6:5	ואפקני אנה וברי	וכתבת	לה ע[ל. ....] וזבני
1074	וכתון	D7.7:7	אף חזי אפק לי תלי	וכתון	1 הן יעדרן
1075	וכתן	B3.8:13	שקל 1 כל לבשן זי קמר	וכתן	2+3+3 ˆ2+3ˆ מאני נחש
1076		A2.2:11	זבנת משח זית ליקה	וכתן	ואף לכי תקבת 1 שפרת ואף
1077		B4.1:2	ושערן [וכנתן ועמר	ו]כתן	[ו]כל מדעם זי יחיה בה
1078		B2.9:5	אית[י] נכסיא לבשי קמר	וכתן	מאני נחש ופרזל מאני עק
1079	וכתשוני	D2.32fragb:2	[ ]ת[..]ק[...] [...	]וכתשוני[	...]
1080		B8.4:5	2 נחשן מנין 10	וכתשוני	בכפיד 10 בכפרגל
1081	וכתשת	B7.2:5	[על]ת [בביתי] כחסן	וכתשת	לאנתתי ונכסן כחסן הנפקת
1082	ול..	B4.1:3	מדעם זי יחיה בה איש	ול..	ו[לא אכל אמר] לבר לך
1083	ול...	D7.11:8	ידניה [...] זי מראך	ול[...]	לספרן המו [...]
1084	ולארשם	A6.16:2	עבד כזי לאלהיא	ולארשם	תחד[י] אף זי הושרת
1085	ולזכור	B3.6:14	כזי יסבל בר לאבוהי	ולזכור	ברך אחרי מותך אנחן
1086		B3.6:14	מותך אנחן נחוב לך	ולזכור	ברך אבגרן כסף כרשן
1087	ולחנום	D7.21:3	שלחת לך ברכתך ליהה	ולחנˆרם	כען שלחלי לבשא זי
1088	ולמכבנת	A2.1:8	וכעת אל תצפי לן לי	ולמכבנת	לכן אנחן יצפן אזדהרי
1089	ולסלוא	B6.4:7	ברת [.... תאמר לה]	ולסלוא	ברתה כזי נכסיא ˆ[א]להˆ
1090	ולא	B4.7:2	שקלן 3+3 וירבה עלי	ולא	...[....]
1091		D1.28:4	[... ...] [...]לבשך	ולא[	...]תהך[...] [...]לת
1092		D4.33:1	...]	]ולא	...[...]
1093		D5.12:2	[...] [...].ש[...]	ולא[	...] [...]ו א [...]
1094		D5.9:2	...] [...]אפף [...]	]ולא	[...]
1095		D6.8frage:1	ספיקן	ולא	[....] לנשיבית[ה ....]
1096		D3.45:4	והנש ..[...] [...]כספה	ולא	א.[...] [...]. לויגוש [...]
1097		C1.1:159	נשאית חלא וטענת מלח	ולא	איתי זי יקיר מן נכ[רי]
1098		C1.1:160	תבן ונסבת פרן ולא	{ולא}	איתי זי קליל מן תותב
1099		C1.1:89	מררתא ו[טעמ]א חסין	ולא	איתי זי [מ]ריר מן ענוה%
1100		B3.7:15	אנה ענני אהנצל מנכי	ולא	אכהל אמר נפשי צבית אהנצל
1101		B4.6:14	3 [....]תנק[....]	[ולא	אכהל אק]בל ע[ליכי]לסגן
1102		B5.5:8	זי הוה לי מן בית מלכא	ולא	אכהל [אנה אסורי ארשנכי
1103		B1.1:14	נפשך ולא לאגר חמר	ולא	א[כל] אצל חקלי מנך ואית
1104		B2.6:31	ויעבד לה דין ספרא זנה	ולא	אכל אמר איתי לי אנתה
1105		B2.6:35	כרשן 20 באבני מלכא	ולא	אכל [אהנ]תר נכסי וקניני
1106		B3.1:11	תתמלא בכספך ומרביתה	ולא	אכל אמר לך ˆלםˆ שלמתך
1107		B3.1:12	וספרא זנה בידך	ולא	אכל אקבל עליך קדם סגן
1108		B4.1:3	זי יחיה בה איש ול..	ו[לא	אכל אמר] לבר לך וברה
1109		B5.4:1	]	[ולא]	אכל אקבל עליך קדם סגן
1110		B2.3:22	ביתכי אפם ואהך בדין	ולא	אצדק וספרא זנה בידכי אף
1111		B5.4:7	ודבב בשם בי[תא זנה	ולא	אצדק ....]
1112		B2.5:1	זנה זי כתיב מן עלא	ולא	את[ית על ....] ברתך
1113		D7.20:9	לם אתה ליומא זנה	ולא	אתית ביד בנתי שלח לי
1114		A3.8:5	[....] כל כספ[א] ברבא	ולא	[..]בו לך לאמר הב ערבן
1115		C1.1:110	ימותון שאני	ולא	בחרבי [....]
1116		C1.1:86	על אמריך ותהך	[ו]לא	ביומיך [חזי ט]בת מלך

No.	Lemma	Ref.	Preceding	Keyword	Following
1117		*B3.4:5*	קימן ותרבצה ארע הי	ולא	בניה וכוין בה וגשרן לא
1118		*C1.1:12*	כלה זי הקים לברה	ולא	בר[.... א]חתה .[ ]
1119		*B2.3:14*	ר 2 לעשרתא ולא דין	ולא	דבב וביתא ביתכי אפם
1120		*B2.3:22*	ר 2 לעשרתא ולא דין	ולא	דבב וביתא ביתכי אפם ואהך
1121		*B2.4:15*	ר 2 לעשרתא ולא דין	ולא	דבב כתב עתרשורי בר
1122		*B2.6:26*	אן זי צבית ולא {י}דין	ולא	דבב מחר או יום אחרן יקום
1123		*B2.6:29*	לה אן זי צבית ולא דין	ולא	דבב ו[ז]י יקום על
1124		*B2.8:10*	באבני מלכא ולא דין	ולא	דבב ואנה רחיק מן כל דין
1125		*B2.9:16*	זי רשין עליהם ולא דין	ולא	דבב כתב מעוזיה בר נתן
1126		*B3.6:15*	מלכא כסף צריף ולא דין	ולא	דבב כתב חגי ספרא זנה
1127		*B2.10:17*	בנן זי יזן בר אוריה	ולא	דין כתב מעוזיה בר נתן
1128		*B2.11:12*	ולמן זי צבית תנתן	ולא	דין אף איתי תבא שמה
1129		*B2.11:14*	וספר פלגנן נכתב בינין	ולא	דין כתב נבותכלתי בר
1130		*B2.3:14*	מלכא כסף ר 2 לעשרתא	ולא	דין ולא דבב וביתא ביתכי
1131		*B2.3:21*	מלכא כסף ר 2 לעשרתא	ולא	דין ולא דבב וביתא ביתכי
1132		*B2.4:15*	מלכא כסף ר 2 לעשרתא	ולא	דין ולא דבב כתב עתרשורי
1133		*B2.6:29*	ותהך לה אן זי צבית	ולא	דין ולא דבב ו[ז]י יקום
1134		*B2.8:10*	כרשן 2+3 באבני מלכא	ולא	דין ולא דבב ואנה רחיק מן
1135		*B2.9:16*	נכסיא זי רשין עליהם	ולא	דין ולא דבב כתב מעוזיה
1136		*B3.5:15*	מלכא כסף ר 2 לכרש 1	ולא	דין והן גבר אחרן יגרנך
1137		*B3.5:22*	1 וביתי זילהם אפם	ולא	דין כתב מעוזיה בר נתן
1138		*B3.6:15*	באבני מלכא כסף צריף	ולא	דין ולא דבב כתב חגי
1139		*B3.7:17*	[מלכא כסף ר 2 לעשרתא	ולא	דין] הן תמות יהוישמע
1140		*B3.8:32*	[לה] דין ספרא זנה	ולא	דין להן לא שליטה
1141		*B4.7:3*	[זי מנעל כ]תיב	ולא	ד֯ין והן א֯[נ]ה פטאסי
1142		*B5.4:6*	כרשן [20 באבני מלכא	ולא	דין ואהך] [אנה] בדין
1143		*B6.3:12*	אנתתה זי שלו[מם	ולא	דין] שהדיא זכור ב[ר ....
1144		*D2.15:3*	אפם[... ...] [... ...] ...	ו]לא	דין [... ...] [... ...]איתי
1145		*D7.40:9*	שמה[...] [הש]כ֯ח֯	ולא	דכר[...] [...]ו֯אלה
1146		*B3.13:12*	בכספך זי מנעל כתיב	ולא	דן כתב שוהרם בר אשמרם
1147		*B3.13:8*	בין יומן 20 הו עשרן	ולא	דן והן מאתת ולעד שלמת
1148		*D7.44:5*	לם אל תהושרו לי לחם	ולא	הו חתם הלו כל בק{א}‖יא
1149		*D1.17fragb:8*	[...] [... ...]פהו	ולא	הוה בימלך֯
1150		*B2.7:5*	בבירת<א> אכלת המו	ולא	השכחת כסף ונכסן לשלמה
1151		*B2.9:7*	הפקדו והו החסן	ולא	התיב לה ומנכן רשינכם אחר
1152		*C1.1:188*	שמש וזי ישתה חמרא	ולא[	...] וחכמתה אבדה
1153		*C1.1:160*	נשאית תבן ונסבת פרן	ולא	{ולא} איתי זי קליל מן
1154		*C1.1:173*	איש מצלח עקן בחשוכא	ולא	חזה כאיש {{זי}} גנב זי
1155		*B2.6:25*	ותהך לה אן זי צבית	ולא	{י}דין ולא דבב מחר או
1156		*C1.1:190*	דרך קשתה והרכב [חט]ה	ולא	ידע את[רה ...] הן יפקד לך
1157		*A6.15:3*	2+3 שאל מן [נח]תחור	ולא	יהב לי כעת ורפש כן אמר
1158		*B7.3:9*	יהב לי חמר חלף פלגה	ו[ל]א	[יה]ב לי כסף ודמי כסף
1159		*D4.3:1*		ולא	יהב[...]
1160		*C3.13:52*	באפף שנת 10+3[...]	ולא	יהב לרמנדין בירח מסורע]
1161		*C1.1:188*	[....] וישמע מלה	ולא	יהחוה %% הא זנה יקיר
1162		*B3.4:16*	ולמן זי צבית למנתן	ולא	יכהל בר וברה לן יגרנך
1163		*B5.5:5*	ב֯ס֯פ֯ר֯[א] ז֯נ֯ה	ולא	יכהל בר לי וברה לי אח
1164		*B2.3:15*	אפם ולבניכי אחריכי	ולא	יכהלון יהנפקון עליכי ספר
1165		*B2.9:11*	ומחסיה דין ודבב	ולא	יכהלון ירשון לבניכם
1166		*B5.3:2*	[אפם] זילך וז[י בניך	ולא	יכל בר וברה] [אח ואחה
1167		*B3.1:18*	תתמלא בכספך ומרביתה	ולא	יכלון יקבלון עליך קדם
1168		*C1.2:18*	[....]ל֯ישה [....].	ולא	ימלא בטנהם לחמ֯[
1169		*C1.1:193*	[..].א	ולא	ינשא֯[...] קרב
1170		*C1.1:185*	אריה [....] שבק חמר	ולא	יסבלנהי ינשא בות מן כנתה
1171		*B3.8:38*	ואף לא יכהל ענניה	ולא	יעבד דין [חדה] ותרתין מן
1172		*B6.4:3*	[ואף לא יכהל הושעיה	ולא	יעבד דין חדה ותר]ת֯[ין
1173		*C1.1:194*	[.... ..]ח֯שה	ולא	יע[..]לה
1174		*C1.1:212*	[....	]ולא	יפגעני[....]
1175		*B3.11:15*	בספרא זנא ויהך בדן	ולא	יצדק אף לא יכלון ינפקון
1176		*B3.1:19*	בידך אף יהכון בדין	ולא	יצדקון וספרא זנה בידך
1177		*C1.1:211*	זי תה֯..ג.[ ]להן	ו[ל]א	ישזב מ[...]
1178		*B2.3:17*	כדב יהוה לא אנה כתבתה	ולא	יתלקח בדין וספרא זנה
1179		*B3.4:22*	או ברה ˆלה יתהˆ	ולא	כהלן פצלן ננתן לך כספך
1180		*B2.4:14*	יהבת לך ארקא זך למבנה	ולא	כתבת לך ספרא זנה אנה
1181		*B1.1:14*	[..]רי אדר בחמר נפשך	ולא	ל֯אגר חמר ולא א[כל] אצל
1182		*D7.39:9*	ושלח לי פתגם	ולא	.ל..ת֯י א֯ף פרנדת ל֯ה֯
1183		*B8.8:8*	גברא זך שאלן	ולא	מלל
1184		*C1.1:216*	מן בטן ידע ברחרן	ולא	מן[ ] [....]הוה
1185		*B3.4:13*	ויהבן לך ורחקן מנה	ולא	נכהל נגרה לבר לך וברה
1186		*B8.9:1*	[....]לן מנך	ול֯א֯	סטרן בשניתא זא זי נשאת
1187		*D7.20:2*	גמריה כען אתה על מחר	ולא	פשרן הלו שכר הו ל֯ה֯ למחר
1188		*D7.37:10*	משח וטח[ן ...]	ולא	פשרן[...]
1189		*C1.2:24*	[...]בספנן לקבלה	ולא[	....] לחם ויתכנשון אלהי
1190		*C1.1:51*	רחמני על זי החיתך	ולא	קטלתך כען אנת לקבל זי
1191		*C1.1:98*	ועממא עבד֯ו בהם	ולא	שבקו המו ולבבה֯ם פ֯ת֯י֯ח֯
1192		*B3.1:14*	זנה בידך והן מיתת	ולא	שלמתך בכספא זנה
1193		*B3.1:7*	כחד והן מטא תנין שנה	ולא	שלמתך בכספך ומרביתה זי
1194		*D23.1.II:6*	.תנהם באן ע֯ל֯ת֯	ו֯לא	....ת[.]ה֯[..][.]. לא .[.]לא
1195		*A6.10:9*	ומן אתר אחרן לא תבעון	ולא	תהוספון על ביתא זילי
1196		*B6.4:6*	[ ]ת֯ע֯ב֯ד֯ לה דין שנאה	ולא	ת[כ]ה֯ל יהוחן ברת [....
1197		*B2.1:12*	תרעא זך לא זילך הו	ולא	תנפק בשוקא זי בינין ובין
1198		*B3.8:40*	ואף לא תכהל יהוישמע	ולא	תעבד דין חד ו[ת]רין
1199		*B6.4:5*	[וא]ף לא [תכהל סלואה	ולא	תעבד די]ן֯[חד ותרין
1200	ולאיש	*B3.12:28*	דין וירשה לבניך	ולאיש	זי תנתן לה וזי יקבל
1201	ולאנש	*B2.11:10*	או נרשה לבר וברה לך	ולאנש	זילך עלדבר פטוסירי
1202	ולאנתתא	*B7.2:9*	כחסן בביתך [לא] עלת	ולאנתתא	זילך לא כתשת ונכסן מן
1203	ולאתהתיבנה	*D23.1.II:15*	עמה	{ולאתה֯יתבנה}<ולאתהתיבנה>	לביתי֯
1204	ולבב	*C1.1:65*	[....] עלוהי	ולבב	אסרחאד[ן מלכא
1205	ולבבה	*C1.1:95*	[ ] איש ש֯פיר מדדה	ולבבה֯	טב כקר֯[י]ה חסינה זי֯
1206	ולבבהם	*C1.1:98*	בהם ולא שבקו המו	ולבבה֯ם֯	פ֯ת֯י֯ח֯ [לא חזה]
1207	ולבבי	*C1.1:105*	%% עיני זי נטלת עליך	ולבבי	זי יהבת לך בחכמה [....
1208		*A2.1:5*	לי ואשכחתה שנטת כלה	ולבבי	לה דבק לה הן חזית מה
1209	ולבונה	*A4.7:21*	דריהוש מלכא מנחה	ולבו[נ]ה	ועלוה לא עבדו באגורא
1210	ולבונתא	*A4.7:25*	בנה הוה קדמין ומחתא	ולבונתא	ועלותא י{{ה}}קרבון על
1211		*A4.9:9*	הוה לקדמן ומנחתא	ולבונתא	יקרבון על מדבחא זך
1212	ולבוש	*B2.8:4*	נפרת על כסף ועבור	ולבוש	ונחש ופרזל כל נכסן
1213	ולבניך	*B3.12:30*	לך יחוב וינתן לך	ולבניך	אביגרן כסף כרשן 20
1214	ולבניכי	*B2.3:15*	דבב וביתא ביתכי אפם	ולבניכי	אחריכי ולא יכהלון

No.	Word	Ref.	Preceding	Keyword	Following
1215		B4.6:10	א[נתי] סלואה [	ולבני[כי]	וא[דרנ]ג[י]כי [ואנתי
1216		B2.3:13	סגן ודין ינתן לכי	ולבניכי	כסף כרשן 10 הו עשרה
1217		B2.7:7	ורחקת מנה דילכי הו	ולבניכי	מן אחריכי ולמן זי
1218	ולבש	A3.3:9	באגרתא זילך על כתון	ולבש	כתונך ולבשך עבידן
1219		A3.3:12	כן[....]	ולבש	עד תאתה שלם אמך וינקיא
1220	ולבשיה	B3.8:23	בביתה ינתן לה תכונתה	ולבשיה	דמי כסף כרשן שבעה ש[קלן
1221	ולבשך	A3.3:9	על כתון ולבש כתונך	ולבשך	עבידן [....]
1222	ולבתיהם	D23.1.III-IV:8	בעין ו.[....]. להם	ולב[תיהם	ונ]כסיהם נתן
1223	ולה	A2.4:11	ומשח בשם למתיה לכן	ולה	אשכחת אש למיתית לכן וכעת
1224		A2.5:8	נכתני חויה והות מית	ולה	שלחתן הן חי אנה והן מת
1225	ולהנדונה	A6.2:17	כברי כרשן עשרה	ולהנדונה	זרניך כרשן מאה
1226	ולחיא	B1.1:6	פר[ס קבל] פרס טבא	ולחיא	נפלג כחדה שויוי
1227	ולחילא	A6.8:2	זי פסמשך יאמר לך	ולחילא	זי לידך זכי אשתמעו לה
1228		C2.1.8:53	לם אזלו ל[ו]ימן קטלו	ולחילא	זי לדריהוש מלכא שמען]
1229	ולחש	C1.2:7	ל[א ....] [..]ה עם אלהן	ולחש	חור ב[ר פונ]ש על
1230	וליומן	C1.1:49	עד זי לעדן [א]חרן	וליומן	אחרנן שגיאן קרבתך קדם
1231	ולכל	B1.1:9	ואלקח לי קבלך ו	ולכל	זי י[ד]חנך אקנס אקס
1232	ולכלה	D23.1.Vb:4	..[....] [..].[....]	ולכלה	].....
1233	ולמזלכי	B3.6:7	לא שליט בך למשנתכי	ולמזלכי	מנדת כסף זי יקום עליכי
1234	ולמן	B3.4:12	זך ובניך מן אחריך	ולמן	די צבית למנתן אנחן לא
1235		B2.10:9	עלם וזי בניך אחריכם	ולמן	זי רחמתן תנתנונה לא אכהל
1236		B2.11:12	יהוה וזי בניך אחריך	ולמן	זי צבית תנתן ולא דין אף
1237		B2.11:7	ועד עלם ובניך אחריך	ולמן	זי צבית תנתן לא אכהל אנה
1238		B2.7:16	מנה דילכי הו עד עלם	ולמן	זי תצבין הבהי כתב נתן
1239		B2.7:8	הו ולבניכי מן אחריכי	ולמן	זי רחמתי תנתננה לא אכל
1240		B3.10:21	ובניכי שליטן אחריכי	ולמן	זי רחמתי תנתנן אף לא
1241		B3.12:23	ובניך שליטן אחריך	ולמן	זי רחמת תנתן או זי תזבן
1242		B3.4:14	נכהל נגרה לבר לך וברה	ולמן	זי צבית למנתן הן גרינך
1243		B3.4:15	וגרין לבר בברה לך	ולמן	זי צבית למנתן אנחן ננתן
1244		B3.4:16	אם וזי בניך מן אחריך	ולמן	זי צבית למנתן ולא יכהל
1245	ולמנחת	B3.7:10	אנת[י ל]מנסק	ולמנחת	בדרגא ז[ך זי ב]יתי
1246		B3.7:13	א[נ]תי בהן למנסק עלא	ולמנחת	ולמנפק ברא אנה ענני
1247	ולמנפק	B3.7:14	בהן למנסק עלא ולמנחת	ולמנפק	ברא אנה ענני יהבת לך
1248	ולמנתן	B2.4:6	לא שליט אנת לזבנה	ולמנתן	רחמת לאחרנן להן בניך מן
1249	ולמנתנה	B2.4:9	לא שליטה הי למלקחה	ולמנתנה	לאחרנן להן בניך מן
1250	ולמעבדה	B3.9:7	על ידניה זך למשנתה	ולמעבדה	עבד ינתן לך אביגרן כסף
1251		B3.9:9	ואנש לא שליט למשנתה	ולמעבדה	עבד להן ברי יהוה כתב
1252	ולמשנתה	B3.9:7	נקום למעבדה ע[בד]	ולמשנתה	זי יקום על ידניה זך
1253	ולנפשהום	A4.7:13	זך כלא לקח[ו]	ולנפשהום	עבדו ומן יומי מלך
1254	ולנשי ביתה	A6.12:2	פתפא הב לה כאחרנן	ולנשי ביתה	גרד בדיכרן זילי
1255	ולעבק	A6.12:3	עלי אפריע לעבק	ול[עב]ק	ארתוהי ידע טעמ[א ז]נה
1256		A6.2:6	זי [....] ינתנו	ולעבק	אופשרה יתעבד ואחרן זי
1257		A3.8:13	אל תקום חת לעבק	ולעבק	הנחת לי כתון 1 בידך על
1258		A6.2:22	אופשר ספינתא זך	ולעבק	יעבד כזי שים טעם כעת
1259	ולעד	A2.2:12	ואף משח בשם לבת בנת	ולעד	אשכח אש למושרתהם לכן
1260		B3.13:8	עשרן ולא דן והן מאתת	ולעד	שלמת ויהבת לך כספא זילך
1261	ולעלימוהי	A6.9:3	חפנן תרתין [...]ד חד	ולעלימוהי	גב[ר]ן עשרה לחד ליומא
1262	ולצידני	C1.1:207	[ה]חוי לערבי ימא	ולצידני	.[....]א כי
1263	ולקבלה	B2.3:27	זך ספרא זך הנפקי	ולקבלה	דין עבדי עמה כתב
1264	ולקח	C3.13:50	זי הושר	ולקח	י[ד]ניה בר אושע באפף
1265	ולקחו	A5.2:6	ד[יני]א עלו לסון	ולק[חו	....] [....]
1266		B8.4:4	ודפני עבדוני	ולקחו	מני [..]ני אסרן 2
1267	ולקחת	B7.2:6	כחסן הנפקת מן ביתי	ולקחת	לנפש[ך] עבדת שאילת]
1268	ולרחמן	A4.3:2	] ישאל שגיא בכל עדן	ו]לרחמן	הוו קדם אלה שמיא וכעת
1269		A4.7:2	ישאל שגיא בכל עדן	ולרחמן	ישימנך קדם דריוהוש
1270	ומ	C3.28:89	א ו עליא מ[....]א.	ומ	ו באגרה שטריא ביד
1271	ומאני	B3.8:15	נחשן 2+3 כל לבשיא	ומאני	נ]חש[א] ותכ[ו]נתא ומהרא
1272	ומאנהי	D7.24:7	זי אקמנך עם [....].	ומאנהי	בחן [....] שאלי [....] ז[י
1273	ומדיא	C2.1.4:2	[הוה חילא פ]רסי[א	ומדיא	זי עמי זעיר הוה אחר]
1274	ומה	C1.1:139	%% בר בטני הגשש ביתי	ומה	אמר לנכריא [ברי] הוה
1275		A4.3:8	חנניה במצרין עד כען	ומה	זי תעבדון לחור לב[..]כם
1276		A6.15:9	זילי עבידה לא אית לך	ומה	זי לקחת נכס[ן] מן גרדא
1277		C1.1:96	] י[שתמר איש עם אלהן	ומה	יתנטר עלאון גוה [...]
1278	ומהוספן	A6.10:5	בעי[ן] מן אתר אחרן	ומהוס[פן	ע]ל בית מראיהם ואנתם
1279	ומהי	A2.5:7	למחתה לבמרשרי אתריה	ומהי	דה זי ספר לה הושרתן לי
1280	ומהיר	C1.1:1	אחיקר שמה ספר חכים	ומהיר	זי חכם לברה
1281	ומהרא	B3.8:15	[נ]חש[א] ותכ[ו]נתא	ומהרא	כסף כרשן שבעה הו]
1282	ומומא	B2.3:24	רשה עליה קדם דיניא	ומומא	טעינת לה וימאת לה כזי
1283	ומזרקיא	A4.7:12	הוה כלא באשה שרפו	ומזרקיא	זי זהבא וכסף ומנדעמתא
1284		A4.8:11	[הוה כלא] באשתא שרפו	ומזרקיא	זי זהבא וזי כספא
1285	ומחבל	A3.3:7	[.... ש]לם	ומחבל	לא איתי גבר הוי אל
1286	ומחתא	A4.7:25	זי בנה הוה קדמין	ומחתא	ולבונתא ועלותא
1287	ומטא	D23.1.XI:5	ילדתה [....]ך	ומטא]	... שנן 1[..]לף
1288		B4.6:8	זנה ז[י] מנעל כתיב	[ו]מטא	ב[.] לפ]חנס [ירבה עלי]
1289	ומטלל	A4.8:10	[זי דששיא אלך נחש	ומטלל	אגורא זך כלא עקהן ז[י]
1290		A4.7:11	זי דששיא אלך נחש	ומטלל	עקהן זי ארז כלא זי עם
1291	ומין	A1.1:3	פרעה כיומי שמין	ומין	[....]וי[ן
1292		D7.10:3	..] י[כלאו מנה לחם	ומי[ן	כען] [... תנפ]ק לי אחוטב
1293		A4.5:7	זי בניה בג[ו] ב[י]רתא	ומין	לא חסרה להשקיא חילא כזי
1294	ומלה	A4.3:6	אנתם חזו עליהם מה צבו	ומלה	זי צחא חור יבעה מנכם
1295	ומלוהי	C1.1:43	גבר [....] ע[ל] עטתה	ומלוהי	הות אתור כלא יבעך
1296		C1.1H:1	] [...]ל[.... ...] על עטתה	ומלוה[י	הות אתור כלא [מ]ס[בל
1297		C1.1:60	[אתור]הו ועל עטתה	ומלוהי	חילן אתו[ר כלא הוו
1298		B3.10:16	תחומוהי ומשחתה כתיבן	ומלוהי	כתיבן בספרא זנה אנה
1299		C1.1:28	חכים הו ועל עטתה	ומל[והי	....
1300	ומלח	D7.35:5	הושר לי [...]אשה	ומלח	[....]ל עד יום שבה
1301	ומלי	C1.1:4	לם בנן לא[....]	ומלי	הוה שנאחריב מלך אתור
1302	ומן	A4.2:4	מצריא שחד להן יהבן	ומן	[.... זי מצריא קדם ארשם
1303		B3.5:3	מן אוביל ברת שתיבר	ומן	בגזושת כספין זי יב
1304		B8.4:11	ה.[.... ....]	ומן	פטאסי תמה [....]פחדו[ן
1305		C1.1:135	יעבד לחיתא [....]י	ומן	אלהן לא נפקת %% [....
1306		C1.1:140	[ברי] הוה לי שהד חמס	ומן	אפו צדקני %% מן ביתי
1307		C3.14:44	א[ ]	ומן	א[...] [....
1308		A6.10:9	זילי מנדעם כסנתו יהוה	ומן	אתר אחרן לא תבעון ולא
1309		D2.21:6	[....] [.... ....] מנכם	ומן	ב[יתא ....] [.... ....]
1310		B2.11:11	מלכא ורחיקן אנחנה מנך	ומן	בניך מן דין עלדבר
1311		C1.1:222	רחמי	ומן	בעלי ט[בתא]
1312		C1.1:130	[אל תזף ז]פתא יקירתא	ומן	גבר לחה אל תזף אף

No.	Word	Ref.	Preceding	Keyword	Following
1313		A4.1:4	[יומן לניסן ....עב]דו	ומן	יום 2+3+10 עד יום
1314		A4.8:12	[לקחו לנפשהום] עבדו	ומן	יום מלכי מצרין אבהין
1315		A4.7:13	לקחו ולנפשהום עבדו	ומן	יומי מלך מצרין אבהין
1316		B7.1:5	[מנך והן לא ימאת לך	[ומן	מומאה] אתוב או עבורא זנה
1317		B3.10:6	2+3+3 ופלג בעשתא	ומן	מועה למערב אמן 3+3+1
1318		C3.14:38	ג 2 ח 3+2[...]	ומן	עבור [מדינת ת]שטרס פתפא
1319		D7.17:2	כען הלו חלם 1 חזית	ומן	עדנא הו אנה חמם שגא תחזי
1320		B3.12:16	3+3+10 כ 2 בעשתא	ומן	עליה לתחתיא פתי אמן 3+2
1321		B3.12:8	3+3+10 כ 2 בעשתא	ומן	תחתיא לעליא פתי אמן 3+2
1322		D7.28:2	[..]. [..] א 1 מלח בידכם	ומ[ן	...] ש 1 ר 1 מאסרה .[...]
1323	ומן על	B3.7:9	[ז]נ[ה] מן תחת	ומ[ן ע]ל	וש[ל]יטה אנת[י ל]מנסק
1324	ומנדה	D6.13fragd:1	[... ה]לך	ומנדה[	...]
1325	ומנדעם	A6.15:6	כעת חמרא עבורא	ומנדע[ם]	אחרן זי לקחת כלא התב
1326		A2.5:4	שאל לה הושר לי ספר	ומנדעם	וכעת יהתו לן ארון
1327		A4.5:2	מנטרתן לא שבקן	{ומנדעם}	מחבל לא אשתכח לן בשנת
1328	ומנדעמתא	A4.7:12	זי זהבא וכסף	ומנדעמתא	זי הוה באגורא זך כלא
1329		A4.8:11	זי זהבא וזי כספא	ומ[נ]דעמתא	ז]י הוה באגורא זך כלא
1330	ומנחת	B3.10:15	אנתי בפלג דרגא למסלק	ומנחת	זנה {זנא} ביתא זי
1331	ומנחתא	A4.9:9	באתרה כזי הוה לקדמן	ומנחתא	ולבונתא יקרבון על מדבחא
1332		A4.8:24	[זי בנה הוה לקדמין	ומנחתא	לבונתא] ועלותא נקרב על
1333	ומנחתותהם	C1.1:170	מנשׂא רגלהם	ומנחתותהם	מן בלע[די אלה]ן ל.[...]
1334	ומני	A6.4:1	[וכעת דשנא מ]ן מלכא	ומני	יהב לעחחפי עלימא זילי
1335		A6.4:3	דשנא זכי ז[י] מן מלכא	ומני	[י]הב לעחחפי פסמשך ברה
1336	ומנכן	B2.9:7	והו החסן ולא התיב לה	ומנכן	רשינכם אחר שאילתם ואנת
1337	ומנעלא	B2.10:6	זכריה דבק לה בתחתיה	ומנעלא	כוין פתיחן תמה מועה שמש
1338	ומנתכי	B5.1:7	לכי כסף כרשן 3+2	ומנתכי	זילכי תוב שהדיא [ה]ושע
1339	ומעשרא	C3.7FR2:12	1 כ[ל] מנדתא	ומעשרא	זי גבי מנהם ועֲביד על
1340	ומצלין	A4.7:15	לבשן הוין וצימין	ומצלין	ליהו מרא שמיא זי החוין
1341		A4.8:14	שקקן לבשן הוין צי[מן	ומצלין	ליהו מרא שמיא זי] חוינא
1342	ומקריא	B7.2:6	לנפש[ך] עבדת שאיל[ת	ומקריא	על אלהן מטא עלי בדינא
1343	ומרא	B3.2:6	בגו הן קבלת עליך דין	ומרא	בשם הירא [ז]נה זי קבלת
1344		B5.4:2	אקבל עליך קדם סגן	ומ[רא	בשם ביתא זנה זי כתבת]
1345		B4.6:14	[אק]בל ע[ליכי]לסגן	ו[מרא]	דין א[....]
1346		B3.12:28	לה וזי יקבל עליך לסגן	ומרא	ודין בשם ביתא זנה זי
1347		B3.10:19	ויקבל עליכי לסגן	ומרא	ועל בניכי אחריכי זי
1348		B3.11:13	עליך ועל בניכי לסגן	ומרא	להעדיה ביתא זנה
1349		B5.4:5	בר וברה לך קדם סגן	ומרא	ל[העדיה מנך ביתא זנה זי
1350	ומראן	A4.10:12	מנחה [....]	ומראן	אודיס יעב[ד ....]
1351	ומרבי	B4.2:7	לי נבז על כל כסף	ומרבי	זי אהוה משלם לך והן לא
1352	ומרביתה	D2.18:1	[...] [... ... ...]	]ומרביתה[	... [... ...] [כספא
1353		B3.1:16	לא שלמו לך כספא זנה	ומרביתה	אנת משלם שליט למלקח
1354		B3.1:14	שלמתך בכספא זנה	ומרבית˄ה˄	בני המו ישלמון לך
1355		B3.1:15	ישלמון לך כספא זנה	ומרביתה	והן לא שלמו לך כספא
1356		B3.1:11	לי עד תתמלא בכספך	ומרביתה	ולא אכל אמר לך ˄לם˄
1357		B3.1:18	להם עד תתמלא בכספך	ומרביתה	ולא יכלון יקבלון עליך
1358		B3.1:12	לך ˄לם˄ שלמתך בכספך	ומרביתה	וספרא זנה בידך ולא אכל
1359		B3.1:8	שנה ולא שלמתך בכספך	ומרביתה	זי כתיב בספרא זנה אנת
1360		B4.2:9	יעקף כספך	ומרביתה	זי ישתאר עלי ויהוה רבה
1361		B4.2:8	לא שלמת לך כל כספך	ומרביתה	עד ירח תחות שנת

No.	Word	Ref.	Preceding	Keyword	Following
1362	ומרשה	B3.10:14	שליטא למסמך דחה	ומרשה	בפלגא דילך אף שליטא אנת
1363	ומשח	A2.4:10	תשכח לממה זבנת חטבת	ומשח	בשם למתיה לכן ולה אשכחת
1364		C1.2:1	[...]. מלכא וזעק	ומשח	[....]. לבני על
1365	ומשחא	D7.55:2	זילי כתני וחמרא	ומשח[א	...] בר ישיב אזלת על
1366	ומשחתה	B3.4:21	לך בית לדמות ביתך	ומשחתה	בר מן בר זי אפולי ˄זכר
1367		B3.10:16	ביתא זי תחומוהי	ומשחתה	כתיבן ומלוהי כתיבן
1368	ומשלחה	C1.1:82	לבב כי צנפר הי מלה	ומשלחה	גבר לא לב[ב] מ[.]י אחדי
1369	ומשלמותה	C1.1:131	חליה כ.[..]וֹר	ומשלמותה	ממלא בי
1370	ומתך	B8.9:3	טעמ[א ....] [...]	ומתך	כנם אמרן וא[ף]אמרן
1371	ומתן	D1.21:1	..[. ... ...] [...]	ומתן	...ת א.[... ...] [...] שלם
1372	ונבו	D7.30:3	אחוך ירחו שלם אחי בל	ונבו	שמש ונר[ג]ל
1373	ונגדא	A1.1:8	וטבתה עבדך נצר	ונגדא	זנה
1374	ונזק	A4.2:14	בצות מלכא וכלין להן	ונזק	ארשם וכפר צח[א
1375	ונחש	B2.8:4	על כסף ועבור ולבוש	ונחש	ופרזל כל נכסן וקנין וספר
1376	ונחת	D23.1.Va:7	[...]י מלן עָ[ש]ת	ונחת	באלפ[א] .כֹּ. ..לוּ..
1377	ונכסה	D3.45:2	[...] [...]דִי	ונכסה	פ֯מ[...] [...].מי
1378	ונכסוהי	B2.6:19	בביתה זי אסחור	ונכסוהי	וקנינה וכל זי איתי לה
1379		B2.6:30	מן ביתה זי אסחור	ונכסוהי	וקנינה ינתן לה כסף
1380		B3.8:29	הי [א]חדתה בביתה	ונכסוהי	וקנינה [ותכונתה וכ]ל
1381		B3.8:31	ביתה [זי ע]נ[נ]יה	ו]נכס[והי	וקנינ]ה וכל זי איתי
1382		B6.3:4	[הי שליטה בביתה]	[ונכ]סוהי	ו[קנינה וכל זי אית לה
1383		B6.3:8	[בביתה זי שלומם	ונכסוהי	וקנינה] וזי יקום
1384		B6.3:9	[מן ביתה זי שלומם	ונכסוהי	ינתן] לאביהי אנתתה
1385	ונכסי	A6.10:4	בשוזיא מתנצחן גרדא	ונכסי	מראיהם חסין נטרן אף
1386	ונכסיא	A4.4:8	בתיא זי עלו בהן ביב	ונכסיא	זי לקחו אתבו אם על
1387		B4.6:4	סתתרי 1 מן קצת כספא	ונכסיא	זי על ספר אנתותכי אנה
1388		A6.10:6	אנתם [א]תנצחו גרדא	ונכסי[א	זיל]י חסין טרו כן כזי
1389		A6.10:1	פקידא קדמיא גרדא	ונכסיא	זילנא [זי] במצרין חסין
1390	ונכסיה	B3.8:27	מנה עם שארת תכונתה	˙ונכסיה	וקנינה[דמי כסף כרשן
1391		B3.8:35	הו ירתנה [בתכו]נ[ת]ה	ונכסיה	וקנינה וכל זי איתי לה
1392	ונכסיהם	D23.1.III-IV:8	להם ולב[תיהם	ונ[כסיהם	נ֯תן לאחרנן ..[..]מן
1393	ונכסין	A4.8:5	[זי ביב] בירתא כסף	ונכסין	יהבו לוידרנג פרתרכא זי
1394	ונכסן	A6.10:3	אחרן גרד אמנן וספזן	ונכ[ס]ן	אחרנן שפיך בעה ועבד על
1395		B7.3p:2	לא.. ת. [...]. כל כסף	ונכסן	[זי]ישתכח אחרי מותי
1396		A4.5:4	זי פרתרך תנה הוה כסף	ונכסן	יהבו לה איתי קצת מן
1397		B7.2:5	כחסן וכתשת לאנתתי	ונכסן	כחסן הנפקת מן ביתי
1398		A6.15:9	גרדא לם זי מראתי כתש	ונכסן	לקח מנה כעת אנת וגרדא
1399		B2.7:5	המו ולא השכחת כסף	ונכסן	לשלמה לכי אחר אנה יהבת
1400		B7.2:9	ולאנתתא זילך לא כתשת	ונכסן	מן ביתך כחסן לא לקחת
1401		C1.1:74	סבל שגיא	ונכסן	שפי[ען ....
1402	וננתן	B3.4:20	לך אנחן נקום ונפצל	וננתן	לך בין יומן 20+10 והן
1403	ונסבת	C1.1:160	נ֯כ֯[רי] נשאית תבן	ונסבת	פרן ולא {ולא} איתי זי
1404	ונפצל	B3.4:20	וברה לך אנחן נקום	ונפצל	וננתן לך בין יומן
1405	ונצלה	A4.7:26	זי יהו אלהא בשמך	ונצלה	עליך בכל עדן אנחנה
1406		A4.8:25	זי יהו אלהא בשמך	ונצל[ה	עליך בכל עדן אנחנה
1407	ונקבה	B3.4:21	בר זי אפולי ˄זכר	ונקבה˄	או ברה ˄לה יתה˄ ולא
1408		B2.6:17	ימות אסחור ובר דכר	ונקבה	לא איתי לה מן מפ[ט]חיה
1409		B2.6:20	תמות מפטחיה ובר דכר	ונקבה	לא איתי לה מן אסחור
1410		B3.8:34	[יהוישמע] ובר זכ[ר]	ונקבה	לא איתי לה מן ענני

1411		B6.3:2	ובר דכר [....	ונקבה	לא] איה לה עם א[ביהי
1412		B3.8:29	ימות ענניה ובר זכר	ונקבה	לאיתי לה מן
1413	ונקת	B1.1:11	ואנתן לך ו]הן לא קמת	ונקת	ונתנת לך אתננהי לך מ]ן
1414	ונשיהם	D23.1.Vb:7	מ[...] וחיל. א...	ונשיהם	תריהם אחדו וברת[הם
1415	ונשין	B3.12:1	בר עזריה לחן זי יהו	ונשין	תפמת אנתתה לחנה זי יהו
1416		A4.7:26	עליך בכל עדן אנחנה	ונשין	ובנין ויהודיא כל זי תנה
1417		A4.8:25	[עליך בכל עדן אנחנה	ונשין	ובנין] ויהודיא כלא זי
1418	ונשן	B3.4:2	בזו כספי לדגל נמסו	ונשן	וב־־ל ברת שתבר כספיה
1419	ונשפט	C3.3:5	[... ...]ד [...]בקע [...]	ונשפט	[...]יצעקו [...]פט על
1420	ונתנהי	A2.1:7	אנה וכעת תקם יתו לן	ונתנהי	במשח וכעת אל תצפי לן לי
1421	ונתנת	C3.28:79	חשבן עבורא זי כתבת	[ו]נתנת	לאבהי שלמצין
1422		B1.1:12	מן בלעדי מלת מלך	ונתנת	לי פמ[טן]חקלי כסף ש 2
1423		B1.1:11	לך ו]הן לא קמת ונקת	ונתנת	לך אתננהי לך מ]ן]חלקי
1424	וסבלתני	B3.10:17	סב לא כהל הוית בידי	וסבלתני	אף אנה יהבת לה במותי
1425	וסגדת	C1.1:13	[א]חר גהנת	וסגדת	לם אחיקר קדם
1426	וסדן	D7.38:1	חנם[...]	וסדן	10+20 [...]זי חנם
1427	וסטירן	B8.6:2	]	וסטיר]ן	בשניתא זילי אחר
1428	וסטר	B8.2:3	[א]מתה זי [....]	וסטר	[....]עלוי שניתא
1429	וסטרו	A6.10:7	והנעלו בתרבצא זילי	וסטרו	בשנתא זילי ועבדו על
1430	וספר	A1.1:9	פחה במתא	וספר	שנדור
1431		B2.8:4	ופרזל כל נכסן וקנין	וספר	־אנתו־ אדין מומאה מטאה
1432		B8.10:1	[... יה]בת לה	וספר	אסרן כתבן
1433		B2.7:3	ארמי זי סון בדמוהי	וספר	כתב לי עלא ויהבתה
1434		B2.4:4	למבטחיה ברתי אנתתך	וספר	כתבת לה אחרוהי משחת ביתא
1435		B3.9:4	[זיל]ך זי יהבת לי	וספר	כתבת לי עלא לא אכהל אנה
1436		B2.3:25	וימאת לה כזי זילי הי	וספר	מרחק כתב ויהב לי ספרא זך
1437		B2.11:14	עלין וגבר חלקה נהחסן	וספר	פלגנן נכתב בינין ולא דין
1438	וספרא	B2.3:18	כתבתה ולא יתלקח בדין	וספרא	זנה בידכי ואף אנה
1439		B2.3:22	ואהך בדין ולא אצדק	וספרא	זנה בידכי אף איתי ספר
1440		B3.1:12	שלמתך בכספך ומרביתה	וספרא	זנה בידך ולא אכל אקבל
1441		B3.1:13	לם לקחת מני ערבן	וספרא	זנה בידך והן מיתת ולא
1442		B3.1:19	עליך קדם סגן ודין	וספרא	זנה בידך אף יהכון בדין
1443		B3.1:20	בדין ולא יצדקון	וספרא	זנה בידך כתב נתן בר
1444		B2.7:9	זך זי אנה יהבת לך	וספרא	כתבת לכי עלא זי יגרנכי
1445	וספרי	A6.1:1	וכנותה בגדן וכנותה	וספרי	מדינתא שלם מראן אלהיא
1446	ועבד	B5.6:10	קימה ואסרה כתב	ועבד	כל אסריא
1447		C1.1:127	יה ברי הכצר כל כציר	ועבד	כל עבידה אדין תאכל ותשבע
1448		A4.4:2	בר יתן..]אזל לסון	ועבד	ליהו.[....]
1449		A6.10:3	אחרנן שפיק בעה	ועבד	על ביתא זילי וכען תנה כן
1450	ועבדו	A6.8:3	לידך זכי אשתמעו לה	ועבדו	כן יד[י]ע יהוה לך הן
1451		A6.10:7	וסטרו בשנתא זילי	ועבדו	על ביתא זילי כן כזי
1452	ועבור	A6.15:6	לם זי בפפרם	ועבור	ארקתא כלא נחתחור לקח
1453		B2.8:4	בסון נפרת על כסף	ועבור	ולבוש ונחש ופרזל כל
1454		B3.13:11	מאן נחש ופרזל לבוש	ועבור	־זי תהשכח לי ביב
1455	ועביא	A6.2:18	תלתה חפוש ועל פתיא	ועביא	צבען תרין ועל שים בארכא
1456	ועביד	D3.44:4	כתיב [...] [...]	ועב[יד	[...
1457		C3.7AR2:11	[ואחרן זי גבי מנה	[ועביד	[על בית מלכא] [זהב
1458		C3.7AR2:1	מנדתא זי גבי מנה	וע[ביד	ע]ל בית מלכא זהב סתתרן
1459		C3.7AR3:1	מ]נדתא זי גבי מנה	ועביד	על בית מלכא] זה[ב
1460		C3.7AR3:19	[זי גבי מנהם]	ועביד	על בית מלכא] [כל כסף
1461		C3.7BR1:11	[הי] מנדתא זי גבי מנה	ועביד	על [ב]ית מלכא] [זה]ב
1462		C3.7BR1:19	מנדתא זי גבי מנה	ועביד]	על בית מלכא] זהב סתתרן
1463		C3.7DR1:8	[ז]ין ג[ב]י מנה	ועביד	על בית מלכא] זהב סתתרן
1464		C3.7DR2:21	[מנד]תא זי גבי מנה	ועביד	על [בי]ת מלכא [זה]ב
1465		C3.7DR3:13	מנדתא זי גבי מנ[ה	ועביד	על בית מלכא] זהב סתתרן
1466		C3.7DR3:25	[ואח]רן זי גבי מנה]	ועביד	על [בית מלכא]
1467		C3.7DR3:5	מנדתא זי גבי מנה]	ועביד	על בית מלכא] זהב סתתרן
1468		C3.7ER1:18	מנדת[א]זי גבי מנה]	ועביד	ע[ל ב[י]ת[מלכא] זהב
1469		C3.7ER1:7	ואחרן זי גבי מנה	[ועביד	ע]ל ב[ית מל]כא ז[ה]ב
1470		C3.7ER2:14	[הי] מנדתא זי גבי מנה	ועביד	[על בית מלכא] [זהב]
1471		C3.7ER2:21	מנדתא ז[י]גבי מנה	ועב[יד	על בית מלכא] זה[ב
1472		C3.7ER2:4	ואחרן זי ג[ב]י מנה]	ועביד	על בית מלכא] זהב סתתרן
1473		C3.7FR1:8	[ ]גבי מנה[ם]	ועביד	על בית מלכא [....]
1474		C3.7FR2:13	ומעשרא זי גבי מנהם	ועביד	על בית מלכ[א] כסף כרשן
1475		C3.7FR2:6	גברין זי גבי מנהם	ועביד	על בית מלכא כסף כרש 1 ש
1476		C3.7FV1:24	[גברין זי גבי מנהם	ועביד	על בית מ]לכא
1477		C3.7FV2:22	[ ]זי גבי[מנהם]	וע[ביד	על בי]ת מלכא זהב
1478		C3.7FV2:6	ואחרן זי גבי מנהם	ועביד	על בית מלכא כסף כרשן 3
1479		C3.7GR1:21	[זי ג]בי מנה	ועביד	על בית [.... 1+]1
1480		C3.7GR1:5	[....] מנהם	ועביד	על [....] [....
1481		C3.7GR2:18	[הי] מנדתא זי גבי מנה	ו[עביד	על]בית מלכא זהב סתתרן
1482		C3.7GR2:3	־ואחרן־ זי גבי מנהם	ועביד	על בית מלכא זהב סתתרן
1483		C3.7GR3:2	מעשרא[זי ג]בי מנה	ועבי[ד	על בית מ]לכא חמר זי שנת
1484		C3.7GR3:9	כל מעשרא זי גבי מנה[	ועביד	על] בית מלכא [חמר זי
1485		C3.7HR1:3	[מנדתא זי גבי מנה]	ועביד	על בית מלכא] זה[ב
1486		C3.7JR1:18	[ואחר[ן] זי גב[י] מנה	ועביד	על] [בית מלכא] [זהב
1487		C3.7JR1:8	[מנדתא זי גבי מנה]	ועביד	ע[ל] בי[ת] מלכא] [זהב
1488		C3.7JR2:19	[ואחרן זי גבי מנה	ועביד	על בית מלכא] זה[ב סתתרן
1489		C3.7JR2:2	[זי]גבי מנה	[ועביד	על בית מלכא] [זהב
1490		C3.7JR2:9	מנדתא זי גבי מנה]	ועביד	על בית מלכא] [זהב
1491		C3.7JV2:22	ו[אחרן] זי גבי מנהם	ועביד	על בית מלכ[א] זהב סתתרן
1492		C3.7JV2:9	מנדתא זי [גבי מנהם	[ועביד	על בית מלכא
1493		C3.7	[ואח]רן זי גבי מנה	ועביד	על] [בית מ]ל[כא]
1494		C3.7KR1:25	[מנדתא זי גבי מנהם	ועביד	על ב]ית מלכא
1495		C3.7KR2:14	ואחרן זי גב[י מנ]הם	ועביד	על בית מלכא זהב סתתרן
1496		C3.7KR3:1	מ]נדתא ז]י ג[בי מנה	ועביד	ע]ל בית מלכא זה]ב
1497		C3.7KR3:18	ואחרן[זי גבי מנה	ועביד	על בית מלכ]א זהב סתתרן
1498		C3.7KR3:8	[מנדתא]ז[י גבי מנה]	ועביד	על בית מלכא זהב [סתת]רן
1499		C3.7KR4:3	מנדתא[זי גבי מנה	ועביד	על בית מלכא] זהב סתתרן
1500		C3.7KR4:9	מנ[דת]א זי ג[בי מנה	ועביד	על בית מלכא] זהב
1501		C3.7CR1:17	[ואחרן זי גבי מ]נה	ועביד	ע[ל] [בית מלכא] [זהב
1502		C3.7CR1:7	[מנדתא זי גבי מנה]	ועביד	על בי]ת מלכא [זהב סתתרן
1503		C3.7CR2:19	ואח[רן] זי [גבי מנה]	ועביד	על בית מלכא זהב סתתרן
1504		C3.7CR2:7	[מנדתא זי גבי מנה]	ועביד	על בי]ת מלכא [זהב
1505	ועד	B2.1:5	מן זוית ביתי זי לעליה	ועד	בית זכריה־ מחר או יום
1506		A4.8:19	דריוהוש מלכא	ועד	זנה יומא אנחנה שקקן]
1507		A4.8:20	[אף מ]ן זך ע[ד]נא	ועד	ז]נה יומא שנת
1508		A4.7:21	לא שתין אף מן זכי	ועד	יום שנת 10+3+3+1

1509		B3.6:12	בר וברה לאבוהי בחייך	ועד	מותך נסבל לזכור ברך כבר
1510		B2.1:5	לשטר ביתי מן ארעא	ועד	עלא מן זוית ביתי זי
1511		B2.11:7	מטאך בחלק מן יומא זנה	ועד	עלם ובניך אחריך ולמן זי
1512		B2.3:9	שליטה בה מן יומא זנה	ועד	עלם ובניכי אחריכי למן זי
1513		B2.6:4	ואנה בעלה מן יומא זנה	ועד	עלם יהבת לך מהר ברתך
1514		B2.8:7	מנכי מן יומא זנה	ועד	עלם לא אכהל אגרנכי דין
1515		B3.3:4	ואנה בעלה מן יומא זנה	ועד	עלם הנעלת לי תמת בידה
1516		B5.2:8	רחקת מנך מן י]ומא זנה	ועד	עלם ....[
1517		B5.5:4	מנכ[י] מן יומא זנה	ועד	עלם לא אכהל ארשנכי דין
1518		B5.5:8	לבבי [בגו מן יומא זנה	ועד	עלם ורחקת מנכי מן כס]פא
1519		B3.12:23	שליט בה מן יומא זנה	ועד	עלמן ובניך שליטן אחריך
1520		B3.4:11	ורחקן מנה מן יומא זנה	ועד	עלמן אנת ענניה בר
1521	ועדזנה	A4.7:20	דריהוש מלכא	וע־ד־זנה	יומא אנחנה שקקן לבשן
1522	ועזיז	C1.1:84	רכיך ממלל מלך שדק	ועזיז	הו מן סכין פמי[ן] חזי
1523		C1.1:143	עם זי חצי[ף]	ועזיז	מנך [אל ....
1524	ועזרן	D22.35:1	[....]	ועזרן	ב[ר ...]
1525	ועטה	C1.1:57	אמר לכם עטתא] זילי	ועטה]	טבה הי [שגי]א אח[ר ענו
1526	ועטיק	B3.11:15	ינפקון עליכי ספר חדת	ועטיק	בשם ביתא זנה זי תחומוהי
1527		B3.10:22	ינפקון עליכי ספר חדת	ועטיק	להן ספרא זנה זי אנה
1528	ועטתי	C1.1:53	כמנדע על אחרן יזכרני	ועטתי	יבעה אח[ר]אנת
1529		C1.1:19	יהוה לך אף חכמתי	ועט[תי	.... ענה
1530	ועל	A4.7:18	כהניא זי בירושלם	ועל	אוסתן אחוה־י־ זי ענני
1531		A4.8:18	[כהניא זי בירושלם	ועל	אוסתן אחוהי זי ענני
1532		A4.7:18	לן אגרה שלחן מראן	ועל	יהוחנן כהנא רבא וכנותה
1533		B3.6:10	אחרן לא שליט עליכי	ועל	יהישמע ברתכי ואנתי
1534		B3.6:7	כסף זי יקום עליכי	ועל	יהישמע ברתך זי ילתי לי
1535		D7.16:5	אל תתכלי על משלמת	ועל	שמעיה כען החלפי לי
1536		D7.13:1	[..]	ועל	אסמן בר [...] באלף מנחמן
1537		B2.11:8	זילי דינן למרשה עליך	ועל	בניך עלדבר פטוסירי שמה
1538		B5.3:3	[ואחה דינן למרשה על]יך	ועל	בניך [בשם ....
1539		B3.10:19	ויקבל עליכי לסגן ומרא	ועל	בניכי אחריכי זי ירשנכי
1540		B3.10:20	דין ודבב ויקבל עליכי	ועל	בניכי ינתן לכי אביגרן
1541		B3.11:13	דין ודבב ויקבל עליך	ועל	בניכי לסגן ומרא להעדיה
1542		B3.11:14	ובמותי יחוב וינתן לכי	ועל	בניכי אביגרן כסף כרשן
1543		B5.4:4	[אחריך והן קבלת עליך	[ועל]	בר וברה לך קדם סגן ומרא
1544		A2.3:11	וכעת הוי חזית על תשי	ועל	ברה ושלחי כל טעם זי הוה
1545		A4.7:28	כדמי כסף כנכרין 1×לף	ועל	זהב על זנה שלחן הודען אף
1546		C1.1:144	[....] מן מנתך	ועל	זילה יהוס[ף
1547		C1.1:82	מן כל מנטרה טר פמך	ועל	זי ש[מעת] הוקר
1548		D23.1.VIII:9	שפרן זילה ל.א.[..]	ועל	כו...אל.[..]....
1549		A6.2:19	בארכא לחד פשך חד	ועל	סעבל עקי חלא דרי תמים
1550		C1.1:28	חכים הו	ועל	עטתה ומלו[והי ....
1551		C1.1:60	[מלך אתור]הו	ועל	עטתה ומלוהי חיל] אתו[ר
1552		A6.2:18	לחד פשכן תלתה חפוש	ועל	פתיא ועביא צבען תרין ועל
1553		A6.2:19	לחד פשכן תלתה חפוש	ועל	פתיא צבען תרין ועל שף
1554		A6.2:20	לחד פשכן תלתה חפוש	ועל	פתיא צבע חד עזלי כתנא
1555		C1.1H:16	מ[ל]ך את[ור הו	ו[על	...] אל נקטלנהי [איתי]
1556		A6.2:18	פתיא ועביא צבען תרין	ועל	שים בארכא לחד פשכן תלתה
1557		A6.2:19	ועל פתיא צבען תרין	ועל	שף וחנניא בארכא לחד פשך

1558	ועל אחרן	C1.1:133	לכדבא יחיט	ועל אחר[ן	י]הנשגון כדבתה
1559	ועלוה	A4.7:21	מלכא מנחה ולבו[נ]ה	ועלוה	לא עבדו באגורא זך כען
1560		A4.8:21	[מלכא] מנחה לבונה	ועלוה	לא עבד[ו באגורא זך
1561	ועלוהי	C1.1:181	יא[כ]ל[ ]לחיה	ועלוהי	טב מן זי יטעמנ[הי]
1562	ועלותא	A4.7:25	קדמין ומחתא ולבונתא	ועלותא	י{{ה}}קרבון על מדבחא זי
1563		A4.8:25	[ומנחתא לבונתא]	ועלותא	נקרב על מדבחא זי יהו
1564	ועלי	D7.3:4	[...] [אז]לי יומא זנה	ועל[י	על] [מש]לך בר את...
1565	ועלימא	D23.1.II:13	עמה רחם אנה להי שגיא	ועלימא	אזל על אסרס[...] לא[ ]
1566	ועלין	D23.1.II:5	[... ...] [...]מטא	ועלין	[...] [...]..[...]..[..
1567	ועלעי	C1.1:90	לשן מ[לך]	ועלעי	תנין יתבר כמותא זי [ל]א
1568	ועם	C1.1:139	[בי]תי נפקת לחיתי	ועם	מן אצדק % בר בטני הגשה
1569		C1.1:145	הא כן איש זעיר	ועם	....]
1570	ועמודיא	A4.7:9	זך נדשוהי עד ארעא	ועמודיא	זי אבנא זי הוו תמה
1571		A4.8:8	זך נדשוהי עד ארעא	ועמודיא	זי א[בנא זי הוו תמה
1572	ועממא	C1.1:98	להי[...]ה אנשא	ועממא	עבדו בהם ולא שבקו
1573	ועמר	B4.1:2	כסף וחטן ושערן [וכנתן	ועמר	ו]כתן [ו]כל מדעם זי יחיה
1574	וענה	D23.1.VIII:12	מ..ו לפרעה נכו	וענה]	[...]... ....[
1575		D23.1.IX:9	הן [.]....[.]..לכ...]	וענה]	ואמר אנשא לפרעה
1576	וענת	D23.1.II:10	אנתן לך כסף כרש [1	ו]ענת	ואמרת [ל]דנא חרא
1577		C1.1:209	אמיר מית גדיכי	וענת	ענזא [ואמרת ....]ידע זי
1578	וערבן	B3.1:17	שליט למלקח לך כל זון	וערבן	זי תשכח להם עד תתמלא
1579		D1.26fragb:3	[...] מן מדינתא [... ...]	וערבן]	חסין [...] עבדא לי
1580	ועתד	B2.4:5	לך ארקא זך בני	ועתד	בהמיתה ותב בגו
1581	ועתיק	B3.12:29	ינפק עליך ספר חדת	ועתיק	בשם ביתא זנה זי זבן
1582		B2.3:16	עליכי ספר חדת	ועתיק	בשמי על ארקא זך למנתן
1583	ועתק	B2.7:12	יהנפק עליכי ספר חדת	ועתק	להן זנה ספרא זי אנה כתבת
1584	ופינך	D7.57:8	ואגנן 2 וכדדן 3+1	ופינך	1 וצפחא חדה ובית ח 1
1585	ופכלול	D7.7:10	ותפק אחטב עמר	ופכלול	2
1586	ופלג	C3.7JV1:20	[....]+3+3	ופלג	[....]א זי עבי[ד ע]ל
1587		C3.7GV2:4		ופלג	בגו חמר יון כנדן
1588		B3.10:6	לעליא אמן 3+3+2	ופלג	בעשתא ומן מועה למערב אמן
1589		B3.10:4	הו פלג תחית מצרית	ופלג	דרגא ^ותחת^ מנה בית פרסא
1590		B3.10:7	בעשתא ופלג תרבצא	ופלג	דרגא ובית פרס^א^ פלגה
1591		B3.7:13	ביתא זנה ופלג תחית	ופלג	דר[גא ושליטה] א^נ^תי בהן
1592		C3.7DV1:5		ופלג	חמר כנדן
1593		C3.7DV2:5	100×1+20+3+3+3	ופלג	חמר צידנין כנדן
1594		C3.7GR2:7	[ ]יון כנ[דן] 20+1	ופלג	[חמ]ר צידנין כנדן
1595		C3.7GR3:11		ופל[ג]	טין שמ[ויש]כרשן]
1596		C3.7FV1:8	....]	ופ[לג	[כל כסף גברין זי גבי
1597		C3.7GR3:8	כנדן 2+3+3	ופלג	כל מעשרא זי גבי מנה]
1598		C3.7FV2:4	כנדן 10+3+3+2	ופלג	לק עתיק 1 כל מנדתא ואחרן
1599		C3.7AR2:15	כנדן 20+1	ופלג	[מ]ש[ח]ספן 3+[3+3 כ
1600		C3.7AR2:7	חמר כנדן 20+1	ופלג	משח] ספן 3+3[+3
1601		C3.7BR1:2	[חמר כנדן 20+1	[ופלג]	משח ספן 3+[3+3] כ 2
1602		C3.7DR3:20	חמר כ[נד]ן 20+1]	[ופלג]	משח ספן 3+[3+3
1603		C3.7ER1:10	[חמר]ספן 20+1	ופלג	[משח ס]פן 3+3+3 כ 2
1604		C3.7ER1:3	כנדן 20+1	ופ[לג	[מש]ח ספן [3]+3+2]+1
1605		C3.7ER2:7	[חמר כנדן] 20+1]	[ופלג]	משח[ספן] 10
1606		C3.7JR1:14	[2] [חמר כנדן [20+1	ופלג	[משח ספן 3+3+3 ופלג]

No.	Lemma	Ref.	Preceding	Keyword	Following
1607		C3.7JR1:22	[חמר כנדן] 1+20	ופלג	[משח ספן 3+]3+3 כ 2
1608		C3.7JR2:15	[2] חמר כנ[דן] 1+20	ופלג]	[משח ספן 3+3+3 ופלג]
1609		C3.7JR2:22	חמר] כנדן 1+20	ופלג]	משח ספן 10 [רבע]
1610		C3.7	[חמר] ספן [1+20]	ו]פלג]	[מש]ח ספן] ...
1611		C3.7KR2:10	[20+20+20]+3+1	ופלג	[משח ספן ...] [עק]סמכת
1612		C3.7KR2:18		ופ[ל]ג	[משח]ספן
1613		C3.7KR3:14	חמ]ר כנדן 1+20	ופלג]	מש]ח ספן 3+3+3 ופלג]
1614		C3.7KR3:21	חמר [כ]נדן 1+20	ופלג	משח ספן 10 רבע עק סמכת
1615		C3.7CR1:13	[2] [חמר כנדן 1+20	ופלג]	[משח ספן 3+3+3 ופלג]
1616		C3.7CR1:21	[חמר כנדן 1+20	ופלג]	[משח ספן 3+3+3 כ 2
1617		C3.7CR2:14	חמר ספן 1+20	ופלג	משח ספן 3+3+3 ופלג
1618		C3.7AR2:8	מש[ח] ספן 3+[3+3	ו]פ[לג]	[ע]ק סמכת 1 [ספן
1619		C3.7DR3:21	משח ספן 3+[3+3	ופלג]	עק סמכת 1 ספן ריקנן
1620		C3.7ER1:4	ספן [3]+2+[1+	ופ[לג	[עק סמכת 1] ספן
1621		C3.7ER2:1	משח [ספן 3+3]+3	ופלג	עק] סמכת 1] ס[פ]ן
1622		C3.7JR1:15	[משח ספן 3+3+3	ופלג]	[עק ס]מ[כת 1] [ספן
1623		C3.7JR2:16	[משח ספן 3+3+3	ופלג]	[עק סמכת 1] [ספן ריקנן
1624		C3.7KR3:15	מש]ח ספן 3+3+3	ופלג]	עק סמכת 1 ספן
1625		C3.7CR1:14	[משח ספן 3+3+3	ופלג]	[עק סמכת 1] [ספן ריקנן
1626		C3.7CR2:15	ופלג משח ספן 3+3+3	ופלג	עק] סמכת 1] ספן ריקנן
1627		D3.26:3	לוח אחרה אמן 3+3+3	ופלג	פתי אמה 1 דור[ה ...]
1628		C3.7ER1:23	חמר כנ[ד]ן 1+20	ופלג	
1629		C3.7CR2:22	חמר ספן 1+20	[ו]פלג	
1630		B3.7:13	[יה]בת לכי ביתא זנה	ופלג	תחית ופלג דר[גא ושליטה]
1631		B3.10:4	שמש מן תרי רבתא זילי	ופלג	תרבצא הו פלג תחית מצרית
1632		B3.10:7	בעשתא	ופלג	תרבצא ופלג דרגא ובית
1633	ופלגא	B2.4:11	[י]ה[ו]ה לה למלקח	ופלגא	אחרנא אנת שליט בה חלף
1634		B3.7:12	ברתי [פלגא] לפלטיה	ופלגא	לן[י]ה[ו]ישמע .. אנה
1635	ופלגן	B2.11:3	אנחנה אשתוין כחדה	ופלגן	עלין עבדיה זי מבטחיה
1636	ופקיד	D7.10:2	כען לו [ב]סגרא שימת	ופקיד	[.. י]כלאו מנה לחם ומין
1637	ופרזל	B2.8:4	כסף ועבור ולבוש ונחש	ופרזל	כל נכסן וקנין וספר
1638		B3.13:11	עבד ואמה מאן נחש	ופרזל	לבוש ועבור ^זי תהשכח לי
1639		B2.9:5	קמר וכתן מאני נחש	ופרזל	מאני עק וחוצן עבור
1640		A6.2:12	חלא חמשה מסמרי נחש	ופרזל	מאתין עקי ארז לובר חסין
1641		B3.1:10	זי לבנן כסף ודהב נחש	ופרזל	עבד ואמה שערן כנתן וכל
1642		B4.6:12	[ואמה מאן] נח[ש]	ופר[ז]ל	שערן [ו]כ[נת]ן
1643	ופריה.	D23.1.Va:13	וארעא אזרע מלח	ופריה.	ל..כל ..ל נרהוש
1644	ופשך	B2.3:4	לעליה אמן 3+10	ופשך	1 פתי מן מועא למערב אמן
1645		B2.4:4	ביתא זך אמן 3+10	ופשך	ב1+10 בעשתא כען אנה
1646		B2.3:0	ארך 3+10	ופשך	ב1+20 לכסלו הו יום
1647	ופשכן	B6.2:5	2+3 פשכן 3+1 ב3	ופשכן	1+3 דמי כסף שקלן 3
1648		B6.2:4	[א]מ[ן ... ב	]ו[פשכ]ן	... דמי כסף שקלן ... 1
1649	ופתגמא	B8.8:5	אסושן זך שאיל	ופת[גמא	אמר ...] [....] א..
1650		D1.32:15	יתעבד [...]	ופתגמא	מנ.ש ישתלח]
1651	ופתח	B3.10:13	בה 3 דש חד בה אחד	ופתח	אף שליטא אנתי בתחי"ת" הו
1652	ופתכרן	A6.12:3	זי קדמן עבד קדמי	ופתכרן	אחרנן והושרו יהיתו עלי
1653	ופתפא	B5.5:10	ירשנכי בשם כספא זנה	ופתפ[א	זי] כתיב מנעל [ינתן לכי
1654		B5.5:8	[מנכי מן כס]פא זנה	ופתפא	זי הוה לי מן בית מלכא
1655		B5.5:10	כספא זנה [זי יהבת לי	ופתפא	זנה זי הוה לי מן בית
1656	ופתפרסא	A4.2:12	והנ[....]	ופתפרסא	ויהב לי כסף סתתרן
1657	וצבית	C1.1:3	[אתור כלה הוה	[וצ]בית	עזקתה זי שנחאריב מלך
1658	וצדקה	A4.7:27	עד זי אגורא זך יתבנה	וצדקה	יהוה לך קדם יהו אלה
1659		A4.8:26	עד אגורא זך יתב[נה	וצדקה	יהוה לך קדם יהו אלה]
1660	וצהוה	C1.1:123	כפן יהחלה מררותא	[ו]צהוה	[.... ישתבע כעס
1661	וצימין	A4.7:15	ובנין שקקן לבשן הוין	וצימין	ומצלין ליהו מרא שמיא זי
1662		A4.7:20	יומא אנחנה שקקן לבשן	וצימין	נשיא זילן כארמלה עבידין
1663	וצימן	A4.8:19	אנחנה שקק[ן לבשן	וצימן	נשיא זילן כארמלה עבידן]
1664	וקח	D1.14:2	עבדך[...] [....]	וקח	כסף [....] [....] ב]כל
1665	ורחיק	B2.1:9	בר וברה אח ואחה קריב	ורחיק	בעל דגל וקריה יכלא
1666		B6.3:6	[ואחה זי שלומם קריב	ורחיק]	בעל קריה וב[על דגל
1667		B3.6:5	ואח לי ואחה קריב	ורחיק	הנגית והנבג לא שליט בכי
1668		B2.2:13	לך אח ואחה לך קריב	ורחיק	זי יגרנך בשמי ^על^ ארקא
1669		B5.1:6	אח ואחה בר וברה קרב	ורחיק	יגרונכי וזי יגרנכי
1670		B5.5:5	לי אח ואחה לי קריב	ורחיק	[ירשנכי דין ודבב זי
1671		B2.2:13	לי ^אח ואחה לי קריב	ורחיק^	על ארקא זך אנת ובר לך
1672	ורחיקן	B2.11:11	עשרה במתקלת מלכא	ורחיקן	אנחנה מנך ומן בניך מן
1673	ורחמיך	A4.7:24	חזי בעלי ‖טבתך	ורחמיך	^זי^ תנה במצרין אגרה
1674		A4.8:23	למבניה חזי בעלי טבתך	ורחמיך	זי תנה [במצרין אגרה
1675	ורחמן	D22.51:4	זי ישמן לי שלם	ורחמן	..[.] ... [...] מן כל ....
1676	ורחק	B2.7:10	אנה ואח ואחה קרב	ורחק	בעל דגל ובעל קריה ינתן
1677		B3.2:9	הן גרך אח ואחה קרב	ור<ח>ק	בשם הירא זנה אנה אפצל
1678	ורחקן	B3.4:11	2 אנחן זבן ויהבן לך	ורחקן	מנה מן יומא זנה ועד
1679		B3.4:13	זי אנחן זבן ויהבן לך	ורחקן	מנה ולא נכהל נגרה לבר
1680	ורחקת	B2.7:16	זך ביתא יהבתה לך	ורחקת	מנה דילכי הו עד עלם
1681		B2.7:7	זנה ביתא יהבתה לכי	ורחקת	מנה דילכי הו ולבניכי מן
1682		B3.2:7	כסף שקלן [2+3]	ורחקת	מנך אנתן לך כסף כרשן
1683		B2.8:6	לי על נכסיא אלך	ורחקת	מנכי מן יומא זנה ועד
1684		B5.5:4	לקבל סבול [זי סבלתני	ורח]קת	מנכ[י] מן יומא זנה ועד
1685		B5.5:8	[מן יומא זנה ועד עלם	ורחקת	מנכי מן כס]פא זנה ופתפא
1686	ורשכם	B2.10:12	אנה ידניה רשיתכם	ורשכם	בר לי וברה אנתה ואיש
1687	וש....	B8.5:8	[ ] על [...] ואסרוהי	וש[....]	[...]יי וחטרן דגלן
1688	ושאילת	B7.1:3	נונין לאמר חמצת מני	ושא]ילת	קדם ... וכנותה דיניא]
1689	ושאל	D7.13:4	וידניה גשוריא מ[...]	ושאל	על פטוסרי [...] שחפמו
1690		D7.13:6	שחפמו באלף בּ[...]	ושאל	על חנ.[....] פטחרפחרט בר
1691	ושאלהי.	D7.1:14	לחם אף קמח הב[ו] לה	ושאלהי[.]	למ.ה תבעה
1692	ושאלת	B3.8:3	אתית על[יך בבי]תך	ושאלת	מנך לנשן יהוישמע שמה
1693		B6.1:3	אנה אתית עליך בביתך	ושא[ל]ת]	מנך ל.... ברתך לאנתו
1694	ושאר	C2.1.7:40	[זילי בראשהו]ם שלחת	ושא]ר	חילא זי] פרס ומד[י]
1695	ושארת	B3.8:23	[תמניה חלרן [1+3]+1	ושארת	נכסיא זי כתיבן ינתן לה
1696		B3.8:27	[2+]1+2+3 ח 2+3	ושארת	נכסיה זי כתיבן ינתן לה
1697	ושביא	C1.2:5	חמ[שה]הו יחלף לך	ושביא	זי שבית בזא שנתא]
1698	ושבק	A2.2:15	ויהוי זבן גשרן	ושבק	בבתה אל תקמי קדמתה כל
1699		A2.4:10	מן תשי ויהב בגשרן	ושבק	כל גשר זי תשכח לממה
1700	ושבקת	B3.6:4	אזת שבקתכי במותי	ושבקת	ליהישמע שמה ברתכי זי
1701	ושהדו	D1.17fragb:6	[ ]יתקים כים	ושהדו	על כל נכס[י ...] [....]
1702	ושהדיא	B2.10:17	כפם ידניה בר הושע	ושהדיא	בגו מנחם בר שלום
1703		B2.6:37	[זנה כפם אסחור	ושהדיא	בגו פנוליה בר יזניה]
1704		B2.7:17	ספרא זנה כפם מחסיה	ושהדיא	בגו כתב מחסיה בכ״פ״י

1705		B3.1:21	ספרא זנה כפם יהוחן	ושהדיא	בגו שהד אושע בר גלגול
1706		B3.3:14	בר ענניה ספרא זנה	ושהדיא	בגו שהד נתן בר גדול
1707		B3.4:23	כפם בגזשת ואבל	ושהדי<א>	בגו˘ מתרדת בר מתריזן
1708		B3.5:23	בר עזריה לחנא	ושהדיא	בגו גמריה בר מחסיה
1709		B3.6:16	כפם משלם בר זכור	ושהדיא	בגו אתרפרן בר ניסי
1710		B3.8:43	[ו]זכור בר משלם	ושהדיא	בגו חגי בר שמעיה
1711		B5.5:11	מפטחיה ברת גמריה	ושהדיא	בגו
1712		B6.4:9	כפם הושעיה ויהוחן	ושהדיא	בגו שהד חרמנתן בר
1713	ושוק	B3.11:4	לה הו בבא זילך למנפק	ושוק	מלכא בינים עליא לה בית
1714		B3.12:19	שמש לה אגורא זי יהו	ושוק	מלכא ביניהן עליה לה בית
1715		B3.12:21	מלחן זי מיא בני תויא	ושוק	מלכא ביניהן וכונה 1 פתיח
1716		B3.4:10	ˆלה˜ אגור יהו ˆאלהא˜	ושוק	מלכא ביניהם אנה בגזשת
1717		B3.4:8	לה תמי זי חנום אלהא	ושוק	מלכא ביניהם מועה שמש לה
1718		B3.5:10	לה אגורא זי יהו אלהא	ושוק	מלכא בניהם מועה שמש לה
1719		B3.5:11	לה תמא זי חנום אלהא	ושוק	מלכא בניהם מערב שמש לה
1720	ושור	A4.5:5	זי ביב בירתא נדשו	ושור	חד בנ[ו ב]מנציעת בירת
1721	ושחלין	D7.45:8	הושר לי שערן קב 1	ושחלין	טב כסא זעירא
1722	ושכרו	D23.1.Va:7	נשא עמה	ושכרו	.ה הקם וא[פ]ק על
1723	ושלח	A3.6:3	לפיסן וא[....]	ושלח	אגרה עלדברכן לצ<ח>א
1724		D7.39:8	ילקחו [....].. בסון	ושלח	לי פתגם ולא .ל..תי
1725	ושלח	D7.11:3	חזי מה [....]ד יגדל	ושלח	[...] לה בשמי לא [...]
1726	ושלחי	A2.3:12	חזית על תשי ועל ברה	ושלחי	כל טעם זי הוה בבי˘יתי
1727	ושלחהי	D7.4:7	סבך 1 זי תהכ[...]	ושלחהי	לי הלו {ל}לאיתי ל[.]
1728	ושלחת	D7.24:15	הי זי שלח לי רוך	ושלחת	לה למפרש לי מלתא אף
1729	ושליטה	B3.7:10	מן תחת ומ[ן ע]ל	וש[ל]יטה	אנת[י ל]מנסק ולמנחת
1730		B3.7:13	תחית ופלג דר[גא	ושליט[ה]	א˘נ˘תי בהן למנסק עלא
1731	ושלם	A2.6:8	[ומכ]בנת שאלן שלמכי	ושלם	תרו [ו... ו... וכ]עת שלם
1732	ושמע	C1.2:1	לבני על תסהרא זי מלכא	ושמע	מ[לכא [...] זנה זי קרה
1733	ושנאתה	C1.1:132	כי חן גבר הימנותה	ושנאתה	כדבת שפותה [... מן] קדמן
1734	ושנן	B7.1:8	קב 1 לפרס 1 כל ירחן	ושנן[	.... כתב]
1735	ושערן	B4.1:2	יתלי עליך כסף וחטן	ושערן	[וכנתן ועמר ו]כתן [ו]כל
1736	ושקא	B2.7:14	לה בית גדול בר אושע	ושקא	בניהם מערב שמש לה בית
1737	ושקפוני	B8.4:5	10 בכפרגל 3+3	ושקפוני	רגלן 2
1738	ושריר	A4.7:3	אריכן ינתן לך וחדה	ושריר	הוי בכל עדן כען עבדך
1739		A4.8:3	אריכן ינתן לך וחדה	ושריר	הוי בכל עדן כעת עב[ד]ך
1740	ושרירא	A5.3:2	[בכל עד]ן חיא חדה	ושרירא	מראי יהוי יתיר
1741	ושרירתא	A5.1:4	אנפכם במצרין חדיתא	וש[רירתא	....]אף אגרתא זא [כתבת
1742	ושררת	A3.3:1	[מ]ן אחוך אושע שלם	ושררת	[הושרת לך] [וכעת] מן
1743		A3.4:1	ברך שלום [שלם	ושררת	שגיא הושרת] לך שלם
1744		A3.8:1	אחוך ה[וש]ע שלם	ושררת	שגיא הושרת ל[ך וכעת
1745		A6.16:1	על נחתחור שלם	ושררת	שגיא הושרת לך וכע[ת
1746		A6.3:1	ארשם על ארתונת שלם	ושררת	שגיא הושרת לך ו[כעת
1747		A6.4:1	על אר[תונ]ת שלם	ושררת	שג[י]א הושרת ל[ך
1748		A6.5:1	[על] ארתונת שלם	[ושררת	שגיא הושרת]לך וכע[ת
1749		A6.6:1	[ארשם על .... שלם	ושררת	שגיא הוש]רת לך תנה [לי
1750		A6.7:1	ארשם על ארתהנת שלם	ושררת	שגיא הושרת ל[ך] וכעת
1751		D1.12:1	[...] [... ...].[...] שלם	ושר[ר]ת	שג[יא ... [...] ...
1752	ושתות	C3.7FV2:2	חמר כנדן 20+3 כ 2	ושתות	בגו חמר זין] שנת [10
1753		C3.7GR2:6	כ 2	ושתות	בגו [חמר]יון כנ[דן

1754	ותאבד	C1.2:21	[....]מה	ותאבד	צדקתא ואי[ש לא יעבד]
1755	ותאמר	B3.8:25	תשנא לבעלה ענניה	ותאמר	לה שניתך לא אהוה לך
1756		B2.6:23	תקום מפטחיה בעדה	ותאמר	שנאת לאסחור בעלי כסף
1757		B3.3:9	או יום אחרן תקם תמת	ותאמר	שנאת לבעלי ענני כסף
1758	ותב	B2.4:6	ועתד בהמיתה	ותב	בגו עם אנתתך להן ביתא
1759	ותבירן	A6.2:13	יהיתה חליפתהם לובר	ותבירן	על גנזא עזלי כתן עבין
1760	ותהוה	B4.2:3	יום זי אשלמנהי ל[ך]	ותהוה	מרבית כספך חלרן 3+3+1
1761	ותהך	C1.1:86	יחזנהי על אמריך	ותהך	[ו]לא ביומיך [חזי ט]בת
1762		B3.8:28	לה ביו[ם 1] בכף 1	ותהך	לבית אבוה וה[ן] ימות
1763		B2.6:25	תהנפק מן חם עד חוט	ותהך	לה אן זי צבית ולא {י}דין
1764		B2.6:28	חוט ביום חד בכף חדה	ותהך	לה אן זי צבית ולא דין
1765		B3.8:24	לה ביום 1 בכף 1	[ו]תהך	[לה מנה] אן [זי צבי]ת
1766	ותהרקא	D23.1.XII:9	[....] בֿ.[..]הם	ותהרקא	שה[...] [....] [...].[.]לם
1767	ותוב	D7.11:11	סני בעתחתא[....]	ותוב	כסי עתח[תא] כ.... מן
1768		B2.4:12	זי אנת בנית בביתא זך	ותוב	פלגא הו בניך מן מבטחיה
1769	ותובא	C1.1:44	בתרע היכלא הו חבלך	ותובא	[.... קר]בתא דחלת לם
1770	ותונה	B3.5:6	תמת מן פלג תרי רבתא	ותונה	הוה מן עליה עד תחתיה
1771		B3.5:3	לכי פלג תרי רבתא	ותונה	זי ביתא זי זבנת מן
1772	ותושר	A2.2:7	וכעת שלחי על תבי	ותושר	לכי עמר מן קצתה זי כסף
1773	ותחומוהי	B3.5:12	זי משחת<ה> כתיבן	ותחומוהי	אנה ענניה יהבתה לכי
1774		B3.10:12	ביתא זנה זי משחת˘ה˜	ותחומוהי	כתבן בספרא זנה אנה
1775		B3.12:22	ביתא זנה זי משחתה	ותחומוהי	כתיב בספרא זנה אנת
1776	ותחית	B3.7:10	בדרגא ז[ך זי ב]יתי	ותחית	[....] בינ[י]הם
1777	ותחצד	B1.1:7	מן נפשך ˆוחקלא˜	ותחצד	נפשך[....]שנבי נחות
1778	ותחת	B3.10:4	תחית מצרית ופלג דרגא	ˆותחת˜	מנה בית פרסא הו זנה
1779	ותחתיתא	A6.7:6	בגיא זילי זי בעליתא	ותחתיתא	אחר כזי מצרין מרדת
1780		A6.4:3	זילי זי בעליתא	[ו]תח[תיתא	דשנא זכי ז[י] מן מלכא
1781	ותכונתא	B3.8:15	[ומאני נ]חש[א]	ותכ[ו]נתא	ומהרא כסף כרשן שבעה
1782	ותכונתה	B3.8:30	ונכסוהי וקנינה	[ו]תכונתה	וכ[ל [זי איתי]ל[ה]
1783	ותכסה	C1.1:87	אל תהנשק עליך	ותכסה	כפיך[ ] [א]ף מלת מלך
1784	ותכתב	B4.2:6	ינתנון לי מן אוצרא	ותכתב	לי נבז על כל כסף ומרבי
1785	ותלד	C1.2:26	[ ]נתה בפלג	ותלד	ול[....]....
1786	ותלקח	B3.13:10	שליט בערבני למחד	ותלקח	לך מן בי זי לבנן עבד
1787	ותלת	D1.33fragc:6	[ ] [... ...] [...]ה	ותלת	..[....]
1788	ותמנין	A6.2:14	כתן עבין כרשן מאה	ותמנין	רקען כרשן מאתין וחמשן
1789	ותנעל	B3.12:22	מלכא מן תמה תנפק	ותנעל	ביתא זנה זי משחתה
1790	ותנפק	B3.8:26	שקלן 3+3+1 ר [2]	ותנפק	מנה עם שארת תכונתה
1791		B2.4:9	תבנה אחר ברתי תשנאנך	ותנפק	מנך לא שליטה הי למלקחה
1792	ותנתן	C1.1:127	אדין תאכל ותשבע	ותנתן	לבניך [... ד]רגת
1793		C1.1:129	זי תאכל ותשבע	ותנתן	לבניך עמך [אל תזף ז]פתא
1794		B3.8:26	יאבד תתב על מוזנא	ותנתן	לבעלה ענניה כסף שקלן
1795		D7.43:8	[י]נקא אזלי [....]	ותנתן	לכי [...]ה אף כסה 1 [...]
1796	ותנתנו	C3.8fraga:8	ינתנו [....].....	ותנתנו	ליד [....] ...מי חלף
1797	ותפלג	B1.1:4	נפשך בשנן 3+3+1	ותפלג	עמי בשנן 3+3+2 חמר
1798	ותפסה	A3.2:8	צצגן 2 [....]	ותפסה	1 [....] ויהב לי
1799	ותפק	D7.7:8	1 הן יעדרן	ותפק	אחטב עמר ופכלול 2
1800	ותקל	B1.1:13	כסף ש 2 תקל אבד	ות[ק]ל	קים ותשא [..]רי אדר בחמר
1801	ותרבצה	B3.4:4	ברתא זי אגרוה קימן	ותרבצה	ארע הי ולא בניה וכוין
1802		B3.11:3	הו תרי רסי מבני דרגה	ותרבצה	הו בבה למנפק ודנה

No.	Form		Ref	Before	Keyword	After
1803	ותרין		B6.4:5	[ולא תעבד די]ן[חד	ותרין	להושעיה והן לא תעבד
1804			B3.8:40	ולא תעבד דין חד	ו[ת]רין	לענניה בעלה והן לא
1805			B6.4:6	[לא תעבד דין חד]	וֹתֹ[רי]ן	שנ[אה הי]תֹעֹבֹד לה
1806			A6.2:11	בגו סגנן אמן עשרה	ותרין	שף עשרה וחמשה חד [ל]אמן
1807	ותרעא		B3.12:21	1 פתיח לתרי רבתא	ותרעא	זילה פתיח לשוק מלכא מן
1808	ותרתין		B3.8:38	ולא יעבד דין [חדה]	ותרתין	מן נשי כנותה ליהוישמע
1809			B6.4:3	[ולא יעבד דין חדה	ותר]תֹ[ין	מן] נֹשי כנותה
1810			B6.4:4	[הן לא יעבד דין חדה	ותרתין	מן נשי] כנותה שנאה הי[ן
1811	ותשא		B1.1:13	2 תקל אבד ות[ק]ל קים	ותשא	[..]רי אדר בחמר נפשך ולא
1812	ותשבע		C1.1:127	כל עבידה אדין תאכל	ותשבע	ותנתן לבניך [...
1813	ותשרי		A2.3:10	מדעם אל תזבני בכסת	ותשרי	לה שלם יקיה הוי שלחת
1814	ותשתאל		A6.15:8	מה זי לקחת זיני תשלם	ותשתאל	על זנה אף מספת שלח
1815	ותשתה		C1.2:6	[....]לך תהך	ותשתה[	...]באלך וגרמיך לא
1816	ותתקל		B2.6:24	בראשה תתב על מוזנא	ותתקל	לאסחור כסף שקלן
1817	ותתרוה		C1.1:124	ישתבע כעס מן לחם	וֹתתרוה	]אנשא [....].
1818	וחצף		D7.7:3	הושרו לי מלח קבן 2 דקק	וחצף	קפתא עלוהי אף חזי אפק לי

ואסה — N — a kind of garment

No.	Form		Ref	Before	Keyword	After
001	ואסה	s ab/cn	A3.8:8	לך כתון שטטן [1]	ואסה	1 כתון י[.]הה 1 זי קמר

וזיך — N — vessel (Pers; GEA 372.41)

No.	Form		Ref	Before	Keyword	After
001	וזיכא	s em/sf	C3.28:108	מֹשלם בר עזגד בש 2	וזיכא	זילי בידה וזיכא רבא
002			C3.28:107	2 זי כסף ביד נתן	וזיכא	זי מֹשלם בר עזגד בש 2
003			C3.28:108	בש 2 וזיכא זילי בידה	וזיכא	רבא זילנא בידה קֹ.כֹ.[...]

ולד — N — child

No.	Form		Ref	Before	Keyword	After
001	ולדא	s em/sf	D7.33:1	לקלי אֹחֹי כענת	ולדא	על לך אתמל עדבר ספא 1

וספזן — A — of every kind (Pers; GEA 372.42)

No.	Form		Ref	Before	Keyword	After
001	וספזן	s ab/cn	A6.10:3	מן אתר אחרן גרד אמנן	וספזן	ונכ[ס]ן אחרנן שפיק בעה
002			A6.10:7	מן אתר אחרן גרד אמנן	וספזן	שפיק בעו והנעלו בתרבצא

ורשבר — N — plenipotentiary (Pers; GEA 372.43)

No.	Form		Ref	Before	Keyword	After
001	ורשבר	s ab/cn	A6.5:2	[....]ל כוסכן	ורשבר	
002			A6.11:1	וכעת פטוסרי שמה	ורשבר	עלים זילי שלח עלי כן

ז — S — 7th letter of the alphabet

No.	Form		Ref	Before	Keyword	After
001	ז		D10.1:1	... א ב ג ד ה ו	ז	ח ט י כ ל מ נ ס ע פ צ
002			D10.2:3	.סֹי א ב ג ד ה ו	ז	ח ט י כ ל מ נ ס ע פ צ
003			D22.28:1	א ב ג ד ה ו	ז	ח ט י כ ל מ נ ס ע פ צ

זא — P — this (fem)

No.	Form		Ref	Before	Keyword	After
001	דה		A2.5:7	לבמרשרי אתריה ומהי	דה	זי ספר לה הושרתן לי ואנה
002	זא		A3.9:2	כזי תמטנך אג[רתא	זא	....]
003			D1.23:2	[...] [...] שלחת אגרתא	ז[א	...] כן לאמר אף .. [... ...]
004			A3.9:8	ב3+2 לאפף כתיב אגרתא	ז[א]	א[ל] מראי יסלח בר[....
005			A3.3:13	[ב ...] למחר כתבת אגרתא	זא	כזי כן שמיע לן לאמר
006			A5.1:4	וש[רירתא ....]אף אגרתא	זא	[כתבת ב.... ל....] שנת
007			A3.8:7	יקום עלוהי וכזי אגרתא	זא	[ת]מטא עליך אל תקום חת
008			D22.51:7	זי יקרא[.] כת[י]ב[תא]	זא	ב.. לפחנס שנת 10 [.] כתב
009			A4.7:17	אף קדמת זנה בעדן זי	זא	באיש˜תא˜ עביד לן אגרה
010			A4.8:16	אף [קדמת זנה בעדן זי	זא	באישתא עביד] לן אגרה על
011			A5.5:10	אף כען בירתא	זא	חי[ל
012			D2.30:2	[...].י ה[...] [... ...]בשלה	זא	משאלתא קראן ...
013			D7.42:3	אנתתה ליֹ מן .. מלה	זֹאֹ	פֹטֹ[.].אֹ.
014			D22.47:3	ארתוזי ברך זי כתב כתבתא	זא	קדם שמש אלהא בֹטֹב רֹבֹ
015			D22.51:2	ברך .זי כתב כתיבתא	זא	קדם אלה טורא ואלה מצרין
016			A4.1:2	[בכל עדן] וכעת שנתא	זא	שנת 2+3 דריוהוש מלכא מן
017			B8.9:4	על[זנה טעמא ....] [...	ז]א	שנתא לא עד זמנא יביל להם
018			C3.28:113	חמרא זי יהבו לתלי שנתא	זא	שלמֹ[יה] כֹהנא בתמאסר
019			C3.28:50	על תמריא זי פחן שנתא	זא	במכס כרשן 3+3+1 ש
020			B8.9:1	מנך ולֹא סטרן בשניתא	זא	זי נשאת הן
021			C3.8fraga:7	[.... דו]גיתא	זא	....[....] ינתנו
022	בזא		B8.10:3	אחֹז	בזא	שנתא
023			C1.2:5	לך ושביא זי שבית	בזא	שנתא[....]לֹך תהך

זבינה — N — purchase

No.	Form		Ref	Before	Keyword	After
001	זבנתא	s em/sf	B3.12:31	זי כתב לן בגזשת ספר	זבנתא	זי זבן לן ויהבן לה

זבן — V — to buy

No.	Form		Ref	Before	Keyword	After
001	זבנת	peal	B3.10:3	לכי קצת מן ביתי זי	זבנת	בכסף ודמוהי יהבת˜ה˜
002			A2.4:10	כל גשר זי תשכח לממה	זבנת	חטבת ומשח בשם למתיה לכן
003			D4.28:2	[...].[...] [...] זי	זבנת	לה .[...]
004			A3.3:11	[איתי] המו קדמתך כעת	זבנת	לי אנה כֹתן 1 זי כתן כעת
005			B3.5:3	רבתא ותונה זי ביתא זי	זבנת	מן אוביל ברת שתיבר ומן
006			A2.2:11	ואקבל עליהן תנה וכעת	זבנת	משח זית ליקה וכתן ואף
007	זבנתה		D4.27:1	[...].ך	ז[ב]נתה	[...].ה[.]
008	זבן		B3.12:4	זבן ויהבן לך ביתן זי	זבן	בכסף מן בגזשת בר פלין
009			B3.12:12	זבן ויהבן לך ביתן זי	זבן	מן בגזשת בר פלין כספיא
010	זבנתון		A3.10:5	1 ש 3+3+2 ה[ן]	זבנתון	המו עבור ויבלתון על
011	זבנו		D1.12:7	יהוה ל[...] ˆ[...	]זבנו	.כסף ש 3 אחרי לעלא[
012	תזבן		D1.12:3	[... ...]י כזי כן[א]ל	תזב[ן	]מן איש [... ...] [... ...
013	יזבן		A3.8:6	לא זבנו המו בעי אש זי	יזבן	ביתא [ר]בא זי הודו והבה
014			A2.2:16	קדמתה כל גשר זי ישכח	יזבן	והן יהב לכי רעיה עמר
015	תזבני		A2.3:10	לתפמת וכעת מדעם אל	תזבני	בכסת ותשרי לה שלם יקיה
016			D7.17:9	כען הן צבתי אל	תזבני	המו יאכלו ינקי˜א˜ הלו
017	וזבני		A2.6:5	לה על[. ....]	וזבני	עמר כזי תמט॥ה ידכי
018	זבנו		D7.2:4	והן מלח לאית בביתא	זבנו	מן אלפי עבורא זי ביב
019	זבן		A2.2:14	עבר לוחפרע ויהוי	זבן	גשרן ושבק בבתה אל תקמי
020	זבין		D8.2:1	..[...]	זֹבֹיֹן	קֹדֹמֹן בֹ.[...] [...].
021	זבנן		C3.8IIIB:32	דֹכ[... א]שרנא	זֹבֹנן	[... ...]תֹ ינ
022	למזבנה		A3.10:5	1 זי אנה יהבת לך	למזבנה	עבור ליתמא כל כסף כרש
023	זבן	pael	B3.4:25	בר זמסף ספר בי זי	זבן	בגזשת ויבל לענניה לחן

No.	Form	Ref.	Context	Keyword	Context
024		B3.12:35	מגר ספר בי זי	זבן	ענני בר עזריה ותפמת
025		B3.12:32	בגושת ספר זבנתא זי	זבן	לן ויהבן לה דמוהי כסף
026	זבנה	A3.9:5	מליא אלה	זבנה	מנחם ..[....] לעליא
027	זבן	B3.12:12	בר בסס לאמר אנחנה	זבן	ויהבן לך ביתן זי זבן מן
028		B3.12:15	לן זנה משחת ביתא זי	זבן	ויהבן לך מן מועה שמש
029		B3.12:17	1 זנה תחומוהי ביתא זי	זבן	ויהבן לך מועה שמש לה
030		B3.12:25	ודבב בשם ביתא זנה זי	זבן	ויהבן לך ויהבת לן דמוהי
031		B3.12:29	ועתיק בשם ביתא זנה זי	זבן	ויהבן לך יחוב וינתן לך
032		B3.12:3	תפמת ברת פתו כל 2	זבן	ויהבן לך ביתן זי זבן
033		B3.12:6	דמיא זנה משחת ביתא זי	זבן	ויהבן לך מן מועה למערב
034		B3.12:9	והא זנה תחומי ביתא זי	זבן	ויהבן לך מועה שמש לה
035		B3.4:10	ואובל כל 2 אנחן	זבן	ויהבן לך ורחקן מנה מן
036		B3.4:13	בשם ביתא זנה זי אנחן	זבן	ויהבן לך ורחקן מנה ולא
037		B3.4:3	ליהו אלהא לאמר אנחן	זבן	ויהבן לך ביתה זי אפולי
038		B3.4:7	תחמי ביתא זך זי אנחן	זבן	לך לעליה לה בית שתבר
039	זבנהי	B3.4:5	בה וגשרן לא אחד אנחן	זבנהי	לך ויהבת לן דמוהי כסף
040	זבנו	A3.8:5	זי אשנ[. ו]הן לא`	זבנו	המו בעי אש זי יזבן ביתא
041	תזבן	B3.12:24	זי רחמת תנתן או זי	תזבן	לה בכסף אנה ענני ותפמת
042	ויזבן	C1.2:22	[יעבד] צדקה לאבוהי	ויזב[ן	....]כסף
043	ויזבנהי	A3.10:7	עלוהי [וה]בוהי לה	[ויז]בנהי	פטמחו י[..] עמך
044	תזבנון	B2.10:11	ואיש לכם או גבר זי	תזבנון	לה ביתא זך או זי ברחמן
045		B2.10:14	ואיש לכם או גברן זי	תזבנון	לה או זי ברחמן תנתנו לה
046	זבן	A3.8:5	[..]בו לך לאמר הב ערבן	זבן	ביתא זי זכור וביתא זי
047	לזבנה	D7.1:5	אתה סון עם קנא	לזבנה	אזלי קומי עמה בסון
048		B2.4:6	זנך לא שליט אנת	לזבנה	ולמנתן רחמת לאחרנן להן
049	לזבנותה	D7.56:13	לי שלטנא בה	לזבנותה	כען מ...ד אנה

זהב N gold

No.	Form	Ref.	Context	Keyword	Context
001	זהב s ab/cn	C1.1:192	תשתה[...] למשבק	זהב	בידך %% אל
002		C3.7DV2:3	זי הוה בשנת 10+1	זהב	כרש 1 ש 3+3+3 ח 1 ר
003		C3.7JV2:12	ספינה[ר]בה 2[...]	זהב	ס[תתרן ....]כרשן
004		C3.7AR2:13	[ועביד] [על בית מלכא]	[זהב]	סתתרן 2+10 לזהב כרש 1
005		C3.7AR2:2	וע[ביד ע]ל בית מלכא	זהב	סתתרן 2+10 לזהב [כרש 1
006		C3.7AR3:2	[ועביד על בית מלכא]	זה[ב	סתתרן 10 לזהב ש
007		C3.7AR3:23	לקבו[ל ....]	זהב	סתת[רן 2+10+20 לזהב
008		C3.7BR1:13	ועביד על [ב]ית מלכא	[זה]ב	סתתרן 10 לזהב ש
009		C3.7BR1:20	ועביד] על בית מלכא]	זהב	סתתרן 2+10 לזהב כר[ש 1
010		C3.7DR1:9	[ועביד על בית מלכא]	זהב	סתתרן 10 לזהב]
011		C3.7DR2:23	ועביד על [ב]ית מלכא	[זה]ב	סתתרן 10 לזהב]
012		C3.7DR2:9	על בית מ[לכ]א	זהב	ס[ת]ת[רן
013		C3.7DR3:14	[ועביד על בית מלכא]	זהב	סתתרן 2+10 ל[זהב כרש
014		C3.7DR3:6	[ועביד על בית מלכא]	זהב	סתתרן 10 לזהב] ש
015		C3.7ER1:19	[ע]ל ב[י]ת מלכא]	זהב	[ס]תתרן 20[+1]+1
016		C3.7ER1:8	[ע]ל ב[ית מל]כא	זה[ב	סתתרן 2+10 לזהב כרש 1
017		C3.7ER2:15	ועביד [על בית מלכא]	[זהב]	סתת[ר]ן 10 לזהב ש
018		C3.7ER2:22	ועב[יד על בית מלכא]	זה[ב	סת[ת]ר]ן 2+10 לזהב
019		C3.7ER2:5	[ועביד על בית מלכא]	זהב	סתתרן 2[+20] לזהב
020		C3.7FR1:1		זהב]	סתתרן .... ל]זהב כרשן
021		C3.7FR3:4	ע]ל בית [מ]לכא]	ז[ה]ב	סתת[רן ....] ש]
022		C3.7FV2:23	[על בי]ת מלכא	זהב	סתתרן [1+3+20+20]
023		C3.7GR2:19	ו[עביד על]בית מלכא	זהב	סתתרן 10 לזהב ש
024		C3.7GR2:4	ועביד על בית מלכא	זהב	סתתרן 2+20+20 לזה]ב
025		C3.7HR1:4	[ועביד על בית מלכא]	זה[ב	]סתתרן 10+2]
026		C3.7JR1:20	[ועביד על] [בית מלכא]	[זהב	סתתרן 10+2] לזהב] כרש
027		C3.7JR1:9	[ע]ל[בי]ת[מלכא]	[זהב	סתתרן [10+1]+1 לזהב
028		C3.7JR2:10	[ועביד על בית מלכא]	[זהב	]סתתרן[2+10 לזהב
029		C3.7JR2:20	[ועביד על בית מלכא]	זה[ב	סתתרן 2+10 לזהב כרש 1
030		C3.7JR2:3	[ועביד על בית מלכא]	[זהב	]סתתרן 10 ל[זהב
031		C3.7JV2:23	ועביד על בית מלכ[א]	זהב	סתתרן
032		C3.7KR2:1		[זהב	]ס[תתרן]
033		C3.7KR2:15	ועביד על בית מלכא	זהב	סתתרן 3+3+10+20+20
034		C3.7KR3:19	[ועביד על בית מלכ]א	זהב	סתתרן 10+2] לזהב כרש 1
035		C3.7KR3:2	[ועביד ע]ל בית מלכא	זה[ב	סתתר]ן 10 לזהב]ש
036		C3.7KR3:9	ועביד על בית מלכא	זהב	[סתת]רן 2+10 לזהב כרש
037		C3.7KR4:10	[ועביד על בית מלכא]	זהב	ס[ת]ת[ר]ן 10] לזהב ש
038		C3.7KR4:4	[ועביד על בית מלכא]	זהב	סתתרן 10] לזהב ש
039		C3.7CR1:19	ע[ל] [בית מלכא]	[זהב]	סתתרן 2+10 לזהב כר]ש 1
040		C3.7CR1:8	[ועביד על בי]ת מלכא	[זהב]	סתתרן 2+10 לזהב כרש 1]
041		C3.7CR2:20	ועביד על בית מלכא	זהב	סתתרן 2+10 ל[זהב כרש
042		C3.7CR2:8	[ועביד על בי]ת מלכא	[זהב]	סת[תר]ן [10]+1[+1
043		A4.7:28	כסף כנכרין 1×לף ועל	זהב	על זנה שלחן הודען אף כלא
044		C3.7DV1:2	זי הוה בש[נת 10+1]	זהב	[....] כסף כרשן 1
045	בזהב	A3.7:4	לי יאוש לאמר הבה	בזהב	אל מראתי שלוה עבדכי
046	ודהב	B3.1:9	לי בי זי לבנן כסף	ודהב	נחש ופרזל עבד ואמה שערן
047	לזהב	C3.7AR3:23	סתת[רן 2+10+20	לזהב	כרשן 2 ש 3+3 ח
048		C3.7FR1:1	[זהב סתתרן	ל]זהב	כרשן [....]+1+1
049		C3.7FV2:23	[1+3+20+20]	לזהב	כרשן 3 ש] 2+[1]+1+1
050		C3.7GR2:4	סתתרן 2+20+20	לזה]ב	[כרשן 3] ש 3+]2 ח
051		C3.7JV2:23		לזהב	כרשן 3 ש 3+3+1 ח] [2]
052		C3.7KR2:1	[	לז]ה[ב	כר]שן 3+1] ש]
053		C3.7KR2:15	3+3+10+20+20	לזהב	כרשן 3[+1] ש 3+3+1 ח
054		C3.7AR2:13	[זהב סתתרן 2+10	לזהב	כרש 1 ח 3+3] כסף]
055		C3.7AR2:2	זהב סתתרן 2+10	לזהב	[כרש 1 ח 3+3] כסף כרשן
056		C3.7BR1:20	זהב סתתרן 2+10	לזהב	כר[ש 1 ח 3+3] כסף כרשן
057		C3.7DR3:14	זהב סתתרן 2+10	ל]זהב	כרש 1 ח 3+3] [כסף
058		C3.7ER1:19	[ס]תתרן 20[+1]+1	ל[זהב	]כרש 1 ח 3+3 כסף
059		C3.7ER1:8	ז[ה]ב סתתרן 2+10	לזהב	כרש 1 ח [3+3] [כ]סף
060		C3.7ER2:22	[סת[ת]ר]ן 2+10	לזהב	כר]ש 1 ח 3+3]
061		C3.7ER2:5	זהב סתתרן 2[+20]	לזהב	כרש 1 ח] 3+3] כסף
062		C3.7HR1:4	[ ]סתתרן 10+2]	לזהב	כרש 1 ח 3+3] [כסף
063		C3.7JR1:20	[זהב סתתרן 10+2]	לזהב]	כרש 1 ח 3+3] [כסף
064		C3.7JR1:9	[סתתרן [10+1]+1	לזהב	כ]רש 1 ח 3+3] [כסף
065		C3.7JR2:10	[ ]סתתרן[2+10	לזהב	כרש 1 ח 3+3] כ]סף
066		C3.7JR2:20	זה]ב סתתרן 2+10	לזהב	כרש 1 ח 3+3] [כסף כרשן
067		C3.7KR3:19	זהב סתתרן 10+2]	לזהב	כרש 1 ח 3+3] כסף
068		C3.7KR3:9	זהב [סתת]רן 2+10	לזהב	כרש 1 ח 3+3 [כסף כרשן
069		C3.7CR1:19	[זהב סתתרן 2+10	לזהב	כר]ש 1 ח 3+3 [כסף כרשן

No.	Form	Gram	Ref	Preceding	Keyword	Following
070			C3.7CR1:8	[זהב סתתרן 2+10	לזהב	כרש 1] ח 3+3 [כסף כרשן
071			C3.7CR2:20	זהב סתתרן 2+10	ל[זהב	כרש 1]ח[3+3] כסף
072			C3.7CR2:8	[10]1+[1+	לזהב	כרש 1 ח 3+3] [כס]ף
073			C3.7DR1:9	[מלכא] זהב סתתרן 10	לזהב[	....] כסף כרשן 10
074			C3.7DR2:23	[זה]ב סתתרן 10	לזהב[	....] [כס]ף
075			C3.7AR3:2	זה[ב סתתרן 10	לזהב	ש 2+3+3 ח 2+3+10]
076			C3.7BR1:13	מלכא [זה]ב סתתרן 10	לזהב	ש 2+3+3 ח 10+[2+3]
077			C3.7DR3:6	[מלכא] זהב סתתרן 10	לזהב[	ש 2+3+3 ח 2+3+10]
078			C3.7ER2:15	[זהב] סתת[ר]ן 10	לזהב	ש 3+3]+2 ח 2+3+10]
079			C3.7GR2:19	מלכא זהב סתתרן 10	לזהב	ש 3+3]+2 ח 3+10]+2
080			C3.7JR2:3	[ ]סתתרן 10	ל[זהב	ש 2+3+3 ח 2+3+10]
081			C3.7KR3:2	זה[ב סתתר]ן[10	לזהב	ש] 2+3+3 ח 10+3+[2]
082			C3.7KR4:10	זהב ס[ת]ת[ר]ן 10[	לזהב	ש 2+3+3 ח 2+3+10]
083			C3.7KR4:4	[מלכא] זהב סתתרן 10[	לזהב	ש 2+3+3 ח 2+3+10]
084	זהבא	s em/sf	A4.8:11	באשתא שרפו ומזרקיא זי	זהבא	וזי כספא ומ[נ]דעמתא ז[י
085			A4.7:12	באשה שרפו ומזרקיא זי	זהבא	וכסף ומנדעמתא זי הוה

זהר V to beware

No.	Form	Gram	Ref	Preceding	Keyword	Following
001	אזהר	etpeel	C2.1.11:65	[רח]ק מן כדבן שגיאן	אזהר	כ[ד]יב זי יכדב
002	אזדהרי		A2.1:8	לכן אנחן יצפן	אזדהרי	בביתאלנתן מן חבב וכעת
003			A2.2:17	שלחי לי שלם תטסרי	אזדהרי	בה לשלמכן שלחת ספרה זנה
004	הזדהרי		D7.9:9	כענת ש[....] ואף	הזדהרי	למ[..]א[.].רי למכתבה אף
005	ואזדהרו		A4.1:5	[....] דכין הוו	ואזדהרו	עבידה א[ל תעבדו] [....

זוז N a weight (half shekel) (Akk; GEA 376.13)

No.	Form	Gram	Ref	Preceding	Keyword	Following
001	זוז	s ab/cn	B4.3:17	אלהא כסף	זוז	
002			B4.4:15	כסף כרשן 1×100 כסף	זו[ז	....] אלהא
003			A2.2:6	כסף ש 3+3 וזוז כסף	זוז	וכעת שלחי על תבי ותושר
004			B3.4:18	לך כסף כרשן 20 כסף	זוז	לו10 וביתא זילך אם וזי
005			B3.4:6	1+3 באבני מלכא כסף	זוז	לכרש 1 וטיב לבבן בדמיא
006			B5.5:3	הו שתה באבני מלכא כסף	זוז	לכרש 1 אנה מפטחיה יהבת
007			B3.4:15	לך כסף כרשן 20 כסף	זוז	לעשרתא וביתא זילך אם וזי
008			B3.8:17	2+3 באבני מלכא כסף	זוז	לעשרתא קפף 1 זי חוצן תחת
009			B3.9:8	תלתין במתקלת מלכא כסף	זוז	לעשרתא וידניה זך ברי
010	וזוז		A2.6:4	זי נבשה כסף ש 3+3	וזוז	א[....] ואפקני
011			A2.2:6	נבושה כסף ש 3+3	וזוז	כסף זוז וכעת שלחי על
012	זוזן	p abs	C3.28:61	20+10 לתחות .{{..}}	זוזן	20+3+1 ר 1 ערביא לגן
013			D8.12:2	מ 3 ˆלחמר אותכס 1	זוזן	3+1ˆ פבא מ 3 כרתרס מ 3
014	בזוזן		C3.28:98	עבדיהו זכור שטר 1	בזוזן	1×100+20 בב עבדיהו
015			C3.28:103	בר דלוי ערבא	בזוזן	1×100 ביד[יו]נתן
016			C3.28:95	בב שמעון שטר 1[	בזוז]ן	[בב]שמעון שטר 1

זוי N corner

No.	Form	Gram	Ref	Preceding	Keyword	Following
001	זוית	s ab/cn	B2.1:5	מן ארעא ועד עלא מן	זוית	ביתי זי לעליה ועד בית
002	לזויתה	s em/sf	B2.1:4	זי דבקה לביתא זילי	לזויתה	זי לעליה ˆאגרא זך תדבק

זון N food

No.	Form	Gram	Ref	Preceding	Keyword	Following
001	זון	s ab/cn	B3.1:17	שליט למלקח לך כל	זון	וערבן זי תשכח להם עד
002			B3.1:10	ואמה שערן כנתן וכל	זון	זי תשכח לי עד תתמלא

זי p of, genitive particle

No.	Form	Gram	Ref	Preceding	Keyword	Following
001	זי		D8.11:5	√ לאספליון אכרא	זי	√ אבא ק 3 לתשא ברת
002			C1.1:63	מלכא ישלח [א]חרין פגרה	זי	אחיקר זנה למחזה אחר
003			B2.6:19	מפטחיה הי שליטה בביתה	זי	אסחור ונכסוהי וקנינה וכל
004			B2.6:30	לתרכותה מן ביתה	זי	אסחור ונכסוהי וקנינה
005			C1.1:47	קטל זכי [....]אבוהי	זי	אסרחאדן זנה מלכא חמר
006			C1.1:60	[א]חיקר רב [... עז]קה	זי	אסרחא[ד]ן [מלך אתור]הו
007			B3.4:21	ביתך ומשחתה בר מן בר	זי	אפולי ˆזכר ונקבהˆ או ברה
008			B3.4:4	אנחן זבן ויהבן לך ביתה	זי	אפולי בר מסדי זי ביב
009			C2.1.7:42	[ע]ם [חילא] [לע]רקה[	זי	ארתורזי]למ[ע]בד ק[ר]ב
010			C2.1.7:45	[כנש] אתה לער[ק]ה	[זי	א]רתור[ז]י למעבד [קרב]
011			A3.8:5	ביתא זי זכור וביתא	זי	אשנ[. ו]הן לא זבנו המו
012			B4.4:6	[.]..[....]..[ן זי מאתה	זי	ביתאלתקם 10+1
013			C3.7ER1:15	[ס]פינה [1	זי	]..גות. [בר ... יוני
014			C3.7KV3:12	[ל]ימ[א]ספי[נה 1	זי]	....גל[ס יוני פסלרשי
015			C3.7EV1:11	[ב]קרו לימא ספינה 1	זי	גלפרס[....]יוני
016			C3.7GR2:16	[בקרו למצ]רין ספינה 1	זי	גלפר[ס בר ... יו]ני
017			C3.7KV2:22	בקרו לי[מא ספינה 1]	זי	גלפרס י[ו]ני פסלרשי
018			C2.1.4:9	[א]תכנשו [אזלו]לערעה	זי[	ד]דרש למעבד ק[רב אחר
019			C2.1.5:12	אתכנש[ו אזלו] [לערקה	זי	דדרש] למעבד קרב אחר
020			C2.1.5:15	אתכנשו אזלו לערקה	זי	דדרש למעבד קרב אחר עבדו
021			A3.8:6	אש זי יזבן ביתא [ר]בא	זי	הודו והבה לה בכספא זי
022			C3.7EV2:3	בקרו לימא ספינה 1	זי	הפו.[... יוני פסלרשי]
023			C2.1.5:20	אתכנשו אזל[ו לערקה	זי]	וה[ומס למעבד] [קרב אחר
024			C2.1.5:22	אתכנשו א[ז]לו לערקה	זי	והמוס למעבד קרב[ע]בדו
025			D7.35:3	עדן כען כזי [....]	זי	וחפרע בר [....]ה הושר לי
026			C2.1.7:43	[זיל]י ק[טלו]לחילה[	זי	ויזדת ב לאיר]עבדו קרבא
027			C2.1.7:46	[זילי קטל]ו חיל[א	ז]י	[ויזד]ת בירח ת[מוז]
028			C2.1.8:61	נפחר ק[טיליא וחייא	זי]	[ויזדת זי חי]לי קטלו
029			C2.1.8:52	חד בראשהו[ם שלח לערקה	זי	וימן שמה עלימא זילי פרסי
030			C2.1.8:54	זי ויזדת [שלח לערקה	זי	וימן אזלו] על ..[ ]
031			B8.6:4	[.... שמ]ה עבדה	זי	ורˆפשˆ מלל על
032			A6.13:4	ורוהי זי עד מנדת בגיא	זי	ורוהי אספרן והדאבגו
033			C3.28:80	שלמצין מנכתא	זי	זבדיה חנטן ס 1 ר 1
034			A3.8:5	לאמר הב ערבן זבן ביתא	זי	זכור וביתא זי אשנ[. ו]הן
035			B3.11:6	זילי תחתיא לה ביתה	זי	חור בר פטאסי גנן זי
036			B3.12:9a	פסשדת {{על ספר אנתותה	זי	יהוישמע}} ב10+2 לתחות
037			C3.7EV2:15	בקרו לימ[א] ספינה 1[	זי	]יוכלס יו[ני פסלרשי
038			C3.7JR1:27	[למצרין] [ספינ]ה 1	זי	יוכלס בר ש[...] [יוני]
039			B2.10:17	אחריכם שטר מן בנן	זי	יזן בר אוריה ולא דין
040			B2.10:13	בני שטר מן בר וברה	זי	יזניה בר אוריה וירשון
041			C3.28:104	ביד[יו]נתן חנטא[	ז]י	יחיי בר שבניה ביד
042			B3.12:4	בר פלין כספיא הו ביתה	זי	ינבולי בר מסדי כספי זי
043			C3.7KV2:18	ב[קרו ל]ימא ספי[נה 1	זי	...]כלס יוני פסלרשי
044			C2.1.1:3	[איש חד כנבוזי ברה	זי]	כרש בזרען זיל[ן תנה

No.	Ref.	Preceding	Key	Following
045	C2.1.7:37	[לעמא אנה ברזי בר]ה	זי	כרש אחר ח[י]לא זן'
046	C3.7BR1:8	למׄ[צרין] ספינה 1	זי	מר.ג.ס בר פק.[...] [יו]ני
047	C3.7KV3:2	בקרו לימא ס[פינה 1	זי	...]מרסלס [יוני פסלרׄשי]
048	B3.12:11	1 תפמת אנתתה פריפת	זי	משלם בר זכור כל 2 כפם
049	C3.28:107	זי כסף ביד נתן וזיכא	זי	מׄשלם בר עזגד בש 2
050	A2.6:3	מ[כבנת לבנתסר]חתנה	זי	נבשה כסף ש 3+3 וזוז
051	B4.4:10	זי ביתאלתקם וזי מׄ[אתה	זי	נבושלו זי] כתיבן בספרא
052	A5.2:7	[....] פׄרתכיא	זי	נפין רב חילא זי סון
053	C3.7KV2:3	בקרו לימא ספינה 1	זי	...סׄי יוני פסלרׄ[שי
054	A6.3:2	מׄרׄא[י .... עב]דן	זי	עחחפי אבי זׄיׄ אנה
055	A6.4:2	[.... פס]משך ברה	זי	עחחפי זי כען פקיד עבד
056	A6.4:7	[....] על דשנא	זי	עׄחׄחׄפׄיׄ פׄקׄיׄדׄאׄ
057	A4.7:19	ועל אוסתן אחוהי־־	זי	ענני וחרי יהודיא אגרה
058	A4.8:18	ועל אוסתן אחוהי	זי	ענני וחרי יהוד אג[ר]ה
059	B3.8:31	לתרכותה מן ביתה	[זי	ע]נג[יה ו]נכס[והי
060	B3.12:20	אגר באגר תחתיא לה ביתה	זי	פחי ופמט אחוהי מלחן זי
061	A6.11:3	א]בדו ...] לי בגה	זי	פמון אבי יתעשת לי ינתנו
062	A6.11:4	אבד עם נשי [ביתה ו]בגה	זי	פמון זך אבוהי בית זרע א
063	A6.11:5	לא יהיב אחר אנה בגה	זי	פמון זך יהבת לפטסורי
064	C3.7EV2:17	בקרו לימא ספינה 1	זי	פנסׄ יונ[י פסלרׄשי] כספא
065	C3.7JR2:6	[בקרו למצרין] ספינה 1	זׄיׄ	פנסׄ ב[ר .... יוני
066	C3.26:27	..[...] אחמ.. לכלביא	זי	פס[י] פסי בר פטבסׄ[תי]
067	C2.1.5:26	זי אהורמזד חילא	זי	[פרורת ק]טׄלת בׄ
068	C3.7KV2:20	בקרו ל[י]מא [ס]פינה 1	זי	פרתוכלס יוני פסלרׄשי
069	C3.7ER2:12	למצרין ס[פינה]1	ז]י	פׄ[..]תלׄןׄ בר מׄסכסׄ]
070	C3.7CR2:4	בקרו למצרין ספינה 1	זי	שׄומׄן בר שמׄנׄדׄס יוני
071	B2.9:12	נכסן וכסף עבור ואחרן	זי	שלומם בר עזריה והן
072	B6.3:10	[ינתן] לאביהי אנתתה	[זי	שלומם אביגרנא זי כסף
073	B6.3:12	[זנה לאביהי] אנתתה	זי	שלו[מם ולא דין] שהדיא
074	B6.3:6	אף [לא יכהל אח ואחה	זי	שלומם קריב ורחיק] בעל
075	B6.3:7	[דגל ירשה לאביהי אנתתה	זי	שלומם] לאם לא שליט[ה
076	B6.3:8	לא שליט[ה אנתי בביתה	זי	שלומם ונכסוהי וקנינה]
077	B6.3:9	יקום לתרכ[ותה מן ביתה	זי	שלומם ונכסוהי ינתן]
078	C3.7GR2:22	דוגי קנרׄתשירי 1	זי	שמ...ה.[...] [...] ..
079	C1.1:3	[כלה הוה] [וצ]בית עזקתה	זי	שנחאריב מלך אתו[ר
080	D8.11:2	לתעבי [√] לבית בכיא	זי	שרתי √ בר פתרסא
081	B3.5:11	בניהם מערב שמש לה ביתה	זי	שתיבר כספי דבק לה זנה
082	D7.57:4	וכעת שלחת לך ביד אחוהא	זי	תם אנתת מלכיה בר עזגד
083	C3.8IIIB:5	בגו בגו [...]ספינה 1	זי	ת.[...] [...] .א כלא[...]
084	C3.7KR2:24	למצרין [ס]פינה 1	[ז]י	תׄמׄכתס בר מכס יוני
085	C3.7KV2:5	בקרו לימא [ספינה]1	זי	תמׄ.[... יוני פס]לרׄשי
086	C3.7DR3:9	ל[מצרין] ספינה 1	זׄיׄ	תׄמׄתׄ..[...] פסלרׄשי
087	C3.7BR1:15	בקרו למצרין ס[פינה 1	זי	....] [יוני פסלרׄשי]
088	C3.7DR1:5	למצרין ספ[י]נ[ה]1[	זי	.... בר .... יוני]
089	C3.7DR2:18	[ספינ]ה 1	זי[	....] [פסלרׄ]שי
090	C3.7DR3:2	[בקרו למצרין] ספינה 1	ז]י	....] פסלרׄשי אס[ו]ת
091	C3.7ER2:18	למ[צרין] [ספי]נה 1	[זי]	.... בר ארגל[ס יוני
092	C3.7EV1:14	לימא דוגי קנרׄתשירי 1	זי	....] כ[סף מנפקה לימא
093	C3.7EV1:16	לימא דוגי קנרׄתעא 1	[זי]	[....] [כסף מנפקה
094	C3.7EV2:13	[בקרו לימא [ספ]ינה 1	ז]י	.... יוני] [פסלרׄ]שי
095	C3.7EV2:5	לימא דוגי קנרׄתשי]רי 1	זי	....] [....]כסף מנפקה
096	C3.7GV5:17	בקרו לימא ספינה 1]	זי	....] [.... י]ונ[י
097	C3.7GV5:24	בקרו לי[מא ספינה 1	זי	....] יוני פסלרׄשי
098	C3.7JR1:3	למצרין [ס]פׄיׄנׄהׄ[1	זי	...] כׄריסתן בר
099	C3.7JV2:8	דוגי קנרׄתשירי	זׄיׄ	....[....] מנדתא זי [גבי
100	C3.7KR3:5	בקרו למצרין [ספינה 1	זי	....] בר .מן יוני פסלרׄשי
101	C3.7KV2:14	[בקרו לימא ספינה 1	זי	...] [...]מנׄ[..] יוני
102	C3.7KV2:16	[בקרו לימא ספינה 1	זי	..] סׄפׄיׄתׄךׄ יוני
103	C3.7KV2:7	בקרו לימא ספינה 1	זי	...] [.... יונ]י פסלרׄשי
104	C3.7KV2:9	בקרו לימא ספינה 1	זי	.[.... יוני פס]לרׄשי
105	C3.7KV3:17	[בקר]ו לימא ס[פינה 1	זי	.... יוני פסלרׄשי]
106	C3.7KV3:19	בקרו לימא ספינה 1[	זי	.... יוני פסלרׄשי]
107	C3.7KV3:21	בקרו לימא ספינה 1	זי	[.... יוני פסלרׄשי]
108	C3.7KV3:24	בקרו [לימא ספינה 1	זי	.[.... יוני פסלרׄשי]
109	C3.7KV3:4	בקרו [לימא ספינה 1	זי	.... יוני פסלרׄשי] [כספא
110	C3.7KV3:7	בקרו לימא ספינה 1]	זי	....]. יו[ני
111	C3.7KV3:9	בקרו לימא ספינ[ה 1	זי	.... יוני פסלרׄשי]
112	D22.27:1	בריך רבה תרכמנא פשדיא	זי	אוגננ[...] ובריך תרבמי
113	C1.1:55	לם [תח]יי אחיקר אבוה	זי	אתור כלה זי על עטתה
114	C1.1H:11	[רביא ...] א[בוה	זי	]את[ור כלא]זי על עט]תה
115	D20.3:1	ואחתבו ברת עדיה כל 2	זי	חסתמח קריתא קדם אוסרי
116	B2.10:2	הושעיה בר אוריה ארמי	זי	יב בירתא קדם וידרנג
117	B2.4:2	בר ידניה יה[ודי־	ז]י	יב לדגל הומדת ליזניה
118	B2.9:2	משלם בר שלומם יהודין	זי	יב בירתא לדגל אדננבו
119	B3.1:2	יהוחן ברת משלך נשן	זי	יב בירתא למשלם בר זכור
120	B3.1:3	למשלם בר זכור יהודי	זי	יב בירתא לאמר יהבת לי
121	B3.12:3	משלם בר בסס ארמי זי	{זי}	יב ברתא לדגל נבוכדרי
122	B3.5:4	ומן בגזושת כספין	זי	יב בירתא אנה ענניה
123	B3.6:2	משלם בר זכור יהודי	זי	יב ברתא לדגל אדננבו
124	B3.8:2	ענניה בר חגי ארמי	זי	יב בירתא [ל]דגל
125	B4.6:2	מנחם בר [של]ום ארמי	זי	יב ברתא לדגל נבוכדרי
126	B5.5:2	[ברת גמריה יהודיה]	זי	יב בירתא לדגלה ארׄמׄ[יה]
127	B6.1:2	[אמר ... בר ....] ארמי	זי	יב בירתא לדגל אדננבו
128	C2.1.4:3	א[מרת אזל קטל לחילא	זי	מדי זי לא] שמען לי[ן אחר
129	C2.1.4:4	קׄרׄבׄ[א עבד עם חילא	זי	מדי זי על מד]יא רבהם[לא
130	C2.1.7:39	[מן קדמי לא מר]דו וחילא	זי	מדי זי עמ[י הו]ה שלחת
131	C3.8IIIB:36	[.]...[..] לדגל וידרן	זי	מנפי עם מרדכשראצׄר
132	A5.2:7	זי נפין רב חילא	זי	סון ודיני מדנתא איך
133	B2.1:2	בר י{נ}ד<נ>יה ארמי	זי	סון לדגל וריזת לאמר אנה
134	B2.1:2	קוניה בר צדק ארמי	זי	סון לדגל וריזת למחסיה
135	B2.10:3	קדם וידרנג רב חילא	זי	סון לידניה בר נתן
136	B2.10:4	קדם ודרנג רב חילא	זי	סון לאמר רחקת מנכם מן
137	B2.11:2	בר נתן 1 כל 2 ארמין	זי	סון לדגל ור[יז]ת לאמר
138	B2.6:2	זי מלכא למח[סיה א]רמי	זי	סון לדגל וריזת לאמר אנה
139	B2.7:2	מחסיה בר ידניה ארמי	זי	סון לדגל וריזת למפטחיה
140	B2.7:3	בר זכור בר אטר ארמי	זי	סון בדמוהי וספר כתב לי
141	B2.8:3	מחסיה בר ידניא ארמיא	זי	סון לדגל וריזת על דינא
142	B3.13:2	לפחנום בר בסא ארמי	זי	סון לדגלא זך אפם לאמר

No.	Ref.	Preceding	Word	Following
143	B3.3:2	למשלם בר זכור ארמי	זי	סון לדגל וריזת לאמר אנה
144	B3.4:2	ברת שתבר כספיה	זי	סון לדגל נמסו כל ^גבר
145	B3.8:2	לזכור בר מ[שלם אר]מי	זי	סון לדכם דגלא לאמר אנה
146	B3.9:2	הפתחפתא רב חילא	זי	סון לזכור בר משלם ארמי
147	B3.9:2	אוריה בר מחסיה ארמי	זי	סון קדם וידרנג הפתחפתא
148	B3.9:3	לזכור בר משלם ארמי	זי	סון קדם וידרנג הפתחפתא
149	B3.9:3	הפתחפתא רב חילא	זי	סון לאמר ידניה שמה בר
150	B4.5:1	[נתן בר] הושע ארמי	זי	סון לדגל נבוכדרי
151	B4.5:2	ליס[לח] בר גדול ארמי	זי	סון לדגל [.... לא]מר
152	B4.7:1	[ל.... ב]ר נגישורי ארמי	זי	סון קדם אשמרם
153	B7.1:2	למחסיה בר שיבה ארמי	זי	סון [לדגל .... לאמר]
154	D17.1:2	..דנ]. רב חילא	זי	סון עבד בירח סיון הו
155	D2.10:2	ארמיה [....] [....]	זי	ס[ון ....] [....
156	C2.1.7:37	זי כרש אחר ח[י]לא	ז[י	פרס] כמסת זי בבתיא
157	C2.1.7:40	שלחת ושא[ר חילא	זי	פרס ומד[י] עמי]
158	B4.3:3	[ ]לאספמ[ת	זי	תחפנס נגיא לאמר יהבת]
159	B4.4:2	לאספמת [....	ז[י]	[ת]חפנס נגיא לאמר
160	B6.3:1	וקנינה	זׄי	....]
161	B8.1:7	שליח [....] אנתתה	זי	[....] אדין ושח[....]. זך
162	B8.2:2	[..] [.... א]מתה	זי	[....] וסטר
163	B8.2:26	[[....] כנופי עבדה	[זי	.... עם
164	D2.28:1	ספ[ר]א זי לבטתא אנתתה	זי	[....] [....] ..[..]ב. [..] .... אלה
165	D2.3:2	[צדק בר] קון ארמי	זי[	.... [....] [....] ל[ד]גל
166	D1.17fraga:1	[ ]עבדיך דיניא	זי	א.[....] [.... ....ד]לוי דליה
167	A4.7:10	תברו ^המו^ אף הוה תרען	זי	אבן 2+3 בנין פסילה זי
168	A4.7:10	זי אבן 2+3 בנין פסילה	זי	אבן זי הוו באגורא זך נדשו
169	A4.8:9	רברבן 2+3 בנין פסלה	זי	אבן זי הוו באגורא זך
170	B2.6:16	שוי 1 זי גמא בה נעבצן	זי	אבן 1+3 פק 1 זי סלק כפן
171	B3.8:18	זי גמא 1 חדת בה נעבצן	זי	אבן שש [2]+1+3 [....]מין
172	B3.8:19	זי [חסף]2 זי עק 2	זי	אבן 1 כל 2+3 קף זי עק 1
173	D3.16:12	גמא חדת 1 על מבן	זי	אבן שש 2 אחדי מבן
174	A4.7:9	נדשוהי עד ארעא ועמודיא	זי	אבנא זי הוו תמה תברו
175	A4.8:8	נדשוהי עד ארעא ועמודיא	זי	א[בנא זי הוו תמה תברו המו
176	C2.1.1:2	[זי אנ]ה עבדת בטלל[ה	זי	אהורמזד אחר זי אנה מלך
177	C2.1.3:4	[.. אתנצ]חת בטללה	זי	אהו[רמזד ....
178	C2.1.4:10	סעדני בטלה	זי	אהורמ[זד חילא זילי קטלו
179	C2.1.4:5	[אה]ור[מזד סעדני בטלה	[זי]	אהורמזד ח[ילא זילי קטלו
180	C2.1.5:13	אהורמזד סעדנ[י בטלה	[זי	אהורמזד חילא זי[לי קטלו
181	C2.1.5:16	[אהו]רמזד סעדני בטלה	זי	אהו[רמזד] חילא זילי
182	C2.1.5:26	[ס]עדני בט[ל]ה	זי	אהורמזד חילא זי [פרורת
183	C2.1.7:33	אהורמזד סעדני [בטלה	זי	אהורמזד] חילא זי ל[י
184	C2.1.7:42	[ס]עדני בטלה	זי	אהו[רמזד] [חי]לא [זיל]י
185	C2.1.8:55	אהורמזד סעדני ב[טלה	זי	אהורמזד קטלו חיל[א
186	C2.1.8:57	אהורמזד ס[עדני בטלה	זי	אה]ורמזד חילא זי[לי קטלו
187	C3.8IIIB:31	[....]ת שמו טעם צלצלא	זי	א.ה ..[..]..ביא תחת
188	D20.5:1	תבא ברת תחפי תמנחא	זי	אוסרי אלהא מנדעם באיש לא
189	D20.6:1	ענחפי בר תחבס מנחה	זי	אוסרי אלהא
190	A4.9:3	קדם ארשם על בית מדבחא	זי	אלה {{שמי}} שמיא זי ביב
191	D23.1.XII:11	[א]נו ביומ[א] [..]..א	זי	אמון תאתה[....]
192	D23.1.XII:9	..[....] יומן[1+3	זי	אמון ואנ..[.]סת
193	B6.2:1	[.... 1 זי קמר חדת	זי	אמן ... ב ...]דמוהי כסף כ
194	B6.2:2	2 [.... 1 זי קמר חדת	זי	אמן ... ב ... דמי כסף] שקלן
195	B6.2:3	[.... 1 זי קמר חדת	זי	אמן ... ב ... דמי כסף שקלן
196	B6.2:4	[דמי כסף שקלן ....] חדת	זי[	א]מן ... ב ....
197	B6.2:4	[דמי כסף שקלן ... 1 חדת	ז[י]	אמן 2+3 פשכן 1+3 ב3
198	B6.2:5	כסף שקלן 3 שביט 1 חדת	זי	אמן 1+3 ב1+3 וזרת
199	C1.1:184	ובשרה יאכל הא כן פגעהם	זי	[אנ]שא %% מלוכת
200	A4.7:11	אלך נחש ומטלל עקהן	^זי^	ארז כלא זי עם שירית
201	A4.8:10	אגורא זך כלא עקהן	ז[י]	ארז עם ש[ירית אשרנא
202	C1.1fraga:3	[....]]למנ[...] [....]	]זי	אשתא ינ.[....] [....
203	C3.11:8	2 חלרן 3 בגו כספא	זי	אתוסף על מכס פטאסי בר
204	B2.7:19	ברברי בר דרגי כספי	זי	אתרא ..[....]. חגי בר
205	C2.1.8:53	[עלימא זילי פרסי פחתא]	זי	בהרוחתי לם אזלו ל[וימן
206	C3.22:9	[....]..חרן חקלתא	זי	ב.חעא[....] אשלן
207	C2.1.7:31	שמ[ה עלימי פר]סי פחתא	ז[י	בחתר]י אמרת אזל קטל
208	B4.4:16	אלהא ואנת שלט בפרסן	זי	בית מלכא
209	B3.5:3	לכי פלג תרי רבתא ותונה	זי	ביתא זי זבנת מן אוביל
210	B4.4:10	[רב]ווו[חי]לא זנה זי מאתה	זי	ביתאלתקם וזי מ[אתה זי
211	B3.7:10	ולמנחת בדרגא זנ[ך	זי	ב]יתי ותחית [....]
212	D21.17:2	לאנן בר אליש כמרא	זי	בעל בעלענות
213	C3.12:14	.[....] 1 קלול	זי	בצ[.]בג מצרין קלול 1
214	D7.12:2	[....]..[..] [א]נתתא	זי	ג[....] וקפת ידניה[....]
215	C2.1.11:78	[ ]. מן אחרי לזר[עהום	זי	גבריא אלך שגיא בפר]סא
216	B2.6:15	וטיב לבבי בגו שוי 1	זי	גמא בה נעבצן זי אבן 1+3
217	B3.8:17	זי חוצן תחת לבשיה ת.[.]	זי	גמא 1 חדת בה נעבצן זי אבן
218	D3.16:11	2+3 שנן משאנן 2 זלוץ	זי	גמא חדת 1 על מבן זי
219	A6.2:4	וישתלח על המרכריא	זי	גנזא המו עם פרמנכר[יא
220	A4.7:11	ודשיהם קימן וציריהם	זי	דששיא אלך נחש ומטלל עקהן
221	A4.8:9	[ודשיהום קימן וציריהום	זי	דששיא] אלך נחש ומטלל
222	B3.10:9	ברתי מועה שמש לה אגרא	זי	הנפנא זי בנהו מצריא הו
223	A4.7:12	כלא באשה שרפו ומזרקיא	זי	זהבא וכסף ומנדעמתא זי הוה
224	A4.8:11	באשתא שרפו ומזרקיא	זי	זהבא וזי כספא ומ[נ]דעמתא
225	B3.12:2	בר משלם בר בסס ארמי	זי	{זי} יב ברתא לדגל
226	C3.13:6	[....] [קנה	ז]י[	....] זלוח[ן
227	B3.8:17	כסף זוז לעשרתא קפף 1	זי	חוצן תחת לבשיה ת.[.] זי גמא
228	C2.1.8:49	נפחר קטיליא וח[ייא	זי	חילא זילי קטלו ואחדו]
229	A4.1:6	[ ]אל תשתו וכל מנדעם	זי	חמיר אל[תאכלו] [.... מן
230	C3.28:105	ביד יונתן רכיסה 3+3	זי	חמרין תפלה זי כסף 10
231	A4.5:3	זנה דושכרתא זי כמריא	זי	חנוב אלהא [עבד]ו ביב
232	A4.5:8	[ז]ך מיא שתין כמריא	זי	חנוב אלך ברא זך סכרו הן
233	A4.7:5	נפק ואזל על מלכא כמריא	זי	חנוב ^אלהא^ זי ביב בירתא
234	A4.8:4	[על] מלכא [.... כמריא	זי	חנוב אלהא זי ביב] בירתא
235	B2.7:15	בית חרוץ בר פלטו כמר	זי	חנ[ו]ם אלהא זך ביתא יהבתה
236	B3.10:10	חור בר פטאסי גנן	זי	חנום אלהא דבק לדרגא דך
237	B3.11:6	זי חור בר פטאסי גנן	זי	חנום אלהא דבק לה אגר
238	B3.4:8	שתבר לתחתיה לה תמי	זי	חנום אלהא ושוק מלכא
239	B3.5:10	בניהם מועה שמש לה תמא	זי	חנום אלהא ושוק מלכא בניהם
240	B3.7:8	{{בית}} בית חור עבד	זי	ח[נום אלהא ....]י

No.	Ref			
241	D7.38:2	וסדן 10+20 [...]	]זי	חנם עליד [...]אוא ויהב
242	B3.8:19	זי סלק 1 כפן למנשא משח	זי	[חסף]2 זי עק 2 זי אבן 1
243	B2.6:16	1 זי סלק כפן 2 פרכס 1	זי	חצן חדת ˆתקם חפנן 2+3
244	B2.7:14	פנוליה תחתיא לה אגורא	זי	יהה אלה מועה לה בית גדול
245	B3.3:2	ענניה בר עזריה לחן	זי	יהה אלהא זי ביב בירתא
246	A4.10:8	הן מראן [...] ואגורא	זי	יהו אלהא זילן יתבנה ביב
247	A4.3:1	ידניה אוריה וכהניא	זי	יהו אלהא מתן בר ישביה
248	A4.7:24	ישתלח עליהום על אגורא	זי	יהו אלהא למבניה ביב
249	A4.7:26	י{{ה}}קרבון על מדבחא	זי	יהו אלהא בשמך ונצלה עליך
250	A4.7:6	פרתרך תנה הוה לם אגורא	זי	יהו אלהא זי ביב בירתא
251	A4.8:24	] ישתלח עליהום [על אגורא	זי	יהו אלהא למבניה ביב
252	A4.8:25	ועלותא נקרב על מדבחא	זי	יהו אלהא בשמך ונצל[ה עליך
253	A4.8:5	תנה הוה ל[ם אגורא	זי	יהו אלהא זי ביב בירתא]
254	A4.8:7	] בירתא לאמר אגורא]	זי	יהו אלהא ביב בירתא ינדשו
255	B2.10:6	תמה מועה שמש לה אגורא	זי	יהו אלהא וארח מלכא בניהם
256	B3.10:23	ענני בר עזריה לחנא	זי	יהו אלהא שהדיא בגו שהד
257	B3.11:1	ענני בר עזריה לחן	זי	יהו אלהא ביב ברתא
258	B3.11:17	ענני בר עזריה לחנא	זי	יהו אלהא שהדיא בגו שהד
259	B3.12:1	ענני בר עזריה לחן	זי	יהו ונשין תפמת אנתתה
260	B3.12:19	באגר מערב שמש לה אגורא	זי	יהו ושוק מלכא ביניהן עליה
261	B3.12:2	ונשין תפמת אנתתה לחנה	זי	יהו אלהא שכן יב ברתא
262	B3.12:33	ברתא כפם ענני לחנא	זי	יהו אלהא תפממת ברת פתו
263	B3.5:10	דבק לה תחתיה לה אגורא	זי	יהו אלהא ושוק מלכא בניהם
264	B3.5:2	ענניה בר עזריה לחן	זי	יהו אלהא ביב בירתא לנשן
265	B3.7:2	ענני בר עזריה לחן	זי	יהו אלהא ליהישמע שמה ברי
266	C3.13:48	זכרן על עז[ר]יה לחנא	זי[	...] תנין עקא א[..]..א רבא
267	C3.28:110	שפירה בידה[חר]שא	זי	י.... חנטן א 2 ר 1
268	A2.2:7	ותושר לכי עמר מן קצתה	זי	כסף ש 1 וכעת הן יהב לכי
269	B2.10:15	דין ינתן לכם אביגרנא	זי	כסף כרשן עשרה הו כרשן 10
270	B2.9:15	למן זי ירשון אביגרנא	זי	כסף כרשן עשרה באבני מלכא
271	B3.8:31	] ינ]תן ל[ה א]ביגרנא	זי	כסף כרשן עשרן באבני
272	B3.8:6	אחתך לביתי תכונה	זי	כסף כרשן תרין ש[ק]לן 2
273	B6.1:5	] .... ברתך לביתי תכונה	זי]	כסף כ[רש
274	B6.3:10	[זי שלומם אביגרנא	זי	כסף כרשן ....] באבני מלכא
275	C3.28:106	3+3 זי חמרין תפלה	זי	כסף 10 וחתו 2 זי
276	C3.28:106	2 כסף 10 וחתו	זי	כסף ביד נתן וזיכא זי
277	A6.2:8	כל תרין נופתˆיˆא	זי	כרכיא נגידה על תבלא
278	B3.8:11	שוה כסף שק[ל 1 כתן 1	זי	כתן חדת] ארך אמן 3+3 ב
279	B3.8:11	] 1 חלרן 20 [שנטא 1	זי	כתן חדת ארך[אמן 3+3 ב
280	B3.1:9	כל ערבן זי תשכח לי בי	זי	לבנן כסף ודהב נחש ופרזל
281	B4.3:18	ובי	זי	לבנן ו[....
282	B4.6:11	ערבן ז[י י]שתכ[ח בי	זי]	לבנ[ן] [עבד ואמה מאן]
283	C3.7GV5:14	] בקרו לימא ספינה 1	זי]	[....]לן יוני[
284	B8.6:5	מלל על פנא שמה [עבדה	זי	....]ם סיכן כן אמר
285	B4.4:8	[....]	]זי	]מאת נבושלו גברן 2
286	D4.15fraga:1	2[...]	זי	מאת [...]..[...]
287	B4.4:10	] רב]ו[חי]לא זנה	זי	מאתה זי ביתאלתקם וזי
288	B4.4:6	] ח 3+2 .... [...]..[.].. [...]ן	זי	מאתה זי ביתאלתקם 1+10
289	B2.2:11	בר פפטעונית מלח	זי	מיא קשיא לעליה לה ימאת לי
290	B2.3:8	בר פפטעונית מלח	זי	מיא קשיא ביתא זנך ארק אנה
291	B3.12:20	פחי ופמט אחוהי מלחן	זי	מיא בני תויא ושוק מלכא
292	D2.11:1	] [עליה [...] [... ... מ]לח	זי	מ[יא] [... ... ...] לדגל [...]
293	A1.1:4	[....]	זי	מלך בבל אתו מטאו אפק
294	A4.5:5	לה איתי קצת מן יודנא	זי	מלכא זי ביב בירתא נדשו
295	B2.6:2	אסחור בר צ[חא] ארדכל	זי	מלכא למח[סיה א]רמי זי
296	B3.4:9	מועה שמש לה אוצרא	זי	מלכא דבק לה למערב שמש
297	C1.2:1	לבני על תסהרא	זי	מלכא ושמע מ[לכא [...] זנה
298	A4.2:5	להן יהבן ומן זי[....]	זי	מצריא קדם ארשם להן גנבית
299	A4.5:1	אנחנה רבין דגלן	זי	מצריא מרדו אנחנה מנטרתן
300	A6.6:3	זך אתעדי מן בין בגיא	זי	מרא[י
301	D7.11:8	..[...] שלם ידניה [...]	זי	מראך ול[...] לספרן
302	A6.15:8	אף מספת שלח גרדא לם	זי	מראתי כתש ונכסן לקח מנה
303	C3.18:15	א 2+3 [...] .ר]קחא	זי	משח.[...] [...]כנתן א 2+3
304	D18.1:1	לשאיל כמרא	זי	נבו יתב תקמא בסון
305	A6.2:16	מאה עשרן וחמשה טסן	זי	נחש אמן עשרן מסמריהם
306	B2.6:11	שקלן 1+3+3 מחזי 1	זי	נחש שוה כסף שקל 1 ר 2
307	B2.6:12	כסף שקל 1 ר 2 כסן	זי	נחש 2 שוין כסף שקלן 2
308	B2.6:12	כסף שקל 1 ר 2 תמסא 1	זי	נחש שויה כסף שקל 1 ר 2
309	B2.6:13	כסף שקלן 2 זלוע 1	זי	נחש שוה כסף ר 2 כל כספא
310	B3.8:13	כסף [שקל] 1 תמסא 1	זי	נחש דמי כסף שקל 1 ח 10
311	B3.8:14	כסף שקל 1 ח 10 כס 1	זי	נחש דמי כסף שקל [1 ח 10]
312	B3.8:15	ח 20 כ[ל] ˆ[מ]אנ[ן]ˆ	זי	נחש] 2+3 כל לבשיא ומאני
313	B6.2:7	חלרן 10+2+3 זלוע 1	זי	נחש] דמ]י כסף שקלן 2
314	B6.2:7	דמי כסף חלרן 10 כס 1	זי	נחש דמי כסף חלרן
315	B6.2:8	כסף שקלן 2 זל[וע 1]	[זי	נחש דמי כסף ...]
316	B8.6:6	20 [....]ן	זי	נחש 2+3 כסן 10 מאנן
317	D1.12:7	מ...[.]..[.] איתי[...] 1	זי	נחש[ן [...] [... ...] [...]לל[...]מן
318	C3.13:1	לן [...] זכרן כסין	זי	נחש] וכסף ... זי יהב] חנן
319	C3.13:13	] דר]יהו[ש מלכא] כסין	זי	נחש 1+20 כס כסף 1 קנן
320	C3.13:3	ליד [י]דניה בר[ן [...] כסין	זי	נחש 1+20 כס כסף 1
321	C3.28:111	א 2 ר 1 בידה חרשא	זי	נחש וכדסא ברת
322	D7.1:3	הא[.] נפנא רעיא ˆקןˆ	זי	סחמרי בעל‖טבתכם אתה
323	B2.6:16	זי אבן 1+3 פק 1	זי	סלק כפן 2 פרכס 1 זי חצן
324	B3.8:18	] ..]ירה 1 רמן	זי	סלק 1 כפן למנשא משח זי
325	B3.8:18	[....]מין זלוען 2 פיק	זי	סלק 2 בגו [..]ירה 1
326	C3.7DV2:9	נג[....]	זי	ספן 2+3+3 עק סמכת
327	C1.1:63	למחזה אחר י[חזון פגר]ה	זי	סריסה ˆ[ז]נהˆ עלימא זילי
328	D7.56:10	זי ישלח על גבריא	זי	עבורא נתירה עמהון וינתנון
329	B2.11:13	אף איתי תבא שמה אמהם	זי	עלימיא אלה ולילו ברה זי
330	B2.6:10	באבני מלכא לבש אחרן	זי	עמר נשחט הוה ארך אמן 3+3
331	B2.6:7	הנעלת לי בידה לבש 1	זי	עמר חדת חטב צבע ידין הוה
332	B3.3:4	לי תמת בידה לבש 1	זי	עמר שוה כסף שקלן 1+3+3
333	B3.8:19	2 זי אבן 1 כל 2+3 קף	זי	עק 1 תחת חמריה שנן זי צל
334	B3.8:19	למנשא משח זי [חסף]2	זי	עק 2 זי אבן 1 כל 2+3 קף
335	C3.28:49	נחשיא זי יהבו על תמריא	זי	פחן שנתא זא במכס כרשן
336	A6.12:2	זילי ויעבד פתכרן	זי	פרש [....] יהוון ויעבד
337	B3.8:20	זי עק 1 תחת חמריה שנן	זי	צל פרסין מש[ח חפ]נן 2 משח
338	A3.8:9	ואסה 1 כתון י[.]הה 1	זי	קמר פעקס 1 סרחלין 1 [...]

^2+3^ 2+3+3 קמר וכתן	זי	[ד]מי כסף שקל 1 כל לבשן	B3.8:13	339	
קמר חדת לאמן 1+3+3 פשכן	זי	1 חלרן 2+3 לבש 2	B3.8:6	340	
קמר חדת לאמן 3+3 ב 1+3	זי	כרש 1 שקלן 2 גמידה 1	B3.8:7	341	
]קמ[ר] חדת לאמן 3+3 ב	זי	שקלן 1+3+3 שביט 1]	B3.8:9	342	
קמר חדת לאמן]	זי	לבש 1]	B6.1:6	343	
קמר חדת זי אמן ... ב ...	זי	1 ....]	B6.2:1	344	
קמר חדת זי אמן ... ב ...	זי	כסף כ 2 [.... 1	B6.2:2	345	
קמר חדת זי אמן ... ב ...	זי	שקלן 2+3+3 [.... 1	B6.2:3	346	
קמר דמי כסף חלרן 10 כס 1	זי	מֹשׁחֹטה 1 חדתה	B6.2:6	347	
קמר [....]תוגן 20	זי	הנצלוני [....] לבשי	B8.2:16	348	
שנת 1+10 כנ[ד]ן]	זֹי	חֹמֹר [....]	C3.7FR2:10	349	
שנת 10 כנדן 2+3+1ֹ0	זי	חמר	C3.7FR2:1	350	
שנת 10 כנֹדֹן	זי	כ[נדן ....] חמר	C3.7FR2:16	351	
שנת 1+10 כנדן	זי	חמר	C3.7FR2:17	352	
שנת 1+10 כנדן[....]	זי	2 זי[....]א חמר	C3.7FR2:5	353	
שנת 10[....]	זי	כסף כרש 1 ש 2 ח 3 חמר	C3.7FR2:9	354	
שנ[ת ....] חמר זי	]זי	כֹנֹ[דן ....] [חמר	C3.7FR3:10	355	
שנת 1+10[....] מש[ח	זי	שנ[ת ....] חמר	C3.7FR3:11	356	
שנת 10 כנדן]	זי	כֹ[1]בֹגֹוֹ חמר	C3.7FV2:10	357	
שנת 1+10 כנ[דן	זי	[20+20]+2ֹ0 כ 1 חמר	C3.7FV2:11	358	
שנת]10 כנדן 2+3+10	זי]	כ 2 ושתות בגו חמר	C3.7FV2:3	359	
שנת 1+10 כנדן	זי	כנדן 2+3+10 כ 1 חמר	C3.7FV2:4	360	
שנת 10 כנדן 20+20+20	זי	כ 1 בגו חמר	C3.7FV3:5	361	
שנת 1+10 כנדן	זי	20+20+20 כ 1 חמר	C3.7FV3:6	362	
שנת 1+10 כנדן	זי	בה [....] [חמר]	C3.7GR2:24	363	
שנת]1+10 כנדן	זי	[על] בית מלכא [חמר	C3.7GR3:11	364	
שנת 1+10 [כנ]דן	זי	[על בית מ]לכא חמר	C3.7GR3:2	365	
]שנת 10 כנדן	זי	בג[ו] חמ[ר	C3.7GV2:7	366	
שנת 1+10 כנדן	זי	כנדן 100×3ֹ[+3] חמר	C3.7GV2:8	367	
שנתֹ[....]	זי	3 [.... מ[ח]ר	C3.7JR3:21	368	
]שנת 1+10 כ[נ]דֹן	זי	[ע]ל בית] מל[כֹא [חמר	C3.7JV1:22	369	
ש[נת 1+10]1 כֹנֹדֹן	זי	[בית מֹלֹ[כא .... חמר	C3.7GR3:8	370	
ש.[... יוני פסלרשי] כ[ספא	[ז]י	ב[קרו ל]ימא ספינה 1	C3.7EV2:1	371	
תחית הו תרבצא אף שליטא	זי	שליטא אנת למנפק בתרע	B3.10:15	372	
....]ת כא 10 תורא] כ[א	זי]	כא 2+3+10 תרי	C3.26:8	373	
בניך ודי תנתן לה רחמת אף	ודי	כסף צרף וביתא זילך	B3.12:30	374	ודי
תנתן לה רחמת אף יהבן לך	ודי	וביתא זילך ודי בניך	B3.12:31	375	
בניך אחריכם ולמן זי	וזי	כל 2 בני נתן עד עלם	B2.10:9	376	וזי
בניך אחריך ולמן זי צבית	וזי	זי מטאך בחלק לך יהוה	B2.11:12	377	
בניך מן אחריך ולמן זי	וזי	לעשרתא וביתא זילך אם	B3.4:16	378	
בניך מן אחריך והן גבר	וזי	לֹא וביתא זילך אם	B3.4:19	379	
בניך ולא יכל בר וברה]	וז]י	אפם] זילך]	B5.3:2	380	
בניך מן [אחריך והן קבלת	ו]זי	[ביתא זנה זילך]	B5.4:4	381	
בניכי זי ילדתי לי מן	וזי	מן יומא זנה עד עלם	B3.5:5	382	
בניכם אחריכם שטר מן בנן	וזי	אפם זילכם עד עלם	B2.10:16	383	
כספא ומ[נ]דעמתא ז[י הוה	וזי	שרפו ומזרקיא זי זהבא	A4.8:11	384	
מֹ[אתה זי נבושלו זי]	וזי	זי מאתה זי ביתאלתקם	B4.4:10	385	

זי c

די	001
זי	002

who, which (relative)

צבית למנתן אנחן לא נכל	די	ובניך מן אחריך ולמן	B3.4:12	001
.[....]..[....]	זי	כרש [....]	A3.2:11	002
שלם [....]	זי	הנ]פק מֹני נחשא]	A3.9:5	003
הו קבל פתיפרסן חד [....]	]זי	לן תנה כענת בכל יום	A4.2:2	004
מן ארשם על [....]	זי	בתחתיתא על הנדרזא	A6.10:13	005
[....] [....]	זי	זי במצרין על הנדרזא	A6.13:8	006
מספת [....] [....]	זי	זי ב]מצרין על [....]	A6.15:15	007
ינתנו ולעבק [....]	זי	הוה אשרנא הנדונה ואחרן	A6.2:5	008
מן ארשם על] [....]	זֹי	פֹקֹידֹא	A6.4:8	009
בגוהי ודליה אמרו לי	זי	זכרן	A4.9:1	010
בגסרו היתי שושן זך פתפא	זי	פתכרכר עלימ[א] זילי	A6.12:1	011
דרגמן בר חרשין חרזמיא	זי	אף איתי ספר מרחק 1	B2.3:23	012
וידרנג לחיא זך נדש בשנת	זי	מן קדמן קדם כנבוזי	A4.9:6	013
ויזדת [שלח לערקה זי	זי	מלכא שמען] קטלו חילא]	C2.1.8:54	014
מבטחיה אמן והא זנה חלקא	זי	כחדה ופלגן עלין עבדיה	B2.11:3	015
מנחם בר שלום בר	ז]י	מומ[אה	B7.3:1	016
מנכי זנה רשה	זי	אלה [....]	B8.7:6	017
נתן אחוה[י ...] [... ...]	זֹי	[...] זי שבֹק ו[..]גֹי	D1.17fraga:4	018
פטסרי שלח [עלי זי פמון]	זי	הן כֹנֹם הו כמליא אלה	A6.11:3	019
פמון] שמה אבוהי זך כֹזי	זי	אלה זי פטסרי שלח [עלי	A6.11:3	020
פסמשך י[שים] להם טעם	זי	אנת שם טעם סרוש[ית]א	A6.3:7	021
פ[ס]משך יהקרב קדמיך	זי	זכי וכנותה עבדי אחתפי	A6.3:7	022
פסמשך יאמר לך ולחילא זי	זי	כן אמר צבות ביתא זילי	A6.8:2	023
פסמש[ך] אמר לא משתמ[ען]	זי	[א]רֹשם על ארמפי על	A6.8:6	024
צחא ^חור^ יבעה מנכם	זי	חזו עליהם מה צבו ומלה	A4.3:6	025
...] [....] ננא.[.]חוֹ..[...	זי	נכסיא [...] [... ...]	D1.11:3	026
[...]	זֹי	אלהי מצרין	C1.2:19	027
[....] לֹמֹרא.ה.. למ[]	זי	חרא לאשכב עם גבר	D23.1.II:10	028
... [....] [....] [אֹף] ...	זי]	...].[.]. טֹבֹ ...]קֹ[...]	D23.1.IX:3	029
....[....]וֹשֹן	זֹי	[.]..[...] [מ]ן כל	D23.1.XII:6	030
...] [...]ל	זי]	[...] [...]תין[...]	D3.23:3	031
...]	זֹי]	סֹגֹוֹר[...]	D4.5:5	032
.[...] .[...] ל.[...]	זי	כ.ית[...] חמר ברא	D5.54fragb:2	033
...]	זי]	.[...] [...]אגרתאֹ	D5.59:2	034
...]	זי]	יה.[...]	D6.14fragk:1	035
...]	זי]	איתי[...]	D6.3frage:1	036
.[...]	זי	ל[... ...]	D6.3fragj:1	037
[...] .[...] שמה[...]	זי]	תכם לנשיביתה[....]	D6.8fragf:2	038
...]	זי]	[...] [... כזי[...]	D6.8fragj:3	039
..[...]	זי	א[...]אי מר[...]	D6.9fraga:2	040
[...]	זי[	...]	D6.9fragh:1	041
...]	זי]	תי[...]	D6.9fragk:1	042
[...] לֹא לי עבד]	זי	כֹל [...] [...] .. [...]	D7.25:6	043
[...] לה בֹּ י לי [...]	זי	הן לא [...]. ישלח ספתא	D7.33:6	044
[...] לה כלא [...]לֹי[...]	זי	לי [...]..[.] [.]ת. [...]ת	D7.34:4	045
[...] [...]וֹחנתי	זי	[...].[...]... [...]בֹ. בשתא	D7.40:2	046
[...] לאתי תנה [...] וֹאנה	זי	כען	D7.43:1	047
...] [...]קֹמח ק[ב ...]	זי]	א[...] [..]רֹעֹ[.. ...]	D7.49:2	048

No.	Ref.	Preceding	Word	Following
049	C1.1:134	קדלה כבתולה תימנה	זי[	....] לאנפין כאיש זי
050	C1.1:201	[ ]אנׄפׄוהי על דבר	זי	
051	C3.28frag:4	[....] ..ת.[...] ^[..]^א	זי[	...]
052	C3.7AR2:20	בקרו למצרין ספינה 1	זי[	.... בר ....] [יוני]
053	C3.7EV2:19	דוגי קנרׄתעא 1	זי[	....] [כסף מנפ]קה ל[ימא
054	C3.7GV5:1	כל מנדתא	זׄיׄ[	....] [...]אׄ.
055	C3.7GV5:25	[כספא תשי דמי נתרא	זי]	
056	C3.7KR4:1	ספינה 1	זי[	.... בר .... יוני
057	C3.7KR4:7	[למצרין] ספינה 1	זי[	.... בר .... פסלרׄשי]
058	C3.8IIIB:20		זׄיׄ[	....] [.].נׄת
059	C3.8IIIB:28	[ ]הו [לזכרן] נבוצדק	זי[	....] ..א ס.ר [...]
060	C3.8IIIB:35	[..] ....]..[ ]ם שתברזן	זי[	....] עליד אה..מ[...]
061	A4.5:23	[יה]גנון למנדעמתא	זי	א[...] [....] אגור]א זי
062	A4.6:13	[.... ש]מהת גבריא	[ז]י	א[....] [...]ת בר
063	D23.1.Va:12	[..]לׄ[..]	זׄיׄ	אׄ.... לנשיהם ובריהם
064	A4.7:27	זי תנה הן כן עבדו עד	זי	אגורא זך יתבנה וצדקה יהוה
065	B3.4:4	בר מסדי זי ביב ברתא	זי	אגרוה קימן ותרבצה ארע הי
066	D6.1:4	[...]. אנתה רבה בגו 3	זי	א.דת [...] אוסירי ברתה
067	B4.2:7	לי נבז על כל כסף ומרבי	זי	אהוה משלם לך והן לא שלמת
068	A2.1:4	ורע וכעת מטתני כתנה	זי	אושרתי לי ואשכחתה שנטת
069	D23.1.Va:6	סׄרׄיׄסׄאׄ חד	זי	אׄזׄלׄ להי עם] כל
070	A6.9:4	חד כל תלתה עלימן זילי	זי	אזלן עמה מצרין לגבר לגבר
071	A3.3:2	[לך] [וכעת] מן יום	זי	אזלת בארחא זך לבבי לא
072	D3.21:1	[...] זכרן אשרנא	זי	אגׄ[ר ...]
073	C2.1.11:64	כן אמר מן אנ]ת מלך	זי	אחרי תהוה איש זי יכדב
074	B6.3:4	[ונכ]סוהי ו[קנינה וכל	זי	אית לה ....]
075	B2.6:19	ונכסוהי וקנינה וכל	זי	איתי לה על אנפי ארעא כלה
076	B3.8:30	וקנינה [ותכונתה וכ]ל	[זי	איתי]ל[ה] וזי יקום על]
077	B3.8:31	[ו]נכס[והי וקנינ]ה וכל	זי	איתי [ל]ה[ינ]תן ל[ה
078	B3.8:36	ונכסיה וקנינה וכל	זי	איתי לה אף ל[א יכהל
079	C1.1:154	ירפון המו להן	זי	אל עמה
080	C1.1:91	הו זי יקום קדמוהי להן	זי	אל עמה שפיר מלך למחזה
081	A6.8:2	משתמען לי בצבות מראי	זי	אמר אנה להם כעת ארשם כן
082	C2.1.7:41	[בפרס ויזד]ת [זך]	זי	אמ[ר]אנה ב[ר]זי אׄתׄה
083	C2.1.8:51	מלכא כן אמר ו[יזדת זך	זי	אמר אנה ברזי בר כרש
084	D7.5:9	אף בעי גלדא	[זי]	אמרת לכי הלו עליכ֗י֗ הו
085	D7.25:1	כען	זי	אמ[רת ...] [ה]ושע
086	B3.3:3	למנתן לי לתמת שמה	זי	אמתך לאנתו הי אנתתי ואנה
087	A3.10:4	לביתי ואיתי כסף כרש 1	זי	אנה יהבת לך למזבנה עבור
088	A6.3:2	[עב]דן זי עחחפי אבי	זׄיׄ	אנה מ....[...] אחרי על
089	A6.3:6	אהקרב קדמוהי סרושיתא	זי	אנה אשים להם טעם יתעבד
090	B2.2:5	וברך כל 3 על ארקא זילי	זי	אנה קבלת עליך עלדברה קדם
091	B2.4:3	1 זילי מערב לביתא זילך	זי	אנה יהבת למבטחיה ברתי
092	B2.7:12	חדת ועתק להן זנה ספרא	זי	אנה כתבת ויהבת לך זי ינפק
093	B2.7:9	דין ודבב בשם ביתא זך	זי	אנה יהבת לך וספרא כתבת
094	B3.10:22	חדת ועטיק להן ספרא זנה	זי	אנה עבדת לכי הו מיצב כתב
095	B3.10:5	ברחמן זנה משחת ביתא	זי	אנה ענני יהבת ליהוישמע
096	B3.10:5	פרסא הו זנה משחת ביתא	זי	אנה יהבת ליהוישמע ברתי
097	B3.10:8	פלגה והא תחומי ביתא	זי	אנה ענני יהבת ליהוישמע

No.	Ref.	Preceding	Word	Following
098	B3.11:16	יהנפק כדב הו זנה ספרא	זי	אנה ענני כתבת לכי הו יצב
099	B3.5:5	והא משחת ביתא זך	זי	אנה ענניה יהבת לכי תמת
100	B3.5:9	והא זנה תחומי ביתא זך	זי	אנה יהבת לכי עליה לה חלקא
101	B5.5:5	בשם [כספ]אׄ [זנה]	ז[י]	אׄנׄהׄ י[הבת לכי זי
102	D1.32:10	למדׄ[....] [...]ה[...]..ל	זי	אנה על אחרן .[...] [...] [...]...
103	D23.1.Va:9	עׄמׄוׄמׄרׄשׄיׄ וׄמׄ..הׄ מלן	זי	[א]נה אמר ק[ד]ם מראי מלכא
104	C1.1:25	[בר א]חׄתי	זי	אנה רבית עשת על[י
105	C2.1.1:2	בטלל[ה זי אהורמזד אחר	זי	אנה מלך הוית] [איש חד
106	C2.1.1:2	[מלכא כן אמר זנה	זי	אנ]ה עבדת בטלל[ה זי
107	C2.1.11:70	סודתא כל [..]....[...]..	זׄיׄ	אנה עבדת
108	C2.1.4:7	[תמה מכת]רׄן לׄיׄ [עד	זי	אנה אזל למדי אחר אזלו
109	C2.1.5:18	עביד מכתׄ[ר לי] [עד	זי	אנה אזל ל]מׄ[די]
110	C2.1.5:23	[לא עבד מ]כתר לין] עד	[זי	[אנה אזל למדי] [דריהוש
111	C2.1.7:35	[אחר מתא לי ה]ות זנה	זי	אנה[במ]רגויא [עבד]ת
112	C2.1.8:50	[ ] 2+10+20+20 זנה	זי	אנה בפרס [עבדת] דריהוש
113	C2.1.8:63	אחר מת[א לי הות זנה]	[זי	אנה בהר]וׄחתי עבד[ת]
114	B3.4:13	דין ודבב בשם ביתא זנה	זי	אנחן זבן ויהבן לך ורחקן
115	B3.4:7	והא אלה תחמי ביתא זך	זי	אנחן זבן לך לעליה לה בית
116	A4.5:10	יתי[דע] למראן לקבל זנה	זי	אנחנה אמרן אף פרישן אנחנה
117	B2.4:10	שליטן בה חלף עבידתא	זי	אנת עבדת הן תהנצל מנך פלג
118	B2.4:12	אנת שליט בה חלף בנויא	זי	אנת בנית בביתא זך ותוב
119	B3.3:14	מן תחת לבבך בר מן	זי	אנת תתרך לאמה תמת והן
120	B7.3:5	זי ביד פ[מסי בר פ]מט	זי	אנת רשה לי ע[ליה לם] פלגה
121	C1.1:34	[....]תבעה אתר	זי	אנת תהשכח [....]הׄלו
122	C1.1:59	אמר לן נבוסמסכן רביא	זי	אׄנת אמ[ר לן אנחנה
123	A4.4:3	[הא זנה שמהת גבריא	ז]י	אסירו ב[י]ב ברכיא
124	D1.33fragc:4	במפׄ[... גב]ריא	זי	אסירן [....]י כלא
125	A6.2:9	למעבד זנה אשרנא	זי	אפיתי אופשרה למעבד עקי
126	C3.7FR2:4	מן דוגי קנרׄתשירי 2	זי[	....]אׄ חמר זי שנת
127	D7.24:6	בפסחא וקום ע[ם] [...]	זי	אקמנך עם [....]. ומאנהי בחן
128	D1.27:1	ה[...]	זי	א[..]רׄ יׄ.[..] [...]ב
129	B4.2:10	עלי ירח לירח עד יום	זי	אשלמנהי לך שהדיא עקבן בר
130	B4.2:3	לכסף ש 1 לירחא עד יום	זי	אשלמנהי ל[ך] ותהוה מרבית
131	A4.4:4	הא זנה שמהת נשיא	זי	א[שתכחו בבבא] [בנא
132	A4.4:6	אחתה הא שמהת גבריא	זי	אשתכחו בבבא בנא ואתחדו
133	C3.7GR2:23	[...] [...] .. מנדעמתא	זי	אשתכחו בה [...]
134	C3.7AR2:4	[ח 2+10 ר 2] מנת משחא	זי	אשתכח [בה משח חמוש ....]
135	C3.7BR1:18	הי לק[בל משחתה] משחא	זי	אשתכח בה מׄ[שח ספן
136	C3.7BR1:22	ח 2+10 ר 2 מנת משחא	זי	אשתכח [בה משח חמוש ...]
137	C3.7DR1:19	רׄ 2ׄ מנת משחא	זי	אשתכח בהם מׄשׄ[ח ....]
138	C3.7DR3:12	הי[לקבל משחתה] משחא	זי	אשתכחׄ[בה משח ספן
139	C3.7DR3:16	[....] מנת משחא	זי	[אשתכח בה משח] חׄמׄוש ....
140	C3.7ER1:1	[מנת משחא	]זי	אשתכח ב[ה משח חמוש
141	C3.7ER1:17	הי לקבל משחתה משח[א	]זי	אשתכח בה משח סׄפׄןׄ
142	C3.7ER1:21	ר 2ׄ מנת משח[א	ז]י[	א]שת[כח]בה משׄ[ח
143	C3.7ER2:20	הי לקבל מׄ[שחתה] משחא	[זי	אשׄ[תׄ[כ]ח בה מׄ[שח ספן
144	C3.7HR1:2	מׄ[שחתה] [מש]חׄאׄ	זי[	א[שתכחׄ] בׄ[הׄ [משח]ספן]
145	C3.7JR1:11	[ר 2] [מנת]מ[שחא	זי	אשתכח בה מ[שח] חמוש ...]
146	C3.7JR1:6	הי לקבל[משח]תה [משחא	]זי	אשתכח בה [משח]סׄפׄןׄ]

No.	Ref.			
147	C3.7JR2:12	[2+10 ר 2] [מנת משחא	זי	אשתכח בה משח חמוש ...]
148	C3.7JR2:8	לקב[ל משחתה] [מ]שׁחֿאֿ	זי	אשתֿכֿ[ח בה משח ספן
149	C3.7JV2:14	[מנת משחא] [....]	זי	אשת[כ]ח ב[ה]ם משח .[....]
150	C3.7KR1:2	[מנת משחא] [....]	זי	אשתכח בה מ[שח] חמוש ...]
151	C3.7KR2:4	[ר 2] מנת משחא	זי	אשתכח בהם [מ]ש[ח חמ]וש
152	C3.7KR3:11	2+10 ר 2 [מנת משחא	]זי	אשתכֿח בֿהֿ מֿשֿחֿ
153	C3.7KR3:7	לקבל משח[תה] [משחא	זי	א]שתכח בה משח ספֿןֿ
154	C3.7CR1:10	[2+10 ר 2] [מנת משחא	זי	אשתכח בה] משח חֿמֿוֿשׁ[
155	C3.7CR2:10	[2+10 ר 2] מנת משחא	זי	אשת[כח בה] מֿשֿחֿ חֿמֿוֿש
156	C3.7CR2:6	[מֿשֿחֿתֿהֿ] משחא	זי	אש[תכח בה משח [ספן
157	D1.34fraga:4	... פמנח]תֿךֿ גבריא	זי	אתבצרו עבֿ[...] [...].
158	A2.5:6	ביד חרוץ בר ביתאלשזב	זי	אתה למחתה לבמרשרי אתריה
159	D22.25:4	[ו]אברמוֿשֿ[...]	זי	אתו פנה
160	D22.27:3	[ו]אברמוֿשֿ[...]	זי	אתו עד לפנה
161	B2.2:2	דרגמן בר חרשין חרזמי	זי	אתרה ביב בירתא עביד לדגל
162	D2.12:2	ארתברזן הו פתו בחתרי	זי	[א]תרה ביב בירתא עביד
163	A6.9:1	ארשם על מרדך פקידא	זי	בגֿ[.]כד נבודלני
164	C2.1.7:37	כמסת זי בֿבתיא באלוך	זי	ב[א]נז [מן קדמי מרדו
165	A6.9:1	אפסתבר פקידא	זי	בארבל חל[.] ומתלבש
166	A6.9:1	זי בלער זתוהי פקידא	[זי	ב]ארזוחן אפסתבר פקידא
167	A6.9:2	והו[..]ת [פ]קי[די]א	זי	בדמשק וכ[ע]ת [ה]אֿ
168	A4.10:6	כל גברין 2+3 סונכנן	זי	ביב בירתא מה[חס]נן כן
169	A4.5:11	דֿחפניא	זי	ביב ב[ירתא ....]
170	A4.5:5	קצת מן יודנא זי מלכא	זי	ביב בירתא נדשו ושור חד
171	A4.7:1	ידניה וכנותה כהניא	זי	ביב בירתא שלם מראן אלה
172	A4.7:5	כמריא זי חנוב ˆאלהאˆ	זי	ביב בירתא המונית עם
173	A4.7:6	לם אגורא זי יהו אלהא	זי	ביב בירתא יהעדו מן תמה
174	A4.7:7	בסון בירתא לאמר אגורא	זי	ביב בירתא ינדשו אחר
175	A4.8:4	[כמריא זי חנוב אלהא	זי	ביב] בירתא כסף ונכסין
176	A4.8:5	ל[ם אגורא זי יהו אלהא	זי	ביב בירתא] יהעדו מן תמה
177	A4.9:4	זי אלה {{שמיא}} שמיא	זי	ביב בירתא בנה הוה
178	B3.12:4	ינבולי בר מסדי כספי	זי	ביב הו מהחסן ויהבת לן
179	B3.3:2	עזריה לחן זי יהה אלהא	זי	ביב בירתא למשלם בר
180	B3.4:4	זי אפולי בר מסדי	זי	ביב ברתא זי אגרוה קימן
181	B4.3:2	[בר גמריה כל 2 יהודין	זי	ביב] מהֿ[חסנן]לאספמֿ[ת
182	D2.12:4	[בר נ]תֿןֿ יֿ[הו]דֿיֿ	זי	ביב בירתא מהחסן לדגל
183	D7.2:5	זבנו מן אלפי עבורא	זי	ביב הלו לאיתי לי מלח
184	A4.7:18	כהנא רבא וכנותה כהניא	זי	בירושלם ועל אוסתן
185	A4.8:17	[כהנא רבא וכנותה כהניא	זי	בירושלם] ועל אוסתן
186	A6.9:1	נֿבודלני פקי[דא]	זי	בלער זתוהי פקידא [זי
187	C2.1.4:7	לא ע[בד] [ב]חֿנבןֿ	[זי	ב]מֿדי [תמה מכת]רֿן
188	A6.1:5	[על] מראן ארשם	[ז]י	במצרין [עב]דֿיך אחמנש
189	A6.10:11	ארשם על נחתחור פקידא	זי	במצרין בתחתיתא על הנדרזא
190	A6.10:2	גרדא ונכסיא זילנא	[זי]	במצרין חסין נטר כן כזי
191	A6.11:7	וכנותה המרכ]ריא	זי	במצרין מן ארשם על
192	A6.12:4	וכנותה המ[ר]כריא	זי	במצרין על[..] [....] [....]
193	A6.13:6	וכנותה המרכריֿאֿ	זי	במצרין על הנדרזא זי
194	A6.15:13	על [נ]חתחו[ר פקידא	זי	ב]מצרין על [....] זי
195	A6.2:27	[....]ל כתב מן ארשם	זי	במצ[רין על וחפרעמחי

No.	Ref.			
196	A6.3:9	בר ב[יתא על ארתונת	זי	במ]צרין [...].חס.[...]
197	A6.5:2	הוה בין בגיא זילי	זי	[במצרי]ן זי כל
198	A6.6:2	נחתחור שמ[ה עלימא	זי	במצרין שלח עלי כן אמ[ר
199	A6.7:10	בר ביתא על ארתהנת	זי	ב[מצרי]ן על חילכיא [....
200	D6.8fragb:1	]<ע>לי כן אמרן נשיביתן	זי	במצרין
201	D6.8fragn:1	זילי [...]	זי	במצרין עביד[...]
202	A6.9:2	ומתלבש בגפרן פקידא	[ז]י	בסעלם פרדפרן והו[..]ת
203	B8.4:4	כחסן אתו על ביתא זילי	זֿי	בפסחמי ודפנֿי עבדוני
204	A6.15:6	קבילה שלח עליך חמרא לם	זי	בפֿפֿרֿם ועבור ארקתא
205	C2.1.7:29	[אחר] מתא לי הֿוֿת זנה	זי	בפרתו עבדת [דריהוש מלכא
206	D3.34:1	[...]	זי	ב[...] [...]. ו[א]סר[...]
207	C2.1.11:67	ואיך הלכתך [....	זֿי	בא]דֿנך יאמר שמע זי פרתר
208	B2.2:3	בר ידניה יהודי	זי	בבירת יב לדגל וריזת
209	C4.2fraga:2	נבודלה[בר ...].ם	זי	בב[...] בוה בר וחפרע עם
210	C2.1.7:37	חֿ[ן]לא ז[י פרס] כמסת	זי	בֿבתיא באלוך זי ב[א]נז
211	A6.14:4	תחדון אף הא שנן שגיֿא	זי	בגֿאֿ זךֿ [....] לא כשר אף
212	D7.39:3	[...] בגוה אף [ק]פתא	זי	בה שעריˆאˆ זי חנם יבלו
213	A6.2:7	החוין ספינתא נחוי	זי	ביד פסמסנית [....] כל
214	B7.3:4	ו[ימא לה] לאמר אתנא	זי	ביד פ[מסי בר פ]מט זי
215	B2.1:12	זילך הו ולא תנפק בשוקא	זי	בינין ובין בית פפטעונית
216	B2.1:14	תרעא זך למנפק בשוקא	זי	בינין כתב פלטיה בר אחיו
217	C3.11:9	פטאסי בר .[...] איטשרי	זי	בכצת שנת 3+3 כסף חלֿ[רן]
218	A6.9:2	[לה פ]תף מן ביתא זילי	זי	במדינתכם יום ליום קמח
219	B2.1:20	בר הושעיה ספר אגרא	זי	בנה זי כתב קוניה למחסה
220	B3.10:9	שמש לה אגרא זי הנפנא	זי	בנהו מצריא הו תמואנתי
221	B3.11:4	דבק אגר באגר להנפנא	זי	בנו מצריא מערב שמש לה הו
222	A4.5:6	בירתא איתי באר חדה	זי	בניה בג[ו] ב[י]רתא ומין
223	C3.13:8	למנסך נסֿכֿ[ן ....]	זי	ב[ס]תתרין 2 סכ[.]ה למאכל
224	C1.1:136	נפקת %% [.... לזעי]ר	זי	בעדבך ואל תרגג לכביר זי
225	A4.8:15	[זי קנה אבדו וכל גבר	[זי	בעה באיש לאגורא זך כלא
226	A4.7:17	זי קנה אבדו וכל גברין	זי	בעו באיש לאגורא זך כל
227	A6.4:2	הוה בין בגיא זילי	זי	בע[ליתא .... פס]משך
228	A6.4:3	חלפוהי בין בגיא זילי	זי	בעליתא [ו]תח[תיתא דשנא
229	A6.7:5	הוו בין בגיא זילי	זי	בעליתא ותחתיתא אחר כזי
230	B2.9:7	בר עזריה אף אמר איתי	זי	בפקד[ן] הפקדו והו החסן
231	C2.1.7:38	[ה]וה אחר אֿנה חילא	[ז]י	בפרס זעיר [זי מן קדמי
232	B8.2:30	ביתשכן 1[....]	זי	בקלֿ[....] במנפי
233	C3.7AR3:4	[ח 2 ר 2] [כל ספינתא	זי	בקרו למצרין בירח תתחור[
234	C3.7DR1:11	10 ח 2 ר 2 כל ספינתא	זי	בקרו למצרין [ב]ירח תעבי
235	C3.7EV1:6	2+3 ח [כל ספינתא	זי	בקרו]לימא בירח פאוני
236	C3.7EV2:7	[כל ספינתא] [....]....	זי	]בֿקֿרֿו לימא בירח א[פ]ף
237	C3.7FV3:18	ספיתן 20 כל ספינתֿאֿ	ז[י]	בקרו למצרין בֿ..מא[...]
238	C3.7GV5:10	[כל ספינתא] [....]..	זי	]בקרו[לימא בשנת 10
239	C3.7GV5:20	[כל ספינ]תא [....]	זי	בקרו[לימא בירח תתחור[
240	C3.7KR1:22	[כל ספינתא] [....]	זי	בקרו למצרין ביר]ח פחנס
241	C3.7KV3:14	[כל]סֿפֿיֿנֿתֿאֿ	זי	בקרו לימא בירח [פ]חֿנֿסֿ
242	B2.10:11	תזבנון לה ביתא זך או	זי	ברחמן תנת<נ>ון לה בשמי
243	B2.10:14	גברן זי תזבנון לה או	זי	ברחמן תנתנו לה ביתא זך
244	B5.2:10	[זנ]ה	זי	ברחמן

245	D22.47:5	שמש אלהא בטב רב	זי	בת...
246	A6.10:3	כן שמיע לי כזי פקידיא	זי	[בתח]תיתא בשוזיא מתנצחן
247	C3.7AR2:1	מנדתא	זי	גבי מנה וע[ביד ע]ל בית
248	C3.7AR2:11	[10] [כל מנדתא ואחרן	זי	גבי מנה ועביד] [על בית
249	C3.7AR3:1	מ]נדתא	זי	גבי מנה ועביד על בית
250	C3.7AR3:19	[כל מנדתא ו]אחרן	[זי	גבי מנהם ועביד על בית
251	C3.7BR1:11	ספ[ינה רבה הי] מנדתא	זי	גבי מנה ועביד על [ב]ית
252	C3.7BR1:19	[10+20+20] מנדתא	זי	גבי מנה ועביד[על בית
253	C3.7DR1:8	ספינה רבה הי מ[נדתא	ז]י[	ג]ב[י מנה ועביד על בית
254	C3.7DR2:21	ספינה רבה הי [מנד]תא	זי	גבי מנה ועביד על [בי]ת
255	C3.7DR3:13	[10+20+20] מנדתא	זי	גבי מנ[ה ועביד על בית
256	C3.7DR3:24	כל מנדתא ואח[רן	זי	גבי מנה] ועביד על [בית
257	C3.7DR3:5	[ספינה רבה הי] מנדתא	זי	גבי מנה[ועביד על בית
258	C3.7ER1:18	20+[10+20] מנדת[א	]זי	גבי מנה[ועביד ע]ל
259	C3.7ER1:7	10 כל מנדתא ואחרן	זי	גבי מנה [ועביד ע]ל ב[ית
260	C3.7ER2:14	רבה[הי] מנדתא	זי	גבי מנה ועביד [על בית
261	C3.7ER2:21	[10+20+20] מנדתא	ז[י	]גבי מנה ועב[יד על בית
262	C3.7ER2:4	[10] כל מנדתא ואחרן	זי	ג[ב]י מנה[ועביד על בית
263	C3.7FR2:12	1 כ[ל] מנדתא ומעשרא	זי	גבי מנהם ועביד על בית
264	C3.7FR2:6	[....] כל כסף גברין	זי	גבי מנהם ועביד על בית
265	C3.7FV1:24	[ופ]לג [כל כסף גברין	זי	גבי מנהם ועביד על בית
266	C3.7FV2:21	[מנד]תא[ואחרן	]זי	גבי[מנהם] וע[ביד
267	C3.7FV2:6	עתיק 1 כל מנדתא ואחרן	זי	גבי מנהם ועביד על בית
268	C3.7GR1:21	....]	זי	ג]בי מנה ועביד על בית
269	C3.7GR2:18	ספינה[רבה הי] מנדתא	זי	גבי מנה ו[עביד על]בית
270	C3.7GR2:3	1 כל מנדתא ˆואחרןˆ	זי	גבי מנהם ועביד על בית
271	C3.7GR3:2	[100×3] מעשרא[	זי	ג]בי מנה ועבי[ד על בית
272	C3.7GR3:9	2+3+3 ופלג כל מעשרא	זי	גבי מנה[ועביד על] בית
273	C3.7HR1:3	[10+20+20] [מנדתא	זי	גבי מנה ועביד על בית
274	C3.7JR1:18	[10] [כל מנדתא ואחרן]	זי	גבי[מנה ועביד על] [בית
275	C3.7JR1:8	[10+20+20] [מנדתא	זי	גבי מנה ועביד ע]ל[בי]ת[
276	C3.7JR2:19	[10] [כל מנדתא ואחרן	זי	גבי מנה ועביד על בית
277	C3.7JR2:2	ס[פינה רבה הי] [מנדתא	זי	]גבי מנה [ועביד על
278	C3.7JR2:9	[10+20+20] מנדתא	זי	גבי מנה[ועביד על בית
279	C3.7JV2:22	{20 כל מנדתא ו[אחרן]	זי	גבי מנהם ועביד על בית
280	C3.7JV2:9	זי ....[....] מנדתא	זי	[גבי מנהם ועביד] על בית
281	C3.7	[כל מנ]דתא[ואח]רן[	זי	גבי מנה ועביד על] [בית
282	C3.7KR1:25	[... ...] [... ...] [מנדתא	זי	גבי מנהם ועביד על ב]ית
283	C3.7KR2:14	כל מנדתא ואחרן	זי	גב[י מנ]הם ועביד על בית
284	C3.7KR3:1	מ[נדתא	ז]י	ג[בי מנה ועביד ע]ל בית
285	C3.7KR3:18	כל מנדתא ואחרן[	זי	גבי מנה ועביד על בית
286	C3.7KR3:8	10+20+20 [מנדתא	]ז[י	גבי מנה] ועביד על בית
287	C3.7KR4:3	[ספינה רבה הי] מנדתא[	זי	גבי מנה ועביד על בית
288	C3.7KR4:9	[ספינה רבה הי] מנ[דת]א	זי	ג[בי מנה ועביד על בית
289	C3.7CR1:17	10 [כל מנדתא ואחרן	זי	גבי מ]נה ועביד ע[ל] [בית
290	C3.7CR1:7	מנדתא]	זי	גבי מנה ועביד על בי]ת
291	C3.7CR2:18	[10] כל מנדתא ואח[רן]	זי	[גבי מנה] ועביד על בית
292	C3.7CR2:7	[10+20+20] [מנדתא	זי	גבי מנה ועביד על בי]ת
293	C1.1:42	חכימא ובעל עטתא טבתא	זי	גבר [.... ע]ל עטתה
294	C1.1:173	בחשוכא ולא חזה כאיש	{{זי}}	גנב זי שתר בי וישתכ[ח]
295	B2.1:4	1 תמה אגרא זך זילך הי	זי	דבקה לביתא זילי לזויתה זי
296	D23.1.Va:3	[ ]לן..[..].[..] .ס.ל	זי	[.].ה תנה[... ... ...]
297	D5.29:2	[...]. אנת[...] [...]	זי	ה[...]
298	A2.2:4	וכעת הלו מסת כספה	זי	הוה בידי נתתן ופדת
299	A2.3:12	ועל ברה ושלחי כל טעם	זי	הוה בבˆיˆתי לשלמכי שלחת
300	A2.6:6	[לתשי ס]ון הלו כספה	זי	הוה בידה יהב ש[1 ....
301	A3.5:3		זי	הוה י[א]תה עליך הוית אשלח
302	A4.7:12	זי זהבא וכסף ומנדעמתא	זי	הוה באגורא זך כלא לקחˆוˆ
303	A4.8:11	וזי כספא ומ[נ]דעמתא	ז[י	הוה באגורא זך כלא לקחו
304	A6.11:2	הוה זך אבד ובגה	זי	הוה מהחסן פמון שמה אבי
305	A6.2:5	יעבדו וישתלח על מן	זי	הוה אשרנא הנדונה ואחרן זי
306	B5.5:10	[זי יהבת לי ופתפא זנה	זי	הוה לי מן בית מלכא] ˆ[...
307	B5.5:7	[וכספכי אנתי מ]פטחיה	זי	הוה בידכי יהבתהי לי וטיב
308	B5.5:8	[מן כס]פא זנה ופתפא	זי	הוה לי מן בית מלכא ולא
309	C3.7DV1:1	[מנד]תא	זי	הוה בש[נת 1+10] זהב
310	C3.7DV2:1	[מנד]תא	זי	הוה יתיר בשנת 10 ע[ל
311	C3.7DV2:2	בשנת 10 ע[ל מ]נדתא	זי	הוה בשנת 1+10 זהב כרש 1
312	A4.7:10	2+3 בנין פסילה זי אבן	זי	הוו באגורא זך נדשו ודשיהם
313	A4.7:9	ארעא ועמודיא זי אבנא	זי	הוו תמה תברו ˆהמוˆ אף הוה
314	A4.8:8	ארעא ועמודיא זי א[בנא	זי	הוו תמה תברו המו אף הוה]
315	A4.8:9	2+3 בנין פסלה זי אבן	זי	הוו באגורא זך [נדשו
316	C3.12:29	1 ב 2+3+20 לכיחך	זי	הו יום 1 לניסן לשרתא
317	D6.3fragg:1	...]	]זי	הושר[...]
318	A3.9:4	מלכא נפעו[רת] כספא	זי	הושרת לי ביד
319	A6.16:2	ולארשם תחד[י] אף	זי	הושרת [....] עלי ביד
320	D7.16:9	.ל.אנה על דבר תקבח מה	זי	הושרת תחת חמי להוסמ.ל
321	D7.5:6	זי לא [...]הם חזי עקא	זי	[הושר]ת לכי ביד פמן הבהי
322	D7.9:13	לי וקפרא	זי	הושרת לכם מן יד נהרא
323	D7.44:8	בק{א}‖יא טמאן הא לחמא	זי	הוש[רת]ˆםˆ לי אתמל ט[מא]
324	B3.12:24	אנה ענני ותפמת אנתתי	זי	הות גוא למשלם בר זכור
325	C3.8I:2	[....]ה	זי	הות בפשי הנפקת מן תמה[
326	A4.7:16	ומצלין ליהו מרא שמיא	זי	החוין בוידרנג זך כלביא
327	C1.1:51	סנחאריב מלכא רחמני על	זי	החיתך ולא קטלתך כען אנת
328	A6.15:4	הא אנת חזי אגרת ארשם	זי	היתיו על פסמשך על חלכיא
329	D7.9:13	שלחי עלי חזי נחת קפירא	זי	היתת בידי הושרוהי לי
330	A6.2:23	אמר אנת עבד לקבל זנה	זי	המרכריא אמרן כזי שים טעם
331	B2.6:24	שקלן 1+3+3 ר 2 וכל	זי	הנעלת בידה תהנפק מן חם עד
332	B2.6:27	מהרה [י]אבד וכל	זי	הנעלת בידה תהנפק מן חם עד
333	B3.3:10	1+3+3 ˆר 2ˆ וכל	זי	הנעלת בידה תהנפק מן חם עד
334	B3.3:8	1+3+3 ˆר 2ˆ וכל	זי	הנעלת בידה תהנפק מן חם עד
335	B3.8:22	כסף שנ[א]ה בראשה כל	זי	הנעלת בביתה ינתן לה
336	C3.7EV1:12	[כספא תשי]דמי נתרא	זי	הנפקו לימא בה [כסף כרשן
337	C3.7EV1:1	[כספא תשי דמי נתר]א	זי	הנפקו לימא[בה]כסף כ[רשן
338	C3.7EV2:14	כספא תשי דמי נתרא	זי	הנ[פק]ו לי[מ]א[בה כסף
339	C3.7EV2:16	[כספא] [תשי]דמי נתרא	זי	הנפקו לימא בה[כ]סף כרשן
340	C3.7EV2:18	כספא תשי דמי נ[תרא	]זי	הנפקו לימא בה כסף[כרשן
341	C3.7EV2:2	כ[ספא ת]שי דמי[נתרא	ז]י	ה[נפ]קו לימא בה[כסף
342	C3.7EV2:4	[כספא ת]שי דמי נתרא	זי	הנפקו ל[ימא בה כסף כרשן

No.	Ref.			
343	C3.7GV5:16	[כספא תשי דמי נתרא]	זי	הנפקו לימ[א] בֿ[ה כסף
344	C3.7GV5:18	[כספא תשי דמי נתרא	זי]	[הנפקו לי]מֿאֿ בה כסף[
345	C3.7GV5:21	[2] כספא תש[י דמי נתרא	זי	הנפקו] לימא בהם כסף כרש[ן
346	C3.7KV2:10	כספא תש[י דמי נתרא	זי	הנפקו לימ]א בה כ[סף כרשן
347	C3.7KV2:12	[כספא תשי דמי נתרא]	[זי	הנפקו לימא בהם כסף כרשן
348	C3.7KV2:15	[כספא תשי דמי נתרא	זי	הנפקו לימא בה כס]ף כרשן
349	C3.7KV2:17	כספא [תשי דמי נת]ר[א	]זי	הנפקו [לימא בה כסף כ]רשן
350	C3.7KV2:19	תֿשי דֿמי נתרֿאֿ	זי	ה[נפקו ל]ימא בה כסף כרשן
351	C3.7KV2:21	כספא תש[י] דמי נת[ר]א	זי	הנפקו ל[ימא בה כ]סף כרשן
352	C3.7KV2:23	כספא תשי [דמי נת]רא	[זי	הנפקו לימא בה כס]ף כרשן
353	C3.7KV2:24	כספא תשי דמי נת[ר]א	זי	[הנפקו לימא בה כסף כרשן
354	C3.7KV2:4	[כ]סֿפֿא תש]י דמי נתרא	זי	הנפקו לימא בה כסף כרשן
355	C3.7KV2:6	כספא תשֿי דמי נתֿרֿאֿ	זי	הנפק[ו] לימא בה כסף כר[שן
356	C3.7KV2:8	כספא תשי דמי נתרא	זי	הנפק[ו] לימא בה כסף כרש[ן
357	C3.7KV3:10	כספא תשי ד[מי נתרא	זי	הנ]פקו [לימא]בה[כסף
358	C3.7KV3:13	[כספא] [תשי]דמי נת[ר]א	זי	הנפק[ו לי]מ[א ב]ה כס[ף
359	C3.7KV3:15	[כספא תשי] דמי נתראֿ	זי	הנפקו לי[מא] בהם כסף
360	C3.7KV3:18	כספא תשֿי דמי נתרא	זי	הנפק[ו לימא בה כסף כרשן
361	C3.7KV3:20	כספא תשי [ד]מי נתרא	זי	הנפקו לימא ב[ה כסף כרשן
362	C3.7KV3:22	כספא תשי[דמי]נתרא	זי	הנפקו לימא ב[ה כסף כרשן
363	C3.7KV3:3	[כספא ת]ש[י]דמי נתרא	זי	הנ[פקו לימא בה כסף כרשן
364	C3.7KV3:5	[כספא תשי דמי נתר]א[	זי	הנפקו לימא בה כ]סף כר[שן
365	C3.7KV3:8	כספא תשי דמי נתרא	זי	הנפקו[לימא בה כסף כרשן
366	D7.13:2	[...] באלף מנֿחמן	זי	הס[...] וידניה גשוריא
367	C3.8IIIA:3	[דו]גיתא	זי	העדיו .[...]
368	C3.13:50	[....] זכרן קנֿיֿא	זֿיֿ	הוֿשר ולקֿחֿ
369	C3.8IV:2	[... ...].ות עחמנוי	זי	ה.[...] ..[....].. ב 10+20
370	C1.1:12	חכימא יעט אתור כלה	זי	הקים לברה ולא בר[....
371	C1.1:44	כלא יבֿעֿך [....]ת	זי	הקימת בתרע היכלא הו חבלך
372	B8.5:14	בב[י]תה	זי	.ה..שֿ וסֿתרבנֿי מלל על
373	A4.3:3	אסרני עלדבר אבנצרף 1	זי	השכחו גניב ביד רכליא
374	A3.8:3	[....]בֿידי [..]	זי	ה[ש]כחת כ[..] כסף כרשן
375	A2.1:6	1 לאטי וכעת כתנה	זי	התתי לי סון הי מלבש אנה
376	A4.7:17	בהום אף קדמת זנה בעדן	זי	זא באיש˄תא˄ עביד לן אגרה
377	A4.8:16	בהום אף [קדמת זנה בעדן	זי	זא באישתא עביד] לן אגרה
378	B3.12:12	זבן ויהבן לך ביתן	זי	זבן מן בגזשת בר פלין
379	B3.12:15	יהבת לן זנה משחת ביתא	זי	זבן ויהבן לך מן מועה שמש
380	B3.12:17	כ 1 זנה תחומוהי ביתא	זי	זבן ויהבן לך מועה שמש לה
381	B3.12:25	דין ודבב בשם ביתא זנה	זי	זבן ויהבן לך ויהבת לן
382	B3.12:29	חדת ועתיק בשם ביתא זנה	זי	זבן ויהבן לך יחוב וינתן
383	B3.12:3	כל 2 זבן ויהבן לך ביתן	זי	זבן בכסף מן בגזשת בר
384	B3.12:32	לן בגזשת ספר זבנתא	זי	זבן לן ויהבן לה דמוהי כסף
385	B3.12:35	בר יהואור מגר ספר בי	זי	זבן ענני בר עזריה
386	B3.12:6	מן דמיא זנה משחת ביתא	זי	זבן ויהבן לך מן מועה
387	B3.12:9	והא זנה תחומי ביתא	זי	זבן ויהבן לך מועה שמש לה
388	B3.4:25	איסך בר זמסף ספר בי	זי	זבן בגזשת ויבל לענניה
389	B3.10:3	ויהבת לכי קצת מן ביתי	זי	זבנת בכסף ודמוהי יהבת
390	B3.5:3	תרי רבתא ותונה זי ביתא	זי	זבנת מן אוביל ברת שתיבר
391	D4.28:2	[...] [...].[...]	זי	זבנת לה .[...]
392	D4.1:3	[ ]מ[...] [...]יא	זי	.[...] [...]. שם ע.[...]
393	A4.8:14	[ומצלין ליהו מרא שמיא	זי]	חוינא בוידרנג זך כלביא
394	C2.1.8:62	[וחייא זי] [ויזדת	זי	חי]לי קטלו [ואחדו]2+3
395	C1.1:1	שמה ספר חכים ומהיר	זי	חכם לברה ו[....]
396	A4.3:7	יהשכחון לכם לכם ידיע	זי	חנום הו עלין מן זי חנניה
397	D7.39:4	[ק]פתא זי בה שערי˄א˄	זי	חנם יבלו המ˄ו˄ בית
398	D7.40:3	[...]וֿחנתי	זי	חנֿ[ם ...] [...].זֿה
399	C1.1:143	[....] עם	זי	חֿצי[ף] ועזיז מנך [אל
400	B8.11:3	צֿבוֿתא אחר מנדתא	זֿיֿ	ט.[....] [....].נש
401	D7.1:11	1 עד אמטאנך כען חזי	זי	טבה[.] .למעבד לה הלו כפנן
402	A3.10:2	מריה חזו חלקא זילי	זי	יאמר לכם ארמנתידת למטען
403	B5.6:6	[מן יומא זנ]ה עד עלם	זֿיֿ	יֿאתֿה עליך עלדברהם
404	C1.1:209	ענזא [ואמרת ....]יֿדע	זי	יֿאתה מן אחרוהי [....]
405	B2.2:14	אח ואחה לך קריב ורחיק	זי	יגרנך בשמי ˄על˄ ארקא זך
406	B2.7:10	לך וספרא כתבת לכי עלא	זי	יגרנכי דין ו<ד>בב אנה ואח
407	B2.10:7	בית מבטחיה ברת מחסיה	זי	יהב לה מחסיה אבוה דבק לה
408	B2.7:3	אנה יהבת לכי לביתא	זי	יהב לי משלם בר זכור בר
409	D3.1:4	פרס[ן ... ...] [...]א	זי	יהב[... ...] [... יר]ח אפף
410	D7.9:1	כענת חזו חנתא	זי	יהב לי אוריה לנסכ˄א˄
411	D7.9:15	נהרא וֿקפירא [1] רבא	זי	יהב [...]מלכיה הושר˄י˄
412	A6.1:2	לן ש[י]ם טעם מנֿתֿא לם	זי	יהבֿה במדינתא אתר זי
413	A6.15:5	חלכיא אלך 2+3 שטר מן	זי	יהבו בבבאל גברן 2+3 אף
414	B5.1:3	יהבן לכי פלג מנ[ת]א	זי	יהבו לן דיני מלכא ורוך
415	C3.28:113	זילנא במציעתא חמרא	זי	יהבו לתלי שנתא זא
416	C3.28:49	2 ברא מן 2 פתחן נחשיא	זי	יהבו על תמריא זי פחן שנתא
417	B3.12:17	ביתך אנת ענני בר חגי	זי	יהבן ליהוישמע ברתן פסשדת
418	B5.1:6	וזי יגרנכי במנתא זכי	זי	יהבן לכי ינתן לכי כסף
419	C3.13:1	כסין זי נחש[וכסף ...	זי	יהב] חנן בר חגי ליד [
420	C3.13:43	יהבת ל[יד] [....	]זי	יהבֿ ביד[....]תֿיֿ
421	C3.14:38	[מדינת ת]שטרס פתפא	זי	יהב לח[ילא מן אלפֿןֿ
422	C3.15:1	זנה שמהת חילא יהודיא	זי	יהב כסף ליהו אלהא לגבר
423	B2.3:13	ואיש זילכי בשם ארקא זך	זי	יהבת לכי ויקבל עליכי סגן
424	B2.7:4	ברתי חלף נכסיה	זי	יהבת לי כזי הנדז הוית
425	B3.12:14	שקל 1 וטיב לבבן בדמיא	זי	יהבת לן זנה משחת ביתא זי
426	B3.12:9	לך מועה שמש לה ביתה	זי	יהבת לך פסשדת {{על ספר
427	B3.4:7	לכרש 1 וטיב לבבן בדמיא	זי	יהבת לן והא אלה תחמי ביתא
428	B3.9:4	בר תחוא עלימ[א זיל]ך	זי	יהבת לי וספר כתבת לי עלא
429	B4.3:14	[אוצרא ....]	זי	יהבת על ידן[
430	B4.4:12	אוצרא זנ[ה	זי	יהבת] עלידן למובל לגבריא
431	B5.5:10	זי ל[י בש]ם כספא זנה	[זי	יהבת לי ופתפא זנה זי הוה
432	B5.5:6	[ירשנכי בשם כספא זנה	זי]	יהבת לכי ינתן לכי
433	D7.24:9	בחן [....]שאלי [....	ז]י	יהבת לה [.... הן]
434	C3.13:10	זכרן[מ]אני אחֿ[....	]זי	יהבת[ליד] מנחם
435	C3.13:42	[ ]פֿ וֿ [....].	זי	יהבת ל[יד]
436	C1.1:105	זי נטלת עליך ולבבי	זי	יהבת לך בחכמה [.... י]הבת
437	A3.6:3	עליך לבבי שדיק כל	זי	יהוה על [....] מ[..]א
438	B1.1:8	[....]שנבי נחות	זי	יה[ו]ה בחקלי מן
439	B3.3:11	שליט˄ה˄ {{בפלג}} בכל נכסן	זי	יהוון בין ענני ותמת מחר
440	B3.3:12	שליט {{בפלג}} בכל נכסן	זי	יהוון בין {{בין}} תמת

441	D23.1.III-IV:9	שׁ.תׁ עד[...]כל א.ן	זי	יהוי תמה [.].[..]...לם
442	C3.14:32	שׁא 100×1 כל נפק[תא	זי	י]היב לחילא סונכניא מׁ[ן
443	C3.14:34	למח[יר שנת 2+3 ...].	זי	יהיב במכלאׁ[...] היתי[
444	C3.14fragaR:1	[...]	זי	יה[יב] [כ]סף ש 1 [...]
445	C3.14fragecol1:1	....]	ז]יׄ	יהיב .... [מדי]נת
446	B3.4:23	זי תבנה בה וכל אשרן	זי	יהכן על ביתא זך ˆכתב חגי
447	B3.11:16	מנעל כתב בספרא זנה	זי	יהנפק כדב הו זנה ספרא זי
448	B2.3:17	לאיש אחרן זך ספרא	זי	יהנפקון עליכי כדב יהוה לא
449	B3.5:20	בני זי ילדתי לי וגברא	זי	יהנצל ביתי אחרי מותי מן
450	C1.1:199	וא[....]איש לחה	זי	יהנשג כׄ.[....] [....].ך
451	C1.1:150	[.... ....]	זי	יהשפל לׄאיש [ר]םׄ כוׄ.[...
452	A6.9:6	חד יתיר מן יום חד אחר	זי	יומיא אלך יתיר פתף אל
453	A3.8:6	לא זבנו המו בעי אש	זי	יזבן ביתא [ר]בא זי הודו
454	A2.1:2	נבושה ברכתכי לפתח	זי	יחוני אפיך בשלם שלם
455	A2.6:1	[....]ר ברכתכי לפתח	זי	יחוני אפיכי בש[לם ....
456	A3.3:3	ברך אנת [ליהו אלהא]	[זי	יח]וני אנפיך בשלם כעת מן
457	A2.2:2	מכבנת ברכתכי לפתח	זי	יחזני אפיכי בשלם שלם
458	A2.3:2	מכבנת ברכתכי לפתח	זי	יחזני אפיך בשלם שלם
459	A2.4:2	עבדך מכבנת ברכתך לפתח	זי	יחזני אפיך בשלם שלם אמי
460	A2.5:2	ומכבנת ברכנכן לפתח	זי	יחזני אפיכן בשלם וכעת
461	B4.1:3	[ועמר ו]כתן [ו]כל מדעם	זי	יחיה בה איש ול.. וׄ[לא אכל
462	C1.1:181	]לחיה ועלוהי טב מן	זי	יטעׄמׄנׄ[הי] ל.[...]עבדׄתׄ[
463	C1.1:208	פריש. [....] חמרא הו	זי	יטעמנהי ומ[....] הו
464	C2.1.11:64	מלך זי אחרי תהוׄה אישׁ	זי	יכדב [.... רח]קׄ
465	C2.1.11:65	שגיאן אזהר כׄ[ד]יׄבׄ	זי	יכדב [.... שגי]אׄ
466	B2.1:10	עלוי אגרא זך זילה	זי	יכלא מנהם ינתן לה כספא זי
467	C3.22:11	רׄ 2ׄ[...]	זי	יכשרון לעשך ..[...]
468	C3.22:6	[...] יכשרון לעשךׄ[...]	זי	יכשר לעשך .[...] עד שאר
469	B3.5:17	ברת שנן 100×1 בני	זי	ילדתי לי המו שליטן בה אחר
470	B3.5:20	ישלט בביתה כלה להן בני	זי	ילדתי לי וגברא זי יהנצל
471	B3.5:5	זנה עד עלם וזי בניכי	זי	ילדתי לי מן אחריכי והא
472	B3.6:4	ליהישמע שמה ברתכי	זי	ילתי לי בר לי ˆוברהˆ ואח
473	B3.6:8	עליכי ועל יהישמע ברתך	זי	ילתי לי ינתן לך אבגרן כסף
474	B2.2:8	אף הא תחומי ארקא זך	זי	ימאת לי עלדברה ביתי ˆאנהˆ
475	B2.8:8	לכי בשם נכסיא אלכי	זי	ימאתי לי עליהם הן גריתכי
476	B1.1:9	לי קבלךׄ ׀ ולׄכל	זי	י[ד]חנך אקנס אקם ואנקה
477	C1.1:136	בעדבך ואל תרגג לכביר	זי	ימנע מנך [אל ....]חילאׄ
478	B2.7:12	זי אנה כתבת ויהבת לך	זי	ינפק עליכי ספ<ר> לא אנה
479	A3.8:4	כען [....] עמך על	זי	[י]נתן לך כסף כ[ר]שן 2+3
480	C1.2:18	לחםׄ[....]	זי	ינתן לה אבוהי [....] איש
481	B4.2:6	לך ירח בירח מן פרסי	זי	ינתנון לי מן אוצרא ותכתב
482	B3.6:11	ברתה אנחן {י}<נ>פלחנך	זי	יסבל בר וברה לאבוהי בחייך
483	B3.6:12	נסבל לזכור ברך כבר	זי	יסבל לאבוה כזי הוין עבדן
484	A3.5:7	[ ]רחיק מנה מ[ן]	זי	יעבד לעינוהי שלמך וטעמך
485	C1.1:134	זי[....] לאנפין כאיש	זי	יעבד לחיתא [....]י ומן
486	C3.21:9	רסתכה אשל[...] אופסתה	זי	יׄ[...] [כ]ל[אש]ל[ן] [...
487	B2.2:16	ואנת רחיק מן כל דין	זי	יקבלון עליך עלדבר ארעא זך
488	A3.8:6	זי הודו והבה לה בכספא	זי	יקום עלוהי וכזי אגרתא זא
489	B3.6:7	ולמזלכי מנדת כסף	זי	יקום עליכי ועל יהישמע

490	B3.7:16	נפשי צבית אהנצל מנכי	זי	יקום עליכי לתרכתכי מן
491	B3.9:7	למעבדה ע[בד] ולמשנתה	זי	יקום על ידניה זך למשנתה
492	B4.7:4	[אח וא]חׄה והׄנבג	זי	יקום וידׄח[..]
493	C1.1:91	אף קלה גבה ה[ו] מן הו	זי	יקום קדמוהי להן זי אל עמה
494	C1.1:159	חלא וטענת מלח ולא איתי	זי	יקיר מן נׄכׄ[רי] נשאית
495	D22.51:7	...[...] מן כל .... וברך	זי	יקרא[.] כת[י]ב[תא] זא ב..
496	A4.7:28	יהו אלה שמיא מן גבר	זי	יקרב לה עלוה ודבחן דמן
497	A4.8:27	[יהו אלה] שמיא מן גבר	זי	יקרב לה עלוה ודבחן דמי
498	B2.9:14	לכם או לבניכם או למן	זי	ירשון אביגרנא זי כסף כרשן
499	B3.12:27	והנבג ואדרנג זילן	זי	ירשנך דין וירשה לבניך
500	B2.3:11	להן אנתי ובניכי עד עלם	זי	ירשנכי דין ודבב אנתי ובר
501	B3.10:19	ומרא ועל בניכי אחריכי	זי	ירשנכי דין ודבב ויקבל
502	B3.11:12	הנגית והנבג ואדרנג	זי	ירשנכי דין ודבב ויקבל
503	B5.5:10	[בית מלכא] ˆ[... ז]יליˆ	זי	ירשנכי בשם כספא זנה
504	B5.5:6	ורחיק [ירשנכי דין ודבב	זי	ירשנכי בשם כספא זנה זי]
505	A2.2:15	אל תקמי קדמתה כל גשר	זי	ישכח יזבן והן יהב לכי
506	D23.1.XI:3	[...].ךׄ ....ן [.]חׄי	זי	יׄשׄכׄנׄ[...].רׄחם[
507	D7.56:10	אפלניס זׄיׄ על אגרת[א]	זי	ישלח על גבריא זי עבורא
508	D22.51:4	אלה טורא ואלה מצרין	זי	ישמן לי שלם ורחמן ..[.]
509	B4.2:9	יעקף כספך ומרביתה	זי	ישתאר עלי ויהוה רבה עלי
510	B4.6:11	[שליטה ב]כל ערבן	ז[י	י]שתכ[ח בי זי] לבנ[ן]
511	B7.3p:2	ת. [...].. כל כסף ונכסן	[זי	]ישתכח אחרי מותי
512	C1.1:175	מן חמר נער ב[.]תא ברא	זי	יתאלף ויתסר ויתשים ארחא
513	D23.1.XVIA:3	נבו סׄן [...]אׄלהיאׄ[	ז]י	יׄתׄבׄן[...]יׄומׄאׄ
514	C3.11:10	כסף חל[רן] מכס גבריא	זי	יתוספו בשנת 3+3+1[1+]
515	A6.2:18	מאה ויהוספון על עקיא	זי	יתיהב על טף בארכא לחד
516	B3.13:4	2 סאן 3 מן פתפא	זי	יתנתן לי מן אוצר מלכא והן
517	C2.1.11:75	לגומ[ת ז]ך מׄגושא	[זי	כדב לם אנה ברזי אלה]
518	B8.4:4	1 עדרי 1 [....]ל	זׄיׄ	כחסן אתו על ביתא זילי
519	A6.5:2	בגיא זילי זי [במצרי]ן	זי	כל [....] עלי אנת שם
520	A4.2:15	[....] וחורי	זי	כלו ביום 3+3 לפאפי מטו
521	A3.3:6	[.. פ]רסכן	זי	כלי כלה כעת איך ביתא עביד
522	A4.5:3	על מלכא זנה דושכרתא	זי	כמריא זי חנוב אלהא [עבד]ו
523	A4.7:3	מלכא ובני ביתא יתיר מן	זי	כען חד אלף וחין אריכן
524	A4.8:2	[מלכא .... יתיר מן	זי	כען וחין] אריכן ינתן לך
525	A6.4:2	[פס]משך ברה זי עחחפי	זי	כען פקיד עבד חלפוהי בין
526	C3.5:4	[ ]ינת מסטי	זי	כעׄ[...] ....]א כסף
527	B1.1:19	כרב ספר חׄובׄ חקל	זי	כ[ת]ב פד[י] לאחא
528	B2.1:20	ספר אגרא זי בנה	זי	כתב קוניה למחסה
529	B2.10:20	אחיו בר נתן ספר מרחק	זי	כתב ידניה בר הושע על
530	B2.2:22	בר ארוסתמר ספר מרחק	זי	כתב [דרגמ]ן בר חרשין
531	B2.3:35	הושע בר יגדל ספר בי	[זי]	כתב מחסה בר ידניה
532	B2.7:21	זכור בר שלם ספר בי	[זי	כתב מ]חסיה בר ידניה
533	B2.7:6	ויהבת לכי ספרא עתיקא	זי	כתב לי משלם זך אחרוהי
534	B2.8:14	בר ושתן ספר מרחק	זי	כתב פיא למבט[חיה]
535	B2.9:19	בר אושעיה ספר [מרחק]	זי	כתב מנחם ועניה כל 2
536	B3.10:27	חגי בר מרדו ספר בי	זי	כתב ענני בר עזריה לחנא
537	B3.11:21	בר גמריה ספר בי	זי	כתב ענני בר עזריה
538	B3.12:31	אף יהבן לך ספרא עטיקא	זי	כתב לן בגזשת ספר זבנתא

No.	Ref.			
539	B3.13:15	בר מרדו [ס]פר עבור	ז]י	כתב ענני בר חגי] בר
540	B3.3:17	1 שקלן 2+3 ספר א[נתו	זי	כתב ענני לת[מת
541	B3.5:25	מגשיא תת מגשיא ספר בי	זי	כתב ענניה לתמת אנתתה
542	B3.6:18	בר גדול [ספר] מרחק	זי	כתב משלם בר זכור לתפמת
543	B3.8:45	בר גמריה ספר אנתו	זי	כתב ענניה בר משלם
544	B4.3:20		זי	כתב מנעלא
545	B4.4:17	עד תתמלא בעבורא[זנה	זי	כתב מנעלא] כתב הושע
546	B7.4:1	ספר מומה	זי	כתב חמני.[...]
547	D1.34fraga1:2	...] [...] [...ב..] [...]	זי]	כתב[...]
548	D22.47:2	ארתוזי ברך	זי	כתב כתבתא זא קדם שמש אלהא
549	D22.50:1	בריך	זי	כתב[...] [...]נה
550	D2.27:1	ג[...] [... ...] שערן	זי	כתב פהזו מלחא[...] ספ[ר]א
551	D23.1.XVIC:6	חרא שלמ[...] לספרא	זי	כתב כתבא דנה
552	D5.38:1	1+3 ש ו.[...]	זי	כתב[...] [...] שנת
553	D7.27:10	כספה [...] ... מל]כיה	זי	כתב[...] [...]יהבתם עליהם
554	D7.19:9	צבותי[.] [....] לוחא	זי	כתב [....]
555	B3.1:23	בר אחיו ספר כסף דנה	זי	כתבת יהוחן ברת משלך
556	B3.7:16	לתרכתכי מן בת״א	זי	כתבת ויה[בת לכי ינתן
557	B5.4:2	סגן ומ[רא בשם ביתא זנה	זי	כתבת] ויהבת לך אף לא אכל
558	B5.4:5	ל[העדיה מנך ביתא זנה	זי	כתבת] ויהבת לך אנתן לך
559	B5.5:13	[ספר ....]	זי	כתבת מפטחיה בר[ת גמריה
560	C3.28:79	] ר 2 מ 1 חשבן עבורא	זי	כתבת [ו]נתנת לאבהי
561	B2.1:10	יכלא מנהם ינתן לה כספא	זי	כתיב מן עלא ואגרא זילך
562	B2.1:13	הן כליתך אנתן לך כספא	זי	כתיב מן עלא ואנת שליט
563	B2.5:1	] יהבת לך] כספא זנה	זי	כתיב מן עלא ולא את[ית על
564	B3.1:8	שלמתך בכספך ומרביתה	זי	כתיב בספרא זנה אנת משלם
565	B5.5:10	בשם כספא זנה ופתפ[א	זי]	כתיב מנעל [ינתן לכי
566	B5.5:5	אנה י[הבת לכי	זי	כתיב] בספר[א] זנה
567	B3.8:23	] 1+3]+1 ושארת נכסיא	זי	כתיבן ינתן לה ביום 1 בכף
568	B3.8:28	ח 2+3 ושארת נכסיה	זי	כתיבן ינתן לה ביו[ם 1
569	B4.3:9	....]	זי	כתיב[ן] בספרא [ז]נה
570	B4.4:10	וזי מ[אתה זי נבושלו	זי]	כתיבן בספרא זנה אנחנה
571	B4.4:13	עלידן למובל לגבריא אלה	זי	כתיבן [מנעלא ....]
572	B6.4:7	נכסיא ˆ[א]לה˜ וכספא	זי	כתיבן בספרא ˆזנה˜ ברחמן
573	A3.2:5	....] 1	זי]	כתן [....] וכרבלה 1
574	A3.3:11	כעת זבנת לי אנה כתן 1	זי	כתן כעת [....]
575	C2.1.8:53	ל[וימן קטלו ולחילא	זי	לדריהוש מלכא שמען] קטלו
576	C3.13:40	....] 1 פ	ז]י	ליהוישמע בר חגי ש פ
577	D7.26:4	על פכרס משחק [...].	זי	למחסיה [...]שף
578	D1.15:3	... ...] [...]בית חשן	ז]י	ל[...]והוטבן[ת ...] [... ...]
579	B3.11:7	יהבתה לך פסשדת קבל	זי	לא ˆכתב על ספר אנתתכי˜ עם
580	B3.12:6	שקל חד וטיב לבבן בגו	זי	לא אשתאר לן עליך מן דמיא
581	B4.2:4	1+3+3 לירח 1 וירחא	זי	לא אנתן לך בה מרבית יהוה
582	B4.3:15		זי	לא [..]לן.
583	B8.3:5	....] .החווה אתר	זי	לא פתי.[....]
584	D7.5:5	אל ינפי מנהם הלו שגא	זי	לא [...]הם חזי עקא זי
585	D7.9:5	דרעה הלו כן שלח לאמר	זי	לא ישכחן עלימתה מכתבה על
586	B2.11:13	עלימיא אלה ולילו ברה	זי	לא עד נפלג עלין כזי עדן
587	C1.1:113	רתא גבר	זי	לא ידע מה
588	C1.1:138	תהשגא לבבא [גבר	ז]י	לא יתרום בשם אבוהי ובשם
589	C1.1:185	מן כנני [וינ]שא מובלא	זי	לא זיל[ה] וטעון גמלא
590	C1.1:30	כזי ברי	זי	לא ב:י בדא[....
591	C1.1:90	ועלעי תנין יתבר כמותא	זי	[ל]א מתחזה %% בשגיא בנן
592	C2.1.3a:2	אח[....] [....]דו	זי	לא[....]
593	C2.1.4:3	] אזל קטל לחילא זי מדי	זי	לא] שמען לין[אחר ודרן
594	C2.1.5:19	אזל ה[יל]א זך מרדיא	ז]י	לא] [שמען לי קטל] אחר
595	C2.1.7:32	אמרת אזל קטל [לחילא	זי	לא שמען ל]י אחר ד[דרש
596	C3.7AR2:10	[ספן ריקנן 10+20 בגו	זי	לא ספיתן 10] [כל מנדתא
597	C3.7AR3:18	] ריקנ]ן 10+20 ב[גו	זי	לא ספיתן 10] [כל מנדתא
598	C3.7DR1:3	ספן ריקנן 10+20 בגו	זי	לא ספיתן 20+2 ב
599	C3.7JR1:17	[ספן ריקנן 10+20 בגו	זי	לא ספיתן 10] [כל מנדתא
600	C3.7CR1:16	[ספן ריקנן 10+20 בגו	זי	]לא ספיתן 10 [כל מנדתא
601	D2.28:1	פהזו מלחא[...] ספ[ר]א	זי	לבטתא אנתתה זי [... ...]
602	B3.13:11	למחד ותלקח לך מן בי	זי	לבנן עבד ואמה מאן נחש
603	D23.1.II:11	אתמנבן אלהא [..].	זי	לה הן תנתן לין[....]ה לם
604	C1.1:33	] חד מן רבי אבי	זי	לחם אבי [.... ....
605	B5.5:9	וברה לי הנגית והנבגא	זי	ל[י בש]ם כספא זנה [זי
606	B8.7:5	ˆאנה˜ להן איתי עבדן	זי	לי המו [....]
607	D23.1.Va:10	ג[...] 20+20	זי	ליאתו עמהם
608	A6.8:1	כן אמר ארמפי עם חילא	זי	לידה לא משתמען לי בצבות
609	A6.8:2	פסמשך יאמר לך ולחילא	זי	לידך זכי אשתמעו לה ועבדו
610	B3.6:6	בכי וביהישמע ברתכי	זי	{ל}‹ל>דתי לי לא שליט בך
611	B5.6:5	] [...].רנף ברה כל 3	זי	לך המו עם [.... מן יומא
612	D7.8:2	שלם אוריה כען הלו תאתא	זי	לך רבתא מטאת למגז עמרא
613	A4.5:24	א[....] [.... אגור]א	זי	לן זי נדשו ל[...]
614	C1.1:49	מנה אמרת קטלתה עד	זי	לעדן [א]חרן וליומן אחרנן
615	B2.1:4	דבקה לביתא זילי לזויתה	זי	לעליה ˆאגרא זך תדבק לשטר
616	B2.1:5	ועד עלא מן זוית ביתי	זי	לעליה ועד בית זכריה˜ מחר
617	A6.2:7	זנה שלחו וכן [...] חלא	זי	לקבל ב[י]רתא ב[....]ה
618	C3.8II:7	] .[מא]ני פרזל [דוג]יתא	זי	לקדמן ס]פינתא לקנ[...]
619	A4.4:8	זי עלו בהן ביב ונכסיא	זי	לקחו אתבו אם על מריהם להן
620	A6.15:7	עבורא ומנדע[ם] אחרן	זי	לקחת כלא התב הב למספת
621	A6.15:8	למה כזי תאתה בזנה מה	זי	לקחת זיני תשלם ותשתאל על
622	A6.15:9	עבידה לא אית לך ומה	זי	לקחת נכס[ן] מן גרדא התב
623	D3.14:4	.א[...] [...]. [...]. [...]	זי	לקיח[...] [...]קמר פכרס
624	B8.5:12	]ותכי[... ...]	זי	ל[...]ת חתחפבי
625	D23.1.Vb:6	ומצרי[ן] אפק	זי	מ[...] וחיל. א...
626	A2.5:2	אפיכן בשלם וכעת תדען	זי	מדעם לה מפקן לן מן סון
627	A6.2:3	כרכיא כן אמרו ספינתא	זי	מהחסנן אנחנה עדן הוה
628	A6.13:3	ויהיתה עלי עם מנדתא	זי	מהיתה נחתחור כעת ארשם
629	B2.11:10	עלדבר פטוסירי עבדא זך	זי	מטאך בחלק אחר ננתן לך
630	B2.11:12	דין עלדבר פטוסירי זך	זי	מטאך בחלק לך יהוה וזי
631	B2.11:3	אמן והא זנה חלקא	זי	מטאך בחלק אנת ידניה
632	B2.11:7	שליט בפטוסירי עבדא זך	זי	מטאך בחלק מן יומא זנה ועד
633	B2.11:9	פטוסירי שמה עבדא	זי	מטאך בחלק הן רשינך דינא
634	B2.11:5	למבטחיה והא זנה חלקא	זי	מטאני בחלק אנה מחסיה
635	B5.1:3	רבחילא חלף פלג מנתא	זי	מטתכי עם נאהבת מחר יום
636	C1.1:95	טב כקר[י]ה חסינה	זי	מי[ן] בג[וה]איתי [מה

637	D1.12:6	.[...] [... ...]לאמת[ה]	זי	מ־י־תת כען .... ק..[...]
638	C1.1:15	[מ]ל[כ]א אבוך	[ז]י	מלך הוה[קדמיך]
639	C1.2:3	[חור] בר פונש מליא	זי	מלכא אמר ו.[...] [..]לולא
640	A6.15:4	על פסמשך על חלכיא	זי	מלכו לי גברן 2+3 [....]
641	A2.3:6	ספר לה שלחתי בשמה וכעת	זי	מלתי ˆלבתי˜ לאמר לה שאל
642	A4.5:9	מן דיניא תיפתיא גושכיא	זי	ממנין במדינת תשטרס
643	A6.13:1	בזנה כן אמר לי בגא לם	זי	מן מראי יהיב לי במצרין
644	A6.4:3	למנשא] דשנא זכי	ז[י]	מן מלכא ומני [י]הב
645	A6.9:5	על פקיד לקבל אדונא	זי	מן מדינה עד מדינה עד ימטא
646	C2.1.7:39	חילא [ז]י בפרס זעיר	[זי	מן קדמי לא מר]דו וחילא
647	C3.5:7	[2 חלר]ן 2+3+10	זי	מנדת חילא .[...]
648	A6.13:5	ויהיתה ויאתה עם גנזא	זי	מני שים להיתיה בבאל
649	A6.2:6	אופשרה יתעבד ואחרן	זי	מני שליח עליהם על זנה
650	B3.13:10	בני ואדרנגי כספא זנה	זי	מנעל כתיב אחר אנת פחנום
651	B3.13:11	ובמדנתא˜ עד תשלם בכספך	זי	מנעל כתיב ולא דן כתב
652	B3.13:5	ויהבת לך כנתיא אלך	זי	מנעל כתיב כזי יתנתן לי
653	B3.13:7	אשלם ואנתן לך אבגרנא	זי	מנעל כתיב בין יומן 20 הו
654	B3.13:8	ויהבת לך כספא זילך	זי	מנעל כתיב אחר בני ואדרנגי
655	B3.13:9	ואדרנגי ישלמון לך כספא	זי	מנעל כתיב והן לא שלמו לך
656	B4.6:8	[1] [עד יומא] זנה	ז[י]	מנעל כתיב [ו]מטא ב].
657	B4.7:3	....]	זי	מנעל כ]תיב ולא דין והן
658	C2.1.11:68	[.... י]עבד	זי	מסכן יעבד זך חזי אף קדמתך
659	C1.1:89	ו[טעמ]א חסין ולא איתי	זי	[מ]ריר מן ענוה% רכיך לשן
660	B3.10:11	אנתי שליטה בה ביתא זנה	זי	משחת־ה־ ותחומוהי כתבן
661	B3.12:22	תנפק ותנעל ביתא זנה	זי	משחתה ותחומוהי כתיב בספרא
662	B3.12:28	ומרא ודין בשם ביתא זנה	זי	משחת<ה> כתב מנעל וזי ינפק
663	B3.5:12	דבק לה זנה חלק ביתא	זי	משחת<ה> כתיבן ותחומוהי
664	D2.10:9	[... ... א]רק ביתא זך	זי	מש[חתה ...] [... ...]שליטן[
665	A6.14:2	על אחתבסתי פקידא זילי	זי	מ[..]ת[.] מנדעם לא מהיתה לי
666	C3.12:1	[...] [....]א אסי	זי	מתיהב [....]. [....
667	C3.8IIIB:21	[.].נת ש.[....] שלמ.ו	זי	נג[...] נ.[.]א[]מן
668	A4.5:24	[.... אגור]א זי לן	זי	נדשו ל[....]
669	C1.1:105	[....] %% עיני	זי	נטלת עליך ולבבי זי יהבת
670	A3.3:3	אנפיך בשלם כעת מן יום	זי	נפקתם מן מצרין פרס לא
671	B8.9:1	ולא סטרן בשניתא זא	זי	נשאת הן
672	B4.3:12	עבורא	זי	נתנת
673	B5.5:4	לכי ברחמן לקבל סבול	[זי	סבלתני ורח]קת מנכ[י] מן
674	B5.6:3	אמת[א]זילי	זי	סטירה על שמי
675	C3.8IIIB:37	עם מרדכשראצר בבימא	זי	סי.. ..מאב קדם ... ספרא
676	C3.7FV3:19	למצרין ב..מא[...]	זי	ס...פ.[...]ל...ת[... י]וני
677	A2.5:7	לבמרשרי אתריה ומהי דה	זי	ספר לה הושרתן לי ואנה
678	D3.45:9	[...]דניענח בת[...] [...]ל	זי	ע...א.. ג[...] [...].ש.ן
679	D22.50:3	קדם [...] [...]. מלכא	זי	עבד א....[.]
680	D3.46fragc:3	חרמן [...] [...].ות כל	זי	עב[ד ...] [...]בד .[...]
681	D7.38:6	[...]ל 1 מן תעבי [...	]זי	עבד אחמס־י־
682	D3.17:1		זי	עבדו חמי מעוזיה בר
683	D3.17:3	ברת נדבה	זי	עבדו חמי הושע בר נתון
684	D3.17:5	בר נריה כל 3 לנריה	זי	עבדו חמי למיכיה נחום בר
685	C3.8IIIB:24	[2+3+10] אופכרתא	זי	עב[דו ע]ל צלצלא ודגיתא

686	B2.8:3	לדגל וריזת על דינא	זי	עבדן בסון נפרת על כסף
687	C3.4:10	פנא בר ש.[...] פהו	זי	עב[ד] תדן בר נב[...]
688	B2.8:6	וטיב לבבי במומאה דכא	זי	עבדתי לי על נכסיא אלך
689	A4.7:30	פ־ח־ת שמרין אף בזנה	זי	עביד לן ˆכלא˜ ארשם לא
690	A4.8:29	[שמרין אף בזנה] כלא	זי	עביד לן ארשם לא ידע ב20
691	C2.1.11:66	[שגי]א הודע איך	זי	עביד אנת ואיך הלכתך
692	C3.7AR2:5	[....] [כ]סף ג[בר]יא	זי[	עביד על בית מלכא] כסף ש
693	C3.7DR1:21	[....] [...] גבריא	זי	עבי[ד ....] מן
694	C3.7DR3:18	.... [....] [כסף גבריא	זי	עביד על בית מלכא] כסף ש
695	C3.7ER1:2	[....] [כ]סף גבריא	זי	עביד על בית [מל]כא[כסף ש
696	C3.7ER1:22	[...] כסף גבר[יא	זי	עביד ע]ל בית מ[לכא כסף ש
697	C3.7FR2:3	לק עתיק 1 כסף גבריא	זי	עביד על [בית מלכא] מן
698	C3.7JR1:12	[חמוש ...] [כסף גבריא	זי	עביד על בית מלכא] [כסף ש
699	C3.7JR2:13	[חמוש ...] [כסף גבריא	זי	עביד על בית מלכא] [כסף ש
700	C3.7JV1:21	ופלג [....]א	זי	עבי[ד ע]ל בית[מל]כא
701	C3.7	[כסף ג]בריא[	זי	עביד על בית מלכא] [כסף]ש
702	C3.7KR1:3	[חמוש ...] [כסף גבריא	זי	עביד על בית מ]לכא [... ...]
703	C3.7KR2:6	[....] [כסף]גבריא	זי	עביד על [בית מלכא] [מן
704	C3.7CR1:11	[...] [כסף גבריא	זי	עביד על בי]ת מלכא [כסף ש
705	C3.7CR2:12	20[....] כסף גבריא	זי	עביד על ב[ית מלכא] [כסף
706	C3.8I:3	[ ]ת מנכי בר ימחות	זי	עביד א..ש[...]
707	A4.8:26	כלא זי תנה הן כן תעבד	זי	עד אגורא זך יתב[נה וצדקה
708	A6.13:3	שמה פקידא זילי	זי	עד מנדת בגיא אלך יהנפק
709	A6.13:4	לחתובסתי פקיד ורוהי	זי	עד מנדת בגיא זי ורוהי
710	A2.2:9	לי והן יהב לכי עמרה	זי	על מכי שלחי לי והלה יהב
711	B4.2:16	בר אחיו על פם שהדיא	זי	על ספרא זנה
712	B4.6:4	1 מן קצת כספא ונכסיא	זי	על ספר אנתותכי אנה מנחם
713	D7.56:9	ישלחון אגרה על אפלניס	זי	על אגרת[א] זי ישלח על
714	D7.9:5	על דרעה עלא מן כתבתא ·	זי	על דרעה הלו כן שלח לאמר
715	C1.1H:19	[אח]יקר זנה [וכזי ...]	זי	על אחרן אסרחאריב מלכ[א
716	C1.1:64	ˆ[ז]נה˜ עלימא זילי עד	זי	עלאחרן אסרחאדן [מלכא
717	A4.4:8	מכי[ה ....] בתיא	זי	עלו בהן ביב ונכסיא זי
718	D7.21:5	כען שלחלי לבשא	זי	עליך ואחטנה לשלמך
719	A3.7:3	שלם [....]ן	זי	עליכי שלם כלכליה וכעת
720	C1.1:55	אבוה זי אתור כלה	זי	על עטתה סנחאריב מלכא
721	C1.1H:11	א[בוה זי]את[ור כלא	]זי	על עט[תה ...] נבוסמס[כן
722	C2.1.4:4	[עבד עם חילא זי מדי	זי	על מד]יא רבהם[לא הוה תמה
723	C3.8IIIB:17	בבית ספינתא למ[...]	זי	על תבלא ש.[.] פנפתם צלצל
724	C3.8IIIB:30	שנת 2+3+10 בגפרן	זי	על נוז..[..] כן אמר
725	A4.7:11	עקהן ˆזי˜ ארז כלא	זי	עם שירית אשרנא ואחרן זי
726	D7.37:5	הושרו [...]	זי	עם בר ענחפמעי א.[...] מלך
727	C1.1:40	לם [.... א]חרנן	זי	עמה ה[וו] ואנה מהלך בין
728	C1.1:56	לכנותה גבריא אלך תרין	זי	עמה [.... הצ]יתו לם אף[
729	C2.1.8:48	[בפרס ויזדת וחרא	זי	עמה כלא בזקיפא] שמת
730	C2.1.8:48	[ ] ויזדת אחדו וחרא	זי	עמ[ה אחר בהודשי בפרס
731	C2.1.8:61	[זך א]חד קט[לה וחרא	זי	עמה הוה ק]טלו נפחר
732	C2.1.4:2	[חילא פ]רסי[א ומדיא	זי	עמי זעיר הוה אחר] חיל[א
733	C2.1.7:39	[לא מר]דו וחילא זי מדי	זי	עמ[י הו]ה שלחת ארתורזי
734	A3.6:2	[וכעת] שמעת כעמלא	זי	עמלת כזי

No.	Ref.	Preceding		Following
735	D7.57:6	בר עזגד ענז חד תהם חד	זי	ערה שנתא שע וחד
736	A6.1:2	זי יהבה במדינתא אתר	זי	פן[....] [....]
737	D1.6fragc:1	]שח כען [.... ...]	זי	פן[...]
738	C1.1:102	לסניא אנת כלך כבן עם	זי	פגע בך צדיק אנשא
739	A6.4:2	יהב לעחחפי עלימא זילי	זי	פק[יד] הוה בין בגיא זילי
740	A4.5:4	המונית עם וידרנג	זי	פרתרך תנה הוה כסף ונכסן
741	A4.7:5	המונית עם וידרנג	זי	פרתרך תנה הוה לם אגורא זי
742	C2.1.11:67	[זי בא]דנך יאמר שמע	זי	פרתר יאמר [....
743	B2.11:12	וזי בניך אחריך ולמן	זי	צבית תנתן ולא דין אף איתי
744	B2.11:7	עלם ובניך אחריך ולמן	זי	צבית תנתן לא אכהל אנה
745	B2.6:25	חם עד חוט ותהך לה אן	זי	צבית ולא {י}דין ולא דבב
746	B2.6:29	חד בכף חדה ותהך לה אן	זי	צבית ולא דין ולא דבב
747	B3.4:14	נגרה לבר לך וברה ולמן	זי	צבית למנתן הן גרינך דין
748	B3.4:15	וגרין לבר בברה לך ולמן	זי	צבית למנתן אנחן ננתן לך
749	B3.4:16	וזי בניך מן אחריך ולמן	זי	צבית למנתן ולא יכהל בר
750	B3.8:24	1 [ו]תהך [לה מנה] אן	[זי	צבי]ת והן יהוישמ[ע]
751	D1.20:9	הקשט אף[.... ...] [...]	זי	צבית בגו [....
752	D3.39fragb:5	לדגל מרין [ ]מא[...]	זי	צדני [...]. [...]
753	D5.41fragz:3	[..]וש.[..] זי קרבון [...]	זי	ק[...]
754	B3.2:3	2+3 בדמי הירא זילך	זי	קבלת עלי בגו [וט]ב לבבי
755	B3.2:5	דן ודבב בשם הירא זנה	זי	קבלת עלי בגו הן קבלת עליך
756	B3.2:6	ומרא בשם הירא [ז]נה	זי	קבלת עליך בגו ויהבת ל[י]
757	C3.8IIIB:37	מאב קדם ... ספרא..	זי	קדם .....
758	C3.8IIIB:9	חלא..[...] [2+3+]10	זי	קדם בגו.שת [...]כלה
759	C1.1:46	[....] אנה הו אחיקר	זי	קדמן שזבך מן קטל זכי
760	C2.1.11:74	[כן אמר אלה גבר]יא	זי	קד[מ]ן עמי הוו עד אנה
761	C3.11:1	[בר ....]י יור [כספ]א	זי	קים בשנת 3+3 כסף כרש]
762	C3.11:6	[....] הוה יתרן כספא	זי	קים בשנת 3+3[...] כסף
763	D15.4:1		זי	קינו בר גשם מלך קדר קרב
764	C1.1:160	פרן ולא {ולא} איתי	זי	קליל מן תותב חרב תדלח מין
765	C3.15:123	בר שמעיה כש 2 כספא	זי	קם יומא הו ביד ידניה בר
766	A4.7:16	מן רגלוהי וכל נכסין	זי	קנה אבדו וכל גברין זי בעו
767	A4.8:15	מן רגלוהי וכ[ל נכסן	זי	קנה אבדו וכל גבר זי] בעה
768	D15.3:1		זי	קרב צחא בר עבדעמרו
769	D5.41fragz:2	[..]וש.[..]	זי	קרבון [...] זי ק[...]
770	C1.2:2	ושמע מ[לכא [...] זנה	זי	קרה .[....
771	C2.1.8:59	[אחר] גברא זך	זי	רב הוה על חילא זי שלח
772	A4.7:7	אגרת שלח על נפין ברה	זי	רבחיל הוה בסון בירתא
773	A4.8:6	שלח על נ[פי]ן ברה	ז]י	רבחיל הוה בסון בירתא
774	B3.12:23	ובניך שליטן אחריך ולמן	זי	רחמת תנתן או זי תזבן לה
775	B2.3:19	זך זיליכי בני והבי למן	זי	רחמתי הן מחר או יום אחרן
776	B2.3:9	עלם ובניכי אחריכי למן	זי	רחמתי תנתנן לא איתי לי בר
777	B2.7:8	ולבניכי מן אחריכי ולמן	זי	רחמתי תנתננה לא אכל אנה
778	B3.10:21	שליטן אחריכי ולמן	זי	רחמתי תנתנן אף לא
779	B2.10:9	וזי בניך אחריכם ולמן	זי	רחמתן תנתנונה לא אכהל אנה
780	C1.1:142	אל יקל שמך קדמיהם עם	זי	רם מנך אל תעבד בנצ[...
781	A3.2:2	1 משאן [....]	זי	[....]דס [....]
782	B2.9:15	אפם רחיק מן אלה נכסיא	זי	רשין עליהם ולא דין ולא
783	B1.1:6	פהו.[....]	זי	דשתוא מן נפשך
784	C1.1:11	וחכמה מ[....]	[ז]י	שאלה אחר רחמה אסרחאדן
785	C1.2:5	[ ]הו יחלף לך ושביא	זי	שבית בזא שנתא[....
786	D1.17fraga:4	[.... ...] [...]אתה חז.[	זי	שבק ו[..]גי זי נתן
787	D7.18:1	חזו כתוני	זי	שבקת בית בית יהה אמרי
788	D7.24:13	עסנך לם [....] אגרתא	זי	שלח לך מיכ[יה] הלו מלת
789	D7.24:14	הלו מלת ספר הי	זי	שלח לי רוך ושלחת לה
790	C2.1.8:59	זי רב הוה ע[ל חילא	זי	שלח ויזדת עם] חילא
791	C3.28:119	חל 1 מהויהון 100×1	זי[	של]חת לטבה
792	A4.6:15	[...] [....] גבריא	זי	ש[מ]התהם כתיב
793	C1.1:164	שגיאן [כ]וכב[י שמיא	[זי	שמהתהם לא ידע איש הא כן
794	C3.11:12	1+3 נגדי קתן [...]	זי	שמהתהם לא ידע[ן
795	C1.1:82	כל מנטרה טר פמך ועל	זי	ש[מעת] הוקר לבב כי
796	B3.6:3	לנשן תפמת שמה אמתה	זי	שניתה על ידה בימן כדנה
797	C1.1:173	חזה כאיש {{זי}} גנב	זי	שתר בי וישתכ[ח] מה חסין
798	D1.3:3	[ ]שלם כעת [.... ...] כ]עת	זי	ת[..]־לאחחפי־ [..] [ ] [.... ...
799	C1.1:129	יה ברי זף דגנא וחנטתא	זי	תאכל ותשבע ותנתן לבניך
800	C1.1:93	כס[ין] מלה בלבבה והו	ז]י	]תביר הנפקה ברא אריא אזל
801	B3.4:22	1 שקלן 1+3 ובנינא	זי	תבנה בה וכל אשרן זי יהכן
802	D23.1.VIII:11	א.....כן כל	זי	תבעין אנה אנתן
803	D23.1.VIII:11	מלן[..] .. קבל	זי	תבעין כל א.[...]פם
804	C1.1:211	כן הוה ל[...]א	זי	תה..ג.[ ]להן ו[ל]א ישזב
805	C1.1:149	הן צבה אנת ברי	זי	תהוה[....
806	A5.1:3	א[....] מן קדמן בצבו	זי	תהוי לך [.... איך בי]תך
807	D7.4:6	1 סבך [...] חזי [...]	זי	תהכן [...] ושלחהי לי הלו
808	B3.13:11	נחש ופרזל לבוש ועבור	זי	תהשכח לי ביב ובסון
809	D1.17fragb:10	3 קן[ח ... .] [...]	זי	תודה לפלטה אחתה ל.[.... ...]
810	B3.12:23	ולמן זי רחמת תנתן או	זי	תזבן לה בכסף אנה ענני
811	B2.10:11	אנתה ואיש לכם או גבר	זי	תזבנון לה ביתא זך או זי
812	B2.10:14	ואנתה ואיש לכם או גברן	זי	תזבנון לה או זי ברחמן
813	B3.7:9	ברתי שליט בבית[א זנה	ז]י	תחומוה כתיבן בספרא
814	B2.10:8	אבוה דבק לה זך ביתא	זי	תחומוהי כתיבן מנעל זילכם
815	B3.10:16	ומנחת זנה {זנא} ביתא	זי	תחומוהי ומשחתה כתיבן
816	B3.11:11	אם שליטה בביתא זנה	זי	תחומוהי כתבן מנעל בחיי
817	B3.11:14	אם שליטה בביתא זנה	זי	תחומוהי כתבן בספרא זנא
818	B3.11:16	חדת ועתיק בשם ביתא זנה	זי	תחומוהי מנעל כתב בספרא
819	B3.11:7	לה אגר באגר זנה ביתא	זי	תחומוהי כתיבן בספרא זנה
820	B3.4:17	זין וזבב בשם ביתא זנה	זי	תחמוהי כתבן מנעל הן גרוך
821	B2.6:32	ובנן אחרנן להן בנך	זי	תלד לי מפטחיה הן אמר
822	B7.1:6	לך כל נונין או דמיהם	זי	תמא [לי עליהם ....
823	D6.1:2	ט.דניה שמה[...]	זי	ת[..]ת[..]מ.א. [...] אנתה רבה
824	A4.7:11	עם שירית אשרנא ואחרן	זי	תמה הוה כלא באשה שרפו
825	A4.8:10	עם ש[ירית אשרנא ואחרן	זי	תמה הוה כלא] באשתא שרפו
826	D1.26fragb:2	בדמי היראו[....]עם	זי	תנ[....] מן מדינתא [
827	A4.7:24	בעלי‖טבתך ורחמיך	זי	תנה במצרין אגרה מנך
828	A4.7:27	ונשין ובנין ויהודיא כל	זי	תנה הן כן עבדו עד זי
829	A4.8:23	חזי בעלי טבתך ורחמיך	זי	תנה [במצרין אגרה מנך
830	A4.8:26	ובנין] ויהודיא כלא]	זי	תנה הן כן תעבד זי עד
831	A4.8:5	יהבו לוידרנג פרתרכא	זי	תנה הוה ל[ם אגורא זי
832	C1.1:169	אמריא ואמרו לה שא לך	זי	ת[נ]שא מנן אנחנה

No.	Lemma	Ref.	Preceding context	Keyword	Following context
833		B3.12:28	דין וירשה לבניך ולאיש	זי	תנתן לה וזי יקבל עליך
834		A4.3:10	שים אחרוהי בבית ענני	זי	תעבדון לה לא יתכסון מן
835		A4.3:8	במצרין עד כען ומה	זי	תעבדון לחור לב[..]כם
836		A2.4:7	בר וחפרע וכעת כל	זי	תצבה שלח לי הושר לי משכן
837		B2.7:16	דילכי הו עד עלם ולמן	זי	תצבין הבהי כתב נתן בר
838		D7.8:7	בכבא כען אתה וגזה ביום	זי	תרחענה תגזנה והן לא תנפק
839		A2.4:10	ויהב בגשרן ושבק כל גשר	זי	תשכח לממה זבנת חטבת ומשח
840		B3.1:10	ואמה שערן כנתן וכל זון	זי	תשכח לי עד תתמלא בכספך
841		B3.1:17	למלקה לך כל זון וערבן	זי	תשכח להם עד תתמלא בכספך
842		B3.1:9	שליטן למלקח לך כל ערבן	זי	תשכח לי בי זי לבנן כסף
843	זילא	C3.7AR2:18	ריקנן 10+20 בגו[	זילא	]ספיתן 10 ב 10+20
844		C3.7BR1:5	בגו 10+20+20	זילא	ספ[יתן 10] ירח כיחך
845		C3.7DR2:6	בגו[20+]20+20	זילא	ספיתן 20 כל מנד[תא
846		C3.7DR3:23	ריקנן]10+20 בגו	זילא	ספיתן [10] כל מִנְּדֹתֹא
847		C3.7DV1:23	בגו]	זי]ל[א	ס]פיתן[
848		C3.7ER1:13	] ריקנן 10+20 ב]ג[ו	זילא	]ס[פי]תן [10] ב
849		C3.7ER1:6	ריקנן 10+20 בגו	זילא	ספיתן 10 כל מנדתא ואחרן
850		C3.7ER2:10	ריקנ]ן 10+20 בגו]	זילא	סׄ[פיתן] 10 ב 10
851		C3.7ER2:3	בגו 10+[20]	[זילא	]סׄפיתן[10] כל
852		C3.7FR1:5	] 20+20+20 בגו	זילא[	ספיתן 2̊0 [....
853		C3.7FV3:17	בגו 20+20+20	זילא	ספיתן 20 כל ספינתׄאׄ
854		C3.7GR2:13	ספן ריקנן 10+20 בגו	זילא	ספיתן 10 יׄ[ר]חׄ אפף]
855		C3.7GV3:6	בגו	זילא	ספיתן
856		C3.7JR1:25	] 10+[20 ב[גו]	זיל[א	ספיתן] 10 [ב ....
857		C3.7JR2:18	] ריקנן 10+20 בגו	זילא	ספיתן [10] [כל מנדתא
858		C3.7JR2:25	] ריקנן 10+20 בגו	זי]לא	ספיתן 20 ב 10+2
859		C3.7JV2:21	] 20[+20+20] ב[גו]	זילא	ספיתן{ 20} כל מנדתא
860		C3.7KR1:15	] ריקנן 10+20 בגו	זילא	ספי]תן 10 [ב ... לפחנס
861		C3.7KR2:13	] בגו	ז]ילא	ספיתן [10+20] כל
862		C3.7KR2:21	בגו]	זילא	ספ]יׄתׄןׄ 10+2̊0 [ירח
863		C3.7KR3:17	[ ]10+20 בגו]	זילא	ספיתן [10] כל מׄנׄדׄתׄאׄ
864		C3.7KR3:24	ריקנן 10+20 בגו]	זילא	ספיתן [10] ב
865		C3.7CR2:17	ריקנן 10+20 בגו]	זילא	ספיתן [10] כל מנדתא
866		C3.7CR2:2	ספן ריקנן 10+20 בגו	זילא	ספיתן 1̊0 ב 3+3+10
867	זיעם	D3.39fragb:2	[...] [...].] למן[	זיעם	בגׄיׄאׄ[.] [...].ה חרזמיא
868	וזי	C3.14:41	ג 1 ח] [...	וזי	[....] יהיב פתף
869		B5.1:6	קרב ורחיק יגרונכי	וזי	יגרנכי במנתא זכי זי יהבן
870		B3.12:29	זי משחת<ה> כתב מנעל	וזי	ינפק עליך ספר חדת ועתיק
871		B3.12:28	ולאיש זי תנתן לה	וזי	יקבל עליך לסגן ומרא ודין
872		B2.6:29	ולא דין ולא דבב	ו[ז]י	יקום על מפטחיה לתרכותה
873		B3.8:30	] וכ[ל [זי איתי]לה]	וזי	יקום על[יהוישמע]
874		B6.3:9	] ונכסוהי וקנינה]	וזי	יקום לתרכ[ותה מן ביתה זי
875		B2.9:14	ובנתכם ואיש זילכם	וזי	ירשו[ך] דין עלא ינתן לכם
876		B2.10:15	תנתנו לה ביתא זך	וזי	ירשכם דין ינתן לכם
877		C1.1:188	זנה יקיר [קד]ם שמש	וזי	ישתה חמרא ולא[...] וחכמתה
878		C1.1:97	] ....ד]ששי בטן	וזי	לא אל עמה מן יהו..אנהי
879		B8.6:1	1	וזי	ליד אוסתן סׄיׄכן
880		B3.7:11	בינ[י]הם תחתית־א־	וׄזׄי	עׄ[לא בין פלטיה ברי
881		A3.10:3	ארמנתידת למטען בה	וזי	צבי יעבד לה אף
882		C1.1:187	[ ] תרתין מלן שפירה	וזי	תלתא רחימה לשמש ש[תה]
883		B3.12:26	נרשה לבניך ובנתך	וזי	תנתן לה בכסף או רחמת אף
884	׳זי.	D22.51:1	ברך	׳זי.	כתב כתיבתא זא קדם אלה
885	׳זי....	C2.1.3:1		[....]זי	לן לקיחת זך א]נה
886		C2.1.8a:1		[....]זי	[....].

זיל_ P independent possessive pronoun (+ pronominal suffixes:)

No.	Lemma	Ref.	Preceding context	Keyword	Following context
001	דילך	D5.3:2	]...[בת ...]	דילך[	[...] לאמי
002		B3.10:14	למסמך דחה ומרשה בפלגא	דילך	אף שליטא אנת למנפק בתרע
003	דילכי	B2.7:11	כסף כרשן 10 ובית אם	דילכי	אף לא יכל גבר אחרן
004		B2.7:16	יהבתה לך ורחקת מנה	דילכי	הו עד עלם ולמן זי תצבין
005		B2.7:7	יהבתה לכי ורחקת מנה	דילכי	הו ולבניכי מן אחריכי
006	זי לי	C2.1.7:33	] זי אהורמזד [חילא	זי ל[י	ק]טלו למרד[יא] אלך ב
007	זי לן	B8.10:6	[....] חיל דגל[א]	זי לן	שאילת תבא וכן אמרת כפס
008	זיל	D1.28:2	[...]י פי[...] [...]בא	[זיל	...] [...]. עד תחזה[...]
009	זילה	C3.6:4	.[ב צׄדׄיׄק [...	ז]ילה	[...]ל. [לא בג ...].[.]
010		D1.12:2	]...דׄלן	־[זי]לה־	אפם ירחן [פ]אוני ת.[...
011		D8.3:10	פתו בר פכיף דחנא	זילה	אש[...] פתחור אשל 1 למתנא
012		D8.3:9	2 [...] חשׄףׄ דחנא	זילה	אש{ד}<ל> 1[...] פתו בר
013		D8.3:3	[...] ורשנף בחקלה	זילה	א[שלן ...] פתו בר פתו
014		B3.11:5	לה אגר באגר ואגר ביתא	זילה	דבק לה אגר באגר הו תרי
015		C1.1:185	[וינ]שא מובלא זי לא	זיל[ה]	וטעון גמלא יטעננהי %%
016		C1.1:108	אדני לשמש הו [י]לקח	זילה	וינתן לך הקימני אל בצדיק
017		B2.1:10	לה למבנה עלוי אגרא זך	זילה	זי יכלא מנהם ינתן לה
018		C1.1:144	[....] מן מנתך וׄעל	זילה	יׄהוׄסׄ[ף
019		B2.3:26	יום אחרן דרגמן או בר	זילה	ירשה על ביתא זך ספרא זך
020		B8.7:4	ובניׄה עבדיא	זילה	לא הנ[..]תׄ
021		D23.1.VIII:9	לךׄ שׄ.ׄן שפרן	זׄיׄלׄהׄ	ל.א.[...] וׄעׄלׄ
022		B3.12:21	פתיח לתרי רבתא ותרעא	זילה	פתיח לשוק מלכא מן תמה
023		D7.8:4	רבתא מטאת למגז עמרא	זילה	קדמא מתמרט בכבא כען אתה
024	זילהם	B3.5:22	ר 2 לכרש 1 וביתי	זילהם	אפם ולא דין כתב מעוזיה
025	זילי	A6.7:12	על חילכיא [....	]זילי[	.] שנציו [..] למצפה
026		A6.11:6	הוה חשל יחשל על ביתא	זילי	ארתוהי ידע טעמא זנה
027		C3.28:84	..[.].[.] חׄנׄטׄן אׄ[..]אׄ..	זילי	3+3+3+10 מׄןׄ ..[.]....
028		D4.25:4	מהי.[...] [...]. ויסלח	זׄיׄלׄיׄ	[...].[.].
029		D6.7fragIc:1	[.... ...]תנה בתרעא	זיל[י	[...] [...]למ<ס>פת פקיד
030		D6.9fragb:6	[...]. {{על}} [...	]זילי[	...]ל]קבל
031		C1.1H:13	ו]אנה אמר לכם עט[תא	זיל[י	...] ואמרו ל[ה אנת לם
032		B8.3:1	] תב]רׄחש שמה עבד כרתך	זילי	א[...] [....] עם
033		A6.14:4	אף אחתבסתי פקידא	ז]יל[י	או אחוהי או ברה יאתה
034		A6.9:2	נחתחור שמה פקידא	זיל[י	אז]ל מצרין אנתם הבו
035		B8.6:2	] וסטיר[ן בשניתא	זׄיׄלׄיׄ	אחר יהיב [ל....
036		B3.5:9	יהבת לכי עליה לה חלקא	זילי	אנה ענניה דבק לה תחתיה
037		C1.1:61	[איתי עלים ח]ד סריס	זילי	אנתן לכם ־יתקטל־ בין
038		A6.10:2	כסנתו לא הוה מן ביתא	זילי	אף מן אתר אחרן גרד אמנן
039		A6.10:6	כסנתו לא יהוה מן ביתא	זילי	אף מן אתר אחרן גרד אמנן
040		A6.6:2	נחתחור שמ[ה עלימא	זיל[י	במצרין שלח עלי כן אמ[ר
041		A6.7:2	גברן חיל[כין] עבדן	זילי	במצרין פרימא שמה 1

042		B8.5:15	[... .]אלהא [....	]זילי	באגר יהבת לה
043		C3.28:108	בר עזגד בש 2 וזיכא	זילי	בידה וזיכא רבא זילנא
044		C2.1.7:40	שמה פרסי [עלימא	זילי	בראשהו]ם שלחת ושאׄ[ר
045		B5.6:13	..לן....]ל..	ז[י]לי	דינהם ואנה
046		B2.11:8	לי אח ואחה לי ואנש	זילי	דינן למרשה עליך ועל בניך
047		B2.2:7	לא הות ארק לדרגמן	זילי	הא אנהׄ אףׄ הא תחומי ארקא
048		A3.4:3	זך [....]	זילי	הבה לפחנום בר נבודלה
049		B7.3:6	רשה לי ע[ליה לם] פלגה	זילי	הו צדיק א[נה לה]חסנותה
050		B2.3:3	בחיי ובמותי בי 1 ארק	זילי	הוה משחתה ארכה מן תחתיה
051		B2.3:25	טעינת לה וימאת לה כזי	זילי	הי וספר מרחק כתב ויהב לי
052		B2.7:8	לא אכל אנה ובני וזרע	זילי	וגבר אחרן ירשנכי דין
053		B3.10:18	בר לי וברה לי הנגית	זילי	והנבג ואדרנג זילי ירשנכי
054		B3.12:13	בי תחתי הו תרי רבתא	זילי	ויהבת לן דמוהי כסף כרש
055		A6.12:2	גרד בדיכרן	זילי	ויעבד פתכרן זי פרש
056		A6.10:3	שפיק בעה ועבד על ביתא	זילי	וכען תנה כן שמיע לי כזי
057		A6.10:7	בעו והנעלו בתרבצא	זילי	וסטרו בשנתא זילי ועבדו
058		A6.10:7	זילי וסטרו בשנתא	זילי	ועבדו על ביתא זילי כן
059		C1.1:57	ואנה אמר לכם עטתא[	זילי	]ועטה טבה הי [שגי]אׄ
060		B3.10:4	מועה שמש מן תרי רבתא	זילי	ופלג תרבצא הו פלג תחית
061		A3.10:2	ובין מריה חזו חלקא	זילי	זי יאמר לכם ארמנתידת
062		A6.12:1	שמה פתכרכר עלימ[א]	זילי	זי בגסרו היתי שושן זך
063		A6.13:3	לחתובסתי שמה פקידא	זילי	זי עד מנדת בגיא אלך
064		A6.14:2	על אחתבסתי פקידא	זילי	זי מ[..]ת[.] מנדעם לא
065		A6.4:2	יהב לעחחפי עלימא	זילי	זי פק[יד] הוה בין בגיא
066		A6.4:2	פק[יד] הוה בין בגיא	זילי	זי בע[ליתא ....
067		A6.4:3	עבד חלפוהי בין בגיא	זילי	זי בעליתא [ו]תח[תיתא
068		A6.5:2	הוה בין בגיא	זילי	זי [במצרי]ן זי כל
069		A6.7:5	ממנין הוו בין בגיא	זילי	זי בעליתא ותחתיתא אחר
070		A6.8:2	כן אמר צבות ביתא	זילי	זי פסמשך יאמר לך ולחילא
071		A6.9:2	הבו [לה פ]תף מן ביתא	זילי	זי במדינתכם יום ליום קמח
072		A6.9:4	· אמן חד כל תלתה עלימן	זילי	זי אזלן עמה מצרין לגבר
073		B2.2:5	וברך כל 3 על ארקא	זילי	זי אנה קבלת עליך עלדברה
074		B5.5:10	[לי מן בית מלכא] ^[...	ז]ילי˜	זי ירשנכי בשם כספא זנה
075		B5.6:3	[...]חירנם אמת[א	]זׄילי	זי סטירה על שמי
076		B8.4:4	זׄי כחסן אתו על ביתא	זילי	זׄי בפסחמי ודפנׄי
077		D6.8fragn:1	...]	]זילי	זי במצרין עביד[...]
078		D7.55:2	יהב ואמר[...] {{כתני	זילי}}	זׄילי כתני וחמרא
079		A6.10:6	גרדא ונכסי[א	זיל]י	חסין טרו כן כזי מ[נ]דעם
080		A6.10:9	ולא תהוספון על ביתא	זילי	חסין תשתאלון וגסת פתגם
081		A6.7:9	וכנותה ישתבקו עבידתא	זילי	יעבדו כזי קדמן מן ארשם
082		B3.10:18	זילי והנבג ואדרנג	זילי	ירשנכי דין ודבב וירשה
083		A6.10:7	זילי ועבדו על ביתא	זילי	כן כזי פקידיא [קד]מיא
084		D7.55:2	[...] {{כתני זילי}}	זׄילי	כתני וחמרא ומשחׄ[א
085		B2.1:4	זילך הי זי דבקה לביתא	זילי	לזויתה זי לעליה ^אגרא זך
086		C2.1.8:55	[אהורמזד קטלו חיל]אׄ	זׄילׄי	לחׄ[ילא מרדיא קטלו] בהם
087		A6.15:7	למספת יעבד על ביתא	זילי	למה כזי תאתה בזנה מה זי
088		C2.1.5:16	זי אהוׄ[רמזד] חילא	זילי	למרׄ[ד]יׄא [ק]טלו ב
089		B5.5:7	אמרת [אסורי פתפא	זילי	מן בית מלכא וכספכי אנתי
090		A6.10:8	או מן נכסיא אחרנן	זילי	מנדעם כסנתו יהוה ומן אתר
091		A6.11:5	לא עביד לעלים אחרן	זילי	מני לא יהיב אחר אנה בגה
092		B2.4:3	לאמר איתי ארק בי 1	זילי	מערב לביתא זילך זי אנה
093		A6.15:9	לקח מנה כעת אנת וגרדא	זילי	עבידה לא אית לך ומה זי
094		A6.14:3	והנדרזא עבדו לפקידא	[זי]לי	עד מנדת [בגיא אלך
095		C1.1:63	סריסה ^[ז]נהˆ עלימא	זילי	עד זי עלאחרן אסרחאדן
096		C2.1.8:52	[זי וימן שמה עלימא	זילי	פרסי פחתא] זי בהרוחתי
097		A6.3:1	שמה בר עחחפ[י] עלימא	זילי	קבל בזנה כן אמר כזי אנה
098		C2.1.4:10	בטלה זי אהורמ[זד חילא	זילי	קטלו לחילא מרדיא ב לא]יר
099		C2.1.4:5	[זי] אהורמזד ח[ילא	זילי	קטלו למרדיא אלך ב לטבת
100		C2.1.5:13	[זי אהורמזד חילא	זי]לׄיׄ	קטלו למרדיא בׄ
101		C2.1.7:43	זי אהוׄ[רמזד] [חי]לא	[זיל]י	ק[טלו]לחילה[זי ויזדת
102		C2.1.7:46	[תמה עבדו קרב חילא	זילי	קטל]וׄ חיל[א ז]י
103		C2.1.8:49	קטיליא וח[ייא זי חילא	זילי	קטלו ואחדו]
104		C2.1.8:57	[זי אה]ורמזד חילא	זי[לי	קטלו לחילא] מרדיא קטלו
105		A6.11:1	שמה ורשבר עלים	זילי	שלח עלי כן אמר איתי
106		A6.15:1	וכעת מספת פקידא	זילי	^שלח עליˆ כן אמר בבל לם
107		A6.8:1	וכעת פסמשך פקידא	זילי	שלח עלי כן אמר ארמפי עם
108		B3.11:6	אגר באגר הו תרי רבתא	זילי	תחתיא לה ביתה זי חור בר
109		C1.1:48	[קרב]תא יבלתך לביתא	זילי	תמה הוית מסבל לך
110	זיליכי	B2.3:19	למנתן לאחרנן ארקא זך	זיליכי	בני והבי למן זי רחמתי
111	זילך	B3.4:16	כסף זוז לעשרתא וביתא	זילך	אם וזי בניך מן אחריך
112		B3.4:19	כסף זוז לו10 וביתא	זילך	אם וזי בניך מן אחריך והן
113		B2.1:11	זי כתיב מן עלא ואגרא	זילך	אפם ואנת שליט למבנה
114		B2.1:12	{{לא}} תרעא זך לא	זילך	הו ולא תנפק בשוקא זי
115		B2.1:4	אגר 1 תמה אגרא זך	זילך	הי זי דבקה לביתא זילי
116		B3.10:11	שמש לה אגר תרי רבתא	זילך	הי אנתי שליטה בה ביתא
117		B5.6:7	עביד לךׄ עׄליהםׄ	[זי]לך	המו עם כל [....
118		B5.6:8	עם כל [....	זי]לך	המו עם דינהםׄ הׄא אנה
119		B2.1:6	למבנה עלוי אגרא זך	זילך	הן כליתך אנתן לך כסף
120		B2.2:15	2 לעשרתא וארקא זך אפם	זילך	ואנת רחיק מן כל דין זי
121		B3.12:30	מלכא כסף צרף וביתא	זילך	ודי בניך ודי תנתן לה
122		B5.3:2	[אפם]	זילך	וז[י בניך ולא יכל בר
123		B5.4:4	[לאחרנן] [ביתא זנה	זילך	ו]זי בניך מן [אחריך והן
124		B2.4:3	בי 1 זילי מערב לביתא	זילך	זי אנה יהבת למבטחיה
125		B3.13:8	שלמת ויהבת לך כספא	זילך	זי מנעל כתיב אחר בני
126		B3.2:3	שקלן 3+2 בדמי הירא	זילך	זי קבלת עלי בגו [וט]ב
127		B3.9:3	שמה בר תחוא עלימ[א	זיל]ך	זי יהבת לי וספר כתבת לי
128		B7.2:9	[לא] עלת ולאנתתא	זילך	לא כתשת ונכסן מן ביתך
129		B2.1:3	ויהבת לי תרע ביתא	זילך	למבנה אגר 1 תמה אגרא זך
130		B3.11:4	מערב שמש לה הו בבא	זילך	למנפק ושוק מלכא בינים
131		A3.3:9	[....] באגרתא	זילך	על כתון ולבש כתונך ולבשך
132		B2.11:10	לבר וברה לך ולאנש	זילך	עלדבר פטוסירי עבדא זך
133		A3.6:4	[....] מן[..]א מלה	זילך	תנה שלח על
134	זילכי	B2.3:12	ובר וברה לכי ואיש	זילכי	בשם ארקא זך זי יהבת לכי
135		B3.5:4	יהבתה לכי ברחמן	זילכי	הו מן יומא זנה עד עלם
136		B3.5:16	כרשן 20 וביתא אפם	זילכי	להן הן מיתתי ברת שנן
137		B5.1:7	כסף כרשן 3+2 ומנתכי	זילכי	תוב שהדיא [ה]ושע בר
138	זילכם	B2.10:8	תחומוהי כתיבן מנעל	זילכם	הו אנת ידניה ומחסיה
139		D2.21:5	[...]. [...] [... ...	זי]לכם	הן גרי[ת]כם [ב]ד[ין ...]

140		D2.21:3	וא[יש ... ...] [... ...	ז]ילכם	ואיש] ... ...] [... ...
141		B2.9:14	לבניכם ובנתכם ואיש	זילכם	וזי ירשו[ן] דין עלא
142		B2.10:16	באבני מלכא וביתא אפם	זילכם	עד עלם וזי בניכם אחריכם
143	זילן	D1.13:3	[...].חנך חדי[...] וכל	זילן	[... ... ...]ת מנך
144		B2.9:13	ובנין ובנתן ואיש	זילן	ובני שלומם בר עזריה
145		B3.12:27	לן הנגית והנבג ואדרנג	זילן	זי ירשנך דין וירשה לבניך
146		D7.9:4	אף חזי תטוס˄רי˄	זילן	יכתבוה על דרעה עלא מן
147		A4.10:8	ואגורא זי יהו אלהא	זילן	יתבנה ביב בירתא כזי
148		A4.7:20	שקקן לבשן וצימין נשיא	זילן	כארמלה עבידין משח לא
149		A4.8:19	שקק[ן לבשן וצימן נשיא	זילן	כארמלה עבידן] משח לא
150		C2.1.3:4	....]	]זילן	לא[....]
151		D5.41fragcc:1	...]	]זילן̇	מ[...] [...]ה זך נוש.[..]
152		B2.9:10	ובנתן ואחין ואיש	זילן	קריב ובעל קריה לא יכהלון
153		C2.1.1:3	[ברה זי] כרש בזרען	זיל[ן	תנה מלכא הוה]
154	זילנא	C3.28:108	זילי בידה וזיכא רבא	זילנא	בידה ק̇.כ.[...] רבא בידה
155		C3.28:112	בידה חרשא	זילנא	במציעתא חמרא זי יהבו
156		A6.10:2	קדמיא גרדא ונכסיא	זילנא	[זי] במצרין חסין נטר

זין — N — weapon

001	s em/sf	וזינא	D7.57:9	חדה ובית ח 1 חדת	וזינא	במשתלא חתם
002	p em/sf	זניהום	A4.8:8	[אתו לבירת יב עם	זניהום	עלו באגורא זך נדשוהי עד

זיני — N — damages (Pers; GEA 372.44)

001	s ab/cn	זיני	A6.15:8	תאתה בזנה מה זי לקחת	זיני	תשלם ותשתאל על זנה אף

זית — N — olive

001	s ab/cn	זית	B3.8:20	מש[ח חפ]נן 2 משח	זית	חפנן 3+1 משח מ[ב]שים
002			A2.2:11	תנה וכעת זבנת משח	זית	ליקה וכתן ואף לכי תקבת

זך — P — that (masc)

001	דך	D7.48:1	הושרי לי י.... יומא	דך	2 הושרי לי זעיר לחמא
002		B3.10:10	זי חנום אלהא דבק לדרגא	דך	מערב שמש לה אגר תרי רבתא
003	זך	C1.1:35	[ ]ה̇נלו א[ח]יקר	זך	שבא ספר חכים [....]ר
004		B8.8:5	הן אסו̇שן	זך	שאיל ו̇פת̇[גמא אמר ...]
005		C2.1.11:74	אנה [קט]לת̇ לגומ[ת	ז]ך	מ̇גושא [זי כדב לם אנה
006		D3.45:1	[...]לויגוש	זך	[...] [...]די ונכסי
007		A4.7:6	מן תמה אחר וידרנג	זך	לחיא אגרת שלח על נפין
008		A4.8:6	מן תמה ˄אחר˄ וידרנג	זך	לחיא אגרת שלח על נ[פי]ן
009		A4.7:16	שמיא זי החוין בוידרנג	זך	כלביא הנפקו כבלא מן
010		A4.8:15	[זי] חוינא בוידרנג	זך	כלביא הנפקו כבלוהי מן
011		C2.1.7:41	שמה[בפרס ויזד]ת	[זך]	זי אמ[ר]אנה ב[ר]זי
012		C2.1.7:44	וחין̇[אחדו אחר ויזדת	זך	עם] חילא זעי[רן] רכבי
013		C2.1.8:51	מלכא כן אמר ו[יזדת	זך	זי אמר אנה ברזי בר כרש
014		B3.9:7	זי יקום על ידניה	זך	למשנתה ולמעבדה עבד ינתן
015		B3.9:8	כסף זוז לעשרתא וידניה	זך	ברי יהוה אפם ואנש לא שליט
016		B2.7:7	עתיקא זי כתב לי משלם	זך	אחרוהי זנה ביתא יהבתה לכי
017		C1.1:38	[.... נ]בוסמסכן	זך	רביא רכב בסוסה חד קליל
018		A4.8:7	בירתא ינדשו אחר נפין	זך	דבר מצר[יא עם חילא אחרנן
019		B8.10:2	[.]מ̇ן דיניא אחר נתן	זך	מית
020		B2.11:11	מן דין עלדבר פטוסירי	זך	זי מטאך בחלק לך יהוה וזי
021		A6.11:4	[ו]בגה זי פמון	זך	אבוהי בית זרע א 10+20
022		A6.11:5	אחר אנה בגה זי פמון	זך	יהבת לפטסורי אנתם החווהי
023		C2.1.5:25	שמה במד̇[י פרו]ר̇ת	זך	ע̇[ם חילא] [אזל לערקי
024		A6.7:7	הנדיז הוו אדין פרימא	זך	וכנותה לא שנציו למנעל
025		A6.7:9	באיש לא יעבד לפירמא	זך	וכנותה ישתבקו עבידתא זילי
026		A5.4:2	לשחפימו [ז]ך צחא	זך	[.... תחותמ]עו
027		A5.4:3	ע̇מ[.]ג̇ הוה צחא	זך	[....]ה צחא
028		A5.4:4	צחא	זך	להיתיה ביום 10 לפאוני
029		A5.4:2	כמר אמיר לשחפימו	[ז]ך	צחא זך [....
030		B8.3:6	[.... תבר]ח̇ש	זך	אנתר̇ ת..ג.[....]
031		B8.11:5	[....]ז̇	זך	כנ̇ם ענ̇יר̇ הו וברה̇ זך[
032		D6.8fragi:1	[....]ד̇ין	זך	..[..] פקיד[...] [...]... שלח
033		D4.13:6	[...]צ̇פניה[...] [...]	זך	.[...] ..[...] [...]
034		D6.5fraga:2	[...]הושרת [...] [...	]˄זך˄	עמה[...]
035		A6.11:2	כזי יוזא במצרין הוה	זך	אבד ובגה זי הוה מהחסן
036		A6.11:4	[זי פמון] שמה אבוהי	זך	כזי יוזא הוה במצרין אבד
037		C2.1.3:1	[....]זי לן לקיחת	זך	א[נה ....]ה̇
038		A6.11:2	בית זרע א 10+20	ז̇[ך]	אשתבק בגו בזי נשי ביתן
039		A6.11:4	בית זרע א 10+20	זך	אשתב[ק ....]
040		A6.6:3	ינחרו[....]	זך	אתעדי מן בין בגיא זי
041		A6.16:3	כתן 1 גלדי תולע 2	זך	היתי עלי להן לא [....] אנת
042		C2.1.11:68	[י]ע̇בד זי מסכן יעבד	זך	חזי אף קדמתך [....
043		A6.13:2	מראי יהיב לי במצרין	זך	מנדעם מן תמה לא מהיתין
044		A6.12:1	זי בגסרו היתי שושן	זך	פתפא הב לה כאחרנן
045		B2.7:15	כמר זי חנ[ו]ם אלהא	זך	ביתא יהבתה לך ורחקת מנה
046		B2.10:8	לה מחסיה אבוה דבק לה	זך	ביתא זי תחומוהי כתיבן
047		B2.3:16	זך למנתן לאיש אחרן	זך	ספרא זי יהנפקון עליכי כדב
048		A4.8:20	וחמר לא שתין [אף מ]ן	זך	ע[ד]נא ועד ז[נה יומא שנת
049		A4.8:10	אלך נחש ומטלל אגורא	זך	כלא עקהן ז[י] ארז עם
050		A4.7:13	מצרין אבהין בנו אגורא	זך	ביב בירתא וכזי כנבוזי
051		A4.8:12	מצרין אבהין בנו אגורא	זך	ביב ב[ירתא וכזי כנבוזי
052		A4.7:14	על למצר˄ין˄ אגורא	זך	בנה השכחה ואגורי אלהי
053		A4.8:13	[על למצרין אגורא]	זך	בנה השכח ואגורי אלה[י]
054		A4.7:27	הן כן עבדו עד זי אגורא	זך	יתבנה וצדקה יהוה לך קדם
055		A4.8:26	הן כן תעבד זי עד אגורא	זך	יתב[נה וצדקה יהוה לך קדם
056		A4.7:23	מראן טב אתעשת על אגורא	זך	למבנה בזי לא שבקן לן
057		A4.8:22	טב את[עשת על אגורא	זך	למבניה בזי לא] שבקן לן
058		A4.8:8	[עם] זניהום עלו באגורא	זך	נדשוהי עד ארעא ועמודיא זי
059		A4.7:9	עם תליהם עלו באגורא	זך	נדשוהי עד ארעא ועמודיא זי
060		A4.8:9	זי אבן זי הוו באגורא	זך	[נדשו ודשיהום קימן
061		A4.7:10	זי אבן זי הוו באגורא	זך	נדשו ודשיהם קימן וציריהם
062		A4.7:12	ומנדעמתא זי הוה באגורא	זך	כלא לקח˄ו˄ ולנפשהום עבדו
063		A4.8:11	ז[י הוה באגורא	זך	כלא לקחו לנפשהום] עבדו
064		A4.7:14	מגרו ואיש מנדעם באגורא	זך	לא חבל וכזי כזנה עביד
065		A4.8:13	ואיש מנד[עם] [באגורא	זך	לא חבל וכזי כזנה] עביד
066		A4.7:22	ועלוה לא עבדו באגורא	זך	כען עבדיך ידניה וכנותה

No.	Form	Ref	Context	Keyword	Context
067		A4.8:21	ועלוה לא עבדן באגורא	זך	כען] עבדיך ידניה וכנותה
068		A4.7:17	זי בעו באיש לאגורא	זך	כל קטילו וחזין בהום אף
069		A4.8:16	[זי] בעה באיש לאגורא	זך	כלא קטילו וחזין בהום אף
070		C2.1.7:45	[ ]אזלן מן אתרא	זך	לחילא כנש] אתה לערן[ק]ה
071		A6.14:4	הא שנן שגיא זי בגא	זך	[....] לא כשר אף אתתבסתי
072		D2.10:9	[... ... א]רק ביתא	זך	זי מש]חתה ...] [..... ...
073		B2.10:11	גבר זי תזבנון לה ביתא	זך	או זי ברחמן תנת<נ>ון לה
074		B2.10:15	זי ברחמן תנתנו לה ביתא	זך	וזי ירשכם דין ינתן לכם
075		B3.5:14	גריתכי דין בשם ביתא	זך	אנה אחוב ואנתן לכי כסף
076		B3.5:14	ואחה יגרנכי בשם ביתא	זך	והן אנה גריתכי דין בשם
077		B2.7:9	דין ודבב בשם ביתא	זך	זי אנה יהבת לך וספרא כתבת
078		B2.3:27	בר זילה ירשה על ביתא	זך	ספרא זך הנפקי ולקבלה דין
079		B2.4:4	לה אחרוהי משחת ביתא	זך	אמן 3+10 ופשך ב1+10
080		B3.5:5	אחריכי והא משחת ביתא	זך	זי אנה ענניה יהבת לכי
081		B3.4:7	לן והא אלה תחמי ביתא	זך	זי אנחן זבן לך לעליה לה
082		B2.7:13	אף הא אלה תחומי ביתא	זך	עליה לה בית יאוש בר
083		B3.5:8	והא זנה תחומי ביתא	זך	זי אנה יהבת לכי עליה לה
084		B3.7:5	[ ]אלה תח[ומ]י ביתא	[ז]ך	תחת לנ[ה] בית ענני בר
085		B3.4:23	אשרן זי יהכן על ביתא	זך	ˆכתב חגי בר שמעיה כפם
086		B3.4:12	בר עזריה שליט בביתא	ˆזךˆ	ובניך מן אחריך ולמן די
087		B2.4:12	זי אנת בנית בביתא	זך	ותוב פלגא הו בניך מן
088		A4.5:8	הן הנדיז יהוון בברא	[ז]ך	מיא שתין כמריא זי חנוב
089		B8.11:5	כנם עויר הו וברה	זך[	.... [....]
090		C2.1.8:59	[אחר] גברא	זך	זי רב הוה ע[ל חילא זי
091		C2.1.8:61	[אזל לערקהום] [תמה גברא	זך	א]חד קט[לה וחרא זי עמה
092		B8.8:8	[....]ן גברא	זך	שאלן ולא מלל
093		B3.13:2	ארמי זי סון לדגלא	זך	אפם לאמר אנה אתית עליך
094		B3.7:10	[ל]מנסק ולמנחת בדרגא	ז]ך	זי ב]יתי ותחית [....]
095		C2.1.5:19	אמרת אזל ח[יל]א	זך	מרדיא [זי לא] [שמען לי
096		D2.29fragb:1	... כ]ספא	זך	עד כען[...] [...] . מהתיב
097		A3.4:2	שלם ינקיה ו[כ]ע[ת]	זך	[....] זילי הבה
098		A4.9:6	זי וידרנג לחיא	זך	נדש בשנת 1+3+10
099		A4.9:10	יקרבון על מדבחא	זך	לקבל זי לקדמין הוה מתעבד
100		B2.3:25	מרחק כתב ויהב לי ספרא	זך	אנה יהבתה לכי אנתי החסנהי
101		B2.3:27	ירשה על ביתא זך ספרא	זך	הנפקי ולקבלה דין עבדי עמה
102		B2.11:10	עלדבר פטוסירי עבדא	זך	זי מטאך בחלק אחר ננתן לך
103		B2.11:7	שליט בפטוסירי עבדא	זך	זי מטאך בחלק מן יומא זנה
104		B8.3:4	[....].מא חזית עבדא	זך	מהלך תנ[ה ....]
105		C1.1:41	[חזני נ]בוסמסכן רביא	זך	קרבתא בזע כתונה הילל
106		A4.5:6	בירת יב וכען שורא	זך	בנה במנציעת בירתא איתי
107		B2.1:12	לאמר {{לא}} תרעא	זך	לא זילך הו ולא תנפק בשוקא
108		B2.1:14	ואנת שליט למפתח תרעא	זך	למנפק בשוקא זי בינין כתב
109		C1.1:69	[....]	זך	סריסא חלף אחיקר[....
110		B8.8:3	...]	[זך	אופתשתו עד פתגמא
111		B8.1:9	[...] אדין ושחי [...].	זך	א.[.] בבית מסשין עבידת
112		D4.8:2	[...]ויקחונה[...] [...].	זך	ב..[...]
113		D2.22:1	[... ...] [... ...]	זך	כרשן 1+[... ... כתב נתן
114		D5.41fragcc:2	[...]זילן מ[...] [...]ה	זך	נוש.[.]
115	בזך	A3.11:2	[ישאלו בכל עדן וכעת]	בזך	השכחת ימה ברכשא
116		C1.1:70	[....]	בזך	עדנא אשתמיע במ[ת ....
117		A4.3:9	לה לא חסרן הו לכם	בזך	שלח אנה עליכם הו אמר לי

זך #2 P that (fem)

No.	Form	Ref	Context	Keyword	Context
001	זך	D4.20:1	תא[...]	זך	לן[...] על
002		B2.1:10	לבר לה למבנה עלוי אגרא	זך	זילה זי יכלא מנהם ינתן לה
003		B2.1:4	למבנה אגר 1 תמה אגרא	זך	זילך הי זי דבקה לביתא
004		B2.1:6	אכלאנך למבנה עלוי אגרא	זך	זילך הן כליתך אנתן לך כסף
005		B2.1:5	לזויתה זי לעליה ˆאגרא	זך	תדבק לשטר ביתי מן ארעא
006		B2.1:7	מלכא כסף צריף ואגרא	זך	אפם והן מית קוניה מחר או
007		A3.3:2	[ ] מן יום זי אזלת בארחא	זך	לבבי לא טיב אף אמך כעת
008		B2.2:16	יקבלון עליך עלדבר ארעא	זך	כתב איתו בר אבה ספרא
009		B2.2:7	למומא ביהו עלדבר ארקא	זך	כזי לא הות ארק לדרגמן
010		B2.3:24	חרזמיא כתב לי על ארקא	זך	כזי רשה עליה קדם דיניא
011		B2.2:12	והוטבת לבבי על ארקא	זך	לא אכהל אגרנך דין ודבב
012		B2.2:13	לי קריב ורחיקˆ על ארקא	זך	אנת ובר לך וברה לך אח
013		B2.2:14	יגרנך בשמי ˆעלˆ ארקא	זך	ינתן לך כסף כרשן 20 הו
014		B2.3:16	חדת ועתיק בשמי על ארקא	זך	למנתן לאיש אחרן זך ספרא
015		B2.3:13	ואיש זילכי בשם ארקא	זך	זי יהבת לכי ויקבל עליכי
016		B2.4:5	מחסיה אמרת לך ארקא	זך	בני ועתד
017		B2.4:8	מחר או יום אחרן ארקא	זך	תבנה אחר ברתי תשנאנך
018		B2.4:14	ואמר לא יהבת לך ארקא	זך	למבנה ולא כתבת לך ספרא
019		B2.3:19	מנכי למנתן לאחרנן ארקא	זך	זיליכי בני והבי למן זי
020		B2.2:7	אנה אף הא תחומי ארקא	זך	זי ימאת לי עלדברה ביתי
021		B2.3:11	ואיש אחרן שליט בארקא	זך	להן אנתי ובניכי עד עלם זי
022		B2.2:15	כסף ר 2 לעשרתא וארקא	זך	אפם זילך ואנת רחיק מן כל
023		A4.5:8	כמריא זי חנוב אלך ברא	זך	סכרו הן אזד יתעבד מן
024		B8.8:6	[....]..א אלך משאלתא	זך	יהוה]
025		A6.2:22	לעינין אופשר ספינתא	זך	ולעבק יעבד כזי שים טעם

זכי A innocent, clean

No.	Form	Ref	Context	Keyword	Context
001	זכי s ab/cs	C1.1:46	זי קדמן שזבך מן קטל	זכי	[....]אבוהי זי אסרחאדן
002	דכין p abs	A4.1:5	ל[ניסן [....] [....]	דכין	הוו ואזדהרו עבידה א[ל

זכי P that (fem)

No.	Form	Ref	Context	Keyword	Context
001	דכא	B2.8:6	וטיב לבבי במומאה	דכא	זי עבדתי לי על נכסיא אלך
002	דכי	B2.8:9	לי וברא לי בשם מומאה	דכי	אנה פיא ובני אנתן
003		A6.3:7	אמר [פ]סמש[כחסי]	זכי	וכנותה עבדי עחחפי זי
004		A6.4:3	זי בעליתא למנשא דשנא	זכי	ז[י] מן מלכא ומני [י]הב
005		A6.4:4	שליט יהוי למנשא דשנא	זכי	תמה במ[צ]רין [מ]ן ארשם
006		B5.1:6	וזי יגרנכי במנתא	זכי	זי יהבן לכי ינתן לכי כסף
007		B5.1:4	לא נכל נגרכי במנתא	זכי	[ל]אמר לא אנחן יהבנה לכי
008	זכי	A6.8:2	לך ולחילא זי לידך	זכי	אשתמעו לה ועבדו כן
009		A6.3:8	י[שים] להם טעם למעבד	זכי	יתעבד להם מן ארשם בר
010		A4.7:21	וחמר לא שתין אף מן	זכי	ועד יום שנת 1+3+3+10

זכם — that same — P

No.	Form	Parse	Ref	Context	Word	Context
001	בזכם		B2.4:2	ליזניה בר אוריה	בזכם	דגלא לאמר איתי ארק בי 1
002			B5.6:2	בר צחא	בזכם	הנ.ה. לאמר הוטבת [לבבי
003	לדכם		B3.8:2	מ[שלם אר]מי זי סון	לדכם	דגלא לאמר אנה אתית על[יך
004	לזכם		B2.9:4	ברת מחסיה יהודין	לזכם	דגלא לאמר אנ[ח]נה רשינכם
005			B5.2:3		לזכם	דגלא ל[אמר אנה] גריתך
006			B5.5:2	אחתה יְהוֹדִיָה	לזכם	[דגלא ל]אמר אנה יהבת

זכר — male — N

No.	Form	Parse	Ref	Context	Word	Context
001	דכר		B2.6:17	ימות אסחור ובר	דכר	ונקבה לא איתי לה מן
002			B2.6:20	יום תמות מפטחיה ובר	דכר	ונקבה לא איתי לה מן
003			B6.3:2	ובר .... 100×1]	דכר	ונקבה לא] אית לה עׄם
004	זכר	s ab/cn	B3.4:21	בר מן בר זי אפולי	ˆזכר	ונקבהˆ או ברה ˆלה יתהˆ
005			B3.8:28	וה[ן] ימות ענניה ובר	זכר	ונקבה לאיתי לה מן
006			B3.8:34	תמות [יהוישמע] ובר	זכ[ר]	ונקבה לא איתי לה מן

זכר — to remember — V

No.	Form	Parse	Ref	Context	Word	Context
001	דכר	peal	D7.40:9	שמה[...] [הש]כֹּח ולא	דכר]	[...] [...]ואלה לם
002	דכרו		A4.4:8	אתבו אם על מריהם להן	דכרו	למרא[יהם כסף] כרשן
003	יזכרני		C1.1:53	הו כמנדע על אחרן	יזכרני	ועשתי יבעה אח[ר]אנת

זכרן — record, memorandum — N

No.	Form	Parse	Ref	Context	Word	Context
001	דכרן		D3.1:1		דכרן	כנ[תן ....] ספרא ביד[
002	זכרן	s ab/cn	C3.13:55	מאת נבועקב ב.[...]	זכרן	חנן בר עזריה[...]
003			D3.21:1	[...]	זכרן	אשרנא זי אגֹ[ר ...]
004			C3.13:44	יהבׄ ביד[....]תׄיׄ	זכרן	בפ[אונ]י שנת
005			C3.13:34	3[+3]+3 [....]	[זכרן]	ב]. שנת[3+]3[+1] כסה
006			A4.9:1		זכרן	זי בגוהי ודליה אמרו לי
007			D3.19:2	#### בב 3 לתעובי ####	זכרן	חמרן[...] #### בארעא [...]
008			C3.13:1	חׄ[...] ל.[..]מׄי לׄ[...]	זכרן	כסין זי נחש] וכסף ... זי
009			A4.9:2	בגוהי ודליה אמרו לי	זכרן	לם יהוי לך במצרין לממר
010			C3.13:10	3+3 לתנ[.] 3 [...]	זכר[ן]	מ[אני אחׄ[...]זי
011			C3.13:46	סׄגדׄא זי[....]	זכרן	על מנחם בר שלום[...]
012			C3.13:48	ארך אמן 3 כ 2 בפ[תי]	זכרן	על עז[ר]יה לחנא זי[...]
013			C3.13:50	א[..]א רבא זי.אׄ.[....]	זכרן	קׄנׄיא זׄי הׄושר
014			C3.13:24	[בה .] בׄחׄ.[...] [...]	זכרׄן]	...] זל[וחן] כפ[ן]
015	לזכרן		C3.8IIIB:28	[ואף]הו]	לזכרן]	נבוצדק זי[....
016			C3.8IIIB:16	שנת [10+3+2]	לזכרן	על בגפרן [ב]ר פר[י]
017			C3.8IIIB:34	[...] [וא]ף הו]	לז[כרן	נׄעׄ.[...

זלוח — sprinkler (?) — N

No.	Form	Parse	Ref	Context	Word	Context
001	זלוחן	p abs	C3.13:17	טלפחׄן 2+3	זלו[חן	[1+]2+3+1]
002			C3.13:7	[ז]י[....]...	זלוחׄן]	[1+3[+1]+1+1 למנסך
003			C3.13:21	[.]...[...]קנׄן[...]	זלוחׄן]	בה .[...] בׄחׄ.[...]
004			C3.13:25	בׄחׄ.[...] זכרן[...]	זל[וחן]	כפ[ן] .[....]. ..[

זלוע — jug — N

No.	Form	Parse	Ref	Context	Word	Context
001	זלוע	s ab/cn	B2.6:13	2 שוין כסף שקלן 2	זלוע	1 זי נחש שוה כסף ר 2 כל
002			B3.8:15	20 [דמי]1 כסף חלרן	זלוע	1 דמי כסף ח 20 כ[ל]
003			B6.2:7	כסף חלרן 10+3+2	זלוע	1 זי נחש] דמ[י כסף שקלן
004			B6.2:7	[דמ]י כסף שקלן 2	זל[וע	1] [זי נחש דמי כסף שקלן
005	זלוען	p abs	B3.8:18	מין[....] 3+1+[2]	זלוען	2 פיק זי סלק 2 בגו]

זלוץ — item made of papyrus-reed — N

No.	Form	Parse	Ref	Context	Word	Context
001	זלוץ	s ab/cn	D3.16:11	2 שנן משאנן 2+3	זלוץ	זי גמא חדת 1 על מבֹן

זמן — set time — N

No.	Form	Parse	Ref	Context	Word	Context
001	זמן	s ab/cn	D5.31:1	מן[...]	זמ]ן	[...]...[.]ת.[...]
002	זמנא	s em/sf	B8.9:4	[... ז]א שנתא לא עד	זמנא	יביל להם למומא על זנה

זן — kind, type (Pers; GEA 372.45) — N

No.	Form	Parse	Ref	Context	Word	Context
001	זן	s ab/cn	A6.1:3	[....] מפרש	זן	זן ירֹח כֹּירח הוו שלחן
002			A6.1:3	[....] מפרש זן	זן	ירֹח כֹּירח הוו שלחן עלי

זן — this (masc); cf. **זנה** — P

זנא — this (masc); cf. **זנה** — P

זנה — this (masc) — P

No.	Form	Parse	Ref	Context	Word	Context
001	דנה		D23.1.XVIC:6	זׄי כתב כתבאׄ	דׄנהׄ	[...]י ... קדם אנאלֹת
002			A5.2:9	[י]שאל לתרוח ודינא על	דנה	כעשק אל יתעבד לי
003			A5.2:8	לקׄ[חו ...] [.... על]	דנה	קדם מראי שלחת לאמר כעשק
004	זן		D23.1.XIII:1	[.]..[..]...הׄ ליקרא הכתב	זן	...א נדרא כללה בשנת 2+3
005	זנא		D2.24:2	[... ...] [...] ב]יתא	זׄנׄא	[... ...] [...]..[...]א\א
006			B3.11:15	זי תחומוהי כתבן בספרא	זנא	ויהך בדן ולא יצדק אף לא
007			D1.30:3	[...]. שטי 1 דׄמס[...	זנא[	כל .[...] .[...] שאל עליהו[
008			C3.16:4	[...] [...] 3 ס 1 שפ	ז]נׄא	שפ 1 ס 2+[...] [...]
009			C3.16:5	[...] [...]+2 ס 1 שפ	זנא	שפ[...] [....]ןׄ[כ]נתן פ
010			B3.10:16	דרגא למסלק ומנחת זנה	{זנא}	ביתא זי תחומוהי ומשחתה
011	זנה		C1.1:62	[אל]ה תרין חלף אחיקר	זנה	וכזי[....]גברן אחרנן
012			C1.1H:18	[...] תרין חלף [אח]יקר	זנה	[וכזי ...] זי על אחרן
013			C1.1:63	פגרה זי אחיקר	זנה	למחזה אחר י[חזון פגר]ה
014			C1.1:47	[ ]אבוהי זי אסרחאדן	זנה	מלכא חמר עליך[....
015			B8.10:7	אבי החלף [ע]םׄ מנכי	זנה	[....]
016			B8.7:6	אלה זי מנכי	זנה	רשה
017			A6.2:9	הוה אופׄשׄ[ר]הׄ למעבד	זנה	אשרנא זי אפיתי אופשרה
018			A4.5:3	ארשם אזל על מלכא	זנה	דושכרתא זי כמריא זי חנוב
019			C2.1.1:2	[דריהוש מלכא כן אמר	זנה	זי אנ[ה עבדת בטלל[ה זי
020			C2.1.7:29	[אחר מתא לי הׄות	זנה	זי בפרתו עבדת [דריהוש
021			C2.1.7:35	[אחר מתא לי ה]ות	זנה	זי אנה] במ[רגויא [עבד]ת
022			C2.1.8:62	[ ]2+3 אחר מת]א לי הות	[זנה]	[זי אנה בהר]וֹחתי
023			C2.1.8:50	[ ] 20+20+10+2	זנה	זי אנה בפרס [עבדת]

024	B2.11:3	זי מבטחיה אמן והא	זנה	חלקא זי מטאך בחלק אנת
025	B2.11:5	כזנה למבטחיה והא	זנה	חלקא זי מטאני בחלק אנה
026	C1.1:188	מלה ולא יהחוה %% הא	זנה	יקיר [קד]ם שמש וזי ישתה
027	B3.10:5	מנה בית פרסא הו	זנה	משחת ביתא זי אנה יהבת
028	B3.10:5	ליהוישמע ברתי ברחמן	זנה	משחת ביתא זי אנה ענני
029	B3.12:15	לבבן בדמיא זי יהבת לן	זנה	משחת ביתא זי זבן ויהבן
030	B3.12:6	אשתאר לן עליך מן דמיא	זנה	משחת ביתא זי זבן ויהבן
031	A4.4:3	הא]	זנה	שמהת גבריא ז]י אסירו
032	A4.4:4	פחנום הא	זנה	שמהת נשיא זי א[שתכחו
033	C3.15:1	ב 3 לפמנחתף שנת 2+3	זנה	שמהת חילא יהודיא זי יהב
034	B3.12:16	כ 1	זנה	תחומוהי ביתא זי זבן
035	B3.12:8	והא	זנה	תחומי ביתא זי זבן ויהבן
036	B3.5:8	אחד גשורן וכון והא	זנה	תחומי ביתא זך זי אנה
037	C1.1:60	ואמר להם שמעו לי לם	זנה	[א]חיקר רב [... עז]קה זי
038	B3.11:7	דבק לה אגר ˆבאגרˆ	זנה	ביתא זי תחומוהי כתיבן
039	B2.7:7	לי משלם זך אחרוהי	זנה	ביתא יהבתה לכי ורחקת מנה
040	B3.10:15	בפלג דרגא למסלק ומנחת	זנה	{זנא} ביתא זי תחומוהי
041	B3.5:11	זי שתיבר כספי דבק לה	זנה	חלק ביתא זי משחת<ה>
042	B8.9:2	לא איתי לי עמהם על	זנה	טעמ[א ....] [...] ומ̇תך
043	B8.9:3	אנחנה תמאˆרˆ לה על[	זנה	טעמא ....] [... ז]א שנתא
044	B8.9:4	יביל להם למומא על	זנה	[טעמא ....] [....] כן
045	B8.9:6	[לא אי]ת̇י לי עמהם על	זנה	טעמא]
046	A4.8:19	דריוהוש מלכא ועד	זנה	יומא אנחנה שקק[ן לבשן
047	A4.8:20	[אף מ]ן זך ע[ד]נא ועד	ז]נה	יומא שנת 10+3+3+1
048	B2.7:12	ספר חדת ועתק להן	זנה	ספרא זי אנה כתבת ויהבת
049	B3.11:16	זנה זי יהנפק כדב הו	זנה	ספרא זי אנה ענני כתבת
050	B4.4:12	מלכא וקדם ספרי אוצרא	זנ[ה	.... זי יהבת]
051	A6.2:21	יתיהב ישתלח לם אשרנא	זנה	יתיהב ע̇ליד שמו בר
052	B5.4:7	בדין ודבב בשם בי[תא	זנה	ולא אצדק ....]
053	B3.12:25	דין ודבב בשם ביתא	זנה	זי זבן ויהבן לך ויהבת לן
054	B3.4:13	דין ודבב בשם ביתא	זנה	זי אנחן זבן ויהבן לך
055	B3.4:17	זין וזבב בשם ביתא	זנה	זי תחומוהי כתבן מנעל הן
056	B3.12:28	ומרא ודין בשם ביתא	זנה	זי משחת<ה> כתב מנעל וזי
057	B5.4:2	סגן ומ[רא בשם ביתא	זנה	זי כתבת] ויהבת לך אף לא
058	B3.11:16	חדת ועטיק בשם ביתא	זנה	זי תחומוהי מנעל כתב
059	B3.12:29	חדת ועתיק בשם ביתא	זנה	זי זבן ויהבן לך יחוב
060	B3.7:12	ענני [יה]בת לכי ביתא	זנה	ופלג תחית ופלג דר[גא
061	B3.10:11	הי אנתי שליטה בה בביתא	זנה	זי משחתˆהˆ ותחומוהי כתבן
062	B3.12:22	תמה תנפק ותנעל בביתא	זנה	זי משחתה ותחומוהי כתיב
063	B5.4:5	ומרא ל[העדיה מנך ביתא	זנה	זי כתבת] ויהבת לך אנתן
064	B3.11:13	לסגן ומרא להעדיה ביתא	זנה	מן קדמיכי בחיי ובמותי
065	B5.4:4	[למנתן לאחרנן] [ביתא	זנה	זילך ו]זי בניך מן [אחריך
066	B3.11:11	ואנתי אם שליטה בביתא	זנה	זי תחומוהי כתבן מנעל
067	B3.11:14	ואנתי אם שליטה בביתא	זנה	זי תחומוהי כתבן בספרא
068	B3.7:9	ברתי שליט בבית[א	זנה	ז]י תחומוה כתיבן בספרא
069	B2.7:5	אנה יהבת לכי לביתא	זנה	חלף נכסיך אלך דמי כסף
070	D17.1:1	ברזמדנא	זנה	..דנ[..] רב חילא
071	C3.8IIIAfraga:1	גברא	זנה	.. [...] קדם הומיס[ן [...]
072	B3.2:9	קרב ור<ח>ק בשם הירא	זנה	אנה אפצל ואנתן לך כתב
073	B3.2:5	דן ודבב בשם הירא	זנה	זי קבלת עלי בגו הן קבלת
074	B3.2:6	דין ומרא בשם הירא	[ז]נה	זי קבלת עליך בגו ויהבת
075	A5.5:9	חילא	זנה	הוו מחסנן
076	A6.10:10	לך [אר]תחי ידע טעמא	זנה	רשת ספרא מן ארשם על
077	A6.11:6	זילי ארתוהי ידע טעמא	זנה	רשת ספרא מן ארשם על
078	A6.12:3	ארתוהי ידע טעמ[א	ז]נה	רשת ספרא מן ארשם על
079	A6.13:5	ארתוהי ידע טעמא	זנה	רשת ספרא מן ארשם על
080	A6.9:6	להם בגסרו ידע טעמא	זנה	רשת ספרא מן ארשם על
081	A6.8:4	לך בגסרו ידע טעמא	זנה	אחופי ספרא מן [א]ר̇שם
082	D7.48:9	[י]שלחו לי טעמא יומא	ז̇נ̇ה̇	[.] לשלמכם שלחת [....]
083	D7.48:3	לי זעיר לחמא יומא	זנה	וכענת היתיו לי בש.תא
084	B2.11:7	זי מטאך בחלק מן יומא	זנה	ועד עלם ובניך אחריך ולמן
085	B2.3:9	אנתי שליטה בה מן יומא	זנה	ועד עלם ובניכי אחריכי
086	B2.6:4	ואנה בעלה מן יומא	זנה	ועד עלם יהבת לך מהר ברתך
087	B2.8:7	ורחקת מנכי מן יומא	זנה	ועד עלם לא אכהל אגרנכי
088	B3.12:23	ענני שליט בה מן יומא	זנה	ועד עלמן ובניך שליטן
089	B3.3:4	ואנה בעלה מן יומא	זנה	ועד עלם הנעלת לי תמת
090	B3.4:11	לך ורחקן מנה מן יומא	זנה	ועד עלמן אנת ענניה בר
091	B5.2:8	רחקת מנך מן י[ומא	זנה	ועד עלם ....]
092	B5.5:4	[ורח]קת מנכ[י] מן יומא	זנה	ועד עלם לא אכהל ארשנכי
093	B5.5:8	לבבי [בגו מן יומא	זנה	ועד עלם ורחקת מנכי מן
094	B2.9:10	אנחנה מנך מן יומא	זנה	עד עלם ל[א] נכהל אנחנה
095	B2.9:9	וטיב לבבן בגו מן יומא	זנה	עד עלם אנה מנחם וענניה
096	B3.5:4	זילכי הו מן יומא	זנה	עד עלם וזי בניכי זי
097	B3.8:4	ואנה בעל[ה] מן יומא	זנה	עד עלם ויהבת לך מהר אחתך
098	B5.6:6	המו עם [.... מן יומא	זנ]ה	עד עלם ז̇י יא̇תה עליך
099	B6.1:4	ואנה בעלה מן יומא	זנה	עד על[ם ויהבת לך מהר
100	B3.11:8	ברתי שליטה בה מן יומא	זנה	{זנה} עד עלם ובניכי
101	B4.6:8	סתתרי [1] [עד יומא]	זנה	ז[י] מנעל כתיב [ו]מ̇טא
102	D7.1:7	קומי עמה בסון יומא	זנה	הן תעבדן [לה ט]בה בסון
103	D7.2:2	לי זעיר מלח יומא	זנה	והן מלח לאית בביתא זבנו
104	D7.3:4	ש̇[...] [אז]לי יומא	זנה	ועל[י על] [מש]לך בר
105	D7.8:10	והן לא תנפק יומא	זנה	שלח לי וארחעה עד תנפק
106	D7.24:3	פמהן לם אעל סון ימא	זנה	כען הלו עלדבר סכיא
107	D7.24:4	סכיא [....]. ימא	זנה	הן תכל תעב[ד]
108	D7.20:9	זכריה לם אתה ליומא	זנה	ולא אתית ביד בנתי שלח
109	D2.18:2	[... ...] [... ...]כספא	זנה	[... ...] [... ...] כ[ל תון
110	B3.1:15	המו ישלמון לך כספא	זנה	ומרביתה והן לא שלמו לך
111	B3.1:16	והן לא שלמו לך כספא	זנה	ומרביתה אנת משלם שליט
112	B3.13:10	לך בני ואדרנגי כספא	זנה	זי מנעל כתיב אחר אנת
113	B4.5:4	נתן[אשל]ם לך כספא	זנה	כרש חד ארבעה עד גר̇ן...
114	B4.5:6	והן[אנה] כספא	זנה	כרש חד שקלן ארב[עה לא
115	B2.5:1	[לא יהבת לך] כ̇ספ̇א̇	זנה	זי כתיב מן עלא ולא
116	B4.6:7	[שלמת]ויהבת לכי כספא	זנה	[ש]קלן 2 [הו] סתתרי [1]
117	B5.5:5	[ו]דבב בשם [כספ]א̇	[זנה]	ז̇[י] א̇נ̇ה̇ י[הבת לכי
118	B5.5:6	[זי ירשנכי בשם כספא	זנה	ז[י] יהבת לכי ינתן לכי
119	B5.5:9	זי ל[י בש]ם כספא	זנה	[זי יהבת לי ופתפא זנה זי
120	B3.1:14	מיתת ולא שלמתך בכספא	זנה	ומרביתˆהˆ בני המו ישלמון
121	B5.5:10	זי ירשנכי בשם כספא	זנה	ופתפ[א זי] כתיב מנעל

No.	Ref	Preceding context	Keyword	Following context	Lemma
122	B5.5:8	[ורחקת מנכי מן כס]פא	זנה	ופתפא זי הוה לי מן בית	
123	B4.6:17	[ע]ד תתמל[אי בכספ]כי	]זׄנׄהׄ	....]ב[... כתב] [חגי	
124	D7.8:13	שלם אחטב כען על לחמא	זנה	נאכל עד מחר עֲרובה א קמח	
125	A1.1:8	עבדך נצר ונגדא	זנה		
126	B1.1:17	בר נרגי [ספ]רא	זנה	על פם פדי בקריה כרב	
127	B4.2:16	שהדיא זי על ספרא	זנה		
128	D2.22:2	[נתן בר] ענני ספרא	זנ[ה	... ...] אזניה ענני[...	
129	D2.25:6	בר תחנום ספרא[	זנ]ה[	... ...]	
130	B2.11:15	בר נבוזראבן ספרא	זנה	ביב בירתא כפם מחסיה	
131	B3.10:23	חגי בר שמעיה ספרא	זנה	ביב ברתא כפם ענני בר	
132	B3.11:17	חגי בר שמעיה ספרא	זנה	ביב כפם ענני בר עזריה	
133	B3.12:32	חגי בר שמעיה ספרא	זנה	ביב ברתא כפם ענני לחנא	
134	B3.6:16	ולא דבב כתב חגי ספרא	זנה	ביב כפם משלם בר זכור	
135	B2.2:17	איתו בר אבה ספרא	זנה	בסון בירתא כפם דרגמן	
136	B2.3:28	בר נבוזראבן ספרא	זנה	בסון בירתא כפם מחסיה	
137	B2.4:16	בר נבוזראבן ספרא	זנה	בסון בירתא כפם מחסיה	
138	B2.8:11	בר נבונתן ספרא	זנה	בסון בירתא כפם פיא בר	
139	B3.13:12	בר אשמשזב ספרא	זנה	בסון בירתא כפם ענני בר	
140	B7.1:9	[נתן בר] ענני ספרא	[ז]נה	ב[ס]ון בירתא	
141	B3.3:14	נתן בר ענניה ספרא	זנה	ושהדיא בגו שהד נתן בר	
142	B2.1:15	פלטיה בר אחיו ספרא	זנה	כפם קוניה שהדיא בגו שהד	
143	B2.6:37	נתן בר ענניה [ספרא	זנה	כפם אסחור] ושהדיא בגו	
144	B2.7:17	נתן בר ענניה ספרא	זנה	כפם מחסיה ושהדיא בגו	
145	B2.9:16	מעוזיה בר נתן ספרא	זנה	כפם מנחם וענניה כל 2	
146	B3.1:20	נתן בר ענני ספרא	זנה	כפם יהוחן ושהדיא בגו	
147	B3.8:43	מעוזיה בר נתן ספרא	זנה	כפם ענניה בר חגי	
148	B4.6:18	[חגי בר שמעיה ספרא]	זנה	[כפם מנ]חם שה[דיא] בגו	
149	B5.5:11	[כתב .... בר ....] ספרא	זנה	כפם מפטחיה ברת גמריה	
150	B6.3:16	[.... בר .... ספרא	זנה	כפם ....] ושלומם בר	
151	B6.4:9	נתן בר ענניה ספרא	זנה	כפם הושעיה ויהוחן	
152	A2.7:4	לשלמכי שלחת ספרא	זנה	אל אחתי עתרדי מן	
153	B2.4:14	ולא כתבת לך ספרא	זנה	אנה אנתן לך כסף כרשן 10	
154	D2.25:3	[...] [...]כתי[ב ב]ספרא	זנה	לא[... ....].תנחׄ[...	
155	B2.6:31	20 ויעבד לה דין ספרא	זנה	ולא אכל אמר איתי לי אנתה	
156	B3.8:32	ויעבד [לה] דין ספרא	זנה	ולא דין להן לא שליטה	
157	B6.3:11	[לעשרתא ויעבד דין ספרא	זנה	לאביה[י] אנתתה זי	
158	B3.10:22	חדת ועטיק להן ספרא	זנה	זי אנה עבדת לכי הו מיצב	
159	B2.6:36	המו מנה {{לקבל ספרא	[זנה]	להן}} אנתן למפטחיה	
160	B4.7:5	ישבק לחיי ספרא	זנה]	....]	
161	D7.24:2	כן שלחת לך ספרׄ[א]	זנה	באלף פמהן לם אעל סון	
162	A2.2:17	בה לשלמכן שלחת ספרה	זנה	אל תשי מן מכבנת בר	
163	A2.3:13	לשלמכי שלחת ספר||ה	זנה	אל אבי פסמי בר נבונתן	
164	A2.4:13	שלחת {{לך}} ספרה	זנה	אל אבי פסמי מן מכבנת	
165	A2.5:9	אנה לשלמכן שלחת ספרה	זנה	אל תרו מן נבושה בר	
166	A2.6:10	ל[שלמכי שלחת ס]פרה	זנה	אל אמי [תבי מן ..ר בר]	
167	A2.1:13	כלה לשלמכן שלחת ספרה	זנה	שלם אבי פסמי מן עבדך	
168	A3.4:5	[לשלמכי] שלחת ספרה	זנה	שלם ˆאמיˆ מנחמת שלם	
169	B4.3:10	[זי כתיבן] בספראׄ	[ז]נה		
170	B3.10:12	ותחומוהי כתבן בספרא	זנה	אנה ענני בר עזריה	
171	B3.10:16	ומלוהי כתיבן בספרא	ˆזנהˆ	אנה ענני יהבתה	
172	B3.11:7	תחומוהי כתיבן בספרא	זנה	אנה ענני בר עזריה	
173	B4.4:11	[זי] כתיבן בספרא	זנה	אנחנה ננתן	
174	B3.1:8	ומרביתה זי כתיב בספרא	זנה	אנת משלם ובניך שליטן	
175	B3.12:22	ותחומוהי כתיב בספרא	זנה	אנת ענני שליט בה מן	
176	B6.4:7	וכספא זי כתיבן בספרא	ˆזנהˆ	ברחמן יהבת לכם כען צבית	
177	B5.5:5	[זי כתיב] בׄספׄרׄ[א]	זׄנׄהׄ	ולא יכהל בר לי וברה לי	
178	B3.11:16	מנעל כתב בספרא	זנה	זי יהנפק כדב הו זנה ספרא	
179	B3.7:9	תחומוה כתיבן בספרא	[ז]נ[ה]	מן תחת ומ[ן ע]ל	
180	B3.1:12	בכספך ומרביתה וספרא	זנה	בידך ולא אכל אקבל עליך	
181	B3.1:14	לקחת מני ערבן וספרא	זנה	בידך והן מיתת ולא שלמתך	
182	B3.1:19	קדם סגן ודין וספרא	זנה	בידך אף יהכון בדין ולא	
183	B3.1:20	בדין ולא יצדקון וספרא	זנה	בידך כתב נתן בר ענני	
184	B2.3:18	ולא יתלקח בדין וספרא	זנה	בידכי ואף אנה מחסיה מחר	
185	B2.3:22	בדין ולא אצדק וספרא	זנה	בידכי אף איתי ספר מרחק 1	
186	C1.1:63	[פגר]ה זי סריסה	ˆ[ז]נהˆ	עלימא זילי עד זי	
187	B4.3:9	[אנחנה נבל] עבו[רא]	זנה	סון	
188	B4.4:9	בגו אנחנה נבל עבורא[	זנה	סון על רב|||[חי]לא	
189	B7.1:5	[מומאה] אתוב או עבורא	זנה	דמי נוניך [שערן פרסן	
190	B4.4:17	עד תתמלא בעבורא[	זנה	זי כתב מנעלא] כתב הושע	
191	D23.1.II:14	[...]עׄלׄיׄמׄאׄ	זנה	קׄ[בל] אׄתׄמנׄבׄאׄן	
192	A6.9:5	קמח חפן חדה פתפא	זנה	הבו להם מן פקיד על פקיד	
193	B5.5:10	זנה [זי יהבת לי ופתפא	זנה	זי הוה לי מן בית מלכא]	
194	B4.4:10	[על רב|||[חי]לא.	זנה	זי מאתה זי ביתאלתקם וזי	
195	A4.5:10	יתי[דע] למראן לקבל	זנה	זי אנחנה אמרן אף פרישן	
196	A6.2:23	כן אמר אנת עבד לקבל	זנה	זי המרכריא אמרן כזי שים	
197	A3.3:4	כן אמיר לן לאמר על	זנה	[....] [קדם] ספריא	
198	A6.10:5	אף קדמן שלחת עליכם על	זנה	אנתם [א]תנצחו גרדא	
199	A6.15:8	זיני תשלם ותשתאל על	זנה	אף מספת שלח גרדא לם זי	
200	A6.2:6	זי מני שליח עליהם על	זנה	שלחו וכן [...] חלא זי	
201	A4.7:28	כנכרין 1×לף ועל זהב על	זנה	שלחן הודען אף כלא מליא	
202	A4.8:17	[עביד] לן אגרה על	זנה	שלחן שלחן על מראן א[ף]	
203	A4.8:27	דמי כסף כנכרן אלף על[	זנה	שלחן הודען .... אף ...]	
204	A4.7:17	וחזין בהום אף קדמת	זנה	בעדן זי זא באישˆתאˆ עביד	
205	A4.8:16	וחזין בהום אף [קדמת	זנה	בעדן זי זא באישתא עביד]	
206	D2.2:4	[מלכא ...] [... ...]...ך	זנ[ה	...] [נשכעדר]י בר נבנתן]	
207	D3.38frage:1	[...]	זנה	[...] [...].יה [...].	
208	D5.52fragf:1	[...]	זנה		
209	B8.12:6	[...] [....]...]	]זׄנׄהׄ	ˆיהבןˆ לצחא בר פטאסי	
210	D2.14fragd:2	דׄבׄי.[....] [... ...]	זנ]ה	כפם .[... ...] [....]. מן	
211	D1.13:5	י[... ...]מנפי הנחת	זנ]ה	...] [... ...]. ערבנן ...]	
212	C2.1.3:3	אנה ה[....] ....]	זנה]	אנה עבדת אנה]	
213	B8.2:34	על [....]	זנה	חׄ[....]	
214	B5.2:10	....]	זנ]ה	זי ברחמן	
215	C1.2:2	מלכא ושמע מ[לכא ...]	זנה	זי קרה .[....	
216	D23.1.Va:9	אלה[ ]א[...]	זנה	מראי תה[ר]קא דח[..].	
217	D23.1.Vb:9	אשלח בהם #####	.זׄנׄהׄ	הנׄעׄל. הו קדׄמׄ[....]	.זנה
218	B5.6:4	עם עֲבֵדא ארמי ילד	בזן	בי [.... ...].רנף	בזן
219	A4.7:30	פ׳ח׳ת שמרין אף	בזנה	זי עביד לן ˆכלאˆ ארשם	בזנה

220			D1.12:5	...]	בזֹנ]ה[	בעה אנת[
221			A4.8:28	פחת שמרין אף]	[בזנה	כלא זי עביד לן ארשם לא
222			A6.13:1	וכעת ורוהי בר ביתא	בזנה	כן אמר לי בגא לם זי מן
223			A6.3:2	עלימא זילי קבל	בזנה	כן אמר כזי אנה הוית אתה
224			C3.28:73	בר 1 מ 1 פ שבתי	בֹזֹנֹה	לגן 1+3 בר 2
225			A6.15:7	זילי למה כזי תאתה	בזנה	מה זי לקחת זיני תשלם
226			A6.5:1	הושרת]לך וכע[ת שלם]	בזנה	קדמי אף] שלם תמה קדמיך
227			A6.7:1	שגיא הושרת לן[ך] וכעת	בזנה	קדמי שלם אף תמה קדמ[י]ך
228			D6.4fraga:1	...]	בזנ]ה	קדמֹ[י ...]
229	ודנה		B3.11:3	ותרבצה הו בבה למנפק	ודנה	תחומוהי מועה שמש לה אוצר
230	ועדזנה		A4.7:20	דריהוש מלכא	ועֿדֿזנה	יומא אנחנה שקקן לבשן
231	לדנא		D23.1.II:10	ו] ענת ואמרת]	ל]דנא	חרא לאשכב עם גבר זי

זנך P that

001	זנך		B2.3:8	מלח זי מיא קשיא ביתא	זנך	ארק אנה יהבתה לכי בחיי
002			B2.4:6	בגו עם אנתתך להן ביתא	זנך	לא שליט אנת לזבנה ולמנתן

זעיר A few; young

001	זעיר	s ab/cn	D7.14:11	אמרת הן רב [....]	זעיר	הו [...]
002			C2.1.4:2	] פ[רסין]א ומדיא זי עמי	זעיר	הוה אחר] חיל[א למדי
003			C1.1:162	שפין בין רעין טבן איש	זעיר	וירבה מלוהי מסרסרן לעלא
004			C1.1:145	הא כן איש	זעיר	ועם [....
005			C2.1.7:38	אנה חילא [ז]י בפרס	זעיר	[זי מן קדמי לא מר]דו
006			C1.1:85	אנפי מ[ל]ך אל תקום	זעיר	כצפה מן ברק אנת אשתמר
007			D7.48:2	יומא דך 2 הושרי לי	זעיר	לחמא יומא זנה וכענת
008	זעירה		D8.10:3	1 ג 1 נוכדו	זעירה	1 יתקום 1+3+20
009			D8.10:2	צפעה 1+3+3+20	זעירה	10+20 מ 1 ג 1 נוכדו
010			D8.10:5	2+3+3 מ 1 ג 1	זעירה	5[..] תפורתחם 3 3+3+3.
011			D7.35:12	גזירה [....] 1	זע]ירה	[....]
012	זערה		C3.28:122	רבה 2[... צעין]	זע]רה	3+3 וי.[...] [..]חלא חד
013	לזעיר		C1.1:136	לא נפקת %% [....	לזעי]ר	זי בעדבך ואל תרגג לכביר
014	זעיר		D7.2:2	אחוטב כען הושרי לי	זעיר	מלח יומא זנה והן מלח
015	זעירא	s em/sf	D7.45:9	ושחלין טב כסא	זעירא	
016			D7.37:7	מלך פסא	זעי]רא[	ואעב<ד>הי לי חמ[...]
017			D8.6:11	ר 1 חצי 1 חשוב	זעירא	2+3 מ
018	זעירתא		D7.5:3	חזי [....] רבתא ואף	זעירתא	[....] אל ינפי מנהם הלו
019	זערא		C3.28:115	דלוי	זערא	גנבין 3+3 חל 1 בני
020	זעירן	p abs	A4.2:7	[....] נדחל בזי	זעירן	אנחנה בב2 כען הא סברו[
021			C2.1.7:44	ויזדת זך עם חילא]	זעי]רן[	רכבי סוסין קר[ק]
022			C2.1.8:59	] שלח ויזדת עם חילא	]ז[עירן	רכבי סוסין]ק[רק

זעק V to cry out, to shout

001	וזעק	peal	C1.2:1	מלכא .[...]	וזעק	ומשח .[....]

זער V to diminish

001	תזוערי	peal	D1.27:3	ת...ה[...] [... ...] אל	תזוערי	[...]

זער N fewness

001	זער	s ab/cn	C3.28frag	[...]ן	זער	
002	ובזעריהם	p em/sf	C1.1:90	בנן לבבך אל יחדה	ובזעריהם	[אל יאבל] מלך כרחמן אף

זפת N loan

001	זפת	s ab/cn	B3.1:3	בירתא לאמר יהבת לי	זפת	כסף שקלן 1+3 הו ארבעה
002	בזפה		C3.28:58	ן	בֹזפה	נכיס חן [... 10+20
003	זפתא	s em/sf	C3.29:1	3 עלים צחא סבר 1	זפתא	דמוקלס לגין 10 ובמרשא
004			C1.1:131	] ז]פתא [כי מכ]ל	זֹפֹתא	חליה כ.[..]וֹר
005			C1.1:130	לבניך עמך [אל תזף	ז]פתא	יקירתא ומן גבר לחה אל
006			C1.1:131	אל תשים עד [תשלם	ז]פתא	[כי מכ]ל זֹפֹתא חליה
007			C1.1:130	אל תזף אף [ה]ן תזף	זפתא	שלין לנפשך אל תשים עד

זקיף N stake

001	בזקיפא	s em/sf	C2.1.8:48	וחרא זי עמה כלא]	בזקיפא]	שמת נפחר קטיליא

זרניך N arsenic (Pers; GEA 372.46)

001	זרניך	s ab/cn	A6.2:17	כרשן עשרה ולהנדונה	זרניך	כרשן מאה ויהוספון על
002	זרניכא	s em/sf	A6.2:21	חד עזלי כתנא רקעתא	זרניכא	כבריתא במתקלת פרס

זרע V to sow; cf. **מזרעה**

001	אזרע	peal	D23.1.Va:13	ובריהם וארעא	אזרע	מלח ופריה. ל..כל..ל
002	תזרענה		B1.1:4	כרב למזרעה לפלגן	תזרענה	בזרע נפשך בשנן 1+3+3

זרע N seed, descendant

001	זרע	s ab/cn	A6.11:2	פמון שמה אבי בית	זרע	א 10+20 זן[ך] אשתבק
002			A6.11:4	זי פמון זך אבוהי בית	זרע	א 10+20 זך אשתב[ק
003	וזרע		B2.7:8	לא אכל אנה ובני	וזרע	זילי וגבר אחרן ירשנכי
004			C2.1.11:73	אהורמזד יק[ללנך	וזרע	לא יהוה לך] דריהוש
005	זרע		D7.3:6	בר את...... [.] ...	זרע	דלען אף הן[.] [...] איתי
006			C3.11:4	1 לכסף כרש 1 עבד משח	זרע	כתן איטשרי 1 לכסף[...]
007			C3.11:11	בר פטוסרי עבד משח	זרע	[...] נגדי קתן 1+3 זי
008			D7.3:2	[ה]ן לא איתי	זרע	קטין[.] [כ]זי אמרת לכי
009	בזרע		A5.1:6	פתחוא בר פשנפתח	בזרע	פטנ[תר] אף אגרתא
010			B1.1:4	למזרעה לפלגן תזרענה	בזרע	נפשך בשנן 1+3+3 ותפלג
011	בזרען	s em/sf	C2.1.1:3	] ברה זי[כרש	בזרען	זילן תנה מלכא הוה]
012	וזרעה		C1.1:180	פת.ה .... [שם אבוהי	וזרעה	בשם שרחות[א] % עק[ר]בא
013	וזרעך		C2.1.11:72	יב]רכנך ויוחמנך	וזרעך	י]שגא ויומיך יארכון והן
014	לזרעהום		C2.1.11:78	מלך] מן אחרי.	לזר]עהום	זי גבריא אלך שגיא

זרת N span

No.	Form	Parse	Ref	Preceding	Keyword	Following
001	וזרת	s ab/cn	B6.2:6	אמן 1+3+3 1+3ב	וזרת	דמי כסף שקלן 1+3 חלרן

ח s 8th letter of the alphabet

No.	Form	Parse	Ref	Preceding	Keyword	Following
001	ח		D10.1:1	אבגדהוז...	ח	טיכלמנסעפצק
002			D10.2:3	ס׳אבבגדהוז.	ח	טיכלמנסעפצק
003			D22.28:1	אבגדהוז	ח	טיכלמנסעפצק

ח N abbreviation for חלר and חפן

חבל V to damage

No.	Form	Parse	Ref	Preceding	Keyword	Following
001	חבל	pael	A4.7:14	מנדעם באגורא זך לא	חבל	וכזי כנזה עביד אנחנה עם
002			A4.8:13	מנד[עם] [באגורא זך לא	חבל	וכזי כנזה] עביד אנחנה עם
003	חבלך		C1.1:44	הקימת בתרע היכלא הו	חבלך	ותובא [.... קר]בתא
004	יחבל		C1.1:36	[....]ך למה הו	יחבל	מתא עלין אחר כזי [....
005			D23.1.IX:6	כותה[ם] אל	[י]חבל	מצרין ו[.]כ[..]ינהו
006	מחבל		A4.5:2	לא שבקן {{ומנדעם}}	מחבל	לא אשתכח לן בשנת
007	ומחבל		A3.3:7	[.... ש]לם	ומחבל	לא איתי גבר הוי אל

חבל N rope

No.	Form	Parse	Ref	Preceding	Keyword	Following
001	חבלן	p abs	A4.2:10	תשכחון דבש תקם חתילן	חבלן	משכי צל שפן [....]

חבר N companion

No.	Form	Parse	Ref	Preceding	Keyword	Following
001	ואחברוהי	p em/sf	D7.56:2	אחי ישיב בר שבתי	ואחברוהי	אחיכון עקבן שלם אחי
002	וחברוהי		C3.29:11	בענו נקדרוס	וחברוהי	שיטיא לגין

חגב N (unclear)

No.	Form	Parse	Ref	Preceding	Keyword	Following
001	בחגב	s ab/cn	C3.8IIIB:25	צלצלא ודגיתא כנתן	בחגב	ש[....]ל [.] .בלד.ה

חד n one

No.	Form	Parse	Ref	Preceding	Keyword	Following
001	חד		A4.2:3	[....] הו קבל פתיפרסן	חד	זיוך הו קבל פתיפרס
002			C2.1.1:3	[זי אנה מלך הוית] [איש	חד	כנבוזי ברה זי] כרש
003			B3.13:6	ואנתן לך כסף אבגרן כרש	חד	1 כסף צריך אחר אנה ענני
004			D8.3:15	[....]. [....]. [....] פי. [....]. בכא	חד	1 גנה .. אי. בחקלא פחפי
005			D4.22:3	ויהבת לבש	חן]ד	[....] [....]לן[....]
006			A6.9:6	באתר חד יתיר מן יום	חד	אחר זי יומיא אלף יתיר פתף
007			A4.7:3	יתיר מן זי כען	חד	אלף וחין אריכן ינתן לך
008			B4.5:5	[אשל]ם לך כספא זנה כרש	חד	ארבעה עד גרון...
009			B3.10:13	אחד גשורן וכון בה 3 דש	חד	בה אחד ופתח אף שליטא אנתי
010			B2.6:28	מן חם עד חוט ביום	חד	בכף חדה ותהך לה אן זי
011			B3.7:3	ענני י[הב]ת לכי בי	חד	בנה אחד גשורן הוה
012			A4.5:5	ביב בירתא נדשו ושור	חד	בנן[ו ב]מנציעת בירת יב
013			C2.1.8:52	[להרוחתי] שלח ואיש	חד	בראשהו[ם שלח לערקה זי
014			D3.38fraga:2	[....] אחרה	חד	ד[....]
015			C1.1:190	[....]ה אלהיא	חד	דרך קשתה והרכב [חט]ה ולא
016			B3.12:5	לן דמי ביתן כסף כרש	חד	הו 1 שקלן תלתה הו 3 כסף
017			B3.1:6	כסף חלרן 2+3+3 לירח	חד	הן מטת מרביתא לרשא ירבה
018			B3.12:6	יון סתתרי 3+3 שקל	חד	וטיב לבבן בגו זי לא אשתאר
019			A6.9:3	או שכר חפנן תרתין [....]ד	חד	ולעלימוהי גב[ר]ן עשרה
020			A6.2:19	וחנניא בארכא לחד פשך	חד	ועל סעבל עקי חלא דרי תמיס
021			B3.8:40	יהוישמע ולא תעבד דין	חד	ו[ת]רין לענניה בעלה והן
022			B6.4:5	והן לא תעבד דין]	[חד]	ות[רי]ן שנ]אה הי
023			B6.4:5	[סלואה ולא תעבד די]ן	חד	ותרין להושעיה והן לא
024			D23.1.Va:6	סריסא	חד	זי אזל להי עם] כל
025			D7.57:6	בר עזגד ענז חד תהם	חד	זי ערה שנתא שע וחס
026			A6.9:6	מצרין והן יהוה באתר	חד	יתיר מן יום חד אחר זי
027			B3.1:7	לרשא ירבה מרביתא כרשא	חד	כחד והן מטא תנין שנה ולא
028			A6.9:4	לגברן חלכין תרין אמן	חד	כל תלתה עלימן זילי זי
029			B3.12:11	בר זכור כל 2 כפם	חד	לענני בר חגי בר בסס
030			A6.2:11	ותרין שף עשרה וחמשה	חד	[ל]אמן עשרן סעבל אמן שבען
031			A6.2:12	אמן שתן פחטמוני לפערער	חד	לאמן תרין אפסי תחת חלא
032			C1.1:203	ם[....]	חד	לערדא [אר]כ[ב] עליך ואנה
033			B3.11:2	ברתה לאמר יהבת לכי בי	חד	מבני בי תחתי אחד גשורן
034			C1.1:33	ואמר [....]	חד]	מן רבי אבי זי לחם אבי
035			A6.2:17	דשות מצן כנכר	חד	מנן עשרה כלא הוספה כברי
036			C1.1:61	אל נקטלנהי [איתי עלים	ח]ד	סריס זילי אנתן לכם
037			A6.2:20	תלתה חפוש ועל פתיא צבע	חד	עזלי כתנא רקעתא זרניכא
038			A6.2:11	קלעס לקומתא	חד	עקי חלא אמן שתן פחטמוני
039			C1.1H:17	נקטלנהי [איתי] עלים	ח]ד	[....] תרין חלף [אח]יקר
040			D23.1.Va:7	לפסמשך סריס[א]	חד	צדיק[....]י מלן ע[ש]ת
041			C1.1:38	זך רביא רכב בסוסה	חד	קליל [.... אל]ך עמה אחר
042			C3.28:123	3+3 וי.[....] [..]חלא	חד	קרה[..] ....ה 2+3
043			B3.12:33	פתו אנתתה כל 2 כפם	חד	שהד משלם בר מעוזיה שהד
044			B3.12:14	ויהבת לן דמוהי כסף כרש	חד	שקלן 3 כסף יון במנין
045			B4.5:3	איתי לך עלי כסף כרש]	חד	שקלן ארבעה הו סת]תרי
046			B4.5:6	[אנה] כספא זנה כרש	חד	שקלן ארב[עה לא ש]למת יהבת
047			D7.57:5	מלכיה בר עזגד ענז	חד	תהם חד זי ערה שנתא
048			D1.16:2	[....] [....] [....]י עלים	חד	תמ[ים ....] [....] ..עתחת
049			A6.9:3	או שכר חפנן תרתין [....]ד	חד	ולעלימוהי גב[ר]ן עשרה
050	חדה		A4.5:17	[....] להן אתרודן	חדה	[....] [....]
051			D3.38fragb:3	1[....] [....]ם	חדה	[....]
052			D3.26:2	1+3 .[.].[....] בגו	חדה	אמן 2+10 פתי אמה 1
053			A3.10:2	עדן וכעת איתי לי אלף	חדה	בידכם ביני ובין מריה חזו
054			A3.5:5	מן סון אגרת	חדה	בשלמך לא שלחת עלי
055			A4.8:28	מליא אגרה {{בכלה}}	חדה	בשמן שלחן על דליה
056			D7.57:8	1+3 ופינך 1 וצפחא	חדה	ובית ח 1 חדת וזינא
057			B2.6:28	חם עד חוט ביום חד בכף	חדה	ותהך לה אן זי צבית ולא
058			B3.8:38	ענניה ולא יעבד דין	[חדה]	ותרתין מן נשי כנותה
059			B6.4:3	הושעיה ולא יעבד דין]	חדה	ותר]ת[ין מן] נשי
060			B6.4:4	אנתתה הן לא יעבד דין]	חדה	ותרתין מן נשי] כנותה
061			A4.5:6	בירתא איתי באר	חדה	זי בניה בגו[ו ב]י[ר]תא
062			A4.7:19	וחרי יהודיא אגרה	חדה	לא שלחו עלין אף מן ירח
063			A4.8:18	וחרי יהוד אג[ר]ה	חדה	[לא שלחו עלין אף מן ירח
064			A6.9:4	לחד ליומא קמח חפן	חדה	עמיר לקבל רכשה והבו פתף

No.	Form	Ref	Preceding context	Keyword	Following context
065		A6.9:5	לגבר ליומא קמח חפן	חדה	פתפא זנה הבו להם מן פקיד
066		A4.7:29	אף כלא מליא באגרה	חדה	שלחן ˆבשמןˇ על דליה
067	וחד	D7.57:6	ערה שנתא שע	וחד	בעזכתיה ואגנן 2 וכדדן
068	כחד	B3.1:7	ירבה מרביתא כרשא חד	כחד	והן מטא תנין שנה ולא
069	לחד	A6.2:14	ארז חדתן חנן תרין	לחד	אמן חמשה פשכן תלתה בפשכן
070		A6.9:3	גב[ר]ן עשרה	לחד	ליומא קמח חפן חדה עמיר
071		A6.2:19	ועל שף וחנניא בארכא	לחד	פשך חד ועל סעבל עקי חלא
072		A6.2:15	מסמרי נחש מאה וחמשן	לחד	פשכן תלתה מאתין שבען
073		A6.2:18	זי יתיהב על טף בארכא	לחד	פשכן תלתה חפוש ועל פתיא
074		A6.2:19	תרין ועל שים בארכא	לחד	פשכן תלתה חפוש ועל פתיא
075		A6.2:20	חלא דרי תמים בארכא	לחד	פשכן תלתה חפוש ועל פתיא
076		A6.2:16	מאתין שבען וחמשה	לחד	צבען עשרה כל מסמרין ארבע
077		C3.14:27	בגו [2	לחד[	שא 1 ר 2 לשא 3 2+20
078		C3.14:28	1 ר 2 לשא 3 2+20	לחד	שא 1 לשא 2+20 [נ]פש
079		C3.14:29	10+20 [נ]פש 2+20	לחד	שא 1[+1 ר 2 ל]שא כל

חדי A happy

No.	Form	Ref	Preceding context	Keyword	Following context
001	חדה s ab/cn	A5.3:2	[ישאלו בכל עדן] חיא	חדה	ושרירא מראי יהוי יתיר
002	וחדה	A4.7:3	וחין אריכן ינתן לך	וחדה	ושריר הוי בכל עדן כען
003		A4.8:3	וחין] אריכן ינתן לך [	וחדה	ושריר הוי בכל עדן כעת
004		A4.2:12	לי כסף סתתרן 2+10	וחדה	מנה[....] חורי
005	חדיתא s em/sf	A5.1:4	אנפכם במצרין	חדיתא	וש[רירתא ....]אף אגרתא

חדי V to rejoice

No.	Form	Ref	Preceding context	Keyword	Following context
001	חדית peal	A6.16:4	ואנה ל[א]	חדית	אנת שגיא פתסתו לי
002		A3.5:2	עלי שלמך שמעת שגיא	חדית	שמעת
003	תחדי	A6.16:2	כזי לאלהיא ולארשם	תחד[י]	אף זי הושרת [....] עלי
004	תחדו	A6.16:3	[....]	תחדו	כתן 1 גלדי תולע 2 זך
005	תחדון	A6.14:4	כן עב[דו] כזי לי	תחדון	אף הא שנן שגיא זי בגא
006	יחדה	C1.1:90	בשגיא בנן לבבך אל %%	יחדה	ובזעריהם [אל יאבל] מלך

חדת A new

No.	Form	Ref	Preceding context	Keyword	Following context
001	חדת s ab/cs	B3.5:8	בנה בי תחתי	חדת	אחד גשורן וכון והא זנה
002		D7.57:9	1 וצפחא חדה ובית ח 1	חדת	וזינא במשתלא חתם
003		B3.8:7	2 גמידה 1 זי קמר	חדת	לאמן 3+3 ב 1+3 חטיב
004		D3.16:11	משאנן 2 זלוע זי גמא	חדת	1 על מבן זי אבן שש
005		B3.8:11	שק[ל 1 כתן 1 זי כתן	[חדת	ארך אמן 3+3 ב 3 שוה
006		B3.8:8	כסף כרש 1 לבש 1 מעדר	חדת	[ל]אמן 3+3 ב 1+3 דמי
007		B2.6:7	לי בידה לבש 1 זי עמר	חדת	חטב צבע ידין הוה ארך אמן
008		B3.8:6	2+3 לבש 1 זי קמר	חדת	לאמן 1+3+3 פשכן 3 פתי
009		B6.1:6	] לבש 1 זי קמר	חדת	לאמן [
010		B3.10:22	ינפקון עליכי ספר	חדת	ועטיק להן ספרא זנה זי
011		B3.11:15	ינפקון עליכי ספר	חדת	ועטיק בשם ביתא זנה זי
012		B2.3:16	יהנפקון עליכי ספר	חדת	ועתיק בשמי על ארקא זך
013		B3.12:29	וזי ינפק עליך ספר	חדת	ועתיק בשם ביתא זנה זי
014		B2.7:12	אחרן יהנפק עליכי ספר	חדת	ועתק להן זנה ספרא זי אנה
015		B2.6:16	כפן 2 פרכס 1 זי חצן	חדת	ˆתקם חפנן 2+3 שנן משאן
016		B2.6:9	באבני מלכא שביט 1	חדת	הוה ארך אמן 3+3+ˆ2ˇ
017		B6.2:5	כסף שקלן 3 שביט 1	חדת	זי אמן 3+3+1 ב3+1
018		B3.8:9	שביט [1 זי קמ[ר]	חדת	לאמן 3+3 ב 3[+2] ר 2
019		B3.8:11	[20] שנטא 1 זי כתן	חדת	ארך] אמן 3+3 ב 3+1]
020		B3.8:17	לבשיה ת.[.] זי גמא 1	חדת	בה נעבצן זי אבן שש
021		B6.2:1	....] 1 זי קמר	חדת	זי אמן ... ב ...]דמוהי
022		B6.2:2	כ 2 [.... 1 זי קמר	חדת	זי אמן ... ב ... דמי כסף]
023		B6.2:3	....] 1 זי קמר	חדת	זי אמן ... ב ... דמי כסף
024		B6.2:4	] ב ... דמי כסף שקלן ...]	חדת	זי[א]מן ... ב ....
025		B6.2:4	] ... דמי כסף שקלן ... 1	חדת	זי] אמן 2+3 פשכן 1+3
026	חדתה	D2.19:1	נ[חש ....] [....]	ח]דתה	ארך] [....] ....
027		B6.2:6	20 מסׄחׄטׄה 1	חדתה	זי קמר דמי כסף חלרן 10
028		A6.2:14	מאתין וחמשן עקי ארז	חדתן	חנן תרין לחד אמן חמשה
029		A6.2:10	למעבד עקי ארז ואר	חדתן	טף אמן עשרה שים [ל]בטק
030	חדתן p abs	C3.7GR3:14	כרשן [2]100× לקן	חדתן	10+20 ב 3+3+3
031		C3.7GR3:6	100×2 .... לקן	חד]תן	10+20] ....]
032		C3.7GV3:2	בגו לקן	חדתן	10+20+20 לקן עתיקן 3
033		C3.7FV2:19	20+3+[1] [לקן]	חׄדׄתׄן[	20 לק עתיק 1 [כ]ל̇
034		C3.7FV3:15	20+3+1 ל[ק]ן̇	חדתן]	20 [לק עתיק 1 ע]ק
035		C3.7GR3:1	ל̇[קן	ח]ד̇ת̇ן	100×3] מעשרא] זי ג[בי

חוב V to be liable

No.	Form	Ref	Preceding context	Keyword	Following context
001	אחוב peal	B3.11:10	אחרן הן אמר אהנצל מנך	אחוב	ואנתן ליהוישמע אביגרן
002		B3.13:6	מלכא אחר אנה ענני	אחוב	ואנתן לך כסף אבגרן כרש
003		B3.5:14	דין בשם ביתא זך אנה	אחוב	ואנתן לכי כסף כרשן 3+2
004	יחוב	B3.11:13	מן קדמיכי בחיי ובמותי	יחוב	וינתן לכי ועל בניכי
005		B3.12:29	זנה זי זבן ויהבן לך	יחוב	וינתן לך ולבניך אביגרן
006	נחוב	B3.6:14	ברך אחרי מותך אנחן	נחוב	לך ולזכור ברך אבגרן כסף
007		B4.4:15	אנחנה	נחוב	לך כסף כרשן 100×1 כסף
008	וחיבוני pael	B8.6:10	בכפרגל 2+3+10	וחיבוני	מ̇ן 1+[1]+2.

חוב N debt, obligation

No.	Form	Ref	Preceding context	Keyword	Following context
001	וחוב s ab/cn	B1.1:15	מנך ואית לך פמטן	וחוב	על[י]אלה שהדיא ת נרגי
002	חוב	B1.1:19	פדי בקריה כרב ספר	ח̇ו̇ב̇	חקל זי כ[ת]ב פד[י]
003	וחובי s em/sf	B4.7:5	...]וׄתׄיׄ	וחובׄיׄ	ישבק לחיי ספרא זנה[

חוט V to sew

No.	Form	Ref	Preceding context	Keyword	Following context
001	ואחטנה peal	D7.21:5	לבשא זי עליך	ואחטנה	לשלמך שלחת ספרא

חוט N thread

No.	Form	Ref	Preceding context	Keyword	Following context
001	חוט s ab/cn	D7.14:5	עמה ק̇ [...]ו אף	חוט[	...] [...] לכתוני אף אמר
002		B2.6:28	בידה תהנפק מן חם עד	חוט	ביום חד בכף חדה ותהך לה
003		B2.6:25	בידה תהנפק מן חם עד	חוט	ותהך לה אן זי צבית ולא
004		B3.3:10	בידה תהנפק מן חם עד	חוט	מחר או יום אחרן ימות
005		B3.3:9	בידה תהנפק מן חם עד	חוט	מחר או יום אחרן תקם תמת

חוי V to show

No.	Stem	Form	Ref.	Preceding	Word	Following
001	pael	חוינא	A4.8:15	[ליהו מרא שמיא זי]	חוינא	בוידרנג זך כלביא הנפקו
002		יחוני	A3.3:3	אנת [ליהו אלהא] [זי	יח]וני	אנפיך בשלם כעת מן יום
003			A2.1:2	ברכתכי לפתח זי	יחוני	אפיך בשלם שלם ביתאלנתן
004		נחוי	A6.2:7	נופתא החוין ספינתא	נחוי	זי ביד פסמסנית [....]
005		יחווננ'	A3.5:8	[עד .. אלהיא	יחוונני	אפיך] בשלם אל [אחי
006			A4.4:9	ביתך ובניך עד אלהיא	יחוונ[ני	אפיך בשלם] [אל ....
007		יחוני	A2.6:2	ברכתכי לפתח זי	יחוני	אפיכי בש[לם .... ב]רי
008		ויחוך	D7.15:12	טעמא[...] על עלוה	ויחוך	[...] לא אכל אעל כ[...]
009		יחוו	A6.2:5	פרמנכר[יא ....]	יחוו	ואופכרתה יעבדו וישתלח על
010		חוני	D7.14:8	אף אמר ל[...]ה לם	חוני	[...] ואנתן לך מ[...] אמרת
011		למחוה	D7.24:16	לי מלתא אף שלחת לה	למחוה	טעמה להושע
012	(h)afel	החוה	B8.5:4	....]	החוה[	[....] [....]..
013		החוה.	B8.3:5	....] [....]	החוה[.	אתר זי לא
014		החוין	A4.7:16	ליהו מרא שמיא זי	החוין	בוידרנג זך כלביא הנפקו
015			A6.2:7	מתרדת נופתא	החוין	ספינתא נחוי זי ביד
016			A6.2:8	נגידה על תבלא ואנחנה	החוין	לשמשלך וכנותה פרמנכריא
017			B8.12:5	עלין .[....]	החוין	להם וכן אמרן
018		יהחוה	C1.1:188	וישמע מלה ולא	יהחוה	%% הא זנה יקיר [קד]ם
019		החוי	C1.1:207	הדיר אנה [....	ה]חוי	לערבי ימא ולצידני
020		החווהי	A6.11:5	יהבת לפטסורי אנתם	החווהי	יהחסן והלכא לקבל זי

חויה N snake

No.	Stem	Form	Ref.	Preceding	Word	Following
001	s em/sf	חויה	A2.5:8	הושרתן לי ואנה נכתני	חויה	והות מית ולה שלחתן הן חי

חוץ N (plural) palm leaves

No.	Stem	Form	Ref.	Preceding	Word	Following
001	p abs	חוצן	B3.8:17	זוז לעשרתא קפף 1 זי	חוצן	תחת לבשיה ת.[.] זי גמא 1
002		חצן	B2.6:16	סלק כפן 2 פרכס 1 זי	חצן	חדת ^תקם חפנן 2+3 שנן
003		וחוצן	B2.9:6	נחש ופרזל מאני עק	וחוצן	עבור ואחרן נכסן לאמר

חורי A white

No.	Stem	Form	Ref.	Preceding	Word	Following
001	s ab/cn	חורי	A6.9:3	במדינתכם יום ליום קמח	חורי	חפנן תרת[י]ן קמח רמי

חזי V to see

No.	Stem	Form	Ref.	Preceding	Word	Following
001	peal	חזית	C1.1:14	[אנה א]חיקר כזי	חזית	אנפי אסרחאדן מלך אתור
002			D7.17:2	כען הלו חלם 1	חזית	ומן עדנא הו אנה חמם שגא
003			A2.1:5	ולבבי לה דבק לה הן	חזית	מה אתרתן אתננה בתקבה 1
004			B8.3:4	מא.[....]	חזית	עבדא זך מהלך תנ[ה
005		חזה	C3.18:11	ג[...] [...	]חזה	עבד[ן ב...] [...]...
006			C1.1:189	אבדה ו[...]נ. מן	חזה	%% מן שמין [...]ינו
007			C1.1:220	...]	]חזה	כ[.]ה מה[...]ך
008			C1.1:221	...]	]חזה	בית רעה נשק באשה]
009		חזני	C1.1:41	כרמיא [.... וכזי	חזני	נ]בוסמסכן רביא זך
010		וחזין	A4.7:17	לאגורא זך כל קטילו	וחזין	בהום אף קדמת זנה בעדן
011			A4.8:16	לאגורא זך כלא קטילו	וחזין	בהום אף [קדמת זנה בעדן
012		אחזה	C1.1:204	וכסתך ואנה רכביך לא	אחזה	
013		ואחזה	D7.16:13	מה תאמרן תחזין אנפי	ואחזה	אפיכי
014		תחזה	D1.28:3	זיל[...] [...] .עד	תחזה[	... [...] [...]לבשך ולא]
015			C1.1:80	אל תלו[ן]ט יומא עד	תחזה[	לי]לה א[ל] תאתה על
016		תחזין	D7.16:12	לי אנתי מה תאמרן	תחזין	אנפי ואחזה אפיכי
017		יחזה	C1.1:99	מה בלבב כנתה וכזי	[יח]זה	גבר טב לגבר לח[ה ...]
018		תחזו	D7.12:11	[ ]אעבד מן [....]	תחזו	
019		יחזון	C1.1:63	אחיקר זנה למחזה אחר	י[חזון	פגר]ה זי סריסה ^[ז]נה^
020		תחזי	D7.17:5	הו אנה חמם שגא	תחזי	יה[מליה שלמ^ ^ כען
021		חזי	D7.6:2	אל הושעיה שלמך כען	חזי	1 על ינקיא עד תאת[ה
022			D7.22:10	ב[...] [...]ש.	חזי	[...].
023			D7.28:1	שלם נתן כען [..]	חזי	[..] [..]א 1 מלה בידכם
024			D7.52:1	.[..]	חזי	. [.. ה]לו בתרב^ ^ [...
025			A6.15:4	ורפש כן אמר הא אנת	חזי	אגרת ארשם זי היתיו על
026			C2.1.11:68	זי מסכן יעבד זך	חזי	אף קדמתך [.... אל
027			D7.7:5	וחצף קפתא עלוהי אף	חזי	אפק לי תלי וכתון 1 הן
028			A4.7:23	בזי לא שבקן לן למבניה	חזי	בעלי טבתך ורחמיך ^זי^
029			A4.8:23	[לא] שבקן לן למבניה	חזי	בעלי טבתך ורחמיך זי תנה
030			C1.1:87	ותהך [ו]לא ביומיך	[חזי	ט]בת מלך הן פקיד ^לך^
031			D7.24:11	תעבד [....] כענת	חזי	מה [... פ]מה[ן]
032			D7.11:2	שלח לי מה [...].	חזי	מה [...]ד יגדל ושלח
033			A3.5:6		חזי	על עלימיא וביתי כזי תעבד
034			A3.6:3	יחן....	[חזי]	על ינקיא עליך לבבי שדיק
035			C1.1:85	הו מן סכין פמי[ן]	חזי	קדמתך מנדעם קשה [על]
036			A3.11:4	כען	חזי	שושניא אמר
037			D7.9:3	שכרא ובלוה לאוריא אף	חזי	תטוס^רי^ זילן יכתבוה על
038			D7.4:5	[...]חו והו [...]	חזי	[...] סבך 1 זי תהכ[...]
039			D7.5:2	על א[חוטב] שלמכי כענת	חזי	[....] רבתא ואף זעירתא
040			D7.1:11	ענז 1 עד אמטאנך כען	חזי	זי טבה[.] .למעבד לה הלו
041			D7.43:7	[...] מנכי [...] [כען	חזי	י]נקא אזלי [....] ותנתן
042			D7.9:12	פרס בסון שלחי עלי	חזי	נחת קפירא זי היתת בידי
043			D7.5:6	הלו שגא זי לא [...]הם	חזי	עקא זי [הושר]ת לכי ביד
044		חזו	A3.10:2	בידכם ביני ובין מריה	חזו	חלקא זילי זי יאמר לכם
045			D7.9:1	כענת	חזו	חנתא זי יהב לי אוריה
046			D7.18:1		חזו	כתוני זי שבקת בית בית
047			A4.3:5	אתין תמה עליכם אנתם	חזו	עליהם מה צבו ומלה זי
048		חזה	C1.1:99	פתיח [לא	[חזה]	איש מה בלבב כנתה וכזי
049			C1.1:173	מצלח עקן בחשוכא ולא	חזה	כאיש {{זי}} גנב זי שתר
050		חזית	A2.3:11	הוי שלחת לה וכעת הוי	חזית	על תשי ועל ברה ושלחי כל
051			A2.7:3	עליכי מתכל אנה הוי	חזית	על ינקיא אלכי שלם וסרז
052		למחזה	C1.1:63	פגרה זי אחיקר זנה	למחזה	אחר י[חזון פגר]ה זי
053			C1.1:37	עמה גברן 2 אחרנן	למחזה	איך [.... נ]בוסמסכן
054			C1.1:92	זי אל עמה שפיר מלך	למחזה	כשמש ויקיר הדרה
055	(h)afel	יחזני	A2.3:2	ברכתכי לפתח זי	יחזני	אפיך בשלם שלם בנתסרל
056			A2.4:2	מכבנת ברכתך לפתח זי	יחזני	אפיך בשלם שלם אמי ממה
057			A2.2:2	ברכתכי לפתח זי	יחזני	אפיכי בשלם שלם נבושה
058			A2.5:2	ברכנכן לפתח זי	יחזני	אפיכן בשלם וכעת תדען זי
059		יחזנהי	C1.1:86	ברק אנת אשתמר לך אל	יחזנהי	על אמריך ותהך [ו]לא
060	etpeel	מתחזה	C1.1:90	יתבר כמותא זי [ל]א	מתחזה	%% בשגיא בנן לבבך אל

חט — N — arrow

No.	Form	Parse	Ref.	Preceding	Keyword	Following
001	חטה	s em/sf	C1.1:190	חד דרך קשתה והרכב	[חט]ה	ולא ידע את[רה ...] הן
002	חטך		C1.1:126	[תדרג ק]שתך ואל תהרכב	חטך	לצדיק למה אלהיא יסגה
003			C1.1:128	[ד]רֹגת קשתך והרכבת	חטך	לצדיק מנך חטא מן אלהן הו

חטא — N — sin; cf. מסתר

No.	Form	Parse	Ref.	Preceding	Keyword	Following
001	חטא	s ab/cn	C1.1:128	והרכבת חטך לצדיק מנך	חטא	מן אלהן הו [....] אנת יה
002	חטאיך	p em/sf	C1.1:50	סנחאריב מלכא והעדית	חטאיך	קדמוהי ובאישת[א] לא

חטבת — N — striped cloth

No.	Form	Parse	Ref.	Preceding	Keyword	Following
001	חטבת	s ab/cn	A2.4:10	זי תשכח לממה זבנת	חטבת	ומשח בשם למתיה לכן ולה

חטה — N — wheat; cf. חנטה

חטיב — A — striped

No.	Form	Parse	Ref.	Preceding	Keyword	Following
001	חטב	s ab/cn	B2.6:7	בידה לבש 1 זי עמר חדת	חטב	צבע ידין הוה ארך אמן
002	חטיב		B6.1:7	]	[חטיב]	[צבע ידין פשך] 1 לפם 1
003			B6.1:9	....]	חט[יב]	צבע ידן[ין
004			B3.8:7	חדת לאמן 3+3 ב 1+3	חטיב	צבע ידין פשך 1 לפם 1
005			B3.8:9	3+3 ב 3[+2] ר 2	[חטיב]	צבע ידין] צבען 2 לפם

חטר — N — rod

No.	Form	Parse	Ref.	Preceding	Keyword	Following
001	חטר	s ab/cn	C1.1:176	אל תהחשך ברך מן	חטר	הן לו לא תכהל תהנצלנה[י
002	חטרה	s em/sf	D4.26:2	לחֹוֹ.[...]	חטרה	[...]ש
003	וחטרן	p abs	B8.5:9	וש[....] [....]יי	וחטרן	רגלן[....]לא

חי — A — alive

No.	Form	Parse	Ref.	Preceding	Keyword	Following
001	חי	s ab/cn	A2.5:9	והות מית ולה שלחתן הן	חי	אנה והן מת אנה לשלמכן
002			D1.1:4	מת או[... ... ...] אבל..	חי	שלמ[... ... ...]ש נחת יתו
003			D7.16:7	1 ואחט המו בקל כענת	חי	ליהה הן לא על נפשכי .ל.אֹנה
004	חיליהה		D7.16:3	בשבה למה הן יאבד	חיליהה	הן לא נפשכ[י] אלקח אל
005	חיא	s em/sf	A5.3:2	[אלהיא ישאלו בכל עדן]	חיא	חדה ושרירא מראי יהוי
006	וחייא		C2.1.8:49	שמת נפחֹר קטיליא	וח[ייא	זי חילא זילי קטלו ואחדו
007			C2.1.8:61	[ק]טלו נפחר ק[טיליא	וחייא	זי] [ויזדת זי חי]לי
008	וחין	p abs	C2.1.4:6	]	וחין	אחדו
009			C2.1.5:11		וֹחין	אחדו [..]×100+3+3
010			C2.1.5:14	3+2×לף+20+20+1[3+2+]	[וחין]	אחדו 3+2×100+20]
011			C2.1.5:17		וחין	אחדֹו[...]×100+2 אֹחר
012			C2.1.5:23		[ו]חֹין	אחדו
013			C2.1.7:34		וחין	אֹחֹ[דו]
014			C2.1.7:44	[1+3]+100×[1+3]	וחין]	אחדו אחר ויזדת זך עם]
015			C2.1.8:47	עבֹדו קרבא קטלו בהם[	וחין	אחדו] ויזדת אחדו וחרא
016			C2.1.8:56	]	וחין	אחדו]
017			C2.1.8:58	]	[ו]חֹין	אחדו
018			C2.1.5:27		[וחין]	אחדת

חיב — A — obligated, liable

No.	Form	Parse	Ref.	Preceding	Keyword	Following
001	חיב	s ab/cn	B3.8:42	יאמר כות לא ישתמע לה	חיב	הו כתב מעוזיה בר נתן
002	חיבה		B6.4:8	אהנצל הם הן תאמר כות	חיבה	הי לא ישתמע לה כתב

חיי — V — to live

No.	Form	Parse	Ref.	Preceding	Keyword	Following
001	תחיי	peal	C1.1:55	ואמ[ר]לי אל תדחל לם	[תח]יי	אחיקר אבוה זי אתור
002	יחיה		B4.1:3	[ו]כתן [ו]כל מדעם זי	יחיה	בה איש ול.. ו[לא אכל
003	החיתך	(h)afel	C1.1:51	מלכא רחמני על זי	החיתך	ולא קטלתך כען אנת לקבל
004	ויהחיני		C1.1:54	תֹקֹרֹבני עלוהי	ויהחיני	אחר [ענ]הֹ נבוסמסכן
005			C1.1H:10	כמנד[ע ...] על[והי	ויהחיני	אחר ענה נב]וס[מסכן

חיל — N — troop, wealth

No.	Form	Parse	Ref.	Preceding	Keyword	Following
001	חיל	s ab/cn	A5.5:10	אף כען בירתא זא	חיל[	
002			A3.9:7	[עלד]בר וידרנג [....]	חיל	א[....] תֹוֹדי
003			B8.10:6	[....] [....]	חיל	דגל[א] זי לן שאילת תבא
004			A5.5:8	חרבה	חיל	לא איתי
005			A1.1:7	למשלח	חיל	לחצלתנ[י אל ישבקנ[י
006			A4.6:12	[....] [....]	חיל	[....]לך מצרי[א]
007			C1.1:61	[הו ועל עטתה ומלוהי]	חיל[	אתו]ר כלא הוו אנחנה אל
008	וחיל		C1.1:55	עטתה סנחאריב מלכא	וחיל	אתור [כל]אֹ הו[ו קרבתא
009	חילא	s em/sf	A4.5:20	[....]דֹ אנחנה מן	חילא	[....] על מראן [....]
010			A5.5:2	נא כן אמר [....]	חֹילא	[....] למקטל
011			C3.5:7	10+3+2 זי מנדת	חילא	.[....] [....] כסף
012			C2.1.4:3	לין אחר ודרן עם	חילא	אזל למדי לממטה מרו]
013			C2.1.5:25	[פרו]רֹת זך עֹם[	[חילא]	אזל לערקי למעבד קרב]
014			C2.1.7:41	אחר ארתוֹרֹ[זי] [עם	ח[י]לא[	אזל לפרס לממ]טא
015			C2.1.8:60	[אזל אחר ו]ימן עֹםֹ	חילא]	אזל לערקהום] [תמה גברא
016			A4.7:8	נפין דבר מצריא עם	חילא	אחרנן אתו לבירת יב עם
017			A4.8:7	זך דבר מצר]יא עם	חילא	אחרנן אתו לבירת יב עם]
018			C1.1:137	זי ימנע מנך [אל	[חילא	ואל תהשגא לבבא
019			A6.8:1	עלי כן אמר ארמפי עם	חילא	זי לידה לא משתמען לי
020			C2.1.7:33	[בטלה זי אהורמזד]	חילא	זי ל[י ק]טלו למרד[יא]
021			C2.1.4:10	בטלה זי אהורמ[זד	חילא	זילי קטלו לחילא מרדיא ב
022			C2.1.4:5	[בטלה] [זי] אהורמזד	ח]ילא	זילי קטלו למרדיא אלך ב
023			C2.1.5:13	[בטלה] [זי אהורמזד	חילא	זי]לי קטלו למרדיא בֹ
024			C2.1.5:16	[בטלה זי אהו]רמזד]	חילא	זילי למרֹ[ד]יא [ק]טלו ב
025			C2.1.7:43	בֹטלה זי אהו[רמזד]	[חי]לא	[זיל]י ק[טלו]לחילה[זי
026			C2.1.7:46	[בפרס תמה עבדו קרב	חילא	זילי קטל]וֹ חיל[א ז]י
027			C2.1.8:49	קטיליא וח[ייא זי	חילא	זילי קטלו ואחדו]
028			C2.1.8:55	[זי אהורמזד קטלו	חילאֹ[	זֹילי לח[ילא מרדיא
029			C2.1.8:57	[בטלה זי אה]ורמזד	חילא	זי[לי קטלו לחילא] מרדיא
030			C2.1.4:4	קֹרבֹ[א עבד עם	חילא	זי מדי זי על מד[יא
031			C2.1.5:26	בֹט[ל]ה זי אהורמזד	חילא	זי [פרורת ק]טלת בֹ
032			C2.1.7:37	[בר]הֹ זי כרש אחר	חֹ[י]לא	ז[י פרס] כמסת זי
033			C2.1.7:38	ב[פרס ה]וה אחר אֹנה	חילא	[ז]י בפרס זעיֹר [זי מן
034			C2.1.7:40	[בראשהו]ם שלחת ושאֹ[ר	חילא	זי] פרס ומד[ן] עמי
035			C2.1.7:46	[קרב חילא זילי קטל]וֹ	חיל[א	ז]י [ויזד]ת בירח
036			C2.1.8:54	[מלכא שמען] קטלו	חילא	זי ויזדת [שלח לערקה זי

No.	Form	Gram.	Ref.	Preceding	Keyword	Following
037			C2.1.8:59	זך זי רב הוה עָ֯ל	חילא	זי שלח ויזדת עם חילא
038			C2.1.5:19	של[חת] אמרת אזל	ח֯[יל]א	זך מרדיא [זי לא] [שמען
039			A5.5:9		חילא	זנה הוו מחסנן
040			C2.1.7:44	[אחר ויזדת זך עם	חילא	זעי[רן] רכבי סוסין קר[ק]
041			C2.1.8:59	[זי שלח ויזדת עם	חילא	[ז]עירן רכבי סוסין
042			A4.1:10	אחי ידניה וכנותה	חילא	יהודיא אחוכם חנניה ב[ר
043			A4.1:1	[אחי י]דניה וכנותה	ח[ילא]	יהודיא אחוכם חננ[י]ה
044			C3.15:1	שנת 2+3 זנה שמהת	חילא	יהודיא זי יהב כסף ליהו
045			A4.5:7	ומין לא חסרה להשקיא	חילא	כזי הן הנדיז יהוון בברא
046			C2.1.8:51	[אמר אנה ברזי בר כרש	חילא	להרוחתי] שלח ואיש חד
047			C2.1.4:2	[זי עמי זעיר הוה אחר]	חיל[א	למדי שלחת ודרן שמה
048			C2.1.7:41	ב[ר]זי אתה [ע]ם	[חילא]	[לע]רקה[זי ארתורזי
049			C2.1.4:2	[הו מלך במדי] הוה	חילא	פ]רס[י]א ומדיא זי עמי
050	חילי		D1.24:2	..[.... ...] אלהא שזבך	חילי[	... [.... ...]חת לי
051			C2.1.8:62	[וחייא זי] [ויזדת זי	חי]לי	קטלו [ואחדו] 2+3 אחר
052	חילך		C1.2:4	ק]טלת המו תהך בחרב	חילך	וח[.... [....] .[שעתסם
053	לחילה		C2.1.7:43	[זיל]י ק[טלו	ל]חילה[	זי ויזדת ב לאיר]עבדו
054	וחילא		A6.7:6	אחר כזי מצרין מרדת	וחילא	הנדיז הוו אדין פרימא
055			C2.1.7:39	[מן קדמי לא מר]דו	וחילא	זי מדי זי עמ[י הו]ה
056			A4.2:1	מעוזיה אוריה	וחילא	עבדכ[ם .... שלם מראי
057	וחיל.		D23.1.Vb:7	[...]מ זי אפק	וחיל.	א... ונשיהם תריהם
058	ולחילא		A6.8:2	זי פסמשך יאמר לך	ולחילא	זי לידך זכי אשתמעו לה
059			C2.1.8:53	אזלו ל[וימן קטלו	ולחילא	זי לדריהוש מלכא שמען]
060	לחילא		C2.1.4:3	א]מרת אזל קטל	לחילא	זי מדי זי לא] שמען
061			C2.1.7:32	אמרת אזל קטל	[לחילא]	זי לא שמען ל]י אחר
062			C2.1.7:45	[ ]אזלו מן אתרא זך	לחילא	כנש] אתה לער[ק]ה [זי
063			C3.14:38	פתפא זי יהב	לח[ילא]	מן אלפן 2[...]ח
064			C2.1.4:10	[חילא זילי קטלו	לחילא	מרדיא ב לא]יר [עבדו]
065			C2.1.8:55	[קטלו חיל]א זילי	לח[ילא	מרדיא קטלו] בהם
066			C2.1.8:57	חילא זי[לי קטלו	לחילא]	מרדיא קטלו בהם
067			C3.14:32	כל נפק[תא זי י]היב	לחילא	סונכניא מ[ן יום 3+10
068			C3.14:41	[ ]יהיב פתף	לחילא	].[...] תשט]רס ....
069			C3.14fragd:2	[יהי]ב א[...]ך	לחילא]	[...].[..]. ....] היתי [...]

חין N life

No.	Form	Gram.	Ref.	Preceding	Keyword	Following
001	חין	p abs	C1.1:11	מלך אתור ואמר	חין	ש[.... י]הוו
002	בחין		C1.1:202	מכרא[.... י]ומיך	בחין	קדם
003	וחין		A4.7:3	מן זי כען חד אלף	וחין	אריכן ינתן לך וחדה ושריר
004			A4.8:2	[יתיר מן זי כען	[וחין]	אריכן ינתן לך וחדה
005			A2.4:5	מן אחך מכבנת שלם	וחין	שלחת לך וכעת הן מטאך
006			A2.7:1	מן אחוכי אמי ש[לם	ו]חין	שלחת לכי שלם אחתי
007			D7.21:2	מיכיה עבדך גדל שלם	וחין	שלחת לך ברכתך ליהה
008	לחיי	p const	B4.7:5	וחובי ישבק	לחיי	ספרא זנה[....]
009	בחיי	p em/sf	B3.6:4	לאמר אנה עשתת לכי	בחיי	אזת שבקתכי במותי ושבקת
010			B2.3:3	לאמר אנה יהבת לכי	בחיי	ובמותי בי 1 ארק זילי הוה
011			B2.3:8	ארק אנה יהבתה לכי	בחיי	ובמותי אנתי שליטה בה מן
012			B3.11:11	זי תחומוהי כתבן מנעל	בחיי	ובמותי אף לא יכהל בר לי
013			B3.11:13	ביתא זנה מן קדמיכי	בחיי	ובמותי יחוב וינתן לכי
014			B3.10:2	לאמר אנה עשתת לכי	בחיי	ויהבת לכי קצת מן ביתי זי
015	בחייך		B3.6:13	כזי הוין עבדן לך	בחייך	ˆאנחן {{הן קמן}} לאמר
016			B3.6:12	יסבל בר וברה לאבוהי	בחייך	ועד מותך נסבל לזכור

חכים A wise

No.	Form	Gram.	Ref.	Preceding	Keyword	Following
001	חכים	s ab/cn	C1.1:28	[....]	חכים	הו ועל עטתה ומל[והי ....
002			C1.1:1	[מ]לי אחיקר שמה ספר	חכים	ומהיר זי חכם לברה
003			C1.1:114	י[....]	חכים	ממלל כי מפתח פם
004			C1.1:35	א[ח]יקר זך שבא ספר	חכים	[....]ר למה הו
005	חכימא	s em/sf	C1.1:42	הילל [....]ה ספרא	חכימא	ובעל עטתא טבתא זי גבר
006			C1.1:12	[י]הוו [ס]פרא	חכימא	יעט אתור כלה זי הקים
007	חכמיהם.	p em/sf	D23.1.XII:5	בדל[....]	[.]חכמיהם	ינתנ[....]הם ויגד[...]

חכם V to know, teach

No.	Form	Gram.	Ref.	Preceding	Keyword	Following
001	וחכמתה	pael	C1.1:9		וחכמתה	וטבתא י[הבת ל]ה [....
002	חכם		C1.1:1	שמה ספר חכים ומהיר זי	חכם	לברה ו[....] [...
003	וחכמה		C1.1:10	אסרחאדן מלך אתור	וחכמה	מ[....] [ז]י

חכמה N wisdom

No.	Form	Gram.	Ref.	Preceding	Keyword	Following
001	חכמה	s ab/cn	C1.1:187	חמרא ויניקנהי כבש	חכמה[	....] וישמע מלה ולא
002	בחכמה		C1.1:105	ולבבי זי יהבת לך	בחכמה	[.... ה]בת שמי
003	חכמתא	s em/sf	C1.1:146	אל תהעדי מנך	חכמתא	
004	חכמתי		C1.1:19	עזקה יהוה לך אף	חכמתי	ועט[ת]י .... ענה
005	וחכמתה		C1.1:189	ישתה חמרא ולא[...]	וחכמתה	אבדה ו[...].נ. מן חזה %%
006	וחכמתהם		C1.1:189	[...]ינו עממא	ו[ח]כמתהת[ם]	אלהיא ה[....] חד דרך

חל N vinegar

No.	Form	Gram.	Ref.	Preceding	Keyword	Following
001	חל	s ab/cn	C3.28:115	דלוי זערא גנבין 3+3	חל	1 בני ידלה אביתי גרבין
002			C3.28:117	פחס גרבין 3+3	חל	1 מהויהון 100×1 זין]
003			C3.28:114	כהנא בתמאסר 1+20	חל	גרבין 2] {{כ]הנא}}

חל #2 N sand

No.	Form	Gram.	Ref.	Preceding	Keyword	Following
001	חלא	s em/sf	C1.1:159	כשיטא ויאמרנה נשאית	חלא	וטענת מלח ולא איתי זי
002			C1.1:125	אנשא[....].	חלא	ו[...] א.[.]..[...] [אל תדרג
003			A6.2:7	על זנה שלחו וכען [...]	חלא	זי לקבל ב[י]רתא ב[....]ה

חלא N deck of ship (?) (Egypt; GEA 373.6)

No.	Form	Gram.	Ref.	Preceding	Keyword	Following
001	חלא	s ab/cn	A6.2:12	לקומתא חד עקי	חלא	אמן שתן פחטמוני לפערער
002			A6.2:20	פשך חד ועל סעבל עקי	חלא	דרי תמים בארכא לחד פשכן
003			A6.2:12	חד לאמן תרין אפסי תחת	חלא	חמשה מסמרי נחש ופרזל
004	לחלא		A6.2:15	פשכן תלתה בפשכן תלתה	לחלא	מסמרי נחש מאה וחמשן לחד

חלה N sarcophagus

No.	Parse	Form	Ref	Preceding	Keyword	Following
001	s em/sf	בחלתא	D23.1.XII:12	עד..[.]ם שים	בחלתא	וחמר ...[....]. תשתה

חלי A sweet

No.	Parse	Form	Ref	Preceding	Keyword	Following
001	s ab/cn	חליה	C1.1:131	[כי מכ]ל זפתא	חליה	כ.[..]ור ומשלמותה ממלא

חלי V to be sweet

No.	Parse	Form	Ref	Preceding	Keyword	Following
001	peal	תחלי	C1.1:148	אל	תחלי	ואל [י]ב[ל]עוך אל
002	(h)afel	יהחלה	C1.1:123	] [....]י כפן	יהחלה	מררותא [ו]צהוה[

חליפה N substitute

No.	Parse	Form	Ref	Preceding	Keyword	Following
001	s em/sf	חליפתהם	A6.2:13	אמן עשרן כלא יהיתה	חליפתהם	לובר ותבירן על גנזא

חלל V to split

No.	Parse	Form	Ref	Preceding	Keyword	Following
001	etpeel	תתחלל	C1.1:104	רשיען ביום רוח	תתחלל	ובשהינן יצוען תרעיה כי

חלם N dream

No.	Parse	Form	Ref	Preceding	Keyword	Following
001	s ab/cn	חלם	D7.17:1	כען הלו	חלם	1 חזית ומן עדנא הו אנה

חלף V to exchange, succeed

No.	Parse	Form	Ref	Preceding	Keyword	Following
001	peal	חלפן	C3.27:4	ב 2+3 מן פטאסי	חלפן	א 2+3+20 ב 3+3 א
002		יחלף	C1.1:18	נדן שמה ברי רבא והו	יחלף	לי ספר[....]
003			C1.2:5	בתמא יומן חמ[שה]הו	יחלף	לך ושביא זי שבית בזא
004	(h)afel	החלף	B8.10:7	] חקל[תא אלך נתן אבי	החלף	[ע]ם מנכי זנה
005		החלפי	D7.16:5	ועל שמעיה כען	החלפי	לי שער ך ובעי 1 ואחט

חלף p in place of, in exchange for

No.	Parse	Form	Ref	Preceding	Keyword	Following
001		חלף	C1.1:62	בין טוריא[אל]ה תרין	חלף	אחיקר זנה וכזי[....
002			C1.1:69	זק סריסא [....]	חלף	אחיקר[....
003			C1.1H:18	עלים חד[...] תרין	חלף	[אח]יקר זנה [וכזי ...]
004			C3.25:7	פחפי ..[....] בר שמו	חלף	צחא אתכלו ש [....]. בר
005			C3.25:8	אתכלו ש .[....] בר שמו	חלף	שמו בר פמון [....]. בר
006			C1.1:5	ברה והוה מלך באתור	חל[ף	שנחאריב [א]בוהי
007			B2.4:11	אחרנא אנת שליט בה	חלף	בנויא זי אנת בנית בביתא
008			C3.8fraga:5	[....] למנתן	ח[ל]ף[	דוגיתה [....] תהם
009			C3.8fraga:9	ליד [....] מי...	חלף	דוגיתי [....] ף על
010			C3.25:14	חלף [....] ל].	חלף[	כל כסף ש[...] עלתה
011			C3.25:2	.... חלף	חלף	....ל חלף [....] פסי
012			B2.7:4	ויהבתה למפטחיה ברתי	חלף	נכסיה זי יהבת לי כזי
013			B2.7:6	יהבת לכי לביתא זנה	חלף	נכסיך אלך דמי כסף כרשן
014			B2.4:10	מבטחיה המו שליטן בה	חלף	עבידתא זי אנת עבדת הן
015			B5.1:3	מלכא ורוך רבחילא	חלף	פלג מנתא זי מטתכי עם
016			B7.3:8	אבוך לא יהב לי חמר	חלף	פלגה ו[ל]א [יה]ב לי כסף
017			B7.3:9	[יה]ב לי כסף ודמי כסף	חלף	פ[לגה]
018			C3.25:10	....]....[..] חלף	חל[ף	[...] בר תפנום
019			C3.25:1	ר 3	חלף	.... חלף .... ל
020			C3.25:12	[...] בר פסי	חלף	[...] בר פמוא
021			C3.25:13	פמוא	חלף	[....] ל[.] חלף כל
022			C3.25:3	.... חלף ....ל	חלף	[....] פסי בר חיף
023			C3.25:5	גברן [...]י בר פחי	חלף	[...]. בר צחא בר פחפי
024			C3.25:9	פמון [...]. בר פתום	חלף	[..]....[חל]ף
025		חלפיך	C1.1:21	[...]	חלפיך[	עבידתך הו יעבד
026		חלפוהי	A6.4:3	זי כען פקיד עבד	חלפוהי	בין בגיא זילי זי בעליתא

חלק N portion, share

No.	Parse	Form	Ref	Preceding	Keyword	Following
001	s ab/cn	חלק	D1.17fragc:12	[...] [... ...]אבהון ישו	חלק	1+[... ...]
002			B3.5:11	כספי דבק לה זנה	חלק	ביתא זי משחת<ה> כתיבן
003		בחלק	B2.11:10	עבדא זך זי מטאך	בחלק	אחר נתנן לך אביגרנא כסף
004			B2.11:5	זנה חלקא זי מטאני	בחלק	אנה מחסיה בלא שמה אמה
005			B2.11:3	והא זנה חלקא זי מטאך	בחלק	אנת ידניה פטוסירי שמה
006			B2.11:9	שמה עבדא זי מטאך	בחלק	הן רשינך דינא עלא אנחנה
007			B2.11:12	פטוסירי זך זי מטאך	בחלק	לך יהוה וזי בניך אחריך
008			B2.11:7	עבדא זך זי מטאך	בחלק	מן יומא זנה ועד עלם
009	s em/sf	חלקא	B2.11:3	מבטחיה אמן והא זנה	חלקא	זי מטאך בחלק אנת ידניה
010			B2.11:5	כזנה למבטחיה והא זנה	חלקא	זי מטאני בחלק אנה מחסיה
011			A3.10:2	ביני ובין מריה חזו	חלקא	זילי זי יאמר לכם
012			B3.5:9	אנה יהבת לכי עליה לה	חלקא	זילי אנה ענניה דבק לה
013		חלקי	B1.1:11	לך אתננהי לך מ[ן	]חלקי	למלך מן בלעדי מלת מלך
014		חלקה	B2.11:14	נפלג המו עלין וגבר	חלקה	נהחסן וספר פלגנן נכתב
015		חלקי	A3.10:3	צבי יעבד לה אף	חלקי	באגר אלפא [....] הבו
016		בחלקי	B3.5:19	כל 2 בני המו שליטן	בחלקי	אחרנא אנה ענני גבר
017	p abs	חלקן	D1.17fragb:10	ת.[... ...] [... ...	חל]קן	3 זי תודה לפלטה אחתה
018			D1.17fragb:7	א ואחריא לקבל[... ...]	חלקן	3 כען דתא[... ...] [... ...

חלר N small weight (1/40 shekel) (Akk; GEA 376.14)

No.	Parse	Form	Ref	Preceding	Keyword	Following
001	s ab/cs	ח	C3.7DV2:3	זהב כרש 1 ש 3+3+3	ח	1 ר 2 כסף כרשן
002	p abs	ח	D11.19:1	לסלק עם לבושא	ח	3+3+3
003			D5.41fragrr:1		ח	[...]
004			C3.7ER1:20	כרשן 20+20+10	ח	מנת 2 ר 1+[1]+10
005			C3.7GR2:4	]כרשן[3 ש]3+2	ח	[כסף כר]שן[10+1]
006			C3.7CR2:13	] מלכא[[כסף] ש 3+2	ח	חמר [2 ר 1]+2+10
007			C3.7AR2:3	כסף כרשן [20+20+10	ח	מנת משחא זי [2 ר 2+10
008			C3.7AR2:6	] בית מלכא[כסף ש 3+[2	ח	חמר כנדן [2 ר 2+10
009			C3.7BR1:21	כסף כרשן 20+20+10	ח	מנת משחא זי 2 ר 2+10
010			C3.7FR2:14	כסף כרשן 3 ש 3+3	ח	חמר כ[נדן 2+10
011			C3.7FV2:8	כסף כרשן 3 ש 3+3	ח	]חמר כנדן[2+10
012			C3.7HR1:5	] כר[שן 20+20+10	ח	[2 ר 2+10
013			C3.7JR1:10	[כסף כרשן 20+20+10	ח	מנת [מ]שחא [2 ר 2+10
014			C3.7JR2:11	] כרשן 20+20+10	ח	מנת משחא [2 ר 2+10
015			C3.7KR3:10	] כרשן 20+20+[10	ח	מנת משחא] זי 2 ר 2+10
016			C3.7CR1:9	[כסף כרשן 20+20+10	ח	מנת משחא [2 ר 2+10
017			C3.7CR2:9	כרשן 20+20+10	ח[	מנת משחא זי [2 ר 2+10
018			C3.7KV3:11	] .... [ש 3+3+3	ח	10+3+1[..] ב 10+20

No.		Ref.	Preceding	Key	Following
019		C3.7AR3:2	[10 לזהב ש 2+3+3	ח	2+3+10] כ̇סף כרשן 10
020		C3.7BR1:13	10 לזהב ש 2+3+3	ח	2+3]+10 [כס]ף כרשן
021		C3.7DR3:19	[בית מלכא] כסף ש 2+3	ח[	2+3+10 ר 2] חמר כ[נד]ן
022		C3.7DR3:6	10 לזהב] ש 2+3+3	ח	2+3+10] כסף כרשן 10 ח
023		C3.7ER1:2	בית [מל]כא] כסף ש 2+3	ח	2+[3+10 ר 2 [ח]מר
024		C3.7ER2:15	10 לזהב ש 2+[3+3	ח	2+3+10] כסף כרשן 10 ח
025		C3.7EV1:13	בה [כסף כרשן ...]3+3	ח	2+3+10] ...[.]ב ....
026		C3.7GR2:19	10 לזהב ש 2+[3+3	ח	2̊+[3+10 [כסף כר]ש̇ן
027		C3.7JR1:13	[בית מלכא] [כסף ש 2+3	ח]	2+[3+10 ר 2] [חמר כנדן
028		C3.7JR2:14	[בית מלכא] [כסף ש 2+3	ח	2+3+10 ר 2] חמר כנ[דן
029		C3.7JR2:3	1̊0 ל̇[זהב ש 2+3+3	ח	2+3+10] [כסף כרשן] 10
030		C3.7	[מלכא] [כסף] ש 2+[1+2	ח	2+3+10]ר 2 [חמר]ספן
031		C3.7KR3:2	[10 לזהב]ש 2+3+3	ח	2+3+10[2] כ]סף כר]שן
032		C3.7KR4:10	]10 לזהב ש 2+3+3	ח	2+3+10[2] כ]סף כ]רשן
033		C3.7KR4:4	]10 לזהב ש 2+3+3	ח	2+3+10[2] כסף כרשן] 10
034		C3.7CR1:12	[בי]ת מלכא [כסף ש 2+3	ח	2+3+10 ר 2] [חמר כנדן
035		C3.7KR2:16	כרשן 3[1+] ש 1+3+3	ח	2+3+3+10 כסף כרשן
036		C3.7KR2:2	[1+3] [ש 3]+1+3̊	ח	2+3+[3+10] [כסף
037		C3.7KV2:15	[כס]ף כרשן 10 ש 3+3	ח	2+3+3+10 ב[..]
038		C3.7KR2:3	[ ]ש 1	ח	3+3+1̊0̊] ר 2] מנת משחא
039		B3.8:14	זי נחש דמי כסף שקל 1]	ח	10] כס [1 דמי] כסף חלרן
040		B3.8:14	זי נחש דמי כסף שקל 1	ח	10 כס 1 זי נחש דמי כסף
041		C3.7GV2:3	[..]	ח	10 ר 1 חמר כ̇נ̇ד̇ן
042		C3.7KV2:17	[כ]רשן 1+10 ש 2+3	ח	10 ב 1+20 ל[פרמו]ת̇י̇
043		C3.7KV2:23	כרשן 2+3+3 ש 2+3	ח	10 [כל ....]
044		C3.7DV2:3	זהב כרש 1 ש 3+3+3	ח	1 ר 2 כסף כרשן
045		C3.7AR3:23	[לזהב כרשן 2 ש 3+3	ח	[3+3+10+20
046		C3.7BR1:1	[ש]3+2[	ח[	2̊0+[3+10] [חמר כנדן
047		C3.7AR2:14	2+3 ש] 10+20+20	ח	20]+3+[1]+2[+2] חמר
048		C3.7FR1:2	[כסף כרשן ..]ש 1	ח	1+3+20 ר [...]
049		C3.7DR1:18	[כס]ף כרשן[...]+1̊0̊	ח̇	1̊+3+3+20 ר̊ 2̊ מנת
050		C3.7DR2:10	1+[....] [..]	ח	1+3+3+20 כ̇ס̇[ף
051		C3.7EV1:7	לכסף כרשן 1̊0̊+3+3	ח	1̊+3+3+20 ר[...]
052		C3.7JV2:24	1̊ ש 1+20+100×1	ח	1+3+3+20] .[
053		C3.7ER1:9	2+3 [ש] 10+20+20	ח̇	2+3+3]+20 [חמר]ספן
054		C3.7ER2:6	2+]3 ש 10[+20+20]	ח	2+3+3]+20 [חמר כנדן
055		C3.7JR1:21	2]+3 ש 10+20+20	ח	2+3+3]+20 [חמר כנדן]
056		C3.7JR2:21	[2+3 ש 10+20+20	ח	2+3+3]+20 חמר] כנדן
057		C3.7KR3:20	[2+3 ש	ח	20]+3+3[2] חמר
058		C3.7CR1:20	[2[+3 ש 10+20+20	ח	20+3+3[2] [חמר כנדן
059		C3.7KV2:21	[כ]סף כרשן 3+3 ש 3+3	ח	3+3+20 ר 2 ב 10+20
060		C3.7KR2:17	1+3+3 ש	ח	3+20 חמר] כנ]ד̇ן
061		C3.7KV2:10	[כרשן ...]. ש [3+]3+3	ח	3+20 ר 2 כל]
062		C3.7KV2:12	[בהם כסף כרשן ...]1̊	ח̇	2̊0+3̊[...] [ירח פרמותי
063		C3.7KV2:8	כסף כרשן[...]ש 2+3	ח	20+[...] ב 10+20
064		B3.8:15	20 זלוע 1 דמי כסף	ח	20 כ[ל]ˆ[מ]אנ[ן]ˆ זי
065		C3.7AR3:3	כ̇]סף כרשן 10	ח	2 ר 2] [כל ספינתא זי
066		C3.7BR1:14	[כס]ף כרשן 10	ח	2 ר 2 [ב ...]לכיחך בקרו
067		C3.7DR1:10	כסף כרשן 10	ח	2 ר 2 כל ספינתא זי בקרו
068		C3.7DR2:24	[כס]ף כרשן 10	ח	2 ר 2
069		C3.7DR3:7	כסף כרשן 10	ח	2 ר 1+[1] ב 20 למחיר
070		C3.7ER2:16	כסף כרשן 10	ח	2 ר 2 [ב 10+3+2
071		C3.7FV2:24	3 ש[2+]1̊[+3+1	ח	[2
072		C3.7GR2:20	[כסף כר]ש̇ן 1̊0̊	ח̇	2̊ [ר 2] [ב] 1+3+3
073		C3.7JR2:4	[כסף כרשן]10	ח]	2 ר 2] [ב .... למסורע
074		C3.7JV2:23	כרשן 3 ש 1+3+3	ח̇]	2] [כסף כרשן]
075		C3.7KR3:3	כ]סף כר]שן 10	ח	2 ר 2 [ב 10 ... לפא]ו̇ני
076		C3.7KR4:5	כסף כרשן] 10	ח	2 ר 2] ב 20 לפאוני
077		B3.8:27	[3+3 שקלן 2+]1+3+2	ח	2+3 ושארת נכסיה זי כתיבן
078		B4.4:4	[... ...	ח	2+3 וטלפחן ארדב 1+10
079		C3.7EV1:19	[....]כסף כרש 1 ש [1]	ח	2+3 [....]ש̇
080		C3.7EV1:20	[ ]ש̇ 3+3	ח	2+3
081		C3.7EV1:4	כסף כרש 1 ש 1	ח	2+3 [....]ש
082		C3.7EV1:5	[....ש 1]+2+3	ח	2+3 [כל ספינתא זי בקרו
083		C3.7EV1:8	לכסף כרשן 3 [ש 3]+3	ח	2+3 [....]+2 ר ˙
084		C3.7GR2:5	[ש 2	ח[	1+3+3 ר] 2] חמר [כ]נדן
085		C3.7KV3:23	[....] ש 3+3	ח	1+3+3 ר 2 ב
086		C3.7GV2:2	[....]ן 20[....] 2	ח	3+3+3 כסף כרשן 1×לף
087		C3.7AR2:13	[2+10 לזהב כרש 1	ח	[3+3 כסף] כ]רשן
088		C3.7AR2:2	2+10 לזהב [כרש 1	ח	[3+3 כסף כרשן
089		C3.7BR1:20	2+10 לזהב כר]ש 1	ח	[3+3 כסף כרשן
090		C3.7DR3:14	[2+10 ל̇]זהב כרש 1	ח	[3+3 [כסף כרשן]
091		C3.7ER1:19	ל]זהב]כ̇רש 1	ח	3+3 כסף כרשן
092		C3.7ER1:8	2+10 לזהב כרש 1	ח	[3+3] [כ]סף כרשן
093		C3.7ER2:22	2̊+10 לזהב כר]ש 1	ח	[3+3
094		C3.7ER2:5	ל̇ז̇ה̇ב̇ כ̇ר̇ש̇ 1	ח]	[3+3 כסף כרשן
095		C3.7HR1:4	2]+10 לזהב כרש 1	ח	[3+3 [כסף כר]ש̇ן]
096		C3.7JR1:20	[ ]2+10 לזהב] כרש 1	ח	[3+3 [כסף כר]שן
097		C3.7JR1:9	לזהב כ̇]רש 1	ח	[3+3 [כסף כרשן
098		C3.7JR2:10	[2+10 לזהב כרש 1	ח	[3+3 כ̇]סף כרשן
099		C3.7JR2:20	[2+10 לזהב כרש 1	ח	[3+3 [כסף כרשן
100		C3.7KR2:9	כסף כרש 1 ש 3+3	ח]	3+3]ר 2 [חמר כנד]ן]
101		C3.7KR3:19	2]+10 לזהב כרש 1	ח	[3+3 כסף כ̇ר̇ש̇ן
102		C3.7KR3:9	2+10 לזהב כרש 1	ח	3+3 [כסף כרשן
103		C3.7CR1:19	[2+10 לזהב כר]ש 1	ח	3+3 [כסף כרשן
104		C3.7CR1:8	[2+10 לזהב כרש 1]	ח	3+3 [כסף כרשן
105		C3.7CR2:20	2̊+10 ל[זהב כרש 1	ח̇][	[3+3 כסף כרשן
106		C3.7CR2:8	[10]+1]+1 לזהב כרש 1	ח	[3+3 [כס]ף̇ כרשן
107		B4.3:7	לגברן [.]..	ח	3
108		C3.7FR2:8	מלכא כסף כרש 1 ש 2	ח	3 חמר זי שנת 10[
109		C3.7FV2:1	כסף כרש 1 ש 2	ח	3 חמר כנדן 3+20 כ 2
110		C3.7GR1:22	על בית [.... 1+]1	ח	3[...] [....
111		C3.7KV2:19	כרשן 1+10 ש 3+3+2	ח	3 ר 2 ב [20]+3+3
112		B4.4:7	1 שערן ארדבן 2 ג 2	ח	[....] זי
113		C3.7ER1:22	מ]לכא כסף ש 3+]2̊+[	ח	[10+[3]+2 ר 2 חמר
114		C3.7FV3:21	[...]..ל..[...]..[..	ח̇][	... ...]1̊ בגו # ספ[ינ]ת]
115	חלרן	B6.2:7	כס 1 זי נחש דמי כסף	חלרן	2+3+10 זלוע 1 זי
116		C3.5:7	2+3 שק̇[ל]ן] 2	חלר[ן	2+3+10 זי מנדת חילא

117	C3.5:8	2+3 שקלן	חלרן	1+3+10` 2+3+10
118	B6.2:7	1 חדתה זי קמר דמי כסף	חלרן	10 כס 1 זי נחש דמי כסף
119	C3.5:8	1+3+10` 2+3+10	חלרן	10` [.... כסף
120	C3.5:6	1[+... שקלן ...]	חלרן	2+20 [.... כס]ף
121	C3.5:10	1 שקל [ש 2+]3[...]	חלרן	1+3+3+20
122	B2.6:14	כרשן 3+3 שקל 2+3	חלרן	20 כסף ר 2 לס 10 באבני
123	B3.8:10	בלה שוה [כסף שקל 1	חלרן	20] שנטא 1 זי כתן חדת
124	B3.8:14	[ח 10] כס [1 דמי] כסף	חלרן	20 זלוע 1 דמי כסף ח 20
125	B6.2:6	דמי כסף שקלן 1+3	חלרן	20 מסׂחׂטה 1 חדתה
126	B3.1:5	במרביתה ירבה עלי כסף	חלרן	2 לתקל 1 לירח 1 הוה כסף
127	B4.2:2	1 לס 10 וירבה עלי כסף	חלרן	2 לכסף ש 1 לירחא עד יום
128	B3.8:23	כרשן שבעה ש[קלן תמניה	חלרן	1+[1+3 ושארת נכסיא זי
129	B3.8:16	תמניה הו 2+3+3	חלרן	2+3 באבני מלכא כסף זוז
130	B3.8:6	כרשן תרין ש[ק]לן 2	חלרן	2+3 לבש 1 זי קמר חדת
131	B3.3:5	מחזי 1 שויה כסף	חלרן	1+3+3 פלג שנן משאן 1
132	B3.3:7	כסף כסף שקלן 1+3+3	חלרן	1+3+3 פלג מחר או יום
133	B4.2:4	לנך] ותהוה מרבית כספך	חלרן	1+3+3 לירח 1 וירחא זי
134	B3.1:5	1 לירח 1 הוה כסף	חלרן	2+3+3 לירח חד הן מטת
135	C3.11:7	2 כסף כרשן [...]3+3	חלרן	3 בגו כספא זי אתוסף על
136	C3.11:9	בכצת שנת 3+3 כסף	חל[רן]	מכס גבריא זי יתוספו

חם N straw (Akk; GEA 376.15)

חם s ab/cn 001	B2.6:25	זי הנעלת בידה תהנפק מן	חם	עד חוט ותהך לה אן זי צבית
002	B2.6:28	זי הנעלת בידה תהנפק מן	חם	עד חוט ביום חד בכף חדה
003	B3.3:10	זי הנעלת בידה תהנפק מן	חם	עד חוט מחר או יום אחרן
004	B3.3:8	זי הנעלת בידה תהנפק מן	חם	עד חוט מחר או יום אחרן

חמד N delight; or read בחמר; cf. #4 חמר

בחמד s ab/cn 001	C1.1:88	[ ] [א]ף מלת מלך	בחמד	לבבא %% [מ]ה ישפטון

חמה N wrath

חמתי s em/sf 001	C1.1:140	%% מן ביתי נפקת	חמתי	עם מן אקשה ואעפה

חמוש N (unclear)

חמוש s ab/cn 001	C3.7CR2:11	אשת[כח בה] מׂשׂח	חׂמׂוׂשׂ	יו 20[....] כסף
002	C3.7ER1:21	[א]שת[כח]בה משׂ[ח	חׂמׂוׂשׂ]	מע]שר [...] כׂסׂף
003	C3.7KR2:5	זי אשתכח בהם [מ]שׂ[ח	חמ]וׂש	..ןׂ [....] [....]כסף
004	C3.7AR2:4	זי אשתכח [בה משח	חמוש	[.... [כ]סף ג[בר]יא
005	C3.7BR1:22	זי אשתכח [בה משח	חמוש	[.... פלג]
006	C3.7DR3:17	זי [אשתכח בה משח]	חׂמׂוש	.... [...] [כסף גבריא זי
007	C3.7ER1:1	[זי אשתכח ב[ה משח	חמוש	[.... [כ]סף גבריא זי
008	C3.7JR1:11	[זי אשתכח בה מ[שח]	חמוש	[.... [כסף גבריא זי עביד
009	C3.7JR2:12	זי אשתכח בה משח	חמוש	[.... [כסף גבריא זי עביד
010	C3.7KR1:2	[זי אשתכח בה מ[שח]	חמוש	[.... [כסף גבריא זי עביד
011	C3.7CR1:10	[זי אשתכח [בה] משח	חׂמׂוש]	[.... [כסף גבריא זי עביד
כחמוש 012	C3.7AR2:22	[....] אׂ[סות]	כח]מוש	ספינה רבה הי]
013	C3.7BR1:10	[....] [אס]ות	כ[חמ]וש	ספ[ינה רבה הי] מנדתא
014	C3.7DR1:7	[פסלרׂ]שי אסות	כחמוש	ספינה רבה הי מ]נדתא
015	C3.7DR2:20	[פסלרׂ]שי [אסות	כח]מוש	ספינה רבה הי [מנד]תא זי
016	C3.7DR3:4	פסלרׂשי אס[ו]ת	כ]חמוש	ספינה רבה הי] מנדתא זי
017	C3.7ER2:13	[פסלרׂשי] אׂסׂ[ות	כחמוש	]סׂפׂינׂה רׂבׂהׂ[הי]
018	C3.7FV3:24	אסות 3+3+3+20	כחמוש	ספינה רבה
019	C3.7GR2:17	[יו]נׂי פסלרׂשי אסות	כחמוש	ספינה] רבה הי] מנדתא זי
020	C3.7JR2:1	אסות]	כ]חׂמׂוש	סׂ]פינה רבה הי] [מנדתא
021	C3.7KR2:25	יוני פסלרׂשי אסות	כחמוש	ספינה רבה הי
022	C3.7KR4:2	[יוני פסלרׂשי] אסות	כחמו[ש	ספינה רבה הי] מנדתא] זי
023	C3.7KR4:8	[פסלרׂשי] אסות	כחמו[ש	ספינה רבה הי] מנ[דת]א
024	C3.7DR1:13	ספינה רבה 2 [א]סות	כחמוש	[....]

חמי N (unclear)

חמי s ab/cn 001	D3.17:1	זי עבדו	חמי	מעוזיה בר {ז}נתן מנחם
002	D3.17:3	נדׂבׂה זי עבדו	חמי	הושע בר נתון בניה בר
003	D3.17:5	כל 3 לנריה זי עבדו	חמי	למיכיה נחום בר
004	D7.16:10	תקבח מה זי הושרת תחת	חמי	להוסׂמ.ל הושרתה הן

חמים A hot

חמם s ab/cn 001	D7.17:4	חזית ומן עדנא הו אנה	חמם	שגא תחזי יחו]מליה

חמיר N yeast, leaven

חמיר s ab/cn 001	A4.1:6	[ ]אל תשתו וכל מנדעם זי	חמיר	אל] תאכלו[ן ....] מן יום

חמס N malice, violence

חמס s ab/cn 001	C1.1:140	[ברי]ן הׂוה לי שהד	חמס	ומן אפו צדקני %% מן ביתי

חמץ V to steal

חמצת peal 001	B7.1:4	אלהא כזי נונן לא	חמצ[ת	מנך והן לא ימאת לך]
002	B7.1:3	עדבר נונין לאמר	חמצת	מני ושא[ילת קדם ...

חמר V to be incensed

חמר peal 001	C1.1:47	זי אסרחאדן זנה מלכא	חמר	עליך [.... קרב]תא יבלתך

חמר N wine

חמר s ab/cn 001	D3.19:2	בו לתעובי #### זכרן	חמר]	[... #### בארעא [...] בו 3
002	D6.7fragle:2	...] [... וכעׂ[ת [...]	ח]מ[ר	[...
003	C3.7DR2:12	כׂסׂ[ף ....]	חמר]	[.... משח] [....
004	C3.7DR2:3	כסף [....]	חמר]	[.... משח ספן
005	C3.7GR4:12	[...]	חׂמׂ[ר	[... לק] [...
006	C3.7GR4:2		חׂמׂ[ר	[... פׂרׂ[זל ...]
007	A6.9:3	קמח רמי חפנן תלת	חמר	או שכר חפנן תרתין
008	C3.7FR2:1		חמר	זי שנת 10 כנדן
009	C3.7FR2:10	[....]10	חׂמׂרׂ	זׂי שנת 1+10 כנ[ד]ן]
010	C3.7FR2:16	[....] חמר כ[נדן	חמר	זי שנת 10 כנׂדׂן

No.	Form	Gram.	Ref	Preceding	Keyword	Following
011			C3.7FR2:17		חמר	זי שנת 1+10 כנדן
012			C3.7FR2:5	א̇[....]זי 2	חמר	זי שנת 1+10 כנדן]
013			C3.7FR2:9	כסף כרש 1 ש 2 ח 3	חמר	זי שנת]10
014			C3.7FR3:10	[י]ו̇ן כ̇נ̇[דן ....]	[חמר]	]זי שנ[ת ....] חמר
015			C3.7FR3:11	[ ]זי שנ[ת ....]	חמר	זי שנת 10+[....]
016			C3.7FV2:10	כ̇[1]ב̇ג̇ו̇	חמר	זי שנת 10 כנדן]
017			C3.7FV2:11	[20+20]+2̇0̇ כ 1	חמר	זי שנת 1+10 כנ[דן
018			C3.7FV2:3	3+20 כ 2 ושתות בגו	חמר	זי[שנת]10 כנדן
019			C3.7FV2:4	כנדן 2+3+10 כ 1	חמר	זי שנת 1+10 כנדן
020			C3.7FV3:5	כ 1 בגו	חמר	זי שנת 10 כנדן
021			C3.7FV3:6	כנדן 20+20+20 כ 1	חמר	זי שנת 1+10 כנדן
022			C3.7GR2:24	בה [....]	[חמר]	זי שנת 1+10 כנדן
023			C3.7GR3:11	[ועביד על] בית מלכא	חמר]	זי שנת]1+10 כנדן
024			C3.7GR3:2	ועבי[ד על בית מ]לכא	חמר	זי שנת 1+10 [כנ]דן
025			C3.7GR3:8	[ ]בית מ̇ל̇[כא ....]	חמר	זי ש[נת 1+10]1 כ̇נ̇ד̇ן
026			C3.7GV2:7	בג[ו]	חמ[ר	זי]שנת 10 כנדן
027			C3.7GV2:8	10 כנדן 3̇×100[+3]	חמר	זי שנת 1+10 כנדן
028			C3.7JR3:21	כרשן 3 [....]	[ח]מר	זי שנת̇[....]
029			C3.7JV1:22	[ע]ל בית[מל]כ̇א̇	חמר]	זי]שנת 1+10 כ[נ]ד̇ן
030			C3.7AR2:15	[20]+3+[1]+2[+2]	חמר	כ̇נ̇ד̇ן 1̇+2̇0
031			C3.7AR2:7	3+[2 ח 2+10 ר 2]	חמר	כ̇נ̇ד̇ן 1+20 ו̇פ̇ל̇ג
032			C3.7BR1:2	[ ]ח 2̇0+[3+10]	חמר]	כנדן 1+20 ופלג] משח
033			C3.7DR3:20	ח] 2+3+10 ר 2]	חמר	כ[נד]ן 1+20[ופלג] משח
034			C3.7DV1:6	ופלג	חמר	כנדן 3+[2]×100+1̇0+1
035			C3.7ER1:23	[ח] 2+[3]+10 ר 2	חמר	כ̇נ̇[ד]ן̇ 1+20 ופלג
036			C3.7ER1:3	[ח 3+10] 2+ ר 2	[ח]מר	כ̇נ̇ד̇ן] 1+20 ופ[לג
037			C3.7ER2:7	3[+2 ח 2+3+3+20]	חמר]	כנדן]2̇0+[1 ופלג]
038			C3.7FR2:15	3 ש 3̇+3 ח̇ 2̇+10	חמר	כ[נדן ....] חמר זי
039			C3.7FR3:7	[ ]כ̇ר̇ש̇ן[....]	ח[מר	]כ̇נ̇ד̇ן .2+[....]
040			C3.7FV2:2	כסף כרש 1 ש 2 ח 3	חמר	כנדן 3+20 כ 2 ושתות
041			C3.7FV2:9	3 ש 3+3 ח 1̇0+2[	חמר	כנדן[1×]100+3+[3]+2
042			C3.7FV3:2	ש 3+3+3[....]	חמר	כ̇נ̇ד̇ן]
043			C3.7GR2:6	[ש 2]ח 1+3+3 ר[2]	חמר	[כ]נדן
044			C3.7GV2:4	[..] ח 10 ר 1	חמר	כנ̇ד̇ן
045			C3.7JR1:14	[ח] 3+10[+2 ר 2]	חמר]	כנדן [1+20] ופלג [משח
046			C3.7JR1:22	3+[2 ח 2+3+3+20]	חמר]	כנדן] 1̇+2̇0 ופל̇ג
047			C3.7JR2:15	[ח 2+3+10 ר 2]	חמר	כנ[דן 1+20 ופלג] [משח
048			C3.7JR2:22	[2+3 ח 2+3+3+20]	חמר[	כנדן 1+20 ופלג] משח
049			C3.7KR2:10	ש 3+3 ח[3+3]ר 2	חמר]	כנד]ן]
050			C3.7KR2:18	ש 1+3+3 ח 3̇+20	חמר[	כנ]ד̇ן
051			C3.7KR3:14	[....]20[....]	חמ̇ר	כנדן 1+20 ופלג] מש̇[ח
052			C3.7KR3:21	[ח 20]+3+3+[2]	חמר	[כ]נ̇ד̇ן 1+20 ופלג
053			C3.7CR1:13	[ח 2+3+10 ר 2]	חמר]	כנדן 1+20 ופלג] [משח
054			C3.7CR1:21	ח 2+3+3+20[2]	חמר]	כנדן 1+20 ופלג] [משח
055			C3.28:56	ה̇יבלו נכיס דמי	חמר	כ̇ר̇[שן ...] ש 3 {{מ 1
056			D23.1.XII:10	[...]ף̇[..].[...]תי̇ה̇ן	ח̇מר	.[...]ן אב[...]...ת̇ה̇ תמה̇
057			C3.7ER1:10	ח̇ 20+[2+3+3]	חמר]	]ספן 1+20 ופלג [משח
058			C3.7	[ח 2+3+10]ר 2	חמר]	]ספן [1+20 ו]פ̇ל̇[ג]
059			C3.7CR2:14	ח 2+10+[1 ר 2]	חמר	ס̇פ̇ן̇ 2̇0+1̇ ופלג משח
060			C3.7CR2:22	[....]	חמר	ספן 1+20 [ו]פלג
061			C3.7DV2:5	ש 3+3+3	חמר	יון ספן
062			C3.7FV3:3	כ 1 בגו	חמר[	יון כנד]ן̇ 20+20+3[
063			C3.7GR2:7	כ 2 ו̇שתות בגו	[חמר	]יון כנ[דן]20+1 ופלג
064			C3.7GV2:5	ופלג בגו	חמר	י̇ו̇ן̇ כ̇[נדן
065			C3.12:9	2 היב לצחא בר פמון	חמר	מצרין מאנן 3+2 בגו
066			C3.12:15	1 [. ב... לפאפ]י̇ לשרתא	חמר	צי̇ד̇ן קלבי 1 מצרין[
067			C3.12:28	אלהתא קלבי 1 לשרתא	חמר	צידן קלבי 1 ב 20+3+2
068			C3.12:7	פאפי ב 1 לפאפי לשרתא	חמר	צידן קְלבי 1 מצרין[
069			C3.7DV2:6	ופלג	חמר	צידנין כ̇נ̇ד̇ן
070			C3.7FV3:4	[....]ל̇....[..]	חמ[ר	צידני]ן̇ 1×100+3+3+2
071			C3.7GR2:8	כנ[דן]20+1 ופלג	[חמ]ר	צ̇י̇ד̇נ̇י̇ן כנדן
072			C3.7GV2:6	[....]	חמר	[צי]ד̇נ̇י̇ן [כנדן
073	בחמר		C3.28:92	חגי בר שמתי שטר 1	בחמר	כאן 20+20 בב שמעון
074	וחמר		D23.1.XII:13	ע̇ד..[..]ם̇ שים ב̇ח̇לתא	ו̇ח̇מ̇ר	...[...]. תשתה [.]..[..]...ה̇
075			A4.7:21	עבידין משח לא משחין	וחמר	לא שתין אף מן זכי ועד
076			A4.8:20	[עבידן] משח לא משחן	וחמר	לא שתין [אף מ]ן זך
077	מר		C3.19:33	[ש]מה 1	מ̇ר̇	מצרי
078	חמרא	s em/sf	C1.1:208	פריש. [....]	חמרא	הו זי יטעמנהי
079			C1.1:187	תלתא רחימה לשמש ש[תה]	חמרא	ויניקנהי כבש חכמה[
080			C1.1:188	[קד]ם̇ שמש וזי ישתה	חמרא	ולא[...] וחכמתה אבדה
081			D6.7fragId:3	מצרין[...] [...	]חמרא	זי.[..]..[...] [...] [...]
082			C3.28:113	חרשא זילנא במציעתא	חמרא	זי יהבו לתלי שנתא זא
083			A6.15:5	אף קבילה שלח עליך	חמרא	לם זי בפ̇פ̇ר̇ם
084			A6.15:6	לקח עבד לנפשה כעת	חמרא	עבורא ומנדע[ם] אחרן זי
085	וחמרא		D7.55:2	ז̇ילי כתני	וחמרא	ומשח̇[א ...] בר ישיב

חמר #2 N ass, ass-driver

No.	Form	Gram.	Ref	Preceding	Keyword	Following
001	חמר	s ab/cn	B7.3:8	פמסי אבוך לא יהב לי	חמר	חלף פלגה ו[ל]א [יה]ב לי
002			B1.1:14	בחמר נפשך ולא לאגר	חמר	ולא א[כל] אצל חקלי מנך
003			C1.1:185	אריה [....] שבק	חמר	ולא יסבלנהי ינשא בות מן
004			C1.1:174	מה̇ חסין הו מן	חמר	נער ב[.]תא ברא זי יתאלף
005	לחמר		D8.12:2	מ 3 מנאס מ 3	^לחמר	אותכס 1 זוזן 3+1^ פבא
006	חמר		D5.54fragb:2	[..].2̇0 כ.ית[...]	חמר	ברא זי .[...] [...] [...]. ל.[...]
007	בחמר		B1.1:13	קים ותשא [..]רי אדר	בחמר	נפשך ולא לאגר חמר ולא
008	חמרא	s em/sf	C1.1:94	[ ]ל̇ם̇ שלם יהוי לך ענה	חמרא	ואמר לאריא[ ] איש שׂפיר
009			C1.1:94	אריא אזל קרב לש[לם	חמרא	]ל̇ם̇ שלם יהוי לך ענה
010			C1.1:186	וטעון גמלא יטעננהי %%	חמרא	רכב לאתנא .[.].[.]ח̇מתה
011	חמרן	p abs	A3.1:R5	לנבונתן הן אית לך	חמרן	10 ישבקון המו א[.]
012			A3.1:V2	כעת הו̇ לי	חמרן	10

חמר #3 N homer (dry measure)

No.	Form	Gram.	Ref	Preceding	Keyword	Following
001	חמר	s ab/cn	B1.1:5	בשנן 2+3+3 חמר קבל	חמר	פר[ס קבל]פרס טבא ולחיא
002			B1.1:5	עמי בשנן 2+3+3	חמר	קבל חמר פר[ס קבל]פרס

חמר #4 N heat; cf. חמד

חמרה N bead

001	p abs	חמרין	C3.28:105	רכיסה 3+3 זי	חמרין	תפלה זי כסף 10 וחתו
002	p em/sf	חמריה	B3.8:19	2+3 קף זי עק 1 תחת	חמריה	שנן זי צל פרסין משךח

חמש n five

001		חמשה	D2.25:5	[א]בג[ר]ן כס[ף]כרשן	חמשה]	... [...] [...].אל בר תחנום
002			B3.5:15	לכי כסף כרשן 3+2 הו	חמשה	באבני מלכא כסף ר 2 לכרש
003			C1.2:5	שעתסם בתמא יומן	חמ[שה	]הו יחלף לך ושביא זי
004			A6.2:12	תרין אפסי תחת חלא	חמשה	מסמרי נחש ופרזל מאתין
005			A6.2:14	חדתן חנן תרין לחד אמן	חמשה	פשכן תלתה בפשכן תלתה
006		וחמשה	A6.2:11	עשרה ותרין שף עשרה	וחמשה	חד [ל]אמן עשרן סעבל אמן
007			A6.2:16	ארבע מאה עשרן	וחמשה	טסן זי נחש אמן עשרן
008			A6.2:15	תלתה מאתין שבען	וחמשה	לחד צבען עשרה כל מסמרין

חמשה n fifth (?)

001	s em/sf	חמשתא	C3.28:22	[1+]1 ר 1 בגרב	חמשת[א]	יסדרס לגן 2 בר 1

חמשין n fifty

001	s ab/cn	וחמשן	A6.2:14	רקען כרשן מאתין	וחמשן	עקי ארז חדתן חנן תרין
002			A6.2:15	לחלא מסמרי נחש מאה	וחמשן	לחד פשכן תלתה מאתין

חן N favor

001	s ab/cn	חן	C1.1:132	באדניך כי	חן	גבר הימנותה ושנאתה כדבת

חן #2 N wooden beam in a boat

001	p abs	חנן	A6.2:11	עשרן סעבל אמן שבען	חנן	לבטנא תלתה קלעס לקומתא
002			A6.2:14	וחמשן עקי ארז חדתן	חנן	תרין לחד אמן חמשה פשכן
003	p em/sf	וחנניא	A6.2:19	צבען תרין ועל שף	וחנניא	בארכא לחד פשך חד ועל

חנה N gift (?)

001	s em/sf	חנתא	D7.9:1	כענת חזו	חנתא	זי יהב לי אוריה לנסכ˙א˙
002		וחנתי	D7.40:3	...] [...] זי	ו]חנתי	זי חנ[ם] [...
003		בחנתא	D7.36:2	הושרת ביד פטחנם	בחנתא	מובלן 3 בהם עקן

חנטה N wheat

001	s ab/cn	חנטא	C3.28:104	100×1 בידן יו]נתן	חנטא]	ז]י יחיי בר שבניה
002		וחטה	D4.4:3	[...]. i .[...] [...].	וחטה	2[...] [...ל]בש משך 1
003	s em/sf	וחנטתא	C1.1:129	אנת יה ברי זף דגנא	וחנטתא	זי תאכל ותשבע ותנתן
004	p abs	חנטן	D8.11:3	√ בר פתרסא	חנטן	√ 3+3+3 ק √
005			C3.28:84	.מ.. ברת.. [.].[.]	חנטן	א[...א זילי
006			C3.28:110	[חר]שא זי ...י	חנטן	א 2 ר 1 בידה חרשא זי
007			C3.28:82	פ ארסינה ברת יחנן	חנטן	א 2+20 בב ארסינה שערן

008			C3.28:80	מנכתא זי זבדיה	חנטן	ס 1 ר 1 שבתית ברת
009			C3.28:81	ברת אברי	חנטן	ס 1 ק 2+3+3 פ ארסינה
010		בחנטן	C3.28:101	בב שבתי חגי שטר 1	בחנטן	א 2+3+20 בידה שטריה
011			C3.28:99	עבדיהו זכור שטר 1	בחנטן	א 10 שבתי חגי תתו
012			C3.28:75	זער [...] 3	בחנ[ט]ן	ס 1 [...] 3[מ 1 ...]
013			C3.28:77	3[...] מ 1 3[...]	בחנטן	ס 1 [...] ר 2 מ 1 חשבן
014		וחטן	B4.1:2	אמר לך יתלי עליך כסף	וחטן	ושערן [וכנתן ועמר ו]כתן

חנך N palate

001	s em/sf	בחנכה	C1.1:163	אלהן הו ישימון טב	בחנכה	למאמר שגיאן [כ]וכבן[י

חסי A praiseworthy (Egypt; GEA 373.7; Muchiki 167)

001	p em/sf	חסיה	D20.5:4	הוי פלחה נמעתי ובין	חסיה]	...].[.]

חסין A strong

001	s ab/cn	חסין	D1.26fragb:3	מדינתא [... ...]וערבן	חסין	[...] עבדא לי איך]
002			C1.1:174	שתר בי וישתכ[ח] מה	חסין	הו מן חמר נער ב[.]תא ברא
003			C1.1:89	מררתא ו[טעמ]א	חסין	ולא איתי זי [מ]ריר מן
004			A6.2:13	מאתין עקי ארז לובר	חסין	תמיס אמן עשרן כלא יהיתה
005		חסינה	C1.1:95	ולבבה טב כקרב[י]ה	חסינה	זי מי[ן] בג[וה]איתי

חסין a carefully, thoroughly

001		חסין	A6.10:6	גרדא ונכסי[א זיל]י	חסין	טרו כן כזי מ[נ]דעם כסנתו
002			A6.10:2	זילנא [זי] במצרין	חסין	נטר כן כזי מנדעם כסנתו
003			A6.10:4	גרדא ונכסי מראיהם	חסין	נטרן אף אחרנן בעי[ן] מן
004			A6.10:9	תהוספון על ביתא זילי	חסין	תשתאלון וגסת פתגם יתעבד
005		חסן	A6.8:3	אחר קבלת מנך ישלח עלי	חסן	תשתאל וגסת פתגם יתעבד לך

חסן V החסן to take possession as an inheritance

001	(h)afel	החסן	B8.8:10	אלך	החסן]	....]
002			B2.9:7	זי בפקדן[ן] הפקדו והו	החסן	ולא התיב לה ומנכן רשינכם
003		אהחסן	A6.11:3	יתעשת לי ינתנו לי	אהחסן	כעת ארש[ם] כן אמר הן
004		נהחסן	B2.11:14	המו עלין וגבר חלקה	נהחסן	וספר פלגנן נכתב בינין
005		יהחסן	A6.11:5	לפטסורי אנתם החווהי	יהחסן	והלכא לקבל זי קדמן
006		יהחסנו	D6.14fragn:1	...]	יהח]סנו]	...]
007		החסנהי	B2.3:26	אנה יהבתה לכי אנתי	החסנהי	הן מחר או יום אחרן
008		מהחסן	A6.11:2	זך אבד ובגה זי הוה	מהחסן	פמון שמה אבי בית זרע א
009			B8.2:1	....]	מהחסן]	..] [.... א]מתה זי
010			B8.7:7	נש.].... יה אלך	מהח]סן]	....]
011			B8.7:5		מהחסן	ˆאנה להן איתי עבדן זי
012			B2.3:2	אמר מחסיה בר ידניה	מהחסן	ביב בירתא לדגל הומדת
013			B7.2:2	בר ישביה ארמי	מהחסן	ביב ב]ירתא לד]גל
014			B3.12:5	כספי זי ביב הו	מהחסן	ויהבת לן דמי ביתן כסף
015			D2.12:4	זי ביב בירתא	מהחסן	לדגל <...> [...]ב.[...]..
016			A5.2:2	[ח]קלא [דג]לן	מהחסן	לה מן שנת 1+3+20
017			B8.1:16	[....] בנביה מתא	מהחסן]	....] יבלוני

No.	Form	Ref.	Context	Keyword	Context
018	מהחסנן	A6.2:3	כן אמרו ספינתא זי	מהחסנן	אנֹחֹנה עדן הוה אופשרה
019		B8.10:5	ארע בגו בזי המכריגרב	מהחסנן	אנחנה [....] [....]
020		A4.10:6	זי ביב בירתא	מה[חס]נן	כן אמרן הן מראן [...]
021		B4.3:3	[2 יהודין זי ביב]	מה[חסנן	]לאספמ̇ת .... זי
022	מחסנן	A5.5:9	חילא זנה הוו	מחסנן	
023	להחסנותה	B7.3:7	זילי הו צדיק א[נה	לה]חסנותה	פמסי אבוך לא יהב לי
024		B5.2:4	[צדיק] הוה	להחסנו]תה	מן]יתומה וסלואה]

חסף N clay

No.	Form	Ref.	Context	Keyword	Context
001 s ab/cn	חסף	B3.8:19	1 כפן למנשא משח זי	[חסף]	2[זי עק 2 זי אבן 1 כל

חסר V to be lacking

No.	Form	Ref.	Context	Keyword	Context
001 peal	חסרה	A4.5:7	בגו[ו ב]י]רתא ומין לא	חסרה	להשקיא חילא כזי הן הנדיז

חסרן N loss, damage

No.	Form	Ref.	Context	Keyword	Context
001 s ab/cn	חסרן	A4.3:9	ידכם מהשכחה הבו לה לא	חסרן	הו לכם בזך שלח אנה עליכם
002		A4.3:10	שלח אגרת קדמתי [..]לו	חסרן	שגי־א־ שים אחרוהי בבית

חפוש N (carpentry:) excess

No.	Form	Ref.	Context	Keyword	Context
001 s ab/cn	חפוש	A6.2:18	בארכא לחד פשכן תלתה	חפוש	ועל פתיא ועביא צבען תרין
002		A6.2:19	בארכא לחד פשכן תלתה	חפוש	ועל פתיא צבען תרין ועל
003		A6.2:20	בארכא לחד פשכן תלתה	חפוש	ועל פתיא צבע חד עזלי

חפן N handful (dry measure)

No.	Form	Ref.	Context	Keyword	Context
001 s ab/cn	ח	D7.57:8	ופינך 1 וצפחא חדה ובית	ח	1 חדת וזינא במשתלא חתם
002	חפן	B3.3:5	שנן משאן 1 משח בשם	{{חפן	1}} פלג חפנא תקם חפנן
003		B3.8:20	חפנן 1+3 משח מ[ב]שים	חפן	1 תקם חפנן 2+3 מחר או
004		D3.16:13	אחרי מבן פלג	חפן	1 פרכס 1 כן אסריהם
005		D3.16:8	ר 2 [משׁ]ח בשים	חפן	1 תקם חפנן 2+3 שנן
006		A6.9:4	עשרה לחד ליומא קמח	חפן	חדה עמיר לקבל רכשה והבו
007		A6.9:5	לגבר לגבר ליומא קמח	חפן	חדה פתפא זנה הבו להם מן
008		D4.5:2	.[...]בר ז̇.[..]. [...]	חפ̇ן	לן[...] [... כ]ספה נ̇[...]
009 s em/sf	חפנא	B3.3:6	משח בשם {{חפן 1}} פלג	חפנא	תקם חפנן 3+3 פיק 1 כל
010 p abs	ח	C3.14:37	2 ג	ח	2+3[[...] ומן עבור [מדינת
011		C3.18:4	ברת פסמשך כא 1 ג 1	ח	2+3 [...]....[תפֿמ ברת
012		C3.18:5	חֹנונית כא 1 ג 1	ח	2+3 [...]י [ב]ר̇ת חור
013		C3.18:6	[ב]ר̇ת חור כא 1 ג 1	ח	2+3 [...] .[...]..א כא 3
014		C3.18:12	[...] [...] כנתן א 2 ג 1	ח	3[[...] [...]אופסתא לפכמי
015		C3.14:40	ג 1	ח	[...] זי. [....
016	חפנן	B3.8:20	שנן זי צל פרסין משׁ[ח	חפ]נן	2 משח זית חפנן 1+3
017		B3.8:20	מש]ח חפ[נן 2 משח זית	חפנן	1+3 משח מ[ב]שים חפן 1
018		A2.2:13	לכן וכעת הושרי לי תקם	חפנן	2+3 והוי יהבת עבר
019		A2.4:12	לכן וכעת תקם יתו לי	חפנן	2+3 אל תצפו לי לכן אנה
020		B2.6:16	1 זי חצן חדת־ תקם	חפנן	2+3 שנן משאן 1־ מחר או
021		B3.8:21	משח מ[ב]שים חפן 1 תקם	חפנן	2+3 מחר או יום אחרן
022		D3.16:9	[מש]ח בשים חפן 1 תקם	חפנן	2+3 שנן משאנן 2 זלויץ
023		B3.3:6	1}} פלג חפנא תקם	חפנן	3+3 פיק 1 כל כספא ודמי
024		A6.9:3	חפנן תרת[י]ן קמח רמי	חפנן	תלת חמר או שכר חפנן
025		A6.9:3	חפנן תלת חמר או שכר	חפנן	תרתין [...]ד חד ולעלימוהי
026		A6.9:3	יום ליום קמח חורי	חפנן	תרת[י]ן קמח רמי חפנן תלת

חצד V to reap, to harvest

No.	Form	Ref.	Context	Keyword	Context
001 peal	ותחצד	B1.1:7	מן נפשך ־וחקלא־	ותחצד	נפשׁ[ך ....]שנבי נחות

חצי n half

No.	Form	Ref.	Context	Keyword	Context
001 s ab/cn	חצי	D8.7:3	יהדת ברת דלוי מ 1	חצי	√ אליעזר מ 1 √ ברוכה
002		D8.6:10	3 ר 2 מ אומכס ר̇ 1	חצי	1 חשוב זעירא מ 2+3

חציף A audacious

No.	Form	Ref.	Context	Keyword	Context
001 s ab/cn	חציף	C1.1:143	עם זי	ח̇צי[ף]	ועזיז מנך [אל ....

חצל V to rescue

No.	Form	Ref.	Context	Keyword	Context
001 pael	לחצלתני	A1.1:7	למשלח חיל	לחצלתנ̇י	א̇ל ישבקנ[י

חצף A coarse

No.	Form	Ref.	Context	Keyword	Context
001 s ab/cn	וחצף	D7.7:3	לי מלח קבן 2 דקק	וחצף	קפתא עלוהי אף חזי אפק לי

חקל N field

No.	Form	Ref.	Context	Keyword	Context
001 s ab/cn	חקל	C3.24:1	[...] [.... קר]יתא	חקל	אשלן[....] [.... ק]ריתא
002		C3.24:2	[...] [.... ק]ר̇יתא	חקל	אשלן[....] [.... קרי]תא
003		C3.24:3	[...] [.... קרי]תא	חקל	אשׁלן[....] [כל א]שלן
004		B1.1:19	בקריה כרב ספר חֹוב̇	חקל	זי כ[ת]ב פד[י] לאחא
005 s em/sf	חקלא	A5.2:2	בר [....] [....	ח]קלא	[דג]לן מהחסן לה
006		A5.2:4	[....] [....	חק]לא	רדית ו[...]ו מנהן לן[א]
007	חקלי	B1.1:3	בר חפיו נתנת לך	חקלי	אשלן [....] בקריה כרב
008		B1.1:12	מלך ונתנת לי פמ[טן	חקלי]	כסף ש 2 תקל אבד ות[ק]ל
009		B1.1:14	חמר ולא א[כל] אצל	חקלי	מנך ואית לך פמטן וחוב
010	בחקלא	D8.3:15	בכא חד 1 גנה .. אי.	בחקלא	פחפי פלקי.[...] [...]..
011		D8.3:1	פתו בר פכיך	בחקלא]	פחי בר פתופעחם [...
012		D8.3:2	[...] פחי בר פתופעחם	בח[קלא	ורשנף בחקלה זילה̇ [...
013	בחקלה	D8.3:3	בח[קלא ...] ורשנף	בחקלה	זילה̇ א[שלן ...] פתו
014	בחקלי	B1.1:8	זי יה[ו]ה	בחקלי	מן ש[....]..[מנא אמס
015	וחקלא	B1.1:7	דשתוא מן נפשך	־וחקלא־	ותחצד נפשׁ[ך ....
016 p em/sf	חקלתא	B8.10:4	ד]מי	חקלתא	אלך .... יהב לי[ן
017		B8.10:7	דמי ....]	חקל]תא	אלך נתן אבי החלף [ע]ם̇
018		C3.22:9	[...] ..חר̇ן	חקלתא	זי ב.חעא[...] אשלן

חר N (plural) magnates, nobles

No.	Form	Ref.	Context	Keyword	Context
001 p const	וחרי	A4.8:18	אחוהי זי ענני	וחרי	יהוד אג[ר]ה חדה [לא
002		A4.7:19	אחוה־י־ זי ענני	וחרי	יהודיא אגרה חדה לא שלחו
003 p em/sf	חרא	D4.2:2	ה[...]	חרא]	...]

004	וחרא		C2.1.8:48	אחדו] ויזדת אחדו]	וחרא	זי עמ̇ה אחר בהודשי
005			C2.1.8:48	בהודשי בפרס ויזדת]	וחרא	זי עמה כלא בזקיפא] שמת
006			C2.1.8:61	גברא זך א]חד קטלה]	וחרא	זי עמה הוה ק]טלו נפחר

חרב N sword

001	חרב	s ab/cn	C1.1:161	איתי זי קליל מן תותב	חרב	תדלח מין שפין בין רעין
002	בחרב		C1.2:4	ק]טלת המו תהך]	בחרב	חילך וחן ....] [....]
003	חרבה	s em/sf	A5.5:8		חרבה	חיל לא איתי
004	בחרבי		C1.1:110	ימותון שאני ולא	בחרבי	שבקתך [....]

חרם N net

001	חרמן	p abs	D3.46frage:4	20[...] [...] פ̇צ̇ן	חרמן	[...] [...]לם א.[...] [...]...
002			D3.46fragc:2	ל[...] [...]שמ. [...]	חרמן	[...] [...]ות כל זי עב[ד
003			D3.46fragd:2	...] [... ...]	]חרמן	פין 1 ב[...] [... פ]ין אחרה

חרש N deaf person

001	וחרש	s ab/cn	C1.1:215	.[ ] [....]א עויל	וחרש	אדנין לא̇[ ] [....]

חרש #2 N (unclear)

001	חרשא	s em/sf	C3.28:112	ססן[..]ת בידה	חרשא	זילנא במציעתא חמרא זי
002			C3.28:110	שפירה בידה]	חר]שא	זי י̇.... ח̇נ̇ט̇ן א 2 ר
003			C3.28:111	א 2 ר 1 בידה	חרשא	זי נחש וכלדסא

חשבן N account

001	חשבן	s ab/cn	C3.28:79	ס 1 [...]ר 2 מ 1	חשבן	עבורא זי כתבת [ו]נתנת

חשוך N darkness

001	בחשוכא	s em/sf	C1.1:173	אנש[א] איש מצלח עקן	בחשוכא	ולא חזה כאיש {{זי}} גנב

חשך V to withhold

001	תהחשך	(h)afel	C1.1:176	אל [.... ....]	תהחשך	ברך מן חטר הן לו לא

חשל V to pay the הלך tax

001	חשל	peal	D14.7:1	עזר 1	חשל	2
002	יחשל		A6.11:6	פמון אבוהי הוה חשל	יחשל	על ביתא זילי ארתוהי ידע
003	חשל		A6.11:6	קדמן פמון אבוהי הוה	חשל	יחשל על ביתא זילי

חתיל N string

001	חתילן	p abs	A4.2:10	תשכחון דבש תקם	חתילן	חבלן משכי צל שפן]

חתם V to seal

001	וחתמו	peal	A4.1:8	....]ה]נעלו בתוניכם	וחתמו	בין יומיא] אלה] [....]א
002	חתם		D7.57:9	ח 1 חדת וזינא במשתלא	חתם	
003			D7.44:6	תהושרו לי לחם ולא הו	חתם	הלו כל בק{א}||יא טמאן הא

חתם N seal

001	חתם	s ab/cn	D14.6:1		חתם]	ארשם [ברב[יתא]

חתן N son-in-law

001	חתנה	s em/sf	A2.6:3	יהב מ[כבנת לבנתסר	חתנה]	זי נבשה כסף ש 3+3

חתפי N offering table (Egypt; GEA 373.8)

001	חתפי	s ab/cn	D20.1:1		חתפי	לקרבת בנת לאוס||רי חפי

ט S 9th letter of the alphabet

001	ט		D10.1:1	...א ב ג ד ה ו ז ח	ט	י כ ל מ נ ס ע פ צ ק ר
002			D10.2:4	.סי א ב ג ד ה ו ז ח	ט	י כ ל מ נ ס ע פ צ ק ר
003			D22.28:1	א ב ג ד ה ו ז ח	ט	י כ ל מ נ ס ע פ צ ק ר

ט #2 S (unclear)

001	ט		D11.17:1	...] ל]מלכא	ט	עשחר

טב A good

001	טב	s ab/cn	A4.5:22	אנחנה הן על מ[ראן	טב	....] [.... יה]גנון
002			D23.1.IX:3	...]ק̇[...] [...]..[...]	ט̇ב̇[	[.].[...]זי.. [... ...] [...]
003			C1.1fragc:2	כ̇ל[...] [...]. ב̇..[.]	טב]	[...
004			A6.13:2	עלי הן על מראי לם כות	טב	אגרת מן מראי תשתלח על
005			A4.7:23	כן אמרי ̇ן הן על מראן	טב	אתעשת על אגורא זך למבנה
006			A4.8:22	כן אמרן הן על מר[א]ן	טב	את[עשת על אגורא זך למבניה
007			C1.1:163	רחים אלהן הו ישימון	טב	בחנכה למאמר שגיאן
008			A3.10:6	עבור ויבלתון על בתין	טב	והן לא כספא הבו ליד
009			C1.1:171	נפקה טבה מן פם א[נשא	[טב]	והן לחיה תנפק מ[ן] פמהם
010			D7.45:8	לי שערן קב 1 ושחלין	טב	כסא זעירא
011			A5.2:9	לי וכעל[ת הן על] [מראי	טב	י]שאל לתרוח ודינא על דנה
012			A6.3:5	מני כען הן על מראי	טב	ישתלח על ארתונת [כזי
013			A4.5:21	...] על] מראן	טב	יתשים [טעם ....]
014			C1.1:152	[....]	טב	כבש .[....
015			C1.1:93	בניח[רן] מאן	טב	כס[י] מלה בלבבה והו ז̇[י
016			C1.1:95	[ ] איש שפיר מדדה ולבבה	טב	כקר̇[י]ה חסינה זי מי[ן]
017			C1.1:99	כנתה וכזי [יח]זה גבר	ט̇ב	לגבר לח̇[ה ....] [לא]
018			C1.1:181	יא̇[כ]ל[ ]לחיה ועלוהי	טב	מן זי יטע̇מ̇[ה]י]
019			A6.7:8	הוו כען הן עליך כות	טב	מנך יתשם טעם כזי איש
020			C1.1:100	אגר לא יהוה לה גבר	טב	ע̇ם ג[בר לח]ה [סנ]יא שדר̇
021			A4.5:19	....]ה̇ן על מראן	^טב^	שגיא עש[....]
022			C1.1:101	[ ]לם סניא לרמנא מה	טב	שג[י]א כבי̇ך̇[ל]פגע
023	טבה		C1.1:57	לכם עטתא] זילי [ועטה	טבה	הי [שגי]א̇ אח[ר ענו
024			C1.1:171	למנחתותה %% הן נפקה	טבה	מן פם א[נשא טב] והן לחיה
025			D7.1:8	יומא זנה הן תעבדן [לה	ט]בה	בסון יעבד לי [אף ה]ו

026		טבה.	D7.1:11	אמטאנך כען חזי זי	[.]טבה	למעבד לה הלו כפנן המו.
027		בטב	D22.47:5	זא קדם שמש אלהא	בֿטֿבֿ	רֿבֿ זֿי בת...
028		וטב	D23.1.VIII:10	תֿעֿלֿן	וֿטבֿ	אֿ....כֿן כֿל זֿי
029	s em/sf	טבא	B1.1:5	קבל חמר פר[ס קבל]פרס	טבא	ולחיא נפלג כחדה שויוי
030		טבתא	C1.1:42	ספרא חכימא ובעל עטתא	טבתא	זי גבר [.... ע]ל עטתה
031	p abs	טבן	C1.1:161	מין שפין בין רעין	טבן	איש זעיר וירבה מלוהי
032			C1.1:157	עינין	טבן	אל יאכמו ואדנין [טבן אל
033			C1.1:157	טבן אל יאכמו ואדנין	[טבן]	אל ....] כשיטא
034			C1.1:14	אסרחאדן מלך אתור	טבן	ענית ו[אמרת]

טבה N. goodness

001	s ab/cn	טבת	C1.1:87	[ו]לא ביומיך [חזי]	ט]בת	מלך הן פקיד ־לך־ אשה
002	s em/sf	טבתא	C1.1:24	[....]הי אמרת הו	טבתא	יבעה[....
003			C3.8II:1	[ ]מן	טֿבֿתֿאֿ	
004		וטבתא	C1.1:9	וחכמתה	וטבתא	י[הבת ל]ה [.... בב]ב
005	p em/sf	וטבתה	A1.1:8		וטבתה	עבדך נצר ונגדא

טבי N gazelle

001	s em/sf	טביא	C1.1:168	לא [ישא]ל [נמרא] שלם	טביא	להן למונק דמה %% דֿבא

טוב V to be(come) good

001	peal	טיבת	C1.1:67	[....]	טיבת	על כנותה אלך ת[רין

טוב N goodness, good things

001	s em/sf	בטובך	C2.1.11:69	קדמתך [.... אל	ב]טובך	אימנש תהוה [.]דכליך

טור N mountain

001	s em/sf	טורא	C2.1.7:46	[קרב] [בפר]גא[	טו]רא[	בפרס תמה עבדו קרב חילא
002			D22.51:3	כתב כתיבתא זא קדם אלה	טורא	ואלה מצרין זי ישמן לי
003	p em/sf	טוריא	C1.1:62	אנתן לכם ־יתקטל־ בין	טוריא]	אל]ה תרין חלף אחיקר

טחן V to grind

001	peal	וטחן	D7.37:9	לי חמ[...] משח	וטחן]	... [...] ולא פשרן [...]

טיב A satisfied

001	s ab/cn	טיב	A3.3:2	בארחא זך לבבי לא	טיב	אף אמך כעת ברך אנת [ליהו
002		וטב	B3.2:4	זי קבלת עלי בגו	[וט]ב	לבבי בדמוה[י]לא אכהל
003			B2.6:5	באבני מלכ[א] על עליך	וטב	לבבך בגו הנעלת לי [ברתך]
004		וטיב	B2.6:15	באבני מלכא על עלי	וטיב	לבבי בגו שוי 1 זי גמא בה
005			B2.8:5	לי עליהם בסתי אלהתה	וטיב	לבבי במומאה דכא זי עבדתי
006			B5.2:7	]	וטיב[	לבב[י
007			B5.5:7	הוה בידכי יהבתהי לי	וטיב	לבבי [בגו מן יומא זנה
008			D2.13:2	[...] ..[...]ב.[...] <...>	וטיב	לבבי [... ... ...] לך [...
009			B3.8:5	כסף כר[ש 1] על עליך	[וטי]ב	[לבב]ך בגו הנעלת לי
010			B6.1:5	ר 2 לכר[ש 1 על עליך	וטיב	לבבך בגו הנעלת לי ....
011			B2.9:9	לבבן באלך נכסיא	וטיב	לבבן בגו מן יומא זנה עד
012			B3.12:14	סתתרי 3+3 שקל 1	וטיב	לבבן בדמיא זי יהבת לן
013			B3.12:26	ויהבת לן דמוהי כסף	וטיב	־לבבן בגו־ אף לא נכהל
014			B3.12:6	סתתרי 3+3 שקל חד	וטיב	לבבן בגו זי לא אשתאר לן
015			B3.4:6	מלכא כסף זוז לכרש 1	וטיב	לבבן בדמיא זי יהבת לן
016			B4.3:8	ארדב 1 [יהבת על ידן	וטיב	לבבן בגו אנחנה נבל]
017			B4.4:9	[.... נתנת על ידן]	וטיב	לבבן בגו אנחנה נבל

טין N clay (?)

001	s ab/cn	טין	C3.7DV1:15	[....]	טין	שמוש כרשן [3+3+]100×
002			C3.7DV2:16	[כרש]ן 1×לף+100×1	טֿיֿן[	שמֿוֿ[ש כרש]ןֿ 100×1[
003			C3.7FR2:23		טין	שמוש כֿרֿ[ש]ןֿ 100×3+3
004			C3.7GR2:25	כנדן 100×2+3+3	טין	שמוש כרשן 3+3×לף עקי
005			C3.7GR3:12	וֿפֿלֿ[ג]	טין	שמ[וש]כרשן[3+3]100×
006			C3.7GR3:4	20+20+20+20	טין	[שמ]וש כר[שן ....]
007			C3.7GV2:19	[....]	טין	שמוש כרשן 3+3×100 עקן

טיק N a kind of bread

001	s ab/cn	טיק	C3.11:3	שקלן 3+1 [..]...י לחם	טיק	1 לכסף כרש 1 עבד משח

טל N shadow

001	s em/sf	טלא	B3.6:9	מלכא ואנתי שביקה מן	טלא	לסמשא ויהישמע ברתכי

טלל N shadow; cf. also בטלל

001	s em/sf	וטללך	C1.2:6	לא יחתון שאול	וטללך	ל[א ....] [..].ה עם אלהן

טלפח N lentil

001	p abs	טלפחן	C3.13:5	1+20 כס כסף 1	טֿלֿפֿחֿ[ן]	1+3 [ק]נ[ן ....
002			C3.13:16	כסף 1 קנן 2+3+10	טלֿפֿחֿן	2+3 זלו[חן
003			C3.26:11	כא 2 [....]..ימ..	טלפחן	א 2 [....].[..]כֿ[א]
004			B4.3:8		טלפחן	ארדב 1 [יהבת על ידן
005			B4.3:5	[....]ח[ ]	טלפחן	]20 ארדבן
006		וטלפחן	B4.4:4	.... [.... ח 2+3	וטלפחן	ארדב 1+10 לש[ער]ן
007			B4.3:6	כל [שער]ן	וטלפחן]	מערב ארדבן
008			B4.4:5	כל שערן	וטלפחן	מערב ארדבן

טלפת N (unclear)

001	s ab/cn	טלפת	C3.7GV4:1	לבעל	טלפת	לבעל מ.לין לבעל מל...כן

טמא A impure

001	s ab/cn	טמא	D7.44:9	הוש[רת]־ם לי אתמל	ט[מא]	כען אל[תהושרו] לי ל[חם
002	p abs	טמאן	D7.44:7	חתם הלו כל בק(א)||יא	טמאן	הא לחמא זי הוש[רת]־ם לי

טס N plate

No.	Parse	Form	Ref	Preceding	Keyword	Following
001	p abs	טסן	A6.2:16	ארבע מאה עשרן וחמשה	טסן	זי נחש אמן עשרן מסמריהם

טעון N load

No.	Parse	Form	Ref	Preceding	Keyword	Following
001	s ab/cn	וטעון	C1.1:186	מובלא זי לא זיל[ה]	וטעון	גמלא יטעננהי %% חמרא

טעם V to taste

No.	Parse	Form	Ref	Preceding	Keyword	Following
001	peal	טעמת	C1.1:89	עם סכין איש עם מ[לך]	טעמת	אנׄזעררתא מררתא ו[טעמ]א
002		יטעמנהי	C1.1:208	חמרא הו זי	יטעמנהי	ומ[....] הו
003	(h)afel	יטעמנהי	C1.1:181	ועלוהי טב מן זי	יטעׄמׄנׄ[הי]	ל.[...]עבדׄתׄ]

טעם N order, taste

No.	Parse	Form	Ref	Preceding	Keyword	Following
001	s ab/cn	טעם	A4.5:21	[על] מראן טב יתשים	[טעם	....] [....] אנחנה
002			A6.5:3	עלי אנת שם	ט[ע]ם	
003			A6.2:23	המרכריא אמרן כזי שים	טעם	ענני ספרא בעל טעם
004			A2.3:12	תשי ועל ברה ושלחי כל	טעם	זי הוה בב˘י˘תי לשלמכי
005			A6.3:6	זי אנה אשים להם	טעם	יתעבד להם כעת ארשם [כן]
006			A6.7:8	עליך כות טב מנך יתשם	טעם	כזי איש מנדעם באיש לא
007			A6.2:22	זך ולעבק יעבד כזי שים	טעם	כעת ארשם כן אמר אנת עבד
008			A6.2:25	כותה .... כזי שים	טעם	[....]ל כתב מן ארשם זי
009			A4.4:9	כרשן 1×100+20 עוד	טעם	לא עד יהוי להן תנה שלם
010			C3.8IIIB:34	[שתבר]זׄן שמ[ו	טע[ם̇	לדגל א[.]ל[..]..[....
011			C3.8IV:7	[.... שמו]	טעם	למיחט [...]
012			A6.3:8	זי פסמשך י[שים] להם	טעם	למעבד זכי יתעבד להם מן
013			A6.1:2	עדן וכעת לן ש[י]ם	טעם	מנׄתׄא לם זי יהבׄה
014			A6.3:7	קדמיך ת[מה] אנת שם	טעם	סרוש[ית]א זי פסמשך
015			C3.8IIIB:7	[ ].א כלאׄ[...] [ש]ים	טעם	[ב 10+3+3 לאדר שנת
016			C3.8IIIB:30	.[... ...]תׄ שמו	טעם	צלצלא זי א..ה .[..]..בׄיא
017	s em/sf	טעמא	B8.9:2	לׄי עמהם על זנה	טעמׄ[א	....] [...] ומׄתׄך כנם
018			B8.9:3	תׄמא˘ר˘ לה על[זנה	טעמא	....] [... ז]א שנתא לא עד
019			B8.9:4	להם למומא על זנה	[טעמא	....] [....] כן אמר
020			B8.9:6	לי עמהם על זנה	טעמא]	
021			D7.15:11	[...] [...].רׄ הא	טעמאׄ]	...] על עלוה ויחוׄךׄ [...]
022			A6.10:10	יתעבד לך [אר]תחי ידע	טעמא	זנה רשת ספרא מן ארשם
023			A6.11:6	ביתא זילי ארתוהי ידע	טעמא	זנה רשת ספרא מן ארשם
024			A6.12:3	ול[עב]ק ארתוהי ידע	טעמ[א	ז]נה רשת ספרא מן ארשם
025			A6.13:5	בבאל ארתוהי ידע	טעמא	זנה רשת ספרא מן ארשם
026			A6.8:4	יתעבד לך בגסרו ידע	טעמא	זנה אחופי ספרא מן
027			A6.9:6	תנתנו להם בגסרו ידע	טעמא	זנה רשת ספרא מן ארשם
028			D7.48:8	שלחתן לם [י]שלחו לי	טעמא	יומא זׄנׄהׄ [.] לשלמכם
029			D7.24:17	אף שלחת לה למחוה	טׄעמא	להושׄעׄ
030		וטעמך	A3.5:7	יעבד לעינוהי שלמך	וטעמך	[.... עד .. אלהיא
031		וטעמא	C1.1:89	אנׄזעררתא מררתא	ו[טעמ]א	חסין ולא איתי זי

טען V to impose an oath on someone, to load

No.	Parse	Form	Ref	Preceding	Keyword	Following
001	peal	וטענת	C1.1:159	ויאמרנה נשאית חלא	וטענת	מלח ולא איתי זי יקיר מן
002		טעינת	B2.3:24	עליה קדם דיניא ומומא	טעינת	לה וימאת לה כזי זילי הי
003		וטעינת	B7.1:4	[... וכנותה דיניא]	[וטעינת	מומא]ה לך ביהו אלהא
004		יטעננהי	C1.1:186	זיל[ה] וטעון גמלא	יטעננהי	%% חמרא רכב לאתנא
005		למטען	A3.10:3	יאמר לכם ארמנתידת	למטען	בה וזי צבי יעבד
006	pael	וטענוך	B2.2:6	דמידת וכנותה דיניא	וטענוך	לי מומאה למומא ביהו

טף N part of ship's mast (Egypt; GEA 373.9)

No.	Parse	Form	Ref	Preceding	Keyword	Following
001	s ab/cn	טף	A6.2:10	למעבד עקי ארז ואר חדתן	טף	אמן עשרה שים [ל]בטק אמן
002			A6.2:18	על עקיא זי יתיהב על	טף	בארכא לחד פשכן תלתה חפוש

טפר N toenail

No.	Parse	Form	Ref	Preceding	Keyword	Following
001	p const	טפרי	D3.27:5	]מׄשׄיאׄ[...] [...	]טפרי	צבעת כפ[י] רׄגליך i0

טרף N prey

No.	Parse	Form	Ref	Preceding	Keyword	Following
001	s em/sf	טרפיהם	C1.1:81	אשתמר לך אל יהוה	טרפי[הם]	מן כל מנטרה טר פמך

טרק V (unclear)

No.	Parse	Form	Ref	Preceding	Keyword	Following
001		טרק	D1.12:15	[ל]ך לם]	]טׄרׄקׄ	בא.[...] [... ...]ן

י s 10th letter of the alphabet

No.	Parse	Form	Ref	Preceding	Keyword	Following
001		י	D10.1:1	... א ב ג ד ה ו ז ח ט	י	כ ל מ נ ס ע פ צ ק ר ש
002			D10.2:4	.סׄי א ב ג ד ה ו ז ח ט	י	כ ל מ נ ס ע פ צ ק ר ש
003			D22.28:1	א ב ג ד ה ו ז ח ט	י	כ ל מ נ ס ע פ צ ק ר ש

יבל V to bring

No.	Parse	Form	Ref	Preceding	Keyword	Following
001	peal	יבלתך	C1.1:48	עליך [.... קרב]תא	יבלתך	לביתא זילי תמה הוית
002		ויבלתון	A3.10:5	זבנתון המו עבור	ויבלתון	על בתין טב והן לא כספא
003		ויבלו	A1.1:5	[....] אחזו	וׄיׄבלו	[....] בכל[
004		יבלוני	B8.1:17	[....]	יבלוני	במת נביה[
005		אבל	D1.1:4	מת או[... ... ...]..	אבל	חי שלמ[... ... ...]ש נחת
006		יבל	A2.2:18	מכבנת בר פסמי סון	יבל	
007			A2.3:14	מן מכבנת סון	יבל	
008			A2.4:14	מכבנת בר פסמי סון	יבל	
009			A2.5:10	נבושה בר פטחנם אפי	יבל	
010			A2.6:11	[מן ..ר בר] סרה אפי	יבל	
011		יובל	A2.7:5	אׄחׄוׄ[כי א]מׄי אפי	יובל	
012		נבל	B4.3:8	[וטיב לבבן בגו אנחנה	נבל]	עבו[רא] זנה סון
013			B4.4:9	וטיב לבבן בגו אנחנה	נבל	עבורא[זנה סון על
014		יבלו	D7.39:4	זי בה שער˘י˘א˘ זי חנם	יבלו	המ˘ר˘ בית פטוסרי אל
015		בלני	C1.1:52	אפו עבד לי אל תקטלני	בלני	לב[י]תך ע[ד] ליומן אחרנן
016		ובלוה	D7.9:3	ויערכה מן שכרא	ובלוה	לאוריא אף חזי
017		יביל	B8.9:4	[ז]א שנתא לא עד זמנא	יביל	להם למומא על זנה [טעמא
018		למובל	D5.15:1	[...]	למובל]	...] [...] נׄעׄבׄ[ד
019			A3.10:4	ל... למנתן בעבור	למובל	לביתי ואיתי כסף כרש 1

020			B4.4:13	[זי יהבת] עלידן	למובל	לגבריא אלה זי כתיבן
021	(h)afel	היבלו	C3.28:56	[ ]שאר תכ.[...]מברא	היבלו	נכיס דמי חמר כר[שן

יד N hand; cf. עליד, ליד, ביד

001	s ab/cn	יד	D7.9:14	זי הושרת לכם מן	יד	נהרא וקפירא [1] רבא זי
002	s em/sf	ידה	D7.47:7	[...] קמ. [...]. [...].ב..	ידה	[...] הושרתם לי [...]ת
003			B2.11:4	יוד 1 שנית על	ידה	בימן שניתת מקרא ארמית
004			B2.11:6	יוד 1 שנית על	ידה	בימן שניתת מקרא ארמית
005			B3.6:3	שמה אמתה זי שניתה על	ידה	בימן כדנה למשלם לאמר
006		ידי	A2.4:4	שבק אנה לה 1 כדי מטאה	ידי	וכעת עבד אנה לה אל אחי
007		ידכי	A2.6:6	וזבני עמר כזי תמט[ו]ה	ידכי	ואו[שריהי לתשי ס]ון
008		ידכם	A4.3:9	מן בתין נכסן לקבל זי	ידכם	מהשכחה הבו לה לא חסרן הו
009	p abs	ידין	B3.8:9	3[2+] ר 2 חטיב צבע	ידין	צבען 2 לפם 1 שוה כסף]
010			B6.1:9	[חט]יב צבע	יד[ין	....]
011			B2.6:8	1 זי עמר חדת חטב צבע	ידין	הוה ארך אמן 3+3+2
012			B3.8:8	3+3 ב 1+3 חטיב צבע.	ידין	פשך 1 לפם 1 שוה כסף כרש
013			B6.1:8	[חטיב] [צבע	ידין	פשך] 1 לפם 1 שוה כס[ף
014	p em/sf	ידי	C1.1:155	יהשחתון	ידי	ואל פמי

ידי V to acknowledge

001	(h)afel	תודה	D1.17fragb:10	[...] [... ...] חל]קן 3 זי	תודה	לפלטה אחתה ל.[... ...] [...]

ידע V to know

001	peal	ידע	C1.1:190	קשתה והרכב [חט]ה ולא	ידע	את[רה ...] הן יפקד לך
002			A4.7:30	לן ˆכלאˆ ארשם לא	ידע	ב20 למרחשון שנת
003			A4.8:29	זי עביד לן ארשם לא	ידע	ב20 למרחשון שנת
004		ידען	C3.11:12	זי שמהתהם לא	ידע[ן	[....]א אסי ...]
005		תדע	C1.1:122	נפלת ססא] נפשי לא	תדע	ארחא עלכן
006		תדען	A2.5:2	יחזני אפיכן בשלם וכעת	תדען	זי מדעם לה מפקן לן מן
007		ידע	C1.1:164	ידע איש הא כן אנשא לא	ידע	איש [....] אריה לא איתי
008			C1.1:164	[שמיא זי] שמהתהם לא	ידע	איש הא כן אנשא לא ידע
009			C1.1:216	[ ] [....] מן בטן	ידע	ברחרן ולא מן[ ]
010			C1.1:209	וענת ענזא [ואמרת	ידע]	זי יאתה מן אחרוהי
011			A6.10:10	יתעבד לך [אר]תחי	ידע	טעמא זנה רשת ספרא מן
012			A6.11:6	על ביתא זילי ארתוהי	ידע	טעמא זנה רשת ספרא מן
013			A6.12:3	לעבק ולן[עב]ק ארתוהי	ידע	טעמ[א ז]נה רשת ספרא מן
014			A6.13:5	להיתיה בבאל ארתוהי	ידע	טעמא זנה רשת ספרא מן
015			A6.8:4	פתגם יתעבד לך בגסרו	ידע	טעמא זנה אחופי ספרא מן
016			A6.9:6	אל תנתנו להם בגסרו	ידע	טעמא זנה רשת ספרא מן
017			A1.1:6	כי מרא מלכן פרעה	ידע	כי עבדך]
018			C1.1:113	רתא גבר זי לא	ידע	מה י[....]
019		ידען	D11.26:2	בלן 10 שבתי לא	ידען	אנחנה מנינה
020		ידיע	A4.3:7	לא יהשכחון לכם לכם	ידיע	זי חנום הו עלין מן
021			A6.8:3	אשתמעו לה ועבדו כן	יד[י]ע	יהוה לך הן פסמש[ך]
022			A6.10:8	[קד]מיא הוו עבדן כן	ידיע	יהוי לך הן מן גרדא או מן
023		למנדע	D4.25:1	....]	ל]מנדע	ל.[...] [...].יה קמר ש.[...]
024	(h)afel	הודען	A4.8:27	אלף על] זנה שלחן	הודען	.... אף ...] {{בכלה}}
025			A4.7:29	ועל זהב על זנה שלחן	הודען	אף כלא מליא באגרה חדה
026		הודע	C2.1.11:66	[.... שגי]א	הודע	איך זי עביד אנת ואיך
027		הודעו	A3.10:7	עבו[רא ..] קים בידכם	ה]ודעו	לארמתידת עלוהי
028	etpeel	יתידע	A4.5:10	ממנין במדינת תשטרס	יתי[דע]	למראן לקבל זנה זי

יה I vocative particle

001		יה	C1.1:127	עליך [....] אנת	יה	ברי הכצר כל כציר ועבד כל
002			C1.1:129	מן אלהן הו [....] אנת	יה	ברי זף דגנא וחנטתא זי

יהב V to give

001	peal	יהבת	B8.9:5	כן אמר אנה מומא נפרת	יהבת	
002			B3.10:3	זי זבנת בכסף ודמוהי	יהבת	יהבתˆהˆ לכי דרירסי הו
003			A3.10:4	איתי כסף ש 3+3+2	יהבת	ל... למנתן בעבור למובל
004			D1.11:2	תנא שלם[...] [...	יה]בת	לא[...]דבלן 2 לחם
005			B3.10:5	זנה משחת ביתא זי אנה	יהבת	ליהוישמע ברתי ברחמן זנה
006			B3.10:6	ביתא זי אנה ענני	יהבת	ליהוישמע ברתי מן תחתיא
007			B3.10:8	ביתא זי אנה ענני	יהבת	ליהוישמע ברתי מועה שמש
008			B3.8:41	נכס[י]א אלה ברחמן	יהבת	ליהוישמע כען צבית אהנצל
009			B2.4:3	לביתא זילך זי אנה	יהבת	למבטחיה ברתי אנתתך וספר
010			A6.11:5	אנה בגה זי פמון זך	יהבת	לפטסורי אנתם החווהי
011			B3.10:18	בידי וסבלתני אף אנה	יהבת	לה במותי לא יכהל בר לי
012*			B8.10:1	....]	יה]בת	לה וספר אסרן כתבן
013			B8.5:15	[....]זילי באגר	יהבת	לה א[....] [....]
014			D7.24:9	[ ]שאלי [.... ז]י	יהבת	לה [.... הן] תכל תעבר
015			C1.1:9	וחכמתה וטבתא	י]הבת	ל]ה [.... בב]ב היכלא
016			A3.10:4	כסף כרש 1 זי אנה	יהבת	לך למזבנה עבור ליתמא כל
017			B2.4:14	דין ודבב ואמר לא	יהבת	לך ארקא זך למבנה ולא
018			B2.5:0	[והן לא	יהבת	לך] כספא זנה זי כתיב
019			B2.6:4	מן יומא זנה ועד עלם	יהבת	לך מהר ברתך מפטחיה
020			B2.7:9	בשם ביתא זך זי אנה	יהבת	לך וספרא כתבת לכי עלא זי
021			B3.11:9	לחנא לא אכהל אמר	יהבת	לך ברחמן פסשדת על ספר
022			B3.12:9	מועה שמש לה ביתה זי	יהבת	לך פסשדת {{על ספר אנתותה
023			B3.7:14	ולמנפק ברא אנה ענני	יהבת	לך בתיא אלה ברחמה ˆלאˆ
024			B4.5:6	שקלן ארב[עה לא ש]למת	יהבת	לך בין ירח
025			B7.1:7	[ ]לך הן לא	יהבת	לך בין יומ[ן
026			C1.1:105	זי נטלת עליך ולבבי זי	יהבת	לך בחכמה [.... י]הבת שמי
027			B2.3:13	זילכי בשם ארקא זך זי	יהבת	לכי ויקבל עליכי סגן ודין
028			B2.3:20	דין ודבב ואמר לא	יהבת	לכי אנה אנתן לכי כסף
029			B2.3:3	מבטחיה ברתה לאמר אנה	יהבת	לכי בחיי ובמותי בי 1 ארק
030			B2.7:2	ברתה לאמר אנה	יהבת	לכי לביתא זי יהב לי
031			B2.7:5	לשלמה לכי אחר אנה	יהבת	לכי לביתא זנה חלף נכסיך
032			B3.11:2	ליהוישמע ברתה לאמר	יהבת	לכי בי חד מבני בי תחתי
033			B3.5:2	תמת אנתתה לאמר אנה	יהבת	לכי פלג תרי רבתא ותונה
034			B3.5:6	ביתא זך זי אנה ענניה	יהבת	לכי תמת מן פלג תרי רבתא
035			B3.5:9	תחומי ביתא זך זי אנה	יהבת	לכי עליה לה חלקא זילי
036			B3.7:12	[ ].. אנה ענני	[יה]בת	לכי ביתא זנה ופלג תחית
037			B3.7:3	לאמר אנה ענני	י[הב]ת	לכי בי חד בנה אחד
038			B5.5:3	דגלא ל]אמר אנה	יהבת	לכי כסף שקלן 3+3 הו שתה

יהב

No.	Form	Ref.	Preceding	Keyword	Following
039		B5.5:3	לכרש 1 אנה מפטחיה	יהבת	לכי ברחמן לקבל סבול [זי
040		B5.5:5	[זנה ז[י] אֲנָה	י[הבת	לכי זי כתיב]
041		B5.5:6	[בשם כספא זנה זי]	יהבת	לכי ינתן לכי אביג־ר־ן
042		B6.4:7	בספרא ^זנה^ ברחמן	יהבת	לכם כען צבית אהנצל הם הן
043	ויהבת	D4.22:3	[...] [...]	ויהבת	לבש ח[ד ...]
044		D7.35:10	ביד בעדי 3 רבר[בן]	ויהבת	לה ה[....] גזירה
045		B2.7:12	ספרא זי אנה כתבת	ויהבת	לך זי ינפק עליכי ספ<ר>
046		B3.13:5	מלכא והן לא שלמת	ויהבת	לך כנתיא אלך זי מנעל
047		B3.13:8	והן מאתת ולעד שלמת	ויהבת	לך כספא זילך זי מנעל
048		B3.8:4	מן יומא זנה עד עלם	ויהבת	לך מהר אחתך יהוישמ־ע
049		B5.4:3	[ביתא זנה זי כתבת]	ויהבת	לך אף לא אכל אמר אנה
050		B5.4:6	[ביתא זנה זי כתבת]	ויהבת	לך אנתן לך כסף כרשן
051		B6.1:4	מן יומא זנה עד על[ם	ויהבת	לך מהר ברתך .... כסף
052		B2.7:6	דמי כסף כרשן 2+3	ויהבת	לכי ספרא עתיקא זי כתב
053		B3.10:2	אנה עשתת לכי בחיי	ויהבת	לכי קצת מן ביתי זי זבנת
054		B3.7:16	מן בת־א זי כתבת	ויה[בת	לכי ינתן ליהוישמע]
055		B4.6:7	מלכא הֿן לא [שלמת	]ויהבת	לכי כספא זנה [ש]קלן 2
056	יהבתה	B3.10:16	^זנה^ אנה ענני	יהבתה	ליהוישמע ברתי במותי
057		B2.7:16	חנ[ו]ם אלהא זך ביתא	יהבתה	לך ורחקת מנה דילכי הו
058		B3.10:12	אנה ענני בר עזריה	יהבתה	לך ברחמן מבני בי תחתי
059		B3.11:7	אנה ענני בר עזריה	יהבתה	לך פסשדת קבל זי לא־כתב
060		B2.3:25	ויהב לי ספרא זך אנה	יהבתה	לכי אנתי החסנהי הן מחר
061		B2.3:8	ביתא זנך ארק אנה	יהבתה	לכי בחיי ובמותי אנתי
062		B2.7:7	זך אחרוהי זנה ביתא	יהבתה	לכי ורחקת מנה דילכי הו
063		B3.10:3	בכסף ודמוהי יהבת	יהבת־ה־	לכי דרירסי הו מועה שמש
064		B3.5:12	ותחומוהי אנה ענניה	יהבתה	לכי ברחמן לא אכהל אנה
065		B3.5:4	יב בירתא אנה ענניה	יהבתה	לכי ברחמן זילכי הו מן
066	ויהבתה	B2.7:4	וספר כתב לי עלא	ויהבתה	למפטחיה ברתי חלף נכסיה
067	יהבת	B3.1:3	זי יב בירתא לאמר	יהבת	לי זפת כסף שקלן 3+1 הו
068		B3.2:3	[ ]לחן ליהו ביב לאמר	יהבת	לי כסף שקלן 2+3 בדמי
069		B3.9:4	תחוא עלימ[א זיל]ך זי	יהבת	לי וספר כתבת לי עלא לא
070		B4.7:2	בֿ..[....] [לאמר	יהבת	לי ....]+3 לכסף שקלן
071		B5.5:10	ל[י בש]ם כספא זנה [זי	יהבת	לי ופתפא זנה זי הוה לי
072		B3.12:15	1 וטיב לבבן בדמיא זי	יהבת	לן זנה משחת ביתא זי זבן
073		B3.4:7	1 וטיב לבבן בדמיא זי	יהבת	לן והא אלה תחמי ביתא זך
074		B4.3:14	זי [....]	יהבת	על ידן]
075		B4.3:8	טלפחן ארדב 1	[יהבת	על ידן וטיב לבבן בגו
076		B4.4:3	[ת]חֿפנס נֿגיא לאמר	יהבת	על ידן שעֿ[רן ארדבן ...
077		B4.3:3	[זי תחפנס נגיא לאמר	[יהבת	עלידן שערן [ארדבן ...
078		B4.4:12	זנ[ה .... זי	[יהבת	עלידן למובל לגבריא אלה
079		C1.1:106	יהבת לך בחכמה [....	י]הבת	שמי בשרחו[ת]א הן יאחדן
080	ויהבת	B2.1:3	לאמר אנה אתית עליך	ויהבת	לי תרע ביתא זילך למבנה
081		B3.13:3	בירתא ויזפת מנך	ויהבת	לי כנתן פרסן 2 סאן 3
082		B3.2:7	זי קבלת עליך בגו	ויהבת	ל[ן] דמוהי כסף שקלן
083		B3.12:13	הו תרי רבתא זילי	ויהבת	לן דמוהי כסף כרש חד
084		B3.12:25	זנה זי זבן ויהבן לך	ויהבת	לן דמוהי כסף וטיב ^לבבן
085		B3.12:5	זי ביב הו מהחסן	ויהבת	לן דמי ביתן כסף כרש חד
086		B3.4:5	אחד אנחן זבנהי לך	ויהבת	לן דמוהי כסף כרש 1 שקלן
087	יהבתהי	B5.5:7	זי הוה בידכי	יהבתהי	לי וטיב לבבי [בגו מן
088	ויהבתה	B3.8:3	שמה אחתך לאנתו	ויהבתה	לי הי אנתתי ואנה בעל[ה]
089		B6.1:3	[ל.... ברתך לאנתו	ויהבתה	לי הי אנתתי] ואנה בעלה
090	יהב	C3.13:1	זי נחשן וכסף ... זי	[יהב	חנן בר חגי ליד [י]דניה
091		A2.6:3	[ב]רי שאל שלמכי וכעת	יהב	מ[כבנת לבנתסר]חתנה זי
092		D8.13:1		יהב	ש[מע]ון בר פ.שודת
093		D3.1:4	פרס[ן ... ...] [...]א זי	יהב[	... ...] [...] יר]ח אפף
094		D4.3:1	ולא	יהב[	...]
095		D7.9:15	וֹקפירא [ו] רבא זי	יהב	[...]מלכיה הושר־י־ המו
096		C3.13:43	ל[יד] [....]זי	יהבֿ	ביד[....]תֿי זכרן
097		A3.8:10	המו לך שלח עלי והן לא	יהב	המו לך [ש]לח עלי כען הן
098		D7.55:1	[...].[...]	יהב	ואמר[...] {{כתני זילי}}
099		C3.15:1	שמהת חילא יהודיא זי	יהב	כסף ליהו אלהא לגבר לגבר
100		A3.2:14	אמרת לי [....]	יהב	לגֿדֿרֿך
101		C3.13:52	שנת 3+10[...] ולא	יהב	לרמנדין בירח מסורע[...]
102		B2.10:7	מבטחיה ברת מחסיה זי	יהב	לה מחסיה אבוה דבק לה זך
103		B8.4:7	עבד נֿבוֿ אלהא	יֿהב	להם עלדבר תטוסרי
104		C3.14:38	[ת]שטרס פתפא זי	יהב	לח[ילא מן אלפֿןֿ
105		A4.2:13	מנה[....] חורי	יהב	לי כזי כלוהי על כדא אמר
106		A6.15:3	שאל מן [נח]תחור ולא	יהב	לי כעת ורפש כן אמר הא
107		B2.7:3	אנה יהבת לכי לביתא זי	יהב	לי משלם בר זכור בר
108		B7.3:8	פמסי אבוך לא	יהב	לי חמר חלף פלגה ו[ל]א
109		B7.3:9	חמר חלף פלגה ו[ל]א	[יה]ב	לי כסף ודמי כסף חלף
110		B8.10:4	חקלתא אלך	יהב	לי[..].[....]
111		D7.9:1	כענת חזו חנתא זי	יהב	לי אוריה לנסכ־א־ הביה
112		D7.13:16	לה סדֿנו [...] לא	יהב	לן [...] מלכיה סון
113		A2.6:7	הלו כספה זי הוה בידה	יהב	ש[1 .... ומכ]בנת
114	ויהב	A3.2:9	ותפסה 1 [....]	ויהב	לי [....] זכריה כרש
115		A4.2:12	ופתפרסא	ויהב	לי כסף סתתרן 2+10 וחדה
116		B2.3:25	הי וספר מרחק כתב	ויהב	לי ספרא זך אנה יהבתה לכי
117		D7.38:3	חנם עליד [...]אוא	ויהב	[...]דֿ 1 א מדֿן
118	ויהבה	B3.12:24	גוא למשלם בר זכור	ויהבה	לי לאנתו לא נכהל נרשנך
119	יהבת	B2.7:4	ברתי חלף נכסיה זי	יהבת	לי כזי הנדז הוית
120		C3.13:10	אחֿ[....]זי	יהבת[	ליד] מנחם בר
121		C3.13:42	1 [....] . זי	יהבת	ל[יד] [....]זי
122	יהיבת	B8.2:5	2+3+20 [....].	יהיבת	[....] לאיר פֿסשן
123	יהבת	A6.15:1	בבל לם אגרת מן ארשם	יהבת	על פס[מש]ך בר עחחפי
124	יהבן	B3.12:17	אנת ענני בר חגי זי	יהבן	ליהוישמע ברתן פסשדת על
125		B8.12:6	[....]זֿנֿה	^יהבן	לצחא בר פטאסי
126		B3.12:31	ודי תנתן לה רחמת אף	יהבן	לך ספרא עטיקא זי כתב לך
127		B5.1:2	ברת שלומם אנחן	יהבן	לכי פלג מנ[ת]א זי יהבו
128		B5.1:6	יגרנכי במנתא זכי זי	יהבן	לכי ינתן לכי כסף כרשן
129	ויהבן	B3.12:32	ספר זבנתא זי זבן לך	ויהבן	לה דמוהי כסף כתב חגי
130		B3.12:12	בסס לאמר אנחנה זבן	ויהבן	לך ביתן זי זבן מן
131		B3.12:15	משחת ביתא זי זבן	ויהבן	לך מן מועה שמש למערב
132		B3.12:17	תחומוהי ביתא זי זבן	ויהבן	לך מועה שמש לה ביתך אנת
133		B3.12:25	בשם ביתא זנה זי זבן	ויהבן	לך ויהבת לן דמוהי כסף
134		B3.12:29	בשם ביתא זנה זי זבן	ויהבן	לך יחוב וינתן לך ולבניך
135		B3.12:3	ברת פתו כל 2 זבן	ויהבן	לך ביתן זי זבן בכסף מן
136		B3.12:7	משחת ביתא זי זבן	ויהבן	לך מן מועה למערב שמש

No.	Lemma	Form	Ref	Preceding	Keyword	Following
137			B3.12:9	תחומי ביתא זי זבן	ויהבן	לך מועה שמש לה ביתה זי
138			B3.4:10	כל 2 אנחן זבן	ויהבן	לך ורחקן מנה מן יומא
139			B3.4:13	זנה זי אנחן זבן	ויהבן	לך ורחקן מנה ולא נכהל
140			B3.4:3	אלהא לאמר אנחן זבן	ויהבן	לך ביתה זי אפולי בר
141	יהבנה		B5.1:5	זכי [ל]אמר לא אנחן	יהבנה	לכי לא יכל אח ואחה בר
142	יהבתם		D7.13:15	פוחרב אמר [....	י]הבתם	לה סדנו [....] לא
143			D7.27:11	זי כתבן [....] [....	]יהבתם	עליהם [....] [....]למחסה
144	יהבו		A6.15:5	אלך 2+3 שטר מן זי	יהבו	בבבאל גברן 2+3 אף
145			A4.8:5	בירתא כסף ונכסין	יהבו	לוידרנג פרתרכא זי
146			A4.5:4	תנה הוה כסף ונכסן	יהבו	לה איתי קצת מן יודנא זֿי
147			B5.1:3	לכי פלג מנ[ת]א זי	יהבו	לן דיני מלכא ורוך
148			C3.28:113	זילנא במציעתא חמרא זי	יהבו	לתלי שנתא זא שלמ[יה]
149			C3.28:49	2 פתחן נחשיא זי	יהבו	על תמריא זי פחן שנתא זא
150	הב		D1.13:7	[.... ....] מן יום [....	הב	כסף מ.[....] [.... ....]א אשלם
151			A6.15:4	לי גברן 2+3 [....]	הב	למספת חלכיא אלך 2+3
152			A6.15:7	אחרן זי לקחת כלא התב	הב	למספת יעבד על ביתא זילי
153			A3.8:11	תשבק לאשנ[.....]ות	הב	לה עֲבור כ[..] לא ת[...]
154			A6.12:1	היתי שושן זך פתפא	הב	לה כאחרנן ˆולנשי ביתהˆ
155			A6.15:10	נכס[ן] מן גרדא התב	הב	להם כן כזי מספת קבילה
156			A3.8:5	ברבא ולא [..]בו לך לאמר	הב	ערבן זבן ביתא זי זכור
157	הבה		A3.7:4	[.]אמר לי יאוש לאמר [.].	הבה	בזהב אל מראתי שלוה
158			A3.4:3	זך [....] זילי	הבה	לפחנום בר נבודלה
159	והבה		A3.8:6	ביתא [ר]בא זי הודו	והבה	לה בכספא זי יקום עלוהי
160	הבהי		B2.7:16	עד עלם ולמן זי תצבין	הבהי	כתב נתן בר ענניה ספרא
161			D7.5:7	[הושר]ת לכי ביד פמן	הבהי	[לפטו]סרי אף בעי גלדא
162	הביה		D7.9:2	יהב לי אוריה לנסכˆאˆ	הביה	לגמריה בר אחיו ויערכה
163	הבי		D7.1:13	המו אף לחם אף קמח	הב[י]	לה ושאלהי[.] למ.ה
164			A3.4:4	יגרוהי והן איתי כסף	הבי	עלוהי [....
165	והבי		B2.3:19	ארקא זך זיליכי בני	והבי	למן זי רחמתי הן מחר או
166	הבו		A4.3:9	לקבל זי ידכם מהשכחה	הבו	לה לא חסרן הו לכם בזך
167			A6.9:2	[אז]ל מצרין אנתם	הבו	[לה פ]תף מן ביתא זילי זי
168			A6.9:5	קמח חפן חדה פתפא זנה	הבו	להם מן פקיד על פקיד לקבל
169			A3.10:6	בתין טב והן לא כספא	הבו	ליד אר[מנתי]דת הו
170			A3.10:3	חלקי באגר אלפא [....]	הבו	על ידה איתי כסף ש
171	והבו		A6.9:4	חדה עמיר לקבל רכשה	והבו	פתף לגברן חלכין תרין אמן
172	והבוהי		A3.10:7	לארמתידת עלוהי	[וה]בוהי	לה [ויז]בנהי פטמחו
173	יהב		A2.2:16	גשר זי ישכח יזבן והן	יהב	לכי רעיה עמר שלחי לי שלם
174	ויהב		A2.4:9	לקח שערן מן תשי	ויהב	בגשרן ושבק כל גשר זי
175	יהבן		A4.2:4	לן בזי מצריא שחד להן	יהבן	ומן [....] זי מצריא קדם
176			D7.9:11	כזי תשמעין לאמר . שרין	יהבן	פרס בסון שלחי עלי חזי
177	יהבת		A2.2:14	לי תקם חפנן 2+3 והוי	יהבת	עבר לוחפרע ויהוי זבן
178	יהב		A6.4:1	[דשנא מ]ן מלכא ומני	יהב	לעחחפי עלימא זילי זי
179			A6.4:4	ז[י] מן מלכא ומני	[י]הב	לעחחפי פסמשך ברה שליט
180			A2.3:8	אחי הו חרוץ וכעת הלו	יהב	להן פרס תנה ויתלקח
181			A2.2:10	על מכי שלחי לי והלה	יהב	לכי שלחי לי ואקבל עליהן
182			A2.2:8	זי כסף ש 1 וכעת הן	יהב	לכי נקיה וגזתה שלחי לי
183			A2.2:9	וגזתה שלחי לי והן	יהב	לכי עמרה זי על מכי שלחי
184	יהיב		A3.3:3	מן מצרין פרס לא	י]היב	[....] [וכזי] קבלן
185			B8.2:25	לחרת.[....] אחר	יהיב]	[.... כנופי עבדה
186			A6.11:5	אחרן זילי מני לא	יהיב	אחר אנה בגה זי פמון זך
187			C3.14fragd:2	[....] [..]...[..]	[יה]יב	א[...]ך לחילא [....
188			C3.14:34	[שנת 2+3 ....]. זי	יהיב	במכלא[....] היתין
189			C3.14fragaR:1	[....] זי	יה[יב]	[כ]ספ ש 1 [....] [כס]ף
190			C3.19:4	בגו	[יה]יב	לענחחפי בר פטאסי
191			D23.1.Va:5	....כ.[..]..[..]. וביתה	יהיב	לפסמשך סריסא
192			D23.1.Va:6	[כל נ]כסי וביתה	]יהיב	לפסמשך סריס[א] חד
193			B8.5:16	[....] שבק[....	יהיב]	לפתנשן וכנותה
194			B8.6:11	3 תמוז אחר	יהיב	לבת...ת
195			C3.19:8	רעי [נ]פקת נפשה	יהיב	לתבא רעי 3[
196			B8.5:13	[....]	יהיב	לתריפת ו[....] [...
197			B8.2:20	100×1	יה[יב	ל....] ימחות
198			B8.6:2	בשניתא זילי אחר	יהיב	[ל.... וכנותה] [ב
199			B8.6:7	10 מאנן 2+3 אחר	[יהיב	ל.. ו]כנותה [....] בר
200			B8.4:8	[....]	יהיב	לה
201			C3.14:32	100×1 כל נפק[תא זי	י]היב	לחילא סונכניא מן יום
202			A6.13:1	לי בגא לם זי מן מראי	יהיב	לי במצרין זך מנדעם מן
203			A6.1:3	עלי אף נשתונא כתיב	יהיב	לן כעת [....]
204			C3.12:16	1 מצרין] קלול 1]	[יהיב	ל....]בר פחה מצרין
205			C3.14:41	[....]. וזי [....]	יהיב]	פתף לחילא .[....]
206			C3.14fragecol1:1	[.... ז]י	יהיב	[מדי]נת נא ....
207	יהיבא		C1.1:22	[....	י]היבא	אזלת לי לביתי
208			D6.3fragd:1	[...	יהי]ב]	...[
209	היב		C3.12:9	קלול 1 קלבין 2	היב	לצחא בר פמון חמר
210	יהבה		A6.1:2	טעם מנתא לם זי	יהבה	במדינתא אחר זי פ[....]
211	יתיהב	etpeel	A6.2:18	ויהוספון על עקיא זי	יתיהב	על טף בארכא לחד פשכן
212	ויתיהב		A3.3:5	[....] [קדם] ספריא	ויתיהב	לכן כעת כזי תאתון
213	יתיהב		A6.2:21	כבריתא במתקלת פרס	יתיהב	ישתלח לם אשרנא זנה
214			A6.2:24	כתב וחפרעמחי	יתיהב	לתובה בל..
215			A6.2:21	ישתלח לם אשרנא זנה	יתיהב	עליד שמו בר כנופי
216	מתיהב		C3.12:1	[...] [....]א אסי זי	מתיהב	[....] [....]מצרין

יִן N a liquid measure

No.	Lemma	Form	Ref	Preceding	Keyword	Following
001	י	s ab/cn	C3.7FV3:7	ספן 3+3+3+10 כ 2	יֿ	2+10 קמר כפר צע כרשן
002			C3.7JV2:26	1[....]	יֿ	2+10 עק סמכת 2
003			C3.7AR2:16	[ספן]3+3[כ 2	י	[2+3+]10 עק סמכת 1 [.].
004			C3.7BR1:3	ספן 3+[3+3] כ 2	יֿ	[2+3]+10 עק סמכת 1
005			C3.7JR1:23	[ספן 3+]3[+3 כ 2	י	[2+3+10 [עק] סמכת 1
006			C3.7KR1:13	[משח ספן 3+3+3 כ 2	י	[2+3+10 ... [.... ....]
007			C3.7CR1:22	[משח ספן 3+3+3 כ 2	י	[2+3+10
008			C3.7CR2:11	[בה] משח חמוש	יֿ	20[[....] כסף גבריא זי

יוד N mark shaped like 'yod' (?); or read יוּר (cf. יור)

No.	Lemma	Form	Ref	Preceding	Keyword	Following
001	יוד	s ab/cn	B2.11:4	שמה אמה תבא עבד	יוד	1 שנית על ידה בימן
002			B2.11:5	שמה אמה תבא עבד	יוד	1 שנית על ידה בימן

יודן N barley-house (Pers; GEA 372.47)

No.	Form	Parsing	Ref	Context before	Keyword	Context after
001	יודנא	s em/sf	A4.5:5	יהבו לה איתי קצת מן	יודנא	זי מלכא זי ביב בירתא

יוז N unrest, revolt (Pers; GEA 372.48)

No.	Form	Parsing	Ref	Context before	Keyword	Context after
001	יוזא	s em/sf	D6.12fragg:1	..]	י]וזא	א[...]
002			A6.11:2	פמון שמ[ה א]בי כזי	יוזא	במצרין הוה זך אבד ובגה
003			A6.11:4	שמה אבוהי זך כזי	יוזא	הוה במצרין אבד עם

יום N day

No.	Form	Parsing	Ref	Context before	Keyword	Context after
001	יום	s ab/cn	B2.7:1	ב 2 לכסלו הו	יום	1+10 לירח מסורע שנת
002			B2.10:1	לכסלו שנת 2+3+3 הו	יום	2+10 לתחות שנת 3+3+3
003			A4.1:7	אל[תאכלו] [.... מן	יום	1+3+10 לניסן ב]מערב
004			A4.1:4	] לניסן ....עב]דו ומן	יום	2+3+10 עד יום 1+20
005			B2.2:1	ב2+3+3+10 לכסלו הו	י]ום	3+10]+3+1 לתחות שנת
006			D2.10:1	] ...]ברת זכור [....	]יום	1+3+3+10[ל]מ[חיר
007			B2.8:1	ב1+3+10 לאב הו	יום	3+3+3+10 לפחנס שנת
008			C3.14:33	3+10] לאיר] הו	י]ום	3+3+3+10
009			C3.8I:1	] לתש]רי הו	יום	3+3+3+10 לאפף שנת]
010			C3.14:32	לחילא סונכניא מ̇[ן	יום	3+1̇0̇ לאיר] הו
011			C3.8IV:4	ב 10+20 לניסן ה[ו	יום	3+10 לתעבי שנת
012			C3.12:29	2+3+20 לכיחך זי הו	יום	1 לניסן לשרתא קלולן 2 ב
013			C3.8IIIB:8	] לאדר שנת 1+3+10 הו	יו]ם	1 לכיחך שנת 10[+3+2]
014			A4.1:4	ומן יום 2+3+10 עד	יום	1+20 ל[ניסן ....]
015			A4.1:7	] לניסן ב]מערב שמשא עד	יום	1+20 לניס[ן במערב]
016			B3.3:1	ל[א]ב[הו	יום	10+20] לירח פרמותי שנת
017			B2.3:1	ופשך ב20+1 לכסלו הו	יום	[20+]1 למסורע שנת 3+3
018			B2.4:1	ב20+[1] ל[כס]ל[ו הו	יו]ם	[20+]1 ל[מס]ורע שנת
019			C3.8I:7	לתש[רי הו	יום	1+20 לאפף שנת 10+3]
020			C3.8IIIA:1	] שנת 1+3+10 הו]	יום	1+20 לחתחור] שנת
021			B3.9:1	ב3+3 לתשרי הו	יום	2+20 לפאוני שנת
022			C3.8I:9	] ...] ב 20 לתשרי הו[	יום	2+20 לאפף שנת 10+3]
023			C3.14:33	[ל]מ̇חיר שנת 3+1 עד	יום[	1+3+20 לאיר הו יום]
024			B3.5:1	ב20+3+2 לתשרי הו	יום	2+3+20 לירח אפף שנת
025			B2.1:1	ב2+3+3+10 לאלול הו	יום	2+3+3+20 לפחנס שנת
026			B3.10:1	ב 20+3+1 למרחשון הו	יום	3+3+3+20 למסורע שנת
027			B2.6:1	ב3+3+20 [ל]תשרי [הו	יום	20]+3+3 לירח אפף
028			C3.8I:12	[ב 20+1]ל[תשרי הו	יום	3+20 לאפף שנת 10+3]
029			B3.2:1	לפמנ[ח]תף ̣הו	יום	20 לסיון שנת 1+3+10
030			B6.1:1	ב1[+2]+3+2 לאיר הו	יום	20 לתעבי שנת]
031			C3.14:33	] 1+3+20 לאיר הו	יום]	20 למח[יר שנת 3+2 ...].
032			C3.8I:5	] 2+3+3+10 לתשרי הו	י]ום	20] לאפף שנת 3+10
033			D2.8:1	] ...] [ב] 20 לניסן הו	יום	2[... ...] [... ...
034			B3.1:1	ב3+3+1 לכסלו הו	יום	1+3 לירח תחות שנת
035			B3.6:1	ב20 סיון הו	יום	1+3+3 לפמנחתף שנת
036			B3.11:1	ב20 לאדר הו	יום	2+3+3 לכיחך שנת 3
037			B3.7:1	ב 3+3+2 לפרמותי הו	י[ו]ם	2+3+3 לתמוז שנת 3
038			C3.8IIIB:23	לאדר שנת 1+3+10 הו	יום	2+3+3 לכיחך שנת]
039			B2.11:1	לשבט שנת 3+10 הו	יום	3+3+3 לחתחור שנת
040			B3.4:1	ב3+3+1 לאלול הו	יום	3+3+3 לירח פאוני שנת
041			C3.8IIIB:29	שנת[10+1+]2+1 הו	יום	3+3+3 לכ[י]חך שנת
042			C3.8IIIB:15	] ש]נת 1+3+10 הו	יום	3 לכיחך שנת [10+3+2]
043			C3.8II:3	[שנת 1+3+10 הו	יום	...]לפאפ[י] שנת
044			C3.8IV:1	] ב.... לניסן הו	יום	.... לתע]בי שנת
045			D1.13:7	יתום [...] [... ...]מן	יום	[... ...] הב כסף מ.[...] [...
046			D3.29:2	ב1+3+3+10[...] עד	יום]	...]
047			B2.1:6	בית זכריה̂ מחר או	יום	אחרן לא אכהל אכלאנך
048			B2.1:8	והן מית קוניה מחר או	יום	אחרן לא יכהל בר וברה אח
049			B2.3:18	ואף אנה מחסיה מחר או	יום	אחרן לא אהנצל מנכי למנתן
050			B2.3:20	זי רחמתי הן מחר או	יום	אחרן ארשנכי דין ודבב
051			B2.3:26	אנתי החסנהי הן מחר או	יום	אחרן דרגמן או בר זילה
052			B2.4:13	בה אחריך הן מחר או	יום	אחרן ארשנך דין ודבב ואמר
053			B2.4:8	בה אחריכם הן מחר או	יום	אחרן ארקא זך תבנה אחר
054			B2.6:17	שנן משאן 1̂ מחר או	יום	א[חר]ן ימות אסחור ובר
055			B2.6:22	בנכסיה וקנינה מחר א[ו	]יום	אחרן תקום מפטחיה בעדה
056			B2.6:26	{י} דין ולא דבב מחר או	יום	אחרן יקום אסחור בעדה
057			B3.3:10	מן חם עד חוט מחר או	יום	אחרן ימות ענניה {{משלם בר
058			B3.3:12	ענני ותמת מחר או	יום	אחרן תמות תמת ענני הו
059			B3.3:13	ואנה משלם מחר או	יום	אחרן לא אכל אנצל לפלטי
060			B3.3:7	1+3+3 פלג מחר או	יום	אחרן יקום ענני בעדה
061			B3.3:9	מן חם עד חוט מחר או	יום	אחרן תקם תמת ותאמר שנאת
062			B3.8:21	תקם חפנן 3+2 מחר או	יום	אחרן יקום ענניה בעדה
063			B5.1:4	מטתכי עם נאהבת מחר	יום	אחרן לא נכל נגרכי במנתא
064			D7.19:13	[יכ]ת̇בונה מחר א[ו]	[יו]ם̇	אחרן
065			D23.1.III-IV:6	כ.ל[....].[...	]יו̇ם̇	וכ.[...].[..]. ...י .[....]ן
066			A3.3:2	[הושרת לך] [וכעת] מן	יום	זי אזלת בארחא זך לבבי̇
067			A3.3:3	אנפיך בשלם כעת מן	יום	זי נפקתם מן מצרין פרס
068			A4.2:2	שלם לן תנה כענת בכל	יום	זי[....] הו קבל פתיפרסן
069			B4.2:10	רבה עלי ירח לירח עד	יום	זי אשלמנהי לך שהדיא
070			B4.2:3	2 לכסף ש 1 לירחא עד	יום	זי אשלמנהי ל[ך] ותהוה
071			A6.9:6	יהוה באתר חד יתיר מן	יום	חד אחר זי יומיא אלך יתיר
072			A6.9:3	ביתא זילי זי במדינתכם	יום	ליום קמח חורי חפנן
073			A4.8:12	] לנפשהום] עבדו ומן	יום	מלכי מצרין אבהין בנו
074			A4.7:21	לא שתין אף מן זכי ועד	יום	שנת 1+3+3+10 דריהוש
075			B2.6:20	ארעא כלה מחר או	יום	תמות מפטחיה ובר דכר
076	ימ.		D4.7:1	מן	ימ[.]	.[...] תח̇ד מן[...]
077	ביום		A5.4:4	צחא זך להיתיה	ביום	10 לפאוני כעת
078			B3.8:24	זי כתיבן ינתן לה	ביום	1 בכף 1 [ו]תהך [לה מנה]
079			B3.8:28	זי כתיבן ינתן לה	ביו[ם	1] בכף 1 ותהך לבית
080			B5.1:1		בי[ו]ם	2 ל[י]רח אפף שנת
081			A4.2:15	וחורי זי כלו	ביום	3+3 לפאפי מטו אגרתא]
082			D7.8:6	בכבא כען אתה וגזה	ביום	זי תרחע̇נה תגזנה והן לא
083			B2.6:28	תהנפק מן חם עד חוט	ביום	חד בכף חדה ותהך לה אן זי
084			C1.1:104	הוין [קרית] רשיען	ביום	רוח תתחלל ובשהינן יצעון
085	בים		D21.6:1		בים	10+20 אפלנס ....
086	כים		D1.17fragb:6	] ...]יתקי̇ם	כים	ושהדו על כל נכס[י ... ...]
087	ליום		A6.9:3	זילי זי במדינתכם יום	ליום	קמח חורי חפנן תרת[י]ן
088	יום		D7.10:5	לי אחוטב להן [....	י]ום	שבה כען הן לא שבו לנתן

No.	Lemma	Parse	Ref.	Preceding	Keyword	Following
089			D7.35:7	[...]אשה ומלח [....]ל עד	יום	שבה [...] ביד משלם נונן
090	יומא	s em/sf	D7.3:9	[...] למחר [...] [.]..	יֹוֹמֹא	
091			A4.7:20	דריהוש מלכא ועד֯ זנה	יומא	אנחנה שקקן לבשן וצימין
092			A4.8:19	דריהוש מלכא ועד זנה	יומא	אנחנה שקקן֯ לבשן וצימן
093			D7.48:1	הושרי לי י....	יומא	דך 2 הושרי לי זעיר לחמא
094			C3.15:123	כש 2 כספא זי קם	יומא	הו ביד ידניה בר גמריה
095			C3.19:2	[.. הנע]לו בגנזא גויא	[י]ומא	הו
096			C3.19:20	ר֯[עי ...] כל ר[עי]	יומ[א	הו] מן גנזא ג֯[ויא] לע]
097			B2.11:7	זך זי מטאך בחלק מן	יומא	זנה ועד עלם ובניך אחריך
098			B2.3:9	אנתי שליטה בה מן	יומא	זנה ועד עלם ובניכי
099			B2.6:4	הי אנתתי ואנה בעלה מן	יומא	זנה ועד עלם יהבת לך מהר
100			B2.8:7	אלך ורחקת מנכי מן	יומא	זנה ועד עלם לא אכהל
101			B2.9:10	רחיקן אנחנה מנך מן	יומא	זנה עד עלם ל[א] נכהל
102			B2.9:9	וטיב לבבן בגו מן	יומא	זנה עד עלם אנה מנחם
103			B3.11:8	ברתי שליטה בה מן	יומא	זנה {זנה} עד עלם ובניכי
104			B3.12:23	אנת ענני שליט בה מן	יומא	זנה ועד עלמן ובניך שליטן
105			B3.3:4	הי אנתתי ואנה בעלה מן	יומא	זנה ועד עלם הנעלת לי
106			B3.4:11	ויהבן לך ורחקן מנה מן	יומא	זנה ועד עלמן אנת ענניה
107			B3.5:4	לכי ברחמן זילכי הו מן	יומא	זנה עד עלם וזי בניכי זי
108			B3.8:4	אנתתי ואנה בעל[ה] מן	יומא	זנה עד עלם ויהבת לך מהר
109			B4.6:8	[הו] סתתרי [1] [עד	יומ]א	זנה ז[י] מנעל כתיב
110			B5.2:8	[מתן] רחקת מנך מן	י]ומא	זנה ועד עלם [....
111			B5.5:4	[ורח]קת מנכ[י] מן	יומא	זנה ועד עלם לא אכהל
112			B5.5:8	לי וטיב לבבי [בגו מן	יומא	זנה ועד עלם ורחקת מנכי
113			B5.6:6	זי לך המו עם [.... מן	יומא	זנ]ה עד עלם זֹי ׳אֹתה
114			B6.1:4	[אנתתי] ואנה בעלה מן	יומא	זנה עד עלְ[ם ויהבת לך מהר
115			D7.1:6	אזלי קומי עמה בסון	יומא	זנה הן תעבדן [לה ט]בה
116			D7.2:2	כען הושרי לי זעיר מלח	יומא	זנה והן מלח לאית בביתא
117			D7.3:4	אנתתא שׁ[...] [אז]לי	יומא	זנה ועל[י על] [מש]לך
118			D7.48:3	2 הושרי לי זעיר לחמא	יומא	זנה וכענת היתיו לי בש.תא
119			D7.48:8	לם [י]שלחו לי טעמא	יומא	זֹנֹה [.] לשלמכם שלחת
120			D7.8:10	תגזנה והן לא תנפק	יומא	זנה שלח לי וארחצא עד
121			C1.1:80	בר[י] אל תלו[ו]ט	יומא	עד תחזה] לי[ל]ה א֯[ל]
122			A4.8:20	זך ע[ד]נא ועד ז[נה	יומא	שנת 1+3+3+10
123	ימא		D7.24:3	באלף פמהן לם אעל סון	ימא	זנה כען הלו עלדבר סכיא
124			D7.24:4	סכיא [....].	ימא	זנה הן תכל תעב[ד]
125	ביומא		D23.1.XII:11	.א.... [..]נו֯	ביומ[א]	זי אמון תֹאתהֹ[...] .
126	ליומא		D7.20:9	בר זכריה לם אתה	ליומא	זנה ולא אתית ביד בנתי
127			A6.9:3	גב[ר]ן עשרה לחד	ליומא	קמח חפן חדה עמיר לקבל
128			A6.9:5	מצרין לגבר לגבר	ליומא	קמח חפן חדה פתפא זנה
129	יומן	p abs	B8.7:8	ב֯י֯ן	יומן	2+10 שאיל מנכי לק֯[בל
130			B3.4:20	ונפצל וננתן לך בין	יומן	10+20 והן לא פצלן אנחן
131			B3.13:7	זי מנעל כתיב בין	יומן	20 הו עשרן ולא דן והן
132			D23.1.XII:9	[...].[.].לם..[...]	[יומן	1+3 זי אמון ואנ.
133			B7.1:7	הן לא יהבת לך בין	יומ]ן	[....
134			C1.2:5	[....] [....]. שעתסם בתמא	יומן	חמ[שה]הו יחלף לך ושביא
135			A4.1:4	כן מנו ארב[עת עשר]	[יומן]	לניסן .... עב]דו ומן יום
136	ימין		B3.10:17	לקבל זי סבלתני ואנה	ימין	סב לא כהל הוית בידי
137	וביומן		C1.2:21	ויהוון [....]. [....]	וביומן	אחרנן יאכל [....
138	וליומן		C1.1:49	עד זי לעדן֯ [א]חרן	וליומן	אחרנן שגיאן קרבתך קדם
139	ליומן		C1.1:39	[אל]ךְ עמה אחר	לי[ו]מן	אחרנן תלתה לם [....
140			C1.1:52	בלני לב[י]תך ע[ד]	ליומן	אחרנן אסרחאדן מלכא
141	יומי	p const	A4.7:13	ולנפשהום עבדו ומן	יומי	מלך מצרין אבהין בנו
142	כיומי		A1.1:3	פרעה	כיומי	שמין ומין ו֯י֯[...
143	יומיא	p em/sf	A4.1:8	בתוניכם וחתמו בין	יומיא]	אלה] [....]א [אל] אחי
144			A6.9:6	מן יום חד אחר זי	יומיא	אלך יתיר פתף אל תנתנו
145	יומיך		C1.1:202	.... מכרא]	י]ו֯מיך	בחין קדם
146	ביומיך		C1.1:86	אמ֯ריך ותהך [ו]לא	ביומיך	[חזי ט]ב֯ת מלך הן פקיד
147	ויומיך		C2.1.11:72	[וירחמנך וזרעך י]שגא	ויומיך	יארכון והן תהצפנהי

יור N a kind of slave (?) (cf. **יוד**)

No.	Lemma	Parse	Ref.	Preceding	Keyword	Following
001	יור	s ab/cn	C3.10:2	[...] אחרן[... בר].מרי	יור	חור ב[ר]ה תחת מסתא
002			C3.9:16	[2] פחנום ברן	[יור]	תטחרור בר[ת] תתף ברתה
003			C3.9:12	[כל נפש] 1+3 בגו	יור	1 נשן רבה [1 בנן [2
004			C3.9:5	כל נפש 1+3 בגו]	יור	1] [נשן] רבה 2 ב]רה 1]
005			C3.9:7	2 ב]רה 1] [....	יו]ר	3 נשן [רבה] [....].[....
006			C3.10fraga:2	[... בר ....]י	יור	
007			C3.9:1	[.... בר	[יור]	[.... אנתתה נשן רבה
008			C3.9:13	[2] [...]ט בר פטוסרי	יור	[.... בר]ת חור נשן רבה
009			C3.9:8	3 נשן [רבה] [....].[....	[יור]	[... בר]ת֯ פחפי [אנת]תה

יזף V to borrow

No.	Lemma	Parse	Ref.	Preceding	Keyword	Following
001	ויזפת	peal	B3.13:3	בביתך בסון בירתא	ויזפת	מנך ויהבת לי כנתן פרסן
002	ויזפ		D8.8:9	ק 3 ליהדת ב 2	ויז֯פ]	[...
003	תזף		C1.1:130	ומן גבר לה֯ה֯ אל	תזף	אף֯ [ה]ן תזף זפתא שלין
004			C1.1:130	ותנתן לבניך עמך [אל	תזף	ז]פתא יקירתא ומן גבר
005			C1.1:130	לה֯ה֯ אל תזף אף֯ [ה]ן	תזף	זפתא שלין לנפשך אל תשים
006	זף		C1.1:129	הו [....] אנת יה ברי	זף	דגנא וחנטתא זי תאכל ותשבע

יחט V to set up (?)

No.	Lemma	Parse	Ref.	Preceding	Keyword	Following
001	ואחט	peal	D7.16:6	לי שער֯ך֯ ובעי 1	ואחט	המו בקל כענת חי ליהה הן
002	יחיט		C1.1:133	[מן] קדמן כרסאא לכדבא	י֯חי֯ט	ועל אחר֯[ן י]ה֯נשגון
003			D7.27:13	כס]פ֯ .... [...]	י֯חיט]	עלין לא֯ שלחו֯[
004	למיחט		C3.8IV:7	[שמו] טעם	למיחט	[...]

יטב V + **לבב** to please, satisfy someone

No.	Lemma	Parse	Ref.	Preceding	Keyword	Following
001	הוטבת	(h)afel	B5.6:2	ב֯זכם הנ.ה֯. לאמר	הוטבת	[לבבי ....]חירנם
002	והוטבת		D1.15:3	[....]זי ל֯[...	]והוטב[ת	[....] [....] ..בר
003			B2.2:11	לה ימאת לי ביהו	והוטבת	לבבי על ארקא זך לא אכהל
004	הוטבתם		B2.9:8	ומחסיה בני אסחור	הוטבתם	לבבן באלך נכסיא וטיב

יכל V to be able

No.	Lemma	Parse	Ref.	Preceding	Keyword	Following
001	אכל	peal	B2.6:35	20 באבני מלכא ולא	אכל	[אהנ]תר נכסי וקניני מן
002			B2.6:31	לה דין ספרא זנה ולא	אכל	אמר איתי לי אנתה אחרה
003			B3.1:11	בכספך ומרביתה ולא	אכל	אמר לך ׳לם׳ שלמתך בכספך

יכל

004		B4.1:1	בר גלגל לא[מר אנה לא	]אכל	אמר לך יתלי עליך כסף
005		B4.1:3	יחיה בה איש ול.. וֹ]לא	אכל	אמר] לבר לך וברה יתלןי
006		B5.4:3	כתבת] ויהבת לך אף לא [	אכל	אמר אנה [אהנצל מנך למנתן
007		B2.7:8	זי רחמתי תנתננה לא	אכל	אנה ובני וזרע זילי וגבר
008		B3.3:13	מחר או יום אחרן לא	אכל	אנצל לפלטי מן תחת לבבך
009		D7.15:13	עלוה ויחוך [...] לא	אכל	אעל כֹ[...]
010		B1.1:14	ולא לאגר חמר ולא	א[כל]	אצל חקלי מנך ואית לך
011		B3.1:12	וספרא זנה בידך ולא	אכל	אקבל עליך קדם סגן ודין
012		B5.4:2	[ולא]	אכל	אקבל עליך קדם סגן ומ]רא
013		D23.1.II:8	עמה ס.ד.. ... [.] לא	אכל	אשבקנה אשכב עמה רחם אנה
014	תכל	D7.45:2	הן [....]	תכל	תהך עמהם .לחמה
015		D7.24:10	יהבת לה [.... הן]	תכל	תעבד [....] כענת
016		D7.24:4	[....]. ימא זנה הן	תכל	תעב[ד] [...]ג
017	תכלן	A2.3:4	תנה אל תצפי לה כדי	תכלן	תעבדן לה עבד אנה לה
018	יכל	B5.1:5	לא אנחן יהבנה לכי לא	יכל	אח ואחה בר וברה קרב
019		B5.3:2	זילך וזן בניך ולא	יכל	בר וברה] אח ואחה דינן
020		B2.7:11	ובית אם דילכי אף לא	יכל	גבר אחרן יהנפק עליכי ספר
021	נכל	B5.1:4	מחר יום אחרן לא	נכל	נגרכי במנתא זכי [ל]אמר
022		B3.4:12	די צבית למנתן אנחן לא	נכל	נגרנך דין ודבב בשם ביתא
023	תכלן	A2.5:5	לן ארון ובינבן והן	תכלן	תהיתן לן תקם יתו ביד
024	יכלון	B3.11:15	בדן ולא יצדק אף לא	יכלון	ינפקון עליכי ספר חדת
025		B3.1:18	בכספך ומרביתה ולא	יכלון	יקבלון עליך קדם סגן

יכל #2 V to entrust

001	(h)afel תוכל	D7.6:5	עד תאתה[ו]ה אחטב אל	תוכ[ו]ל	המו על אחרנן הן גרס

ילד V to bear (a child)

001	peal ילדתי	B3.5:17	בני זי 100×1	ילדתי	לי המו שליטן בה אחר
002		B3.5:20	בביתה כלה להן בני זי	ילדתי	לי וגברא זי יהנצל ביתי
003		B3.5:5	עד עלם וזי בניכי זי	ילדתי	לי מן אחריכי והא משחת
004		B3.6:6	וביהישמע ברתכי זי	{ל}י<ל>דתי	לי לא שליט בך למשנתכי
005	ילתי	B3.6:5	ליהישמע שמה ברתכי זי	ילתי	לי בר לי וברה ואח לי
006		B3.6:8	ועל יהישמע ברתך זי	ילתי	לי ינתן לך אבגרן כסף
007	תלד	B2.6:33	ובנן אחרנן להן בנן זי	תלד	לי מפטחיה הן אמר איתי
008	ותלד	C1.2:26	[ ]נתה בפלג	ותלד	ולֹ[....]
009	ילד	B5.6:4	בשאה עם עֲבֹדא ארמי	ילד	בזן בי [....]

ילל V to lament

001	(h)afel הילל	C1.1:41	קרבתא בזע כתונה	הילל	[....]ה ספרא חכימא

ים N sea

001	s em/sf ימא	C1.1:207	ה]חוי לערבי [....	ימא	ולצידני .[....]א כי
002		C1.2:4	ו.[...] [..]לולא באתר	ימא	קטלת המוֹן ....
003	בימא	C1.1:165	אריה לא איתי [....]	בימא	על כן יקראון לקפא
004	לימא	C3.7GV5:12	[10 לימא בשנת]	[לי]מֹא	בהם [כסף כרשן ... [....
005		C3.7GV5:22	[דמי נתרא זי הנפקו]	לימא	בהם כסף כרשן]
006		C3.7KV2:1	הנפקו	לימא	בהם כסף כרשן .[....]
007		C3.7KV2:12	[דמי נתרא] [זי הנפקו	לימא	בהם כסף כרשן ...] ו ח
008		C3.7KV3:15	דמי נתרא זי הנפקו	לי]מא]	בהם כסף כ]רשן
009		C3.7EV1:12	[ ]דמי נתרא זי הנפקו	לימא	בה [כסף כרשן ...]3+3 ח
010		C3.7EV1:1	[דמי נתר]א זי הנפקו	לימא]	בה]כסף כ]רשן ....]+1
011		C3.7EV2:14	נתרא זי הנ]פק[ו	לי[מ]א]	בה כסף כרשן ...] ב 10]
012		C3.7EV2:16	[ ]דמי נתרא זי הנפקו	לימא	בה] כ]סף כרשן [...]. ב
013		C3.7EV2:18	דמי נ]תרא]זי הנפקו	לימא	בה כסף] כרשן ...] ב
014		C3.7EV2:2	[נתרא ז]י ה]נפ]קו	לימא	בה] כסף כרשן ...] ב] ....
015		C3.7EV2:4	דמי נתרא זי הנפקו	ל]ימא	בה כסף כרשן ....] [ב
016		C3.7GV5:16	[דמי נתרא] זי הנפקו	לימ[א]	בֹ]ה כסף כרשן
017		C3.7GV5:19	[נתרא זי] [הנפקו	לי]מֹא	בה כסף] כרשן ....]
018		C3.7KV2:10	[דמי נתרא זי הנפקו	לימ]א	בה כ]סף כרשן ...] . ש
019		C3.7KV2:15	[דמי נתרא זי הנפקו	לימא	בה כס]ף כרשן 10 ש 3+3
020		C3.7KV2:17	[נת]ר]א]זי הנפקו	[לימא	בה כסף כ]רשן 1+10 ש
021		C3.7KV2:19	נתרֹא זי ה]נפקו	ל]ימא	בה כסף כרשן 1+10 ש
022		C3.7KV2:21	דמי נת]ר]א זי הנפקו	ל]ימא	בה כ]סף כרשן 3+3 ש
023		C3.7KV2:23	[דמי נת]רא [זי הנפקו	לימא	בה כס]ף כרשן 2+3+3 ש
024		C3.7KV2:25	דמי נת]ר]א זי]הנפקו	לימא	בה כסף כרשן
025		C3.7KV2:4	דמי נתרא זי הנפקו	לימא	בה כסף כרשן 3+3+3 ש]
026		C3.7KV2:6	נתֹרֹא זי הנפקו]	לימא	בה כסף כר]שן ....] ב
027		C3.7KV2:8	דמי נתרא זי הנפקו]	לימא	בה כסף כרשן]: ...]ש 2+3
028		C3.7KV3:10	ד]מי נתרא זי הנ]פקו	[לימא]	]בה] כסף כרשן
029		C3.7KV3:13	נת]ר]א זי הנפקו]	לי]מ]א	ב]ה כס]ף כרשן
030		C3.7KV3:18	דמי נתרא זי הנפק]ו	לימא	בה כסף כרשן
031		C3.7KV3:20	ד]מי נתרא זי הנפקו]	לימא	ב]ה כסף כרשן ....]
032		C3.7KV3:22	[דמי]נתרא זי הנפקו	לימא	ב]ה כסף כרשן
033		C3.7KV3:3	[ ]דמי נתרא זי הנ]פקו	לימא	בה כסף כרשן ....] [ב
034		C3.7KV3:5	[דמי נתר]א[זי הנפקו	לימא	בה כ]סף כר]שן ....]
035		C3.7KV3:8	דמי נתרא זי הנפקו	לימא	בה כסף כרשן ....]
036		C3.7EV1:6	[כל ספינתא זי בקרו	לימא]	בירח פאוני ספינה 2+3
037		C3.7EV2:7	[ספינתא זי]בֹקֹרֹו	לימא	בירח א]פ]ף ספינה] 3+3
038		C3.7GV5:20	[כל ספינ]תא זי בקרו]	לימא	בירח חתחור] [ספינה 2]
039		C3.7KV3:14	[ ]סֹפֹינֹתֹא זי בקרו	לימא	בירח [פ]חֹנֹס ספינה]
040		C3.7GV5:10	[כל ספינתא זי]בקרו]	לימא	בשנת 10] [לי]מֹאֹ בהם
041		C3.7EV1:14	[ב .... לאפף בקר]ו	לימא	דוגי קנרֹתשירי 1 זי
042		C3.7EV1:16	[ב .... לאפף] בקרו	לימא	דוגי קנרֹתעא 1 [זי]
043		C3.7EV1:2	[10+20 לפאוני בקר]ו	לימא	דוגי קנרֹ[ת]עא שמֹ...]ן]
044		C3.7EV2:19	למסורע בק[ר]ו	לֹימֹא	דוגי קנרֹתעא 1 זי]
045		C3.7EV2:5	[ב ....]1 לאפף בקרו	לימא	דוגי קנרֹתשי]רי 1 זי
046		C3.7EV1:18	[כסף מנפקה]	לימ]אֹ	כסף כרשן 2 ש 2+3
047		C3.7EV1:3	[....]י [כסף מנפקה	לימא	כ]סף כרשן 2 ש 2+3
048		C3.7EV2:20	[....] [כסף מנפ]קה	ל]ימא	]כסף כרשן 2 ש 2+3
049		C3.7EV1:15	....]כ]סף מנפקה	לימא	לאדֹי]ה]בן] ....] [ב
050		C3.7EV2:6	....]כסף מנפקה	לימֹא	לאֹ]דֹ]יהבן ....]....]
051		C3.7EV1:11	[ב .... לאפף ב]קרו	לימא	ספינה 1 זי גֹלפֹרֹס]
052		C3.7EV2:13	למס]ורע]בקרו	לימא	[ספ]ינה 1 ז]י .... יוני]
053		C3.7EV2:1	[ב .... לא]פף ב]קרו	ל]ימא	ספינה 1 [ז]י ש.[...] יוני
054		C3.7EV2:15	ב 10 [ל]מסורע בקרו	לימ[א]	ספינה 1[זי]יוכלס
055		C3.7EV2:17	[2+]20 למסורע בקרו	לימא	ספינה 1 זי פנֹסֹ יונ]י

No.	Gram.	Form	Ref.	Preceding	Keyword	Following
056			C3.7EV2:3	ב[....]לאפף בקרו	לימא	ספינה 1 זי הפו.[...
057			C3.7GV5:14	ל[ח]תחור[בקרו	לימא	ספינה 1 זי] [....].לן
058			C3.7GV5:17	לחת[חור בקרו	לימא	ספינה 1 זי ....] ....
059			C3.7GV5:24	ל[כ]יחך בקרו	לי[מא	ספינה 1 זי ....]
060			C3.7KV2:14	[ב .... לפרמותי בקרו	לימא	ספינה 1 זי ...] ...]מנ[
061			C3.7KV2:16	ב[..] לפרמו[תי בקרו	לימא	ספינה 1 זי ..]
062			C3.7KV2:18	ל[פרמו]תי ב[קרו	ל]ימא	ספי[נה 1 זי ...]כלס
063			C3.7KV2:20	ל[פר]מותי בקרו	ל[י]מא	[ס]פינה 1 זי פרתוכלס
064			C3.7KV2:22	לפרמ[ות]י בקרו	לי[מא	ספינה 1] זי גלפרס
065			C3.7KV2:3	ב 10 לפמנחתף בקרו	לימא	ספינה 1 זי ...סי יוני
066			C3.7KV2:5	ל[פמנחת]ף בקרו	לימא	[ספינה]1 זי תמ.[...
067			C3.7KV2:7	לפמנחתף בקרו	לימא	ספינה 1 זי ...] ....
068			C3.7KV2:9	10+20 לפמנחתף בקרו	לימא	ספינה 1 זי .[.... יוני
069			C3.7KV3:12	10+20 לפחנס בקרו	[ל]ימ[א	]ספי[נה 1 זי]
070			C3.7KV3:17	לפאוני [בקר]ו	לימא	ס[פינה 1 זי .... יוני
071			C3.7KV3:19	ב 1+20 לפאוני בקרו	לימא	ספינה 1[זי ....
072			C3.7KV3:21	לפאוני בקרו	לימא	ספינה 1 זי [.... יוני
073			C3.7KV3:2	ב[.. לפ]חנס בקרו	לימא	ס[פינה 1 זי ...]מרסלס
074			C3.7KV3:24	לפאוני בקרו	לימא	ספינה 1 זי .[.... יוני
075			C3.7KV3:4	לפחנס בקרו	[לימא	ספינה 1 זי .... יוני
076			C3.7KV3:7	[ ]2+20 לפחנס בקרו	לימא	ספינה [1 זי ....].
077			C3.7KV3:9	לפחנס בקרו	לימא	ספינ[ה 1 זי ....

ימא V to swear

No.	Gram.	Form	Ref.	Preceding	Keyword	Following
001	peal	ימאת	B7.1:4	לא חמצ[ת מנך והן לא	ימאת	לך] [ומן מומאה] אתוב או
002		וימאת	B2.3:24	ומומא טעינת לה	וימאת	לה כזי זילי הי וספר
003		ימאת	B2.2:11	זי מיא קשיא לעליה לה	ימאת	לי ביהו והוטבת לבבי על
004			B2.2:4	יב לדגל וריזת לאמר	ימאת	לי ביהו אלהא ביב בירתא
005			B2.2:8	הא תחומי ארקא זך זי	ימאת	לי עלדברה ביתי ^אנה^
006		ימאתי	B2.8:8	בשם נכסיא אלכי זי	ימאתי	לי עליהם הן גריתכי דין
007		וימאתי	B2.8:5	מומאה מטאה עליכי	וימאתי	לי עליהם בסתי אלהתה
008		...ימא	B8.9:1	זי נשאת הן	ימא[....]	[...]אה...
009		ימא	B7.3:2	הו[דויה]	ימא	למשלם בר נתן בח[רם
010		וימא	B7.3:4	במסגדא ובענתיהו	ו[ימא	לה] לאמר אתנא זי ביד
011		תמא	B7.1:6	כל נונין או דמיהם זי	תמא	[לי עליהם ....]
012		תמאו	B8.9:3	וא[ף]אמרן אנחנה	תמא^ו^	לה על[זנה טעמא ....]
013		למומא	B2.2:6	וטענוך לי מומאה	למומא	ביהו עלדבר ארקא זך כזי
014			B8.9:4	לא עד זמנא יביל להם	למומא	על זנה [טעמא ....]

ימה N of horses: (?)

No.	Gram.	Form	Ref.	Preceding	Keyword	Following
001	s ab/cn	ימה	A3.11:2	בזך השכחת	ימה	ברכשא

ימין N right (hand)

No.	Gram.	Form	Ref.	Preceding	Keyword	Following
001	s ab/cn	בימן	B3.6:3	אמתה זי שניתה על ידה	בימן	כדנה למשלם לאמר אנה
002			B2.11:4	יוד 1 שנית על ידה	בימן	שניתת מקרא ארמית כזנה
003			B2.11:6	יוד 1 שנית על ידה	בימן	שניתת מקרא ארמית כזנה

ין N wine

No.	Gram.	Form	Ref.	Preceding	Keyword	Following
001	s ab/cn	ין	C3.1:5	[ ]בו עליד דנבו 2	ין	לכנ..[.... ע]ליד
002			C3.1:3	[ע]ליד דנבו 2	ין	לנבפד..]
003			C3.1:4	2[...]	ין	לפדפדצ.[...
004			C3.1:2	[י]ן ..]נ[ ]..[.].[...] [2]	ין	לשנאבאצ[ר ....
005			C3.1:1	]2	י]ן	..]נ[ ]..[.].[...] [2] ין

ינק V to suck

No.	Gram.	Form	Ref.	Preceding	Keyword	Following
001	peal	למונק	C1.1:168	[נמרא] שלם טביא להן	למונק	דמה %% דבא אזל על

ינק N child

No.	Gram.	Form	Ref.	Preceding	Keyword	Following
001	s em/sf	ינקא	D7.6:11	פסח‖א הוי שלח שלם	ינקא	
002			D7.43:7	מנכי [...] [כען חזי	י]נקא	אזלי [....] ותנתן לכי
003	p em/sf	ינקיא	A2.7:3	מתכל אנה הוי חזית על	ינקיא	אלכי שלם וסרז ושפנית
004			D7.17:10	אל תזבני המו יאכלו	ינקי^א^	הלו לא שאר קטין
005			D7.6:3	שלמך כען חזי 1 על	ינקיא	עד תאת‖ה אחטב אל
006			A3.6:3	[חזי] על	ינקיא	עליך לבבי שדיק כל זי
007		ינקיה	A3.4:2	לך שלם גלגל תנה שלם	ינקיה	ו[כ]ע[ת] זך [....]
008		וינקיא	A3.3:12	עד תאתה שלם אמך	וינקיא	כלא כעת תנה הוין

יסף V to add

No.	Gram.	Form	Ref.	Preceding	Keyword	Following
001	(h)afel	יהוסף	C1.1:144	מן מנתך ועל זילה	יהוס[ף	....] הא כן
002		תהוספון	A6.10:9	אחרן לא תבעון ולא	תהוספון	על ביתא זילי חסין
003		ויהוספון	A6.2:18	זרניך כרשן מאה	ויהוספון	על עקיא זי יתיהב על טף
004		ומהוספן	A6.10:5	בעי[ן] מן אתר אחרן	ומהוס[פן	ע]ל בית מראיהם ואנתם
005		הוספה	A6.2:17	כנכר חד מנן עשרה כלא	הוספה	כברי כרשן עשרה ולהנדונה
006	ettafal	אתוסף	C3.11:8	חלרן 3 בגו כספא זי	אתוסף	על מכס פטאסי בר .[...]
007		יתוספו	C3.11:10	חל[רן] מכס גבריא זי	יתוספו	בשנת 3+3+1[1+]

יסר V to try, to chastise

No.	Gram.	Form	Ref.	Preceding	Keyword	Following
001	etpeel	ויתסר	C1.1:175	ב[.]תא ברא זי יתאלף	ויתסר	ויתשים ארחא

יעט N counselor, adviser

No.	Gram.	Form	Ref.	Preceding	Keyword	Following
001	s ab/cn	יעט	C1.1:12	[י]הוו [ס]פרא חכימא	יעט	אתור כלה זי הקים לברה
002		ויעט	C1.1:2	[ר]בה אחיקר	וי[עט	אתור כלה הוה] [וצ]בית

יצב V to be valid

No.	Gram.	Form	Ref.	Preceding	Keyword	Following
001	peal	יצב	B3.11:17	אנה ענני כתבת לכי הו	יצב	כתב חגי בר שמעיה ספרא
002	pael	מיצב	B3.10:22	זי אנה עבדת לכי הו	מיצב	כתב חגי בר שמעיה ספרא

יצלן N (unclear)

No.	Gram.	Form	Ref.	Preceding	Keyword	Following
001	s ab/cn	יצלן	D7.23:4	קמרא עתי[קא ...] גץ	יצלן	2 [...] [.]אחוך מיכי[ה

יצע V — to incline (?)

No.	Form	Stem	Ref.	Preceding	Keyword	Following
001	יצעון	peal	C1.1:104	רוח תתחלל ובשהינן	יצעון	תרעיה כי בזיזת

יצף V — to worry about, take care

No.	Form	Stem	Ref.	Preceding	Keyword	Following
001	תצף	peal	A2.4:3	ובנוהי שלם רעיה אל	תצף	לחרוץ לה שבק אנה לה 1
002			A3.9:6	כל בני .[....] תנה אל	ת[צף	לן ע]לדבר [..] מלה מלה
003	תצפי		A2.3:4	{{ל}} לחרוץ תנה אל	תצפי	לה כדי תכלן תעבדן לה עבד
004			A2.6:9	בנתסר תנה וברה אל	ת[צפי	לה ....]אנחן בען
005			D1.1:14	לבעל[... ... ...] ואל	תצפי	לה אל[... ... ...] [...] ... ...
006			A2.1:8	ונתנהי במשח וכעת אל	תצפי	לן לי ולמכבנת לכן אנחן
007	תצפו		A2.2:3	שלם נבושה תנה אל	תצפו	לה לה מנס אנה לה מן מפי
008			D1.1:8	[... ... ...]אל	תצפו	לה [... ... ...]ל ובנתה
009			A2.4:12	יתו לי חפנן 2+3 אל	תצפו	לי לכן אנה יצף לשלמכן
010	יצף		D1.1:10	ובנתה שלמ[... ... ...]	יצף	אנה[... ... ...] ובסה תנה
011			A2.4:12	אל תצפו לי לכן אנה	יצף	לשלמכן שלחת {{ל[.]}} ספרה
012	יצפן		A2.1:8	לי ולמכבנת לכן אנחן	יצפן	אזדהרי בביתאלנתן מן
013	יצפה		D7.16:11	הושרתה הן משלמת לא	יצפ˄ה˄	לי אנתי מה תאמרן תחזין

יקד V — to burn

No.	Form	Stem	Ref.	Preceding	Keyword	Following
001	יקדה	peal	C1.1:87	מלך הן פקיד ˄לך˄ אשה	יקדה	הי עבק עבדהי אל תהנשק

יקיר A — heavy, precious

No.	Form	Stem	Ref.	Preceding	Keyword	Following
001	יקיר	s ab/cn	C1.1:159	וטענת מלח ולא איתי זי	יקיר	מן נכ[רי] נשאית תבן
002			C1.1:188	ולא יהחוה %% הא זנה	יקיר	[קד]ם שמש וזי ישתה חמרא
003	יקירה		C1.1:79	אף לאלהן	יק[י]רה	הי ענ[....]ל.[..]
004	ויקיר		C1.1:92	למחזה כשמש	ויקיר	הדרה לדרכי ארקא
005	יקירתא	s em/sf	C1.1:130	עמך [אל תזף ז]פתא	יקירתא	ומן גבר לחה אל תזף

יקר V — to be heavy; to harden, honor ((h)afel)

No.	Form	Stem	Ref.	Preceding	Keyword	Following
001	והוקרת	(h)afel	C1.1:112	שבקת לרחמיך	והוקרת	ל[....]
002	הוקר		C1.1:82	זי ש[מעת]	הוקר	לבב כי צנפר הי מלה

ירח N — month

No.	Form	Stem	Ref.	Preceding	Keyword	Following
001	ירח	s ab/cn	B4.2:5	ראש וירבה ואשלמנהי לך	ירח	בירח מן פרסי זי ינתנון
002			D1.18:1		ירח	ירח פק.[... ...] אל אחי
003			A6.1:3	מפרש זן זן	ירח	כירח הוו שלחן עלי אף
004			B4.2:9	עלי ויהוה רבה עלי	ירח	לירח עד יום זי אשלמנהי
005			D1.18:1	ירח	ירח	פק.[... ...] אל אחי
006	בירח		B4.2:5	ואשלמנהי לך ירח	בירח	מן פרסי זי ינתנון לי מן
007	כירח		A6.1:3	מפרש זן זן ירח	כירח	הוו שלחן עלי אף נשתונא
008	לירח		B3.1:5	כסף חלרן 2 לתקל 1	לירח	1 הוה כסף חלרן 2+3+3
009			B4.2:4	כספך חלרן 1+3+3	לירח	1 וירחא זי לא אנתן לך בה
010			B3.1:6	הוה כסף חלרן 2+3+3	לירח	חד הן מטת מרביתא לרשא
011			B4.2:9	ויהוה רבה עלי ירח	לירח	עד יום זי אשלמנהי לך
012	ירח		B4.5:7	[לא ש]למת יהבת לך בין	ירח	
013			D3.1:5	...] [... ...] זי יהב	יר]ח	אפף ב.[....]
014			C3.7EV1:10	[....]+2 ר 2	[ירח	אפף שנת [1+10] [ב ....
015			C3.7GR2:14	בגו זילא ספיתן 10	י[ר]ח	אפף[שנת]10+1 [ב
016			D1.33fragd:4	[נ]צרמלך[...] [...]י	ירח	
017			C3.7GV5:13	בהם [כסף כרשן ... ...]	י[ר]ח	חת[חור שנת [1+10] [ב
018			C3.7BR1:6	בגו זילא ספ[יתן 10]	ירח	כיחך שנת 10+1
019			C3.7GV5:23	[....]	[י]רח	כיחך[שנת [1+10] ב
020			D20.3:3	כן אמר בשנת 3+1	ירח	מחיר חשיארש מלכא בזי
021			B1.1:1	3+3+1 למלכא דרוש	ירח	מחר 3+3 אמר פדי בר
022			C3.7EV2:12	[....]3[....]	ירח	מ[ס]ורע שנת 10+[1] [ב
023			C3.7JR1:1		[ירח	מסורע ש]נת 10+1 [ב
024			D1.12:2	...]דלן ˄[זי]לה˄ אפם	ירח[	פ]אוני ת.[... ...] [... ...]י
025			C3.7KR2:22	[ספ]יתן 20+10	[ירח	פאו]ני[ש]נת 10+1 ב
026			C3.7KV3:16	[....]	ירח	פאוני[שנת [1+10] ב
027			B4.5:5	עד גרו[...	]ירח	פחנס שנת 10+[3+3+2
028			C3.7KV3:1		[ירח]	פחנס[שנת [1+10] ב[..
029			C3.7KV2:2	כסף כרשן .[....]	[י]רח	פמנח[תף שנת [1+10] ב
030			C3.7KV2:13	ח 20+3[...]	[ירח	פרמותי שנת [1+10] [ב
031			B3.13:1		ירח	תחות שנת 3+1 ארתחשסש
032			B4.2:8	לך כל כספך ומרביתה עד	ירח	תחות שנת 20+10+3+3
033			A4.7:19	לא שלחו עלין אף מן	ירח	תמוז שנת 10+3+1
034			A4.8:18	[לא שלחו עלין אף מן	ירח	תמוז] שנת 10+3+1
035	בירח		D7.52:8	...]	]בירח	[...]
036			B2.9:1		בירח	אלול הו פאו[ני] שנת 3+1
037			C3.13:12	מנחם בר עזריה	בירח	אפף שנת[.... דר]יהו[ש
038			C3.7EV2:7	[זי]בקרו לימא	בירח	א[פ]ף ספינה[3+3 בגו]
039			C3.7AR3:4	[זי בקרו למצרין	בירח	חתחור] מנ[דתא ....]
040			C3.7GV5:20	זי בקרו[לימא	בירח	חתחור] [ספינה 2] כספא
041			B4.5:1		בירח	מסורע שנת
042			C3.13:52	[...] ולא יהב לרמנדין	בירח	מסורע[...] חנן מאת
043			D17.1:3	רב חילא זי סון עבד	בירח	סיון הו מחיר שנת שבע
044			D2.12:1	[... ...] [...]. ית[...]	[בי]רח	פאוני שנת 2 ארתחשסש
045			C3.7EV1:6	[ספינתא זי בקרו]לימא	בירח	פאוני ספינה 3+2 בגו
046			C3.12:6	קלבין 2 [....]. נפקתה	בירח	פאפי ב 1 לפאפי לשרתא חמר
047			C3.26:4	פרסא	[ביר]ח	פחנס תחא [כא 1+]2+2
048			C3.7KR1:22	[זי בקרו למצרין	ביר]ח	פחנס [... ...] [... ...]
049			C3.7KV3:14	זי בקרו לימא	בירח	[פ]חנס ספינה[3+2
050			C3.15:124	ביד ידניה בר גמריה	בירח	פמנחתף כסף כרשן
051			C3.7JV2:2	למצ[ר]ין	בירח	[....] ש.[....
052			A4.7:4	וכנותה כן אמרן	בירח	תמוז שנת 10+3+1
053			A4.8:3	[.... כן אמרן	בירח	תמוז] שנת 10+3+1
054			C2.1.7:46	חיל[א ז]י [ויזד]ת	בירח	ת[מוז]
055			C3.7DR1:12	זי בקרו למצרין	[ב]ירח	תעבי [....] ספינה רבה
056			B3.8:1		בירח	תשרי הו אפף [ש]נת [3+]1
057	לירח		B2.6:1	[הו יום 20]+3+3	לירח	אפף [ש]נת [10+3+1
058			B3.5:1	הו יום 20+3+2	לירח	אפף שנת 20+10+1
059			B5.1:1	בי[ו]ם 2	ל[י]רח	אפף שנת 20+3+3+1
060			D2.4:1	[...] [... ... 3]+3+3	לירח	חת[חור ... ...] [... ...].
061			B2.7:1	לכסלו הו יום 10+1	לירח	מסורע שנת 10+3+3+3
062			B3.4:1	לאלול הו יום 3+3+3	לירח	פאוני שנת 20+3+3+2

No.	Gram.	Form	Ref	Preceding	Keyword	Following
063			B4.3:1	ב2+3+3+20	ל[ירח	פאפי שנת 3 חשירש מלכא
064			B4.4:1	ב2+3+3+20	לירח	פאפי שנת 3 חשירש
065			B3.3:1	[הו יום 10+20]	לירח	פרמותי שנת 3+3+10
066			B3.1:1	לכסלו הו יום 1+3	לירח	תחות שנת 3+3+3
067	s em/sf	ירחא	B8.1:13	שפתם הי	ירחא	לא [....] אזל למנשא
068		וירחא	B4.2:4	1+3+3 לירח 1	וירחא	זי לא אנתן לך בה מרבית
069		לירחא	B4.2:3	חלרן 2 לכסף ש 1	לירחא	עד יום זי אשלמנהי ל[ך]
070	p abs	ירחן	D5.25:3	]אתרכנהי [...	]ירחן	3+3 [...]לי .[...] א.[...]
071			B7.1:8	קב 1 לפרס 1 כל	ירחן	ושנן[.... כתב]
072		וירחין	C3.28:97	1+3 מדלא 20	וירחין	2+10 מדלא עבדיהו

ירת V to inherit

No.	Gram.	Form	Ref	Preceding	Keyword	Following
001	peal	ירתנה	B2.6:21	בעלה אסחור הו	ירתנה	בנכסיה וקנינה מחר א[ו
002			B3.8:35	בע[לה ענני בעלה] הו	ירתנה	[בתכו]נ[ת]ה ונכסיה

ישר V to dispatch (goods, greetings)

No.	Gram.	Form	Ref	Preceding	Keyword	Following
001	(h)afel	הושרת	D6.5fraga:1	...]	]הושרת	[...] [...]^זך^ עמה[...]
002			D7.51:2	[...]. [...] ...]	ה]ושרת	[...] [...]ינתנו
003			D7.36:1		הושרת	ביד פטחנם בחנתא מובלן
004			A3.3:1	אחוך אושע שלם ושררת	[הושרת	לך] [וכעת] מן יום זי
005			A3.4:1	[שלם ושררת שגיא	הושרת]	לך שלם גלגל תנה שלם
006			A3.8:1	שלם ושררת שגיא	הושרת	ל[ך וכעת ....]
007			A6.16:1	שלם ושררת שגיא	הושרת	לך וכע[ת אנ]ת אתנצח]
008			A6.3:1	שלם ושררת שגיא	הושרת	לך ו[כעת פס]משך שמה בר
009			A6.4:1	שלם ושררת שג[י]א	הושרת	ל[ך וכעת דשנא מ]ן מלכא
010			A6.5:1	שלם [ושררת שגיא	הושרת	]לך וכע[ת שלם בזנה קדמי
011			A6.6:1	[.... שלם ושררת שגיא	הוש]רת	לך תנה [לי שלם אף תמה
012			A6.7:1	שלם ושררת שגיא	הושרת	ל[ך] וכעת בזנה קדמי שלם
013			D1.12:12	כען א[...] [...	]הוש[רת]	לך[א]ף כן ה.[....]..[...]
014			D7.5:7	[...]הם חזי עקא זי	[הושר]ת	לכי ביד פמן הבהי
015			D7.9:14	לי וקפרא זי	הושרת	לכם מן יד נהרא
016		השרת	A3.1:V3	אלכי	השרת	
017		הושרתה	D7.16:11	חמי להוסמ.ל	הושרתה	הן משלמת לא יצפ^ה^ לי
018			D1.12:15	אחר[... ...] [...	הו]שרתה[	ל]ך לם[ ]טרק
019		הושרת	A6.16:2	ולארשם תחד[י] אף זי	הושרת	[....] עלי ביד
020			A6.16:3	עלי להן לא [....] אנת	הושרת	ו[....] [....]סרת
021			A3.9:4	נפעו[רת] כספא זי	הושרת	לי ביד
022			D7.16:10	על דבר תקבח מה זי	הושרת	תחת חמי להוסמ.ל
023		אושרתי	A2.1:4	וכעת מטתני כתנה זי	אושרתי	לי ואשכחתה שנטת כלה
024		הושרתי	A3.7:3	שלם כלכליה וכעת	הושרתי	
025		הושר	D6.3fragg:1	[...]זי	הושר[	...]
026			C3.13:50	זכרן קניא זי	הושר	ולקח י[ד]ניה בר
027			A2.5:4	נפקת מן סון שאל לה	הושר	לי ספר ומנדעם וכעת יהתו
028		הושרתם	D7.44:8	טמאן הא לחמא זי	הוש[רת]^ם^	לי אתמל ט[מא] כען
029			D7.47:8	[...].ב.. ידה [...]	הושרתם	לי [...]ת לכם לאדכל^י^
030		הושרתן	A2.5:7	ומהי דה זי ספר לה	הושרתן	לי ואנה נכתני חויה והות
031		הושרו	D7.37:4	לכם עקן [...]ן	הושרו	[...] זי עם בר
032		אושר	D7.16:2	יסלח כענת הא בקלא	אוש‖ר	מחר ערקי אלפא מחר בשבה
033			D7.47:3	10[...] [... א]לפן	אושר	^1^ [...]ח הא אקבר [...]
034			D7.43:3	.לאתי תנה [...] ואנה	אושר	[...] ואושר שק[א ...]
035			D7.22:7	....ף את[...] [...]	]אושר	להם ו.[...] [...]...ל. ..[..]
036			D7.37:3	הוי [...] בריום מן .	[או]שר	לכם עקן [...]ן הושרו
037		ואושר	D7.43:4	ואנה אושר [...]	ואושר	שק[א ...] פלג קב]
038		ותשרי	A2.3:10	מדעם אל תזבני בכסת	ותשרי	לה שלם יקיה הוי שלחת
039		ותושר	A2.2:7	וכעת שלחי על תבי	ותושר	לכי עמר מן קצתה זי כסף
040		תהושרו	D7.44:10	אתמל ט[מא] כען אל[	תהושרו]	לי ל[חם ...]
041			D7.44:4	[שלח]ת לכם לם אל	תהושרו	לי לחם ולא הו חתם הלו
042		הושרת	D7.19:5	כען לחם 10	הו[שרת]	ואמלא נפש 2+3 כל
043		הושר	D7.14:2	[....י]ה לם	הוש‖[ר	...] לכתוני אף [...
044			D7.46:1	כען	הושר[	....] בקבא רבא
045			A2.4:7	כל זי תצבה שלח לי	הושר	לי משכן מסת לבש משך 1
046			D7.35:4	זי וחפרע בר [....]ה	הושר	לי [...]אשה ומלח
047			D7.45:7	[...] [... ...].ט[...]	הושר	לי שערן קב 1 ושחלין טב
048		והושר	D7.52:4	[ה]לו בתרב^י^ [...	]והוש‖[ר	...] [...]מו אז.[...]
049		ואושריהי	A2.6:6	כזי תמט‖ה ידכי	ואו[שריהי	לתשי ס]ון הלו כספה
050		הושרי	D7.9:16	זי יהב [...]מלכיה	הושר^י^	המו לי
051			D7.26:5	[...]שף	הושרי	[...].י [...].חר חורם
052			A2.2:13	אש למושרתהם לכן וכעת	הושרי	לי תקם חפנן 2+3 והוי
053			D7.2:1	[ש]לם אחוטב כען	הושרי	לי זעיר מלח יומא זנה
054			D7.48:1		הושרי	לי י.... יומא דך 2
055			D7.48:2	לי י.... יומא דך 2	הושרי	לי זעיר לחמא יומא זנה
056		הושרו	D7.10:8	אגרס [...] [...]רא אף	הושרו	לי ש[....] [...] ואכתב
057			D7.7:1		הושרו	לי מלח קבן 2 דקק וחצף
058		והושרו	A6.12:3	קדמי ופתכרן אחרנן	והושרו	יהיתו עלי אפריע לעבק
059		הושרוהי	D7.9:13	קפירא זי היתת בידי	הושרוהי	לי וקפרא זי
060		למושרתהם	A2.2:13	בנת ולעד אשכח אש	למושרתהם	לכן וכעת הושרי לי תקם

יתב V to sit

No.	Gram.	Form	Ref	Preceding	Keyword	Following
001	peal	יתב	A3.9:3	[...] מלכא נפעורת	יתב	[ב]אפף ה[....]
002			B2.2:2	כזי ארתחשסש מלכא	יתב	בכרסאה אמר דרגמן בר
003		ותב	B2.4:6	ועתד בהמיתה	ותב	בגו עם אנתתך להן ביתא
004		יתב	C2.1.7:36	[בי]ותי שמה פרסי	יתב	בפרס ק[ם אמר] [לעמא
005			B8.4:6	2 [....]..[..].[...]ה.[..].	יתב	כרמא עם חפימן פטמיחוס
006			D18.1:2	לשאיל כמרא זי נבו	יתב	תקמא בסון
007		יתבן	D23.1.XVIA:3	[...]אלהיא[ז]י	יתבן[	...]יומא [...
008		יתבה	D23.1.II:9	אתתה ואשכח{י}<ת>ה	<י>תבה	ביתה [.].[.]ת ...

יתב #2 V to set (on scales) (< **יתב**?) / give (payment) (< **יהב**?)

No.	Gram.	Form	Ref	Preceding	Keyword	Following
001	peal	יתב	B8.11:2	[...] [....] מנדתא	יתב	הן פסמשכמ[ר ....]
002		תתב	B2.6:23	בעלי כסף שנאה בראשה	תתב	על מוזנא ותתקל לאסחור
003			B3.8:26	שנאה בראשה מהרה יאבד	תתב	על מוזנא ותנתן לבעלה

יתיר A excessive, extra; more

No.	Gram.	Form	Ref	Preceding	Keyword	Following
001	s ab/cn	יתיר	A5.3:2	חדה ושרירא מראי יהוי	יתיר	
002			C3.7DV2:1	[מנד]תא זי הוה	יתיר	בשנת 10 ע[ל מ]נדתא זי

003		*A4.7:3*	מלכא ובני ביתא	יתיר	מן זי כען חד אלף וחין
004		*A4.8:2*	[מלכא	יתיר	מן זי כען וחין] אריכן
005		*A6.9:6*	והן יהוה באתר חד	יתיר	מן יום חד אחר זי יומיא
006		*A6.9:6*	חד אחר זי יומיא אלך	יתיר	פתף אל תנתנו להם בגסרו

יתרה N addition; or read **הֹתבֹתהם**, hafel of **תוב** V

001 s em/sf	יתרתהם	*D23.1.XI:2*	[....]ן[...]ט...]	]יתרתהם	ך.[....] ן

יתרן N surplus

001 s ab/cn	יתרן	*C3.11:6*	מחא לן[....]ל.[....] הוה	יתרן	כספא זי קים בשנת 3+3[

כ s 11th letter of the alphabet

001	כ	*D10.1:1*	... א ב ג ד ה ו ז ח ט י	כ	ל מ נ ס ע פ צ ק ר ש ת
002		*D10.2:4*	.א ב ג ד ה ו ז ח ט יס	כ	ל מ נ ס ע פ צ ק ר ש ת
003		*D22.28:1*	א ב ג ד ה ו ז ח ט י	כ	ל מ נ ס ע פ צ ק ר ש ת

כ N abbreviation for #2 **כנת**, **כסף**, **כף**, and **כרש**

כ_ p like

001	כאגרת	*C3.8IIIA:4*	[ ].נן	כאגרת	בגפת [...]
002	כאחרנן	*A6.12:2*	שושן זך פתפא הב לה	כאחרנן	ˆולנשי ביתהˆ גרד בדיכרן
003	כאיש	*C1.1:134*	זי[....] לאנפין	כאיש	זי יעבד לחיתא [....]י
004		*C1.1:173*	עקן בחשוכא ולא חזה	כאיש	{{זי}} גנב זי שתר בי
005		*C1.1:49*	הוית מסבל לך	כאיש	עם אחוהי והצפנתך מנה
006		*C1.1H:5*	אתור כלא [מ]ס[בל לך	כאיש	עם אחוהי ...] אח[רנן
007	כארמלה	*A4.7:20*	וצימין נשיא זילן	כארמלה	עבידין משח לא משחין
008		*A4.8:19*	[לבשן וצימן נשיא זילן	כארמלה	עבידן] משח לא משחן וחמר
009	כבר	*B3.6:12*	מותך נסבל לזכור ברך	כבר	זי יסבל לאבוה כזי הוין
010	כבתולה	*C1.1:134*	[...] מכדב גזיר קדלה	כבתולה	תימנה זי[....] לאנפין
011	כגרה	*C1.1:218*	מתקנה גֹב[ר]	כגרה	ואנתהֹ [....].וֹה[
012	כדמי	*A4.7:28*	לה עלוה ודבחן דמן	כדמי	כסף כנכרין 1×לף ועל זהב
013	כחד	*B3.1:7*	ירבה מרביתא כרשא חד	כחד	והן מטא תנין שנה ולא
014	כחמוש	*C3.7AR2:22*	[....] אֹ[סות]	כח[מוש	ספינה רבה הי]
015		*C3.7BR1:10*	[... ...] [אס]ות	כ[חמ]וש	ספ[ינה רבה הי] מנדתא
016		*C3.7DR1:7*	[יוני] [פסלרֹ]שי אסות	כחמוש	ספינה רבה הי מ[נדתא
017		*C3.7DR2:20*	[פסלרֹ]שי [אסות	כח]מוש	ספינה רבה הי [מנד]תא זי
018		*C3.7DR3:4*	פסלרֹשי אס[ו]ת	כ[חמוש	ספינה רבה הי] מנדתא זי
019		*C3.7ER2:13*	[יוני פסלרֹשי] אסֹ[ות	כחמוש	]סֹפינֹה רֹבֹהֹ[הי]
020		*C3.7FV3:24*	3+3+3+20̇ אסות	כחמוש	ספינה רבה
021		*C3.7GR2:17*	[יו]נֹי פסלרֹשי אסות	כחמוש	ספינה[רבה הי] מנדתא זי
022		*C3.7JR2:1*	[אסות	כ]חֹמֹוש	סֹ[פינה רבה הי] [מנדתא
023		*C3.7KR2:25*	יוני פסלרֹשי אסות	כחמוש	ספינה רבה הי
024		*C3.7KR4:2*	[יוני פסלרֹשי] אסות	כחמו[ש	ספינה רבה הי] מנדתא[זי
025		*C3.7KR4:8*	[פסלרֹשי] אסות	כחמו[ש	ספינה רבה הי] מנ[דת]א
026		*C3.7DR1:13*	ספינה רבה 2 [א]סות	כחמוש	[....]
027	כיומי	*A1.1:3*	פרעה	כיומי	שמין ומין ו̇י[...
028	כים	*D1.17fragb:6*	[... ...]יתקים	כים	ושהדו על כל נכס[י ... ...]
029	כירח	*A6.1:3*	מפרש זן זן ירֹח	כֹירח	הוו שלחן עלי אף נשתונא
030	ככל	*C3.19:6*	פ..[..].[...]	כֹכל	רֹעֹי [נ]פקת נפשה יהיב
031	כמותא	*C1.1:90*	[...] ועלעי תנין יתבר	כמותא	זי [ל]א מתחזה %% בשגיא
032	כמליא	*A6.11:3*	כן אמר הן כנֹם הו	כמליא	אלה זי פטסרי שלח [עלי
033	כמנדע	*C1.1:53*	מלכא רחמן הו	כמנדע	על אחרן יזכרני ועטתי
034		*C1.1H:9*	[מ]ל[כא ר]חמ[ן]הו	כמנד[ע	...] על[והי ויהחיני אחר
035	כעבד	*C1.1:72*	הוה מסבל לי תמה	כע[בד	....
036	כעמלא	*A3.6:2*	אבי[הי וכעת] שמעת	כעמלא	זי עמלת כזי
037	כעשק	*A5.2:9*	לתרוח ודינא על דנה	כעשק	אל יתעבד לי
038		*A5.2:8*	קדם מראי שלחת לאמר	כעשק	עביד לי וכע[ת הן על]
039	כפם	*B3.12:11*	משלם בר זכור כל 2	כפם	חד לענני בר חגי בר
040		*B3.12:33*	ברת פתו אנתתה כל 2	כפם	חד שהד משלם בר מעוזיה
041	כקריה	*C1.1:95*	שֹפיר מדדה ולבבה טב	כקרֹ[י]ה	חסינה זיֹ מי[ן] בג[וה
042	כרחמן	*C1.1:91*	[אל יאבל] מלך	כרחמן	אף קלה גבה ה[ו] מן הו
043	כרשא	*B3.1:6*	לרשא ירבה מרביתא	כרשא	חד כחד והן מטא תנין שנה
044	כשמש	*C1.1:92*	עמה שפיר מלך למחזה	כשמש	ויקיר הדרה לדרכי ארקא
045	וכעשק	*A5.2:5*	[....] [....]	וכעשק	עביד ˆליˆ ואמרת קדם

כא N a liquid measure = 12 logs

001 s ab/cn	כא	*C3.28:2*	ארבעיא באפנא כֹלֹל	כא	1 בש 1 ר 2 שאר ש 1
002		*C3.28:21*	לגן 2 בר 1 יניא	כא	1 פ בֹ[ש 1+]1 ר 1 בגרב
003		*C3.28:24*	לגן 2 בר 1 פרס	כא	1 בש 1 ר 2 הרגלתי פלג
004		*C3.28:5*	3 שאר 1 אפלניס יסן	כא	1 פ בש 2 ר 1 יניא לגן
005		*C3.28:69*	בב אנה לגן 3+3 נכיס	כא	1 ש 1 בר[2]שאר ר 2
006 p abs	כאן	*C3.28:92*	בר שמתי שטר 1 בחמר	כאן	20+20 בב שמעון שטר 1
007		*C3.28:44*	לגן 2 בר 1 ב<ב> פתו	כאן	2 בש 3 שאר ˆמ 3+2ˆ

כאיה N rebuke

001 s ab/cn	כאיה	*C1.1:178*	[....] מחאה לעלים	כאֹיה	לחנת אף לכל עבדיך

כב N thorn

001 s em/sf	בכבא	*D7.8:5*	עמרא זילה קדמא מתמרט	בכבא	כען אתה וגזה ביום זי
002 p abs	כבן	*C1.1:102*	ואמר לסניא אנת כלֹך	כבן	עם זי פֹגע בך צֹדיק
003 p em/sf	כביך	*C1.1:101*	לרמנא מה טב שג[י]א	כביךֹ[	ל]פֹגע בֹ[א]ביך

כביר A large

001 s ab/cn	לכביר	*C1.1:136*	זי בעדבך ואל תרגג	לכביר	זי ימנע מנך [אל ....

כביר a for a long time

001	כביר	*C1.1:147*	אל תסתכל	כביר	[ו]אל ידעך

כבל N chain

001 s em/sf	כבלא	*A4.7:16*	זך כלביא הנפקו	כבלא	מן רגלוהי וכל נכסין זי
002 p em/sf	כבלוהי	*A4.8:15*	זך כלביא הנפקו	כבלוהי	מן רגלוהי וכ[ל נכסן זי

No.	Gram.	Form	Ref.	Context	Keyword	Context
003		בכבליא	A4.6:16	מנן אח[ד]ו אסרו	בכבלי[א	....] [.... ק]דם

כברי N sulphur

No.	Gram.	Form	Ref.	Context	Keyword	Context
001	s ab/cn	כברי	A6.2:17	חד מנן עשרה כלא הוספה	כברי	כרשן עשרה ולהנדונה זרניך
002	s em/sf	כבריתא	A6.2:21	כתנא רקעתא זרניכא	כבריתא	במתקלת פרס יתיהב ישתלח

כבש V to subjugate, master

No.	Gram.	Form	Ref.	Context	Keyword	Context
001	peal	יכבשנהי	B3.9:5	אח ואחה לי ואיש לי	יכבשנהי	עבד ברי יהוה אנה ובר
002		כבש	[D]C1.1fraga:1	מן[...]	כבש]	...] [..]..נכת חל[...]
003			C1.1:187	ש[תה] חמרא ויניקנהי	כבש	חכמה[....] וישמע מלה
004			C1.1:152	טב [....]	כבש	....].

כד N cf. **כנד**

כדב V to lie

No.	Gram.	Form	Ref.	Context	Keyword	Context
001	pael	כדב	C2.1.11:75	[ז]ך מֿגושא [זי	כדב	לם אנה ברזי אלה] שגיא
002		יכדב	C2.1.11:64	זי אחרי תהוה איש זי	יכדב	....] רח[ק מן
003			C2.1.11:65	אזהר כֿ[ד]יֿב זי	יכדב	....] שגי]אֿ הודע
004		מכדב	B8.7:3	פתחנופי כן אמר	מ{נ}<כ>דב	מנכי באלה מליא
005			C1.1:134	וירוקן באנפוהי [...]	מכדב	גזיר קדלה כבתולה תימנה

כדב N false thing, lie

No.	Gram.	Form	Ref.	Context	Keyword	Context
001	s ab/cn	כדב	B3.11:16	בספרא זנה זי יהנפק	כדב	הו זנה ספרא זי אנה ענני
002			B2.3:17	ספרא זי יהנפקון עליכי	כדב	יהוה לא אנה כתבתה ולא
003	p abs	כדבן	C2.1.11:65	רח[ק מן ....]	כדבן	שגיאן אזהר כֿ[ד]יֿב זי

כדב #2 N liar

No.	Gram.	Form	Ref.	Context	Keyword	Context
001	s ab/cn	כדיב	C2.1.11:65	מן כדבן שגיאן אזהר	כֿ[ד]יֿב	זי יכדב [....
002	s em/sf	לכדבא	C1.1:133	[... מן] קדמן כרסאא	לכדבא	יֿחיט ועל אחרֿ[ן

כדבה N lie

No.	Gram.	Form	Ref.	Context	Keyword	Context
001	s ab/cn	כדבת	C1.1:132	חן גבר הימנותה ושנאתה	כדבת	שפותה [... מן] קדמן כרסאא
002	p em/sf	כדבתה	C1.1:133	ועל אחרֿ[ן יֿ]הֿנשגון	כדבתה	וירוקן באנפוהי [...]

כדי c when; cf. **כזי**

כדנה a so; cf. **כזנה**

כהל V to be able

No.	Gram.	Form	Ref.	Context	Keyword	Context
001	peal	כהלן	B3.4:22	או ברה ˆלה יתה˜ ולא	כהלן	פצלן ננתן לך כספך כרש 1
002		אכהל	B2.2:12	לבבי על ארקא זך לא	אכהל	אגרנך דין ודבב אנה ובר
003			B3.2:4	לבבי בדמוה[י]לא	אכהל	אגרנך דן ודבב בשם הירא
004			B2.8:7	יומא זנה ועד עלם לא	אכהל	אגרנכי דין ודבב אנתי ובר
005			B2.10:10	ובני ואנתה ואיש לי לא	אכהל	אגרנכם דין ודבב אף לא
006			B2.1:6	מחר או יום אחרן לא	אכהל	אכלאנך למבנה עלוי אגרא
007			B2.1:11	עד עלא ואנה קוניה לא	אכהל	אמר למחסה לאמר {{לא}}
008			B3.11:9	בר עזריה לחנא לא	אכהל	אמר יהבת לך ברחמן פסשדת
009			B3.7:15	ענני אהנצל מנכי ולא	אכהל	אמר נפשי צבית אהנצל מנכי
010			B2.10:9	זי רחמתן תנתנונה לא	אכהל	אנה ידניה ובני ואנתה
011			B2.11:7	ולמן זי צבית תנתן לא	אכהל	אנה מחסיה בר וברה לי אח
012			B3.5:12	יהבתה לכי ברחמן לא	אכהל	אנה ענניה ארשנכי עלדברה
013			B3.7:14	בתיא אלה ברחמה ˆלא˜	אכהל	אנה ענני אהנצל מנכי ולא
014			B3.9:4	וספר כתבת לי עלא לא	אכהל	אנה אוריה ובר וברה לי
015			B3.9:6	לא שליטן למשנתה לא	אכהל	אנה ובר וברה לי אח ואחה
016			B5.5:8	לי מן בית מלכא ולא	אכהל	[אנה אסורי ארשנכי דין
017			B4.6:14	ולא]	אכהל	אק]בל ע[ליכי]לסגן
018			B5.5:4	יומא זנה ועד עלם לא	אכהל	ארשנכי דין [ו]דבב בשם
019			C1.1:17	שב אנה לא	אכהל	למפלח בבב היכלא]
020		תכהל	C1.1:176	ברך מן חטר הן לו לא	תכהל	תהנצלנה[י ....] הן
021		יכהל	B6.4:1	אף לא]	יכהל	הושעיה ילקח א]נֿתֿה
022			B6.4:3	דין שנאהֿ [ואף לא	יכהל	הושעיה ולא יעבד דין חדה
023			B3.8:41	לה שנאה< ה>י אף לא	יכהל	זכור יאמר לאח[ת]ה
024			B3.8:36	וכל זי איתי לה אף ל[א	יכהל	ענניה י]לקח אנתה אחר[ה
025			B3.8:37	[די]ן [ש]נאה ואף לא	יכהל	ענניה ולא יעבד דין
026			B6.3:6	אף [לא] [...]	יכהל	אח ואחה זי שלומם קריב
027			B2.1:8	מחר או יום אחרן לא	יכהל	בר וברה אח ואחה קריב
028			B3.10:18	אנה יהבת לה במותי לא	יכהל	בר לי וברה לי הנגית זילי
029			B3.11:12	בחיי ובמותי אף לא	יכהל	בר לי וברה לי אח ואחה
030			B3.12:27	לה בכסף או רחמת אף לא	יכהל	בר לן וברה אח ואחה לן
031			B3.4:17	זי צבית למנתן ולא	יכהל	בר וברה לן יגרנך זין
032			B3.5:13	עלדברה דין אף לא	יכהל	בר לי וברה אח ואחה
033			B5.5:5	בֿספֿרֿ[א] זֿנֿה ולא	יכהל	בר לי וברה לי אח ואחה לי
034			B5.5:9	ארשנכי דין ודבב אף לא]	יכהל	בר]ן לי וברה לי הנגית
035		תכהל	B6.4:6	לה דין שנאה ולא	ת[כ]הֿל	יהוחן ברת [.... תאמר
036			B3.8:39	לה דין שנאה ואף לא	תכהל	יהוישמע ולא תעבד דין חד
037			B6.4:5	שנאה הין] וא[ף לא	[תכהל	סלואה ולא תעבד די]ן[
038		נכהל	B2.9:10	יומא זנה עד עלם ל[א]	נכהל	אנחנה ובנין ובנתן ואחין
039			B3.4:13	לך ורחקן מנה ולא	נכהל	נגרה לבר לך וברה ולמן זי
040			B2.10:10	אגרנכם דין ודבב אף לא	נכהל	נרשה לבר וברה לכם אח
041			B3.12:26	וטיב ˆלבבן בגו˜ אף לא	נכהל	נרשה לבניך ובנתך וזי
042			B3.12:25	ויהבה לי לאנתו לא	נכהל	נרשנך דין ודבב בשם ביתא
043		יכהלון	B2.3:15	ולבניכי אחריכי ולא	יכהלון	יהנפקון עליכי ספר חדת
044			B3.10:21	רחמתי תנתנן אף לא	יכה{{י}}לון	ינפקון עליכי ספר חדת
045			B2.9:11	ומחסיה דין ודבב ולא	יֿכהלון	ירשון לבניכם ואחיכם
046			B2.9:11	קריב ובעל קריה לא	יכהלון	ירש[ו]נ[כ]ם אנת ידניה
047		כהל	B3.10:17	ואנה ימין סב לא	כהל	הוית בידי וסבלתני אף אנה

כהן N priest

No.	Gram.	Form	Ref.	Context	Keyword	Context
001	s em/sf	כהנא	A4.8:1	] בגוהי עבדיך ידני[ה	כה[נא	.... שלם
002			C3.28:113	שנתא זא שלמֿ[יה]	כֿהנא	בתמאסר 20+1 חל גרבין
003			C3.28:85	..[.]…. גרבן 3 יוֿחנן	כהנא	גרב 1 מן שבתי ישיב

No.	Form	Parsing	Ref.	Preceding	Key	Following
004			C3.28:114	1+20 חל גרבין 2[	{{כ[הנא]}}	.... דלוי זערא
005			A4.7:18	שלחן מראן ועל יהוחנן	כהנא	רבא וכנותה כהניא זי
006			A4.8:17	מראן א[ף] על יהוחנ[ן	כהנא	רבא וכנותה כהניא זי
007	כהניא	p em/sf	A4.7:1	עבדיך ידניה וכנותה	כהניא	זי ביב בירתא שלם מראן
008			A4.7:18	כהנא רבא וכנותה	כהניא	זי בירושלם ועל אוסתן
009			A4.8:17	כהנא רבא וכנותה]	כהניא	זי בירושל[ם] ועל אוסתן
010	וכהניא		A4.3:12	מראי ידניה אוריה	וכהניא	ויהודיא ע[בד]כם מעוזיה
011			A4.3:1	מראי ידניה אוריה	וכהניא	זי יהו אלהא מתן בר

כו — N — liquid measure; cf. כא

No.	Form	Parsing	Ref.	Preceding	Key	Following
001	כוא	s em/sf	D8.9:6	[ל]גן 10 [...] שאול	כוא	1 לגן 10[...] [...]י
002	כון	p abs	D8.9:16	חגי[...]ל...[...] כל	כון	3+3 לגן 3+3 ^1 פ׳ ...]

כודנה — N — she-mule

No.	Form	Parsing	Ref.	Preceding	Key	Following
001	כודנן	p abs	D22.1:2	עמי סוסא 100×2+3	כודנן	אף 2 גמלן ....[..]

כוה — N — window

No.	Form	Parsing	Ref.	Preceding	Key	Following
001	וכונה	s em/sf	B3.12:21	ושוק מלכא ביניהן	וכונה	1 פתיח לתרי רבתא ותרעא
002	כוין	p abs	B2.10:6	דבק לה בתחתיה ומנעלא	כוין	פתיחן תמה מועה שמש לה
003	כון		B3.12:13	תחתי מבני אחד גשורן	כון	ודששן 2 מבני בי תחתי הו
004	וכוין		B3.4:5	ארע הי ולא בניה	וכוין	בה וגשרן לא אחד אנחן
005	וכון		B3.10:13	בי תחתי אחד גשורן	וכון	בה 3 דש חד בה אחד ופתח
006			B3.5:8	תחתי חדת אחד גשורן	וכון	והא זנה תחומי ביתא זך זי

כוכב — N — star

No.	Form	Parsing	Ref.	Preceding	Key	Following
001	כוכבי	p const	C1.1:164	בחנכה למאמר שגיאן	[כ]וכב[י	שמיא זי[ ] שמהתהם לא ידע

כות — a — thus

No.	Form	Parsing	Ref.	Preceding	Key	Following
001	כות		B6.4:8	צבית אהנצל הם הן תאמר	כות	חיבה הי לא ישתמע לה כתב
002			A6.13:2	עלי הן על מראי לם	כות	טב אגרת מן מראי תשתלח על
003			A6.7:8	עמה הוו כען הן עליך	כות	טב מנך יתשם טעם כזי איש
004			B3.8:42	אהנצל המו הן יאמר	כות	לא ישתמע לה חיב הו כתב
005			B3.8:33	ענני והן תעבד	כות	שנאה הי יעבדון להן דין
006			B3.8:37	לה לאנתו הן יעבד	[כות	שנאה הי יע]ב[ד] לה [די]ן
007			B3.8:39	אנתתה והן לא יעבד	כות	שנאה [הי] יעבד לה דין
008			B6.4:2	] לה לאנתו הן יעבד	כות	שנאה הי יעבד לה[ד]ין
009			A2.3:7	כזי עבד אנה לחרוץ	כות	תעבד בנת עלי ארה לא אחי

כות — p — like

No.	Form	Parsing	Ref.	Preceding	Key	Following
001	כותה		A6.2:24	בׄל.. ל...[....]	כותה	.... כזי שים טעם
002	כותהם		D23.1.IX:6	[.]. גׄ..	כׄוׄתׄה[ם]	אׄל [י]חבל

כותא — a — thus

No.	Form	Parsing	Ref.	Preceding	Key	Following
001	כותא		C1.1:20	[מל]ך אתור ואמר לי	כותא	לם ׳יה[וה]׳ בׄ[רך

כזי — c — when, so that, just as

No.	Form	Parsing	Ref.	Preceding	Key	Following
001	כדי		A2.4:4	לה שבק אנה לה 1	כדי	מטאה ידי וכעת עבד אנה לה
002			A2.3:4	לחרוץ תנה אל תצפי לה	כדי	תכלן תעבדן לה עבד אנה לה
003	כזי		A3.6:2	שמעת כעמלא זי עמלת	כזי	[....]
004			A4.7:4	דריוהוש מלכא	כזי	ארשם נפק ואזל על מלכא
005			A4.8:4	דריוהוש מלכא	כזי	ארשם נפק ואזל [על] מלכא
006			B2.2:1	שנת 20+1 ראש מלוכתא	כזי	ארתחשסש מלכא יתב בכרסאה
007			A4.3:3	הוו קדם אלה שמיא וכעת	כזי	וידרנג רב חילא מטא
008			A6.15:11	גרדא התב הב להם כן	כזי	מספת קבילה תובא לא ישלח
009			C1.1:18	[....]	[כז]׳	נדן שמה ברי רבא והו
010			A6.7:6	זי בעליתא ותחתיתא אחר	כזי	מצרין מרדת וחילא הנדיז
011			D6.8fragj:2	.[...] [...]. .[...]	כזי[	...] [...] זי[...]
012			D7.35:2	] ישא]ל בכל עדן כען	כזי	[....] זי וחפרע בר
013			C1.1:36	הׄו יחבל מתא עלין אחר	כזי	[.... מלך א]תור מני
014			A6.7:8	כות טב מנך יתשם טעם	כזי	איש מנדעם באיש לא יעבד
015			D7.3:3	לא איתי זרע קטין[.]	[כ]זי	אמרת לכי אנתתא שׄ[...]
016			A6.3:2	זילי קבל בזנה כן אמר	כזי	אנה הוית אתה [ע]ל
017			C1.1:81	אׄ[ל] תאתה על בלך	כזי	בכל אתר ע[יני]הם ואדניהם
018			C1.1:30	[....]	כזי	ברי זי לא ברי בדא[....
019			A4.9:8	מלכא למבניה באתרה	כזי	הוה לקדמן ומנחתא ולבונתא
020			B3.6:12	׳ברך כבר זי יסבל לאבוה	כזי	הוין עבדן לך בחייך
021			A4.5:7	לא חסרה להשקיא חילא	כזי	הן הנדיז יהוון בברא [זנ]ך
022			B2.7:4	חלף נכסיה זי יהבת לי	כזי	הנדז הוית בבירת<א> אכלת
023			A6.13:3	פקידא והמרכריא	כזי	הנדרז יעבדון לחתובסתי
024			B2.3:25	טעינת לה וימאת לה	כזי	זילי הי וספר מרחק כתב
025			C1.1:14	אנה א]חיקר	כזי	חזית אנפי אסרחאדן מלך
026			D1.13:5	ך[... ...] [...]לׄ[....].	כזי	י[... ...]מנפי הנחת זנ[ה
027			A3.8:12	עֲבֹור כ[..] לא תׄ[...]	כזי	יהנעלן המו יהודיא קדם
028			A6.11:1	איתי פמון שמ[ה א]בי	כזי	יוזא במצרין הוה זך אבד
029			A6.11:4	פמון] שמה אבוהי זך]	כזי	יוזא הוה במצרין אבד עם
030			D7.19:11	יהוטל עלׄיׄה [...]	כזי	יכתבון 10 לׄ[...]
031			B3.6:13	קמן}} לאמר לא נסבלנך	כזי	יסבל בר לאבוהי ולזכור
032			C1.1:200	כׄ.[....] [....]ך	כזי	[י]שלחנ[ך] למ׳ה׳ תשתנה
033			B3.13:5	אלך זי מנעל כתיב	כזי	יתנתן לי פתפא מן בית
034			A4.2:13	חורי יהב לי	כזי	כלוהי על כדא אמר
035			A3.3:13	למחר כתבת אגרתא זא	כזי	כן שמיע לן לאמר תתפטרן
036			D1.12:3	ת.[... ...] [... ...]׳	כזי	כ[ן א]ל תזב[ן]מן איש
037			B2.2:7	ביהו עלדבר ארקא זך	כזי	לא הות ארק לדרגמן זילי
038			D1.12:10	אנה דׄבׄרׄת אׄ[...].	כזי	לא[...] [...]רת.[..]שאל אנה
039			A6.16:2	[....] [....]כׄןׄ עבד	כזי	לאלהיא ולארשם תחד[׳] אף
040			A6.14:4	עלי בבאל כן עב[דו]	כזי	לי תחדון אף הא שנן שגׄיׄא
041			D23.1.Va:8	תהרקא מֹׄלך כׄשׄיׄא]	כ]זׄי	מׄטׄא תמה קם
042			A4.3:6	אנתם קמו קבלהם כן	כזי	מלה באישה לא יהשכחון לכם
043			A6.10:2	במצרין חסין נטר כן	כזי	מנדעם כסנתו לא הוה מן
044			A6.10:6	] זיל׳י חסין טרו כן	כזי	מ[נ]דעם כסנתו לא יהוה מן
045			A6.10:1	על נחתחור וכעת קדמן	כזי	מצריא מרדו אדין סמשך

No.	Form	Ref.		Key	
046		A4.5:2	דריוהוש [מל]כא	כזי	מראן ארשם אזל על מלכא
047		B7.1:4	[מומא]ה לך ביהו אלהא	כזי	נונן לא חמצ[ת מנך והן לא
048		B6.4:7	[תאמר לה] ולסלוא ברתה	כזי	נכסיא ˆ[א]לה˜ וכספא זי
049		A2.3:7	שאל על חרוץ כעת מלו	כזי	עבד אנה לחרוץ כות תעבד
050		A6.3:5	טב ישתלח על ארתונת	[כזי	עבדיא] אלכי אהקרב קדמוהי
051		C1.1:197	[....ש]מש בדינה	כזי	עבד לחיתא ל[מ]ראה
052		C1.2:3	[א]תלנהי כן	כזי	עבדת לבנוהי] וכזי
053		B2.11:13	זי לא עד נפלג עלין	כזי	עדן יהוה נפלג המו עלין
054		A6.10:3	וכען תנה כן שמיע לי	כזי	פקידיא זי [בתח]תיתא
055		A6.10:7	ועבדו על ביתא זילי כן	כזי	פקידיא [קד]מיא הוו עבדן
056		A4.10:9	זילן יתבנה ביב בירתא	כזי	קדמ[ן ב]נה הוה וקן תור
057		A6.7:9	עבידתא זילי יעבדו	כזי	קדמן מן ארשם בר ביתא על
058		B2.3:24	כתב לי על ארקא זך	כזי	רשה עליה קדם דיניא ומומא
059		A6.2:22	ספינתא זך ולעבק יעבד	כזי	שים טעם כעת ארשם כן אמר
060		A6.2:23	זנה זי המרכריא אמרן	כזי	שים טעם ענני ספרא
061		A6.2:25	כותה	כזי	שים טעם [....]ל כתב מן
062		A3.3:10	לא איתית המו מנפי	כזי	ת[אתה ...] [איתי] המו
063		A6.15:7	יעבד על ביתא זילי למה	כזי	תאתה בזנה מה זי לקחת
064		A3.3:5	ספריא ויתיהב לכן כעת	כזי	תאתון מצרין
065		A2.6:5	[....] וזבני עמר	כזי	תמט[ו]ה ידכי ואו[שריהי
066		A3.9:2	לאמר [.... .מט]אני	כזי	תמטנך אג[רתא זא
067		A3.5:6	חזי על עלימיא וביתי	כזי	תעבד לביתך
068		D7.9:10	למ[..]א[..]רי למכתבה אף	כזי	תשמעין לאמר . שרין יהבן
069		B8.5:13	[..] [....]פתירות	[כזין	...]י [....] יהיב
070	וכזי	C1.1:62	תרין חלף אחיקר זנה	[וכזין	....] גברן אחרנן מלכא
071		C1.1H:18	חלף [אח]יקר זנה	[וכזי	...] זי על אחרן
072		A4.7:13	אגורא זך ביב בירתא	וכזי	כנבוזי על למצר˜ין˜
073		A4.8:12	אגורא זך ביב ב[ירתא	וכזי	כנבוזי על למצרין
074		A3.8:6	בכספא זי יקום עלוהי	וכזי	אגרתא זא [ת]מטא עליך אל
075		C1.1:41	בין כרמיא [....	וכזי	חזני נ]בוסמסכן רביא
076		C1.1:99	איש מה בלבב כנתה	וכזי	[יח]זה גבר טב לגבר
077		A3.8:10	כ 1+3+3 סחיק 1 כתן	וכזי	ינתן המו לך שלח עלי והן
078		A4.7:15	באגורא זך לא חבל	וכזי	כזנה עביד אנחנה עם נשין
079		A4.8:13	[באגורא זך לא חבל	וכזי	כזנה] עביד אנחנה עם נשין
080		A3.3:4	פרס לא י[היב ....]	[וכזי]	קבלן לפחותא על פרסכן
081		C1.2:3	עבדת לבנוהי]	וכזי	שמע חור] בר פונש מליא

כזנה a — so, like this

No.	Form	Ref.		Key	
001	כדנה	B3.6:3	זי שניתה על ידה בימן	כדנה	למשלם לאמר אנה עשתת לכי
002		A3.1:R7	]די תנה ...	כדנה	שגא [....
003	כזנה	A4.2:8	ארשם ˆקדמן˜ לכן לא	כזנה	הו[ה ....] יאמר מלין קדם
004		B2.11:4	בימן שניתת מקרא ארמית	כזנה	למבטחיה והא זנה חלקא זי
005		B2.11:6	בימן שניתת מקרא ארמית	כזנה	למבטחיה אנת ידניה שליט
006		A4.7:15	באגורא זך לא חבל וכזי	כזנה	עביד אנחנה עם נשין ובנין
007		A4.8:13	] זך לא חבל וכזי	[כזנה	עביד אנחנה עם נשין

כחדה a — jointly

No.	Form	Ref.		Key	
001	כחדה	D23.1.XI:7	אחד ו[....]	כחדה	[...]י מתעשתן
002		B2.11:3	לאמר אנחנה אשתוין	כחדה	ופלגן עלין עבדיה זי
003		D4.16:2	[...]בר ית[...] [...]א	ˆכחדה˜	יא[...]
004		B1.1:6	[ ]פרס טבא ולחיא נפלג	כחדה	שויוי [....].פהו

כחסן a — forcefully

No.	Form	Ref.		Key	
001	כחסן	B8.4:4	עדרי 1 [....]ל זי	כחסן	אתו על ביתא זילי זי
002		B7.2:8	[מ]קמן 1+3 לא[מר]	כחסן	בביתך [לא] עלת ולאנתתא
003		B7.2:5	וכתשת לאנתתי ונכסן	כחסן	הנפקת מן ביתי ולקחת
004		B7.2:5	אנת [על]ת [בביתי]	כחסן	וכתשת לאנתתי ונכסן כחסן
005		B7.2:9	לא כתשת ונכסן מן ביתך	כחסן	לא לקחת והן [לא] קרית לך

כי c — because, for, that

No.	Form	Ref.		Key	
001	כי	C1.1:104	ובשהינן יצעון תרעיה	כי	בזיזת [....] %% עיני
002		C1.1:79	בשמ[י]ן שימה הי	כי	בעל קדשן נשא[ה] בר[י] אל
003		C1.1:138	אמה אל ידנח שמ[ש לה]	כי	גבר לחה הו [מן בי]תי
004		C1.1:132	באדניך	כי	חן גבר הימנותה ושנאתה
005		C1.1:167	גלדי אל תלקחן מני	כי	לא [ישא]ל [נמרא] שלם טביא
006		C1.1:170	[....]א	כי	לא בידי אנ[ש]א מנשא
007		C1.1:171	מן בלע[די אלה]ן ל.[...]	כי	לא בידיך מנשא רגלך
008		C1.1:131	תשים עד [תשלם ז]פתא	[כי	מכ]ל זפתא חליה
009		C1.1:114	חכים ממלל	כי	מפתח פם
010		C1.1:162	מלוהי מסרסרן לעלא מנה	כי	מפתח פמה מענה אלה[ן] והן
011		A1.1:6		כי	מרא מלכן פרעה ידע כי
012		A1.1:6	כי מרא מלכן פרעה ידע	כי	עבדך]
013		C1.1:207	ולצידני .[....]א	כי	עבידתהם פריש. [....]
014		C1.1:83	[מלי]ך בעדרה	כי	עזיז ארב פם מן ארב מלחם
015		C1.1:82	ש]מעת הוקר לבב	כי	צנפר הי מלה ומשלחה גבר לא

כיב N — pain

No.	Form	Ref.		Key	
001	כיבי p const	C1.2:19	לה אבוהי [....] איש	כיבי	אלהיהם [....

כל N — all

No.	Form	Ref.		Key	
001	כל s ab/cn	B8.6:9	על [....].סי תסרי אמה	כל	[1+]1 א[ר]מין לדגל
002		C3.15:5	הושע בר חרמן כסף ש 2	כל	2[1+] הושע] בר
003		B2.10:21	בר נתן ומחסיה אחוהי	כל	2
004		B2.10:8	הו אנת ידניה ומחסיה	כל	2 בני נתן עד עלם וזי
005		B2.11:2	ידניה בר נתן 1	כל	2 ארמין זי סון לדגל
006		B2.9:16	זנה כפם מנחם ועינניה	כל	2 בני משלם בר שלומם
007		B2.9:19	זי כתב מנחם ועינניה	כל	2 בני מנחם בר שלומם
008		B2.9:20	לידני[ה] ומחסיה]	כל	2 בני אסחור בר צחא
009		B2.9:2	אמר מנחם ועינניה	כל	2 בני משלם בר שלומם
010		B2.9:3	לידניה ומחסיה	כל	2 בני אסחור בר צחא מן
011		B3.12:11	זי משלם בר זכור	כל	2 כפם חד לעני בר חגי
012		B3.12:3	אנה 1 תפמת ברת פתו	כל	2 זבן ויהבן לך ביתן זי
013		B3.12:33	תפממת ברת פתו אנתתה	כל	2 כפם חד שהד משלם בר

No.	Lemma	Ref.			
014		B3.4:10	אנה בגושת ואובל	כל	2 אנחן זבן ויהבן לך ורחקן
015		B3.5:18	100×1 פלטי ויהושמע	כל	2 בני המו שליטן בחלקי
016		B4.3:2	ואח]יאב בר גמריה	כל	2 יהודין זי ביב]
017		B8.2:14	בגדת 1 [...]יֹ	כל	2 עבדיא [....] ביתא
018		B8.4:13	סֹנבנת בריכאל אחוהי	כל	2 ארמין לנבושזב עם
019		B8.4:6	עם חפימן פטמיחוס	כל	2 דמן קֹימֹן
020		D20.3:1	חור ואחתבו ברת עדיה	כל	2 זי חסתמח קריתא קדם
021		C3.7AV1:17	[..] [....].[....]	כל	2[....] בגזושת בר
022		C4.2:3	[...]זבעדרי[...] בר	כל	2 [...] בוה [בר ....
023		D3.40:2	עזרבעל צידני [...]	כל	1+3
024		D9.9:5	[...] פטחנום[...]	כל	1+3 [....] .[...]ף [...]ל
025		B3.8:19	2[ ] זי עק 2 זי אבן 1	כל	2+3 קף זי עק 1 תחת
026		B6.3:16	[.... שהד .... בר ....]	כל	2+3 כתֹ[ב .... בר
027		D3.36:4	[...]ה.[...] [...] צפא [...]	כל	3[....]
028		B2.2:5	בירתא אנת ואנתתך וברך	כל	3 על ארקא זילי זי אנה
029		D3.17:4	גדול מחתוש בר נריה	כל	3 לנריה זי עבדו חמי
030		D4.27:2	[..]ה.[...] [...] ... 3	כל	3 [...]
031		C3.8IIIB:19	דו[גי]ת חנה.[....] בגו 1	כל	3 נגיד[....]
032		D9.9:0	[...] .[....]ף [...]ל	כל[	[...]....[..] אספמת בר
033		D23.1.VIII:11	זֹי תֹבֹעֹין	כֹל	אֹ.[...]פֹם וֹלֹ... מֹ..וֹ
034		A2.4:7	עקבה בר וחפרע וכעת	כל	זי תצבה שלח לי הושר לי
035		A3.6:3	ינקיא עליך לבבי שדיק	כל	זי יהוה על [....]
036		A4.7:27	ונשין ובנין ויהודיא	כל	זי תנה הן כן עבדו עד זי
037		B3.8:22	אנתת כסף שנ[א]ה בראשה	כל	זי הנעלת בביתה ינתן לה
038		D23.1.VIII:10	וֹטבֹ אֹ....כֹן	כֹל	זֹי תבעֹין אנה אֹנֹתֹן
039		D23.1.XII:6	[..] [...].[ן]מֹ]	כֹל	זֹי .... [ו]שֹׁן
040		D3.46fragc:3	ות.[...] [...] חרמן [...]ל [...]	כל	זי עב[ד [...] [...]בדֹ
041		D7.25:6	[...] .. [...] [...]	כֹל	זי [...] [...] לֹא לי עבדֹ]
042		A3.7:1	הושע ש[לם ....] אלהיא	כל	ישאלו שלמכי בכל עדן שלם
043		A4.7:14	ואגורי אלהי מצרין	כל	מגרו ואיש מנדעם באגורא זך
044		D8.9:16	חגי[...]ל [....]	כל	כון 3+3 לגן 3+3 ^1 פֹ^
045		D3.16:7	[...] 1 לכרשן 2 ר 2	[כל	]כרשן 2+3+10 ר 2
046		C3.7DR2:1	מֹן	כֹלֹ]	[....] ...הֹ[...] כסף
047		A4.7:17	זי בעו באיש לאגורא זך	כל	קטילו וחזין בהום אף קדמת
048		D4.19:2	[....]. שהד	כל	שגֹא [....]
049		A6.9:4	חלכין תרין אמן חד	כל	תלתה עלימן זילי זי אזלן
050		A6.2:8	ביד פסמסנית [....]	כל	תרין נופת^י^א זי כרכיא
051		D9.9:15	תטא ביתאלנֹוֹרי[....]	כל	..ת[....]
052	וכל	B2.6:19	ונכסוהי וקנינה	וכל	זי איתי לה על אנפי ארעא
053		B2.6:24	שקלן 1+3+3 ר 2	וכל	זי הנעלת בידה תהנפק מן
054		B2.6:27	מפטחיה מהרה [י]אבד	וכל	זי הנעלת בידה תהנפק מן
055		B3.3:10	שקלן 1+3+3 ^ר ^2	וכל	זי הנעלת בידה תהנפק מן
056		B3.3:8	תקלן 1+3+3 ^ר ^2	וכל	זי הנעלת בידה תהנפק מן
057		B3.8:30	וקנינה [ותכונתה	וכ]ל	[זי איתי [לה] וזי יקום
058		B3.8:31	[ו]נכס[והי וקנינ]ה	וכל	זי איתי [ל]ה[ינ]תן לןה
059		B3.8:35	ונכסיה וקנינה	וכל	זי איתי לה אף ל[א יכהל
060		B6.3:4	[ונכ]סוהי ו[קנינה	וכל	זי אית לה [....]
061		D1.13:3	[...]חנך חדי[...] [....]	וכל	זילן [... ....]ת מנך
062	ולכל	B1.1:9	ואלקח לי קבלך 1	וֹלכל	זי י[ד]חנך אקנס אקם
063	ככל	C3.19:6	פ..[...].[...]	כֹכל	רֹעֹיֹ [נ]פקת נפשה יהיב
064	כל	A6.5:2	זילי זי [במצרין] זי	כל	[....] עלי אנת שם
065		B5.6:5	[...]רנף ברה ....]	כל	..... 3 זי לך המו עם [....
066		B5.6:7	עֹליהםֹ [זי]לך המו עם	כל	[....] זי]לך המו עם
067		D1.28:6	[ ]שלח[...] [...]..	כל	..[...] [...].[...]לדֹי.
068		D1.30:3	שטי 1 דֹמס[...]זנא	כל	.[...] [...]. שאל עליהו[[...].ן
069		D22.51:6	ורחמן ..[.] [...]... מן	כל	.... וברך זי יקרא[.]
070		D3.19:5	לתעובי אמ[ר ...] ####	כל	[...] [...]... מצרין 1 [...
071		D3.31:1	[...].ה עד יהיתה	כל[	[...] [...] [... ...] [...]. לעדרי
072		D5.41fragx:1		כֹל[	[...] משֹ[...]
073		D7.19:6	ואמלא נפש 2+3	כל	[...] עֹד כען [....]
074		D23.1.III-IV:9	לֹ..לנא שֹׁ.תֹ עדן ...	כל]	אֹ.ן זי יהוי תמה
075		B5.6:10	ואסֹרֹה כֹתֹב ועבד	כל	אסריא [....
076		C3.21:10	אופסתה זי יֹ[...]	[כ]ל]	אש]לן] [...] יא 100×2
077		C3.21:6	פקרקפתה קרי[תא]	כל	אשלן 20+10+2] [...] תני
078		C3.24:4	חקל אשלן[...]	[כל	א]שלן 20+3+3+2 ר 3
079		A3.9:6	ענני בר נריה שלם	כל	בני [....]. תנה אל ת]צף
080		C1.1fraga:1	[... ....]הי [.].ה	כ]ל]	בנן [...] [...]]עיני
081		A4.7:22	ידניה וכנותה ויהודיא	כל	בעלי יב כן אמרי^ן הן על
082		D7.44:6	לי לחם ולא הו חתם הלו	כל	בק{א}|יא טמאן הא לחמא זי
083		B3.4:3	זי סון לדגל נמסו	כל	^גבר ^1 נשן 1 לענניה בר
084		A4.10:5	הושע בר נתון שמה 1	כל	גברין 2+3 סונכנן זי ביב
085		A6.15:2	2+3 לי חלכין [....]	כל	גברן [10] אחר חלכיא גברן
086		A6.3:5	[....]י בר תֹ[פרע 1	כל	גברן 2+3+3 נכסי לקחו
087		A6.7:5	שמה 1 מוסרם שמה 1	כל	גברן 3+10 אבשוכן ממנין
088		B4.4:6	....] 1+10	[כל]	גברן 2 לגבר לגבר 1 שערן
089		D6.8fragh:2	...] [...]..[...]	כל]	גברן [...] [....] [....]דֹש
090		C4.4:10	ביתאלעקב בר ענר	כל	גברן 3+3+3
091		A2.2:15	בבתה אל תקמי קדמתה	כל	גשר זי ישכח יזבן והן יהב
092		A2.4:10	תשי ויהב בגשרן ושבק	כל	גשר זי תשכח לממה זבנת
093		B2.2:16	אפם זילך ואנת רחיק מן	כל	דין זי יקבלון עליך עלדבר
094		B2.8:11	ולא דבב ואנה רחיק מן	כל	דין ודבב כתב פטאסי בר
095		A4.6:5	בלב[....]	כל	דֹ[.... ....] כל דֹ[ן ....
096		A4.6:6	כל דֹ[.... ....]	כל	דֹ[.... ....]
097		B3.1:17	משלם שליט למלקח לך	כל	זון וערבן זי תשכח להם עד
098		C1.1fragc:2	...] [...]. בֹ.[	כֹל]	טב [...]
099		A2.3:12	על תשי ועל ברה ושלחי	כל	טעם זי הוה בב^י^תי לשלמכי
100		B7.1:8	^שערן קב 1 לפרס 1	כל	ירחן ושנן[....
101		C3.18:18	ג 1[..] חֹ[2 [...]	כֹל	כנתן א 20+20+2 [..
102		A3.10:5	לך למזבנה עבור ליתמא	כל	כסף כרש 1 ש 2+3+3 ה[ן]
103		B4.2:6	אוצרא ותכתב לי נבז על	כל	כסף ומרבי זי אהוה משלם לך
104		B7.3p:2	... ..ן ..מת. לא.. ת. [...]..	כל	כסף ונכסן [זי]ישתכח אחרי
105		C3.25:15	[....]לֹ[.] חלף	כֹל	כֹּסֹףֹ שֹׁ[ן ...] עלתה בין]
106		C3.25:21	1+3 לכסף ש [...]	כל	כסף כרש [1] ....בנ....
107		C3.7AR3:20	[ועביד על בית מלכא]	[כל	כסף]כֹרשֹׁן[....]
108		C3.7EV2:11	[... ....]..ש.[..].כֹּ.רֹ.[...]	כל	כסף כרשן[....]3[
109		C3.7FR2:6	1+10 כנדן[....]	כל	כסף גברין זי גבי מנהם
110		C3.7FV1:24	ופ]לג ....]	[כל	כסף גברין זי גבי מנהם
111		A3.8:4	ספר עליהם והן לא [....]	כל	כספ[א] ברבא ולא [..]בו לך

No.	Reference	Preceding context	Word	Following context
112	*B2.6:13*	1 זי נחש שוה כסף ר 2	כל	כספא ודמי נכסיא כסף כרשן
113	*B3.3:6*	תקם חפנן 3+3 פיק 1	כל	כספא ודמי נכסיא כסף כסף
114	*B4.2:7*	משלם לך והן לא שלמת לך	כל	כספך ומרביתה עד ירח תחות
115	*C1.1:127*	אנת יה ברי הכצר [....]	כל	כציר ועבד כל עבידה אדין
116	*B3.8:15*	זי נחשן 2+3	כל	לבשיא ומאני נ]חש[א]
117	*B3.8:13*	ו[.... ד]מי כסף שקל 1	כל	לבשן זי קמר וכתן 2+3+3
118	*D23.1.III-IV:7*	]י[....]. י...	כֿל	.[.]ל[.]ין[...]. בעין
119	*B3.8:15*	זלוע 1 דמי כסף ח 20	כ[ל]	^[מ]אנ[ן]^ זי נחשן 2+3
120	*C3.15:19*	[ ]ברת [.... כסף ש 2 לה]	כל	מאת שנדן [3+10] מאת
121	*C3.15:31*	חגי בר הצול כש 2 לה	כל	[מאת נבועקב] 1+10 [....
122	*C3.7AR2:11*	[בגו זי לא ספיתן [10	כ]ל	מנדתא ואחרן זי גבי מנה
123	*C3.7AR3:19*	[זי לא ספיתן [10	כ]ל	מנדתא ו]אֿחרֿן [זי גבי
124	*C3.7DR2:7*	[ ]בגו זילא ספיתן 20	כל	מנד]תא]ואח[רן
125	*C3.7DR3:24*	[בגו זילא ספיתן [10	כל	מנֿדֿתֿא ואח[רן זי גבי
126	*C3.7ER1:7*	בגו זילא ספיתן 10	כל	מנדתא ואחרן זי גבי מנה
127	*C3.7ER2:4*	בגו זילא]סֿפיתן[10]	כל	מנֿדֿתא ואחרן זי ג[ב]י
128	*C3.7FR2:12*	לֿ[ק ע]תֿיֿק 1	כ[ל]	מנדתא ומעשׂרא זי גבי
129	*C3.7FR3:2*	[ל]קֿ[ן ....]	[כ]ל	מנדתא [....] ע]ל
130	*C3.7FV2:21*	20 לק עתיק 1	[כ]ל	[מנד]תֿא[ואחרן]זֿי
131	*C3.7FV2:6*	ופלג לק עתיק 1	כל	מנדתא ואחרן זי גבי מנהם
132	*C3.7GR2:3*	ת 10 לק עתיק 1 [..]....]	כל	מנדתא ^ואחרן^ זי גבי
133	*C3.7GV5:1*		כל	מנדתא זֿי[....]
134	*C3.7JR1:18*	[בגו זי לא ספיתן [10	כ]ל	מנדתא ואחרן] זי גבי[ן מנה
135	*C3.7JR2:19*	[בגו זילא ספיתן [10	כ]ל	מנדתא ואחרן זי גבי מנה
136	*C3.7JV2:22*	ב[גו זילא] ספיתן {20	כל	מנדתא ו[אחרן] זי גבי מנהם
137	*C3.7*	[....]י[....]	כ]ל	מנ]דֿתֿא[ואח]רן]זי
138	*C3.7KR2:14*	[ז]ילא ספיתן [20+10]	כל	מנדתא ואחרן זי גב]י
139	*C3.7KR3:18*	[בגו זילא ספיתן [10	כל	מנֿדֿתֿא ואחרן] זי גבי
140	*C3.7CR1:17*	[זי]לֿא ספיתן 10	כ]ל	מנדתא ואחרן זי גבי מ]נה
141	*C3.7CR2:18*	בגו[זילא ספיתן [10	כל	מנדתא ואח[רן] זי [גבי
142	*C1.1:82*	לך אל יהוה טרפי[הם] מן	כל	מנטרה טר פמך ועֿל זי
143	*A6.2:16*	וחמשה לחד צבען עשרה	כל	מסמרין ארבע מאה עשרן
144	*C3.7GR3:9*	כֿנֿדֿן 2+3+3 ופלג	כל	מעשׂרא זי גבי מנה[ועביד
145	*B7.1:6*	[לך] [.... אנת]ן לך	כל	נונין או דמיהם זי תמא [לי
146	*C1.1:103*	בך צֿדיק אנֿשֿא בערֿרֿה	כל	נטחוהי הוין [קרית] רשיען
147	*D1.17fragb:6*	כים ושהדו על	כל	נכסן[י ....] [....]א
148	*D23.1.Va:6*	חד זי אזֿל להי עם]	כל	נ]כֿסֿי וביתֿ[ה]יֿהיב
149	*B2.8:4*	ועבור ולבוש ונחש ופרזל	כל	נכסן וקנין וספר ^אנתו^
150	*C3.14:30*	שא 1[+1 ר 2 ל]שא	כל	נפקתא יו.[..]. שא 100×1
151	*C3.14:32*	יו.[..]. שא 100×1	כל	נפק[תא זי י]היב לחילא
152	*B8.2p:4*		כל	נפש 3+3+3
153	*C3.14:26*	בר אֿוֿרי]שא 1	[כ]ל	נפש 20+10+3+1
154	*C3.9:12*	[...]ס ברה תחת מסתא	[כל	נפש] 3+1 בגו יור 1 נשן
155	*C3.9:15*	[בר]ת חור נשן רבה	[כל	נפש [2 פחנום בר[ן ....
156	*C3.9:23*	בר[ן ...] פטסבק [ברה]	כל	נפש [2 1+1 בגו] .ש .. ...]
157	*C3.9:5*	בלה ברתה ח.[....]	כל	נפש 3+1 בגו[יור 1]
158	*C3.9Rfraga:3*	ברֿ[...] [.]. ברת[...]	[כל	נ]פש 2 ב[גו] [....]..
159	*C3.7FV3:23*	[בגו 3+3]+10+20	[כל	]ספינה רֿבה
160	*C3.7AR3:4*	[כרשן 10 ח 2 ר 2]	[כל	ספינתא זי בקרו למצרין
161	*C3.7DR1:11*	כסף כרשן 10 ח 2 ר 2	כל	ספינתא זי בקרו למצרין
162	*C3.7EV1:6*	[1]+2+3 ח 3+2	[כל	ספינתא זי בקרו]לימא
163	*C3.7EV2:7*	לאֿ[דֿ]יֿהבן ....[....]	[כל	ספינתא זי]בֿקֿרֿוֿ לימא
164	*C3.7FV3:18*	בגו זילא ספיתן 20	כל	ספינתֿא ז[י] בקרו
165	*C3.7GV5:10*	[...]. אֿ..[....]	[כל	ספינתא זי]בקרו[ן לימא
166	*C3.7GV5:20*	בה כסף[כרשן ....]	[כל	ספינ]תא זי בקרו[ן לימא
167	*C3.7KR1:22*	[....] [....]	[כל	ספינתא זי בקרו למצרין
168	*C3.7KV3:14*	כס[ף כרשן ....]	[כל	]סֿפֿיֿנֿתֿא זי בקרו
169	*C1.1:127*	ברי הכצר כל כציר ועבד	כל	עבידה אדין תאכל ותשבע
170	*B3.1:9*	ובניך שליטן למלקח לך	כל	ערבן זי תשכח לי בי זי
171	*C3.7KV2:11*	ח 3+20 ר 2	כל]	....]ף
172	*C2.1.11:70*	...]חדי תקֿיֿנֿא סודתא	כל	[..]....[...]. זֿי אנה עבדת
173	*C3.7GR4:14*	לק[....]	כל]	....] בֿ[....]
174	*C3.7JV2:2*	[....]	כֿלֿ]	.... למֿצ[ר]ין
175	*C3.7KV2:24*	2+3+3 ש 2+3 ח 10	[כל	....] ספינה
176	*D8.10:8*	תפורתחם 3 3+3+3.	כל	צפעה 100 וֿ[...]
177	*C3.19:17*	חפֿימן 20+20+20	כל	רֿעֿיֿ
178	*C3.19:19*	[...] רֿ[עי ....]	כל	ר[עי] יומ[א הו] מן גנזא
179	*B4.3:6*		כל	[שער]ן וטלפח[ן מערב ארדבן
180	*B4.4:5*	ארדבן [....]	כל	שערן וטלפחן מערב ארדבן
181	*D2.18:3*	זנה [....] [....]	כ[ל	תון מאן נ[חש ...: ...] [...].

בכל

No.	Reference	Preceding context	Word	Following context
182	*A1.1:5*	אחזו ויֿבלו [....]	בכל]	....]
183	*D1.3:1*	[...] [....] שלם אחי	בכל	[.... ...]שלם כעת ... [...]
184	*C1.1:81*	תאתה על בלך כזי	בכל	אתר ע[יני]הם ואדניהם לוֿ[ת]
185	*A4.2:2*	עדן שלם לן תנה כענת	בכל	יום זי[ן ....] הו קבל
186	*B3.3:11*	^תמת הי^ שליט^ה^ {{בפלג}}	בכל	נכסן זי יהוון בין ענני
187	*B3.3:12*	^הו^ שליט {{בפלג}}	בכל	נכסן זי יהוון בין
188	*A3.10:1*	אלהיא כ[ל]א ישאלו	בכל	עדן וכעת איתי לי אלף חדה
189	*A3.11:1*	[מראי אלהיא ישאלו	בכל	עדן וכעת] בזך השכחת
190	*A3.5:1*	כלא ישאל[ו] שגי	בכ[ל	עדן] [ו]כֿ[ע]תֿ [....]
191	*A3.6:1*	[אל]ה שמיא [י]שאל	בכל	עדן שלם שוא ובנוהי שלם
192	*A3.7:1*	אלהיא כל ישאלו שלמכי	בכל	עדן שלם מראי מנחם שלם
193	*A3.9:1*	כלא [ישאלו] שגיא	בכל	עדן כעֿ[ת
194	*A4.1:2*	אחי אלהיא [ישאלו]	[בכל	עדן] וכעת שנתא זא שנת
195	*A4.2:2*	[אלהיא כלא] ישאלו	בכל	עדן שלם לן תנה כענת בכל
196	*A4.3:2*	[אלה שמיא ישאל שגיא	בכל	עדן ו]לרחמן הוו קדם אלה
197	*A4.4:1*	[ ]אלהיא ישאלו שלמך	בכל	עדן וכעת [....]
198	*A4.7:2*	אלה שמיא ישאל שגיא	בכל	עדן ולרחמן ישימנך קדם
199	*A4.7:26*	אלהא בשמך ונצלה עליך	בכל	עדן אנחנה ונשין ובנין
200	*A4.7:3*	לך וחדה ושריר הוי	בכל	עדן כען עבדך ידניה
201	*A4.8:2*	אלה שמ[יא] ישאל	בכל	עדן לרחמן י[שי]מנ[ך קדם
202	*A4.8:25*	בשמך ונצל[ה עליך	בכל	עדן אנחנה ונשין ובנין]
203	*A4.8:3*	לך וחדה ושריר הוי	בכל	עדן כעת עב[ד]ך ידניה]
204	*A5.3:1*	[מראי אלהיא ישאלו	בכל	עדן] חיא חדה ושרירא מראי
205	*A6.1:2*	[כלא] [ישאלו שגיא	ב[כל	עדן וכעת לן ש[י]ם טעם
206	*D1.13:1*	חנום אלהא [.... ...]	בכל	עדן ש[לם ...] [.... ...] שלם
207	*D1.15:1*	כסף [.... ...] [.... ...]	ב]כל	עדן וכעת כן [...] [.... ...
208	*D7.35:2*	שלמך יהה [.... ישא]ל	בכל	עדן כען כזי [....] זי
209	*D7.56:4*	אחיכון עקבן שלם אחי	בכל	עדן וכעת כען לא אבו

No.	Form	Ref	Preceding	Keyword	Following
210		D7.57:3	אחיך אביתי שלם אחי	בכל	עדן וכעת שלחת לך ביד
211		B4.6:11	[ואנתי סלואה שליטה	ב]כל	ערבן ז[י י]שתכ[ח בי זי]
212	וכל	B3.4:23	ובנינא זי תבנה בה	וכל	אשרן זי יהכן על ביתא זך
213		A4.8:15	[נכסן זי קנה אבדו	וכל	גבר זי] בעה באיש לאגורא
214		A4.7:16	נכסין זי קנה אבדו	וכל	גברין זי בעו באיש לאגורא
215		B3.1:10	עבד ואמה שערן כנתן	וכל	זון זי תשכח לי עד תתמלא
216		B4.1:3	[וכנתן ועמר ו]כתן	[ו]כל	מדעם זי יחיה בה איש ול..
217		A4.1:6	[....]אל תשתו	וכל	מנדעם זי חמיר אל[תאכלו]
218		A4.7:16	הנפקו כבלא מן רגלוהי	וכל	נכסין זי קנה אבדו וכל
219		A4.8:15	כבלוהי מן רגלוהי	וכ[ל	נכסן זי קנה אבדו וכל גבר
220	לכל	D23.1.III-IV:10	[.]‏.[..]...לם יל. אף	לכל	א[...]המו נ..ן.
221		C1.1:178	לעלים כאיה לחנת אף	לכל	עבדיך אלפ[ן] קנה עבד
222	כלא s em/sf	A4.7:30	אף בזנה זי עביד לן	ˆכלאˇ	ארשם לא ידע ב20
223		A6.15:6	בפפרם ועבור ארקתא	כלא	נחתחור לקח עבד לנפשה
224		D6.13fraga:2	[...] שלם[...] אלהא	כלא	[...]
225		D7.34:5	[..]..ן לי זי [...] לה	כלא	[...]לי[...]
226		A6.11:2	בגו בזי נשי ביתן	כלא	א[בדו ...] לי בגה זי
227		A4.7:12	ואחרן זי תמה הוה	כלא	באשה שרפו ומזרקיא זי
228		A4.8:10	[ואחרן זי תמה הוה	כלא]	באשתא שרפו ומזרקיא זי
229		C2.1.8:48	[ויזדת וחרא זי עמה	כלא	בזקיפא] שמת נפחר
230		A4.8:22	[....] ויהודיא	כלא	בעלי יב כן אמרן הן על
231		D1.33fragc:4	זי אסירן [....]י	כלא	ר.[...] [....]. שנת[...
232		C1.1:56	מלכא וחיל אתור	[כל]א	הו]ו קרבתא נבוסמסכן
233		C1.1:61	ומלוהי חיל[אתו]ר	כלא	הוו אנחנה אל נקטלנהי
234		A6.2:17	מצן כנכר חד מנן עשרה	כלא	הוספה כברי כרשן עשרה
235		A6.15:7	ומנדע[ם] אחרן זי לקחת	כלא	התב הב למספת יעבד על
236		A4.7:11	ומטלל עקהן ˆזיˇ ארז	כלא	זי עם שירית אשרנא ואחרן
237		A4.8:26	[ונשין ובנין] ויהודיא	כלא	זי תנה הן כן תעבד זי עד
238		A4.8:29	[פחת שמרין אף בזנה]	כלא	זי עביד לן ארשם לא ידע
239		C1.1H:11	[...] א[בוה זי]את[ור	כלא	]זי על עט[תה ...]
240		C1.1:43	עטתה ומלוהי הות אתור	כלא	יבעך [....]ת זי
241		A6.2:13	חסין תמיס אמן עשרן	כלא	יהיתה חליפתהם לובר
242		A3.10:1	שלם אחי אלהיא	כ[ל]א	ישאלו בכל עדן וכעת איתי
243		A3.5:1	[.... שלם אחי אל]היא	כלא	ישאל[ו] שגי בכ[ל עד]ן
244		A3.9:1	שוא שלם מראי אלהיא	כלא	[ישאלו] שגיא בכל עדן
245		A4.2:1	[.... שלם מראי אלהיא	כלא]	ישאלו בכל עדן שלם לן תנה
246		A6.1:1	שלם מראן אלהיא	[כלא]	[ישאלו שגיא ב]כל עדן
247		A3.3:12	תאתה שלם אמך וינקיא	כלא	כעת תנה הוין [....]
248		A4.7:12	זי הוה באגורא זך	כלא	לקחˆרˇ ולנפשהום עבדו ומן
249		A4.8:11	ז[י הוה באגורא זך	כלא	לקחו לנפשהום] עבדו ומן
250		A4.8:13	ואגורי אלה[י] מצריא	[כ]ל[א	מגרו] ואיש מנד[עם]
251		A4.7:29	על זנה שלחן הודען אף	כלא	מליא באגרה חדה שלחן
252		C1.1H:1	[ומלוה]י הות אתור	כלא	[מ]ס[בל לך כאיש עם אחוהי
253		A4.8:10	נחש ומטלל אגורא זך	כלא	עקהן ז[י] ארז עם ש[ירית
254		C1.1frage:2	[... ...].[...] [...	]כלא[	...] [...] ..[...] [...]
255		C3.8IIIB:6	1 זי ת.[...] [...] .א	כלא[	...] [ש]ים טעם [ב
256		A4.8:16	בעה באיש לאגורא זך	כלא	קטילו וחזין בהום אף
257	כלה	C3.8IIIB:10	זי קדם בגו.שת [...	]כלה	במצרין יעבדון [...]...
258		C1.1:2	אחיקר וי[עט אתור	כלה	הוה] [וצ]בית עזקתה זי
259		A2.1:4	לי ואשכחתה שנטת	כלה	ולבבי לה דבק לה הן חזית
260		C1.1:12	חכימא יעט אתור	כלה	זי הקים לברה ולא בר[
261		C1.1:55	אחיקר אבוה זי אתור	כלה	זי על עטתה סנחאריב מלכא
262		A3.3:6	[.. פ]רסכן זי כלי	כלה	כעת איך ביתא עביד ואיך
263		B3.5:20	אחרן לא ישלט בביתה	כלה	להן בני זי ילדתי לי
264		A2.1:12	בר פטחנם שלם סחתה	כלה	לשלמכן שלחת ספרה זנה שלם
265		B2.6:20	איתי לה על אנפי ארעא	כלה	מחר או יום תמות מפטחיה
266	כלך	C1.1:102	ר[מ]נא ואמר לסניא אנת	כלך	כבן עם זי פגע בך צדיק
267	כלה	D23.1.Va:4	[ ]ילקח[..]..[...].	כלה[	...]מן ....[.]‏.. ... א..
268	כלהם	D23.1.VI:5	[... ...] [... ... ...]	כלהם	..[.... ...] אחרנן
269	כלהן	D1.17fragb:9	[...] [... ...]תה להן	כלהן	פרי ויתנון ח.[... ...] [...
270	ולכלה	D23.1.Vb:4	[...] .[.]....[ ]..	ולכלה	....]
271	בכלה	A4.8:28	[.... אף ...]	{{בכלה}}	מליא אגרה חדה בשמן

כלא V to restrain, withhold, detain

No.	Form	Ref	Preceding	Keyword	Following
001	כליתך peal	B2.1:13	פפטעונית מלחא הן	כליתך	אנתן לך כספא זי כתיב
002		B2.1:7	עלוי אגרא זך זילך הן	כליתך	אנתן לך כסף כרשן 2+3
003	כלי	A3.3:6	[.. פ]רסכן זי	כלי	כלה כעת איך ביתא עביד
004	כלו	A4.2:15	[....] וחורי זי	כלו	ביום 3+3 לפאפי מטו
005	כלוהי	A4.2:13	חורי יהב לי כזי	כלוהי	על כדא אמר תירי...[...]
006	אכלאנך	B2.1:6	או יום אחרן לא אכהל	אכלאנך	למבנה עלוי אגרא זך זילך
007	יכלא	B2.1:9	ורחיק בעל דגל וקריה	יכלא	למחסה או לבר לה למבנה
008		B2.1:10	עלוי אגרא זך זילה זי	יכלא	מנהם ינתן לה כספא זי
009	יכלאו	D7.10:3	שימת ופקיד [..	י]כלאו	מנה לחם ומין[כען] [...
010	וכלין	A4.2:14	בצות מלכא	וכלין	להן ונזק ארשם וכפר
011	אתכלו etpeel	C3.25:7	בר שמו חלף צחא	אתכלו	ש [...]. בר שמו חלף שמו

כלב N dog

No.	Form	Ref	Preceding	Keyword	Following
001	כלביא p em/sf	A4.7:16	זי החוין בוידרנג זך	כלביא	הנפקו כבלא מן רגלוהי
002		A4.8:15	חוינא בוידרנג זך	כלביא	הנפקו כבלוהי מן רגלוהי
003	לכלביא	C3.26:27	מהפ..[...] אחמ..	לכלביא	זי פס[י] פסי בר

כלל V to complete

No.	Form	Ref	Preceding	Keyword	Following
001	כללה peal	D23.1.XIII:2	הכתב זן ...א נדרא	כללה	בשנת 2+3 כתב סנתאמלבת

כלמה N (unclear)

No.	Form	Ref	Preceding	Keyword	Following
001	כלמת s ab/cn	D23.1.XIII:4	תלה ערכי בזוה.	כלמת	היא אחרי [..]ש[...

כמסת a equivalently, as many as

No.	Form	Ref	Preceding	Keyword	Following
001	כמסת	C2.1.7:37	אחר ח[י]לא ז[י פרס]	כמסת	זי בבתיא באלוך זי
002		C1.1:66	נכסן אנה אנתן לכם	כמס[ת	....

כמר N pagan priest

No.	Form	Ref	Preceding	Keyword	Following
001	כמר s ab/cn	A5.4:2	תחותמעו	כמר	אמיר לשחפימו [ז]ך צחא
002		B2.7:15	לה בית חרוץ בר פלטו	כמר	זי חנ[ו]ם אלהא זך ביתא

כמר

No.	Form	Parsing	Ref.	Preceding	Keyword	Following
003	כמרא	s em/sf	D18.2:a	חרמשזב בר אשה	כמרא	חרמשזב בר אשה
004			D18.1:1	לשאיל	כמרא	זי נבו יתב תקמא בסון
005			D21.17:2	לאנן בר אליש	כמרא	זי בעל בעלענות
006*	כמרן	p abs	D2.30:3	... [....] [...	כ]מרן	אלך תריהם מצרין
007			D23.1.XI:9	עם תהרקא [...]שׁ[..]מו	כמרן	עבדן הם קרב[...]
008			C3.5:11	]	]כמרן	בבתי אלהיא כסף[...]
009	לכמרי	p const	D5.10:2	[....]מ[..] ####	לכמרי]	...]
010	כמריא	p em/sf	A4.5:3	מלכא זנה דושכרתא זי	כמריא	זי חנוב אלהא [עבד]ו
011			A4.5:8	בברא [ז]ך מיא שתין	כמריא	זי חנוב אלך ברא זך סכרו
012			A4.7:5	נפק ואזל על מלכא	כמריא	זי חנוב ^אלהא^ זי ביב
013			A4.8:4	ואזל [על] מלכא [....	כמריא	זי חנוב אלהא זי ביב]

כן a thus, so

No.	Form	Ref.	Preceding	Keyword	Following
001	כן	D1.15:1	[... ... ב]כל עדן וכעת	כן	[...] [... ... ...]+10+2..
002		D1.32:14	כעת שתברזן וכנותה	כן[	...] [...] יתעבד
003		D1.12:3	ת.[... ...] [... ...]י כזי	כן[	א]ל תזב[ן]מן איש [...
004		A3.3:4	על פרסכן תנה במגדל	כן	אמיר לן לאמר על זנה
005		A5.5:11	כען	כן	אמׂר מתרדת
006		A5.5:2	פקיד נא	כן	אמר [....] חׂילא
007		A6.11:1	עלים זילי שלח עלי	כן	אמר איתי פמון שמ[ה א]בי
008		A6.11:3	לי אהחסן כעת ארש[ם]	כן	אמר הן כנם הו כמליא אלה
009		A6.13:1	ורוהי בר ביתא בזנה	כן	אמר לי בגא לם זי מן מראי
010		A6.13:4	נחתחור כעת ארשם	כן	אמר אנתם הנדרז עבדו
011		A6.15:1	פקידא זילי ^שלח עלי^	כן	אמר בבל לם אגרת מן ארשם
012		A6.15:3	ולא יהב לי כעת ורפש	כן	אמר הא אנת חזי אגרת ארשם
013		A6.2:22	כזי שים טעם כעת ארשם	כן	אמר אנת עבד לקבל זנה זי
014		A6.2:2	עלין מתרדת נופתא לם	כן	אמר פסמסני[ת
015		A6.3:2	עלימא זילי קבל בזנה	כן	אמר כזי אנה הוית אתה [ע]ל
016		A6.3:6	יתעבד להם כעת ארשם	[כן]	אמר [פ]סמש[כחסי] זכי
017		A6.6:2	[זי במצרין שלח עלי	כן	אמ[ר ....]. בר
018		A6.6:4	[כ]עת ארשם	כן	אמר הן [....]. .[....]
019		A6.8:1	פקידא זילי שלח עלי	כן	אמר ארמפי עם חילא זי
020		A6.8:2	אמר אנה להם כעת ארשם	כן	אמר צבות ביתא זילי זי
021		B8.11:4	[....].נש	כן	אמר אזד עבׂדו איך]
022		B8.2:22	שמ[ה ....] קבל	כן	אמר[....] שמהם
023		B8.5:1	[....]המו	כן	אמ[ר ....]. .[.].[....]
024		B8.5:7	]	]כן	אמר אחדו [....]
025		B8.6:5	[עבדה זי ....]ם סיכן	כן	אמר הנצלני כסף כרשן 20
026		B8.7:10	מׂנכי	כן	[אמר
027		B8.7:3	פתחנופי	כן	אמר מ{נ}<כ>דב מנכי באלהׂ
028		B8.9:5	[טעמא ....] [....]	כן	אמר אנה מומא נפרת יהבת
029		D20.3:3	בר אבה אמה אחתבו	כן	אמר בשנת 1+3 ירח מחיר
030		D22.1:1	[..]... [.]..ש...	כן	אמר מצי[...]... [...] הו
031		D7.29:3	לאשין על כסף מרזחא	כן	אמר לי לם לאיתי כען
032		A6.2:3	כרכיא	כן	אמרו ספינתא זי מהחסנן
033		B8.4:14	עם סנבנת אבוהם	כן	אמרו הנצל. .אבׂו 1
034		C3.8IIIB:2	פרמ[נכריא] [...	]כן	אמרו אלה .. מ.הׂ בגו בגו
035		A4.7:22	ויהודיא כל בעלי יב	כן	אמר~ך^ הן על מראן טב
036		A4.10:7	זי ביב בירתא מה[חס]נן	כן	אמרן הן מראן [...] ואגורא
037		A4.7:4	כען עבדך ידניה וכנותה	כן	אמרן בירח תמוז שנת
038		A4.8:22	ויהודיא כלא בעלי יב	כן	אמרן הן על מר[א]ן טב
039		A4.8:3	[וכנותה [....	כן	אמרן בירח תמוז] שנת
040		D6.8fragb:1	[...]<ע>לי	כן	אמרן נשיביתן זי במצרין
041		C2.1.1:2	[ ]..[ ] [דריהוש מלכא	כן	אמר זנה זי אנ]ה עבדת
042		C2.1.11:64	דריהוש מלכא	כן	אמר מן אנ]ת מלך זי אחרי
043		C2.1.11:74	[יהוה לך] דריהוש [מלכא	כן	אמר אלה גבר]יא זי קד[מ]ן
044		C2.1.4:8	[דריה]וש מלכא	[כן]	אמׂר דדרש אׂ[ררטי
045		C2.1.5:19	[דריהוש מלכא	כן	אמ]ׂר והומס [ש]מה עילמי
046		C2.1.5:25	[למדי] [דריהוש מלכא	כן	אמר אחר מן בב]ל [נפ]קׂת
047		C2.1.7:30	עבדת [דריהוש מלכא	כן	אמר עלי מרדת מת] פרתו
048		C2.1.7:36	[עבד]ת [דריהוש מלכא	כן	]אמ[ר]וׂידזת ש[מה]
049		C2.1.8:51	[עבדת] דריהוש מלכא	כן	אמר ו[יזדת זך זי אמר אנה
050		C3.8IIIB:30	בגפרן זי על נוׂז..[..]	כׂן	אמר שתברזן .[... ...]תׂ
051		C3.8IV:6	1 .. .[...] [...] וׂכעת חיר	כן	[אמר .... שמו]
052		D23.1.XVIC:4	.... לי .[..]ל[...].[.]אׂ	כׂן	אמר וׂאׂ[...]....]
053		D6.14fragp:1	[...] [... ש]לחת עלי	כן	א[מרת ...] [...] פמון [...]
054		D3.16:15	פלג חפן 1 פרכס 1	כׂן	אסריהם לבשיא הומי
055		C1.1:52	לקבל זי אנה עבדת לך	כן	אפו עבד לי אל תקטלני בלני
056		C1.1H:8	ל[ק]בל זי[אנה עבדת לך	כן	אפו ...] א[סר]חאדן[
057		D1.12:12	[...]הוש[רת] לך[א]ף	כן	ה.[....]..[...] [...]ל[... ...]
058		[D]C1.1fragb:3	[...] ידין ל[...] [...]ש	כן	ה[...]
059		C1.1:211	[....]]	כן	הוׂה ל[...]אׂ זי תהׂ..ג.[
060		C1̇.1:83	מ[.]י אחדי פמך אחרי	כן	הנפק [מלי]ך בעדׂרׂה
061		A6.10:8	[קד]מיא הוו עבדן	כן	ידיע יהוי לך הן מן גרדא
062		A6.8:3	זכי אשתמעו לה ועבדו	כן	ידׂ[י]עׂ יׂהוה לך הן
063		B8.8:11	[....].עׂשה	כן	יהוי
064		A4.3:6	מנכם אנתם קמו קבלהם	כן	כזי מלה באישה לא יהשכחון
065		A6.10:2	[זי] במצרין חסין נטר	כן	כזי מנדעם כסנתו לא הוה מן
066		A6.10:6	ונכסי[א זיל]י חסין טרו	כן	כזי מ[נ]דעם כסנתו לא יהוה
067		A6.10:7	ועבדו על ביתא זילי	כן	כזי פקידיא [קד]מיא הוו
068		A6.15:11	מן גרדא התב הב להם	כׂן	כזי מספת קבילה תובא לא
069		C1.2:3	[.. א]תלנהי	כן	כזי עבדת לבנוהי[
070		A6.10:5	[ע]ל בית מראיהם ואנתם	כן	לא עבדן כען אף קדמן שלחת
071		D1.24:1	שלחת אגרתא ז[א ...]	כן	לאמר אף ..[... ...] אלהא
072		A4.1:3	[...] [....]יא כעת אנתם	כן	מנו ארב[עת עשר] [יומן
073		A6.16:2	אתנצח[....] [....	]כׂן	עבד כזי לאלהיא ולארשם
074		A4.7:27	ויהודיא כל זי תנה הן	כן	עבדו עד זי אגורא זך יתבנה
075		A6.14:3	[אלך יהי]תה עלי בבאל	כן	עב[דו] כזי לי תחדון אף הא
076		D7.9:5	כתבתא זי על דרעה הלו	כן	שלח לאמר זי לא ישכחן
077		D7.24:1	כענת הלו	כן	שלחת לך ספרׂ[א] זנה באלף
078		A3.3:13	למחר כתבת אגרתא זא כזי	כן	שמיע לן לאמר תתפטרן
079		A6.10:3	על ביתא זילי וכען תנה	כן	שמיע לי כזי פקידיא זי
080		A4.8:26	ויהודיא כלא זי תנה הן	כן	תעבד זי עד אגורא זך
081	וכן	A6.2:6	עליהם על זנה שלחו	וכן	[...] חלא זי לקבל ב[י]רתא
082		A6.2:9	סגן נגריא ספיתכן	וכן	אמרו עדן הוה אופׂשׂ[ר]הׂ
083		D23.1.XVIC:5	[ ]..... .... ומ..	וׂכׂן	אמרו אלהי חׂרא שׂלמׂ[.
084		A4.2:6	אף[....] מדינת נא	וכן	אמרן מזדיזן הו

No.	Form	Gram.	Ref	Before	Word	After
085			B8.12:5	עלין החוין להם	וכן	אמרן [...]...[....]
086			B8.10:6	[ ] זי לן שאילת תבא	וכן	אמרת כפם ה[....]

כנד N jar

No.	Form	Gram.	Ref	Before	Word	After
001	כדא	s em/sf	A4.2:13	יהב לי כזי כלוהי על	כדא	אמר תירי...[...] בצות
002	כנדן	p abs	C3.7FR2:1	חמר זי שנת 10	כנדן	2+3+10 כ 1 לק עתיק
003			C3.7FV2:3	בגו חמר זי[שנת 10]	כנדן	2+3+10 כ 1 חמר זי שנת
004			C3.7FV2:4	כ 1 חמר זי שנת 1+10	כנדן	2+3+3+10 ופלג לק
005			C3.7FR2:16	חמר זי שנת 10	כנדן	1×100+10 1[....]
006			C3.7HR2:13	.[... ...] [...]	כנדן	1×100+10 1[... ...]
007			C3.7DV2:6	ופלג חמר צידנין	כנדן	10+20+20+100×1
008			C3.7FR2:17	חמר זי שנת 1+10	כנדן	20+20+20+100×1
009			C3.7GR2:6	1+3+3 ר[2] חמר	[כ]נדן	3+3+20+20+100×1 כ
010			C3.7GR2:8	[חמ]ר צידנין	כנדן	2+3+20+100×1 כ 1
011			C3.7FV2:9	3+3 ח 10+2[חמר	כנדן[	2+[3]+3+100[×1 כ]
012			C3.7FR3:7	[....] ח[מר	]כנדן	2+[....] [....
013			C3.7AR2:15	חמר	כנדן	20+1 ופלג
014			C3.7AR2:7	[ח 2+10 ר 2] חמר	כנדן	1+20 ופלג מש[ח]
015			C3.7BR1:2	[ ]ח 20+[3+10] [חמר	כנדן	1+20 ופלג] משח ספן
016			C3.7DR3:20	[2+3+10 ר 2] חמר	כ[נד]ן	1+20[ופלג] משח
017			C3.7ER1:23	ר 2 חמר	כנ[ד]ן	1+20 ופלג
018			C3.7ER1:3	ר 2 [ח]מר	כנדן[	1+20 ופ]לג [מש]ח
019			C3.7ER2:7	[ח 2+3+3+20] [חמר	כנדן	]20+[1 ופלג] משח[
020			C3.7GR2:7	בגו [חמר]יון	כנ[דן	]1+20 ופלג [חמ]ר
021			C3.7JR1:14	3+10[+2 ר 2] [חמר	כנדן	]1+20 ופלג [משח ספן
022			C3.7JR1:22	[ח 2+3+3+20] [חמר	כנדן]	20+1 ופלג [משח ספן
023			C3.7JR2:15	[ח 2+3+10 ר 2] חמר	כנ[דן	1+20 ופלג] [משח ספן
024			C3.7JR2:22	[ח 2+3+3+20] חמר]	כנדן	1+20 ופלג] משח ספן
025			C3.7KR3:14	[....]20[....] חמ]ר	כנדן	1+20 ופלג] מש[ח ספן
026			C3.7KR3:21	חמר	[כ]נדן	1+20 ופלג משח ספן
027			C3.7CR1:13	[ח 2+3+10 ר 2] [חמר	כנדן	1+20 ופלג] [משח ספן
028			C3.7CR1:21	ח 20+3+3+[2] [חמר	כנדן	1+20 ופלג] [משח ספן
029			C3.7GR3:2	חמר זי שנת 1+10	[כנ]דן	20+20+20+20 טין
030			C3.7KR2:10	ח[3+3]ר 2 [חמר	כנד]ן[	1+3+[20+20+20
031			C3.7KR2:18	ח 3+20 חמר]	כנ]דן	1+3+20+20+20
032			C3.7FV2:10	חמר זי שנת 10	כנדן[	20+20]+20 כ 1 חמר
033			C3.7FV3:5	1 בגו חמר זי שנת 10	כנדן	20+20+20 כ 1 חמר זי
034			C3.7FV2:11	1 חמר זי שנת 1+10	כנ[דן	20+20+3+3+2] קמר
035			C3.7FV3:6	כ 1 חמר זי שנת 1+10	כנדן	20+20+3+3+2 משח ספן
036			C3.7FV3:3	כ 1 בגו חמר[יון	כנד]ן	3+20+20]
037			C3.7FV2:2	כסף כרש 1 ש 2 ח 3 חמר	כנדן	3+20 כ 2 ושתות בגו חמר
038			C3.7GV2:8	חמר זי שנת 1+10	כנדן	2+3+3+100×2 משח ספן
039			C3.7GV2:5	ופלג בגו חמר יון	כ[נדן	2+3+3+]100×1+3
040			C3.7DV1:6	ופלג חמר	כנדן	1+10+100×[2]+3 משח
041			C3.7GV2:6	[....] חמר [צי]דנין	[כנדן]	]3+2×100+10[+1]
042			C3.7GR3:8	חמר זי ש[נת 1[+10	כנדן	2+3+3 ופלג כל מעשרא
043			C3.7GR2:24	[חמר] זי שנת 1+10	כנדן	100×2+3+3 טין שמוש
044			C3.7GV2:7	חמ[ר זי]שנת 10	כנדן	100×3[+3] חמר זי שנת
045			C3.7DV2:7	10+20+20+100×1	כנ[דן	
046			C3.7FR2:10	זי שנת 1+10	כנ[ד]ן[	....] ל[ק ע]תיק
047			C3.7FR2:15	3+3 ח 10+2 חמר	כ[נדן	....] חמר זי שנת
048			C3.7FR2:5	חמר זי שנת 1+10	כנדן[	....] כל כסף גברין זי
049			C3.7FR3:8	[.... י]ון	כנ[דן	....] [חמר]זי שנ[ת
050			C3.7FV3:2	[....] חמר	כנדן]	
051			C3.7GR3:11	[חמר זי שנת]1+10	כנדן	
052			C3.7GR3:19	[....] ש]נת 10	כנדן[	.. 1×ל]ף+20 פרזל
053			C3.7GV2:4	[..] ח 10 ר 1 חמר	כנדן	
054			C3.7JV1:22	[חמר זי]שנת 1+10	כ[נ]דן	[....]
055	וכדדן		D7.57:7	בעזכתיה ואגנן 2	וכדדן	1+3 ופינך 1 וצפחא חדה

כני V to name

No.	Form	Gram.	Ref	Before	Word	After
001	וכנוהי	pael	D3.39fraga:3	[...] [... ...]סכן	וכנוהי	[...].

כנכר N talent (weight)

No.	Form	Gram.	Ref	Before	Word	After
001	כנכר	s ab/cn	A6.2:17	לובר דשות מצן	כנכר	חד מנן עשרה כלא הוספה
002	כנכרין	p abs	A4.7:28	ודבחן דמן כדמי כסף	כנכרין	1×לף ועל זהב על זנה שלחן
003	כנכרן		A4.8:27	עלוה ודבחן דמי כסף	כנכרן	אלף על[זנה שלחן הודען

כנם a thus

No.	Form	Gram.	Ref	Before	Word	After
001	כנם		B8.9:3	[....] [...] ומתך	כנם	אמרן וא[ף]אמרן אנחנה
002			A6.11:3	כעת ארש[ם] כן אמר הן	כנם	הו כמליא אלה זי פטסרי
003			B8.11:5	[....]ז זך	כנם	עויר הו וברה זך]

כנף N corner of garment

No.	Form	Gram.	Ref	Before	Word	After
001	בכנפי	p const	C1.1:107	הן יאחדן רשיעא	בכנפי	לבשך שבק בידה אחר אדני

כנש V to gather

No.	Form	Gram.	Ref	Before	Word	After
001	כנש	peal	C2.1.7:45	[מן אתרא זך לחילא	כנש]	אתה לער[ק]ה [זי
002	אתכנשו	etpeel	C2.1.4:8	[לממטה אררט מרדיא	א]תכנשו	[אזלו]לערעה זי]
003			C2.1.5:11	בתרתי רגליא מרדיא	אתכנש[ו	אזלו] [לערקה זי דדרש]
004			C2.1.5:15	[בתלת רגליא מרדיא]	אתכנשו	אזלו לערקה זי דדרש
005			C2.1.5:20	לממטה מרד[י]א	אתכנשו	אזל[ו לערקה זי]
006			C2.1.5:22	[בתרתי רגליא מר]דיא	אתכנשו	א[ז]לו לערקה זי
007	ויתכנשון		C1.2:25	ולא[....] לחם	ויתכנשון	אלהי מצרין [....]ה 1

כנת N colleague (Akk; GEA 376.16)

No.	Form	Gram.	Ref	Before	Word	After
001	כנתה	s em/sf	C1.1:185	יסבלנהי ינשא בות מן	כנתה	[וין]שא מובלא זי לא
002			C1.1:99	[לא חזה] איש מה בלבב	כנתה	וכזי [יח]זה גבר טב לגבר
003	כנתהם		A6.1:7	עלים סינערש אזדכרא	כנתהם	ב10+3+3+3 למרחשון
004	כנותה	p em/sf	C1.1:67	[....] טיבת על	כנותה	אלך ת[רין
005			B3.8:38	[חדה] ותרתין מן נשי	כנותה	ליהוישמע אנתתה והן לא
006			B6.4:3	[ותר]ת[ין מן] נשי	כנותה	לסלואה [אנתתה הן לא
007			B6.4:4	[חדה ותרתין מן נשי]	כנותה	שנאה הי[וא]ף לא [תכהל

No.	Form	Parse	Ref.	Preceding	Keyword	Following
008	וכנותה		A4.8:21	כען עבדיך ידניה	וכנותה	ויהודיא [....
009			A4.8:3	כעת עב[ד]ך ידניה]	וכנותה	כן אמרן בירח [....
010			A6.1:1	ארש[ם עבדיך אחמנש]	וכנותה	בגדן וכנותה וספרי
011			D5.46:2	[..].[..] [...	וכ]נותה	2 [...]
012			B8.5:16	[ ]יהיב לפתנשן	וכנותה	
013			B8.6:11	לבֿת...ת	וכנותה	
014			B8.6:7	2+3̊ אחר [יהיב ל..	ו]כנותה	[....] בֿר הוברֿא
015			D1.34fragd:1	[...]קֿאת	וכֿנֿוֿתֿ[ה	... [...]ל עֿ[ו...]
016			A6.1:5	[עב]דיך אחמנש	וכנותה	אזדכריא ב[גדן וכנותה]
017			B8.6:3	אחר יהיב [ל....	[וכנותה]	[ב .... שמ]הֿ
018			A6.1:5	אזדכריא ב[גדן	וכנותה]	דיניא פטאסי וכנותה
019			B2.2:6	עלדברה קדם דמידת	וכנותה	דיניא וטענוך לי מומאה
020			B7.1:3	מני ושא[ילת קדם ...	וכנותה	דיניא] [וטעינת מומא]ה
021			B8.4:2	ח....שתֿ [....]תֿ	וכנותה	דֿיניא דֿושנֿן הוו
022			D3.45:6	לויגוש [...] [...].	וכנותה	דתבר[י]א[...] [...]ש
023			A6.11:7	פקידא [כנז]סֿרם	וכנותה	[המרכ]ריא זי במצרין מן
024			A6.12:4	פקי[דא] כנזסרם	וכנותה	המ[ר]כריא זי במצרין
025			A6.13:6	פקידא כנזסרם	וכנותה	המרכריא זי במצרין על
026			A5.4:3	[תחותמ]עו	וכנותה	הנש[....]^עביד לֿ[..]^ ל
027			A4.7:22	זך כען עבדיך ידניה	וכנותה	ויהודיא כל בעלי יב כן
028			A6.11:1	על נחתחור כנזסרם	וכנותה	וכעת פטוסרי שמה ורשבר
029			A6.12:1	על נחתחור כנזסרם	וכנותה	וכעת חנֿזֿפֿי
030			A6.13:1	על נחתחור כנזסרם	וכנותה	וכעת ורוהי בר ביתא
031			A6.14:1	נחתחור וכנדסירם	וכנותה	וכעת תנה אנה קבלת
032			A6.1:1	אחמנש וכנותה בגדן	וכנותה	וספרי מדינתא שלם מראן
033			A4.1:10	[אל] אחי ידניה	וכנותה	חילא יהודיא אחוכם
034			A4.1:1	[אל אחי י]דניה	וכנותה	ח[ילא] יהודיא אחוכם
035			A6.7:9	לא יעבד לפירמא זך	וכנותה	ישתבקו עבידתא זילי
036			A4.7:1	יהוד עבדיך ידניה	וכנותה	כהניא זי ביב בירתא שלם
037			A4.7:18	יהוחנן כהנא רבא	וכנותה	כהניא זי בירושלם ועל
038			A4.8:17	יהוחנ]ן כהנא רבא	וכנותה	כהניא זי בירושלם] ועל
039			A4.7:4	עדן כען עבדך ידניה	וכנותה	כן אמרן בירח תמוז שנת
040			D1.32:14	אסר כעת שתברזן	וכנותה	כן[...] [...] יתעבד
041			A6.7:7	הוו אדין פרימא זך	וכנותה	לא שנציו למנעל בבירתא
042			A6.1:6	דיניא פטאסי	וכנותה	ספרי מדינת נֿסֿונפרע
043			A6.1:6	נֿסֿונפרע חרוץ	וכנותה	ספרי מדינ[ת .... ו
044			A6.3:7	[פ]סמש[כחסי] זכי	וכנותה	עבדי עחחפי זי פ[ס]משך
045			A6.2:8	החוין לשמשלך	וכנותה	פרמנכריא שמו ב[ר
046			C3.8IIIB:1	[...] למנתן[...]	ו]כנותה	פרמ[נכריא] [...] כן
047	וכנותהם		D23.1.Va:10	עֿמֿהֿם	ו[כ]נֿוֿתֿהם	כשר[ן] המֿו הֿן
048	לכנותה		C1.1:56	נבוסמסכן רביא אמר	לכנותה	גבריא אלך תרין זי עמה
049			C1.1H:12	[רב]יא אמר	לכנותה	[... עלי ו[אנה אמר לכם

כנת #2 N emmer

No.	Form	Parse	Ref.	Preceding	Keyword	Following
001	כ	p abs	C3.14:7	ל. שא 1 הו	כ{{ש}}	שמו[בר ....]שֿא 1
002	כא		C3.26:5	[ביר]חֿ פחנס תחא	[כא	2+2[+1 תנרי כא
003			C3.18:17	[...]כנתן א 2+3 .[.]	כא	2+10 ג 1[..]חֿ 2[...]
004			C3.26:7	בני חפיֿעֿנח	כא	2+3+10 תרי זי[....]ת
005			C3.25:19	[...] בגו כסף ש 3+3 דמי	כא	3+10[...] לכסף ש 1+3
006			C3.26:8	תרי זי[....]ת	כא	10 תורא] כ]א 10
007			C3.26:9	[....]ת כא 10 תורא]	כ[א	10 חית.[...] כא 2 [....
008			C3.18:4	[ ]1[...]]ן ברת פסמשך	כא	1 ג 1 ח 2+3[...
009			C3.18:5	ברת חֿנֿונית	כא	1 ג 1 ח 2+3[...]יֿ
010			C3.18:6	[...]יֿ [ב]רֿתֿ חור	כא	1 ג 1 ח 2+3[...
011			C3.26:3	שמו כ[....] [...]	כא	10+20+20+20+20
012			C3.26:6	[כא 1+]2+2 תנרי	כא	2+3+20 בני חפיֿעֿנח
013			C3.18:2	[ ]1[...] ..	כא	2 [....].[....]1 [...]ן
014			C3.26:10	[כ]א 10 חית.[...]	כא	2 [....]..ימ.. טלפחן א 2
015			C3.26:14	[ ]כֿ[א] 3 [...]שֿנֿ.אֿ	כא	2 פ [...]יו שושנא כא 2 פ
016			C3.26:15	כא 2 פ [...]יו שושנא	כא	2 פ [...] .[.]שֿ..ן כא 2[
017			C3.26:16	כא 2 פ [...] .[.]שֿ..ן	כא	2[פ] [....]תי אחוהי א 2
018			C3.26:18	אחוהי א 2 פ [...]ורי	כא	2 [....].ת.חֿ כא 2̊
019			C3.26:19	כא 2 [....].ת.חֿ	כא	2̊ [....].[.
020			C3.18:7	1 ח 2+3 [...].[...]א...	כא	3 [...
021			C3.26:13	טלפחן א 2 [...].[....]	כ]א]	3̊ [...]שֿנֿ.אֿ כא 2 פ
022			C3.26:38	עלימֿ[תא] בגבגן	כֿ[א]	לכלבא וב[...] פחפי בר
023			C3.26:30	מלחא [...] שמינפי	כא]	[... כלבי כא] [...
024			C3.26:31	שמינפי כא] [...] כלבי	כא	[...] חרפרן כא] [...] תרט
025			C3.26:32	כלבי כא [...] חרפרן	כא]	[... תרט ברת ש.[...]
026	כנתן		D3.1:1	דכרן	כנ]תן	[... ...] ספרא בידֿ[... ...]
027			C3.18:10	[ ].[...] [....]	כנתן]	1+10+20+100×1 א
028			C3.18:12	עבדֿן ב....[...] [...	כנתן]	2 א ג 1 ח 3[...] [...
029			C3.18:14	לפכמי. [...] [...	כנתן]	2+3 א [...] .[.]רֿקחא זי
030			C3.18:16	זי משח.[...] [...	כנתן]	2+3 א [.] כא 2+10 ג
031			C3.18:18	ג 1[..]חֿ 2[...] כֿל	כנתן	20+20+2 א .. הנע[ל]ו
032			C3.8IIIB:25	[ע]ל צלצלא ודגיתא	כֿנֿתן	בחגב ש[....]לֿ [.
033			B3.1:10	ופרזל עבד ואמה שערן	כנתן	וכל זון זי תשכח לי עד
034			C3.16:6	זנא שפ[...]]ו[....]ן	כ]נתן	פ 2+[...] [ש]נת 2+3
035			C3.17fragb:5	ש פ 1 ס 2 [נ]פקתא	כנתן	פ 3 [...]
036			B3.13:3	ויזפת מנך ויהבת לי	כנתן	פרסן 2 סאן 3 אחר אנה
037			D3.1:3	[...] ספרא בידֿ[... ...]	כנתן	פרס]ן ... [...]א זי
038	כנתןפרסן		B3.13:4	לך כנתניא אלך	כפ	2 סאן 3 מן פתפא זי
039	וכנתן		B4.1:2	עליך כסף וחטן ושערן	[וכנתן	ועמר ו]כתן [ו]כל מדעם
040			B4.6:12	ופרֿ[ז]ל שערן	[ו]כֿ[נת]ן	[ש]לֿ[יט]הֿ ל[מאחד]
041	כנתיא	p em/sf	B3.13:5	והן לא שלמת ויהבת לך	כנתיא	אלך זי מנעל כתיב כזי
042	כנתניא		B3.13:4	חגי אשלם ואנתן לך	כנתניא	אלך כפ 2 סאן

כס N cup; cf. פס

No.	Form	Parse	Ref.	Preceding	Keyword	Following
001	כס	s ab/cn	B3.8:14	דמי כסף שקל [1 ח 10]	כס	[1 דמ]י כסף חלרן 20 זלוע
002			B3.8:14	דמי כסף שקל 1 ח 10	כס	1 זי נחש דמי כסף שקל]1
003			B6.2:7	קמר דמי כסף חלרן 10	כס	1 זי נחש דמי כסף חלרן
004			C3.13:14	כסין זי נחש 1+20	כס	כסף 1 קנן 2+3+10
005			C3.13:4	כסין זי נחש 1+20	כס	כסף 1 טֿלפֿחן] 1+3
006	כסא	s em/sf	D7.45:9	ושחלין טב	כסא	זעירא
007	כסה		D7.43:9	ותנתן לכי [...]ה אף	כסה	1 [...] כען אקֿרֿא
008	כסין	p abs	C3.13:1	ל.[..]מֿי ל[...] זכרן	כסין	זי נחש] וכסף ... זי יהב]

No.	Form	Gram.	Ref.	Context	Word	Context
009			C3.13:13	[....]דר]יהו[ש מלכא]	כסין	זי נחש 1+20 כס כסף 1
010			C3.13:3	ליד [י]דניה בר[...]	כסין	זי נחש 1+20 כס כסף 1
011	כסן		B8.6:6	זי נחש 2+3	כסן	10 מאנ̇ן 2+3 אחר
012			B2.6:12	שויה כסף שקל 1 ר 2	כסן	זי נחש 2 שוין כסף שקלן

כסה N fodder

No.	Form	Gram.	Ref.	Context	Word	Context
001	וכסתך	s em/sf	C1.1:204	[...]. סבוליך	וכסתך	ואנה רכביך לא אחזה

כסי V to cover

No.	Form	Gram.	Ref.	Context	Word	Context
001	כסה	pael	C3.13:34	[ב]. שנת[3+]3[+1]	כסה	נ̇הר̇א לתע̇[...]
002	כסי		C1.1:93	בניח[רן] מאן טב	כס[י]	מלה בלבבה והו ז̇[י
003			D7.11:11	בעתחתא[...] ותוב	כסי	עתח[תא] כ̇.... מן עכברי̇
004	ואכסנך		C1.1:204	עליך ואנה̇ אסבלנך	[ואכסנך	ענה ערדא ואמר ל... ש]א
005	ואכסנכי		C1.1:166	ואמר לענזא אתי	ואכסנכי	משכין ענת] ענזא ואמרת
006	תכסה		C1.1:84	ארב פם מן ארב מלחם אל	תכסה	מלת מלך רפ̇א̇ה תהוי
007	ותכסה		C1.1:87	א̇ל תהנשק עליך	ותכסה	כפיך[ ] [א]ף מלת מלך
008	יתכסון	etpeel	A4.3:11	זי תעבדון לה לא	יתכסון	מן ענני אל מראי ידניה

כסי N cover

No.	Form	Gram.	Ref.	Context	Word	Context
001	כסיכי	s em/sf	C1.1:167	ואמרת לנמרא למה לי	כסיכי	גלדי אל תלקחן מני כי לא

כסנתו N diminishment, decrease (Pers; GEA 372.49)

No.	Form	Gram.	Ref.	Context	Word	Context
001	כסנתו	s ab/cn	A6.10:8	אחרנן זילי מנדעם	כסנתו	יהוה ומן אתר אחרן לא
002			A6.10:2	נטר כן כזי מנדעם	כסנתו	לא הוה מן ביתא זילי אף
003			A6.10:6	טרו כן כזי מ[נ]דעם	כסנתו	לא יהוה מן ביתא זילי אף

כסף N silver

No.	Form	Gram.	Ref.	Context	Word	Context
001	כסף	s/ab/cn	C3.14fragbR:5	[...]ל̇פת[...] סכ.[...]	כסף]	...] משׁ[...] [...] 20[...
002			C3.4:2	[...] [...]אתחתא	כס[ף]	...ש]למיא כס[ף] [...
003			C3.4:3	כס[ף ...] ש]למיא	כס[ף]	...]בר עבסכן. [...]
004			C3.4:5	[...]חר בר פסמי	כסף]	...] [...].י אתת עבדיהה]
005			C3.5:11	כמרן בבתי אלהיא [	כסף]	[...
006			C3.7DR2:11	ח 1+3+3+20	כ̇ס[ף	....] חמר]
007			C3.7DR2:2	[....] [...]ה̇...	כסף	[....] חמר]
008			C3.7GR4:9	[....]ע̇ק	כסף]	[....
009			C3.7JV2:13	[....] ש̇ 3̇	כ̇[סף	....] [מנת] משחא
010			C3.7JV2:3	....]. דמי̇ן[ ]	כסף]	...].. ספינת י̇[....
011			C3.28:106	3+3 זי חמרין תפלה זי	כסף	10 וחתו̇ 2 זי
012			C3.13:14	כסין זי נחש 1+20 כס	כסף	1 קנן 2+3+10 טלפחן̇
013			C3.13:4	זי נחש 1+20 כס	כסף	1 ט̇לפח[ן] 1+3
014			B6.1:7	שוה]	כסף	
015			B6.2:8	דמי̇ן .. [....]	כס[ף]	
016			D1.12:7	לעלא̇[...]ינת לכי	כס[ף]	...]ˆ [....]הב ל̇י
017			D1.14:2	[....] [....] וקח	כסף	[....] [....]ב]כל עדן
018			D3.38fragd:1	[...].]	כסף][	...] שק]לן 1+3[...
019			B3.13:6	ענני אחוב ואנתן לך	כסף	אבגרן כרש חד 1 כסף צריף
020			C3.28:106	10 וחתו̇ 2 זי	כסף	ביד נתן וזיכא זי מ̇שלם
021			B4.5:3	[איתי לך] עלי מן קצת	כסף	דמי בית בני̇ך]
022			B3.1:23	אגור בר אחיו ספר	כסף	דנה זי כתבת יהוחן ברת
023			A3.4:4	יגרוהי והן איתי	כסף	הבי עלוהי [....
024			B3.1:9	זי תשכח לי בי זי לבנן	כסף	ודהב נחש ופרזל עבד ואמה
025			B7.3:9	פלגה ו[ל]א [יה]ב לי	כסף	ודמי כסף חלף פ[לגה]
026			B4.1:2	[ ]אכל אמר לך יתלי עליך	כסף	וחטן ושערן [וכנתן ועמר
027			B3.12:26	לך ויהבת לן דמוהי	כסף	וטיב ˆלבבן בגר ˆ אף לא
028			C1.2:22	ויזב[ן ....]	כסף]	ויהנפק איש .[....]
029			B4.2:7	ותכתב לי נבז על כל	כסף	ומרבי זי אהוה משלם לך
030			A4.8:5	[אלהא זי ביב] בירתא	כסף	ונכסין יהבו לוידרנג
031			A4.5:4	זי פרתרך תנה הוה	כסף	ונכסן יהבו לה איתי קצת
032			B2.7:5	אכלת המו ולא השכחת	כסף	ונכסן לשלמה לכי אחר אנה
033			B7.3p:2	..]ן ..מת. לא.. ת. [...].. כל	כסף	ונכסן [זי] ישתכח אחרי
034			B2.8:3	זי עבדן בסון נפרת על	כסף	ועבור ולבוש ונחש ופרזל
035			C3.7KR4:23	[...] ב̇ית[...]	כ̇ס̇ף]	...]ו̇תא ש̇[...]
036			A2.2:6	כסף ש 3+3 וזוז	כסף	זוז וכעת שלחי על תבי
037			B3.4:15	ננתן לך כסף כרשן 20	כסף	זוז לעשרתא וביתא זילך אם
038			B3.4:18	לך כסף כרשן 20	כסף	זוז ל10 וביתא זילך אם
039			B3.4:6	שקלן 1+3 באבני מלכא	כסף	זוז לכרש 1 וטיב לבבן
040			B3.8:17	חלרן 2+3 באבני מלכא	כסף	זוז לעשרתא קפף 1 זי חוצן
041			B3.9:8	תלתין במתקלת מלכא	כסף	זוז לעשרתא וידניה זך
042			B4.3:17	אלהא	כסף	זוז
043			B4.4:15	לך כסף כרשן 100×1	כסף	זו[ז ....]
044			B5.5:3	הו שתה באבני מלכא	כסף	זוז לכרש 1 אנה מפטחיה
045			B3.6:7	למשנתכי ולמזלכי מנדת	כסף	זי יקום עליכי ועל
046			B3.8:15	חלרן 20 זלוע 1 דמי	כסף	ח 20 כ[ל] ˆ[מ]אנ[ן]ˆ זי
047			B7.3:9	[יה]ב לי כסף ודמי	כסף	חלף פ[לגה]
048			B3.1:5	מלכא במרביתה ירבה עלי	כסף	חלרן 2 לתקל 1 לירח 1
049			B3.1:5	2 לתקל 1 לירח 1 הוה	כסף	חלרן 2+3+3 לירח חד הן
050			B3.3:5	1+3+3 מחזי 1 שויה	כסף	חלרן 1+3+3 פלג שנן
051			B3.8:14	[1 ח 10] כס [1 דמי]	כסף	חלרן 20 זלוע 1 דמי כסף
052			B4.2:2	ש 1 ל10 וירבה עלי	כסף	חלרן 2 לכסף ש 1 לירחא
053			B6.2:6	1 חדתה זי קמר דמי	כסף	חלרן 10 כס 1 זי נחש דמי
054			B6.2:7	10 כס 1 זי נחש דמי	כסף	חלרן 2+3+10 זלוע 1 זי
055			C3.11:9	זי בכצת שנת 3+3	כסף	חל[רן] מכס גבריא זי
056			A3.8:7	מנפי לעבק הן השכחת	כסף	[ח]ת לעבק והן לא השכחת
057			B6.2:1	[זי אמן ... ב ...]דמוהי	כסף	כ 2 [.... 1 1 זי קמר חדת
058			A4.7:28	עלוה ודבחן דמן כדמי	כסף	כנכרין 1×לף ועל זהב על
059			A4.8:27	לה עלוה ודבחן דמי	כסף	כנכרן אלף על] זנה שלחן
060			B3.3:6	1 כל כספא ודמי נכסיא	כסף	כסף שקלן 1+3+3 חלרן
061			A3.10:4	למובל לביתי ואיתי	כסף	כרש 1 זי אנה יהבת לך
062			A3.10:5	למזבנה עבור ליתמא כל	כסף	כרש 1 ש 2+3+3 ה[ן]
063			B3.12:14	זילי ויהבת לן דמוהי	כסף	כרש חד שקלן 3 כסף יון
064			B3.12:5	ויהבת לן דמי ביתן	כסף	כרש חד הו 1 שקלן תלתה הו
065			B3.3:16	תמת לענני בידה	כסף	כרש 1 שקלן 2+3 ספר
066			B3.4:6	לך ויהבת לן דמוהי	כסף	כרש 1 שקלן 1+3 באבני
067			B3.8:5	מהר אחתך יהוישמˆעˆ	כסף	כר[ש 1] על עליך [וטי]ב
068			B3.8:7	פתי אמן 1+3 ר 2 שוה	כסף	כרש 1 שקלן 2 גמידה 1 זי

No.	Ref.			
069	B3.8:8	ידין פשך 1 לפם 1 שוה	כסף	כרש 1 לבש 1 מעדר חדת
070	B4.5:3	[לא]מר איתי לך עלי	כסף	כרש] חד שקלן ארבעה הו
071	B6.1:4	[לך מהר ברתך	כסף	כרש 1 באבני] מלכא כסף ר
072	B6.1:6	[ברתך לביתי תכונה זי]	כסף	כ]רש
073	B6.1:8	[פשך] 1 לפם 1 שוה	כס]ף	כ]רש 1.[.
074	D23.1.II:10	ל.[...] המ[...] אֿנתן לך	כסף	כרש [1 ו]ענֿתֿ וֿאֿמֿרֿתֿ
075	C3.7EV1:19	.... 3+2̇ [כסף גבריא	כסף]	כרש 1 ש [1] ח 3+2
076	C3.7EV1:4	[....] 3+2	כסף	כרש 1 ש 1 ח 3+2
077	C3.7FR2:8	ועביד על בית מלכא	כסף	כרש 1 ש 2 ח 3 חמר זי
078	C3.7FV2:1		כסף	כרש 1 ש 2 ח 3 חמר כנדן
079	C3.7KR2:9	[...] [....]לן..]מ.[....]	כסף	כרש 1 ש 3+3 ח] 3+3]ר
080	A3.8:2	דינא ועל[יד]ה שלמן	כסף	כרשן 10 וכרש 1
081	A3.8:3	[..] זי ה[ש]כחת כ[..]	כסף	כרשן 3+2 כען
082	A3.8:4	עמך על זי [י]נתן לך	כסף	כ[ר]שן 3+2 וכתב להם ספר
083	A4.4:8	להן דכרו למרא[יהם	כסף]	כרשן 100×1+20 עוד טעם
084	B2.1:7	זילך הן כליתך אנתן לך	כסף	כרשן 3+2 באבני מלכא כסף
085	B2.10:15	ינתן לכם אביגרנא זי	כסף	כרשן עשרה הו כרשן 10
086	B2.2:14	^על^ ארקא זך ינתן לך	כסף	כרשן 20 הו עשרן באבני
087	B2.3:14	ודין ינתן לכי ולבניכי	כסף	כרשן 10 הו עשרה באבני
088	B2.3:21	יהבת לכי אנה אנתן לכי	כסף	כרשן 10 באבני מלכא כסף
089	B2.4:15	ספרא זנה אנה אנתן לך	כסף	כרשן 10 באבני מלכא כסף
090	B2.5:2	לאנתו אנתן למחסיה	כסף]	כרשן ....] בר זכור
091	B2.6:14	2 כל כספא ודמי נכסיא	כסף	כרשן 3+3 שקל 3+2 חלרן
092	B2.6:31	וקנינה ינתן לה	כסף	כרשן 20 ויעבד לה דין
093	B2.6:34	ובניה אנתן למפטחיה	כסף	כרשן 20 באבני מלכא ולא
094	B2.6:36	להן}} אנתן למפטחיה	[כס]ף	כרשן 20 באבני מלכא כתב
095	B2.6:8	3+3+2 ב3+2 שוה	כסף	כרשן 2 שקלן ^3+3+2^
096	B2.7:11	ובעל קריה ינתן לכי	כסף	כרשן 10 ובית אם דילכי
097	B2.7:6	זנה חלף נכסיך אלך דמי	כסף	כרשן 3+2 ויהבת לכי ספרא
098	B2.8:10	ובני אנתן למ<ב>טחיה	כסף	כרשן 3+2 באבני מלכא ולא
099	B2.9:15	זי ירשון אביגרנא זי	כסף	כרשן עשרה באבני מלכא כסף
100	B3.10:20	בניכי ינתן לכי אביגרן	כסף	כרשן 10+20 באבני מלכא
101	B3.11:10	ליהוישמע אביגרן	כסף	כרשן 10+20 כסף צרף
102	B3.11:14	לכי ועל בניכי אביגרן	כסף	כרשן 10+20 באבני מלכא
103	B3.12:30	לך ולבניך אביגרן	כסף	כרשן 20 באבני מלכא כסף
104	B3.2:8	ורחקת מנך אנתן לך	כסף	כרשן 3+2 הן גרך אח ואחה
105	B3.3:14	מנך אנתן לענני	כסף	כרשן 3+2^ כתב נתן בר
106	B3.4:15	למנתן אנחן ננתן לך	כסף	כרשן 20 כסף זוז לעשרתא
107	B3.4:18	לבר וברה לך ינתנון לך	כסף	כרשן 20 כסף זוז לס10
108	B3.5:15	זך אנה אחוב ואנתן לכי	כסף	כרשן 3+2 הו חמשה באבני
109	B3.5:16	יגרנך דין ינתן לכי	כסף	כרשן 20 וביתא אפם זילכי
110	B3.5:21	ויהוישמע ינתן להם	כסף	כרשן 10 באבני מלכא כסף
111	B3.6:15	לך ולזכור ברך אבגרן	כסף	כרשן 10+20+20 באבני
112	B3.6:8	ילתי לי ינתן לך אבגרן	כסף	כרשן 10+20+20 באבני
113	B3.7:17	ברתי אביגרן	כסף	כרשן 10 [באבני מלכא כסף
114	B3.8:16	ותכ[ו]נתא ומהרא	כסף	כרשן שבעה הו[3+3+1
115	B3.8:23	לה תכונתה ולבשיה דמי	כסף	כרשן שבעה ש[ק]לן תמניה
116	B3.8:27	ונכסיה וקנינה[דמי	כסף	כרשן 3+3 שקלן
117	B3.8:31	[ינ]תן לה א]ביגרנא זי	כסף	כרשן עשרן באבני [מלכא]

No.	Ref.			
118	B3.8:6	אחתך לביתי תכונה זי	כסף	כרשן תרין ש[ק]לן 2 חלרן
119	B3.9:7	עבד ינתן לך אביגרן	כסף	כרשן תלתין במתקלת מלכא
120	B4.4:15	אנחנה נחוב לך	כסף	כרשן 100×1 כסף זו[ז
121	B5.1:7	זי יהבן לכי ינתן לכי	כסף	כרשן 3+2 ומנתכי זילכי
122	B5.3:1	[.... ל]ךְ	כסף	כרשן
123	B5.3:5	[ינתן לך	כסף	כרשן . כסף]ר 2 לס10
124	B5.4:6	ויהבת לך אנתן לך	כסף	כרשן [20 באבני מלכא ולא
125	B5.5:11	מנעל [ינתן לכי אביגרן	כסף	כרשן 2 כתב .... בר ....]
126	B5.5:6	לכי ינתן לכי אביג^ר^ן	כסף	כרשן 2 [א]פם אמרת
127	B6.3:10	[זי שלומם אביגרנא זי	כסף	כרשן ....] באבני מלכא רֿ[
128	B8.6:5	סיכן כן אמר הנצלני	כסף	כרשן 20
129	B8.7:1	דמי עבדי אלך	כסף	כרשן 3+20+20 שאיל
130	D2.25:5	.[.... ...] [.... א]בג[ר]ן	כס]ף	]כרשן חמשה] .... [...
131	D23.1.II:14	אֿתֿנתן לכי	כֿסֿף	כֿרֿשֿן 100×1
132	D3.38fragb:2	[.].[.].[.].[.].[.] ...]	כס]ף	כרשן 1[...] [...]םֿ
133	D6.7fragId:1	ה[...]	כסף	כרשן 2 [.].[.].[.].[.] ...]
134	C3.11:7	זי קים בשנת 3+3] ...]	כסף	כרשן 2 חלרן 3 בגו כספא
135	C3.15:125	בר גמריה בירח פמנחתף	כסף	כרשן 10+20+1 שקלן
136	C3.15:128	לענתביתאל 3+3+1	כסף	כרשן 10+2 מיכיה בר
137	C3.5:10	[....]2 שקלן [....	כסף	כרשן ...]3[+2 ש]קל 1
138	C3.5:5	זי כעֿ[...] ....]א	כסף	כרשן [....]
139	C3.5:6	[....	כסף]	כרשן [3+]100×2+20] ...
140	C3.5:7	20+2 [....	כס]ף	כרשן 3+2 שקֿ[לֿ]ן 2
141	C3.5:8	חילא .[...] [....	כסף	כר]שן 20+20+20 שקלן
142	C3.5:9	חלרן ^10 [....	כסף	כר]שן 3+100×1+10+2
143	C3.7AR2:14	[לזהב כרש 1 ח 3+3]	כסף]	כ]רשן 10+20+20 [ש
144	C3.7AR2:3	לזהב [כרש 1 ח 3+3]	כסף	כרשן [10+20+20 ח
145	C3.7AR3:20	[על בית מלכא] [כל	כסף	]כֿרֿשֿ[ן ....]
146	C3.7AR3:3	[3+3+2 ח 10+2+3]	כֿ]סף	כרשן 10 ח 2 ר 2] [כל
147	C3.7BR1:1		[כסף]	]כֿרֿשֿן
148	C3.7BR1:14	10+[3+2] ח	[כס]ף	כרשן 10 ח 2 ר 2 [ב ...
149	C3.7BR1:21	לזהב כר[ש 1 ח 3+3]	כסף	כרשן 10+20+20 ח
150	C3.7DR1:10	10 לזהב[....]	כסף	כרשן 10 ח 2 ר 2 כל
151	C3.7DR1:18	+3+1[....]	[כס]ף	כרשן [...+]10̇ ח̇
152	C3.7DR2:24	[....]	[כס]ף	כרשן 10 ח 2 ר 2
153	C3.7DR3:15	ל̇[זהב כרש 1 ח 3+3]	[כסף]	כרשן [10̇+20̇+20̇
154	C3.7DR3:7	[3+3+2 ח 10+2+3]	כסף	כרשן 10 ח 2 ר 1+[1] ב
155	C3.7DV1:3	זהב [....]	כסף	כרשן 1×לף+1̇×100]
156	C3.7DV2:4	1 ש 3+3+3 ח 1 ר 2	כסף	כרשן
157	C3.7ER1:20	ל[זהב]כֿרש 1 ח 3+3	כסף	כרשן 10̇+20̇+20̇ ח
158	C3.7ER1:9	לזהב כרש 1 ח [3+3]	כ]סף	כרשן 10+20+20 [ש]
159	C3.7ER2:16	[3+3]+2 ח 10+2+3]	כסף	כרשן 10 ח 2 ר 2 [ב
160	C3.7ER2:6	כֿרֿשֿ 1 ח] 3+3	כסף	כרשן 10[+20+20] ש
161	C3.7EV1:13	נתרא זי הנפקו לימא בה	[כסף	כרשן ...]3+3 ח
162	C3.7EV1:1	זי הנפקו לימא] בה	[כסף	כ]רשן [....]+1 [ב
163	C3.7EV1:18	[כסף מנפקה לימ]אֿ	כסף	כרשן 2 שֿ 3+2̇ [כסף
164	C3.7EV1:3	[...]י [כסף מנפקה לימא	כ]סף	כרשן 2 ש 3+2
165	C3.7EV2:11	[...]ש.[..]..[.כֿ.רֿ.[..] כל	כסף	כרשן[....]]3
166	C3.7EV2:14	הנ[פק]ו לי[מ]א[בה	כסף	כרשן ...] ב 10 [ל]מסורע

No.	Ref.	Preceding	Keyword	Following
167	C3.7EV2:16	זי הנפקו לימא בה[	כ]סף	כרשן [...]. ב 20[+2]
168	C3.7EV2:18	[ ]זי הנפקו לימא בה	כסף[	כרשן ...] ב
169	C3.7EV2:20	[כסף מנפ]קה ל[ימא	]כסף	כרשן 2 ש 3+2
170	C3.7EV2:2	[ז]י ה[נפ]קו לימא בה[	כסף	כרשן ...] ב[....]לאפף
171	C3.7EV2:4	זי הנפקו ל[ימא בה	כסף	כרשן ....] [ב ....]1
172	C3.7FR1:2	כרש[ן ....]+3+1	[כסף	כרשן ..]ש 1 ח 20+3+1 ר
173	C3.7FR2:14	ועֿביד על בית מלכ[א]	כסף	כרשן 3 ש 3+3̊ חֿ
174	C3.7FR3:6	[....]+3̊+1̊[....]	כסֿ[ף	]כֿרֿשֿ[ן ....]
175	C3.7FV2:8	ועביד על בית מלכא	כסף	כרשן 3 ש 3+3 ח
176	C3.7FV3:1		כסף	כר[שן 1×100+20+3+1]
177	C3.7GR2:20	[ח 10+3]+2̊	[כסף	כר]שֿ[ן 10̊ חֿ 2̊ [ר
178	C3.7GR2:5	[ש 3]+2̊[ח 10+1]	[כסף	כר]שן[
179	C3.7GV2:3	2 ח 3+3+3	כסף	כרשן 1×לף
180	C3.7GV5:12	[10] [לי]מֿאֿ בהם	[כסף	כרשן ... ...] י[ר]חֿ
181	C3.7GV5:16	זי הנפקו לימ[א] בֿ[ה	כסף	כרשן ....] ב
182	C3.7GV5:19	[זי] [הנפקו לי]מֿאֿ בה	כסף[	כרשן ....] [כל
183	C3.7GV5:22	[זי הנפקו] לימא בהם	כסף	כרש[ן
184	C3.7HR1:5	[לזהב כרש 1 ח 3+3]	[כסף	כר]שֿ[ן 20+20+10 ח
185	C3.7JR1:10	לזהב כֿ[רש 1 ח 3+3]	[כסף	כרשן 20+20+10 ח
186	C3.7JR1:21	לזהב] כרש 1 ח 3+3]	[כסף	כר]שן 20+20+10 ש
187	C3.7JR2:11	[לזהב כרש 1 ח 3+3]	כֿ[סף	כרשן 20+20+10 ח
188	C3.7JR2:21	[לזהב כרש 1 ח 3+3]	[כסף	כרשן 20+20+10 ש 3+2
189	C3.7JR2:4	[3+3+2 ח 10+3+2]	[כסף	כרשן]10 ח[2 ר 2] [ב
190	C3.7JR3:20		כֿ[ס]ףֿ	כרשן 3 ש[[ח]מר זי
191	C3.7JV2:24	3 ש 3+3+1 חֿ[2]	[כסף	כרשן] 1×100+20+1 ש
192	C3.7KR2:17	ח 10+3+3+2	כסף	כרשן
193	C3.7KR2:3	ח 10+3[+3+2]	[כסף	]כֿרֿשֿ[ן
194	C3.7KR3:10	לזהב כרש 1 ח 3+3	[כסף	כרשן 20+20]+10 ח
195	C3.7KR3:20	[לזהב כרש 1 ח 3+3]	כסף	כֿרֿשֿן
196	C3.7KR3:3	3+3+2 ח 10+3+[2]	כ[סף	כר]שן 10 ח 2 ר 2 [ב
197	C3.7KR4:11	[3+3+2 ח 10+3+2]	כ[סף	כ]רשן 10[
198	C3.7KR4:5	[3+3+2 ח 10+3+2]	כסף	כרשן[10 ח 2 ר 2] ב
199	C3.7KV2:10	[זי הנפקו לימ]א בה	כ[סף	כרשן ...]. ש [3+]3+3 ח
200	C3.7KV2:12	[זי הנפקו לימא בהם	כסף	כרשן ...]1̊ חֿ 20̊+3̊[
201	C3.7KV2:1	הנפקו לימא בהם	כסף	כרשן .[....] [י]רח
202	C3.7KV2:15	[זי הנפקו לימא בה	כס]ף	כרשן 10 ש 3+3 ח
203	C3.7KV2:17	[ ]זי הנפקו [לימא בה	כסף	כ]רשן 10+1 ש 3+2 ח
204	C3.7KV2:19	זי ה[נפקו ל]ימא בה	כסף	כרשן 10+1 ש 3+3+2 ח
205	C3.7KV2:21	זי הנפקו ל[ימא בֿה	כ]סף	כרשן 3+3 ש 3+3 ח
206	C3.7KV2:23	[זי הנפקו לימא בֿה	כס]ף	כרשן 3+3+2 ש 3+2 ח
207	C3.7KV2:25	זי [הנפקו לימא בה	כסף	כרשן ....]+3+1
208	C3.7KV2:4	נתרא זי הנפקו לימא בה	כסף	כרשן 3+3+3 ש[...] ב
209	C3.7KV2:6	זי הנפק[ו] לימא בה	כסף	כר[שן ....] ב 20+3+2
210	C3.7KV2:8	זי הנפק[ו] לימא בה	כסף	כרש[ן ...]ש 3+2 ח
211	C3.7KV3:10	[זי הנ]פקו [לימא]בה[	כסף	כרשן ....] ש
212	C3.7KV3:13	זי הנפק[ו לי]מ[א ב]ה	כס]ף	כרשן ....] [כל
213	C3.7KV3:15	זי הנפקו לי[מא] בהם	כסף	כ[רשן ....]
214	C3.7KV3:18	זי הנפק[ו לימא בה	כסף	כרשן ....] ב
215	C3.7KV3:20	זי הנפקו לימא ב[ה	כסף	כרשן ....] ב
216	C3.7KV3:22	זי הנפקו לימא ב[ה	כסף	כרשן ....] ש 3+3
217	C3.7KV3:3	זי הנ[פקו לימא בה	כסף	כרשן ....] [ב
218	C3.7KV3:5	[זי הנפקו לימא בה	כ]סף	כר[שן ....]
219	C3.7KV3:8	זי הנפקו[לימא בה	כסף	כרשן ....] ב
220	C3.7CR1:20	[לזהב כר]ש 1 ח 3+3	[כסף	כרשן 20+20+10 ש
221	C3.7CR1:9	[לזהב כרש 1] ח 3+3	[כסף	כרשן 20+20+10 ח
222	C3.7CR2:21	[כרש 1]חֿ[3+3]	כסף	כרשן 20+20+10
223	C3.7CR2:9	[לזהב כרש 1 ח 3+3]	[כס]ףֿ	כרשן 20+20+10̊ חֿ[
224	C3.11:1	זי קים בשנת 3+3	כסף	כרש[...] [...] שכר 1 לכסף
225	C3.14fragaR:3	[כ]סף ש 1 [...]	[כס]ף	כרש[...] [...]בר
226	C3.25:21	[...] לכסף ש 3+1 כל	כסף	כרש[1] ....בנ.... ב
227	B3.12:32	זבן לן ויהבן לה דמוהי	כסף	כתב חגי בר שמעיה ספרא
228	C3.15:1	חילא יהודיא זי יהב	כסף	ליהו אלהא לגבר לגבר כסף
229	D1.12:7	[...]ˆ [... ...]הב ליׂ	כסף	מ...[.]. .[.] איתי[...].. 1 זי
230	D1.13:7	[...]מן יום [... ...] הב	כסף	מ.[...] [... ...]א אשלם .[...
231	B4.6:4	לכי עלי כסף ש 2 הו	[כס]ף	סתתרי 1 מן קצת כספא
232	B4.6:9	[הוה] כסף שק[לן 3] הו	כס[ף	סתת]רי 1 [ש 1] [ואשלמן
233	A4.2:12	ופתפרסא ויהב לי	כסף	סתתרן 10+2 וחדה מנה[
234	B2.1:7	כרשן 3+2 באבני מלכא	כסף	צריף ואגרא זך אפם והן
235	B2.11:10	אחר ננתן לך אביגרנא	כסף	צריף כרשן עשרה במתקלת
236	B3.10:20	20+10 באבני מלכא	כסף	צריף ואנתי יהוישמע אם
237	B3.13:6	לך כסף אבגרן כרש חד 1	כסף	צריף אחר אנה ענני אשלם
238	B3.6:15	באבני מלכא	כסף	צריף ולא דין ולא דבב כתב
239	B3.11:10	כסף כרשן 20+10	כסף	צרף באבני מלכא ואנתי אם
240	B3.12:30	כרשן 20 באבני מלכא	כסף	צרף וביתא זילך ודי בניך
241	B2.10:15	כרשן עשרה הו כרשן 10	כסף	ר 2 לכרש 1 באבני מלכא
242	B2.2:15	הו עשרן באבני מלכא	כסף	ר 2 לעשרתא וארקא זך אפם
243	B2.3:14	הו עשרה באבני מלכא	כסף	ר 2 לעשרתא ולא דין ולא
244	B2.3:21	כרשן 10 באבני מלכא	כסף	ר 2 לעשרתא ולא דין ולא
245	B2.4:15	כרשן 10 באבני מלכא	כסף	ר 2 לעשרתא ולא דין ולא
246	B2.6:13	2 זלוע 1 זי נחש שוה	כסף	ר 2 כל כספא ודמי נכסיא
247	B2.6:14	שקל 3+2 חלרן 20	כסף	ר 2 ל10 באבני מלכא על
248	B2.6:7	ˆשקלן 2ˆ באבני מלכא	כסף	ר 2 ל10 הנעלת לי בידה
249	B2.9:15	כרשן עשרה באבני מלכא	כסף	ר 2 לכרש 1 והו אפם רחיק
250	B3.5:15	הו חמשה באבני מלכא	כסף	ר 2 לכרש 1 ולא דין והן
251	B3.5:22	כרשן 10 באבני מלכא	כסף	ר 2 לכרש 1 וביתי זילהם
252	B3.7:17	כרשן 10 [באבני מלכא	כסף	ר 2 לעשרתא ולא דין] הן
253	B3.8:32	עשרן באבני [מלכא]	כסף	ר 2 ל10 ויעבד [לה] דין
254	B5.3:5	[ינתן לך כסף כרשן .	כסף	]ר 2 ל10 באב[ני מלכא
255	B6.1:5	[כסף כרש 1 באבני] מלכא	כסף	ר 2 לכר[ש 1 על עליך
256	D8.13:2	בר פ.שודׄת ואנתתה	כסף	ר 3 בשם כסף מלחא כתב
257	A2.2:6	בר תבי אחת נבושה	כסף	ש 3+3 וזוז כסף זוז וכעת
258	A2.2:7	לכי עמר מן קצתה זי	כסף	ש 1 וכעת הן יהב לכי נקיה
259	A2.6:3	[ ]חתנה זי נבשה	כסף	ש 3+3 וזוז
260	A3.10:3	הבו על ידה איתי	כסף	ש 3+3+2 יהבת ל...
261	B1.1:12	ונתנת לי פמ[טן]חקלי	כסף	ש 2 תקל אבד ות[ק]ל קים
262	B4.2:2	[3 ר 1+]1 באבני פתח	כסף	ש 1 ל10 וירבה עלי כסף
263	B4.6:3	לאמר איתי לכי עלי	כסף	ש 2 הו [כס]ף סתתרי 1 מן
264	D3.16:3	[... ...] צבען 2 לפם 1	כסף	ש 2 [...]א 1 לכרשן 3+3

No.	Lemma	Ref.	Preceding context	Keyword	Following context
265		D5.41fragr:1	...]	כס]ף	ש [...] [...]ה בר[...]
266		D7.27:5	צרׄרׄתׄ[...] [....	ˆכ]סףˆ	ש 2 איתי ליׄ [...] [...]
267		D8.7:7	מ 1 פסי בר חורי	כסף	ש 1 מ 1 √ יׄסׄלׄקׄ
268		B2.6:23	שנאת לאסחור בעלי	כסף	שנאה בראשה תתב על מוזנא
269		C3.14fragaR:2	[...] [...] זי יה[יב]	[כ]סף	ש 1 [...] [כס]ף כרש]
270		C3.15:10	לה [מחס]ה בר יהוט[ל	כסף]	ש 2 לה [....] בר נה[ב
271		C3.15:11	בר נה[ב בר מח]סה	[כסף	ש] 2 לה [10 נ]תן בר
272		C3.15:12	בר ענני ב[ר	כסף	ש 2 לה] [..]י [ב]רת
273		C3.15:13	[..]י [ב]רת זבדי[ה	כסף	ש 2 לה] [.... בר]ת [....
274		C3.15:1	ליהו אלהא לגבר לגבר	כסף	ש] 2] משל[מ]ת ברת
275		C3.15:14	[2 לה] [.... בר]ת [....	כסף	ש 2 לה] [... ב]רת
276		C3.15:15	[לה] [... ב]רת פלול[יה	כסף	ש 2 לה] [....] ברת [....
277		C3.15:16	[2 לה] [....] ברת [....	כסף	ש 2 לה] [....]. ב[רת ....
278		C3.15:17	[2 לה] [....]. ב[רת	כסף	ש 2 לה] [....]ברת [....
279		C3.15:18	[2 לה] [....]ברת [....	כסף	ש 2 לה] כל מאת שנדן
280		C3.15:20	שלום בר מנחם[	כסף	ש 2 לה]פ משלם בר שמוח
281		C3.15:2	גמר[י]ה בר מחסיה	כסף	ש 2 זכור [בר הוש]ע בר
282		C3.15:3	[בר הוש]ע בר זכור	כסף	ש 2 שריהׄ[בר]תׄ הושע
283		C3.15:4	[בר]תׄ הושע בר חרמן	כסף	ש 2 כל 2[1+] הושע[בר
284		C3.15:6	[בר בית]אלנורי הו	כסף	ש 2 ל[ה] הוש[עיה בר
285		C3.15:7	בר הושעיה בר צפניה	כסף	ש 2 לה נתן ב[ר ....].[.]ה
286		C3.15:8	לה נתן ב[ר ....].[.]ה	כסף	ש 2 לה [... בר ע]נני
287		C3.15:9	[... בר ע]נני [..]מׄתל	כסף	ש 2 לה [מחס]ה בר
288		C3.25:15	[ ]לׄ[.]חלף כׄלׄ	כׄסׄףׄ	שׄ[...] עלתה בי[...]
289		C3.25:18	[...] עלתה בי[...] בגו	כסף	ש 3+3 דמי כא 3+10]
290		C3.7AR2:6	[עביד על בית מלכא]	כסף	ש 3+[2 ח 2+10 ר 2]
291		C3.7DR3:19	[זי עביד על בית מלכא]	כסף	ש 3+2 ח] 2+3+10 ר
292		C3.7ER1:22	[זי עביד ע]ל בית מ[לכא	כסף	ש 3]+2ׄ[ח]
293		C3.7ER1:2	עביד על בית [מל]כא[	כסף	ש 3+2 ח 3+10]+2 ר 2
294		C3.7JR1:13	[זי עביד על בית מלכא]	[כסף	ש 3+2 [ח 3+10]+2 ר
295		C3.7JR2:14	[זי עביד על בית מלכא]	[כסף	ש 3+2 ח 2+3+10 ר 2]
296		C3.7	[זי עביד על בית מלכא]	[כסף	ש]2+[1+2 ח 2+3+10
297		C3.7CR1:12	[זי עביד על בי]ת מלכא	[כסף	ש 3+2 ח 2+3+10 ר 2]
298		C3.7CR2:13	זי עביד על ב[ית מלכא]	[כסף	ש]3+2 ח 2+10+[1 ר
299		B2.6:12	מחזי 1 זי נחש שוה	כסף	שקל 1 ר 2 תמסא 1 זי נחש
300		B2.6:12	2 תמסא 1 זי נחש שויה	כסף	שקל 1 ר 2 כסן זי נחש 2
301		B3.8:10	לב[ש 1] בלה שוה	[כסף	שקל 1 חלרן 20] שנטא 1
302		B3.8:11	[אמן 3+3 ב 3+1] שוה	כסף	שק[ל 1 כתן 1 זי כתן
303		B3.8:12	1 בליה ו[.... ד]מי	כסף	שקל 1 כל לבשן זי קמר
304		B3.8:12	ארך אמן 3+3 ב 3 שוה	כס[ף	שקל]1 [...]... כתן 1
305		B3.8:13	מאני נחש מחזי 1 דמ[י]	כסף	[שקל] 1 תמסא 1 זי נחש
306		B3.8:14	1 תמסא 1 זי נחש דמי	כסף	שקל 1 ח 10 כס 1 זי נחש
307		B3.8:14	ח 10 כס 1 זי נחש דמי	כסף	שקל [1 ח 10] כס [1
308		B2.6:10	3+3+ˆ2ˆ ב3+2 שוה	כסף	שקלן 3+3+2 באבני מלכא
309		B2.6:11	אמן 3+3 ב3+1 שוה	כסף	שקלן 3+3+1 מחזי 1 זי
310		B2.6:13	2 כסן זי נחש 2 שוין	כסף	שקלן 2 זלוע 1 זי נחש
311		B2.6:24	מוזנא ותתקל לאסחור	כסף	שקלן 3+3+1 ר 2 וכל זי
312		B2.6:5	לך מהר ברתך מפטחיה	[כסף]	שקלן 3+2 באבני מלכ[א]
313		B3.1:3	לאמר יהבת לי זפת	כסף	שקלן 3+1 הו ארבעה באבני
314		B3.2:3	ביב לאמר יהבת לי	כסף	שקלן 3+2 בדמי הירא זילך
315		B3.2:7	בגו ויהבת ל[י] דמוהי	כסף	שקלן [3+2] ורחקת מנך
316		B3.3:10	בראשה תנתן לענני	כסף	שקלן 3+3+1 ˆר 2ˆ וכל
317		B3.3:4	בידה לבש 1 זי עמר שוה	כסף	שקלן 3+3+1 מחזי 1
318		B3.3:6	כספא ודמי נכסיא כסף	כסף	שקלן 3+3+1 חלרן
319		B3.8:10	[ ] צבען 2 לפם 1 שוה	כסף	ש[ק]לן 3+3+2 לב[ש 1]
320		B3.8:26	ותנתן לבעלה ענניה	כסף	שקלן 3+3+1 ר [2]
321		B3.8:8	3+3 ב 3+1 דמי	כסף	שקלן 3+3+1 שביט [1 זי
322		B4.2:1	יתמא ל[א]מר נתנת לי	כסף	שק[לן 3 ר 1+]1 באבני
323		B4.6:13	[עד תתמלאי בכספ]כי	[כסף]	שקלן 3
324		B4.6:9	[עלי] כספכי [הוה]	כסף	שק[לן 3] הו כס[ף סתת]רי
325		B5.5:3	[ל]אמר אנה יהבת לכי	כסף	שקלן 3+3 הו שתה באבני
326		B6.2:2	[זי אמן ... ב ... דמי	כסף]	שקלן 3+3+2 [.... 1 זי
327		B6.2:3	[זי אמן ... ב ... דמי	כסף	שקלן ...] חדת זי[א]מן[
328		B6.2:4	[ ]ופׄשׄכׄן[... דמי	כסף	שקלן ... 1 חדת זי] אמן
329		B6.2:5	ב3 ופשכן 3+1 דמי	כסף	שקלן 3 שביט 1 חדת זי
330		B6.2:6	ב3+1 וזרת דמי	כסף	שקלן 3+1 חלרן 20 מׄסׄחׄטׄה
331		B6.2:7	זלוע 1 זי נחשׄ[דמ]י	כסף	שקלן 2 זל[וע 1] [זי נחש
332		D4.18:1	...]	כס]ף	שקלן 2 [...] [...]. כספא
333		B6.2:8	זל[וע 1] [זי נחש דמי	כסף	...]
334		B2.6:6	[ברתך] מפטחיה בידה	כס[ף]	תכונה כרש 1 ˆשקלן 2ˆ
335		B3.3:8	שנא בראשה ינתן לתמת	כסף	תקלן 3+3+1 ˆר 2ˆ וכל
336	כספ....	B8.5:9	[.... .]לא שבקוהי עד	כספ[....]	
337	כספ.	D7.27:12	[...]למחסה עלדבר	כס[פ.	...] [...]יׄחיט
338	כש	C3.15:53	[כ]ש 2 [.... בר ..]..‎	כש	[1+]1 [.... בר .... בר
339		C3.15:57	[.... כש] 2 [.... בר ...	כש	1]+1 [... בר ... כש] 2
340		C3.15:100	כש 2 יחמול ברת שלם	כש	2 10+20+20+20
341		C3.15:101	ברת הושע בר זכור	כש	2 יהושמע ברת חגי כש 2
342		C3.15:102	כש 2 יהושמע ברת חגי	כש	2 אבי[ה]י ברת נתון כש
343		C3.15:103	2 אבי[ה]י ברת נתון	כש	2 יהוחן ברת גדליה כש 2
344		C3.15:104	כש 2 יהוחן ברת גדליה	כש	2 סלוה ברת נרי כש 2
345		C3.15:105	כש 2 סלוה ברת נרי	כש	2 יהוטל ברת יסלח כש 2
346		C3.15:106	כש 2 יהוטל ברת יסלח	כש	2 אבעשר ברת הושע כש 2
347		C3.15:107	כש 2 אבעשר ברת הושע	כש	2 יהועלי ברת עמניה כש
348		C3.15:108	2 יהועלי ברת עמניה	כש	2 מפתח ברת צפליה כש 2
349		C3.15:109	כש 2 מפתח ברת צפליה	כש	2 נהבת ברת זכור כש 2
350		C3.15:110	כש 2 נהבת ברת זכור	כש	2 20+20+20+20
351		C3.15:111	ברת ידניה בר ענתי	כש	2 משלם בר מעוזי כש 2
352		C3.15:112	כש 2 משלם בר מעוזי	כש	2 משלמת ברת פנוליה כש
353		C3.15:113	2 משלמת ברת פנוליה	כש	2 נתון בר פלליה בר
354		C3.15:114	בר פלליה בר נתון	כש	2 הצול ברת הודויה כש 2
355		C3.15:115	כש 2 הצול ברת הודויה	כש	2 [....] נתן כ[ש כ[ש
356		C3.15:117	[....] פדיה [בר	]כש	2 [של]מ[יה] בר נתן בר
357		C3.15:118	בר נתן בר [....י]ה	כש	2 אושע בר שלם ב[ר
358		C3.15:119	בר שלם ב[ר ....י]ה	כש	2 יהושמע ברת קון כש 2
359		C3.15:120	כש 2 יהושמע ברת קון	כש	2 10+20+20+20+20
360		C3.15:121	דׄעויה בר אורי	כש	2 משלם בר שמעיה כש 2
361		C3.15:122	כש 2 משלם בר שמעיה	כש	2 כספא זי קם יומא הו ביד
362		C3.15:129	מיכיה בר יהוישמע	כש	2 אושע בר נתן בר

No.	Form	Ref	Preceding	Word	Following
363		C3.15:130	בר נתן בר הודויה	כש	2 אחיו בר נתן בר ענני
364		C3.15:131	אחיו בר נתן בר ענני	כש	2 עזריה בר הצול כש 2
365		C3.15:132	כש 2 עזריה בר הצול	כש	2 ישביה בר ברכיה [כ]ש
366		C3.15:133	כש 2 ישביה בר ברכיה	[כ]ש	2 [....]...[י]הֿ[כש]
367		C3.15:134	2 [....]...[י]הֿ[	[כש]	2 כֿ[לכל]יה ברת כיה[
368		C3.15:135	כֿ[לכל]יה ברת כיה[	כ]שׁ	2 בגפרן בר ושחי כש 2
369		C3.15:136	[כ]ש 2 בגפרן בר ושחי	כש	2 לאנדם ושחי בר זרמר
370		C3.15:137	לאנדם ושחי בר זרמר	כש	2 לה חגי בר מפטחיה כש
371		C3.15:138	2 לה חגי בר מפטחיה	כש	2 לטבשלֿ[ם] [....]א
372		C3.15:21	[2 לה]פ משלם בר שמוח	כש	2 לה פלטי בר מיכה כש 2
373		C3.15:22	כש 2 לה פלטי בר מיכה	כש	2 לה מלכיה בר יתום בר
374		C3.15:23	בר יתום בר הדדנורי	[כ]ש	2 לה 20 שלמיה בר ישוב
375		C3.15:24	לה 20 שלמיה בר ישוב	כש	2 [ל]ה גדול בר משלם בר
376		C3.15:25	בר משלם בר מבטחי[ה	כ]ש	[2] לה מנחם בר הצול הו
377		C3.15:26	בר הצול הו בר שמע[יה	כש	2] לה סימך בר משלם הו
378		C3.15:27	לה סימך בר משלם הו	כש	2 לה גדול בר שמוח הו כש
379		C3.15:28	2 לה גדול בר שמוח הו	כש	2 לה משלם בר חגי בר
380		C3.15:29	משלם בר חגי בר הצול	כש	2 לה הצול בר חגי בר
381		C3.15:30	הצול בר חגי בר הצול	כש	2 לה כל [מאת נבועקב]
382		C3.15:32	1+10 [.... בר	כ]ש	2 [.... בר ....] כש 2
383		C3.15:33	[.... כ]ש 2 [.... בר ....]	כש	2 [.... בר .... כש] 2 [....
384		C3.15:34	[....] כש 2 [.... בר	[כש]	2 [.... בר .... כש] 2
385		C3.15:35	[.... כש] 2 [.... בר	[כש]	2 [.... בר .... כש 2] [
386		C3.15:36	[.... כש] 2 [.... בר	כש	2] [√]דֿע[ויה
387		C3.15:37	]דֿע[ויה בר	]כש	2 צחֿ[א בר .... כש 2]
388		C3.15:38	[ ]כש 2 צחֿ[א בר	כש	2] אגרי ב[ר .... כש 2]
389		C3.15:39	[כש 2] אגרי ב[ר	כש	2] שבתי[בר .... כש 2]
390		C3.15:40	[כש 2] שבתי[בר	כש	2] [10 א]שמ[.. בר .... כש
391		C3.15:41	[2] [10 א]שמ[.. בר	כש	2] שלם בר הודו[כש] 2
392		C3.15:42	[כש 2] שלם בר הודו[	[כש]	2 חורי בר ונה [כש] 2
393		C3.15:43	[כש] 2 חורי בר ונה	[כש]	2 שמוע בר שלם [כש] 2
394		C3.15:44	[כש] 2 שמוע בר שלם	[כש]	2 מתן בר ידנ[יה כ]ש 2
395		C3.15:45	2 מתן בר ידנ[יה	כ]ש	2 או[.. בר .... כש] 2
396		C3.15:46	[כ]ש 2 או[.. בר	[כש]	2 ענני[בר ... כש 2]
397		C3.15:47	[.... כש] 2 ענני[בר ...	כש	2] זכ[ור בר
398		C3.15:48	זכ[ור בר	כ]ש	2 ענני [בר .... כש 2]
399		C3.15:49	[כ]ש 2 ענני [בר	כש	2] הוש[ע]בר נתון[כש]
400		C3.15:50	[2] הוש[ע]בר נתון[	[כש]	2 20 [....] בר שלםֿ[
401		C3.15:51	2 20 [....] בר שלםֿ[	כ]ש	2 [..].. בר נת[ן כ]ש 2
402		C3.15:52	[כ]ש 2 [..].. בר נת[ן	כ]ש	2 [.... בר ..].. כש [1+1]1
403		C3.15:54	[בר .... בר]ישביה	[כש	2] [.... בר .... כ]ש 2
404		C3.15:55	[כש 2] [.... בר	כ]ש	2 [.... בר .... כש] 2
405		C3.15:56	[.... כ]ש 2 [.... בר	[כש]	2 [.... בר ... כש 1]+1
406		C3.15:58	[... כש 1]+1 [... בר ...	[כש]	2 [... בר]הושע כש 2
407		C3.15:59	[... כש] 2 [... בר]הושע	כש	2 [... בר] יהוטל כ[ש 2]
408		C3.15:60	כש 2 [... בר] יהוטל	כ]ש	[2 10+20] .... בר
409		C3.15:61	[.... ... בר ע]נני	כש	2 [.... בר] ישביה[כש 2]
410		C3.15:62	כש 2 [.... בר] ישביה[	כש	[2 [.... בר .... כש 2]
411		C3.15:63	[כש 2] [.... בר	כש	[2 הושע בר סגרי כש 2
412		C3.15:64	[כש 2] הושע בר סגרי	כש	2 מנחם בר מתן כש 2
413		C3.15:65	כש 2 מנחם בר מתן	כש	2 נתון בר חגי כש 2
414		C3.15:66	כש 2 נתון בר חגי	כש	2 חגי בר מיכא כש 2
415		C3.15:67	כש 2 חגי בר מיכא	כש	2 מחסה בר אורי כש 2
416		C3.15:68	כש 2 מחסה בר אורי	כש	2 שלום בר זכריא כש 2
417		C3.15:69	כש 2 שלום בר זכריא	כש	2 מנחם בר זכריא כש 2
418		C3.15:70	כש 2 מנחם בר זכריא	כש	2 20+20 משלך בר אורי
419		C3.15:71	20+20 משלך בר אורי	כש	2 פמת בר סגרי כש 2
420		C3.15:72	כש 2 פמת בר סגרי	כש	2 ענני בר מעוזי כש 2
421		C3.15:73	כש 2 ענני בר מעוזי	כש	2 [א]וֹשע בר
422		C3.15:74	[א]וֹשע בר מנחם	כש	2 נתֿן בר הודיא כש 2
423		C3.15:75	כש 2 נתֿן בר הודיא	כש	2 [מ]נחם בר אורי בר
424		C3.15:76	בר אורי בר משל[ך]	כש	2 [.... בר .... כש 2] [....
425		C3.15:77	כש 2 [.... בר	כש	2] [.... בר ....] כש 2 [...
426		C3.15:78	[.... כש 2] [.... בר ....]	כש	2 [... בר] מתן כש 2 [....
427		C3.15:79	[....] כש 2 [... בר] מתן	כש	2 [.... ב]ר מתן כש 2 [
428		C3.15:80	כש 2 [.... ב]ר מתן	כש	2 [√]מֿ[..]יא בר מנחם בר
429		C3.15:81	בר מנחם בר פוסי	כש	2 חג[י] בר מנחם [בר]
430		C3.15:82	בר מנחם [בר] פוסי	כש	2 פלוליה בר [הו]שע כש
431		C3.15:83	2 פלוליה בר [הו]שע	כש	2 מנחמת ברת ע[נני] בר
432		C3.15:84	ברת ע[נני] בר אסתח	כש	2 משלמת ברת [...]ה·כש 2
433		C3.15:85	כש 2 משלמת ברת [...]ה	כש	2 אחת מחתושׁ מפתח ברת
434		C3.15:86	מפתח ברת טסתי	כש	2 יהושמע ברת נתן כש 2
435		C3.15:87	כש 2 יהושמע ברת נתן	כש	2 שבית ברת חורי בר שלם
436		C3.15:88	ברת חורי בר שלם	כש	2 רעיא ברת נרי כש 2
437		C3.15:89	כש 2 רעיא ברת נרי	כש	2 יהושמע ברת משלם כש 2
438		C3.15:90	כש 2 יהושמע ברת משלם	כש	2 20+20+20 מפתח ברת
439		C3.15:91	מפתח ברת שלם	כש	2 יחמול ברת פלטי בר
440		C3.15:92	ברת פלטי בר יאוש	כש	2 אביהי ברת אושע כש 2
441		C3.15:93	כש 2 אביהי ברת אושע	כש	2 נהבת ברת מחסה כש 2
442		C3.15:94	כש 2 נהבת ברת מחסה	כש	2 יהוחן ברת יגדל כש 2
443		C3.15:95	כש 2 יהוחן ברת יגדל	כש	2 משלמת ברת צפליא כש 2
444		C3.15:96	כש 2 משלמת ברת צפליא	כש	2 [.]לֿ[.. בר]ת[.... כש
445		C3.15:97	2 [.]לֿ[.. בר]ת[....	כש	2] מנ[ח]מת ברת[.... כ]ש
446		C3.15:98	[2] מנ[ח]מת ברת[....	כ]ש	2 נהבת ברת הֿ....
447		C3.15:99	נהבת ברת הֿ....	כש	2 יחמול ברת שלם כש 2
448		C3.15:112	כש 2 [....] נתן	כ]ש	כ]ש 2] [....] פדיה
449	בכסף	B3.12:26	ובנתך וזי תנתן לה	בכסף	או רחמת אף לא יכהל בר לן
450		B3.12:24	תנתן או זי תזבן לה	בכסף	אנה ענני ותפמת אנתתי
451		D6.3fraga:1	.[...]	בכסף	ו.[...] [...]א השכחת[
452		B3.10:3	קצת מן ביתי זי זבנת	בכסף	ודמוהי יהבת יהבת˄ה˄ לכי
453		B3.12:4	ויהבן לך ביתן זי זבן	בכסף	מן בגזשת בר פלין כספיא
454	בכספ.	B4.6:15	...]ירֿ[...	]בֿכספ.	....]ל כל[....]
455	וכסף	A4.7:12	שרפו ומזרקיא זי זהבא	וכסף	ומנדעמתא זי הוה באגורא
456		B2.9:12	ואיש לכם ב[ש]ם נכסן	וכסף	עבור ואחרן זי שלומם בר
457		C3.13:1	זכרן כסין זי נחש[	וכסף	... זי יהב] חנן בר חגי
458	כסף.	D1.12:7	יהוה ל[...]˄[...] זבנו	כסף.	ש 3 אחרי לעלאֿ[
459	לכסף	C3.7EV1:7	[יוניא פסלרֿ]שי 1+3	לכסף	כרשן 3+3+1ֿ0 ח
460		C3.7EV1:8	ר[...] [...].יֿ 1	לכסף	כרשן 3 [ש 3]+3 ח 2+3

כסף

No.	Lemma	Ref			
461		C3.7EV2:8	[יו]ניא פסלרשי 3	לכסף	כרשן 20+2[....]
462		C3.7EV2:9	יא 3....	לכסף	כרשן 1[....] דוגן ...
463		C3.11:2	כרש[...] [...] שכר 1	לכסף	כרש 1 שקלן 3+1 [..]...י
464		C3.11:3	[..]...י לחם טיק 1	לכסף	כרש 1 עבד משח זרע כתן
465		C3.11:4	זרע כתן איטשרי 1	לכסף[	...] כ[..]. מחא ל.חנ.. מחא
466		B4.2:3	וירבה עלי כסף חלרן 2	לכסף	ש 1 לירחא עד יום זי
467		C3.25:20	דמי כא 10+3[...]	לכסף	ש 1+3 כל כסף כרשן [1]
468		B4.7:2	[יהבת לי ....]+3	לכסף	שקלן 3+3 וירבה עלי ולא
469		D1.12:9	לן[...]ן כרשן [...]+3	לכסף	ש[קלן ...] [...]אמרת לי
470	כסף	B3.12:14	כסף כרש חד שקלן 3	כסף	יון במנין סתתרי 3+3
471		B3.12:5	הו 1 שקלן תלתה הו 3	כסף	יון סתתרי 3+3 שקל חד
472		C3.7AR2:5	[בה משח חמוש ....]	[כ]סף	גׄ[בר]יא זי[ן עביד על
473		C3.7DR3:18	[משח] חמוש .... [....]	[כסף]	גבריא זי עביד על בית
474		C3.7ER1:2	ב[ה משח חמוש ....]	[כ]סף	גבריא זי עביד על בית
475		C3.7ER1:22	[מע]שר[...]	כׄסׄף	גׄבׄר[יא זי עביד ע]ל
476		C3.7EV1:19	כסף כרשן 2 ש 3+2	[כסף]	גבריא ....]כסף כרש 1 ש
477		C3.7FR2:3	כׄ ו̊ לק עתיק 1	כסף	גבריא זי עביד על [בית
478		C3.7GR3:7	[....]	כׄסׄף	גׄבׄר[יא ....]בית
479		C3.7JR1:12	[בה מ]שח[חמוש ...]	[כסף]	גבריא זי עביד על בית
480		C3.7JR2:13	[בה משח חמוש ...]	[כסף]	גבריא זי עביד על בית
481		C3.7		[כסף]	ג]בׄרׄיׄאׄ[זי עביד על
482		C3.7KR1:3	[בה מ]שח[חמוש ...]	[כסף]	גבריא זי עביד על בית
483		C3.7KR2:6	[חמ]וׄש ..ןׄ ....]	[כסף]	]גבׄרׄיׄא זי עביד על [בית
484		C3.7CR1:11	[בה] משח חׄמׄוׄש ...]	[כסף]	גבריא זי עביד על בי]ת
485		C3.7CR2:12	יו̇ 20[....]	כסף	גבריא זי עביד על ב]ית
486		C3.7FR2:6	כנדן[....] כל	כסף	גברין זי גבי מנהם ועביד
487		C3.7FV1:24	[ופ]לג [כל	כסף	גברין זי גבי מנהם ועביד
488		C3.7JV2:15	ב[ה]ם משח .[....]	[כס]ף	ג[....]נׄהׄ
489		D8.13:2	ואנתתה כסף ר 3 בשם	כסף	מלחא כתב יוׄסׄף ספרא
490		C3.7EV1:15	1 זי ....]	כ]סף	מנפקה לימא לאדׄיׄ[ה]בן[
491		C3.7EV1:18	1 [זי] [....]	[כסף]	מנפקה לימׄאׄ כסף כרשן 2
492		C3.7EV1:3	שׄמׄ...]ן [...]י	[כסף]	מנפקה לימא כ]סף כרשן 2 ש
493		C3.7EV2:20	קנׄרׄתעא 1 זי[....]	[כסף]	מנפ]קה ל[ימא]כסף כרשן 2
494		C3.7EV2:6	[1 זי ....] [....	]כסף	מנפקה לימׄאׄ לאׄ[דׄ]יׄהבן
495		D7.29:2	על חגי אמרת לאשין על	כסף	מרזחא כן אמר לי לם לאיתי
496		B3.3:8	שנאת לתמת אנתתי	כסף	שנא בראשה ינתן לתמת כסף
497		B3.3:9	שנאת לבעלי ענני	כסף	ש<נ>אה בראשה תנתן לענני
498		B3.8:22	לא תהוה לי אנתת	כסף	שנ[א]ה בראשה כל זי הנעלת
499		B3.8:25	שניתך לא אהוה לך אנתת	כסף	שנאה בראשה מהרה יאבד תתב
500	כספא s em/sf	D4.15fragb:3	ח[...] מן כצת	כספא]	...]
501		D5.41fragq:1	...]	כספא]	.[...] [...] בר[...]
502		A3.8:4	והן לא [....] כל	כספ[א]	ברבא ולא [..]בו לך לאמר
503		A3.10:6	על בתין טב והן לא	כספא	הבו ליד אר[מנתי]דת הן[
504		B2.6:13	זי נחש שוה כסף ר 2 כל	כספא	ודמי נכסיא כסף כרשן 3+3
505		B3.3:6	חפנן 3+3 פיק 1 כל	כספא	ודמי נכסיא כסף כסף שקלן
506		A4.8:11	ומזרקיא זי זהבא וזי	כספא	ומ[נ]דעמתא ה[י הוה
507		B4.6:4	[כס]ף סתתרי 1 מן קצת	כספא	ונכסיא זי על ספר אנתותכי
508		A3.9:4	[...]חק מלכא נפעו[רת]	כספא	זי הושרת לי ביד
509		B2.1:10	זי יכלא מנהם ינתן לה	כספא	זי כתיב מן עלא ואגרא
510		B2.1:13	מלחא הן כליתך אנתן לך	כספא	זי כתיב מן עלא ואנת שליט
511		B3.13:9	בני ואדרנגי ישלמון לך	כספא	זי מנעל כתיב והן לא שלמו
512		B3.13:8	ולעד שלמת ויהבת לך	כספא	זילך זי מנעל כתיב אחר
513		C3.11:1	[... בר ....]י יור	[כספ]אׄ	זי קים בשנת 3+3 כסף
514		C3.11:6	[....] הוה יתרן	כספא	זי קים בשנת 3+3[...]
515		C3.11:8	כרשן 2 חלרן 3 בגו	כספא	זי אתוסף על מכס פטאסי
516		C3.15:123	משלם בר שמעיה כש 2	כספא	זי קם יומא הו ביד ידניה
517		D2.29fragb:1	...]	כ]ספא	זך עד כען[...] [...].
518		B2.5:1	[והן לא יהבת לך]	כׄסׄפׄאׄ	זנה זי כתיב מן עלא ולא
519		B3.1:15	בני המו ישלמון לך	כספא	זנה ומרביתה והן לא שלמו
520		B3.1:16	והן לא שלמו לך	כספא	זנה ומרביתה אנת משלם
521		B3.13:10	שלמו לך בני ואדרנגי	כספא	זנה זי מנעל כתיב אחר אנת
522		B4.5:4	אנה נתן[אשל]ם לך	כספא	זנה כרש חד ארבעה עד גרו
523		B4.5:6	[....]ה והן[אנה]	כספא	זנה כרש חד שקלן ארב[עה
524		B4.6:7	לא [שלמת]ויהבת לכי	כספא	זנה [ש]קלן 2 [הו] סתתרי
525		B5.5:10	[ז]ילי· זי ירשנכי בשם	כספא	זנה ופתפ[א זי] כתיב מנעל
526		B5.5:5	דין [ו]דבב בשם	[כספ]אׄ	[זנה] ז[י] אׄנׄהׄ
527		B5.5:6	[ודבב זי ירשנכי בשם	כספא	זנה ז[י] יהבת לכי ינתן
528		B5.5:8	[עלם ורחקת מנכי מן	כס]פא	זנה ופתפא זי הוה לי מן
529		B5.5:9	והנבגא זי ל[י בש]ם	כספא	זנה [זי יהבת לי ופתפא
530		D2.18:2	... .] [... ....]	כספא]	זנה [... ....] [... ...כ]ל
531		D4.18:2	[כס]ף שקלן 2 [...] [...].	כספא	ינתן[...]
532		C3.7EV1:1		כספא]	תשי דמי נתר]א זי הנפקו
533		C3.7EV1:12	[....]יוני [פסלרשי	כספא	תשי]דמי נתרא זי הנפקו
534		C3.7EV2:14	[.... יוני] [פסלר]שי	כספא	תשי דמי נתרא זי הנ[פק]ו
535		C3.7EV2:15	יו[ני פסלרשי	כספא]	[תשי]דמי נתרא זי הנפקו
536		C3.7EV2:18	פנסׄ יונ[י פסלרשי]	כספא	תשי דמי נ[תרא]זי הנפקו
537		C3.7EV2:2	ש.[... יוני פסלרשי]	כ[ספא	ת]שי דמי[נתרא ז]י
538		C3.7EV2:4	[יוני פסלרשי]	[כספא]	ת]שי דמי נתרא זי הנפקו
539		C3.7GV5:15	יׄוׄנׄ[י] פסלרשי	כספא	תשי דמי נתרא] זי הנפקו
540		C3.7GV5:18	[.... י]ונ[י] פסלרשי	כספא	תשי דמי נתרא זי] [הנפקו
541		C3.7GV5:21	[חתחור] [ספינה 2]	כספא	תש[י דמי נתרא זי הנפקו]
542		C3.7GV5:25	יוני פסלרשי	[כספא]	תשי דמי נתרא זי]
543		C3.7KV2:10	[.... יוני פס]לרשי	כספא	תש[י דמי נתרא זי הנפקו
544		C3.7KV2:11	ספינה[3+1	כספא	תשי דמי נתרא] [זי הנפקו
545		C3.7KV2:15	[..]. יוני פסלרשי	[כספא]	תשי דמי נתרא זי הנפקו
546		C3.7KV2:16	יוני פסלרשי	כספא	[תשי דמי נת]ר[א]זי
547		C3.7KV2:19	יוני פסלרשי	[כס]פׄאׄ	תׄשי דׄמי נתׄרׄאׄ זי
548		C3.7KV2:20	פרתוכלס יוני פסלרשי	כספא	תש[י] דמי נת[ר]א זי
549		C3.7KV2:22	גלפרס י[ו]ני פסלרשי	כספא	תשי [דמי נת]רא [זי הנפקו
550		C3.7KV2:24	ספינה 2+3	כספא	תשי דמי נת[ר]א זי [הנפקו
551		C3.7KV2:3	ס̇י יוני פסלר]שי...	כ]סׄפׄאׄ	תש]י דמי נתרא זי הנפקו
552		C3.7KV2:6	תמׄ...] יוני פס]לרשי	כספא	תשׄי דמי נתׄרׄאׄ זי
553		C3.7KV2:8	[.... יונ]י פסלרשי	כספא	תשי דמי נתרא זי הנפק[ו]
554		C3.7KV3:10	[יוני פסלרשי]	כספא	תשי ד[מי נתרא זי הנ]פקו
555		C3.7KV3:12	[יוני פסלרשי]	[כספא]	[תשי]דמי נת[ר]א זי
556		C3.7KV3:14	[פ]חׄנׄסׄ ספינה] 2+3	כספא	תשי] דמי נתרא זי הנפקו
557		C3.7KV3:18	[.... יוני פסלרשי]	כספא	תשׄי דמי נתרא זי הנפק]ו
558		C3.7KV3:20	[יוני פסלרשי]	כספא	תשי [ד]מי נתרא זי הנפקו

559		C3.7KV3:22	[.... יוני פסלרֹשי]	כספא	תשי[דמי]נתרא זי הנפקו
560		C3.7KV3:3	[יוני פסלרֹשי]	[כספא	ת]שי[ ]דמי נתרא זי
561		C3.7KV3:5	[.... יוני פסלרֹשי]	[כספא	תשי דמי נתר]א[זי הנפקו
562		C3.7KV3:8	יו[ני פסלרֹשי]	כספא	תשי דמי נתרא זי הנפקו]
563	כספה	D7.27:9	כרגא [...] [...] על	כספה	[...] [... מל]כיה זי כתב]
564		D3.45:4	והנש .. [...] [...	]כספה	ולא א.[...] [...]. לויגוש
565		C1.2:23	איש למ[רא]ה על דבר	כספה	ו...לן [....]מראה וישוה
566		A2.2:4	ניחם וכעת הלו מסת	כספה	זי הוה בידי נתתן ופדת
567		A2.6:6	[לתשי ס]ון הלו	כספה	זי הוה בידה יהב ש[1
568		D4.5:3	...[[...] חפן לן[...]	כ]ספה	נ[...] [...]ס לא.[...]
569	כספך	B4.2:8	לך והן לא שלמת לך כל	כספך	ומרביתה עד ירח תחות שנת
570		B4.2:8	יעקף 3+3+10+20	כספך	ומרביתה זי ישתאר עלי
571		B4.2:4	לן[ך] ותהוה מרבית	כספך	חלרן 1+3+3 לירח 1
572		B3.4:22	ולא כהלן פצלן נתנן לך	כספך	כרש 1 שקלן 3+1 ובנינא
573	כספכי	B4.6:9	ב[. לפ]חנס [ירבה עלי]	כספכי	[הוה] כסף שק[לן 3] הו
574	בכספך	B3.1:11	זי תשכח לי עד תתמלא	בכספך	ומרביתה ולא אכל אמר לך
575		B3.1:12	אמר לך ˆלם˙ שלמתך	בכספך	ומרביתה וספרא זנה בידך
576		B3.1:18	תשכח להם עד תתמלא	בכספך	ומרביתה ולא יכלון
577		B3.1:7	תנין שנה ולא שלמתך	בכספך	ומרביתה זי כתיב בספרא
578		B3.13:11	ובמדנתא˙ עד תשלם	בכספך	זי מנעל כתיב ולא דן כתב
579	בכספכי	B4.6:17	[ע]ד תתמל[אי	בכספ]כי	זנה[....]ב[... כתב]
580		B4.6:13	ל[מאחד] [עד תתמלאי	בכספ]כי	[כסף] שקלן 3
581	וכספכי	B5.5:7	[זילי מן בית מלכא	וכספכי	אנתי מ]פטחיה זי הוה
582	בכספא	A3.8:6	זי הודו והבה לה	בכספא	זי יקום עלוהי וכזי
583		B3.1:14	והן מיתת ולא שלמתך	בכספא	זנה ומרבית˙ה˙ בני המו
584	וכספא	B6.4:7	כזי נכסיא ˆ[א]לה˙	וכספא	זי כתיבן בספרא ˆזנה˙

כסת N clothing

001	s ab/cn בכסת	A2.3:10	וכעת מדעם אל תזבני	בכסת	ותשרי לה שלם יקיה הוי

כען a now

001	כען	A3.5:3	עליך הוית אשלח שלמך	כען	
002		A3.8:3	כ[..] כסף כרשן 3+2	כען	[....] עמך על זי
003		D1.12:6	[...]לאמת[ה] זי מ˙י˙תת	כען	.... ק..[...] יהוה לן[...]
004		D2.29fragb:1	[... כ]ספא זך עד	כען[	...[[...]. מהתיב לין[... ....]
005		D4.6:4	[...]נה ו[...] [...	]כען	[...] [...]לכין [...]
006		D7.10:3	[י]כלאו מנה לחם ומין	כע]ן	[... תנפ]ק לי אחוטב להן
007		D7.11:6	[...] [...]. אתה	כען	[...].. שלם ידניה [...] זי
008		D7.19:7	נפש 3+2 כל [...] עד	כען	[....] צבותי[.] [....]
009		D7.54:5	[...] [...]אף	כען	[...] [... מ]טאוני..
010		C3.8fraga:10	[....]ף על מרביתא	כען	[....]...[
011		D1.12:11	[ ]שאל אנה שלם ...[....]	כען	א[...] [...] הוש[רת] לך]
012		D7.47:10	לאדכל˙י˙	[כ]ען	אכלת אתמ˙ל˙
013		D7.20:4	הלו שכר הו לה למחר	כען	אל תפשר למאתה מחר שלם
014		D7.44:10	לי אתמל ט[מא]	כען	אל[תהושרון לי ל[חם [...]
015		B2.4:5	ופשך ב10+1 בעשתא	כען	אנה מחסיה אמרת לך ארקא
016		D7.44:2	[...] מן [...	כע]ן	אנה [שלח]ת לכם לם אל
017		D7.29:5	כן אמר לי לם לאיתי	כען	אנתנהי לחגי או יגדל
018		C1.1:51	על זי החיתך ולא קטלתך	כען	אנת לקבל זי אנה עבדת לך
019		A6.10:5	ואנתם כן לא עבדן	כען	אף קדמן שלחת עליכם על
020		D7.43:10	[...]ה אף כסה 1 [...]	כען	אקרא [...] תשכח
021		D7.20:2	מן נתן בר גמריה	כען	אתה על מחר ולא פשרן הלו
022		D7.8:5	זילה קדמא מתמרט בכבא	כען	אתה וגזה ביום זי תרחענה
023		A5.5:10	אף	כען	בירתא זא חי[ל
024		D1.17fragb:7	ואחריא לקבל חלקן 3	כען	דתא[....] [.... ...]פהו
025		A4.2:7	בזי זעירן אנחנה ב2	כען	הא סברו[....] הנלו גלין
026		A4.3:5	אלה שמיא עד שזבוני	כען	הא אתין תמה עליכם אנתם
027		D7.37:1	[...]ן	כען	הוי [...] בריום מן .
028		D7.46:1		כען	הושר[....] בקבא רבא
029		D7.2:1	[ש]לם אחוטב	כען	הושרי לי זעיר מלח יומא
030		D7.16:5	על משלמת ועל שמעיה	כען	החלפי לי שער˙ ˙ ובעי 1
031		D7.17:1		כען	הלו חלם 1 חזית ומן עדנא
032		D7.24:3	לם אעל סון ימא זנה	כען	הלו עלדבר סכיא
033		D7.8:1	שלם אוריה	כען	הלו תאתא זי לך רבתא מטאת
034		A3.8:10	יהב המו לך [ש]לח עלי	כען	הן נחת אנת 1 למנפי אל
035		A6.3:5	נכסי לקחו וקרקו מני	כען	הן על מראי טב ישתלח על
036		A6.7:8	לחיא אחד המו עמה הוו	כען	הן עליך כות טב מנך יתשם
037		D7.10:6	להן [.... י]ום שבה	כען	הן לא שבו לנתן תמה ינפק
038		D7.17:8	יחו[מליה שלמ˙ ˙	כען	הן צבתי אל תזבני המו
039		A4.8:2	[.... יתיר מן זי	כען	וחין] אריכן ינתן לך וחדה
040		D23.1.XII:4	[....] [...].[...] להם	כען	וימטא[ן בדל[....]
041		A4.3:7	מן זי חנניה במצרין עד	כען	ומה זי תעבדון לחור
042		D1.6fragc:1	[.... ...]שח	כען	זי פ[...]
043		D7.25:1		כען	זי אמ[רת ...]
044		D7.43:1		כען	זי [...] .לאתי תנה [...]
045		A4.7:3	ובני ביתא יתיר מן זי	כען	חד אלף וחין אריכן ינתן
046		A3.11:4		כען	חזי שושניא אמר
047		D7.1:11	לכי ענז 1 עד אמטאנך	כען	חזי זי טבה[.] .למעבד לה
048		D7.28:1	[..] שלם נתן	כען	חזי ..[...] [...]א 1 מלח בידכם
049		D7.43:7	קב[....] מנכי [....]	[כען]	חזי י]נקא אזלי [....]
050		D7.6:2	אל הושעיה שלמך	כען	חזי 1 על ינקיא עד תאתו[ה
051		D7.35:2	[.... ישא]ל בכל עדן	כען	כזי [....] זי וחפרע בר
052		A5.5:11		כען	כן אמר מתרדת
053		D7.56:5	שלם אחי בכל עדן וכעת	כען	לא אבו אסתס וברה למאתה
054		D7.10:1	שלם ידניה	כען	לו [ב]סגרא שימת ופקיד [..
055		D7.19:5	עבדה הי לי [...] [.]עד	כען	לחם 10 הו[שרת]
056		D7.56:13	לי שלטנא בה לזבנותה	כען	מ...ד אנה עליכון
057		A4.7:22	לא עבדו באגורא זך	כען	עבדיך ידניה וכנותה
058		A4.8:21	לא עבד[ן באגורא זך	כע]ן	עבדיך ידניה וכנותה
059		A4.7:4	ושריר הוי בכל עדן	כען	עבדך ידניה וכנותה כן
060		D7.8:13	עד תנפק שלם אחטב	כען	על לחמא זנה נאכל עד מחר
061		A6.4:2	ברה זי עחחפי זי	כען	פקיד עבד חלפוהי בין בגיא
062		B3.8:41	ברחמן יהבת ליהוישמע	כען	צבית אהנצל המו הן יאמר
063		B6.4:7	˙זנה˙ ברחמן יהבת לכם	כען	צבית˙ אהנצל הם הן תאמר
064		D3.28:2	3+3 [...] [.... ...]	כען	קדם המרכריא[...]
065		D7.21:4	ברכתך ליהה ולחנ˙ ˙ם	כען	שלחלי לבשא זי עליך
066	וכען	A2.7:2	אסורי וזבבו וככי	וכען	עליכי מתכל אנה הוי חזית

067		A4.5:6	[ב]מנציעת בירת יב	וכען	שורא זך בנה במנציעת
068		A6.10:3	ועבד על ביתא זילי	וכען	תנה כן שמיע לי כזי

כענת a now

001	כענת	D1.20:3	שערן [... ...] [...] תנה	כענת	[... ...] [... ...]ת אספמט
002		D7.23:6	מיכי[ה ...] [א]לך	כענת]	[..]. [...
003		D7.33:10	לה .לא תמ..]..ת [.]תי	כענת	..[...] ש[... ...] תל.
004		A4.2:2	בכל עדן שלם לן תנה	כענת	בכל יום זין [....] הו קבל
005		D7.16:1	שלם יסלח	כענת	הא בקלא אושור מחר ערקי
006		D7.1:2	ברכת[.] שלחת לכי	כענת	הלו הא[.] נפנא רעיא ˆקןˇ
007		D7.20:6	שלם מיכיה מן ידניה	כענת	הלו שלחת לך אתמל בשם
008		D7.24:1		כענת	הלו כן שלחת לך ספר[א]
009		D7.33:1	לקלי אחי	כענת	ולדא על לך אתמל עדבר ספא
010		D7.9:1		כענת	חזו חנתא זי יהב לי
011		D7.5:2	על א[חוטב] שלמכי	כענת	חזי [....] רבתא ואף
012		D7.24:11	תעבד [....]	כענת	חזי מה [...
013		D7.16:6	ובעי 1 ואחט המו בקל	כענת	חי ליהה הן לא על נפשכי
014		D7.22:2	מיכ[יה ...] [....] לך	כענת	ש[...] [....] הוית
015		D7.9:9	עלימתה מכתבה על שמה	כענת	ש[....] ואף הזדהרי
016		D7.33:4	שבק קמרא מן אתמל	כענת	שאלי לטמסי הן
017		D7.53:1		כענת	ת[...] 3+10 .[...]
018	וכענת	D7.48:4	זעיר לחמא יומא זנה	וכענת	היתיו לי בש.תא [..].[..]
019		D7.3:1	[ש]לם אחוטב	וכענת	למ[...] [ה]ן לא איתי

כעס N anger

001	כעס s ab/cn	C1.1:124	[....] ישתבע	כעס	מן לחם ותתרוה

כעת a now

001	כעת	A3.3:11	לי אנה כתן 1 זי כתן	כעת	[....] [....]כן
002		A3.9:1	[ישאלו] שגיא בכל עדן	כעת	[....
003		A5.4:4	ביום 10 לפאוני	כעת	
004		A6.1:3	נשתונא כתיב יהיב לן	כעת	[....]
005		A6.11:3	לי ינתנו לי אהחסן	כעת	ארש[ם] כן אמר הן כנם
006		A6.13:4	זי מהיתה נחתחור	כעת	ארשם כן אמר אנתם הנדרז
007		A6.2:22	יעבד כזי שים טעם	כעת	ארשם כן אמר אנת עבד
008		A6.3:6	להם טעם יתעבד להם	כעת	ארשם [כן] אמר
009		A6.6:4	]	כ]עת	ארשם כן אמר הן [....].
010		A6.8:2	מראי זי אמר אנה להם	כעת	ארשם כן אמר צבות ביתא
011		A6.15:3	[נח]תחור ולא יהב לי	כעת	ורפש כן אמר הא אנת חזי
012		D1.32:14	....[...] [...]ביו אסר	כעת	שתברזן וכנותה כן[...]
013		D1.3:2	אחי בכל [... ...]שלם	כעת	[... ... כ]עת זי ת[..]
014		D6.10fragIf:1	לי[...]	כעת	[...].
015		D6.9fragb:3	...]	כעת[	[... י]היתו [...]. {{על}}
016		D7.31:2	שלם משלך מן [...]..בה	כעת	
017		A3.3:6	..] פ]רסכן זי כלי כלה	כעת	איך ביתא עביד ואיך נפקת
018		A6.15:9	כתש ונכסן לקח מנה	כעת	אנת וגרדא זילי עבידה לא
019		A4.1:3	ארש[ם ...] [....]יא	כעת	אנתם כן מנו ארב[עת עשר]
020		A6.14:2	מהיתין בב[אל]	כ[ע]ת	אנתם אתנצח[ו] והנדרזא
021		A3.3:2	לבבי לא טיב אף אמך	כעת	ברך אנת [ליהו אלהא] [זי
022		A3.1:V2	[....]	כעת	הו לי חמרן 10
023		A3.3:11	[...] [איתי] המו קדמתך	כעת	זבנת לי אנה כתן 1 זי
024		D1.3:3	[...]שלם כעת [... ...]	כ]עת	זי ת[..] ˆלאחחפיˇ [..] [...
025		A6.15:6	נחתחור לקח עבד לנפשה	כעת	חמרא עבורא ומנדע[ם] אחרן
026		A3.3:5	ספריא ויתיהב לכן	כעת	כזי תאתון מצרין
027		A2.3:6	לאמר לה שאל על חרוץ	כעת	מלו כזי עבד אנה לחרוץ
028		A3.3:3	[זי יה]וני אנפיך בשלם	כעת	מן יום זי נפקתם מן
029		A4.8:3	ושריר הוי בכל עדן	כעת	עב[ד]ך ידניה[ ] וכנותה
030		A3.3:12	שלם אמך וינקיא כלא	כעת	תנה הוין [....] [ב
031	וכעת	A3.3:2	ושררת [הושרת לך]	[וכעת]	מן יום זי אזלת בארחא]
032		A3.5:1	שגי בכ[ל עד]ן	[ו]כ[ע]ת	[...]
033		A3.8:1	ושררת שגיא הושרת ל[ך]	וכעת	[....] [.... פי]סן
034		A4.4:1	ישאלו שלמך בכל עדן	וכעת	[....]
035		A6.6:2	[לך אל]היא שלם ישמו	ו[כעת]	[....
036		D6.8fragI:1	א...[...]	וכעת	וחפרמנית שמה[...]
037		A6.13:1	כנזסרם וכנותה	וכעת	ורוהי בר ביתא בזנה כן
038		C3.8IV:6	[...]. .. 1	וכעת	חיר כן [אמר
039		A6.12:1	כנזסרם וכנותה	וכעת	חנזפי שמה
040		A6.15:1	מן ורפש על נחתחור	וכעת	מספת פקידא זילי ˆשלח
041		A6.11:1	כנזסרם וכנותה	וכעת	פטוסרי שמה ורשבר עלים
042		A6.3:1	ושררת שגיא הושרת לך	ו[כעת]	פס]משך שמה בר עחחפ[י]
043		A6.8:1	מן ארשם על ארמפי	וכעת	פסמשך פקידא זילי שלח
044		D1.1:7	יתו ל[... ... ...]. נסי	וכע[ת]	ש]אל שלם ... ...
045		D4.34:3	[... אגר]ת [...].	וכעת]	[...
046		D6.7fragIe:1	[...]	וכע[ת]	[... ...] [...]חמ[ר ...]
047		A3.10:1	כ[ל]א ישאלו בכל עדן	וכעת	איתי לי אלף חדה בידכם
048		A6.7:2	תמה קדמ[י]ך שלם יהוי	וכעת	איתי גברן חיל[כין] עבדן
049		A2.1:7	יתו לן ונתנהי במשח	וכעת	אל תצפי לן לי ולמכבנת
050		A2.1:9	בביתאלנתן מן חבב	וכעת	אן אשכחת אש מהימן אתה
051		A6.16:1	ושררת שגיא הושרת לך	וכע[ת]	אנ[ת אתנצח] [....] [....
052		A2.3:5	ואחתסן מסבלן לה	וכעת	ארה ספר לה שלחתי בשמה
053		A3.11:1	[אלהיא ישאלו בכל עדן	וכעת]	בזך השכחת ימה
054		A6.7:1	שגיא הושרת ל[ך]	וכעת	בזנה קדמי שלם אף תמה
055		A6.2:1	ארשם על וחפרעמחי	וכעת	בלא[
056		A6.4:1	שג[י]א הושרת ל[ך]	וכעת	דשנא מ[ן] מלכא ומני יהב
057		A6.9:2	זי בדמשק	וכ[ע]ת	[ה]א נחתחור שמה פקידא
058		A2.3:11	יקיה הוי שלחת לה	וכעת	הוי חזית על תשי ועל ברה
059		A2.2:13	אשכח אש למושרתהם לכן	וכעת	הושרי לי תקם חפנן 2+3
060		A3.7:3	זי עליכי שלם כלכליה	וכעת	הושרתי
061		A2.2:4	יקה שלם נניחם	וכעת	הלו מסת כספה זי הוה
062		A2.3:8	ארה לא אחי הו חרוץ	וכעת	הלו יהב להן פרס תנה
063		A2.2:8	מן קצתה זי כסף ש 1	וכעת	הן יהב לכי נקיה וגזתה
064		A2.3:9	ויתלקח קדמתהן בסון	וכעת	הן את ערב עליכי אתיה
065		A2.4:5	שלם וחין שלחת לך	וכעת	הן מטאך סרחלצה שלח לי
066		A5.2:8	לאמר כעשק עביד לי	וכע[ת]	הן על[ ] [מראי טב י]שאל
067		A2.2:11	לי ואקבל עליהן תנה	וכעת	זבנת משח זית ליקה וכתן
068		A2.3:6	ספר לה שלחתי בשמה	וכעת	זי מלתי ˆלבתיˇ לאמר לה

069			A3.4:2	תנה שלם ינקיה	ו[כ]עׄ[ת]	זך [....] זילי הבה
070			A2.6:3	[.... ב]רי שאל שלמכי	וכעת	יהב מ[כבנת לבנתסר
071			A2.5:4	הושר לי ספר ומנדעם	וכעת	יהתו לן ארון ובינבן והן
072			A4.3:3	הוו קדם אלה שמיא	וכעת	כזי וידרנג רב חילא מטא
073			A2.4:7	ביד עקבה בר וחפרע	וכעת	כל זי תצבה שלח לי הושר
074			D1.15:1	[...] [... ... ב]כל עדן	וכעת	כן [...] [... ... ...
075			D7.56:4	שלם אחי בכל עדן	וכעת	כען לא אׄבו אסתס וברה
076			A2.1:6	אתננה בתקבה 1 לאטי	וכעת	כתנה זי התתי לי סון הי
077			A6.5:1	שלם תמה קדמיך [יהוי	[וכעת]	[....]ל כוסכן
078			A6.1:2	[ישאלו שגיא ב]כל עדן	וכעת	לן ש[י]ם טעם מנׄתא לם
079			A2.3:10	עליכי אתיה לתפמת	וכעת	מדעם אל תזבני בכסת ותשרי
080			A2.1:4	וענתי ואטי ורע	וכעת	מטתני כתנה זי אושרתי לי
081			A2.4:4	לה 1 כדי מטאה ידי	וכעת	עבד אנה לה אל אחי וחפרע
082			A6.10:1	מן ארשם על נחתחור	וכעת	קדמן כזי מצריא מרדו אדין
083			D7.41:3	ל.[...] [...]ל	וכעת	שלח [...] [... ...].. ישל[ח
084			A2.2:6	ש 3+3 וזוז כסף זוז	וכעת	שלחי על תבי ותושר לכי
085			D7.57:3	שלם אחי בכל עדן	וכעת	שלחת לך ביד אחוהא זי תם
086			A2.3:3	חרוץ שאל שלמהן	וכעת	שלם {{ל}} לחרוץ תנה אל
087			A2.6:8	ושלם תרו [ו... ו...	וכ]עת	שלם בנתסר תנה וברה אל
088			A6.5:1	[שגיא הושרת]לך	וכע[ת	שלם בזנה קדמי אף] שלם
089			A3.6:1	ובנוהי שלם אבי[הי	[וכעת]	שמעת כעמלא זי עמלת כזי
090			A4.1:2	[ישאלו] [בכל עדן]	וכעת	שנתא זא שנת 2+3
091			A2.5:2	זי יחזני אפיכן בשלם	וכעת	תדען זי מדעם לה מפקן לן
092			A6.14:1	וכנדסירם וכנותה	וכעת	תנה אנה קבלת לארשם על
093			A2.1:7	לי סון הי מלבש אנה	וכעת	תקם יתו לן ונתנהי במשח
094			A2.4:11	אשכחת אש למיתית לכן	וכעת	תקם יתו לי חפנן 2+3 אל

כף N palm, hand, ladle, stroke, 1/3 cubit, 1/3 jar

001	s ab/cn	כ	B3.12:16	1+10+20+20+100×1	כ	1 זנה תחומוהי ביתא זי זבן
002			B3.5:7	מערב אמן בעשתא 3+3+1	כ	1 לאברת אמן
003			C3.7FR2:1	10 כנדן 2+3+iוׄ	כׄ	i לק עתיק 1 כסף גבריא
004			C3.7FV2:10	כנדן[20+20]+2ׄ0ׄ	כ	1 חמר זי שנת 10+1 כנ[דן
005			C3.7FV2:3	[10] כנדן 10+3+2	כ	1 חמר זי שנת 10+1 כנדן
006			C3.7FV2:9	[1×]2+[3]+3+100	כׄ]	1]בׄגׄו חמר זי שנת 10
007			C3.7FV3:2		כ	1 בגו חמר[יון כנד]ןׄ
008			C3.7FV3:4	2+3+3+100×1	כ	1 בגו חמר זי שנת 10 כנדן
009			C3.7FV3:5	10 כנדן 20+20+20	כ	1 חמר זי שנת 10+1 כנדן
010			C3.7GR2:8	כנדן 2+3+20+100×1	כׄ	1 משח ספן 10 רבע נחש
011			C3.7KR2:19	[ ]ספן 3ׄ+3ׄ+3ׄ+2ׄ0	כׄ	1 מעשר סׄפׄןׄ ..[...] עק
012			C3.7DR2:13	משח[....]+3+3+3	כׄ	2ׄ [..] iוׄ[2+] [ע]קׄ[
013		בכף	B3.8:24	כתיבן ינתן לה ביום 1	בכף	1 [ו]תהך [לה מנה] אן [זי
014			B3.8:28	ינתן לה ביו[ם 1]	בכף	1 ותהך לבית אבוה וה[ן]
015			B2.6:28	מן חם עד חוט ביום חד	בכף	חדה ותהך לה אן זי צבית
016	s em/sf	כפן	A3.11:5	רכשא מיתי מן	כפן	מי[....]
017	p abs	כ	B3.12:16	ארך אמין 10+3+3	כ	2 בעשתא ומן עליה לתחתיא
018			B3.12:16	לתחתיא פתי אמן 3+2	כ	2 ˆלˆאברת ˆאמןˆ
019			B3.12:7	שמש} ארך אמן 10+3+3	כ	2 בעשתא ומן תחתיא לעליא
020			B3.12:8	לעליא פתי אמן 3+2	כ	2 בעשתא לאברת אמין
021			C3.13:47	שלום[...] ארך אמן 3	כ	2 בפ[תי] זכרן על עז[ר]יה
022			C3.7AR2:16	[מ]ש[ח]ספן 3+3]+3	כ	2 יו]iוׄ+3+2 עק סמכת
023			C3.7BR1:3	משח ספן 3+[3+3]	כׄ	2 יׄוׄ iוׄ+[3+2] עק
024			C3.7ER1:11	ופלג [משח ס]פן 3+3+3	כ	2ׄ # iוׄ+3ׄ+2ׄ [עק
025			C3.7FV2:2	2 ח 3 חמר כנדן 20+3	כ	2 ושתות בגו חמר זי[שנת
026			C3.7FV3:7	משח ספן iוׄ+3+3+3	כ	2 יׄוׄ iוׄ+2 קמר כפר צע
027			C3.7GR2:6	3+3+20+20+100×1	כ	2 וׄשתות בגו [חמר]יון
028			C3.7JR1:23	[משח ספן 3+]3+[3	כ	2 יו [10+3+2] [עק]סמכת
029			C3.7KR1:13	[...] [משח ספן 3+3+3	כ	2 יו]10+3ׄ+2ׄ ... [...
030			C3.7CR1:22	[ופלג] [משח ספן 3+3+3	כ	2 יו 10+3+2]
031			A3.8:9	קטא[..] פדׄא	כ	1+3+3 כתן 1 סחיק וכזי ינתן
032		כפן	B2.6:16	אבן 3+1 פק 1 זי סלק	כפן	2 פרכס 1 זי חצן חדת
033			B3.8:19	1 רׄמן זי סלק 1	כפן	למנשא משח זי [חסף]2 זי
034			C3.13:26	זכרׄן[...] זל[וחן]	כפ[ן]	.[....]. ..[...]
035	p const	כפי	D3.27:5	[...] [...]טפרי צבעת	כפ[י]	רׄגליך iוׄ איאב
036		בכפי	B2.7:17	בגו כתב מחסיה	בכˆפˆי	נפשה מתרסרה בר מתרסרה
037			B4.3:21	כתב הושע	בכפי	נ]פשה
038	p em/sf	כפיך	C1.1:87	אׄל תהנשק עליך ותכסה	כפיך[	] [א]ף מלת מלך בחמדׄ
039		כפיכן	B7.3p:1	[...]. בעׄבדת	כפיׄכׄן	... ..ן ..מת. לא.. ת. [...]..

כפיד N palm of hand

001	s ab/cn	בכפיד	B8.4:5	10 וכתשוני	בכפׄיׄד	10 בכפרגל 3+3
002			B8.6:10	[.. כתש]וני	בׄכׄפׄיׄד	100×1 בכפרגל

כפם p at the instruction of

001		כפם	B3.9:9	רוחשן בר נרגלשזב	כפם	אוריה שהדיא בגו
002			B2.6:37	בר ענניה [ספרא זנה	כפם	אסחור] ושהדיא בגו
003			B3.4:23	ˆכתב חגי בר שמעיה	כפם	בגזשת ואבל ושהדי<א>
004			B2.2:17	ספרא זנה בסון בירתא	כפם	דרגמן שהד הושע בר
005			B6.4:9	בר ענניה ספרא זנה	כפם	הושעיה ויהוחן ושהדיא
006			B8.10:6	שאילת תבא וכן אמרת	כפם	הׄ[....] [.... דמי
007			B2.10:17	כתב מעוזיה בר נתן	כפם	ידניה בר הושע ושהדיא
008			B3.1:21	בר ענני ספרא זנה	כפם	יהוחן ושהדיא בגו שהד
009			B2.11:15	ספרא זנה ביב בירתא	כפם	מחסיה וידניה אחוהי
010			B2.3:28	ספרא זנה בסון בירתא	כפם	מחסיה שהדיא בגו שהד
011			B2.4:16	ספרא זנה בסון בירתא	כפם	מחסיה שהדיא בגו שהד
012			B2.7:17	בר ענניה ספרא זנה	כפם	מחסיה ושהדיא בגו כתב
013			B5.3:6	[.... בר	כפם	מ]חסיה בר יש[עיה
014			B3.2:10	לך כתב בוני בר מנכי	כפם	מיכא בר אחי[ו] שהדיא
015			B2.9:16	בר נתן ספרא זנה	כפם	מנחם וענניה כל 2 בני
016			B4.6:18	[בר שמעיה ספרא] זנה	[כפם	מנ]חם שה[דיא] בגו [שהד
017			B5.5:11	[.... בר ....] ספרא זנה	כפם	מפטחיה ברת גמריה
018			B3.6:16	חגי ספרא זנה ביב	כפם	משלם בר זכור ושהדיא
019			B3.10:23	ספרא זנה ביב ברתא	כפם	ענני בר עזריה לחנא זי
020			B3.11:17	שמעיה ספרא זנה ביב	כפם	ענני בר עזריה לחנא זי
021			B3.12:33	ספרא זנה ביב ברתא	כפם	ענני לחנא זי יהו אלהא
022			B3.13:12	ספרא זנה בסון בירתא	כפם	ענני בר {{משלם}} חגי
023			B3.5:22	כתב מעוזיה בר נתן	כפם	ענניה בר עזריה לחנא

No.	Parse	Form	Ref	Preceding	Key	Following
024			B3.8:43	בר נתן ספרא זנה	כפם	ענניה בר חגי [ו]זכור
025			B2.8:12	ספרא זנה בסון בירתא	כפם	פיא בר פחי שהדיא בגו
026			B2.1:15	בר אחיו ספרא זנה	כפם	קוניה שהדיא בגו שהד
027			B6.3:16	זנה ספרא .... בר ....]	כפם	[.... ושלומם בר הוד[ו]
028			D2.14fragd:2	דבי.[....] [.... ...] זנ[ה	כפם	.[....] [.... ...] .מן ד.[...

כפן V to be hungry

No.	Parse	Form	Ref	Preceding	Key	Following
001	peal	כפנן	D7.1:12	זי טבה[.] .למעבד לה הלו	כפנן	המו אף לחם אף קמח הב[י]

כפן N hunger

No.	Parse	Form	Ref	Preceding	Key	Following
001	s ab/cn	כפן	C1.1:123	[....]י עלכן]	כפן	יהחלה מררותא [ו]צהוה]

כפר N ransom

No.	Parse	Form	Ref	Preceding	Key	Following
001	s ab/cn	וכפר	A4.2:14	וכלין להן ונזק ארשם	וכפר	צח[א ....] וחורי

כפרגל N sole of the foot

No.	Parse	Form	Ref	Preceding	Key	Following
001	s ab/cn	בכפרגל	B8.6:10	בכפיד 100×1	בכפרגל	2+3+10 וחיבוני
002			B8.4:5	בכפיד 10	בכפרגל	3+3 ושקפוני רגלן 2

כציר N harvest

No.	Parse	Form	Ref	Preceding	Key	Following
001	s ab/cn	כציר	C1.1:127	אנת יה ברי הכצר כל	כציר	ועבד כל עבידה אדין תאכל

כצף N rage

No.	Parse	Form	Ref	Preceding	Key	Following
001	s em/sf	כצפה	C1.1:85	מ[ל]ך אל תקום זעיר	כצפה	מן ברק אנת אשתמר לך אל

כצר V to reap

No.	Parse	Form	Ref	Preceding	Key	Following
001	(h)afel	הכצר	C1.1:127	[....] אנת יה ברי	הכצר	כל כציר ועבד כל עבידה

כצת N part; cf. קצת

כרבלה N type of garment

No.	Parse	Form	Ref	Preceding	Key	Following
001	s ab/cn	וכרבלה	A3.2:6	[....] כתן [זי]	וכרבלה	1 [....] צננן

כרג N type of tax

No.	Parse	Form	Ref	Preceding	Key	Following
001	s em/sf	כרגא	D7.27:8	ה[...] [....].	כרגא	[...] [...] על כספה [...]

כרם N vineyard

No.	Parse	Form	Ref	Preceding	Key	Following
001	s em/sf	כרמא	B8.4:6	יתב	כרמא	עם חפימן פטמיחוס כל 2
002	p em/sf	כרמיא	C1.1:40	ה[וו] ואנה מהלך בין	כרמיא	.... וכזי חזוי

כרם N (unclear) (Phoen)

No.	Parse	Form	Ref	Preceding	Key	Following
001		הכרסים	D11.12:3		הכרסים	

כרסא N chair

No.	Parse	Form	Ref	Preceding	Key	Following
001	s em/sf	כרסאא	C1.1:133	שפותה [... מן] קדמן	כרסאא	לכדבא יחיט ועל אחר[ן
002		בכרסאה	B2.2:2	ארתחשסש מלכא יתב	בכרסאה	אמר דרגמן בר חרשין

כרץ N slander (Akk; GEA 376.17)

No.	Parse	Form	Ref	Preceding	Key	Following
001	p const	וכרצי	D20.5:2	מנדעם באיש לא עבדת	וכרצי	איש לא אמרת תמה קדם

כרש N karsh (= 10 shekels) (Pers; GEA 372.50)

No.	Parse	Form	Ref	Preceding	Key	Following
001	s ab/cn	כרש	A3.2:10	לי [....] זכריה	כרש	[....] זי
002			A3.10:4	למובל לביתי ואיתי כסף	כרש	1 זי אנה יהבת לך למזבנה
003			A3.10:5	עבור ליתמא כל כסף	כרש	1 ש 2+3+3 ה[ן] זבנתון
004			B2.6:6	בידה כס[ף] תכונה	כרש	1 ˘שקלן 2˘ באבני מלכא
005			B3.3:16	תמת לענני בידה כסף	כרש	1 שקלן 2+3 ספר א[נתו
006			B3.4:22	פצלן ננתן לך כספך	כרש	1 שקלן 1+3 ובנינא זי
007			B3.4:6	לך ויהבת לן דמוהי כסף	כרש	1 שקלן 1+3 באבני מלכא
008			B3.8:5	אחתך יהוישמ˘ע˘ כסף	כר[ש	1] על עליך [וטי]ב [לבב]ך
009			B3.8:7	אמן 1+3 ר 2 שוה כסף	כרש	1 שקלן 2 גמידה 1 זי קמר
010			B3.8:8	פשך 1 לפם 1 שוה כסף	כרש	1 לבש 1 מעדר חדת [ל]אמן
011			B6.1:4	לך מהר ברתך .... כסף]	כרש	1 באבני] מלכא כסף ר 2
012			B6.1:8	1 לפם 1 שוה כס[ף	כ]רש	1.[....]
013			D23.1.II:10	המ[....] אנתן לך כסף	כרש	1] ו]ענת ואמרת
014			C3.11:2	[....] [....] שכר 1 לכספ	כרש	1 שקלן 1+3 [..]....י לחם
015			C3.11:3	[..]....י לחם טיק 1 לכספ	כרש	1 עבד משח זרע כתן איטשרי
016			C3.25:21	לכסף ש 1+3 כל כסף	כרש]	1] ....בנ.....ב ל
017			C3.7AR2:13	סתתרן] 2+10 לזהב	כרש	1 ח 3+3] כספ[כ]רשן
018			C3.7AR2:2	זהב סתתרן 2+10 לזהב	[כרש	1 ח 3+3] כסף כרשן
019			C3.7BR1:20	זהב סתתרן 2+10 לזהב	כר[ש	1 ח 3+3] כסף כרשן
020			C3.7DR3:14	סתתרן 2+10 ל[זהב	כרש	1 ח 3+3] [כסף כרשן]
021			C3.7DV2:3	הוה בשנת 1+10 זהב	כרש	1 ש 3+3+3 ח 1 ר 2
022			C3.7ER1:19	20[1+[1]+ ל[זהב	כ]רש	1 ח 3+3 כסף כרשן
023			C3.7ER1:8	סתתרן 2+10 לזהב	כרש	1 ח [3+3] [כ]סף כרשן
024			C3.7ER2:22	2+10 לזהב	כר[ש	1 ח 3+3]
025			C3.7ER2:5	2[+20] לזהב	כרש	1 ח[3+3] כסף כרשן
026			C3.7EV1:19	[כסף גבריא ....]כסף	כרש	1 ש [1] ח 2+3
027			C3.7EV1:4	[....] כסף	כרש	1 ש 1 ח 2+3
028			C3.7FR2:8	ועביד על בית מלכא כסף	כרש	1 ש 2 ח 3 חמר זי שנת
029			C3.7FV2:1	כסף	כרש	1 ש 2 ח 3 חמר כנדן
030			C3.7HR1:4	2]+10 לזהב	כרש	1 ח 3+3] [כסף כר]שן]
031			C3.7JR1:20	סתתרן]2+10[לזהב]	כרש	1 ח 3+3] [כסף כר]שן
032			C3.7JR1:9	1+[1+10] לזהב	כ]רש	1 ח 3+3] [כסף כרשן
033			C3.7JR2:10	2+10] לזהב	כרש	1 ח 3+3] כ]סף כרשן
034			C3.7JR2:20	סתתרן] 2+10 לזהב	כרש	1 ח 3+3] [כסף כרשן
035			C3.7KR2:9	[....]ל[..]מ.[....] כסף	כרש	1 ש 3+3 ח[3+3]ר 2
036			C3.7KR3:19	סתתרן 10+]2 לזהב	כרש	1 ח 3+3] כסף כרשן

No.	Headword	Ref	Preceding context	Keyword	Following context
037		C3.7KR3:9	[סתת]רן 2+10 לזהב	כרש	1 ח 3+3 [כסף כרשן
038		C3.7CR1:19	[סתתרן 2+10 לזהב	כר]ש	1 ח 3+3 [כסף כרשן
039		C3.7CR1:8	[סתתרן 2+10 לזהב	כרש	1] ח 3+3 [כסף כרשן
040		C3.7CR2:20	סתתרן 2̇+10 ל[זהב	כרש	1]ח̇ [3+3] כסף כרשן
041		C3.7CR2:8	[10]+1[+1 לזהב	כרש	1 ח [3+3] [כס]ף̇ כרשן
042		B6.1:6	[לביתי תכונה זי] כסף	כ[רש	
043		B3.12:14	ויהבת לן דמוהי כסף	כרש	חד שקלן 3 כסף יון במנין
044		B3.12:5	ויהבת לן דמי ביתן כסף	כרש	חד הו 1 שקלן תלתה הו 3
045		B3.13:6	ואנתן לך כסף אבגרן	כרש	חד 1 כסף צריף אחר אנה
046		B4.5:3	איתי לך עלי כסף	כרש̇[	חד שקלן ארבעה הו סת]תרי
047		B4.5:5	[אשל]ם לך כספא זנה	כרש	חד ארבעה עד גרׄו[...
048		B4.5:6	והן[אנה] כספא זנה	כרש	חד שקלן ארב[עה לא ש]למת
049		C3.11:1	זי קים בשנת 3+3 כסף	כרש[	...] [...] שכר 1 לכסף כרש
050		C3.14fragaR:3	[כ]סף ש 1 [...] [כס]ף	כרש[	...] [...]בר פי.[...] [...
051	וכרש	A3.8:2	שלמן כסף כרשן 10	וכרש	1 [....]
052	לכרש	B2.10:16	הו כרשן 10 כסף ר 2	לכרש	1 באבני מלכא וביתא אפם
053		B2.9:15	באבני מלכא כסף ר 2	לכרש	1 והו אפם רחיק מן אלה
054		B3.4:6	באבני מלכא כסף זוז	לכרש	1 וטיב לבבן בדמיא זי
055		B3.5:15	באבני מלכא כסף ר 2	לכרש	1 ולא דין והן גבר אחרן
056		B3.5:22	באבני מלכא כסף ר 2	לכרש	1 וביתי זילהם אפם ולא
057		B5.5:3	באבני מלכא כסף זוז	לכרש	1 אנה מפטחיה יהבת לכי
058		B6.1:5	[באבני] מלכא כסף ר 2	לכר[ש	1 על עליך וטיב לבבך בגו
059	כ p abs	C3.15:126	שקלן 3+3+2 בגו ליהו	כ	2+10 ש 3+3 לאשמביתאל
060		B6.2:1	[אמן ... ב ...]דמוהי כסף	כ	2 [.... 1 זי קמר חדת זי
061	כרשן	C3.7DR1:18	[כס]ף	כרשן[	...]+10̇i ח̇
062		C3.7EV1:1	הנפקו לימא[בה]כסף	כ[רשן	....]+1 [ב 10+20
063		C3.7FR1:1	[זהב סתתרן .... ל]זהב	כרש[ן	....]+3+1 [כסף
064		C3.7KV2:25	זי [הנפקו לימא בה כסף	כרשן	....]+3+1
065		D1.12:9	[...] ה.[...]ש ל[...].ן	כרשן[	...]+3 לכסף ש]קלן ...]
066		C3.7FR2:21	אׄפׄיׄ	כרשן	1[+1]×100 כׄ[...] ..ן]
067		C3.7GV2:12	1×לף פׄכׄרׄן	כרשן	[1]+2+1×לף+i̇[×100]
068		C3.7GR3:22	3+3×לף עקי אכרׄפך	כרשן	[1+]2+3+1×לף[...] עקן
069		D2.22:1	[...] [... ...] .... זך	כרשן	1+[... ... כתב נתן בר]
070		A3.8:2	ועל[יד]ה שלמן כסף	כרשן	10 וכרש 1 [....]
071		C3.7KV2:17	הנפקו [לימא בה כסף	כ]רשן	1+10 ש 2+3 ח 10 ב
072		C3.7KV2:19	ה[נפקו ל]ימא בה כסף	כרשן	1+10 ש 2+3+3 ח 3 ר
073		D3.16:7	1 לכרשן 2 ר 2 [כל	]כרשן	2+3+10 ר 2 [מש]ח
074		C3.7EV1:7	[פסלׄר]שי 1+3 לכסף	כרשן	i̇0+3+3 ח
075		B2.10:15	זי כסף כרשן עשרה הו	כרשן	10 כסף ר 2 לכרש 1
076		B2.3:14	ינתן לכי ולבניכי כסף	כרשן	10 הו עשרה באבני מלכא
077		B2.3:21	לכי אנה אנתן לכי כסף	כרשן	10 באבני מלכא כסף ר 2
078		B2.4:15	זנה אנה אנתן לך כסף	כרשן	10 באבני מלכא כסף ר 2
079		B2.7:11	קריה ינתן לכי כסף	כרשן	10 ובית אם דילכי אף לא
080		B3.5:21	ינתן להם כסף	כרשן	10 באבני מלכא כסף ר 2
081		B3.7:17	ברתי אביגרן כסף	כרשן	10 [באבני מלכא כסף ר 2
082		D2.14fragb+c:2	לך[... ...] [...	]כרשן	10 ˆב[אבני] מלכאˆ
083		C3.7AR3:3	[ח 2+3+10] כׄ[סף	כרשן	10 ח 2 ר 2] [כל ספינתא
084		C3.7BR1:14	ח 10+[2+3] [כס]ף	כרשן	10 ח 2 ר 2 [ב ...
085		C3.7DR1:10	לזהב[....] כסף	כרשן	10 ח 2 ר 2 כל ספינתא
086		C3.7DR2:24	[....] [כס]ף	כרשן	10 ח 2 ר 2
087		C3.7DR3:7	[ח 2+3+10] כסף	כרשן	10 ח 2 ר 1+[1] ב 20
088		C3.7ER2:16	ח 2+3+10] כסף	כרשן	10 ח 2 ר 2 [ב
089		C3.7GR2:20	[ח 3+10]+2̇ [כסף	כר]שׄן	i̇0 ח̇ 2̇ [ר 2] [ב]
090		C3.7JR2:4	[ח 2+3+10] [כסף	כרשן	10[ח] 2 ר 2] [ב ....
091		C3.7KR3:3	ח 10+3+[2] כ[סף	כר]שן	10 ח 2 ר 2 [ב 10 ...
092		C3.7KR4:11	[ח 2+3+10] כ[סף	כ]רשן	10[....] ב
093		C3.7KR4:5	[ח 2+3+10] כסף	כרשן[	10 ח 2 ר 2] ב 20
094		C3.7KV2:15	[זי הנפקו לימא בה כס]ף	כרשן	10 ש 3+3 ח
095		D3.38fragb:2	[..].[..].[..].[..] [... כס]ף	כרשן	1[...] [...]ם̇ חדה
096		C3.7DV1:3	זהב [....] כסף	כרשן	1×לף+i̇×100]
097		C3.7DV2:15	....]	כרש]ן	1×לף+1×100 טׄיׄ[ן
098		C3.7EV2:9	....יא 3̇ לכסף	כרשן	1[....] דׄוׄגׄ[י ... ...
099		C3.7FR1:13	....]	כר]שׄן	1×לף[+1×100]
100		C3.7FR2:18	[נח]ש שׄלׄ[מוא	]כׄרׄשׄ[ן	1×לׄףׄ+i̇×100 פרזל
101		C3.7FV2:14	כרשן 3×לף בגו סני	כרשן	1×לף פׄכׄרׄן
102		C3.7FV3:10	כרשן 3×לף בׄגׄוׄ סני	כרשן	[1]×לף פׄכׄ[רן
103		C3.7GR2:10	10 רבע נחש שלׄמׄ[וא	כר]שן	1×לף ... . i̇0
104		C3.7GV2:11	1×100[ב]גו סני	כר[שן]	1×לף פׄכׄרׄן
105		C3.7GV2:3	2 ח 3+3+3 כסף	כרשן	1×לף
106		C3.7JR3:24	כרשן 3×לף[...] [...	]כרשן	i̇×לף פׄ[כרן
107		C3.7KV2:12	[הנפקו לימא בהם כסף	כרשן	...]i̇ ח̇ 2̇0+3̇[...]
108		A4.4:9	דכרו למרא[יהם כסף]	כרשן	1×100+20 עוד טעם לא עד
109		C3.7JV2:24	3+3+1 ח̇[2] [כסף	[כרשן]	1×100+20+1 ש i̇ ח
110		C3.7DV2:4	3+3+3 ח 1 ר 2 כסף	כרשן	1×100+20+20+10+2 ש
111		C3.7FV3:1	כסף	כר[שן	1×100+20+3+1] ש
112		B4.4:15	אנחנה נחוב לך כסף	כרשן	1×100 כסף זו[ז
113		D23.1.II:14	אׄתׄנתן לכׄי כׄסׄףׄ	כׄרׄשׄןׄ	1×100 [...]..[עם] ...
114		C3.7DV2:16	טׄיׄ[ן]שׄמׄוׄ[ש	כרש]ןׄ	1×100[....]
115		C3.7KR4:21	נׄחׄשׄ שׄלׄמׄוׄאׄ]	כרשן	1×100] זׄוׄתׄ.] ...
116		B3.10:20	ינתן לכי אביגרן כסף	כרשן	10+20 באבני מלכא כסף
117		B3.11:10	ליהוישמע אביגרן כסף	כרשן	10+20 כסף צרף באבני
118		B3.11:14	ועל בניכי אביגרן כסף	כרשן	10+20 באבני מלכא ואנתי
119		B3.6:15	ולזכור ברך אבגרן כסף	כרשן	10+20+20 באבני מלכא
120		B3.6:8	לי ינתן לך אבגרן כסף	כרשן	10+20+20 באבני מלכא
121		C3.7AR2:14	[כרש 1 ח 3+3] כסף[	כ]רשן	10+20+20 [ש 3+2 ח
122		C3.7AR2:3	[כרש 1 ח 3+3] כסף	כרשן	[10+20+20 ח 10+2 ר
123		C3.7BR1:21	כר[ש 1 ח 3+3] כסף	כרשן	10+20+20 ח 10+2 ר
124		C3.7ER1:20	[ ]כׄרש 1 ח 3+3 כסף	כרשן	2̇0+2̇0+i̇0 ח
125		C3.7ER1:9	כרש 1 ח [3+3] [כ]סף	כרשן	10+20+20 [ש] 3+2 ח̇
126		C3.7ER2:6	1 ח] [3+3] כסף	כרשן	[10+20+20] ש 3[+2 ח
127		C3.7HR1:5	[כרש 1 ח 3+3] [כסף	כר]שׄן[	10+20+20 ח 10+2
128		C3.7JR1:10	כׄ[רש 1 ח 3+3] [כסף	כרשן	10+20+20 ח 10+2 ר
129		C3.7JR1:21	[כרש 1 ח 3+3] [כסף	כר]שן	10+20+20 ש 3+[2 ח
130		C3.7JR2:11	[כרש 1 ח 3+3] כׄ[סף	כרשן	10+20+20 ח 10+2 ר
131		C3.7JR2:21	[כרש 1 ח 3+3] [כסף	כרשן	10+20+20 ש 3+2 ח
132		C3.7KR3:10	כרש 1 ח 3+3 [כסף	כרשן	[20+20]+10 ח 10+2 ר
133		C3.7KR3:20	[כרש 1 ח 3+3] כסף	כׄרׄשׄןׄ	2̇0+2̇0+i̇0[ש
134		C3.7CR1:20	[כר]ש 1 ח 3+3 [כסף	כרשן	10+20+20 ש 3+]2 ח

135	C3.7CR1:9	[כרש 1] ח 3+3 [כסף	כרשן	10+20+20 ח 2+10 ר
136	C3.7CR2:21	[כרש 1]ח̇[3+3] כסף	כרשן	10+20+20 [....]
137	C3.7CR2:9	[כרש 1 ח 3+3] [כס]ף̇	כרשן	1̇0+20+20 ח̇] 2+10
138	C3.7BR1:1	[כסף	כ̇ר̇ש̇ן]	10+]2̇0+2̇0+2̇0
139	C3.7GR2:5	[ח 1+10] [כסף	כר]שן[	1+3+20+20+20+20
140	C3.7EV2:8	[יו]ניא פסלר̇שי 3 לכסף	כרשן	2+20[....]
141	B8.7:1	דמי עבדי אלך כסף	כרשן	2+3+20 שאיל פתחנו̇פי
142	B2.2:14	ארקא זך ינתן לך כסף	כרשן	20 הו עשרן באבני מלכא
143	B2.6:31	וקנינה ינתן לה כסף	כרשן	20 ויעבד לה דין ספרא
144	B2.6:34	אנתן למפטחיה כסף	כרשן	20 באבני מלכא ולא אכל
145	B2.6:36	אנתן למפטחיה [כס]ף	כרשן	20 באבני מלכא כתב נתן
146	B3.12:30	לך ולבניך אביגרן כסף	כרשן	20 באבני מלכא כסף צרף
147	B3.4:15	אנחן ננתן לך כסף	כרשן	20 כסף זוז לעשרתא וביתא
148	B3.4:18	וברה לך ינתנון לך כסף	כרשן	20 כסף זוז ל10 וביתא
149	B3.5:16	דין ינתן לכי כסף	כרשן	20 וביתא אפם זילכי להן
150	B5.4:6	ויהבת לך אנתן לך כסף	כרשן	20] באבני מלכא ולא דין
151	B8.6:5	כן אמר הנצלני כסף	כרשן	20 [....]ן̇
152	B2.6:8	ב2+3 שוה כסף	כרשן	2 שקלן ˆ2+3+3ˆ באבני
153	B5.5:11	[ינתן לכי אביגרן כסף	כרשן	2 כתב .... בר ....] ספרא
154	B5.5:6	ינתן לכי אביגˆרˆן כסף	כרשן	2 [א]פם אמרת [אסורי
155	D6.7fragId:1	[...]ה כסף	כרשן	2 [..].[..] ...]
156	C3.7AR3:23	[2+10+20 לזהב	כרשן	2 ש 3+3 ח
157	C3.7DV1:11	100×2 קמר כפר צע	כרשן	2×לף+100×1 כפר .ב̇ן כרשן
158	C3.7DV1:8	נחש שלמוא	כרשן	2×לף+100×1 פרזל] כ[רשן
159	C3.7EV1:18	[כסף מנפקה לימ]א̇ כסף	כרשן	2 ש̇ 3+2̇ [כסף גבריא
160	C3.7EV1:3	[כסף מנפקה לימא כ]סף	כרשן	2 ש 2+3
161	C3.7EV2:20	[מנפ]קה ל[ימא]כסף	כרשן	2 ש 2+3
162	C3.7FV2:12	קמר כפר צע	כרשן	2×לף+100×1 פרזל כרשן 3
163	C3.7FV2:15	1×לף פ̇כ̇ר̇ן	כרשן	2̇×לף [עקן] במנין
164	C3.7FV3:11	לף פ̇כ̇[רן	כרשן	2×לף] [עק]ן̇] במנין
165	C3.7FV3:8	2+1̇0 קמר כפר צע	כרשן	2×לף+100×1 פרזל כרשן 3
166	C3.7GR2:26	3+3×לף עקי אכר̇פך	כרשן	2×לף
167	C3.7GV2:15	[...]כפ̇ר̇ צ̇ע̇]	כר]שן	2×לף+100×1
168	C3.7HR2:17	ע̇ק̇י̇ א̇כ̇ר̇פ̇ך̇	כ̇ר̇ש̇ן	2×לף ..[...].ת̇א̇ 3
169	C3.7JR3:25	1̇×לף פ̇[כרן	]כרשן	2×ל[ף]
170	C3.7GR3:20	פרזל פ̇כ̇ר̇ן	כרשן	2×10000+[1]×לף נחש
171	C3.7DV1:10	[ ]3+2×לף+100×1 אפץ	כרשן	2×100 קמר כפר צע כרשן 2
172	C3.7GR3:13	עקי אכר̇פך	כרש[ן	2]×100 לקן חדתן
173	C3.7GR3:5	[....] עקי אכ̇ר̇[פ]ך	כרשן	2×100 .... לקן
174	C3.7DV1:13	עקי א̇כ̇ר̇פ̇ך̇	כרשן	100×[3+3+]+3
175	C3.7KR2:1	[לז]ה̇[ב	כר]ש̇ן[	1+3] [ש 3]+3̇+1 ח
176	C3.7KR2:15	לזהב	כרשן	3[+1] ש 3+3+1 ח
177	A3.8:3	זי ה[ש]כחת כ[..] כסף	כרשן	2+3 כען [....] עמך
178	A3.8:4	על זי [י]נתן לך כסף	כ[ר]שן	2+3 וכתב להם ספר עליהם
179	B2.1:7	הן כליתך אנתן לך כסף	כרשן	2+3 באבני מלכא כסף צריף
180	B2.7:6	חלף נכסיך אלך דמי כסף	כרשן	2+3 ויהבת לכי ספרא
181	B2.8:10	אנתן למ<ב>טחיה כסף	כרשן	2+3 באבני מלכא ולא דין
182	B3.2:8	ורחקת מנך אנתן לך כסף	כרשן	2+3 הן גרך אח ואחה קרב
183	B3.3:14	מנך אנתן לענני כסף	כרשן	2+3ˆ כתב נתן בר ענניה
184	B3.5:15	אחוב ואנתן לכי כסף	כרשן	2+3 הו חמשה באבני מלכא
185	B5.1:7	יהבן לכי ינתן לכי כסף	כרשן	2+3 ומנתכי זילכי תוב
186	C3.7DV1:9	2×לף+100×1 פרזל]	כ[רשן	]3+2×לף+100×1 אפץ
187	C3.7GV2:10	פרזל]	כרשן]	3+2×לף+100×1] [ב]גו
188	D5.41fragee:1	...]	כר]שן	3+3+1 ש]קל ...] [...].ד̇ן
189	C3.7DV1:12	2×לף+100×1 כפר .ב̇ן	כרשן	2+3+10+100×1+3+3
190	C3.7KV2:23	[הנפקו לימא בה כס]ף	כרשן	2+3+3 ש 2+3 ח 10
191	C3.7KV2:4	זי הנפקו לימא בה כסף	כרשן	3+3+3 ש[...] ב
192	C3.7DV2:12	[....] נח[ש] שלמוא	כרשן	1+2+[1+]100×3+3+3
193	C3.7DV1:15	טין שמוש	כרשן]	100×[+3+3 מלות
194	B2.6:14	כספא ודמי נכסיא כסף	כרשן	3+3 שקל 2+3 חלרן 20
195	B3.8:27	וקנינה] דמי כסף	כרשן	3+3 שקלן 2+3+1[+2 ח
196	C3.7GR2:25	3+3+2×100 טין שמוש	כרשן	3+3×לף עקי אכר̇פך כרשן
197	C3.7GR3:21	[1]×לף נחש ש̇ל̇מ̇[וא	כרשן	3+3×לף עקי אכר̇פך כרשן
198	C3.7KV2:21	הנפקו ל[ימא בה כ]סף	כרשן	3+3 ש 3+3 ח 3+3+20
199	C3.7DV2:13	פרז[ל	]כרשן	3+3×100[....]
200	C3.7DV2:14	[....] שב̇[..	]כרש[ן	3+3×100[....]
201	C3.7FR2:23	טין שמוש	כ̇ר̇[ש]ן̇	3+3×100 עקן במנין
202	C3.7GR3:12	ו̇פ̇ל̇[ג] טין שמ[וש	]כרשן[	3+3]×100 עקי אכר̇פך
203	C3.7GV2:19	טין שמוש	כרשן	3+3×100 עקן במנין
204	C3.7EV1:8	ר[...] [...].י̇ 1 לכסף	כרשן	3 [ש 3]+3 ח 2+3
205	C3.7FR2:14	על בית מלכ[א] כסף	כרשן	3 ש 3̇+3 ח̇ 2̇+10
206	C3.7FV2:13	כרשן 2×לף+100×1 פרזל	כרשן	3×לף בגו סני כרשן 1×לף
207	C3.7FV2:23	[1+3+20+20] לזהב	כרשן	3 ש] 2+]1̇+3+1 ח 2]
208	C3.7FV2:8	ועביד על בית מלכא כסף	כרשן	3 ש 3+3 ח 2+1̇0[חמר
209	C3.7FV3:9	כרשן 2×לף+100×1 פרזל	כרשן	3×לף ב̇ג̇ו̇ סני כרשן
210	C3.7GR2:4	2+20+20 לזה]ב	]כרשן	3[ש 3]+2̇[ח 1+10]
211	C3.7JR3:20	כ̇[ס]ף̇	כרשן	3 ש] [ח]מר זי שנת̇[
212	C3.7JR3:23	[....] [פרז]ל	·כרשן	3×לף[...] [...]כרשן 1̇
213	C3.7JV2:12	ס[תתרן	]כרשן	3̇ ש̇[....] כ̇[סף
214	C3.7JV2:23	לזהב	כרשן	3 ש 3+3+1 ח̇[2] [כסף
215	D1.34frage:1	...]	כר]שן	4[...] [...]. למנתן[...]
216	B2.5:2	אנתן למחסיה [כסף	כרשן	....] בר זכור
217	B5.3:1	[ל]ך̇ כסף	כרשן	[....]
218	B5.3:5	[ינתן לך כסף	כרשן	. כסף]ר 2 ל10 באב[ני
219	B6.3:10	[שלומם אביגרנא זי כסף	כרשן	....] באבני מלכא ר̇[2
220	C3.7AR3:20	[בית מלכא] [כל כסף	]כ̇ר̇ש̇ן[	....] .... מן
221	C3.7DR1:16	[....]	כרשן[	....] [....]
222	C3.7DR2:9	[....	]כ̇ר̇ש̇ן̇	[..] [....]+1 ח
223	C3.7DR3:15	[כרש 1 ח 3+3] [כסף	כרשן	[1̇0+2̇0+2̇0
224	C3.7EV1:13	זי הנפקו לימא בה [כסף	כרשן	...]3+3 ח 10+3+2[
225	C3.7EV2:11	[...] כל כסף	כרשן]	....]3[....] ירח
226	C3.7EV2:14	לי[מ]א̇] בה כסף	כרשן	...] ב 10[ל]מסורע בקרו
227	C3.7EV2:16	הנפקו לימא בה] כ]סף	כרשן	[...]. ב 20[2+] למסורע
228	C3.7EV2:18	הנפקו לימא בה כסף]	כרשן	...] ב 20+2[1+1+]1+
229	C3.7EV2:2	ה[נפ]קו לימא בה] כסף	כרשן	...] ב[....]לאפ̇ף בקרו
230	C3.7EV2:4	זי הנפקו ל[ימא בה כסף	כרשן	....] [ב ....]1 לאפף
231	C3.7FR2:19	פרזל פכ̇ר̇ן	כרשן]	... 2×]לף+100×1 עקי
232	C3.7FR3:6	כס̇[ף	]כ̇ר̇ש̇ן[	....] ח]מר

No.	Ref	Preceding	Keyword	Following	Form
233	C3.7GR3:4	טין [שמ]וש	כר[שן	....] עקי אכר֯[פ֯]ך	
234	C3.7GV5:12	ל֯י֯[מ֯]א֯ בהם [כסף	כרשן	....] י֯[ר֯]ח֯ חת֯[חור	
235	C3.7GV5:16	הנפקו לימ[א] ב֯[ה כסף	כרשן	....] ב	
236	C3.7GV5:19	[לי֯]מ֯א֯ בה כסף]	כרשן	....] [כל ספינ]תא זי	
237	C3.7GV5:22	[הנפקו לימא בהם כסף	כרשן]	....[	
238	C3.7KR2:17	ח 2+3+3+10 כסף	כרשן		
239	C3.7KR2:3	[כסף	[כ֯ר֯ש֯ן]		
240	C3.7KV2:10	[הנפקו לימ]א בה כ[סף	כרשן	....[. ש [3+3+]3 ח 3+20	
241	C3.7KV2:1	הנפקו לימא בהם כסף	כרשן	....[. [י]רח	
242	C3.7KV2:6	הנפק[ו] לימא בה כסף	כר[שן	....] ב 2+3+20	
243	C3.7KV2:8	הנפק[ו] לימא בה כסף	כרש[ן	...] ש 2+3 ח 20+[...]	
244	C3.7KV3:10	[הנ]פקו [לימא]בה[כסף	כרשן	....] ש 3+3+3 ח	
245	C3.7KV3:13	[לי[מ]א ב[ה כס]ף	כרשן	....] [כל	
246	C3.7KV3:15	הנפקו לי[מא] בהם כסף	כ[רשן	....] ירח	
247	C3.7KV3:18	זי הנפק[ו לימא בה כסף	כרשן	....] ב 1+20	
248	C3.7KV3:20	זי הנפקו לימא ב]ה כסף	כרשן	....] ב 3+3+20	
249	C3.7KV3:22	זי הנפקו לימא ב]ה כסף	כרשן	....] ש 3+3 ח	
250	C3.7KV3:3	זי הנ]פקו לימא בה כסף	כרשן	....] [ב 2+3+3+10	
251	C3.7KV3:5	[הנפקו לימא בה כ]סף	כר[שן	....] [....]	
252	C3.7KV3:8	זי הנפקו לימא בה כסף	כרשן	....] ב	
253	C3.5:10	2[....] [.... כסף	כרשן	...]3[+2 ש]קל 1 חלרן	
254	C3.5:5	[...] .... [א כסף	כרשן	....] [....]	
255	D2.25:5	...] א]בג[ר]ן כס]ף	כרשן[	חמשה[....] [...] [...].אל בר	
256	A6.2:14	על גנזא עזלי כתן עבין	כרשן	מאה ותמנין רקען כרשן	
257	A6.2:17	עשרה ולהנדונה זרניך	כרשן	מאה ויהוספון על עקיא זי	
258	A6.2:14	כרשן מאה ותמנין רקען	כרשן	מאתין וחמשן עקי ארז חדתן	
259	A6.2:17	עשרה כלא הוספה כברי	כרשן	עשרה ולהנדונה זרניך כרשן	
260	B2.10:15	לכם אביגרנא זי כסף	כרשן	עשרה הו כרשן 10 כסף ר 2	
261	B2.11:11	לך אביגרנא כסף צריף	כרשן	עשרה במתקלת מלכא ורחיקן	
262	B2.9:15	ירשון אביגרנא זי כסף	כרשן	עשרה באבני מלכא כסף ר 2	
263	B3.8:32	ל[ה א]ביגרנא זי כסף	כרשן	עשרן באבני [מלכא] כסף ר	
264	B3.8:16	ותכ[ו]נתא ומהרא כסף	כרשן	שבעה הו[1+3+3 ש]ק[ל]ן	
265	B3.8:23	תכונתה ולבשיה דמי כסף	כרשן	שבעה ש]קלן תמניה חלרן	
266	C3.7FR1:2	[....]+1+3 [כסף	כרשן	..]ש 1 ח 1+3+20 ר [...]	
267	B3.9:8	ינתן לך אביגרן כסף	כרשן	תלתין במתקלת מלכא כסף	
268	B3.8:6	לביתי תכונה זי כסף	כרשן	תרין ש[ק]לן 2 חלרן 2+3	
269	C3.15:128	1+3+3 לענתביתאל כסף	כרשן	2+10 מיכיה בר	
270	C3.15:125	בירה פמנחתף כסף	כרשן	1+10+20 שקלן 2+3+3	
271	C3.5:8	.[...] [.... כסף	כר[שן	20+20+20 שקלן 2+3	
272	C3.11:7	בשנת 3+3[...] כסף	כרשן	2 חלרן 3 בגו כספא זי	
273	C3.5:9	10^ [.... כסף	כר[שן	2+10+100×1+3 שקלן	
274	C3.5:7	[.... כס[ף	כרשן	2+3 שק֯[ל֯]ן 2 חלר[ן]	
275	C3.5:6	[.... כסף]	כרשן	[3+]20+100×2[... שקלן	
276	C3.15:127	ש 3+3 לאשמביתאל	כרשן	1+3+3 לענתביתאל כסף	
277	C3.28:50	זי פחן שנתא זא במכס	כרשן	1+3+3 ש [1+]2+1 בב	
278	C3.28:56	נכיס דמי חמר	כ֯ר֯[שן	...] ש 3 {{מ 1 פ}}	
279	C3.28:93	בב שמעון שטר 1	בכרשן	2+10 ש 2+3+3 ב֯ב	בכרשן
280	D3.16:6	1 .[...] 1+3+3	לכרשן	2 ר 2 [כל]כרשן	לכרשן
281	D3.16:5	..[...] 3+3 לכרשן 1	לכרשן	1+3+3 [...]. 1 לכרשן 2	
282	D3.16:4	1 כסף ש 2 [...]א 1	לכרשן	3+3 [...].. לכרשן	

כשיט A upright

No.	Form	Lemma	Ref	Preceding	Keyword	Following
001	s em/sf	כשיטא	C1.1:158	[.... אל]	כשיטא	ויאמרנה נשאית חלא וטענת

כשר A suitable

No.	Form	Lemma	Ref	Preceding	Keyword	Following
001	s ab/cn	כשר	A6.14:4	זי בגא֯ זך֯ [....] לא	כשר	אף אחתבסתי פקידא ז[ילי]
002	p abs	כשרן	D23.1.Va:10	ו֯[כ]נ֯ו֯ת֯ה֯ם֯	כשר[ן]	המ֯ו֯ הן֯ [תש]לח על

כשר V to be suitable

No.	Form	Lemma	Ref	Preceding	Keyword	Following
001	peal	יכשר	C3.22:6	יכשרון לעשך֯[...] זי	יכשר	לעשך .[...] עד שאר לעשך .]
002		יכשרון	C3.22:11	ר֯ 2֯ [...] זי	יכשרון	לעשך.. [...]
003			C3.22:5	ל֯א֯ יכשרון [.].[...]	יכשרון	לעשך֯[...] זי יכשר לעשך
004			C3.22:3	בגו [...]. [.×]100 ל֯א֯	יכשרון	[.].[...] יכשרון לעשך֯]

כת N aftergrowth

No.	Form	Lemma	Ref	Preceding	Keyword	Following
001	s em/sf	מנכתא	C3.28:80	ל֯א֯בהי שלמצין	מנכת֯א	זי זבדיה חנטן ס 1 ר

כתב V to write

No.	Form	Lemma	Ref	Preceding	Keyword	Following
001	peal	כתבת	A3.3:13	למחר [... ב]	כתבת	אגרתא זא כזי כן שמיע לן
002			A5.1:4	[....]אף אגרתא זא	[כתבת	ב.... ל....] שנת
003			B2.7:12	להן זנה ספרא זי אנה	כתבת	ויהבת לך זי ינפק עליכי
004			B3.7:16	לתרכתכי מן בת־י־א זי	כתבת	ויה[בת לכי ינתן
005			B5.4:2	[בשם ביתא זנה זי	[כתבת]	ויהבת לך אף לא אכל אמר
006			B5.4:5	[מנך ביתא זנה זי	[כתבת]	ויהבת לך אנתן לך כסף
007			C3.28:79	2 מ 1 חשבן עבורא זי	כתבת	[ו]נתנת֯ ל֯א֯בהי
008			B2.4:4	ברתי אנתתך וספר	כתבת	לה אחרוהי משחת ביתא זך
009			B2.4:14	לך ארקא זך למבנה ולא	כתבת	לך ספרא זנה אנה אנתן לך
010			B2.7:9	זי אנה יהבת לך וספרא	כתבת	לכי עלא זי יגרנכי דין
011			B3.11:16	זנה ספרא זי אנה ענני	כתבת	לכי הו יצב כתב חגי בר
012		וכתבת	A2.6:5	ואפקני אנה וברי	וכתבת	לה ע[ל. ....] וזבני
013		כתבתה	B2.7:12	עליכי ספ<ר> לא אנה	כת[בתה]	אף הא אלה תחומי ביתא
014			B2.3:17	כדב יהוה לא אנה	כתבתה	ולא יתלקח בדין וספרא
015		כתבת	B3.9:4	[זיל]ך זי יהבת לי וספר	כתבת	לי עלא לא אכהל אנה
016		כתב	B2.2:16	עליך עלדבר ארעא זך	כתב	איתו בר אבה ספרא זנה
017			B3.2:10	זנה אנה אפצל ואנתן לך	כתב	בוני בר מנכי כפם מיכא
018			D2.26:1	[... ...] <...> [... ...	כתב[	גדול ב[ר ...] [...]
019			B2.2:22	ארוסתמר ספר מרחק זי	כתב	[דרגמ]ן בר חרשין
020			B4.3:21		כתב	הושע בכפי נ[פשה
021			B4.4:18	[זנה זי כתב מנעלא]	כתב	הושע על פם אחיאב שהדיא
022			B4.4:22	שבתי בר כבד֯א֯	כתב	הושע ואח֯[יא]ב
023			A6.2:23	ספרא בעל טעם נבועקב	כתב	וחפרעמחי .... יתיה֯ב֯
024			B3.10:22	אנה עבדת לכי הו מיצב	כתב	חגי בר שמעיה ספרא זנה
025			B3.11:17	ענני כתבת לכי הו יצב	כתב	חגי בר שמעיה ספרא זנה
026			B3.12:32	לן ויה֯בן לה דמוהי כסף	כתב	חגי בר שמעיה ספרא זנה
027			B3.4:23	זי יהכן על ביתא זך	כתב^	חגי בר שמעיה כפם

028		B3.6:15	צריף ולא דין ולא דבב	כתב	חגי ספרא זנה ביב כפם
029		B4.6:17	זנה̇ [....]ב[...	[כתב]	[חגי בר שמעיה ספרא]
030		B7.4:1	ספר מומה זי	כתב	חמני.[...]
031		B2.10:20	בר נתן ספר מרחק זי	כתב	ידניה בר הושע על בית
032		D8.13:3	כסף ר 3 בשם כסף מלחא	כתב	יוסף ספרא ב20+10
033		B2.3:35	בר יגדל ספר בי [זי]	כתב	מחסה בר ידניה למבטח
034		B2.11:17	ספר פלגן עבד פטוסירי	כתב	מחסיה בר נתן לידניה
035		B2.7:17	כפם מחסיה ושהדיא בגו	כתב	מחסיה בכ־פ־י נפשה
036		B2.7:21	בר שלם ספר בי [זי]	כתב	מ]חסיה בר ידניה
037		B1.1:17	פנא פטמן קשר	כתב	מכבנת בר נרגי [ספ]רא
038		B2.9:19	אושעיה ספר [מרחק] זי	כתב	מנחם וענניה כל 2 בני
039		B2.10:17	בר אוריה ולא דין	כתב	מעוזיה בר נתן כפם
040		B2.9:16	עליהם ולא דין ולא דבב	כתב	מעוזיה בר נתן ספרא זנה
041		B3.5:22	זילהם אפם ולא דין	כתב	מעוזיה בר נתן כפם
042		B3.8:42	לא ישתמע לה חיב הו	כתב	מעוזיה בר נתן ספרא זנה
043		B6.4:8	חיבה הי לא ישתמע לה	כתב	מעוזיה בר נתן בר
044		B7.1:8	ושנן[....]	[כתב]	[מעוזיה בר נתן בר]
045		B3.6:18	גדול [ספר] מרחק זי	כתב	משלם בר זכור לתפמת
046		B2.11:14	נכתב בינין ולא דין	כתב	נבותכלתי בר נבוזראבן
047		B2.6:37	כרשן 20 באבני מלכא	כתב	נתן בר ענניה [ספרא זנה
048		B2.7:16	ולמן זי תצבין הבהי	כתב	נתן בר ענניה ספרא זנה
049		B3.1:20	יצדקון וספרא זנה בידך	כתב	נתן בר ענני ספרא זנה
050		B3.3:14	לענני כסף כרשן 2+3˜	כתב	נתן בר ענניה ספרא זנה
051		D2.22:1	זך כרשן 1+[....	כתב	נתן בר] ענני ספרא זנ[ה
052		D23.1.XIII:2	נדרא כללה בשנת 2+3	כתב	סנתאמלבת הו
053		B3.10:27	בר מרדו ספר בי זי	כתב	ענני בר עזריה לחנא
054		B3.11:21	בר גמריה ספר בי זי	כתב	ענני בר עזריה
055		B3.13:15	מרדו [ס]פר עבור ז[י	כתב	ענני בר חגי] בר משלם
056		B3.3:17	2+3 ספר א[נתו זי	כתב	ענני לת[מת
057		B3.5:25	תת מגשיא ספר בי זי	כתב	ענניה לתמת אנתתה
058		B3.8:45	בר גמריה ספר אנתו זי	כתב	ענניה בר משלם
059		B2.3:27	ולקבלה דין עבדי עמה	כתב	עתרשורי בר נבוזראבן
060		B2.4:16	ולא דין ולא דבב	כתב	עתרשורי בר נבוזראבן
061		D2.35:5		כתב	פבי בר פסי
062		B1.1:19	ספר חוב חקל זי	כ[ת]ב	פד[י] לאחא
063		D2.27:1	[...] [.... ...] שערן זי	כתב	פהזו מלחא[...] ספ[ר]א זי
064		B2.8:11	רחיק מן כל דין ודבב	כתב	פטאסי בר נבונתן ספרא
065		B2.8:14	בר ושתן ספר מרחק זי	כתב	פיא למבט[חיה]
066		B2.1:15	למנפק בשוקא זי בינין	כתב	פלטיה בר אחיו ספרא זנה
067		B2.1:20	ספר אגרא זי בנה זי	כתב	קוניה למחסה
068		B3.9:9	עבד להן ברי יהוה	כתב	רוחשן בר נרגלשזב כפם
069		B3.13:12	זי מנעל כתיב ולא דן	כתב	שוהרם בר אשמרם בר
070		B5.3:6	[....]	[כתב]	.... בר .... כפם
071		B5.5:11	[לכי אביגרן כסף כרשן 2	כתב	.... בר ....] ספרא זנה
072		B6.3:16	[בר ....] כל 2+3+3	כת]ב	.... בר .... ספרא זנה
073		D1.34fraga1:2	[...]ב..[...] [...] זי	כתב]	...
074		D22.50:1	בריך זי	כתב]	[...] [...]נה קדם
075		D5.38:1	[...]ו ש 1+3 זי	כתב]	[...] [...] שנת
076		D7.19:9	[....] לוחא זי	כתב̇	[....] יהוטל עליה
077		D7.27:10	[...] [... מל]כיה זי	כתב]	[...] [...]יהבתם עליהם
078		B2.3:25	כזי זילי הי וספר מרחק	כתב	ויהב לי ספרא זך אנה
079		B5.6:10	קימה ואסרה	כתב	ועבד כל אסריא
080		D23.1.XVIC:6	שלמ[...] לספרא זי	כתב	כתבא דנה
081		D22.47:3	ארתוזי ברך זי	כתב	כתבתא זא קדם שמש אלהא
082		D22.51:1	ברך .זי	כתב	כתיבתא זא קדם אלה טורא
083		D22.51:9	ב.. לפחנס שנת 10 [.]	כתב	כתיב[תא ...]
084		B8.12:7	[....]י אלהתא	כתב	לה
085		B2.3:23	בר חרשין חרזמיא	כתב	לי על ארקא זך כזי רשה
086		B2.7:3	זי סון בדמוהי וספר	כתב	לי עלא ויהבתה למפטחיה
087		B2.7:6	לכי ספרא עתיקא זי	כתב	לי משלם זך אחרוהי זנה
088		B3.12:31	יהבן לך ספרא עטיקא זי	כתב	לן בגזשת ספר זבנתא זי
089		A6.2:25	... כזי שים טעם [....]ל	כתב	מן ארשם זי במצ[רין על
090		B4.2:16	מלכיה בר זכריה	כתב	ספרא גמריה בר אחיו
091	כתבת	B3.1:23	אחיו ספר כסף דנה זי	כתבת	יהוחן ברת משלך למשלם
092		B5.5:13	[ספר ....] זי	כתבת	מפטחיה בר[ת גמריה
093	כתבן	B8.10:1	יה]בת לה וספר אסרן	כתבן	
094	ואכתב	D7.10:9	לי ש[....] [...]	ואכתב	[....] [...] ואל
095	ותכתב	B4.2:6	ינתנון לי מן אוצרא	ותכתב	לי נבז על כל כסף ומרבי
096	נכתב	B2.11:14	חלקה נהחסן וספר פלגנן	נכתב	בינין ולא דין כתב
097	יכתבון	D7.19:11	עליה [...] כזי	יכתבון	10 לן[...] [יכ]תבונה
098	יכתבונה	D7.19:12	10 לן[...]	[יכ]תבונה	מחר א[ו] [יו]ם אחרן
099	יכתבוה	D7.9:4	חזי תטוס־רי־ זילן	יכתבוה	על דרעה עלא מן כתבתא זי
100	וכתב	A3.8:4	לך כסף כ[ר]שן 2+3	וכתב	להם ספר עליהם והן לא
101	כתב	D2.25:4	[...] .... [...]	]כתב[	...]... אתוב .[... ....] [...]
102		A3.8:14	לאיתי עלי	כתב	ב20+3+3+1 לתעובי
103		B3.11:16	זנה זי תחומוהי מנעל	כתב	בספרא זנה זי יהנפק כדב
104		B3.12:29	ביתא זנה זי משחת<ה>	כתב	מנעל וזי ינפק עליך ספר
105		B4.3:20	זי	כתב	מנעלא
106		B4.4:17	תתמלא בעבורא[זנה זי	כתב	מנעלא] כתב הושע על פם
107		B3.11:7	לך פסשדת קבל זי לא	כתב̂	על ספר אנתתכי־ עם ענני
108	כתיב	A4.6:15	גבריא זי ש[מ]התהם	כתיב	[....] [....]
109		D1.29:5	[...].ב.ת.[...] [...]	]כתיב	[...]בו ינק[...] [...] [...]
110		A3.9:8	ב2+3 לאפף	כתיב	אגרתא ז[א] א[ל] מראי
111		B3.13:10	כספא זנה זי מנעל	כתיב	אחר אנת פחנום שליט
112		B3.13:8	לך כספא זילך זי מנעל	כתיב	אחר בני ואדרנגי ישלמון
113		B3.13:7	לך אבגרנא זי מנעל	כתיב	בין יומן 20 הו עשרן ולא
114		B3.1:8	בכספך ומרביתה זי	כתיב	בספרא זנה אנת משלם
115		B3.12:22	זנה זי משחתה ותחומוהי	כתיב	בספרא זנה אנת ענני שליט
116		B5.5:5	אנה י]הבת לכי זי	כתיב]	בספר[א] זנה ולא
117		D2.25:3	[...] הן[...] [...]	כתי]ב	ב]ספרא זנה לא[... ....
118		B3.13:9	לך כספא זי מנעל	כתיב	והן לא שלמו לך בני
119		B3.13:12	עד תשלם בכספך זי מנעל	כתיב	ולא דן כתב שוהרם בר
120		B4.7:3	[זי מנעל	כ]תיב	ולא דין והן א[נ]ה
121		B4.6:8	[יומא] זנה ז[י] מנעל	כתיב	[ו]מטא ב[. לפ]חנס [ירבה
122		D3.44:4	[...] [...]	כתיב	ועב[יד ...]
123		A6.1:3	שלחן עלי אף נשתונא	כתיב	יהיב לן כעת [....]
124		B3.13:5	לך כנתיא אלך זי מנעל	כתיב	כזי יתנתן לי פתפא מן בית
125		B5.6:11	[...]. עלא	כת]יב	]לא איתי לי עמך

No.	Gram.	Form	Ref.	Preceding	Keyword	Following
126			B2.1:10	מנהם ינתן לה כספא זי	כתיב	מן עלא ואגרא זילך אפם
127			B2.1:13	כליתך אנתן לך כספא זי	כתיב	מן עלא ואנת שליט למפתח
128			B2.5:1	[לך] כ̇ספ̇א̇ זנה זי	כתיב	מן עלא ולא את̇[ית על
129			B5.5:10	כספא זנה ופתפ[א זי]	כתיב	מנעל [ינתן לכי אביגרן
130		כתבן	B3.10:12	זי משחת^ה^ ותחומוהי	כתבן	בספרא זנה אנה ענני בר
131			B3.11:15	בביתא זנה זי תחומוהי	כתבן	בספרא זנא ויהך בדן ולא
132			B3.11:11	בביתא זנה זי תחומוהי	כתבן	מנעל בחיי ובמותי אף לא
133			B3.4:17	ביתא זנה זי תחמוהי	כתבן	מנעל הן גרוך וגרו לבר
134		כתיבן	B3.11:7	זנה ביתא זי תחומוהי	כתיבן	בספרא זנה אנה ענני בר
135			B3.7:9	[זנה ז]י תחומוה	כתיבן	בספרא [ז]נ[ה] מן תחת
136			B4.3:9	[זי	כתיבן]	בספר̇א [ז]נה
137			B4.4:11	מ̇[אתה זי נבושלו זי]	כתיבן	בספרא זנה אנחנה ננתן
138			B6.4:7	^[א]לה^ וכספא זי	כתיבן	בספרא ^זנה^ ברחמן יהבת
139			B3.10:16	זי תחומוהי ומשחתה	כתיבן	ומלוהי כתיבן בספרא
140			B3.8:23	ושארת נכסיא זי	כתיבן	ינתן לה ביום 1 בכף 1
141			B3.8:28	2+3 ושארת נכסיה זי	כתיבן	ינתן לה ביו[ם 1] בכף 1
142			B2.10:8	זך ביתא זי תחומוהי	כתיבן	מנעל זילכם הו אנת
143			B4.4:13	למובל לגבריא אלה זי	כתיבן	[מנעלא ....] לך
144			B3.10:16	ומשחתה כתיבן ומלוהי	כתיבן	בספרא ^זנה^ אנה ענני
145			B3.5:12	חלק ביתא זי משחת<ה>	כתיבן	ותחומוהי אנה ענניה
146		למכתבה	D7.9:10	הזדהרי למ[..]א[.].רי	למכתבה	אף כזי תשמעין לאמר
147	pael	מכתבה	D7.9:7	זי לא ישכחן עלימתה	מכתבה̇	על שמה כענת̇ ש̇[....]
148	(h)afel	הכתב	D23.1.XIII:1	[.]..[..]...ה̇ ליקרא	הכתב	זן ...א נדרא כללה בשנת

כתב N — writing

No.	Gram.	Form	Ref.	Preceding	Keyword	Following
001	s em/sf	כתבא	D23.1.XVIC:6	[...] לספרא ז̇י כתב	כתבא̇	ד̇נה̇

כתון N — tunic

No.	Gram.	Form	Ref.	Preceding	Keyword	Following
001	s ab/cn	כתון	A3.8:13	חת לעבק ולעבק הנחת לי	כתון	1 בידך על
002			A3.3:9	באגרתא זילך על	כתון	ולבש כתונך ולבשך עבידן
003			A3.8:9	כתון שטטן [1] ואסה 1	כתון	י[.]הה 1 זי קמר פעקס 1
004			A3.8:8	על ביתאלתדן וינתן לך	כתון	שטטן [1] ואסה 1 כתון
005		כתן	A3.3:11	קדמתך כעת זבנת לי אנה	כ̇תן	1 זי כתן כעת
006			A3.8:10	פ̇דא כ 3+3+1	כתן	1 סחיק וכזי ינתן המו לך
007			A6.16:3	[....] תחדו	כתן	1 גלדי תולע 2 זך היתי
008			B3.8:11	[1+3] שוה כסף שק[ל 1	כתן	1 זי כתן חדת] ארך אמן
009			B3.8:12	כס[ף שקל]1 [...]...	כתן	1 בליה ו[.... ד]מי כסף
010		וכתון	D7.7:7	אף חזי אפק לי תלי	וכתון	1 הן יעד̇ר̇ן
011		וכתן	A2.2:11	זבנת משח זית ליקה	וכתן	ואף לכי תקבת 1 שפרת ואף
012	s em/sf	כתונה	C1.1:41	ז̇ך קר̇ב̇תא בזע	כתונה	הילל [....]ה̇ ספרא
013		כתוני	D7.18:1	חזו	כתוני	זי שבקת בית בית יהה
014		כתונך	A3.3:9	זילך על כתון ולבש	כתונך	ולבשך עבידן
015		כתנה	A2.1:4	ואטי ורע וכעת מטתני	כתנה	זי אושרתי לי ואשכחתה
016			A2.1:6	בתקבה 1 לאטי וכעת	כתנה	זי התתי לי סון הי מלבש
017		כתני	D7.55:2	ז̇ילי	כתני	וחמרא ומשח̇[א ...] בר
018			D7.55:2	[... יהב ואמר]	{{כתני	זילי}} ז̇ילי כתני
019		לכתוני	D7.14:2	[... ר]לם הושוו	לכתוני	אף [... י]דניה יהפק
020			D7.14:6	[...] [... אף חוט]	לכתוני	אף אמר ל[...]ה לם חוני

כתיבה N — mark, inscription

No.	Gram.	Form	Ref.	Preceding	Keyword	Following
001	s em/sf	כתבתא	D22.47:3	ארתוזי ברך זי כתב	כתבתא	זא קדם שמש אלהא ב̇ט̇ב̇
002			D7.9:4	על דרעה עלא מן	כתבתא	זי על דרעה הלו כן שלח
003		כתיבתא	D22.51:9	שנת 10 [.] כתב	כתיב[תא	...]
004			D22.51:2	ברך .זי כתב	כתיבתא	זא קדם אלה טורא ואלה
005			D22.51:7	וברך זי יקרא[.]	כת[י]ב[תא]	זא ב.. לפחנס שנת 10

כתן N — linen

No.	Gram.	Form	Ref.	Preceding	Keyword	Following
001	s ab/cn	כתן	A3.2:5	1 [.... זי]	כתן	[....] וכרבלה 1
002			C3.11:4	כרש 1 עבד משח זרע	כתן	איטשרי 1 לכסף̇[...] כ[..].
003			B8.2:19	ב̇נ̇אי [....].[....]	כתן	אמ̇ן .[....] 100×1
004			B3.8:11	כסף שק[ל 1 כתן 1 זי	כתן	חדת] ארך אמן 3+3 ב 3
005			B3.8:11	[חלרן 20] שנטא 1 זי	כתן	חדת ארך] אמן 3+3 ב
006			A3.3:11	זבנת לי אנה כ̇תן 1 זי	כתן	כעת [....]
007			A6.2:14	ותבירן על גנזא עזלי	כתן	עבין כרשן מאה ותמנין
008		וכתן	B3.8:13	שקל 1 כל לבשן זי קמר	וכתן	2+3+3 ^2+3^ מאני נחש
009			B4.1:2	ושערן [וכנתן ועמר	ו]כתן	[ו]כל מדעם זי יחיה בה
010			B2.9:5	נכסיא לבשי קמר	וכתן	מאני נחש ופרזל מאני עק
011		קתן	C3.11:12	משח זרע [...] נגדי	קתן	1+3 זי שמהתהם ל̇א̇
012	s em/sf	כתנא	A6.2:20	ועל פתיא צבע חד עזלי	כתנא	רקעתא זרניכא כבריתא

כתן #2 N — tunic; cf. כתון

כתר V — to wait

No.	Gram.	Form	Ref.	Preceding	Keyword	Following
001	pael	מכתר	C2.1.5:17	מנ̇[דעם ל]א עביד	מכת̇[ר	לי̇] [עד זי אנה אזל
002			C2.1.5:23	מנדעם [לא עבד	מ]כתר	לי̇] עד זי] [אנה אזל
003		מכתרן	C2.1.4:7	[זי ב]מ̇די [תמה	מכת]ר̇ן	ל̇י̇ [עד זי אנה אזל

כתש V — to inflict injury on someone

No.	Gram.	Form	Ref.	Preceding	Keyword	Following
001	peal	כתשת	B7.2:9	עלת ולאנתתא זילך לא	כתשת	ונכסן מן ביתך כחסן לא
002		וכתשת	B7.2:5	[על]ת [בביתי] כחסן	וכתשת	לאנתתי ונכסן כחסן הנפקת
003		כתש	A6.15:9	שלח גרדא לם זי מראתי	כתש	ונכסן לקח מנה כעת אנת
004		כתשוני	B8.6:10	לדגל א̇ל̇[..].. [..	כתש]וני	ב̇כ̇פ̇י̇ד̇ 100×1
005		וכתשוני	D2.32fragb:2	[ ]ת[..]ק[...] [...	]וכתשוני[	...]
006			B8.4:5	נחשן מ̇נ̇י̇ן 10	וכתשוני	בכפ̇י̇ד̇ 10 בכפרגל
007		יכתשו	D2.32fraga:2	[ ]הן ח.[...] [... ה]ן	יכתש]ו	...]

ל s — 12th letter of the alphabet

No.	Gram.	Form	Ref.	Preceding	Keyword	Following
001		ל	D10.1:2	א ב ג ד ה ו ז ח ט י כ	ל	מ נ ס ע פ צ ק ר ש ת
002			D10.2:4	א ב ג ד ה ו ז ח ט י כ	ל	מ נ ס ע פ צ ק ר ש ת ב̇.
003			D22.28:1	א ב ג ד ה ו ז ח ט י כ	ל	מ נ ס ע פ צ ק ר ש ת 1

ל_ p — to, for

No.	Gram.	Form	Ref.	Preceding	Keyword	Following
001		ל...	D7.4:10	ל[.] ק̇נ̇ן ל.[...]	ל[...]	ב[...]
002		ל.	D7.4:8	לי הלו {ל}לא̇יתי	ל[.]	ק̇נ̇ן ל.[...] ל[...] ב[...]
003		לה	A2.6:9	תנה וברה אל ת[צפי	לה	....]אנחן בען אלף

No.	Ref.			
004	C3.15:24	שלמיה בר ישוב כש 2	ל[ה]	גדול בר משלם בר
005	C3.15:27	סימך בר משלם הו כש 2	לה	גדול בר שמוח הו כש 2 לה
006	C3.15:6	הו כסף ש 2	ל[ה]	הוש[עיה בר נתן] בר
007	C3.15:29	בר חגי בר הצול כש 2	לה	הצול בר חגי בר הצול כש
008	C3.15:137	ושחי בר זרמר כש 2	לה	חגי בר מפטחיה כש 2
009	C3.15:12	ב[ר .... כסף ש 2	לה]	[..]י [ב]רת זבדי[ה כסף
010	C3.15:9	[ע]נני [..]מֿתל כסף ש 2	לה	[מחס]ה בר יהוט[ל כסף] ש
011	B2.10:7	ברת מחסיה זי יהב	לה	מחסיה אבוה דבק לה זך
012	C3.15:22	לה פלטי בר מיכה כש 2	לה	מלכיה בר יתום בר
013	C3.15:25	בר מבטחי[ה כ]ש [2]	לה	מנחם בר הצול הו בר
014	C3.15:28	גדול בר שמוח הו כש 2	לה	משלם בר חגי בר הצול כש
015	C3.15:7	בר צפניה כסף ש 2	לה	נתן ב[ר ....].[.]ה כסף ש 2
016	C3.15:26	הו בר שמע[יה כש 2]	לה	סימך בר משלם הו כש 2 לה
017	C3.15:21	[ ]פ משלם בר שמוח כש 2	לה	פלטי בר מיכה כש 2 לה
018	C3.15:10	בר יהוט[ל כסף] ש 2	לה	[....] בר נה[ב בר מח]סה
019	C3.15:13	[ב]רת זבדי[ה כסף ש 2	[לה]	[... בר]ת [.... כסף ש 2
020	C3.15:14	[בר]ת [.... כסף ש 2	[לה]	[... ב]רת פלול[יה כסף ש
021	C3.15:15	[ב]רת פלול[יה כסף ש 2	[לה]	[....] ברת [.... כסף ש 2
022	C3.15:16	ברת [.... כסף ש 2	[לה]	[....]. ב[רת .... כסף ש 2
023	C3.15:17	ב[רת .... כסף ש 2	[לה]	[....]ברת [.... כסף ש 2
024	C3.15:8	ב[ר ....].[.]ה כסף ש 2	לה	[... בר ע]נני [..]מֿתל כסף
025	D4.28:2	[...] זי זבנת	לה	[...].
026	A2.4:4	תצף לחרוץ לה שבק אנה	לה	1 כדי מטאה ידי וכעת עבד
027	C3.15:11	[בר מח]סה [כסף ש] 2	לה	[10 נ]תן בר ענני ב[ר
028	C3.15:23	בר הדדנורי [כ]ש 2	לה	20 שלמיה בר ישוב כש 2
029	B6.3:4	ו[קנינה וכל זי אית	לה	[....
030	B8.12:7	[....]י אלהתא כתב	לה	
031	B8.4:8	יהיֿבֿ	לה	[....]. על
032	D1.1:9	[... ... ...]אל תצפו	לה	[... ... ...]ל ובנתה שלמ[...
033	D7.24:9	[.... ז]י יהבת	לה	[.... הן] תכל תעבד
034	B8.5:15	[ ]זילי באגר יהבת	לה	א[....] [....]
035	C1.2:18	זי ינתן	לה	אבוהי [....] איש כיבי
036	B3.8:31	זי איתי [ל]ה[ינ]תן	ל[ה	א]ביגרנא זי כסף כרשן
037	B3.4:9	מלכא דבק לה למערב שמש	ˆלהˆ	אגור יהו ˆאלהאˆ ושוק
038	B2.10:6	פתיחן תמה מועה שמש	לה	אגורא זי יהו אלהא וארח
039	B2.7:13	יאוש בר פנוליה תחתיא	לה	אגורא זי יהה אלה מועה לה
040	B3.12:18	דבק אגר באגר מערב שמש	לה	אגורא זי יהו ושוק מלכא
041	B3.5:9	ענניה דבק לה תחתיה	לה	אגורא זי יהו אלהא ושוק
042	B3.10:11	דבק לדרגא דך מערב שמש	לה	אגר תרי רבתא זילך הי אנתי
043	B3.10:9	עליא לה בית קנחנתי דבק	לה	אגר באגר תחתיא מנה אגר
044	B3.11:5	ואגר ביתא זילה דבק	לה	אגר באגר הו תרי רבתא זילי
045	B3.11:5	עליא לה בית קנחנתי דבק	לה	אגר באגר ואגר ביתא זילה
046	B3.11:6	גנן זי חנום אלהא דבק	לה	אגר ˆבאגרˆ זנה ביתא זי
047	B3.12:19	זלי ומרדו אחוהי דבק	לה	אגר באגר תחתיא לה ביתה זי
048	B3.10:8	ברתי מועה שמש	לה	אגרא זי הנפנא זי בנהו
049	B2.10:14	לכם או גברן זי תזבנון	לה	או זי ברחמן תנתנו לה ביתא
050	B3.11:3	ודנה תחומוהי מועה שמש	לה	אוצר מלכא דבק אגר באגר
051	B3.7:6	ביניהם ע[ל]י	לה	אוצר מלכא מערב [לה בית
052	B3.4:9	מלכא ביניהם מועה שמש	לה	אוצרא זי מלכא דבק לה
053	B2.4:4	ברתי אנתתך וספר כתבת	לה	אחרוהי משחת ביתא זך אמן
054	A4.5:4	תנה הוה כסף ונכסן יהבו	לה	איתי קצת מן יודנא זֿי
055	A2.4:4	מטאה ידי וכעת עבד אנה	לה	אל אחי וחפרע מן אחך
056	D1.1:15	[... ... ...] ואל תצפי	לה	אל[... ... ...] [... ...] [... ... ...]
057	B2.6:25	מן חם עד חוט ותהך	לה	אן זי צבית ולא {י}דין ולא
058	B2.6:29	ביום חד בכף חדה ותהך	לה	אן זי צבית ולא דין ולא
059	C1.1:58	[גבריא]אלך תרין ואמרו	ל[ה	אנ]ת לם אמר לן
060	C1.1H:14	[עט]תא זילך[...] ואמרו	ל[ה	אנת לם אמר לן ...] עֿנה
061	A3.10:3	בה וזי צבי יעבד	לה	אף חלקי באגר אלפא [....]
062	B3.8:36	וקנינה וכל זי איתי	לה	אף ל[א יכהל ענניה י]לקח
063	D7.26:2	וינתנו שקא [...]מֿרֿ	לה	אף הן תאמרן לם [...]. על
064	D7.33:7	[...]. ישלח ספתא זי [...]	לה	בֿ.י לי [...] ...]
065	B3.8:24	נכסיא זי כתיבן ינתן	לה	ביום 1 בכף 1 [ו]תהך [לה
066	B3.8:28	נכסיה זי כתיבן ינתן	לה	ביו[ם 1] בכף 1 ותהך לבית
067	B2.10:5	בר אוריה דבק לה תחתיה	לה	בית הצול בר זכריה דבק
068	B2.10:7	מלכא בניהם מערב שמש	לה	בית מבטחיה ברת מחסיה זי
069	B2.3:5	בעשתא תחומוהי עליה	לה	בית דרגמן בר חרשין דבק
070	B2.3:6	בר חרשין דבק תחתיה	לה	בית קוניה בר צדק מועא
071	B2.3:6	בר צדק מועא שמש	לה	בית יזן בר אוריה בעלכי
072	B2.3:7	זכריה בר נתן מערב	לה	בית אספמת בר פפטעונית
073	B2.7:13	אלה תחומי ביתא זך עליה	לה	בית יאוש בר פנוליה
074	B2.7:14	אגורא זי יהה אלה מועה	לה	בית גדול בר אושע ושקא
075	B2.7:15	ושקא בניהם מערב שמש	לה	בית חרוץ בר פלטו כמר זי
076	B3.10:9	מצריא הו תמואנתי עליא	לה	בית קנחנתי דבק לה אגר
077	B3.11:5	ושוק מלכא בינים עליא	לה	בית קנחנתי דבק לה אגר
078	B3.12:19	ושוק מלכא ביניהן עליה	לה	בית פרנו בר זלי ומרדו
079	B3.4:8	זי אנחן זבן לך לעליה	לה	בית שתבר לתחתיה לה תמי
080	B3.7:5	תח[ומ]י ביתא [ז]ך תחת	ל[ה]	בית ענני בר עזריה
081	B3.7:7	לה אוצר מלכא מערב	[לה	בית .... ל]ה מדנח
082	B3.7:7	[.... ל]ה מדנח שמש	לה	{{בית}} בית חור עבד זי
083	D2.10:8	[...]ה בב ב[יתא ... ...]ה	לה	בית[... ...] [... ...] [... ...]
084	B2.10:11	לכם או גבר זי תזבנון	לה	ביתא זך או זי ברחמן
085	B2.10:14	לה או זי ברחמן תנתנו	לה	ביתא זך וזי ירשכם דין
086	B3.11:6	הו תרי רבתא זילי תחתיא	לה	ביתה זי חור בר פטאסי
087	B3.12:20	דבק לה אגר באגר תחתיא	לה	ביתה זי פחי ופמט אחוהי
088	B3.12:9	זבן ויהבן לך מועה שמש	לה	ביתה זי יהבת לך פסשדת
089	B3.5:11	מלכא בניהם מערב שמש	לה	ביתה זי שתיבר כספי דבק
090	B3.12:17	זבן ויהבן לך מועה שמש	לה	ביתך אנת ענני בר חגי זי
091	B3.12:24	רחמת תנתן או זי תזבן	לה	בכסף אנה ענני ותפמת
092	B3.12:26	לבניך ובנתך וזי תנתן	לה	בכסף או רחמת אף לא יכהל
093	A3.8:6	[ר]בא זי הודו והבה	לה	בכספא זי יקום עלוהי וכזי
094	B3.10:18	וסבלתני אף אנה יהבת	לה	במותי לא יכהל בר לי וברה
095	B2.10:11	או זי ברחמן תנת<נ>ון	לה	בשמי אנה ידניה ובשם בנן
096	D2.21:4	[... ...] [... ...]תנתנון	לה	בשמ[י ...]. [...] [... ...]
097	D7.11:4	יגדֿלֿ ושלח [...]	לה	בשמי לא [...] תאמר
098	B2.10:5	הצול בר זכריה דבק	לה	בתחתיה ומנעלא כוין פתיחן
099	C3.8IIIA:13	[...] [... ...] .[...]י {{וינתנון	לה}}	גברא זנה [...] קדם
100	C1.1:100	ובעל אגר לא יהוה	לה	גבר טב עֿםֿ ג[בר לח]ה
101	B2.6:31	לה כסף כרשן 20 ויעבד	לה	דין ספרא זנה ולא אכל אמר

Headword	No.	Ref	Preceding	Key	Following
	102	B3.8:32	כסף ר 2 לו10 ויעבד	[לה]	דין ספרא זנה ולא דין להן
	103	B3.8:34	כות שנאה הי יעבדון	להן[	דין ש]נאה והן תמות
	104	B3.8:37	[כות שנאה הי יע]ב[ד	לה	[דין] [ש]נאה ואף לא יכהל
	105	B3.8:39	כות שנאה [הי] יעבד	לה	דין שנאה ואף לא תכהל
	106	B6.4:2	] יעבד כות שנאה הי יעבד	[לה]	דין שנאה [ואף לא יכהל
	107	B6.4:6	שנ[אה הי]תִּעְבֹד	לה	דין שנאה ולא ת[כ]הל
	108	B3.12:32	זבנתא זי זבן לן ויהבן	לה	דמוהי כסף כתב חגי בר
	109	D7.35:10	בעדי 3 רבר[בן] ויהבת	לה	ה̇[....] גזירה
	110	B3.11:4	זי בנו מצריא מערב שמש	לה	הו בבא זילך למנפק ושוק
	111	D7.1:12	חזי זי טבה[.] למעבד	לה	הלו כפנן המו אף לחם אף
	112	A2.1:5	שנטת כלה ולבבי לה דבק	לה	הן חזית מה אתרתן אתננה
	113	D23.1.II:11	ק̇[ב]ל אתמנב̇ן אלהא זי	לה	הן תנתן לי[....]ה לם ...כם
	114	A2.3:5	תכלן תעבדן לה עבד אנה	לה	ותפמת ואחתסן מסבלן לה
	115	B2.2:10	לדגל וריזת לתחתיה	לה	ובית אספמת בר פפטעונית
	116	B2.2:9	אתרופרן למערב שמש	לה	ובית [יז]ניה בר אוריה
	117	B3.12:28	לבניך ולאיש זי תנתן	לה	וזי יקבל עליך לסגן ומרא
	118	B3.8:30	] [וכ]ל [זי איתי	]ל[ה]	וזי יקום על[יהוישמע]
	119	A3.10:7	עלוהי [וה]בוהי	לה	[ויז]בנהי פטמחו י[..] עמך
	120	B2.3:24	קדם דיניא ומומא טעינת	לה	וימאת לה כזי זילי הי וספר
	121	A2.3:11	לה שלם יקיה הוי שלחת	לה	וכעת הוי חזית על תשי ועל
	122	A2.3:5	ותפמת ואחתסן מסבלן	לה	וכעת ארה ספר לה שלחתי
	123	B6.4:6	יהוחן ברת [.... תאמר	[לה]	ולסלוא ברתה כזי נכסיא
	124	B2.9:7	והו החסן ולא התיב	לה	ומנכן רשינכם אחר שאילתם
	125	B8.10:1	[... יה]בת	לה	וספר אסרן כתבן
	126	A6.8:3	זי לידך זכי אשתמעו	לה	ועבדו כן יד[י]עֿ יהוה
	127	D7.1:14	אף לחם אף קמח הב[י]	לה	ושאלהי[.] למ.ה תבעה
	128	B2.10:8	יהב לה מחסיה אבוה דבק	לה	זך ביתא זי תחומוהי כתיבן
	129	B3.5:11	זי שתיבר כספי דבק	לה	זנה חלק ביתא זי משחת<ה>
	130	B3.8:42	הן יאמר כות לא ישתמע	לה	חיב הו כתב מעוזיה בר
	131	B3.5:9	זי אנה יהבת לכי עליה	לה	חלקא זילי אנה ענניה דבק
	132	D7.1:8	יומא זנה הן תעבדן	[לה]	ט]בה בסון יעבד לי [אף
	133	B2.2:11	מלח זי מיא קשיא לעליה	לה	ימאת לי ביהו והוטבת לבבי
	134	B3.8:31	] וקנינ]ה וכל זי איתי	[ל[ה]	ינ]תן ל[ה א]ביגרנא זי
	135	D20.1:3	עבד אביטב בר בנת	לה	יעבד קדם אוס{{ח}}רי חפי
	136	B3.4:22	ˆזכר ונקבהˆ או ברה	ˆלה	יתהˆ ולא כהלן פצלן ננתן
	137	A6.12:2	היתי שושן זך פתפא הב	לה	כאחרנן ˆולנשי ביתהˆ גרד
	138	A2.3:4	לחרוץ תנה אל תצפי	לה	כדי תכלן תעבדן לה עבד אנה
	139	B2.3:24	ומומא טעינת לה וימאת	לה	כזי זילי הי וספר מרחק כתב
	140	C1.1:138	ובשם אמה אל ידנח שמ[ש	[לה]	כי גבר לחה הו [מן
	141	D7.34:5	[...] [..] [..]ך לי זי	לה	כלא [...]ך לי[...]
	142	C3.15:18	[ ] ברת [.... כסף ש 2	[לה]	כל מאת שנדן [3+10]
	143	C3.15:30	בר חגי בר הצול כש 2	לה	כל [מאת נבועקב] 1+10
	144	B2.6:30	ונכסוהי וקנינה ינתן	לה	כסף כרשן 20 ויעבד לה דין
	145	B2.1:10	זילה זי יכלא מנהם ינתן	לה	כספא זי כתיב מן עלא ואגרא
	146	B6.4:8	כות חיבה הי לא ישתמע	לה	כתב מעוזיה בר נתן בר
	147	A4.3:11	בבית ענני זי תעבדון	לה	לא יתכסון מן ענני אל
	148	A4.3:9	זי ידכם מהשכחה הבו	לה	לא חסרן הו לכם בזך שלח
	149	D7.33:9	יהוˆשמעֿ לי[...] אֿ	לה	לא תמ̇..[..]ת [.]תי כענת.
	150	B7.3:4	במסגדא ובענתיהו ו[ימא	[לה]	לאמר אתנא זי ביד פ[מסי
	151	B3.8:37	אחר[ה בר מן יהוישמע]	לה	לאנתו הן יעבד [כות שנאה
	152	B6.4:2	[בר מן סלואה אנתתה	לה	לאנתו הן יעבד כות שנאה הי
	153	A2.2:3	שלם נבושה תנה אל תצפו	לה	לה מנס אנה לה מן מפי שלם
	154	D7.39:11	אף̇ פרנדת לה̇ למאמר	לה	לם בטבה שאלת ..ל
	155	D7.39:10	ל..תי אף̇ פרנדת.	לה̇	למאמר לה לם בטבה שאלת
	156	B2.1:9	יכלא למחסה או לבר	לה	למבנה עלוי אגרא זך זילה
	157	D7.24:16	למפרש לי מלתא אף שלחת	לה	למחוה טעמא להושעֿ
	158	D7.20:3	ולא פשרן הלו שכר הו	לה̇	למחר כען אל תפשר למאתה
	159	B2.4:11	מנך פלג ביתא [י]ה[ו]ה	לה	למלקח ופלגא אחרנא אנת
	160	B3.4:9	לה אוצרא זי מלכא דבק	לה	למערב שמש ˆלהˆ אגור יהו
	161	D7.24:15	זי שלח לי רוֹךְ ושלחת	לה	למפרש לי מלתא אף שלחת לה
	162	B8.2p:6	נ̇ה[...]	לה	ל.מר כ[...]
	163	B3.7:7	מערב [לה בית	ל]ה	מדנח שמש לה {{בית}} בית
	164	A2.2:3	אל תצפו לה לה מנס אנה	לה	מן מפי שלם פסמי יקה
	165	A5.2:2	[דג]לן מהחסן	לה	מן שנת 1+3+20 ע[ד] שנת
	166	B2.6:18	ובר דכר ונקבה לא איתי	לה	מן מפ[ט]חיה אנתתה
	167	B2.6:21	ובר דכר ונקבה לא איתי	לה	מן אסחור בעלה אסחור הו
	168	B3.8:29	ובר זכר ונקבה לאיתי	לה	מן [י]הו[י]שמע אנתתה
	169	B3.8:35	זכ[ר] ונקבה לא איתי	לה	מן ענני בע[לה ענני
	170	D2.16:1	[... ....] [....]איתי	לה	מ[ן ... .] [.... מן ת]חת
	171	B3.8:24	ביום 1 בכף 1 [ו]תהך	[לה	מנה] אן [זי צבי]ת והן
	172	B3.7:5	[.... תרבצא] אמרן	לה	מצרית [תחית ....]אלה
	173	D7.13:15	אמר [.... י]הבתם	לה	סדנו [...] לא יהב לן
	174	A2.3:4	תצפי לה כדי תכלן תעבדן	לה	עבד אנה לה ותפמת ואחתסן
	175	A3.8:11	לאשנ[.....]ות הב	לה	עֿבור כ[..] לא ת[...] כזי
	176	A2.6:5	ואפקני אנה וברי וכתבת	לה	על[.....] וזבני עמר
	177	B8.9:3	[ ]אמרן אנחנה תמארˆ	לה	על[זנה טעמא ....] [... ז]א
	178	B2.6:19	וקנינה וכל זי איתי	לה	על אנפי ארעא כלה מחר או
	179	A4.7:28	שמיא מן גבר זי יקרב	לה	עלוה ודבחן דמן כדמי כסף
	180	A4.8:27	שמיא מן גבר זי יקרב	לה	עלוה ודבחן דמי כסף כנכרן
	181	B6.3:3	] ובר דכר ונקבה לא[איתי	לה	עם א[ביהי אנתתה אביהי
	182	C3.15:20	בר מנחם[כסף ש 2	לה	פ משלם בר שמוח כש 2 לה[
	183	A6.9:2	] אז]ל מצרין אנתם הבו	[לה	פ]תף מן ביתא זילי זי
	184	C1.1:9	וחכמתה וטבתא י[הבת	ל[ה	....] בב[ב היכלא עם]
	185	C1.2:25	[....]ה 1 ויאמרון	לה	צעני וי[....] [....]..[.
	186	B3.12:31	זילך ודי בניך ודי תנתן	לה	רחמת אף יהבן לך ספרא
	187	C1.1:169	אשתק ענו אמריא ואמרו	לה	שא לך זי ת[נ]שא מנן אנחנה
	188	A2.3:10	אל תזבני בכסת ותשרי	לה	שלם יקיה הוי שלחת לה
	189	B3.8:40	בעלה והן לא תעבד	לה	שנאה< ה>י אף לא יכהל
	190	B3.8:25	לבעלה ענניה ותאמר	לה	שניתך לא אהוה לך אנתת כסף
	191	B2.10:5	הושע בר אוריה דבק	לה	תחתיה לה בית הצול בר
	192	B3.5:9	זילי אנה ענניה דבק	לה	תחתיה לה אגורא זי יהו
	193	B3.8:22	כל זי הנעלת בביתה ינתן	לה	תכונתה ולבשיה דמי כסף
	194	B3.5:10	מלכא בניהם מועה שמש	לה	תמא זי חנום אלהא ושוק
	195	B3.4:8	לה בית שתבר לתחתיה	לה	תמי זי חנום אלהא ושוק
להי	196	D23.1.Va:6	חד זי אזל	להי	עם[כל נ]כסי וביתה[
	197	D23.1.II:8	אשכב עמה רחם אנה	להי	שגי ו.העֿ[....] על
	198	D23.1.II:13	אשכב עמה רחם אנה	להי	שגיא ועלימא אזל על
להם	199	A6.9:6	אלך יתיר פתף אל תנתנו	להם	בגסרו ידע טעמא זנה רשת

No.	Lemma	Ref.			
200		D23.1.VIII:13	[....] ... 20+20 ..בֿ.	להם	20+20 [... ... ...]
201		D23.1.XII:8	[ ]מ[צר]ין ח..[....].ת	להם	[...] ... [...] .בֿ..]הם
202		D23.1.Vb:6	.. והן לא תה[	להם	אנה אנשא למצרין
203		D7.22:7	את[...] [...]אושר	להם	ו.[...] [...]...ל. ..[.] [.] [...]
204		B8.12:5	[....]. עלין החוין	להם	וכן אמרן [....]...[....]
205		D23.1.III-IV:8	בעין ו.[....].	להם	ולב[תיהם ונ]כסיהם
206		A6.3:6	סרושיתא זי אנה אשים	להם	טעם יתעבד להם כעת ארשם
207		A6.3:8	זי פסמשך י[שים]	להם	טעם למעבד זכי יתעבד להם
208		A6.15:10	נכס[ן] מן גרדא התב הב	להם	כן כזי מספת קבילה תובא
209		B3.5:21	פלטי ויהוישמע ינתן	להם	כסף כרשן 10 באבני מלכא
210		A6.3:6	אשים להם טעם יתעבד	להם	כעת ארשם [כן] אמר
211		A6.8:2	בצבות מראי זי אמר אנה	להם	כעת ארשם כן אמר צבות
212		B8.9:4	שנתא לא עד זמנא יביל	להם	למומא על זנה [טעמא
213		A6.3:8	טעם למעבד זכי יתעבד	להם	מן ארשם בר ב[יתא על
214		A6.9:5	חפן חדה פתפא זנה הבו	להם	מן פקיד על פקיד לקבל
215		A3.8:4	כסף כ[ר]שן 3+2 וכתב	להם	ספר עליהם והן לא [....]
216		B3.1:17	כל זון וערבן זי תשכח֯	להם	עד תתמלא בכספך ומרביתה
217		B8.4:7	עבד נֿבוֿ אלהא יהב	להם	עלדבר תטוסרי אמ֯[....]
218		C1.1:172	מ[ן] פמהם אלהן ילחון	להם	% הן עיני אלהן על
219		C1.1:59	[נבוסמסכן ר]ביא ואמר	להם	שמעו לי לם זנה [א]חיקר
220	להמ	D5.45:1	[...]	להמ[	...] [...] להמ[...]
221		D5.45:2	...] [...] להמ[[...]	]להמ[	...]
222	להן	A4.2:14	בצות מלכא וכלין	להן	ונזק ארשם וכפר צח[א
223		A4.2:4	איתי לן בזי מצריא שחד	להן	יהבן ומן [....] זי מצריא
224		A2.3:8	הו חרוץ וכעת הלו יהב	להן	פרס תנה ויתלקח קדמתהן
225		A4.4:9	עוד טעם לא עד יהוי	להן	תנה שלם ביתך ובניך עד
226	לי	D7.9:1	כענת חזו חנתא זי יהב	לי	אוריה לנסכ֯א֯ הביה
227		D7.10:4	ומין [כען] ... תנפק	לי	אחוטב להן [.... י]ום שבה
228		A3.7:4	אמר[.].	לי	יאוש לאמר הבה בזהב אל
229		B3.8:5	[לבב]ך בגו הנעלת	לי	יהוישמע אחתך לביתי תכונה
230		B2.6:33	אחרנן להן בנן זי תלד	לי	מפטחיה הן אמר איתי לי
231		B2.7:3	יהבת לכי לביתא זי יהב	לי	משלם בר זכור בר אטר
232		B2.7:7	לכי ספרא עתיקא זי כתב	לי	משלם זך אחרוהי זנה ביתא
233		B3.3:4	יומא זנה ועד עלם הנעלת	לי	תמת בידה לבש 1 זי עמר
234		D6.9fragc:2	[...] גוי֯ ...]	]לי	
235		A2.1:6	וכעת כתנה זי התתי	לי	סון הי מלבש אנה וכעת תקם
236		B6.1:5	[וטיב לבבך בגו הנעלת	לי	ברתך לביתי תכונה זי] ....
237		B8.10:4	אלך .... יהב	לי[	..[....] [....]..
238		A3.2:13	אמרת [....] .[....]..	לי	[....] יהב לגֿדֿרך
239		A3.2:9	ותפסה 1 [....] ויהב	לי	[....] זכריה כרש
240		B4.7:2	בֿ..[....] [לאמר יהבת	לי	3+[.... לכסף שקלן 3+3
241		D16.2:2	אוי	לי	
242		D23.1.IX:5	דֿ[....]כם למ[...].	לי	[.].[.] .ח.. כענע..כה
243		D6.3fragh:1	ת[...]	לי	
244		D7.19:4	תעב[ד ...] [..] עבדה הי	לי	[...] [.]עד כען לחם 10
245		D7.20:11	ביד בנתי שלח	לי֯	
246		D7.27:5	....] כ֯[סף ש 2 איתי	לי֯	[...] [...] ש 1 ר 2 והא
247		D7.3:7	דלען אף הן[.] [...] איתי	לי	..[...] [...] למחר [...].[
248		D7.33:7	ספתא זי [...] לה בֿ.י	לי	[...] ..ן יהוישמע
249		D7.9:17	[ ]מלכיה הושר֯י֯ המו	לי	
250		D7.15:5	טר֯ מ֯.. ש֯.. ויעבד	ל[י	..]א֯[...] ויתעב[ד ...]
251		A6.11:3	אבי יתעשת לי ינתנו	לי	אהחסן כעת ארש[ם] כן אמר
252		B2.11:8	אנה מחסיה בר וברה	לי	אח ואחה לי ואנש זילי דינן
253		B2.2:13	ודבב אנה ובר לי וברה	לי	^אח ואחה לי קריב ורחיק
254		B3.11:12	אף לא יכהל בר לי וברה	לי	אח ואחה הנגית והנבג
255		B3.9:4	אנה אוריה ובר וברה	לי	אח ואחה לי ואיש לי
256		B3.9:6	לא אכהל אנה ובר וברה	לי	אח ואחה לי ואיש לי נקום
257		B5.5:5	ולא יכהל בר לי וברה	לי	אח ואחה לי קריב ורחיק
258		D1.12:10	ש[קלן ...] [...] אמרת	לי	אחר אנה דברת א[...].
259		C2.1.4:3	[זי מדי זי לא]שמען	לי[	אחר ודרן עם חילא אזל
260		C2.1.7:32	[לחילא זי לא שמען	ל]י	אחר ד[דרש א]זל עבד קרב
261		A6.14:2	מ[..]ת[.] מנדעם לא מהיתה	לי	אח[....]ת מהיתין
262		D1.26fragb:4	חסין [...] עבדא	לי	איך[... י]הוישמע בר[ת
263		A5.1:2	בזי הו שלח	לי	א[....]כ
264		A3.10:2	בכל עדן וכעת איתי	לי	אלף חדה בידכם ביני ובין
265		C1.1:52	אנה עבדת לך כן אפו עבד	לי	אל תקטלני בלני לב[י]תך
266		C1.1:54	נבוסמסכן רביא ואמ[ר	]לי	אל תדחל לם [תח]יי אחיקר
267		D7.6:9	קב 1 עד תאתה אמהם שלח	לי	אמת תעבדן פסח|א הוי שלח
268		A3.3:11	המו קדמתך כעת זבנת	לי	אנה כתן 1 זי כתן כעת
269		B4.3:19		לי	אנת[ש]לט למא[חד
270		B2.6:32	זנה ולא אכל אמר איתי	לי	אנתה אחרה להן מפט<ח>יה
271		D7.16:12	הן משלמת לא יצפ֯ה֯	לי	אנתי מה תאמרן תחזין אנפי
272		B3.8:22	יהוישמע לא תהוה	לי	אנתת כסף שנ[א]ה בראשה כל
273		D7.1:8	[לה ט]בה בסון יעבד	לי	[אף ה]ו הלו מחר לי
274		D7.15:2	יבנון [....]	לי	אף על מר֯י֯ אלפא טר֯ מ֯..
275		D7.44:9	הא לחמא זי הוש[רת]֯ם	לי	אתמל ט[מא] כען אל[
276		A5.2:9	על דנה כעשק אל יתעבד	לי	ב[....]
277		B3.13:11	לבוש ועבור ^זי תהשכח	לי	ביב ובסון ובמדנתא֯ עד
278		A6.13:1	בגא לם זי מן מראי יהיב	לי	במצרין זך מנדעם מן תמה
279		A6.13:1	בר ביתא בזנה כן אמר	לי	בגא לם זי מן מראי יהיב לי
280		A6.11:3	כלא א[בדו ...]	לי	בגה זי פמון אבי יתעשת לי
281		B3.1:9	לך כל ערבן זי תשכח	לי	בי זי לבנן כסף ודהב נחש
282		A2.4:6	הן מטאך סרחלצה שלח	לי	ביד עקבה בר וחפרע וכעת
283		A3.9:4	כספא זי הושרת	לי	ביד
284		B2.6:7	כסף ר 2 ל10 הנעלת	לי	בידה לבש 1 זי עמר חדת חטב
285		B2.2:11	מיא קשיא לעליה לה ימאת	לי	ביהו והוטבת לבבי על ארקא
286		B2.2:4	לדגל וריזת לאמר ימאת	לי	ביהו אלהא ביב בירתא אנת
287		B2.6:33	לי מפטחיה הן אמר איתי	לי	ב[נן] ואנתה אחרן להן
288		A6.8:1	חילא זי לידה לא משתמען	לי	בצבות מראי זי אמר אנה להם
289		B2.3:10	זי רחמתי תנתנן לא איתי	לי	בר וברה אחרנן אח ואחה
290		B3.6:5	שמה ברתכי זי ילתי	לי	בר לי ^וברה^ ואח לי ואחה
291		B2.6:6	וטב לבבך בגו הנעלת	לי	[ברתך] מפטחיה בידה כס[ף]
292		B2.8:9	ודבב וגרכי בר לי וברא	לי	בשם מומאה דכי אנה פיא
293		B5.5:9	לי הנגית והנבגא זי	ל[י	בש[ם כספא זנה [זי יהבת
294		D7.48:5	יומא זנה וכענת היתיו	לי	בש.תא [..] [..].[..] ...
295		A6.15:4	על חלכיא זי מלכו	לי	גברן 2+3 [....] הב למספת
296		B3.2:7	קבלת עליך בגו ויהבת	ל[י]	דמוהי כסף שקלן [3+2]
297		D23.1.II:11	אלהא זי לה הן תנתן	לי[	....]ה לם ...כם עמי ואזל

298	A2.4:7	וכעת כל זי תצבה שלח	לי	הושר לי משכן מסת לבש משך
299	C2.1.7:29	[אחר] מתא	לי	הות זנה זי בפרתו עבדת
300	C2.1.7:35	אחר מתא]	לי	ה]ות זנה זי אנה[במ]רגויא
301	C2.1.8:62	[ואחדו]2+3 אחר מת[א	לי	הות זנה] [זי אנה
302	B3.8:4	שמה אחתך לאנתו ויהבתה	לי	הי אנתתי ואנה בעל[ה] מן
303	B6.1:3	] ברתך לאנתו ויהבתה	לי	הי אנתתי] ואנה בעלה מן
304	D7.4:7	1 זי תהכ[...] ושלחהי	לי	הלו {ל}לאיתי ל[.] קֹנָן
305	B3.5:17	100×1 בני זי ילדתי	לי	המו שליטן בה אחר מותכי
306	B8.7:5	ˆאנה˜ להן איתי עבדן זי	לי	המו [....]
307	B3.10:18	לא יכהל בר לי וברה	לי	הנגית זילי והנבג ואדרנג
308	B5.5:9	] אף לא יכהל בר] לי וברה	לי	הנגית והנבגא זי ל[י בש]ם
309	B3.6:5	לי בר לי ˆוברה˜ ואח	לי	ואחה קריב ורחיק הנגית
310	B3.9:4	ובר וברה לי אח ואחה	לי	ואיש לי יכבשנהי עבד ברי
311	B3.9:5	ברי יהוה אנה ובר וברה	לי	ואיש לי ואנש אחרן לא
312	B3.9:6	ובר וברה לי אח ואחה	לי	ואיש לי נקום למעבדה ע[בד]
313	A5.2:5	[....] וכעשק עביד	ˆלי˜	ואמרת קדם תרות ודי[נא]
314	A2.5:8	דה זי ספר לה הושרתן	לי	ואנה נכתני חויה והות מית
315	B2.11:8	בר וברה לי אח ואחה	לי	ואנש זילי דינן למרשה עליך
316	B3.9:5	אנה ובר וברה לי ואיש	לי	ואנש אחרן לא שליטן למשנתה
317	A2.2:10	לי והלה יהב לכי שלחי	לי	ואקבל עליהן תנה וכעת זבנת
318	D7.8:11	לא תנפק יומא זנה שלח	לי	וארחעה עד תנפק שלם אחטב
319	A2.1:4	מטתני כתנה זי אושרתי	לי	ואשכחתה שנטת כלה ולבבי לה
320	B2.8:9	דין ודבב וגרכי בר	לי	וברא לי בשם מומאה דכי אנה
321	B2.10:13	ידניה רשיתכם ורשכם בר	לי	וברה אנתה ואיש בשמי ובשם
322	B2.2:12	אגרנך דין ודבב אנה ובר	לי	וברה לי ˆאח ואחה לי קריב
323	B3.10:18	לה במותי לא יכהל בר	לי	וברה לי הנגית זילי והנבג
324	B3.11:12	ובמותי אף לא יכהל בר	לי	וברה לי אח ואחה הנגית
325	B3.5:13	דין אף לא יכהל בר	לי	וברה אח ואחה יגרנכי בשם
326	B3.6:5	ברתכי זי ילתי לי בר	לי	ˆוברה˜ ואח לי ואחה קריב
327	B5.5:5	זְנָה ולא יכהל בר	לי	וברה לי אח ואחה לי קריב
328	B5.5:9	] ודבב אף לא יכהל בר]	לי	וברה לי הנגית והנבגא זי
329	B3.5:20	כלה להן בני זי ילדתי	לי	וגברא זי יהנצל ביתי אחרי
330	A2.2:9	עמרה זי על מכי שלחי	לי	והלה יהב לכי שלחי לי
331	A2.2:8	לכי נקיה וגזתה שלחי	לי	והן יהב לכי עמרה זי על
332	B2.10:12	ובשם בנן ואנתה ואיש	לי	והן אנה ידניה רשיתכם
333	B5.5:7	זי הוה בידכי יהבתהי	לי	וטיב לבבי [בגו מן יומא
334	A5.2:8	שלחת לאמר כעשק עביד	לי	וכע[ת הן על] [מראי טב
335	A2.1:8	במשח וכעת אל תצפי לן	לי	ולמכבנת לכן אנחן יצפן
336	A6.16:4	חדית אנת שגיא פתסתו	לי	ומנ[...]תמ[..] [....]
337	B3.9:4	עלימ[א זיל]ך זי יהבת	לי	וספר כתבת לי עלא לא אכהל
338	B5.5:10	] בש]ם כספא זנה [זי יהבת	לי	ופתפא זנה זי הוה לי מן
339	D7.9:13	זי היתת בידי הושרוהי	לי	וקפרא זי הושרת לכם
340	D7.34:4	ש.[...]ת [..]. [...]ן	לי	זי [...] לה כלא [....]
341	A4.9:2	זי בגוהי ודליה אמרו	לי	זכרן לם יהוי לך במצרין
342	D7.2:2	[ש]לם אחוטב כען הושרי	לי	זעיר מלח יומא זנה והן מלח
343	D7.48:2	ˆ.... יומא דך 2 הושרי	לי	זעיר לחמא יומא זנה וכענת
344	B3.1:3	זי יב בירתא לאמר יהבת	לי	זפת כסף שקלן 1+3 הו
345	D1.20:6	נפק[.. ...] [...] עבדו	לי	גְ[... ...] [..]שין
346	A6.15:2	[1+3]1[....] ובבל	לי	חלכין 2+3 כל גברן [10]
347	D7.37:8	פסא זעי[רא] ואעב<ד>הי	לי	חמ[...] משח וטח[ן
348	B7.3:8	פמסי אבוך לא יהב	לי	חמר חלף פלגה ו[ל]א [יה]ב
349	A3.1:V2	כעת הו	לי	חמרן 10
350	A2.4:12	לכן וכעת תקם יתו	לי	חפנן 2+3 אל תצפו לי לכן
351	D7.48:8	[.].[.] .. שלחתן לם [י]שלחו	לי	טעמא יומא זְנָה [.]
352	D7.48:1	הושרי	לי	י.... יומא דך 2 הושרי לי
353	D7.35:4	וחפרע בר [....]ה הושר	לי	[...]אשה ומלח
354	B5.2:9	[ו]איש	לי	יגרנך די[ן] ודבב
355	B3.9:5	לי אח ואחה לי ואיש	לי	יכבשנהי עבד ברי יהוה אנה
356	B3.6:8	יהישמע ברתך זי ילתי	לי	ינתן לך אבגרן כסף כרשן
357	A6.11:3	בגה זי פמון אבי יתעשת	לי	ינתנו לי אהחסן כעת
358	C1.1:20	[מל]ך אתור ואמר	לי	כותא לם ˆיה[וה]˜ בֹ[רך
359	A4.2:13	[....] חורי יהב	לי	כזי כלוהי על כדא אמר
360	A6.10:3	זילי וכען תנה כן שמיע	לי	כזי פקידיא זי [בתח]תיתא
361	B2.7:4	ברתי חלף נכסיה זי יהבת	לי	כזי הנדז הוית בבירת<א>
362	B3.13:3	בירתא ויזפת מנך ויהבת	לי	כנתן פרסן 2 סאן 3 אחר
363	C1.1:167	ענזא ואמרת לנמרא למה	לי	כסיכי גלדי אל תלקחן מני
364	A4.2:12	ופתפרסא ויהב	לי	כסף סתתרן 2+10 וחדה
365	B3.2:3	ליהו ביב לאמר יהבת	לי	כסף שקלן 2+3 בדמי הירא
366	B4.2:1	בר יתמא ל[א]מר נתנת	לי	כסף שק[לן 3 ר 1+1]1
367	B7.3:9	חלף פלגה ו[ל]א [יה]ב	לי	כסף ודמי כסף חלף פ[לגה]
368	D1.12:7	כסף[...]ˆ [...]הב	לִי	כסף מ...[.]. [.]. איתי[...]..
369	A6.15:3	מן [נח]תחור ולא יהב	לי	כעת ורפש כן אמר הא אנת
370	D6.10fragIf:1	[...	]לי	כעת. [...]
371	A3.8:13	חת לעבק ולעבק הנחת	לי	כתון 1 בידך על
372	B3.3:3	אנה אתית עליך למנתן	לי	לתמת שמה זי אמתך לאנתו
373	B2.10:10	ידניה ובני ואנתה ואיש	לי	לא אכהל אגרנכם דין ודבב
374	B3.6:6	ברתכי זי {ל}י<ל>דתי	לי	לא שליט בך למשנתכי
375	D23.1.XVIC:3	[....] .... א.הם...	לי	..[.]לֹ[...][.]אֹ כֹן אמר
376	B3.12:24	למשלם בר זכור ויהבה	לי	לאנתו לא נכהל נרשנך דין
377	C3.19frag:3	.. ... בגנזא[...] [...	]לי	לאׄ.. אלך[...] [...]. וך
378	C1.1:22	[.... י]היבא אזלת	לי	לביתי
379	B2.6:3	אנה [א]תית ביתך למנתן	לי	לברתך מפט<ח>יה לאנתו הי
380	D7.44:11	טֹ[מא] כען אל[תהושרו]	לי	ל[חם ...]
381	D7.44:4	לכם לם אל תהושרו	לי	לחם ולא הו חתם הלו כל
382	A2.4:12	לי חפנן 2+3 אל תצפו	לי	לכן אנה יצף לשלמכן שלחת
383	D7.29:4	על כסף מרזחא כן אמר	לי	לם לאיתי כען אנתננהי
384	C1.1:59	[ר]ביא ואמר להם שמעו	לי	לם זנה [א]חיקר רב ...]
385	D7.1:9	לי [אף ה]ו הלו מֹחָר	לי	למאזל [ל]ביתי וינתנו לכי
386	D7.22:4	[...]אחֹ[...] הן	]לי	לשממך של[חת ...] [...]
387	D7.11:1	שלח [...]	לִי	מה [...]. חזי מה [...].ד
388	B2.2:6	וכנותה דיניא וטענוך	לי	מומאה למומא ביהו עלדבר
389	D7.2:6	זי ביב הלו לאיתי	לי	מלח למשח בקמח 1
390	D7.7:1	הושרו	לי	מלח קבן 2 דקק וחצף קפתא
391	D7.24:15	רוֹך ושלחת לה למפרש	לי	מלתא אף שלחת לה למחוה
392	A6.8:8	אמר לא משתמ[ען]	לי	מן ארשם על מרדך פקידא
393	B3.13:4	סאן 3 מן פתפא זי יתנתן	לי	מן אוצר מלכא והן לא שלמת
394	B3.5:5	עלם וזי בניכי זי ילדתי	לי	מן אחריכי והא משחת ביתא
395	B4.2:6	בירח מן פרסי זי ינתנון	לי	מן אוצרא ותכתב לי נבז על

396	B5.5:10	[לי ופתפא זנה זי הוה	לי	מן בית מלכא] ˆ[... ז]יליˇ
397	B5.5:8	[כס]פא זנה ופתפא זי הוה	לי	מן בית מלכא ולא אכהל [אנה
398	D7.42:2	עכׄו אנתתה	ליׄ	מן .. מלה זׄא פׄטׄ[.].אׄ.
399	D6.5fragb:1	...]	]לי	מנ[...] [...].חת ע[...]
400	A3.5:4	לא אמרו	[לי]	מנכן הוית מלא לבתך קדם
401	A2.4:7	כל זי תצבה שלח לי הושר	לי	משכן מסת לבש משך 1 והוי
402	B4.2:6	לי מן אוצרא ותכתב	לי	נבז על כל כסף ומרבי זי
403	B3.9:6	לי אח ואחה לי ואיש	לי	נקום למעבדה ע[בד] ולמשנתה
404	A2.5:4	מן סון שאל לה הושר	לי	ספר ומנדעם וכעת יהתו לן
405	B2.3:25	הי וספר מרחק כתב ויהב	לי	ספרא זך אנה יהבתה לכי
406	C1.1:18	שמה ברי רבא והו יחלף	לי	ספר[....]
407	D7.25:7	כׄל זי [...] [...] לאׄ	לי	עבד[...] [...] אף
408	D7.55:4	אזלת על חוׄ[...] אמר	לי	עבדיׄ .[...]ל[...]
409	B3.1:10	כנתן וכל זון זי תשכח	לי	עד תתמלא בכספך ומרביתה
410	D1.25:1	חיליׄ[... ...] [... ...]חת	לי	עדׄ[... ...] [...].[.]לׄ[.
411	C2.1.4:7	[ב]מׄדי [תמה מכת]רׄן	ליׄ	[עד זי אנה אזל למדי אחר
412	C2.1.5:17	[ל]א עביד מכתׄ[ר	לי]	[עד זי אנה אזל ל]מׄ[די]
413	C2.1.5:23	מנדעם [לא עבד מ]כתר	לי[	עד זי] [אנה אזל למדי]
414	B2.3:23	בר חרשין חרזמיא כתב	לי	על ארקא זך כזי רשה עליה
415	B2.8:6	במומאה דכא זי עבדתי	לי	על נכסיא אלך ורחקת מנכי
416	B2.7:3	סון בדמוהי וספר כתב	לי	עלא ויהבתה למפטחיה ברתי
417	B3.9:4	זי יהבת לי וספר כתבת	לי	עלא לא אכהל אנה אוריה
418	B2.2:8	תחומי ארקא זך זי ימאת	לי	עלדברה ביתי ˆאנהˇ דרגמן
419	B7.3:5	[בר פ]מט זי אנת רשה	לי	ע[ליה לם] פלגה זילי הו
420	B2.8:5	מטאה עליכי וימאתי	לי	עליהם בסתי אלהתה וטיב
421	B2.8:8	נכסיא אלכי זי ימאתי	לי	עליהם הן גריתכי דין ודבב
422	B7.1:6	נונין או דמיהם זי תמא	[לי	עליהם ....]
423	B8.9:2	[...]אה... דׄין לא אׄיתי	לׄי	עמהם על זנה טעמׄ[א ....]
424	B8.9:6	[.. לא אי]תׄיׄ	לי	עמהם על זנה טעמא]
425	B5.6:11	עלא כת[יב]לא איתי	לי	עמך [....
426	B1.1:12	מן בלעדי מלת מלך ונתנת	לי	פמ[טן]חקלי כסף ש 2 תקל
427	D7.39:8	[...].. בסון ושלח	לי	פתגם ולא .ל..תׄי אׄף
428	B3.13:5	זי מנעל כתיב כזי יתנתן	לי	פתפא מן בית מלכא אחר אנה
429	B1.1:9	אמס במלאתא ואלקח	לי	קבלׄךׄ ו ולׄכל זי י[ד]חנך
430	C1.1:2	[...]אמר ברא לם יהוה	לי	קדמת מלוהי [ר]בׄה אחיקר
431	C2.1.5:20	זך מרדיא [זי לא] [שמען	לי	קטל] אחר והומס אזל
432	B2.2:13	לי וברה לי ˆאח ואחה	לי	קריב ורחיקˇ על ארקא זך
433	B5.5:5	בר לי וברה לי אח ואחה	לי	קריב ורחיק [ירשנכי דין
434	D7.24:15	הלו מלת ספר הי זי שלח	לי	רׄוׄךׄ ושלחת לה למפרש לי
435	D7.10:8	[...] [...]רא אף הושרו	לי	שׄ[....] [...] ואכתב
436	C1.1:140	אמר לנכריא [ברי] הׄוה	לי	שהד חמס ומן אפו צדקני %%
437	A4.3:10	שלח אנה עליכם הו אמר	לי	שלח אגרת קדמתי [..]לו חסרן
438	D7.56:12	נתירה עמהון וינתנון	לי	שלטנא בה לזבנותה כען
439	A2.2:16	יהב לכי רעיה עמר שלחי	לי	שלם תטסרי אזדהרי בה
440	A6.6:1	[שגיא הוש]רת לך תנה	[לי	שלם אף תמה לך אל]היא שלם
441	D22.51:4	ואלה מצרין זי ישמן	לי	שלם ורחמן ..[.]....[...] מן
442	D7.16:5	ועל שמעיה כען החלפי	לי	שערˆךˇ ובעי 1 ואחט המו
443	D7.45:7	[...] [... ...].ט[...] הושר	לי	שערן קב 1 ושחליׄן טב
444	D7.47:8	ידׄה [...] הושרתם	לי	[...]ת לכם לאדׄכלˆיˇ

לך

445	A6.14:4	בבאל כן עב[דו] כזי	לי	תחדון אף הא שנן שגׄיׄא זי
446	D7.7:6	קפתא עלוהי אף חזי אפק	לי	תלי וכתון 1 הן יעדׄרׄן
447	C1.1:72	[....] הוה מסבל	לי	תמה כע[בד ....
448	D1.11:1	[מר]אתי א[... ...]שלם	לי	תנא שלם[... ...] [... יה]בת
449	A2.2:13	לכן וכעת הושרי	לי	תקם חפנן 2+3 והוי יהבת
450	B2.1:3	אנה אתית עליך ויהבת	לי	תרע ביתא זילך למבנה אגר 1
451	A6.10:10	וגסת פתגם יתעבד	לך	[אר]תחי ידע טעמא זנה
452	A6.8:4	תשתאל וגסת פתגם יתעבד	לך	בגסרו ידע טעמא זנה
453	C2.1.11:73	יק[ללנך וזרע לא יהוה	לך]	דריהוש [מלכא כן אמר אלה
454	D7.24:13	לם [....] אגרתא זי שלח	לך	מיכׄ[יה] הלו מלת ספר הי
455	B7.1:5	[פרסן .... לא אנתן	לך]	[.... אנת]ןׄ לך כל נונין
456	A5.1:3	מן קדמן בצבו זי תהוׄיׄ	לך	[.... איך בי]תך עביד אנה
457	D1.31fragb+c:4	אסׄרטיס [...] [...].ר	לך	..[...]לם דׄמי[...] [...
458	D2.14fraga:1	[... ... ...]	לך	[... ...]בר ...ךׄ
459	D2.14fragb+c:1	[... ...]	לך[	... ...] [... ... ...]כרשן
460	B3.6:8	ברתך זי ילתי לי ינתן	לך	אבגרן כסף כרשן
461	B3.13:7	אנה ענני אשלם ואנתן	לך	אבגרנא זי מנעל כתיב בין
462	B3.9:7	ולמעבדה עבד ינתן	לך	אביגרן כסף כרשן תלתין
463	B2.11:10	זי מטאך בחלק אחר ננתן	לך	אביגרנא כסף צריף כרשן
464	B2.2:13	זך אנת ובר לך וברה	לך	אח ואחה לך קריב ורחיק זי
465	A6.6:1	לך תנה [לי שלם אף תמה	לך	אל]היא שלם ישמו ו[כעת
466	C1.1:81	לוׄ[ת] פמך אשתמר	לך	אל יהוה טרפי[הם] מן כל
467	C1.1:85	כצפׄה מן ברק אנת אשתמר	לך	אל יחזׄנׄהי על אמׄריך
468	B3.4:20	יגרנך ויגרה לבר וברה	לך	אנחן נקום ונפצל ננתן לך
469	B5.4:6	[זנה זי כתבת] ויהבת	לך	אנתן לך כסף כרשן [20
470	B3.8:25	ותאמר לה שניתך לא אהוה	לך	אנתת כסף שנאה בראשה מהרה
471	B5.4:3	[זנה זי כתבת] ויהבת	לך	אף לא אכל אמר אנה [אהנצל
472	D1.12:12	א[...] [...]הוש[רת]	לך[	א]ף כן ה.[....]..[...]
473	C1.1:19	[צב]ית עזקה יהוה	לך	אף חכמתי ועטׄ[תי
474	C1.1:51	ובאישׄתׄ[א] לא עבד	לך	אף שגיא סנחאריב מלכא
475	C1.1H:7	[ ]קרבתך[...] לא עבד[	לך	א]ף שגיא ס[נחאריב ...]
476	B2.4:14	דין ודבב ואמר לא יהבת	לך	ארקא זך למבנה ולא כתבת לך
477	B2.4:5	כען אנה מחסיה אמרת	לך	ארקא זך בני ועתדׄ
478	C1.1:87	[ט]בׄת מלך הן פקיד	ˆלךˇ	אׄשה יקדה הי עבק עבדהיׄ
479	D7.20:7	ידניה כענת הלו שלחת	לך	אתמל בשם הודויה בר
480	D7.33:2	אׄחׄיׄ כענת ולדא על	לך	אתמל עדבר ספא 1 וגרשא
481	B1.1:11	[ו]הן לא קמת ונקת ונתנת	לך	אתננהי לך מ[ן]חלקי למלך
482	A4.9:2	אמרו לי זכרן לם יהוי	לך	במצרין לממר {{קד}} קדם
483	B4.2:4	1 וירחא זי לא אנתן	לך	בה מרבית יהוה ראש וירבה
484	B3.6:13	לאבוה כזי הוין עבדן	לך	בחייך ˆאנחןˇ {{הן קמן}}
485	C1.1:105	עליך ולבבי זי יהבת	לך	בחכמה [.... י]הבת שמי
486	D7.57:4	אחי בכל עדן וכעת שלחת	לך	ביד אחוהא זי תם אנתת
487	B7.1:4	[דיניא] [וטעינת מומא]ה	לך	ביהו אלהא כזי נונן לא
488	B3.4:20	אנחן נקום ונפצל וננתן	לך	בין יומן 10+20 והן לא
489	B4.5:6	ארב[עה לא ש]למת יהבת	לך	בין ירח
490	B7.1:7	[ ]לך הן לא יהבת	לך	בין יומ[ן
491	B7.2:10	לא לקחת והן [לא] קרית	לך	בין מקמיא אלה [3+]1 אף
492	B3.4:21	פצלן אנחן ובנין ננתן	לך	בית לדמות ביתך ומשחתה
493	B3.4:4	לאמר אנחן זבן ויהבן	לך	ביתה זי אפולי בר מסדי

No.	Ref.			
494	B3.12:12	לאמר אנחנה זבן ויהבן	לך	ביתן זי זבן מן בגזשת בר
495	B3.12:3	פתו כל 2 זבן ויהבן	לך	ביתן זי זבן בכסף מן
496	B4.3:12	]	[לך	במנין [ב]בית מל[כא וקדם
497	B4.4:14	[מנעלא ....]	לך	במנין בבית מלכא וקדם ספרי
498	B3.13:9	מנעל כתיב והן לא שלמו	לך	בני ואדרנגי כספא זנה זי
499	B3.10:12	ענני בר עזריה יהבתה	לך	ברחמן מבני בי תחתי אחד
500	B3.11:9	לחנא לא אכהל אמר יהבת	לך	ברחמן פסשדת על ספר
501	D7.21:3	עבדך גדל שלם וחין שלחת	לך	ברכתך ליהה ולחנ־ו־ם כען
502	B3.7:14	ברא אנה ענני יהבת	לך	בתיא אלה ברחמה ^לא^ אכהל
503	B5.6:5	ברה כל .... 3 זי	לך	המו עם [.... מן יומא זנ]ה
504	A6.10:8	הוו עבדן כן ידיע יהוי	לך	הן מן גרדא או מן נכסיא
505	A6.8:3	כן יד[י]ע יהוה	לך	הן פסמש[ך] אחר קבלת מנך
506	B7.1:7	....]	[לך	הן לא יהבת לך בין יומן
507	D23.1.Vb:5	ל.... א....ו	לך	הנח....ך .. וה̇ן לא
508	C1.1:108	הו [י]לקח זילה וינתן	לך	הקימני אל בצדיק עמך
509	B2.2:13	על ארקא זך אנת ובר	לך	וברה לך אח ואחה לך קריב
510	B3.4:14	מנה ולא נכהל נגרה לבר	לך	וברה ולמן זי צבית למנתן
511	B4.1:4	ול.. ו[לא אכל אמר] לבר	לך	וברה יתלי ע]ליכם מדעם
512	B5.3:4	[ירשנך דין וירשה]לבר	לך	וברה̇ [בשם
513	B1.1:10	אקנס אקם ואנקה ואנתן	ל[ך	ו]הן לא קמת ונקת ונתנת
514	B4.2:7	כסף ומרבי זי אהוה משלם	לך	והן לא שלמת לך כל כספך
515	A4.7:3	חד אלף וחין אריכן ינתן	לך	וחדה ושריר הוי בכל עדן
516	A4.8:3	[כען וחין] אריכן ינתן	לך	וחדה ושריר הוי בכל עדן
517	B3.12:25	ביתא זנה זי זבן ויהבן	לך	ויהבת לן דמוהי כסף וטיב
518	B3.4:5	לא אחד אנחן זבנהי	לך	ויהבת לן דמוהי כסף כרש 1
519	A2.4:5	מכבנת שלם וחין שלחת	לך	וכעת הן מטאך סרחלצה שלח
520	A3.3:1	שלם ושררת [הושרת	[לך]	[וכעת] מן יום זי אזלת
521	A3.8:1	שלם ושררת שגיא הושרת	ל[ך	וכעת ....] ....
522	A6.16:1	שלם ושררת שגיא הושרת	לך	וכע[ת אנ]ת אתנצח[....]
523	A6.3:1	שלם ושררת שגיא הושרת	לך	ו[כעת פס]משך שמה בר
524	A6.4:1	ושררת שג[י]א הושרת	ל[ך	וכעת דשנא מ]ן מלכא ומני
525	A6.5:1	שלם [ושררת שגיא הושרת	[לך	וכע[ת שלם בזנה קדמי אף]
526	A6.7:1	שלם ושררת שגיא הושרת	ל[ך]	וכעת בזנה קדמי שלם אף
527	B3.6:14	אחרי מותך אנחן נחוב	לך	ולזכור ברך אבגרן כסף
528	B2.11:10	ובני או נרשה לבר וברה	לך	ולאנש זילך עלדבר פטוסירי
529	B3.12:30	ויהבן לך יחוב וינתן	לך	ולבניך אביגרן כסף כרשן
530	A6.8:2	זילי זי פסמשך יאמר	לך	ולחילא זי לידך זכי אשתמעו
531	B3.4:15	ודבב וגרין לבר ובברה	לך	ולמן זי צבית למנתן אנחן
532	A6.15:9	זילי עבידה לא אית	לך	ומה זי לקחת נכס[ן] מן
533	B7.1:4	חמצ[ת מנך והן לא ימאת	[לך]	[ומן מומאה] אתוב או
534	B2.7:9	ביתא זך זי אנה יהבת̇	לך	וספרא כתבת לכי עלא זי
535	B3.4:11	כל 2 אנחן זבן ויהבן	לך	ורחקן מנה מן יומא זנה ועד
536	B3.4:13	זנה זי אנחן זבן ויהבן	לך	ורחקן מנה ולא נכהל נגרה
537	B2.7:16	אלהא זך ביתא יהבתה	לך	ורחקת מנה דילכי הו עד עלם
538	C1.2:5	יומן חמ[שה]הו יחלף	לך	ושביא זי שבית בזא שנתא]
539	B4.2:3	עד יום זי אשלמנהי	ל[ך]	ותהוה מרבית כספך חלרן
540	B2.7:12	ספרא זי אנה כתבת ויהבת	לך	זי ינפק עליכי ספ<ר> לא
541	C1.1:169	ענו אמריא ואמרו לה שא	לך	זי ת[נ]שא מנן אנחנה
542	A3.1:R4	שלחת לנבונתן הן אית	לך	חמרן 10 ישבקון המו א[.]
543	B1.1:2	לאחא בר חפיו נתנת	לך	חקלי אשלן [....] בקריה
544	B2.11:12	זך זי מטאך בחלק	לך	יהוה וזי בניך אחריך ולמן
545	B3.12:29	ביתא זנה זי זבן ויהבן	לך	יחוב וינתן לך ולבניך
546	B3.4:18	הן גרוך וגרו לבר וברה	לך	ינתנון לך כסף כרשן 20
547	B4.2:5	ראש וירבה ואשלמנהי	לך	ירח בירח מן פרסי זי
548	B4.1:2	לא[מר אנה לא]אכל אמר	לך	יתלי עליך כסף וחטן ושערן
549	C1.1:48	תמה הוית מסבל	לך	כאיש עם אחוהי והצפנתך מנה
550	C1.1H:5	הות אתור כלא [מ]ס[בל	לך	כאיש עם אחוהי ...] אח[רנן
551	B3.1:17	אנת משלם שליט למלקח	לך	כל זון וערבן זי תשכח להם
552	B3.1:9	ובניך שליטן למלקח	לך	כל ערבן זי תשכח לי בי זי
553	B4.2:7	משלם לך והן לא שלמת	לך	כל כספך ומרביתה עד ירח
554	B7.1:6	[אנתן לך] [.... אנת]ן	לך	כל נונין או דמיהם זי תמא
555	C1.1:52	אנת לקבל זי אנה עבדת	לך	כן אפו עבד לי אל תקטלני
556	C1.1H:8	ל[ק]בל זי[אנה עבדת	לך	כן אפו ...] א[סר]חאדן]
557	B3.13:5	מלכא והן לא שלמת ויהבת	לך	כנתיא אלך זי מנעל כתיב
558	B3.13:4	בר חגי אשלם ואנתן	לך	כנתניא אלך כפ
559	A3.8:4	עמך על זי [י]נתן	לך	כסף כ[ר]שן 2+3 וכתב להם
560	B2.1:7	זך זילך הן כליתך אנתן	לך	כסף כרשן 2+3 באבני מלכא
561	B2.2:14	בשמי ^על^ ארקא זך ינתן	לך	כסף כרשן 20 הו עשרן
562	B2.4:15	לך ספרא זנה אנה אנתן	לך	כסף כרשן 10 באבני מלכא
563	B3.13:6	אנה ענני אחוב ואנתן	לך	כסף אבגרן כרש חד 1 כסף
564	B3.2:8	ורחקת מנך אנתן [2+3]	לך	כסף כרשן 2+3 הן גרך אח
565	B3.4:15	צבית למנתן אנחן ננתן	לך	כסף כרשן 20 כסף זוז
566	B3.4:18	לבר וברה לך ינתנון	לך	כסף כרשן 20 כסף זוז לו10
567	B4.4:15	אנחנה נחוב	לך	כסף כרשן 100×1 כסף זו[ז
568	B5.3:1	....]	ל[ך	כסף כרשן
569	B5.3:5	ינתן]	לך	כסף כרשן . כסף]ר 2 לו10
570	B5.4:6	[זי כתבת] ויהבת לך אנתן	לך	כסף כרשן [20 באבני מלכא
571	D23.1.II:10	חרא ל.[...] המ[...] אנתן	לך	כסף כרש [1 ו]ענת̇
572	B2.1:13	מלחא הן כליתך אנתן	.לך	כספא זי כתיב מן עלא ואנת
573	B2.5:0	[והן לא יהבת	[לך]	כספא זנה זי כתיב
574	B3.1:15	בני המו ישלמון	לך	כספא זנה ומרביתה והן לא
575	B3.1:16	ומרביתה והן לא שלמו	לך	כספא זנה ומרביתה אנת
576	B3.13:8	מאתת ולעד שלמת ויהבת	לך	כספא זילך זי מנעל כתיב
577	B3.13:9	אחר בני ואדרנגי ישלמון	לך	כספא זי מנעל כתיב והן לא
578	B4.5:4	אמך אנה נת[ן אשל]ם	לך	כספא זנה כרש חד ארבעה עד
579	B3.4:22	ולא כהלן פצלן ננתן	לך	כספך כרש 1 שקלן 1+3
580	D7.22:2	מיכ[יה ...] [....]	לך	כענת ש[...] [....] הוית
581	B3.2:9	זנה אנה אפצל ואנתן	לך	כתב בוני בר מנכי כפם
582	A3.8:8	אזל על ביתאלתדן וינתן	לך	כתון שטטן [1] ואסה 1
583	A3.8:5	כספ[א] ברבא ולא [..]בו	לך	לאמר הב ערבן זבן ביתא זי
584	D6.7fragOc:2	פקיד ורפש[...] [...]מר	לך	להן חילכיא .[...]
585	B3.1:11	ומרביתה ולא אכל אמר	לך	^לם^ שלמתך בכספך ומרביתה
586	A3.10:5	כסף כרש 1 זי אנה יהבת	לך	למזבנה עבור ליתמא כל כסף
587	D1.12:15	[.... ...] [....הו]שרתה]	ל[ך	לםן]טרק
588	B3.4:7	ביתא זך זי אנחן זבן	לך	לעליה לה בית שתבר לתחתיה
589	D7.14:9	[ ]ה לם חוני [...] ואנתן	לך	מ[...] אמרת הן
590	B2.6:4	יומא זנה ועד עלם יהבת	לך	מהר ברתך מפטחיה [כסף]
591	B3.8:4	יומא זנה עד עלם ויהבת	לך	מהר אחתך יהוישמ־ע־ כסף

No.	Ref	Context	Word	Context
592	B6.1:4	יומא זנה עד על[ם ויהבת	לך	מהר ברתך .... כסף כרש 1
593	B3.12:17	ביתא זי זבן ויהבן	לך	מועה שמש לה ביתך אנת
594	B3.12:9	ביתא זי זבן ויהבן	לך	מועה שמש לה ביתה זי יהבת
595	A6.16:5	אלהיא שלם ישמו	לך	מן ארתחי על נחתחור
596	B1.1:11	ונקת ונתנת לך אתננהי	לך	מ[ן]חלקי למלך מן בלעדי
597	B3.12:15	משחת ביתא זי זבן ויהבן	לך	מן מועה שמש למערב ארך
598	B3.12:7	משחת ביתא זי זבן ויהבן	לך	מן מועה למערב שמש {למערב
599	B3.13:10	שליט בערבני למחד ותלקח	לך	מן בי זי לבנן עבד ואמה
600	C1.1:191	ידע את[רה ...] הן יפקד	לך	מראך מין למנטר [אל]
601	B2.4:14	ארקא זך למבנה ולא כתבת	לך	ספרא זנה אנה אנתן לך כסף
602	B3.12:31	תנתן לה רחמת אף יהבן	לך	ספרא עטיקא זי כתב לן
603	D7.24:1	כענת הלו כן שלחת	לך	ספר̇[א] זנה באלף פמהן לם
604	B7.2:7	בדינא אנה מלכיה אקרא	לך	על חרמביתאל אלהא בין
605	D7.13:14	ובאלף חכרט״ס˜ [....].ן	לך	על פוחרב אמר [....
606	B4.5:2	[.... לא]מר איתי	לך	עלי כסף כרש̇[חד שקלן
607	B4.5:3	במנין 3+3[+1 איתי	לך	] עלי מן קצת כסף דמי בית
608	B5.6:7	עביד	לך̇	ע̇ליהם̇ [זי]לך המו עם כל
609	C1.1:94	[חמרא]לם̇ שלם יהוי	לך	ענה חמרא ואמר לאריא[ ]
610	B1.1:15	אצל חקלי מנך ואית	לך	פמטן וחוב על[י]אלה שהדיא
611	B3.11:7	ענני בר עזריה יהבתה	לך	פסשדת קבל זי לא ˆכתב על
612	B3.12:9	שמש לה ביתה זי יהבת	לך	פסשדת {{על ספר אנתותה זי
613	A4.7:27	זך יתבנה וצדקה יהוה	לך	קדם יהו אלה שמיא מן גבר
614	A4.8:26	זך יתב[נה וצדקה יהוה	לך	קדם יהו אלה] שמיא מן גבר
615	B5.4:5	[קבלת עליך ועל] בר וברה	לך	קדם סגן ומרא ל[העדיה מנך
616	B2.2:13	ובר לך וברה לך אח ואחה	לך	קריב ורחיק זי יגרנך בשמי
617	D7.8:2	אוריה כען הלו תאתא זי	לך	רבתא מטאת למגז עמרא זילה
618	C1.1:193	קרב עלי ואל יאמ̇ר	לך	ר[ח]ק מני [.... ....
619	B4.2:10	לירח עד יום זי אשלמנהי	לך	שהדיא עקבן בר שמשנורי
620	A3.8:10	שלח עלי והן לא יהב המו	לך	[ש]לח עלי כען הן נחת אנת
621	A3.8:10	1 סחיק וכזי ינתן המו	לך	שלח עלי והן לא יהב המו לך
622	A3.4:2	[שלם ושררת שגיא הושרת]	לך	שלם גלגל תנה שלם ינקיה
623	D1.5:1	[... ...]ן [... ... ש]לחת	לך	שלם [... ...]ל[.] [... ...]אל
624	D23.1.VIII:9	[...].[.]...[.].[.].	לך̇	ש̇.ן̇ שפרן̇ ז̇ילה
625	D1.27:2	א[..].ר̇ י.[..] ב[...] [...	]לך	ת...ה[...] [... ...] אל
626	C1.2:6	שבית בזא ....] [....	]ל̇ך	תהך ותשתה[...]באלך
627	A6.6:1	[שלם ושררת שגיא הוש]רת	לך	תנה [לי שלם אף תמה לך
			לכי	
628	B3.5:6	זך זי אנה ענניה יהבת	לכי	תמת מן פלג תרי רבתא
629	D4.6:5	[...]כען [...] [...	]לכי[	...] [...]..תה[..]
630	B3.10:20	עליכי ועל בניכי ינתן	לכי	אביגרן כסף כרשן 10+20
631	B5.5:11	[זי] כתיב מנעל [ינתן	לכי	אביגרן כסף כרשן 2 כתב
632	B5.5:6	[זנה זי] יהבת לכי ינתן	לכי	אביג˜ר˜ן כסף כרשן 2
633	B2.7:5	השכחת כסף ונכסן לשלמה	לכי	אחר אנה יהבת לכי לביתא
634	B2.3:20	דין ודבב ואמר לא יהבת	לכי	אנה אנתן לכי כסף כרשן
635	B2.3:25	לי ספרא זך אנה יהבתה	לכי	אנתי החסנהי הן מחר או
636	B4.6:10	1 [ש 1] [ואשלמן	לכי]	א[נתי] סלואה [ולבני]כי
637	D7.3:3	קטין̇[.] [כ]זי אמרת	לכי	אנתתא ש̇[...] [אז]לי
638	B2.3:3	ברתה לאמר אנה יהבת	לכי	בחיי ובמותי בי 1 ארק
639	B2.3:8	זנך ארק אנה יהבתה	לכי	בחיי ובמותי אנתי שליטה
640	B3.10:2	ברתה לאמר אנה עשתת	לכי	בחיי ויהבת לכי קצת מן
641	B3.6:3	למשלם לאמר אנה עשתת	לכי	בחיי אזת שבקתכי במותי
642	B3.11:2	ברתה לאמר יהבת	לכי	בי חד מבני בי תחתי אחד
643	B3.7:3	לאמר אנה ענני י[הב]ת	לכי	בי חד ב̇נ̇ה̇ אחד גשורן
644	B3.7:12	[ ].. אנה ענני [יה]בת	לכי	ביתא זנה ופלג תחית ופלג
645	B3.5:12	אנה ענניה יהבתה	לכי	ברחמן לא אכהל אנה ענניה
646	B3.5:4	אנה ענניה יהבתה	לכי	ברחמן זילכי הו מן יומא
647	B5.5:3	1 אנה מפטחיה יהבת	לכי	ברחמן לקבל סבול [זי
648	B2.8:8	ודבב אנתי ובר וברה	לכי	בשם נכסיא אלכי זי ימאתי
649	B3.10:3	ודמוהי יהבת יהבת˜ה˜	לכי	דרירסי הו מועה שמש מן
650	D7.43:8	אזלי [....] ותנתן	לכי	[...]ה אף כסה 1 [...] כען
651	B3.10:22	ספרא זנה זי אנה עבדת	לכי	הו מיצב כתב חגי בר
652	B3.11:16	זי אנה ענני כתבת	לכי	הו יצב כתב חגי בר
653	B2.3:12	ודבב אנתי ובר וברה	לכי	ואיש זילכי בשם ארקא זך
654	B2.3:13	בשם ארקא זך זי יהבת	לכי	ויקבל עליכי סגן ודין
655	B2.3:13	עליכי סגן ודין ינתן	לכי	ולבניכי כסף כרשן 10 הו
656	B3.11:13	ובמותי יחוב וינתן	לכי	ועל בניכי אביגרן כסף
657	B2.7:7	אחרוהי זנה ביתא יהבתה	לכי	ורחקת מנה דילכי הו
658	B5.5:5	ז̇[י] א̇נ̇ה̇ י̇[הבת	לכי	זי כתיב] ב̇ס̇פ̇ר̇[א]
659	B3.7:16	בת˜י˜א זי כתבת ויה[בת	לכי	ינתן ליהוישמע] ברתי
660	B5.1:6	במנתא זכי זי יהבן	לכי	ינתן לכי כסף כרשן 2+3
661	B5.5:6	[בשם כספא זנה זי] יהבת	לכי	ינתן לכי אביג˜ר˜ן כסף
662	B2.3:21	לא יהבת לכי אנה אנתן	לכי	כסף כרשן 10 באבני מלכא
663	B2.7:11	דגל ובעל קריה ינתן	לכי	כסף כרשן 10 ובית אם
664	B3.5:15	זך אנה אחוב ואנתן	לכי	כסף כרשן 2+3 הו חמשה
665	B3.5:16	אחרן יגרנך דין ינתן	לכי	כסף כרשן 20 וביתא אפם
666	B5.1:6	זכי זי יהבן לכי ינתן	לכי	כסף כרשן 2+3 ומנתכי
667	B5.5:3	[דגלא ל]אמר אנה יהבת	לכי	כסף שקלן 3+3 הו שתה
668	D1.12:7	לעלא̇[...]ינת	לכי	כסף[...]ˆ [... ...]הב לי
669	D23.1.II:14	לא א̇ת̇נתן	לכ̇י̇	כ̇ס̇ף̇ כ̇ר̇ש̇ן̇ 100×1
670	B4.6:7	ה̇ן לא [שלמת]ויהבת	לכי	כספא זנה [ש]קלן 2 [הו]
671	B5.1:5	[ל]אמר לא אנחן יהבנה	לכי	לא יכל אח ואחה בר וברה
672	B2.7:2	ברתה לאמר אנה יהבת	לכי	לביתא זי יהב לי משלם בר
673	B2.7:5	לכי אחר אנה יהבת	לכי	לביתא זנה חלף נכסיך אלך
674	A2.2:8	כסף ש 1 וכעת הן יהב	לכי	נקיה וגזתה שלחי לי והן
675	B2.7:6	כסף כרשן 2+3 ויהבת	לכי	ספרא עתיקא זי כתב לי
676	B4.6:5	מנחם אנתננה ואשלמן	לכי	עד 10+20 לפרמתי שנת
677	B2.7:9	יהבת לך וספרא כתבת	לכי	עלא זי יגרנכי דין ו<ד>בב
678	B4.6:3	ברת סמוח לאמר איתי	לכי	עלי כסף ש 2 הו [כס]ף
679	B3.5:9	ביתא זך זי אנה יהבת	לכי	עליה לה חלקא זילי אנה
680	A2.2:7	שלחי על תבי ותושר	לכי	עמר מן קצתה זי כסף ש 1
681	A2.2:9	וגזתה שלחי לי והן יהב	לכי	עמרה זי על מכי שלחי לי
682	D7.1:10	למאזל [ל]ביתי וינתנו	לכי	ענז 1 עד אמטאנך כען חזי
683	B3.5:3	אנתתה לאמר אנה יהבת	לכי	פלג תרי רבתא ותונה זי
684	B5.1:2	ברת שלומם אנחן יהבן	לכי	פלג מנ[ת]א זי יהבו לן
685	B3.10:3	עשתת לכי בחיי ויהבת	לכי	קצת מן ביתי זי זבנת בכסף
686	A2.2:16	זי ישכח יזבן והן יהב	לכי	רעיה עמר שלחי לי שלם
687	A2.2:10	מכי שלחי לי והלה יהב	לכי	שלחי לי ואקבל עליהן תנה
688	A2.7:1	אמי ש̇[לם ו]חין שלחת	לכי	שלם אחתי אסורי וזבבו
689	A2.2:11	זית ליקה וכתן ואף	לכי	תקבת 1 שפרת ואף משח בשם

690	לכם	A3.10:2	חזו חלקא זילי זי יאמר	לכם	ארמנתידת למטען בה וזי
691		D7.29:10	דבר עלוהי וינתנהי	לכם	
692		B2.10:15	זך וזי ירשכם דין ינתן	לכם	אביגרנא זי כסף כרשן עשרה
693		B2.10:11	לכם אח ואחה אנתה ואיש	לכם	או גבר זי תזבנון לה ביתא
694		B2.10:14	לבר וברה ואנתה ואיש	לכם	או גברן זי תזבנון לה או
695		B2.9:14	ירשו[ן] דין עלא ינתן	לכם	או לבניכם או למן זי
696		B2.10:10	לא נכהל נרשה לבר וברה	לכם	אח ואחה אנתה ואיש לכם או
697		A4.3:9	הבו לה לא חסרן הו	לכם	בזך שלח אנה עליכם הו אמר
698		B2.9:12	לבניכם ואחיכם ואיש	לכם	ב[ש]ם נכסן וכסף עבור
699		A4.3:7	באישה לא יהשכחון לכם	לכם	ידיע זי חנום הו עלין מן
700		C1.1:61	[ח]ד סריס זילי אנתן	לכם	ˆיתקטלˆ בין טוריא[אל]ה
701		C1.1:66	נכסן אנה אנתן	לכם	כמס[ת
702		B6.4:7	ˆזנהˆ ברחמן יהבת	לכם	כען צבית אהנצל הם הן
703		D2.10:12	[... ...] [... ...]	לכם	ל.[...] [...]אנתום
704		D7.47:9	[...] הושרתם לי [...]ת	לכם	לאדכלˆיˆ
705		A4.3:7	מלה באישה לא יהשכחון	לכם	לכם ידיע זי חנום הו עלין
706		D7.44:3	[... כע]ן אנה [שלח]ת	לכם	לם אל תהושרו לי לחם ולא
707		D7.9:14	וקפרא זי הושרת	לכם	מן יד נהרא וקפירא
708		C1.1:57	[ק]רב[ו] עלי ואנה אמר	לכם	עטתא[זילי]ועטה טבה הי
709		C1.1H:13	[...] עלי ו[אנה אמר	לכם	עט]תא זיל[י ...] ואמרו
710		D7.37:3	[...] בריום מן . [או]שר	לכם	עקן [...]ן הושרו
711	לכן	A2.4:12	חפנן 2+3 אל תצפו לי	לכן	אנה יצף לשלמכן שלחת
712		A2.1:8	תצפי לן לי ולמכבנת	לכן	אנחן יצפן אזדהרי
713		A2.2:13	ולעד אשכח אש למושרתהם	לכן	וכעת הושרי לי תקם חפנן
714		A2.4:11	ולה אשכחת אש למיתית	לכן	וכעת תקם יתו לי חפנן
715		A2.4:11	חטבת ומשח בשם למתיה	לכן	ולה אשכחת אש למיתית לכן
716		A3.3:5	[קדם] ספריא ויתיהב	לכן	כעת כזי תאתון מצרין
717		D7.19:3	[....] עלי לם נ[...]	לכן	לא תעב[ד ...] [..].
718		A2.6:10	[ ]אנחן בען אלף ויתונה	לכן	ל[שלמכי שלחת ס]פרה זנה
719		A2.1:10	אן אשכחת אש מהימן אתה	לכן	מדעם שלם שבתי בר שוג
720	לן	A4.8:29	[אף בזנה] כלא זי עביד	לן	ארשם לא ידע ב20 למרחשון
721		B3.12:31	לך ספרא עטיקא זי כתב	לן	בגזשת ספר זבנתא זי זבן
722		C1.1:58	ואמרו ל[ה אנ]ת לם אמר	לן	נבוסמסכן רביא זי אנת
723		D7.13:16	סדנו [...] לא יהב	לן	[...] מלכיה סון [....]
724		A4.7:18	זי זא באישˆתאˆ עביד	לן	אגרה שלחן מראן ועל
725		A4.8:17	[זי זא באישתא עביד]	לן	אגרה על זנה שלחן שלחן על
726		C1.1:59	רביא זי אנת אמ[ר	לן	אנחנה נשמע]נך קרבתא ע[נה
727		B4.4:17	[....]	לן	אנת שלט למאחד עד תתמלא
728		A2.5:4	ספר ומנדעם וכעת יהתו	לן	ארון ובינבן והן תכלן
729		A4.2:4	פתיפרס א[....] איתי	לן	בזי מצריא שחד להן יהבן
730		A4.5:2	מחבל לא אשתכח	לן	בשנת 1+3+10 דריוהוש
731		D23.1.Va:10	ק[ד]ם מראי מלכא אית[י	]לן	ג[...]
732		B5.1:3	לכי פלג מנ[ת]א זי יהבו	לן	דיני מלכא ורוך רבחילא
733		B3.12:13	הו תרי רבתא זילי ויהבת	לן	דמוהי כסף כרש חד שקלן 3
734		B3.12:25	זי זבן ויהבן לך ויהבת	לן	דמוהי כסף וטיב ˆלבבן בגרˆ
735		B3.4:6	אנחן זבנהי לך ויהבת	לן	דמוהי כסף כרש 1 שקלן
736		B3.12:5	זי ביב הו מהחסן ויהבת	לן	דמי ביתן כסף כרש חד הו 1
737		B3.12:27	בר לן וברה אח ואחה	לן	הנגית והנבג ואדרנג זילן
738		B3.12:27	או רחמת אף לא יכהל בר	לן	וברה אח ואחה לן הנגית
739		B3.4:7	לבבן בדמיא זי יהבת	לן	והא אלה תחמי ביתא זך זי
740		B3.12:32	ספר זבנתא זי זבן	לן	ויהבן לה דמוהי כסף כתב
741		A2.1:7	מלבש אנה וכעת תקם יתו	לן	ונתנהי במשח וכעת אל תצפי
742		A4.5:24	[.... אגור]א זי	לן	זי נדשו ל[....]
743		B3.12:15	לבבן בדמיא זי יהבת	לן	זנה משחת ביתא זי זבן
744		B3.4:17	למנתן ולא יכהל בר וברה	לן	יגרנך זין וזבב בשם ביתא
745		A4.7:30	שמרין אף בזנה זי עביד	לן	ˆכלאˆ ארשם לא ידע ב20
746		A6.1:3	אף נשתונא כתיב יהיב	לן	כעת [....]
747		A3.3:13	אגרתא זא כזי כן שמיע	לן	לאמר תתפטרן [....]
748		A3.3:4	תנה במגדל כן אמיר	לן	לאמר על זנה [....] [קדם]
749		A2.1:8	במשח וכעת אל תצפי	לן	לי ולמכבנת לכן אנחן יצפן
750		A4.7:23	זך למבנה בזי לא שבקן	לן	למבניה חזי בעלי ‖טבתך
751		A4.8:23	[זך למבניה בזי לא] שבקן	לן	למבניה חזי בעלי טבתך
752		C2.1.3:1	[....]זי	לן	לקיחת זך א[נה
753		A2.5:3	תדען זי מדעם לה מפקן	לן	מן סון ואף מן זי נפקת מן
754		A3.9:6	.[....] תנה אל ת[צף	לן	ע]לדבר [..] מלה מלה
755		B3.12:6	לבבן בגו זי לא אשתאר	לן	עליך מן דמיא זנה משחת
756		D7.27:3	[...] [... י]תנתן	לן	פ[.. ...] [...]י הא צררת]
757		C1.1H:14	ואמרו ל[ה אנת לם אמר	לן	...] ענה נˆבˆוס[מסכן
758		A6.1:2	[שגיא ב]כל עדן וכעת	לן	ש[י]ם טעם מנתא לם זי
759		A4.2:2	[כלא] ישאלו בכל עדן שלם	לן	תנה כענת בכל יום זי]
760		A2.5:5	ובינבן והן תכלן תהיתן	לן	תקם יתו ביד חרוץ בר.
761	לנא	D6.8fragf:1	[...]מ[ר]אי יתעשת	לנא	[....] [....]תכם לנשיביתה
762	לכי	D7.5:7	חזי עקא זי [הושר]ת	לכי	ביד פמן הבהי [לפטו]סרי
763		D7.5:9	אף בעי גלדא [זי] אמרת	לכי	הלו עליכˆיˆ הו אל יאבד
764		D7.1:2	קויליה ברכת[.] שלחת	לכי	כענת הלו הא[.] נפנא רעיא
765	יתלי	B4.1:2	[אנה לא]אכל אמר לך	יתלי	עליך כסף וחטן ושערן
766		B4.1:4	[אמר] לבר לך וברה	יתל[י	ע]ליכם מדעם מכל
767	.לה	A4.5:16	[....]מ[...]בגו	[.]לה	[....] [....] להן
768	שלחלי	D7.21:4	ליהה ולחנˆרˆם כען	שלחלי	לבשא זי עליך ואחטנה
769	לאיתי	A3.8:14	על [....]	לאיתי	עלי כתב ב20+3+3+1
770	לאמר	A3.9:2	[ע]ל דבר אפוחס ואחתה	לאמר	[.... .מט]אני כזי תמטנך
771		B2.9:6	וחוצן עבור ואחרן נכסן	לאמר	אסחור אבוכם לקח מן
772		B3.9:3	רב חילא זי סון	לאמר	ידניה שמה בר תחוא
773		B7.1:2	סון [לדגל	לאמר]	[....] עדבר נונין לאמר
774		D1.2:2	[... ... ...] [... ...].	לאמר]	...] [... ... ...]+4
775		D2.11:4	[... ...] שערן [... ...	]לאמר	[... ...] אנת [... ...]אגר
776		D5.41fragjj:1	...]	]לאמר	...] [...]סן ת.[...]
777		D7.9:11	למכתבה אף כזי תשמעין	לאמר	. שרין יהבן פרס בסון
778		D5.4:3	[...]. לאת[...] [...	]לאמר	א.[...]
779		A4.7:7	רבחיל הוה בסון בירתא	לאמר	אגורא זי ביב בירתא
780		A4.8:6	[רבחיל הוה בסון בירתא	לאמר	אגורא] זי יהו אלהא ביב
781		B2.4:3	בר אוריה בזכם דגלא	לאמר	איתי ארק בי 1 זילי מערב
782		B2.9:5	פרתרך וידרנג רב חילא	לאמר	אית[י] נכסיא לבשי קמר
783		B4.5:2	זי סון לדגל [....	לא]מר	איתי לך עלי כסף כרש]
784		B4.6:3	לסלו[אה] ברת סמוח	לאמר	איתי לכי עלי כסף ש 2 הו
785		B8.5:14	מלל על מראן	ל[אמר]	[... .]אלהא [....
786		B2.1:3	זי סון לדגל וריזת	לאמר	אנה אתית עליך ויהבת לי
787		B2.3:3	לנשן מבטחיה ברתה	לאמר	אנה יהבת לכי בחיי ובמותי

No.	Lemma	Ref	Preceding	Keyword	Following
788		B2.6:3	זי סון לדגל וריזת	לאמר	אנה [א]תית ביתך למנתן לי
789		B2.7:2	וריזת למפטחיה ברתה	לאמר	אנה יהבת לכי לביתא זי
790		B3.10:2	לנשן יהוישמע ברתה	לאמר	אנה עשתת לכי בחיי ויהבת
791		B3.12:3	ברתא לדגל נבוכדרי	לאמר	אנה 1 תפמת ברת פתו כל
792		B3.13:2	זי סון לדגלא זך אפם	לאמר	אנה אתית עליך בביתך
793		B3.3:3	זי סון לדגל וריזת	לאמר	אנה אתית עליך למנתן לי
794		B3.5:2	בירתא לנשן תמת אנתתה	לאמר	אנה יהבת לכי פלג תרי
795		B3.6:3	ידה בימן כדנה למשלם	לאמר	אנה עשתת לכי בחיי אזת
796		B3.7:3	ברי אמה תמ[ת]אנתתי	לאמר	אנה ענני י[הב]ת לכי בי
797		B3.8:2	זי סון לדכם דגלא	לאמר	אנה אתית על[יך בבי]תך
798		B4.1:1	ששר לשלמם בר גלגל	לא[מר	אנה לא]אכל אמר לך יתלי
799		B5.2:3	לזכם דגלא	ל[אמר	אנה] גריתך בדין
800		B5.5:2	לזכם [דגלא	ל]אמר	אנה יהבת לכי כסף שקלן
801		B6.1:3	[....]	לאמר	אנה אתית עליך בביתך
802		B3.4:3	עזריה לחן ליהו אלהא	לאמר	אנחן זבן ויהבן לך ביתה
803		B2.11:2	זי סון לדגל ור[יז]ת	לאמר	אנחנה אשתוין כחדה ופלגן
804		B2.9:4	יהודין לזכם דגלא	לאמר	אנ[ח]נה רשינכם בדין נפא
805		B3.12:12	בר חגי בר בסס	לאמר	אנחנה זבן ויהבן לך ביתן
806		B7.2:4	לדג[ל] מרי[	לא]מר	[א]נת קב[לת עלי] בנפא
807		D1.24:1	שלחת אגרתא ז[א ....] כן	לאמר	אף ..[....] אלהא שזבך
808		B7.3:4	ובענתיהו ו[ימא לה]	לאמר	אתנא זי ביד פ[מסי בר
809		D23.1.Va:11	נכוא ..שן לחין	לאמר	ה[...]. סנחרו .ל.עי
810		A3.8:5	ברבא ולא [..]בו לך	לאמר	הב ערבן זבן ביתא זי
811		A3.7:4	[.]אמר לי יאוש	לאמר	הבה בזהב אל מראתי שלוה
812		B5.6:2	צחא בזכם הנ.ה	לאמר	הוטבת [לבבי ....
813		D7.9:5	זי על דרעה הלו כן שלח	לאמר	זי לא ישכחן עלימתה
814		B7.1:3	עדבר נונין [....]	לאמר	חמצת מני ושא[ילת קדם ...
815		B3.1:3	יהודי זי יב בירתא	לאמר	יהבת לי זפת כסף שקלן
816		B3.11:2	ברתא ליהוישמע ברתה	לאמר	יהבת לכי בי חד מבני בי
817		B3.2:3	[ ]לחן ליהו ביב	לאמר	יהבת לי כסף שקלן 2+3
818		B4.3:3	[.... זי תחפנס נגיא	לאמר	יהבת] עלידן שערן [ארדבן
819		B4.4:3	[זי] [ת]חפנס נגיא	לאמר	יהבת על ידן שע[רן ארדבן
820		B4.7:2	אשמרם ב[.....]	ל]אמר	יהבת לי ....]+3 לכסף
821		B2.2:4	בבירת יב לדגל וריזת	לאמר	ימאת לי ביהו אלהא ביב
822		B7.2:8	אלהא בין [מ]קמן 1+3	לא[מר]	כחסן בביתך [לא] עלת
823		A5.2:8	[ ] דנה קדם מראי שלחת	לאמר	כעשק עביד לי וכע[ת הן
824		B2.1:12	לא אכהל אמר למחסה	לאמר	{{לא}} תרעא זך לא זילך
825		B3.6:13	ˆאנחן˘ {{הן קמן}}	לאמר	לא נסבלנך כזי יסבל בר
826		B5.1:5	נכל נגרכי במנתא זכי	[ל]אמר	לא אנחן יהבנה לכי לא
827		A2.3:6	וכעת זי מלתי ˆלבתי˘	לאמר	לה שאל על חרוץ כעת מלו
828		B4.2:1	[ל....] בר יתמא	ל[א]מר	נתנת לי כסף שק[לן 3 ר
829		A3.3:4	תנה במגדל כן אמיר לן	לאמר	על זנה [....] [קדם]
830		C3.13:56	חנן בר עזריה[...]	לאמ[ר]	עלדבר פת.[...] [.].לא
831		B2.10:4	רב חילא זי סון	לאמר	רחקת מנכם מן בית יזניה
832		A3.3:13	זא כזי כן שמיע לן	לאמר	תתפטרן [....] אל
833	לדרכי	C1.1:92	כשמש ויקיר הדרה	לדרכי	ארקא בניח[רן]
834	להבעלה	B3.8:33	לא שליטה יהו[ישמע	ל]הבעלה	בעל אחרן בר [מן] ענני
835	להחסנותה	B7.3:7	זילי הו צדיק א[נה	לה]חסנותה	פמסי אבוך לא יהב לי
836		B5.2:4	[צדיק הוה	להחסנו[תה	מן]יתומה וסלואה]

No.	Lemma	Ref	Preceding	Keyword	Following
837	להיתיה	A6.13:5	עם גנזא זי מני שים	להיתיה	בבאל ארתוהי ידע טעמא
838		A5.4:4	צחא זך	להיתיה	ביום 10 לפאוני כעת
839		A4.5:14	[....]יא	להיתיה	מנח[ה ....]
840	להעדיה	B3.11:13	ועל בניכי לסגן ומרא	להעדיה	ביתא זנה מן קדמיכי בחיי
841		B5.4:5	לך קדם סגן ומרא	ל[העדיה	מנך ביתא זנה זי כתבת]
842	להשקיא	A4.5:7	ב[י]רתא ומין לא חסרה	להשקיא	חילא כזי הן הנדיז יהוון
843	לזבנה	D7.1:5	אתה סון עם קנא	לזבנה	אזלי קומי עמה בסון
844		B2.4:6	ביתא זנך לא שליט אנת	לזבנה	ולמנתן רחמת לאחרנן להן
845	לזבנותה	D7.56:13	וינתנון לי שלטנא בה	לזבנותה	כען מ...ד אנה
846	לזעיר	C1.1:136	לא נפקת %% [....	לזעי]ר	זי בעדבך ואל תרגג לכביר
847	לחצלתני	A1.1:7	למשלח חיל	לחצלתני	אל ישבקנ[י
848	לכביר	C1.1:136	זי בעדבך ואל תרגג	לכביר	זי ימנע מנך [אל ....
849	למאזל	D7.25:2	[ה]ושע	למא[זל	...] [...] הלו אהוה
850		D7.1:9	[אף ה]ו הלו מחר לי	למאזל	[ל]ביתי וינתנו לכי ענז
851	למאחד	B4.3:19	לי אנת [ש]לט	למא[חד	
852		B4.4:17	לן אנת שלט	למאחד	עד תתמלא בעבורא[זנה זי
853		B4.6:12	[ש]ל[יט]ה	ל[מאחד]	[עד תתמלאי בכספ[כי
854	למאכל	D7.32:5	]יבעי [...] [...]	למאכל[	...]
855	למאמר	D7.39:10	אף פרנדת לה	למאמר	לה לם בטבה שאלת
856		C1.1:163	הו ישימון טב בחנכה	למאמר	שגיאן [כ]וכב[י שמיא זי]
857	למאתה	D7.56:6	לא אבו אסתס וברה	למאתה	באתר עבורא והין לא
858		D7.56:8	עבורא והין לא צבין	למאתה	ישלחון אגרה על אפלניס
859		D7.20:4	לה למחר כען אל תפשר	למאתה	מחר שלם מיכיה מן
860	למבנה	B2.1:3	לי תרע ביתא זילך	למבנה	אגר 1 תמה אגרא זך זילך
861		A4.7:23	טב אתעשת על אגורא זך	למבנה	בזי לא שבקן לן למבניה
862		B2.4:14	לא יהבת לך ארקא זך	למבנה	ולא כתבת לך ספרא זנה
863		B2.1:6	אחרן לא אכהל אכלאנך	למבנה	עלוי אגרא זך זילך הן
864		B2.1:9	למחסה או לבר לה	למבנה	עלוי אגרא זך זילה זי
865		B2.1:11	זילך אפם ואנת שליט	למבנה	עלויה עד עלא ואנה
866	למבניה	A4.7:25	על אגורא זי יהו אלהא	למבניה	ביב בירתא לקבל זי בנה
867		A4.8:24	על אגורא זי יהו אלהא	למבניה	ביב בירתא לקבל[זי בנה
868		A4.9:8	דריוהוש מלכא	למבניה	באתרה כזי הוה לקדמן
869		A4.8:22	את[עשת על אגורא זך	למבניה	בזי לא] שבקן לן למבניה
870		A4.7:23	למבנה בזי לא שבקן לן	למבניה	חזי בעלי טבתך ורחמיך
871		A4.8:23	[בזי לא] שבקן לן	למבניה	חזי בעלי טבתך ורחמיך זי
872	למגז	D7.8:3	תאתא זי לך רבתא מטאת	למגז	עמרא זילה קדמא מתמרט
873	למהך	A3.1:V5	[....]	למהך	מן קדם רבחילא
874		D7.23:2	לזכור [....]	למהך	על .[...] קמרא עתי[קא ...]
875	למובל	D5.15:1	[...]	למובל[	...] [...] נעבד
876		A3.10:4	ל... למנתן בעבור	למובל	לביתי ואיתי כסף כרש 1
877		B4.4:13	[זי יהבת] עלידן	למובל	לגבריא אלה זי כתיבן
878	למומא	B2.2:6	וטענוך לי מומאה	למומא	ביהו עלדבר ארקא זך כזי
879		B8.9:4	לא עד זמנא יביל להם	למומא	על זנה [טעמא ....]
880	למונק	C1.1:168	[נמרא] שלם טביא להן	למונק	דמה %% דבא אזל על
881	למושרתהם	A2.2:13	בנת ולעד אשכח אש	למושרתהם	לכן וכעת הושרי לי תקם
882	למזבנה	A3.10:5	כרש 1 זי אנה יהבת לך	למזבנה	עבור ליתמא כל כסף כרש
883	למחד	B3.13:10	פתנום שליט בערבני	למחד	ותלקח לך מן בי זי לבנן
884	למחוה	D7.24:16	לי מלתא אף שלחת לה	למחוה	טעמא להושע
885	למחזה	C1.1:63	פגרה זי אחיקר זנה	למחזה	אחר י[חזון פגר]ה זי

886		C1.1:37	עמה גברן 2 אחרנן	למחזה	איך [.... נ]בוסמסכן
887		C1.1:92	זי אל עמה שפיר מלך	למחזה	כשמש ויקיר הדרה
888	למחתה	A2.5:6	בר ביתאלשזב זי אתה	למחתה	לבמרשרי אתריה ומהי דה
889	למטען	A3.10:3	יאמר לכם ארמנתידת	למטען	בה וזי צבי יעבד
890	למיחט	C3.8IV:7	[שמו] טעם	למיחט	[...]
891	למיתית	A2.4:11	לכן ולה אשכחת אש	למיתית	לכן וכעת תקם יתו לי
892	למכתבה	D7.9:10	הזדהרי למ[..]א[.]רי	למכתבה	אף כזי תשמעין לאמר .
893	למלקח	B2.4:11	פלג ביתא [י]ה[ו]ה לה	למלקח	ופלגא אחרנא אנת שליט בה
894		B3.1:17	אנת משלם שליט	למלקח	לך כל זון וערבן זי תשכח
895		B3.1:9	משלם ובניך שליטן	למלקח	לך כל ערבן זי תשכח לי
896	למלקחה	B2.4:9	מנך לא שליטה הי	למלקחה	ולמנתנה לאחרנן להן בניך
897		B2.5:2	את[י]ת על ....]ברתך	למלקחה	לאנתו אנתן למחסיה [כסף
898	לממטא	C2.1.7:41	[ ]חי[לא אזל לפרס	לממ[טא	ברחא שמה[בפרס
899	לממטה	C2.1.4:8	[לארדט שלחת	לממטה	ארדט מרדיא א]תכנשו
900		C2.1.5:25	[נפ]קת אזל מ[די]	לממטה	מדי בכנדור שמה
901		C2.1.4:3	[עם חילא אזל למדי	לממטה	מרו] [במדי] תמה
902		C2.1.5:20	והומס אזל לארדט	לממטה	מרד[י]א אתכנשו אזלו[
903	לממר	A4.9:2	לם יהוי לך במצרין	לממר	{{קד}} קדם ארשם על בית
904	למנדע	D4.25:1	...]	ל]מנדע	ל.[...] [...].יה קמר ש.[...]
905	למנחת	C3.16:1	2 לטבשל[ם] [....]א	למנחת[	[....] .מהיתה ע[ל] ...
906	למנחתותה	C1.1:171	לא בידיך מנשא רגלך	למנחתותה	%% הן נפקה טבה מן פם
907	למנטר	C1.1:191	הן יפקד לך מראך מין	למנטר	[אל] תשתה[...] למשבק
908	למנסך	C3.13:7	[1+1[+1+]1+3	למנסך	נסכן[....] זי
909	למנסק	B3.7:10	וש[ל]יטה אנתי	ל]מנסק	ולמנחת בדרגא ז]ך זי
910		B3.7:13	[ושליטה] א־נ־תי בהן	למנסק	עלא ולמנחת ולמנפק ברא
911	למנעל	A6.7:7	זך וכנותה לא שנציו	למנעל	בבירתא אחר [י]נ[ח]רו
912	למנפק	B2.1:14	שליט למפתח תרעא זך	למנפק	בשוקא זי בינין כתב
913		B3.10:14	דילך אף שליטא אנת	למנפק	בתרע זי תחית הו תרבצא
914		B3.11:3	דרגה ותרבצה הו בבה	למנפק	ודנה תחומוהי מועה שמש
915		B3.11:4	שמש לה הו בבא זילך	למנפק	ושוק מלכא בינים עליא לה
916	למנשא	A6.4:3	בגיא זילי זי בעליתא	למנשא]	דשנא זכי ז[י] מן מלכא
917		A6.4:4	פסמשך ברה שליט יהוי	למנשא	דשנא זכי תמה במ[צ]רין
918		B8.1:14	לא [....] אזל	למנשא	מאכל ל[....]
919		B3.8:19	רמן זי סלק 1 כפן	למנשא	משח זי [חסף]2 זי עק 2
920	למנתן	D1.34frage:2	... כר]שן 4[...] [...].	למנתן[	... [...] [...] 10+3+3] ...
921		B3.4:12	אחריך ולמן די צבית	למנתן	אנחן לא נכל נגרנך דין
922		B3.4:15	בברה לך ולמן זי צבית	למנתן	אנחן ננתן לך כסף כרשן
923		A3.10:4	ש 3+3+2 יהבת ל...	למנתן	בעבור למובל לביתי ואיתי
924		B3.4:14	לך וברה ולמן זי צבית	למנתן	הן גרינך דין ודבב וגרין
925		B3.4:16	אחריך ולמן זי צבית	למנתן	ולא יכהל בר וברה לן
926		A6.15:2	פס[מש]ך בר עחחפי	למנתן	חלכין [גברן 3+1+]1
927		B2.3:19	אחרן לא אהנצל מנכי	למנתן	לאחרנן ארקא זך זיליכי
928		B5.4:3	אמר אנה [אהנצל מנך	למנתן	לאחרנן [ביתא זנה זילך
929		B2.3:16	בשמי על ארקא זך	למנתן	לאיש אחרן זך ספרא זי
930		B2.6:3	לאמר אנה [א]תית ביתך	למנתן	לי לברתך מפט<ח>יה
931		B3.3:3	לאמר אנה אתית עליך	למנתן	לי לתמת שמה זי אמתך
932		D1.31fragb+c:2	...] [...]ת לאס..	ל]מנתן	.[...] [...] אמר.]
933		D1.33fragb:2	[...]ודת [י]שלח עליך]	ל]מנתן	עלי[....] [...
934		C3.8IIIAfragb:3	...] [...] [...]במית[	]למנתן[	...]
935		C3.8fraga:4	[....]	למנתן	[....]ה[ל]ף
936	למסלק	B3.10:15	שליטא אנתי בפלג דרגא	למסלק	ומנחת זנה {זנא} ביתא זי
937	למסמך	B3.10:14	הו תרבצא שליטא	למסמך	דחה ומרשה בפלגא דילך אף
938	למעבד	A6.2:3	עדן הוה אופשרה	למע[בד	....] יתנגד על [ת]בלא
939		A6.3:8	י[שים] להם טעם	למעבד	זכי יתעבד להם מן ארשם
940		A6.2:9	עדן הוה אופש[ר]ה	למעבד	זנה אשרנא זי אפיתי
941		A6.2:10	זי אפיתי אופשרה	למעבד	עקי ארז ואר חדתן טף אמן
942		C2.1.4:9	[ ]לערעה זי[ד]דרש	למעבד	ק]רב אחר דדרש עבד
943		C2.1.5:12	[לערקה זי דדרש	למעבד	קרב אחר עבדו קרבא
944		C2.1.5:15	אזלו לערקה זי דדרש	למעבד	קרב אחר עבדו קרב בהיו
945		C2.1.5:20	[לערקה זי] וה]ומס	למעבד]	[קרב אחר עבדו קר]בא
946		C2.1.5:22	לערקה זי והמוס	למעבד	קרב[ע]בדו קרבא [ב]
947		C2.1.5:26	[חילא] [אזל לערקי	למעבד	קרב עבדן קרבא
948		C2.1.7:42	[זי ארתורזי	]למ[ע]בד	ק[ר]ב וק[רבא עבדו
949		C2.1.7:45	[זי א]רתור[ז]י	למעבד	[קרב] [בפר]גא[טו]רא]
950		A4.5:15	[....] [....]	למעבד	תמה ליהו א[להא ....]
951	למעבדה	B3.9:6	ואחה לי ואיש לי נקום	למעבדה	ע[בד] ולמשנתה זי יקום
952	למפלח	C1.1:17	שב אנה לא אכהל	למפלח	בבב היכלא]
953	למפרש	D7.24:15	לי רוך ושלחת לה	למפרש	לי מלתא אף שלחת לה
954	למפתח	B2.1:14	מן עלא ואנת שליט	למפתח	תרעא זך למנפק בשוקא זי
955	למקטל	A5.5:3	חילא [....]	למקטל	[...] אף קטל [....] המו
956	למקנה	B5.6:12	[ ]בשמהם[....	ל]מקנה	מנך ואנה
957	ל.מר	B8.2p:6	[...]נה לה[...]	ל.מר	כ[...]
958	למרשה	B2.11:8	לי ואנש זילי דינן	למרשה	עליך ועל בניך עלדבר
959		B5.3:3	[וברה] [אח ואחה דינן	למרשה	על]יך ועל בניך [בשם
960	למשבק	C1.1:192	[אל] תשתה[...]	למשבק	זהב בידך %% אל
961	למשלח	A1.1:7		למשלח	חיל לחצלתני אל
962	למשם	D7.2:7	ביב הלו לאיתי לי מלח	למשם	בקמח 1
963	למשנתה	B3.9:7	זי יקום על ידניה זך	למשנתה	ולמעבדה עבד ינתן לך
964		B3.9:9	אפם ואנש לא שליט	למשנתה	ולמעבדה עבד להן ברי
965		B3.9:6	ואנש אחרן לא שליטן	למשנתה	לא אכהל אנה ובר וברה לי
966	למשנתכי	B3.6:7	לי לא שליט בך	למשנתכי	ולמזלכי מנדת כסף זי
967	למתיה	A2.4:11	זבנת חטבת ומשח בשם	למתיה	לכן ולה אשכחת אש למיתית
968	לפנה	D22.27:3	[...] זי אתו עד	לפנה	
969	ל..ק.ו	D23.1.IX:10	[ ]פרעה [ענה] ואמר	ל[.]ק.[ו	...[...] [...]לא.מ.[
970	לשלמה	B2.7:5	ולא השכחת כסף ונכסן	לשלמה	לכי אחר אנה יהבת לכי
971	לתרכותה	B2.6:30	יקום על מפטחיה	לתרכותה	מן ביתה זי אסחור
972		B3.8:30	יקום על[יהוישמע]	לתרכותה	מן ביתה [זי ע]נג[יה
973		B6.3:9	[וקנינה] וזי יקום	לתרכ]ותה	מן ביתה זי שלומם
974	לתרכתכי	B3.7:16	מנכי זי יקום עליכי	לתרכתכי	מן בת־־א זי כתבת
975	ולמזלכי	B3.6:7	לא שליט בך למשנתכי	ולמזלכי	מנדת כסף זי יקום עליכי
976	ולמנחת	B3.7:10	אנת[י ל]מנסק	ולמנחת	בדרגא ז]ך זי ב]יתי
977		B3.7:13	בהן למנסק עלא	ולמנחת	ולמנפק ברא אנה ענני
978	ולמנפק	B3.7:14	למנסק עלא ולמנחת	ולמנפק	ברא אנה ענני יהבת לך
979	ולמנתן	B2.4:6	לא שליט אנת לזבנה	ולמנתן	רחמת לאחרנן להן בניך מן
980	ולמנתנה	B2.4:9	לא שליטה הי למלקחה	ולמנתנה	לאחרנן להן בניך מן
981	ולמעבדה	B3.9:7	ידניה זך למשנתה	ולמעבדה	עבד ינתן לך אביגרן כסף
982		B3.9:9	לא שליט למשנתה	ולמעבדה	עבד להן ברי יהוה כתב
983	למעבד.	D7.1:12	כען חזי זי טבה[.]	למעבד.	לה הלו כפנן המו אף לחם

984	ל.....	A3.7:4	הושרתי	ל[....]	.[.]אמר לי
985	ל....	B6.1:3	בביתך ושא[ל]ת מנך	ל....	ברתך לאנתו ויהבתה לי הי
986		B8.6:3	זילי אחר יהיב	ל[....	וכנותה] [ב ....
987	ל	A2.3:3	שאל שלמהן וכעת שלם	{{ל}}	לחרוץ תנה אל תצפי לה
988	ל.	A2.4:13	אנה יצף לשלמכן שלחת	{{ל[.]}}	ספרה זנה אל אבי פסמי
989	ל...	A3.10:4	כסף ש 3+3+2 יהבת	ל...	למנתן בעבור למובל לביתי
990	לא...	D1.11:2	[... ...] [...] יה]בת	לא[...	]דבלן 2 לחם תמ]רן ...
991	לאבהי	C3.28:79	זי כתבת [ו]נתנת	לאבהי	שלמצין מנכתא זי
992	לאביהי	B6.3:10	[ונכסוהי ינתן]	לאביהי	אנתתה [זי שלומם
993		B6.3:11	[ויעבד דין ספרא זנה	לאביהי]	אנתתה זי שלו[מם ולא
994		B6.3:7	וב[על דגל ירשה	לאביהי	אנתתה זי שלומם] לאם
995	לאגרי	D18.8:a		לאגרי	
996	לאוריא	D7.9:3	מן שכרא ובלוה	לאוריא	אף חזי תטוס־רי־ זילן
997	לאחא	B1.1:19	חקל זי כ[ת]ב פד[י]	לאחא	
998		B1.1:2	פדי בר דג[נ]מלך	לאחא	בר חפיו נתנת לך חקלי
999	לאחיקר	C1.1:76	אזלת השכחת	לאחיקר]	
1000	לאחאב	D11.6:1		לאחאב	בר ˆתˆ פגו [..] עבדאסר
1001	לאחחפי	D1.3:3	[... ... כ]עת זי ת[...	ˆלאחחפיˆ	[..] [... ...] שררת [...
1002	לאחנורי	D14.2:b		לאחנורי	
1003	לאחנרי	D14.2:a		לאחנרי	
1004	לאחרטיס	C3.19:16	רעי 20+20+20	לאחרטיס	בר חפימן
1005	לאחשירש	D2.1:1	2 [... ...]	לאחשירש	מלכא אמר [... ... ...
1006	לאטי	A2.1:6	אתרתן אתננה בתקבה 1	לאטי	וכעת כתנה זי התתי לי
1007	לאנדם	C3.15:136	בגפרן בר ושחי כש 2	לאנדם	ושחי בר זרמר כש 2 לה
1008	לאנן	D21.17:1		לאנן	בר אליש כמרא זי בעל
1009	לאסורי	B5.5:13	מפטחיה בר[ת גמריה	לאסורי	ברת גמריה]אחתה
1010		B5.5:2	לדגלה ארמ[יה]	לאסורי	ברת גמר[י]ה אחתה
1011	לאסחור	B2.6:23	בעדה ותאמר שנאת	לאסחור	בעלי כסף שנאה בראשה
1012		B2.6:24	תתב על מוזנא ותתקל	לאסחור	כסף שקלן 3+3+1 ר 2
1013	לאספליון	D8.11:5	√ ק 3+3+3 √	לאספליון	אכרא זי √ אבא ק 3
1014	לאספמת	B4.3:3	[זי ביב] מה[חסנן	לאספמ[ת]	.... זי תחפנס נגיא
1015		B4.4:22	הושע ואח[יא]ב	לאספ[מת	
1016		B4.4:2	ואחיאב בר גמריה	לאספמת	[.... זי]
1017	לאסרחאדן	C1.1:7	ל[....]ה	לאסר[חאדן	מלך אתור
1018	לאריה	D7.18:3	בית בית יהה אמרי	לאריה	[ו]ירמה על סלואה
1019	לארמתידת	A3.10:7	קים בידכ[ם ה]ודעו	לארמתידת	עלוהי [וה]בוהי לה
1020	לארשם	A6.14:1	וכעת תנה אנה קבלת	לארשם	על אחתבסתי פקידא זילי
1021	לארתחשסש	B3.2:1	שנת 10+3+1	לארתחשסש	ˆמלכאˆ אמר מיכא בר
1022	לארתפרד	B7.2:3	[לד]גל נבוכד[רי	לאר]תפרד	בר א[רוסת]מר לדגל[ל]
1023	לאשין	D7.29:2	על חגי אמרת	לאשין	על כסף מרזחא כן אמר לי
1024	לאשנ.	A3.8:11	אנת 1 למנפי אל תשבק	לאשנ.]	....]ות הב לה עֹבור
1025	ל..בבל	C3.12:11	זער ש..א	ל[.]..בבל	עליד חרמעחר מצרין
1026	לבגוד	C3.12:25	קלבי 1 ב 20+3+1	לבגוד	1 קלבין 2 לנקיה קדם
1027	לבחש	D18.12:1		לבחש	
1028	לבטנא	A6.2:11	סעבל אמן שבען חנן	לבטנא	תלתה קלעס לקומתא
1029	לבטתא	D2.28:1	מלחא[... ספ[ר]א זי	לבטתא	אנתתה זי [... ...] [...]..
1030	לביתאלזבד	D18.7:a		לביתאלזבד	בר אשמרם
1031	לביתאלעקב	D7.25:9	א... [...] [...]	לביתאלעקב]	[...
1032	לבנתסר	A2.2:5	נתתן ופדת	לבנתסר	בר תבי אחת נבושה כסף
1033		A2.6:3	וכעת יהב מ[כבנת	לבנתסר	]חתנה זי נבשה כסף ש
1034	לבסא	D18.9:a		לבסא	בר זבדי
1035		D19.4:1		לבסא	בר זבדי
1036	לבת...ת	B8.6:11	אחר יהיב	לבת...ת	וכנותה
1037	לגדרך	A3.2:14	לי [....] יהב	לגדרך	
1038	לגומת	C2.1.11:74	עד אנה [קט]לת	לגומ[ת	ז]ך מגושא [זי כדב לם
1039	לגמריה	D7.9:2	אוריה לנסכˆאˆ הביה	לגמריה	בר אחיו ויערכה מן
1040	לדדרש	C2.1.7:31	[פרד שמה אחר שלחת	לדדרש]	שמ[ה עלימי פר]סי פחתא
1041	לדלי	D1.7:2	[...]שלמך	לדלי	פרתני
1042	לדמוקלס	C3.29:10	1+3+10 ב 2+10	לדמוקלס	משח לגין 10+3 ב
1043	לדמכלס	C3.29:3	לגין 10 ובמרשא	לדמכלס	לגן 10 ב 2 לסון
1044	לדרגמן	B2.2:7	זך כזי לא הות ארק	לדרגמן	זילי הא אנה אף הא
1045	לדריהוש	C2.1.8:53	[קטלו ולחילא זי	לדריהוש	מלכא שמען] קטלו חילא
1046	לדריוהוש	B7.1:1	שנת 10+i	לדרי[והוש]	מלכא בסו[ן] בירתא
1047	לדריוש	B5.1:1	שנת 20+3+3+1	לדריוש	מלכא אמרת סלואה ברת
1048	להדדעזר	D14.1:1		להדדעזר	
1049	להומי	C3.8II:2	[ ].א...ת	להומי	[ב... ... שנת
1050	להושע	D7.24:17	שלחת לה למחוה טעמא	להושע	
1051		D13.5:1		להושע	עזירג
1052	להושעיה	B6.4:5	[די]ן חד ותרין	להושעיה	והן לא תעבד דין חד]
1053	לוחפרע	A2.2:14	2+3 והוי יהבת עבר	לוחפרע	ויהוי זבן גשרן ושבק
1054	לויגוש	D3.45:5	[ ]כספה ולא א.[...] [...].	לויגוש	[...] [...]. וכנותה
1055		D3.45:1	[...	]לויגוש	זך [...] [...]די
1056	לוידרנג	A4.8:5	כסף ונכסין יהבו	לוידרנג	פרתרכא זי תנה הוה
1057	לוימן	C2.1.8:53	זי בהרוחתי לם אזלו	ל[וימן	קטלו ולחילא זי
1058	לונפר	D3.15:2	[...] [...] [..]...]	לונפר	[...] [...] [...]ליזניה]
1059	לושחי	B8.1:5	[....] והי [....] .ית	לושח[י]	[....].א שליח [...]
1060	לזכור	D7.23:1		לזכור	[....] למהך על [...]. קמרא
1061		B3.8:2	[ל]דגל [אדנ]נבו	לזכור	בר מ[שלם אר]מי זי סון
1062		B3.9:2	רב חילא זי סון	לזכור	בר משלם ארמי זי סון
1063		B3.6:12	בחייך ועד מותך נסבל	לזכור	ברך כבר זי יסבל לאבוה
1064	לחגי	D7.29:6	לם לאיתי כען אנתננהי	לחגי	או יגדל דבר עלוהי
1065	לחוי	D11.5:2	לשובי בר אפרי	לחוי	בן עבדאבסת אחמן בן עכבר
1066	לחור	A4.3:8	עד כען ומה זי תעבדון	לחור	לב[..]כם עבדן [אנ]תם
1067	לחרוץ	A2.3:7	כעת מלו כזי עבד אנה	לחרוץ	כות תעבד בנת עלי ארה לא
1068		A2.4:3	שלם רעיה אל תצף	לחרוץ	לה שבק אנה לה 1 כדי
1069		A2.3:4	שלמהן וכעת שלם {{ל}}	לחרוץ	תנה אל תצפי לה כדי תכלן
1070	לחתובסתי	A6.13:4	אנתם הנדרז עבדו	לחתובסתי	פקיד ורוהי זי עד
1071		A6.13:3	כזי הנדרז יעבדון	לחתובסתי	שמה פקידא זילי זי עד
1072	לטבשלם	C3.15:138	בר מפטחיה כש 2	לטבשל[ם]	[....]א למנחת[...
1073	לטמסי	D7.33:5	כענת שאלי	לטמסי	הן לא .[...] ישלח ספתא זי
1074	לידניה	B2.10:21	יזניה בר אוריה	לידניה	בר נתן ומחסיה אחוהי
1075		B2.10:3	רב חילא זי סון	לידניה	בר נתן ומחסיה בר
1076		B2.11:17	כתב מחסיה בר נתן	לידניה	בר נתן אחוהי
1077		D2.12:3	עביד לדגל מרי 1	לידניה	[בר נ]תן י[הו]די
1078		D2.26:2	גדול ב[ר ...] [...]	לידניה	בר ז[...] [... ...
1079		B2.9:20	מנחם בר שלומם	[לידני]ה	ומחסיה כל 2 בני
1080		B2.9:3	בירתא לדגל אדננבו	לידניה	ומחסיה כל 2 בני
1081	ליהדת	D8.8:9	ק 3	ליהדת	ב 2 ויזפ[...]

1082		D8.8:4	1 [ל..]עסן ג 1 ק 3	[לי]הדת	במכלי ג 1 ק[...] [.] [.]...
1083	ליהאור	D3.7:2	[....]ין [...	]ליהאור	ב[רת ...]
1084		B5.1:2	קניה ויתומה אחתה	ליהאור	ברת שלומם אנחן יהבן
1085	ליהו.....	A4.4:2	[ ]אזל לסון ועבד	ליהו.[....]	
1086	ליהוישמע	B3.7:12	לפלטיה ופלגא	ל[י]ה[וישמע	].. אנה ענני [יה]בת
1087		B3.8:45	ענניה בר משלם	ליהוישמע	
1088		D1.26fragb:6	...].ברֿך בר .[...]	ליהוישמע	[....]. הפשרו[
1089		B3.11:10	מנך אחוב ואנתן	ליהוישמע	אביגרן כסף כרשן
1090		B3.8:38	מן נשי כנותה	ליהוישמע	אנתתה והן לא יעבד כות
1091		C3.13:40	1 [....]זֿיֿ	ליהוישמע	בר חגי ש פ 1
1092		B3.10:27	בר עזריה לחנא	ליהוישמע	ברתה
1093		B3.11:21	ענני בר עזריה	ליהוישמע	ברתה
1094		B3.11:2	יהו אלהא ביב ברתא	ליהוישמע	ברתה לאמר יהבת לכי בי
1095		B3.10:16	אנה ענני יהבתה	ליהוישמע	ברתי במותי ברחמן לקבל
1096		B3.10:5	ביתא זי אנה יהבת	ליהוישמע	ברתי ברחמן זנה משחת
1097		B3.10:6	זי אנה ענני יהבת	ליהוישמע	ברתי מן תחתיא לעליא
1098		B3.10:8	זי אנה ענני יהבת	ליהוישמע	ברתי מועה שמש לה אגרא
1099		B3.7:16	ויה[בת לכי ינתן	ליהוישמע]	ברתי אביגרן כסף כרשן
1100		B3.12:18	בר חגי זי יהבן	ליהוישמע	ברתן פסשדת על ספר
1101		B3.8:41	אלה ברחמן יהבת	ליהוישמע	כען צבית אהנצל המו הן
1102	ליהישמע	B3.6:4	שבקתכי במותי ושבקת	ליהישמע	שמה ברתכי זי ילתי לי
1103		B3.7:2	לחן זי יהו אלהא	ליהישמע	שמה ברי אמה תמ[ת
1104	ליזניה	D3.15:3	לונפר [...] [...	]ליזניה[	...]
1105		B2.4:2	[ז]י יב לדגל הומדת	ליזניה	בר אוריה בזכם דגלא
1106	ליחמול	D2.9:2	[... ... ...].יֿ	ליחמול	ברת זכור [... ... א]ית
1107		D3.17:2	מנחם בר שלום	ליחמול	ברת נדֿבֿה זי
1108	לימחות	D5.54fraga:1	.[...]	לימחו[ת	...] [...]2+20 ב.[..].
1109	לינעמיום	D22.19:1		לינעמיום	
1110	ליסלח	B4.5:2	סון לדגל נבוכדרי	ליס[לח]	בר גדול ארמי זי סון
1111	ליקה	A2.2:11	וכעת זבנת משח זית	ליקה	וכתן ואף לכי תקבת 1
1112	ליתמא	A3.10:5	יהבת לך למזבנה עבור	ליתמא	כל כסף כרש 1 ש 3+3+2
1113	לכלבא	C3.26:39	בגבגן כֿ[א]	לכלבא	ובן ...] פחפי בר .[...]
1114	לכנ..	C3.1:5	[ ]בו עליד דנבו 2 ין	לכנ..[	.... ע]ליד דנבו
1115	למבטח	B2.3:36	כתב מחסה בר ידניה	למבטח	ברת מחסה
1116	למבטחיה	B2.8:14	מרחק זי כתב פיא	למבט[חיה]	
1117		B2.11:6	מקרא ארמית כזנה	למבטחיה	אנת ידניה שליט
1118		B2.8:2	ארדיכל לסון בירתא	למבטחיה	ברת מחסיה בר ידניא
1119		B2.4:3	זילך זי אנה יהבת	למבטחיה	ברתי אנתתך וספר כתבת
1120		B2.11:5	מקרא ארמית כזנה	למבטחיה	והא זנה חלקא זי מטאני
1121		B2.8:10	אנה פיא ובני אנתן	למ<ב>טחיה	כסף כרשן 3+2 באבני
1122	למחסה	B2.1:20	זי בנה זי כתב קוניה	למחסה	
1123		B2.1:9	בעל דגל וקריה יכלא	למחסה	או לבר לה למבנה עלוי
1124		B2.1:12	קוניה לא אכהל אמר	למחסה	לאמר {{לא}} תרעא זך לא
1125		D7.27:12	עליהם [...] [...	]למחסה	עלדבר כס[פ ...] [...
1126	למחסיה	B2.6:2	ארדכל זי מלכא	למח[סיה	א]רמי זי סון לדגל
1127		B2.2:22	[דרגמ]ן בר חרשין	לוומחסיה	
1128		B2.1:2	זי סון לדגל וריזת	למחסיה	בר י{נ}ד<נ>יה ארמי זי
1129		B2.2:3	עביד לדגל ארתבנו	למחסיה	בר ידניה יהודי זי
1130		B7.1:2	[לדגל אדננ]בו	למחסיה	בר שיבה ארמי זי סון
1131		B2.5:2	למלקחה לאנתו אנתן	למחסיה	[כסף כרשן ....] בר
1132		D7.26:4	פכרֿסֿ משחק [...]. זי	למחסיה	[...]שֿףֿ הושרי
1133	למיכיה	D3.17:5	לנריה זי עבדו חמי	למיכיה	נחום בר יה[ו]ישמע
1134	למכיה	D8.8:6	[...] [.].[...]סֿ 1 ק 2	למכיה	ק 3 לבזכה ק 3
1135	לממה	A2.4:10	ושבק כל גשר זי תשכח	לממה	זבנת חטבת ומשח בשם
1136	למנכי	D1.33fragc:3	מצרין אמר	למנכ[י	]ו...[... ...] [...]י במ\ה
1137	למספת	A6.15:4	גברן 3+2 [....] הב	למספת	חלכיא אלך 3+2 שטר מן
1138		A6.15:7	זי לקחת כלא התב הב	למספת	יעבד על ביתא זילי למה
1139	למספת	D6.7fraglc:2	בתרעא זיל[י ...] [...	]למ<ס>פת	פקיד ורפש ב[....]
1140	למעוזי	D11.14:1		למעוז[י	...]
1141	למפטחיה	B2.7:21	[מ]חסיה בר ידניה	[למפטחי]ה	ברתה
1142		B2.7:2	זי סון לדגל וריזת	למפטחיה	ברתה לאמר אנה יהבת לכי
1143		B2.7:4	כתב לי עלא ויהבתה	למפטחיה	ברתי חלף נכסיה זי יהבת
1144		B2.6:34	מפטחיה ובניה אנתן	למפטחיה	כסף כרשן 20 באבני
1145		B2.6:36	[זנה] להן}} אנתן	למפטחיה	[כס]ף כרשן 20 באבני
1146	למשלם	B3.1:24	יהוחן ברת משלך	למשלם	בר זכור
1147		B3.1:2	נשן זי יב בירתא	למשלם	בר זכור יהודי זי יב
1148		B3.12:24	אנתתי זי הות גוא	למשלם	בר זכור ויהבה לי לאנתו
1149		B3.3:2	אלהא זי ביב בירתא	למשלם	בר זכור ארמי זי סון
1150		B7.3:2	הו[דויה] ימא	למשלם	בר נתן בח[רם אלה]א
1151		B3.6:3	על ידה בימן כדנה	למשלם	לאמר אנה עשתת לכי בחיי
1152	למשלמת	C3.13:38	סאן 3+1 [....]	למשלמת	ש[פ]3+1 [....]
1153	לנבוברך	D11.12:1		לנבוברך	בר נֿבֿוש[זב]
1154	לנבונתן	A3.1:R3	עבד [....]ה הא שלחת	לנבונתן	הן אית לך חמרן 10
1155		A3.1:V6	שלחו	לנבונתן	וישבק
1156	לנבוסמסכן	C1.1:45	אחיקר ענית ואמרת	לנבוסמ[סכן]	[....]אנה הו
1157	לנבושזב	B8.4:13	אחוהי כל 2 ארמין	לנבושזב	עם סנבנת אבוהם כן
1158	לנבפד..	C3.1:3	דנבו 2 ין	לנבפדֿ..[	....]נֿי עליד
1159	לנסנו	D21.1:1		לנסנו	ברת פחנום
1160	לנריה	D3.17:4	מחתוש בר נריה כל 3	לנריה	זי עבדו חמי למיכיה
1161	לנתן	D7.10:6	שבה כען הן לא שבו	לנתן	תמה ינפק עלי ואהך אגרס
1162	לסלואה	B6.4:3	[מן] נֿשי כנותה	לסלואה	[אנתתה הן לא יעבד דין
1163		B4.6:3	ברתא לדגל נבוכדרי	לסלו[אה]	ברת סמוח לאמר איתי
1164	לסמוח	D5.34:2	[..]....[..] [...]	לסמוח	בר .[...]
1165	לעדרי	D3.31:3	כל[...] [... ...] [...].	לעדרי	ב[ר ...]גֿ[...]
1166	לעחחפי	A6.4:4	מן מלכא ומני [י]הב	לעחחפי	פסמשך ברה שליט יהוי
1167		A6.4:1	[מ]ן מלכא ומני יהב	לעחחפי	עלימא זילי זי פק[יד]
1168	לעמשזב	D13.4:1		לעמשזב	...
1169	לענחחפי	C3.19:4	בגו [יהי]ב	לענחחפי	בר פטאסי לדֿגֿל [...]..
1170		C3.19:9		[ל]ענחחפי	בר פטאסי .[...]
1171	לענני	B3.3:16	בר מחסיה הנעלת תמת	לענני	בידה כסף כרש 1 שקלן
1172		B3.12:11	בר זכור כל 2 כפם חד	לענני	בר חגי בר בסס לאמר
1173		B3.12:2	אלהא שכן יב ברתא	לענני	בר חגי בר משלם בר
1174		B3.2:2	אמר מיכא בר [אחיו	ל]ענני	בר עזר[יה]לחן ליהו
1175		B3.3:10	ש<נ>אה בראשה תנתן	לענני	כסף שקלן 3+3+1 ˆר 2ˆ
1176		B3.3:14	ˆוהן הנצלתה מנך אנתן	לענני	כסף כרשן 3+2ˆ כתב נתן
1177	לעגניה	B3.8:40	תעבד דין חד ו[ת]רין	לעגניה	בעלה והן לא תעבד לה
1178		B3.4:3	כל ˆגבר 1ˆ נשן 1	לעגניה	בר עזריה לחן ליהו
1179		B3.4:25	זי זבן בגזשת ויבל	לעגניה	לחן ליה ביב

1180	לפ....	A5.5:12	דיניא אמרו	לפ[....]	ינתן למרדיא
1181		A3.11:4	שושניא אמר	לפ[....]	רכשא מיתי מן
1182	לפדפדצ...	C3.1:4	]2 ין	לפדפדצ.[...	...
1183	לפחנום	A3.4:3	[....] זילי הבה	לפחנום	בר נבודלה
1184		B3.13:15	[בר חגי] בר משלם	לפחנום	בר בסא
1185		B3.13:2	יהודי לדגל נבוכדרי	לפחנום	בר בסא ארמי זי סון
1186	לפטוסרי	D7.5:8	לכי ביד פמן הבהי	[לפטו]סרי	אף בעי גלדא [זי] אמרת
1187	לפטחרפחרט	C3.19:11	בר ח̇..ט[...]	לפטחרפחרט	בר פט̇.[...]
1188	לפטסבק	C3.19:12	בר פט̇.[...]	{ל}לפטסבק	[....].+3[...]
1189	לפטסורי	A6.11:5	זי פמון זך יהבת	לפטסורי	אנתם החווהי יהחסן
1190	לפטתום	C3.19:15	[...] נפקת מדינתא	לפטתום	.... רעי
1191	לפיסן	A3.6:2	וצחא בר פחה אמרן	לפיסן	וא[....] ושלח אגרה
1192	לפירמא	A6.7:9	מנדעם באיש לא יעבד	לפירמא	זך וכנותה ישתבקו
1193	לפכמי	C3.18:13	ח 3[...] [...]אופסתא	לפכמי	.[...] [...]כנתן א 2+3
1194	לפלטה	D1.17fragb:10	[... חל]קן 3 זי תודה	לפלטה	אחתה ל.[... ...] [... ...
1195	לפלטי	B3.3:13	יום אחרן לא אכל אנצל	לפלטי	מן תחת לבבך בר מן זי
1196	לפלטיה	B3.7:12	ברתי [פלגא]	לפלטיה	ופלגא ל[י]ה[וישמע]..
1197	לפמן	D8.3:16	פלקי.[...] [...]..	לפמן	אשל 1 למתנא
1198	לפמסח	C3.19:13	[....].+3[...]	לפמסח	בׄר שחפימו רעי
1199	לפסמשך	D23.1.Va:6	וביית[ה]יׄהׄיב	לפסמשך	סׄרׄיׄסׄ[א] חד צדיקׄ[
1200		D23.1.Va:6	וביתה יהיבׄ	לפסמשך	סׄרׄיׄסׄאׄ
1201		D23.1.Va:5	[ ]מׄןׄ ....[.].. ... אׄ..	לפסמׄשך	עׄלׄיׄמׄהׄ .... ..[.]ה...
1202		D11.1:1		לפסמשך	ר 1 רבכצרא
1203	לפתנשן	B8.5:16	שבק[....]יהיב	לפתנשן	וכנותה
1204	לצחא	B8.12:6	[....]זׄנׄה ^יהבן^	לצחא	בר פטאסי
1205		C3.12:9	קלול 1 קלבין 2 היב	לצחא	בר פמון חמר מצרין
1206		C3.19:35	[....]	לצחא	בׄר פטמיחת בׄר תסׄי
1207		A3.6:3	ושלח אגרה עלדברכן	לצ<ח>א	יח[.... חזי]
1208	לקלי	D7.33:1		לקלי	אׄחׄיׄ כענת ולדא על לך
1209	לרמנדין	C3.13:52	3+10[...] ולא יהב	לרמנדין	בירח מסורע[...] חנן
1210	לרפא	D11.16:1		לרׄפא	
1211	לשאיל	D18.1:1		לשאיל	כמרא זי נבו יתב תקמא
1212	לשובי	D11.5:1		לשובי	בר אפׄרׄי לחוי בן
1213	לשחפימו	C3.19:10	בר פטאסי .[...]	לשחפימו	בר ח̇..ט[...]
1214		A5.4:2	תחותמעו כמר אמיר	לשחפימו	[ז]ך צחא זך
1215	לשלמם	B4.1:1	אמר סמכי בר ששר	לשלמם	בר גׄלגל לא[מר אנה לא
1216	לשמעון	D8.11:9	בגפה √ ק 3 √	לשמעון	בגפה ק 3+3
1217		D8.8:8	ק 3 לבזכה ק 3	{שלמעון}<לשמעון>	ק 3 ליהדת ב 2
1218	לשמשלך	A6.2:8	תבלא ואנחנה החוין	לשמשלך	וכנותה פרמנכריא שמו
1219	לשנאבאצר	C3.1:2	[ ]..[.].[...] [2] ין	לשנאבאצ[ר	.... ע]ליד דנבו
1220	לשנחאריב	C1.1:15	אנ[ה ....]	ל[שנח]אריב	[מ]ל[כ]א אבוך [ז]י
1221		C1.1:27	[....]	לשנחאר[י]ב	מלכא אבוך[....
1222	לשרה	D21.2:1		לשרה	לחנא
1223	לתאשר	D21.3:1		לתאשר	
1224	לתבא	C3.19:8	[נ]פקת נפשה יהיב	לתבא	רעי 3̇[
1225	לתמת	B3.3:17	א[נתו זי כתב ענני	לת]מת	
1226		B3.5:25	ספר בי זי כתב ענניה	לתמת	אנתתה
1227		B3.3:7	בעדה ויאמר שנאת	לתמת	אנתתי כסף שנא בראשה
1228		B3.3:8	כסף שנא בראשה ינתן	לתמת	כסף תקלן 3+3+1 ^ר 2^
1229		B3.3:3	אתית עליך למנתן לי	לתמת	שמה זי אמתך לאנתו הי
1230	לתפמת	B3.6:18	כתב משלם בר זכור	לתפמת	ויהישמ<ע>
1231		A2.3:10	הן את ערב עליכי אתיה	לתפמת	וכעת מדעם אל תזבני בכסת
1232	לתרוח	A5.2:9	[על] [מראי טב י]שאל	לתרוח	ודינא על דנה כעשק אל
1233	לתריפת	B8.5:13	[....] יהיב	לתרׄיפת	וׄ[....] [...
1234	לתשא	D8.11:7	אכרא זי √ אבא ק 3	לתשא	ברת חוׄרׄ בגפה √ ק 3
1235	לתשי	A2.6:6	ידכי ואו[שריהי	לתשי	ס]ון הלו כספה זי הוה
1236	ל10	B2.6:14	חלרן 20 כסף ר 2	ל10	באבני מלכא על עלי וטיב
1237		B5.3:5	[לך כסף כרשן . כסף]ר 2	ל10	באב[ני מלכא
1238		B2.6:7	באבני מלכא כסף ר 2	ל10	הנעלת לי בידה לבש 1 זי
1239		B3.4:18	כסף כרשן 20 כסף זוז	ל10	וביתא זילך אם וזי בניך
1240		B3.8:32	באבני [מלכא] כסף ר 2	ל10	ויעבד [לה] דין ספרא זנה
1241		B4.2:2	באבני פתח כסף ש 1	ל10	וירבה עלי כסף חלרן 2
1242	לאבוט	A4.3:3	וידרנג רב חילא מטא	לאבוט	אסרני עלדבר אבנצרף 1 זי
1243		D22.26:1	]..ן בר מ.תא.ל.. אתה	לאבוטׄ	[...] קדם[....]
1244	לאחמתן	C2.1.4:7	[למדי אחר אזלו עלי	לאחמתן]	[דריה]וש מלכא [כן]
1245	לאררט	C2.1.5:20	[קטל] אחר והומס אזל	לאררט	לממטה מרדׄ[י]אׄ אתכנׄשו
1246		C2.1.4:8	דׄדרש אׄ[ררטי עלימי	לאררט	שלחת לממטה אררט
1247		C2.1.5:19	[ש]מה עילמי פרסי	[לאררט]	של[חת] אמרת אזל
1248	לבמרשרי	A2.5:6	זי אתה למחתה	לבמרשרי	אתריה ומהי דה זי ספר
1249	להרוחתי	C2.1.8:51	[ברזי בר כרש חילא	להרוחתי]	שלח ואיש חד בראשהו[ם
1250	לטבה	C3.28:119	זי[של]חת	לטבה	.[...] כ[....
1251	ליב	A4.6:11	[....]י אתו	ליב	בירתא [....]
1252	למדי	C2.1.5:18	[לי] [עד זי אנה אזל	ל]מׄ[די]	[דריהוש מלכא כן
1253		C2.1.5:24	לי[עד זי] [אנה אזל	למדי]	[דריהוש מלכא כן אמר
1254		C2.1.4:7	לׄיׄ [עד זי אנה אזל	למדי	אחר אזלו עלי לאחמתן]
1255		C2.1.4:3	[ודרן עם חילא אזל	למדי	לממטה מרו] [במדי]
1256		C2.1.4:2	[זעיר הוה אחר] חיל[א	למדי	שלחת ודרן שמה עלימי
1257	למנפי	A3.8:11	עלי כען הן נחת אנת 1	למנפי	אל תשבק לאשנ].
1258		A4.2:11	אתה פסו בר מנכי	למנפי	והנׄ[....] ופתפרסא
1259	למצפה	A6.7:14	[.]שנציו [..]	למצׄפׄה	מן ארשם על ארמפי
1260	למצרין	A4.7:13	וכזי כנבוזי על	למצר^ין^	אגורא זך בנה השכחה
1261		A4.8:12	[וכזי כנבוזי על	למצרין	אגורא] זך בנה השכח
1262		C3.7AR3:4	[כל ספינתא זי בקרו	למצרין	בירח חתחור] מׄנׄ[דתא
1263		C3.7DR1:11	2 כל ספינתא זי בקרו	למצרין	[ב]ירח תעבי [....]
1264		C3.7JV2:2	כׄלׄ[....	לׄמׄצ[ר]ין	בירח [....]
1265		C3.7KR1:22	[כל ספינתא זי בקרו	למצרין	ביר]ח פחנס [... ...] [...
1266		C3.7FV3:18	ספינתׄאׄ ז[י] בקרו	למצרין	בׄ..מׄא[...] זי ס...פׄ.[
1267		C3.7GR2:21	3+3+1 לאפף בקרו	למצרין	דוגי קנרתשירי 1 זי
1268		C3.7GR3:15	לׄאׄפׄף בקרו	לׄמׄצרין	דוגי קנׄרׄתעא 1
1269		D23.1.Vb:6	להׄםׄ אנה אנׄשׄא	למצרין	ומצריןׄ אפׄק זׄיׄ
1270		C3.7AR2:19	10+20 לחתחור בקרו	לׄמצרין	ספינה 1 זי[.... בר
1271		C3.7BR1:15	2 [ב ...]לכיחך בקרו	למצרין	ס[פינה 1 זי ....]
1272		C3.7BR1:7	לכיחך[ב]קׄרׄוׄ	לׄמׄ[צרין]	ספינה 1 זי מר.ג.ס בר
1273		C3.7DR1:4	לתעבי בקרו	למצרין	ספ[י]נ[ה]1[זי ....
1274		C3.7DR3:1	[10 ל]מׄחׄיׄ[ר בקרו	[למצרין]	ספינה 1 ז[י ....]
1275		C3.7DR3:8	ב 20 למחיר בקרו	ל[מצרין]	ספינה 1 זׄיׄ
1276		C3.7ER1:14	ל[פ]חנס בקרו	לׄמׄצׄרׄיׄן	[ס]פינׄהׄ [1 זי
1277		C3.7ER2:11	10 [לפח]נׄסׄ בקרו	למצרין	ס[פינה]1 ז[י

No.	Lemma	Ref.		Keyword	
1278		C3.7ER2:17	[ ]לפחנס בקרו	למ[צרין]	[ספי]נה 1 [זי] .... בר
1279		C3.7GR2:15	[ב]3+2 לאפף בקרו	למצ[רין]	ספינה 1 זי גלפר[ס בר
1280		C3.7JR1:2	[.... למסורע] בקרו	למצרין	[ס]פׄינׄהׄ[1 זי ....]
1281		C3.7JR1:26	[.... למסורע] בקרו	[למצרין]	[ספינ]ה 1 זי יוכלס
1282		C3.7JR2:5	[ב .... למסורע בקרו	למצרין	ספינה 1 זׄיׄ פנסׄ ב[ר
1283		C3.7KR2:23	לפׄאׄ[ו]נׄי בקרו	למצרין	[ס]פינה 1 [ז]י
1284		C3.7KR3:4	[... לפא]וׄני בקרו	למצרין	[ספינה 1 זי ....] בר
1285		C3.7KR4:6	ב 20 לפאוני [בקרו	למצרין]	ספינה 1 זי[.... בר
1286		C3.7CR2:3	לתעבי בקרו	למצרין	ספינה 1 זי שוׄמׄן בר
1287		C3.7JR2:26	למסורע] בקרו	למצ[רׄיׄן	
1288		C3.7KR1:16	[ב ... לפחנס בקרו	ל]מׄצׄ[רין]	[....] [....]
1289		C3.7KR3:25	לפאוני ב[קרו	[למצרין]	
1290		C3.7KR4:12	20[... לפאוני בקרו	[למצרין]	[....]
1291	לסון	B2.8:2	פיא בר פחי ארדיכל	לסון	בירתא למבטחיה ברת
1292		A5.2:6	ᵓד[יני]אᵓ עלו	לסון	ולק[חו ....]
1293		A4.4:2	[ ]י בר יׄהׄ[..]אזל	לסון	ועבד ליהו.[....]
1294		D7.4:2	שלם אחוטב אל ישגא נתן	ל//סון	מן אלפא [...]חו והו
1295	לפרס	C2.1.7:41	[עם]חי[לא אזל	לפרס	למׄמ[טא ברחא שמה]
1296	לאב	B2.8:1	ב10+3+1	לאב	הו יום 10+3+3+3
1297		B3.3:1	[ב]10+3+3+2	ל[א]ב	הו יום [10+20] לירח
1298		D12.2:1	ב20+3+1	לאב	שנת 2 ארתחשס[ש ...]
1299		D12.2:2	ב20+3+1	לאׄב	שנת 2 ארתחשׁ[סש ...]
1300	לאבוה	B3.6:12	ברך כבר זי יסבל	לאבוה	כזי הוין עבדן לך בחייך
1301	לאבוהי	B3.6:11	זי יסבל בר וברה	לאבוהי	בחייך ועד מותך נסבל
1302		C1.2:22	ואי[ש לא יעבד] צדקה	לאבוהי	ויזב[ן ....
1303		B3.6:14	נסבלנך כזי יסבל בר	לאבוהי	ולזכור ברך אחרי מותך
1304	לאגורא	A4.7:17	גברין זי בעו באיש	לאגורא	זך כל קטילו וחזין בהום
1305		A4.8:16	[וכל גבר זי] בעה באיש	לאגורא	זך כלא קטילו וחזין בהום
1306	לאגר	B1.1:14	אדר בחמר נפשך ולא	לאגר	חמר ולא א[כל] אצל חקלי
1307	לאדיהבן	C3.7EV1:15	[כ]סף מנפקה לימא	לאדׄיׄ[ה]ב[ן]	...[ב .... לאפף]
1308		C3.7EV2:6	[ ]כסף מנפקה לימאׄ	לאׄ[דׄ]יׄהבן	....] [כל ספינתא
1309	לאדכלא	D7.47:9	לי [...]ת לכם	לאדׄכלׄ ׄיׄ	[כ]ע[ן אכלת
1310	לאדר	B3.11:1	ב20	לאדר	הו יום 3+2 לכיחך שנת
1311		D2.3:1	[בר נבנתן] [...]	לאדר[	הו [... ...] [צדק בר]
1312		C3.8IIIA:1	[ ]אׄמׄרׄ[...] [ב]3+3	לאדר	שנת 10+3+1 [הו] יום
1313		C3.8IIIB:15	ב 10+3+3+[1]+1	לא[דר	ש]נת 10+3+1 הו יום 3
1314		C3.8IIIB:23	ב 20+3	לאדר	שנת 10+3+1 הו יום
1315		C3.8IIIB:29	[...] א ... ב 20+3+1	לאדר	שנת[10+1]2+1 הו
1316		C3.8IIIB:8	טעם [ב 10+3+3	לאדר	שנת 10+3+1 הו יו[ם 1
1317	לאוסרי חפי	D20.1:2	חתפי לקרבת בנת	לאוס//רי חפי	עבד אביטב בר בנת לה
1318	לאחרנן	B2.3:19	לא אהנצל מנכי למנתן	לאחרנן	ארקא זך זיליכי בני והבי
1319		B5.4:3	[אהנצל מנך למנתן	[לאחרנן]	[ביתא זנה זילך ו]זי
1320		B2.4:7	לזבנה ולמנתן רחמת	לאחרנן	להן בניך מן מבטחיה
1321		B2.4:9	הי למלקחה ולמנתנה	לאחרנן	להן בניך מן מבטחיה המו
1322		D23.1.III-IV:8	[ונ]כסיהם נׄתׄן	לאחרנן	..[..]מן .ל..לנא שׁ.תׄ עד]
1323	לאחתה	B3.8:41	לא יכהל זכור יאמר	לאח[ת]ה	נכס[י]א אלה ברחמן יהבת
1324	לאילא	C1.1:183	אריא יהוה מסמה	לאילא	בסתר סוירא והו
1325	לאיר	B8.2:6	יהיבת [....]	לאיר	פׄשׁן [....]
1326		B6.1:1	ב[1+2]+3+2	לאיר	הו יום 20 לתעבי שנת]
1327		C3.14:32	[יום 10+3	[לאיר]	הו י[ום 10+3+3+3
1328		C3.14:33	עד יום[20+3+1	לאיר	הו יום 20 למח[יר שנת
1329		C2.1.4:10	[מרדיא [3+3+1]+1]	לא[יר	[עבדו]
1330		C2.1.5:13	בׄ 10+3+3+2	לאיר	עבדו קרב קטלו בהם
1331		C2.1.5:22	[ע]בדו קרבא [10+20]	לאיר	עבׄ[דו קרב] [קטלו בהם
1332		C2.1.7:43	[זי ויזדת 10+2	לאיר	]עבדו קרבא [ק]טלו בהׄם
1333	לאיש	B2.3:16	בשמי על ארקא זך למנתן	לאיש	אחרן זך ספרא זי יהנפקון
1334		C1.1:150	[....] זי יהשפל	לאיש	[ר]ם כׄוׄ.[...
1335	לאלהא	B3.6:10	ברתכי ואנתי שביקה	לאלהא	ואמרת תפמת ויהישמע
1336	לאלהיא	A6.16:2	[....]כׄןׄ עבד כזי	לאלהיא	ולארשם תחד[י] אף זי
1337	לאלהן	C1.1:79	[....] אף	לאלהן	יק[י]רה הי
1338	לאלול	B2.1:1	ב10+3+3+2	לאלול	הו יום 20+3+3+2
1339		B3.4:1	ב3+3+1	לאלול	הו יום 3+3+3 לירח
1340	לאלף	D3.11:2	ק.[...] [...]ש[3+3...]	לאלפ]	[...
1341	לא.מ.	D23.1.IX:10	לׄ[.].קׄ.וׄ ...[....]	]לׄאׄ.מׄ[.]	[...]הׄ[...]א[....]
1342	לאמה	B3.3:14	בר מן זי אנת תתרך	לאמה	תמת ׳והן הנצלתה מנך
1343	לאמי	D5.3:3	[...]בת [...]דילך	לאמי	
1344	לאמך	A3.3:10	[....] [....]	לאמך	עבדת אל תמלי לבת בזי לא
1345	לאמן	B3.8:6	לבש 1 זי קמר חדת	לאמן	3+3+1 פשכן 3 פתי אמן
1346		B3.8:7	2 גמידה 1 זי קמר חדת	לאמן	3+3 ב 3+1 חטיב צבע
1347		B3.8:8	1 לבש 1 מעדר חדת	[ל]אמן	3+3 ב 3+1 דמי כסף
1348		B3.8:9	שביט [1 זי]קמ[ר] חדת	לאמן	3+3 ב 3[+2] ר 2 [חטיב
1349		B6.1:6	[לבש 1 זי קמר חדת	לאמן	[.... שוה
1350		A6.2:11	שף עשרה וחמשה חד	[ל]אמן	עשרן סעבל אמן שבען חנן
1351		A6.2:12	שתן פחטמוני לפערער חד	לאמן	תרין אפסי תחת חלא חמשה
1352	לאמתה	D1.12:6	[...]א .[...] [....]	]לאמת[ה]	זי מׄ׳׳ׄתׄ כען ....
1353	לאנפין	C1.1:134	תימנה זי[....]	לאנפין	כאיש זי יעבד לחיתא
1354	לאנתו	B2.5:2	[על ....] ברתך למלקחה	לאנתו	אנתן למחסיה [כסף כרשן
1355		B2.6:3	לי לברתך מפט<ח>יה	לאנתו	הי אנתתי ואנה בעלה מן
1356		B3.3:3	לי לתמת שמה זי אמתך	לאנתו	הי אנתתי ואנה בעלה מן
1357		B3.8:37	[בר מן יהוישמע] לה	לאנתו	הן יעבד [כות שנאה הי
1358		B6.4:2	[סלואה אנתתה לה	לאנתו	הן יעבד כות שנאה הי
1359		B3.8:3	יהוישמע שמה אחתך	לאנתו	ויהבתה לי הי אנתתי ואנה
1360		B6.1:3	[מנך ל.... ברתך	לאנתו	ויהבתה לי הי אנתתי]
1361		B3.12:25	בר זכור ויהבה לי	לאנתו	לא נכהל נרשנך דין ודבב
1362	לאנתתי	B3.8:21	בעדה ויאמר שנית	לאנתתי	יהוישמע לא תהוה לי
1363		B2.6:27	בעדה ויאמר שנאת	[לאנ]תתי	מפטחיה מהרה [י]אבד
1364		B7.2:5	[בביתי] כחסן וכתשת	לאנתתי	ונכסן כחסן הנפקת מן
1365	לאסי	D22.40:1	ברך אוגה	לאסי	
1366	לאסרי	D22.13:2	ברך בלהבה	לאסרי	
1367		D22.17:1	ברך חגג בר אבלת	לאסרי	
1368	לאפף	C3.7EV1:11	[שנת [1+10] ב	לאפף	ב]קרו לימא ספינה 1 זי
1369		C3.7EV1:14	10+3+2[...]. [ב	לאפף	בקר]ו לימא דוגי
1370		C3.7EV1:16	[....]. [ב	[לאפף]	בקרו לימא דוגי קנׄרׄתעא
1371		C3.7EV2:1	[ב	לא[פ]ף	ב[קרו ל]ימא ספינה 1
1372		C3.7EV2:3	[כסף כרשן ...] ב[....	]לאפׄף	בקרו לימא ספינה 1 זי
1373		C3.7EV2:5	[....] [ב ....]1	לאפף	בקרו לימא דוגי
1374		C3.7GR2:15	[ ]iׄ0+iׄ [ב]3+2	לא[פ]ף	בקרו למצ[רין ספינׄהׄ 1
1375		C3.7GR2:21	2ׄ [ר 2] [ב] 3+3+1	לאפף	בקרו למצרין דוגי

No.	Ref	Headword	Preceding	Keyword	Following
1376	C3.7GR3:15		3+3+3 ב 10+20	לאפף	בקרו למצרין דוגי
1377	A3.9:8		ב2+3	לאפף	כתיב אגרתא ז[א] א[ל]
1378	C3.8I:12		[ ]ל[תשרי הו יום 3+20	לאפף	שנת 3+10]
1379	C3.8I:1		הו יום 3+3+10+3	לאפף	שנת] 3+10]
1380	C3.8I:5		[לתשרי הו י]ום 20	לאפף	שנת 3+10
1381	C3.8I:7		לתש[רי הו יום 1+20	לאפף	שנת 3+10] אחמנש אזל [
1382	C3.8I:9		לתשרי הו[יום 2+20	לאפף	שנת 3+10] [ד]וגית [
1383	C1.1:94	לאריא	לך ענה חמרא ואמר	לאריא[	] איש שפיר מדדה ולבבה
1384	C3.15:127	לאשמביתאל	כ 10+2 ש 3+3	לאשמביתאל	כרשן 1+3+3
1385	C1.1:186	לאתנא	יטעננהי %% חמרא רכב	לאתנא	.[.].[.]חמתה וצנפריא
1386	D8.8:7	לבזכה	1 ק 2 למכיה ק 3	לבזכה	ק 3 {שלמעון}<לשמעון> ק
1387	A6.2:10	לבטק	חדתן טף אמן עשרה שים	[ל]בטק	אמן תמנין בפשכן תלתה
1388	A4.7:8	לבירת	עם חילא אחרנן אתו	לבירת	יב עם תליהם עלו באגורא
1389	A4.8:7		[עם חילא אחרנן אתו	לבירת	יב עם] זניהום עלו
1390	D7.22:5	לבית	לשממך של[חת ....] [...]	לבית	[...] ....ף את[...] ...
1391	B3.8:28		ביו[ם 1] בכף 1 ותהך	לבית	אבוה וה[ן] ימות ענניה
1392	D8.11:2		[√]לתעבי 2[....]	לבית	בכיא זי שרתי √ בר
1393	B2.7:2	לביתא	לאמר אנה יהבת לכי	לביתא	זי יהב לי משלם בר
1394	B2.1:4		זך זילך הי זי דבקה	לביתא	זילי לזויתה זי לעליה
1395	C1.1:48		[.... קרב]תא יבלתך	לביתא	זילי תמה הוית
1396	B2.4:3		ארק בי 1 זילי מערב	לביתא	זילך זי אנה יהבת
1397	B2.7:5		לכי אחר אנה יהבת לכי	לביתא	זנה חלף נכסיך אלך דמי
1398	A3.10:4	לביתי	למנתן בעבור למובל	לביתי	ואיתי כסף כרש 1 זי אנה
1399	D23.1.II:15			לביתי	ואמר לא הוה ואנתנהם
1400	C1.1:22		[.... י]היבא אזלת לי	לביתי	
1401	B3.8:5		לי יהוישמע אחתך	לביתי	תכונה זי כסף כרשן תרין
1402	B6.1:5		[הנעלת לי .... ברתך	לביתי	תכונה זי] כסף כ[רש
1403	D7.1:10		הלו מחר לי למאזל	[ל]ביתי	וינתנו לכי ענז 1 עד
1404	A3.5:6	לביתך	וביתי כזי תעבד	לביתך	
1405	C1.1:52		לי אל תקטלני בלני	לב[י]תך	ע[ד] ליומן אחרנן
1406	C1.2:3	לבנוהי	כן כזי עבדת	לבנוהי[	וכזי שמע חור] בר
1407	C1.2:1	לבני	ומשח .[....]	לבני	על תהסרא זי מלכא ושמע
1408	C1.1:127	לבניך	תאכל ותשבע ותנתן	לבניך	[... ד]רגת קשתך
1409	B3.12:26		בגו אף לא נכהל נרשה	לבניך	ובנתך וזי תנתן לה בכסף
1410	B3.12:28		זי ירשנך דין וירשה	לבניך	ולאיש זי תנתן לה וזי
1411	C1.1:129		זי תאכל ותשבע ותנתן	לבניך	עמך [אל תזף ז]פתא
1412	B3.10:19	לבניכי	דין ודבב וירשה	לבניכי	אחריכי ויקבל עליכי לסגן
1413	B2.9:14	לבניכם	דין עלא ינתן לכם או	לבניכם	או למן זי ירשון אביגרנא
1414	B2.9:11		ולא יכהלון ירשון	לבניכם	ואחיכם ואיש לכם ב[ש]ם
1415	B2.9:13		ירשונכם וירשון	לבניכם	ובנתכם ואיש זילכם וזי
1416	D1.1:14	לבעל	[... ...]ברתכי	לבעל[	... ...] ואל תצפי לה
1417	C3.7GV4:1			לבעל	טלפת לבעל מ.לין לבעל
1418	C3.7GV4:2		לבעל טלפת	לבעל	מ.לין לבעל מל...כן לבעל[
1419	C3.7GV4:3		לבעל טלפת לבעל מ.לין	לבעל	מל...כן לבעל[
1420	C3.7GV4:4		מ.לין לבעל מל...כן	לבעל[	....]
1421	B3.8:24	לבעלה	והן יהוישמ[ע] תשנא	לבעלה	ענניה ותאמר לה שניתך
1422	B3.8:26		תתב על מוזנא ותנתן	לבעלה	ענניה כסף שקלן 1+3+3
1423	B3.3:9	לבעלי	תקם תמת ותאמר שנאת	לבעלי	ענני כסף ש<נ>אה בראשה
1424	B3.4:15	לבר	גרינך דין ודבב וגרין	לבר	בברה לך ולמן זי צבית
1425	B2.10:10		ודבב אף לא נכהל נרשה	לבר	וברה לכם אח ואחה אנתה
1426	B2.10:14		בר אוריה וירשון	לבר	וברה ואנתה ואיש לכם או
1427	B2.11:9		מחסיה ובני או נרשה	לבר	וברה לך ולאנש זילך עלדבר
1428	B3.4:18		מנעל הן גרוך וגרו	לבר	וברה לך ינתנון לך כסף
1429	B3.4:20		גבר אחרן יגרנך ויגרה	לבר	וברה לך אנחן נקום ונפצל
1430	B2.1:9		וקריה יכלא למחסה או	לבר	לה למבנה עלוי אגרא זך
1431	B3.4:14		מנה ולא נכהל נגרה	לבר	לך וברה ולמן זי צבית
1432	B4.1:3		ול.. ו[לא אכל אמר]	לבר	לך וברה יתל[י ע]ליכם
1433	B5.3:4		[ירשנך דין וירשה	]לבר	לך וברה[בשם
1434	C1.1:12	לברה	יעט אתור כלה זי הקים	לברה	ולא בר[.... א]חתה .[
1435	C1.1:1		ספר חכים ומהיר זי חכם	לברה	ו[....] [...] אמר
1436	B2.6:3	לברתך	[א]תית ביתך למנתן לי	לברתך	מפט<ח>יה לאנתו הי
1437	A2.2:12	לבת	1 שפרת ואף משח בשם	לבת	בנת ולעד אשכח אש
1438	C3.28:53	לבתנא	2{(2)} בר 2 אביתי·	לבתנא	רבען 3 לסמכסן]
1439	B4.4:7	לגבר	[כל] גברן 2 לגבר	לגבר	1 שערן ארדבן 2 ג 2 ח]
1440	D6.8frgc:5		1 [...] [...]....2+10	לגבר]	...]
1441	C3.15:1		כסף ליהו אלהא לגבר	לגבר	כסף ש[2] משלן[מ]ת ברת
1442	A6.9:4		זי אזלן עמה מצרין	לגבר	לגבר ליומא קמח חפן חדה
1443	B4.4:7		[.... כל] גברן 2	לגבר	לגבר 1 שערן ארדבן 2 ג 2
1444	C3.15:1		זי יהב כסף ליהו אלהא	לגבר	לגבר כסף ש[2] משלן[מ]ת
1445	C1.1:99		וכזי [יח]זה גבר טב	לגבר	לח[ה ...] [לא] ילוה עמה
1446	A6.9:5		אזלן עמה מצרין לגבר	לגבר	ליומא קמח חפן חדה פתפא
1447	D3.44:2	לגברא	[...].	לגברא]	[...] [...]
1448	B4.4:13	לגבריא	[זי יהבת] עלידן למובל	לגבריא	אלה זי כתיבן [מנעלא
1449	C1.1:77		מלכא שאל	לגבריא	ת[רין
1450	B4.3:7	לגברן	[....]	לגברן	[.].. ח 3
1451	A6.9:4		לקבל רכשה והבו פתף	לגברן	חלכין תרין אמן חד כל
1452	B8.5:2	לגנז	[....]שמן	לגנז]	....]שלם
1453	B4.5:2	לדגל	בר גדול ארמי זי סון	לדגל,	[.... לא]מר איתי לך
1454	B2.9:2		יהודין זי יב בירתא	לדגל	אדננבו לידניה ומחסיה
1455	B3.6:2		יהודי זי יב ברתא	לדגל	אדננבו לנשן תפמת שמה
1456	B3.8:2		ארמי זי יב בירתא	[ל]דגל	[אדן]נבו לזכור בר
1457	B6.1:2		ארמי זי יב בירתא	לדגל	אדננבו ל[..]ל[.... בר ...
1458	B7.1:2		[.... ...]	[לדגל	אדננ]בו למחסיה בר
1459	B8.6:9		כל [1+]1 אר[מ]ין	לדגל	אל[..] ..[כתש]וני
1460	C3.8IIIB:35		[שתבר]זן שמ[ו טע]ם	לדגל	א[.]ל[..]....[ ]ם
1461	B2.2:3		אתרה ביב בירתא עביד	לדגל	ארתבנו למחסיה בר
1462	D2.3:3		זי[... ...] [...]	ל[ד]גל	אר[תבנו ...] [...] ...
1463	B2.2:9		קוניה בר צדק יהודי	לדגל	אתרופרן למערב שמש לה
1464	C3.8IIIA:7		[	ל]דגל	בגפת
1465	C3.8IIIA:9		בר שאילא	לדגל	בגפ[ת [....]
1466	B8.6:8		[ ]בר הובר[א] ארמי	לדגל	ביתאלשגב מלל על
1467	B2.3:2		מהחסן ביב בירתא	לדגל	הומדת לנשן מבטחיה ברתה
1468	B2.4:2		ידניה יה[ודי ז]י יב	לדגל	הומדת ליזניה בר אוריה
1469	C3.8IIIB:36		[..]....[.] בר כמשפלט	לדגל	וידרן זי מנפי עם
1470	B2.1:2		בר צדק ארמי זי סון	לדגל	וריזת למחסיה בר
1471	B2.1:3		ארמי זי סון	לדגל	וריזת לאמר אנה אתית
1472	B2.11:2		1 כל 2 ארמין זי סון	לדגל	ור[יז]ת לאמר אנחנה
1473	B2.2:10		בר אוריה יהודי	לדגל	וריזת לתחתיה לה ובית

No.	Word	Ref.	Context	Keyword	Context
1474		B2.2:4	יהודי זי בבירת יב	לדגל	וריזת לאמר ימאת לי ביהו
1475		B2.6:2	[א]רמי זי סון	לדגל	וריזת לאמר אנה [א]תית
1476		B2.7:2	ידניה ארמי זי סון	לדגל	וריזת למפטחיה ברתה
1477		B2.8:3	ידניא ארמיא זי סון	לדגל	וריזת על דינא זי עבדן
1478		B3.3:3	בר זכור ארמי זי סון	לדגל	וריזת לאמר אנה אתית
1479		B7.2:3	בר א[רוסת]מר	לדג[ל]	מרי[לא]מר [א]נת קב[לת
1480		D2.12:3	ביב בירתא עביד	לדגל	מרי 1 לידניה [בר
1481		D3.39fragb:4	חרזמיא [...]משזבנבו	לדגל	מרי[ ] [...]מא זי צדני [.]
1482		B3.12:3	ארמי זי {זי} יב ברתא	לדגל	נבוכדרי לאמר אנה 1
1483		B3.13:2	חגי בר משלם יהודי	לדגל	נבוכדרי לפחנום בר בסא
1484		B4.5:2	הושע ארמי זי סון	לדגל	נבוכדרי ליס[לח] בר
1485		B4.6:2	ארמי זי יב ברתא	לדגל	נבוכדרי לסלו[אה] ברת
1486		B7.2:3	מהחסן ביב ב[ירתא	לד]גל	נבוכד[רי ל[אר]תפרד בר
1487		B3.4:2	שתבר כספיה זי סון	לדגל	נמסו כל ˆגבר 1ˆ נשן 1
1488		B3.4:2	בגזשת בר בזו כספי	לדגל	נמסו ונשן ובˆˆל ברת
1489		B5.2:2	בר ישביה ארמי סונכן	לדגל]	....]
1490		B7.1:2	שיבה ארמי זי סון	לדגל]	.... לאמר] [....]
1491		D2.1:2	מלכא אמר [...	ל[דגל]	...] [... ... ח]תחור שנ[ת
1492		D2.11:2	זי מ[יא] [... ... ...]	לדגל	... ...] אנה[... ...] שערן
1493		D2.12:4	זי ביב בירתא מהחסן	לדגל	<...> [...]ב.[...].. [...]
1494		C3.19:4	לענחחפי בר פטאסי	לדֹגֹל	..[...]
1495		C3.8IIIA:8	עדרי בר צחא	לדגל	[...]
1496	לדגלא	B3.13:2	בר בסא ארמי זי סון	לדגלא	זך אפם לאמר אנה אתית
1497	לדגלה	B5.5:2	[יהודיה] זי יב בירתא	לדגלה	ארמֹ[יה] לאסורי ברת
1498	לדכם	B3.8:2	מ[שלם אר]מי זי סון	לדכם	דגלא לאמר אנה אתית על[יך
1499	לדמות	B3.4:21	ובנין נתנן לך בית	לדמות	ביתך ומשחתה בר מן בר זי
1500	לדנא	D23.1.II:10	[ו]ענת ואמרת	[ל]דנא	חרא לאשכב עם גבר זי
1501	לדרגא	B3.10:10	גנן זי חנום אלהא דבק	לדרגא	דך מערב שמש לה אגר תרי
1502	להנאלת	D15.1:1		להנאלת	
1503		D15.3:1	קרב צחא בר עבדעמרו	להנאלת	
1504		D15.4:1	בר גשם מלך קדר קרב	להנאלת	
1505		D15.2:1	חרבך בר פסרי קרב	להנאלת	אלהתא
1506	להנפנא	B3.11:4	מלכא דבק אגר באגר	להנפנא	זי בנו מצריא מערב שמש
1507	לוסרי	D20.2:1	ברכה תמא ברת בכרנף	לוסרי	
1508		D22.18:3	בר קמ[ו]עם	לוסרי	
1509	ל..ופדנחתי	D17.1:5	מלכא	[ל.].ופדנחתי	אלהא דרות [...
1510	לזהב	C3.7AR3:23	זהב סתת[רן 20+10+2	לזהב	כרשן 2 ש 3+3 ח
1511		C3.7FR1:1	[זהב סתתרן	ל]זהב	כרש[ן ....]+1+3
1512		C3.7FV2:23	סתתרן [1+3+20+20]	לזהב	כרשן 3 ש [2+]1[+3+1
1513		C3.7GR2:4	זהב סתתרן 2+20+20	לזה[ב	]כרשן 3[ש 3+]2 ח
1514		C3.7JV2:23		לזהב	כרשן 3 ש 3+3+1 ח[2]
1515		C3.7KR2:1	3+[3+10+20+20	לז]ה[ב	כר]שן[3+1] ש
1516		C3.7KR2:15	3+3+10+20+20	לזהב	כרשן 3[+1] ש 3+3+1 ח
1517		C3.7AR2:13	[זהב סתתרן 2+10	לזהב	כרש 1 ח [3+3 כסף]
1518		C3.7AR2:2	מלכא זהב סתתרן 2+10	לזהב	[כרש 1 ח [3+3 כסף כרשן
1519		C3.7BR1:20	זהב סתתרן 2+10	לזהב	כר[ש 1 ח [3+3 כסף כרשן
1520		C3.7DR3:14	זהב סתתרן 2+10	ל]זהב	כרש 1 ח [3+3 [כסף
1521		C3.7ER1:19	[ס]תתרן 20[+1]+1	ל]זהב	]כרש 1 ח 3+3 כסף
1522		C3.7ER1:8	ז[ה]ב סתתרן 2+10	לזהב	כרש 1 ח [3+3] [כ]סף
1523		C3.7ER2:22	[סת[תר]ן 2+10	לזהב	כר[ש 1 ח 3+3]
1524		C3.7ER2:5	זהב סתתרן [20+]2	לֹזֹהֹב	כֹרֹשׁ 1 ח] 3+3] כסף
1525		C3.7HR1:4	[ ]סֹתֹתֹרֹן 10+]2	לזהב	כרש 1 ח [3+3] [כסף
1526		C3.7JR1:20	[זהב סתתרן 2+10	לזהב]	כרש 1 ח 3+3] [כסף
1527		C3.7JR1:9	[זהב סתתרן 10+1]+1	לזהב	כֹ[רש 1 ח [3+3] [כסף
1528		C3.7JR2:10	[ ]סֹתֹתֹרֹן 2+10	לזהב	כרש 1 ח [3+3] כֹ]סף
1529		C3.7JR2:20	זה[ב סתתרן 2+10	לזהב	כרש 1 ח [3+3] [כסף כרשן
1530		C3.7KR3:19	זהב סתתרן 10+]2	לזהב	כרש 1 ח [3+3] כסף
1531		C3.7KR3:9	זהב [סתת]רן 2+10	לזהב	כרש 1 ח 3+3 [כסף כרשן
1532		C3.7CR1:19	[זהב סתתרן 2+10	לזהב	כר]ש 1 ח 3+3 [כסף כרשן
1533		C3.7CR1:8	[זהב סתתרן 2+10	לזהב	כרש 1] ח 3+3 [כסף כרשן
1534		C3.7CR2:20	זהב סתתרן 2+10	ל[זהב	כרש 1]ח[3+3] כסף
1535		C3.7CR2:8	[סת[תר]ן [10+1]+1	לזהב	כרש 1 ח [3+3] [כס]ף
1536		C3.7DR1:9	[מלכא] זהב סתתרן 10	לזהב]	....] כסף כרשן 10
1537		C3.7DR2:23	[זה]ב סתתרן 10	לֹ[זֹהֹב]	....] [כס]ף
1538		C3.7AR3:2	זֹה[ב סתתרן 10	לזהב	ש 2+3+3 ח 10+3+2]
1539		C3.7BR1:13	מלכא [זה]ב סתתרן 10	לזהב	ש 2+3+3 ח 10+[3+2]
1540		C3.7DR3:6	[מלכא] זהב סתתרן 10	לזהב]	ש 2+3+3 ח 10+3+2]
1541		C3.7ER2:15	[זהב] סתת[ר]ן 10	לזהב	ש 2+[3+3 ח 10+3+2]
1542		C3.7GR2:19	מלכא זהב סתתרן 10	לזהב	ש 2+[3+3 ח 10+3]+2
1543		C3.7JR2:3	[ ]סֹתֹתֹרֹן 10	ל]זהב	ש 2+3+3 ח 10+3+2]
1544		C3.7KR3:2	מלכא זה[ב סתתרן] 10	לזהב	]ש 2+3+3 ח 10+]2
1545		C3.7KR4:10	זהב ס[תת]ר[ן 10]	לזהב	ש 2+3+3 ח 10+3+2]
1546		C3.7KR4:4	[מלכא] זהב סתתרן 10]	לזהב	ש 2+3+3 ח 10+3+2]
1547	לזויתה	B2.1:4	זי דבקה לביתא זילי	לזויתה	זי לעליה ˆאגרא זך תדבק
1548	לזכם	B2.9:4	ברת מחסיה יהודין	לזכם	דגלא לאמר אנ[ח]נה רשינכם
1549		B5.2:3		לזכם	דגלא ל[אמר אנה] גריתך
1550		B5.5:2	אחתה יהודיה	לזכם	[דגלא ל]אמר אנה יהבת
1551	לזכרן	C3.8IIIB:28	[ואף]הו [	לזכרן]	נבוצדק זי[....
1552		C3.8IIIB:16	שנת [10+3+2]	לזכרן	על בגפרן [ב]ר פר[ן]
1553		C3.8IIIB:34	[ ] [וא]ף הו [...]	לז]כרן	נע[...
1554	לזרעהום	C2.1.11:78	[מלך]. מן אחרי	לזר[עהום	זי גבריא אלך שגיא
1555	לחד	A6.2:14	עקי ארז חדתן חנן תרין	לחד	אמן חמשה פשכן תלתה בפשכן
1556		A6.9:3	ולעלימוהי גב[ר]ן עשרה	לחד	ליומא קמח חפן חדה עמיר
1557		A6.2:19	ועל שף וחנניא בארכא	לחד	פשך חד ועל סעבל עקי חלא
1558		A6.2:15	מסמרי נחש מאה וחמשן	לחד	פשכן תלתה מאתין שבען
1559		A6.2:18	זי יתיהב על טף בארכא	לחד	פשכן תלתה חפוש ועל פתיא
1560		A6.2:19	תרין ועל שים בארכא	לחד	פשכן תלתה חפוש ועל פתיא
1561		A6.2:20	חלא דרי תמים בארכא	לחד	פשכן תלתה חפוש ועל פתיא
1562		A6.2:16	תלתה מאתין שבען וחמשה	לחד	צבען עשרה כל מסמרין ארבע
1563		C3.14:27	בגו [2	לחד]	שא 1 ר 2 לשא 3 2+20
1564		C3.14:28	1 ר 2 לשא 3 2+20	לחד	שא 1 לשא 2+20 [נ]פש
1565		C3.14:29	2+20 [נ]פש 10+20	לחד	שא 1[1+ ר 2 ל]שא כל
1566	לחיי	B4.7:5	...]ותי וחובי ישבק	לחיי	ספרא זנה[....]
1567	לחילא	C2.1.4:3	א]מרת אזל קטל	לחילא	זי מדי זי לא[שמען
1568		C2.1.7:32	[בחתר]ˆ אמרת אזל קטל	[לחילא	זי לא שמען ל]י אחר
1569		C2.1.7:45	[ ]אזל[מן אתרא זך	לחילא	כנש אתה לער[ק]ה [זי
1570		C3.14:38	[ת]שטרס פתפא זי יהב	לח]ילא	מן אלפן [...]2]ח
1571		C2.1.4:10	[חילא זילי קטלו	לחילא	מרדיא ב לא]יר [עבדו]

No.	Lemma	Ref.	Preceding	Keyword	Following
1572		C2.1.8:55	[קטלו חיל]א זילי	לח[ילא	מרדיא קטלו] בהם
1573		C2.1.8:57	חילא זי[לי קטלו	לחילא]	מרדיא קטלו בהם
1574		C3.14:32	כל נפק[תא זי]יהיב	לחילא	סונכניא מ̇ן יום 3+10
1575		C3.14:41	[....]יהיב פתף	לחילא	[...]. תשט̇[רס ....
1576		C3.14fragd:2	[יהי]ב א[...]ך̇	לחילא]	[...] [..].[....] היתי [...]
1577	לחילה	C2.1.7:43	[חי]לא [זיל]י ק[טלו	]לחילה	זי ויזדת ב לאיר]עבדו
1578	לחלא	A6.2:15	פשכן תלתה בפשכן תלתה	לחלא	מסמרי נחש מאה וחמשן לחד
1579	לחמר	D8.12:2	תודרס מ 3 מנאס מ 3	^לחמר	אותכס 1 זוזן 3+1^ פבא
1580	לחנם	D22.43:1	ברך אבינבו	לחנם	
1581		D22.44:3	ברך ברך א.. ### נ.ר	לחנם	
1582	לחר	D22.41:1	ברך עזריו בר שגבי	לחר	
1583	לחר...	D22.42:1	ברך גמלן סרצר	לחר[...]	
1584	לחרא	D23.1.II:12	...כם עמי ואזל ואמר	לחר̇א	אנה לם אמרת למה̇]
1585	לחשי....	B8.9:5	נפרת יהבת	לחשי.[....]	[.. לא
1586	לחתחור	C3.7AR2:19	[ ]ספית]ן 10 ב 10+20	לחתחור	בקרו למצרין ספינה 1
1587		C3.7GV5:14	[ב]1+3+3+10	ל[ח]ת̇חור]	בקרו לימא ספינה 1 זי]
1588		C3.7GV5:17	ב 3+3+20	לחת[חור	בקרו לימא ספינה 1 זי
1589		B2.11:1	הו יום 3+3+3	לחתחור	שנת 1+3+10 דריוהוש
1590		B8.4:1		לחתחור	שנת 1+3+10+20
1591		C3.8IIIA:1	[הו] יום 1+20	לחתחור]	שנת 2+3+10 [....]
1592	לטבת	C2.1.4:5	[אלך 1+3+3+20	לטבת	עבדו קרבא קטלו[ ]ב]הם
1593		C2.1.8:56	[3+10	[לטבת]	עבדו קרב אהורמזד ס[עדני
1594		A6.2:28	ספרא ב1+2+10	[ל]טבת	שנת 2+10 דריו[הוש
1595	ליד	C3.8IIIB:13	[....ך..[..]ל	]ליד	חרמח[י בר
1596		C3.8IIIA:12	]	]ליד	נבוחבלט .[...] [...] .[..] .י
1597		C3.8IIIB:14	ד̇.[... ...	]ליד	פחה בר[ן ...] ב
1598		C3.8fraga:8	ותנתנו .... [....]	ליד	[....] ...מי חלף
1599	ליה	B3.4:25	ויבל לענניה לחן	ליה	ביב
1600	ליהה	D7.16:7	ואחט המו בקל כענת חי	ליהה	הן לא על נפשכי .ל.א̇נה
1601		D7.21:3	וחין שלחת לך ברכתך	ליהה	ולחנ־ר־ם כען שלחלי
1602	ליהו	A3.3:2	אף אמך כעת ברך אנת	[ליהו	אלהא] [זי יח]וני אנפיך
1603		A4.5:15	[....] למעבד תמה	ליהו	א[להא ....]
1604		B3.10:2	ענני בר עזריה לחן	ליהו	אלהא ביב ברתא לנשן
1605		B3.12:10	ענני בר עזריה לחן	ליהו	אלהא 1 תפמת אנתתה פריפת
1606		B3.4:3	לענניה בר עזריה לחן	ליהו	אלהא לאמר אנחן זבן ויהבן
1607		C3.15:1	יהודיא זי יהב כסף	ליהו	אלהא לגבר לגבר כסף ש[2]
1608		B3.2:2	בר עזר[יה]לחן	ליהו	ביב לאמר יהבת לי כסף
1609		C3.15:126	שקלן 3+3+2 בגו	ליהו	כ 2+10 ש 3+3
1610		A4.7:15	הוין וצימין ומצלין	ליהו	מרא שמיא זי החוין
1611		A4.8:14	הוין צי[מן ומצלין	ליהו	מרא שמיא זי] חוינא
1612	ליום	A6.9:3	זילי זי במדינתכם יום	ליום	קמח חורי חפנן תרת[י]ן
1613	ליומא	D7.20:9	בר זכריה לם א̇תה	ליומא	זנה ולא אתית ביד בנתי
1614		A6.9:3	גב[ר]ן עשרה לחד	ליומא	קמח חפן חדה עמיר לקבל
1615		A6.9:5	עמה מצרין לגבר לגבר	ליומא	קמח חפן חדה פתפא זנה
1616	ליומן	C1.1:39	[אל]ך̇ עמה אחר	לי[ו]מן	אחרנן תלתה לם [...]
1617		C1.1:52	בלני לב[י]תך עו[ד]	ליומן	אחרנן אסרחאדן מלכא
1618	לימא	C3.7GV5:12	[לימא בשנת 10]	[לי]מ̇א	בהם [כסף כרשן ... ...]
1619		C3.7GV5:22	[דמי נתרא זי הנפקו]	לימא	בהם כסף כרשן]
1620		C3.7KV2:1	הנפקו	לימא	בהם כסף כרשן .[....]
1621		C3.7KV2:12	[דמי נתרא] [זי הנפקו	לימא	בהם כסף כרשן ...]i ח̇
1622		C3.7KV3:15	דמי נתרא זי הנפקו	[לי]מא]	בהם כסף כ[רשן
1623		C3.7EV1:12	[ ]דמי נתרא זי הנפקו	לימא	בה [כסף כרשן ...]3+3 ח
1624		C3.7EV1:1	[דמי נתר]א זי הנפקו	לימא]	בה [כסף כ]רשן ....]+1
1625		C3.7EV2:14	דמי נתרא זי הנ[פק]ו	לי[מ]א̇]	בה כסף כרשן ...] ב 10]
1626		C3.7EV2:16	[ ]דמי נתרא זי הנפקו	לימא	בה[כ]סף כרשן [...]. ב
1627		C3.7EV2:18	דמי נ̇[תרא]זי הנפקו	לימא	בה כסף[כרשן ...] ב
1628		C3.7EV2:2	דמי[נתרא ז]י ה[נפ]קו	לימא	בה[כסף כרשן ...] ב[....
1629		C3.7EV2:4	דמי נתרא זי הנפקו	ל[ימא	בה כסף כרשן ....] [ב
1630		C3.7GV5:16	[דמי נתרא] זי הנפקו	לימ[א]	ב̇[ה כסף כרשן
1631		C3.7GV5:19	[דמי נתרא זי] [הנפקו	לי[מ̇א	בה כסף[כרשן ....]
1632		C3.7KV2:10	[דמי נתרא זי הנפקו	לימ]א	בה כ[סף כרשן ...]. ש
1633		C3.7KV2:15	[תשי דמי נתרא זי הנפקו	לימא	בה כס]ף כרשן 10 ש 3+3
1634		C3.7KV2:17	[דמי נת]ר[א]זי הנפקו	[לימא]	בה כסף כ]רשן 10+1 ש
1635		C3.7KV2:19	נתר̇א זי ה[נפקו	ל]ימא	בה כסף כרשן 10+1 ש
1636		C3.7KV2:21	דמי נת]ר]א זי הנפקו	ל]ימא	בה כ]סף כרשן 3+3 ש
1637		C3.7KV2:23	[דמי נת]רא [זי הנפקו	לימא	בה כס]ף כרשן 3+3+2 ש
1638		C3.7KV2:25	דמי נת[ר]א זי [הנפקו	לימא	בה כסף כרשן
1639		C3.7KV2:4	דמי נתרא זי הנפקו	לימא	בה כסף כרשן 3+3+3 ש]
1640		C3.7KV2:6	נת̇ר̇א זי הנפק[ו]	לימא	בה כסף כר]שן ....] ב
1641		C3.7KV2:8	דמי נתרא זי הנפק[ו]	לימא	בה כסף כרשן[...]ש־3+2
1642		C3.7KV3:10	ד[מי נתרא זי הנ]פקו	[לימא]	בה[כסף כרשן
1643		C3.7KV3:13	נת[ר]א זי הנפק[ו	לי[מ]א	ב]ה כס[ף כרשן
1644		C3.7KV3:18	דמי נתרא זי הנפק[ו	לימא	בה כסף כרשן
1645		C3.7KV3:20	[ד]מי נתרא זי הנפקו	לימא	ב[ה כסף כרשן ....]
1646		C3.7KV3:22	[דמי]נתרא זי הנפקו	לימא	ב[ה כסף כרשן
1647		C3.7KV3:3	[ ]דמי נתרא זי הנ[פקו	לימא	בה כסף כרשן ....] [ב
1648		C3.7KV3:5	[דמי נתר]א[זי הנפקו	לימא	בה כ[סף כר[שן ....]
1649		C3.7KV3:8	דמי נתרא זי הנפקו]	לימא	בה כסף כרשן ....]
1650		C3.7EV1:6	[כל ספינתא זי בקרו]	לימא]	בירח פאוני ספינה 3+2
1651		C3.7EV2:7	[ספינתא זי]ב̇ק̇ר̇ו	לימא	בירח א[פ]ף ספינה] 3+3
1652		C3.7GV5:20	[כל ספינ]תא זי בקרו]	לימא	בירח חתחור] [ספינה 2]
1653		C3.7KV3:14	[ ]ס̇פ̇י̇נ̇ת̇א זי בקרו	לימא	בירח [פ]ח̇נ̇ס̇ ספינה]
1654		C3.7GV5:10	[כל ספינתא זי]בקרו]	לימא	בשנת 10] [לי]מ̇א בהם
1655		C3.7EV1:14	[...] [ב .... לאפף בקר]ו	לימא	דוגי קנר̇תשירי 1 זי
1656		C3.7EV1:16	[ב .... לאפף] בקרו	לימא	דוגי קנר̇תעא 1 [זי]
1657		C3.7EV1:2	[10+20 לפאוני בקר]ו	לימא	דוגי קנר̇[ת]עא שמ̇...[ן
1658		C3.7EV2:19	למסורע בק[ר]ו	ל̇י̇מ̇א	דוגי קנר̇תעא 1 זי]
1659		C3.7EV2:5	[ב ....]1 לאפף בקרו	לימא	דוגי קנר̇תשי[רי 1 זי
1660		C3.7EV1:18	[כסף מנפקה]	לי[מ]א̇	כסף כרשן 2 ש̇ 3+2̇
1661		C3.7EV1:3	[...]י [כסף מנפקה	לימא	כ]סף כרשן 2 ש 3+2
1662		C3.7EV2:20	[....] [כסף מנ]פקה	ל[ימא	]כסף כרשן 2 ש 3+2
1663		C3.7EV1:15	[.... כ]סף מנפקה	לימא	לאדי[ה]בן [....]. [ב
1664		C3.7EV2:6	[....]כסף מנפקה	לימ̇א	לא̇[ד]יהבן ....][....]
1665		C3.7EV1:11	[ב .... לאפף ב]קרו	לימא	ספינה 1 זי ג̇לפ̇ר̇ס̇]
1666		C3.7EV2:13	למס[ורע]בקרו	לימא	[ספ]ינה 1 ז[י .... יוני]
1667		C3.7EV2:1	[ב .... לא]פף ב]קרו	ל]ימא	ספינה 1 [ז]י ש.[... יוני
1668		C3.7EV2:15	ב 10[ל]מסורע בקרו	לי[מ[א]	ספינה 1[זי]יוכלס
1669		C3.7EV2:17	20[+2] למסורע בקרו	לימא	ספינה 1 זי פנ̇ס̇ יונ[י

No.	Headword	Ref.	Context	Keyword	Context
1670		C3.7EV2:3	ב[....]לאפף בקרו	לימא	ספינה 1 זי הפו[.]...
1671		C3.7GV5:14	ל[ח]תחור] בקרו	לימא	ספינה 1 זי] ....[.]לן
1672		C3.7GV5:17	לחת]חור בקרו	לימא	ספינה 1 זי [....] ....
1673		C3.7GV5:24	ל[כ]יחך בקרו	לי]מא	ספינה 1 זי ....[
1674		C3.7KV2:14	[ב .... לפרמותי בקרו	לימא	ספינה 1 זי [....]...]מנ[
1675		C3.7KV2:16	ב[..] לפרמו[תי בקרו	לימא	ספינה 1 זי .. [
1676		C3.7KV2:18	ל[פרמו]תי ב[קרו	ל]ימא	ספי]נה 1 זי ...]כלס
1677		C3.7KV2:20	ל[פר]מותי בקרו	ל[י]מא	[ס]פינה 1 זי פרתוכלס
1678		C3.7KV2:22	לפרמו[ת]י בקרו	לי]מא	ספינה 1] זי גלפרס
1679		C3.7KV2:3	ב 10 לפמנחתף בקרו	לימא	ספינה 1 זי ...סי יוני
1680		C3.7KV2:5	ל[פמנחת]ף בקרו	לימא	[ספינה]1 זי תמ[.]...
1681		C3.7KV2:7	לפמנחתף בקרו	לימא	ספינה 1 זי ...] ....
1682		C3.7KV2:9	10+20 לפמנחתף בקרו	לימא	ספינה 1 זי .[.... יוני
1683		C3.7KV3:12	10+20 לפחנס בקרו	[ל]ימ[א	]ספי[נה 1 זי]
1684		C3.7KV3:17	לפאוני [בקר]ו	לימא	ס]פינה 1 זי .... יוני
1685		C3.7KV3:19	ב 1+20 לפאוני בקרו	לימא	ספינה 1[זי ....
1686		C3.7KV3:21	3+3+20 לפאוני בקרו	לימא	ספינה 1 זי[.... יוני
1687		C3.7KV3:2	ב[.. לפ]חנס בקרו	לימא	ס[פינה 1 זי ...]מרסלס
1688		C3.7KV3:24	לפאוני בקרו	לימא	ספינה 1 זי .[.... יוני
1689		C3.7KV3:4	לפחנס בקרו	[לימא	ספינה 1 זי .... יוני
1690		C3.7KV3:7	[ב]2+20 לפחנס בקרו	לימא	ספינה [1 זי ....].
1691		C3.7KV3:9	לפחנס בקרו	לימא	ספינ]ה 1 זי ....
1692	לירח	B3.1:5	כסף חלרן 2 לתקל 1	לירח	1 הוה כסף חלרן 2+3+3
1693		B4.2:4	כספך חלרן 1+3+3	לירח	1 וירחא זי לא אנתן לך בה
1694		B2.6:1	[הו יום 20]+3+3	לירח	אפף [ש]נת [1+3+10
1695		B3.5:1	הו יום 2+3+20	לירח	אפף שנת 1+10+20
1696		B5.1:1	בי[ו]ם 2	ל[י]רח	אפף שנת 1+3+3+20
1697		B3.1:6	הוה כסף חלרן 2+3+3	לירח	חד הן מטת מרביתא לרשא
1698		D2.4:1	[...] ... [3+3+3	לירח	חת]חור ... [...]....[.
1699		B2.7:1	2 לכסלו הו יום 1+10	לירח	מסורע שנת 3+3+3+10
1700		B4.2:9	עלי ויהוה רבה עלי ירח	לירח	עד יום זי אשלמנהי לך
1701		B3.4:1	לאלול הו יום 3+3+3	לירח	פאוני שנת 2+3+3+20
1702		B4.3:1	2+3+3+20ב	ל[ירח	פאפי שנת 3 חשירש מלכא
1703		B4.4:1	2+3+3+20ב	לירח	פאפי שנת 3 חשירש
1704		B3.3:1	[10+20 הו יום]	לירח	פרמותי שנת 3+3+10
1705		B3.1:1	לכסלו הו יום 1+3	לירח	תחות שנת 3+3+3
1706	לירחא	B4.2:3	כסף חלרן 2 לכסף ש 1	לירחא	עד יום זי אשלמנהי ל[ך]
1707	לכדבא	C1.1:133	[... מן קדמן כרסאא	לכדבא	יחיט ועל אחר[ן
1708	לכיחך	C3.7BR1:15	... ב] 2 ר 2 ח 10	לכיחך]	בקרו למצרין ס[פינה 1
1709		C3.7BR1:7	i+10 .[..].[...] ב 2	לכיחך[	ב]קרו למ[צרין]
1710		C3.7GV5:24	[20] ב [1+10]	ל[כ]יחך	בקרו לי]מא ספינה 1
1711		C3.12:29	קלבי 1 ב 2+3+20	לכיחך	זי הו יום 1 לניסן לשרתא
1712		B3.11:1	לאדר הו יום 2+3+3	לכיחך	שנת 3 ארתחשסש מלכא
1713		C3.8IIIB:15	3 הו יום 1+3+10	לכיחך	שנת [2+3+10] לזכרן
1714		C3.8IIIB:23	הו יום 2+3+3	לכיחך	שנת[2+3+10] אופכרתא
1715		C3.8IIIB:29	הו יום 3+3+3	לכ[י]חך	שנת 2+3+10 בגפרן
1716		C3.8IIIB:8	1 הו יו]ם 1+3+10]	לכיחך	שנת[10 [2+3+1] [...].
1717	לכל	D23.1.III-IV:10	תמה [.][..]...לם יל. אף	לכל	א[...]המו נ.[.
1718		C1.1:178	לעלים כאיה לחנת אף	לכל	עבדיך אלפ[ן] קנה עבד
1719	לכלביא	C3.26:27	מהפ[..] [...] אחמ..	לכלביא	זי פס[י] פסי בר
1720	לכמרי	D5.10:2	#### [..]מ[....]פ.[...]	לכמרי[	...]
1721	לכנותה	C1.1:56	נבוסמסכן רביא אמר	לכנותה	גבריא אלך תרין זי עמה
1722		C1.1H:12	[רב]יא[אמר	לכנותה	...] עלי ו[אנה אמר לכם
1723	לכסלו	B2.2:1	2+3+3+10ב	לכסלו	הו י[ום 3+10]+3+1
1724		B2.3:1	3+10 ופשך ב1+20	לכסלו	הו יום [1+20]1 למסורע
1725		B2.4:1	[1]+20ב	ל[כס]ל[ו	הו יו]ם [1+20
1726		B2.7:1	ב 2	לכסלו	הו יום 1+10 לירח
1727		B3.1:1	1+3+3ב	לכסלו	הו יום 1+3 לירח תחות
1728		C2.1.7:33	למרד[יא] אלך 3+20	לכסלו	עבדו קרב [קטלו בהם
1729		B2.10:1	ב3	לכסלו	שנת 2+3+3 הו יום
1730	לכסף	C3.7EV1:7	[יוניא פסלר]שי 1+3	לכסף	כרשן 3+3+i0 ח
1731		C3.7EV1:8	ר]...] [...] י 1	לכסף	כרשן 3 [ש 3]+3 ח 2+3
1732		C3.7EV2:8	[יו]ניא פסלרשי 3	לכסף	כרשן 2+20[....]
1733		C3.7EV2:9	יא.... 3	לכסף	כרשן 1[....] דוגי ...
1734		C3.11:2	כרש[...] [...] שכר 1	לכסף	כרש 1 שקלן 1+3 [..]...י
1735		C3.11:3	[...]...י לחם טיק 1	לכסף	כרש 1 עבד משח זרע כתן
1736		C3.11:4	משח זרע כתן איטשרי 1	לכסף[	...] כ[..]. מחא ל.חנ.. .. מחא
1737		B4.2:3	וירבה עלי כסף חלרן 2	לכסף	ש 1 לירחא עד יום זי
1738		C3.25:20	דמי כא 3+10[...]	לכסף	ש 1+3 כל כסף כרש[1]
1739		B4.7:2	[יהבת לי ....]+3	לכסף	שקלן 3+3 וירבה עלי ולא
1740		D1.12:9	ל[..]ן כרשן [...]+3	לכסף	ש[קלן [...] [...] אמרת לי
1741	לכרש	B2.10:16	הו כרשן 10 כסף ר 2	לכרש	1 באבני מלכא וביתא אפם
1742		B2.9:15	באבני מלכא כסף ר 2	לכרש	1 והו אפם רחיק מן אלה
1743		B3.4:6	באבני מלכא כסף זוז	לכרש	1 וטיב לבבן בדמיא זי
1744		B3.5:15	באבני מלכא כסף ר 2	לכרש	1 ולא דין והן גבר אחרן
1745		B3.5:22	באבני מלכא כסף ר 2	לכרש	1 וביתי זילהם אפם ולא
1746		B5.5:3	באבני מלכא כסף זוז	לכרש	1 אנה מפתחיה יהבת לכי
1747		B6.1:5	[באבני] מלכא כסף ר 2	לכר[ש	1 על עליך וטיב לבבך בגו
1748	לכרשן	D3.16:6	1+3+3 [...]. 1	לכרשן	2 ר 2 [כל]כרשן
1749		D3.16:5	1 לכרשן 3+3 [...]..	לכרשן	1+3+3 [...] 1 לכרשן 2
1750		D3.16:4	1 כסף ש 2 [...]א 1	לכרשן	3+3 [...].. לכרשן
1751	לכתוני	D7.14:2	לם הוש[ו]ר [...	לכתוני	אף [... י]דניה יהפק
1752		D7.14:6	אף חוט[...] [...	לכתוני	אף אמר ל[...]ה לם חוני
1753	ללבבך	C1.1:84	מלת מלך רפ"א"ה תהוי	ללב[בך%	רכיך ממלל מלך שדק
1754	לם	D3.47fragb:6	[...] פבי מ 3 [...]3	לם	ר 1 2 ר[...]ס 1 [...] מ[
1755		D3.47fragb:10	[...] השכחו בצפרא [...	]לם	3 [...] ברה [...].
1756	למאכל	C3.13:9	זי ב[ס]תתרין 2 סכ[.]ה	למאכל	3+3 לתנ[.]ן 3 [...]
1757	למדינא	A4.2:6	מזדיזן הו פקיד	למדינא]	....] נדחל בזי זעירן
1758	למוע	B2.2:8	ביתי ˆאנה˜ דרגמן	למוע	שמש מנה ובית קוניה בר
1759	למותב	D23.1.Va:9	תהר[ר]קא דחן[..]	למותב	עמורשי ומ..ה
1760	למזרעה	B1.1:3	בקריה כרב [....]	למזרעה	לפלגן תזרענה בזרע נפשך
1761	למחיה	D2.9:3	[.... ... א]ית עמכי	למחיה	....נה [.... ...]לן[...]ב
1762	למחיר	D2.10:1	1+3+3+10]	ל]מ[חיר	[....] ארמיה [...]
1763		C3.7DR3:1	ב] 10	ל]מחי[ר	בקרו למצרין] ספינה 1
1764		C3.7DR3:8	ח 2 ר 1+[1] ב 20	למחיר	בקרו ל[מצרין] ספינה 1
1765		D22.26:1	2+3+20ב	למ]חיר	]..ן בר מ.תא.ל..
1766		C3.14:33	[3+3+3+10]	ל]מחיר	שנת 1+3 עד יום]
1767		C3.14:34	[לאיר הו יום] 20	למח]יר	שנת 2+3 [...]. זי יהיב

1768		C3.14:43	[....].[.	למחיר]	שנת [...]
1769	למחר	D7.3:8	איתי לי ..[...] [...]	למחר	[..] [...].. יוֹמֹא
1770		D7.20:3	פשרן הלו שכר הו לה	למחר	כען אל תפשר למאתה מחר
1771		A3.3:13	[....] ב [...]	למחר	כתבת אגרתא זא כזי כן
1772	למלך	B1.1:11	אתנגהי לך מ[ן]חלקי	למלך	מן בלעדי מלת מלך ונתנת
1773	למלכא	B1.1:1	בשנן 3+3+1	למלכא	דרוש ירח מחר 3+3 אמר
1774		D11.18:1		למלכא	
1775		D22.29:4	בשנת 20+3+3+3	למלכא	
1776		D11.17:1	[...	ל]מלכא	ט עשחר
1777	למן	D22.30:2	ברך נבונתן בר אסחר	למן	
1778		D22.31:1	ברך בבי	למן	
1779		D22.29:3	ברך אסחור בר ערוד	למן	בשנת 20+3+3+3 למלכא
1780		B2.3:19	זך זיליכי בני והבי	למן	זי רחמתי הן מחר או יום
1781		B2.3:9	ועד עלם ובניכי אחריכי	למן	זי רחמתי תנתנן לא איתי
1782		B2.9:14	ינתן לכם או לבניכם או	למן	זי ירשון אביגרנא זי כסף
1783		D3.39fragb:2	פטאסי[ן [...] [...].	ל]מן	זיעם בג[א]יֹ[.] [...].ה
1784		D22.32:1	ברך נטיי	למן	ל
1785	למנ	C1.1fraga:2	[...] [...] עיני [...]	למנ]...]	[...] [...] זי אִשְׁתֹא
1786	למנדעמתא	A4.5:23	[.... יה]גנון	למנדעמתא	זי א[....] [....
1787	למסורע	C3.7EV2:13	[ב 1]+2+3+3	למס[ורע	]בקרו לימא [ספ]ינה 1
1788		C3.7EV2:15	[כסף כרשן [...] ב 10]	ל]מסורע	בקרו לימ[א] ספינה 1]
1789		C3.7EV2:17	כרשן [...]. ב 20[+2]	למסורע	בקרו לימא ספינה 1 זי
1790		C3.7EV2:19	ב 20+[1+1+]1	למסורע	בק[ר]ו לימא דוגי
1791		C3.7JR1:2	[ש]נת 10+1 [ב	[למסורע	בקרו למצרין
1792		C3.7JR1:26	[ספיתן] 10 [ב	[למסורע	בקרו [למצרין] [ספינ]ה
1793		C3.7JR2:26	ספיתן 20 ב 10+2	למסורע]	בקרו למצ]ריֹן
1794		C3.7JR2:5	ח[2 ר 2] [ב	למסורע	בקרו [למצרין] ספינה 1
1795		B2.3:1	הו יום [20+]1	למסורע	שנת 3+3 ארתחשסש מלכא
1796		B2.4:1	[הו יו]ם [20+]1	ל]מס]ורע	שנת 3+3 ארתחשסש מלכא
1797		B3.10:1	הו יום 20+3+3+3	למסורע	שנת 1 ארתחשסש מלכא
1798	למערב	B2.3:5	ופשך 1 פתי מן מועא	למערב	אמן 10+1 בעשתא
1799		B3.10:6	ופלג בעשתא ומן מועה	למערב	אמן 3+3+1 בעשתא לאברת
1800		D2.10:4	ארך מן מו[ע]א	למערב	א[מן .... [...] .... א]מן
1801		B3.12:15	ויהבן לך מן מועה שמש	למערב	ארך אמין 10+3+3 כ 2
1802		B2.2:9	יהודי לדגל אתרופרן	למערב	שמש לה ובית [יז]ניה בר
1803		B3.12:7	זבן ויהבן לך מן מועה	למערב	שמש {למערב שמש} ארך אמן
1804		B3.12:7	לך מן מועה למערב שמש	{למערב	שמש} ארך אמן 10+3+3
1805		B3.4:9	אוצרא זי מלכא דבק לה	למערב	שמש ^לה^ אגור יהו
1806	למר	C3.7GVEx1:1		למֹרֹ	ב 3+1 שנן למרא מלכן
1807	למרא	C3.7GVEx1:1	למֹרֹ ב 3+1 שנן	למרא	מלכן סנח]אריב מ]לכא
1808	למראה	C1.2:23	בלִבֹּה ויקטל איש	למ[רא]ה	על דבר כספה ו...ל]
1809		C1.1:197	[....	למֹר]אה[	....ש]מש בדינה כזי עבד
1810		C1.1:197	כזי עבד לחיתֹא	ל[מ]ראה	[....]ת מראה
1811	למראיהם	A4.4:8	על מריהם להן דכרו	למרא[יהם	כסף כרשן [1×100+20
1812	למראן	A4.5:10	תשתרס יתי[דע]	למראן	לקבל זנה זי אנחנה אמרן
1813	למרדיא	A5.5:13	ינתן	למרדיא	
1814		C2.1.4:5	ח[ילא זילי קטלו	למרדיא	אלך ב לטבת עבדו קרבא
1815		C2.1.7:33	חילא זי ל[י ק]טלו	למרד[יא]	אלך ב לכסלו עבדו קרב
1816		C2.1.5:13	[חילא זי]ל[י קטלו	למרדיא	בֹ 10+3+3+2 לאיר

1817		C2.1.5:16	חילא זילי	למרֹ[ד]יֹא	[ק]טלו ב לסיון [ע]בדו
1818	למרחשון	B3.10:1	ב 20+3+1	למרחשון	הו יום 20+3+3+3
1819		A4.7:30	ארשם לא ידע ב20	למרחשון	שנת 10+3+1
1820		A4.8:29	ארשם לא ידע ב20	למרחשון	שנת 10+3[+1]
1821		A6.1:7	כנתהם ב10+3+3	למרחשון	שנת 20+10+3+2
1822	למתנא	D8.3:12	למתנא והֹענח אשל 1	למתנ[א]	פחי בר .[...] פי.[...]
1823		D8.3:16	[...].. לפמן אשל 1	למתנא	
1824		D8.3:5	[.] פתו בר פתת אשל 1	למת]נא	שבתי בר ידלה אשלן ...]
1825		D8.3:11	אש[...] פתחור אשל 1	למתנא	והֹענח אשל 1 למתנ[א]
1826		D8.3:7	1[...] פשנפור בר פתו	למתנא	פשנפמוי וצ.. אשלן
1827	לנבו	D11.24:1		לנבו	[...] ב20 ל....שֹ[...]
1828	לניסן	A4.1:4	עד יום 20+1	ל[ניסן	.... [...] [....] דכין הוו
1829		A4.1:7	שמשא עד יום 20+1	לניס]ן	במערב] [שמשא ....
1830		A4.1:7	[מן יום 10+3+1	לניסן	ב]מערב שמשא עד יום
1831		D2.8:1	אח[... ...] [ב] 20	לניסן	הו יום 2] .... [.... ...] ....
1832		C3.8IV:1	[ב....	לניסן	הו יום .... לתע]בי שנת
1833		C3.8IV:4	..[....]..ב 20+10	לניסן	ה]ו יום 10+3 לתעבי
1834		C3.12:29	לכיחך זי הו יום 1	לניסן	לשרתא קלולן 2 ב
1835		A4.1:4	ארב[עת עשר] [יומן	לניסן	עב]דו ומן יום....
1836		C2.1.5:27	בֹ [20+3+2]	[לניסן]	עבדן קרב קטלת בהם
1837	לנכריא	C1.1:139	הגשש ביתי וֹמֹה אמר	לנכריא	[ברין] הוה לי שהד חמס
1838	לנמרא	C1.1:167	[ענת] ענזא ואמרת	לנמרא	למה לי כסיכי גלדי אל
1839	לנסכא	D7.9:1	זי יהב לי אוריה	לנסכ`א`	הביה לגמריה בר אחיו
1840	לנפשה	A6.15:6	כלא נחתחור לקח עבד	לנפשה	כעת חמרא עבורא ומנדע[ם]
1841	לנפשהום	A4.5:18	אשרנא לקחו	לנפש[הום	עבדו ....]
1842		A4.8:11	[באגורא זך כלא לקחו	[לנפשהום	עבדו ומן יום מלכי
1843	לנפשך	C1.1:130	[ה]ן תזף זפתא שלין	לנפשך	אל תשים עד [תשלם ז]פתא
1844		B7.2:6	הנפקת מן ביתי ולקחת	לנפש[ך]	עבדת שאיל[ת] ומקריא על
1845	לנקיה	C3.12:26	לבגוֹד 1 קלבין 2	לנקיה	קדם אפתח אלהא רבא קלבי
1846		C3.12:27	אפתח אלהא רבא קלבי 1	לנקיה	^קדם ^ אסי אלהתא קלבי 1
1847	לנשיביתה	D6.8frage:2	ספיקן ולא [....]	לנשיבית[הֹ	....] איזא ש[מה ....]
1848		D6.8fragf:2	לנא [....] [....]תכם	לנשיביתה	זי[...] [...]. שמה[...]
1849	לנשיהם	D23.1.Va:13	[..] ל[..] זֹי אֹ....	לנשיהם	ובריהם וֹאֹרֹעֹא אזרע
1850	לנשן	B3.10:2	ליהו אלהא ביב ברתא	לנשן	יהוישמע ברתה לאמר אנה
1851		B3.8:3	[בבי]תך ושאלת מנך	לנשן	יהוישמע שמה אחתך לאנתו
1852		B2.3:2	בירתא לדגל הומדת	לנשן	מבטחיה ברתה לאמר אנה
1853		B3.5:2	יהו אלהא ביב בירתא	לנשן	תמת אנתתה לאמר אנה יהבת
1854		B3.6:2	יב ברתא לדגל אדננבו	לנשן	תפמת שמה אמתה זי שניתה
1855	לסגן	B3.10:19	אחריכי ויקבל עליכי	לסגן	ומרא ועל בניכי אחריכי זי
1856		B3.11:13	ויקבל עליך ועל בניכי	לסגן	ומרא להעדיה ביתא זנה
1857		B3.12:28	תנתן לה וזי יקבל עליך	לסגן	ומרא ודין בשם ביתא זנה
1858		B4.6:14	[אכהל אק]בל ע[ליכי	לסגן]	ו[מרא] דין א[....]
1859	לסון	C3.29:4	לדמכלס לגן 10 ב 2	לסון	נקדרוס אפרודיתס משח
1860	לסיון	C2.1.5:16	[ק]טלו 3+3+2+]1	[לסיון	[עבדו קרב קטלו ב]הם
1861		B3.2:1	לפמנ[ח]תף הו יום 20	לסיון	שנת 10+3+1 לארתחשסש
1862		D1.33fragc:1	[...	ל]סֹיֹוֹן	שנת] ... . [...
1863	לסלק	D11.19:1		לסלק	עם לבושא ח 3+3+3
1864		D11.20:1		לסלק	עם [...]
1865	לסמשא	B3.6:9	ואנתי שביקה מן טלא	לסמשא	ויהישמע ברתכי וגבר

1866	לסניא	*C1.1:102*	[... ע]נה ר[מ]נא ואמר	לסניא	אנת כלך כבן עם זי פגע
1867	לספרא	*D23.1.XVIC:6*	אלהי חרא שלמ[. ...]	לספרא	זי כתב כתבא דנה
1868	לספריא	*D8.8:2*	בשם אלהא א.[...]	[ל]ספריא	ס 1 [ל..]עסן ג 1 ק 3
1869	לספרן	*D7.11:9*	זי מראך ול[...]	לספרן	המו [...] סני
1870	לעבד	*D7.48:7*	בש.תא [..].[..] [...	]לעבד	אנה לחה [.].[.]..
1871	לעביד	*D14.5:1*		לעביד	בוור סנעיד
1872	לעדן	*C1.1:49*	מנה אמרת קטלתה עד זי	לעדן	[א]חרן וליומן אחרנן
1873	לעלא	*D1.12:7*	.כסף ש 3 אחרי	לעלא[	...]ינת לכי כסף[...]ˆ
1874		*C1.1:162*	וירבה מלוהי מסרסרן	לעלא	מנה כי מפתח פמה מענה
1875	לעליא	*B3.10:6*	ברתי מן תחתיא	לעליא	אמן 3+3+2 ופלג בעשתא
1876		*A3.9:5*	מנחם ..[....]	לעליא	הב[.... הנ]פק
1877		*B3.12:8*	כ 2 בעשתא ומן תחתיא	לעליא	פתי אמן 3+2 כ 2 בעשתא
1878	לעליה	*B2.1:4*	לביתא זילי לזויתה זי	לעליה	ˆאגרא זך תדבק לשטר ביתי
1879		*B2.3:4*	משחתה ארכה מן תחתיה	לעליה	אמן 10+3 ופשך 1 פתי
1880		*B2.1:5*	עלא מן זוית ביתי זי	לעליה	ועד בית זכריהˆ מחר או
1881		*B2.2:11*	מלח זי מיא קשיא	לעליה	לה ימאת לי ביהו והוטבת
1882		*B3.4:7*	זך זי אנחן זבן לך	לעליה	לה בית שתבר לתחתיה לה
1883	לעלים	*A6.11:5*	לא עביד	לעלים	אחרן זילי מני לא יהיב
1884		*C1.1:178*	על לבבך [....] מחאה	לעלים	כאיה לחנת אף לכל עבדיך
1885	לעמא	*C2.1.7:37*	יתב בפרס ק[ם אמר]	[לעמא	אנה ברזי בר]ה זי כרש
1886	לענזא	*C1.1:209*	הו ינטרנהי	[לענז]א	אמיר מית גדיכי וענת
1887		*C1.1:166*	עריה ענה נמרא ואמר	לענזא	אתי ואכסנכי משכי[ענת]
1888		*C1.1:166*	לקפא לבא נמרא פגע	לענזא	והי עריה ענה נמרא ואמר
1889	לענתביתאל	*C3.15:128*	כרשן 3+3+1	לענתביתאל	כסף כרשן 10+2
1890	לערבי	*C1.1:207*	אנה [.... ה]חוי	לערבי	ימא ולצידני
1891	לערדא	*C1.1:203*	חד	לערדא	[אר]כ[ב] עליך ואנה
1892	לעשך	*C3.22:11*	ר 2[...] זי יכשרון	לעשך	..[...] [....
1893		*C3.22:5*	[.].[...] יכשרון	לעשך[	...] זי יכשר לעשך .[...]
1894		*C3.22:6*	לעשך[...] זי יכשר	לעשך	.[...] עד שאר לעשך .[...]
1895		*C3.22:7*	לעשך .[...] עד שאר	לעשך	.[...] אשלן
1896	לעשרתא	*B3.9:8*	במתקלת מלכא כסף זוז	לעשרתא	וידניה זך ברי יהוה אפם
1897		*B2.2:15*	באבני מלכא כסף ר 2	לעשרתא	וארקא זך אפם זילך ואנת
1898		*B3.4:16*	כסף כרשן 20 כסף זוז	לעשרתא	וביתא זילך אם וזי בניך
1899		*B6.3:11*	באבני מלכא ר[2	לעשרתא	ויעבד דין ספרא זנה
1900		*B2.3:14*	באבני מלכא כסף ר 2	לעשרתא	ולא דין ולא דבב וביתא
1901		*B2.3:21*	באבני מלכא כסף ר 2	לעשרתא	ולא דין ולא דבב וביתא
1902		*B2.4:15*	באבני מלכא כסף ר 2	לעשרתא	ולא דין ולא דבב כתב
1903		*B3.7:17*	[באבני מלכא כסף ר 2	לעשרתא	ולא דין] הן תמות
1904		*B3.8:17*	באבני מלכא כסף זוז	לעשרתא	קפף 1 זי חוצן תחת לבשיה
1905	לפאוני	*C3.7EV1:2*	[....]+1 [ב 10+20	לפאוני	בקר]ו לימא דוגי
1906		*C3.7KR2:23*	ב [3]+3+3	לפא[ו]ני	בקרו למצרין [ס]פינה
1907		*C3.7KR3:25*	[10] ב 10+3+3+1	לפאוני	ב[קרו למצרין]
1908		*C3.7KR3:4*	ח 2 ר 2 [ב 10 ...	לפא]וני	בקרו למצרין [ספינה 1
1909		*C3.7KR4:12*	ב 20[...	לפאוני	בקרו למצרין]
1910		*C3.7KR4:6*	[10 ח 2 ר 2] ב 20	לפאוני	[בקרו למצרין] ספינה 1
1911		*C3.7KV3:17*	ב 10+3+3+1	לפאוני	[בקר]ו לימא ס[פינה 1 זי
1912		*C3.7KV3:19*	ב 20+1	לפאוני	בקרו לימא ספינה 1[זי
1913		*C3.7KV3:21*	ב 20+3+3	לפאוני	בקרו לימא ספינה 1 זי
1914		*C3.7KV3:24*	ר 2 ב 20+3+3+1	לפאוני	בקרו לימא ספינה 1 זי
1915		*A5.4:4*	זך להיתיה ביום 10	לפאוני	כעת
1916		*B3.9:1*	לתשרי הו יום 20+2	לפאוני	שנת 3+3+2 דריוהוש
1917		*B5.5:1*	ב 10+3+2	לפאו[ני	... ...]
1918		*B7.1:1*	[ב ..	לפאו]ני	שנת 10+1
1919	לפאפי	*C3.12:15*	מצרין קלול 1 [. ב...	לפאפ]י	לשרתא חמר צידן קלבי
1920		*C3.12:7*	נפקתה בירח פאפי ב 1	לפאפי	לשרתא חמר צידן קלבי 1
1921		*C3.12:8*	מצרין[קלול 1] ב 2	לפאפי	לשרתא מצרין קלול 1
1922		*A4.2:15*	זי כלו ביום 3+3	לפאפי	מטו אגרתא[....]
1923		*B7.2:1*	ב10+3+3+2	לפאפי	שנת 3+1 ארתחשסש
1924		*C3.8II:3*	[10+3+1 הו יום ...	]לפאפ[י]	שנת 10[+3+2
1925	לפגע	*C1.1:101*	מה טב שג[י]א כביך[	ל]פגע	ב[א]ביך [...
1926	לפחותא	*A3.3:4*	[....] [וכזי] קבלן	לפחותא	על פרסכן תנה במגדל כן
1927	לפחנס	*C3.7ER1:14*	[10] [ב]3+3+1	ל[פ]חנס	בקרו למצרין
1928		*C3.7ER2:11*	ס[פיתן 10] ב 10	[לפח]נס	בקרו למצרין ס]פינה
1929		*C3.7ER2:17*	2 ר 2 [ב 10+3+2	]לפחנס	בקרו למ[צרין] [ספי]נה
1930		*C3.7KR1:16*	[ספי]תן 10 [ב ...	לפחנס	בקרו ל]מצ[רי]ן
1931		*C3.7KV3:12*	[..] ב 20+10	לפחנס	בקרו [ל]ימ[א]ספי[נה 1
1932		*C3.7KV3:2*	[שנת 10+1] ב[..	לפ]חנס	בקרו לימא ס[פינה 1 זי
1933		*C3.7KV3:4*	[ב]10+3+3+2	לפחנס	בקרו [לימא ספינה 1 זי
1934		*C3.7KV3:7*	[ב]20+2	לפחנס	בקרו לימא ספינה [1 זי
1935		*C3.7KV3:9*	ב 20+3+3+1	לפחנס	בקרו לימא ספינ]ה 1 זי
1936		*B4.6:8*	מנעל כתיב [ו]מטא ב[.	לפ]חנס	[ירבה עלי] כספכי [הוה]
1937		*B2.1:1*	הו יום 20+3+3+2	לפחנס	שנת 10+3+2 חשיארש
1938		*B2.8:1*	הו יום 10+3+3+3	לפחנס	שנת 20+3+2 ארתחשסש
1939		*D22.51:8*	כת[י]ב[תא] זא ב..	לפחנס	שנת 10 [.] כתב כתיב[תא
1940	לפלגן	*B1.1:3*	בקריה כרב למזרעה	לפלגן	תזרענה בזרע נפשך בשנן
1941	לפמנחתף	*C3.7KV2:3*	[שנת 10+1] ב 10	לפמנחתף	בקרו לימא ספינה 1 זי
1942		*C3.7KV2:5*	ש[...] ב 10+3+3	ל[פמנחת]ף	בקרו לימא [ספינה]1
1943		*C3.7KV2:7*	[....] ב 20+3+2	לפמנחתף	בקרו לימא ספינה 1 זי
1944		*C3.7KV2:9*	20+[...] ב 20+10	לפמנחתף	בקרו לימא ספינה 1 זי
1945		*B3.2:1*	ב20+3+2	לפמנ[ח]תף	הו יום 20 לסיון שנת
1946		*B3.6:1*	סיון הו יום 3+3+1	לפמנחתף	שנת 20+10+3+3+2
1947		*B4.6:1*	ב20+3	לפמנחתף	שנת 3+2 אמורטיס מלכא
1948		*C3.15:1*	[...] היתי [...] ב 3	לפמנחתף	שנת 3+2 זנה שמהת חילא
1949	לפערער	*A6.2:12*	חלא אמן שתן פחטמוני	לפערער	חד לאמן תרין אפסי תחת
1950	לפקידא	*A6.14:3*	והנדרזא עבדו	לפקידא	[זי]לי עד מנדת [בגיא
1951	לפרמותי	*C3.7KV2:14*	[שנת 10+1] [ב	לפרמותי	בקרו לימא ספינה 1 זי
1952		*C3.7KV2:16*	ח 10+3+3+2 ב[..]	לפרמו[תי	בקרו לימא ספינה 1 זי ..
1953		*C3.7KV2:18*	ח 10 ב 20+1	ל[פרמו]תי	ב[קרו ל]ימא ספי[נה
1954		*C3.7KV2:20*	ר 2 ב [20]+3+3	ל[פר]מותי	בקרו ל[י]מא [ס]פינה 1
1955		*C3.7KV2:22*	ר 2 ב 20+10	לפרמ[ות]י	בקרו לי[מא ספינה 1]
1956		*B3.7:1*	ב 3+3+2	לפרמותי	הו י[ו]ם 3+3+2 לתמוז
1957		*C3.19:28*	שמה [.] קדם א....	[לפ]רמותי	רעי
1958		*C3.19:36*	בר תסי [..].	לפרמותי	רעי 3+1×1לף ל[...]
1959	לפרמתי	*B4.6:6*	לכי עד 20+10	לפרמתי	שנת 2[+1]+2
1960	לפרס	*B7.1:8*	[אביגרנ]א ˆשערןˆ קב 1	לפרס	1 כל ירחן ושנן]
1961	לפרעה	*D23.1.VIII:12*	ול... מ..ו	לפרעה	נכו וענה[...].
1962		*D23.1.XII:7*	[...]..[...]מ.[...]	לפרעה	נכוא עד מצרין
1963		*D23.1.IX:9*	ואמר אנשא	לפרעה	[...]פרעה [ענה] ואמר

No.	Lemma	Ref	Preceding	Keyword	Following
1964	לפת	C3.14fragbR:3	[...] 10 [...] .מ.[...]	לפת]	...] סכ.[...] כסף[...] משׁ[
1965	לפתח	D1.1:2	א.[... ... ...]ברכתכי	לפתח]	... ...]י עליכי הי
1966		A2.1:2	מן אחכי נבושה ברכתכי	לפתח	זי יחוני אפיך בשלם שלם
1967		A2.2:2	מן אחכי מכבנת ברכתכי	לפתח	זי יחזני אפיכי בשלם שלם
1968		A2.3:2	מן אחכי מכבנת ברכתכי	לפתח	זי יחזני אפיך בשלם שלם
1969		A2.4:2	עבדך מכבנת ברכתך	לפתח	זי יחזני אפיך בשלם שלם
1970		A2.5:2	נבושה ומכבנת ברכנכן	לפתח	זי יחזני אפיכן בשלם וכעת
1971		A2.6:1	אֿ]חוכי ....]ר ברכתכי	לפתח	זי יחוני אפיכי בש]לם ....
1972	לצדיק	C1.1:126	ואל תהרכב חטך	לצדיק	למה אלהיא יסגה בעדרה
1973		C1.1:128	קשתך והרכבת חטך	לצדיק	מנך חטא מן אלהן הו
1974	לקומתא	A6.2:11	לבטנא תלתה קלעס	לקומתא	חד עקי חלא אמן שתן
1975	לקלישדא	D3.14:2	ש]...] [...]	לקלישדֿא	.[...] .[...] .[...]
1976	לקנ	C3.8II:8	זי לקדמן ס]פינתא	לקנ]	...] [...]חזק א[...] [...
1977	לקפא	C1.1:165	בימא על כן יקראון	לקפֿא	לבא נמרא פגע לענזא
1978	לקרבת	D20.1:1	חתפי	לקרבת	בנת לאוס||רי חפי עבד
1979	לרחמיך	C1.1:112	וסחרתֿ[...] שבקת	לרחמיך	והוֹקרת
1980	לרחמן	A4.8:2	שמ[יא] ישאל בכל עדן ˆ	לרחמן	י[שי]מנ[ך קדם ד]ריוהוש
1981	לרמנא	C1.1:101	[לח]ה [סנ]יא שדֿר	לרמנ[א	]לם סניא לרמנא מה טב
1982		C1.1:101	שדֿר לרמנ[א]לם סניא	לרמנא	מה טב שג[י]א כביךֿ[
1983	לרשא	B3.1:6	לירח חד הן מטת מרביתא	לרשא	ירבה מרביתא כרשא חד כחד
1984	לשא	C3.14:28	3 2+20 לחד שא 1	לשא	2+20 [נ]פש 10+20 לחד
1985		C3.14:27	בגו [2]לחד שא 1 ר 2	לשא	3 2+20 לחד שא 1 לשא
1986		C3.14:29	לחד שא 1[+1 ר 2	ל]שא	כֿל נפקתא יו.[..]. שֿא
1987	לשבט	B2.11:1	ב1+3+20	לשבט	שנת 3+10 הו יום
1988	לשוק	B3.12:21	רבתא ותרעא זילה פתיח	לשוק	מלכא מן תמה תנפק ותנעל
1989	לשטר	B2.1:5	לעליה ˆאגרא זך תדבק	לשטר	ביתי מן ארעא ועד עלא מן
1990	לשלם	C1.1:94	ברא אריא אזל קרב	לש[לם	חמרא]לֿם שלם יהוי לך
1991	לשלמך	D7.21:6	עליך ואֿחטנה	לשלמך	שלחת ספרא
1992	לשלמכי	A2.3:12	טעם זי הוה בב ֿ ֿתי	לשלמכי	שלחת ספר||ה זנה אל אבי
1993		A2.6:10	בען אלף ויתונה לכן	ל[שלמכי	שלחת ס]פרה זנה אל אמי
1994		A2.7:4	שלם הריוטא ואחתהה	לשלמכי	שלחת ספרא זנה אל אחתי
1995		A3.4:4	עלוהי]....	לשלמכי]	שלחת ספרה זנה שלם
1996	לשלמכם	D7.48:9	טעמא יומא זֿנֿהֿ [.]	לשלמכם	שלחת [....]
1997	לשלמכן	A2.1:12	פטחנם שלם סחתה כלה	לשלמכן	שלחת ספרה זנה שלם אבי
1998		A2.2:17	שלם תטסרי אזדהרי בה	לשלמכן	שלחת ספרה זנה אל תשי
1999		A2.4:13	תצפו לי לכן אנה יצף	לשלמכן	שלחת {{ל[.]}} ספרה זנה
2000		A2.5:9	הן חי אנה והן מת אנה	לשלמכן	שלחת ספרה זנה אל תרו
2001	לשממך	D7.22:4	אתֿ[...] [...]לי	לשממך	של[חת ...] [...] לבית
2002	לשמש	C1.1:107	שבק בידה אחר אדני	לשמש	הו [י]לקח זילה וינתן לך
2003		C1.1:187	שפירה וזי תלתא רחימה	לשמש	ש[תה] חמרא ויניקנהי כבש
2004	לשערן	B4.4:4	וטלפחן ארדב 1+10	לש[ער]ן	ארדבן [....]
2005		B4.4:8	[ ]מאת נבושלו גברן 2	לשערן	ארדבן [.... נתנת על ידן]
2006	לשרתא	C3.12:33	ב 3+3+20+3	ל[שרתא]	עחמנוי ה.[...] לב..מֿא
2007		C3.12:8	[קלול 1] ב 2 לפאפי	לשרתא	מצרין קלול 1 קלבין 2
2008		C3.12:32	[...] ב 2+3+20	לש[רתא]	ב 3+3+20 ל[שרתא]
2009		C3.12:15	קלול 1 [. ב... לפאפי	לשרתא	חמר צידן קלבי 1
2010		C3.12:28	ˆ אסי אלהתא קלבי 1	לשרתא	חמר צידן קלבי 1 ב
2011		C3.12:7	בירח פאפי ב 1 לפאפי	לשרתא	חמר צידן קלבי 1
2012		C3.12:29	זי הו יום 1 לניסן	לשרתא	קלולן 2 ב 3+3+20 קדם
2013		C3.12:24	[ס]פינתא ב 3+20	לשרתא	קלול 1 קלבי 1 ב
2014	לתחות	C3.27:16	ב 1+3+3+20	לתֿחֿוֿת	ב 2+3+3+20 א
2015		C3.28:59	נכיס ח[...] 10+20	לתחות	.{{..}} זוזן 1+3+20 ר
2016		B2.10:1	הו יום 2+10	לתחות	שנת 3+3 דריהוש
2017		B2.2:1	י]ום 3+10]+3+1	לתחות	שנת 1+20 ראש מלוכתא
2018		B3.12:10	יהוישמע}} ב2+10	לתחות	שנת 1+3 ארתחשסש מלכא
2019		B3.12:1	ב2+10	לתחות	שנת 1+3 ארתחשסש מלכא
2020	לתחתיא	B3.12:16	כ 2 בעשתא ומן עליה	לתחתיא	פתי אמן 3+2 כ 2
2021	לתחתיה	B2.2:10	יהודי לדגל וריזת	לתחתיה	לה ובית אספמת בר
2022		B3.4:8	לעליה לה בית שתבר	לתחתיה	לה תמי זי חנום אלהא
2023	לתלי	C3.28:113	במציעתא חמרא זי יהבו	לתלי	שנתא זא שלמֿ[יה] כהנא
2024	לתמוז	B3.7:1	הו י[ו]ם 3+3+2	לתמוז	שנת 3 דריהוש מלכא אדין
2025	לתנ.ן	C3.13:9	2 סכ[.]ה למאכל 3+3	לתנ[.]ן	3 [...] זכרן [מ]אני
2026	לתע	C3.13:34	כסה נֿהֿרֿא	לתעֿ]	...] [....]1+3
2027	לתעבי	D8.11:1	2[... ...]	לתעבי	[√] לבית בכיא זי שרתי
2028		C3.7DR1:4	ב 2+3+3+10	לתעבי	בקרו למצרין ספ[י]נ[ה
2029		C3.7CR2:3	iֿoֿ ב 3+3+10	לתעבי	בקרו למצרין ספינה 1 זי
2030		C3.27:1	בר [...] ב 1+3	לתעבי	מטא צחא מנפי ב 2+3
2031		B6.1:1	לאיר הו יום 20	לתעבי	שנת[3+3+3+20
2032		D8.13:4	ספרא ב10+20	לתעב[י]	שנת 3+10+20
2033		C3.8IV:1	[לניסן הו יום	לתע]בי	שנת 2+3+10
2034		C3.8IV:4	לניסן ה]ו יום 3+10	לתעבי	שנת 2+3+10]
2035	לתעובי	D3.19:1	#### ב3	לתעובי	#### זכרן חמר[...] ####
2036		A3.8:14	כתב ב3+3+3+20+1	לתעובי	[אל] א[חי] חגוֿסֿ [ב]ר
2037		D3.19:4	#### בארעא [...] ב3	לתעובי	אמ[ר ...] #### כל [...]
2038		D2.6:1	מרחק [.... ...]	לתעובי]	ש]נת ... ...] ... ...
2039	לתקל	B3.1:5	ירבה עלי כסף חלרן 2	לתקל	1 לירח 1 הוה כסף חלרן
2040	לתרי	B3.12:21	ביניהן וכונה 1 פתיח	לתרי	רבתא ותרעא זילה פתיח
2041	לתשרי	B2.6:1	ב3+3+20	[ל]תשרי	[הו יום 20]+3+3
2042		B3.5:1	ב3+3+20+2	לתשרי	הו יום 20+2 לירח
2043		B3.9:1	ב3+3	לתשרי	הו יום 20+2 לפאוני
2044		C3.8I:1	[ב 1+3+3+10	לתש]רי	הו יום 3+3+3+10
2045		C3.8I:12	[...] ב[1+20	ל[תשרי]	הו יום 3+20 לאפף שנת
2046		C3.8I:5	ב 2+3+3+10]	לתשרי	הו י]ום 20[לאפף שנת
2047		C3.8I:7	[...] ב 3+3+3+10	לתש]רי	הו יום 1+20 לאפף שנת
2048		C3.8I:9	אזל [...] ב 20	לתשרי	הו[יום 2+20 לאפף שנת
2049		C3.7BV1:17	ב 1+3+20	לתשרי]	....]
2050	ולארשם	A6.16:2	עבד כזי לאלהיא	ולארשם	תחד[י] אף זי הושרת
2051	ולזכור	B3.6:14	כזי יסבל בר לאבוהי	ולזכור	ברך אחרי מותך אנחן
2052		B3.6:14	מותך אנחן נחוב לך	ולזכור	ברך אבגרן כסף כרשן
2053	ולמכבנת	A2.1:8	וכעת אל תצפי לן לי	ולמכבנת	לכן אנחן יצפן אזדהרי
2054	ולסלוא	B6.4:7	ברת [.... תאמר לה]	ולסלוא	ברתה כזי נכסיא ˆ[א]להˆ
2055	ולאיש	B3.12:28	דין וירשה לבניך	ולאיש	זי תנתן לה וזי יקבל
2056	ולאנש	B2.11:10	או נרשה לבר וברה לך	ולאנש	זילך עלדבר פטוסירי
2057	ולאנתתא	B7.2:9	בביתך [לא] עלת	ולאנתתא	זילך לא כתשת ונכסן מן
2058	ולבניך	B3.12:30	לך יהוב וינתן לך	ולבניך	אביגרן כסף כרשן 20
2059	ולבניכי	B2.3:15	וביתא ביתכי אפם	ולבניכי	אחריכי ולא יכהלון
2060		B4.6:10	א[נתי] סלואה [	ולבני]כי	וא[דרנ]גֿיכֿי [ואנתי
2061		B2.3:13	סגן ודין ינתן לכי	ולבניכי	כסף כרשן 10 הו עשרה

No.	Word	Ref.	Preceding context	Keyword	Following context
2062		B2.7:7	ורחקת מנה דילכי הו	ולבניכי	מן אחריכי ולמן זי
2063	ולבתיהם	D23.1.III-IV:8	בעין ו.[....]. להם	ולבו[תיהם	ונ]כסיהם נ֯ת֯ן
2064	ולהנדונה	A6.2:17	כברי כרשן עשרה	ולהנדונה	זרניך כרשן מאה
2065	ולחילא	A6.8:2	זי פסמשך יאמר לך	ולחילא	זי לידך זכי אשתמעו לה
2066		C2.1.8:53	אזלו ל[וימן קטלו	ולחילא	זי לדריהוש מלכא שמען]
2067	ולחנום	D7.21:3	לך ברכתך ליהה	ולחנ֯ו֯ם	כען שלחלי לבשא זי
2068	וליומן	C1.1:49	עד זי לעדן [א]חרן	וליומן	אחרנן שגיאן קרבתך קדם
2069	ולכל	B1.1:9	ואלקח לי קבלךּ	ו֯לכל	זי י[ד]חנך אקנס אקס
2070	ולכלה	D23.1.Vb:4	..[ ]....[.]. [...]	ו֯ל֯כ֯ל֯ה֯	[....
2071	ולמן	B3.4:12	זך ובניך מן אחריך	ולמן	די צבית למנתן אנחן לא
2072		B2.10:9	עלם וזי בניך אחריכם	ולמן	זי רחמתן תנתנונה לא אכהל
2073		B2.11:12	יהוה וזי בניך אחריך	ולמן	זי צבית תנתן ולא דין אף
2074		B2.11:7	ועד עלם ובניך אחריך	ולמן	זי צבית תנתן לא אכהל אנה
2075		B2.7:16	מנה דילכי הו עד עלם	ולמן	זי תצבין הבהי כתב נתן
2076		B2.7:8	הו ולבניכי מן אחריכי	ולמן	זי רחמתי תנתננה לא אכל
2077		B3.10:21	ובניכי שליטן אחריכי	ולמן	זי רחמתי תנתנן אף לא
2078		B3.12:23	ובניך שליטן אחריך	ולמן	זי רחמת תנתן או זי תזבן
2079		B3.4:14	נגרה לבר לך וברה	ולמן	זי צבית למנתן הן גרינך
2080		B3.4:15	וגרין לבר בברה לך	ולמן	זי צבית למנתן אנחן ננתן
2081		B3.4:16	אם וזי בניך מן אחריך	ולמן	זי צבית למנתן ולא יכהל
2082	ולנפשהום	A4.7:13	זך כלא לקחו	ולנפשהום	עבדו ומן יומי מלך
2083	ולנשי ביתה	A6.12:2	הב לה כאחרנן	ולנשי ביתה	גרד בדיכרן זילי
2084	ולעלימוהי	A6.9:3	תרתין [...]ד חד	ולעלימוהי	גבר[ר]ן עשרה לחד ליומא
2085	ולצידני	C1.1:207	[ה]חוי לערבי ימא	ולצידני	[....]א כי
2086	ולרחמן	A4.3:2	[ישאל שגיא בכל עדן	ו]לרחמן	הוו קדם אלה שמיא וכעת
2087		A4.7:2	ישאל שגיא בכל עדן	ולרחמן	ישימנך קדם דריוהוש
2088	חיליהה	D7.16:3	בשבה למה הן יאבד	חיליהה	הן לא נפשכ[י] אלקח אל

לא a no, not

No.	Word	Ref.	Preceding context	Keyword	Following context
001	לא	A3.8:4	וכתב להם ספר עליהם והן	לא	[....] כל כספ[א] ברבא ולא
002		A6.16:3	תולע 2 זך היתי עלי להן	לא	[....] אנת הושרת ו[...]
003		B8.1:13	שפתם הי ירחא	לא	[....] אזל למנשא
004		C1.1:215	עויל וחרש אדנין	לא֯[	] [....] מן בטן ידע
005		C1.1:3	[....]אנה לם בנן	לא[	....] ומלי הוה
006		C1.2:6	לא יחתון שאול וטללך	ל[א	....] [..].ה עם אלהן ולחש
007		C2.1.3:4	[....]זילן	לא[	....]
008		D2.20:1	[...] [....] אנתתה הן	ל[א	... .] [...] [..]..[....] [...]
009		D7.11:4	ושלח [...] לה בשמי	ל֯א֯	[...] תאמר אתה
010		D7.33:5	שאל֯י לטמסי הן	לא	[...]. ישלח ספתא זי [...] לה
011		D7.49:8	ע]ב֯ד דינא֯[...] [...].	לא	[...] [...]ה֯.
012		D7.56:5	אחי בכל עדן וכעת כען	לא	א֯בו אסתס וברה למאתה באתר
013		B3.8:25	ענניה ותאמר לה שניתך	לא	אהוה לך אנתת כסף שנאה
014		B2.3:18	מחסיה מחר או יום אחרן	לא	אהנצל מנכי למנתן לאחרנן
015		B3.4:5	בניה וכוין בה וגשרן	לא	אחד אנחן זבנהי לך ויהבת
016		C1.1:204	וכסתך ואנה רכביך	לא	אחזה
017		A2.3:8	כות תעבד בנת עלי ארה	לא	אחי הו חרוץ וכעת הלו יהב
018		A6.15:9	אנת וגרדא זילי עבידה	לא	אית לך ומה זי לקחת נכס[ן]
019		B6.3:2	[ובר דכר ונקבה	לא]	אית לה ע֯ם א֯[ביהי
020		A3.3:7	[.... ש]לם ומחבל	לא	איתי גבר הוי אל תתאשד עד
021		A5.5:8	חרבה חיל	לא	איתי
022		B2.3:10	למן זי רחמתי תנתנן	לא	איתי לי בר וברה אחרנן אח
023		B2.6:17	אסחור ובר דכר ונקבה	לא	איתי לה מן מפ[ט]חיה
024		B2.6:20	מפטחיה ובר דכר ונקבה	לא	איתי לה מן אסחור בעלה
025		B3.8:34	ובר זכ[ר] ונקבה	לא	איתי לה מן ענני בע[לה
026		B5.6:11	[...]. עלא כת[יב	]לא	איתי לי עמך
027		B8.9:2	[...]אה... דין	לא	א֯יתי לי עמהם על זנה
028		B8.9:6	..]	לא	אי]ת֯י לי עמהם על זנה
029		C1.1:165	לא ידע איש [....] אריה	לא	איתי בימא על כן יקראון
030		A3.3:10	עבדת אל תמלי לבת בזי	לא	איתית המו מנפי כזי ת[אתה
031		B2.1:11	עד עלא ואנה קוניה	לא	אכהל אמר למחסה לאמר
032		B2.1:6	מחר או יום אחרן	לא	אכהל אכלאנך למבנה עלוי
033		B2.10:10	ובני ואנתה ואיש לי	לא	אכהל אגרנכם דין ודבב אף
034		B2.10:9	ולמן זי רחמתן תנתנונה	לא	אכהל אנה ידניה ובני
035		B2.11:7	ולמן זי צבית תנתן	לא	אכהל אנה מחסיה בר וברה
036		B2.2:12	והוטבת לבבי על ארקא זך	לא	אכהל אגרנך דין ודבב אנה
037		B2.8:7	מן יומא זנה ועד עלם	לא	אכהל אגרנכי דין ודבב אנתי
038		B3.11:9	ענני בר עזריה לחנא	לא	אכהל אמר יהבת לך ברחמן
039		B3.2:4	[וט]ב לבבי בדמוה[י	]לא	אכהל אגרנך דן ודבב בשם
040		B3.5:12	ענניה יהבתה לכי ברחמן	לא	אכהל אנה ענניה ארשנכי
041		B3.7:14	לך בתיא אלה ברחמה	לא֯	אכהל אנה ענני אהנצל
042		B3.9:4	לי וספר כתבת לי עלא	לא	אכהל אנה אוריה ובר וברה
043		B3.9:6	אחרן לא שליטן למשנתה	לא	אכהל אנה ובר וברה לי אח
044		B5.5:4	מן יומא זנה ועד עלם	לא	אכהל ארשנכי דין [ו]דבב
045		C1.1:17	[....] שב אנה	לא	אכהל למפלח בבב היכלא]
046		B2.7:8	ולמן זי רחמתי תנתננה	לא	אכל אנה ובני וזרע זילי
047		B3.3:13	משלם מחר או יום אחרן	לא	אכל אנצל לפלטי מן תחת
048		B4.1:1	בר גלגל לא[מר אנה	לא	]אכל אמר לך יתלי עליך כסף
049		B5.4:3	[זי כתבת] ויהבת לך אף	לא	אכל אמר אנה [אהנצל מנך
050		D23.1.II:8	תמטא עמה ס֯..ד֯.... [.].	לא	אכל אשבקנה אשכב עמה רחם
051		D7.15:13	על עלוה ויחוך[[...]	לא	אכל אעל כ֯ו֯[....]
052		C1.1:97	[....ד]ששי בטן וזי	לא	אל עמה מן יהו..אנהי
053		B8.8:2	[....] פתגמא	לא	אמר אמי֯ר עלא
054		A3.5:4		לא	אמרו [לי] מנכן הוית מלא
055		D20.5:2	באיש לא עבדת וכרצי איש	לא	אמרת תמה קדם אוסרי בריכה
056		B2.3:17	יהנפקון עליכי כדב יהוה	לא	אנה כתבתה ולא יתלקח בדין
057		B2.7:12	לך זי ינפק עליכי ספ<ר>	לא	אנה כת[בתה] אף הא אלה
058		B5.1:5	נגרכי במנתא זכי [ל]אמר	לא	אנחן יהבנה לכי לא יכל אח
059		B4.2:4	לירח 1 וירחא זי	לא	אנתן לך בה מרבית יהוה ראש
060		B7.1:5	נוניך [שערן פרסן	לא	אנתן לך] [.... אנת]ן לך
061		B8.10:5	.[....] [....].[..]	לא	ארע בגו בזי המכריגרב
062		D23.1.II:15	ק֯[בל] א֯תמנבא֯ן [...]	לא	אשכב עמה
063		B3.12:6	חד וטיב לבבן בגו זי	לא	אשתאר לן עליך מן דמיא זנה
064		A4.5:13	ה[....] [....]	לא	אשתכח לן[....]
065		A4.5:2	שבקן {{ומנדעם}} מחבל	לא	אשתכח לן בשנת 10+3+1
066		D23.1.II:14	[...]אזל על א֯סר֯ס֯	לא	א֯ת֯נתן לכי֯
067		C3.6:10	[...] לא בג פסי ברן [...]	לא	בג פטתורי בר עלנבו.[
068		C3.6:11	[....]. בר עלנבו	לא	בג ביתאלשזב בר פט.[...]

No.	Ref.	Preceding context	Word	Following context
069	C3.6:12	ביתאלשזב בר פט.[...]	לא	בג ביתאלתקום ב[ר ...] ל[א
070	C3.6:13	בג ביתאלתקום ב[ר ...]	ל[א	]בג יהורם בר חגׄ[י ...
071	C3.6:14	יהורם בר חגׄ[י ...]	[לא	]בגׄ[....]..[...] .בדׄחׄ
072	C3.6:6	צׄדׄיק [... ז]ילה [...]ל.	[לא	בג ...].[.] בׄרׄ .]ונפׄןׄ .[
073	C3.6:7	בׄרׄ .]ונפׄןׄ .[...]	[לא	בג פׄ]מׄון בר כנא
074	C3.6:8	בר כנא לכנסׄ[...]	לא	בג הקר בר פׄמׄונרב.[
075	C3.6:9	פׄמׄונדׄב.[...]	לא	בג פסי בר[...] לא בג
076	C1.1:171	בלע[די אלה]ן ל.[...] [...] כי	לא	בידיך מנשא רגלך למנחתותה
077	C1.1:170	אׄ[....] כי	לא	בידי אנ[ש]א מנשא רגלהם
078	C1.1:217	]הוה איש [....]	לא	בׄסׄולה [....] מתקנה
079	C1.1:30	כזי ברי זי	לא	ברי בדא[.... .....
080	A6.10:2	נטר כן כזי מנדעם כסנתו	לא	הוה מן ביתא זילי אף מן
081	D23.1.II:15	לׄביתׄי ואמר	לא	הוה ואנתנהם [.]אׄנׄהׄ .[...]
082	C2.1.4:4	[מדי זי על מד]יא רבהם[	לא	הוה תמה אה]ור[מזד סעדני
083	B2.2:7	ביהו עלדבר ארקא זך כזי	לא	הות ארק לדרגמן זילי הא
084	D2.29fragb:3	מהתיב לין[...] [...	]לא	הות צחא [...] [...] עם
085	D7.5:5	ינפי מנהם הלו שגא זי	לא	[...]הם חזי עקא זי [הושר]ת
086	B8.7:4	ובניׄה עבדיא זילה	לא	הנ[..]תׄ
087	A3.8:8	כסף [ח]ת לעבק והן	לא	השכחת אפם חת לעבק אזל על
088	A3.8:5	וביתא זי אשנ[. ו]הן	לא	זבנו המו בעי אש זי יזבן
089	C1.1:185	כנתה [וינ]שא מובלא זי	לא	זיל[ה] וטעון גמלא יטעננהי
090	B2.1:12	לאמר {{לא}} תרעא זך	לא	זילך הו ולא תנפק בשוקא זי
091	A4.7:14	ואיש מנדעם באגורא זך	לא	חבל וכזי כזנה עביד אנחנה
092	A4.8:13	מנד[עם] [באגורא זך	לא	חבל וכזי כזנה] עביד אנחנה
093	A6.16:4	[....]סרת ואנה	ל[א]	חדית אנת שגיא פתׄסׄתו לי
094	C1.1:99	ולבבהׄם פׄתׄיׄחׄ	[לא	חזה] איש מה בלבב כנתה
095	B7.1:4	לך ביהו אלהא כזי נונן	לא	חמצ[ת מנך והן לא ימאת לך]
096	A4.5:7	בג[ו] ב[י]רתא ומין	לא	חסרה להשקיא חילא כזי הן
097	A4.3:9	זי ידכם מהשכחה הבו לה	לא	חסרן הו לכם בזך שלח אנה
098	A3.3:2	זי אזלת בארחא זך לבבׄי	לא	טיב אף אמך כעת ברך אנת
099	A4.7:30	זי עביד לן ׳כלא׳ ארשם	לא	ידע ב20 למרחשון שנת
100	A4.8:29	כלא זי עביד לן ארשם	לא	ידע ב20 למרחשון שנת
101	D11.26:2	בלן 10 שבׄתׄי	לא	ידען אנחנה מנינהׄ
102	C3.11:12	קתן 1+3 זי שמהתהם	לא	ידעׄ[ן ...]
103	C1.1:113	רתא גבר זי	לא	ידע מה
104	C1.1:164	לא ידע איש הא כן אנשא	לא	ידע איש [....] אריה לא
105	C1.1:164	[שמיא זי] שמהתהם	לא	ידע איש הא כן אנשא לא ידע
106	A3.8:10	המו לך שלח עלי והן	לא	יהב המו לך [ש]לח עלי כען
107	B7.3:8	[לה]חסנותה פמסי אבוך	לא	יהב לי חמר חלף פלגה ו[ל]א
108	D7.13:16	לה סדׄנו [...]	לא	יהב לן [...] מלכיה סון
109	B2.3:20	ארשנכי דין ודבב ואמר	לא	יהבת לכי אנה אנתן לכי כסף
110	B2.4:14	ארשנך דין ודבב ואמר	לא	יהבת לך ארקא זך למבנה ולא
111	B2.5:0	[והן	לא	יהבת לך] כׄסׄפׄאׄ זנה זי
112	B7.1:7	[....] לך הן	לא	יהבת לך בין יומן]
113	A6.10:6	כן כזי מ[נ]דעם כסנתו	לא	יהוה מן ביתא זילי אף מן
114	C1.1:100	עמה ב[....] ובעל אגר	לא	יהוה לה גבר טב עׄם ג[בר
115	C2.1.11:73	אהורמזד יק[ללנך וזרע	לא	יהוה לך] דריהוש [מלכא כן
116	A3.3:3	זי נפקתם מן מצרין פרס	לא	י[היב ....] [וכזי] קבלן
117	A6.11:5	לעלים אחרן זילי מני	לא	יהיב אחר אנה בגה זי פמון
118	A4.3:7	קבלהם כן כזי מלה באישה	לא	יהשכחון לכם לכם ידיע זי
119	C1.2:6	ותשתהׄ[...] באלך וגרמיך	לא	יחתון שאול וטללך ל[א ....]
120	B3.10:21	ולמן זי רחמתי תנתנן אף	לא	יכהׄ{(י)}לון ינפקון עליכי
121	B2.1:8	קוניה מחר או יום אחרן	לא	יכהל בר וברה אח ואחה קריב
122	B3.10:18	אף אנה יהבת לה במותי	לא	יכהל בר לי וברה לי הנגית
123	B3.11:12	מנעל בחיי ובמותי אף	לא	יכהל בר לי וברה לי אח
124	B3.12:26	לה בכסף או רחמת אף	לא	יכהל בר לן וברה אח ואחה
125	B3.5:13	ארשנכי עלדברה דין אף	לא	יכהל בר לי וברה אח ואחה
126	B3.8:36	וכל זי איתי לה אף	ל[א	יכהל ענניה י]לקח אנתה
127	B3.8:37	לה [די]ן [ש]נאה ואף	לא	יכהל ענניה ולא יעבד דין
128	B3.8:40	תעבד לה שנאה< ה>י אף	לא	יכהל זכור יאמר לאח[ת]ה
129	B5.5:9	] ארשנכי דין ודבב אף	לא	יכהל בר] לי וברה לי הנגית
130	B6.3:6	[....]נׄגׄ[...] אף	[לא	יכהל אח ואחה זי שלומם
131	B6.4:1	] אף	לא	יכהל הושעיה ילקח
132	B6.4:3	[לה] דין שנאׄהׄ [ואף	לא	יכהל הושעיה ולא יעבד דין
133	B2.9:11	זילן קריב ובעל קריה	לא	יכהלון ירש[ו]נ[כ]ם אנת
134	B2.7:11	10 ובית אם דילכי אף	לא	יכל גבר אחרן יהנפק עליכי
135	B5.1:5	לא אנחן יהבנה לכי	לא	יכל אח ואחה בר וברה קרב
136	B3.11:15	ויהך בדן ולא יצדק אף	לא	יכלון ינפקון עליכי ספר
137	C3.22:3	בגו [...]. [.×]100	לאׄ	יכשרון [.].[...] יכשרון
138	C1.1:100	טבׄ לגבר לחׄ[ה ....]	[לא]	ילוהׄ עמה ב[....] ובעל
139	B7.1:4	נונן לא חמצ[ת מנך והן	לא	ימאת לך] [ומן מומאה] אתוב
140	A6.7:8	טעם כזי איש מנדעם באיש	לא	יעבד לפירמא זך וכנותה
141	B3.8:39	ליהוישמע אנתתה והן	לא	יעבד כות שנאה [הי] יעבד
142	B6.4:4	לסלואה [אנתתה הן	לא	יעבד דין חדה ותרתין מן
143	C1.2:21	[מה ותאבד צדקתא ואי[ש	לא	יעבד] צדקה לאבוהי ויזב[ן
144	D7.16:11	הושרתה הן משלמת	לא	יצפׄ׳ה׳ לי אנתי מה תאמרן
145	C1.1:195	ארח ו.[..]הׄבׄ	לא	יקנה [....]ך %%
146	C1.1:167	גלדי אל תלקחן מני כי	לא	[ישא]ל [נמרא] שלם טביא
147	D7.9:6	הלו כן שלח לאמר זי	לא	ישכחן עלימתה מכתבהׄ על
148	A6.15:11	כזי מספת קבילה תובא	לא	ישלח ע[ליך] מן ורפש על
149	B3.5:20	ואבי אח ואחה ואיש אחרן	לא	ישלט בביתה כלה להן בני זי
150	B3.8:42	אהנצל המו הן יאמר כות	לא	ישתמע לה חיב הו כתב
151	B6.4:8	הם הן תאמר כות חיבה הי	לא	ישתמע לה כתב מעוזיה בר
152	A4.3:11	ענני זי תעבדון לה	לא	יתכסון מן ענני אל מראי
153	A4.10:10	הוה וקן תור ענז מקלו	[ל]א	יתעבד תמה להן לבונה מנחה
154	C1.1:138	תהשגא לבבא [גבר ז]׳י	לא	יתרום בשם אבוהי ובשם אמה
155	B3.10:17	זי סבלתני ואנה ימין סב	לא	כהל הוית בידי וסבלתני אף
156	A4.2:8	על ארשם ׳קדמן׳ לכן	לא	כזנה הו[ה ....] יאמר מלין
157	A3.10:6	ויבלתון על בתין טב והן	לא	כספא הבו ליד אר[מנתי]דת
158	A6.14:4	זי בגאׄ זךׄ [....]	לא	כשר אף אחתבסתי פקידא
159	B3.11:7	יהבתה לך פסשדת קבל זי	לא	׳כתב על ספר אנתתכי׳ עם
160	B7.2:9	עלת ולאנתתא זילך [לא]	לא	כתשת ונכסן מן ביתך כחסן
161	B4.3:15	זי	לא	..[.]לׄ[.]
162	D23.1.II:7	ולא ....תׄ[.]הׄ[..][.].	לא	.[.]לא ׳.[.]׳י לכוׄ[.]...[.]מׄשׁ
163	C1.1:82	צנפר הי מלה ומשלחה גבר	לא	לבׄ[ב] מ[.]׳י אחדי פמך אחרי
164	D7.25:7	[...] כׄל זי [...] [...]	לאׄ	לי עבד[...] [...]
165	A5.2:4	רדית ו[...]ו מנהן	ל[א]	לקחת אלכׄי דיני [מדינתא
166	B7.2:9	ונכסן מן ביתך כחסן	לא	לקחת והן [לא] קרית לך בין

No.	Ref	Headword	Preceding	Word	Following
167	A6.14:2		זילי זי מן[..]ת[.] מנדעם	לא	מהיתה לי אח[....]ת
168	A6.13:2		זך מנדעם מן תמה	לא	מהיתין עלי הן על מראי לם
169	C2.1.7:39		זעיר [זי מן קדמי	לא	מר]דו וחילא זי מדי זי
170	A4.7:20		זילן כארמלה עבידין משח	לא	משחין וחמר לא שתין אף מן
171	A4.8:20		[זילן כארמלה עבידן] משח	לא	משחן וחמר לא שתין [אף מ]ן
172	A6.8:1		ארמפי עם חילא זי לידה	לא	משתמען לי בצבות מראי זי
173	A6.8:7		על זי פסמש[ך] אמר	לא	משתמ[ען] לי מן ארשם על
174	C1.1:90		תנין יתבר כמותא זי	ל[א	מתחזה % בשגיא בנן לבבך
175	B2.10:10		אגרנכם דין ודבב אף	לא	נכהל נרשה לבר וברה לכם אח
176	B2.9:10		מן יומא זנה עד עלם	ל[א]	נכהל אנחנה ובנין ובנתן
177	B3.12:25		זכור ויהבה לי לאנתו	לא	נכהל נרשנך דין ודבב בשם
178	B3.12:26		כסף וטיב ^לבבן בגו^ אף	לא	נכהל נרשה לבניך ובנתך וזי
179	B3.4:12		די צבית למנתן אנחן	לא	נכל נגרנך דין ודבב בשם
180	B5.1:4		עם נאהבת מחר יום אחרן	לא	נכל נגרכי במנתא זכי
181	B3.6:13		^אנחן^ {{הן קמן}} לאמר	לא	נסבלנך כזי יסבל בר לאבוהי
182	C1.1:135		לחיתא [....]י ומן אלהן	לא	נפקת % [.... לזעי]ר זי
183	D7.16:3		למה הן יאבד חיליהה הן	לא	נפשכ[י] אלקה אל תתכלי על
184	C3.7AR2:10		[ריקנן 10+20 בגו זי	לא	ספיתן 10] [כל מנדתא
185	C3.7AR3:18		10+20 ב[גו זי	לא	ספיתן 10] [כל מנדתא
186	C3.7DR1:3		ריקנן 10+20 בגו זי	לא	ספיתן 2+20 ב
187	C3.7JR1:17		[ריקנן 10+20 בגו זי	לא	ספיתן 10] [כל מנדתא
188	C3.7CR1:16		[ריקנן 10+20 בגו זי	לא]	ספיתן 10 [כל מנדתא
189	A4.7:22		מנחה ולבו[נ]ה ועלוה	לא	עבדו באגורא זך כען עבדיך
190	A4.8:21		[מלכא] מנחה לבונה ועלוה	לא	עבד[ן באגורא זך כען]
191	A6.10:5		בית מראיהם ואנתם כן	לא	עבדן כען אף קדמן שלחת
192	C1.1:51		קדמוהי ובאישת[א]	לא	עבד לך אף שגיא סנחאריב
193	C1.1H:7		[ש]גיא[ן]קרבתך[...]	לא	עבד[ן לך א]ף שגיא
194	C2.1.4:6		[ודרן במדי מנ]דעם	לא	ע[בד] [ב]חנבן [זי
195	C2.1.5:23		אחר וה[ו]ס מנדעם	[לא	עבד מ]כתר לין [עד זי
196	D20.5:2		אוסרי אלהא מנדעם באיש	לא	עבדת וכרצי איש לא אמרת
197	A6.11:5		[....]	לא	עביד לעלים אחרן זילי מני
198	C2.1.5:17		אחר דדרש מנ]דעם	ל]א	עביד מכת[ר לין] [עד זי
199	B8.9:4		[טעמא ....] [...]ז]א שנתא	לא	עד זמנא יביל להם למומא על
200	D7.16:7		בקל כענת חי ליהה הן	לא	על נפשכי .ל.אנה על דבר
201	B7.2:8		לא[מר] כחסן בביתך	[לא]	עלת ולאנתתא זילך לא כתשת
202	B3.4:20		בין יומן 10+20 והן	לא	פצלן אנחן ובנין ננתן לך
203	B8.3:5		[.]החוה אתר זי	לא	פתי.[....] [....
204	D7.56:7		למאתה באתר עבורא והין	לא	צבין למאתה ישלחון אגרה
205	B1.1:10		ואנקה ואנתן ל[ך ו]הן	לא	קמת ונקת ונתנת לך אתננהי
206	B7.2:10		ביתך כחסן לא לקחת והן	[לא]	קרית לך בין מקמיא אלה
207	D7.17:11		המו יאכלו ינקי^א^ הלו	לא	שאר קטין
208	D7.10:6		[.... י]ום שבה כען הן	לא	שבו לנתן תמה ינפק עלי
209	A4.5:1		מרדו אנחנה מנטרתן	לא	שבקן {{ומנדעם}} מחבל לא
210	A4.7:23		על אגורא זך למבנה בזי	לא	שבקן לן למבניה חזי
211	A4.8:22		[אגורא זך למבניה בזי	[לא	שבקן לן למבניה חזי
212	D7.27:14		על תתא^	לא	של[ח ...]
213	A4.7:19		וחרי יהודיא אגרה חדה	לא	שלחו עלין אף מן ירח תמוז
214	A4.8:18		וחרי יהוד אג[ר]ה חדה	[לא	שלחו עלין אף מן ירח
215	D7.27:13		[...] יחיט עלין	לא	שלחו[...]
216	A3.5:5		מן סון אגרת חדה בשלמך	לא	שלחת עלי
217	B2.4:6		עם אנתתך להן ביתא זנך	לא	שליט אנת לזבנה ולמנתן
218	B3.6:6		קריב ורחיק הנגית והנבג	לא	שליט בכי וביהישמע ברתכי
219	B3.6:6		ברתכי זי {ל}י<ל>דתי לי	לא	שליט בך למשנתכי ולמזלכי
220	B3.6:9		ברתכי וגבר אחרן	לא	שליט עליכי ועל יהישמע
221	B3.9:8		זך ברי יהוה אפם ואנש	לא	שליט למשנתה ולמעבדה עבד
222	B2.4:9		ברתי תשנאנך ותנפק מנך	לא	שליטה הי למלקחה ולמנתנה
223	B3.8:33		ספרא זנה ולא דין להן	לא	שליטה יהו[ישמע ל]הבעלה
224	B6.3:8		[אנתתה זי שלומם] לאם	לא	שליט[ה אנתי בביתה זי
225	B3.9:5		לי ואיש לי ואנש אחרן	לא	שליטן למשנתה לא אכהל אנה
226	B3.1:16		כספא זנה ומרביתה והן	לא	שלמו לך כספא זנה ומרביתה
227	B3.13:9		כספא זי מנעל כתיב והן	לא	שלמו לך בני ואדרנגי כספא
228	B3.13:5		לי מן אוצר מלכא והן	לא	שלמת ויהבת לך כנתיא אלך
229	B4.2:7		זי אהוה משלם לך והן	לא	שלמת לך כל כספך ומרביתה
230	B4.5:6		זנה כרש חד שקלן ארב[עה	לא	ש[למת יהבת לך בין ירח
231	B4.6:6		אמו[ר]טיס מלכא הן	לא	[שלמת]ויהבת לכי כספא זנה
232	D7.25:4		הלו אהוה [....] [....]	לא	שמ[....] [...] .. [...] [...] [...]
233	C2.1.4:3		[קטל לחילא זי מדי זי	[לא	שמען לי[ן אחר ודרן עם
234	C2.1.5:19		ח[יל]א זך מרדיא [זי	[לא	[שמען לי קטל] אחר והומס
235	C2.1.7:32		אזל קטל [לחילא זי	לא	שמען ל]י אחר ד[דרש א]זל
236	A6.7:7		אדין פרימא זך וכנותה	לא	שנציו למנעל בבירתא אחר
237	A4.7:21		משח לא משחין וחמר	לא	שתין אף מן זכי ועד יום
238	A4.8:20		משח לא משחן וחמר	לא	שתין [אף מ]ן זך ע[ד]נא
239	A3.8:11		הב לה עבור כ[..]	לא	ת[...] כזי יהנעלן המו
240	A6.10:9		יהוה ומן אתר אחרן	לא	תבעון ולא תהוספון על ביתא
241	C1.1:122		נחשא נפלת ססא[נפשי	לא	תדע ארחא עלכן
242	D23.1.Vb:5		הנת.... ..ן .. והן	לא	תה[...] להם אנה אנשא
243	B3.8:22		שנית לאנתתי יהוישמע	לא	תהוה לי אנתת כסף שנ[א]ה
244	C2.1.11:71		[הן]	לא	תהצפן אהורמזד יב[רכנך
245	B3.8:39		יעבד לה דין שנאה ואף	לא	תכהל יהוישמע ולא תעבד
246	B6.4:4		כנותה שנאה הין [וא]ף	לא	[תכהל סלואה ולא תעבד
247	C1.1:176		תתחשך ברך מן חטר הן לו	לא	תכהל תהנצלנה[י ....]
248	C1.1:177		[....] הן אמחאנך ברי	לא	תמות והן אשבקן על לבבך
249	D7.8:9		זי תרחענה תגזנה והן	לא	תנפק יומא זנה שלח לי
250	B3.8:40		לעננית בעלה והן	לא	תעבד לה שנאה< ה>י אף לא
251	B6.4:5		[חד ותרין להושעיה והן	לא	תעבד דין חד] ות[רין]
252	D7.19:3		[....] עלי לם נ[...] לכן	לא	תעב[ד ....] [..] עבדה
253	B2.1:12		אכהל אמר למחסה לאמר	{{לא}}	תרעא זך לא זילך הו ולא
254	D23.1.II:10	לאשכב	[ל]דנא חרא	לאשכב	[....] עם גבר זי
255	A2.1:5	לה	ואשכחתה שנטת כלה ולבבי	לה	דבק לה הן חזית מה אתרתן
256	A2.5:4		נפקת מן סון שאל	לה	הושר לי ספר ומנדעם וכעת
257	A2.5:7		אתריה ומהי דה זי ספר	לה	הושרתן לי ואנה נכתני חויה
258	A2.2:3		נבושה תנה אל תצפו לה	לה	מנס אנה לה מן מפי שלם
259	A2.5:3		בשלם וכעת תדען זי מדעם	לה	מפקן לן מן סון ואף מן זי
260	A2.3:6		זי מלתי ^לבתי^ לאמר	לה	שאל על חרוץ כעת מלו כזי
261	A2.4:4		רעיה אל תצף לחרוץ	לה	שבק אנה לה 1 כדי מטאה ידי
262	A2.3:5		מסבלן לה וכעת ארה ספר	לה	שלחתי בשמה וכעת זי מלתי
263	D23.1.Va:10	ליאתו	[ ] 20+20 זי	ליאתו	עמהם ו[כ]נותהם
264	D23.1.XIII:1	ליקרא	תשתה [.]..[.]...ה	ליקרא	הכתב זן ...א נדרא כללה

לא

לתפשר
ולא

265	D23.1.Va:12	..אׄ 20ׄ+20ׄ והן	לׄתׄפׄשׄרׄ	.מ. אׄ.הׄ אׄ[נ]שׄאׄ ....ן
266	B4.7:2	שקלן 3+3 וירבה עלי	ולא	[....]...
267	D1.28:4	[....] [...] [...]לבשך	ולא[	...]תהך[...] [...]לת
268	D4.33:1	...]	ולא[	[...]...
269	D5.12:2	[...] [...]ש[...]	ולא[	...] [...]ו א [...]
270	D5.9:2	...] [...] אפף[...]	ולא[	[...]
271	D6.8frage:1	ספיקן	ולא	[....] לנשיבית[הׄ ....]
272	D3.45:4	והנש ..[...] [...] [...]כספה	ולא	א.[...] [...]. לויגוש [...]
273	C1.1:159	נשאית חלא וטענת מלח	ולא	איתי זי יקיר מן נׄכׄ[רי]
274	C1.1:160	תבן ונסבת פרן ולא	{ולא}	איתי זי קליל מן תותב
275	C1.1:89	מררתא ו[טעמ]א חסין	ולא	איתי זי [מ]ריר מן ענוה%
276	B3.7:15	אנה ענני אהנצל מנכי	ולא	אכהל אמר נפשי צבית אהנצל
277	B4.6:14	[....]תנק[....]	[ולא	אכהל אק]בל ע[ליכי]לסגן
278	B5.5:8	הוה לי מן בית מלכא	ולא	אכהל [אנה אסורי ארשנכי
279	B1.1:14	נפשך ולא לאגר חמר	ולא	א[כל] אצל חקלי מנך ואית
280	B2.6:31	לה דין ספרא זנה	ולא	אכל אמר איתי לי אנתה
281	B2.6:35	כרשן 20 באבני מלכא	ולא	אכל [אהנ]תר נכסי וקניני
282	B3.1:11	תתמלא בכספך ומרביתה	ולא	אכל אמר לך ˆלםˆ שלמתך
283	B3.1:12	וספרא זנה בידך	ולא	אכל אקבל עליך קדם סגן
284	B4.1:3	זי יחיה בה איש ול..	ו[לא	אכל אמר] לבר לך וברה
285	B5.4:1	]	[ולא]	אכל אקבל עליך קדם סגן
286	B2.3:22	ביתכי אפם ואהך בדין	ולא	אצדק וספרא זנה בידכי אף
287	B5.4:7	ודבב בשם בי[תא זנה	ולא	אצדק [....
288	B2.5:1	זנה זי כתיב מן עלא	ולא	אתׄ[ית על ....] ברתך
289	D7.20:9	לם אׄתה ליומא זנה	ולא	אתית ביד בנתי שלח לי
290	A3.8:5	[....] כל כספ[א] ברבא	ולא	[..]בו לך לאמר הב ערבן
291	C1.1:110	ימותון שאני	ולא	בחרבי [....]
292	C1.1:86	על אמׄריך ותהך	[ו]לא	ביומיך [חזי ט]בׄת מלך
293	B3.4:5	קימן ותרבצה ארע הי	ולא	בניה וכוין בה וגשרן לא
294	C1.1:12	כלה זי הקים לברה	ולא	בר[.... א]חׄתה .[ ]
295	B2.3:14	ר 2 לעשרתא ולא דין	ולא	דבב וביתא ביתכי אפם
296	B2.3:22	ר 2 לעשרתא ולא דין	ולא	דבב וביתא ביתכי אפם ואהך
297	B2.4:15	ר 2 לעשרתא ולא דין	ולא	דבב כתב עתרשורי בר
298	B2.6:26	זי צבית ולא {י}דין	ולא	דבב מחר או יום אחרן יקום
299	B2.6:29	אן זי צבית ולא דין	ולא	דבב ו[ז]י יקום על
300	B2.8:10	באבני מלכא ולא דין	ולא	דבב ואנה רחיק מן כל דין
301	B2.9:16	רשין עליהם ולא דין	ולא	דבב כתב מעוזיה בר נתן
302	B3.6:15	כסף צריף ולא דין	ולא	דבב כתב חגי ספרא זנה
303	B2.10:17	זי יזן בר אוריה	ולא	דין כתב מעוזיה בר נתן
304	B2.11:12	ולמן זי צבית תנתן	ולא	דין אף איתי תבא שמה
305	B2.11:14	פלגנן נכתב בינין	ולא	דין כתב נבותכלתי בר
306	B2.3:14	מלכא כסף ר 2 לעשרתא	ולא	דין ולא דבב וביתא ביתכי
307	B2.3:21	מלכא כסף ר 2 לעשרתא	ולא	דין ולא דבב וביתא ביתכי
308	B2.4:15	מלכא כסף ר 2 לעשרתא	ולא	דין ולא דבב כתב עתרשורי
309	B2.6:29	ותהך לה אן זי צבית	ולא	דין ולא דבב ו[ז]י יקום
310	B2.8:10	כרשן 2+3 באבני מלכא	ולא	דין ולא דבב ואנה רחיק מן
311	B2.9:16	נכסיא זי רשין עליהם	ולא	דין ולא דבב כתב מעוזיה
312	B3.5:15	מלכא כסף ר 2 לכרש 1	ולא	דין והן גבר אחרן יגרנך
313	B3.5:22	1 וביתי זילהם אפם	ולא	דין כתב מעוזיה בר נתן
314	B3.6:15	באבני מלכא כסף צריף	ולא	דין ולא דבב כתב חגי
315	B3.7:17	מלכא כסף ר 2 לעשרתא]	ולא	דין] הן תמות יהוישמע
316	B3.8:32	[לה] דין ספרא זנה	ולא	דין להן לא שליטה
317	B4.7:3	] זי מנעל כ]תיב	ולא	דׄין והן אׄ[נ]ה פטאסי
318	B5.4:6	כרשן [20 באבני מלכא	ולא	דין ואהך] [אנה] בדין
319	B6.3:12	אנתתה זי שלו[מם	ולא	דין] שהדיא זכור ב[ר ....
320	D2.15:3	אפם[... ...] [... ...]	ו]לא	דין [... ...] [... ...]איתי
321	D7.40:9	שמה[...] [הש]כׄחׄ	ולא	דכר[...] [...]]וׄאלה
322	B3.13:12	בכספך זי מנעל כתיב	ולא	דן כתב שוהרם בר אשמרם
323	B3.13:8	בין יומן 20 הו עשרן	ולא	דן והן מאתת ולעד שלמת
324	D7.44:5	לם אל תהושרו לי לחם	ולא	הו חתם הלו כל בק{א}||יא
325	D1.17fragb:8	[...] [... ...]פהו	ולא	הוה בימלך
326	B2.7:5	בבירת<א> אכלת המו	ולא	השכחת כסף ונכסן לשלמה
327	B2.9:7	הפקדו והו החסן	ולא	התיב לה ומנכן רשינכם אחר
328	C1.1:188	שמש וזי ישתה חמרא	ולא[	...] וחכמתה אבדה ו[...]. נ.
329	C1.1:160	נשאית תבן ונסבת פרן	ולא	{ולא} איתי זי קליל מן
330	C1.1:173	איש מצלח עקן בחשוכא	ולא	חזה כאיש {{זי}} גנב זי
331	C1.1:181	[....] לחם	[.]וׄלא	יאׄ[כ]לן]לחיה ועלוהי
332	B2.6:25	ותהך לה אן זי צבית	ולא	{י}דין ולא דבב מחר או
333	C1.1:190	דרך קשתה והרכב [חט]ה	ולא	ידע את[רה ...] הן יפקד לך
334	A6.15:3	שאל מן [נח]תחור	ולא	יהב לי כעת ורפש כן אמר
335	B7.3:9	יהב לי חמר חלף פלגה	ו[ל]א	[יה]ב לי כסף ודמי כסף
336	D4.3:1		ולא	יהבו[...]
337	C3.13:52	באפף שנת 10+3[...]	ולא	יהב לרמנדין בירח מסורע]
338	C1.1:188	[....] וישמע מלה	ולא	יהחוה %% הא זנה יקיר
339	B3.4:16	ולמן זי צבית למנתן	ולא	יכהל בר וברה לן יגרנך
340	B5.5:5	בׄסׄפׄרׄ[א] זׄנה	ולא	יכהל בר לי וברה לי אח
341	B2.3:15	אפם ולבניכי אחריכי	ולא	יכהלון יהנפקון עליכי ספר
342	B2.9:11	ומחסיה דין ודבב	ולא	יכהלון ירשון לבניכם
343	B5.3:2	[אפם] זילך וז[י בניך	ולא	יכל בר וברה] [אח ואחה
344	B3.1:18	תתמלא בכספך ומרביתה	ולא	יכלון יקבלון עליך קדם
345	C1.2:18	[....]לישה [....].	ולא	ימלא בטנהם לחמׄ]
346	C1.1:193	א[..].	ולא	ינשאׄ[...] קרב
347	C1.1:185	אריה [....] שבק חמר	ולא	יסבלנהי ינשא בות מן כנתה
348	B3.8:38	ואף לא יכהל ענניה	ולא	יעבד דין [חדה] ותרתין מן
349	B6.4:3	ואף לא יכהל הושעיה]	ולא	יעבד דין חדה ותר]תׄ[ין
350	C1.1:194	[.... ..]חׄשה	ולא	יע[..]לה
351	C1.1:212	....]	ולא[	יפגעני[....]
352	B3.11:15	בספרא זנא ויהך בדן	ולא	יצדק אף לא יכלון ינפקון
353	B3.1:19	בידך אף יהכון בדין	ולא	יצדקון וספרא זנה בידך
354	C1.1:211	זי תהׄ..גׄ.[ ]להן	ו[ל]א	ישזב מ[...]
355	B2.3:17	יהוה לא אנה כתבתה	ולא	יתלקח בדין וספרא זנה
356	B3.4:22	או ברה ˆלה יתהˆ	ולא	כהלן פצלן ננתן לך כספך
357	B2.4:14	לך ארקא זך למבנה	ולא	כתבת לך ספרא זנה אנה
358	B1.1:14	[..]רי אדר בחמר נפשך	ולא	לׄאגר חמר ולא א[כל] אצל
359	C1.2:24	[...] בספנן לקבלה	ולא[	....] לחם ויתכנשון אלהי
360	D7.39:9	ושלח לי פתגם	ולא	.ל..תׄי אׄף פרנדת לׄהׄ
361	B8.8:8	גברא זך שאלן	ולא	מלל
362	C1.1:216	מן בטן ידע ברחרן	ולא	מן[ ] [....]הוה

No.	Form	Ref	Preceding	Keyword	Following
363		B3.4:13	ויהבן לך ורחקן מנה	ולא	נכהל נגרה לבר לך וברה
364		B8.9:1	[....]לן מנך	ולא	סטרן בשניתא זא זי נשאת
365		D7.20:2	כען אתה על מחר	ולא	פשרן הלו שכר הו לה למחר
366		D7.37:10	וטח[ן ...]	ולא	פשרן[...]
367		C1.1:51	רחמני על זי החיתך	ולא	קטלתך כען אנת לקבל זי
368		C1.1:98	ועממא עבדו בהם	ולא	שבקו המו ולבבהם פתיח
369		B3.1:14	זנה בידך והן מיתת	ולא	שלמתך בכספא זנה
370		B3.1:7	כחד והן מטא תנין שנה	ולא	שלמתך בכספך ומרביתה זי
371		D23.1.II:6	באן עלת	ולא	....ת[.]ה[..][.]. לא .[.]לא
372		A6.10:9	אתר אחרן לא תבעון	ולא	תהוספון על ביתא זילי
373		B6.4:6	[ ]תעבד לה דין שנאה	ולא	ת[כ]הל יהוחן ברת [....
374		B2.1:12	תרעא זך לא זילך הו	ולא	תנפק בשוקא זי בינין ובין
375		B3.8:40	ואף לא תכהל יהוישמע	ולא	תעבד דין חד ו[ת]רין
376		B6.4:5	[וא]ף לא [תכהל סלואה	ולא	תעבד די]ן[חד ותרין
377	ולאתהתיבנה	D23.1.II:15	עמה	{ולאתהיתבנה}<ולאתהתיבנה>	לביתי
378	ולה	A2.4:11	ומשח בשם למתיה לכן	ולה	אשכחת אש למיתית לכן וכעת
379		A2.5:8	נכתני חויה והות מית	ולה	שלחתן הן חי אנה והן מת
380	זילא	C3.7AR2:18	ריקנן 10+20 בגו[	זילא	]ספיתן 10 ב 10+20
381		C3.7BR1:5	20+10+20 בגו	זילא	ספ[יתן 10] ירח כיחך
382		C3.7DR2:6	20+[20+]בגו	זילא	ספיתן 20 כל מנד[תא
383		C3.7DR3:23	ריקנן 10+20[בגו	זילא	ספיתן 10] כל מנדתא
384		C3.7DV1:23	[בגו	זי]ל[א	ס]פיתן[
385		C3.7ER1:13	[ריקנן 10+20 ב]ג[ו	זילא	]ס[פי]תן[10] [ב
386		C3.7ER1:6	ריקנן 10+20 בגו	זילא	ספיתן 10 כל מנדתא ואחרן
387		C3.7ER2:10	[ריקנ]ן 10+20 בגו	זילא	ס[פיתן 10] ב 10
388		C3.7ER2:3	[20]+10 בגו	זילא	]ספיתן[10] כל מנדתא
389		C3.7FR1:5	[20+20+20 בגו	]זילא	ספיתן 20 [....
390		C3.7FV3:17	20+20+20 בגו	זילא	ספיתן 20 כל ספינתא
391		C3.7GR2:13	ריקנן 10+20 בגו	זילא	ספיתן 10 י[ר]ח אפף]
392		C3.7GV3:6	בגו	זילא	ספיתן
393		C3.7JR1:25	[20]+10 ב[גו]	זיל[א	ספיתן] 10 [ב ....
394		C3.7JR2:18	[ריקנן 10+20 בגו	זילא	ספיתן 10] [כל מנדתא
395		C3.7JR2:25	[ריקנן 10+20 בגו	זי]לא	ספיתן 20 ב 10+2
396		C3.7JV2:21	ב[גו]	זילא	ספיתן{ }20 כל מנדתא
397		C3.7KR1:15	[ריקנן 10+20 בגו	זילא	ספי]תן 10 [ב ... לפחנס
398		C3.7KR2:13	[בגו	ז]ילא	ספיתן [10+20] כל
399		C3.7KR2:21	בגו[	זילא	ספ]יתן 10+20 [ירח
400		C3.7KR3:17	[ ]10+20[בגו	זילא	ספיתן 10] כל מנדתא
401		C3.7KR3:24	ריקנן 10+20 בגו[	זילא	ספיתן 10] ב
402		C3.7CR2:17	ריקנן 10+20 בגו[	זילא	ספיתן 10] כל מנדתא
403		C3.7CR2:2	ריקנן 10+20 בגו	זילא	ספיתן 10 ב 10+3+3
404	..לא	C3.13:56a	לאמ[ר] עלדבר פת.[...]	[.].לא	שזבאל [מש]לם ב[ר
405		D23.1.II:7	ולא ....ת[.]ה[..][.]. לא	.[.]לא	..[.]י לכו[.]...[.]מש .ח.ל
406	.לא	B8.5:9	רגלן[....	.]לא	שבקוהי עד כספ[....]
407		D7.33:9	לי[...] א לה	.לא	תמ..[..]ת [.]תי כענת ..[...]

לא עד — a — not yet

No.	Form	Ref	Preceding	Keyword	Following
001	לא עד	A4.4:9	20+100×1 עוד טעם	לא עד	יהוי להן תנה שלם ביתך
002		B2.11:13	אלה ולילו ברה זי	לא עד	נפלג עלין כזי עדן יהוה
003	ולעד	A2.2:12	ואף משח בשם לבת בנת	ולעד	אשכח אש למושרתהם לכן
004		B3.13:8	עשרן ולא דן והן מאתת	ולעד	שלמת ויהבת לך כספא זילך

לאברת — a — by area

No.	Form	Ref	Preceding	Keyword	Following
001	לאברת s ab/cn	B3.12:8	אמן 2+3 כ 2 בעשתא	לאברת	אמין
002		B3.10:7	אמן 1+3+3 בעשתא	לאברת	אמן
003		B3.12:16	פתי אמן 2+3 כ 2	^ל^אברת	^אמן^
004		B3.5:7	בעשתא 1+3+3 כ 1	לאברת	אמן 20+20+20+20+1

לאיתי — V — (לא + אית) there is/are not

No.	Form	Ref	Preceding	Keyword	Following
001	לא איתי peal	D7.3:2	למ[...] [ה]ן	לא איתי	זרע קטין[.] [כ]זי אמרת
002	לאית	D7.2:3	מלח יומא זנה והן מלח	לאית	בביתא זבנו מן אלפי עבורא
003	לאיתי	D7.29:4	מרזחא כן אמר לי לם	לאיתי	כען אנתננהי לחגי או
004		D7.4:8	[...] ושלחהי לי הלו	{ל}לאיתי	ל[.] קנן ל.[...] לן[...]
005		B3.8:29	ענניה ובר זכר ונקבה	לאיתי	לה מן [י]הו[י]שמע
006		D7.2:6	עבורא זי ביב הלו	לאיתי	לי מלח למשם בקמח 1
007	.לאתי	D7.43:2	כען זי [...]	.לאתי	תנה [...] ואנה אושר [...]

לאם — a — particle marking direct speech; cf. לם

לאפי — p — towards

No.	Form	Ref	Preceding	Keyword	Following
001	לאפנא	C3.28:91	ביד יונתן ואנה סלק	לאפנא	שמעון בר חגי בר שמתי

לב — N — heart

No.	Form	Ref	Preceding	Keyword	Following
001	בלבה s em/sf	C1.2:23	.[....] ויתקלנהי	בלבה	ויקטל איש למ[רא]ה

לב #2 — N — sea-lion

No.	Form	Ref	Preceding	Keyword	Following
001	לבא s em/sf	C1.1:165	יקראון לקפא	לבא	נמרא פגע לענזא והי עריה

לבב — N — heart

No.	Form	Ref	Preceding	Keyword	Following
001	לבב s ab/cn	C1.1:82	זי ש[מעת] הוקר	לבב	כי צנפר הי מלה ומשלחה
002		C1.1:82	הי מלה ומשלחה גבר לא	לב[ב]	מ[.]י אחדי פמך אחרי כן
003	בלבב	C1.1:99	[לא חזה] איש מה	בלבב	כנתה וכזי [יח]זה גבר
004	ולבב	C1.1:65	עלוהי [....]	ולבב	אסרחאד[ן מלכא
005	לבבא s em/sf	C1.1:137	ואל תהשגא	לבבא	[גבר ז]י לא יתרום בשם
006		C1.1:88	מלת מלך בחמד	לבבא	%% [מ]ה ישפטון עקן עם
007	לבבי	B5.2:7	[ ]וטיב	לבב[י	....]
008		B5.6:3	הנ.ח. לאמר הוטבת	[לבבי	....]... חירנם אמת[א
009		D2.13:2	[...]ב.[...].. [...] וטיב	לבבי	[... ... ...] לך [... ...]בר
010		B2.6:15	מלכא על עלי וטיב	לבבי	בגו שוי 1 זי גמא בה
011		B5.5:7	בידכי יהבתהי לי וטיב	לבבי	[בגו מן יומא זנה ועד עלם
012		B3.2:4	זי קבלת עלי בגו [וט]ב	לבבי	בדמוה[י]לא אכהל אגרנך

No.	Form	Parse	Ref.	Preceding	Keyword	Following
013			B2.8:5	עליהם בסתי אלהתה וטיב	לבבי	במומאה דכא זי עבדתי לי
014			A3.3:2	יום זי אזלת בארחא זך	לבבי	לא טיב אף אמך כעת ברך
015			B2.2:12	ימאת לי ביהו והוטבת	לבבי	על ארקא זך לא אכהל אגרנך
016			A3.6:3	[חזין] על ינקיא עליך	לבבי	שדיך כל זי יהוה על
017	לבבך		C1.1:90	מתחזה %% בשגיא בנן	לבבך	אל יחדה ובזעריהם [אל
018			B2.6:5	מלכ[א] על עליך וטב	לבבך	בגו הנעלת לי [ברתך]
019			B3.8:5	[1] על עליך [וטי]ב	לבב[ך]	בגו הנעלת לי יהוישמע
020			B6.1:5	לכר[ש 1 על עליך וטיב	לבבך	בגו הנעלת לי .... ברתך
021			B3.3:14	אנצל לפלטי מן תחת	לבבך	בר מן זי אנת תתרך לאמה
022			C1.1:177	לא תמות והן אשבקן על	לבבך	מחאה לעלים כאיה [....]
023	לבבכי		D2.17:1	[...] [.... ... מן ת]חת	לבבכי	וא[ן ...] [...] .[...] [...] ...]
024	לבבן		B2.9:8	בני אסחור הוטבתם	לבבן	באלך נכסיא וטיב לבבן בגו
025			B2.9:9	לבבן באלך נכסיא וטיב	לבבן	בגו מן יומא זנה עד עלם
026			B3.12:26	לן דמוהי כסף וטיב	ˆלבבן	בגו˙ אף לא נכהל נרשה
027			B3.12:6	שקל חד וטיב 3+3	לבבן	בגו זי לא אשתאר לן עליך
028			B4.3:8	1 [יהבת על ידן וטיב	לבבן	בגו אנחנה נבל] עבו[רא]
029			B4.4:9	[נתנת על ידן] וטיב	לבבן	בגו אנחנה נבל עבורא] זנה
030			B3.12:14	שקל 1 וטיב 3+3	לבבן	בדמיא זי יהבת לן זנה
031			B3.4:6	כסף זוז לכרש 1 וטיב	לבבן	בדמיא זי יהבת לן והא אלה
032	ללבבך		C1.1:84	מלך רפ˙א˙ה תהוי	ללב[בך]%	רכיך ממלל מלך שדק
033	בלבבה		C1.1:93	מאן טב כס[י] מלה	בלבבה	והו ז[י]תביר הנפקה
034	ולבבה		C1.1:95	[ ] איש שפיר מדדה	ולבבה	טב כקר[י]ה חסינה זי
035	ולבבהם		C1.1:98	בהם ולא שבקו המו	ולבבהם	פתיח [לא חזה]
036	ולבבי		C1.1:105	עיני זי נטלת עליך	ולבבי	זי יהבת לך בחכמה [....
037			A2.1:5	לי ואשכחתה שנטת כלה	ולבבי	לה דבק לה הן חזית מה

לבה N wrath (Akk; GEA 376.20)

No.	Form	Parse	Ref.	Preceding	Keyword	Following
001	לבת	s ab/cn	A3.3:10	לאמך עבדת אל תמלי	לבת	בזי לא איתית המו מנפי
002	לבתי	s em/sf	A2.3:6	בשמה וכעת זי מלתי	ˆלבתי˙	לאמר לה שאל על חרוץ
003	לבתך		A3.5:4	[לי]ן מנכן הוית מלא	לבתך	קדם דלה
004	לבתכם		A4.2:11	שפן[....] מלין	לבתכם	אתה פסו בר מנכי

לבונה N incense

No.	Form	Parse	Ref.	Preceding	Keyword	Following
001	לבונה	s ab/cn	A4.8:21	[דריהוש מלכא] מנחה	לבונה	ועלוה לא עבדן באגורא
002			A4.10:11	[ל]א יתעבד תמה להן	לבונה	מנחה [....] ומרא[ן
003	ולבונה		A4.7:21	דריהוש מלכא מנחה	ולבו[נ]ה	ועלוה לא עבדו באגורא
004	לבונתא	s em/sf	A4.8:24	[הוה לקדמין ומנחתא	[לבונתא]	ועלותא נקרב על מדבחא
005	ולבונתא		A4.7:25	הוה קדמין ומחתא	ולבונתא	ועלותא י{{ה}}קרבון על
006			A4.9:9	הוה לקדמן ומנחתא	ולבונתא	יקרבון על מדבחא זך

לבוש N clothing

No.	Form	Parse	Ref.	Preceding	Keyword	Following
001	לבוש	s ab/cn	B3.13:11	ואמה מאן נחש ופרזל	לבוש	ועבור˙ זי תהשכח לי ביב
002	ולבוש		B2.8:4	נפרת על כסף ועבור	ולבוש	ונחש ופרזל כל נכסן
003	לבושא	s em/sf	D11.19:1	לסלק עם	לבושא	ח 3+3+3

לבנה N brick

No.	Form	Parse	Ref.	Preceding	Keyword	Following
001	לבנן	p abs	B4.3:18	ובי זי	לבנן	ו[....
002			B3.1:9	ערבן זי תשכח לי בי זי	לבנן	כסף ודהב נחש ופרזל עבד
003			B3.13:11	ותלקח לך מן בי זי	לבנן	עבד ואמה מאן נחש ופרזל
004			B4.6:11	ז[י י]שתכ[ח בי זי]	[לבנ[ן	[עבד ואמה מאן] נח[ש]

לבש V to clothe oneself

No.	Form	Parse	Ref.	Preceding	Keyword	Following
001	לבשן	peal	A4.7:15	עם נשין ובנין שקקן	לבשן	הוין וצימין ומצלין ליהו
002			A4.8:14	עם נשין ובנין שקקן	לבשן	הוין צי[מן ומצלין ליהו
003			A4.7:20	יומא אנחנה שקקן	לבשן	וצימין נשיא זילן כארמלה
004			A4.8:19	זנה יומא אנחנה שקקן]	לבשן	וצימן נשיא זילן כארמלה
005	מלבש	pael	A2.1:6	זי התתי לי סון הי	מלבש	אנה וכעת תקם יתו לן

לבש N garment

No.	Form	Parse	Ref.	Preceding	Keyword	Following
001	לבש	s ab/cn	B2.6:7	2 לן 10 הנעלת לי בידה	לבש	1 זי עמר חדת חטב צבע
002			B3.3:4	הנעלת לי תמת בידה	לבש	1 זי עמר שוה כסף שקלן
003			B3.8:10	כסף ש[ק]לן 2+3+3	לב[ש	1] בלה שוה [כסף שקל 1
004			B3.8:6	ש[ק]לן 2 חלרן 2+3	לבש	1 זי קמר חדת לאמן
005			B3.8:8	לפם 1 שוה כסף כרש 1	לבש	1 מעדר חדת [ל]אמן 3+3
006			B6.1:6	]	לבש	1 זי קמר חדת לאמן [
007			D4.10:2	.[...] [...]ע.מ.[...]	[לבש	...[
008			B2.6:10	באבני מלכא 2+3+3	לבש	אחרן זי עמר נשחט הוה ארך
009			D4.22:3	ויהבת	לבש	חן[ד ...][...]לן[...]
010			A2.4:8	לי הושר לי משכן מסת	לבש	משך 1 והוי לקח שערן מן
011			D4.4:4	...] [...]2 וחטה .[...]	ל]בש	משך 1 גן[...] [...].
012	ולבש		A3.3:9	באגרתא זילך על כתון	ולבש	כתונך ולבשך עבידן
013			A3.3:12	כן[....]	ולבש	עד תאתה שלם אמך וינקיא
014	לבשא	s em/sf	D7.21:4	ולחנ˙ר˙ם כען שלחלי	לבשא	זי עליך ואחתנה
015	לבשי		B8.2:16	ביתא הנצלוני [....]	לבשי	זי קמר [....]תוגן 20 ב
016	לבשך		D1.28:4	עד תחזה[... ....] [...	לבשך[	ולא[...]תהך[...]
017			C1.1:107	הן יאחדן רשיעא בכנפי	לבשך	שבק בידה אחר אדני לשמש
018	ולבשך		A3.3:9	על כתון ולבש כתונך	ולבשך	עבידן [....]
019	לבשן	p abs	B3.8:13	[ד]מי כסף שקל 1 כל	לבשן	זי קמר וכתן 2+3+3
020	לבשי	p const	B2.9:5	לאמר איתי[ ]נכסיא	לבשי	קמר וכתן מאני נחש ופרזל
021	לבשיא	p em/sf	D3.16:15	1 כן אסריהם	לבשיא	הומי תמחא עם
022			B3.8:15	זי נחשן 2+3 כל	לבשיא	ומאני נ[חש[א] ותכ[ו]נתא
023	לבשיה		B3.8:17	קפף 1 זי חוצן תחת	לבשיה	ת.[.] זי גמא 1 חדת בה
024	ולבשיה		B3.8:23	ינתן לה תכונתה	ולבשיה	דמי כסף כרשן שבעה ש[ק]לן

לג N log (a liquid measure)

No.	Form	Parse	Ref.	Preceding	Keyword	Following
001	לג	s ab/cn	C3.28:10	אנה לגן 2 נתן נדבי	לג	1 במ 1 פ יניא לגן 3 בר
002			C3.28:19	2 בר 1 {{1}} בב נכיס	לג	1 מ 1 פ יניא לגן 2 בר
003			C3.28:37	3 בר 1 מ 1 פ רחבל	לג	1 במ 1 פ עבדי ס..ד
004	לגין	p abs	C3.29:9	3+10 פתרתוס משח	לגין	2+10 ב 1+3+10
005			C3.29:5	נקדרוס אפרודיתס משח	לגין	1+3+10 ב 2+3 בה
006			C3.29:14	זנון ודמוקלס שיטיא	לגין	3+3+10 אמנתס לגין
007			C3.29:17	הרמונקתוס ותדורס	לגין	3+3+10 לקינוס

לגן

No.	Ref	Preceding	Keyword	Following
008	C3.29:18	לקינוס ארסתודמוס	לגין	3+3+10
009	C3.29:10	לדמוקלס משח	לגין	3+10 ב 1+20 בעֹנֹ
010	C3.29:7	פלוקיתס שיטא משח	לגין	3+10 ב 10 זנון שיטא
011	C3.29:8	ב 10 זנון שיטא משח	לגין	3+10 פתרתוס משח לגין
012	C3.29:2	סֹבֹרֹ 1 זפתא דמוקלס	לגין	10 ובמרשא לדמכלס לגין
013	C3.29:12	נקדרוס וחברוהי שיטיא	לגין	2+3+3+20 הוביותוס
014	C3.29:15	לגין 3+3+10 אמנתס	לגין	2+3+3 פליקראתס משח
015	C3.29:16	2+3+3 פליקראתס משח	לגין	2+3+3 הרמונקתוס
016	C3.29:6	בה נקדרוס שיטא מש	לגין	2+3+3 ב 3+3 פלוקיתס
017	C3.29:13	הוביותוס משח	לגין	3+3 זנון ודמוקלס
018	C3.28:72	לגן 1+3 יהודה]	לג[ן]	1[1+1+]בר 1 מ 1 פ
019	C3.28:13	לגן 3+3 בר 3 יניא	לגן	1[1+] נבס לגן 3+3 בר
020	C3.28:7	לגן 1+3 בר 2 יניא	לגן	1[1+] ברֹ 1 בֹבֹ
021	C3.28:65	[ ]3 בר 1 מ 1 פ אנה	לגן	2+10 בב אנה לגן 1+3
022	C3.28:70	2]שאר ר 2 יהודה	לגן	2+10 בֹשֹ 1 ˆר 2ˆ שאר
023	D8.9:4	...] פ 1+3+3 לגן	ל]גן	3+3+10 פ ...] ל]גן 10
024	D8.9:5	...] פ 3+3+10 ל]גן [	ל]גן	10 [...]שאול כוא 1 לגן
025	D8.9:6	10 [...]שאול כוא 1	לגן	10[...] [...]י נחתמא בר
026	C3.29:3	10 ובמרשא לדמכלס	לגן	10 ב 2 לסון נקדרוס
027	C3.28:39	1+3 בר 2 יניֹא	לגן	2[1+1+]בר 2 פתפי
028	C3.28:52	2+3+3 בש 1 פתפי	לגן	2{{2}} בר 2 אביתי
029	D8.9:14	לגן 3+1[.] נתן אסיפא	לגן	2[...] חגי[...]ל...[...]
030	D8.9:2	[... ...] פ [... ישׁ]יב	לגן	2 [...]שיב לגן
031	C3.28:18	בר 3 שאר ר 2 יהודה	לגן	2 בר 1 {{1}} בב נכיס
032	C3.28:20	לג 1 מ 1 פ יניא	לגן	2 בר 1 יניא כא 1 פ
033	C3.28:23	1 בגרב חמשת[א] יסדרס	לגן	2 בר 1 פרס כא 1 בש 1
034	C3.28:34	בש 1 מ 1 פ יוניא	לגן	2 בר 1 יהודה לגן 1+4
035	C3.28:43	{{מ 1 פ}}.... זפרה	לגן	2 בר 1 ב<ב> פתו כאן 2 בש
036	C3.28:9	לגן 3+3 בר 3 אנה	לגן	2 נתן נדבי לג 1 במ 1
037	D8.9:13	[...] דלוי בר אביתי	לגן	1+3[.] נתן אסיפא לגן
038	C3.28:15	לגן 3+3 בר 3 יניא	לגן	1+3 בר 2 בב נכיס לגן
039	C3.28:31	[ ]רֹבֹעֹן 3ֹ יסדרס	לגן	1+3 בר 2 יניא לגן
040	C3.28:38	עֹבֹדֹיֹ סֹ..דֹ	ל[גן]	1+3 בר 2 יניֹא לגן
041	C3.28:40	2[1+1+]בר 2 פתפי	לגן	1+3 בר 2 פתוֹ לגן
042	C3.28:54	3ֹ לסֹמֹקסֹ]	לג[ן]	1+3 בר 2 [...]
043	C3.28:54e	...] 1 בש	לגן	1+3] בר 2 ... לגן
044	C3.28:54g	[1+3] בר 2 ...]	לגן	1+3] בר 2 נתן
045	C3.28:54x	[1+3] בר 2 ...]	לגן	1+3] בר 2 ... לגן
046	C3.28:6	1 פ בש 2 ר 1 יניא	לגן	1+3 בר 2 יניא לגן
047	C3.28:62	1+3+20 ר 1 ערביא	לגן	1+3 .... בר 2
048	C3.28:66	אנה לגן 2+10 בב אנה	לגן	1+3 בב אנה לגן 3+3 בב
049	C3.28:71	שאר ר 3 בב אֹ[נ]הֹ	לגן	1+3 יהודה] לגן]
050	C3.28:73	מ 1 פ שבתי בֹזֹנֹהֹ	לגן	1+3 בר 2
051	C3.28:54d	...]	לגן	1+2[+2+3 בש 1
052	C3.28:42	לגן 3+3 בר 3 יוניא	לגן	1+{{2}}1 בר 2 {{מ 1
053	D8.9:11	לגן [...] שבתי חורי	לגן	2+3 שבתי בר משלם לגן]
054	D8.9:3	לגן 2 [...]שיב	לגן	1+3+3 פ [... ל]גן
055	C3.28:51	ש 1+2[1+] בב פתו	לגן	2+3+3 בש 1
056	C3.28:51a	[...] 1 בש	לגן	2+3+3 בש 1 פתפי לגן
057	C3.28:33	לגן 3+3 ברֹ 3 בכיס	לגן	3+3+3 בש 1 מ 1 פ
058	D8.9:16	3+3 כל כון [...]	לגן	3+3 1ˆ פˆ [... ...]
059	C3.28:12	בר 1 מ 1 פ בב נכיס	לגן	3+3 בר 3 יניא לגן
060	C3.28:14	יניא לגן 1[1+] נבס	לגן	3+3 בר 3 יניא לגן
061	C3.28:16	1+3 בר 2 בב נכיס	לגן	3+3 בר 3 שאר ר 2
062	C3.28:3	1 ר 2 שאר ש 1 נכיס	לגן	3+3 בר 3 שאר מ 1 פ בב
063	C3.28:32	לגן 1+3 בר 2 יניא	לגן	3+3 ברֹ 3 בכיס לגן
064	C3.28:41	לגן 1+3 בר 2 פתוֹ	לגן	3+3 בר 3 יוניא לגן
065	C3.28:4	3 שאר מ 1 פ בב נכיס	לגן	3+3 בר 3 שאר 1 אפלניס
066	C3.28:67	אנה לגן 1+3 בב אנה	לגן	3+3 בב אנה לגן 3+3
067	C3.28:68	אנה לגן 3+3 בב אנה	לגן	3+3 נכיס כא 1 ש 1 בר]
068	C3.28:8	ברֹ 1 בֹבֹ נֹכֹיֹסֹ	לגן	3+3 בר 3 אנה לגן 2
069	C3.28:11	לג 1 במ 1 פ יניא	לגן	3 בר 1 מ 1 פ בב נכיס
070	C3.28:36	בר 2 מ 1 פ יניא	לגן	3 בר 1 מ 1 פ רחבל לג
071	C3.28:45	שאר ˆמ 2+3ˆ ארמֹיֹסֹ	לגן	3 [ב]ר 1 מ 1 פ ... בבית
072	C3.28:64	בר 2 ססרתס]	לגן	3] בר 1 מ 1 פ אנה לגן
073	C3.28:28	דֹכֹדֹרֹסֹ	לגן	1+4 בר 2 מ 1 פ אביתי
074	C3.28:35	לגן 2 בר 1 יהודה	לגן	1+4 בר 2 מ 1 פ יניא
075	C3.28:27	בר 3 מ 1 פ כסתס	לגן	2+4 בר 3 דֹכֹדֹרֹסֹ
076	C3.28:26	פלג בר 3 לסמקס	לגן	3+4 בר 3 מ 1 פ כסתס
077	D8.9:10	[...]..ךְ [... ...] [...]..ךְ	לגן	[...] שבתי חורי לגן
078	D8.9:12	2+3 שבתי בר משלם	לג[ן]	[... דלוי בר אביתי לגן

להן p

except for

No.	Ref	Preceding	Keyword	Following
001	B2.6:32	אמר איתי לי אנתה אחרה	להן	מפט<ח>יה ובנן אחרנן להן
002	B2.6:33	לי ב[נן] ואנתה אחרן	להן	מפטחיה ובניה אנתן
003	B2.3:11	אחרן שליט בארקא זך	להן	אנתי ובניכי עד עלם זי
004	B3.5:20	לא ישלט בביתה כלה	להן	בני זי ילדתי לי וגברא זי
005	B2.6:32	מפט<ח>יה ובנן אחרנן	להן	בנן זי תלד לי מפטחיה הן
006	C1.1:154	ירפון המו	להן	זי אל עמה
007	C1.1:91	מן הו זי יקום קדמוהי	להן	זי אל עמה שפיר מלך למחזה
008	B2.7:12	עליכי ספר חדת ועתק	להן	זנה ספרא זי אנה כתבת

להן c

but

No.	Ref	Preceding	Keyword	Following
001	B8.7:5	מהחסן ˆאנהˆ	להן	איתי עבדן זי לי המו
002	B2.6:36	{{לקבל ספרא [זנה]	{{להן	אנתן למפטחיה [כס]ף
003	A4.5:17	[....] [....]	להן	אתרודן חדה [....]
004	B2.4:6	ותב בגו עם אנתתך	להן	ביתא זנך לא שליט אנת
005	B2.4:7	ולמנתן רחמת לאחרנן	להן	בניך מן מבטחיה ברתי המו
006	B2.4:9	למלקחה ולמנתנה לאחרנן	להן	בניך מן מבטחיה המו
007	B3.9:9	למשנתה ולמעבדה עבד	להן	ברי יהוה כתב רוחשן בר
008	A4.2:5	זי מצריא קדם ארשם	להן	גנבית עבדן אף[....]
009	A4.4:8	לקחו אתבו אם על מריהם	להן	דכרו למרא[יהם כסף] כרשן
010	B3.5:16	20 וביתא אפם זילכי	להן	הן מיתתי ברת שנן 100×1
011	C1.1:211	ל[...]א זי תה..ג.[	להן]	ול[ל]א ישזב מ[...]
012	D6.7fragOc:2	ורפש[...] [...]מר לך	להן	חילכיא .[...]
013	D1.17fragb:9	ל[... ...] [... ...]תה	להן	כלהן פרי ויתנון ח.[... ...]
014	A6.16:3	תולע 2 זך היתי עלי	להן	לא [....] אנת הושרת

015			B3.8:33	דין ספרא זנה ולא דין	להן	לא שליטה יהו[ן]ישמע
016			A4.10:11	מקלו [ל]א יתעבד תמה	להן	לבונה מנחה [....]
017			C1.1:168	[נמרא] שלם טביא	להן	למונק דמה %% דׄבא אזל על
018			B3.10:22	עליכי ספר חדת ועטיק	להן	ספרא זנה זי אנה עבדת לכי
019			D7.10:4	[... תנפ[ק לי אחוטב	להן	[.... י]ום שבה כען הן לא

לו — c — (unclear)

001		לו	D7.10:1	שלם ידניה כען	לו	[ב]סגרא שימת ופקיד [..

לובר — A — aged (Akk; Kaufman 66)

001	s ab/cn	לובר	A6.2:17	מסמריהם מאתין עקי ארז	לובר	דׄשות מצן כנכר חד
002			A6.2:13	כלא יהיתה חליפתהם	לובר	ותבירן על גנזא עזלי כתן
003			A6.2:13	ופרזל מאתין עקי ארז	לובר	חסין תמים אמן עשרן כלא

לוח — N — board

001	s ab/cn	לוח	D3.26:3	דׄורׄה פשכן 3+1 בגו	לוח	אחרה אמן 3+3+3 ופלג
002			D3.26:4	פתי אמה 1 דור[ה ...]	לוח	אחרה אמן 3+2 פתי א[מה
003	s em/sf	לוחא	D7.19:9	צבותי[.] [....]	לוחא	זי כׄתׄבׄ [....]

לוט — V — to curse

001	peal	תלוט	C1.1:80	נשא[ה] בר[ין] אל	תלו[ו]ט	יומא עד תחזה[ליׄ]לה
002		ילוטון	C1.1:151	כוׄ.[...] מה	ילוטון	שפוׄת אׄ[נ]שא לׄ[....

לוי — V — to accompany, join

001	peal	ילוה	C1.1:100	לגבר לחׄ[ה ...] [לא]	ילוׄה	עמה ב[....] ובעל אגר לא

לולא — c — if not

001		לולא	C1.2:4	מלכא אמר ו.[...] [..	]לולא	באתר ימאׄ קטלתׄ המׄוׄן[

לוש — V — to knead

001	peal	לשו	D7.6:7	על אחרנן הן גרס לחמהם	לשו	לחם קב 1 עד תאתה אמהם

לות — p — towards

001*		לות	C1.1:81	ע[ינ]הם ואדניהם	לו[ת]	פמך אשתמר לך אל יהוה

לחי — A — bad, wicked

001	s ab/cn	לחה	D7.48:7	לעבדׄ אׄנה	לחׄה	[.].[.].. שלחתן לם [י]שלחו
002			C1.1:130	[ז]פתא יקירתא ומן גבר	לחׄה	אל תזף אף [ה]ן תזף
003			C1.1:138	ידנח שמ[ש לה] כי גבר	לחה	הו [מן בי]תׄי נפקת
004			C1.1:199	וא[....]איש	לחה	זי יהנשג כׄ.[....]
005			C1.1:100	לה גבר טב עם ג[בר	לח[ה	[סנ]יא שדר לרמנ[א]לם
006			C1.1:99	[יח]זה גבר טב לגבר	לחׄ[ה	... [לא] ילוה עמה
007*		לחיה	C1.1:181	[.]ולא יאׄ[כ]לׄ[	לחיה[	ועלוהי טב מן זי
008	s em/sf	לחיא	A4.7:7	מן תמה אחר וידרנג זך	לחיא	אגרת שלח על נפין ברה זי
009			A4.8:6	תמה ׳אחר׳ וידרנג זך	לחיא	אגרת שלח על נ[פי]ן ברה
010			A6.7:7	בבירתא אחר [י]נ[ח]רו	לחיא	אחד המו עמה הוו כען הן
011			A4.9:6	כנבוזי זי וידרנג	לחיא	זך נדש בשנת 10+3+1
012		ולחיא	B1.1:6	פר[ס קבל]פרס טבא	ולחיא	נפלג כחדה שויוי
013	p abs	לחין	D23.1.Va:11	על פרעה נכוׄא.. שׄן	לחין	לאמׄר ה[...].. סׄנחרוׄ

לחי — V — to make bad

001	pael	ילחון	C1.1:172	תנפק מ[ן] פמהם אלהן	ילחון	להם %% הן עיני אלהן על

לחיה — N — bad thing

001	s ab/cn	לחיה	C1.1:172	מן פם א[נשא טב] והן	לחיה	תנפק מ[ן] פמהם אלהן
002	s em/sf	לחיתא	C1.1:134	לאנפין כאיש זי יעבד	לחיתא	[....]׳ ומן אלהן לא
003			C1.1:197	בדינה כזי עבד	לחיתׄאׄ	ל[מ]ראה [....].ת
004		לחיתי	C1.1:139	הו [מן בי]תׄי נפקת	לחיתי	ועם מן אצדק %% בר בטני

לחם — N — bread

001	s ab/cn	לחם	D7.19:5	הי לי [...] [.]עד כען	לחם	10 הו[שרת]
002			D7.44:11	כען אל[תהושרו] לי	לח]ם	[...
003			C1.1:33	[ ]חד מן רבי אבי זי	לחם	אבי [.... ....
004			D7.1:13	לה הלו כפנן המו אף	לחם	אף קמח הב[ו] לה ושאלהי[ן.]
005			C1.2:25	לקבלה ולא[....]	לחם	ויתכנשון אלהי מצרין
006			D7.44:5	לכם לם אל תהושרו לי	לחם	ולא הו חתם הלו כל.
007			C1.1:181	עקׄ[ר]בא [....]	לחם	[.]ולא יאׄ[כ]לׄ[ ]לחיה
008			D7.10:3	ופקיד [.. י]כלאו מנה	לחם	ומין [כען] ... תנפׄ[ק לי
009			C1.1:124	ישתבע כעס מן	לחם	וׄתתׄרוה .[....]
010			C3.11:3	1 שקלן 3+1 [..]...׳	לחם	טיק 1 לכסף כרש 1 עבד
011			C1.2:18	ולא ימלא בטנהם	לחםׄ[	[....] זי ינתן
012			D7.6:7	הן גרס לחמהם לשו	לחם	קב 1 עד תאתה אמהם שלח לי
013			D1.11:2	[יה]בת לא[...]דבלן 2	לחם	תמ[רן ... ...] [...] נכסיא
014	s em/sf	לחמא	D7.44:8	כל בק{א}||יא טמאן הא	לחמא	זי הוש[רת]׳ם׳ לי אתמל
015			D7.8:13	תנפק שלם אחטב כען על	לחמא	זנה נאכל עד מחר עׄרובה א
016			D7.48:3	דך 2 הושרי לי זעיר	לחמא	יומא זנה וכענת היתיו לי
017		לחמהם	D7.6:6	המו על אחרנן הן גרס	לחמהם	לשו לחם קב 1 עד תאתה

לחן — N — temple servitor (Akk; GEA 376.18)

001	s ab/cn	לחן	B3.11:1	אמר ענני בר עזריה	לחן	זי יהו אלהא ביב ברתא
002			B3.12:1	אמר ענני בר עזריה	לחן	זי יהו ונשין תפמת אנתתה
003			B3.3:2	אמר ענניה בר עזריה	לחן	זי יהה אלהא זי ביב
004			B3.5:2	אמר ענניה בר עזריה	לחן	זי יהו אלהא ביב בירתא
005			B3.7:2	אנה ענני בר עזריה	לחן	זי יהו אלהא ליהישמע שמה
006			B3.4:25	בגזשת ויבל לענניה	לחן	ליה ביב
007			B3.10:2	אמר ענני בר עזריה	לחן	ליהו אלהא ביב ברתא לנשן
008			B3.12:10	אמר ענני בר עזריה	לחן	ליהו אלהא 1 תפמת אנתתה
009			B3.2:2	[ל]ענני בר עזר[יה	]לחן	ליהו ביב לאמר יהבת לי
010			B3.4:3	1 לענניה בר עזריה	לחן	ליהו אלהא לאמר אנחן זבן
011	s em/sf	לחנא	D21.2:1	לשרה	לחנא	
012			B3.5:23	כפם ענניה בר עזריה	לחנא	ושהדיא בגו גמריה בר

013		B3.10:23	כפם ענני בר עזריה	לחנא	זי יהו אלהא שהדיא בגו
014		B3.11:17	כפם ענני בר עזריה	לחנא	זי יהו אלהא שהדיא בגו
015		B3.12:33	ביב ברתא כפם ענני	לחנא	זי יהו אלהא תפממת ברת
016		C3.13:48	זכרן על עז[ר]יה	לחנא	זי[...] תנין עקא א[..]..א
017		B3.10:27	כתב ענני בר עזריה	לחנא	ליהוישמע ברתה
018		B3.11:9	ˆאנהˇ ענני בר עזריה	לחנא	לא אכהל אמר יהבת לך
019		C3.13:45	שנת 3+3[...] עזריה	לחנא	סגדא זי[...]

לחנה N wife of temple servitor (Akk; GEA 376.18)

001	s ab/cn לחנה	B3.12:2	יהו ונשין תפמת אנתתה	לחנה	זי יהו אלהא שכן יב ברתא
002	לחנת	C1.1:178	מחאה לעלים כאיה	לחנת	אף לכל עבדיך אלפ[ן] קנה

לחש V to pronounce a spell

001	peal ולחש	C1.2:7	[....] [..].ה עם אלהן	ולחש	חור ב[ר פונ]ש על

ליד p under the control of

001	ליד	B8.6:1	1 וזי	ליד	אוסתן סיכן
002		A3.10:6	טב והן לא כספא הבו	ליד	אר[מנתי]דת הו[י יה]יתה
003		C3.13:10	[ ]זי יהבת[	[ליד]	מנחם בר עזריה בירח
004		D3.39fraga:2	...] [...].	ליד[	פסין [...] [...]סכן
005		C3.13:2	[זי יהב] חנן בר חגי	ליד	[י]דניה בר[...]
006		C3.13:42	זי יהבת	ל[יד]	[....] זי יהב
007	ליד	C3.8IIIB:13	....] ל[..]..ך	ליד[	חרמחן[י בר
008		C3.8IIIA:12	]	ליד[	נבוחבלט .[...] [...] .י
009		C3.8IIIB:14	....].ד	ליד[	פחה בר[...] ב
010		C3.8fraga:8	ותנתנו ....[....]	ליד	מי חלף [....]
011	לידה	A6.8:1	אמר ארמפי עם חילא זי	לידה	לא משתמען לי בצבות מראי
012	לידך	A6.8:2	יאמר לך ולחילא זי	לידך	זכי אשתמעו לה ועבדו כן

לידי p (unclear)

001	לידי	C3.7FR1:23	מלכא [....]...	לידי	דוגי [....] [....]..

לילי N night

001	s ab/cn לילה	C1.1:80	תל[ו]ט יומא עד תחזה[	לי[ל]ה	א[ל] תאתה על בלך כזי

לכן c then (apodosis of unreal condition)

001	לכן	A4.2:8	אנפין על ארשם ˆקדמןˇ	לכן	לא כזנה הו[ה ....] יאמר

לם a particle marking direct speech

001	לאם	B6.3:8	[אנתתה זי שלומם]	לאם	לא שליט[ה אנתי בביתה זי
002	לם	C1.1:13	[א]חר גהנת וסגדת	לם	אחיקר קדם אסרח[אד]ן[
003		C1.1:45	קר]בתא דחלת [....	לם	אחיקר ענית ואמרת
004		C1.1:39	אחר לי[ו]מן אחרנן תלתה	לם	א]חרנן זי עמה [....
005		D7.24:12	בר עסנך	לם	[....] אגרתא זי שלח לך
006		D7.26:2	לה אף הן תאמרן	לם	[...]. על פכרס משחק [...].
007		D7.40:10	[...] [...]ו̇אלה	לם	[...].
008		A4.7:6	זי פרתרך תנה הוה	לם	אגורא זי יהו אלהא זי ביב
009		A4.8:5	פרתרכא זי תנה הוה	ל[ם]	אגורא זי יהו אלהא זי
010		A6.15:1	ˆשלח עליˇ כן אמר בבל	לם	אגרת מן ארשם יהבת על
011		C2.1.8:53	[פרסי פחתא] זי בהרוחתי	לם	אזלו ל[וימן קטלו ולחילא
012		D7.44:3	[כע]ן אנה [שלח]ת לכם	לם	אל תהושרו לי לחם ולא הו
013		C1.1:58	תרין ואמרו ל[ה אנ]ת	לם	אמר לן נבוסמסכן רביא זי
014		C1.1H:14	[...] ואמרו ל[ה אנת	לם	אמר לן [...] ענה
015		D23.1.II:12	ואמר לחרא אנה	לם	אמרת למה[ ]ה[ן
016		C2.1.11:75	[ז]ך מגושא [זי כדב	לם	אנה ברזי אלה] שגיא
017		D7.24:2	ספר[א] זנה באלף פמהן	לם	אעל סון ימא זנה כען הלו
018		C1.1:57	זי עמה [.... הצ]יתו	לם	אף[ק]רב[ו] עלי ואנה אמר
019		A6.2:21	פרס יתיהב ישתלח	לם	אשרנא זנה יתיהב עליד
020		D7.20:8	בשם הודויה בר זכריה	לם	אתה ליומא זנה ולא אתית
021		D7.39:11	פרנדת לה למאמר לה	לם	בטבה שאלת ..ל
022		C1.1:3	מלך אתו[ר ....]אנה	לם	בנן לא[....] ומלי
023		D7.14:1	ה[....י]	לם	הוש[ר ...] לכתוני אף]...
024		A6.1:2	לן ש[י]ם טעם מנתא	לם	זי יהבה במדינתא אתר זי
025		A6.13:1	בזנה כן אמר לי בגא	לם	זי מן מראי יהיב לי
026		A6.15:5	אף קבילה שלח עליך חמרא	לם	זי בפפרם ועבור
027		A6.15:8	זנה אף מספת שלח גרדא	לם	זי מראתי כתש ונכסן לקח
028		C1.1:60	[ר]ביא ואמר להם שמעו לי	לם	זנה [א]חיקר רב [... עז]קה
029		D7.14:8	לכתוני אף אמר ל[...]ה	לם	חוני [...] ואנתן לך מ[...]
030		D1.12:15	[... הו]שרתה[ל]ך	[לם	]טרק
031		C1.1:20	אתור ואמר לי כותא	לם	ˆיה[וה]ˇ ב[רך
032		C1.1:2	[...]אמר ברא	לם	יהוה לי קדמת מלוהי
033		A4.9:2	ודליה אמרו לי זכרן	לם	יהוי לך במצרין למּמר
034		D7.48:8	אנה לחה [.][.]..[.] שלחתן	לם	[י]שלחו לי טעמה יומא
035		A6.13:2	מהיתין עלי הן על מראי	לם	כות טב אגרת מן מראי תשתלח
036		D23.1.II:12	לה הן תנתן לי[....]ה	לם	...כם עמי ואזל ואמר לחרא
037		A6.2:2	עלין מתרדת נופתא	לם	כן אמר פסמסני[ת
038		D7.29:4	על כסף מרזחא כן אמר לי	לם	לאיתי כען אנתננהי לחגי
039		C1.1:26	[....]	לם	[....]ל[.]אכל א[....
040		B3.1:13	אקבל עליך קדם סגן ודין	לם	לקחת מני ערבן וספרא זנה
041		D7.19:2	ושׁ[....] עלי	לם	נ[...] לכן לא תעבד[
042		C1.1:101	[סנ]יא שדר לרמנ[א	[לם	סניא לרמנא מה טב שג[י]א
043		B7.3:6	זי אנת רשה לי ע[ליה	[לם]	פלגה זילי הו צדיק א[נה
044		C1.1:94	אזל קרב לש[לם חמרא	[לם	שלם יהוי לך ענה חמרא
045		B3.1:11	ולא אכל אמר לך	ˆלםˇ	שלמתך בכספך ומרביתה
046		C1.1:54	רביא ואמ[ר]לי אל תדחל	לם	[תח]יי אחיקר אבוה זי

למה c lest, why

001	למה	C1.1:126	ואל תהרכב חטך לצדיק	למה	אלהיא יסגה בעדרה
002		C1.1:36	ספר חכים [....]ר	למה	הו יחבל מתא עלין אחר
003		D23.1.II:12	לחרא אנה לם אמרת	[למה	]הן תמ.[....].[..]לך[...]
004		D7.16:3	ערקי אלפא מחר בשבה	למה	הן יאבד חיליהה הן לא
005		A6.15:7	יעבד על ביתא זילי	למה	כזי תאתה בזנה מה זי לקחת
006		C1.1:167	[ענת] ענזא ואמרת לנמרא	למה	לי כסיכי גלדי אל תלקחן

No.	Form	Ref	Context	Word	Context
007		C1.1:200	כזי [י]שלחנ[ך]	למ־ה	תשתנה באנפוהי

לעבע a quickly; cf. לעבק

לעבק a quickly; for a possible reading לעבע, cf. עבד N

No.	Form	Ref	Context	Word	Context
001	לעבק	A3.8:8	והן לא השכחת אפם חת	לעבק	אזל על ביתאלתדן וינתן
002		A3.8:7	עליך אל תקום חת מנפי	לעבק	הן השכחת כסף [ח]ת לעבק
003		A3.8:7	הן השכחת כסף [ח]ת	לעבק	והן לא השכחת אפם חת לעבק
004		A3.8:13	[...] מליהם אל תקום חת	לעבק	ולעבק הנחת לי כתון 1
005		A6.12:3	יהיתו עלי אפריע	לעבק	ול[עב]ק ארתוהי ידע
006		B8.11:6	[....] תׄלׄ.. איתי עלא	לעבק	ש[....]
007	ולעבק	A6.12:3	עלי אפריע לעבק	ול[עב]ק	ארתוהי ידע טעמ[א ז]נה
008		A6.2:6	זי [....] ינתנו	ולעבק	אופשרה יתעבד ואחרן זי
009		A3.8:13	אל תקום חת לעבק	ולעבק	הנחת לי כתון 1 בידך על
010		A6.2:22	אופשר ספינתא זך	ולעבק	יעבד כזי שים טעם כעת

לעד a not yet; cf. לא עד

לעיני p in the presence of

No.	Form	Ref	Context	Word	Context
001	לעיני	D5.23:2	[...]. שנא	לעיני	נפא שטר [...] [...].
002	לעינוהי	A3.5:7	מנה מ[ן] זי יעבד	לעינוהי	שלמך וטעמך [....
003	לעינין	A6.2:22	סגן נגריא ספיתכן	לעינין	אופשר ספינתא זך ולעבק

לערע p toward; cf. לערק

לערק p toward

No.	Form	Ref	Context	Word	Context
001	לערעה	C2.1.4:9	[מרדיא א]תכנשו [אזלו	]לערעה	זי[ד]ד֗רש למעבד ק֗[רב
002	לערקה	C2.1.5:12	מרדיא אתכנש[ו אזלו]	[לערקה	זי דדרש] למעבד קר֗ב
003		C2.1.5:15	[מרדיא] א֗תכנשו אזלו	לערקה֗	זי דדרש למעבד קרב אחר
004		C2.1.5:20	אתכנ֗שו אזל[ו	לערקה	זי] וה[ומס למעבד] [קרב
005		C2.1.5:22	אתכנשו א[ז]ל֗ו	לערקה	זי והמו֗ס למעבד קרב֗]
006		C2.1.7:42	א֗ת֗ה [ע]ם [חילא]	[לע]ר֗קה֗]	זי ארתורזי]למ[ע]בד
007		C2.1.7:45	[זך לחילא כנש] אתה	לער[ק]ה	[זי א]רתור[ז]י למעב֗ד
008		C2.1.8:52	ואיש חד בראשהו[ם שלח	לערקה	זי וימן שמה עלימא זילי
009		C2.1.8:54	חילא זי ויזדת [שלח	לערקה	זי וימן אזלו] על ..[ ]
010	לערקהום	C2.1.8:60	ע֗ם חיל[א אזל	[לערקהום]	[תמה גברא זך א]ח֗ד
011	לערקי	C2.1.5:26	זך ע֗[ם חילא] [אזל	לערקי	למעבד קרב עבדן קרבא

לף n thousand; cf. אלף

לפם a per edge

No.	Form	Ref	Context	Word	Context
001	לפם	B3.8:10	[צבע ידין] צבען 2	לפם	1 שוה כסף ש[ק]לן
002		B3.8:8	חטיב צבע ידין פשך 1	לפם	1 שוה כסף כרש 1 לבש 1
003		B6.1:8	[צבע ידין פשך] 1	לפם	1 שוה כס[ף כ]רש 1.].
004		D3.16:2	[... ...] צבען 2	לפם	1 כסף ש 2 [...]א 1 לכרשן

לק N oar

No.	Form	Ref	Context	Word	Context
001	לק s ab/cn	C3.7FR2:11	כנ[ד]ן[....]	ל֗[ק	ע]ת֗יק֗ 1 כ[ל] מנדתא
002		C3.7FR2:2	כנדן 10֗+3+2 כ֗ 1֗	לק	עתיק 1 כסף גבריא זי עביד
003		C3.7FR3:23	לק֗ן ח[....]	לק	עתי[ק 1] עק סמכת[..] ספן
004		C3.7FV2:20	[לקן]ח֗ד֗תן 20	לק	עתיק 1 [כ]ל֗ [מנד]ת֗א֗]
005		C3.7FV2:5	כנדן 10+3+3+2 ופלג	לק	עתיק 1 כל מנדתא ואחרן זי
006		C3.7FV3:15	ל[ק]ן֗ חדתן] 20	]לק	עתיק 1 ע[ק]סמכת 1+[1]
007		C3.7GR2:12	.... 10֗ [סמ]כ֗ת֗ 1֗	לק	עתיק 1 ספן ריקנן 20+10
008		C3.7GR2:2	[..]....ת֗ 10	לק	עתיק 1 כל מנדתא ˆואחרןˇ
009		C3.7GR4:13	ח֗מ֗[....]	לק]	....] כל[....]
010		C3.7GR4:23	ע֗ק֗[....]	לק֗]	....] ב֗.[....]
011	לקן p abs	C3.7DV1:20	[פעמי 20+]3+1	לקן	[20+]+20+10+3
012		C3.7FR2:27	ארז מלות 20+20+10	לקן	20+10[+1] בגו
013		C3.7GV3:1		לקן	20+20+10+3 בגו לקן
014		C3.7FV2:19	פעמי 2֗0֗+3֗+[1]	[לקן	]ח֗ד֗תן 20 לק עתיק 1
015		C3.7FV3:15	ארז פעמי 20+3+1	ל[ק]ן֗	חדתן[20]לק עתיק 1
016		C3.7GR3:1		ל֗[קן	ח]ד֗ת֗[ן 3×100] מעשרא]
017		C3.7GR3:14	אכ֗רפך כרש[ן 2]×100	לקן	חדתן 20+10 ב 3+3+3
018		C3.7GR3:6	כרשן 2×100	לקן	חד[תן 20+]10]
019		C3.7GV3:2	20+20+10+3 בגו	לקן	חדתן 20+20+10 לקן
020		C3.7FR3:22	עק א֗[רז ....]	לק֗ן	ח[....] לק עתי[ק 1]
021		C3.7FR1:21	בגו [....]+10	לקן	עתיקי֗ן֗ ב֗ת֗ן֗ .+10֗
022		C3.7GV3:3	לקן חדתן 20+20+10	לקן	עתיקן 3 עק סמכת
023		C3.7FR3:1		[ל]ק֗[ן	....] [כ]ל

לקבל p in accordance with

No.	Form	Ref	Context	Word	Context
001	לקבל	D6.9fragb:7	{{על}} [...] זילי[...	ל]קבל	
002		C3.7AR3:22	[....] מ֗נ֗ה֗	לקב[ל	....] זהב
003		A6.9:5	להם מן פקיד על פקיד	לקבל	אדונא זי מן מדינה עד
004		A6.2:7	של֗חו וכן [...] חלא זי	לקבל	ב[י]רתא ב[....]ה
005		A4.5:10	תשטרס יתי[דע] למראן	לקבל	זנה זי אנחנה אמרן אף
006		A6.2:23	ארשם כן אמר אנת עבד	לקבל	זנה זי המרכריא אמרן כזי
007		D1.17fragb:7	[...] [... ...]א ואחריא	לקבל	חלקן 3 כען ד֗ת֗א[.... ...]
008		B8.7:2	שאיל פתחנו֗פי	לקבל	מ֗לי מנכי
009		B8.7:9	2+10 שאיל מנכי	לק֗[בל	מלי פתחנופי
010		B8.12:1	[....].ל .ת. אחד֗	לקבל	מליהם[....]
011		C3.7BR1:17	[ספינה 1 רבה] הי	לק[בל.	משחתה] משחא זי אשתכח בה
012		C3.7DR3:11	ספינה 1 רבה הי]	לקבל	משחתה] משחא זי אשתכח֗]
013		C3.7ER1:16	[ס]פינה[1]רבה הי	לקבל	משחתה משח[א]זי אשתכח בה
014		C3.7ER2:19	ספינה 1 רבה֗ הי	לקבל	מ֗[שחתה] משחא [זי
015		C3.7HR1:1	[ ]1֗ ר֗ב֗ה֗ הי	ל[קב]ל	מ֗[שחתה] [מש]ח֗א֗ זי]
016		C3.7JR1:5	[1 רב]ה֗ הי	לקבל]	משח]תה [משחא]זי אשתכח
017		C3.7JR2:7	ס֗[פינה 1 רבה]הי֗	לקב]ל	משחתה] [מ]ש֗ח֗א֗ זי
018		C3.7KR3:6	[ספינה 1 רבה]ה֗י֗	לקבל	משח[תה] [משחא זי א]שתכח
019		C3.7CR2:5	[ספינה 1]רבה[הי	]לקבל]	מ֗ש֗ח֗ת֗ה֗] משחא זי
020		B5.5:4	יהבת לכי ברחמן	לקבל	סבול [זי סבלתני ורח]קת

No.	Form	Ref.	Context	Keyword	Context
021		B2.6:36	והן העדת המו מנה	{{לקבל	ספרא [זנה] להן{{ אנתן
022		A6.9:4	קמח חפן חדה עמיר	לקבל	רכשה והבו פתף לגברן
023	לקבלה	C1.2:24	מראיֹהֹם[...]בספנן	לקבלה	ולא[....] לחם ויתכנשון
024	ולקבלה	B2.3:27	זך ספרא זך הנפקי	ולקבלה	דין עבדי עמה כתב

לקבל זי c just as, inasmuch as

No.	Form	Ref.	Context	Keyword	Context
001	לקבל זי	C1.1:52	ולא קטלתך כען אנת	לקבל זי	אנה עבדת לך כן אפו
002		C1.1H:8	שגיא ס[נחאריב ...]	לק]בל זי[	אנה עבדת לך כן אפו
003		D1.32:11	... ...[...] [...]. אחרן	לקבל זי	אנחנה ל.[...] [.... ...]
004		C1.1:68	עבד [....]	לקבל זי	אנת עשת[....
005		A4.7:25	למבניה ביב בירתא	לקבל זי	בנה הוה קדמין ומחתא
006		A4.8:24	למבניה ביב בירתא	לקבל[זי	בנה הוה לקדמין
007		A4.3:9	זולו מן בתין נכסן	לקבל זי	ידכם מהשכחה הבו לה לא
008		A4.9:10	יקרבון על מדבחא זך	לקבל זי	לקדמין הוה מתעבד
009		A6.11:6	החוהי יהחסן והלכא	לקבל זי	קדמן פמון אבוהי הוה
010		A6.12:2	פתכר סוסה עם רכבה	לקבל זי	קדמן עבד קדמי ופתכרן
011		B3.10:17	ברתי במותי ברחמן	לקבל זי	סבלתני ואנה ימין סב

לקדמן a previously

No.	Form	Ref.	Context	Keyword	Context
001	לקדמין	A4.9:10	על מדבחא זך לקבל זי	לקדמין	הוה מתעבד
002		A4.8:24	לקבל[זי בנה הוה	לקדמין	ומנחתא לבונתא] ועלותא
003	לקדמן	C3.8II:7	פרזל [דוג]יתא זי	לקדמן	ס]פינתא לקנ[....] ...
004		A4.9:8	באתרה כזי הוה	לקדמן	ומנחתא ולבונתא יקרבון

לקח V to take

No.	Form	Ref.	Context	Keyword	Context
001	peal לקחת	D6.7fraglf:3	.[...] [...]ארשם	לקחת	[...]
002		A5.2:4	רדית ו[...]ו מנהן ל[א]	לקחת	אלכי דיני [מדינתא
003		B7.2:9	ונכסן מן ביתך כחסן לא	לקחת	והן [לא] קרית לך בין
004		A6.15:8	כזי תאתה בזנה מה זי	לקחת	זיני תשלם ותשתאל על זנה
005		A6.15:7	ומנדעו[ם] אחרן זי	לקחת	כלא התב הב למספת יעבד
006		B3.1:13	עליך קדם סגן ודין לם	לקחת	מני ערבן וספרא זנה בידך
007		A6.15:10	לא אית לך ומה זי	לקחת	נכס[ן] מן גרדא התב הב
008	ולקחת	B7.2:6	כחסן הנפקת מן ביתי	ולקחת	לנפש[ך] עבדת שאילו[ת]
009	לקח	B2.9:6	לאמר אסחור אבוכם	לקח	מן שלומם בר עזריה אף
010		A6.15:9	לם זי מראתי כתש ונכסן	לקח	מנה כעת אנת וגרדא זילי
011		A6.15:6	ארקתא כלא נחתחור	לקח	עבד לנפשה כעת חמרא עבורא
012	ולקח	C3.13:50	זי הושר	ולקֹחֹ	י[ד]ניה בר אושע באפף
013	לקחו	A5.2:7	סון ודיני מדנתא איך	לק]חו	[... [....] על] דנה קדם
014		A4.4:8	בהן ביב ונכסיא זי	לקחו	אתבו אם על מריהם להן
015		A4.7:12	זי הוה באגורא זך כלא	לקח֯ו֯	ולנפשהום עבדו ומן יומי
016		A6.3:5	כל גברן 2+3+3 נכסי	לקחו	וקרקו מני כען הן על מראי
017		A4.5:18	אשרנא [....]	לקחו	לנפש[הום עבדו ....]
018		A4.8:11	ז]י הוה באגורא זך כלא	לקחו	לנפשהום] עבדו ומן יום
019	ולקחו	A5.2:6	ד֯[יני]א֯ עלו לסון֯	ולק]חו	[....] [....
020		B8.4:4	ודפני עבדוני	ולקחו	מני [..]נֹי אסרן 2
021	אלקח	D7.16:4	חיליהה הן לא נפשכ[י]	אלקח	אל תתכלי על משלמת ועל
022	ואלקח	B1.1:9	אמס במלאתא	ואלקח	לי קבלך ו וכלל זי

No.	Form	Ref.	Context	Keyword	Context
023	תלקחן	C1.1:167	למה לי כסיכי גלדי אל	תלקחן	מני כי לא [ישא]ל [נמרא]
024	ותלקח	B3.13:10	שליט בערבני למחד	ותלקח	לך מן בי זי לבנן עבד
025	ילקח	D23.1.Va:4	מליֹהֹם אֹ[... ...	]יֹלקֹחֹ[	.. [...]..[...] .כֹלֹהֹ[...
026		B3.8:36	אף ל[א יכהל ענניה	י]לקח	אנתה אחר]ה בר מן
027		B6.4:1	] אף לא יכהל הושעיה	ילקח	א]נֹתֹהֹ [אחרה] [בר מן
028		C1.1:108	אחר אדני לשמש הו	[י]לקח	זילה וינתן לך הקימני אל
029	ויקחונה	D4.8:1	...]	]ויקחונה[	[...] [...]. זך ב..[...]
030	ילקחו	D7.39:6	המ֯ר֯ בית פטוסרי אל	ילקחו	[...].. בסון ושלח
031	וקח	D1.14:2	[... ...] [... ...]עבדך	וקח	כסף [... ...] [... ...]בכל
032	קחי	D20.5:3	הוי מן קדם אוסרי מין	קחי	הוי פלחה נמעתי ובין
033	לקח	A2.4:9	מסת לבש משך 1 והוי	לקח	שערן מן תשי ויהב בגשרן
034	לקיח	D3.14:4	[...] .[...] [...]. [...] א זי	לקיח[	[...] [...]קֹמר פכרס [...].
035	לקיחת	C2.1.3:1	[....]זי לן	לקיחת	זך א]נה [....]הֹ
036	למלקח	B2.4:11	ביתא [י]ה[ו]ה לה	למלקח	ופלגא אחרנא אנת שליט בה
037		B3.1:17	אנת משלם שליט	למלקח	לך כל זון וערבן זי תשכח
038		B3.1:9	משלם ובניך שליטן	למלקח	לך כל ערבן זי תשכח לי
039	למלקחה	B2.4:9	מנך לא שליטה הי	למלקחה	ולמנתנה לאחרנן להן בניך
040		B2.5:2	] על ....] ברתך	למלקחה	לאנתו אנתן למחסיה [כסף
041	etpeel יתלקח	B2.3:17	לא אנה כתבתה ולא	יתלקח	בדין וספרא זנה בידכי
042	ויתלקח	A2.3:9	הלו יהב להן פרס תנה	ויתלקח	קדמתהן בסון וכעת הן את

לשן N tongue

No.	Form	Ref.	Context	Keyword	Context
001	s ab/cn לשן	C1.1:89	[מ]ריר מן ענוה% רכיך	לשן	מ[לך] ועלעי תנין
002		C1.1:156	יאפך אל פם אפכא וינסח	לשן]	....]

מ s 13th letter of the alphabet

No.	Form	Ref.	Context	Keyword	Context
001	מ	D10.1:2	בגדהוזחטיכל	מ	נסעפצקרשת
002		D10.2:4	בגדהוזחטיכל	מ	נסעפצקרשתבׄ.
003		D22.28:1	בגדהוזחטיכל	מ	נסעפצקרשת 1

מ N abbreviation for מעה

מאה N unit of a hundred men

No.	Form	Ref.	Context	Keyword	Context
001	s ab/cn מאת	C3.13:54	בירח מסורע[...] חנן	מאת	נבועקב ב.[...] זכרן חנן
002		C3.15:20	כל מאת שנדן [3+10]	מאת	נבועקב שלום בר מנחם[
003		C3.15:31	בר הצול כש 2 לה כל	מאת]	נבועקב [1+10 ....] בר
004		B4.4:8	זי]	מאת[	נבושלו גברן 2 לשערן
005		C3.15:19	[.... כסף ש 2 להֹ כל	מאת	שנדן [3+10] מאת
006		D4.15fraga:1	זי 2[...]	מאת	[...] ..[...].
007	s em/sf מאתה	B4.3:11		מאתה	ורבני
008		B4.4:10	] רב]|||[חי]לא זנה זי	מאתה	זי ביתאלתקם וזי מֹ[אתה
009		B4.4:10	מאתה זי ביתאלתקם וזי	מֹ[אתה	זי נבושלו זי] כתיבן
010		B4.4:6	[....] [.]. ..[....] זי	מאתה	זי ביתאלתקם 1+10
011	p em/sf מאותהם	A5.5:7	דגלהם ורבי	מאותהם	[....]

מאה n hundred

No.	Parse	Form	Ref.	Preceding	Keyword	Following
001	s ab/cn	מאה	A6.2:15	תלתה לחלא מסמרי נחש	מאה	וחמשן לחד פשכן תלתה
002			A6.2:17	ולהנדונה זרניך כרשן	מאה	ויהוספון על עקיא זי
003			A6.2:14	עזלי כתן עבין כרשן	מאה	ותמנין רקען כרשן מאתין
004			A6.2:16	עשרה כל מסמרין ארבע	מאה	עשרן וחמשה טסן זי נחש
005	p abs	מאון	D5.41fragm:1	בֿם[...]	מאו[ן	...] [...]קו עלין [...]
006			D5.41fragn:1	.[...]	מאוֹ[ן	...
007		מאתין	A6.2:14	מאה ותמנין רקען כרשן	מאתין	וחמשן עקי ארז חדתן חנן
008			A6.2:13	חמשה מסמרי נחש ופרזל	מאתין	עקי ארז לובר חסין תמים
009			A6.2:16	נחש אמן עשרן מסמריהם	מאתין	עקי ארז לובר דֹשות
010			A6.2:15	וחמשן לחד פשכן תלתה	מאתין	שבען וחמשה לחד צבען

מאכל N food

No.	Parse	Form	Ref.	Preceding	Keyword	Following
001	s ab/cn	מאכל	B8.1:14	אזל למנשא [....]	מאכל	לן[....] שמה
002		מכל	C1.1:131	עד [תשלם ז]פתא [כי	מכ]ל	זֿפֿתֿא חליה כ.[..]וֹר
003			B4.1:4	יתֿלֿ[י ע]ליכם מדעם	מכל	[....]לֹ[.]
004		למאכל	C3.13:9	ב[ס]תתרין 2 סכ[.]ה	למאכל	3+3 לתנ[.]ן 3 [...]
005	s em/sf	מכלא	C3.14:34	זי יהיב .[... 2+3]	מכלאֿ	[... היתי[....] .[...
006		במכלי	D8.8:4	ג 1 ק 3 [לי]הדת	במכלי	ג 1 ק[...] [.] [...]ס 1

מאן N vessel

No.	Parse	Form	Ref.	Preceding	Keyword	Following
001	s ab/cn	מאן	C1.1:93	בניח[רן]	מאן	טב כס[ן] מלה בלבבה והו
002			B3.13:11	בי זי לבנן עבד ואמה	מאן	נחש ופרזל לבוש ועבור ^זי
003			B4.6:12	[זי] לבנ[ן] [עבד ואמה	מ[אן]	נח[ש] ופר[ז]ל שערן
004			D2.18:3	[...] [... ... כ]ל תון	מאן	נ[חש ... ...] [... ... ח]דתה
005	p abs	מאנן	B8.6:6	זי נחש 2+3 כסן 10	מאֹנן	2+3 אחר [יהיב ל..
006			C3.12:9	בר פמון חמר מצרין	מאנן	2+3 בגו קלולן 2 קלבין
007			B3.8:15	דמי כסף ח 20 כ[ל]	^[מ]אנ[ן]^	זי נחשן 2+3 כל לבשיא
008	p const	מאני	C3.13:10	לתנ[.]ן 3 [...] זכרן	מ]אני	אתֿ[....] זי יהבת]
009			B2.9:5	נכסיא לבשי קמר וכתן	מאני	נחש ופרזל מאני עק וחוצן
010			B3.8:13	וכתן 2+3+3 ^2+3^	מאני	נחש מחזי 1 דמ[י] כסף
011			B2.9:5	וכתן מאני נחש ופרזל	מאני	עק וחוצן עבור ואחרן נכסן
012			C3.8II:6	[ ].על עב.[...] [...] .[	[מא]ני	פרזל [דוג]יתא זי לקדמן
013		מני	A3.9:5	הב[.... הנ]פק	מֿנֿי	נחשא זי
014		ומאני	B3.8:15	נחשן 2+3 כל לבשיא	ומאני	נ]חש[א] ותכ[ו]נתא ומהרא
015	p em/sf	ומאנהי	D7.24:7	זי אקמנך עם [....].	ומאנהי	בחן [....] שאלי [....] זי

מאסרה N bundle, bunch

No.	Parse	Form	Ref.	Preceding	Keyword	Following
001	s ab/cn	מאסרה	D7.28:3	ומן[...] .שֹׁ 1 ר 1	מאסרה	[...] [.] [...] בשבה [...]

מבן N (unclear)

No.	Parse	Form	Ref.	Preceding	Keyword	Following
001	s ab/cn	מבן	D3.16:12	זי גמא חדת 1 על	מבֿן	זי אבן שש 2 אחדי
002			D3.16:13	שש 2 אחדי	מבֿן	פלג חפן 1 פרסכ 1 כן

מבשים A scented

No.	Parse	Form	Ref.	Preceding	Keyword	Following
001	s ab/cn	מבשים	B3.8:20	זית חפנן 1+3 משח	מ[ב]שים	חפן 1 תקם חפנן 2+3

מגוש N magus

No.	Parse	Form	Ref.	Preceding	Keyword	Following
001	s em/sf	מגושא	C2.1.11:75	[קט]לֿתֿ לגומ[ת ז]ך	מֿגושא	[זי כדב לם אנה ברזי

מגלה N scroll; or read מסלת and מס

No.	Parse	Form	Ref.	Preceding	Keyword	Following
001	s ab/cn	מגלת	D11.21:1		מגלת	
002		מג	D11.22:1		מגֿ	
003			D11.23:1		מגֿ	

מגר V to overthrow

No.	Parse	Form	Ref.	Preceding	Keyword	Following
001	pael	מגרו	A4.7:14	ואגורי אלהי מצרין כל	מגרו	ואיש מנדעם באגורא זך לא
002			A4.8:13	אלה[י] מצריא [כ]ל[א	מגרו]	ואיש מנד[עם] [באגורא זך

מד N (unknown); or read מדן

No.	Parse	Form	Ref.	Preceding	Keyword	Following
001	p abs	מדן	D7.38:4	ויהב [...]דֿ i א	מדן	2+10+20

מדבח N altar

No.	Parse	Form	Ref.	Preceding	Keyword	Following
001	s em/sf	מדבחא	A4.7:26	י{{ה}}קרבון על	מדבחא	זי יהו אלהא בשמך ונצלה
002			A4.8:25	ועלותא נקרב על	מדבחא	זי יהו אלהא בשמך ונצל[ה
003			A4.9:3	קדם ארשם על בית	מדבחא	זי אלה {{שמי}} שמיא זי
004			A4.9:10	ולבונתא יקרבון על	מדבחא	זך לקבל זי לקדמין הוה

מדד N stature

No.	Parse	Form	Ref.	Preceding	Keyword	Following
001	s em/sf	מדדה	C1.1:95	לאריא[ ] איש שפיר	מדדה	ולבבה טב כקר[ן]ה חסינה

מדינה N province

No.	Parse	Form	Ref.	Preceding	Keyword	Following
001	s ab/cn	מדינה	D4.17:1	...]	]מדינה[	...]
002			A6.9:5	לקבל אדונא זי מן	מדינה	עד מדינה עד ימטא מצרין
003			A6.9:5	אדונא זי מן מדינה עד	מדינה	עד ימטא מצרין והן יהוה
004		למדינא	A4.2:6	מזדיזן הו פקיד	למדינ]א	[.... נדחל בזי זעירן
005		מדינת	A6.1:6	חרוץ וכנותה ספרי	מדינ]ת	[.... ו ....
006			A4.2:6	גנבית עבדן אף[....]	מדינת	נא וכן אמרן מזדיזן
007			D3.19:7	...] 1 מצרין ...[...]	מדינת]	נא
008			C3.14:35	היתי[....] .	מדינת	נא ביד ונפר[...] לֿ]
009			C3.14fragecol1:2	יהיב	מדי]נת]	נא .... צחא
010			A6.1:6	פטאסי וכנותה ספרי	מדינת	נסונפרע
011			C3.14:38	ח 2+3[...] ומן עבור	מדינת]	ת]שטרס פתפא זי יהב
012		במדינת	A4.5:9	גושכיא זי ממנין	במדינת	תשטרס יתי[דע] למראן
013			D3.30:1	...]	במדינת]	...] [...] ו]חפרע בר
014	s em/sf	מדינתא	A5.2:4	לקחת אלכי דיני	מדינתא]	[....] [....
015			D1.26fragb:3	[ ]עם זי תנ[... ...] מן	מדינתא	[...] [... ...]וערבן חסין[...]
016			C3.19:14	נפקת [...]	מדינתא	לפטתום .... רעי
017			A6.1:1	בגדן וכנותה וספרי	מדינתא	שלם מראן אלהיא [כלא]

018	מדנתא	A5.2:7	זי סון ודיני	מדנתא	איך לקֳ[חו ...] [.... על
019	במדינתכם	A6.9:2	מן ביתא זילי זי	במדינתכם	יום ליום קמח חורי חפנן
020	במדינתא	A6.1:2	מנֿתא לם זי יהבֿה	במדינתא	אתר זי פ[....]
021	ובמדנתא	B3.13:11	לי ביב ובסון	ובמדנתא֞	עד תשלם בכספך זי מנעל

מדלא — N — (unclear)

001 s ab/cn	מדלא	C3.28:97	2+10 וירחין 20	מדלא	עבדיהו זכור שטר 1
002		C3.28:96	שטר 1 בחלכין 1+3	מדלא	20 וירחין 2+10 מדלא

מדנח — N — east

001 s ab/cn	מדנח	B3.7:7	[לה בית .... ל]ה	מדנח	שמש לה {{בית}} בית חור

מה — P — what?

001	מה	D7.11:1	שלח לי [...]	מה	[...]. חזי מה [...]. ד יגדל
002		D7.24:11	כעֿנת חזי	מֿה	... פ]מֿה[ן בר עֿסנך
003		A2.1:5	לה דבק לה הן חזית	מה	אתרתן אתננה בתקבה 1 לאטי
004		C1.1:99	פֿתֿיֿחֿ [לא חזה] איש	מה	בלבֿב כנתה וכזי [יח]זה
005		D7.11:2	שלח לי מה [...]. חזי	מה	[...]. ד יגדל ושלח [...]
006		A6.15:8	זילי למה כזי תאתה בזנה	מה	זי לקחת זיני תשלם ותשתאל
007		D7.16:9	ל.אנה על דבר תקבח.	מה	זי הושרת תחת חמי להוסמ.ל
008		C1.1:174	זי שתר בי וישתכֿ[ח]	מֿה	חסין הו מן חמר נער ב[.]תא
009		C1.1:101	לרמנ[א]לם סניא לרמנא	מה	טב שג[י]א כביך] ל]פֿגע
010		C1.1:151	כֿו.[...]	מה	ילוטון שפֿות א[נ]שא
011		C1.1:113	רתא גבר זי לא ידע	מה	י[....] חכים
012		C1.1:88	בחמד לבבא %%	מ]ה]	ישפטון עקן עם אשה בשר עם
013		C1.1:96	זי מי[ן] בג[וה]איתי	מה]	י]שתמר איש עם אלהן ומה
014		A4.3:6	עליכם אנתם חזו עליהם	מה	צבו ומלה זי צחא ֞חור֞
015		D7.16:12	לא יצפ֞ה֞ לי אנתי	מה	תאמרן תחזין אנפי ואחזה
016	ומה	C1.1:139	בר בטני הגשש ביתי	ומֿה	אמר לנכריא [ברי] הוה
017		A4.3:8	במצרין עד כען	ומה	זי תעבדון לחור לב[..]כם
018		A6.15:9	זילי עבידה לא אית לך	ומה	זי לקחת נכסן] מן גרדא
019		C1.1:96	[י]שתמר איש עם אלהן	ומה	יתנטר עלאון גוה [...]

מהי — P — what is it?

001	ומהי	A2.5:7	למחתה לבמרשרי אתריה	ומהי	דה זי ספר לה הושרתן לי

מהימן — A — trustworthy, loyal

001 s ab/cn	מהימן	A2.1:9	וכעת אן אשכחת אש	מהימן	אתה לכן מדעם שלם שבתי

מהיר — A — scribally skilled

001 s ab/cn	ומהיר	C1.1:1	אחיקר שמה ספר חכים	ומהיר	זי חכם לברה

מהר — N — bride-price

001 s ab/cn	מהר	B3.8:4	זנה עד עלם ויהבת לך	מהר	אחתך יהוישמ֞ע֞ כסף כר[ש
002		B2.6:4	זנה ועד עלם יהבת לך	מהר	ברתך מפטחיה [כסף] שקלן
003		B6.1:4	זנה עד על[ם ויהבת לך	מהר	ברתך .... כסף כרש 1
004 s em/sf	מהרה	B2.6:27	שנאת [לאנ]תתי מפטחיה	מהרה	[י]אבד וכל זי הנעלת בידה
005		B3.8:25	אנתת כסף שנאה בראשה	מהרה	יאבד תתב על מוזנא ותנתן
006	ומהרא	B3.8:15	[נ]חש[א] ותכ[ו]נתא	ומהרא	כסף כרשן שבעה הו]

מובל — N — burden, load

001 s ab/cn	מובל	D7.53:4	...] [...]+100 [...].	מובל]	1
002 s em/sf	מובלא	C1.1:185	בות מן כנתה [וינ]שא	מובלא	זי לא זילֿ[ה] וטעון גמלא
003 p abs	מובלן	D7.36:3	ביד פטחנם בחנתא	מובלן	3 בהם עקן

מוזן — N — scales

001 s em/sf	מוזנא	B3.8:26	מהרה יאבד תתב על	מוזנא	ותנתן לבעלה ענניה כסף
002		B2.6:24	שנאה בראשה תתב על	מוזנא	ותתקל לאסחור כסף שקלן

מומא — N — oath

001 s ab/cn	מומא	B8.9:5	כן אמר אנה [....]	מומא	נפרת יהבת
002	מומה	B7.4:1	ספר	מומה	זי כתב חמני.[...]
003	ומומא	B2.3:24	רשה עליה קדם דיניא	ומומא	טעינת לה וימאת לה כזי
004 s em/sf	מומאה	B7.1:5	[והן לא ימאת לך] [ומן	מומאה]	אתוב או עבורא זנה דמי
005		B2.8:9	בר לי ובר ברא לי בשם	מומאה	דכי אנה פיא ובני אנתן
006		B7.3:1		מום]אה	ז]י מנחם בר שלום בר
007		B7.1:4	[דיניא] [וטעינת	מומא]ה	לך ביהו אלהא כזי נונן
008		B2.2:6	דיניא וטענוך לי	מומאה	למומא ביהו עלדבר ארקא
009		B2.8:4	וספר ֞אנתר֞ אדין	מומאה	מטאה עליכי וימאתי לי
010	במומאה	B2.8:6	אלהתה וטיב לבבי	במומאה	דכא זי עבדתי לי על

מועא — N — east

001 s ab/cn	מועא	B2.3:4	3+10 ופשך 1 פתי מן	מועא	למערב אמן 1+10 בעשתא
002		D2.10:4	...] משח]תה ארך מן	מו[ע]א	...] [... למערב א[מן
003	מועה	B2.7:14	לה אגורא זי יהה אלה	מועה	לה בית גדול בר אושע
004		B3.10:6	ופלג בעשתא ומן	מועה	למערב אמן 1+3+3 בעשתא
005		B3.12:7	זי זבן ויהבן לך מן	מועה	למערב שמש {למערב שמש}
006		B3.5:7	1+10 בפתי אמן מן	מועה	עד מערב אמן בעשתא
007	מועא	B2.3:6	לה בית קוניה בר צדק	מועא	שמש לה בית יזן בר
008	מועה	B2.10:6	ומנעלא כוין פתיחן תמה	מועה	שמש לה אגורא זי יהו אלהא
009		B3.5:10	אלהא ושוק מלכא בניהם	מועה	שמש לה תמא זי חנום אלהא
010		B3.10:3	יהבת֞ה֞ לכי דרירסי הו	מועה	שמש מן תרי רבתא זילי
011		B3.10:8	יהבת ליהוישמע ברתי	מועה	שמש לה אגרא זי הנפנא זי
012		B3.11:3	למנפק ודנה תחומוהי	מועה	שמש לה אוצר מלכא דבק אגר
013		B3.12:15	זי זבן ויהבן לך מן	מועה	שמש למערב ארך אמין
014		B3.12:17	ביתא זי זבן ויהבן לך	מועה	שמש לה ביתך אנת ענני בר
015		B3.12:9	ביתא זי זבן ויהבן לך	מועה	שמש לה ביתה זי יהבת לך
016		B3.4:9	אלהא ושוק מלכא ביניהם	מועה	שמש לה אוצרא זי מלכא דבק
017	למוע	B2.2:8	ביתי ֞אנה֞ דרגמן	למוע	שמש מנה ובית קוניה בר

מות V — to die

#	Form		Ref			
001	peal	מאתת	B3.13:8	הו עשרן ולא דן והן	מאתת	ולעד שלמת ויהבת לך כספא
002		מיתת	B3.1:14	וספרא זנה בידך והן	מיתת	ולא שלמתך בכספא זנה
003		מיתתי	B3.5:17	אפם זילכי להן הן	מיתתי	ברת שנן 100×1 בני זי
004		מית	B2.1:8	צריך ואגרא זך אפם והן	מית	קוניה מחר או יום אחרן
005			C1.1:4	מלך אתור א]חר	מית	שנ]חאריב מל[ך אתור
006			B8.10:2	דיניא אחר נתן זך	מית	
007			C1.1:209	יׄנטרנהי לענז]א אמיר	מית	גׄדׄיׄכי וענת ענזא
008		מיתת	D1.12:6	[... ...]לאמתן]ה זי	מ־־תת	כען .... ק..[..] יהוה
009		אמות	B3.5:18	ואף הן אנה ענני	אמות	בר שנן 100×1 פלטי
010		תמות	C1.1:177	הן אמחאנך ברי לא	תמות	והן אשבקן על לבבך [....]
011		ימות	B2.6:17	^1 מחר או יום א[חר]ן	ימות	אסחור ובר דכר ונקבה לא
012			B3.3:11	חוט מחר או יום אחרן	ימות	ענניה {{משלם בר זכור
013			B3.8:28	ותהך לבית אבוה וה[ן]	ימות	ענניה ובר זכר ונקבה
014			B6.3:1	והן]	[ימות]	שלומם בר שנין [100×1
015		תמות	B3.7:18	2] לעשרתא ולא דין הן	תמות	יהוישמע ברת ש]נן 100×1
016			B3.8:34	להן דין ש]נאה והן	תמות	[יהוישמע] ובר זכ[ר
017			B2.6:20	ארעא כלה מחר או יום	תמות	מפטחיה ובר דכר ונקבה לא
018			B3.3:12	ותמת מחר או יום אחרן	תמות	תמת ענני הו ^הו^ שליט
019		ימותון	C1.1:110	ל[....]	ימותון	שאני ולא בחרבי
020		מית	A2.5:8	ואנה נכתני חויה והות	מית	ולה שלחתן הן חי אנה והן

מות N — death

#	Form		Ref			
001	s em/sf	מותי	B7.3p:2	ונכסן [זי]ישתכח אחרי	מותי	
002			B3.5:21	זי יהנצל ביתי אחרי	מותי	מן פלטי ויהוישמע ינתן
003		מותך	B3.6:14	ולזכור ברך אחרי	מותך	אנחן נחוב לך ולזכור ברך
004			B3.6:12	וברה לאבוהי בחייך ועד	מותך	נסבל לזכור ברך כבר זי
005		מותכי	B3.5:18	לי המו שליטן בה אחר	מותכי	ואף הן אנה ענני אמות
006		במותי	B3.10:17	ליהוישמע ברתי	במותי	ברחמן לקבל זי סבלתני
007			B3.6:4	לכי בחיי אזת שבקתכי	במותי	ושבקת ליהישמע שמה
008			B3.10:18	אף אנה יהבת לה	במותי	לא יכהל בר לי וברה לי
009		ובמותי	B2.3:8	אנה יהבתה לכי בחיי	ובמותי	אנתי שליטה בה מן יומא
010			B3.11:11	כתבן מנעל בחיי	ובמותי	אף לא יכהל בר לי וברה
011			B2.3:3	אנה יהבת לכי בחיי	ובמותי	בי 1 ארק זילי הוה משחתה
012			B3.11:13	זנה מן קדמיכי בחיי	ובמותי	יחוב וינתן לכי ועל
013		כמותא	C1.1:90	[...] ועלעי תנין יתבר	כמותא	זי [ל]א מתחזה %% בשגיא

מותב N — seat

#	Form		Ref			
001	s ab/cn	למותב	D23.1.Va:9	תה[ר]קא דׄח[..].	למׄותב	עׄמׄומׄרׄשׄיׄ וׄמׄ..הׄ

מזרעה N — sowing

#	Form		Ref			
001	s ab/cn	למזרעה	B1.1:3	[....] בקריה כרב	למזרעה	לפלגן תזרענה בזרע נפשך

מזרק N — bowl

#	Form		Ref			
001	p em/sf	ומזרקיא	A4.7:12	הוה כלא באשה שרפו	ומזרקיא	זי זהבא וכסף ומנדעמתא
002			A4.8:11	] כלא באשתא שרפו	ומזרקיא	זי זהבא וזי כספא

מחא V — to strike

#	Form		Ref			
001	peal	אמחאנך	C1.1:177	הן [....]	אמחאנך	ברי לא תמות והן אשבקן
002		תמחא	D3.16:16	לבשיא הומי	תׄמחא	עם עלימת אתרלי
003		מחין	D1.30:2	בקפס בו10. [...].	ומחין]	[...] [...
004		מחא	C3.11:5	1 לכסף] [...] כ[..].	מחא	ל.חנ.. מחא ל[....]ל.[....]
005			C3.11:5	[...] כ[..]. מחא ל.חנ..	מחא	ל[....]ל.[....] הוה יתרן

מחאה N — stroke

#	Form		Ref			
001	s ab/cn	מחאה	C1.1:178	אשבקן על לבבך [....]	מחאה	לעלים כאיׄה לחנת אף לכל

מחזי N — mirror

#	Form		Ref			
001	s ab/cn	מחזי	B2.6:11	שוה כסף שקלן 1+3+3	מחזי	1 זי נחש שוה כסף שקל 1
002			B3.3:5	שוה כסף שקלן 1+3+3	מחזי	1 שויה כסף חלרן 1+3+3
003			B3.8:13	מאני נחש ^2+3^	מחזי	1 דמ[י] כסף [שקל] 1

מחיה N — sustenance

#	Form		Ref			
001	s ab/cn	למחיה	D2.9:3	[... ... א]ית עמכי	למחיה	...נה [... ... ...]ל[...]ב

מחר a — tomorrow

#	Form	Ref			
001	מחר	B2.1:6	לעליה ועד בית זכריה^	מחר	או יום אחרן לא אכהל
002		B2.1:8	זך אפם והן מית קוניה	מחר	או יום אחרן לא יכהל בר
003		B2.3:18	בידכי ואף אנה מחסיה	מחר	או יום אחרן לא אהנצל
004		B2.3:20	והבי למן זי רחמתי הן	מחר	או יום אחרן ארשנכי דין
005		B2.3:26	לכי אנתי החסנהי הן	מחר	או יום אחרן דרגמן או בר
006		B2.4:13	המו שליטן בה אחריך הן	מחר	או יום אחרן ארשנך דין
007		B2.4:8	שליטן בה אחריכם הן	מחר	או יום אחרן ארקא זך תבנה
008		B2.6:17	^1 2+3 שנן משאן	מחר	או יום א[חר]ן ימות
009		B2.6:20	לה על אנפי ארעא כלה	מחר	או יום תמות מפטחיה ובר
010		B2.6:22	ירתנה בנכסיה וקנינה	מחׄר	א[ו]יום אחרן תקום
011		B2.6:26	ולא {י} דין ולא דבב	מחר	או יום אחרן יקום אסחור
012		B3.3:10	תהנפק מן חם עד חוט	מחר	או יום אחרן ימות ענניה
013		B3.3:12	יהוון בין ענני ותמת	מחר	או יום אחרן תמות תמת
014		B3.3:13	ובין ענני ואנה משלם	מחר	או יום אחרן לא אכל אנצל
015		B3.3:7	חלרן 1+3+3 פלג	מחר	או יום אחרן יקום ענני
016		B3.3:9	תהנפק מן חם עד חוט	מחר	או יום אחרן תקם תמת
017		B3.8:21	חפן 1 תקם חפנן 2+3	מחר	או יום אחרן יקום ענניה
018		D7.19:12	ל[...] [יכ]תׄבונה	מחר	א[ו] [יו]םׄ אחרן
019		D7.16:2	אושׄר מחר ערקי אלפא	מחר	בשבה למה הן יאבד חיליהה
020		D7.20:2	בר גמריה כען אתה על	מחר	ולא פשרן הלו שכר הו להׄ
021		B5.1:4	זי מטתכי עם נאהבת	מחר	יום אחרן לא נכל נגרכי
022		D7.1:9	יעבד לי [אף ה]ו הלו	מׄחׄר	לי למאזל [ל]ביתי וינתנו
023		D7.8:14	על לחמא זנה נאכל עד	מחר	ערובה א קמח שאר תנה
024		D7.16:2	כענת הא בקלא אושׄר	מחר	ערקי אלפא מחר בשבה למה
025		D7.20:5	כען אל תפשר למאתה	מחר	שלם מיכיה מן ידניה
026	למחר	D7.3:8	איתי לי .. [...] [...]	למחר	[.] [...].. יׄוׄמׄאׄ...
027		D7.20:3	פשרן הלו שכר הו להׄ	למחר	כען אל תפשר למאתה מחר

מטא V — to arrive, to reach

No.	Form	Parsing	Ref.	Context	Keyword	Context
001	מטא	peal	C3.27:2	בר [...] ב 1+3 לתעבי	מטא	צחא מנפי ב 2+3 מן
002			D23.1.II:5	[... ... ...] [...	]מׄטׄאׄ	וׄעׄלׄין [... ...]
003			A4.3:3	כזי וידרנג רב חילא	מטא	לאבוט אסרני עלדבר
004			B7.2:7	ומקריא על אלהן	מטא	עלי בדינא אנה מלכיה
005			D23.1.Va:8	כׄשׄיא[כ]זׄי	מׄטׄאׄ	תמה קם קׄדם תהרקא
006			B3.1:7	כרשא חד כחד והן	מטא	תנין שנה ולא שלמתך בכספך
007	ומטא		D23.1.XI:5	׳ילדתׄהׄ [...].ך	ומׄטׄאׄ[	...] שׄנׄןׄ 1[..]..לׄךׄ
008			B4.6:8	זנה ז[י] מנעל כתיב	[ו]מׄטא	בן. לפ]חנס [ירבה עלי]
009	מטאך		B2.11:10	פטוסירי עבדא זך זי	מטאך	בחלק אחר ננתן לך אביגרנא
010			B2.11:12	עלדבר פטוסירי זך זי	מטאך	בחלק לך יהוה וזי בניך
011			B2.11:3	אמן והא זנה חלקא זי	מטאך	בחלק אנת ידניה פטוסירי
012			B2.11:7	בפטוסירי עבדא זך זי	מטאך	בחלק מן יומא זנה ועד עלם
013			B2.11:9	פטוסירי שמה עבדא זי	מטאך	בחלק הן רשינך דינא עלא
014			A2.4:6	וחין שלחת לך וכעת הן	מטאך	סרחלצה שלח לי ביד עקבה
015	מטאני		B2.11:5	והא זנה חלקא זי	מטאני	בחלק אנה מחסיה בלא
016	.מטאני		A3.9:2	ואחתה לאמר [....	.מט]אני	כזי תמטנך אג[רתא זא
017	מטאה		B2.8:5	ˆאנתו˜ אדין מומאה	מטאה	עליכי וימאתי לי עליהם
018	מטאת		D7.8:3	הלו תאתא זי לך רבתא	מטאת	למגז עמרא זילה קדמא
019			A3.9:7	מלה [....	מ]טאת	ספינתא תנה עלין
020			A3.5:2		מטאת	עלי שלמך שמעת שגיא חדית
021	מטת		B3.1:6	2+3+3 לירח חד הן	מטת	מרביתא לרשא ירבה מרביתא
022	מטתכי		B5.1:4	חלף פלג מנתא זי	מטתכי	עם נאהבת מחר יום אחרן
023	מטתני		A2.1:4	ואטי ורע וכעת	מטתני	כתנה זי אושרתי לי
024	מטאו		A1.1:4	זי מלך בבל אתו	מטאוׄ	אפק
025	מטו		A4.2:15	כלו ביום 3+3 לפאפי	מטו	אגרתא[....] נעבד
026	..מטאוני		D7.54:6	כׄעׄןׄ [...] [...	..מ]טאוני	[...]ו יהו[ה ...]
027	אמטאנך		D7.1:11	וינתנו לכי ענז 1 עד	אמטאנך	כען חזי זי טבה[.] .למעבד
028	תמטא		D23.1.II:7	.ה.ל שמש [ו]הׄןׄ	תמטא	עמה ס..ד. ...[.] לא אכל
029	ימטא		A6.9:5	מן מדינה עד מדינה עד	ימטא	מצרין והן יהוה באתר חד
030			A3.10:8	[ ]אל ירחק מנכם עד	ימטא	[ע]לי אל אחי חורי בר
031	תמטנך		A3.9:2	לאמר [.... .מט]אני כזי	תמטנך	אג[רתא זא
032	תמטה		A2.6:6	וזבני עמר כזי	תמט⟦ו⟧ה	ידכי ואו[שריהי לתשי
033	תמטא		A3.8:7	עלוהי וכזי אגרתא זא	[ת]מטא	עליך אל תקום חת מנפי
034	וימטאן		D23.1.XII:4	...[..].[...]להם כען	וימטאׄןׄ	בדלׄ[....]
035	מטא		D7.45:3	.לׄחׄמׄהׄ אׄזׄלׄ	מטא	[...].. א..[..] [... ..].תׄאׄ
036	מטאה		A2.4:4	לה שבק אנה לה 1 כדי	מטאה	ידי וכעת עבד אנה לה אל
037	לממטא		C2.1.7:41	[ ]חי[לא אזל לפרס	לממ]טא	ברחאׄ שמה[בפרס
038	לממטה		C2.1.4:8	[לארדט שלחת	לממטה	ארדט מרדיא א]תכנשו
039			C2.1.5:25	[נפ]קׄת אזל מ[די]	לממטה	מדי בכנדוׄר שמה
040			C2.1.4:3	[עם חילא אזל למדי	לממטה	מרו] [במדי] תׄמׄהׄ
041			C2.1.5:20	והומס אזל לארדט	לממטה	מרדׄ[י]אׄ אתכׄנׄשו אזל[ו

מטלל N — roof

No.	Form	Parsing	Ref.	Context	Keyword	Context
001	ומטלל	s ab/cn	A4.8:10	[זי דששיא] אלך נחש	ומטלל	אגורא זך כלא עקהן ז[י]
002			A4.7:11	זי דששיא אלך נחש	ומטלל	עקהן ˆזי˜ ארז כלא זי עם

מין N — water

No.	Form	Parsing	Ref.	Context	Keyword	Context
001	מין	p abs	D20.5:3	הוי מן קדם אוסרי	מין	קחי הוי פלחה נמעתי ובין
002			C1.1:95	כקרׄ[י]ה חסינה זׄי	מי[ן]	בג[וה]איתי [מה י]שתמר
003			C1.1:191	[...] הן יפקד לך מראך	מין	למנטר [אל] תשתׄהׄ[...]
004			C1.1:161	קליל מן תותב חרב תדלח	מין	שפין בין רעין טבן איש
005	ומין		A1.1:3	פרעה כיומי שמין	ומין	וׄי[... ...]
006			D7.10:3	[.. י]כלאו מנה לחם	ומי[ן]	כען] [... תנפ]ק לי אחוטב
007			A4.5:7	בניה בג[ו] ב[י]רתא	ומין	לא חסרה להשקיא חילא כזי
008	מיא	p em/sf	D2.11:1	[...] [... ... מ]לח זי	מ[יא]	[... ... ...] לדגל [... ...]
009			B3.12:20	ופמט אחוהי מלחן זי	מיא	בני תויא ושוק מלכא
010			B2.2:11	בר פפטעונית מלח זי	מיא	קשיא לעליה לה ימאת לי
011			B2.3:8	בר פפטעונית מלח זי	מיא	קשיא ביתא זנך ארק אנה
012			A4.5:8	הנדיז יהוון בברא [ז]ך	מיא	שתין כמריא זי חנוב אלך

מית A — dead

No.	Form	Parsing	Ref.	Context	Keyword	Context
001	מת	s ab/cn	D1.1:4	הי ק.[... ... ...] תהוי	מת	או[... ... ...].. אבל חי
002			A2.5:9	שלחתן הן חי אנה והן	מת	אנה לשלמכן שלחת ספרה זנה

מכס N — tax (Akk; GEA 376.19)

No.	Form	Parsing	Ref.	Context	Keyword	Context
001	מכס	s ab/cn	C3.11:8	בגו כספא זי אתוסף על	מכס	פטאסי בר .[...] איטשרי
002			C3.11:10	שנת 3+3 כסף חל[רן]	מכס	גבריא זי יתוספו בשנת
003	במכס		C3.28:50	תמריא זי פחן שנתא זא	במכס	כרשן 3+3+1 ש

מלא V — to be filled

No.	Form	Parsing	Ref.	Context	Keyword	Context
001	מלתי	peal	A2.3:6	לה שלחתי בשמה וכעת זי	מלתי	ˆלבתי˜ לאמר לה שאל על
002	תמלי		A3.3:10	[....] לאמך עבדת אל	תמלי	לבת בזי לא איתית המו
003	ימלא		C1.2:18	[....]. ולא	ימלא	בטנהם לחםׄ]
004	מלאה		D7.12:4	וקפת ידניה[....]	מלאה	סער[ן ....] וקפיר [..].
005	מלא		A3.5:4	אמרו [לי] מנכן הוית	מלא	לבתך קדם דלה
006	מלין		A4.2:11	צל שפן[....]	מלין	לבתכם אתה פסו בר מנכי
007	ממלא		C1.1:131	כ.[..]וׄר ומשלמותה	ממלא	בי [....]לׄלׄ[....]..הי
008	ואמלא	pael	D7.19:6	10 הו[שרת]	ואמלא	נפש 3+2 כל [...] עׄדׄ
009	תתמלא	etpaal	B3.1:11	זון זי תשכח לי עד	תתמלא	בכספך ומרביתה ולא אכל
010			B3.1:17	וערבן זי תשכח להם עד	תתמלא	בכספך ומרביתה ולא יכלון
011			B4.4:17	לן אנת שלט למאחד עד	תתמלא	בעבורא[זנה זי כתב
012	תתמלאי		B4.6:13	ל[מאחד] [עד	תתמלאי	בכספ]כי [כסף] שקלן 3
013			B4.6:17	[.... ע]ד	תתמל[אי	בכספ]כי זׄנׄהׄ]

מלאה N — fullness

No.	Form	Parsing	Ref.	Context	Keyword	Context
001	במלאתא	s em/sf	B1.1:9	אמס	במלאתא	ואלקח לי קבלׄךׄ ׀ וׄלׄכל

מלה N — word, thing, matter

No.	Form	Parsing	Ref.	Context	Keyword	Context
001	מלה	s ab/cn	A3.9:6	ת[צף לן ע]לדבר [..] מלה	מלה	[.... מ]טאת
002			A4.2:16	[....] נעבד	מלה	אל מראי יאדניה מעוזיה
003			A4.3:6	אנתם קמו קבלהם כן כזי	מלה	באישה לא יהשכחון לכם לכם
004			C1.1:93	בניח[רן] מאן טב כס[י]	מלה	בלבבה והׄו זׄ[י]תביר

005			C1.1:188	חכמה[....] וישמע	מלה	ולא יהחוה %% הא זנה יקיר
006			C1.1:82	הוקר לבב כי צנפר הי	מלה	ומשלחה גבר לא לב[ב]
007			D7.42:2	עכו אנתתה לי מן ..	מלה	זא פטן.]א.
008			A3.6:4	א[..]מ]....[על	מלה	זילך תנה שלח על
009			A3.9:6	אל ת[צף לן ע]לדבר [..]	מלה	מלה [....
010		ומלה	A4.3:6	חזו עליהם מה צבו	ומלה	זי צחא ˆחורˆ יבעה מנכם
011		מלת	B1.1:12	[ ]חלקי למלך מן בלעדי	מלת	מלך ונתנת לי פמ[טן]חקלי
012			C1.1:84	מן ארב מלחם אל תכסה	מלת	מלך רפˆאˆה תהוי [ללב]בך%
013			C1.1:88	ותכסה כפיך[ ] [א]ף	מלת	מלך בחמד לבבא %%
014			D7.24:14	שלח לך מיכ[יה הלו	מלת	ספר הי זי שלח לי רוך
015	s em/sf	מלתא	D7.24:16	ושלחת לה למפרש לי	מלתא	אף שלחת לה למחוה טעמא
016	p abs	מלן	D23.1.VIII:11	תבעין אנה אנתן	מלן]	.]. קבל זי
017			D23.1.Va:9	עמומרשי ומ..ה	מלן	זי [א]נה אמר ק[ד]ם מראי
018			D23.1.Va:7	חד צדיק[...]י	מלן	ע[ש]ת ונחת באלפ[א]
019			C1.1:29	שגיא ירגש	מלן	שמע.[.... ....
020			C1.1:187	י.[.].[.]ת[ ] תרתין	מלן	שפירה וזי תלתא רחימה
021	p const	מלי	C1.1:1	אלה]	מלי]	אחיקר שמה ספר חכים
022			B8.7:2	שאיל פתחנופי לקבל	מלי	מנכי
023			B8.7:9	שאיל מנכי לק[בל	מלי	פתחנופי
024	p em/sf	מליא	B8.7:3	מ{נ}<כ>דב מנכי באלה	מליא	תחה[....
025			A4.8:28	[אף [....] {{בכלה}}	מליא	אגרה חדה בשמן שלחן על
026			A3.9:5		מליא	אלה זבנה מנחם
027			A4.7:29	זנה שלחן הודען אף כלא	מליא	באגרה חדה שלחן ˆבשמןˆ על
028			C1.2:3	[שמע חור] בר פונש	מליא	זי מלכא אמר ו.[...] [..
029		מלוהי	C1.1:162	טבן איש זעיר וירבה	מלוהי	מסרסרן לעלא מנה כי מפתח
030			C1.1:2	ברא לם יהוה לי קדמת	מלוהי	[ר]בה אחיקר וי[עט
031		מליהם	B8.12:1	.ת. אחד לקבל	מליהם]	[.... [...]..ין
032			D23.1.Va:4	תנה[.... ....]	מליהם	א[... ...]ילקחן]
033			A3.8:13	[ש]ביקת [..] י [...]	מליהם	אל תקום חת לעבק ולעבק
034*		מליך	C1.1:83	פמך אחרי כן הנפק	[מלי]ך	בעדרה כי
035		מלין	A4.2:9	כזנה הו[ה ....] יאמר	מלין	קדם ארשם פיסן מהשדך
036		ומלוהי	C1.1:43	[.... ע]ל עטתה	ומלוהי	הות אתור כלא יבעך
037			C1.H:1	[...]לך ... ...]ל על עטתה	ומלוה[י	הות אתור כלא [מ]ס[בל
038			C1.1:60	[אתור]הו ועל עטתה	ומלוהי	חיל] אתו]ר כלא הוו
039			B3.10:16	ומשחתה כתיבן	ומלוהי	כתיבן בספרא ˆזנהˆ אנה
040			C1.1:28	חכים הו ועל עטתה	ומל[והי	....
041		ומלי	C1.1:4	לם בנן לא[....]	ומלי	הוה שנאחריב מלך אתור
042		כמליא	A6.11:3	כן אמר הן כנם הו	כמליא	אלה זי פטסרי שלח [עלי

מלו P whatever

001	s ab/cn	מלו	A2.3:7	לה שאל על חרוץ כעת	מלו	כזי עבד אנה לחרוץ כות

מלוכה N kingship

001	s ab/cn	מלוכת	C1.1:184	זי [אנ]שא %%	מלוכת	אריה [....] שבק
002			C3.7GVEx1:1	[מ]לכא בכלה	מלוכת	אתור
003	s em/sf	מלוכתא	B2.2:1	לתחות שנת 1+20 ראש	מלוכתא	כזי ארתחשסש מלכא יתב

מלות N a kind of board (Egypt; GEA 374.10)

001	s ab/cn	מלות	C3.7DV1:16	כרשן 100×[+3+3	מלות	10+20+20 סי 2+3
002			C3.7FR2:26	עק ארז סי 2+3	מלות	10+20+20 לקן
003			C3.7GV2:22	עק ארז סי 2+3	מלות	10+20+20 עק ארז פק
004			C3.7GR3:25	עק ארז 10+20+20	מלות	100×2+3
005			C3.7DV3:2	פק 10[....]	מלות	3[....] סי 2+3

מלח N salt

001	s ab/cn	מלח	D7.28:2	כען חזי .[..] [..]א 1	מלח	בידכם ומן[...] .ש 1 ר 1
002			C1.1:159	נשאית חלא וטענת	מלח	ולא איתי זי יקיר מן
003			D23.1.Va:13	ובריהם וארעא אזרע	מלח	ופריה. ל..כל..ל
004			D7.2:2	כען הושרי לי זעיר	מלח	יומא זנה והן מלח לאית
005			D7.2:3	זעיר מלח יומא זנה והן	מלח	לאית בביתא זבנו מן אלפי
006			D7.2:7	זי ביב הלו לאיתי לי	מלח	למשם בקמח 1
007			D7.7:2	הושרו לי	מלח	קבן 2 דקק וחצף קפתא
008		ומלח	D7.35:5	הושר לי [...]אשה	ומלח	[....]ל עד יום שבה
009	s em/sf	מלחא	D8.13:3	כסף ר 3 בשם כסף	מלחא	כתב יוסף ספרא ב10+20

מלח #2 N sailor, boatman (Akk; GEA 376.21)

001	s ab/cn	מלח	B2.2:11	אספמת בר פפטעונית	מלח	זי מיא קשיא לעליה לה
002			B2.3:8	אספמת בר פפטעונית	מלח	זי מיא קשיא ביתא זנך ארק
003			D2.11:1	....] [...] [עליה [...]	מ[לח	זי מ[יא] [.... ...] לדגל
004	s em/sf	מלחא	D2.27:1	[...]שערן זי כתב פהוז	מלחא]	[... ספ[ר]א זי לבטתא
005			B2.1:13	ובין בית פפטעונית	מלחא	הן כליתך אנתן לך כספא זי
006			C3.26:29	בר פטבס[תי] פסא	מלחא	[...] שמינפי כא[...]
007			C3.26:36	תברא [...] פון..	מלחא]	[... תרט עלימ[תא]
008	p abs	מלחן	B3.12:20	זי פחי ופמט אחוהי	מלחן	זי מיא בני תויא ושוק

מלחם N military action

001	s ab/cn	מלחם	C1.1:83	כי עזיז ארב פם מן ארב	מלחם	אל תכסה מלת מלך רפˆאˆה

מלך V to promise

001	peal	מלכו	A6.15:4	על פסמשך על חלכיא זי	מלכו	לי גברן 2+3 [....] הב

מלך N king; entry 012 may be #2 מלך

001	s ab/cn	מלך	A4.7:13	עבדו ומן יומי	מלך	מצרין אבהין בנו אגורא
002			C1.1:85	מנדעם קשה [על] אנפי	מ[ל]ך	אל תקום זעיר כצפה מן
003			C1.1:5	ˆשמהˆ ברה והוה	מלך	באתור חלף שנאחריב
004			C2.1.4:1	אחר הו ....]	מלך	במדי] [הוה חילא פ]רסי[א
005			C1.1:88	כפיך[ ] [א]ף מלת	מלך	בחמד לבבא %%
006			C1.1:15	[מ]ל[כ]א אבוך [ז]י	מלך	הוה[קדמיך] [....
007			C2.1.1:2	זי אהורמזד אחר זי אנה]	מלך	הוית] [איש חד כנבוזי
008			C1.1:87	ביומיך [חזי ט]בת	מלך	הן פקיד ˆלךˆ אשה יקדה
009			B1.1:12	למלך מן בלעדי מלת	מלך	ונתנת לי פמ[טן]חקלי כסף
010			C2.1.11:64	מלכא כן אמר מן אנ]ת	מלך	זי אחרי תהוה איש זי
011			C1.1:88	בשר עם סכין איש עם	מ[לך]	טעמת אנזעררתא מררתא

No.	Lemma	Ref.	Preceding	Keyword	Following
012		D7.37:7	עם בר ענחפמעי א.[...]	מלך	פׂסא זעי[רא]
013		C1.1:91	ובזעריהם [אל יאבל]	מלך	כרחמן אף קלה גבה ה[ו] מן
014		C1.1:92	להן זי אל עמה שפיר	מלך	למחזה כשמש ויקיר
015		C2.1.7:30	[מת] פרתו שמה מרגו	מלך	עליהם עבדו [פרד שמה אחר
016*		C1.1:89	מן ענוה% רכיך לשן	מ[לך]	ועלעי תנין יתבר
017		C2.1.11:77	[בגבגן פ]רסי מן אנ[ת	מלך	]. מן אחׄריׄ לזר[עהום זי
018		C1.1:84	ארב מלחם אל תכסה מלת	מלך	רפ״א״ה תהוי [ללב]בך%
019		C1.1:84	[ללב]בך% רכיך ממלל	מלך	שדק ועזיז הו מן סכין
020	בימלך	D1.17fragb:8	[...]פהו ולא הוה	בימלך	ויתנון לן[... ...] [...
021	למלך	B1.1:11	אתננהי לך מ[ן]חלקי	למלך	מן בלעדי מלת מלך ונתנת
022	מלך	A1.1:1	מלכן פרעה עבדך אדן	מלך	
023		C1.1:10	קרבתה קדם אסרחאדן	מלך	אתור וחכמה
024		C1.1:11	אחר רחמה אסרחאדן	מלך	אתור ואמר חין
025		C1.1:13	קדם אסרח[אד]ן	מלך	אתור [.... אנה]
026		C1.1:14	חזית אנפי אסרחאדן	מלך	אתור טבן ענית ו[אמרת]
027		C1.1:20	[ענה אסרחאדן]	[מ]לך	אתור ואמר לי כותא לם
028		C1.1:32	[.... ענה אס]רחאדן	מלך	אתור ואמר
029		C1.1:3	עזקתה זי שנחאריב	מלך	אתו[ר ....]אנה לם בנן
030		C1.1:37	עלין אחר כזי [....	מלך	א]תור מני עמה גברן 2
031		C1.1:4	ומלי הוה שנאחריב	מלך	אתור א[חר מית שנ]חאריב
032		C1.1:4	א[חר מית שנ]חאריב	מל[ך	אתור וקם] אסרחאדן
033		C1.1:60	[עז]קה זי אסרחא[ד]ן	[מלך	אתור]הו ועל עטתה
034		C1.1:7	לאסר[חאדן	מלך	אתור ....]
035		C1.1:8	[....]	מׄ[ל]ךׄ	אתור אחר אנ[ה
036		C1.1H:16	[ואמ]ר [...] אסרחאדן	מ[ל]ך]	את]ור הו ו[על ...] אל
037		A1.1:4	זי	מלך	בבל אתו מטאו אפק
038		D23.1.Va:8	ואׄ[פ]קׄ על תהרקא	מלך	כׄשיא[כ]זי מׄטׄא
039		D15.4:1	זי קינו בר גשם	מלך	קדר קרב להנאלת
040	מלכא s em/sf	A4.7:30	דריהוש 1+3+3+10	מלכא	
041		A4.8:2	[קדם ד]ריוהוש	[מלכא]	.... יתיר מן זי כען
042		A4.8:29	[דריוהוש	[מלכא]	
043		A4.8:4	ארשם נפק ואזל [על]	מלכא	כמריא זי חנוב אלהא ....]
044		A5.2:3	[ארתחששׂ]	[מלכא]	....] שאילת [קד]ם תרו[ח
045		A3.9:3	[י]היתון מנפי	מלכא	אמורטי[ס ...] מלכא
046		A3.9:3	[... מלכא אמורטי[ס	מלכא	נפעורת יתב [ב]אׄפף
047		A3.9:4	בירתא סׄו[ן ...]חק	מלכא	נפעו[רת] כספא זי הושרת
048		A6.1:7	ארתחששס	[מלכא]	פתחמ[...] מן ארשם על
049		B4.4:16	ואנת שלט בפרסן זי בית	מלכא	[...]
050		B5.3:5	[. כסף]ר 2 לׄ10 באבב[ני	מלכא	[....] [כתב
051		B5.5:10	[זנה זי הוה לי מן בית	[מלכא]	^[...] ז]ילי־ זי ירשנכי
052		D1.34fraga3:1	ש[...]	מל[כא]	[...
053		C3.7GR1:17	[...	מ]לׄכׄאׄ	
054		D2.2:3	[... [... ...] [באבני	מלכא	[...] [... ...] [... ...]ך זנ[ה ...]
055		D22.8:2	קדם מׄ[..]. אלההׄ שנת 3	מלכא	
056		C1.1:64	זי עלאחרן אסרחאדן	[מלכא]	....
057		C1.1:65	עלוהי ולבב אסרחאד[ן	מלכא	....
058		C1.1:75	אזל על אסרחאדן	מל[כא]	....
059		C1.1:78	א[ד]ין עד אסרחא[דן	מלכא	....
060		C1.1H:19	זי על אחרן אסרחאריב	מלכ[א	[...
061		C1.2:1	תסהרא זי מלכא ושמע	מ[ל]כא	[...] זנה זי קרה
062		C3.7DR3:25	[מנה] ועביד על בית	מלכ[א]	
063		C3.7FR1:22	[....] על בית	מלכא	[....]... לידי דוגי
064		C3.7FR1:8	ועביד על בית	מלכא	[....]
065		C3.7FV1:24	[מנהם ועביד על בית	מ]לׄכׄאׄ	
066		C3.7GR3:7	[....] בית	מׄלׄ[כא	....] חמר זי ש[נת
067		C3.7JV2:9	[מנהם ועביד] על בית	מלכא	[....] יוניא
068		C3.7	[מנה ועביד על] בית	מ]ל[כא]	
069		C3.7KR1:25	[מנהם ועביד על ב]ית	מלכא	
070		C3.7KR1:3	[גבריא זי עביד על בית	מ]לכא	[... ...] [... ...] [... ...]
071		C1.1:15	[....] ל[שנח]אריב	[מ]ל[כ]א	אבוך [ז]י מלך הוה]
072		C1.1:27	לשנחאר[י]ב	מלכא	אבוך[.... ....
073		B2.10:1	שנת 3+3+3 דריוהוש	מלכא	אדין ביב בירתא אמר
074		B2.9:1	שנת 1+3 דריוהוש	מלכא	אדין ביב בירתא אמר
075		B3.10:1	למסורע שנת 1 ארתחשסש	מלכא	אדין אמר ענני בר עזריה
076		B3.11:1	לכיחך שנת 3 ארתחשסש	מלכא	אדין אמר ענני בר עזריה
077		B3.12:10	שנת 1+3 ארתחשסש	מלכא	אדין אמר ענני בר עזריה
078		B3.12:1	שנת 1+3 ארתחשסש	מלכא	אדין אמר ענני בר עזריה
079		B3.13:1	שנת 1+3 ארתחשסש	מלכא	אדין בסון בירתא אמר
080		B3.7:1	לתמוז שנת 3 דריהוש	מלכא	אדין [ביב בי]רתא אמר
081		B3.8:1	1[+3] דריוהוש	[מלכא]	אדין] ביב בירתא אמר
082		B3.9:1	שנת 2+3+3 דריוהוש	מלכא	אדין בסון בירתא אמר
083		B4.6:1	שנת 2+3 אמורטיס	מלכא	אדין אמר מנחם בר
084		D2.9:1	ש[.... ...] [...]	מלכא	אדין בסׄ[ון] [... ...
085		B3.6:1	ארתחשסש	מלכא	אדן אמר משלם בר זכור
086		B6.1:1	ארתחשסש]	מלכא	אדן אמר ... בר ....] ארמי
087		B3.13:6	יתנתן לי פתפא מן בית	מלכא	אחר אנה ענני אחוב ואנתן
088		D23.1.Va:10	[א]נה אמר ק[ד]ם מראי	מלכא	אית[י]לן גׄ[...]
089		B2.1:1	שנת 2+3+10 חשיארש	מלכא	אמר קוניה בר צדק ארמי
090		B2.3:1	שנת 3+3 ארתחשסש	מלכא	אמר מחסיה בר ידניה
091		B2.4:1	שנת 3+3 ארתחשסש	מלכא	אמר מחסיה בר ידניה
092		B2.6:1	1+3+10] ארתחשס[ש	מלכ[א]	אמר אסחור בר צ[חא]
093		B2.7:1	3+3+3+10 ארתחשסש	מלכא	אמר מחסיה בר ידניה
094		B2.8:1	2+3+20 ארתחשסש	מלכא	אמר פיא בר פחי ארדיכל
095		B3.2:1	1+3+10 לארתחשסש	^מלכא^	אמר מיכא בר [אחיו
096		B3.3:1	שנת 3+3+10 ארתחש	מלכא	אמר ענניה בר עזריה לחן
097		B3.4:1	2+3+3+20 ארתחשסש	מלכא	אמר בגזשת בר בזו כספי
098		B3.5:1	1+10+20 ארתחשסש	מלכא	אמר ענניה בר עזריה לחן
099		B4.3:1	[פאפי שנת 3 חשירש	מלכא	אמר הושע] בר[הו]דויה
100		B4.4:1	פאפי שנת 3 חשירש	[מ]לכ[א	אמר הושע] בר הודויה
101		D2.1:1	2 [... ...] לאחשירש	מלכא	אמר [... ... ...] ל[דגל ...]
102		D2.12:1	פאוני שנת 2 ארתחשסש	מלכא	אמר [ב]רזנרו בר ארתברזן
103		C1.2:3	בר פונש מליא זי	מלכא	אמר ו.[...] [..]]לולא באתר
104		B3.1:2	שנת 3+3+3 ארתחשסש	מלכא	אמרת יהוחן ברת משלך
105		B5.1:1	1+3+3+20 לדריוש	מלכא	אמרת סלואה ברת קניה
106		B2.11:1	1+3+10 דריוהוש	מלכא	ביב בירתא אמר מחסיה בר
107		B4.5:1	דריוהוש	מלכא	ביב בירתא[אמר נתן בר]
108		B7.2:1	שנת 1+3 ארתחשסש	מלכ[א]	ב[י]ב בירתא אמר מלכיה
109		C3.7GVEx1:1	למרא מלכן סׄנח[אריב	מ[לכא	בכלח .... מלוכת

מלך

110	B8.2:10	2 [....]	מלכא	במנפי [....] חדוסבי
111	B7.1:1	10+1 לדרי[והוש]	מלכא	בסו[ן] בירתא [אמר ... בר
112	D20.3:3	3+1 ירח מחיר חשיארש	מלכא	בזי .... בי. פמנ..
113	B3.4:10	אגור יהו ^אלהא^ ושוק	מלכא	ביניהם אנה בגזשת ואובל
114	B3.4:8	תמי זי חנום אלהא ושוק	מלכא	ביניהם מועה שמש לה אוצרא
115	B3.12:19	לה אגורא זי יהו ושוק	מלכא	ביניהן עליה לה בית פרנו
116	B3.12:21	זי מיא בני תויא ושוק	מלכא	ביניהן וכונה 1 פתיח לתרי
117	B3.11:5	בבא זילך למנפק ושוק	מלכא	בינים עליא לה בית קנחנתי
118	B3.1:4	3+1 הו ארבעה באבני	מלכא	במרביתה ירבה עלי כסף
119	B2.10:7	זי יהו אלהא וארח	מלכא	בניהם מערב שמש לה בית
120	B3.5:10	זי יהו אלהא ושוק	מלכא	בניהם מועה שמש לה תמא זי
121	B3.5:11	תמא זי חנום אלהא ושוק	מלכא	בניהם מערב שמש לה ביתה
122	C2.1.7:38	[מרדו על]והי אזלו הו	מ[לכ]א	ב[פרס ה]וה אחר אנה
123	B3.11:4	מועה שמש לה אוצר	מלכא	דבק אגר באגר להנפנא זי
124	B3.4:9	מועה שמש לה אוצרא זי	מלכא	דבק לה למערב שמש ^לה^
125	B4.5:5	[ד]ריוהוש	מלכא	[....]ה והן[אנה] כספא
126	C2.1.1:3	כרש בזרען זיל[ן תנה	מלכא	הוה]
127	B4.6:6	2[+1]+2 אמו[ר]טיס	מלכא	הן לא [שלמת]ויהבת לכי
128	B5.1:3	זי יהבו לן דיני	מלכא	ורוך רבחילא חלף פלג
129	C1.2:2	בר פונש הו אחר ענה	מלכא	ו[אמר] [.. א]תלנהי
130	B3.11:11	20+10 כסף צרף באבני	מלכא	ואנתי אם שליטה בביתא זנה
131	B3.11:14	כרשן 20+10 באבני	מלכא	ואנתי אם שליטה בביתא זנה
132	B3.6:8	20+20+10 באבני	מלכא	ואנתי שביקה מן טלא לסמשא
133	B2.10:16	כסף ר 2 לכרש 1 באבני	מלכא	וביתא אפם זילכם עד עלם
134	D2.14fragb+c:2	[ ]כרשן 10 ^ב[אבני]	מלכא^	[ובי]תא בית[ך ...]
135	A4.7:2	ישימנך קדם דריוהוש	מלכא	ובני ביתא יתיר מן זי כען
136	B3.13:4	זי יתנתן לי מן אוצר	מלכא	והן לא שלמת ויהבת לך
137	C1.1:50	קרבתך קדם סנחאריב	מלכא	והעדית חטאיך קדמוהי
138	C1.2:1	.[...]	מלכא	וזעק ומשח
139	C1.1:55	זי על עטתה סנחאריב	מלכא	וחיל אתור [כל]א[הו]ו
140	A4.2:14	אמר תירי...[...] בצות	מלכא	וכלין להן ונזק ארשם
141	B5.5:7	[פתפא זילי מן בית	מלכא	וכספכי אנתי מ]פטחיה זי
142	B2.6:35	כסף כרשן 20 באבני	מלכא	ולא אכל [אהנ]תר נכסי
143	B2.8:10	כסף כרשן 2+3 באבני	מלכא	ולא דין ולא דבב ואנה
144	B5.4:6	כסף כרשן [20 באבני	מלכא	ולא דין ואהך] [אנה] בדין
145	B5.5:8	זי הוה לי מן בית	מלכא	ולא אכהל [אנה אסורי
146	A6.4:1	ל[ך וכעת דשנא מ]ן	מלכא	ומני יהב לעחחפי עלימא
147	A6.4:3	דשנא זכי ז[י] מן	מלכא	ומני [י]הב לעחחפי
148	A4.8:19	10+3+1 דריוהוש	מלכא	ועד זנה יומא אנחנה שקק[ן
149	A4.7:19	שנת 10+3+1 דריהוש	מלכא	וע^ד^זנה יומא אנחנה שקקן
150	B4.3:13	[לך] במנין [ב]בית	מל[כא	וקדם ספרי אוצרא
151	B4.4:12	בית	מלכא	וקדם ספרי אוצרא זנ[ה
152	B4.4:14	לך במנין בבית	מלכא	וקדם ספרי א[וצרא
153	B2.11:11	צריף כרשן עשרה במתקלת	מלכא	ורחיקן אנחנה מנך ומן
154	C1.2:1	לבני על תסהרא זי	מלכא	ושמע מ[לכא [...] זנה זי
155	C3.7AR2:12	[מנה ועביד] [על בית	מלכא]	[זהב סתתרן 10+2 לזהב
156	C3.7AR2:1	מנה וע[ביד ע]ל בית	מלכא	זהב סתתרן 10+2 לזהב
157	C3.7AR3:1	[גבי מנה ועביד על בית	מלכא]	זה[ב סתתרן 10 לזהב ש
158	C3.7BR1:12	מנה ועביד על [ב]ית	מלכא	[זה]ב סתתרן 10 לזהב ש
159	C3.7BR1:19	מנה ועביד[על בית	מלכא]	זהב סתתרן 10+2 לזהב
160	C3.7DR1:8	[מנה ועביד על בית	מלכא]	זהב סתתרן 10 לזהב[
161	C3.7DR2:22	מנה ועביד על [בי]ת	מלכא	[זה]ב סתתרן 10
162	C3.7DR2:8	על בית	מ[לכ]א	זהב ס[ת]ת[רן
163	C3.7DR3:13	מנ[ה ועביד על בית	מלכא]	זהב סתתרן 10+2 ל[זהב
164	C3.7DR3:5	מנה[ועביד על בית	מלכא]	זהב סתתרן 10 לזהב[ש
165	C3.7ER1:18	[ועביד ע]ל ב[י]ת[	מלכא]	זהב [ס]תתרן 20[+1]+1
166	C3.7ER1:7	מנה [ועביד ע]ל ב[ית	מל]כא	ז[ה]ב סתתרן 10+2 לזהב
167	C3.7ER2:14	מנה ועביד [על בית	מלכא]	[זהב] סתת[ר]ן 10 לזהב
168	C3.7ER2:21	מנה ועב[יד על בית	מלכא]	זה[ב סת]ת[ר]ן 10+2
169	C3.7ER2:4	מנה[ועביד על בית	מלכא]	זהב סתתרן [20+]2
170	C3.7FR3:3	[....] ע[ל בית	]מ[לכא]	ז[ה]ב סתת[רן
171	C3.7FV2:22	וע[ביד על בי]ת	מלכא	זהב סתתרן
172	C3.7GR2:18	מנה ו[עביד על]בית	מלכא	זהב סתתרן 10 לזהב ש
173	C3.7GR2:3	מנהם ועביד על בית	מלכא	זהב סתתרן 20+20+2
174	C3.7HR1:3	[גבי מנה ועביד על בית	מלכא]	זה[ב]סתתרן
175	C3.7JR1:19	[מנה ועביד על] [בית	מלכא]	[זהב סתתרן]10+2
176	C3.7JR1:8	[מנה ועביד ע]ל[בי]ת[	מלכא]	[זהב סתתרן 10+1]+1
177	C3.7JR2:19	[גבי מנה ועביד על בית	מלכא]	זה[ב סתתרן 10+2 לזהב
178	C3.7JR2:2	מנה [ועביד על בית	מלכא]	[זהב]סתתרן 10
179	C3.7JR2:9	מנה[ועביד על בית	מלכא]	[זהב]סתתרן[
180	C3.7JV2:22	מנהם ועביד על בית	מלכ[א]	זהב סתתרן
181	C3.7KR2:14	[מנ]הם ועביד על בית	מלכא	זהב סתתרן
182	C3.7KR3:1	[מנה ועביד ע]ל בית	מלכא	זה[ב סתתר]ן[10 לזהב]ש
183	C3.7KR3:18	[גבי מנה ועביד על בית	מלכ]א	זהב סתתרן 10+[2 לזהב
184	C3.7KR3:8	[גבי מנה] ועביד על בית	מלכא	זהב [סתת]רן 10+2 לזהב
185	C3.7KR4:3	[גבי מנה ועביד על בית	מלכא]	זהב סתתרן 10[לזהב ש
186	C3.7KR4:9	[מנה ועביד על בית	מלכא]	זהב ס[ת]ת[ר]ן 10[לזהב
187	C3.7CR1:18	ועביד ע[ל] [בית	מלכא]	[זהב סתתרן 10+2 לזהב
188	C3.7CR1:7	[גבי מנה ועביד על בי]ת	מלכא	[זהב סתתרן 10+2 לזהב
189	C3.7CR2:19	[מנה] ועביד על בית	מלכא	זהב סתתרן 10+2 ל[זהב
190	C3.7CR2:7	[גבי מנה ועביד על בי]ת	מלכא	[זהב סת]ת[ר]ן[
191	A4.5:5	איתי קצת מן יודנא זי	מלכא	זי ביב בירתא נדשו ושור
192	D22.50:3	[...]נה קדם [...] [...].	מלכא	זי עבד א....[.]
193	A4.5:3	כזי מראן ארשם אזל על	מלכא	זנה דושכרתא זי כמריא זי
194	C1.1:47	זי אסרחאדן זנה	מלכא	חמר עליך [.... קרב]תא
195	C3.7GR3:10	מנה[ועביד על] בית	מלכא	[חמר זי שנת]10+1 כנדן
196	C3.7GR3:2	מנה ועבי[ד על בית	מ]לכא	חמר זי שנת 10+1
197	C3.7JV1:21	זי עבי[ד ע]ל בית[	מל]כא	[חמר זי]שנת 10+1
198	D1.33fragc:5	שנת[...]חשיא[ר]ש	מלכא	[...]...יה[...] [... ...]ה
199	C1.1:62	[....]גברן אחרנן	מלכא	ישלח [א]חרין פגרה זי
200	B2.2:2	מלוכתא כזי ארתחשסש	מלכא	יתב בכרסאה אמר דרגמן בר
201	A4.5:2	10+3+1 דריוהוש	[מל]כא	כזי מראן ארשם אזל על
202	A4.7:4	10+3+1 דריוהוש	מלכא	כזי ארשם נפק ואזל על
203	A4.8:4	10+3+1 דריוהוש	מלכא	כזי ארשם נפק ואזל [על]
204	A5.1:5	ארתחשסש	מ[לכא	....]כל עלימי דת...
205	C3.7AR3:19	[מנהם ועביד על בית	מלכא]	[כל כסף]כרשן[
206	A4.7:5	כזי ארשם נפק ואזל על	מלכא	כמריא זי חנוב ^אלהא^ זי
207	C2.1.1:2	.[ ]..[ ]..[ ] [דריהוש	מלכא	כן אמר זנה זי אנ]ה עבדת

No.	Form	Parse	Ref	Context	Word	Context
208			C2.1.11:64	דריהוש	מלכא	כן אמר מן אנ]ת מלך זי
209			C2.1.11:74	[לא יהוה לך] דריהוש	מלכא]	כן אמר אלה גבר]יא זי
210			C2.1.4:8	[לאחמתן] [דריה]וש	מלכא]	[כן] אמׄר דׄרדש
211			C2.1.5:19	[ל]מׄדי] [דריהוש	מלכא	כן אמ]ר והומס [ש]מה
212			C2.1.5:25	[אזל למדי] [דריהוש	מלכא	כן אמר אחר מן בב]ל
213			C2.1.7:30	בפרתו עבדת [דריהוש	מלכא	כן אמר עלי מרדת מת]
214			C2.1.7:36	[עבד]ת [דריהוש	מלכא	כן]אמ[ר]וידזת ש[מה]
215			C2.1.8:51	בפרס [עבדת] דריהוש	מלכא	כן אמר ו[יזדת זך זי אמר
216			C3.13:12	שנת] .... דר]יהו[ש	[מלכא]	כסין זי נחש 1+20 כס
217			B2.1:7	כסף כרשן 2+3 באבני	מלכא	כסף צריף ואגרא זך אפם
218			B2.2:15	20 הו עשרן באבני	מלכא	כסף ר 2 לעשרתא וארקא זך
219			B2.3:14	10 הו עשרה באבני	מלכא	כסף ר 2 לעשרתא ולא דין
220			B2.3:21	כסף כרשן 10 באבני	מלכא	כסף ר 2 לעשרתא ולא דין
221			B2.4:15	לך כסף כרשן 10 באבני	מלכא	כסף ר 2 לעשרתא ולא דין
222			B2.6:7	כרש 1 ˆשקלן 2ˆ באבני	מלכא	כסף ר 2 לו10 הנעלת לי
223			B2.9:15	כסף כרשן עשרה באבני	מלכא	כסף ר 2 לכרש 1 והו אפם
224			B3.10:20	כרשן 10+20 באבני	מלכא	כסף צריף ואנתי יהוישמע
225			B3.12:30	כסף כרשן 20 באבני	מלכא	כסף צרף וביתא זילך ודי
226			B3.4:6	1 שקלן 1+3 באבני	מלכא	כסף זוז לכרש 1 וטיב לבבן
227			B3.5:15	2+3 הו חמשה באבני	מלכא	כסף ר 2 לכרש 1 ולא דין
228			B3.5:22	כסף כרשן 10 באבני	מלכא	כסף ר 2 לכרש 1 וביתי
229			B3.6:15	10+20+20 באבני	מלכא	כסף צריף ולא דין ולא דבב
230			B3.7:17	כסף כרשן 10 [באבני	מלכא	כסף ר 2 לעשרתא ולא דין]
231			B3.8:17	חלרן 2+3 באבני	מלכא	כסף זוז לעשרתא קפף 1 זי
232			B3.8:32	כסף כרשן עשרן באבני	[מלכא]	כסף ר 2 לו10 ויעבד [לה]
233			B3.9:8	כסף כרשן תלתין במתקלת	מלכא	כסף זוז לעשרתא וידניה
234			B5.5:3	3+3 הו שתה באבני	מלכא	כסף זוז לכרש 1 אנה
235			B6.1:5	[.... כסף כרש 1 באבני]	מלכא	כסף ר 2 לכר[ש 1 על עליך
236			C3.7AR2:5	זי] עביד על בית	[מלכא]	כסף ש 3+[2 ח 2+10 ר
237			C3.7DR3:18	[גבריא זי עביד על בית	[מלכא]	כסף ש 2+3 ח] 2+3+10
238			C3.7ER1:22	[זי עביד ע]ל בית	מ]לכא]	כסף ש 3]+2[ח]
239			C3.7ER1:2	זי עביד על בית	[מל]כא]	כסף ש 2+3 ח
240			C3.7FR2:13	מנהם ועֿביד על בית	מלכ[א]	כסף כרשן 3 ש 3+3 ח̇
241			C3.7FR2:7	גבי מנהם ועביד על בית	מלכא	כסף כרש 1 ש 2 ח 3 חמר
242			C3.7FV2:7	גבי מנהם ועביד על בית	מלכא	כסף כרשן 3 ש 3+3 ח
243			C3.7JR1:12	[גבריא זי עביד על בית	[מלכא]	[כסף ש 2+3 ח]
244			C3.7JR2:13	[גבריא זי עביד על בית	[מלכא]	[כסף ש 2+3 ח 2+3+10
245			C3.7	[זי עביד על בית	[מלכא]	[כסף]ש 2+[1+2 ח
246			C3.7CR1:11	[גבריא זי עביד על בי]ת	[מלכא]	[כסף ש 2+3 ח 2+3+10
247			C3.7CR2:12	זי עביד על ב]ית	[מלכא]	[כסף]ש 2+3 ח
248			B2.6:36	[כס]ף כרשן 20 באבני	מלכא	כתב נתן בר ענניה [ספרא
249			B2.6:2	בר צ[חא] ארדכל זי	מלכא	למח[סיה א]רמי זי סון
250			B2.6:10	שקלן 2+3+3 באבני	מלכא	לבש אחרן זי עמר נשחט הוה
251			D17.1:4	מחיר שנת שבע ארתחשסש	מלכא	[ל.]ופדנחתי
252			A4.9:7	דריוהוש 1+3+10	מלכא	למבניה באתרה כזי הוה
253			A4.1:2	זא שנת 2+3 דריוהוש	מלכא	מן מלכא שליח על ארש[ם
254			A6.2:28	שנת 2+10 דריו[הוש	[מלכא]	מן ארשם על ארתונת שלם
255			B3.12:21	ותרעא זילה פתיח לשוק	מלכא	מן תמה תנפק ותנעל ביתא
256			C3.7FR2:3	זי עביד על [בית	[מלכא]	מן דוגי קנרֿתשירי 2 זי]
257			C3.7KR2:6	זי עביד על [בית	[מלכא]	[מן ספינה ר]בֿה 3
258			A4.7:21	1+3+3+10 דריהוש	מלכא	מנחה ולבונ[נ]ה ועלוה לא
259			A4.8:20	[דריהוש	[מלכא]	מנחה לבונה ועלוה לא
260			B3.7:7	ביניהם ע֯[ל]י לה אוצר	מלכא	מערב [לה בית ....
261			B2.6:15	כסף ר 2 לו10 באבני	מלכא	על עלי וטיב לבבי בגו שוי
262			B2.6:5	שקלן 2+3 באבני	מלכ[א]	על עליך וטב לבבך בגו
263			C1.1:71	[....]	מלכא	קטיל אחר נבוס[מסכן
264			B6.3:11	[כסף כרשן ....] באבני	מלכא	ר֯ן 2 לעשרתא ויעבד דין
265			C1.1:53	ליומן אחרנן אסרחאדן	מלכא	רחמן הו כמנדע על אחרן
266			C1.1H:9	[אפו ...] א[סר]חאדן	מ]ל[כא	ר]חמ[ן]הו כמנד[ע ...]
267			C1.1:51	לך אף שגיא סנחאריב	מלכא	רחמני על זי החיתך ולא
268			C1.1:77	[....]	מלכא	שאל לגבריא ת[רין
269			B2.6:9	שקלן ˆ2+3+3ˆ באבני	מלכא	שביט 1 חדת הוה ארך אמן
270			A4.1:2	2+3 דריוהוש מלכא מן	מלכא	שליח על ארש]ם ...]
271			C2.1.8:53	[ולחילא זי לדריהוש	מלכא	שמען] קטלו חילא זי
272			D1.33fragb:1	שנת] ...]2 חשיארש]	מ]לכא	שערן [...] [...]ודֿת
273			C1.2:7	בֿ[ר פונ]ש על אלפי	מלכא	....תֿ במנצ[יעת] [..]
274	למלכא		B1.1:1	בשנן 1+3+3	למלכא	דרוש ירח מחר 3+3 אמר
275			D11.18:1		למלכא	
276			D22.29:4	בשנת 3+3+3+20	למלכא	
277			D11.17:1	...]	ל]מלכא	ט עשחר
278	מלכן	p abs	C3.7GVEx1:1	למׄר ב 1+3 שנן למרא	מלכן	סֿנח[אריב מ]לכא בכלה
279			A1.1:1	אל מרא	מלכן	פרעה עבדך אדן מלך
280			A1.1:6	כי מרא	מלכן	פרעה ידע כי עבדך]
281	מלכי	p const	A4.8:12	[לנפשהום] עבדו ומן יום	מלכי	מצרין אבהין בנו אגורא

מלך #2 N

counsel; cf. מלך N, entry 012

מלכה N

queen; cf. מלכת שמין in *Divine Names KWIC*

מלכו N

kingdom

No.	Form	Parse	Ref	Context	Word	Context
001	מלכותא	s em/sf	C1.1:79	הי ענ֯]....[ל.].]	מלכותא	בשמׄ[י]ן שימה הי כי בעל

מלל V

to speak

No.	Form	Parse	Ref	Context	Word	Context
001	מלל	pael	B8.8:8	גברא זך שאלן ולא	מלל	[....]
002			B8.5:11	[...]בֿוֹפֿי רבדגלא	מלל	על סֿנתי ...ה][....]
003			B8.5:14	זי .ה. ש֯ וסֿתרבנֿי	מלל	על מֿראן ל[אמר]
004			B8.5:6	]	]מלל	על פטנפחתף [....]
005			B8.6:4	זי ור֯פֿש֯	מלל	על פנא שמה [עבדה זי
006			B8.6:8	ארמי לדגל ביתאלשגב	מלל	על [....].סי תסרי אמה
007			D2.34:2	[ינ]תנוני [... ....]	[מ]לל	על פֿ[...]
008			B8.8:4	[....]ולא	מלל	[....]תֿה הן אסושן
009	אמלל		D5.56:2	...] [...].[...]	]אמלל	עֿ[ל ...]
010	ימלל		B8.8:9	עד אופתשתו [....]	ימלל	או

ממלל N speech

001	s ab/cn ממלל	C1.1:114	חכים	ממלל	כי מפתח פם
002		C1.1:84	תהוי [ללב]בך% רכיך	ממלל	מלך שדק ועזיז הו מן סכין

מן P who, whoever

001	מן	C1.1:139	[בי]תי נפקת לחיתי ועם	מן	אצדק %% בר בטני הגשש ביתי
002		C1.1:140	מן ביתי נפקת חמתי עם	מן	אקשה ואעפה [מסתר]יך
003		C1.1:91	כרחמן אף קלה גבה ה[ו]	מן	הו זי יקום קדמוהי להן זי
004		A6.2:5	יעבדו וישתלח על	מן	זי הוה אשרנא הנדונה ואחרן
005		C1.1:181	לחיה ועלוהי טב]	מן	זי יטעֲמְנ[הי]
006		C1.1:189	וחכמתה אבדה וֹ[...].נ	מְן	חזה %% מְן שמין [...]ינו
007		C1.1:97	בטן וזי לא אל עמה	מן	יהו..אנהי להי[...]ה אנשא
008		[D]C1.1fraga:1	[...	מן]	כבש[...] [..].נכת חל[...]
009	ולמן	B3.4:12	ˆזךˆ ובניך מן אחריך	ולמן	די צבית למנתן אנתן לא
010		B2.10:9	עלם וזי בניך אחריכם	ולמן	זי רחמתן תנתנונה לא אכהל
011		B2.11:12	יהוה וזי בניך אחריך	ולמן	זי צבית תנתן ולא דין אף
012		B2.11:7	ועד עלם ובניך אחריך	ולמן	זי צבית תנתן לא אכהל אנה
013		B2.7:16	מנה דילכי הו עד עלם	ולמן	זי תצבין הבהי כתב נתן
014		B2.7:8	הו ולבניכי מן אחריכי	ולמן	זי רחמתי תנתננה לא אכל
015		B3.10:21	ובניכי שליטן אחריכי	ולמן	זי רחמתי תנתנן אף לא
016		B3.12:23	ובניך שליטן אחריך	ולמן	זי רחמת תנתן או זי תזבן
017		B3.4:14	נגרה לבר לך וברה	ולמן	זי צבית למנתן הן גרינך
018		B3.4:15	וגרין לבר בברה לך	ולמן	זי צבית למנתן אנחן ננתן
019		B3.4:16	אם וזי בניך מן אחריך	ולמן	זי צבית למנתן ולא יכהל
020	ומן	C1.1:140	הוה לי שהד חמס	ומן	אפו צדקני %% מן ביתי
021	למן	B2.3:19	זך זיליכי בני והבי	למן	זי רחמתי הן מחר או יום
022		B2.3:9	עלם ובניכי אחריכי	למן	זי רחמתי תנתנן לא איתי
023		B2.9:14	לכם או לבניכם או	למן	זי ירשון אביגרנא זי כסף
024		D3.39fragb:2	[.[...] [...] פטאסין	למן]	זיעם בגֿיֿא[.] [...].ה

מן p from

001	מן	A3.11:3	2+3 [...]ן מדֿען	מן	[....]
002		B3.5:3	ותונה זי ביתא זי זבנת	מן	אוביל ברת שתיבר ומן
003		B2.6:21	דכר ונקבה לא איתי לה	מן	אסחור בעלה אסחור הו
004		A6.10:1	ידע טעמא זנה רשת ספרא	מן	ארשם על נחתחור וכעת
005		A6.10:11	ידע טעמא זנה רשת ספרא	מן	ארשם על נחתחור פקידא זי
006		A6.11:1	על הנדרזא זי [....]	מן	ארשם על נחתחור כנזסרם
007		A6.11:7	ידע טעמא זנה רשת ספרא	מן	ארשם על נחתחור פקידא
008		A6.12:1	המרכ]ריא זי במצרין]	מן	ארשם על נחתחור כנזסרם
009		A6.12:4	טעמ[א ז]נה רשת ספרא	מן	ארשם על נחתחור פקי[דא]
010		A6.13:1	[....] [....] [....]	מן	ארשם על נחתחור כנזסרם
011		A6.13:6	ידע טעמא זנה רשת ספרא	מן	ארשם על נחתחור פקידא
012		A6.15:1	כן אמר בבל לם אגרת	מן	ארשם יהבת על פס[מש]ך בר
013		A6.2:1	[מלכא] פתחמ[...]	מן	ארשם על וחפרעמחי וכעת
014		A6.2:27	כזי שים טעם [....]ל כתב	מן	ארשם זי במצ[רין על
015		A6.3:1	2+10 דריו[הוש מלכא]	מן	ארשם על ארתונת שלם
016		A6.3:9	למעבד זכי יתעבד להם	מן	ארשם בר ב[יתא על ארתונת
017		A6.4:1	[...]חס.[...] [...]חפי[...]	מן	ארשם על אר[תונ]ת שלם
018		A6.4:5	זכי תמה במ[צ]רין	[מ]ן	ארשם ברבית[א] על
019		A6.5:1	זֿיֿ [....]	מן]	ארשם על] ארתונת שלם
020		A6.5:4	יאתו עלי	מן	א[רשם על ארתונת] על
021		A6.6:1		מ[ן	ארשם על .... שלם ושררת
022		A6.7:1	[....] [....].[....]נת.	מן	ארשם על ארתהנת שלם
023		A6.7:10	זילי יעבדו כזי קדמן	מן	ארשם בר ביתא על ארתהנת
024		A6.8:1	למצֿפֿה [..]	מן	ארשם על ארמפי וכעת
025		A6.8:5	טעמא זנה אחופי ספרא	מן	[א]רֿשֿם על ארמפי על זי
026		A6.9:1	אמר לא משתמ[ען] לי	מן	ארשם על מרדך פקידא זי
027		D6.13fragg:2	כֿשֿ.[...] [...]	מן	ארש[ם ...]
028		D6.8fraga:1		מן	ארשם על נחת[חור ....]
029		A6.16:1	[....] [....]	מן	אר[ת]ח[י] על נחתחור שלם
030		A6.16:6	אלהיא שלם ישמו לך	מן	ארתחי על נחתחור
031		B3.12:12	ויהבן לך ביתן זי זבן	מן	בגזשת בר פלין כספיא בי
032		B3.12:4	לך ביתן זי זבן בכסף	מן	בגזשת בר פלין כספיא הו
033		A6.14:1	[....] [....]	מן	ורוהי על נחתחור
034		A6.14:6	עלי בבאל עם מנדתא	מן	ורוהי על נחתחור
035		A6.15:1	פֿקֿ[....]	מן	ורפש על נחתחור וכעת
036		A6.15:13	תובא לא ישלח ע[ליך]	מן	ורפש על [נ]חתחו[ר פקידא
037		A2.1:9	יצפן אזדהרי בביתאלנתן	מן	חבב וכעת אן אשכחת אש
038		C3.28:87	2 מן נתני גרב 1	מן	חגי דיפרס גרבין 2 תֿסא
039		D7.20:6	למאתה מחר שלם מיכיה	מן	ידניה כענת הלו שלחת לך
040		B3.8:29	ובר זכר ונקבה לאיתי לה	מן	[י]הו[י]שמע אנתתה
041		B5.2:4	[צדיק] הוה להחסנו[תה	מן	]יתומה וסלואה[
042		B2.4:12	זך ותוב פלגא הו בניך	מן	מבטחיה המו שליטן בה
043		B2.4:7	רחמת לאחרנן להן בניך	מן	מבטחיה ברתי המו שליטן בה
044		B2.4:9	לאחרנן להן בניך	מן	מבטחיה המו שליטן בה חלף
045		B2.9:3	2 בני אסחור בר צחא	מן	מבטחיה ברת מחסיה יהודין
046		D7.5:1		מן	מיכיה על א[חוטב] שלמכי
047		A2.2:18	שלחת ספרה זנה אל תשי	מן	מכבנת בר פסמי סון יבל
048		A2.3:14	אבי פסמי בר נבונתן	מן	מכבנת סון יבל
049		A2.4:14	ספרה זנה אל אבי פסמי	מן	מכבנת בר פסמי סון יבל
050		B2.6:18	דכר ונקבה לא איתי לה	מן	מפ[ט]חיה אנתתה מפטחיה
051		B2.6:35	[אהנ]תר נכסי וקניני	מן	מפטחיה והן העדת המו מנה
052		A2.5:10	שלחת ספרה זנה אל תרו	מן	נבושה בר פטחנם אפי יבל
053		A2.1:15	שלם וחפרע אל ניחם	מן	נבושזב בר פטחנם סון
054		A6.15:3	חלכיא גברן 2+3 שאל	מן	[נח]תחור ולא יהב לי כעת
055		D7.20:1	שלם מיכיה	מן	נתן בר גמריה כען אתה על
056		C3.28:86	מן שבתי ישיב גרבין 2	מן	נתני גרב 1 מן חגי
057		A4.3:11	זי תעבדון לה לא יתכסון	מן	ענני אל מראי ידניה
058		B3.8:35	זכ[ר] ונקבה לא איתי לה	מן	ענני בע[לה ענני בעלה]
059		C4.2:4	[...] בוה [בר	מְּן]	עתרשגא בר [...] [ע]דרי
060		C3.27:3	מטא צחא מנפי ב 2+3	מן	פטאסי חלפן א 20+3+2
061		B3.5:21	יהנצל ביתי אחרי מותי	מן	פלטי ויהוישמע ינתן להם
062		A2.6:11	[ס]פרה זנה אל אמי [תבי	מן	..ר בר] סרה אפי יבל
063		C3.28:86	3 יוחנן כהנא גרב 1	מן	שבתי ישיב גרבין 2 מן
064		B2.9:6	לאמר אסחור אבוכם לקח	מן	שלומם בר עזריה אף אמר
065		A2.4:9	משך 1 והוי לקח שערן	מן	תשי ויהב בגשרן ושבק כל
066		C2.1.5:25	[מלכא כן אמר אחר	מן	בב]ל [נפ]קת אזל מ[די]

No.	Ref.			
067	A2.2:3	תצפו לה לה מנס אנה לה	מן	מפי שלם פסמי יקה שלם
068	A3.3:3	כעת מן יום זי נפקתם	מן	מצרין פרס לא י[היב
069	A2.5:3	זי מדעם לה מפקן לן	מן	סון ואף מן זי נפקת מן
070	A2.5:3	מן סון ואף מן זי נפקת	מן	סון שאל לה הושר לי ספר
071	A3.5:5		מן	סון אגרת חדה בשלמך לא
072	D2.16:1	[...] [.... ...] איתי לה	מ[ן	... [....] ... מן ת]חת
073	D23.1.Va:4	[..] ..[..].[...] כלה̇ ...	מ̇[ן	...[.]. ... א̇.. לפסמשך
074	D4.7:2	ימ[.] [...]. תחד	מ]ן	...[
075	D7.12:10	[...]אעבד	מן	[....] תחזו
076	D7.37:2	כען הוי [...] בריום	מן	.[או]שר לכם עקן [...]ן
077	D7.42:2	עכו אנתתה לי	מן	.. מלה זא פטו[.].א.
078	D7.44:1	[...]	מן	[... כען] אנה [שלח]ת לכם
079	C1.1:216	מן בטן ידע ברחרן ולא	מ[ן	[....]]הוה איש
080	C3.28:85	זילי 3+3+3+10	מ̇ן	[..]..... גרבן 3 יוחנן
081	C3.7KR2:7	[מן ספינה ר]ב̇ה 3	מ̇[ן	[....] [...]ל[..]מ.[....]
082	B3.13:4	3 מן פתפא זי יתנתן לי	מן	אוצר מלכא והן לא שלמת
083	B4.2:6	מן פרסי זי יתנתנון לי	מן	אוצרא ותכתב לי נבז על כל
084	A3.3:1	יהו ביב אל ברי שלמם	[מ]ן	אחוך אושע שלם ושררת
085	A2.6:1	אל אחתי תבי	מן	א[חוכי ....]ר ברכתכי
086	A2.7:1	אל אמי עתרדמרי	מן	אחוכי אמי ש[לם ו]חין
087	A2.7:5	זנה אל אחתי עתרדי	מן	אחו[כי א]מי אפי
088	A2.5:1	אל אחתי תרו ותבי	מן	אחוכן נבושה ומכבנת
089	A2.4:5	אנה לה אל אחי וחפרע	מן	אחך מכבנת שלם וחין שלחת
090	A2.1:2	אל אחתי נניחם	מן	אחכי נבושה ברכתכי לפתח
091	A2.2:1	בסון אל אחתי תשי	מן	אחכי מכבנת ברכתכי לפתח
092	A2.3:1	בית נבו אל אחתי רעיה	מן	אחכי מכבנת ברכתכי לפתח
093	C1.1:209	[....]ידע זי יאתה	מן	אחרוהי [....] ינסח נרם
094	B3.4:12	שליט בביתא ˆזך˜ ובניך	מן	אחריך ולמן די צבית למנתן
095	B3.4:16	וביתא זילך אם וזי בניך	מן	אחריך ולמן זי צבית למנתן
096	B3.4:19	וביתא זילך אם וזי בניך	מן	אחריך והן גבר אחרן יגרנך
097	B5.4:4	[זנה זילך ו]זי בניך	מן	[אחריך והן קבלת עליך ועל
098	B2.7:8	מנה דילכי הו ולבניכי	מן	אחריכי ולמן זי רחמתי
099	B3.5:5	וזי בניכי זי ילדתי לי	מן	אחריכי והא משחת ביתא זך
100	C2.1.11:77	[פ]ר̇סי מן אנ[ת מלך].	מן	אחר̇י לזר[עהום זי גבריא
101	D1.12:3	כזי כן[א]ל תזבן[	[מן	איש [....] [.... ...
102	B2.9:15	2 לכרש 1 והו אפם רחיק	מן	אלה נכסיא זי רשין עליהם
103	C1.1:128	חטך לצדיק מנך חטא	מן	אלהן הו [....] אנת יה ברי
104	D7.4:3	אל ישגא נתן ל סון	מן	אלפא [...]חו והו[...]
105	D7.2:4	מלח לאית בביתא זבנו	מן	אלפי עבורא זי ביב הלו
106	C3.14:39	פתפא זי יהב לח[ילא]	מן	אלפ̇ן 2[...] ח
107	C2.1.11:64	דריהוש מלכא כן אמר	מן	אנ[ת מלך זי אחרי תהוה
108	C2.1.11:77	[שמה בר בגבגן פ]ר̇סי	מן	אנ[ת מלך]. מן אחר̇י
109	C1.1:83	בעד̇ר̇ה כי עזיז ארב פם	מן	ארב מלחם אל תכסה מלת מלך
110	B2.1:5	זך תדבק לשטר ביתי	מן	ארעא ועד עלא מן זוית ביתי
111	D7.33:4	וגרשא שבק קמרא	מן	אתמל כענת שאלי
112	A6.10:2	לא הוה מן ביתא זילי אף	מן	אתר אחרן גרד אמנן וספזן
113	A6.10:4	נטרן אף אחרנן בעי[ן]	מן	אתר אחרן ומהוס[פן ע]ל בית
114	A6.10:6	יהוה מן ביתא זילי אף	מן	אתר אחרן גרד אמנן וספזן
115	C2.1.7:45	קר[ק] [פשי]ח[וד]אזל[	מן	אתרא זך לחילא כנש] אתה
116	D2.14fragd:3	[זנ]ה כפם .[....] [... ...].	מן	ד̇.[... ...]
117	D7.31:1	שלם משלך	מן	[...]..בה כעת
118	C1.1:216	לא̇[ ] [....]	מן	בטן ידע ברחרן ולא מן[ ]
119	B3.13:10	בערבני למחד ותלקח לך	מן	בי זי לבנן עבד ואמה מאן
120	A6.6:3	זך אתעדי	מן	בין בגיא זי מרא[י
121	B2.10:4	זי סון לאמר רחקת מנכם	מן	בית יזניה בר אוריה הא
122	B3.13:6	כתיב כזי יתנתן לי פתפא	מן	בית מלכא אחר אנה ענני
123	B5.5:10	[לי ופתפא זנה זי הוה לי	מן	בית מלכא[ˆ[... ז]ילי˜ זי
124	B5.5:7	אמרת [אסורי פתפא זילי	מן	בית מלכא וכספכי אנתי
125	B5.5:8	זנה ופתפא זי הוה לי	מן	בית מלכא ולא אכהל [אנה
126	A6.10:2	כזי מנדעם כסנתו לא הוה	מן	ביתא זילי אף מן אתר אחרן
127	A6.10:6	מ[נ]דעם כסנתו לא יהוה	מן	ביתא זילי אף מן אתר אחרן
128	A6.9:2	אנתם הבו [לה פ]תף	מן	ביתא זילי זי במדינתכם יום
129	B2.6:30	על מפטחיה לתרכותה	מן	ביתה זי אסחור ונכסוהי
130	B3.8:30	על[יהוישמע] לתרכותה	מן	ביתה [זי ע]נני[ה
131	B6.3:9	וזי יקום לתרכ[ותה	מן	ביתה זי שלומם ונכסוהי
132	B3.10:3	לכי בחיי ויהבת לכי קצת	מן	ביתי זי זבנת בכסף ודמוהי
133	B7.2:5	ונכסן כחסן הנפקת	מן	ביתי ולקחת לנפש[ך] עבדת
134	C1.1:139	[לה] כי גבר לחה הו	[מ]ן	בי[ת]̇י נפקת לחיתי ועם
135	C1.1:140	חמס ומן אפו צדקני %%	מן	ביתי נפקת חמתי עם מן
136	B7.2:9	זילך לא כתשת ונכסן	מן	ביתך כחסן לא לקחת והן
137	B1.1:11	לך מ[ן]חלקי למלך	מן	בלעדי מלת מלך ונתנת לי
138	C1.1:170	מנשא רגלהם ומנחתותהם	מן	בלע[די אלה]ן ל.[...] כי לא
139	C3.7AR3:21	[....]	מן	ב̇.[.... ...
140	C1.1:85	אל תקום זעיר כצפה	מן	ברק אנת אשתמר לך אל
141	B3.7:16	זי יקום עליכי לתרכתכי	מן	בת˜˜א זי כתבת ויה[בת לכי
142	A4.3:8	עלים חנניה אנתם זולו	מן	בתין נכסן לקבל זי ידכם
143	A4.7:28	לך קדם יהו אלה שמיא	מן	גבר זי יקרב לה עלוה ודבחן
144	A4.8:27	[לך קדם יהו אלה] שמיא	מן	גבר זי יקרב לה עלוה ודבחן
145	C1.1:210	ינסח נרם [....]	מן	גלדי %% ר̇ג[...]בכותא הו
146	C3.19:21	[...] כל ר[עי] יומ[א הו]	מן	גנזא ג̇[ויא לע[...]
147	A6.10:8	כן ידיע יהוי לך הן	מן	גרדא או מן נכסיא אחרנן
148	A6.15:10	לך ומה זי לקחת נכס[ן]	מן	גרדא התב הב להם כן כזי
149*	D22.7:1		מ̇ן	דגל נקמן
150*	D23.1.XVIB:1	.ב̇... [..]י̇תא̇	מ̇ן	דגל נקמן ....
151	C3.7FR2:4	זי עביד על [בית מלכא]	מן	דוגי קנ̇ר̇תשירי 2 זי[
152	B2.11:11	אנחנה מנך ומן בניך	מן	דין עלדבר פטוסירי זך זי
153	A4.5:9	זך סכרו הן אזד יתעבד	מן	דיניא תיפתיא גושכיא זי
154	B3.12:6	זי לא אשתאר לן עליך	מן	דמיא זנה משחת ביתא זי זבן
155	D1.10:1	[.... ...] מרא[י ....]	מן	ד̇שך על [....]..ל.
156	B2.1:5	ביתי מן ארעא ועד עלא	מן	זוית ביתי זי לעליה ועד
157	A3.5:7	[ ]רחיק מנה	מ[ן	זי יעבד לעינוהי שלמך
158	A4.7:3	מלכא ובני ביתא יתיר	מן	זי כען חד אלף וחין אריכן
159	A4.8:2	[מלכא .... יתיר	מן	זי כען וחין] אריכן ינתן
160	A4.8:20	משחן וחמר לא שתין [אף	מ[ן	זך ע[ד]נא ועד ז[נה יומא
161	A4.7:21	משחין וחמר לא שתין אף	מן	זכי ועד יום שנת
162	D5.31:1	...[	מ]ן	זמ[ן [...] [...].ת [...]
163	D1.26fragb:5	[... י]הוישמע ברך [... ...]	מן	חב. ה̇ו̇ש̇[... ...]. ב̇ר̇ך̇
164	C1.1:176	אל תהחשך ברך [....]	מן	חטר הן לו לא תכהל

No.	Ref.			
165	A4.5:20	[....]ד' אנחנה	מן	חילא [....] [... על]
166	B1.1:11	ונתנת לך אתננהי לך	מ[ן	]חלקי למלך מן בלעדי מלת
167	B2.6:25	זי הנעלת בידה תהנפק	מן	חם עד חוט ותהך לה אן זי
168	B2.6:28	זי הנעלת בידה תהנפק	מן	חם עד חוט ביום חד בכף חדה
169	B3.3:10	זי הנעלת בידה תהנפק	מן	חם עד חוט מחר או יום אחרן
170	B3.3:8	זי הנעלת בידה תהנפק	מן	חם עד חוט מחר או יום אחרן
171	C1.1:174	וישתכ[ח] מה חסין הו	מן	חמר נער ב[.]תא ברא זי
172	C3.8II:1	[	מ]ן	טבתא
173	B3.6:9	באבני מלכא ואנתי שביקה	מן	טלא לסמשא ויהישמע ברתכי
174	D7.9:14	וקפרא זי הושרת לכם	מן	יד נהרא וקפירא [1]
175	A4.5:5	ונכסן יהבו לה איתי קצת	מן	יודנא זי מלכא זי ביב
176	A3.3:2	[הושרת לך] [וכעת	מן	יום זי אזלת בארחא זך
177	A3.3:3	[יח]וני אנפיך בשלם כעת	מן	יום זי נפקתם מן מצרין
178	A4.1:7	חמיר אל[תאכלו ....]	מן	יום 10+3+1 לניסן
179	A6.9:6	והן יהוה באתר חד יתיר	מן	יום חד אחר זי יומיא אלך
180	D1.13:7	בר יתום [...] [... ...	מ]ן	יום [... ...] הב כסף מ.[...]
181	C3.14:32	[י]היב לחילא סונכניא	מ[ן	יום 10+3 לאיר]
182	B2.11:7	עבדא זך זי מטאך בחלק	מן	יומא זנה ועד עלם ובניך
183	B2.3:9	ובמותי אנתי שליטה בה	מן	יומא זנה ועד עלם ובניכי
184	B2.6:4	הי אנתתי ואנה בעלה	מן	יומא זנה ועד עלם יהבת לך
185	B2.8:6	נכסיא אלך ורחקת מנכי	מן	יומא זנה ועד עלם לא אכהל
186	B2.9:10	רחיקן אנחנה מנך	מן	יומא זנה עד עלם ל[א] נכהל
187	B2.9:9	נכסיא וטיב לבבן בגו	מן	יומא זנה עד עלם אנה מנחם
188	B3.11:8	יהוישמע ברתי שליטה בה	מן	יומא זנה {זנה} עד עלם
189	B3.12:23	זנה אנת ענני שליט בה	מן	יומא זנה ועד עלמן ובניך
190	B3.3:4	הי אנתתי ואנה בעלה	מן	יומא זנה ועד עלם הנעלת לי
191	B3.4:11	זבן ויהבן לך ורחקן מנה	מן	יומא זנה ועד עלמן אנת
192	B3.5:4	לכי ברחמן זילכי הו	מן	יומא זנה עד עלם וזי בניכי
193	B3.8:4	הי אנתתי ואנה בעל[ה]	מן	יומא זנה עד עלם ויהבת לך
194	B5.2:8	[אנה מתן] רחקת מנך	מן	י[ומא זנה ועד עלם ....]
195	B5.5:4	[סבלתני ורח]קת מנכ[י]	מן	יומא זנה ועד עלם לא אכהל
196	B5.5:8	לי וטיב לבבי [בגו	מן	יומא זנה ועד עלם ורחקת
197	B5.6:6	[.... 3 זי לך המו עם	מן	יומא זנ]ה עד עלם זי
198	B6.1:4	[לי הי אנתתי] ואנה בעלה	מן	יומא זנה עד על[ם ויהבת לך
199	D4.7:1		מן	ימ[.] .[....] תחד מן[
200	A4.7:19	חדה לא שלחו עלין אף	מן	ירח תמוז שנת 10+3+1
201	A4.8:18	חדה [לא שלחו עלין אף	מן	ירח תמוז] שנת 10+3+1
202	C2.1.11:65	[.... רח]ק	מן	כדבן שגיאן אזהר כ[ד]יב
203	B2.2:15	זך אפם זילך ואנת רחיק	מן	כל דין זי יקבלון עליך
204	B2.8:11	דין ולא דבב ואנה רחיק	מן	כל דין ודבב כתב פטאסי בר
205	D22.51:6	שלם ורחמן ..[.] ...[....]	מן	כל .... וברך זי יקרא[.]
206	D23.1.XII:6	אבהיהם [.] [....].[....]	[מ]ן	כל זי ....[...]ושן
207	C1.1:82	לך אל יהוה טרפי[הם]	מן	כל מנטרה טר פמך ועל זי
208	C3.7DR2:1		מן	כל[....] ה[...]
209	C1.1:185	ולא יסבלנהי ינשא בות	מן	כנתה [וינ]שא מובלא זי לא
210	B5.5:8	[זנה ועד עלם ורחקת מנכי	מן	כס]פא זנה ופתפא זי הוה לי
211	A3.11:5	רכשא מיתי	מן	כפן
212	D4.15fragb:3	ברך [...] [....].נב חן[...]	מן	כצת כספא[...]
213	D7.9:4	יכתבוה על דרעה עלא	מן	כתבתא זי על דרעה הלו כן
214	C1.1:124	[....] ישתבע כעס	מן	לחם ותתרוה
215	A6.9:5	על פקיד לקבל אדונא זי	מן	מדינה עד מדינה עד ימטא
216	D1.26fragb:3	[... ...]עם זי תנ[...]	מן	מדינתא [... ...]וערבן חסין
217	B2.3:4	אמן 10+3 ופשך 1 פתי	מן	מועא למערב אמן 10+1
218	D2.10:4	[... משח]תה ארך	מן	מו[ע]א למערב א[מן ... ...]
219	B3.12:15	ביתא זי זבן ויהבן לך	מן	מועה שמש למערב ארך אמין
220	B3.12:7	ביתא זי זבן ויהבן לך	מן	מועה למערב שמש {למערב
221	B3.5:7	בעשתא 10+1 בפתי אמן	מן	מועה עד מערב אמן בעשתא
222	A4.1:2	שנת 3+2 דריוהוש מלכא	מן	מלכא שליח על ארש[ם ...]
223	A6.4:1	הושרת ל[ך וכעת דשנא	מ[ן	מלכא ומני יהב לעחחפי
224	A6.4:3	למנשא] דשנא זכי ז[י]	מן	מלכא ומני [י]הב לעחחפי
225	C1.1:144	[אל ....]	מן	מנתך ועל זילה יהוס[ף
226	A6.13:1	כן אמר לי בגא לם זי	מן	מראי יהיב לי במצרין זך
227	A6.13:2	על מראי לם כות טב אגרת	מן	מראי תשתלח על נחתחור
228	A6.10:8	יהוי לך הן מן גרדא או	מן	נכסיא אחרנן זילי מנדעם
229	C1.1:159	מלח ולא איתי זי יקיר	מן	נכ[רי] נשאית תבן ונסבת
230	B1.1:7	[...]פהו זי דשתוא	מן	נפשך חקלא ותחצד נפש[ך
231	B3.8:38	יעבד דין [חדה] ותרתין	מן	נשי כנותה ליהוישמע אנתתה
232	B6.4:3	[יעבד דין חדה ותר]ת[ין	מן	נשי כנותה לסלואה
233	B6.4:4	[לא יעבד דין חדה ותרתין	מן	נשי] כנותה שנאה הי[ן וא]ף
234	C1.1:84	ממלל מלך שדק ועזיז הו	מן	סכין פמי[ן] חזי קדמתך
235	C3.7DR1:22	[.... עב]יד	מן	ספינה רבה 2
236	C3.7KR2:7	זי עביד על [בית מלכא]	[מן]	ספינה ר]בה 3 מן [...]
237	A2.1:13	ספרה זנה שלם אבי פסמי	מן	עבדך נבושה שלם אמי ממה
238	D7.11:12	כסי עתח[תא] כ....	מן	עכברי[...]
239	B3.5:6	פלג תרי רבתא ותונה הוה	מן	עליה עד תחתיה אמן בעשתא
240	C1.1:89	ולא איתי זי [מ]ריד	מן	ענוה% רכיך לשן מ[לך]
241	B3.5:6	ענניה יהבת לכי תמת	מן	פלג תרי רבתא ותונה הוה מן
242	C1.1:171	%% הן נפקה טבה	מן	פם א[נשא טב] והן לחיה
243	C1.1:172	[טב] והן לחיה תנפק	מ[ן]	פמהם אלהן ילחון להם %%
244	A6.9:5	חדה פתפא זנה הבו להם	מן	פקיד על פקיד לקבל אדונא
245	B4.2:6	ואשלמנהי לך ירח בירח	מן	פרסי זי ינתנון לי מן
246	B3.13:4	כפ 2 סאן 3	מן	פתפא זי יתנתן לי מן אוצר
247	A3.1:V5	למהך	מן	קדם רבחילא
248	C2.1.7:38	באלוך זי ב[א]נז	[מן]	קדמי מרדו על]והי אזלו הו
249	C2.1.7:39	[ז]י בפרס זעיר [זי	מן	קדמי לא מר]דו וחילא זי
250	C1.1:46	הו אחיקר זי קדמן שזבך	מן	קטל זכי [....]אבוהי זי
251	B4.5:3	3+3[+1] איתי לך [עלי	מן	קצת כסף דמי בית בני[ך]
252	B4.6:4	ש 2 הו [כס]ף סתתרי 1	מן	קצת כספא ונכסיא זי על ספר
253	A2.2:7	על תבי ותושר לכי עמר	מן	קצתה זי כסף ש 1 וכעת הן
254	C1.1:33	[חד[....]	מן	רבי אבי זי לחם אבי [....
255	A4.7:16	זך כלביא הנפקו כבלא	מן	רגלוהי וכל נכסין זי קנה
256	A4.8:15	זך כלביא הנפקו כבלוהי	מן	רגלוהי וכ[ל נכסן זי קנה
257	D8.4:3	[... 3[... ...] 2 [...]	מ]ן	ש 1 מ 2 רבען 3 [...
258	D7.9:2	בר אחיו ויערכה	מן	שכרא ובלוה לאוריא אף חזי
259	C1.1:189	%% ו[...]נ. מן חזה	מן	שמי[ן ...]ינו עממא
260	B1.1:8	זי יה[ו]ה בחקלי	מן	ש[....].[.]מנא אמס
261	A5.2:2	[דג]לן מהחסן לה	מן	שנת 20+3+1 עו[ד] שנת
262	A5.2:6	[....]	מן	שנת 20+3+1 עד שנת

No.	Lemma	Reference	Preceding context	Keyword	Following context
263		B8.1:18	נביה[....]	מן	שנת
264		C1.1:160	ולא {ולא} איתי זי קליל	מן	תותב חרב תדלח מין שפין
265		B3.10:6	יהבת ליהוישמע ברתי	מן	תחתיא לעליא אמן 2+3+3
266		B2.3:4	זילי הוה משחתה ארכה	מן	תחתיה לעליה אמן 3+10
267		A4.7:6	זי ביב בירתא יהעדו	מן	תמה אחר וידרנג זך לחיא
268		A4.8:6	[זי ביב בירתא] יהעדו	מן	תמה ˆאחרˇ וידרנג זך לחיא
269		A6.13:2	לי במצרין זך מנדעם	מן	תמה לא מהיתין עלי הן על
270		B3.12:22	זילה פתיח לשוק מלכא	מן	תמה תנפק ותנעל ביתא זנה
271		C3.8I:2	[ ]ה זי הות בפשי הנפקת	מן	תמה[...]
272		D7.38:5	1 [...]ל 1 2+10+20	מן	תעבי [...]זי עבד אחמסˆיˇ
273		B3.10:3	לכי דרירסי הו מועה שמש	מן	תרי רבתא זילי ופלג תרבצא
274	ומן	B3.5:3	מן אוביל ברת שתיבר	ומן	בגזושת כספין זי יב
275		B8.4:11	ה.[... ...]	ומן	פטאסי תמה [....]פּחֹדוֹן
276		D7.28:2	[..] [..]א 1 מלח בידכם	ומ]ן	[...]. ש 1 ר 1 מאסרה .[...]
277		C1.1:135	זי יעבד לחיתא [....]י	ומן	אלהן לא נפקת %% [....
278		C3.14:44	א[ ]	ומן	א[...] [....
279		A6.10:9	מנדעם כסנתו יהוה	ומן	אתר אחרן לא תבעון ולא
280		D2.21:6	[...] [... ...]מנכם	ומן	ב[יתא ...] [... ...]
281		B2.11:11	ורחיקן אנחנה מנך	ומן	בניך מן דין עלדבר
282		C1.1:222	[....]. רחמי	וֹמן	בעלי טֹ[בתא]
283		C1.1:130	[אל תזף ז]פתא יקירתא	ומן	גבר לחֹה אל תזף אף
284		A4.1:4	[לניסן ....עב]דו	ומן	יום 2+3+10 עד יום
285		A4.8:12	[לקחו לנפשהום] עבדו	ומן	יום מלכי מצרין אבהין
286		A4.7:13	לקחˆוˇ ולנפשהום עבדו	ומן	יומי מלך מצרין אבהין
287		B7.1:5	[מנך והן לא ימאת לך]	[ומן	מומאה] אתוב או עבורא זנה
288		B3.10:6	2+3+3 ופלג בעשתא	ומן	מועה למערב אמן 1+3+3
289		C3.14:38	[...]2+3 ח 2 ג	ומן	עבור [מדינת ת]שטרס פתפא
290		D7.17:2	כען הלו חלם 1 חזית	ומן	עדנא הו אנה חמם שגא תחזי
291		B3.12:16	3+3+10 כ 2 בעשתא	ומן	עליה לתחתיא פתי אמן 2+3
292		B3.12:8	3+3+10 כ 2 בעשתא	ומן	תחתיא לעליא פתי אמן 2+3
293	מן.	B8.6:10	2+3+10 וחיֹבוֹנֹיֹ	מֹן.	1+[1]+2 [....]בֹ 3
294		B8.10:2	....]	מֹן].	דיניא אחר נתן זך מית
295	מנ..	B8.3:2	עם תחמפת ברתה גניב	מ[נ..	[....] [....]והי
296	מנה	A4.2:12	כסף סתתרן 2+10 וחדה	מנה[	[.... חורי יהב לי
297		B3.10:10	דבק לה אגר באגר תחתיא	מנה	אגר דרגא ובית חור בר
298		C1.1:49	כאיש עם אחוהי והצפנתך	מנה	אמרת קטלתה עד זי לעדן
299		B3.8:24	1 בכף 1 [ו]תהך [לה	[מנה	אן [זי צבי]ת והן
300		B3.10:4	ופלג דרגא ˆותחתˇ	מנה	בית פרסא הו זנה משחת
301		B2.7:16	ביתא יהבתה לך ורחקת	מנה	דילכי הו עד עלם ולמן זי
302		B2.7:7	ביתא יהבתה לכי ורחקת	מנה	דילכי הו ולבניכי מן
303		B2.2:8	ˆאנהˇ דרגמן למוע שמש	מנה	ובית קוניה בר צדק
304		B3.4:13	זבן ויהבן לך ורחקן	מנה	ולא נכהל נגרה לבר לך
305		C3.7AR2:11	[מנדתא ואחרן זי גבי	מנה	ועביד] [על בית מלכא]
306		C3.7AR2:1	מנדתא זי גבי	מנה	וע[ביד ע]ל בית מלכא זהב
307		C3.7AR3:1	מֹ[נדתא זי גבי	מנה	ועביד על בית מלכא]
308		C3.7BR1:11	[רבה הי] מנדתא זי גבי	מנה	ועביד על [ב]ית מלכא
309		C3.7BR1:19	מנדתא זי גבי	מנה	ועביד] על בית מלכא] זהב
310		C3.7DR1:8	הי מ[נדתא ז]י[ג]בֹ[י	מנה	ועביד על בית מלכא] זהב
311		C3.7DR2:21	רבה הי [מנד]תא זי גבי	מנה	ועביד על [בי]ת מלכא
312		C3.7DR3:13	מנדתא זי גבי	מנ[ה	ועביד על בית מלכא] זהב
313		C3.7DR3:24	ואח]רן זי גבי	[מנה	ועביד על [בית מלכא]
314		C3.7DR3:5	[רבה הי] מנדתא זי גבי	[מנה	ועביד על בית מלכא] זהב
315		C3.7ER1:18	מנדת[א]זי גבי	[מנה	ועביד ע]ל בֹ[י]תֹ[מלכא]
316		C3.7ER1:7	כל מנדתא ואחרן זי גבי	מנה	[ועביד ע]ל ב[ית מל]כא
317		C3.7ER2:14	[הי] מנדתא זי גבי	מנה	ועביד [על בית מלכא]
318		C3.7ER2:21	מנדתא ז[י]גבי	מנה	ועב[יד על בית מלכא] זה[ב
319		C3.7ER2:4	ואחרן זי ג[ב]י	[מנה	ועביד על בית מלכא] זהב
320		C3.7GR1:21	[.... זי ג[בי	מנה	ועביד על בית [....
321		C3.7GR2:18	[רבה הי] מנדתא זי גבי	מנה	ו[עביד על]בית מלכא זהב
322		C3.7GR3:2	מעשרא[זי ג]בי	מנה	ועבי[ד על בית מ]לכא חמר
323		C3.7GR3:9	ופלג כל מעשרא זי גבי	[מנה	ועביד על] בית מלכא [חמר
324		C3.7HR1:3	[מנדתא זי גבי	מנה	ועביד על בית מלכא]
325		C3.7JR1:18	[מנדתא ואחרן] זי גבי[	מנה	ועביד על] [בית מלכא]
326		C3.7JR1:8	[מנדתא זי גבי	מנה	ועביד ע]ל[בי]ת[מלכא]
327		C3.7JR2:19	[מנדתא ואחרן זי גבי	מנה	ועביד על בית מלכא] זה[ב
328		C3.7JR2:2	[מנדתא זי]גֹבֹיֹ	מֹנֹה	[ועביד על בית מלכא]
329		C3.7JR2:9	מנדתא זי גבי	[מנה	ועביד על בית מלכא] [זהב
330		C3.7	[ואח]רן זי גבי	מנה	ועביד ע]ל [בית מ]ל[כא]
331		C3.7KR3:1	מ[נדתא ז]י ג[בי	מנה	ועביד ע]ל בית מלכא זה[ב
332		C3.7KR3:18	ואחר]ן זי גבי	מנה	ועביד על בית מלֹכ]אֹ זהב
333		C3.7KR3:8	[מנדתא]ז[י גבי	[מנה	ועביד על בית מלכא זהב
334		C3.7KR4:3	[רבה הי] מנדתא] זי גבי	מנה	ועביד על בית מלכא] זהב
335		C3.7KR4:9	[הי] מנ[דת]א זי גֹ[בי	מנה	ועביד על בית מלכא] זהב
336		C3.7CR1:17	[מנדתא ואחרן זי גבי	מ]נה	ועביד עֹ[ל] [בית מלכא]
337		C3.7CR1:7	[מנדתא זי גבי	מנה	ועביד על בי]ת מלכא [זהב
338		C3.7CR2:18	מנדתא ואח[רן] זי [גבי	[מנה	ועביד על בית מלכא זהב
339		C3.7CR2:7	[מנדתא זי גבי	מנה	ועביד על בי]ת מלכא [זהב
340		C1.1:162	מלוהי מסרסרן לעלא	מנה	כי מפתח פמה מענֹה אלהי[ן]
341		A6.15:9	מראתי כתש ונכסן לקח	מנה	כעת אנת וגרדא זילי עבידה
342		D7.10:3	שימת ופקיד [.. י]כלאו	מנה	לחם ומין[כען] [... תנפ]ק
343		B2.6:36	מפתחיה והן העדת המו	מנה	{{לקבל ספרא [זנה] להן}}
344		C3.7AR3:22	[ ]אֹסֹוֹתֹ[....]	מֹנֹהֹ	לקב[ל ....] זהב
345		A3.5:7	רחיק[ ]	מנה	מ[ן] זי יעבד לעינוהי
346		B3.4:11	זבן ויהבן לך ורחקן	מנה	מן יומא זנה ועד עלמן אנת
347		B3.8:26	1+3+3 ר [2] ותנפק	מנה	עם שארת תכונתה ונכסיה
348		D7.40:5	אף .[...] [...]. דֹ	מנה	[..]קˆ.[..] .[...] [...] .[...]
349	מנהם	D7.5:4	זעירתא [....] אל ינפי	מנהם	הלו שגא זי לא [...]הם חזי
350		C3.7AR3:19	[ו]אֹחֹרֹןֹ [זי גבי	מנהם	ועביד על בית מלכא] [כל
351		C3.7FR1:8	2 [....]גבי	מנהֹ[םֹ]	ועביד על בית מלכא
352		C3.7FR2:12	מנדתא ומעשרא זי גבי	מנהם	ועֹביד על בית מלכ[א] כסף
353		C3.7FR2:6	כל כסף גברין זי גבי	מנהם	ועביד על בית מלכא כסף
354		C3.7FV1:24	[כל כסף גברין זי גבי	מנהם	ועביד על בית מ]לכאֹ
355		C3.7FV2:21	[ואחרן]זֹיֹ גֹבֹיֹ[	[מנהם	וֹעֹ[ביד על בי]תֹ מלכא
356		C3.7FV2:6	כל מנדתא ואחרן זי גבי	מנהם	ועביד על בית מלכא כסף
357		C3.7GR2:3	מנדתא ˆואחרןˇ זי גבי	מנהֹם	ועביד על בית מלכא זהב
358		C3.7JV2:22	מנדתא ו[אחרן] זי גבי	מנהם	ועביד על בית מלכ[א] זהב
359		C3.7JV2:9	מנדתא זי [גבי	מנהם	ועביד] על בית מלכא
360		C3.7KR1:25	[... ...] [מנדתא זי גבי	מנהם	ועביד על ב[י]ת מלכא

361		C3.7KR2:14	מנדתא ואחרן זי גב[י	מנ]הם	ועביד על בית מלכא זהב
362		B2.1:10	אגרא זך זילה זי יכלא	מנהם	ינתן לה כספא זי כתיב
363		C3.7GR1:5	ספיתן 10 [....	]מְנֹהֹם	וְעָבִיד עַל
364		C3.7FR1:24	ל...ין ..[....]	מְנֹהֹם	
365	מנהן	A5.2:4	] חק[לא רדית ו[...]ו	מנהן	לן[א] לקחת אלכי דיני
366	מני	B7.1:3	עדבר נונין לאמר חמצת	מני	ושא]ילת קדם ... וכנותה
367		C1.1:193	ואל יאמר לך ר[ח]ק	מני	] ....[חשה
368		C1.1:167	כסיכי גלדי אל תלקחן	מני	כי לא [ישא]ל [נמרא] שלם
369		A6.3:5	נכסי לקחו וקרקו	מני	כען הן על מראי טב ישתלח
370		A6.11:5	עביד לעלים אחרן זילי	מני	לא יהיב אחר אנה בגה זי
371		B8.4:4	ודפני עבדוני ולקחו	מני	..]נ̇י אסרן 2 נחשן
372		B3.1:13	קדם סגן ודין לם לקחת	מני	ערבן וספרא זנה בידך והן
373		A6.13:5	ויאתה עם גנזא זי	מני	שים להיתיה בבאל ארתוהי
374		D23.1.IX:7	יתן[..].]	מ̇נ̇]י[	שלח עליהם
375		A6.2:6	אופשרה יתעבד ואחרן זי	מני	שליח עליהם על זנה שלחו
376	ומני	A6.4:1	] וכעת דשנא מ[ן מלכא	ומני	יהב לעחחפי עלימא זילי
377		A6.4:3	זכי ז[י] מן מלכא	ומני	[י]הב לעחחפי פסמשך ברה
378	מנך	D6.9fragn:2	...]	מנך[	[...]
379		B3.11:10	עד אחרן הן אמר אהנצל	מנך	אחוב ואנתן ליהוישמע
380		C1.1:136	תרגג לכביר זי ימנע	מנך	[אל ....]חילא ואל
381		C1.1:142	שמך קדמיהם עם זי רם	מנך	אל תעבד בנצ̇[...
382		C1.1:143	עם זי ח̇צי[ף] ועזיז	מנך	[אל .....] מן
383		B3.2:7	כסף שקלן [2+3] ורחקת	מנך	אנתן לך כסף כרשן 2+3 הן
384		B3.3:14	לאמה תמת ˆיהן הנצלתה	מנך	אנתן לענני כסף כרשן
385		B5.4:5	קדם סגן ומרא ל[העדיה	מנך	ביתא זנה זי כתבת ויהבת
386		B1.1:15	ולא א[כל] אצל חקלי	מנך	ואית לך פמטן וחוב על[י
387		B5.6:12	] [בשמהםן .... ל]מ̇קנה	מנך	ואנה
388		B7.1:4	כזי נונן לא חמצ[ת	מנך	והן לא ימאת לך [ומן
389		B3.13:3	בסון בירתא ויזפת	מנך	ויהבת לי כנתן פרסן 2 סאן
390		B8.9:1	]לן[....]	מנך	ולא סטרן בשניתא זא זי
391		B2.11:11	מלכא ורחיקן אנחנה	מנך	ומן בניך מן דין עלדבר
392		C1.1:128	קשתך והרכבת חטך לצדיק	מנך	חטא מן אלהן הו [....]
393		C1.1:146	] אל תהעדי [....	מנך	חכמתא
394		A6.8:3	הן פסמש[ך] אחר קבלת	מנך	ישלח עלי חסן תשתאל וגסת
395		A4.7:24	ˆזי˘ תנה במצרין אגרה	מנך	ישתלח עליהום על אגורא זי
396		A4.8:23	זי תנה [במצרין אגרה	מנך	ישתלח עליהום] על אגורא
397		A6.7:8	כען הן עליך כות טב	מנך	יתשם טעם כזי איש מנדעם
398		B6.1:3	עליך בביתך ושא[ל]ת[	מנך	ל.... ברתך לאנתו ויהבתה
399		D1.13:4	וכל זילן [... ... ...]ת	מנך	.[....]לן[... ...]ך כזי
400		B2.4:9	אחר ברתי תשנאנך ותנפק	מנך	לא שליטה הי למלקחה
401		B5.4:3	לא אכל אמר אנה [אהנצל	מנך	למנתן לאחרנן] [ביתא זנה
402		B3.8:3	על[יך בבי]תך ושאלת	מנך	לנשן יהוישמע שמה אחתך
403		B2.9:9	ועניה רחיקן אנחנה	מנך	מן יומא זנה עד עלם ל[א]
404		B5.2:8	] אנה מתן [רחקת	מנך	מן י[ומא זנה ועד עלם
405		B2.4:11	זי אנת עבדת הן תהנצל	מנך	פלג ביתא [י]ה[ו]ה לה
406	מנכי	B3.7:15	אכהל אנה ענני אהנצל	מנכי	ולא אכהל אמר נפשי צבית
407		B3.7:15	אמר נפשי צבית אהנצל	מנכי	זי יקום עליכי לתרכתכי מן
408		B2.3:19	או יום אחרן לא אהנצל	מנכי	למנתן לאחרנן ארקא זך
409		B2.8:6	לי על נכסיא אלך ורחקת	מנכי	מן יומא זנה ועד עלם לא
410		B5.5:4	זי סבלתני ורח]קת	מנכ[י]	מן יומא זנה ועד עלם לא
411		B5.5:8	] זנה ועד עלם ורחקת	מנכי	מן כס]פא זנה ופתפא זי
412	מנכם	A4.3:6	זי צחא ˆחור˘ יבעה	מנכם	אנתם קמו קבלהם כן כזי
413		D2.21:6	[ב]ד[ין ...]	[מנכם	ומן ב]יתא ... ...] [...
414		B2.10:4	זי סון לאמר רחקת	מנכם	מן בית יזניה בר אוריה
415		A3.10:8	עמך באלפ[א]אל ירחק	מנכם	עד ימטא [ע]לי אל אחי
416	מנכתא	C3.28:80	לאבהי שלמצין	מנכתא	זי זבדיה חנטן ס 1 ר
417	מנן	A4.6:16	גברין [....]	מנן	אח[ד]ו אסרו בכבלי[א
418		C1.1:169	לה שא לך זי ת[נ]שא	מנן	אנחנה א̇[....]

מן זי c since, from the time that

001	מן זי	A4.3:7	ידיע זי חנום הו עלין	מן זי	חנניה במצרין עד כען ומה
002		D1.20:5	[... ...] [... ...]לין	מן זי	נפק[... ...] [...] עבדו
003		A2.5:3	מפקן לן מן סון ואף	מן זי	נפקת מן סון שאל לה
004	ומן זי	A4.2:4	מצריא שחד להן יהבן	ומן זי[	....] זי מצריא קדם

מן קדם p in front of, from before

001	מן קדם	D20.5:3	קדם אוסרי בריכה הוי	מן קדם	אוסרי מין קחי הוי פלחה
002	מן קדמיכי	B3.11:13	להעדיה ביתא זנה	מן קדמיכי	בחיי ובמותי יחוב

מן קדמן a previously

001	מן קדמן	A5.1:3	אלף גברן א[....]	מן קדמן	בצבו זי תהוי̇ לך [....
002		C1.1:133	כדבת שפותה [...	מ[ן] קדמן	כרסאא לכדבא יחיט
003		A4.9:5	ביב בירתא בנה הוה	מן קדמן	קדם כנבוזי זי וידרנג

מן תחת a below

001	מן תחת	B3.7:9	כתיבן בספרא [ז]נ[ה]	מן תחת	ומ[ן ע]ל וש[ל]יטה אנת[י

מן תחת p below

001	מן תחת	B3.3:13	לא אכל אנצל לפלטי	מן תחת	לבבך בר מן זי אנת תתרך
002		D2.17:1	מ[ן ...] [... ...	מן ת]חת	לבבכי וא[... ...] [...].

מנא N mina

001	p abs	מנן	A6.2:17	דשות מצן כנכר חד	מנן	עשרה כלא הוספה כברי כרשן

מנדה N payment, duty (Akk; GEA 377.22)

001	s ab/cn	ומנדה	D6.13fragd:1	...]ה[לך	ומנדה[	...]
002		מנדת	A6.13:3	שמה פקידא זילי זי עד	מנדת	בגיא אלך יהנפק ויהיתה
003			A6.13:4	פקיד ורוהי זי עד	מנדת	בגיא זי ורוהי אספרן
004			A6.14:3	עבדו לפקידא [זי]לי עד	מנדת	[בגיא אלך יהי]תה עלי
005			C3.5:7	] 2 חלר]ן 2+3+10 זי	מנדת	חילא .[...] [....
006			B3.6:7	בך למשנתכי ולמזלכי	מנדת	כסף זי יקום עליכי ועל
007		במנדת	B8.5:3	..[.... ....].ה	במנד[ת	....] [....] עביד[
008	s em/sf	מנדתא	C3.7AR2:11	] זי לא ספיתן [10 כל	מנדתא	ואחרן זי גבי מנה ועביד]
009			C3.7AR3:19	] זי לא ספיתן [10 כל	מנדתא	ו]אחרן [זי גבי מנהם

No.	Ref.			
010	C3.7DR2:7	זילא ספיתן 20 כל	מנד[תא	]ואח[רן ....]
011	C3.7DR3:24	[זילא ספיתן 10] כל	מנדתא	ואח[רן זי גבי מנה]
012	C3.7ER1:7	זילא ספיתן 10 כל	מנדתא	ואחרן זי גבי מנה [ועביד
013	C3.7ER2:4	]ספיתן[10] כל	מנדתא	ואחרן זי ג[ב]י מנה[
014	C3.7FV2:21	לק עתיק 1 [כ]ל	[מנד]תא	ואחרן]זי גבין
015	C3.7FV2:6	ופלג לק עתיק 1 כל	מנדתא	ואחרן זי גבי מנהם ועביד
016	C3.7GR2:3	10 לק עתיק 1 כל	מנדתא	׳ואחרן׳ זי גבי מנהם
017	C3.7JR1:18	[זי לא ספיתן 10] כל	מנדתא	ואחרן] זי גבין מנה
018	C3.7JR2:19	[זילא ספיתן 10] כל	מנדתא	ואחרן זי גבי מנה ועביד
019	C3.7JV2:22	זילא ספיתן {} 20 כל	מנדתא	ו[אחרן] זי גבי מנהם
020	C3.7	]כל	מנ]דתא[	ואח]רן[זי גבי מנה
021	C3.7KR2:14	ספיתן [10+20] כל	מנדתא	ואחרן זי גב]י מנ[הם
022	C3.7KR3:18	[זילא ספיתן 10] כל	מנדתא	ואחרן] זי גבי מנה
023	C3.7CR1:17	[ ]לא ספיתן 10 [כל	מנדתא	ואחרן זי גבי מ]נה ועביד
024	C3.7CR2:18	[זילא ספיתן 10] כל	מנדתא	ואח[רן] זי [גבי מנה]
025	C3.7FR2:12	ל[ק ע]תיק 1 כ[ל]	מנדתא	ומעשרא זי גבי מנהם
026	A6.13:3	יהנפק ויהיתה עלי עם	מנדתא	זי מהיתה נחתחור כעת
027	B8.11:3	צבותא אחר [....]	מנדתא	זי ט.[....]
028	C3.7AR2:1		מנדתא	זי גבי מנה וע[ביד ע]ל
029	C3.7AR3:1		מ]נדתא	זי גבי מנה ועביד על
030	C3.7BR1:11	ספ[ינה רבה הי]	מנדתא	זי גבי מנה ועביד על
031	C3.7BR1:19	[ספן 10+20+20]	מנדתא	זי גבי מנה ועביד] על
032	C3.7DR1:8	כחמוש ספינה רבה הי	מ[נדתא	ז]י[ג]ב[י מנה ועביד
033	C3.7DR2:21	כ]ח[מוש ספינה רבה הי	[מנד]תא	זי גבי מנה ועביד על
034	C3.7DR3:13	[ספן 10+20+20]	מנדתא	זי גבי מנ[ה ועביד על
035	C3.7DR3:5	כ[חמוש ספינה רבה הי]	מנדתא	זי גבי מנה[ועביד על
036	C3.7DV1:1		[מנד]תא	זי הוה בש[נת 1+10]
037	C3.7DV2:1		[מנד]תא	זי הוה יתיר בשנת 10
038	C3.7DV2:2	יתיר בשנת 10 ע[ל	מ]נדתא	זי הוה בשנת 1+10 זהב
039	C3.7ER1:18	[10+20]+20	מנדת[א	]זי גבי מנה[ועביד ע]ל
040	C3.7ER2:14	רב[ה הי]	מנדתא	זי גבי מנה ועביד [על
041	C3.7ER2:21	[ספן 10+20+20]	מנדתא	ז[י]גבי מנה ועב[יד על
042	C3.7GR2:18	כחמוש ספינה] רבה הי]	מנדתא	זי גבי מנה ו[עביד על
043	C3.7GV5:1	כל	מנדתא	זי[ן [....] [....].א
044	C3.7HR1:3	[ ]ספן[10+20+20]	[מנדתא]	זי גבי מנה ועביד על בית
045	C3.7JR1:8	[10+20+20]	[מנדתא]	זי גבי מנה ועביד ע[ל]
046	C3.7JR2:2	ס[פינה רבה הי]	[מנדתא]	זי]גבי מנה [ועביד
047	C3.7JR2:9	[ספן 10+20+20]	מנדתא	זי גבי מנה[ועביד על
048	C3.7JV2:9	זי ....[....]	מנדתא	זי [גבי מנהם ועביד] על
049	C3.7KR1:25	פחנס [....] [....]	מנדתא]	זי גבי מנהם ועביד על
050	C3.7KR3:1		מ[נדתא	ז]י ג[בי מנה ועביד ע[ל
051	C3.7KR3:8	ספן 10+20+20	מנדתא]	]ז[י גבי מנה] ועביד על
052	C3.7KR4:3	כחמו[ש ספינה רבה הי]	מנדתא[	זי גבי מנה ועביד על בית
053	C3.7KR4:9	[ספינה רבה הי]	מנ]דת[א	זי ג[בי מנה ועביד על
054	C3.7CR1:7		[מנדתא	זי גבי מנה ועביד על
055	C3.7CR2:7	[ספן 10+20+20]	[מנדתא	זי גבי מנה ועביד על
056	B8.11:2	[..]ת[..] [....]	מנדתא	יתב הן פסמשכמ[ר
057	A6.14:5	יאתה עלי בבאל עם	מנדתא	מן ורוהי על נחתחור
058	C3.7AR3:7	[למצרין בירח תחתור]	מנ[דתא	[....] [ספן ריקנ]ן
059	C3.7FR3:2	[....] [כ]ל	מנדתא	[....] ע]ל בית

מנדע N knowledge

No.	Form	Ref.			
001	s ab/cn כמנדע	C1.1:53	מלכא רחמן הו	כמנדע	על אחרן יזכרני ועטתי
002		C1.1H:9	[מ]ל[כא ר]חמ[ן]הו	כמנד[ע	על[והי ויהחיני אחר [...

מנדעם P anything, something

No.	Form	Ref.			
001	s ab/cn מדעם	A2.3:10	אתיה לתפמת וכעת	מדעם	אל תזבני בכסת ותשרי לה
002		B4.1:3	[ועמר ו]כתן [ו]כל	מדעם	זי יחיה בה איש ול.. ו[לא
003		A2.5:2	בשלם וכעת תדען זי	מדעם	לה מפקן לן מן סון ואף
004		B4.1:4	לך וברה יתל[י ע]ליכם	מדעם	מכל [....]ל[.]
005		A2.1:10	אש מהימן אתה לכן	מדעם	שלם שבתי בר שוג שלם
006	מנדעם	A4.7:14	מצרין כל מגרו ואיש	מנדעם	באגורא זך לא חבל וכזי
007		A4.8:13	[כ]ל[א מגרו] ואיש	מנד[עם]	באגורא זך לא חבל וכזי[
008		A6.7:8	מנך יתשם טעם כזי איש	מנדעם	באיש לא יעבד לפירמא זך
009		D20.5:2	תמנחא זי אוסרי אלהא	מנדעם	באיש לא עבדת וכרצי איש
010		A4.1:6	[....]אל תשתו וכל	מנדעם	זי חמיר אל[ן תאכלו]
011		A6.10:2	חסין נטר כן כזי	מנדעם	כסנתו לא הוה מן ביתא
012		A6.10:6	חסין טרו כן כזי	מ[נ]דעם	כסנתו לא יהוה מן ביתא
013		A6.10:8	מן נכסיא אחרנן זילי	מנדעם	כסנתו יהוה ומן אתר אחרן
014		A6.14:2	זילי זי מ[..]ת[.]	מנדעם	לא מהיתה לי אח[....]ת
015		C2.1.4:6	[אחר ודרן במדי	מנ[דעם	לא ע[בד] [ב]חנבן [זי
016		C2.1.5:17	אחר דדרש	מנ[דעם	ל]א עביד מכת[ר לי]
017		C2.1.5:23	אחר וה[ומ]ס	מנדעם	[לא עבד מ]כתר לין עד
018		A6.13:2	יהיב לי במצרין זך	מנדעם	מן תמה לא מהיתין עלי הן
019		C1.1:85	פמי[ן] חזי קדמתך	מנדעם	קשה [על] אנפי מ[ל]ך
020	ומנדעם	A6.15:6	כעת חמרא עבורא	ומנדע[ם]	אחרן זי לקחת כלא התב
021		A2.5:4	שאל לה הושר לי ספר	ומנדעם	וכעת יהתו לן ארון
022		A4.5:2	מנטרתן לא שבקן	{{ומנדעם}}	מחבל לא אשתכח לן בשנת
023	p em/sf מנדעמתא	C3.7GR2:23	שמ...ה.[...] [...] ..	מנדעמתא	זי אשתכחו בה
024	ומנדעמתא	A4.7:12	זי זהבא וכסף	ומנדעמתא	זי הוה באגורא זך כלא
025		A4.8:11	זי זהבא וזי כספא	ומ[נ]דעמתא	ז]י הוה באגורא זך כלא
026	למנדעמתא	A4.5:23	[.... יה]גנון	למנדעמתא	זי א[....] [....

מנה N part, share, portion

No.	Form	Ref.			
001	s ab/cn מנת	C3.7AR2:4	[2 ר 2+10 ח]	מנת	משחא זי אשתכח [בה משח
002		C3.7BR1:22	2 ר 2+10 ח	מנת	משחא זי אשתכח [בה משח
003		C3.7DR1:19	2 ר i+3+3+20	מנת	משחא זי אשתכח בהם משׁ]ח
004		C3.7DR3:16	[....]	מנת	משחא זי [אשתכח בה משח]
005		C3.7ER1:1		מנת]	משחא]זי אשתכח ב[ה משח
006		C3.7ER1:21	2 ר i[+1]+iö ח	מנת	משח[א ז]י[א]שת[כח]בה
007		C3.7JR1:11	[2 ר 2+10 ח]	[מנת]	מ]שחא זי אשתכח בה מ]שח[
008		C3.7JR2:12	[2 ר 2+10 ח]	[מנת]	משחא זי אשתכח בה משח
009		C3.7JV2:14	כסף [....]	[מנת]	משחא זי אשת[כ]ח ב[ה]ם
010		C3.7KR1:2	[....]	[מנת]	משחא זי אשתכח בה מ]שח[
011		C3.7KR2:4	[2 ר]3+3+iö ח 1	מנת	משחא זי אשתכח בהם
012		C3.7KR3:11	2 ר 2+10 ח	[מנת]	משחא]זי אשתכח בה

#		form	ref		keyword	
013			C3.7CR1:10	[ח 10+2 ר 2]	מנת]	משחא זי אשתכח בה] משח
014			C3.7CR2:10	[ח 10+2 ר 2]	מנת	משחא זי אשת[כח בה]
015		במנת	D5.8:1	ךּ[...]	במנת	ביתא
016	s em/sf	מנתא	B5.1:3	אנחן יהבן לכי פלג	מנ[ת]א	זי יהבו לן דיני מלכא
017			B5.1:3	ורוך רבחילא חלף פלג	מנתא	זי מטתכי עם נאהבת מחר
018			A6.1:2	וכעת לן ש[י]ם טעם	מנֿתא	לם זי יהבה במדינתא אתר
019		מנתך	C1.1:144	מן [.... ....]	מנתך	וֿעל זילה יֿהוֿסֿ[ף
020		ומנתכי	B5.1:7	לכי כסף כרשן 2+3	ומנתכי	זילכי תוב שהדיא [ה]ושע
021		במנתא	B5.1:4	אחרן לא נכל נגרכי	במנתא	זכי [ל]אמר לא אנחן
022			B5.1:6	יגרונכי וזי יגרנכי	במנתא	זכי זי יהבן לכי ינתן

N מנחה — meal-offering

#		form	ref		keyword	
001	s ab/cn	מנחה	A4.10:11	יתעבד תמה להן לבונה	מנחה	[....] ומראן אודיס
002			A4.5:14	[....]יא להיתיה	מנח[ה	[....] [....
003			A4.7:21	דריהוש מלכא	מנחה	ולבו[נ]ה ועלוה לא עבדו
004			A4.8:21	[דריוהוש מלכא]	מנחה	לבונה ועלוה לא עבדֿן
005	s em/sf	ומחתא	A4.7:25	זי בנה הוה קדמין	ומחתא	ולבונתא ועלותא
006		ומנחתא	A4.9:9	באתרה כזי הוה לקדמן	ומנחתא	ולבונתא יקרבון על מדבחא
007			A4.8:24	[זי בנה הוה לקדמין	ומנחתא	לבונתא] ועלותא נקרב על

N מנחה #2 — excellent one (Egypt; GEA 374.11)

#		form	ref		keyword	
001	s ab/cn	מנחה	D20.6:1	ענחחפי בר תחבס	מנחה	זי אוסרי אלהא

N מנטרה — watchfulness, guardpost

#		form	ref		keyword	
001	s ab/cn	מנטרה	C1.1:82	יהוה טרפי[הם] מן כל	מנטרה	טר פמך ועֿל זי ש[מעת]
002	p em/sf	מנטרתן	A4.5:1	זי מצריא מרדו אנחנה	מנטרתן	לא שבקן {{ומנדעם}} מחבל

V מני — to count, appoint

#		form	ref		keyword	
001	peal	מנו	A4.1:3	[....]יא כעת אנתם כן	מנו	ארב[עת עשר] [יומן לניסן
002	pael	מני	C1.1:37	כזי [.... מלך א]תור	מני	עמֿה גברן 2 אחרנן למחזה
003		ממנין	A4.5:9	תיפתיא גושכיא זי	ממנין	במדינת תשטרס יתי[דע]
004			A6.7:5	גברן 3+10 אבשוכן	ממנין	הוו בין בגיא זילי זי

N מנין — number, amount

#		form	ref		keyword	
001	s ab/cn	מנין	B8.4:5	אסרן 2 נחשן	מֿנֿיֿן	10 וכתשוני בכפיֿדֿ
002		מניֿנ	D5.52fragb:1	...]	[מניֿנ]	[...
003		במנין	C3.7FV3:12	[כרשן 2×לף] [עק]ןֿ	במנין	1×[100 בגוֿ עק ארז פק
004			C3.7FR2:24	עקן 100×3+3	במנין	3+3+20+20+20+20
005			C3.7GV2:20	כרשן 100×3+3 עקן	במנין	2×[100+3]+1 בגו עק
006			C3.7GR3:23	לףֿ[... עקן	במנין	10+20+20+100×2+3
007			B4.5:3	] ארבעה הו סת[תרי	במנין	3+[3+1 איתי לך] עלי
008			B4.3:13	[לך]	במנין	[ב]בית מל[כא וקדם ספרי
009			B4.4:14	לך [....]	במנין	בבית מלכא וקדם ספרי
010			B3.12:14	חד שקלן 3 כסף יון	במנין	סתתרי 3+3 שקל 1 וטיב
011			C3.7FV2:16	כרשן 2×לף [עקן]	במנין	
012	s em/sf	מנינה	D11.26:3	שבֿתֿי לא ידען אנחנה	מנינֿה	

c מנכן — therefore

#		form	ref		keyword	
001		מנכן	D5.19:2	י[...] [..]ומל.. [...]	מנכן]	[...
002			A3.5:4	לא אמרו [לי]	מנכן	הוית מלא לבתך קדם דלה
003		ומנכן	B2.9:7	החסן ולא התיב לה	ומנכן	רשינכם אחר שאילתם ואנת

V מנע — to withhold

#		form	ref		keyword	
001	peal	ימנע	C1.1:136	ואל תרגג לכביר זי	ימנע	מנך [אל ....]חילא ואל

a מנעל — above

#		form	ref		keyword	
001		מנעל	B3.11:11	זנה זי תחומוהי כתבן	מנעל	בחיי ובמותי אף לא יכהל
002			B3.4:18	זנה זי תחמוהי כתבן	מנעל	הן גרוך וגרו לבר וברה לך
003			B3.12:29	זנה זי משחת<ה> כתב	מנעל	וזי ינפק עליך ספר חדת
004			B2.10:8	ביתא זי תחומוהי כתיבן	מנעל	זילכם הו אנת ידניה
005			B5.5:10	זנה ופתפ[א זי] כתיב	מנעל	[ינתן לכי אביגרן כסף
006			B3.11:16	ביתא זנה זי תחומוהי	מנעל	כתב בספרא זנה זי יהנפק
007			B3.13:10	ואדרנגי כספא זנה זי	מנעל	כתיב אחר אנת פחנום שליט
008			B3.13:11	עד תשלם בכספך זי	מנעל	כתיב ולא דן כתב שוהרם
009			B3.13:5	ויהבת לך כנתיא אלך זי	מנעל	כתיב כזי יתנתן לי פתפא
010			B3.13:7	ואנתן לך אבגרנא זי	מנעל	כתיב בין יומן 20 הו
011			B3.13:8	ויהבת לך כספא זילך זי	מנעל	כתיב אחר בני ואדרנגי
012			B3.13:9	ישלמון לך כספא זי	מנעל	כתיב והן לא שלמו לך בני
013			B4.6:8	[עד יומא] זנה ז[י]	מנעל	כתיב [ו]מֿטא בן. לפ[חנס
014			B4.7:3	זי ....]	מנעל	כ]תיב ולא דֿין והן
015		מנעלא	B4.3:20	זי כתב	מנעלא	
016			B4.4:13	לגבריא אלה זי כתיבן	[מנעלא	....] לך במנין
017			B4.4:17	בעבורא] זנה זי כתב	מנעלא]	כתב הושע על פם אחיאב
018		ומן על	B3.7:9	[ז]נ[ה] מן תחת	ומ[ן ע]ל	וש[ל]יטה אנת[י ל]מנסק
019		מן עלא	B2.1:10	ינתן לה כספא זי כתיב	מן עלא	ואגרא זילך אפם ואנת
020			B2.1:13	אנתן לך כספא זי כתיב	מן עלא	ואנת שליט למפתח תרעא זך
021			B2.5:1	כֿסֿפֿא זנה זי כתיב	מן עלא	ולא אתֿ[ית על ....]
022		ומנעלא	B2.10:6	דבק לה בתחתיה	ומנעלא	כוין פתיחן תמה מועה שמש

N מנפקה — taking out (= shipping)

#		form	ref		keyword	
001	s ab/cn	מנפקה	C3.7EV1:15	1 זי .... כ]סף	מנפקה	לימא לאדי[ה]בן[....].
002			C3.7EV1:18	[כסף] [....]	מנפקה	לימ[א כסף כרשן 2 שׁ
003			C3.7EV1:3	שמֿ..ן[...]י [כסף	מנפקה	לימא כ[סף כרשן 2 ש
004			C3.7EV2:20	1 זי[....] [כסף	מנפ[קה	ל[ימא .]כסף כרשן 2 ש
005			C3.7EV2:6	[....] [....]כסף	מנפקה	לימא לאֿ[דֿ]יהבן

N מסגד — shrine

#		form	ref		keyword	
001	s em/sf	במסגדא	B7.3:3	בר נתן בח[רם אלה]א	במסגדא	ובענתיהו ו[ימא לה] לאמר

N מסה — measure, as much as

#		form	ref		keyword	
001	s ab/cn	מסת	A2.2:4	שלם נניחם וכֿעת הלו	מסת	כספה זי הוה בידי נתתן
002			A2.4:8	שלח לי הושר לי משכן	מסת	לבש משך 1 והוי לקח שערן
003	s em/sf	מסתא	C3.10:3	יור חור ב[ר]ה תחת	מסתא	אס[.... בר ...].ורתת[

004	C3.9:10	רבה [...]ף ברה תחת	מסתא	[...]ס ברה תחת מסתא [כל
005	C3.9:11	מסתא [...]ס ברה תחת	מסתא	[כל נפש] 1+3 בגו יור 1
006	B8.2:12	חֲדֹוּסבי [....]	מסתא	[....]ם בגדת 1
007	C3.9Rfragb:1	ת]חת ...]	מסתא	[...]לן ...]

מסחטה N a woolen garment; or read מֹרְחֹטה

001	s ab/cn	מסחטה	B6.2:6	20 חלרן 1+3	מֹסֹחֹטה	1 חדתה זי קמר דמי

מסטי N (unclear)

001	s ab/cn	מסטי	C3.5:4	..[.]....[ינת	מסטי	זי כעֹ[...] ....]א

מסכן N poor man (Akk; GEA 377.23)

001	s ab/cn	מסכן	C2.1.11:68	]י'עבד זי	מסכן	יעבד זך חזי אף קדמתך

מסלת N cf. מגלה

מסמר N nail

001	p abs	מסמרין	A6.2:16	לחד צבען עשרה כל	מסמרין	ארבע מאה עשרן וחמשה טסן
002	p const	מסמרי	A6.2:12	אפסי תחת חלא חמשה	מסמרי	נחש ופרזל מאתין עקי ארז
003			A6.2:15	תלתה בפשכן תלתה לחלא	מסמרי	נחש מאה וחמשן לחד פשכן
004	p em/sf	מסמריהם	A6.2:16	טסן זי נחש אמן עשרן	מסמריהם	מאתין עקי ארז לובר

מסס V to measure (grain)

001	peal	אמס	B1.1:9	מן ש[....].[.]מנא	אמס	במלאתא ואלקח לי קבלךֿ ו

מסתר N secret; or reconstruct [חטא]יך

001	p em/sf	מסתריך	C1.1:141	מן אקשה ואעפה	[מסתר]יך	אל תגלי קדם

מעדר A re-inforced (?)

001	s ab/cn	מעדר	B3.8:8	שוה כסף כרש 1 לבש 1	מעדר	חדת [ל]אמן 3+3 ב 1+3

מעה N maah (= 1/12 shekel) (Akk; *Orientalia* 42:324-27)

001	s ab/cn מ		D3.47fragb:8	1 ר 2 [...]סֹ 1 [...]	מ[	1 [...] השכחו בצפרא [...
002			D8.10:2	זעירה 10+20	מ	1 ג 1 נוכלו זעירה
003			D8.10:5	נפרנוב 3+3+2	מ	1 ג 1 זעירה [..]5 תפורתחם
004			D8.4:11	מ 2 [..]ן בר תנפי ש 2	מ	1 רבע 1 פ [... ב]ר יחנן ש
005			D8.4:12	1 פ [... ב]ר יחנן ש 2	מ	1 רבע 1 [...].א מ 1 [...
006			D8.4:13	2 מ 1 רבע 1 [.... ...]א	מ	1 [...]ידוע ר 1 רבען 3
007			D8.4:16	תודרס מ 2 [.... ...]	מ	1 מצריא תודרס מ 2 תבא
008			D8.4:19	תבא מ 2 שבתית תוא	מ	1 שלם מ 1 תשפור מ 1
009			D8.4:20	שבתית תוא מ 1 שלם	מ	1 תשפור מ 1 שמעאל מ 1
010			D8.4:21	מ 1 שלם מ 1 תשפור	מ	1 שמעאל מ 1 אברם ר 1 רבע
011			D8.4:22	מ 1 תשפור מ 1 שמעאל	מ	1 אברם ר 1 רבע 1 תֹונפרי
012			D8.4:25	ש 1 נתן בר אביתי	מ	1 ר... סֹלפן מ 2+3 [...
013			D8.4:8	. ש 1 מ 2 [..]. אנתתה	מ	1 רבען 2 עֹבֹדי
014			D8.4:9	עֹבֹדי בר כֹדֹ..ס	מ	1 [..]פֹסיס ש 1 מ 2
015			D8.5:2	[...]ן[..] דלוי בר ידלה	מ	1 רב[ע ...] שלום בר שבתי
016			D8.5:3	שלום בר שבתי [...]	מ	1 רב[ע ...] דלוי בר חגי
017			D8.5:5	רבען 3 עבדיהו אסיא	מ	1 רב[ע ...] [...]בר דלוי
018			D8.6:2	פתחרה שמעון	מ	1 פ חניה ספרא מ 2 פ
019			D8.6:5	ר 2 [פ]תלמיס וחבוב	מ	1 פ אחיו שרֹעם מ 1 פ
020			D8.6:6	מ 1 פ אחיו שרֹעם	מ	1 פ שיב רבא ר 3
021			D8.7:2	√ דליה בר יתקום	מ	1 √ יהדת ברת דלוי מ
022			D8.7:3	1 √ יהדת ברת דלוי	מ	1 חצי √ אליעזר מ 1 √
023			D8.7:4	מ 1 חצי √ אליעזר	מ	1 √ ברוכה ברת פסי מ 1
024			D8.7:5	מ 1 √ ברוכה ברת פסי	מ	1 תמן ברת תסי מ 1 פסי
025			D8.7:6	פסי מ 1 תמן ברת תסי	מ	1 פסי בר חורי כסף ש 1
026			D8.7:7	פסי בר חורי כסף ש 1	מ	1 √ יֹסלקֹ בגֹנזֹא רֹ
027			D8.7:9	ר 1 [....]ציתא	מ	1
028			D8.5:6	רב[ע ...] [...]בר דלוי	מ	1[...]פ
029			C3.28:11	1 פ יניא לגן 3 בר 1	מ	1 פ בב נכיס לגן 3+3 בר
030			C3.28:19	1 {{1}} בב נכיס לג 1	מ	1 פ יניא לגן 2 בר 1
031			C3.28:26	לסמקס לגן 3+4 בר 3	מ	1 פ כסתס לגן 2+4 בר 3
032			C3.28:28	דכֹדֹרס לגן 1+4 בר 2	מ	1 פ אביתי נתינא רבען
033			C3.28:33	לגן 3+3+3 בש 1	מ	1 פ יוניא לגן 2 בר 1
034			C3.28:35	יהודה לגן 1+4 בר 2	מ	1 פ יניא לגן 3 בר 1 מ
035			C3.28:3	לגן 3+3 בר 3 שאר	מ	1 פ בב נכיס לגן 3+3 בר
036			C3.28:36	1 פ יניא לגן 3 בר 1	מ	1 פ רחבל לג 1 במ 1 פ
037			C3.28:42	לגן 3+{{2}}1 בר 2	{{מ	1 פ{{ .... זפרה לגן 2
038			C3.28:45	ארמֹיס לגן 3 [ב]ר 1	מ	1 פ ... בבית ישיב יקל
039			C3.28:57	חמר כֹרֹ[שן ...] ש 3	{{מ	1 פ}}
040			C3.28:64	2 ססרתס[לגן]3 בר 1	מ	1 פ אנה לגן 2+10 בב אנה
041			C3.28:72	[לגן]1[+1+]1 בר 1	מ	1 פ שבתי בֹזנה לגן
042			C3.28:76	בחנ[ט]ן ס 1 [...]3	מ	1 [...]3 בחנטן ס 1 [...
043			C3.28:78	[ ]3 בחנטן ס 1 [...]ר 2	מ	1 חשבן עבורא זי כתבת
044			D8.6:9	ידלה שמעון מ 3 ר 2	מ	אומכס רֹ 1 חצי 1 חשוב
045	במ		C3.28:10	2 נתן נדבי לג 1	במ	1 פ יניא לגן 3 בר 1 מ
046			C3.28:37	1 מ 1 פ רחבל לג 1	במ	1 פ עֹבֹדֹי סֹ..דֹ
047	ומ		C3.28:89	1 עֹליא מ[....]א	ומ	1 באגרה שטריא ביד
048	לם		D3.47fragb:6	[...]פבי מ 3 [...]3	לם	1 ר 2 [...]סֹ 1 [...] מ[
049	מ	p abs	D8.4:10	1 מ 1 [..]פֹסיס ש	מ	2 [...]ן בר תנפי ש 2 מ 1
050			D8.4:15	ר 1 רבען 3 [... ...]	מ	2 תודרס מ 1 מצריא
051			D8.4:17	מ 1 מצריא תודרס	מ	2 תבא מ 2 שבתית תוא מ
052			D8.4:18	מצריא תודרס מ 2 תבא	מ	2 שבתית תוא מ 1 שלם מ
053			D8.4:3	1 מן [...]מ 3[... ...]	מ	2 רבען 3 [... ...].דֹא ר
054			D8.4:5	[...].דֹא ר 2 ש[...] 2	מ	2 [... ...].ס ר 2 [...
055			D8.4:7	בר דלוי . ש 1	מ	2 [..]. אנתתה מ 1 רבען 2
056			D8.6:3	מ 1 פ חניה ספרא	מ	2 פ בידיה ר 2 [פ]תלמיס
057			D8.4:26	בר אביתי מ 1 ר... סֹלפן	מ	2+3 [... ...]2....
058			D8.6:11	1 חצי 1 חשוב זעירא	מ	2+3
059			C3.28:44	ב פתו כאן 2 בש 3 שאר	מ^	2+3^ ארמֹיס לגן 3 [ב]ר
060			D3.47fragb:3	[...]3 .[...]מי...'	מ	3+3 [... ...]10 [...]פבי
061			D3.47fragb:5	[... ...]10 [...]פבי	מ	3 [...]3 לם 1 ר 2 [...]\ר

No.	Parse	Form	Ref	Preceding	Keyword	Following
062			D8.12:1	אותכס בר תודרס	מ	3 מנאס מ 3 ^לחמר אותכס 1
063			D8.12:2	בר תודרס מ 3 מנאס	מ	3 ^לחמר אותכס 1 זוזן
064			D8.12:3	1 זוזן ^1+3 פבא	מ	3 כרתרס מ 3 שבי בר בחי מ
065			D8.12:4	^1+3 פבא מ 3 כרתרס	מ	3 שבי בר בחי מ 3
066			D8.12:5	כרתרס מ 3 שבי בר בחי	מ	3
067			D8.6:9	שהדא 3. ידלה שמעון	מ	3 ר 2 מ אומכס ר 1 חצי
068		לם	D3.47fragb:10	...] השכחו [...] בצפרא	לם[	3 [...] בֹרה .[...]

מענה N utterance (?), concern (?)

No.	Parse	Form	Ref	Preceding	Keyword	Following
001	s ab/cn	מענה	C1.1:162	לעלא מנה כי מפתח פמה	מענׄה	אלה[ן] והן רחים אלהן הו

מערב N west

No.	Parse	Form	Ref	Preceding	Keyword	Following
001	s ab/cn	מערב	B3.5:7	בפתי אמן מן מועה עד	מערב	אמן בעשתא 1+3+3 כ 1
002			B2.4:3	איתי ארק בי 1 זילי	מערב	לביתא זילך זי אנה יהבת
003			B2.3:7	ובית זכריה בר נתן	מערב	לה בית אספמת בר
004			B3.7:7	עֹ[ל]י לה אוצר מלכא	מערב	[לה בית .... ל]ה
005		למערב	B2.3:5	ופשך 1 פתי מן מועא	למערב	אמן 1+10 בעשתא
006			B3.10:6	ופלג בעשתא ומן מועה	למערב	אמן 1+3+3 בעשתא לאברת
007			D2.10:4	ארך מן מוֹ[ע]א	למערב	א]מן ... [...] ... א]מן
008			B3.12:15	לך מן מועה שמש	למערב	ארך אמין 3+3+10 כ 2
009		מערב	B2.10:7	אלהא וארח מלכא בניהם	מערב	שמש לה בית מבטחיה ברת
010			B2.7:15	בר אושע ושקא בניהם	מערב	שמש לה בית חרוץ בר
011			B3.10:11	אלהא דבק לדרגא דך	מערב	שמש לה אגר תרי רבתא זילך
012			B3.11:4	להנפנא זי בנו מצריא	מערב	שמש לה הו בבא זילך למנפק
013			B3.12:18	אנתותה דבק אגר באגר	מערב	שמש לה אגורא זי יהו ושוק
014			B3.5:11	אלהא ושוק מלכא בניהם	מערב	שמש לה ביתה זי שתיבר
015		במערב	A4.1:7	יום 1+20 לניס[ן]	[במערב]	[שמשא .... ה]נעלו
016			A4.1:7	[יום 1+3+10 לניס[ן	ב]מערב	שמשא עד יום 1+20
017		למערב	B2.2:9	יהודי לדגל אתרופרן	למערב	שמש לה ובית [יז]ניה בר
018			B3.12:7	מן מועה למערב שמש	{למערב}	{שמש} ארך אמן 3+3+10
019			B3.4:9	זי מלכא דבק לה	למערב	שמש ^לה^ אגור יהו
020			B3.12:7	ויהבן לך מן מועה	למערב	שמש {למערב שמש} ארך אמן

מעשר N tithe

No.	Parse	Form	Ref	Preceding	Keyword	Following
001	s ab/cn	מעשר	C3.7KR2:19	1 כֹ 3+3+3+20	מעשר	סְפַּן ..[...] עק סמכת 3
002			C3.7ER1:21	[בה משׁ[ח]חֹמוֹשׁ	מע]שר	כֹסף גֹבר[יא זי ...[
003	s em/sf	מעשרא	C3.7GR3:2	[ח]דֹתֹ[ן 100×3]	מעשרא]	זי ג[בי מנה ועבי]ד על
004			C3.7GR3:9	2+3+3 ופלג כל	מעשרא	זי גבי מנה[ועביד על]
005		ומעשרא	C3.7FR2:12	1 כ[ל] מנדתא	ומעשרֹא	זי גבי מנהם ועֹביד על

מץ N wooden part of a boat

No.	Parse	Form	Ref	Preceding	Keyword	Following
001	p abs	מצן	A6.2:17	ארז לובר דֹשות	מצן	כנכר חד מנן עשרה כלא

מציעה N middle

No.	Parse	Form	Ref	Preceding	Keyword	Following
001	s em/sf	במציעתא	C3.28:112	בידה חרשא זילנא	במציעתא	חמרא זי יהבו לתלי שנתא

מצרית N Egyptian language

No.	Parse	Form	Ref	Preceding	Keyword	Following
001	s ab/cn	מצרית	B3.10:4	תרבצא הו פלג תחית	מצרית	ופלג דרגא ^ותחת^ מנה
002			B3.7:5	תרבצא] אמרן לה [	מצרית	[תחית ....]אלה

מקלו N burnt offering (Akk; GEA 377.24)

No.	Parse	Form	Ref	Preceding	Keyword	Following
001	s ab/cn	מקלו	A4.10:10	[ב]נה הוה וקן תור ענז	מקלו	[ל]א יתעבד תמה להן לבונה

מקם N official (?), supporter (?), oath administrator (?)

No.	Parse	Form	Ref	Preceding	Keyword	Following
001	p abs	מקמן	B7.2:8	על חרמביתאל אלהא בין	[מ]קמן	1+3 לא]מר] כחסן בביתך
002	p em/sf	מקמיא	B7.2:10	והן [לא] קרית לך בין	מקמיא	1[+3] אלה אף

מקרא N reading

No.	Parse	Form	Ref	Preceding	Keyword	Following
001	s ab/cn	מקרא	B2.11:4	על ידה בימן שניתת	מקרא	ארמית כזנה למבטחיה והא
002			B2.11:6	על ידה בימן שניתת	מקרא	ארמית כזנה למבטחיה אנת

מקרי N declaration

No.	Parse	Form	Ref	Preceding	Keyword	Following
001	s em/sf	ומקריא	B7.2:6	עבדת שאיל[ת]	ומקריא	על אלהן מטא עלי בדינא

מר N wine; cf. **חמר**

מר #2 N cf. **מד**

מרא N lord, master

No.	Parse	Form	Ref	Preceding	Keyword	Following
001	s ab/cn	ומרא	B3.2:6	בגו הן קבלת עליך דין	ומרא	בשם הירא [ז]נה זי קבלת
002			B5.4:2	אקבל עליך קדם סגן	ומ[רא	בשם ביתא זנה זי כתבת]
003			B4.6:14	[אק]בל ע[ליכי]לסגן	וֹ[מרא]	דין א[....]
004			B3.12:28	וזי יקבל עליך לסגן	ומרא	ודין בשם ביתא זנה זי
005			B3.10:19	ויקבל עליכי לסגן	ומרא	ועל בניכי אחריכי זי
006			B3.11:13	עליך ועל בניכי לסגן	ומרא	להעדיה ביתא זנה
007			B5.4:5	בר וברה לך קדם סגן	ומרא	ל[העדיה מנך ביתא זנה זי
008		למר	C3.7GVEx1:1		לְמֹר	ב 1+3 שנן למרא מלכן
009		מרא	A1.1:1	אל	מרא	מלכן פרעה עבדך אדן מלך
010			A1.1:6	כי	מרא	מלכן פרעה ידע כי עבדך]
011			A4.7:15	וצימין ומצלין ליהו	מרא	שמיא זי החוין בוידרנג
012			A4.8:14	צי[מן ומצלין ליהו	מרא	שמיא זי] חוינא בוידרנג
013		למרא	C3.7GVEx1:1	לְמֹר ב 1+3 שנן	לְמרא	מלכן סֹנח[אריב מ]לכא
014	s em/sf	מרי	D7.21:1	אל	מרי	מיכיה עבדך גדל שלם וחין
015		מראה	C1.1:198	ת.[....]	מראֹה	[....]אבא הויה %% צנפריא
016			C1.2:24	כספה וֹ...לֹ[....]	מראה	וישוה א״״ש בני
017		מראי	A3.1:V1	[ ]שֹזבנבו שלם	מראי	[....] כעת
018			A6.3:2	אנה הוית אתה [ע]ל	מֹרֹאֹ]י	.... עב]דן זי עחחפי
019			A6.6:4	אתעדי מן בין בגיא זי	מרא]י	
020			A3.9:1	אל]	מראי	יסלח עבדך [שוא שלם
021			A3.9:9	כתיב אגרתא ז[א] אֹ[ל]	מראי	יסלח בר[....]עבדך שוא
022			A3.11:1	אל	מראי	ישביה עבדך [שלם מראי

No.	Gram.	Form	Ref.	Preceding	Keyword	Following
023			A3.11:6	אל	מ[ראי	ישביה ....]
024			A3.7:2	שלמכי בכל עדן שלם	מראי	מנחם שלם מראתי אביהי
025			A5.3:1	אל	מראי	מתרוהשת עבדך פחים ש[לם
026			A5.3:4	אל	מראי	מתרוהשת
027			A2.4:1	שלם בית בנת בסון על	מראי	פסמי עבדך מכבנת ברכתך
028			A6.3:3	אנה מ....[...] אחרי על	מראי	פסמשכחסי שמה [בר ....
029			B8.2:5	שניתא [....]	מראי	[....] איר שנת
030			D1.16:1	בר ...[...] [... ...]שלם	מראי	[... ...] [... ...]י עלים חד
031			D1.9:3	[...] [... ...] [... ...]	מרא[י	... ...] מן דשך על
032			D5.1:4	כ[...] [...] מר[...]	מרא[י	...]
033			D6.6frage:1	...]	]מראי	[...] [...] [...]על[...]
034			D6.6fragh:1	...]	מר]אי	
035			D6.9fraga:1	...]	מר]אי	[...]א זי [...]..
036			A3.11:1	מראי ישביה עבדך [שלם	מראי	אלהיא ישאלו בכל עדן
037			A3.9:1	[יסלח עבדך] שוא שלם	מראי	אלהיא כלא [ישאלו] שגיא
038			A5.3:1	עבדך פחים ש[לם	מראי	אלהיא ישאלו בכל עדן] חיא
039			D6.3fraga:3	השכחת[...] [...].	מראי	א.[...] [...]ו סרדין
040			D1.22:1	... ...[.]. לא[...] [...]	מר]אי	בל [...]לוה מראי
041			A6.8:2	לא משתמען לי בצבות	מראי	זי אמר אנה להם כעת ארשם
042			A5.2:9	עביד לי וכע[ת הן על]	[מראי	טב י]שאל לתרוח ודינא
043			A6.3:5	וקרקו מני כען הן על	מראי	טב ישתלח על ארתונת [כזי
044			A5.3:2	[עדן] חיא חדה ושרירא	מראי	יהוי יתיר
045			A6.13:1	אמר לי בגא לם זי מן	מראי	יהיב לי במצרין זך מנדעם
046			D6.8fragf:1	...]	]מ[ר]אי	יתעשת לנא [....]
047			D6.6fragd:1	...]	מר]אי	ל[...]
048			D1.22:2	בל [...]לוה	מראי	[...].[...]ל[א]אית [...].
049			A6.13:2	לא מהיתין עלי הן על	מראי	לם כות טב אגרת מן מראי
050			D23.1.Va:10	זי [א]נה אמר ק[ד]ם	מראי	מלכא אית[י]לן ג[ברן
051			A5.2:8	[.... על] דנה קדם	מראי	שלחת לאמר כעשק עביד לי
052			D23.1.Va:9	אלה[ ]א[...]ן זנה	מראי	תה[ר]קא דח[..].
053			A6.13:2	לם כות טב אגרת מן	מראי	תשתלח על נחתחור פקידא
054		מראך	D7.11:8	שלם ידניה [...] זי	מראך	ול[...] לספרן המו
055			C1.1:191	את[רה ...] הן יפקד לך	מראך	מין למנטר [אל] תשתה]
056		מראן	A4.10:7	מה[חס]נן כן אמרן הן	מראן	[...] ואגורא זי יהו אלהא
057			A4.5:2	דריוהוש [מל]כא כזי	מראן	ארשם אזל על מלכא זנה
058			A6.1:1	[על	מראן	ארש]ם עבדיך אחמנש
059			A6.1:5	תחו[....] [על]	מראן	ארשם [ז]י במצרין
060			A4.7:1	אל	מראן	בגוהי פחת יהוד עבדיך
061			A4.8:1	אל	מ[ראן	בגוהי עבדיך ידני]ה
062			A4.7:2	זי ביב בירתא שלם	מראן	אלה שמיא ישאל שגיא בכל
063			A4.8:1	[שלם	מראן]	אלה שמ[יא] ישאל בכל עדן
064			A6.1:1	וספרי מדינתא שלם	מראן	אלהיא [כלא] [ישאלו שגיא
065			A4.8:17	על זנה שלחן שלחן על	מראן	א[ף] על יהוחנן] כהנא
066			A4.7:18	עביד לן אגרה שלחן	מראן	ועל יהוחנן כהנא רבא
067			A4.5:19	[....ה]ן על	מראן	ˆטבˆ שגיא עש[....]
068			A4.5:21	[....] [...] על]	מראן	טב יתשים [טעם ....]
069			A4.5:22	אנחנה הן על	מ[ראן	טב ....] [...
070			A4.7:23	יב כן אמריˆןˆ הן על	מראן	טב אתעשת על אגורא זך
071			A4.8:22	יב כן אמרן הן על	מר[א]ן	טב את[עשת על אגורא זך
072			A4.10:13	[....] נתן על בית	מראן	כ[....] שערן ארדבן אל[ף
073			B8.5:14	וסתרבני מלל על	מראן	ל[אמר] [... .]אלהא
074		מריה	A3.10:2	חדה בידכם ביני ובין	מריה	חזו חלקא זילי זי יאמר
075		ומראן	A4.10:12	מנחה [....]	ומראן	אודים יעב[ד ....]
076		למראה	C1.2:23	בלבה ויקטל איש	למ[רא]ה	על דבר כספה ו...לן]
077			C1.1:197	[....]	]למר[אה	....ש]מש בדינה כזי עבד
078			C1.1:197	כזי עבד לחיתא	ל[מ]ראה	[....].ת מראה
079		למראן	A4.5:10	תשטרס יתי[דע]	למראן	לקבל זנה זי אנחנה אמרן
080	p const	מרי	D7.15:3	יבנון לי אף על	מרי	אלפא טר מ.. ש.. ויעבד
081	p em/sf	מריהם	A4.4:8	זי לקחו אתבו אם על	מריהם	להן דכרו למרא[יהם כסף]
082		מראי	A4.2:17	נעבד מלה אל	מראי	יאדניה מעוזיה ע[בדכם
083			A4.2:1	אל	מראי	ידניה מעוזיה אוריה
084			A4.3:1	אל	מראי	ידניה אוריה וכהניא זי
085			A4.3:12	לא יתכסון מן ענני אל	מראי	ידניה אוריה וכהניא
086			A4.3:2	עבדך מעוזיה שלם	מרא[י	אלה שמיא ישאל שגיא בכל
087			A4.2:1	וחילא עבדכ[ם .... שלם	מראי	אלהיא כלא] ישאלו בכל עדן
088		מראיהם	A6.10:5	ומהוס[פן ע]ל בית	מראיהם	ואנתם כן לא עבדן כען אף
089			A6.10:4	מתנצחן גרדא ונכסי	מראיהם	חסין נטרן אף אחרנן
090			C1.1:73	יסתבלון קדם	מראיהם]	....
091			C1.2:24	וישוה אˆיˆש בני	מראיהם]	...]בספנן לקבלה ולא]
092		למראיהם	A4.4:8	על מריהם להן דכרו	למרא[יהם	כסף] כרשן 1×100+20

מראה N mistress, lady

No.	Gram.	Form	Ref.	Preceding	Keyword	Following
001	s em/sf	מראתי	A3.7:2	שלם מראי מנחם שלם	מראתי	אביהי ש[לם ....]ה
002			A3.7:1	אל	מראתי	שלוה עבדכי הושע ש[לם
003			A3.7:5	לאמר הבה בזהב אל	מראתי	שלוה עבדכי [הושע
004			D1.11:1	...[.]..ל.. ..[...] [...]	מר]אתי	א[... ...]שלם לי תנא
005			A6.15:8	מספת שלח גרדא לם זי	מראתי	כתש ונכסן לקח מנה כעת

מרבי N interest, excess

No.	Gram.	Form	Ref.	Preceding	Keyword	Following
001	s ab/cn	מרבית	B4.2:5	זי לא אנתן לך בה	מרבית	יהוה ראש וירבה ואשלמנהי
002			B4.2:3	אשלמנהי ל[ך] ותהוה	מרבית	כספך חלרן 3+3+1 לירח
003		ומרבי	B4.2:7	לי נבז על כל כסף	ומרבי	זי אהוה משלם לך והן לא
004	s em/sf	מרביתא	C3.8fraga:10	דוגיתי [....]ף על	מרביתא	כען
005			B3.1:6	מטת מרביתא לרשא ירבה	מרביתא	כרשא חד כחד והן מטא
006			B3.1:6	לירח חד הן מטת	מרביתא	לרשא ירבה מרביתא כרשא
007		במרביתה	B3.1:4	ארבעה באבני מלכא	במרביתה	ירבה עלי כסף חלרן 2
008		ומרביתה	D2.18:1	[...] [...	ומרביתה]	... ...] [... ...]כספא
009			B3.1:16	שלמו לך כספא זנה	ומרביתה	אנת משלם שליט למלקח
010			B3.1:14	שלמתך בכספא זנה	ומרביתˆהˆ	בני המו ישלמון לך
011			B3.1:15	ישלמון לך כספא זנה	ומרביתה	והן לא שלמו לך כספא
012			B3.1:11	לי עד תתמלא בכספך	ומרביתה	ולא אכל אמר לך ˆלםˆ
013			B3.1:18	להם עד תתמלא בכספך	ומרביתה	ולא יכלון יקבלון עליך
014			B3.1:12	ˆלםˆ שלמתך בכספך	ומרביתה	וספרא זנה בידך ולא אכל
015			B3.1:8	ולא שלמתך בכספך	ומרביתה	זי כתיב בספרא זנה אנת
016			B4.2:9	יעקף כספך	ומרביתה	זי ישתאר עלי ויהוה רבה
017			B4.2:8	לא שלמת לך כל כספך	ומרביתה	עד ירח תחות שנת

מרד A rebellious

No.	Parse	Form	Ref	Preceding	Keyword	Following
001	p em/sf	מרדיא	C2.1.4:8	שלחת לממטה ארדט]	מרדיא	א]תכנשו [אזלו]לערעה
002			C2.1.5:11	בתרתי רגליא	מרדיא	אתכנשו[ו אזלו] [לערקה זי
003			C2.1.5:15	[בתלת רגליא]	[מרדיא]	אֿתכנשו אזלו לערקה זי
004			C2.1.5:20	אזל לארדט לממטה	מרדֿ[י]אֿ	אתכנֿשו אזלן[ו לערקה
005			C2.1.5:22	[בתרתי רגליא]	מר]דיא	אתכנשו א[ז]לו לערקה זי
006			C2.1.4:10	] חילא זילי קטלו לחילא	מרדיא	ב לא]יר [עבדו]
007			C2.1.5:19	אמרת אזל חֿ[יל]א זך	מרדיא	[זי לא] [שמען לי קטל]
008			C2.1.8:55	זֿילי לחֿ]ילא	מרדיא	קטלו]בהם
009			C2.1.8:58	זי[לי קטלו לחילא]	מרדיא	קטלו בהם
010		למרדיא	A5.5:13	ינתן	למרדיא	
011			C2.1.4:5	ח]ילא זילי קטלו	למרדיא	אלך ב לטבת עבדו קרבא
012			C2.1.7:33	חילא זי לן[י ק]טלו	[למרד]יא	אלך ב לכסלו עבדו קרב
013			C2.1.5:13	] חילא זי]לי קטלו	למרדיא	בֿ 10+3+3+2 לאיר
014			C2.1.5:16	חילא זילי	למר[ד]יא	[ק]טלו ב לסיון [עבדו]

מרד V to rebel

No.	Parse	Form	Ref	Preceding	Keyword	Following
001	peal	מרדת	A6.7:6	אחר כזי מצרין	מרדת	וחילא הנדיז הוו אדין
002			C2.1.7:30	] מלכא כן אמר עלי	מרדת	מת] פרתו שמה מרגו מלך
003		מרדו	A6.10:1	וכעת קדמן כזי מצריא	מרדו	אדין סמשך פקידא קדמיא
004			A4.5:1	רֿבין דגלן זי מצריא	מרדו	אנחנה מנטרתן לא שבקן
005			C2.1.7:39	זעיֿר [זי מן קדמי לא	מר]דו	וחילא זי מדי זי עמ[י
006			C2.1.7:38	זי ב[א]נז [מן קדמי	מרדו	על]והי אזלו הו מ[לכ]א

מרזח N marzeaḥ

No.	Parse	Form	Ref	Preceding	Keyword	Following
001	s em/sf	מרזחא	D7.29:3	אמרת לאשין על כסף	מרזחא	כן אמר לי לם לאיתי כען

מרחטה N a woolen garment; cf. **מסחטה**

מרחק N removal

No.	Parse	Form	Ref	Preceding	Keyword	Following
001	s ab/cn	מרחק	B2.3:23	זנה בידכי אף איתי ספר	מרחק	1 זי דרגמן בר חרשין
002			D2.5:4	]דגלא .... ספר ###	מרחק	[... ...] [... ....]לתעובי
003			B2.10:20	אחיו בר נתן ספר	מרחק	זי כתב ידניה בר הושע
004			B2.2:22	בר ארוסתמר ספר	מרחק	זי כתב [דרגמ]ן בר
005			B2.8:14	נבורעי בר ושתן ספר	מרחק	זי כתב פיא למבט[חיה]
006			B2.9:19	זכור בר אושעיה ספר	[מרחק]	זי כתב מנחם ועניה כל
007			B2.3:25	לה כזי זילי הי וספר	מרחק	כתב ויהב לי ספרא זך אנה
008			B3.6:18	דלה בר גדול [ספר]	מרחק	זי כתב משלם בר זכור

מרט V to pluck out

No.	Parse	Form	Ref	Preceding	Keyword	Following
001	etpeel	מתמרט	D7.8:5	למגז עמרא זילה קדמא	מתמרט	בכבא כען אתה וגזה ביום

מריר A bitter

No.	Parse	Form	Ref	Preceding	Keyword	Following
001	s ab/cn	מריר	C1.1:89	חסין ולא איתי זי	[מ]ריר	מן ענוה% רכיך לשן מ[לך]
002	s em/sf	מררתא	C1.1:89	מ[לך] טעמת אֿנזעררתא	מררתא	ו[טעמ]א חסין ולא איתי

מרר V to be bitter

No.	Parse	Form	Ref	Preceding	Keyword	Following
001	peal	תמר	C1.1:148	ואל [י]בֿ[ל]עֿוך אל	תמר[ן	....] הן צבה אנת

מררו N bitterness

No.	Parse	Form	Ref	Preceding	Keyword	Following
001	s em/sf	מררותא	C1.1:123	כפן יהחֿלה	מררותא	[ו]צהוה[....]

מרש N beam

No.	Parse	Form	Ref	Preceding	Keyword	Following
001	s em/sf	ומרשה	B3.10:14	שליטא למסמך דחה	ומרשה	בפלגא דילך אף שליטא אנת

מרשא N trust (?)

No.	Parse	Form	Ref	Preceding	Keyword	Following
001	s ab/cn	ובמרשא	C3.29:3	דמוקלס לגין 10	ובמרשא	לדמכֿלס לגן 10 ב 2

משאלה N interrogation

No.	Parse	Form	Ref	Preceding	Keyword	Following
001	s em/sf	משאלתא	B8.8:6	[...] [....]..א אלך	משאלתא	זך יהוהֿ]
002			A5.4:5	על	משאלתא	ישתאלו עם
003			D2.30:2	זא בשלה[....] [...]ה	משאלתא	קראן ... [....]
004		במשאלתא	D1.32:3	[...]...[...] [...].ב.[.]..	במשאלתא	^3+3^ [...].פדֿ..

משאן N shoe

No.	Parse	Form	Ref	Preceding	Keyword	Following
001	s ab/cn	משאן	A3.2:2	ביתאלנדר [....]	משאן	1 זי [....]דֿס
002			B2.6:16	^תקם חפנן 2+3 שנן	משאן	^1 מחר או יום א[חר]ן
003			B3.3:5	חלרן 1+3+3 פלג שנן	משאן	1 משח בשם {{חפן 1}} פלג
004	p abs	משאנן	D3.16:10	1 תקם חפנן 2+3 שנן	משאנן	2 זלוין זי גמא חדת 1 על

משח V to anoint

No.	Parse	Form	Ref	Preceding	Keyword	Following
001	peal	משחין	A4.7:20	כארמלה עבידין משח לא	משחין	וחמר לא שתין אף מן זכי
002		משחן	A4.8:20	כארמלה עבידן] משח לא	משחן	וחמר לא שתין [אף מ]ן זך

משח N oil

No.	Parse	Form	Ref	Preceding	Keyword	Following
001	s ab/cn	מש	C3.29:6	ב 2+3 בה נקדרוס שיטא	מש	לגין 2+3+3 ב 3+3
002		משח	D1.19:4	שלחת לן[....] [....	מֿשח[	[.... ....]
003			D3.22:2	פתור ה[...] [...] 20	משח	[...]
004			D3.16:8	כרשן 10+3+2 ר 2 [ ]	[מש]ח	בשים חפן 1 תקם חפנן
005			A2.2:12	לכי תקבת 1 שפרת ואף	משח	בשם לבת בנת ולעד אשכח אש
006			D7.37:9	ואעב<ד>הי לי חמ[...]	משח	וטח[ן ...] ולא
007			B3.8:19	זי סלק 1 כפן למנשא	משח	זי [חסף]2 זי עק 2 זי
008			C3.7AR2:4	מנת משחא זי אשתכח [בה	משח	חמוש .... [כ]סף
009			C3.7BR1:22	מנת משחא זי אשתכח [בה	משח	חמוש ...] פלגֿ[
010			C3.7DR3:16	מנת משחא זי]אשתכח בה	[משח]	חֿמֿוש .... [....] [כסף
011			C3.7ER1:1	[משחא]זי אשתכח [בה]	משח	חמוש .... [כ]סף גבריא
012			C3.7ER1:21	[ז]ין [א]שת[כח]בה	מש[ח	חֿמֿוֹשֿ[מע]שר[...
013			C3.7JR1:11	[ ]מ[שחא זי אשתכח בה	מ[שח]	חמוש ...] [כסף גבריא זי
014			C3.7JR2:12	מנת משחא זי אשתכח בה	משח	חמוש ...] [כסף גבריא זי
015			C3.7KR1:2	[משחא זי אשתכח בה	מ[שח]	חמוש ...] [כסף גבריא זי
016			C3.7KR2:5	משחא זי אשתכח בהם	מ[שֿ]ח	חמ[ו]שׁ ..ךֿ .... [....]

No.	Form	Ref	Preceding	Word	Following
017		C3.7CR1:10	[משחא זי אשתכח בה	משח	חֹמֹוֹשׁ [...] [כסף גבריא
018		C3.7CR2:11	משחא זי אשת[כח בה	מֹשֹׁח	חֹמֹוֹשׁ יוֹ 20 [....
019		B3.8:20	חמריה שנן זי צל פרסין	מש[ח	חפ[נן 2 משח זית חפנן
020		A4.7:20	זילן כארמלה עבידין	משח	לא משחין וחמר לא שתין אף
021		A4.8:20	[זילן כארמלה עבידן	משח	לא משחן וחמר לא שתין [אף
022		C3.29:10	ב 10+3+1 לדמוקלס	משח	לגין 10+3 ב 20+1 בצו
023		C3.29:13	הוביותוס	משח	לגין 3+3 זנון ודמוקלס
024		C3.29:16	3+3+2 פליקראתס	משח	לגין 3+3+2 הרמונקתוס
025		C3.29:5	נקדרוס אפרודיתס	משח	לגין 10+3+1 ב 3+2 בה
026		C3.29:7	ב 3+3 פלוקיתס שיטא	משח	לגין 10+3 ב 10 זנון
027		C3.29:8	ב 10 זנון שיטא	משח	לגין 10+3 פתרתוס משח
028		C3.29:9	לגין 10+3 פתרתוס	משח	לגין 10+2 ב 10+3+1
029		B3.8:20	2 משח זית חפנן 3+1	משח	מ[ב]שים חפן 1 תקם חפנן
030		C3.7AR2:16	וֹפלֹגֹ 20+1ֹ	[מ]ש[ח	[ספן 3+3[3+] כ 2 יו
031		C3.7AR2:8	וֹפ[לג] 20+1	מש[ח]	ספן 3+3[3+] וֹפ[לג]
032		C3.7BR1:18	משחא זי אשתכח בה	מֹ[שח	ספן 20+20+10] מנדתא
033		C3.7BR1:3	[כנדן 20+1 ופלג]	משח	ספן 3+[3+3] כֹ 2 יוֹ
034		C3.7DR1:1		[משח]	ספן 3+3+3 כ..ן
035		C3.7DR2:4	[....חמר]	משח	ספן 10+3[3+] 3+ עק
036		C3.7DR3:12	משחא זי אשתכחֿ] בה	משח	ספן 20+20+10] מנדתא
037		C3.7DR3:21	כ[נד]ן 20+1[ופלג]	משח	סֹפֹןֹ 3+3[3+] ופלג] עק
038		C3.7DV1:7	3+[2]×100+1ֹ0+1	משח	ספן
039		C3.7DV2:8		משח	ספן
040		C3.7ER1:11	[חמר]ספן 20+1 ופלג	[משח	ס]פן 3+3+3 כֹ 2 #
041		C3.7ER1:17	משח[א]זי אשתכח בה	משח	סֹפֹןֹ 20+[20+10]
042		C3.7ER1:4	[20+1 ופלג	[מש]ח	ספן [3]+3+2[1+] ופלג
043		C3.7ER2:1		משח	[ספן 3+3[3+ ופלג עֹקֹ]
044		C3.7ER2:20	[זי אש]ת[כ]ח בה	מֹ[שח	ספן 20+20+10] מנדתא
045		C3.7ER2:8	[ ]20+1ֹ0[ופלג]	מֹשֹׁח]	ספן]1ֹ0 רֹבֹ[ע] עק
046		C3.7FR1:4	ר [...] [....]+1	[משח	ספן .[....] 20+20+20 עק
047		C3.7FR3:12	זי שנת 10+[....]	מש[ח	[ספן]1ֹ0 [....] נחש
048		C3.7FV3:7	כנדן 20+20+3+3+2	משח	ספן 1ֹ0+3+3 כ 2
049		C3.7GR2:9	כֹ 1	משח	ספן 10 רבע נחש שלמֹ[וא
050		C3.7GV2:9	כנדן 2×100+3+3+2	משח	ספן
051		C3.7HR1:2	זי[א]שתכחֿ] ב[הֿ	[משח	[ספן] 20+20+10
052		C3.7JR1:15	[כנדן [20+1 ופלג	[משח	ספן 3+3+3 ופלג] [עק
053		C3.7JR1:23	[כנדן] 20ֹ+1ֹ ופלגֹ	[משח	ספן 3+]3+3[כ 2 יו
054		C3.7JR1:7	[משחא]זי אשתכח בה	[משח	]ספֹןֹ[20+20+10]
055		C3.7JR2:16	כנ[דן 20+1 ופלג]	[משח	ספן 3+3+3 ופלג] [עק
056		C3.7JR2:23	[כנדן 20+1 ופלג]	משח	סֹפֹןֹ]1ֹ0 רבע] עק
057		C3.7JR2:8	זי אשתֿכֿ]ח בה	משח	ספן 20+20+10] מנדתא
058		C3.7	20+1[ו]פֹלֹ[ג]	[מש]ח	סֹפֹןֹ[... 3+[3 .[....].
059		C3.7KR1:13	[... ...] [... ...] [...]	[משח	ספן 3+3+3 כ 2 יו
060		C3.7KR2:11	וֹפלֹגֹ	[משח	ספן [...] עק] סמכת 3 [ספן
061		C3.7KR2:19	וֹפֹ[לֹ]ג	[משח	]ספן 20ֹ+3+3+3 כֹ
062		C3.7KR3:15	[כנדן 20+1 ופלג]	מש[ח	ספן 3+3+3 ופלג] עק
063		C3.7KR3:22	[כ]נֹדֹן 20+1 ופלג	משח	ספן 10 רבע עק סמכת 1
064		C3.7KR3:7	משחא זי א]שתכח בה	משח	סֹפֹןֹ 20+20+10
065		C3.7CR1:14	[כנדן 20+1 ופלג]	[משח	ספן 3+3+3 ופלג] [עק
066		C3.7CR1:22	[כנדן 20+1 ופלג]	[משח	ספן 3+3+3 כ 2 יו
067		C3.7CR2:15	סֹפֹןֹ 20ֹ+1ֹ ופלג	משח	ספן 3+3+3 ופלג עֹקֹ]
068		C3.7CR2:6	משחא זי אש]תכח בה	משח	[ספן 20+20+10]
069		C3.7DR1:20	משחא זי אשתכח בהם	מֹשֹׁ]ח	[.... [...] גֹּבֹרֹיֹּאֹ
070		C3.7DR2:13	חמר] [....	משח]	[.... +3+3+3 כֹּ 2ֹ
071		C3.7JV2:14	משחא זי אשת[כ]ח ב[ה]ם	משח	.[....] [כס]ף
072		C3.7KR3:11	[ ]זי אשתכֹחֿ בֹּהֿ	מֹשֹׁחֿ	..[....] [....]
073	משח.	C3.18:15	א 3+2 [...].רקחא זי	משח.]	[...] [....]כנתן א 3+2 .[.]
074	במשח	A2.1:7	תקם יתו לן ונתנהי	במשח	וכעת אל תצפי לן לי
075	ומשח	A2.4:10	תשכח לממה זבנת חטבת	ומשח	בשם למתיה לכן ולה אשכחת
076		C1.2:1	[....]. מלכא וזעק	ומשח	.[....] לבני על
077	משח	B3.3:5	פלג שנן משאן 1	משח	בשם {{חפן 1}} פלג חפנא
078		B3.8:20	צל פרסין משׁ[ח חפ]נן 2	משח	זית חפנן 3+1 משח
079		A2.2:11	עליהן תנה וכעת זבנת	משח	זית ליקה וכתן ואף לכי
080		C3.11:11	בר פטוסרי עבד	משח	זרע [...] נגדי קתן 3+1
081		C3.11:4	טיק 1 לכסף כרש 1 עבד	משח	זרע כתן איטשרי 1 לכסֹףֹ]
082	משחא s em/sf	C3.7AR2:4	[ח 10+2 ר 2] מנת	משחא	זי אשתכח [בה משח חמוש
083		C3.7BR1:18	רבה היּ לק]בל משחתה]	משחא	זי אשתכח בה מֹ[שח ספן
084		C3.7BR1:22	ח 10+2 ר 2 מנת	משחא	זי אשתכח [בה משח חמוש
085		C3.7DR1:19	רֹ 2ֹ מנת	משחא	זי אשתכח בהם מֹשֹׁ]ח
086		C3.7DR3:12	]רבה הי[ן לקבל משחתה]	משחא	זי אשתכחֿ] בה משח ספן
087		C3.7DR3:16	[....] מנת	משחא	זי [אשתכח בה משח] חֹמֹוֹשׁ
088		C3.7ER1:1	מנת]	משחא	]זי אשתכח ב[ה משח חמוש
089		C3.7ER1:17	]רבה הי לקבל משחתה	משח[א	]זי אשתכח בה משח סֹפֹןֹ
090		C3.7ER1:21	רֹ 2ֹ מנת	משח[א	ז]י[א]שת[כח]בה מש[ח
091		C3.7ER2:20	רבהֿ הי לקבל מֹ]שחתה]	משחא	[זי אש]תֿ[כ]ח בה מֹשח
092		C3.7HR1:2	הי לֹ[קב]ל מֹ]שחתה]	[מש]חֹאֹ	זי[א]שתכחֿ] ב[הֿ [משח
093		C3.7JR1:11	[ח 10+2 ר 2] מנת]	מ]שחא]	זי אשתכח בה מ[שח] חמוש
094		C3.7JR1:6	הי לקבל] משח]תה	[משחא	]זי אשתכח בה [משח
095		C3.7JR2:12	[ח 10+2 ר 2] [מנת	משחא	זי אשתכח בה משח חמוש [...
096		C3.7JR2:8	[ ]הֿי לקב]ל משחתה]	[מ]שֹׁחֹא	זי אשתֿכֿ]ח בה משח
097		C3.7JV2:14	[....] [מנת]	משחא	זי אשת[כ]ח ב[ה]ם משח
098		C3.7KR1:2	[....] [מנת	משחא	זי אשתכח בה מ]שח] חמוש
099		C3.7KR2:4	1ֹ0+3+3] ר 2] מנת	משחא	זי אשתכח בהם [מ]שׁ[ח
100		C3.7KR3:11	ח 10+2 ר 2] מנת	משחא	]זי אשתכֹחֿ בֹּהֿ מֹשֹׁחֿ
101		C3.7KR3:7	[ ]הֿי לקבל משח[תה]	[משחא	זי א]שתכח בה משח סֹפֹןֹ
102		C3.7CR1:10	[ח 10+2 ר 2] [מנת	משחא	זי אשתכח [בה משח
103		C3.7CR2:10	חֹ] 10+2 ר 2] מנת	משחא	זי אשת[כח בה] מֹשֹׁחֹ
104		C3.7CR2:6	[הי]לקבל] מֹשֹׁחֹתֹהֿ]	משחא	זי אש]תכחֿ בה משח [ספן
105	ומשחא	D7.55:2	זילי כתני וחמרא	ומשח[א	[... בר ישיב אזלת על

משחה N measurement

No.	Form	Ref	Preceding	Word	Following
001	משחת p const	B2.4:4	וספר כתבת לה אחרוהי	משחת	ביתא זך אמן 10+3 ופשך
002		B3.10:5	מנה בית פרסא הו זנה	משחת	ביתא זי אנה יהבת
003		B3.10:5	ברתי ברחמן זנה	משחת	ביתא זי אנה ענני יהבת
004		B3.12:15	בדמיא זי יהבת לן זנה	משחת	ביתא זי זבן ויהבן לך מן
005		B3.12:6	לן עליך מן דמיא זנה	משחת	ביתא זי זבן ויהבן לך מן
006		B3.5:5	לי מן אחריכי והא	משחת	ביתא זך זי אנה ענניה

007	p em/sf	משחתה	D2.10:9	[... א]רק ביתא זך זי	מש]חתה	...] [... ...] שליטן] ...
008			D2.10:4	[...]מ[..]ע[.].[.].[...] ...]	משח]תה	ארך מן מו[ע]א למערב
009			B2.3:4	בי 1 ארק זילי הוה	משחתה	ארכה מן תחתיה לעליה אמן
010			B3.10:11	בה ביתא זנה זי	משחת^ה^	ותחומוהי כתבן בספרא
011			B3.12:22	ותנעל ביתא זנה זי	משחתה	ותחומוהי כתיב בספרא זנה
012			B3.12:28	בשם ביתא זנה זי	משחת<ה>	כתב מנעל וזי ינפק עליך
013			B3.5:12	לה זנה חלק ביתא זי	משחת<ה>	כתיבן ותחומוהי אנה
014			C3.7BR1:17	[1 רבה] הי לק[בל	[משחתה]	משחא זי אשתכח בה מ[שח
015			C3.7DR3:11	ספינה 1 רבה הי[לקבל	[משחתה]	משחא זי אשתכח] בה משח
016			C3.7ER1:16	[1]רבה הי לקבל	משחתה	משח[א]זי אשתכח בה משח
017			C3.7ER2:19	1 רבה הי לקבל	מ[שחתה]	משחא [זי אש]ת[כ]ח בה
018			C3.7HR1:1	רבה הי ל[קב]ל	מ[שחתה]	[מש]חא זי[א]שתכח]
019			C3.7JR1:5	[1 רב]ה הי לקבל]	משח]תה	[משחא]זי אשתכח בה [משח
020			C3.7JR2:7	[1 רבה]הי לקב]ל	[משחתה]	[מ]שחא זי אשתכ]ח
021			C3.7KR3:6	[1 רבה]הי לקבל	משח[תה]	[משחא זי א]שתכח בה משח
022			C3.7CR2:5	[1]רבה[הי]לקבל]	[משחתה]	משחא זי אש]תכח בה
023		ומשחתה	B3.4:21	לך בית לדמות ביתך	ומשחתה	בר מן בר זי אפולי^זכר
024			B3.10:16	ביתא זי תחומוהי	ומשחתה	כתיבן ומלוהי כתיבן

משחק A worn out

001	s ab/cn	משחק	D7.26:3	לם [...]. על פכרס	משחק	[...]. זי למחסיה [....]שן

משך N skin

001	s ab/cn	משך	A2.4:8	הושר לי משכן מסת לבש	משך	1 והוי לקח שערן מן תשי
002			D4.4:4	וחטה 2[...] [... ל]בש	משך	1 ג[...] [...]. נע[...]
003	s em/sf	משכי	C1.1:166	לענזא אתי ואכסנכי	משכי[	ענת] ענזא ואמרת לנמרא
004	p abs	משכן	A2.4:7	תצבה שלח לי הושר לי	משכן	מסת לבש משך 1 והוי לקח
005	p const	משכי	A4.2:10	דבש תקם חתילן חבלן	משכי	צל שפן[....] מלין

משתל N basket (?)

001	s em/sf	במשתלא	D7.57:9	ובית ח 1 חדת וזינא	במשתלא	חתם

מת N land, region (Akk; GEA 377.25)

001	s ab/cn	מת	C2.1.7:30	[מלכא כן אמר עלי מרדת	מת]	פרתו שמה מרגו מלך עליהם
002		במת	C2.1.8:60	[ק]רק ארשד [ב]רתא	במ[ת	הרוחתי אזל אחר ו]ימן
003			B8.1:17	יבלוני	במת	נביה[....] מן
004			C1.1:70	בזך עדנא אשתמיע	במ[ת	....
005	s em/sf	מתא	C2.1.7:29	[אחר]	מתא	לי הות זנה זי בפרתו
006			C2.1.7:35	[אחר	מתא	לי ה]ות זנה זי אנה]
007			C2.1.8:62	קטלו [ואחדו]2+3 אחר	מת[א	לי הות זנה] [זי אנה
008			B8.1:16	ואחד[....] בנביה	מתא	מהחס[ן ....]
009			C1.1:36	למה הו יחבל	מתא	עלין אחר כזי [.... מלך
010		ומתך	B8.9:3	טעמ[א ....] [...]	ומתך	כנם אמרן וא[ף]אמרן
011		במתא	A1.1:9	פחה	במתא	וספר שנדור

מתן N gift

001	s em/sf	למתנא	D8.3:12	למתנא והענח אשל 1	למתנ[א]	פחי בר .[...] פי.[...]
002			D8.3:16	[...].. לפמן אשל 1	למתנא	
003			D8.3:5	פתו בר פתת אשל 1	למת[נא	...] שבתי בר ידלה אשלן
004			D8.3:11	אש[...] פתחור אשל 1	למתנא	והענח אשל 1 למתנ[א]
005			D8.3:7	פשנפור בר פתו	למתנא	פשנפמוי וצ.. אשלן

מתקלה N weight, standard

001	s ab/cn	במתקלת	A6.2:21	רקעתא זרניכא כבריתא	במתקלת	פרס יתיהב ישתלח לם
002			B2.11:11	כסף צריף כרשן עשרה	במתקלת	מלכא ורחיקן אנחנה מנך
003			B3.9:8	כסף כרשן תלתין	במתקלת	מלכא כסף זוז לעשרתא

נ s 14th letter of the alphabet

001		נ	D10.1:2	ג ד ה ו ז ח ט י כ ל מ	נ	ס ע פ צ ק ר ש ת
002			D10.2:4	ג ד ה ו ז ח ט י כ ל מ	נ	ס ע פ צ ק ר ש ת ב.
003			D22.28:1	ג ד ה ו ז ח ט י כ ל מ	נ	ס ע פ צ ק ר ש ת 1

נבז N receipt (cf. Akk; Kaufman 77)

001	s ab/cn	נבז	B4.2:6	לי מן אוצרא ותכתב לי	נבז	על כל כסף ומרבי זי אהוה

נגד V to draw towards oneself

001	peal	נגדי	C3.11:12	עבד משח זרע [...]	נגדי	קתן 1+3 זי שמהתהם לא
002		נגידן	C3.8IIIB:19	חנה.[...] בגו 1 כל 3	נגיד[ן	....]
003		נגידה	A6.2:8	נופת^י^א זי כרכיא	נגידה	על תבלא ואנחנה החוין
004	etpeel	יתנגד	A6.2:4	למע[בד ....]	יתנגד	על [ת]בלא וישתלח על

נגד N chief

001	s em/sf	ונגדא	A1.1:8	וטבתה עבדך נצר	ונגדא	זנה
002	p em/sf	נגדוהי	C1.1:10	עם[....]	נגדוהי	קרבתה קדם אסרחאדן מלך

נגי N region (?) (Akk; GEA 377.26)

001	s em/sf	נגיא	B4.3:3	[.... זי תחפנס	נגיא	לאמר יהבת] עלידן שערן
002			B4.4:3	[זי] [ת]חפנס	נגיא	לאמר יהבת על ידן שע[רן

נגר N carpenter (Akk; GEA 377.27)

001	p em/sf	נגריא	A6.2:22	שמו בר כנופי סגן	נגריא	ספיתכן לעינין אופשר
002			A6.2:9	שמו ב[ר] כנופי סגן	נגריא	ספיתכן וכן אמרו עדן הוה

נדר N vow

001	s em/sf	נדרא	D23.1.XIII:2	ליקרא הכתב זן ...א	נדרא	כללה בשנת 2+3 כתב

נדש V to demolish

No.	Form	Parse	Ref		Keyword	
001	נדש	peal	A4.9:6	זי וידרנג לחיא זך	נדש	בשנת 10+3+1 דריוהוש
002	נדשו		A4.8:9	אבן זי הוו באגורא זך	[נדשו	ודשיהום קימן וציריהום
003			A4.7:10	אבן זי הוו באגורא זך	נדשו	ודשיהם קימן וציריהם זי
004			A4.5:5	מלכא זי ביב בירתא	נדשו̇	ושור חד בנ[ו ב]מנציעת
005			A4.5:24	אגור]א זי לן זי ....]	נדשו	לן....]
006	נדשוהי		A4.7:9	תליהם עלו באגורא זך	נדשוהי	עד ארעא ועמודיא זי אבנא
007			A4.8:8	זניהום עלו באגורא זך	נדשוהי	עד ארעא ועמודיא זי
008	ינדשו		A4.7:8	אגורא זי ביב בירתא	ינדשו	אחר נפין דבר מצריא עם
009			A4.8:7	יהו אלהא ביב בירתא	ינדשו	אחר נפין זך דבר מצר]יא

נהר N river

No.	Form	Parse	Ref		Keyword	
001	נהרא	s em/sf	D7.9:14	הושרת לכם מן יד̇	נהרא	וקפירא [1] רבא זי יהב
002			C3.13:34	שנת[3+]3[1+] כסה	נ̇הר̇א	לתע̇]...] [....

נון N fish

No.	Form	Parse	Ref		Keyword	
001	נונין	p abs	B7.1:6	אנת]ן לך כל ....]	נונין	או דמיהם זי תמא [לי
002			B7.1:3	[לאמר] [....] עדבר	נונין	לאמר חמצת מני ושא]ילת
003	נונן		D7.35:8	שבה [...] ביד משלם	נונן	3 ו̇[...] ביד בעדי 3
004			B7.1:4	לך ביהו אלהא כזי	נונן	לא חמצ]ת מנך והן לא ימאת
005	נוניך	p em/sf	B7.1:5	או עבורא זנה דמי	נוניך	[שערן פרסן .... לא אנתן

נוס V to remove

No.	Form	Parse	Ref		Keyword	
001	מנס	(h)afel	A2.2:3	תנה אל תצפו לה לה	מנס	אנה לה מן מפי שלם פסמי

נופת N shipmaster (Pers; GEA 372.52)

No.	Form	Parse	Ref		Keyword	
001	נופתא	s em/sf	A6.2:7	ב[....]ה מ̇תרדת	נופתא	החוין ספינתא נחוי זי
002			A6.2:2	עלין מתרדת	נופתא	לם כן אמר פסמסני[ת
003	נופתיא	p em/sf	A6.2:8	כל תרין [....]	נופת־־א	זי כרכיא נגידה על תבלא

נזל V to dispose of

No.	Form	Parse	Ref		Keyword	
001	זולו	peal	A4.3:8	חור עלים חנניה אנתם	זולו	מן בתין נכסן לקבל זי
002	ולמזלכי		B3.6:7	לא שליט בך למשנתכי	ולמזלכי	מנדת כסף זי יקום עליכי

נזק N damage

No.	Form	Parse	Ref		Keyword	
001	ונזק	s ab/cn	A4.2:14	בצות מלכא וכלין להן	ונזק	ארשם וכפר צח]א

נחש N bronze, copper

No.	Form	Parse	Ref		Keyword	
001	נחש	s ab/cn	C3.13:13	[מלכא] כסין זי	נחש	1+20 כס כסף 1 קנן
002			C3.13:3	בר[...] כסין זי	נחש̇	1+20 כס כסף 1
003			B2.6:12	כסף שקל 1 ר 2 כסן זי	נחש	2 שוין כסף שקלן 2 זלוע
004			B3.8:15	כ[ל] ̂[מ]אנ[ן]ˆ זי	[נחש	2+3 כל לבשיא ומאני
005			B8.6:6	[....]ן̇ זי	נחש	2+3 כסן 10 מאנ̇ן
006			D1.12:7	[.] איתי[...] 1.. זי	נחש]ן	[... [... ...].לל[...]מן שאל
007			D2.18:3	[... ... כ]ל תון מאן	נ[חש	... ... [... ... ח]דתה ארך]
008			A6.2:16	מאה עשרן וחמשה טסן זי	נחש	אמן עשרן מסמריהם מאתין
009			B3.8:13	[שקל] 1 תמסא 1 זי	נחש	דמי כסף שקל 1 ח 10 כס
010			B3.8:14	שקל 1 ח 10 כס 1 זי	נחש	דמי כסף שקל [1 ח 10] כס
011			B6.2:7	10+3+2 זלוע 1 זי	[נחש	דמ]י כסף שקלן 2 זל[וע
012			B6.2:7	כסף חלרן 10 כס 1 זי	נחש	דמי כסף חלרן 10+3+2
013			B6.2:8	שקלן 2 זלו[ע 1] [זי	נחש	דמי כסף [...
014			C3.28:111	א 2 ר 1 בידה חרשא זי	נחש	וכלדסא ברת
015			C3.13:1	לן̇[...] זכרן כסין זי	[נחש	וכסף ... זי יהב] חנן בר
016			A4.7:11	וציריהם זי דששיא אלך	נחש	ומטלל עקהן ̂זיˆ ארז כלא
017			A4.8:10	[זי דששיא] אלך	נחש	ומטלל אגורא זך כלא עקהן
018			A6.2:12	תחת חלא חמשה מסמרי	נחש	ופרזל מאתין עקי ארז לובר
019			B2.9:5	לבשי קמר וכתן מאני	נחש	ופרזל מאני עק וחוצן עבור
020			B3.1:10	בי זי לבנן כסף ודהב	נחש	ופרזל עבד ואמה שערן כנתן
021			B3.13:11	זי לבנן עבד ואמה מאן	נחש	ופרזל לבוש ועבור ̂זיˆ
022			B4.6:12	[עבד ואמה מאן]	נח[ש]	ופר[ז]ל שערן
023			A6.2:15	בפשכן תלתה לחלא מסמרי	נחש	מאה וחמשן לחד פשכן תלתה
024			B3.8:13	3+3+2 ^3+2^ מאני	נחש	מחזי 1 דמ[י] כסף [שקל]
025			C3.7GR4:4		נ̇ח̇[ש	...]ע̇ק̇[י ...]
026			B2.6:11	3+3+1 מחזי 1 זי	נחש	שוה כסף שקל 1 ר 2 תמסא
027			B2.6:13	כסף שקלן 2 זלוע 1 זי	נחש	שוה כסף ר 2 כל כספא ודמי
028			B2.6:12	שקל 1 ר 2 תמסא 1 זי	נחש	שויה כסף שקל 1 ר 2 כסן
029			C3.7DV1:8		נחש	שלמוא כרשן 2×לף+1×100
030			C3.7DV2:12	[כפר צע....]	נח[ש]	שלמוא כרשן
031			C3.7FR2:18	1×100+20+20+20	[נח]ש	ש̇ל̇[מוא]כ̇ר̇ש̇[ן]1
032			C3.7FR3:13	[ ]ספן] 10̇[....]	נחש	ש̇ל̇[מוא ....]
033			C3.7GR2:10	כ̇ 1 משח ספן 10 רבע	נחש	שלמ̇[וא כר]שן 1×לף ...
034			C3.7GR3:21	כרשן 2×10000 [1]×לף	נחש	ש̇ל̇מ̇[וא כרשן 3+3×לף
035			C3.7GV2:13	לף ×[100]	נחש	שלמוא [....] א̇[פ]ף̇
036			C3.7KR4:21	]10̇ [....	נ̇ח̇ש̇	ש̇ל̇מ̇א̇[וא כרשן 1×100]
037	ונחש		B2.8:4	על כסף ועבור ולבוש	ונחש	ופרזל כל נכסן וקנין וספר
038	נחשא	s em/sf	B3.8:15	[3+2 כל לבשיא ומאני	נ]חש[א]	ותכ[ו]נתא ומהרא כסף
039			A3.9:5	[הנ]פק מ̇נ̇י	נחשא	זי ....]
040			C1.1:121	מיא[....] ב̇ב̇ית	נ̇חשא	נפלת ססא] נ̇פ̇שי לא תדע
041	נחשן	p abs	B8.4:5	מני [..]נ̇י̇ אסרן 2	נחשן	מ̇נ̇י̇ן 10 וכתשוני
042	נחשיא	p em/sf	C3.28:49	2 ברא מן 2 פתחן	נחשיא	זי יהבו על תמריא זי פחן

נחת V to go down

No.	Form	Parse	Ref		Keyword	
001	ונחת	peal	D23.1.Va:7	[...]י מלן ע̇[ש]ת	ונחת	באלפ[א] .כ̇ס̇. .ל̇ו̇מ̇..
002	יחתון		C1.2:6	[...] באלך וגרמיך לא	יחתון	שאול וטללך ל[א ....]
003	חת		A3.8:7	זא [ת]מטא עליך אל תקום	חת	מנפי לעבק הן השכחת כסף
004			A3.8:13	י [...] מליהם אל תקום	חת	לעבק ולעבק הנחת לי כתון 1
005			A3.8:7	לעבק הן השכחת כסף	[ח]ת	לעבק והן לא השכחת אפם חת
006			A3.8:8	לעבק והן לא השכחת אפם	חת	לעבק אזל על ביתאלתדן
007	נחת		A3.8:11	לך [ש]לח עלי כען הן	נחת	אנת 1 למנפי אל תשבק
008			D1.1:5	חי שלמ[... ... ...]ש	נחת	יתו ל[... ... ...]. .נסי.
009	ולמנחת		B3.7:10	אנת[י ל]מנסק	ולמנחת	בדרגא ז[ך זי ב]יתי
010			B3.7:13	בהן למנסק עלא	ולמנחת	ולמנפק ברא אנה ענני
011	ומנחת		B3.10:15	בפלג דרגא למסלק	ומנחת	זנה (זנא) ביתא זי

No.	Gram.	Form	Ref.	Preceding	Word	Following
012		למנחת	C3.16:1	2 לטבשל[ם] [....]א	למנחת[	...] [....]. מהיתה ע[ל]
013	pael	ומנחתותהם	C1.1:170	אנ[ש]א מנשא רגלהם	ומנחתותהם	מן בלע[די אלה]ן ל.[...]
014		למנחתותה	C1.1:171	לא בידיך מנשא רגלך	למנחתותה	%% הן נפקה טבה מן פם
015	(h)afel	הנחת	B8.12:3	[....].ור	הֹנֹחֹתֹ	.... חרסֹיֹסֹי
016			D1.13:5	כזי י[... ...]מנפי	הנחת	זנ[ה ...] [... ...]. ערבנן
017			A3.8:13	אל תקום חת לעבק ולעבק	הנחת	לי כתון 1 בידך על
018		למחתה	A2.5:6	בר ביתאלשזב זי אתה	למחתה	לבמרשרי אתריה ומהי דה

נחת — N — stand (?)

No.	Gram.	Form	Ref.	Preceding	Word	Following
001	s ab/cn	נחת	D7.9:12	בסון שלחי עלי חזי	נחת	קפירא זי היתת בידי̇

נחתום — N — baker

No.	Gram.	Form	Ref.	Preceding	Word	Following
001	s em/sf	נחתמא	D8.9:7	1 לגן 10[...] [...]י	נחתמא	בר י.[...] [...]שלמצין

נטח — V — to be cast down

No.	Gram.	Form	Ref.	Preceding	Word	Following
001	peal	נטחוהי	C1.1:103	אֹנֹשֹא בעֹרֹהֹ כל	נטחוהי	הוין [קרית] רשיען ביום

נטל — V — to lift up

No.	Gram.	Form	Ref.	Preceding	Word	Following
001	peal	נטלת	C1.1:105	[....] %% עיני זי	נטלת	עליך ולבבי זי יהבת לך

נטר — V — to watch, guard, preserve

No.	Gram.	Form	Ref.	Preceding	Word	Following
001	peal	נטר	A6.10:2	[זי] במצרין חסין	נטר	כן כזי מנדעם כסנתו לא
002		נצר	A1.1:8	וטבתה עבדך	נצר	ונגדֹא זנה
003		ינטרנהי	C1.1:208	ומ[....] הו	ינֹטרנהי	[לענז]א אמיר מית
004		טר	D7.15:4	לי אף על מרֹי אלפא	טרֹ	מֹ.. שֹ.. ויעבד ל[י
005			C1.1:82	טרפי[הם] מן כל מנטרה	טר	פמך ועֹלֹ זי ש[מעת]
006		טרו	A6.10:6	ונכסי[א זיל]י חסין	טרו	כן כזי מ[נ]דעם כסנתו לא
007		נטרן	A6.10:4	ונכסי מראיהם חסין	נטרן	אף אחרנן בעי[ן] מן אתר
008		למנטר	C1.1:191	הן יפקד לך מראך מין	למנטר	[אל] תשתֹהֹ[...] למשבק
009	etpeel	יתנטר	C1.1:96	איש עם אלהן ומה	יתנטר	עלאון גוה [...]

ניח — N — tranquility; cf. **בר חרין**, entry 002

נכסין — N — property, goods (Akk; GEA 377.28)

No.	Gram.	Form	Ref.	Preceding	Word	Following
001	p abs	נכסין	A4.7:16	כבלא מן רגלוהי וכל	נכסין	זי קנה אבדו וכל גברין
002		נכסן	C1.1:66	[....]	נכסן	אנה אנתן לכם כמס[ת
003			B2.9:12	ואחיכם ואיש לכם ב[ש]ם	נכסן	וכסף עבור ואחרן זי
004			B2.8:4	ולבוש ונחש ופרזל כל	נכסן	וקנין וספר ^אנתו^ אדין
005			A4.8:15	כבלוהי מן רגלוהי וכ[ל	נכסן	זי קנה אבדו וכל גבר זי]
006			B3.3:11	שליט^ה^ {{בפלג}} בכל	נכסן	זי יהוון בין ענני ותמת
007			B3.3:12	שליט {{בפלג}} בכל	נכסן	זי יהוון בין {{בין}}
008			B2.9:6	עק וחוצן עבור ואחרן	נכסן	לאמר אסחור אבוכם לקח מן
009			A4.3:9	אנתם זולו מן בתין	נכסן	לקבל זי ידכם מהשכחה הבו
010			A6.15:10	אית לך ומה זי לקחת	נכס[ן]	מן גרדא התב הב להם כן
011		ונכסין	A4.8:5	[זי ביב] בירתא כסף	ונכסין	יהבו לוידרנג פרתרכא זי
012		ונכסן	A6.10:3	גרד אמנן וספזן	ונכ[ס]ן	אחרנן שפיק בעה ועבד על
013			B7.3p:2	לא.. ת. [...].. כל כסף	ונכסן	[זי]ישתכח אחרי מותי
014			A4.5:4	פרתרך תנה הוה כסף	ונכסן	יהבו לה איתי קצת מן
015			B7.2:5	כחסן וכתשת לאנתתי	ונכסן	כחסן הנפקת מן ביתי
016			A6.15:9	לם זי מראתי כתש	ונכסן	לקח מנה כעת אנת וגרדא
017			B2.7:5	המו ולא השכחת כסף	ונכסן	לשלמה לכי אחר אנה יהבת
018			B7.2:9	זילך לא כתשת	ונכסן	מן ביתך כחסן לא לקחת
019			C1.1:74	סבל שגיא	וֹנכסן	שפיֹ[ען ....
020	p const	נכסי	D23.1.Va:6	אֹזֹלֹ להי עם[כל	נ]כֹסֹיֹ	ובית[ה]יֹהֹיב לפסמשך
021		ונכסה	D3.45:2	[...] [...]דֹי	ונכסהֹ	פֹמ[...] [...].מי
022		ונכסי	A6.10:4	בשוזיא מתנצחן גרדא	ונכסי	מראיהם חסין נטרן אף
023	p em/sf	נכסיא	A6.10:8	לך הן מן גרדא או מן	נכסיא	אחרנן זילי מנדעם כסנתו
024			B3.8:41	זכור יאמר לאח[ת]ה	נכס[י]א	אלה ברחמן יהבת
025			B6.4:7	] לה] ולסלוא ברתה כזי	נכסיא	^[א]לה^ וכספא זי כתיבן
026			B2.8:6	דכא זי עבדתי לי על	נכסיא	אלך ורחקת מנכי מן יומא
027			B2.8:8	ובר וברה לכי בשם	נכסיא	אלכי זי ימאתי לי עליהם
028			B2.9:8	הוטבתם לבבן באלך	נכסיא	וטיב לבבן בגו מן יומא
029			B2.9:15	והו אפם רחיק מן אלה	נכסיא	זי רשין עליהם ולא דין
030			B3.8:23	] חלרן 3+1]+1 ושארת	נכסיא	זי כתיבן ינתן לה ביום 1
031			D1.11:3	תמ[רן ... ...] [...]	נכסיא	זי [... ...].נגא .[.]חוֹ..[...]...
032			B2.6:14	כסף ר 2 כל כספא ודמי	נכסיא	כסף כרשן 3+3 שקל 2+3
033			B3.3:6	פיק 1 כל כספא ודמי	נכסיא	כסף כסף שקלן 3+3+1
034			B2.9:5	רב חילא לאמר אית[י]	נכסיא	לבשי קמר וכתן מאני נחש
035		נכסי	D1.17fragb:6	כים ושהדו על כל	נכס[י	... ...] [... ...]א ואחריא
036			B2.6:35	מלכא ולא אכל [אהנ]תר	נכסי	וקניני מן מפטחיה והן
037			A6.3:5	] 1] כל גברן 3+3+2	נכסי	לקחו וקרקו מני כען הן על
038		נכסיה	B2.7:4	למפטחיה ברתי חלף	נכסיה	זי יהבת לי כזי הנדז
039			B3.8:27	ח 3+2 ושארת	נכסיה	זי כתיבן ינתן לה ביו[ם
040		נכסיך	B2.7:6	לכי לביתא זנה חלף	נכסיך	אלך דמי כסף כרשן 3+2
041		בנכסיה	B2.6:21	אסחור הו ירתנה	בנכסיה	וקנינה מחר א[ו]יום
042		ונכסיא	A4.4:8	זי עלו בהן ביב	ונכסיא	זי לקחו אתבו אם על
043			B4.6:4	סתתרי 1 מן קצת כספא	ונכסיא	זי על ספר אנתותכי אנה
044			A6.10:6	אנתם [א]תנצחו גרדא	ונכסי[א	זיל]י חסין טרו כן כזי
045			A6.10:1	פקידא קדמיא גרדא	ונכסיא	זילנא [זי] במצרין חסין
046		ונכסוהי	B2.6:19	בביתה זי אסחור	ונכסוהי	וקנינה וכל זי איתי לה
047			B2.6:30	מן ביתה זי אסחור	ונכסוהי	וקנינה ינתן לה כסף
048			B3.8:29	הי [א]חדתה בביתה	ונכסוהי	וקנינה [ותכונתה וכ]ל
049			B3.8:31	ביתה [זי ע]נג[יה	ו]נכס[והי	וקנינ]ה וכל זי איתי
050			B6.3:4	] הי שליטה בביתה]	[ונכ]סֹוהי	ו[קנינה וכל זי אית לה
051			B6.3:8	] בביתה זי שלומם	ונכסוהי	וקנינה] וזי יקום
052			B6.3:9	] מן ביתה זי שלומם	ונכסוהי	ינתן] לאביהי אנתתה
053		ונכסיה	B3.8:27	מנה עם שארת תכונתה	ונכסיה	וקנינה[דמי כסף כרשן
054			B3.8:35	ירתנה [בתכו]נ[ת]ה	ונכסיה	וקנינה וכל זי איתי לה
055		ונכסיהם	D23.1.III-IV:8	להם ולב[תיהם	ונ]כסיֹהם	נֹתֹן לאחרנן ..[..]מן
056		...נכסיהום	C2.1.3:2	הקימת[....]	[....]נכסיהום	

נכרי A alien

001	s ab/cn	נכרי	*C1.1:159*	ולא איתי זי יקיר מן	נכ[רי]	נשאית תבן ונסבת פרן
002	p em/sf	לנכריא	*C1.1:139*	הגשש ביתי ומה אמר	לנכריא	[ברי] הוה לי שהד חמס

נכת V to bite

001	peal	נכתני	*A2.5:8*	לה הושרתן לי ואנה	נכתני	חויה והות מית ולה שלחתן

נמר N leopard

001	s ab/cn	נמר	*C1.1:210*	אחרוהי [....] ינסח	נמר	מן גלדי %% רג[...]בכותא
002	s em/sf	נמרא	*C1.1:166*	לענזא והי עריה ענה	נמרא	ואמר לענזא אתי ואכסנכי
003			*C1.1:166*	יקראון לקפא לבא	נמרא	פגע לענזא והי עריה ענה
004			*C1.1:167*	מני כי לא [ישא]ל	[נמרא]	שלם טביא להן למונק דמה
005		לנמרא	*C1.1:167*	ענת] ענזא ואמרת]	לנמרא	למה לי כסיכי גלדי אל

נסב V to take

001	peal	ונסבת	*C1.1:160*	נכ[רי] נשאית תבן	ונסבת	פרן ולא {ולא} איתי זי

נסח V to remove

001	peal	ינסח	*C1.1:210*	מן אחרוהי [....]	ינסח	נרם מן גלדי %% רג[...
002		וינסח	*C1.1:156*	יאפך אל פם אפכא	וינסח	לשן]

נסך N libation

001	s em/sf	לנסכא	*D7.9:1*	זי יהב לי אוריה	לנסכ֯א	הביה לגמריה בר אחיו
002	p abs	נסכן	*C3.13:7*	למנסך	נסכ֯ן]	[.... זי ב[ס]תתרין 2

נסך V to pour out

001	peal	למנסך	*C3.13:7*	1+1[+1+]1+3[ ]	למנסך	נסכ֯ן] [....] זי

נעבץ N stone inlay (?)

001	p abs	נעבצן	*B2.6:15*	בגו שוי 1 זי גמא בה	נעבצן	זי אבן 1+3 פק 1 זי
002			*B3.8:18*	ת.[.] זי גמא 1 חדת בה	נעבצן	זי אבן שש [2]+1+3

נעל V cf. עלל V, entry 023

נער V to bray, to roar

001	peal	נער	*C1.1:174*	מה חסין הו מן חמר	נער	ב[.]תא ברא זי יתאלף ויתסר

נפא N relating to a lawsuit

001	s ab/cn	נפא	*B2.9:4*	אנ[ח]נה רשינכם בדין	נפא	קדם רמנדין פרתרך
002		בנפא	*B7.2:4*	[א]נת קב[לת עלי	בנפא	אנת [על]ת [בביתי] כחסן

נפחר N total (Akk; GEA 377.20)

001	s ab/cn	נפחר	*C2.1.8:49*	[עמה כלא בזקיפא] שמת	נפחר	קטליא וח[ייא זי חילא
002			*C2.1.8:61*	[וחרא זי עמה הוה ק]טלו	נפחר	ק]טיליא וחייא זי]

נפי V to winnow, to sift

001	peal	ינפי	*D7.5:4*	ואף זעירתא [....] אל	ינפי	מנהם הלו שגא זי לא

נפל V to fall

001	peal	נפלת	*C1.1:121*	בבית נחשא	נפלת	ססא] נפשי לא תדע ארחא

נפק V to go out

001	peal	נפקת	*C2.1.5:25*	[כן אמר אחר מן בב[ל	[נפ]קת	אזל מ[די] לממטה מדי
002			*A2.5:3*	לן מן סון ואף מן זי	נפקת	מן סון שאל לה הושר לי
003			*A3.3:6*	איך ביתא עביד ואיך	נפקת	הן יהו[....] [....
004		נפק	*D1.20:5*	[...] [... ...]לין מן זי	נפק]	... ...] [...] עבדו לי
005			*A4.7:5*	מלכא כזי ארשם	נפק	ואזל על מלכא כמריא זי
006			*A4.8:4*	מלכא כזי ארשם	נפק	ואזל [על] מלכא [....
007		נפקת	*C1.1:140*	אפו צדקני %% מן ביתי	נפקת	חמתי עם מן אקשה ואעפה
008			*C1.1:139*	לחה הו [מן בי]תי	נפקת	לחיתי ועם מן אצדק %% בר
009			*C1.1:135*	[....]י ומן אלהן לא	נפקת	%% [....] לזעי[ר זי בעדבך
010		נפקתם	*A3.3:3*	בשלם כעת מן יום זי	נפקתם	מן מצרין פרס לא י[היב
011		תנפק	*B2.1:12*	זך לא זילך הו ולא	תנפק	בשוקא זי בינין ובין בית
012			*B3.12:22*	פתיח לשוק מלכא מן תמה	תנפק	ותנעל ביתא זנה זי משחתה
013			*D7.8:9*	תרחענה תגזנה והן לא	תנפק	יומא זנה שלח לי וארחעה
014			*C1.1:172*	פם א[נש טב] והן לחיה	תנפק	מ[ן] פמהם אלהן ילחון להם
015			*D7.8:12*	זנה שלח לי וארחעה עד	תנפק	שלם אחטב כען על לחמא זנה
016		ותנפק	*B3.8:26*	שקלן 1+3+3 ר [2]	ותנפק	מנה עם שארת תכונתה
017			*B2.4:9*	אחר ברתי תשנאנך	ותנפק	מנך לא שליטה הי למלקחה
018		ינפק	*D7.10:7*	הן לא שבו לנתן תמה	ינפק	עלי ואהך אגרס [...]
019		תנפק	*D7.10:4*	לחם ומין] כען] [...	תנפ]ק	לי אחוטב להן [....] י]ום
020		נפקה	*C1.1:171*	רגלך למנחתותה %% הן	נפקה	טבה מן פם א[נש טב] והן
021		ולמנפק	*B3.7:14*	למנסק עלא ולמנחת	ולמנפק	ברא אנה ענני יהבת לך
022		למנפק	*B2.1:14*	שליט למפתח תרעא זך	למנפק	בשוקא זי בינין כתב
023			*B3.10:14*	דילך אף שליטא אנת	למנפק	בתרע זי תחית הו תרבצא
024			*B3.11:3*	דרגה ותרבצה הו בבה	למנפק	ודנה תחומוהי מועה שמש
025			*B3.11:4*	שמש לה הו בבא זילך	למנפק	ושוק מלכא בינים עליא לה
026	(h)afel	אפקת	*D3.27:2*	...] [...]ק[...]. 10	אפקת[	ב.[..] [... ...] רגליך
027		הנפקת	*C3.8I:2*	ה]ה זי הות בפשי	הנפקת	מן תמה[...]
028			*B7.2:5*	לאנתתי ונכסן כחסן	הנפקת	מן ביתי ולקחת לנפש[ך]
029		אפק	*D6.14fraga:1*	...	אפק]	... [.]לכלכי[...] יד[...]
030		הנפק	*A3.9:5*	לעליא הב]...	הנ]פק	מני נחשא זי
031		הנפקה	*C1.1:93*	והו ז[י]תביר	הנפקה	ברא אריא אזל קרב לש[לם
032		ואפק	*D23.1.Va:8*	ושכרו. ה הקם	וא[פ]ק	על תהרקא מלך כשיא]
033		ואפקני	*A2.6:4*	א[....]	ואפקני	אנה וברי וכתבת לה על].
034		הנפקו	*A4.7:16*	בוידרנג זך כלביא	הנפקו	כבלא מן רגלוהי וכל
035			*A4.8:15*	בוידרנג זך כלביא	הנפקו	כבלוהי מן רגלוהי וכ[ל
036			*C3.7EV1:12*	[תשי]דמי נתרא זי	הנפקו	לימא בה [כסף כרשן ...

No.	Form	Ref	Preceding	Keyword	Following
037		C3.7EV1:1	[תשי דמי נתר]א זי	הנפקו	לימא[בה]כסף כ]רשן
038		C3.7EV2:14	תשי דמי נתרא זי	הנ[פק]ו	לי[מ]א[בה כסף כרשן
039		C3.7EV2:16	[תשי]דמי נתרא זי	הנפקו	לימא בה[כ]סף כרשן [...].
040		C3.7EV2:18	תשי דמי נ[תרא]זי	הנפקו	לימא בה כסף[כרשן ...] ב
041		C3.7EV2:2	[ת]שי דמי[נתרא ז]י	ה[נפ]קו	לימא בה[כסף כרשן ...]
042		C3.7EV2:4	[ת]שי דמי נתרא זי	הנפקו	ל[ימא בה כסף כרשן
043		C3.7GV5:16	[תשי דמי נתרא] זי	הנפקו	לימ[א] בْ[ה כסף כרשן
044		C3.7GV5:19	[תשי דמי נתרא זי]	[הנפקו]	לי]מא בה כסף[כרשן
045		C3.7GV5:21	תש[י דמי נתרא זי	[הנפקו]	לימא בהם כסף כרש]ן
046		C3.7KV2:1		הנפקו	לימא בהם כסף כרשן
047		C3.7KV2:10	תש[י דמי נתרא זי	הנפקו	לי[מ]א בה כ[סף כרשן ...].
048		C3.7KV2:12	[תשי דמי נתרא] [זי	הנפקו	לימא בהם כסף כרשן ...]ו
049		C3.7KV2:15	[תשי דמי נתרא זי	הנפקו	לימא בה כס]ף כרשן 10 ש
050		C3.7KV2:17	[תשי דמי נת]ר[א]זי	הנפקו	[לימא בה כסף כ]רשן
051		C3.7KV2:19	תْשי דמי נתרْא זי	ה[נפקו	ל]ימא בה כסף כרשן
052		C3.7KV2:21	תש[י] דמי נת[ר]א זי	הנפקו	ל[ימא בה כ]סף כרשן 3+3
053		C3.7KV2:23	תשי [דמי נת]רא [זי	הנפקו	לימא בה כס]ף כרשן
054		C3.7KV2:25	תשי דמי נת[ר]א זי	[הנפקו]	לימא בה כסף כרשן
055		C3.7KV2:4	תש]י דמי נתרא זי	הנפקו	לימא בה כסף כרשן
056		C3.7KV2:6	תשْי דמי נתْרْא זי	הנפק[ו]	לימא בה כסף כר[שן
057		C3.7KV2:8	תשי דמי נתרא זי	הנפק[ו]	לימא בה כסף כרש]ן ...
058		C3.7KV3:10	תשי ד[מי נתרא זי	הנ]פקו	[לימא]בה[כסף כרשן
059		C3.7KV3:13	[תשי]דמי נת[ר]א זי	הנפק]ו	לי]מ[א ב]ה כס[ף כרשן
060		C3.7KV3:15	[תשי] דמי נתרא זי	הנפקו	לי[מא] בהם כסף כ[רשן
061		C3.7KV3:18	תשْי דמי נתרא זי	הנפק]ו	לימא בה כסף כרשן
062		C3.7KV3:20	תשי [ד]מי נתרא זי	הנפקו	לימא ב]ה כסף כרשן
063		C3.7KV3:22	תשי[דמי]נתרא זי	הנפקו	לימא ב]ה כסף כרשן
064		C3.7KV3:3	[ת]ש[י]דמי נתרא זי	הנ]פקו	לימא בה כסף כרשן ....]
065		C3.7KV3:5	[תשי דמי נתר]א[זי	הנפקו	לימא בה כ]סף כר[שן
066		C3.7KV3:8	כספא תשי דמי נתרא זי	הנפקו]	לימא בה כסף כרשן
067	אפק	D23.1.Vb:6	למצרין ומצרין[	אפْק	זْי מ[...] וْחיל.
068	יהנפק	A6.13:3	זי עד מנדת בגיא אלך	יהנפק	ויהיתה עלי עם מנדתא זי
069		A6.13:5	ורוהי אספרן והדאבגו	יהנפק	ויהיתה ויאתה עם גנזא זי
070		B3.11:16	כתב בספרא זנה זי	יהנפק	כדב הו זנה ספרא זי אנה
071		B2.7:11	אף לא יכל גבר אחרן	יהנפק	עליכי ספר חדת ועתק להן
072	ינפק	D6.8fragk:1	...]	[ינפק]	[...
073		B3.12:29	משחת<ה> כתב מנעל וזי	ינפק	עליך ספר חדת ועתיק בשם
074		B2.7:12	אנה כתבת ויהבת לך זי	ינפק	עליכי ספ<ר> לא אנה
075	ויהנפק	C1.2:22	[....]כסף	ויהנפק	איש .] ....[ויתקלנהי
076	תהנפק	B2.6:25	2 וכל זי הנעלת בידה	תהנפק	מן חם עד חוט ותהך לה אן
077		B2.6:28	וכל זי הנעלת בידה	תהנפק	מן חם עד חוט ביום חד
078		B3.3:10	2ˆ וכל זי הנעלת בידה	תהנפק	מן חם עד חוט מחר או יום
079		B3.3:8	2ˆ וכל זי הנעלת בידה	תהנפק	מן חם עד חוט מחר או יום
080	יהנפקון	B2.3:15	אחריכי ולא יכהלון	יהנפקון	עליכי ספר חדת ועתיק
081		B2.3:17	אחרן זך ספרא זי	יהנפקון	עליכי כדב יהוה לא אנה
082	ינפקון	B3.10:21	אף לא יכה{{י}}לון	ינפקון	עליכי ספר חדת ועתיק להן
083		B3.11:15	ולא יצדק אף לא יכלון	ינפקון	עליכי ספר חדת ועתיק בשם
084	יהפק	D7.14:3	אף [... י]דניה	יהפק	[...].א עמה קْ
085	ותפק	D7.7:8	הן יעדْרן	ותפק	אחטב עמר ופכלוֹל 2
086		D7.7:6	קפתא עלוהי אף חזי	אפק	לי תלי וכתון 1 הן
087	הנפק	C1.1:83	מ[.]י אחדי פמך אחרי כן	הנפק	[מלי]ך בעדْרה
088	הנפקי	B2.3:27	על ביתא זך ספרא זך	הנפקי	ולקבלה דין עבדי עמה כתב
089	מפקן	A2.5:3	וכעת תדען זי מדעם לה	מפקן	לן מן סון ואף מן זי

נפקה N outlay, expense

No.	Form	Ref	Preceding	Keyword	Following
001	נפקה s ab/cn	C3.27:29	1 שם 1 פْבْי 1	נפקה	אחרי עלימי ביתא סْבْרן 3
002	נפקת	C3.19:14	[...]2+3+20+100×1	נפקת	מדינתא לפטתום ....
003		C3.19:7	[ ]..פ כْכל רْעْי	[נ]פקת	נפשה יהיב לתבא רעי 3]
004	נפקתא s em/sf	C3.14:32	יוْ.[..]. שْא 100×1 כל	נפק]תא	זי י]היב לחילא סונכניא
005		C3.14:30	1[1+ ר 2 ל]שא כْל	נפקתא	יוْ.[..]. שْא 100×1 כל
006		C3.17fragb:5	[...]תי ש פ 1 ס 2	[נ]פקתא	כנתן פ 3 [...]
007	נפקתה	C3.12:6	1 קלבין 2 [....].	נפקתה	בירח פאפי ב 1 לפאפי
008	נפקתהון	D3.18:1		[נ]פקתהון]	...] [...]. [...]. שקל[...]
009	נפקן p abs	C3.27:20	א 20+3+2 [...]תי	נפקן	2+3+3 קْבْ.ה 3 בעלי

נפרת N litigation (Pers; GEA 372.53)

No.	Form	Ref	Preceding	Keyword	Following
001	נפרת s ab/cn	B8.9:5	[....] כן אמר אנה מומא	נפרת	יהבת
002		B2.8:3	על דינא זי עבדן בסון	נפרת	על כסף ועבור ולבוש ונחש

נפש N soul, self

No.	Form	Ref	Preceding	Keyword	Following
001	נפש s ab/cn	C3.9:23	[...] פטסבק [ברה] כל	נפש	2[+1+1 בגו] .ש .. ..[...]
002		C3.14:29	2+20 לשא 1 לחד שא	[נ]פש	10+20 לחד שא 1[+1 ר
003		C3.14:26	בר אْורי]שא 1 [כ]ל	נפש	1+3+10+20+20 בגו
004		C3.9:15	[בר]ת חור נשן רבה [כל	נפש	2] פחנום בר[.... יור]
005		C3.9Rfraga:3	[...] [.]. ברת[...] [כל	נ]פש	2 ב[גו] [....].. [...]
006		C3.9:12	ברה תחת מסתא [כל	[נפש]	1+3 בגו יור 1 נשן רבה
007		C3.9:5	בלה ברתה ח.[....] כל	נפש	1+3 ב[גו] יור 1] [נשן]
008		D7.19:6	הו[שרת] ואמלא	נפש	2+3 כל [...] עْד כען
009		B8.2p:4	כל	נפש	3+3+3
010	נפשך s em/sf	B1.1:7	נפשך ˆוחקלאˆ ותחצד	נפשْ[ך	....]שנבי נחות זי
011		C1.1:153		נפשך	אל ירחם]
012		B1.1:4	לפלגן תזרענה בזרע	נפשך	בשנן 1+3+3 ותפלג עמי
013		B1.1:7	...].פהْו זי דשתוא מן	נפשך	ˆוחקלאˆ ותחצד נפשْ[ך
014		B1.1:14	ותשא [..]רי אדר בחמר	נפשך	ולא לאגר חמר ולא א[כלْ]
015	נפשה	B2.7:18	בגו כתב מחסיה בכ˘פ˘י	נפשה	מתרסרה בר מתרסרה
016		B4.3:21	כתב הושע בכפי	נ[פשה	
017		C3.19:7	כْכל רْעْי [נ]פקת	נפשה	יהיב לתבא רעי 3]
018		C3.19frag:5	....] [...]ˆ2ˆ	נ]פש[ה	[...
019	נפשי	C1.1:122	נْחשא נפלת ססא]	נْפשי	לא תדע ארחא עלכן
020		B3.7:15	מנכי ולא אכהל אמר	נפשי	צבית אהנצל מנכי זי יקום
021	נפשכי	D7.16:3	יאבד חיליהה הן לא	נפשכ[י]	אלקח אל תתכלי על
022		D7.16:8	חי ליהה הן לא על	נפשכי	ל.אْנה על דבר תקבח מה זי.
023	ולנפשהום	A4.7:13	זך כלא לקחْוْ	ולנפשהום	עבדו ומן יומי מלך
024	לנפשה	A6.15:6	כלא נחתחור לקח עבד	לנפשה	כעת חמרא עבורא ומנדע[ם]
025	לנפשהום	A4.5:18	אשרנא לקחו	לנפש[הום	עבדו ....]
026		A4.8:11	[באגורא זך כלא לקחו	[לנפשהום]	עבדו ומן יום מלכי

No.	Stem	Form	Ref	Preceding	Keyword	Following
027		לנפשך	C1.1:130	[ה]ן תזף זפתא שלין	לנפשך	אל תשים עד [תשלם ז]פתא
028			B7.2:6	מן ביתי ולקחת	לנפש[ך]	עבדת שאיל[ת] ומקריא על

נצח V — to perform vigorously, to be diligent, to excel

No.	Stem	Form	Ref	Preceding	Keyword	Following
001	etpaal	אתנצחת	C2.1.3:4	..] [....]	אתנצ[חת	בטללה זי אהו[רמזד
002		אתנצחו	C2.1.11:75	[אלה] שגיא עֻמ[י]	אתנצחו	וׄ[נ]דׄפרן [שמה בר
003		אתנצח	A6.16:1	הושרת לך וכעת אנ]ת	אתנצח]	[....] כֹן עבד
004		אתנצחו	A6.10:5	עליכם על זנה אנתם	[א]תנצחו	גרדא ונכסי[א זילי]
005			A6.14:3	בבׄ[אל] כ[ע]ת אנתם	אתנצח[ו]	והנדרזא עבדו לפקידא
006		מתנצחן	A6.10:4	[בתח]תׄיׄתא בשוזיא	מתנצחן	גרדא ונכסי מראיהם חסין

נצל V — to reclaim

No.	Stem	Form	Ref	Preceding	Keyword	Following
001	(h)afel	הנצלתה	B3.3:14	תתרך לאמה תמת ׳והן	הנצלתה	מנך אנתן לענני כסף
002		הנצל.	B8.4:14	סנבנת אבוהם כן אמרו	הנצל.	אבוׄ 1 סמשׂס ברתה.
003		הנצלני	B8.6:5	[....]ם סיכן כן אמר	הנצלני	כסף כרשן 20
004		הנצלוני	B8.2:15	עבדיא [....] ביתא	הנצלוני	[....] לבשי זי קמר
005		אהנצל	B6.4:8	יהבת לכם כען צבית	אהנצל	הם הן תאמר כות חיבה הי
006			B3.8:42	ליהוישמע כען צבית	אהנצל	המו הן יאמר כות לא
007			B3.11:10	עד אחרן הן אמר	אהנצל	מנך אחוב ואנתן
008			B5.4:3	לך אף לא אכל אמר אנה	[אהנצל]	מנך למנתן לאחרנן [ביתא
009			B2.3:18	מחר או יום אחרן לא	אהנצל	מנכי למנתן לאחרנן ארקא
010			B3.7:15	׳לא׳ אכהל אנה ענני	אהנצל	מנכי ולא אכהל אמר נפשי
011			B3.7:15	אכהל אמר נפשי צבית	אהנצל	מנכי זי יקום עליכי
012		אנצל	B3.3:13	או יום אחרן לא אכל	אנצל	לפלטי מן תחת לבבך בר מן
013		אצל	B1.1:14	לאגר חמר ולא א[כל]	אצל	חקלי מנך ואית לך פמטן
014		תהנצלנהי	C1.1:176	חטר הן לו לא תכהל	תהנצלנהׄ[י]	[....] הן אמחאנך
015		יהנצל	B3.5:20	זי ילדתי לי וגברא זי	יהנצל	ביתי אחרי מותי מן פלטי
016		תהנצל	B2.4:10	זי אנת עבדת הן	תהנצל	מנך פלג ביתא [י]ה[ו]ה

נצר V — to preserve; cf. **נטר**

נקבה N — female

No.	Stem	Form	Ref	Preceding	Keyword	Following
001	s ab/cn	ונקבה	B3.4:21	בר זי אפולי ׳זכר	ונקבה׳	או ברה ׳לה יתה׳ ולא
002			B2.6:17	ימות אסחור ובר דכר	ונקבה	לא איתי לה מן מפ[ט]חיה
003			B2.6:20	מפטחיה ובר דכר	ונקבה	לא איתי לה מן אסחור
004			B3.8:34	ובר זכ[ר]	ונקבה	לא איתי לה מן ענני
005			B6.3:2	[.... ובר דכר	ונקבה	[לא] אית לה עם א[ב]יה
006			B3.8:29	ימות ענניה ובר זכר	ונקבה	לאיתי לה מן

נקי V — to remove a claim

No.	Stem	Form	Ref	Preceding	Keyword	Following
001	pael	ונקת	B1.1:11	ל[ך ו]הן לא קמת	ונקת	ונתנת לך אתננהי לך מ[ן
002		ואנקה	B1.1:10	זי י[ד]חנך אקנס אקס	ואנקה	ואנתן ל[ך ו]הן לא קמת

נקי #2 V — to pour out as a libation (?), give to drink (?)

No.	Stem	Form	Ref	Preceding	Keyword	Following
001	pael	ויניקנהי	C1.1:187	לשמש ש[תה] חמרא	ויניקנהי	כבש חכמה[....]

נקיה N — ewe

No.	Stem	Form	Ref	Preceding	Keyword	Following
001	s ab/cn	נקיה	A2.2:8	ש 1 וכעת הן יהב לכי	נקיה	וגזתה שלחי לי והן יהב

נקיה #2 N — libation

No.	Stem	Form	Ref	Preceding	Keyword	Following
001	s ab/cn	לנקיה	C3.12:26	לבגוׄדׄ 1 קלבין 2	לנקיה	קדם אפתח אלהא רבא קלבי
002			C3.12:27	אלהא רבא קלבי 1	לנקיה	׳קדם ˆ אסי אלהתא קלבי׳ 1

נרם N — leopard; cf. **נמר**

נשא V — to lift up, take away

No.	Stem	Form	Ref	Preceding	Keyword	Following
001	peal	נשאית	C1.1:159	כשיטא ויאמרנה	נשאית	חלא וטענת מלח ולא איתי
002			C1.1:160	זי יקיר מן נכׄ[רי]	נשאית	תבן ונסבת פרן ולא {ולא}
003		נשאת	B8.9:1	סטרן בשניתא זא זי	נשאת	הן ימׄאׄ[....]
004		נשא	D23.1.Va:7	.כׄסׄ..לומׄ.	נשׄא	עמׄה ושכרׄוׄ .ה הקׄם
005		נשאה	C1.1:79	שימה הי כי בעל קדשן	נשא[ה]	ברׄ[י] אל תלו[ו]ט יומא
006		אנשא	D23.1.Vb:6	לא תהׄ[....] להםׄ אנה	אׄנׄשׄא	למצרין ומצרין אפק
007			D23.1.IX:9	[ ]ועׄנה ואמר	אׄנׄשׄא	לפׄרׄעׄהׄ [....] פרעה
008			D23.1.Va:12	לׄתׄפׄשׄר .מׄ. אׄ.הׄ	אׄ[נ]שׄא	....]
009		תנשא	D3.33:4	....] [...]שׄ ח[....]	תנשא[	[...]
010			C1.1:169	ואמרו לה שא לך זי	ת[נ]שא	מנן אנחנה
011		ותשא	B1.1:13	2 תקל אבד ות[ק]ל קים	ותשא	[..]רי אדר בחמר נפשך ולא
012		ינשא	C1.1:185	שבק חמר ולא יסבלנהי	ינשא	בות מן כנתה [וינ]שא
013		וינשא	C1.1:185	ינשא בות מן כנתה	[וינ]שא	מובלא זי לא זילׄ[ה]
014		שא	C1.1:169	ענו אמריא ואמרו לה	שא	לך זי ת[נ]שא מנן אנחנה
015		מנשא	C1.1:170	כי לא בידי אנ[ש]א	מנשא	רגלהם ומנחתותהם מן
016			C1.1:171	לׄ[....] כי לא בידיך	מנשא	רגלך למנחתותה %% הן נפקה
017		למנשא	A6.4:3	בגיא זילי זי בעליתא	[למנשא]	דשנא זכי זׄ[י] מן מלכא
018			A6.4:4	ברה שליט יהוי	למנשא	דשנא זכי תמה במ[צ]רין
019			B8.1:14	לא [....] אזל	למנשא	מאכל לׄ[....]
020			B3.8:19	רׄמן זי סלק 1 כפן	למנשא	משח זי [חסף] 2 זי עק 2

נשג V — to perceive, overtake

No.	Stem	Form	Ref	Preceding	Keyword	Following
001	(h)afel	יהנשג	C1.1:199	וא[....] איש לחה זי	יהנשג	כׄ[....] [....]ך כזי
002		יהנשגון	C1.1:133	יׄחׄיׄט ועל אחרׄ[ן	יׄ]הׄנׄשׄגון	כדבתה וירוקן באנפוהי

נשחט A — crushed? (wool), finely wooven?

No.	Stem	Form	Ref	Preceding	Keyword	Following
001	s ab/cn	נשחט	B2.6:10	מלכא לבש אחרן זי עמר	נשחט	הוה ארך אמן 3+3 ב1+3

נשי בי N — household staff (Akk; GEA 377.30)

No.	Stem	Form	Ref	Preceding	Keyword	Following
001	p em/sf	נשיביתן	D6.8fragb:1	[....]ע<>לי כן אמרן	נשיביתן	זי במצרין
002		נשי ביתה	A6.11:4	הוה במצרין אבד עם	נשי [ביתה	ו]בגה זי פמון זך
003		נשי ביתן	A6.11:2	ז[ך] אשתבק בגו בזי	נשי ביתן	כלא א[בדו ....] לי

No.	Form	Ref.	Preceding	Keyword	Following
004	ולנשי ביתה	A6.12:2	הב לה כאחרנן	ˆולנשי ביתהˆ	גרד בדיכרן זילי
005	לנשיביתה	D6.8frage:2	ספיקן ולא [....]	לנשיבית[ה	[....] איזא ש]מה ....]
006		D6.8fragf:2	[....] [....]תכם	לנשיביתה	זי[...] [...] .[...] שמה[...]

נשיף A fine flour; or read נשין, absolute plural of אנתה

No.	Form	Ref.	Preceding	Keyword	Following
001	s ab/cn נשיף	D8.2:4	[...]דֿרשחדֿא	נשיף	[...].
002		D8.2:3	[...] .דֿרשחדֿא	נשיף	ב.[...] [...]]דֿרש חדֿא
003		D8.2:2	[...] .דֿרשחדֿא	נשיף	כס..[...] [...] .[...] דֿרש

נשן N woman, lady

No.	Form	Ref.	Preceding	Keyword	Following
001	s ab/cn נשן	B3.4:3	לדגל נמסו כל ˆגבר 1ˆ	נשן	1 לענניה בר עזריה לחן
002		B3.1:2	אמרת יהוחן ברת משלך	נשן	זי יב בירתא למשלם בר
003		C3.9:12	[נפש] 1+3 בגו יור 1	נשן	רבה [1 בגן] 2 [...]ט בר
004		C3.9:14	יור .... בר]ת חור	נשן	רבה [כל נפש 2] פתנום
005		C3.9:21	[....] [...]א אנתת[ה	נשן	רבה] מסחנה בר[...]
006		C3.9:2	[.... יור] .... אנתתה	נשן	רבה] [.]..[אנ]ת[ת]ה נשן
007		C3.9:3	[רבה] [.]..[אנ]ת[ת]ה	נשן	ר]בה] בלה ברתה ח.[....]
008		C3.9:6	[1 בגו] יור 1[1+3	[נשן]	רבה 2 ב[רה 1] [...]
009		C3.9:7	[1] [.... יו]ר 3	נשן	[רבה] [...]....[יור] ...]
010		C3.9:9	[בר]ת פחפי [אנת]תה	נשן	רבה [...]ף ברה תחת מסתא
011	ונשין	B3.12:1	עזריה לחן זי יהו	ונשין	תפמת אנתתה לחנה זי יהו
012	ונשן	B3.4:2	בזו כספי לדגל נמסו	ונשן	ובˆ־לˆ ברת שתבר כספיה
013	לנשן	B3.10:2	ליהו אלהא ביב ברתא	לנשן	יהוישמע ברתה לאמר אנה
014		B3.8:3	[בבי]תך ושאלת מנך	לנשן	יהוישמע שמה אחתך לאנתו
015		B2.3:2	בירתא לדגל הומדת	לנשן	מבטחיה ברתה לאמר אנה
016		B3.5:2	יהו אלהא ביב בירתא	לנשן	תמת אנתתה לאמר אנה יהבת
017		B3.6:2	ברתא לדגל אדננבו	לנשן	תפמת שמה אמתה זי שניתה

נשק V to catch fire, kindle

No.	Form	Ref.	Preceding	Keyword	Following
001	peal נשק	C1.1:221	[...]חזה בית רעה	נשק	[....] באשה
002	(h)afel תהנשק	C1.1:87	הי עבק עבדהיˆ אל	תהנשק	עליך ותכסה כפיך[ ] [א]ף

נשתון N rescript (Pers; GEA 372.54)

No.	Form	Ref.	Preceding	Keyword	Following
001	s em/sf נשתונא	A6.1:3	הוו שלחן עלי אף	נשתונא	כתיב יהיב לן כעת [....]

נתח V to tear; cf. פתח V, entry 002

נתן V to give

No.	Form	Ref.	Preceding	Keyword	Following
001	peal נתנת	B1.1:2	לאחא בר חפיו	נתנת	לך חקלי אשלן [....] בקריה
002	ונתנת	C3.28:79	חשבן עבורא זי כתבת	[ו]נתנת	לאבהי שלמצין
003		B1.1:11	[ו]הן לא קמת ונקת	ונתנת	לך אתננהי לך מ[ן]חלקי
004	נתתן	A2.2:5	מסת כספה זי הוה בידי	נתתן	ופדת לבנתסר בר
005	נתנת	B4.3:12	עבורא זי	נתנת	
006		B4.2:1	בר יתמא ל[א]מר	נתנת	לי כסף שקל[ן 3 ר 1+]1
007		B4.4:8	2 לשערן ארדבן [....	נתנת	על ידן] וטיב לבבן בגו
008	ונתנת	B1.1:12	מן בלעדי מלת מלך	ונתנת	לי פמ[טן]חקלי כסף ש 2
009	נתן	D23.1.III-IV:8	ולבו[תיהם ונ]כסיהם	נֿתֿן	לאחרנן ..[...]מן .ל..לנא
010	אנתן	B2.8:10	דכי אנה פיא ובני	אנתן	למ<ב>טחיה כסף כרשן 2+3
011		B2.5:2	ברתך למלקחה לאנתו	אנתן	למחסיה [כסף כרשן
012		B2.6:34	להן מפטחיה ובניה	אנתן	למפטחיה כסף כרשן 20
013		B2.6:36	ספרא [זנה] {להן}	אנתן	למפטחיה [כס]ף כרשן 20
014		B3.3:14	תמת ˆוהן הנצלתה מנך	אנתן	לענני כסף כרשן 2+3ˆ
015		B2.1:13	מלחא הן כליתך	אנתן	לך כספא זי כתיב מן עלא
016		B2.1:7	אגרא זך זילך הן כליתך	אנתן	לך כסף כרשן 2+3 באבני
017		B2.4:15	כתבת לך ספרא זנה אנה	אנתן	לך כסף כרשן 10 באבני
018		B3.2:8	שקלן [2+3] ורחקת מנך	אנתן	לך כסף כרשן 2+3 הן גרך
019		B4.2:4	לירח 1 וירחא זי לא	אנתן	לך בה מרבית יהוה ראש
020		B5.4:6	[זנה זי כתבת] ויהבת לך	אנתן	לך כסף כרשן [20 באבני
021		B7.1:5	[שערן פרסן .... לא	אנתן	לך] .... אנת]ן לך כל
022		B7.1:6	[.... לא אנתן לך] ....]	אנת]ן	לך כל נונין או דמיהם זי
023		D23.1.II:10	עם חרא ל.[...] המ[...]	אֿנתן	לך כסף כרש [1 ו]ענֿתֿ
024		B2.3:21	ואמר לא יהבת לכי אנה	אנתן	לכי כסף כרשן 10 באבני
025		C1.1:61	[עלים ח]ד סריס זילי	אנתן	לכם ˆיתקטלˆ בין טוריא]
026		C1.1:66	[....] נכסן אנה	אנתן	לכם כמס]ת
027		D23.1.VIII:11	זֿי תבעין אנה	אֿנֿתֿן	מֿלֿן[.].. קבֿל
028	ואנתן	B3.11:10	אמר אהנצל מנך אחוב	ואנתן	ליהוישמע אביגרן כסף
029		B1.1:10	אקנס אקם ואנקה	ואנתן	ל]ך ו]הן לא קמת ונקת
030		B3.13:4	ענני בר חגי אשלם	ואנתן	לך כנתניא אלך
031		B3.13:6	אחר אנה ענני אחוב	ואנתן	לך כסף אבגרן כרש חד 1
032		B3.13:7	אחר אנה ענני אשלם	ואנתן	לך אבגרנא זי מנעל כתיב
033		B3.2:9	הירא זנה אנה אפצל	ואנתן	לך כתב בוני בר מנכי
034		D7.14:9	[ ]ה לם חוני [...]	ואנתן	לך מ[...] אמרת
035		B3.5:15	ביתא זך אנה אחוב	ואנתן	לכי כסף כרשן 2+3 הו
036	אנתננה	B4.6:5	אנתותכי אנה מנחם	אנתננה	ואשלמן לכי עד 10+20
037	אנתננהי	D7.29:5	אמר לי לם לאיתי כען	אנתננהי	לחגי או יגדל דבר
038	אתננה	D1.1:12	[... ... ...] ובסה תנה	אתננ[ה	... ...] שלם עקב
039		A2.1:5	לה הן חזית מה אתרתן	אתננה	בתקבה 1 לאטי וכעת כתנה
040	אתננהי	B1.1:11	לא קמת ונקת ונתנת לך	אתננהי	לך מ[ן]חלקי למלך מן
041	ואנת.ה	D23.1.II:11	לֿמֿרא.ה.. למ[]	וֿאנת[.]ה	קֿ[ב]ל אתמנבֿן אלהא
042	ואנתנהם	D23.1.II:15	ואמר לא הוה	ואנתנהם	[.]אנֿהֿ [...] [...] ... ...
043	תנתן	B3.12:23	אחריך ולמן 1 זי רחמת	תנתן	או זי תזבן לה בכסף אנה
044		B3.12:26	נרשה לבניך ובנתך וזי	תנתן	לה בכסף או רחמת אף לא
045		B3.12:28	וירשה לבניך ולאיש זי	תנתן	לה וזי יקבל עליך לסגן
046		B3.12:31	זילך ודי בניך ודי	תנתן	לה רחמת אף יהבן לך ספרא
047		D23.1.II:11	אתמנבֿן אלהא זי לה הן	תנתן	לי[....]ה לם ....כם עמי
048	ותנתן	C1.1:127	אדין תאכל ותשבע	ותנתן	לבניך [... ד]רֿגת
049		C1.1:129	וחנטתא זי תאכל ותשבע	ותנתן	לבניך עמך [אל תזף ז]פתא
050	ינתן	D4.18:2	2 [...] [...]. כספא	ינתן]	[...
051		D6.12fraga:1	[...].	ינת[ן	[...
052		A3.8:10	כתן 1 סחיק וכזי	ינתן	המו לך שלח עלי והן לא
053		B6.3:9	[זי שלומם ונכסוהי	[ינתן]	לאביהי אנתתה [זי
054		B3.7:16	זי כתבת ויה[בת לכי	ינתן	ליהוישמע] ברתי אביגרן
055		B3.3:8	אנתתי כסף שנא בראשה	ינתן	לתמת כסף תקלן 1+3+3
056		B2.1:10	זך זילה זי יכלא מנהם	ינתן	לה כספא זי כתיב מן עלא

No.	Stem	Form	Ref.	Context	Word	Context
057			B2.6:30	אסחור ונכסוהי וקנינה	ינתן	לה כסף כרשן 20 ויעבד לה
058			B3.8:22	כל זי הנעלת בביתה	ינתן	לה תכונתה ולבשיה דמי כסף
059			B3.8:24	ושארת נכסיא זי כתיבן	ינתן	לה ביום 1 בכף 1 [ו]תהך
060			B3.8:28	ושארת נכסיה זי כתיבן	ינתן	לה ביו[ם 1] בכף 1 ותהך
061			B3.8:31	וכל זי איתי [ל]ה[	ינ]תן	ל[ה א]ביגרנא זי כסף
062			B3.5:21	מן פלטי ויהוישמע	ינתן	להם כסף כרשן 10 באבני
063			C1.2:18	זי [....]	ינתן	לה אבוהי [....] איש כיבי
064			A3.8:4	עמך על זי	[י]נתן	לך כסף כ[ר]שן 2+3 וכתב
065			B2.2:14	בשמי ˆעלˆ ארקא זך	ינתן	לך כסף כרשן 20 הו עשרן
066			B3.6:8	ברתך זי ילתי לי	ינתן	לך אבגרן כסף כרשן
067			B3.9:7	זך למשנתה ולמעבדה עבד	ינתן	לך אביגרן כסף כרשן תלתין
068			B5.3:5		[ינתן	לך כסף כרשן . כסף]ר 2
069			B2.3:13	ויקבל עליכי סגן ודין	ינתן	לכי ולבניכי כסף כרשן 10
070			B2.7:11	בעל דגל ובעל קריה	ינתן	לכי כסף כרשן 10 ובית אם
071			B3.10:20	ויקבל עליכי ועל בניכי	ינתן	לכי אביגרן כסף כרשן
072			B3.5:16	גבר אחרן יגרנך דין	ינתן	לכי כסף כרשן 20 וביתא
073			B5.1:6	במנתא זכי יהבן לכי	ינתן	לכי כסף כרשן 2+3 ומנתכי
074			B5.5:11	ופתפ[א זי] כתיב מנעל	[ינתן	לכי אביגרן כסף כרשן 2
075			B5.5:6	[כספא זנה זי] יהבת לכי	ינתן	לכי אביג˚ר˚ן כסף כרשן 2
076			B2.10:15	ביתא זך וזי ירשכם דין	ינתן	לכם אביגרנא זי כסף כרשן
077			B2.9:14	וזי ירשון[ן] דין עלא	ינתן	לכם או לבניכם או למן זי
078			A5.5:13		ינתן	למרדיא
079		ינתנ.	D23.1.XII:5	[....] [.]חכמיֿהֿם	יֿנֿתֿנֿ[	...]..הם ויגד[...]
080		וינתן	A3.8:8	אזל על ביתאלתדן	וינתן	לך כתון שטטן [1] ואסה
081			B3.12:30	זבן ויהבן לך יחוב	וינתן	לך ולבניך אביגרן כסף
082			C1.1:108	לשמש הו [י]לקח זילה	וינתן	לך הקימני אל בצדיק עמך
083			B3.11:13	בחיי ובמותי יחוב	וינתן	לכי ועל בניכי אביגרן
084		וינתנהי	D7.29:9	או יגדל דבר עלוהי	וינתנהי	לכם
085		תנתן	B3.3:10	כסף ש<נ>אה בראשה	תנתן	לענני כסף שקלן 3+3+1
086		ותנתן	B3.8:26	יאבד תתב על מוזנא	ותנתן	לבעלה ענניה כסף שקלן
087			D7.43:8	[י]נקא אזלי [....]	ותנתן	לכי [...]ה אף כסה 1 [...]
088		ננתן	B4.4:11	כתיבן בספרא זנה אנחנה	ננתן	
089			B2.11:10	זך זי מטאך בחלק אחר	ננתן	לך אביגרנא כסף צריף כרשן
090			B3.4:15	זי צבית למנתן אנחן	ננתן	לך כסף כרשן 20 כסף זוז
091			B3.4:21	לא פצלן אנחן ובנין	ננתן	לך בית לדמות ביתך ומשחתה
092			B3.4:22	יתה˙ ולא כהלן פצלן	ננתן	לך כספך כרש 1 שקלן 3+1
093		נתן	A4.10:13	יעב[ד ....]	נתן	על בית מראן כ[....]
094		וננתן	B3.4:20	לך אנחן נקום ונפצל	וננתן	לך בין יומן 20+10 והן
095		ונתנהי	A2.1:7	אנה וכעת תקם יתו לן	ונתנהי	במשח וכעת אל תצפי לן לי
096		תנתנו	B2.10:14	לה או זי ברחמן	תנתנו	לה ביתא זך וזי ירשכם
097		תנתנון	B2.10:11	ביתא זך או זי ברחמן	תנת<נ>ון	לה בשמי אנה ידניה
098		תנתנון	D2.21:4	ואיש[.... ...] [....]	]תנתנון	לה בשמ[י ....] [...] [...] ...
099		תנתנונה	B2.10:9	ולמן זי רחמתן	תנתנונה	לא אכהל אנה ידניה
100		ותנתנו	C3.8fraga:8	ינתנו [....]...	ותנתנו	ליד [....] ...מי חלף
101		ינתנון	D7.13:12	בר חכרטיס [.] [...]	ינ]תנון	והן אמרו [... באל]ף
102			B4.2:6	ירח בירח מן פרסי זי	ינתנון	לי מן אוצרא ותכתב לי
103			B3.4:18	וגרו לבר וברה לך	ינתנון	לך כסף כרשן 20 כסף זוז
104		וינתנון	C3.8IIIA:13	[...] [...] ˚י˚	{{וינתנון	לה}} גברא זנה [...]
105			D7.56:12	עבורא נתירה עמהון	וינתנון	לי שלטנא בה לזבנותה
106		ויתנון	D1.17fragb:9	[...]תה להן כלהן פרי	ויתנון	ח.[...] [.... ...] [... ... חל]קן 3
107			D1.17fragb:8	ולא הוה ב˚מלך	ויתנון	ל[... ...] [... ...]תה להן
108		ינתנוני	D2.34:1		[ינ]תנוני	[.... ...] [מ]לל על
109		תנתן	B2.11:12	אחריך ולמן זי צבית	תנתן	ולא דין אף איתי תבא שמה
110			B2.11:7	אחריך ולמן זי צבית	תנתן	לא אכהל אנה מחסיה בר
111		תנתנן	B3.10:21	אחריכי ולמן זי רחמתי	תנתנן	אף לא יכה{{י}}לון
112			B2.3:10	אחריכי למן זי רחמתי	תנתנן	לא איתי לי בר וברה
113		תנתננה	B2.7:8	אחריכי ולמן זי רחמתי	תנתננה	לא אכל אנה ובני וזרע
114		ינתן	A4.7:3	כען חד אלף וחין אריכן	ינתן	לך וחדה ושריר הוי בכל
115			A4.8:3	[מן זי כען וחין] אריכן	ינתן	לך וחדה ושריר הוי בכל
116		תנתנו	A6.9:6	אלך יתיר פתף אל	תנתנו	להם בגסרו ידע טעמא זנה
117		ינתנו	D7.51:3	ה]ושרת [....] [...] ...	ינתנו[	[...] [...] [..]ב[..]..]
118			A6.2:6	ואחרן זי [....]	ינתנו	ולעבק אופשרה יתעבד
119			A6.11:3	פמון אבי יתעשת לי	ינתנו	לי אהחסן כעת ארש[ם] כן
120			C3.8fraga:7	.... דו]גיתא זא	ינתנו	[....] .... ותנתנו
121		וינתנו	D7.1:10	לי למאזל [ל]ביתי	וינתנו	לכי ענז 1 עד אמטאנך כען
122			D7.26:1	אנתי אמרה	וינתנו	שקא [...]מ˚ר לה אף הן
123		ויתנון	D1.17fragb:8	ולא הוה ב˚מלך	ויתנון	ל[... ...] [... ...]תה להן
124		ולמנתן	B2.4:6	לא שליט אנת לזבנה	ולמנתן	רחמת לאחרנן להן בניך מן
125		למנתן	D1.34frage:2	[כר]שן 4[...] [...].	למנתן[	...] [...] .[...] 3+3+10 [...] [...]
126			D1.31fragb+c:2	[...]..ת לאס..[...]...	ל]מנתן	[...] .[...] .[...]. אמר.]
127			C3.8IIIAfragb:3	[...] ב]מית[...] [...	למנתן][	...]
128			C3.8fraga:4	[....]	למנתן	[....]חֿ[ל]ף
129			B3.4:12	אחריך ולמן די צבית	למנתן	אנחן לא נכל נגרנך דין
130			B3.4:15	לך ולמן זי צבית	למנתן	אנחן ננתן לך כסף כרשן
131			A3.10:4	ש 3+3+2 יהבת ל...	למנתן	בעבור למובל לביתי ואיתי
132			B3.4:14	וברה ולמן זי צבית	למנתן	הן גרינך דין ודבב וגרין
133			B3.4:16	אחריך ולמן זי צבית	למנתן	ולא יכהל בר וברה לן
134			A6.15:2	פס[מש]ך בר עחחפי	למנתן	חלכין [גברן 3+1+1]ן
135			B2.3:19	אחרן לא אהנצל מנכי	למנתן	לאחרנן ארקא זך זיליכי
136			B5.4:3	אמר אנה [אהנצל מנך	למנתן	לאחרנן] [ביתא זנה זילך
137			B2.3:16	בשמי על ארקא זך	למנתן	לאיש אחרן זך ספרא זי
138			B2.6:3	אנה [א]תית ביתך	למנתן	לי לברתך מפט<ח>יה
139			B3.3:3	לאמר אנה אתית עליך	למנתן	לי לתמת שמה זי אמתך
140			D1.33fragb:2	[...]ודֿתֿ [י]שלח עליך	ל]מנתן	עלין [... ...] [...]
141		ולמנתנה	B2.4:9	לא שליטה הי למלקחה	ולמנתנה	לאחרנן להן בניך מן
142	etpeel	אתנתן	D23.1.II:14	לא	אֿתֿנתן	לכיֿ כֿסֿף
143		יתנתן	B3.13:4	2 סאן 3 מן פתפא זי	יתנתן	לי מן אוצר מלכא והן לא
144			B3.13:5	אלך זי מנעל כתיב כזי	יתנתן	לי פתפא מן בית מלכא אחר
145			D7.27:3	בידך [...] [...	י]תנתן	לן פ[... ...] [...]י הא

נתר V to take away

No.	Stem	Form	Ref.	Context	Word	Context
001	peal	אנתר	B8.3:6	[תבר]חש זך	אנתר	ת..ג.[....]
002		נתירה	D7.56:11	על גבריא זי עבורא	נתירה	עמהון וינתנון לי שלטנא
003	(h)afel	אהנתר	B2.6:35	באבני מלכא ולא אכל	[אהנ]תר	נכסי וקניני מן מפתחיה

נתר N natron

No.	Form	Grammar	Ref	Preceding	Keyword	Following
001	נתרא	s em/sf	C3.7EV1:12	[כספא תשי]דמי	נתרא	זי הנפקו לימא בה [כסף
002			C3.7EV1:1	כספא תשי דמי]	נתר]א	זי הנפקו לימא] בה [כסף
003			C3.7EV2:14	כספא תשי דמי	נתרא	זי הנ[פק]ו לי[מ]א[בה
004			C3.7EV2:16	[כספא] [תשי]דמי	נתרא	זי הנפקו לימא בה[כ]סף
005			C3.7EV2:18	כספא תשי דמי	נ[תרא	]זי הנפקו לימא בה כסף]
006			C3.7EV2:2	כ]ספא ת]שי דמי[	נתרא	ז]י ה[נפ]קו לימא בה[כסף
007			C3.7EV2:4	כ]ספא ת]שי דמי	נתרא	זי הנפקו ל[ימא בה כסף
008			C3.7GV5:15	פסלרֹשי כספא תשי דמי	נתרא]	זי הנפקו לימ[א] בֹ[ה
009			C3.7GV5:18	פסלרֹשי כספא תשי דמי	נתרא	זי] הנפקו לי[מֹאֹ בה
010			C3.7GV5:21	[2] כספא תש]י דמי	נתרא	זי הנפקו] לימא בהם כסף
011			C3.7GV5:25	פסלרֹשי [כספא תשי דמי	נתרא	זי]
012			C3.7KV2:10	כספא תש]י דמי	נתרא	זי הנפקו לימ]א בה כ]סף
013			C3.7KV2:11	[1+3 כספא תשי דמי	נתרא]	]זי הנפקו לימא בהם כסף
014			C3.7KV2:15	פסלרֹשי [כספא תשי דמי	נתרא	זי הנפקו לימא בה כס]ף
015			C3.7KV2:17	כספא [תשי דמי	נת]ר[א	]זי הנפקו [לימא בה כסף
016			C3.7KV2:19	[כס]פֹא תֹשי דֹמי	נתֹרֹא	זי ה[נפקו ל]ימא בה כסף
017			C3.7KV2:21	כספא תש[י] דמי	נת]ר[א	זי הנפקו ל]ימא בה כ]סף
018			C3.7KV2:23	כספא תשי [דמי	נת]רא	]זי הנפקו לימא בה כס]ף
019			C3.7KV2:24	2+3 כספא תשי דמי	נת]ר[א	זי [הנפקו לימא בה כסף
020			C3.7KV2:4	[כ]סֹפֹא תש]י דמי	נתרא	זי הנפקו לימא בה כסף
021			C3.7KV2:6	כספא תשֹי דמי	נתֹרֹא	זי הנפק]ו לימא בה כסף
022			C3.7KV2:8	פסלרֹשי כספא תשי דמי	נתרא	זי הנפק]ו לימא בה כסף
023			C3.7KV3:10	כספא תשי ד]מי	נתרא	זי הנ]פקו [לימא] בה[כסף
024			C3.7KV3:13	[כספא] [תשי]דמי	נת]ר[א	זי הנפק]ו לי]מ[א ב]ה
025			C3.7KV3:15	[2+3 כספא תשי] דמי	נתרא	זי הנפקו לי]מא [בהם כסף
026			C3.7KV3:18	כספא תשֹי דמי	נתרא	זי הנפק]ו לימא בה כסף
027			C3.7KV3:20	כספא תשי [ד]מי	נתרא	זי הנפקו לימא ב]ה כסף
028			C3.7KV3:22	כספא תשי] דמי	נתרא[	זי הנפקו לימא ב]ה כסף
029			C3.7KV3:3	[כספא ת]ש[י]דמי	נתרא	זי הנ]פקו לימא בה כסף
030			C3.7KV3:5	[כספא תשי דמי	נתר]א	זי הנפקו לימא בה כ]סף
031			C3.7KV3:8	פסלרֹשי] כספא תשי דמי	נתרא	זי הנפקו] לימא בה כסף

ס s 15th letter of the alphabet

No.	Form	Grammar	Ref	Preceding	Keyword	Following
001	ס		D10.1:2	ד ה ו ז ח ט י כ ל מ נ	ס	ע פ צ ק ר ש ת
002			D10.2:5	ד ה ו ז ח ט י כ ל מ נ	ס	ע פ צ ק ר ש ת בֹ.....
003			D22.28:1	ד ה ו ז ח ט י כ ל מ נ	ס	ע פ צ ק ר ש ת 1

סאה N seah (dry measure)

No.	Form	Grammar	Ref	Preceding	Keyword	Following
001	ס	s ab/cn	D8.8:2	אלהא אֹ[...] [ל]ספריא	סֹ	1 [לֹ..]עסן ג 1 ק 3
002			D8.8:5	...].[.] [...] ק 1 ג	ס[ֹ	1 ק 2 למכיה ק 3 לבזכה
003			C3.28:75	זֹער [...]3 בחנ[ט]ן[	ס	1 [...]3 מ 1 [...]3
004			C3.28:77	[ ]3 מ 1 [...]3 בחנטן	ס	1 [...]ר 2 מ 1 חשבן
005			C3.28:80	מנכתֹא זי זבדיה חנטן	ס	1 ר 1 שבתית ברת אבֹרי
006			C3.28:81	אֹברי חנטן	ס	1 ק 2+3+3 פ ארסינה
007	ס	p abs	C3.16:4	[...] [... ז]נֹא שפ 1	ס	+2[...] [...] זנא שפ[...]
008			D2.33:4	וט.[... ...]	סֹ	10+20 [...].תה וח[....]ז[
009			C3.17fragb:4	[...] [...]תי ש פ 1	ס	2 [נ]פקתא כנתן פ 3

No.	Form	Grammar	Ref	Preceding	Keyword	Following
010			C3.16:3	מהיתה ע[ל] [....] שפ 1	ס	3 [...] [... ז]נֹא שפ 1 ס
011	סאן	p abs	C3.13:37	ברת זכריה ש פ 2	סאן	1+3 [....] למשלמת
012			B3.13:3	ויהבת לי כנתן פרסן 2	סאן	3 אחר אנה ענני בר חגי
013			B3.13:4	אלך כפ 2	סאן	3 מן פתפא זי יתנתן לי מן

סב N old man; cf. שב

סבול N support

No.	Form	Grammar	Ref	Preceding	Keyword	Following
001	סבול	s ab/cn	B5.5:4	יהבת לכי ברחמן לקבל	סבול	[זי סבלתני ורח]קת מנכ[י]
002	סבוליך	p em/sf	C1.1:204	ואמר ל... ...] .[	סבוליך	וכסתך ואנה רכביך לא

סבך N net (?)

No.	Form	Grammar	Ref	Preceding	Keyword	Following
001	סבך	s ab/cn	D7.4:6	והוֹ [...] חזי [...]	סבך	1 זי תהכן [...] ושלחהי לי

סבל V to support in old age

No.	Form	Grammar	Ref	Preceding	Keyword	Following
001	סבלת	pael	D1.12:4	[... ...]	]סבלת[	... ...]עֹ.נו .[...]
002	סבלתני		B5.5:4	ברחמן לקבל סבול [זי	סבלתני	ורח]קת מנכ[י] מן יומא
003			B3.10:17	במותי ברחמן לקבל זי	סבלתני	ואנה ימין סב לא כהל
004	וסבלתני		B3.10:17	לא כהל הוית בידי	וסבלתני	אף אנה יהבת לה במותי
005	אסבלנך		C1.1:203	[אר]כ[ב] עליך ואנהֹ	אסבלנך	[ואכסנך ענה ערדא ואמר
006	יסבל		B3.6:11	אנחן {י}<נ>פלחנך זי	יסבל	בר וברה לאבוהי בחייך ועד
007			B3.6:13	לאמר לא נסבלנך כזי	יסבל	בר לאבוהי ולזכור ברך
008			B3.6:12	לזכור ברך כבר זי	יסבל	לאבוה כזי הוין עבדן לך
009	יסבלנהי		C1.1:185	שבק חמר ולא [....]	יסבלנהי	ינשא בות מן כנתה
010	נסבל		B3.6:12	לאבוהי בחייך ועד מותך	נסבל	לזכור ברך כבר זי יסבל
011	נסבלנך		B3.6:13	{{הן קמן}} לאמר לא	נסבלנך	כזי יסבל בר לאבוהי
012	סבל		C2.1.11:78	גבריא אלך שגיא בפר]סא	סבל]	בר.[....]
013			C1.1:74	[....]	סבל	שגיא ונכסן שפי[ען
014	מסבל		C1.1:72	הוה [....]	מסבל	לי תמה כע]בד
015			C1.1:48	זילי תמה הוית	מסבל	לך כאיש עם אחוהי והצפנתך
016			C1.1H:5	הות אתור כלא	[מ]ס[בל	לך כאיש עם אחוהי ...]
017	מסבלן		A2.3:5	לה ותפמת ואחתסן	מסבלן	לה וכעת ארה ספר לה
018	יסתבלון	etpeel	C1.1:73	[....]	יסתבלון	קדם מראיהם[....

סבר V to hope

No.	Form	Grammar	Ref	Preceding	Keyword	Following
001	סברו	peal	A4.2:7	אנחנה בב 22 כען הא	סברו]	....] הנלו גלין אנפין

סבר N porter (?)

No.	Form	Grammar	Ref	Preceding	Keyword	Following
001	סבר	s ab/cn	C3.27:31	סֹברן 3 עלים צחא	סֹבֹר	1 זפתא דמוקלס לגין 10
002	סברן	p abs	C3.27:30	נפקה אחרי עלימי ביתא	סֹברן	3 עלים צחא סֹבֹר 1

סגד V to bow down

No.	Form	Grammar	Ref	Preceding	Keyword	Following
001	וסגדת	peal	C1.1:13	[א]חר גהנת	וסגדתֹ	לם אחיקר קדם

סגי V to go

001	peal	יסגה	C1.1:126	חטך לצדיק למה אלהיא	יסגה	בעדרה ויהתיבנהי עליך
002		ישגא	D7.4:2	שלם אחוטב אל	ישגא	נתן לווסון מן אלפא

סגן N prefect (Akk; GEA 377.31)

001	s ab/cn	סגן	B2.3:13	יהבת לכי ויקבל עליכי	סגן	ודין ינתן לכי ולבניכי
002			B3.1:13	ולא אכל אקבל עליך קדם	סגן	ודין לם לקחת מני ערבן
003			B3.1:18	יכלון יקבלון עליך קדם	סגן	ודין וספרא זנה בידך אף
004			B5.4:2	אכל אקבל עליך קדם	סגן	ומ[רא בשם ביתא זנה זי
005			B5.4:5	[ועל] בר וברה לך קדם	סגן	ומרא ל[העדיה מנך ביתא
006			A6.2:21	עליד שמו בר כנופי	סגן	נגריא ספיתכן לעינין
007		לסגן	B3.10:19	אחריכי ויקבל עליכי	לסגן	ומרא ועל בניכי אחריכי זי
008			B3.11:13	ויקבל עליך ועל בניכי	לסגן	ומרא להעדיה ביתא זנה
009			B3.12:28	לה וזי יקבל עליך	לסגן	ומרא ודין בשם ביתא זנה
010			B4.6:14	[אכהל אק]בל ע[ליכי	לסגן]	ו[מרא] דין א[....]
011		סגן	A6.2:9	שמו ב[ר] כנופי	סגן	נגריא ספיתכן וכן אמרו

סגן #2 N wooden part of a boat

001	p abs	סגנן	A6.2:10	תמנין בפשכן תלתה בגו	סגנן	אמן עשרה ותרין שף עשרה

סגר N stocks, confinement

001	s em/sf	בסגרא	D7.10:2	שלם ידניה כען לו	[ב]סגרא	שימת ופקיד [.. י]כלאו

סד N (unclear); or read וסדן

001		וסדן	D7.38:1	[...]חנם	וסדן	10+20 [...]זי חנם

סדנו N (unclear); or read סרנו

001	s ab/cs	סדנו	D7.13:15	[.... י]הבתם לה	סדנו	[...] לא יהב לן [...]

סודה N (unclear)

001	s em/sf	סודתא	C2.1.11:70	...[חדי תקינא	סודתא	כל [..]....[..]. זי אנה

סויר N hiding place (?)

001	s em/sf	סוירא	C1.1:183	יהוה מסמה לאילא בסתר	סוירא	והו [....] ודמה

סוסה N horse

001	s ab/cn	סוסא	D22.1:2	[...]... [...] הו עמי	סוסא	100×2+3 כודנן אף 2
002		סוסה	A6.12:2	יהוון ויעבד פתכר	סוסה	עם רכבה לקבל זי קדמן עבד
003		בסוסה	C1.1:38	זך רביא רכב	בסוסה	חד קליל [.... אל]ך
004	p abs	סוסין	C2.1.7:44	חילא זעי[רן] רכבי	סוסין	קר[ק] [פשי]חו[ד]אזלו
005			C2.1.8:59	חילא [ז]עיר[ן] רכבי	[סוסין]	[ק]רק ארשׂד [ב]רתא

סחה N neighborhood (?)

001	s em/sf	סחתה	A2.1:12	ואשה בר פטחנם שלם	סחתה	כלה לשלמכן שלחת ספרה זנה

סחיק A worn out

001	s ab/cn	סחיק	A3.8:10	פדׂא כ 1+3+3 כתן 1	סחיק	וכזי ינתן המו לך שלח עלי

סחר V to go about

001		וסחרת	C1.1:111	שבקתך בסתר ארזא	וסחרתׄ[	[... שבקת לרחמיך והוקרת

סטר V to mark with a slave mark

001	peal	וסטר	B8.2:3	זי [....]	וסטר	[....]עלוי שניתא
002		סטרן	B8.9:1	[....]לן מנך ולאׄ	סטרן	בשניתא זא זי נשאת
003		וסטרו	A6.10:7	והנעלו בתרבצא זילי	וסטרו	בשנתא זילי ועבדו על
004		סטיר	B8.3:8	[....]	סטיר	בשניתא אחׄ[....]
005		וסטירן	B8.6:2	]	[וסטיר]ן	בשניתא זילי אחר
006		סטירה	B5.6:3	אמת[א]זילי זי	סטירה	על שמי

סי N beam (Egypt; GEA 374.13)

001	s ab/cn	סי	C3.7GR3:24	בגו עק ארז	סי	10+20+20 עק ארז מלות
002			C3.7DV1:17	10+20+20 מלות	סי	2+3 [פק]
003			C3.7DV3:3	10[....] מלות 3[....]	סי	2+3
004			C3.7FR2:25	בגו עק ארז	סי	2+3 עק ארז מלות
005			C3.7GV2:21	בגו עק ארז	סי	2+3 עק ארז מלות

סכה N sharp implement (?); cf. gentilic סכי

001	p em/sf	סכיא	D7.24:3	זנה כען הלו עלדבר	סכיא	[....]. ימא זנה הן תכל

סכין N knife

001	s ab/cn	סכין	C1.1:88	עקן עם אשה בשר עם	סכין	איש עם מ[לך] טעמת
002			C1.1:84	מלך שדק ועזיז הו מן	סכין	פמׄי[ן] חזי קדמתך מנדעם

סכל V to be clever

001	etpaal	תסתכל	C1.1:147	אל	תסתכל	כביר [ו]אל ידעך

סכר V to stop up

001	peal	סכרו	A4.5:8	זי חנוב אלך ברא זך	סכרו	הן אזד יתעבד מן דיניא

סלק V to go up

001	peal	סלק	C3.28:91	שטריא ביד יונתן ואנה	סלק	לאפנא שמעון בר חגי בר
002		יסלק	D8.7:8	כסף ש 1 מ 1 √	יׄסלׄקׄ	בגׄנזׄא רׄ 2 ר 1
003		למנסק	B3.7:10	וש[ל]יטה אנתן	ל]מנסק	ולמנחת בדרגא ז[ך זי
004			B3.7:13	[ושליטה] אׄנׄתי בהן	למנסק	עלא ולמנחת ולמנפק ברא
005		למסלק	B3.10:15	אנתי בפלג דרגא	למסלק	ומנחת זנה {זנא} ביתא זי

סלק N (unclear)

No.	Gram.	Form	Ref.	Preceding	Keyword	Following
001	s ab/cn	סלק	B3.8:18	[..]ירה 1 רמן זי	סלק	1 כפן למנשא משח זי [חסף
002			B3.8:18	זלועין 2 פיק זי	סלק	2 בגו [..]ירה 1 רמן
003			B2.6:16	זי אבן 3+1 פק 1 זי	סלק	כפן 2 פרכס 1 זי חצן חדת

סלק #2 N (unclear)

No.	Gram.	Form	Ref.	Preceding	Keyword	Following
001	s ab/cn	לסלק	D11.19:1		לסלק	עם לבושא ח 3+3+3
002			D11.20:1		לסלק	עם [...]

סמי V to hide in a blind

No.	Gram.	Form	Ref.	Preceding	Keyword	Following
001	pael	מסמה	C1.1:183	אריא יהוה	מסמה	לאילא בסתר סוירא והו

סמך V to prop up, to support

No.	Gram.	Form	Ref.	Preceding	Keyword	Following
001	peal	למסמך	B3.10:14	הו תרבצא שליטא	למסמך	דחה ומרשה בפלגא דילך אף

סמכת N support (?)

No.	Gram.	Form	Ref.	Preceding	Keyword	Following
001	s ab/cn	סמכת	C3.7FV3:16	[20]לק עתיק 1 ע]ק	]סמכת	1+[1] ספן ריקנן
002			C3.7GV3:4	לקן עתיקן 3 עק	סמכת	3+3+3+10 ספן ריקנן
003			C3.7AR2:17	[2 יו]10+3+2 עק	סמכת	1 .[.] ספן ריקנן 20+10
004			C3.7AR2:9	[ ]ופ[לג] [ע]ק	סמכת	1 [ספן ריקנן 20+10
005			C3.7BR1:4	יו 10+[3+2] עק	סמכת	1 ספן ריקנן 20+20+10
006			C3.7DR1:2	כ..ן 10+3[...] [.] עק	סמכת	1 ספן ריקנן 20+10 בגו
007			C3.7DR3:22	3+3]+3 ופלג] עק	סמכת	1 ספן ריקנן 20+10]
008			C3.7ER1:12	2 # 10+3+2] עק	סמכת	1] [ס]פן] ריקנן 20+10
009			C3.7ER1:5	[ופ]לג [עק	סמכת	1] ספן ריקנן 20+10
010			C3.7ER2:2	[3+3]+3 ופלג עק]	סמכת	1] ס[פ]ן [ריקנ]ן]
011			C3.7ER2:9	[ספן]10 רב[ע] עק	[סמכ]ת	1 ספן[ריקנ]ן 20+10
012			C3.7GR2:12	1×לף 10	[סמ]כת	1 לק עתיק 1 ספן
013			C3.7JR1:16	[3+3+3 ופלג] [עק	ס]מ[כת	1] [ספן ריקנן 20+10
014			C3.7JR1:24	[2 יו 10+3+2] [עק	]סמכת	1 [ספן רי]קנ[ן]
015			C3.7JR2:17	[ספן 3+3+3 ופלג] [עק	סמכת	1] [ספן ריקנן 20+10
016			C3.7JR2:24	ספן 10[רבע] עק	סמכת	1 ספן] ריקנן 20+10
017			C3.7KR3:16	[3+3+3 ופלג] עק	סמכת	1 ספן ר[יק]נ[ן]
018			C3.7KR3:23	משח ספן 10 רבע עק	סמכת	1 ספן ריקנן 20+10
019			C3.7CR1:15	[ספן 3+3+3 ופלג] [עק	סמכת	1] [ספן ריקנן 20+10
020			C3.7CR2:1	עק	סמכת	1 ספן ריקנן 20+10 בגו
021			C3.7CR2:16	3+3+3 ופלג עק]	סמכת	1] ספן ריקנן 20+10
022			C3.7DR2:5	ספן 10+3[+3]+3 עק	סמכת	2 ספן ריקנן
023			C3.7FR1:4	[....]. 20+20+20 עק	סמכת	2 [ספן ריקנן
024			C3.7JV2:27	יו 10+2 עק	סמכת	2
025			C3.7KR2:12	[משח ספן ...] [עק	]סמכת	3 [ספן ריקנן
026			C3.7KR2:20	מעשר ספן ..[...] עק	סמכת	3 [ספן ריקנן
027			C3.7FR3:24	לק עתי]ק 1] עק	סמכת[	..] ספן ריקנ]ן
028			C3.7JV2:20	[....]3 [עק]	סמכת[	...] ספן ריק[נן
029			C3.7DV1:21	[20+]+20+10+3	ס]מכת	10+3+3+3 ספן]
030			C3.7DV2:10	ספן 3+3+2 עק	סמכת	3 קמ[ר]כפר צע]

סמש N sun; cf. שמש

סני N bramble

No.	Gram.	Form	Ref.	Preceding	Keyword	Following
001	s em/sf	סניא	C1.1:101	שדר לרמנ[א]לם	סניא	לרמנא מה טב שג[י]א
002			C1.1:101	גבר טב עם ג[בר לח]ה	[סנ]יא	שדר לרמנ[א]לם סניא
003			C1.1:102	[ע]נה ר[מ]נא ואמר	לסניא	אנת כלך כבן עם זי פגע

סני #2 N a kind of iron

No.	Gram.	Form	Ref.	Preceding	Keyword	Following
001	s ab/cn	סני	C3.7FV2:14	פרזל כרשן 3×לף בגו	סני	כרשן 1×לף פכרן
002			C3.7FV3:10	פרזל כרשן 3×לף בגו	סני	כרשן [1]×לף פכ]רן
003			C3.7GV2:11	2+3×לף+100×1[ב]גו	סני	כר[שן] 1×לף פכרן

סס N moth

No.	Gram.	Form	Ref.	Preceding	Keyword	Following
001	s em/sf	ססא	C1.1:119	[....]פלת	ססא	ובערב.[....]
002			C1.1:121	בבית נחשא נפלת	ססא]	נפשי לא תדע ארחא עלכן

סעבל N exterior planking (Egypt; GEA 374.14)

No.	Gram.	Form	Ref.	Preceding	Keyword	Following
001	s ab/cn	סעבל	A6.2:11	וחמשה חד [ל]אמן עשרן	סעבל	אמן שבען חנן לבטנא תלתה
002			A6.2:20	בארכא לחד פשך חד ועל	סעבל	עקי חלא דרי תמיס בארכא

סעד V to help, to aid

No.	Gram.	Form	Ref.	Preceding	Keyword	Following
001	peal	סעדני	C2.1.4:10	בארדט [אהור]מזד	סעדני	בטלה זי אהורמ[זד חילא
002			C2.1.4:4	[לא הוה תמה אה]ור]מזד	סעדני	בטלה [זי] אהורמזד
003			C2.1.5:12	ברתא בארדט אהורמזד	סעדנ]י	בטלה] [זי אהורמזד חילא
004			C2.1.5:16	[בארדט אהו]רמזד	סעדני	בטלה זי אהו[רמזד] חילא
005			C2.1.5:26	[קרבא אהור]מ[זד	ס]עדני	בט[ל]ה זי אהורמזד
006			C2.1.7:32	עם מרג[ו]יא אהורמזד	סעדני	[בטלה זי אהורמזד] חילא
007			C2.1.7:42	[עבדו]אהורמזד	[ס]עדני	בטלה זי אהו[רמזד]
008			C2.1.8:55	על.. [ ] אהורמזד	סעדני	ב]טלה זי אהורמזד קטלו
009			C2.1.8:57	עבדו קרב אהורמזד	ס]עדני	בטלה זי אה]ורמזד חילא

סענה N endowment (Egypt; Segal 24 n25)

No.	Gram.	Form	Ref.	Preceding	Keyword	Following
001	s ab/cn	סענה	B5.6:9	[ב]שמהם אנה .... ואנתה	סענה	[....].תה קימה

סערה N barley; cf. שערה

ספה N jar

No.	Gram.	Form	Ref.	Preceding	Keyword	Following
001	s ab/cn	ספא	D7.33:2	ולדא על לך אתמל עדבר	ספא	1 וגרשא שבק
002	s em/sf	ספתא	D7.33:6	לטמסי הן לא .[...] ישלח	ספתא	זי [...] לה ב.י לי
003	p abs	ספן	C3.7DR2:4	חמר[....] משח	ספן	10+3[+3]+3 עק סמכת 2
004			C3.7FV3:7	משח 20+20+3+3+2	ספן	10+3+3+3 כ 2 יו
005			C3.7ER2:8	[ופלג] משח]	ספן	]10 רב[ע] עק [סמכ]ת
006			C3.7FR3:12	10+[....] משח]	ספן]	10[....] נחש
007			C3.7GR2:9	כ 1 משח	ספן	10 רבע נחש שלמ]וא

No.	Ref	Preceding	Word	Following
008	C3.7JR2:23	משח [ופלג 1+20]	ספֿן	10̊] רבע עק סמכת 1
009	C3.7KR3:22	משח ופלג 1+20	ספן	10 רבע עק סמכת 1 ספן
010	C3.7DV2:5	ש 3+3+3 חמר יון	ספן	3+3+3+20̊+100×1
011	C3.7ER1:10	[חמר [2+3+3]+20	ספן]	1+20 ופלג [משח ס]פן
012	C3.7	[ח 3+10+2 ר 2 [חמר	ספן]	1+20] ו[פ̊ל[ג] [מש]ח̊
013	C3.7CR2:14	חמר [2 ר 1]+2+10	ספֿן	1+20̊ ופלג משח ספן
014	C3.7CR2:22	[....] חמר	ספן	1+20 [ו]פלג
015	C3.7BR1:18	זי אשתכח בה מ̊שח	ספן	[10+20]+10 מנדתא זי
016	C3.7DR3:12	זי אשתכח̊] בה משח	ספן	[10+20]+10 מנדתא זי
017	C3.7ER1:17	[ ]זי אשתכח בה משח	ספֿן	[10+20]+10 מנדת[א
018	C3.7ER2:20	[אש]ת̊[כ]ח בה מ̊[שח	ספן	[10+20]+10 מנדתא ז[י
019	C3.7HR1:2	[א]שתכח̊] ב]ה̊ [משח	[ספן]	[10+20]+10 [מנדתא זי
020	C3.7JR1:7	[ ]זי אשתכח בה [משח	[ספֿן]	[10+20]+10 [מנדתא
021	C3.7JR2:8	זי אשת̊כ̊[ח בה משח	ספן	[10+20]+10 מנדתא זי
022	C3.7KR3:7	[זי א]שתכח בה משח	ספֿן	10+20+10 [מנדתא
023	C3.7CR2:6	משחא זי אש]תכח בה משח	[ספן]	[10+20]+10 [מנדתא זי
024	C3.7KR2:19	ו̊פ̊[ל]ג [משח	[ספן]	3̊+3+3+20̊ כ̊ 1
025	C3.7ER1:4	[1+20 ופלג [מש]ח	ספן	[3]+2+3+[1+] ופלג [עק
026	C3.7DV2:9	נגֿ[....] ז̊י̊	ספן	2+3+3 ע̊ק ס̊מ̊כ̊ת̊ 3
027	C3.7AR2:16	ו̊פ̊ל̊ג̊ [מ]ש[ח	[ספן]	3+[3+3 כ 2 יו
028	C3.7AR2:8	1+20 ו̊פ̊ל̊ג̊ מש[ח]	ספן	3+[3+3]ו̊פ̊[לג] [ע]ק̊
029	C3.7BR1:3	[כנדן 1+20 [ופלג] משח	ספן	3+[3+3] כ̊ 2 י̊ו̊
030	C3.7DR1:1	[משח]	ספן	3+3+3 כ..ן 3+10[...]
031	C3.7DR3:21	1+20] ופלג] משח	ספֿן	3+[3+3] ופלג] עק סמכת
032	C3.7ER1:11	[ ]ספן 1+20 ופלג [משח	ס]פן	3+3+3 כ 2̊ #
033	C3.7ER2:1	משח	[ספן]	3+[3+3 ופלג ע̊ק̊] סמכת
034	C3.7JR1:15	[1+20] ופלג [משח	ספן	3+3+3 ופלג] [עק
035	C3.7JR1:23	1+20̊ ופלֿג̊] משח	ספן	[3+3]+3 כ 2 יו
036	C3.7JR2:16	[1+20 ופלג] [משח	ספן	3+3+3 ופלג] [עק סמכת
037	C3.7KR1:13	[....] [....] [משח	ספן	3+3+3 כ 2 יו
038	C3.7KR3:15	[1+20 ופלג] מש[ח	ספן	3+3+3 ופלג] עק
039	C3.7CR1:14	[1+20 ופלג] [משח	ספן	3+3+3 ופלג] [עק סמכת
040	C3.7CR1:22	[1+20 ופלג] [משח	ספן	3+3+3 כ 2 יו
041	C3.7CR2:15	1+20̊ ופלג משח	ספן	3+3+3 ופלג ע̊ק̊] סמכת
042	C3.7DV1:7	משח	ספן	
043	C3.7DV2:8	משח	ספן	
044	C3.7FR1:4	[....]+1 [משח	ספן	....] 20+20+20 עק
045	C3.7GV2:9	2+3+3+100×2 משח	ספן	
046	C3.7	[ו]פ̊ל̊ג̊ [מש]ח̊	ס̊פ̊ן̊]	... 3]+3 .[....] .[....]
047	C3.7KR2:11	ו̊פ̊ל̊ג̊ [משח	ספן	[... עק] סמכת 3 [ספן]
048	C3.7KR2:19	כ̊ 1 מעשר	ס̊פ̊ן̊	..[....] עק סמכת 3 [ספן]
049	C3.7AR2:10	[ע]ק̊ סמכת 1̊	[ספן]	ריקנן 10+20 בגו זי לא
050	C3.7AR2:18	[עק סמכת 1 .[.]	ספן	ריקנן 10+20 בגו] זילא
051	C3.7AR3:18	[.... מ̊נ̊]דתא	[ספן]	ריקנ]ן̊ 10+20 ב̊[גו זי
052	C3.7BR1:5	עק סמכת 1	ספן	ריקנן 10+20+20 בגו
053	C3.7DR1:3	[.] עק סמכת 1	ספן	ריקנן 10+20 בגו זי לא
054	C3.7DR2:6	עק סמכת 2	ספן	ריקנן 20+20+20 [בגו
055	C3.7DR3:23	[ופלג] עק סמכת 1	ספן	ריקנן 10+20 [בגו זילא
056	C3.7DV1:22	3+3+3+10 ס̊]מכת	ס̊פ̊ן̊]	ריקנן
057	C3.7ER1:13	[עק סמכת 1]	[ס]פן]	ריקנן 10+20 ב]ג[ו
058	C3.7ER1:6	[ופ]לג [עק סמכת 1]	ס̊פ̊ן̊	ריקנן 10+20 בגו זילא
059	C3.7ER2:10	ר̊ב̊[ע] עק [סמכ]ת 1̊	ספן]	ריקנן] 10+20 בגו זילא
060	C3.7ER2:3	ופלג עֿק̊] סמכת 1]	ס̊[פ]ן̊	[ריקנ]ן [20]+10 בגו
061	C3.7FR1:5	עק סמכת 2̊	[ספן]	ריקנן 20+20+20 בגו
062	C3.7FR3:25	עתי[ק 1] עק סמכת[..]	ספן	ריקנ]ן [....
063	C3.7FV3:17	1 ע[ק]סמכת 1+[1]	ספן	ריקנן 20+20+20 בגו
064	C3.7GR2:13	1̊ לק עתיק 1	ספן	ריקנן 10+20 בגו זילא
065	C3.7GV3:5	עק סמכת 10̊+3+3+3	ספן	ריקנן
066	C3.7JR1:17	[ופלג] [עק ס]מ̊[כת 1]	[ספן]	ריקנן 10+20 בגו זי לא
067	C3.7JR1:25	[עק] סמכת 1	[ספן]	רי]קנ[ן 20]+10 ב[גו]
068	C3.7JR2:18	[ופלג] [עק סמכת 1]	[ספן]	ריקנן 10+20 בגו זילא
069	C3.7JR2:25	10̊ [רבע] עק סמכת 1	ספן]	ריקנן 10+20 בגו זי]לא
070	C3.7JV2:21	[עק] סמכת] [...]	ספן	ריק[נן]20[+20+20]
071	C3.7KR1:15	... [... ...]	[ספן]	ריקנן 10+20 בגו זילא
072	C3.7KR2:13	[ספן ...] [עק]סמכת 3	[ספן]	ריקנן
073	C3.7KR2:21	..[...] עק סמכת 3	[ספן]	ריקנן
074	C3.7KR3:17	[ופלג] עק ס̊מ̊כ̊ת̊ 1̊	ס̊פ̊ן̊	ר̊[יק]נ̊[ן]10+20[
075	C3.7KR3:24	ספן 10 רבע עק סמכת 1	ספן	ריקנן 10+20 בגו] זילא
076	C3.7CR1:16	[ופלג] [עק סמכת 1]	[ספן]	ריקנן 10+20 בגו זי
077	C3.7CR2:17	ופלג עֿק̊] סמכת 1]	ספן	ריקנן 10+20 בגו] זילא
078	C3.7CR2:2	עק סמכת 1	ספן	ריקנן 10+20 בגו זילא

ספינה N ship

ספינה s ab/cn 001

No.	Ref	Preceding	Word	Following
001	C3.7AR2:20	לתחחור בקרו למצרין	ספינה	1 זי[.... בר ....]
002	C3.7BR1:15	[ ]לכיחך בקרו למצרין	ס]פינה	1 זי [....] [יוני
003	C3.7BR1:17	[יוני פסלרשי]	[ספינה]	1 רבה הי לק[בל משחתה]
004	C3.7BR1:8	[ב]ק̊ר̊ו̊ ל̊מ̊[צרין	ספינה	1 זי מר.ג.ס בר פק.[...]
005	C3.7DR1:5	לתעבי בקרו למצרין	ספ[י]נ[ה	1[זי .... בר
006	C3.7DR2:18	[ל]מ̊צ̊ר̊י̊ן̊	[ספינ]ה	1 זי[....]
007	C3.7DR3:11	ת̊מ̊ת̊..[...] פסלרשי	ספינה	1 רבה הי]ן לקבל משחתה]
008	C3.7DR3:2	[בקרו למצרין]	ספינה	1 ז[י ....] פסלרשי
009	C3.7DR3:9	למחיר בקרו ל[מצרין]	ספינה	1 ז̊י̊ ת̊מ̊ת̊..[...]
010	C3.7ER1:15	בקרו ל̊מ̊צ̊ר̊י̊ן̊	[ס]פינ̊ה̊	1[זי .גו̊ת̊. [בר ...
011	C3.7ER1:16	[... יוני פסלרשי]	[ס]פינה]	1]רבה הי לקבל משחתה
012	C3.7ER2:12	בקרו למצרין	ס]פינה	1[ז]י פ̊[..]ת̊לן בר
013	C3.7ER2:18	בקרו ל̊מ̊[צרין]	[ספ]י]נה	1 [זי] .... בר ארגלג[ס
014	C3.7ER2:19	[יוני פסלרשי]	ספינה	1 רב̊ה̊ הי לקבל מ̊[שחתה]
015	C3.7EV1:11	[.... לאפף ב]קרו לימא	ספינה	1 זי גלפ̊ר̊ס[....
016	C3.7EV2:13	למס̊[ורע]בקרו לימא	[ספ]ינה	1 ז[י .... יוני]
017	C3.7EV2:1	[לא]פף ב[קרו ל]ימא	ספינה	1 [ז]י ש.[... יוני
018	C3.7EV2:15	[ל]מסורע בקרו לימ[א]	ספינה	1[זי]יוכלס יו[ני
019	C3.7EV2:17	למסורע בקרו לימא	ספינה	1 זי פנס̊ יונ[י
020	C3.7EV2:3	[....]לאפף בקרו לימא	ספינה	1 זי ה̊פ̊ו̊.[... יוני
021	C3.7GR2:16	לא[פף בקרו למצ]רין	ספינ̊ה̊	1 זי גלפר[ס בר ...
022	C3.7GV5:14	ל[ח]ת̊חור] בקרו לימא	ספינה	1 זי] [....] .ל̊ן̊
023	C3.7GV5:17	לחת]חור בקרו לימא	ספינה	1 זי [....]
024	C3.7GV5:24	בקרו לי]מא	ספינה	1 זי .... יוני

No.	Parse	Form	Ref	Context	Word	Context
025			C3.7HR1:1		[ס]פינ[ה	]i רבה הי ל[קב]ל
026			C3.7JR1:27	בקרו [למצרין]	[ספינ]ה	1 זי יוכלס בר ש[...]
027			C3.7JR1:3	בקרו למצרין	[ס]פינה[	1 זי ...] כריסתן
028			C3.7JR1:5	[יו]ני פס[לר]שי	[ספי]נה[	1 רב]ה הי לקבל[
029			C3.7JR2:6	[למסורע בקרו למצרין]	ספינה	1 זי פנס ב[ר ....
030			C3.7JR2:7	[.... יוני פסלרשי]	ס]פינה	1 רבה]הי לקב[ל
031			C3.7KR2:24	בקרו למצרין	[ס]פינה	1 [ז]י תמכתס בר
032			C3.7KR3:5	בקרו למצרין	[ספינה	1 זי ....] בר .מן יוני
033			C3.7KR3:6	בר .מן יוני פסלרשי	[ספינה	1 רבה]הי לקבל
034			C3.7KR4:1		ספינה	1 זי[.... בר .... יוני
035			C3.7KR4:7	[בקרו למצרין]	ספינה	1 זי[.... בר ....
036			C3.7KV2:14	[לפרמותי בקרו לימא	ספינה	1 זי ...] ...]מנ[..].
037			C3.7KV2:16	לפרמו[תי בקרו לימא	ספינה	1 זי ..] ספיתך
038			C3.7KV2:18	ב[קרו ל]ימא	ספי[נה	1 זי ...]כלס יוני
039			C3.7KV2:20	בקרו ל[י]מא	[ס]פינה	1 זי פרתוכלס יוני
040			C3.7KV2:22	לפרמ[ות]י בקרו לי[מא	ספינה	1] זי גלפרס י[ו]ני
041			C3.7KV2:3	לפמנחתף בקרו לימא	ספינה	1 זי ...סי יוני
042			C3.7KV2:5	ל[פמנחת]ף בקרו לימא	[ספינה	]1 זי תמ.[... יוני
043			C3.7KV2:7	לפמנחתף בקרו לימא	ספינה	1 זי ...[.... יונ]י
044			C3.7KV2:9	לפמנחתף בקרו לימא	ספינה	1 זי .[.... יוני
045			C3.7KV3:12	לפחנס בקרו [ל]ימ[א	]ספי[נה	1 זי] ....גל[ס יוני
046			C3.7KV3:17	לפאוני [בקר]ו לימא	ס]פינה	1 זי .... יוני
047			C3.7KV3:19	לפאוני בקרו לימא	ספינה	1[זי .... יוני
048			C3.7KV3:21	לפאוני בקרו לימא	ספינה	1 זי [.... יוני
049			C3.7KV3:24	לפאוני בקרו לימא	ספינה	1 זי .[.... יוני
050			C3.7KV3:2	[.. לפ]חנס בקרו לימא	ס]פינה	1 זי ...]מרסלס [יוני
051			C3.7KV3:4	לפחנס בקרו [לימא	ספינה	1 זי .... יוני
052			C3.7KV3:7	לפחנס בקרו לימא	ספינה	[1 זי ....]. יו[ני
053			C3.7KV3:9	לפחנס בקרו לימא	ספינ]ה	1 זי .... יוני
054			C3.7CR2:4	לתעבי בקרו למצרין	ספינה	1 זי שומן בר שמנדס
055			C3.7CR2:5	יוני [פסלרשי]	[ספינה	1]רבה[הי]לקבל[
056			C3.8IIIB:5	.. מ.ה בגו בגו [...	]ספינה	1 זי ת.[...] [...] .א
057			C3.7GR4:25	ב.[....]	ספי[נה	...]
058			C3.7GV5:21	[לימא בירח חתחור]	[ספינה	2] כספא תש[י דמי נתרא
059			C3.7KV2:11		ספינה[	1+3 כספא תשי דמי נתרא]
060			C3.7EV1:6	[ ]לימא בירח פאוני	ספינה	2+3 בגו [ספינת יוניא
061			C3.7KV2:24	[כל ....]	ספינה	2+3 כספא תשי דמי
062			C3.7KV3:14	לימא בירח [פ]חנס	ספינה[	2+3 כספא תשי] דמי נתרא
063			C3.7EV2:7	לימא בירח א[פ]ף	ספינה[	3+3 בגו] ספ[ינת יו]ניא
064			C3.7AR2:22	א[סות] כח[מוש	ספינה	רבה הי]
065			C3.7BR1:10	[...] [אס]ות כ[חמ]וש	ספ]ינה	רבה הי] מנדתא זי גבי
066			C3.7DR1:12	[ב]ירח תעבי [....]	ספינה	רבה 2 [א]סות כחמוש
067			C3.7DR1:22	[....] מן	ספינה	רבה 2
068			C3.7DR1:7	[פסלר]שי אסות כחמוש	ספינה	רבה הי מ[נדתא ז]י[
069			C3.7DR2:20	[אסות כח]מוש	ספינה	רבה הי [מנד]תא זי גבי
070			C3.7DR3:4	אס[ו]ת כ[חמוש	ספינה	רבה הי] מנדתא זי גבי
071			C3.7ER2:13	אס[ות כחמוש	]ספינה	רבה[הי] מנדתא זי
072			C3.7FV3:23	[בגו] [כל	]ספינה	רבה 3+3+3+20 אסות
073			C3.7FV3:24	אסות כחמוש	ספינה	רבה 10+2+[1+3+1]
074			C3.7GR2:17	פסלרשי אסות כחמוש	ספינה[	רבה הי] מנדתא זי גבי
075			C3.7JR2:1	[אסות כ]חמוש	ס]פינה	רבה הי] [מנדתא זי
076			C3.7JV2:11	ס.[....]ל..	ספינה[	ר]בה 2[...] זהב
077			C3.7JV2:5	[ ]פסלרשי ....]בגו	ספינה	רבה 2 אסות
078			C3.7KR2:25	פסלרשי אסות כחמוש	ספינה	רבה הי
079			C3.7KR2:7	על [בית מלכא] [מן	ספינה	ר]בה 3 מן[...]
080			C3.7KR4:2	[פסלרשי] אסות כחמו[ש	ספינה	רבה הי] מנדתא[זי גבי
081			C3.7KR4:8	[פסלרשי] אסות כחמו[ש	ספינה	רבה הי] מנ[דת]א זי
082		ספינת	C3.7EV1:7	פאוני ספינה 2+3 בגו	[ספינת	יוניא פסלר]שי 1+3
083			C3.7EV2:8	ספינה[3+3 בגו]	ספ[ינת	יו]ניא פסלרשי 3 לכסף
084			C3.7FV3:22	[ ]ח[... ...]i בגו #	ספ[ינ]ת[	י]וניא פסלרש[י]
085			C3.7FR1:6	ספיתן 20 [....	ס]פינת	כזדי 3 בגו
086			C3.7FV3:25	[1+3+1]+2+10	ספינת	כזרי 3+3 בפ...[...]
087			C3.7JV2:6	כ[....]	ספינת	[....]בגו [ד]וגי[
088			C3.7JV2:4	[.[.... כסף[....]..	ספינת	י[....]פסלרשי ....]בגו
089	s em/sf	ספינתא	C3.12:23	[קל]בי 1 [....	ס]פינתא	ב 3+20 לשרתא קלול 1
090			A6.2:3	כרכיא כן אמרו	ספינתא	זי מהחסנן אנחנה עדן
091			A6.2:22	ספיתכן לעינין אופשר	ספינתא	זך ולעבק יעבד כזי שים
092			C3.8IIIB:16	[ב]ר פר[י] אתה בבית	ספינתא	למ[...] זי על תבלא
093			C3.8II:8	[דוג]יתא זי לקדמן	ס]פינתא	לקנ[...] [...]חזק א[
094			A6.2:7	נופתא החוין	ספינתא	נחוי זי ביד פסמסנית
095			C3.8IIIA:11	[ ].ת בבית	ספינתא	
096			A3.9:7	[מ]טאת	ספינתא	תנה עלין יפטרונ[ני
097	p abs	בספינן	C1.2:8	חור בר פונש	בספינן	.[....]ל[
098		בספנן	C1.2:24	בני מראיהס[...	]בספנן	לקבלה ולא[....] לחם
099	p em/sf	ספינתא	C3.7AR3:4	[10 ח 2 ר 2] [כל	ספינתא	זי בקרו למצרין בירח
100			C3.7DR1:11	כרשן 10 ח 2 ר 2 כל	ספינתא	זי בקרו למצרין [ב]ירח
101			C3.7EV1:6	[1]+3+2 ח 2+3 [כל	ספינתא	זי בקרו]לימא בירח
102			C3.7EV2:7	....[....] [כל	ספינתא	זי]בקרו לימא בירח
103			C3.7FV3:18	זילא ספיתן 20 כל	ספינתא	ז[י] בקרו למצרין
104			C3.7GV5:10	..[....] [כל	ספינתא	זי]בקרו[לימא בשנת
105			C3.7GV5:20	[כרשן ....] [כל	ספינ]תא	זי בקרו[לימא בירח
106			C3.7KR1:22	[....] [כל	ספינתא	זי בקרו למצרין ביר]ח
107			C3.7KV3:14	[....] [כל	]ספינתא	זי בקרו לימא בירח

ספיק A enough

No.	Parse	Form	Ref	Context	Word	Context
001	p abs	ספיקן	D6.8frage:1		ספיקן	ולא [....] לנשיבית[ה

ספית A coated (< זפת)

No.	Parse	Form	Ref	Context	Word	Context
001	p abs	ספיתן	C3.7AR2:10	[10+20 בגו זי לא	ספיתן	10] [כל מנדתא ואחרן זי
002			C3.7AR2:18	10+20 בגו[זילא	]ספיתן	10 ב 10+20 לחתחור
003			C3.7AR3:18	10+20 ב[גו זי לא	ספיתן	10] [כל מנדתא
004			C3.7BR1:5	בגו זילא	ספ[יתן	10] ירח כיחך שנת
005			C3.7DR3:23	10+20[בגו זילא	ספיתן	10] כל מנדתא ואח[רן
006			C3.7ER1:13	[10+20 ב]ג[ו זילא	]ס[פי]תן	10] [ב]1+3+3
007			C3.7ER1:6	10+20 בגו זילא	ספיתן	10 כל מנדתא ואחרן זי
008			C3.7ER2:10	10+20 בגו זילא	ס]פיתן	10] ב 10 [לפח]נס
009			C3.7ER2:3	[20]+10 בגו זילא	]ספיתן[	10] כל מנדתא ואחרן

No.	Form	Gram	Ref	Preceding	Keyword	Following
010			C3.7GR1:4	[....]	ספיתן	10 [....]מְנֹהָם
011			C3.7GR2:13	בגו זילא 10+20	ספיתן	10 י[ר]ח אפף] שנת
012			C3.7JR1:17	בגו זי לא 10+20]	ספיתן	10] כל מנדתא ואחרן]
013			C3.7JR1:25	ב]גו] זילןא 10+[20]	[ספיתן	10 [ב .... למסורע]
014			C3.7JR2:18	בגו זילא 10+20]	ספיתן	10] כל מנדתא ואחרן זי
015			C3.7KR1:15	בגו זילא 10+20]	ספי]תן	10 [ב ... לפחנס בקרו
016			C3.7KR3:17	בגו זילא]10+20[ ]	ספיתן	10] כל מִנְדְּתָא
017			C3.7KR3:24	בגו]ן זילא 10+20	ספיתן	10] ב 1+3+3+10
018			C3.7CR1:16	בגו זי]לֹא 10+20]	ספיתן	10 [כל מנדתא ואחרן זי
019			C3.7CR2:17	בגו]ן זילא 10+20	ספיתן	10] כל מנדתא ואח]רן]
020			C3.7CR2:2	בגו זילא 10+20	ספיתן	1ֹ0 ב 3+3+10 לתעבי
021			C3.7KR2:13	בגו]זילא]	ספיתן	[10+20] כל מנדתא
022			C3.7KR2:21	בגו]ן זילא	ספ]יֹתן	10+2ֹ0 [ירח
023			C3.7DR1:3	בגו זי לא 10+20	ספיתן	20 ב 2+3+3+10
024			C3.7DR2:6	]בגו זילא[ ]	ספיתן	20 כל מנד[תא]ואח]רן
025			C3.7FR1:5	]בגו]זילא]	ספיתן	2ֹ0 [.... ס]פינת
026			C3.7FV3:17	בגו זילא	ספיתן	20 כל ספינֹתֹאֹ ז[י]
027			C3.7JR2:25	בגו זי]לא 10+20]	ספיתן	20 ב 2+10 למסורע]
028			C3.7JV2:21	ב]גו] זילא	ספיתן{	20{ כל מנדתא ו]אחרן]
029			C3.7DR2:15	[....]2	]ספיתן[	[..] [....] שְׁנַת
030			C3.7DV1:23	]בגו זי]לןא	]ס]פיתן	
031			C3.7GV3:6	בגו זילא	ספיתן	
032			C3.7GR1:11	...]	ספ]יֹתן]	[..

ספיתכן N whitener (?) (Pers; GEA 372.55)

No.	Form	Gram	Ref	Preceding	Keyword	Following
001	ספיתכן	s ab/cn	A6.2:9	כנופי סגן נגריא	ספיתכן	וכן אמרו עדן הוה
002			A6.2:22	בר כנופי סגן נגריא	ספיתכן	לעינין אופשר ספינתא זך

ספל N bowl

No.	Form	Gram	Ref	Preceding	Keyword	Following
001	ספלא	s em/sf	C3.28:109	קָ.כ.[...] רבא בידה	ספלא	בידה כמ[...]ה שפירה

ספר N scribe

No.	Form	Gram	Ref	Preceding	Keyword	Following
001	ספר	s ab/cn	C1.1:1	[אלה]מִלי אחיקר שמה	ספר	חכים ומהיר זי חכם לברה
002			C1.1:35	א]ח[יקר זך שבא	ספר	חכים [....]ר למה
003			C1.1:18	ברי רבא והו יחלף לי	ספר]	[....] צב]יֹת
004	ספרא	s em/sf	A6.2:28	נבועקב [....]	ספרא	ב1+2+10 [ל]טבת שנת
005			D8.13:3	כסף מלחא כתב יוֹסֵף	ספרא	ב10+20 לתעב[י] שנת
006			A6.2:23	כזי שים טעם ענני	ספרא	בעל טעם נבועקב כתב
007			C3.8IIIB:37	זי סי.. מַאבֿ קדם ...	ספרא	זי קדם .....
008			C1.1:12	[י]הֹוֹ	[ס]פרא	חכימא יעט אתור כלה זי
009			C1.1:42	כתונה הילל [....]הֹ	ספרא	חכימא ובעל עטתא טבתא זי
010			D8.6:3	שמעון מ 1 פ חניה	ספרא	מ 2 פ בידיה ר 2
011			A6.10:10	ידע טעמא זנה רשת	ספרא	מן ארשם על נחתחור
012			A6.11:6	ידע טעמא זנה רשת	ספרא	מן ארשם על נחתחור
013			A6.12:3	ידע טעמ[א ז]נה רשת	ספרא	מן ארשם על נחתחור
014			A6.13:5	ידע טעמא זנה רשת	ספרא	מן ארשם על נחתחור
015			A6.8:4	ידע טעמא זנה אחופי	ספרא	מן [א]רֹשם על ארמפי
016			A6.9:6	ידע טעמא זנה רשת	ספרא	מן ארשם על נחתחור וכעת
017			C3.19:32	....[ ]	ספרא	ש]מה ....]
018	לספרא		D23.1.XVIC:6	[....]חֹרא שלמ	לספרא	זֹי כתב כתבֿא דֿנה
019	ספרי	p const	B4.3:13	ב]בית מל]כא וקדם	ספרי	אוצרא ....] זי
020			B4.4:12	בית מלכא וקדם	ספרי	אוצרא זנ]ה ....
021			B4.4:14	במנין בבית מלכא וקדם	ספרי	א]וצרא
022			A6.1:6	דיניא פטאסי וכנותה	ספרי	מדינת נסׂונפרע
023			A6.1:6	חרוץ וכנותה	ספרי	מדינ]ת .... ו
024	וספרי		A6.1:1	וכנותה בגדן וכנותה	וספרי	מדינתא שלם מראן אלהיא
025	ספריא	p em/sf	D5.44:2	רִיאֹ[...] [...]בבית	ספריא]	[...
026			A3.3:5	על זנה [....] [קדם]	ספריא	ויתיהב לכן כעת כזי
027	לספריא		D8.8:2	בשם אלהא א.[...]	[ל]ספריא	ס̊ 1 [ל.]עסן ג 1 ק 3

ספר #2 N document, writing, letter

No.	Form	Gram	Ref	Preceding	Keyword	Following
001	ספר	s ab/cn	D7.24:14	לך מיכ[יה] הלו מלת	ספר	הי זי שלח לי רוך
002			A2.5:4	סון שאל לה הושר לי	ספר	ומנדעם וכעת יהתו לן ארון
003			B2.3:16	יכהלון יהנפקון עליכי	ספר	חדת ועתיק בשמי על ארקא
004			B2.7:11	גבר אחרן יהנפק עליכי	ספר	חדת ועתק להן זנה ספרא זי
005			B3.10:22	ינפקון עליכי	ספר	חדת ועטיק להן ספרא זנה
006			B3.11:15	לא יכלון ינפקון עליכי	ספר	חדת ועטיק בשם ביתא זנה
007			B3.12:29	מנעל וזי ינפק עליך	ספר	חדת ועתיק בשם ביתא זנה
008			B2.7:12	לך זי ינפק עליכי	ספ<ר>	לא אנה כת[בתה] אף הא
009			A2.3:5	מסבלן לה וכעת ארה	ספר	לה שלחתי בשמה וכעת זי
010			A2.5:7	אתריה ומהי דה זי	ספר	לה הושרתן לי ואנה נכתני
011			A3.8:4	כ[ר]שן 2+3 וכתב להם	ספר	עליהם והן לא [....] כל
012	וספר		B2.7:3	ארמי זי סון בדמוהי	וספר	כתב לי עלא ויהבתה
013			B3.9:4	[זיל]ך זי יהבת לי	וספר	כתבת לי עלא לא אכהל אנה
014			B2.4:4	למבטחיה ברתי אנתתך	וספר	כתבת לה אחרוהי משחת ביתא
015	ספר		B2.4:23	שהד הו[שע בר י]גדל	ס̊]פר	....]
016			B5.5:13	[....]ספעמרא	[ספר]	....] זי כתבת מפטחיה
017			B2.1:20	שהד שלם בר הושעיה	ספר	אגרא זי בנה זי כתב
018			B3.3:17	כסף כרש 1 שקלן 2+3	ספר	א]נתו זי כתב ענני
019			B3.8:45	ידניה בר גמריה	ספר	אנתו זי כתב ענניה בר
020			B3.12:18	ברתן פסשדת על	ספר	אנתותה דבק אגר באגר מערב
021			B3.12:9a	זי יהבת לך פסשדת {{על	ספר	אנתותה זי יהוישמע}}
022			B3.11:9	לך ברחמן פסשדת על	ספר	אנתותכי עד אחרן הן אמר
023			B4.6:4	קצת כספא ונכסיא זי על	ספר	אנתותכי אנה מנחם אנתננה
024			B3.11:7	קבל זי לא ˆכתב על	ספר	אנתתכי˜ עם ענני בר חגי
025			B2.3:35	שהד הושע בר יגדל	ספר	בי [זי] כתב מחסה בר
026			B2.7:21	שמעיה זכור בר שלם	ספר	בי [זי כתב מ]חסיה בר
027			B3.10:27	שהד חגי בר מרדו	ספר	בי זי כתב ענני בר
028			B3.11:21	שהד ידניה בר גמריה	ספר	בי זי כתב ענני בר
029			B3.12:35	נתן בר יהואור מגר	ספר	בי זי זבן ענני בר
030			B3.4:25	שהד איסך בר זמסף	ספר	בי זי זבן בגזשת ויבל
031			B3.5:25	מגשיא תת מגשיא	ספר	בי זי כתב ענניה לתמת
032			B3.12:31	זי כתב לן בגזשת	ספר	זבנתא זי זבן לן ויהבן לה
033			B1.1:19	על פם פדי בקריה כרב	ספר	חֹוֹבֿ חקל זי כ[ת]ב
034			B3.1:23	פלטיה אגור בר אחיו	ספר	כסף דנה זי כתבת יהוחן

ספר #2

No.		Form	Ref.	Preceding	Keyword	Following
035			B7.4:1		ספר	מומה זי כתב חמני.[...]
036			B2.10:20	פנוליה אחיו בר נתן	ספר	מרחק זי כתב ידניה בר
037			B2.2:22	אריישא בר ארוסתמר	ספר	מרחק זי כתב [דרגמ]ן בר
038			B2.3:23	זנה בידכי אף איתי	ספר	מרחק 1 זי דרגמן בר
039			B2.8:14	נבורעי בר ושתן	ספר	מרחק זי כתב פיא
040			B2.9:19	בר זכור בר אושעיה	ספר	[מרחק] זי כתב מנחם
041			B3.6:18	מפטח דלה בר גדול	[ספר]	מרחק זי כתב משלם בר
042			D2.5:4	[... ... ...] דגלא	ספר	### מרחק [... ...] [...] ... ...
043			B3.13:15	שהד חגי בר מרדו	[ס]פר	עבור ז[י כתב ענני בר
044			B2.11:17	שהד שלם בר נתן	ספר	פלגן עבד פטוסירי כתב
045		וספר	A1.1:9	פחה במתא	וספר	שנדור
046			B2.8:4	ופרזל כל נכסן וקנין	וספר	ˆאנתוˆ אדין מומאה מטאה
047			B8.10:1	[... יה]בת לה	וספר	אסרן כתבן
048			B2.3:25	וימאת לה כזי זילי הי	וספר	מרחק כתב ויהב לי ספרא זך
049			B2.11:14	עלין וגבר חלקה נהחסן	וספר	פלגנן נכתב בינין ולא דין
050	s em/sf	ספרא	B4.2:16	מלכיה בר זכריה כתב	ספרא	גמריה בר אחיו על פם
051			D2.23:2	[...] ... [...] [... ...	]ספרא	[... ...] [... ...]. הודויה
052			D7.21:6	וֿאחטנה לשלמך שלחת	ספרא	
053			D3.1:2	דכרן כנ[תן ... ...]	ספרא	ביד[... ...] כנתן פרס[ן
054			B2.3:16	זך למנתן לאיש אחרן זך	ספרא	זי יהנפקון עליכי כדב
055			B2.7:12	ספר חדת ועתק להן זנה	ספרא	זי אנה כתבת ויהבת לך זי
056			B3.11:16	זי יהנפק כדב הו זנה	ספרא	זי אנה ענני כתבת לכי הו
057			D2.28:1	כתב פהזו מלחא[...]	ספ[ר]א	זי לבטתא אנתתה זי [...
058			B2.3:25	וספר מרחק כתב ויהב לי	ספרא	זך אנה יהבתה לכי אנתי
059			B2.3:27	זילה ירשה על ביתא זך	ספרא	זך הנפקי ולקבלה דין עבדי
060			A2.7:4	ואחתהה לשלמכי שלחת	ספרא	זנה אל אחתי עתרדי מן
061			B1.1:17	כתב מכבנת בר נרגי	[ספ]רא	זנה על פם פדי בקריה
062			B2.1:15	כתב פלטיה בר אחיו	ספרא	זנה כפם קוניה שהדיא בגו
063			B2.11:15	בר נבוזראבן	ספרא	זנה ביב בירתא כפם
064			B2.2:16	זך כתב איתו בר אבה	ספרא	זנה בסון בירתא כפם
065			B2.3:28	עתרשורי בר נבוזראבן	ספרא	זנה בסון בירתא כפם
066			B2.4:14	זך למבנה ולא כתבת לך	ספרא	זנה אנה אנתן לך כסף כרשן
067			B2.4:16	עתרשורי בר נבוזראבן	ספרא	זנה בסון בירתא כפם
068			B2.6:31	כרשן 20 ויעבד לה דין	ספרא	זנה ולא אכל אמר איתי לי
069			B2.6:36	העדת המו מנה {{לקבל	ספרא	[זנה] להן}} אנתן
070			B2.6:37	כתב נתן בר ענניה	[ספרא	זנה כפם אסחור] ושהדיא
071			B2.7:17	כתב נתן בר ענניה	ספרא	זנה כפם מחסיה ושהדיא
072			B2.8:11	כתב פטאסי בר נבונתן	ספרא	זנה בסון בירתא כפם פיא
073			B2.9:16	כתב מעוזיה בר נתן	ספרא	זנה כפם מנחם וענניה כל
074			B3.1:20	כתב נתן בר ענני	ספרא	זנה כפם יהוחן ושהדיא
075			B3.10:22	כתב חגי בר שמעיה	ספרא	זנה ביב ברתא כפם ענני
076			B3.10:22	ספר חדת ועטיק להן	ספרא	זנה זי אנה עבדת לכי הו
077			B3.11:17	כתב חגי בר שמעיה	ספרא	זנה ביב כפם ענני בר
078			B3.12:32	כתב חגי בר שמעיה	ספרא	זנה ביב ברתא כפם ענני
079			B3.13:12	בר אשמרם בר אשמשזב	ספרא	זנה בסון בירתא כפם
080			B3.3:14	כתב נתן בר ענניה	ספרא	זנה ושהדיא בגו שהד נתן
081			B3.6:16	דין ולא דבב כתב חגי	ספרא	זנה ביב כפם משלם בר
082			B3.8:32	2 לס10 ויעבד [לה] דין	ספרא	זנה ולא דין להן לא שליטה
083			B3.8:42	כתב מעוזיה בר נתן	ספרא	זנה כפם ענניה בר חגי
084			B4.2:16	על פם שהדיא זי על	ספרא	זנה
085			B4.6:18	[כתב] [חגי בר שמעיה	ספרא]	זנה [כפם מנ]חם שה[דיא]
086			B4.7:5	וחובי ישבק לחיי	ספרא	זנה[....]
087			B5.5:11	[2 כתב .... בר ....]	ספרא	זנה כפם מפטחיה ברת
088			B6.3:11	[2 לעשרתא ויעבד דין	ספרא	זנה לאביהי] אנתתה זי
089			B6.3:16	כתֿ[ב .... בר	ספרא	זנה כפם ....] ושלומם בר
090			B6.4:9	בר נתן בר ענניה	ספרא	זנה כפם הושעיה ויהוחן
091			B7.1:9	[בר נתן בר] ענני	ספרא	[ז]נה ב[ס]ון בירתא
092			D2.22:2	[... כתב נתן בר] ענני	ספרא	זנ[ה ... ...] אזניה ענני[
093			D2.25:6	[...] [...].אל בר תחנום	ספרא[	זנ]ה[... ...]
094			D7.24:1	כענת הלו כן שלחת לך	ספרֿ[א]	זנה באלף פמהן לם אעל
095			B3.12:31	לה רחמת אף יהבן לך	ספרא	עטיקא זי כתב לן בגזשת
096			B2.7:6	כרשן 2+3 ויהבת לכי	ספרא	עתיקא זי כתב לי משלם זך
097		ספרה	A2.1:12	סחתה כלה לשלמכן שלחת	ספרה	זנה שלם אבי פסמי מן
098			A2.2:17	אזדהרי בה לשלמכן שלחת	ספרה	זנה אל תשי מן מכבנת בר
099			A2.3:13	בבˆ־ˆתי לשלמכי שלחת	ספרה	זנה אל אבי פסמי בר
100			A2.4:13	לשלמכן שלחת {{ל[.]}}	ספרה	זנה אל אבי פסמי מן
101			A2.5:9	מת אנה לשלמכן שלחת	ספרה	זנה אל תרו מן נבושה בר
102			A2.6:10	לכן ל[שלמכי שלחת	ס]פרה	זנה אל אמי [תבי מן ..ר
103			A3.4:5	[לשלמכי] שלחת	ספרה	זנה שלם ˆאמיˆ מנחמת שלם
104		בספרא	B3.11:15	זנה זי תחומוהי כתבן	בספרא	זנא ויהך בדן ולא יצדק
105			B3.1:8	ומרביתה זי כתיב	בספרא	זנה אנת משלם ובניך
106			B3.10:12	ותחומוהי כתבן	בספרא	זנה אנה ענני בר עזריה
107			B3.10:16	כתיבן ומלוהי כתיבן	בספרא	ˆזנהˆ אנה ענני יהבתה
108			B3.11:16	זי תחומוהי מנעל כתב	בספרא	זנה זי יהנפק כדב הו זנה
109			B3.11:7	זי תחומוהי כתיבן	בספרא	זנה אנה ענני בר עזריה
110			B3.12:22	משחתה ותחומוהי כתיב	בספרא	זנה אנת ענני שליט בה
111			B3.7:9	[ז]י תחומוה כתיבן	בספרא	[ז]נ[ה] מן תחת ומ[ן ע]ל
112			B4.3:10	[זי כתיבן]	בספרֿא	[ז]נה
113			B4.4:11	[זי נבושלו זי] כתיבן	בספרא	זנה אנחנה ננתן
114			B5.5:5	[לכי זי כתיב]	בֿסֿפֿרֿ[א]	זֿנה ולא יכהל בר לי
115			B6.4:7	וכספא זי כתיבן	בספרא	ˆזנהˆ ברחמן יהבת לכם
116			D2.25:3	הן[...] [...]כתי[ב	ב]ספרא	זנה לא[... ...].תנחֿ[...
117		וספרא	B2.3:18	ולא יתלקח בדין	וספרא	זנה בידכי ואף אנה
118			B2.3:22	ואהך בדין ולא אצדק	וספרא	זנה בידכי אף איתי ספר
119			B3.1:12	שלמתך בכספך ומרביתה	וספרא	זנה בידך ולא אכל אקבל
120			B3.1:13	לם לקחת מני ערבן	וספרא	זנה בידך והן מיתת ולא
121			B3.1:19	עליך קדם סגן ודין	וספרא	זנה בידך אף יהכון בדין
122			B3.1:20	בדין ולא יצדקון	וספרא	זנה בידך כתב נתן בר
123			B2.7:9	זך זי אנה יהבת לך	וספרא	כתבת לכי עלא זי יגרנכי
124*		לספרן	D7.11:9	זי מראך ול[...]	ˊלספרן	המו [...] סֿניֿ

סר N cf. סד

סרושי N chastisement, punishment (Pers; GEA 372.56)

No.		Form	Ref.	Preceding	Keyword	Following
001	s em/sf	סרושיתא	A6.3:6	אלכי אהקרב קדמוהי	סרושיתא	זי אנה אשים להם טעם
002			A6.3:7	ת[מה] אנת שם טעם	סרוש[ית]א	זי פסמשך י[שים] להם

סרחלץ N a kind of garment

No.	Gram.	Form	Ref.	Preceding	Keyword	Following
001	s ab/cn	סרחלץ	A3.8:9	1 זי קמר פעקס 1	סרחלץ	1 [...] צביע ול[...]
002	s em/sf	סרחלצה	A2.4:6	שלחת לך וכעת הן מטאך	סרחלצה	שלח לי ביד עקבה בר

סרנו N cf. סדנו

סריס N eunuch

No.	Gram.	Form	Ref.	Preceding	Keyword	Following
001	s ab/cn	סריס	C1.1:61	[איתי עלים ח]ד	סריס	זילי אנתן לכם ˀיתקטל
002	s em/sf	סריסא	D23.1.Va:6	יהיב לפסמשך	סריסא	חד זי אזל להי
003			D23.1.Va:6	[ ]יהיב לפסמשך	סריס[א]	חד צדיק[...]י מלן
004			C1.1:69	[....] זך	סריסא	חלף אחיקר[....
005		סריסה	C1.1:63	אחר י[חזון פגר]ה זי	סריסה	ˀ[ז]נהˆ עלימא זילי עד

סרסר V to soar (?)

No.	Gram.	Form	Ref.	Preceding	Keyword	Following
001	quad	מסרסרן	C1.1:162	איש זעיר וירבה מלוהי	מסרסרן	לעלא מנה כי מפתח פמה

סתר V to destroy

No.	Gram.	Form	Ref.	Preceding	Keyword	Following
001	peal	שתר	C1.1:173	כאיש {{זי}} גנב זי	שתר	בי וישתכ[ח] מה חסין הו

סתר N concealment

No.	Gram.	Form	Ref.	Preceding	Keyword	Following
001	s ab/cn	בסתר	C1.1:111	שבקתך	בסתר	ארזא וסחרת[...] שבקת
002			C1.1:183	אריא יהוה מסמה לאילא	בסתר	סוירא והו [....]

סתתרי N stater (Gr weight = 2 shekels; GEA 377.1)

No.	Gram.	Form	Ref.	Preceding	Keyword	Following
001	s ab/cn	סתתרי	B4.6:4	עלי כסף ש 2 הו [כס]ף	סתתרי	1 מן קצת כספא ונכסיא זי
002			B4.6:7	זנה [ש]קלן 2 [הו]	סתתרי	[1] [עד יומא] זנה ז[י]
003			B4.6:9	כסף שק[לן 3] הו כס[ף	סתת[רי	1 [ש 1] [ואשלמן לכי]
004			D4.24:3	..ך [...] ...	]סתתרי[	1 .[...]
005			B3.12:14	3 כסף יון במנין	סתתרי	3+3 שקל 1 וטיב לבבן
006			B3.12:5	תלתה הו 3 כסף יון	סתתרי	3+3 שקל חד וטיב לבבן
007			B4.5:3	[חד שקלן ארבעה הו	סת[תרי	במנין 3+3[+1 איתי לך
008	p abs	סתררן	C3.7JV2:12	[ר]בה 2[...] זהב	ס]תתרן	.... [כרשן 3 ש]
009			C3.7JR1:9	[בי]ת] מלכא] [זהב	סתתרן	10+1[+1 לזהב כ]רש 1
010			C3.7CR2:8	[על בי]ת מלכא [זהב	סת[ת[ר]ן]	10]+1[+1 לזהב כרש
011			A4.2:12	ופתפרסא ויהב לי כסף	סתתרן	2+10 וחדה מנה]
012			C3.7AR2:13	[על בית מלכא] [זהב]	סתתרן	2+10 לזהב כרש 1 ח
013			C3.7AR2:2	[ע]ל בית מלכא זהב	סתתרן	2+10 לזהב [כרש 1 ח
014			C3.7BR1:20	[על בית מלכא] זהב	סתתרן	2+10 לזהב כר[ש 1 ח
015			C3.7DR3:14	[על בית מלכא] זהב	סתתרן	2+10 ל[זהב כרש 1 ח
016			C3.7ER1:8	[ע]ל ב[י]ת מל[כא ז[ה]ב	סתתרן	2+10 לזהב כרש 1 ח
017			C3.7ER2:22	[על בית מלכא] זה]ב	סת[ת[ר]ן	2+10 לזהב כר[ש 1 ח
018			C3.7HR1:4	[בית מלכא] זהב	]סתתרן	2]+10 לזהב כרש 1 ח
019			C3.7JR1:20	[על] [בית מלכא] [זהב	סתתרן	2+10[לזהב] כרש 1 ח
020			C3.7JR2:10	[על בית מלכא] [זהב	]סתתרן[	2+10 לזהב כרש 1 ח
021			C3.7JR2:20	[על בית מלכא] זה]ב	סתתרן	2+10 לזהב כרש 1 ח
022			C3.7KR3:19	[על בית מלכ]א זהב	סתתרן	2]+10 לזהב כרש 1 ח
023			C3.7KR3:9	על בית מלכא זהב	[סתת]רן	2+10 לזהב כרש 1 ח
024			C3.7CR1:19	[בית מלכא] [זהב]	סתתרן	2+10 לזהב כר]ש 1 ח
025			C3.7CR1:8	[על בי]ת מלכא [זהב	סתתרן	2+10 לזהב כרש 1] ח
026			C3.7CR2:20	על בית מלכא זהב	סתתרן	2+10 ל[זהב כרש 1
027			C3.7AR3:2	[על בית מלכא] זה[ב	סתתרן	10 לזהב ש 3+3+2 ח
028			C3.7BR1:13	על [ב]ית מלכא [זה]ב	סתתרן	10 לזהב ש 3+3+2 ח
029			C3.7DR1:9	[על בית מלכא] זהב	סתתרן	10 לזהב[....]
030			C3.7DR2:23	על [בי]ת מלכא [זה]ב	סתתרן	10 לזהב[
031			C3.7DR3:6	[על בית מלכא] זהב	סתתרן	10 לזהב[ש 3+3+2 ח
032			C3.7ER2:15	[על בית מלכא] [זהב]	סתת[ר]ן	10 לזהב ש 3+3]+2 ח
033			C3.7GR2:19	[על]בית מלכא זהב	סתתרן	10 לזהב ש 3+3]+2 ח
034			C3.7JR2:3	[על בית מלכא] [זהב]	]סתתרן	10 ל[זהב ש
035			C3.7KR3:2	[ע]ל בית מלכא זה]ב	סתתר]ן[	10 לזהב]ש 3+3+2 ח
036			C3.7KR4:10	[על בית מלכא] זהב	ס]ת[ת[ר]ן	10] לזהב ש 3+3+2 ח
037			C3.7KR4:4	[על בית מלכא] זהב	סתתרן	10] לזהב ש 3+3+2 ח
038			C3.7ER1:19	ב[י]ת [מלכא זהב	[ס]תתרן	20[+1]+1 ל]זהב
039			C3.7DR2:9	על בית מ[לכ]א זהב	ס[ת]ת[רן	20]+10+1]+2+1
040			C3.7AR3:23	[....] זהב	סתת[רן	20+10+2 לזהב כרשן] 2
041			C3.7JV2:23	על בית מלכ]א] זהב	סתתרן	20]+<20>{10}+3+1
042			C3.7KR2:1	[זהב]	]ס[תתר]ן[	20+10+3]+3
043			C3.7KR2:15	על בית מלכא זהב	סתתרן	20+20+10+3+3 לזהב
044			C3.7GR2:4	על בית מלכא זהב	סתתרן	20+20+2 לזה]ב [כרשן
045			C3.7FV2:23	[על בי]ת מלכא זהב	סתתרן	20+20+3+1] לזהב
046			C3.7ER2:5	[על בית מלכא] זהב	סתתרן	20+]2 לזהב
047			C3.7FR1:1	[זהב]	סתתרן	.... ל]זהב כרשן]
048			C3.7FR3:4	[בית מ[לכא] ז[ה]ב	סתת[רן	....]ש]
049			C3.7GV2:1	[...	סת[תרן	
050		בסתתרין	C3.13:8	[....] זי	ב[ס]תתרין	2 סכ].[ה למאכל 3+3

ע s 16th letter of the alphabet

No.	Gram.	Form	Ref.	Preceding	Keyword	Following
001		ע	D10.1:2	ה ו ז ח ט י כ ל מ נ ס	ע	פ צ ק ר ש ת
002			D10.2:5	ה ו ז ח ט י כ ל מ נ ס	ע	פ צ ק ר ש ת ב.....
003			D22.28:1	ה ו ז ח ט י כ ל מ נ ס	ע	פ צ ק ר ש ת 1

עבד V to make, to do

No.	Gram.	Form	Ref.	Preceding	Keyword	Following
001	peal	עבדת	C2.1.7:29	לי הות זנה זי בפרתו	עבדת	[דריהוש מלכא כן אמר עלי
002			C2.1.7:35	זנה זי אנה] במ[רגויא	[עבד]ת	[דריהוש מלכא כן]אמ[ר
003			C2.1.8:50	זנה זי אנה בפרס	[עבדת]	דריהוש מלכא כן אמר
004			A3.3:10	[....] לאמך	עבדת	אל תמלי לבת בזי לא איתית
005			C2.1.3:3	[....]זנה אנה	עבדת	אנה[....] [..[
006			C2.1.1:2	[כן אמר זנה זי אנ]ה	עבדת	בטלל[ה זי אהורמזד אחר זי
007			C1.2:3	א]תלנהי כן כזי	עבדת	לבנוהי[ן וכזי שמע
008			C1.1:52	כען אנת לקבל זי אנה	עבדת	לך כן אפו עבד לי אל
009			C1.1H:8	[...] לק[ק]בל זי[ן אנה	עבדת	לך כן אפו ...]
010			B3.10:22	להן ספרא זנה זי אנה	עבדת	לכי הו מיצב כתב חגי בר
011			C2.1.11:71	זי אנה .[...].....[..]	עבדת	לן.....]נה
012			C2.1.8:63	[זי אנה בהר]וחתי	עבד[ת]	
013		עבידת	B8.1:10	א.[.] בבית משין	עבידת	הוית

עבד

014	עבדת	B2.4:10	בה חלף עבידתא זי אנת	עבדת	הן תהנצל מנך פלג ביתא
015		B7.2:6	מן ביתי ולקחת לנפש[ך]	עבדת	שאיל[ת] ומקריא על אלהן
016	עבדתי	B2.8:6	לבבי במומאה דכא זי	עבדתי	לי על נכסיא אלך ורחקת
017	עבד	C3.4:10	בר ש.[...] פהו זי	עב[ד]	תדן בר נב[...] אספמת
018		D3.46fragc:3	[...] [...].ות כל זי	עב[ד	...] [...]בד. [...]
019		D7.25:7	[...] [...] לא לי	עבד]	...] [...] אף א...[...]
020		D22.50:4	קדם [...] [...]. מלכא זי	עבד	א....[.]
021		D20.1:2	בנת לאוס׀׀רי חפי	עבד	אביטב בר בנת לה יעבד קדם
022		D7.38:6	1 מן תעבי [...]זי	עבד	אחמס˄י˄
023		C2.1.4:6	[במדי מנ]דעם לא	ע[בד]	[ב]חנבן [זי ב]מדי
024		D17.1:2	רב חילא זי סון	עבד	בירח סיון הו מחיר שנת
025*		D7.49:7	...] [...]. ברת	ע]בד	דינא[...] [...]. לא
026*		D6.3fraga:7	[...]עבד	עבד	ה[...] [...].עלי
027		D3.42:1		עבד	כה[...]
028		C1.1:197	[....ש]מש בדינה כזי	עבד	לחיתא ל[מ]ראה
029		C1.1:51	קדמוהי ובאישת[א] לא	עבד	לך אף שגיא סנחאריב מלכא
030		C1.1H:7	[ ]קרבתך[...] לא	עבד[	לך א]ף שגיא ס[נחאריב
031		A6.15:6	ארקתא כלא נחתחור לקח	עבד	לנפשה כעת חמרא עבורא
032		C2.1.5:23	וה[ומ]ס מנדעם [לא	עבד	מ]כתר לי[עד זי] [אנה
033		C2.1.4:4	תמה קרב[א	עבד	עם חילא זי מדי זי על
034		A6.12:2	עם רכבה לקבל זי קדמן	עבד	קדמי ופתכרן אחרנן והושרו
035		C2.1.4:9	למעבד ק[רב אחר דדרש	עבד	קרבא בזוז שמה ברתא]
036		C2.1.7:32	[ל]י אחר ד[דרש א]זל	עבד	קרב עם מרג[ו]יא אהורמזד
037		A6.4:3	זי עחחפי זי כען פקיד	עבד	חלפוהי בין בגיא זילי זי
038	עביד	A4.7:15	זך לא חבל וכזי כזנה	עביד	אנחנה עם נשין ובנין שקקן
039		A4.8:14	[זך לא חבל וכזי כזנה]	עביד	אנחנה עם נשין ובנין שקקן
040		D6.8fragn:1	[...]זילי זי במצרין	עביד[	...]
041		C3.8I:3	[ ]ת מנכי בר ימחות זי	עביד	א..ש[...]
042		A5.2:5	[....] וכעשק	עביד	˄לי˄ ואמרת קדם תרוח
043		A5.2:8	מראי שלחת לאמר כעשק	עביד	לי וכע[ת הן על] [מראי טב
044		B5.6:7	[....]זי	עביד	לך עליהם [זי]לך המו
045		A4.7:18	בעדן זי זא באיש˄תא˄	עביד	לן אגרה שלחן מראן ועל
046		A4.7:30	שמרין אף בזנה זי	עביד	לן ˄כלא˄ ארשם לא ידע
047		A4.8:16	[בעדן זי זא באישתא	עביד]	לן אגרה על זנה שלחן
048		A4.8:29	[אף בזנה] כלא זי	עביד	לן ארשם לא ידע ב20
049		A6.11:5	[....] לא	עביד	לעלים אחרן זילי מני לא
050		C2.1.5:17	דדרש מנ[דעם ל]א	עביד	מכת[ר לי] [עד זי אנה
051		C3.7AR2:5	[כ]סף ג[בר]יא זי[	עביד	על בית מלכא] כסף ש 3+[2
052		C3.7DR3:18	[....] [כסף גבריא זי	עביד	על בית מלכא] כסף ש 3+2
053		C3.7ER1:22	[...] כסף גבר[יא זי	עביד	ע]ל בית מ[לכא כסף ש
054		C3.7ER1:2	[....] [כ]סף גבריא זי	עביד	על בית [מל]כא[כסף ש
055		C3.7FR2:3	עתיק 1 כסף גבריא זי	עביד	על [בית מלכא] מן דוגי
056		C3.7JR1:12	[...] [כסף גבריא זי	עביד	על בית מלכא] [כסף ש 3+2
057		C3.7JR2:13	[...] [כסף גבריא זי	עביד	על בית מלכא] [כסף ש 3+2
058		C3.7JV1:21	[....]א זי	עבי[ד	ע]ל בית[מל]כא [חמר
059		C3.7	[כסף ג]בריא[זי	עביד	על בית מלכא] [כסף]ש
060		C3.7KR1:3	[...] [כסף גבריא זי	עביד	על בית מ]לכא [... ...] [...
061		C3.7KR2:6	[....] [כסף]גבריא זי	עביד	על [בית מלכא] [מן ספינה
062		C3.7CR1:11	[...] [כסף גבריא זי	עביד	על בי]ת מלכא [כסף ש 3+2

063		C3.7CR2:12	[....] כסף גבריא זי	עביד	על ב[ית מלכא] [כסף]ש
064		C3.7DR1:21	גבריא זי	עבי[ד	....] מן ספינה
065	ועבד	B5.6:10	קימה ואסרה כתב	ועבד	כל אסריא
066		A4.4:2	יח[..]אזל לסון	ועבד	ליהו.[....]
067		A6.10:3	אחרנן שפיק בעה	ועבד	על ביתא זילי וכען תנה כן
068	ועביד	D3.44:4	[...] [...] כתיב	ועב[יד	...]
069		C3.7AR2:11	[ואחרן זי גבי מנה	ועביד]	[על בית מלכא] [זהב
070		C3.7AR2:1	מנדתא זי גבי מנה	וע[ביד	ע]ל בית מלכא זהב סתתרן
071		C3.7AR3:1	מ[נדתא זי גבי מנה	ועביד	על בית מלכא] זה[ב
072		C3.7AR3:19	[זי גבי מנהם	ועביד	על בית מלכא] [כל כסף
073		C3.7BR1:11	מנדתא זי גבי מנה	ועביד	על [ב]ית מלכא [זה]ב
074		C3.7BR1:19	מנדתא זי גבי מנה	ועביד]	על בית מלכא] זהב סתתרן
075		C3.7DR1:8	[ז]י[ג]ב[י מנה	ועביד	על בית מלכא] זהב סתתרן
076		C3.7DR2:21	[מנד]תא זי גבי מנה	ועביד	על [בי]ת מלכא [זה]ב
077		C3.7DR3:13	מנדתא זי גבי מנ[ה	ועביד	על בית מלכא] זהב סתתרן
078		C3.7DR3:25	ואח[רן זי גבי מנה]	ועביד	על [בית מלכא]
079		C3.7DR3:5	מנדתא זי גבי מנה[	ועביד	על בית מלכא] זהב סתתרן
080		C3.7ER1:18	מנדת[א]זי גבי מנה[	ועביד	ע]ל ב[י]ת[מלכא] זהב
081		C3.7ER1:7	ואחרן זי גבי מנה	[ועביד	ע]ל ב[ית מל]כא ז[ה]ב
082		C3.7ER2:14	מנדתא זי גבי מנה	ועביד	[על בית מלכא] [זהב]
083		C3.7ER2:21	מנדתא ז[י]גבי מנה	ועב[יד	על בית מלכא] זה[ב
084		C3.7ER2:4	ואחרן זי ג[ב]י מנה[	ועביד	על בית מלכא] זהב סתתרן
085		C3.7FR1:8	[ ]גבי מנה[ם]	ועביד	על בית מלכא [....]
086		C3.7FR2:13	ומעשרא זי גבי מנהם	ועביד	על בית מלכ[א] כסף כרשן
087		C3.7FR2:6	גברין זי גבי מנהם	ועביד	על בית מלכא כסף כרש 1 ש
088		C3.7FV1:24	[גברין זי גבי מנהם	ועביד	על בית מ]לכא
089		C3.7FV2:22	גבי[מנהם]	וע[ביד	על בי]ת מלכא זהב
090		C3.7FV2:6	ואחרן זי גבי מנהם	ועביד	על בית מלכא כסף כרשן 3
091		C3.7GR1:21	[זי ג]בי מנה	ועביד	על בית [.... 1+]1
092		C3.7GR1:5	[....]מנהם	ועביד	על [....] [....
093		C3.7GR2:18	מנדתא זי גבי מנה	ו[עביד	על]בית מלכא זהב סתתרן
094		C3.7GR2:3	זי גבי מנהם	ועביד	על בית מלכא זהב סתתרן
095		C3.7GR3:2	מעשרא[זי ג]בי מנה	ועבי[ד	על בית מ]לכא חמר זי שנת
096		C3.7GR3:9	מעשרא זי גבי מנה[	ועביד	על] בית מלכא [חמר זי
097		C3.7HR1:3	[מנדתא זי גבי מנה	ועביד	על בית מלכא] זה[ב
098		C3.7JR1:18	[ואחרן] זי גבי[מנה	ועביד	על] [בית מלכא] [זהב
099		C3.7JR1:8	[מנדתא זי גבי מנה	ועביד	ע]ל[בי]ת[מלכא] [זהב
100		C3.7JR2:19	[ואחרן זי גבי מנה	ועביד	על בית מלכא] זה[ב סתתרן
101		C3.7JR2:2	[זי]גבי מנה	[ועביד	על בית מלכא] [זהב
102		C3.7JR2:9	מנדתא זי גבי מנה[	ועביד	על בית מלכא] [זהב
103		C3.7JV2:22	ו[אחרן] זי גבי מנהם	ועביד	על בית מלכ[א] זהב סתתרן
104		C3.7JV2:9	מנדתא זי [גבי מנהם	ועביד]	על בית מלכא
105		C3.7	[ואח]רן[זי גבי מנה	ועביד	על] [בית מ]ל[כא]
106		C3.7KR1:25	[מנדתא זי גבי מנהם	ועביד	על ב]ית מלכא
107		C3.7KR2:14	זי גב[י מנ]הם	ועביד	על בית מלכא זהב סתתרן
108		C3.7KR3:1	מ[נדתא ז]י ג[בי מנה	ועביד	ע]ל בית מלכא זה[ב
109		C3.7KR3:18	ואחרן[זי גבי מנה	ועביד	על בית מלכ]א זהב סתתרן
110		C3.7KR3:8	[ ]ז[י גבי מנה]	ועביד	על בית מלכא זהב [סתת]רן
111		C3.7KR4:3	מנדתא[זי גבי מנה	ועביד	על בית מלכא] זהב סתתרן

No.	Form	Ref.	Preceding context	Keyword	Following context
112		C3.7KR4:9	זי ג]בי מנה	ועביד	על בית מלכא] זהב
113		C3.7CR1:17	] ואחרן זי גבי מ]נה	ועביד	עֿ]ל [בית מלכא] [זהב
114		C3.7CR1:7	[מנדתא זי גבי מנה]	ועביד	על בי]ת מלכא [זהב סתתרן
115		C3.7CR2:19	זי [גבי מנה]	ועביד	על בית מלכא זהב סתתרן
116		C3.7CR2:7	[מנדתא זי גבי מנה]	ועביד	על בי]ת מלכא [זהב
117	עבדת	D20.5:2	אלהא מנדעם באיש לא	עבדת	וכרצי איש לא אמרת תמה
118*		C1.1:182	ל.[....]	עבדת[	....] קם אילתא
119	עבדן	B2.8:3	וריזת על דינא זי	עבדן	בסון נפרת על כסף ועבור
120		C2.1.5:26	אזל לערקי למעבד קרב]	עבדן	קרבא אהור]מֿ[זד ס]עדני
121		C2.1.5:27	בֿ [2+3+20] [לניסן	עבדן	קרב קטלת בהם
122	עבדו	A4.5:18	אשרנא לקחו לנפש]הום	עבדו	.....] [....ה]ן על
123		C2.1.7:30	שמה מרגו מלך עליהם	עבדו	פרד שמה אחר שלחת]
124		C2.1.7:42	[למ]ע]בד ק]ר]ב וק]רבא	עבדו	אהורמזד [ס]עדני בטלה]
125		B8.11:4	....].נש כן אמר אזד	עבֿדו	איך [....]
126		A4.5:3	כמריא זי חנוב אלהא	[עבד]ו	ביב בירתא המונית עם
127		A4.7:22	ולבונ]נ]ה ועלוה לא	עבדו	באגורא זך כען עבדיך
128*		C1.1:98	אנשא ועממא	עבדו	בהם ולא שבקו המו
129		A4.7:13	כלא לקחו ולנפשהום	עבדו	ומן יומי מלך מצרין
130		A4.8:12	[זך כלא לקחו לנפשהום]	עבדו	ומן יום מלכי מצרין
131		D3.17:1	זי	עבדו	חמי מעוזיה בר {ז}נתן
132		D3.17:3	ברת נדבֿה זי	עבדו	חמי הושע בר נתון בניה
133		D3.17:5	נריה כל 3 לנריה זי	עבדו	חמי למיכיה נחום בר
134		D1.20:6	[...] [... ....] נפק	עבדו	לי ג[... ....]
135		A3.1:R8	....]	ע]בדו	נשזבנך
136		A4.7:27	כל זי תנה הן כן	עבדו	עד זי אגורא זך יתבנה
137		C3.8IIIB:24	אופכרתא זי	עב[דו	ע]ל צלצלא ודגיתא כנתן
138		C2.1.4:10	[+3]1+1+3[+1 לא]יר	[עבדו]	
139		C2.1.4:5	[אלף 1+3+3+20 לטבת	עבדו	קרבא קטלו] [ב]הם
140		C2.1.5:12	למעבד קרבֿ אחר	עבדו	קרבא בֿתגר שמה ברתא
141		C2.1.5:21	[למעבד] [קרב אחר	עבדו	קר]בֿא קטל בהם
142		C2.1.5:22	והמוס למעבד קרבֿ]	ע]בדו	קרבא [ב] לאיר עבֿ]דו
143		C2.1.7:43	[ויזדת 2+10 לאיר	עבדו]	קרבא [ק]טלו בהֿם
144		C2.1.8:47		עבֿדו	קרבא קטלו בה]ם וחין
145		C2.1.5:13	בֿ 2+3+3+10 לאיר	עבדו	קרב קטלו בהם
146		C2.1.5:15	דדרש למעבד קרב אחר	עבדו	קרב בֿהיו [שמה] [ברתא
147		C2.1.5:17	3+3+2+]1 לסיון]	[עבדו	קרב קטלו ב]הם
148		C2.1.5:22	קרבא [10+20] לאיר	עבֿ]דו	קרב] [קטלו בהם
149		C2.1.7:33	אלף 3+20 לכסלו	עבדו	קרב [קטלו בהם
150		C2.1.7:46	[טו]רא] בפרס תמה	עבדו	קרב חילא זילי קטל]ו
151		C2.1.8:57	[3+10 לטבת]	עבדו	קרב אהורמזד ס]עדני בטלה
152	עבידו	C3.8fragb:2	....] 2+3+10	[עבידו	....] [מיא 1 ....]
153	עבדוני	B8.4:4	זי בפסחמי ודפני	עבדוני	ולקחו מני [..]ני אסרן
154*	אעבד	D7.12:10	את־ה־ [...]	[אעבד	מן [....] תחזו
155	ואעבדהי	D7.37:8	פֿסא זעי]רא]	ואעב<ד>הי	לי חמ]...] משח וטחן]
156*	תעבד	D7.19:3	לם נ]...] לכן לא	תעבֿ]ד	....] [..]. עבדה הי לי
157*		D7.24:10	לה [.... הן] תכל	תעבד	....] כענת חזי
158		C1.1:142	עם זי רם מנך אל	תעבד	בנצֿ]....
159*		D7.24:4	ימא זנה הן תכל	תעב]ד]	....]ג בפסחא וקום
160		A4.8:26	כלא זי תנה הן כן	תעבד	זי עד אגורא זך יתב]נה
161		A3.5:6	על עלימיא וביתי כזי	תעבד	לביתך
162	תעבדן	A2.3:4	אל תצפי לה כדי תכלן	תעבדן	לה עבד אנה לה ותפמת
163		D7.1:7	בסון יומא זנה הן	תעבדן	[לה ט]בה בסון יעבד לי
164	יעבד	A4.10:12	ומראן אודיס	יעב[ד	....] נתן על בית
165		B3.8:38	לא יכהל ענניה ולא	יעבד	דין [חדה] ותרתין מן נשי
166		B6.4:3	[לא יכהל הושעיה ולא	יעבד	דין חדה ותר]תֿ[ין מן]
167		B6.4:4	לסלואה [אנתתה הן לא	יעבד	דין חדה ותרתין מן נשי]
168		C2.1.11:68	יאמר [....	י]עֿבד	זי מסכן יעבד זך חזי אף
169		C2.1.11:68	[י]עֿבד זי מסכן	יעבד	זך חזי אף קדמתך
170		B3.8:37	[יהוישמע] לה לאנתו הן	יעבד	[כות שנאה הי יע]ב[ד] לה
171		B3.8:39	אנתתה והן לא	יעבד	כות שנאה [הי] יעבד לה
172		B6.4:2	[אנתתה לה לאנתו הן	יעבד	כות שנאה הי יעבד לה]
173		A6.7:9	כזי איש מנדעם באיש לא	יעבד	לפירמא זך וכנותה ישתבקו
174		B3.8:37	יעבד [כות שנאה הי	יע]ב[ד]	לה [די]ן [ש]נאה ואף לא
175		B3.8:39	לא יעבד כות שנאה [הי]	יעבד	לה דין שנאה ואף לא תכהל
176		B6.4:2	[הן יעבד כות שנאה הי	יעבד	לה] דין שנאֿה [ואף לא
177		C1.1:134	[....] לאנפין כאיש זי	יעבד	לחיתא [....]י ומן אלהן
178		D7.1:8	תעבדן [לה ט]בה בסון	יעבד	לי [אף ה]ו הלו מֿחר לי
179		A3.5:7	[ ]רחיק מנה מ[ן] זי	יעבד	לעינוהי שלמך וטעמך
180		C1.1:21	[...]חלפיך עבידתך הו	יעבד	
181		C1.2:21	ותאבד צדקתא ואי]ש לא	יעבד]	צדקה לאבוהי ויזב]ן
182		D20.1:3	עבד אביטב בר בנת לה	יעבד	קדם אוס{ח}רי חפי
183	ויעבד	B6.3:11	מלכא ר]ֿ 2 לעשרתא	ויעבד	דין ספרא זנה לאביהי]
184		A3.4:3	בר נבודלה	ויעב[ד	....] יגרוהי והן איתי
185		B2.6:31	לה כסף כרשן 20	ויעבד	לה דין ספרא זנה ולא אכל
186		B3.8:32	[מלכא] כסף ר 2 ל10	ויעבד	[לה] דין ספרא זנה ולא
187		D7.15:5	אלפא טרֿ מֿ.. שֿ..	ויעבד	ל]י ..]אֿ[...] ויתעב]ד
188	תעבד	B3.8:40	לא תכהל יהוישמע ולא	תעבד	דין חד ו[ת]רין לענניה
189		B6.4:5	[ותרין להושעיה והן לא	תעבד	דין חד] ותֿ[רי]ן שנ]אה
190		B6.4:5	לא [תכהל סלואה ולא	תעבד	די]ן חד ותרין להושעיה
191		B3.8:33	בר [מן] ענני והן	תעבד	כות שנאה הי יעבדון לה]
192		B3.8:40	לענניה בעלה והן לא	תעבד	לה שנאה< ה>י אף לא יכהל
193		B6.4:6	ותֿ[רי]ן שנ]אה הי	]תֿעֿבֿד	לה דין שנאה ולא
194*	נעבד	D5.15:2	[...] [...]	נֿעֿבֿ]ד	[...
195		D5.41fragpp:1	...]	נעב]ד	[...
196		A4.2:16	מטו אגרתא] [....	נעבד	מלה אל מראי יאדניה
197	תעבדו	A4.1:5	ואזדהרו עבידה א]ל	תעבדו[ן	....] אל תשתו וכל
198	תעבדון	A4.3:8	עד כען ומה זי	תעבדון	לחור לבֿ]..]כם עבדן
199		A4.3:10	אחרוהי בבית ענני זי	תעבדון	לה לא יתכסון מן ענני
200	תעבדן	D7.6:9	תאתה אמהם שלח לי אמת	תעבדן	פסחא הוי שלח שלם ינקא
201	יעבדון	A6.13:3	והמרכריא כזי הנדרז	יעבדון	לחתובסתי שמה פקידא
202		B3.8:34	והן תעבד כות שנאה הי	יעבדון	להֿ] דין ש]נאה והן תמות
203		C3.8IIIB:10	כלֿה במצרין [...	יעבדון	[...] ... ביוֿ.
204	יעבד	A6.2:22	אופשר ספינתא זך ולעבק	יעבד	כזי שים טעם כעת ארשם כן
205		A3.10:3	למטען בה וזי צבי	יעבד	לה אף חלקי באגר אלפא
206		A6.15:7	כלא התב הב למספת	יעבד	על ביתא זילי למה כזי
207	ויעבד	A6.12:2	פרש [....] יהוֿון	ויעבד	פתכר סוסה עם רכבה לקבל
208		A6.12:2	גֿרד בדיכרן זילי	ויעבד	פתכרן זי פרש [....]
209	תעבד	A2.3:7	עבד אנה לחרוץ כות	תעבד	בנת עלי ארה לא אחי הו

No.	Form	Ref.	Preceding	Keyword	Following
210	יעבדו	A6.2:5	יחוו ואופכרתה	יעבדו	וישתלח על מן זי הוה
211		A6.7:9	ישתבקו עבידתא זילי	יעבדו	כזי קדמן מן ארשם
212	עבד	A6.16:2	[....] [....] כֹּן	עבד	כזי לאלהיא ולארשם
213		C1.1:52	זי אנה עבדת לך כן אפו	עבד	לי אל תקטלני בלני
214		A6.2:22	כעת ארשם כן אמר אנת	עבד	לקבל זנה זי המרכריא אמרן
215		C1.1:68	[....]	עבד	לקבל זי אנת עשת] ....
216	ועבד	C1.1:127	יה ברי הכצר כל כציר	ועבד	כל עבידה אדין תאכל ותשבע
217	עבדהי	C1.1:87	אשה יקדה הי עבק	עבדהי	אל תהנשק עליך ותכסה
218	עבדי	B2.3:27	זך הנפקי ולקבלה דין	עבדי	עמה כתב עתרשורי בר
219	עבדו	A4.1:4	[יומן לניסן	עב]דו	ומן יום 2+3+10 עד
220		A6.14:3	[יהי]תה עלי בבאל כן	עב[דו]	כזי לי תחדון אף הא שנן
221		A6.13:4	כן אמר אנתם הנדרז	עבדו	לחתובסתי פקיד ורוהי זי
222		A6.14:3	אנתם אתנצחו[ו] והנדרזא	עבדו	לפקידא [זי]לי עד מנדת
223	ועבדו	A6.8:3	לידך זכי אשתמעו לה	ועבדו	כן ידֹ[י]ע יהוה לך הן
224		A6.10:7	וסטרו בשנתא זילי	ועבדו	על ביתא זילי כן כזי
225	עבד	A2.3:4	לה כדי תכלן תעבדן לה	עבד	אנה לה ותפמת ואחתסן
226		A2.3:7	על חרוץ כעת מלו כזי	עבד	אנה לחרוץ כות תעבד בנת
227		A2.4:4	1 כדי מטאה ידי וכעת	עבד	אנה לה אל אחי וחפרע מן
228		C3.11:11	[.]דסניו בר פטוסרי.	עבד	משח זרע [...] נגדי קתן
229		C3.11:4	לחם טיק 1 לכסף כרש 1	עבד	משח זרע כתן איטשרי 1
230	עבדן	A4.3:8	תעבדון לחור לבֿ[..]כם	עבדן	[אנ]תם חור עלים חנניה
231		A4.2:5	קדם ארשם להן גנבית	עבדן	אף[....] מדינת נא וכן
232		A4.8:21	מנחה לבונה ועלוה לא	עבדֹן	באגורא זך כען[עבדיך
233		A6.10:8	פקידיא [קד]מיא הוו	עבדן	כן ידיע יהוי לך הן מן
234		A6.10:5	מראיהם ואנתם כן לא	עבדן	כען אף קדמן שלחת עליכם
235		B3.6:12	יסבל לאבוה כזי הוין	עבדן	לך בחייך ^אנחן^ {{הן
236	עבדה	D7.19:4	תעבֿ[ד ....] [..].	עבדה	הי לי [....] [.]עד כען לחם
237	עביד	B8.5:4	[....] [....]	עביד]	....]החוה
238		A5.1:3	לך [.... איך בי]תך	עביד	אנה [....] אנפכם
239		C2.1.11:66	[שגי]אֿ הודע איך זי	עביד	אנת ואיך הלכתך [....
240		A3.3:6	כלי כלה כעת איך ביתא	עביד	ואיך נפקת הן
241		A5.4:3	וכנותה הנש[....]	^עביד	לֹ[..]^ עֿמ[.]גֿ הוה
242		B2.2:3	זי אתרה ביב בירתא	עביד	לדגל ארתבנו למחסיה בר
243		D2.12:3	זי [א]תרה ביב בירתא	עביד	לדגל מרי 1 לידניה [בר
244	עבידין	A4.7:20	נשיא זילן כארמלה	עבידין	משח לא משחין וחמר לא
245	עבידן	A3.3:9	ולבש כתונך ולבשך	עבידן	[....] [....] לאמך
246		A4.8:19	[נשיא זילן כארמלה	עבידן]	משח לא משחן וחמר לא
247	למעבד	A6.2:3	עדן הוה אופשרה	למע]בד	[.... יתנגד על [ת]בלא
248		A6.3:8	י[שים] להם טעם	למעבד	זכי יתעבד להם מן ארשם
249		A6.2:9	עדן הוה אופשֿ[ר]הֿ	למעבד	זנה אשרנא זי אפיתי
250		A6.2:10	זי אפיתי אופשרה	למעבד	עקי ארז ואר חדתן טף אמן
251		C2.1.4:9	[לערעה זי[ד]דרש	למעבד	קֿ[רב אחר דדרש עבד
252		C2.1.5:12	[לערקה זי דדרש]	למעבד	קרבֿ אחר עבדו קרבא
253		C2.1.5:15	לערקה זי דדרש	למעבד	קרב אחר עבדו קרב בֿהיו
254		C2.1.5:20	[לערקה זי] וה[ומס	[למעבד]	[קרב אחר עבדו קר]באֿ
255		C2.1.5:22	לערקה זי והמוסֿ	למעבד	קרבֿ [ע]בדו קרבא [ב]
256		C2.1.5:26	[חילא] [אזל לערקי	למעבד	קרב עבדן קרבא
257		C2.1.7:42	[זי ארתורזי	[למֿ[ע]בד	קֿ[ר]ב וקֿ[רבא עבדו
258		C2.1.7:45	[זי א]רתור[ז]י	למעבדֿ	[קרב] [בפר]גא[טו]רא]
259		A4.5:15	[....] [....]	למעבד	תמה ליהו א[להא ....]
260	ולמעבדה	B3.9:7	ידניה זך למשנתה	ולמעבדה	עבד ינתן לך אביגרן כסף
261		B3.9:9	לא שליט למשנתה	ולמעבדה	עבד להן ברי יהוה כתב
262	למעבדה	B3.9:6	לי ואיש לי נקום	למעבדה	ע[בד] ולמשנתה זי יקום
263	למעבד.	D7.1:12	כען חזי זי טבה[.]	למעבד.	לה הלו כפנן המו אף לחם
264	etpeel יתעבד	C3.19frag:1	ד.. [...]	יתעבד	בֿ[.] [....] [...] .. ....
265		A6.3:6	זי אנה אשים להם טעם	יתעבד	להם כעת ארשם [כן] אמר
266		A6.3:8	להם טעם למעבד זכי	יתעבד	להם מן ארשם בר [ב]יתא
267		A6.10:9	תשתאלון וגסת פתגם	יתעבד	לך [אר]תחי ידע טעמא
268		A6.8:4	חסן תשתאל וגסת פתגם	יתעבד	לך בגסרו ידע טעמא זנה
269		A4.5:9	ברא זך סכרו הן אזד	יתעבד	מן דיניא תיפתיא גושכיא
270		C3.8fraga:3	[....]	יתעבד	[....] למנתן
271		A4.10:10	תור ענז מקלו [ל]א	יתעבד	תמה להן לבונה מנחה
272	ויתעבד	D7.15:6	ויעבד לֿ[י ..]אֿ[...]	ויתעב[ד	... ה[...] [...] אחיו
273	יתעבד	A6.2:6	ינתנו ולעבק אופשרה	יתעבד	ואחרן זי מני שליח עליהם
274		D1.32:15	כן[...] [...]	יתעבד	ופתגמא מנ.שׁ
275		A5.2:9	ודינא על דנה כעשק אל	יתעבד	לי ב[....]
276	מתעבד	A4.9:11	לקבל זי לקדמין הוה	מתעבד	

עבד N servant

No.	Form	Ref.	Preceding	Keyword	Following
001	s ab/cn עבד	B2.11:17	שלם בר נתן ספר פלגן	עבד	פטוסירי כתב מחסיה בר
002		B3.9:5	לי ואיש לי יכבשנהי	עבד	ברי יהוה אנה ובר וברה לי
003		B3.1:10	כסף ודהב נחש ופרזל	עבד	ואמה שערן כנתן וכל זון
004		B3.13:11	לך מן בי זי לבנן	עבד	ואמה מאן נחש ופרזל לבוש
005		B4.6:12	[י]שתכֿ[ח בי זי] לבנ[ן]	[עבד]	ואמה מאן] נח[ש] ופֿר[ז]ל
006		B3.9:6	ואיש לי נקום למעבדה	ע[בד]	ולמשנתה זי יקום על
007		B3.7:8	לה {{בית}} בית חור	עבד	זי ח[נום אלהא
008		B2.11:4	פטוסירי שמה אמה תבא	עבד	יוד 1 שנית על ידה
009		B2.11:5	בלא שמה אמה תבא	עבד	יוד 1 שנית על ידה
010		B3.9:7	זך למשנתה ולמעבדה	עבד	ינתן לך אביגרן כסף כרשן
011		B8.3:1	תבֿ[רֿחש שמה ...]	עבד	כרתך זילי א[....]
012		B3.9:9	שליט למשנתה ולמעבדה	עבד	להן ברי יהוה כתב רוחשן
013		B8.4:7	[....]	עבד	נֿבוֹ אלהא יֿהב להם
014*		D6.3fraga:7	פסמשך בֿ[...] [....	[עבד	עבד ה[...] [....]. עלי
015		C1.1:179	לכל עבדיך אלפֿ[ן] קנה	עבד	פרי[ד] אמה גֿנבה
016	כעבד	C1.1:72	הוה מסבל לי תמה	כע[בד	....
017*	לעבד	D7.48:7	בש.תא [..] [..] [.]	לעבדֿ]	אֿנה לחהֿ [.] [.] [.]..
018*	עבד	A3.1:R1		עבד	]ה הא שלחת [....]
019	s em/sf עבדא	B8.3:7	הן תברחש	עבדֿא	[....]
020		B5.6:4	בשאה עם	עֿבֿדֿא	אֿרמי ילד בזן בי
021		B2.11:9	עלדבר פטוסירי שמה	עבדא	זי מטאך בחלק הן רשינך
022		B2.11:10	זילך עלדבר פטוסירי	עבדא	זך זי מטאך בחלק אחר ננתן
023		B2.11:7	ידניה שליט בפטוסירי	עבדא	זך זי מטאך בחלק מן יומא
024		B8.3:4	[....].מא חזית	עבדא	זך מהלך תנ[ה ....]
025		D1.26fragb:4	[ ]ועדבן חסין [...]	עבדאֿ	לי איך[...]יהוישמע
026	עבדה	B8.2:26	יהיבֿ [....] כנופיֿ	עבדה	[זי ....] עם
027		B8.6:4	[ב .... שמ]הֿ	עבדה	זי ור^פשׁ^ מלל
028		B8.6:5	מלל על פנא שמה	[עבדה]	זי ....]ם סיכן כן אמר

No.	Form	Parse	Ref	Preceding	Keyword	Following
029	עבדי		D7.55:4	חו[...]ן אמר לי	עבדי	[...]לן[...].
030	עבדך		A1.1:6	מרא מלכן פרעה ידע כי	עבדך[	
031			A1.1:1	אל מרא מלכן פרעה	עבדך	אדן מלך
032			D7.21:1	אל מרי מיכיה	עבדך	גדל שלם וחין שלחת לך
033			A4.7:4	ושריר הוי בכל עדן כען	עבדך	ידניה וכנותה כן אמרן
034			A4.8:3	הוי בכל עדן כעת	עב[ד]ך	ידניה[וכנותה
035			A2.4:1	בסון על מראי פסמי	עבדך	מכבנת ברכתך לפתח זי
036			A4.3:2	ברכיה בר̇ן[....]	עבדך	מעוזיה שלם מרא[י אלה
037			A2.1:13	זנה שלם אבי פסמי מן	עבדך	נבושה שלם אמי ממה
038			A5.3:1	אל מראי מתרוהשת	עבדך	פחים ש[לם מראי אלהיא
039			A3.9:1	[אל מראי יסלח	עבדך]	שוא שלם מראי אלהיא כלא
040			A3.9:9	מראי יסלח בר[....	עבדך]	שוא בר זכריה
041			D1.14:1	שלם[... ...] [...]	עבדך]	... ...] [... ...] וקח כסף
042			D1.16:3	עתחת ..[... ...] [...]	עב̇[ד]ך	...] על[....]
043			D1.9:1	נתן [... ...] [...]	עב[ד]ך	... ...] [... ...] [... ...]
044			A1.1:8	וטבתה	עבדך	נצר ונגדא זנה
045			A3.11:1	אל מראי ישביה	עבדך	[שלם מראי אלהיא ישאלו
046	עבדכי		A3.7:1	אל מראתי שלוה	עבדכי	הושע ש[לם ....] אלהיא
047			A3.7:5	בזהב אל מראתי שלוה	עבדכי	[הושע בר....]
048	עבדכם		A4.2:1	מעוזיה אוריה וחילא	עבדכ[ם	.... שלם מראי אלהיא
049			A4.2:17	יאדניה מעוזיה	ע̇[בדכם	....]
050			A4.3:12	וכהניא ויהודיא	ע[בד]כם	מעוזיה בר נתן
051	עבדן	p abs	D7.46:5	....] 2+3+10+20	עבדן]	2+10 [...]ד̇א
052			C3.18:11	ג̇[...] [...]ח̇זה	עבד̇ן	ב...] [...] [...]כנתן א 2
053			D23.1.XI:9	ש̇[..]מו כמרן[...]	עבדן	הם קרבן [...] [...
054			B8.7:5	מהחסן ˆאנהˆ להן איתי	עבדן	זי לי המו
055			A6.7:2	איתי גברן חיל[כין]	עבדן	זילי במצרין פרימא שמה
056			A6.3:2	[ע]ל מ̇ר̇א̇[י	עב[דן	זי עחחפי אבי ז̇י̇ אנה
057	עבדי	p const	A6.3:7	זכי וכנותה	עבדי	עחחפי זי פ[ס]משך יהקרב
058	עבדיא	p em/sf	B8.2:14	[...]י̇ כל 2	עבדיא	....] ביתא הנצלוני
059			A6.3:5	על ארתונת [כזי	עבדיא]	אלכי אהקרב קדמוהי
060			B8.7:4	ובניה	עבדיא	זילה לא הנ[..]ת̇
061	עבדי		B8.7:1	דמי	עבדי	אלף כסף כרשן 2+3+20
062	עבדיה		B2.11:3	כחדה ופלגן עלין	עבדיה	זי מבטחיה אמן והא זנה
063	עבדיך		A4.6:1		עבדיך	[....] בי[...
064			A6.1:1	[על מראן ארש[ם	עבדיך	אחמנש וכנותה בגדן
065			A6.1:5	ארשם [ז]י במצרין	[עב]ד̇יך	אחמנש וכנותה אזדכריא
066			A4.10:1		עבדיך	ידניה בר גמ[ריה] שמה
067			A4.7:1	בגוהי פחת יהוד	עבדיך	ידניה וכנותה כהניא זי
068			A4.7:22	עבדו באגורא זך כען	עבדיך	ידניה וכנותה ויהודיא
069			A4.8:1	אל מ[ראן בגוהי	עבדיך	ידנ[י]ה כה[נא
070			A4.8:21	באגורא זך כען]	עבדיך	ידניה וכנותה
071			C1.1:178	כאיה לחנת אף לכל	עבדיך	אלפ̇[ן] קנה עבד פרי[ד]
072			D1.17fraga:1	...]ד....[...]	עבדיך]	דיניא זי א.[...] [... ...

עבדה N work, labor; cf. עבידה

עבור N grain

No.	Form	Parse	Ref	Preceding	Keyword	Following
001	עבור	s ab/cn	B2.9:12	לכם ב[ש]ם נכסן וכסף	עבור	ואחרן זי שלומם בר
002			B2.9:6	ופרזל מאני עק וחוצן	עבור	ואחרן נכסן לאמר אסחור
003			B3.13:15	חגי בר מרדו [ס]פר	עבור	ז[י כתב ענני בר חגי]
004			A3.10:5	ה[ן] זבנתון המו	עבור	ויבלתון על בתין טב והן
005			A3.8:11	[....]ו̇ת הב לה	ע̇ב̇ו̇ר	כ[..] לא ת[...] כזי
006			D6.8frag:2	...] [...].[...]	עבור[	כ[....] [..]i̇ô[...]שמה
007			A3.10:5	זי אנה יהבת לך למזבנה	עבור	ליתמא כל כסף כרש 1 ש
008			C3.14:38	ג 2 ח 2+3[...] ומן	עבור	[מדינת ת]שטרס פתפא זי
009	עבר		A2.2:14	חפנן 2+3 והוי יהבת	עבר	לוחפרע ויהוי זבן גשרן
010	בעבור		A3.10:4	יהבת ל... למנתן	בעבור	למובל לביתי ואיתי כסף
011	ועבור		A6.15:6	לם זי בפ̇פ̇רם	ועבור	ארקתא כלא נחתחור לקח
012			B2.8:4	בסון נפרת על כסף	ועבור	ולבוש ונחש ופרזל כל
013			B3.13:11	מאן נחש ופרזל לבוש	ועבור	ˆזי תהשכח לי ביב
014	עבורא	s em/sf	A3.10:6	ה[וי]ה[יתה עלין והן	עבו[רא	..] קים בידכ[ם ה]ודעו
015			B4.3:9	[לבבן בגו אנחנה נבל	עבו]רא	] זנה סון
016			D7.56:7	אסתם וברה למאתה באתר	עבורא	והין לא צ̇בין למאתה
017			A6.15:6	עבד לנפשה כעת חמרא	עבורא	ומנדע[ם] אחרן זי לקחת
018			B4.3:12		עבורא	זי נתנת
019			D7.2:4	בביתא זבנו מן אלפי	עבורא	זי ביב הלו לאיתי לי
020			C3.28:79	1 [...] ר 2 מ 1 חשבן	עבורא	זי כתבת [ו]נתנת̇
021			B4.4:9	לבבן בגו אנחנה נבל	עבורא[	זנה סון על רב[ו]|||חי[ל̇א
022			B7.1:5	[ומן מומאה] אתוב או	עבורא	זנה דמי נוניך [שערן
023			D7.56:11	זי ישלח על גבריא זי	עבורא	נתירה עמהון וינתנון לי
024	בעבורא		B4.4:17	שלט למאחד עד תתמלא	בעבורא[	זנה זי כתב מנעלא] כתב

עבי A thick

No.	Form	Parse	Ref	Preceding	Keyword	Following
001	עבין	p abs	A6.2:14	על גנזא עזלי כתן	עבין	כרשן מאה ותמנין רקען

עבי N thickness

No.	Form	Parse	Ref	Preceding	Keyword	Following
001	ועביא	s em/sf	A6.2:18	תלתה חפוש ועל פתיא	ועביא	צבען תרין ועל שים בארכא

עבידה N work, labor

No.	Form	Parse	Ref	Preceding	Keyword	Following
001	בעבדת	s ab/cn	B7.3p:1	[...].	בע̇בדת	כפ̇י̇כ̇ן ... ..ן ..מת. לא.
002	עבידה		C1.1:127	הכצר כל כציר ועבד כל	עבידה	אדין תאכל ותשבע ותנתן
003			A4.1:5	דכין הוו ואזדהרו	עבידה	א[ל תעבדו] [....] אל
004			A6.15:9	כעת אנת וגרדא זילי	עבידה	לא אית לך ומה זי לקחת
005	עבידתא	s em/sf	B2.4:10	המו שליטן בה חלף	עבידתא	זי אנת עבדת הן תהנצל
006			A6.7:9	זך וכנותה ישתבקו	עבידתא	זילי יעבדו כזי קדמן מן
007	עבידתהם		C1.1:207	[....]א כי.	עבידתהם	פריש. [....] חמרא הו
008	עבידתך		C1.1:21	[...] חלפיך	עבידתך	הו יעבד

עבק V to hurry

No.	Form	Parse	Ref	Preceding	Keyword	Following
001	עבק	peal	C1.1:87	ˆלך ˆא̇שה יקדה הי	עבק	עבדהי אל תהנשך עליך

עבר V

to cross over; cf. **עבד**, entries marked with *

עד p

until

No.	Form	Ref.			
001	עד	B4.6:5	אנתננה ואשלמן לכי	עד	10+20 לפרמתי שנת
002		D23.1.XII:7	[...] לפֿרעה נֿכוֿא	עֿד	מצֿרין ו.[... ...] [...
003		D23.1.III-IV:9	..]מן .ל..לנא שֿ.תֿ..[..]	עד]	...]כל א.ן זי יהוי
004		B3.11:10	פסשדת על ספר אנתותכי	עד	אחרן הן אמר אהנצל מנך
005		A4.7:9	עלו באגורא זך נדשוהי	עד	ארעא ועמודיא זי אבנא זי
006		A4.8:8	עלו באגורא זך נדשוהי	עד	ארעא ועמודיא זי א[בנא זי
007		B8.9:4	[....] [... ז]א שנתא לא	עד	זמנא יביל להם למומא על
008		B2.6:25	הנעלת בידה תהנפק מן חם	עד	חוט ותהך לה אן זי צבית
009		B2.6:28	הנעלת בידה תהנפק מן חם	עד	חוט ביום חד בכף חדה ותהך
010		B3.3:10	הנעלת בידה תהנפק מן חם	עד	חוט מחר או יום אחרן ימות
011		B3.3:9	הנעלת בידה תהנפק מן חם	עד	חוט מחר או יום אחרן תקם
012		A4.1:4	ומן יום 2+3+10	עד	יום 1+20 ל[ניסן ....]
013		A4.1:7	[לניסן ב]מערב שמשא	עד	יום 1+20 לניס[ן במערב]
014		B4.2:10	ויהוה רבה עלי ירח לירח	עד	יום זי אשלמנהי לך שהדיא
015		B4.2:3	חלרן 2 לכסף ש 1 לירחא	עד	יום זי אשלמנהי ל[ך] ותהוה
016		D3.29:2	ב1+3+3+10[...]	עד	יום[...]
017		D7.35:7	ל[...] אשה ומלח [...]	עד	יום שבה [...] ביד משלם
018		C3.14:33	ל]מחיר שנת 1+3	עד	יום[1+3+20 לאיר הו
019		B4.6:8	2 [הו] סתתרי [1	[עד	יומא] זנה ז[י] מנעל כתיב
020		A6.9:5	זי מן מדינה עד מדינה	עד	ימטא מצרין והן יהוה באתר
021		B4.2:8	לך כל כספך ומרביתה	עד	ירח תחות שנת
022		B8.5:9	רֿגלן[....]לא שבקוהי	עד	כספ[....]
023		A4.3:7	עלין מן זי חנניה במצרין	עד	כען ומה זי תעבדון לחור
024		D2.29fragb:1	... כ]ספא זך ...]	עד	כען[...] [...]. מהתיב לין...
025		D7.19:7	נפש 2+3 כל [...]	עֿד	כען [....] צבותיֿ[.]
026		C1.1:52	תקטלני בלני לב[י]תך	ע[ד]	ליומן אחרנן אסרחאדן
027		D22.27:3	[ו]אברמוֹשֿ [...] זי אתו	עד	לפנה
028		A6.9:5	לקבל אדונא זי מן מדינה	עד	מדינה עד ימטא מצרין והן
029		D7.8:14	כען על לחמא זנה נאכל	עד	מחר עֿרובה א קמח שאר תנה
030		B3.5:7	בפתי אמן מן מועה	עד	מערב אמן בעשתא 3+3+1 כ
031		B2.1:11	ואנת שליט למבנה עלויה	עד	עלא ואנה קוניה לא אכהל
032		B2.10:16	מלכא וביתא אפס זילכם	עד	עלם וזי בניכם אחריכם
033		B2.10:9	ומחסיה כל 2 בני נתן	עד	עלם וזי בניך אחריכם ולמן
034		B2.3:11	זך להן אנתי ובניכי	עד	עלם זי ירשנכי דין ודבב
035		B2.7:16	לך ורחקת מנה דילכי הו	עד	עלם ולמן זי תצבין הבהי
036		B2.9:10	אנחנה מנך מן יומא זנה	עד	עלם ל[א] נכהל אנחנה ובנין
037		B2.9:9	לבבן בגו מן יומא זנה	עד	עלם אנה מנחם וענניה
038		B3.11:8	בה מן יומא זנה {זנה}	עד	עלם ובניכי שליטן אחריכי
039		B3.5:5	זילכי הו מן יומא זנה	עד	עלם וזי בניכי זי ילדתי לי
040		B3.8:4	בעל[ה] מן יומא זנה	עד	עלם ויהבת לך מהר אחתך
041		B5.6:6	עם [.... מן יומא זנ]ה	עד	עלם זֿי יֿאתה עליך
042		B6.1:4	ואנה בעלה מן יומא זנה	עד	על[ם ויהבת לך מהר ברתך
043		C3.22:7	[...] זי יכשר לעשך .[...]	עד	שאר לעשך .[...] אשלן
044		A5.2:2	לה מן שנת 1+3+20	ע[ד]	שנת 1+10+20
045		A5.2:6	מן שנת 1+3+20	עד	שנת 1+10+20 ובגפרן
046		B3.5:6	רבתא ותונה הוה מן עליה	עד	תחתיה אמן בעשתא 1+10
047	עד.	D7.19:5	[..]. עבדה הי לי [...]	[.]עד	כען לחם 10 הו[שרת]
048	ועד	B2.1:5	זוית ביתי זי לעליה	ועד	בית זכריה מחר או יום
049		A4.8:19	דריוהוש מלכא	ועד	זנה יומא אנחנה שקק[ן
050		A4.8:20	[אף מ]ן זך ע[ד]נא	ועד	ז[נה יומא שנת
051		A4.7:21	לא שתין אף מן זכי	ועד	יום שנת 1+3+3+10
052		B3.6:12	בר וברה לאבוהי בחייך	ועד	מותך נסבל לזכור ברך כבר
053		B2.1:5	לשטר ביתי מן ארעא	ועד	עלא מן זוית ביתי זי
054		B2.11:7	בחלק מן יומא זנה	ועד	עלם ובניך אחריך ולמן זי
055		B2.3:9	שליטה בה מן יומא זנה	ועד	עלם ובניכי אחריכי למן זי
056		B2.6:4	בעלה מן יומא זנה	ועד	עלם יהבת לך מהר ברתך
057		B2.8:7	מנכי מן יומא זנה	ועד	עלם לא אכהל אגרנכי דין
058		B3.3:4	בעלה מן יומא זנה	ועד	עלם הנעלת לי תמת בידה
059		B5.2:8	מנך מן י]ומא זנה	ועד	עלם ....[
060		B5.5:4	מנכ[י] מן יומא זנה	ועד	עלם לא אכהל ארשנכי דין
061		B5.5:8	בגו מן יומא זנה]	ועד	עלם ורחקת מנכי מן כס]פא
062		B3.12:23	שליט בה מן יומא זנה	ועד	עלמן ובניך שליטן אחריך
063		B3.4:11	מנה מן יומא זנה	ועד	עלמן אנת ענניה בר
064	ועדזנה	A4.7:20	דריהוש מלכא	וע־ד־זנה	יומא אנחנה שקקן לבשן

עד c

until

No.	Form	Ref.			
001	עד	A3.5:8	שלמך וטעמך [....	עד	אלהיא יחוונני אפיך ..
002		C1.1:78	אמר א[ד]ין	עד	אסרחא[דן מלכא
003		A4.8:26	זי תנה הן כן תעבד זי	עד	אגורא זך יתב[נה וצדקה
004		A4.4:9	להן תנה שלם ביתך ובניך	עד	אלהיא יחוונ[ני אפיך בשלם]
005		D7.1:10	וינתנו לכי ענז 1	עד	אמטאנך כען חזי זי טבה[.]
006		C2.1.11:74	זי קד[מ]ן עמי הוו	עֿד	אנה [קט]לתֿ לגומ[ת ז]ך
007		B4.5:5	כספא זנה כרש חד ארבעה	עד	גרֿון[...]ירח פחנס
008		A4.7:27	כל זי תנה הן כן עבדו	עד	זי אגורא זך יתבנה וצדקה
009		C1.1:49	והצפנתך מנה אמרת קטלתה	עד	זי לעדן [א]חרן וליומן
010		C1.1:64	[ז]נהֿ עלימא זילי	עד	זי עלאחרן אסרחאדן [מלכא
011		C2.1.4:7	תמה מכת]רֿן לֿי	[עד	זי אנה אזל למדי אחר
012		C2.1.5:18	[ל]א עביד מכתֿ[ר לי	[עד	זי אנה אזל ל]מֿ[די]
013		C2.1.5:23	[לא עבד מ]כתר לין	[עד	זי] [אנה אזל למדי]
014		C1.2:20	זֿי [...] קדמיהם	עד	יבנון קד[...
015		D3.31:1	ה.[...]	עד	יהיתה כל[...] [... ...]
016		A3.10:8	באלפ[א]אל ירחק מנכם	עד	ימטא [ע]לי אל אחי חורי
017		B8.8:9	אופתשתו [....]	עד	ימלל או
018		A6.13:3	שמה פקידא זילי זי	עד	מנדת בגיא אלך יהנפק
019		A6.13:4	פקיד ורוהי זי	עד	מנדת בגיא זי ורוהי אספרן
020		A6.14:3	עבדו לפקידא [זי]לי	עד	מנדת [בגיא אלך יהי]תה עלי
021		B8.8:3	...] זך אופתשתו [...]	עד	פתגמא יֿאמֿ[ר
022		A4.3:5	וחרנופי בטלל אלה שמיא	עד	שזבוני כען הא אתין תמה
023		D7.6:3	כען חזי 1 על ינקיא	עד	תאתוה אחטב אל תוכול המו
024		A3.3:12	[....]כן ולבש	עד	תאתה שלם אמך וינקיא כלא
025		A3.3:7	איתי גבר הוי אל תתאשד	עד	תאתה [....]
026		D7.6:7	גרס לחמהם לשו לחם קב 1	עד	תאתה אמהם שלח לי אמת
027		D1.28:3	.[...] [...] [...]בא זיל	עד	תחזה[... ...] [...]לבשך
028		C1.1:80	ברֿ[י] אל תל[ו]ט יומא	עד	תחזה] לי[לה א]ל[ל] תאתה

No.	Form	Parse	Ref	Preceding	Word	Following
029			D7.8:11	יומא זנה שלח לי וארחעה	עד	תנפק שלם אחטב כען על לחמא
030			B3.13:11	ביב ובסון ובמדנתא˘	עד	תשלם בכספך זי מנעל כתיב
031			C1.1:130	שלין לנפשך אל תשים	עד	[תשלם ז]פתא [כי מכ]ל
032			B3.1:11	וכל זון זי תשכח לי	עד	תתמלא בכספך ומרביתה ולא
033			B3.1:17	זון וערבן זי תשכח להם	עד	תתמלא בכספך ומרביתה ולא
034			B4.4:17	לך אנת שלט למאחד	עד	תתמלא בעבורא] זנה זי כתב
035			B4.6:13	[ש]ל[יט]ה ל[מאחד]	[עד]	תתמלאי בכספ]כי [כסף]
036			B4.6:17	....]	ע]ד	תתמל[אי בכספ]כי זנה]

עדב — N — lot

No.	Form	Parse	Ref	Preceding	Word	Following
001	בעדבך	s em/sf	C1.1:136	%% [.... לזעי]ר זי	בעדבך	ואל תרגג לכביר זי ימנע

עדבר — p — on account of; cf. עלדבר

עדה — N — assembly

No.	Form	Parse	Ref	Preceding	Word	Following
001	בעדה	s ab/cn	B2.6:26	יום אחרן יקום אסחור	בעדה	ויאמר שנאת [לאנ]תתי
002			B3.3:7	יום אחרן יקום ענני	בעדה	ויאמר שנאת לתמת אנתתי
003			B3.8:21	יום אחרן יקום ענניה	בעדה	ויאמר שנית לאנתתי
004			B2.6:22	אחרן תקום מפטחיה	בעדה	ותאמר שנאת לאסחור בעלי

עדי — V — to pass; (causative): to remove; for possible *peal*, cf. ערי

No.	Form	Parse	Ref	Preceding	Word	Following
001	העדת	(h)afel	B2.6:35	וקניני מן מפטחיה והן	העדת	המו מנה {{לקבל ספרא
002	והעדית		C1.1:50	קדם סנחאריב מלכא	והעדית	חטאיך קדמוהי ובאישת[א]
003	העדיו		C3.8IIIA:3	[דו]גיתא זי	העדיו	[....].
004	תהעדי		C1.1:146	[....] אל	תהעדי	מנך חכמתא
005	יהעדו		A4.7:6	אלהא זי ביב בירתא	יהעדו	מן תמה אחר וידרנג זך
006			A4.8:6	[אלהא זי ביב בירתא]	יהעדו	מן תמה˘אחר˘ וידרנג זך
007	להעדיה		B3.11:13	ועל בניכי לסגן ומרא	להעדיה	ביתא זנה מן קדמיכי בחיי
008			B5.4:5	לך קדם סגן ומרא	ל]העדיה	מנך ביתא זנה זי כתבת]
009	אתעדי	etpeel	A6.6:3	[....] זך	אתעדי	מן בין בגיא זי מרא]י

עדן — N — set time

No.	Form	Parse	Ref	Preceding	Word	Following
001	עדן	s ab/cn	A4.7:26	בשמך ונצלה עליך בכל	עדן	אנחנה ונשין ובנין
002			A4.8:25	בשמך ונצל]ה עליך בכל	עדן	אנחנה ונשין ובנין]
003			A6.2:3	זי מהחסנן אנהנה	עדן	הוה אופשרה למע]בד
004			A6.2:9	נגריא ספיתכן וכן אמרו	עדן	הוה אופש[ר]ה למעבד
005			A3.10:1	אלהיא כ[ל]א ישאלו בכל	עדן	וכעת איתי לי אלף חדה
006			A3.11:1	מראי אלהיא ישאלו בכל]	עדן	וכעת] בזך השכחת
007			A3.5:1	כלא ישאל[ו] שגי בכ[ל	עד]ן	[ו]כ[ע]ת [...]
008			A4.1:2	אלהיא [ישאלו] [בכל	עדן]	וכעת שנתא זא שנת 2+3
009			A4.4:1	אלהיא ישאלו שלמך בכל [ ]	עדן	וכעת [....]
010			A6.1:2	ישאלו שגיא ב]כל	עדן	וכעת לן ש]י[ם טעם מנהא
011			D1.15:1	כל ב[....] [....]	עדן	וכעת כן [...] [.... ...
012			D7.56:4	עקבן שלם אחי בכל	עדן	וכעת כען לא אבו אסתס
013			D7.57:3	אביתי שלם אחי בכל	עדן	וכעת שלחת לך ביד אחוהא
014			A4.3:2	שמיא ישאל שגיא בכל]	עדן	ו]לרחמן הוו קדם אלה שמיא
015			A4.7:2	שמיא ישאל שגיא בכל	עדן	ולרחמן ישימנך קדם
016			A5.3:1	מראי אלהיא ישאלו בכל]	[עדן]	חיא חדה ושרירא מראי יהוי
017			B2.11:13	לא עד נפלג עלין כזי	עדן	יהוה נפלג המו עלין וגבר
018			D1.11:5	שלמכם א[שאל ...] [....]	עדן	כ[....] [... ....][...] שלם
019			A4.7:3	לך וחדה ושריר הוי בכל	עדן	כען עבדך ידניה וכנותה
020			D7.35:2	יהה [.... ישא]ל בכל	עדן	כען כזי [....] זי וחפרע
021			A3.9:1	כלא [ישאלו] שגיא בכל	עדן	כע[ת ....]
022			A4.8:3	לך וחדה ושריר הוי בכל	עדן	כעת עב[ד]ך ידניה]
023			A4.8:2	אלה שמ[יא] ישאל בכל	עדן	לרחמן י[שי]מנ[ך קדם
024			A3.6:1	[אל]ה שמיא [י]שאל בכל	עדן	שלם שוא ובנוהי שלם
025			A3.7:1	כל ישאלו שלמכי בכל	עדן	שלם מראי מנחם שלם מראתי
026			A4.2:2	[אלהיא כלא] ישאלו בכל	עדן	שלם לן תנה כענת בכל יום
027			D1.13:1	חנום אלהא [... ....] בכל	עדן	ש]לם [... ...] שלם
028	בעדן		A4.7:17	בהום אף קדמת זנה	בעדן	זי זא באיש˘תא˘ עביד לן
029			A4.8:16	בהום אף [קדמת זנה	בעדן	זי זא באישתא עביד] לן
030	לעדן		C1.1:49	אמרת קטלתה עד זי	לעדן	[א]חרן וליומן אחרנן
031	עדנא	s em/sf	C1.1:70	[....] בזך	עדנא	אשתמיע במ[ת ....
032			D7.17:3	כען הלו חלם 1 חזית ומן	עדנא	הו אנה חמם שגא תחזי'
033			A4.8:20	לא שתין [אף מ]ן זך	ע[ד]נא	ועד ז]נה יומא שנת

עדר — V — to hoe; cf. #2 עדר

עדר #2 — V — to help

No.	Form	Parse	Ref	Preceding	Word	Following
001	יעדרן	pael	D7.7:8	תלי וכתון 1 הן	יעדרן	ותפק אחטב עמר

עדר — N — help

No.	Form	Parse	Ref	Preceding	Word	Following
001	בעדרה	s em/sf	C1.1:126	למה אלהיא יסגה	בעדרה	ויהתיבנהי עליך [....]
002			C1.1:83	[מלי]ך	בעדרה	כי עזיז ארב פם מן

עוד — a — again

No.	Form	Parse	Ref	Preceding	Word	Following
001	עוד		A4.4:9	[כסף] כרשן 1×100+20	עוד	טעם לא עד יהוי להן תנה

עויל — N — child; perhaps emend to עויר

No.	Form	Parse	Ref	Preceding	Word	Following
001	עויל	s ab/cn	C1.1:215	עינין. [ ] [....]א	עויל	וחרש אדנין לא[ ]

עויר — A — blind

No.	Form	Parse	Ref	Preceding	Word	Following
001	עויר	s ab/cn	B8.11:5	[....]ז זך כנם	עויר	הו וברה זך]
002*			C1.1:213	יאתה ...]א]חרי	עו]יר	....]
003			C1.1:212	[....]	עויר	עינין [....]

עזיז — A — mighty

No.	Form	Parse	Ref	Preceding	Word	Following
001	עזיז	s ab/cn	C1.1:83	בעדרה כי	עזיז	ארב פם מן ארב מלחם אל
002	ועזיז		C1.1:84	רכיך ממלל מלך שדק	ועזיז	הו מן סכין פמי[ן] חזי
003			C1.1:143	עם זי חצי[ף]	ועזיז	מנך [אל] ....

עזל

עזל N thread

No.	Parse	Form	Ref	Context	Key	Context
001	p const	עזלי	A6.2:13	לובר ותבירן על גנזא	עזלי	כתן עבין כרשן מאה ותמנין
002			A6.2:20	חפוש ועל פתיא צבע חד	עזלי	כתנא רקעתא זרניכא כבריתא

עזקה N seal

No.	Parse	Form	Ref	Context	Key	Context
001	s ab/cn	עזקה	C1.1:60	זנה [א]חיקר רב [...	עז]קה	זי אסרחא[ד]ן [מלך
002			C1.1:19	[צב]ית	עזקה	יהוה לך אף חכמתי ועט[תי
003		בעזקת	A5.1:6	[....	בעזקת	פתחוא בר פשנפתח בזרע
004	s em/sf	עזקתה	C1.1:3	] כלה הוה] [וצ]בית	עזקתה	זי שנחאריב מלך אתו[ר
005	p em/sf	בעזכתיה	D7.57:7	שנתא שע וחד	בעזכתיה	ואגנן 2 וכדדן 1+3

עטה N counsel, advice

No.	Parse	Form	Ref	Context	Key	Context
001	s ab/cn	ועטה	C1.1:57	אמר לכם עטתא[זילי	]ועטה	טבה הי [שגי]א אח[ר ענו
002	s em/sf	עטתא	C1.1:57	[ ] עלי ואנה אמר לכם	עטתא[	זילי]ועטה טבה הי
003			C1.1H:13	עלי ו[אנה אמר לכם	עט]תא	זיל[י ...] ואמרו ל[ה אנת
004			C1.1:42	ספרא חכימא ובעל	עטתא	טבתא זי גבר [.... ע]ל
005		עטתה	C1.1:55	זי אתור כלה זי על	עטתה	סנחאריב מלכא וחיל אתור
006			C1.1:28	חכים הו ועל	עטתה	ומל[והי ....
007			C1.1:43	זי גבר [.... ע]ל	עטתה	ומלוהי הות אתור כלא
008			C1.1:60	[מלך אתור]הו ועל	עטתה	ומלוהי חיל[אתו]ר כלא
009			C1.1H:1	[... ...]לן... ... על	עטתה	ומלוה]י הות אתור כלא
010			C1.1H:11	[ ]את[ור כלא]זי על	עט]תה	...] נבוסמס[כן רב]יא[
011		ועטתי	C1.1:53	על אחרן יזכרני	ועטתי	יבעה אח[ר]אנת
012			C1.1:19	יהוה לך אף חכמתי	ועט[תי	.... ענה

עטיק A old; cf. עתיק

עין N eye

No.	Parse	Form	Ref	Context	Key	Context
001	p abs	עינין	C1.1:157		עינין	טבן אל יאכמו ואדנין
002			C1.1:212	[....] עויר	עינין	[....]
003			C1.1:214	[....] [ ]	עינין	.[ ] [....]א עויל
004	p const	עיני	C1.1:172	אלהן ילחון להם %% הן	עיני	אלהן על אנש[א] איש מצלח
005			C1.1fraga:2	כ[ל] בנן [...] [...	]עיני	[...]למנ[... ...]
006			C1.1:105	בזיזת [....] %%	עיני	זי נטלת עליך ולבבי זי
007	p em/sf	עיניהם	C1.1:81	על בלך כזי בכל אתר	ע[יני]הם	ואדניהם לו[ת] פמך

על p to, upon; cf. עליד, עלדבר, על פם, על כן, על אנפי, על אחרן

No.	Parse	Form	Ref	Context	Key	Context
001		על	A3.6:3	לבבי שדיק כל זי יהוה	על	[....] מ[..]א מלה
002			A3.6:4	מ[..]א מלה זילך תנה שלח	על	
003			A3.8:13	הנחת לי כתון 1 בידך	על	[....] לאיתי
004			A3.9:7	א[....] תודי	על	[....] ב3+2
005			A5.2:8	איך לק[חו ...] [....	על	] דנה קדם מראי שלחת לאמר
006			A6.15:14	] פקידא זי ב]מצרין	על	[....] זי [....] מספת
007			A6.5:5	מן א[רשם על ארתונת]	על	[....] ח[.]זי
008			A6.6:1	מ[ן ארשם	על	.... שלם ושררת שגיא
009			D7.5:1	מן מיכיה	על	א[חוטב] שלמכי כענת חזי
010			A6.14:1	תנה אנה קבלת לארשם	על	אחתבסתי פקידא זילי זי
011			C1.1:75	[....] אזל	על	אסרחאדן מל[כא
012			D23.1.II:13	להי שגיא ועלימא אזל	על	אסרס[...] לא אתנתן
013			D7.56:9	למאתה ישלחון אגרה	על	אפלניס ז' על אגרת[א] זי
014			A6.8:1	למצפה מן ארשם	על	ארמפי וכעת פסמשך פקידא
015			A6.8:5	ספרא מן [א]רשם	על	ארמפי על זי פסמש[ך] אמר
016			A4.1:2	מלכא מן מלכא שליח	על	ארש[ם ...] [....]יא כעת
017			A4.2:8	[....] הנלו גלין אנפין	על	ארשם ˆקדמןˇ לכן לא כזנה
018			A6.7:10	קדמן מן ארשם בר ביתא	על	ארתהנת זי ב[מצרי]ן על
019			A6.7:1	מן ארשם	על	ארתהנת שלם ושררת שגיא
020			A6.3:1	[מלכא] מן ארשם	על	ארתונת שלם ושררת שגיא
021			A6.3:5	הן על מראי טב ישתלח	על	ארתונת [כזי עבדיא] אלכי
022			A6.3:9	להם מן ארשם בר ב[יתא	על	ארתונת זי במ]צרין
023			A6.4:1	[...]חפי[...] מן ארשם	על	אר[תונ]ת שלם ושררת
024			A6.4:5	[מ]ן ארשם ברבית[א]	על	[ארתונת ....] על
025			A6.5:1	ז' [....] [מן ארשם	על]	ארתונת שלם [ושררת שגיא
026			A6.5:4	יאתו עלי מן א[רשם	על	ארתונת] על [....] ח[.]זי
027			C3.8IIIB:16	שנת [2+3+10] לזכרן	על	בגפרן [ב]ר פר[י] אתה
028			A3.8:8	השכחת אפם חת לעבק אזל	על	ביתאלתדן וינתן לך כתון
029			A4.7:29	באגרה חדה שלחן ˆבשמןˇ	על	דליה ושלמיה בני סנאבלט
030			A4.8:28	אגרה חדה בשמן שלחן	על	דליה ושלמיה ב[ני
031			A6.2:1	פתחמ[...] מן ארשם	על	וחפרעמחי וכעת בלא[
032			A6.2:27	מן ארשם זי במצ[רין	על	וחפרעמחי ....]
033			D7.29:1		על	חגי אמרת לאשין על כסף
034			D7.55:3	[...] בר ישיב אזלת	על	חו[...] אמר לי עבדת
035			D7.13:6	באלף ב..[...] ושאל	על	חנ.[....] פטחרפחרט בר
036			A2.3:6	ˆלבתיˇ לאמר לה שאל	על	חרוץ כעת מלו כזי עבד אנה
037			B3.9:7	ע[בד] ולמשנתה זי יקום	על	ידניה זך למשנתה ולמעבדה
038			A4.8:17	שלחן שלחן על מראן א[ף]	על	יהוחנן[כהנא רבא וכנותה
039			B3.8:30	[איתי]ל[ה] וזי יקום	על[	יהוישמע] לתרכותה מן
040			A2.2:9	לי והן יהב לכי עמרה זי	על	מכי שלחי לי והלה יהב לכי
041			C3.13:46	סגדא זי[....] זכרן	על	מנחם בר שלום[...] ארך
042			B2.6:29	דין ולא דבב ו[ז]י יקום	על	מפטחיה לתרכותה מן ביתה
043			A6.9:1	משתמ[ען] לי מן ארשם	על	מרדך פקידא זי בג[.]כד
044			D7.3:4	[אז]לי יומא זנה ועל[י	על]	[מש]לך בר את... ....[.]
045			D7.16:4	נפשכ[י] אלקח אל תתכלי	על	משלמת ועל שמעיה כען
046			A6.10:11	זנה רשת ספרא מן ארשם	על	נחתחור פקידא זי במצרין
047			A6.10:1	זנה רשת ספרא מן ארשם	על	נחתחור וכעת קדמן כזי
048			A6.11:1	זי [....] מן ארשם	על	נחתחור כנזסרם וכנותה
049			A6.11:7	זנה רשת ספרא מן ארשם	על	נחתחור פקידא [כנז]סרם
050			A6.12:1	זי במצרין מן ארשם	על	נחתחור כנזסרם וכנותה
051			A6.12:4	רשת ספרא מן ארשם	על	נחתחור פקי[דא] כנזסרם
052			A6.13:1	[....] [....] מן ארשם	על	נחתחור כנזסרם וכנותה
053			A6.13:2	טב אגרת מן מראי תשתלח	על	נחתחור פקידא והמרכריא
054			A6.13:6	זנה רשת ספרא מן ארשם	על	נחתחור פקידא כנזסרם
055			A6.14:1	[....] מן ורוהי	על	נחתחור וכנדסירם וכנותה
056			A6.14:6	עם מנדתא מן ורוהי	על	נחתחור וחנדסירם
057			A6.15:1	מן ורפש	על	נחתחור וכעת מספת פקידא
058			A6.15:13	ישלח ע[ליך] מן ורפש	על	[נ]חתחו[ר פקידא זי

No.	Ref.			
059	A6.16:1	מן אר[ת]ח[י]	על	נחתחור שלם ושררת שגיא
060	A6.16:6	שלם ישמו לך מן ארתחי	על	נחתחור
061	D6.8fraga:1	מן ארשם	על	נחת[חור ....]
062	D1.32:1	[ל]. אז[ל] [...]	על	נ. ת.[...] [...].. זי.. ....]
063	A4.7:7	זך לחיא אגרת שלח	על	נפין ברה זי רבחיל הוה
064	A4.8:6	זך לחיא אגרת שלח	על	נ[פי]ן ברה ז[י רבחיל הוה
065	D7.18:4	יהה אמרי לאריה [ו]ירמה	על	סלואה
066	B8.6:8	לדגל ביתאלשגב מלל	על	[....].סי תסרי אמה כל
067	B8.5:11	...]בֹּוּפֹי רבדגלא מלל	על	סֹנתו ...ה[....]
068	C3.13:48	אמן 3 כ 2 בפ[תי] זכרן	על	עז[ר]יה לחנא זי[...]
069	D7.13:14	חכרטי֯ס֯ [....].ן לך	על	פוחרב אמר ....
070	D7.13:4	גשוריא מ[...] ושאל	על	פטוסרי [...] שחפמו באלף
071	B8.5:6	[ ]מלל	על	פטנפחתף [....]
072	B8.6:4	ור֯פ֯ש֯ מלל	על	פנא שמה [עבדה זי
073	A6.15:2	לם אגרת מן ארשם יהבת	על	פס[מש]ך בר עחחפי למנתן
074	A6.15:4	אגרת ארשם זי היתיו	על	פסמשך על חלכיא זי מלכו
075	A2.2:7	וזוז כסף זוז וכעת שלחי	על	תבי ותושר לכי עמר מן
076	D23.1.Va:8	.ה הקם וא[פ]ק֯	על	תהרקא מ֯לך כ֯שיא[כ]ז֯י
077	A2.3:11	שלחת לה וכעת הוי חזית	על	תשי ועל ברה ושלחי כל טעם
078	B2.5:1	כתיב מן עלא ולא את[ית	על	....] ברתך למלקחה לאנתו
079	B8.1:12	אחרי ורז שמה	על[	....] שפתם הי
080	B8.2:33	בֹּנה [....]	על	[....] זנה ה֯[....]
081	B8.5:8	....]שמה֯ו֯ [	על[	...]ואסרוהי וש֯[....]
082	D1.10:1	[....] מן ד֯שך	על	...[..].ל.. [...] [...] מר]אתי
083	D1.16:3	[...] .. עת֯חת עב֯[דך ...]	על[	....] [...]ד....[...]]עבדיך
084	D4.20:2	לן [...]תא זך [...]	על	
085	D5.18:2	ק֯יהם[...]	על[	...]
086	D5.28:1	ל֯ך֯..[...]	על	[..] [...]]בר צחי i0
087	D5.56:2	[...].[...] [...] א֯מלל	ע֯[ל	...]
088	D6.10fragIe:1	[...]	על[	...]
089	D6.6frage:2	[...] [...]]מראי [...]	]על[	...]
090	D6.9fragb:5	[ ]כעת [...]י]היתו [...].	{{על}}	[...]]זילי [...] ל]קבל
091	D7.23:2	לזכור [....] למהך	על	[...]. קמרא עתי[קא ...] גץ
092	D3.45:7	ודברת	על	א[...] [...]מרן
093	A4.7:23	הן על מראן טב אתעשת	על	אגורא זך למבנה בזי לא
094	A4.7:24	אגרה מנך ישתלח עליהום	על	אגורא זי יהו אלהא למבניה
095	A4.8:22	הן על מר[א]ן טב את[עשת	על	אגורא זך למבניה בזי לא]
096	A4.8:24	[אגרה מנך ישתלח עליהום]	על	אגורא זי יהו אלהא למבניה
097	D7.56:9	אגרה על אפלניס ז֯י	על	אגרת[א] זי ישלח על גבריא
098	D7.6:5	אחטב אל תוכ֯ו֯ל המו	על	אחרנן הן גרס לחמהם לשו
099	B7.2:6	עבדת שאיל[ת] ומקריא	על	אלהן מטא עלי בדינא אנה
100	C1.2:7	ולחש חור ב֯[ר פונ]ש	על	אלפי מלכא ....ת֯
101	C1.1:168	למונק דמה %% ד֯בא אזל	על	אמר[יא ...] ..א֯[...] אשתק
102	C1.1:86	אשתמר לך אל יחז֯נ֯הי	על	א֯מריך ותהך [ו]לא ביומיך
103	C1.1:85	חזי קדמתך מנדעם קשה	[על]	א֯נפי מ[ל]ך֯ אל תקום
104	C1.1:172	להם %% הן עיני אלהן	על	אנש[א] איש מצלה עקן
105	B2.2:12	לי ביהו והוטבת לבבי	על	ארקא זך לא אכהל אגרנך דין
106	B2.2:13	ואחה לי קריב ורחיק֯	על	ארקא זך אנת ובר לך וברה
107	B2.2:14	ורחיק זי יגרנך בשמי	ˆעל ˆ	ארקא זך ינתן לך כסף כרשן
108	B2.2:5	אנת ואנתתך וברך כל 3	על	ארקא זילי זי אנה קבלת
109	B2.3:16	ספר חדת ועתיק בשמי	על	ארקא זך למנתן לאיש אחרן
110	B2.3:23	חרשין חרזמיא כתב לי	על	ארקא זך כזי רשה עליה קדם
111	D23.1.II:9	שג֯י֯ ו.הע[....]	על	אתתה ואשכח(י)<ת>ה <י>תבה
112	A5.5:6	אמרו [.. ו]אתו פנה	על	ב[....]
113	A4.10:13	יעב[ד ....] נתן	על	בית מראן כ[....] שערן
114	A4.9:3	למאמר {{קד}} קדם ארשם	על	בית מדבחא זי אלה {{שמי}}
115	A6.10:5	מן אתר אחרן ומהוס[פן	ע]ל	בית מראיהם ואנתם כן לא
116	B2.10:20	זי כתב ידניה בר הושע	על	בית יזניה בר אוריה
117	A6.10:3	אחרנן שפיק בעה ועבד	על	ביתא זילי וכען תנה כן
118	A6.10:7	וסטרו בשנתא זילי ועבדו	על	ביתא זילי כן כזי פקידיא
119	A6.10:9	לא תבעון ולא תהוספון	על	ביתא זילי חסין תשתאלון
120	A6.11:6	אבוהי הוה חשל יחשל	על	ביתא זילי ארתוהי ידע
121	A6.15:7	כלא התב הב למספת יעבד	על	ביתא זילי למה כזי תאתה
122	B2.3:27	דרגמן או בר זילה ירשה	על	ביתא זך ספרא זך הנפקי
123	B3.4:23	בה וכל אשרן זי יהכן	על	ביתא זך ֿכתב חגי בר
124	B8.4:4	1 [....]ל ז֯י֯ כחסן אתו	על	ביתא זילי ז֯י֯ בפסחמי
125	C3.7AR2:12	[זי גבי מנה ועביד	[על	בית מלכא] [זהב סתתרן
126	C3.7AR2:1	זי גבי מנה וע]ביד	ע]ל	בית מלכא זהב סתתרן
127	C3.7AR2:5	ג֯[בר]יא זי֯[עביד	על	בית מלכא] כסף ש 3+[2 ח
128	C3.7AR3:1	[זי גבי מנה ועביד	על	בית מלכא] ז֯ה[ב סתתרן
129	C3.7AR3:19	[זי גבי מנהם ועביד]	על	בית מלכא] [כל כסף
130	C3.7BR1:11	מנדתא זי גבי מנה ועביד	על	[ב]ית מלכא [זה]ב סתתרן
131	C3.7BR1:19	זי גבי מנה ועביד]	על	בית מלכא זהב סתתרן
132	C3.7DR1:8	[ז]י[ג]ב֯[י מנה ועביד	על	בית מלכא זהב סתתרן 10
133	C3.7DR2:21	זי גבי מנה ועביד	על	[ב]ית מלכא [זה]ב סתתרן
134	C3.7DR2:7	[ ]ואח[רן ....]	ע֯ל֯	בית מ[לכ]א זהב ס[ת]ת[ר]ן
135	C3.7DR3:13	זי גבי מנ[ה ועביד	על	בית מלכא] זהב סתתרן
136	C3.7DR3:18	[כסף גבריא זי עביד	על	בית מלכא] כסף ש 3+2 ח]
137	C3.7DR3:25	[זי גבי מנה] ועביד	על	[בית מלכא]
138	C3.7DR3:5	זי גבי מנה] ועביד	על	בית מלכא] זהב סתתרן 10
139	C3.7ER1:18	[ ]זי גבי מנה[ועביד	ע]ל	ב֯[י]ת֯[מלכא] זהב
140	C3.7ER1:22	ג֯ב֯[ר]יא זי עביד	ע]ל	בית מ[לכא כסף ש 3[+2֯]
141	C3.7ER1:2	[כ֯]סף גבריא זי עביד	על	בית [מל]כא] כסף ש 3+2 ח
142	C3.7ER1:7	זי גבי מנה [ועביד	ע]ל	ב[ית מל]כא ז[ה]ב סתתרן
143	C3.7ER2:14	זי גבי מנה ועביד	[על	בית מלכא] [זהב] סתת[ר]ן
144	C3.7ER2:21	ז[י]גבי מנה ועב[יד	על	בית מלכא] זה[ב סת]ת֯[ר]ן
145	C3.7ER2:4	זי ג[ב]י מנה[ועביד	על	בית מלכא] זהב סתתרן
146	C3.7FR1:22	....] i0+.	ע]ל[	בית מלכא [....]...
147	C3.7FR1:8	[ ]גבי מנ֯ה֯[ם֯] ועביד	על	בית מלכא [....]
148	C3.7FR2:13	זי גבי מנהם וע֯ביד	על	בית מלכ[א] כסף כרשן 3 ש
149	C3.7FR2:3	1 כסף גבריא זי עביד	על	[בית מלכא] מן דוגי
150	C3.7FR2:7	זי גבי מנהם ועביד	על	בית מלכא כסף כרש 1 ש 2 ח
151	C3.7FR3:3	מנדתא [....]	ע]ל	בית]מ֯[לכא] ז[ה]ב
152	C3.7FV1:24	[זי גבי מנהם ועביד	על	בית מ]לכ֯א֯
153	C3.7FV2:22	ג֯ב֯י֯[מנהם] ו֯ע֯[ביד	על	ב]י֯[ת֯ מלכא זהב סתתרן
154	C3.7FV2:7	זי גבי מנהם ועביד	על	בית מלכא כסף כרשן 3 ש
155	C3.7GR1:21	[זי ג]בי מנה ועביד	על	בית [.... 1+]1 ח
156	C3.7GR2:18	זי גבי מנה ו[עביד	על	בית מלכא זהב סתתרן 10]

No.	Ref			
157	C3.7GR2:3	זי גבי מנהם ועביד	על	בית מלכא זהב סתתרן
158	C3.7GR3:2	[זי ג]בי מנה ועבי[ד	על	בית מ]לכא חמר זי שנת
159	C3.7GR3:9	זי גבי מנה[ועביד	על]	בית מלכא [חמר זי שנת
160	C3.7HR1:3	[זי גבי מנה ועביד	על	בית מלכא] זה[ב
161	C3.7JR1:12	[...] [כסף גבריא זי עביד	על	בית מלכא] [כסף ש 2+3 ח]
162	C3.7JR1:18	זי גבי] מנה ועביד	על]	[בית מלכא] [זהב סתתרן
163	C3.7JR1:8	[זי גבי מנה ועביד	ע]ל[	בי]ת[מלכא] [זהב סתתרן
164	C3.7JR2:13	[...] [כסף גבריא זי עביד	על	בית מלכא] [כסף ש 2+3 ח
165	C3.7JR2:19	[ואחרן זי גבי מנה ועביד	על	בית מלכא] זה[ב סתתרן
166	C3.7JR2:2	[ ]גבי מנה [ועביד	על	בית מלכא] [זהב
167	C3.7JR2:9	זי גבי מנה[ועביד	על	בית מלכא] [זהב
168	C3.7JV1:21	[....]א זי עבי[ד	ע]ל	בית[מל]כא [חמר זי
169	C3.7JV2:22	זי גבי מנהם ועביד	על	בית מלכ[א] זהב סתתרן
170	C3.7JV2:9	זי [גבי מנהם ועביד]	על	בית מלכא [....
171	C3.7	[ג]בריא[זי עביד	על	בית מלכא] [כסף]ש
172	C3.7	[זי גבי מנה ועביד	על]	[בית מ]ל[כא]
173	C3.7KR1:25	[זי גבי מנהם ועביד	על	ב]ית מלכא
174	C3.7KR1:3	[...] [כסף גבריא זי עביד	על	בית מ]לכא [... ...] [... ...]
175	C3.7KR2:14	זי גב[י מנ]הם ועביד	על	בית מלכא זהב סתתרן
176	C3.7KR2:6	[כסף]גבריא זי עביד	על	[בית מלכא] [מן ספינה
177	C3.7KR3:1	[ז]י ג[בי מנה ועביד	ע]ל	בית מלכא זה[ב סתתר]ן[
178	C3.7KR3:18	[זי גבי מנה ועביד	על	בית מלכ]א זהב סתתרן
179	C3.7KR3:8	[ ]ז[י גבי מנה] ועביד	על	בית מלכא זהב [סתת]רן
180	C3.7KR4:3	[זי גבי מנה ועביד	על	בית מלכא] זהב סתתרן 10[
181	C3.7KR4:9	זי ג[בי מנה ועביד	על	בית מלכא] זהב ס[ת]ת[ר]ן
182	C3.7CR1:11	[...] [כסף גבריא זי עביד	על	בי]ת מלכא [כסף ש 2+3 ח
183	C3.7CR1:17	[זי גבי מ]נה ועביד	ע[ל]	[בית מלכא] [זהב סתתרן
184	C3.7CR1:7	[מנדתא זי גבי מנה ועביד	על	בי]ת מלכא [זהב סתתרן
185	C3.7CR2:12	[....] כסף גבריא זי עביד	על	ב[ית מלכא] [כסף]ש 2+3 ח
186	C3.7CR2:19	זי [גבי מנה] ועביד	על	בית מלכא זהב סתתרן
187	C3.7CR2:7	[זי גבי מנה ועביד	על	בי]ת מלכא [זהב סת]ת[ר]ן[
188	C1.1:81	[לי]לה א[ל] תאתה	על	בלך כזי בכל אתר ע[יני]הם
189	A3.10:6	המו עבור ויבלתון	על	בתין טב והן לא כספא הבו
190	D7.56:10	על אגרת[א] זי ישלח	על	גבריא זי עבורא נתירה
191	A6.2:13	חליפתהם לובר ותבירן	על	גנזא עזלי כתן עבין כרשן
192	B2.8:3	זי סון לדגל וריזת	על	דינא זי עבדן בסון נפרת
193	A5.2:9	[טב י]שאל לתרוח ודינא	על	דנה כעשק אל יתעבד לי
194	D7.9:4	תטוס־רי־ זילן יכתבוה	על	דרעה עלא מן כתבתא זי על
195	D7.9:5	דרעה עלא מן כתבתא זי	על	דרעה הלו כן שלח לאמר זי
196	A6.4:6	על [ארתונת ....]	על	דשנא זי עחחפי
197	A6.2:4	יתנגד על [ת]בלא וישתלח	על	המרכריא זי גנזא המו עם
198	A6.10:12	זי במצרין בתחתיתא	על	הנדרזא זי [....] מן ארשם
199	A6.13:7	המרכריא זי במצרין	על	הנדרזא זי [....]
200	C1.1:198	%% צנפריא [....]און	על	[....]ה וא[....
201	A3.8:4	כען [....] עמך	על	זי [י]נתן לך כסף כ[ר]שן
202	A6.8:6	מן [א]רשם על ארמפי	על	זי פסמש[ך] אמר לא
203	C1.1:51	סנחאריב מלכא רחמני	על	זי החיתך ולא קטלתך כען
204	A3.3:4	במגדל כן אמיר לן לאמר	על	זנה [....] [קדם] ספריא
205	A4.7:28	כסף כנכרין 1×לף ועל זהב	על	זנה שלחן הודען אף כלא
206	A4.8:17	[באישתא עביד] לן אגרה	על	זנה שלחן שלחן על מראן
207	A4.8:27	דמי כסף כנכרן אלף	על]	זנה שלחן הודען .... אף
208	A6.10:5	כען אף קדמן שלחת עליכם	על	זנה אנתם [א]תנצחו גרדא
209	A6.15:8	לקחת זיני תשלם ותשתאל	על	זנה אף מספת שלח גרדא לם
210	A6.2:6	זי מני שליח עליהם	על	זנה שלחו וכן [...] חלא זי
211	B8.9:2	דין לא איתי לי עמהם	על	זנה טעמ[א ....] [...]
212	B8.9:3	אנחנה תמא־ו־ לה	על[	זנה טעמא ....] [... ז]א
213	B8.9:4	עד זמנא יביל להם למומא	על	זנה [טעמא ....] [....]
214	B8.9:6	[.. לא אי]תי לי עמהם	על	זנה טעמא]
215	B8.4:9	[....].	על	ח.... עב..ין
216	C2.1.8:59	גברא זק זי רב הוה	ע[ל	חילא זי שלח ויזדת עם]
217	A6.7:11	ארתהנת זי ב[מצרי]ן	על	חילכיא [....]זילי [.
218	A6.15:4	זי היתיו על פסמשך	על	חלכיא זי מלכו לי גברן
219	B7.2:7	אנה מלכיה אקרא לך	על	חרמביתאל אלהא בין [מ]קמן
220	A6.2:18	על עקיא זי יתיהב	על	טף בארכא לחד פשכן תלתה
221	B2.11:4	עבד יוד 1 שנית	על	ידה בימן שניתת מקרא ארמית
222	B2.11:6	עבד יוד 1 שנית	על	ידה בימן שניתת מקרא ארמית
223	B3.6:3	שמה אמתה זי שניתה	על	ידה בימן כדנה למשלם לאמר
224	A2.7:3	מתכל אנה הוי חזית	על	ינקיא אלכי שלם וסרז
225	A3.6:3	יח[.... חזי]	על	ינקיא עליך לבבי שדיק כל
226	D7.6:3	הושעיה שלמך כען חזי 1	על	ינקיא עד תאת‖ה אחטב אל
227	A4.2:13	חורי יהב לי כזי כלוהי	על	כדא אמר תירי...[...] בצות
228	B4.2:6	מן אוצרא ותכתב לי נבז	על	כל כסף ומרבי זי אהוה משלם
229	D1.17fragb:6	]יתקים כים ושהדו	על	כל נכס[י ... ...] [... ...]א
230	C1.1:67	[....] טיבת	על	כנותה אלך ת[רין
231	B2.8:3	זי עבדן בסון נפרת	על	כסף ועבור ולבוש ונחש
232	D7.29:2	על חגי אמרת לאשין	על	כסף מרזחא כן אמר לי לם
233	D7.27:9	כרגא [...] [...]	על	כספה [...] [... מל]כיה זי
234	A3.3:9	[....] באגרתא זילך	על	כתון ולבש כתונך ולבשך
235	C1.1:177	ברי לא תמות והן אשבקן	על	לבבך [....] מחאה לעלים
236	D7.8:13	עד תנפק שלם אחטב כען	על	לחמא זנה נאכל עד מחר
237	A4.7:26	ועלותא י{{ה}}קרבון	על	מדבחא זי יהו אלהא בשמך
238	A4.8:25	[לבונתא] ועלותא נקרב	על	מדבחא זי יהו אלהא בשמך
239	A4.9:9	ומנחתא ולבונתא יקרבון	על	מדבחא זך לקבל זי לקדמין
240	C2.1.4:4	[עבד עם חילא זי מדי זי	על	מד]יא רבהם[לא הוה תמה
241	B2.6:23	כסף שנאה בראשה תתב	על	מוזנא ותתקל לאסחור כסף
242	B3.8:26	בראשה מהרה יאבד תתב	על	מוזנא ותנתן לבעלה ענניה
243	D3.16:12	2 זלוץ זי גמא חדת 1	על	מבן זי אבן שש 2
244	C3.11:8	3 בגו כספא זי אתוסף	על	מכס פטאסי בר .[...]
245	A4.5:3	כזי מראן ארשם אזל	על	מלכא זנה דושכרתא זי כמריא
246	A4.7:5	כזי ארשם נפק ואזל	על	מלכא כמריא זי חנוב ^אלהא^
247	A4.8:4	כזי ארשם נפק ואזל	[על]	מלכא [.... כמריא זי חנוב
248	A6.2:5	ואופכרתה יעבדו וישתלח	על	מן זי הוה אשרנא הנדונה
249	C3.7DV2:2	זי הוה יתיר בשנת 10	ע[ל	מ]נדתא זי הוה בשנת
250	A2.4:1	שלם בית בנת בסון	על	מראי פסמי עבדך מכבנת
251	A5.2:8	כעשק עביד לי וכע[ת הן	על]	[מראי טב י]שאל לתרוח
252	A6.13:2	תמה לא מהיתין עלי הן	על	מראי לם כות טב אגרת מן
253	A6.3:2	אמר כזי אנה הוית אתה	[ע]ל	מרא[י .... עב]דן זי
254	A6.3:3	זי אנה מ....[...] אחרי	על	מראי פסמשכחסי שמה [בר

No.	Ref	Before	Word	After	Form
255	A6.3:5	לקחו וקרקו מני כען הן	על	מראי טב ישתלח על ארתונת	
256	A4.5:19	[....ה]ן [....]	על	מראן ˆטבˇ שגיא	
257	A4.5:21	חילא [....] ...	[על]	מראן טב יתשים [טעם	
258	A4.5:22	[....] אנחנה הן	על	מ[ראן טב ....] [...	
259	A4.7:23	בעלי יב כן אמריˇן הן	על	מראן טב אתעשת על אגורא זך	
260	A4.8:17	אגרה על זנה שלחן שלחן	על	מראן א[ף] על יהוחנן]	
261	A4.8:22	בעלי יב כן אמרן הן	על	מר[א]ן טב את[עשת על אגורא	
262	A6.1:1		[על	מראן ארש]ם עבדיך אחמנש	
263	A6.1:5	תחו[....]	[על]	מראן ארשם [ז]י במצרין	
264	B8.5:14	.ה..ש וסתרבני מלל	על	מר̇אן ל[אמר]	
265	C3.8fraga:10	חלף דוגיתי [....]ף	על	מרביתא כען	
266	D7.15:3	יבנון לי אף	על	מרי אלפא טר מ.. ש.	
267	A4.4:8	ונכסיא זי לקחו אתבו אם	על	מריהם להן דכרו למרא[יהם	
268	A5.4:5		על	משאלתא ישתאלו עם	
269	D1.17fragd:2	[....] .ם	על	נ.[....]	
270	C3.8IIIB:30	2+3+10 בגפרן זי	על	נוז..[..] כן אמר שתברזן	
271	B2.8:6	במומאה דכא זי עבדתי לי	על	נכסיא אלך ורחקת מנכי מן	
272	D7.16:7	בקל כענת חי ליהה הן לא	על	נפשכי .ל.אנה על דבר תקבת	
273	B3.11:7	פסשדת קבל לי לא ˆכתב	על	ספר אנתתכיˇ עם ענני בר	
274	B3.11:9	יהבת לך ברחמן פסשדת	על	ספר אנתותכי עד אחרן הן	
275	B3.12:18	ליהוישמע ברתן פסשדת	על	ספר אנתותה דבק אגר באגר	
276	B3.12:9a	ביתה זי יהבת לך פסשדת	{{על	ספר אנתותה זי יהוישמע}}	
277	B4.6:4	מן קצת כספא ונכסיא זי	על	ספר אנתותכי אנה מנחם	
278	B4.2:16	אחיו על פם שהדיא זי	על	ספרא זנה	
279	C1.1:43	טבתא זי גבר [....]	ע[ל	עטתה ומלוהי הות אתור	
280	C1.1:55	אבוה זי אתור כלה זי	על	עטתה סנחאריב מלכא וחיל	
281	C1.1H:11	[זי]את[ור כלא]זי	על	עט[תה ....] נבוסמס[כן	
282	C1.1H:1	[....] [....]לן	על	עטתה ומלוה]י הות אתור	
283	A3.5:6	חזי	על	עלימיא וביתי כזי תעבד	
284	A6.2:18	כרשן מאה ויהוספון	על	עקיא זי יתיהב על טף בארכא	
285	D2.34:2	[....] [מ]לל	על	פ̇ן[....]	
286	D7.26:3	לה אף הן תאמרן לם [....].	על	פכרס משחק [....]. זי	
287	A6.9:5	זנה הבו להם מן פקיד	על	פקיד לקבל אדונא זי מן	
288	A3.3:4	[וכזי] קבלן לפחותא	על	פרסכן תנה במגדל כן אמיר	
289	D23.1.Va:11	המו הן [תש]לח	על	פרעה נכוא..שן לחין	
290	C2.1.8:54	[לערקה זי וימן אזלו]	על	[ ]..אהורמזד סעדני	
291	C3.16:2	[....] [....]. מהיתה	ע[ל]	[....] שפ 1 ס 3 [....]	
292	C3.3:7	פט[....] יצעקו [....]	על	[....] דזה ה̇[....] חדת	
293	C3.7GR1:5	[מנהם ועביד	על	[....] [....] ש̇3[	
294	C3.8IIIB:11	[ ]... בגו..[.]ה̇	על	[.] פסמשך ל[..]ך	
295	C3.8IIIB:24	אופכרתא זי עב[דו	ע[ל	צלצלא ודגיתא כנתן בחגב	
296	D1.17fragb:5	שלמת [....] [....]	על	ראשי עק[....] [....]	
297	B4.4:9	נבל עבורא] זנה סון	על	רב]ווו[חי]לא זנה זי	
298	D7.9:7	לא ישכחן עלימתה מכתבה	על	שמה כענת ש̇[....] ואף	
299	B5.6:3	אמת[א]זילי זי סטירה	על	שמי [....]ה	
300	A6.2:4	למע[בד ....] יתנגד	על	[ת]בלא וישתלח על המרכריא	
301	A6.2:8	זי כרכיא נגידה	על	תבלא ואנחנה החוין לשמשלך	
302	C3.8IIIB:17	ספינתא למ̇[....] זי	על	תבלא ש̇.[.] פנפתם צלצל	
303	C3.28:49	2 פתחן נחשיא זי יהבו	על	תמריא זי פחן שנתא זא במכס	
304	C1.2:1	לבני [....].	על	תסהרא זי מלכא ושמע מ[לכא	
305	D7.27:14	אף [....] [....]	ע̇ל	תתאי לא שלח	
306	C1.1:96	עם אלהן ומה יתנטר	עלאון	גוה [....] [....]מן]	עלאון
307	A4.7:18	כהניא זי בירושלם	ועל	אוסתן אחוהˆיˇ זי ענני	ועל
308	A4.8:18	[כהניא זי בירושלם]	ועל	אוסתן אחוהי זי ענני	
309	D7.13:1	[..]	ועל	אסמן בר [....] באלף מנחמן	
310	C1.1H:16	מ[ל]ך את]ור הו	ו[על	....] אל נקטלנהי [איתי]	
311	A4.7:18	לן אגרה שלחן מראן	ועל	יהוחנן כהנא רבא וכנותה	
312	B3.6:10	אחרן לא שליט עליכי	ועל	יהישמע ברתכי ואנתי	
313	B3.6:7	כסף זי יקום עליכי	ועל	יהישמע ברתך זי ילתי לי	
314	D7.16:5	אל תתכלי על משלמת	ועל	שמעיה כען החלפי לי	
315	B2.11:8	זילי דינן למרשה עליך	ועל	בניך עלדבר פטוסירי שמה	
316	B5.3:3	[דינן למרשה על]יך	ועל	בניך [בשם	
317	B3.10:19	עליכי לסגן ומרא	ועל	בניכי אחריכי זי ירשנכי	
318	B3.10:20	דין ודבב ויקבל עליכי	ועל	בניכי ינתן לכי אביגרן	
319	B3.11:13	דין ודבב ויקבל עליך	ועל	בניכי לסגן ומרא להעדיה	
320	B3.11:14	יחוב וינתן לכי	ועל	בניכי אביגרן כסף כרשן	
321	B5.4:4	[אחריך והן קבלת עליך	[ועל]	בר וברה לך קדם סגן ומרא	
322	A2.3:11	הוי חזית על תשי	ועל	ברה ושלחי כל טעם זי הוה	
323	A4.7:28	כדמי כסף כנכרין 1×לף	ועל	זהב על זנה שלחן הודען אף	
324	C1.1:144	[....] מן מנתך	ו̇על	זילה יהוסף	
325	C1.1:82	מן כל מנטרה טר פמך	ועל	זי ש[מעת] הוקר	
326	D23.1.VIII:9	שפרן זילה ל.א.[..]	ו̇על	כו...אל.[.]....	
327	A6.2:19	בארכא לחד פשך חד	ועל	סעבל עקי חלא דרי תמים	
328	C1.1:28	חכים הו	ועל	עטתה ומל]והי	
329	C1.1:60	[מלך אתור]הו	ועל	עטתה ומלוהי חיל[אתו]ר	
330	A6.2:18	לחד פשכן תלתה חפוש	ועל	פתיא ועביא צבען תרין ועל	
331	A6.2:19	לחד פשכן תלתה חפוש	ועל	פתיא צבען תרין ועל שף	
332	A6.2:20	לחד פשכן תלתה חפוש	ועל ·	פתיא צבע חד עזלי כתנא	
333	A6.2:18	פתיא ועביא צבען תרין	ועל	שים בארכא לחד פשכן תלתה	
334	A6.2:19	ועל פתיא צבען תרין	ועל	שף וחנניא בארכא לחד פשך	
335	C3.8II:4	[	.על[	עב.[....] [....]. [מא]ני פרזל	.על
336	A2.6:5	אנה וברי וכתבת לה	ע[ל].	....] וזבני עמר כזי	.על
337	D7.15:12	הא טעמא[....] על	עלוה	ויחוך [....] לא אכל אעל	עלוה
338	A3.4:4	והן איתי כסף הבי	עלוהי	[.... לשלמכי]	עלוהי
339	C2.1.7:38	[מן קדמי מרדו	על]והי	אזלו הו מ[לכ]א ב[פרס	
340	C2.1.4:3	[עלימי פרסי רב] [הוה	עלו[הׄ	א[מרת אזל קטל לחילא זי	
341	D7.7:4	קבן 2 דקק וחצף קפתא	עלוהי	אף חזי אפק לי תלי וכתון	
342	A3.10:7	[ה]ודעו לארמתידת	עלוהי	[וה]בוהי לה [ויז]בנהי	
343	C1.1:54	אח[ר]אנת תקרבני	עלוהי	ויהחיני אחר [ענ]ה	
344	C1.1H:10	[ ]הו כמנד[ע ....]	על[והי	ויהחיני אחר ענה	
345	D7.29:8	לחגי או יגדל דבר	עלוהי	וינתנהי לכם	
346	A3.8:6	לה בכספא זי יקום	עלוהי	וכזי אגרתא זא [ת]מטא	
347	C1.1:65	[....]	עלוהי	ולבב אסרחאד[ן מלכא	
348	A3.5:5	חדה בשלמך לא שלחת	עלי		עלי
349	A6.14:3	מנדת [בגיא אלך יהי]תה	עלי	בבאל כן עב[דו] כזי לי	
350	A6.14:5	או אחוהי או ברה יאתה	עלי	בבאל עם מנדתא מן ורוהי	
351	D1.33fragb:2	[י]שלח עליך ל[מנתן	על[י	... .] [....] ל[סיון	
352	D5.57:1	[....	]עׄלי	[....]. [....]. גנבין [....]	

353		D6.10fragIh:1	[...]שיד	עלי[	...]
354		D6.3fragi:2	[...].י רשת ו[...] [...	]עלי	.[...]
355		C1.1:25	זי אנה רבית עשת	על[י	....
356		C3.8IIIB:31	תחת מרא[....]י	עלי	..[..] [...]הומי דכ[
357		A3.10:8	ירחק מנכם עד ימטא	[ע]לי	אל אחי חורי בר כמן
358		B1.1:15	מנך ואית לך פמטן וחוב	על[י	]אלה שהדיא ת נרגי נני
359		A6.5:3	זי כל [....]	עלי	אנת שם ט[ע]ם
360		A6.1:3	ירח כירח הוו שלחן	עלי	אף נשתונא כתיב יהיב לן
361		A6.12:3	אחרנן והושרו יהיתו	עלי	אפריע לעבק ול[עב]ק
362		A2.3:7	לחרוץ כות תעבד בנת	עלי	ארה לא אחי הו חרוץ וכעת
363		B3.2:4	הירא זילך זי קבלת	עלי	בגו [וט]ב לבבי בדמוה[י
364		B3.2:5	בשם הירא זנה זי קבלת	עלי	בגו הן קבלת עליך דין
365		B7.2:7	ומקריא על אלהן מטא	עלי	בדינא אנה מלכיה אקרא לך
366		A6.16:2	אף זי הושרת [....]	עלי	ביד אנא[....] [....]
367		B7.2:4	[לא]מר [א]נת קב[לת	עלי]	בנפא אנת [על]ת [בביתי]
368		A6.13:2	מן תמה לא מהיתין	עלי	הן על מראי לם כות טב
369		D7.10:7	לא שבו לנתן תמה ינפק	עלי	ואהך אגרס [...] [...]רא אף
370		C1.1:193	קרב	עלי	ואל יאמר לך ר[ח]ק מני
371		C1.1:57	לם אף[ק]רב[ו]	עלי	ואנה אמר לכם עטתא[זילי
372		C1.1H:13	[רב]יא[אמר לכנותה ...]	עלי	ו[אנה אמר לכם עט]תא
373		A3.8:10	וכזי ינתן המו לך שלח	עלי	והן לא יהב המו לך [ש]לח
374		B2.6:15	2 לו10 באבני מלכא על	עלי	וטיב לבבי בגו שוי 1 זי
375		B4.2:9	כספך ומרביתה זי ישתאר	עלי	ויהוה רבה עלי ירח לירח
376		B4.7:2	לכסף שקלן 3+3 וירבה	עלי	ולא ...[....]
377		A6.11:3	אלה זי פטסרי שלח	[עלי	זי פמון] שמה אבוהי זך
378		D7.9:12	יהבן פרס בסון שלחי	עלי	חזי נחת קפירא זי היתת
379		A6.8:3	אחר קבלת מנך ישלח	עלי	חסן תשתאל וגסת פתגם
380		B4.2:9	ישתאר עלי ויהוה רבה	עלי	ירח לירח עד יום זי
381		A6.11:1	ורשבר עלים זילי שלח	עלי	כן אמר איתי פמון שמ[ה
382		A6.15:1	מספת פקידא זילי ˆשלח	עליˇ	כן אמר בבל לם אגרת מן
383		A6.6:2	[עלימא זי במצרין שלח	עלי	כן אמ[ר ....]. בר
384		A6.8:1	פסמשך פקידא זילי שלח	עלי	כן אמר ארמפי עם חילא זי
385		D6.14fragp:1	[... ש]לחת	עלי	כן א[מרת ...] [...] פמון
386		D6.8fragb:1	...]	]<ע>לי	כן אמרן נשיביתן זי
387		B3.1:4	מלכא במרביתה ירבה	עלי	כסף חלרן 2 לתקל 1 לירח
388		B4.2:2	כסף ש 1 לו10 וירבה	עלי	כסף חלרן 2 לכסף ש 1
389		B4.5:2	[.... לא]מר איתי לך	עלי	כסף כרש[חד שקלן ארבעה
390		B4.6:3	סמוח לאמר איתי לכי	עלי	כסף ש 2 הו [כס]ף סתתרי
391		B4.6:9	ב[. לפ]חנס [ירבה	עלי]	כספכי [הוה] כסף שק[לן
392		A3.8:10	לא יהב המו לך [ש]לח	עלי	כען הן נחת אנת 1 למנפי
393		A3.8:14	לאיתי	עלי	כתב ב20+3+3+1 לתעובי
394		C2.1.4:7	[אזל למדי אחר אזלו	עלי	לאחמתן] [דריה]וש מלכא
395		A6.16:3	גלדי תולע 2 זך היתי	עלי	להן לא [....] אנת הושרת
396		D7.19:2	ושׁ[....]	עלי	לם נ[...] לכן לא תעב[ד
397		A6.5:3	יאתו	עלי	מן א[רשם על ארתונת] על
398		B4.5:3	3+3[+1 איתי לך]	עלי	מן קצת כסף דמי בית
399		C2.1.7:30	[דריהוש מלכא כן אמר	עלי	מרדת מת] פרתו שמה מרגו
400		A6.13:3	בגיא אלך יהנפק ויהיתה	עלי	עם מנדתא זי מהיתה
401		A3.5:2	מטאת	עלי	שלמך שמעת שגיא חדית שמעת

402	עליה	D7.19:10	כתב [....] יהוטל	עליה	[...] כזי יכתבון 0i
403		B7.3:6	[פ]מט זי אנת רשה לי	ע[ליה	לם] פלגה זילי הו צדיק
404		B2.3:24	לי על ארקא זך כזי רשה	עליה	קדם דיניא ומומא טעינת לה
405	עליהא	D1.17fragb:11	[... ...] [... ...]. אחתה ל	]עליהא	תריהון והן יאתה שלין[...
406	עליהו	D1.30:4	כל .[...] [...]. שאל	עליהו[	...].ן איך ת[...] [...
407	עליהום	A4.7:24	אגרה מנך ישתלח	עליהום	על אגורא זי יהו אלהא
408		A4.8:23	[אגרה מנך ישתלח	עליהום]	על אגורא זי יהו אלהא
409	עליהם	B7.1:6	או דמיהם זי תמא [לי	עליהם	....] [....
410		D7.27:11	כתב[...] [...]יהבתם	עליהם	[...] [...]למחסה עלדבר
411		B2.8:5	מטאה עליכי וימאתי לי	עליהם	בסתי אלהתה וטיב לבבי
412		B2.8:8	אלכי זי ימאתי לי	עליהם	הן גריתכי דין ודבב
413		A3.8:4	2+3 וכתב להם ספר	עליהם	והן לא [....] כל כספ[א]
414		B2.9:16	מן אלה נכסיא זי רשין	עליהם	ולא דין ולא דבב כתב
415		B5.6:7	עביד לך	עליהם	[זי]לך המו עם כל
416		A4.3:5	תמה עליכם אנתם חזו	עליהם	מה צבו ומלה זי צחא
417		C2.1.7:30	פרתו שמה מרגו מלך	עליהם	עבדו [פרד שמה אחר שלחת
418		A6.2:6	ואחרן זי מני שליח	עליהם	על זנה שלחו וכן [...]
419		D23.1.IX:7	מנ[י] שלח	עליהם	עלימי סנחרו כד.
420	עליהן	A2.2:10	לכי שלחי לי ואקבל	עליהן	תנה וכעת זבנת משח זית
421	עליך	C1.1:126	יסגה בעדרה ויהתיבנהי	עליך	[....] אנת יה ברי הכצר
422		C1.1:47	אסרחאדן זנה מלכא חמר	עליך	[.... קרב]תא יבלתך
423		A3.8:7	וכזי אגרתא זא [ת]מטא	עליך	אל תקום חת מנפי לעבק הן
424		B3.13:2	זך אפם לאמר אנה אתית	עליך	בביתך בסון בירתא ויזפת
425		B3.8:3	דגלא לאמר אנה אתית	על[יך	בבי]תך ושאלת מנך לנשן
426		B6.1:3	[....] לאמר אנה אתית	עליך	בביתך ושא[ל]ת[מנך ל....
427		B3.2:6	הירא [ז]נה זי קבלת	עליך	בגו ויהבת ל[י] דמוהי כסף
428		A4.7:26	יהו אלהא בשמך ונצלה	עליך	בכל עדן אנחנה ונשין
429		A4.8:25	יהו אלהא בשמך ונצל[ה	עליך	בכל עדן אנחנה ונשין
430		B3.2:6	קבלת עלי בגו הן קבלת	עליך	דין ומרא בשם הירא [ז]נה
431		A3.5:3	זי הוה י[א]תה	עליך	הוית אשלח שלמך כען
432		D7.21:5	כען שלחלי לבשא זי	עליך	ואחטנה לשלמך
433		C1.1:203	חד לערדא [אר]כ[ב]	עליך	ואנה אסבלנך [ואכסנך ענה
434		B2.6:5	2+3 באבני מלכ[א] על	עליך	וטב לבבך בגו הנעלת לי
435		B3.8:5	כסף כר[ש 1] על	עליך	[וטי]ב [לבב]ך בגו הנעלת
436		B6.1:5	כסף ר 2 לכר[ש 1 על	עליך	וטיב לבבך בגו הנעלת לי
437		B2.1:3	וריזת לאמר אנה אתית	עליך	ויהבת לי תרע ביתא זילך
438		C1.1:105	%% עיני זי נטלת	עליך	ולבבי זי יהבת לך בחכמה
439		B2.11:8	ואנש זילי דינן למרשה	עליך	ועל בניך עלדבר פטוסירי
440		B3.11:12	ירשנכי דין ודבב ויקבל	עליך	ועל בניכי לסגן ומרא
441		B5.3:3	[אח ואחה דינן למרשה	על]יך	ועל בניך [בשם
442		B5.4:4	מן [אחריך והן קבלת	עליך	ועל] בר וברה לך קדם סגן
443		C1.1:87	עבק עבדהי אל תהנשק	עליך	ותכסה כפיך[ ] [א]ף מלת
444		A6.15:5	2+3 אף קבילה שלח	עליך	חמרא לם זי בפפרם
445		A6.7:8	המו עמה הוו כען הן	עליך	כות טב מנך יתשם טעם כזי
446		B4.1:2	[לא]אכל אמר לך יתלי	עליך	כסף וחטן ושערן [וכנתן
447		A3.6:3	[חזי] על ינקיא	עליך	לבבי שדיק כל זי יהוה על
448		B3.3:3	וריזת לאמר אנה אתית	עליך	למנתן לי לתמת שמה זי
449		D1.33fragb:2	[...]ודת [י]שלח	עליך[	ל]מנתן עלי[... ...] [...
450		B3.12:28	זי תנתן לה וזי יקבל	עליך	לסגן ומרא ודין בשם ביתא

#	Form	Ref.	Preceding	Keyword	Following
451		A6.15:12	קבילה תובא לא ישלח	[ע]ליך	מן ורפש על [נ]חתחו[ר
452		B3.12:6	בגו זי לא אשתאר לן	עליך	מן דמיא זנה משחת ביתא זי
453		B3.12:29	כתב מנעל וזי ינפק	עליך	ספר חדת ועתיק בשם ביתא
454		B2.2:16	מן כל דין זי יקבלון	עליך	עלדבר ארעא זך כתב איתו
455		B2.2:5	ארקא זילי זי אנה קבלת	עליך	עלדברה קדם דמידת וכנותה
456		B5.6:6	עד עלם זי יאתה	עליך	עלדברהם
457		B3.1:13	זנה בידך ולא אכל אקבל	עליך	קדם סגן ודין לם לקחת מני
458		B3.1:18	ולא יכלון יקבלון	עליך	קדם סגן ודין וספרא זנה
459		B5.4:2	[ולא] אכל אקבל	עליך	קדם סגן ומ[ר]א בשם ביתא
460	עליכון	D7.56:14	כען מ...ד אנה	עליכון	
461	עליכי	A2.3:9	בסון וכעת הן את ערב	עליכי	אתיה לתפמת וכעת מדעם
462		D7.5:9	[זי] אמרת לכי הלו	עליכ־י	הו אל יאבד
463		D1.1:2	י[... ... ...]לפתח	עליכי	הי ק.[... ... ...] תהוי מת
464		B2.8:5	אדין מומאה מטאה	עליכי	וימאתי לי עליהם בסתי
465		B3.10:20	דין ודבב ויקבל	עליכי	ועל בניכי ינתן לכי
466		B3.6:10	וגבר אחרן לא שליט	עליכי	ועל יהישמע ברתכי ואנתי
467		B3.6:7	מנדת כסף זי יקום	עליכי	ועל יהישמע ברתך זי
468		B2.3:17	זך ספרא זי יהנפקון	עליכי	כדב יהוה לא אנה כתבתה
469		B3.10:19	לבניכי אחריכי ויקבל	עליכי	לסגן ומרא ועל בניכי
470		B4.6:14	[ולא אכהל אק]בל	[ע]ליכי	לסגן ו[מרא] דין]
471		B3.7:16	אהנצל מנכי זי יקום	עליכי	לתרכתכי מן בת־י־א זי
472		A2.7:2	וזבבו וככי וכען	עליכי	מתכל אנה הוי חזית על
473		B2.3:13	זך זי יהבת לכי ויקבל	עליכי	סגן ודין ינתן לכי
474		B2.3:15	ולא יכהלון יהנפקון	עליכי	ספר חדת ועתיק בשמי על
475		B2.7:11	יכל גבר אחרן יהנפק	עליכי	ספר חדת ועתק להן זנה
476		B2.7:12	ויהבת לך זי ינפק	עליכי	ספ<ר> לא אנה כת[בתה] אף
477		B3.10:22	יכה{י}לון ינפקון	עליכי	ספר חדת ועטיק להן ספרא
478		B3.11:15	אף לא יכלון ינפקון	עליכי	ספר חדת ועטיק בשם ביתא
479		A3.7:3	[....]ן זי	עליכי	שלם כלכליה וכעת הושרתי
480	עליכם	A4.3:5	כען הא אתין תמה	עליכם	אנתם חזו עליהם מה צבו
481		A4.3:9	הו לכם בזך שלח אנה	עליכם	הו אמר לי שלח אגרת
482		B4.1:4	לבר לך וברה יתלי	ע]ליכם	מדעם מכל [....]לך[.]
483		A6.10:5	כען אף קדמן שלחת	עליכם	על זנה אנתם [א]תנצחו
484	עלין	D1.23:1	[..].[..]ל[א]יתא ל[א..]	עלין	יתום שא[ל ...] [...] שלחת
485		A6.2:2		עלין	מתרדת נופתא לם כן אמר
486		D5.41fragm:2	קו[...] [... מאו]ן בם[...	עלין	[..]
487		C1.1:36	למה הו יחבל מתא	עלין	אחר כזי [.... מלך א]תור
488		A4.7:19	אגרה חדה לא שלחו	עלין	אף מן ירח תמוז שנת
489		A4.8:18	אג[ר]ה חדה [לא שלחו	עלין	אף מן ירח תמוז] שנת
490		B8.12:5	[....] [....]ברן	עלין	החוין להם וכן אמרן
491		B2.11:14	כזי עדן יהוה נפלג המו	עלין	וגבר חלקה נהחסן וספר
492		A3.10:6	הן יה]יתה	עלין	והן עבו[רא ..] קים בידכ[ם
493		A3.9:7	[מ]טאת ספינתא תנה	עלין	יפטרונ[ני עלד]בר וידרנג
494		B2.11:13	ברה זי לא עד נפלג	עלין	כזי עדן יהוה נפלג המו
495		D7.27:13	[...] [...] יחיט	עלין	לא שלחו[
496		A4.3:7	לכם ידיע זי חנום הו	עלין	מן זי חנניה במצרין עד כען
497		B2.11:3	אשתוין כחדה ופלגן	עלין	עבדיה זי מבטחיה אמן והא
498	ועלוהי	C1.1:181	יא[כ]ל[ ]לחיה	ועלוהי	טב מן זי יטעמנ[הי]
499	ועלין	D23.1.II:5	מטא [...] [... ...]	ועלין	[... ...] [.]..[...]..[...]..

על אחרן c — finally

#	Form	Ref.	Preceding	Keyword	Following
001	על אחרן	C1.1H:19	זנה [וכזי ...] זי	על אחרן	אסרחאריב מלכ[א ...]
002		A4.3:4	גניב ביד רכליא	על אחרן	צחא וחור עלימי ענני
003		C1.1:53	מלכא רחמן הו כמנדע	על אחרן	יזכרני ועטתי יבעה
004		D1.32:10	[...]ה[...]ל. זי אנה	על אחרן	].[...] [...] ... לקבל
005	עלאחרן	C1.1:64	עלימא זילי עד זי	עלאחרן	אסרחאדן [מלכא
006	ועל אחרן	C1.1:133	כרסאא לכדבא יחיט	ועל אחר[ן	י]הנשגון כדבתה

על אנפי p — upon

#	Form	Ref.	Preceding	Keyword	Following
001	על אנפי	B2.6:19	וכל זי איתי לה	על אנפי	ארעא כלה מחר או יום

על כן c — therefore

#	Form	Ref.	Preceding	Keyword	Following
001	על כן	C1.1:165	אריה לא איתי בימא	על כן	יקראון לקפא לבא
002	עלכן	C1.1:122	[נפשי לא תדע ארחא	עלכן	י[....] כפן

על פם p — according to

#	Form	Ref.	Preceding	Keyword	Following
001	על פם	B4.4:18	[כתב הושע [כתב מנעלא	על פם	אחיאב שהדיא כיא בר
002		B1.1:18	בר נרגי [ספ]רא זנה	על פם	פדי בקריה כרב ספר
003		B4.2:16	ספרא גמריה בר אחיו	על פם	שהדיא זי על ספרא זנה

עלא a — above

#	Form	Ref.	Preceding	Keyword	Following
001	עלא	D5.57:3	גנבין [...] [...]הוין	עלא	
002		B3.7:11	תחתית־א־ וז[י	ע]לא	בין פלטיה ברי
003		B2.1:11	שליט למבנה עלויה עד	עלא	ואנה קוניה לא אכהל אמר
004		B3.7:13	א־נ־תי בהן למנסק	עלא	ולמנחת ולמנפק ברא אנה
005		B5.6:11	[...].	עלא	כת[יב]לא איתי לי עמך
006		B2.1:5	לשטר ביתי מן ארעא ועד	עלא	מן זוית ביתי זי לעליה
007		D7.9:4	זילן יכתבוה על דרעה	עלא	מן כתבתא זי על דרעה הלו
008	עלי	B3.7:6	ביניהם	ע[ל]י	לה אוצר מלכא מערב [לה
009	לעלא	D1.12:7	כסף ש 3 אחרי.	לעלא[	...]ינת לכי כסף[...]־
010		C1.1:162	וירבה מלוהי מסרסרן	לעלא	מנה כי מפתח פמה מענה

עלא #2 a — about it

#	Form	Ref.	Preceding	Keyword	Following
001	עלא	B2.11:9	בחלק הן רשינך דינא	עלא	אנחנה מחסיה ובני או
002		B2.7:3	בדמוהי וספר כתב לי	עלא	ויהבתה למפטחיה ברתי חלף
003		B2.7:10	לך וספרא כתבת לכי	עלא	זי יגרנכי דין ו<ד>בב אנה
004		B2.9:14	זילכם וזי ירשון[ ] דין	עלא	ינתן לכם או לבניכם או
005		B8.8:2	[פתגמא לא אמר אמיר	עלא	ל..[....]
006		B3.9:4	יהבת לי וספר כתבת לי	עלא	לא אכהל אנה אוריה ובר
007		B8.11:6	[....] תל.. איתי	עלא	לעבק

עלדבר p — on account of

#	Form	Ref.	Preceding	Keyword	Following
001	עדבר	B7.1:3	[....] [לאמר]	עדבר	נונין לאמר חמצת מני
002		D7.33:2	כענת ולדא על לך אתמל	עדבר	ספא 1 וגרשא
003	על דבר	A3.9:2	....]	ע]ל דבר	אפוחס ואחתה לאמר [....
004		C1.1:201	[....]אנפוהי	על דבר	זי

005		C1.2:23	ויקטל איש למ[רא]ה	על דבר	כספה ו֯...ל[....] מראה
006		D7.16:9	הן לא על נפשכי .ל.א֯נה	על דבר	תקבת מה זי הושרת תחת
007	עלדבר	A3.9:6	תנה אל ת[צף לן	ע]לדבר	[..] מלה מלה
008		A3.9:7	תנה עלין יפטרונ[ני	עלד]בר	וידרנג [....] חיל
009		B2.11:10	וברה לך ולאנש זילך	עלדבר	פטוסירי עבדא זך זי
010		B2.11:11	מנך ומן בניך מן דין	עלדבר	פטוסירי זך זי מטאך
011		B2.11:8	למרשה עליך ועל בניך	עלדבר	פטוסירי שמה עבדא זי
012		B8.4:7	נ֯בו֯ אלהא יהב להם	עלדבר	תטוסרי אמ֯[....]
013		D2.25:2	ישאלונני [...]בנ[...].[...]	ע]לדבר	...] הן[...] [...]כתי[ב
014		D7.15:1		עלדב֯ר	יבנון לי [....]
015		A4.3:3	מטא לאבוט אסרני	עלדבר	אבנצרף 1 זי השכחו גניב
016		B2.2:16	דין זי יקבלון עליך	עלדבר	ארעא זך כתב איתו בר
017		B2.2:6	לי מומאה למומא ביהו	עלדבר	ארקא זך כזי לא הות ארק
018		D7.27:12	[...] [...]למחסה	עלדבר	כס[פ. ...] [...]י֯חיט
019		D7.24:3	סון ימא זנה כען הלו	עלדבר	סכיא [....]. ימא
020		C3.13:56	עזריה[...] לאמ[ר]	עלדבר	פת.[...] [.].לא שזבאל
021	עלדברה	B3.5:13	אנה ענניה ארשנכי	עלדברה	דין אף לא יכהל בר לי
022		B2.2:8	ארקא זך זי ימאת לי	עלדברה	ביתי ˆאנה˜ דרגמן למוע
023		B2.2:5	זי אנה קבלת עליך	עלדברה	קדם דמידת וכנותה דיניא
024	עלדברהם	B5.6:6	ז֯י י֯אתה עליך	עלדברהם	[....]זי
025	עלדברכן	A3.6:3	ושלח אגרה	עלדברכן	לצ<ח>א

עלה N income

001	s em/sf עלתה	C3.25:16	כ֯ל כ֯ס֯ף ש֯[...]	עלתה	בין[...] בגו כסף ש 3+3

עלוה N burnt offering

001	s ab/cn עלוה	A4.7:28	מן גבר זי יקרב לה	עלוה	ודבחן דמן כדמי כסף
002		A4.8:27	מן גבר זי יקרב לה	עלוה	ודבחן דמי כסף כנכרן אלף
003	ועלוה	A4.7:21	מלכא מנחה ולבו[נ]ה	ועלוה	לא עבדו באגורא זך כען
004		A4.8:21	[מלכא] מנחה לבונה	ועלוה	לא עבדן באגורא זך
005	s em/sf ועלותא	A4.7:25	קדמין ומחתא ולבונתא	ועלותא	י{(ה)}קרבון על מדבחא זי
006		A4.8:25	[ומנחתא לבונתא]	ועלותא	נקרב על מדבחא זי יהו

עלוי p upon

001	עלוי	B2.1:6	לא אכהל אכלאנך למבנה	עלוי	אגרא זך זילך הן כליתך
002		B2.1:9	או לבר לה למבנה	עלוי	אגרא זך זילה זי יכלא
003	עלוי....	B8.2:4	וסטר	[....]עלוי	שניתא [....]
004	עלויה	B2.1:11	אפם ואנת שליט למבנה	עלויה	עד עלא ואנה קוניה לא

עלי a above; cf. עלא

עלי A superior

001	s em/sf עליא	C3.28:88	א֯ 3 א֯ ו֯	ע֯ליא	מ֯[....].א ומ ו֯ באגרה

עליד p into the hand of

001	עליד	C3.12:31	[...] קדם א.[...] 3+3+20	עליד	אחומי [...] ב
002		C3.1:2	.... לשנאבאצ]ר	ע]ליד	דנבו 2 ין לנבפד֯..]
003		C3.1:3	[....]נ֯י	עליד	דנבו [...] 2[ין לפד֯פד֯צ.]..
004		C3.1:4	בו[... ....]לפד֯פד֯צ.	עליד	דנבו 2 ין לכנ..]
005		C3.1:5	2 ין לכנ..]	ע]ליד	דנבו
006		C3.1:6	[....	על]י֯ד	דנב֯]ו[
007		C3.12:10	בגו קלולן 2 קלבין 3	עליד	ז֯ער ש..א֯ [....
008		C3.12:11	ש..א֯ [....]לן[.].בבל	עליד	חרמעחר מצרין קלול 1
009		A6.2:21	לם אשרנא זנה יתיהב	ע֯ליד	שמו בר כנופי סגן
010		C3.8IIIB:35	שתברזן זי[....].	עליד	אה..מ[...] בר כמשפלט
011		D7.38:2	10+20 [...] זי חנם	עליד	[...]אוא ויהב [...]ד֯
012		D1.34fraga:3	.[...] [... אר]בעה	עליד	גבריא ו[...] [...
013	עלידה	D2.11:7	[... ...].[...]א[...]	עלידה[	[... ...] [...]. ית[...]
014	על ידה	A3.10:3	באגר אלפא [....] הבו	על ידה	איתי כסף ש 2+3+3 יהבת
015	על ידן	B4.3:14	זי יהבת	על ידן]	
016		B4.4:8	ארדבן [.... נתנת	על ידן]	וטיב לבבן בגו אנחנה
017		B4.4:3	נ֯גיא לאמר יהבת	על ידן	שע֯[רן ארדבן ....]...]
018		B4.3:8	טלפחן ארדב 1 [יהבת	על ידן	וטיב לבבן בגו אנחנה
019	עלידן	B4.4:13	[.... זי יהבת]	עלידן	למובל לגבריא אלה זי
020		B4.3:4	[נגיא לאמר יהבת]	עלידן	שערן [ארדבן ....]ג[..
021	ועל ידה	A3.8:2	פי]סן דינא ....]	ועל] יד[ה	שלמן כסף כרשן 10 וכרש

עליה a above, northwards

001	עליא	B3.10:9	בנהו מצריא הו תמואנתי	עליא	לה בית קנחנתי דבק לה אגר
002		B3.11:5	למנפק ושוק מלכא בינים	עליא	לה בית קנחנתי דבק לה אגר
003	עליה	D2.10fragd:1	[...	עליה[	[...]
004		B2.10:5	בר אוריה הא תחומוהי	עליה	בית הושע בר אוריה דבק
005		B2.3:5	1+10 בעשתא תחומוהי	עליה	לה בית דרגמן בר חרשין
006		B2.7:13	הא אלה תחומי ביתא זך	עליה	לה בית יאוש בר פנוליה
007		B3.12:19	יהו ושוק מלכא ביניהן	עליה	לה בית פרנו בר זלי
008		B3.5:9	זך זי אנה יהבת לכי	עליה	לה חלקא זילי אנה ענניה
009		B3.12:16	כ 2 בעשתא ומן	עליה	לתחתיה פתי אמן 2+3 כ 2
010		B3.5:6	תרי רבתא ותונה הוה מן	עליה	עד תחתיה אמן בעשתא
011	לעליא	B3.10:6	ברתי מן תחתיא	לעליא	אמן 2+3+3 ופלג בעשתא
012		A3.9:5	מנחם ..[....]	לעליא	הב[.... הנ]פק
013		B3.12:8	כ 2 בעשתא ומן תחתיא	לעליא	פתי אמן 2+3 כ 2 בעשתא
014	לעליה	B2.1:4	זילי לזויתה זי	לעליה	ˆאגרא זך תדבק לשטר ביתי
015		B2.3:4	משחתה ארכה מן תחתיה	לעליה	אמן 3+10 ופשך 1 פתי
016		B2.1:5	עלא מן זוית ביתי זי	לעליה	ועד בית זכריה˜ מחר או
017		B2.2:11	מלח זי מיא קשיא	לעליה	לה ימאת לי ביהו והוטבת
018		B3.4:7	זך זי אנחן זבן לך	לעליה	לה בית שתבר לתחתיה לה

עלים N slave lad, servant, lad

001	s ab/cn עלים	A6.11:1	פטוסרי שמה ודשבר	עלים	זילי שלח עלי כן אמר איתי
002		D1.16:2	מראי [... ...] [... ...]י	עלים	חד תמ[ים ...] [....]..
003		C1.1:61	אל נקטלנהי [איתי	עלים	ח]ד סריס זילי אנתן לכם
004		C1.1H:17	[...] אל נקטלנהי [איתי]	עלים	ח[ד ...] תרין חלף

No.	Gram.	Form	Ref.	Preceding	Keyword	Following
005		לעלים	A6.11:5	לא עביד	לעלים	אחרן זילי מני לא יהיב
006			C1.1:178	על לבבך [....] מחאה	לעלים	כאיה לחנת אף לכל עבדיך
007		עלים	A4.3:8	עבדן [אנ]תם חור	עלים	חנניה אנתם זולו מן בתין
008			A6.1:7	[....] [ו....]	עלים	סינערש אזדכרא כנתהם
009			C3.27:31	3 עלימי ביתא סׄבׄרן	עלים	צחא סׄבׄרׄ 1 זפתא
010	s em/sf	עלימא	A6.12:1	חנׄזׄפׄי שמה פתכרכר	עלימ[א]	זילי זי בגסרו היתי
011			A6.3:1	שמה בר עחחפ[י]	עלימא	זילי קבל בזנה כן אמר
012			A6.4:2	ומני יהב לעחחפי	עלימא	זילי זי פק[יד] הוה בין
013			A6.6:2	נחתחור שמ[ה	עלימא	זילי[ן] במצרין שלח עלי
014			C1.1:63	זי סריסה ˆ[ז]נהˆ	עלימא	זילי עד זי עלאחרן
015			C2.1.7:40	ארתורזי שמה פרסי	[עלימא]	זילי בראשהו]ם שלחת
016			C2.1.8:52	] לערקה זי וימן שמה	עלימא	זילי פרסי פחתא] זי
017			B3.9:3	ידניה שמה בר תחוא	עלימ[א	זיל]ך זי יהבת לי וספר
018			D23.1.II:14	100×1 [...]..עם ...	[עׄלׄימׄאׄ	זנה קׄ[בל]
019		עילמי	C2.1.5:19	[אמ]ר והומס [ש]מה	עילמי	פרסי [לארדט של]חת
020		עלימה	D23.1.Va:5	... אׄ.. לפסמׄשך	עׄלׄימׄהׄ	.... ..[.]..ה....כׄ.[..]..[.]..
021		עלימי	C2.1.4:8	אמׄרׄ דׄרדש אׄ[רדטי	עלימי	לארדט שלחת לממטה
022			D23.1.IX:7	שלׄח עליהם	עׄלׄיׄמׄיׄ	סׄנחׄרׄוׄ כׄדׄ.
023			C2.1.4:2	] למדי שלחת ודרן שמה	עלימי	פרסי רב] [הוה עלו]הׄיׄ
024			C2.1.7:31	] שלחת לדדרש] שמ[ה	עלימי	פר]סי פחתא זׄ[י בחתר]י
025		ועלימא	D23.1.II:13	רחם אנה להי שגיא	ועלימא	אזל על אסׄרסׄ[...] לא[ ]
026	p abs	עלימן	A6.9:4	תרין אמן חד כל תלתה	עלימן	זילי זי אזלן עמה מצרין
027	p const	עלימי	A5.1:5	מ[לכא ....]כל	עלימי	דׄתׄ...
028			A4.3:4	על אחרן צחא וחור	עלימי	ענני אשתדרו עם וידרנג
029			C3.27:30	פׄבׄיׄ 1 נפקה אחרי	עלימי	ביתא סׄבׄרן 3 עלים צחא
030	p em/sf	עלימיא	B2.11:13	תבא שמה אמהם זי	עלימיא	אלה ולילו ברה זי לא עד
031			A3.5:6	חזי על	עלימיא	וביתי כזי תעבד לביתך
032		ולעלימוהי	A6.9:3	תרתין [...]ד חד	ולעלימוהי	גב[ר]ן עשרה לחד ליומא

עלימה N lass

No.	Gram.	Form	Ref.	Preceding	Keyword	Following
001	s ab/cn	עלימת	D3.16:16	הומי תמחא עם	עלימת	אתרלי
002	s em/sf	עלימתא	C3.26:37	מלחא[...] תרט	עלימ[תא]	בגבגן כׄ[א] לכלבא
003		עלימתה	D7.9:6	שלח לאמר זי לא ישכחן	עלימתה	מכתבה על שמה כענתׄ

עלל V to enter

No.	Gram.	Form	Ref.	Preceding	Keyword	Following
001	peal	עלת	D23.1.II:6	..[.].. ..... תנהם באן	עׄלׄתׄ	ולא ....תׄ[.]הׄ[..][.].
002			B7.2:8	כחסן בביתך [לא]	עלת	ולאנתתא זילך לא כתשת
003			B7.2:4	קב[לת עלי] בנפא אנת	[על]ת	[בביתי] כחסן וכתשת
004		על	A4.7:13	בירתא וכזי כנבוזי	על	למצרˆיןˆ אגורא זך בנה
005			A4.8:12	ב]ירתא וכזי כנבוזי	על	למצרין אגורא] זך בנה
006			D7.33:1	לקלי אׄחׄיׄ כענת ולדא	על	לך אתמׄל עדבר ספא 1 וגרשא
007			B2.6:15	ר 2 לׄ10 באבני מלכא	על	עלי וטיב לבבי בגו שוי 1
008			B2.6:5	שקלן 3+2 באבני מלכ[א]	על	עליך וטב לבבך בגו הנעלת
009			B3.8:5	יהוישמˆעˆ כסף כרׄ[ש 1]	על	עליך [וטי]ב [לבב]ך בגו
010			B6.1:5	מלכא כסף ר 2 לכר[ש 1	על	עליך וטיב לבבך בגו הנעלת
011		עלו	A4.7:9	לבירת יב עם תליהם	עלו	באגורא זך נדשוהי עד ארעא
012			A4.8:8	] לבירת יב עם [זניהום	עלו	באגורא זך נדשוהי עד ארעא
013			A4.4:8	] בתיא זי [....]	עלו	בהן ביב ונכסיא זי לקחו
014			A5.2:6	ˆומנכיˆ ˆד[יני]אˆ	עלו	לסון ולק[חו ....]
015		אעל	D7.24:2	זנה באלף פמהן לם	אעל	סון יומא זנה כען הלו
016			D7.15:13	ויחוך [...] לא אכל	אעל	כׄ[...]
017		תעלן	D23.1.VIII:10	אחר .. שׄ...ןׄ	תׄעׄלׄןׄ	וׄטבׄ אׄ....כׄםׄ
018		ותנעל	B3.12:22	מלכא מן תמה תנפק	ותנעל	ביתא זנה זי משחתה
019		על	D7.20:2	נתן בר גמריה כען אתה	על	מחר ולא פשרן הלו שכר הו
020			D7.15:12	[...]רׄ הא טעמאׄ[...]	על	עלוה ויחוך [...] לא אכל
021		ועלי	D7.3:4	[אז]לי יומא זנה	ועל[י	על] [מש]לך בר את...
022		למנעל	A6.7:7	זך וכנותה לא שנציו	למנעל	בבירתא אחר [י]נ[ח]רו
023		ינעל	C1.1:205	ובין שאני בזק אל	ינעל	ברגלי
024	(h)afel	הנעל.	D23.1.Vb:9	בׄהׄם ##### .זׄנׄהׄ	הנׄעׄלׄ.	הו קדמׄ[...] [... ....
025		הנעלת	B3.3:16	גמריה בר מחסיה	הנעלת	תמת לענני בידה כסף
026			B3.8:22	שנ[א]ה בראשה כל זי	הנעלת	בביתה ינתן לה תכונתה
027			B2.6:24	1+3+3 ר 2 וכל זי	הנעלת	בידה תהנפק מן חם עד חוט
028			B2.6:27	מהרה [י]אבד וכל זי	הנעלת	בידה תהנפק מן חם עד חוט
029			B3.3:10	ˆר 2ˆ וכל זי	הנעלת	בידה תהנפק מן חם עד חוט
030			B3.3:8	ˆר 2ˆ וכל זי	הנעלת	בידה תהנפק מן חם עד חוט
031			B2.6:6	על עליך וטב לבבך בגו	הנעלת	לי [ברתך] מפתחיה בידה
032			B2.6:7	מלכא כסף ר 2 לׄ10	הנעלת	לי בידה לבש 1 זי עמר
033			B3.3:4	מן יומא זנה ועד עלם	הנעלת	לי תמת בידה לבש 1 זי
034			B3.8:5	[וטי]ב [לבב]ך בגו	הנעלת	לי יהוישמע אחתך לביתי
035			B6.1:5	] עליך וטיב לבבך בגו	הנעלת	לי .... ברתך לביתי
036		הנעלו	C3.19:1	כנתן א 20+20+2 [..	הנע]לו	בגנזא גויא [י]ומא הו
037		יהנעלן	A3.8:12	כׄ[..] לא ת[...] כזי	יהנעלן	המו יהודיא קדם
038		הנעלו	A4.1:8	] במערב] [שמשא	ה]נעלו	בתוניכם וחתמו בין
039		והנעלו	A6.10:7	אמנן וספזן שפיק בעו	והנעלו	בתרבצא זילי וסטרו בשנתא

עלם N eternity, forever (with עד)

No.	Gram.	Form	Ref.	Preceding	Keyword	Following
001	s ab/cn	עלם	B5.2:8	מנך מן י]ומא זנה ועד	עלם	[....
002			B2.9:9	בגו מן יומא זנה עד	עלם	אנה מנחם וענניה רחיקן
003			B3.3:4	בעלה מן יומא זנה ועד	עלם	הנעלת לי תמת בידה לבש 1
004			B2.11:7	בחלק מן יומא זנה ועד	עלם	ובניך אחריך ולמן זי צבית
005			B2.3:9	בה מן יומא זנה ועד	עלם	ובניכי אחריכי למן זי
006			B3.11:8	מן יומא זנה {זנה} עד	עלם	ובניכי שליטן אחריכי
007			B2.10:16	וביתא אפם זילכם עד	עלם	וזי בניכם אחריכם שטר מן
008			B2.10:9	כל 2 בני נתן עד	עלם	וזי בניך אחריכם ולמן זי
009			B3.5:5	הו מן יומא זנה עד	עלם	וזי בניכי זי ילדתי לי מן
010			B3.8:4	בעל[ה] מן יומא זנה עד	עלם	ויהבת לך מהר אחתך
011			B6.1:4	בעלה מן יומא זנה עד	על[ם	ויהבת לך מהר ברתך ....
012			B2.7:16	ורחקת מנה דילכי הו עד	עלם	ולמן זי תצבין הבהי כתב
013			B5.5:8	[בגו מן יומא זנה ועד]	עלם	ורחקת מנכי מן כס]פא זנה
014			B2.3:11	זך להן אנתי ובניכי עד	עלם	זי ירשנכי דין ודבב אנתי
015			B5.6:6	....] מן יומא זנ]ה עד	עלם	זׄיׄ יׄאתׄה עליך עלדברהם
016			B2.6:4	בעלה מן יומא זנה ועד	עלם	יהבת לך מהר ברתך מפתחיה
017			B2.8:7	מנכי מן יומא זנה ועד	עלם	לא אכהל אגרנכי דין ודבב
018			B2.9:10	מנך מן יומא זנה עד	עלם	ל[א] נכהל אנחנה ובנין
019			B5.5:4	מן יומא זנה ועד	עלם	לא אכהל ארשנכי דין
020	p abs	עלמן	B3.4:11	מנה מן יומא זנה ועד	עלמן	אנת ענניה בר עזריה

No.	Form	Ref	Preceding	Keyword	Following
021		B3.12:23	בה מן יומא זנה ועד	עלמן	ובניך שליטן אחריך ולמן

עלע N — rib

No.	Form	Ref	Preceding	Keyword	Following
001	ועלעי p const	C1.1:90	לשן מ[לך]	ועלעי	תנין יתבר כמותא זי [ל]א

עם N — people

No.	Form	Ref	Preceding	Keyword	Following
001	לעמא s em/sf	C2.1.7:37	יתב בפרס קֿ[ם אמר]	[לעמא]	אנה ברזי בר]ה זי כרש
002	עממא p em/sf	C1.1:189	מֿן שמין [...]ינו	עממא	ו[ח]כֿמתהֿ[ם] אלהיא
003	ועממא	C1.1:98	להי[...]ה אנשא	ועממא	עבדו בהם ולא שבקו

עם p — with

No.	Form	Ref	Preceding	Keyword	Following
001	עם	A5.4:5	על משאלתא ישתאלו	עם	[...]
002		C1.1:9	[ל]ה [.... בב]ב היכלא	עם]	....] נֿגדוהי
003		B6.3:3	[דכר ונקבה לא] אית לה	עֿם	אֿ[ביהי אנתתה אביהי הי
004		C4.2frage:1	[.... בר	ע]ם	בגפר[ן] [....].יֿ בר
005		C4.2fragd:1	...]	]עם	בגפרן [...]עֿם תנו [...].
006		B8.4:3	הוֹו [.... בית]אלשגב	עם	בריכאל 1 ביתאלשרה 1
007		C4.2fraga:4	[...] עדרי בר כסי	עם	גו[...] נפסי בר חרמחי]
008		D5.40:4	[...].וניא [...] [...]ה	עם	גמֿריא[...]
009		B8.2:27	עבדה [זי ....]	עם	וחֿפרֿעֿ[...]
010		A4.3:4	עלימי ענני אשתדרו	עם	וידרנג וחרנופי בטלל אלה
011		A4.5:4	ביב בירתא המונית	עם	וידרנג זי פרתרך תנה הוה
012		A4.7:5	זי ביב בירתא המונית	עם	וידרנג זי פרתרך תנה הוה
013		B8.4:6	יֿתב כרמא	עם	חפימן פטמיחוס כל 2 דמֿן
014		D23.1.II:9	[.].[.]תֿ ... תשכבן	עם	חרא ל.[...] המ[...] אֿנתן לך
015		C4.2fraga:3	בב[...] בוה בר וחפרע	עם	חרין[...] עדרי בר כסי
016		B8.10:7	אלך נתן אבי החלף	[ע]םֿ	מנכי זנה
017		C3.8IIIB:36	לדגל וידֿרן זי מנפי	עם	מרדכשראצֿר בבימא זי סי..
018		B5.1:4	חלף פלג מנתא זי מטתכי	עם	נאהבת מחר יום אחרן לא
019		B8.4:14	כל 2 ארמין לנבושזב	עם	סנבנת אבוהם כן אמרו
020		B3.11:8	לא ^כתב על ספר אנתתכי˜	עם	ענני בר חגי בר משלם בר
021		B8.3:2	א[....] [....]	עם	תחמפת ברתה גניב מ[נ..
022		D2.29fragb:4	[ ]לא הות צחא [...] [...]	עם	פסמשכמ[חי ...]
023		D23.1.XI:8	[...].יֿ מתעשתן אנחן	עם	תהרקא [...]שֿ[..]מו כמרן
024		C4.2fragd:2	[...]עם בגפרן [...	]עֿם	תנו [...].
025		B5.6:5	כל .... 3 זי לך המו	עם	[.... מן יומא זנ]ה עד עלם
026		D11.20:1	לסלק	עם	[...]
027		D7.24:5	[...]גֿ בפסחא וקום	ע[ם]	[...] זי אקמנך עם [....].
028		D7.24:6	ע[ם] [...] זי אקמנך	עם	[....]. ומאנהי בחן [....
029		C1.1:49	הוית מסבל לך כאיש	עם	אחוהי והצפנתך מנה אמרת
030		C1.1H:5	כלא [מ]ס[בל לך כאיש	עם	אחוהי ...] אח[רנן ש]גיא[ן
031		C1.1:96	[ ]איתי [מה י]שתמר איש	עם	אלהן ומה יתנטר עלאון גוה
032		C1.2:7	וטללך ל[א ....] [..].ה	עם	אלהן ולחש חֿור בֿ[ר
033		B2.4:6	בהמיתה ותב בגו	עם	אנתתך להן ביתא זנך לא
034		C1.1:88	%% [מ]ה ישפטון עקן	עם	אשה בשר עם סכין איש עם
035		D7.37:5	הושרו [...] זי	עם	בר ענחפמעי א.[...] מלך
036		D23.1.II:10	[ל]דֿנא חרא לאשכב	עם	גבר זי [....] למֿרא.ה..
037		C1.1:100	אגר לא יהוה לה גבר טב	עֿם	ג[בר לח]ה [סנ]יא שדרֿ
038		A6.13:5	יהנפק ויהיתה ויאתה	עם	גנזא זי מני שים להיתיה
039		B5.6:8	[.... זי]לך המו	עם	דינהםֿ הֿאֿ אנה צדיק בהם
040		D1.26fragb:2	בדמי היראן	]עם	זי תנ[... ...] מן מדינתא
041		C1.1:102	לסניא אנת כלךֿ כבן	עם	זי פֿגע בך צֿדיק אנֿשֿא
042		C1.1:142	אל יקל שמך קדמיהם	עם	זי רם מנך אל תעבד בנצֿ[...
043		C1.1:143	[.... ..]	עם	זי חֿצי[ף] ועזיז מנך [אל
044		A4.8:7	[אחרנן אתו לבירת יב	[עם]	זניהום עלו באגורא זך
045		A4.7:8	אחר נפין דבר מצריא	עם	חילא אחרנן אתו לבירת יב
046		A4.8:7	נפין זך דבר מצר[יא	עם	חילא אחרנן אתו לבירת יב
047		A6.8:1	שלח עלי כן אמר ארמפי	עם	חילא זי לידה לא משתמען לי
048		C2.1.4:3	שֿמען לין] אחר ודרן	עם	חילא אזל למדי לממטה
049		C2.1.4:4	תֿמֿה קֿרֿבֿ[א עבד	עם	חילא זי מדי זי על מד]יא
050		C2.1.5:25	במדֿ[י פרו]רֿת זך	עֿ[ם	חילא] [אזל לערקי למעבד
051		C2.1.7:41	אחר ארתורֿ[זי]	[עם]	]חיֿ[לא אזל לפרס לממ]טא
052		C2.1.8:60	[אזל אחר ו]ימן	עֿםֿ	חיל[א אזל לערקהום] [תמה
053		C2.1.7:41	[ ]אנה ב[ר]זי אֿתֿה	[ע]ם	[חילא] [לע]רֿקהֿ[זי
054		C2.1.7:44	[אחדו אחר ויזדת זך	[עם]	חילא זעי[רן] רכבי סוסין
055		C2.1.8:59	[חילא זי שלח ויזדת	[עם]	חילא [ז]עיר[ן רכבי
056		B5.6:7	לךֿ עֿליהםֿ [זי]לך המו	עם	כל [.... זי]לך המו
057		D23.1.Va:6	חד זי אֿזֿל להי	עם]	כל נ]כֿסֿיֿ ובית[ה
058		D11.19:1	לסלק	עם	לבושא ח 3+3+3
059		C1.1:88	עם אשה בשר עם סכין איש	עם	מ[לך] טעמת אנֿזעררתא
060		C1.1:140	%% מן ביתי נפקת חמתיֿ	עם	מן אקשה ואעפה [מסֿתר]יך
061		A6.13:3	אלך יהנפק ויהיתה עלי	עם	מנדתא זי מהיתה נחתחור
062		A6.14:5	או ברה יאתה עלי בבאל	עם	מנדתא מן ורוהי על
063		C2.1.7:32	ד[דרש א]זל עבד קרב	עם	מרג[ו]יא אהורמזד סעדני
064		A6.11:4	יוזא הוה במצרין אבד	עם	נשי [ביתה ו]בגה זי פמון
065		A4.7:15	וכזי כזנה עביד אנחנה	עם	נשין ובנין שקקן לבשן הוין
066		A4.8:14	[וכזי כזנה] עביד אנחנה	עם	נשין ובנין שקקן לבשן הוין
067		C1.1:88	ישפטון עקן עם אשה בשר	עם	סכין איש עם מ[לך] טעמת
068		B5.6:4	[....]ה בשאה	עם	עֿבֿדֿא אֿרמי ילד בזן בי
069		D3.16:16	לבשיא הומי תֿמחא	עם	עלימת אתרלי
070		A6.2:4	על המרכריא זי גנזא המו	עם	פרמנכר[יא ....] יחוו
071		D7.1:4	בעל ‖טבתכם אתה סון	עם	קנא לזבנה אזלי קומי עמה
072		A6.12:2	ויעבד פתכר סוסה	עם	רכבה לקבל זי קדמן עבד
073		B8.1:11	[....] אנה אזלת	עם	שארית [....] אחרי
074		B3.8:26	ר [2] ותנפק מנה	עם	שארת תכונתה ונכסיה
075		A4.7:11	עקהן ^זי˜ ארז כלא זי	עם	שירית אשרנא ואחרן זי תמה
076		A4.8:10	זך כלא עקהן ז[י] ארז	עם	ש[ירית אשרנא ואחרן זי תמה
077		A4.7:8	אחרנן אתו לבירת יב	עם	תליהם עלו באגורא זך
078	ועם	C1.1:139	[בי]תֿיֿ נפקת לחיתי	ועם	מן אצדק %% בר בטני הגשש
079		C1.1:145	הא כן איש זעיר	ועם	[....
080	זיעם	D3.39fragb:2	[...] [...].[ ]למן	זיעם	בגֿיֿאֿ[.] [...].ה חרזמיא
081	עמה	A6.9:4	עלימן זילי זי אזלן	עמה	מצרין לגבר לגבר ליומא
082		D23.1.II:15	[...] לא אשכב	עמה	
083		D6.5fraga:2	[ ]הושרת [...] [...]^זך˜	עמה]	[...
084		C1.1:154	ירפון המו להן זי אל	עמה	.[...]
085		C1.1:56	גבריא אלך תרין זי	עמה	[.... הצ]יתו לם אףֿ]

No.	Form	Ref	Context	Word	Context
086		C1.1:39	חד קליל [.... אל]ך	עמה	אחר לי[ו]מן אחרנן תלתה
087		C2.1.8:48	ויזדת אחדו וחרא זי	עמ̇[ה]	אחר בהודשי בפרס
088		D7.1:6	קנא לזבנה אזלי קומי	עמה	בסון יומא זנה הן תעבדן
089		C1.1:100	לח[ה ...] [לא] ילוה	עמה	ב[....] ובעל אגר לא יהוה
090		C1.1:37	מלך א]תור מני ....]	עמ̇ה	גברן 2 אחרנן למחזה איך
091		C2.1.8:61	[א]חד קט]לה וחרא זי	עמה	הוה ק]טלו נפחר ק]טיליא
092		A6.7:8	לחיא אחד המו	עמה	הוו כען הן עליך כות טב
093		C1.1:40	לם [.... א]חרנן זי	עמה	ה̇[וו] ואנה מהלך בין
094		D23.1.Va:7	כ̇ס̇.. לומ̇.. נ̇שא.	עמ̇ה	ושכ̇רו̇ .ה הקם וא[פ]ק̇
095		C2.1.8:48	בפרס ויזדת וחרא זי]	עמה	כלא בזקיפא] שמת נפחר̇
096		B2.3:27	הנפקי ולקבלה דין עבדי	עמה	כתב עתרשורי בר
097		C1.1:97	בטן וזי לא אל	עמה	מן יהו..אנהי להי[...]ה
098		D23.1.II:7	ת̇.ל שמש [ו]ה̇ן תמטא.	עמה	ס̇..ד̇. ....[.] לא אכל אשבקנה
099		D7.14:4	יהפק [...]א.	עמה	ק̇ [...]ו אף חוט[....]
100		D23.1.II:13	אנ̇ה̇ אשכב	עמה	רחם אנה להי שגיא ועלימא
101		D23.1.II:8	לא אכל אשבקנה אשכב	עמה	רחם אנה להי שגי̇
102		C1.1:91	יקום קדמוהי להן זי אל	עמה	שפיר מלך למחזה כשמש
103		C1.1:196	[....]ב ב̇ית̇ה̇..	עמה	[....]ת̇ אשה מ[.]..א̇פ̇ין
104	עמהון	D7.56:11	גבריא זי עבורא נתירה	עמהון	וינתנון לי שלטנא בה
105	עמהם	D23.1.XVIA:1	[...]ל̇. ....[..].[ ]	עמהם	[...]ה̇ו̇. .ל̇י̇ה̇
106		D23.1.Va:10	ז̇י̇ ל̇יא̇ת̇ו̇	עמ̇ה̇ם̇	ו̇[כ]נ̇ו̇ת̇ה̇ם̇ כשר[ן]
107		D7.45:2	הן תכל תהך [....]	עמהם	ל̇ח̇מ̇ה̇ אז̇ל̇.
108		B8.9:2	דין לא איתי לי	עמהם	על זנה טעמ̇[א ....] [...]
109		B8.9:6	.. לא אי]ת̇י לי	עמהם	על זנה טעמא]
110	עמי	C2.1.7:40	[זי] פרס ומד[י]	עמי	אז[ל]ו̇ אחר ארתור̇[זי]
111		C2.1.11:75	[אנה ברזי אלה] שגיא	עמ̇[י]	אתנצחו ו̇[נ]דפר̇ן
112		B1.1:4	בשנן 1+3+3 ותפלג	עמי	בשנן 3+3+2 חמר קבל חמר
113		C2.1.7:39	וחילא זי מדי זי	עמ[י]	הו]ה שלחת ארתורזי שמה
114		C2.1.11:74	[אלה גבר]יא זי קד[מ]ן	עמי	הוו עד אנה [קט]לת̇
115		D23.1.II:12	לי̇ן [....]ה לם ...כם	עמי	ואזל ואמר לחרא̇ אנה
116		C2.1.4:2	[חילא פ]רס[י]א ומדיא זי	עמי	זעיר הוה אחרן חיל[א
117		D22.1:2	מצי[...] ...[...] הו	עמי	סוסא 100×2+3 כודנן אף
118	עמך	B5.6:11	עלא כת[יב]לא איתי לי	עמך	....]
119		C1.1:129	ותשבע ותנתן לבניך	עמך	[אל תזף ז]פתא יקירתא ומן
120		A3.10:8	[ויז]בנהי פטמחו י[..]	עמך	באלפ[א]אל ירחק מנכם עד
121		C1.1:109	לך הקימני אל בצדיק	עמך	ל[....] ימותון
122		A3.8:4	[....] כען 2+3	עמך	על זי [י]נתן לך כסף
123	עמכי	D2.9:3	ברת זכור [.... ...] א[ית	עמכי	למחיה ...נה [... ....

עמוד N column

No.	Form	Ref	Context	Word	Context
001 p em/sf	ועמודיא	A4.7:9	זך נדשוהי עד ארעא	ועמודיא	זי אבנא זי הוו תמה
002		A4.8:8	זך נדשוהי עד ארעא	ועמודיא	זי א[בנא זי הוו תמה

עמיר N fodder

No.	Form	Ref	Context	Word	Context
001 s ab/cn	עמיר	A6.9:4	לחד ליומא קמח חפן חדה	עמיר	לקבל רכשה והבו פתף לגברן

עמל V to labor

No.	Form	Ref	Context	Word	Context
001 peal	עמלת	A3.6:2	וכעת] שמעת כעמלא זי]	עמלת	כזי [....]

עמל N labor

No.	Form	Ref	Context	Word	Context
001 s em/sf	כעמלא	A3.6:2	אבי[הי וכעת] שמעת	כעמלא	זי עמלת כזי

עמר N wool; cf. קמר

ענוה N poverty

No.	Form	Ref	Context	Word	Context
001 s ab/cn	ענוה	C1.1:89	איתי זי [מ]ריר מן	ענוה%	רכיך לשן מ[לך]

ענז N goat

No.	Form	Ref	Context	Word	Context
001 s ab/cn	ענז	D7.1:10	[ל]ביתי וינתנו לכי	ענז	1 עד אמטאנך כען חזי זי
002		D7.57:5	אנתת מלכיה בר עזגד	ענז	חד תהם חד זי ער̇ה
003		A4.10:10	[ב]נה הוה וקן תור	ענז	מקלו [ל]א יתעבד תמה להן
004 s em/sf	ענזא	C1.1:167	ואכסנכי משכי[ענת]	ענזא	ואמרת לנמרא למה לי כסיכי
005		C1.1:209	מית ג̇ד̇יכי וענת	ענזא	ואמרת ....]י̇דע זי
006	לענזא	C1.1:209	הו י̇נטרנהי	לענז[א	אמיר מית ג̇ד̇יכי וענת
007		C1.1:166	עריה ענה נמרא ואמר	לענזא	אתי ואכסנכי משכי[ענת]
008		C1.1:166	לקפ̇א לבא נמרא פגע	לענזא	והי עריה ענה נמרא ואמר

עני V to respond, answer

No.	Form	Ref	Context	Word	Context
001 peal	ענית	C1.1:14	מלך אתור טב[ן	ענ̇ית	ו[אמרת]
002		C1.1:45	[קר]בתא דחלת לם אחיקר	ענית	ואמרת לנבוסמ[סכן]
003	ענה	C1.1:19	ועט[תי	ענה	אסרחאדן [מל]ך אתור
004		C1.1:32	....]	ענה	אס]רחאדן מלך אתור ואמר
005		C1.1:54	עלוהי ויהחיני אחר	[ענ]ה̇	נבוסמסכן רביא ואמ[ר
006		C1.1:59	[אנחנה נשמע]נך קרבתא	ע̇[נה	נבוסמסכן ר]ביא ואמר
007		C1.1H:10	על]והי ויהחיני אחר	ענה	נב]וס[מסכן רביא ...]
008		C1.1H:15	ל]ה אנת לם אמר לן [...]	ע̇נה	נ̇ב̇ו̇ס[מסכן רבי]א]
009		D23.1.IX:4	[...] [...] א̇ף[...]	[ענ]ה[	ס]נ̇ח̇ר̇ו̇ ....[.]..נ̇...]
010		D23.1.IX:10	ל̇פ̇ר̇ע̇ה̇ [...]פרעה	[ענה]	ואמר ל[.]..ק̇.ו̇ ...[
011		C1.1:94	[חמרא]ל̇ם̇ שלם יהוי לך	ענה	חמרא ואמר לאריא[ ] איש
012		C1.2:2	[חור] בר פונש הו אחר	ענה	מלכא ו̇[אמר] [.. א]תלנהי
013		C1.1:166	פגע לענזא והי עריה	ענה	נמרא ואמר לענזא אתי
014		C1.1:204	ואנ̇ה̇ אסבלנך [ואכסנך	ענה	ערדא ואמר ל... ...[.
015		C1.1:102	ב̇[א]ביך [...	ע]נה	ר[מ]נא ואמר לסניא אנת
016	ועינה	D23.1.VIII:12	מ̇..ו̇ לפרעה נכ̇ו	ועינ̇ה̇]	[.... ... ...]
017		D23.1.IX:9	ה̇ן [.]....[.]לכ̇[...	ו]ענה	ואמר א̇נ̇ש̇א̇ ל̇פ̇ר̇ע̇ה̇
018	ענת	C1.1:166	אתי ואכסנכי משכי[	ענת]	ענזא ואמרת לנמרא למה לי
019	וענת	D23.1.II:10	אנתן לך כסף כרש 1]	ו]ענת	ו̇א̇מ̇ר̇ת̇ [ל]ד̇נא חרא
020		C1.1:209	אמיר מית ג̇ד̇יכי	וענת	ענזא ואמרת ....]י̇דע זי
021	ענו	C1.1:169	[...] ..א̇[...] אשתק	ענו	אמריא ואמרו לה שא לך זי
022		C1.1:58	טבה הי [שגי]א̇ אחר	ענו	גבריא]אלך תרין ואמרו

עפי

עפי V — to be weary (?), to flourish (?)

No.	Form	Analysis	Ref	Context	Keyword	Context
001	ואעפה	pael	C1.1:140	חמתי עם מן אקשה	ואעפה	[מסתר]יך אל

עצב N — (unclear)

No.	Form	Analysis	Ref	Context	Keyword	Context
001	עצב	s ab/cn	D9.15:3	פבן [...] שרתית	עצב	

עק N — wood

No.	Form	Analysis	Ref	Context	Keyword	Context
001	עק	s ab/cn	B3.8:19	אבן 1 כל 3+2 קף זי	עק	1 תחת חמריה שנן זי צל
002			B3.8:19	משח זי [חסף] 2 זי	עק	2 זי אבן 1 כל 3+2 קף זי
003			B2.9:5	מאני נחש ופרזל מאני	עק	וחוצן עבור ואחרן נכסן
004			C3.7GR4:7		עק	[... עק ...]
005			C3.7GR4:8		עק	[... כספ ...]
006			C3.7DR2:14	כ 2 [..] 10[+2]	[ע]ק	.... 2] ....
007			C3.7GR4:21	ב[....]	עק	[.... עק [....
008			C3.7GR4:22	עק [....]	עק	[.... לק [....
009			C3.7FR2:25	בגו	עק	ארז סי 3+2 עק ארז מלות
010			C3.7FR2:26	בגו עק ארז סי 3+2	עק	ארז מלות 20+20+10 לקן
011			C3.7FR3:21	[כ]פר .[.... ...]	עק	א[רז ....] לקן
012			C3.7FV2:17	[ב]גו	[עק]	ארז פק
013			C3.7FV2:18	20+20+10[+3]	ק[ע]	ארז פעמי 20+3[+1]
014			C3.7FV3:13	[במנין 1×]100 בגו	עק	ארז פק 20+20+10+3
015			C3.7FV3:14	פק 20+20+10+3	עק	ארז פעמי 20+3+1 ל[ק]ן
016			C3.7GR3:24	בגו	עק	ארז סי 20+20+10 עק
017			C3.7GR3:25	עק ארז סי 20+20+10	עק	ארז מלות 3+2×100
018			C3.7GV2:21	2[×100+3]+1 בגו	עק	ארז סי 3+2 עק ארז מלות
019			C3.7GV2:22	בגו עק ארז סי 3+2	עק	ארז מלות 20+20+10 עק
020			C3.7GV2:23	ארז מלות 20+20+10	עק	ארז פק 20+20+10+3
021			C3.7GV2:24	פק 20+20+10+3	עק	ארז פעמי 20+3+1
022			C3.7JV1:25	[20+20+[10+3]	[עק]	ארז [פעמי]ן 20+3[+1
023			C3.7AR2:17	[כ 2 יו]10+[3+2	עק	סמכת 1 [.]. ספן ריקנן
024			C3.7AR2:9	3+3[+3] ופ[לג]	ק[ע]	סמכת 1 [ספן ריקנן
025			C3.7BR1:4	כ 2 יו 10+[3+2]	עק	סמכת 1 ספן ריקנן
026			C3.7DR1:2	כ..ן 10+3[...] [.]	עק	סמכת 1 ספן ריקנן 20+10
027			C3.7DR2:5	משח ספן 10+3[+3]+3	עק	סמכת 2 ספן ריקנן
028			C3.7DR3:22	ספן 3+3[+3] ופלג]	עק	סמכת 1 ספן ריקנן
029			C3.7DV2:10	זי ספן 3+3+2	עק	סמכת 3 קמ[ר [כפר צע]
030			C3.7ER1:12	כ 2 # 10+3+2	[עק]	סמכת 1] [ס]פן] ריקנן
031			C3.7ER1:5	[3]+3+2[+1 ופלג	[עק]	סמכת 1] ספן ריקנן
032			C3.7ER2:2	[ספן 3+[3+3 ופלג	עק]	סמכת 1] ס[פ]ן
033			C3.7ER2:9	[ספן]10 רב[ע]	עק	[סמכ]ת 1 ספן] ריקנ]ן
034			C3.7FR1:4	[ספן ....] 20+20+20	עק	סמכת 2 [ספן ריקנן
035			C3.7FR3:24	חן[....] לק עתי]ק 1]	עק	סמכת[..] ספן ריקנ]ן
036			C3.7FV3:16	חדתן] 20 [לק עתיק 1	ע]ק	[סמכת 1+[1] ספן ריקנן
037			C3.7GV3:4	לקן עתיקן 3	עק	סמכת 10+3+3+3 ספן
038			C3.7JR1:16	[ספן 3+3+3 ופלג]	[עק]	ס]מ[כת 1] [ספן ריקנן
039			C3.7JR1:24	[כ 2 יו 10+3+2]	[עק]	סמכת 1] [ספן רי]קנ]ן
040			C3.7JR2:17	[ספן 3+3+3 ופלג]	[עק]	סמכת 1] [ספן ריקנן
041			C3.7JR2:24	משח ספן 10 [רבע]	עק	סמכת 1 ספן] ריקנן
042			C3.7JV2:20	3[....]ן.[....]	[עק]	סמכת[...] ספן ריק[נ]ן
043			C3.7JV2:27	10+2 יו	עק	סמכת 2
044			C3.7KR2:12	ופלג [משח ספן ...]	[עק]	]סמכת 3 [ספן ריקנן
045			C3.7KR2:20	כ 1 מעשר ספן ..[...]	עק	סמכת 3 [ספן ריקנן
046			C3.7KR3:16	[ספן 3+3+3 ופלג]	עק	סמכת 1 ספן
047			C3.7KR3:23	ופלג משח ספן 10 רבע	עק	סמכת 1 ספן ריקנן 20+10
048			C3.7CR1:15	[ספן 3+3+3 ופלג]	עק]	סמכת 1] [ספן ריקנן
049			C3.7CR2:1		עק	סמכת 1 ספן ריקנן 20+10
050			C3.7CR2:16	משח ספן 3+3+3 ופלג	עק]	סמכת 1] ספן ריקנן
051	עקא	s em/sf	C3.13:49	לחנא זי[...] תנין	עקא	א[..]..א רבא זי.א.[....]
052			D7.5:6	שגא זי לא [...]הם חזי	עקא	זי [הושר]ת לכי ביד פמן
053	עקהן	p abs	A4.7:11	דששיא אלך נחש ומטלל	עקהן	ˆזיˆ ארז כלא זי עם שירית
054			A4.8:10	ומטלל אגורא זך כלא	עקהן	ז[י] ארז עם ש[ירית אשרנא
055	עקן		D7.36:4	בחנתא מובלן 3 בהם	עקן	20+20+20+10
056			D7.54:2	[...] [...]סה. [...]	עקן	20 ג..[..] [...] [...] [...] ...]
057			C1.1:173	על אנש[א] איש מצלח	עקן	בחשוכא ולא חזה כאיש
058			C3.7FR2:24	כר[ש]ן 3+100×3	עקן	במנין
059			C3.7FV2:16	פכרן כרשן 2×לף	[עקן]	במנין
060			C3.7FV3:12	פכ[רן כרשן 2×לף]	[עק]ן]	במנין 1×]100 בגו עק
061			C3.7GR3:23	[[1+]2+3+1×ל]ף ...]	עקן	במנין
062			C3.7GV2:20	שמוש כרשן 3+100×3	עקן	במנין 2[×100+3]+1 בגו
063			D7.37:3	בריום מן . [או]שר לכם	עקן	[...]ן הושרו [...]
064			C1.1:88	לבבא %% [מ]ה ישפטון	עקן	עם אשה בשר עם סכין איש
065			C3.7GR4:6		עקן	[... עק] ...]
066	עקי	p const	C3.7DV1:13		עקי	אכרפך כרשן
067			C3.7FR2:20	כרשן ... 2×]לף+1×100	עקי	אכרפך[....]+3+3×100
068			C3.7FR3:15	[....]	עקי	אכרפך[....]
069			C3.7GR2:26	טין שמוש כרשן 3+3×לף	עקי	אכרפך כרשן 2×לף
070			C3.7GR3:13	[כרשן]3+3[×100	עקי	אכרפך כרש[ן 2]×100 לקן
071			C3.7GR3:22	[כרשן 3+3×לף	עקי	אכרפך כרשן [1+]2+3+1
072			C3.7GR3:5	[שמ]וש כר[שן ....]	עקי	אכר[פ]ך כרשן 2×100
073			C3.7HR2:17	[..]ן[...]3.. [....]	עקי	אכרפך כרשן 2×לף
074			A6.2:10	זי אפיתי אופשרה למעבד	עקי	ארז ואר חדתן טף אמן עשרה
075			A6.2:13	מסמרי נחש ופרזל מאתין	עקי	ארז לובר חסין תמיס אמן
076			A6.2:14	רקען כרשן מאתין וחמשן	עקי	ארז חדתן חנן תרין לחד
077			A6.2:17	עשרן מסמריהם מאתין	עקי	ארז לובר דשות מצן
078			A6.2:12	לקומתא חד	עקי	חלא אמן שתן פחטמוני
079			A6.2:20	לחד פשך חד ועל סעבל	עקי	חלא דרי תמיס בארכא לחד
080			C3.7GR4:5		עקי	[... עקן] ...]
081	עקיא	p em/sf	A6.2:18	כרשן מאה ויהוספון על	עקיא	זי יתיהב על טף בארכא לחד

עקף V — to double

No.	Form	Analysis	Ref	Context	Keyword	Context
001	יעקף	peal	B4.2:8	שנת 20+10+3+3	יעקף	כספך ומרביתה זי ישתאר

עקרב N — scorpion

No.	Form	Analysis	Ref	Context	Keyword	Context
001	עקרבא	s em/sf	C1.1:180	% וזרעה בשם שרחות[א]	עק[ר]בא	ולא [....] לחם [.]ולא

ערב V to mix

No.	Form	Parse	Ref	Preceding	Keyword	Following
001	מערב	pael	B4.3:6	כל [שער]ן וטלפח[ן	מערב	ארדבן
002			B4.4:5	כל שערן וטלפחן	מערב	ארדבן

ערב N guarantor; alternatively entry 003 could be a gentilic

No.	Form	Parse	Ref	Preceding	Keyword	Following
001	ערב	s ab/cn	A2.3:9	בסון וכעת הן את	ערב	עליכי אתיה לתפמת וכעת
002	ערבא	s em/sf	C3.28:102	יחנן בר דלוי	עֲרָבָא	בזוזן 100×1 בידן]
003	ערביא	p em/sf	B8.1:15	שמה	ערביא	[....]ואחדן

ערבן N surety, security, pledge

No.	Form	Parse	Ref	Preceding	Keyword	Following
001	ערבן	s ab/cn	B3.1:13	סגן ודין לם לקחת מני	ערבן	וספרא זנה בידך והן מיתת
002			A3.8:5	ולא [..]בו לך לאמר הב	ערבן	זבן ביתא זי זכור וביתא
003			B3.1:9	שליטן למלקח לך כל	ערבן	זי תשכח לי בי זי לבנן
004			B4.6:11	[סלואה שליטה ב]כל	ערבן	ז[י י]שתכ[ח בי זי]
005	וערבן		B3.1:17	למלקח לך כל זון	וערבן	זי תשכח להם עד תתמלא
006			D1.26fragb:3	....] מן מדינתא	וערבן]	חסין [...]עבדא לי
007	בערבני	s em/sf	B3.13:10	אחר אנת פחנום שליט	בערבני	למחד ותלקח לך מן בי זי
008	ערבנן	p abs	D1.13:6	.[... ...] [...]זנ[ה	ערבנן	[... ...] בר יתום [...]

ערד N wild ass

No.	Form	Parse	Ref	Preceding	Keyword	Following
001	ערדא	s em/sf	C1.1:204	אסבלנך [ואכסנך ענה	ערדא	ואמר ל.... ...]..
002	לערדא		C1.1:203	חד	לערדא	[אר]כ[ב] עליך ואנה

ערובה N evening

No.	Form	Parse	Ref	Preceding	Keyword	Following
001	ערובה	s ab/cn	D7.8:15	לחמא זנה נאכל עד מחר	עֲרוּבה	א קמח שאר תנה

ערי A naked, cold

No.	Form	Parse	Ref	Preceding	Keyword	Following
001	עריה	s ab/cn	C1.1:166	נמרא פגע לענזא והי	עריה	ענה נמרא ואמר לענזא אתי

ערי V to be devoid of; or read עדי — cf. עדי

No.	Form	Parse	Ref	Preceding	Keyword	Following
001	ערה	peal	D7.57:6	ענז חד תהם חד זי	עֲרָה	שנתא שע וחד

ערך V to prepare

No.	Form	Parse	Ref	Preceding	Keyword	Following
001	ויערכה	peal	D7.9:2	לגמריה בר אחיו	ויערכה	מן שכרא ובלוה לאוריא

ערך N arranger (?)

No.	Form	Parse	Ref	Preceding	Keyword	Following
001	ערכי	s em/sf	D23.1.XIII:3	הוּ .תלה	עֲרכי	בזוה כלמת היא אחרי

ערק V to meet, to befall

No.	Form	Parse	Ref	Preceding	Keyword	Following
001	ערקי	pael	D7.16:2	הא בקלא אושו̇ר מחר	ערקי	אלפא מחר בשבה למה הן

ערר N legal claim; possibly read בעדרה, cf. עדר

No.	Form	Parse	Ref	Preceding	Keyword	Following
001	בעררה	s em/sf	C1.1:103	בך צַדיק אַנשא	בעֲרָרה	כל נטחוהי הוין [קרית]

עשה N measuring rod

No.	Form	Parse	Ref	Preceding	Keyword	Following
001	בעשתא	s em/sf	B3.5:7	עליה עד תחתיה אמן	בעשתא	1+10 בפתי אמן מן מועה
002			B3.5:7	מן מועה עד מערב אמן	בעשתא	1+3+3 כ 1 לאברת אמן
003			B3.10:6	אמן 2+3+3 ופלג	בעשתא	ומן מועה למערב אמן
004			B3.12:16	אמין 3+3+10 כ 2	בעשתא	ומן עליה לתחתיא פתי אמן
005			B3.12:7	אמן 3+3+10 כ 2	בעשתא	ומן תחתיא לעליא פתי אמן
006			B3.10:7		בעשתא	ופלג תרבצא ופלג דרגא
007			B2.4:5	3+10 ופשך ב1+10	בעשתא	כען אנה מחסיה אמרת לך
008			B3.10:7	למערב אמן 1+3+3	בעשתא	לאברת אמן
009			B3.12:8	פתי אמן 2+3 כ 2	בעשתא	לאברת אמין
010			B3.7:4	גשורן הוה א[רך]אמן	בעשתא	שבע הו 3+[3+1 ....
011			B2.3:5	למערב אמן 1+10	בעשתא	תחומוהי עליה לה בית

עשך N (unclear)

No.	Form	Parse	Ref	Preceding	Keyword	Following
001	לעשך	s ab/cn	C3.22:11	רֹ 2[...] זי יכשרון	לעשך	..] [...] ....
002			C3.22:5	[.].[...] יכשרון	לעשך]	[... זי יכשר לעשך. [...]
003			C3.22:6	לעשך] [...] זי יכשר	לעשך	[...]. עד שאר לעשך. [...]
004			C3.22:7	לעשךְ. [...] עד שאר	לעשך	[...]. אשלן

עשק N injustice

No.	Form	Parse	Ref	Preceding	Keyword	Following
001	כעשק		A5.2:9	לתרוח ודינא על דנה	כעשק	אל יתעבד לי
002			A5.2:8	קדם מראי שלחת לאמר	כעשק	עביד לי וכו[ת הן על]
003	וכעשק		A5.2:5	[....] [....]	וכעשק	עביד ˆלי˜ ואמרת קדם

עשר n ten

No.	Form	Parse	Ref	Preceding	Keyword	Following
001	עשרה		B2.3:14	כסף כרשן 10 הו	עשרה	באבני מלכא כסף ר 2
002			B2.9:15	אביגרנא זי כסף כרשן	עשרה	באבני מלכא כסף ר 2 לכרש
003			B2.11:11	אביגרנא כסף צריף כרשן	עשרה	במתקלת מלכא ורחיקן אנחנה
004			B2.10:15	אביגרנא זי כסף כרשן	עשרה	הו כרשן 10 כסף ר 2 לכרש
005			A6.2:11	אמן עשרה ותרין שף	עשרה	וחמשה חד [ל]אמן עשרן
006			A6.2:17	כלא הוספה כברי כרשן	עשרה	ולהנדונה זרניך כרשן מאה
007			A6.2:10	תלתה בגו סגנן אמן	עשרה	ותרין שף עשרה וחמשה חד
008			A6.2:16	שבען וחמשה לחד צבען	עשרה	כל מסמרין ארבע מאה עשרן
009			A6.2:17	דשות מצן כנכר חד מנן	עשרה	כלא הוספה כברי כרשן עשרה
010			A6.9:3	ולעלימוהי גב[ר]ן	עשרה	לחד ליומא קמח חפן חדה
011			A6.2:10	ארז ואר חדתן טף אמן	עשרה	שים [ל]בטק אמן תמנין

עשרה N ten-weight

No.	Form	Parse	Ref	Preceding	Keyword	Following
001	לעשרתא	s em/sf	B3.9:8	במתקלת מלכא כסף זוז	לעשרתא	וידניה זך ברי יהוה אפם
002			B2.2:15	באבני מלכא כסף ר 2	לעשרתא	וארקא זך אפם זילך ואנת
003			B3.4:16	כרשן 20 כסף זוז	לעשרתא	וביתא זילך אם וזי בניך
004			B6.3:11	באבני מלכא רֹ]2	לעשרתא	ויעבד דין ספרא זנה
005			B2.3:14	באבני מלכא כסף ר 2	לעשרתא	ולא דין ולא דבב וביתא

No.	Gram.	Form	Ref.	Preceding	Keyword	Following
006			B2.3:21	באבני מלכא כסף ר 2	לעשרתא	ולא דין ולא דבב וביתא
007			B2.4:15	באבני מלכא כסף ר 2	לעשרתא	ולא דין ולא דבב כתב
008			B3.7:17	]באבני מלכא כסף ר 2	לעשרתא	ולא דין[הן תמות
009			B3.8:17	באבני מלכא כסף זוז	לעשרתא	קפף 1 זי חוצן תחות לבשיה

עשרין n twenty

No.	Gram.	Form	Ref.	Preceding	Keyword	Following
001		עשרן	B2.2:14	לך כסף כרשן 20 הו	עשרן	באבני מלכא כסף ר 2
002			B3.8:32	[א]ביגרנא זי כסף כרשן]	עשרן	באבני [מלכא] כסף ר 2
003			A6.2:16	כל מסמרין ארבע מאה	עשרן	וחמשה טסן זי נחש אמן
004			B3.13:7	כתיב בין יומן 20 הו	עשרן	ולא דן והן מאתת ולעד
005			A6.2:13	לובר חסין תמיס אמן	עשרן	כלא יהיתה חליפתהם לובר
006			A6.2:16	וחמשה טסן זי נחש אמן	עשרן	מסמריהם מאתין עקי ארז
007			A6.2:11	עשרה וחמשה חד [ל]אמן	עשרן	סעבל אמן שבען חנן לבטנא

עשת V to think well of

No.	Gram.	Form	Ref.	Preceding	Keyword	Following
001	peal	עשתת	B3.10:2	ברתה לאמר אנה	עשתת	לכי בחיי ויהבת לכי קצת
002			B3.6:3	כדנה למשלם לאמר אנה	עשתת	לכי בחיי אזת שבקתכי
003		עשת	D23.1.Va:7	חד צדיק[...]י מלן	עׄ[ש]ת	ונחת באלפ[א] .כׄסׄ
004			C1.1:25	[א]חׄתי זי אנה רבית	עשת	על[י ....
005			C1.1:68	עבד לקבל זי אנת	עשת[	....
006	etpeel	אתעשת	A4.7:23	הן על מראן טב	אתעשת	על אגורא זך למבנה בזי
007		יתעשת	A6.11:3	לי בגה זי פמון אבי	יתעשת	לי ינתנו לי אהחסן כעת
008			D6.8frag f:1	[...]מ[ר]אי	יתעשת	לנא [....] [....]תכם
009		אתעשת	A4.8:22	אמרן הן על מר[א]ן טב	את[עשת	על אגורא זך למבניה בזי
010		מתעשתן	D23.1.XI:8	כׄחדה [...]ׄ	מתעשתן	אנחן עם תהרקא

עתד V to prepare

No.	Gram.	Form	Ref.	Preceding	Keyword	Following
001	pael	ועתד	B2.4:5	לך ארקא זך בני	ועתדׄ	בהמיתה ותב בגו

עתחתא N (unclear)

No.	Gram.	Form	Ref.	Preceding	Keyword	Following
001	s ab/cn	עתחתא	D7.11:11	ותוב כסי [...]	עתח[תא]	כׄ.... מן עכברׄי [...]
002		בעתחתא	D7.11:10	[...] סׄנׄי	בעתחתא]	[... ותוב כסי עתח[תא]

עתיק A old

No.	Gram.	Form	Ref.	Preceding	Keyword	Following
001	s ab/cn	עתיק	C3.7FR2:11	[....] לׄקׄ	עׄ[תׄיׄק	1 כ[ל] מנדתא ומעשרׄא
002			C3.7FR2:2	2+3+10 כׄ 1 לק	עתיק	1 כסף גבריא זי עביד על
003			C3.7FR3:23	לקן ח[....] לׄקׄ	עתי[ק	1] עק סמכת[..] ספן
004			C3.7FV2:20	[לקן]חׄדׄתן 20 לק	עתיק	1 [כ]לׄ [מנד]תׄאׄ[ואחרן
005			C3.7FV2:5	2+3+3+10 ופלג לק	עתיק	1 כל מנדתא ואחרן זי גבי
006			C3.7FV3:15	לׄ[ק]ןׄ חדתן[20]לק	עתיק	1 עק[ ]סמכת 1+[1] ספן
007			C3.7GR2:12	10 [סמ]כׄתׄ 1 לק	עתיק	1 ספן ריקנן 10+20 בגו
008			C3.7GR2:2	לק 10 תׄ....[..]	עתיק	1 כל מנדתא ˆואחרןˇ זי
009		ועתיק	B3.11:15	עליכי ספר חדת	ועטיק	בשם ביתא זנה זי תחומוהי
010			B3.10:22	עליכי ספר חדת	ועטיק	להן ספרא זנה זי אנה
011		ועתיק	B3.12:29	ינפק עליך ספר חדת	ועתיק	בשם ביתא זנה זי זבן
012			B2.3:16	עליכי ספר חדת	ועתיק	בשמי על ארקא זך למנתן

No.	Gram.	Form	Ref.	Preceding	Keyword	Following
013		ועתק	B2.7:12	יהנפק עליכי ספר חדת	ועתק	להן זנה ספרא זי אנה כתבת
014	s em/sf	עטיקא	B3.12:31	רחמת אף יהבן לך ספרא	עטיקא	זי כתב לן בגזשת ספר
015		עתיקא	D7.23:3	למהך על .[...] קמרא	עתי]קא	[...] גך יצלן 2 [...]
016			B2.7:6	2+3 ויהבת לכי ספרא	עתיקא	זי כתב לי משלם זך
017	p abs	עתיקין	C3.7FR1:21	[....]+10 לקן	עתיקיׄן	בׄתׄן .+10 [....
018		עתיקן	C3.7GV3:3	10+20+20 לקן	עתיקן	3 עק סמכת 10+3+3+3

עתיר A rich

No.	Gram.	Form	Ref.	Preceding	Keyword	Following
001	s em/sf	עתירא	C1.1:206	הן %% אל יאמר	עתירא	בעתרי הדיר אנה [....

עתר N wealth, riches

No.	Gram.	Form	Ref.	Preceding	Keyword	Following
001	p em/sf	בעתרי	C1.1:206	הן %% אל יאמר עתירא	בעתרי	הדיר אנה [.... ה]חוי

פ s 17th letter of the alphabet

No.	Gram.	Form	Ref.	Preceding	Keyword	Following
001		פ	D10.1:2	ו ז ח ט י כ ל מ נ ס ע	פ	צ ק ר ש ת
002			D10.2:5	ו ז ח ט י כ ל מ נ ס ע	פ	צ ק ר ש ת בׄ.....
003			D22.28:1	ו ז ח ט י כ ל מ נ ס ע	פ	צ ק ר ש ת 1

פ N abbreviation for פלג and #2 פרס

פגע V to meet

No.	Gram.	Form	Ref.	Preceding	Keyword	Following
001	peal	פגע	C1.1:166	לקפא לבא נמרא	פגע	לענזא והי עריה ענה נמרא
002		יפגעני	C1.1:212	ולא[ ]	יפגעני[	....]עויר
003		פגע	C1.1:102	אנת כלך כבן עם זי	פגע	בך צדיק אנׄשׄא בעׄרׄרה
004		לפגע	C1.1:101	מה טב שגן[י]א כביךׄ[	ל]פגע	בׄ[א]ביך [...

פגע N meeting

No.	Gram.	Form	Ref.	Preceding	Keyword	Following
001	s em/sf	פגעהם	C1.1:184	ובשרה יאכל הא כן	פגעהם	זי [אנ]שׁא %% מׄלׄוׄכׄתׄ

פגר N corpse, body

No.	Gram.	Form	Ref.	Preceding	Keyword	Following
001	s em/sf	פגרה	C1.1:63	מלכא ישלח [א]חרין	פגרה	זי אחיקר זנה למחזה אחר
002			C1.1:63	זנה למחזה אחר י]חזון	פגר]ה	זי סריסה ˆ[ז]נהˇ עלימא

פדא N a commodity (?); or read פרׄאׄ

No.	Gram.	Form	Ref.	Preceding	Keyword	Following
001	s ab/cs	פדא	A3.8:9	וׄל[....] קטא[..]	פדׄאׄ	כ 3+3+1 כתן 1 סחיק

פהו p (unclear)

No.	Gram.	Form	Ref.	Preceding	Keyword	Following
001		פהו	C3.4:10	[...] פׄנׄאׄ בר ש.[...]	פהו	זי עב[ד] תדן בר נב]

פחה N governor (Akk; GEA 377.32)

No.	Gram.	Form	Ref.	Preceding	Keyword	Following
001	s ab/cn	פחה	A1.1:9		פחה	במתא וספר שנדור
002		פחת	A4.7:1	אל מראן בגוהי	פחת	יהוד עבדיך ידניה
003			A4.7:29	ושלמיה בני סנאבלט	פׄחׄת	שמרין אף בזנה זי עביד

No.	Parse	Form	Ref		Keyword	
004			A4.8:28	ושלמיה ב[ני סנאבלט	פחת	שמרין אף בזנה] כלא זי
005	s em/sf	פחתא	C2.1.7:31	שמ[ה עלימי פר]סי	פחתא	ז[י בחתר]י אמרת אזל
006			C2.1.8:52	[שמה עלימא זילי פרסי	[פחתא]	זי בהרוחתי לם אזלו
007	p em/sf	לפחותא	A3.3:4	[....] (וכזי] קבלן	לפחותא	על פרסכן תנה במגדל כן

פחמוני N mooring pole (Egypt; GEA 374.15)

No.	Parse	Form	Ref		Keyword	
001	s ab/cn	פחמוני	A6.2:12	חד עקי חלא אמן שתן	פחמוני	לפערער חד לאמן תרין

פחן N (unclear)

No.	Parse	Form	Ref		Keyword	
001	s ab/cn	פחן	C3.28:49	זי יהבו על תמריא זי	פחן	שנתא זא במכס כרשן

פטר V to release, to free someone

No.	Parse	Form	Ref		Keyword	
001	pael	יפטרונני	A3.9:7	ספינתא תנה עלין	יפטרונ[ני	עלד]בר וידרנג [....]
002	etpaal	תתפטרן	A3.3:13	כזי כן שמיע לן לאמר	תתפטרן	[....] אל אחי

פינך N plate (Gr; GEA 377.2)

No.	Parse	Form	Ref		Keyword	
001	s ab/cn	ופינך	D7.57:8	2 וכ̇דדן 1+3	ופינך	1 וצפחא חדה וביתח 1

פיק N tray (?)

No.	Parse	Form	Ref		Keyword	
001	s ab/cn	פיק	B3.3:6	חפנא תקם חפנן 3+3	פיק	1 כל כספא ודמי נכסיא כסף
002			B3.8:18	2]מין זלוען[....]	פיק	זי סלק 2 בגו [..]ירה
003		פק	B2.6:16	בה נעבצן זי אבן 1+3	פק	1 זי סלק כפן 2 פרכס 1 זי

פכדן N a kind of iron; cf. פכרן

פכלול N (unclear)

No.	Parse	Form	Ref		Keyword	
001	s ab/cn	ופכלול	D7.7:10	ותפק אחטב עמר	ופכלול	2̊

פכרן N a kind of iron; alternatively read פכדן

No.	Parse	Form	Ref		Keyword	
001	s ab/cn	פכרן	C3.7FR2:19	פרזל 100×1	פ̇כ̇ר̇ן	כרשן[... 2×]לף+100×1
002			C3.7FV2:15	סני כרשן 1×לף	פ̇כ̇ר̇ן	כרשן 2×לף [עקן]
003			C3.7FV3:11	סני כרשן [1]×לף	פ̇כ̇[ר]ן	כרשן 2×לף [עקן]]
004			C3.7GR3:20	פרזל 2̊0+ל]ף×1	פ̇כ̇ר̇ן	כרשן 2×10000+[1]×לף
005			C3.7GV2:12	סני כר[שן] 1×לף	פ̇כ̇ר̇ן	כרשן [1]+2+1×לף
006			C3.7JR3:25	[... כרשן] 1×לף	פ̇[כ]רן	כרשן] 2×ל[ף]
007			C3.7FR3:14	פ̇ר̇ז̇ל	פ̇כ̇ר̇[ן	....]

פכרס N (unclear)

No.	Parse	Form	Ref		Keyword	
001	s ab/cn	פכרס	D3.14:5	לקיח̇[...] [...]ק̇מר	פכרס	[...].
002			D7.26:3	הן תאמרן לם [...]. על	פכ̇רס	משחק [...]. זי למחסיה

פלג V to divide

No.	Parse	Form	Ref		Keyword	
001	peal	ופלגן	B2.11:3	אנחנה אשתוין כחדה	ופלגן	עלין עבדיה זי מבטחיה
002		ותפלג	B1.1:4	נפשך בשנן 1+3+3	ותפלג	עמי בשנן 2+3+3 חמר
003		נפלג	B2.11:13	עלין כזי עדן יהוה	נפלג	המו עלין וגבר חלקה נהחסן
004			B1.1:6	[קבל] פרס טבא ולחיא	נפלג	כחדה שויוי
005			B2.11:13	ולילו ברה זי לא עד	נפלג	עלין כזי עדן יהוה נפלג

פלג N half

No.	Parse	Form	Ref		Keyword	
001	s ab/cn	פ	C3.28:28	ד̇כ̇ד̇ר̇ס לגן 1+4 בר 2 מ 1	פ	אביתי נתינא רבען 2
002			D8.6:5	2 [פ]תלמיס וחבוב מ 1	פ	אחיו שרעם מ 1 פ שיב
003			C3.28:81	חנטן ס 1 ק 2+3+3	פ	ארסינה ברת יחנן חנטן א
004			D8.6:2	פ̇ת̇ח̇ר̇ה שמעון מ 1	פ	חניה ספרא מ 2 פ בידיה ר
005			C3.28:33	לגן 3+3+3 בש 1 מ 1	פ	יוניא לגן 2 בר 1 יהודה
006			C3.28:10	נתן נדבי לג 1 במ 1	פ	יניא לגן 3 בר 1 מ 1 פ
007			C3.28:19	בב נכיס לג 1 מ 1	פ	יניא לגן 2 בר 1 יניא
008			C3.28:35	לגן 1+4 בר 2 מ 1	פ	יניא לגן 3 בר 1 מ 1 פ
009			C3.28:26	לגן 3+4 בר 3 מ 1	פ	כסתס לגן 2+4 בר 3 \ד
010			C3.15:20	בר מנחם] כסף ש 2 לה	פ[	משלם בר שמוח כש 2 לה
011			C3.28:37	מ 1 פ רחבל לג 1 במ 1	פ	ע̇ב̇ד̇י̇ ס̇..ד̇
012			C3.28:36	יניא לגן 3 בר 1 מ 1	פ	רחבל לג 1 במ 1 פ
013			C3.28:72	1[+1+]1 בר 1 מ 1	פ	שבתי ב̇ז̇נ̇ה לגן 1+3 בר
014			D8.6:6	מ 1 פ אחיו שרעם מ 1	פ	ש̇יב רבא ר 3 [כ]יה
015			D8.4:11	בר תנפי ש 2 מ 1 רבע 1	פ	ב]ר יחנן ש 2 מ 1 רבע ...]
016			D8.9:1	[... ...]	פ	יש]יב לגן 2 [... ...]
017			D8.9:16	כון 3+3 לגן 3+3 ˆ1	פ̂	[... ...]
018			D8.9:3	[... י]שיב לגן 1+3+3	פ	ל]גן 3+3+10 פ [... ...]
019			D8.9:4	פ [... ל]גן 3+3+10	פ	ל]גן 10 [...]שאול [...
020			C3.28:64	[לגן] 3 בר 1 מ 1	פ	אנה לגן 2+10 בב אנה לגן
021			C3.28:11	יניא לגן 3 בר 1 מ 1	פ	בב נכיס לגן 3+3 בר 3
022			C3.28:3	לגן 3+3 בר 3 שאר מ 1	פ	בב נכיס לגן 3+3 בר 3
023			D8.6:3	מ 1 פ חניה ספרא מ 2	פ	בידיה ר 2 [פ]תלמיס וחבוב
024			C3.28:21	לגן 2 בר 1 יניא כא 1	פ	ב̇[ש 1[+1] ר 1 בגרב
025			C3.28:5	1 אפלניס יסן כא 1	פ	בש 2 ר 1 יניא לגן 1+3
026			C3.28:45	לגן 3 [ב]ר 1 מ 1	פ	בבית ישיב יקל הלעתיך ...
027			C3.28:57	כ̇ר̇[שן [... ש 3 {{ מ] 1	{{פ}	 i
028		פלג	C3.28:25	1 בש 1 ר 2 הרגלתי	פלג	בר 3 לסמקס לגן 3+4 בר
029			B3.3:7	1+3+3 חלרן 1+3+3	פלג	מחר או יום אחרן יקום
030			C3.7BR1:23	[בה משח חמוש ...]	פ̇ל̇ג̇]	....]
031			B3.3:5	שויה כסף חלרן 1+3+3	פלג	שנן משאן 1 משח בשם {{חפן
032		בפלג	B3.3:12	ענני הו ˆהו ˆ שליט	{{בפלג}}	בכל נכסן זי יהוון בין
033			C1.2:26	1+3 ות]....] נתה	בפלג	....ותלד ול]... ...]
034		ופלג	C3.7JV1:20	3̊+3+[....]	ו̇פ̇ל̇ג̇	ל]...]א זי עבי]ד ע]ל
035			C3.7GV2:4		ופלג	בגו חמר יו̇ן כ̇נ̇דן
036			B3.10:6	לעליא אמן 2+3+3	ופלג	בעשתא ומן מועה למערב אמן
037			C3.7DV1:5		ופלג	חמר כנדן
038			C3.7DV2:5	3+3+3+2̊0+100×1	ופלג	חמר צידנין כ̇נ̇ד̇ן
039			C3.7GR2:7	[ ]יון כנ]דן 1+20	ופלג	[חמ]ר צ̇י̇ד̇נ̇י̇ן כנדן
040			C3.7GR3:11		ו̇פ̇ל̇[ג]	טין שמ]וש]כרשן]
041			C3.7FV1:8	[....	ופ[לג	כל כסף גברין זי גבי]

No.	Parsing	Form	Ref	Preceding	Keyword	Following
042			C3.7GR3:8	כנדן 2+3+3	ופלג	כל מעשרא זי גבי מנה]
043			C3.7FV2:4	כנדן 2+3+3+10	ופלג	לק עתיק 1 כל מנדתא ואחרן
044			C3.7AR2:15	כנדן 1+20	ופלג	[מ]ש[ח]ספן 3+3[+3 כ
045			C3.7AR2:7	כנדן 1+20	ופלג	מש[ח] ספן 3+3[+3
046			C3.7BR1:2	[חמר כנדן 1+20	ופלג]	משח ספן 3+[3+3] כ 2
047			C3.7DR3:20	חמר כ[נד]ן 1+20[	ופלג]	משח ספן 3+3[+3
048			C3.7ER1:10	[חמר]ספן 1+20	ופלג	[משח ס]פן 3+3+3 כ 2
049			C3.7ER1:3	כנדן[1+20	ופ]לג	[מש]ח ספן [3]+3+2[+1
050			C3.7ER2:7	[חמר כנדן]1+20[1	ופלג]	משח[ספן]10
051			C3.7JR1:14	[2] [חמר כנדן 1+20]	ופלג	[משח ספן 3+3+3 ופלג]
052			C3.7JR1:22	[חמר כנדן] 1+20	ופלג	[משח ספן 3+]3+[3 כ 2
053			C3.7JR2:15	[2] חמר כנ[דן 1+20	ופלג]	[משח ספן 3+3+3 ופלג]
054			C3.7JR2:22	חמר] כנדן 1+20	ופלג]	משח ספן 10[רבע]
055			C3.7	[חמר]ספן [1+20	ו]פל[ג]	[מש]ח ספן] ...
056			C3.7KR2:10		ופלג	[משח ספן ...] [עק]סמכת
057			C3.7KR2:18		ופ[ל]ג	[משח]ספן
058			C3.7KR3:14	חמ[ר כנדן 1+20	ופלג]	מש[ח ספן 3+3+3 ופלג]
059			C3.7KR3:21	חמר [כ]נדן 1+20	ופלג	משח ספן 10 רבע עק סמכת
060			C3.7CR1:13	[2] [חמר כנדן 1+20	ופלג]	[משח ספן 3+3+3 ופלג]
061			C3.7CR1:21	[חמר כנדן 1+20	ופלג]	[משח ספן 3+3+3 כ 2
062			C3.7CR2:14	חמר ספן 1+20	ופלג	משח ספן 3+3+3 ופלג
063			C3.7AR2:8	ספן 3+3[+3	]ופ[לג]	[ע]ק סמכת 1 [ספן]
064			C3.7DR3:21	משח ספן 3+3[+3	ופלג]	עק סמכת 1 ספן ריקנן
065			C3.7ER1:4	ספן [3]+3+2[+1	ופ]לג	[עק סמכת 1] ספן
066			C3.7ER2:1	משח [ספן 3+3]+3	ופלג	עק[סמכת 1] ס[פ]ן
067			C3.7JR1:15	[משח ספן 3+3+3	ופלג]	[עק ס]מ[כת 1] [ספן]
068			C3.7JR2:16	[משח ספן 3+3+3	ופלג]	[עק סמכת 1] [ספן ריקנן]
069			C3.7KR3:15	מש[ח ספן 3+3+3	ופלג]	עק סמכת 1 ספן
070			C3.7CR1:14	[משח ספן 3+3+3	ופלג]	[עק סמכת 1] [ספן ריקנן]
071			C3.7CR2:15	ופלג משח ספן 3+3+3	ופלג	עק[סמכת 1] ספן ריקנן
072			D3.26:3	לוח אחרה אמן 3+3+3	ופלג	פתי אמה 1 דור[ה ...]
073			C3.7ER1:23	חמר כנ[ד]ן 1+20	ופלג	
074			C3.7CR2:22	חמר ספן 1+20	[ו]פלג	
075		פלג	B2.4:11	אנת עבדת הן תהנצל מנך	פלג	ביתא [י]ה[ו]ה לה למלקח
076			D3.16:13	אחדי מבן	פלג	חפן 1 פרכס 1 כן
077			B3.3:6	1 משח בשם {{חפן 1}}	פלג	חפנא תקם חפנן 3+3 פיק
078			B5.1:2	שלומם אנחן יהבן לכי	פלג	מנ[ת]א זי יהבו לן דיני
079			B5.1:3	מלכא ורוך רבחילא חלף	פלג	מנתא זי מטתכי עם נאהבת
080			D7.43:5	ואושר שק[א ...]	פלג	קב[...] מנכי [...] [כען
081			B3.10:4	זילי ופלג תרבצא הו	פלג	תחית מצרית ופלג דרגא
082			B3.5:3	לאמר אנה יהבת לכי	פלג	תרי רבתא ותונה זי ביתא
083			B3.5:6	יהבת לכי תמת מן	פלג	תרי רבתא ותונה הוה מן
084		בפלג	B3.10:15	תרבצא אף שליטא אנתי	בפלג	דרגא למסלק ומנחת זנה
085		ופלג	B3.10:4	הו פלג תחית מצרית	ופלג	דרגא ^ותחת^ מנה בית פרסא
086			B3.10:7	בעשתא ופלג תרבצא	ופלג	דרגא ובית פרס^א^ פלגה
087			B3.7:13	ביתא זנה ופלג תחית	ופלג	דר[גא ושליטה] א^נ^תי בהן
088			B3.7:13	[יה]בת לכי ביתא זנה	ופלג	תחית ופלג דר[גא ושליטה]
089			B3.10:7	בעשתא	ופלג	תרבצא ופלג דרגא ובית
090			B3.10:4	שמש מן תרי רבתא זילי	ופלג	תרבצא הו פלג תחית מצרית
091	s em/sf	פלגא	B2.4:12	בנית בביתא זך ותוב	פלגא	הו בניך מן מבטחיה המו
092			B3.7:11	ברי ו[יהוי]שמע ברתי	[פלגא]	לפלטיה ופלגא
093		פלגה	B7.3:10	לי כסף ודמי כסף חלף	פ[לגה]	
094			B3.10:8	ופלג דרגא ובית פרס^א^	פלגה	והא תחומי ביתא זי אנה
095			B7.3:8	לא יהב לי חמר חלף	פלגה	ו[ל]א [יה]ב לי כסף ודמי
096			B7.3:6	אנת רשה לי ע[ליה לם]	פלגה	זילי הו צדיק א[נה
097		בפלגא	B3.10:14	למסמך דחה ומרשה	בפלגא	דילך אף שליטא אנת למנפק
098		ופלגא	B2.4:11	[י]ה[ו]ה לה למלקח	ופלגא	אחרנא אנת שליט בה חלף
099			B3.7:12	ברתי [פלגא] לפלטיה	ופלגא	ל[י]ה[וישמע].. אנה

פלגן N division

No.	Parsing	Form	Ref	Preceding	Keyword	Following
001	s ab/cn	לפלגן	B1.1:3	בקריה כרב למזרעה	לפלגן	תזרענה בזרע נפשך בשנן
002		פלגן	B2.11:17	שהד שלם בר נתן ספר	פלגן	עבד פטוסירי כתב מחסיה
003	s em/sf	פלגנן	B2.11:14	וגבר חלקה נהחסן וספר	פלגנן	נכתב בינין ולא דין כתב

פלו N (unclear)

No.	Parsing	Form	Ref	Preceding	Keyword	Following
001	s em/sf	פלותה	D22.27:2	ובריך תרבמי	פלותה	[ו]אברמוש]
002			D22.25:3	תרכמנה פשדיא ותרבמי	פלותה	[ו]אברמוש]

פלח V to serve

No.	Parsing	Form	Ref	Preceding	Keyword	Following
001	peal	נפלחנך	B3.6:11	ברתה אנחן	{י}<נ>פלחנך	זי יסבל בר וברה
002		פלחה	D20.5:4	אוסרי מין קחי הוי	פלחה	נמעתי ובין חסיה[...].[.]
003		למפלח	C1.1:17	שב אנה לא אכהל	למפלח	בבב היכלא]

פם N mouth

No.	Parsing	Form	Ref	Preceding	Keyword	Following
001	s ab/cn	פם	C1.1:171	%% הן נפקה טבה מן	פם	א[נשא טב] והן לחיה תנפק
002			C1.1:156	יאפך אל	פם	אפכא וינסח לשן]
003			C1.1:83	בעדרה כי עזיז ארב	פם	מן ארב מלחם אל תכסה מלת
004			C1.1:114	חכים ממלל כי מפתח	פם	ס[....]
005		כפם	B3.12:11	משלם בר זכור כל 2	כפם	חד לענני בר חגי בר
006			B3.12:33	ברת פתו אנתתה כל 2	כפם	חד שהד משלם בר מעוזיה
007	s em/sf	פמה	C1.1:162	לעלא מנה כי מפתח	פמה	מענה אלה[ן] והן רחים
008		פמהם	C1.1:172	והן לחיה תנפק מ[ן]	פמהם	אלהן ילחון להם %% הן
009		פמי	C1.1:155	יהשחתון ידי ואל	פמי	
010		פמך	C1.1:83	לא לב[ב] מ[.]י אחדי	פמך	אחרי כן הנפק [מלי]ך
011			C1.1:81	ואדניהם לו[ת]	פמך	אשתמר לך אל יהוה
012			C1.1:82	מן כל מנטרה טר	פמך	ועל זי ש[מעת]
013	p abs	פמין	C1.1:84	ועזיז הו מן סכין	פמי[ן]	חזי קדמתך מנדעם קשה

פמטן N bond (?) (Egypt; Vittmann; Lipiński, *Aramaeans*, 589)

No.	Parsing	Form	Ref	Preceding	Keyword	Following
001	s ab/cn	פמטן	B1.1:15	אצל חקלי מנך ואית לך	פמטן	וחוב על[י]אלה שהדיא ת
002			B1.1:12	מלת מלך ונתנת לי	פמ[טן]	]חקלי כסף ש 2 תקל אבד

פס N — piece (?); or read כֹּסא — cf. כס

No.	Gram.	Form	Ref.	Before	Keyword	After
001	s em/sf	פסא	*D7.37:7*	א.[...] מלך	פֹּסא	זעי[רא] ואעב<ד>הי לי

פסח N — Passover

No.	Gram.	Form	Ref.	Before	Keyword	After
001	s em/sf	פסחא	*D7.6:10*	שלח לי אמת תעבדן	פסח‖א	הוי שלח שלם ינקא
002		בפסחא	*D7.24:5*	תעב[ד] [...]גֿ	בפסחא	וקום ע[ם] [...] זי אקמנך

פסחמצנותי N — ‘scribe of the book of god’ (Egypt; GEA 374.16)

No.	Gram.	Form	Ref.	Before	Keyword	After
001	s ab/cn	פסחמצנותי	*B8.12:4*	[....].שך	פסחמצנותי	שרנהיב בר[....]

פסילה N — cut stone

No.	Gram.	Form	Ref.	Before	Keyword	After
001	s ab/cn	פסילה	*A4.7:10*	זי אבן 2+3 בנין	פסילה	זי אבן זי הוו באגורא זך
002		פסלה	*A4.8:9*	תרען רברבן 2+3 בנין	פסלה	זי אבן זי הוו באגורא זך

פסלרשי N — (unclear)

No.	Gram.	Form	Ref.	Before	Keyword	After
001	s ab/cn	פסלרשי	*C3.7FV3:22*	# ספ[ינ]ת י]וניא	פסלרֹש[י]	2̊0+1̊0+[3+3 בגו]
002			*C3.7EV1:7*	בגו [ספינת יוניא	פסלרֹ]שי	1+3 לכסף כרשן
003			*C3.7JV2:10*	[ ]יוניא	פסלרֹשי	3̊+1̊ בֿ[גו]
004			*C3.7EV2:8*	[בגו] ספ[ינת יו]ניא	פסלרֹשי	3 לכסף כרשן 2+20[
005			*C3.7DR1:6*	[בר .... יוני]	[פסלרֹ]שי	אסות כחמוש ספינה רבה
006			*C3.7DR2:19*	1 זי[....]	[פסלרֹ]שי	[אסות כח]מוש ספינה
007			*C3.7DR3:3*	ספינה 1 ז[י ....]	פסלרֹשי	אס[ו]ת כ[חמוש ספינה
008			*C3.7ER2:12*	בר מֹסכסֹ[יוני	פסלרֹשי]	אסֹ[ות כחמוש
009			*C3.7GR2:16*	[בר ... יו]נֿי	פסלרֹשי	אסות כחמוש ספינה[רבה
010			*C3.7KR2:24*	בר מכס יוני	פסלרֹשי	אסות כחמוש ספינה רבה
011			*C3.7KR4:1*	[.... בר .... יוני	פסלרֹשי]	אסות כחמו[ש ספינה רבה
012			*C3.7KR4:7*	זי[.... בר	פסלרֹשי]	אסות כחמו[ש ספינה רבה
013			*C3.7EV1:12*	[....] יוני	[פסלרֹשי	כספא תשי]דמי נתרא זי
014			*C3.7EV2:1*	1 [ז]י ש.[... יוני	פסלרֹשי]	כ[ספא ת]שי דמי[נתרא
015			*C3.7EV2:14*	1 ז[י .... יוני]	[פסלרֹ]שי	כספא תשי דמי נתרא זי
016			*C3.7EV2:15*	1[זי]יוכלס יו[ני	פסלרֹשי	כספא] [תשי]דמי נתרא
017			*C3.7EV2:17*	1 זי פנסֹ יונ[י	פסלרֹשי]	כספא תשי דמי נֿ[תרא
018			*C3.7EV2:3*	זי הֿפוֹ.[... יוני	פסלרֹשי]	[כספא ת]שי דמי נתרא זי
019			*C3.7GV5:15*	[....].לֿן יוֹנֿיֿ]	פסלרֹשי	כספא תשי דמי נתרא] זי
020			*C3.7GV5:18*	[.... י]וני]	פסלרֹשי	כספא תשי דמי נתרא זי]
021			*C3.7GV5:25*	[זי ....] יוני	פסלרֹשי	[כספא תשי דמי נתרא זי]
022			*C3.7KV2:14*	[...] ...]מנֿ[..]. יוני	פסלרֹשי	[כספא תשי דמי נתרא זי
023			*C3.7KV2:16*	[..] סֹפֿיֿתך יוני	פסלרֹשי	כספא [תשי דמי נת]ר[א
024			*C3.7KV2:18*	[1 זי ...]כֹלס יוני	פסלרֹשי	[כס]פֿא תֿשי דֿמי
025			*C3.7KV2:20*	1 זי פרתוכלס יוני	פסלרֹשי	כספא תש[י] דמי נת[ר]א
026			*C3.7KV2:22*	[1] זי גלפרס י[ו]ני	פסלרֹשי	כספא תשי [דמי נת]רא
027			*C3.7KV2:3*	1 זי ...סֹי יוני	פסלרֹ[שי	כ]סֹפֿא תש]י דמי נתרא
028			*C3.7KV2:5*	[ ]1 זי תמֹ.[... יוני	פס]לרֹשי	כספא תשֹי דמי נֿתֿרֿאֿ
029			*C3.7KV2:7*	זי ...[.... יונ]י	פסלרֹשי	כספא תשי דמי נתרא זי
030			*C3.7KV2:9*	1 זי .[.... יוני	פס]לרֹשי	כספא תש[י דמי נתרא זי
031			*C3.7KV3:12*	[זי] ....גֿלֿ[ס יוני	פסלרֹשי	כספא] [תשי]דמי נת[ר]א
032			*C3.7KV3:17*	[1 זי .... יוני	פסלרֹשי]	כספא תשֹי דמי נתרא זי
033			*C3.7KV3:19*	[זי .... יוני	פסלרֹשי]	כספא תשי [ד]מי נתרא זי
034			*C3.7KV3:2*	[1 זי ...]מרסלס [יוני	פסלרֹשי]	[כספא ת]ש[י]דמי נתרא
035			*C3.7KV3:21*	1 זי [.... יוני	פסלרֹשי]	כספא תשי[דמי]נתרא זי
036			*C3.7KV3:4*	[1 זי .... יוני	פסלרֹשי]	[כספא תשי דמי נתר]א
037			*C3.7KV3:7*	[....]. יו[ני	פסלרֹשי]	כספא תשי דמי נתרא זי
038			*C3.7KV3:9*	[1 זי .... יוני	פסלרֹשי]	כספא תשי ד[מי נתרא זי
039			*C3.7BR1:16*	[1 זי ....] [יוני	פסלרֹשי]	[ספינה 1 רבה] הי לק[בל
040			*C3.7DR3:10*	1 זֿיֿ תֿמֿתֿ..[...]	פסלרֹשי	ספינה 1 רבה הי[לקבל
041			*C3.7ER1:15*	[ ]..גותֿ. [בר ... יוני	פסלרֹשי]	[ס]פינה[1]רבה הי
042			*C3.7ER2:18*	.... בר ארגל[ס יוני	פסלרֹשי]	ספינה 1 רבהֿ הי לקבל
043			*C3.7JR1:4*	[...] [יו]ני	פס[לרֹ]שי	[ספי]נֿהֿ[1 רב]הֿ הי
044			*C3.7JR2:6*	פנסֹ ב[ר .... יוני	פסלרֹשי]	סֹ[פינה 1 רבה]הֿיֿ
045			*C3.7KR3:5*	[....] בר .מן יוני	פסלרֹשי	[ספינה 1 רבה]הֿיֿ
046			*C3.7CR2:4*	בר שמנֿדֿס יוני	[פסלרֹשי]	[ספינה 1]רבה[הי
047			*C3.7AR2:21*	[בר ....] [יוני]	פסלֿ[רשי	....] אֿ[סות]
048			*C3.7BR1:9*	בר פק.[...] [יו]ני	פסלרֹשי	[... ...] [אס]ות כ[חמ]וש
049			*C3.7FV3:19*	[...]ל...ת[... י]וני	פסל[רֹשי	.[...]..[...]..[...]..ל..[...]
050			*C3.7JR1:28*	בר ש[...] [יוני]	פֿסֿלֿרֹשֿיֿ	
051			*C3.7JV2:4*	[....].. ספינת י[....	]פסלרֹשי	....]בגו ספינה רבה 2̊
052			*C3.7KV3:24*	1 זי .[.... יוני	פסלרֹשי]	

פסק N — section, cut

No.	Gram.	Form	Ref.	Before	Keyword	After
001	s ab/cn	פסק	*D3.27:3*	[... ...] רֿגליך 1̊0	פסק	א.... [...] [... ...]יֿ

פסשדת N — after-gift (Pers; GEA 372.57)

No.	Gram.	Form	Ref.	Before	Keyword	After
001	s ab/cn	פסשדת	*B3.11:9*	אמר יהבת לך ברחמן	פסשדת	על ספר אנתותכי עד אחרן
002			*B3.12:18*	יהבן ליהוישמע ברתן	פסשדת	על ספר אנתותה דבק אגר
003			*B3.12:9*	לה ביתה זי יהבת לך	פסשדת	{{על ספר אנתותה זי
004			*B3.11:7*	בר עזריה יהבתה לך	פסשדת	קבל זי לא ^כתב על ספר

פעמי N — a kind of wood

No.	Gram.	Form	Ref.	Before	Keyword	After
001	s ab/cn	פעמי	*C3.7DV1:19*	20+20+10+3̊	[פעמי	20+]3+1 לקן
002			*C3.7FV2:18*	[ע]ק ארז	פעמי	2̊0+3̊+[1] [לקן
003			*C3.7FV3:14*	עק ארז	פעמי	20+3+1 ל[ק]ןֿ חדתן]
004			*C3.7GV2:24*	עק ארז	פעמי	20+3+1
005			*C3.7JV1:25*	[עק ארז	]פעמי[	20+3+]1

פעקס N — (leather) belt (Egypt; GEA 374.17)

No.	Gram.	Form	Ref.	Before	Keyword	After
001	s ab/cn	פעקס	*A3.8:9*	כתון י[.]הה 1 זי קמר	פעקס	1 סרחלץ 1 [...] צביע פל

פערער N — prow, gangplank (Egypt; GEA 374.18)

No.	Gram.	Form	Ref.	Before	Keyword	After
001	s ab/cn	לפערער	*A6.2:12*	חלא אמן שתן פחטמוני	לפערער	חד לאמן תרין אפסי תחת

פץ N plank (?)

No.	Gram.	Form	Ref.	Preceding	Keyword	Following
001	s ab/cn	פץ	D3.46fragd:2	]חרמן [... ...] [... ...]	פץ	1 ב[...] [... פ]ץ אחרה [...]
002			D3.46fragd:3	...] [...] [...]חרמן פץ 1 ב	פ]ץ	אחרה [...] [... אח]רה
003		פצ	D3.46frage:6	...] [...] [...]לם א.[...] [...]	פצ]	[...
004	p abs	פצן	D3.46frage:3	[דוג]יתא [...] [...]ן	פצֹן	[...] [...] 20[...] חרמן [...]

פצל V to clear a claim

No.	Gram.	Form	Ref.	Preceding	Keyword	Following
001	pael	פצלן	B3.4:20	יומן 10+20 והן לא	פצלן	אנחן ובנין ננתן לך בית
002			B3.4:22	ברה ˆלה יתהˆ ולא כהלן	פצלן	ננתן לך כספך כרש 1 שקלן
003		אפצל	B3.2:9	בשם הירא זנה אנה	אפצל	ואנתן לך כתב בוני בר
004		ונפצל	B3.4:20	וברה לך אנחן נקום	ונפצל	וננתן לך בין יומן

פק N plank (Egypt; GEA 374.19)

No.	Gram.	Form	Ref.	Preceding	Keyword	Following
001	s ab/cn	פק	C3.7DV3:1		פק	10[....] מלות 3[....] סי
002			C3.7DV1:18	2+3 סי 10+20+20	[פק]	3̊+10+20+20 [פעמי
003			C3.7FV2:17	[ב]גו [עק] ארז	פק	[3+]10+2̊0+2̊0 [ע]ק
004			C3.7FV3:13	[100[×1 בגו̊ עק ארז	פק	3+1̊0+2̊0+2̊0 עק ארז
005			C3.7GV2:23	עק ארז 10+20+20	פׄק	3+10+20+20 עק ארז
006			C3.7JV1:24	....] בגו	פׄק	[3+10]+20+20 [עק

פקד V to deposit, command

No.	Gram.	Form	Ref.	Preceding	Keyword	Following
001	peal	פקיד	C1.1:87	[חזי ט]בת מלך הן	פקיד	ˆלךˆ אשה יקדה הי עבק
002		ופקיד	D7.10:2	כען לו [ב]סגרא שימת	ופקיד	..] י]כלאו מנה לחם ומין[
003	pael	יפקד	C1.1:191	ולא ידע את[רה ....] הן	יפקד	לך מראך מין למנטר [אל]
004	(h)afel	הפקדו	B2.9:7	אמר איתי זי בפקד[ן]	הפקדו	והו החסן ולא התיב לה

פקדן N deposit

No.	Gram.	Form	Ref.	Preceding	Keyword	Following
001	s ab/cn	בפקדן	B2.9:7	אף אמר איתי זי	בפקד[ן]	הפקדו והו החסן ולא

פקיד N official

No.	Gram.	Form	Ref.	Preceding	Keyword	Following
001	s ab/cn	פקיד	A6.13:4	הנדרז עבדו לחתובסתי	פקיד	ורוהי זי עד מנדת בגיא
002			D6.7fragIc:2	[...] [...] למ<ס>פת	פקיד	ורפש ב[....]
003			D6.7fragOc:1	מספת[...]	פקיד	ורפש[...] [...]מר לך להן
004			A5.5:2		פקיד	נא כן אמר [....]
005			D6.8fragi:1	[..]. דין זך [....]	פקיד]	[... [...] ... שלח תאתון
006			A6.4:2	עלימא זילי זי	פק[יד]	הוה בין בגיא זילי זי
007			A4.2:6	מזדיזן הו	פקיד	למדינא[....] נדחל בזי
008			A6.9:5	הבו להם מן פקיד על	פקיד	לקבל אדונא זי מן מדינה
009			A6.4:3	ברה זי עחחפי זי כען	פקיד	עבד חלפוהי בין בגיא זילי
010			A6.9:5	פתפא זנה הבו להם מן	פקיד	על פקיד לקבל אדונא זי מן
011	s em/sf	פקידא	A6.11:7	מן ארשם על נחתחור	פקידא	[כנז]סרם וכנותה
012			A6.12:4	מן ארשם על נחתחור	פקי[דא]	כנזסרם וכנותה
013			A6.13:6	מן ארשם על נחתחור	פקידא	כנזסרם וכנותה המרכריא
014			A6.13:2	תשתלח על נחתחור	פקידא	והמרכריא כזי הנדרז
015			A6.10:11	מן ארשם על נחתחור	פקידא	זי במצרין בתחתיתא על
016			A6.15:13	ורפש על [נ]חתחו[ר	פקידא	זי ב]מצרין על [....] זי
017			A6.4:8	זי עׄחׄחׄפׄיׄ	פׄקׄיׄדׄאׄ	זׄיׄ [....] [מן ארשם
018			A6.9:1	זי בלער זתוהי	פקידא	[זי ב]ארזוחן אפסתבר
019			A6.9:1	[ב]ארזוחן אפסתבר	פקידא	זי בארבל חל[.] ומתלבש
020			A6.9:1	חל[.] ומתלבש בגפרן	פקידא	[ז]י בסעלם פרדפרן
021			A6.9:1	לי מן ארשם על מרדך	פקידא	זי בגׄ[.]כד
022			A6.9:1	בגׄ[.]כד נבודלני	פקי[דא]	זי בלער זתוהי פקידא
023			A6.13:3	יעבדון לחתובסתי שמה	פקידא	זילי זי עד מנדת בגיא
024			A6.14:2	לארשם על אחתבסתי	פקידא	זילי זי מ[..]ת[.] מנדעם
025			A6.14:4	לא כשר אף אחתבסתי	פקידא	ז[ילי] או אחוהי או ברה
026			A6.15:1	נחתחור וכעת מספת	פקידא	זילי ˆשלח עליˆ כן אמר
027			A6.8:1	ארמפי וכעת פסמשך	פקידא	זילי שלח עלי כן אמר
028			A6.9:2	[ה]אׄ נחתחור שמה	פקידא	זילׄ[י אז]ל מצרין אנתם
029			A6.10:1	מרדו אדין סמשך	פקידא	קדמיא גרדא ונכסיא זילנא
030		לפקידא	A6.14:3	והנדרזא עבדו	לפקידא	[ז]לי עד מנדת [בגיא
031	p em/sf	פקידיא	A6.10:3	תנה כן שמיע לי כזי	פקידיא	זי [בתח]תיׄתאׄ בשוזיא
032			A6.9:2	פרדפרן והו[..]ת	[פ]קי[די]א	זי בדמשק וכ[ע]ת
033			A6.10:7	על ביתא זילי כן כזי	פקידיא	[קד]מיא הוו עבדן כן

פרא N cf. פדא

פרה N bran

No.	Gram.	Form	Ref.	Preceding	Keyword	Following
001	p abs	פרן	C1.1:160	נשאית תבן ונסבת	פרן	ולא {ולא} איתי זי קליל

פרזל N iron

No.	Gram.	Form	Ref.	Preceding	Keyword	Following
001	s ab/cn	ברזל	D4.31:1	..[...]	בר[ז]ל	צריף ב.[...] [...] [...]
002		פרזל	C3.8II:6	עב.[...] [...]. [מא]ני	פרזל	[דוג]יתא זי לקדמן
003			C3.7DV1:9	כרשן 2×לף+1×100	פרזל]	כ[רשן]3+2×לף+1×100
004			C3.7DV2:13		פרז[ל	]כרשן 3+3×100[
005			C3.7FV2:13	כרשן 2×לף+1×100	פרזל	כרשן 3×לף בגו סני כרשן
006			C3.7FV3:9	כרשן 2×לף+1×100	פרזל	כרשן 3×לף בגׄוׄ סני
007			C3.7GV2:10		פרזל]	כרשן 3+2×לף+1×100[
008			C3.7JR3:23	[ק]מׄ[ר ....]	[פרז]ל	כרשן 3×לף[...] [...
009			C3.7FR2:19	[1×לׄף+1×100	פרזל	פכׄרׄ[ן כרשן ...
010			C3.7FR3:14	שׄלׄ[מוא ....]	פׄרׄזׄל	פׄכׄרׄ[ן
011			C3.7GR3:20	כנדן .. 1×ל[ף+2̊0	פרזל	פׄכׄרׄן כרשן
012			C3.7GR4:3	חׄמׄ[ר ....]	פׄרׄ[זל	[... נׄחׄ[ש ...] [...
013		ופרזל	B2.8:4	ועבור ולבוש ונחש	ופרזל	כל נכסן וקנין וספר
014			B3.13:11	עבד ואמה מאן נחש	ופרזל	לבוש ועבור ˆזי תהשכח לי
015			B2.9:5	קמר וכתן מאני נחש	ופרזל	מאני עק וחוצן עבור
016			A6.2:12	חלא חמשה מסמרי נחש	ופרזל	מאתין עקי ארז לובר חסין
017			B3.1:10	לבנן כסף ודהב נחש	ופרזל	עבד ואמה שערן כנתן וכל
018			B4.6:12	[ואמה מאן נח[ש]	ופר[ז]ל	שערן [ו]כׄ[נת]ןׄ

פרי N fruit, usufruct

No.	Gram.	Form	Ref.	Preceding	Keyword	Following
001	s ab/cn	פרי	D1.17fragb:9	[....]תה להן כלהן	פרי	ויתנון ח.[... ....] [... ....]
002	s em/sf	ופריה.	D23.1.Va:13	וארׄעׄא אזרע מלח	ופׄרׄיׄה.	ל..כׄל..ל נרׄהׄוׄשׄר

פריד A fugitive; alternatively reconstruct [פרי[ץ

No.	Parse	Form	Ref	Context	Key	Context
001	s ab/cn	פריד	C1.1:179	אלפ[ן] קנה עבד	פרי[ד]	אמה גנבה פת.ה

פריפת N main beloved (Pers; GEA 372.58)

No.	Parse	Form	Ref	Context	Key	Context
001	s ab/cn	פריפת	B3.12:11	אלהא 1 תפמת אנתתה	פריפת	זי משלם בר זכור כל 2

פריץ A licentious; cf. פריד

פרכס N box

No.	Parse	Form	Ref	Context	Key	Context
001	s ab/cn	פרכס	B2.6:16	פק 1 זי סלק כפן 2	פרכס	1 זי חצן חדת ˆתקם חפנן
002			D3.16:14	מבן פלג חפן 1	פרכס	1 כן אסריהם לבשיא

פרמנכר N foreman (Pers; GEA 372.59)

No.	Parse	Form	Ref	Context	Key	Context
001	p em/sf	פרמנכריא	A6.2:4	זי גנזא המו עם	פרמנכר[יא	....] יחוו
002			A6.2:8	לשמשלך וכנותה	פרמנכריא	שמו ב[ר] כנופי סגן
003			C3.8IIIB:1	[...] [ו]כנותה	פרמ[נכריא	] [...]כן אמרו אלה ..

פרס N allotment, salary

No.	Parse	Form	Ref	Context	Key	Context
001	s ab/cn	פרס	D7.9:11	לאמר . שרין יהבן	פרס	בסון שלחי עלי חזי נחת
002			A3.3:3	זי נפקתם מן מצרין	פרס	לא י[היב ....] [וכזי]
003			A2.3:8	וכעת הלו יהב להן	פרס	תנה ויתלקח קדמתהן בסון
004	s em/sf	פרסא	C3.26:4	10+20+20+20+20	פרסא	[ביר]ח פחנס תחא [כא
005		פרסי	B4.2:6	לך ירח בירח מן	פרסי	זי ינתנון לי מן אוצרא
006		פרסכן	A3.3:6	..]	פ]רסכן	זי כלי כלה כעת איך ביתא
007			A3.3:4	קבלן לפחותא על	פרסכן	תנה במגדל כן אמיר לן
008		בפרסא	C2.1.11:78	] זי גבריא אלך שגיא	בפר]סא	סבל]
009		בפרסן	B4.4:16	אלהא ואנת שלט	בפרסן	זי בית מלכא

פרס #2 N peras (dry measure)

No.	Parse	Form	Ref	Context	Key	Context
001	s ab/cn	פ	C3.26:17	[פ] [....]תי אחוהי א 2	פ	[....]ורי כא 2 [....].ת.ח
002			C3.13:39	ש] פ]1+3 [....]	פ	1 [....]זי
003			C3.13:40	ליהוישמע בר חגי ש	פ	i [....]פ i
004			C3.13:41	....] i חגי ש פ	פ[	i [....]. זי יהבת
005			C3.17fragb:4	עז[... ...] [...]תי ש	פ	1 ס 2 [נ]פקתא כנתן פ 3
006			C3.26:14	3 [...]שנ.א כא 2	פ	[...]יו שושנא כא 2 פ [...]
007			C3.26:15	2 פ [...]יו שושנא כא 2	פ	[...] .[.]ש...ן כא 2[פ]
008			C3.26:16	פ [...] .[.]ש...ן כא 2[	[פ]	[....]תי אחוהי א 2 פ
009		פרס	B1.1:5	חמר קבל חמר פר[ס קבל	]פרס	טבא ולחיא נפלג כחדה
010			B1.1:5	2+3+3 חמר קבל חמר	פר[ס	קבל]פרס טבא ולחיא נפלג
011		שפ	C3.16:3	מהיתה ע[ל] [....]	שפ	1 ס 3 [...] [... ז]נא שפ
012			C3.16:4	ס 3 [...] [... ז]נא	שפ	1 ס 2+[...] [...] זנא שפ]
013			C3.16:5	ס 2+[...] [...] זנא	שפ]	[... [....]ן] כ]נתן פ
014		לפרס	B7.1:8	] אביגרנ]א ˆשערןˆ קב 1	לפרס	1 כל ירחן ושנן]
015	s em/sf	פרסא	B3.10:4	דרגא ˆותחתˆ מנה בית	פרסא	הו זנה משחת ביתא זי אנה
016			B3.10:8	תרבצא ופלג דרגא ובית	פרסˆאˆ	פלגה והא תחומי ביתא זי
017	p abs	פ	C3.16:6	שפ[...] [....]ן] כ]נתן	פ	2+[...] [ש]נת 2+3
018			C3.13:37	מנח]מת ברת זכריה ש	פ	2 סאן 1+3 [....]
019			C3.13:35	תויא אנתת אחרטיס ש	פ	1+3 [....] .[....
020			C3.13:38	[....] למשלמת ש]	פ	]1+3 [....] פ 1
021			C3.17fragb:5	פ 1 ס 2 [נ]פקתא כנתן	פ	3 [...]
022		פרסן	B3.13:3	מנך ויהבת לי כנתן	פרסן	2 סאן 3 אחר אנה ענני
023			B7.1:5	זנה דמי נוניך [שערן	פרסן	.... לא אנתן לך] ....
024			D3.1:3	ביד[... ....] כנתן	פרס]ן	... .] [...]א זי יהבן ...
025		כפ	B3.13:4	לך כנתניא אלך	כפ	2 סאן 3 מן פתפא זי

פרעה N Pharaoh

No.	Parse	Form	Ref	Context	Key	Context
001	s ab/cn	פרעה	D23.1.Va:11	המו הן [תש]לח על	פרעה	נכוא ..שן לחין
002			A1.1:6	כי מרא מלכן	פרעה	ידע כי עבדך[
003			A1.1:3		פרעה	כיומי שמין ומין וין]...
004			A1.1:1	אל מרא מלכן	פרעה	עבדך אדן מלך
005			D23.1.IX:10	לפרעה [...	]פרעה	[ענה] ואמר ל[.].ק.ו
006		לפרעה	D23.1.VIII:12	ול... מ..ו	לפרעה	נכו וענה[...].
007			D23.1.XII:7	[...]..[...]מ.[...]	לפרעה	נכוא עד מצרין
008			D23.1.IX:9	ואמר אנשא	לפרעה	[...]פרעה [ענה] ואמר

פרש V to separate, explain, translate

No.	Parse	Form	Ref	Context	Key	Context
001	peal	פריש	D5.58:2	[...]..חתא [...] [...]לי	פריש]	[...
002		פרישן	A4.5:10	זנה זי אנחנה אמרן אף	פרישן	אנחנה [....]ך דחפניא
003		פריש.	C1.1:207	כי עבידתהם	פריש.	[....] חמרא הו זי
004		למפרש	D7.24:15	לי רוך ושלחת לה	למפרש	לי מלתא אף שלחת לה
005	pael	מפרש	A6.1:3	[....]	מפרש	זן זן ירח כירח הוו

פרש N horseman

No.	Parse	Form	Ref	Context	Key	Context
001	s ab/cn	פרש	A6.12:2	זילי ויעבד פתכרן זי	פרש	[....] יהוון ויעבד

פרתך N foremost officer (Pers; GEA 372.62)

No.	Parse	Form	Ref	Context	Key	Context
001	p em/sf	פרתכיא	A5.2:7	[....]	פרתכיא	זי נפין רב חילא זי

פרתר a openly (Pers; GEA 372.60)

No.	Parse	Form	Ref	Context	Key	Context
001		פרתר	C2.1.11:67	[בא]דנך יאמר שמע זי	פרתר	יאמר [....

פרתרך N governor (Pers; GEA 372.61)

No.	Parse	Form	Ref	Context	Key	Context
001	s ab/cn	פרתרך	B2.9:4	בדין נפא קדם רמנדין	פרתרך	וידרנג רב חילא לאמר
002			A4.5:4	המונית עם וידרנג זי	פרתרך	תנה הוה כסף ונכסן יהבו
003			A4.7:5	המונית עם וידרנג זי	פרתרך	תנה הוה לם אגורא זי יהו
004	s em/sf	פרתרכא	A4.8:5	ונכסין יהבו לוידרנג	פרתרכא	זי תנה הוה ל[ם אגורא

פשך N handbreadth = sixth part of cubit

No.	Parse	Form	Ref	Context	Key	Context
001	ˆs ab/cn	פשך	B3.8:8	ב 1+3 חטיב צבע ידין	פשך	1 לפם 1 שוה כסף כרש 1
002			B6.1:8	] חטיב] [צבע ידין	פשך]	1 לפם 1 שוה כס[ף כ]רש
003			D3.26:4	אמן 2+3 פתי א]מה 1	פשך	]1 דורה פש[ך ...]

004			D3.26:4	א]מה 1 פשך]1 דורֹה	פש[ך	...]
005			A6.2:19	שף וחנניא בארכא לחד	פשך	חד ועל סעבל עקי חלא דרי
006		ופשך	B2.3:4	לעליה אמן 3+10	ופשך	1 פתי מן מועא למערב אמן
007			B2.4:4	ביתא זך אמן 3+10	ופשך	ב10+1 בעשתא כען אנה
008			B2.3:0	ארך 3+10	ופשך	ב20+1 לכסלו הו יום
009	p abs	פשכן	B6.2:5	[1 חדת זי] אמן 2+3	פשכן	1+3 ב32 ופשכן 1+3 דמי
010			D3.26:2	פתי אמה 1 דורֹה	פשכן	1+3 בגו לוח אחרה אמן
011			B3.8:6	קמר חדת לאמן 1+3+3	פשכן	3 פתי אמן 1+3 ר 2 שוה
012			A6.2:15	חנן תרין לחד אמן חמשה	פשכן	תלתה בפשכן תלתה לחלא
013			A6.2:15	נחש מאה וחמשן לחד	פשכן	תלתה מאתין שבען וחמשה
014			A6.2:18	יתיהב על טף בארכא לחד	פשכן	תלתה חפוש ועל פתיא ועביא
015			A6.2:19	ועל שים בארכא לחד	פשכן	תלתה חפוש ועל פתיא צבען
016			A6.2:20	דרי תמים בארכא לחד	פשכן	תלתה חפוש ועל פתיא צבע
017		בפשכן	A6.2:10	[ל]בטק אמן תמנין	בפשכן	תלתה בגו סגנן אמן עשרה
018			A6.2:15	אמן חמשה פשכן תלתה	בפשכן	תלתה לחלא מסמרי נחש מאה
019		ופשכן	B6.2:5	2+3 פשכן 1+3 ב32	ופשכן	1+3 דמי כסף שקלן 3
020			B6.2:4	[א]מן ... ב	]וֹפּשׁכּ[ן	... דמי כסף שקלן ... 1

פשר V to be lax

001	peal	לתפשר	D23.1.Va:12	..אֹ 20+20 והן	לֹתֹפֹּשֹׁר	.מ. א.ה א[נ]שֹא ....[
002		תפשר	D7.20:4	הו לה למחר כען אל	תפשר	למאתה מחר שלם מיכיה מן
003*	(h)afel	הפשרו	D1.26fragb:6	ליהוישמע [....].	הפשרו[ן	...]

פשרן N laxity

001	s ab/cn	פשרן	D7.37:10	וטחן[...] ולא	פשרן]	...[
002			D7.20:2	כען אתה על מחר ולא	פשרן	הלו שכר הו לה למחר כען

פתגם N message (Pers; GEA 373.63)

001*	s ab/cn	פתגם	D1.28:5	[...] לת[...]	פת[ג]ם]	...]שלח[
002			D7.39:8	בסון ושלח לי	פתגם	ולא .ל..תֹי אף פרנדת
003			A6.10:9	חסין תשתאלון וגסת	פתגם	יתעבד לך [אר]תחי ידע
004			A6.8:3	עלי חסן תשתאל וגסת	פתגם	יתעבד לך בגסרו ידע טעמא
005	s em/sf	פתגמא	B8.8:3	אופתשתו עד	פתגמא	יֹאמֹ]ר
006			B8.8:2	....]	פתגמא[	לא אמר אמיר עלא
007		ופתגמא	B8.8:5	אסוֹשֹן זך שאיל	וֹפֹתֹגמא	אמר ...] [....] ..א
008			D1.32:15	יתעבד [...]	ופתגמא	מנ.שׁ ישתלח]

פתור N table

001	s ab/cn	פתור	D3.22:1	.[...]	פתור	הֹ[...] [...] 20 משח [...]
002	s em/sf	פתורא	C3.27:22	קֹבֹ.הֹ 3 בעלי	פתורא	צחא 1 פטנתר 1 פבי

פתח V to open; or read נְתִיח for entry 002 — cf. נתח V

001	peal	ופתח	B3.10:13	בה 3 דש חד בה אחד	ופתח	אף שליטא אנתי בתחי״תֹ הו
002		פתיח	C1.1:98	שבקו המו ולבבהֹם	פֹּתִיחֹ	[לא חזה] איש מה
003			B3.12:21	לתרי רבתא ותרעא זילה	פתיח	לשוק מלכא מן תמה תנפק
004			B3.12:21	מלכא ביניהן וכונה 1	פתיח	לתרי רבתא ותרעא זילה
005		פתחן	C3.28:48	הלעתיך 2 ברא מן 2	פתחן	נחשיא זי יהבו על תמריא
006		פתיחן	B2.10:6	בתחתיה ומנעלא כוין	פתיחן	תמה מועה שמש לה אגורא
007		מפתח	C1.1:114	חכים ממלל כי	מפתח	פם ס[....]
008			C1.1:162	מסרסרן לעלא מנה כי	מפתח	פמה מענה אלה[ן] והן
009		למפתח	B2.1:14	מן עלא ואנת שליט	למפתח	תרעא זך למנפק בשוקא זי

פתי N width

001	s ab/cn	פתי	D3.26:2	בגו חדה אמן 2+10	פתי	אמה 1 דורֹה פשכן 1+3
002			D3.26:3	אחרה אמן 3+3+3 ופלג	פתי	אמה 1 דור[הֹ ...] לוח
003			D3.26:4	לוח אחרה אמן 2+3 [...]	פתי	א[מה 1 פשך]1 דורֹה
004			B3.12:16	בעשתא ומן עליה לתחתיא	פתי	אמן 2+3 כ 2 ˆלˆאברת
005			B3.12:8	בעשתא ומן תחתיא לעליא	פתי	אמן 2+3 כ 2 בעשתא
006			B3.8:6	לאמן 1+3+3 פשכן 3	פתי	אמן 1+3 ר 2 שוה כסף
007			B2.3:4	אמן 3+10 ופשך 1	פתי	מן מועא למערב אמן 1+10
008		בפתי	B3.5:7	אמן בעשתא 1+10	בפתי	אמן מן מועה עד מערב אמן
009			C3.13:47	ארך אמן 3 כ 2 [...]	בפ[תי]	זכרן על עז[ר]יה לחנא
010	s em/sf	פתיא	A6.2:18	פשכן תלתה חפוש ועל	פתיא	ועביא צבען תרין ועל שים
011			A6.2:20	פשכן תלתה חפוש ועל	פתיא	צבע חד עזלי כתנא רקעתא
012			A6.2:19	פשכן תלתה חפוש ועל	פתיא	צבען תרין ועל שף וחנניא

פתיפרס N interrogator, investigator (Pers; GEA 373.64)

001	s ab/cn	פתיפרס	A4.2:3	חד זיוך הו קבל	פתיפרס	א[....] איתי לן בזי
002	s em/sf	ופתפרסא	A4.2:12	והנֹ[....]	ופתפרסא	ויהב לי כסף סתתרן
003	p abs	פתיפרסן	A4.2:3	זין [....] הו קבל	פתיפרסן	חד זיוך הו קבל פתיפרס

פתכר N sculpture, statue (Pers; GEA 373.65)

001	s ab/cn	פתכר	A6.12:2	יהוֹון ויעבד [....]	פתכר	סוסה עם רכבה לקבל זי
002	p abs	פתכרן	A6.12:2	בדיכרן זילי ויעבד	פתכרן	זי פרש [....] יהוֹון
003		ופתכרן	A6.12:3	זי קדמן עבד קדמי	ופתכרן	אחרנן והושרו יהיתו עלי

פתכרכר N sculptor (Pers; GEA 373.66)

001	s ab/cn	פתכרכר	A6.12:1	חֹנֹזֹפִּי שמה	פתכרכר	עלימ[א] זילי זי בגסרו

פתסתו A praiseworthy (Pers; GEA 373.67)

001	s ab/cn	פתסתו	A6.16:4	ל[א] חדית אנת שגיא	פתסתו	לי ומנ[...]תמ[..]

פתף N ration (Pers; GEA 373.68)

001	s ab/cn	פתף	A6.9:6	אחר זי יומיא אלך יתיר	פתף	אל תנתנו להם בגסרו ידע
002			A6.9:4	עמיר לקבל רכשה והבו	פתף	לגברן חלכין תרין אמן חד
003			C3.14:41	וזי [....]. יהיב	פתף	לחילא .[...] תשטֹ[ר]ס
004			A6.9:2	מצרין אנתם הבו [לה	פ]תף	מן ביתא זילי זי במדינתכם
005	s em/sf	פתפא	D3.12:1	[...]	פתפא]	...[
006			A6.12:1	בגסרו היתי שושן זך	פתפא	הב לה כאחרנן
007			B3.13:4	מן 3 סאן 2	פתפא	זי יתנתן לי מן אוצר מלכא
008			B5.5:7	[א]פם אמרת [אסורי] 2	פתפא	זילי מן בית מלכא וכספכי

009			C3.14:38	עבור [מדינת ת]שטרס	פתפא	זי יהב לחןילא מן אלפּן
010			A6.9:5	ליומא קמח חפן חדה	פתפא	זנה הבו להם מן פקיד על
011			B3.13:5	כתיב כזי יתנתן לי	פתפא	מן בית מלכא אחר אנה
012		ופתפא	B5.5:10	ירשנכי בשם כספא זנה	ופתפ]א	זי] כתיב מנעל [ינתן לכי
013			B5.5:8	[מנכי מן כס]פא זנה	ופתפא	זי הוה לי מן בית מלכא
014			B5.5:10	זנה [זי יהבת לי	ופתפא	זנה זי הוה לי מן בית

צ S — 18th letter of the alphabet

001		צ	D10.1:2	ז ח ט י כ ל מ נ ס ע פ	צ	ק ר ש ת
002			D10.2:5	ז ח ט י כ ל מ נ ס ע פ	צ	ק ר ש ת ב..... [...]
003			D22.28:1	ז ח ט י כ ל מ נ ס ע פ	צ	ק ר ש ת 1

צבו N — thing, wish

001	s ab/cn	צבו	A4.3:6	אנתם חזו עליהם מה	צבו	ומלה זי צחא ˆחורˆ יבעה
002		בצבו	A5.1:3	גברן א[....] מן קדמן	בצבו	זי תהוי' לך [.... איך
003		צבות	A6.8:2	להם כעת ארשם כן אמר	צבות	ביתא זילי זי פסמשך יאמר
004		בצבות	A6.8:2	לידה לא משתמען לי	בצבות	מראי זי אמר אנה להם כעת
005	s em/sf	צבותא	B8.11:3	[....] [....]	צבותא	אחר מנדתא ז'
006		צבותי.	D7.19:8	עד כען [....]	צבותי[.]	לוחא זי כתב [....]

צבי V — to desire

001	peal	צבית	B3.8:41	יהבת ליהוישמע כען	צבית	אהנצל המו הן יאמר כות לא
002			B6.4:7	ברחמן יהבת לכם כען	צבית	אהנצל הם הן תאמר כות
003			D1.20:9	אף[....] [....] זי	צבית	בגו [....] [....]
004			B3.4:12	מן אחריך ולמן די	צבית	למנתן אנחן לא נכל נגרנך
005			B3.4:14	לבר לך וברה ולמן זי	צבית	למנתן הן גרינך דין ודבב
006			B3.4:15	לבר בברה לך ולמן זי	צבית	למנתן אנחן ננתן לך כסף
007			B3.4:16	בניך מן אחריך ולמן זי	צבית	למנתן ולא יכהל בר וברה
008			B2.11:12	בניך אחריך ולמן זי	צבית	תנתן ולא דין אף איתי
009			B2.11:7	ובניך אחריך ולמן זי	צבית	תנתן לא אכהל אנה מחסיה
010		צבתי	D7.17:8	שלמ־־ כען הן	צבתי	אל תזבני המו יאכלו
011		צבית	B3.7:15	ולא אכהל אמר נפשי	צבית	אהנצל מנכי זי יקום עליכי
012			B3.8:24	[לה מנה] אן [זי	צבי]ת	והן יהוישמ[ע] תשנא
013			B2.6:25	עד חוט ותהך לה אן זי	צבית	ולא {י}דין ולא דבב מחר
014			B2.6:29	בכף חדה ותהך לה אן זי	צבית	ולא דין ולא דבב ו[ז]י
015		תצבה	A2.4:7	בר וחפרע וכעת כל זי	תצבה	שלח לי הושר לי משכן מסת
016		תצבין	B2.7:16	הו עד עלם ולמן זי	תצבין	הבהי כתב נתן בר ענניה
017		צבה	C1.1:149	אל תמר[....] הן	צבה	אנת ברי זי תהוה[
018		צבי	A3.10:3	למטען בה וזי	צבי	יעבד לה אף חלקי
019		צבין	D7.56:7	באתר עבורא והין לא	צבין	למאתה ישלחון אגרה על

[צבית] N — bearer

001	s ab/cn	צבית	C1.1:19	[....]	[צב]ית	עזקה יהוה לך אף חכמתי
002		וצבית	C1.1:3	[אתור כלה הוה]	[וצ]בית	עזקתה זי שנחאריב מלך

צבע V — to dye

001	peal	צביע	A3.8:9	[...] 1 סרחלץ 1 פעקס	צביע	ול[...] קטא[..]

צבע N — dye

001	s ab/cn	צבע	D3.35:2	תה..[...] וֹס	צבע	[...]ק. [...] [...].
002			B2.6:8	לבש 1 זי עמר חדת חטב	צבע	ידין הוה ארך אמן 2+3+3
003			B3.8:8	חטיב 1+3 ב 3+3	צבע	ידין פשך 1 לפם 1 שוה
004			B3.8:9	ב 3[2+] ר 2 [חטיב	צבע	ידין] צבען 2 לפם 1 שוה
005			B6.1:8	[חטיב]	[צבע]	ידין פשך] 1 לפם 1 שוה
006			B6.1:9	חט]יב ....]	צבע	יד]ין

צבע #2 N — fingerbreadth

001	s ab/cn	צבע	A6.2:20	תלתה חפוש ועל פתיא	צבע	חד עזלי כתנא רקעתא
002	p abs	צבען	B3.8:10	ר 2 [חטיב צבע ידין]	צבען	2 לפם 1 שוה כסף ש[ק]לן
003			D3.16:2	[....]	צבען	2 לפם 1 כסף ש 2 [...]א
004			A6.2:16	מאתין שבען וחמשה לחד	צבען	עשרה כל מסמרין ארבע מאה
005			A6.2:18	חפוש ועל פתיא ועביא	צבען	תרין ועל שים בארכא לחד
006			A6.2:19	תלתה חפוש ועל פתיא	צבען	תרין ועל שף וחנניא בארכא
007	p const	צבעת	D3.27:5	...] [... טפרי	צבעת	כפ[י] רגליך וֹס איאב

צדיק A — righteous, rightful

001	s ab/cn	צדיק	B7.3:6	[לם] פלגה זילי הו	צדיק	א[נה לה]חסנותה פמסי
002			C1.1:103	כבן עם זי פגע בך	צדיק	אנשא בערׄרׄה כל
003			B5.6:8	עם דינהם הא אנה	צדיק	בהם [.... ב]שמהם
004			B5.2:3	]	[צדיק]	הוה להחסנו[תה מן
005*			C3.6:3	[.] [....ה[....]ב.	צדיק	[....ז]ילה [....]ל. [לא בג
006			D23.1.Va:7	סריס[א] חד	צדיק]	[....י מלן עָ[ש]ת ונחת
007		בצדיק	C1.1:109	וינתן לך הקימני אל	בצדיק	עמך ל[....]
008		לצדיק	C1.1:126	[ק]שתך ואל תהרכב חטך	לצדיק	למה אלהיא יסגה בעדרה
009			C1.1:128	קשתך והרכבת חטך	לצדיק	מנך חטא מן אלהן הו

צדק V — to prevail in court

001	peal	אצדק	B5.4:7	בשם בי[תא זנה ולא	אצדק	[....
002			B2.3:22	אפם ואהך בדין ולא	אצדק	וספרא זנה בידכי אף איתי
003			C1.1:139	נפקת לחיתי ועם מן	אצדק	בר בטני הגשש ביתי %%
004		יצדק	B3.11:15	זנא ויהך בדן ולא	יצדק	אף לא יכלון ינפקון עליכי
005		יצדקון	B3.1:19	אף יהכון בדין ולא	יצדקון	וספרא זנה בידך כתב נתן
006	pael	צדקני	C1.1:140	לי שהד חמס ומן אפו	צדקני	מן ביתי נפקת חמתי %%

צדקה N — merit, justice

001	s ab/cn	צדקה	C1.2:22	צדקתא ואי[ש לא יעבד]	צדקה	לאבוהי ויזב[ן
002		וצדקה	A4.7:27	זי אגורא זך יתבנה	וצדקה	יהוה לך קדם יהו אלה
003			A4.8:26	עד אגורא זך יתב]נה	וצדקה	יהוה לך קדם יהו אלה]
004	s em/sf	צדקתא	C1.2:21	מה ותאבד[ ]	צדקתא	ואי[ש לא יעבד] צדקה

צהוה N thirst

No.	Form	Gram.	Ref.	Before	Word	After
001	וצהוה	s ab/cn	C1.1:123	כפן יהחלה מררותא	[ו]צהוה	ישתבע כעס [....

צום V to fast

No.	Form	Gram.	Ref.	Before	Word	After
001	צימן	peal	A4.8:14	ובנין שקקן לבשן הוין	צי[מן]	ומצלין ליהו מרא שמיא
002	וצימין		A4.7:15	שקקן לבשן הוין	וצימין	ומצלין ליהו מרא שמיא זי
003			A4.7:20	אנחנה שקקן לבשן	וצימין	נשיא זילן כארמלה עבידין
004	וצימן		A4.8:19	אנחנה שקק]ן לבשן	וצימן	נשיא זילן כארמלה עבידין]

צות V to pay attention

No.	Form	Gram.	Ref.	Before	Word	After
001	הציתו	(h)afel	C1.1:57	אלך תרין זי עמה [....	הצ[יתו	לם אף[ק]רב[ו] [עלי

צות N command

No.	Form	Gram.	Ref.	Before	Word	After
001	בצות	s ab/cn	A4.2:14	כדא אמר תירי...[...]	בצות	מלכא וכלין להן ונזק

ציר N pivot

No.	Form	Gram.	Ref.	Before	Word	After
001	וציריהום	p em/sf	A4.8:9	[נדשן ודשיהום קימן	וציריהום	זי דששיא [אלך נחש
002	וציריהם		A4.7:10	נדשן ודשיהם קימן	וציריהם	זי דששיא אלך נחש ומטלל

צל N hide, leather

No.	Form	Gram.	Ref.	Before	Word	After
001	צל	s ab/cn	B3.8:20	עק 1 תחת חמריה שנן זי	צל	פרסין מש[ח חפ]נן 2 משח
002			A4.2:10	תקם חתילן חבלן משכי	צל	שפן[....] מלין

צלח V to split

No.	Form	Gram.	Ref.	Before	Word	After
001	צלח	peal	D7.47:1	א[...]	צׂלׂחׂ[	...] [...]ד׳ שאר 10[
002	מצלח	pael	C1.1:173	אלהן על אנש[א] איש	מצלח	עקן בחשוכא ולא חזה כאיש

צלי V to pray

No.	Form	Gram.	Ref.	Before	Word	After
001	ונצלה	pael	A4.7:26	זי יהו אלהא בשמך	ונצלה	עליך בכל עדן אנחנה
002			A4.8:25	זי יהו אלהא בשמך	ונצל[ה	עליך בכל עדן אנחנה
003	ומצלין		A4.7:15	לבשן הוין וצימין	ומצלין	ליהו מרא שמיא זי החוין
004			A4.8:14	לבשן הוין צי[מן	ומצלין	ליהו מרא שמיא זי] חוינא

צלצל N sailboat (?)

No.	Form	Gram.	Ref.	Before	Word	After
001	צלצל	s ab/cn	C3.8IIIB:18	על תבלא שׂ.[.] פנפתם	צלצל	נוש...[....]. 1 דוגית ה׳.
002	צלצלא	s em/sf	C3.8IIIB:24	אופכרתא זי עב]דו ע]ל	צלצלא	ודגיתא כנתן בחגב
003			C3.8IIIB:31	[... ...]ת שמו טעם	צלצלא	זי א..ה .[.]..ביא תחת

צנפר N bird

No.	Form	Gram.	Ref.	Before	Word	After
001	צנפר	s ab/cn	C1.1:82	ש[מעת] הוקר לבב כי	צנפר	הי מלה ומשלחה גבר לא
002	צנפריא	p em/sf	C1.1:198	%% הויה אבא[....]	צנפריא	[....]און על
003	וצנפריא		C1.1:186	לאתנא .[.].[.]חמתה	וצנפריא	..[.].[.]ת[ ] תרתין מלן

צע N plate

No.	Form	Gram.	Ref.	Before	Word	After
001	צעין	p abs	C3.28:122	[צׂעין רבה 2[...]	צעין]	זע]רׂה 3+3 וי.[...]
002			C3.28:121	היר ח[...] לחׂ[...	[צׂעין	רבה 2[...] צעין] זע]רׂה

צעק V to cry out

No.	Form	Gram.	Ref.	Before	Word	After
001	יצעקו	peal	C3.3:6	[ ]בקע [...] ונשפט [...	יצעקו[	...] פט על [... ...]דׂזה

צף N reed mat

No.	Form	Gram.	Ref.	Before	Word	After
001	צפא	p em/sf	D3.36:3	[...]ה.[...] [...]	צפא	[...] כל 3+3[...]

צפחה N griddle

No.	Form	Gram.	Ref.	Before	Word	After
001	וצפחא	s ab/cn	D7.57:8	1+3 ופינך 1	וצפחא	חדה ובית ח 1 חדת וזינא

צפן V to hide

No.	Form	Gram.	Ref.	Before	Word	After
001	והצפנתך	(h)afel	C1.1:49	לך כאיש עם אחוהי	והצפנתך	מנה אמרת קטלתה עד זי
002	תהצפן		C2.1.11:71	[הן] לא	תהצפן	אׂהורמזד יב[רכנך
003	תהצפנהי		C2.1.11:72	ויומיך יארכון והן	תהצפׂנהׂי	אהורמזד יק[ללנך וזרע

צפעה N large bowl (Egypt; GEA 374.23)

No.	Form	Gram.	Ref.	Before	Word	After
001	צפעה	s ab/cn	D8.10:8	תפורתחם 3 3+3+3. כל	צפעה	100 i[...]
002			D8.10:1	אביתי	צפעה	1+3+3+20 זעירה

צפר N morning

No.	Form	Gram.	Ref.	Before	Word	After
001	בצפרא	s em/sf	D3.47fragb:9	[...]מ 1 [...] השכחו	בצפרא	[...]לם 3 [...] בׂרׂה

צריף A refined

No.	Form	Gram.	Ref.	Before	Word	After
001	צריף	s ab/cn	B3.13:6	אבגרן כרש חד 1 כסף	צריף	אחר אנה ענני אשלם ואנתן
002			D4.31:1	[...].. בר[ז]ל	צריף	ב.[...] [...] .[...][...].ל....
003			B2.1:7	2+3 באבני מלכא כסף	צריף	ואגרא זך אפם והן מית
004			B3.10:20	באבני מלכא כסף	צריף	ואנתי יהוישמע אם שליטא
005			B3.6:15	באבני מלכא כסף	צריף	ולא דין ולא דבב כתב חגי
006			B2.11:11	ננתן לך אביגרנא כסף	צריף	כרשן עשרה במתקלת מלכא
007	צרף		B3.11:11	כסף כרשן 10+20 כסף	צרף	באבני מלכא ואנתי אם
008			B3.12:30	20 באבני מלכא כסף	צרף	וביתא זילך ודי בניך ודי

צרר V to bind together

No.	Form	Gram.	Ref.	Before	Word	After
001	צררת	peal	D7.27:4	[...] [...]׳י הא	צׂרׂרׂתׂ[	...] [....]כ׳[כסף׳ ש

ק s 19th letter of the alphabet

No.	Form	Gram.	Ref.	Before	Word	After
001	ק		D10.1:2	ח ט י כ ל מ נ ס ע פ צ	ק	ר ש ת
002			D10.2:5	ח ט י כ ל מ נ ס ע פ צ	ק	ר ש ת ב..... [...].
003			D22.28:1	ח ט י כ ל מ נ ס ע פ צ	ק	ר ש ת 1

קב N qab (dry measure)

No.	Form	Ref	Context	Keyword	Context
001	ק s ab/cn	D8.8:4	3 [לי]הדת במכלי ג 1	ק	[...] [.].[...] ס̊ 1 ק 2
002	קב	B7.1:8	....]אביגרנ]א ˆשערן	קב	1 לפרס 1 כל ירחן ושנן]
003		D7.45:8	] ...[ט.[...] הושר לי שערן	קב	1 ושחלין טב
004		D7.6:7	הן גרס לחמהם לשו לחם	קב	1 עד תאתה אמהם שלח לי אמת
005		D7.43:5	שק[א ...] פלג	קב]	...] מנכי [...] [כען חזי
006		D7.49:3	זין [...] קמח[...]	ק]ב	[...] [...] [...]לן...] [...]
007	בקבא s em/sf	D7.46:2	כען הושר [....	בקבא	רבא [....] וקפירא
008	ק p abs	C3.28:83	שערן א 10+3+2]+1	ק	2+]1+3 .מ.. ברת
009		D8.8:5	1 ק] [...] [.].[...] ס̊ 1	ק	2 למכיה ק 3 לבזכה ק 3
010		C3.28:81	אברי חנטן ס 1	ק	3+3+2 פ ארסינה ברת
011		D8.11:4	פתרסא חנטן √	ק	3+3+3 √ לאספלין אכרא
012		D8.11:9	ק 3 √ לשמעון בגפה	ק	3+3
013		D8.11:6	אכרא זי √ אבא	ק	3 לתשא ברת חור בגפה
014		D8.11:8	ברת חור בגפה √	ק	3 √ לשמעון בגפה ק
015		D8.8:3	ס̊ 1 [ל..]עסן ג 1	ק	3 [לי]הדת במכלי ג 1 ק]
016		D8.8:6	[ ]ס̊ 1 ק 2 למכיה	ק	3 לבזכה ק 3
017		D8.8:7	ק 2 למכיה ק 3 לבזכה	ק	3 {שלמעון}<לשמעון> ק 3
018		D8.8:8	ק 3 {שלמעון}<לשמעון>	ק	3 ליהדת ב 2 ויזפ[...]
019	קבן	D7.7:2	הושרו לי מלח	קבן	2 דקק וחצף קפתא עלוהי אף
020	קב.ה p em/sf	C3.27:21	[...]תי נפקן 3+3+2	קב.ה	3 בעלי פתורא צחא 1

קבילה N complaint, accusation

No.	Form	Ref	Context	Keyword	Context
001	קבילה s ab/cn	A6.15:5	בבבאל גברן 3+2 אף	קבילה	שלח עליך חמרא לם זי
002		A6.15:11	הב להם כן כזי מספת	קבילה	תובא לא ישלח ע[ליך] מן

קבל p according to, before

No.	Form	Ref	Context	Keyword	Context
001	קבל	D23.1.IX:8	[....]	ק[ב]ל	אלה[י
002		s-2D23.1.II:14	עליא זנה [...]	ק[בל]	אתמנבאן [...]
003		D23.1.II:11	למ[] ואנת[.]ה	ק[ב]ל	אתמנבן אלהא זי לה הן
004		B1.1:5	עמי בשנן 3+3+2 חמר	קבל	חמר פר[ס קבל]פרס טבא
005		B1.1:5	חמר קבל חמר פר[ס	קבל	]פרס טבא ולחיא נפלג כחדה
006	קבלהם	A4.3:6	יבעה מנכם אנתם קמו	קבלהם	כן כזי מלה באישה לא
007	קבלך	B1.1:9	אמס במלאתא ואלקח לי	קבלך	׀ ולכל זי י[ד]חנך

קבל זי c since

No.	Form	Ref	Context	Keyword	Context
001	קבל זי	B3.11:7	עזריה יהבתה לך פסשדת	קבל זי	לא ˆכתב על ספר
002		D23.1.VIII:11	..[.] אנתן מלן	קבל זי	תבעין כל

קבל V to bring suit, to complain

No.	Form	Ref	Context	Keyword	Context
001	קבלת peal	A6.14:1	וכנותה וכעת תנה אנה	קבלת	לארשם על אחתבסתי פקידא
002		B3.2:5	ודבב בשם הירא זנה זי	קבלת	עלי בגו הן קבלת עליך דין
003		B2.2:5	3 על ארקא זילי זי אנה	קבלת	עליך עלדברה קדם דמידת
004		B3.2:6	בשם הירא [ז]נה זי	קבלת	עליך בגו ויהבת ל[ן]
005		B5.4:4	בניך מן [אחריך והן	קבלת	עליך ועל] בר וברה לך קדם
006		B3.2:4	בדמי הירא זילך זי	קבלת	עלי בגו [וט]ב לבבי
007		B7.2:4	מרין לא[מר [א]נת	קב[לת	עלין בנפא אנת [על]ת

No.	Form	Ref	Context	Keyword	Context
008		B3.2:5	זי קבלת עלי בגו הן	קבלת	עליך דין ומרא בשם הירא
009	קבל	A6.3:1	עחפפ[ן] עלימא זילי	קבל	בזנה כן אמר כזי אנה הוית
010		B8.2:22	שמ[ה ....]	קבל	כן אמר[....] שמהם
011		A4.2:3	פתיפרסן חד זיוך הו	קבל	פתיפרס א[....] איתי לן
012		A4.2:3	בכל יום זי[....] הו	קבל	פתיפרסן חד זיוך הו קבל
013	קבלן	A3.3:4	יהיב ....] [וכזי]	קבלן	לפחותא על פרסכן תנה
014	אקבל	B3.1:12	זנה בידך ולא אכל	אקבל	עליך קדם סגן ודין לם
015		B5.4:2	אכל [ולא]	אקבל	עליך קדם סגן ומ[רא בשם
016		B4.6:14	ולא אכהל	אק]בל	ע[ליכי]לסגן ו[מרא]
017	ואקבל	A2.2:10	יהב לכי שלחי לי	ואקבל	עליהן תנה וכעת זבנת משח
018	יקבל	B3.12:28	ולאיש זי תנתן לה וזי	יקבל	עליך לסגן ומרא ודין בשם
019	ויקבל	B3.11:12	זי ירשנכי דין ודבב	ויקבל	עליך ועל בניכי לסגן
020		B2.3:13	ארקא זך זי יהבת לכי	ויקבל	עליכי סגן ודין ינתן לכי
021		B3.10:19	וירשה לבניכי אחריכי	ויקבל	עליכי לסגן ומרא ועל
022		B3.10:20	זי ירשנכי דין ודבב	ויקבל	עליכי ועל בניכי ינתן
023	יקבלון	B2.2:16	רחיק מן כל דין זי	יקבלון	עליך עלדבר ארעא זך כתב
024		B3.1:18	ומרביתה ולא יכלון	יקבלון	עליך קדם סגן ודין וספרא

קבלת N complaint

No.	Form	Ref	Context	Keyword	Context
001	קבלת s ab/cn	A6.8:3	לך הן פסמשך אחר	קבלת	מנך ישלח עלי חסן תשתאל

קבר V to bury

No.	Form	Ref	Context	Keyword	Context
001	אקבר peal	D7.47:4	אושר ˆ1ˆ [...]ח הא	אקבר	[...] קמ. [...]. [...].ב..

קדל N neck

No.	Form	Ref	Context	Keyword	Context
001	קדלה s em/sf	C1.1:134	[...] מכדב גזיר	קדלה	כבתולה תימנה זי[....]

קדם V to come before; cf. קום, etpaal

קדם p before; cf. מן קדם

No.	Form	Ref	Context	Keyword	Context
001	קדם	A3.8:12	יהנעלן המו יהודיא	קדם	[....] לן[...]כן..
002		C1.1:10	נגדוהי קרבתה	קדם	אסרחאדן מלך אתור וחכמה
003		C1.1:13	גהנת וסגדת לם אחיקר	קדם	אסרח[אד]ן מלך]אתור
004		C3.12:30	קלולן 2 ב 3+3+20	קדם	א.[...] עליד אחומי]
005		C3.19:27	[.] שמה א...[....]	קדם	א.... לפ]רמותי רעי
006		A4.2:5	זי מצריא [....]	קדם	ארשם להן גנבית עבדן אף]
007		A4.2:9	הו[ה ....] יאמר מלין	קדם	ארשם פיסן מהשדך אנפין]
008		A4.9:3	במצרין למאמר {{קד}}	קדם	ארשם על בית מדבחא זי
009		B4.7:1	נישורי ארמי זי סון	קדם	אשמרם ב..[....] [לאמר
010		C3.8IIIB:9	[...]..ד חלא זי	קדם	בגו.שת [...] כלה
011		A3.5:4	מנכן הוית מלא לבתך	קדם	דלה
012		B2.2:5	אנה קבלת עליך עלדברה	קדם	דמידת וכנותה דיניא
013		A4.7:2	בכל עדן ולרחמן ישימנך	קדם	דריוהוש מלכא ובני ביתא
014		A4.8:2	עדן לרחמן י[שי]מנ[ך	קדם	ד]ריוהוש [מלכא ....
015		C3.8IIIAfraga:2	גברא זנה [...]	קדם	הומיס[...] ... [...]
016		B2.10:3	ברת מחסיה בר ידניה	קדם	ודרגג רב חילא זי סון

No.	Form	Ref	Context before	Keyword	Context after
017		B2.10:2	ארמי זי יב בירתא	קדם	וידרנג רב חילא זי סון
018		B3.9:2	מחסיה ארמי זי סון	קדם	וידרנג הפתחפתא רב חילא
019		B3.9:3	בר משלם ארמי זי סון	קדם	וידרנג הפתחפתא רב חילא
020		A4.6:17	בכבלי[א ....] [....	ק]דם	כנבוזי
021		A4.9:5	בירתא בנה הוה מן קדמן	קדם	כנבוזי זי וידרנג לחיא
022		C1.1:50	אחרנן שגיאן קרבתך	קדם	סנחאריב מלכא והעדית
023		B2.9:4	רשינכם בדין נפא	קדם	רמנדין פרתרך וידרנג
024		D23.1.Va:8	כ]זי מׅטׅא תמה קם	קׅדם	תהרקא וׅה[..] אלה[
025		A5.2:3	[מלכא ....] שאילת	[קד]ם	תרו[ח ו]דינא ואמרת קדם
026		A5.2:5	וכעשק עביד ˆליˇ ואמרת	קדם	תרוח ודי[נא] איך
027		B7.1:3	לאמר חמצת מני ושא[ילת	קדם	... וכנותה דיניא]
028		D22.26:2	אתה לאבוטׅ [...]	קדם]	[....
029		D22.50:2	[...] [...]נׅה	קדם	[...] [...]. מלכא זי עבד
030		D20.1:3	אביטב בר בנת לה יעבד	קדם	אוס‖{ח}רי חפי
031		D20.3:2	כל 2 זי חסתמח קריתא	קדם	אוסרי אלהא אבסלי בר אבה
032		D20.5:3	וכרצי איש לא אמרת תמה	קדם	אוסרי בריכה הוי מן קדם
033		D22.10:1	בריך אבמא. בר חרי	קדם	אוסרי
034		D22.24:2	בריך פנדׅזׅמס	קדם	אוסרי
035		A4.3:2	[בכל עדן ו]לרחמן הוו	קדם	אלה שמיא וכעת כזי
036		D22.51:2	ברך .זי כתב כתיבתא זא	קדם	אלה טורא ואלה מצרין זי
037		D23.1.III-IV:4	[....] .[....]..[..].לן...	]קד[ם	]אׅלהׅאׅ[....] [...]...[
038		D23.1.XVII:1	דׅנׅה [...]י ...	קדם	אנאלת אלהתא
039		C3.12:27	אלהא רבא קלבי 1 לנקיה	ˆקדם	ˆ אסי אלהתא קלבי 1 לשרתא
040		D22.16:2	ברך פטסי	קדם	אסר[י]
041		C3.12:26	1 קלבין 2 לנקיה	קדם	אפתח אלהא רבא קלבי 1
042		A5.2:3	תרו[ח ו]דינא ואמרת	קדם	דינ[א ....]
043		B2.3:24	ארקא זך כזי רשה עליה	קדם	דיניא ומומא טעינת לה
044		D3.28:2	[... ...] [...] 3+3 כען	קדם	המרכריא[...]
045		D22.11:1	ברך פטמון בר ש[.]ת[.]	קדם	וסרי
046		A4.7:27	יתבנה וצדקה יהוה לך	קדם	יהו אלה שמיא מן גבר זי
047		A4.8:26	יתב[נה וצדקה יהוה לך	קדם	יהו אלה] שמיא מן גבר זי
048		C1.1:202	[.... י]ומיך בחין	קדם	[....]ם
049		D22.8:1	בריך [.]פתח	קדם	מׅ[..]. אלהׅא שנת 3 מלכא
050		A5.2:8	[...] [.... על] דנה	קדם	מראי שלחת לאמר כעשק עביד
051		D23.1.Va:10	מלׅך זי [א]נה אמר	ק[ד]ם	מראי מלכא אית[י]לׅן
052		C1.1:73	[....] יסתבלון	קדם	מראיהם[....
053		B3.1:13	ולא אכל אקבל עליך	קדם	סגן ודין לם לקחת מני
054		B3.1:18	ולא יכלון יקבלון עליך	קדם	סגן ודין וספרא זנה בידך
055		B5.4:2	[ולא] אכל אקבל עליך	קדם	סגן ומ[רא בשם ביתא זנה
056		B5.4:5	[עליך ועל] בר וברה לך	קדם	סגן ומרא ל[העדיה מנך
057		A3.3:5	לאמר על זנה [....]	[קדם]	ספריא ויתיהב לכן כעת
058		C3.8IIIB:37	בבימא זי סי.. .מׅאׅבׅ	קדם	... ספרא זי קדם .....
059		C3.8IIIB:37	קדם ... ספרא זי	קדם	.....
060		A3.1:V5	למהך מן	קדם	רבחילא
061		C1.1:141	[מסתר]יך אל תגלי	קדם	[רח]מיך אל יקל שמך
062		D22.47:4	ברך זי כתב כתבתא זא	קדם	שמש אלהא בׅטׅבׅ רׅבׅ
063		D22.49:2	ברך ארתוזי בר פרם	קדם	שמש אלהא רבא
064		C1.1:188	יהחוה %% הא זנה יקיר	[קד]םׅ	שמש וזי ישתה חמרא
065	קדמ.	D23.1.Vb:9	.זׅנׅה הנׅעׅל. הו	קדמׅ].	...] [... ... ...] [... ...
066	קדמוהי	C1.1:50	מלכא והעדית חטאיך	קדמוהי	ובאישתׅ[א] לא עבד לך אף
067		C1.1:91	ה[ו] מן הו זי יקום	קדמוהי	להן זי אל עמה שפיר מלך
068		A6.3:6	[עבדיא] אלכי אהקרב	קדמוהי	סרושיתא זי אנה אׅשים להם
069	וקדם	B4.3:13	במנין [ב]בית מל[כא	וקדם	ספרי אוצרא
070		B4.4:12	בית מלכא	וקדם	ספרי אוצרא זנ[ה
071		B4.4:14	לך במנין בבית מלכא	וקדם	ספרי א[וצרא
072	קדמי	D6.4fraga:1	[... בזנ]ה	קדמׅ[י	[...
073		A6.5:1	[ ]לך וכע[ת שלם בזנה	קדמי	אף] שלם תמה קדמיך [יהוי
074		A6.12:2	רכבה לקבל זי קדמן עבד	קדמי	ופתכרן אחרנן והושרו
075		C2.1.7:39	בפרס זעיׅר [זי מן	קדמי	לא מר]דו וחילא זי מדי
076		C2.1.7:38	באלוך זי ב[א]נז [מן	קדמי	מרדו על]והי אזלו הו
077		A6.7:1	הושרת ל[ך] וכעת בזנה	קדמי	שלם אף תמה קדמ[י]ך שלם
078	קדמיהם	C1.2:20	מצרין זיׅ [...]	קדמיהם	עד יבנון קדׅ[...
079		C1.1:141	[רח]מיך אל יקל שמך	קדמיהם	עם זי רם מנך אל תעבד
080	קדמיך	A6.5:1	[קדמי אף] שלם תמה	קדמיך	[יהוי וכעת]
081		C1.1:15	אבוך [ז]י מלך הוׅה[	[קדמיך]	[.... ....
082		A6.7:2	קדמי שלם אף תמה	קדמ[י]ך	שלם יהוי וכעת איתי
083		A6.3:7	זי פ[ס]משך יהקרב	קדמיך	ת[מה] אנת שם טעם

קדמא a previously (?)

No.	Form	Ref	Context before	Keyword	Context after
001	קדמא	D7.8:4	מטאת למגז עמרא זילה	קדמא	מתמרט בכבא כען אתה וגזה

קדמה N bow of a boat (?); cf. קומה

קדמי A first

No.	Form	Ref	Context before	Keyword	Context after
001	s em/sf קדמיא	D5.48:1	[...	קדמיא]	..[...]
002		A6.10:1	אדין סמשך פקידא	קדמיא	גרדא ונכסיא זילנא [זי]
003		A6.10:8	זילי כן כזי פקידיא	[קד]מיא	הוו עבדן כן ידיע יהוי

קדמן a formerly

No.	Form	Ref	Context before	Keyword	Context after
001	קדמין	A4.7:25	לקבל זי בנה הוה	קדמין	ומחתא ולבונתא ועלותא
002	קדמן	A6.11:6	יהחסן והלכא לקבל זי	קדמן	פמון אבוהי הוה חשל יחשל
003		D8.2:1	זׅבׅיׅן	קׅדׅמׅן	בׅ.[...] [...]. דׅרשחדׅא
004		A4.10:9	יתבנה ביב בירתא כזי	קדמ[ן	ב]נה הוה וקן תור ענז
005		A6.10:1	ארשם על נחתחור וכעת	קדמן	כזי מצריא מרדו אדין
006		A4.2:8	גלין אנפין על ארשם	ˆקדמןˇ	לכן לא כזנה הו[ה ....]
007		A6.7:9	עבידתא זילי יעבדו כזי	קדמן	מן ארשם בר ביתא על
008		A6.12:2	סוסה עם רכבה לקבל זי	קדמן	עבד קדמי ופתכרן אחרנן
009		C2.1.11:74	[כן אמר אלה גבר]יא זי	קד[מ]ן	עמי הוו עׅד אנה
010		C1.1:46	[ ]אנה הו אחיקר זי	קדמן	שזבך מן קטל זכי [....
011		A6.10:5	כן לא עבדן כען אף	קדמן	שלחת עליכם על זנה אנתם

קדמת p before, from before

No.	Form	Ref	Context before	Keyword	Context after
001	קדמת	C1.1:2	[ ]אמר ברא לם יהוה לי	קדמת	מלוׅהי [ר]בׅה אחיקר
002	קדמתה	A2.2:15	ושבק בבתה אל תקמי	קדמתה	כל גשר זי ישכח יזבן והן
003	קדמתהן	A2.3:9	להן פרס תנה ויתלקח	קדמתהן	בסון וכעת הן את ערב

004		קדמתי	A4.3:10	הו אמר לי שלח אגרת	קדמתי	[..]לו חסרן שגי־א־ שים
005		קדמתך	A3.3:11	ת[אתה ...] [איתי] המו	קדמתך	כעת זבנת לי אנה כֿתן 1
006			C1.1:85	מן סכין פמי[ן] חזי	קדמתך	מנדעם קשה [על] אֿנפי
007			C2.1.11:68	מסכן יעבד זך חזי אף	קדמתך	[.... אל ב]טובך
008		קדמת	A4.7:17	קטילו וחזין בהום אף	קדמת	זנה בעדן זי זא באיש־תא־
009			A4.8:16	קטילו וחזין בהום אף	[קדמת	זנה בעדן זי זא באישתא

קדש N holy one

001	p abs	קדשן	C1.1:79	שימה הי כי בעל	קדשן	נשא[ה] בר[י] אל תל[ו]ט

קום V to rise, stand

001	peal	קמת	B1.1:10	ואנתן ל[ך ו]הן לא	קמת	ונקת ונתנת לך אתננהי לך
002		קם	C1.1:182	[...]עבדֿתֿ]	קֿם	אילתא שגיאת
003			C2.1.7:36	שמהֿ פרסי יתב בפרס	קֿ[ם	אמר] [לעמא אנה ברזי
004			C3.15:123	בר שמעיה כש 2 כספא זי	קם	יומא הו ביד ידניה בר
005			D23.1.Va:8	[כ]זי מֿטֿאֿ תמה	קם	קֿדם תהרקא וֿה[..] אלהֿ[
006		וקם	C1.1:4	[שנ]חאריב מל[ך אתור	[וקם	אסרחאדן ^שמה^ ברה והוה
007		קמן	B3.6:13	לך בחייך ^אנחן^ {{הן	קמן}}	לאמר לא נסבלנך כזי יסבל
008		אקם	B1.1:10	זי י[ד]חנך אקנס	אקם	ואנקה ואנתן ל[ך ו]הן לא
009		יקום	B2.6:26	דבב מחר או יום אחרן	יקום	אסחור בעדה ויאמר שנאת
010			B3.3:7	פלג מחר או יום אחרן	יקום	ענני בעדה ויאמר שנאת
011			B3.8:21	2+3 מחר או יום אחרן	יקום	ענניה בעדה ויאמר שנית
012			B4.7:4	[אח וא]חֿה וֿהנבג זי	יקום	וידֿח[..]
013			B6.3:9	[ונכסוהי וקנינה] וזי	יקום	לתרכ[ותה מן ביתה זי
014			B2.6:29	ולא דין ולא דבב ו[ז]י	יקום	על מפטחיה לתרכותה מן
015			B3.8:30	[זי איתי]ל[ה] וזי	יקום	על[יהוישמע] לתרכותה מן
016			B3.9:7	ע[בד] ולמשנתה זי	יקום	על ידניה זך למשנתה
017			A3.8:6	והבה לה בכספא זי	יקום	עלוהי וכזי אגרתא זא
018			B3.6:7	ולמזלכי מנדת כסף זי	יקום	עליכי ועל יהישמע ברתך
019			B3.7:16	צבית אהנצל מנכי זי	יקום	עליכי לתרכתכי מן בת־י־א
020			C1.1:91	קלה גבה ה[ו] מן הו זי	יקום	קדמוהי להן זי אל עמה
021		תקום	B2.6:22	מחר א[ו]יום אחרן	תקום	מפטחיה בעדה ותאמר שנאת
022		תקם	B3.3:9	חוט מחר או יום אחרן	תקם	תמת ותאמר שנאת לבעלי
023		נקום	B3.4:20	לבר וברה לך אנחן	נקום	ונפצל וננתן לך בין יומן
024			B3.9:6	לי אח ואחה לי ואיש לי	נקום	למעבדה ע[בד] ולמשנתה זי
025		יקמו	D1.34fraga:5	עבֿ[...] [...].	יקמו	באוצרא ב[...] [...] כנופי
026		תקום	C1.1:85	[על] אֿנפי מ[ל]ךֿ אל	תקום	זעיר כצפֿה מן ברק אנת
027			A3.8:13	[..] י [...] מליהם אל	תקום	חת לעבק ולעבק הנחת לי
028			A3.8:7	זא [ת]מטא עליך אל	תקום	חת מנפי לעבק הן השכחת
029		תקמי	A2.2:15	זבן גשרן ושבק בבתה אל	תקמי	קדמתה כל גשר זי ישכח
030		וקום	D7.24:5	[...]גֿ בפסחא	וקום	ע[ם] [...] זי אקמנך עם
031		קומי	D7.1:5	עם קנא לזבנה אזלי	קומי	עמה בסון יומא זנה הן
032		קמו	A4.3:6	^חור^ יבעה מנכם אנתם	קמו	קבלהם כן כזי מלה באישה
033		קים	A3.10:7	עלין והן עבו[רא ..]	קים	בידכ[ם ה]ודעו לארמתידת
034			C3.11:1	[....]י יור [כספ]אֿ זי	קיֿם	בשנת 3+3 כסף כרש[...]
035			C3.11:6	[....] הוה יתרן כספא זי	קים	בשנת 3+3[...] כסף כרשן
036			B1.1:13	ש 2 תקל אבד ות[ק]ל	קים	ותשא [..]רי אדר בחמר נפשך
037		קימן	B8.4:6	כל 2 דמןֿ	קֿימֿןֿ	[....]
038			A4.8:9	זך [נדשו ודשיהום	קימן	וציריהום זי דששיא] אלך
039			A4.7:10	באגורא זך נדשו ודשיהם	קימן	וציריהם זי דששיא אלך נחש
040			B3.4:4	זי ביב ברתא זי אגרוה	קימן	ותרבצה ארע הי ולא בניה
041	(h)afel	הקימת	C2.1.3:1	א[נה ....]הֿ	[הקימת	....] [....]נכסיהום
042		והקימת	C1.1:23	[....]תֿ	והקימת	בבב היכלא]
043		הקימת	C1.1:44	יבֿעֿך [....]ת זי	הקימת	בתרע היכלא הו חבלך
044		הקים	C1.1:12	יעט אתור כלה זי	הקים	לברה ולא בר[ן ....
045		הקם	D23.1.Va:8	[ ]נֿשא עמֿה ושכֿרוֿ .ה	הקֿם	וֿא[פ]קֿ על תהרקא מֿלך
046		אקמנך	D7.24:6	וקום ע[ם] [...] זי	אקמנך	עם [....]. ומאנהי בחן
047		הקימני	C1.1:109	[י]לקח זילה וינתן לך	הקימני	אל בצדיק עמך
048*	etpaal	יתקים	D1.17fragb:6	עק[... ...] [... ...]	יתקיֿם[	כים ושהדו על כל

קומה N mast of a ship (?); or read **לקדמתא** — cf. **קדמה**

001	s em/sf	לקומתא	A6.2:11	לבטנא תלתה קלעס	לקומתא	חד עקי חלא אמן שתן

קוס N bowl (?)

קופה N basket

001	s ab/cn	וקפת	D7.12:3	[א]נֿתתא זי ג[....]	וקפת	ידניה[....] מלאה סער[ן
002	s em/sf	קפתא	D7.39:3	[... ...] [...]בגוה אף	[ק]פתא	זי בה שערי־א־ זי חנֿם
003			D7.7:4	לי מלח קבן 2 דקק וחצף	קפתא	עלוהי אף חזי אפק לי תלי

קטו N cucumber

001	p abs	קטין	D7.17:13	ינקי־א־ הלו לא שאר	קטין	
002			D7.3:2	[ה]ןֿ לא איתי זרע	קטיןֿ	[כ]זי אמרת לכי אנתתא ע

קטיל A killed

001	p em/sf	קטיליא	C2.1.8:49	[בזקיפא] שמת נפחֿרֿ	קטיליא	וח[ייא זי חילא זילי
002			C2.1.8:61	[עמה הוה ק]טלו נפחר	ק[טיליא	וחייא זי] [ויזדת זי

קטל V to kill

001	peal	קטלת	C2.1.5:27	[לניסן עבדן קרב	קטלת	בהם
002			C2.1.5:26	חילא זי [פרורת	ק]טֿלת	בֿ [2+3+20] [לניסן
003			C1.2:4	המֿוֿ]	ק]טלת	המו תהך בחרב חילך
004			C2.1.11:74	עמי הוו עדֿ אנה	[קט]לֿתֿ	לגומ[ת ז]ך מֿגושא [זי
005		קטלתה	C1.1:49	והצפנתך מנה אמרת	קטלתה	עד זי לעדןֿ [א]חרן
006		קטלתך	C1.1:51	על זי החיתך ולא	קטלתך	כען אנת לקבל זי אנה
007		קטלת	C1.2:4	[..]לולא באתר ימאֿ	קטלתֿ	המֿוֿ[.... ק]טלת
008		קטל	A5.5:3	למקטל [...] אף	קטל	[....] המו
009			C2.1.5:21	[קרב אחר עבדו קר]בֿאֿ	קטל	בהם 2×לף+20+10+3+1
010		קטיל	C1.1:71	[....] מלכא	קטיל	אחר נבוס[מסכן
011		קטלה	C2.1.8:61	[תמה גברא זך א]חֿד	קטֿ[לה	וחרא זי עמה הוה ק]טלו
012		קטלו	C2.1.4:5	[לטבת עבדו קרבא	קטלו]	[ב]הם
013			C2.1.5:11	קרבא]	קטלו	בהם
014			C2.1.5:13	לאיר עבדו קרב	קטלו	בהם 3+2×לף+20+20+1[+2+3]

No.	Form	Ref	Preceding	Keyword	Following
015		C2.1.5:17	] לסיון [עבדו קרב	קטלו	ב]הם
016		C2.1.5:23	לאיר עב[דו קרב]	[קטלו]	בהם 2×לף+20+20+]3+3
017		C2.1.7:34	לכסלו עבדו קרב	[קטלו]	בהם
018		C2.1.7:43	] לאיר [עבדו קרבא	[ק]טלו	בהֹם
019		C2.1.8:47	עבֿדו קרבא	קטלו	בה[ם וחין אחדו] ויזדת
020		C2.1.8:55	זֿילי לחֿ[ילא מרדיא	[קטלו]	בהם
021		C2.1.8:58	] קטלו לחילא] מרדיא	קטלו	בהם
022		C2.1.5:16	חילא זילי למר[ד]יא	[ק]טלו	ב לסיון [עבדו קרב קטלו
023		C2.1.8:49	וח]ייא זי חילא זילי	קטלו	ואחדו] 2+10+20+20
024		C2.1.8:62	] זי] [ויזדת זי חי]לי	קטלו	[ואחדו]3+2 אחר מת]א לי
025		C2.1.7:46	] עבדו קרב חילא זילי	קטל]ו	חיל[א ז]י [ויזד]ת בירח
026		C2.1.8:55	בֿ[טלה זי אהורמזד	קטלו	חיל]אֿ זֿילי לחֿ[ילא
027		C2.1.4:10	זי אהורמ[זד חילא זילי	קטלו	לחילא מרדיא ב לא]יר
028		C2.1.8:57	] אה]ורמזד חילא זי[לי	קטלו	לחילא] מרדיא קטלו בהם
029		C2.1.7:43	[חי]לא [זיל]י	[קטלו	]לחילה[זי ויזדת ב
030		C2.1.4:5	אהורמזד ח[ילא זילי	קטלו	למרדיא אלך ב לטבת עבדו
031		C2.1.5:13	] אהורמזד חילא זי]לי	קטלו	למרדיא בֿ 2+3+3+10
032		C2.1.7:33	] אהורמזד] חילא זי ל[י	ק]טלו	למרד[יא] אלך ב לכסלו
033		C2.1.8:61	] וחרא זי עמה הוה	ק]טלו	נפחר ק[טיליא וחייא זי]
034	קטילו	A4.7:17	באיש לאגורא זך כל	קטילו	וחזין בהום אף קדמת זנה
035		A4.8:16	באיש לאגורא זך כלא	קטילו	וחזין בהום אף [קדמת זנה
036	ויקטל	C1.2:23	ויתקלנהי בלבֿה	ויקטל	איש למ[רא]ה על דבר כספה
037	נקטלנהי	C1.1:61	כלא הוו אנחנה אל	נקטלנהי	[איתי עלים ח]ד סרים
038	תקטלני	C1.1:52	לך כן אפו עבד לי אל	תקטלני	בלני לב[י]תך ע[ד] ליומן
039	נקטלנהי	C1.1H:17	הו ו[על ...] אל	נקטלנהי	[איתי עלים ח]ד ...]
040	קטל	C2.1.5:20	[זי לא] [שמען לי	[קטל	אחר והומס אזל לארדט
041		C2.1.4:3	] עלו]הֿי א[מרת אזל	קטל	לחילא זי מדי זי לא]
042		C2.1.7:31	זֿ[י בחתר]י אמרת אזל	קֿטל	לחילא זי לא שמען ל]י
043	קטלו	C2.1.8:53	לם אזלו ל[וימן	קטלו	ולחילא זי לדריהוש מלכא
044		C2.1.8:54	] לדריהוש מלכא שמען]	קטלו	חילא זי ויזדת [שלח
045	למקטל	A5.5:3	[....]	למקטל	[...] אף קטל [....] המו
046	etpeel יתקטל	C1.1:62	סרים זילי אנתן לכם	־יתקטל־	בין טוריא[אל]ה תרין

קטל N killing, execution

No.	Form	Ref	Preceding	Keyword	Following
001	s ab/cn קטל	C1.1:46	זי קדמן שזבך מן	קטל	זכי [....]אבוהי זי

קים N covenant

No.	Form	Ref	Preceding	Keyword	Following
001	s em/sf קימה	B5.6:10	ה.[....]תֿה	קימה	ואסרֿה כֿתֿב ועבד כל

קל N voice

No.	Form	Ref	Preceding	Keyword	Following
001	s em/sf קלה	C1.1:91	] יאבל[מלך כרחמן אף	קלה	גבה הֿ[ו] מן הו זי יקום

קלבי N liquid measure

No.	Form	Ref	Preceding	Keyword	Following
001	s ab/cn קלבי	C3.12:15	לשרתא חמר צידֿן	קלבי	1 מצרין] קלול 1] [יהיב
002		C3.12:19	] הֿ]וה תנה [....	קלב]ֿי	1 [....]. קלבי 1 [...
003		C3.12:20	] קלב]ֿי 1 [....].	קלבי	1 [... קלבי]1 [....
004		C3.12:21	[....]. קלבי 1 [...	קלבי	]1 [.... קל]בי 1
005		C3.12:22	[....]1[קלבי ...]	קל]בי	1 [....ס]פינתא ב
006		C3.12:24	ב 3+20 לשרתא קלול 1	קלבי	1 ב 1+3+20 לבגוד 1
007		C3.12:26	קדם אפתח אלהא רבא	קלבי	1 לנקיה ˆקדם ˆ אסי אלהתא
008		C3.12:27	ˆקדם ˆ אסי אלהתא	קלבי	1 לשרתא חמר צידן קלבי
009		C3.12:28	1 לשרתא חמר צידן	קלבי	1 ב 2+3+20 לכיחך זי
010		C3.12:3	[....]. [....]מצרין	קלבי	1 [... מצ]רין קלול 1
011		C3.12:7	לפאפי לשרתא חמר צידן	קלבי	1 מצרין] קלול [1 ב 2
012	p abs קלבין	C3.12:25	1 לבגוֹד 1+3+20	קלבין	2 לנקיה קדם אפתח אלהא
013		C3.12:4	1 [... מצ]רין קלול	קלבין	2 [....]. נפקתה בירח
014		C3.12:8	לשרתא מצרין קלול 1	קלבין	2 היב לצחא בר פמון
015		C3.12:10	2+3 בגו קלולן 2	קלבין	3 עליד זֿער שׁ..אֿ

קלול N liquid measure (greater than קלבי)

No.	Form	Ref	Preceding	Keyword	Following
001	s ab/cn קלול	C3.12:11	עליד חרמעחר מצרין	קלול	1 [....]. מצרין
002		C3.12:12	1 [....]. מצרין	קלול	1 [....].ללא
003		C3.12:13	מצרין	קלוֿל	1 [....]. זי בצ[.]בגֿ
004		C3.12:14	זי בצ[.]בגֿ מצרין	קלול	1]. ב... לפאפ]י לשרתא
005		C3.12:15	קלבי 1 מצרין]	קלול	1] [יהיב ל....]בר פחה
006		C3.12:16	] ל....]בר פחה מצרין	קלול	1 [....]ל.[....
007		C3.12:24	ב 3+20 לשרתא	קלול	1 קלבי 1 ב 1+3+20
008		C3.12:4	קלבי 1 [... מצ]רין	קלול	1 קלבין 2 [....]. נפקתה
009		C3.12:7	צידן קלבי 1 מצרין]	קלול	1] ב 2 לפאפי לשרתא
010		C3.12:8	2 לפאפי לשרתא מצרין	קלול	1 קלבין 2 היב לצחא בר
011	p abs קלולן	C3.12:10	מצרין מאנן 2+3 בגו	קלולן	2 קלבין 3 עליד זֿער
012		C3.12:17	] [מֿצֿרֿיֿן	קֿלֿוֿלֿן	2̇ [.... ה]וה תנה
013		C3.12:29	הו יום 1 לניסן לשרתא	קלולן	2 ב 3+3+20 קדם א.]

קליל A light

No.	Form	Ref	Preceding	Keyword	Following
001	s ab/cn קליל	C1.1:160	פרן ולא {ולא} איתי זי	קליל	מן תותב חרב תדלח מין
002		C1.1:38	זך רביא רכב בסוסה חד	קליל	....] אל[ך עמה אחר

קלל V to be light, curse

No.	Form	Ref	Preceding	Keyword	Following
001	peal יקל	C1.1:141	תגלי קדם [רח]מיך אל	יקל	שמך קדמיהם עם זי רם מנך
002	pael יקללנך	C2.1.11:73	תהצפֿנהֿי אהורמזד	יק[ללנך	וזרע לא יהוה לך]

קלעס N part of a boat

No.	Form	Ref	Preceding	Keyword	Following
001	s ab/cn קלעס	A6.2:11	שבען חנן לבטנא תלתה	קלעס	לקוֹמתא חד עקי

קמח N flour

No.	Form	Ref	Preceding	Keyword	Following
001	s ab/cn קמח	D7.1:13	כפנן המו אף לחם אף	קמח	הב[ין] לה ושאלהי[ן.] למ.ה
002		A6.9:3	זי במדינתכם יום ליום	קמח	חורי חפנן תרת[י]ן קמח
003		A6.9:4	גב[ר]ן עשרה לחד ליומא	קמח	חפן חדה עמיר לקבל רכשה
004		A6.9:5	לגבר לגבר ליומא	קמח	חפן חדה פתפא זנה הבו להם
005		D7.49:3	...] [... א זי[...]	קֿמח[	קן ב ...] [...]ל[...] [...]
006		A6.9:3	קמח חורי חפנן תרת[י]ן	קמח	רמי חפנן תלת חמר או שכר
007		D7.8:15	נאכל עד מחר עֿרובה א	קמח	שאר תנה

No.	Gram.	Form	Ref.	Preceding	Keyword	Following
008		בקמח	D7.2:7	לאיתי לי מלח למשם	בקמׄח	1

קמר N wool

No.	Gram.	Form	Ref.	Preceding	Keyword	Following
001	s ab/cn	עמר	D7.7:9	יעדרן ותפק אחטב	עמר	ופכלול 2
002			B2.6:7	לי בידה לבש 1 זי	עמר	חדת חטב צבע ידין הוה ארך
003			A2.6:5	ע[ל....] וזבני	עמר	כזי תמטו[ה ידכי
004			A2.2:7	על תבי ותושר לכי	עמר	מן קצתה זי כסף ש 1 וכעת
005			B2.6:10	מלכא לבש אחרן זי	עמר	נשחט הוה ארך אמן 3+3
006			B3.3:4	לי תמת בידה לבש 1 זי	עמר	שוה כסף שקלן 3+3+1
007			A2.2:16	יזבן והן יהב לכי רעיה	עמר	שלחי לי שלם תטסרי
008		קמר	B6.2:6	מׄסׄחׄטׄה 1 חדתה זי	קמר	דמי כסף חלרן 10 כס 1 זי
009			B2.9:5	איתי[י] נכסיא לבשי	קמר	וכתן מאני נחש ופרזל מאני
010			B3.8:13	כסף שקל 1 כל לבשן זי	קמר	וכתן 2+3+3 ^2+3^
011			B3.8:6	2 חלרן 2+3 לבש 1 זי	קמר	חדת לאמן 3+3+1 פשכן 3
012			B3.8:7	1 שקלן 2 גמידה 1 זי	קמר	חדת לאמן 3+3 ב 3+1
013			B3.8:9	1+3+3 שביט [1 זי	[קמ]ר]	חדת לאמן 3+3 ב 3[+2]
014			B6.1:6	] לבש 1 זי	קמר	חדת לאמן [
015			B6.2:1	זי 1 ....]	קמר	חדת זי אמן ... ב ...
016			B6.2:2	כסף כ 2 [.... 1 זי	קמר	חדת זי אמן ... ב ... דמי
017			B6.2:3	2+3+3 [.... 1 זי	קמר	חדת זי אמן ... ב ... דמי
018			D3.14:5	זי לקיח[...] [...	קׄמר[	פכרס .[...]
019			A3.8:9	1 כתון י[.]הה 1 זי	קמר	פעקס 1 סרחלין 1 [...]
020			D4.25:2	] ל]מנדע ל.[...] [...] י.ה	קמר	ש.[...] [...] הושע ויסלח
021			C3.14fragaV:1	.[...] [...] . .[...]	קמׄר]	[...] {(. 2+3}} [...] [...
022			B8.2:16	לבשי זי [....]	קמר	[....]תוגן 20 בׄנׄאי
023		ועמר	B4.1:2	וחטן ושערן [וכנתן]	ועמר	ו]כתן [ו]כל מדעם זי יחיה
024		קמר	C3.7DV1:11	אפץ כרשן 2×100	קמר	כפר צע כרשן 2×לף+1×100
025			C3.7DV2:11	עׄק סׄמׄכׄתׄ 3	קמ[ר	]כפר צע[....] נח[ש]
026			C3.7FV2:12	[2+3+3+20+20]	קמר	כפר צע כרשן 2×לף+1×100
027			C3.7FV3:8	כ 2 יׄ 10+2	קמר	כפר צע כרשן 2×לף+1×100
028			C3.7JR3:22	שנתׄ[....]	[ק]מׄר	[.... [פרז]ל כרשן
029	s em/sf	עמרא	D7.8:4	זי לך רבתא מטאת למגז	עמרא	זילה קדמא מתמרט בכבא כען
030		עמרה	A2.2:9	שלחי לי והן יהב לכי	עמרה	זי על מכי שלחי לי והלה
031		קמרא	D7.33:3	וגרשא שבק	קמרא	מן אתמל כענת שאלי
032			D7.23:3	[....] למהך על .[...]	קמרא	עתי[קא ...] גץ יצלן 2

קן N flock, sheep

No.	Gram.	Form	Ref.	Preceding	Keyword	Following
001	s ab/cn	קן	D7.1:3	הלו הא[.] נפנא רעיא	^קן	זי סחמרי בעל ‖טבתכם אתה
002		וקן	A4.10:10	כזי קדמ[ן ב]נה הוה	וקן	תור ענז מקלו [ל]א יתעבד
003	s em/sf	קנא	D7.1:4	אתה סון עם	קנא	לזבנה אזלי קומי עמה

קנה N reed, rod

No.	Gram.	Form	Ref.	Preceding	Keyword	Following
001	s ab/cn	קנה	C3.13:6	1+3 [ק]נ[ן	]קנהׄ[	ז]י[....]... זלוח[ן
002	p abs	קנן	C3.13:15	נחש 20+1 כס כסף 1	קנן	2+3+10 טלפׄחן 2+3
003			D7.4:9	לי הלו {ל}לאיתי ל[.]	קׄנׄן	ל.[...] ל[...] ב[...]
004			C3.13:20	ב.י[...].יׄה .[...] [...]	קנ[ן	[... זלוח[ן בה .[...]
005			C3.13:6	1 טׄלׄפׄח[ן 1+3	[ק]נ[ן	....]קנהׄ[ז]י[

No.	Gram.	Form	Ref.	Preceding	Keyword	Following
006	p em/sf	קניא	C3.13:50	רבא זי.אׄ.[....] זכרן	קנׄיא	זׄי הושר ולקחׄ

קנחנתי N divine shrine (Egypt; GEA 374.22)

No.	Gram.	Form	Ref.	Preceding	Keyword	Following
001	s ab/cn	קנחנתי	B3.10:9	תמואנתי עליא לה בית	קנחנתי	דבק לה אגר באגר תחתיא
002			B3.11:5	בינים עליא לה בית	קנחנתי	דבק לה אגר באגר ואגר

קני V to acquire

No.	Gram.	Form	Ref.	Preceding	Keyword	Following
001	peal	קנה	A4.7:16	רגלוהי וכל נכסין זי	קנה	אבדו וכל גברין זי בעו
002			A4.8:15	רגלוהי וכ[ל נכסן זי	קנה	אבדו וכל גבר זי[בעה
003		יקנה	C1.1:195	ארח ו.[..]הׄב לא	יקנה	[....]ך %%
004		קנה	C1.1:179	אף לכל עבדיך אלפׄ[ן]	קנה	עבד פרי[ד] אמה
005		למקנה	B5.6:12	....]בשמהם [	ל]מׄקנה	מנך ואנה
006	etpeel	מתקנה	C1.1:218	[....] בׄסׄולה	מתקנה	גׄב[ר] כגרה ואנתהׄ

קנין N possessions, property

No.	Gram.	Form	Ref.	Preceding	Keyword	Following
001	s ab/cn	וקנין	B2.8:4	ונחש ופרזל כל נכסן	וקנין	וספר ˆאנתרˆ אדין מומאה
002	s em/sf	וקנינה	B3.8:27	שארת תכונתה ונכסיה	וקנינה]	דמי כסף כרשן 3+3 שקלן
003			B6.3:8	] זי שלומם ונכסוהי	[וקנינה]	וזי יקום לתרכ[ותה מן
004			B2.6:19	זי אסחור ונכסוהי	וקנינה	וכל זי איתי לה על אנפי
005			B3.8:31	] ע[נג]יה ו]נכס[והי	וקנינ]ה	וכל זי איתי [ל]ה]
006			B3.8:35	[בתכו]נ[ת]ה ונכסיה	וקנינה	וכל זי איתי לה אף ל[א
007			B6.3:4	] בביתה [ונכ]סׄוהי	ו[קנינה	וכל זי אית לה
008			B3.8:30	בביתה ונכסוהי	וקנינה	[ותכונתה וכ]ל [זי איתי
009			B6.3:1		וקנינה	זׄי
010			B2.6:30	זי אסחור ונכסוהי	וקנינה	ינתן לה כסף כרשן 20
011			B2.6:22	הו ירתנה בנכסיה	וקנינה	מחר א[ו]יום אחרן תקום
012		וקניני	B2.6:35	אכל [אהנ]תר נכסי	וקניני	מן מפטחיה והן העדת המו

קנרתעא N large sea-going vessel (Egypt; GEA 374.20)

No.	Gram.	Form	Ref.	Preceding	Keyword	Following
001	s ab/cn	קנרתעא	C3.7EV1:16	בקרו לימא דוגי	קנרׄתעא	1 [זי] [....]
002			C3.7EV2:19	בק[ר]ו לׄימׄא דוגי	קנרׄתעא	1 זי[....] [כסף
003			C3.7GR1:12	]דוגי[....]	קנרתעא	1 [....]פׄתׄ[....]
004			C3.7GR3:16	בקרו למׄצרין דוגי	קנרׄתעא	1 [....]
005			C3.7EV1:2	] בקר[ו לימא דוגי	קנר[ת]עא	שׄמׄ...[ ] ...י [כסף

קנרתשירי N small sea-going vessel (Egypt; GEA 374.21)

No.	Gram.	Form	Ref.	Preceding	Keyword	Following
001	s ab/cn	קנרתשירי	C3.7EV1:14	] בקר[ו לימא דוגי	קנרׄתשירי	1 זי [.... כ]סף
002			C3.7EV2:5	בקרו לימא דוגי	קנרׄתשי[רי	1 זי[....]....
003			C3.7GR2:22	בקרו למצרין דוגי	קנרתשירי	1 זי שמ...הׄ.[ ] [...] [...]
004			C3.7FR1:7	....]	קנ]רׄתשׄירׄי	2 [....]גבי
005			C3.7FR2:4	[בית מלכא] מן דוגי	קנרתשירי	2 זי[....]אׄ חמר
006			C3.7JV2:7	] .... [דוגי	קנרתשירי	זׄי .... [....] מנדתא

קף N chest (?)

No.	Form	Gram.	Ref.	Preceding	Keyword	Following
001	קף	s ab/cn	B3.8:19	עק 2 זי אבן 1 כל 2+3	קף	זי עק 1 תחת חמריה שנן זי

קפא N a water animal; or read לקרא — cf. קרא

No.	Form	Gram.	Ref.	Preceding	Keyword	Following
001	לקפא	s ab/cn	C1.1:165	בימא על כן יקראון	לקפֿא	לבא נמרא פגע לענזא

קפיר N pot

No.	Form	Gram.	Ref.	Preceding	Keyword	Following
001	וקפיר	s ab/cn	D7.12:5	מלאה סערן [....]	וקפיר	[..] .[....] [.]..[....] .[
002	קפירא	s em/sf	D7.9:12	שלחי עלי חזי נחת	קפירא	זי היתת בידי הושרוהי
003	וקפירא		D7.9:15	לכם מן יד נהרא	וקפירא	[1] רבא זי יהב [...
004			D7.46:3	רבא [....]	וקפירא	[....] [....]
005	וקפרא		D7.9:13	בידי הושרוהי לי	וקפרא	זי הושרת לכם מן יד

קפס N basket (?); or read בקוס — cf. קוס

No.	Form	Gram.	Ref.	Preceding	Keyword	Following
001	בקפס	s ab/cn	D1.30:2	א..[...] [.... ...]	בקפס	בו 10. [...]. ומחין[

קפף N chest ?

No.	Form	Gram.	Ref.	Preceding	Keyword	Following
001	קפף	s ab/cn	B3.8:17	מלכא כסף זוז לעשרתא	קפף	1 זי חוצן תחת לבשיה ת.[.]

קצן N officer; cf. קצין

קצין N woodcutter; or read קצן — cf. קצן

No.	Form	Gram.	Ref.	Preceding	Keyword	Following
001	קצין	s ab/cn	D21.14:1	פסי	קצין	

קצת N part

No.	Form	Gram.	Ref.	Preceding	Keyword	Following
001	קצת	s ab/cn	A4.5:4	ונכסן יהבו לה איתי	קצת	מן יודנא זי מלכא זי
002			B3.10:3	לכי בחיי ויהבת לכי	קצת	מן ביתי זי זבנת בכסף
003	כצת		D4.15fragb:3	[...] [....]. נב ח[...] מן	כצת	כספא[...]
004	קצת		B4.5:3	[איתי לך] עלי מן	קצת	כסף דמי בית בניךֿ[
005			B4.6:4	הו [כס]ף סתתרי 1 מן	קצת	כספא ונכסיא זי על ספר
006	בכצת		C3.11:9	בר .[...] איטשרי זי	בכצת	שנת 3+3 כסף חל[רן] מכס
007	קצתה	s em/sf	A2.2:7	תבי ותושר לכי עמר מן	קצתה	זי כסף ש 1 וכעת הן יהב

קרא V to call

No.	Form	Gram.	Ref.	Preceding	Keyword	Following
001	קרית	peal	B7.2:10	כחסן לא לקחת והן [לא]	קרית	לך בין מקמיא אלה 1[+3]
002	קראן		D2.30:2	[....]בשלה זא משאלתא	קראן	... [....] [... כ]מרן
003	אקרא		D7.43:10	אף כסה 1 [...] כען	אקרא	[...] תשכח אלף [....].
004			B7.2:7	עלי בדינא אנה מלכיה	אקרא	לך על חרמביתאל אלהא בין
005	יקרא.		D22.51:7	מן כל .... וברך זי	יקרא[.]	כת[י]ב[תא] זא ב.. לפחנס
006	ליקרא		D23.1.XIII:1	תשתה [..]..[...]ה	ליקרא	הכתב זן ...א נדרא כללה
007	יקראון		C1.1:165	לא איתי בימא על כן	יקראון	לקפֿא לבא נמרא פגע

קרא N a water animal; cf. קפא

קרב V to approach, to be near; to offer (pael)

No.	Form	Gram.	Ref.	Preceding	Keyword	Following
001	קרב	peal	C1.1:94	הנפקה ברא אריא אזל	קרב	לש[לם חמרא]לם שלם יהוי
002	קרבו		D5.41fragz:2	[..]וש.[..] זי	קרבו	[... זי ק[...] ...
003	קרב		C1.1:193	ינשא[....]	קרב	עלי ואל יאמר לך ר[ח]ק
004	קרבו		C1.1:57	[.... הצ]יתו לם אף[	ק]רב[ו	] עלי ואנה אמר לכם
005	קרבתך	pael	C1.1H:6	[...] אח[רנן ש]גיא[ן	]קרבתך[	...] לא עבד[לך א]ף
006			C1.1:50	וליומן אחרנן שגיאן	קרבתך	קדם סנחאריב מלכא
007	קרב		D15.3:1	זי	קרב	צחא בר עבדעמרו להנאלת
008			D15.2:1	חרבך בר פסרי	קרב	להנאלת אלהתא
009			D15.4:1	זי קינו בר גשם מלך קדר	קרב	להנאלת
010	תקרבני		C1.1:54	יבעה אח[ר]אנת	תֿקרבני	עלוהי ויהחיני אחר
011	יקרב		A4.7:28	אלה שמיא מן גבר זי	יקרב	לה עלוה ודבחן דמן כדמי
012			A4.8:27	[אלה] שמיא מן גבר זי	יקרב	לה עלוה ודבחן דמי כסף
013	נקרב		A4.8:25	ומנחתא לבונתא]ועלותא [	נקרב	על מדבחא זי יהו אלהא
014	יקרבון		A4.7:25	ולבונתא ועלותא	י{{ה}}קרבון	על מדבחא זי יהו אלהא
015			A4.9:9	לקדמן ומנחתא ולבונתא	יקרבון	על מדבחא זך לקבל זי
016	לקרבת		D20.1:1	חתפי	לקרבת	בנת לאוס[ו]רי חפי עבד
017	אהקרב	(h)afel	A6.3:6	[כזי עבדיא אלכי	אהקרב	קדמוהי סרושיתא זי אנה
018	יהקרב		A6.3:7	עחחפי זי פ[ס]משך	יהקרב	קדמיך ת[מה] אנת שם טעם

קרב N battle

No.	Form	Gram.	Ref.	Preceding	Keyword	Following
001*	קרב	s ab/cn	D23.1.XI:9	כמרן עבדן הם	קרב]ן	[... ....] [...]ליהם
002			C2.1.8:57	[3+10 לטבת] עבדו	קרב	אהורמזד ס[עדני בטלה זי
003			C2.1.4:9	זי[ן ד]דרש למעבד	קֿ]רב	אחר דדרש עבד קרבא
004			C2.1.5:12	[זי דדרש] למעבד	קרֿב	אֿחר עבדו קרבא בֿתגר
005			C2.1.5:15	לערקה זי דדרש למעבד	קרב	אחר עבדו קרב בֿהיו
006			C2.1.5:21	[זי] וה[ומס למעבד]	[קרב	אחר עבדו קר]בֿא קטל בהם
007			C2.1.5:15	למעבד קרב אחר עבדו	קרב	בֿהיו [שמה] [ברתא
008			C2.1.7:45	[א]רתור[ז]י למעבֿד	[קרב]	[בפר]גא[טו]רא[בפרס
009			C2.1.7:42	[זי ארתורזי]למ[ע]בד	קֿ[ר]ב	וק[רבא עבדו]אהורמזד
010			C2.1.7:46	[טו]רא[בפרס תמה עבדו	קרב	חילא זילי קטל[ו] חיל[א
011			C2.1.5:22	זי והמוס למעבד	קרבֿ]	ע]בדו קרבא [ב] לאיר
012			C2.1.5:26	[אזל לערקי למעבד	קרב	עבדן קרבא אהור]מֿ[זד
013			C2.1.7:32	אחר ד[דרש א]זל עבד	קרב	עם מרג[ו]יא אהורמזד
014			C2.1.5:13	לאיר עבדו	קרב	קטלו בהם
015			C2.1.5:17	[לסיון] [עבדו	קרב	קטלו ב]הם
016			C2.1.5:22	[10+20] לאיר ע]בֿדו	[קרב	[קטלו בהם
017			C2.1.7:33	אלך 3+20 לכסלו עבדו	קרב	[קטלו בהם
018			C2.1.5:27	[לניסן עבדן	קרב	קטלת בהם
019	קרבא	s em/sf	C2.1.5:26	[לערקי למעבד קרב עבדן	קרבא	אהור]מֿ[זד ס]עדני
020			C2.1.4:9	קֿ[רב] אחר דדרש עבד	קרבא	בזוז שמה ברתא] בארטֿ
021			C2.1.5:12	למעבד קרבֿ אֿחר עבדו	קרבא	בֿתגר שמה ברתא בארמ
022			C2.1.5:22	למעבד קרבֿ] ע]בדו	קרבא	[ב] לאיר עבֿ[דו קרב]
023			C2.1.4:4	[במדין] תֿמה	קֿרבֿ[א	עבד עם חילא זי מדי זי
024			C2.1.4:5	[לטבת עבדו	קרבא	קטלו [ב]הם
025			C2.1.5:11		[קרבא	קטלו בהם

No.	Form	Ref			
026		C2.1.7:43	[2+10 לאיר]עבדו	קרבא	[ק]טלו בהם
027		C2.1.8:47	עבׄדו	קרבא	קטלו בה[ם וחין אחדו]
028		C2.1.5:21	[קרב אחר עבדו	קר]בׄא	קטל בהם
029	וקרבא	C2.1.7:42	[ ]למ[ע]בד ק[ר]ב	וק[רבא	עבדו]אהורמזד [ס]עׄדני

קרבן N sacrifice; cf. קרב N, entry 001

קרבתא a soon thereafter

No.	Form	Ref			
001	קרבתא	C1.1:56	אתור [כל]אׄ הו]ו	קרבתא	נבוסמסכן רביא אמר
002		C1.1:41	רביא זׄךׄ	קרׄבׄתא	בזע כתונה הילל
003		C1.1:45	....] חבלך ותובא	קר]בתא	דחלת לם אחיקר ענית
004		C1.1:48	....] מלכא חמר עליך	קרב]תא	יבלתך לביתא זילי תמה
005		C1.1:59	[לן אנחנה נשמע]נך	קרבתא	עׄ[נה נבוסמסכן ר]ביא
006	קרבתה	C1.1:10	נׄגדוהי	קרבתה	קדם אסרחאדן מלך אתור

קרו N (unclear)

No.	Form	Ref			
001	קרותא s em/sf	D1.33fraga:2	[....] [...]בית	קׄרותאׄ[	[... ...

קרי V to happen

No.	Form	Ref			
001	קרה peal	C1.2:2	מ]לכא [...] זנה זי	קרה	[.... חור].

קריב A near

No.	Form	Ref			
001	קרב s ab/cn	B5.1:5	יכל אח ואחה בר וברה	קרב	ורחיק יגרונכי וזי יגרנכי
002		B2.7:10	ו<ד>בב אנה ואח ואחה	קרב	ורחק בעל דגל ובעל קריה
003		B3.2:9	2+3 הן גרך אח ואחה	קרב	ור<ח>ק בשם הירא זנה אנה
004	קריב	B2.9:10	ובנתן ואחין ואיש זילן	קריב	ובעל קריה לא יכהלון
005		B2.1:9	יכהל בר וברה אח ואחה	קריב	ורחיק בעל דגל וקריה יכלא
006		B2.2:13	לך וברה לך אח ואחה לך	קריב	ורחיק זי יגרנך בשמי ˆעל˄
007		B2.2:13	וברה לי ˆאח ואחה לי	קריב	ורחיקˇ על ארקא זך אנת
008		B3.6:5	לי ˆוברה˄ ואח לי ואחה	קריב	ורחיק הנגית והנבג לא
009		B5.5:5	לי וברה לי אח ואחה לי	קריב	ורחיק [ירשנכי דין ודבב
010		B6.3:6	אח ואחה זי שלומם]	קריב	ורחיק] בעל קריה ובׄ[על

קריה N village, town

No.	Form	Ref			
001	קריה s ab/cn	B6.3:7	[קריב ורחיק] בעל	קריה	ובׄ[על דגל ירשה לאביהי
002		B2.7:10	קרב ורחק בעל דגל ובעל	קריה	ינתן לכי כסף כרשן 10
003		B2.9:11	ואיש זילן קריב ובעל	קריה	לא יכהלון ירש[ו]נ[כ]ם
004	בקריה	B1.1:18	זנה על פם פדי	בקריה	כרב ספר חׄוׄב חקל זי
005		B1.1:3	[....] לך חקלי אשלן	בקריה	כרב למזרעה לפלגן
006	וקריה	B2.1:9	קריב ורחיק בעל דגל	וקריה	יכלא למחסה או לבר לה
007	כקריה	C1.1:95	מדדה ולבבה טב	כקר[י]ה	חסינה זי מי[ן] בג[וה
008	קרית	C1.1:104	בערׄרׄה כל נטחוהי הוין	[קרית]	רשיע[ן ביום רוח תתחלל
009	קריתא s em/sf	C3.21:2	רסתכה במיע	קרי[תא]	פחפמיע קריתא תׄ[...
010		C3.21:4	[...] אופסתה במיע	[ק]ריתא]	פקרקפתח קרי[תא] כל
011		C3.20:1	[....] ....[.	קׄ[ריתא	[אשלן
012		C3.20:2	[...] [....]. .[...]פמ.]	קריתא	אשלן 3+3 [...] [....]...
013		C3.20:4	[....] [...]ת	קריתא	אשלן 100×2[...]
014		C3.20:5	[....] [...]	קריתא	אשלן]...
015		C3.24:1	[...] ....]	קר]יתא	חקל אשלן [...] ....]
016		C3.24:2	אשלן] [...] ....]	ק]ריתא	חקל אשלן [...] ....]
017		C3.24:3	חקל אשלן] [...] ....]	קרי]תׄא	חקל אשלׄן [...] [כל
018		C3.21:5	ק]ריתא פקרקפתח	קרי[תא]	כל אשלן 2+10+20[
019		D20.3:1	עדיה כל 2 זי חסתמח	קריתא	קדם אוסרי אלהא אבסלי בר
020		C3.21:3	קרי]תא פחפמיע	קריתא	תׄ[...] אופסתה במיע
021	בקריתא	D3.44:3	לגברׄאׄ[...] [...].	בׄקׄריׄתׄאׄ	[...] [...] כתיב

קרק V to flee

No.	Form	Ref			
001	קרק peal	C2.1.8:60	[ז]עיר[ן רכבי סוסין]	קר[ק]	ארשׂד [ב]רתא במ[ת
002		C2.1.7:44	זעי[רן רכבי סוסין]	[קר]ק	[פשי]ח[וד]אזל[מן
003	וקרקו	A6.3:5	2+3+3 נכסי לקחו	וקרקו	מני כען הן על מראי טב

קשט V to make straight, prepare

No.	Form	Ref			
001	הקשט (h)afel	D1.20:8	ואף ל[....] [...]	הקשט	אף[... ...] [...] זי צבית

קשי A hard

No.	Form	Ref			
001	קשה s ab/cn	C1.1:85	חזי קדמתך מנדעם	קשה	[על] אׄנפי מ[ל]ךׄ אל
002	קשיא p em/sf	B2.3:8	פפטעונית מלח זי מיא	קשיא	ביתא זנך ארק אנה יהבתה
003		B2.2:11	פפטעונית מלח זי מיא	קשיא	לעליה לה ימאת לי ביהו

קשי V to be firm, to dispute

No.	Form	Ref			
001	אקשה pael	C1.1:140	ביתי נפקת חמתי˙ עם מן	אקשה	ואעפה [מסתר]יך

קשת N bow

No.	Form	Ref			
001	קשתה s em/sf	C1.1:190	אלהיא ה[....] חד דרך	קשתה	והרכב [חט]ה ולא ידע
002	קשתך	C1.1:126	א.[..]..[...] [אל תדרג	ק]שתך	ואל תהׄרכב חטך לצדיק
003		C1.1:128	לבניך [... ד]רׄגת	קשתך	והרכבת חטך לצדיק מנך חטא

קתן N linen; cf. כתן

ר s 20th letter of the alphabet

No.	Form	Ref			
001	ר	D10.1:2	ט י כ ל מ נ ס ע פ צ ק	ר	ש ת
002		D10.2:5	ט י כ ל מ נ ס ע פ צ ק	ר	ש ת בׄ..... [...].
003		D22.28:1	ט י כ ל מ נ ס ע פ צ ק	ר	ש ת ו

ר n abbreviation for רבע

ראש N head, capital, principal

No.	Form	Parse	Ref	Preceding	Keyword	Following
001	ראש	s ab/cn	B4.2:5	אנתן לך בה מרבית יהוה	ראש	וירבה ואשלמנהי לך ירח
002			B2.2:1	לתחות שנת 1+20	ראש	מלוכתא כזי ארתחששס מלכא
003	ראשי	s em/sf	D1.17fragb:5	שלמת על [.... ...]	ראשי	עק[... ...] [.... ...] [....]יתקים
004	בראשה		B3.3:8	לתמת אנתתי כסף שנא	בראשה	ינתן לתמת כסף תקלן
005			B3.8:22	לי אנתת כסף שנ[א]ה	בראשה	כל זי הנעלת בביתה ינתן
006			B3.8:25	לך אנתת כסף שנאה	בראשה	מהרה יאבד תתב על מוזנא
007			B3.3:9	ענני כסף ש<נ>אה	בראשה	תנתן לענני כסף שקלן
008			B2.6:23	בעלי כסף שנאה	בראשה	תתב על מוזנא ותתקל
009	בראשהום		C2.1.8:52	שלח ואיש חד	בראשהו[ם	שלח לערקה זי וימן שמה
010			C2.1.7:40	פרסי [עלימא זילי	בראשהו]ם	שלחת ושא[ר חילא זי]
011	כרשא		B3.1:6	לרשא ירבה מרביתא	כרשא	חד כחד והן מטא תנין שנה
012	לרשא		B3.1:6	חד הן מטת מרביתא	לרשא	ירבה מרביתא כרשא חד כחד

רב A great

No.	Form	Parse	Ref	Preceding	Keyword	Following
001	רב	s ab/cn	D7.14:10	אמרת הן	רב	[....] זעיר הו [...]
002			D22.47:5	קדם שמש אלהא בטב	רב	זי בת...
003			C1.1:60	לי לם זנה [א]חיקר	רב	[... עז]קה זי אסרחא[ד]ן
004	רבה		C3.9:3	[.]..[אנ]ת[ת]ה נשן	ר[בה]	בלה ברתה ח.[....] כל
005			C3.9:21	[....] [...]א אנתתה נשן	[רבה]	מסחנה בר[...] פטסבק
006			C3.9:9	פחפי [אנת]תה נשן	רבה	[...]ף ברה תחת מסתא
007			C3.7FV3:24	אסות כחמוש ספינה	רבה	[1+3+1]+2+10 ספינת
008			C3.9:12	1+3 בגו יור 1 נשן	רבה	[1 בנן [2 [...]ט בר
009			C3.7JV2:16	ג[....]נה	רבה	[2+.... ...]ן.[....]3
010			C3.7FV3:23	[בגו [כל]ספינה	רבה	3+3+3+20 אסות כחמוש
011			C3.28:121	ח[...] לח[...]צעין	רבה	[2 [...] צעין [זע]רה
012			C3.7DR1:12	תעבי [....] ספינה	רבה	2 [א]סות כחמוש
013			C3.7DR1:22	[....] מן ספינה	רבה	2
014			C3.7JV2:11	ספינה]	ר[בה	2[...] זהב [ס]תתרן
015			C3.7JV2:5	....]בגו ספינה	רבה	2 אסות כ[....]
016			C3.9:6	בגוו יור [1 [נשן]	רבה	2 ב[רה [1 .... יו]ר
017			C3.7KR2:7	[בית מלכא] [מן ספינה	ר[בה	3 מ[ן ...]
018			D6.1:3	[...]ת[.]מ.א .[...] אנתה	רבה	בגו 3 זי א.דת [...]
019			C3.7AR2:22	א[סות כח]מוש ספינה	רבה	הי]
020			C3.7BR1:10	[אס]ות כ[חמ]וש ספ[ינה	רבה	הי] מנדתא זי גבי מנה
021			C3.7BR1:17	[פסלרשי] [ספינה 1	[רבה]	הי לק[בל משחתה] משחא זי
022			C3.7DR1:7	אסות כחמוש ספינה	רבה	הי מ[נדתא ז]י[ג]ב[י
023			C3.7DR2:20	[אסות כח]מוש ספינה	רבה	הי [מנד]תא זי גבי מנה
024			C3.7DR3:11	פסלרשי ספינה 1	רבה	הי] לקבל משחתה] משחא זי
025			C3.7DR3:4	אס[ו]ת כ[חמוש ספינה	רבה	הי] מנדתא זי גבי מנה]
026			C3.7ER1:16	[פסלרשי] [ס]פינה] 1	רבה[	הי לקבל משחתה משח[א]זי
027			C3.7ER2:13	[כחמוש]ספינה	רבה]	הי] מנדתא זי גבי מנה
028			C3.7ER2:19	[יוני פסלרשי] ספינה 1	רבה	הי לקבל מ[שחתה] משחא
029			C3.7GR2:17	אסות כחמוש ספינה]	רבה	הי] מנדתא זי גבי מנה
030			C3.7HR1:1	[ס]פינ[ה]1	רבה	הי ל[קב]ל מ[שחתה]
031			C3.7JR1:5	[ספי]נה] 1	רב[ה	הי לקבל[משח]תה [משחא
032			C3.7JR2:1	[אסות כ]חמוש ס[פינה	רבה	הי] [מנדתא זי]גבי
033			C3.7JR2:7	[פסלרשי] ס[פינה 1	רבה	]הי לקבל[משחתה]
034			C3.7KR2:25	אסות כחמוש ספינה	רבה	הי
035			C3.7KR3:6	יוני פסלרשי [ספינה 1	רבה	]הי לקבל משח[תה] [משחא
036			C3.7KR4:2	אסות כחמו[ש ספינה	רבה	הי] מנדתא] זי גבי מנה
037			C3.7KR4:8	אסות כחמו]ש ספינה	רבה	הי] מנ[דת]א זי ג[בי מנה
038			C3.7CR2:5	[פסלרשי] [ספינה 1	]רבה[	הי]לקבל[משחתה]
039			C3.9:14	בר]ת חור נשן [....	רבה	[כל נפש [2 פחנום בר]
040			C3.9:2	[יור] [.... אנתתה נשן	[רבה]	[.]..[אנ]ת[ת]ה נשן ר[בה]
041			C3.9:7	[.... יו]ר 3 נשן	[רבה]	[.... יור] [....].[... ...
042	רבא	s em/sf	D22.49:3	בר פרם קדם שמש אלהא	רבא	
043			D7.46:2	כען הושר [....] בקבא	רבא	[....] וקפירא
044			C3.28:109	זילנא בידה ק.כ.[...]	רבא	בידה ספלא בידה כמ[...]ה
045			A4.7:18	מראן ועל יהוחנן כהנא	רבא	וכנותה כהניא זי בירושלם
046			A4.8:17	א[ף] על יהוחנן] כהנא	רבא	וכנותה כהניא זי
047			A3.8:6	בעי אש זי יזבן ביתא	[ר]בא	זי הודו והבה לה בכספא
048			D7.9:15	מן יד נהרא וקפירא [1	רבא	זי יהב [...]מלכיה
049			C3.13:49	[...] תנין עקא א[..]א	רבא	זי.א.[....] זכרן קניא
050			C3.28:108	וזיכא זילי בידה וזיכא	רבא	זילנא בידה ק.כ.[...] רבא
051			C3.12:26	2 לנקיה קדם אפתח אלהא	רבא	קלבי 1 לנקיה ˆקדם ˆ אסי
052			D8.6:7	מ 1 פ שיב	רבא	ר 3 [כ]יה שהדא 3. ידלה
053	רבתא		D7.45:5	א..[..] [.... ...]..תא	רבתא]	[.... ...] [....]ט.[....] הושר
054			D7.5:3	שלמכי כענת חזי [....]	רבתא	ואף זעירתא [....] אל ינפי
055			B3.5:3	אנה יהבת לכי פלג תרי	רבתא	ותונה זי ביתא זי זבנת מן
056			B3.5:6	לכי תמת מן פלג תרי	רבתא	ותונה הוה מן עליה עד
057			B3.12:21	וכונה 1 פתיח לתרי	רבתא	ותרעא זילה פתיח לשוק
058			B3.10:4	הו מועה שמש מן תרי	רבתא	זילי ופלג תרבצא הו פלג
059			B3.11:6	לה אגר באגר הו תרי	רבתא	זילי תחתיא לה ביתה זי
060			B3.12:13	2 מבני בי תחתי הו תרי	רבתא	זילי ויהבת לן דמוהי כסף
061			B3.10:11	מערב שמש לה אגר תרי	רבתא	זילך הי אנתי שליטה בה
062			D7.8:3	כען הלו תאתא זי לך	רבתא	מטאת למגז עמרא זילה קדמא
063	רברבן	p abs	A4.8:9	[המו אף הוה תרען	רברבן	2+3 בנין פסלה זי אבן
064			D7.35:9	ו[...] ביד בעדי 3	רבר[בן]	ויהבת לה ה[.... ....]

רב N commander

No.	Form	Parse	Ref	Preceding	Keyword	Following
001	רב	s ab/cn	C2.1.4:2	[ודרן שמה עלימי פרסי	[רב]	[הוה עלו]הי א[מרת אזל
002			C2.1.8:59	[אחר] גברא זך זי	רב	הוה ע[ל חילא זי שלח
003	רבה	s em/sf	D22.27:1	בריך	רבה	תרכמנא פשדיא זי
004			D22.25:1	בריך	רבה	תרכמנה פשדיא ותרבמי
005	רבהם		C2.1.4:4	[זי מדי זי על מד]יא	רבה[ם]	לא הוה תמה אה[ור]מזד
006	רבי	p const	C1.1:33	[ ]חד מן	רבי	אבי זי לחם אבי [....
007	ורבי		A5.5:7	דגלהם	ורבי	מאותהם
008	ורבני		B4.3:11	מאתה	ורבני ׳	
009			D5.33fragc:2	[...]א[..] [....	ו]רבני[	ד[...]

רב דגל N detachment commander

No.	Form	Parse	Ref	Preceding	Keyword	Following
001	רבדגלא		B8.5:11	[.... ....]בופי	רבדגלא	מלל על סנתו

רב חיל N troop commander

001	s ab/cn	רבחיל	A4.7:7	שלח על נפין ברה זי	רבחיל	הוה בסון בירתא לאמר
002			A4.8:6	על נ[פי]ן ברה ז[י	רבחיל	הוה בסון בירתא לאמר
003*	s em/sf	רב חילא	B4.4:10	] זנה סון על	רב][חי]לא	זנה זי מאתה זי
004			A5.2:7	פרתכיא זי נפין	רב חילא	זי סון ודיני מדנתא
005			B2.10:2	בירתא קדם וידרנג	רב חילא	זי סון לידניה בר
006			B2.10:4	ידניה קדם ודרנג	רב חילא	זי סון לאמר רחקת מנכם
007			B3.9:2	קדם וידרנג הפתחפתא	רב חילא	זי סון לזכור בר
008			B3.9:3	קדם וידרנג הפתחפתא	רב חילא	זי סון לאמר ידניה
009			D17.1:2	זנה ..דנ[..]	רב חילא	זי סון עבד בירח סיון
010			B2.9:5	פרתרך וידרנג	רב חילא	לאמר אית[י] נכסיא לבשי
011			A4.3:3	וכעת כזי וידרנג	רב חילא	מטא לאבוט אסרני עלדבר
012		רבחילא	A3.1:V5	למהך מן קדם	רבחילא	[....]
013			B5.1:3	לן דיני מלכא ורוך	רבחילא	חלף פלג מנתא זי מטתכי

רב כצר N cohort commander (Akk; GEA 377.33)

001	s ab/cn	רבכצרא	D11.1:2	לפסמשך ר 1	רבכצרא	

רבי V to grow, increase, accrue

001	peal	רבה	C1.1:2	יהוה לי קדמת מלוהי	[ר]בה	אחיקר וי[עט אתור כלה
002		רבין	A4.5:12	אנחנה [....]	רבין	[....] [....]ה לא
003			A4.5:1	תנגן אנחנה[....]	רבין	דגלן זי מצריא מרדו
004		ירבה	B3.1:6	חד הן מטת מרביתא לרשא	ירבה	מרביתא כרשא חד כחד והן
005			B3.1:4	באבני מלכא במרביתה	ירבה	עלי כסף חלרן 2 לתקל 1
006			B4.6:9	[ו]מטא ב[. לפ]חנס	[י]רבה	עלי[כספי[ ] הוה כסף
007		וירבה	B4.2:5	בה מרבית יהוה ראש	וירבה	ואשלמנהי לך ירח בירח מן
008			C1.1:162	רעין טבן איש זעיר	וירבה	מלוהי מסרסרן לעלא מנה
009			B4.2:2	פתח כסף ש 1 לו10	וירבה	עלי כסף חלרן 2 לכסף ש
010			B4.7:2	לכסף שקלן 3+3	וירבה	עלי ולא ....[....]
011		רבא	C1.1:18	[כז]י נדן שמה ברי	רבא	והו יחלף לי ספר]
012		רבה	B4.2:9	זי ישתאר עלי ויהוה	רבה	עלי ירח לירח עד יום זי
013	pael	רבית	C1.1:25	[בר א]חתי זי אנה	רבית	עשת עלו[י ....

רבי N interest

001	s ab/cn	ברבא	A3.8:5	לא [....] כל כספ[א]	ברבא	ולא [..]בו לך לאמר הב

רבי #2 N young man (Akk; GEA 377.34)

001	s em/sf	רביא	C1.1:56	] הו[ו קרבתא נבוסמסכן	רביא	אמר לכנותה גבריא אלך
002			C1.1H:12	עט[תה ....] נבוסמס[כן	רב[יא]	אמר לכנותה [.... עלי
003			C1.1:54	אחר [ענ]ה נבוסמסכן	רביא	ואמ[ר]לי אל תדחל לם
004			C1.1:59	ע[נה נבוסמסכן	ר]ביא	ואמר להם שמעו לי לם זנה
005			C1.1H:15	ענה נ`ב`וס[מסכן	רבי]א[	ואמ]ר[.... אסרחאדן
006			C1.1:58	לם אמר לן נבוסמסכן	רביא	זי אנת אמ[ר לן אנחנה
007			C1.1:41	] וכזי חזני נ[בוסמסכן	רביא	זך קרבתא בזע כתונה
008			C1.1H:10	] אחר ענה נב[וס]מסכן	רביא	[.... א[בוה זי]את[ור כלא
009			C1.1:38	] נ[בוסמסכן זך	רביא	רכב בסוסה חד קליל [....

רבע n a fourth

001	s ab/cn	ר	D11.1:1	לפסמשך	ר	1 רבכצרא
002			D13.2:12	2+3 ר 2 ש 3+3 ר 2	ר	1
003			D13.2:15	3+10	ר	1 ש 2+3+3 ש 1 ר 3 ש 2
004			D13.2:20	2 ר 2 ש 2 ר 3 ש 1+3	ר	1
005			D13.2:5	2 ר 2 ש 2 ר 2 ש 1+3	ר	1 ש 1+3+10 ר 2 ש 1 ר
006			D7.28:3	בידכם ומן[...] ש 1	ר	1 מאסרה [..] [...] בשבה
007			D8.4:14	[...]א מ 1 [...]ידוע	ר	1 רבען 3 [... ...] מ 2
008			D8.4:23	מ 1 שמעאל מ 1 אברם	ר	1 רבע 1 תונפרי ואנושה ש
009			D8.6:10	מ 3 ר 2 מ אומכס	ר	1 חצי 1 חשוב זעירא מ
010			D8.7:8	יסלק בגנזא ר 2	ר	1 [....]ציתא מ 1
011			C3.28:110	זי י.... חנטן א 2	ר	1 בידה חרשא זי נחש וכרסא
012			C3.28:126	[ ]. 2+3+20+20+20	ר	1[...] [...] [...]א ש.[
013			C3.28:21	כא 1 פ בב[ש 1+]1	ר	1 בגרב חמשת[א] יסדרס לגן
014			C3.28:5	יסן כא 1 פ בש 2	ר	1 יניא לגן 1+3 בר 2
015			C3.28:61	{{..}}. זוזן 1+3+20	ר	1 ערביא לגן 1+3
016			C3.28:80	זי זבדיה חנטן ס 1	ר	1 שבתית ברת אברי
017			C3.7GV2:3	[..] ח 10	ר	1 חמר כנדן
018			C3.7EV1:7	ח 1+3+3+20	ר]	[...] [...] 1 י 1 לכסף כרשן 3
019			C3.7FR1:2	[כרשן ..]ש 1 ח 1+3+20	ר	1 [...] 1+[....] משח
020		רבע	D8.4:11	בר תנפי ש 2 מ 1	רבע	1 פ [... ב]ר יחנן ש 2 מ
021			D8.4:12	[... ב]ר יחנן ש 2 מ 1	רבע	1 [... ...]א מ 1 [...
022			D8.4:23	1 שמעאל מ 1 אברם ר 1	רבע	1 תונפרי ואנושה ש 1
023			D8.5:2	דלוי בר ידלה מ 1	רב[ע]	[... שלום בר שבתי מ 1
024			D8.5:3	שלום בר שבתי מ 1	רב[ע]	[... דלוי בר חגי רבען 3
025			D8.5:5	3 עבדיהו אסיא מ 1	רב[ע]	[... [...]בר דלוי מ
026			C3.7GR2:9	כ 1 משח ספן 10	רבע	נחש שלמ[וא כר]שן 1×לף
027			C3.7ER2:8	משח[ספן]10i	[רב[ע	עק [סמכ]ת i ספן
028			C3.7JR2:23	משח ספן]10i	[רבע]	עק סמכת 1 ספן ריקנן
029			C3.7KR3:22	ופלג משח ספן 10	רבע	עק סמכת 1 ספן ריקנן
030		בר	C3.28:11	1 במ 1 פ יניא לגן 3	בר	1 מ 1 פ בב נכים לגן
031			C3.28:18	שאר ר 2 יהודה לגן 2	בר	1 {{1}} בב נכים לג 1 מ
032			C3.28:20	1 מ 1 פ יניא לגן 2	בר	1 יניא כא 1 פ בב[ש
033			C3.28:23	חמשת[א] יסדרס לגן 2	בר	1 פרס כא 1 בש 1 ר 2
034			C3.28:34	1 מ 1 פ יוניא לגן 2	בר	1 יהודה לגן 1+4 בר 2 מ
035			C3.28:36	2 מ 1 פ יניא לגן 3	בר	1 מ 1 פ רחבל לג 1 במ 1
036			C3.28:43	פ}}.... זפרה לגן 2	בר	1 ב<ב> פתו כאן 2 בש 3 שאר
037			C3.28:45	2+3^ ארמיס לגן 3	[ב]ר	1 מ 1 פ ... בבית ישיב
038			C3.28:64	בר 2 ססרתס] לגן 3[	בר	1 מ 1 פ אנה לגן 2+10
039			C3.28:72	[לג[ן 1]+1+1[	בר	1 מ 1 פ שבתי בזנה
040			C3.28:7	2 יניא לגן 1]+1[	בר	1 בב נכים לגן
041	p abs	ר	B4.2:2	נתנת לי כסף שק[לן 3	ר	1+]1 באבני פתח כסף ש 1
042			C3.7DR3:7	כסף כרשן 10 ח 2	ר	1+[1] ב 20 למחיר בקרו
043			B2.10:16	עשרה הו כרשן 10 כסף	ר	2 לכרש 1 באבני מלכא
044			B2.2:15	הו עשרן באבני מלכא כסף	ר	2 לעשרתא וארקא זך אפם
045			B2.3:14	הו עשרה באבני מלכא כסף	ר	2 לעשרתא ולא דין ולא דבב
046			B2.3:21	10 באבני מלכא כסף	ר	2 לעשרתא ולא דין ולא דבב
047			B2.4:15	10 באבני מלכא כסף	ר	2 לעשרתא ולא דין ולא דבב
048			B2.6:12	זי נחש שויה כסף שקל 1	ר	2 כסן זי נחש 2 שוין כסף

רבע

No.	Ref.	Preceding context	Keyword	Following context
049	B2.6:12	זי נחש שוה כסף שקל 1	ר	2 תמסא 1 זי נחש שויה כסף
050	B2.6:13	זלוע 1 זי נחש שוה כסף	ר	2 כל כספא ודמי נכסיא כסף
051	B2.6:14	שקל 2+3 חלרן 20 כסף	ר	2 ל10 באבני מלכא על עלי
052	B2.6:24	כסף שקלן 1+3+3	ר	2 וכל זי הנעלת בידה תהנפק
053	B2.6:7	^2 באבני מלכא כסף	ר	2 ל10 הנעלת לי בידה לבש
054	B2.9:15	עשרה באבני מלכא כסף	ר	2 לכרש 1 והו אפם רחיק מן
055	B3.3:10	כסף שקלן 1+3+3	ר^	^2 וכל זי הנעלת בידה
056	B3.3:8	לתמת כסף תקלן 1+3+3	ר^	^2 וכל זי הנעלת בידה
057	B3.5:15	הו חמשה באבני מלכא כסף	ר	2 לכרש 1 ולא דין והן גבר
058	B3.5:22	10 באבני מלכא כסף	ר	2 לכרש 1 וביתי זילהם אפם
059	B3.7:17	10 [באבני מלכא כסף	ר	2 לעשרתא ולא דין] הן תמות
060	B3.8:26	כסף שקלן 1+3+3	ר	[2] ותנפק מנה עם שארת
061	B3.8:32	עשרן באבני [מלכא] כסף	ר	2 ל10 ויעבד [לה] דין
062	B3.8:7	פשכן 3 פתי אמן 1+3	ר	2 שוה כסף כרש 1 שקלן 2
063	B3.8:9	לאמן 3+3 ב 3[+2]	ר	2 [חטיב צבע ידין] צבען
064	B5.3:5	[ינתן לך כסף כרשן . כסף	]ר	2 ל10 באב[ני מלכא
065	B6.1:5	[כרש 1 באבני] מלכא כסף	ר	2 לכר[ש 1 על עליך וטיב
066	B6.3:11	[כרשן ....] באבני מלכא	ר̇]	2 לעשרתא ויעבד דין ספרא
067	D13.2:11	3 ש 2+3 ר 2 ש 3+3	ר	2 ר 1
068	D13.2:18	2+3+3 ש 1 ר 3 ש 2	ר	2 ש 2 ר 3 ש 1+3 ר 1
069	D13.2:3	3+10 20+20 ש 3+3	ר	2 ש 2 ר 2 ש 1+3 ר 1 ש
070	D13.2:4	ש 3+3 ר 2 ש 2	ר	2 ש 1+3 ר 1 ש 1+3+10
071	D13.2:6	1+3 ר 1 ש 1+3+10	ר	2 ש 1 ר 2 ש 2 ר 3 ש
072	D13.2:7	1 ש 1+3+10 ר 2 ש 1	ר	2 ש 2 ר 3 ש 2+3 ר 2 ש
073	D13.2:9	1 ר 2 ש 2 ר 3 ש 2+3	ר	2 ש 3+3 ר 2 ר 1
074	D3.16:6	[...]. 1 לכרשן 2	ר	2 [כל]כרשן 2+3+10 ר
075	D3.16:7	2 [כל]כרשן 2+3+10	ר	2 [מש]ח בשים חפן 1 תקם
076	D3.47fragb:6	[ ]פבי מ 3 [...]3 לם 1	ר	2 [...]ס̇ 1 [...]מ 1
077	D7.27:6	לי̇ [...] [...] ש̇ 1	ר	2 והא שאר [....]ת̇
078	D8.4:4	רבען 3 [... ...].ד̇א	ר	2 [...]ש 2 מ 2 [... ...].ס
079	D8.4:6	[...]ש 2 מ 2 [... ...].ס	ר	2 [... שמ]עו̇ן בר דלוי
080	D8.6:4	חניה ספרא מ 2 פ בידיה	ר	2 [פ]תלמיס וחבוב מ 1 פ
081	D8.6:9	3. ידלה שמעון מ 3	ר	2 מ אומכס ר̇ 1 חצי 1
082	D8.7:8	1 √ יסלק בגנזא	ר̇	2 ר 1 [....].ציתא מ
083	C3.13:61	ל...נ̇.[...] [....].	ר	2 ש פטמ[ון בר]אשמ[ר]ם
084	C3.14:16	חור בר יעולו שא 1	ר	2 ש .[...] ב]ר̇ אדי
085	C3.14:27	בגו [2]לחד שא 1	ר	2 לשא 3 2+20 לחד שא 1
086	C3.14:29	10+20 לחד שא 1[+1	ר	2 ל]שא כל נפקתא יו̇.[..].
087	C3.14:7	שמו[בר ....]שא̇ 1	ר̇	2 ש זתו̇.[...
088	C3.22:10	אשלן 1+3+10+100×2	ר̇	2[...] זי יכשרון לעשך ..]
089	C3.28:17	לגן 3+3 בר 3 שאר	ר	2 יהודה לגן 2 בר 1
090	C3.28:24	בר 1 פרס כא 1 בש 1	ר	2 הרגלתי פלג בר 3
091	C3.28:2	כלל כא 1 בש 1	ר	2 שאר ש 1 נכיס לגן 3+3
092	C3.28:69	כא 1 ש 1 בר[2]שאר	ר	2 יהודה לגן 2+10 בש̇
093	C3.28:70	לגן 2+10 בש̇ 1	ר^	^2 שאר ר 3 בב א̇[נ]ה̇
094	C3.28:78	[...]3 בחנטן ס 1 [...	]ר	2 מ 1 חשבן עבורא זי כתבת
095	C3.7AR2:3	10+20+20] ח 2+10	ר	2] מנת משחא זי אשתכח [בה
096	C3.7AR2:6	כסף ש 3+[2 ח 2+10	ר	2] חמר כנ̇ד̇ן 1+20
097	C3.7AR3:3	כ̇[סף כרשן 10 ח 2	ר	2] [כל ספינתא זי בקרו
098	C3.7BR1:14	[כס]ף כרשן 10 ח 2	ר	2 [ב ...]לכיחך בקרו
099	C3.7BR1:21	10+20+20 ח 2+10	ר	2 מנת משחא זי אשתכח [בה
100	C3.7DR1:10	כסף כרשן 10 ח 2	ר	2 כל ספינתא זי בקרו
101	C3.7DR1:18	ח̇ 1+3+3+20	ר̇	2̇ מנת משחא זי אשתכח בהם
102	C3.7DR2:24	[כס]ף כרשן 10 ח 2	ר	2
103	C3.7DR3:19	ש 2+3 ח] 2+3+10	ר	2] חמר כ[נד]ן 1+20]
104	C3.7DV2:3	כרש 1 ש 3+3+3 ח 1	ר	2 כסף כרשן
105	C3.7ER1:20	ח 1[+1]+10	ר	2̇ מנת משח[א ז]י[א]שת[כח
106	C3.7ER1:2	] ש 2+3 ח 2+[3+10	ר	2 [ח]מר כ̇נ̇ד̇ן[1+20
107	C3.7ER1:22	] ח [2+[3]+10	ר	2 חמר כ̇נ̇[ד]ן̇ 1+20
108	C3.7ER2:16	כסף כרשן 10 ח 2	ר	2 [ב 2+3+10]לפחנס
109	C3.7EV1:9	2+3 2+[....]	ר	2 [ירח אפף שנת 1+10] [ב
110	C3.7GR1:7	2̇+3̇+[10+20]	ר	2 [2+]3̇+[10 ....]
111	C3.7GR2:20	[כר]ש̇ן̇ 10 ח̇ 2̇	[ר	2] [ב] 1+3+3 לאפף בקרו
112	C3.7GR2:5	[ש 2]ח 1+3+3	ר]	2] חמר [כ]נדן
113	C3.7HR1:5	] 10+20+20 ח 2+10	ר	[2
114	C3.7JR1:10	] 10+20+20 ח 2+10	ר	2] [מנת]מ[שחא זי אשתכח
115	C3.7JR1:13	] ש 2+3 ח] 2+]3+10	ר	2] [חמר כנדן 1+20] ופלג
116	C3.7JR2:11	] 10+20+20 ח 2+10	ר	2] [מנת משחא זי אשתכח בה
117	C3.7JR2:14	] ש 2+3 ח 2+3+10	ר	2] חמר כנ[דן 1+20 ופלג]
118	C3.7JR2:4	[כסף כרשן]10 ח[2	ר	2] [ב .... למסורע בקרו
119	C3.7	2+1]+2 ח 2+3+10	ר]	2 [חמר]ספן [1+20
120	C3.7KR2:3	[ ]ש 1 ח]3+3+10	ר	2] מנת משחא זי אשתכח בהם
121	C3.7KR2:9	כרש 1 ש 3+3 ח] 3+3	ר]	2 [חמר כנד]ן]
122	C3.7KR3:10	] 10+[20+20 ח 2+10	ר	2 [מנת משחא]זי אשתכ̇ח̇
123	C3.7KR3:3	כ[סף כר]שן 10 ח 2	ר	2 [ב 10 ... לפא]וני בקרו
124	C3.7KR4:5	כסף כרשן] 10 ח 2	ר	2] ב 20 לפאוני [בקרו
125	C3.7KV2:10	ש 3+3[+3] ח 3+20	ר	2 כל]
126	C3.7KV2:19	1+10 ש 2+3+3 ח 3	ר	2 ב 3+3+[20] ל[פר]מותי
127	C3.7KV2:21	ש 3+3 ח 3+3+20	ר	2 ב 10+20 לפרמ[ות]י
128	C3.7KV3:23	ש 3+3 ח 1+3+3	ר	2 ב 1+3+3+20 לפאוני
129	C3.7CR1:12	] ש 2+3 ח 2+3+10	ר	2] [חמר כנדן 1+20 ופלג]
130	C3.7CR1:9	] 10+20+20 ח 2+10	ר	2] [מנת משחא זי אשתכח בה]
131	C3.7CR2:13	ש[ ] 2+3 ח 1]+2+10	ר	2] חמר ס̇פ̇ן 1+2̇0
132	C3.7CR2:9	ח̇] 2+10	ר	2] מנת משחא זי אשת[כח בה]
133	D13.2:17	ר 1 ש 2+3+3 ש 1	ר	3 ש 2 ר 2 ש 2 ר 3 ש
134	D13.2:19	ש 1 ר 3 ש 2 ר 2 ש 2	ר	3 ש 1+3 ר 1
135	D13.2:8	ר 2 ש 1 ר 2 ש 2	ר	3 ש 2+3 ר 2 ש 3+3 ר 2
136	D8.13:2	פ. שודת ואנתתה כסף	ר	3 בשם כסף מלחא כתב יוסף
137	D8.6:1	נתן עבדיהו	ר	3 פתחרה שמעון
138	D8.6:7	מ 1 פ שיב רבא	ר	3 [כ]יה שהדא .3 ידלה
139	C3.24:4	[כל א]שלן 2+3+3+20	ר	3 .... חלף ....
140	C3.28:70	בש̇ 1 ^ר ^2 שאר	ר	3 בב א̇[נ]ה̇ לגן 1+3

רבען

No.	Ref.	Preceding context	Keyword	Following context
141	D8.4:8	1 מ 2 [..]. אנתתה מ 1	רבען	2 ע̇ב̇ד̇י
142	C3.28:29	מ 1 פ אביתי נתינא	רבען	2 אביתי [נתינא]ר̇ב̇ען
143	D8.4:14	מ 1 [...]ידוע ר 1	רבען	3 [... ...]... מ 2 תודרס
144	D8.4:3	[...]3 [...]מן ש 1 מ 2	רבען	3 [... ...].ד̇א ר 2 [...
145	D8.5:4	[...] דלוי בר חגי	רבען	3 עבדיהו אסיא מ 1 רב[ע
146	C3.28:30	2 אביתי [נתינא	]ר̇ב̇ען	3̇ יסדרס לגן 1+3 בר

147			C3.28:53	בר 2 אביתי לבתנא	רֹבְעֹן	ג̇ לסׄמקסׄ[ן לג]ן
148	בר		C3.28:15	בר 3 יניא לגן 1+3	בר	2 בב נכיס לגן 3+3 בר 3
149			C3.28:28	דׄכׄדרׄס לגן 1+4	בר	2 מ 1 פ אביתי נתינא
150			C3.28:31	ג̇ יסדרס לגן 1+3	בר	2 יניא לגן 3+3 בר̇ 3
151			C3.28:35	בר 1 יהודה לגן 1+4	בר	2 מ 1 פ יניא לגן 3 בר
152			C3.28:38	ס̇..ד̇ ל[גן] 1+3	בר	2 יניא̇ לגן 2[1+1+1
153			C3.28:39	יניא̇ לגן 2[1+1+1	בר[	2 פתפי לגן 1+3 בר 2
154			C3.28:40	[ ]בר 2 פתפי לגן 1+3	בר	2 פתו̇ לגן 3+3 בר 3
155			C3.28:42	יוניא לגן 3+{{2}}1	בר	2 {{מ 1 פ}}.... זפרה
156			C3.28:52	1 פתפי לגן {{2}}2	בר	2 אביתי לבתנא רֹבְעֹן
157			C3.28:54	לסׄמקסׄ[ן לג]ן 1+3	בר	2 [... ...
158			C3.28:54e	1 [... לגן 1+3]	בר	2 [... לגן 1+3] בר
159			C3.28:54g	2 [... לגן 1+3]	בר	2 נתן ....[....]
160			C3.28:54x	2 [... לגן 1+3]	בר	2 [... לגן 1+3] בר
161			C3.28:6	2 ר 1 יניא לגן 1+3	בר	2 יניא לגן 1[1+1] בר̇ 1
162			C3.28:63	לגן 1+3	בר	2 ססרתס] לגן 3[בר 1 מ
163			C3.28:69	3+3 נכיס כא 1 ש 1	בר]	2]שאר ר 2 יהודה לגן
164			C3.28:74	ב̇זׄנה לגן 1+3	בר	2
165			C3.28:12	פ בב נכיס לגן 3+3	בר	3 יניא לגן 1[1+1] נבס
166			C3.28:14	1[1+1] נבס לגן 3+3	בר	3 יניא לגן 1+3 בר 2 בב
167			C3.28:16	2 בב נכיס לגן 3+3	בר	3 שאר ר 2 יהודה לגן 2
168			C3.28:25	בש 1 ר 2 הרגלתי פלג	בר	3 לסמקס לגן 3+4 בר 3 מ
169			C3.28:26	בר 3 לסמקס לגן 3+4	בר	3 מ 1 פ כסתס לגן 2+4
170			C3.28:27	מ 1 פ כסתס לגן 2+4	בר	3 דׄכׄדרׄס
171			C3.28:32	בר 2 יניא לגן 3+3	ברׄ	3 בכיס לגן 3+3+3 בש
172			C3.28:3	ש 1 נכיס לגן 3+3	בר	3 שאר מ 1 פ בב נכיס לגן
173			C3.28:41	בר 2 פתו̇ לגן 3+3	בר	3 יוניא לגן 3+{{2}}1
174			C3.28:4	פ בב נכיס לגן 3+3	בר	3 שאר 1 אפלניס יסן כא
175			C3.28:8	נׄכׄיׄס לגן 3+3	בר	3 אנה לגן 2 נתן נדבי

רגג V to desire, covet

001	תרגג	peal	C1.1:136	[לזעי]ר זי בעדבך ואל	תרגג	לכביר זי ימנע מנך [אל

רגל N foot, time (?)

001	רגלהם	s em/sf	C1.1:170	לא בידי אנ[ש]א מנשא	רגלהם	ומנחתותהם מן בלע[די
002	רגלך		C1.1:171	כי לא בידיך מנשא	רגלך	למנחתותה % הן נפקה טבה
003	רגלן	p abs	B8.4:5	בכפרגל 3+3 ושקפוני	ר̇גלן	2 [....]..[..]..[..]..ה̇..[..]
004			B8.5:9	[...]יי וחטרן	ר̇גלן]	לא שבקוהי עד ....
005	רגליא	p em/sf	C2.1.5:11	בתרתי 3+3+100×[..]	רגליא	מרדיא אתכנש[ו אזלו
006			C2.1.5:15	[בתלת] [20+100×2+3]	רגליא	מרדיא] אתכנשו אזלו
007			C2.1.5:22	בתרתי]	רגליא	מר]דיא אתכנשו א[ז]לו
008	רגלוהי		A4.7:16	כלביא הנפקו כבלא מן	רגלוהי	וכל נכסין זי קנה אבדו
009			A4.8:15	הנפקו כבלוהי מן	רגלוהי	וכ[ל נכסן זי קנה אבדו
010	רגליך		D3.27:1	...]	רג]ליך	10 .[...]ק[...] [...] אפקת
011			D3.27:3	[ ]אפקת ב̇.[...] [... ...]	ר̇גליך	10 פסק א̇... [...] [...
012			D3.27:4	א̇.... [...] [... ...]י̇	ר̇גליך	10 תהא...[...
013			D3.27:5	[...]טפרי צבעת כפ[י]	ר̇גליך	10 איאב אנת.[...] [...
014	ברגלוהי		C1.1:175	ויתשים ארחא	ברגלו[הי	אל תהחשך [.... ....
015	ברגלי		C1.1:205	שאני בזק אל ינעל	ברגלי	

רגש V to be agitated

001	ירגש	peal	C1.1:29	שגיא	ירגש	מלן שמע.[....

רדי V to plough

001	רדית	peal	A5.2:4	חק]לא ....]	רדית	ו[...]ו מנהן ל[א] לקחת

רוח N wind

001	רוח	s ab/cn	C1.1:104	[קרית] רשיען ביום	רוח	תתחלל ובשהינן יצעון

רוי V to be sated with drink

001	ותתרוה	etpeel	C1.1:124	ישתבע כעס מן לחם	ו̇תתרוה	[....]. אנשא]

רום V to be high, to exalt

001	יתרום	etpeel	C1.1:138	לבבא [גבר ז]י̇ לא	יתרום	בשם אבוהי ובשם אמה אל

רוק V to spit

001	וירוקן	peal	C1.1:133	[י]הנשגון כדבתה	וירוקן	באנפוהי [...] מכדב גזיר

רחים A beloved

001	רחים	s ab/cn	C1.1:163	פמה מענׄה אלה[ן] והן	רחים	אלהן הו ישימון טב בחנכה
002	רחימה	s em/sf	C1.1:187	מלן שפירה וזי תלתא	רחימה	לשמש ש[תה] חמרא

רחיק A distant, far

001	רחיק	s ab/cn	B2.2:15	זך אפם זילך ואנת	רחיק	מן כל דין זי יקבלון עליך
002			B2.8:11	ולא דין ולא דבב ואנה	רחיק	מן כל דין ודבב כתב
003			B2.9:15	ר 2 לכרש 1 והו אפם	רחיק	מן אלה נכסיא זי רשין
004			A3.5:7	]	רחיק[	מנה מ[ן] זי יעבד
005	ורחיק		B2.1:9	וברה אח ואחה קריב	ורחיק	בעל דגל וקריה יכלא
006			B6.3:6	[ואחה זי שלומם קריב	[ורחיק]	בעל קריה וב[על דגל
007			B3.6:5	ואח לי ואחה קריב	ורחיק	הנגית והנבג לא שליט בכי
008			B2.2:13	לך אח ואחה לך קריב	ורחיק	זי יגרנך בשמי ^על^ ארקא
009			B5.1:6	אח ואחה בר וברה קרב	ורחיק	יגרונכי וזי יגרנכי
010			B5.5:5	לי אח ואחה לי קריב	ורחיק	[ירשנכי דין ודבב זי
011			B2.2:13	לי ^אח ואחה לי קריב	ורחיק^	על ארקא זך אנת ובר לך
012	ורחק		B2.7:10	אנה ואח ואחה קרב	ורחק	בעל דגל ובעל קריה ינתן
013			B3.2:9	הן גרך אח ואחה קרב	ור<ח>ק	בשם הירא זנה אנה אפצל
014	רחיקן	p abs	B2.9:9	אנה מנחם ועננׄיה	רחיקן	אנחנה מנך מן יומא זנה
015	ורחיקן		B2.11:11	עשרה במתקלת מלכא	ורחיקן	אנחנה מנך ומן בניך מן

רחם — V — to love

No.	Form	Parsing	Ref	Preceding	Keyword	Following
001	רחמת	peal	B3.12:23	שליטן אחריך ולמן זי	רחמת	תנתן או זי תזבן לה בכסף
002	רחמתי		B2.3:19	בני והבי למן זי	רחמתי	הן מחר או יום אחרן
003			B2.3:10	ובניכי אחריכי למן זי	רחמתי	תנתנן לא איתי לי בר
004			B3.10:21	שליטן אחריכי ולמן זי	רחמתי	תנתנן אף לא יכה{(י)}לון
005			B2.7:8	מן אחריכי ולמן זי	רחמתי	תנתננה לא אכל אנה ובני
006	רחמה		C1.1:11	[ז]י שאלה אחר	רחמה	אסרחאדן מלך אתור ואמר
007	רחמני		C1.1:51	שגיא סנחאריב מלכא	רחמני	על זי החיתך ולא קטלתך
008	רחמתן		B2.10:9	בניך אחריכם ולמן זי	רחמתן	תנתנונה לא אכהל אנה
009	וירחמנך		C2.1.11:72	אהורמזד יב[רכנך	וירחמנך	וזרעך י]שגא ויומיך
010	ירחם		C1.1:153	נפשך אל	ירחם]	
011	רחם		D23.1.II:13	אנה אשכב עמה	רחם	אנה להי שגיא ועלימא אזל
012			D23.1.II:8	אכל אשבקנה אשכב עמה	רחם	אנה להי שגי
013			D23.1.XI:6	...] לך..[..]ו	ר֯חם]	לח[... ...]תי שגיא

רחם — N — friend

No.	Form	Parsing	Ref	Preceding	Keyword	Following
001	רחמי	p em/sf	C1.1:222	.[....]	רחמי	ו֯מן בעלי ט֯[בתא]
002	רחמיך		C1.1:141	אל תגלי קדם	[רח]מיך	אל יקל שמך קדמיהם עם
003	ורחמיך		A4.7:24	חזי בעלי‖טבתך	ורחמיך	ˆזי˜ תנה במצרין אגרה
004			A4.8:23	חזי בעלי טבתך	ורחמיך	זי תנה [במצרין אגרה
005	לרחמיך		C1.1:112	וסחרת֯[...] שבקת	לרחמיך	והו֯קרת

רחמה — N — affection (= רחמת and cf. רחמן N)

No.	Form	Parsing	Ref	Preceding	Keyword	Following
001	ברחמה	s ab/cn	B3.7:14	יהבת לך בתיא אלה	ברחמה	ˆלא˜ אכהל אנה ענני

רחמן — A — merciful

No.	Form	Parsing	Ref	Preceding	Keyword	Following
001	רחמן	s ab/cn	C1.1:53	אחרנן אסרחאדן מלכא	רחמן	הו כמנדע על אחרן יזכרני
002			C1.1H:9	א[סר]חאדן מ]ל[כא	ר]חמן]	]הו כמנד[ע ... על]והי

רחמן — N — affection, favor

No.	Form	Parsing	Ref	Preceding	Keyword	Following
001	ברחמן	p abs	B5.2:10	[זנ]ה זי	ברחמן	[....].
002			B3.5:4	ענניה יהבתה לכי	ברחמן	זילכי הו מן יומא זנה ועד
003			B3.10:5	יהבת ליהוישמע ברתי	ברחמן	זנה משחת ביתא זי אנה
004			B3.8:41	לאח[ת]ה נכס[י]א אלה	ברחמן	יהבת ליהוישמע כען צבית
005			B6.4:7	כתיבן בספרא ˆזנה˜	ברחמן	יהבת לכם כען צבית אהנצל
006			B3.5:12	ענניה יהבתה לכי	ברחמן	לא אכהל אנה ענניה
007			B3.10:17	ברתי במותי	ברחמן	לקבל זי סבלתני ואנה
008			B5.5:3	מפטחיה יהבת לכי	ברחמן	לקבל סבול [זי סבלתני
009			B3.10:12	בר עזריה יהבתה לך	ברחמן	מבני בי תחתי אחד גשורן
010			B3.11:9	לא אכהל אמר יהבת לך	ברחמן	פסשדת על ספר אנתותכי עד
011			B2.10:14	זי תזבנון לה או זי	ברחמן	תנתנו לה ביתא זך וזי
012			B2.10:11	לה ביתא זך או זי	ברחמן	תנת<נ>ון לה בשמי אנה
013	ולרחמן		A4.3:2	ישאל שגיא בכל עדן]	ו]לרחמן	הוו קדם אלה שמיא וכעת
014			A4.7:2	ישאל שגיא בכל עדן	ולרחמן	ישימנך קדם דריוהוש
015	ורחמן		D22.51:4	זי ישמן לי שלם	ורחמן	.... מן כל [...]... [..]..
016	לרחמן		A4.8:2	שמ[יא] ישאל בכל עדן	לרחמן	י[שי]מנ[ך קדם ד]ריוהוש

רחמן #2 — N — Merciful One

No.	Form	Parsing	Ref	Preceding	Keyword	Following
001	כרחמן	s ab/cn	C1.1:91	[אל יאבל] מלך	כרחמן	אף קלה גבה ה[ו] מן הו

רחמת — a — (adv. accus. of רחמה:) as a gift

No.	Form	Parsing	Ref	Preceding	Keyword	Following
001	רחמת		B3.12:26	וזי תנתן לה בכסף או	רחמת	אף לא יכהל בר לן וברה אח
002			B3.12:31	ודי בניך ודי תנתן לה	רחמת	אף יהבן לך ספרא עטיקא זי
003			B2.4:7	שליט אנת לזבנה ולמנתן	רחמת	לאחרנן להן בניך מן

רחע — V — to wash, rinse

No.	Form	Parsing	Ref	Preceding	Keyword	Following
001	וארחעה	peal	D7.8:11	יומא זנה שלח לי	וארחעה	עד תנפק שלם אחטב כען על
002	תרחענה		D7.8:7	אתה וגזה ביום זי	תרחע֯נה	תגזנה והן לא תנפק יומא

רחפן — V — cf. דחפן

רחק — V — to be(come) distant, to withdraw

No.	Form	Parsing	Ref	Preceding	Keyword	Following
001	רחקת	peal	B5.2:8	[אנה מתן]	רחקת	מנך מן י[ומא זנה ועד עלם
002			B2.10:4	רב חילא זי סון לאמר	רחקת	מנכם מן בית יזניה בר
003	ורחקת		B2.7:16	זך ביתא יהבתה לך	ורחקת	מנה דילכי הו עד עלם
004			B2.7:7	זנה ביתא יהבתה לכי	ורחקת	מנה דילכי הו ו֯לבניכי מן
005			B3.2:7	כסף שקלן [2+3]	ורחקת	מנך אנתן לך כסף כרשן
006			B2.8:6	לי על נכסיא אלך	ורחקת	מנכי מן יומא זנה ועד
007			B5.5:4	סבול [זי סבלתני	ורח]קת	מנכ[י] מן יומא זנה ועד
008			B5.5:8	מן יומא זנה ועד עלם]	ורחקת	מנכי מן כס]פא זנה ופתפא
009	ורחקן		B3.4:11	2 אנחן זבן ויהבן לך	ורחקן	מנה מן יומא זנה ועד
010			B3.4:13	אנחן זבן ויהבן לך	ורחקן	מנה ולא נכהל נגרה לבר
011	ירחק		A3.10:8	י[..] עמך באלפ[א]אל	ירחק	מנכם עד ימטא [ע]לי אל
012	רחק		C2.1.11:65	....] זי יכדב	רח]ק֯	מן כדבן שגיאן אזהר
013			C1.1:193	קרב עלי ואל יאמ֯ר לך	ר[ח]ק	מני]..... ....

ריקן — A — empty

No.	Form	Parsing	Ref	Preceding	Keyword	Following
001	ריקנן	p abs	C3.7AR2:10	[ע]ק֯ סמכת i [ספן	ריקנן	10+20 בגו זי לא ספיתן
002			C3.7AR2:18	עק סמכת 1 [.]. ספן]	ריקנן	10+20 בגו] זילא
003			C3.7AR3:18	[....] [ספן]	]ריקנ֯ן	10+20 ב֯[גו זי לא
004			C3.7DR1:3	[.] עק סמכת 1 ספן	ריקנן	10+20 בגו זי לא ספיתן
005			C3.7DR3:23	ופלג [עק סמכת 1 ספן]	ריקנן	10+20] בגו זילא ספיתן
006			C3.7ER1:13	[עק סמכת 1] [ס]פן]	ריקנן	10+20 ב[ג]ו זילא
007			C3.7ER1:6	[עק סמכת 1] ס֯פ֯ן	ריקנן	10+20 בגו זילא ספיתן
008			C3.7ER2:10	עק [סמ]כת i ספן]	ריקנ]ן	10+20 בגו זילא
009			C3.7ER2:3	[סמכת 1] ס֯[פ]ן֯	]ריקנ]ן	10+[20 בגו [זילא
010			C3.7GR2:13	i לק עתיק 1 ספן	ריקנן	10+20 בגו זילא ספיתן
011			C3.7JR1:17	[עק ס]מ֯[כת 1] [ספן]	ריקנן	10+20 בגו זי לא ספיתן
012			C3.7JR1:25	[עק]סמכת 1 ספן]	רי]קנ]ן	10+[20 ב[גו] זיל[א
013			C3.7JR2:18	[עק סמכת 1] [ספן]	ריקנן	10+20 בגו זילא ספיתן
014			C3.7JR2:25	[רבע] עק סמכת 1 ספן]	ריקנן	10+20 בגו זי]לא ספיתן
015			C3.7KR1:15	... [... ...] [ספן]	ריקנן	10+20 בגו זילא ספי]תן
016			C3.7KR3:17	ס֯מ֯כ֯ת֯ i ס֯פ֯ן֯	ר֯[יק]נ֯ן]	]10+20[בגו זילא

No.	Ref		Keyword	
017	C3.7KR3:24	רבע עק סמכת 1 ספן	ריקנן	10+20 בגו] זילא ספיתן
018	C3.7CR1:16	[עק סמכת [1 ספן]	ריקנן	10+20 בגו זי]לא
019	C3.7CR2:17	עֲק] סמכת [1 ספן	ריקנן	10+20 בגו] זילא ספיתן
020	C3.7CR2:2	עק סמכת 1 ספן	ריקנן	10+20 בגו זילא ספיתן
021	C3.7BR1:5	עק סמכת 1 ספן	ריקנן	10+20+20 בגו זילא
022	C3.7KR2:13	[...] [עק] סמכת 3 [ספן	ריקנן	10+20+20+20+20
023	C3.7DR2:6	עק סמכת 2 ספן	ריקנן	20+20[+20]בגו זילא
024	C3.7FR1:5	עק סמכת 2 [ספן]	ריקנן	20+20+20 בגו]זילא
025	C3.7FV3:17	עֲ[ק]סמכת 1+[1] ספן	ריקנן	20+20+20 בגו זילא
026	C3.7JV2:21	[עק] סמכת[...] ספן	ריק[נן]	20[+20+20] ב[גו]
027	C3.7DV1:22	[3+3+3+10 סְפֿן]	ריקנן	
028	C3.7FR3:25	[1] עק סמכת[..] ספן	ריק[נן]	....]
029	C3.7GV3:5	3+3+3+10 ספן	ריקנן	
030	C3.7KR2:21	..[...] עק סמכת 3 [ספן]	ריקנן	

רכב — V — to mount

No.	Form	Parse	Ref		Keyword	
001	רכב	peal	C1.1:38	[נ]בוסמסכן זך רביא	רכב	בסוסה חד קליל]....
002			C1.1:186	גמלא יטעננהי %% חמרא	רכב	לאתנא .[.].[.]חמתה וצנפריא
003	ארכב		C1.1:203	חד לערדא	[אר]כ[ב]	עליך ואנה אסבלנך
004	רכבי		C2.1.7:44	[זך עם] חילא זעי[רן]	רכבי	סוסין קרק[ק] [פשי]ח[וד
005			C2.1.8:59	[עם] חילא [ז]עיר[ן	רכבי	סוסין [ק]רק ארשׁד
006	רכביך		C1.1:204	סבוליך וכסתך ואנה	רכביך	לא אחזה
007	והרכבת	(h)afel	C1.1:128	...] ד]רגת קשתך	והרכבת	חטך לצדיק מנך חטא מן
008	והרכב		C1.1:190	ה[.....] חד דרך קשתה	והרכב	[חט]ה ולא ידע את[רה ...]
009	תהרכב		C1.1:126	[אל תדרג ק]שתך ואל	תהרכב	חטך לצדיק למה אלהיא

רכב — N — horseman

No.	Form	Parse	Ref		Keyword	
001	רכבה	s em/sf	A6.12:2	ויעבד פתכר סוסה עם	רכבה	לקבל זי קדמן עבד קדמי

רכיך — A — soft

No.	Form	Parse	Ref		Keyword	
001	רכיך	s ab/cn	C1.1:89	זי [מ]ריר מן ענוה%	רכיך	לשן מ[לך] ועלעי
002			C1.1:84	רפ׳א׳ה תהוי [ללב]בך%	רכיך	ממלל מלך שדק ועזיז הו מן

רכיסה — N — string of beads

No.	Form	Parse	Ref		Keyword	
001	רכיסה	s ab/cn	C3.28:105	שׁבניה ביד יונתן	רכיסה	3+3 זי חמרין תפלה זי

רכל — N — peddlar

No.	Form	Parse	Ref		Keyword	
001	רכליא	p em/sf	A4.3:4	1 זי השכחו גניב ביד	רכליא	על אחרן צחא וחור

רכש — N — horse, horses

No.	Form	Parse	Ref		Keyword	
001	רכשא	s em/sf	A3.11:5		רכשא	מיתי מן כפן
002	רכשה		A6.9:4	קמח חפן חדה עמיר לקבל	רכשה	והבו פתף לגברן חלכין
003	ברכשא		A3.11:2	השכחת יׄמה	ברכשא	[....]

רם — A — high

No.	Form	Parse	Ref		Keyword	
001	רם	s ab/cn	C1.1:150	זי יהשפל לאיש	[ר]ם	כו[.] [... ...]
002			C1.1:142	יקל שמך קדמיהם עם זי	רם	מנך אל תעבד בנצ[ן]...

רמי — A — of flour: inferior quality (Pers; GEA 373.69)

No.	Form	Parse	Ref		Keyword	
001	רמי	s ab/cn	A6.9:3	חורי חפנן תרת[י]ן קמח	רמי	חפנן תלת חמר או שכר חפנן

רמי — V — to throw

No.	Form	Parse	Ref		Keyword	
001	וירמה	peal	D7.18:4	בית יהה אמרי לאריה	[ו]ירמה	על סלואה

רמן — N — pomegranate

No.	Form	Parse	Ref		Keyword	
001	רמנא	s em/sf	C1.1:102	בֿ[א]ביך [... ע]נה	ר[מ]נא	ואמר לסניא אנת כלך כבן
002	לרמנא		C1.1:101	[לח]ה [סנ]יא שדר	לרמנ[א]	]לם סניא לרמנא מה טב
003			C1.1:101	לרמנ[א]לם סניא	לרמנא	מה טב שג[י]א כביך]

רמן #2 — N — container (?); or read דמן

No.	Form	Parse	Ref		Keyword	
001	רמן	s ab/cs	B3.8:18	2 בגו [..]ירה 1	רׄמן	זי סלק 1 כפן למנשא משח

רסי — A — southern (Egypt; GEA 374.24)

No.	Form	Parse	Ref		Keyword	
001	רסי	s em/sf	B3.11:3	גשורן ודשנן 3 הו תרי	רסי	מבני דרגה ותרבצה הו בבה
002	דרירסי		B3.10:3	יהבת יהבת״ה״ לכי	דרירסי	הו מועה שמש מן תרי רבתא

רסתך — N — market (Pers; GEA 373.70)

No.	Form	Parse	Ref		Keyword	
001	רסתכה	s em/sf	C3.21:8	[...] תני אמה .[...]	רסתכה	אשל[ן ...] אופסתה זי ין[
002			C3.21:2	1+3+3 .[....] [...]	רסתכׄה	במיע קרי[תא] פחפמיע

רע — N — companion

No.	Form	Parse	Ref		Keyword	
001	רעה	s em/sf	C1.1:221	חזה בית[...]	רעה	נשק באשה[....]
002	רעין	p abs	C1.1:161	חרב תדלח מין שפין בין	רעין	טבן איש זעיר וירבה מלוהי

רעי — N — shepherd

No.	Form	Parse	Ref		Keyword	
001	רעיא	s em/sf	D7.1:3	כענת הלו הא[ ].נפנא	רעיא	׳קן׳ זי סחמרי
002	רעיה		A2.2:16	ישכח יזבן והן יהב לכי	רעיה	עמר שלחי לי שלם תסטרי

רעי #2 — N — (unclear)

No.	Form	Parse	Ref		Keyword	
001	רעי	s ab/cn	C3.19:13	לפמסח בׄר שחפימו	רעי	[...]2+3+20+100×1
002			C3.19:28	א.... [לפ]רׄמותי	רעׄי	2+10+20+20
003			C3.19:15	לפטתום	רעי	20+20+20 לאחרטיס בר
004			C3.19:36	בׄר תסׄי [..]. לפרמותי	רעׄי	1+3×1לף ל[...] רעי[...]
005			C3.19:29		רעׄי	2+3
006			C3.19:17	20+20+20 כל	רׄעׄי	]2+3+10+100×2+3+3
007			C3.19:8	נפשה יהיב לתבא	רעי	[....]3
008			C3.19:19	[...] רׄ[עי ...] כל	ר[עי]	יומ[א הו] מן גנזא
009			C3.19:6	[...].[..] ..פ כׄכל	רׄעׄי	[נ]פקת נפשה יהיב לתבא

010			C3.19:18	[...]	ר[עי]	[... כל ר[עי] יומ[א הו]
011			C3.19:38	רעי 3+1×1 לף ל[...]	רעי]	[... של[...] [...] [...].. ד

רפאה N healing

001	s ab/cn	רפאה	C1.1:84	מלחם אל תכסה מלת מלך	רפא־ה	תהוי [ללב]בך% רכיך ממלל

רפי V to be lax (?), to heal (?)

001	pael	ירפון	C1.1:154		ירפון	המו להן זי אל עמה

רקעה N piece of cloth

001	s em/sf	רקעתא	A6.2:20	צבע חד עזלי כתנא	רקעתא	זרניכא כבריתא במתקלת
002	p abs	רקען	A6.2:14	עבין כרשן מאה ותמנין	רקען	כרשן מאתין וחמשן עקי ארז

רשות N cf. **דשות**

רשי V to bring suit

001	peal	רשיתכם	B2.10:12	לי והן אנה ידניה	רשיתכם	ורשכם בר לי וברה אנתה
002		רשה	B8.7:6	אלה זי מנכי זנה	רשה	
003			B2.3:24	כתב לי על ארקא זך כזי	רשה	עליה קדם דיניא ומומא
004		ורשכם	B2.10:12	אנה ידניה רשיתכם	ורשכם	בר לי וברה אנתה ואיש
005		רשין	B2.9:16	רחיק מן אלה נכסיא זי	רשין	עליהם ולא דין ולא דבב
006		רשינך	B2.11:9	עבדא זי מטאך בחלק הן	רשינך	דינא עלא אנחנה מחסיה
007		רשינכם	B2.9:7	ולא התיב לה ומנכן	רשינכם	אחר שאילתם ואנת ידניה
008			B2.9:4	דגלא לאמר אנ[ח]נה	רשינכם	בדין נפא קדם רמנדין
009		ארשנך	B2.4:13	הן מחר או יום אחרן	ארשנך	דין ודבב ואמר לא יהבת
010		ארשנכי	B2.3:20	הן מחר או יום אחרן	ארשנכי	דין ודבב ואמר לא יהבת
011			B5.5:4	זנה ועד עלם לא אכהל	ארשנכי	דין [ו]דבב בשם [כספ]א
012			B5.5:9	ולא אכהל [אנה אסורי	ארשנכי	דין ודבב אף לא יכהל בר]
013			B3.5:13	לא אכהל אנה ענניה	ארשנכי	עלדברה דין אף לא יכהל
014		ירשה	B6.3:7	בעל קריה וב[על דגל	ירשה	לאביהי אנתתה זי שלומם]
015			B2.3:26	דרגמן או בר זילה	ירשה	על ביתא זך ספרא זך הנפקי
016		וירשה	B3.12:27	זילן זי ירשנך דין	וירשה	לבניך ולאיש זי תנתן לה
017			B3.10:19	ירשנכי דין ודבב	וירשה	לבניכי אחריכי ויקבל
018			B5.3:4	[...] [ירשנך דין	וירשה	לבר לך וברה] בשם]
019		ירשכם	B2.10:15	תנתנו לה ביתא זך וזי	ירשכם	דין ינתן לכם אביגרנא זי
020		ירשנך	B3.12:27	והנבג ואדרנג זילן זי	ירשנך	דין וירשה לבניך ולאיש
021			B5.3:4	[...]	[ירשנך]	דין וירשה]לבר לך
022		ירשנכי	B5.5:10	[מלכא] ^[...]ז[ילי^ זי	ירשנכי	בשם כספא זנה ופתפ[א זי]
023			B5.5:6	[ירשנכי דין ודבב זי	ירשנכי	בשם כספא זנה זי] יהבת
024			B2.3:12	ובניכי עד עלם זי	ירשנכי	דין ודבב אנתי ובר וברה
025			B2.7:9	וזרע זילי וגבר אחרן	ירשנכי	דין ודבב בשם ביתא זך זי
026			B3.10:18	והנבג ואדרנג זילי	ירשנכי	דין ודבב וירשה לבניכי
027			B3.10:19	ועל בניכי אחריכי זי	ירשנכי	דין ודבב ויקבל עליכי
028			B3.11:12	והנבג ואדרנג זי	ירשנכי	דין ודבב ויקבל עליך ועל
029			B5.5:6	ואחה לי קריב ורחיק	[ירשנכי]	דין ודבב זי ירשנכי בשם
030		נרשה	B3.12:26	^לבבן בגר^ אף לא נכהל	נרשה	לבניך ובנתך וזי תנתן לה
031			B2.10:10	דין ודבב אף לא נכהל	נרשה	לבר וברה לכם אח ואחה
032			B2.11:9	אנחנה מחסיה ובני או	נרשה	לבר וברה לך ולאנש זילך
033		נרשנך	B3.12:25	לי לאנתו לא נכהל	נרשנך	דין ודבב בשם ביתא זנה
034		ירשון	B2.9:14	או לבניכם או למן זי	ירשון	אביגרנא זי כסף כרשן
035			B2.9:14	ואיש זילכם וזי	ירשו[ן]	דין עלא ינתן לכם או
036			B2.9:11	דין ודבב ולא יכהלון	ירשון	לבניכם ואחיכם ואיש לכם
037		וירשון	B2.9:13	בר עזריה ירשונכם	וירשון	לבניכם ובנתכם ואיש
038			B2.10:14	זי יזניה בר אוריה	וירשון	לבר וברה ואנתה ואיש לכם
039		ירשונכם	B2.9:11	קריה לא יכהלון	ירש[ו]נ[כ]ם	אנת ידניה ומחסיה
040			B2.9:13	שלומם בר עזריה	ירשונכם	וירשון לבניכם ובנתכם
041		רשה	B7.3:5	[בר פ]מט זי אנת	רשה	לי ע[ליה לם] פלגה זילי
042		למרשה	B2.11:8	לי ואנש זילי דינן	למרשה	עליך ועל בניך עלדבר
043			B5.3:3	[וברה] [אח ואחה דינן	למרשה	על]יך ועל בניך [בשם

רשיע A wicked

001	s em/sf	רשיעא	C1.1:107	בשרחו[ת]א הן יאחדן	רשיעא	בכנפי לבשך שבק בידה אחר
002	p abs	רשיען	C1.1:104	נטחווהי הוין [קרית	רשיען	ביום רוח תתחלל ובשהינן

רתי V to admonish, to pity

001	peal	רתא	C1.1:113	ל[....]	רתא	גבר זי לא ידע מה

ש S 21st letter of the alphabet

001	ש		D10.1:2	יכלמנסעפצקר	ש	ת
002			D10.2:5	יכלמנסעפצקר	ש	ת בּ..... [...]. ב[...]
003			D22.28:1	יכלמנסעפצקר	ש	ת 1

ש N (unclear)

001	s ab/cn	ש	C3.14:4	בּר שמעי[ה] שא 1	ש	אשמ[ ]בר ..[...שא] 1 ש
002			C3.14:15	ש[.]גוי בר בלבן שא 1	ש	ורד בר זותי חור בר
003			C3.14:2	[בר [אשמ[ר]ם שא 1	ש	זבידו בר נבושלם שא 1 ש
004			C3.14:13	[ ]אחלבּנ[י [ש]א 1	ש	ז[.] בּר נורשוש שא
005			C3.14:3	בר נבושלם שא 1	ש	חגי בּר שמעי[ה] שא 1 ש
006			C3.2:4	שלם ש סעדת אתר	ש	מעדת שמאדד ש תן]
007			C3.2:2	[.]כתר שמאב ש שלמדו	ש	נתבּעל שלם ש סעדת אתר
008			C3.2:3	שלמדו ש נתבּעל שלם	ש	סעדת אתר ש מעדת
009			C3.14:1	ל...נ.[[...] [....] ר 2	ש	פטמ[ון בר]אשמ[ר]ם שא 1
010			C3.14:5	ש אשמ[ ]בר ..[...שא] 1	ש	פטסי בר חרוץ [ש]א 1 ש
011			C3.14:6	פטסי בר חרוץ [ש]א 1	ש	צחא [ב]ר חור...].
012			C3.14:14	[ ]בּר נורשוש שא 1	ש	ש[.]גוי בר בלבן שא 1 ש
013			C3.2:1	[.]כתר שמאב	ש	שלמדו ש נתבּעל שלם ש
014			C3.14:8	[בר ....]שא 1 ר 2	ש	זתו.[...
015			C3.14:10	[...] ...[...]	ש	[.... בר]אשה בּ[ר .]תן.
016			C3.14:11	בּ[ר .]תן. שא 1 הו	ש	[.... בר]נתן ש[א 1] ש
017			C3.14:12	ש [... בר]נתן ש[א 1]	ש	[....]אחלבּנ[י [ש]א 1 ש
018			C3.14:17	בר יעולו שא 1 ר 2	ש	[.... ב]ר אדי הו
019			C3.14:18	אדי הו שא 1	ש	[.... ב]ר פחרי שא 1
020			C3.14:9	[....]	ש	[...]...[...]

No.	Form	Gram.	Ref.	Preceding	Keyword	Following
021			C3.2:5	אתר ש מעְדת שמאדׁד	ש̇	תׄ[...] 20[...] [...]. [...]

ש #2 N abbreviation for שערה and שקל

שאול N netherworld

No.	Form	Gram.	Ref.	Preceding	Keyword	Following
001	שאול	s ab/cn	C1.2:6	[ ]באלך וגרמיך לא יחתון	שאול	וטללך ל[א ....] [..].ה עם

שאל V to ask, interrogate

No.	Form	Gram.	Ref.	Preceding	Keyword	Following
001	שאלת	peal	D7.39:12	למאמר לה לם בטבה	שאלת	..לׄ
002	שאילת		B7.2:6	ולקחת לנפשך] עבדת	שאיל[ת]	ומקריא על אלהן מטא עלי
003			A5.2:3	[מלכא ....]	שאילת	[קד]ם תרו[ח ו]דינא
004	ושאילת		B7.1:3	לאמר חמצת מני	ושא]ילת	קדם ... וכנותה דיניא]
005	ושאלת		B3.8:3	אתית עליך בבי]תך	ושאלת	מנך לנשן יהוישמע שמה
006			B6.1:3	אתית עליך בביתך	ושא[ל]ת	מנך ל.... ברתך לאנתו
007	שאל		D1.23:1	[ ]אית [...]. עלין יתום	שא]ל	... [...] שלחת אגרתא ז]א
008			A6.4:3	בגיא זילי זי בעליתא	שאל	דשנא זכי ז[י] מן מלכא
009			C1.1:77	[....] מלכא	שאל	לגבריא ת]רין
010			A6.15:3	אחר חלכיא גברן 2+3	שאל	מן [נח]תחור ולא יהב לי
011			D1.30:4	[ ]זנא כל .[...] [...].	שאל	עליהו[...].ן איך ת[...]
012			D1.12:8	[...] [... ...]לל[...]מן	שאל	[של]ם סחנ[ו]ם .[...] [...]
013	שאיל		B8.7:9	בׄיׄן יומן 2+10	שאיל	מנכי לקֹ[בל מלי
014			B8.7:2	כסף כרשן 2+3+20	שאיל	פתחנוֹפי לקבל מׄלי
015			B8.8:5	אסוֹשן זך	שאיל	וֹפתׄ[גמא אמר ...
016	ושאל		D7.13:4	וידניה גשוריא מ[...]	ושאל	על פטורסי [...] שחפמו
017			D7.13:6	שחפמו באלף בׄ..[...]	ושאל	על חנ.[.....] פטחרפחרט בר
018	שאלה		C1.1:11	מ[....] [ז]י'	שאלה	אחר רחמה אסרחאדן מלך
019	שאילת		B8.10:6	חיל דגלג[א] זי לן	שאילת	תבא וכן אמרת כפם
020	שאלן		B8.8:8	[....]ן גברא זך	שאלן	ולא מלל
021	שאילתם		B2.9:8	לה ומנכן רשינכם אחר	שאילתם	ואנת ידניה ומחסיה בני
022	אשאל		D1.11:4	שלמכם[... ...]. שלמכם	א[שאל	...] [...] עדן כ[... ...]
023	ישאל		C1.1:167	אל תלקחן מני כי לא	[ישא]ל	[נמרא] שלם טביא להן
024	ישאלונני		D2.25:2	[...] [...]בנ.[...]	ישאלונני[	ע]לדבר [...] הן[...]
025	ישאל		A3.6:1	[שלמך אל]ה שמיא	[י]שאל	בכל עדן שלם שוא ובנוהי
026			A4.8:2	[שלם מראן] אלה שמ[יא	ישאל	בכל עדן לרחמן י[שי]מנ[ך
027			D7.35:2	[....]יה שלמך יהה	ישא]ל	בכל עדן כען כזי [....]
028			A5.2:9	[הן על] [מראי טב	י]שאל	לתרוח ודינא על דנה
029			A4.3:2	שלם מרא]ן' אלה שמיא	ישאל	שגיא בכל עדן ו]לרחמן הוו
030			A4.7:2	שלם מראן אלה שמיא	ישאל	שגיא בכל עדן ולרחמן
031	ישאלו		A3.10:1	שלם אחי אלהיא כ[ל]א	ישאלו	בכל עדן וכעת איתי לי
032			A3.11:1	עבדך [שלם מראי אלהיא	ישאלו	בכל עדן וכעת] בזך השכחת
033			A4.1:1	שלם אחי אלהיא	[ישאלו]	[בכל עדן] וכעת שנתא זא
034			A4.2:2	[שלם מראי אלהיא כלא]	ישאלו	בכל עדן שלם לן תנה כענת
035			A5.3:1	ש]לם מראי אלהיא	ישאלו	בכל עדן] חיא חדה ושרירא
036			A3.5:1	[שלם אחי אל]היא כלא	ישאלו[ן]	שגי בכ[ל עדן]
037			A3.9:1	שלם מראי אלהיא כלא	[ישאלו]	שגיא בכל עדן כעׄ]ת
038			A6.1:2	שלם מראן אלהיא [כלא]	[ישאלו]	שגיא ב[כל עדן וכעת לן
039			A4.4:1	[....]אלהיא	ישאלו	שלמך בכל עדן וכעת
040			A3.7:1	ש]לם ....]אלהיא כל	ישאלו	שלמכי בכל עדן שלם מראי
041	וישאלו		D2.33:5	וח[...]i[...] דיניא	וישאלו	
042	שאלי		D7.24:8	ומאנהי בחן [....	]שאלי	[.... ז]י יהבת לה
043			D7.33:4	מן אתמל כענת	שאלי	לטמסי הן לא .[...]
044	ושאלהי		D7.1:14	אף קמח הב[י] לה	ושאלהי[.]	למ.ה תבעה
045	שאל		D1.12:11	כזי לא[...] [...]רת..	]שאל	אנה שלם ...[....]. כען
046			A2.3:6	מלתי ˆלבתיˆ לאמר לה	שאל	על חרוץ כעת מלו כזי עבד
047			D1.1:7	... ... נסי וכעׄ[ת.	ש]אל	שלם נבוכׄדׄ[רי
048			A2.3:3	ואסרשת ושרדר חרוץ	שאל	שלמהן וכעת שלם {{ל}}
049			A2.6:2	אפיכי בש]לם .... ב]רי	שאל	שלמכי וכעת יהב מ[כבנת
050	שאלן		A2.6:7	ש] 1 .... ומכ]בנת	שאלן	שלמכי ושלם תרו [ו... ו...
051	תשתאל	etpeel	D6.7fragIg:1	[...]	תשתאל]	[...]... [...] בזי חל]כיא [...
052			A6.8:3	מנך ישלח עלי חסן	תשתאל	וגסת פתגם יתעבד לך
053	ותשתאל		A6.15:8	זי לקחת זיני תשלם	ותשתאל	על זנה אף מספת שלח
054	תשתאלון		A6.10:9	על ביתא זילי חסין	תשתאלון	וגסת פתגם יתעבד לך
055	ישתאלו		A5.4:5	על משאלתא	ישתאלו	עם

שאן N sandal, shoe

No.	Form	Gram.	Ref.	Preceding	Keyword	Following
001	שאני	s em/sf	C1.1:205	ובין	שאני	בזק אל ינעל ברגלי

שאר V to remain

No.	Form	Gram.	Ref.	Preceding	Keyword	Following
001	שאר	peal	D7.47:2	צׄלֹחׄ[[...] [...]ד'	שאר	10[...] [...] א]לפן אושר
002			C3.28:4	נכיס לגן 3+3 בר 3	שאר	1 אפלניס יסן כא 1 פ
003			C3.22:7	זי יכשר לעשך [...]. עד	שאר	לעשך [...]. אשלן
004			C3.28:3	נכיס לגן 3+3 בר 3	שאר	מ 1 פ בב נכיס לגן 3+3
005			C3.28:44	1 ב<ב> פתו כאן 2 בש 3	שאר	מˆ 2+3ˆ ארמיס לגן 3
006			D7.17:12	יאכלו ינקיˆאˆ הלו לא	שאר	קטין
007			C3.28:17	נכיס לגן 3+3 בר 3	שאר	ר 2 יהודה לגן 2 בר 1
008			C3.28:69	כא 1 ש 1 ברן 2	[שאר	ר 2 יהודה לגן 2+10
009			C3.28:70	2+10 בׄשׁ 1 ר ˆ2ˆ	שאר	ר 3 בב אׄנ[נ]הׄ לגן 1+3
010			C3.28:2	כא 1 בש 1 ר 2	שאר	ש 1 נכיס לגן 3+3 בר 3
011			C3.28:55	....]	שאר[	תכ.[...]מברא הׄיבלו נכיס
012			D7.27:6	[...] ש̇ 1 ר 2 והא	שאר	[....]ת ה[...] [....].
013			D7.8:16	עד מחר עׄרובה א קמח	שאר	תנה
014	אשתאר	etpeel	B3.12:6	וטיב לבבן בגו זי לא	אשתאר	לן עליך מן דמיא זנה
015	ישתאר		B4.2:9	יעקף כספך ומרביתה זי	ישתאר	עלי ויהוה רבה עלי ירח

שאר N remainder

No.	Form	Gram.	Ref.	Preceding	Keyword	Following
001	ושאר	s ab/cn	C2.1.7:40	[זילי בראשהו]ם שלחת	ושאׄ[ר	חילא זי] פרס ומד[י]

שארי N rest, remainder

No.	Form	Gram.	Ref.	Preceding	Keyword	Following
001	שארית	s ab/cn	B8.1:11	אנה אזלת עם	שארית	[....] אחרי
002	שארת		B3.8:26	ר [2] ותנפק מנה עם	שארת	תכונתה ונכסיה וקנינה]
003	שירית		A4.7:11	זיˆ ארז כלא זי עם	שירית	אשרנא ואחרן זי תמה הוה
004			A4.8:10	כלא עקהן ז[י] ארז עם	ש]ירית	אשרנא ואחרן זי תמה הוה
005	ושארת		B3.8:23	תמניה חלרן [1+3]+1]	ושארת	נכסיא זי כתיבן ינתן לה
006			B3.8:27	[2+]1+3+2 ח 2+3	ושארת	נכסיה זי כתיבן ינתן לה

שב N old man

001	s ab/cn	סב	B3.10:17	זי סבלתני ואנה ימין	סב	לא כהל הוית בידי וסבלתני
002		שב	C1.1:17	[....]	שב	אנה לא אכהל למפלח בבב
003			C1.1:6	[....].[אבוהי .]	שב	[....] ל[..] .[..] לבר
004	s em/sf	שבא	C1.1:35	[ ]הנלו א[ח]יקר זך	שבא	ספר חכים [....]ר

שבה N sabbath

001	s ab/cn	שבה	D7.35:7	ומלח [....]ל עד יום	שבה	[...] ביד משלם נונן 3 \ו
002			D7.12:9	... ...] ן ואבשל [....]	]שבה	את־ה` [...] אעבד
003			D7.10:5	אחוטב להן [.... י]ום	שבה	כען הן לא שבו לנתן תמה
004		בשבה	D7.28:4	ר 1 מאסרה .[....] [..]	בשבה	[...]
005			D7.16:2	מחר ערקי אלפא מחר	בשבה	למה הן יאבד חיליהה הן
006	s em/sf	בש.תא	D7.48:5	זנה וכענת היתיו לי	בש.תא	[..].[..] [...]לעבד

שבי V to take captive

001	peal	שבית	C1.2:5	[ ]הו יחלף לך ושביא זי `	שבית	בזא שנתא[....] לך
002		שבו	D7.10:6	[י]ום שבה כען הן לא	שבו	לנתן תמה ינפק עלי ואהך

שבי N captive

001	s em/sf	ושביא	C1.2:5	חמ[שה]הו יחלף לך	ושביא	זי שבית בזא שנתא]

שביט N shawl (?)

001	s ab/cn	שביט	B2.6:9	באבני מלכא ˆ2+3+3ˆ	שביט	1 חדת הוה ארך אמן
002			B3.8:9	דמי כסף שקלן 1+3+3	שביט	1 זי]קמ[ר] חדת לאמן
003			B6.2:5	1+3 דמי כסף שקלן 3	שביט	1 חדת זי אמן 1+3+3

שבע V to be sated

001	peal	ותשבע	C1.1:127	כל עבידה אדין תאכל	ותשבע	ותנתן לבניך [...
002			C1.1:129	דגנא וחנטתא זי תאכל	ותשבע	ותנתן לבניך עמך [אל תזף
003	etpeel	ישתבע	C1.1:124	[....]	ישתבע	כעס מן לחם ותתרוה

שבע n seven

001		שבע	D17.1:4	בירח סיון הו מחיר שנת	שבע	ארתחששש מלכא [ל.].ופלנחתי
002			B3.7:4	הוה א[רך] אמן בעשתא	שבע	הו 3+[1+3 ....
003		שבעה	B3.8:16	ומהרא כסף כרשן	שבעה	הו[1+3+3 ש[קל]ן
004			B3.8:23	ולבשיה דמי כסף כרשן	שבעה	ש[קלן תמניה חלרן

שבעין n seventy

001	s ab/cn	שבען	A6.2:15	לחד פשכן תלתה מאתין	שבען	וחמשה לחד צבען עשרה כל
002			A6.2:11	[ל]אמן עשרן סעבל אמן	שבען	חנן לבטנא תלתה קלעס

שבק V to leave, allow, emancipate

001	peal	שבקת	D7.18:2	חזו כתוני זי	שבקת	בית בית יהה אמרי לאריה
002		ושבקת	B3.6:4	אזת שבקתכי במותי	ושבקת	ליהישמע שמה ברתכי זי
003		שבקתך	C1.1:111	[....]	שבקתך	בסתר ארזא וסחרתֿ[...]
004		שבקתכי	B3.6:4	עשתת לכי בחיי אזת	שבקתכי	במותי ושבקת ליהישמע
005		שבקת	C1.1:112	בסתר ארזא וסחרתֿ[...]	שבקת	לרחמיך והוקרת
006		שבק	D1.17fraga:4	חז.[...] [....] זי	שבק	ו[..]גי זי נתן אחוה[י
007			C1.1:185	מלוכת אריה [....]	שבק	חמר ולא יסבלנהי ינשא בות
008		שבק....	B8.5:16	[....]	....]שבק	]יהיב לפתנשן וכנותה
009		שבק	D7.33:3	וגרשא1	שבק	קמרא מן אתמל כענת שאלי
010		שביקת	A3.8:12	[....] כ[..]ל[..]	ש]ביקת	[..] י [...] מליהם אל
011		שבקן	A4.5:1	מרדו אנחנה מנטרתן לא	שבקן	{{ומנדעם}} מחבל לא אשתכח
012		שבקו	C1.1:98	עבדו בהם ולא	שבקו	המו ולבבהם פתיה
013		שבקוהי	B8.5:9	רגלן[....]לא	שבקוהי	עד כספ[....]
014		אשבקן	C1.1:177	ברי לא תמות והן	אשבקן	על לבבך [....] מחאה
015		אשבקנה	D23.1.II:8	ס..ד. ... [.] לא אכל	אשבקנה	אשכב עמה רחם אנה להי
016		ישבק	B4.7:5	]ו[תי וחובי ...]	ישבק	לחיי ספרא זנה[....]
017		וישבק	A3.1:V6	שלחו לנבונתן	וישבק	[....]רי
018		תשבק	A3.8:11	נחת אנת 1 למנפי אל	תשבק	לאשנ[.....]ות הב לה
019		ישבקני	A1.1:7	חיל לחצלתני אל	ישבקנ]י	
020		ישבקון	A3.1:R6	הן אית לך חמרן 10	ישבקון	המו א[.] לא[....]
021		שבק	C1.1:107	רשיעא בכנפי לבשך	שבק	בידה אחר אדני לשמש הו
022			A2.4:4	אל תצף לחרוץ לה	שבק	אנה לה 1 כדי מטאה ידי
023		ושבק	A2.2:15	ויהוי זבן גשרן	ושבק	בבתה אל תקמי קדמתה כל
024			A2.4:10	מן תשי ויהב בגשרן	ושבק	כל גשר זי תשכח לממה
025		שבקן	A4.7:23	אגורא זך למבנה בזי לא	שבקן	לן למבניה חזי בעלי טבתך
026			A4.8:23	[זך למבניה בזי לא]	שבקן	לן למבניה חזי בעלי טבתך
027		שביקה	B3.6:10	יהישמע ברתכי ואנתי	שביקה	לאלהא ואמרת תפמת
028			B3.6:9	באבני מלכא ואנתי	שביקה	מן טלא לסמשא ויהישמע
029		למשבק	C1.1:192	[....]אל תשתח[	למשבק	זהב בידך %% אל
030	etpeel	אשתבק	A6.11:4	בית זרע א 10+20 זך	אשתבק	לא [....
031			A6.11:2	זרע א 10+20 ז]ך[	אשתבק	בגו בזי נשי ביתן כלא
032		ישתבקו	A6.7:9	לפירמא זך וכנותה	ישתבקו	עבידתא זילי יעבדו כזי

שגי V to be much; cf. #2 שגי

001	peal	ישגא	C2.1.11:72	[וירחמנך וזרעך	י]שגא	ויומיך יארכון והן

שגי #2 V to stray; or interpret as שגי 'to be much'

001	(h)afel	תהשגא	C1.1:137	[....]חילא ואל	תהשגא	לבבא [גבר ז]י לא

שגיא A many, great

001	s ab/cn	שגא	D4.19:2	שהד .[....] כל	שגא	[...]
002			D7.5:5	אל ינפי מנהם הלו	שגא	זי לא [...]הם חזי עקא זי
003		שגיא	A6.14:4	לי תחדון אף הא שנן	שגיא	זי בגא זך [....] לא
004			C1.1:101	[ ]לם סניא לרמנא מה טב	שג[י]א	כביך[ל]פגע ב[א]ביך
005			A4.3:10	קדמתי [..]לו חסרן	שג־א`	שים אחרוהי בבית ענני
006		בשגיא	C1.1:90	זי [ל]א מתחזה %%	בשגיא	בנן לבבך אל יחדה
007	p abs	שגיאן	C2.1.11:65	[רח]ק מן כדבן	שגיאן	אזהר כ[ד]יב זי יכדב
008			C1.1:164	טב בחנכה למאמר	שגיאן	[כ]וכב[י שמיא זי]
009			C1.1:50	[א]חרן וליומן אחרנן	שגיאן	קרבתך קדם סנחאריב מלכא

010		C1.1H:6	[עם אחוהי ... אח]רנן	ש]גיא[ן	]קרבתך[...] לא עבד] לך

שגיא a much

001	שגא	A3.1:R7	]די תנה כדנה...	שגא	[.... ע]בדו
002		D7.17:4	ומן עדנא הו אנה חמם	שגא	תחזי יחו[מליה
003	שגי	A3.5:1	[אל]היא כלא ישאלו[ן	שגי	בכ[ל עד]ן [ו]כ[ע]ת
004		D23.1.II:8	עמה רחם אנה להי	שגי	ו.הע[....] על אתתה
005	שגיא	C1.1:51	לא עבד לך אף	שגיא	סנחאריב מלכא רחמני על
006		C1.1H:7	[...] לא עבד] לך א]ף	שגיא	ס[נחאריב ...] לק[קבל זין
007		D1.12:1	[...]..[...] שלם ושר]ר]ת	שג]יא	... [...]...]דלן
008		C1.1:58	[זילי]ועטה טבה הי	[שגי]א	אח[ר ענו גבריא]אלך
009		A3.9:1	אלהיא כלא [ישאלון	שגיא	בכל עדן כע[ת
010		A4.3:2	מרא[י אלה שמיא ישאל	שגיא	בכל עדן ו]לרחמן הוו קדם
011		A4.7:2	מראן אלה שמיא ישאל	שגיא	בכל עדן ולרחמן ישימנך
012		A6.1:2	אלהיא [כלא] [ישאלו	שגיא	ב]כל עדן וכעת לן ש[י]ם
013		C2.1.11:78	לזר[עהום זי גבריא אלך	שגיא	בפר]סא סבל[
014		C2.1.11:66	זי יכדב [....	שגי]א	הודע איך זי עביד אנת
015		A3.4:1	ברך שלום [שלם ושררת	שגיא	הושרת] לך שלם גלגל תנה
016		A3.8:1	ה[וש]ע שלם ושררת	שגיא	הושרת ל[ך וכעת ....]
017		A6.16:1	על נחתחור שלם ושררת	שגיא	הושרת לך וכע[ת אנ]ת
018		A6.3:1	על ארתונת שלם ושררת	שגיא	הושרת לך ו[כעת פס]משך
019		A6.4:1	שלם ושררת	שג[י]א	הושרת ל[ך וכעת דשנא
020		A6.5:1	ארתונת שלם [ושררת	שגיא	הושרת]לך וכע[ת שלם בזנה
021		A6.6:1	[על .... שלם ושררת	שגיא	הוש]רת לך תנה [לי שלם אף
022		A6.7:1	על ארתהנת שלם ושררת	שגיא	הושרת ל[ך] וכעת בזנה
023		C1.1:74	[....] סבל	שגיא	ונכסן שפי[ען ....
024		D23.1.II:13	אשכב עמה רחם אנה להי	שגיא	ועלימא אזל על אסרס[...]
025		A3.5:2	מטאת עלי שלמך שמעת	שגיא	חדית שמעת
026		C1.1:29	[....]	שגיא	ירגש מלן שמע.[....
027		D23.1.XI:6	[ ]רחם לח[... ..]תי	שגיא	[...]ן אחד
028		C2.1.11:75	[כדב לם אנה ברזי אלה]	שגיא	עמ[י] אתנצחו
029		A4.5:19	על מראן ^טב^	שגיא	עש[....] [....]ד
030		A6.16:4	ואנה ל[א] חדית אנת	שגיא	פתסתו לי ומנ[...]תמ[..]

שגיאה A (unclear)

001	s ab/cn	שגיאת	C1.1:182	...] קם אילתא	שגיאת	מסמ[....] אריא

שדיק A torn, sharp edged

001	s ab/cn	שדיק	A3.6:3	על ינקיא עליך לבבי	שדיק	כל זי יהוה על
002		שדק	C1.1:84	רכיך ממלל מלך	שדק	ועזיז הו מן סכין פמי[ן]

שדך V (+ אנפין) to appease

001	(h)afel	מהשדך	A4.2:9	מלין קדם ארשם פיסן	מהשדך	אנפין[....]

שדר V to intervene, to send

001	pael	שדר	C1.1:101	עם ג[בר לח]ה [סנ]יא	שדר	לרמנ[א]לם סניא לרמנא מה
002	etpaal	אשתדרו	A4.3:4	וחור עלימי ענני	אשתדרו	עם וידרנג וחרנופי

שהד V to testify

001	peal	ושהדו	D1.17fragb:6	[ ]יתקים כים	ושהדו	על כל נכס[י ... ...] [...

שהד N witness

001	s ab/cn	שהד	B3.1:21	כפם יהוחן ושהדיא בגו	שהד	אושע בר גלגול הודויה
002			B3.11:18	שהד מנחם בר גדול	שהד	אחיו בר נתן שהד נחום
003			B3.4:24	בית ויזבל כספי	שהד	איסך בר זמסף ספר בי זי
004			B2.2:21	שהד גדליה בר ענניה	שהד	ארייאשא בר ארוסתמר ספר
005			B2.1:18	פרתנזן בר ארתכרן	שהד	בגדת בר נבוכדרי
006			B6.4:10	[א]זניה	שהד	ביתאלנתן בר יהונתן
007			B2.1:19	ינבולי בר דרגא	שהד	בנתרש בר וחפרע שהד
008			B2.7:19	בר אתרלי כספי	שהד	ברברי בר דרגי כספי זי
009			B3.6:17	שהד מיכיה בר אחיו	שהד	ברכיה בר מפטח דלה בר
010			B2.2:17	שהד הושע בר פטחנום	שהד	גדול בר יגדל שהד
011			B5.3:7	....]	]שהד	גדול בר[....
012			B6.3:15	[.... שהד .... בר ....]	שהד	גדול בר הו[שע שהד
013			B2.2:20	שהד הדדנורי בבליא	שהד	גדליה בר ענניה שהד
014			B2.2:18	שהד גדול בר יגדל	שהד	גמריה בר אחיו משלם בר
015			B2.3:29	כפם מחסיה שהדיא בגו	שהד	גמריה בר מחסיה שהד
016			B2.4:18	שהד זכריה בר נתן	שהד	גמריה בר מחסיה שהד
017			B2.2:19	סינכשר בר נבוסמסכן	שהד	הדדנורי בבליא שהד
018			B2.9:18	מנחם בר עזריה	שהד	הודויה בר זכור בר
019			B2.2:17	בירתא כפם דרגמן	שהד	הושע בר פטחנום שהד
020			B2.3:30	שהד זכריה בר נתן	שהד	הושע בר פלליה שהד
021			B2.3:33	זכור בר צפניה	שהד	הושע בר דעויה
022			B2.3:34	שהד מחסה בר ישעיה	שהד	הושע בר יגדל ספר בי
023			B2.4:17	כפם מחסיה שהדיא בגו	שהד	הושע בר פלליה שהד
024			B2.4:21	שהד זכור בר צפני^ה^	שהד	הושע ב[ר] דעויה
025			B2.4:22	שהד מחסה בר ישעיה	שהד	הו[שע בר י]גדל ס[פר
026			B3.10:23	זי יהו אלהא שהדיא בגו	שהד	הושעיה בר יתום זכור
027			B3.10:24	שהד נתן בר יהואור	שהד	הושעיה בר נתן שהד
028			B2.6:39	מנחם בר [ז]כור	שהד	ויזבלו
029			B2.4:20	שהד נתן בר ענניה	שהד	זכור בר צפני^ה^ שהד
030			B2.3:29	שהד גמריה בר מחסיה	שהד	זכריה בר נתן שהד הושע
031			B2.3:30	שהד הושע בר פלליה	שהד	זכריה בר משלם שהד
032			B2.4:17	שהד הושע בר פלליה	שהד	זכריה בר נתן שהד
033			B2.4:18	שהד גמריה בר מחסיה	שהד	זכריה בר משלם שהד
034			B3.10:26	ישביה בר ידניה	שהד	חגי בר מרדו ספר בי זי
035			B3.11:20	שהד שמוע בר פלוליה	שהד	חגי בר מרדו שהד ידניה
036			B3.13:13	שהד מנחם בר שלום	שהד	חגי שהד נחום בר ביתא
037			B3.13:14	שהד נחום בר ביתא	שהד	חגי בר מרדו [ס]פר עבור
038			B6.4:10	בר ביתאלנתן בר צחא	שהד	חגי בר פנוליה שהד
039			B3.4:23	מתרדת בר מתריזן	שהד	חירו בר אתרלי
040			B2.11:16	בגו מנחם בר גדול	שהד	חנן בר חגי שהד נתן בר

#	Form	Ref	Preceding	Word	Following
041		B6.4:9	ויהוחן ושהדיא בגו	שהד	חרמנתן בר ביתאלנתן בר
042		B6.4:10	שהד חגי בר פנוליה	שהד	יאוש בר [א]זניה
043		B2.3:31	שהד שמעיה בר ידניה	שהד	ידניה בר מחסיה שהד
044		B2.4:20	שהד שמעיה בר ידניה	שהד	ידניה בר מחסיה שהד
045		B3.11:20	שהד חגי בר מרדו	שהד	ידניה בר גמריה ספר בי
046		B2.1:16	כפם קוניה שהדיא בגו	שהד	מחסה בר ישעיה שהד
047		B2.3:33	בר דׄעויה	שהד	מחסה בר ישעיה שהד
048		B2.4:21	ב[ר] דׄעויה	שהד	מחסה בר ישעיה שהד
049		B3.6:17	אתרפרן בר ניסי מדי	שהד	מיכיה בר אחיו שהד
050		B2.9:17	בני משלם בר שלומם	ˆשהדˆ	מנחם בר גדול גדול בר
051		B3.11:18	שהד נתן בר יהואור	שהד	מנחם בר גדול שהד אחיו
052		B3.13:13	בר משלם שהדיא בגו	שהד	מנחם בר שלום שהד חגי
053		B5.5:12	[בר] פדיה	שהד	מנכי בר ספעמרא]
054		B2.3:30	שהד זכריה בר משלם	שהד	מעזיה בר מלכיה שהד
055		B2.4:19	שהד זכריה בר משלם	שהד	מעזיה בר מלכיה שהד
056		B6.3:13	] .... שהד .... בר	[שהד	משלך בר הושעי]ה שהד
057		B3.10:25	שהד הושעיה בר נתן	שהד	משלם בר מעוזי פלטי בר
058		B3.12:33	אנתתה כל 2 כפם חד	שהד	משלם בר מעוזיה שהד
059		B3.11:19	שהד אחיו בר נתן	שהד	נחום בר ביתא שהד נתן
060		B3.12:34	שהד משלם בר מעוזיה	שהד	נחום בר ביתא שהד נתן
061		B3.13:14	בר שלום שהד חגי	שהד	נחום בר ביתא שהד חגי
062		B4.6:20	[שהד .... בר	שהד]	נ[חום בר בי]תא
063		B2.11:16	שהד חנן בר חגי	שהד	נתן בר יהואור שהד שלם
064		B2.3:32	שהד ידניה בר מחסיה	שהד	נתן בר ענניה זכור בר
065		B2.4:20	שהד ידניה בר מחסיה	שהד	נתן בר ענניה שהד זכור
066		B3.10:24	יתום זכור בר שלם	שהד	נתן בר יהואור שהד
067		B3.11:18	זי יהו אלהא שהדיא בגו	שהד	נתן בר יהואור שהד
068		B3.11:19	שהד נחום בר ביתא	שהד	נתן בר מעוזיה שהד
069		B3.12:34	שהד נחום בר ביתא	שהד	נתן בר יהואור מגר ספר
070		B3.3:15	ספרא זנה ושהדיא בגו	שהד	נתן בר גדול מנחם בר
071		B4.6:19	בגו [שהד .... בר	]שה[ד	נתן בר] מעוזי[ה]
072		D2.25:8		שהד	פטמ[ון ...
073		B2.1:17	שהד שמעיה בר הושע	שהד	פרתנזן בר ארתכרן שהד
074		B2.1:19	שהד בנתרש בר וחפרע	שהד	שלם בר הושעיה ספר אגרא
075		B2.11:16	שהד נתן בר יהואור	שהד	שלם בר נתן ספר פלגן
076		B3.11:19	שהד נתן בר מעוזיה	שהד	שמוע בר פלוליה שהד
077		B2.1:17	שהד שתברזן בר אתרלי	שהד	שמעיה בר הושע שהד
078		B2.3:31	שהד מעזיה בר מלכיה	שהד	שמעיה בר ידניה שהד
079		B2.4:19	שהד מעזיה בר מלכיה	שהד	שמעיה בר ידניה שהד
080		B2.1:16	שהד מחסה בר ישעיה	שהד	שתברזן בר אתרלי שהד
081		B4.1:5	....]	[שהד	[..] ב[....]שׄחד
082		B4.6:19	[מנ]חם שה[דיא בגו	[שהד	.... בר ....] שה[ד נתן בר
083		B4.6:20	[נתן בר] מעוזי[ה]	[שהד	.... בר .... שהד] נ[חום
084		B6.3:13	שהדיא זכור ב[ר	שהד	.... בר .... שהד] משלך
085		B6.3:14	משלך בר הושעי]ה	שהד	.... בר .... שהד .... בר
086		B6.3:14	] שהד .... בר	שהד	.... בר ....] שהד גדול
087		B6.3:15	שהד גדול בר הו[שע	שהד	.... בר .... שהד ....
088		B6.3:15	] שהד .... בר	שהד	.... בר ....] כל 2+3+3
089		D2.25:10	] ... ב]ר בית[אל.... [	שהד]	... [....] <...> [... ...]כתב
090		D2.25:9	] ש[כאל [....] חמן	שה[ד	... ב]ר בית[אל....]
091		D4.19:1		שהד	...[.....] כל שגֹא [...]
092		C1.1:140	לנכריא [ברי] הוה לי	שהד	חמס ומן אפו צדקני %% מן
093	שהדא s em/sf	D8.6:8	שיב רבא ר 3 [כ]יה	שהדא	3. ידלה שמעון מ 3 ר 2
094	ושהדיא p em/sf	B2.10:17	כפם ידניה בר הושע	ושהדיא	בגו מנחם בר שלום
095		B2.6:37	[זנה כפם אסחור]	ושהדיא	בגו פנוליה בר יזניה]
096		B2.7:17	ספרא זנה כפם מחסיה	ושהדיא	בגו כתב מחסיה בכ׳פ׳י
097		B3.1:21	ספרא זנה כפם יהוחן	ושהדיא	בגו שהד אושע בר גלגול
098		B3.3:14	בר ענניה ספרא זנה	ושהדיא	בגו שהד נתן בר גדול
099		B3.4:23	כפם בגזשת ואבל	ושהדי<א>	בגוˆ מתרדת בר מתריזן
100		B3.5:23	בר עזריה לחנא	ושהדיא	בגו גמריה בר מחסיה
101		B3.6:16	כפם משלם בר זכור	ושהדיא	בגו אתרפרן בר ניסי
102		B3.8:43	[ו]זכור בר משלם	ושהדיא	בגו חגי בר שמעיה
103		B5.5:11	מפטחיה ברת גמריה	ושהדיא	בגו
104		B6.4:9	כפם הושעיה ויהוחן	ושהדיא	בגו שהד חרמנתן בר
105	שהדיא	B5.1:8	ומנתכי זילכי תוב	שהדיא	[ה]ושע בר הׄודׄויה
106		B6.3:13	זי שלו[מם ולא דין]	שהדיא	זכור ב[ר .... שהד ....
107		B4.4:19	הושע על פם אחיאב	שהדיא	כיא בר אסכישו
108		B4.2:11	עד יום זי אשלמנהי לך	שהדיא	עקבן בר שמשנורי קצרי
109		B4.3:22		שהדיא	שורי בר[ן] כרז
110		B2.1:15	ספרא זנה כפם קוניה	שהדיא	בגו שהד מחסה בר ישעיה
111		B2.11:15	מחסיה וידניה אחוהי	שהדיא	בגו מנחם בר גדול שהד
112		B2.3:28	בירתא כפם מחסיה	שהדיא	בגו שהד גמריה בר
113		B2.4:16	בירתא כפם מחסיה	שהדיא	בגו שהד הושע בר פלליה
114		B2.8:12	כפם פיא בר פחי	שהדיא	בגו נבורעי בר נבונתן
115		B3.10:23	לחנא זי יהו אלהא	שהדיא	בגו שהד הושעיה בר
116		B3.11:18	לחנא זי יהו אלהא	שהדיא	בגו שהד נתן בר יהואור
117		B3.13:13	חגי בר משלם	שהדיא	בגו שהד מנחם בר שלום
118		B3.2:10	כפם מיכא בר אחי[ו]	שהדיא	בגו זבדי נבוׄזי
119		B3.9:10	נרגלשזב כפם אוריה	שהדיא	בגו עתרמלכי בר קלקלן
120		B4.6:18	זנה [כפם מנ]חם	שה[דיא]	בגו [שהד .... בר
121		B4.2:16	בר אחיו על פם	שהדיא	זי על ספרא זנה
122		B1.1:15	פמטן וחוב על[י]אלה	שהדיא	ת נרגי נני חור

שהינה N calm (?), ruins (?)

#	Form	Ref	Preceding	Word	Following
001	ובשהינן p abs	C1.1:104	ביום רוח תתחלל	ובשהינן	יצעון תרעיה כי בזיזת

שוז N rioting (Pers?; GEA 373.71)

#	Form	Ref	Preceding	Word	Following
001	בשוזיא p em/sf	A6.10:4	זי [בתח]תיׄתאׄ	בשוזיא	מתנצחן גרדא ונכסי

שוי A equal, worth

#	Form	Ref	Preceding	Word	Following
001	שוה s ab/cn	B2.6:11	מחזי 1 זי נחש	שוה	כסף שקל 1 ר 2 תמסא 1 זי
002		B2.6:11	ארך אמן 3+3 ב1+3	שוה	כסף שקלן 1+3+3 מחזי 1
003		B2.6:13	שקלן 2 זלוע 1 זי נחש	שוה	כסף ר 2 כל כספא ודמי
004		B2.6:8	אמן 2+3+3 ב2+3	שוה	כסף כרשן 2 שקלן
005		B2.6:9	אמן 2+3+3^2^ ב2+3	שוה	כסף שקלן 2+3+3 באבני
006		B3.3:4	בידה לבש 1 זי עמר	שוה	כסף שקלן 1+3+3 מחזי 1

#	Form	Parse	Ref	Preceding	Word	Following
007			B3.8:10	2+3+3 לב[ש 1] בלה	שוה	[כסף שקל 1 חלרן 20]
008			B3.8:10	1 לפם 2 צבען [ידין]	שוה	כסף ש[ק]לן 2+3+3 לב[ש
009			B3.8:11	[אמן 3+3 ב 1+3]	שוה	כסף שקל[1 כתן 1 זי כתן
010			B3.8:12	3 ב 3+3 ארך אמן	שוה	כס[ף שקל 1[...[...] כתן
011			B3.8:7	3 פתי אמן 3+1 ר 2	שוה	כסף כרש 1 שקלן 2 גמידה
012			B3.8:8	צבע ידין פשך 1 לפם 1	שוה	כסף כרש 1 לבש 1 מעדר
013			B6.1:7	[ ] ...]	שוה	כסף
014			B6.1:8	[ידין פשך 1 לפם 1	שוה	כס[ף כ]רש 1.[
015	שויה		B2.6:12	1 ר 2 תמסא 1 זי נחש	שויה	כסף שקל 1 ר 2 כסן זי
016			B3.3:5	שקלן 3+3+1 מחזי 1	שויה	כסף חלרן 3+3+1 פלג שנן
017	שוין	p abs	B2.6:13	1 ר 2 כסן זי נחש 2	שוין	כסף שקלן 2 זלוע 1 זי

שוי V — to be equal

#	Form	Parse	Ref	Preceding	Word	Following
001	ישוי	peal	D1.17frag:12	[... ...]אבהון	ישוי	חלק 1+[... ...]
002	וישוה	pael	C1.2:24	וׄ...לן [....] מראה	וישוה	א״ש בני מראיׄהׄםׄ[...
003	אשתוין	etpeel	B2.11:2	ור[יז]ת לאמר אנחנה	אשתוין	כחדה ופלגן עלין עבדיה

שוי N — bed

#	Form	Parse	Ref	Preceding	Word	Following
001	שוי	s ab/cn	B2.6:15	על עלי וטיב לבבי בגו	שוי	1 זי גמא בה נעבצן זי אבן

שוירי a — equally

#	Form	Parse	Ref	Preceding	Word	Following
001	שוירי		B1.1:6	טבא ולחיא נפלג כחדה	שוירי	[....]פהו זי

שוק N — street

#	Form	Parse	Ref	Preceding	Word	Following
001	ושוק	s ab/cn	B3.11:4	לה הו בבא זילך למנפק	ושוק	מלכא בינים עליא לה בית
002			B3.5:11	לה תמא זי חנום אלהא	ושוק	מלכא בניהם מערב שמש לה
003			B3.12:19	שמש לה אגורא זי יהו	ושוק	מלכא ביניהן עליה לה בית
004			B3.12:21	זי מיא בני תויא	ושוק	מלכא ביניהן וכונה 1 פתיח
005			B3.4:10	ˆלהˆ אגור יהו ˆאלהאˆ	ושוק	מלכא ביניהם אנה בגושת
006			B3.4:8	לה תמי זי חנום אלהא	ושוק	מלכא ביניהם מועה שמש לה
007			B3.5:10	לה אגורא זי יהו אלהא	ושוק	מלכא בניהם מועה שמש לה
008	לשוק		B3.12:21	רבתא ותרעא זילה פתיח	לשוק	מלכא מן תמה תנפק ותנעל
009	בשוקא	s em/sf	B2.1:12	לא זילך הו ולא תנפק	בשוקא	זי בינין ובין בית
010			B2.1:14	למפתח תרעא זך למנפק	בשוקא	זי בינין כתב פלטיה בר
011	ושקא		B2.7:14	בית גדול בר אושע	ושקא	בניהם מערב שמש לה בית

שור N — wall

#	Form	Parse	Ref	Preceding	Word	Following
001	ושור	s ab/cn	A4.5:5	זי ביב בירתא נדשו	ושור	חד בנו[ב]מנציעת בירת
002	שורא	s em/sf	A4.5:6	בירת יב וכען	שורא	זך בנה במנציעת בירתא

שושן N — an official (Akk; GEA 377.35)

#	Form	Parse	Ref	Preceding	Word	Following
001	שושנא	s ab/cn	C3.26:15	כא 2 פ [...]יז	שושנא	כא 2 פ [...] .[.]שׁ...ן כא
002	שושנן	p abs	A3.11:3		שושנן	2+3 [...]ן מדׄען
003	שושניא	p em/sf	A3.11:4	כען חזי	שושניא	אמר

שזב V — to save (Akk; GEA 377.36)

#	Form	Parse	Ref	Preceding	Word	Following
001	שזבך	quadr.	D1.24:2	לאמר אף ..[... ...] אלהא	שזבך	חילין[... ...] [... ...]חת
002			C1.1:46	הו אחיקר זי קדמן	שזבך	מן קטל זכי [....]אבוהי
003	שזבן		D1.30:5	איך תן[...] [...]ואלהא	שזבן	[...]א שלחתׄ[...]
004	שזבוני		A4.3:5	בטלל אלה שמיא עד	שזבוני	כען הא אתין תמה עליכם
005	ישזב		D2.33:2	תׄ[...] [... ...].[...]	ישזב	[... ...]ם [...] בר בש.[...
006			C1.1:211	זי תהׄ..ג.[ ]להן ול[ל]א	ישזב	מ[...] [....
007	נשזבנך		A3.1:R8	[ע]בדו	נשזבנך	

שחד N — bribe

#	Form	Parse	Ref	Preceding	Word	Following
001	שחד	s ab/cn	A4.2:4	איתי לן בזי מצריא	שחד	להן יהבן ומן [....] זי

שחלין N — cress

#	Form	Parse	Ref	Preceding	Word	Following
001	ושחלין	p abs	D7.45:8	הושר לי שערן קב 1	ושחלין	טב כסא זעירא

שחת V — to destroy

#	Form	Parse	Ref	Preceding	Word	Following
001	יהשחתון	(h)afel	C1.1:155		יהשחתון	ידי ואל פמי

שטטן N — related to a tunic

#	Form	Parse	Ref	Preceding	Word	Following
001	שטטן	s ab/cn	A3.8:8	וינתן לך כתון	שטטן	[1] ואסה 1 כתון ין.[הה 1

שטי N — (unclear)

#	Form	Parse	Ref	Preceding	Word	Following
001	שטי	s ab/cn	D1.30:3	ומחין[...] [...].	שטי	1 דמס[...]זנא כל

שטר N — side

#	Form	Parse	Ref	Preceding	Word	Following
001	לשטר	s ab/cn	B2.1:5	לעליהˆאגרא זך תדבק	לשטר׳	ביתי מן ארעא ועד עלא מן

שטר #2 N — document

#	Form	Parse	Ref	Preceding	Word	Following
001	שטר	s ab/cn	C3.28:100	10 שבתי חגי תתוׄ	שטר	1 בביתה {{...}} בב שבתי
002			C3.28:101	{{...}} בב שבתי חגי	שטר	1 בחנטן א 20+3+2 בידה
003			C3.28:92	בר חגי בר שמתי	שטר	1 בחמר כאן 20+20 בב
004			C3.28:93	כאן 20+20 בב שמעון	שטר	1 בכרשן 10+2 ש
005			C3.28:95	ש 3+3+2 בׄב שמעון	שטר	1[בזוז[ן]בב]
006			C3.28:96	[בב]שׄמׄעׄוׄן	שטר	1 בחלכין 3+1 מדלא 20
007			C3.28:98	מדלא עבדיהו זכור	שטר	1 בזוזן 100×1+20 בב
009			C3.28:99	בב עבדיהו זכור	שטר	1 בחנטן א 10 שבתי חגי
009			D5.23:2	[...]. שנא לעיני נפא	שטר	[...] [...].
010	שטריא	p em/sf	C3.28:90	ומ iׄ באגרה	שטריא	ביד יונתן ואנה סלק
011	שטריה		C3.28:102	א 20+3+2 בידה	שטריׄה	יחנן בר דלוי ערׄבׄאׄ

שטר מן p — besides, except for

#	Form	Parse	Ref	Preceding	Word	Following
001	שטר מן		B2.10:16	עלם וזי בניכם אחריכם	שטר מן	בנן זי יזן בר אוריה
002			B2.10:13	ואיש בשמי ובשם בני	שטר מן	בר וברה זי יזניה בר
003			A6.15:5	חלכיא אלך 2+3	שטר מן	זי יהבו בבבאל גברן

שיט N sailor

001	s em/sf	שיטא	C3.29:7	ב 3+3 פלוקיתס	שיטא	משח לגין 3+10 ב 10
002			C3.29:8	3+10 ב 10 זנון	שיטא	משח לגין 3+10 פתרתוס
003			C3.29:6	ב 2+3 בה נקדרוס	שיטא	מש לגין 2+3+3 ב 3+3
004	p em/sf	שיטיא	C3.29:12	נקדרוס וחברוהי	שיטיא	לגין 2+3+3+20
005			C3.29:14	3+3 זנון ודמוקלס	שיטיא	לגין 3+3+10 אמנתס

שים V to place

001	peal	שימת	D7.10:2	ידניה כען לו [ב]סגרא	שימת	ופקיד [.. י]כלאו מנה לחם
002		שמת	C2.1.8:49	[זי עמה כלא בזקיפא]	שמת	נפחֿר קטיליא וח[ייא זי
003		שים	D23.1.XII:12	עדֿ..[..]םֿ	שים	בֿחלתא וֿחמֿר ...[...].
004			A6.1:2	[ב]כל עדן וכעת לן	ש[י]ם	טעם מנֿתֿא לם זי יהבֿה
005			A6.2:22	זך ולעבק יעבד כזי	שים	טעם כעת ארשם כן אמר אנת
006			A6.2:23	זי המרכריא אמרן כזי	שים	טעם ענני ספרא בעל טעם
007			A6.2:25	כותה .... כזי	שים	טעם [....]ל כתב מן ארשם
008			C3.8IIIB:7	[...] [...].א כלאֿ[...]	[ש]ים	טעם [ב 3+3+10 לאדר
009			D6.12fragh:1	...]	]שים	ל[...] [...]...[..]
010			A6.13:5	ויאתה עם גנזא זי מני	שים	להיתיה בבאל ארתוהי ידע
011		שם	D4.1:4	זי .[...] [...].	שם	ע.[...] [...]ל [...]
012		שמו	C3.8IIIB:30	שתברזן .[... ...]תֿ	שמו	טעם צלצלא זי א..ה
013			C3.8IIIB:34	[שתבר]זֿן	שמ[ו	טע]םֿ לדגל א[.]ל]
014			C3.8IV:6	[אמר	שמו]	טעם למיחט [...]
015		אשים	A6.3:6	קדמוהי סרושיתא זי אנה	אשים	להם טעם יתעבד להם כעת
016		ישים	A6.3:7	סרוש[ית]א זי פסמשך	י[שים]	להם טעם למעבד זכי יתעבד
017		ישימון	C1.1:163	והן רחים אלהן הו	ישימון	טב בחנכה למאמר שגיאן
018		תשים	C1.1:130	זפתא שלין לנפשך אל	תשים	עד [תשלם ז]פתא [כי מכ]ל̇
019		ישימנך	A4.7:2	שגיא בכל עדן ולרחמן	ישימנך	קדם דריוהוש מלכא
020			A4.8:2	ישאל בכל עדן לרחמן	י[שי]מנ[ך	קדם ד]ריוהוש [מלכא
021		ישמו	A6.6:1	[אף תמה לך אל]היא שלם	ישמו	ו[כעת ....]
022			A6.16:5	[....] אלהיא שלם	ישמו	לך מן ארתחי על נחתחור
023		ישמן	D22.51:4	טורא ואלה מצרין זי	ישמן	לי שלם ורחמן ..[.] ...[...]
024		שם	A6.3:7	יהקרב קדמיך ת[מה] אנת	שם	טעם סרוש[ית]א זי פסמשך
025			A6.5:3	כל [....] עלי אנת	שם	ט[ע]ם
026		שים	A4.3:10	[..]לו חסרן שגי˘א˘	שים	אחרוהי בבית ענני זי
027		שימן	B8.5:2	.[.].[....] [....	]שימן	לגנזֿ[. ....]שלם
028		שימה	C1.1:79	מלכותא בשמֿ[י]ן	שימה	הי כי בעל קדשן נשא[ה]
029		למשם	D7.2:7	הלו לאיתי לי מלח	למשם	בקֿמֿח 1
030	etpeel	ויתשים	C1.1:175	ברא זי יתאלף ויתסר	ויתשים	ארחא ברגלו[הי ....
031		יתשים	A4.5:21	[... על] מראן טב	יתשים	[טעם ....] [....]
032		יתשם	A6.7:8	הן עליך כות טב מנך	יתשם	טעם כזי איש מנדעם באיש

שים N part of a boat

001	s ab/cn	שים	A6.2:19	ועביא צבען תרין ועל	שים	בארכא לחד פשכן תלתה חפוש
002			A6.2:10	ואר חדתן טף אמן עשרה	שים	[ל]בטק אמן תמנין בפשכן

שיע N plaster, whitewashing

001	s ab/cn	שע	D7.57:6	חד זי ערֿה שנתא	שע	וחדֿ בעזכתיה ואגנן 2

שירי N rest, remainder; cf. שארי

שכב V to lie down

001	peal	אשכב	D23.1.II:13	תמ.[...].[..]ל[...] אנֿהֿ	אשכב	עמה רחם אנה להי שגיא
002			D23.1.II:15	אֿתמנבֿאן [...] לא	אשכב	עמה
003			D23.1.II:8	...[.] לא אכל אשבקנה	אשכב	עמה רחם אנה להי שגׄי
004		לאשכב	D23.1.II:10	[ל]דֿנא חרא	לאשכב	עם גבר זי [....]
005		תשכבן	D23.1.II:9	בביתה [.].[.]תֿ ...	תשכבן	עם חרא ל.[...] המ[...]

שכח V to find

001	(h)afel	אשכחת	A2.1:9	מן חבב וכעת אן	אשכחת	אש מהימן אתה לכן מדעם
002			A2.4:11	בשם למתיה לכן ולה	אשכחת	אש למיתית לכן וכעת תקם
003		השכחת	D6.3fraga:2	בכסף ו.[...] [...]א	השכחת[	...] [...]. מראי
004			A3.11:2	[בכל עדן וכעת] בזך	השכחת	יֿמה ברכשא
005			A3.8:3	[..] זי	ה[ש]כחת	כ[..] כסף כרשן 2+3 כען
006			B2.7:5	אכלת המו ולא	השכחת	כסף ונכסן לשלמה לכי אחר
007			C1.1:76	[....] אזלת	השכחת	לאחיקר]
008		ואשכחתה	D23.1.II:9	על אתתהֿ	ואשכח{י}<ת>ה	<י>תבה בביתה [.].[.]תֿ
009			A2.1:4	כתנה זי אושרתי לי	ואשכחתה	שנטת כלה ולבבי לה דבק
010		השכחת	A3.8:8	כסף [ח]ת לעבק והן לא	השכחת	אפם חת לעבק אזל על
011			A3.8:7	חת מנפי לעבק הן	השכחת	כסף [ח]ת לעבק והן לא
012		השכח	A4.8:13	[למצרין אגורא] זך בנה	השכח	ואגורי אלה[י] מצריא
013			D7.40:9	אדנבו שמה[...]	[הש]כֿחֿ	ולא דכר[...] [...]באלה
014		השכחה	A4.7:14	אגורא זך בנה	השכחה	ואגורי אלהי מצרין כל
015		השכחו	D3.47fragb:9	1 [...]מ 1 [...]	השכחו	בצפרא [...]לם 3 [...]
016			A4.3:4	עלדבר אבנצרף 1 זי	השכחו	גניב ביד רכליא על אחרן
017		אשכח	A2.2:12	משח בשם לבת בנת ולעד	אשכח	אש למושרתהם לכן וכעת
018		תהשכח	B3.13:11	ופרזל לבוש ועבור ˆזי	תהשכח	לי ביב ובסון ובמדנתאˆ
019			C1.1:34	[ ]תבעה אתר זי אנת	תהשכח	[....]הֿגלו
020		תשכח	A2.4:10	בגשרן ושבק כל גשר זי	תשכח	לממה זבנת חטבת ומשח בשם
021			B3.1:17	לך כל זון וערבן זי	תשכח	להם עד תתמלא בכספך
022			B3.1:10	שערן כנתן וכל זון זי	תשכח	לי עד תתמלא בכספך
023			B3.1:9	למלקח לך כל ערבן זי	תשכח	לי בי זי לבנן כסף ודהב
024		ישכח	A2.2:15	תקמי קדמתה כל גשר זי	ישכח	יזבן והן יהב לכי רעיה
025		תשכח	D7.43:11	כען אקֿרֿא [...]	תשכח	אלף [....]. ותהך [....
026		תשכחון	A4.2:10	אנפין[....]	תשכחון	דבש תקם חתילן חבלן משכי
027		תשכחן	D1.20:2	[...]...[...] [...	ת]שכחן	שערן [... ...] [...] תנה
028		יהשכחון	A4.3:7	כן כזי מלה באישה לא	יהשכחון	לכם לכם ידיע זי חנום
029		ישכחן	D7.9:6	כן שלח לאמר זי לא	ישכחן	עלימתה מכתבהֿ על שמה
030		מהשכחה	A4.3:9	נכסן לקבל זי ידכם	מהשכחה	הבו לה לא חסרן הו לכם
031	etpeel	אשתכח	C3.7DR1:19	רֿ 2̇ מנת משחא זי	אשתכח	בהם מֿשֿ[ח ....] [...]
032			C3.7JV2:14	[מנת] משחא זי	אשת[כ]ח	ב[ה]ם משח .[....]
033			C3.7KR2:4	[ר 2] מנת משחא זי	אשתכח	בהם [מ]שֿ[ח חמ]וֿש ..ןֿ
034			C3.7AR2:4	[ר 2] מנת משחא זי	אשתכח	[בה משח חמוש ....]

No.	Form	Stem	Ref.	Preceding	Keyword	Following
035			C3.7BR1:18	לק[בל משחתה] משחא זי	אשתכח	בה מׁ[שח ספן
036			C3.7BR1:22	ר 2 מנת משחא זי	אשתכח	[בה משח חמוש ...] פלג̇[
037			C3.7DR3:12	[לקבל משחתה] משחא זי	אשתכח̇[	בה משח ספן
038			C3.7DR3:16	מנת משחא זי	[אשתכח	בה משח] ח̇מ̇וש ....
039			C3.7ER1:1	[מנת משחא]זי	אשתכח	ב[ה משח חמוש ....]
040			C3.7ER1:17	לקבל משחתה משח[א]זי	אשתכח	בה משח ס̇פ̇ן̇
041			C3.7ER1:21	ר 2̇ מנת משח[א ז]י[	א]שת[כח	]בה מש[ח]ח̇מ̇ו̇ש̇[
042			C3.7ER2:20	מׁ[שחתה] משחא [זי	אש]ת̇[כ]ח	בה מׁ[שח ספן
043			C3.7GR3:18	....]	אש]ת̇כ̇ח̇	בה[....] [....]
044			C3.7HR1:2	[מש]ח̇א̇ זי[	א]שתכח̇[	ב]ה̇ [משח]ספן[
045			C3.7JR1:11	[ר 2] [מנת]מ[שחא זי	אשתכח	בה מ]שח[חמוש ...] [כסף
046			C3.7JR1:6	[משח]תה [משחא]זי	אשתכח	בה [משח]ס̇פ̇ן̇[
047			C3.7JR2:12	[ר 2] [מנת משחא זי	אשתכח	בה משח חמוש ...] [כסף
048			C3.7JR2:8	[משחתה] [מ]ש̇ח̇א̇ זי	אשת̇כ̇[ח	בה משח ספן
049			C3.7KR1:2	[מנת משחא זי	אשתכח	בה מ]שח[חמוש ...] [כסף
050			C3.7KR3:11	ר 2 [מנת משחא]זי	אשתכ̇ח̇	ב̇ה̇ מ̇ש̇ח̇ ..[...]
051			C3.7KR3:7	משח[תה] [משחא זי	א]שתכח	בה משח ס̇פ̇ן̇
052			C3.7CR1:10	[ר 2] [מנת משחא זי	אשתכח	בה] משח ח̇מ̇ו̇ש̇[...]
053			C3.7CR2:10	[ר 2] מנת משחא זי	אשת[כח	בה] מ̇ש̇ח̇ ח̇מ̇ו̇ש̇ יו̇
054			C3.7CR2:6	[מ̇ש̇ח̇ת̇ה̇] משחא זי	אש[תכח	בה משח [ספן
055			A4.5:13	[....]ה לא	אשתכח	ל[....] [....]יא
056			A4.5:2	{{ומנדעם}} מחבל לא	אשתכח	לן בשנת 1+3+10
057	אשתכחו		A4.4:4	הא זנה שמהת נשיא זי	א[שתכחו	בבבא] [בנא ואתחדו
058			A4.4:6	הא שמהת גבריא זי	אשתכחו	בבבא בנא ואתחדו
059			C3.7GR2:23	[...] .. מנדעמתא זי	אשתכחו	בה [....] [חמר] זי
060	ישתכח		B7.3p:2	כל כסף ונכסן [זי	]ישתכח	אחרי מותי
061			B4.6:11	[שליטה ב]כל ערבן ז[י	י]שתכ[ח	בי זי] לבנ[ן] [עבד
062	וישתכח		C1.1:173	גנב זי שתר בי	וישתכ̇[ח]	מה̇ חסין הו מן חמר

שכן V to dwell

No.	Form	Stem	Ref.	Preceding	Keyword	Following
001	ישכנן	peal	D23.1.XI:3	....ן [.]ח̇י זי	י̇ש̇כ̇נ̇ן̇	[...].ר̇חם[
002	שכן		B3.12:2	לחנה זי יהו אלהא	שכן	יב ברתא לענני בר חגי

שכר V to hire

No.	Form	Stem	Ref.	Preceding	Keyword	Following
001	שכר	peal	D7.20:3	על מחר ולא פשרן הלו	שכר	הו לה̇ למחר כען אל תפשר

שכר #2 V (unclear)

No.	Form	Stem	Ref.	Preceding	Keyword	Following
001	ושכרו	peal	D23.1.Va:7	נ̇שא עמ̇ה	ושכ̇רו̇	.ה הק̇ם ו̇א[פ̇]ק̇ על

שכר N beer

No.	Form	Stem	Ref.	Preceding	Keyword	Following
001	שכר	s ab/cn	C3.11:2	כסף כרש[...] [...]	שכר	1 לכסף כרש 1 שקלן 1+3
002			A6.9:3	רמי חפנן תלת חמר או	שכר	חפנן תרתין [...]ד חד
003	שכרא	s em/sf	D7.9:3	בר אחיו ויערכה מן	שכרא	ובלוה לאוריא אף חזי

שלח V to send word, to send

No.	Form	Stem	Ref.	Preceding	Keyword	Following
001	שלחת	peal	C2.1.7:39	זי מדי זי עמ[י הו]ה	שלחת	ארתורזי שמה פרסי [עלימא
002			C2.1.4:2	[הוה אחר] חיל[א למדי	שלחת	ודרן שמה עלימי פרסי רב]
003			D1.31fraga:1	[...]א	שלחת̇[	...]
004			D6.4fragh:1	...]	]שלחת	[...]
005			D7.22:4	[....] [...]לי לשממך	של[חת	...] [...] לבית [...]...
006			D7.48:9	יומא ז̇נ̇ה̇ [.] לשלמכם	שלחת	[....]
007			D1.23:2	יתום שא[ל ...] [...]	שלחת	אגרתא ז[א ...] כן לאמר אף
008			C2.1.5:19	עילמי פרסי [לארדת]	של[חת]	אמרת אזל ח̇[יל]א זך
009			C2.1.7:40	[עלימא זילי בראשהו]ם	שלחת	ושא̇[ר חילא זי] פרס
010			A2.4:13	לי לכן אנה יצף לשלמכן	שלחת	{{ל[.]}} ספרה זנה אל אבי
011			C2.1.7:31	עבדו [פרד שמה אחר	שלחת	לדדרש] שמ[ה עלימי פר]סי
012			A3.1:R2	עבד [....]ה הא	שלחת	לנבונתן הן אית לך חמרן
013*			C3.28:119	]זי 100×1	של]חת	לטבה .[...]
014			D1.19:3	[... ...] [... אנ]ה	שלחת	ל[... ...] [... ...]מ̇שח
015			A5.2:8	[על] דנה קדם מראי	שלחת	לאמר כעשק עביד לי וכע[ת
016			D7.24:16	לה למפרש לי מלתא אף	שלחת	לה למחוה ט̇עמא להוש̇ע
017			A2.4:5	אחך מכבנת שלם וחין	שלחת	לך וכעת הן מטאך סרחלצה
018			D1.5:1	[... ... ...]ן[... ...	ש]לחת	לך שלם [... ...]ל[.] [...
019			D7.20:7	מן ידניה כענת הלו	שלחת	לך אתמל בשם הודויה בר
020			D7.21:2	עבדך גדל שלם וחין	שלחת	לך ברכתך ליהה ולחנ̂ו̂ם
021			D7.24:1	כענת הלו כן	שלחת	לך ספר̇[א] זנה באלף̇ פמהן
022			D7.57:4	שלם אחי בכל עדן וכעת	שלחת	לך ביד אחוהא זי תם אנתת
023			A2.7:1	אמי ש̇[לם ו]חין	שלחת	לכי שלם אחתי אסורי
024			D7.1:2	אל אמי קויליה ברכת[.]	שלחת	לכי כענת הלו הא̇[.] נפנא
025			D7.44:3	מן [... כע]ן̇ אנה	[שלח]ת̇	לכם לם אל תהושרו לי
026			C2.1.4:8	[עלימי לארדת	שלחת	לממטה ארדת מרדיא
027			A2.3:12	זי הוה בב̂י̂תי לשלמכי	שלחת	ספר׀ה זנה אל אבי פסמי
028			A2.7:4	הריוטא ואחתהה לשלמכי	שלחת	ספרא זנה אל אחתי עתרדי
029			D7.21:6	וא̇חטנה לשלמך	שלחת	ספרא
030			A2.1:12	שלם סחתה כלה לשלמכן	שלחת	ספרה זנה שלם אבי פסמי
031			A2.2:17	אזדהרי בה לשלמכן	שלחת	ספרה זנה אל תשי מן
032			A2.5:9	אנה והן מת אנה לשלמכן	שלחת	ספרה זנה אל תרו מן
033			A2.6:10	ויתונה לכן ל[שלמכי	שלחת	ס]פרה זנה אל אמי [תבי
034			A3.4:5	[.... לשלמכי]	שלחת	ספרה זנה שלם ̂אמי̂
035			A6.10:5	לא עבדן כען אף קדמן	שלחת	עליכם על זנה אנתם
036	ושלחת		D7.24:15	הי זי שלח לי ר̇ו̇ך̇	ושלחת	לה למפרש לי מלתא אף
037	שלחת		A3.5:5	אגרת חדה בשלמך לא	שלחת	עלי
038			D6.14fragp:1	...]	ש]לחת	עלי כן א[מרת ...] [...]
039	שלחתי		A2.3:5	לה וכעת ארה ספר לה	שלחתי	בשמה וכעת זי מלתי
040	שלח		C2.1.8:59	ר̇ב הוה ע̇[ל חילא זי	שלח	ויזדת עם] חילא [ז]עיר[ן
041			D1.28:5	פת[ג]ם[...	]שלח[	...] [...].. כל ..[...]
042			A6.15:8	על זנה אף מספת	שלח	גרדא לם זי מראתי כתש
043			C2.1.8:52	[כרש חילא להרוחתי]	שלח	ואיש חד בראשהו[ם שלח
044			D7.9:5	זי על דרעה הלו כן	שלח	לאמר זי לא ישכחן עלימתה
045			A5.1:2	בזי הו	שלח	לי א[....]כ
046			D7.24:14	הלו מלת ספר הי זי	שלח	לי ר̇ו̇ך̇ ושלחת לה למפרש
047			D7.24:13	לם [....] אגרתא זי	שלח	לך מיכ̇[יה] הלו מלת ספר
048			C2.1.8:52	שלח ואיש חד בראשהו[ם	שלח	לערקה זי וימן שמה עלימא

שלח

No.	Form	Ref.	Context	Word	Context
049		C2.1.8:54	קטלו חילא זי ויזדת	[שלח	לערקה זי וימן אזלון] על
050		A4.7:7	וידרנג זך לחיא אגרת	שלח	על נפין ברה זי רבחיל
051		A4.8:6	וידרנג זך לחיא אגרת	שלח	על נ[פי]ן ברה ז[י רבחיל
052		A6.11:1	שמה ורשבר עלים זילי	שלח	עלי כן אמר איתי פמון
053		A6.11:3	כמליא אלה זי פטסרי	שלח	[עלי זי פמון] שמה אבוהי
054		A6.15:1	וכעת מספת פקידא זילי	ˆשלח	עליˆ כן אמר בבל לם אגרת
055		A6.6:2	שמ[ה עלימא זי במצרין	שלח	עלי כן אמ[ר
056		A6.8:1	פסמשך פקידא זילי	שלח	עלי כן אמר ארמפי עם
057		D23.1.IX:7	מ]נ[י]	שלח	עליהם עלימי סנחרו
058		A6.15:5	גברן 3+2 אף קבילה	שלח	עליך חמרא לם זי בפפרם
059		D6.8fragi:2	..[..] פקיד[...] [...]...	שלח	תאתון .[...] [...]ה אחו[הי
060		D7.27:14	על תתאי לא	של[ח	...[
061	שליח	B8.1:6	לושח[ן] [....]..א	שליח	[...] אנתתה זי [...] אדין
062		A4.1:2	דריוהוש מלכא מן מלכא	שליח	על ארש[ם ...] [....]יא
063		A6.2:6	יתעבד ואחרן זי מני	שליח	עליהם על זנה שלחו וכן
064	ושלח	A3.6:3	לפיסן וא[....]	ושלח	אגרה עלדברכן לצ<ח>א
065	שלחן	A4.7:29	אף כלא מליא באגרה חדה	שלחן	ˆבשמןˆ על דליה ושלמיה
066		A4.7:29	1×לף ועל זהב על זנה	שלחן	הודען אף כלא מליא באגרה
067		A4.8:27	כסף כנכרן אלף על[זנה	שלחן	הודען .... אף ...]
068		A4.7:18	באישˆתאˆ עביד לן אגרה	שלחן	מראן ועל יהוחנן כהנא
069		A4.8:17	לן אגרה על זנה שלחן	שלחן	על מראן א[ף] על יהוחנן]
070		A4.8:28	מליא אגרה חדה בשמן	שלחן	על דליה ושלמיה ב[ני
071		A4.8:17	עביד] לן אגרה על זנה [	שלחן	שלחן על מראן א[ף] על
072	שלחתן	D7.48:7	..[.].[.] אנה לחה	שלחתן	לם [י]שלחו לי טעמא יומא
073		A2.5:8	חויה והות מית ולה	שלחתן	הן חי אנה והן מת אנה
074	שלחו	D7.27:13	עלין לא	שלחו[	...] [...] אף אל
075		A6.2:6	מני שליח עליהם על זנה	שלחו	וכן [...] חלא זי לקבל
076		A4.7:19	יהודיא אגרה חדה לא	שלחו	עלין אף מן ירח תמוז שנת
077		A4.8:18	יהוד אג[ר]ה חדה [לא	שלחו	עלין אף מן ירח תמוז] שנת
078	אשלח	D23.1.Vb:8	וברת[הם ...] אשתא	אשלח	בהם #####. זנה
079		A3.5:3	הוה י[א]תה עליך הוית	אשלח	שלמך כען
080	תשלח	D23.1.Va:11	כשרן[] המו הן	[תש]לח	על פרעה נכוא.. שן
081	ישלח	C1.1:62	[גברן אחרנן מלכא	ישלח	[א]חרין פגרה זי אחיקר
082		D7.33:6	לטמסי הן לא [...]	ישלח	ספתא זי [...] לה ב.י
083		D7.56:10	זי על אגרת[א] זי	ישלח	על גבריא זי עבורא נתירה
084		A6.8:3	פסמש[ך] אחר קבלת מנך	ישלח	עלי חסן תשתאל וגסת פתגם
085		A6.15:11	מספת קבילה תובא לא	ישלח	ע[ליך] מן ורפש על
086		D1.33fragb:2	ודת[...] [...]	[י]שלח	עליך[ל]מנתן עלין ...
087	ישלחנך	C1.1:200	[....]ך כזי	[י]שלחנ[ך]	למˆהˆ תשתנה באנפוהי
088	ישלחו	D7.48:8	[.].[.].. שלחתן לם	[י]שלחו	לי טעמא יומא זנה [.]
089	ישלחון	D7.56:8	והין לא צבין למאתה	ישלחון	אגרה על אפלניס זי על
090		D7.41:3	ל[.].] [...]ל וכעת	שלח	[...] [.... ..] ישל[ח
091		A4.3:10	אנה עליכם הו אמר לי	שלח	אגרת קדמתי [..]לו חסרן
092		D7.50:1		שלח	..ו שער[ין] א 3
093		A2.4:6	וכעת הן מטאך סרחלצה	שלח	לי ביד עקבה בר וחפרע
094		A2.4:7	וכעת כל זי תצבה	שלח	לי הושר לי משכן מסת לבש
095		D7.6:8	לחם קב 1 עד תאתה אמהם	שלח	לי אמת תעבדן פסחא הוי
096		D7.8:10	והן לא תנפק יומא זנה	שלח	לי וארחעה עד תנפק שלם
097		D7.11:1	[...]	שלח	לי מה [...]. חזי מה
098		D7.20:10	ולא אתית ביד בנתי	שלח	לי
099		A3.6:4	מ[..]א מלה זילך תנה	שלח	על
100		A3.8:10	והן לא יהב המו לך	[ש]לח	עלי כען הן נחת אנת 1
101		A3.8:10	סחיק וכזי ינתן המו לך	שלח	עלי והן לא יהב המו לך
102	שלחלי	D7.21:4	ליהה ולחנˆרˆם כען	שלחלי	לבשא זי עליך ואחטנה
103	ושלח	D7.11:3	חזי מה [...]ד יגדל	ושלח	[...] לה בשמי לא [...]
104		D7.39:8	ילקחו [...].. בסון	ושלח	לי פתגם ולא .ל..תי
105	שלחי	A2.2:10	שלחי לי והלה יהב לכי	שלחי	לי ואקבל עליהן תנה וכעת
106		A2.2:16	והן יהב לכי רעיה עמר	שלחי	לי שלם תסטרי אזדהרי בה
107		A2.2:8	הן יהב לכי נקיה וגזתה	שלחי	לי והן יהב לכי עמרה זי
108		A2.2:9	לכי עמרה זי על מכי	שלחי	לי והלה יהב לכי שלחי לי
109		A2.2:6	וזוז כסף זוז וכעת	שלחי	על תבי ותושר לכי עמר מן
110		D7.9:12	שרין יהבן פרס בסון	שלחי	עלי חזי נחת קפירא זי
111	ושלחהי	D7.4:7	סבך 1 זי תהכך[...]	ושלחהי	לי הלו [ל]לאיתי לן.[
112	ושלחי	A2.3:12	על תשי ועל ברה	ושלחי	כל טעם זי הוה בבˆיˆתי
113	שלחו	A3.1:V6	[....]	שלחו	לנבונתן וישבק
114	שלח	A4.3:9	לה לא חסרן הו לכם בזך	שלח	אנה עליכם הו אמר לי שלח
115		D7.6:10	אמת תעבדן פסחא הוי	שלח	שלם ינקא
116	שלחן	A6.1:3	זן זן ירח כירח הוו	שלחן	עלי אף נשתונא כתיב יהיב
117	שלחת	A2.3:11	לה שלם יקיה הוי	שלחת	לה וכעת הוי חזית על תשי
118	למשלח	A1.1:7		למשלח	חיל לחצלתני אל
119	pael ומשלחה	C1.1:82	לבב כי צנפר הי מלה	ומשלחה	גבר לא לב[ב] מ[.]י אחדי
120	etpeel ישתלח	D1.32:15	ופתגמא מנ.ש	ישתלח[	...
121		A6.2:21	במתקלת פרס יתיהב	ישתלח	לם אשרנא זנה יתיהב
122		A6.3:5	כען הן על מראי טב	ישתלח	על ארתונת [כזי עבדיא]
123		A4.7:24	תנה במצרין אגרה מנך	ישתלח	עליהום על אגורא זי יהו
124		A4.8:23	[במצרין אגרה מנך	ישתלח	עליהו[ם] על אגורא זי יהו
125	וישתלח	A6.2:4	יתנגד על [ת]בלא	וישתלח	על המרכריא זי גנזא המו
126		A6.2:5	יחוו ואופכרתה יעבדו	וישתלח	על מן זי הוה אשרנא
127	תשתלח	A6.13:2	כות טב אגרת מן מראי	תשתלח	על נחתחור פקידא

שלט V to have right

No.	Form	Ref.	Context	Word	Context
001	peal ישלט	B3.5:20	אח ואחה ואיש אחרן לא	ישלט	בביתה כלה להן בני זי

שלטן N control or 'legal authority'

No.	Form	Ref.	Context	Word	Context
001	s em/sf שלטנא	D7.56:12	עמהון וינתנון לי	שלטנא	בה לזבונותה כען מ..ד

שלי N rest

No.	Form	Ref.	Context	Word	Context
001	p abs שלין	C1.1:130	תזף אף [ה]ן תזף זפתא	שלין	לנפשך אל תשים עד [תשלם

שליט A ruling, having legal right

No.	Form	Ref.	Context	Word	Context
001	s ab/cn שלט	B4.4:16	אלהא ואנת	שלט	בפרסן זי בית מלכא
002		B4.3:19	לי אנת	ש]לט	למא[חד
003		B4.4:17	לן אנת	שלט	למאחד עד תתמלא בעבורא]
004	שליט	B2.4:6	אנתתך להן ביתא זנך לא	שליט	אנת לזבנה ולמנתן רחמת
005		B2.11:6	למבטחיה אנת ידניה	שליט	בפטוסירי עבדא זך זי
006		B2.3:11	ואחה ואנתה ואיש אחרן	שליט	בארקא זך להן אנתי ובניכי

No.	Form	Ref	Context before	Keyword	Context after
007		B3.4:11	אנת ענניה בר עזריה	שליט	בביתא ׳זך׳ ובניך מן
008		B3.7:9	אנת יהושמע ברתי	שליט	בבית[א זנה ז]י תחומוה
009		B2.4:11	למלקח ופלגא אחרנא אנת	שליט	בה חלף בנויא זי אנת בנית
010		B3.12:23	בספרא זנה אנת ענני	שליט	בה מן יומא זנה ועד עלמן
011		B3.6:6	זי {ל}׳<ל>דתי לי לא	שליט	בך למשנתכי ולמזלכי מנדת
012		B3.6:6	ורחיק הנגית והנבג לא	שליט	בכי וביהישמע ברתכי זי
013		B3.13:10	כתיב אחר אנת פתנום	שליט	בערבני למחד ותלקח לך מן
014		B3.3:12	תמת ענני הו ׳הו׳	שליט	{{בפלג}} בכל נכסן זי
015		A6.4:4	לעחפי פסמשך ברה	שליט	יהוי למנשא דשנא זכי תמה
016		B2.1:11	ואגרא זילך אפם ואנת	שליט	למבנה עליה עד עלא ואנה
017		B3.1:16	זנה ומרביתה אנת משלם	שליט	למלקח לך כל זון וערבן זי
018		B2.1:14	זי כתיב מן עלא ואנת	שליט	למפתח תרעא זך למנפק
019		B3.9:9	ברי יהוה אפם ואנש לא	שליט	למשנתה ולמעבדה עבד להן
020		B3.6:9	ברתכי וגבר אחרן לא	שליט	עליכי ועל יהישמע ברתכי
021	שליטא	B3.10:14	ומרשה בפלגא דילך אף	שליטא	אנת למנפק בתרע זי תחית
022		B3.10:13	דש חד בה אחד ופתח אף	שליטא	אנתי בתחי׳ת׳ הו תרבצא
023		B3.10:15	זי תחית הו תרבצא אף	שליטא	אנתי בפלג דרגא למסלק
024		B3.10:21	ואנתי יהוישמע אם	שליטא	ובניכי שליטן אחריכי
025		B3.10:14	בתחי׳ת׳ הו תרבצא	שליטא	למסמך דחה ומרשה בפלגא
026	שליטה	B3.8:33	זנה ולא דין להן לא	שליטה	יהו[ישמע ל]הבעלה בעל
027		B6.3:8	[זי שלומם] לאם לא	שליט[ה	אנתי בביתה זי שלומם
028		B3.11:11	באבני מלכא ואנתי אם	שליטה	בביתא זנה זי תחומוהי
029		B3.11:14	באבני מלכא ואנתי אם	שליטה	בביתא זנה זי תחומוהי
030		B2.6:18	אנתתה מפטחיה הי	שליטה	בביתה זי אסחור ונכסוהי
031		B6.3:3	[אנתתה אביהי הי	שליטה	בביתה] [ונכ]סוהי
032		B2.3:9	לכי בחיי ובמותי אנתי	שליטה	בה מן יומא זנה ועד עלם
033		B3.10:11	רבתא זילך הי אנתי	שליטה	בה ביתא זנה זי משחת׳ה׳
034		B3.11:8	אנתי יהוישמע ברתי	שליטה	בה מן יומא זנה {זנה} עד
035		B3.3:11	׳תמת הי׳	׳שליט׳ה׳	{{בפלג}} בכל נכסן זי יהוון
036		B4.6:11	[ואנתי סלואה	שליטה	ב]כל ערבן ז[י י]שתכ[ח
037		B2.4:9	תשנאנך ותנפק מנך לא	שליטה	הי למלקחה ולמנתנה
038		B4.6:12	שערן [ו]כ[נת]ן	[ש]ל[יט]ה	ל[מאחד] [עד תתמלאי
039	ושליטה	B3.7:10	מן תחת ומ[ן ע]ל	וש[ל]יטה	אנת[י ל]מנסק ולמנחת
040		B3.7:13	תחית ופלג דר[גא	[ושליטה]	א׳נ׳תי בהן למנסק עלא
041	שליטן p abs	D2.10:10	מש[חתה ...] [... ...	]שליט[ן	...] [... ...] אח ואחה
042		B3.12:23	זנה ועד עלמן ובניך	שליטן	אחריך ולמן זי רחמת תנתן
043		B3.10:21	אם שליטא ובניכי	שליטן	אחריכי ולמן זי רחמתי
044		B3.11:9	{זנה} עד עלם ובניכי	שליטן	אחריכי ׳אנה׳ ענני בר
045		B2.4:10	בניך מן מבטחיה המו	שליטן	בה חלף עבידתא זי אנת
046		B2.4:13	בניך מן מבטחיה המו	שליטן	בה אחריך הן מחר או יום
047		B2.4:7	מן מבטחיה ברתי המו	שליטן	בה אחריכם הן מחר או יום
048		B3.5:17	בני זי ילדתי לי המו	שליטן	בה אחר מותכי ואף הן אנה
049		B3.5:19	כל 2 בני המו	שליטן	בחלקי אחרנא אנה ענני
050		B3.1:8	זנה אנת משלם ובניך	שליטן	למלקח לך כל ערבן זי
051		B3.9:5	ואיש לי ואנש אחרן לא	שליטן	למשנתה לא אכהל אנה ובר

שלם A whole

No.	Form	Ref	Context before	Keyword	Context after
001	שלמין p abs	C3.8IIIB:21	[.]נת ש.[...]	שלמין	זי נגג[...] נ.[.]א[]מן

שלם V to be whole, to pay

No.	Form	Ref	Context before	Keyword	Context after
001	שלמת pael	B3.13:5	מן אוצר מלכא והן לא	שלמת	ויהבת לך כנתיא אלך זי
002		B3.13:8	ולא דן והן מאתת ולעד	שלמת	ויהבת לך כספא זילך זי
003		B4.6:7	מלכא הן לא	[שלמת	]ויהבת לכי כספא זנה
004		B4.5:6	חד שקלן ארב[עה לא	ש]למת	יהבת לך בין ירח
005		B4.2:7	אהוה משלם לך והן לא	שלמת	לך כל כספך ומרביתה עד
006		D1.17fragb:5	אחוה[י ...] [... ...]	שלמת	על ראשי עק[... ...] [...
007	שלמתך	B3.1:14	בידך והן מיתת ולא	שלמתך	בכספא זנה ומרבית׳ה׳ בני
008		B3.1:11	ולא אכל אמר לך ׳לם׳	שלמתך	בכספך ומרביתה וספרא זנה
009		B3.1:7	והן מטא תנין שנה ולא	שלמתך	בכספך ומרביתה זי כתיב
010	שלמן	A3.8:2	[פי]סן דינא ועל[יד]ה	שלמן	כסף כרשן 10 וכרש 1
011	שלמו	B3.1:16	זנה ומרביתה והן לא	שלמו	לך כספא זנה ומרביתה אנת
012		B3.13:9	זי מנעל כתיב והן לא	שלמו	לך בני ואדרנגי כספא זנה
013	אשלם	D1.13:8	הב כסף מ.[...] [... ...]א	אשלם	[... ...] הודיה [...] [...
014		B3.13:4	אחר אנה ענני בר חגי	אשלם	ואנתן לך כנתניא אלך
015		B3.13:7	צריף אחר אנה ענני	אשלם	ואנתן לך אבגרנא זי מנעל
016		B4.5:4	לם אמך אנה נתן[	אשל]ם	לך כספא זנה כרש חד
017	אשלמנהי	B4.2:10	ירח לירח עד יום זי	אשלמנהי	לך שהדיא עקבן בר
018		B4.2:3	ש 1 לירחא עד יום זי	אשלמנהי	לך] ותהוה מרבית כספך
019	ואשלמן	B4.6:10	[סתת]רי 1 [ש 1]	[ואשלמן	לכי א[נתי] סלואה]
020		.B4.6:5	אנה מנחם אנתננה	ואשלמן	לכי עד 20+10 לפרמתי
021	ואשלמנהי	B4.2:5	יהוה ראש וירבה	ואשלמנהי	לך ירח בירח מן פרסי זי
022	תשלם	A6.15:8	בזנה מה זי לקחת זיני	תשלם	ותשתאל על זנה אף מספת
023		B3.13:11	ובסון ובמדנתא׳ עד	תשלם	בכספך זי מנעל כתיב ולא
024		C1.1:131	לנפשך אל תשים עד	[תשלם	ז]פתא [כי מכ]ל זפתא
025	ישלמון	B3.1:15	ומרבית׳ה׳ בני המו	ישלמון	לך כספא זנה ומרביתה והן
026		B3.13:9	כתיב אחר בני ואדרנגי	ישלמון	לך כספא זי מנעל כתיב
027	משלם	B4.2:7	כל כסף ומרבי זי אהוה	משלם	לך והן לא שלמת לך כל
028	לשלמה	B2.7:5	ולא השכחת כסף ונכסן	לשלמה	לכי אחר אנה יהבת לכי
029	ומשלמותה	C1.1:131	חליה כ.[.]ור	ומשלמותה	ממלא בי

שלם N welfare, peace

No.	Form	Ref	Context before	Keyword	Context after
001	שלם s ab/cn	A3.4:5	זנה שלם ׳אמי׳ מנחמת	שלם	[.... שלם]
002		A3.7:1	שלוה עבדכי הושע	ש]לם	....] אלהיא כל ישאלו
003		A3.6:1	עדן שלם שוא ובנוהי	שלם	אבי[הי וכעת] שמעת כעמלא
004		D7.8:1		שלם	אוריה כען הלו תאתא זי
005		D1.6fragb:1	באגורא[... ...]	שלם	אושע בר זכ[ור
006		D7.2:1		[ש]לם	אחוטב כען הושרי לי זעיר
007		D7.3:1		[ש]לם	אחוטב וכענת למ[...]
008		D7.4:1		שלם	אחוטב אל ישגא נתן
009		D7.8:12	שלח לי וארחעה עד תנפק	שלם	אחטב כען על לחמא זנה
010		A2.1:3	זי יחוני אפיך בשלם	שלם	ביתאלנתן שלם נכי ועשה
011		A2.6:8	תרו [ו... ו... וכ]עת	שלם	בנתסר תנה וברה אל ת[צפי
012		A2.3:2	זי יחזני אפיך בשלם	שלם	בנתסרל וארג
013		A3.4:2	[ושררת שגיא הושרת] לך	שלם	גלגל תנה שלם ינקיה

No.	Ref.	Preceding	Word	Following
014	A3.7:2	שלם מראתי אביהי	ש[לם	....]ה וברתה שלם תחנום
015	A3.7:3	ויהוישמע שלם משלמת	שלם	הצול שלם
016	A2.7:3	ושפנית ובניה ופטמון	שלם	הריוטא ואחתהה לשלמכי
017	A2.1:14	אחי בתי ואנשתה	שלם	וחפרע אל נניחם מן
018	A2.7:3	חזית על ינקיא אלכי	שלם	וסרז ושפנית ובניה
019	D7.10:1		שלם	ידניה כען לו [ב]סגרא
020	D7.11:7	[...]..[...] [...] כען ..[...]	שלם	ידניה [...] זי מראך
021	A3.4:5	שלם ....]	[שלם	יהוישמע [אל אמ]י
022	D7.16:1		שלם	יסלח כענת הא בקלא
023	A2.3:11	תזבני בכסת ותשרי לה	שלם	יקיה הוי שלחת לה וכעת
024	A3.7:3	זי עליכי	שלם	כלכליה וכעת הושרתי
025	D7.20:1		שלם	מיכיה מן נתן בר גמריה
026	D7.20:6	כען אל תפשר למאתה מחר	שלם	מיכיה מן ידניה כענת
027	D7.31:1		שלם	משלך מן [...]..בה כעת
028	A3.7:2	שלם תחנום ויהוישמע	שלם	משלמת שלם הצול שלם
029	A2.2:2	זי יחזני אפיכי בשלם	שלם	נבושה תנה אל תצפו לה לה
030	A2.1:3	בשלם שלם ביתאלנתן	שלם	נכי ועשה ותשי וענתי
031	A2.2:4	מפי שלם פסמי יקה	שלם	נניחם וכעת הלו מסת
032	D7.28:1	[..]	שלם	נתן כען חזי .[..] [..]א 1
033	A2.1:11	בר שוג שלם פסי	שלם	עדר בר פסי שלם שאל בר
034	A3.9:6	זי [....]	]שלם	ענני בר נריה שלם כל
035	D1.1:12	תנה אתננ]ה ... ...]	שלם	עקב ואחו]הי ... ...
036	A2.1:10	שלם שבתי בר שוג	שלם	פסי שלם עדר בר פסי
037	A2.2:3	לה מנס אנה לה מן מפי	שלם	פסמי יקה שלם נניחם
038	A2.4:3	בתי ואנשתה ובנוהי	שלם	רעיה אל תצף לחרוץ לה
039	A2.1:11	פסי שלם עדר בר פסי	שלם	שאל בר פטחרטיס ואשה
040	A2.1:10	אש מהימן אתה לכן מדעם	שלם	שבתי בר שוג שלם פסי
041	A3.6:1	שמיא [י]שאל בכל עדן	שלם	שוא ובנוהי שלם אבי[הי
042	A3.7:2	ש]לם ....]ה וברתה	שלם	תחנום ויהוישמע שלם
043	A2.2:16	לכי רעיה עמר שלחי לי	שלם	תטסרי אזדהרי בה לשלמכן
044	D1.31fragb+c:5	[...] [...]דמין	של]ם	תשי ש]לם ...]לם כ.אלן[...]
045	D1.13:1	אלהא [... ...] בכל עדן	ש]לם	...] [... ...] שלם ס[...].ה
046	D1.21:2	[...] שלם אחתי תקותיא	שלם	.[... ...] [...]... .דו.י
047	D1.29:2	[...] במ[...] [...]	]שלם	.[...] [...]ת שמ[...]
048	D1.5:1	[...]ן [... ... ש]לחת לך	שלם	[... ...]לן.] [... ...]אל
049	D1.7:1	[...]ם אל היכלי שלמכי	שלם]	... ...]
050	D1.7:2	פרתני	שלם]	... ...]
051	D1.8:2	[... ...] [... ...] ובניה	שלם	[... ...] [... ...] אחתי
052	D6.13fraga:2	אל אח]תי]אסורי.[...]	שלם]	...] אלהא כלא [...]
053	D1.1:1		שלם	א.[... ... ...]ברכתכי לפתח]
054	A2.1:13	לשלמכן שלחת ספרה זנה	שלם	אבי פסמי מן עבדך נבושה
055	A2.1:14	שלם אמי ממה	שלם{{ו}}	אחי בתי ואנשתה שלם
056	A2.4:2	בשלם שלם אמי ממה	שלם	אחי בתי ואנשתה ובנוהי
057	D7.34:1		[של]ם	אחי [א]חיו ש.[...] [...]ת
058	A2.7:2	ש]לם ו]חין שלחת לכי	שלם	אחתי אסורי וזבבו וככי
059	D1.21:2	...ת א.[... ...] [...]	שלם	אחתי תקותיא שלם .[... ...]
060	A2.1:13	פסמי מן עבדך נבושה	שלם	אמי ממה {{ו}}שלם אחי
061	A2.4:2	זי יחזני אפיך בשלם	שלם	אמי ממה שלם אחי בתי
062	A3.4:5	לשלמכי] שלחת ספרה זנה]	שלם	׳אמי׳ מנחמת שלם
063	A3.3:12	....]כן ולבש עד תאתה	שלם	אמך וינקיא כלא כעת תנה
064	A6.6:1	הוש]רת לך תנה [לי]	שלם	אף תמה לך אל]היא שלם
065	A6.7:1	לך] וכעת בזנה קדמי	שלם	אף תמה קדמ[י]ך שלם יהוי
066	A6.5:1	שגיא הושרת]לך וכע]ת]	שלם	בזנה קדמי אף] שלם תמה
067	A2.1:1		שלם	בית בתאל ובית מלכת שמין
068	A2.2:1		שלם	בית בנת בסון אל אחתי
069	A2.3:1		שלם	בית נבו אל אחתי רעיה מן
070	A2.4:1		שלם	בית בנת בסון על מראי
071	A3.3:1		[שלם	ב]ית יהו ביב אל ברי
072	A4.4:9	לא עד יהוי להן תנה	שלם	ביתך ובניך עד אלהיא
073	A2.4:5	וחפרע מן אחך מכבנת	שלם	וחין שלחת לך וכעת הן
074	A2.7:1	מן אחוכי אמי	ש]לם	ו]חין שלחת לכי שלם אחתי
075	D7.21:2	אל מרי מיכיה עבדך גדל	שלם	וחין שלחת לך ברכתך ליהה
076	A3.3:7	יהו[....] [....	ש]לם	ומחבל לא איתי גבר הוי אל
077	D22.51:4	מצרין זי ישמן לי	שלם	ורחמן ..[.] ...[...] מן כל
078	A3.3:1	שלמם [מ]ן אחוך אושע	שלם	ושררת [הושרת לך] [וכעת]
079	A3.4:1	יהוישמע ברך שלום	[שלם	ושררת שגיא הושרת] לך שלם
080	A3.8:1	חג]וס אחוך ה[וש]ע]	שלם	ושררת שגיא הושרת ל[ך
081	A6.16:1	אר[ת]ח[י] על נחתחור	שלם	ושררת שגיא הושרת לך
082	A6.3:1	מן ארשם על ארתונת	שלם	ושררת שגיא הושרת לך
083	A6.4:1	מן ארשם על אר[תונ]ת	שלם	ושררת שג[י]א הושרת
084	A6.5:1	מ]ן ארשם על] ארתונת	שלם	[ושררת שגיא הושרת]לך
085	A6.6:1	מ]ן ארשם על	שלם	ושררת שגיא הוש]רת לך תנה
086	A6.7:1	מן ארשם על ארתהנת	שלם	ושררת שגיא הושרת ל[ך]
087	D1.12:1	כ[... ...] [... ...].[...]	שלם	ושר[ר]ת שג[יא ... ...] [...
088	C1.1:168	כי לא [ישא]ל [נמרא]	שלם	טביא להן למונק דמה %%
089	D7.32:1	...]	]שלם	י.[..] [...]. משלך[...]
090	A6.7:2	שלם אף תמה קדמ[י]ך	שלם	יהוי וכעת איתי גברן
091	D1.21:3	[...]... .דו.י	שלם	יהוי[... ...] [...]אל ...
092	C1.1:94	קרב לש[לם חמרא]לם	שלם	יהוי לך ענה חמרא ואמר
093	A3.4:2	לך שלם גלגל תנה	שלם	ינקיה ו[כ]ע[ת] זך
094	A6.16:5	]]תמ[..] [....] אלהיא	שלם	ישמו לך מן ארתחי על
095	A6.6:1	שלם אף תמה לך אל]היא]	שלם	ישמו ו[כעת
096	A3.9:6	]שלם ענני בר נריה]	שלם	כל בני .[....] תנה אל
097	D1.3:2	שלם אחי בכל [... ...	]שלם	כעת [... ... כ]עת זי ת[..]
098	A2.3:3	חרוץ שאל שלמהן וכעת	שלם	{{ל}} לחרוץ תנה אל תצפי
099	B8.5:2	לגנז[.	]שלם	לבב.[....] [....] גנזא
100	D1.11:1	מר]אתי א[... ...]	]שלם	לי תנא שלם[... ...] [...
101	D1.31fragb+c:5	דמין[...] [...] ש]ל[ם תשי	ש]לם	...]לם כ.אלן[...] [...].
102	A4.2:2	כלא] ישאלו בכל עדן]	שלם	לן תנה כענת בכל יום זי]
103	A3.1:V1	]שזבנבו]	שלם	מראי
104	A3.7:2	עדן שלם מראי מנחם	שלם	מראתי אביהי ש[לם ....]ה
105	A3.7:3	שלם משלמת שלם הצול	שלם	[....]ן זי
106	D1.13:2	עדן ש[לם ...] [...]	שלם	ס[...].ה ובנ[יה] [...
107	A2.1:12	ואשה בר פטחנם	שלם	סחתה כלה לשלמכן שלחת
108	A6.5:1	שלם בזנה קדמי אף]]	שלם	תמה קדמיך [יהוי וכעת]

שלמ

No.	Ref.	Preceding	Word	Following
109	D1.1:10	לה [... ... ...]ל ובנתה	שלמ]	... ...] יצף אנה[... ...
110	D1.1:5	און ... ...]. אבל חי	שלמ]	... ...]ש נחת יתו לן...

שלמ.

No.	Ref.	Preceding	Word	Following
111	D23.1.XVIC:5	אמרו אלהי חרא	שלמ.]	...] לספרא זי כתב כתבא

שלם

No.		Form	Ref			
112		שלמ	D4.23fraga:1	[...]	שלמ]	...] [...] .. [...]
113		בשלם	A2.6:2	לפתח זי יחוני אפיכי	בש[לם	.... ב]רי שאל שלמכי וכעת
114			A3.5:8	[אלהיא יחווננ]י אפיך	בשלם	אל [אחי מחסיה בר ....
115			A4.4:9	אלהיא יחוננ[י אפיך	[בשלם]	[אל .... אחי .... בר]
116			A3.9:4	אנפיך	בשלם	בירתא סו[ן ...]חק
117			A2.5:2	לפתח זי יחזני אפיכן	בשלם	וכעת תדען זי מדעם לה
118			A3.3:3	[זי יח]וני אנפיך	בשלם	כעת מן יום זי נפקתם מן
119			A2.1:2	לפתח זי יחוני אפיך	בשלם	שלם ביתאלנתן שלם נכי
120			A2.2:2	לפתח זי יחזני אפיכי	בשלם	שלם נבושה תנה אל תצפו
121			A2.3:2	לפתח זי יחזני אפיך	בשלם	שלם בנתסרל וארג
122			A2.4:2	לפתח זי יחזני אפיך	בשלם	שלם אמי ממה שלם אחי
123		ושלם	D7.41:4	[...] [... ...]...	ושל[ם	...]
124		שלם	D1.1:7	וכע[ת ... ... ש]אל	שלם	נבוכד[רי ... ...
125			D1.12:8	[... ...].לל[...]מן שאל	[של]ם	סחנ[ו]ם .[...] [...]
126			D1.11:1	א[... ...]שלם לי תנא	שלם]	... ...] [... יה]בת לא[...
127			D1.12:11	[...].רת[..]שאל אנה	שלם	...[....]. כען א[...] [...
128			A3.10:1	ופטמחו אחוכם ספנתדת	שלם	אחי אלהיא כ[ל]א ישאלו
129			A3.5:1	מח[סיה אחוך	שלם	אחי אל]היא כלא ישאל[ו]
130			A4.1:1	יהודיא אחוכם חננ[י]ה	שלם	אחי אלהיא [ישאלו] [בכל
131			D7.30:2	אל אחי חגי אחוך ירחו	שלם	אחי בל ונבו שמש ונרוגל
132			D1.3:1	[ ]אחי [... ...] [... ...]	שלם	אחי בכל [... ...]שלם כעת
133			D7.56:3	ואחברוהי אחיכון עקבן	שלם	אחי בכל עדן וכעת כען לא
134			D7.57:3	אביתי אחיך אביתי	שלם	אחי בכל עדן וכעת שלחת לך
135			D7.6:10	תעבדן פסחוא הוי שלח	שלם	ינקא
136			A3.11:1	אל מראי ישביה עבדך	[שלם	מראי אלהיא ישאלו בכל עדן
137			A3.7:1	ישאלו שלמכי בכל עדן	שלם	מראי מנחם שלם מראתי
138			A3.9:1	[מראי יסלח עבדך] שוא	שלם	מראי אלהיא כלא [ישאלו]
139			A4.2:1	וחילא עבדכ[ם	שלם	מראי אלהיא כלא] ישאלו
140			A4.3:2	[....] עבדך מעוזיה	שלם	מרא[י אלה שמיא ישאל שגיא
141			A5.3:1	מתרוהשת עבדך פחים	ש]לם	מראי אלהיא ישאלו בכל
142			D1.16:1	בר ...[...] [... ...	]שלם	מראי [... ...] [... ...]י
143			A4.7:1	כהניא זי ביב בירתא	שלם	מראן אלה שמיא ישאל שגיא
144			A4.8:1	[....	שלם	מראן] אלה שמ[יא] ישאל
145			A6.1:1	וכנותה וספרי מדינתא	שלם	מראן אלהיא [כלא] [ישאלו
146		ושלם	A2.6:8	[ומכ]בנת שאלן שלמכי	ושלם	תרו [ו... ו... וכ]עת שלם
147		לשלם	C1.1:94	ברא אריא אזל קרב	לש[לם	חמרא]לם שלם יהוי לך
148	s em/sf	שלמי	D7.17:7	תחזי יחומליה	שלמי	כען הן צבתי אל תזבני
149		שלמהן	A2.3:3	ושרדר חרוץ שאל	שלמהן	וכעת שלם {{ל}} לחרוץ
150		שלמך	A3.6:1	פלטי אחוך הושעי[ה	שלמך	אל]ה שמיא [י]שאל בכל עדן
151			A4.4:1	[ ]אלהיא ישאלו	שלמך	בכל עדן וכעת [....]
152			A3.5:7	מ[ן] זי יעבד לעינוהי	שלמך	וטעמך [.... עד ..
153			D7.35:1	[....]יה	שלמך	יהה [.... ישא]ל בכל עדן
154			A3.5:3	י[א]תה עליך הוית אשלח	שלמך	כען
155			D7.6:2	אל הושעיה	שלמך	כען חזי 1 על ינקיא עד
156			D1.7:2	...]	]שלמך	לדלי פרתני
157			A3.5:2	מטאת עלי	שלמך	שמעת שגיא חדית שמעת
158		שלמכי	A3.7:1	[....] אלהיא כל ישאלו	שלמכי	בכל עדן שלם מראי מנחם
159			A2.6:2	בש[לם .... ב]רי שאל	שלמכי	וכעת יהב מ[כבנת
160			A2.6:7	[.... ומכ]בנת שאלן	שלמכי	ושלם תרו [ו... ו...
161			D7.5:2	מן מיכיה על א[חוטב]	שלמכי	כענת חזי [....] רבתא
162			D1.7:1	[...]ם אל היכלי	שלמכי	שלם[... ...]
163		שלמכם	D1.11:4	.[.]חו..[... ...] הושע	שלמכם[	... ...].. שלמכם א[שאל ...]
164			D1.11:4	הושע שלמכם[... ...]..	שלמכם	א[שאל ...] [...] עדן כ[...
165		בשלמך	A3.5:5	מן סון אגרת חדה	בשלמך	לא שלחת עלי
166		לשלמך	D7.21:6	עליך ואחטנה	לשלמך	שלחת ספרא
167		לשלמכי	A2.3:12	טעם זי הוה בב˘י˘תי	לשלמכי	שלחת ספרוה זנה אל אבי
168			A2.6:10	בען אלף ויתונה לכן	ל[שלמכי	שלחת ס]פרה זנה אל אמי
169			A2.7:4	שלם הריוטא ואחתהה	לשלמכי	שלחת ספרא זנה אל אחתי
170			A3.4:4	עלוהי [....	לשלמכי]	שלחת ספרה זנה שלם
171		לשלמכם	D7.48:9	טעמא יומא זנה [.]	לשלמכם	שלחת [....]
172		לשלמכן	A2.1:12	פטחנם שלם סחתה כלה	לשלמכן	שלחת ספרה זנה שלם אבי
173			A2.2:17	תטסרי אזדהרי בה	לשלמכן	שלחת ספרה זנה אל תשי
174			A2.4:13	תצפו לי לכן אנה יצף	לשלמכן	שלחת {{ל[.]}} ספרה זנה
175			A2.5:9	חי אנה והן מת אנה	לשלמכן	שלחת ספרה זנה אל תרו

שם N name

No.		Form	Ref			
001	s ab/cn	שם	C1.1:180	אמה גנבה פח.ה ....]	שם	אבוהי וזרעה בשם שרחות[א]
002		בשם	C1.1:138	[גבר ז]י לא יתרום	בשם	אבוהי ובשם אמה אל ידנח
003		בשם	D8.8:1	[...]אנה	בשם	אלהא א.[...] [ל]ספריא ס
004			C1.1:180	....] שם אבוהי וזרעה	בשם	שרחות[א] % עק[ר]בא
005		ובשם	C1.1:138	לא יתרום בשם אבוהי	ובשם	אמה אל ידנח שמ[ש לה] כי
006			B2.10:13	וברה אנתה ואיש בשמי	ובשם	בני שטר מן בר וברה זי
007			B2.10:12	לה בשמי אנה ידניה	ובשם	בנן ואנתה ואיש לי והן
008	s em/sf	שמה	A6.7:3	שמה 1 סדסבנז	שמה	א[..]ם שמה 1 סרמנז שמה
009			A4.6:14	[...]ת בר פטנתר	שמ[ה]	פיא בר חו[.... ...]
010			A4.10:1	ידניה בר גמ[ריה]	שמה	1 מעוזי בר נתן שמה
011			A4.10:2	שמה 1 מעוזי בר נתן	שמה	[1] שמעיה בר חגי שמה
012			A4.10:3	[1] שמעיה בר חגי	שמה	1 הושע בר יתום שמה 1
013			A4.10:4	שמה 1 הושע בר יתום	שמה	1 הושע בר נתון שמה 1
014			A4.10:5	שמה 1 הושע בר נתון	שמה	1 כל גברין 2+3 סונכנן
015			A6.7:3	זילי במצרין פרימא	שמה	1 אמון שמה 1 סרך שמה
016			A6.7:3	שמה 1 תענדי	[ש]מה	[1 ....]מי שמה 1
017			A6.7:3	[ש]מה [1 ....]מי	שמה	1 סדסבנז שמה א[..]ם שמה
018			A6.7:3	פרימא שמה 1 אמון	שמה	1 סרך שמה 1 תענדי
019			A6.7:3	1 אמון שמה 1 סרך	שמה	1 תענדי [ש]מה
020			A6.7:4	1 סדסבנז שמה א[..]ם	שמה	1 סרמנז שמה 1 כא שמה
021			A6.7:4	1 כא שמה 1 בגפרן	שמה	1 פיתרענז שמה 1
022			A6.7:4	בגפרן שמה 1 פיתרענז	שמה	1 אסמרוף שמה 1 מוסרם
023			A6.7:4	א[..]ם שמה 1 סרמנז	שמה	1 כא שמה 1 בגפרן שמה
024			A6.7:4	1 סרמנז שמה 1 כא	שמה	1 בגפרן שמה 1 פיתרענז
025			A6.7:5	שמה 1 אסמרוף	שמה	1 מוסרם שמה 1 כל גברן
026			A6.7:5	אסמרוף שמה 1 מוסרם	שמה	1 כל גברן 3+10 אבשוכן
027			B8.5:8	[....] [....	]שמה	ו[...]על [...]ואסרוהי
028			D5.64:1	...]	ש]מה	1 [...]
029			D6.8fragg:1	[...]	שמה	1
030			D6.8fragd:2	.[...] [...	]שמה	1 [...] [...].נש שמה[...]
031			D6.8fragc:3	כ[....] [..]סו[...	]שמה	1 תירנ[...] [...]. אחתיזר

No.	Ref	Form	Preceding	Keyword	Following
032	D6.8fragc:4		תירנ[...] [...]. אחתיזר	שמה	1 [...] [...] ....2+10
033	C3.19:30		...	שמה	1 [....
034	C3.19:31		...[ ]	שמה	1 [....
035	C3.19:33		....]	ש]מה	1 מׄרׄ מצרי
036	B8.2:21		[ל....] ימחות	שמ[ה	....] קבל כן אמר[
037	D5.39:3		[...] [...]ש .. בר [...]	שמה[	...].[.] [...]כי[.]ז כב[...]
038	D6.1:1		.ט.ד׳ניה	שמה[	...] זי [...]ת[.]מ.א .[...]
039	D6.10fragIc:1		.[...]	שמ[ה	...]
040	D6.8frage:3		לנשיבית[ה׳ ....] איזא	ש]מה	....]
041	D6.8fragd:3		[ ]שמה 1 [...] [...].נש	שמה[	...]
042	D6.8fragh:3		ש[....]ד׳ש [....]	שמה[	....]
043	D6.8fragf:3		לנשיביתה זי[...] [...].	שמה[	...]
044	D6.8fragl:1		[...]א וכעת וחפרמנית ...[...]	שמה[	...]
045	D7.40:8		[.]את אדנבו	שמה[	...] [הש]כׄחׄ ולא דכר[
046	A6.11:4		שלח [עלי זי פמון]	שמה	אבוהי זך כזי יוזא הוה
047	A6.11:1		עלי כן אמר איתי פמון	שמ[ה	א]בי כזי יוזא במצרין
048	A6.11:2		זי הוה מהחסן פמון	שמה	אבי בית זרע א 10+20
049	C2.1.7:31		מלך עליהם עבדו [פרד	שמה	אחר שלחת לדדרש] שמ[ה
050	B3.8:3		מנך לנשן יהוישמע	שמה	אחתך לאנתו ויהבתה לי הי
051	B2.11:4		אנת ידניה פטוסירי	שמה	אמה תבא עבד יוד׳ 1
052	B2.11:5		בחלק אנה מחסיה בלא	שמה	אמה תבא עבד יוד׳ 1
053	B2.11:13		ולא דין אף איתי תבא	שמה	אמהם זי עלימיא אלה
054	B3.6:2		אדננבו לנשן תפמת	שמה	אמתה זי שניתה על ידה
055	C2.1.5:25		לממטה מדי בכנדור׳	שמה	במד[י פרו]רת זך ע[ם
056	C2.1.7:41		[לפרס לממ]טא ברחאׄ	שמה[	בפרס ויזד]ת [זך] זי
057	C2.1.7:36		[כן [אמ]ר]וידזת	ש[מה]	בפרת[ו בי]ותי שמהׄ
058	A6.3:1		לך ו[כעת פס]משך	שמה	בר עחחפ[י] עלימא זילי
059	A6.3:3		על מראי פסמשכחסי	שמה	[בר .... 1 .... בר ....]טוי
060	B3.9:3		זי סון לאמר ידניה	שמה	בר תחוא עלימ[א זיל]ך זי
061	C1.1:5		[אתור וקם] אסרחאדן	ˆשמהˆ	ברה והוה מלך באתור
062	B3.7:3		זי יהו אלהא ליהישמע	שמה	ברי אמה תמ[ת]אנתתי
063	C1.1:18		[כז]י נדן	שמה	ברי רבא והו יחלף לי ספר[
064	C2.1.11:76		אתנצחו ו[נ]ד׳פרן	[שמה	בר ויספר פרסי ותן
065	C2.1.11:76		[ ]פ[ר]סי גוברו	ש]מׄה	בר מרד[ונ]י פרסי
066	C2.1.11:76		[בר ויספר פרסי ותן	ש]מׄה	[בר סחר]פ[ר]ס׳י
067	C2.1.11:77		פרסי ו׳ד׳[רן	שמה	בר בגבגן פ]ר׳סי מן אנ[ת
068	C2.1.4:9		[דדרש עבד קרבא בזוז	שמה	ברתא] בארר׳ט
069	C2.1.5:12		עבדו קרבא בׄתׄגר	שמה	ברתא באררט אהורמזד
070	C2.1.5:15		אחר עבדו קרב בׄהיו	[שמה]	[ברתא באררט אהו]ר׳מזד
071	B3.6:4		במותי ושבקת ליהישמע	שמה	ברתכי זי ילתי לי בר לי
072	A6.11:1		וכנותה וכעת פטוסרי	שמה	ורשבר עלים זילי שלח עלי
073	B3.3:3		עליך למנתן לי לתמת	שמה	זי אמתך לאנתו הי אנתתי
074	C3.8IIIA:6		חמתסן	שמה	כספיא י׳ [...]
075	D7.9:8		עלימתה מכתבה על	שמה	כענת ש[....] ואף
076	C2.1.7:30		[עלי מרדת מת] פרתו	שמה	מרגו מלך עליהם עבדו
077	C1.1:1		[אלה]מׄלי אחיקר	שמה	ספר חכים ומהיר זי חכם
078	B8.3:1		תב]ר׳חש ....]	שמה	עבד כרתך זילי
079	B2.11:9		בניך עלדבר פטוסירי	שמה	עבדא זי מטאך בחלק הן
080	B8.6:4		[וכנותה] [ב	שמ]הׄ	עבדה זי ור־פׄשׁ
081	B8.6:4		ור־פׄשׁ מלל על פנא	שמה	[עבדה זי ....]ם סיכן
082	C2.1.5:19		[מלכא כן אמ]ר׳ והומס	[ש]מה	עילמי פרסי [לארדת]
083	B8.1:12		אחרי ורז	שמה	על[....] שפתם
084	A6.6:2		נחתחור	שמ[ה	עלימא זילי] במצרין שלח
085	C2.1.8:52		[שלח לערקה זי וימן	שמה	עלימא זילי פרסי פחתא] זי
086	C2.1.4:2		[למדי שלחת ודרן	שמה	עלימי פרסי רב] [הוה
087	C2.1.7:31		[שמה אחר שלחת לדדרש]	שמ[ה	עלימי פר]סי פחתא ז׳[י
088	B8.1:15		מאכל ל׳[....]	שמה	ערביא ואחד׳]
089	A6.13:3		יעבדון לחתובסתי	שמה	פקידא זילי זי עד מנדת
090	A6.9:2		וכ[ע]ת [ה]אׄ נחתחור	שמה	פקידא זיל[י אז]ל מצרין
091	C2.1.7:36		בפרת[ו בי]ותי	שמהׄ	פרסי יתב בפרס ק[ם אמר]
092	C2.1.7:39		[הו]ה שלחת ארתורזי	שמה	פרסי [עלימא זילי
093	A6.12:1		וכעת חנ׳זפי	שמה	פתכרכר עלימ[א] זילי זי
094	C3.19:27		[....] [....]...אׄ	שמה	[.] קׄדׄם א....
095	B8.2:23	שמהם	כן אמר[....]	שמהם	לא׳י [....] גנבו
096	C1.1:106	שמי	לך בחכמה [.... י]הבת	שמי	בשרחו[ת]אׄ הן יאחדן
097	B5.6:3		[ ]ז׳ילי סטירה על	שמי	[....]ה בשאה
098	C1.1:141	שמך	קדם [רח]מיך אל יקל	שמך	קדמיהם עם זי רם מנך אל
099	A2.3:6	בשמה	ארה ספר לה שלחתי	בשמה	וכעת זי מלתי ˆלבתיˆ לאמר
100	B5.6:12	בשמהם	[....]	[בשמהם]	.... ל]מׄקׄנה מנך ואנה
101	B5.6:9		בהם [....]	ב]שמהם	אנה .... ואנתה סענת
102	D2.21:4	בשמי	[... ....]תנתנון לה	בשמ[י	...]. [...] [... ... זי]לכם
103	B2.10:12		זי ברחמן תנת<נ>ון לה	בשמי	אנה ידניה ובשם בנן
104	B2.10:13		בר לי וברה אנתה ואיש	בשמי	ובשם בני שטר מן בר וברה
105	D7.11:4		יגד׳ל ושלח [...] לה	בשמי	לאׄ [...] תאמר
106	B2.2:14		קריב ורחיק זי יגרנך	בשמי	ˆעלˆ ארקא זך ינתן לך כסף
107	A4.7:26	בשמך	על מדבחא זי יהו אלהא	בשמך	ונצלה עליך בכל עדן אנחנה
108	A4.8:25		על מדבחא זי יהו אלהא	בשמך	ונצל[ה עליך בכל עדן
109	A4.7:29	בשמן	מליא באגרה חדה שלחן	ˆבשמןˆ	על דליה ושלמיה בני
110	A4.8:28		מליא אגרה חדה	בשמן	שלחן על דליה ושלמיה
111	D7.22:4	לשממך	ד׳ח[....] [...] ל׳י	לשממך	של[חת [...] [...] לבית
112	A4.4:3	שמהת p const	[הא זנה	שמהת	גבריא ז[י אסירו ב[י]ב
113	A4.4:6		משלם קולא אחתה הא	שמהת	גבריא זי אשתכחו בבבא
114	A4.6:13		....] [....]	ש]מהת	גבריא [ז]י א[....]
115	C3.15:1		לפמנחתף שנת 2+3 זנה	שמהת	חילא יהודיא זי יהב כסף
116	A4.4:4		פתנום הא זנה	שמהת	נשיא זי א[שתכחו בבבא]
117	A4.6:15	שמהתהם p em/sf	[....] גבריא זי	ש[מ]התהם	כתיב [....]
118	C1.1:164		[כ]וכב[י שמיא זי]	שמהתהם	לא ידע איש הא כן אנשא
119	C3.11:12		[...] נגדי קתן 1+3 זי	שמהתהם	לאׄ ידעׄ[ן

שמוש N (unclear)

No.	Ref	Form	Preceding	Keyword	Following
001	C3.7DV1:15	שמוש s ab/cn	[....] טין	שמוש	כרשן 100×[+3+3] מלות
002	C3.7DV2:16		100×1+לף×1 ט׳י׳[ן	[שׄמׄו[ש	כרש[ן 100×1] [....
003	C3.7FR2:23		טין	שמוש	כׄר[ש]ן 100×3+3 עקן
004	C3.7GR2:25		כנדן 100×2+3+3 טין	שמוש	כרשן 3+3×לף עקי אכ׳רפך
005	C3.7GR3:12		ופׄל׳[ג] טין	שמ[וש	]כרשן 100×[3+3] עקי
006	C3.7GR3:4		20+20+20+20 טין	[שמ]וש	כר[שן ....] עקי
007	C3.7GV2:19		[....] טין	שמוש	כרשן 100×3+3 עקן במנין

שמין N heaven; cf. בעל שמין and מלכת שמין in *Divine Names KWIC*

No.	Form	Parse	Ref	Preceding	Keyword	Following
001	שמין	p abs	A1.1:3	פרעה כיומי	שמין	ומין ו̇ין....]
002			C1.1:189	מן חזה %% מ̇ן	שמין	[...]ינו עממא
003	בשמין		C1.1:79	מלכותא	בשמ̇[י]ן	שימה הי כי בעל קדשן
004	שמיא	p em/sf	A1.1:2		שמיא	וארקא ובעל שמין אלה[א
005			A4.3:3	[ו]לרחמן הוו קדם אלה	שמיא	וכעת כזי וידרנג רב חילא
006			A4.7:15	ומצלין ליהו מרא	שמיא	זי החוין בוידרנג זך
007			A4.8:14	צי[מן ומצלין ליהו מרא	שמיא	זי] חוינא בוידרנג זך
008			A4.9:4	מדבחא זי אלה {{שמי}}	שמיא	זי ביב בירתא בנה הוה
009			C1.1:164	למאמר שגיאן [כ]וכב[י	שמיא	זי] שמהתהם לא ידע איש
010			A3.6:1	הושעי[ה שלמך אל[ה	שמיא	[י]שאל בכל עדן שלם שוא
011			A4.3:2	מעוזיה שלם מרא[י אלה	שמיא	ישאל שגיא בכל עדן
012			A4.7:2	בירתא שלם מראן אלה	שמיא	ישאל שגיא בכל עדן ולרחמן
013			A4.8:2	[שלם מרא]ן אלה	[שמ]יא	ישאל בכל עדן לרחמן
014			A4.7:28	יהוה לך קדם יהו אלה	שמיא	מן גבר זי יקרב לה עלוה
015			A4.8:27	[יהוה לך קדם יהו אלה]	שמיא	מן גבר זי יקרב לה עלוה
016			A4.3:5	וחרנופי בטלל אלה	שמיא	עד שזבוני כען הא אתין

שמע V to hear

No.	Form	Parse	Ref	Preceding	Keyword	Following
001	שמעת	peal	A3.5:2	שלמך שמעת שגיא חדית	שמעת	
002			A3.6:2	שלם אבי[הי וכעת]	שמעת	כעמלא זי עמלת כזי
003			A3.5:2	מטאת עלי שלמך	שמעת	שגיא חדית שמעת
004			C1.1:82	טר פמך ועָל זי	ש[מעת]	הוקר לבב כי צנפר הי
005	שמע		C1.2:3	עבדת לבנוהי[ן וכזי	שמע	חור] בר פונש מליא זי
006	שמיע		A6.10:3	ביתא זילי וכען תנה כן	שמיע	לי כזי פקידיא זי
007			A3.3:13	כתבת אגרתא זא כזי כן	שמיע	לן לאמר תתפטרן
008	ושמע		C1.2:1	על תסהרא זי מלכא	ושמע	מ[לכא [...] זנה זי קרה
009	תשמעין		D7.9:11	למכתבה אף כזי	תשמעין	לאמר . שרין יהבן פרס
010	וישמע		C1.1:188	כבש חכמה [....]	וישמע	מלה ולא יהחוה %% הא זנה
011	נשמענך		C1.1:59	אנת אמר לן אנחנה	נשמע]נך	קרבתא עָ[נה נבוסמסכן
012	שמע		C2.1.11:67	[זי בא]דָנך יאמר	שמע	זי פרתר יאמר
013	שמעו		C1.1:59	[ר]ביא ואמר להם	שמעו	לי לם זנה [א]חיקר רב
014	.....שמע		C1.1:29	שגיא ירגש מלן	שמע.[.....	....
015	שמען		C2.1.4:3	[לחילא זי מדי זי לא]	שמען	לי[ן אחר ודרן עם חילא
016			C2.1.5:20	זך מרדיא [זי לא]	[שמען]	לי קטל] אחר והומס אזל
017			C2.1.7:32	אזל קָטל [לחילא זי לא	שמען	ל]י אחר ד[דרש א]זל עבד
018			C2.1.8:53	[זי לדריהוש מלכא	[שמען]	קטלו חילא זי ויזדת
019	אשתמיע	etpeel	C1.1:70	בזך עדנא	אשתמיע	במ[ת ....
020	ישתמע		B3.8:42	המו הן יאמר כות לא	ישתמע	לה חיב הו כתב מעוזיה
021			B6.4:8	תאמר כות חיבה הי לא	ישתמע	לה כתב מעוזיה בר נתן
022	אשתמעו		A6.8:3	ולחילא זי לידך זכי	אשתמעו	לה ועבדו כן יד[י]עָ
023	משתמען		A6.8:1	עם חילא זי לידה לא	משתמען	לי בצבות מראי זי אמר
024			A6.8:7	זי פסמש[ך] אמר לא	משתמ[ען]	לי מן ארשם על מרדך

שמר V to watch over

No.	Form	Parse	Ref	Preceding	Keyword	Following
001	ישתמר	etpeel	C1.1:96	בג[וה] איתי [מה	י]שתמר	איש עם אלהן ומה יתנטר
002	אשתמר		C1.1:81	ואדניהם לו[ת] פמך	אשתמר	לך אל יהוה טרפי[הם] מן
003			C1.1:85	כצפה מן ברק אנת	אשתמר	לך אל יחזנהי על

שמש N sun; cf. שמש in *Divine Names KWIC*

No.	Form	Parse	Ref	Preceding	Keyword	Following
001	שמש	s ab/cn 003	B3.12:7	מועה למערב שמש {למערב	{שמש}	ארך אמן 3+3+10 כ 2
002			D23.1.II:7	לכו[.]...[.]מ̇ש .ח̇.ל	שמש	[ו]ה̇ן תמטא עמה ס̇..ד̇.
003			D7.30:3	ירחו שלם אחי בל ונבו	שמש	ונר[ו]גל
004			B2.10:6	כוין פתיחן תמה מועה	שמש	לה אגורא זי יהו אלהא
005			B2.10:7	וארח מלכא בניהם מערב	שמש	לה בית מבטחיה ברת
006			B2.2:9	לדגל אתרופרן למערב	שמש	לה ובית [יז]ניה בר
007			B2.3:6	קוניה בר צדק מועא	שמש	לה בית יזן בר אוריה
008			B2.7:15	אושע ושקא בניהם מערב	שמש	לה בית חרוץ בר פלטו
009			B3.10:11	דבק לדרגא דך מערב	שמש	לה אגר תרי רבתא זילך הי
010			B3.10:8	ליהוישמע ברתי מועה	שמש	לה אגרא זי הנפנא זי בנהו
011			B3.11:3	ודנה תחומוהי מועה	שמש	לה אוצר מלכא דבק אגר
012			B3.11:4	זי בנו מצריא מערב	שמש	לה הו בבא זילך למנפק
013			B3.12:17	זי זבן ויהבן לך מועה	שמש	לה ביתך אנת ענני בר
014			B3.12:18	דבק אגר באגר מערב	שמש	לה אגורא זי יהו ושוק
015			B3.12:9	זי זבן ויהבן לך מועה	שמש	לה ביתה זי יהבת לך פסשדת
016			B3.4:9	ושוק מלכא ביניהם מועה	שמש	לה אוצרא זי מלכא דבק לה
017			B3.4:9	זי מלכא דבק לה למערב	שמש	ˆלהˆ אגור יהו ˆאלהאˆ
018			B3.5:10	ושוק מלכא בניהם מועה	שמש	לה תמא זי חנום אלהא ושוק
019			B3.5:11	ושוק מלכא בניהם מערב	שמש	לה ביתה זי שתיבר כספי
020			B3.7:7	[בית .... ל]ה מדנח	שמש	לה {{בית}} בית חור עבד
021			C1.1:138	ובשם אמה אל ידנח	שמ[ש	לה] כי גבר לחה הו [מן
022			B3.12:15	זבן ויהבן לך מן מועה	שמש	למערב ארך אמין 3+3+10
023			B3.12:7	לך מן מועה למערב	שמש	{למערב שמש} ארך אמן
024			B3.10:3	לכי דרירסי הו מועה	שמש	מן תרי רבתא זילי ופלג
025			B2.2:8	ˆאנהˆ דרגמן למוע	שמש	מנה ובית קוניה בר צדק
026	שמשא	s em/sf	A4.1:8	[לניס[ן במערב] 1+20	[שמשא]	....ה[נעלו בתוניכם
027			A4.1:7	[לניסן ב]מערב	שמשא	עד יום 1+20 לניס[ן
028	לסמשא		B3.6:9	ואנתי שביקה מן טלא	לסמשא	ויהישמע ברתכי וגבר

שנא V to hate

No.	Form	Parse	Ref	Preceding	Keyword	Following
001	שנאת	peal	B2.6:23	מפטחיה בעדה ותאמר	שנאת	לאסחור בעלי כסף שנאה
002			B3.3:7	יקום ענני בעדה ויאמר	שנאת	לתמת אנתתי כסף שנא
003			B2.6:27	אסחור בעדה ויאמר	שנאת	[לאנ]תתי מפטחיה מהרה
004			B3.3:9	אחרן תקם תמת ותאמר	שנאת	לבעלי ענני כסף ש<נ>אה
005	שנית		B3.8:21	ענניה בעדה ויאמר	שנית	לאנתתי יהוישמע לא תהוה
006	שניתך		B3.8:25	ענניה ותאמר לה	שניתך	לא אהוה לך אנתת כסף
007	תשנאנך		B2.4:8	זך תבנה אחר ברתי	תשנאנך	ותנפק מנך לא שליטה הי
008	תשנא		B3.8:24	[צבי]ת והן יהוישמ[ע]	תשנא	לבעלה ענניה ותאמר לה

שנא N enemy

No.	Form	Parse	Ref	Preceding	Keyword	Following
001	שאני	p em/sf	C1.1:110	ימותון	שאני	ולא בחרבי

שנאה N hatred

No.	Form	Parse	Ref	Preceding	Keyword	Following
001	שנא	s ab/cn	B3.3:8	שנאת לתמת אנתתי כסף	שנא	בראשה ינתן לתמת כסף
002			D5.23:2	.[...] ...[...]..[..]10	שנא	לעיני נפא שטר [...] [...].
003	שנאה		B2.6:23	שנאת לאסחור בעלי כסף	שנאה	בראשה תתב על מוזנא ותתקל

No.	Form	Parse	Ref	Preceding	Keyword	Following
004			B3.3:9	שנאת לבעלי ענני כסף	ש<נ>אה	בראשה תנתן לענני כסף
005			B3.8:22	לא תהוה לי אנתת כסף	שנ[א]ה	בראשה כל זי הנעלת בביתה
006			B3.8:25	לא אהוה לך אנתת כסף	שנאה	בראשה מהרה יאבד תתב על
007			B3.8:34	ענני והן תעבד כות	שנאה	הי יעבדון לה[דין ש]נאה
008			B3.8:37	לה לאנתו הן יעבד [כות	שנאה	הי יע]ב[ד] לה [די]ן
009			B3.8:39	אנתתה והן לא יעבד כות	שנאה	[הי] יעבד לה דין שנאה
010			B3.8:40	בעלה והן לא תעבד לה	שנאה<	ה>י אף לא יכהל זכור
011			B6.4:2	[לה לאנתו הן יעבד כות	שנאה	הי יעבד לה] דׅין שנאׅה
012			B6.4:4	[ותרתין מן נשי] כנותה	שנאה	הי[וא]ף לא [תכהל סלואה
013			B6.4:6	[דין חד] ות[רי]ן	שנ[אה	הי]תׅעׅבׅד לה דין שנאה
014			B3.8:37	[הי יע]ב[ד] לה [די]ן	[ש]נאה	ואף לא יכהל ענניה ולא
015			B3.8:39	שנאה [הי] יעבד לה דין	שנאה	ואף לא תכהל יהוישמע ולא
016			B6.4:2	[הי יעבד לה] דׅין	שנאׅה	[ואף לא יכהל הושעיה
017			B3.8:34	הי יעבדון לה[דין	ש]נאה	והן תמות [יהוישמע] ובר
018			B6.4:6	[הי]תׅעׅבׅד לה דין	שנאה	ולא ת[כ]הׅל יהוחן ברת
019	ושנאתה	s em/sf	C1.1:132	כי חן גבר הימנותה	ושנאתה	כדבת שפותה [... מן] קדמן

שנבי נחות N poor harvest caused by negligence (Egypt; GEA 374.25)

No.	Form	Parse	Ref	Preceding	Keyword	Following
001	שנבי נחות	s ab/cn	B1.1:7	ותחצד נפשׁךׅ	]שנבי נחות	זי יה[ו]ה בחקלי מן

שנה N year

No.	Form	Parse	Ref	Preceding	Keyword	Following
001	שנה	s ab/cn	B3.1:7	חד כחד והן מטא תנין	שנה	ולא שלמתך בכספך ומרביתה
002	שנת		C3.8IIIB:29	...א ב 1+3+20 לאדר	שנת[	1+2[+1+10 הו יום
003			B7.1:1	[ב .. לפאו]ני	שנת	i+iȯ לדרי[והוש]
004			C3.7BR1:6	ספ[יתן 10] ירח כיחך	שׁנׅתׅ	i+10 .[..].[...] ב 2̇
005			C3.7DR2:16	[ ]ספיתן[[..] ....]	]שׁנׅתׅ	i+iȯ ....]
006			C3.7EV1:10	ר 2 [ירח אפף	שנת	1+10] [ב .... לאפף
007			C3.7EV2:12	[....] ירח מ[ס]ורע	שנת	1+10[1] [ב 1]+2+3+3
008			C3.7FR2:10	חׅמׅרׅ זׅי	שנת	1+10 כנ[ד]ן[....]
009			C3.7FR2:17	חמר זי	שנת	1+10 כנדן
010			C3.7FR2:5	זי[....]אׅ חמר זי	שנת	1+10 כנדן[....] כל
011			C3.7FV2:11	כ 1 חמר זי	שנת	1+10 כנ[דן
012			C3.7FV2:4	2+3+10 כ 1 חמר זי	שנת	1+10 כנדן 2+3+3+10
013			C3.7FV3:6	כ 1 חמר זי	שנת	1+10 כנדן
014			C3.7GR2:14	10 יׅ[ר]חׅ אפף[	שנת	]i+iȯ [ב]2+3 לא[פף
015			C3.7GR2:24	[....] [חמר] זי	שנת	1+10 כנדן 3+3+2×100
016			C3.7GR3:11	[על] בית מלכא [חמר זי	שנת	]1+10 כנדן
017			C3.7GR3:2	[על בית מ]לכא חמר זׅי	שנת	1+10 [כנ]דן
018			C3.7GR3:8	מׅלׅ[כא ....] חמר זי	ש]נת	1+10]1 כׅנׅדׅן 3+3+2
019			C3.7GV2:8	3̇×100[+3] חמר זי	שנת	1+10 כנדן
020			C3.7GV5:13	[... ...] יׅ[ר]חׅ חתׅ[חור	שנת	1+10] [ב]10+3+3+1
021			C3.7GV5:23	[י]רׅח כׅיחך]	שנת	1+10] ב [20]
022			C3.7JR1:1	[ירח מסורע	ש]נת	1+10 [ב .... למסורע]
023			C3.7JV1:22	בית[מל]כׅאׅ [חמר זי	]שנת	1+10 כ[נ]דׅן [....]
024			C3.7KR2:22	[ירח פאו]נׅיׅ]	ש]נת	1+10 ב [3]+3+3
025			C3.7KV2:13	[...] [ירח פרמותי	שנת	1+10] [ב .... לפרמותי
026			C3.7KV2:2	[י]רח פמנח[תף	שנת	1+10] ב 10 לפמנחתף
027			C3.7KV3:1	[ירח] פחנס[	שנת	1+10] ב[.. לפ]חנס בקרו
028			C3.7KV3:16	ירח פאוני[	שנת	1+10] ב 10+3+3+1
029			A6.2:28	ב1+2+10 [ל]טבת	שנת	2+10 דריו[הוש מלכא]
030			C3.8fragc:1	...]	שנ]ת	2+10[1+] [..]א. [...]
031			A4.7:19	עלין אף מן ירח תמוז	שנת	1+3+10 דריהוש מלכא
032			A4.7:4	כן אמרן בירח תמוז	שנת	1+3+10 דריוהוש מלכא
033			A4.8:19	[עלין אף מן ירח תמוז]	שנת	1+3+10 דריוהוש מלכא
034			A4.8:4	[כן אמרן בירח תמוז]	שנת	1+3+10 דריוהוש מלכא
035			B2.11:1	הו יום 3+3+3 לחתחור	שנת	1+3+10 דריוהוש מלכא
036			B2.6:1	[20]+3+3 לירח אפף	[ש]נת	1+3+10] ארתחשס]ש
037			B3.2:1	הו יום 20 לסיון	שנת	1+3+10 לארתחשסש
038			D1.34fraga:2	.[...] [...]פמנחתף	שנת	1+3+10 .[...] [...
039			C3.8II:3	[ב... ...	שנת	1+3+10 הו יום ...
040			C3.8IIIA:1	[...] [ב 3+3 לאדר	שנת	1+3+10 הו] יום 1+20
041			C3.8IIIB:15	לא[דר	ש]נת	1+3+10 הו יום 3 לכיחך
042			C3.8IIIB:23	ב 3+20 לאדר	שנת	1+3+10 הו יום 3+3+2
043			C3.8IIIB:8	[ב 10+3+3 לאדר	שנת	1+3+10 הו יו]ם 1
044			B4.5:1	בירח מסורע	שנת	2+3+10[1+1+]
045			B2.1:1	20+3+3+2 לפחנס	שנת	2+3+10 חשיארש מלכא
046			C3.8II:3	[הו יום ...]לפאפ[י]	שנת	2+3+]10
047			C3.8IIIA:1	יום 1+20 לחתחור]	שנת	2+3+10 [....]
048			C3.8IIIB:15	הו יום 3 לכיחך	שנת	[2+3+10] לזכרן על
049			C3.8IIIB:23	הו יום 3+3+2 לכיחך	שנת[	2+3+10] אופכרתא זי
050			C3.8IIIB:29	יום 3+3+3 לכ[י]חך	שנת	2+3+10 בגפרן זי על
051			C3.8IIIB:8	[הו יו]ם 1 לכיחך	שנת	[2+3+]10 [...]. ..חלא
052			C3.8IV:1	[הו יום .... לתע]בי	שנת	2+3+10
053			C3.8IV:4	ה[ו יום 3+10 לתעבי	שנת	[2+3+10] דׅוׅגׅיׅתׅ 1
054			C3.8fragb:1	...]	שנת]	2+3+10 [....]עבידו
055			C3.8fragb:4	[ ]מיא 1 [....	]שנת	2+3+10 [....
056			A4.7:21	אף מן זכי ועד יום	׳שנת	1+3+3+10 דריהוש
057			A4.7:30	לא ידע ב20 למרחשון	שנת	1+3+3+10 דריהוש
058			A4.8:20	ע[ד]נא ועד ז[נה יומא	שנת	1+3+3+10 דריוהוש
059			A4.8:29	לא ידע ב20 למרחשון	שנת	1+3]+3+10 דריוהוש
060			B4.5:5	גׅרׅו[...]ירח פחנס	שנת	10+[3+3+2 ד]ריוהוש
061			D5.38:2	1+3 זי כתב[...] [...]	שנת	2̇+3̇+3+10 דרי[והוש
062			B2.7:1	יום 1+10 לירח מסורע	שנת	3+3+3+10 ארתחשסש
063			B3.3:1	[10+20] לירח פרמותי	שנת	3+3+10 ארתחש מלכא
064			B2.11:1	ב1+3+20 לשבט	שנת	3+10 הו יום 3+3+3
065			D1.34fraga:1	[...]פחנס[	שנ]ת	3̇+iȯ .[...] [...
066			C3.13:51	בר אושע באפף	שנת	3+10[...] ולא יהב
067			C3.8I:12	[הו יום 3+20 לאפף	שנת	3+10]
068			C3.8I:1	יום 10+3+3+3 לאפף	שנת]	3+10]
069			C3.8I:5	[הו י]ום [20 לאפף	שנת	3+10
070			C3.8I:7	[הו יום 1+20 לאפף	שנת	3+10] אחמנש אזל [...]
071			C3.8I:9	הו[יום 2+20 לאפף	שנת	3+10] [ד]וגית [...]
072			C3.7FR3:11	[....] חמר זי	שנת	10+[....] מש[ח]ספן
073			D22.51:8	זא ב.. לפחנס	שנת	10 [.] כתב כתיב[תא ...]
074			D3.24fraga:1	...]	]שנת	10[...]
075			C3.7FR2:1	חמר זי	שנת	10 כנדן i+iȯ+3+2 כׅ
076			C3.7FR2:16	[....] חמר זי	שנת	10 כנׅדׅן

No.	Ref	Preceding context	Word	Following context
077	C3.7FR2:9	כרש 1 ש 2 ח 3 חמר זי	שנת	10[....]
078	C3.7FV2:10	כ[1]בֿגֿוֿ חמר זי	שנת	10 כנדן [20+20]+2̊0̊
079	C3.7FV2:3	כ 2 ושתות בגו חמר זי[	שנת	10[כנדן 10+3+2 כ 1
080	C3.7FV3:5	כ 1 בגו חמר זי	שנת	10 כנדן 20+20+20 כ
081	C3.7GR3:19	בה[....] [....]	ש]נ̇ת̇	10 כנדן[.. 1×ל]ף̇+2̇0
082	C3.7GV2:7	בג[ו] חמ[ר זי	]שנת	10 כנדן 100×3̇[+3]
083	B3.10:1	3+3+3+20 למסורע	שנת	1 ארתחשסש מלכא אדין אמר
084	B4.6:6	לכי עד 10+20 לפרמתי	שנת	2[+1]+2 אמו[ר]טיס
085	A5.2:2	מן שנת 1+3+20 ע[ד]	שנת	1+10+20 [ארתחשסש]
086	A5.2:6	מן שנת 1+3+20 עד	שנת	1+10+20 ובגפרן
087	B3.5:1	2+3+20 לירח אפף	שנת	1+10+20 ארתחשסש מלכא
088	B8.4:1	לחתחור	שנת	1+3+10+20 במנפי
089	A6.1:7	ב3+3+3+10 למרחשון	שנת	2+3+3+10+20
090	B3.6:1	יום 1+3+3 לפמנחתף	שנת	2+3+3+10+20
091	B4.2:8	ומרביתה עד ירח תחות	שנת	3+3+10+20 יעקף כספך
092	D8.13:4	ספרא ב10+20 לתעב[י]	שנת	3+10+20
093	B2.2:1	[1+3+[3+10 לתחות	שנת	1+20 ראש מלוכתא כזי
094	A5.2:2	[דג]לן מהחסן לה מן	שנת	1+3+20 ע[ד] שנת
095	A5.2:6	מן [....]	שנת	1+3+20 עד שנת
096	B2.8:1	3+3+3+10 לפחנס	שנת	2+3+20 ארתחשסש מלכא
097	B8.2:5	מראי [....] איר	שנת	2+3+20 [....].
098	B5.1:1	בי[ו]ם 2 ל[י]רח אפף	שנת	1+3+3+20 לדריוש
099	B3.4:1	3+3+3 לירח פאוני	שנת	2+3+3+20 ארתחשסש
100	A5.1:5	זא [כתבת ב.... ל....]	שנת	3+3+3+20 ארתחשסש
101	B6.1:1	לאיר הו יום 20 לתעבי	שנת[	3+3+3+20
102	D12.2:1	ב1+3+20 לאב	שנת	2 ארתחשס[ש ...]
103	D12.2:2	ב1+3+20 לאֿב	שנת	2 ארתחש[סש ...]
104	D1.33fragb:1	[...]	שנת[	2[... חשיארש] מ]לכא
105	D2.12:1	ית[...] [בי]רח פאוני	שנת	2 ארתחשסש מלכא אמר
106	B2.9:1	בירח אלול הו פאו[ני]	שנת	1+3 דריוהוש מלכא אדין
107	B3.12:10	ב2+10 לתחות	שנת	1+3 ארתחשסש מלכא אדין
108	B3.12:1	ב2+10 לתחות	שנת	1+3 ארתחשסש מלכא אדין
109	B3.13:1	ירח תחות	שנת	1+3 ארתחשסש מלכא אדין
110	B3.8:1	בירח תשרי הו אפף	[ש]נת	[3+]1 דריוהוש [מלכא
111	B7.2:1	ב2+3+3+10 לפאפי	שנת	1+3 ארתחשסש מלכ[א]
112	C3.14:33	[3+3+3+10 ל]מֿחיר	שנת	1+3 עד יום] 1+3+20
113	A4.1:2	[עדן] וכעת שנתא זא	שנת	2+3 דריוהוש מלכא מן
114	B4.6:1	ב3+20 לפמנחתף	שנת	2+3 אמורטיס מלכא אדין
115	C3.14:34	[הו יום] 20 למח[יר	שנת	2+3 ...]. זי יהיב במכלאֿ[
116	C3.15:1	היתי [...] ב 3 לפמנחתף	שנת	2+3 זנה שמהת חילא
117	C3.16:7	[כ]נתן פ 2+[...]	[ש]נת	2+3 יהי[תה]
118	C3.13:34	3+[3+]3 [זכרן ב].	שנת]	3+]3[+1] כסה נֿהרֿא
119	B2.10:1	ב3 לכסלו	שנת	2+3+3 הו יום 2+10
120	B3.9:1	הו יום 2+20 לפאוני	שנת	2+3+3 דריוהוש מלכא
121	B2.10:1	הו יום 2+10 לתחות	שנת	3+3+3 דריוהוש מלכא
122	B3.1:1	הו יום 1+3 לירח תחות	שנת	3+3+3 ארתחשסש מלכא
123	B2.3:1	יום [20+]1 למסורע	שנת	3+3 ארתחשסש מלכא אמר
124	B2.4:1	[20+]1 ל[מס]ורע	שנת	3+3 ארתחשסש מלכא אמר
125	C3.11:9	.[...] איטשרי זי בכצת	שנת	3+3 כסף חל[רן] מכס
126	C3.13:44	בפ[אונ]י	שנת	3+3[...] עזריה לחנא
127	B3.11:1	הו יום 2+3+3 לכיחך	שנת	3 ארתחשסש מלכא אדין אמר
128	B3.7:1	י[ו]ם 2+3+3 לתמוז	שנת	3 דריהוש מלכא אדין
129	B4.3:1	ל[ירח פאפי	שנת	3 חשירש מלכא אמר הושע]
130	B4.4:1	לירח פאפי	שנת	3 חשירש [מ]לכ[א אמר
131	D22.8:2	[.]פתח קדם מֿ[..]. אלהֿא	שנת	3 מלכא
132	B8.1:18	[....] מן	שנת	
133	D1.33fragc:1	[... ל]סֿיֿון	שנת[	... ...] [... ...]ית אחרה
134	D1.33fragc:5	כלא רֿ.[...] [....].	שנת[	...]חשיא[ר]ש מלכא
135	D1.34fraga2:1	.[...]	שנת[	...] [...]ביתן המ[...]
136	D2.2:1	[...] [... ... ח]תחור	שנ[ת	... ...] [... ...]א קהֿ[...
137	D2.6:1	[...] [... ...]לתעובי	ש[נת	... ...] [... ...]אדננבו
138	C3.13:12	בר עזריהֿ בירח אפף	שנת[	.... דר]יהוֿ[ש מלכא]
139	C3.14:43	[ ]למחיר	שנת[	...]
140	C3.7FR3:10	[....] [חמר]זי	שנ[ת	....] חמר זי שנת
141	C3.7JR3:21	....] [ח]מר זי	שנתֿ[	....] [ק]מֿ[ר
142	D17.1:4	עבד בירח סיון הו מחיר	שנת	שבע ארתחשסש מלכא
143	C3.7DV1:1	[מנד]תא זי הוה	בש[נת	1+10] זהב
144	C3.7DV2:2	עֿ[ל מ]נֿדתא זי הוה	בשנת	1+10 זהב כרש 1 ש
145	A4.5:2	מחבל לא אשתכח לן	בשנת	1+3+10 דריוהוש
146	A4.9:7	וידרנג לחיא זך נדש	בשנת	1+3+10 דריוהוש מלכא
147	C3.7DV2:1	[מנד]תא זי הוה יתיר	בשנת	10 עֿ[ל מ]נֿדתא זי הוה
148	C3.7GV5:10	[זי]בקרו[לימא	בשנת	10] [לי]מֿאֿ בהם [כסף
149	D22.29:3	אסחור בר ערוד למן	בשנת	3+3+3+20 למלכא
150	D20.3:3	אמה אחתבו כן אמר	בשנת	1+3 ירח מחיר חשיארש
151	D23.1.XIII:2	זן ...א נדרא כללה	בשנת	2+3 כתב סֿנתאמֿלבת
152	C3.11:10	מכס גבריא זי יתוספו	בשנת	1+3+3[1+]. [.]דֿסניו
153	C3.11:1	יור [כספ]אֿ זי קים	בשנת	3+3 כסף כרש[...] [...]
154	C3.11:6	הוה יתרן כספא זי קים	בשנת	3+3[...] כסף כרשן 2
155	B8.10:3	אחזֿ בזא	שנתא	[....]
156	A4.1:2	[בכל עדן] וכעת	שנתא	זא שנת 2+3 דריוהוש
157	B8.9:4	[זנה טעמא ....] [... ז]א	שנתא	לא עד זמנא יביל להם
158	C1.2:5	לך ושביא זי שבית בזא	שנתא[	[....]לך תהך ותשתה]
159	C3.28:113	חמרא זי יהבו לתלי	שנתא	זא שלמֿ[יה] כֿהנא
160	C3.28:50	יהבו על תמריא זי פחן.	שנתא	זא במכס כרשן 1+3+3 ש
161	D7.40:2	[...].[.]... [...]ב.	בשתא	זי [...] [...]וֿחנתי
162	D23.1.XI:5	ומֿטֿא[...]	שנֿן	1[..]..לֿףֿ [...]רֿחם
163	C1.2:26	וי[....] ..[....].	שנן	20+20 1+3 ות[....
164	C3.7GVEx1:1	למֿרֿ ב 1+3	שנן	למרא מלכן סֿנח[אריב
165	A6.14:4	כזי לי תחדון אף הא	שנן	שגֿיֿא זי בגאֿ זךֿ [....]
166	B1.1:1		בשנן	1+3+3 למלכא דרוש ירח
167	B1.1:4	תזרענה בזרע נפשך	בשנן	1+3+3 ותפלג עמי בשנן
168	B1.1:5	1+3+3 ותפלג עמי	בשנן	2+3+3 חמר קבל חמר פר[ס
169	B7.1:8	1 לפרס 1 כל ירחן	ושנן[	.... כתב]

Forms and grammatical labels (left margin of the entries): שנת (143: בשנת); s em/sf שנתא (155); בשתא (161); p abs שנן (162); בשנן (166); ושנן (169).

שנט A ripped

No.	Form	Ref	Preceding context	Word	Following context
001	s ab/cn שנטת	A2.1:4	זי אושרתי לי ואשכחתה	שנטת	כלה ולבבי לה דבק לה הן

שנטא N linen robe, apron (Egypt; GEA 374.26)

No.	Gram.	Form	Ref.	Preceding	Keyword	Following
001	s ab/cn	שנטא	B3.8:11	[כסף שקל 1 חלרן 20]	שנטא	1 זי כתן חדת ארך] אמן

שני V to be different

No.	Gram.	Form	Ref.	Preceding	Keyword	Following
001	etpaal	תשתנה	C1.1:200	כזי [י]שלחנ[ך] למ־ה־	תשתנה	באנפוהי

שניתה N slave mark (Akk?; Kaufman 102f)

No.	Gram.	Form	Ref.	Preceding	Keyword	Following
001	s ab/cn	שניתת	B2.11:4	1 שנית על ידה בימן	שניתת	מקרא ארמית כזנה
002			B2.11:6	1 שנית על ידה בימן	שניתת	מקרא ארמית כזנה
003	s em/sf	שניתא	B8.2:4	וסטר [....]עלוי	שניתא	[....] מראי
004		בשניתא	B8.3:8	סטיר	בשניתא	אח̇[....]
005			B8.9:1	מנך ולא̇ סטרן	בשניתא	זא זי נשאת הן
006			B8.6:2	[וסטיר]ן̇	בשניתא	זילי̇ אחר יהיב
007		בשנתא	A6.10:7	בתרבצא זילי וסטרו	בשנתא	זילי ועבדו על ביתא זילי

שנן N pair

No.	Gram.	Form	Ref.	Preceding	Keyword	Following
001	s ab/cn	שנן	B3.8:20	קף זי עק 1 תחת חמריה	שנן	זי צל פרסין מש[ח חפ]נן 2
002			B3.3:5	כסף חלרן 3+3+1 פלג	שנן	משאן 1 משח בשם {{חפן
003			B2.6:16	חדת ^תקם חפנן 3+2	שנן	משאן 1^ מחר או יום
004			D3.16:10	חפן 1 תקם חפנן 3+2	שנן	משאנן 2 זלוץ זי גמא חדת

שנצי V to be able

No.	Gram.	Form	Ref.	Preceding	Keyword	Following
001	quadr.	שנציו	A6.7:13	חילכיא [....]זילי [.	]שנציו	[..] למצ̇פ̇ה מן
002			A6.7:7	פרימא זך וכנותה לא	שנציו	למנעל בבירתא אחר

שנת V to brand (Akk?; Kaufman 102f)

No.	Gram.	Form	Ref.	Preceding	Keyword	Following
001	peal	שנית	B2.11:4	תבא עבד יוד̇ 1	שנית	על ידה בימן שניתת מקרא
002			B2.11:6	תבא עבד יוד̇ 1	שנית	על ידה בימן שניתת מקרא
003		שניתה	B3.6:3	תפמת שמה אמתה זי	שניתה	על ידה בימן כדנה למשלם
004		ולמשנתה	B3.9:7	נקום למעבדה ע[בד]	ולמשנתה	זי יקום על ידניה זך
005		למשנתה	B3.9:7	יקום על ידניה זך	למשנתה	ולמעבדה עבד ינתן לך
006			B3.9:9	אפם ואנש לא שליט	למשנתה	ולמעבדה עבד להן ברי
007			B3.9:6	ואנש אחרן לא שליטן	למשנתה	לא אכהל אנה ובר וברה לי
008		למשנתכי	B3.6:7	לי לא שליט בך	למשנתכי	ולמזלכי מנדת כסף זי

שנת N neck (of a jar)

No.	Gram.	Form	Ref.	Preceding	Keyword	Following
001	s em/sf	שנתא	D7.57:6	חד תהם חד זי ער̇ה	שנתא	שע וחד̇ בעזכתיה

שערה N barley

No.	Gram.	Form	Ref.	Preceding	Keyword	Following
001	p abs	סערן	D7.12:4	ידניה[....] מלאה	סער[ן	....] וקפיר [..]. [...]..[...]
002		ש	C3.13:35	תויא אנתת אחרטיס	ש	פ 3+1 [....]. [....
003			C3.13:37	מנח]מת ברת זכריה	ש	פ 2 סאן 3+1 [....]
004			C3.13:38	[....] למשלמת	ש]	פ]3+1 [....] פ 1
005			C3.13:40	ליהוישמע בר חגי	ש	פ i [....]פ̇ i
006			C3.17fragb:4	בר עז̇[... ...] [...]תי	ש	פ 1 ס 2 [נ]פקתא כנתן פ 3
007			C3.17fraga:2	[...] [....]ל̇.מרא	ש]	...] [....] בר תבא ש]
008			C3.17fraga:3	[...] [...] בר תבא	ש]	...]
009		שא	C3.14:29	[נ]פש 10+20 לחד	שא	1[+1 ר 2 ל]שא כ̇ל נפקתא
010			C3.14:20	בר פבי שא 1 הו [....	שא	1+]2+100×3 [.... בר
011			C3.14:10	[בר]אשה ב̇[ר .]ת̇[.	שא	1]הו ש [... בר]נתן ש]א
012			C3.14:11	[1]הו ש [... בר]נתן	ש]א	1] ש [....].אחלב̇נ̇י̇]
013			C3.14:12	ש [....].אחלב̇נ̇י̇]	ש]א	1 ש ז̇.[.]ב̇ר̇ נ̇ורשוש
014			C3.14:13	ז̇.[.]ב̇ר̇ נ̇ורשוש	ש̇א	1 ש ש[.].גוי בר בלבן שא
015			C3.14:1	ש פטמ[ון בר]אשמ[ר]ם	שא	1 ש זבידו בר נבושלם̇ שא
016			C3.14:14	1 ש ש[.].גוי בר בלבן	שא	1 ש ו̇רד̇ בר זותי חור̇
017			C3.14:16	זותי חור̇ בר יעולו	שא	1 ר 2 ש .[...] ב]ר̇ אדי
018			C3.14:17	ב]ר̇ אדי הו	שא	1 ש [.... ב]ר פחרי שא 1
019			C3.14:18	שא 1 ש [.... ב]ר פחרי	שא	1 [....]. ..נ̇ח̇
020			C3.14:19	..נ̇ח̇ א̇.ו̇ בר פבי	שא	1 הו [.... שא
021			C3.14:21	[.... בר]ענחפי	שא	1 [... בר ...]שא[1] [...
022			C3.14:22	שא 1 [... בר ...	]שא[	1] [... בר ...]שא 1 [..].
023			C3.14:23	[...]שא[1] [... בר ...	]שא	1 [..]. בר פטנתר̇ שא 1
024			C3.14:2	1 ש זבידו בר נבושלם̇	שא	1 ש חגי ב̇ר̇ שמעי[ה] שא
025			C3.14:24	[ ]שא 1 [..]. בר פטנתר̇	שא	1 [..]נכל בר א̇ורי שא
026			C3.14:25	1 [..]נכל בר א̇ורי	שא	1 [כ]ל נפש
027			C3.14:27	בגו [2]לחד	שא	1 ר 2 לשא 3 2+20 לח̇ד
028			C3.14:28	ר 2 לשא 3 2+20 לחד	שא	1 לשא 2+20 [נ]פש
029			C3.14:3	1 ש חגי ב̇ר̇ שמעי[ה]	שא	1 ש אשמ[.]בר ..[...שא] 1
030			C3.14:5	1 ש פטסי בר חרוץ]	ש]א	1 ש צחא [ב]ר ח̇ור̇...]..]
031			C3.14:6	ח̇ור̇...[..]ל.	שא	1 הו כ{{ש}} שמו[בר
032			C3.14:7	שמו[בר	]ש̇א	1 ר̇ 2 ש ז̇תו̇.[...
033			C3.14:31	[ל]שא כ̇ל נפקתא יו̇.[..].	ש̇א	1×100 כל נפק[תא זי
034			C3.14:37	אד̇מ[.... ...] ....[....	שא	
035		שערן	D1.20:2	[...] [... ת]שכחן	שערן	[... ...] [...] תנה כענת
036			D1.33fragb:1	[...]2 חשיארש[מ]לכא	שערן]	...] [...]ודת [י]שלח
037			D1.34fragb:2	[... א]רדבן 1×לף	שע̇[רן	...]
038			D2.11:3	[... ...] אנה[... ...]	שערן	[... ...]לאמר [... ...] אנת
039			D7.50:3	שלח̇ ..ו	שער‖ן̇	א 3
040			C3.28:83	א 2+20 בב ארסינה	ש̇ערן	א 10+3+2[+1 ק
041			A4.10:14	על בית מראן כ[....]	שערן	ארדבן אל[ף]
042			B4.3:4	[נגיא לאמר יהבת] עלידן	שערן	[ארדבן ....]ג[..
043			B4.4:3	לאמר יהבת על ידן	שע̇[רן	... ...] ח 3+2
044			B4.4:7	גברן 2 לגבר לגבר 1	שערן	ארדבן 2 ג 2 ח]
045			D7.16:5	שמעיה כען החלפי לי	שער^ן	ובעי 1 ואחט המו בקל
046			B4.3:6	כל	[שער]ן	וטלפח[ן מערב ארדבן
047			B4.4:5	[....] כל	שערן	וטלפחן מערב ארדבן
048			B4.6:12	[מאן] נח[ש] ופ̇ר[ז]ל	שערן	[ו]כ̇[נת]ן̇ [ש]ל̇[יט]ה̇
049			D2.27:1	ז̇[...] [... ...	]שערן	זי כתב פהזו מלחא[...]
050			B3.1:10	נחש ופרזל עבד ואמה	שערן	כנתן וכל זון זי תשכח לי
051			A2.4:9	לבש משך 1 והוי לקח	שערן	מן תשי ויהב בגשרן ושבק
052			B7.1:5	עבורא זנה דמי נוניך	[שערן	פרסן .... לא אנתן לך]
053			B7.1:8	[.... אביגרנ]א	^שערן^	קב 1 לפרס 1 כל ירחן
054			D7.45:7	[... ...].ט[...] הושר לי	שערן	קב 1 ושחלין̇ טב
055		שפ	C3.16:3	[....]. מהיתה ע[ל] [....]	שפ	1 ס 3 [...] [... ז]נ̇א שפ

056			C3.16:4	1 ס 3 [...] [... ז]נֿא	שפ	1 ס 2+[...] [...] זנא שפ]
057			C3.16:5	1 ס 2+[...] [...] זנא	שפ]	[...] [...]ן̇ כ]נתן פ
058	ושערן		B4.1:2	יתלי עליך כסף וחטן	ושערן	[וכנתן ועמר ו]כתן [ו]כל
059	לשא		C3.14:28	3 2+20 לחד שא 1	לשא	2+20 [נ]פש 10+20 לחד
060			C3.14:27	2 [2] לחד שא 1 ר	לשא	3 2+20 לחד שא 1 לשא
061			C3.14:29	2 ר 1+]1 לחד שא	ל]שא	כל נפקתא יו̇.[..]. שא
062	לשערן		B4.4:4	וטלפחן ארדב 1+10	לש[ער]ן	ארדבן [....]ׄ
063			B4.4:8	[ ]מאת נבושלו גברן 2	לשערן	ארדבן [.... נתנת על ידן]
064	שעריא	p em/sf	D7.39:3	אף [ק]פתא זי בה	שערי֯א֯	זי חנם יבלו המ֯ר בית

שעתסם N (unclear)

001	שעתסם	s ab/cn	C1.2:5	חילך וח[....] [....].	שעתסם	בתמא יומן חמ[שה]הֿו

שף N board (?)

001	שף	s ab/cn	A6.2:19	ועל פתיא צבען תרין ועל	שף	וחנניא בארכא לחד פשך חד
002			A6.2:11	סגנן אמן עשרה ותרין	שף	עשרה וחמשה חד [ל]אמן עשרן
003	שפן	p abs	A4.2:10	חתילן חבלן משכי צל	שפן]	....] מלין לבתכם

שפה N lip

001	שפות	p const	C1.1:151	מה ילוטון	שפו֯ת	א̇[נ]שא לן....
002	שפותה	p em/sf	C1.1:132	הימנותה ושנאתה כדבת	שפותה	[... מן] קדמן כרסאא

שפט V to quarrel

001	ונשפט	peal	C3.3:5	[...]בקע̇ [...]	ונשפט	[...]יצעקו [...]פט על
002	ישפטון		C1.1:88	בחמד לבבא %% [מ]ה	ישפטון	עקן עם אשה בשר עם סכין

שפי A calm

001	שפין	p abs	C1.1:161	מן תותב חרב תדלח מין	שפין	בין רעין טבן איש זעיר

שפיע A abundant, copious

001	שפיען	s em/sf	C1.1:74	סבל שגיא ונכסן	שפי֯[ען]	....

שפיק a sufficiently

001	שפיק		A6.10:3	וספזן ונכ[ס]ן אחרנן	שפיק	בעה ועבד על ביתא זילי
002			A6.10:7	אחרן גרד אמנן וספזן	שפיק	בעו והנעלו בתרבצא זילי

שפיר A beautiful

001	שפיר	s ab/cn	C1.1:95	ואמר לאריא[ ] איש	שפיר	מדדה ולבבה טב כקרֿ[י]ה
002			C1.1:92	קדמוהי להן זי אל עמה	שפיר	מלך למחזה כשמש
003	שפירה		C3.28:109	ספלא בידה כמ̇[...]ה	שפירה	בידה[חר]שא זי י̇....
004			C1.1:187	י̇..[.].[.]ת[ ] תרתין מלן	שפירה	וזי תלתא רחימה לשמש
005	שפרת		A2.2:12	וכתן ואף לכי תקבת 1	שפרת	ואף משח בשם לבת בנת ולעד
006	שפרן	p abs	D23.1.VIII:9	לך ש̇.[	שפרן	זיׄלה ל.א.[..]

שפל V to be low

001	יהשפל	(h)afel	C1.1:150	זי [....]	יהשפל	לאיש [ר]ם̇

שק N sack

001	שקא	s em/sf	D7.43:4	אושר [...] ואושר	שק]א	...] פלג קב[...] מנכי
002			D7.26:1	אנתי אמרה וינתנו	שקא	...]מ̇ר לה אף הן תאמרן
003	שקקן	p abs	A4.7:15	אנחנה עם נשין ובנין	שקקן	לבשן הוין וצימין ומצלין
004			A4.7:20	וע־ד־זנה יומא אנחנה	שקקן	לבשן וצימין נשיא זילן
005			A4.8:14	אנחנה עם נשין ובנין	שקקן	לבשן הוין צי[מן ומצלין
006			A4.8:19	ועד זנה יומא אנחנה	שקק]ן	לבשן וצימן נשיא זילן

שק #2 N street; cf. שוק

שקי V to offer drink

001	להשקיא	(h)afel	A4.5:7	ומין לא חסרה	להשקיא	חילא כזי הן הנדיז יהוון

שקל N shekel

001	ש	s ab/cn	A2.2:7	לכי עמר מן קצתה זי כסף	ש	1 וכעת הן יהב לכי נקיה
002			A2.6:7	כספה זי הוה בידה יהב	ש]	1 .... ומכ]בנת שאלן
003			B4.2:2	[ר 1+]1 באבני פתח כסף	ש	1 לׄ10 וירבה עלי כסף חלרן
004			B4.2:3	עלי כסף חלרן 2 לכסף	ש	1 לירחא עד יום זי אשלמנהי
005			B4.6:9	[3] הו כס[ף סתת]רי 1	[ש	1] ואשלמן לכי א[נתי]
006			D13.2:17	2+3+3 ש 1 ר 3+10	ש	1 ר 3 ש 2 ר 2 ש 3 ר
007			D13.2:7	ר 1 ש 1+3+10 ר 2	ש	1 ר 2 ש 3 ר 2+3 ש 3 ר
008			D7.27:6	ש 2 איתי ליׄ [...] [...]	שׄ	1 ר 2 והא שאר [....]תׄ
009			D8.4:10	כׄדׄ..ס מ 1 [..].פׄסיס	ש	1 מ 2 [...].ן בר תנפי ש 2
010			D8.4:24	רבע 1 תונפרי ואנושה	ש	1 נתן בר אביתי מ 1 ר...
011			D8.4:3	2 [... ...]3 [...]מן	ש	1 מ 2 רבען 3 [... ...].דׄא
012			D8.4:7	שמ[עו̇ן בר דלוי .]	ש	1 מ 2 [..]. אנתתה מ 1 רבען
013			D8.7:7	מ 1 פסי בר חורי כסף	ש	1 מ 1 √ יׄסלׄקׄ
014			C3.14fragaR:2	[...] זי יה[יב] [כ]סף	ש	1 [...] [כס]ף כרש[...]
015			C3.28:2	כא 1 בש 1 ר 2 שאר	ש	1 נכיס לגן 3+3 בר 3
016			C3.28:69	לגן 3+3 נכיס כא 1	ש	1 בר[2]שאר ר 2 יהודה
017			C3.7EV1:19	[גבריא ....]כסף כרש 1	ש	[1] ח 2+3
018			C3.7EV1:4	כסף כרש 1	ש	1 ח 2+3 [....ש
019			C3.7JV2:24	[כרשן] 1+20+100×1	ש	ח̊ 1+3+3+20[.]
020			C3.7KR2:3	]	ש[	1 ח̊ 3+3+10[ר 2] מנת
021			D5.41fragr:1	[... כס]ף	ש	[...]ה בר[...] [...]
022			C3.25:15	[ ]לׄ.]חלף כל כׄסׄף	שׄ]	[... עלתה בי[ן ...] בגו כסף
023			C3.25:7	בר שמו חלף צחא אתכלו	ש	[...]. בר שמו חלף שמו בר
024	שקל		B2.6:12	מחזי 1 זי נחש שוה כסף	שקל	1 ר 2 תמסא 1 זי נחש
025			B2.6:12	1 זי נחש שויה כסף	שקל	1 ר 2 כסן זי נחש 2 שוין
026			B3.12:14	יון במנין סתתרי 3+3	שקל	1 וטיב לבבן בדמיא זי
027			B3.8:10	לב[ש 1] בלה שוה [כסף	שקל	1 חלרן 20 [שנטא 1 זי
028			B3.8:11	שוה כסף [1+3 ב 3+3]	שק]ל	1 כתן 1 זי כתן חדת ארך
029			B3.8:12	בליה ו[.... ד]מי כסף	שקל	1 כל לבשן זי קמר וכתן
030			B3.8:12	3+3 ב 3 שוה כסן]ף	שקל	1[...[...] כתן 1 בליה

No.	Form	Ref	Preceding	Keyword	Following
031		B3.8:13	נחש מחזי 1 דמ[י] כסף	[שקל]	1 תמסא 1 זי נחש דמי
032		B3.8:14	כס 1 זי נחש דמי כסף	שקל	1 ח 10] כס [1 דמי]
033		B3.8:14	תמסא 1 זי נחש דמי כסף	שקל	1 ח 10 כס 1 זי נחש דמי
034		C3.5:10	[כסף כרשן ...]3[+2	ש]קל	1 חלרן 1+3+3+20
035		D3.18:2	[נ]פקתהון[...] [...].	שקל]	...] [...].ח .[...] .. [...]
036		D5.41fragee:1	[... כר]שן 1+3+3	ש]קל	...] [...].דֹן מ[...]
037		B3.12:6	כסף יון סתתרי 3+3	שקל	חד וטיב לבבן בגו זי לא
038	בש	C3.28:2	באפנא כֹּלֹּ כא 1	בש	1 ר 2 שאר ש 1 נכיס לגן
039		C3.28:24	לגן 2 בר 1 פרס כא 1	בש	1 ר 2 הרגלתי פלג בר 3
040		C3.28:33	3 בכיס לגן 3+3+3	בש	1 מ 1 פ יוניא לגן 2 בר
041		C3.28:51	בב פתו לגן 2+3+3	בש	1 [...] לגן
042		C3.28:51a	לגן 2+3+3	בש	1 פתפי לגן {{2}}2 בר 2
043		C3.28:54d	[לגן 3+2+]2+1	בש	1 [... לגן 3+1] בר
044		C3.28:70	2 יהודה לגן 2+10	בֹּשׁ	1 ˆר 2ˆ שאר ר 3 בב
045	ותקל	B1.1:13	כסף ש 2 תקל אבד	ות[ק]ל	קים ותשא [..]רי אדר בחמר
046	לתקל	B3.1:5	ירבה עלי כסף חלרן 2	לתקל	1 לירח 1 הוה כסף חלרן
047	ש.	D7.28:3	1 מלח בידכם ומן[...]	שׁ.	1 ר 1 מאסרה .[...] [..]
048	ש..	C3.7FR1:2	[כסף כרשן	ש]..	1 ח 1+3+20 ר [...]
049	תקל	B1.1:13	פמ[טן]חקלי כסף ש 2	תקל	אבד ות[ק]ל קים ותשא
050	ש p abs	C3.7FR3:5	סתת[רן ....]	ש]	....]+3̇+i[....] כסֹ[ף
051		C3.28:50	זא במכס כרשן 1+3+3	ש	[1+]2+1 בב פתו לגן
052		D13.2:6	2 ש 2 ר 2 ש 1+3 ר 1	ש	1+3+10 ר 2 ש 1 ר 2 ש
053		D13.2:1		ש	3+10 20+20 ש 3+3 ר
054		C3.7	[עביד על בית מלכא] [כסף	ש]	2+[1+2 ח 2+3+10]ר
055		C3.7FV2:24	לזהב כרשן 3	ש]	2+]i[+3+1 ח 2]
056		D5.54fraga:3	ב.[..]. [...]ˆאˆ	שׁ	20+2̇0[.]i 2̇[...]
057		B1.1:12	לי פמ[טן]חקלי כסף	ש	2 תקל אבד ות[ק]ל קים ותשא
058		B4.6:3	לאמר איתי לכי עלי כסף	ש	2 הו [כס]ף סתתרי 1 מן
059		D13.2:18	1 ש 2+3+3 ש 1 ר 3	ש	2 ר 2 ש 2 ר 3 ש 1+3 ר
060		D13.2:19	ש 1 ר 3 ש 2 ר 2	ש	2 ר 3 ש 1+3 ר 1
061		D13.2:4	20+20 ש 3+3 ר 2	ש	2 ר 2 ש 1+3 ר 1 ש
062		D13.2:8	1+3+10 ר 2 ש 1 ר 2	ש	2 ר 3 ש 2+3 ר 2 ש 3+3
063		D3.16:3	[...] צבען 2 לפם 1 כסף	ש	2 [...]א 1 לכרשן 3+3
064		D7.27:5	[...] [.... ˆכ]סףˆ	ש	2 איתי לי [...] [...] שׁ
065		D8.4:11	ש 1 מ 2 [...].ן בר תנפי	ש	2 מ 1 רבע 1 פ [... ב]ר
066		D8.4:12	רבע 1 פ [... ב]ר יחנן	ש	2 מ 1 רבע 1 [... ...].א מ
067		D8.4:5	[... ...].דֹא ר 2 [...	ש]	2 מ 2 [... ...].ס ר 2 [...
068		C3.15:10	בר יהוט[ל כסף]	ש	2 לה [....] בר נה[ב בר
069		C3.15:11	נה[ב בר מח]סה [כסף	[ש]	2 לה [10 נ]תן בר ענני
070		C3.15:12	בר ענני ב[ר .... כסף	ש	2 לה] [..]י [ב]רת זבדי[ה
071		C3.15:13	[ב]רת זבדי[ה כסף	ש	2 לה] [.... בר]ת [.... כסף
072		C3.15:14	[.... בר]ת [.... כסף	ש	2 לה] [... ב]רת פלול[יה
073		C3.15:1	אלהא לגבר לגבר כסף	ש]	2] משל[מ]ת ברת גמר[י]ה
074		C3.15:15	[... ב]רת פלול[יה כסף	ש	2 לה] [....] ברת [.... כסף
075		C3.15:16	[....] ברת [.... כסף	ש	2 לה] [....]. ב[רת .... כסף
076		C3.15:17	[לה] [....]. ב[רת .... כסף	ש	2 לה] [....]ברת [.... כסף
077		C3.15:18	[....]ברת [.... כסף	ש	2 לה] כל מאת שנדן
078		C3.15:20	שלום בר מנחם] כסף	ש	2 לה]פ משלם בר שמוח כש
079		C3.15:2	גמר[י]ה בר מחסיה כסף	ש	2 זכור [בר הוש]ע בר
080		C3.15:3	[הוש]ע בר זכור כסף	ש	2 שריהׄ[בר]תׄ הושע בר
081		C3.15:4	הושע בר חרמן כסף	ש	2 כל 2[+1] הושע] בר
082		C3.15:6	[בר בית]אלנורי הו כסף	ש	2 ל[ה] הוש[עיה בר נתן]
083		C3.15:7	הושעיה בר צפניה כסף	ש	2 לה נתן ב[ר ....].[.]ה
084		C3.15:8	נתן ב[ר ....].[.]ה כסף	ש	2 לה [... בר ע]נני
085		C3.15:9	[בר ע]נני [..]מֹתל כסף	ש	2 לה [מחס]ה בר יהוט[ל
086		C3.7FR2:8	על בית מלכא כסף כרש 1	ש	2 ח 3 חמר זי שנת 10]
087		C3.7FV2:1	כסף כרש 1	ש	2 ח 3 חמר כנדן 3+20 כ
088		C3.7GR2:5	[20+20+20+20+3+1	ש	2]ח 3+3+1 ר[2] חמר
089		D13.2:20	ר 3 ש 2 ר 2 ש 2 ר 3	ש	3+1 ר 1
090		D13.2:5	ש 3+3 ר 2 ש 2 ר 2	ש	3+1 ר 1 ש 10+3+1 ר 2
091		D5.38:1	[... ביתא]לעֹקב [...].ו	ש	3+1 זי כתב[...] [...] שנת
092		C3.25:20	כא 10+3[...] לכסף	ש	3+1 כל כסף כרש[1]
093		D13.2:9	ר 2 ש 1 ר 2 ש 2 ר 3	ש	3+2 ר 2 ש 3+3 ר 2 ר 1
094		C3.7AR2:14	[כ]רשן 20+20+10	ש]	3+2 ח
095		C3.7AR2:6	[עביד על בית מלכא] כסף	ש	3+]2 ח 10+2 ר 2] חמר
096		C3.7BR1:1	2̇0+2̇0+]2̇0+10	ש	]3+2[ ]ח 2̇0+[10+3]
097		C3.7DR3:19	עביד על בית מלכא] כסף	ש	3+2 ח[10+3+2 ר 2]
098		C3.7ER1:22	עביד ע]ל בית מ[לכא כסף	ש	3]+2̇[ח] 10+[3]+2 ר
099		C3.7ER1:2	על בית [מל]כא[כסף	ש	3+2 ח 10+3]+2 ר 2
100		C3.7ER1:9	כרשן 20+20+10	[ש]	3+2 חׄ 20+[3+3+2]
101		C3.7ER2:6	כרשן [20+20+]10	ש	3]+2 ח 20+3+3+2]
102		C3.7EV1:18	[לימ]אׄ כסף כרשן 2	שׁ	3+2̇ [כסף גבריא ....
103		C3.7EV1:3	מנפקה לימא כ]סף כרשן 2	ש	3+2 [....] כסף
104		C3.7EV2:20	ל[ימא]כסף כרשן 2	ש	3+2
105		C3.7GR2:4	לזה[ב]כרשן 3[	ש	3]+2̇[ח 10+1] [כסף
106		C3.7JR1:13	עביד על בית מלכא] [כסף	ש	3+2 ח] 10+3[+2 ר 2]
107		C3.7JR1:21	[כר]שן 20+20+10	ש	3+]2 ח 20+3+3+2]
108		C3.7JR2:14	עביד על בית מלכא] [כסף	ש	3+2 ח 10+3+2 ר 2]
109		C3.7JR2:21	[כסף כרשן 20+20+10	ש	3+2 ח 20+3+3+2] חמר[
110		C3.7KR3:20	2̇0+2̇0+i0̇[	ש	3+2 ח 20]+3+3+[2]
111		C3.7KV2:17	[בה כסף כ]רשן 10+1	ש	3+2 ח 10 ב 20+1
112		C3.7KV2:23	[בה כס]ף כרשן 3+3+2	ש	3+2 ח 10 [כל
113		C3.7KV2:8	לימא בה כסף כרש[ן ...	ש]	3+2 ח 20+[...] ב
114		C3.7CR1:12	עביד על בי]ת מלכא [כסף	ש	3+2 ח 10+3+2 ר 2]
115		C3.7CR1:20	[כסף כרשן 20+20+10	ש	3+]2 ח 20+3+3+[2]
116		C3.7CR2:13	על ב[ית מלכא] [כסף	ש]	3+2 ח 10+2+]1 ר 2]
117		A2.2:6	בר תבי אחת נבושה כסף	ש	3+3 וזוז כסף זוז וכעת
118		A2.6:4	[ ]חתנה זי נבשה כסף	ש	3+3 וזוז אֹ[....]
119		C3.7JV2:23	לזהב כרשן 3	ש	3+3+1 חׄ[2] [כסף
120		C3.7KR2:16	לזהב כרשן 3[+1]	ש	3+3+1 ח 10+3+3+2
121		C3.7KR2:17		ש	3+3+1 ח 20+3 חמר[
122		C3.7KR2:2	[לז]הׄ[ב כר]שֹׁן[3+1]	ש]	3]+3̇+1 ח
123		A3.10:4	הבו על ידה איתי כסף	ש	3+3+2 יהבת ל... למנתן
124		A3.10:5	ליתמא כל כסף כרש 1	ש	3+3+2 ה[ן] זבנתון המו
125		D13.2:16	10+3 ר 1	ש	3+3+2 ש 1 ר 3 ש 2 ר 2
126		C3.28:94	שטר 1 בכרשן 10+2	ש	3+3+2 בֹּב שמעון שטר
127		C3.7AR3:2	זהׄ[ב סתתרן 10 לזהב	ש	3+3+2 ח 10+3+2]
128		C3.7BR1:13	[זה]ב סתתרן 10 לזהב	ש	3+3+2 ח 10+[3+2]

No.	Lemma	Ref	Preceding	Keyword	Following
129		C3.7DR3:6	זהב סתתרן 10 לזהב[	ש	2+3+3 ח 2+3+10] כסף
130		C3.7ER2:15	[זהב] סתת[ר]ן 10 לזהב	ש	3+3]+2 ח 2+3+10] כסף
131		C3.7GR2:19	זהב סתתרן 10 לזהב	ש	3+3]+2 ח 3+10]+2̊
132		C3.7JR2:3	10̊ ל[זהב	ש	2+3+3 ח 2+3+10] [כסף
133		C3.7KR3:2	זה[ב סתתר]ן 10 לזהב	ש]	2+3+3 ח 10+3+[2]
134		C3.7KR4:10	ס[ת]ת[ר]ן 10 לזהב	ש	2+3+3 ח 2+3+10] כ[סף
135		C3.7KR4:4	זהב סתתרן 10 לזהב	ש	2+3+3 ח 2+3+10] כסף
136		C3.7KV2:19	בה כסף כרשן 1+10	ש	2+3+3 ח 3 ר 2 ב
137		C3.7DV2:3	בשנת 1+10 זהב כרש 1	ש	3+3+3 ח 1 ר 2 כסף כרשן
138		C3.7DV2:4	2+10+20+20+100×1	ש	3+3+3 חמר יון ספן
139		C3.7FV3:1	[1+3+20+100×1]	ש	3+3+3] .... [חמר
140		C3.7KV2:10	לימ]א בה כ[סף כרשן ...].	ש	[3+]3+3 ח 3+20 ר 2
141		C3.7KV3:11	[.... כסף כרשן]	ש	3+3+3 ח 1+3+10] .. [ב
142		D13.2:10	2 ש 2 ר 3 ש 2+3 ר 2	ש	3+3 ר 2 ר 1
143		D13.2:3	ש 3+10 20+20	ש	3+3 ר 2 ש 2 ר 2 ש 1+3
144		C3.15:126	בגו ליהו כ 2+10	ש	3+3 לאשמביתאל כרשן
145		C3.25:18	עלתה בי[...] בגו כסף	ש	3+3 דמי כא 3+10] ...[
146		C3.7AR3:23	[לזהב כרשן 2	ש	3+3 ח 3+3+10+20]
147		C3.7EV1:20	ח 2+3].....	שׂ]	3+3 ח 2+3
148		C3.7EV1:8	[...].ׄי 1 לכסף כרשן 3	ש]	3]+3 ח 2+3
149		C3.7FR2:14	בית מלכ[א] כסף כרשן 3	ש	3̊+3 ח̊ 2̊+10 חמר
150		C3.7FV2:8	על בית מלכא כסף כרשן 3	ש	3+3 ח 1̊0̊+2[חמר כנדן]
151		C3.7KR2:9	כסף כרש 1	ש	3+3 ח] 3+3 [ר 2 [חמר
152		C3.7KV2:15	[לימא בה כס]ף כרשן 10	ש	3+3 ח 2+3+3+10 ב[..]
153		C3.7KV2:21	[בה כ]סף כרשן 3+3	ש	3+3 ח 3+3+20 ר 2 ב
154		C3.7KV3:23	[כסף כרשן ....]	ש	3+3 ח 1+3+3 ר 2 ב
155		D1.12:7	ל[...] ^[...] זבנו .כסף	ש	3 אחרי לעלא̊[...]ינת
156		C3.28:57	דמי חמר כר̊[שן ...]	ש	3 {{מ 1 פ}}
157		C3.7JR3:20	כ̊[ס]ף̊ כרשן 3	ש]	[ח]מר זי שנת̊]
158		C3.7GR1:6	[....] [....]3̊	שׂ]	[....] [....
159		C3.7JV2:12	[....] כרשן 3̊	שׂ]	....] כ̊[סף
160		C3.7KV2:4	בה כסף כרשן 3+3+3	ש]	...] ב 3+3+10
161	שקל	B2.6:14	נכסיא כסף כרשן 3+3	שקל	2+3 חלרן 20 כסף ר 2
162	שקלן	B3.8:27	[דמי כסף כרשן 3+3	שקלן	2+]1+3+2 ח 2+3
163		B2.6:13	כסן זי נחש 2 שוין כסף	שקלן	2 זלוע 1 זי נחש שוה כסף
164		B2.6:6	כס[ף] תכונה כרש 1	ˆשקלן	2ˆ באבני מלכא כסף ר 2
165		B3.8:6	זי כסף כרשן תרין	ש[ק]לן	2 חלרן 2+3 לבש 1 זי
166		B3.8:7	ר 2 שוה כסף כרש 1	שקלן	2 גמידה 1 זי קמר חדת
167		B4.6:7	[ ]ויהבת לכי כספא זנה	[ש]קלן	2 [הו] סתתרי [1] [עד
168		B6.2:7	1 זי נחש̊[דמ]י כסף	שקלן	2 זל[וע 1] [זי נחש דמי
169		D4.18:1	[... כס]ף	שקלן	2 [...] [...]. כספא̊ ינתן]
170		C3.5:7	[כס]ף כרשן 2+3	שק̊[ל]ן]	2 חלר]ן 2+3+10 זי
171		C3.5:9	2+10+100×1+3	שקלן	2[....] [.... כסף כרשן
172		B3.1:3	לאמר יהבת לי זפת כסף	שקלן	1+3 הו ארבעה באבני מלכא
173		B3.4:22	ננתן לך כספך כרש 1	שקלן	1+3 ובנינא זי תבנה בה
174		B3.4:6	לן דמוהי כסף כרש 1	שקלן	1+3 באבני מלכא כסף זוז
175		B6.2:6	ב3+1 וזרת דמי כסף	שקלן	1+3 חלרן 20 מ̊סחטה
176		D3.38fragd:2	[...].[ ]כספ[...] [...	שק]לן	1+3[...]
177		C3.11:2	שכר 1 לכסף כרש 1	שקלן	1+3 [..]...י לחם טיק 1
178		B2.6:5	ברתך מפטחיה [כסף]	שקלן	2+3 באבני מלכ[א] על
179		B3.2:3	ביב לאמר יהבת לי כסף	שקלן	2+3 בדמי הירא זילך זי
180		B3.2:7	ויהבת ל[י] דמוהי כסף	שקלן	[2+3] ורחקת מנך אנתן לך
181		B3.3:16	לענני בידה כסף כרש 1	שקלן	2+3 ספר א[נתו זי כתב
182		C3.5:8	[כרש]ן 20+20+20	שקלן	2+3 חלרן 2+3+10
183		B2.6:11	3+3 ב3+1 שוה כסף	שקלן	1+3+3 מחזי 1 זי נחש
184		B2.6:24	ותתקל לאסחור כסף	שקלן	1+3+3 ר 2 וכל זי
185		B3.3:10	בראשה תנתן לענני כסף	שקלן	1+3+3 ˆר 2ˆ וכל זי
186		B3.3:5	לבש 1 זי עמר שוה כסף	שקלן	1+3+3 מחזי 1 שויה כסף
187		B3.3:6	ודמי נכסיא כסף כסף	שקלן	1+3+3 חלרן 1+3+3
188		B3.8:26	לבעלה ענניה כסף	שקלן	1+3+3 ר [2] ותנפק מנה
189		B3.8:9	3+3 ב 3+1 דמי כסף	שקלן	1+3+3 שביט [1 זי
190		B2.6:10	ב3+2 שוה כסף	שקלן	2+3+3 באבני מלכא לבש
191		B2.6:8	ב3+2 שוה כסף כרשן 2	שקלן	ˆ2+3+3ˆ באבני מלכא
192		B3.8:10	2 לפם 1 שוה כסף	ש[ק]לן	2+3+3 לב[ש 1] בלה
193		B6.2:2	[אמן ... ב ... דמי כסף]	שקלן	2+3+3 [.... 1 זי קמר
194		C3.15:125	כסף כרשן 1+10+20	שקלן	2+3+3 בגו ליהו כ
195		B4.7:2	[לי ....]+3 לכסף	שקלן	3+3 וירבה עלי ולא
196		B5.5:3	אנה יהבת לכי כסף	שקלן	3+3 הו שתה באבני מלכא
197		B3.12:14	לן דמוהי כסף כרש חד	שקלן	3 כסף יון במנין סתתרי
198		B4.2:2	ל[א]מר נתנת לי כסף	שק[לן	3 ר 1+]1 באבני פתח
199		B4.6:13	[תתמלאי בכספ]כי [כסף]	שקלן	3 [....]תנק[....]
200		B4.6:9	כספכי [הוה] כסף	שק[לן	3] הו כס[ף סתת]רי 1 [ש
201		B6.2:5	ופשכן 3+1 דמי כסף	שקלן	3 שביט 1 חדת זי אמן
202		C3.5:3		ש]קלן	3 ˆ1+3ˆ. [...] [....
203		B6.2:3	[אמן ... ב ... דמי כסף	שקלן	...] חדת זי[א]מן[... ב
204		B6.2:4	[... דמי כסף	שקלן	... 1 חדת זי] אמן 2+3
205		D1.12:9	כרשן[...]+3 לכסף	ש[קלן	...] [...]אמרת לי אחר
206		B4.5:3	לך עלי כסף כרש̊[חד	שקלן	ארבעה הו סת]תרי במנין
207		B4.5:6	[אנה] כספא זנה כרש חד	שקלן	ארב[עה לא ש]למת יהבת לך
208		C3.5:6	[3+]20+100×2[...	שקלן	...+]1 חלרן 2+20
209		B3.12:5	ביתן כסף כרש חד הו 1	שקלן	תלתה הו 3 כסף יון סתתרי
210		B3.8:16	שבעה הו[1+3+3	ש]ק[ל]ן	תמניה הו 2+3+3 חלרן
211		B3.8:23	דמי כסף כרשן שבעה	ש]קלן	תמניה חלרן 1+3]+1
212	בש	C3.28:21	2 בר 1 יניא כא 1 פ	ב̊[ש	1+]1 ר 1 בגרב חמשת[א]
213		C3.28:107	זי מ̊שלם בר עזגד	בש	2 וזיכא זילי בידה וזיכא
214		C3.28:5	אפלניס יסן כא 1 פ	בש	2 ר 1 יניא לגן 1+3 בר
215		C3.28:44	2 בר 1 ב<ב> פתו כאן 2	בש	3 שאר ˆמ 2+3ˆ ארמ̊יס
216	כש	C3.15:53	[כ]ש 2 [.... בר ..].	כש	[1+]1 [.... בר .... בר
217		C3.15:57	[.... כש] 2 [.... בר ...	כש	1+]1 [... בר ... כש] 2
218		C3.15:100	כש 2 יחמול ברת שלם	כש	2 10+20+20+20
219		C3.15:101	ברת הושע בר זכור	כש	2 יהושמע ברת חגי כש 2
220		C3.15:102	כש 2 יהושמע ברת חגי	כש	2 אבי[ה]י ברת נתון כש
221		C3.15:103	2 אבי[ה]י ברת נתון	כש	2 יהוחן ברת גדליה כש 2
222		C3.15:104	2 יהוחן ברת גדליה	כש	2 סלוה ברת נרי כש 2
223		C3.15:105	כש 2 סלוה ברת נרי	כש	2 יהוטל ברת יסלח כש 2
224		C3.15:106	כש 2 יהוטל ברת יסלח	כש	2 אבעשר ברת הושע כש 2
225		C3.15:107	כש 2 אבעשר ברת הושע	כש	2 יהועלי ברת עמניה כש
226		C3.15:108	2 יהועלי ברת עמניה	כש	2 מפתח ברת צפליה כש 2

שקל

227	C3.15:109	כש 2 מפתח ברת צפליה	כש	2 נהבת ברת זכור כש 2
228	C3.15:110	כש 2 נהבת ברת זכור	כש	2 20+20+20+20
229	C3.15:111	ברת ידניה בר ענתי	כש	2 משלם בר מעוזי כש 2
230	C3.15:112	כש 2 משלם בר מעוזי	כש	2 משלמת ברת פנוליה כש
231	C3.15:113	2 משלמת ברת פנוליה	כש	2 נתון בר פלליה בר
232	C3.15:114	בר פלליה בר נתון	כש	2 הצול ברת הודויה כש 2
233	C3.15:115	2 הצול ברת הודויה	כש	2 [....] נתן כ[ש כ[ש
234	C3.15:116	2 [....] נתן כ[ש	כ[ש	2] [....] פדיה [בר
235	C3.15:117	פדיה [בר	]כש	2 [של]מ[יה] בר נתן בר
236	C3.15:118	בר נתן בר [....י]ה	כש	2 אושע בר שלם ב[ר
237	C3.15:119	בר שלם ב[ר ....י]ה	כש	2 יהושמע ברת קון כש 2
238	C3.15:120	כש 2 יהושמע ברת קון	כש	2 10+20+20+20+20
239	C3.15:121	דׄעויה בר אורי	כש	2 משלם בר שמעיה כש 2
240	C3.15:122	כש 2 משלם בר שמעיה	כש	2 כספא זי קם יומא הו ביד
241	C3.15:129	מיכיה בר יהוישמע	כש	2 אושע בר נתן בר
242	C3.15:130	בר נתן בר הודויה	כש	2 אחיו בר נתן בר ענני
243	C3.15:131	בר נתן בר ענני	כש	2 עזריה בר הצול כש 2
244	C3.15:132	כש 2 עזריה בר הצול	כש	2 ישביה בר ברכיה [כ]ש
245	C3.15:133	2 ישביה בר ברכיה	[כ]ש	2 [....]...[י]הׄ[כש]
246	C3.15:134	2 [....]...[י]הׄ[	כש]	2 כׄ[לכל]יה ברת כיה[
247	C3.15:135	כׄ[לכל]יה ברת כיה[	כ]ש	2 בגפרן בר ושחי כש 2
248	C3.15:136	[כ]ש 2 בגפרן בר ושחי	כש	2 לאנדם ושחי בר זרמר
249	C3.15:137	לאנדם ושחי בר זרמר	כש	2 לה חגי בר מפטחיה כש
250	C3.15:138	2 לה חגי בר מפטחיה	כש	2 לטבשל[ם] [....]א
251	C3.15:21	[לה]פ משלם בר שמוח	כש	2 לה פלטי בר מיכה כש 2
252	C3.15:22	2 לה פלטי בר מיכה	כש	2 לה מלכיה בר יתום בר
253	C3.15:23	בר יתום בר הדדנורי	[כ]ש	2 לה 20 שלמיה בר ישוב
254	C3.15:24	20 שלמיה בר ישוב	כש	2 [ל]ה גדול בר משלם בר
255	C3.15:25	בר משלם בר מבטחי[ה	כ]ש	[2] לה מנחם בר הצול הו
256	C3.15:26	הצול הו בר שמע[יה	כש	2] לה סימך בר משלם הו
257	C3.15:27	לה סימך בר משלם הו	כש	2 לה גדול בר שמוח הו כש
258	C3.15:28	לה גדול בר שמוח הו	כש	2 לה משלם בר חגי בר
259	C3.15:29	בר חגי בר הצול	כש	2 לה הצול בר חגי בר
260	C3.15:30	בר חגי בר הצול	כש	2 לה כל [מאת נבועקב]
261	C3.15:32	1+10 [.... בר	כ]ש	2 [.... בר ....] כש 2
262	C3.15:33	[כ]ש 2 [.... בר ....]	כש	2 [.... בר .... כש] 2 [....
263	C3.15:34	כש 2 [.... בר	כש]	2 [.... בר .... כש] 2
264	C3.15:35	[כש] 2 [.... בר	כש]	2 [.... בר .... כש 2] [
265	C3.15:36	[.... כש] 2 [.... בר	כש	2] [√]דׄע[ויה
266	C3.15:37	]דׄע[ויה בר	]כש	2 צחׄ[א בר .... כש 2]
267	C3.15:38	[ ]כש 2 צחׄ[א בר	כש	2] אגרי ב[ר .... כש 2]
268	C3.15:39	[כש 2] אגרי ב[ר	כש	2] שבתי[בר .... כש 2]
269	C3.15:40	[כש 2] שבתי[בר	כש	2] [10 א]שמ[.. בר .... כש
270	C3.15:41	[10 א]שמ[.. בר	כש	2] שלם בר הודו[כש] 2
271	C3.15:42	[כש 2] שלם בר הודו[	כש]	2 חורי בר ונה [כש] 2
272	C3.15:43	[כש] 2 חורי בר ונה	[כש]	2 שמוע בר שלם [כש] 2
273	C3.15:44	[כש] 2 שמוע בר שלם	[כש]	2 מתן בר ידנ[יה כ]ש 2
274	C3.15:45	2 מתן בר ידנ[יה	כ]ש	2 או[.. בר .... כש] 2
275	C3.15:46	[כ]ש 2 או[.. בר	כש]	2 ענני[בר ... כש 2]
276	C3.15:47	[כש] 2 ענני[בר ...	כש	2] זכ[ור בר
277	C3.15:48	זכ[ור בר	כ]ש	2 ענני [בר .... כש 2]
278	C3.15:49	[כ]ש 2 ענני [בר	כש	2] הוש[ע]בר נתון[כש]
279	C3.15:50	[2] הוש[ע]בר נתון[	כש]	2 20 [....] בר שלׄםׄ[
280	C3.15:51	20 [....] בר שלׄםׄ[	כ]ש	2 [..].. בר נת[ן כ]ש 2
281	C3.15:52	[כ]ש 2 [..].. בר נת[ן	כ]ש	2 [.... בר ..].. כש [1+]1
282	C3.15:54	[בר .... בר]ישביה	[כש	2] [.... בר .... כ]ש 2
283	C3.15:55	[כש 2] [.... בר	כ]ש	2 [.... בר .... כש] 2
284	C3.15:56	[כ]ש 2 [.... בר	[כש	2 [.... בר ... כש 1]+1
285	C3.15:58	[כש 1]+1 [... בר ...	[כש	2 [... בר]הושע כש 2
286	C3.15:59	[כש] 2 [... בר]הושע	כש	2 [... בר] יהוטל כ[ש 2]
287	C3.15:60	כש 2 [... בר] יהוטל	כ[ש	2] [10+20 .... בר
288	C3.15:61	[.... ... בר ע]נני	כש	2 [.... בר] ישביה[כש 2]
289	C3.15:62	כש 2 [.... בר] ישביה[	כש	2] [.... בר .... כש 2]
290	C3.15:63	[כש 2] [.... בר	כש	2] הושע בר סגרי כש 2
291	C3.15:64	[כש 2] הושע בר סגרי	כש	2 מנחם בר מתן כש 2
292	C3.15:65	כש 2 מנחם בר מתן	כש	2 נתון בר חגי כש 2
293	C3.15:66	כש 2 נתון בר חגי	כש	2 חגי בר מיכא כש 2
294	C3.15:67	כש 2 חגי בר מיכא	כש	2 מחסה בר אורי כש 2
295	C3.15:68	כש 2 מחסה בר אורי	כש	2 שלום בר זכריא כש 2
296	C3.15:69	כש 2 שלום בר זכריא	כש	2 מנחם בר זכריא כש 2
297	C3.15:70	כש 2 מנחם בר זכריא	כש	2 20+20 משלך בר אורי
298	C3.15:71	משלך בר אורי	כש	2 פמת בר סגרי כש 2
299	C3.15:72	כש 2 פמת בר סגרי	כש	2 ענני בר מעוזי כש 2
300	C3.15:73	כש 2 ענני בר מעוזי	כש	2 [א]ושׁע בר
301	C3.15:74	[א]ושׁע בר מנחם	כש	2 נׄתׄן בר הודיא כש 2
302	C3.15:75	2 נׄתׄן בר הודיא	כש	2 [מ]נׄחם בר אורי בר
303	C3.15:76	בר אורי בר משל[ך]	כש	2 [.... בר .... כש 2] [....
304	C3.15:77	כש 2 [.... בר	כש	2] [.... בר ....] כש 2 [...
305	C3.15:78	[כש 2] [.... בר ....]	כש	2 [... בר] מתן כש 2 [....
306	C3.15:79	כש 2 [... בר] מתן	כש	2 [.... ב]ר מתן כש 2 [
307	C3.15:80	כש 2 [.... ב]ר מתן	כש	2 [√]מׄ[..]יא בר מנחם בר
308	C3.15:81	בר מנחם בר פוסי	כש	2 חג[י] בר מנחם [בר]
309	C3.15:82	בר מנחם [בר] פוסי	כש	2 פלוליה בר [הו]שע כש
310	C3.15:83	2 פלוליה בר [הו]שע	כש	2 מנחמת ברת ע[נני] בר
311	C3.15:84	ברת ע[נני] בר אסתח	כש	2 משלמת ברת [...]ה כש 2
312	C3.15:85	2 משלמת ברת [...]ה	כש	2 אחת מחתושׁ מפתח ברת
313	C3.15:86	מפתח ברת טסתי	כש	2 יהושמע ברת נתן כש 2
314	C3.15:87	כש 2 יהושמע ברת נתן	כש	2 שבית ברת חורי בר שלם
315	C3.15:88	ברת חורי בר שלם	כש	2 רעיא ברת נרי כש 2
316	C3.15:89	כש 2 רעיא ברת נרי	כש	2 יהושמע ברת משלם כש 2
317	C3.15:90	2 יהושמע ברת משלם	כש	2 20+20+20 מפתח ברת
318	C3.15:91	מפתח ברת שלם	כש	2 יחמול ברת פלטי בר
319	C3.15:92	ברת פלטי בר יאוש	כש	2 אביהי ברת אושע כש 2
320	C3.15:93	כש 2 אביהי ברת אושע	כש	2 נהבת ברת מחסה כש 2
321	C3.15:94	כש 2 נהבת ברת מחסה	כש	2 יהוחן ברת יגדל כש 2
322	C3.15:95	כש 2 יהוחן ברת יגדל	כש	2 משלמת ברת צפליא כש 2
323	C3.15:96	2 משלמת ברת צפליא	כש	2 [.]לׄ[.. בר]ת[.... כש
324	C3.15:97	2 [.]לׄ[.. בר]ת[....	כש	2] מנ[ח]מת ברת[.... כ]ש

325		C3.15:98	[2] מנ[ח]מת ברת....	כ[ש	2 נהבת ברת ה....
326		C3.15:99	נהבת ברת ה....	כש	2 יחמול ברת שלם כש 2
327	תקלן	B3.3:8	בראשה ינתן לתמת כסף	תקלן	1+3+3 ˆר 2ˆ וכל זי

שקף V to strike

001 peal	ושקפוני	B8.4:5	10 בכפרגל 3+3	ושקפוני	רגלן 2

שרו N dinner (?)

001 s em/sf	לשרתא	C3.12:33	ב 3+3+3+20	ל[שרתא]	עחמנוי ה.[...] לב..מא
002		C3.12:8	קלול 1] ב 2 לפאפי]	לשרתא	מצרין קלול 1 קלבין 2
003		C3.12:32	[...] ב 2+3+3+20	לש[רתא]	ב 3+3+3+20 ל[שרתא]
004		C3.12:15	1]. ב... לפאפ[י	לשרתא	חמר צידן קלבי 1
005		C3.12:28	ˆ אסי אלהתא קלבי 1	לשרתא	חמר צידן קלבי 1 ב
006		C3.12:7	בירח פאפי ב 1 לפאפי	לשרתא	חמר צידן קלבי 1
007		C3.12:29	זי הו יום 1 לניסן	לשרתא	קלולן 2 ב 3+3+20 קדם
008		C3.12:24	ס]פינתא ב 3+20]	לשרתא	קלול 1 קלבי 1 ב

שרחו N foulness (?)

001 s em/sf	שרחותא	C1.1:180	שם אבוהי וזרעה בשם	שרחות[א]	% עק[ר]בא [....] לחם
002	בשרחותא	C1.1:106	....] יהבת שמי	בשרחו[ת]א	הן יאחדן רשיעא בכנפי

שרי V to begin

001 pael	שרין	D7.9:11	אף כזי תשמעין לאמר .	שרין	יהבן פרס בסון שלחי עלי

שריר A firm, strong

001 s ab/cn	ושריר	A4.7:3	אריכן ינתן לך וחדה	ושריר	הוי בכל עדן כען עבדך
002		A4.8:3	אריכן ינתן לך וחדה	ושריר	הוי בכל עדן כעת עב[ד]ך
003 s em/sf	ושרירא	A5.3:2	בכל ע[דן] חיא חדה]	ושרירא	מראי יהוי יתיר
004	ושרירתא	A5.1:4	במצרין חדיתא	וש[רירתא	....]אף אגרתא זא [כתבת

שרף V to be burned

001 peal	שרפו	A4.7:12	זי תמה הוה כלא באשה	שרפו	ומזרקיא זי זהבא וכסף
002		A4.8:11	[זי תמה הוה כלא] באשתא	שרפו	ומזרקיא זי זהבא וזי כספא

שררת N strength

001 s ab/cn	ושררת	A3.3:1	[מ]ן אחוך אושע שלם	ושררת	[הושרת לך] [וכעת] מן
002		A3.4:1	ברך שלום [שלם]	ושררת	שגיא הושרת] לך שלם
003		A3.8:1	אחוך ה[וש]ע שלם	ושררת	שגיא הושרת ל[ך וכעת
004		A6.16:1	על נחתחור שלם	ושררת	שגיא הושרת לך וכע]ת
005		A6.3:1	על ארתונת שלם	ושררת	שגיא הושרת לך ו[כעת
006		A6.4:1	על אר[תונ]ת שלם	ושררת	שג[י]א הושרת ל[ך
007		A6.5:1	על ארתונת שלם [	[ושררת	שגיא הושרת]לך וכע[ת
008		A6.6:1	ארשם על .... שלם [	ושררת	שגיא הוש]רת לך תנה [לי
009		A6.7:1	על ארתהנת שלם	ושררת	שגיא הושרת ל[ך] וכעת
010		D1.4:1	ˆלאחתפיˆ [..] [... ...	ו]שררת	[שגיא ... ...]ן [... ...
011		D1.12:1	[... ...].[...] שלם	ושר[ר]ת	שג[יא ... ...] [...

שש N alabaster, marble

001 s ab/cn	שש	B3.8:18	1 חדת בה נעבצן זי אבן	שש	[2]+1+3 [....]מין זלוען
002		D3.16:12	1 על מבן זי אבן	שש	2 אחדי מבן

שת n six

001	שתה	B5.5:3	לכי כסף שקלן 3+3 הו	שתה	באבני מלכא כסף זוז לכרש

שתות n a sixth

001 s ab/cn	ושתות	C3.7FV2:2	חמר כנדן 20+3 כ 2	ושתות	בגו חמר זי] שנת 10]
002		C3.7GR2:6	כ 2	ושתות	בגו [חמר]יון כנ[דן

שתי V to drink

001 peal	תשתה	D23.1.XII:13	וחמר ....[...].	תשתה	[.]..[.]...ה ליקרא הכתב
002		C1.1:191	מראך מין למנטר [אל]	תשתה[	[... למשבק זהב בידך %%
003	ותשתה	C1.2:6	[....]לך תהך	ותשתה[	[...]באלך וגרמיך לא
004	ישתה	C1.1:188	יקיר [קד]ם שמש וזי	ישתה	חמרא ולא[...] וחכמתה אבדה
005	תשתו	A4.1:6	א]ל תעבדו [....]אל	תשתו	וכל מנדעם זי חמיר אל]
006	שתה	C1.1:187	וזי תלתא רחימה לשמש	ש[תה]	חמרא ויניקנהי כבש חכמה]
007	שתין	A4.7:21	משח לא משחין וחמר לא	שתין	אף מן זכי ועד יום שנת
008		A4.8:20	משח לא משחן וחמר לא	שתין	[אף מ]ן זך ע[ד]נא ועד
009		A4.5:8	יהוון בברא [ז]ך מיא	שתין	כמריא זי חנוב אלך ברא זך

שתין n sixty

001 s ab/cn	שתן	A6.2:12	חד עקי חלא אמן	שתן	פחטמוני לפערער חד לאמן

שתק V to be quiet

001 peal	אשתק	C1.1:169	אמר[יא ...]. א[...]	אשתק	ענו אמריא ואמרו לה שא לך

ת s 22nd letter of the alphabet

001	ת	D22.28:1	כ ל מ נ ס ע פ צ ק ר ש	ת	1
002		D10.1:2	כ ל מ נ ס ע פ צ ק ר ש	ת	
003		D10.2:5	כ ל מ נ ס ע פ צ ק ר ש	ת	ב..... [...]. ב[...]

ת N (unclear)

001 s ab/cn	ת	B1.1:15	וחוב על[י]אלה שהדיא	ת	נרגי נני חור [א]חא
002		D11.4:1	מחלם בר מערם	ת	ימחת בן חר ענחפמס בן אב.ר
003		D11.6:1	לאחאבא בר	ˆתˆ	פגו [..]עבדאסר בן בנחף

תאה N ewe

001 s em/sf	תאתא	D7.8:2	שלם אוריה כען הלו	תאתא	זי לך רבתא מטאת למגז

תביר A broken

001	s ab/cn	תביר	C1.1:93	מלה בלבבה והֹו זֹ׳	]תביר	הנפקה ברא אריא אזל קרב
002	p abs	ותבירן	A6.2:13	יהיתה חליפתהם לובר	ותבירן	על גנזא עזלי כתן עבין

תבל N dry land

001	s em/sf	תבלא	A6.2:8	זי כרכיא נגידה על	תבלא	ואנחנה החוין לשמשלך
002			A6.2:4	[....] יתנגד על	[ת]בלא	וישתלח על המרכריא זי
003			C3.8IIIB:17	ספינתא למֹ[...] זי על	תבלא	שׁ.[.] פנפתם צלצל

תבן N straw

001	s ab/cn	תבן	C1.1:160	מן נכֹ[רין] נשאית	תבן	ונסבת פרן ולא {ולא} איתי

תבר V to break

001	peal	תברו	A4.7:9	זי אבנא זי הוו תמה	תברו	ˆהמוˇ אף הוה תרען זי אבן
002			A4.8:8	זי א[בנא זי הוו תמה	תברו	המו אף הוה] תרען רברבן
003		יתבר	C1.1:90	מ[לך] ועלעי תנין	יתבר	כמותא זי [ל]א מתחזה %%

תהם N amphora (?)

001	s ab/cn	תהם	D7.57:6	בר עזגד ענז חד	תהם	חד זי עֹרֹה שנתא שע

תוב a again

001		תוב	B5.1:7	2+3 ומנתכי זילכי	תוב	שהדיא [ה]ושע בר
002		ותוב	D7.11:11	[...]סֹנֹי בעתחתא	ותוב	כסי עתח[תא] כֹ.... מן
003			B2.4:12	זי אנת בנית בביתא זך	ותוב	פלגא הו בניך מן מבטחיה

תוב V to return; cf. יתרה N

001	peal	אתוב	D2.25:4	...[...]כתב[... ...]	אתוב	.[... ...] [...]א]בג[ר]ן
002			B7.1:5	[יֹמאת לך] [ומן מומאה]	אתוב	או עבורא זנה דמי נוניך
003	(h)afel	התיב	B2.9:7	הפקדו והו החסן ולא	התיב	לה ומנכן רשינכם אחר
004		אתבו	A4.4:8	ביב ונכסיא זי לקחו	אתבו	אם על מריהם להן דכרו
005		ולאתהתיבנה	D23.1.II:15	עמה	{ולאתהיֹתבנה}<ולאתהתיבנה>	ˆלביתיˇ
006		ויהתיבנהי	C1.1:126	אלהיא יסגה בעדרה	ויהתיבנהי	עליך [....] אנת יה
007		התב	A6.15:10	לקחת נכס[ן] מן גרדא	התב	הב להם כן כזי מספת
008			A6.15:7	אחרן זי לקחת כלא	התב	הב למספת יעבד על ביתא
009		מהתיב	D2.29fragb:2	זך עד כען[...] [...].	מהתיב	לי[... ...] [...]לא הות

תובא a again, back

001		תובא	A6.15:11	כן כזי מספת קבילה	תובא	לא ישלח ע[ליך] מן ורפש
002		ותובא	C1.1:44	בתרע היכלא הו חבלך	ותובא	[.... קר]בתא דחלת לם

תולע N scarlet-colored material

001	s ab/cn	תולע	A6.16:3	תחדו כתן 1 גלדי	תולע	2 זך היתי עלי להן לא

תון N chamber

001	s ab/cn	תון	D2.18:3	[... ...] [... ...]כֹ[ל	תון	מאן נ[חש ... ...] [... ...]
002	s em/sf	ותונה	B3.5:6	מן פלג תרי רבתא	ותונה	הוה מן עליה עד תחתיה
003			B3.5:3	לכי פלג תרי רבתא	ותונה	זי ביתא זי זבנת מן
004	p em/sf	בתוניכם	A4.1:8	[שמשא .... ה]נעלו	בתוניכם	וחתמו בין יומיא] אלה]

תור N bull, ox

001	s ab/cn	תור	A4.10:10	קדמ[ן ב]נה הוה וקן	תור	ענז מקלו [ל]א יתעבד תמה

תותב N resident

001	s ab/cn	תותב	C1.1:160	{ולא} איתי זי קליל מן	תותב	חרב תדלה מין שפין בין

תחום N boundary

001	p const	תחומי	B2.2:7	זילי הא אנה אף הא	תחומי	ארקא זך זי ימאת לי
002			B2.7:13	כת[בתה] אף הא אלה	תחומי	ביתא זך עליה לה בית
003			B3.10:8	ובית פרס˘א˘ פלגה והא	תחומי	ביתא זי אנה ענני יהבת
004			B3.12:9	והא זנה	תחומי	ביתא זי זבן ויהבן לך
005			B3.5:8	גשורן וכון והא זנה	תחומי	ביתא זך זי אנה יהבת לכי
006			B3.7:5	[תחית ....]אלה	תח[ומ]י	ביתא [ז]ך תחת ל[ה] בית
007		תחמי	B3.4:7	זי יהבת לן והא אלה	תחמי	ביתא זך זי אנחן זבן לך
008	p em/sf	תחומוה	B3.7:9	שליט בבית[א זנה ז]י	תחומוה	כתיבן בספרא [ז]נ[ה]
009		תחומוהי	B3.12:17	כ 1 זנה	תחומוהי	ביתא זי זבן ויהבן לך
010			B3.10:16	זנה {זנא} ביתא זי	תחומוהי	ומשחתה כתיבן ומלוהי
011			B3.11:11	שליטה בביתא זנה זי	תחומוהי	כתבן מנעל בחיי ובמותי
012			B3.11:14	שליטה בביתא זנה זי	תחומוהי	כתבן בספרא זנא ויהך
013			B2.10:8	דבק לה זך ביתא זי	תחומוהי	כתיבן מנעל זילכם הו
014			B3.11:7	ˆבאגרˇ זנה ביתא זי	תחומוהי	כתיבן בספרא זנה אנה
015			B3.11:3	הו בבה למנפק ודנה	תחומוהי	מועה שמש לה אוצר מלכא
016			B3.11:16	בשם ביתא זנה זי	תחומוהי	מנעל כתב בספרא זנה זי
017			B2.10:4	יזניה בר אוריה הא	תחומוהי	עליה בית הושע בר
018			B2.3:5	אמן 1+10 בעשתא	תחומוהי	עליה לה בית דרגמן בר
019		תחמוהי	B3.4:17	וזבב בשם ביתא זנה זי	תחמוהי	כתבן מנעל הן גרוך וגרו
020		ותחומוהי	B3.5:12	זי משחת<ה> כתיבן	ותחומוהי	אנה ענניה יהבתה לכי
021			B3.10:12	זנה זי משחתˆהˇ	ותחומוהי	כתבן בספרא זנה אנה
022			B3.12:22	ביתא זנה זי משחתה	ותחומוהי	כתיב בספרא זנה אנת

תחית N courtyard (Egypt; GEA 374.27)

001	s ab/cn	תחית	B3.7:5	[תרבצא] אמרן לה מצרית	[תחית	....]אלה תח[ומ]י
002			B3.10:15	אנת למנפק בתרע זי	תחית	הו תרבצא אף שליטא אנתי
003			B3.7:13	לכי ביתא זנה ופלג	תחית	ופלג דר[גא ושליטה]
004			B3.10:4	ופלג תרבצא הו פלג	תחית	מצרית ופלג דרגא ˆותחתˇ
005		בתחית	B3.10:13	ופתח אף שליטא אנתי	בתחיˆתˇ	הו תרבצא שליטא למסמך
006		ותחית	B3.7:10	בדרגא ז[ך זי ב]יתי	ותחית	[....] בינ[י]הם

תחת p under

No.	Form	Parse	Ref	Context	Word	Context
001	תחת		D6.1:5	א.דת [...] אוסירי ברתה	תח]ת	[...] חא ב[ר]ת[ה] תחת [...]...
002			D6.1:6	תח]ת ... [...] חא ב[ר]ת[ה]	תחת	[...] [...] פריא נתר אתן
003			A6.2:12	חד לאמן תרין אפסי	תחת	חלא חמשה מסמרי נחש ופרזל
004			D7.16:10	תקבח מה זי הושרת	תחת	חמי להוסמ.ל
005			B3.8:19	1 כל 2+3 קף זי עק 1	תחת	חמריה שנן זי צל פרסין
006			B3.8:17	לעשרתא קפף 1 זי חוצן	תחת	לבשיה ת.[.] זי גמא 1 חדת
007			B3.7:5	תח]ומ[י ביתא [ז]ך	תחת	ל[ה] בית ענני בר עזריה
008			C3.10:3	ה.[ ]מרי יור חור ב[ר]ה	תחת	מסתא אס[.... בר ...
009			C3.9:10	נשן רבה [...]ף ברה	תחת	מסתא [...]ס ברה תחת מסתא
010			C3.9:11	ה.[...]ס ברה תחת מסתא	תחת	מסתא [כל נפש] 1+3 בגו
011			C3.9Rfragb:1	...]	ת]חת	מסתא [...]לן [...]
012			C3.8IIIB:31	צלצלא זי א..ה .[..]..ב̇יא	תחת	מרא[....]י עלי̇ ..[..]
013	ותחת		B3.10:4	מצרית ופלג דרגא	ˆותחתˆ	מנה בית פרסא הו זנה

תחתי A lower

No.	Form	Parse	Ref	Context	Word	Context
001	תחתי	s ab/cn	B3.10:13	לך ברחמן מבני בי	תחתי	אחד גשורן וכון בה 3 דש
002			B3.11:2	לכי בי חד מבני בי	תחתי	אחד גשורן ודששן 3 הו תרי
003			B3.12:13	כון ודששן 2 מבני בי	תחתי	הו תרי רבתא זילי ויהבת
004			B3.5:8	בנה בי	תחתי	חדת אחד גשורן וכון והא
005			B3.12:12	בר פלין כספיא בי	תחתי	מבני אחד גשורן כון ודששן
006			C3.23:2	..מ̇[.... [...].	תחתי]	...[....] .ומ.ת אשלן
007	תחתיתא	s em/sf	B3.7:11	בינ[י]הם [....]	תחתית˄א˄	וו[י ע]לא בין פלטיה

תחתיה a below

No.	Form	Parse	Ref	Context	Word	Context
001	תחתיא		C3.8IIIA:5	]	תחתיא]	בגו
002			B2.7:13	בית יאוש בר פנוליה	תחתיא	לה אגורא זי יהה אלה
003			B3.11:6	הו תרי רבתא זילי	תחתיא	לה ביתה זי חור בר
004			B3.12:20	דבק לה אגר באגר	תחתיא	לה ביתה זי פחי ופמט
005			B3.10:6	ליהוישמע ברתי מן	תחתיא	לעליא אמן 2+3+3 ופלג
006			B3.12:8	כ 2 בעשתא ומן	תחתיא	לעליא פתי אמן 2+3 כ 2
007			B3.10:10	דבק לה אגר באגר	תחתיא	מנה אגר דרגא ובית חור
008	תחתיה		B3.5:6	ותונה הוה מן עליה עד	תחתיה	אמן בעשתא 1+10 בפתי
009			B2.10:5	בר אוריה דבק לה	תחתיה	לה בית הצול בר זכריה
010			B2.3:6	דרגמן בר חרשין דבק	תחתיה	לה בית קוניה בר צדק
011			B3.5:9	אנה ענניה דבק לה	תחתיה	לה אגורא זי יהו אלהא
012			B2.3:4	הוה משחתה ארכה מן	תחתיה	לעליה אמן 3+10 ופשך 1
013	בתחתיה		B2.10:6	בר זכריה דבק לה̇	בתחתיה	ומנעלא כוין פתיחן תמה
014	לתחתיא		B3.12:16	כ 2 בעשתא ומן עליה	לתחתיא	פתי אמן 2+3 כ 2
015	לתחתיה		B2.2:10	יהודי לדגל וריזת	לתחתיה	לה ובית אספמת בר
016			B3.4:8	לעליה לה בית שתבר	לתחתיה	לה תמי זי חנום אלהא

תימן A southern

No.	Form	Parse	Ref	Context	Word	Context
001	תימנה	s ab/cn	C1.1:134	גזיר קדלה כבתולה	תימנה	זי[ן ....] לאנפין כאיש

תיפתי N overseer, supervisor (Pers; GEA 373.72)

No.	Form	Parse	Ref	Context	Word	Context
001	תיפתיא	p em/sf	A4.5:9	אזד יתעבד מן דיניא	תיפתיא	גושכיא זי ממנין במדינת

תכונה N money, cash

No.	Form	Parse	Ref	Context	Word	Context
001	תכונה	s ab/cn	B3.8:5	יהוישמע אחתך לביתי	תכונה	זי כסף כרשן תרין ש[ק]לן
002			B6.1:5	לי .... ברתך לביתי]	תכונה	זי] כסף כ[רש
003			B2.6:6	מפטחיה בידה כס[ף]	תכונה	כרש 1 ˆשקלן 2ˆ באבני
004	תכונתה	s em/sf	B3.8:22	הנעלת בביתה ינתן לה	תכונתה	ולבשיה דמי כסף כרשן
005			B3.8:27	ותנפק מנה עם שארת	תכונתה	ונכסיה וקנינה[דמי כסף
006	בתכונתה		B3.8:35	בעלה הו ירתנה]	[בתכו]נ[ת]ה	ונכסיה וקנינה וכל זי
007	ותכונתה		B3.8:30	ונכסוהי וקנינה	ו]תכונתה	וכ]ל [זי איתי]ל[ה]
008	ותכונתא		B3.8:15	ומאני נ]חש[א]]	ותכ[ו]נתא	ומהרא כסף כרשן שבעה

תכל V to trust (Akk; Kaufman 106)

No.	Form	Parse	Ref	Context	Word	Context
001	תתכלי	peal	D7.16:4	לא נפשכן[י] אלקח אל	תתכלי	על משלמת ועל שמעיה
002	מתכל	etpeel	A2.7:2	וככי וכען עליכי	מתכל	אנה הוי חזית על ינקיא

תלי V to suspend, hang

No.	Form	Parse	Ref	Context	Word	Context
001	אתלנהי	peal	C1.2:3	ענה מלכא ו[אמר] ..[	א]תלנהי	כן כזי עבדת

תלי N weapon, implement for storing wine

No.	Form	Parse	Ref	Context	Word	Context
001	תלי	s ab/cn	D7.7:6	עלוהי אף חזי אפק לי	תלי	וכתון 1 הן יעד̇רן
002	לתלי		C3.28:113	במציעתא חמרא זי יהבו	לתלי	שנתא זא שלמ̇[יה] כ̇הנא
003	תליהם	p em/sf	A4.7:8	אתו לבירת יב עם	תליהם	עלו באגורא זך נדשוהי עד

תלת n three

No.	Form	Parse	Ref	Context	Word	Context
001	תלת		A6.9:3	תרתנ[ין] קמח רמי חפנן	תלת	חמר או שכר חפנן תרתין
002	תלתא		C1.1:187	[ ] תרתין מלן שפירה וזי	תלתא	רחימה לשמש ש[תה] חמרא
003	תלתה		A6.2:10	אמן תמנין בפשכן	תלתה	בגו סגנן אמן עשרה ותרין
004			A6.2:15	לחד אמן חמשה פשכן	תלתה	בפשכן תלתה לחלא מסמרי
005			B3.12:5	כסף כרש חד הו 1 שקלן	תלתה	הו 3 כסף יון סתתרי
006			A6.2:18	על טף בארכא לחד פשכן	תלתה	חפוש ועל פתיא ועביא צבען
007			A6.2:19	שים בארכא לחד פשכן	תלתה	חפוש ועל פתיא צבען תרין
008			A6.2:20	תמיס בארכא לחד פשכן	תלתה	חפוש ועל פתיא צבע חד
009			A6.2:15	חמשה פשכן תלתה בפשכן	תלתה	לחלא מסמרי נחש מאה וחמשן
010			C1.1:39	עמה אחר לי[ו]מן אחרנן	תלתה	לם [.... א]חרנן זי
011			A6.2:15	מאה וחמשן לחד פשכן	תלתה	מאתין שבען וחמשה לחד
012			A6.9:4	חלכין תרין אמן חד כל	תלתה	עלימן זילי זי אזלן עמה
013			A6.2:11	אמן שבען חנן לבטנא	תלתה	קלעס לקו̇מתא חד
014	ותלת		D1.33fragc:6	ה[... ...] [...]	ותלת	..[....]
015	בתלת		C2.1.5:15	[20+100×2+3 אחדו]	[בתלת	רגליא מרדיא א̇תכנשו

תלתין n thirty

No.	Form	Parse	Ref	Context	Word	Context
001	תלתין	s ab/cn	B3.9:8	לך אביגרן כסף כרשן	תלתין	במתקלת מלכא כסף זוז

תמא N completion (?)

001	s ab/cn	בתמא	C1.2:5	וח[....] [....]. שעתסם	בתמא	יומן חמ[שה]הו יחלף לך

תמה a there

001	תמה	D23.1.III-IV:9	[ ]כל א.ן זי יהוי	תמה	[.].[..]...לם יל. אף לכל א]...
002		B8.4:11	[...].ה ומן פטאסי	תמה	[....]פֿחֿדֿוֿן
003		C3.8I:2	זי הות בפשי הנפקת מן	תמה]	... [....] ת
004		D23.1.XII:11	.[..]ן אב[..]...תֿה	תמֿה	.[.].שֿ[....]. ....[....]תֿק .א
005		B2.1:4	ביתא זילך למבנה אגר 1	תמה	אגרא זך זילך הי זי דבקה
006		C2.1.4:4	[על מד]יא רבהם] לא הוה	תמה	אה]ור[מזד סעדני בטלה]
007		A4.7:6	ביב בירתא יהעדו מן	תמה	אחר וידרנג זך לחיא אגרת
008		A4.8:6	[ביב בירתא] יהעדו מן	תמה	ˆאחרˆ וידרנג זך לחיא
009		D23.1.VIII:10	...פֿנֿם תהויֿןֿ	תמֿה	אחר .. שֿ...ןֿ
010		A6.3:7	פ[ס]משך יהקרב קדמיך	ת[מה]	אנת שם טעם סרוש[ית]א זי
011		A6.4:4	יהוי למנשא דשנא זכי	תמה	במ[צ]רין [מ]ן ארשם
012		C2.1.8:61	חיל[א אזל לערקהום]	[תמה]	גברא זך א]חד קטֿ[לה
013		A4.7:11	שירית אשרנא ואחרן זי	תמה	הוה כלא באשה שרפו
014		A4.8:10	ש]ירית אשרנא ואחרן זי	תמה	הוה כלא] באשתא שרפו
015		C1.1:48	יבלתך לביתא זילי	תמה	הוית מסבל לך כאיש
016		D7.10:6	כען הן לא שבו לנתן	תמה	ינפק עלי ואהך אגרס [...]
017		C1.1:72	הוה מסבל לי	תמה	כע]בד ....
018		A6.13:2	במצרין זך מנדעם מן	תמה	לא מהיתין עלי הן על מראי
019		A4.10:10	ענז מקלו [ל]א יתעבד	תמה	להן לבונה מנחה
020		A4.5:15	למעבד [....]	תמה	ליהו א]להא ....]
021		A6.6:1	לך תנה [לי שלם אף	תמה	לך אל]היא שלם ישמו ו[כעת
022		B2.10:6	ומנעלא כוין פתיחן	תמה	מועה שמש לה אגורא זי יהו
023		C2.1.4:7	[זי ב]מֿדי	[תמה]	מכת]רן לֿיֿ [עד זי אנה
024		C2.1.7:46	[טו]רא] בפרס	תמה	עבדו קרב חילא זילי
025		A4.3:5	עד שזבוני כען הא אתין	תמה	עליכם אנתם חזו עליהם מה
026		D20.5:2	וכרצי איש לא אמרת	תמה	קדם אוסרי בריכה הוי
027		A6.5:1	[שלם בזנה קדמי אף] שלם	תמה	קדמיך [יהוי וכעת]
028		A6.7:2	וכעת בזנה קדמי שלם אף	תמה	קדמ[י]ך שלם יהוי וכעת
029		D23.1.Va:8	[כ]זֿי מֿטֿאֿ	תמה	קם קֿדֿם תהרקא וֿהֿ[..]
030		C2.1.4:4	[לממטה מרו] [במדי]	תֿמֿה	קֿרֿבֿ[א עבד עם חילא זי
031		A4.7:9	זי אבנא זי הוו	תמה	תברו ˆהמרˆ אף הוה תרען
032		A4.8:8	זי א[בנא זי הוו	תמה	תברו המו אף הוה] תרען
033		B3.12:22	פתיח לשוק מלכא מן	תמה	תנפק ותנעל ביתא זנה זי

תמואנתי N (sacred) precinct (Egypt; GEA 375.30)

001	s ab/cn	תמואנתי	B3.10:9	זי בנהו מצריא הו	תמואנתי	עליא לה בית קנחנתי דבק

תמי N (sacred) plaza (Egypt; GEA 375.28)

001	s ab/cn	תמא	B3.5:10	בניהם מועה שמש לה	תמא	זי חנום אלהא ושוק מלכא
002		תמי	B3.4:8	בית שתבר לתחתיה לה	תמי	זי חנום אלהא ושוק מלכא

תמים A perfect, unimpaired

001	s ab/cn	תמים	D1.16:2	[...] [... ...]י עלים חד	תמ]ים	...] [... ...].. עתֿחת

תמיס N paneling (?) (Egypt; GEA 375.31)

001	s ab/cn	תמיס	A6.2:13	עקי ארז לובר חסין	תמיס	אמן עשרן כלא יהיתה
002			A6.2:20	ועל סעבל עקי חלא דרי	תמיס	בארכא לחד פשכן תלתה חפוש

תמנח N the excellent one (Egypt; GEA 375.32)

001	s em/sf	תמנחא	D20.5:1	בריכה תבא ברת תחפי	תמנחא	זי אוסרי אלהא מנדעם

תמני n eight

001	תמניה	B3.8:16	הו[1+3+3 ש]ק[ל]ן	תמניה	הו 2+3+3 חלרן 2+3
002		B3.8:23	כסף כרשן שבעה ש]קלן	תמניה	חלרן 1+3[1+ 1 ושארת

תמנין n eighty

001	s ab/cn תמנין	A6.2:10	עשרה שים [ל]בטק אמן	תמנין	בפשכן תלתה בגו סגנן אמן
002	ותמנין	A6.2:14	כתן עבין כרשן מאה	ותמנין	רקען כרשן מאתין וחמשן

תמסא N bowl

001	s ab/cn	תמסא	B2.6:12	שוה כסף שקל 1 ר 2	תמסא	1 זי נחש שויה כסף שקל 1
002			B3.8:13	1 דמ[י] כסף [שקל] 1	תמסא	1 זי נחש דמי כסף שקל 1

תמר N date

001	p abs	תמרן	D1.11:2	לא[...]דבלן 2 לחם	תמ]רן	...] [...] נכסיא זי
002	p em/sf	תמריא	C3.28:49	נחשיא זי יהבו על	תמריא	זי פחן שנתא זא במכס

תנא a here; cf. תנה

תנה a here

001	תנא	D1.11:1	א[... ...]שלם לי	תנא	שלם[... ...] [...] יה[בת
002	תנה	B8.3:4	חזית עבדא זך מהלך	תנ]ה	[....]...
003		D23.1.Va:3	.סֿ.לֿ זֿיֿ [.].ה	תֿנֿהֿ]	... ...] מליֿהֿםֿ
004		D3.41R:1		תנה]	...]יפ[...]..[...]
005		D6.3fraga:8	ה[...] [...]עלי	תנה]	...] [...]פפתחונס [...]
006		D7.43:2	כען זי [...] .לאתי	תנה	[...] ואנה אושר [...]
007		D7.8:16	מחר עֿרובה א קמח שאר	תנה	
008		A2.2:3	אפיכי בשלם שלם נבושה	תנה	אל תצפו לה לה מנס אנה לה
009		A2.3:4	וכעת שלם {{ל}} לחרוץ	תנה	אל תצפי לה כדי תכלן
010		A3.9:6	שלם כל בני .[....]	תנה	אל ת]צף לן ע]לדבר [..] מלה
011		A6.14:1	וכנדסירם וכנותה וכעת	תנה	אנה קבלת לארשם על
012		D1.1:11	אנה[... ...] ובסה	תנה	אתננ]ה ... ...] שלם
013		A3.3:4	קבלן לפחותא על פרסכן	תנה	במגדל כן אמיר לן לאמר
014		A4.7:24	ורחמיך ˆזיˆ	תנה	במצרין אגרה מנך ישתלח
015		A4.8:23	בעלי טבתך ורחמיך זי	תנה	[במצרין אגרה מנך ישתלח

No.	Form	Gram.	Ref	Preceding	Word	Following
016			D6.7fragIc:1	[... ...]	תנה]	בתרעא זילי[...] [...
017			A4.5:4	עם וידרנג זי פרתרך	תנה	הוה כסף ונכסן יהבו לה
018			A4.7:5	עם וידרנג זי פרתרך	תנה	הוה לם אגורא זי יהו אלהא
019			A4.8:5	לוידרנג פרתרכא זי	תְּנָה	הוה ל[ם אגורא זי יהו
020			A3.3:12	אמך וינקיא כלא כעת	תנה	הוין [....] [ב ...]
021			A4.7:27	ובנין ויהודיא כל זי	תנה	הן כן עבדו עד זי אגורא
022			A4.8:26	[ובנין] ויהודיא כלא זי	תנה	הן כן תעבד זי עד אגורא
023			A2.6:8	[ו... וכ]עת שלם בנתסר	תנה	וברה אל ת[צפי לה ....
024			A2.3:9	וכעת הלו יהב להן פרס	תנה	ויתלקח קדמתהן בסון וכעת
025			A2.2:10	שלחי לי ואקבל עליהן	תנה	וכעת זבנת משח זית ליקה
026			A3.1:R7	[... ...]ד'י	תנה	כדנה שגא
027			A6.10:3	על ביתא זילי וכען	תנה	כן שמיע לי כזי פקידיא זי
028			A4.2:2	ישאלו בכל עדן שלם לך	תנה	כענת בכל יום זי[....]
029			D1.20:3	[...] [... ...] שערן	תנה	כענת [... ...] [... ...]ת
030			A6.6:1	[ושררת שגיא הוש]רת לך	תנה	[לי שלם אף תמה לך אל]היא
031			C2.1.1:3	[זי] כרש בזרען זילן]	תנה	מלכא הוה]
032			A3.9:7	[מ]טאת ספינתא	תנה	עלין יפטרונ[ני עלד]בר
033			C3.12:18	[.... ה]וה 2	תנה	קלב]ן ¹ 1 ....] [....
034			A3.6:4	מ[..]א מלה זילך	תנה	שלח על
035			A3.4:2	[הושרת] לך שלם גלגל	תנה	שלם ינקיה ו[כ]ע[ת] זך
036			A4.4:9	טעם לא עד יהוי להן	תנה	שלם ביתך ובניך עד אלהיא

תנין A second

No.	Form	Gram.	Ref	Preceding	Word	Following
001	תנין	s ab/cn	D11.25:1	[...]ך	תִּנְיָן	לנג...פבשת i
002			C3.13:49	[...]זי לחנא ה[ר]עז	תנין	עקא א[..]א רבא זי.א.[
003			B3.1:7	כרשא חד כחד והן מטא	תנין	שנה ולא שלמתך בכספך

תנין N dragon

No.	Form	Gram.	Ref	Preceding	Word	Following
001	תנין	s ab/cn	C1.1:90	מ[לך] ועלעי	תנין	יתבר כמותא זי [ל]א מתחזה

תסהר N royal barque (Egypt; GEA 375.33)

No.	Form	Gram.	Ref	Preceding	Word	Following
001	תסהרא	s em/sf	C1.2:1	לבני על	תסהרא	זי מלכא ושמע מ[לכא [...]

תפלה N amulet

No.	Form	Gram.	Ref	Preceding	Word	Following
001	תפלה	s ab/cn	C3.28:106	רכיסה 3+3 זי חמרין	תפלה	זי כסף 10 וחתו

תפסה N (unclear)

No.	Form	Gram.	Ref	Preceding	Word	Following
001	ותפסה	s ab/cn	A3.2:8	צִנֵּן 2 [....]	ותפסה	1 [....] ויהב לי

תקבה N vessel (Egypt; GEA 375.34)

No.	Form	Gram.	Ref	Preceding	Word	Following
001	בתקבה	s ab/cn	A2.1:5	חזית מה אתרתן אתננה	בתקבה	1 לאטי וכעת כתנה זי
002	תקבת		A2.2:11	ליקה וכתן ואף לכי	תקבת	1 שפרת ואף משח בשם לבת

תקבח N (unclear)

No.	Form	Gram.	Ref	Preceding	Word	Following
001	תקבח	s ab/cn	D7.16:9	על נפשכי .ל.אנה על דבר	תקבח	מה זי הושרת תחת חמי

תקין A firm, stable

No.	Form	Gram.	Ref	Preceding	Word	Following
001	תקינא	s em/sf	C2.1.11:70	[... ...]חדי	תַּקִּינָא	סודתא כל [..]....[...].

תקל V to weigh (something)

No.	Form	Gram.	Ref	Preceding	Word	Following
001	ויתקלנהי	peal	C1.2:23	ויהנפק איש .[....]	ויתקלנהי	בלִבָּה ויקטל איש
002	ותתקל		B2.6:24	בראשה תתב על מוזנא	ותתקל	לאסחור כסף שקלן

תקל N shekel; cf. שקל

תקם N castor oil (Egypt; GEA 375.35)

No.	Form	Gram.	Ref	Preceding	Word	Following
001	תקם	s ab/cn	A2.2:13	לכן וכעת הושרי לי	תקם	חפנן 2+3 והוי יהבת עבר
002			B2.6:16	2 פרכס 1 זי חצן חדת	תקםˆ	חפנן 2+3 שנן משאן 1ˆ
003			B3.3:6	פלג חפנא {{1 חפן}}	תקם	חפנן 3+3 פיק 1 כל כספא
004			B3.8:20	משח מ[ב]שים חפן 1	תקם	חפנן 2+3 מחר או יום
005			D3.16:9	ר 2 [מש]ח בשים חפן 1	תקם	חפנן 2+3 שנן משאנן 2
006			A4.2:10	[....] תשכחון דבש	תקם	חתילן חבלן משכי צל שפן]
007			A2.1:7	סון הי מלבש אנה וכעת	תקם	יתו לן ונתנהי במשח וכעת
008			A2.4:12	אש למיתית לכן וכעת	תקם	יתו לי חפנן 2+3 אל תצפו
009			A2.5:5	והן תכלן תהיתן לן	תקם	יתו ביד חרוץ בר
010			D7.33:14	תל. למ[..].[..]. א. ס. הֹס	תקם	מ.[..]

תקמא a (unclear)

No.	Form	Gram.	Ref	Preceding	Word	Following
001	תקמא		D18.1:2	לשאיל כמרא זי נבו יתב	תקמא	בסון

תרבי N interest

No.	Form	Gram.	Ref	Preceding	Word	Following
001	בתרבי	s ab/cn	D7.52:2	[..]. חזי . [.. ה]לו	בתרבˆיˆ	[...]והושו[ר ...]

תרבץ N courtyard (Akk; GEA 377.37)

No.	Form	Gram.	Ref	Preceding	Word	Following
001	תרבצא	s em/sf	B3.7:4	הו 3+[3+1	[תרבצא]	אמרן לה מצרית [תחית
002			B3.10:15	בתרע זי תחית הו	תרבצא	אף שליטא אנתי בפלג דרגא
003			B3.10:4	תרי רבתא זילי ופלג	תרבצא	הו פלג תחית מצרית ופלג
004			B3.10:7	בעשתא ופלג	תרבצא	ופלג דרגא ובית פרס־אˆ
005			B3.10:14	אנתי בתחˆתˆ הו	תרבצא	שליטא למסמך דחה ומרשה
006	ותרבצה		B3.4:4	ברתא זי אגרוה קימן	ותרבצה	ארע הי ולא בניה וכוין
007			B3.11:3	תרי רסי מבני דרגה	ותרבצה	הו בבה למנפק ודנה
008	בתרבצא		A6.10:7	שפיק בעו והנעלו	בתרבצא	זילי וסטרו בשנתא זילי

תרי N room (Egypt; GEA 375.36)

No.	Form	Gram.	Ref	Preceding	Word	Following
001	דרירסי	s em/sf	B3.10:3	יהבת יהבתˆהˆ לכי	דרירסי	הו מועה שמש מן תרי רבתא
002	תרי		B3.10:11	דך מערב שמש לה אגר	תרי	רבתא זילך הי אנתי שליטה
003			B3.10:4	דרירסי הו מועה שמש מן	תרי	רבתא זילי ופלג תרבצא הו

No.	Form	Ref		Keyword	
004		B3.11:6	דבק לה אגר באגר הו	תרי	רבתא זילי תחתיא לה ביתה
005		B3.12:13	2 מבני בי תחתי הו	תרי	רבתא זילי ויהבת לן דמוהי
006		B3.5:3	לאמר אנה יהבת לכי פלג	תרי	רבתא ותונה זי ביתא זי
007		B3.5:6	יהבת לכי תמת מן פלג	תרי	רבתא ותונה הוה מן עליה
008		B3.11:3	אחד גשורן ודששן 3 הו	תרי	רסי מבני דרגה ותרבצה הו
009	לתרי	B3.12:21	ביניהן וכונה 1 פתיח	לתרי	רבתא ותְרעא זילה פתיח

תרין n two

No.	Form	Ref		Keyword	
001	תרין	C1.1:67	טיבת על כנותה אלך	ת]רין	....
002		C1.1:77	מלכא שאל לגבריא	ת]רין	....
003		A6.9:4	והבו פתף לגברן חלכין	תרין	אמן חד כל תלתה עלימן
004		A6.2:12	לפערער חד לאמן	תרין	אפסי תחת חלא חמשה מסמרי
005		C1.1:58	אח]ך ענו גבריא]אלך	תרין	ואמרו ל]ה אנ]ת לם אמר
006		A6.2:18	ועל פתיא ועביא צבען	תרין	ועל שים בארכא לחד פשכן
007		A6.2:19	חפוש ועל פתיא צבען	תרין	ועל שף וחנניא בארכא לחד
008		C1.1:56	אמר לכנותה גבריא אלך	תרין	זי עמה [.... הצ]יתו לם
009		C1.1:62	בין טוריא] אל]ה	תרין	חלף אחיקר זנה וכזי[
010		C1.1H:18	[... איתי] עלים חן]ד	תרין	חלף [אח]יקר זנה [וכזי
011		A6.2:14	עקי ארז חדתן חנן	תרין	לחד אמן חמשה פשכן תלתה
012		A6.2:8	פסמסנית [....] כל	תרין	נופת־־א זי כרכיא נגידה
013		B3.8:6	תכונה זי כסף כרשן	תרין	ש]ק]לן 2 חלרן 2+3 לבש
014	תרתין	A6.9:3	תלת חמר או שכר חפנן	תרתין	...]ד חד ולעלימוהי
015		C1.1:187	וצנפריא ·..[.].[.]ת[ ]	תרתין	מלן שפירה וזי תלתא
016		A6.9:3	ליום קמח חורי חפנן	תרת[י]ן	קמח רמי חפנן תלת חמר
017	ותרין	B6.4:5	[ולא תעבד די]ן[חד	ותרין	להושעיה והן לא תעבד
018		B3.8:40	ולא תעבד דין חד	ו[ת]רין	לעננ[יה בעלה והן לא
019		B6.4:6	לא תעבד דין חד] [	וֿתֿ[רי]ן	שנ]אה הי]תֿעֿבד לה
020		A6.2:11	בגו סגנן אמן עשרה	ותרין	שף עשרה וחמשה חד [ל]אמן
021	ותרתין	B3.8:38	ולא יעבד דין [חדה]	ותרתין	מן נשי כנותה ליהוישמע
022		B6.4:3	ולא יעבד דין חדה]	ותר]תֿ[ין	מן] נֿשי כנותה
023		B6.4:4	הן לא יעבד דין חדה]	ותרתין	מן נשֿ[י כנותה שנאה הי]
024	תריהון	D1.17fragb:11	[...] [... ...]עליהא	תריהון	והן יאתה שלי[.... ...] [...
025	תריהם	D23.1.Vb:7	וֿחיל. א... וֿנשיהם	תרֿיהם	אחֿדו וברת]הם
026		D2.30:3	...כ]מרן אלך [...	תריהם	מצרין ..[....] [... א]ף
027	בתרתי s ab/cn	C2.1.5:11	אחדוֿ [..]3+3+100×	בתרתי	רגליא מרדיא אתכנש]ו
028		C2.1.5:22	1+3+10+20+ףלך×2	בתרתי]	רגליא מר]דיא אתכנשו

תרך V pael to drive out, evict

No.	Form	Ref		Keyword	
001	אתרכנהי	D5.25:2	..].[.ר֯ 1 [...	אֿתרכנהי]	[...] ירחן 3+3
002	תתרך	B3.3:14	לבבך בר מן זי אנת	תתרך	לאמה תמת והן הנצלתה
003	לתרכותה	B2.6:30	יקום על מפטחיה	לתרכותה	מן ביתה זי אסחור
004		B3.8:30	יקום על] יהוישמע]	לתרכותה	מן ביתה [זי ע]נני]ה
005		B6.3:9	וקנינה] וזי יקום]	לתרכ]ותה	מן ביתה זי שלומם
006	לתרכתכי	B3.7:16	מנכי זי יקום עליכי	לתרכתכי	מן בת־־א זי כתבת

תרע N gateway

No.	Form	Ref		Keyword	
001	בתרע s ab/cn	B3.10:15	אף שליטא אנת למנפק	בתרע	זי תחית הו תרבצא אף
002	תרע	B2.1:3	אתית עליך ויהבת לי	תרע	ביתא זילך למבנה אגר 1
003	בתרע	C1.1:44	...]ת זי הקימת	בתרע	היכלא הו חבלך ותובא
004	תרעא s em/sf	B2.1:12	למחסה לאמר {{לא}}	תרעא	זך לא זילך הו ולא תנפק
005		B2.1:14	ואנת שליט למפתח	תרעא	זך למנפק בשוקא זי בינין
006	בתרעא	D6.7fragIc:1	... ...]תנה	בתרעא	זיל[י ...] [...]למ<ס>פת
007	ותרעא	B3.12:21	1 פתיח לתרי רבתא	ותרעא	זילה פתיח לשוק מלכא מן
008	תרען p abs	A4.7:9	תמה תברו ־המר־ אף הוה	תרען	זי אבן 2+3 בנין פסילה
009		A4.8:9	[תמה תברו המו אף הוה]	תרען	רברבן 2+3 בנין פסלה זי
010	תרעיה p em/sf	C1.1:104	תתחלל ובשהינן יצען	תרעיה	כי בזיזת [....] %%

תשי N customs duty (Egypt; GEA 375.37)

No.	Form	Ref		Keyword	
001	תשי s ab/cn	C3.7EV1:1	כספא]	תשי	דמי נתר]א זי הנפקו לימא]
002		C3.7EV1:12	[ ]יוני [פסלרֹשי כספא	תשי	דמי נתרא זי הנפקו לימא]
003		C3.7EV2:14	יוני] [פסלרֹ]שי כספא	תשי	דמי נתרא זי הנ[פק]ו
004		C3.7EV2:16	יו[ני פסלרֹשי כספא]	[תשי]	דמי נתרא זי הנפקו לימא]
005		C3.7EV2:18	יונ[י פסלרֹשי] כספא	תשי	דמי נֿ[תרא]זי הנפקו
006		C3.7EV2:2	[יוני פסלרֹשי] כ]ספא	ת]שי	דמ[י נתרא ז]י ה[נפ]קו
007		C3.7EV2:4	[יוני פסלרֹשי] [כספא	ת]שי	דמי נתרא זי הנפקו ל[ימא
008		C3.7GV5:15	[פסלרֹשי כספא	תשי	דמי נתרא] זי הנפקו
009		C3.7GV5:18	[י]ונ[י פסלרֹשי כספא	תשי	דמי נתרא זי] [הנפקו
010		C3.7GV5:21	ספינה 2] כספא	תש]י	דמי נתרא זי הנפקו] לימא
011		C3.7GV5:25	יוני פסלרֹשי [כספא	תשי	דמי נתרא זי]
012		C3.7KV2:10	[יוני פס]לרֹשי כספא	תש]י	דמי נתרא זי הנפקו לימ]א
013		C3.7KV2:11	ספינה] 1+3 כספא	תשי	דמי נתרא] [זי הנפקו לימא
014		C3.7KV2:15	[..]. יוני פסלרֹשי [כספא	תשי	דמי נתרא זי הנפקו לימא
015		C3.7KV2:17	יוני פסלרֹשי כספא	[תשי]	דמי נת[ר]א [זי הנפקו
016		C3.7KV2:19	יוני פסלרֹשי [כס]פֿא	תֿשי	דֿמי נתרֿא זי ה[נפקו
017		C3.7KV2:21	יוני פסלרֹשי כספא	תש[י]	דמי נת[ר]א זי הנפקו
018		C3.7KV2:22	י[ו]ני פסלרֹשי כספא	[תשי]	[דמי נת]רא [זי הנפקו
019		C3.7KV2:24	ספינה 2+3 כספא	תשי	דמי נת[ר]א זי [הנפקו
020		C3.7KV2:3	יוני פסלר֯]שי כ]ספֿא	תש]י	דמי נתרא זי הנפקו לימא
021		C3.7KV2:6	[יוני פס]לרֹשי כספא	תשֿי	דמי נתֿרֿאֿ זי הנפק[ו]
022		C3.7KV2:8	[יונ]י פסלרֹשי כספא	תשי	דמי נתרא זי הנפק[ו] לימא
023		C3.7KV3:10	[יוני פסלרֹשי] כספא	תשי	ד]מי נתרא זי הנ]פקו
024		C3.7KV3:13	[יוני פסלרֹשי כספא]	[תשי]	]דמי נת[ר]א זי הנפק]ו
025		C3.7KV3:14	ספינה] 2+3 כספא	תשי]	דמי נתרא זי הנפקו לי[מא]
026		C3.7KV3:18	[יוני פסלרֹשי] כספא	תשֿי	דמי נתרא זי הנפק]ו לימא
027		C3.7KV3:20	[יוני פסלרֹשי] כספא	תשי	[ד]מי נתרא זי הנפקו לימא
028		C3.7KV3:22	[יוני פסלרֹשי] כספא	תשי]	דמי]נתרא זי הנפקו לימא
029		C3.7KV3:3	יוני פסלרֹשי] [כספא]	ת]ש]י	]דמי נתרא זי הנ]פקו
030		C3.7KV3:5	[יוני פסלרֹשי] [כספא]	תשי	דמי נתר]א[זי הנפקו לימא
031		C3.7KV3:8	יו[ני פסלרֹשי] כספא	תשי	דמי נתרא זי הנפקו] לימא

√ (check mark)

No.	Form	Ref		Keyword	
001		C3.15:93		√	אביהי ברת אושע
002		C3.15:103		√	אבי[ה]י ברת נתון

No.	Ref.			
003	C3.15:107		√	אבעשר ברת הושע
004	C3.15:39		√	אגרי ב[ר .... כש׳
005	C3.15:46		√	און.. בר .... כש׳] 2
006	C3.15:74		√]	א]ושע
007	C3.15:119		√	אושע בר שלם ב[ר
008	C3.15:130		√	אושע בר נתן בר
009	C3.15:131		√	אחיו בר נתן בר
010	C3.26:26		√	אחמ..
011	C4.2:13		√	אס[...]
012	C3.15:41	10]	√	א]שמ[.. בר .... כש׳
013	C3.26:38		√	בגבגן כ[א׳]
014	C3.15:136		√	בגפרן בר ושחי כש׳
015	C4.2:4		√	בוה [בר ....
016	C4.2:1		√	במלך בר[...]
017	C3.15:25		√	גדול בר משלם בר
018	C3.15:37		√]	]דע[ויה
019	C3.15:121		√	דעויה בר
020	C3.15:6		√	הושע] בר
021	C3.15:50		√	הוש[ע]בר נתון[
022	C3.15:64		√	הושע בר סגרי כש׳
023	C3.15:7		√	הוש[עיה בר נתן]
024	C3.15:115		√	הצול ברת הודויה
025	C3.15:137		√	ושחי בר זרמר כש׳
026	C4.2:2		√	זבעדרי[...]
027	C3.15:48		√	זכ[ור בר
028	C3.15:3		√	זכור [בר אוש]ע בר
029	C3.15:67		√	חגי בר מיכא כש׳ 2
030	C3.15:82		√	חג[י] בר מנחם
031	C3.15:138		√	חגי בר מפטחיה כש׳
032	C3.15:43		√	חורי בר ונה [כש׳]
033	C3.26:41		√	חיוף בר [...]
034	C4.2:10		√	חפימן בר חור [...]
035	C3.26:32		√	חרפרן כא[...]
036	C3.15:13		√]	..]י [ב]רת זבדי[ה
037	C3.15:95		√	יהוחן ברת יגדל
038	C3.15:104		√	יהוחן ברת גדליה
039	C3.15:106		√	יהוטל ברת יסלח
040	C3.15:108		√	יהועלי ברת עמניה
041	C3.15:87		√	יהושמע ברת נתן
042	C3.15:90		√	יהושמע ברת משלם
043	C3.15:101	10+20+20+20	√	יהושמע ברת הושע
044	C3.15:102		√	יהושמע ברת חגי
045	C3.15:120		√	יהושמע ברת קון
046	C3.15:92		√	יחמול ברת פלטי בר
047	C3.15:100		√]	]יחמול ברת שלם
048	C4.2:11		√	ימחות בר
049	C3.15:133		√	ישביה בר ברכיה
050	C3.26:31		√	כלבי כא [...]
051	C3.15:135		√	כ[לכל]יה ברת
052	C3.15:97		√	[.]ל[.. בר]ת ....
053	C3.15:10		√]	מחס]ה בר יהוט[ל
054	C3.15:68		√	מחסה בר אורי כש׳
055	C3.15:81	...]	√	]מ[..]יא בר מנחם
056	C3.15:129		√	מיכיה בר יהוישמע
057	C3.15:23		√	מלכיה בר יתום בר
058	C3.15:26		√	מנחם בר הצול הו
059	C3.15:65		√	מנחם בר מתן כש׳ 2
060	C3.15:70		√	מנחם בר זכריא כש׳
061	C3.15:76		√]	מ]נחם בר אורי בר
062	C3.15:84		√	מנחמת ברת ע[נני]
063	C3.15:98		√]	]מנ[ח]מת ברת ....
064	C3.15:111	20+20+20+20	√	מנחמת ברת ידניה
065	C3.15:86		√	מפתח ברת טסתי כש׳
066	C3.15:91	20+20+20	√	מפתח ברת שלם כש׳
067	C3.15:109		√	מפתח ברת צפליה
068	C3.15:71	20+20	√	משלך בר אורי כש׳
069	C3.15:21		√	משלם בר שמוח כש׳
070	C3.15:112		√	משלם בר מעוזי כש׳
071	C3.15:122		√	משלם בר שמעיה כש׳
072	C3.15:2		√	משל[מ]ת ברת
073	C3.15:85		√	משלמת ברת [...]ה
074	C3.15:96		√	משלמת ברת צפליא
075	C3.15:113		√	משלמת ברת פנוליה
076	C3.15:45		√	מתן בר ידנ[יה
077	C3.15:94		√	נהבת ברת מחסה כש׳
078	C3.15:99		√]	]נהבת ברת ה....
079	C3.15:110		√	נהבת ברת זכור כש׳
080	C3.26:23		√	נטירא [...]
081	C3.15:66		√	נתון בר חגי כש׳ 2
082	C3.15:114		√	נתון בר פלליה בר
083	C3.15:8		√	נתן ב[ר ....].[.]ה
084	C3.15:12	10]	√	נ]תן בר ענני ב[ר
085	C3.15:75		√	נתן בר הודיא
086	C3.15:27		√	סימך בר משלם הו
087	C3.15:105		√	סלוה ברת נרי כש׳
088	C3.15:132		√	עזריה בר הצול כש׳
089	C3.15:47		√	ענני[בר ... כש׳ 2]
090	C3.15:49		√	ענני [בר .... כש׳
091	C3.15:73		√	ענני בר מעוזי כש׳
092	C3.26:40		√	פחפי בר .[...]
093	C4.2:12		√	פטאסי בר[...]
094	C3.26:34		√	פטבסתי ב[ר]
095	C3.26:21		[√]	..פי[...]
096	C3.15:83		√	פלוליה בר [הו]שע
097	C3.15:22		√	פלטי בר מיכה כש׳
098	C3.15:72		√	פמת בר סגרי כש׳ 2
099	C3.26:29		√	פסא מלחא [...]
100	C3.26:28		√	פסי בר פטבס[תי]

101	C314006	ש	√	צחא [ב]ר חׄוׄרׄ...]..
102	C3.15:38		√	צחׄ[א בר .... כש׳
103	C3.26:24		√	קׄמׄוׄחׄפׄיׄ [...]
104	C3.15:89		√	רעיא ברת נרי כש׳
105	C3.15:88		√	שבית ברת חורי בר
106	C3.15:40		√	שבתי[בר .... כש׳
107	C3.15:20	מאת נבועקב	√	שלום בר מנחם] כסף
108	C3.15:69		√	שלום בר זכריא כש׳
109	C3.15:42		[√]	שלם בר הודו]
110	C3.15:24	20	√	שלמיה בר ישוב כש׳
111	C3.15:118		[√	של]מ[יה] בר נתן
112	C3.15:44		√	שמוע בר שלם [כש׳]
113	C3.26:30		√	שמינפי כא[...]
114	C3.15:4		√	שריהׄ[בר]תׄ הושע
115	C3.26:35		√	תׄברא [...]..
116	C3.26:22		√	תרׄט [ב]רׄתׄ[...]
117	C3.26:33		√	תרט ברת ש.[...]
118	C3.26:37		√	תרט עלימׄ[תא]
119	C314010	ש	√	[.... בר]אשה בׄ[ר
120	C314017	ש	√	[....] בׄ[רׄ אדי
121	C3.15:9		√]	... בר ע]נני
122	C3.15:11		√]	[....] בר נה[ב בר
123	C3.15:14		√]	.... בר]ת [.... כסף
124	C3.15:15		√]	... ב]רת פלול[יה
125	C3.15:16		√]	[....] ברת [.... כסף
126	C3.15:17		√]	[....]. ב[רת .... כסף
127	C3.15:18		√]	....]ברת [.... כסף
128	C3.15:32		√]	.... בר .... כ[ש׳ 2
129	C3.15:33		√]	.... בר....] כש׳ 2
130	C3.15:34		√]	.... בר .... כש׳] 2
131	C3.15:35		√]	.... בר .... כש׳] 2
132	C3.15:36		√]	.... בר .... כש׳ 2]
133	C3.15:51	20	√	[....] בר שלםׄ]
134	C3.15:52		√]	..[.. בר נתן] כ[ש׳ 2
135	C3.15:53		√]	.... בר ..[.. כש׳
136	C3.15:54		√]	.... בר .... בר
137	C3.15:55		√]	.... בר .... כ[ש׳ 2
138	C3.15:56		√]	.... בר .... כש׳] 2
139	C3.15:57		√]	.... בר ... כש׳ 1[1+
140	C3.15:58		√]	... בר ... כש׳] 2
141	C3.15:59		√]	... בר]הושע כש׳ 2
142	C3.15:60		√]	... בר] יהוטל כ[ש׳
143	C3.15:61	10+20]	√	.... בר ע]נני
144	C3.15:62		√]	.... בר] ישביה[כש׳
145	C3.15:63		√]	.... בר .... כש׳ 2]
146	C3.15:77		√]	.... בר .... כש׳ 2]
147	C3.15:78		√]	.... בר ....] כש׳ 2
148	C3.15:79		√]	... בר] מתן כש׳ 2
149	C3.15:80		√]	.... ב]ר מתן כש׳ 2

150	C3.15:116		√	[....] נתן כ[ש׳
151	C3.15:117		]√	[....] פדיה [בר
152	C3.26:25		√	... מהפׄ..[...]
153	C3.15:134		√]	]...[י]הׄ[
154	C3.19:8		√	יהיב לתבא רעי 3ׄ[
155	C3.19:20		√	יומ[א הו]
156	C3.15:5		√	כל 2[1+]
157	C3.19:16		√	לאחרטיס בר חפימן
158	C3.26:39		[√]	לכלבא וב[...]
159	C3.19:11		√	לפטחרפחרט בר פטׄ.[
160	C3.19:15		√	לפטתום ....
161	C3.26:27		√	לכלביא זי פס[י]
162	C3.19:12		√	{ל}לפטסבק [....
163	C3.19:22		√	לע[...]
164	C3.19:21		√	מן גנזא גׄ[ויא]
165	C3.26:36		√	פׄוׄן מלחא[...]
166	C3.19:18		√	רׄ[עי ...]
167	D8.11:6	לאספליון אכרא זי √	√	אבא ק 3 לתשא ברת
168	D8.7:4		√	אליעזר מ 1
169	D8.11:3	לבית בכיא זי שרתי	√	בר פתרסׄא חנטן
170	D8.7:5		√	ברוכה ברת פסי מ 1
171	D8.7:2		√	דליה בר יתקום מ 1
172	D9.3:1		√	זכור בר צפני[ה ...]
173	D8.7:3		√	יהדת ברת דלוי מ 1 חצי
174	D8.7:8		√	יׄסלׄק בגנׄזא רׄ 2 ר 1
175	D8.11:9	חוׄרׄ בגפה √ ק 3	√	לשמעון בגפה ק 3+3
176	D8.11:5	חנטן √ ק 3+3+3	√	לאספליון אכרא זי √
177	D8.11:4	בר פתרסׄא חנטן	√	ק 3+3+3 √ לאספליון
178	D8.11:8	לתשא ברת חוׄרׄ בגפה	√	ק 3 √ לשמעון בגפה ק
179	D9.3:3	[...] משלם בר הודו	√	שלמם בר הודו יאזן בר
180	D3.6:3		]√	...]
181	D3.6:4		]√	...]
182	D3.6:5		]√	...]
183	D8.11:2	[.... ...]2 לתעבי	[√]	לבית בכיא זי שרתי √

unclear

001	D3.9fraga:3	[...] [...] ...[...]	אחדׄ]...	...[
002	C3.21:7	20+10+2[...] תני	אמה	.[...] רסתכה אשל[...]
003	C1.1:174	חסין הו מן חמר נער	ב[.]תא	ברא זי יתאלף ויתסר
004	B2.4:5	בני ועתדׄ	בהמיתה	ותב בגו עם ענתתך
005	B5.6:1	אחזן .קׄ.לׄ ארנׄפי	בׄהׄפׄתח	[....]. בר
006	D1.17fragb:8	[.... ...]פהו ולא הוה	בׄימלך	ויתנון ל[... ....]
007	D23.1.XIII:4	הו .תלה ערׄכי	בזוה	כלמת היא אחרי [..]שׄ...
008	D11.15:1		בׄןׄ	
009	B8.2:17	קמר [....]תוגן 20	בׄנׄאי	[....].[....] כתן
010	C3.29:11	1+20 ב 3+10	בעׄנׄו	נקדרוס וחברוהי שיטיא
011	B1.1:7	[...].פהׄוׄ זי	דׄשתוא	מן נפשך ˆוחקלאˆ
012	C3.3:10	חׄגׄסׄ בר זכר[יה]	חׄעדׄש	השׄ[...] שמעיה בר]

013	*A2.2:5*	זי הוה בידי נתתן	ופדת	לבנתסר בר תבי אחת
014	*C3.28:106*	תפלה זי כסף 10	וחתו	2 זי כסף ביד נתן
015	*D7.26:7*	[...].חר	חורם	[...].הם
016	*B8.5:12*	חתחפבי	חליפן	[..] [....]פתירות
017	*D8.3:9*	וצ.. אשלן 2 [...]	חשף	דחנא זילה אש{ד}<ל>
018	*B8.5:12*	זי ל[....]ת	חתחפבי	חליפן [..]
019	*D13.1:1*	תנא	טאיא	20 ####
020	*C3.28:47*	מ 1 פ ... בבית ישיב	יקל	הלעתיך 2+3 בביתנא
021	*D7.54:1*	[..].ר ו	כ	[...] סה.[...] [...] עקן
022	*C3.7FR1:6*	[.... ס]פינת	כזרי	3 בגו[....
023	*D1.33fragd:1*	[...]	כסיא	[... נ]רגלאדן [...].ב[...
024	*D22.32:2*	ברך נטיי למן	ל	
025	*D3.47fraga:4*	[...] [...]ם	לדתסין	[...] [...]ש..נ..
026	*D7.16:10*	הושרת תחת חמי	להוסמ.ל	הושרתה הן משלמת לא
027	*D11.25:1*	תניץ	לנג...פבשת	ו [...]
028	*A3.11:3*	שושנן 2+3 [...]ן	מדען	מן
029	*D1.21:1*	[... ... .]..ִ	ומתן	...ת א.[... ...] [...] שלם
030	*D23.1.Va:13*	ופריה. ל..כל..ל	נרהושר	ל. ען...ו פר.ל..
031	*C3.13:45*	עזריה לחנא	סגדא	זין[....] זכרן על
032	*C3.5:4*	[...] [....	]סדגסתא	[...] [....]ינת..
033	*C3.13:18*	[..] [....]..	סכן[	[.... 3+]3+2
034	*D7.11:10*	לספרן המו [...]	סני	בעתחתא[...] ותוב כסי
035	*D6.3fraga:4*	א.[...] [...]ו	סרדין	[...] [...]ביד
036	*D13.5:1*	להושע	עזירג	
037	*D23.1.Va:9*	דח[..]. למותב	עמומרשי	ומ..ה מלן זי [א]נה
038	*D8.1:2*	יהכן	פדר	1 ...ן .על.. וצ..
039	*A3.2:7*	1 [....]	צצנן	2 [....] ותפסה 1
040	*D7.14:4*	יהפק [...].א	עמה	ק [...]ו אף חוט[...]
041	*C3.28:123*	[...] [..]חלא חד	קרה[..]	...ה 2+3 ב[...]
042	*A6.2:24*	וחפרעמחי .... יתיהב	לתובה	בל.. ל...[....]
043	*A3.9:7*	[....] חיל א[....]	תודי	על [... ...]
044	*D4.7:2*	מן ימ[..] .[...]	תחד	מן[...]
045	*D13.1:1*		תנא	טאיא 20 ####
046	*C3.21:7*	אשלן 20+10+2[...]	תני	אמה .[...] רסתכה אשל[...]
047	*D7.27:14*	[...] אף על	תתאי	לא של[ח ...]

א..[...]
(Heb)

001	א.....	D9.10:1	שלם בר	א..[...]	ביתאלנתן בר שורי

א.[...]
(Aram/Egypt)

001	א.	C3.12:30	קדם 3+3+20 ב 2	א.]	עליד אחומי [...] ב [...]

א....

א.... #1
(Egypt)

001	א....	B8.4:16	ברתה [..]מֹוֹו i	אֹ....	אנתתה .למנת ברה צחא

א.... #2
(unknown)

001	א....	C3.19:27	[...]אֹ שמה [.] קדם	א....	לפ]רמותי רעֹי

א[...]

א[...] #1
(Pers)

001	א...	D9.11:2	רֹותֹ	א[.].[.]	אתרלי וירשן מליסֹ

א[...] #2
(unknown)

001	לא...	D1.11:2	[... ...] [... יה]בת	לא]...	דבלן 2 לחם תמ]רן ...

א[...] #3
(Heb/Aram)

001	א	C4.5:2	[...].[.].. בעדיה בר	א]	...] אושע בר או[ריה]

א.ו
(Aram/Egypt)

001	א.ו	C3.14:19	[....]. ..נֹתֹ	א.וֹ	בר פבי שא 1 הו [.... שא

א.ל[...]
(Akk/Pers)

001	א.ל	C3.8IIIB:35	שמ]ו טע[ם לדגל	א[.]ל]	..[..].. [....]ם שתברזן

א..ם
(Anat/Pers)

001	א..ם	A6.7:4	שמה 1 סדסבנז שמה	א[..]ם	שמה 1 סרמנז שמה 1 כא

אב.[...]
(Heb)

001		D13.3:3	מ[....] הו[....]	אב.[...]	.[.]ל[...] .פ[...] ..ש[...]

אה..מ[...]
(unknown)

001		C3.8IIIB:35	זי[....] עליד	אה..מ[...]	בר כמשפלט [.]...[.]..[.]

אבא
cf. #3 **אבה**

אב.ר
(Phoen script)

001	אב.ר	D11.4:3	ימחת בן חר ענחפמס בן	אב.רֹ	

אבדח[...]
Abda.[...] (Pers; Shaked)

001	אבדח..	C4.7:3	[..]. דֹתוהי	אֹבדחֹ[.].]	בוֹזי וחשתב.[...]

אבה
Aba (Aram; Grelot 462)

אבה #1
Aba f Itu

001	אבה	B2.2:16	ארעא זך כתב איתו בר	אבה	ספרא זנה בסון בירתא כפם

אבה #2
Aba f Absali

001	אבה	D20.3:2	אוסרי אלהא אבסלי בר	אבה	אמה אחתבו כן אמר בשנת
002		D20.3:1	בריך	אבה	בר חור ואחתבו ברת עדיה

אבה #3
Aba (Zadok 136, 178)

001	אבא	D8.11:6	לאספליון אכרא זי √	אבא	ק 3 לתשא ברת חוֹר

אבהי
cf. #5 **אביהי**

אבותי
Abut(a)i (fem; Aram; Zadok)

001	אבותי	D18.16:1		אבותי	ברת שמשנורי

אבחרא
(unknown); or read **אֹרֹחרא**

001	אבחרא	D22.38:1		אבֹחרא	

אבטב
cf. #2 **אביטב**

אביהו
Abihu (Heb; Porten 136)

001	אביהו	B4.4:20	רֹוכל בר	אביהו	שורי בר כרז אתעדרי

אביהי
Abihi (fem; Heb; Porten 136)·

אביהי #1
Abihi w Šelomam s Hodavyah

001	אביהי	B6.3:3	[לא] אית לה עֹם	אֹ]ביהי	אנתתה אביהי הי שליטה
002		B6.3:3	עֹם אֹ]ביהי אנתתה	אביהי	הי שליטה בביתה]
003	לאביהי	B6.3:10	[ונכסוהי ינתן]	לאביהי	אנתתה [זי שלומם
004		B6.3:11	[ויעבד דין ספרא זנה	[לאביהי]	אנתתה זי שלו[מם ולא
005		B6.3:7	ובֹ]על דגל ירשה	לאביהי	אנתתה זי שלומם] לאם

אביהי #2 Abihi

001	אביהי	A3.6:1	שלם שוא ובנוהי שלם	אבי[הי]	וכעת שמעת כעמלא זי
002		A3.7:2	מראי מנחם שלם מראתי	אביהי	ש]לם ....]ה וברתה שלם

אביהי #3 Abihi d Ošea'

001	אביהי	C3.15:93	פלטי בר יאוש כש 2	אביהי	ברת אושע כש 2 נהבת

אביהי #4 Abihi d Nattun

001	אביהי	C3.15:103	ברת חגי כש 2	אבי[ה]י	ברת נתון כש 2 יהוחן

אביהי #5 Ab(i)hi (Edfu?)

001	לאבהי	C3.28:79	זי כתבת [ו]נתנת	לאבהי	שלמצין מנכתא זי

אביטב Abiṭab (Heb; Grelot 462)

אביטב #1 Abiṭab s Banit

001	אביטב	D20.1:2	בנת לאוס]ורי חפי עבד	אביטב	בר בנת לה יעבד קדם

אביטב #2 Ab(i)ṭab s Šumtab

001	אבטב	D22.9a:1		[א]בֿטֿב	בר שמטב
002		D22.9b:1		אבטב	בר שמטב

אבינבו Abinabu? (Aram)

001	אבינבו	D22.43:1	ברך	אבינבו	לחנם

אביתי Abyete (Aram; Zadok)

אביתי #1 Abyete f Natan

001	אביתי	D8.4:25	ואנושה ש 1 נתן בר	אביתי	מ 1 ר... סׄלפׄן מ 2+3

אביתי #2 Abyete f Dallui

001	אביתי	D8.9:13	לגן [... דלוי בר	אביתי	לגן 1+3[.] נתן אסיפא

אביתי #3 Abyete

001	אביתי	D8.10:1		אביתי	צפעה 1+3+3+20 זעירה

אביתי #4 Abyete (s) Netina'

001	אביתי	C3.28:29	לגן 1+4 בר 2 מ 1 פ	אביתי	נתׄינא רבען 2 אביתי
002		C3.28:30	נתׄינא רבען 2	אביתי	[נתׄינא]רׄבׄעׄן 3
003		C3.28:53	לגן {{2}}2 בר 2	אביתי	לבתנא רׄבׄעׄן 3

אביתי #5 Abyete gf (?) sons of Yidleh

001	אביתי	C3.28:116	3+3 חל 1 בני ידלה	אביתי	גרבין 3 עבדיהו פחס

אביתי #6 Abyete f Leptines

001	אביתי	D7.57:2	אל אחי לפתינא בר	אביתי	אחיך אביתי שלם אחי
002		D7.57:2	בר אביתי אחיך	אביתי	שלם אחי בכל עדן וכעת

אביתי #7 Abyete

001	אביתי	D9.15:1		אביתי	שרׄ[...] תפחי אתת פבן

אבל cf. אוביל

אבלת Ablat (Arab; Kornfeld 38)

001	אבלת	D22.17:1	ברך חגג בר	אבלת	לאסרי

אבמא. (Anat)

001	.אבמא	D22.10:1	בריך	.אבמא	בר חרי קדם אוסרי

אבסלי Absali (Aram; '[Divine] Father rejected'; Rosenthal)

001	אבסלי	D20.3:2	קריתא קדם אוסרי אלהא	אבסלי	בר אבה אמה אחתבו כן

אבערש Abi'oreš (fem?; Heb; Zadok)

001	אבערש	D9.14:3	ה[....] יסל[ח בר ...]	אבערש]	[... יהוטל בר]ת ...]

אבעשר Abi'ošer (fem; Heb; Porten 138)

001	אבעשר	C3.15:107	ברת יסלח כש 2	אבעשר	ברת הושע כש 2 יהועלי

אברי Abri (Heb; Zadok; cf. Renz-Röllig 56); or read גׄברי

001	אברי	C3.28:81	ר 1 שבתית ברת	אׄברי	חנטן ס 1 ק 2+3+3

אברם Abram (Heb; Kornfeld 38)

001	אברם	D8.4:23	תשפור מ 1 שמעאל מ 1	אברם	ר 1 רבע 1 תׄונפרי

אברמוש Ubramuwaš (Anat; Grelot 495; Lipiński 7; Zgusta 62)

001	ואברמושׁ	D22.25:3	פׄלותׄה	[ו]אברמוׄשׁ]	[... זי אתו פנה
002		D22.27:2	פׄלותׄה	[ו]אברמוׄשׁ]	[... זי אתו עד

אגור Agur/Hagur s Aḥio (Aram; Grelot 462; Renz-Röllig 56)

001	אגור	B3.1:22	אחיו בר פלטיה	אגור	בר אחיו ספר כסף דנה זי
002	הגור	D9.4:1		הגור	בר אחיו כיה בר משלם

אגז.[...] (unknown)

001 אגז.... D3.3:3 [כב]דא ... [...] בר   אגז.[...]   [...] בר .. [...]

אגרי Agri(ya) (Aram; Kornfeld 38)

אגרי #1 Agri(ya) s Bet'elzabad (Saqqarah)

001 אגרי D19.3:1   אגרי   בר ביתאלזבד

002 לאגרי D18.8:a   לאגרי

אגרי #2 Agri(ya) s Ešem[...]

001 אגרי C4.5:9 חגי בר יזני[ה]   אגרי   בר אשמ̇[...] נתן בר

אגרי #3 Agri(ya) s ?

001 אגרי C3.15:39 צח̇[א בר .... כש 2]   אגרי   ב[ר .... כש 2] שבתי[ן בר

אדי Add(a)i (Aram)

אדי #1 Add(a)i (Aram; Zadok, *West Semites*, 47; Maraqten 115); cf. **ארג**

אדי #2 Add(a)i f ?; or read **אר̇י**

001 אדי C3.14:17 1 ר 2 ש .[...] ב[ר̇   אדי   הו שא 1 ש [.... ב]ר

אדלדן Adduladin (Aram; Zadok)

001 אדלדן B1.1:16 חור [א]חא   אדלדן   כנני [..]מי פנא פטמן

אדמ[...] (unknown); or read **אר̇מ[...]**

001 אדמ... C3.14:36 ועדרי בר   אד̇מ...   [... ....] .... שא

אדן Adon (NWS)

001 אדן A1.1:1 אל מרא מלכן פרעה עבדך   אדן   מלך

אדנבו cf. #1 **אדננבו**

אדננבו Iddinnabu (Akk; Grelot 475)

אדננבו #1 Iddi(n)nabu

001 אדנבו D7.40:8 ו[...] [.]את̇   אדנבו   שמה[...] [הש]כ̇ח ולא

אדננבו #2 Iddinnabu, detachment commander

001 אדננבו D2.6:2 ש[נת ...] [... ...   אדננבו]   ל[... ...] [...] ב 20[

002 אדננבו B3.8:2 יב בירתא [ל]דגל   [אדנ]נבו   לזכור בר מ[שלם

003 B2.9:2 זי יב בירתא לדגל   אדננבו   לידניה ומחסיה כל 2

004 B7.1:2 [...] [לדגל   אדנ]נבו   למחסיה בר שיבה ארמי

005 B6.1:2 זי יב בירתא לדגל   אדננבו   ל[..]ל[.... בר ... ארמי

006 B3.6:2 זי יב ברתא לדגל   אדננבו   לנשן תפמת שמה אמתה זי

און[...] (Heb)

001 או.. C3.15:46 בר ידנ[יה כ]ש 2   או[..   בר .... כש] 2 עננ[י] בר

אוביל (fem; unknown); cf. **יבל, וביל, אובל, אבל**

001 אוביל B3.5:3 זי ביתא זי זבנת מן   אוביל   ברת שתיבר ומן בגזושת

002 וביל B3.4:2 לדגל נמסו ונשן   וב̈י̈ל   ברת שתבר כספיה זי

003 ואבל B3.4:23 שמעיה כפם בגזשת   ואבל   ושהדי<א> בגו̈ מתרדת בר

004 ואובל B3.4:10 ביניהם אנה בגזשת   ואובל   כל 2 אנחן זבן ויהבן לך

005 ויבל B3.4:25 בי זי זבן בגזשת   ויבל   לענניה לחן ליה ביב

אובל cf. **אוביל**

אוגה Augah (Pers; Zadok)

001 אוגה D22.40:1 ברך   אוגה   לאסי

אומכס Eumachos (Gr; Modrzejewski; Preisigke 112)

001 אומכס D8.6:10 שמעון מ 3 ר 2 מ   אומכס   ר̇ 1 חצי 1 חשוב

אוסירי Osiri (fem; Egypt; error for Eswere; Vittmann)

001 אוסירי D6.1:5 3 זי א.ד̇ת [...]   אוסירי   ברתה תח[ת ...] חא

אוסתן Avastana (Ostanes; Pers; Hinz 51)

אוסתן #1 Avastana, a Saite

001 אוסתן B8.6:1 1 וזי ליד   אוסתן   ס̇י̇כ̇ן

אוסתן #2 Avastana b Anani (Jerusalem)

001 אוסתן A4.7:18 זי בירושלם ועל   אוסתן   אחוה̈י̈ זי ענני וחרי

002 A4.8:18] זי בירושלם ועל   אוסתן   אחוהי זי ענני וחרי

אורי Uri (Heb; Porten 138)

#1 אורי Uri f [...]nikkal

No.	Form	Ref	Before	Keyword	After
001	אורי	C3.14:25	שא 1 [..]נכל בר	אֹורי	שא 1 [כ]ל נפש

3#אורי Uri s Maḥsah and f Didi and Maḥsah; cf. #3 **אוריה**

#3 אורי Uri f Menaḥem

No.	Form	Ref	Before	Keyword	After
001	אורי	C3.15:76	כש 2 [מ]נחם בר	אורי	בר משלן[ך] כש 2 [.... בר

#4 אורי Uri f Mešullak

No.	Form	Ref	Before	Keyword	After
001	אורי	C3.15:71	2 20+20 משלך בר	אורי	כש 2 פמת בר סגרי כש

#5 אורי Uri f De'uyah

No.	Form	Ref	Before	Keyword	After
001	אורי	C3.15:121	דׄעויה בר	אורי	כש 2 משלם בר שמעיה כש

#6 אורי Uri (Edfu)

No.	Form	Ref	Before	Keyword	After
001	אורי	D21.10:1		אורי	

אוריא

cf. #1 **אוריה**

אוריה

Uriyah (Uriah; Heb; Porten 138)

#1 אוריה Uriyah

No.	Form	Ref	Before	Keyword	After
001	אוריה	D7.8:1	שלם	אוריה	כען הלו תאתא זי לך רבתא
002		D7.9:1	חזו חנתא זי יהב לי	אוריה	לנסכ״א הביה לגמריה בר
003	לאוריא	D7.9:3	מן שכרא ובלוה	לאוריא	אף חזי תטוס״ר״ זילן
004	לאריה	D7.18:3	בית בית יהה אמרי	לאריה	[ו]ירמה על סלואה

#2 אוריה Uriyah f Yezan(ya), f Hoša'yah/Hošea' (=Ošea'), gf Yedanyah

No.	Form	Ref	Before	Keyword	After
001	אוריה	C4.5:3	בר א[...] אושע בר	או[ריה]	מתן בר שלם בר[...]
002		B2.10:2	ידניה בר הושעיה בר	אוריה	ארמי זי יב בירתא קדם
003		B2.4:2	הומדת ליזניה בר	אוריה	בזכם דגלא לאמר איתי ארק
004		B2.3:7	שמש לה בית יזן בר	אוריה	בעלכי ובית זכריה בר
005		B2.10:5	עליה בית הושע בר	אוריה	דבק לה תחתיה לה בית
006		B2.10:4	מן בית יזניה בר	אוריה	הא תחומוהי עליה בית
007		B2.10:13	בר וברה זי יזניה בר	אוריה	וירשון לבר וברה ואנתה
008		B2.10:17	בנן זי יזן בר	אוריה	ולא דין כתב מעוזיה בר
009		B2.2:9	לה ובית [יז]ניה בר	אוריה	יהודי לדגל וריזת
010		B2.10:20	על בית יזניה בר	אוריה	לידניה בר נתן ומחסיה

#3 אוריה Uriyah s Maḥseyah = Uri f Maḥsah and f Didi

No.	Form	Ref	Before	Keyword	After
001	אורי	C4.6:14	בר מיכיה דידי בר	אורי	בר מחסה שוא בר זכריה
002		C3.15:68	מיכא כש 2 מחסה בר	אורי	כש 2 שלום בר זכריא כש
003	אוריה	B3.9:2	אדין בסון בירתא אמר	אוריה	בר מחסיה ארמי זי סון
004		B3.9:4	לי עלא לא אכהל אנה	אוריה	ובר וברה לי אח ואחה לי
005		B3.9:9	בר נרגלשזב כפס	אוריה	שהדיא בגו עתרמלכי בר

#4 אוריה Uriyah

No.	Form	Ref	Before	Keyword	After
001	אוריה	A4.2:1	מראי ידניה מעוזיה	אוריה	וחילא עבדכ[ם .... שלם
002		A4.3:12	ענני אל מראי ידניה	אוריה	וכהניא ויהודיא ע[בד]כם
003		A4.3:1	אל מראי ידניה	אוריה	וכהניא זי יהו אלהא מתן

#5 אוריה Uriya[h]

No.	Form	Ref	Before	Keyword	After
001	אוריה	D1.26fraga:1		אורי[ה	[... ...]הו ב[... ...]

אוֹשע

Ošea' (Heb; Porten 144; variant of **הושע**)

#1 אושע Ošea' s Galgul

No.	Form	Ref	Before	Keyword	After
001	אושע	B3.1:21	ושהדיא בגו שהד	אושע	בר גלגול הודויה בר

#2 אושע Ošea' s Peṭe[khnum]; cf. #10 **הושע**

#3 אושע Ošea' f Šelomam

No.	Form	Ref	Before	Keyword	After
001	אושע	A3.3:14	אל אחי שלמם בר	אֹ[ו]שע	אחוך אושע בר

#4 אושע Ošea' f Gaddul; cf. #17 **הושע**

#5 אושע Ošea' s Zakk[ur]; cf. #2 **אושעיה**

#6 אושע [O]šea'; or restore **ה]ושע** — cf. #8 **הושע**

No.	Form	Ref	Before	Keyword	After
001	הושע	D5.5:1	[...	א]ושע	[...] [...]שלמ[...]

#7 אושע Ošea'

No.	Form	Ref	Before	Keyword	After
001	אושע	D3.5:2	[...]יזן בר[...] [...	אושע]	[...] [...]עזריה[...]

#8 אושע Ošea' gf Mikayah s Natan

No.	Form	Ref	Before	Keyword	After
001	אושע	D12.1:6	מיכיה בר נתן בר	אושע	

#9 אושע Ošea' s Natan s Še[mayah]

No.	Form	Ref	Before	Keyword	After
001	אושע	D12.1:2	בר מׄיכיה	אושע	בר נתן בר שׄמׄ[עיה]

#10 אושע Ošea' f Yedanyah; cf. #6 **הושעיה**

#11 אושע Ošea' f Ḥarmen (gf Hošea' f Seraya)

001	אושע	C4.4:2	בר נתון חרמן בר	אושע	אושע בר יתום אושע בר

#12 אושע Ošea' s Yatom; cf. #9 **הושעיה**

#13 אושע Ošea' s Hodo

001	אושע	C4.4:4	אושע אושע בר יתום	אושע	בר הודו שמוע בר חגי

#14 אושע Ošea' s U[riyah]; cf. #6 **הושעיה**

#15 אושע Ošea' s Šillem s [...ya]h

001	אושע	C3.15:119	בר [....י]ה כש 2	אושע	בר שלם בן[ר ....י]ה כש

#16 אושע Ošea' s Natan s Hodavyah

001	אושע	C3.15:130	בר יהוישמע כש 2	אושע	בר נתן בר הודויה כש 2

#17 אושע Ošea' f Abihi

001	אושע	C3.15:93	כש 2 אביהי ברת	אושע	כש 2 נהבת ברת מחסה כש

#18 אושע [O]šea' s Menaḥem; or restore **[ה]ושע** — cf. #33 **[ה]ושע**

001	אושע	C3.15:74	בר מעוזי כש 2	[א]ושע	בר מנחם כש 2

אושעיה Oša'yah (Oshaiah; Heb; Porten 144; variant of הושעיה)

#1 אושעיה Oša'yah

001	אושעיה	D9.5:3	...] דׄעויה[	אושעיה[	

#2 אושעיה Oša'yah gf Hodavyah s Zakkur = Ošea' s Zakk[ur]

001	אושע	D1.6fragb:1	[... ...]באגורא שלם	אושע	בר זכ[ור ...]
002	אושעיה	B2.9:18	הודויה בר זכור בר	אושעיה	ספר [מרחק] זי כתב

אותכס Eutychos (Gr; Modrzejewski; Preisigke 115)

001	אותכס	D8.12:2	מ 3 מנאס מ 3 ^לחמר	אותכס	1 זוזן 3+1^ פבא מ 3
002		D8.12:1		אותכס	בר תודרס מ 3 מנאס מ 3

אזניה Azanyah (Azaniah; Heb; Porten 141)

#1 אזניה Azanyah f ?

001	אזניה	D2.22:3	ספרא זנ[ה ... ...]	אזניה	ענני[... ...] [...] ...

#2 אזניה Azanyah f Ya'uš; or read **יזניה** and **[י]זׄניה**

001	אזניה	C4.4:8	פוסי יאוש בר	אזניה	ביתאלעקב בר ענר
002		B6.4:10	שהד יאוש בר	[א]זׄניה	שהד ביתאלנתן בר

אח[...] (Heb)

001	אח....	C3.13:10	3 [...] זכרן [מ]אני	אחׄ....	[זי יהבת] ליד[

אחא Aḥa' (Egypt?; Grelot 463)

#1 אחא Aḥa' s Ḥapeu

001	לאחא	B1.1:19	חקל זי כ[ת]ב פד[י]	לאחא	
002		B1.1:2	פדי בר דג[נ]מלך	לאחא	בר חפיו נתנת לך חקלי

#2 אחא [A]ḥa'; or restore **[צ]חא** — cf. #1 **צחא**

001	אחא	B1.1:16	נרגי נני חור	[א]חא	אדלדן כנני [..]מי

אחאב Aḥ'ab (Ahab; NWS; Porten 136; Renz-Röllig 57)

001	לאחאב	D11.6:1		לאחאב	בר ^ת^ פגו [...]עבדאסר

אחוטב Aḥuṭab (fem; Aram; Kornfeld 39)

001	אחוטב	D7.4:1	שלם	אחוטב	אל ישגא נתן ל סון מן
002		D7.3:1	[ש]לם	אחוטב	וׄכענת למׄ[...] [ה]ן
003		D7.2:1	[ש]לם	אחוטב	כען הושרי לי זעיר מלח
004		D7.10:4	[כען] [... תנפ]ק לי	אחוטב	להן [.... י]ום שבה כען
005		D7.5:1	מן מיכיה על	[א]חוטב	שלמכי כענת חזי [....]
006	אחטב	D7.6:4	1 על ינקיא עד תאתווה	אחטב	אל תוכוול המו על אחרנן
007		D7.8:12	לי וארחעה עד תנפק שלם	אחטב	כען על לחמא זנה נאכל עד
008		D7.7:9	יעדׄרן ותפק	אחטב	עמר ופכלול 2

אחומי Aḥumai (Ahumai; Aram; cf. 1 Chron. 4:2)

001	אחומי	C3.12:31	קדם א.[...] עליד	אחומי	[...] ב 2+3+3+20

אחוני Aḥuni (Aram/Akk; Kornfeld 39)

001	אחוני	D9.10:4	בר וני נבונתן בר	אחוני	נבודלה בר ספמת פטסי

אחופי (unknown)

001	אחופי	A6.8:4	בגסרו ידע טעמא זנה	אחופי	ספרא מן [א]רשם על

אחושן Aḥušunu (Akk; Grelot 460)

001	אחושן	B3.2:12	מכיה בר אחיו	אחושן	בר רנפנפרי מחסיה בר

אחחפי
Akhḥapi/A(n)khoḥapi (Egypt; Kornfeld 85)

001	לאחחפי	D1.3:3	[... כ]עת זי ת[..]	ˆלאחחפיˆ	[..] [... ...] שררת [...

אחטב
cf. **אחטוב**

אחיאב
Aḥiʾab (Heb; Porten 136)

001	אחיאב	B4.4:18	כתב הושע על פם	אחיאב	שהדיא כיא בר אסכישו
002	ואחיאב	B4.3:2	בר[הו]דויה בר	ואח[יאב	בר גמריה כל 2 יהודין
003		B4.4:2	הושע] בר הודויה [	ואחיאב	בר גמריה לאספֿמֿת
004		B4.4:22	כבדֿא כתב הושע	ואחֿ[יא]ב	לאספֿ]מת

אחיו
Aḥio (Ahio; Heb; Porten 136)

#1 אחיו
Aḥio

001	אחיו	D7.34:2	[שלֿ]ם אחי	א]חיו[	ש.[...] [...]ת [..]. ת[...] [..] [..]ן

#2 אחיו
Aḥio

001	אחיו	D7.15:8	[...] [...]ה [...]	אחיו	[...] [...]ל אנת [...] [...

#3 אחיו
Aḥio f Gemaryah

001	אחיו	B2.2:18	יגדל שהד גמריה בר	אחיו	משלם בר הושע סינכשר
002		D7.9:2	הביה לגמריה בר	אחיו	ויערכה מן שכרא ובלוה
003		B4.2:1	[אמר גמ]ריה [בר	א]חי[ו	ל....] בר יתמא
004		B4.2:16	כתב ספרא גמריה בר	אחיו	על פם שהדיא זי על ספרא

#4 אחיו
Aḥio f Pelaṭyah

001	אחיו	B2.1:15	בינין כתב פלטיה בר	אחיו	ספרא זנה כפם קוניה

#5 אחיו
Aḥio s Pelaṭyah

001	אחיו	B3.1:22	הודויה בר גדליה	אחיו	בר פלטיה אגור בר

#6 אחיו
Aḥio f Agur/Hagur

001	אחיו	D9.4:1	הגור בר	אחיו	כיה בר משלם נהב ברן[
002		B3.1:22	בר פלטיה אגור בר	אחיו	ספר כסף דנה זי כתבת

#7 אחיו
Aḥio f Mikah

001	אחיו	B3.2:2	ˆמלכאˆ אמר מיכא בר	[אחיו	ל]ענני בר עזר[יה]לחן
002		B3.2:10	מנכי כפם מיכא בר	אחי[ו]	שהדיא בגו זבדי נבוֿזֿי

#8 אחיו
Aḥio f Mikayah

001	אחיו	B3.2:12	בר נבוכצר מכיה בר	אחיו	אחושן בר רנפנפרי
002		B3.6:17	מדי שהד מיכיה בר	אחיו	שהד ברכיה בר מפטח

#9 אחיו
Aḥio f [...]yah

001	אחיו	B2.6:38	בר יזניה[...]יה בר	אחיו	מנחם בר [ז]כור שהד

#10 אחיו
Aḥio s Natan s Anani

001	אחיו	B2.10:19	יזניה בר פנוליה	אחיו	בר נתן ספר מרחק זי כתב
002		B3.11:18	מנחם בר גדול שהד	אחיו	בר נתן שהד נחום
003		C3.15:131	נתן בר הודויה כש 2	אחיו	בר נתן בר ענני כש 2
004		C4.6:1	[.... בר ....]	אחיו	בר נתן נתן בר מעוזיה

#11 אחיו
Aḥio s Mika[yah]

001	אחיו	A4.4:7	בר נתום חגי אחוהי	אחיו	בר מכי[ה ....]

#12 אחיו
Aḥio (s) Seraʿam

001	אחיו	D8.6:6	וֿחבוב מ 1 פ	אחיו	שרֿעם מ 1 פ שיב

אחיקר
Aḥiqar (Aram; Grelot 463)

001	אחיקר	C1.1:69	זך סריסא חלף	אחיקר]	....
002		C1.1:55	אל תדחל לם [תח]יי	אחיקר	אבוה זי אתור כלה זי על
003		C1.1:2	קדמת מלוהי [ר]בֿה	אחיקר	וי[עט אתור כלה הוה]
004		C1.1:46	אנה הו[....]	אחיקר	זי קדמן שזבך מן קטל זכי
005		C1.1:35	הֿנלו[....]	א[ח]יקר	זך שבא ספר חכים
006		C1.1:62	טוריא] אל]ה תרין חלף	אחיקר	זנה וכזי[....]גברן
007		C1.1:63	ישלח [א]חרין פגרה זי	אחיקר	זנה למחזה אחר י[חזון
008		C1.1H:18	ח]ד [... תרין חלף	[אח]יקר	זנה [וכזי ...] זי
009		C1.1:14	אנה [.... אתור [ ]	א]חיקר	כזי חזית אנפי אסרחאדן
010		C1.1:45	קר]בתא דחלת לם [	אחיקר	ענית ואמרת לנבוסמ[סכן]
011		C1.1:13	א]חר גהנת וסגדת לם [	אחיקר	קדם אסרח[אד]ן[מלך
012		C1.1:60	להם שמעו לי לם זנה	[א]חיקר	רב [... עז]קה זי
013		C1.1:1	[אלה]מלי	אחיקר	שמה ספר חכים ומהיר זי
014	לאחיקר	C1.1:76	אזלת השכחת	לאחיקר]	

אחלבני
Aḥlabne (Aram; Zadok)

001	אחלבני.	C3.14:12	ש[א [1] ש [....	.אחלבֿנֿי[	ש[א 1 ש וֿ.[.]בֿר

אחמ..
(unknown)

001	אחמ..	C3.26:26	... מהפֿ..[...]	אחמ..	לכלביא זי פס[י]ן פסי

אחמן
Aḥmen (Egypt; Phoen script; Muchiki 64)

001	אחמן	D11.5:3	אפֿרֿי לחוי בן עבדאבסת	אחמן	בן עכבר

אחמנש
Haxamaniš (Achaemenes; Pers; Kornfeld 98)

אחמנש #1

אחמנש #1 — Haxamaniš

001	אחמנש	C3.8I:8	[לאפף שנת 3+10]	אחמנש	אזל [...] ב 20 לתשרי

אחמנש #2 — Haxamaniš

001	אחמנש	A6.1:1	[על מראן ארש]ם עבדיך	אחמנש	וכנותה בגדן וכנותה
002	אחמנש	A6.1:5	במצרין [עב]דיך	אחמנש	וכנותה אזדכריא ב[גדן

אחמסי — Aḥmose (Egypt; DemNb 58; Kornfeld 77)

001	אחמסי	D7.38:6	מן תעבי [...]זי עבד	אחמס־י	

אחנורי — Aḥinuri (Aram; Zadok)

001	לאחנורי	D14.2:b		לאחנורי	
002	לאחנרי	D14.2:a		לאחנרי	

אחנרי

cf. אחנורי

אחר[...] — (Egypt)

001	אחר...	C3.10:2	1 [....]א .[...]	אחר]...	בר].מרי יור חור

אחרטיס — Aḥerṭais (fem/masc; Egypt; DemNb 57)

אחרטיס #1 — Aḥerṭais (fem; Saqqarah)

001	אחרטיס	B8.4:19	[ ]בׄ[ר]הׄ[....]	אחרטיס	ברתה פפא ברה תסי

אחרטיס #2 — Aḥerṭais h Tawe

001	אחרטיס	C3.13:35	[ ]3+1 תויא אנתת	אחרטיס	ש פ 1+3 [....].

אחרטיס #3 — Aḥerṭais s Ḥapimen

001	לאחרטיס	C3.19:16	רעי 20+20+20	לאחרטיס	בר חפימן

אחרטיס #4 — Aḥer[ṭais] s Psamšek

001	אחרטיס	A6.3:3	בר פ[שנפ]ברחף 1	אחר[טיס]	בר פסמשך 1 פשובסתי

אחשירש

cf. חשיארש

אחתבו — Aḥatabu (fem; Aram; Kornfeld 40)

001	אחתבו	D20.3:2	אבסלי בר אבה אמה	אחתבו	כן אמר בשנת 1+3 ירח
002	ואחתבו	D20.3:1	בריך אבה בר חור	ואחתבו	ברת עדיה כל 2 זי חסתמח

אחתבסתי — Aḥatubaste (Aram; 'Sister of Bastet'; Muchiki 65)

001	אחתבסתי	A6.14:1	אנה קבלת לארשם על	אחתבסתי	פקידא זילי זי מ[..]ת[.]
002		A6.14:4	זךׄ [....] לא כשר אף	אחתבסתי	פקידא ז[ילי] או אחוהי
003	לחתובסתי	A6.13:4	אנתם הנדרז עבדו	לחתובסתי	פקיד ורוהי זי עד
004		A6.13:3	כזי הנדרז יעבדון	לחתובסתי	שמה פקידא זילי זי עד

אחתיזר — Axtizar (Pers; Shaked)

001	אחתיזר	D6.8fragc:4	[ ]שמה 1 תירנ[...] [...].	אחתיזר	שמה 1 [...]

אחתסן — Aḥatsin (fem; Aram; Kornfeld 40)

001	ואחתסן	A2.3:5	עבד אנה לה ותפמת	ואחתסן	מסבלן לה וכעת ארה ספר

אטי — (fem; Egypt?; Grelot 464)

001	ואטי	A2.1:3	ועשה ותשי וענתי	ואטי	ורע וכעת מטתני כתנה זי
002	לאטי	A2.1:6	אתרתן אתננה בתקבה 1	לאטי	וכעת כתנה זי התתי לי

אטר — Aṭer (Ater; Heb; Grelot 464)

001	אטר	B2.7:3	לי משלם בר זכור בר	אטר	ארמי זי סון בדמוהי וספר

איזא — Ayaza (Pers; Shaked)

001	איזא	D6.8frage:3	לנשיבית[הׄ....]	איזא	ש]מה ....]

איסך — Aisaka/Ayasaka (Pers; Hinz 26; Kornfeld 98)

איסך #1 — Ayasaka s Zamaspa

001	איסך	B3.4:24	ויׄזבל כספי שהד	איסך	בר זמסף ספר בי זי זבן

איסך #2 — Ayasaka

001	איסך	C4.7:8	[...] ארתבנו ארי	איסך	פרנם בגבחש פרניש

איתו — Itu (Aram/Arab; Zadok)

001	איתו	B2.2:16	עלדבר ארעא זך כתב	איתו	בר אבה ספרא זנה בסון

אכי — Akki (unknown)

001	אכי	D22.53:1		אכי	בר חרזבד

אל[...] — (unknown)

001	אל....	B8.6:9	א[ר]מין לדגל	אׄל[..].	[.. כתש]וני בׄכׄפׄיׄד

אליועיני — Elio'enai (Elioenai; Heb; Zadok 57)

001	אליועיני	D21.4:3	עקביה בר	אליועׄיׄני	

אליעזר
Eli'ezer (Eliezer; Heb; Zadok 45, 48)

001	אליעזר	D8.7:4	דלוי מ 1 חצי √	אליעזר	מ 1 √ ברוכה ברת פסי

אליש
Eliaš (unknown)

001	אליש	D21.17:1	לאנן בר	אליש	כמרא זי בעל בעלענות

אלישב
Elyašib (Eliashib; Heb; Zadok 38, 134-35); cf. #7 **ישיב**

אמון
Ammuwana (Anat; Grelot 640)

001	אמון	A6.7:3	במצרין פרימא שמה 1	אמון	שמה 1 סרך שמה 1

אמורטיס
Amyrṭaios (Egypt; DemNb 63; Muchiki 66)

#1 אמורטיס
Amyrṭaios; cf. **אסרטיס**

#2 אמורטיס
Amyrṭaios, king

001	אמורטיס	A3.9:3	]י[היתון מנפי מלכא	אמורטי]ס	...[מלכא נפעורת יתב
002		B4.6:1	לפמנחתף שנת 2+3	אמורטיס	מלכא אדין אמר מנחם בר
003		B4.6:6	שנת 2+[1+]2	אמו[ר]טיס	מלכא הן לא [שלמת

אמי
Ami (Aram/Egypt; Kornfeld 119; cf. Ezra 2:57)

001	אמי	A2.7:5	עתרדי מן אחו[כי	א]מי	אפי יובל
002		A2.7:1	אמי עתרדמרי מן אחוכי	אמי	של]ם ו[חין שלחת לכי שלם

אמנתס
Amyntas (Gr; Kornfeld 116)

001	אמנתס	C3.29:15	שיטיא לגין 3+3+10	אמנתס	לגין 2+3+3 פליקראתס

אנא[...]
(unknown)

001	אנא....	A6.16:2	עלי ביד [....]	אנא[....]	תחדו [....]

אנדי
(unknown); cf. **אפרי**

אנדם
Indama (Anat; Kornfeld 113)

001	לאנדם	C3.15:136	בר ושחי כש 2	לאנדם	ושחי בר זרמר כש 2 לה

אנו[...]
(unknown)

001	אנו...	D6.3fraga:5	[...] [...]ביד	אנו[...]	[...] פסמשך בׄ[...] [...]

אנן
Innan (Arab; Zadok; Harding 80)

001	לאנן	D21.17:1		לאנן	בר אליש כמרא זי בעל

אס[...]
(Egypt)

#1 אס[...]

001	אס	C4.2:13	[ ] פטאסי בר[...]	אס[	...]

#2 אס[...]

001	אס....	C3.10:4	חור ב[ר]ה תחת מסתא	אס....]	בר ...].ורתת[....]

אסורי
Eswere (fem; Egypt; DemNb 76f; Muchiki 67)

#1 אסורי
Eswere s Ami

001	אסורי	A2.7:2	שלחת לכי שלם אחתי	אסורי	וזבבו וככי וכען עליכי

#2 אסורי
Eswere d Gemaryah

001	אסורי	B5.5:9	מלכא ולא אכהל [אנה	אסורי	ארשנכי דין ודבב אף לא
002		B5.5:7	כרשן 2 [א]פם אמרת	אסורי]	פתפא זילי מן בית מלכא
003	לאסורי	B5.5:13	בר[ת גמריה	לאסורי	ברת גמריה]אחתה
004		B5.5:2	לדגלה ארׄמׄ[יה]	לאסורי	ברת גמרׄ[י]ה אחתה

#3 אסורי
Eswere

001	אסורי.	D6.13fraga:1	אל אח]תי	]אסורי.[	...] שלם[...] אלהא כלא

אסושן
(unknown); or read **אספׄשן**

001	אסושן	B8.8:5	...]תׄה הן	אסׄושן	זך שאיל ופתׄ]גמא

אסחור
Esḥor (Egypt; DemNb 685; Muchiki 67)

#1 אסחור
Esḥor s Arod

001	אסחור	D22.29:2	דריוש ברך ####	אסחור	בר ערוד למן בשנת

#2 אסחור
Esḥor f Nabunatan

001	אסחר	D22.30:2	ברך נבונתן בר	אסחר	למן

#3 אסחור
Esḥor s Djeḥo = #12 **נתן**

001	אסחור	B2.9:6	עבור ואחרן נכסן לאמר	אסחור	אבוכם לקח מן שלומם בר
002		B2.6:26	מחר או יום אחרן יקום	אסחור	בעדה ויאמר שנאת
003		B2.6:21	ונקבה לא איתי לה מן	אסחור	בעלה אסחור הו ירתנה
004		B2.6:2	] ארתחשס]ש מלכ[א] אמר	אסחור	בר צ[חא] ארדכל זי מלכא
005		B2.9:20	ומחסיה כל 2 בני	אסחור	בר צחא
006		B2.9:3	ומחסיה כל 2 בני	אסחור	בר צחא מן מבטחיה ברת
007		B2.6:21	לה מן אסחור בעלה	אסחור	הו ירתנה בנכסיה וקנינה
008		B2.9:8	ידניה ומחסיה בני	אסחור	הוטבתם לבבן באלך נכסיא
009		B2.6:17	או יום א[חר]ן ימות	אסחור	ובר דכר ונקבה לא איתי

#3 אסחור

No.	Form	Ref	Preceding	Name	Following
010		B2.6:19	הי שליטה בביתה זי	אסחור	ונכסוהי וקנינה וכל זי
011		B2.6:30	לתרכותה מן ביתה זי	אסחור	ונכסוהי וקנינה ינתן לה
012		B2.6:37	[ספרא זנה כפם	אסחור]	ושהדיא בגו פנוליה בר
013	נתן	B2.11:2	בירתא אמר מחסיה בר	נתן	1 ידניה בר נתן 1 כל 2
014		B2.11:2	בר נתן 1 ידניה בר	נתן	1 כל 2 ארמין זי סון
015		B2.10:3	בר נתן ומחסיה בר	נתן	אחוה אמהם מבטחיה ברת
016		B2.11:17	בר נתן לידניה בר	נתן	אחוהי
017		B2.10:21	בר אוריה לידניה בר	נתן	ומחסיה אחוהי כל 2
018		B2.10:3	זי סון לידניה בר	נתן	ומחסיה בר נתן אחוה
019		D2.12:4	מרי 1 לידניה [בר	נ]תׄן	י[הו]דׄי זי ביב
020		B2.11:17	כתב מחסיה בר	נתן	לידניה בר נתן אחוהי
021		B2.10:9	ומחסיה כל 2 בני	נתן	עד עלם וזי בניך אחריכם
022	לאסחור	B2.6:23	בעדה ותאמר שנאת	לאסחור	בעלי כסף שנאה בראשה
023		B2.6:24	תתב על מוזנא ותתקל	לאסחור	כסף שקלן 3+3+1 ר 2

אסחנום Eskhnum/(E)skhnum (Egypt; DẹmNb 690; Muchiki 68)

#1 אסחנום — Eskhnum s Espeṭensene

No.	Form	Ref	Preceding	Name	Following
001	אסחנום	D9.9:12	אספמת בר פטאסי	אסחנום	בר אספטנסני אספטנסני

#2 אסחנום — Eskhnum s ?

No.	Form	Ref	Preceding	Name	Following
001	אסחנום	D9.9:2	אסמתשב [...]	אסחנום	בר[...] אספעמרא [...]

#3 אסחנום — (E)skhnum

No.	Form	Ref	Preceding	Name	Following
001	סחנום	D1.12:8	[...]מן שאל [שלׄ]ם	סחנ[ו]ם	[...]. [...] ה.[...]ש

אסחר cf. #2 אסחור

אסכישו Eskišu (Egypt; Muchiki 69)

No.	Form	Ref	Preceding	Name	Following
001	אסכישו	B4.4:19	שהדיא כיא בר	אסכישו	נשכעדרי בר נ[בנתן

אסכשית Eskišut (Egypt; DemNb 692, 671; Muchiki 69)

No.	Form	Ref	Preceding	Name	Following
001	אסכשית	C4.8:7	בר יפע חור בר	אסכשית	אשמרם בר נבונד[ן]

אסמן Esmin (Egypt; DemNb 674; Muchiki 69)

No.	Form	Ref	Preceding	Name	Following
001	אסמן	D7.13:1	[..] ועל	אסמן	בר [..] באלף מנחמן

אסמרוף Asmaraupa (Anat; Grelot 461)

No.	Form	Ref	Preceding	Name	Following
001	אסמרוף	A6.7:4	1 פיתרענז שמה 1	אסמרוף	שמה 1 מוסרם שמה 1 כל

אסמתשב Es(p)metšeps (Egypt; DemNb 666; Muchiki 69)

No.	Form	Ref	Preceding	Name	Following
001	אסמתשב	D9.9:1		אסמתשב	[...] אסחנום בר[...]

אספטנסני Espeṭenese (Egypt; DemNb 668)

No.	Form	Ref	Preceding	Name	Following
001	אספטנסני	D9.9:12	פטאסי אסחנום בר	אספטנסני	אספטנסני בר נס[...] תטא
002		D9.9:13	אסחנום בר אספטנסני	אספטנסני	בר נס[...] תטא

אספליון Asphalion (Gr; Katzoff)

No.	Form	Ref	Preceding	Name	Following
001	לאספליון	D8.11:5	√ 3+3+3 ק √	לאספליון	אכרא זי √ אבא ק 3

אספמט cf. #3 אספמת

אספמת Espmet/Espmeṭ/(E)spmet (Egypt; DemNb 77, 664-666)

#1 אספמת — [Es]pmet s Khaḥor

No.	Form	Ref	Preceding	Name	Following
001	אספמת	C3.4:7	אתת עבדיהה[...]	[אס]פמת	בר חחר[...] [...]ב.

#2 אספמת — Espmet s ?

No.	Form	Ref	Preceding	Name	Following
001	אספמת	C3.4:12	תדן בר נב[...]	אספמת	בר ש[...]

#3 אספמת — Espmeṭ

No.	Form	Ref	Preceding	Name	Following
001	אספמט	D1.20:4	[... ...] [... ...]ת	אספמט	הל[ו ... ...] [... ...]לין

#4 אספמת — Espmet

No.	Form	Ref	Preceding	Name	Following
001	לאספמת	B4.3:3	[זי ביב] מׄהׄ[חסנן	לאספמׄ]ת[	.... זי תחפנס נגיא
002		B4.4:22	הושע ואחׄ[יא]ב	לאספׄ[מת	
003		B4.4:2	ואחיאב בר גמריה	לאספׄמׄת	[זי ....]

#5 אספמת — Espmet s Pefṭuauneit

No.	Form	Ref	Preceding	Name	Following
001	אספמת	B2.2:10	לתחתיה לה ובית	אספמת	בר פפטעונית מלח זי מיא
002		B2.3:7	בר נתן מערב לה בית	אספמת	בר פפטעונית מלח זי מיא

#6 אספמת — Espmet s ?

No.	Form	Ref	Preceding	Name	Following
001	אספמת	D9.9:7	[...] כל[...] ....[..]	אספמת	בר ..[...] פטחור בר

#7 אספמת — Espmet f Peṭeḥor

No.	Form	Ref	Preceding	Name	Following
001	אספמת	D9.9:8	בר ..[...] פטחור בר	אספמת	פטמכבסא בר אספמת

#8 אספמת — Espmet f ?

No.	Form	Ref	Preceding	Name	Following
001	אספמת	D9.9:9	בר אספמת פטמכבסא בר	אספמת	אספמת בר ...[...] אספמת

#9 אספמת — Espmet s ?

No.	Form	Ref	Preceding	Name	Following
001	אספמת	D9.9:10	פטמכבסא בר אספמת	אספמת	בר ...[...] אספמת בר

#10 אספמת
Espmet s Peṭeese

001	אספמת	D9.9:11	אספמת בר ...[...]	אספמת	בר פטאסי אסחנום בר

#11 אספמת
(E)spmet f Nabudalah

001	ספמת	D9.10:5	בר אחוני נבודלה בר	ספמת	פטסי בר נפטרנפש.

#12 אספמת
Espmet s ?

001	אספמת	D5.22:1	...]	א]ספמת	בר ק[...]

#13 אספמת
Espmet f ?

001	אספמת	D18.14:1	[..] .. ברת	אספמת	

אספעמרא
Espeamre/(E)speamre
(Egypt; 'He who belongs to the Harbor Chief'; Vittmann)

#1 אספעמרא
Espeamre s ?

001	אספעמרא	D9.9:3	אסחנום בר[...]	אספעמרא	[...] פטחנום [...] כל

#2 אספעמרא
(E)speamre f Mannuki

001	ספעמרא	B5.5:12	פדיה שהד מנכי בר	ספעמרא]	....] ספר

אספשן
(unknown); cf. אסושן

אסרחאדן
Esarḥaddon (Akk; Kornfeld 41)

001	אסחדן	D23.1.XII:12	אמון תׄאתהׄ[...]	אסׄחׄדׄן	וי[...]...[..]..ל.
002	אסרחאדן	C1.1L:1	...]	]אסרחאדן[	...]
003		C1.1:47	זכי [....]אבוהי זי	אסרחאדן	זנה מלכא חמר עליך
004		C1.1:10	גׄדוהי קרבתה קדם	אסרחאדן	מלך אתור וחכמה
005		C1.1:11	[ז]י שאלה אחר רחמה	אסרחאדן	מלך אתור ואמר חין
006		C1.1:13	לם אחיקר קדם	אסרח[אד]ן]	מלך]אתור ....]
007		C1.1:14	כזי חזית אנפי	אסרחאדן	מלך אתור טב]ן ענית
008		C1.1:19	ענה ....]	[אסרחאדן]	[מל]ך אתור ואמר לי
009		C1.1:32	ענה ....]	אס]רחאדן	מלך אתור ואמר
010		C1.1:60	רב [... עז]קה זי	אסרחא[ד]ן]	[מלך אתור]הו ועל
011		C1.1H:16	[רבי]א[ואמ]ר[...]	אסרחאדן	מ[ל]ך[את]ור הו ו[על
012		C1.1:53	עׄ[ד] ליומן אחרנן	אסרחאדן	מלכא רחמן הו כמנדע
013		C1.1:64	זילי עד זי עלאחרן]	אסרחאדן	מלכא]
014		C1.1:65	עלוהי ולבב	אסרחאד]ן	מלכא
015		C1.1:75	על אזל [....]	אסרחאדן	מל]כא
016		C1.1:78	אמר א[ד]ין עד	אסרחא]דן	מלכא ....
017		C1.1H:9	[לך כן אפו ...]	א[סר]חאדן]	מ]ל[כא ר]חמן[ ]הו
018		C1.1:5	מלׄ[ך אתור וקם]	אסרחאדן	שמה ֶ ברה והוה מלך
019	לאסרחאדן	C1.1:7	ל]....ה	לאסר]חאדן	מלך אתור

אסרחאריב
Esarḥerib (Akk; error for אסרחאדן)

001	אסרחאריב	C1.1H:19	...] זי על אחרן	אסרחאריב	מלכ]א ...]

אסרטיס
Eserṭais (Egypt; Kornfeld 78); or read אמׄרטיס

001	אסרטיס	D1.31fragb+c:3	אמר.[....].	אסׄרטיס	[...] [...]ר.[...] לך .. [

אסרס[...]
(Egypt)

001	אסרס...	D23.1.II:13	שגיא ועלימא אזל על	אסׄרסׄ[...]	לא אתׄנתן

אסרשות
Eserešut (fem; Egypt; Muchiki 71; DemNb 79)

#1 אסרשות
Eserešut

001	ואסרשת	A2.3:3	וארׄגׄ	ואסרשת	ושרדר חרוץ שאל שלמהן

#2 אסרשות
Eserešut w Hošeaʿ

001	אסרשות	A4.4:5	רמי אתת הודו	אסרשות	אתת הושע פלול אתת

אסרשת
cf. #1 אסרשות

אסתח
Es(p)taḥ (Egypt; Kornfeld 78; DemNb 674)

001	אסתח	C3.15:84	ברת ע]נני[בר	אסתח	כש 2 משלמת ברת [...]ה

אסתס
Asteas/Asteios
(Gr; Preisigke, 60; Pape-Benseler; Katzoff)

001	אסתס	D7.56:5	עדן וכעת כען לא אבו	אסתס	וברה למאתה באתר עבורא

אפה
Appah (Aram; Zadok)

001	אפה	C3.14:36	[....]בין[.] בר	אפׄה	ועדרי בר אדמ]ן...

אפוחס
(unknown)

001	אפוחס	A3.9:2	[ע]ל דבר	אפוחס	ואחתה לאמר [.... מט]אני

אפולי
(unknown)

אפולי#1
s Misdaya (Zadok) = #1 ינבולי

001	אפולי	B3.4:4	זבן ויהבן לך ביתה זי	אפולי	בר מסדי זי ביב ברתא
002		B3.4:21	ומשחתה בר מן בר זי	אפולי	ֶזכר ונקבה ֶ או ברה ֶלה
003	ינבולי	B3.12:4	כספיא הו ביתה זי	ינבולי	בר מסדי כספי זי ביב

אפולי #2

001	D9.11:6	אפולי	מליֿס	אפולי	סרי מלנור פוסמך

אפלנים Apollonios (Gr; Kornfeld 117)

אפלנים #1 Apollonios

001	C3.28:5	אפלנים	3+3 בר 3 שאר 1	אפלנים	יסן כא 1 פ בש 2 ר 1

אפלנים #2 Apollonios

001	D7.56:9	אפלנים	למאתה ישלחון אגרה על	אפלנים	זֿ' על אגרת[א] זי ישלח

אפלנים #3 Apollonios

001	D21.6:2	אפלנס	בים 10+20	אפלנס	....

אפלנס cf. #3 **אפלנים**

אפסתבר Upastabara (Pers; Hinz 245)

001	A6.9:1	אפסתבר	פקידא [זי ב]ארזוחן	אפסתבר	פקידא זי בארבל חל[.]

אפרודיתס Aphroditos (Gr; Kornfeld 117)

001	C3.29:4	אפרודיתס	ב 2 לסון נקדרוס	אפרודיתס	משח לגין 1+3+10 ב

אפרי Ephri (NWS); or read **אנֿדֿי**

001	D11.5:1	אפרי	לשובי בר	אפֿרֿי	לחוי בן עבדאבסת אחמן

אצול Aṣṣul; cf. #6 **הצול**

ארג (unknown; cf. Kornfeld 41); or read **ואדֿי** — cf. #1 **אדי**

001	A2.3:2	וארג	בשלם שלם בנתסרל	וארֿג	ואסרשת ושרדר

ארגלס Ergilos (Gr; Bechtel 117)

001	C3.7ER2:18	ארגלס	1 [זי] .... בר	ארגל[ס	יוני פסלרשֿי] ספינה 1

ארדי Ardiya (Akk; Zadok)

001	C4.3:18	ארדי	בר ביתאֿ[ל..]	ארדי	בר צחאֿ[...] מנכי בר

ארוסתמר Arvastahmara (Pers; Hinz 38)

ארוסתמר #1 Arvastahmara f Aryaiča

001	B2.2:21	ארוסתמר	שהד ארייׁשא בר	ארוסתמר	ספר מרחק זי כתב

ארוסתמר #2 A[rvastah]mara f [Ar]tafrada

001	B7.2:3	ארוסתמר	] ל[אר]תפרד בר	א[רוסת]מר	לדג[ל] מרי[ן לא]מר

ארורת Arvarata (Pers; Shaked)

001	B4.4:21	ארורת	] בגדת בר פסמשך[	ארורת	בר יהנתן שבתי בר

ארחרא (unknown); cf. **אבחרא**

ארי Arya (Pers; Hinz 39)

ארי #1 Arya; cf. #2 **אדי**

ארי #2 Arya

001	C4.7:7	ארי	] וֿחשתב.[...] ארתבנו	אריֿ	איסך פרנם בגבחש

אריה cf. #1 **אוריה**

ארייׁשא Aryaiča (Pers; Shaked; Hinz 40)

001	B2.2:21	ארייׁשא	בר ענניה שהד	ארייׁשא	בר ארוסתמר ספר מרחק

ארימלך Urimelek (NWS)

001	D11.9:1	ארימלך	[...]בר	ארימלך	

ארמ[...] (unknown); cf. **אדמ[...]**

ארמיס Hermias (Gr; Katzoff)

001	C3.28:45	ארמיס	בש 3 שאר ^מ 2+3^	ארמיֿס	לגן 3 [ב]ר 1 מ 1 פ ...

ארמנתידת Armantidata (Pers; Hinz 37; Kornfeld 99)

001	A3.10:6	ארמנתידת	לא כספא הבו ליד	אר[מנתי]דת	ה[ו יה]יתה עלין והן
002	A3.10:2		זילי זי יאמר לכם	ארמנתידת	למטען בה וזי צבי יעבד
003	A3.10:7	לארמתידת	קים בידכ[ם ה]ודעו	לארמתידת	עלוהי [וה]בוהי לה

ארמפי Armapiya (Anat; Kornfeld 114)

001	A6.8:1	ארמפי	למצׄפׄה מן ארשם על	ארמפי	וכעת פסמשך פקידא זילי
002	A6.8:5		ספרא מן [א]רׄשם על	ארמפי	על זי פסמש[ך] אמר לא
003	A6.8:1		זילי שלח עלי כן אמר	ארמפי	עם חילא זי לידה לא

ארמתידת — Armatidata; cf. ארמנתידת

ארנפי — Arnapay (Pers; Shaked)

001	ארנפי	B5.6:1	אחזן .ק.ל	ארנפי	בֿהֿפֿתח

ארסינה — Arsinoe (fem; Gr; Lipiński 9)

001	ארסינה	C3.28:82	ס 1 ק 2+3+3 פ	ארסינה	ברת יחנן חנטן א
002		C3.28:83	חנטן א 2+20 בב	ארסינה	שערן א 2+3+10[+1 ק

ארסתודמוס — Aristodemos (Gr; Kornfeld 117)

001	ארסתודמוס	C3.29:18	3+3+10 לקינוס	ארסתודמוס	לגין 3+3+10

ארשם — Aršama (Pers; Kornfeld 99)

001	ארשם	A4.1:2	מלכא מן מלכא שליח על	ארש[ם	[....] ...יא כעת אנתם
002		A4.2:9	[....] יאמר מלין קדם	ארשם	פיסן מהשדך אנפין]
003		D6.13fragg:2	כֿשֿ.[...] [...] מן	ארש[ם	...[
004		D6.7fragIf:2	בבל[...] [...]	ארשם]	...] [...] . לקחת
005		A4.5:2	[מל]כא כזי מראן	ארשם	אזל על מלכא זנה דושכרתא
006		A6.3:9	זכי יתעבד להם מן	ארשם	בר ב]יתא על ארתונת זי
007		A6.7:10	יעבדו כזי קדמן מן	ארשם	בר ביתא על ארתהנת זי
008		A6.4:5	תמה במ[צ]רין [מ]ן	ארשם	ברבית[א] על [ארתונת
009		D14.6:1	חתם]	[ארשם	ברב[יתא]
010		A4.2:14	מלכא וכלין להן ונזק	ארשם	וכפר צח[א ....]
011		A6.1:5	[על מראן]	ארשם	[ז]י במצרין [עב]דיך
012		A6.15:4	אמר הא אנת חזי אגרת	ארשם	זי היתיו על פסמשך על
013		A6.2:27	טעם [....]ל כתב מן	ארשם	זי במצ[רין על
014		A6.15:1	אמר בבל לם אגרת מן	ארשם	יהבת על פס[מש]ך בר
015		A6.11:3	ינתנו לי אהחסן כעת	ארש[ם]	כן אמר הן כנם הו
016		A6.13:4	זי מהיתה נחתחור כעת	ארשם	כן אמר אנתם הנדרז עבדו
017		A6.2:22	יעבד כזי שים טעם כעת	ארשם	כן אמר אנת עבד לקבל זנה
018		A6.3:6	טעם יתעבד להם כעת	ארשם	[כן] אמר [פ]סמש[כחסי]
019		A6.6:4	[כ]עת]	ארשם	כן אמר הן [....]. [....]
020		A6.8:2	זי אמר אנה להם כעת	ארשם	כן אמר צבות ביתא זילי
021		A4.7:30	זי עביד לן ^כלא^	ארשם	לא ידע בם 20 למרחשון שנת
022		A4.8:29	[בזנה] כלא זי עביד לן	ארשם	לא ידע בם 20 למרחשון שנת
023		A4.2:5	[....] זי מצריא קדם	ארשם	להן גנבית עבדן אף]
024		A4.7:4	דריוהוש מלכא כזי	ארשם	נפק ואזל על מלכא כמריא
025		A4.8:4	דריוהוש מלכא כזי	ארשם	נפק ואזל [על] מלכא ....]
026		A6.1:1	[על מראן]	ארש[ם	עבדיך אחמנש וכנותה
027		A4.9:3	לממר {{קד}} קדם	ארשם	על בית מדבחא זי אלה
028		A6.10:1	זנה רשת ספרא מן	ארשם	על נחתחור וכעת קדמן
029		A6.10:11	זנה רשת ספרא מן	ארשם	על נחתחור פקידא זי
030		A6.11:1	הנדרזא זי [....] מן	ארשם	על נחתחור כנזסרם
031		A6.11:7	זנה רשת ספרא מן	ארשם	על נחתחור פקידא
032		A6.12:1	זי במצרין מן	ארשם	על נחתחור כנזסרם
033		A6.12:4	[ז]נה רשת ספרא מן	ארשם	על נחתחור פקי[דא]
034		A6.13:1	[....] [....] [....] מן	ארשם	על נחתחור כנזסרם
035		A6.13:6	זנה רשת ספרא מן	ארשם	על נחתחור פקידא
036		A6.2:1	[מלכא] פתחמן[...] מן	ארשם	על וחפרעמחי וכעת בלא]
037		A6.3:1	דריו[הוש מלכא] מן	ארשם	על ארתונת שלם ושררת
038		A6.4:1	[...]חפי[....] מן	ארשם	על ארתונ]ת שלם ושררת
039		A6.5:1	זי [....] [מן	ארשם	על] ארתונת שלם [ושררת
040		A6.5:4	יאתו עלי מן	א]רשם	על ארתונת] על [....]
041		A6.6:1	מ]ן	ארשם	על .... שלם ושררת שגיא
042		A6.7:1	[....].נת.[....] מן	ארשם	על ארתהנת שלם ושררת
043		A6.8:1	[..] למצפה מן	ארשם	על ארמפי וכעת פסמשך
044		A6.8:5	זנה אחופי ספרא מן	[א]רשם	על ארמפי על זי
045		A6.9:1	לא משתמ[ען] לי מן	ארשם	על מרדך פקידא זי
046		D6.8fraga:1	מן	ארשם	על נחת[חור ....]
047		A4.2:8	הנלו גלין אנפין על	ארשם	^קדמן^ לכן לא כזנה הו[ה
048	ולארשם	A6.16:2	עבד כזי לאלהיא	ולארשם	תחד[י] אף זי הושרת
049	לארשם	A6.14:1	וכעת תנה אנה קבלת	לארשם	על אחתבסתי פקידא זילי

ארת[...] — (Pers)

001	...ארת	A4.6:3	[....]	ארת[...]	בלב[....]

ארתבנו — Artabanu (Pers; Hinz 208)

ארתבנו #1 — Artabanu, detachment commander

001	ארתבנו	D2.3:3	[...] [.... ...] לדגל	אר]תבנו	...] [3 ....]+3+3
002		B2.2:3	בירתא עביד לדגל	ארתבנו	למחסיה בר ידניה

ארתבנו #2 — Artabanu

001	ארתבנו	C4.7:6	[וחשתב.[....]	ארתבנו	ארי איסך פרנס

ארתברזן — Artabarzana (Pers; Hinz 209)

001	ארתברזן	D2.12:2	אמר [ב]רזנרו בר	ארתברזן	הו פתו בחתרי זי

ארתהנת — cf. ארתונת

ארתוהי — Artavahyah (Pers; Hinz 217)

001	ארתוהי	A6.11:6	יחשל על ביתא זילי	ארתוהי	ידע טעמא זנה רשת ספרא
002		A6.12:3	אפריע לעבק ול[עב]ק	ארתוהי	ידע טעמ[א ז]נה רשת
003		A6.13:5	שים להיתיה בבאל	ארתוהי	ידע טעמא זנה רשת ספרא

ארתוזי — Artavazaya (Pers; Shaked)

001	ארתוזי	D22.49:1	ברך	ארתוזי	בר פרם קדם שמש אלהא רבא
002		D22.47:1		ארתוזי	ברך זי כתב כתבתא זא קדם

ארתונת Artavanta (Pers; Hinz 217)

No.	Form	Ref.	Preceding	Name	Following
001	ארתהנת	D6.4fragg:1	...]	אר]תהנת	[...
002		A6.7:10	מן ארשם בר ביתא על	ארתהנת	זי ב[מצרי]ן על חילכיא
003		A6.7:1	מן ארשם על	ארתהנת	שלם ושררת שגיא הושרת
004	ארתונת	D6.4fragf:1	...]	[ארתו]נת	[...
005		A6.4:5	ארשם ברבית[א] על	ארתונת]	....] על דשנא זי
006		A6.3:9	ארשם בר ב]יתא על	ארתונת	זי במ]צרין [...].[...]חס.
007		A6.3:5	על מראי טב ישתלח על	ארתונת	[כזי עבדיא] אלכי אהקרב
008		A6.5:4	עלי מן א]רשם על	[ארתונ]ת	על [....] חן.]זי
009		A6.3:1	[מלכא] מן ארשם על	ארתונת	שלם ושררת שגיא הושרת
010		A6.4:1	מן ארשם על	אר[תונ]ת	שלם ושררת שגׄ[י]אׄ
011		A6.5:1	[מן ארשם על]	ארתונת	שלם [ושררת שגיא הושרת

ארתורזי Artavarziya (Pers; Kornfeld 100)

No.	Form	Ref.	Preceding	Name	Following
001	ארתורזי	C2.1.7:42	[לע]רקׄתׄ[ה זי	ארתורזי	[למ[ע]בד קר[ר]ב וק[רבא
002		C2.1.7:45	אתה לער[ק]ה [זי	א]רתור[ז]י	למעבׄד [קרב]
003		C2.1.7:40	עמי אז[ל]וׄ אחר	ארתורׄ[זי]	[עם] חי[ל]א אזל
004		C2.1.7:39	זי עמ[י הו]ה שלחת	ארתורזי	שמה פרסי [עלימא זילי

ארתחי Artaxaya (Pers; Hinz 211)

No.	Form	Ref.	Preceding	Name	Following
001	ארתחי	A6.10:10	וגסת פתגם יתעבד לך	[אר]תחי	ידע טעמא זנה רשת ספרא
002		A6.16:1	מן [....]	אר[ת]ח[י]	על נחתחור שלם ושררת
003		A6.16:6	אלהיא שלם ישמו לך מן	ארתחי	על נחתחור

ארתחש cf. #1 ארתחשסס

ארתחשסס Artaxšaça (Artaxerxes; Pers; Kornfeld 100)

#1 ארתחשסס Artaxšaça I

No.	Form	Ref.	Preceding	Name	Following
001	ארתחש	B3.3:1	פרמותי שנת 3+3+10	ארתחש	מלכא אמר ענניה בר
002	ארתחשסס	A5.1:5	שנת 3+3+3+20	ארתחשסס	מ]לכא ....]כל עלימי
003		A5.2:2	שנת 1+10+20	[ארתחשסס]	[מלכא ....] שאילת
004		A6.1:7	2+3+3+10+20	ארתחשסס	[מלכא] פתחמ[...] מן
005		B2.2:2	ראש מלוכתא כזי	ארתחשסס	מלכא יתב בכרסאה אמר
006		B2.3:1	למסורע שנת 3+3	ארתחשסס	מלכא אמר מחסיה בר
007		B2.4:1	ל[מס]ורע שנת 3+3	ארתחשסס	מלכא אמר מחסיה בר
008		B2.6:1	[ש]נת 1+3+10	ארתחשס[ש	מלכ[א] אמר אסחור בר
009		B2.7:1	שנת 3+3+3+10	ארתחשסס	מלכא אמר מחסיה בר
010		B2.8:1	לפחנס שנת 2+3+20	ארתחשסס	מלכא אמר פיא בר פחי
011		B3.1:1	תחות שנת 3+3+3	ארתחשסס	מלכא אמרת יהוחן ברת
012		B3.4:1	שנת 2+3+3+20	ארתחשסס	מלכא אמר בגזשת בר
013		B3.5:1	אפף שנת 1+10+20	ארתחשסס	מלכא אמר ענניה בר
014		B3.6:1	2+3+3+10+20	ארתחשסס	מלכא אדן אמר משלם בר
015		B6.1:1	3+3+3+10]	ארתחשסס	מלכא אדן אמר ... בר
016		D17.1:4	הו מחיר שנת שבע	ארתחשסס	מלכא [ל.].ופדׄנחתי
017	לארתחשסס	B3.2:1	שנת 1+3+10	לארתחשסס	מלכא˄ אמר מיכא בר

#2 ארתחשסס Artaxšaça II

No.	Form	Ref.	Preceding	Name	Following
001	ארתחשסס	D12.2:1	לאב שנת 2	ארתחשס[ש	[...
002		D12.2:2	לאׄב שנת 2	ארתחש]סס	[...
003		B3.10:1	למסורע שנת 1	ארתחשסס	מלכא אדין אמר ענני בר
004		B3.11:1	לכיחך שנת 3	ארתחשסס	מלכא אדין אמר ענני בר
005		B3.12:10	לתחות שנת 1+3	ארתחשסס	מלכא אדין אמר ענני בר
006		B3.12:1	לתחות שנת 1+3	ארתחשסס	מלכא אדין אמר ענני בר
007		B3.13:1	ירח תחות שנת 1+3	ארתחשסס	מלכא אדין בסון בירתא
008		B7.2:1	לפאפי שנת 1+3	ארתחשסס	מלכ[א] ב[י]ב בירתא
009		D2.12:1	[בי]רח פאוני שנת 2	ארתחשסס	מלכא אמר [ב]רזנרו בר

ארתכרן Artakarana (Pers; Zadok; cf. Hinz 197)

No.	Form	Ref.	Preceding	Name	Following
001	ארתכרן	B2.1:17	שהד פרתנזן בר	ארתכרן	שהד בגדת בר נבוכדרי

ארתפרד Artafrada (Pers; Zadok; Hinz 210)

No.	Form	Ref.	Preceding	Name	Following
001	לארתפרד	B7.2:3	] לד]גל נבוכד[רי	ל[אר]תפרד	בר א[רוסת]מר לדג[ל]

אש[...] (Aram/Pers)

No.	Form	Ref.	Preceding	Name	Following
001	אש....	D22.14:1	ברך	אש..[.]	..רׄ.

אשה Ašah/Ušah (Aram; Grelot 464)

#1 אשה Ašah s Peṭkhnum

No.	Form	Ref.	Preceding	Name	Following
001	ואשה	A2.1:11	שאל בר פטחרטיס	ואשה	בר פטחנם שלם סחתה כלה

#2 אשה Ašah s ? and f ?

No.	Form	Ref.	Preceding	Name	Following
001	אשה	C3.14:10	ש [.... בר	אשה]	בׄ[ר .]תׄ[. שא 1]הו ש

#3 אשה Ašah f Ḥeremšezib

No.	Form	Ref.	Preceding	Name	Following
001	אשה	D18.2:a	חרמשזב בר	אשה	כמרא
002		D18.2:b	חרמשזב בר	אשה	

#4 אשה Ašah

No.	Form	Ref.	Preceding	Name	Following
001	אשה	D18.3:1	א..ל..א.מל ...	אשה	

אשידת Açidata (Pers; Hinz 21-22)

No.	Form	Ref.	Preceding	Name	Following
001	אשידת	C4.7:14	פרניש זבמן פרתנזן	אשידת	

אשין Ašian (Aram)

#1 אשין — Ašian

001 לאשין D7.29:2 — על חגי אמרת | לאשין | על כסף מרזחא כן אמר לי

#2 אשין — Ašian f ?d

001 אשין D2.4:2 — [... ...] [... ...] [... ...]. ברת | אשין | ארמיה[... ...] [... ...]

אשמ[...] — Ešem[...] (Aram)

#1 אשמ[...] — Ešem[...]

001 אשמ... D22.33:1 — בר<ך> | אשמ[...]

#2 אשמ[...] — Ešem[...]

001 אשמ[... C4.5:9 — יזני[ה] אגרי בר | אשמ[... | ...] נתן בר הודויה[

#3 אשמ[...] — Ešem[...]

001 C3.14:4 — בר שמעי[ה] שא 1 ש | אשמ[... |]בר ..[...שא] 1 ש פטסי

#4 אשמ[...] — [E]šem[...]

001 [א]שמ[... C3.15:41 —] בר .... כש 2] 10 | [א]שמ[... | בר .... כש 2] שלם בר

אשמזבד — Ešemzabad (Aram; Porten 332)

001 אשמזבד B3.9:12 — חרמנתן בר פחא | אשמזבד | בר שוין

אשמכדרי — Ešemkudurri (Aram; Porten 332)

001 אשמכדרי C4.8:6 — צחחונס בר חנמו | אשמכדרי | בר יפע חור בר

אשמרם — Ešemram (Aram; Porten 332)

#1 אשמרם — Ešemram s Qomʿam and f Ḥor

001 אשמרם D22.18:2 — ב<ר>ך חור בר | אשמרם | בר קמעם

#2 אשמרם — Ešemram f Betʾelzabad (Saqqarah)

001 אשמרם D18.7:a — לביתאלזבד בר | אשמרם

002 D19.2:1 — ביתאלזבד בר | אשמרם

#3 אשמרם — Ešemram (Saqqarah)

001 אשמרם B4.7:1 — ארמי זי סון קדם | אשמרם | ב..[....] לאמר יהבת

#4 אשמרם — Ešemram s Ešemšezib and f Šaweram

001 אשמרם B3.13:12 — ולא דן כתב שוהרם בר | אשמרם | בר אשמשזב ספרא זנה

002 B3.9:11 — נבושלם בר ביתאלרעי | אשמרם | בר אשמשזב וריזת בר

#5 אשמרם — Ešemram s Nabunad[in]

001 אשמרם C4.8:8 — חור בר אסכשית | אשמרם | בר נבונד[ן]

#6 אשמרם — Ešemram f Peṭem[...]

001 אשמרם C3.14:1 — ר 2 ש פטמ[ון בר | [אשמ]ר[ם] | שא 1 ש זבידו בר

אשמשזב — Ešemšezib (Aram; Porten 332)

001 אשמשזב B3.9:11 — ביתאלרעי אשמרם בר | אשמשזב | וריזת בר ביתאלזבד

002 B3.13:12 — שוהרם בר אשמרם בר | אשמשזב | ספרא זנה בסון בירתא

אשנ. — (Aram)

001 אשנ. A3.8:5 — זי זכור וביתא זי | אשנ.] | ו]הן לא זבנו המו בעי אש

002 לאשנ. A3.8:11 — 1 למנפי אל תשבק | לאשנ.] | ....]ות הב לה עבור

את... — (unknown)

001 את... D7.3:5 — ועל]י על [מש]לך בר | את... | ....[.] ... זרע דלען אף

אתחתא — Attaḥata' (Aram; Porten, Or 57 [1988] 28)

001 אתחתא C3.4:2 — ...] שורין[...] [... ...] | אתחתא[| כסן[ף ...] ש]למיא

אתעדרי — Attaʿidri (Aram; Grelot 464)

001 אתעדרי B4.4:20 — שורי בר כרז | אתעדרי | בר].... בגדת בר

אתר — (unknown)

001 אתר C3.2:4 — נתבעל שלם ש סעדת | אתר | ש מעדת שמאדד ש תן[

אתרופרן — Atrofarnah (Pers; Hinz 48)

001 אתרופרן B2.2:9 — בר צדק יהודי לדגל | אתרופרן | למערב שמש לה ובית

אתרלי — (unknown)

#1 אתרלי — f Šatibarzana

001 אתרלי B2.1:16 — שהד שתברזן בר | אתרלי | שהד שמעיה בר הושע שהד

#2 אתרלי

001 אתרלי D9.11:3 — רות א[.].[.] | אתרלי | וירשן מליס

#3 אתרלי

001 אתרלי D3.16:17 — תמחא עם עלימת | אתרלי

אתרלי #4

f ?

001	אתרלי	B2.7:18	ויזב[לו] בר	אתרלי	כספי שהד ברברי בר

אתרלי #5

f ?

001	אתרלי	B3.4:23	שהד חירו בר	אתרלי	כספי בית ויזבל כספי

אתרלי #6

001	אתרלי	D2.10:7	[...] [... ...	את]רלי	דבק להן[... ...] [... ...]ה

אתרפרן — Atrfarnah (Pers; Zadok; cf. Hinz 48)

אתרפרן #1

Atrfarnah s Nisaya

001	אתרפרן	B3.6:16	בר זכור ושהדיא בגו	אתרפרן	בר ניסי מדי שהד

אתרפרן #2

Atrfarnah

001	אתרפרן	D2.10:9	בית[... ...] [... ...]	אתרפרן]	... ... א]רק ביתא זך זי

בארי — Beʾeri (Beeri; Heb; Porten 134)

001	בארי	C4.8:3	בר נתין חגי בר	בארי	פסו בר כשי צחחנום

בבי — Bebai (Aram/Heb; Zadok 174)

001	בבי	D22.31:1	ברך	בבי	למן

בגבגא — Bagabaga (Pers; Shaked)

001	בגבגא	D22.12:1	חורי בר	בגבגא	

בגבגן — Bagabigna (Pers; Kornfeld 101)

בגבגן #1

[Bagabigna f Vida]rna

001	בגבגן	C2.1.11:77	פרסי וד[רן שמה בר	בגבגן	פ]רסי מן אנ[ת מלך]. מן

בגבגן #2

Bagabigna

001	בגבגן	C3.26:38	[...] תרט עלימ[תא]	בגבגן	כ[א] לכלבא ובן [...]

בגבוחש — Bagabuxša (Pers; Kornfeld 101)

בגבוחש #1

Bagabuxša (Saqqarah)

001	בגבוחש	B8.4:10	[....]	בגבוחש	כרזד.

בגבוחש #2

Bagabuxša

001	בגבחש	C4.7:10	ארי איסך פרנם	בגבחש	פרניש זבמן פרתנזן

בגדן — Bagadana (Pers; Hinz 54)

001	בגדן	A6.1:1	עבדיך אחמנש וכנותה	בגדן	וכנותה וספרי מדינתא שלם
002		A6.1:5	וכנותה אזדכריא	ב[גדן	וכנותה] דיניא פטאסי

בגדת — Bagadata (Pers; Hinz 54f)

בגדת #1

Bagadata s Psamšek

001	בגדת	B4.3:24		בגדת	[ב]ר פסמשך
002		B4.4:20	כרז אתעדרי בר [....	בגדת	בר פסמשך] ארורת בר

בגדת #2

Bagadata s Nabukudurri

001	בגדת	B2.1:18	בר ארתכרן שהד	בגדת	בר נבוכדרי ינבולי בר

בגדת #3

Bagadata f Paḥe and Bagafarnah (Saqqarah)

001	בגדת	D19.1a:2	פחי בר	בגדת	
002		D19.1b:2	בגפרן בר	בגדת	

בגדת #4

Bagadata (Saqqarah)

001	בגדת	B8.2:13	מסתא [....]ם	בגדת	1 [...]י כל 2

בגדת #5

Bagadata s ?

001	בגדת	A4.6:10	[....]מ[....]	בגדת	בר [....] [....]י

בגוד — Bagavada (Pers; Shaked)

001	לבגוד	C3.12:25	קלבי 1 ב 1+3+20	לבגוד	1 קלבין 2 לנקיה קדם

בגוהי — Bagavahya (Pers; Hinz 59-60; Kornfeld 101-2)

001	בגוהי	A4.9:1	זכרן זי	בגוהי	ודליה אמרו לי זכרן לם
002		A4.8:1	אל מ[ראן	בגוהי	עבדיך ידני]ה כה[נא
003		A4.7:1	אל מראן	בגוהי	פחת יהוד עבדיך ידניה

בגו.שת — (Pers)

001	בגו.שת	C3.8IIIB:9	[...] .[...חלא זי קדם	בגו.שת	[...]כלה במצרין

בגזושת — Bagazušta (Pers; Hinz 61)

001	בגזושת	C3.7AV1:18	[..] כל 2[....]	בגזושת	בר .[....]
002		B3.5:3	ברת שתיבר ומן	בגזושת	כספין זי יב בירתא אנה
003	בגזשת	B3.12:12	לך ביתן זי זבן מן	בגזשת	בר פלין כספיא בי תחתי
004		B3.12:4	ביתן זי זבן בכסף מן	בגזשת	בר פלין כספיא הו ביתה
005		B3.4:2	ארתחשסש מלכא אמר	בגזשת	בר בזו כספי לדגל נמסו

006		B3.4:23	חגי בר שמעיה כפס	בגזשת	ואבל ושהדי<א> בגר
007		B3.4:10	ושוק מלכא ביניהם אנה	בגזשת	ואובל כל 2 אנחן זבן
008		B3.4:25	זמסף ספר בי זי זבן	בגזשת	ויבל לענניה לחן ליה
009		B3.12:31	ספרא עטיקא זי כתב לן	בגזשת	ספר זבנתא זי זבן לן

בגזשת

cf. **בגזושת**

בגין

Bagaina (Pers; Hinz 56-57)

001	בגין	B3.2:13	בר ידניה מנכי בר	בגין	עתרמלכי בר פסמי זבוד

בגמרזדי

Bagamerezdi (Pers; Kornfeld 102)

001	בגמרזדי	D14.4:1		בגמרזדי	

בגסרו

Bagasrava (Pers; Hinz 58)

001	בגסרו	A6.12:1	עלימ[א] זילי זי	בגסרו	היתי שושן זך פתפא הב
002		A6.8:4	וגסת פתגם יתעבד לך	בגסרו	ידע טעמא זנה אחופי
003		A6.9:6	פתף אל תנתנו להם	בגסרו	ידע טעמא זנה רשת ספרא

בגפן

Bagapana (Pers; Hinz 57)

001	בגפן	B8.4:1	נבושרה ורז	בגפן	ח....שת [....]ת

בגפרן

Bagafarnah (Pers; Hinz 56)

בגפרן #1

Bagafarnah s Fri[ya] (Saqqarah)

001	בגפרן	C3.8IIIB:16	על לזכרן [2+3+10]	בגפרן	[ב]ר פר[י] אתה בבית
002		C3.8IIIB:30	שנת 2+3+10	בגפרן	זי על נוז[..] כן אמר

בגפרן #2

Bagafarnah

001	בגפרן	C4.2frage:1	ע[ם .... בר ....]	בגפר[ן]	[....] י בר [...]
002		C4.2fragd:1	עם[...]	בגפרן	[...]עם תנו [...].

בגפרן #3

Bagafarnah

001	ובגפרן	A5.2:6	עד שנת 1+10+20	ובגפרן	ונפין ומנכי

בגפרן #4

Bagafarnah s Bagadata

001	בגפרן	D19.1b:1		בגפרן	בר בגדת

בגפרן #5

Bagafarnah in Salam

001	בגפרן	A6.9:1	בארבל חל[.] ומתלבש	בגפרן	פקידא [ז]י בסעלם

בגפרן #6

Bagafarnah, slave

001	בגפרן	A6.7:4	שמה 1 כא שמה 1	בגפרן	שמה 1 פיתרענז שמה 1

בגפרן #7

Bagafarnah s Vačaxaya

001	בגפרן	C3.15:136	ברת כיה[כ]ש 2	בגפרן	בר ושחי כש 2 לאנדם

בגפת

Bagapata (Pers; Kornfeld 103; Hinz 58)

001	בגפת	C3.8IIIA:4	[ ].נן כאגרת	בגפת	[...]
002		C3.8IIIA:7	[ל]דגל	בגפת	
003		C3.8IIIA:9	בר שאילא לדגל	בגפ[ת	[....]

בוה

(unknown)

001	בוה	C4.2:4	[...] כל 2 [...]	בוה	[בר ....]מן עתרשגא
002		C4.2fraga:3	[בר ...].ם זי בב[...]	בוה	בר וחפרע עם חרין [...]

בוזי

Baujaya (Pers; Shaked; Hinz 66)

001	בוזי	C4.7:4	דתוהי אבדח[.].]	בוזי	וחשתב.[...] ארתבנו

בוני

Bunni (Aram/Akk; Zadok)

001	בוני	B3.2:10	אפצל ואנתן לך כתב	בוני	בר מנכי כפס מיכא בר

בזו

Bazu (Pers; Hinz 66)

001	בזו	B3.4:2	מלכא אמר בגזשת בר	בזו	כספי לדגל נמסו ונשן
002	פלין	B3.12:12	זי זבן מן בגזשת בר	פלין	כספיא בי תחתי מבני אחד
003		B3.12:4	בכסף מן בגזשת בר	פלין	כספיא הו ביתה זי

בזכה

Bazaka (Pers; Shaked; cf. Kornfeld 103)

001	לבזכה	D8.8:7	1 ק 2 ק למכיה ק 3	לבזכה	ק 3 {שלמעון}<לשמעון> ק

בחי

Bukhi (Egypt; Muchiki 73)

001	בחי	D8.12:5	מ 3 כרתרס מ 3 שבי בר	בחי	מ 3

בחש

Buxša (Pers; Hinz 68)

001	לבחש	D18.12:1		לבחש	

בטתא

Buṭeta' (fem; Aram; Zadok)

001	לבטתא	D2.28:1	מלחא[...] ספ[ר]א זי	לבטתא	אנתתה זי [....] [...]..

בידיה

Beyadyah (Heb; Kornfeld 43)

001	בידיה	D8.6:4	פ חניה ספרא מ 2 פ	בידיה	ר 2 [פ]תלמיס וחבוב מ

ביתאל[...] — Bet'el[...] (Aram)

#1 ביתאל[...] — Bet'el[...]

001 D2.25:9 ביתאל... | חמן שה[ד ... ב]ר | ביתא]ל... | ....] שהד[... ...] <...>

#2 ביתאל[...] — Bet'el[...] f Paḥor

001 C4.3:17 ביתאל... | פחור בר | ביתאֿ[ל...] | ארדי בר צחאֿ[...]

#3 ביתאל[...] — Bet'el[...] f Aqab

001 C4.3:16 ביתאל... | עקב בר [...] | ביתא[ל...] | פחור בר ביתאֿ[ל...]

#4 ביתאל[...] — Bet'el[...] f Ṯhotmou

001 C4.3:12 ביתאל... | [...] תחותמעו בר | ביתא[ל...] | פכמי בר וחפרֿ[ע]

#5 ביתאל[...] — Bet'el[...]

001 D22.21:1 ביתאל... | ברך | ביתאל... | ...]

ביתאלדלה — Bet'eldalah (Aram); or read ב]יתאלדֿ[עי

001 D3.13:4 ביתאלדלה | [...] [... | ב]יתאלדֿ[לה | ...]

ביתאלזבד — Bet'elzabad (Aram; Grelot 469)

#1 ביתאלזבד — Bet'elzabad s Ešemran (Saqqarah)

001 D19.2:1 ביתאלזבד | ביתאלזבד | בר אשמרם
002 D18.7:a לביתאלזבד | לביתאלזבד | בר אשמרם

#2 ביתאלזבד — Bet'elzabad f Agri(ya)

001 D19.3:2 ביתאלזבד | אגרי בר | ביתאלזבד

#3 ביתאלזבד — Bet'elzabad f Varyazata

001 B3.9:11 ביתאלזבד | אשמשזב וריזת בר | ביתאלזבד | חרמנתן בר פחא

ביתאלנדר — Bet'elnadar (Aram)

001 A3.2:1 ביתאלנדר | [....] | ביתאלנדר | [....] משאן 1 זי

ביתאלנורי — Bet'elnuri (Aram; Grelot 469)

#1 ביתאלנורי — Bet'elnuri

001 D9.9:14 ביתאלנורי | בר נס[...] חטא | ביתאלנֿוֿרין | [... כל ..ת[...]

#2 ביתאלנורי — Bet'elnuri s ?

001 C4.3:20 ביתאלנורי | מנכי בר צח[א] | ביתאלנורי | בר [...]

#3 ביתאלנורי — [Bet]'elnuri f Hošea'

001 C3.15:6 ביתאלנורי | 2[1+] הושע] בר | בית]אלנורי | הו כסף ש 2 ל[ה]

ביתאלנתן — Bet'elnatan (Aram; Grelot 469)

#1 ביתאלנתן — Bet'elnatan

001 A2.1:9 בביתאלנתן | אנחן יצפן אזדהרי | בביתאלנתן | מן חבב וכעת אן אשכחת
002 A2.1:3 ביתאלנתן | אפיך בשלם שלם | ביתאלנתן | שלם נכי ועשה ותשי

#2 ביתאלנתן — [Be]t'el<n>atan

001 D7.41:2 ביתאלנתן | [ ]בב 22 בק[....] [... | בי]תאל<נ>תן | ל.[...] [...]ל וכעת שלח

#3 ביתאלנתן — Bet'elnatan s Šuri

001 D9.10:2 ביתאלנתן | שלם בר א..[...] | ביתאלנתן | בר שורי פֿשגז בר וני

#4 ביתאלנתן — Bet'elnatan

001 D3.13:3 ביתאלנתן | בי[...] [... |]ביתאלנתֿ[ן | [...] [... ב]יתאלדֿ[לה

#5 ביתאלנתן — Bet'elnatan f Ḥeremnatan

001 B6.4:9 ביתאלנתן | בגו שהד חרמנתן בר | ביתאלנתן | בר צחא שהד חגי בר

#6 ביתאלנתן — Bet'elnatan s Yehonatan

001 B6.4:10 ביתאלנתן | [א]זֿניה שהד | ביתאלנתן | בר יהונתן

ביתאלעקב — Bet'el'aqab (Aram; Grelot 468)

#1 ביתאלעקב — Bet'el'aqab

001 D7.25:9 לביתאלעקב | א...[...] [...] | לבֿיֿתֿאֿלֿעֿקֿבֿ] | ...]

#2 ביתאלעקב — Bet'el'aqab f ?

001 D9.13:4 ביתאלעקב | ברת[...] [...]בר | ביתאלעקב | [...] [...]עקב ברה

#3 ביתאלעקב — Bet'el'aqab s Aner

001 C4.4:9 ביתאלעקב | בר אזניה | ביתאלעקב | בר ענר כל גברן

#4 ביתאלעקב — [Bet'e]l'aqab

001 D5.37:8 ביתאלעקב | [...]לם [...]. [... | ביתא]לעֿקב

ביתאלרעי Bet'elra'i (Aram; Grelot 469)

#1 ביתאלרעי — Bet'elr[a'i]; cf. ביתאלדלה

#2 ביתאלרעי — Bet'elra'i f Nabušillem

001 B3.9:11 ביתאלרעי בר כפא נבושלם בר ביתאלרעי אשמרם בר אשמשזב

ביתאלשגב Bet'elsagab (Aram; Segal 50)

#1 ביתאלשגב — Bet'elsagab

001 B8.4:3 ביתאלשגב הוו [.... בית]אלשגב עם בריכאל 1

#2 ביתאלשגב — Bet'elsagab

001 B8.6:8 ביתאלשגב הוברא ארמי לדגל ביתאלשגב מלל על [....]סי.

ביתאלשזב Bet'elšezib (Aram; Grelot 469)

#1 ביתאלשזב — Bet'elšezib f Ḥarwodj

001 A2.5:6 ביתאלשזב יתו ביד חרוץ בר ביתאלשזב זי אתה למחתה לבמרשרי

#2 ביתאלשזב — Bet'elšezib s Peṭ[...]

001 C3.6:11 ביתאלשזב עלנבו.[...] לא בג בר פט.[...] לא בג ביתאלשזב

#3 ביתאלשזב — Bet'elšezib s Waḥpre

001 D9.10:7 ביתאלשזב פטסי בר נפטרנפש. בר וחפר־ע־ ענניה בר ביתאלשזב

ביתאלשרה Bet'elšarah (Aram; Segal 49)

001 B8.4:3 ביתאלשרה עם בריכאל 1 ביתאלשרה 1 יעלו i .. י 1

ביתאלתדן Bet'eltadin (Aram; Kornfeld 43)

001 A3.8:8 ביתאלתדן אפם חת לעבק אזל על ביתאלתדן וינתן לך כתון שטטן

ביתאלתקום Bet'eltaqum (Aram; Segal 67)

#1 ביתאלתקום — Bet'eltaqum s ?

001 C3.6:12 ביתאלתקום בר פט.[...] לא בג ביתאלתקום ב]ר ...] ל[א]בג

#2 ביתאלתקום — Bet'eltaqum

001 B4.4:10 ביתאלתקם בּ[ח]ין[לא זנה זי מאתה זי ביתאלתקם וזי מ[אתה זי נבושלו

002 B4.4:6 ביתאלתקם ..[....]ן זי מאתה זי ביתאלתקם 1+10 [.... כל

ביתאלתקם cf. #2 ביתאלתקום

בכיס Bacchios (Gr; Kornfeld 116)

001 C3.28:33 בכיס לגן 3+3 בּר 3 בכיס לגן 3+3+3 בש 1 מ 1 פ

בכרנף Bokrinf (Egypt; DemNb 147; Muchiki 73)

001 D20.2:1 בכרנף ברכה תמא ברת בכרנף לוסרי

בלא Belle (Egypt; Muchiki 73f); cf. בלה

001 B2.11:5 בלא מטאני בחלק אנה מחסיה בלא שמה אמה תבא עבד יוד

בלבן Belbani/Belibni (Aram/Akk; Zadok; Kornfeld 43)

001 C3.14:14 בלבן שא 1 ש ש[.]גוי בר בלבן שא 1 ש ורד בר זותי

בלה Belle (fem; Egypt; Muchiki 73f); cf. בלא

001 C3.9:4 בלה [אנ]ת[ת]ה נשן ר[בה] בלה ברתה ח.[....] כל נפש 1+3

בלהבה Belhabeh (Aram; Kornfeld 43)

001 D22.13:1 בלהבה ברך בלהבה לאסרי

בלסראצר Belsar'uṣur (Akk; Kornfeld 44)

001 D16.1:1 בלסראצר בלסראצר

במלך Bimelek (Aram/Phoen; Zadok; Renz-Röllig 62)

001 C4.2:1 במלך במלך בר[...] זבעדרי[...] כל

בנחף Benḥapi (Phoen; Phoen script)

001 D11.6:2 בנחף ת־ פגו [..]עבדאסר בן בנחף [.. צ]חפמו בן צחא

בניה Benayah (Benaiah; Heb; Porten 139, Renz-Röllig 62)

#1 בניה — Benayah f Hoša'yah

001 C3.3:13 בניה בר[....] הושעיה בר בּניה יאזניה בר[ן פל]טיה

#2 בניה — Benayah s Gaddul

001 D3.17:4 בניה חמי הושע בר נתון בניה בר גדול מחתוש בר

בנת Banit (Aram/Akk; Kornfeld 44)

001 D20.1:1 בנת חתפי לקרבת בנת לאוס‖רי חפי עבד אביטב

002 D20.1:3 בנת עבד אביטב בר בנת לה יעבד קדם

בנתסר Banitsar (Akk; Grelot 467; Lipiński 9)

001	בנתסר	A2.6:8	[ו... ו... וכ]עת שלם	בנתסר	תנה וברה אל ת[צפי לה	
002	לבנתסר	A2.2:5	נתתן ופדת	לבנתסר	בר תבי אחת נבושה כסף	
003		A2.6:3	וכעת יהב מ[כבנת	לבנתסר	]חתנה זי נבשה כסף ש	

בנתסרל Banitsarli (Akk; Grelot 468; Lipiński 9)

001	בנתסרל	A2.3:2	יחזני אפיך בשלם שלם	בנתסרל	וארג̇ ואסרשת

בנתרש Banitereš (Akk; Grelot 467)

001	בנתרש	B2.1:19	ינבולי בר דרגא שהד	בנתרש	בר וחפרע שהד שלם בר

בסא Besa (Egypt; Kornfeld 79; Muchiki 74; DemNb 146)

בסא #1 Besa

001	ובסה	D1.1:11	יצף אנה[... ... ...]	ובסה	תנה אתננ[ה ... ...]

בסא #2 Besa s Zabdi (Saqqarah)

001	לבסא	D18.9:a		לבסא	בר זבדי
002		D19.4:1		לבסא	בר זבדי

בסא #3 Besa f Ḥeremnatan (Saqqarah)

001	בסא	D18.10:a	חרמנתן בר	בסא	
002		D18.10:b	חרמנתן בר	בסא	

בסא #4 Besa f Pakhnum

001	בסא	B3.13:15	בר משלם לפחנום בר	בסא	
002		B3.13:2	נבוכדרי לפחנום בר	בסא	ארמי זי סון לדגלא זך

בסה cf. #1 בסא

בסס Busasa (Akk; Kornfeld 44; Porten, EPE, 243n16)

001	בסס	B3.11:8	בר חגי בר משלם בר	בסס	אנתי יהוישמע ברתי שליטה
002		B3.12:2	בר חגי בר משלם בר	בסס	ארמי זי {זי} יב ברתא
003		B3.12:11	חד לענני בר חגי בר	בסס	לאמר אנחנה זבן ויהבן לך

בעדי Baʿadi (Heb; Porten 138)

001	בעדי	D7.35:9	נונן 3 ו̇[...] ביד	בעדי	3 רבר̇[בן] ויהבת לה

בעדיה Baʿadiyah (Heb; Porten 138)

בעדיה #1 Baʿadiyah f Gaddul

001	בעדיה	B2.10:18	מנחם בר גדול בר	בעדיה	ידניה בר משלם יסלח

בעדיה #2 Baʿadiyah s ?

001	בעדיה	C4.5:2	..[.].[...]	בעדיה	בר א[...] אושע בר

בעלעזר Baʿalazar/Baʿalezer (Phoen; Kornfeld 45)

001	בעלעזר	D11.10:1	[... ב]ר	בעלעזר	

ברברי Barbari (Anat; Zadok)

001	ברברי	B2.7:19	בר אתרלי כספי שהד	ברברי	בר דרגי כספי זי אתרא

ברוכה Berukah (Heb; Zadok)

001	ברוכה	D8.7:5	√ אליעזר מ 1 √	ברוכה	ברת פסי מ 1 תמן ברת

ברזי Birziya (Smerdis; Pers; Kent 200)

001	ברזי	C2.1.11:75	[זי כדב לם אנה]	ברזי	אלה] שגיא עׄמ[ן] אתנצחו
002		C2.1.7:41	[זך] זי אמ[ר]אנה	ב[ר]זי	אׄתה [ע]ם [חילא]
003		C2.1.7:37	קׄ[ם אמר] [לעמא אנה	ברזי	בר]הׄ זי כרש אחר
004		C2.1.8:51	[זך זי אמר אנה	ברזי	בר כרש חילא להרוחתי]

ברזנרו Barznarava (Pers; Shaked)

001	ברזנרו	D2.12:2	2 ארתחשסש מלכא אמר	[ב]רזנרו	בר ארתברזן הו פתו

בריכאל Berikʾel (Aram; Saqqarah; Segal 46)

בריכאל #1 Berikʾel with Betʾelsagab

001	בריכאל	B8.4:3	[.... בית]אלשגב עם	בריכאל	1 ביתאלשרה 1 יעלו

בריכאל #2 Berikʾel b Senebneit

001	בריכאל	B8.4:13	שמו בר סׄנבנת	בריכאל	אחוהי כל 2 ארמין

בריכא cf. #5 ברכיה

ברכיה Berekyah (Berechiah; Heb; Porten 139; Renz-Röllig 63)

ברכיה #1 Berekyah s Hoše[aʿ]

001	ברכיה	D9.2:3	[...]גמריה בר[...]	ברכיה	בר הוש[ע ...]

ברכיה #2 Berekyah s Miptaḥ

001	ברכיה	B3.6:17	מיכיה בר אחיו שהד	ברכיה	בר מפטח דלה בר גדול

ברכיה #3 Berekyah f Gaddul

001	ברכיה	B2.10:19	בר גדול גדול בר	ברכיה	יזניה בר פנוליה אחיו
002		B2.9:17	בר גדול גדול בר	ברכיה	מנחם בר עזריה שהד

ברכיה #4 Berekyah s ?

001	ברכיה	A4.3:1	אלהא מתן בר ישביה	ברכיה	בר̇ [....] עבדך מעוזיה

ברכיה #5 Berekyah

001	ברכיא	A4.4:3	[ז]י אסירו ב[י]ב	ברכיא	הוש[ע ....]

ברכיה #6 Berekyah f Yašobyah

001	ברכיה	C3.15:133	הצול כש 2 ישביה בר	ברכיה	[כ]ש 2 [....]...[י]ה̇[

בש[...] (unknown)

001	בש....	D2.33:3	[... ...]ם[...] בר	בש.[...	]בידה [...]חרפנחס[...

בשאה (unknown)

001	בשאה	B5.6:4	שמי [....]ה	בשאה	עם עֲבֹדא ארמי ילד בזן

בתי Bitya (Aram/Akk; Grelot 469)

001	בתי	A2.1:14	אמי ממה {{ו}} שלם אחי	בתי	ואנשתה שלם וחפרע אל
002		A2.4:3	שלם אמי ממה שלם אחי	בתי	ואנשתה ובנוהי שלם רעיה

בת...ת (unknown); or read **לכת...ת** or **לפת...ת**

001	לבת...ת	B8.6:11	אחר יהיב	לבת...ת	וכנותה

ג[...] (unknown)

001	ג....	D7.12:2	[א]נתתא זי	ג[....]	וקפת ידניה[....] מלאה

ג.... (Heb); cf. **....ה**

גברי Gabri (Heb; Zadok; cf. Renz-Röllig 63); cf. **אברי**

גדול Gaddul (Heb; Porten 142, 147)

גדול #1 Gaddul s ?

001	גדול	D2.26:1	[...] <...> [... ...]כתב	גדול	ב̇[ר ...] [...] לידניה בר

גדול #2 Gaddul s ?

001	גדול	B5.3:7	שהד[ ]	גְּדוֹל	ב̇[ר ....]

גדול #3 Gaddul s Yigdal

001	גדול	B2.2:18	הושע בר פטחנום שהד	גדול	בר יגדל שהד גמריה בר

גדול #4 Gaddul f Natan

001	גדול	B3.3:15	בגו שהד נתן בר	גדול	מנחם בר זכור גמריה

גדול #5 Gaddul s Ošea'

001	גדול	B2.7:14	יהה אלה מועה לה בית	גדול	בר אושע ושקא בניהם
002		B6.3:15	[שהד .... בר ....] שהד	גדול	בר הו[שע שהד .... בר

גדול #6 Gaddul f Yislaḥ

001	גדול	B2.10:19	בר משלם יסלח בר	גדול	גדול בר ברכיה יזניה
002		D3.17:9	מחתוש ויסלח˄ בר	˄גדול	משלם בר נתן [...
003		B3.8:44	בר שמעיה יסלח בר	גדול	[... בר ....] חגי בר
004		D9.6:2	יסלח בר	גדול	
005		B4.5:2	נבוכדרי ליס[לח] בר	גדול	ארמי זי סון לדגל

גדול #7 Gaddul f Benayah

001	גדול	D3.17:4	בר נתון בניה בר	גדול	מחתוש בר נריה כל 3

גדול #8 Gaddul f Dalah

001	גדול	B3.6:17	בר מפטח דלה בר	גדול	[ספר] מרחק זי כתב משלם

גדול #9 Gaddul f [...]yah

001	גדול	A3.5:9	[בר .... ו...]יה בר	גדו[ל̇]	אחוכם [....]

גדול #10 Gaddul f Menaḥem = Gaddul s Ba'adiyah and f Menaḥem

001	גדול	B2.9:17	˄שהד˄ מנחם בר	גדול	גדול בר ברכיה מנחם
002		B2.10:18	בר ידניה מנחם בר	גדול	בר בעדיה ידניה בר
003		B2.11:15	שהדיא בגו מנחם בר	גדול	שהד חנן בר חגי שהד
004		B3.11:18	יהואור שהד מנחם בר	גדול	שהד אחיו בר נתן שהד

גדול #11 Gaddul s Berekyah

001	גדול	B2.10:19	משלם יסלח בר גדול	גדול	בר ברכיה יזניה בר
002		B2.9:17	˄שהד˄ מנחם בר גדול	גדול	בר ברכיה מנחם בר

גדול #12 Gaddul f ?

001	גדול	A4.4:10	[.... אחי .... בר]	גדול	אח[ו]ך יסלח בר נתן

גדול #13 Gaddul s Mešullam

001 גדול C3.15:25 בר ישוב כש 2 [ל]ה גדול בר משלם בר מבטחי[ה

גדול #14 Gaddul s Sammuaḥ

001 גדול C3.15:28 בר משלם הו כש 2 לה גדול בר שמוח הו כש 2 לה

גדל
Giddel (Aram; Kornfeld 45; Zadok 115)

001 גדל D7.21:2 אל מרי מיכיה עבדך גדל שלם וחין שלחת לך ברכתך

גדליה
Gedalyah (Gedaliah; Heb; Porten 142; Renz-Röllig 63)

גדליה #1 Gedalyah s Ananyah

001 גדליה B2.2:20 הדדנורי בבליא שהד גדליה בר ענניה שהד אריישא

גדליה #2 Gedalyah f Hodavyah

001 גדליה B3.1:22 בר גלגול הודויה בר גדליה אחיו בר פלטיה אגור

גדליה #3 Gedalyah f Yehoḥen

001 גדליה C3.15:104 כש 2 יהוחן ברת גדליה כש 2 סלוה ברת נרי כש

גדעזוז
Gadʿazuz (NWS; cf. Kornfeld 45)

001 גדעזוז. D11.8:1 [.]גדעזוז בר פלן[...]

גדרך
(unknown)

001 לגהדרוך A3.2:14 [....] יהב לגֹדֹרֹך

גו[...]
(unknown)

001 גו C4.2fraga:4 [...] עדרי בר כסי עם גו[...] נפסי בר חרמחי[...

גומת
Gaumata (Pers; Hinz 105)

001 לגומת C2.1.11:74 עד אנה [קט]לת לגומ[ת ז]ך מגושא [זי כדב לם

גלגול
Galgul (Heb; Porten 134; Renz-Rǫllig 64)

גלגול #1 Galgul f Šelomam

001 גלגל B4.1:1 בר ששר לשלמם בר גלגל לא[מר אנה לא]אכל אמר

גלגול #2 Galgul f Ošeaʿ

001 גלגול B3.1:21 בגו שהד אושע בר גלגול הודויה בר גדליה אחיו

גלגול #3 Galgul

001 גלגל A3.4:2 [שגיא הושרת] לך שלם גלגל תנה שלם ינקיה ו[כ]עׄ[ת]

גלגל
cf. #3 #1 גלגול

גלפרס
Glaphyros (Gr; Schwartz; Pape-Benseler 252)

001 גלפרס C3.7GR2:16 ספינה 1 זי גלפר[ס בר ... יו]ני פסלרשי
002 C3.7KV2:22 לי]מא ספינה 1] זי גלפרס י[ו]ני פסלרשי כספא תשי
003 C3.7EV1:11 לימא ספינה 1 זי גׄלׄפׄרׄס] ....]יוני [פסלרשי

גמלן
(Aram/Akk; Zadok)

001 גמלן D22.42:1 ברך גמלן סרצר לחר[...]

גמריא
cf. #12 גמריה

גמריה
Gemaryah (Gemariah; Heb; Porten 142; Renz-Röllig 64)

גמריה #1 Gemaryah f Zekaryah

001 גמריה C3.3:15 פל]טיה זכריה בר[ג]מׄריה משלם בר[יא]זניה

גמריה #2 Gemaryah s Aḥio

001 גמריה B2.2:18 גדול בר יגדל שהד גמריה בר אחיו משלם בר הושע
002 B4.2:1 אמר] גמ]ריה [בר א]חיו[ל....] בר
003 B4.2:16 בר זכריה כתב ספרא גמריה בר אחיו על פם שהדיא זי
004 לגמריה D7.9:2 לנסכ־א־ הביה ·לגמריה· בר אחיו ויערכה מן

גמריה #3 Gemaryah f Aḥiʾab

001 גמריה B4.3:2 הו]דויה ואח[יאב בר] גמריה כל 2 יהודין זי ביב]
002 B4.4:2 הודויה ואחיאב בר גמריה לאספׄמׄת] .... זי]

גמריה #4 Gemaryah s ?

001 גמריה D9.2:2 ...] [...] יסלח[...] גמריה[בר[...] ברכיה בר הוש]ע

גמריה #5 Gemaryah f Natan

001 גמריה D7.20:1 שלם מיכיה מן נתן בר גמריה כען אתה על מחר ולא פשרן

גמריה #6 Gemaryah f ? (d)

001 גמריה D2.5:2 [...] [... ... ...]ה ברת גׄמריה יהוד[יה] [... ... ...

גמריה #7 Gemaryah

001 גמריה D3.10:4 ...] [...] מה הו.[...] גׄמׄרׄיׄה] [...]

גמריה #8 Gemaryah s ?

001	גמריה	D9.8:1	...]	גמריה[	בר מ[...]

גמריה #9 Gemaryah s Yašobyah

001	גמריה	D12.1:5	שמעיה בר זכור	גמריה	בר ישביה מיכיה בר

גמריה #10 Gemaryah f ? (d)

001	גמריה	D9.14:11	ב]רת נריה [....] ברת]	גמריה	ב]ר חרמן ...]

גמריה #11 Gemaryah s Maḥseyah and f Mešullemet = f Miptaḥyah and f Eswere = Gemaryah f Yedanyah

001	גמריה	A4.4:7	[אסירן] ידניא בר	גמריה	הושע בר יתום הושע בר
002		B5.5:13	גמריה לאסורי ברת]	גמריה	]אחתה
003		B5.5:2	לאסורי ברת	גמר[י]ה	אחתה יְהוֹדִיָה
004		C3.15:124	הו ביד ידניה בר	גמריה	בירה פמנחתף כסף כרשן
005		B2.3:29	מחסיה שהדיא בגו שהד	גמריה	בר מחסיה שהד זכריה בר
006		B2.4:18	זכריה בר נתן שהד	גמריה	בר מחסיה שהד זכריה בר
007		B3.3:15	גדול מנחם בר זכור	גמריה	בר מחסיה הנעלת תמת
008		B3.5:23	לחנא ושהדיא בגו	גמריה	בר מחסיה הושעיה בר
009		C3.15:2	ש[2] משלמ[מ]ת ברת	גמר[י]ה	בר מחסיה כסף ש 2
010		B5.5:11	זנה כפם מפטחיה ברת	גמריה	ושהדיא בגו
011		B5.5:1	אמרת מפט[חיה ברת	גמריה	יהודיה] זי יב בירתא
012		B5.5:13	זי כתבת מפטחיה בר[ת	גמריה	לאסורי ברת גמריה
013		B3.11:20	מרדו שהד ידניה בר	גמריה	ספר בי זי כתב ענני בר
014		B3.8:44	בר עזריה ידניה בר	גמריה	ספר אנתו זי כתב ענניה
015		A4.10:1	עבדיך ידניה בר	[גמ[ריה	שמה 1 מעוזי בר נתן

גמריה #12 Gemaryah

001	גמריא	D5.40:4	[...] [...]ה עם	גמריא]	...]

גשם Gešem (Geshem; Arab; Kornfeld 46)

001	גשם	D15.4:1	זי קינו בר	גשם	מלך קדר קרב להנאלת

דכדרס (Gr?)

001	דכדרס	C3.28:28	2+4 בר 3	דכדרס	לגן 1+4 בר 2

דגנמלך Daganmelek (NWS)

001	דגנמלך	B1.1:2	3+3 אמר פדי בר	דג[נ]מלך	לאחא בר חפיו נתנת

דדרש Dadarši (Pers; Hinz 79)

001	דדרש	C2.1.7:32	] זי לא שמען ל[י אחר	ד]דרש	א]זל עבד קרב עם
002		C2.1.4:8	מלכא [כן] אמר	דדרש	אַ]רדטי עלימי לארדת
003		C2.1.4:9	[אזלו]לערעה זי[	ד]דרש	למעבד קֹ]רב אחר דדרש
004		C2.1.5:12	] אזלו[ ]לערקה זי	[דדרש	למעבד קרב אחר עבדו
005		C2.1.5:15	אזלו לערקה זי	דדרש	למעבד קרב אחר עבדו קרב
006		C2.1.5:17	] [...]×2+100 אחר	דדרש	מנ]דעם ל]א עביד מכתֹ]ר
007		C2.1.4:9	למעבד קֹ]רב אחר	דדרש	עבד קרבא בזוז שמה
008	לדדרש	C2.1.7:31	פרד שמה אחר שלחת]	[לדדרש	שמ]ה עלימי פר[סי פחתא

דוכל (unknown); cf. רוכל

דומא Duma' (Arab; Zadok; Grelot 470); or read רוֹמא

001	דומא	B2.8:13	מנכי עוסנהר בר	דוּמא	נבורעי בר ושתן ספר

דידי Didi (Heb; cf. Kornfeld 120)

001	דידי	C4.6:14	זכור חגי בר מיכיה	דידי	בר אורי בר מחסה שוא

דיפרס Diophoros/Dipyros (Gr; Katzoff; Kornfeld 117)

001	דיפרס	C3.28:87	נתני גרב 1 מן חגי	דיפרס	גרבין 2 תֹסא ברת חניה

דלה Dalah (Heb; Porten 141, 147; Renz-Röllig 64)

דלה #1 Dalah

001	דלה	A3.5:4	הוית מלא לבתך קדם	דלה	

דלה #2 Dalah s Gaddul

001	דלה	B3.6:17	שהד ברכיה בר מפטח	דלה	בר גדול [ספר] מרחק זי

דלוי Dallui (Heb; Edfu; Kornfeld 46)

דלוי #1 Dallui 3rd

001	דלוי	D1.17fraga:2	זי א.[...] [... ...]	ד]לוי	דליה בר חן[גי] שבעם בר

דלוי #2 Dallui f [Šim]'on

001	דלוי	D8.4:7	2 [... שמ[עֹ֯וֹן בר	דלוי	ש 1 מ 2 [..]. אנתתה מ 1

דלוי #3 Dallui s Yidleh

001	דלוי	D8.5:2	[...]ו[...]	דלוי	בר ידלה מ 1 רב]ע ...]

דלוי #4 Dallui s Ḥaggai

001	דלוי	D8.5:4	שבתי מ 1 רב]ע ...]	דלוי	בר חגי רבען 3 עבדיהו

דלוי #5 Dallui f ?

001	דלוי	D8.5:6	מ 1 רב]ע ...] [...]בר	דלוי	מ 1[...]פ

#6 דלוי

Dallui f Yehudit

001	דלוי	D8.7:3	מ 1 √ יהדת ברת	דלוי	מ 1 חצי √ אליעזר מ 1

#7 דלוי

Dallui s Abyete

001	דלוי	D8.9:13	בר משלם לגן[...]	דלוי	בר אביתי לגן 3+1[.]

#8 דלוי

Dallui f Y(o)ḥanan

001	דלוי	C3.28:102	בידה שטריה יחנן בר	דלוי	עֲרְבָא בזוזן 100×1

#9 דלוי

Dallui (s) Ze'ira' / the younger

001	דלוי	C3.28:115	[{{כ]הנא{{	דלוי	זערא גנבין 3+3 חל 1

דלי

Dali? (Heb?); or read לדלי

001	לדלי	D1.7:2	[....] [...]שלמך	לדלי	פרתני

דליה

Delayah (Delaiah; Heb; Porten 141; Renz-Röllig 65)

#1 דליה

Delayah s Sanballaṭ (Samaria)

001	דליה	A4.7:29	חדה שלחן ^בשמן^ על	דליה	ושלמיה בני סנאבלט
002		A4.8:28	חדה בשמן שלחן על	דליה	ושלמיה ב[ני סנאבלט
003	ודליה	A4.9:1	זכרן זי בגוהי	ודליה	אמרו לי זכרן לם יהוי לך

#2 דליה

Delayah s Ḥa[ggai] (Edfu)

001	דליה	D1.17fraga:2	א.[...] [... ...]דלוי	דליה	בר ח[גי] שבעם בר

#3 דליה

Delayah s Y(o)taqum (Edfu)

001	דליה	D8.7:2	..י[..].[..]. √	דליה	בר יתקום מ 1 √ יהדת

דמוקלס

Damokles (Gr; Kornfeld 117)

001	דמוקלס	C3.29:2	צחא סְבַר 1 זפתא	דמוקלס	לגין 10 ובמרשא
002	ודמוקלס	C3.29:14	לגין 3+3 זנון	ודמוקלס	שיטיא לגין 10+3+3
003	לדמוקלס	C3.29:10	1+3+10 ב 2+10	לדמוקלס	משח לגין 10+3 ב
004	לדמכלס	C3.29:3	לגין 10 ובמרשא	לדמכלס	לגן 10 ב 2 לסון

דמידת

Damidata (Pers; Hinz 81)

001	דמידת	B2.2:6	קבלת עליך עלדברה קדם	דמידת	וכנותה דיניא וטענוך לי

דמכלס

cf. דמוקלס

דנבו

Danabu (Arab; Zadok)

001	דנבו	C3.1:2	[.... ע]ליד	דנבו	2 ין לנבפד..]
002		C3.1:3	[....]נְי עליד	דנבו	[...]2 ין לפדפדצ.[...
003		C3.1:4	[....]בו עליד	דנבו	2 ין לכנ..] ....
004		C3.1:5	[.... ע]ליד	דנבו	....]
005		C3.1:6	[על]יד	דנב[ו]	

דעויה

De'uyah (Heb; Kornfeld 47); or read רעויה

#1 דעויה

De'uyah f Hošea'

001	דעויה	B2.3:33	שהד הושע בר	דְעויה	שהד מחסה בר ישעיה
002		B2.4:21	שהד הושע ב[ר]	דְעויה	שהד מחסה בר ישעיה

#2 דעויה

De'uyah

001	דעויה	D9.5:2	[...]פסמי [...	]דְעויה	[...]אושעיה

#3 דעויה

De'uyah s ?

001	דעויה	C3.15:37	[בר .... כש 2] [√	]דְע[ויה	בר ....]כש 2

#4 דעויה

De'uyah s Uri

001	דעויה	C3.15:121		דְעויה	בר אורי כש 2 משלם

#5 דעויה

De'uyah s Zekaryah

001	דעויה	C4.6:10	פטחנם בר חורי	דְעויה	בר זכריה מנחם בר

דרגא

Darga (Pers; Hinz 83)

001	דרגא	B2.1:18	נבוכדרי ינבולי בר	דרגא	שהד בנתרש בר וחפרע

דרגי

Dargi(ya) (Pers; Zadok; Hinz 83)

001	דרגי	B2.7:19	כספי שהד ברברי בר	דרגי	כספי זי אתרא ..[....].

דרגמן

Dargamana (Pers; Hinz 83)

001	דרגמן	B2.3:26	הן מחר או יום אחרן	דרגמן	או בר זילה ירשה על ביתא
002		B2.2:22	ספר מרחק זי כתב	[דרגמ]ן	בר חרשין ל מחסיה
003		B2.2:2	מלכא יתב בכרסאה אמר	דרגמן	בר חרשין חרזמי זי אתרה
004		B2.3:23	איתי ספר מרחק 1 זי	דרגמן	בר חרשין חרזמיא כתב לי
005		B2.3:5	תחומוהי עליה לה בית	דרגמן	בר חרשין דבק תחתיה לה
006		B2.2:8	לי עלדברה ביתי ^אנה^	דרגמן	למוע שמש מנה ובית
007		B2.2:17	זנה בסון בירתא כפם	דרגמן	שהד הושע בר פטחנום
008	לדרגמן	B2.2:7	זך כזי לא הות ארק	לדרגמן	זילי הא אנה אף הא

דרוש

cf. #1 דריוהוש

דריהוש
Darayavauš

1#דריהוש Darayavauš I; cf. #1 **דריהוש**

2#דריהוש Darayavauš II; cf. #2 **דריהוש**

דריהוש
Darayavauš (Darius; Pers: Kornfeld 104)

#1 דריהוש Darayavauš I

No.	Form	Ref.			
001	דרוש	B1.1:1	בשנן 1+3+3 למלכא	דרוש	ירח מחר 3+3 אמר פדי
002	דריהוש	C2.1.1:2	[ ]..[ ]..[ ]. [ ]	[דריהוש]	מלכא כן אמר זנה זי
003		C2.1.11:64		דריהוש	מלכא כן אמר מן אנ]ת
004		C2.1.11:74	[וזרע לא יהוה לך]	דריהוש	[מלכא כן אמר אלה
005		C2.1.4:8	[אזלו עלי לאחמתן]	[דריה]וש	מלכא [כן] אמׄר
006		C2.1.5:19	[אנה אזל ל]מׄ[די]	[דריהוש]	מלכא כן אמ]ר והומס
007		C2.1.5:25	[זי] [אנה אזל למדי]	[דריהוש]	מלכא כן אמר אחר מן
008		C2.1.7:30	זנה זי בפרתו עבדת	[דריהוש]	מלכא כן אמר עלי מרדת
009		C2.1.7:36	[במ]רגויא [עבד]ת	[דריהוש]	מלכא כן [אמ]ר]וידות
010		C2.1.8:51	זי אנה בפרס [עבדת	דריהוש	מלכא כן אמר ו[יודת זך
011	דריוש	D22.29:1	####	דריוש	ברך אסחור בר ערוד למן
012	לדריהוש	C2.1.8:53	[קטלו ולחילא זי	לדריהוש	מלכא שמען] קטלו חילא
013	לדריוש	B5.1:1	שנת 1+3+3+20	לדריוש	מלכא אמרת סלואה ברת

#2 דריהוש Darayavauš II

No.	Form	Ref.			
001	דריהוש	A4.7:19	תמוז שנת 1+3+10	דריהוש	מלכא וע׳ד׳זנה יומא
002		A4.7:21	שנת 1+3+3+10	דריהוש	מלכא מנחה ולבו[נ]ה
003		A4.7:30	שנת 1+3+3+10	דריהוש	מלכא
004		B3.7:1	לתמוז שנת 3	דריהוש	מלכא אדין [ביב בי]רתא
005		C3.13:12	בירח אפף שנת]	דר]יהו[ש	מלכא] כסין זי נחש
006	דריהוש	D5.38:2	שנת 2̊+3̊+3+10	דרי[והוש	[...
007		A4.1:2	שנתא זא שנת 3+2	דריוהוש	מלכא מן מלכא שליח על
008		A4.5:2	לן בשנת 1+3+10	דריוהוש	[מל]כא כזי מראן ארשם
009		A4.7:2	ולרחמן ישימנך קדם	דריוהוש	מלכא ובני ביתא יתיר מן
010		A4.7:4	תמוז שנת 1+3+10	דריוהוש	מלכא כזי ארשם נפק
011		A4.8:19	[תמוז] שנת 1+3+10	דריוהוש	מלכא ועד זנה יומא
012		A4.8:20	[שנת 1+3+3+10	דריוהוש	מלכא] מנחה לבונה ועלוה
013		A4.8:2	י[שי]מנ[ך קדם	ד]ריוהוש	[מלכא .... יתיר מן
014		A4.8:29	שנת 1+3]+3+10	דריוהוש	מלכא]
015		A4.8:4	[תמוז] שנת 1+3+10	דריוהוש	מלכא כזי ארשם נפק
016		A4.9:7	נדש בשנת 1+3+10	דריוהוש	מלכא למבניה באתרה כזי
017		A6.2:28	[ל]טבת שנת 2+10	דריו[הוש	מלכא] מן ארשם על
018		B2.10:1	לתחות שנת 3+3+3	דריוהוש	מלכא אדין ביב בירתא
019		B2.11:1	שנת 1+3+10	דריוהוש	מלכא ביב בירתא אמר
020		B2.9:1	הו פאו[ני] שנת 1+3	דריוהוש	מלכא אדין ביב בירתא
021		B3.8:1	הו אפף [ש]נת [1[+3	דריוהוש	[מלכא אדין] ביב בירתא
022		B3.9:1	לפאוני שנת 2+3+3	דריוהוש	מלכא אדין בסון בירתא
023		B4.5:1	[1+1+]2+3+10	דריוהוש	מלכא ביב בירתא] אמר
024		B4.5:5	שנת 10+[3+3+2	ד]ריוהוש	מלכא [....]ה והן]
025	לדריוהוש	B7.1:1	שנת 10+i	לדרי[והוש]	מלכא בסון] בירתא

דריוש
cf. #1 **דריוהוש**

דשך
(unknown); or read **רׁשך**

No.	Form	Ref.			
001	דשך	D1.10:1	[...] מראן׳ ... [מן	דׁשך	על ... [..]..ל.. [...] [...] ...

דת[...]
(Pers); or read ...**רׁת**

No.	Form	Ref.			
001	דת...	A5.1:5	[....]כל עלימי	דׁת...	[.... בעזקת

דתוהי
Datavahya (Pers; Shaked)

No.	Form	Ref.			
001	דתוהי	C4.7:2	[..]	דׁתוהי	אׄבדחׄ[.] [. בוׄזׄי

ה....
(Heb); or read ....**גׄ**

No.	Form	Ref.			
001	ה....	C3.15:99	[כ]ש 2 נהבת ברת	....הׄ	כש 2 יחמול ברת שלם

הגור
Hagur; cf. **אגור** (Aram; Kornfeld 47)

הדדנורי
Hadadnuri (Aram; Kornfeld 47)

#1 הדדנורי Hadadnuri the Babylonian

No.	Form	Ref.			
001	הדדנורי	B2.2:19	בר נבוסמסכן שהד	הדדנורי	בבליא שהד גדליה בר

#2 הדדנורי Hadadnuri f Yatom

No.	Form	Ref.			
001	הדדנורי	C3.15:23	מלכיה בר יתום בר	הדדנורי	[כ]ש 2 לה 20 שלמיה

הדדעזר
Hadad'ezer (Hadadezer; Aram; Kornfeld 47)

No.	Form	Ref.			
001	להדדעזר	D14.1:1		להדדעזר	

הוביותוס
Eubiotos (Gr; Kornfeld 117)

No.	Form	Ref.			
001	הוביותוס	C3.29:13	לגין 2+3+3+20	הוביותוס	משה לגין 3+3 זנון

הוברא
Hubara (Pers; Zadok)

No.	Form	Ref.			
001	הוברא	B8.6:8	[....]בׄרׄ	הוברׄאׄ	ארמי לדגל ביתאלשגב

הודו
Hodo (Heb; Porten 145)

הודו #1 Hodo f Mešullam

001 הודו D9.3:2 צפני[ה ...] משלם בר | הודו | √ שלמם בר הודו יאזן

הודו #2 Hodo f Šelomam

001 הודו B6.3:17 [....] ושלומם בר | הוד[ו] |
002 D9.3:3 הודו √ שלמם בר | הודו | יאזן בר זכר[יה ...]

הודו #3 Hodo f Ošea'

001 הודו C4.4:4 בר יתום אושע בר | הודו | שמוע בר חגי נתן בר

הודו #4 Hodo f Ḥaggus

001 הודו A3.8:15 א[חי] חגוס [ב]ר | הודו | אחוך ה[ושע בר נתן]

הודו #5 Hodo

001 הודו A3.8:6 יזבן ביתא [ר]בא זי | הודו | והבה לה בכספא זי יקום

הודו #6 Hodo h Rami

001 הודו A4.4:5 [א]סירן רמי אתת | הודו | אסרשות אתת הושע פלול

הודו #7 Hodo f Šillem

001 הודו C3.15:42 [בר .... כש 2] שלם בר | הודו[| כש] 2 חורי בר ונה

הודויה Hodavyah (Hodaviah; Heb; Porten 146)

הודויה #1 Hodavyah f [H]ošea'

001 הודויה B5.1:9 שהדיא [ה]ושע בר | הוֹדוֹיה | שלומם בר עֻזריה
002 B4.3:2 [מלכא אמר הושע] בר | הו[דויה | ואח]יאב בר גמריה כל
003 B4.4:2 [אמר הושע] בר | הודויה | ואחיאב בר גמריה

הודויה #2 Hodavyah s Zekaryah

001 הודויה D7.20:8 שלחת לך אתמל בשם | הודויה | בר זכריה לם אתה

הודויה #3 Hodavyah s Gedalyah

001 הודויה B3.1:22 שהד אושע בר גלגול | הודויה | בר גדליה אחיו בר

הודויה #4 [Ho]davyah

001 הודויה D13.3:15 [...] [...]נתן ...] | הו]דויה | [... הו]דויה [....]

הודויה #5 [Ho]davyah

001 הודויה D13.3:16 [... הו]דויה [... | הו]דויה | [....] [...]ה

הודויה #6 Hodavyah s ?

001 הודויה D2.23:3 [... ...] [... ...]. | הודויה | בר[... ...] [... אגרי]נך

הודויה #7 Hodavyah s Zakkur s Oša'yah

001 הודויה B2.9:18 מנחם בר עזריה שהד | הודויה | בר זכור בר אושעיה

הודויה #8 Hodavyah gf Ošea' s Natan = Hodavyah f Natan

001 הודויה C3.15:130 2 אושע בר נתן בר | הודויה | כש 2 אחיו בר נתן בר
002 C4.5:10 אשמ[...] נתן בר | הודויה[| ...]

הודויה #9 Hodavyah f Haṣṣul

001 הודויה C3.15:115 כש 2 הצול ברת | הודויה | כש 2 [....] נתן כ[ש

הודויה #10 Ho[davyah] gf Menaḥem s Šallum; or restore הו[שעיה]

001 הודויה C4.6:6 שלום בר | הו[דויה] | פלטי בר מתן
002 B7.3:2 בר שלום בר | הו[דויה] | ימא למשלם

הודויה #11 Hodavyah

001 הודויה D1.13:8 [...]א אשלם.[... ...] | הודויה | [...] [... ... מנח]ם בר

הודיא Hodiya' (Hodiah; Heb; Porten 137)

001 הודיא C3.15:75 כש 2 נֿתֿן בר | הודיא | כש 2 [מ]נֿחם בר אורי

הומדת Haumadata (Pers; Hinz 120)

001 הומדת B2.4:2 יה[ודי ז]י יב לדגל | הומדת | ליזניה בר אוריה בזכם
002 B2.3:2 ביב בירתא לדגל | הומדת | לנשן מבטחיה ברתה לאמר

הומי Humaya (Pers; Shaked; Hinz 125)

הומי #1 Humaya

001 הומי C3.8IIIB:32 [ ]י עלי.. [..] [... |]הומי | דכ]....
002 C3.8II:2 [ ].א...ת | להומי | [ב... ... שנת

הומי #2 Humaya

001 הומי D3.16:16 כן אסריהם לבשיא | הומי | תמחא עם עלימת

הומיס Haumayasa (Pers; Shaked)

001 הומיס C3.8IIIAfraga:2 גברא זנה [...] קדם | הומיס[| [... .. ..] [...]

הושע Hošea' (Hosea; Heb; Porten 144, 147f; cf. Renz-Röllig 65); variant of **אושע**

#1 הושע — Hoš[ea'] f ?; or restore הֹוֹשׁ[עיה

No.	Form	Ref.	Preceding	Keyword	Following
001	הושע	D9.1:1	בר[...]	הֹוֹשׁ[ע	הוש[ע [...] [...

#2 הושע — Hoš[ea'] f ?; or restore הוש[עיה

No.	Form	Ref.	Preceding	Keyword	Following
001	הושע	D9.1:2	[...] [...]	הוש[ע	[...]...ה [...

#3 הושע — Hoš[ea']; or restore הוש[עיה[

No.	Form	Ref.	Preceding	Keyword	Following
001	הושע	D3.2fragb:2	[ז]כור [...]...	הוש[ע[	[...

#4 הושע — Hošea

No.	Form	Ref.	Preceding	Keyword	Following
001	להושע	D7.24:17	שלחת לה למחוה טעמא	להושע	

#5 הושע — [H]ošea'; or restore [א]ושע

No.	Form	Ref.	Preceding	Keyword	Following
001	הושע	D7.25:2	אמ]רת ...]	[ה]ושע	למא]זל

#6 הושע — Hoš[ea'] f Berekyah; or restore הוש[עיה

No.	Form	Ref.	Preceding	Keyword	Following
001	הושע	D9.2:4	בר[...] ברכיה בר	הוש[ע	[...

#7 הושע — Hošea' s Hodavyah (ancestor of Ošea' s Hodo?)

No.	Form	Ref.	Preceding	Keyword	Following
001	הושע	B4.3:21	כתב	הושע	בכפי נ]פשה
002		B4.3:1	[3 חשירש מלכא אמר	[הושע]	בר[הו]דויה ואח]יאב
003		B4.4:1	3 חשירש [מ]לכ[א אמר	[הושע]	בר הודויה ואחיאב בר
004		B5.1:9	זילכי תוב שהדיא	[ה]ושע	בר הודויה שלומם
005		B4.4:22	בר כבדא כתב	הושע	ואח]יא[ב לאספ]מת
006		B4.4:18	[זי כתב מנלא] כתב	הושע	על פם אחיאב שהדיא כיא

#8 הושע — [H]ošea'; cf. #6 אושע

#9 הושע — Hošea' f Šema'yah

No.	Form	Ref.	Preceding	Keyword	Following
001	הושע	B2.1:17	אתרלי שהד שמעיה בר	הושע	שהד פרתנזן בר ארתכרן

#10 הושע — Hošea' s Peṭekhnum = Ošea' s Peṭe[khnum]

No.	Form	Ref.	Preceding	Keyword	Following
001	אושע	A3.3:14	בר א[ו]שע אחוך	אושע	בר פט]חנום]
002		A3.3:1	ברי שלמם [מ]ן אחוך	אושע	שלם ושררת [הושרת לך]
003	הושע	B2.2:17	בירתא כפם דרגמן שהד	הושע	בר פטחנום שהד גדול בר

#11 הושע — Hošea' f Mešullam

No.	Form	Ref.	Preceding	Keyword	Following
001	הושע	B2.2:18	בר אחיו משלם בר	הושע	סינכשר בר נבוסמסכן

#12 הושע — Hošea' s Pelalyah

No.	Form	Ref.	Preceding	Keyword	Following
001	הושע	B2.3:30	זכריה בר נתן שהד	הושע	בר פלליה שהד זכריה בר
002		B2.4:17	מחסיה שהדיא בגו שהד	הושע	בר פלליה שהד זכריה בר

#13 הושע — Hošea' s De'uyah

No.	Form	Ref.	Preceding	Keyword	Following
001	הושע	B2.3:33	זכור בר צפניה שהד	הושע	בר דעויה שהד
002		B2.4:21	בר צפני'ה שהד	הושע	ב[ר] דעויה שהד

#14 הושע — Hošea' s Yigdal

No.	Form	Ref.	Preceding	Keyword	Following
001	הושע	B2.3:34	מחסה בר ישעיה שהד	הושע	בר יגדל ספר בי [זי]
002		B2.4:22	מחסה בר ישעיה שהד	הו[שע	בר י]גדל ס[פר

#15 הושע — Hoš[ea']; or restore הוש[עיה

No.	Form	Ref.	Preceding	Keyword	Following
001	הושע	D13.3:9	...[...] א.[...]	הוש[ע	[... יהוי]שמע]

#16 הושע — Hošea'

No.	Form	Ref.	Preceding	Keyword	Following
001	להושע	D13.5:1		לְהֹוֹשֵׁעַ	עֻזִירְגְ

#17 הושע — Ho[šea']/O[šea'] f Gaddul

No.	Form	Ref.	Preceding	Keyword	Following
001	אושע	B2.7:14	מועה לה בית גדול בר	אושע	ושקא בניהם מערב שמש לה
002	הושע	B6.3:15	[בר ....] שהד גדול בר	הו[שע	שהד .... בר .... שהד

#18 הושע — Hošea' (s Natan?)

No.	Form	Ref.	Preceding	Keyword	Following
001	הושע	A3.7:5	אל מראתי שלוה עבדכי	[הושע]	[....בר]
002		A3.7:1	אל מראתי שלוה עבדכי	הושע	ש]לם ....] אלהיא כל

#19 הושע — Hošea' f Šabah

No.	Form	Ref.	Preceding	Keyword	Following
001	הושע	D19.7:2	שבה בר	הושע	

#20 הושע — Hošea'

No.	Form	Ref.	Preceding	Keyword	Following
001	הושע.	B3.7:20	[....]	הושע.]	

#21 הושע — Hošea'

No.	Form	Ref.	Preceding	Keyword	Following
001	הושע	D1.11:4	[.]חו..[.... ...]	הושע	שלמכם] ... ...[.. שלמכם

#22 הושע — Hošea'

No.	Form	Ref.	Preceding	Keyword	Following
001	הושע	D4.25:3	[...].יה קמר ש.[...] [...].	הושע	ויסלח .[...] [...].מהי

#23 הושע — Hošea' s Uriyah and f Yedanyah; cf. #6 הושעיה

#24 הושע — Hoše[a']

No.	Form	Ref.	Preceding	Keyword	Following
001	הושע	A4.4:3	אסירו ב[י]ב ברכיא	הוש[ע	[....

#25 הושע — Hošea' h Esereshut

No.	Form	Ref.	Preceding	Keyword	Following
001	הושע	A4.4:5	הודו אסרשות אתת	הושע	פלול אתת יסלח רעיא

#26 הושע — Hošea' s Yatom; cf. #9 **הושעיה**

#27 הושע — Hošea' s Nattun = Hošea' s Nattum

001	הושע	D3.17:3	נדׄבׄה זי עבדו חמי	הושע	בר נתון בניה בר גדול
002	הושע	A4.10:5	הושע בר יתום שמה 1	הושע	בר נתון שמה 1 כל גברין
003		A4.4:7	הושע בר יתום	הושע	בר נתום חגי אחוהי
004		C3.15:50	ענני [בר .... כש 2]	הוש]ע	בר נתון] כש] 2 20

#28 הושע — Hošea' f Natan; cf. #8 **הושעיה**

#29 הושע — [Hoše]a' s Zakkur and f Zakkur = Hošea' s Zakkur and f Yehošama'

001	הושע	C3.15:101	יהושמע ברת	הושע	בר זכור כש 2 יהושמע
002		C3.15:3	כסף ש 2 זכור [בר	הוש]ע	בר זכור כסף ש 2

#30 הושע — Hošea' s [Bet]'elnuri

001	הושע	C3.15:6	כסף ש 2 כל 2[+1]	הושע]	בר בית]אלנורי הו כסף ש

#31 הושע — Hošea' s Ḥarmen and f Serayah

001	הושע	C3.15:4	ש 2 שריהׄ] ברׄ]תׄ	הושע	בר חרמן כסף ש 2 כל

#32 הושע — Hošea' s *Srgy*

001	הושע	C3.15:64	[.... בר .... כש 2]	הושע	בר סגרי כש 2 מנחם בר

#33 הושע — [H]ošea' s Menaḥem; cf. #18 **אושע**

#34 הושע — [Ho]šea' f Pelulyah

001	הושע	C3.15:83	כש 2 פלוליה בר	[הו]שע	כש 2 מנחמת ברת

#35 הושע — Hošea' f Abi'ošer

001	הושע	C3.15:107	כש 2 אבעשר ברת	הושע	כש 2 יהועלי ברת עמניה

#36 הושע — Hošea' f ?

001	הושע	C3.15:59	[בר ... כש] 2 [... בר	הושע[	כש 2 [... בר] יהוטל כ]ש

#37 הושע — Hošea' s Natan; cf. #7 **הושעיה**

הושעיה

Hoša'yah (Hoshaiah; Heb; Porten 144; cf. Renz-Röllig, 65); variant of **אושעיה**

#1 הושעיה — Hoša'yah s Benayah

001	הושעיה	C3.3:13	שמעיה בר[....]	הושעיה	בר בׄניה יאזניה בר]

#2 הושעיה — Hoša'yah

001	הושעיה	D7.6:1	אל	הושעיה	שלמך כען חזי 1 על ינקיא

#3 הושעיה — Hoša'yah f Šillem

001	הושעיה	B2.1:19	וחפרע שהד שלם בר	הושעיה	ספר אגרא זי בנה זי כתב

#4 הושעיה — Hoša'ya[h] f Mešullak

001	הושעיה	B6.3:14	[.... שהד] משלך בר	הושעי]ה	שהד .... בר .... שהד

#5 הושעיה — Hoša'yah

001	הושעיה	B6.4:9	ענניה ספרא זנה כפם	הושעיה	ויהוחן ושהדיא בגו שהד
002		B6.4:3	שנאׄהׄ [ואף לא יכהל	הושעיה	ולא יעבד דין חדה
003		B6.4:1	[אף לא יכהל	הושעיה	ילקח א]נׄתׄהׄ [אחרה]
004	להושעיה	B6.4:5	[די]ן] חד ותרין	להושעיה	והן לא תעבד דין חד]

#6 הושעיה — Hoša'yah s Uriyah and f Yedanyah

001	הושע	D9.7:1	ידניה בר	הושע]	[...
002	אושע	C3.13:51	ולקׄחׄ י[ד]ניה בר	אושע	באפף שנת 3+10] ...]
003		C4.5:3	בעדיה בר א[...]	אושע	בר או[ריה] מתן בר
004	הושע	B2.10:5	הא תחומוהי עליה בית	הושע	בר אוריה דבק לה תחתיה
005		B2.10:17	נתן כפם ידניה בר	הושע	ושהדיא בגו מנחם בר
006		B2.10:20	זי כתב ידניה בר	הושע	על בית יזניה בר אוריה
007	הושעיה	B2.10:2	בירתא אמר ידניה בר	הושעיה	בר אוריה ארמי זי יב

#7 הושעיה — Hoša'[yah s Natan] s Hoša'yah s Ṣephanyah

001	הושע	A3.8:15	[ב]ר הודו אחוך	ה[ושע]	בר נתן]
002		A3.8:1	[אל אחי חג]וס אחוך	ה[וש]ע	שלם ושררת שגיא הושרת
003	הושעיה	A3.6:5	[בר יא]וׄש אחוך	הושעיה	בר נתן
004		B3.10:24	נתן בר יהואור שהד	הושעיה	בר נתן שהד משלם בר
005		C3.15:7	הו כסף ש 2 ל[ה]	הוש]עיה	בר נתן] בר הושעיה בר
006		A3.6:1	אל אחי פלטי אחוך	הושעי]ה	שלמך אל]ה שמיא [י]שאל

#8 הושעיה — Hoša'yah s Ṣephanyah and gf Hoš[a'yah s Natan]

001	הושע	B4.5:1	בירתא] אמר נתן בר]	הושע	ארמי זי סון לדגל
002	הושעיה	C3.15:7	[בר נתן] בר	הושעיה	בר צפניה כסף ש 2 לה

#9 הושעיה — Hoša'yah s Yatom

001	אושע	C4.4:3	נתון חרמן בר אושע	אושע	בר יתום אושע בר הודו
002	הושע	A4.10:4	שמעיה בר חגי שמה 1	הושע	בר יתום שמה 1 הושע בר
003		A4.4:7	ידניא בר גמריה	הושע	בר יתום הושע בר נתום
004	הושעיה	B3.10:23	אלהא שהדיא בגו שהד	הושעיה	בר יתום זכור בר שלם

005		B3.5:24	גמריה בר מחסיה	הושעיה	בר יתום .מתרסרה מגשיא

#10 הושעיה Ho[šaʿyah] gf Menaḥem s Šallum; cf. #10 הודויה

הו[...] (Heb)

001		D13.3:2	מ[....]	הו[...]	אב.[...] [...]לנ[...] .[.]פ..[...]

הו..ת (unknown)

001	והו..ת	A6.9:2	בסעלם פרדפרן	והו[..]ת	[פ]קי[די]א זי בדמשק

הפו[...] (Gr)

001	הפו....	C3.7EV2:3	לימא ספינה 1 זי	הפֹּו[...].	יוני פסלרשי] כספא

הצול Haṣṣul (fem/masc; Heb; Porten 142, 147)

#1 הצול Haṣṣul

001	הצול	A3.7:3	שלם משלמת שלם	הצול	שלם [....]ן

#2 הצול Haṣṣul s Zekaryah

001	הצול	B2.10:5	דבק לה תחתיה לה בית	הצול	בר זכריה דבק לה בתחתיה

#3 הצול Haṣṣul s Ḥaggai s Haṣṣul

001	הצול	C3.15:30	בר הצול כש 2 לה	הצול	בר חגי בר הצול כש 2

#4 הצול Haṣṣul d Hodavyah

001	הצול	C3.15:115	פלליה בר נתון כש 2	הצול	ברת הודויה כש 2

#5 הצול Haṣṣul s Šemaʿyah and f Menaḥem

001	הצול	C3.15:26	[כ]ש [2] לה מנחם בר	הצול	הו בר שמע[יה כש 2] לה

#6 הצול Haṣṣul gf Mešullam s Ḥaggai

001	אצול	B3.8:44	[... בר ....] חגי בר	אצול	מנחם בר עזריה ידניה
002	הצול	C3.15:29	לה משלם בר חגי בר	הצול	כש 2 לה הצול בר חגי
003		C3.15:30	לה הצול בר חגי בר	הצול	כש 2 לה כל מאת]

#7 הצול Haṣṣul f Azaryah

001	הצול	C3.15:132	ענני כש 2 עזריה בר	הצול	כש 2 ישביה בר ברכיה

הקר Hakor (Egypt; Vittmann)

001	הקר	C3.6:8	כנא לכנסֹ[...] לא בג	הקר	בר פֿמונדֿב.

הרגלתי Herakleides (Gr; Lipiński 9)

001	הרגלתי	C3.28:125	...ה 2+3 בן [...] [...]	הרגלתי]	בש[...] [...] [...].
002		C3.28:25	פרס כא 1 בש 1 ר 2	הרגלתי	פלג בר 3 לסמקסך לגן

הריו Herieu (Egypt; Vittmann; DemNb 746-48; cf. Muchiki 75)

001	הריו	C4.9col2:5	סמתו בר ענחמנוי	הריו	בר פטאח חיֿף בר

הריוטא Heriuṭo (fem; Egypt; Muchiki 75)

001	הריוטא	A2.7:4	ובניה ופטמון שלם	הריוטא	ואחתהה לשלמכי שלחת

הרמונקתוס Hermoniketos (Gr; Kornfeld 117)

001	הרמונקתוס	C3.29:17	משח לגין 2+3+3	הרמונקתוס	ותדורס לגין

וביל cf. אוביל

ודרן cf. #1 וידרן

ודרנג cf. וידרנג

והומס Vahumisa (Pers; Kent 206)

001	והומס	C2.1.5:20	[שמען לי קטל] אחר	והומס	אזל לארדט לממטה
002		C2.1.5:20	אזל]ו לערקה זי[	וה[ומס]	למעבד] [קרב אחר עבדו
003		C2.1.5:23	אחר	וה[ומ]סֹ	מנדעם [לא עבד מ]כתר
004		C2.1.5:19	[מלכא כן אמ]ר	והומס	[ש]מה עילמי פרסי
005	והומס	C2.1.5:22	א[ז]לו לערקה זי	והומס	למעבד קרבֿ] ע]בדו קרבא

והמוס cf. והומס

והנש (unknown)

001	והנש	D3.45:3	פמ[...] [...].מי	והנש	..[...] [...]כספה ולא

וחענח Wḥankh (Egypt; Vittmann)

001	וחענח	D8.3:12	פתחור אשל 1 למתנא	וחענח	אשל 1 למתנ[א] פחי בר

וחפרמנית Waḥpremineit (Egypt; DemNb 113)

001	וחפרמנית	D6.8fragl:1	[...]...א וכעת	וחפרמנית	שמה[...]

וחפרע Waḥpre (Egypt; Muchiki 76; DemNb 113)

וחפרע #1 Waḥpre

001	וחפרע	A2.1:14	אחי בתי ואנשתה שלם	וחפרע	אל נניחם מן נבושזב בר
002		A2.4:5	עבד אנה לה אל אחי	וחפרע	מן אחך מכבנת שלם וחין
003	לוחפרע	A2.2:14	2+3 והוי יהבת עבר	לוחפרע	ויהוי זבן גשרן ושבק

וחפרע #2 Waḥpre f Akbah

001	וחפרע	A2.4:6	שלח לי ביד עקבה בר	וחפרע	וכעת כל זי תצבה שלח לי

וחפרע #3 [Waḥ]pre s ?

001	וחפרע	D3.3:7	ונ[...] [...]	וח]פרע	בר [...] [...]פחו[...]

וחפרע #4 Waḥpre s ?

001	וחפרע	D7.35:3	כען כזי [....] זי	וחפרע	בר [....]ה הושר לי

וחפרע #5 Waḥpre h Neitertais

001	וחפרע	C4.1:3	[...] [....] בר	וחׄפרע	אמה ניתרטיס[...]

וחפרע #6 Waḥpre f? ? (Saqqarah)

001	וחפרע	C4.2fragc:1	[בר ....]	וחפרע	ה[..] [...]. בר ...ב[..]

וחפרע #7 Waḥpre f ? (Saqqarah)

001	וחפרע	C4.2fraga:3	זי בב[...] בוה בר	וחפרע	עם חרין [...] עדרי בר

וחפרע #8 Waḥpr[e] f Pakemi (Saqqarah)

001	וחפרע	C4.3:13	פכמי בר	וחפרׄ[ע]	פמון בר פטא[ח]

וחפרע #9 Waḥpre f Banitereš

001	וחפרע	B2.1:19	דרגא שהד בנתרש בר	וחפרע	שהד שלם בר הושעיה ספר

וחפרע #10 Waḥpre (Saqqarah)

001	וחפרע	B8.2:27	[זי ....] עם	וחׄפרׄע]	[... חנבנש גג[....]

וחפרע #11 [Wa]ḥpre s ?

001	וחפרע	D3.30:2	[ ]במדינת... [...] [...	ו]חפרע	בר פ[...] [... וחפ]רע

וחפרע #12 [Waḥp]re

001	וחפרע	D3.30:3	[ו]חפרע בר פ[...] [...	וחפ]רע	ש[...]

וחפרע #13 Waḥpre f Betʾelšezib

001	וחפרע	D9.10:7	ביתאלשזב בר	וחפר־ע	ענניה בר פסמשך

וחפרע #14 Waḥ[pre] f ?

001	וחפרע	A6.3:4	1 [....]י בר	וחׄ]פרע	1] כל גברן 2+3+3

וחפרע #15 Waḥpre f Peṭi

001	וחפרע	C4.9col2:1	פטי בר	וחפרע	אמה תחנא פסמשך בר

וחפרע.[...] (Egypt)

001	וחפרע....	B8.12:2	בׄרׄ	וׄחׄפׄרׄעׄ.[...]	[....].ור הׄנׄחׄתׄ

וחפרעמחי Waḥpremakhi (Egypt; Muchiki 76; DemNb 112f)

וחפרעמחי #1 Waḥpremakhi

001	וחפרעמחי	A6.2:24	נבועקב כתב	וחפרעמחי	.... יתיהב לתובה
002		A6.2:27	זי במצ[רין על	וחפרעמחי	....] נבועקב
003		A6.2:1	מן ארשם על	וחפרעמחי	וכעת בלא]

וחפרעמחי #2 Waḥpremakhi f Psamšek

001	וחפרעמחי	A6.3:4	1 פסמשך בר	וחפרעמחי	1 [....]י בר וח]פרע

וחפרענחת Waḥprenakht (Egypt; Muchiki 76)

001	וחפרענחת	D5.42:2	[...]. [...] [...	ו]חפרענח[ת	[...

וחשתב.[...] (Pers)

001	וחשתב.	C4.7:5	אׄבדחׄ[.]. בוׄזי	וׄחשתב.]	...] ארתבנו ארי

ויגוש Vahyagauša (Pers; Shaked)

001	לויגוש	D3.45:5	ולא א.[...] [...].	לויגוש	[...] [...]. וכנותה
002		D3.45:1	[...	לויגוש]	זך [...] [...]ד׳י

וידרן Vidarna (Pers; Hinz 260; Kent 208)

וידרן #1 Vidarna

001	ודרן	C2.1.4:6	אחר]	ודרן	במדי מנ]דׄעם לא ע[בד]
002		C2.1.4:3	[זי לא] שׄמען לין אחר	ודרן	עם חילא אזל למדי לממטה
003		C2.1.11:77	בר מרדׄ[ונ]י פרסי	וׄדׄ[רן	שמה בר בגבגן פ]רׄסי
004		C2.1.4:2	חיל[א למדי שלחת	ודרן	שמה עלימי פרסי רב] [הוה

וידרן #2 Vidarna

001	וידרן	C3.8IIIB:36	[.]...[.] לדגל	וידרן	זי מנפי עם

וידרנג Vidranga (Pers; Hinz 261)

001	ודרנג	B2.10:4	מחסיה בר ידניה קדם	ודרנג	רב חילא זי סון לאמר
002	וידרנג	A3.9:7	יפטרונ[ני עלד]בר	וידרנג	[....] חיל א[....] ת\ו
003		B3.9:2	ארמי זי סון קדם	וידרנג	הפתחפתא רב חילא זי
004		B3.9:3	ארמי זי סון קדם	וידרנג	הפתחפתא רב חילא זי
005		A4.3:4	ענני אשתדרו עם	וידרנג	וחרנופי בטלל אלה שמיא
006		A4.5:4	בירתא המונית עם	וידרנג	זי פרתרך תנה הוה כסף
007		A4.7:5	בירתא המונית עם	וידרנג	זי פרתרך תנה הוה לם
008		A4.7:6	יהעדו מן תמה אחר	וידרנג	זך לחיא אגרת שלח על
009		A4.8:6	יהעדו מן תמה ˆאחרˆ	וידרנג	זך לחיא אגרת שלח על
010		A4.9:6	קדם כנבוזי זי	וידרנג	לחיא זך נדש בשנת
011		A4.3:3	אלה שמיא וכעת כזי	וידרנג	רב חילא מטא לאבוט
012		B2.10:2	זי יב בירתא קדם	וידרנג	רב חילא זי סון
013		B2.9:4	קדם רמנדין פרתרך	וידרנג	רב חילא לאמר אית[י]
014	בוידרנג	A4.7:16	מרא שמיא זי החוין	בוידרנג	זך כלביא הנפקו כבלא מן
015		A4.8:15	[מרא שמיא זי] חוינא	בוידרנג	זך כלביא הנפקו כבלוהי
016	לוידרנג	A4.8:5	כסף ונכסין יהבו	לוידרנג	פרתרכא זי תנה הוה

ויזבל (unknown; Zadok)

001	ויזבל	B3.4:24	בר אתרלי כספי בית	ויזבל	כספי שהד איסך בר

ויזבלו (unknown; Zadok)

001	ויזבלו	B2.7:18	מתרסרה בר מתרסרה	ויזבלו]	בר אתרלי כספי שהד
002	ויזבלו	B2.6:39	בר [ז]כור שהד	ויזבלו	[....]

ויזדת Vahyazdata (Pers; Hinz 253)

001	וידזת	C2.1.7:36	[מלכא כן]אמ[ר	וידזת]	ש[מה] בפרת[ו בי]ותי
002	ויזדת	C2.1.8:48	בה[ם וחין אחדו]	ויזדת	אחדו וחרא זי עמ[ה אחר
003		C2.1.7:43	ק[טלו]לחילה[זי	ויזדת	ב לאיר]עבדו קרבא
004		C2.1.8:48	[אחר בהודשי בפרס	ויזדת	וחרא זי עמה כלא בזקיפא]
005		C2.1.8:62	ק[טיליא וחייא זי]	ויזדת]	זי חי]לי קטלו [ואחדו
006		C2.1.7:41	ברחא שמה[בפרס	ויזד]ת	[זך] זי אמ[ר]אנה
007		C2.1.7:44	וחין[אחדו אחר	ויזדת	זך עם] חילא זעי[רן]
008		C2.1.8:51	דריהוש מלכא כן אמר	ו[יזדת	זך זי אמר אנה ברזי בר
009		C2.1.8:59	הוה ע[ל חילא זי שלח	ויזדת	עם] חילא [ז]עיר[ן רכבי
010		C2.1.8:54	[שמען] קטלו חילא זי	ויזדת	[שלח לערקה זי וימן
011	וידזת	C2.1.7:46	[קטל]ו חיל[א זי	[ויזד]ת	בירח ת[מוז]

וימן Vahyamanah (Pers; Kent 208)

001	וימן	C2.1.8:54	ויזדת [שלח לערקה זי	וימן	אזלו] על .. [ ] אהורמזד
002		C2.1.8:60	במ[ת הרוחתי אזל אחר	ו]ימן	עם חיל[א אזל לערקהום]
003		C2.1.8:52	[שלח לערקה זי	וימן	שמה עלימא זילי פרסי
004	לוימן	C2.1.8:53	בהרוחתי לם אזלו	ל[וימן	קטלו ולחילא זי

וירשן Vahyarašnu (Pers; Shaked)

001	וירשן	D9.11:4	רות א[.].[אתרלי	וירשן	מליס אפולי

ונדפרן Vindafarnah (Pers; Hinz 261; Kent 208)

001	ונדפרן	C2.1.11:76	עמ[ין] אתנצחו	ו[נ]דפרן	[שמה בר ויספר פרסי

ונה Vana (Pers; Kornfeld 105)

001	ונה	C3.15:43	הודו[כש] 2 חורי בר	ונה	[כש] 2 שמוע בר שלם

וני Vanya (Pers; Shaked)

001	וני	D9.10:3	בר שורי פשגז בר	וני	נבונתן בר אחוני נבודלה

וניה Vanya (Pers; Kornfeld 105; but cf. Ezra 10:36)

001	וניה	C4.2fragb:2	[...] [...]לן.. ב]ר	וניה	[....]בר .... [...]

ונפר Wennofre (Onnophris)

(Egypt; Kornfeld 80; Muchiki 76; DemNb 118f)

ונפר #1 Wennofre

001	לונפר	D3.15:2	[...] [...]..[...]	לונפר	[...] [...] [...]ליזניה[...]

ונפר #2 Wennofre

001	ונפר	C3.14:35	מדינת נא ביד	ונפר]	[...]לן

וסרז Vasaraza (Pers; Hinz 258)

001	וסרז	A2.7:3	על ינקיא אלכי שלם	וסרז	ושפנית ובניה ופטמון

וסתרבני (unknown)

001	וסתרבני	B8.5:14	בב[י]תה זי .ה..ש	וסתרבני	מלל על מראן

ועדפי (unknown); cf. **ועספי**

ועספי (unknown); or read **ועדפי**

001	ועספי	D22.52:1		ועספי	בר נני

ופא (unknown); cf. **רפא**

וצחור Wodjeḥor (Egypt; Muchiki 77; DemNb 130)

001	וצחור	C4.1:2	אמה[...] [...	וצחור]	בר נכו אמה תטחרפין]

ור.בי

(Pers); cf. #1 ורפש

ורד

Varda (Pers; Hinz 256; Kornfeld 106)

No.	Form	Ref.	Preceding	Keyword	Following
001	ורד	C3.14:15	בר בלבן שא 1 ש	ורֹד	בר זותי חור בר

ורוהי

Varuvahyah (Pers; Hinz 257)

No.	Form	Ref.	Preceding	Keyword	Following
001	ורוהי	A6.13:4	זי עד מנדת בגיא זי	ורוהי	אספרן והדאבגו יהנפק
002		A6.13:1	כנזסרם וכנותה וכעת	ורוהי	בר ביתא בזנה כן אמר לי
003		A6.13:4	עבדו לחתובסתי פקיד	ורוהי	זי עד מנדת בגיא זי
004		A6.14:1	מן [....]	ורוהי	על נחתחור וכנדסירם
005		A6.14:6	בבאל עם מנדתא מן	ורוהי	על נחתחור וחנדסירם

ורז

Varaza (Pers; Hinz 255)

ורז #1

Varaza (Saqqarah)

No.	Form	Ref.	Preceding	Keyword	Following
001	ורז	B8.1:12	אחרי [....]	ורז	שמה על [....]

ורז #2

Varaza (Saqqarah)

No.	Form	Ref.	Preceding	Keyword	Following
001	ורז	B8.4:1	פיֹסֹן נבושרה	ורז	בגפן ח....שתֹ [....]תֹ

וריזת

Varyazata (Pers; Hinz 258)

וריזת #1

Varyazata

No.	Form	Ref.	Preceding	Keyword	Following
001		B2.1:2	ארמי זי סון לדגל	וריזת	למחסיה בר י{נ}ד<נ>יה
002		B2.7:2	ארמי זי סון לדגל	וריזת	למפטחיה ברתה לאמר אנה
003		B2.1:3	ארמי זי סון לדגל	וריזת	לאמר אנה אתית עליך
004		B2.2:4	זי בבירת יב לדגל	וריזת	לאמר ימאת לי ביהו אלהא
005		B2.6:3	[א]רמי זי סון לדגל [	וריזת	לאמר אנה [א]תית ביתך
006		B3.3:3	ארמי זי סון לדגל	וריזת	לאמר אנה אתית עליך
007		B2.2:10	בר אוריה יהודי לדגל	וריזת	לתחתיה לה ובית אספמת
008		B2.8:3	ארמיא זי סון לדגל	וריזת	על דינא זי עבדן בסון

וריזת #2

Varyazata s Betʾelzabad

No.	Form	Ref.	Preceding	Keyword	Following
001	וריזת	B3.9:11	אשמרם בר אשמשזב	וריזת	בר ביתאלזבד חרמנתן בר

וריזת #3

Varyazata

No.	Form	Ref.	Preceding	Keyword	Following
001		B2.11:2	ארמין זי סון לדגל	ור[יז]ת	לאמר אנחנה אשתוין כחדה

ורפש

Virafša (Pers; Hinz 262)

ורפש #1

Virafša (Saqqarah); or read ור˜.בי˜

No.	Form	Ref.	Preceding	Keyword	Following
001	ורפש	B8.6:4	[שמ]הֹ עבדה זי	ור˜פֹשׁ˜	מלל על פנא שמה

ורפש #2

Virafša

No.	Form	Ref.	Preceding	Keyword	Following
001	ורפש	D6.7fragOc:1	[...]מספת פקיד	ורפש]	[...]...[ ]מר לך להן
002		D6.7fragIc:2	[...]למ<ס>פת פקיד	ורפש	ב[....]
003		A6.15:3	ולא יהב לי כעת	ורפש	כן אמר הא אנת חזי אגרת
004		A6.15:1	מן	ורפש	על נחתחור וכעת מספת
005		A6.15:13	לא ישלח ע[ליך] מן	ורפש	על [נ]חתחו[ר פקידא זי

ורשנף

Weršenufe (Egypt; Muchiki 77; DemNb 120)

No.	Form	Ref.	Preceding	Keyword	Following
001	ורשנף	D8.3:3	פתופעחם בח[קלא ...]	ורשנף	בחקלה זילה א[שלן ...]

ושהז

(unknown)

No.	Form	Ref.	Preceding	Keyword	Following
001	ושהז	D6.9fragb:2	ו[...]	ושהֹז	[...]כעת

ושחי

Vačaxaya (Pers; Hinz 248)

ושחי #1

Vačaxaya (Saqqarah)

No.	Form	Ref.	Preceding	Keyword	Following
001	ושחי	B8.1:8	אנתתה זי [...] אדין	ושחֹי	[...]. זֹך א.[.] בבית
002	לושחי	B8.1:5	[....].יתֹ	לושח[י]	[....]..א שליח [...]

ושחי #2

Vačaxaya f Bagafarnah

No.	Form	Ref.	Preceding	Keyword	Following
001	ושחי	C3.15:136	[כ]ש 2 בגפרן בר	ושחי	כש 2 לאנדם ושחי בר

ושחי #3

Vačaxaya s Zarahmara

No.	Form	Ref.	Preceding	Keyword	Following
001	ושחי	C3.15:137	בר ושחי כש 2 לאנדם	ושחי	בר זרמר כש 2 לה חגי

ושתן

Vištana (Pers; Hinz 267)

No.	Form	Ref.	Preceding	Keyword	Following
001	ושתן	B2.8:13	דומא נבורעי בר	ושתן	ספר מרחק זי כתב פיא

זבבו

Zababu (fem; Arab; Zadok)

No.	Form	Ref.	Preceding	Keyword	Following
001	וזבבו	A2.7:2	לכי שלם אחתי אסורי	וזבבו	וככי וכען עליכי מתכל

זבדי

Zabdi (Aram; Grelot 499)

זבדי #1

Zabdi

No.	Form	Ref.	Preceding	Keyword	Following
001	זבדי	B3.2:11	בר אחי[ו] שהדיא בגו	זבדי	נבוֹזי {{מכיה}}

זבדי #2

Zabdi f Besa (Saqqarah)

No.	Form	Ref.	Preceding	Keyword	Following
001	זבדי	D18.9:a	לבסא בר	זבדי	
002		D19.4:1	לבסא בר	זבדי	

#3 זבדי Zabdi s [Sa]kael

001 זבדי D2.25:8 פטמן[...]זבדי[בר ש]כאל [....] חמן

#4 זבדי Zabdi (Edfu); cf. #2 **עבדי**

זבדיה Zebadyah (Zebadiah; Heb; Porten 141)

#1 זבדיה Zebadya[h] f ?

001 זבדיה C3.15:13 [ש 2 לה] [..]י [ב]רת זבדי]ה כסף ש 2 לה] [....] בר]ת

#2 זבדיה Zebadyah

001 זבדיה C3.28:80 שלמצין מנכתא זי זבדיה חנטן ס 1 ר 1 שבתית

#3 זבדיה Zebadyah s Azgad (Edfu)

001 זבדיה D21.7:4 עזגד בר מרי זבדיה בר עזגד משלם בר עזגד

#4 זבדיה Zeba[dyah] (Edfu)

001 זבדיה D21.13:1 זב]דיה ...]

זבוד Zabbud (Aram; Grelot 499)

001 זבוד B3.2:14 עתרמלכי בר פסמי זבוד בר זבעדרי

זבידו Zubaydu (Arab; Zadok)

001 זבידו C3.14:2 [בר]אשמ[ר]ם שא 1 ש זבידו בר נבושלם שא 1 ש חגי

זבמן (unknown; Kornfeld; 122)

001 זבמן C4.7:12 פרנם בגבחש פרניש זבמן פרתנזן אשידת

זבעדרי Zab'idri (Aram; Grelot 499)

#1 זבעדרי Zab'i[dri s ?]

001 זבעדרי C3.10fraga:2 .פ]ו ...] זבֿעֿ]דרי ... בר ....[י יור

#2 זבעדרי Zab'idri

001 זבעדרי C4.2:2 במלך בר[...] זבעדרי[...] כל 2 [...] בוה

#3 זבעדרי Zab'idri f Zabbud

001 זבעדרי B3.2:14 בר פסמי זבוד בר זבעדרי

זותי Zutiya (unknown; Kornfeld 122)

001 זותי C3.14:15 שא 1 ש ורד בר זותי חור בר יעולו שא 1 ר

זיוך Jivaka (Pers; Hinz 143)

001 זיוך A4.2:3 הו קבל פתיפרסן חד זיוך הו קבל פתיפרס א[....]

זכור Zakkur (Zaccur; Heb; Porten 139, 147; Renz-Röllig 66)

#1 זכור [Za]kkur

001 זכור D3.2fragb:1 ...] ז]כור[...] [...]הושע

#2 זכור Zakkur

001 לזכור D7.23:1 לזכור [....] למהך על .[...] קמרא

#3 זכור Zakku[r]

001 זכור D4.13:1 ...]]זכו[ר ...] [...]מעזי]ה...]

#4 זכור Zakk[ur] f Ošea'; or restore **זכ]ריה**

001 זכור D1.6fragb:1 שלם אושע בר זכ]ור ...]

#5 זכור Zakkur s Sephanyah

001 זכור B2.3:32 שהד נתן בר ענניה זכור בר צפניה שהד הושע בר
002 B2.4:20 נתן בר ענניה שהד זכור בר צפני˘ה˘ שהד הושע
003 D9.3:1 √ זכור בר צפני]ה ...] משלם בר

#6 זכור Zakkur f ?

001 זכור B2.5:3 [כרשן ....] בר זכור

#7 זכור Zakkur f ?

001 זכור D3.17:9 בר יאוש [... בר]ת זכור מחתוש ויסלח˘בר

#8 זכור Zakkur s Ater and f Mešullam

001 זכור B3.1:24 ברת משלך למשלם בר זכור
002 B3.3:2 ביב בירתא למשלם בר זכור ארמי זי סון לדגל
003 B2.7:3 זי יהב לי משלם בר זכור בר אטר ארמי זי סון
004 B3.3:11 ימות ענניה{{ משלם בר זכור הן{{ ˘תמת הי˘ שליט˘ה˘
005 B3.12:24 זי הות גוא למשלם בר זכור ויהבה לי לאנתו לא נכהל
006 B3.6:16 ביב כפם משלם בר זכור ושהדיא בגו אתרפרן בר
007 B3.1:3 יב בירתא למשלם בר זכור יהודי זי יב בירתא לאמר
008 B3.6:2 אדן אמר משלם בר זכור יהודי זי יב ברתא לדגל
009 B3.12:11 פריפת זי משלם בר זכור כל 2 כפם חד לענני בר
010 B3.6:18 מרחק זי כתב משלם בר זכור לתפמת ויהישמ<ע>

#9 זכור Zakkur f Menaḥem (and gf Zekaryah f Menaḥem?)

001	זכור	B3.3:15	בר גדול מנחם בר	זכור	גמריה בר מחסיה הנעלת
002		B2.6:38	בר אחיו מנחם בר	[ז]כור	שהד ויזבלו

#10 זכור Zakkur s Šillem

001	זכור	B2.7:20	חגי בר שמעיה	זכור	בר שלם ספר בי [זי כתב
002		B3.10:24	שהד הושעיה בר יתום	זכור	בר שלם שהד נתן בר

#11 זכור Zakku[r] f [...]yah

001	זכור	D9.12:5	משלם [...] [...]יה בר	זכו[ר	...]

#12 זכור Zakkur f Šema'yah

001	זכור	D12.1:4	בר זכור שמעיה בר	זכור	גמריה בר ישביה מיכיה
002		D9.14:7	ב[ר ...] שמעיה בר	זכור	עזריה בר מתן ...]

#13 זכור Zakkur f Ḥanan

001	זכור	D12.1:3	שמ[עיה] חנן בר	זכור	שמעיה בר זכור גמריה

#14 זכור Zakkur s ?

001	זכור	B6.3:13	] ולא דין שהדיא	זכור	ב[ר .... שהד .... בר

#15 זכור Zakkur s Oša'yah and f Hodavyah

001	זכור	B2.9:18	שהד הודויה בר	זכור	בר אושעיה ספר [מרחק]

#16 זכור Zakkur f Hošea' (and gf Zakkur and Yehoyišma')

001		C3.15:3	זכור [בר הוש]ע בר	זכור	כסף ש 2 שריה[ברת
002		C3.15:101	יהושמע ברת הושע בר	זכור	כש 2 יהושמע ברת חגי

#17 זכור Zakkur s Mešullam

001	זכור	B3.8:41	שנאה <ה>י אף לא יכהל	זכור	יאמר לאחת[ה נכס[י]א
002	וזכור	B3.8:43	כפם ענניה בר חגי	[ו]זכור	בר משלם ושהדיא בגו
003	ולזכור	B3.6:14	כזי יסבל בר לאבוהי	ולזכור	ברך אחרי מותך אנחן
004		B3.6:14	מותך אנחן נחוב לך	ולזכור	ברך אבגרן כסף כרשן
005	לזכור	B3.8:2	[ל]דגל [אדנ]נבו	לזכור	בר מ[שלם אר]מי זי סון
006		B3.9:2	רב חילא זי סון	לזכור	בר משלם ארמי זי סון
007		B3.6:12	בחייך ועד מותך נסבל	לזכור	ברך כבר זי יסבל לאבוה

#18 זכור Zakkur f Yaḥmol

001	זכור	D2.9:2	[...] ליחמול ברת	זכור	[... ... א]ית עמכי למחיה
002		D2.9:6	ברת[... ... ...]	זכור	[....]יום

#19 זכור Zakkur

001	זכור	A3.8:5	הב ערבן זבן ביתא זי	זכור	וביתא זי אשנ[. ו]הן לא

#20 זכור Zakkur f Naḥum

001	זכור	C4.6:12	בר מתן נחום בר	זכור	חגי בר מיכיה דידי בר

#21 זכור Zakkur s [Hoše]a' s Zakkur

001	זכור	C3.15:3	בר מחסיה כסף ש 2	זכור	[בר הוש]ע בר זכור כסף

#22 זכור Zakk[ur]; or restore זכ[ריה]

001	זכור	C3.15:48	[בר ... כש 2]	זכ[ור	בר .... כ]ש 2

#23 זכור Zakkur f Ne'hebet

001	זכור	C3.15:110	כש 2 נהבת ברת	זכור	כש 2 20+20+20+20

#24 זכור Zakkur (f) Obadyah (Edfu)

001	זכור	C3.28:98	2+10 מדלא עבדיהו	זכור	שטר 1 בזוזן 20+100×1
002		C3.28:99	בב עבדיהו	זכור	שטר 1 בחנטן א 10 שבתי

זכריא

cf. #13 **זכריה**

זכריה

Zekaryah (Zechariah; Heb; Porten 139; Renz-Röllig 66)

#1 זכריה Zekaryah s [Ge]maryah

001	זכריה	C3.3:15	בר[פל]טיה	זכריה	בר[ג]מריה משלם בר[

#2 זכריה Zekaryah f Ḥaggus

001	זכריה	C3.3:10	חגס בר	זכר[יה]	חעדש השן[...]

#3 זכריה Zekaryah f [...]h

001	זכריה	D3.2fraga:1	[... ...]ה בר	זכריה	ב[...] [...] [בר] נת[ון

#4 זכריה Zekaryah f Malkiyah

001	זכריה	B4.2:15	בר ידניה מלכיה בר	זכריה	כתב ספרא גמריה בר

#5 זכריה Zekar[yah] f Ya'azan

001	זכריה	D9.3:4	בר הודו יאזן בר	זכר[יה	...] [.]אי[..]

#6 זכריה Zekaryah f Hodavyah; cf. #4 **זכור**

001	זכריה	D7.20:8	אתמל בשם הודויה בר	זכריה	לם אתה ליומא זנה ולא

זכריה #7 — Zekaryah

No.	Ref.	Form			
001	A3.2:10	זכריה	ויהב לי [....]	זכריה	כרש [....] זי

זכריה #8 — Zekaryah s Natan and f Haṣṣul

No.	Ref.	Form			
001	B2.3:29	זכריה	גמריה בר מחסיה שהד	זכריה	בר נתן שהד הושע בר
002	B2.3:7		בר אוריה בעלכי ובית	זכריה	בר נתן מערב לה בית
003	B2.4:17		הושע בר פלליה שהד	זכריה	בר נתן שהד גמריה בר
004	B2.10:5		לה בית הצול בר	זכריה	דבק לה בתחתיה ומנעלא
005	B2.1:5		זי לעליה ועד בית	זכרי̈ה	מחר או יום אחרן לא

זכריה #9 — Zekaryah s Mešullam

No.	Ref.	Form			
001	B2.3:30	זכריה	הושע בר פלליה שהד	זכריה	בר משלם שהד מעזיה בר
002	B2.4:18		גמריה בר מחסיה שהד	זכריה	בר משלם שהד מעזיה בר

זכריה #10 — Zekaryah s Psam[i]

No.	Ref.	Form			
001	B5.3:9	זכריה	....]	[זכרי[ה	בר פסמ[י]

זכריה #11 — Zekaryah f [Menahe]met

No.	Ref.	Form			
001	C3.13:37	זכריה	[מנח]מת ברת	זכריה	ש פ 2 סאן 1+3

זכריה #12 — Zekar[yah]; cf. #22 זכור

זכריה #13 — Zekaryah f Šallum and f Menaḥem

No.	Ref.	Form			
001	C3.15:69	זכריא	אורי כש 2 שלום בר	זכריא	כש 2 מנחם בר זכריא כש
002	C3.15:70		זכריא כש 2 מנחם בר	זכריא	כש 2 20+20 משלך בר

זכריה #14 — Zekaryah f De'uyah/Re'uyah

No.	Ref.	Form			
001	C4.6:10	זכריה	דׄעויה בר	זכריה	מנחם בר מתן נחום בר

זכריה #15 — Zekaryah f Šewa'

No.	Ref.	Form			
001	A3.9:9	זכריה	[....]עבדך שוא בר	זכריה	
002	C4.6:15		בר מחסה שוא בר	זכריה	[...].[...]

זלי — Ziliya (unknown; Zadok; cf. Grelot 500)

No.	Ref.	Form			
001	B3.12:19	זלי	עליה לה בית פרנו בר	זלי	ומרדו אחוהי דבק לה אגר

זמסף — J̌amaspa (Pers; Hinz 143)

No.	Ref.	Form			
001	B3.4:24	זמסף	כספי שהד איסך בר	זמסף	ספר בי זי זבן בגזשת

זנון — Zenon (Gr; Kornfeld 117)

No.	Ref.	Form			
001	C3.29:14	זנון	משח לגין 3+3	זנון	ודמוקלס שיטיא לגין
002	C3.29:8		לגין 3+10 ב 10	זנון	שיטא משח לגין 3+10

זער — Ze'ir (Aram)

No.	Ref.	Form			
001	C3.12:10	זער	2 קלבין 3 עליד	זער	ש..א [....]ל[.].בבל

זערא — Ze'ira' (Aram); see also *Words KWIC* זעיר

No.	Ref.	Form			
001	C3.28:115	זערא	.... דלוי	זערא	גנבין 3+3 חל 1

זפרה — Zopyros (Gr; Katzoff)

No.	Ref.	Form			
001	C3.28:43	זפרה	2 {{מ 1 פ}}....	זפרה	לגן 2 בר 1 ב<ב> פתו כאן

זרמר — Zarahmara (Pers; Grelot 400; Hinz 277; Kornfeld 107)

No.	Ref.	Form			
001	C3.15:137	זרמר	כש 2 לאנדם ושחי בר	זרמר	כש 2 לה חגי בר מפטחיה

זתו.[...] — (Pers)

No.	Ref.	Form			
001	C3.14:8		[ ]שא 1 ר̇ 2 ש	זתו̇.[...	...] ש

זתוהי — Zatuvahyah (Pers; Hinz 278)

No.	Ref.	Form			
001	A6.9:1	זתוהי	פקי[דא] זי בלער	זתוהי	פקידא [זי ב]ארזוחן

ח.ב.. — (unknown)

No.	Ref.	Form			
001	B8.4:20	ח.ב..	[....]	ח.ב̇..	ברה̇ תחא ברתה

ח..ט[...] — (Egypt)

No.	Ref.	Form			
001	C3.19:10	ח..ט	.[...] לשחפימו בר	ח̇..ט[	...] לפטחרפחרט בר פט.]

ח[...] — (unknown)

No.	Ref.	Form			
001	D5.33fraga:2	ח...	[...]מנחם בר	ח[...]	[...].א.ם ל[...]

חא — (fem; unknown)

No.	Ref.	Form			
001	D6.1:6	חא	אוסירי ברתה תח[ת ...]	חא	ב[ר]ת[ה] תחת [...] [...]

חבב — Ḥabib (Aram; Kornfeld 49)

No.	Ref.	Form			
001	A2.1:9	חבב	אזדהרי בביתאלנתן מן	חבב	וכעת אן אשכחת אש מהימן

חבוב — Ḥabbub (Aram; cf. Kornfeld 49)

No.	Ref.	Form			
001	D8.6:5	וחבוב	בידיה ר 2 [פ]תלמיס	וחבוב	מ 1 פ אחיו שׂרעם מ 1

חגג — Ḥaggag (Arab; Kornfeld 49)

No.	Ref.	Form			
001	D22.17:1	חגג	ברך	חגג	בר אבלת לאסרי

חגוס Ḥaggus (unknown)

חגוס #1 Ḥagg(u)s s Zekar[yah]; or read חֹגֹי

001	חגס	C3.3:10	בר [....]	חֹגֹס	בר זכר[יה]

חגוס #2 Ḥaggus s Hodo

001	חגוס	A3.8:1	[אל אחי	חג]וס	אחוך ה[וש]ע שלם ושררת
002		A3.8:15	לתעובי [אל] א[חי]	חגוֹס	[ב]ר הודו אחוך ה[ושע

חגי Ḥaggai (Haggai; Heb; Porten 124)

חגי #1 Ḥaggai s Zekar[yah]; cf. #1 חגוס

חגי #2 Ḥaggai

001	חגי	D7.30:1	אל אחי	חגי	אחוך ירחו שלם אחי בל
002		D7.29:1	על	חגי	אמרת לאשין על כסף מרזחא
003	לחגי	D7.29:6	לאיתי כען אנתננהי	לחגי	או יגדל דבר עלוהי

חגי #3 Ḥagg[ai] f Yehoram (Saqqarah)

001	חגי	C3.6:13	ל[א]בג יהורם בר	חגֹ[י	...] [לא]בג]

חגי #4 Ḥaggai s Šemaʿyah and f Šemaʿyah and Šammuaʿ

001	חגי	D4.29:2	[...]. [... ש]מוע בר	חגי	נשכע[דרי ...]
002		C4.4:5	בר הודו שמוע בר	חגי	נתן בר נריה מנחם בר
003		B2.7:19	זי אתרא ..[....].	חֹגֹי	בר שמעיה זכור בר
004		B3.10:22	עבדת לכי הו מיצב כתב	חגי	בר שמעיה ספרא זנה ביב
005		B3.11:17	כתבת לכי הו יצב כתב	חגי	בר שמעיה ספרא זנה ביב
006		B3.12:32	לה דמוהי כסף כתב	חגי	בר שמעיה ספרא זנה ביב
007		B3.4:23	יהכן על ביתא זך ˆכתב	חגי	בר שמעיה כפם בגזשת
008		B3.8:43	בר משלם ושהדיא בגו	חגי	בר שמעיה יסלח בר גדול
009		B4.6:18	[....]ב[... כתב]	[חגי	בר שמעיה ספרא] זנה
010		C3.14:3	בר נבושלֹם שא 1 ש	חגי	בֹּר שמעי[ה] שא 1 ש
011		B3.6:15	ולא דין ולא דבב כתב	חגי	ספרא זנה ביב כפם משלם
012		B3.13:13	מנחם בר שלום שהד	חגי	שהד נחום בר ביתא שהד
013		A4.10:3	שמה [1] שמעיה בר	חגי	שמה 1 הושע בר יתום שמה

חגי #5 Ḥaggai s Penuleyah

001	חגי	B6.4:10	ביתאלנתן בר צחא שהד	חגי	בר פנוליה שהד יאוש בר

חגי #6 Ḥaggai s Mešullam s Busasa and f Anani(ah)

001	חגי	B3.8:1	בירתא אמר ענניה בר	חגי	ארמי זי יב בירתא [ל]דגל
002		B3.13:3	3 אחר אנה ענני בר	חגי	אשלם ואנתן לך כנתניא אלך
003		B3.11:8	אנתתכיˆ עם ענני בר	חגי	בר משלם בר בסס אנתי
004		B3.12:11	כל 2 כפם חד לענני בר	חגי	בר בסס לאמר אנחנה זבן
005		B3.12:2	יב ברתא לענני בר	חגי	בר משלם בר בסס ארמי זי
006		B3.13:1	בירתא אמר ענני בר	חגי	בר משלם יהודי לדגל
007		B3.13:13	ענני בר {{משלם}}	חגי	בר משלם שהדיא בגו שהד
008		B3.13:15	ז[י כתב ענני בר	חגי]	בר משלם לפחנום בר
009		B3.8:43	זנה כפם ענניה בר	חגי	[ו]זכור בר משלם ושהדיא
010		B3.12:17	לה ביתך אנת ענני בר	חגי	זי יהבן ליהוישמע ברתן

חגי #7 Ḥaggai s Beʾeri

001	חגי	C4.8:3	נתן פטאסי בר נתין	חגֹי	בר בארי פסו בר כשי

חגי #8 Ḥaggai s Nattun (= Nattum) and f Nattun

001	חגי	A4.4:7	יתום הושע בר נתום	חגי	אחוהי אחיו בר מכי[ה
002		C4.4:1		חגי	בר נתון חרמן בר אושע
003		C3.15:66	בר מתן כש 2 נתון בר	חגי	כש 2 חגי בר מיכא כש 2

חגי #9 Ḥaggai s Yezanya[h]

001	חגי	C4.5:8	[...] מנחם בר משל[ם]	חגי	בר יֹזני[ה] אגרי בר

חגי #10 Ḥaggai f Ḥanan

001	חגי	C3.13:2	[... זי יהב] חנן בר	חגי	ליד [י]דניה בר[...]
002		B2.11:16	בר גדול שהד חנן בר	חגי	שהד נתן בר יהואור שהד

חגי #11 Ḥaggai f Yehoyišmaʿ

001	חגי	C3.13:40	[ ]זֹי ליהוישמע בר	חגי	ש פ 1 [....]פֹּ 1

חגי #12 Ḥaggai s Mardu

001	חגי	B3.10:26	ישביה בר ידניה שהד	חגי	בר מרדו ספר בי זי כתב
002		B3.11:20	שמוע בר פלוליה שהד	חגי	בר מרדו שהד ידניה בר
003		B3.13:14	שהד נחום בר ביתא שהד	חגי	בר מרדו [ס]פר עבור ז[י

חגי #13 Ḥagg[ai] s Menaḥem

001	חגי	C3.15:82	מנחם בר פוסי כש 2	חג[י]	בר מנחם [בר] פוסי כש

חגי #14 Ḥaggai s Aṣṣul/Haṣṣul and f Haṣṣul and Mešullam

001	חגי	B3.8:44	בר גדול [... בר ....]	חגי	בר אצול מנחם בר עזריה
002		C3.15:29	הו כש 2 לה משלם בר	חגי	בר הצול כש 2 לה הצול
003		C3.15:30	כש 2 לה הצול בר	חגי	בר הצול כש 2 לה כל [מאת

חגי #15 Ḥaggai s Mikah/Mikayah

001	חגי	C3.15:67	2 נתון בר חגי כש 2	חגי	בר מיכא כש 2 מחסה בר
002		C4.6:13	מתן נחום בר זכור	חגי	בר מיכיה דידי בר אורי

חגי #16 Ḥaggai s Miptaḥyah

001 C3.15:138 חגי — בר זרמר כש 2 לה | חגי | בר מפטחיה כש 2

חגי #17 Ḥaggai f Yehošama'

001 C3.15:102 חגי — כש 2 יהושמע ברת | חגי | כש 2 אבי[ה]י ברת נתון

חגי #18 Ḥaggai f Dallui (Edfu)

001 D8.5:4 חגי — מ 1 רב[ע ...] דלוי בר | חגי | רבען 3 עבדיהו אסיא מ 1

חגי #19 Ḥaggai f ? (Edfu)

001 D8.9:15 חגי — נתן אסיפא לגן 2[...] | חג[י] | ...]ל... [...] כל כון 3+3

חגי #20 Ḥa[ggai] f Delayah (Edfu?)

001 D1.17fraga:2 חגי — [... ד]לוי דליה בר | ח[גי] | שבעם בר עבדיה [...] [...

חגי #21 Ḥaggai (s) Diophoros/Dipyros (Edfu)

001 C3.28:87 חגי — 2 מן נתני גרב 1 מן | חגי | דיפרס גרבין 2 תֿסא ברת

חגי #22 Ḥaggai s Šumati/Šmiti and f Šim'on (Edfu)

001 C3.28:91 חגי — סלק לאפנא שמעון בר | חגי | בר שמתי שטר 1 בחמר כאן

חגי #23 Ḥaggai (s) Tutu and (f) Šabbetai

001 C3.28:100 חגי — 1 בחנטן א 10 שבתי | חגי | תתוֿ שטר 1 בביתה {{...}}
002 C3.28:101 — בביתה {{...}} בב שבתי | חגי | שטר 1 בחנטן א 2+3+20

חד[...] (unknown); or read ...]חרֿ

001 B8.4:20 חד... — תחא ברתה אחא | חד.]... | [... פט[...] ברֿהֿ

חדוסבי (unknown); or read חרֿוסבי

001 B8.2:11 חדוסבי — [....] | חדֿוסֿבי | [....] מסתא

חו[...] (Egypt)

001 A4.6:14 חו.... — שמ[ה] פיא בר | חו]...., | [... [....] גבריא זי

חוי Ḥawi (Phoen; Phoen script)

001 D11.5:2 לחוי — לשובי בר אפרֿי | לחוי | בן עבדאבסת אחמן בן עכבר

חור. (Egypt)

001 A6.3:4 חור. — פסמשך 1 פשובסתי בר | חור.] | 1 ... בר ש]חפמו 1

חור...[...] (Egypt); or read ..]...צֿפֿרֿ

001 C3.14:6 חור..... — 1 ש צחא [ב]ר | חֿוֹרֿ...]..|]ל. שא 1 הו

חור Ḥor (Egypt; Muchiki 77; DemNb 786-788)

חור #1 Ḥor, witness

001 B1.1:16 חור — שהדיא ת נרגי נני | חור | [א]חא אדלדן

חור #2 Ḥor f Aba

001 D20.3:1 חור — בריך אבה בר | חור | ואחתבו ברת עדיה כל 2 זי

חור #3 Ḥor s Ešemram s Qom'am

001 D22.18:1 חור — ב<ר>ך | חור | בר אֿוֹשמרם בר קמֿוֹעֿםֿ

חור #4 Ḥor

001 C3.10:3 חור — אחרן... בר [.מרי יור | חור | ב[ר]ה תחת מסתא אס]....

חור #5 Ḥor f Ḥapimen

001 C4.2:10 חור — חרמחי [...] חפימן בר | חור | [...] ימחות בר

חור #6 Ḥor

001 C3.9:19 חור — בר[ת] תתף ברתה .[...] | חור | ברה [...] 10+20+20

חור #7 Ḥor s ?

001 C3.9Rfraga:1 חור — | חֿוֹרֿ | בר[...] [...] ..[.] ברת [...]

חור #8 Ḥor f ? (d)

001 C3.9:14 חור — פטוסרי יור [.... בר]ת | חור | נשן רבה [כל נפש 2]

חור #9 Ḥor s Pwonš

001 C1.2:2 חור — קרה .[....] | [חור] | בר פונש הו אחר ענה
002 C1.2:3 — לבנוהי] וכזי שמע | [חור] | בר פונש מליא זי מלכא
003 C1.2:7 — ה.[..] עם אלהן ולחש | חור | בֿ[ר פונ]ש על אלפי
004 C1.2:8 — ....תֿ במנצ[יעת] [..] | חור | בר פֿוֹנש בספֿינֿן

חור #10 Ḥor

001 D18.17:1 חור — | חור |

חור #11 Ḥor s Eskišut

001 C4.8:7 חור — אשמכדרי בר יפֿעֿ | חור | בר אסכשית אשמרם בר

#12 חור — Ḥor f ? (Saqqarah)

001	חור	C3.18:6	2+3 [...]ת[ב]ר ׳י	חור	כא 1 ג 1 ח 2+3 [...

#13 חור — Ḥor servant of Ḥananyah; cf. #7 חורי

#14 חור — Ḥor s Peṭeese

001	חור	B3.10:10	מנה אגר דרגא ובית	חור	בר פטאסי גנן זי חנום
002		B3.11:6	זילי תחתיא לה ביתה זי	חור	בר פטאסי גנן זי חנום
003		B3.7:8	שמש לה {{בית}} בית	חור	עבד זי ח[נום אלהא

#15 חור — Ḥor s Pedayah

001	חור	C4.6:3	נתן נתן בר מעוזיה	חור	בר פדיה מחסה בר

#16 חור — Ḥor s Ya'ulu

001	חור	C3.14:16	1 ש ורד בר זותי	חור	בר יעולו שא 1 ר 2 ש

#17 חור — Ḥor f Tašai

001	חור	D8.11:7	אבא ק 3 לתשא ברת	חור	בגפה √ ק 3 √

חורי — Ḥori (Egypt; Muchiki 78; DemNb 790)

#1 חורי — Ḥori; cf. **חרא**, case 004

#2 חורי — Ḥori s Bagabaga (Abydos)

001	חורי	D22.12:1		חורי	בר בגבגא

#3 חורי — Ḥ(o)ri f ? (Abydos)

001	חרי	D22.10:1	בריך אבמא. בר	חרי	קדם אוסרי

#4 חורי — Ḥ(o)ri with Waḥpre (Saqqarah)

001	חרי	C4.2fraga:3	בוה בר וחפרע עם	חרי[ן	עדרי בר כסי עם ...]

#5 חורי — Ḥ(o)ri f Šabu (Saqqarah)

001	חרי	D19.5:1	שבו ברת	חרי	

#6 חורי — Ḥori

001	חורי	D5.35:2	[...].[...]... [...	חורי]	

#7 חורי — Ḥori = Ḥor, servant of Ḥananyah

001	חור	A4.3:6	מה צבו ומלה זי צחא	ˆחורˆ	יבעה מנכם אנתם קמו
002		A4.3:8	לב[..]כם עבדן [אנ]תם	חור	עלים חנניה אנתם זולו מן
003	חורי	A4.2:13	וחדה מנה[....]	חורי	יהב לי כזי כלוהי על כדא
004	וחור	A4.3:4	רכליא על אחרן צחא	וחור	עלימי ענני אשתדרו עם
005	וחורי	A4.2:15	צח[א ....]	וחורי	זי כלו ביום 3+3 לפאפי
006	לחור	A4.3:8	כען ומה זי תעבדון	לחור	לב[..]כם עבדן [אנ]תם

#8 חורי — Ḥori f Peṭkhnum

001	חורי	C4.6:9	10[...] פטחנם בר	חורי	דעויה בר

#9 חורי — Ḥori s Vana

001	חורי	C3.15:43	שלם בר הודו [כש] 2	חורי	בר ונה [כש] 2 שמוע בר

#10 חורי — Ḥori f Šabit

001	חורי	C3.15:88	נתן כש 2 שבית ברת	חורי	בר שלם כש 2 רעיא ברת

#11 חורי — Ḥori s Komen

001	חורי	A3.10:9	עד ימטא [ע]לי אל אחי	חורי	בר כמן ופטמחו אחוכם
002		A3.10:1	אל אחי	חורי	ופטמחו אחוכם ספנתדת

#12 חורי — Ḥori f Pasi (Edfu)

001	חורי	D8.7:7	ברת תסי מ 1 פסי בר	חורי	כסף ש 1 מ 1 √

#13 חורי — Ḥori (f) Šabbetai (Edfu)

001	חורי	D8.9:11	לגן [...] שבתי	חורי	לגן 2+3 שבתי בר משלם

חחר — Khaḥor (Egypt; Muchiki 78; DemNb 104)

001	חחר	C3.4:7	[...] [אס]פמת בר	חחר[	...] [...]ב. בר[...]

חיב — (unknown); cf. #1 **ישיב**

חיוף — Khayof (Egypt; Vittmann: DemNb 873)

#1 חיוף — Khay(o)f f Pasi

001	חיף	C3.25:4	חלף [....]פסי בר	חיף	.... גברן [...]׳י בר

#2 חיוף — Khayof s' ? (Saqqarah)

001	חיוף	C3.26:41	[...] פחפי בר .[...]	חיוֹף	בר [...] ב 1+3 לתעבי

#3 חיוף — Khay(o)f s Peṭeese

001	חיף	C4.9col2:6	הריו בר פטאח	חיֹף	בר פטאסי

חיח
(unknown; Muchiki 78); cf. **חירו**

חיח.[...]
(unknown)
001 ...חיח C3.26:10 10 תורא] כ]א 10 חיח.[...] כא 2 [....]..ימ..

חיף
cf. #3 #1 **חיוף**

חיר
Khair (Arab; Zadok)
001 חיר C3.8IV:6 1 .. [...] וכעת חיר כן [אמר .... שים

חירו
(unknown); or read **חיח**
001 חירו B3.4:23 בר מתריזן שהד חירו בר אתרלי כספי בית

חכרטיס
Ḥikerṭais (Egypt; Kornfeld 81; cf. Muchiki 79)

#1 חכרטיס
Ḥikerṭais f Djeḥo
001 חכרטיס D7.13:11 ל[...] [...]צחא בר חכרטיס [.] [... ינ]תנון והן אמרו

#2 חכרטיס
Ḥikerṭais, boatman
001 חכרטיס D7.13:13 [באל]ף חרתבא ובאלף חכרטיס [....].ן לך על פוחרב אמר

חלץ
Heleṣ (Helez; Aram; Kornfeld 50)
001 חלץ D11.7:1 שמשי בר חלץ

חלקיה
Ḥilkiyah (Hilkiah; Heb; Porten 138)
001 חלקיה C3.3:17 יאזניה] בר] חלקיה

חמן
Xvamanah (Pers; Shaked)

#1 חמן
Xvamanah, witness
001 חמן D2.25:9 ב]ר ש]כאל [....] חמן שה[ד ... ב]ר בית]אל...

#2 חמן
Xvamanah
001 חמן D5.32:1 [...] חמן שנג[...]

חמני.[...]
(unknown)
001 ...חמני B7.4:1 ספר מומה זי כתב חמני.[...]

חמתסן
(unknown)
001 חמתסן C3.8IIIA:6 חמתסן שמה כספיא י[...]

חנ.[...]
(unknown)
001 .....חנ D7.13:6 ב..[...] ושאל על חנ.[....] פטחרפחרט בר פומן

חנבנש
Xvanbanuš (Pers; Zadok)
001 חנבנש B8.2:28 [...]וחפרע חנבנש גנ[....] ביתשכן

חנדסירם
cf. **כנזסירם**

חנונית
Ḥenuneit (fem; Egypt; Vittmann; cf. Muchiki 80)
001 חנונית C3.18:5 [... ...]תפמ ברת חנונית כא 1 ג 1 ח 2+3

חנזפי
(unknown)
001 חנזפי A6.12:1 וכנותה וכעת חנזפי שמה פתכרכר עלימ[א]

חניה
Ḥanniyah (Heb; Grelot 474; Edfu)

#1 חניה
Ḥanniyah, scribe
001 חניה D8.6:3 שמעון מ 1 פ חניה ספרא מ 2 פ בידיה ר 2

#2 חניה
Ḥanniyah f Tasi
001 חניה C3.28:88 גרבין 2 תסא ברת חניה ברכסא א 3 א ו

#3 חניה
Ḥanniyah f ?
001 חניה C3.28:111 וכדסא ברת חניה סס[..]ח בידה חרשא

חנמו
Khnumeu (Egypt; Muchiki 80; DemNb 886)
001 חנמו C4.8:5 בר כשי צחחנום בר חנמו אשמכדרי בר יפע חור

חנן
Ḥanan (Hanan; Heb; Porten 140; Renz-Röllig 67)

#1 חנן
Ḥanan s Zakkur
001 חנן D12.1:3 בר נתן בר שמ[עיה] חנן בר זכור שמעיה בר זכור

#2 חנן
Ḥanan s Ḥaggai
001 חנן B2.11:16 מנחם בר גדול שהד חנן בר חגי שהד נתן בר
002 C3.13:2 נחש וכסף ... זי יהב] חנן בר חגי ליד [י]דניה בר[...]

חנן #3

חנן #3 — Ḥanan s Azaryah

No.	Form	Ref.	Preceding	Name	Following
001	חנן	C3.13:55	נבועקב ב.[...] זכרן	חנן	בר עזריה[...] לאמ[ר]

חנן #4 — Ḥanan

No.	Form	Ref.	Preceding	Name	Following
001	חנן	C3.13:53	בירח מסורע[...]	חנן	מאת נבועקב ב.[...] זכרן

חנן #5 — Ḥanan s Pakhnum

No.	Form	Ref.	Preceding	Name	Following
001	חנן	C4.6:5	מחסה בר יהוטל	חנן	בר פחנם שלום בר

חנניה — Ḥananyah (Hananiah; Heb; Porten 140; Renz-Röllig 68)

No.	Form	Ref.	Preceding	Name	Following
001	חנניה	A4.3:8	[אנ]תם חור עלים	חנניה	אנתם זולו מן בתין נכסן
002		A4.3:7	זי חנום הו עלין מן	חנניה	במצרין עד כען ומה זי
003		A4.1:10	חילא יהודיא אחוכם	חנניה	ב[ר ...]
004		A4.1:1	ח[ילא] יהודיא אחוכם	חננ[י]ה	שלם אחי אלהיא [ישאלו]

חנס. — Khons[...] (Egypt)

No.	Form	Ref.	Preceding	Name	Following
001	חנס.	D22.15:1	[...]בר	חנס[.]	

חפיו — Ḥapeu (Egypt; Muchiki 81; DemNb 780)

No.	Form	Ref.	Preceding	Name	Following
001	חפיו	B1.1:2	דג[נ]מלך לאחא בר	חפיו	נתנת לך חקלי אשלן [....]

חפימן — Ḥapimen (Egypt; Muchiki 81; DemNb 781)

חפימן #1 — Ḥapimen s Ḥor (Saqqarah)

No.	Form	Ref.	Preceding	Name	Following
001	חפימן	C4.2:10	נפסי בר חרמחי [...]	חפימן	בר חור [...] ימחות בר

חפימן #2 — Ḥapimen (Saqqarah)

No.	Form	Ref.	Preceding	Name	Following
001	חפימן	B8.4:6	יתב כרמא עם	חפימן	פטמיחוס כל 2 דמן קימן

חפימן #3 — Ḥapimen f Aḥerṭais

No.	Form	Ref.	Preceding	Name	Following
001	חפימן	C3.19:16	לאחרטיס בר	חפימן	20+20+20 כל רעי

חפימן #4 — Ḥap(i)men; abecedary

No.	Form	Ref.	Preceding	Name	Following
001	חפמן	D10.2:1	#######	חפמן	####### .סי א ב ג ד ה ו

חפיענח — Ḥapionkh (Egypt; Muchiki 84)

No.	Form	Ref.	Preceding	Name	Following
001	חפיענח	C3.26:7	כא 2+3+20 בני	חפיענח	כא 2+3+10 תרי זי[

חר — Ḥor (Egypt; Phoen script)

No.	Form	Ref.	Preceding	Name	Following
001	חר	D11.4:2	מחלם בר מערם ת ימחת בן	חר	ענחפמס בן אב.ר

חפמן

cf. #4 חפימן

חר[...] — Ḥar[...] (Egypt)

חר[...] #1 — cf. הד[...]

חר[...] #2

No.	Form	Ref.	Preceding	Name	Following
001	חר...	D22.34:1	[...] בר	חר[...]	

חרא — Ḥora (Egypt; Vittmann)

No.	Form	Ref.	Preceding	Name	Following
001	חרא	D23.1.II:9	... תשכבן עם	חרא	ל.[...] המ[...] אנתן לך
002		D23.1.II:10	ואמרת [ל]דנא	חרא	לאשכב עם גבר זי [....]
003		D23.1.XVIC:5	ומ.. וכן אמרו אלהי	חרא	שלמ[...] לספרא זי כתב
004	לחרא	D23.1.II:12	עמי ואזל ואמר	לחרא	אנה לם אמרת למה]

חרבך — Ḥarbek (Egypt; Muchiki 82; DemNb 799)

No.	Form	Ref.	Preceding	Name	Following
001	חרבך	D15.2:1		חרבך	בר פסרי קרב להנאלת אלהתא

חרוסבי — (unknown); cf. חדוסבי

חרוץ — Ḥarwodj (Egypt; Muchiki 83; DemNb 796ff)

חרוץ #1 — Ḥarwodj s Betʾelšezib

No.	Form	Ref.	Preceding	Name	Following
001	חרוץ	A2.5:5	תהיתן לן תקם יתו ביד	חרוץ	בר ביתאלשזב זי אתה

חרוץ #2 — Ḥarwodj

No.	Form	Ref.	Preceding	Name	Following
001	חרוץ	A2.3:8	עלי ארה לא אחי הו	חרוץ	וכעת הלו יהב להן פרס
002		A2.3:6	לאמר לה שאל על	חרוץ	כעת מלו כזי עבד אנה
003		A2.3:3	ואסרשת ושרדרד	חרוץ	שאל שלמהן וכעת שלם
004	לחרוץ	A2.3:7	כעת מלו כזי עבד אנה	לחרוץ	כות תעבד בנת עלי ארה לא
005		A2.4:3	שלם רעיה אל תצף	לחרוץ	לה שבק אנה לה 1 כדי
006		A2.3:4	וכעת שלם {{ל}}	לחרוץ	תנה אל תצפי לה כדי תכלן

חרוץ #3 — Ḥarwodj s Palṭu

No.	Form	Ref.	Preceding	Name	Following
001	חרוץ	B2.7:15	מערב שמש לה בית	חרוץ	בר פלטו כמר זי חנ[ו]ם

חרוץ #4 — Ḥarwodj f Paoḥ (Saqqarah)

No.	Form	Ref.	Preceding	Name	Following
001	חרוץ	C4.3:15	פטא[ח] פאח בר	חרוץ[	...] עקב בר ביתא[ל...]

חרוץ #5 — Ḥarwodj, scribe

No.	Form	Ref.	Preceding	Name	Following
001	חרוץ	A6.1:6	נסונפרע	חרוץ	וכנותה ספרי מדינ[ת

#6 חרוץ Ḥarwodj f Peṭeese

001 חרוץ C3.14:5 ..[...שא] 1 ש פטסי בר | חרוץ[| ש]א 1 ש צחא [ב]ר

חרזבד Ḥarzabad (Aram; Muchiki 83)

001 חרזבד D22.53:1 אכי בר | חרזבד

חרחבי Ḥarkhebe (Egypt; Muchiki 83; DemNb 830f)

#1 חרחבי Ḥarkhebe; seal

001 חרחבי D14.3:2 חרחבי

#2 חרחבי Ḥarkhebe s Neḥemsioḥ

001 חרחבי C4.1:1 [...]. | חרחבי | בר נחמסאח אמה[...] [...

חרמחי Ḥarmakhi (Egypt; Muchiki 85; DemNb 813; Saqqarah)

#1 חרמחי Ḥarmakh[i] s ?

001 חרמחי C3.8IIIB:13 [....]ליד | חרמח]י | בר ....[ד

#2 חרמחי Ḥarmakhi f Nefese

001 חרמחי C4.2:9 קנ]... [נפסי בר | חרמחי | [...] חפימן בר חור
002 C4.2fraga:5 גו]... [נפסי בר | חרמחי] | [... .... בר ...]...

חרמן Ḥarmen (Egypt; Muchiki 85)

#1 חרמן Ḥarmen f ?

001 חרמן D9.14:12 ברת גמריה [... ב]ר | חרמן

#2 חרמן Ḥarmen s ?

001 חרמן D9.14:6 [...] שריה ברת[...] | חרמן | ב]ר ...[שמעיה בר זכור

#3 חרמן Ḥarmen s Ošea‘ = Ḥarmen f Hošea‘ f Serayah

001 חרמן C4.4:2 חגי בר נתון | חרמן | בר אושע אושע בר יתום
002 C3.15:4 [בר]ת הושע בר | חרמן | כסף ש 2 כל 2[+1]

חרמנתן Ḥeremnatan (Aram; Porten 333)

#1 חרמנתן Ḥeremnatan

001 חרמנתן D22.36:1 [..]מ[.] מ[..] | חרמנתן

#2 חרמנתן Ḥeremnatan s Besa

001 חרמנתן D18.10:a | חרמנתן | בר בסא
002 D18.10:b | חרמנתן | בר בסא

#3 חרמנתן Ḥeremnatan s Peṭese

001 חרמנתן D18.6:a | חרמנתן | בר פטסי
002 D18.6:b | חרמנתן | בר פטסי

#4 חרמנתן Ḥeremnatan s Bet’elnatan

001 חרמנתן B6.4:9 ושהדיא בגו שהד | חרמנתן | בר ביתאלנתן בר צחא

#5 חרמנתן Ḥeremnatan s Paḥo

001 חרמנתן B3.9:12 וריזת בר ביתאלזבד | חרמנתן | בר פחא אשמזבד בר

חרמעחר Ḥarmakhrou (Egypt; Muchiki 85; DemNb 817)

001 חרמעחר C3.12:11 [ ]לך.[.]בבל עליד | חרמעחר | מצרין קלול 1

חרמשזב Ḥeremšezib (Aram; Porten 333)

#1 חרמשזב Ḥeremšezib

001 חרמשזב D22.5:1 | חרמש]זב | ...]
002 D22.6:1 | חרמשזב

#2 חרמשזב Ḥeremšezib s Ašah/Ušeh

001 חרמשזב D18.2:a | חרמשזב | בר אשה כמרא
002 D18.2:b | חרמשזב | בר אשה

חרנופי Ḥarnufe (Egypt; Muchiki 85-86; DemNb 824)

001 וחרנופי A4.3:5 אשתדרו עם וידרנג | וחרנופי | בטלל אלה שמיא עד

חרסיסי Ḥarsiese (Egypt; Muchiki 86; DemNb 834f)

#1 חרסיסי Ḥarsiese s Waḥpre

001 חרסיסי B8.12:2 [...]....ן | חַרסִיסִי | בַּר וַחפּרַע.[...]

#2 חרסיסי Ḥarsiese s ?

001 חרסיסי B8.12:3 הַנחֹת .... | חַרסִיסִי | בַּר[....] [....]שך

חרפנחס Ḥarpneḥas (Egypt; Muchiki 86-7)

001 חרפנחס D2.33:4 בר בש.[...] בידה[...] |]חרפנחס[| ... ...].וט ס

חרפרן

(Egypt)

[...]. כא[...] תרט ברת ש	חרפרן	[...] כלבי כא [...]	C3.26:32	חרפרן	001

חרשין

Xvaršaina (Pers; Hinz 140)

דבק תחתיה לה בית קוניה	חרשין	לה בית דרגמן בר	B2.3:5	חרשין	001
חרזמי זי אתרה ביב	חרשין	בכרסאה אמר דרגמן בר	B2.2:2		002
חרזמיא כתב לי על ארקא	חרשין	מרחק 1 זי דרגמן בר	B2.3:23		003
ל מחסיה	חרשין	זי כתב [דרגמ]ן בר	B2.2:22		004

חרתבא

Ḥartbo (Egypt; Muchiki 87; DemNb 864)

ובאלף חכרטי֯ס [....].	חרתבא	והן אמרו [... באל]ף	D7.13:13	חרתבא	001

חשוב

Ḥaššub (Hasshub; Heb; Zadok 114)

זעירא מ 2+3	חשוב	מ אומכס ר̇ 1 חצי 1	D8.6:11	חשוב	001

חשיארש

Xšayaršan (Xerxes; Pers; Kornfeld 107)

מלכא אמר קוניה בר	חשיארש	לפחנס שנת 2+3+10	B2.1:1	חשיארש	001
מ]לכא שערן[...]	חשיארש]	2[...] שנת[...]	D1.33fragb:1		002
מלכא [...]...יה[...]	חשיא[ר]ש[	ר̇.[...] [...]. [....] שנת[...	D1.33fragc:5		003
מלכא בזי .... בי. פמנ..	חשיארש	בשנת 1+3 ירח מחיר	D20.3:3		004
מלכא אמר הושע[ברן]	חשירש	ל[ירח פאפי שנת 3	B4.3:1	חשירש	005
[מ]לכ[א אמר הושע] בר	חשירש	לירח פאפי שנת 3	B4.4:1		006
מלכא אמר [...	לאחשירש	2 [... ...]	D2.1:1	לאחשירש	007

חשירש

cf. **חשיארש**

חתובסתי

cf. **אחתבסתי**

ט[...]

(unknown)

פ̇ר̇ט ברה [....]..[	ט̇..[...	צחא ברה צובא̇ 1	B8.4:17	ט.....	001

טבשלם

Ṭobšalom/Ṭabšalam

(Heb/Aram; cf. Zadok 52; Renz-Röllig 68)

[....]א למנחת[...]	לטבשל[ם]	בר מפטחיה כש 2	C3.15:138	לטבשלם	001

טמסי

Ṭimise (Egypt; Vittmann)

הן לא .[...] ישלח ספתא זי	לטמסי	כענת שאלי̇	D7.33:5	לטמסי	001

טסתי

Ṭisati (Egypt; Muchiki 88)

כש 2 יהושמע ברת נתן	טסתי	מחתוש מפתח ברת	C3.15:86	טסתי	001

י.[...]

(unknown)

...] [....]. שלמצין[...]	י.[...]	[...] [...]י נחתמא בר	D8.9:7	...י	001

יאדניה

cf. #10 **ידניה**

יאוש

Ya'uš (Heb; Porten 143, 147; Renz-Röllig 68)

#1 יאוש

Ya'uš s Penuleyah

בר פנוליה תחתיא לה	יאוש	ביתא זך עליה לה בית	B2.7:13	יאוש	001

#2 יאוש

Ya'uš s [A]zanyah

בר [א]זניה	יאוש	חגי בר פנוליה שהד	B6.4:10	יאוש	001
בר אזניה	יאוש	נריה מנחם בר פוסי	C4.4:8		002

#3 יאוש

Ya'uš f Pelaṭyah/Pilṭi

[... בר]ת זכור מחתוש	יאוש	בר ענני פלטיה בר	D3.17:8	יאוש	001
ישביה בר ידניה שׂהד	יאוש	בר מעוזי פלטי בר	B3.10:25	יאוש	002
אחוך הושעיה בר נתן	יא[ו]ש	אל אחי פל[טי בר	A3.6:5		003
כש 2 אביהי ברת אושע	יאוש	יחמול ברת פלטי בר	C3.15:92		004

#4 יאוש

Ya'uš

לאמר הבה בזהב אל מראתי	יאוש	.[.] אמר לי	A3.7:4	יאוש	001

יאזן

Ya'azan (Heb; Porten 143; Renz-Röllig 68)

בר זכר[יה ...] [.]אי[..]	יאזן	√ שלמם בר הודו	D9.3:4	יאזן	001

יאזניה

Ya'azanyah (Jaazaniah; Heb; Porten 143; Renz-Röllig 68)

#1 יאזניה

Ya'azanyah s [Pela]ṭyah

ברן פל[טיה	יאזניה	הושעיה בר בׄניה	C3.3:14	יאזניה	001

#2 יאזניה

[Ya'a]zanyah f Mešullam

יאזניה[בר] חלקיה	יא[זניה	[ג]מ̇ריה משלם ברן	C3.3:16	יאזניה	001

#3 יאזניה

Ya'azanyah [s] Ḥilkiyah

בר] חלקיה	יאזניה]	משלם ברן יא[זניה	C3.3:17	יאזניה	001

יאיר

Ya'ir (Jair; Heb; Zadok 36, 134)

	יאיר	ברך עבדי	D21.16:3	יאיר	001

יאשיה Yoʾšiyah (Josiah; Heb; Porten 143)

001	יאשיה	C3.3:9	הֹ[...]חדת	יאשיה	בר [....] חֹגֹס

יבל cf. אוביל

יגדל Yigdal (Igdal; Heb; Porten 143, 147)

יגדל #1 Yigdal

001	יגדל	D7.29:7	כען אנתנהי לחגי או	יגדל	דבר עלוהי וינתנהי לכם
002		D7.11:3	ד.[...] חזי מה [...].	יגדֹל	ושלח [...] לה בשמי לם

יגדל #2 Yigdal

001	יגדל	D4.9:2	... בי]ת יהו [...	]יגדל	את.[...] [...]. .[...].[...].[...]

יגדל #3 Yigdal f Gaddul

001	יגדל	B2.2:18	פטחנום שהד גדול בר	יגדל	שהד גמריה בר אחיו

יגדל #4 Yigdal f Hošeaʿ

001	יגדל	B2.3:34	ישעיה שהד הושע בר	יגדל	ספר בי [זי] כתב מחסה
002		B2.4:22	ישעיה שהד הו[שע בר	י]גדל	סֹ[פר ....]

יגדל #5 Yigdal f Yehoḥen (d)

001	יגדל	C3.15:95	כש 2 יהוחן ברת	יגדל	כש 2 משלמת ברת צפליא

ידוע Yadduaʿ (Jaddua; Heb; Zadok 114)

001	ידוע	D8.4:14	1 [... ...]א מ 1 [...	ידוע]	ר 1 רבען 3 [.... ...]... מ

ידלה Yidleh (Heb; Zadok 131; Edfu)

ידלה #1 Yidleh f Šabbetai

001	ידלה	D8.3:6	למת[נא ...] שבתי בר	ידלה	אשלן 1[...] פשנפור בר

ידלה #2 Yidleh f Dallui

001	ידלה	D8.5:2	[...]ן[...] דלוי בר	ידלה	מ 1 רב[ע ...] שלום בר

ידלה #3 Yidleh (s) Šimʿon

001	ידלה	D8.6:9	ר 3 [כ]יה שהדא .3	ידלה	שמעון מ 3 ר 2 מ אומכס

ידלה #4 Yidleh (s) Abyete

001	ידלה	C3.28:116	גנבין 3+3 חל 1 בני	ידלה	אביתי גרבין 3 עבדיהו

ידניא cf. #3 ידניה

ידניה Yedanyah (Heb; Porten 143)

ידניה #1 Yedanyah

001	ידניה	D7.11:7	[...] כען ..[...] שלם	ידניה	[...] זי מראך ול[...]
002		D7.12:3	זי ג[....] וקפת	ידניה]	.... מלאה סער[ן ....]
003		D7.15:10	...] [...] ל אנת [...]	יד]ניה	ומל[כיה ....] [...].רֹ הא
004		D7.14:3	...] לכתוני אף [...]	י]דניה	יהפק [...].א עמה
005		D7.10:1	שלם	ידניה	כען לו [ב]סגרא שימת
006		D7.20:6	מחר שלם מיכיה מן	ידניה	כענת הלו שלחת לך אתמל
007	וידניה	D7.13:3	מנֹחמן זי הס[...]	וידניה	גשוריא מ[...] ושאל על

ידניה #2 Yedanyah s ?

001	לידניה	D2.26:2	גדול ב[ר ...] [...]	לידניה	בר זֹ[...] [... ...]

ידניה #3 Yedanyah f Maḥseyah, f Šemaʿyah

001	ידניא	B2.8:2	ברת מחסיה בר	ידניא	ארמיא זי סון לדגל
002	ידניה	B4.2:14	בר יההרם מחסיה בר	ידניה	מלכיה בר זכריה כתב
003		B3.2:13	רנפנפרי מחסיה בר	ידניה	מנכי בר בגין עתרמלכי
004		B2.1:2	וריזת למחסיה בר	י{נ}ד<נ>יה	ארמי זי סון לדגל
005		B2.7:2	מלכא אמר מחסיה בר	ידניה	ארמי זי סון לדגל
006		B2.2:3	ארתבנו למחסיה בר	ידניה	יהודי זי בבירת יב לדגל
007		B2.4:2	מלכא אמר מחסיה בר	ידניה	יה[ודי ז]י יב לדגל
008		B2.3:35	בי [זי] כתב מחסה בר	ידניה	למבטח ברת מחסה
009		B2.7:21	[זי כתב מ]חסיה בר	ידניה	[למפטחי]ה ברתה
010		B2.3:2	מלכא אמר מחסיה בר	ידניה	מהחסן ביב בירתא לדגל
011		B2.10:3	ברת מחסיה בר	ידניה	קדם ודרגג רב חילא זי
012		B2.3:31	מלכיה שהד שמעיה בר	ידניה	שהד ידניה בר מחסיה
013		B2.4:19	מלכיה שהד שמעיה בר	ידניה	שהד ידניה בר מחסיה

ידניה #4 Yedanyah s Maḥseyah

001	ידניה	B2.10:18	בר שלום מחסיה בר	ידניה	מנחם בר גדול בר
002		B2.3:31	שמעיה בר ידניה שהד	ידניה	בר מחסיה שהד נתן בר
003		B2.4:20	שמעיה בר ידניה שהד	ידניה	בר מחסיה שהד נתן בר

ידניה #5 Yedanyah s Natan/Esḥor

001	ידניה	B2.11:3	זי מטאך בחלק אנת	ידניה	פטוסירי שמה אמה תבא
002		B2.11:2	אמר מחסיה בר נתן 1	ידניה	בר נתן 1 כל 2 ארמין
003		B2.10:8	מנעל זילכם הו אנת	ידניה	ומחסיה כל 2 בני נתן
004		B2.9:11	ירש[ו]נ[כ]ם אנת	ידניה	ומחסיה דין ודבב ולא
005		B2.9:8	אחר שאילתם ואנת	ידניה	ומחסיה בני אסחור
006		B2.11:6	כזנה למבטחיה אנת	ידניה	שליט בפטוסירי עבדא זך
007	וידניה	B2.11:15	בירתא כפם מחסיה	וידניה	אחוהי שהדיא בגו מנחם
008	לידניה	B2.10:21	יזניה בר אוריה	לידניה	בר נתן ומחסיה אחוהי
009		B2.10:3	רב חילא זי סון	לידניה	בר נתן ומחסיה בר

ידניה #5

No.	Form	Ref.	Context	Name	Context
010		B2.11:17	כתב מחסיה בר נתן	לידניה	בר נתן אחוהי
011		D2.12:3	עביד לדגל מרי 1	לידניה	[בר נ]תׅן יׅ[הו]דׅי
012		B2.9:20	מנחם בר שלומם	[לידני]ה	ומחסיה כל 2 בני
013		B2.9:3	בירתא לדגל אדנגבו	לידניה	ומחסיה כל 2 בני

ידניה #6 Yedanyah s Hoša'yah s Uriyah

No.	Form	Ref.	Context	Name	Context
001	ידניה	B2.10:17	מעוזיה בר נתן כפם	ידניה	בר הושע ושהדיא בגו
002		B2.10:20	נתן ספר מרחק זי כתב	ידניה	בר הושע על בית יזניה
003		B2.10:2	אדין ביב בירתא אמר	ידניה	בר הושעיה בר אוריה
004		D9.7:1		ידניה	בר הושע[...]
005		C3.13:51	הוׄשר ולקׄחׄ	י[ד]נׅיה	בר אושע באפף שנת
006		B2.10:9	תנתנונה לא אכהל אנה	ידניה	ובני ואנתה ואיש לי לא
007		B2.10:12	תנת<נ>ון לה בשמי אנה	ידניה	ובשם בנן ואנתה ואיש לי
008		B2.10:12	ואיש לי והן אנה	ידניה	רשיתכם ורשכם בר לי וברה

ידניה #7 Yedanyah s Mešullam

No.	Form	Ref.	Context	Name	Context
001	ידניה	B2.10:18	בר גדול בר בעדיה	ידניה	בר משלם יסלח בר גדול

ידניה #8 Yedanyah s Taḥo

No.	Form	Ref.	Context	Name	Context
001	ידניה	B3.9:7	ולמשנתה זי יקום על	ידניה	זך למשנתה ולמעבדה עבד
002		B3.9:3	רב חילא זי סון לאמר	ידניה	שמה בר תחוא עלימ[א
003	וידניה	B3.9:8	כסף זוז לעשרתא	וידניה	זך ברי יהוה אפם ואנש

ידניה #9 Yedanyah s ?

No.	Form	Ref.	Context	Name	Context
001	ידניה	C3.13:2	חנן בר חגי ליד	ידניה	בר[...]

ידניה #10 Yedanyah s Gemaryah

No.	Form	Ref.	Context	Name	Context
001	יאדניה	A4.2:17	נעבד מלה אל מראי	יאדניה	מעוזיה עׄ[בדכם
002	ידניא	A4.4:7	בנא ואתחדו [אסירן]	ידניא	בר גמריה הושע בר
003	ידניה	A4.3:1	אל מראי	ידניה	אוריה וכהניא זי יהו
004		A4.3:12	מן ענני אל מראי	ידניה	אוריה וכהניא ויהודיא
005		A4.2:1	אל מראי	ידניה	מעוזיה אוריה וחילא
006		A4.10:1	עבדיך	ידניה	בר גמ[ריה] שמה 1
007		B3.11:20	חגי בר מרדו שהד	ידניה	בר גמריה ספר בי זי כתב
008		B3.8:44	מנחם בר עזריה	ידׅניה	בר גמריה ספר אנתו זי
009		C3.15:124	זי קם יומא הו ביד	ידניה	בר גמריה בירח פמנחתף
010		A4.1:10	אחי [אל] א[....]	ידניה	וכנותה חילא יהודיא
011		A4.1:1	אל אחי]	י]דניה	וכנותה ח[ילא] יהודיא
012		A4.7:1	פחת יהוד עבדיך	ידניה	וכנותה כהניא זי ביב
013		A4.7:22	באגורא זך כען עבדיך	ידניה	וכנותה ויהודיא כל בעלי
014		A4.7:4	הוי בכל עדן כען עבדך	ידניה	וכנותה כן אמרן בירח
015		A4.8:21	באגורא זך כען] עבדיך	ידניה	וכנותה [....
016		A4.8:3	בכל עדן כעת עב[ד]ך	ידניה]	וכנותה [.... כן
017		A4.8:1	מ[ראן בגוהי עבדיך	ידנ[י]ה	כה]נא

ידניה #11 Yedanyah f Yašobyah

No.	Form	Ref.	Context	Name	Context
001	ידניה	B3.10:25	בר יאוש ישביה בר	ידניה	שהד חגי בר מרדו ספר

ידניה #12 Yedan[yah] f Mattan

No.	Form	Ref.	Context	Name	Context
001	ידניה	C3.15:45	שלם [כש] 2 מתן בר	ידנ[יה	כ]ש 2 און.. בר .... כש]

ידניה #13 Yedanyah s Anati and f Menaḥemet

No.	Form	Ref.	Context	Name	Context
001	ידניה	C3.15:111	מנחמת ברת	ידניה	בר ענתי כש 2 משלם בר

יהא[...] (unknown)

No.	Form	Ref.	Context	Name	Context
001	...יהא	D20.4:1	ברך פטאס[י] בר	יהא[...]	

יהדת Yehudit (Judith; fem; Heb; Noth 232; Edfu)

יהדת #1 Yehudit d Dallui

No.	Form	Ref.	Context	Name	Context
001	יהדת	D8.7:3	בר יתקום מ 1 √	יהדת	ברת דלוי מ 1 חצי √

יהדת #2 Yehudit

No.	Form	Ref.	Context	Name	Context
001	ליהדת	D8.8:9	ק 3	ליהדת	ב 2 ויזׄפׄ[...]
002		D8.8:4	1 [ל..]עסן ג 1 ק 3	[לי]הדת	במכלי ג 1 ק[...] [.].[...]

יההאור cf. #1 **יהואור**

יההרם cf. #1 **יהורם**

יהו[...] Yeho[...] (Heb)

No.	Form	Ref.	Context	Name	Context
001	.....ליהו	A4.4:2	]אזל לסון ועבד [	ליהו.[....]	

יהואור Yeho'ur (fem/masc; Heb; Porten 138)

יהואור #1 Yeho'ur d Šelomam

No.	Form	Ref.	Context	Name	Context
001	ליההאור	B5.1:2	קניה ויתומה אחתה	ליההאור	ברת שלומם אנחן יהבן

יהואור #2 Yeho'ur d? ?

No.	Form	Ref.	Context	Name	Context
001	ליההאור	D3.7:2	...]ין[....]	ליההאור[	ב]רת ...]

יהואור #3 Yeho'ur f Natan

No.	Form	Ref.	Context	Name	Context
001	יהואור	B3.12:34	בר ביתא שהד נתן בר	יהואור	מגר ספר בי זי זבן
002		B2.11:16	בר חגי שהד נתן בר	יהואור	שהד שלם בר נתן ספר
003		B3.10:24	בר שלם שהד נתן בר	יהואור	שהד הושעיה בר נתן
004		B3.11:18	בגו שהד נתן בר	יהואור	שהד מנחם בר גדול שהד

יהודה Yehudah (Judah; Heb; Kornfeld 53)

001	יהודה	C3.28:18	3+3 בר 3 שאר ר 2	יהודה	לגן 2 בר 1 {{1}} בב
002		C3.28:35	פ יוניא לגן 2 בר 1	יהודה	לגן 1+4 בר 2 מ 1 פ
003		C3.28:70	ש 1 בר[2]שאר ר 2	יהודה	לגן 2+10 בׂשׂ 1 ˆר
004		C3.28:72	בב אׂ[נ]הׂ לגן 1+3	יהודה]	לג]ן 1[+1+]1 בר 1 מ

יהוחן Yehoḥen (fem; Heb; Porten 137)

יהוחן #1 — Yehoḥen d Mešullak

001	יהוחן	B3.1:2	ארתחשסש מלכא אמרת	יהוחן	ברת משלך נשן זי יב
002		B3.1:23	ספר כסף דנה זי כתבת	יהוחן	ברת משלך למשלם בר
003		B3.1:21	ענני ספרא זנה כפם	יהוחן	ושהדיא בגו שהד אושע בר

יהוחן #2 — Yehoḥen d ?

001	יהוחן	B6.4:6	דין שנאה ולא ת[כ]הׂל	יהוחן	ברת [.... תאמר לה]
002	ויהוחן	B6.4:9	זנה כפם הושעיה	ויהוחן	ושהדיא בגו שהד חרמנתן

יהוחן #3 — Yehoḥen d Yigdal

001	יהוחן	C3.15:95	נהבת ברת מחסה כש 2	יהוחן	ברת יגדל כש 2 משלמת

יהוחן #4 — Yehoḥen d Gedalyah

001	יהוחן	C3.15:104	ברת נתון כש 2	יהוחן	ברת גדליה כש 2 סלוה

יהוחנן Yehoḥanan (Jehohanan; Heb; Zadok 25)

001	יהוחנן	A4.7:18	אגרה שלחן מראן ועל	יהוחנן	כהנא רבא וכנותה כהניא
002		A4.8:17	על מראן א[ף] על	יהוחנן]	כהנא רבא וכנותה כהניא

יהוטל Yehoṭal (fem/masc; Heb; Porten 138)

יהוטל #1 — Yehoṭal

001	יהוטל	D7.19:10	זי כׂתׂבׂ [....]	יהוטל	עלׂיה [...] כזי יכתבון

יהוטל #2 — Yehoṭal d ?

001	יהוטל	D9.14:4	[בר ...] אבערש[...]	יהוטל	בר[ת ...] שריה ברת[...]

יהוטל #3 — Yehoṭal f Maḥsah

001	יהוטל	C4.6:4	פׂדׂיה מחסה בר	יהוטל	חנן בר פחנם שלום בר
002		C3.15:10	ש 2 לה [מחס]ה בר	יהוט[ל	כסף] ש 2 לה [....] בר

יהוטל #4 — Yehoṭal f ?

001	יהוטל	C3.15:60	[ ]הושע כש 2 [... בר]	יהוטל	כ[ש 2] [10+20 ....

יהוטל #5 — Yehoṭal d Yislaḥ

001	יהוטל	C3.15:106	סלוה ברת נרי כש 2	יהוטל	ברת יסלח כש 2 אבעשר

יהוישמע Yehoyišmaʿ (fem/masc; Heb; Porten 143)

יהוישמע #1 — Yehoyišmaʿ

001	יהוישמע	D7.33:8	בׂ.י לי [...] ...ן	יהוׂישׂמׂעׂ	לי[...] אׂ לה .לא

יהוישמע #2 — Yeh(o)yishmaʿ

001	יהישמע	D1.6fraga:1	[... ...]אל אחתי	יהישמע]	...]

יהוישמע #3 — Yehoyi[shmaʿ]

001	יהוישמע	D13.3:10	הוש[ע ...]	יהוי[שמע]	עלי[....] [...]מחסיה

יהוישמע #4 — Yeh[o]yishmaʿ f Naḥum

001	יהוישמע	D3.17:6	למיכיה נחום בר	יה[ו]ישמע	פלטיה בר ענני

יהוישמע #5 — Yehoyišmaʿ d Ananyah

001	יהוישמע	B3.8:5	[לבב]ך בגו הנעלת לי	יהוישמע	אחתך לביתי תכונה זי
002		B3.10:21	מלכא כסף צריף ואנתי	יהוישמע	אם שליטא ובניכי שליטן
003		B3.8:29	ונקבה לאיתי לה מן	[י]הו[י]שמע	אנתתה יהוישמע הי
004		B3.12:9a	{{על ספר אנתותה זי	יהוישמע}}	ב10+2 לתחות שנת
005		B3.7:18	[ולא דין] הן תמות	יהוישמע	ברת ש[נן 100×1
006		B3.10:2	אלהא ביב ברתא לנשן	יהוישמע	ברתה לאמר אנה עשתת לכי
007		B3.11:8	משלם בר בסס אנתי	יהוישמע	ברתי שליטה בה מן יומא
008		B3.7:8	[....]י אנת	יהוישמע	ברתי שליט בבית[א זנה
009		B3.8:29	[י]הו[י]שמע אנתתה	יהוישמע	הי [א]חדתה בביתה
010		B3.8:34	[דין ש]נאה והן תמות	[יהוישמע]	ובר זכ[ר] ונקבה לא
011		B3.8:39	שנאה ואף לא תכהל	יהוישמע	ולא תעבד דין חד
012		B3.8:4	ויהבת לך מהר אחתך	יהוישמˆעˆ	כסף כר[ש 1] על עליך
013		B3.8:21	ויאמר שנית לאנתתי	יהוישמע	לא תהוה לי אנתת כסף
014		B3.8:36	אנתה אחר[ה בר מן	יהוישמע]	לה לאנתו הן יעבד [כות
015		B3.8:33	דין להן לא שליטה	יהו[ישמע	ל]הבעלה בעל אחרן
016		B3.8:30	[ ]ל[ה] וזי יקום על[	יהוישמע]	לתרכותה מן ביתה [זי
017		B3.8:3	ושאלת מנך לנשן	יהוישמע	שמה אחתך לאנתו ויהבתה
018		B3.8:24	אן [זי צבי]ת והן	יהוישמ[ע]	תשנא לבעלה ענניה
019	יהישמע	B3.6:7	זי יקום עליכי ועל	יהישמע	ברתך זי ילתי לי ינתן
020		B3.6:10	לא שליט עליכי ועל	יהישמע	ברתכי ואנתי שביקה
021	ויהוישמע	B3.7:11	בין פלטיה ברי	ו[יהוי]שמע	ברתי [פלגא] לפלטיה
022		B3.5:21	מותי מן פלטי	ויהוישמע	ינתן להם כסף כרשן 10
023		B3.5:18	100×1 פלטי	ויהוישמע	כל 2 בני המו שליטן
024	ויהישמע	B3.6:18	בר זכור לתפמת	ויהישמ<ע>	
025		B3.6:11	לאלהא ואמרת תפמת	ויהישמע	ברתה אנחן {י}<נ>פלחנך
026		B3.6:9	שביקה מן טלא לסמשא	ויהישמע	ברתכי וגבר אחרן לא
027	וביהישמע	B3.6:6	והנבג לא שליט בכי	וביהישמע	ברתכי זי {ל}י<ל>דתי
028	ליהוישמע	B3.7:12	לפלטיה ופלגא	ל[י]ה[וישמע	].. אנה ענני [יה]בת

יהוישמע #5

No.	Form	Ref	Preceding	Keyword	Following
029		B3.8:45	ענניה בר משלם	ליהוישמע	
030		B3.11:10	מנך אחוב ואנתן	ליהוישמע	אביגרן כסף כרשן
031		B3.8:38	מן נשי כנותה	ליהוישמע	אנתתה והן לא יעבד כות
032		B3.10:27	בר עזריה לחנא	ליהוישמע	ברתה
033		B3.11:21	ענני בר עזריה	ליהוישמע	ברתה
034		B3.11:2	אלהא ביב ברתא	ליהוישמע	ברתה לאמר יהבת לכי בי
035		B3.10:16	אנה ענני יהבתה	ליהוישמע	ברתי במותי ברחמן לקבל
036		B3.10:5	ביתא זי אנה יהבת	ליהוישמע	ברתי ברחמן זנה משחת
037		B3.10:6	זי אנה ענני יהבת	ליהוישמע	ברתי מן תחתיא לעליא
038		B3.10:8	זי אנה ענני יהבת	ליהוישמע	ברתי מועה שמש לה אגרא
039		B3.7:16	ויה[בת לכי ינתן	ליהוישמע]	ברתי אביגרן כסף כרשן
040		B3.12:18	בר חגי זי יהבן	ליהוישמע	ברתן פסשדת על ספר
041		B3.8:41	אלה ברחמן יהבת	ליהוישמע	כען צבית אהנצל המו הן
042	ליהוישמע	B3.6:4	שבקתכי במותי ושבקת	ליהישמע	שמה ברתכי זי ילתי לי
043		B3.7:2	לחן זי יהו אלהא	ליהישמע	שמה ברי אמה תמ[ת

יהוישמע #6 — Yehoyišma' d ?

No.	Form	Ref	Preceding	Keyword	Following
001	יהוישמע	D1.26fragb:4	עבדא לי איך [...	י]הוישמע	ברת ...] מן חב.
002	ליהוישמע	D1.26fragb:6	...].ברך בר .[...]	ליהוישמע	[....] .הפשרו[

יהוישמע #7 — Yehoyišma' d ?

No.	Form	Ref	Preceding	Keyword	Following
001	יהוישמע	A3.4:6	[.... שלם	יהוישמע	[אל אמ]י
002		A3.4:1	אל אמ[י]	יהוישמע	ברך שלום [שלם ושררת
003		A3.4:7	[אל אמ]י	יהוישמע	ברת

יהוישמע #8 — Yehoyišma'

No.	Form	Ref	Preceding	Keyword	Following
001	ויהוישמע	A3.7:2	וברתה שלם תחנום	ויהוישמע	שלם משלמת שלם הצול

יהוישמע #9 — Yehoyišma' s (error for: d?) Ḥaggai

No.	Form	Ref	Preceding	Keyword	Following
001	ליהוישמע	C3.13:40	1 [....]זי	ליהוישמע	בר חגי ש פ 1

יהוישמע #10 — Yehoyišma' f Mikayah

No.	Form	Ref	Preceding	Keyword	Following
001	יהוישמע	C3.15:129	10+2 מיכיה בר	יהוישמע	כש 2 אושע בר נתן בר

יהונתן — Yehonatan (Jehonathan; Heb; Porten 141; Renz-Röllig 71)

יהונתן #1 — Yeh(o)natan f Arvarata

No.	Form	Ref	Preceding	Keyword	Following
001	יהנתן	B4.4:21	[בר פסמשך] ארורת בר	יהנתן	שבתי בר כבדא

יהונתן #2 — Yehonatan f Bet'elnatan

No.	Form	Ref	Preceding	Keyword	Following
001	יהונתן	B6.4:10	שהד ביתאלנתן בר	יהונתן	

יהועלי — Yeho'eli (fem; Heb; Porten 137)

No.	Form	Ref	Preceding	Keyword	Following
001	יהועלי	C3.15:108	ברת הושע כש 2	יהועלי	ברת עמניה כש 2 מפתח

יהורם — Yehoram (Jehoram; Heb; Zadok 24-25, 183)

יהורם #1 — Yehoram f Qoṣri

No.	Form	Ref	Preceding	Keyword	Following
001	יההרם	B4.2:13	בר שמשנורי קצרי בר	יההרם	מחסיה בר ידניה מלכיה

יהורם #2 — Yehoram s Ḥagga[i] (Saqqarah)

No.	Form	Ref	Preceding	Keyword	Following
001	יהורם	C3.6:13	ב[ר ...] ל[א]בג	יהורם	בר חג[י ...] [לא]בג]

יהורם #3 — Yehoram f ? (Saqqarah)

No.	Form	Ref	Preceding	Keyword	Following
001	יהורם	C4.2fragb:1	[...]דיה בר	יהורם	[...] [...]לך.. ב]ר

יהושמע — Yehošama' (fem; Heb; Porten 140)

יהושמע #1 — Yehošama' d Natan

No.	Form	Ref	Preceding	Keyword	Following
001	יהושמע	C3.15:87	ברת טסתי כש 2	יהושמע	ברת נתן כש 2 שבית

יהושמע #2 — Yehošama' d Mešullam

No.	Form	Ref	Preceding	Keyword	Following
001	יהושמע	C3.15:90	רעיא ברת נרי כש 2	יהושמע	ברת משלם כש 2

יהושמע #3 — Yehošama' d Hošea'

No.	Form	Ref	Preceding	Keyword	Following
001	יהושמע	C3.15:101	10+20+20+20	יהושמע	ברת הושע בר זכור כש

יהושמע #4 — Yehošama' d Ḥaggai

No.	Form	Ref	Preceding	Keyword	Following
001	יהושמע	C3.15:102	הושע בר זכור כש 2	יהושמע	ברת חגי כש 2 אבי[ה]י

יהושמע #5 — Yehošama' d Qon

No.	Form	Ref	Preceding	Keyword	Following
001	יהושמע	C3.15:120	ב[ר ....י]ה כש 2	יהושמע	ברת קון כש 2

יהנתן

cf. #1 יהונתן

יהישמע

cf. #5 יהוישמע

יהישמ<ע>

cf. #5 יהוישמע

יוחנן — Yoḥanan (Johanan; Heb; Grelot 499; Edfu)

#1 יוחנן — Yoḥanan, priest (Edfu)

001 יוחנן C3.28:85 מַן ..[.].... גרבן 3 יוחנן כהנא גרב 1 מן שבתי

#2 יוחנן — Y(o)ḥanan s Dallui

001 יחנן C3.28:102 בידה שטריה יחנן בר דלוי עֲרָבָא בזוזן

#3 יוחנן — Y(o)ḥanan f Arsinoe (Edfu)

001 יחנן C3.28:82 פ ארסינה ברת יחנן חנטן א 2+20 בב

#4 יוחנן — Y(o)ḥanan f ?

001 יחנן D8.4:12 מ 1 רבע 1 פ [...]ב[ר יחנן ש 2 מ 1 רבע 1 [... ...].א

יוכלס — Iokles (Gr; Pape-Benseler 553)

001 יוכלס C3.7JR1:27 זי 1 ה[ספינ] יוכלס בר ש[...] [יוני]
002 C3.7EV2:15 לימ[א] ספינה 1[זי יוכלס[יו]ני פסלרשי כספא]

יוניא — Yonaya' (Aram; 'The Ionian')

001 יוניא C3.28:34 פ 1 מ 1 בש 3+3+3 יוניא לגן 2 בר 1 יהודה לגן
002 C3.28:42 פתוֹ לגן 3+3 בר 3 יוניא לגן 3+{{2}}1 בר 2 {{מ
003 יניא C3.28:21 פ יניא לגן 2 בר 1 יניא כא 1 פ בְ[ש 1+]1 ר 1
004 C3.28:11 נדבי לג 1 במ 1 פ יניא לגן 3 בר 1 מ 1 פ בב
005 C3.28:13 נכיס לגן 3+3 בר 3 יניא לגן 1[1+] נבס לגן
006 C3.28:15 נבס לגן 3+3 בר 3 יניא לגן 1+3 בר 2 בב נכיס
007 C3.28:20 בב נכיס לג 1 מ 1 פ יניא לגן 2 בר 1 יניא כא 1
008 C3.28:32 לגן 1+3 בר 2 יניא לגן 3+3 בר 3 בכיס
009 C3.28:36 לגן 1+4 בר 2 מ 1 פ יניא לגן 3 בר 1 מ 1 פ רחבל
010 C3.28:39 ל[גן] 1+3 בר 2 יניֹא לגן 1+1+]2 [בר 2
011 C3.28:6 כא 1 פ בש 2 ר 1 יניא לגן 1+3 בר 2 יניא
012 C3.28:7 יניא לגן 1+3 בר 2 יניא לגן 1[1+] בר 1 בב

יונתן — Yonatan (Jonathan; Heb; Kornfeld 53)

001 יונתן C3.28:90 i באגרה שטריא ביד יונתן ואנה סלק לאפנא שמעון
002 C3.28:104 בזוזן 100×1 בידן] יו[נתן חנטא]ן ז[י יחיי בר
003 C3.28:105 בר שבניה ביד יונתן רכיסה 3+3 זי חמרין
004 נתן C3.28:107 וֹחתוֹ 2 זי כסף ביד נתן וזיכא זי מְשלם בר עזגד

יוסף — Yoseph (Joseph; Heb; Zadok 134)

001 יוסף D8.13:3 ר 3 בשם כסף מלחא כתב יוֹסְף ספרא ב10+20 לתעב[י]

יזן — Yezan (Heb; Porten 143, 148)

1#יזן — Yezan; cf. #1 יזניה

#2 יזן — Yezan

001 יזן D3.5:1 [...]יזן[בר[...] [...] [...]אושע[...]

יזניה — Yezanyah (Jezaniah; Heb; Porten 143)

#1 יזניה — Yezanyah s Uriyah

001 יזן B2.10:17 אחריכם שטר מן בנן זי יזן בר אוריה ולא דין כתב
002 B2.3:6 צדק מועא שמש לה בית יזן בר אוריה בעלכי ובית
003 יזניה B2.10:13 שטר מן בר וברה זי יזניה בר אוריה וירשון לבר
004 B2.10:20 בר הושע על בית יזניה בר אוריה לידניה בר
005 B2.10:4 רחקת מנכם מן בית יזניה בר אוריה הא תחומוהי
006 B2.2:9 למערב שמש לה ובית [יז]ניה בר אוריה יהודי לדגל
007 ליזניה B2.4:2 יב לדגל הומדת ליזניה בר אוריה בזכם דגלא

#2 יזניה — Yezanyah f Penuleyah

001 יזניה B2.6:38 בגו פנוליה בר יזניה[...]יה בר אחיו מנחם

#3 יזניה — Yezanyah

001 ליזניה D3.15:3 לונפר [...] [...]ליזניה[...]

#4 יזניה — Yezanyah f Ya'uš; cf. #2 אזניה

#5 יזניה — Yezanyah s Penuleyah

001 יזניה B2.10:19 גדול בר ברכיה יזניה בר פנוליה אחיו בר

#6 יזניה — Yezanya[h] f Ḥaggai

001 יזניה C4.5:8 בר משלן[ם] חגי בר יזני[ה] אגרי בר אשמְ[ן ...]

יח.. — (unknown)

001 יח.. A4.4:2 [ ]י בר יחְ..]אזל לסון ועבד

יחוט — Yaḥoṭ (Aram; Maraqten 171)

001 יחוט D18.13:a תמין ברת יחוט
002 D18.13:b תמין ברת יחוט

יחיי — Yiḥyi (Heb; Kornfeld 54; Edfu)

001 יחיי C3.28:104 [יו]נתן חנטא]ן ז[י יחיי בר שבניה ביד יונתן

יחנן

cf. #4 #3 #2 **יוחנן**

יחמול

Yaḥmol (fem; Heb; Porten 143; Renz-Röllig 71)

#1 יחמול Yaḥmol d Zakkur

001	ליחמול	D2.9:2	[... ... ...]. ׳	ליחמול	ברת זכור [... ... א]ית

#2 יחמול Yaḥmol d Neriyah

001	ליחמול	D3.17:2	מנחם בר שלום	ליחמול	ברת נר̇יה זי

#3 יחמול Yaḥmol d Pilṭi

001	יחמול	C3.15:92	מפתח ברת שלם כש 2	יחמול	ברת פלטי בר יאוש כש 2

#4 יחמול Yaḥmol d Šillem

001	יחמול	C3.15:100	ברת ה̇.... כש 2	יחמול	ברת שלם כש 2

יחמליה

Yaḥmolyah (fem; Heb)

001	יחמליה	D7.17:6	חמם שגא תחזי	יח⟦ו⟧מליה	שלמ׳׳ כען הן צבתי אל

ימחות

Imḥot(p) (Imoutis)
(Egypt; Muchiki 88; DemNb 55; Saqqarah)

#1 ימחות Imḥot(p)

001	לימחות	D5.54fraga:1	[...].	לימחו[ת	...] [...]2+20 ב.[..].

#2 ימחות Imḥot(p) f Mannuki

001	ימחות	C3.8I:3	[ ]ת מנכי בר	ימחות	זי עביד א..ש̇[...

#3 ימחות Imḥot(p) s Aštartya[ton]

001	ימחות	C4.2:11	חפימן בר חור [...]	ימחות	בר עשתרתי[תן] פטאסי

#4 ימחות Imḥot(p)

001	ימחות	B8.2:21	יה]יב ל....[	ימחות	שמ]ה .... [קבל

ימחת

Imḥot(p) (Egypt; Phoen script)

001	ימחת	D11.4:2	מחלם בר מערם ת	ימחת	בן חר ענחפמס בן אב.ר̇

ינבולי

(unknown; Zadok)

ינבולי#1

cf. #1 **אפולי**

#2 ינבולי s Darga

001	ינבולי	B2.1:18	בגדת בר נבוכדרי	ינבולי	בר דרגא שהד בנתרש בר

ינדיה

cf. #3 **ידניה**

יניא

cf. **יוניא**

ינחרו

Inḥarou (Inaros; Egypt; Muchiki 89; DemNb 72f)

#1 ינחרו [I]n[ḥa]rou

001	ינחרו	A6.7:7	למנעל בבירתא אחר	[י]נ[ח]רו	לחיא אחד המו עמה הוו

#2 ינחרו Inḥarou f ?

001	ינחרו	A6.6:3	[....]. בר	ינחרו]	....] זך

ינעמיום

Yinʿamyom (Heb)

001	לינעמיום	D22.19:1		לינעמיום	

יסדרס

Isidoros (Gr; Kornfeld 117)

001	יסדרס	C3.28:23	ר 1 בגרב חמשת[א]	יסדרס	לגן 2 בר 1 פרס כא 1
002		C3.28:31	[נתינא]ר̇ב̇עין 3	יסדרס	לגן 1+3 בר 2 יניא

יסלח

Yislaḥ (fem/masc; Heb; Porten 143)

#1 יסלח Yislaḥ

001	יסלח	D9.2:1	...]	]יסלח	[...] [...]גמריה בר[

#2 יסלח Yislaḥ

001	יסלח	D7.16:1	שלם	יסלח	כענת הא בקלא אוש⟦ו⟧ מחר

#3 יסלח Yislaḥ s ?

001	יסלח	D9.14:2	ה[....]	יסל[ח	בר ... [אבערש[...]

#4 יסלח Yislaḥ s Gaddul

001	יסלח	B2.10:19	ידניה בר משלם	יסלח	בר גדול גדול בר
002		B3.8:43	בגו חגי בר שמעיה	יסלח	בר גדול [... בר ....]
003		D9.6:1		יסלח	בר גדול
004	ויסלח	D3.17:9	[בר]ת זכור מחתוש	ויסלח	ˆבר גדול ˆ משלם בר
005	ליסלח	B4.5:2	סון לדגל נבוכדרי	ליס[לח]	בר גדול ארמי זי סון

#5 יסלח Yislaḥ s Natan

001 יסלח *A4.4:1* [אל אחי ... אחוך יסלח ....]אלהיא ישאלו
002 *A4.4:10* [בר] גדול אח[ו]ך יסלח בר נתן

#6 יסלח Yislaḥ h Pallul

001 יסלח *A4.4:5* אתת הושע פלול אתת יסלח רעיא [....] תבלא ברת

#7 יסלח Yislaḥ and Hošea'

001 ויסלח *D4.25:3* קמר ש.[...] [...]. הושע ויסלח [...] [...].מהי זילי

#8 יסלח Yislaḥ f Yehoṭal

001 יסלח *C3.15:106* נרי כש 2 יהוטל ברת יסלח כש 2 אבעשר ברת הושע

#9 יסלח Yislaḥ s ?

001 יסלח *A3.9:9* אגרתא ז[א] א[ל] מראי יסלח בר[....] עבדך שוא בר
002 *A3.9:1* [אל מראי יסלח עבדך] שוא שלם מראי

יסן Iason (Jason; Gr; Katzoff)

001 יסן *C3.28:5* בר 3 שאר 1 אפלניס יסן כא 1 פ בש 2 ר 1 יניא

יעולו Ya'ulu (Arab; Zadok)

#1 יעולו Ya(u)lu (Saqqarah)

001 יעלו *B8.4:3* 1 ביתאלשרה 1 יעלו i .. י 1 .[...].ח i

#2 יעולו Ya'ulu f Ḥor

001 יעולו *C3.14:16* בר זותי חור בר יעולו שא 1 ר 2 ש .[...] ב[ר

יעלו cf. #1 יעולו

יפע Yapha' (Aram; cf. Zadok 108)

001 יפע *C4.8:6* בר חנמו אשמכדרי בר יפע חור בר אסכשית אשמרם

יקה Yaqeh (Jakeh; Aram; Kornfeld 54)

001 יקה *A2.2:4* לה מן מפי שלם פסמי יקה שלם נניחם וכעת הלו מסת
002 ליקה *A2.2:11* וכעת זבנת משח זית ליקה וכתן ואף לכי תקבת 1

יקיה Yeqieh (Aram; Kornfeld 54)

001 יקיה *A2.3:11* בכסת ותשרי לה שלם יקיה הוי שלחת לה וכעת הוי

ירחו Yarḥu (Aram/Arab; Kornfeld 54)

001 ירחו *D7.30:2* אל אחי חגי אחוך ירחו שלם אחי בל ונבו שמש

ישב Yašib; cf. #7 ישיב

ישביה Yašobyah (Jashobiah; Heb; Porten 143)

#1 ישביה Yašobyah f Gemaryah

001 ישביה *D12.1:5* בר זכור גמריה בר ישביה מיכיה בר נתן בר אושע

#2 ישביה Yašobyah f Malkiyah and s Mikayah

001 ישביה *B7.2:2* בירתא אמר מלכיה בר ישביה ארמי מהחסן ביב ב[ירתא
002 *D12.1:1* ישביה בר מ̇יכיה אושע

#3 ישביה Yašobyah f Mattan

001 ישביה *A4.3:1* זי יהו אלהא מתן בר ישביה ברכיה בר̇[....] עבדך
002 *B5.2:2* בירתא] אמר מתן בר ישביה ארמי סונכן לדגל[

#4 ישביה Yašobyah s Yedanyah

001 ישביה *B3.10:25* פלטי בר יאוש ישביה בר ידניה שהד חגי בר

#5 ישביה Yašobyah s Berekyah

001 ישביה *C3.15:133* עזריה בר הצול כש 2 ישביה בר ברכיה [כ]ש 2

#6 ישביה 'Yašobyah f ?

001 ישביה *C3.15:62* כש 2 [.... בר] ישביה] כש [2 ....] בר .... כש

#7 ישביה Yašobyah f ?

001 ישביה *C3.15:54* [.... בר .... בר]ישביה [כש 2] [.... בר .... כ]ש

#8 ישביה Yašobyah

001 ישביה *A3.11:6* אל מ[ראי ישביה ....]
002 *A3.11:1* אל מראי ישביה עבדך [שלם מראי אלהיא

ישוב Yašub (Jashub; Heb; Porten 143, 147)

001 ישוב *C3.15:24* 2 לה 20 שלמיה בר ישוב כש 2 [ל]ה גדול בר

ישיב Yašib (Jashib; Heb; Zadok 134-135; Edfu)

ישיב #1 — Šib; or read **חִ֗יב**

001	שיב	D8.6:7	אחיו שׂרעם מ 1 פ	שׁיב	רבא ר 3 [כ]יה שהדא

ישיב #2 — [Yaš]ib

001	ישיב	D8.9:2	...] פ [... ...]	יש]יב	לגן 2 [... י]שיב לגן

ישיב #3 — [Ya]šib

001	ישיב	D8.9:3	...] 2 לגן ישׁ]יב ...]	י]שיב	לגן 1+3+3 פ [... ל]גן

ישיב #4 — Yašib f ?

001	ישיב	D7.55:3	וחמרא ומשחׂ[א ...] בר	ישיב	אזלת על חו[...] אמר לי

ישיב #5 — Yašib (f) Šabbetai, gf Yashib s Šabbetai

001	ישיב	C3.28:86	כהנא גרב 1 מן שבתי	ישיב	גרבין 2 מן נתני גרב 1
002		C3.28:47	1 מ 1 פ ... בבית	ישיב	יקל הלעתיך 2+3

ישיב #6 — Yašib s Šabbetai, gs Yashib (f) Šabbetai

001	ישיב	D7.56:1	אל אחי	ישיב	בר שבתי ואחברוהי

ישיב #7 — Elyašib/Yašib; or read **לישב**[...]

001	אלישב	D3.4:3	...] ע]נני ...]	א]לישב	... [... ...] [...].[...]

ישעיה — Yešaʿyah (Isaiah; Heb; Porten 142; Renz-Röllig 72)

001	ישעיה	B5.3:6	] כפם מ]חסיה בר	יש]עיה	....]
002		B2.1:16	בגו שהד מחסה בר	ישעיה	שהד שתברזן בר אתרלי
003		B2.3:33	דׂעויה שהד מחסה בר	ישעיה	שהד הושע בר יגדל ספר
004		B2.4:21	דׂעויה שהד מחסה בר	ישעיה	שהד הו[שע בר י]גדל

ית[...] — (Heb/Aram)

001	ית...	D4.16:1	...] בר	ית[...]	...]א˘כחדה˘ יא[...]

יתום — Yatom (Heb; Porten 134)

יתום #1 — Yatom

001	יתום	D1.23:1	] אית [...]. עלין	יתום	שא[ל ...] [...] שלחת

יתום #2 — Yatom f Hošaʿyah/Hošeaʿ/Ošeaʿ

001	יתום	C4.4:3	בר אושע אושע בר	יתום	אושע בר הודו שמוע בר
002		A4.4:7	בר גמריה הושע בר	יתום	הושע בר נתום חגי
003		B3.10:24	בגו שהד הושעיה בר	יתום	זכור בר שלם שהד נתן
004		B3.5:24	בר מחסיה הושעיה בר	יתום	.מתרסרה מגשיא תת מגשיא
005		A4.10:4	חגי שמה 1 הוׄשע בר	יתום	שמה 1 הושע בר נתון

יתום #3 — Yatom f ?

001	יתום	D1.13:6	[...]. ערבנן [... ...] בר	יתום	...]מן יום [... ...] [...]

יתום #4 — Yatom s Hadadnuri

001	יתום	C3.15:23	כש 2 לה מלכיה בר	יתום	בר הדדנורי [כ]ש 2 לה

יתומה — Yetoma (fem; Heb; Porten 134)

001	יתומה	B5.2:4	הוה להחסנו[תה מן	]יתומה	וסלואה]
002	ויתומה	B5.1:2	סלואה ברת קניה	ויתומה	אחתה ליהׄהאור ברת

יתמא — Yatmaʾ (Aram; Porten 134)

יתמא #1 — Yatmaʾ f ?

001	יתמא	B4.2:1	] א]חין[ו ל....] בר	יתמא	ל[א]מר נתנת לי כסף

יתמא #2 — Yatmaʾ

001	ליתמא	A3.10:5	יהבת לך למזבנה עבור	ליתמא	כל כסף כרש 1 ש 2+3+3

יתקום — Yotaqum (Heb; 'YH, May you Arise' [Kaufman]; Edfu)

יתקום #1 — Y(o)taqum f Delayah

001	יתקום	D8.7:2	√ דליה בר	יתקום	מ 1 √ יהדת ברת דלוי

יתקום #2 — Y(o)taqum

001	יתקום	D8.10:4	נוכדׂו זעירה 1	יתקום	1+3+20 נפרנוב

כא — Kaʾ (Anat; Kornfeld 115)

001	כא	A6.7:4	שמה 1 סרמנז שמה 1	כא	שמה 1 בגפרן שמה 1

כבדא — Kibdaʾ (Aram; Zadok; Porten 141); or read **כבׄרׄא**

כבדא #1 — Kibdaʾ f Šabbetai

001	כבדא	B4.4:21	יהנתן שבתי בר	כבדׂא	כתב הושע ואחׂ[יא]ב

כבדא #2 — Kibdaʾ f [...]bh

001	כבדא	D3.3:2	[...] [...]בה בר	כב]דא	...] [...] בר אגז.[...]

כברא — Kibraʾ; cf. **כבדא**

כד..ס — (unknown); or read כֹּר..ס, פֹּד..ס, or פֹּר..ס

001	ד..ס	D8.4:9	עבְדי בר	כֹּד..ס	מ 1 [..].פסיס ש 1

כדסא — (unknown); or read כֹּרסֹא

001	וכדסא	C3.28:111	חרשא זי נחש	וכדֹּסֹא	ברת חניה ססן[..]ח

כוסכן — Kosakan (Pers; Kornfeld 56)

001	כוסכן	A6.5:2	[וכעת [....]ל	כוסכן	ורשבר

כיא — Kaya' (Egypt; Kornfeld 120; Muchiki 90)

001	כיא	B4.4:19	על פם אחיאב שהדיא	כיא	בר אסכישו נשכעדרי בר

כיה — Kayah (Heb; 'Like YH' [Zadok])

כיה #1 — Kayah s Mešullam

001	כיה	D9.4:2	הגור בר אחיו	כיה	בר משלם נהב בר[...]

כיה #2 — Kayah f Ki[lkel]yah

001	כיה	C3.15:135	[כש] 2 כ[לכל]יה ברת	כיה[	כ]ש 2 בגפרן בר ושחי

כיה #3 — [Ka]yah (Edfu)

001	כיה	D8.6:8	פ שיב רבא ר 3	[כ]יה	שהדא 3. ידלה שמעון מ

ככי — Kiki (fem; Egypt; Kornfeld 120; Muchiki 90; cf. DemNb 1017, 1044)

001	וככי	A2.7:2	אחתי אסורי וזבבו	וככי	וכען עליכי מתכל אנה הוי

כלבא — Kalba' (Aram; Zadok)

001	לכלבא	C3.26:39	בגבגן כ[א]	לכלבא	ובן[...] פחפי בר .[...]

כלבי — Kalb(a)i (NWS/Akk; Zadok)

001	כלבי	C3.26:31	[...] שמינפי כא[...]	כלבי	כא [...] חרפרן כא[...]

כלכליה — Kilkelyah (fem; Heb; Kornfeld 56)

כלכליה #1 — Kilkelyah

001	כלכליה	A3.7:3	זי עליכי שלם	כלכליה	וכעת הושרתי

כלכליה #2 — Ki[lkel]yah d Kaya'h

001	כלכליה	C3.15:135	[כש] 2	כ[לכל]יה	ברת כיה[כ]ש 2

כלל — Kelal (Chelal; Heb; Zadok 97)

001	כלל	C3.28:2	[בגרב] ארבעיא באפנא	כֹּלֹל	כא 1 בש 1 ר 2 שאר ש

כמן — Komen (Egypt; Vittmann; DemNb 1104)

001	כמן	A3.10:9	אל אחי חורי בר	כֹּמן	ופטמחו אחוכם ספנתדת

כמשפלט — Kemošpeleṭ (NWS; Zadok; cf. Kornfeld 56)

001	כמשפלט	C3.8IIIB:36	עליד אה..מ[...] בר	כמשפלט	[.]...[..] לדגל וידרן

כנ..[...] — (unknown)

001	לכנ..	C3.1:5	[ ]בו עליד דנבו 2 ין	לכנ..[	.... ע]ליד דנבו

כנא — Kana' (Aram/Egypt)

001	כנא	C3.6:7	[...] [לא בג פ]מון בר	כנא	לכנס[...] לא בג הקר בר

כנבוזי — Kambujiya (Cambyses; Pers; Kornfeld 108)

001	כנבוזי	C2.1.1:3	[מלך הוית] [איש חד	כנבוזי	ברה זי] כרש בזרען
002		A4.9:5	בנה הוה מן קדמן קדם	כנבוזי	זי וידרנג לחיא זך נדש
003		A4.6:17	[....] [.... ק]דם	כנבוזי	[....]לין
004		A4.7:13	זך ביב בירתא וכזי	כנבוזי	על למצר־ין־ אגורא זך
005		A4.8:12	זך ביב ב[ירתא וכזי	כנבוזי	על למצרין אגורא] זך

כנדסירם — cf. כנזסירם

כנופי — Konufe (Egypt; Muchiki 91; DemNb 1004)

כנופי #1 — Konufe

001	כנופי	D1.34fraga:6	באוצרא ב[...] [...]	כנופי	.[...]

כנופי #2 — Konufe (Saqqarah)

001	כנופי	B8.2:26	אחר יהיב[....]	כנופי	עבדה [זי ....] עם

כנופי #3 — Konufe f Šamou

001	כנופי	A6.2:21	יתיהב עליד שמו בר	כנופי	סגן נגריא ספיתכן לעינין
002		A6.2:9	פרמנכריא שמו ב[ר]	כנופי	סגן נגריא ספיתכן וכן

כנופי #4 — Konufe f ?

001	כנופי	D3.17:12	מחסיה [.... ...]ם בר	כנו[פ]י	בשם פטי

כנזסירם — Kenzasirma (Anat; Grelot 476; Kornfeld 114-15)

001	כנזסרם	A6.11:1	מן ארשם על נחתחור	כנזסרם	וכנותה וכעת פטוסרי
002		A6.11:7	על נחתחור פקידא	[כנז]סרם	וכנותה [המרכ]ריא זי

003		A6.12:1	מן ארשם על נחתחור	כנזסרם	וכנותה וכעת חנזפי
004		A6.12:4	על נחתחור פקי[דא]	כנזסרם	וכנותה המ[ר]כריא זי
005		A6.13:1	מן ארשם על נחתחור	כנזסרם	וכנותה וכעת ורוהי
006		A6.13:6	על נחתחור פקידא	כנזסרם	וכנותה המרכריא זי
007	וחנדסירם	A6.14:6	ורוהי על נחתחור	וחנדסירם	פקֿ[....] מן
008	וכנדסירם	A6.14:1	ורוהי על נחתחור	וכנדסירם	וכנותה וכעת תנה אנה

כנזסרם cf. **כנזסירם**

כנני Kenani (Chenani; Aram/Akk; cf. Grelot 476)

001	כנני	B1.1:16	[א]חא אדלדן	כנני	[..]מי פנא פטמן קשר

כסא Kese' (Heb; 'Full Moon'; Zadok)

001	ברכסא	C3.28:88	2 תֿסא ברת חניה	ברכֿסֿא	אֿ 3 אֿ 1 עֿליא

כסי Kas(a)i (Aram; Kornfeld 56)

001	כסי	C4.2fraga:4	עם חרין [...] עדרי בר	כסי	עם גון [...] נפסי בר
002		C4.2:6	בר [...] [ע]דרי בר	כסי	[...] מנכי בר פטוסרי]

כסתס Kestos/Kostas (Gr; Katzoff; Kornfeld 117)

001	כסתס	C3.28:27	לגן 3+4 בר 3 מ 1 פ	כסתס	לגן 2+4 בר 3 דֿכֿדֿרֿס

כפא Kepha' (Aram; Grelot 476)

001	כפא	B3.9:10	בר שבתי שהרעקב בר	כפא	נבושלם בר ביתאלרעי

כרז Kurz (Aram; Zadok)

001	כרז	B4.4:20	בר אביהו שורי בר	כרז	אתעדרי בר [.... בגדת בר
002		B4.3:22	שהדיא שורי בר]	כרז	[....

כרזד. (unknown); or read **כרזוֿ.**

001	כרזד.	B8.4:10	בֿגֿבוחש	כֿרזֿדֿ.	פטובסתי בר

כרזר. (unknown); cf. **כרזד.**

כריסתן (Gr); or read **פֿריסתן**

001	כריסתן	C3.7JR1:3	[1 זי ...]	כֿריסתן	בר פֿריתכמֿ[...]

כד..ס (unknown); cf. **כד..ס**

כרסא (unknown); cf. **כדסא**

כרש Kuruš (Cyrus; Pers; Kornfeld 108)

001	כרש	C2.1.7:37	[אנה ברזי בר]הֿ זי	כרש	אחר הֿ[ין]לא זֿ[י פרס]
002		C2.1.1:3	[חד כנבוזי ברה זי]	כרש	בזרען זילן[תנה מלכא
003		C2.1.8:51	[זי אמר אנה ברזי בר	כרש	חילא להרוחתי] שלח ואיש

כרתרס Krateros (Gr; Modrzejewski; Preisigke 185)

001	כרתרס	D8.12:4	זוזן 3+1^ פבא מ 3	כרתרס	מ 3 שבי בר בחי מ 3

כשי Kuši (Cushi; Heb; Kornfeld 56)

כשי #1 Kuši s Azzur

001	כשי	C4.6:8	פלטי בר מתן	כשי	בר עזור 10[...] פטחנם

כשי #2 Kuši f Paso

001	כשי	C4.8:4	בר בארי פסו בר	כשי	צֿחֿחנום בר חנמו

כת...ת (unknown); cf. **בת...ת**

לוחי Luḥi (Akk; Grelot 477)

001	לוחי	B2.8:13	נבורעי בר נבונתן	לוחי	בר מנכי עוסנהר בר

לוי (unknown); cf. **נוי**

לילו Lilu (Egypt; Muchiki 91-92; DemNb 727)

001	ולילו	B2.11:13	אמהם זי עלימיא אלה	ולילו	ברה זי לא עד נפלג עלין

לסמקס Lysimachos (Gr; Kornfeld 117)

001	לסמקס	C3.28:26	2 הרגלתי פלג בר 3	לסמקס	לגן 3+4 בר 3 מ 1 פ
002		C3.28:54	לבתנא רֿבֿעֿן 3	לֿסֿמֿקֿס]	לג]ןֿ 1+3 בר 2

לפתינא Leptines (Gr; Kornfeld 118)

001	לפתינא	D7.57:1	אל אחי	לפתינא	בר אביתי אחיך אביתי

לקינוס Lykinos (Gr; Kornfeld 118)

001	לקינוס	C3.29:18	לגין 10+3+3	לקינוס	ארסתודמוס לגין

מ.תא.ל.. (Anat)

001	מ.תא.ל..	D22.26:1	[למ]חיר ..]ן בר	מ.תא.ל..	אתה לאבוטֿ [...]

מ[...] (Heb)

001	..מ	D9.8:1	[...]גמריה בר	מ[...]	

מבטח cf. #1 מבטחיה

מבטחיה Mibṭaḥyah (fem/masc; Heb; Porten 137, 147; Renz-Röllig 73)

#1 מבטחיה Mibṭaḥyah d Maḥseyah

001	מבטחיה	B2.11:3	ופלגן עלין עבדיה זי	מבטחיה	אמן והא זנה חלקא זי
002		B2.10:3	בר נתן אחוה אמהם	מבטחיה	ברת מחסיה בר ידניה
003		B2.10:7	מערב שמש לה בית	מבטחיה	ברת מחסיה זי יהב לה
004		B2.9:3	אסחור בר צחא מן	מבטחיה	ברת מחסיה יהודין לזכם
005		B2.3:2	לדגל הומדת לנשן	מבטחיה	ברתה לאמר אנה יהבת לכי
006		B2.4:7	לאחרנן להן בניך מן	מבטחיה	ברתי המו שליטן בה
007		B2.4:10	לאחרנן להן בניך מן	מבטחיה	המו שליטן בה חלף
008		B2.4:12	פלגא הו בניך מן	מבטחיה	המו שליטן בה אחריך הן
009	מפטחיה	B2.6:18	לא איתי לה מן	מפ[ט]חיה	אנתתה מפטחיה הי
010		B2.6:6	בגו הנעלת לי [ברתך]	מפטחיה	בידה כס[ף] תכונה כרש 1
011		B2.6:22	א[ו]יום אחרן תקום	מפטחיה	בעדה ותאמר שנאת
012		B2.6:18	מן מפ[ט]חיה אנתתה	מפטחיה	הי שליטה בביתה זי
013		B2.6:33	להן בנן זי תלד לי	מפטחיה	הן אמר איתי לי ב[נן]
014		B2.6:34	ואנתה אחרן להן	מפטחיה	ובניה אנתן למפטחיה
015		B2.6:32	לי אנתה אחרה להן	מפט<ח>יה	ובנן אחרנן להן בנן זי
016		B2.6:20	כלה מחר או יום תמות	מפטחיה	ובר דכר ונקבה לא איתי
017		B2.6:35	נכסי וקניני מן	מפטחיה	והן העדת המו מנה
018		B2.6:5	יהבת לך מהר ברתך	מפטחיה	[כסף] שקלן 2+3 באבני
019		B2.6:3	למנתן לי לברתך	מפט<ח>יה	לאנתו הי אנתתי ואנה
020		B2.6:29	דבב ו[ז]י יקום על	מפטחיה	לתרכותה מן ביתה זי
021		B2.6:27	ויאמר שנאת [לאנ]תתי	מפטחיה	מהרה [י]אבד וכל זי
022	למבטח	B2.3:36	כתב מחסה בר ידניה	למבטח	ברת מחסה
023	למבטחיה	B2.8:14	מרחק זי כתב פיא	למבט[חיה]	
024		B2.11:6	מקרא ארמית כזנה	למבטחיה	אנת ידניה שליט
025		B2.8:2	ארדיכל לסון בירתא	למבטחיה	ברת מחסיה בר ידניא
026		B2.4:3	זילך זי אנה יהבת	למבטחיה	ברתי אנתתך וספר כתבת
027		B2.11:5	מקרא ארמית כזנה	למבטחיה	והא זנה חלקא זי מטאני
028		B2.8:10	פיא ובני אנתן	למ<ב>טחיה	כסף כרשן 2+3 באבני
029	למפטחיה	B2.7:21	[מ]חסיה בר ידניה	[למפטחי]ה	ברתה
030		B2.7:2	סון לדגל וריזת	למפטחיה	ברתה לאמר אנה יהבת לכי
031		B2.7:4	כתב לי עלא ויהבתה	למפטחיה	ברתי חלף נכסיה זי יהבת
032		B2.6:34	מפטחיה ובניה אנתן	למפטחיה	כסף כרשן 20 באבני
033		B2.6:36	[זנה] {להן} אנתן	למפטחיה	[כס]ף כרשן 20 באבני

#2 מבטחיה Mibṭaḥya[h] gf Gaddul s Mešullam

001	מבטחיה	C3.15:25	גדול בר משלם בר	מבטחי[ה]	כ]ש [2] לה מנחם בר

מגר Magir (Akk; Grelot 477)

001	מגר	B3.12:34	שהד נתן בר יהואור	מגר	ספר בי זי זבן ענני בר

מוסרם Muwasarma (Anat; Kornfeld 115)

001	מוסרם	A6.7:5	שמה 1 אסמרוף שמה 1	מוסרם	שמה 1 כל גברן 3+10

מזדיזן Mazdayazna (Pers; Hinz 164)

001	מזדיזן	A4.2:6	נא וכן אמרן	מזדיזן	הו פקיד למדינא]

מחלם Muḥallim (Aram; Ḥasson)

001	מחלם	D11.4:1		מחלם	בר מערם ת ימחת בן חר

מחסה Maḥsah (Heb; Porten 137, 147)

#1 מחסה Maḥsah

001	למחסה	D7.27:12	עליהם [...] [...	]למחסה	עלדבר כס[פ...] [...

#2 מחסה Maḥsah s Yešaʿyah

001	מחסה	B2.1:16	קוניה שהדיא בגו שהד	מחסה	בר ישעיה שהד שתברזן
002		B2.3:33	דׄעויה שהד	מחסה	בר ישעיה שהד הושע בר
003		B2.4:21	דׄעויה שהד	מחסה	בר ישעיה שהד הו[שע בר

#3 מחסה Maḥsah; cf. #2 מחסיה

#4 מחסה Maḥsah gf ? s Neʾha[b], f Neʾhebet

001	מחסה	C3.15:11	[....] בר נה[ב בר	מח[סה	[כסף ש] 2 לה [10 נ]תן
002		C3.15:94	אושע כש 2 נהבת ברת	מחסה	כש 2 יהוחן ברת יגדל

#5 מחסה Maḥsah gf Didi s Uri; cf. #8 מחסיה

#6 מחסה Maḥsah s Uri

001	מחסה	C3.15:68	חגי בר מיכא כש 2	מחסה	בר אורי כש 2 שלום בר

#7 מחסה Maḥsah s Yehotal

001	מחסה	C3.15:10	[..]מׄתל כסף ש 2 לה	[מחס]ה	בר יהוט[ל כסף] ש 2 לה
002		C4.6:4	חור בר פׄדיה	מחסה	בר יהוטל חנן בר פחנם

מחסיה Maḥseyah (Mahseiah; Heb; Porten 137; Renz-Röllig 73)

מחסיה #1 Maḥseyah

001	למחסיה	D7.26:4	פכרס משחק [...]. זי	למחסיה	[...]שף הושרי

מחסיה #2 Maḥseyah s Yedanyah, f Mibṭaḥ/Mibṭaḥyah, f Gemaryah, gf Mešullemet d Gemaryah, f Yedanyah

001	מחסה	B2.3:36	בר ידניה למבטח ברת	מחסה	
002		B2.3:35	ספר בי [זי] כתב	מחסה	בר ידניה למבטח ברת
003	מחסיה	B3.5:23	ושהדיא בגו גמריה בר	מחסיה	הושעיה בר יתום
004		B2.10:7	ברת מחסיה זי יהב לה	מחסיה	אבוה דבק לה זך ביתא זי
005		B2.4:5	בעשתא כען אנה	מחסיה	אמרת לך ארקא זך בני
006		B2.7:17	ושהדיא בגו כתב	מחסיה	בכ̇ם̇י נפשה מתרסרה בר
007		B2.10:3	אמהם מבטחיה ברת	מחסיה	בר ידניה קדם ודרגן
008		B2.3:1	ארתחשסש מלכא אמר	מחסיה	בר ידניה מהחסן ביב
009		B2.4:1	ארתחשסש מלכא אמר	מחסיה	בר ידניה יה[ודי ז]י
010		B2.7:1	ארתחשסש מלכא אמר	מחסיה	בר ידניה ארמי זי סון
011		B2.7:21	שלם ספר בי [זי כתב	מ]חסיה	בר ידניה [למפטחי]ה
012		B2.8:2	בירתא למבטחיה ברת	מחסיה	בר ידניא ארמיא זי סון
013		B3.2:13	אחושן בר רנפנפרי	מחסיה	בר ידניה מנכי בר
014		B4.2:14	קצרי בר יההרם	מחסיה	בר ידניה מלכיה בר
015		B3.3:15	בר זכור גמריה בר	מחסיה	הנעלת תמת לענני בידה
016		B2.7:17	ענניה ספרא זנה כפם	מחסיה	ושהדיא בגו כתב מחסיה
017		B2.10:7	לה בית מבטחיה ברת	מחסיה	זי יהב לה מחסיה אבוה
018		B2.9:3	צחא מן מבטחיה ברת	מחסיה	יהודין לזכם דגלא לאמר
019		C3.15:2	ברת גמר[י]ה בר	מחסיה	כסף ש 2 זכור [בר
020		B2.3:18	זנה בידכי ואף אנה	מחסיה	מחר או יום אחרן לא
021		B2.3:29	בגו שהד גמריה בר	מחסיה	שהד זכריה בר נתן שהד
022		B2.3:31	ידניה שהד ידניה בר	מחסיה	שהד נתן בר ענניה
023		B2.4:18	נתן שהד גמריה בר	מחסיה	שהד זכריה בר משלם שהד
024		B2.4:20	ידניה שהד ידניה בר	מחסיה	שהד נתן בר ענניה שהד
025		B2.3:28	זנה בסון בירתא כפם	מחסיה	שהדיא בגו שהד גמריה בר
026		B2.4:16	זנה בסון בירתא כפם	מחסיה	שהדיא בגו שהד הושע בר
027	למחסה	B2.1:20	בנה זי כתב קוניה	למחסה	
028		B2.1:9	בעל דגל וקריה יכלא	למחסה	או לבר לה למבנה עלוי
029		B2.1:12	קוניה לא אכהל אמר	למחסה	לאמר {{לא}} תרעא זך לא
030	למחסיה	B2.6:2	ארדכל זי מלכא	למח[סיה	א]רמי זי סון לדגל
031		B2.1:2	סון לדגל וריזת	למחסיה	בר י{נ}ד<נ>יה ארמי זי
032		B2.2:3	עביד לדגל ארתבנו	למחסיה	בר ידניה יהודי זי
033		B2.5:2	למלקחה לאנתו אנתן	למחסיה	[כסף כרשן .... בר
034	ל מחסיה	B2.2:22	[דרגמ]ן בר חרשין	ל מחסיה	

מחסיה #3 Maḥseyah s Yeš[a'yah]

001	מחסיה	B5.3:6	] בר .... כפם	מ]חסיה	בר יש]עיה

מחסיה #4 Maḥseyah

001	מחסיה	D13.3:12	עלי[....] [...]	]מחסיה	[... ...] [...] נתן [...

מחסיה #5 Maḥseyah f [...]yah

001	מחסיה	D3.17:11	פוסי̇ [...]יה] ב]ר	מחסיה	[... ...]ם בר כנו[פ]י

מחסיה #6 Maḥseyah

001	מחסיה	A3.5:1	אל אחי̇	מח[סיה	אחוך .... שלם אחי
002		A3.5:9	] אפיך [בשלם אל [אחי	מחסיה	בר .... ו...]יה בר

מחסיה #7 Maḥseyah s Yedanyah

001	מחסיה	B2.10:18	בגו מנחם בר שלום	מחסיה	בר ידניה מנחם בר

מחסיה #8 Maḥseyah f Uriyah, gf Didi s Uri

001	מחסה	C4.6:14	דידי בר אורי בר	מחסה	שוא בר זכריה [...].[
002	מחסיה	B3.9:2	בירתא אמר אוריה בר	מחסיה	ארמי זי סון קדם

מחסיה #9 Maḥseyah s Shibah

001	למחסיה	B7.1:2	[לדגל אדנ]נבו	למחסיה	בר שיבה ארמי זי סון

מחסיה #10 Maḥseyah s Esḥor/Natan

001	מחסיה	B2.11:5	זי מטאני בחלק אנה	מחסיה	בלא שמה אמה תבא עבד
002		B2.11:17	עבד פטוסירי כתב	מחסיה	בר נתן לידניה בר נתן
003		B2.11:2	מלכא ביב בירתא אמר	מחסיה	בר נתן 1 ידניה בר
004		B2.11:8	תנתן לא אכהל אנה	מחסיה	בר וברה לי אח ואחה לי
005		B2.11:15	זנה ביב בירתא כפם	מחסיה	וידניה אחוהי שהדיא בגו
006		B2.11:9	רשינך דינא עלא אנחנה	מחסיה	ובני או נרשה לבר וברה
007	ומחסיה	B2.10:21	לידניה בר נתן	ומחסיה	אחוהי כל 2
008		B2.9:8	שאילתם ואנת ידניה	ומחסיה	בני אסחור הוטבתם לבבן
009		B2.10:3	לידניה בר נתן	ומחסיה	בר נתן אחוה אמהם
010		B2.9:11	אנת ידניה	ומחסיה	דין ודבב ולא יכהלון
011		B2.10:8	הו אנת ידניה	ומחסיה	כל 2 בני נתן עד עלם
012		B2.9:20	שלומם [לידני]ה	ומחסיה	כל 2 בני אסחור בר
013		B2.9:3	אדננבו לידניה	ומחסיה	כל 2 בני אסחור בר

מחפרע Me(n)khpre

(Egypt; Vittmann; cf. Muchiki 92; DemNb 595)

001	מחפרע	D22.46:2	.... ברך	מחפרע	במ...

מחתוש Maḥtuš (NWS; cf. Ezra 8:2)

מחתוש #1 Maḥtuš s Neriyah

001	מחתוש	D3.17:10	בר נתן [...]בחינו	מחתוש	בר נריה מעוזיה בר
002		D3.17:4	נתון בניה בר גדול	מחתוש	בר נריה כל 3 לנריה זי
003		D3.17:9	יאוש [... בר]ת זכור	מחתוש	ויסלח̇ ̇בר גדול̇ משלם

#2 מחתוש Maḥtuš b Mešullemet

001	מחתוש	C3.15:85	ברת [...]ה כש 2 אחת	מחתוש	מפתח ברת טסתי כש 2

מטחיה
cf. #1 **מבטחיה**

מ[..]יא
(Heb)

001	מ..יא	C3.15:81	[ב]ר מתן כש 2 √]	מׄ[..]יא	בר מנחם בר פוסי כש

מיכא
cf. #1 **מיכה** and #9 **מיכיה**

מיכה
Mikah (Micah; Heb; Porten 137, 147)

#1 מיכה Mikah s Aḥio

001	מיכא	B3.2:10	בוני בר מנכי כפם	מיכא	בר אחין[ו] שהדיא בגו
002		B3.2:2	לארתחששׂ מלכא אמר	מיכא	בר [אחיו ל]ענני בר

#2 מיכה Mikah

001	מיכה	D9.12:3	...[..] מיכיה ב[ר ...]	מיכה	ב[ר ...] משלם [...]

#3 מיכה Mikah f Ḥaggai; cf. #9 **מיכיה**

#4 מיכה Mikah f Pilṭi

001	מיכה	C3.15:22	כש 2 לה פלטי בר	מיכה	כש 2 לה מלכיה בר יתום

מיכיה
Mikayah (Micaiah; Heb; Porten 137)

#1 מיכיה Mikayah

001	מיכיה	D7.24:13	אגרתא זי שלח לך	מיכׄ[יה]	הלו מלת ספר הי זי שלח
002		D7.20:1	שלם	מיכיה	מן נתן בר גמריה כען
003		D7.20:6	תפשר למאתה מחר שלם	מיכיה	מן ידניה כענת הלו שלחת
004		D7.21:1	אל מרי	מיכיה	עבדך גדל שלם וחין שלחת
005		D7.5:1	מן	מיכיה	על א[חוטב] שלמכי כענת

#2 מיכיה Mikayah

001	מיכיה	D7.22:1	[... ...]ה אחוך	מיכׄ[יה	...] [....] לך כענת
002		D7.23:5	יצלן 2 [...] [.]אחוך	מיכי[ה	...] [א]לך כענת[...]

#3 מיכיה Mikayah

001	מיכיה	D3.6:2	[...]יׄ [...	מיכיה]	√[...] √[...]

#4 מיכיה Mikayah s Aḥio, f Aḥio

001	מיכיה	B3.6:17	בר ניסי מדי שהד	מיכיה	בר אחיו שהד ברכיה בר
002	מכיה	A4.4:7	חגי אחוהי אחיו בר	מכי[ה	....] בתיא זי עלו
003		B3.2:11	בגו זבדי נבוׄזׄי	{(מכיה)}	שכאל בר
004		B3.2:12	שכאל בר נבוכצר	מכיה	בר אחיו אחושן בר

#5 מיכיה Mikayah s ?

001	מיכיה	D9.12:2	....[..]	מיכיה	ב[ר ...] מיכה ב[ר ...]

#6 מיכיה Mikayah s Natan s Ošea'

001	מיכיה	D12.1:6	גמריה בר ישביה	מיכיה	בר נתן בר אושע

#7 מיכיה Mikayah f Yašobyah; or read **מלׄכיה**

001	מלכיה	D12.1:1	ישביה בר	מׄיכיה	אושע בר נתן בר

#8 מיכיה Mikayah

001	למיכיה	D3.17:5	לנריה זי עבדו חמי	למיכיה	נחום בר יה[ו]ישמע

#9 מיכיה Mikayah/Mikah f Ḥaggai

001	מיכא	C3.15:67	בר חגי כש 2 חגי בר	מיכא	כש 2 מחסה בר אורי כש
002	מיכיה	C4.6:13	בר זכור חגי בר	מיכיה	דידי בר אורי בר מחסה

#10 מיכיה Mikayah s Yehoyišma'

001	מיכיה	C3.15:129	כסף כרשן 2+10	מיכיה	בר יהוישמע כש 2 אושע

#11 מיכיה M(i)kayah (Edfu)

001	למכיה	D8.8:6	[.].[...] סׄ 1 ק 2	למכיה	ק 3 לבזכה ק 3

מית
Mait (Pers; Shaked)

001	מית	D22.22:1	[פ]טאסי בר	מית	1

מכבנת
Makkibanit (Aram; Grelot 477)

#1 מכבנת Makkibanit s Nargi

001	מכבנת	B1.1:17	פנא פטמן קשר כתב	מכבנת	בר נרגי [ספ]רא זנה

#2 מכבנת Makkibanit s Psami

001	מכבנת	A2.3:14	פסמי בר נבונתן מן	מכבנת	סון יבל
002		A2.2:18	ספרה זנה אל תשי מן	מכבנת	בר פסמי סון יבל
003		A2.4:14	זנה אל אבי פסמי מן	מכבנת	בר פסמי סון יבל
004		A2.4:1	על מראי פסמי עבדך	מכבנת	ברכתך לפתח זי יחזני
005		A2.2:1	אחתי תשי מן אחכי	מכבנת	ברכתכי לפתח זי יחזני
006		A2.3:1	אחתי רעיה מן אחכי	מכבנת	ברכתכי לפתח זי יחזני

מכבנת #2

007		A2.6:3	שאל שלמכי וכעת יהב	מ]כבנת	לבנתסר]חתנה זי נבשה
008		A2.4:5	אל אחי וחפרע מן אחך	מכבנת	שלם וחין שלחת לך וכעת
009	ומכבנת	A2.5:1	מן אחוכן נבושה	ומכבנת	ברכנכן לפתח זי יחזני
010		A2.6:7	יהב ש] 1	ומ[כ]בנת	שאלן שלמכי ושלם תרו
011	ולמכבנת	A2.1:8	וכעת אל תצפי לן לי	ולמכבנת	לכן אנחן יצפן אזדהרי

מכי

Makki (Aram: ‘Who is Like [Divine Name]?’)

מכי #1 — Makki

001	מכי	A2.2:9	יהב לכי עמרה זי על	מכי	שלחי לי והלה יהב לכי

מכי #2 — Makki f Ṣephanyah

001	מכי	B5.1:11	עֲזריה צפניה בר	מכי	

מכי #3 — Makki f Azgad (Edfu); cf. #3 **מרי**

מכיה

cf. #11 #4 **מיכיה**

מכס

Mikkos (Gr; Pape-Benseler 23)

001	מכס	C3.7KR2:24	1 [ז]י תְּמכתס בר	מכס	יוני פסלרֹשי אסות כחמוש

מליד

(unknown); cf. **מליס**

מליו

(unknown); cf. **מליס**

מליס

(unknown); or read **מליד** or **מליו**

001	מליס	D9.11:5	אתרלי וירשן	מליֹס	אפולי סרי מלנור

מלכיה

Malkiyah (Malchiah; Heb; Porten 136; Renz-Röllig 74)

מלכיה #1 — Malkiyah s Zekaryah

001	מלכיה	B4.2:15	מחסיה בר ידניה	מלכיה	בר זכריה כתב ספרא

מלכיה #2 — Malkiyah

001	מלכיה	D7.9:16	...] רבא זי יהב [1]	]מלכיה	הושר־י־ המו לי

מלכיה #3 — Malkiyah

001	מלכיה	D7.13:17	[...] לא יהב לן [...]	מלכיה	סון [....] [פ]טנתר בר

מלכיה #4 — Malkiyah

001	ומלכיה	D7.15:10	[...] [... יד]ניה	ומל]כיה	[...] [...].ר הא טעמא]

מלכיה #5 — Malkiyah

001	מלכיה	D7.27:10	עַל כספה [...] [...	מל]כיה	זי כתב] [...] [...] יהבתם

מלכיה #6 — Malkiyah f Maʿazyah

001	מלכיה	B2.3:31	משלם שהד מעזיה בר	מלכיה	שהד שמעיה בר ידניה
002		B2.4:19	משלם שהד מעזיה בר	מלכיה	שהד שמעיה בר ידניה

מלכיה #7 — Malkiyah f Yašobyah; cf. #7 **מיכיה**

מלכיה #8 — Malkiyah s Yašobyah

001	מלכיה	B7.2:7	מטא עלי בדינא אנה	מלכיה	אקרא לך על חרמביתאל
002		B7.2:2	ב[י]ב בירתא אמר	מלכיה	בר ישביה ארמי מהחסן

מלכיה #9 — Malkiyah s Yatom

001	מלכיה	C3.15:23	בר מיכה כש 2 לה	מלכיה	בר יתום בר הדדנורי

מלכיה #10 — Malkiyah s Azgad (Edfu)

001	מלכיה	D7.57:5	ביד אחוהא זי תם אנתת	מלכיה	בר עזגד ענז חד תהם חד

מלנור

(unknown)

001	מלנור	D9.11:8	מליֹס אפולי סרי	מלנור	פוסמך

ממה

Mama (fem; Aram/Egypt; Kornfeld 120)

001	ממה	A2.1:14	עבדך נבושה שלם אמי	ממה	{{ו}} שלם אחי בתי ואנשתה
002		A2.4:2	אפיך בשלם שלם אמי	ממה	שלם אחי בתי ואנשתה
003	למֹמה	A2.4:10	ושבק כל גשר זי תשכח	למֹמה	זבנת חטבת ומשח בשם

מנאס

Menneas (Gr; Modrzejewski; Preisigke 213)

001	מנאס	D8.12:2	אותכס בר תודרס מ 3	מנאס	מ 3 ^לחמר אותכס 1 זוזן

מנחם

Menaḥem (Menahem; Heb; Zadok 125; Renz-Röllig 74)

מנחם #1 — Menaḥem s Zakkur

001	מנחם	B2.6:38	....יה בר אחיו	מנחם	בר [ז]כור שהד
002		B3.3:15	שהד נתן בר גדול	מנחם	בר זכור גמריה בר

מנחם #2 — Menaḥem

001	מנחם	D3.18:6	ענני[...	מנחם	[...] מעוזי]

#3 מנחם Menaḥem

No.	Name	Ref.	Before	Keyword	After
001	מנחם	A3.7:2	בכל עדן שלם מראי	מנחם	שלם מראתי אביהי ש]לם

#4 מנחם Menaḥem s ?

No.	Name	Ref.	Before	Keyword	After
001	מנחם	D5.33fraga:2	...] [...].[.]אח ב[...]	מ]נחם	בר ח[...] [...].א.ם ל[...]

#5 מנחם Menaḥem s Pawesi and f Natan, f M[...]yah, f Ḥagga[i]

No.	Name	Ref.	Before	Keyword	After
001	מנחם	D3.17:10	בר פוסי נתן בר	מנחם	בר פוסי ˆ[...]יה[ב]ר
002		C3.15:81	כש 2 [√ מ]ן[..]יא בר	מנחם	בר פוסי כש 2 חג[י] בר
003		C3.15:82	פוסי כש 2 חג[י] בר	מנחם	[בר] פוסי כש 2 פלוליה
004		C4.4:7	חגי נתן בר נריה	מנחם	בר פוסי יאוש בר

#6 מנחם Menaḥem s Azaryah

No.	Name	Ref.	Before	Keyword	After
001	מנחם	B2.9:17	גדול בר ברכיה	מנחם	בר עזריה שהד הודויה
002		B3.8:44	[....] חגי בר אצול	מנחם	בר עזריה ידניה בר
003		C3.13:11	יהבת[ליד]	מנחם	בר עזריה בירה אפף

#7 מנחם Menaḥem s Mešullam s Šelomam

No.	Name	Ref.	Before	Keyword	After
001	מנחם	C4.5:7	שמעיה בר שלם[...]	מנחם	בר משל[ם] חגי בר
002		B2.9:16	בר נתן ספרא זנה כפם	מנחם	ועננה כל 2 בני משלם
003		B2.9:19	ספר [מרחק] זי כתב	מנחם	ועננה כל 2 בני מנחם
004		B2.9:2	אדין ביב בירתא אמר	מנחם	ועננה כל 2 בני משלם
005		B2.9:9	יומא זנה עד עלם אנה	מנחם	ועננה רחיקן אנחנה מנך

#8 מנחם error for #13 משלם

No.	Name	Ref.	Before	Keyword	After
001	מנחם	B2.9:19	ועננה כל 2 בני	מנחם	בר שלומם [לידני]ה

#9 מנחם Menaḥem s Šallum, f Šallum

No.	Name	Ref.	Before	Keyword	After
001	מנחם	B4.6:5	על ספר אנתותכי אנה	מנחם	אנתננה ואשלמן לכי עד
002		B2.10:18	בר הושע ושהדיא בגו	מנחם	בר שלום מחסיה בר
003		B3.13:13	משלם שהדיא בגו שהד	מנחם	בר שלום שהד חגי שהד
004		B4.6:2	מלכא אדין אמר	מנחם	בר [של]ום ארמי זי יב
005		B7.3:1	מומ]אה ז[י	מנחם	בר שלום בר הו[דויה]
006		D1.13:9	הודויה [...] [... ...	מ[נח]ם	בר שלום [...] [... ...
007		D3.17:2	מעוזיה בר {ז}נתן	מנחם	בר שלום ליחמול ברת
008		C3.13:46	זי[[.... זכרן על	מנחם	בר שלום[...] ארך אמן 3
009		C3.15:20	מאת נבועקב שלום בר	מנחם]	כסף ש 2 לה]פ משלם בר
010		B4.6:18	ספרא] זנה [כפם]	מנ]חם	שה]דיא בגו [שהד .... בר

#10 מנחם Menaḥem s Gaddul

No.	Name	Ref.	Before	Keyword	After
001	מנחם	B2.10:18	מחסיה בר ידניה	מנחם	בר גדול בר בעדיה
002		B2.11:15	אחוהי שהדיא בגו	מנחם	בר גדול שהד חנן בר
003		B2.9:17	בר שלומםˆ שהדˇ	מנחם	בר גדול גדול בר
004		B3.11:18	נתן בר יהואור שהד	מנחם	בר גדול שהד אחיו בר

#11 מנחם Menaḥem s Haṣṣul s Shema[yah]

No.	Name	Ref.	Before	Keyword	After
001	מנחם	C3.15:26	מבטחי]ה כ]ש [2] לה	מנחם	בר הצול הו בר שמע]יה

#12 מנחם Menaḥem s Mattan

No.	Name	Ref.	Before	Keyword	After
001	מנחם	C3.15:65	הושע בר סגרי כש 2	מנחם	בר מתן כש 2 נתון בר
002		C4.6:11	דׄעויה בר זכריה	מנחם	בר מתן נחום בר זכור

#13 מנחם Menaḥem s Zekaryah, gs Menaḥem s [Za]kkur

No.	Name	Ref.	Before	Keyword	After
001	מנחם	C3.15:70	שלום בר זכריא כש 2	מנחם	בר זכריא כש 2 20+20

#14 מנחם Menaḥem f [O]šea'

No.	Name	Ref.	Before	Keyword	After
001	מנחם	C3.15:74	[א]ושע בר	מנחם	כש 2 נׄתׄן בר הודיא

#15 מנחם [Me]naḥem s Uri s Mešulla[k]

No.	Name	Ref.	Before	Keyword	After
001	מנחם	C3.15:76	בר הודיא כש 2	[מ]נחם	בר אורי בר משלן[ך] כש

#16 מנחם Menaḥem

No.	Name	Ref.	Before	Keyword	After
001	מנחם	B4.6:16	....]	מנח]ם[	....]ש.[....]

#17 מנחם Menaḥem

No.	Name	Ref.	Before	Keyword	After
001	מנחם	A3.9:5	מליא אלה זבנה	מנחם	..[....] לעליא

מנחמן Menakhmin/Menakhamun (Egypt; Vittmann; cf. DemNb 595) or read מרׄחמן

No.	Name	Ref.	Before	Keyword	After
001	מנחמן	D7.13:2	אסמן בר [...] באלף	מנחמן	זי הסן[...] וידניה

מנחמת Menaḥemet (fem; Heb; cf. Porten 140)

#1 מנחמת Menaḥemet

No.	Name	Ref.	Before	Keyword	After
001	מנחמת	A3.4:5	ספרה זנה שלםˆאמיˇ	מנחמת	שלם [.... שלם]

#2 מנחמת [Menaḥe]met d Zekaryah; or restore משל]מת

No.	Name	Ref.	Before	Keyword	After
001	מנחמת	C3.13:37	....]	מנח]מת	ברת זכריה ש פ 2

#3 מנחמת Mena[ḥe]met d ?

No.	Name	Ref.	Before	Keyword	After
001	מנחמת	C3.15:98	[בר]ת[.... כש 2]	מנ[ח]מת	ברת[.... כ]ש 2 נהבת

#4 מנחמת Menaḥemet d A[nani] s Es(p)taḥ

No.	Name	Ref.	Before	Keyword	After
001	מנחמת	C3.15:84	בר [הו]שע כש 2	מנחמת	ברת ע[נני] בר אסתח כש

מנחמת #5 — Menaḥemet d Yedanyah s Anati

001	מנחמת	C3.15:111	20+20+20+20 2	מנחמת	ברת ידניה בר ענתי כש

מנכי — Mannuki (Akk; Grelot 478)

מנכי #1 — Mannuki

001	מנכי	D7.43:6	שק[א ...] פלג קב[...]	מנכי	[...] [כען חזי י]נקא

מנכי #2 — Mannuk[i]

001	למנכי	D1.33fragc:3	מצרין אמר	למנכ[י	]ו...[...] [... ...] [...]י במ\ה

מנכי #3 — Mannuki s Imḥot(p) (Saqqarah)

001	מנכי	C3.8I:3	[....]ת	מנכי	בר ימחות זי עביד א.שׁ]

מנכי #4 — Mannuki s Bagaina

001	מנכי	B3.2:13	מחסיה בר ידניה	מנכי	בר בגין עתרמלכי בר

מנכי #5 — Mannuki f Bunni

001	מנכי	B3.2:10	לך כתב בוני בר	מנכי	כפם מיכא בר אחי[ו]

מנכי #6 — Mannuki (Saqqarah)

001	מנכי	B8.7:2	פתחנופי לקבל מׄלי	מנכי	[....]...[...]...
002		B8.7:3	כן אמר מ{נ}<כ>דב	מנכי	באלה מליא תחה]
003		B8.7:6	אלה זי	מנכי	זנה רשה
004		B8.7:10	[....]	מׄנכי	כן [אמר
005		B8.7:9	יומן 2+10 שאיל	מנכי	לקׄ[בל מלי פתחנופי

מנכי #7 — Mannuki (Saqqarah)

001	מנכי	B8.10:7	נתן אבי החלף [ע]ם	מנכי	זנה [....]

מנכי #8 — Mannuki s Peṭosiri (Saqqarah)

001	מנכי	C4.2:7	בר כסי [...]	מנכי	בר פטוסרי[...]

מנכי #9 — Mannuki s Djeḥ[o] (Saqqarah)

001	מנכי	C4.3:19	ארדי בר צחא[...]	מנכי	בר צח[א] ביתאלנורי בר

מנכי #10 — Mannuki f Luḥi

001	מנכי	B2.8:13	בר נבונתן לוחי בר	מנכי	עוסנהר בר דומא

מנכי #11 — Mannuki

001	ומנכי	A5.2:6	ובגפרן ונפין	ˆומנכיˆ	ˆד[יני]אˆ עלו לסון

מנכי #12 — Mannuki s (E)speamre

001	מנכי	B5.5:12	[בר] פדיה שהד	מנכי	בר ספעמרא]

מנכי #13 — Mannuki f Paso

001	מנכי	A4.2:11	לבתכם אתה פסו בר	מנכי	למנפי והנ̇[....]
002		C4.8:9	נבונדׄ[ן] פסו בר	מנכי	

מנכנען — (Akk)

001	מנכנען	D22.2:1	...	מנכנען	בר שוא

מסדי — Misdaya (Pers; Grelot 480)

001	מסדי	B3.4:4	לך ביתה זי אפולי בר	מסדי	זי ביב ברתא זי אגרוה
002		B3.12:4	ביתה זי ינבולי בר	מסדי	כספי זי ביב הו מהחסן

מסחנה — Meskhene (Egypt; Vittmann; cf. Muchiki 93)

001	מסחנה	C3.9:22	אנתת[ה נשן רבה]	מסחנה	בר[ן ...] פטסבק [ברה] כל

מסכס — Moschos (Gr; Pape-Benseler 947; Bechtel 324)

001	מסכס	C3.7ER2:12	ז]י פׄ[..]תׄלן בר	מׄסכסׄ]	יוני פסלרׄשי] אסׄ]ות

מספת — Misapata (Pers; Hinz 161)

001	מספת	D6.7fragOc:1	...]	מספת[	פקיד ורפש[...] [...]מר
002	מספת	A6.15:16	על [....] זי [....]	מספת	[....] [....] מן
003		A6.15:1	על נחתחור וכעת	מספת	פקידא זילי ˆשלח עליˆ כן
004		A6.15:11	התב הב להם כן כזי	מספת	קבילה תובא לא ישלח
005		A6.15:8	ותשתאל על זנה אף	מספת	שלח גרדא לם זי מראתי
006	למספת	A6.15:4	גברן 2+3 [....] הב	למספת	חלכיא אלך 2+3 שטר מן
007		A6.15:7	זי לקחת כלא התב הב	למספת	יעבד על ביתא זילי למה
008	למספת	D6.7fragIc:2	זילׄ[י ...] [...	]למ<ס>פת	פקיד ורפש ב[....]

מסשין — Missaina (Pers; Zadok/Shaked)

001	מסשין	B8.1:10	[...] .זׄך א.[.] בבית	מסשין	עבידת הוית

מעדת — Maʿadat (Aram; Zadok)

001	מעדת	C3.2:5	שלם ש סעדת אתר ש	מעׄדת	שמאדׄ ש תׄ[...]

מעוזי — Maʿuzi (Heb; Porten 137, 147)

מעוזי #1 — Maʿuz[i]; or restore **מעוז[יה**

001	מעוזי	D3.18:7	מנחם [...]	מעוז[י	...]

#2 מעוזי

Maʿuzi s Natan; cf. #2 מעוזיה

#3 מעוזי

Maʿuzi f Mešullam; cf. #4 מעוזיה

#4 מעוזי

Maʿuz[i] or restore למעוז[יה

001	למעוזי	D11.14:1		למעוז[י	...]

#5 מעוזי

Maʿu[zi]; or restore מעו[זיה]

001	מעוזי	C3.16:8	ל בי[.]ד	מעו[זי]	[ענ]ני בר

#6 מעוזי

Maʿuzi; cf. #2 מעוזיה

מעוזיה Maʿuziyah (Heb; Porten 137)

#1 מעוזיה

Maʿu[ziyah]; cf. #1 מעוזי

#2 מעוזיה

Maʿuziyah s Natan s Anani, f Natan and Anani

001	מעוזי	A4.10:2	בר גמ[ריה] שמה 1	מעוזי	בר נתן שמה [1] שמעיה
002		C3.15:73	סגרי כש 2 ענני בר	מעוזי	כש 2 [א]ושע
003	מעוזיה	A4.2:1	אל מראי ידניה	מעוזיה	אוריה וחילא עבדכ[ם
004		C4.6:2	בר נתן נתן בר	מעוזיה	חור בר פדיה
005		A4.3:12	ויהודיא ע[בד]כם	מעוזיה	בר נתן
006		B2.10:17	אוריה ולא דין כתב	מעוזיה	בר נתן כפם ידניה בר
007		B2.9:16	ולא דין ולא דבב כתב	מעוזיה	בר נתן ספרא זנה כפם
008		B3.5:22	אפם ולא דין כתב	מעוזיה	בר נתן כפם ענניה בר
009		B3.8:42	ישתמע לה חיב הו כתב	מעוזיה	בר נתן ספרא זנה כפם
010		B6.4:8	הי לא ישתמע לה כתב	מעוזיה	בר נתן בר ענניה ספרא
011		B7.1:9	[כתב ....]	[מעוזיה]	בר נתן בר] ענני ספרא
012		D3.17:1	זי עבדו חמי	מעוזיה	בר {ז}נתן מנחם בר
013		A4.2:17	מלה אל מראי ידניה	מעוזיה	ע[בדכם ....]
014		B3.11:19	בר ביתא שהד נתן בר	מעוזיה	שהד שמוע בר פלוליה
015		B4.6:19	[נתן בר]	מעוזי[ה]	[שהד .... בר .... שהד]
016		A4.3:2	בר[....] עבדך	מעוזיה	שלם מרא[י אלה שמיא

#3 מעוזיה

Maʿuziyah s Pawesi

001	מעוזיה	D3.17:10	מחתוש בר נריה	מעוזיה	בר פוסי נתן בר מנחם

#4 מעוזיה

Maʿuziyah f Mešullam

001	מעוזי	B3.10:25	בר נתן שהד משלם בר	מעוזי	פלטי בר יאוש ישביה
002		C3.15:112	ענתי כש 2 משלם בר	מעוזי	כש 2 משלמת ברת פנוליה
003	מעוזיה	B3.12:34	כפם חד שהד משלם בר	מעוזיה	שהד נחום בר ביתא שהד

#5 מעוזיה

Maʿu[ziyah]; cf. #5 מעוזי

#6 מעוזיה

Maʿuzi[yah]; cf. #4 מעוזי

מעזיה Maʿazyah (Maaziah; Heb; Zadok 51)

#1 מעזיה

Maʿazya[h]

001	מעזיה	D4.13:2	...] [... זכו]ר [...	מעזי]ה[	...] [...] .[...] שלמם[

#2 מעזיה

Maʿazyah s Malkiyah

001	מעזיה	B2.3:30	זכריה בר משלם שהד	מעזיה	בר מלכיה שהד שמעיה בר
002		B2.4:19	זכריה בר משלם שהד	מעזיה	בר מלכיה שהד שמעיה בר

מערם Muʿarrim? (Arab; Ḥasson)

001	מערם	D11.4:1	מחלם בר	מערם	ת ימחת בן חר ענחפמס בן

מפטח Mipṭaḥ (Heb; Zadok 122)

001	מפטח	B3.6:17	אחיו שהד ברכיה בר	מפטח	דלה בר גדול [ספר]

מפטחיה Mipṭaḥyah (fem/masc; Heb; Porten 137; Zadok 51, 122)

#1 מפטחיה

cf. #1 מבטחיה

#2 מפטחיה

Mipṭaḥyah d Gemaryah

001	מפטחיה	B5.5:1	אדין ביב אמרת	מפט[חיה	ברת גמריה יהודיה [זי
002		B5.5:11	ספרא זנה כפם [....]	מפטחיה	ברת גמריה ושהדיא בגו
003		B5.5:13	[ספר ....] זי כתבת	מפטחיה	בר[ת גמריה לאסורי
004		B5.5:7	[מלכא וכספכי אנתי	מ]פטחיה	זי הוה בידכי יהבתהי לי
005		B5.5:3	כסף זוז לכרש 1 אנה	מפטחיה	יהבת לכי ברחמן לקבל

#3 מפטחיה

Mipṭaḥyah f Ḥaggai

001	מפטחיה	C3.15:138	כש 2 לה חגי בר	מפטחיה	כש 2 לטבשל[ם] [....]א

מפתח Miptaḥ (fem; Heb; Zadok 122)

#1 מפתח

Miptaḥ d Ṭisati

001	מפתח	C3.15:86	כש 2 אחת מחתוש	מפתח	ברת טסתי כש 2 יהושמע

#2 מפתח

Miptaḥ d Šillem

001	מפתח	C3.15:91	כש 2 20+20+20	מפתח	ברת שלם כש 2 יחמול

#3 מפתח Miptaḥ d Ṣapeleyah

001	מפתח	C3.15:109	ברת עמניה כש 2	מפתח	ברת צפליה כש 2 נהבת

מפטיה cf. #1 מבטחיה

מצ[...] (unknown)

001	מצ...	D18.11:1	.... בר	מצ...	

מר.ג.ס (Gr)

001	מר.ג.ס	C3.7BR1:8	ספינה 1 זי	מר.ג.ס	בר פק.[...] [יו]ני

מרדו Mardu (Aram/NWS; Zadok) / Mrdava (Pers; Hinz 169)

#1 מרדו Mardu f Ḥaggai

001	מרדו	B3.10:26	ידניה שהד חגי בר	מרדו	ספר בי זי כתב ענני בר
002		B3.13:14	בר ביתא שהד חגי בר	מרדו	[ס]פר עבור ז[י כתב
003		B3.11:20	פלוליה שהד חגי בר	מרדו	שהד ידניה בר גמריה

#2 מרדו Mrdava f Parnu

001	ומרדו	B3.12:19	בית פרנו בר זלי	ומרדו	אחוהי דבק לה אגר באגר

מרדוני Marduniya (Pers; Kornfeld 108)

001	מרדוני	C2.1.11:76	[גוברו ש]מה בר	מרד[ונ]י	פרסי ו̇ד̇[רן שמה בר

מרדך Marduk (Akk; Kornfeld 59)

001	מרדך	A6.9:1	לי מן ארשם על	מרדך	פקידא זי בג̇[.]כד

מרדכעדרי Marduk'idri (Aram; Kornfeld 59)

001	מרדכעדרי	C4.2:8	בר פטוסרי[...]	מרדכעדרי	בר ק̇נ̇[...] נפסי

מרדכשראצר Mardukšar'uṣur (Akk; Kornfeld 59)

001	מרדכשראצר	C3.8IIIB:36	זי מנפי עם	מרדכשראצר	בבימא זי סי...מ̇א̇ב̇

מרחמן (Egypt?; cf. Muchiki 94); cf. מנחמן

מרי Marya (Pers; Hinz 161) / Mari (Aram; Zadok)

#1 מרי Marya (Saqqarah)

001	מרי	D3.39fragb:4	...] משזבנבו לדגל	מרי[	] [...]מא זי צדני [.] [...]

#2 מרי Marya

001	מרי	D2.12:3	ביב בירתא עביד לדגל	מרי	1 לידניה [בר נ]ת̇ן
002		B7.2:4	בר א[רוסת]מר לדג[ל]	מרי[	לא]מר [א]נת קב[לת עלי]

#3 מרי Mari; or read מ̇כ̇י

001	מרי	D21.7:3	עזגד עזגד בר	מ̇ר̇י	זבדיה בר עזגד
002		D21.7:1	עזגד בר	מ̇ר̇י	שלמצין ברת עזגד

משזבנבו Mušezibnabu (Akk)

001	משזבנבו	D3.39fragb:4	...] .ה חרזמיא [...]	משזבנבו[	לדגל מרין [ ] [...]מא זי

משלך Mešullak (Heb; Porten 142)

#1 משלך [Mešu]llak s)t[...]

001	משלך	D7.3:5	יומא זנה ועלי[על	[מש]לך	בר את.....[.] ... זרע

#2 משלך Mešullak

001	משלך	D7.31:1	שלם	משלך	מן [...]..בה כעת

#3 משלך Mešullak

001	משלך	D7.32:2	...] שלם י.[...] [...].	משלך]	... [...]. ת.[...] [...]

#4 משלך Mešullak f Yehoḥen

001	משלך	B3.1:23	זי כתבת יהוחן ברת	משלך	למשלם בר זכור
002		B3.1:2	מלכא אמרת יהוחן ברת	משלך	נשן זי יב בירתא למשלם

#5 משלך Mešullak s Hoshaya[h]

001	משלך	B6.3:14	[.... בר .... שהד	משלך	בר הושעי]ה שהד .... בר

#6 משלך Mešulla[k] s Uri, gf Menaḥem s Uri

001	משלך	C3.15:71	זכריא כש 2 20+20	משלך	בר אורי כש 2 פמת בר
002		C3.15:76	בר אורי בר	משל[ך]	כש 2 [... בר .... כש

משלם Mešullam (Meshullam; Heb; Porten 139; Renz-Röllig 75)

#1 משלם Mešullam s [Ya'a]zanyah

001	משלם	C3.3:16	זכריה בר[ג]מ̇ריה	משלם	בר[יא]זניה יאזניה[

#2 משלם Mešullam f ?

001	משלם	D3.2fraga:6	בר פסמי [...]ה בר	משלם	

#3 משלם — Mešullam

No.	Headword	Ref.	Context	Name	Context
001	משלם	D7.35:8	עד יום שבה [...] ביד	משלם	נונן 3 וֹ[...] ביד

#4 משלם — Mešullam s Hodo

No.	Headword	Ref.	Context	Name	Context
001	משלם	D9.3:2	זכור בר צפני[ה ...]	משלם	בר הודו √ שלמם בר

#5 משלם — Mešullam f Kayah

No.	Headword	Ref.	Context	Name	Context
001	משלם	D9.4:2	בר אחיו כיה בר	משלם	נהב בר[...]

#6 משלם — Mešullam s Hošeaʿ

No.	Headword	Ref.	Context	Name	Context
001	משלם	B2.2:18	שהד גמריה בר אחיו	משלם	בר הושע סינכשר בר

#7 משלם — Mešullam f Zekaryah

No.	Headword	Ref.	Context	Name	Context
001	משלם	B2.3:30	פלליה שהד זכריה בר	משלם	שהד מעזיה בר מלכיה
002		B2.4:18	מחסיה שהד זכריה בר	משלם	שהד מעזיה בר מלכיה

#8 משלם — Mešullam f Zakkur, s Zakkur s Aṭer

No.	Headword	Ref.	Context	Name	Context
001	משלם	B3.8:2	[אדנ]נבו לזכור בר	מ[שלם	אר]מי זי סון לדכם דגלא
002		B3.9:2	זי סון לזכור בר	משלם	ארמי זי סון קדם
003		B2.7:3	לכי לביתא זי יהב לי	משלם	בר זכור בר אטר ארמי
004		B3.12:11	תפמת אנתתה פריפת זי	משלם	בר זכור כל 2 כפם חד
005		B3.3:11	ימות ענניה	{{משלם}}	בר זכור הו}} ^תמת הי˙ שליט˙ה˙
006		B3.6:16	ספרא זנה ביב כפם	משלם	בר זכור ושהדיא בגו
007		B3.6:18	[ספר] מרחק זי כתב	משלם	בר זכור לתפמת
008		B3.6:2	מלכא אדן אמר	משלם	בר זכור יהודי זי יב
009		B3.1:8	כתיב בספרא זנה אנת	משלם	ובניך שליטן למלקח לך כל
010		B3.8:43	בר חגי [ו]זכור בר	משלם	ושהדיא בגו חגי בר
011		B2.7:7	ספרא עתיקא זי כתב לי	משלם	זך אחרוהי זנה ביתא
012		B3.3:13	תמת ובין ענני ואנה	משלם	מחר או יום אחרן לא אכל
013		B3.1:16	כספא זנה ומרביתה אנת	משלם	שליט למלקח לך כל זון
014	למשלם	B3.1:24	יהוחן ברת משלך	למשלם	בר זכור
015		B3.1:2	נשן זי יב בירתא	למשלם	בר זכור יהודי זי יב
016		B3.12:24	אנתתי זי הות גוא	למשלם	בר זכור ויהבה לי לאנתו
017		B3.3:2	אלהא זי ביב בירתא	למשלם	בר זכור ארמי זי סון
018		B3.6:3	על ידה בימן כדנה	למשלם	לאמר אנה עשתת לכי בחיי

#9 משלם — Mešulla[m] s ?

No.	Headword	Ref.	Context	Name	Context
001	משלם	B2.5:4		משל[ם	בׄרׄ .[...]

#10 משלם — Mešullam

No.	Headword	Ref.	Context	Name	Context
001	משלם	D9.12:4	[...] מיכה ב[ר ...]	משלם	[...] [...]יה בר זכו[ר

#11 משלם — Mešullam s Maʿuzi/Maʿuziyah

No.	Headword	Ref.	Context	Name	Context
001	משלם	B3.10:25	הושעיה בר נתן שהד	משלם	בר מעוזי פלטי בר
002		B3.12:33	כל 2 כפם חד שהד	משלם	בר מעוזיה שהד נחום
003		C3.15:112	ידניה בר ענתי כש 2	משלם	בר מעוזי כש 2 משלמת

#12 משלם — Mešullam s Busasa and gf Anani s Ḥaggai, f Ananyah

No.	Headword	Ref.	Context	Name	Context
001	משלם	B3.13:13	בירתא כפם ענני בר	{{משלם}}	חגי בר משלם שהדיא
002		B3.11:8	עם ענני בר חגי בר	משלם	בר בסס אנתי יהוישמע
003		B3.12:2	לענני בר חגי בר	משלם	בר בסס ארמי זי {זי}
004		B3.13:1	אמר ענני בר חגי בר	משלם	יהודי לדגל נבוכדרי
005		B3.8:45	זי כתב ענניה בר	משלם	ליהוישמע
006		B3.13:15	ענני בר חגי] בר	משלם	לפחנום בר בסא
007		B3.13:13	בר {{משלם}} חגי בר	משלם	שהדיא בגו שהד מנחם בר

#13 משלם — Mešullam s Šelomam and f Menaḥem and Ananyah

No.	Headword	Ref.	Context	Name	Context
001	משלם	C4.5:7	שלם[...] מנחם בר	משל[ם]	חגי בר יזני[ה]
002		B2.9:17	וענניה כל 2 בני	משלם	בר שלומם ^שהד^ מנחם
003		B2.9:2	וענניה כל 2 בני	משלם	בר שלומם יהודין זי יב

#14 משלם — Mešullam f Yedanyah

No.	Headword	Ref.	Context	Name	Context
001	משלם	B2.10:18	בר בעדיה ידניה בר	משלם	יסלח בר גדול גדול בר

#15 משלם — [Mešu]llam s ?

No.	Headword	Ref.	Context	Name	Context
001	משלם	C3.13:57	פת.[...] [...] .[.]לא שזבאל	[מש]לם	בׄ[ר ....] [...]

#16 משלם — Mešullam s Šemaʿyah

No.	Headword	Ref.	Context	Name	Context
001	משלם	C3.15:122	בר אורי כש 2	משלם	בר שמעיה כש 2 כספא זי
002		C4.5:5	בר שלם בר[...]	מש[ל]ם	בר שמעי[ה] שמעיה בר

#17 משלם — Mešullam f Tublaʾ (d)

No.	Headword	Ref.	Context	Name	Context
001	משלם	A4.4:6	[....] תבלא ברת	משלם	קולא אחתה הא שמהת

#18 משלם — Mešullam s Sammuaḥ

No.	Headword	Ref.	Context	Name	Context
001	משלם	C3.15:21	מנחם] כסף ש 2 לה [פ	משלם	בר שמוח כש 2 לה פלטי

#19 משלם — Mešullam s Mibṭahya[h] and f Gaddul

No.	Headword	Ref.	Context	Name	Context
001	משלם	C3.15:25	כש 2 [ל]ה גדול בר	משלם	בר מבטחי[ה כ]ש [2] לה

#20 משלם — Mešullam s Ḥaggai s Haṣṣul

No.	Headword	Ref.	Context	Name	Context
001	משלם	C3.15:29	בר שמוח הו כש 2 לה	משלם	בר חגי בר הצול כש 2

משלם #21 — Mešullam f Syamaka

001	משלם	C3.15:27	[כש [2 לה סימך בר	משלם	הו כש 2 לה גדול בר

משלם #22 — Mešullam f Yehošamaʿ

001	משלם	C3.15:90	כש 2 יהושמע ברת	משלם	כש 2 20+20+20 מפתח

משלם #23 — Mešullam s Natan

001	משלם	D3.17:9	ויסלח ˆבר גדולˇ	משלם	בר נתן [...]בחינו
002	למשלם	B7.3:2	הו[דויה] ימא	למשלם	בר נתן בח[רם אלה]א

משלם #24 — [Mešu]llam

001	משלם	D3.20:4	[...] שלומם [...].יה	[מש]לם	

משלם #25 — Mešullam s Azgad

001	משלם	D21.7:5	זבדיה בר עזגד	משלם	בר עזגד
002		C3.28:107	ביד נתן וזיכא זי	מׄשלם	בר עזגד בש 2 וזיכא

משלם #26 — Mešullam f Šabbetai

001	משלם	D8.9:12	לגן 2+3 שבתי בר	משלם	לג[ן ...] דלוי בר אביתי

משלמת Mešullemet (Heb; Porten 139)

משלמת #1 — Mešullemet

001	משלמת	D7.16:4	אלקח אל תתכלי על	משלמת	ועל שמעיה כען החלפי לי
002		D7.16:11	להוסׄ.ל הושרתה הן	משלמת	לא יצפ˄ה˅ לי אנתי מה

משלמת #2 — Mešullemet

001	משלמת	A3.7:3	תחנום ויהוישמע שלם	משלמת	שלם הצול שלם

משלמת #3 — Mešullemet

001	למשלמת	C3.13:38	[....] 1+3	למשלמת	[....] 1+3[פ ש]

משלמת #4 — Mešulle[me]t d Gemar[i]ah s Maḥseyah

001	משלמת	C3.15:2	לגבר לגבר כסף ש[2]	משל[מ]ת	ברת גמר[י]ה בר מחסיה

משלמת #5 — [Mešulle]met d Zekaryah; cf. #2 מנחמת

משלמת #6 — Mešullemet d [...]h, sister of Maḥtuš

001	משלמת	C3.15:85	בר אסתח כש 2	משלמת	ברת [...]ה כש 2 אחת מחתוש

משלמת #7 — Mešullemet d Ṣapeleyah

001	משלמת	C3.15:96	ברת יגדל כש 2	משלמת	ברת צפליא כש 2 [.]לׄ[..

משלמת #8 — Mešullemet d Penuleyah

001	משלמת	C3.15:113	משלם בר מעוזי כש 2	משלמת	ברת פנוליה כש 2 נתון

מתן Mattan (Heb; Porten 141, 147; Renz-Röllig 75)

מתן #1 — Mattan f Azaryah

001	מתן	D9.14:8	בר זכור עזריה בר	מתן	[... ...]הי [... ב]רת נריה

מתן #2 — Mattan s Yašobyah

001	מתן	A4.3:1	וכהניא זי יהו אלהא	מתן	בר ישביה ברכיה בר[
002		B5.2:2	אדין ביב בירתא] אמר [	מתן	בר ישביה ארמי סונכן
003		B5.2:8	אנה]	[מתן]	רחקת מנך מן י[ומא זנה

מתן #3 — Mattan f Pilṭi

001	מתן	C4.6:7	הו[דויה] פלטי בר	מתן	כשי בר עזור 10[...]

מתן #4 — Mattan f Menaḥem

001	מתן	C4.6:11	בר זכריה מנחם בר	מתן	נחום בר זכור חגי בר
002		C3.15:65	סגרי כש 2 מנחם בר	מתן	כש 2 נתון בר חגי כש 2

מתן #5 — Mattan s Yedan[yah]

001	מתן	C3.15:45	שמוע בר שלם [כש] 2	מתן	בר ידנ[יה כ]ש 2 או..

מתן #6 — Mattan f ?

001	מתן	C3.15:79	[בר ....] כש 2 [... בר]	מתן	כש 2 [.... ב]ר מתן כש 2
002		C3.15:80	מתן כש 2 [.... ב]ר	מתן	כש 2 [√]מׄ[..]יא בר

מתן #7 — Mattan s Šillem

001	מתן	C4.5:4	[...] אושע בר או[ריה]	מתן	בר שלם בר[...] מש[ל]ם

מתרדת Mithradata (Mithradates; Pers; Hinz 167)

מתרדת #1 — Mithradata s Mithrayazna

001	מתרדת	B3.4:23	ואבל ושהדי<א> בגוׄ	מתרדת	בר מתריזן שהד חיה

מתרדת #2 — Mithradata

001	מתרדת	A5.5:11	כען כן אמׄר	מתרדת	

#3 מתרדת Mithradata

001 מתרדת A6.2:2 עלין מתרדת נופתא לם כן אמר
002 A6.2:7 ב[י]רתא ב[....]ה מֿתֿרֿדֿת נופתא החוין ספינתא

מתרוהשת Mithravahišta (Pers; Kornfeld 109)

001 מתרוהשת A5.3:4 אל מראי מתרוהשת [....]
002 A5.3:1 אל מראי מתרוהשת עבדך פחים ש[לם מראי

מתריזן Mithrayazna (Pers; Hinz 168)

001 מתריזן B3.4:23 בגו׳ מתרדת בר מתריזן שהד חירׄו בר

מתרסרה Mithrasarah (Pers; Zadok; cf Hinz 167-68)

#1 מתרסרה Mithrasarah s Mithrasarah

001 מתרסרה B2.7:18 מחסיה בכ׳פ׳י נפשה מתרסרה בר מתרסרה ויז[ב]לו]

#2 מתרסרה Mithrasarah f Mithrasarah

001 מתרסרה B2.7:18 נפשה מתרסרה בר מתרסרה ויז[בלו] בר אתרלי

#3 מתרסרה Mithrasarah the Magian

001 מתרסרה. B3.5:24 הושעיה בר יתום מתרסרה. מגשיא תת מגשיא ספר בי

נאהב Ne'hab (Heb; Porten 134)

#1 נאהב Ne'hab

001 נאהב D3.2fraga:4 [... ... ש]למם ... ...] נאהב[[...]. בר פסמי [...]ה בר

#2 נאהב Ne'hab s ?

001 נהב D9.4:3 אחיו כיה בר משלם נהב ברן [...]

#3 נאהב Neha[b s Maḥ]sah and f ?

001 נהב C3.15:11 ש 2 לה [....] בר נה[ב בר מח]סה [כסף ש] 2 לה

נאהבת Ne'hebet (fem; Heb; Porten 134)

#1 נאהבת Ne'hebet (d Šelomam?)

001 נאהבת B5.1:4 פלג מנתא זי מטתכי עם נאהבת מחר יום אחרן לא נכל

#2 נאהבת Ne'hebet d Maḥsah

001 נהבת C3.15:94 ברת אושע כש 2 נהבת ברת מחסה כש 2 יהוחן

#3 נאהבת Ne'hebet d ?

001 נהבת C3.15:99 ברת[.... כ]ש 2 נהבת ברת ה.... כש 2

#4 נאהבת Ne'hebet d Zakkur

001 נהבת C3.15:110 ברת צפליה כש 2 נהבת ברת זכור כש 2

נב[...] (Aram/Akk)

001 נב... C3.4:11 פהו זי עב[ד] תדן בר נב[... ... [אספמת בר ש[...]

נבוברך Nabubarek (Aram; Kornfeld 60)

001 לנבוברך D11.12:1 לנבוברך בר נבֿוֹשׁ[זב]

נבודלה Nabudalah (Aram; Kornfeld 60)

#1 נבודלה Nabudalah s (E)spmet

001 נבודלה D9.10:5 נבונתן בר אחוני נבודלה בר ספמת פטסי בר

#2 נבודלה Nabudalah (Saqqarah)

001 נבודלה C4.2fraga:2 [....].[....] נבודלה[בר ...].ם זי בב[...]

#3 נבודלה Nabudalah f Pakhnum

001 נבודלה A3.4:3 זילי הבה לפחנום בר נבודלה ויעב[ד....]

נבודלני Nabudalani (Aram; Kornfeld 60)

001 נבודלני A6.9:1 זי בג[.]כד נבודלני פקי[דא] זי בלער

נבוזי (Aram/Akk); or read נבחי

001 נבוזי B3.2:11 בגו זבדי נבוֹזי {{מכיה}} שכאל בר

נבוזראבן Nabuzer'ibni (Akk; Grelot 481)

#1 נבוזראבן Nabuzer'ibni f Attaršuri

001 נבוזראבן B2.3:28 כתב עתרשורי בר נבוזראבן ספרא זנה בסון בירתא
002 B2.4:16 כתב עתרשורי בר נבוזראבן ספרא זנה בסון בירתא

#2 נבוזראבן Nabuzer'ibni f Nabutukulti

001 נבוזראבן B2.11:14 כתב נבותכלתי בר נבוזראבן ספרא זנה ביב בירתא

נבוחבלט Nabuaḥbulliṭ (Akk; 'Nabu! Keep alive the brother'; Zadok)

001 נבוחבלט C3.8IIIA:12 ליד[ ] נבוחבלט .[...] [...].י{{וינתנון

נבויהב Nabuyahab (Aram)

No.	Form	Ref	Preceding	Name	Following
001	נבויהב	C4.9col2:2	בר פנׄית בר	נבויהב	במׄ.[...] פמן בר

נבוכדרי Nabukudurri (Akk; Kornfeld 61)

נבוכדרי #1 Nabukudu[rri]; or read נבונׄתׄ[ן]

No.	Form	Ref	Preceding	Name	Following
001	נבוכדרי	D1.1:8	[... ש]אל שלם	נבוכׄדׄ[רי	... ...]אל תצפו

נבוכדרי #2 Nabukudurri f Bagadata

No.	Form	Ref	Preceding	Name	Following
001	נבוכדרי	B2.1:18	שהד בגדת בר	נבוכדרי	ינבולי בר דרגא שהד

נבוכדרי #3 Nabukudurri, detachment commander

No.	Form	Ref	Preceding	Name	Following
001	נבוכדרי	B7.2:3	ביב ב[ירתא לד]גל	נבוכד[רי	ל[אר]תפרד בר
002		B4.5:2	ארמי זי סון לדגל	נבוכדרי	ליס[לח] בר גדול ארמי
003		B4.6:2	זי יב ברתא לדגל	נבוכדרי	לסלו[אה] ברת סמוח
004		B3.13:2	בר משלם יהודי לדגל	נבוכדרי	לפחנום בר בסא ארמי
005		B3.12:3	{זי} יב ברתא לדגל	נבוכדרי	לאמר אנה 1 תפמת ברת

נבוכצר Nabukaṣir (Akk; Grelot 480)

No.	Form	Ref	Preceding	Name	Following
001	נבוכצר	B3.2:11	{{מכיה}} שכאל בר	נבוכצר	מכיה בר אחיו אחושן

נבונדן Nabunadin (Akk); or read נבונרׄ[י]

No.	Form	Ref	Preceding	Name	Following
001	נבונדן	C4.8:8	אשמרם בר	נבונדׄ[ן]	פסו בר מנכי

נבונרי Nabunuri (Aram); cf. נבונדן

נבונתן Nabunatan (Aram; Kornfeld 61; Zadok, *West Semites*, 75)

נבונתן #1 Nabunata[n]; cf. #1 נבוכדרי

נבונתן #2 Nabunatan f Psami

No.	Form	Ref	Preceding	Name	Following
001	נבונתן	A2.3:14	זנה אל אבי פסמי בר	נבונתן	מן מכבנת סון יבל

נבונתן #3 Nabunatan s Esḥor (Wadi Abu Qwei)

No.	Form	Ref	Preceding	Name	Following
001	נבונתן	D22.30:1	ברך	נבונתן	בר אסחר למן

נבונתן #4 Nabunatan in Abydos

No.	Form	Ref	Preceding	Name	Following
001	נבונתן	A3.1:V4		נבונתן	באבט
002	לנבונתן	A3.1:R3	[....]ה הא שלחת	לנבונתן	הן אית לך חמרן 10
003		A3.1:V6	שלחו	לנבונתן	וישבק

נבונתן #5 Nabunatan s Ahuni

No.	Form	Ref	Preceding	Name	Following
001	נבונתן	D9.10:4	שורי פשגז בר וני	נבונתן	בר אחוני נבודלה בר

נבונתן #6 Nabunatan f Naburaʿi

No.	Form	Ref	Preceding	Name	Following
001	נבונתן	B2.8:12	בגו נבורעי בר	נבונתן	לוחי בר מנכי עוסנהר

נבונתן #7 Nabunatan f Peṭeese

No.	Form	Ref	Preceding	Name	Following
001	נבונתן	B2.8:11	ודבב כתב פטאסי בר	נבונתן	ספרא זנה בסון בירתא

נבוסמסכן Nabusumiskun (Akk; Kornfeld 61)

נבוסמסכן #1 Nabusumiskun the youth

No.	Form	Ref	Preceding	Name	Following
001	נבוסמסכן	C1.1:71	מלכא קטיל אחר	נבוס[מסכן	....
002		C1.1:38	למחזה איך [....	נ]בוסמסכן	זך רביא רכב בסוסה חד
003		C1.1:41	וכזי חזני]	נ]בׄוסמסכן	רביא זׄךׄ קרׄבׄתא
004		C1.1:54	ויהחיני אחר [ענ]הׄ	נבוסמסכן	רביא ואמ[ר]לי אל
005		C1.1:56	[כל]אׄ[הו]ו קרבתא	נבוסמסכן	רביא אמר לכנותה גבריא
006		C1.1:58	[אנ]תׄ לם אמר לן	נבוסמסכן	רביא זי אׄנת אמ[ר לן
007		C1.1:59	קרבתא עׄ[נה	נבוסמסכן	ר]ביא ואמר להם שמעו
008		C1.1H:10	[ויהחיני אחר ענה	נב]וס[מסכן	רביא ...] אׄ[בוה זי
009		C1.1H:12	[ ]זי על עט]תה ...]	נבוסמ]סכן	רב]יא[אמר לכנותה...]
010		C1.1H:15	[אמר לן ...] עׄנה	נׄ־בׄ־וס[מסכן	רבי]א[ואמ]ר[...]
011	לנבוסמסכן	C1.1:45	ענית ואמרת	לנבוסמ[סכן]	[....]אנה הו

נבוסמסכן #2 Nabusumiskun f Sinkišir

No.	Form	Ref	Preceding	Name	Following
001	נבוסמסכן	B2.2:19	הושע סינכשר בר	נבוסמסכן	שהד הדדנורי בבליא

נבועקב Nabuʿaqab (Aram; Kornfeld 61)

נבועקב #1 Nabuʿaqab centurion

No.	Form	Ref	Preceding	Name	Following
001	נבועקב	C3.15:20	שנדן [3+10] מאת	נבועקב	שלום בר מנחם] כסף ש
002		C3.15:31	כש 2 לה כל [מאת	[נבועקב]	1+10 [.... בר .... כ]ש
003		C3.13:54	מסורע[...] חנן מאת	נבועקב	ב.[...] זכרן חנן בר

נבועקב #2 Nabuʿaqab, scribe

No.	Form	Ref	Preceding	Name	Following
001	נבועקב	A6.2:23	ענני ספרא בעל טעם	נבועקב	כתב וחפרעמחי ....
002		A6.2:28	[....]	נבועקב	ספרא ב1+2+10 [ל]טבת

נבוצדק Nabuṣadaq (Aram; Zadok)

No.	Form	Ref	Preceding	Name	Following
001	נבוצדק	C3.8IIIB:28	[ואף]הו [לזכרן]	נבוצדק	זי[....]..א ס.ר

נבורעי Nabura'i (Aram; Zadok, *West Semites*, 74)

#1 נבורעי Nabura'i s Nabunatan

001 נבורעי *B2.8:12* בר פחי שהדיא בגו נבורעי בר נבונתן לוחי בר

#2 נבורעי Nabura'i s Vištana

001 נבורעי *B2.8:13* בר דומא נבורעי בר ושתן ספר מרחק זי

נבושה Nabuša; cf. #1 **נבושזב**

נבושזב Nabušezib (Aram/Akk; Kornfeld 61)

#1 נבושזב Nabušezib s Peṭkhnum

001 נבושה *A2.5:10* ספרה זנה אל תרו מן נבושה בר פטחנם אפי יבל
002 *A2.1:2* אחתי ניחם מן אחכי נבושה ברכתכי לפתח זי יחוני
003 *A2.5:1* תרו ותבי מן אחוכן נבושה ומכבנת ברכנכן לפתח זי
004 *A2.2:6* לבנתסר בר תבי אחת נבושה כסף ש 3+3 וזוז כסף זוז
005 *A2.1:13* אבי פסמי מן עבדך נבושה שלם אמי ממה {(ו)} שלם
006 *A2.2:2* יחזני אפיכי בשלם שלם נבושה תנה אל תצפו לה לה מנס
007 נבושזב *A2.1:15* וחפרע אל ניחם מן נבושזב בר פטחנם סון
008 נבשה *A2.6:3* [לבנתסר]חתנה זי נבשה כסף ש 3+3 וזוז

#2 נבושזב Nabuše[zib] f Nabubarek

001 נבושזב *D11.12:2* לנבוברך בר נבֿוש[זב]

#3 נבושזב Nabušezib (Saqqarah)

001 נבושזב *B8.4:1* במנפי נבֿושזב פיסֿן נבושרה ורז
002 לנבושזב *B8.4:13* אחוהי כל 2 ארמין לנבושזב עם סנבנת אבוהם כן

נבושלו Nabušaliv (Aram; Zadok)

001 נבושלו *B4.4:10* וזי מֿ[אתה זי נבושלו זי] כתיבן בספרא זנה
002 נבושלו *B4.4:8* [זי]מאת נבושלו גברן 2 לשערן ארדבן

נבושלם Nabušillem (Aram; Kornfeld 62)

#1 נבושלם Nabušillem s Bet'elra'i

001 נבושלם *B3.9:11* שהרעקב בר כפא נבושלם בר ביתאלרעי אשמרם בר

#2 נבושלם Nabušillem f Zubaydu

001 נבושלם *C3.14:2* שא 1 ש זבידו בר נבֿושלם שא 1 ש חגי בֿר

נבושרה Nabušarah (Aram)

001 נבושרה *B8.4:1* נבֿושזב פיסֿן נבושרה ורז בגפן ח....שתֿ

נבותכלתי Nabutukulti (Akk; Grelot 481)

001 נבותכלתי *B2.11:14* בינין ולא דין כתב נבותכלתי בר נבוזראבן ספרא זנה

נבחי Nabeḥai (Aram; Zadok); cf. **נבוזי**

נבנתן Nabenatan (Aram; Zadok)

001 נבנתן *D2.2:5* [...] [נשכעדר]י בר נבנתן [... ...]לאדר הו [... ... ...]
002 *B4.3:23* נשכעדרי בר נבנתֿ[ן
003 *B4.4:19* אסכישו נשכעדרי בר נ[בנתן ....] רוכל

נבס Nabis (Gr; Katzoff)

001 נבס *C3.28:14* 3 יניא לגן 1[+1] נבס לגן 3+3 בר 3 יניא לגן

נבשה cf. #1 **נבושזב**

נדבה (Heb); or read **נריה**

001 נדבה *D3.17:2* ליחמול ברת נדֿבה זי עבדו חמי הושע בר

נדבי Nadb(a)i (Heb; Zadok)

001 נדבי *C3.28:10* בר 3 אנה לגן 2 נתן נדבי לג 1 במ 1 פ יניא לגן

נדן Nadin (Akk; Kornfeld 62)

001 נדן *C1.1:18* [כז]י נדן שמה ברי רבא והו יחלף לי

נהב cf. #3 #2 **נאהב**

נהבת cf. #4 #3 #2 **נאהבת**

נוי (unknown); or read **לוי** or **תוי**

001 נוי *D22.52:1* ועספי בר נֿוי

נוכדו Nukdu (Arab; Zadok; Harding 548); or read **נוכרו**

001 נוכדו *D8.10:3* 10+20 מ 1 ג 1 נוכדֿו זעירה 1 יתקום

נוכרו Nukru (Arab; Zadok; Harding 598); cf. **נוכדו**

נורשוש
Nuršawaš (Akk)

שא 1 ש ש[.].גוי בר	נורשוש	[ש]א 1 ש ו.[.]בר	C3.14:13	נורשוש	001

נחום
Naḥum (Nahum; Heb; Porten 140)

נחום #1
Naḥum s Yeh[o]yishma'

בר יה[ו]ישמע פלטיה בר	נחום	זי עבדו חמי למיכיה	D3.17:6	נחום	001

נחום #2
Naḥum, houseborn

בר ביתא שהד נתן בר	נחום	אחיו בר נתן שהד	B3.11:19	נחום	001
בר ביתא שהד נתן בר	נחום	משלם בר מעוזיה שהד	B3.12:34		002
בר ביתא שהד חגי בר	נחום	שלום שהד חגי שהד	B3.13:14		003
בר בי]תא	נ]חום	[שהד .... בר .... שהד]	B4.6:20		004

נחום #3
Naḥum s Zakkur

בר זכור חגי בר מיכיה	נחום	זכריה מנחם בר מתן	C4.6:12	נחום	001

נחמסאח
Neḥemsioḥ (Egypt; Muchiki 94; DemNb 643-45)

אמה[...] [...]וצחור	נחמסאח	[...]. חרחבי בר	C4.1:1	נחמסאח	001

נחתחור
Nakhthor (Egypt; Muchiki 95; DemNb 654)

[....	נחת]חור	מן ארשם על	D6.8fraga:1	נחתחור	001
שמ[ה עלימא זילי	נחתחור	[....]	A6.6:2		002
	נחתחור	לך מן ארתחי על	A6.16:6	נחתחור	003
כנזסרם וכנותה וכעת	נחתחור	מן ארשם על [....]	A6.11:1		004
כנזסרם וכנותה וכעת	נחתחור	במצרין מן ארשם על	A6.12:1		005
כנזסרם וכנותה וכעת	נחתחור	מן ארשם על [....]	A6.13:1		006
וחנדסירם	נחתחור	מנדתא מן ורוהי על	A6.14:6		007
וכנדסירם וכנותה וכעת	נחתחור	מן ורוהי על	A6.14:1		008
וכעת קדמן כזי מצריא	נחתחור	ספרא מן ארשם על	A6.10:1		009
וכעת מספת פקידא זילי	נחתחור	מן ורפש על	A6.15:1		010
ולא יהב לי כעת ורפש	[נח]תחור	גברן 2+3 שאל מן	A6.15:3		011
כעת ארשם כן אמר אנתם	נחתחור	עם מנדתא זי מהיתה	A6.13:4		012
לקח עבד לנפשה כעת חמרא	נחתחור	ועבור ארקתא כלא	A6.15:6		013
פקידא זי במצרין	נחתחור	ספרא מן ארשם על	A6.10:11		014
פקידא [כנז]סרם	נחתחור	ספרא מן ארשם על	A6.11:7		015
פקי[דא] כנזסרם וכנותה	נחתחור	ספרא מן ארשם על	A6.12:4		016
פקידא והמרכריא כזי	נחתחור	מן מראי תשתלח על	A6.13:2		017
פקידא כנזסרם וכנותה	נחתחור	ספרא מן ארשם על	A6.13:6		018
פקידא זי ב]מצרין על	[נ]חתחו[ר	ע]ליך] מן ורפש על	A6.15:13		019
שלם ושררת שגיא הושרת	נחתחור	מן אר[ת]ח[י] על	A6.16:1		020
שמה פקידא זיל[י אז]ל	נחתחור	בדמשק וכ[ע]ת [ה]א	A6.9:2		021

נטיי
(unknown)

למן ל	נטיי	ברך	D22.32:1	נטיי	001

נטירא
Neṭira' (Aram)

[...] קמוחפי]	נטירא	[...]תרט [ב]רת	C3.26:23	נטירא	001

ניסי
Nisaya (Pers; Hinz 176)

מדי שהד מיכיה בר אחיו	ניסי	בגו אתרפרן בר	B3.6:16	ניסי	001

ניתרטיס
Neiterṭais (fem; Egypt; Muchiki 95)

[...]ן[....] ן[....]ן בר	ניתרטיס	בר ותפרע אמה	C4.1:3	ניתרטיס	001

נכו
Neko (Necho; Egypt; Muchiki 95; DemNb 624)

נכו #1
Neko, king

וענה[...]....	נכו	ול...מ..ו לפרעה	D23.1.VIII:12	נכו	001
עד מצרין ו.[....].	נכוא	לפרעה [...]	D23.1.XII:7	נכוא	002
..שן לחין לאמר	נכוא	הן [תש]לח על פרעה	D23.1.Va:11		003

נכו #2
Neko b Wodjeḥor

אמה תטחרפין[...] [....]	נכו	[...] [...]וצחור בר	C4.1:2	נכו	001

נכי
(Aram/Egypt; Kornfeld 123)

ועשה ותשי וענתי ואטי	נכי	שלם ביתאלנתן שלם	A2.1:3	נכי	001

נכיס
Nikias/Nikaios (Gr; Kornfeld 118; Katzoff)

דמי חמר כר[שן ...]	נכיס	תכ.[...]מברא היבלו	C3.28:56	נכיס	001
חן [...]10+20 לתחות	נכיס	i בזפה	C3.28:58		002
כא 1 ש 1 ברן] 2 [שאר ר	נכיס	בב אנה לגן 3+3	C3.28:69		003
לגן 3+3 בר 3 יניא	נכיס	לגן 3 בר 1 מ 1 פ בב	C3.28:12		004
לגן 3+3 בר 3 שאר ר 2	נכיס	לגן 1+3 בר 2 בב	C3.28:16		005
לגן 3+3 בר 3 שאר מ 1	נכיס	1 בש 1 ר 2 שאר ש 1	C3.28:3		006
לגן 3+3 בר 3 שאר 1	נכיס	בר 3 שאר מ 1 פ בב	C3.28:4		007
לגן 3+3 בר 3 אנה	נכיס	1[+1] בר 1 בב	C3.28:8		008
לג 1 מ 1 פ יניא לגן 2	נכיס	לגן 2 בר 1 {{1}} בב	C3.28:19		009

נמסו
Namasava (Pers; Hinz 172)

ונשן וב״ל ברת שתבר	נמסו	בר בזו כספי לדגל	B3.4:2	נמסו	001
כל ˆגבר 1ˆ נשן 1	נמסו	כספיה זי סון לדגל	B3.4:2		002

נני
Nanai (Aram)

חור [א]חא	נני	]אלה שהדיא ת נרגי [	B1.1:16	נני	001

נניחם
Nanaiḥam (fem; Akk; Zadok)

No.	Form	Ref	Preceding	Keyword	Following
001	נניחם	A2.2:4	שלם פסמי יקה שלם	נניחם	וכעת הלו מסת כספה זי
002		A2.1:15	ואנשתה שלם וחפרע אל	נניחם	מן נבושזב בר פטחנם
003		A2.1:1	מלכת שמין אל אחתי	נניחם	מן אחכי נבושה ברכתכי

נני שורי
Nanaišuri (Aram)

No.	Form	Ref	Preceding	Keyword	Following
001	ננישורי	B4.7:1	[בר .... ל.... ב]ר	ננישורי	ארמי זי סון קדם

ננתאנלבת
(unknown); cf. **סנתאמלבת**

נס[...]
(Aram/Egypt)

No.	Form	Ref	Preceding	Keyword	Following
001	נס...	D9.9:13	אספטנסני אספטנסני בר	נס[...]	תטא ביתאלנורי[...]

נסנו
Nesneu (fem; Egypt; Muchiki 96)

No.	Form	Ref	Preceding	Keyword	Following
001	לנסנו	D21.1:1		לנסנו	ברת פחנום

נפא
(unknown)

No.	Form	Ref	Preceding	Keyword	Following
001	נפא	D5.23:2	[...]. שנא לעיני	נפא	שטר [...] [...].

נפבד[...]
(unknown); or read]..**לנבפר**

No.	Form	Ref	Preceding	Keyword	Following
001	לנבפד..	C3.1:3	דנבו 2 ין	לנבפד..]	[....ני עליד

נבפר[...]
(unknown); cf. [...]**נפבד**

נפטרנפש.
(Egypt)

No.	Form	Ref	Preceding	Keyword	Following
001	נפטרנפש.	D9.10:6	בר ספמת פטסי בר	נפטרנפש.	ביתאלשזב בר וחפר־ע־

נפין
Nafaina (Pers; Hinz 171)

נפין #1
Nafaina

No.	Form	Ref	Preceding	Keyword	Following
001	ונפין	A5.2:6	ובגפרן 1+10+20	ונפין	־ומנכי־ ־ד[יני]א־ עלו

נפין #2
Nafaina

No.	Form	Ref	Preceding	Keyword	Following
001	נפין	A5.2:7	פרתכיא זי	נפין	רב חילא זי סון ודיני

נפין #3
Nafaina

No.	Form	Ref	Preceding	Keyword	Following
001	נפין	A4.7:7	זך לחיא אגרת שלח על	נפין	ברה זי רבחיל הוה בסון
002		A4.8:6	זך לחיא אגרת שלח על	נ[פין]	ברה ז[י רבחיל הוה
003		A4.7:8	ביב בירתא ינדשו אחר	נפין	דבר מצריא עם חילא אחרנן
004		A4.8:7	ביב בירתא ינדשו אחר	נפין	זך דבר מצר[יא עם חילא

נפנא
(Egypt)

No.	Form	Ref	Preceding	Keyword	Following
001	נפנא	D7.1:3	לכי כענת הלו הא[.]	נפנא	רעיא ־קן־ זי סחמרי

נפסי
Nefese (Egypt; cf. Muchiki 96)

No.	Form	Ref	Preceding	Keyword	Following
001	נפסי	C4.2:9	בר קנ[...]	נפסי	בר חרמחי [...] חפימן
002		C4.2fraga:5	בר כסי עם גו[...]	נפסי	בר חרמחי[...] [.... בר

נפעורת
Nefourit
(Nepherites; Egypt; Vittmann; DemNb 626; cf. Muchiki 97)

No.	Form	Ref	Preceding	Keyword	Following
001	נפעורת	A3.9:3	אמורטי[ס ...] מלכא	נפעורת	יתב [ב]אפף
002		A3.9:4	סו[ן ...]חק מלכא	נפעו[רת]	כספא זי הושרת לי ביד

נפרנוב
Nefernub (Egypt; Vittmann)

No.	Form	Ref	Preceding	Keyword	Following
001	נפרנוב	D8.10:5	1 יתקום 1+3+20	נפרנוב	2+3+3 מ 1 ג 1 זעירה

נצרמלך
Naṣarmelek (Aram; cf. Maraqten 188)

No.	Form	Ref	Preceding	Keyword	Following
001	נצרמלך	D1.33fragd:3	[נ]רגלאדן [...].ב...[	נ]צרמלך[	...] [...]י ירח

נקדרוס
Nika(n)dros (Gr; Kornfeld 118)

No.	Form	Ref	Preceding	Keyword	Following
001	נקדרוס	C3.29:4	לגן 10 ב 2 לסון	נקדרוס	אפרודיתס משח לגין
002		C3.29:11	ב 1+20 בעֹנו	נקדרוס	וחברוהי שיטיא לגין
003		C3.29:6	1+3+10 ב 2+3 בה	נקדרוס	שיטא מש לגין 2+3+3 ב

נקמן
Naqman (Aram; cf. Zadok, *West Semites*, 83, 121)

No.	Form	Ref	Preceding	Keyword	Following
001	נקמן	D22.7:1	מן דגל	נקמן	
002		D23.1.XVIB:1	[..]יתא מן דגל	נקמן	....[[....

נרגי
Nargi (Aram/Akk; Grelot 482)

נרגי #1
Nargi, witness

No.	Form	Ref	Preceding	Keyword	Following
001	נרגי	B1.1:16	על[י]אלה שהדיא ת	נרגי	נני חור [א]חא

נרגי #2
Nargi f Makkibanit

No.	Form	Ref	Preceding	Keyword	Following
001	נרגי	B1.1:17	קשר כתב מכבנת בר	נרגי	[ספ]רא זנה על פם פדי

נרגלאדן
Nergal'iddin (Akk)

No.	Form	Ref	Preceding	Keyword	Following
001	נרגלאדן	D1.33fragd:2	[...] כסיא [...	נ]רגלאדן	[...].ב... נ]צרמלך[...]

נרגלשזב
Nergal(u)šezib (Aram/Akk; Grelot 483)

No.	Form	Ref	Preceding	Keyword	Following
001	נרגלשזב	B3.9:9	יהוה כתב רוחשן בר	נרגלשזב	כפם אוריה שהדיא בגו

נרי Neri (Heb; Porten 138, 147)

נרי #1 Neri f Re'ia (d)

001 נרי *C3.15:89* שלם כש 2 רעיא ברת **נרי** כש 2 יהושמע ברת משלם

נרי #2 Neri f Sallu(')h

001 נרי *C3.15:105* גדליה כש 2 סלוה ברת **נרי** כש 2 יהוטל ברת יסלח כש

נריה Neriyah (Neriah; Heb; Porten 138; Renz-Röllig 77)

נריה #1 Neriyah f d?

001 נריה *D9.14:10* [.... ...]הי [... ב]רת **נריה** [....] ברת גמריה [...

נריה #2 Neriyah f Natan

001 נריה *C4.4:6* בר חגי נתן בר **נריה** מנחם בר פוסי יאוש בר

נריה #3 Neriyah f Yaḥmol (d); cf. **נדבה**

נריה #4 Neriyah f Maḥtuš

001 נריה *D3.17:10* [...]בחינו מחתוש בר **נריה** מעוזיה בר פוסי נתן בר

002 *D3.17:4* בר גדול מחתוש בר **נריה** כל 3 לנריה זי עבדו חמי

נריה #5 Neriyah

001 לנריה *D3.17:4.* בר נריה כל 3 **לנריה** זי עבדו חמי למיכיה

נריה #6 Neriyah; cf. #3 **פדיה**

נריה #7 Neriyah f Anani

001 נריה *A3.9:6* [ ]שלם ענני בר **נריה** שלם כל בני .[....] תנה

נרתני (unknown); cf. **פרתני**

נשכעדרי Nušku'idri (Aram; Kornfeld 63)

נשכעדרי #1 Nušku'idri s Nabenatan

001 נשכעדרי *B4.3:23* בר נבנת[ן] **נשכעדרי** בר נבנת[ן]

002 *B4.4:19* כיא בר אסכישו **נשכעדרי** בר נ[בנתן]

003 *D2.2:5* [...]...[...ך זנ[ה ...] **[נשכעדר]י** בר נבנתן] [...]לאדר

נשכעדרי #2 Nušku'i[dri]

001 נשכעדרי *D4.29:2* [... ש]מוע בר חגי **נשכע[דרי** ...[

נתבעל Nata(b)ba'al (NWS; Zadok)

001 נתבעל *C3.2:3* שמאב ש שלמדו ש **נתבעל** שלם ש סעדת אתר ש

נתום cf. #5 **נתון**

נתון Nattun (Heb; Porten 141)

נתון #1 [Natt]un f ?

001 נתון *D3.2fraga:2* ב[....] [...]בר[**נת[ון** [... ... ש]למם [... ...

נתון #2 [Na]ttun s ?

001 נתון *A5.2:1* מ[..]ו[... **נ]תון** בר [....] [....

נתון #3 Nattun f Ḥaggai

001 נתון *C4.4:1* חגי בר **נתון** חרמן בר אושע אושע בר

נתון #4 Nattun s Ḥaggai

001 נתון *C3.15:66* מנחם בר מתן כש 2 **נתון** בר חגי כש 2 חגי בר

נתון #5 Nattun f Hošea'

001 נתום *A4.4:7* בר יתום הושע בר **נתום** חגי אחוהי אחיו בר

002 נתון *D3.17:3* זי עבדו חמי הושע בר **נתון** בניה בר גדול מחתוש

003 *C3.15:50* [.... כש 2] הוש[ע]בר **נתון]** [כש] 2 20 [....] בר

004 *A4.10:5* יתום שמה 1 הושע בר **נתון** שמה 1 כל גברין 2+3

נתון #6 Nattun gf Nattun s Pelalyah

001 נתון *C3.15:114* 2 נתון בר פלליה בר **נתון** כש 2 הצול ברת הודויה

נתון #7 Nattun s Pelalyah

001 נתון *C3.15:114* ברת פנוליה כש 2 **נתון** בר פלליה בר נתון כש 2

נתון #8 Nattun f Abi[h]i (d)

001 נתון *C3.15:103* כש 2 אבי[ה]י ברת **נתון** כש 2 יהוחן ברת גדליה

נתין Netin (Aram; Porten 135; Kornfeld 63)

001 נתין *C4.8:2* בר נתן פטאסי בר **נתין** חגי בר באֿרי פסו בר

נתינא — Netina' (Aram)

001	נתינא	C3.28:29	בר 2 מ 1 פ אביתי	נתינא	רבען 2 אביתי [נתינא
002		C3.28:30	רבען 2 אביתי	[נתינא	ר̇בען 3 יסדרס לגן]

נתן — Natan (Nathan; Heb; Porten 141; Renz-Röllig 77)

נתן #1 — Natan

001	נתן	D7.28:1	שלם [..]	נתן	כען חזי .[..] [..]א 1 מלח
002		D7.4:2	שלם אחוטב אל ישגא	נתן	ל סון מן אלפא [...]חו
003	לנתן	D7.10:6	שבה כען הן לא שבו	לנתן	תמה ינפק עלי ואהך אגרס

נתן #2 — Natan s Gemaryah

001	נתן	D7.20:1	שלם מיכיה מן	נתן	בר גמריה כען אתה על מחר

נתן #3 — [Na]tan s ?

001	נתן	D4.15fragb:1	...]	נ]תן	בר[...] [...].נב חן[...]

נתן #4 — Natan f Zekaryah

001	נתן	B2.3:7	בעלכי ובית זכריה בר	נתן	מערב לה בית אספמת בר
002		B2.3:29	מחסיה שהד זכריה בר	נתן	שהד הושע בר פלליה שהד
003		B2.4:17	פלליה שהד זכריה בר	נתן	שהד גמריה בר מחסיה שהד

נתן #5 — Natan s Anani/Ananyah, f Ma'uzi/Ma'uziyah, f Ahio

001	נתן	A4.3:12	ע[בד]כם מעוזיה בר	נתן	
002		D3.17:1	עבדו חמי מעוזיה בר	(ז) נתן	מנחם בר שלום ליחמול
003		C4.6:1	בר [....] אחיו בר	נתן	נתן בר מעוזיה חור בר
004		B2.3:32	ידניה בר מחסיה שהד	נתן	בר ענניה זכור בר
005		B2.4:20	ידניה בר מחסיה שהד	נתן	בר ענניה שהד זכור בר
006		B2.6:37	20 באבני מלכא כתב	נתן	בר ענניה [ספרא זנה כפם
007		B2.7:17	זי תצבין הבהי כתב	נתן	בר ענניה ספרא זנה כפם
008		B3.1:20	וספרא זנה בידך כתב	נתן	בר ענני ספרא זנה כפם
009		B3.3:14	כסף כרשן 3+2^ כתב	נתן	בר ענניה ספרא זנה
010		B6.4:8	לה כתב מעוזיה בר	נתן	בר ענניה ספרא זנה כפם
011		B7.1:9	[כתב] [מעוזיה בר	נתן	בר] ענני ספרא [ז]נה
012		D2.22:1	זך כרשן 1+[... .... כתב	נתן	בר] ענני ספרא זנ[ה ...
013		C3.15:131	הודויה כש 2 אחיו בר	נתן	בר ענני כש 2 עזריה בר
014		B2.10:17	דין כתב מעוזיה בר	נתן	כפם ידניה בר הושע
015		B3.5:22	דין כתב מעוזיה בר	נתן	כפם ענניה בר עזריה
016		B2.10:19	בר פנוליה אחיו בר	נתן	ספר מרחק זי כתב ידניה
017		B2.9:16	דבב כתב מעוזיה בר	נתן	ספרא זנה כפם מנחם
018		B3.8:42	חיב הו כתב מעוזיה בר	נתן	ספרא זנה כפם ענניה בר
019		B3.11:18	בר גדול שהד אחיו בר	נתן	שהד נחום בר ביתא שהד
020		A4.10:2	שמה 1 מעוזי בר	נתן	שמה [1] שמעיה בר חגי

נתן #6 — Natan f ?

001	נתן	D13.3:14	[ ]מחסיה[... ...] [...	נתן]	[... הו]דויה [...

נתן #7 — Natan

001	נתן	D1.9:1	ס]תרי ...] [... ...]	נתן	עב]דך ...] [... ...] [...

נתן #8 — Natan s Šem[ayah] and f Ošea'

001	נתן	D12.1:2	מ̇יכיה אושע בר	נתן	בר שׁמ̇[עיה] חנן בר

נתן #9 — Natan s Ošea' and f Mikayah

001	נתן	D12.1:6	בר ישביה מיכיה בר	נתן	בר אושע

נתן #10 — Natan s Gaddul

001	נתן	B3.3:15	זנה ושהדיא בגו שהד	נתן	בר גדול מנחם בר זכור

נתן #11 — Natan f Taba (d) (Saqqarah)

001	נתן	B8.10:7	[.... דמי חקל]תא אלך	נתן	אבי החלף [ע]ם̇ מנכי זנה
002		B8.10:2	[.... .מ̇ן דיניא אחר	נתן	זך מית

נתן #12 — Natan f Yedanyah and Maḥseyah and h Mibṭaḥyah; cf. #3 **אסחור**

נתן #13 — Natan s Neriyah

001	נתן	C4.4:6	הודו שמוע בר חגי	נתן	בר נריה מנחם בר פוסי

נתן #14 — Natan f ?

001	נתן	C4.8:1	[...]י̇ בר	נתן	פטאסי בר נתין חגי בר

נתן #15 — Natan f Yislaḥ

001	נתן	A4.4:10	גדול אח[ו]ך יסלח בר	נתן	

נתן #16 — Natan f Mešullam

001	נתן	D3.17:9	^בר גדול^ משלם בר	נתן	[...]בחינו מחתוש בר
002		B7.3:2	ימא למשלם בר	נתן	בח[רם אלה]א במסגדא

נתן #17 — Natan s Menaḥem s Pawesi

001	נתן	D3.17:10	נריה מעוזיה בר פוסי	נתן	בר מנחם^בר פוסי^

נתן #18 — Natan s Yeho'ur

001	נתן	B2.11:16	שהד חנן בר חגי שהד	נתן	בר יהואור שהד שלם בר
002		B3.10:24	זכור בר שלם שהד	נתן	בר יהואור שהד הושעיה
003		B3.11:18	אלהא שהדיא בגו שהד	נתן	בר יהואור שהד מנחם בר
004		B3.12:34	שהד נחום בר ביתא שהד	נתן	בר יהואור מגר ספר בי

נתן #18

נתן #19 Natan f Šillem, s ? and f [Šele]m[yah]

001	נתן	C3.15:118	[ ]כש 2 [של]מ[יה בר	נתן	בר [....י]ה כש 2 אושע
002		B2.11:16	יהוואר שהד שלם בר	נתן	ספר פלגן עבד פטוסירי

נתן #20 Natan s Hodavyah, f Ošea'

001	נתן	C3.15:130	כש 2 אושע בר	נתן	בר הודויה כש 2 אחיו בר
002		C4.5:10	אגרי בר אשמ̇[...]	נתן	בר הודויה[...]

נתן #21 Natan s Hošea'/Hoša'yah s Ṣephanyah and f Hoshayah/Hošea'

001	נתן	A3.8:15	הודו אחוך ה[ושע בר	[נתן]	
002	נתן	A3.6:5	אחוך הושעיה בר	נתן	
003		B4.5:4	לם אמך̇ אנה	נתן[]	אשל]ם לך כספא זנה כרש
004		B4.5:1	מלכא ביב בירתא] אמר	נתן	בר] הושע ארמי זי סון
005		C3.15:7	ש 2 ל[ה] הוש[עיה בר	[נתן]	בר הושעיה בר צפניה
006		B3.10:24	שהד הושעיה בר	נתן	שהד משלם בר מעוזי

נתן #22 Natan s Ma'uziyah

001	נתן	B3.11:19	שהד נחום בר ביתא שהד	נתן	בר מעוזיה שהד שמוע בר
002		B4.6:19	[שהד .... בר ....]שה[ד	נתן	בר] מעוזי[ה] [שהד ....
003		C4.6:2	[....] אחיו בר נתן	נתן	בר מעוזיה חור בר נריה

נתן #23 Natan s Hodiya'

001	נתן	C3.15:75	בר מנחם כש 2	נ̇ת̇ן̇	בר הודיא כש 2

נתן #24 Natan f ?

001	נתן	C3.14:11	[שא 1]הו ש [... בר	[נתן]	ש]א 1[ש [....

נתן #25 Natan s ?

001	נתן	C3.15:8	בר צפניה כסף ש 2 לה	נתן	ב[ר ....].[.]ה כסף ש 2 לה

נתן #26 [Na]tan s Anani s ?

001	נתן	C3.15:12	[כסף ש] 2 לה [10	נ]תן	בר ענני ב[ר .... כסף ש

נתן #27 Nata[n] f ?

001	נתן	C3.15:52	שלמ̇[כ]ש 2 [..]. בר	נת[ן	כ]ש 2 [.... בר ..[.. כש

נתן #28 Natan f Yehošama' (d)

001	נתן	C3.15:87	כש 2 יהושמע ברת	נתן	כש 2 שבית ברת חורי בר

נתן #29 Natan f ?

001	נתן	C3.15:116	הודויה כש 2 [....]	נתן	כ]ש כ[ש 2] [....]

נתן #30 Natan (s) Nadb(a)i (Edfu)

001	נתן	C3.28:10	3+3 בר 3 אנה לגן 2	נתן	נדבי לג 1 במ 1 פ יניא
002		C3.28:54h	לגן [1+3 בר 2]	נתן	....] [....] ....

נתן #31 Natan; cf. יונתן

נתן #32 Natan s Abyete

001	נתן	D8.4:25	1 תוׄנפרי ואנושה ש 1	נתן	בר אביתי מ 1 ר... סׄלפן מ

נתן #33 Natan (s) Obadyah

001	נתן	D8.6:1		נתן	עבדיהו ר 3 פתׄחׄרה

נתן #34 Natan (Edfu)

001	נתן	D8.9:14	בר אביתי לגן 1+3[.]	נתן	אסיפא לגן 2[...] חגי[

נתן #35 Natan (Edfu)

001	נתן	D1.17fraga:4	זי שבק ו[..]גי זׄיׄ	נתן	אחוה[י ...]

נתני Natn(a)i (Heb; Kornfeld 63)

נתני #1 Natn(a)i

001	נתני	C3.28:86	ישיב גרבין 2 מן	נתני	גרב 1 מן חגי דיפרס

נתני #2 Natn(a)i s Šim'on

001	נתני	D21.9:1		נתני	בר שמעון

סגרי (unknown; Grelot 490; Kornfeld 123; Muchiki 98)

001	סגרי	C3.15:64	[.... כש 2] הושע בר	סגרי	כש 2 מנחם בר מתן כש
002		C3.15:72	אורי כש 2 פמת בר	סגרי	כש 2 ענני בר מעוזי כש

סדסבנז Sadasbinazi (Anat; Kornfeld 115)

001	סדסבנז	A6.7:3	[1 ....]מי שמה 1	סדסבנז	שמה א[..]ם שמה 1

סחה (unknown)

001	סחה	B8.3:3	[....] [....]והי	סחה	ורכני 1 בעית

סחנום cf. #3 אסחנום

סימך Syamaka (Pers; Hinz 229)

001	סימך	C3.15:27	בר שמע]יה כש 2] לה	סימך	בר משלם הו כש 2 לה

סינכשר — Sinkišir (Akk; Kornfeld 64)

סינכשר #1 — Sinkišir s Nabusumiskun

001	סינכשר	B2.2:19	משלם בר הושע	סינכשר	בר נבוסמסכן שהד

סינכשר #2 — Sinkišir s Šabbetai

001	סנכשר	B3.9:10	עתרמלכי בר קלקלן	סנכשר	בר שבתי שהרעקב בר

סינערש — Sin'ereš (Akk)

001	סינׄערש	A6.1:7	עלים [....] [....]	סינערש	אזדכרא כנתהם

סלואה — Sallu'ah (fem; Heb; Porten 140)

סלואה #1 — Sallu'ah d Qenayah

001	סלואה	B5.1:1	לדריוש מלכא אמרת	סלואה	ברת קניה ויתומה אחתה
002	וסלואה	B5.2:4	מן]יתומה [	וסלואה]	

סלואה #2 — Sallu'ah

001	סלואה	D7.18:4	לאריה [ו]ירמה על	סלואה	

סלואה #3 — Sallu'ah w Hoša'yah

001	סלואה	B6.4:5	הין ואן]ף לא [תכהל	סלואה	ולא תעבד דין]ן חד
002	סלואה	B6.4:2	[אחרה] [בר מן	סלואה	אנתתה לה לאנתו הן יעבד
003	ולסלוא	B6.4:7	ברת .... תאמר לה]	ולסלוא	ברתה כזי נכסיא ˆ[א]להˆ
004	לסלואה	B6.4:3	[מן] נשי כנותה	לסלואה	אנתתה הן לא יעבד דין]

סלואה #4 — Sallu'ah d Sammuah

001	סלואה	B4.6:10	[ואשלמן לכי א[נתי]	סלואה	] ולבני]כי
002	סלואה	B4.6:11	וא]דרנ]גׄיכי [ואנתי	סלואה	שליטה ב[כל ערבן ז]י
003	לסלואה	B4.6:3	לדגל נבוכדרי	לסלו[אה]	ברת סמוח לאמר איתי

סלואה #5 — Sallu('a)h d Neri

001	סלוה	C3.15:105	ברת גדליה כש 2	סלוה	ברת נרי כש 2 יהוטל

סלוה

cf. #5 סלואה

סלפן — (unknown)

001	סלפן	D8.4:26	בר אביתי מ 1 ר...	סׄלפן	מ 2+3 [... ...].2....

סמוח

cf. #2 #1 שמוח

סמכי — Simki (Heb; Porten 141, 148)

001	סמכי	B4.1:1	אמר	סמכי	בר ששר לשלמם בר גלגל

סמסך

cf. #10 פסמשך

סמשס — (unknown)

001	סמשס	B8.4:14	אמרו הנצל. אבוׄ 1	סׄמשׄס	ברתה i פכׄמׄי

סמתו — Semtou (Egypt; Muchiki 99; DemNb 924-25)

001	סמתו	C4.9col2:4	פמן בר ענחמנוׄי	סמתו	בר ענחמנוׄי הריו בר

סנאבלט — Sin'uballiṭ (Sanballat; Akk; Kornfeld 64)

001	סנאבלט	A4.7:29	דליה ושלמיה בני	סנאבלט	פׄחׄת שמרין אף בזנה
002		A4.8:28	דליה ושלמיה ב[ני	סנאבלט	פחת שמרין אף בזנה]

סנבנת — Senebneit (Egypt; Muchiki 99)

001	סנבנת	B8.4:13	שמו בר	סׄנבנת	בריכאל אחוהי כל 2
002		B8.4:14	ארמין לנבושזב 2 עם	סנבנת	אבוהם כן אמרו הנצל.

סנחאריב — Sinaḫḫeriba (Sennacherib; Akk; Kornfeld 64, 75)

001	סנחאריב	C3.7GVEx1:1	שנן למרא מלכן 1+3	סׄנח[אריב	מ]לכא בכלה ....
002	סנחאריב	C1.1:50	שגיאן קרבתך קדם	סנחאריב	מלכא והעדית חטאיך
003		C1.1:51	לא עבד לך אף שגיא	סנחאריב	מלכא רחמני על זי החיתך
004		C1.1:55	כלה זי על עטתה	סנחאריב	מלכא וחיל אתור
005		C1.1H:7	עבד] לך א]ף שגיא	ס]נחאריב	לן[ק]בל זין אנה [...
006	שנאחריב	C1.1:4	ומלי הוה [....]	שנאחריב	מלך אתור א]חר מית
007	שנחאריב	C1.1:5	מלך באתור חלוׄף	שנחאריב	אׄבוהי .[....] שב
008		C1.1:3	[וצ]בית עזקתה זי	שנחאריב	מלך אתו]ר ....]אנה
009		C1.1:4	מלך אתור א]חר מית	שנ]חאריב	מלן[ך אתור וקם]
010	לשנחאריב	C1.1:15	אנ]ה ....]	ל[שנח]אריב	[מ]לן[כ]א אבוך [ז]י
011		C1.1:27		לשנחאר[י]ב	מלכא אבוך] ....

סנחרו — (unknown)

001	סנחרו	D23.1.IX:7	עליהם עׄלׄיׄמׄי	סׄנחׄרׄו	כׄדׄ.
002		D23.1.Va:11	לחין לאמׄר ה[...]..	סׄנחׄרׄו	.לׄ.עׄיׄ כׄ.... אׄ
003		D23.1.IX:4	[...]אׄף ...]ענ]ה	ס]נׄחׄרׄו	[...נ..[.]....

סנכשר

cf. #2 סינכשר

סנעיד — Sin'iyad (Arab; Sass 537); or read סנעׄיׄד

001	סנעיד	D14.5:2	לעביד בׄוׄר	סנעׄיׄד	

סרמנז Sarmanazi (Anat; Kornfeld 115; Grelot 489)

001 סרמנז A6.7:4 שמה א[..]ם שמה 1 סרמנז שמה 1 כא שמה 1 בגפרן

סרצר Saruṣur (Akk; Zadok)

001 סרצר D22.42:1 ברך גמלן סרצר לחר[...]

סתרי Sitri (Sithri; Heb; Porten 137)

001 סתרי D1.8:3 [... ...] [... ...] אחתי ס]תרי [... נתן עב]דך [... ...] [...

002 D1.8:1 בר שבתי [... ...] סתרי[אחוכין ... ...] [... ...]

עבד[...] (Aram)

001 עבד.... D18.15:1 עבד[..]..

עבדאבסת Abdubaste (Phoen; Phoen script)

001 עבדאבסת D11.5:2 אפֿרי לחוי בן עבדאבסת אחמן בן עכבר

עבדאסר Abdosir (Phoen; Phoen script)

001 עבדאסר D11.6:2 לאחאב בר ˆתˆ פגו [.. עבדאסר[בן בנחף [.. צ]חפמו בן

עבדי Abdi (Aram/Heb; Kornfeld 65)

#1 עבדי Abdi (Edfu)

001 עבדי C3.28:38 רחבל לג 1 במ 1 פ עֿבֿדֿיֿ סֿ..דֿ לֿ[גן] 1+3

#2 עבדי Abdi s ? (Edfu); or read **זֿבֿדֿי** or **עֿדֿרֿי**

001 עבדי D8.4:9 2 עֿבֿדֿיֿ בר כֿדֿ..ס מ 1

#3 עבדי Abdi (s) Ya'ir

001 עבדי D21.16:2 ברך עבדי יאיר

עבדיה Obadyah; cf. #6 **עבדיהו**

עבדיהו Obadyahu (Obadaiah; Heb; Kornfeld 65; Renz-Röllig 78)

#1 עבדיהו Obadyahu h ?

001 עבדיהה C3.4:6 [... ...] [... ...] י. אחת עבדיהה] [... [אס]פמת בר חחר]

#2 עבדיהו Obadyahu the physician (Edfu)

001 עבדיהו D8.5:5 בר חגי רבען 3 עבדיהו אסיא מ 1 רב[ע ...] [...

סנעיר Singhayr (Arab); cf. **סנעיד**

סנתאמלבת (unknown); or read **נֿנֿתֿאֿנֿלֿבֿתֿ**

001 סנתאמלבת D23.1.XIII:3 כתב סֿנתאמֿלבת הֿו .תלֿה

סנתו Sentou (Egypt; Vittmann; DemNb 924)

001 סנתו B8.5:11 ...]בֿוֿפֿי רבדגלא מלל על סֿנתו ...ה[....]

ססרתס Sosratos (Gr; Katzoff; cf. Kornfeld 118)

001 ססרתס C3.28:64 .... בר 2 ססרתס] לגן] 3 בר 1 מ 1 פ אנה

סעדת Sa'adat (Aram; Zadok)

001 סעדת C3.2:4 ש נתבֿעל שלם ש סעדת אתר ש מֿעדת שמאדֿדֿ

ספא (unknown); cf. **רפא**

ספיתך Spitaka (Pers; Hinz 226)

001 ספיתך C3.7KV2:16 [ספינה 1 זי ..] סֿפֿיֿתֿךֿ יוני פסלרשי כספא

ספמת cf. #11 **אספמת**

ספנתדת Spentadata (Pers; Hinz 227)

001 ספנתדת A3.10:9 כֿמן ופטמחו אחוכם ספנתדת בר פרורתפת

002 A3.10:1 חורי ופטמחו אחוכם ספנתדת שלם אחי אלהיא כ[ל]א

סרה Sarah (Aram/Egypt)

#1 סרה Sarah f ?

001 סרה A2.6:11 אמי [תבי מן ..ר בר] סרה אפי יבל

#2 סרה Sarah s ? (Edfu)

001 סרה D21.11:1 סֿרה בר יֿ[...]

סרי Saraya (Pers; Shaked)

001 סרי D9.11:7 מליֿסֿ אפולי סרי מלנור פוסמך

סרך Saraka (Pers; Shaked)

001 סרך A6.7:3 שמה 1 אמון שמה 1 סרך שמה 1 תענדי

עבדיהו #3 — Obadyahu (f) Natan (Edfu)

001 עבדיהו D8.6:1 נתן עבדיהו ר 3 פתׄחׄרה

עבדיהו #4 — Obadyahu (s) Zakkur (Edfu)

001 עבדיהו C3.28:98 וירחין 2+10 מדלא עבדיהו זכור שטר 1 בזוזן

002 C3.28:99 בזוזן 1×100+20 בב עבדיהו זכור שטר 1 בחנטן א

עבדיהו #5 — Obadyahu s ? (Edfu)

001 עבדיהו C3.28:117 אביתי גרבין 3 עבדיהו פחס גרבין 3+3 חל 1

עבדיהו #6 — Obadyah f Šobʿam/Šubaʿam

001 עבדיה D1.17fraga:2 בר חן[גי] שבעם בר עבדיה [...] [... ...]ב.דתחׄמי

עבדיהו #7 — Obadyahu s Šimʿon (Edfu)

001 עבדיהו D21.8:1 עבדיהו בר שמעון

עבדעמרו — Abdʿamru (Arab; Kornfeld 65)

001 עבדעמרו D15.3:1 זי קרב צחא בר עבדעמרו להנאלת

עביד — Ubayid (Arab; Sass 520)

001 לעביד D14.5:1 לעביד בׄוׄר סניעד

עבסכן — Abessakun (Phoen; Porten, Or 57 [1988] 28)

001 עבסכן C3.4:4 כס[ף] [...]בר עבסכן [...] [...]חר בר פסמי.

עדיה — Adayah (Adaiah; Heb/NWS; Zadok; cf. Kornfeld 65-66; Renz-Röllig 78)

001 עדיה D20.3:1 בר חור ואחתבו ברת עדיה כל 2 זי חסתמח קריתא קדם

עדר — Eder (Aram; Grelot 471)

עדר #1 — Eder s Pasi

001 עדר A2.1:11 בר שוג שלם פסי שלם עדר בר פסי שלם שאל בר

עדר #2 — Eder, brother

001 עדר B8.4:15 פחׄי ברה עדר ברה תנית ברתה תחבס 1

עדרי — Idri (Aram; (Kornfeld 66)

עדרי #1 — Idri s Djeḥo (Saqqarah)

001 עדרי C3.8IIIA:8 עדרי בר צחא לדגל [...]

עדרי #2 — [I]dri s Kas(a)i (Saqqarah)

001 עדרי C4.2:6 [...] עתרשגא בר [ע]דרי בר כסי [...] מנכי בר

002 C4.2fraga:4 [...] וחפרע עם חרין עדרי בר כסי עם גו[ן ...]

עדרי #3 — Idri s ? (Saqqarah)

001 לעדרי D3.31:3 [...] [... ...] [...]. לעדרי ב[ר ...]גׄ[...]

עדרי #4 — Idri s Šabbetai and f ?

001 עדרי D1.7:3 [... ...] [... ...] בר עדרי בר שבתי [... ...]סתרי

עדרי #5 — Idri (Saqqarah)

001 עדרי B8.4:3 [...].ח 1 רׄעיאל 1 עדרי 1 [....]ל זׄי כחסן אתו

עדרי #6 — Idri s ?

001 ועדרי C3.14:36 בר אפׄה ועדרי בר אדׄמ[... ...]

עדרי #7 — Idri s ? (Edfu); cf. #2 עבדי

עוסנהר — Ausnahar (Arab; Zadok)

001 עוסנהר B2.8:13 לוחי בר מנכי עוסנהר בר דומא

עז[...] — (Heb)

001 עז... C3.17fragb:3 ש.[...] [... ...]ור בר עז[... ...] [....]תי ש פ 1 ס 2

עזגד — Azgad (Heb; Edfu; Kornfeld 66)

עזגד #1 — Azgad f Malkiyah

001 עזגד D7.57:5 זי תם אנתת מלכיה בר עזגד ענז חד תהם חד זי ערה

עזגד #2 — Azgad s Mari, f Zebadyah, f Šelamṣion (d), f Mešullam

001 עזגד D21.7:4 מרׄי זבדיה בר עזגד משלם בר עזגד

002 D21.7:2 מרׄי שלמציןׄ ברת עזגד עזגד בר מרׄי

003 D21.7:5 בר עזגד משלם בר עזגד

004 D21.7:1 עזגד בר מרׄי שלמצין

005 D21.7:3 שלמציןׄ ברת עזגד עזגד בר מרׄי זבדיה

006 C3.28:107 וזיכא זי משלם בר עזגד בש 2 וזיכא זילי בידה

עזור — Azzur (Heb; Porten 142, 147; Renz-Röllig 79)

001 עזור C4.6:8 בר מתן כשי בר עזור 10[...] פטחנם בר

עזר

עזר (NWS)

001	עזר	D14.7:1		עזר	1 חשל 2

עזרבעל Azarbaʿal (Phoen; Kornfeld 66)

001	עזרבעל	D3.40:1		עזרבעל	צידני [...] כל 1+3

עזריה Azaryah (Azariah; Heb; Porten 142; Renz-Röllig 79)

#1 עזריה Azaryah f Šelomam

001	עזריה	B5.1:10	שלומם בר	עֲזַרְיָהֿ	צפניה בר מכי

#2 עזריה Azaryah

001	עזריה	D3.5:3	[...] אושע[...] [...	]עזריה[	[...]...[.]...[

#3 עזריה Azaryah s Mattan

001	עזריה	D9.14:8	[...] שמעיה בר זכור	עזריה	בר מתן [... ...]הי [...

#4 עזריה Azaryah f Anani/Ananyah

001	עזריה	B3.7:6	ל[ה] בית ענני בר	עזריה	[....].. ביניהם
002		B3.12:35	בי זי זבן ענני בר	עזריה	ותפמת אנתתה
003		B3.10:12	זנה אנה ענני בר	עזריה	יהבתה לך ברחמן מבני בי
004		B3.11:7	זנה אנה ענני בר	עזריה	יהבתה לך פסשדת קבל זי
005		B3.11:21	בי זי כתב ענני בר	עזריה	ליהוישמע ברתה
006		B3.10:1	אדין אמר ענני בר	עזריה	לחן ליהו אלהא ביב ברתא
007		B3.11:1	אדין אמר ענני בר	עזריה	לחן זי יהו אלהא ביב
008		B3.12:10	אדין אמר ענני בר	עזריה	לחן ליהו אלהא 1 תפמת
009		B3.12:1	אדין אמר ענני בר	עזריה	לחן זי יהו ונשין תפמת
010		B3.2:2	[אחיו ל]ענני בר	עזר[יה	לחן ליהו ביב לאמר]
011		B3.3:2	מלכא אמר ענניה בר	עזריה	לחן זי יהה אלהא זי ביב
012		B3.4:3	1^ נשן 1 לענניה בר	עזריה	לחן ליהו אלהא לאמר אנחן
013		B3.5:2	מלכא אמר ענניה בר	עזריה	לחן זי יהו אלהא ביב
014		B3.7:2	אמר אנה ענני בר	עזריה	לחן זי יהו אלהא
015		B3.10:23	ברתא כפם ענני בר	עזריה	לחנא זי יהו אלהא שהדיא
016		B3.10:27	בי זי כתב ענני בר	עזריה	לחנא ליהוישמע ברתה
017		B3.11:17	ביב כפם ענני בר	עזריה	לחנא זי יהו אלהא שהדיא
018		B3.11:9	^אנה^ ענני בר	עזריה	לחנא לא אכהל אמר יהבת
019		B3.5:23	נתן כפם ענניה בר	עזריה	לחנא ושהדיא בגו גמריה
020		C3.17fraga:1	[ענ]ני בר	]עזריה[	[...]...[ל.מרא ש]
021		B3.4:11	עלמן אנת ענניה בר	עזריה	שליט בביתא ^זך^ ובניך

#5 עזריה Azaryah f Šelomam f Mešullam f Menaḥem and Ananyah

001	עזריה	B2.9:6	לקח מן שלומם בר	עזריה	אף אמר איתי זי בפקד[ן]
002		B2.9:12	ואחרן זי שלומם בר	עזריה	והן אנחנה ובנין ובנתן
003		B2.9:13	זילן ובני שלומם בר	עזריה	ירשונכם וירשון לבניכם

#6 עזריה Azaryah f Menaḥem

001	עזריה	B3.8:44	בר אצול מנחם בר	עזריה	ידניה בר גמריה ספר
002		C3.13:11	[ליד] מנחם בר	עזריהֿ	בירח אפף שנת[....
003		B2.9:17	בר ברכיה מנחם בר	עזריה	שהד הודויה בר זכור בר

#7 עזריה Aza[r]yah the servitor

001	עזריה	C3.13:45	שנת 3+3[...]	עזריה	לחנא סֹגדֹא
002		C3.13:48	כ 2 בפ[תי] זכרן על	עז[ר]יה	לחנא זי[...] תנין עקא

#8 עזריה Azaryah f Ḥanan

001	עזריה	C3.13:55	ב.[...] זכרן חנן בר	עזריה]	[... לאמ[ר] עלדבר פת.]

#9 עזריה Azaryah s Haṣṣul

001	עזריה	C3.15:132	נתן בר ענני כש 2	עזריה	בר הצול כש 2 ישביה בר

עזריו Azaryo (Heb; Zadok 27-28)

001	עזריו	D22.41:1	ברך	עזריו	בר שגבי לחר

עזרן (NWS)

001	ועזרן	D22.35:1	[....]	ועזרן	ב[ר ...]

עחחנס A(n)khokhons (Egypt; DemNb 104)

001	עחחנס	D2.31fraga:2	[א]ף אמר[...] [...	]עֹחחנס	בר[...]

עחחפי

cf. #4 #3 ענחחפי

עחמנוי

cf. #2 #1 ענחמנוי

עכבר Akbor (Achbor; Phoen; Phoen script)

001	עכבר	D11.5:3	בן עבדאבסת אחמן בן	עכבר	

עכברי Akbari (Heb/Aram; Kornfeld 66)

001	עכברי	D7.11:12	עתח[תא] כֹ.... מן	עכבריֹ	[...]

עכו (unknown)

001	עכו	D7.42:1		עכֹו	אנתתה לי מן .. מלה זֹאֹ

עלנבו Alnabu (Aram)

001	עלנבו.	C3.6:10	לא בג פטתורי בר	עלנבֹו.]	[... לא בג ביתאלשזב בר

עמניה Immanuyah (Heb; Porten 138)

001	C3.15:108	עמניה	כש 2 יהועלי ברת	עמניה	כש 2 מפתח ברת צפליה

עמשזב Ammišezib (Aram; Kornfeld 67)

001	D13.4:1	לעמשזב		לעמשזב	...

ענחחפי Ankhoḥapi (Egypt; Muchiki 102; DemNb 103)

#1 ענחחפי — Ankhoḥapi s Takhabes (fem)

001	D20.6:1	ענחחפי		ענחחפי	בר תחבס מנחה זי אוסרי

#2 ענחחפי — Ankhoḥapi s Peṭeese

001	C3.19:4	לענחחפי	בגו [יהי]ב	לענחחפי	בר פטאסי לדגֹל [...]..
002	C3.19:9			[ל]ענחחפי	בר פטאסי .[...]

#3 ענחחפי — Ankhoḥapi f Psamšek

001	A6.3:2	עחחפי	[.... עב]דן זי	עחחפי	אבי זֹי אנה מ....[...]
002	A6.3:7		זכי וכנותה עבדי	עחחפי	זי פ[ס]משך יהקרב קדמיך
003	A6.4:2		[פס]משך ברה זי	עחחפי	זי כען פקיד עבד חלפוהי
004	A6.15:2		יהבת על פס[מש]ך בר	עחחפי	למנתן חלכין [גברן
005	A6.3:1		[פס]משך שמה בר	עחחפ[י]	עלימא זילי קבל בזנה כן
006	A6.4:7		על דשנא זי	עֹחֹחֹפֹי	פֹקֹידֹא זֹי
007	A6.4:4	לעחחפי	מן מלכא ומני [י]הב	לעחחפי	פסמשך ברה שליט יהוי
008	A6.4:1		[מ]ן מלכא ומני יהב	לעחחפי	עלימא זילי זי פק[יד]

#4 ענחחפי — Ankhoḥapi s P[šenpe]berekhef

001	A6.3:3	עחחפי	[1.... בר ....]טוי 1	עחחפי	בר פ[שנפ]ברחף 1

#5 ענחחפי — Ankhoḥapi f ?

001	C3.14:21	ענחחפי	[.... בר	ענחחפי]	שא 1 [... בר ...]שא]

ענחמנוי Ankhomnewi (Egypt; Muchiki 101-2; DemNb 101)

#1 ענחמנוי — Ankhomnewi

001	C3.8IV:2	עחמנוי	[... ...].ות	עחמנוי	זי ה.[...] .. [....] .. ב

#2 ענחמנוי — Ankhomnewi

001	C3.12:34	עחמנוי	לֹ[שרתא]	עחמנוי	ה.[...] לב..מֹא ח[...]

#3 ענחמנוי — Ankhomnewi f Paben

001	C4.9col2:3	ענחמנוי	במֹ.[...] פמן בר	ענחמנוֹי	סמתו בר ענחמנוֹי

#4 ענחמנוי — Ankhomnewi f Semtou

001	C4.9col2:4	ענחמנוי	ענחמנוֹי סמתו בר	ענחמנוֹי	הריו בר פטאה חיֹףֹ

ענחפמס Ankhpmas (Egypt; Phoen script)

001	D11.4:3	ענחפמס	בר מערם ת ימחת בן חר	ענחפמס	בן אב.רֹ

ענחפמעי Ankhefenmeë (Egypt; Vittmann 226; Muchiki 102f)

001	D7.37:6	ענחפמעי	[...] זי עם בר	ענחפמעי	א.[...] מלך פֹּסא

ענני Anani (Heb; Porten 140)

#1 ענני — Anani f Natan; cf. #5 ענניה

#2 ענני — [A]nani

001	D3.4:2	ענני	ענ]ני ...] [...	ע]נני	... א]לישב ... [... ...]

#3 ענני — Ana[ni]; or restore ענ[ניה

001	D3.4:1	ענני	[...] בר	ענ[ני	...] [... ע]נני [...

#4 ענני — Anani s Azaryah; cf. #6 ענניה

#5 ענני — Anani f Pelaṭyah

001	D3.17:7	ענני	יה[ו]ישמע פלטיה בר	ענני	פלטיה בר יאוש [... בר]ת

#6 ענני — Anan[i]; or restore ענ[ניה

001	D3.18:5	ענני	[...].. [...].	ענני[	...] מנחם [...]

#7 ענני — Anani s ?

001	D2.22:3	ענני	זנ[ה ...] אזניה	ענני]	...] [...] ... [...] [... ...

#8 ענני — Anani, royal scribe

001	A4.3:11	ענני	לה לא יתכסון מן	ענני	אל מראי ידניה אוריה
002	A4.3:4		צחא וחור עלימי	ענני	אשתדרו עם וידרנג
003	A4.3:10		שים אחרוהי בבית	ענני	זי תעבדון לה לא יתכסון
004	A6.2:23		אמרן כזי שים טעם	ענני	ספרא בעל טעם נבועקב

#9 ענני — Anani (Jerusalem)

001	A4.7:19	ענני	אוסתן אחוה־י־ זי	ענני	וחרי יהודיא אגרה חדה לא
002	A4.8:18		ועל אוסתן אחוהי זי	ענני	וחרי יהוד אג[ר]ה חדה

#10 ענני — Anani; cf. #7 ענניה

#11 ענני — [A]nani f ?

001	ענני	C3.15:9	כסף ש 2 לה [... בר	ע]נני	[..]מתל כסף ש 2 לה

#12 ענני — Anani b ? and f [Na]tan

001	ענני	C3.15:12	2 לה [10 נ]תן בר	ענני	ב[ר .... כסף ש 2 לה]

#13 ענני — Anani s ?

001	ענני	C3.15:47	או[.. בר .... כש] 2	ענני]	בר ... כש 2] זכ[ור

#14 ענני — Anani s ?

001	ענני	C3.15:49	[בר .... כ]ש 2	ענני	[בר .... כש 2] הוש[ע

#15 ענני — [A]nani f ?

001	ענני	C3.15:61	10+20] .... בר	ע]נני	כש 2 [.... בר] ישביה]

#16 ענני — Anani s Ma'uzi

001	ענני	C3.15:73	פמת בר סגרי כש 2	ענני	בר מעוזי כש 2 [א]ושע

#17 ענני — A[nani] s Es(p)taḥ and f Menaḥemet (d)

001	ענני	C3.15:84	כש 2 מנחמת ברת	ע[נני]	בר אסתח כש 2 משלמת

#18 ענני — Anani s Neriyah

001	ענני	A3.9:6	[ ]שלם	ענני	בר נריה שלם כל בני

ענניה — Ananyah (Ananiah; Heb; Porten 148)

#1 ענניה — Ana[nyah]; cf. #3 ענני

#2 ענניה — Ananyah f Gedalyah

001	ענניה	B2.2:20	בבליא שהד גדליה בר	ענניה	שהד ארישא בר ארוסתמר

#3 ענניה — Ananyah s Psamšek

001	ענניה	D9.10:8	ביתאלשזב בר וחפר^ע^	ענניה	בר פסמשך

#4 ענניה — Ana[nyah]; cf. #6 ענני

#5 ענניה — Ananyah f Natan, gf Ma'uziyah, gf Aḥio

001	ענני	C3.15:131	2 אחיו בר נתן בר	ענני	כש 2 עזריה בר הצול כש
002		B3.1:20	זנה בידך כתב נתן בר	ענני	ספרא זנה כפם יהוחן
003		B7.1:9	[מעוזיה בר נתן בר]	ענני	ספרא [ז]נה ב[ס]ון
004		D2.22:2	[... כתב נתן בר]	ענני	ספרא זנ[ה ....] אזניה
005	ענניה	B2.3:32	מחסיה שהד נתן בר	ענניה	זכור בר צפניה שהד
006		B2.6:37	מלכא כתב נתן בר	ענניה	[ספרא זנה כפם אסחור]
007		B2.7:17	הבהי כתב נתן בר	ענניה	ספרא זנה כפם מחסיה
008		B3.3:14	2+3^ כתב נתן בר	ענניה	ספרא זנה ושהדיא בגו שהד
009		B6.4:8	מעוזיה בר נתן בר	ענניה	ספרא זנה כפם הושעיה
010		B2.4:20	מחסיה שהד נתן בר	ענניה	שהד זכור בר צפני^ה^

#6 ענניה — Ananyah s Azaryah

001	ענני	B3.7:15	ברחמה ^לא^ אכהל אנה	ענני	אהנצל מנכי ולא אכהל אמר
002		B3.5:18	אחר מותכי ואף הן אנה	ענני	אמות בר שנן 100×1
003		B3.3:7	מחר או יום אחרן יקום	ענני	בעדה ויאמר שנאת לתמת
004		B3.10:1	מלכא אדין אמר	ענני	בר עזריה לחן ליהו אלהא
005		B3.10:12	כתבן בספרא זנה אנה	ענני	בר עזריה יהבתה לך
006		B3.10:23	זנה ביב ברתא כפם	ענני	בר עזריה לחנא זי יהו
007		B3.10:27	מרדו ספר בי זי כתב	ענני	בר עזריה לחנא
008		B3.11:1	מלכא אדין אמר	ענני	בר עזריה לחן זי יהו
009		B3.11:17	ספרא זנה ביב כפם	ענני	בר עזריה לחנא זי יהו
010		B3.11:21	גמריה ספר בי זי כתב	ענני	בר עזריה ליהוישמע
011		B3.11:7	כתיבן בספרא זנה אנה	ענני	בר עזריה יהבתה לך
012		B3.11:9	שליטן אחריכי ^אנה^	ענני	בר עזריה לחנא לא אכהל
013		B3.12:10	מלכא אדין אמר	ענני	בר עזריה לחן ליהו אלהא
014		B3.12:1	מלכא אדין אמר	ענני	בר עזריה לחן זי יהו
015		B3.12:35	מגר ספר בי זי זבן	ענני	בר עזריה ותפמת אנתתה
016		B3.7:2	[ביב בי]רתא אמר אנה	ענני	בר עזריה לחן זי יהו
017		B3.7:6	[ז]ך תחת ל[ה] בית	ענני	בר עזריה
018		C3.17fraga:1		[ענ]ני	בר עזריה[...]
019		B3.5:19	בחלקי אחרנא אנה	ענני	גבר אחרן אמי ואבי אח
020		B3.3:12	יום אחרן תמות תמת	ענני	הו ^הו^ שליט {{בפלג}}
021		B3.3:11	נכסן זי יהוון בין	ענני	ותמת מחר או יום אחרן
022		B3.12:24	זי תזבן לה בכסף אנה	ענני	ותפמת אנתתי זי הות גוא
023		B3.3:13	{{בין}} תמת ובין	ענני	ואנה משלם מחר או יום
024		B3.10:5	זנה משחת ביתא זי אנה	ענני	יהבת ליהוישמע ברתי מן
025		B3.10:8	תחומי ביתא זי אנה	ענני	יהבת ליהוישמע ברתי
026		B3.7:12	ל[י]ה[וישמע ..] אנה	ענני	[יה]בת לכי ביתא זנה
027		B3.7:14	ולמנפק ברא אנה	ענני	יהבת לך בתיא אלה ברחמה
028		B3.7:3	[ ]אנתתי לאמר אנה	ענני	י[הב]ת לכי בי חד
029		B3.10:16	בספרא ^זנה^ אנה	ענני	יהבתה ליהוישמע ברתי
030		B3.3:9	ותאמר שנאת לבעלי	ענני	כסף ש<נ>אה בראשה תנתן
031		B3.11:16	הו זנה ספרא זי אנה	ענני	כתבת לכי הו יצב כתב
032		B3.3:17	ספר א[נתו זי כתב	ענני	לת]מת
033		B3.12:33	זנה ביב ברתא כפם	ענני	לחנא זי יהו אלהא תפממת
034	ענניה	B3.3:11	מחר או יום אחרן ימות	ענניה	{{משלם בר זכור הו}}
035		B3.5:13	ברחמן לא אכהל אנה	ענניה	ארשנכי עלדברה דין אף לא
036		B3.3:2	ארתחש מלכא אמר	ענניה	בר עזריה לחן זי יהה

037		B3.4:11	זנה ועד עלמן אנת	ענניה	בר עזריה שליט בביתא
038		B3.5:1	ארתחשסש מלכא אמר	ענניה	בר עזריה לחן זי יהו
039		B3.5:23	מעוזיה בר נתן כפם	ענניה	בר עזריה לחנא ושהדיא
040		B3.5:9	לה חלקא זילי אנה	ענניה	דבק לה תחתיה לה אגורא
041		B3.8:31	לתרכותה מן ביתה [זי	[ע]נני[ה	ו]נכס[והי וקנינ]ה וכל
042		B3.5:6	משחת ביתא זך זי אנה	ענניה	יהבת לכי תמת מן פלג
043		B3.5:12	כתיבן ותחומוהי אנה	ענניה	יהבתה לכי ברחמן לא אכהל
044		B3.5:4	זי יב בירתא אנה	ענניה	יהבתה לכי ברחמן זילכי
045		B3.5:25	מגשיא ספר בי זי כתב	ענניה	לתמת אנתתה
046	לענני	B3.3:16	מחסיה הנעלת תמת	לענני	בידה כסף כרש 1 שקלן
047		B3.2:2	מיכא בר [אחיו	ל]ענני	בר עזר[יה]לחן ליהו
048		B3.3:10	ש<נ>אה בראשה תנתן	לענני	כסף שקלן 1+3+3 ר˘ 2˘
049		B3.3:14	הנצלתה מנך אנתן	לענני	כסף כרשן 2+3˘ כתב נתן
050	לענניה	B3.4:3	כל ˘גבר ˘1 נשן 1	לענניה	בר עזריה לחן ליהו
051		B3.4:25	זבן בגושת ויבל	לענניה	לחן ליה ביב

ענניה #7 — Ananyah s Ḥaggai s Mešullam s Busasa

001	ענני	B3.13:6	מן בית מלכא אחר אנה	ענני	אחוב ואנתן לך כסף אבגרן
002		B3.13:7	1 כסף צריף אחר אנה	ענני	אשלם ואנתן לך אבגרנא זי
003		B3.8:35	ונקבה לא איתי לה מן	ענני	בע[לה ענני בעלה] הו
004		B3.8:35	לה מן ענני בע[לה	ענני	בעלה] הו ירתנה
005		B3.11:8	על ספר אנתתכי˘ עם	ענני	בר חגי בר משלם בר
006		B3.12:17	מועה שמש לה ביתך אנת	ענני	בר חגי זי יהבן
007		B3.13:1	אדין בסון בירתא אמר	ענני	בר חגי בר משלם יהודי
008		B3.13:13	זנה בסון בירתא כפם	ענני	בר {{משלם}} חגי בר
009		B3.13:15	[ס]פר עבור ז[י כתב	ענני	בר חגי] בר משלם
010		B3.13:3	2 סאן 3 אחר אנה	ענני	בר חגי אשלם ואנתן לך
011		B3.8:33	בעל אחרן בר [מן]	ענני	והן תעבד כות שנאה הי
012		B3.12:22	כתיב בספרא זנה אנת	ענני	שליט בה מן יומא זנה ועד
013	ענניה	B3.8:21	מחר או יום אחרן יקום	ענניה	בעדה ויאמר שנית לאנתתי
014		B3.8:1	[אדין] ביב בירתא אמר	ענניה	בר חגי ארמי זי יב
015		B3.8:43	בר נתן ספרא זנה כפם	ענניה	בר חגי [ו]זכור בר
016		B3.8:45	ספר אנתו זי כתב	ענניה	בר משלם ליהוישמע
017		B3.8:28	לבית אבוה והן[ ]ימות	ענניה	ובר זכר ונקבה לאיתי לה
018		B3.8:38	[ש]נאה ואף לא יכהל	ענניה	ולא יעבד דין [חדה]
019		B3.8:25	תשנא לבעלה	ענניה	ותאמר לה שניתך לא אהוה
020		B3.8:36	איתי לה אף ל[א יכהל	ענניה	י]לקח אנתה אחר[ה בר מן
021		B3.8:26	על מוזנא ותנתן לבעלה	ענניה	כסף שקלן 1+3+3 ר [2]
022	לענני	B3.12:11	זכור כל 2 כפם חד	לענני	בר חגי בר בסס לאמר
023		B3.12:2	אלהא שכן יב ברתא	לענני	בר חגי בר משלם בר
024	לענניה	B3.8:40	דין חד ו[ת]רין	לענניה	בעלה והן לא תעבד לה

ענניה #8 — Ananyah s Mešullam s Šelomam, s Menaḥem s Shelomam

001	וענניה	B2.9:16	ספרא זנה כפם מנחם	וענניה	כל 2 בני משלם בר
002		B2.9:19	זי כתב מנחם	וענניה	כל 2 בני מנחם בר
003		B2.9:2	בירתא אמר מנחם	וענניה	כל 2 בני משלם בר
004		B2.9:9	עד עלם אנה מנחם	וענניה	רחיקן אנחנה מנך מן

ענניה #9 — Ananyah

001	ענניה	D3.20:1	...]	ענניה[	[...] שלומם [...].יה

ענר — Aner (Aram; cf. Gen. 14:13)

001	ענר	C4.4:9	אזניה ביתאלעקב בר	ענר	כל גברן 3+3+3

ענתי — Anati (Aram; Porten 165)

ענתי #1 — Anati

001	וענתי	A2.1:3	נכי ועשה ותשי	וענתי	ואטי ורע וכעת מטתני

ענתי #2 — Anati gf Menaḥemet d Yedanyah

001	ענתי	C3.15:111	מנחמת ברת ידניה בר	ענתי	כש 2 משלם בר מעוזי כש

עסנד — (unknown); cf. **עסנך**

עסנך — (unknown); or read **עֹסנד** or **עֹסנר**

001	עסנך	D7.24:12	[פ]מֹהֹן בר	עֹסנֹך	לם [....] אגרתא זי

עסנר — (unknown); cf. **עסנך**

עקב — Aqab (Aram; Kornfeld 67)

עקב #1 — Aqab

001	עקב	D1.1:12	אתננ[ה ... ...] שלם	עקב	ואחו[הי ... ...]ברתכי

עקב #2 — Aqab s Bet'e[l...] (Saqqarah)

001	עקב	C4.3:16	פאח בר חרוץ[...]	עקב	בר ביתא[ל...] פחור בר

עקבה — Aqbah (Aram; Kornfeld 67)

001	עקבה	A2.4:6	סרחלצה שלח לי ביד	עקבה	בר וחפרע וכעת כל זי

עקביה — Aqabyah (Heb; Zadok 27)

001	עקביה	D21.4:1		עקביה	בר אליועיני

עקבן — Aqban (Aram; Kornfeld 67)

עקבן #1 — Aqban s Šamašnuri

001	עקבן	B4.2:12	זי אשלמנהי לך שהדיא	עקבן	בר שמשנורי קצרי בר

עקבן #2 Aqban

001 D7.56:3 עקבן — ואחברוהי אחיכון עקבן שלם אחי בכל עדן וכעת

עקוב Aqqub (Aram; Zadok 114)

001 D11.2:1 עקוב — עקוב בר פטי

ערביא Arbaya' (Aram; 'The Arabian'; Zadok)

001 C3.28:62 ערביא — זוזן 1+3+20 1 ר 1 ערביא לגן 1+3 .... בר

ערוד Arod (Aram; Zadok)

001 D22.29:3 ערוד — דריוש ברך אסחור בר ערוד למן בשנת 3+3+3+20

ערקי Arqi (Phoen; Kornfeld 67)

001 D11.11:1 ערקי — [...]בר ערקי

עשה Ašah (Aram/Egypt; cf. Muchiki 103)

001 A2.1:3 ועשה — ביתאלנתן שלם נכי ועשה ותשי וענתי ואטי ורע

עשחר Asaḥor (Egypt; Phoen script; cf. Muchiki 103f)

001 D11.17:2 עשחר — [... ל]מלכא ט עשחר

עשתרתיתן Aštartyaton (Phoen; Kornfeld 68)

001 C4.2:11 עשתרתיתן — [...] ימחות בר עשתרתי[תן] פטאסי בר[...] אס[

עתחת Attaḥat (Aram; Kornfeld 68)

001 D1.16:3 עתחת — תמ]ים [... ...] ..[... עתחת עב]דך ...] על[....]

עתרדי cf. עתרדמרי

עתרדמרי Attardimri (fem; Aram; Kornfeld 68)

001 A2.7:5 עתרדי — ספרא זנה אל אחתי עתרדי מן אחו[כי א]מי

002 A2.7:1 עתרדמרי — אל אמי עתרדמרי מן אחוכי אמי ש]לם

עתרמלכי Attarmalki (Aram; Grelot 456)

עתרמלכי #1 Attarmalki s Psami

001 B3.2:13 עתרמלכי — מנכי בר בגין עתרמלכי בר פסמי זבוד בר

עתרמלכי #2 Attarmalki s Qilqilan

001 B3.9:10 עתרמלכי — אוריה שהדיא בגו עתרמלכי בר קלקלן סנכשר בר

עתרשגא Attarsaga' (Aram; Zadok)

001 C4.2:5 עתרשגא — בר ....]מֿן עתרשגא בר [...] [ע]דרי בר

עתרשורי Attaršuri (Grelot 456)

001 B2.3:27 עתרשורי — דין עבדי עמה כתב עתרשורי בר נבוזראבן ספרא זנה

002 B2.4:16 עתרשורי — ולא דין ולא דבב כתב עתרשורי בר נבוזראבן ספרא זנה

פ.ן (unknown); cf. מן p

פ.שודת (unknown); or read פ.שוֹרת

001 D8.13:1 פ.שודת — יהב ש[מע]ון בר פ.שודת ואנתתה כסף ר 3 בשם

פ.שורת (unknown); cf. פ.שודת

פ..תלן (Gr)

001 C3.7ER2:12 פ..תלן — ס]פינה [1 זי פֿ[..]תֿלן בר מֿסכסֿ] יוני

פ[...]

פ[...] #1 (Egypt)

001 D3.30:2 ...פ — ...[...] [... ו]חפרע בר פ[...] [... וחפ]רע ש[...]

פ[...] #2 (unknown)

001 A5.5:12 לפ.... — אמרו לפ[....] ינתן למרדיא

פ[...] #3 (unknown)

001 A3.11:4 לפ.... — אמר לפ[....] רכשא מיתי מן

פאח Paioḥ (Egypt; Muchiki 104)

001 C4.3:15 פאח — בר פטא[ח] פאח בר חרוץ[...] עקב בר

פבא cf. #7 פבי

פבי Pabi (Egypt; cf. Muchiki 104-5; DemNb 363)

פבי #1 Pabi s ? (Masarah Quarry)

001 D22.3:1 פבי — פבֿי בר שמן בבלי

#2 פבי — Pabi f ?

001 פבי *C3.14:19* נ֯ח֯.א֯.ו֯ בר פבי שא 1 הו]…. שא

#3 פבי — Pabi

001 פבי *D3.47fragb:5* …] 10[… …] 3+3]פבי מ 3 [...]3 לם 1 ר 2

#4 פבי — Pabi s Pasi

001 פבי *D2.35:5* כתב פבי בר פסי֯

#5 פבי — Pabi

001 פבי *C3.27:25* צחא 1 פטנתר 1 פב֯י֯ 1 צחא 1 שם 1 פ֯ב֯י֯

#6 פבי — Pabi

001 פבי *C3.27:28* 1 צחא 1 שם 1 פ֯ב֯י֯ 1 נפקה אחרי עלימי ביתא

#7 פבי — Pabi

001 פבא *D8.12:3* אותכס 1 זוזן 1+3^ פבא מ 3 כרתרס מ 3 שבי בר

פבן — Paben (Egypt; Kornfeld 86); or read פ֯כ֯ן

001 פבן *D9.15:2* שר֯[…] תפחי אחת פ֯ב֯ן […] שרתית עצב

פגו — Paggou (NWS; Zadok)

001 פגו *D11.6:1* לאחאב בר ^ת֯ פגו [..]עבדאסר בן בנחף]..

פדי — Padi (NWS; Grelot 484; Renz-Röllig 80-81)

001 פדי *B1.1:18* [ספ]רא זנה על פם פדי בקריה כרב ספר ח֯ו֯ב֯

002 *B1.1:2* ירח מחר 3+3 אמר פדי בר דג[נ]מלך לאחא בר לאחא

003 *B1.1:19* ח֯ו֯ב֯ חקל זי כ[ת]ב פד[י] לאחא

פדיה — Pedayah (Pedaiah; Heb; Porten 142)

#1 פדיה — Pedayah f ?

001 פדיה *B5.5:12* [בר] פדיה שהד מנכי בר ספעמרא]

#2 פדיה — Pedayah s ?

001 פדיה *C3.15:117* כ[ש כ[ש 2] [....] פדיה [בר ....]כש 2]

#3 פדיה — Pedayah f Ḥor; or read נ֯ר֯יה

001 פדיה *C4.6:3* מעוזיה חור בר פ֯ד֯יה מחסה בר יהוטל חנן

פד..ס — (unknown); cf. כד..ס

פדפדצ[...] — (unknown)

001 *C3.1:4* …לפדפדצ […] 2 ין לפ֯ד֯פ֯ד֯צ.[… …

פדפרצ[...] — cf. [...]פדפדצ

פהזו — (unknown)

001 פהזו *D2.27:1* […. …]שערן זי כתב פהזו מלחא[…]ספ[ר]א זי

פוחרב — Peuḥrib (Egypt; Vittmann; Muchiki 105-6)

001 פוחרב *D7.13:14* [….].ן לך על פוחרב אמר [....]י֯הבתם לה

פומן — cf. #1 פמון

פון — Pawon (Egypt; Vittmann: DemNb 358)

001 פון *C3.26:36* ב[ר].. ת֯ב֯רא […] פ֯ו֯ן מלחא[…]תרט

פונש — Pwonš (Egypt; Muchiki 106f; DemNb 176)

001 פונש *C1.2:8* חור בר [..] פ֯ו֯נ֯ש֯ ב֯ס֯פ֯י֯נ֯ן֯

002 *C1.2:2* חור בר [ ] פונש הו אחר ענה מלכא ו[אמר]

003 *C1.2:3* [וכזי שמע חור] בר פונש מליא זי מלכא אמר ו.[...]

004 *C1.2:7* אלהן ולחש חור ב֯[ר פונ]ש על אלפי מלכא ....ת֯

פוסי — Pawosi (Egypt; Muchiki 107; DemNb 361)

001 פוסי *D3.17:10* בר נריה מעוזיה בר פוסי נתן בר מנחם^בר פוסי^

002 *D3.17:10* נתן בר מנחם^בר ^פוסי [...]יה[ב]ר מחסיה [...

003 פוסי *C4.4:7* בר נריה מנחם בר פוסי יאוש בר אזניה

004 *C3.15:81* בר מנחם בר פוסי כש 2 חגן[י] בר מנחם

005 *C3.15:82* חג[י] בר מנחם [בר] פוסי כש 2 פלוליה בר [הו]שע

פוסמך — (unknown)

001 פוסמך *D9.11:9* אפולי סרי מלנור פוסמך

פחא — Paḥo (Egypt; Muchiki 107; DemNb 401)

#1 פחא — Paḥo; cf. #2 פחי

#2 פחא — Paḥo f Ḥeremnatan

001 פחא *B3.9:12* ביתאלזבד חרמנתן בר פחא אשמזבד בר שוין

פחה — Paḥe (Egypt; Muchiki 108; DemNb 397f)

#1 פחה — Paḥe s ?

001 פחה C3.8IIIB:14 — ד.[...] ...]ליד **פחה** ברן ...] ב

#2 פחה — Paḥe f ?

001 פחה C3.12:16 — [1]יהיב ל....]בר **פחה** מצרין קלול 1

#3 פחה — Paḥe f Djeḥo

001 פחה A3.6:2 — אזלת אנה וצחא בר **פחה** אמרן לפיסן וא[....]

פחור — Paḥor (Egypt; Muchiki 108; DemNb 400f)

001 פחור C4.3:17 — עקב בר ביתא[ל...] **פחור** בר ביתא[ל...] ארדי בר

פחי — Paḥe/Pakhoi (Egypt; Vittmann; DemNb 397-98; cf. Muchiki 108-9)

#1 פחי — Paḥe/Pakhoi f Peu

001 פחי B2.8:2 — מלכא אמר פיא בר **פחי** ארדיכל לסון בירתא
002 B2.8:12 — בירתא כפם פיא בר **פחי** שהדיא בגו נבורעי בר

#2 פחי — Paḥe/Pakhoi; or read **פחא**

001 פחי B8.4:15 — פכמי ברׄ[ה] **פחי** ברה עדר ברה תנית

#3 פחי — Paḥe/Pakhoi s Tawe (m)

001 פחי B3.12:20 — באגר תחתיא לה ביתה זי **פחי** ופמט אחוהי מלחן זי מיא

#4 פחי — Paḥe/Pakhoi f ?

001 פחי C3.25:5 — .... גברן [...].ׄי בר **פחי** חלף [...]. בר צחא בר

#5 פחי — Paḥe/Pakhoi s Bagadata

001 פחי D19.1a:1 — **פחי** בר בגדת

#6 פחי — Paḥe/Pakhoi s Patou-Pakhom

001 פחי D8.3:2 — בר פכיף בחקלא[...] **פחי** בר פתופעחם בח[קלא ...]

#7 פחי — Paḥe/Pakhoi s ?

001 פחי D8.3:13 — וׄחענח אשל 1 למתנ[א] **פחי** בר .[...] פי.[...] [...]. [...]. בכא

פחים — Pkhem (Egypt; Vittmann; cf. Muchiki 109-110)

001 פחים A5.3:1 — אל מראי מתרוהשת עבדך **פחים** ש]לם מראי אלהיא ישאלו

פחנום — Pakhnum (Egypt; Muchiki 110; DemNb 408f)

#1 פחנום — Pakhnum

001 פחנום D5.20:1 — [...] **פחנום** [...] [...] [...]ל

#2 פחנום — Pakhnum s ?

001 פחנום C3.9:16 — נשן רבה [כל נפש 2] **פחנום** ברן .... יור] תטחרור

#3 פחנום — Pakhnum f Nesneu (d) (Abusir)

001 פחנום D21.1:1 — לנסנו ברת **פחנום**

#4 פחנום — Pakhnum s Nabudalah

001 לפחנום A3.4:3 — זילי הבה [....] **לפחנום** בר נבודלה

#5 פחנום — Pakhnum

001 פחנום A4.4:4 — **פחנום** הא זנה שמהת נשיא זי

#6 פחנום — Pakhnum s Besa

001 פחנום B3.13:10 — זי מנעל כתיב אחר אנת **פחנום** שליט בערבני למחד ותלקח
002 לפחנום B3.13:15 — [בר חגי] בר משלם **לפחנום** בר בסא
003 B3.13:2 — לדגל נבוכדרי **לפחנום** בר בסא ארמי זי סון

#7 פחנום — Pakhn(u)m f Ḥanan

001 פחנם C4.6:5 — בר יהוטל חנן בר **פחנם** שלום בר הו[דויה]

פחנם

cf. #7 **פחנום**

פחס — Pachios/Pachis/Pachois/Pachos (Gr; Katzoff)

001 פחס C3.28:117 — גרבין 3 עבדיהו **פחס** גרבין 3+3 חל 1 מהויהון

פחפי — Paḥapi (Egypt; Muchiki 111; DemNb 400)

#1 פחפי — Paḥapi f ? (d)

001 פחפי C3.9:9 — [יור] [... בר]תׄ **פחפי** [אנת]תה נשן רבה [...]ף

#2 פחפי — Paḥapi gf ? s Djeḥo

001 פחפי C3.25:6 — חלף [...]. בר צחא בר **פחפי** [...].. בר שמו חלף צחא

#3 פחפי Paḥapi s ?

001 פחפי C3.26:40 כ̇[א] לכלבא ובו [...] פחפי בר .[...] חיוף בר]

#4 פחפי Paḥapi

001 פחפי D8.3:15 חד 1 גנה .. אי. בחקלא פחפי פלקי.[...] [...]. לפמן

פחרי Pḥray (Egypt; Muchiki 111)

001 פחרי C3.14:18 הו שא 1 ש [.... ב]ר פחרי שא 1 [....].

פט[...] (Egypt)

001 פט.. B8.4:21 חד.[... ...] פ̇ט[...] ב̇ר̇ה̇ שמו̇ ברה

פט. (Egypt)

001 פט. C3.19:11 [...] לפטחרפחרט בר פט̇.] [...{ל}לפטסבק [....

002 C3.6:11 לא בג ביתאלשזב בר פט.] [... לא בג ביתאלתקום ב]ר

פטאח Peṭeioḥ (Egypt; Muchiki 112)

#1 פטאח Peṭeio[ḥ] f Pamun; or restore פטא[סי]

001 פטאח C4.3:14 פמון בר פטא[ח] פאח בר חרוץ]

#2 פטאח Peṭeio[ḥ]; or restore פטא[סי]

001 פטאח B8.4:21 שמו̇ ברה פטא[ח ....]

#3 פטאח Peṭeioḥ f Herieu

001 פטאח C4.9col2:5 ענחמנו̇י הריו בר פטאח חי̇ף̇ בר פטאסי

פטאסי Peṭeese/Peṭese (Egypt; Muchiki 112; DemNb 290)

#1 פטאסי Peṭese

001 פטסי D22.16:1 ברך פטסי קדם אסר[י]

#2 פטאסי [Pe]ṭeese s Mait

001 פטאסי D22.22:1 [פ]טאסי בר מית 1

#3 פטאסי Peṭees[e] s ?

001 פטאסי D20.4:1 ברך פטאס[י] בר יהא[...]

#4 פטאסי Peṭeese

001 פטאסי D11.3:1 פטאסי

#5 פטאסי Peṭeese f Espmet

001 פטאסי D9.9:11 בר ...[...] אספמת בר פטאסי אסחנום בר אספטנסני

#6 פטאסי Peṭese s ?

001 פטסי D9.10:6 נבודלה בר ספמת פטסי בר נפטרנפש. ביתאלשזב בר

#7 פטאסי Peṭeese s ? (Saqqarah)

001 פטאסי C4.2:12 בר עשתרתי[תן] פטאסי בר[...] אס[...]

#8 פטאסי Peṭeese (Saqqarah)

001 פטאסי D3.39fragb:1 ל[...] פטאסי[[...] [...].[...] למן זיעם

#9 פטאסי Peṭeese (Saqqarah)

001 פטאסי B4.7:3 ולא דין והן א̇[נ]ה̇ פטאסי [....]

002 B4.7:1 אמר] פטאסי בר .... ל.... ב]ר

#10 פטאסי Peṭee[se] f Pamun; cf. #1 פטאח

#11 פטאסי Peṭeese s Nabunatan

001 פטאסי B2.8:11 מן כל דין ודבב כתב פטאסי בר נבונתן ספרא זנה

#12 פטאסי Peṭeese

001 פטאסי B8.4:11 [...].ה ומן פטאסי תמה [....]פ̇ח̇ד̇ו̇ן̇

#13 פטאסי Peṭee[se]; cf. #2 פטאח

#14 פטאסי Peṭeese, scribe

001 פטאסי A6.1:6 ב]גדן וכנותה [הה] דיניא פטאסי וכנותה ספרי מדינת

#15 פטאסי Peṭeese f Djeḥo (Saqqarah)

001 פטאסי B8.12:6 ˆיהבן˜ לצחא בר פטאסי [....]

#16 פטאסי Peṭeese s Šarah (Saqqarah)

001 פטאסי D18.5:a פטאסי בר שרה

002 D18.5:b פטאסי בר שרה

003 D18.5:c פטסי

#17 פטאסי Peṭese f Ḥeremnatan

001 פטסי D18.6:a חרמנתן בר פטסי

002 D18.6:b חרמנתן בר פטסי

פטאסי #18 — Peṭeese s ?

001	פטאסי	C3.11:8	כספא זי אתוסף על מכס	פטאסי	בר .[...] איטשרי זי בכצת

פטאסי #19 — Peṭeese f Ḥor

001	פטאסי	B3.10:10	דרגא ובית חור בר	פטאסי	גנן זי חנום אלהא דבק
002		B3.11:6	לה ביתה זי חור בר	פטאסי	גנן זי חנום אלהא דבק לה

פטאסי #20 — Peṭese s Ḥarwodj

001	פטסי	C3.14:5	] בר]..[...שא] 1 ש	פטסי	בר חרוץ] ש]א 1 ש צחא

פטאסי #21 — Peṭeese f Ankhohapi

001	פטאסי	C3.19:4	[יהי]ב לענחחפי בר	פטאסי	לדגל [...]..
002		C3.19:9	[ל]ענחחפי בר	פטאסי	.[...] לשחפימו בר

פטאסי #22 — Peṭeese s Netin

001	פטאסי	C4.8:2	[...]י בר נתן	פטאסי	בר נתין חגי בר בארי

פטאסי #23 — Peṭeese f Khayof

001	פטאסי	C4.9col2:6	בר פטאח חיֹף בר	פטאסי	

פטאסי #24 — Peṭeese

001	פטאסי	C3.27:3	צחא מנפי ב 2+3 מן	פטאסי	חלפן א 2+3+20 ב

פטבסתי

cf. #3 #2 פטובסתי

פטובסתי — Peṭubaste/Peṭ(u)baste (Egypt; Muchiki 112f; DemNb 303)

פטובסתי #1 — Peṭubaste s Psamšek

001	פטובסתי	B8.4:10	כרֹזֹ.	פטובסתי	בר פסמשך [....

פטובסתי #2 — Peṭ(u)bas[te] f Pasi

001	פטבסתי	C3.26:28	זי פס[י] פסי בר	פטבֹס]תי]	פסא מלחא [...]

פטובסתי #3 — Peṭ(u)baste s ?

001	פטבסתי	C3.26:34	[...] תרט ברת ש.[...]	פטבסתי	ב[ר]..תֹברא [...]

פטוסירי — Peṭosiri (Egypt; Muchiki 113; DemNb 298f)

פטוסירי #1 — Peṭos(i)ri

001	פטוסרי	D7.13:4	מ]ן [...] ושאל על	פטוסרי	[...] שחפמו באלף
002		D7.39:5	חנם יבלו המ״ר בית	פטוסרי	אל ילקחו [...].. בסון
003	לפטוסרי	D7.5:8	לכי ביד פמן הבהי	[לפטו]סרי	אף בעי גלדא [זי] אמרת

פטוסירי #2 — Peṭ(o)s(i)ri f Peṭeniese

001	פטסרי	D22.20:1	ברך פטנאסי בר	פטסרי	

פטוסירי #3 — Peṭos(i)ri f [...]t

001	פטוסרי	C3.9:13	[בנן [2] [...]ט בר	פטוסרי	יור [.... בר]ת חור נשן

פטוסירי #4 — Peṭos(i)ri f Mannuki (Saqqarah)

001	פטוסרי	C4.2:7	כסי [...] מנכי בר	פטוסרי]	[... מרדכעדרי בר

פטוסירי #5 — Peṭos(i)ri f ?

001	פטוסרי	C3.11:11	.[.]דסניו בר	פטוסרי	עבד משח זרע [...] נגדי

פטוסירי #6 — Peṭosiri s Taba (m)

001	פטוסירי	B2.11:11	בניך מן דין עלדבר	פטוסירי	זך זי מטאך בחלק לך
002		B2.11:17	נתן ספר פלגן עבד	פטוסירי	כתב מחסיה בר נתן
003		B2.11:10	לך ולאנש זילך עלדבר	פטוסירי	עבדא זך זי מטאך בחלק
004		B2.11:4	בחלק אנת ידניה	פטוסירי	שמה אמה תבא עבד יור
005		B2.11:8	עליך ועל בניך עלדבר	פטוסירי	שמה עבדא זי מטאך בחלק
006	בפטוסירי	B2.11:6	אנת ידניה שליט	בפטוסירי	עבדא זך זי מטאך בחלק

פטוסירי #7 — Peṭos(i)ri/Peṭ(o)s(i)ri/Peṭis(o)ri, servant

001	פטוסרי	A6.11:1	כנזסרם וכנותה וכעת	פטוסרי	שמה ורשבר עלים זילי
002	פטסרי	A6.11:3	כֹנֹם הו כמליא אלה זי	פטסרי	שלח [עלי זי פמון] שמה
003	לפטסורי	A6.11:5	זי פמון זך יהבת	לפטסורי	אנתם החווהי יהחסן

פטוסר.[...] (Egypt)

001	פטוסר....	D5.55:2	[...]אחוהי [...] [...]	פטוסֹר.[...	...]

פטוסרי

cf. #7 #5 #4 #3 #1 פטוסירי

פטחור — Peṭeḥor (Egypt; DemNb 322-23)

001	פטחור	D9.9:8	אספמת בר ..[...]	פטחור	בר אספמת פטמכבסא בר

פטחנום — Peṭekhnum (Egypt; Muchiki 113; DemNb 339)

פטחנום #1 — Peṭekhn(u)m f Nabuša, f Nabušezib

001	פטחנם	A2.5:10	אל תרו מן נבושה בר	פטחנם	אפי יבל
002		A2.1:15	ניחם מן נבושזב בר	פטחנם	סון

פטחנום #2 — Peṭekhn(u)m f Ašah/Ušah

001 פטחנום *A2.1:12* בר פטחרטיס ואשה בר — פטחנום — שלם סחתה כלה לשלמכן

פטחנום #3 — Peṭekhn(u)m

001 פטחנום *D7.36:2* הושרת ביד — פטחנום — בחנתא מובלן 3 בהם עקן

פטחנום #4 — Peṭekhnum f Hošea'/Ošea'

001 פטחנום *A3.3:14* אחוך אושע בר — פט[חנום]

002 *B2.2:17* דרגמן שהד הושע בר — פטחנום — שהד גדול בר יגדל שהד

פטחנום #5 — Peṭekhnum

001 פטחנום *D9.9:4* [...] אספעמרא [...] — פטחנו[ם] — [... כל 1+3 [...].

פטחנום #6 — Peṭekhn(u)m s Ḥori

001 פטחנום *C4.6:9* בר עזור 10[...] — פטחנם — בר חורי דׄעויה

פטחנם

cf. #6 #3 #2 #1 **פטחנום**

פטחרה

(unknown); cf. **פתחרה**

פטחרטיס

Ptaḥerṭais (Egypt; Muchiki 114; DemNb 488)

001 פטחרטיס *A2.1:11* בר פסי שלם שאל בר — פטחרטיס — ואשה בר פטחנם שלם

פטחרפחרט

Peṭeḥarpkhrat (Egypt; Muchiki 114; DemNb 328f)

פטחרפחרט #1 — Peṭeḥarpkhrat s Puman (error for Pamun)

001 פטחרפחרט *D7.13:7* ושאל על חנ.[....] — פטחרפחרט — בר פומן כׄ[...]

פטחרפחרט #2 — Peṭeḥarpkhrat s ?

001 פטחרפחרט *C3.10:5* [בר ...].ורתת[....] — פטחרפחרט — ב[ר] [..] .... בר פס[

פטחרפחרט #3 — Peṭeḥarpkhrat s Peṭ[...]

001 לפטחרפחרט *C3.19:11* בר ה..ט[...] — לפטחרפחרט — בר פטׄ.[...]

פטי

Peṭi (Egypt; Muchiki 114)

פטי #1 — Peṭi f Aqqub

001 פטי *D11.2:1* עקוב בר — פטי

פטי #2 — Peṭi

001 פטי *D3.17:12* [...]ם בר כנו[פ]י בשם — פטי

פטי #3 — Peṭi s Waḥpre

001 פטי *C4.9col2:1* — פטי — בר וחפרע אמה תחנא

פטמון

Peṭeamun (Egypt; Muchiki 116; DemNb 281)

פטמון #1 — Peṭeamun

001 ופטמון *A2.7:3* ושפנית ובניה — ופטמון — שלם הריוטא ואחתהה

פטמון #2 — Peṭeamun s ?

001 פטמון *D22.11:1* ברך — פטמון — בר ש[.]ת[.] קדם וסרי

פטמון #3 — Peṭeam[un] s ?; or restore פטמ[ן

001 פטמון *D2.25:8* שהד — פטמ[ון — ...]זבדי בר[

פטמון #4 — Peṭeam[un] s Ešem[ra]m

001 פטמון *C3.14:1* [...] [....]. ר 2 ש — פטמ[ון — בר]אשמ[ר]ם שא 1 ש

פטמחו

Peṭemḥe? (Egypt; Muchiki 115; DemNb 315)

001 פטמחו *A3.10:7* לה [ויז]בנהי — פטמחו — י[..] עמך באלפ[א]אל

002 ופטמחו *A3.10:1* אל אחי חורי — ופטמחו — אחוכם ספנתדת שלם אחי

003 *A3.10:9* אחי חורי בר כׄמן — ופטמחו — אחוכם ספנתדת בר

פטמיחוס

Peṭemiḥos (Egypt; Muchiki 115f; cf. DemNb 1157)

001 פטמיחוס *B8.4:6* יׄתב כרמא עם חפימן — פטמיחוס — כל 2 דמן קׄימׄן

פטמיחת

Peṭimḥot(p) (Egypt; Vittmann; DemNb 280)

001 פטמיחת *C3.19:35* [....] לצחא בׄרׄ — פטמיחת — בׄרׄ תסׄי [..]. לפרמותי

פטמכבסא

(Egypt)

001 פטמכבסא *D9.9:9* פטחור בר אספמת — פטמכבסא — בר אספמת אספמת בר

פטמן

Peṭemin/Peṭeamun (Egypt; Muchiki 116; DemNb 310f)

פטמן #1 — Peṭemin/Peṭeamun

001 פטמן *B1.1:17* כנני [..]מי פנא — פטמן — קשר כתב מכבנת בר

פטמן #2 — Peṭemin/Peṭeamun; cf. #3 פטמן

פטנאסי — Peṭeniese (Egypt; Muchiki 117; DemNb 315)

001 D22.20:1 פטנאסי — ברך **פטנאסי** בר פטסרי

פטנפחתף — Peṭenefḥotep (Egypt; Muchiki 117; DemNb 318f)

001 B8.5:6 פטנפחתף — [ ]מלל על **פטנפחתף** [....]

פטנתר — Peṭe(ne)nter (Egypt; Muchiki 118; DemNb 316)

פטנתר #1 — [Pe]ṭe(ne)nter s ?

001 D7.13:18 פטנתר — מלכיה סון [....] **[פ]טנתר** בר [...] באלף

פטנתר #2 — Peṭe(ne)n[ter], ancestor

001 A5.1:6 פטנתר — בר פשנפחת בזרע **פטנ[תר]** אף אגרתא

פטנתר #3 — Peṭe(ne)nter f ?

001 A4.6:14 פטנתר — [...]ת בר **פטנתר** שמ[ה] פיא בר חו[....

פטנתר #4 — Peṭe(ne)nter f ?

001 C3.14:24 פטנתר —] בר ...]שא 1 [..]. בר **פטנתר** שא 1 [..]נכל בר

פטנתר #5 — Peṭe(ne)nter

001 C3.27:24 פטנתר — 3 בעלי פתורא צחא 1 **פטנתר** 1 פבֿי 1 צחא 1 שם

פטסבק — Peṭesobek (Egypt; Muchiki 118; DemNb 340f)

פטסבק #1 — Peṭesobek

001 C3.9:23 פטסבק —] רבה [מחנה בר ...] **פטסבק** [ברה כל נפש 2]+1+1

פטסבק #2 — Peṭesobek

001 C3.19:12 לפטסבק — בר פט.[...] **לפטסבק(ל)** [....]+3[...]

פטסורי — cf. #7 פטוסירי

פטסי — cf. #20 #17 #6 #1 פטאסי

פטסרי — cf. #7 #2 פטוסירי

פטתום — Peṭetum (Egypt; Muchiki 119; DemNb 294)

001 C3.19:15 לפטתום — [...] נפקת מדינתא **לפטתום** רעי ....

פטתורי — Peṭetwere (Egypt; Muchiki 120)

001 C3.6:10 פטתורי — פסי בר[...] לא בג **פטתורי** בר עלנבו.[...] לא בג

פי[...]

פי[...] #1 — (unknown)

001 C3.14fragaR:4 ....פי — כרש[...] [...]בר **פי.[...]** [...].כא א̇[...] [...

פי[...] #2 — (Egypt)

001 D8.3:14 ....פי — למתנ[א] פחי בר .[...] **פי.[...]** [...]. בכא חד 1 גנה .. אי.

פיא — Peu? (Egypt; Muchiki 120; cf. DemNb 155)

פיא #1 — Peu? s Paḥe/Pakhoi

001 B2.8:1 פיא — ארתחשסש מלכא אמר **פיא** בר פחי ארדיכל לסון
002 B2.8:12 — זנה בסון בירתא כפם **פיא** בר פחי שהדיא בגו
003 B2.8:9 — לי בשם מומאה דכי אנה **פיא** ובני אנתן למ<ב>טחיה כסף
004 B2.8:14 — ושתן ספר מרחק זי כתב **פיא** למבט[חיה]

פיא #2 — Peu? s Ḥo[...]

001 A4.6:14 פיא — [...]ת בר פטנתר שמ[ה] **פיא** בר חו[.... ...] [....]

פיסן — Paisana (Pers; Kornfeld 110)

פיסן #1 — Paisana (Saqqarah)

001 B8.4:1 פיסן — במנפי נבֿושזב **פיסֿן** נבושרה ורז בגפן

פיסן #2 — Paisana, official

001 A3.8:2 פיסן — [....] [.... **פי[סן]** דינא ועל[...]ה שלמן כסף
002 A4.2:9 — יאמר מלין קדם ארשם **פיסן** מהשדך אנפין[....]
003 A3.6:2 לפיסן — וצחא בר פחה אמרן **לפיסן** וא[....] ושלח אגרה

פירמא — cf. פרימא

פית[...] — (Anat)

001 D6.9fragm:1 — [...] **פית[...]** [...]מ̇..[...]

פלוקיתס Philokydes (Gr; Katzoff)

001 פלוקיתס *C3.29:7* 3+3 ב 2+3+3 פלוקיתס שיטא משח לגין 3+10 ב

פלטה Pilṭah (Heb; Kornfeld 68)

001 לפלטה *D1.17fragb:10*] ... חל]קן 3 זי תודה לפלטה אחתה ל.[... ...] [... ...

פלטו Palṭu (Arab/NWS; Zadok)

001 פלטו *B2.7:15* שמש לה בית חרוץ בר פלטו כמר זי חנ[ו]ם אלהא זך

פלטי Pilṭi (Heb; Porten 135, 142, 148)

פלטי #1
Pilṭi s Ananyah s Azaryah; cf. #3 פלטיה

פלטי #2
Pilṭi s Yaʾuš; cf. #4 פלטיה

פלטי #3
Pilṭi s Mikah

001 פלטי *C3.15:22* בר שמוח כש 2 לה פלטי בר מיכה כש 2 לה מלכיה

פלטי #4
Pilṭi s Mattan

001 פלטי *C4.6:7* הו[דויה] פלטי בר מתן כשי בר עזור

פלטיה Pelaṭyah (Pelatiah; Heb; Porten 135, 142)

פלטיה #1
[Pela]ṭyah; or restore שפ[טיה

001 פלטיה *C3.3:14* יאזניה בר] פל[טיה זכריה בר]

פלטיה #2
Pelaṭyah s Aḥio, f Aḥio

001 פלטיה *B3.1:22* בר גדליה אחיו בר פלטיה אגור בר אחיו ספר כסף
002 *B2.1:15* בשוקא זי בינין כתב פלטיה בר אחיו ספרא זנה כפם

פלטיה #3
Pelaṭyah/Pilṭi s Anani

001 פלטי *B3.5:18* אמות בר שנן 100×1 פלטי ויהוישמע כל 2 בני המו
002 *B3.5:21* ביתי אחרי מותי מן פלטי ויהוישמע ינתן להם כסף
003 פלטיה *D3.17:7* נחום בר יה[ו]ישמע פלטיה בר ענני פלטיה בר יאוש
004 *B3.7:11* וז[י ע]לא בין פלטיה ברי ו[יהוי]שמע ברתי
005 לפלטי *B3.3:13* אחרן לא אכל אנצל לפלטי מן תחת לבבך בר מן זי
006 לפלטיה *B3.7:12* ברתי [פלגא] לפלטיה ופלגא ל[י]ה[וישמע] ..

פלטיה #4
Pelaṭyah/Pilṭi s Yaʾuš

001 פלטי *A3.6:1* אל אחי פלטי אחוך הושעי[ה שלמך אל[ה
002 *A3.6:5* אל אחי פל[טי בר יא]וש אחוך הושעיה
003 *B3.10:25* שהד משלם בר מעוזי פלטי בר יאוש ישביה בר

פיתרענז Piyatarunazi (Anat; Kornfeld 116)

001 פיתרענז *A6.7:4* שמה 1 בגפרן שמה 1 פיתרענז שמה 1 אסמרוף שמה 1

פכיף Pkep (Egypt; Muchiki 121; DemNb 278)

001 פכיף *D8.3:1* פתו בר פכיף בחקלא[...] פחי בר
002 *D8.3:10* 1[...] פתו בר פכיף דחנא זילה אש[...] פתחור

פכמי Pakeme (Egypt; Muchiki 121f; DemNb 418; Saqqarah)

פכמי #1
Pakeme s Waḥpr[e]

001 פכמי *C4.3:13* בר ביתא[ל...] פכמי בר וחפר[ע] פמון בר

פכמי #2
Pakeme

001 פכמי *B8.4:15* 1 סמשׂ ברתה הבּ i פכמי בּר[ה] פחי ברה

פכמי #3
Pakeme

001 לפכמי *C3.18:13* 3[...] [...]אופסתא לפכמי .[...] [...]כנתן א 2+3

פכן (unknown); cf. פבן

פל.יה (unknown)

001 פל.יה *D8.1:4* .עׄל.. בר פל.יה וצׄ..

פל[...] (NWS)

001 ...פל *D11.8:1* [.]גדעזוז בר פל[...]

פלול Pallul (fem; Heb; Porten 139, 147)

001 פלול *A4.4:5* אסרשות אחת הושע פלול אחת יסלח רעיא [....]

פלוליה Pelulyah (Heb; Porten 139)

פלוליה #1
Pelulyah f Šammuaʿ

001 פלוליה *B3.11:19* שהד שמוע בר פלוליה שהד חגי בר מרדו שהד

פלוליה #2
Pelul[yah] f d?

001 פלוליה *C3.15:15* [ש 2 לה] [... ב]רת פלול]יה כסף ש 2 לה] [....] ברת

פלוליה #3
Pelulyah s [Ho]šeaʿ

001 פלוליה *C3.15:83* [בר] פוסי כש 2 פלוליה בר [הו]שע כש 2 מנחמת

004 C3.15:92 שלם כש 2 יחמול ברת **פלטי** בר יאוש כש 2 אביהי
005 פלטיה D3.17:8 פלטיה בר ענני **פלטיה** בר יאוש [... בר]ת זכור

פלין
cf. בזו (unknown; Kornfeld 116)

פליקראתס
Polykrates (Gr; Kornfeld 118)

001 פליקראתס C3.29:16 לגין 2+3+3 **פליקראתס** משח לגין 2+3+3

פלליה
Pelalyah (Pelaliah; Heb; Porten 139)

פלליה #1
Pelalyah f Hošea'

001 פלליה B2.3:30 בר נתן שהד הושע בר **פלליה** שהד זכריה בר משלם שהד
002 B2.4:17 בגו שהד הושע בר **פלליה** שהד זכריה בר נתן שהד

פלליה #2
Pelalyah s Nattun and f Nattun

001 פלליה C3.15:114 כש 2 נתון בר **פלליה** בר נתון כש 2 הצול ברת

פמהן
(Egypt)

001 פמהן D7.24:12 חזי מה [... **פ]מֹהן** בר עֹסנךּ
002 D7.24:2 לך ספרֹ[א] זנה באלף **פמהן** לם אעל סון ימא זנה כען

פמוא
(Egypt); or read פמזא or פמיא

001 פמוא C3.25:13 חֹלף [...]בר **פמֹוא** חלף [....]לֹ.

פמון
Pamun (Egypt; Muchiki 123; DemNb 350)

פמון #1
Puman (error for Pamun) f Peṭeharpkhrat

001 פומן D7.13:8 חנ.[....] פטחרפחרט בר **פומן** כֹ[...] בר

פמון #2
[Pa]mun s Kana' (Saqqarah)

001 פמון C3.6:7 [...] לא בג] **פ]מֹון** בר כנא לכנסֹ[...] לא

פמון #3
Pamun s Peṭee[si] (Saqqarah)

001 פמון C4.3:14 פכמי בר וחפרֹ[ע] **פמון** בר פטא[ח]

פמון #4
Pamun f Djeḥo

001 פמון C3.12:9 קלבין 2 היב לצחא בר **פמון** חמר מצרין מאנן 2+3

פמון #5
Pamun f Šamou

001 פמון C3.25:8 בר שמו חלף שמו בר **פמון** [...]. בר פֿתֿום חלף

פמון #6
Pamun f Peṭosiri

001 פמון D6.14fragp:2 כן א[מרת ...] [...] **פמון** [...] [..]....[..]
002 A6.11:6 והלכא לקבל זי קדמן **פמון** אבוהי הוה חשל יחשל על
003 A6.11:3 לי בגה זי **פמון** אבי יתעשת לי ינתנו לי
004 A6.11:4 נשי [ביתה ו]בגה זי **פמון** זך אבוהי בית זרע א
005 A6.11:5 יהיב אחר אנה בגה זי **פמון** זך יהבת לפטסורי אנתם
006 A6.11:1 שלח עלי כן אמר איתי **פמון** שמ[ה א]בי כזי יוזא
007 A6.11:2 ובגה זי הוה מהחסן **פמון** שמה אבי בית זרע א
008 A6.11:3 פטסרי שלח [עלי זי **פמון]** שמה אבוהי זך כזי יוזא

פמונדב.
(Egypt); or read פֿמֹונרֿב.

001 פמונדב. C3.6:8 בג הקר בר **פֿמֹונדֿב.]** [... לא בג פסי

פמונרב.
(Egypt); cf. פמונדב.

פמזא
(Egypt); cf. פמוא

פמט
cf. #3 #2 פמת

פמיא
Pmui (Egypt; Vittmann: DemNb 186); cf. פמוא

פמן
Pamin/Pamun (Egypt; Muchiki 124; DemNb 188, 368)

פמן #1
Pamin/Pamun

001 פמן D7.5:7 זי [הושר]ת לכי ביד **פמן** הבהי [לפטו]סרי אף בעי

פמן #2
Pamin/Pamun s Ankhomnewi

001 פמן C4.9col2:3 בר נבויהב במֹ.[...] **פמן** בר ענחמנוֹי סמתו בר

פמן #3
Pamin/Pamun (Edfu)

001 לפמן D8.3:16 פלקי.[...] [...].. **לפמן** אשל 1 למתנא

פמנ..
(unknown)

001 פמנ.. D20.3:4 מלכא בזי .... בי. **פמנ..**

פמסח
Pemsaḥ (Egypt; Muchiki 124; DemNb 191)

001 לפמסח C3.19:13 [....]3+.[...] **לפמסח** בֿרֿ שחפימו רעי

פמסי
Pmise/Pamise (Egypt; Muchiki 124)

001 פמסי B7.3:7 צדיק א[נה להֹ]חסנותה **פמסי** אבוך לא יהב לי חמר חלף
002 B7.3:5 [להֹ] לאמר אתנא זי ביד **פ]מסי** בר פ]מט זי אנת רשה לי

פמת

Pamet/Pameṭ (Egypt; Zauzich: DemNb 375; cf. Muchiki 125)

#1 פמת Pamet s ?

001 פמת D3.10:2 [...]ב[.]ב[..][.] [...]' · פמת בר ...] [...]מה הו.[...]

#2 פמת [Pa]meṭ f P[mise]/Pa[mise]

001 פמט B7.3:5 זי ביד פ[מסי בר · פ]מט · זי אנת רשה לי ע[ליה לם]

#3 פמת Pameṭ b Paḥe/Pakhoi

001 ופמט B3.12:20 לה ביתה זי פחי · ופמט · אחוהי מלחן זי מיא בני

#4 פמת Pamet s ?

001 פמת C3.15:72 משלך בר אורי כש 2 · פמת · בר סגרי כש 2 ענני בר

פנא

Pana (Egypt; Muchiki 125; DemNb 376f)

#1 פנא Pana, witness

001 פנא B1.1:16 אדלדן כנני [..]מי · פנא · פטמן קשר כתב מכבנת בר

#2 פנא Pana s ?

001 פנא C3.4:9 [...] [...]ב. בר[...] · פֹּנֹא · בר ש.[...] פהו זי עב[ד]

#3 פנא Pana

001 פנא B8.6:4 ור־פ־ש מלל על · פנא · שמה [עבדה זי ....]ם

פנדזמס

(unknown); or read פנרֹזמס

001 פנדזמס D22.24:1 בריך · פנדֹזמס · קדם אוסרי

פנוליה

Penuleyah (Heb; Porten 145)

#1 פנוליה Penuleyah s Yezanyah, f Yezanyah

001 פנוליה B2.10:19 בר ברכיה יזניה בר · פנוליה · אחיו בר נתן ספר מרחק
002 B2.6:38 ושהדיא בגו [אסחור] · פנוליה · בר יזניה[...]יה בר

#2 פנוליה Penuleyah f Ya'uš

001 פנוליה B2.7:13 לה בית יאוש בר · פנוליה · תחתיא לה אגורא זי יהה

#3 פנוליה Penuleyah f Ḥaggai

001 פנוליה B6.4:10 בר צחא שהד חגי בר · פנוליה · שהד יאוש בר [א]זניה

#4 פנוליה Penuleyah f Mešullemet (d)

001 פנוליה C3.15:113 כש 2 משלמת ברת · פנוליה · כש 2 נתון בר פלליה

פנום

(Egypt); cf. **תפנום**

פנית

Paneit (Egypt; DemNb 385)

001 פנית C4.9col2:2 אמה תחנא פסמשך בר · פנֹית · בר נבויהב במֹ.[...]

פנס

Phanes (Gr; Pape-Benseler 1598; Bechtel 440)

001 פנס C3.7JR2:6 ספינה 1 זֹי · פנֹס · ב[ר .... יוני פסלרֹשי]
002 C3.7EV2:17 בקרו לימא ספינה 1 זי · פנֹס · יונ[י פסלרֹשי] כספא תשי

פנפתם

Paneftem (Egypt; Muchiki 126)

001 פנפתם C3.8IIIB:17 [...] זי על תבלא שֹ.[.] · פנפתם · צלצל נוש...[....]..1

פנרזמס

(unknown); cf. **פנדזמס**

פס[...]

(Egypt)

001 פס C3.10:6 ב[ר] [..]..... בר · פס[...]פ. .... [...]

פסא

Pasa or a variant of Pasi (Egypt; Vittmann)

#1 פסא Pasa/Pasi; cf. #8 **פסי**

001 פסא C3.26:29 פסי בר פטבס[תי] · פסא · מלחא [...] שמינפי כא]

#2 פסא Pasa/Pasi; cf. #9 **פסי**

#3 פסא Pasa/Pasi; cf. #13 **פסי** (Edfu)

001 פסא D21.12:1 · פסא · בר[...]

פסו

Paso (Egypt; Vittmann 228; cf. Muchiki 126; DemNb 215)

#1 פסו Paso s Mannuki

001 פסו A4.2:11 מלין לבתכם אתה · פסו · בר מנכי למנפי
002 C4.8:9 נבונדֹ[ן] · פסו · בר מנכי

#2 פסו Paso s Kuši

001 פסו C4.8:4 נתין חגי בר בארי · פסו · בר כשי צֹחחנום בר

פסי — Pasi (Egypt; Muchiki 127; DemNb 412)

#1 פסי — Pasi f Eder

001	פסי	A2.1:10	שלם שבתי בר שוג שלם	פסי	שלם עדר בר פסי שלם
002		A2.1:11	שלם פסי שלם עדר בר	פסי	שלם שאל בר פטחרטיס

#2 פסי — Pasi s ?

001	פסי	C3.6:9	פֿמֿונדב.[...] לא בג	פסי	ברן [...] לא בג פטתורי בר

#3 פסי — Pasi

001	פסי	D3.39fraga:2	לֿיד[...] [...].	פסי]ן	...] [... ...]סכן וכנוהי

#4 פסי — Pasi s Khayof

001	פסי	C3.25:4	....] חלף ל....	פסי[	בר חיף .... גברן

#5 פסי — Pasi

001	פסי	C3.25:12	תפֿנֿוֿם [...] בר	פסי	חֿלף [...]בר פמוֿא

#6 פסי — Pasi f Šara (Saqqarah)

001	פסי	D18.4:1	שרא בר	פסי	

#7 פסי — Pasi s Peṭubas[te]

001	פסי	C3.26:27	[...] אחמ.. לכלביא זי	פס[י]	פסי בר פטבסֿ[תי] פסא
002		C3.26:28	לכלביא זי פס[י]	פסי	בר פטבסֿ[תי] פסא מלחא

#8 פסי — Pasa/Pasi the boatman; cf. #1 פסא

#9 פסי — Pasa/Pasi f Pabi; or read פסֿא

001	פסי	D2.35:5	כתב פבי בר	פסֿי	

#10 פסי — Pasi f Berukah (d)

001	פסי	D8.7:5	מ 1 √ ברוכה ברת	פסי	מ 1 תמן ברת תסי מ 1

#11 פסי — Pasi s Ḥori

001	פסי	D8.7:7	1 תמן ברת תסי מ 1	פסי	בר חורי כסף ש 1 מ 1

#12 פסי — Pasi, woodcutter (Edfu)

001	פסי	D21.14:1		פסֿי	קצֿץ

#13 פסי — Pasa/Pasi (Edfu); cf. #3 פסא

פסמי — Psami (Egypt; Muchiki 127)

#1 פסמי — Psami f ?

001	פסמי	C3.4:5	.[...] [...]חר בר	פסמי	כסף[...] [...].י אחת

#2 פסמי — Psami f Makkibanit

001	פסמי	A2.2:4	אנה לה מן מפי שלם	פסמי	יקה שלם נניחם וכעת
002		A2.2:18	אל תשי מן מכבנת בר	פסמי	סון יבל
003		A2.4:14	פסמי מן מכבנת בר	פסמי	סון יבל
004		A2.3:14	ספרווה זנה אל אבי	פסמי	בר נבונתן מן מכבנת
005		A2.1:13	ספרה זנה שלם אבי	פסמי	מן עבדך נבושה שלם אמי
006		A2.4:14	ספרה זנה אל אבי	פסמי	מן מכבנת בר פסמי סון
007		A2.4:1	בנת בסון על מראי	פסמי	עבדך מכבנת ברכתך לפתח

#3 פסמי — Psami f ?

001	פסמי	D3.2fraga:5	[... ...]נאהב [...]. בר	פסמי	[...]ה בר משלם

#4 פסמי — Psam[i] f ?

001	פסמי	D3.3:1	[...]ן בר	פסמ]י	...] [...]בה בר כב]דא

#5 פסמי — Psam[i] f Zekarya[h]

001	פסמי	B5.3:9	[ ]זכרי[ה] בר	פסמ]י	[

#6 פסמי — Psami

001	פסמי	D9.5:1	...]	פסמי[	[...]דֿעויה

#7 פסמי — Psami f Attarmalki

001	פסמי	B3.2:13	בר בגין עתרמלכי בר	פסמי	זבוד בר זבעדרי

פסמסנית — Psamsineit (Egypt; Muchiki 127f; DemNb 214)

001	פסמסנית	A6.2:2	נופתא לם כן אמר	פסמסני]ת	
002		A6.2:7	ספינתא נחוי זי ביד	פסמסנית	[....] כל תרין

פסמשך — Psamšek/(P)samšek (Egypt; Muchiki 128; DemNb 212)

#1 פסמשך — Psamšek, cohort commander (Saqqarah)

001	לפסמשך	D11.1:1		לפסמשך	ר 1 רבכצרא

#2 פסמשך Psamšek the eunuch

001 לפסמשך D23.1.Va:6 וביתֿ[ה]יֿהיב לפסמשך סֿריֿסֿ[א] חד צדיק[
002 D23.1.Va:6 וביתה יהיבֿ לפסמשך סֿריֿסֿאֿ
003 D23.1.Va:5 ....[.].. ... אֿ.. לפסמֿשך עֿלֿימֿהֿ .... ..[.]ה...

#3 פסמשך Psamšek f Bagadata

001 פסמשך B4.4:20 בר ....] בגדת בר פסמשך] ארורת בר יהנתן שבתי
002 B4.3:24 בגדת [ב]רֿ פסמשך

#4 פסמשך Psamšek (Saqqarah)

001 פסמשך C3.8IIIB:12 ...[.]הֿ עֿל [.] פסמשךֿ לֿ[..]ךֿ [....

#5 פסמשך Psamšek f Ananyah

001 פסמשך D9.10:8 בר וחפר״ע׳ ענניה בר פסמשך

#6 פסמשך Psamšek f ?

001 פסמשך C4.1:4 [...] [....]ןֿ בר פסמשך אמה .[...]

#7 פסמשך Psamšek s Djeḥo (Saqqarah)

001 פסמשך C4.3:11 [בר ..]יה[...] פסמשך בר צחא[...] תחותמעו

#8 פסמשך Psamšek f Peṭubaste (Saqqarah)

001 פסמשך B8.4:10 פטובסתי בר פסמשך [.... ...].ה ומן

#9 פסמשך Psamšek f ? (d)

001 פסמשך C3.18:4 [ ]1 [...]ןֿ ברת פסמשך כא 1 ג 1 ח 2+3 [...

#10 פסמשך Psamšek s Ankhoḥapi, official = (P)samšek

001 סמשך A6.10:1 כזי מצריא מרדו אדין סמשך פקידא קדמיא גרדא ונכסיא
002 פסמשך A6.8:3 יהוה לך הן [פסמש]ך אחר קבלת מנך ישלח עלי
003 A6.8:6 על ארמפי על זי [פסמש]ך אמר לא משתמ[ען] לי מן
004 A6.15:2 מן ארשם יהבת על פס[מש]ך בר עחחפי למנתן חלכין
005 A6.4:2 זי בע[ליתא .... פס[מ]שך ברה זי עחחפי זי כען
006 A6.4:4 ומני [י]הב לעחחפי פסמשך ברה שליט יהוי למנשא
007 A6.8:2 צבות ביתא זילי זי פסמשך יאמר לך ולחילא זי לידך
008 A6.3:7 עבדי עחחפי זי פ[ס]משך יהקרב קדמיך ת[מה] אנת
009 A6.3:7 שם טעם סרושי[ת]א זי פסמשך י[שים] להם טעם למעבד
010 A6.15:4 ארשם זי היתיו על פסמשך על חלכיא זי מלכו לי
011 A6.8:1 ארשם על ארמפי וכעת פסמשך פקידא זילי שלח עלי כן
012 A6.3:1 שגיא הושרת לך ו[כעת פס[מ]שך שמה בר עחחפ[י] עלימא

#11 פסמשך Psamšek f Aḥer[ṭais]

001 פסמשך A6.3:4 1 אחר[טיס] בר פסמשך 1 פשובסתי בר חור[1

#12 פסמשך Psamšek s ? = #10?

001 פסמשך D6.3fraga:6 [ ]ביד אנו[...] [...] פסמשך בֿ[...] [...]עבד

#13 פסמשך [Psam]šek = #10?

001 פסמשך D6.3fragb:1 ...] פסמ]שך [...]

#14 פסמשך [Psam]šek = #10?

001 פסמשך D6.6fragm:1 ...] פסמ]שך [...]

#15 פסמשך Psamšek s Waḥpremakhi

001 פסמשך A6.3:4 [1 ... בר ש]חפמו 1 פסמשך בר וחפרעמחי 1 [....]י

#16 פסמשך Psamšek s Paneit

001 פסמשך C4.9col2:2 בר וחפרע אמה תחנא פסמשך בר פנֿית בר נבויהב

פסמשכחסי Psamšekḥasi (Egypt; Muchiki 128f)

001 פסמשכחסי A6.3:6 ארשם [כן] אמר [פ]סמש[כחסי] זכי וכנותה עבדי
002 A6.3:3 אחרי על מראי פסמשכחסי שמה [בר .... 1.... בר

פסמשכמחי Psamšekmakhi (Egypt; Muchiki 129; DemNb 213)

001 פסמשכמחי D2.29fragb:4 צחא [...] [...] עם פסמשכמ]חי [...

פסמשכמר Psamšekmere (Egypt; Muchiki 128)

001 פסמשכמר B8.11:2 מנדתא יתב הן פסמשכמ]רֿ [....] [....]
002 ופסמשכמר B8.11:1 [....] ו[פ]סֿמשכמֿרֿ ברה [..]תֿ[...]

פסרי Pa(u)siri (Egypt; Muchiki 129; DemNb 360)

001 פסרי D15.2:1 חרבך בר פסרי קרב להנאלת אלהתא

פסשן Psošen (Egypt; Vittmann: ‘The Lotus’)

001 פסשן B8.2:6 יהיבת [....] לאיר פֿסשן הוה [....]

פפא Papa (Egypt; Vittmann: ‘He of Buto’; cf. Muchiki 130)

#1 פפא Pap[a] s ?

001 פפא B8.4:18 ברה תחותמעו ברה פפ]א [בֿ[ר]הֿ[....]

פפא #2

פפא #2 Papa s ?

001 פפא B8.4:19 אחרטיס ברתה [....] פפא ברה תסי בֿרֿתה

פפטעונית Peftuauneit (Egypt; Muchiki 130; cf. DemNb 445-48)

001 פפטעונית B2.2:10 לה ובית אספמת בר פפטעונית מלח זי מיא קשיא לעליה
002 B2.3:7 לה בית אספמת בר פפטעונית מלח זי מיא קשיא ביתא
003 B2.1:13 זי בינין ובין בית פפטעונית מלחא הן כליתך אנתן לך

פפתחונס Peftu(au)khons (Egypt; Vittmann; DemNb 447)

001 פפתחונס D6.3fraga:9 ...] [...]תנה עלי.[...] פפתחונס] [...] [...]ען ואחרן]

פק.[...] (Gr)

001 פק.... C3.7BR1:8 ספינה 1 זי מר.ג.ס בר פק.[...] [יו]ני פסלרשי [... ...]

פרד Frada (Pers; Kent 198)

001 פרד C2.1.7:31 מרגו מלך עליהם עבדו [פרד] שמה אחר שלחת לדדרש]

פרדפרן Fradafarnah (Pers; Hinz 96)

001 פרדפרן A6.9:2 פקידא [ז]י בסעלם פרדפרן והו[..]ת [פ]קי[די]א זי

פרורת Fravarti (Phraortes; Pers; Kent 198; Kornfeld 110)

001 פרורת C2.1.5:25 שמה במד[י פרו]רת זך עָם חילא [אזל
002 C2.1.5:26 זי אהורמזד חילא זי [פרורת ק]טלת בֿ [20+3+2]

פרורתפת Fravartipata (Pers; Hinz 99)

001 פרורתפת A3.10:9 אחוכם ספנתדת בר פרורתפת

פרט Pareṭ (Egypt; Vittmann; DemNb 198, 394-95; cf. Muchiki 131)

פרט #1 Pareṭ s ?

001 פרט B8.4:18 1 ט..[...]..[....] פֿרֿט ברה תחותמעו ברה פפא]

פרט #2 Pareṭ (Naukratis)

001 פרט D14.8:1 פֿרֿט

פרי Friya (Pers; Shaked)

001 פרי C3.8IIIB:16 לזכרן על בגפרן [ב]ר פר[י] אתה בבית ספינתא למֿ]

פרימא Pariyama (Anat; Kornfeld 116)

001 פרימא A6.7:7 וחילא הנדיז הוו אדין פרימא זך וכנותה לא שנציו
002 A6.7:3 עבדן זילי במצרין פרימא שמה 1 אמון שמה 1 סרך
003 לפירמא A6.7:9 מנדעם באיש לא יעבד לפירמא זך וכנותה ישתבקו

פריסתן (Gr); cf. **כריסתן**

פריתכם (Gr)

001 פריתכם C3.7JR1:3 כֿריסתן בר פֿריתכֿם] ...] [יו]ני פס[לר]שי

פרם Frama (Pers; Shaked)

001 פרם D22.49:1 ברך ארתויז בר פרם קדם שמש אלהא רבא

פרנדת Farnadata (Pherendates; Pers; Hinz 94)

001 פרנדת D7.39:10 ולא .ל..תֿי אֿף פרנדת להֿ למאמר לה לם בטבה

פרנו Parnu (Pers; Grelot 471; Hinz 180)

001 פרנו B3.12:19 ביניהן עליה לה בית פרנו בר זלי ומרדו אחוהי

פרניש Farniča (Pers; Kornfeld 110)

001 פרניש C4.7:11 איסך פרנם בגבחש פרניש זבמן פרתנזן אשידת

פרנם Farnima (Pers; Shaked)

001 פרנם C4.7:9 ארתבנו ארי איסך פרנם בגבחש פרניש זבמן

פר..ס (unknown); cf. **כד..ס**

פרס Poros (Gr; Kornfeld 118; Katzoff)

001 פרס C3.28:24 יסדרס לגן 2 בר 1 פרס כא 1 בש 1 ר 2 הרגלתי

פרפדצ.[...] cf. **פדפדצ.[...]**

פרפרצ.[...] cf. **פדפדצ.[...]**

פרתוכלס Protokles (Gr; Pape-Benseler 1269)

001 פרתוכלס C3.7KV2:20 ל[י]מא [ס]פינה 1 זי פרתוכלס יוני פסלרשי כספא

פרתנזן Frathanǰana (Pers; Zadok; Shaked; Hinz 99)

פרתנזן #1 Frathanǰana s Artakarana

001 פרתנזן B2.1:17 שמעיה בר הושע שהד פרתנזן בר ארתכרן שהד בגדת

פרתנזן #2 Frathanǰana

001 פרתנזן C4.7:13 בגבחש פרניש זבמן פרתנזן אשידת

פרתני (unknown); or read **נֿרתני**

No.	Form	Ref	Preceding	Keyword	Following
001	פרתני	D1.7:2	לדלי	פֿרתני	שלם[... ...] [...]

פשגז Pasčage(re)z (Pers; Shaked)

No.	Form	Ref	Preceding	Keyword	Following
001	פשגז	D9.10:3	ביתאלנתן בר שורי	פֿשגז	בר וני נבונתן בר אחוני

פשובסתי Pšubaste (Egypt; Kornfeld 92; Muchiki 132)

No.	Form	Ref	Preceding	Keyword	Following
001	פשובסתי	A6.3:4	בר פסמשך 1	פשובסתי	בר חור[. 1 ... בר

פשנפברחף P[šenpe]berekhef (Egypt; Vittmann; cf DemNb 234)

No.	Form	Ref	Preceding	Keyword	Following
001	פשנפברחף	A6.3:3	1 עחחפי בר	פ[שנפ]ברחף	1 אחר[טיס] בר פסמשך

פשנפור Pšenpwer (Egypt; Muchiki 132; DemNb 251, 234)

No.	Form	Ref	Preceding	Keyword	Following
001	פשנפור	D8.3:7	בר ידלה אשלן 1[...]	פשנפור	בר פתו למתנא פשנפמוי

פשנפמוי Pšenpmui (Egypt; Muchiki 130; DemNb 235)

No.	Form	Ref	Preceding	Keyword	Following
001	פשנפמוי	D8.3:8	בר פתו למתנא	פשנפמוי	וצ.. אשלן 2 [...]

פשנפתח Pšenptaḥ (Egypt; Muchiki 133; DemNb 244)

No.	Form	Ref	Preceding	Keyword	Following
001	פשנפתח	A5.1:6	בעזקת פתחוא בר	פשנפתח	בזרע פטנ[תר] אף אגרתא

פשנתסו Pšentesou
(Egypt; Vittmann; cf. Muchiki 133; DemNb 263)

No.	Form	Ref	Preceding	Keyword	Following
001	פשנתסו	B5.6:15	אמֿה	פשנתסו	

פתו Patou (Egypt; Muchiki 134; DemNb 421f)

פתו #1 Patou (Abydos)

No.	Form	Ref	Preceding	Keyword	Following
001	פתו	D22.23:A		פתו	פתו
002		D22.23:B	פתו	פתו	

פתו #2 Patou f Tapmet (d)

No.	Form	Ref	Preceding	Keyword	Following
001	פתו	B3.12:33	יהו אלהא תפממת ברת	פתו	אנתתה כל 2 כפס חד שהד
002		B3.12:3	לאמר אנה 1 תפמת ברת	פתו	כל 2 זבן ויהבן לך ביתן

פתו #3 Patou, alias of Barznarava s Artabarzana

No.	Form	Ref	Preceding	Keyword	Following
001	פתו	D2.12:2	בר ארתברזן הו	פתו	בחתרי זי [א]תרה ביב

פתו #4 Patou s Pkep (Edfu)

No.	Form	Ref	Preceding	Keyword	Following
001	פתו	D8.3:1		פתו	בר פכיף בחקלא[...] פחי
002		D8.3:10	זילה אש{ד}<ל> 1[...]	פתו	בר פכיף דחנא זילה אש[...]

פתו #5 Patou s Patou (Edfu)

No.	Form	Ref	Preceding	Keyword	Following
001	פתו	D8.3:4	זילה א[שלן ...]	פתו	בר פתו ואחוהי [.] פתו

פתו #6 Patou f Patou (Edfu)

No.	Form	Ref	Preceding	Keyword	Following
001	פתו	D8.3:4	א]שלן ...] פתו בר	פתו	ואחוהי [.] פתו בר פתת

פתו #7 Patou s ? (Edfu)

No.	Form	Ref	Preceding	Keyword	Following
001	פתו	D8.3:5	בר פתו ואחוהי [.]	פתו	בר פתת אשל 1 למת[נא ...]

פתו #8 Patou f Pšenpwer (Edfu)

No.	Form	Ref	Preceding	Keyword	Following
001	פתו	D8.3:7	אשלן 1[...] פשנפור בר	פתו	למתנא פשנפמוי וצ..

פתו #9 Patou

No.	Form	Ref	Preceding	Keyword	Following
001	פתו	C3.28:44	זפרה לגן 2 בר 1 ב	פתו	כאן 2 בש 3 שאר^מ^3+2
002		C3.28:41	פתפי לגן 3+1 בר 2	פֿתו	לגן 3+3 בר 3 יוניא
003		C3.28:51	בב 1+2[+1] ש	פתו	לגן 3+3+2 בש 1

פתום Patum (Egypt; Muchiki 134; DemNb 355)

No.	Form	Ref	Preceding	Keyword	Following
001	פתום	C3.25:9	בר פמון [...]. בר	פֿתום	חלף [..]....[...]

פתופעחם Patou-Pakhom
(Egypt; 'He of the Two Lands, the Falcon'; Vittmann)

No.	Form	Ref	Preceding	Keyword	Following
001	פתופעחם	D8.3:2	בחקלא[...] פחי בר	פתופעחם	בח]קלא [...] ורשנף בחקלה

פתחוא (Egypt; cf. Muchiki 135)

No.	Form	Ref	Preceding	Keyword	Following
001	פתחוא	A5.1:6	[.... בעזקת	פתחוא	בר פשנפתח בזרע

פתחור Ptaḥwer (Egypt; Muchiki 136; DemNb 322f)

No.	Form	Ref	Preceding	Keyword	Following
001	פתחור	D8.3:11	דחנא זילה אש[...]	פתחור	אשל 1 למתנא וחענה אשל

פתחמ[...] (unknown)

No.	Form	Ref	Preceding	Keyword	Following
001	פתחמ...	A6.1:7	ארתחשסש [מלכא]	פתחמ[...]	מן ארשם על וחפרעמחי

פתחנופי Ptaḥnufe (Egypt; Muchiki 136; DemNb 489)

No.	Form	Ref	Preceding	Keyword	Following
001	פתחנופי	B8.7:9	מנכי לק[בל מלי	פתחנופי	[....
002		B8.7:3		פתחנופי	כן אמר מ{נ}<כ>דב מנכי
003		B8.7:2	שאיל 2+3+20	פתחנוֿפי	לקבל מלי מנכי

פתחרה (unknown); or read **פטֿחרה**

No.	Form	Ref	Preceding	Keyword	Following
001	פתחרה	D8.6:2	עבדיהו ר 3	פתֿחרה	שמעון מ 1 פ חניה

פתלמיס Ptolemaios (Gr; Preisigke 349; cf. Kornfeld 118)

001 פתלמיס *D8.6:5* מ 2 פ בידיה ר 2 [פ]תלמיס וחבוב מ 1 פ אחיו

פתנם (unknown); cf. **פתגם**, entry 001

פתנשן Patinašana (Pers; Zadok)

001 לפתנשן *B8.5:16* שבק[....]יהיב לפתנשן וכנותה

פתפי Ptepi (Egypt; Kornfeld 93; cf. Muchiki 138)

001 פתפי *C3.28:40* לגן 2[1+1+1] בר 2 פתפי לגן 1+3 בר 2 פתוֹ

002 *C3.28:52* לגן 2+3+3 בש 1 פתפי לגן 2{{2}} בר 2 אביתי

פתרסא (unknown); or read **פתרפֿא**

001 פתרסא *D8.11:3* שרתי √ בר פתרסֿא חנטן √ ק 3+3+3 √

פתרפא (unknown); cf. **פתרסא**

פתרתוס Peitharatos (Gr; Kornfeld 118)

001 פתרתוס *C3.29:9* משח לגין 3+10 פתרתוס משח לגין 2+10 ב

פתת Patutu (Egypt; cf. Muchiki 139)

001 פתת *D8.3:5* ואחוהי [.] פתו בר פתת אשל 1 למת[נא ...] שבתי

פת...ת (Egypt); cf. **בת...ת**

צא cf. #13 **צחא**

צדק Ṣadaq (Heb; Porten 138, 147; Zadok 91; Renz-Röllig 82)

001 צדק *B2.1:2* מלכא אמר קוניה בר צדק ארמי זי סון לדגל וריזת

002 *D2.3:2* [... ... ...]לאדר הו [ ] [צדק] בר] קון ארמי זי[...

003 *B2.2:8* מנה ובית קוניה בר צדק יהודי לדגל אתרופרן

004 *B2.3:6* לה בית קוניה בר צדק מועא שמש לה בית יזן בר

צובא. (unknown)

001 צובא. *B8.4:17* למנת ברה צחא ברה. צובֿא. 1 טֿ..[...]..[....]

צחא Djeḥo (Egypt; Phoen script)

001 צחא *D11.6:3* בן בנחף [..צ]חפמו בן צחא

צחא Djeḥo (Ziha; Egypt; Muchiki 139)

#1 צחא [Dje]ḥo (Korobis); cf. #2 **אחא**

#2 צחא Djeḥo s Ḥikerṭais

001 צחא *D7.13:11* סֿנֿ[...] לך[...] [...] צחא] בר חכרטיס [.] [...

#3 צחא Djeḥo s Abd'amru (Tell el Maskhuta)

001 צחא *D15.3:1* זי קרב צחא בר עבדעמרו להנאלת

#4 צחא Djeḥo (Saqqarah)

001 צחא *D2.29fragb:3* לי[... ...] [...] לא הות[צחא [...] [...] עם פסמשכמ[חי

#5 צחא Djeḥo f Idri (Saqqarah)

001 צחא *C3.8IIIA:8* עדרי בר צחא לדגל [...]

#6 צחא Djeḥo f Esḥor

001 צחא *B2.9:20* כל 2 בני אסחור בר צחא

002 *B2.6:2* מלכ[א] אמר אסחור בר [צח]א ארדכל זי מלכא למח[סיה

003 *B2.9:3* כל 2 בני אסחור בר צחא מן מבטחיה ברת מחסיה

#7 צחא Djeḥo f Psamšek

001 צחא *C4.3:11* [..]יה[...] פסמשך בר צחא] ...] תחותמעו בר

#8 צחא Djeḥo f Ardiya

001 צחא *C4.3:18* ביתא[ל...] ארדי בר צחא] ...] מנכי בר צח[א]

#9 צחא Djeḥ[o] f Mannuki

001 צחא *C4.3:19* צחא] ...] מנכי בר צח[א] ביתאלנורי בר [...]

#10 צחא Djeḥo (Saqqarah)

001 צחא *B8.4:17* אנתתה. למנת ברה צחא ברה צובֿא. 1 טֿ..[...

#11 צחא Djeḥo gf Ḥeremnataṇ s Bet'elnatan

001 צחא *B6.4:9* בר ביתאלנתן בר צחא שהד חגי בר פנוליה שהד

#12 צחא Djeḥo s Pamun

001 לצחא *C3.12:9* קלול 1 קלבין 2 היב לצחא בר פמון חמר מצרין

#13 צחא
Dje(ḥ)o
001 לצחא A3.6:3 ושלח אגרה עלדברכן לצ<ח>א יח]... חזי]

#14 צחא
Djeḥo s Paḥe
001 וצחא A3.6:2 אזלת אנה וצחא בר פחה אמרן לפיסן

#15 צחא
Djeḥo
001 צחא D5.27:1 [...]. צחא [...].

#16 צחא
Djeḥ[o]
001 צחא D4.30:2 ו.[....] צ]חא [...

#17 צחא
Djeḥo
001 צחא A5.4:2 אמיר לשחפימו [ז]ך צחא זך [.... תחותמ]ע
002 A5.4:3 עֿמ[.]גֿ הוה צחא זך [....]ה
003 A5.4:4 ה[....] צחא זך להיתיה ביום 10

#18 צחא
Djeḥo, servant of Anani
001 צחא A4.2:14 להן ונזק ארשם וכפר צ]חא [.... וחורי זי
002 A4.3:6 עליהם מה צבו ומלה זי צחא ˆחור˜ יבעה מנכם אנתם
003 A4.3:4 ביד רכליא על אחרן צחא וחור עלימי ענני אשתדרו

#19 צחא
Djeḥo s Peṭimḥot(p)
001 לצחא C3.19:35 [....] לצחא בֿר פטמיחת בֿר תסֿי

#20 צחא
Djeḥo
001 צחא C3.25:7 [...].. בר שמו חלף צחא אתכלו ש [...].. בר שמו חלף

#21 צחא
Djeḥo s Paḥapi
001 צחא C3.25:6 בר פחי חלף [...].. בר צחא בר פחפי [...].. בר שמו

#22 צחא
Djeḥ[o] s ?
001 צחא C3.15:38 [בר .... כש] 2 צח]א בר .... כש 2] אגרי ב]ך

#23 צחא
Djeḥo s Ḥ[...]
001 צחא C3.14fragecol2:1 נא .... צחא בר ח.... [...] בֿ[...]

#24 צחא
Djeḥo s ?
001 צחא C3.14:6 בר חרוץ [ש]א 1 ש צחא [ב]ר חֿוֿר...[..

#25 צחא
Djeḥo f ?
001 צחא D19.6:1 בר ...[.] צחא

#26 צחא
Djeḥo s Peṭeese (Saqqarah)
001 לצחא B8.12:6 [....]זנֿה ˆיהבן˜ לצחא בר פטאסי

#27 צחא
Djeḥo
001 צחא C3.27:23 קֿבֿ.ה 3 בעלי פתורא צחא 1 פטנתר 1 פבֿי 1 צחא

#28 צחא
Djeḥo
001 צחא C3.27:26 1 פטנתר 1 פבֿי 1 צחא 1 שם 1 פבֿי 1 נפקה

#29 צחא
Djeḥo
001 צחא C3.27:31 ביתא סֿבֿרן 3 עלים צחא סֿבֿר 1 זפתא דמוקלס

#30 צחא
Djeḥo
001 צחא C3.27:2 [...] ב 1+3 לתעבי מטא צחא מנפי ב 2+3 מן פטאסי

#31 צחא
Djeḥo (Saqqarah)
001 צחא B5.6:2 בר .[....] צחא בזכם הנ.הֿ. לאמר

צחחנום
Djeḥekhnum
(Egypt; 'Face of Khnum Speaks'; Vittmann; DemNb 1323)
001 צחחנום C4.8:5 בארי פסו בר כשי צֿחֿחנום בר חנמו אשמכדרי בר

צחי
Djekhy (Egypt; Vittmann; DemNb 1374)
001 צחי D5.28:2 בר[...] צחי ìõ

צחפמו
[Tja]ḥpemou (Egypt; Phoen script)
001 צחפמו D11.6:3 [ ]עבדאסר בן בנחף ..] צ]חפמו בן צחא

צפליא
cf. #1 **צפליה**

צפליה
Ṣapeleyah (Heb; Porten 145)

#1 צפליה
Ṣapeleyah f Mešullemet (d)
001 צפליא C3.15:96 כש 2 משלמת ברת צפליא כש 2 [.]לֿ.. בר[ת]ן ....

#2 צפליה
Ṣapeleyah f Miptaḥ (d)
001 צפליה C3.15:109 כש 2 מפתח ברת צפליה כש 2 נהבת ברת זכור כש

צפניה Ṣephanyah (Zephaniah; Heb; Porten 140; Renz-Röllig 83)

צפניה #1 Ṣephanyah s Makki

001 צפניה B5.1:11 שלומם בר עֻזרי̊ה צפניה בר מכי

צפניה #2 Ṣephanyah

001 צפניה D4.13:5 [ ]שלמם[...] ...]צפניה[... [...] זך .[...]

צפניה #3 Ṣephanyah f Zakkur

001 צפניה D9.3:1 √ זכור בר צפני]ה ...] משלם בר הודו √
002 B2.3:32 בר ענניה זכור בר צפניה שהד הושע בר דעויה
003 B2.4:20 ענניה שהד זכור בר צפנ̇י̇ה שהד הושע ב[ר] דעויה

צפניה #4 Ṣephanyah ggf Hoš[aʿyah s Natan] s Hošaʿyah

001 צפניה C3.15:7 [נתן] בר הושעיה בר צפניה כסף ש 2 לה נתן ב]ר

צפר...[...] (unknown); cf. [...]...חור

ק[...] (unknown)

001 ק... D5.22:1 [... א]ספמת בר ק[...]

קויליה Qavileyah (fem; Heb; Porten 145; cf. Renz-Röllig 83)

001 קויליה D7.1:1 אל אמי קויליה ברכת[.] שלחת לכי כענת

קולא Qavlaʾ (fem; Heb; Porten 145)

001 קולא A4.4:6 תבלא ברת משלם קולא אחתה הא שמהת גבריא זי

קון Qon (Heb; Porten 139)

קון #1 Qon [f Ṣadaq]

001 קון D2.3:2 [... ... ...] [צדק בר] קון ארמי זי[... ...] [... ...]

קון #2 Qon f Yehošamaʿ (d)

001 קון C3.15:120 כש 2 יהושמע ברת קון כש 2

קוניה Qoneyah (Heb; Porten 139)

001 קוניה B2.1:2 חשיארש מלכא אמר קוניה בר צדק ארמי זי סון
002 B2.2:8 למוע שמש מנה ובית קוניה בר צדק יהודי לדגל
003 B2.3:6 דבק תחתיה לה בית קוניה בר צדק מועא שמש לה בית
004 B2.1:20 אגרא זי בנה זי כתב קוניה למחסה
005 B2.1:11 עלויה עד עלא ואנה קוניה לא אכהל אמר למחסה לאמר
006 B2.1:8 ואגרא זך אפם והן מית קוניה מחר או יום אחרן לא יכהל
007 B2.1:15 אחיו ספרא זנה כפם קוניה שהדיא בגו שהד מחסה בר

קינו Qainu (Arab; Kornfeld 70)

001 קינו D15.4:1 זי קינו בר גשם מלך קדר קרב

קלי Qallai (Kallai; Heb; Zadok 147)

001 לקלי D7.33:1 לקלי אחׄיׄ כענת ולדא על לך

קלישדא (unknown); or read **לקלישׂא** or **לקלישׂוא**

001 לקלישדא D3.14:2 ש[...] [...] לקלישדא [...] [...].[...] .[...]

קלישוא (unknown); cf. **קלישדא**

קלישרא (unknown); cf. **קלישדא**

קלקלן Qilqilan (Aram/Akk; Zadok)

001 קלקלן B3.9:10 בגו עתרמלכי בר קלקלן סנכשר בר שבתי שהרעקב

קמוחפי Gemoḥapi (Egypt; Muchiki 141; DemNb 1024)

001 קמוחפי C3.26:24 [...] נטירא [...] קׄמׄוׄחׄפׄיׄ [...] ... מהפׄ..]

קמעם Qomʿam (Aram; Zadok)

001 קמעם D22.18:3 בר א||שמרם בר קמ||עֹם לוׄסׄרׄיׄ

קנ[...] (Aram)

001 קנ... C4.2:8 [...] מרדכעדרי בר קׄנׄ[... ...] נפסי בר חרמחי

קניה Qenayah (Heb; Porten 139)

001 קניה B5.1:2 מלכא אמרת סלואה ברת קניה ויתומה אחתה ליהההאור

קצרי Qoṣri (Heb; Zadok)

001 קצרי B4.2:13 עקבן בר שמשנורי קצרי בר יההרם מחסיה בר

קשר (Aram/Akk; Kornfeld 70)

001 קשר B1.1:17 [..]מי פנא פטמן קשר כתב מכבנת בר נרגי

רוחשן Rauxšana (Pers; Hinz 202)

001 רוחשן B3.9:9 עבד להן ברי יהוה כתב רוחשן בר נרגלשזב כפם אוריה

רוך Rauk (Pers; Shaked; cf. Hinz 202)

001 רוך D7.24:15 מלת ספר הי זי שלח לי רֹוך ושלחת לה למפרש לי מלתא
002 ורוך B5.1:3 יהבו לן דיני מלכא ורוך רבחילא חלף פלג מנתא זי

רוכל Rokel (Aram; Porten 134); or read **דוכל**

001 רוכל B4.4:20 [....] רֹוכל בר אביהו שורי בר

רומא Ruma' (Arab; Zadok); cf. **דומא**

רות Rauta(h) (Pers; Shaked; cf. Hinz 203)

001 רות D9.11:1 רֹות א[.].[.] אתרלי וירשן

רחבל Reḥabel (Aram; Kornfeld 71)

001 רחבל C3.28:37 לגן 3 בר 1 מ 1 פ רחבל לג 1 במ 1 פ עֲבַדְיֹ

רלי (unknown); cf. **דלי**

רמי Rami (fem; Heb; Porten 137, 147)

001 רמי A4.4:5 [בנא ואתחדו א]סירן רמי אתת הודו אסרשות אתת

רמנדין Ramnadaina (Pers; Hinz 198)

001 רמנדין B2.9:4 רשינכם בדין נפא קדם רמנדין פרתרך וידרנג רב חילא
002 לרמנדין C3.13:52 [...] ולא יהב לרמנדין בירח מסורען [...] חנן

רנפנפרי Renpenofre (Egypt; Muchiki 142; DemNb 714)

001 רנפנפרי B3.2:12 בר אחיו אחושן בר רנפנפרי מחסיה בר ידניה מנכי

רע cf. #1 **רעיה**

רעויה Re'uyah (Heb; Porten 136); cf. **דעויה**

#1 רעויה Re'uyah f Hošea'; cf. #1 **דעויה**

#2 רעויה Re'uyah; cf. #2 **דעויה**

#3 רעויה Re'uyah s ?; cf. #3 **דעויה**

#4 רעויה Re'uyah s Uri; cf. #4 **דעויה**

#5 רעויה Re'uyah s Zekaryah; cf. #5 **דעויה**

רעיאל Ra'i'el (Aram; Zadok)

001 רעיאל B8.4:3 ..יֹ 1 .[...].ח 1 רֹעיאל 1 עדרי 1 [....]ל זֹי

רעיא cf. #3 #2 **רעיה**

רעיה Re'ia (fem; Aram; Kornfeld 71)

#1 רעיה Re'ia

001 רעיה A2.4:3 ואנשתה ובנוהי שלם רעיה אל תצף לחרוץ לה שבק
002 A2.3:1 שלם בית נבו אל אחתי רעיה מן אחכי מכבנת ברכתכי
003 ורע A2.1:3 ותשי וענתי ואטי ורע וכעת מטתני כתנה זי

#2 רעיה Re'ia

001 רעיא A4.4:5 פלול אתת יסלח רעיא [....] תבלא ברת משלם

#3 רעיה Re'ia d Neri

001 רעיא C3.15:89 חורי בר שלם כש 2 רעיא ברת נרי כש 2 יהושמע

רפא Rapha' (Heb; Zadok 96, 156; Renz-Röllig 84) or read **לופא** or **לספא**

001 לרפא D11.16:1 לֹרפא

רשך (unknown); cf. **דשך**

רשת Rašta (Pers; Hinz 200; Kornfeld 111)

001 רשת D6.3frag i:1 .'[...] רֹשת ו[...] [...] עלי' .[...]
002 רשת A6.10:10 [אר]תחי ידע טעמא זנה רשת ספרא מן ארשם על נחתחור
003 A6.11:6 ארתוהי ידע טעמא זנה רשת ספרא מן ארשם על נחתחור
004 A6.12:3 ידע טעמ[א ז]נה רשת ספרא מן ארשם על נחתחור
005 A6.13:5 ארתוהי ידע טעמא זנה רשת ספרא מן ארשם על נחתחור
006 A6.9:6 בגסרו ידע טעמא זנה רשת ספרא מן ארשם על נחתחור

רת[...] (Pers); cf. **דת[...]**

ש[...]

#1 ש[...] (Aram/Egypt)

001 ...ש C3.4:12 נב[...] אספמת בר ש[...]

שבו Šabu (fem; Aram; Kornfeld 72)

001 שבו D19.5:1 שבו ברת חרי

שבי Šobai (Shobai; Aram; Zadok 106; Renz-Röllig 85)

001 שבי D8.12:5 פבא מ 3 כרתרס מ 3 שבי בר בחי מ 3

שבית Šabit (fem; Heb; Zadok 106)

001 שבית C3.15:88 ברת נתן כש 2 שבית ברת חורי בר שלם כש 2

שבניה Šebanyah (Shebaniah; Heb; Zadok 43)

001 שבניה C3.28:104 חנטא[ז]י יחיי בר שׁבניה ביד יונתן רכיסה 3+3

שבעם Šobʿam/Šubaʿam (Heb; Zadok)

001 שבעם D1.17fraga:2 דליה בר ח[גי] שבעם בר עבדיה [...] [...

שבתי Šabbetai (Shabbethai; Heb; Porten 124-25)

שבתי #1 Šabbetai s Šug

001 שבתי A2.1:10 אתה לכן מדעם שלם שבתי בר שוג שלם פסי שלם

שבתי #2 Šabbetai s Kibdaʾ

001 שבתי B4.4:21 ארורת בר יהנתן שבתי בר כבדא כתב

שבתי #3 Šabbetai

001 שבתי D18.18:1 שבתי

שבתי #4 Šabbetai gf ? s Idri

001 שבתי D1.7:3 [... ...] בר עדרי בר שבתי [... ...]סתרי אחוכין ...

שבתי #5 Šabbetai f Sinkišir

001 שבתי B3.9:10 בר קלקלן סנכשר בר שבתי שהרעקב בר כפא נבושלם

שבתי #6 Šabbetai s ?

001 שבתי C3.15:40 אגרי ב[ר .... כש 2] שבתי[ן בר .... כש 2] [10

שבתי #7 Šabbetai s Yidleh (Edfu)

001 שבתי D8.3:6 פתת אשל 1 למת[נא ...] שבתי בר ידלה אשלן 1[...]

שבתי #8 Šabbetai f Šallum (Edfu)

001 שבתי D8.5:3 1 רבנ[ע ...] שלום בר שבתי מ 1 רבנ[ע ...] דלוי בר

ש[...] #2 (Gr)

001 ...ש C3.7JR1:27 1 זי יוכלס בר ש[...] [יוני] פסלרשי

ש.[...]

ש.[...] #1 (Aram/Egypt)

001 ...ש C3.4:9 בר[...] פנא בר ש.[...] פהו זי עב[ד] תדן בר

ש.[...] #2 (Gr)

001 ...ש C3.17fragb:2 ..[...] [...] בר ש.[...] [... ...]ור בר עזן...

ש.[...] #3 (Aram/Egypt)

001 ...ש C3.26:33 כא[...] תרט ברת ש.[...] פטבסתי ב[ר] ..תברא]

ש..גוי (Aram/Akk)

001 ש..גוי C3.14:14 נורשוש שא 1 ש ש[.].גוי בר בלבן שא 1 ש ורד

ש[.]ת[.] (Egypt)

001 D22.11:1 ברך פטמון בר ש[.]ת[.] קדם וסרי

שאול Šaʾul (Saul; Heb; Zadok 110; Edfu)

001 שאול D8.9:6 פ [... ל]גן 10 [...]שאול כוא 1 לגן 10[...]

שאיל Šeʾil (Aram; Kornfeld 72)

שאיל #1 Šeʾil s Ptaḥerṭais

001 שאל A2.1:11 שלם עדר בר פסי שלם שאל בר פטחרטיס ואשה בר

002 A2.5:3 מן זי נפקת מן סון שאל לה הושר לי ספר ומנדעם

שאיל #2 Šeʾil, priest (Saqqarah)

001 לשאיל D18.1:1 לשאיל כמרא זי נבו יתב תקמא

שאילא Šeʾila (Aram; Kornfeld 72)

001 שאילא C3.8IIIA:9 בר שאילא לדגל בגפ[ת ....]

שאל cf. #1 שאיל

שבה Šabah (Heb; Zadok 147)

001 שבה D19.7:1 שבה בר הושע

#9 שבתי — Šabbetai (s) Ḥori (Edfu)

001 שבתי D8.9:11 [...]ף לגן..[...] שבתי חורי לגן 2+3 שבתי בר

#10 שבתי — Šabbetai s Mešullam (Edfu)

001 שבתי D8.9:12 שבתי חורי לגן 2+3 שבתי בר משלם לגן[...] דלוי

#11 שבתי — Šabbetai (s) Ḥaggai (s) Tutu (Edfu)

001 שבתי C3.28:100 שטר 1 בחנטן א 10 שבתי חגי תתו שטר 1 בביתה
002 C3.28:101 1 בביתה {{...}} בב שבתי חגי שטר 1 בחנטן א

#12 שבתי — Šabbetai f Yašib (Edfu) = (s) Yashib (Edfu)

001 שבתי C3.28:86 כהנא גרב 1 מן שבתי ישיב גרבין 2 מן נתני
002 D7.56:2 אל אחי ישיב בר שבתי ואחברוהי אחיכון עקבן

#13 שבתי — Šabbetai (Edfu)

001 שבתי C3.28:73 בר 1 מ 1 פ שבתי בֿזנה לגן 1+3 בר 2

#14 שבתי — Šabbetai

001 שבתי D11.26:2 ב. בלגן 10 שבֿתי לא ידען אנחנה מנינה

שבתית — Šabbetit (fem; Heb; Kornfeld 72; Edfu)

#1 שבתית — Šabbetit (d) Tawe

001 שבתית D8.4:19 תודרס מ 2 תבא מ 2 שבתית תוא מ 1 שלם מ 1

#2 שבתית — Šabbetit d Abri/Gabri

001 שבתית C3.28:81 זבדיה חנטן ס 1 ר 1 שבתית ברת אֿברי חנטן

שגבי — Sagab(a)i (Heb)

001 שגבי D22.41:1 ברך עזריו בר שגבי לחר

שהרעקב — Sahar'aqab (Aram; Kornfeld 72)

001 שהרעקב B3.9:10 סנכשר בר שבתי שהרעקב בר כפא נבושלם בר

שוא — Šewaʾ (Sheva; Aram; Zadok 97)

#1 שוא — Šewaʾ f ?

001 שוא D22.2:1 ... מנכנען בר שוא

#2 שוא — Šewaʾ

001 שוא A3.6:1 [י]שאל בכל עדן שלם שוא ובנוהי שלם אבי[הי וכעת]

#3 שוא — Šewaʾ s Zekaryah

001 שוא A3.9:9 יסלח בר[....]עבדך שוא בר זכריה
002 C4.6:15 בר אורי בר מחסה שוא בר זכריה [...].[...]
003 A3.9:1 [אל מראי יסלח עבדך] שוא שלם מראי אלהיא כלא

שובי — Šobai (Shobai; NWS; cf. Zadok 106; Renz-Röllig 85)

001 לשובי D11.5:1 לשובי בר אפֿרי לחוי בן

שוג — Šug (unknown; Kornfeld 124)

001 שוג A2.1:10 לכן מדעם שלם שבתי בר שוג שלם פסי שלם עדר בר

שוהרם — Šaweram (Aram; Zadok)

001 שוהרם B3.13:12 מנעל כתיב ולא דן כתב שוהרם בר אשמרם בר אשמשזב

שוין — Šawyan (Aram; Zadok)

001 שוין B3.9:12 בר פחא אשמזבד בר שוין

שומן — Somenes/Sumenos (Gr; Pape-Benseler 1424, 1457; Bechtel 414)

001 שומן C3.7CR2:4 למצרין ספינה 1 זי שומן בר שמנֿדס יוני

שורי — Šuri (Aram; Kornfeld 73)

#1 שורי — [...]šuri

001 שורי C3.4:1 ...]]שורי[...] [...] אתחתא כס[ף]

#2 שורי — Šuri s Kurz

001 שורי B4.3:22 שהדיא שורי בר[ן כרז
002 B4.4:20 רֿוכל בר אביהו שורי בר כרז אתעדרי בר [....

#3 שורי — Šuri f Betʾelnatan

001 שורי D9.10:2 א..[...] ביתאלנתן בר שורי פשגז בר וני נבונתן בר

שזבאל — Šezibʾel (Aram)

001 שזבאל C3.13:56a עלדבר פת.[...] [.].לא שזבאל [מש]לם בֿ[ר ....]

שזבנבו — Šezibnabu (Aram/Akk)

001 שזבנבו A3.1:V1 [ ]שזבנבו שלם מראי

שחפימו

שחפימו Tjaḥapiemou (Egypt; Muchiki 143; DemNb 1350f)

שחפימו #1 Tjaḥapiemou

001 שחפמו D7.13:5 ושאל על פטוסרי [...] שחפמו באלף בׄ..[...] ושאל על

שחפימו #2 [Tja]ḥapiemou

001 שחפמו A6.3:4 בר חור[1 ... בר ש]חפמו 1 פסמשך בר וחפרעמחי

שחפימו #3 Tjaḥapiemou

001 לשחפימו A5.4:2 תחותמעו כמר אמיר לשחפימו [ז]ך צחא זך

שחפימו #4 Tjaḥapiemou s ?

001 לשחפימו C3.19:10 בר פטאסי .[...] לשחפימו בר ת֯..ט[...]

שחפימו #5 Tjaḥapiemou f Pemsaḥ

001 שחפימו C3.19:13 [...] לפמסח בׄר שחפימו רעי 1×100+20+3+2[

שחפמו cf. #2 #1 שחפימו

שיב cf. #1 ישיב

שיבה Šibah (Heb; Zadok; cf. Kornfeld 73)

001 שיבה B7.1:2 [אדנן]בו למחסיה בר שיבה ארמי זי סון [לדגל

שכאל Saka'el (Aram; Maraqten 217)

שכאל #1 Saka'el s Nabukaṣir

001 שכאל B3.2:11 נבוׄזׄי {{מכיה}} שכאל בר נבוכצר מכיה בר

שכאל #2 [Sa]ka'el f Zabdi

001 שכאל D2.25:8 [...]זבדי ב[ר ש]כאל [....] חמן שה[ד ... ב]ר

שלוה Šalwah (Heb; Grelot 491; cf. Zadok 101)

001 שלוה A3.7:1 אל מראתי שלוה עבדכי הושע ש[לם....]
002 A3.7:5 הבה בזהב אל מראתי שלוה עבדכי [הושע בר....]

שלום Šallum (Shallum; Heb; Porten 135, 139, 147; Renz-Röllig 86)

שלום #1 Šallum f Menaḥem and s Ho[davyah]

001 שלום B2.10:18 ושהדיא בגו מנחם בר שלום מחסיה בר ידניה מנחם
002 D1.13:9 [... ... מנח]ם בר שלום [...] [... ...]שלם עבדך]
003 B4.6:2 אדין אמר מנחם בר [של]ום ארמי זי יב ברתא לדגל
004 B7.3:1 מומ[אה ז]י מנחם בר שלום בר הו[דויה]
005 C4.6:6 יהוטל חנן בר פחנם שלום בר הו[דויה]
006 D3.17:2 בר {ז}נתן מנחם בר שלום ליחמול ברת נדׄבׄה
007 C3.13:46 זכרן על מנחם בר שלום[ארך אמן 3 כ 2 [...
008 B3.13:13 בגו שהד מנחם בר שלום שהד חגי שהד נחום

שלום #2 Šallum s Menaḥem

001 שלום C3.15:20 [3+10] מאת נבועקב שלום בר מנחם] כסף ש 2 לה [פ

שלום #3 Šallum s Zekaryah

001 שלום C3.15:69 מחסה בר אורי כש 2 שלום בר זכריא כש 2 מנחם בר

שלום #4 Šallum

001 שלום A3.4:1 אל אמ[י] יהוישמע ברך שלום [שלם ושררת שגיא הושרת]

שלום #5 Šallum s Šabbetai (Edfu)

001 שלום D8.5:3 ידלה מ 1 רב[ע ...] שלום בר שבתי מ 1 רב[ע ...]

שלומם Šelomam/Šel(o)mam (Heb; Porten 138)

שלומם #1 Šelomam f Yeho'ur (d)

001 שלומם B5.1:2 אחתה ליהוהאור ברת שלומם אנחן יהבן לכי פלג

שלומם #2 Šelomam s Azaryah

001 שלומם B5.1:10 בר הודׄויׄה שלומם בר עׄזריׄה צפניה בר

שלומם #3 Šel(o)mam s Galgul

001 לשלמם B4.1:1 אמר סמכי בר שׁשר לשלמם בר גלגל לא[מר אנה לא

שלומם #4 [Še]l(o)mam

001 שלמם D3.2fraga:3 [ ]בר[נת]ון[... ... ש]למם [... ...]נאהב [...]. בר

שלומם #5 Šel(o)mam

001 שלמם D4.13:4 [...] [...]. [...] ...[שלמם] [...]צׄפניה[...] [...

שלומם #6 Šel(o)mam s Hodo

001 שלמם D9.3:3 משלם בר הודו √ שלמם בר הודו יאזן בר

#7 שלומם — Šel(o)mam s [O]šeaʿ

001	A3.3:14	אל אחי [....]	שלומם	בר א[ו]שע אחוך אושע
002	A3.3:1	[ב]ית יהו ביב אל ברי	שלומם	[מ]ן אחוך אושע שלם

#8 שלומם — Šelomam h Abihi, s Hodavyah

001	B6.3:10	לאביהי אנתתה [זי	שלומם	אביגרנא זי כסף כרשן
002	B6.3:2	[והן ימות	שלומם	בר שנין [100×1
003	B6.3:12	[לאביהי] אנתתה זי	שלו[מם	ולא דין] שהדיא זכור
004	B6.3:8	שליט[ה אנתי בביתה זי	שלומם	ונכסוהי וקנינה] וזי
005	B6.3:9	לתרכ[ותה מן ביתה זי	שלומם	ונכסוהי ינתן] לאביהי
006	B6.3:7	[לאביהי אנתתה זי	[שלומם	לאם לא שליט[ה אנתי
007	B6.3:6	לא יכהל אח ואחה זי]	שלומם	קריב ורחיק] בעל קריה
008	B6.3:17	[ספרא זנה כפם ....]	ושלומם	בר הוד[ו]

#9 שלומם — Šelomam s Azaryah, f Menaḥem, f Mešullam

001	B2.9:12	וכסף עבור ואחרן זי	שלומם	בר עזריה והן אנחנה
002	B2.9:13	ובנתן ואיש זילן ובני	שלומם	בר עזריה ירשונכם
003	B2.9:6	אסחור אבוכם לקח מן	שלומם	בר עזריה אף אמר איתי
004	B2.9:2	כל 2 בני משלם בר	שלומם	יהודין זי יב בירתא
005	B2.9:19	כל 2 בני מנחם בר	שלומם	לידני]ה ומחסיה כל 2
006	B2.9:17	כל 2 בני משלם בר	שלומם	ˆשהד˜ מנחם בר גדול

#10 שלומם — Šelomam

001	D3.20:2	[...] ענניה [...]	שלומם	[...].יה [מש]לם

שלם — Šillem (Shillem; Heb; Porten 139-40; Renz-Röllig 86)

#1 שלם — Šillem

001	C3.2:3	ש שלמדו ש נתבׄעל	שלם	ש סעדת אתר ש מעׄדת

#2 שלם — Šillem s Hošaʿyah

001	B2.1:19	בנתרש בר וחפרע שהד	שלם	בר הושעיה ספר אגרא זי

#3 שלם — Šillem s ?

001	D9.10:1		שלם	בר א..[...] ביתאלנתן בר

#4 שלם — Šillem f Zakkur

001	B2.7:20	בר שמעיה זכור בר	שלם	ספר בי [זי כתב מ]חסיה
002	B3.10:24	בר יתום זכור בר	שלם	שהד נתן בר יהואור שהד

#5 שלם — Šillem s ? and f Mattan

001	C4.5:4	בר או[ריה] מתן בר	שלם	בר[ן ...] משׁ[ל]ם בר

#6 שלם — Šillem f Šemaʿyah, f Šammuaʿ

001	C3.15:44	ונה [כש] 2 שמוע בר	שלם	[כש] 2 מתן בר ידנ[יה
002	C4.5:6	שמעי[ה] שמעיה בר	]שלם	[... מנחם בר משל[ם]

#7 שלם — Šillem s Natan; cf. #4 שלמיה

#8 שלם — Šillem s Hodo

001	C3.15:42	[א]שמ[..] בר .... כש 2]	שלם	בר הודו] כש 2 חורי בר

#9 שלם — Šillem f ?

001	C3.15:51	[כש] 2 20 [....] בר	שׁלםׄ	כ]ש 2 [..].. בר נת[ן כ]ש

#10 שלם — Šillem gf Šabit d Ḥori

001	C3.15:88	2 שבית ברת חורי בר	שלם	כש 2 רעיא ברת נרי כש

#11 שלם — Šillem f Miptaḥ (d)

001	C3.15:91	מפתח ברת	שלם	כש 2 יחמול ברת פלטי בר

#12 שלם — Šillem f Yaḥmol (d)

001	C3.15:100	ה.... כש 2 יחמול ברת	שלם	כש 2 10+20+20+20

#13 שלם — Šillem s [...ya]h and f Ošeaʿ

001	C3.15:119	כש 2 אושע בר	שלם	ב[ר ....י]ה כש 2 יהושמע

#14 שלם — Šillem

001	D1.14:1	בר שלום [...] [... ...	]שלם	עבדך ...] [... ...]

#15 שלם — Šillem (Edfu)

001	D8.4:20	מ 2 שבתית תוא מ 1	שלם	מ 1 תשפור מ 1 שמעאל מ 1

שלמדו — Šulumaddu (Akk/NWS; Zadok)

001	C3.2:2	כתר שמאב ש[.]	שלמדׄו	ש נתבׄעל שלם ש סעדת

שלמיא — cf. #1 שלמיה

שלמיה — Šelemyah (Shelemiah; Heb; Porten 139-140; Renz-Röllig 86)

#1 שלמיה — [Še]lemyah

001	C3.4:3	[ ]אתחתא כס[ף] [...	ש]למיא	כס[ף] [...]בר עבססכן

שלמיה #2 Šelemyah s Sanballaṭ (Samaria)

001 ושלמיה A4.7:29 ˆבשמן˜ על דליה ושלמיה בני סנאבלט פ˙ח˙ת
002 A4.8:28 בשמן שלחן על דליה ושלמיה ב[ני סנאבלט פחת

שלמיה #3 Šelemyah s Yašub

001 שלמיה C3.15:24 [כ]ש 2 לה 20 שלמיה בר ישוב כש 2 [ל]ה

שלמיה #4 [Šele]m[yah] s Natan s[...ia]h

001 שלם B2.11:16 נתן בר יהואור שהד שלם בר נתן ספר פלגן עבד
002 שלמיה C3.15:118 [בר ....]כש 2] של[מ]יה בר נתן בר [....י]ה

שלמיה #5 Šelem[yah] the priest (Edfu)

001 שלמיה C3.28:113 יהבו לתלי שנתא זא שלמ[יה] כהנא בתמאסר 1+20

שלמם cf. #7 #6 #5 #4 #3 **שלומם**

שלמצין Šelamṣion (Heb; Kornfeld 74; Edfu)

שלמצין #1 Šelamṣion

001 שלמצין D8.9:8 נחתמא בר י.[...] [...] שלמצין[[...] [....]..[...] [... ...]

שלמצין #2 Šelamṣion

001 שלמצין C3.28:80 [ו]נתנת לאבהי שלמצין מנכתא זי זבדיה חנטן

שלמצין #3 Šelamṣion d Azgad

001 שלמצין D21.7:2 עזגד בר מרי שלמצין ברת עזגד עזגד בר

שם (Aram/Egypt)

001 שם C3.27:27 1 פבי 1 צחא 1 שם 1 פבי 1 נפקה אחרי

שמאב Šumʾab (Aram; Zadok)

001 שמאב C3.2:1 כתר[.] שמאב ש שלמדו ש נתבעל

שמאדד Šumʾadad (Aram; Kornfeld 74)

001 שמאדד C3.2:5 סעדת אתר ש מעדת שמאדד ש תו [...]20 [...].[

שמו Šamou (Egypt; Muchiki 143f; DemNb 1348f)

שמו #1 Šamou s Senebneit (Saqqarah)

001 שמו B8.4:13 שמו בר סנבנת בריכאל אחוהי

שמו #2 Šamou (Saqqarah)

001 שמו B8.4:21 פט[...] ברה שמו ברה פטא]ח

שמו #3 Šamou s Konufe

001 שמו A6.2:21 אשרנא זנה יתיהב עליד שמו בר כנופי סגן נגריא
002 A6.2:8 וכנותה פרמנכריא שמו ב[ר] כנופי סגן נגריא

שמו #4 Šamou f ?

001 שמו C3.25:7 בר פחפי [...].. בר שמו חלף צחא אתכלו ש [...]. בר

שמו #5 Šamou f ?

001 שמו C3.25:8 צחא אתכלו ש [...]. בר שמו חלף שמו בר פמון [...].

שמו #6 Šamou s Pamun

001 שמו C3.25:8 ש [...]. בר שמו חלף שמו בר פמון [...]. בר פתום

שמו #7 Šamou s ?

001 שמו C3.14:7 ל. שא 1 הו כ{{ש}} שמו[בר ....]שא 1 ר 2

שמו #8 Šamou f ?

001 שמו C3.26:2 ...ב ל ו...[.] בר שמו כ[..]....[...] כא

שמוח Sammuaḥ (Heb; Porten 142, 147)

שמוח #1 Sammuaḥ s ?

001 לסמוח D5.34:2 [..]....[..] [...] לסמוח בר .[...]

שמוח #2 Sammuaḥ f Sallu[ah] (d)

001 סמוח B4.6:3 לסלו[אה] ברת סמוח לאמר איתי לכי עלי כסף ש

שמוח #3 Sammuaḥ f Mešullam

001 שמוח C3.15:21 [ש 2 לה]פ משלם בר שמוח כש 2 לה פלטי בר מיכה

שמוח #4 Sammuaḥ f Gaddul

001 שמוח C3.15:28 הו כש 2 לה גדול בר שמוח הו כש 2 לה משלם בר

שמוע Šammuaʿ (Shammua; Heb; Porten 140, 147)

שמוע #1 Šammuaʿ; cf. #8 **שמעיה**

#2 שמוע — Šammua'

001 שמוע C3.13:59 כל[... ...] שמוע [....]. בכסלו ל...נ.[...]

#3 שמוע — Šammua' s Pelulyah

001 שמוע B3.11:19 נתן בר מעוזיה שהד שמוע בר פלוליה שהד חגי בר

#4 שמוע — Šammua' s Šillem; cf. #9 שמעיה

שמטב — Šumtab (Aram; Kornfeld 74)

001 שמטב D22.9a:2 [א]בֿטֿב בר שמטב
002 D22.9b:2 אבטב בר שמטב

שמינפי — Šemenufe (Egypt; Vittmann; DemNb 966)

001 שמינפי C3.26:30 פסא מלחא [...] שמינפי כא[...] כלבי כא [...]

שמיתי — Šmiti (Smithis; Egypt; Vittmann; cf. DemNb 968)

001 שמיתי D22.54:1 שמיתי

שמן — (unknown)

001 שמן D22.3:1 פבֿי בר שמן בבלי

שמנדס — Simonides (Gr; Pape-Benseler 1394-95)

001 שמנדס C3.7CR2:4 1 זי שומֿן בר שמנֿדס יוני [פסלרשי] [ספינה]

שמעאל — Šema'el (Heb; Kornfeld 74)

001 שמעאל D8.4:22 שלם מ 1 תשפור מ 1 שמעאל מ 1 אברם ר 1 רבע 1

שמעון — Šim'on (Simeon; Heb; Zadok 76, 160, 170; Kornfeld 74; Edfu)

#1 שמעון — [Šim]'on s Dallui

001 שמעון D8.4:7 [... ...].ס ר 2 [... שמ]עֿוֹן בר דלוי . ש 1 מ 2

#2 שמעון — Šim'on

001 שמעון D8.6:2 ר 3 פתֿחֿרה שמעון מ 1 פ חניה ספרא מ 2 מ פ

#3 שמעון — Šim'on (f) Yidleh

001 שמעון D8.6:9 [כ]יה שהדא .3 ידלה שמעון מ 3 ר 2 מ אומכס רֿ 1

#4 שמעון — Šim'on

001 לשמעון D8.8:8 3 לבזכה ק 3 {שלמעון}<לשמעון> ק 3 ליהדת ב 2

#5 שמעון — Šim'on s Ḥaggai s Šumati

001 שמעון C3.28:91 ואנה סלק לאפנא שמעון בר חגי בר שמתי שטר 1
002 C3.28:93 בחמר כאן 20+20 בב שמעון שטר 1 בכרשן 10+2 ש
003 C3.28:95 בֿבֿ 2+3+3 ש 2+10 שמעון שטר 1 [בזוז]ן [בב
004 C3.28:96 1[100×1+3 [בב שֿמֿעֿוֿן] שטר 1 בחלכין 1+3

#6 שמעון — Šim'on s ?

001 שמעון D8.13:1 יהב ש[מע]ון בר פ.שודֿת ואנתתה

#7 שמעון — Šim'on f Obadayah

001 שמעון D21.8:2 עבדיהו בר שמעון

#8 שמעון — Šim'on f Natn(a)i

001 שמעון D21.9:2 נתני בר שמעון

#9 שמעון — Šim'on

001 לשמעון D8.11:9 בגפה √ ק 3 √ לשמעון בגפה ק 3+3

שמעיה — Šema'yah (Shemaiah; Heb; Porten 140; Renz-Röllig 86)

#1 שמעיה — Šema'yah s ?

001 שמעיה C3.3:12 חֿעֿדֿש השן [...] שמעיה ב[רן ....] הושעיה בר

#2 שמעיה — Šema'yah

001 שמעיה D7.16:5 תתכלי על משלמת ועל שמעיה כען החלפי לי שער־ן

#3 שמעיה — Šema'yah s Hošea'

001 שמעיה B2.1:17 בר אתרלי שהד שמעיה בר הושע שהד פרתנזן בר

#4 שמעיה — Šema'yah s Yedanyah

001 שמעיה B2.3:31 מעוזיה בר מלכיה שהד שמעיה בר ידניה שהד ידניה בר
002 B2.4:19 מעוזיה בר מלכיה שהד שמעיה בר ידניה שהד ידניה בר

#5 שמעיה — Šem[a'yah] gf Ošea' s Natan

001 שמעיה D12.1:2 אושע בר נתן בר שֿמֿ[עיה] חנן בר זכור שמעיה

#6 שמעיה — Šema'yah s Zakkur

001 שמעיה D12.1:4 חנן בר זכור שמעיה בר זכור גמריה בר
002 D9.14:7 [...] חרמן ב[ר ...] שמעיה בר זכור עזריה בר מתן

#7 שמעיה — Šemaʿyah f Ḥaggai

No.	Form	Ref.	Preceding	Keyword	Following
001	שמעיה	B2.7:19	..[....]. חַגַּי בר	שמעיה	זכור בר שלם ספר בי
002		B3.8:43	ושהדיא בגו חגי בר	שמעיה	יסלח בר גדול [...] בר
003		B3.4:23	ביתא זך ˆכתב חגי בר	שמעיה	כפם בגזשת ואבל
004		B3.10:22	הו מיצב כתב חגי בר	שמעיה	ספרא זנה ביב ברתא כפם
005		B3.11:17	הו יצב כתב חגי בר	שמעיה	ספרא זנה ביב כפם ענני
006		B3.12:32	כסף כתב חגי בר	שמעיה	ספרא זנה ביב ברתא כפם
007		B4.6:18	[כתב] [חגי בר	שמעיה	ספרא] זנה [כפם מנ]חם
008		C3.14:3	שא 1 ש חגי בַּר	שמעי[ה]	שא 1 ש אשמ.] בר

#8 שמעיה — Šemaʿyah s Ḥaggai

No.	Form	Ref.	Preceding	Keyword	Following
001	שמוע	D4.29:2	[...] ...]	ש]מוע	בר חגי נשכע[דרי ...]
002		C4.4:5	יתום אושע בר הודו	שמוע	בר חגי נתן בר נריה
003	שמעיה	A4.10:3	בר נתן שמה [1]	שמעיה	בר חגי שמה 1 הושע בר

#9 שמעיה — Šemaʿyah s Šillem

No.	Form	Ref.	Preceding	Keyword	Following
001	שמוע	C3.15:44	חורי בר ונה [כש] 2	שמוע	בר שלם [כש] 2 מתן בר
002	שמעיה	C4.5:6	מש[ל]ם בר שמעי[ה]	שמעיה	בר שלם[...] מנחם בר

#10 שמעיה — Šemaʿyah gf Menaḥem s Haṣṣul

No.	Form	Ref.	Preceding	Keyword	Following
001	שמעיה	C3.15:26	בר הצול הו בר	שמע]יה	כש [2 לה סימך בר

#11 שמעיה — Šemaʿyah f Mešullam

No.	Form	Ref.	Preceding	Keyword	Following
001	שמעיה	C4.5:5	בר[...] מש[ל]ם בר	שמעי[ה]	שמעיה בר שלם[...]
002		C3.15:122	אורי כש 2 משלם בר	שמעיה	כש 2 כספא זי קם יומא הו

שמשי — Šimšai (Shimshai; Aram; Kornfeld 75)

No.	Form	Ref.	Preceding	Keyword	Following
001	שמשי	D11.7:1		שמשי	בר חלץ

שמשלך — Šumšillek/Šamaššillek (Aram; Kornfeld 75)

No.	Form	Ref.	Preceding	Keyword	Following
001	לשמשלך	A6.2:8	תבלא ואנחנה החוין	לשמשלך	וכנותה פרמנכריא שמו

שמשנורי — Šamašnuri (Aram; Kornfeld 75)

#1 שמשנורי — Šamašnuri f Aqban

No.	Form	Ref.	Preceding	Keyword	Following
001	שמשנורי	B4.2:12	לך שהדיא עקבן בר	שמשנורי	קצרי בר יההרם מחסיה

#2 שמשנורי — Šamašnuri

No.	Form	Ref.	Preceding	Keyword	Following
001	שמשנורי	D18.16:1	אבותי ברת	שמשנורי	

שמתי — Šumati/Šmiti (NWS/Egypt; Zadok 14, 139; Vittmann)

No.	Form	Ref.	Preceding	Keyword	Following
001	שמתי	C3.28:92	שמעון בר חגי בר	שמתי	שטר 1 בחמר כאן 20+20

שנאבאצר — Sinabuʾuṣur (Akk; Zadok)

No.	Form	Ref.	Preceding	Keyword	Following
001	לשנאבאצר	C3.1:2	[ ].[.].[...] [2] ין	לשנאבאצ]ר	.... ע]ליד דנבו

שנחאריב — cf. סנחאריב

שנדור — Sindur (Akk; Zadok)

No.	Form	Ref.	Preceding	Keyword	Following
001	שנדור	A1.1:9	פחה במתא וספר	שנדור	

שנדן — Siniddin (Akk; Kornfeld 75)

No.	Form	Ref.	Preceding	Keyword	Following
001	שנדן	C3.15:19	] כסף ש 2 להן] כל מאת	שנדן	[3+10] מאת נבועקב

שפטיה — Šephaṭyah (Shephatiah; Heb; Porten 139); cf. #1 פלטיה

שפנית — Šepneit (fem; Egypt; Muchiki 144)

No.	Form	Ref.	Preceding	Keyword	Following
001	ושפנית	A2.7:3	אלכי שלם וסרז	ושפנית	ובניה ופטמון שלם

שפתם — Šepetum (fem?; Egypt; Muchiki 144)

No.	Form	Ref.	Preceding	Keyword	Following
001	שפתם	B8.1:13	על[....]	שפתם	הי ירחא לא [....]

שרא — cf. שרה

שרדר — Šarrudur (Akk; Kornfeld 75)

No.	Form	Ref.	Preceding	Keyword	Following
001	ושרדר	A2.3:3	וארג ואסרשת	ושרדר	חרוץ שאל שלמהן וכעת

שרה — Šarah (Aram; Segal 49n16)

No.	Form	Ref.	Preceding	Keyword	Following
001	שרה	D18.5:a	פטאסי בר	שרה	
002		D18.5:b	פטאסי בר	שרה	
003	שרא	D18.4:1		שרא	בר פסי
004	לשרה	D21.2:1		לשרה	לחנא

שריה — Serayah (Seraiah; fem; Heb; Porten 142)

No.	Form	Ref.	Preceding	Keyword	Following
001	שריה	D9.14:5	[...] יהוטל בר[ת ...]	שריה	ברת[...] חרמן ב[ר ...]
002		C3.15:4	בר זכור כסף ש 2	שריה[	בר]ת הושע בר חרמן

שרנהיב — (P)šerennehib (Egypt; cf Muchiki 144)

No.	Form	Ref.	Preceding	Keyword	Following
001	שרנהיב	B8.12:4	[....].שך פסחמצנותי	שרנהיב	בר[....] [....].

שרעם — Seraʿam (Aram)

No.	Form	Ref.	Preceding	Keyword	Following
001	שרעם	D8.6:6	וחבוב מ 1 פ אחיו	שרעם	מ 1 פ שיב רבא ר

שרתי
Šart(a)i (Aram/Heb; Zadok)

001	שרתי	D8.11:2	לבית בכיא זי [√]	שרתי	√ בר פתרסֹא

שרתית
Šartit (fem; Aram/Heb; Zadok)

001	שרתית	D9.15:3	אתת פבֹן [...]	שרתית	עצב

ששר
Šašar (Heb; cf. Jer. 22:14)

001	ששר	B4.1:1	אמר סמכי בר	ששר	לשלם בר גלגל לא]מר

שתבר
cf. **שתיבר**

שתברזן
Šatibarzana (Satibarzanes; Pers; Hinz 231)

שתברזן #1
Šatibarzana (Saqqarah)

001	שתברזן	C3.8IIIB:35	א]ל[..]לָ[....]ם	שתברזן	זין [....]. עליד
002		C3.8IIIB:30	נוֹ..[..] כֹּן אמר	שתברזן	[.... ...]תֹ שמו טעם
003		C3.8IIIB:34	]	שתבר]זן	שמ[ו טע]םֹ לדגל

שתברזן #2
Šatibarzana s ?

001	שתברזן	B2.1:16	מחסה בר ישעיה שהד	שתברזן	בר אתרלי שהד שמעיה

שתברזן #3
Šatibarzana

001	שתברזן	D1.32:14	[...]ביו אסר כעת	שתברזן	וכנותה כן[...] [...]

שתיבר
Šatibara (Pers; Hinz 231)

001	שתבר	B3.4:2	ונשן וב־־ל ברת	שתבר	כספיה זי סון לדגל
002		B3.4:8	זבן לך לעליה לה בית	שתבר	לתחתיה לה תמי זי חנום
003	שתיבר	B3.5:3	זבנת מן אוביל ברת	שתיבר	ומן בגזושת כספין זי
004		B3.5:11	מערב שמש לה ביתה זי	שתיבר	כספי דבק לה זנה חלק

תאשר
Tešur (fem; Egypt; 'The Syrian'; Vittmann)

001	לתאשר	D21.3:1		לתאשר	

תבא
Tabi (fem; Egypt; DemNb 1172-73; cf. Muchiki 145)

תבא #1
Tabi m Banitsar and sister of Nabusha

001	תבי	A2.2:5	ופלֹת לבנתסר בר	תבי	אחת נבושה כסף ש 3+3
002		A2.2:7	כסף זוז וכעת שלחי על	תבי	ותושר לכי עמר מן קצתה זי
003		A2.6:11	[ס]פרה זנה אל אמי]	[תבי	מן ..ר בר] סרה אפי
004		A2.6:1	אל אחתי	תבי	מן אֹ[חוכי ....]ר ברכתכי
005	ותבי	A2.5:1	אל אחתי תרוֹ	ותבי	מן אחוכן נבושה ומכבנת

תבא #2
Tabi d Taḥapi (Memphis)

001	תבא	D20.5:1	בריכה	תבא	ברת תחפי תמנחא זי אוסרי

תבא #3
Tabi (Saqqarah)

001	תבא	B8.10:6	דגל[א] זי לן שאילת	תבא	וכן אמרת כפם

תבא #4
Tabi m Peṭosiri, Belle, and Lilu

001	תבא	B2.11:4	פטוסירי שמה אמה	תבא	עבד יוד 1 שנית על
002		B2.11:5	מחסיה בלא שמה אמה	תבא	עבד יוד 1 שנית על
003		B2.11:12	תנתן ולא דין אף איתי	תבא	שמה אמהם זי עלימיא אלה

תבא #5
Tabi

001	תבא	C3.17fraga:3	ש[...] [...] בר	תבא	ש[...]

תבא #6
Tabi

001	לתבא	C3.19:8	[נ]פקת נפשה יהיב	לתבא	רעי 3[

תבא #7
Tabi (Edfu)

001	תבא	D8.4:18	מ 1 מצריא תודרס מ 2	תבא	מ 2 שבתית תוא מ 1

תבי
cf. #1 **תבא**

תבלא
Tubla' (fem; Aram; Porten EPE 134n14)

001	תבלא	A4.4:6	יסלח רעיא [....]	תבלא	ברת משלם קולא אחתה הא

תברחש
Thibrachos (Gr; Segal 19-20)

001	תברחש	B8.3:6	[....	תבר]חֹש	זך אנתרֹ ת..ג.[....]
002		B8.3:7	[....].ה הן	תברחש	עבדֹא [....]
003		B8.3:1	[...	תב]רֹחש	שמה עבד כרתך זילי

תדורס
Theodoros (Gr; Kornfeld 118)

תדורס #1
Theodoros (Edfu)

001	תודרס	D8.4:16	3 [... ...]... מ 2	תודרס	מ 1 מצריא תודרס מ 2

תדורס #2
Theodoros (Edfu)

001	תודרס	D8.4:17	2 תודרס מ 1 מצריא	תודרס	מ 2 תבא מ 2 שבתית

תדורס #3
Theodoros (Edfu)

001	ותדורס	C3.29:17	הרמונקתוס 2+3+3	ותדורס	לגין 3+3+10 לקינוס

#4 תדורס Theodoros f Eutychos (Kom el-Aḥmar)

001 תודרס *D8.12:1* אותכס בר תודרס מ 3 מנאס מ 3 ^לחמר

תדן Tadin (NWS; Zadok)

001 תדן *C3.4:11* ש.[...] פהו זי עב[ד] תדן בר נב[...] אספמת בר

תהרקא Taharqa (Egypt; Muchiki 146)

001 תהרקא *D23.1.Va:8* מׄטׄא תמה קם קׄדם תהרקא וה[..] אלה]

002 *D23.1.Va:8* ה הקם וא[פ]ק על. תהרקא מׄלך כׄשיא[כ]זי

003 *D23.1.Va:9* א[...]ן זנה מראי תה[ר]קא דח[..]. למׄותב

004 *D23.1.XI:8* [...]י מתעשתן אנחן עם תהרקא [...]שׄ[..]מו כמרן עבדן

005 ותהרקא *D23.1.XII:9* [...].בׄ.[..]הׄםׄ ותׄהרקׄא שׄהׄ.[...] [...].[.][.].לם

תוא cf. #3 **תויא**

תודרס cf. #4 #2 #1 **תדורס**

תוי (unknown); cf. **נוי**

תויא Tawe (fem; Egypt; Vittmann; DemNb 1169)

#1 תויא Tawe w Aḥerṭais

001 תויא *C3.13:35* [...] [....]3+1 תויא אנתת אחרטיס ש פ 1+3

#2 תויא Tawe m Paḥe/Pakhoi and Pemeṭ

001 תויא *B3.12:20* מלחן זי מיא בני תויא ושוק מלכא ביניהן וכונה

#3 תויא Tawe (m) Šabbetit (Edfu)

001 תוא *D8.4:19* מ 2 תבא מ 2 שבתית תוא מ 1 שלם מ 1 תשפור מ 1

תונפרי Tawennofre (fem; Egypt; Vittmann; DemNb 471)

001 תונפרי *D8.4:24* מ 1 אברם ר 1 רבע 1 תׄונפרי ואנושה ש 1 נתן בר

תורא Twere (fem; Egypt; Muchiki 147; DemNb 1057)

001 תורא *C3.26:9* זי[....]ת כא 10 תורא] כ]א 10 חית.[...] כא 2

תחא cf. #3 #2 **תחוא**

תחבס Takhabes (fem; Egypt; Muchiki 148; DemNb 1208)

#1 תחבס Takhabes m Ankhohapi (Memphis)

001 תחבס *D20.6:1* ענחחפי בר תחבס מנחה זי אוסרי אלהא

#2 תחבס Takhabes (Saqqarah)

001 תחבס *B8.4:16* עדר ברה תנית ברתה תחבס 1 תחה i תסי ברתה

תחה Taḥe (fem; Egypt; Muchiki 148; DemNb 1202; Saqqarah)

#1 תחה Taḥe

001 תחה *B8.4:16* תנית ברתה תחבס 1 תחה i תסי ברתה [..]מׄוׄוׄ

#2 תחה Taḥe

001 תחה *B8.7:3* מנכי באלהׄ מליא תחה] [....]ובניׄה

תחוא Taḥo (fem; Egypt; Vittmann; cf. Muchiki 147; DemNb 1205)

#1 תחוא Taḥo m Yedanyah

001 תחוא *B3.9:3* לאמר ידניה שמה בר תחוא עלימ[א זיל]ך זי יהבת לי

#2 תחוא Taḥo

001 תחא *B8.4:20* ח.בׄ.. ברהׄ תחא ברתה חדׄ.[...

#3 תחוא Taḥo

001 תחא *C3.26:5* פרסא [ביר]חׄ פחנס תחא [כא 1+]2+2 תנרי כא

תחותמעו Ṭḥotmou (Egypt; Muchiki 148)

#1 תחותמעו Ṭḥotmou s ? (Saqqarah)

001 תחותמעו *C4.3:10* [....]פט[...] תחותמׄ]עו בר ..]יה[...] פסמשך

#2 תחותמעו Ṭḥotmou s Betʾe[l...] (Saqqarah)

001 תחותמעו *C4.3:12* פסמשך בר צחא[...] תחותמעו בר ביתא[ל...] פכמי בר

#3 תחותמעו Ṭḥotmou

001 תחותמעו *B8.4:18* פׄרׄט ברה תחותמעו ברה פפ[א]בׄ[ר]הׄ[

#4 תחותמעו Ṭḥotmou, priest

001 תחותמעו *A5.4:3* זך].... תחותמ]עו וכנותה הנש[....] ^עביד

002 *A5.4:2* [....] תחותמעו כמר אמיר לשחפימו [ז]ך

תחי Taḥe/Takhoi (fem; Egypt; Vittmann; DemNb 1237; cf. Muchiki 147)

001 תחי C3.9:20 10+20+20 [...] **תחי** ברתה[...] חוׄר בר[ן

תחמפת Taxmapita (fem; Pers; Hinz 232)

001 תחמפת B8.3:2 עם [....] **תחמפת** ברתה גניב מ[ן..

תחנא Taḥenu (fem; Egypt; Vittmann; DemNb 1204; cf. Muchiki 149)

001 תחנא C4.9col2:1 פטי בר וחפרע אמה **תחנא** פסמשך בר פנׄיׄת בר

תחנום Takhnum (fem; Egypt; Muchiki 149; DemNb 1208)

תחנום #1 Takhnum

001 תחנום A3.7:2 [....]ה וברתה שלם **תחנום** ויהוישמע שלם משלמת

תחנום #2 Takhnum m [...]ʾel

001 תחנום D2.25:6 [... ...] [...]אל בר **תחנום** ספרא] זנ[ה] [... ...]

תחפי Taḥapi (fem; Egypt; Muchiki 149; DemNb 1203)

001 תחפי D20.5:1 בריכה תבא ברת **תחפי** תמנחא זי אוסרי אלהא

תטא (Aram/Egypt)

001 תטא D9.9:14 אספטנסני בר נס[...] **תטא** ביתאלנׄוׄרי[ן ...] כל

תטוסרי Teṭosiri (fem; Egypt; Muchiki 149; DemNb 1156)

תטוסרי #1 Teṭ(o)siri

001 תטסרי A2.2:17 רעיה עמר שלחי לי שלם **תטסרי** אזדהרי בה לשלמכן שלחת

תטוסרי #2 Teṭosiri, slave

001 תטוסרי D7.9:3 לאוריא אף חזי **תטוסׄרי׳** זילן יכתבוה על דרעה

תטוסרי #3 Teṭosiri (Saqqarah)

001 תטוסרי B8.4:7 אלהא יהב להם עלדבר **תטוסרי** אמׄ[....]

תטוסרי #4 Teṭosiri (Saqqarah)

001 תטוסרי B5.6:1 [אמר .... בר ....] אמה **תטוסרי** אחזן קׄ.לׄ ארנׄפי

תטחרור Teṭeḥarwer (fem; Egypt; Muchiki 150; cf. DemNb 324)

001 תטחרור C3.9:17 בר[ן .... יור] **תטחרור** בר[ת] תתף ברתה .[...]

תטחרפחרט Teṭeḥarpkhrat (fem; Egypt; Muchiki 150; DemNb 1158)

001 C3.8fraga:6 לת[טחר]פחרט [...].ם **לת[טחר]פחרט**

תטחרפי Teṭeḥarpoi (fem; Egypt; Muchiki 150; cf. DemNb 329, 331)

001 תטחרפי C4.1:2 [ ]וצחור בר נכו אמה **תטחרפי**[...] [....] בר וחׄפרע

תטסרי cf. #1 תטוסרי

תירי...[...] (Pers)

001 תירי...... A4.2:13 כלוהי על כדא אמר **תירי...[...]** בצות מלכא וכלין להן

תירנ[...] (Pers)

001 תירנ... D6.8fragc:3 [..]סׄ[...]שמה 1 **תירנ[...]** [...]. אחתיזר שמה 1 [...]

תם Tam (fem; Heb; Zadok 25)

001 תם D7.57:4 שלחת לך ביד אחוהא זי **תם** אנתת מלכיה בר עזגד ענז

תמ.[...] (Gr)

001 תמ... C3.7KV2:5 לימא [ספינה] 1 זי **תמׄ.[...]** יוני פס]לרׄשי כספא

תמא Tumaʾ (fem; Aram; Kornfeld 74)

001 תמא D20.2:1 ברכה **תמא** ברת בכרנף לוסרי

תמין Tamin/Tam(i)n (fem; Egypt; Muchiki 151, DemNb 1186)

תמין #1 Tamin d Yahoṭ (Saqqarah)

001 תמין D18.13:a **תמין** ברת יחוט
002 D18.13:b **תמין** ברת יחוט

תמין #2 Tam(i)n d Tasi (m) (Edfu)

001 תמן D8.7:6 ברוכה ברת פסי מ 1 **תמן** ברת תסי מ 1 פסי בר

תמכתס Timokedes (Gr; Bechtel 427)

001 תמכתס C3.7KR2:24 [ס]פינה 1 [ז]י **תׄמׄכתס** בר מכס יוני פסלרׄשי

תמן cf. #2 תמין

תמת cf. #2 תפמת

תמת..[...] (Gr)

No.	Form	Ref	Preceding	Keyword	Following
001	תמת.....	C3.7DR3:9	ספינה 1 זי	תמת..[...]	פסלרשי ספינה 1 רבה

תנו (unknown)

No.	Form	Ref	Preceding	Keyword	Following
001	תנו	C4.2fragd:2	[ ]עם בגפרן [...]עם	תנו	[...].

תנית Taneit (fem; Egypt; Muchiki 152; DemNb 1193)

No.	Form	Ref	Preceding	Keyword	Following
001	תנית	B8.4:15	פחי ברה עדר ברה	תנית	ברתה תחבס 1 תחה 1

תנפי Tanufe (fem; Egypt; Muchiki 151-52; DemNb 1194)

No.	Form	Ref	Preceding	Keyword	Following
001	תנפי	D8.4:11	[..].פסיס ש 1 מ 2 [...].ן בר	תנפי	ש 2 מ 1 רבע 1 פ [... ב]ר

תנרי Tenure (fem; Egypt; Muchiki 152)

No.	Form	Ref	Preceding	Keyword	Following
001	תנרי	C3.26:6	תחא [כא +1]2+2	תנרי	כא 2+3+20 בני

תסא cf. #4 תסי or Tasa (Vittmann)

תסי Tasi (fem; Egypt; 'She of Osiris'; Vittmann; DemNb 1210)

תסי #1 Tasi (Saqqarah)

No.	Form	Ref	Preceding	Keyword	Following
001	תסי	B8.4:16	ברתה תחבס 1 תחה 1	תסי	ברתה [..]מוֹ 1

תסי #2 Tasi (Saqqarah)

No.	Form	Ref	Preceding	Keyword	Following
001	תסי	B8.4:19	ברתה פפא ברה	תסׄי	בׄר[תה ....]

תסי #3 Tasi gm Djeḥo s Peṭimḥot(p)

No.	Form	Ref	Preceding	Keyword	Following
001	תסי	C3.19:35	בׄר פטמיחת בׄר	תסׄי	[..]. לפרמותי רעׄי 1+3×1לף

תסי #4 Tasi d Ḥanniyah (Edfu)

No.	Form	Ref	Preceding	Keyword	Following
001	תסא	C3.28:88	חגי דיפרס גרבין 2	תׄסא	ברת חניה ברכׄסׄא אׄ

תסי #5 Tasi m Tamim (Edfu)

No.	Form	Ref	Preceding	Keyword	Following
001	תסי	D8.7:6	ברת פסי מ 1 תמן ברת	תסי	מ 1 פסי בר חורי כסף ש

תסרי Ta(u)siri (fem; Egypt; Muchiki 153; DemNb 1172)

No.	Form	Ref	Preceding	Keyword	Following
001	תסרי	B8.6:9	מלל על [....].סי	תסׄרי	אמה כל [1+]1 א[ר]מין

תענדי (Anat); or read תענׄרׄי

No.	Form	Ref	Preceding	Keyword	Following
001	תענדי	A6.7:3	1 סרך שמה 1	תענׄדׄי	[ש]מה [1 ....]מׄי

תענרי (Anat); cf. תענדי

תפורתחם Tapwertkhem

(fem; Egypt; Maarav 7 [1991] 224; cf. DemNb 1178)

No.	Form	Ref	Preceding	Keyword	Following
001	תפורתחם	D8.10:6	מ 1 ג 1 זעירה [..]5	תפורתחם	3 3+3+3. כל צפעה

תפחי Tapkhoi (fem; Egypt; DemNb 1181; cf. Muchiki 153)

No.	Form	Ref	Preceding	Keyword	Following
001	תפחי	D9.15:2	אביתי שרׄ[...]	תפחי	אתת פבׄן [...] שרתית

תפממת cf. #2 תפמת

תפמת Tapmet (fem; Egypt; Zauzich: DemNb 1179; cf. Muchiki 154)

תפמת #1 Tapmet

No.	Form	Ref	Preceding	Keyword	Following
001	ותפמת	A2.3:5	תעבדן לה עבד אנה לה	ותפמת	ואחתסן מסבלן לה וכעת
002	לתפמת	A2.3:10	את ערב עליכי אתיה	לתפמת	וכעת מדעם אל תזבני בכסת

תפמת #2 Tapmet d Patou and w Ananyah s Azaryah

No.	Form	Ref	Preceding	Keyword	Following
001	תמת	B3.3:12	מחר או יום אחרן תמות	תמת	ענני הו ^הר^ שליט
002		B3.5:2	אלהא ביב בירתא לנשן	תמת	אנתתה לאמר אנה יהבת לכי
003		B3.7:3	ליהישמע שמה ברי אמה	תמ[ת	]אנתתי לאמר אנה ענני
004		B3.3:4	זנה ועד עלם הנעלת לי	תמת	בידה לבש 1 זי עמר שוה
005		B3.3:11	{{משלם בר זכור הו}}	^תמת	הי^ שליט^ה^ {{בפלג}}
006		B3.3:13	זי יהוון בין {{בין}}	תמת	ובין ענני ואנה משלם
007		B3.3:14	זי אנת תתרך לאמה	תמת	^והן הנצלתה מנך אנתן
008		B3.3:9	מחר או יום אחרן תקם	תמת	ותאמר שנאת לבעלי ענני
009		B3.3:16	בר מחסיה הנעלת	תמת	לענני בידה כסף כרש 1
010		B3.5:6	אנה ענניה יהבת לכי	תמת	מן פלג תרי רבתא ותונה
011	תפממת	B3.12:33	לחנא זי יהו אלהא	תפממת	ברת פתו אנתתה כל 2 כפם
012	תפמת	B3.12:11	לחן ליהו אלהא 1	תפמת	אנתתה פריפת זי משלם בר
013		B3.12:1	לחן זי יהו ונשין	תפמת	אנתתה לחנה זי יהו אלהא
014		B3.12:3	נבוכדרי לאמר אנה 1	תפמת	ברת פתו כל 2 זבן ויהבן
015		B3.6:11	שביקה לאלהא ואמרת	תפמת	ויהישמע ברתה אנחן
016		B3.6:2	לדגל אדננבו לנשן	תפמת	שמה אמתה זי שניתה על
017	ותמת	B3.3:11	זי יהוון בין ענני	ותמת	מחר או יום אחרן תמות
018	ותפמת	B3.12:35	זבן ענני בר עזריה	ותפמת	אנתתה
019		B3.12:24	לה בכסף אנה ענני	ותפמת	אנתתי זי הות גוא למשלם
020	לתמת	B3.3:17	א]נתו זי כתב ענני	לת[מת	
021		B3.5:25	בי זי כתב ענניה	לתמת	אנתתה
022		B3.3:7	בעדה ויאמר שנאת	לתמת	אנתתי כסף שנא בראשה
023		B3.3:8	כסף שנא בראשה ינתן	לתמת	כסף תקלן 3+3+1 ^ר ^2
024		B3.3:3	אתית עליך למנתן לי	לתמת	שמה זי אמתך לאנתו הי
025	לתפמת	B3.6:18	כתב משלם בר זכור	לתפמת	ויהישמ<ע>

תפנום (Egypt); alternatively read ברת פְּנוּם

001	תפנום	C3.25:11	[...] בר	תפְּנוּם	[...] בר פסי

תקותיא Tiqvatiya' (Heb; Porten 137)

001	תקותיא	D1.21:2	שלם אחתי [...] [...]	תקותיא	שלם .[... ...] [...]...

תרבמי Trebemi/Tribemi/Terbemi (Anat; Grelot 494; Zgusta 68-71)

001	תרבמי	D22.27:2	זי אוגננ[...] ובריך	תרבמי	פלותה [ו]אברמוֹשׁ[
002	ותרבמי	D22.25:3	רבה תרכמנה פשדיא	ותרבמי	פלותהּ [ו]אברמוֹשׁ[

תרו Tarou (fem; Egypt; Vittmann; DemNb 1166, 1235; cf. Muchiki 154)

001	תרו	A2.6:8	שאלן שלמכי ושלם	תרו	[ו... ו... וכ]עת שלם
002		A2.5:1	אל אחתי	תרֹו	ותבי מן אחוכן נבושה
003		A2.5:10	שלחת ספרה זנה אל	תרו	מן נבושה בר פטחנם אפי

תרוח Taruḥ (Aram; 'Wild Goat'; Zadok)

001	תרוח	A5.2:3	ם[קד]שאילת [....]	תרו[ח	ו]דינא ואמרת קדם דינ[א
002		A5.2:5	עביד ^לי^ ואמרת קדם	תרוח	ודי[נא] איך
003	לתרוח	A5.2:9	[על] [מראי טב י]שאל	לתרוח	ודינא על דנה כעשק אל

תרט Tareṭ (fem; Egypt; Vittmann 222; cf. Muchiki 155; DemNb 1199f)

תרט #1 — Tareṭ d ?

001	תרט	C3.26:22	פּי[ן ...]..	תרט	[ב]רֹתֹ[...] נטירא [

תרט #2 — Tareṭ d ?

001	תרט	C3.26:33	[...]חרפרן כא[...]	תרט	ברת ש.[...] פטבסתי ב[ר]

תרט #3 — Tareṭ, lass

001	תרט	C3.26:37	[...]פּוֹן מלחא[...]	תרט	עלימ[תא] בגבגן כֹ[א]

תרי Tari (fem; Egypt; Zauzich/Vittmann; DemNb 1070, 1196)

001	תרי	C3.26:8	כא 10+3+2	תרי	זי[....]ת כא 10 תורא[

תריפרן Tirifarnah (Pers; Hinz 237)

001	תריפרן	D15.5:1		תריפרן	

תריפת Tiripata (Pers; Shaked)

001	לתריפת	B8.5:13	[....] יהיב	לתריפת	ו[....] [...]...

תרכמנה Tarkumuna (Anat; Kornfeld 116)

001	תרכמנא	D22.27:1	בריך רבה	תרכמנא	פשדיא זי אוגננ[...]
002	תרכמנה	D22.25:2	בריך רבה	תרכמנה	פשדיא ותרבמי פלותהּ

תשא cf. #3 תשי

תשחלת Tišḥelet (Heb)

001	תשחלת	D9.13:1		תשחלת	ברת[...] [.]....יה ברת[

תשי Tašai (fem; Egypt; Muchiki 155; DemNb 1214)

תשי #1 — Tašai

001	תשי	A2.4:9	1 והוי לקח שערן מן	תשי	ויהב בגשרן ושבק כל גשר
002		A2.3:11	לה וכעת הוי חזית על	תשי	ועל ברה ושלחי כל טעם זי
003		A2.2:1	בנת בסון אֿל אחתי	תשי	מן אחכי מכבנת ברכתכי
004		A2.2:18	שלחת ספרה זנה אל	תשי	מן מכבנת בר פסמי סון
005	ותשי	A2.1:3	שלם נכי ועשה	ותשי	וענתי ואטי ורע וכעת
006	לתשי	A2.6:6	ידכי ואו[שריהי	לתשי	ס]וֹן הלו כספה זי הוה

תשי #2 — Tašai

001	תשי	D1.31fragb+c:5	דמי[ן...] [...]שלם	תשי	ש[לם ...]לם כ.אֿל[...]

תשי #3 — Tašai d Ḥor

001	לתשא	D8.11:7	זי √ אבא ק 3	לתשא	ברת חוֹר בגפה √ ק 3

תשפור Tšepwer (fem; Egypt 'The Daughter of the Great One'; Vittmann; Dem Nb 1098)

001	תשפור	D8.4:21	תוא מ 1 שלם מ 1	תשפור	מ 1 שמעאל מ 1 אברם ר 1

תת Tata (Pers; Hinz 235)

001	תת	B3.5:24	יתום.מתרסרה מגשיא	תת	מגשיא ספר בי זי כתב

תתו Tutu (Egypt; Vittmann: Ranke I 379.17)

001	תתו	C3.28:100	א 10 שבתי חגי	תתוֹ	שטר 1 בביתה {{...}} בב

תתף Tatef (fem; Egypt; 'The One whom He Gave'; Vittmann; cf. Muchiki 156; cf. DemNb 344)

001	תתף	C3.9:18	[יור] תטחרור בר[ת]	תתף	ברתה .[...] חור ברה [

.אבו (unknown)

001	.אבו	B8.4:14	אבוהם כן אמרו הנצל.	.אבוֿ	1 סמשֿס ברתה i

[...]..גות. (unknown)
001 [...]..גות. C3.7ER1:15 [ס]פינה [1 זי ..גות.] [בר ... יוני פסלרשי]

....גלס (Gr)
001 ....גל[ס] C3.7KV3:12 [ ]ספי[נה 1 זי] ....גל[ס] יוני פסלרשי כספא]

...דיה [...]dyah (Heb); or read [...]ריה
001 ...דיה C4.2fragb:1 [...]דיה בר יהורם [...]

..דסניו (Egypt); or read [.]רסניו.
001 ..דסניו C3.11:11 [1+]1+3+3 [.]דסניו בר פטוסרי עבד

....ה (Aram/Heb)
001 ....ה A3.7:2 מראתי אביהי ש]לם ....]ה וברתה שלם תחנום

.ונפן (Aram/Egypt)
001 .ונפן C3.6:6 [לא בג ...].[.] בר .]ונפן [...] [לא בג פ]מון

....ורי (Aram/Egypt)
001 ....ורי C3.26:18 אחוהי א 2 פ [....]ורי כא 2 [....].ת.ח כא 2

.[...]ח (Aram/Egypt)
001 ....ח B8.4:3 1 יעלו 1 ..י 1 [...].ח 1 רעיאל 1 עדרי 1

...ט (Egypt)
001 ...ט C3.9:13 1 נשן רבה [1 בנן 2] [...]ט בר פטוסרי יור [....

.ט.דניה (unknown); or read .ט.רניה
001 .ט.דניה D6.1:1 .ט.דניה שמה[...] זי

.ט.רניה (unknown); cf. .ט.דניה

..י (Aram/Egypt)
001 ..י B8.4:3 ביתאלשרה 1 יעלו 1 ..י 1 .[...].ח 1 רעיאל 1

..ל. (Heb)
001 ..ל. C3.15:97 ברת צפליא כש 2 [.]ל.. בר]ת .... כש 2]

.למנת (unknown)
001 .למנת B8.4:17 1 א.... אנתתה .למנת ברה צחא ברה צובא. 1

..מ. (unknown)
001 ..מ. C3.28:84 [ק 2+]1+3 ..מ. ברת.. [.].[.].[.] חנטן

..מוו (unknown)
001 ..מוו B8.4:16 תחה 1 תסי ברתה [..]מוו 1 א.... אנתתה .למנת

..מי (Aram/Egypt)
001 ..מי B1.1:16 [א]חא אדלדן כנני [..]מי פנא פטמן קשר כתב

.מן (Gr)
001 .מן C3.7KR3:5 [ספינה 1 זי ....] בר .מן יוני פסלרשי [ספינה 1

..ן (Anat)
001 ..ן D22.26:1 למ]חיר]..ן בר מ.תא.ל.. אתה לאבוט

....ן (Egypt)
001 ....ן C4.1:4 אמה ניתרטיס[...] [....]ן בר פסמשך אמה .[...]

..נכל [...]nikkal (Aram/Akk; Zadok)
001 ..נכל C3.14:25 [..] . בר פטנתר שא 1 [..]נכל בר אור שא 1 [כ]ל

...עדרי [...]ʿidri (Aram)
001 ...עדרי D3.39fraga:1 ...]]...עדרי .[...] [...]ליד

[...]פי.. (Egypt)
001 ..פי C3.26:21 [..]2+3+10[...] ..פין ...] תרט [ב]רת[...]

..ר (Aram/Egypt)
001 ..ר A2.6:11 זנה אל אמי [תבי מן ..ר בר] סרה אפי יבל

....ר (Aram/Egypt)
001 ....ר A2.6:1 אחתי תבי מן א]חוכי ....]ר ברכתכי לפתח זי יחוני

...ריה [...]ryah (Heb); cf. ...דיה

..רסניו (Egypt); cf. ..דסניו

..תברא (Aram/Egypt)
001 ..תברא C3.26:35 ש.[...] פטבסתי ב[ר] ..תברא [...] פון מלחא[...]

[...]ב. (Egypt)

001 ב... C3.4:8 בר חחר[...] [...]ב. בר[...] פּנא בר

[...]בופי (unknown); or read [...בֹּזֹפי

001 בופי... B8.5:11 ....] [...בֹּזֹפי רבדגלא מלל על סֿנתו

[...]בזפי (unknown); cf. [...]בופי

[...]בי. (Aram/Egypt)

001 בי.... C3.14:36 ונפרן ...] לֿ[[...]בי.[בר אפה ועדרי בר

[...]ה (Aram/Egypt)

001 ה.. C4.2fragc:3 [..]...ב בר .[...] [..]ה בר ..[...]

[...].ה (unknown)

001 ה.... B8.4:11 פסמשך [.... [...].ה ומן פטאסי תמה

[...]ה (Heb)

001 ה... C3.15:85 כש 2 משלמת ברת [...]ה כש 2 אחת מחתוש מפתח

[...]ור (Heb)

001 ור... C3.17fragb:3 בר ש.[...] [... ...]ור בר עזֿ[... ...] [...]תי ש פ

[...].ורתת (unknown)

001 ורתת. C3.10:4 מסתא אס[.... בר ... .[ורתת] ....] פטחרפחרט ב[ר]

[...]חירנם (fem; unknown)

001 חירנם... B5.6:3 לבבי .... [חירנם[... אמת[א]זילי זי

[...]חר (Egypt)

001 חר... C3.4:5 [ ]בר עבסכןֿ .[...] [... חר[... בר פסמי כסף[...] [... ...]

[...].י (Heb)

001 C3.15:13 ב[ר .... כסף ש 2 לה] [..]י ב[רת זבדי]ה כסף ש 2

[...].י

#1 [...].י (Heb/Aram/Egypt)

001 י. C3.4:6 בר פסמי כסף[...] [... [.י אתת עבדיההו[...]

#2 [...].י (Egypt)

001 י.... C3.25:5 בר חיף .... גברן [...].י בר פחי חלף [...]. בר

[...]י

#1 [...]י (Heb)

001 י... C4.8:1 [...]י בר נתן פטאסי בר

#2 [...]י (Egypt)

001 י... C3.18:6 כא 1 ג 1 ח 2+3 [...]י [ב]רת חור כא 1 ג 1

#3 [...]י (unknown)

001 י... A4.4:2] [...י בר יחֿ[..]אזל לסון

[...]יה[...] (Egypt)

001 יה.. C4.3:10 [...] תחותמֿ[עו בר [..יה] [... פסמשך בר צחא[...]

[...]יה

#1 [...]יה (Heb)

001 יה.... B2.6:38 פנוליה בר יזניה] [...יה בר אחיו מנחם בר

#2 [...]יה (Heb)

001 ו...יה A3.5:9] מחסיה בר .... ו[...יה בר גדו[לֿ] אחוכם

#3 [...]יה (Heb)

001 יה.... C3.15:118 בר נתן בר [....י]ה כש 2 אושע בר שלם ב[ר

#4 [...]יה (Heb)

001 יה.... C3.15:119 2 אושע בר שלם ב[ר ....י]ה כש 2 יהושמע ברת קון

#5 [...]יה (Heb)

001 D9.12:5 ב[ר ...] משלם [...] [...]יה בר זכו[ר ...]

#6 [...]יה (Heb)

001 יה..... D9.13:2 תשחלת ברת[...] [.]....יה ברת[...] [...]בר

[...]כלס (Gr)

001 כלס... C3.7KV2:18]ל[ימא ספי[נה 1 זי [...]כלס יוני פסלרֿשי [כס]פא

[.]כתר (unknown)

001 [.]כתר C3.2:1 [.]כתר שמאב ש שלמדו ש

[...].ם (Aram/Egypt)

001 ....ם C4.2fraga:2 נבודלה] בר [...].ם זי בב[...] בוה בר

[...]...מחות (Egypt)

001 ....מחות B8.5:14 [....]ו [...] .[...]מחות בב[י]תה

[...]מי (Anat/Pers)

001 ....מי A6.7:3 תענדי [ש]מה 1] [....]מי שמה 1 סדסבנז שמה

[...]מן (unknown)

001 ...מן D1.12:8 נחש] [...] [... ....].לל[[...]מן שאל [של]ם סחנ[ו]ם .[...]

[...]מרסלס (Gr)

001 ...מרסלס C3.7KV3:2 לימא ס]פינה 1 זי [...]מרסלס [יוני פסלרשי] [כספא

[...]ן (Egypt)

001 ן C3.18:4 2 [....].[....]1 [...]ן ברת פסמשך כא 1 ג 1 ח

[...]ניה (Heb)

001 [...]ניה D5.41fraga:1 [...]ניה

002 D5.41fragb:1 [...]ניה

[...].ס (Egypt)

001 ....ס C3.9:11 [...]ף ברה תחת מסתא [...].ס ברה תחת מסתא [כל נפש]

[...].סי (unknown)

001 [....].סי B8.6:9 ביתאלשגב מלל על [....].סי תסרי אמה כל [1+1]

[...]עקב (Aram)

001 ...עקב D9.13:5 [ ]בר ביתאלעקב [...] [...]עקב ברה

[...]ף (Egypt)

001 ...ף C3.9:10 [אנת]תה נשן רבה [...]ף ברה תחת מסתא [...].ס ברה

[...].רנף (Egypt)

001 ....רנף B5.6:5 בזן בי [....] [....].רנף ברה כל .... 3 זי לך

[...]רנס.[...] (Egypt)

001 [.רנס] C3.9:20 מסתא [...]ל[...] [.. [.רנס] [....] [...]א אנתת]ה נשן

[...]ת (Egypt)

001 ...ת A4.6:14 [ז]י א[....] [...]ת בר פטנתר שמ[ה] פיא בר

[...].ת.ח (Aram/Egypt)

001 .....ת.ח C3.26:19 פ [....]ורי כא 2 [....].ת.ח כא 2 [....].[.

[...]תפם (Egypt)

001 ...תפם C3.18:5 1 ג 1 ח 2+3 [... [...]תפם ברת חנונית כא 1 ג

אהורמזד — Ahuramazda (Kent 164f)

No.	Form	Ref	Preceding	Keyword	Following
001	אהורמזד	C2.1.1:2	[אנ]ה עבדת בטלל]ה זי	אהורמזד	אחר זי אנה מלך הוית]
002		C2.1.4:10	סעדני בטלה זי	אהורמ]זד	חילא זילי קטלו לחילא
003		C2.1.4:5	[זי] [בטלה] סעדני]	אהורמזד	ח]ילא זילי קטלו למרדיא
004		C2.1.5:13	[זי] [בטלה]י סעד]נ	אהורמזד	חילא זי]לי קטלו
005		C2.1.5:16	סעדני בטלה זי	אהו]רמזד[	חילא זילי למר[ד]יא
006		C2.1.5:26	] ס]עדני בט]ל]ה זי	אהורמזד	חילא זי [פרורת ק]טלת
007		C2.1.7:33	סעדני [בטלה זי	אהורמזד]	חילא זי ל]י ק]טלו
008		C2.1.7:42	ס]עֿדני בטלה זי	אהו]רמזד]	[חי]לא [זיל]י ק]טלו
009		C2.1.8:57	ס]עדני בטלה זי	אה]ורמזד	חילא זי]לי קטלו לחילא]
010		C2.1.11:72	[הן] לא תהצפן	אֹהורמזד	יב]רכנך וירחמנך וזרעך
011		C2.1.11:73	והן תהצפנהי	אהורמזד	יק]ללנך וזרע לא יהוה
012		C2.1.4:10	[שמה ברתא] בארטֿ	[אהור]מֿזֿד	סעדני בטלה זי
013		C2.1.4:4	רבהם] לא הוה תמה	אה]ור[מזד	סעדני [בטלה] [זי]
014		C2.1.5:12	שמה ברתא בארטֿ	אהורמזד	סעד]נ[י בטלה] [זי
015		C2.1.5:16	[שמה] [ברתא בארטֿ	אהו]רמֿזד	סעדני בטלה זי
016		C2.1.5:26	] קרב עבדן קרבא	אהור]מֿ[זד	ס]עדני בֿט]ל]ה זי
017		C2.1.7:32	עבד קרב עם מרג]ו[יא	אהורמזד	סעדני [בטלה זי
018		C2.1.7:42	ק]ר[ב וק]רבא עבדו	אהורמזד]	[ס]עֿדני בטלה זי
019		C2.1.8:55	] וימן אזלו] על.. [ ]	אהורמזד	סעדני ב]טלה זי
020		C2.1.8:57	] לטבת] עבדו קרב	אהורמזד	ס]עדני בטלה זי
021		C2.1.3:4	..] אתנצ]חת בטללה זי	אהו]רמזד	....] זילן
022		C2.1.8:55	סעדני ב]טלה זי	אהורמזד	קטלו חיל]אֿ זֿילי

אוסרי — Osiris (Muchiki 156f; cf. 43f)

No.	Form	Ref	Preceding	Keyword	Following
001	אוסרי	D22.10:1	בריך אבמא. בר חרי קדם	אוסרי	
002		D22.24:2	פנדֿנסֿס קדם	אוסרי	
003		D20.3:2	2 זי חסתמח קריתא קדם	אוסרי	אלהא אבסלי בר אבה אמה
004		D20.5:1	ברת תחפי תמנחא זי	אוסרי	אלהא מנדעם באיש לא עבדת
005		D20.6:1	בר תחבס מנחה זי	אוסרי	אלהא
006		D20.5:3	איש לא אמרת תמה קדם	אוסרי	בריכה הוי מן קדם אוסרי
007		D20.5:3	בריכה הוי מן קדם	אוסרי	מין קחי הוי פלחה נמעתי
008	אסרי	D22.16:2	ברך פטסי קדם	אסר[י]	
009	וסרי	D22.11:1	פטמון בר ש[.]ת[.] קדם	וסרי	
010	לאסרי	D22.13:2	ברך בלהבה	לאסרי	
011		D22.17:1	ברך חגג בר אבלת	לאסרי	
012	לוסרי	D20.2:1	ברכה תמא ברת בכרנף	לוסרי	
013		D22.18:3	בר קמ]ו[עֿם	לֿוסֿרֿי	

אוסרי חפי — Osiris-Ḥapi (Muchiki 157)

No.	Form	Ref	Preceding	Keyword	Following
001	אוסרי חפי	D20.1:4	בנת לה יעבד קדם	אוס]ר[י חפי	
002	לאוסרי חפי	D20.1:2	חתפי לקרבת בנת	לאוס]ר[י חפי	עבד אביטב בר בנת לה

אל — El (DDD 274-80)

No.	Form	Ref	Preceding	Keyword	Following
001	אל	C1.1:109	זילה וינתן לך הקימני	אל	בצדיק עמך
002		C1.1:154	ירפון המו להן זי	אל	עמה
003		C1.1:91	זי יקום קדמוהי להן זי	אל	עמה שפיר מלך למחזה כשמש
004		C1.1:97	] ....ד]ששי בטן וזי לא	אל	עמה מן יהו..אנהי להין[...]ה
005		C1.1:156	יאפף	אל	פם אפכא וינסח לשן]

אמון — Amon (Muchiki 43, 157)

No.	Form	Ref	Preceding	Keyword	Following
001	אמון	D23.1.XII:9	..[...] יומן 1+3 זי	אמֹון	ואנ. .[.].סת מה[.]ין]
002		D23.1.XII:11	ביום[א] זי	אמון	תאתהֿ] ...[. אסהֿדן

אנאלת — cf. הנאלת

אסי — Isis (Muchiki 157; cf. 43)

No.	Form	Ref	Preceding	Keyword	Following
001	אסי	C3.12:27	קלבי 1 לנקיה קדם	אסי	אלהתא קלבי 1 לשרתא חמר
002		C3.12:1	[...] [....]אֿ	אסי	זי מתיהב [....] ....]
003	לאסי	D22.40:1	ברך אוגה	לאסי	

אסרי — cf. אוסרי

אפתח — cf. פתח

אשמביתאל — Ešembetʾel (cf. DDD 157, 174)

No.	Form	Ref	Preceding	Keyword	Following
001	לאשמביתאל	C3.15:127	כ 10+2 ש 3+3	לאשמביתאל	כרשן 1+3+3

אתמנבאן — Atumnebʾon (ʻAtum-lord-of-Heliopolisʼ; DDD 119-24)

No.	Form	Ref	Preceding	Keyword	Following
001	אתמנבאן	D23.1.II:14	זנה קֹ[בל]	אתמנבאן	[...] לא אשכב עמה
002	אתמנבן	D23.1.II:11	ואנת[.]ה ק[ב]ל	אתמנבֿן	אלהא זי לה הן תנתן לין]

ביתאל — Betʾel (DDD 173-75)

No.	Form	Ref	Preceding	Keyword	Following
001	בתאל	A2.1:1	שלם בית	בתאל	ובית מלכת שמין אל אחתי

בל — Bel (DDD 543-49; cf. בעל)

No.	Form	Ref	Preceding	Keyword	Following
001	בל	D7.30:3	חגי אחוך ירחו שלם אחי	בל	ונבו שמש ונר]ג[ל
002		D1.22:1	...[.].. לא]...[ ]... מר]אי	בל	[...]לוה מראי

בנת — Banit (cf. DDD 821-22)

No.	Form	Ref	Preceding	Keyword	Following
001	בנת	A2.2:1	שלם בית	בנת	בסון אל אחתי תשי מן
002		A2.4:1	שלם בית	בנת	בסון על מראי פסמי עבדך
003		A2.2:12	שפרת ואף משח בשם לבת	בנת	ולעד אשכח אש למושרתהם
004		A2.3:7	אנה לחרוץ כות תעבד	בנת	עלי ארה לא אחי הו חרוץ

בעל — Bʿel (DDD 132-39; cf. בל)

No.	Form	Ref	Preceding	Keyword	Following
001	בעל	D21.17:3	לאנן בר אליש כמרא זי	בעל	בעלענות

בעלענות — 'Lord of Anot'

No.	Form	Ref.	Preceding	Keyword	Following
001	בעלענות	D21.17:3	אליש כמרא זי בעל	בעלענות	

בעל שמין — B'elšemayin ('Lord of Heaven'; DDD 149-51)

No.	Form	Ref.	Preceding	Keyword	Following
001	ובעל שמין	A1.1:2	שמיא וארקא	ובעל שמין	אלהו[א

הנאלת — Han'ilat (Rabinowitz 2-4)

No.	Form	Ref.	Preceding	Keyword	Following
001	אנאלת	D23.1.XVII:1	[...]י ... קדם	אנאלת	אלהתא
002	להנאלת	D15.1:1		להנאלת	
003		D15.3:1	קרב צחא בר עבדעמרו	להנאלת	
004		D15.4:1	בר גשם מלך קדר קרב	להנאלת	
005		D15.2:1	חרבך בר פסרי קרב	להנאלת	אלהתא

וסרי — cf. אוסרי

חור — Ḥor (Horus; Muchiki 158)

No.	Form	Ref.	Preceding	Keyword	Following
001	לחר	D22.41:1	ברך עזריו בר שגבי	לחר	

חור[...]

No.	Form	Ref.	Preceding	Keyword	Following
001	לחר...	D22.42:1	ברך גמלן סרצר	לחר[...]	

חנום — Khnum (Muchiki 158)

No.	Form	Ref.	Preceding	Keyword	Following
001	חנוב	A4.5:3	דושכרתא זי כמריא זי	חנוב	אלהא [עבד]ו ביב בירתא
002		A4.7:5	ואזל על מלכא כמריא זי	חנוב	ˆאלהאˆ זי ביב בירתא
003		A4.8:4	מלכא [.... כמריא זי	חנוב	אלהא זי ביב] בירתא כסף
004		A4.5:8	מיא שתין כמריא זי	חנוב	אלך ברא זך סכרו הן אזד
005	חנום	B2.7:15	בר פלטו כמר זי	חנ[ו]ם	אלהא זך ביתא יהבתה לך
006		B3.10:10	חור בר פטאסי גנן זי	חנום	אלהא דבק לדרגא דך מערב
007		B3.11:6	חור בר פטאסי גנן זי	חנום	אלהא דבק לה אגר ˆבאגרˆ
008		B3.4:8	לתחתיה לה תמי זי	חנום	אלהא ושוק מלכא ביניהם
009		B3.5:10	מועה שמש לה תמא זי	חנום	אלהא ושוק מלכא בניהם
010		B3.7:8	בית חור עבד זי	ח[נום	אלהא ....]י אנת
011		D1.12:16	בא.[...] [... ...]ן דבחי	חנום	אלהא [... ...] בכל עדן
012		A4.3:7	לכם לכם ידיע זי	חנום	הו עלין מן זי חנניה
013	חנם	D7.40:3	[ ]ו̇חנתי זי	חנ[ם	...] [...]ז̇ה אף
014		D7.39:4	זי בה שעריˆאˆ זי	חנם	יבלו המˆרˆ בית פטוסרי
015		D7.38:2	10+20 [...]ז̇י	חנם	עליד [...]אוא ויהב [...]ק\
016	ולחנום	D7.21:3	לך ברכתך ליהה	ולחנˆוˆם	כען שלחלי לבשא זי
017	לחנם	D22.43:1	ברך אבינבו	לחנם	
018		D22.44:3	ברך ברך א.. ### נ.ר	לחנם	

חרם — Ḥerem (Porten 168)

No.	Form	Ref.	Preceding	Keyword	Following
001	בחרם	B7.3:3	ימא למשלם בר נתן	בח[רם	אלה]א במסגדא ובענתיהו

חרמביתאל — Ḥerembet'el (cf. DDD 157, 174)

No.	Form	Ref.	Preceding	Keyword	Following
001	חרמביתאל	B7.2:7	מלכיה אקרא לך על	חרמביתאל	אלהא בין [מ]קמן 1+3

יהו — Yahu/Yaho/Ya (cf. DDD 910-19)

No.	Form	Ref.	Preceding	Keyword	Following
001	יהה	D7.35:1	[....]יה שלמך	יהה	[.... ישא]ל בכל עדן כען
002		B2.7:14	תחתיא לה אגורא זי	יהה	אלה מועה לה בית גדול בר
003		B3.3:2	בר עזריה לחן זי	יהה	אלהא זי ביב בירתא
004		D7.18:3	כתוני זי שבקת בית בית	יהה	אמרי לאריה [ו]ירמה על
005	יהו	B3.4:10	למערב שמש ˆלהˆ אגור	יהו	ˆאלהאˆ ושוק מלכא ביניהם
006		D4.9:1	[... בי]ת	יהו	[...]יגדל אח.[...] [...] [...].
007		A3.3:1	[שלם ב]ית	יהו	ביב אל ברי שלמם [מ]ן
008		A4.10:8	מראן [...] ואגורא זי	יהו	אלהא זילן יתבנה ביב
009		A4.7:24	עליהום על אגורא זי	יהו	אלהא למבניה ביב בירתא
010		A4.7:6	תנה הוה לם אגורא זי	יהו	אלהא זי ביב בירתא יהעדו
011		A4.8:24	[עליהום] על אגורא זי	יהו	אלהא למבניה ביב בירתא
012		A4.8:5	הוה ל[ם אגורא זי	יהו	אלהא זי ביב בירתא]
013		A4.8:7	[בירתא לאמר אגורא] זי	יהו	אלהא ביב בירתא ינדשו
014		B2.10:6	מועה שמש לה אגורא זי	יהו	אלהא וארח מלכא בניהם
015		B3.5:10	לה תחתיה לה אגורא זי	יהו	אלהא ושוק מלכא בניהם
016		B3.12:19	מערב שמש לה אגורא זי	יהו	ושוק מלכא ביניהן עליה לה
017		A4.3:1	אוריה וכהניא זי	יהו	אלהא מתן בר ישביה
018		B3.11:2	בר עזריה לחן זי	יהו	אלהא ביב ברתא ליהוישמע
019		B3.5:2	בר עזריה לחן זי	יהו	אלהא ביב בירתא לנשן
020		B3.7:2	בר עזריה לחן זי	יהו	אלהא ליהישמע שמה ברי
021		B3.12:1	בר עזריה לחן זי	יהו	ונשין תפמת אנתתה לחנה
022		B3.10:23	בר עזריה לחנא זי	יהו	אלהא שהדיא בגו שהד
023		B3.11:17	בר עזריה לחנא זי	יהו	אלהא שהדיא בגו שהד נתן
024		B3.12:33	כפם ענני לחנא זי	יהו	אלהא תפממת ברת פתו
025		B3.12:2	תפמת אנתתה לחנה זי	יהו	אלהא שכן יב ברתא לענני
026		A4.7:26	על מדבחא זי	יהו	אלהא בשמך ונצלה עליך בכל
027		A4.8:25	נקרב על מדבחא זי	יהו	אלהא בשמך ונצל[ה עליך
028		A4.8:26	[וצדקה יהוה לך קדם	יהו	אלה] שמיא מן גבר זי יקרב
029		A4.7:27	וצדקה יהוה לך קדם	יהו	אלה שמיא מן גבר זי יקרב
030	ביהו	B2.2:4	וריזת לאמר יאמת לי	ביהו	אלהא ביב בירתא אנת
031		B7.1:4	[ ] [וטעינת מומא]ה לך	ביהו	אלהא כזי נונן לא חמצ[ת
032		B2.2:11	לעליה לה יאמת לי	ביהו	והוטבת לבבי על ארקא זך
033		B2.2:6	לי מומאה למומא	ביהו	עלדבר ארקא זך כזי לא הות
034	ליה	B3.4:25	ויבל לענניה לחן	ליה	ביב
035	ליהה	D7.16:7	ואחט המו בקל כענת חי	ליהה	הן לא על נפשכי .ל.א̇נה
036		D7.21:3	וחין שלחת לך ברכתך	ליהה	ולחנˆוˆם כען שלחלי
037		D7.16:3	בשבה למה הן יאבד	חיליהה	הן לא נפשכ[י] אלקח אל
038	ליהו	A3.3:2	אף אמך כעת ברך אנת	ליהו]	אלהא] [זי יח]וני אנפיך
039		A4.5:15	[....] למעבד תמה	ליהו	א[להא ....]
040		B3.10:2	ענני בר עזריה לחן	ליהו	אלהא ביב ברתא לנשן
041		B3.12:10	ענני בר עזריה לחן	ליהו	אלהא 1 תפמת אנתתה פריפת
042		B3.4:3	בר עזריה לחן	ליהו	אלהא לאמר אנחן זבן ויהבן
043		C3.15:1	יהודיא זי יהב כסף	ליהו	אלהא לגבר לגבר כסף ש[2]
044		B3.2:2	בר עזר[יה]לחן	ליהו	ביב לאמר יהבת לי כסף
045		C3.15:126	שקלן 2+3+3 בגו	ליהו	כ 2+10 ש 3+3

046		A4.7:15	הוין וצימין ומצלין	ליהו	מרא שמיא זי החוין
047		A4.8:14	הוין צי]מן ומצלין	ליהו	מרא שמיא זי] חוינא

מלכת שמין — Malkatšemayin (‘Queen of Heaven’; DDD 678-80)

001	מלכת שמין	A2.1:1	שלם בית בתאל ובית	מלכת שמין	אל אחתי נניחם מן

מן — Min (DDD 577)

001	למן	D22.30:2	ברך נבונתן בר אסחר	למן	
002		D22.31:1	ברך בבי	למן	
003		D22.29:3	ברך אסחור בר ערוד	למן	בשנת 20+3+3+3 למלכא
004		D22.32:1	ברך נטיי	למן	ל

נבו — Nabu (DDD 607-10)

001	נבו	A2.3:1	שלם בית	נבו	אל אחתי רעיה מן אחכי
002		B8.4:7	עבד [....]	נ֯בו֯	אלהא יהב להם עלדבר
003		D23.1.VI:7	[..... הן פר]	נ֯ב֯ו֯	אלהא אמר[....] ...]
004		D18.1:1	לשאיל כמרא זי	נבו	יתב תקמא בסון
005		D23.1.XVIA:2	ליה֯ אל֯הן.	נבו	סן [...]אלהיא[ז]י
006	ונבו	D7.30:3	אחוך ירחו שלם אחי בל	ונבו	שמש ונר[ג]ל
007	לנבו	D11.24:1		לנבו	[...]בו 20 ל....ש[...]

נמעתי — Nemma‘ati (‘Lord-of-the-two-Truths’; Porten-Gee 300)

001	נמעתי	D20.5:4	מין קחי הוי פלחה	נמעתי	ובין חסיה[...].[.].[

נרגל — Nergal (DDD 621f)

001	ונרגל	D7.30:4	שלם אחי בל ונבו שמש	ונר[ג]ל	

סן — Sin (DDD 782f)

001	סן	D23.1.XVIA:2	ליה֯ אל֯הן נבו.	ס֯ן	[...]אלהיא[ז]י

סתי — Sati (Muchiki 159)

001	בסתי	B2.8:5	וימאתי לי עליהם	בסתי	אלהתה וטיב לבבי במומאה

ענתביתאל — Anatbet’el (cf. DDD 41, 157, 174)

001	לענתביתאל	C3.15:128	כרשן 3+3+1	לענתביתאל	כסף כרשן 10+2

ענתיהו — Anatyahu (cf. DDD 41)

001	ובענתיהו	B7.3:3	בח]רם אלה[א במסגדא	ובענתיהו	ו[ימא לה] לאמר אתנא זי

פתח — Ptaḥ (Muchiki 157f)

001	פתח	B4.2:2	[3 ר 1+] 1 באבני	פתח	כסף ש 1 ל10 וירבה עלי
002	אפתח	C3.12:26	1 קלבין 2 לנקיה קדם	אפתח	אלהא רבא קלבי 1 לנקיה
003	לפתח	D1.1:2	א.[... ... ...]ברכתכי	לפתח]	... ...]י עליכי הי
004		A2.1:2	אחכי נבושה ברכתכי	לפתח	זי יחוני אפיך בשלם שלם
005		A2.2:2	אחכי מכבנת ברכתכי	לפתח	זי יחוני אפיכי בשלם שלם
006		A2.3:2	אחכי מכבנת ברכתכי	לפתח	זי יחוני אפיך בשלם שלם
007		A2.4:2	עבדך מכבנת ברכתך	לפתח	זי יחוני אפיך בשלם שלם
008		A2.5:2	ומכבנת ברכנכן	לפתח	זי יחוני אפיכן בשלם וכעת
009		A2.6:1	[....]ר ברכתכי	לפתח	זי יחוני אפיכי בש[לם ....
010	פתח.	D22.8:1	בריך	[.]פתח	קדם מ֯[..]. אלהא שנת 3

שמש — Šamaš (DDD 764-68)

001	שמש	D22.48:1		שמ[ש	...]שמ[ש ...]
002		D22.48:2	שמ[ש ...]	שמ[ש	...]
003		D22.47:4	זי כתב כתבתא זא קדם	שמש	אלהא ב֯ט֯ב֯ ר֯ב֯ ז֯י֯
004		D22.49:2	ברך ארתוזי בר פרם קדם	שמש	אלהא רבא
005		C1.1:197	[ ]למר[אה ...	ש]מש	בדינה כזי עבד לחית֯א֯
006		C1.1:188	הא זנה יקיר [קד]ם֯	שמש	וזי ישתה חמרא ולא[...]
007		D23.1.III-IV:2	[... ...] [... ...	ש֯מ֯ש֯[	[...]....[.]..[.].
008		D23.1.VI:2	[... ...] [... ...	ש֯מ֯ש֯[	... ...] [... ... ...] ...
009	כשמש	C1.1:92	שפיר מלך למחזה	כשמש	ויקיר הדרה לדרכי ארקא
010	לשמש	C1.1:107	שבק בידה אחר אדני	לשמש	הו [י]לקח זילה וינתן לך
011		C1.1:187	שפירה וזי תלתא רחימה	לשמש	ש[תה] חמרא ויניקנהי כבש

..ופדנחתי — or read ..ופ֯ר֯נחתי

001	ל..ופדנחתי	D17.1:5	מלכא	[ל.]ופ֯ד֯נחתי	אלהא דרות [...

..ופרנחתי — cf. ..ופדנחתי

Geographic Names KWIC

אבוט

Aboṭ (Abydos; Muchiki 159)

No.	Form	Ref.			
001	אבוט	D3.14:1	..[...]	אבוט	ש[...] [...] [...] לקלישדא
002	באבט	A3.1:V4	נבונתן	באבט	[....]
003	לאבוט	A4.3:3	וידרנג רב חילא מטא	לאבוט	אסרני עלדבר אבנצרף 1 זי
004	לאבוט	D22.26:1	בר מ.תא.ל.. אתה	לאבוט	[...] קדם [....]

אוגנג[...]

No.	Form	Ref.			
001	אוגנג...	D22.27:1	תרכמנא פשדיא זי	אוגנג[...]	ובריך תרבמי פלותה

אחמתן

Ecbatana (Greenfield-Porten 25)

No.	Form	Ref.			
001	לאחמתן	C2.1.4:7	[למדי אחר אזלו עלי	לאחמתן	[דריה]וש מלכא [כן]

א.כד

cf. ג[.]כד

אלוך

No.	Form	Ref.			
001	באלוך	C2.1.7:37	כמסת זי בבתיא	באלוך	זי ב[א]נז [מן קדמי

אן

On (Heliopolis; Muchiki 229f)

No.	Form	Ref.			
001	באן	D23.1.II:6	[...] ...[...]..[.]... ..... תנהם.	באן	עלת ולא

אנז

Anza (Anshan)

No.	Form	Ref.			
001	באנז	C2.1.7:37	בבתיא באלוך זי	ב[א]נז	[מן קדמי מרדו על]והי

אפי

Api (Luxor; Muchiki 159)

No.	Form	Ref.			
001	אפי	A2.5:10	מן נבושה בר פטחנם	אפי	יבל
002		A2.6:11	[תבי מן ..ר בר] סרה	אפי	יבל
003		A2.7:5	מן אחו[כי א]מי	אפי	יובל

אפק

Afeq (Aphek)

No.	Form	Ref.			
001	אפק	A1.1:4	זי מלך בבל אתו מטאו	אפק	

ארבל

Arbel

No.	Form	Ref.			
001	בארבל	A6.9:1	אפסתבר פקידא זי	בארבל	חל[.] ומתלבש בגפרן

ארזוחן

Arzuḥin

No.	Form	Ref.			
001	בארזוחן	A6.9:1	זתוהי פקידא [זי	ב]ארזוחן	אפסתבר פקידא זי

אררט

Urarṭu (Ararat)

No.	Form	Ref.			
001	אררט	C2.1.4:8	[שלחת לממטה	אררט	מרדיא א]תכנשו [אזלו
002	באררט	C2.1.4:9	[בזוז שמה ברתא]	בארר̇ט	[אהור]מ̇זד סעדני
003		C2.1.5:12	בתגר שמה ברתא	בארר̇ט	אהורמזד סעדנ[י בטלה]
004		C2.1.5:16	בהיו [שמה] [ברתא]	בארר̇ט	אהו]רמזד סעדני בטלה זי
005	לארר̇ט	C2.1.5:20	[קטל] אחר והומס אזל	לארר̇ט	לממטה מרד[י]א̇ אתכנשו
006		C2.1.4:8	א]רדתי עלימי	לארר̇ט	שלחת לממטה ארר̇ט
007		C2.1.5:19	[ש]מה עילמי פרסי	[לארר̇ט]	של[חת] אמרת אזל

ארשד

Aršada (Greenfield-Porten 45)

No.	Form	Ref.			
001	ארשד	C2.1.8:60	[רכבי סוסין [ק]רק	ארשד	[ב]רתא במ[ת הרוחתי

אתור

Aṯṯur (Assyria)

No.	Form	Ref.			
001	אתור	C1.1:4	הוה שנאחריב מלך	אתור	א[חר מית שנ]חאריב מלך
002		C1.1:8	מ̇[ל]ך̇	אתור	אחר אנ]ה ....
003		C1.1:3	זי שנחאריב מלך	אתו[ר	....]אנה לם בנן לא[
004		C1.1:60	זי אסרחא[ד]ן [מלך	אתור	]הו ועל עטתה ומלוהי
005		C1.1H:16	[...] אסרחאדן מ[ל]ך]	את]ור	הו ו[על ...] אל נקטלנהי
006		C1.1:11	רחמה אסרחאדן מלך	אתור	ואמר חין ש[....
007		C1.1:20	[ענה אסרחאדן] [מל]ך	אתור	ואמר לי כותא לם
008		C1.1:32	[ענה אס]רחאדן מלך	אתור	ואמר [....
009		C1.1:10	קדם אסרחאדן מלך	אתור	וחכמה מ[....]
010		C1.1:4	[מית שנ]חאריב מלך	אתור	וקם] אסרחאדן ˆשמה˜ ברה
011		C1.1:14	אנפי אסרחאדן מלך	אתור	טבן ענית ו[אמרת]
012		C1.1:43	[ע]ל עטתה ומלוהי הות	אתור	כלא יבעך [....]ת
013		C1.1:55	סנחאריב מלכא וחיל	אתור	[כל]א̇ הו]ו קרבתא
014		C1.1:61	ועל עטתה ומלוהי חיל]	אתו]ר	כלא הוו אנחנה אל
015		C1.1H:11	[רביא ... [א]בוה זי	את]ור[	כלא]זי על עט]תה ...]
016		C1.1H:1	[על עטתה ומלוה]י הות	אתור	כלא [מ]ס]בל לך כאיש עם
017		C1.1:12	[ס]פרא חכימא יעט	אתור	כלה זי הקים לברה ולא
018		C1.1:2	[ר]בה אחיקר וי[עט	אתור	כלה הוה] [וצ]בית עזקתה
019		C1.1:55	אחיקר אבוה זי	אתור	כלה זי על עטתה סנחאריב
020		C1.1:37	אחר כזי [.... מלך	א]תור	מני עמה גברן 2 אחרנן
021		C1.1:13	קדם אסרח[אד]ן[מלך	אתור[	.... אנה א]חיקר
022		C1.1:7	לאסר[חאדן מלך	אתור	.... מ̇[ל]ך̇
023		C3.7GVEx1:1	בכלת .... מלוכת	אתו̇ר	
024	באתור	C1.1:5	ˆשמה˜ ברה והוה מלך	באתור	חלף שנחאריב [אבוהי

ב[...]

No.	Form	Ref.			
001	בב[...]	C4.2fraga:2	נבודלה[בר ...[.ם זי	בב]ל	...] בוה בר וחפרע עם

בבל

Babel (Babylon)

No.	Form	Ref.			
001	בבאל	A6.13:5	זי מני שים להיתיה	בבאל	ארתוהי ידע טעמא זנה
002		A6.14:3	[בגיא אלך יהי]תה עלי	בבאל	כן עב[דו] כזי לי תחדון
003		A6.14:2	אח[....]ת מהיתין	בב̇[אל]	כ[ע]ת אנתם אתנצח[ו]
004		A6.14:5	או ברה יאתה עלי	בבאל	עם מנדתא מן ורוהי על
005	בבל	D6.7fragIf:1	לם[...]	בבל]	...] [...] ארשם [...]
006		A1.1:4	זי מלך	בבל	אתו מטאו אפק
007		A6.15:1	זילי ˆשלח עלי˜ כן אמר	בבל	לם אגרת מן ארשם יהבת על
008		C2.1.5:25	[מלכא כן אמר אחר מן	בב]ל	[נפ]קת אזל מ[די]
009	בבבאל	A6.15:5	2+3 שטר מן זי יהבו	בבבאל	גברן 2+3 אף קבילה שלח
010	ובבל	A6.15:2	[גברן 3+1+]1	ובבל	[....] לי חלכין 2+3 כל

בימא

001	בבימא	C3.8IIIB:37	עם מרדכשראצר	בבימא	זי סי.. ..מֹאֹבֿ קדם ...

במרשרי
(Muchiki 159f)

001	לבמרשרי	A2.5:6	זי אתה למחתה	לבמרשרי	אתריה ומהי דה זי ספר

ג.כד
or read באֹ[.]כד

001	בג.כד	A6.9:1	מרדך פקידא זי	בגֹ[.]כד	נבודלני פקי[דא]

דמשק
Dameseq (Damascus)

001	בדמשק	A6.9:2	[פ]קי[די]א זי	בדמשק	וכ[ע]ת [ה]א נחתחור

הודשי
Uvadaichaya (Greenfield-Porten 41)

001	בהודשי	C2.1.8:48	וחרא זי עמ̇[ה אחר	בהודשי	בפרס ויזדת וחרא זי

היו
Huyawa

001	בהיו	C2.1.5:15	קרב אחר עבדו קרב	בֿהיו	[שמה] [ברתא בארט

הרוחתי
Arachosia (Greenfield-Porten 43)

001	הרוחתי	C2.1.8:60	ארשֿדֿ [ב]רתא במ[ת	הרוחתי	אזל אחר ו[ימן עֿםֿ
002	בהרוחתי	C2.1.8:53	] זילי פרסי פחתא[זי	בהרוחתי	לם אזלו ל[וימן קטלו
003		C2.1.8:63	] הות זנה] [זי אנה	בהר]וחתי	עבד[ת]
004	להרוחתי	C2.1.8:51	] בר כרש חילא	[להרוחתי	שלח ואיש חד בראשהו[ם

זוז
Zuzu

001	בזוז	C2.1.4:9	] אחר דדרש עבד קרבא	בזוז	שמה ברתא] בארטֿ

חל.

001	חל.	A6.9:1	פקידא זי בארבל	חל[.]	ומתלבש בגפרן פקידא

חנבן
Khanban (Greenfield-Porten 25)

001	בחנבן	C2.1.4:7	] מנ]דֿעם לא ע[בד]	[ב]חֿנבן	[זי ב]מֿדי [תמה

חסתמח
Khastemeḥ (Yoyotte)

001	חסתמח	D20.3:1	ברת עדיה כל 2 זי	חסתמח	קריתא קדם אוסרי אלהא

.חעא[...]

001	ב.חעא	C3.22:9	..חרֿן חקלתא זי	ב.חעא[	...] אשלן

טבה
Ṭbo (Edfu; Muchiki 160)

001	בטבה	D1.17fraga:3	[... ...]ב.דֿתחֿמֿי	בטבה	בירתא אתה חז.[...]
002	בטבה	D7.39:11	לֿהֿ למאמר לה לם	בטבה	שאלת ..לֿ
003	לטבה	C3.28:119	זין של]חת	לטבה	.[...] כ]....

יב
Yeb (Elephantine; Muchiki 160f)

001	יב	B2.10:2	בר אוריה ארמי זי	יב	בירתא קדם וידרנג
002		B2.9:2	בר שלומם יהודין זי	יב	בירתא לדגל אדננבו
003		B3.1:2	ברת משלך נשן זי	יב	בירתא למשלם בר זכור
004		B3.1:3	בר זכור יהודי זי	יב	בירתא לאמר יהבת לי זפת
005		B3.5:4	ומן בגזושת כספין זי	יב	בירתא אנה ענניה יהבתה
006		B3.8:2	בר חגי ארמי זי	יב	בירתא [ל]דגל [אדנ]נבו
007		B5.5:2	] ברת גמריה יהודיה[זי	יב	בירתא לדגלה ארמֿ[יה]
008		B6.1:2	] ... בר ....[ארמי זי	יב	בירתא לדגל אדננבו
009		B3.12:2	לחנה זי יהו אלהא שכן	יב	ברתא לענני בר חגי בר
010		B3.12:3	בר בסס ארמי זי {זי}	יב	ברתא לדגל נבוכדרי לאמר
011		B3.6:2	בר זכור יהודי זי	יב	ברתא לדגל אדננבו לנשן
012		B4.6:2	בר [של]ום ארמי זי	יב	ברתא לדגל נבוכדרי
013		A4.5:5	חד בנ[ו ב]מנציעת בירת	יב	וכען שורא זך בנה במנציעת
014		A4.7:22	ויהודיא כל בעלי	יב	כן אמר־־ן הן על מראן טב
015		A4.8:22	ויהודיא כלא בעלי	יב	כן אמרן הן על מר[א]ן טב
016		B2.2:3	ידניה יהודי זי בבירת	יב	לדגל וריזת לאמר ימאת לי
017		B2.4:2	בר ידניה יה[ודי ז]י	יב	לדגל הומדת ליזניה בר
018		A4.7:8	חילא אחרנן אתו לבירת	יב	עם תליהם עלו באגורא זך
019		A4.8:7	] חילא אחרנן אתו לבירת	יב	[עם] זניהום עלו באגורא זך
020	ביב	A4.4:3	] גבריא ז[י אסירו	ב[י]ב	ברכיא הוש[ע
021		B3.4:25	לענניה לחן ליה	ביב	
022		A3.3:1	[שלם ב]ית יהו	ביב	אל ברי שלמם [מ]ן אחוך
023		B5.5:1	[... ...] אדין	ביב	אמרת מפט[חיה ברת גמריה
024		A4.10:6	גברין 2+3 סונכנן זי	ביב	בירתא מה[חס]נן כן אמרן
025		A4.10:9	יהו אלהא זילן יתבנה	ביב	בירתא כזי קדמ[ן ב]נה הוה
026		A4.5:11	דֿחפניא זי	ביב	ב[ירתא ....]
027		A4.5:3	זי חנוב אלהא [עבד]ו	ביב	בירתא המונית עם וידרנג
028		A4.5:5	מן ידנא זֿי מלכא זי	ביב	בירתא נדשֿו ושור חד בנ[ו
029		A4.7:1	וכנותה כהניא זי	ביב	בירתא שלם מראן אלה שמיא
030		A4.7:13	אבהין בנו אגורא זך	ביב	בירתא וכזי כנבוזי על
031		A4.7:25	זי יהו אלהא למבניה	ביב	בירתא לקבל זי בנה הוה
032		A4.7:5	זי חנוב ˆאלהאˇ זי	ביב	בירתא המונית עם וידרנג
033		A4.7:6	אגורא זי יהו אלהא זי	ביב	בירתא יהעדו מן תמה אחר
034		A4.7:7	בירתא לאמר אגורא זי	ביב	בירתא ינדשו אחר נפין
035		A4.8:12	אבהין בנו אגורא זך	ביב	ב[ירתא וכזי כנבוזי על
036		A4.8:24	זי יהו אלהא למבניה	ביב	בירתא לקבל[זי בנה הוה
037		A4.8:4	] זי חנוב אלהא זי	[ביב]	בירתא כסף ונכסין יהבו
038		A4.8:5	] אגורא זי יהו אלהא זי	ביב	בירתא] יהעדו מן תמה
039		A4.8:7	] אגורא] זי יהו אלהא	ביב	בירתא ינדשו אחר נפין זך
040		A4.9:4	אלה {{שמי}} שמיא זי	ביב	בירתא בנה הוה מן קדמן
041		B2.10:1	דריוהוש מלכא אדין	ביב	בירתא אמר ידניה בר
042		B2.11:1	דריוהוש מלכא	ביב	בירתא אמר מחסיה בר נתן
043		B2.11:15	נבוזראבן ספרא זנה	ביב	בירתא כפם מחסיה וידניה
044		B2.2:3	חרשין חרזמי זי אתרה	ביב	בירתא עביד לדגל ארתבנו
045		B2.2:4	ימאת לי ביהו אלהא	ביב	בירתא אנת ואנתתך וברך כל

No.	Form	Ref	Preceding	Keyword	Following
046		B2.3:2	בר ידניה מהחסן	ביב	בירתא לדגל הומדת לנשן
047		B2.9:1	דריוהוש מלכא אדין	ביב	בירתא אמר מנחם ועnניה
048		B3.3:2	לחן זי יהה אלהא זי	ביב	בירתא למשלם בר זכור
049		B3.5:2	לחן זי יהו אלהא	ביב	בירתא לנשן תמת אנתתה
050		B3.7:2	3 דריהוש מלכא אדין	[ביב	בי]רתא אמר אנה ענני בר
051		B3.8:1	דריוהוש [מלכא אדין]	ביב	בירתא אמר ענניה בר חגי
052		B4.5:1	דריוהוש מלכא	ביב	בירתא[אמר נתן בר]
053		B5.2:1	[ב.... .... אדין	ביב	בירתא] אמר מתן בר
054		B7.2:1	ארתחשסש מלכ[א]	ב[י]ב	בירתא אמר מלכיה בר
055		B7.2:2	בר ישביה ארמי מהחסן	ביב	ב[ירתא לד]גל נבוכד[רי
056		D2.12:3	פתו בחתרי זי [א]תרה	ביב	בירתא עביד לדגל מרי 1
057		D2.12:4	י֯[הו]ד֯י זי	ביב	בירתא מהחסן לדגל <...>
058		B3.10:2	עזריה לחן ליהו אלהא	ביב	ברתא לנשן יהוישמע ברתה
059		B3.10:23	בר שמעיה ספרא זנה	ביב	ברתא כפם ענני בר עזריה
060		B3.11:2	לחן זי יהו אלהא	ביב	ברתא ליהוישמע ברתה לאמר
061		B3.12:32	בר שמעיה ספרא זנה	ביב	ברתא כפם ענני לחנא זי
062		B3.4:4	אפולי בר מסדי זי	ביב	ברתא זי אגרוה קימן
063		B3.12:4	בר מסדי כספי זי	ביב	הו מהחסן ויהבת לן דמי
064		D7.2:5	מן אלפי עבורא זי	ביב	הלו לאיתי לי מלח למשם
065		B3.13:11	ועבור ˆזי תהשכח לי	ביב	ובסון ובמדנתאˆ עד תשלם
066		A4.4:8	בתיא זי עלו בהן	ביב	ונכסיא זי לקחו אתבו אם
067		B3.11:17	בר שמעיה ספרא זנה	ביב	כפם ענני בר עזריה לחנא
068		B3.6:16	כתב חגי ספרא זנה	ביב	כפם משלם בר זכור
069		B3.2:2	בר עזר[יה]לחן ליהו	ביב	לאמר יהבת לי כסף שקלן
070		B4.3:2	[כל 2 יהודין זי	[ביב]	מה֯[חסנן]לאספמ֯[ת
071	ליב	A4.6:11	[....]י אתו	ליב	בירתא [....]

יהוד — Yehud (Judah)

No.	Form	Ref	Preceding	Keyword	Following
001	יהוד	A4.8:18	אחוהי זי ענני וחרי	יהוד	אג[ר]ה חדה [לא שלחו
002		A4.7:1	אל מראן בגוהי פחת	יהוד	עבדיך ידניה וכנותה

יון — Yavan (Ionia)

No.	Form	Ref	Preceding	Keyword	Following
001	יון	B3.12:14	כסף כרש חד שקלן 3 כסף	יון	במנין סתתרי 3+3 שקל 1
002		C3.7FR3:8	....] [....]+2.	י]ו֯ן֯	כ֯נ[דן ....] [חמר]זי
003		C3.7FV3:3	כ 1 בגו חמר]	יון	כנד]ן֯ 20+20+3]
004		C3.7GR2:7	כ 2 ו֯שתות בגו [חמר	]יון	כנ[דן]20+1 ופלג
005		C3.7GV2:5	ופלג בגו חמר	י֯ו֯ן֯	כ֯[נדן
006		C3.7DV2:5	ש 3+3+3 חמר	יון	ספן 1×100+20+3+3+3
007		B3.12:5	1 שקלן תלתה הו 3 כסף	יון	סתתרי 3+3 שקל חד וטיב

יותי — Yautiya (Greenfield-Porten 37)

No.	Form	Ref	Preceding	Keyword	Following
001	ביותי	C2.1.7:36	ש[מה] בפרת֯[ו	בי]ותי	שמה֯ פרסי יתב בפרס

ירושלם — Yerušalem (Jerusalem)

No.	Form	Ref	Preceding	Keyword	Following
001	בירושלם	A4.7:18	וכנותה כהניא זי	בירושלם	ועל אוסתן אחוהˆיˆ זי
002		A4.8:17	[וכנותה כהניא זי	בירושלם]	ועל אוסתן אחוהי זי

כלח — Kalaḥ (Calah)

No.	Form	Ref	Preceding	Keyword	Following
001	בכלח	C3.7GVEx1:1	ס֯נח[אריב מ]לכא	בכלח	.... מלוכת א֯תו֯ר

כנדור — Kundur

No.	Form	Ref	Preceding	Keyword	Following
001	בכנדור	C2.1.5:25	מ[די] לממטה מדי	בכנדו֯ר	שמה במד֯[י פרו]ר֯ת

כפר [...] — Kefar ?

No.	Form	Ref	Preceding	Keyword	Following
001	כפר	C3.7FR3:17	א֯[....]	[כ]פ֯ר֯ .[...	....] עק א֯[רז

כפר .בן — Kefar ?

No.	Form	Ref	Preceding	Keyword	Following
001	כפר .בן	C3.7DV1:12	כרשן 2 לף 1×100	כפר .ב֯ן	כרשן

כפר צע — Kefar Ṣʿ

No.	Form	Ref	Preceding	Keyword	Following
001	כפר צע	C3.7DV1:11	אפץ כרשן 2×100 קמר	כפר צע	כרשן 2 לף 1×100
002		C3.7FV2:12	קמר	כפר צע	כרשן 2 לף 1×100 פרזל
003		C3.7FV3:8	כ 2 י֯ו֯ 10+2 קמר	כפר צע	כרשן 2 לף 1×100 פרזל
004		C3.7GV2:15	...]	]כפ֯ר֯ צ֯ע֯[	כר]שן 2 לף 1×100
005		C3.7DV2:11	ע֯ק ס֯מ֯כ֯ת֯ 3 קמ[ר	]כפר צע[	....] נח[ש] שלמוא

כרב — Korobis

No.	Form	Ref	Preceding	Keyword	Following
001	כרב	B1.1:3	חקלי אשלן [....] בקריה	כרב	למזרעה לפלגן תזרענה בזרע
002		B1.1:18	זנה על פם פדי בקריה	כרב	ספר ח֯ו֯ב֯ חקל זי כ[ת]ב

לער — Laʿir

No.	Form	Ref	Preceding	Keyword	Following
001	בלער	A6.9:1	נבודלני פקי[דא] זי	בלער	זתוהי פקידא [זי

מגדל — Migdol

No.	Form	Ref	Preceding	Keyword	Following
001	במגדל	A3.3:4	לפחותא על פרסכן תנה	במגדל	כן אמיר לן לאמר על זנה

מדי — Madday (Media)

No.	Form	Ref	Preceding	Keyword	Following
001	מדי	C2.1.5:25	אזל מ[די] לממטה	מדי	בכנדו֯ר שמה במד֯[י
002		C2.1.4:3	[אזל קטל לחילא זי	מדי	זי לא] ש֯מען לי[ן אחר
003		C2.1.4:4	[עבד עם חילא זי	מדי	זי על מד]יא רבהם[לא הוה
004		C2.1.7:39	[לא מר]דו וחילא זי	מדי	זי עמ[י הו]ה שלחת
005		C2.1.5:25	[מן בב]ל [נפ]ק֯ת אזל	מ[די]	לממטה מדי בכנדו֯ר שמה
006	במדי	C2.1.5:25	מדי בכנדו֯ר שמה	במד֯[י	פרו]ר֯ת זך ע֯[ם חילא]
007		C2.1.4:1	[.... אחר הו מלך	[במדי]	[הוה חילא פ]רסי[א ומדיא
008		C2.1.4:6	[אחר ודרן	במדי	מנ]ד֯עם לא ע[בד]
009		C2.1.4:4	[למדי לממטה מרו]	[במדי]	ת֯מ֯ה֯ ק֯ר֯ב֯[א עבד עם
010		C2.1.4:7	[ב]ח֯נבן֯ [זי	ב]מ֯די	[תמה מכת]ר֯ן ל֯י֯ [עד
011	ומדי	C2.1.7:40	[חילא זי] פרס	ומד[י]	עמי אז[ל]ו֯ אחר
012	למדי	C2.1.5:18	[עד זי אנה אזל	ל]מ֯[די]	[דריהוש מלכא כן
013		C2.1.5:24	לי[עד זי] [אנה אזל	למדי]	[דריהוש מלכא כן אמר
014		C2.1.4:7	ל֯י֯ [עד זי אנה אזל	למדי	אחר אזלו עלי לאחמתן]

015		C2.1.4:3	[ודרן עם חילא אזל	למדי	לממטה מרו [במדי]
016		C2.1.4:2	[זעיר הוה אחר] חיל[א	למדי	שלחת ודרן שמה עלימי

מיע Meiaʿ (Vittmann)

001	במיע	C3.21:2	[ ]. 1+3+3 רסתכה	במיע	קרי[תא] פחפמיע קריתא
002		C3.21:4	תׄ[.... ....] אופסתה	במיע	ק[ריתא] פקרקפתח

מנפי Menpi (Memphis; Muchiki 161)

001	מנפי	D3.43:2	[...].ת .[...] [...]	מנפ[י	...] [...].ת[...] [...].כׄל
002		C3.27:2	1+3 לתעבי מטא צחא	מנפי	ב 2+3 מן פטאסי חׄלפן
003		D1.13:5	[.... ....]ך כזי י[....	]מנפי	הנחת זנ[ה...] [....].[....]
004		A3.3:10	לבת בזי לא איתית המו	מנפי	כזי ת[אתה ...] [איתי]
005		A3.8:7	עליך אל תקום חת	מנפי	לעבק הן השכחת כסף [ח]ת
006		A3.9:3	[י]היתון	מנפי	מלכא אמורטי[ס ...] מלכא
007		C3.8IIIB:36	לדגל וידרן זי	מנפי	עם מרדכשראצר בבימא זי
008		C3.8IIIB:25	[ ].בׄלׄדׄ.הׄ	מׄנׄפׄיׄ[	[...] [...].[...] בׄגׄוׄ דוגית
009	מפי	A2.2:3	לה לה מנס אנה לה מן	מפי	שלם פסמי יקה שלם
010	במנפי	B8.4:1	שנת 20+10+3+1	במנפי	נבׄוׄשׄזב פׄיׄסׄן
011		B8.2:10	מלכׄאׄ	במנפי	[....] חׄדׄוׄסׄבי
012		B8.2:31	בקל[....]	במנפי	[....] באגר
013	למנפי	A3.8:11	כען הן נחת אנת 1	למנפי	אל תשבק לאשנ[
014		A4.2:11	אתה פסו בר מנכי	למנפי	והנׄ[....] ופתפרסא

מצפה Miṣpeh; or read למהוה

001	למצפה	A6.7:14	[.]שנציו [..].	למצׄפׄה	מן ארשם על ארמפי

מצרין Miṣrayin (Egypt)

001	מצרין	A3.3:5	לכן כעת כזי תאתון	מצרין	
002		D3.19:6	#### כל [....] [....]	מצרין	1 [....]מדינת נא
003		D6.7fragId:2	...]לך [.]לכל.	מצרין[	[....] [....]חמרא זי.[..]..
004		A4.7:13	עבדו ומן יומי מלך	מצרין	אבהין בנו אגורא זך ביב
005		A4.8:12	עבדו ומן יום מלכי	מצרין	אבהין בנו אגורא זך ביב
006		D1.33fragc:3	היתי כ[.... ....] [....]ת	מצרין	אמר למנכ[י
007		A6.9:2	שמה פקידא זיל[י אז]ל	מצרין	אנתם הבו [לה פ]תף מן
008		D23.1.IX:8	קׄ[ב]ל אׄלׄהׄ[י	]מׄצׄרׄיׄן	הׄן [.]....[.]לׄכׄ...
009		C1.2:25	לחם ויתכנשון אלהי	מצרין	[....]ה 1 ויאמרון לה
010		D23.1.XII:7	נׄכׄוׄאׄ עׄדׄ	מׄצׄרׄיׄן	וׄ.[....] [....]
011		A6.9:5	עד מדינה עד ימטא	מצרין	והן יהוה באתר חד יתיר
012		C1.2:19	[ ]ל.שי אלהי	מצרין	זׄי [....] קדמיהם עד
013		C1.2:20	[....	]מצרין	ויהוון .[....] וביומן
014		D23.1.IX:6	אׄל [י]חבל	מׄצׄרׄיׄן	וׄ[.]כׄ[..]יׄנׄהׄוׄ
015		D22.51:3	זא קדם אלה טורא ואלה	מצרין	זי ישמן לי שלם ורחמן
016		D23.1.XII:8	וׄ.[.... ....] [...]	]מ[צר]יׄן	תׄ..[....]תׄ לׄהׄםׄ
017		A4.7:14	השכחה ואגורי אלהי	מצרין	כל מגרו ואיש מנדעם
018		A6.9:4	זילי זי אזלן עמה	מצרין	לגבר לגבר ליומא קמח חפן
019		C3.12:9	לצחא בר פמון חמר	מצרין	מאנן 3+2 בגו קלולן 2
020		A6.7:6	ותחתיתא אחר כזי	מצרין	מרדת וחילא הנדיז הוו
021		A3.3:3	מן יום זי נפקתם מן	מצרין	פרס לא י[היב ....]
022		C3.12:3	מתיהב [....] [....	מצרין]	קלבי 1 [... מצ]רין
023		C3.12:17	]	]מׄצׄרׄיׄן	קׄלׄוׄלׄן 2 [....
024		C3.12:11	עליד חרמעחר	מצרין	קלול 1 [....].
025		C3.12:12	קלול 1 [....].	מצרין	קלול 1 [....].ללא
026		C3.12:13	1 [....].ללא	מצרין	קלוׄל 1 [....].
027		C3.12:14	זי בצ[.]בג	מצרין	קלול 1 [. ב... לפאפ]יׄ
028		C3.12:15	חמר ציׄדן קלבי 1	מצרין[	קלול 1] [יהיב ל....]בר
029		C3.12:16	[יהיב ל....]בר פחה	מצרין	קלול 1
030		C3.12:4	[ ]מצרין קלבי 1 [...	מצ]רין	קלול 1 קלבין 2 [....].
031		C3.12:7	חמר צידן קלבי 1	מצרין[	קלול 1] ב 2 לפאפי
032		C3.12:8	[1] ב 2 לפאפי לשרתא	מצרין	קלול 1 קלבין 2 היב
033	במצרין	A6.7:2	חיל[כין] עבדן זילי	במצרין	פרימא שמה 1 אמון שמה
034		D6.8fragb:1	כן אמרן נשיביתן זי	במצרין	
035		A6.11:4	זך כזי יוזא הוה	במצרין	אבד עם נשי [ביתה ו]בגה
036		A4.7:24	ורחמיך ^זי^ תנה	במצרין	אגרה מנך ישתלח עליהום
037		A4.8:23	ורחמיך זי תנה	[במצרין]	אגרה מנך ישתלח עליהו[ם]
038		A6.10:11	נחתחור פקידא זי	במצרין	בתחתיתא על הנדרזא זי
039		A6.11:2	שמ[ה א]בי כזי יוזא	במצרין	הוה זך אבד ובגה זי הוה
040		A6.5:2	בין בגיא זילי זי	[במצרי]ן	זי כל [....] עלי
041		A6.13:2	זי מן מראי יהיב לי	במצרין	זך מנדעם מן תמה לא
042		A5.1:4	[....] אנפכם	במצרין	חדיתא וש[רירתא ....]אף
043		A6.3:9	[על ארתונת זי	במ]צרין	[...]חס.[...] [...]חפי[ן...]
044		A6.10:2	ונכסיא זילנא [זי]	במצרין	חסין נטר כן כזי מנדעם
045		C3.8IIIB:10	בגו.שת [...]כׄלׄהׄ	במצרין	יעבדון [....] ... ביוׄ.
046		A4.9:2	לי זכרן לם יהוי לך	במצרין	למאמר {{קד}} קדם ארשם
047		A6.11:7	[המרכ]ריא זי	במצרין	מן ארשם על נחתחור
048		A6.4:4	דשנא זכי תמה	במ[צ]רין	[מ]ן ארשם ברבית[א]
049		A6.1:5	מראן ארשם [ז]י	במצרין	[עב]דיך אחמנש וכנותה
050		D6.8fragn:1	[...]זילי זי	במצרין	עביד[....]
051		A4.3:7	הו עלין מן זי חנניה	במצרין	עד כען ומה זי תעבדון
052		A6.12:4	המ[ר]כריא זי	במצרין	על[..] [....] [....]
053		A6.13:6	וכנותה המרכריא זי	במצרין	על הנדרזא זי [....]
054		A6.15:13	[פקידא זי	ב]מצרין	על [....] זי [....]
055		A6.2:27	כתב מן ארשם זי	במצ[רין	על וחפרעמחי
056		A6.7:10	על ארתהנת זי	ב[מצרי]ן	על חילכיא [....]זילי
057		A6.6:2	שמ[ה עלימא זי	במצרין	שלח עלי כן אמ[ר
058	ומצרין	D23.1.Vb:6	אנה אנׄשׄא למצרין	ומצריןׄ	אפׄק זׄי מׄ[....]
059	למצרין	A4.7:13	וכזי כנבוזי על	למצר^י^ן	אגורא זך בנה השכחה
060		A4.8:12	[וכזי כנבוזי על	למצרין	אגורא] זך בנה השכח
061		C3.7AR3:4	[כל ספינתא זי בקרו	למצרין	בירח חתחור] מׄנׄ[דתא
062		C3.7DR1:11	כל ספינתא זי בקרו	למצרין	[ב]ירח תעבי [....]
063		C3.7JV2:2	כׄלׄ[....	לׄמׄצׄ[ר]יׄן	בירח [....]
064		C3.7KR1:22	[כל ספינתא זי בקרו	למצרין	ביר]ח פחנס [.... ....] [...
065		C3.7FV3:18	ספינׄתׄא ז[י] בקרו	למצרין	בׄ.מׄא[....] זי ס...פׄ.]
066		C3.7GR2:21	1+3+3 לאפף בקרו	למצרין	דוגי קנרתשירי 1 זי
067		C3.7GR3:15	לׄאׄפׄףׄ בקרו	לׄמׄצרין	דוגי קנרׄתׄעא 1
068		D23.1.Vb:6	להׄםׄ אנה אנׄשׄא	למצרין	ומצריןׄ אפׄק זׄיׄ
069		C3.7AR2:19	לחתחור בקרו	למצרין	ספינה 1 ז[י ....] בר

070		C3.7BR1:15	[ב ...]לכיחך בקרו	למצרין	ס[פינה 1 זי ....]
071		C3.7BR1:7	לכיחך[ב]קֹרֹו	לֹמֹ[צרין]	ספינה 1 זי מר.ג.ס בר
072		C3.7DR1:4	לתעבי בקרו	למצרין	ספ[י]נ[ה]1[זי ....
073		C3.7DR2:17	[ ]לֹ[....	ל]מֹצֹרֹיֹן	[ספינ]ה 1 זי[
074		C3.7DR3:1	[ל]מֹחֹי[ר בקרו	למצרין]	ספינה 1 ז[י ....]
075		C3.7DR3:8	ב 20 למחיר בקרו	ל[מצרין]	ספינה 1 זֹיֹ
076		C3.7ER1:14	לֹ[פ]חנס בקרו	לֹמֹצֹרֹיֹן	[ס]פינה [1 זי
077		C3.7ER2:11	10 [לפח]נֹסֹ בקרו	למצרין	ס[פינה]1 ז[י
078		C3.7ER2:17	[ ]לפחנס בקרו	למ[צרין]	[ספי]נה 1 [זי] .... בר
079		C3.7GR2:15	[ ]2+3 לא]פף בקרו	למצ]רין	ספינֹה 1 זי גלפר[ס בר
080		C3.7JR1:2	[.... למסורע] בקרו	למצרין	[ס]פֹינֹהֹ[1 זי ....]
081		C3.7JR1:26	[.... למסורע] בקרו	[למצרין]	[ספינ]ה 1 זי יוכלס
082		C3.7JR2:5	[.... למסורע בקרו	[למצרין]	ספינה 1 זֹיֹ פנסֹ ב]ר
083		C3.7KR2:23	לפֹאֹ[ו]נֹיֹ בקרו	למצרין	[ס]פינה 1 [ז]י
084		C3.7KR3:4	[... לפא]וני בקרו	למצרין	[ספינה 1 זי ....] בר
085		C3.7KR4:6	ב 20 לפאוני [בקרו	למצרין]	ספינה 1 זי[.... בר
086		C3.7CR2:3	לתעבי בקרו	למצרין	ספינה 1 זי שומֹן בר
087		C3.7JR2:26	למסורע] בקרו	למצ]רֹיֹן	
088		C3.7KR1:16	[... לפחנס בקרו	ל]מֹצֹ[רי]ן	[....] [....]
089		C3.7KR3:25	לפאוני ב[קרו	למצרין]	
090		C3.7KR4:12	[... לפאוני בקרו	למצרין]	[....]

מרו — Maru

001	מרו	C2.1.4:3	[חילא אזל למדי לממטה	מרו]	[במדי] תֹמֹהֹ קֹרֹבֹ[א

מתלבש — Matalubaš

001	ומתלבש	A6.9:1	זי בארבל חל[.]	ומתלבש	בגפרן פקידא [ז]י

נא — Ni' (No; Thebes; Muchiki 161f)

001	נא	D3.19:7	מצרין 1 [...] מדינת	נא	
002		C3.14:35	[....] מדינת	נא	ביד ונפר[...]לֹ[
003		A4.2:6	עבדן אף[....] מדינת	נא	וכן אמרן מזדיזן
004		A5.5:2	פקיד	נא	כן אמר [....] חֹילא
005		C3.14fragecol1:2	.... [מדי]נת	נא	.... צחא בר
006	בנא	A4.4:5	זי א[שתכחו בבבא	בנא]	ואתחדו א[סירן רמי אתת
007		A4.4:6	גבריא זי אשתכחו בבבא	בנא	ואתחדו [אסירן] ידניא בר

נביה — Nabaioth (?)

001	נביה	B8.1:17	יבלוני במת	נביה]	....] מן שנת
002	בנביה	B8.1:16	[....]ואחד	בנביה	מתא מהחסן]

נסונפרע — or read פֹּמֹונפרע

001	נסונפרע	A6.1:6	ספרי מדינת	נֹסֹונפרע	חרוץ וכנותה ספרי

סון — Swen (Aswan; Muchiki 162)

001	סון	A2.1:15	מן נבושזב בר פטחנם	סון	
002		A2.5:3	ואף מן זי נפקת מן	סון	שאל לה הושר לי ספר
003		B4.3:9	[נבל [עבו]רא] זנה	סון	[.... זי
004		D2.10:2	[....] [... ארמיה זי	ס[ון]	[...] [...
005		D4.12:1	[... בביר]ת	סו[ן]	[...] [...דגלא] [...] [...
006		D7.13:17	לא יהב לן [...] מלכיה	סון	[....] [פ]טנתר בר [...]
007		A3.5:5	מן	סון	אגרת חדה בשלמך לא שלחת
008		B2.7:3	זכור בר אטר ארמי זי	סון	בדמוהי וספר כתב לי עלא
009		A2.1:6	וכעת כתנה זי התתי לי	סון	הי מלבש אנה וכעת תקם יתו
010		A2.6:6	ידכי ואו[שריהי לתשי	ס[ו]ן	הלו כספה זי הוה בידה
011		A2.5:3	זי מדעם לה מפקן לן מן	סון	ואף מן זי נפקת מן סון
012		A5.2:7	זי נפין רב חילא זי	סון	ודיני מדנתא איך לקֹ[חו
013		A3.9:4	אנפיך בשלם בירתא	סֹוֹ[ן]	[...]חק מלכא נפעו[רת]
014		A2.2:18	מן מכבנת בר פסמי	סון	יבל
015		A2.3:14	בר נבונתן מן מכבנת	סון	יבל
016		A2.4:14	מן מכבנת בר פסמי	סון	יבל
017		D7.24:2	זנה באלף פמהן לם אעל	סון	ימא זנה כען הלו עלדבר
018		B3.9:2	הפתחפתא רב חילא זי	סון	לזכור בר משלם ארמי זי
019		B2.10:3	וידרנג רב חילא זי	סון	לידניה בר נתן ומחסיה
020		B2.10:4	קדם ודרנג רב חילא זי	סון	לאמר רחקת מנכם מן בית
021		B3.9:3	הפתחפתא רב חילא זי	סון	לאמר ידניה שמה בר תחוא
022		B2.1:2	י{נ}ד<נ>יה ארמי זי	סון	לדגל וריזת לאמר אנה
023		B2.1:2	בר צדק ארמי זי	סון	לדגל וריזת למחסיה בר
024		B2.11:2	נתן 1 כל 2 ארמין זי	סון	לדגל ור[יז]ת לאמר אנחנה
025		B2.6:2	למח[סיה א]רמי זי	סון	לדגל וריזת לאמר אנה
026		B2.7:2	בר ידניה ארמי זי	סון	לדגל וריזת למפטחיה
027		B2.8:3	בר ידניא ארמיא זי	סון	לדגל וריזת על דינא זי
028		B3.3:2	בר זכור ארמי זי	סון	לדגל וריזת לאמר אנה
029		B3.4:2	ברת שתבר כספיה זי	סון	לדגל נמסו כל ˆגבר 1ˆ
030		B4.5:2	[בר] הושע ארמי זי	סון	לדגל נבוכדרי ליס[לח]
031		B4.5:2	בר גדול ארמי זי	סון	לדגל [.... לא]מר איתי
032		B7.1:2	בר שיבה ארמי זי	סון	[לדגל .... לאמר]
033		B3.13:2	בר בסא ארמי זי	סון	לדגלא זך אפם לאמר אנה
034		B3.8:2	בר מ[שלם אר]מי זי	סון	לדכם דגלא לאמר אנה אתית
035		D7.4:3	אחוטב אל ישגא נתן ל	סון	מן אלפא [...]חו והוֹ
036		D17.1:2	..דֹנ[..] רב חילא זי	סון	עבד בירח סיון הו מחיר
037		B4.4:9	אנחנה נבל עבורא] זנה	סון	על רב|||[חי]לֹא זנה
038		D7.1:4	סחמרי בעל||טבתכם אתה	סון	עם קנא לזבנה אזלי קומי
039		B3.9:2	בר מחסיה ארמי זי	סון	קדם וידרנג הפתחפתא
040		B3.9:3	בר משלם ארמי זי	סון	קדם וידרנג הפתחפתא
041		B4.7:1	[ב]ר נבישורי ארמי זי	סון	קדם אשמרם בֹ..[....]
042	בסון	D18.1:2	זי נבו יתב תקמא	בסון	
043		D2.9:1	[....]ש מלכא אדין	בסֹ[ון]	[... ... .].יֹ
044		A2.2:1	שלם בית בנת	בסון	אל אחתי תשי מן אחכי
045		A4.7:7	ברה זי רבחיל הוה	בסון	בירתא לאמר אגורא זי
046		A4.8:6	ברה ז[י רבחיל הוה	בסון	בירתא לאמר אגורא] זי
047		B2.2:17	בר אבה ספרא זנה	בסון	בירתא כפם דרגמן שהד
048		B2.3:28	נבוזראבן ספרא זנה	בסון	בירתא כפם מחסיה שהדיא

049		B2.4:16	נבוזראבן ספרא זנה	בסון	בירתא כפם מחסיה שהדיא
050		B2.8:12	בר נבונתן ספרא זנה	בסון	בירתא כפם פיא בר פחי
051		B3.13:12	בר אשמשזב ספרא זנה	בסון	בירתא כפם ענני בר
052		B3.13:1	ארתחשסש מלכא אדין	בסון	בירתא אמר ענני בר חגי
053		B3.13:3	אנה אתית עליך בביתך	בסון	בירתא ויזפת מנך ויהבת
054		B3.9:1	דריוהוש מלכא אדין	בסון	בירתא אמר אוריה בר
055		B7.1:1	לדרי[והוש] מלכא	בסו[ן]	בירתא [אמר ... בר ...
056		B7.1:9	ענני ספרא [ז]נה	ב[ס]ון	בירתא
057		A2.3:9	תנה ויתלקח קדמתהן	בסון	וכעת הן את ערב עליכי
058		D7.39:7	אל ילקחו [...]..	בסון	ושלח לי פתגם ולא
059		D7.1:6	לזבנה אזלי קומי עמה	בסון	יומא זנה הן תעבדן [לה
060		D7.1:8	הן תעבדן [לה ט]בה	בסון	יעבד לי [אף ה]ו הלו
061		B2.8:3	על דינא זי עבדן	בסון	נפרת על כסף ועבור ולבוש
062		A2.4:1	שלם בית בנת	בסון	על מראי פסמי עבדך
063		D7.9:12	לאמר . שרין יהבן פרס	בסון	שלחי עלי חזי נחת קפירא
064	ובסון	B3.13:11	ˆזי תהשכח לי ביב	ובסון	ובמדנתאˆ עד תשלם בכספך
065	לסון	B2.8:2	פיא בר פחי ארדיכל	לסון	בירתא למבטחיה ברת
066		A5.2:6	ˆד[יני]אˆ עלו	לסון	ולק[חו ....]
067		A4.4:2	[ ]י בר יהו.] אזל	לסון	ועבד ליהו.[....]

סחמרי
Sekhmere

001	סחמרי	D7.1:3	נפנא רעיא ˆקן˘ זי	סחמרי	בעל ‖טבתכם אתה סון עם

סעלם
Saʿlam

001	בסעלם	A6.9:2	בגפרן פקידא [ז]י	בסעלם	פרדפרן והו[..]ת

ע[...]

001	ע....	A1.1:1	אדן מלך	ע[....]	שמיא וארקא

עליתא
(Upper Egypt)

001	בעליתא	A6.4:2	בין בגיא זילי זי	בע[ל]יתא	.... פס]משך ברה זי
002		A6.4:3	בין בגיא זילי זי	בעליתא	[ו]תח[תיתא דשנא זכי
003		A6.7:6	בין בגיא זילי זי	בעליתא	ותחתיתא אחר כזי מצרין

פחפמיע
Piḥapimeyaʿ (Vittmann)

001	פחפמיע	C3.21:3	במיע קרי[תא]	פחפמיע	קריתא תֿ[... ....]

פמונפרע
Pamunparaʿ; cf. נסונפרע

[...]פמ.ן

001	...פמ.ן	C3.20:2	[...] [....]..	[...]פמ.ן	קריתא אשלן 3+3 [...]

פנה
Pana

001	פנה	D22.25:4	[ו]אברמוֹשׁ[...] זי אתו	פנה	
002	פנה	A5.5:6	אמרו [.. ו]אתו	פנה	על
003	לפנה	D22.27:3	[...] זי אתו עד	לפנה	

פסחמי
Persekhmet (Muchiki 163)

001	בפסחמי	B8.4:4	על ביתא זילי זי	בפסחמי	ודפני עבדוני ולקחו

פפרם
Papremi (Muchiki 163)

001	בפפרם	A6.15:6	עליך חמרא לם זי	בפפרם	ועבור ארקתא כלא

פקרקפתח
Pegergeptaḥ (Muchiki 163f)

001	פקרקפתח	C3.21:5	במיע ק[ריתא]	פקרקפתח	קרי[תא] כל אשלן

פרגא
Parga (Greenfield-Porten 41)

001	בפרגא	C2.1.7:46	למעבד [קרב]	[בפר]גא	טו[רא] בפרס תמה עבדו

פרס
Paras (Persia)

001	פרס	C2.1.7:40	שלחת ושא[ר חילא זי]	פרס	ומד[י] עמי אז[ל]ו אחר
002		A6.2:21	זרניכא כבריתא במתקלת	פרס	יתיהב ישתלח לם אשרנא זנה
003		C2.1.7:37	כרש אחר ח[י]לא ז[י	[פרס]	כמסת זי בבתיא באלוך
004	בפרס	C2.1.7:41	[לממ]טא ברחא שמה]	בפרס	ויזד]ת [זך] זי אמ[ר
005		C2.1.8:48	עמ[ה אחר בהודשי	בפרס	ויזדת וחרא זי עמה כלא
006		C2.1.7:38	אזלו הו מ[לכ]א	ב[פרס]	ה[וה אחר אנה חילא [ז]י
007		C2.1.7:38	אחר אנה חילא [ז]י	בפרס	זעיר [זי מן קדמי לא
008		C2.1.8:50	זנה זי אנה	בפרס	[עבדת] דריהוש מלכא כן
009		C2.1.7:36	שמה פרסי יתב	בפרס	ק[ם אמר] [לעמא אנה
010		C2.1.7:46	[בפר]גא] טו[רא]	בפרס	תמה עבדו קרב חילא זילי
011	לפרס	C2.1.7:41	[עם] חי[לא אזל	לפרס	לממ]טא ברחא שמה]

פרתו
Partu (Parthia)

001	פרתו	C2.1.7:30	[כן אמר עלי מרדת מת	פרתו	שמה מרגו מלך עליהם עבדו
002	בפרתו	C2.1.7:36	[וי]דזת ש[מה]	בפרת[ו]	בי]ותי שמה פרסי יתב
003		C2.1.7:29	מתא לי הות זנה זי	בפרתו	עבדת [דריהוש מלכא כן

פשי
Pišai

001	בפשי	C3.8I:2	[ ]ה זי הות	בפשי	הנפקת מן תמה[...]

פשיחוד
Pišikhuvada (Greenfield-Porten 41)

001	פשיחוד	C2.1.7:45	רכבי סוסין קר[ק]	[פשי]ח[וד]	[אזל] מן אתרא זך

צ[.]בג

No.	Form	Ref.	Context	Keyword	Context
001	בצ[.]בג	C3.12:14	1 [....]. זי	בצ[.]בג	מצרין קלול 1 [.

צידן — Ṣidon (Sidon)

No.	Form	Ref.	Context	Keyword	Context
001	צידן	C3.12:15	[לפאפ]י לשרתא חמר	צידֿן	קלבי 1 מצרין] קלול
002		C3.12:28	קלבי 1 לשרתא חמר	צידן	קלבי 1 ב 20+3+2
003		C3.12:7	ב 1 לפאפי לשרתא חמר	צידן	קלבי 1 מצרין] קלול 1]

קדר — Qedar (Kedar)

No.	Form	Ref.	Context	Keyword	Context
001	קדר	D15.4:1	זי קינו בר גשם מלך	קדר	קרב להנאלת

רחא — Rakha (Greenfield-Porten 39)

No.	Form	Ref.	Context	Keyword	Context
001	ברחא	C2.1.7:41	[אזל לפרס לממ]טא	ברחא̊	שמה] בפרס ויזד]ת [זך]

שושן — Šušan (Susa)

No.	Form	Ref.	Context	Keyword	Context
001	שושן	A6.12:1	זילי זי בגסרו היתי	שושן	זך פתפא הב לה כאחרנן

שלמוא — Šalmuʾ

No.	Form	Ref.	Context	Keyword	Context
001	שלמוא	C3.7DV1:8	נחש	שלמוא	כרשן 2 לף 100×1 פרזל]
002		C3.7DV2:12	[....] נח[ש]	שלמוא	כרשן
003		C3.7FR2:18	ש[נח]	שׁלֿ[מוא	]כ̊רשׁ[ן]1 לֿףֿ
004		C3.7GR2:10	משח ספן 10 רבע נחש	שלמׄ[וא	כר]שן 1 לף .... iס
005		C3.7GR3:21	[1] לף נחש	שׁלֿמׄ[וא	כרשן 3+3 לף עקי
006		C3.7KR4:21	[....] נׄחׄשׁ	שׁלֿמׄוׄאׄ]	כרשן 100×1] זוׄתׄ.]
007		C3.7FR3:13	iס[....] נחש	שׁלֿ[מוא	....] פׄרׄזׄלֿ
008		C3.7GV2:13	לף i[100×] נחש	שלמוא	[....] אׄ[פ]ׄףׄ

שמרין — Šamrayin (Samaria)

No.	Form	Ref.	Context	Keyword	Context
001	שמרין	A4.7:29	בני סנאבלט פ׳ח׳ת	שמרין	אף בזנה זי עביד לן
002		A4.8:28	ב]ני סנאבלט פחת	שמרין	אף בזנה] כלא זי עביד לן

תגר — Tigra

No.	Form	Ref.	Context	Keyword	Context
001	בתגר	C2.1.5:12	אׄחר עבדו קרבא	בׄתׄגר	שמה ברתא באררט

תחפנס — Taḥpnes (Daphnae; Muchiki 236)

No.	Form	Ref.	Context	Keyword	Context
001	תחפנס	B4.3:3	[ ]לאספמׄ[ת .... זי	תחפנס	נגיא לאמר יהבת] עלידן
002		B4.4:3	[.... זי]	[ת]חׄפנסׄ	נׄגיא לאמר יהבת

תחתיתא — (Lower Egypt)

No.	Form	Ref.	Context	Keyword	Context
001	בתחתיתא	A6.10:4	לי כזי פקידיא זי	[בתח]תׄיׄתׄא	בשוזיא מתנצחן גרדא
002		A6.10:11	פקידא זי במצרין	בתחתיתא	על הנדרזא זי [....] מן
003	ותחתיתא	A6.7:6	זילי זי בעליתא	ותחתיתא	אחר כזי מצרין מרדת
004		A6.4:3	זילי זי בעליתא	[ו]תח[תיתא	דשנא זכי ז[י] מן מלכא

תשטרס — Tšetres (Muchiki 164)

No.	Form	Ref.	Context	Keyword	Context
001	תשטרס	A4.5:9	זי ממנין במדינת	תשטרס	יתי[דע] למראן לקבל זנה
002		C3.14:38	[...] ומן עבור [מדינת	ת[שטרס	פתפא זי יהב לח[ילא מן
003		C3.14:42	[...]. פתף לחילא	תשׁ[טׄ]רס	.... ×[לף

אב

Ab (Bab month = July/August)

No.	Form	Ref	Preceding	Keyword	Following
001	לאב s ab/cn	B2.8:1	ב10+3+1	לאב	הו יום 3+3+3+10
002		B3.3:1	[ב]2+3+3+10	ל[א]ב]	הו יום 10+20] לירח
003		D12.2:1	ב1+3+20	לאב	שנת 2 ארתחשס[ש ...]
004		D12.2:2	ב1+3+20	לאֹב	שנת 2 ארתחש]סש ...]

אדר

Adar (Bab month = February/March)

No.	Form	Ref	Preceding	Keyword	Following
001	לאדר s ab/cn	B3.11:1	ב20	לאדר	הו יום 2+3+3 לכיחך שנת
002		D2.3:1	[בר נבנתן] ...]	לאדר[	הו [... ... ...] [צדק בר]
003		C3.8IIIA:1	[ ]אֹמֹרֹ[...] [ב 3+3	לאדר	שנת 1+3+10 [הו] יום
004		C3.8IIIB:15	ב 1+[1+]3+3+10	לא[דר	ש]נת 1+3+10 הו יום 3
005		C3.8IIIB:23	ב 3+20	לאדר	שנת 1+3+10 הו יום
006		C3.8IIIB:29	[...] ... א ב 1+3+20	לאדר	שנת] 1+10+]2+1 הו
007		C3.8IIIB:8	טעם] ב 3+3+10	לאדר	שנת 1+3+10 הו יו]ם 1

איר

Iyyar (Bab month = April/May)

No.	Form	Ref	Preceding	Keyword	Following
001	איר s ab/cn	B8.2:5	מראי [....]	אֹיר	שנת 2+3+20 [....].
002	לאיר	B6.1:1	ב1[2+]2+3+	לאיר	הו יום 20 לתעבי שנת]
003		C3.14:32	[יום 3+10	לאיר]	הו י]ום 3+3+3+10
004		C3.14:33	עד יום] 1+3+20	לאיר	הו יום] 20 למח]יר שנת
005		C2.1.4:10	[מרדיא 3+]3+1+1[1	לא]יר	[עבדו]
006		C2.1.5:13	בֹ 2+3+3+10	לאיר	עבדו קרב קטלו בהם
007		C2.1.5:22	[ע]בדו קרבא [10+20]	לאיר	עבֹ[דו קרב] [קטלו בהם
008		C2.1.7:43	[זי ויזדת 2+10	לאיר	]עבדו קרבא [ק]טלו בהֹם
009		B8.2:6	יהיבת [....]	לאיר	פֹּסשן [....]

אלול

Elul (Bab month = August/September)

No.	Form	Ref	Preceding	Keyword	Following
001	אלול s ab/cn	B2.9:1	בירח	אלול	הו פאו[ני] שנת 1+3
002	לאלול	B2.1:1	ב2+3+3+10	לאלול	הו יום 2+3+3+20
003		B3.4:1	ב1+3+3	לאלול	הו יום 3+3+3 לירח

אפף

Epiph (Egypt month = October/November)

No.	Form	Ref	Preceding	Keyword	Following
001	אפף s ab/cn	D5.9:1	[...]	אפף]	...] [...]ולא [...]
002		D3.1:5	יהב] ... ...] [... יר]ח	אפף	ב.[...]
003		C3.7EV2:7	[ ]בֹקֹרֹו לימא בירח	א[פ]ף	ספינה] 3+3 בגו] ספ]ינת
004		B2.6:1	[יום 20]+3+3 לירח	אפף	[ש]נת 1+3+10]
005		B3.5:1	הו יום 2+3+20 לירֹח	אפף	שנת 1+10+20 ארתחשסש
006		B3.8:1	בירח תשרי הו	אפף	[ש]נת [3+]1 דריוהוש
007		B5.1:1	בי[ו]ם 2 ל[י]רח	אפף	שנת 1+3+3+20 לדריוש
008		C3.13:12	מנחם בר עזריהֹ בירח	אפף	שנת] .... דר]יהוֹ[ש
009		C3.7EV1:10	ר 2 [ירח	אפף	שנת 1+10] [ב .... לאפף
010		C3.7GR2:14	ספיתן 10 יֹ[ר]חֹ	אפף]	שנת]1+10 i [ב]2+3
011	באפף	A3.9:3	מלכא נפעורת יתב	[ב]אֹפף	ה[....]
012		C3.13:51	י[ד]ניה בר אושע	באפף	שנת 3+10[...] ולא יהב
013	לאפף	C3.7EV1:11	[שנת 1+10] [ב	לאפף	ב]קרו לימא ספינה 1 זי
014		C3.7EV1:14	[...]. [ב	לאפף	בקר]ו לימא דוגי
015		C3.7EV1:16	[....]. [ב	לאפף]	בקרו לימא דוגי קנרֹתעא
016		C3.7EV2:1	[ב	לא]פף	ב[קרו ל]ימא ספינה 1
017		C3.7EV2:3	[כסף כרשן ...] ב[....	]לאפֹף	בקרו לימא ספינה 1 זי
018		C3.7EV2:5	[....] [ב ....]1	לאפף	בקרו לימא דוגי
019		C3.7GR2:15	[ ]i+10 [ב]2+3	לא]פף	בקרו למצ]רין ספינֹה 1
020		C3.7GR2:21	[ר 2] [ב] 1+3+3	לאפף	בקרו למצרין דוגי
021		C3.7GR3:15	10+20 ב 3+3+3	לֹאֹפֹף	בקרו לֹמֹצרין דוגי
022		A3.9:8	ב2+3	לאפף	כתיב אגרתא ז[א] א[ל]
023		C3.8I:12	[הו יום 3+20	לאפף	שנת 3+10]
024		C3.8I:1	הו יום 3+3+3+10	לאפף	שנת] 3+10]
025		C3.8I:5	[לתשרי הו י]ום [20	לאפף	שנת 3+10
026		C3.8I:7	לתש[רי הו יום 1+20	לאפף	שנת 3+10] אחמנש אזל]
027		C3.8I:9	לתשרי הו[יום 2+20	לאפף	שנת 3+10] [ד]וגית]

חתחור

Ḥatḥor (Egypt month = February/March)

No.	Form	Ref	Preceding	Keyword	Following
001	חתחור s ab/cn	D2.4:1	[... ... 3]+3+3 לירח	חת[חור	... ...] [... ...]. ברת
002		C3.7AR3:4	[זי בקרו למצרין בירח	חתחור]	מֹנֹ[דתא ....] [ספן
003		C3.7GV5:20	זי בקרו[לימא בירח	חתחור]	[ספינה 2] כספא תש[י דמי
004		D2.2:1	[...]ל[דגל ...] [... ...	ח]תחור	שנ[ת ... ...] [... ...]א
005		C3.7GV5:13	[כרשן ... ...] יֹ[ר]חֹ	חתֹ[חור	שנת 1+10] [ב
006	לחתחור	C3.7AR2:19	10 ב 10+20	לחתחור	בקרו למצרין ספינה 1
007		C3.7GV5:14	[ב]1+3+3+10	ל[ח]תֹחור]	בקרו לימא ספינה 1 זי]
008		C3.7GV5:17	ב 3+3+20	לחת[חור	בקרו לימא ספינה 1 זי
009		B2.11:1	הו יום 3+3+3	לחתחור	שנת 1+3+10 דריוהוש
010		B8.4:1		לחתחור	שנת 1+3+10+20
011		C3.8IIIA:1	[הו] יום 1+20	לחתחור]	שנת 2+3+10 [....]

טבת

Ṭebet (Bab month = December/January)

No.	Form	Ref	Preceding	Keyword	Following
001	לטבת s ab/cn	C2.1.4:5	[אלף 1+3+3+20	לטבֹת	עבדו קרבא קטלו] [ב]הם
002		C2.1.8:56	[3+10	לטבת]	עבדו קרב אהורמזד ס[עדני
003		A6.2:28	ספרא ב1+2+10	[ל]טבת	שנת 2+10 דריו[הוש

כיחך

Choiak (Egypt month = March/April)

No.	Form	Ref	Preceding	Keyword	Following
001	כיחך s ab/cn	C3.7BR1:6	זילא ספ[יתן 10] ירח	כיחך	שֹנֹתֹ 1+10 i .[..].[...] ב
002		C3.7GV5:23	[י]רֹח	כֹיחך]	שנת 1+10] ב [20]
003	לכיחך	C3.7BR1:15	10 ח 2 ר 2 [ב ...	]לכיחך	בקרו למצרין ס[פינה 1
004		C3.7BR1:7	.[..].[...] ב 2	לכיחך]	ב]קֹרֹו לֹמֹ[צרין]
005		C3.7GV5:24	[1+10] ב [20]	לֹ[כ]יֹחֹך	בקרו לי[מא ספינה 1
006		C3.12:29	קלבי 1 ב 2+3+20	לכיחך	זי הו יום 1 לניסן לשרתא
007		B3.11:1	לאדר הו יום 2+3+3	לכיחך	שנת 3 ארתחשסש מלכא
008		C3.8IIIB:15	1+3+10 הו יום 3	לכיחך	שנת [2+3+10] לזכרן
009		C3.8IIIB:23	הו יום 2+3+3	לכיחך	שנת] 2+3+10] אופכרתא
010		C3.8IIIB:29	הו יום 3+3+3	לכ[י]חך	שנת 2+3+10 בגפרן
011		C3.8IIIB:8	[1+3+10 הו יו]ם 1	לכיחך	שנת 10[2+3+] [...].

כסלו Kislev (Bab month = November/December)

No.	Form		Ref	Preceding	Keyword	Following
001	s ab/cn	בכסלו	C3.13:60	[ ]כל שמוע [....].	בכסלו	ל...נ.] [...] [....]. ר 2 ש
002		לכסלו	B2.2:1	ב2+3+3+10	לכסלו	הו י[ום 3+10]+3+1
003			B2.3:1	3+10 ופשך ב1+20	לכסלו	הו יום [20+]1 למסורע
004			B2.4:1	ב[1]+20	ל[כס]לו	הו יו]ם [20+]1
005			B2.7:1	ב 2	לכסלו	הו יום 1+10 לירח
006			B3.1:1	ב3+3+1	לכסלו	הו יום 1+3 לירח תחות
007			C2.1.7:33	למרד[יא] אלך 3+20	לכסלו	עבדו קרב [קטלו בהם
008			B2.10:1	ב3	לכסלו	שנת 2+3+3 הו יום

מחר Meḥir (Egypt month = May/June)

No.	Form		Ref	Preceding	Keyword	Following
001	s ab/cn	מחיר	D20.3:3	כן אמר בשנת 1+3 ירח	מחיר	חשיארש מלכא בזי .... בי.
002			D17.1:3	סון עבד בירח סיון הו	מחיר	שנת שבע ארתחשסש מלכא
003		מחר	B1.1:1	למלכא דרוש ירח	מחר	3+3 אמר פדי בר
004*004		למחיר	D2.10:1	1+3+3+10[	ל]מ[חיר	....] ...[ארמיה
005*005			D22.26:1	ב2+3+20	למ[חיר	]..ן בר מ.תא.ל..
006			C3.7DR3:1	ב] 10	ל]מ̇ח̇י[ר	בקרו למצרין] ספינה 1
007			C3.7DR3:8	ח 2 ר 1+[1] ב 20	למחיר	בקרו ל[מצרין] ספינה 1
008			C3.14:33	3+3+3+10]	ל]מ̇חיר	שנת 1+3 עד יום[
009			C3.14:34	] לאיר הו יום] 20	למח]יר	שנת 2+3 ...[. זי יהיב
010			C3.14:43	]	]למחיר	שנת[...]
011		למחר	A3.3:13	[....] [ב ...]	למחר	כתבת אגרתא זא כזי כן

מסורע Mesoreʿ (Egypt month = November/December)

No.	Form		Ref	Preceding	Keyword	Following
001	s ab/cn	מסורע	C3.13:52	יהב לרמנדין בירח	מסורע]	...] חנן מאת נבועקב ב.]
002			B2.7:1	הו יום 1+10 לירח	מסורע	שנת 3+3+3+10
003			B4.5:1	בירח	מסורע	שנת 2+3+10[+1+1]
004			C3.7EV2:12	[ ]3[....] ירח	מ[ס]ורע	שנת 1+10[1] [ב
005			C3.7JR1:1	ירח]	מסורע	ש]נת 1+10 [ב ....
006		למסורע	C3.7EV2:13	[ב 1]+2+3+3	למס]ורע	]בקרו לימא [ספ]ינה 1
007			C3.7EV2:15	[כרשן ...]. ב 10[	ל]מסורע	בקרו לימ[א] ספינה 1[
008			C3.7EV2:17	[...]. ב 20[+2]	למסורע	בקרו לימא ספינה 1 זי
009			C3.7EV2:19	ב 20+2[+1+1]+1	למסורע	בק[ר]ו ל̇י̇מ̇א דוגי
010			C3.7JR1:2	1+10 [ב	למסורע]	בקרו למצרין
011			C3.7JR1:26	[ספיתן] 10 [ב	למסורע]	בקרו [למצרין] [ספינ]ה
012			C3.7JR2:26	ספיתן 20 ב 2+10	למסורע]	בקרו למצ]ר̇י̇ן
013			C3.7JR2:5	ח] 2 ר 2] [ב	למסורע	בקרו למצרין] ספינה 1
014			B2.3:1	הו יום [20+]1	למסורע	שנת 3+3 ארתחשסש מלכא
015			B2.4:1	[הו יו]ם [20+]1	ל[מס]ורע	שנת 3+3 ארתחשסש מלכא
016			B3.10:1	הו יום 3+3+3+20	למסורע	שנת 1 ארתחשסש מלכא

מרחשון Marḥeshwan (Bab month = October/November)

No.	Form		Ref	Preceding	Keyword	Following
001	s ab/cn	למרחשון	B3.10:1	ב 1+3+20	למרחשון	הו יום 3+3+3+20
002			A4.7:30	ארשם לא ידע ב20	למרחשון	שנת 1+3+3+10
003			A4.8:29	ארשם לא ידע ב20	למרחשון	שנת 1+3]+3+10
004			A6.1:7	ב3+3+3+10	למרחשון	שנת 2+3+3+10+20

ניסן Nisan (Bab month = March/April)

No.	Form		Ref	Preceding	Keyword	Following
001	s ab/cn	לניסן	A4.1:4	עד יום 1+20	ל[ניסן	....] [....] דכין הוו
002			A4.1:7	שמשא עד יום 1+20	לניס[ן	במערב] [שמשא ....
003			A4.1:7	[מן יום 1+3+10	לניסן	ב]מערב שמשא עד יום
004			D2.8:1	אח]... ...] [ב] 20	לניסן	הו יום 2[... ...] [... ...
005			C3.8IV:1	ספרא זי קדם [ב....	לניסן	הו יום .... לתע]בי שנת
006			C3.8IV:4	..[....].. ב 10+20	לניסן	ה[ו יום 3+10 לתעבי
007			C3.12:29	לכיחך זי הו יום 1	לניסן	לשרתא קלולן 2 ב
008			A4.1:4	ארב[עת עשר] [יומן	לניסן	....עב]דו ומן יום
009			C2.1.5:27	ב̇ [2+3+20]	[לניסן	עבדן קרב קטלת בהם

סיון Sivan (Bab month = May/June)

No.	Form		Ref	Preceding	Keyword	Following
001	s ab/cn	סיון	B3.6:1	ב20	סיון	הו יום 1+3+3 לפמנחתף
002			D17.1:3	זי סון עבד בירח	סיון	הו מחיר שנת שבע ארתחשסש
003		לסון	C3.29:4	לדמ̇כ̇לס לגן 10 ב 2	לסון	נקדרוס אפרודיתס משח
004		לסיון	C2.1.5:16	[ק]טלו 3+3+2+]1	לסיון]	[עבדו קרב קטלו ב]הם
005			B3.2:1	הו יום 20	לסיון	שנת 1+3+10 לארתחשסש
006			D1.33fragc:1	עלי]... ...] [...	ל]ס̇י̇ון	שנת] ... ...] [...

פאוני Payni (Egypt month = September/October)

No.	Form		Ref	Preceding	Keyword	Following
001	s ab/cn	פאוני	C3.7EV1:6	[זי בקרו]לימא בירח	פאוני	ספינה 2+3 בגו [ספינת
002			B2.9:1	בירח אלול הו	פאו[ני]	שנת 1+3 דריוהוש מלכא
003			B3.4:1	הו יום 3+3+3 לירח	פאוני	שנת 2+3+3+20
004			D2.12:1	[...]. ית[...] [בי]רח	פאוני	שנת 2 ארתחשסש מלכא אמר
005			C3.7KR2:22	10+2̇0̇ [ירח	פאו]נ̇י̇[	ש]נת 1+10 ב
006			C3.7KV3:16	[....] ירח	פאוני[	שנת 1+10] ב
007			D1.12:2	̂[זי]לה̂ אפם ירח]	פ]אוני	ת.]... ...] [... ...]י כזי
008		בפאוני	C3.13:44	זכרן	בפ[און]י	שנת 3+3[...]
009		לפאוני	B5.5:1	ב 2+3+10	לפאו]ני	... ...]
010			C3.7EV1:2	[....]+1 [ב 10+20	לפאוני	בקר]ו לימא דוגי
011			C3.7KR2:23	ב [3]+3+3	לפ̇א̇[ו]נ̇י̇	בקרו למצרין [ס]פינה
012			C3.7KR3:25	[10] ב 1+3+3+10	לפאוני	ב[קרו למצרין]
013			C3.7KR3:4	ח 2 ר 2 [ב] 10 ...	לפא]ו̇ני	בקרו למצרין [ספינה 1
014			C3.7KR4:12	ב 20] ...	לפאוני	בקרו למצרין]
015			C3.7KR4:6	[10 ח 2 ר 2] ב 20	לפאוני	[בקרו למצרין] ספינה 1
016			C3.7KV3:17	ב 1+3+3+10	לפאוני	[בקר]ו לימא ס[פינה 1 זי
017			C3.7KV3:19	ב 1+20	לפאוני	בקרו לימא ספינה 1[זי
018			C3.7KV3:21	ב 3+3+20	לפאוני	בקרו לימא ספינה 1 זי
019			C3.7KV3:24	ר 2 ב 1+3+3+20	לפאוני	בקרו לימא ספינה 1 זי
020			A5.4:4	זך להיתיה ביום 10	לפאוני	כעת
021			B3.9:1	לתשרי הו יום 2+20	לפאוני	שנת 2+3+3 דריוהוש
022			B7.1:1	ב] ..	לפאו]ני	שנת i̇+i̇ȯ

פאפי Phaophi (Egypt month = January/February)

No.	Form		Ref	Preceding	Keyword	Following
001	s ab/cn	פאפי	C3.12:6	2 [....]. נפקתה בירח	פאפי	ב 1 לפאפי לשרתא חמר
002			B4.3:1	ב2+3+3+20 ל]ירח	פאפי	שנת 3 חשירש מלכא אמר
003			B4.4:1	ב2+3+3+20 לירח	פאפי	שנת 3 חשירש [מ]לכ[א אמר

No.	Lemma	Ref	Preceding	Keyword	Following
004	לפאפי	C3.12:15	קלול 1 [. ב...	לפאפי	לשרתא חמר צידן קלבי
005		C3.12:7	נפקתה בירח פאפי ב 1	לפאפי	לשרתא חמר צידן קלבי 1
006		C3.12:8	קלול 1] ב 2	לפאפי	לשרתא מצרין קלול 1
007		A4.2:15	זי כלו ביום 3+3	לפאפי	מטו אגרתא[....]
008		B7.2:1	ב2+3+3+10	לפאפי	שנת 1+3 ארתחשסש
009		C3.8II:3	הו יום ...]	]לפאפ[י]	שנת 2+3+]10

פחנס Paḥons (Egypt month = August/September)

No.	Lemma	Ref	Preceding	Keyword	Following
001	פחנס s ab/cn	C3.26:4	פרסא [ביר]ח	פחנס	תחת [כא 1+]2+2 תנרי
002		C3.7KV3:14	זי בקרו לימא בירח	[פ]חֿנֿס	ספינה] 2+3 כספא תשי]
003		C3.7KR1:22	[זי בקרו למצרין ביר]ח	פחנס	[... ...] [... ...] [מנדתא
004		B4.5:5	גרון[...]ירח	פחנס	שנת 2+3+3]+10
005		D1.34fraga:1	...]	פחנס[	שנ]ת 3+1̊0̊ .[...] [...
006		C3.7KV3:1	[ירח]	פחנס]	שנת 1+10] ב[.. לפ]חנס
007	לפחנס	C3.7ER1:14	1+3+3[ב] [10]	ל[פ]חנס	בקרו למֿצֿרין
008		C3.7ER2:11	10 ב [10]	[לפח]נֿסֿ	בקרו למצרין ס]פינה
009		C3.7ER2:17	2+3+10 [ב] 2 ר 2	]לפחנס	בקרו למ[צרין] [ספי]נה
010		C3.7KR1:16	... ב] 10 ספי]תן]	לפחנס	בקרו ל]מֿצֿ[רי]ןֿ
011		C3.7KV3:12	10+20 ב [..]	לפחנס	בקרו [ל]ימ[א] ספי]נה 1
012		C3.7KV3:2	.. ב] [1+10 שנת]	לפ]חנס	בקרו לימא ס]פינה 1 זי
013		C3.7KV3:4	2+3+3+10[ב]	לפחנס	בקרו [לימא ספינה 1 זי
014		C3.7KV3:7	2+20[ב]	לפחנס	בקרו לימא ספינה 1] זי
015		C3.7KV3:9	1+3+3+20 ב	לפחנס	בקרו לימא ספינ]ה 1 זי
016		B4.6:8	כתיב [ו]מֿטא ב.]	לפ]חנס	[ירבה עלין] כספכי [הוה]
017		B2.1:1	הו יום 2+3+3+20	לפחנס	שנת 2+3+10 חשיארש
018		B2.8:1	הו יום 3+3+3+10	לפחנס	שנת 2+3+20 ארתחשסש
019		D22.51:8	כת[י]ב[תא] זא ב..	לפחנס	שנת 10 [.] כתב כתיב]תא

פמנחתף Phamenoth (Egypt month = June/July)

No.	Lemma	Ref	Preceding	Keyword	Following
001	פמנחתף s ab/cn	D5.16:1	א[...]	פמנ]חתף	[...
002		D1.34fraga:4	...] [...]גבריא ו	פמנ]חתֿ[ף	גבריא זי אתבצרו
003		C3.15:124	בר גמריה בירח	פמנחתף	כסף כרשן 1+10+20
004		D1.34fraga:2	...] [...]. 3̊+1̊0̊	פמנחתף[	שנת 1+3+10 .[...]
005		C3.7KV2:2	.[....] [י]רח	פמנ]חתף	שנת 1+10] ב 10
006	לפמנחתף	C3.7KV2:3	שנת 1+10] ב 10]	לפמנחתף	בקרו לימא ספינה 1 זי
007		C3.7KV2:5	[...] ב 3+3+10	ל]פמנחת[ף	בקרו לימא [ספינה]1
008		C3.7KV2:7	[....] ב 2+3+20	לפמנחתף	בקרו לימא ספינה 1 זי
009		C3.7KV2:9	10+20 ב	לפמנחתף	בקרו לימא ספינה 1 זי
010		B3.2:1	ב2+3+20	לפמנ[ח]תף	הו יום 20 לסיון שנת
011		B3.6:1	הו יום 1+3+3	לפמנחתף	שנת 2+3+3+10+20
012		B4.6:1	ב3+20	לפמנחתף	שנת 2+3 אמורטיס מלכא
013		C3.15:1	[...] היתי [...] ב 3	לפמנחתף	שנת 2+3 זנה שמהת חילא

פרמותי Pharmuthi (Egypt month = July/August)

No.	Lemma	Ref	Preceding	Keyword	Following
001	פרמותי s ab/cn	B3.3:1	הו יום 10+20] לירח	פרמותי	שנת 3+3+10 ארתחש
002		C3.7KV2:13	ירח] [...]3+2̊0̊	פרמותי	שנת 1+10] ב[....
003	לפרמותי	C3.7KV2:14	שנת 1+10] ב[....	לפרמותי	בקרו לימא ספינה 1 זי
004		C3.7KV2:16	2+3+3+10 ב[..]	לפרמו]תי	בקרו לימא ספינה 1 זי ..
005		C3.7KV2:18	1+20 ב 10 ח	ל[פרמו]תֿי	בֿ[קרו ל]ימא ספי]נה
006		C3.7KV2:20	3+3+[20] ב 2 ר	ל[פר]מותי	בקרו ל[י]מא [ס]פינה 1
007		C3.7KV2:22	10+20 ב 2 ר	לפרמ[ות]י	בקרו לי]מא ספינה 1]
008		B3.7:1	2+3+3 ב	לפרמותי	הו י[ו]ם 2+3+3 לתמוז
009		C3.19:28	.[ ] קֿדם א....	[לפ]רֿמֿוֿתי	רעֿיֿ
010		C3.19:36	בר תסֿי [..].	לפרמותי	רעי 1+3×1 לף ל[...]
011	לפרמתי	B4.6:6	לכי עד 10+20	לפרמתי	שנת 2+[1+]2

שבט Šebaṭ (Bab month = January/February)

No.	Lemma	Ref	Preceding	Keyword	Following
001	לשבט s ab/cn	B2.11:1	ב1+3+20	לשבט	שנת 3+10 הו יום

תחות Thoth (Egypt month = December/January)

No.	Lemma	Ref	Preceding	Keyword	Following
001	תחות s ab/cn	B3.1:1	הו יום 1+3 לירח	תחות	שנת 3+3+3 ארתחשסש
002		B3.13:1	ירח	תחות	שנת 1+3 ארתחשסש מלכא
003		B4.2:8	כספך ומרביתה עד ירח	תחות	שנת 3+3+10+20 יעקף
004	לתחות	C3.27:16	1+3+3+20 ב	לתחות	ב 2+3+3+20 א
005		C3.28:59	10+20 [...]ח	לתחות	{{..}}. זוזן 1+3+20 ר
006		B2.10:1	הו יום 2+10	לתחות	שנת 3+3+3 דריוהוש
007		B2.2:1	יו]ם 1+3+[3+10	לתחות	שנת 1+20 ראש מלוכתא
008		B3.12:10	יהוישמע}} ב2+10	לתחות	שנת 1+3 ארתחשסש מלכא
009		B3.12:1	ב2+10	לתחות	שנת 1+3 ארתחשסש מלכא

תמוז Tammuz (Bab month = June/July)

No.	Lemma	Ref	Preceding	Keyword	Following
001	תמוז s ab/cn	B8.6:11	3 בֿ[....]	תמֿוזֿ	אחר יהיב לבת...ת
002		C2.1.7:46	[ז]י [ויזד]ת בירח	ת[מוז]	
003		A4.7:19	שלחו עלין אף מן ירח	תמוז	שנת 1+3+10 דריהוש
004		A4.7:4	וכנותה כן אמרן בירח	תמוז	שנת 1+3+10 דריהוהוש
005		A4.8:18	[שלחו עלין אף מן ירח	[תמוז]	שנת 1+3+10 דריוהוש
006		A4.8:3	[כן אמרן בירח	[תמוז]	שנת 1+3+10 דריוהוש
007	לתמוז	B3.7:1	הו י[ו]ם 2+3+3	לתמוז	שנת 3 דריהוש מלכא אדין

תעובי Tybi (Egypt month = April/May)

No.	Lemma	Ref	Preceding	Keyword	Following
001	תעבי s ab/cn	D7.38:5	[...]ל 1 מן	תעבי	[...]זי עבד אחמס^י
002		C3.7DR1:12	בקרו למצרין [ב]ירח	תעבי	[....] ספינה רבה 2
003	לתעבי	D8.11:1	2[... ...]	לתעבי	[√] לבית בכיא זי שרתי
004		C3.7DR1:4	2+3+3+10 ב	לתעבי	בקרו למצרין ספ[י]נ]ה
005		C3.7CR2:3	3+3+10 ב 1̊0̊	לתעבי	בקרו למצרין ספינה 1 זי
006		C3.27:1	בר [...] ב 1+3	לתעבי	מטא צחא מנפי ב 2+3
007		B6.1:1	לאיר הו יום 20	לתעבי	שנת] 3+3+3+20
008		D8.13:4	ספרא ב10+20	[לתעב[י]	שנת 3+10+20
009		C3.8IV:1	[לניסן הו יום	לת[ע]בי	שנת 2+3+10
010		C3.8IV:4	ה]ו יום 3+10	לתעבי	שנת 2+3+10]
011	לתעובי	D3.19:1	#### ב3	לתעובי	#### זכרן חמר] ... #### [
012		A3.8:14	כתב ב1+3+3+20	לתעובי	[אל] א]חי[חגוֿסֿ [ב]ר
013		D3.19:4	#### בארעא [...] ב3	לתעובי	אמ]ר [... #### כל [...]
014		D2.6:1	[... ...] [... ...]	לתעובי[	ש]נת ... ...] [... ...

תעובי

תשרי Tišri (Bab month = September/October)

001	s ab/cn	תשרי	B3.8:1	בירח	תשרי	הו אפף [ש]נת [3+]1
002		לתשרי	B2.6:1	ב20+3+3	[ל]תשרי	[הו יום 20]+3+3
003			B3.5:1	ב20+3+2	לתשרי	הו יום 20+3+2 לירח
004			B3.9:1	ב3+3	לתשרי	הו יום 20+2 לפאוני
005			C3.8I:1	[ב 10+3+3+1	לתש]רי	הו יום 10+3+3+3
006			C3.8I:12	[...] [ב 20+1	]ל[תשרי	הו יום 20+3 לאפף שנת
007			C3.8I:5	[ב 10+3+3+2	לתשרי	הו י]ום [20 לאפף שנת
008			C3.8I:7	[...] ב 10+3+3+3	לתש]רי	הו יום 20+1 לאפף שנת
009			C3.8I:9	אזל [...] ב 20	לתשרי	הו] יום 20+2 לאפף שנת
010			C3.7BV1:17	ב 20+3+1	לתשרי]	....]

ארמי Aramaean

Lemma	Parse	No.	Ref.	Preceding	Form	Following
ארמי	s ab/cn	001	B2.10:2	בר הושעיה בר אוריה	ארמי	זי יב בירתא קדם וידרנג
		002	B3.12:2	חגי בר משלם בר בסס	ארמי	זי {זי} יב ברתא לדגל
		003	B3.8:2	אמר ענניה בר חגי	ארמי	זי יב בירתא [ל]דגל
		004	B4.6:2	אמר מנחם בר [של]ום	ארמי	זי יב ברתא לדגל
		005	B6.1:2	[.... אדן אמר ... בר ....]	ארמי	זי יב בירתא לדגל
		006	B2.1:2	בר י{נ}ד<נ>יה	ארמי	זי סון לדגל וריזת לאמר
		007	B2.1:2	אמר קוניה בר צדק	ארמי	זי סון לדגל וריזת
		008	B2.6:2	זי מלכא למח]סיה	א]רמי	זי סון לדגל וריזת
		009	B2.7:2	אמר מחסיה בר ידניה	ארמי	זי סון לדגל וריזת
		010	B2.7:3	בר זכור בר אתר	ארמי	זי סון בדמוהי וספר כתב
		011	B3.13:2	לפחנום בר בסא	ארמי	זי סון לדגלא זך אפם
		012	B3.3:2	בירתא למשלם בר זכור	ארמי	זי סון לדגל וריזת לאמר
		013	B3.8:2	לזכור בר מ]שלם	אר]מי	זי סון לדכם דגלא לאמר
		014	B3.9:2	אמר אוריה בר מחסיה	ארמי	זי סון קדם וידרנג
		015	B3.9:3	סון לזכור בר משלם	ארמי	זי סון קדם וידרנג
		016	B4.5:1	[אמר נתן בר] הושע	ארמי	זי סון לדגל נבוכדרי
		017	B4.5:2	ליס[לח] בר גדול	ארמי	זי סון לדגל [....
		018	B4.7:1	[.... ל.... ב]ר נגישורי	ארמי	זי סון קדם אשמרם
		019	B7.1:2	למחסיה בר שיבה	ארמי	זי סון [לדגל ....
		020	D2.3:2	[.... ...] [צדק בר] קון	ארמי	זי[... ...] [... ...]
		021	B5.6:4	בשאה עם עֲבדא	אֲרמי	ילד בזן בי [....
		022	B8.6:8	אֲבר הובראֲ[....]	ארמי	לדגל ביתאלשגב מלל על
		023	B7.2:2	אמר מלכיה בר ישביה	ארמי	מהחסן ביב ב[ירתא לד]גל
		024	B5.2:2	אמר מתן בר ישביה	ארמי	סונכן לדגל]
ארמיה		025	D2.4:2	[.... ...]. ברת אשין	ארמיה]	... [... ... ...] [... ...
ארמיא	s em/sf	026	B2.8:3	ברת מחסיה בר ידניא	ארמיא	זי סון לדגל וריזת על
ארמיה		027	D2.10:2	[ל]מ]חיר .... [...	ארמיה	זי ס]ון ...] [...
		028	B5.5:2	זי יב בירתא לדגלה	ארמ]יה]	לאסורי ברת גמר[י]ה
ארמין	p abs	029	B2.11:2	בר נתן 1 כל 2	ארמין	זי סון לדגל ור[יז]ת
		030	B8.4:13	בריכאל אחוהי כל 2	ארמין	לנבושזב עם סנבנת
		031	B8.6:9	אמה כל [1+1]	אר[ר]מין	לדגל אל[..]..]

ארדטי Urartian

Lemma	Parse	No.	Ref.	Preceding	Form	Following
ארדטי	s ab/cn	001	C2.1.4:8	[כן] אמר דדרש	א]רדטי	עלימי לארדט שלחת

בבלי Babylonian

Lemma	Parse	No.	Ref.	Preceding	Form	Following
בבלי	s ab/cn	001	D22.3:1	פבי בר שמן	בבלי	
בבליא	s em/sf	002	B2.2:19	שהד הדדנורי	בבליא	שהד גדליה בר ענניה

בחתרי Bactrian

Lemma	Parse	No.	Ref.	Preceding	Form	Following
בחתרי	s ab/cn	001	C2.1.7:31	[פר]סי פחתא ז[י	בחתר]י	אמרת אזל קטל [לחילא זי
		002	D2.12:2	בר ארתברזן הו פתו	בחתרי	זי [א]תרה ביב בירתא

ורכני Hyrcanian

Lemma	Parse	No.	Ref.	Preceding	Form	Following
ורכני	s ab/cn	001	B8.3:3	[....]והי סחה	ורכני	1 בעית ו.[....]

חילכי Cilician

Lemma	Parse	No.	Ref.	Preceding	Form	Following
חילכין	p abs	001	A6.7:2	יהוי וכעת איתי גברן	חיל[כין]	עבדן זילי במצרין
חלכין		002	A6.15:2	ובבל [....] לי	חלכין	2+3 כל גברן [10] אחד
		003	A6.15:2	בר עחחפי למנתן	חלכין	[גברן 3+1[+1 ובבל
		004	A6.9:4	רכשה והבו פתף לגברן	חלכין	תרין אמן חד כל תלתה
בחלכין		005	C3.28:96	[שמעון שטר 1	בחלכין	1+3 מדלא 20 וירחין
חילכיא	p em/sf	006	A6.7:11	זי ב[מצרי]ן על	חילכיא	[....]זילי [.]שנציו [..]
		007	D6.7fragOc:2	[...] [...]מר לך להן	חילכיא	[...].
חלכיא		008	D6.7fragIg:2	תשתאל[...] [...]בזי	חל[כיא	[...
		009	A6.15:5	2+3 [....] הב למספת	חלכיא	אלך 2+3 שטר מן זי יהבו
		010	A6.15:3	כל גברן [10] אחד	חלכיא	גברן 2+3 שאל מן
		011	A6.15:4	היתיו על פסמשך על	חלכיא	זי מלכו לי גברן 2+3

חרזמי Khwarezmian

Lemma	Parse	No.	Ref.	Preceding	Form	Following
חרזמי	s ab/cn	001	B2.2:2	אמר דרגמן בר חרשין	חרזמי	זי אתרה ביב בירתא עביד
חרזמיא	s em/sf	002	D3.39fragb:3	ה.[...] [.]זיעם בגיא	חרזמיא	[...]משזבנבו לדגל מרין
		003	B2.3:23	זי דרגמן בר חרשין	חרזמיא	כתב לי על ארקא זך כזי

יהודי Judaean

Lemma	Parse	No.	Ref.	Preceding	Form	Following
יהודי	s ab/cn	001	D2.7fraga:2	ב 20[... ... ...]	יהודי	[... ...].
		002	B2.2:3	למחסיה בר ידניה	יהודי	זי בבירת יב לדגל
		003	B2.4:2	אמר מחסיה בר ידניה	יה[ודי	ז]י יב לדגל הומדת
		004	B3.1:3	למשלם בר זכור	יהודי	זי יב בירתא לאמר יהבת
		005	B3.6:2	אמר משלם בר זכור	יהודי	זי יב ברתא לדגל
		006	D2.12:4	[בר נ]תן	י[הו]די	זי ביב בירתא מהחסן
		007	B2.2:10	[יז]ניה בר אוריה	יהודי	לדגל וריזת לתחתיה לה
		008	B2.2:9	ובית קוניה בר צדק	יהודי	לדגל אתרופרן למערב שמש
		009	B3.13:2	בר חגי בר משלם	יהודי	לדגל נבוכדרי לפחנום
יהודיה		010	D2.5:2	[... ...]ה ברת גמריה	יהוד[יה]	[... ... ...]דגלא ....
		011	B5.5:1	מפט]חיה ברת גמריה	[יהודיה]	זי יב בירתא לדגלה
		012	B5.5:2	גמר[י]ה אחתה	יהוֹדיה	לזכם [דגלא ל]אמר
יהודיא	s em/sf	013	C3.15:1	2+3 זנה שמהת חילא	יהודיא	זי יהב כסף ליהו אלהא
יהודין	p abs	014	B2.9:2	בני משלם בר שלומם	יהודין	זי יב בירתא לדגל
		015	B4.3:2	[בר גמריה כל 2	יהודין	זי ביב מה[חסנן
		016	B2.9:3	מבטחיה ברת מחסיה	יהודין	לזכם דגלא לאמר אנ[ח]נה
יהודיא	p em/sf	017	A4.7:19	זי ענני וחרי	יהודיא	אגרה חדה לא שלחו עלין
		018	A4.1:10	ידניה וכנותה חילא	יהודיא	אחוכם חנניה ב[ר ...]
		019	A4.1:1	וכנותה ח[ילא]	יהודיא	אחוכם חננ[י]ה שלם אחי
		020	A3.8:12	כזי יהנעלן המו	יהודיא	קדם [....] לו[...]כ[..
ויהודיא		021	A4.7:22	ידניה וכנותה	ויהודיא	כל בעלי יב כן אמרי֯ן
		022	A4.7:26	אנחנה ונשין ובנין	ויהודיא	כל זי תנה הן כן עבדו
		023	A4.8:22	[....]	ויהודיא	כלא בעלי יב כן אמרן
		024	A4.8:26	[אנחנה ונשין ובנין]	ויהודיא	כלא זי תנה הן כן תעבד
		025	A4.3:12	אוריה וכהניא	ויהודיא	ע[בד]כם מעוזיה בר

יוני

Ionian

No.	Form	Parse	Ref.	Preceding	Keyword	Following
001	יוני	s ab/cn	C3.7AR2:21	1 זי[.... בר ....]	[יוני]	פסל[רשי ....]
002			C3.7BR1:16	ס[פינה 1 זי ....]	[יוני	פסלרשי] [ספינה 1 רבה]
003			C3.7BR1:9	זי מר.ג.ס בר פק.[...]	[יו]ני	פסלרשי [... ...] [אס]ות
004			C3.7DR1:5	[זי .... בר	יוני]	[פסלר]שי אסות כחמוש
005			C3.7ER1:15	[1 זי]..גות. [בר ...	יוני	פסלרשי] [ס]פינה[1]רבה
006			C3.7ER2:12	בר מסכס[	יוני	פסלרשי] אס[ות כחמוש
007			C3.7ER2:18	1 [זי] .... בר ארגל[ס	יוני	פסלרשי] ספינה 1 רבה הי
008			C3.7EV1:11	1 זי גלפרס[....	]יוני	[פסלרשי כספא תשי]דמי
009			C3.7EV2:13	[ספ]ינה 1 ז[י	יוני]	[פסלר]שי כספא תשי דמי
010			C3.7EV2:15	ספינה 1[זי]יוכלס	יו[ני	פסלרשי כספא] [תשי]דמי
011			C3.7EV2:17	ספינה 1 זי פנס	יונ[י	פסלרשי] כספא תשי דמי
012			C3.7EV2:1	ספינה 1 [ז]י ש.[...	יוני	פסלרשי] כ[ספא ת]שי דמי[
013			C3.7EV2:3	ספינה 1 זי הפו.[...	יוני	פסלרשי] [כספא ת]שי דמי
014			C3.7FV3:19	ס...פ.[...]ל...ת[...	י]וני	פסל[רשי]. ...[...]..[
015			C3.7GR2:16	1 זי גלפר[ס בר ...	יו]ני	פסלרשי אסות כחמוש
016			C3.7GV5:15	[1 זי] [....].לן	יוני[	פסלרשי כספא תשי דמי
017			C3.7GV5:18	[1 זי ....] [....	י]וני[	פסלרשי כספא תשי דמי
018			C3.7GV5:25	[ספינה 1 זי ....]	יוני	פסלרשי [כספא תשי דמי
019			C3.7JR1:28	זי יוכלס בר ש[...]	[יוני]	פסלרשי
020			C3.7JR1:4	בר פריתכמ[...]	[יו]ני	פס[לר]שי [ספי]נה[1
021			C3.7JR2:6	1 זי פנס ב[ר	יוני	פסלרשי] ס[פינה 1 רבה
022			C3.7KR2:24	[ז]י תמכתס בר מכס	יוני	פסלרשי אסות כחמוש ספינה
023			C3.7KR3:5	[1 זי ....] בר .מן	יוני	פסלרשי [ספינה 1 רבה
024			C3.7KR4:1	1 זי[.... בר	יוני	פסלרשי] אסות כחמו[ש
025			C3.7KV2:14	[1 זי ...] ...]מנ[..].	יוני	פסלרשי [כספא תשי דמי
026			C3.7KV2:16	[1 זי ..] ספיתך	יוני	פסלרשי כספא [תשי דמי
027			C3.7KV2:18	ספי[נה 1 זי ...]כלס	יוני	פסלרשי [כס]פא תשי
028			C3.7KV2:20	[ס]פינה 1 זי פרתוכלס	יוני	פסלרשי כספא תש[י] דמי
029			C3.7KV2:22	[ספינה 1] זי גלפרס	י[ו]ני	פסלרשי כספא תשי [דמי
030			C3.7KV2:3	לימא ספינה 1 זי ...סי	יוני	פסלר[שי כ]ספא תש]י
031			C3.7KV2:5	[ספינה]1 זי תמ.[...	יוני	פס]לרשי כספא תשי דמי
032			C3.7KV2:7	ספינה 1 זי ...[....	יונ]י	פסלרשי כספא תשי דמי
033			C3.7KV2:9	ספינה 1 זי .[....	יוני	פס]לרשי כספא תש[י דמי
034			C3.7KV3:12	[1 זי] ....גל[ס	יוני	פסלרשי כספא] [תשי]דמי
035			C3.7KV3:17	ס[פינה 1 זי	יוני	פסלרשי] כספא תשי דמי
036			C3.7KV3:19	ספינה 1[זי	יוני	פסלרשי] כספא תשי [ד]מי
037			C3.7KV3:21	ספינה 1 זי [....	יוני	פסלרשי] כספא תשי[דמי
038			C3.7KV3:24	לימא ספינה 1 זי .[....	יוני	פסלרשי]
039			C3.7KV3:2	ס[פינה 1 זי ...]מרסלס	[יוני	פסלרשי] [כספא ת]ש[י
040			C3.7KV3:4	[ספינה 1 זי	יוני	פסלרשי] [כספא תשי דמי
041			C3.7KV3:7	[1 זי ....].	יו[ני	פסלרשי] כספא תשי דמי
042			C3.7KV3:9	ספינ[ה 1 זי	יוני	פסלרשי] כספא תשי ד[מי
043			C3.7CR2:4	זי שומן בר שמנדס	יוני	[פסלרשי] [ספינה 1]רבה[
044	יוניא	p em/sf	C3.7EV1:7	2+3 בגו [ספינת	יוניא	פסלר]שי 1+3 לכסף כרשן
045			C3.7EV2:8	[3+3 בגו] ספ[ינת	יו]ניא	פסלרשי 3 לכסף כרשן
046			C3.7FV3:22	[...]i בגו # ספ[ינ]ת[	י]וניא	פסלרש[י]
047			C3.7JV2:10	מלכא [....	]יוניא	פסלרשי 3+i בג[ו]

כספי

Caspian

No.	Form	Parse	Ref.	Preceding	Keyword	Following
001	כספי	s ab/cn	B3.4:23	חירו בר אתרלי	כספי	בית ויזבל כספי שהד
002			B3.5:11	שמש לה ביתה זי שתיבר	כספי	דבק לה זנה חלק ביתא זי
003			B2.7:19	שהד ברברי בר דרגי	כספי	זי אתרא ..[....]. חגי
004			B3.12:4	זי ינבולי בר מסדי	כספי	זי ביב הו מהחסן ויהבת
005			B3.4:2	אמר בגזשת בר בזו	כספי	לדגל נמסו ונשן וב־־ל
006			B2.7:18	ויזב[לו] בר אתרלי	כספי	שהד ברברי בר דרגי כספי
007			B3.4:24	כספי בית ויזבל	כספי	שהד איסך בר זמסף ספר
008	כספיה		B3.4:2	וב־־ל ברת שתבר	כספיה	זי סון לדגל נמסו כל
009	כספיא	s em/sf	B3.12:12	מן בגזשת בר פלין	כספיא	בי תחתי מבני אחד גשורן
010			B3.12:4	מן בגזשת בר פלין	כספיא	הו ביתה זי ינבולי בר
011			C3.8IIIA:6	חמתסן שמה	כספיא	י[...]
012	כספין	p abs	B3.5:4	שתיבר ומן בגזושת	כספין	זי יב בירתא אנה ענניה

כרכי

Carian

No.	Form	Parse	Ref.	Preceding	Keyword	Following
001	כרכיא	p em/sf	A6.2:3		כרכיא	כן אמרו ספינתא זי
002			A6.2:8	כל תרין נופת־־א זי	כרכיא	נגידה על תבלא ואנחנה

כרתך

Cretan

No.	Form	Parse	Ref.	Preceding	Keyword	Following
001	כרתך	s ab/cn	B8.3:1	[... תב]רחש שמה עבד	כרתך	זילי א[....]

כשי

Nubian

No.	Form	Parse	Ref.	Preceding	Keyword	Following
001	כשיא	p em/sf	D23.1.Va:8	על תהרקא מלך	כשיא[	כ]זי מטא תמה

מגשי

Magian

No.	Form	Parse	Ref.	Preceding	Keyword	Following
001	מגשיא	s em/sf	B3.5:24	בר יתום .מתרסרה	מגשיא	תת מגשיא ספר בי זי כתב
002			B3.5:24	מתרסרה מגשיא תת.	מגשיא	ספר בי זי כתב ענניה

מדי

Median

No.	Form	Parse	Ref.	Preceding	Keyword	Following
001	מדי	s ab/cn	B3.6:17	בגו אתרפרן בר ניסי	מדי	שהד מיכיה בר אחיו שהד
002	מדיא	p em/sf	C2.1.4:4	[חילא זי מדי זי על	מד]יא	רבהם[לא הוה תמה
003	ומדיא		C2.1.4:2	[הוה חילא פ]רסי[א	ומדיא	זי עמי זעיר הוה אחר]

מצרי

Egyptian

No.	Form	Parse	Ref.	Preceding	Keyword	Following
001	מצרי	s ab/cn	C3.19:33	[ש]מה 1 מר	מצרי	
002	מצריא	s em/sf	D8.4:16	מ 2 תודרס מ 1	מצריא	תודרס מ 2 תבא מ 2
003	מצרין	p abs	D2.30:3	כ]מרן אלך תריהם	מצרין	..[....] [... א]ף אמר[
004*	מצריא	p em/sf	A4.6:12	חיל [....]לך	מצרי[א]	[....] [....
005			D6.10fragOg:1	...]	]מצריא	[...]
006			B3.10:9	זי הנפנא זי בנהו	מצריא	הו תמואנתי עליא לה בית
007			A4.8:13	השכח ואגורי אלה[י]	מצריא	[כ]ל[א מגרו] ואיש
008			B3.11:4	באגר להנפנא זי בנו	מצריא	מערב שמש לה הו בבא זילך
009			A4.5:1	רבין דגלן זי	מצריא	מרדו אנחנה מנטרתן לא
010			A6.10:1	וכעת קדמן כזי	מצריא	מרדו אדין סמשך פקידא
011			A4.7:8	ינדשו אחר נפין דבר	מצריא	עם חילא אחרנן אתו לבירת
012			A4.8:7	אחר נפין זך דבר	מצר]יא	עם חילא אחרנן אתו לבירת

013			*A4.2:5*	ומן זי[....] זי	מצריא	קדם ארשם להן גנבית
014			*A4.2:4*	א[....] איתי לן בזי	מצריא	שחד להן יהבן ומן ....]

מרגוי — Margian

001	s ab/cn	**מרגו**	*C2.1.7:30*	[מרדת מת] פרתו שמה	מרגו	מלך עליהם עבדו [פרד שמה
002	p em/sf	**מרגויא**	*C2.1.7:32*	[א]זל עבד קרב עם	מרג[ו]יא	אהורמזד סעדני [בטלה זי
003		**במרגויא**	*C2.1.7:35*	[ה]ות זנה זי אנה]	במ]רגויא	[עבד]ת [דריהוש מלכא

סונכן — Syenian

001	s ab/cn	**סונכן**	*B5.2:2*	מתן בר ישביה ארמי	סונכן	לדגל]
002	p abs	**סונכנן**	*A4.10:6*	שמה 1 כל גברין 2+3	סונכנן	זי ביב בירתא מה[חס]נן
003	p em/sf	**סונכניא**	*C3.14:32*	[זי י]היב לחילא	סונכניא	מ[ן יום 3+10

סיכן — Saite

001	s ab/cn	**סיכן**	*B8.6:1*	1 וזי ליד אוסתן	סׄיׄכן	....]
002			*B8.6:5*	שמה [עבדה זי ....]ם	סיכן	כן אמר הנצלני כסף כרשן

סכי — Sukkian (?); cf. **סכה** N in *Words KWIC*

ערבי — Arabian; cf. **ערב** N in *Words KWIC*, entry 003

001	s ab/cn	**לערבי**	*C1.1:207*	אנה [.... ה]חוי	לערבי	ימא ולצידני

פרסי — Persian

001	s ab/cn	**פרסי**	*C2.1.11:76*	[ותן ש]מׄה [בר סחר	פׄ[ר]סׄי]	[גוברו ש]מׄה בר
002			*C2.1.11:77*	[ש]מׄה בר מרדׄ[ונ]י	פרסי	ודׄ[רן שמה בר בגבגן
003			*C2.1.11:76*	[שמה בר ויספר	פרסי	ותן ש]מׄה [בר סחר
004			*C2.1.7:36*	בפרתׄ[ו בי]ותי שמהׄ	פרסי	יתב בפרס קׄ[ם אמר]
005			*C2.1.5:19*	והומס [ש]מה עילמי	פרסי	[לארדט] שלׄ[חת] אמרת
006			*C2.1.11:77*	[שמה בר בגבגן	פׄ[ר]סי	מן אנ[ת מלך]. מן אחׄריׄ
007			*C2.1.7:39*	שלחת ארתורזי שמה	פרסי	[עלימא זילי בראשהו]ם
008			*C2.1.7:31*	[לדדרש] שמ[ה עלימי	פר]סי	פחתא זׄ[י בחתר]י אמרת .
009			*C2.1.8:52*	[וימן שמה עלימא זילי	פרסי	פחתא] זי בהרוחתי לם
010			*C2.1.4:2*	[שלחת ודרן שמה עלימי	פרסי	רב] [הוה עלו]הׄיׄ א[מרת
011	s em/sf	**פרסיא**	*C2.1.4:2*	[במדי] [הוה חילא	פׄ[רסי]א	ומדיא זי עמי זעיר הוה
012	p abs	**פרסין**	*B3.8:20*	תחת חמריה שנן זי צל	פרסין	מש[ח חפ]נן 2 משח זית

פשדי — Pisidian

001	s em/sf	**פשדיא**	*D22.25:2*	בריך רבה תרכמנה	פשדיא	ותרבמי פלותהׄ
002			*D22.27:1*	בריך רבה תרכמנא	פשדיא	זי אוגננ[...] וׄבריך

צידני — Sidonian

001	s ab/cn	**צדני**	*D3.39fragb:5*	לדגל מרי[ ] [...]מא זי	צדני	[...]. [...]
002		**צידני**	*D3.40:1*	עזרבעל	צידני	[...] כל 1+3
003		**ולצידני**	*C1.1:207*	[ה]חוי לערבי ימא	ולצידני	.[....]א כי
004	p abs	**צידנין**	*C3.7FV3:4*	[....]ל....[..] חמ[ר	צידנ[י]ן	כ 1 2+3+3+100×1
005			*C3.7DV2:6*	ופלג חמר	צידנין	כׄנׄדן
006			*C3.7GR2:8*	ופלג [חמ]ר	צׄידׄנׄיׄן	כנדן
007			*C3.7GV2:6*	[....] חמר	[צי]דׄנׄיׄן	[כנדן

צעני — Tanite

001	s ab/cn	**צעני**	*C1.2:25*	[....]ה 1 ויאמרון לה	צעני	וי[....] .. [....]. שנן

1

No.	Reference	Preceding	Key	Following
001	A2.6:7	זי הוה בידה יהב ש]	1	.... ומכ]בנת שאלן
002	A3.2:4	חת[....]	1	[.... זי] כתן
003	A3.2:6	כתן [....] וכרבלה	1	[....] צצנן 2
004	A3.2:8	ותפסה [....] 2	1	[....] ויהב לי
005	A3.8:2	שלמן כסף כרשן 10 וכרש	1	[....]
006	A3.8:9	1 זי קמר פעקס 1 סרחלץ	1	[...] צביע ול[...]
007	A6.3:4	1 פשובסתי בר חור].	1	... בר ש]חפמו 1 פסמשך בר
008	D8.7:2	√ דליה בר יתקום מ	1	√ יהדת ברת דלוי מ 1
009	D8.7:4	מ 1 חצי √ אליעזר מ	1	√ ברוכה ברת פסי מ 1
010	D8.7:7	בר חורי כסף ש 1 מ	1	√ יסלק בגנזא ר 2
011	B8.4:16	תסי ברתה [..]מוו	i	א.... אנתתה .למנת ברה
012	D8.4:22	מ 1 תשפור מ 1 שמעאל מ	1	אברם ר 1 רבע 1 תונפרי
013	A6.3:3	עחחפי בר פ[שנפ]ברחף	1	אחר[טיס] בר פסמשך 1
014	B8.2:13	[....]ם בגדת	1	[...]י כל 2 עבדיא
015	A6.7:3	במצרין פרימא שמה	1	אמון שמה 1 סרך שמה 1
016	A6.7:4	שמה 1 פיתרענז שמה	1	אסמרוף שמה 1 מוסרם שמה
017	C3.28:4	לגן 3+3 בר 3 שאר	1	אפלניס יסן כא 1 פ בש 2
018	B3.10:1	למסורע שנת	1	ארתחשסש מלכא אדין אמר
019	A6.7:4	סרמנז שמה 1 כא שמה	1	בגפרן שמה 1 פיתרענז שמה
020	B8.4:3	[בית]אלשגב עם בריכאל	1	ביתאלשרה 1 יעלו i
021	A4.10:3	[1] שמעיה בר חגי שמה	1	הושע בר יתום שמה 1
022	A4.10:4	1 הושע בר יתום שמה	1	הושע בר נתון שמה 1 כל
023	B8.4:3	1 יעלו i ..י	1	.[...].ח i רעיאל 1
024	B8.4:17	ברה צחא ברה צובא.	1	ט..[...]..[....] פרט
025	B8.4:3	1 ביתאלשרה 1 יעלו	i	..י 1 .[...].ח i רעיאל
026	B2.11:2	אמר מחסיה בר נתן	1	ידניה בר נתן 1 כל 2
027	C3.28:34	מ 1 פ יוניא לגן 2 בר	1	יהודה לגן 4+1 בר 2 מ 1
028	C3.28:20	מ 1 פ יניא לגן 2 בר	1	יניא כא 1 פ ב[ש 1+]1
029	C3.28:5	יסן כא 1 פ בש 2 ר	1	יניא לגן 3+1 בר 2
030	B8.4:3	עם בריכאל 1 ביתאלשרה	1	יעלו i ..י 1 .[...].ח
031	D8.10:3	ג 1 נוכדו זעירה	1	יתקום 1+3+20 נפרנוב
032	A6.7:4	שמה 1 סרמנז שמה	1	כא שמה 1 בגפרן שמה 1
033	A6.7:5	שמה 1 אסמרוף שמה	1	מוסרם שמה 1 כל גברן
034	A6.7:3	1 תענדי [ש]מה	1]	....]מי שמה 1 סדסבנז
035	A4.10:1	ידניה בר גמ[ריה] שמה	1	מעוזי בר נתן שמה [1]
036	D8.10:2	זעירה 10+20 מ 1 ג	1	נוכדו זעירה 1
037	C3.28:2	כא 1 בש 1 ר 2 שאר ש	1	נכיס לגן 3+3 בר 3 שאר
038	C3.14:24	1 [..]. בר פטנתר שא	1	[..]נכל בר אורי שא 1
039	D8.4:24	רבע 1 תונפרי ואנושה ש	1	נתן בר אביתי מ 1 ר...
040	A6.7:3	[ש]מה [1 ....]מי שמה	1	סדסבנז שמה א[..]ם שמה 1
041	B8.4:14	כן אמרו הנצל. .אבו	1	סמשס ברתה i פכמי
042	A6.7:3	פרימא שמה 1 אמון שמה	1	סרך שמה 1 תענדי
043	A6.7:4	סדסבנז שמה א[..]ם שמה	1	סרמנז שמה 1 כא שמה 1
044	B8.4:3	1 .[...].ח i רעיאל	1	עדרי 1 [....]ל זי כחסן
045	A6.3:3	[.... 1.... בר ....]טוי	1	עחחפי בר פ[שנפ]ברחף 1
046	C3.28:61	{{..}}. זוזן 1+3+20 ר	1	ערביא לגן 3+1
047	C3.27:24	פתורא צחא 1 פטנתר	1	פבי 1 צחא 1 שם 1
048	C3.27:27	1 פבי 1 צחא 1 שם	1	פבי 1 נפקה אחרי עלימי
049	C3.27:23	3 בעלי פתורא צחא	1	פטנתר 1 פבי 1 צחא 1
050	A6.7:4	כא שמה 1 בגפרן שמה	1	פיתרענז שמה 1 אסמרוף
051	B8.4:15	.אבו 1 סמשס ברתה	i	פכמי בר[ה] פחי
052	D8.7:6	מ 1 תמן ברת תסי מ	1	פסי בר חורי כסף ש 1 מ
053	A6.3:4	חור]. 1 ... בר ש]חפמו	1	פסמשך בר וחפרעמחי 1
054	C3.28:23	יסדרס לגן 2 בר	1	פרס כא 1 בש 1 ר 2
055	A6.3:4	1 אחר[טיס] בר פסמשך	1	פשובסתי בר חור]. 1 ... בר
056	C3.28:51a	לגן 3+3+2 בש	1	פתפי לגן {{2}}2 בר 2
057	C3.27:25	צחא 1 פטנתר 1 פבי	1	צחא 1 שם 1 פבי 1
058	B8.4:3	i ..י 1 .[...].ח	i	רעיאל 1 עדרי 1 [....]ל
059	C3.28:80	זי זבדיה חנטן ס 1 ר	1	שבתית ברת אברי
060	D8.4:19	תבא מ 2 שבתית תוא מ	1	שלם מ 1 תשפור מ 1 שמעאל
061	C3.27:26	פטנתר 1 פבי 1 צחא	1	שם 1 פבי 1 נפקה אחרי
062	A4.10:2	1 מעוזי בר נתן שמה	[1]	שמעיה בר חגי שמה 1
063	D8.4:23	מ 1 אברם ר 1 רבע	1	תונפרי ואנושה ש 1 נתן
064	B8.4:16	ברה תנית ברתה תחבס	1	תחה i תסי ברתה
065	B3.8:19	1 כל 3+2 קף זי עק	1	תחת חמריה שנן זי צל פרסין
066	D6.8fragc:3	[..]וֹi[...]שמה	1	תירנ[...] [...]. אחתיזר שמה
067	D8.7:5	1 √ ברוכה ברת פסי מ	1	תמן ברת תסי מ 1 פסי בר
068	B8.4:16	ברתה תחבס 1 תחה	i	תסי ברתה [..]מוו i
069	A6.7:3	אמון שמה 1 סרך שמה	1	תענדי [ש]מה [1
070	B3.12:11	עזריה לחן ליהו אלהא	1	תפמת אנתתה פריפת זי
071	B3.12:3	לדגל נבוכדרי לאמר אנה	1	תפמת ברת פתו כל 2 זבן
072	D8.4:20	שבתית תוא מ 1 שלם מ	1	תשפור מ 1 שמעאל מ 1 אברם
073	C3.14:21	[.... בר]ענחחפי שא	1	[... בר ...]שא[1] [... בר
074	C3.14:22	שא 1 [... בר ...]שא[	[1	[... בר ...]שא 1 [..]. בר
075	C3.14:23	[ ]שא[1] [... בר ...]שא	1	[..]. בר פטנתר שא 1
076	C3.28:18	ר 2 יהודה לגן 2 בר	1	{{1}} בב נכיס לג 1 מ 1
077	C3.12:15	לשרתא חמר צידן קלבי	1	מצרין[קלול 1] [יהיב
078	C3.12:7	לשרתא חמר צידן קלבי	1	מצרין[קלול 1] ב 2
079	B3.8:12	3+3 ב 3 שוה כס[ף שקל	1[	[...]... כתן 1 בליה ו[....
080	C3.7GR1:12	[....]דוגי קנרתעא	1	[....]פת[...]
081	C3.12:11	חרמעחר מצרין קלול	1	[....]. מצרין קלול 1
082	C3.12:13	מצרין קלול	1	[....]. זי בצ[.]בג
083	C3.12:14	בצ[.]בג מצרין קלול	1	[. ב... לפאפ]י לשרתא חמר
084	C3.12:19	[ה]וה תנה [.... קלב]י	1	[....]. קלבי 1 [... קלבי
085	C3.12:20	1 [....]. קלבי	1	[... קלבי]1 [.... קל]בי
086	C3.12:21	קלבי 1 [... קלבי	1[	[.... קל]בי 1 [....
087	C3.12:22	[קלבי]1 [.... קל]בי	1	[.... ס]פינתא ב 3+20
088	C3.12:3	[....]מצרין קלבי	1	[... מצ]רין קלול 1 קלבין
089	C3.13:39	[פ]1+3 [....] פ	1	[....]זי ליהוישמע
090	C3.13:40	ליהוישמע בר חגי ש פ	i	[....]פ i
091	C3.13:41	ש פ i [....]פ	i	[....]. זי יהבת
092	C3.14:18	1 ש [.... ב]ר פחרי שא	1	[....]. .נח
093	C3.14fragaR:2	[ ] זי יה[יב] [כ]סף ש	1	[...] [כס]ף כרש[...] [...
094	C3.18:1	[....] [....	1[	[...].. כא 2 [....].[....
095	C3.18:3	[...].. כא 2 [....].[....	1[	[...]ן ברת פסמשך כא 1
096	C3.19:30	שמה ...	1	[....]...
097	C3.19:31	שמה ...[ ]	1	[....]...

098	C3.28:126	ר 2+3+20+20+20 .[ ]	1[	[...] .ש א[....] .[...] [...
099	C3.28:51	בב פתו לגן 3+3+2 בש	1	2+3+3 לגן [...]
100	C3.28:54d	[לגן 3+2+]2+1 בש	1	2 בר [1+3 לגן ...]
101	C3.28:75	זׂעׂרׂ [...]3 בחנ[ט]ן ס	1	[...]3 מ 1 [...]3 בחנטן
102	C3.28:76	בחנ[ט]ן ס 1 [...]3 מ	1	[...]3 בחנטן ס 1 [...]ר
103	C3.28:77	[ ]3 מ 1 [...]3 בחנטן ס	1	[...]ר 2 מ 1 חשבן עבורא
104	C3.7AR2:17	[ ]ו̇ס̇[1+3+2 עק סמכת	1	.[.] ספן ריקנן 20+10 בגו[
105	C3.7GR1:23	[...] 2+3+20+100[×1]	i[	
106	C3.7GR3:16	ל̇מצרין דוגי קנ̇ר̇תעא	1	[....] [...]....
107	C3.8IV:5	ד̇ו̇ג̇י̇ת̇ [2+3+10]	1	.. [...] ו̇כעת חיר כן
108	C3.8fragb:3	[ ]עבידו [....]מיא	1	[....] שנת 2+3+10
109	C3.9:6	[1] [נשן] רבה 2 ב[רה	1[	[.... יו]ר 3 נשן [רבה]
110	D8.7:8	י̇ס̇ל̇ק̇ ב̇ג̇נ̇ז̇א ר̇ 2 ר	1	[....]צ̇יתא מ 1
111	B6.1:8	1 לפם 1 שוה כס[ף כ]רש	.[.1	[....
112	D11.25:1	לנג...פ̇נ̇שת	i	.. פ̇רשת .... [...]
113	D13.2:12	ר 2 ש 3+3 ר 2 ר	1	
114	D13.2:20	ר 2 ש 2 ר 3 ש 3+1 ר	1	
115	D22.22:1	[פ]טאסי בר מית	1	
116	D22.28:1	ל מ נ ס ע פ צ ק ר ש ת	1	
117	D3.19:6	כל [...] [...]... מצרין	1	[...]מדינת נא
118	D3.41V:1	.ג.[..]	1	..[...] ס̇[...]
119	D3.47fragb:7	לם 1 ר 2 [...]ס̇ ס̇	1	[...]מ 1 [...] השכחו בצפרא
120	D3.47fragb:8	2 [...]ס̇ 1 [...]מ	1	[...] השכחו בצפרא [...]לם
121	D4.24:3	..[...] [...]סתתרי ך̇	1	.[...]
122	D4.4:2	2 [...] [...]..[...].	i	.[...] .[...] וחטה 2[...]
123	D5.25:1	ר̇[..]. [...]	1	[...]א̇תרכנהי
124	D5.64:1	ש]מה [...	1	[...]
125	D6.8fragg:1	שמה [...]	1	
126	D6.8fragd:2	.[...] [...]שמה	1	[...] [...].נש שמה[...]
127	D6.8fragc:4	אחתיזר שמה .[...]	1	[...] [...]....2+10 לגבר[
128	D7.2:7	לי מלח למשם בק̇מ̇ח	1	
129	D7.43:9	ותנתן לכי [...]ה אף כסה	1	[...] כען אקר̇א [...]
130	D7.53:4	[...]מובל [...]+100	1	
131	D8.4:12	[ב]ר יחנן ש 2 מ 1 רבע	1	[... ...].א מ 1 [...]ידוע ר
132	D8.4:13	מ 1 רבע 1 [... ...].א מ	1	[...]ידוע ר 1 רבען 3
133	D8.7:9	ר 1 [....]צ̇יתא מ	1	
134	D7.38:4	ויהב [...]ד̇	i	א מדן 2+10+20
135	B5.5:3	מלכא כסף זוז לכרש	1	אנה מפטחיה יהבת לכי
136	C3.9Vfragb:1	[...].ה ברה	1	
137	B2.3:3	לכי בחיי ובמותי בי	1	ארק זילי הוה משחתה ארכה
138	D3.46fragd:2	[... ...] [...]חרמן פץ	1	ב[...] [... פ]ץ אחרה [...]
139	B2.10:16	כרשן 10 כסף ר 2 לכרש	1	באבני מלכא וביתא אפם
140	B6.1:4	מהר ברתך .... כסף כרש [	1	באבני] מלכא כסף ר 2 לכר[ש
141	C3.28:89	i ע̇ל̇יא מ̇[....]א ומ	i	באגרה שטריא ביד יונתן
142	C3.28:100	שבתי חגי תתו שטר	1	בביתה {{...}} בב שבתי
143	C3.28:18	2 יהודה לגן 2 בר 1	{{1}}	בב נכיס לג 1 מ 1 פ
144	C3.28:7	יניא לגן 1[+1] בר̇	1	ב̇ב̇ נ̇כ̇י̇ס̇ לגן 3+3
145	C3.7FV2:9	[1×]2+[3]+3+100 כ̇[	1	ב̇ג̇ו̇ חמר זי שנת 10
146	C3.7FV3:2	כ	1	בגו חמר[יון כנד]ן̇
147	C3.7FV3:4	כ 2+3+3+100×1	1	בגו חמר זי שנת 10 כנדן
148	C3.28:21	כא 1 פ ב̇[ש 1+]1 ר	1	בגרב חמשת[א] יסדרס לגן 2
149	C3.28:95	ב̇ב שמעון שטר 2+3+3	1[	בזוז]ן̇ [בב]ש̇מ̇ע̇ו̇ן
150	C3.28:98	מדלא עבדיהו זכור שטר	1	בזוזן 20+100×1 בב
151	C3.28:58	....	i	ב̇ז̇פה נכיס ח[...]
152	C3.28:96	[בב]ש̇מ̇ע̇ו̇ן שטר	1	בחלכין 3+1 מדלא 20
153	C3.28:92	בר חגי בר שמתי שטר	1	בחמר כאן 20+20 בב
154	C3.28:101	בב שבתי חגי שטר	1	בחנטן א 20+3+2 בידה
155	C3.28:99	בב עבדיהו זכור שטר	1	בחנטן א 10 שבתי חגי
156	C3.28:110	י̇.... ח̇נ̇ט̇ן̇ א 2 ר	1	בידה חרשא זי נחש וכרסא
157	A3.8:13	ולעבק הנחת לי כתון	1	בידך על [....]
158	B3.8:24	זי כתיבן ינתן לה ביום	1	בכף 1 [ו]תהך [לה מנה] אן
159	B3.8:28	זי כתיבן ינתן לה ביו[ם	1[	בכף 1 ותהך לבית אבוה
160	C3.28:93	20+20 בב שמעון שטר	1	בכרשן 10+2 ש 3+3+2
161	B3.8:10	ש]ק[לן 3+3+2 לב[ש	1[	בלה שוה [כסף שקל 1 חלרן
162	B3.8:12	כס[ף שקל]1 [...]... כתן	1	בליה ו[.... ד]מי כסף שקל
163	C3.28:10	לגן 2 נתן נדבי לג	1	במ 1 פ יניא לגן 3 בר 1
164	C3.28:37	3 בר 1 מ 1 פ רחבל לג	1	במ 1 פ ע̇ב̇ד̇י̇ ס̇..ד̇
165	C3.28:115	זערא גנבין 3+3 חל	1	בני ידלה אביתי גרבין 3
166	C3.9:12	בגו יור 1 נשן רבה	1[	בנן 2[[...]ט בר פטוסרי
167	C3.25:21	ש 3+1 כל כסף כרש[	1[	.[.]...ב ל ו...בנ.....
168	B8.3:3	[....]והי סחה ורכני	1	[....]בעית ו.
169	C3.12:24	לשרתא קלול 1 קלבי	1	ב 20+3+1 לבגוד 1
170	C3.12:28	1 לשרתא חמר צידן קלבי	1	ב 20+3+2 לכיחך זי הו
171	C3.12:7	קלבי 1 מצרין] קלול	1[	ב 2 לפאפי לשרתא מצרין
172	C3.28:43	זפרה לגן 2 בר	1	ב פתו כאן 2 בש 3 שאר ^מ
173	C3.28:69	לגן 3+3 נכיס כא 1 ש	1	בר[2]שאר ר 2 יהודה
174	C3.28:2	באפנא כ̇ל̇ל̇ כא	1	בש 1 ר 2 שאר ש 1 נכיס
175	C3.28:24	לגן 2 בר 1 פרס כא	1	בש 1 ר 2 הרגלתי פלג בר
176	D8.10:2	זעירה 20+10 מ	1	ג 1 נוכדו זעירה 1
177	D8.10:5	נפרנוב 3+3+2 מ	1	ג 1 זעירה [..]3+2 תפורתחם 3
178	C3.18:4	[...]ן̇ ברת פסמשך כא	1	ג 1 ח 3+2 [... ...]ת̇פ̇ם̇
179	C3.18:5	ברת ח̇נ̇ונית כא	1	ג 1 ח 3+2 [...]י̇
180	C3.18:6	[ב]ר̇ת̇ חור כא	1	ג 1 ח 3+2 [...].[..]...א
181	D4.4:4	[...]2 [...]ל̇[בש משך	1	ג̇[...] .[...] נע[...]
182	A6.16:3	[....] תחדו כתן	1	גלדי תולע 2 זך היתי עלי
183	D8.3:15	פי.[...] [...] .בכא חד	1	גנה .. אי. בחקלא פחפי
184	C3.8IIIB:18	צלצל נוש...[....]..	1	דוגית .ה .. [...] דו[גי]ת
185	D3.26:2	חדה אמן 10+2 פתי אמה	1	ד̇ורה פשכן 3+1 בגו לוח
186	D3.26:3	3+3+3 ופלג פתי אמה	1	דור̇[ה ...] לוח אחרה אמן
187	D3.26:4	3+2 פתי א[מה 1 פשך	1[	ד̇ורה פש[ך ...]
188	B3.8:13	^3+2^ מאני נחש מחזי	1	דמ[י] כסף [שקל] 1 תמסא 1
189	B3.8:14	כסף שקל [1 ח 10] כס	1]	דמ[י כסף חלרן 20 זלוע 1
190	B3.8:15	[דמי] כסף חלרן 20 זלוע	1	דמי כסף ח 20 כ[ל]
191	C2.1.4d:2	100×3[...]	1]	[...
192	D1.30:3	ומחין̇] [...]... שטי	1	ד̇מס[...]זנא כל .[...]
193	B3.1:5	חלרן 2 לתקל 1 לירח	1	הוה כסף חלרן 3+3+2 לירח
194	C3.14:10	[בר]אשה ב̇[ר .]ת̇[. שא	1	]הו ש [... בר]נתן ש[א 1]
195	C3.14:19	..נ̇ח̇ א̇.ו̇ בר פבי שא	1	הו [.... שא 1+]2+3×100

1

196	C3.14:6	חׂוׂרׂ...[..]ל. שא	1	הו כ{{ש}} שמו] בר ....
197	D7.7:7	חזי אפק לי תלי וכתון	1	הן יעדרן ותפק
198	D7.16:6	החלפי לי שער־ ובעי	1	ואחט המו בקל כענת חי ליהה
199	A3.8:8	וינתן לך כתון שטטן	[1	ואסה 1 כתון י[.]הה 1 זי
200	B4.6:9	הו כס[ף סתת]רי 1 [ש	[1	[ואשלמן לכי] א[נתי]
201	B3.5:22	מלכא כסף ר 2 לכרש	1	וביתי זילהם אפם ולא דין
202	D7.33:2	על לך אתמל עדבר ספא	1	וגרשא שבק
203	B2.9:15	מלכא כסף ר 2 לכרש	1	והו אפם רחיק מן אלה נכסיא
204	A2.4:8	לי משכן מסת לבש משך	1	והוי לקח שערן מן תשי
205	B8.6:1		1	וזי ליד אוסתן סׂיׂכׂן
206	B3.12:14	במנין סתתרי 3+3 שקל	1	וטיב לבבן בדמיא זי יהבת
207	B3.4:6	מלכא כסף זוז לכרש	1	וטיב לבבן בדמיא זי יהבת
208	C1.2:25	אלהי מצרין [....]ה	1	ויאמרון לה צעני וי[....]
209	B4.2:4	כספך חלרן 3+3+1 לירח	1	וירחא זי לא אנתן לך בה
210	A2.2:7	עמר מן קצתה זי כסף ש	1	וכעת הן יהב לכי נקיה
211	B3.5:15	מלכא כסף ר 2 לכרש	1	ולא דין והן גבר אחרן
212	D23.1.II:10	אׂנתן לך כסף כרש	[1	ו]ענתׂ ואׂמׂרׂתׂ [ל]דנא
213	D7.57:8	2 וכדדן 3+1 ופינך	1	וצפחא חדה ובית ח 1 חדת
214	D7.45:8	הושר לי שערן קב	1	ושחלין טב
215	B3.8:24	ינתן לה ביום 1 בכף	1	[ו]תהך [לה מנה] אן [זי
216	B3.8:28	ינתן לה ביו[ם 1] בכף	1	ותהך לבית אבוה והן[ן] ימות
217	D8.12:2	מנאס מ 3 ^לחמר אותכס	1	זוזן 3+1^ פבא מ 3 כרתרס
218	A3.10:4	לביתי ואיתי כסף כרש	1	זי אנה יהבת לך למזבנה
219	A3.2:2	משאן [....]	1	זי [....]דׂס
220	A3.3:11	כעת זבנת לי אנה כׂתן	1	זי כתן כעת [....]
221	A3.8:9	[1] ואסה 1 כתון י[.]הה	1	זי קמר פעקס 1 סרחלץ 1
222	A4.3:3	אסרני עלדבר אבנצרף	1	זי השכחו גניב ביד רכליא
223	B2.3:23	בידכי אף איתי ספר מרחק	1	זי דרגמן בר חרשין
224	B2.6:11	כסף שקלן 3+3+1 מחזי	1	זי נחש שוה כסף שקל 1 ר 2
225	B2.6:12	כסף שקל 1 ר 2 תמסא	1	זי נחש שויה כסף שקל 1 ר
226	B2.6:13	שוין כסף שקלן 2 זלוע	1	זי נחש שוה כסף ר 2 כל
227	B2.6:15	עלי וטיב לבבי בגו שוי	1	זי גמא בה נעבצן זי אבן
228	B2.6:16	1 זי סלק כפן 2 פרכס	1	זי חצן חדת ^תקם חפנן 2+3
229	B2.6:16	נעבצן זי אבן 3+1 פק	1	זי סלק כפן 2 פרכס 1 זי
230	B2.6:7	לׂ10 הנעלת לי בידה לבש	1	זי עמר חדת חטב צבע ידין
231	B3.3:4	הנעלת לי תמת בידה לבש	1	זי עמר שוה כסף שקלן
232	B3.8:11	[שקל 1 חלרן 20] שנטא	1	זי כתן חדת ארך] אמן 3+3
233	B3.8:11	שוה כסף שק[ל 1 כתן	1	זי כתן חדת] ארך אמן 3+3
234	B3.8:13	דמ[י] כסף [שקל] 1 תמסא	1	זי נחש דמי כסף שקל 1 ח
235	B3.8:14	דמי כסף שקל 1 ח 10 כס	1	זי נחש דמי כסף שקל [1 ח
236	B3.8:17	כסף זוז לעשרתא קפף	1	זי חוצן תחת לבשיה ת.[.] זי
237	B3.8:6	2 חלרן 2+3 לבש	1	זי קמר חדת לאמן 3+3+1
238	B3.8:7	כרש 1 שקלן 2 גמידה	1	זי קמר חדת לאמן 3+3 ב
239	B3.8:9	כסף שקלן 3+3+1 שביט	[1	זי]קמ[ר] חדת לאמן 3+3 ב
240	B6.1:6	לבש]	1	זי קמר חדת לאמן]
241	B6.2:1	....]	1	זי קמר חדת זי אמן ... ב ...
242	B6.2:2	[ ]דמוהי כסף כ 2 ....]	1	זי קמר חדת זי אמן ... ב ...
243	B6.2:3	שקלן 2+3+3 ....]	1	זי קמר חדת זי אמן ... ב ...
244	B6.2:7	חלרן 10+3+2 זלוע	1	זי נחש] דמ[י כסף שקלן 2
245	B6.2:7	[דמ]י כסף שקלן 2 זל[וע	[1	[זי נחש דמי כסף ...]
246	B6.2:7	דמי כסף חלרן 10 כס	1	זי נחש דמי כסף חלרן
247	D1.12:7	מ...[.]. .[.] איתי[...]	1	זי נחש[...] [... ...].ללן]
248	D7.4:6	והוׂ [...] חזי [...] סבך	1	זי תהכ[...] ושלחהי לי הלו
249	B2.4:3	דגלא לאמר איתי ארק בי	1	זילי מערב לביתא זילך זי
250	C3.7AR2:20	בקרו למצרין ספינה	1	זי[.... בר ....] [יוני]
251	C3.7BR1:15	בקרו למצרין ס[פינה	1	זי ....] [יוני פסלרשי]
252	C3.7BR1:8	לׂמׂ[צרין] ספינה	1	זי מר.ג.ס בר פק.[...]
253	C3.7DR1:5	בקרו למצרין ספ[י]נ[ה	]1[	זי .... בר ....
254	C3.7DR2:18	[ל]מׂצׂרׂיׂןׂ [ספינ]ה	1	זי[....] [פסלרׂ]שי
255	C3.7DR3:2	[בקרו למצרין] ספינה	1	ז[י ....] פסלרׂשי
256	C3.7DR3:9	בקרו ל[מצרין] ספינה	1	זׂי תׂמׂתׂ..[...] פסלרׂשי
257	C3.7ER1:15	למׂצׂרׂיׂן [ס]פינׂהׂ	[1	זי]..גותׂ. [בר ... יוני
258	C3.7ER2:12	בקרו למצרין ס]פינה	]1	ז]י פׂ[..]תׂלן בר
259	C3.7ER2:18	בקרו למ[צרין] [ספי]נה	1	[זי] .... בר ארגל[ס יוני
260	C3.7EV1:11	[לאפף ב]קרו לימא ספינה	1	זי גׂלׂפׂרׂסׂ[....]יוני
261	C3.7EV1:14	לימא דוגי קנרׂתשירי	1	זי [.... כ]סף מנפקה
262	C3.7EV1:16	בקרו לימא דוגי קנרׂתעא	1	[זי] [....] [כסף
263	C3.7EV2:13	[ ]בקרו לימא [ספ]ינה	1	ז[י .... יוני] [פסלרׂ]שי
264	C3.7EV2:15	בקרו לימ[א] ספינה	]1	זי]יוכלס יו[ני פסלרשי
265	C3.7EV2:1	ב[קרו ל]ימא ספינה	1	[ז]י ש.[... יוני פסלרשי]
266	C3.7EV2:17	למסורע בקרו לימא ספינה	1	זי פנסׂ יונ[י פסלרשי]
267	C3.7EV2:19	לׂימׂא דוגי קנרׂתעא	1	זי[....] [כסף מנפ]קה
268	C3.7EV2:3	[ ]לאפף בקרו לימא ספינה	1	זי הׂפׂוׂ.[... יוני
269	C3.7EV2:5	לימא דוגי קנרׂתשי[רי	1	זי ....] [....] [כסף
270	C3.7GR2:16	[בקרו למ[צ]רין ספינׂהׂ	1	זי גלפר[ס בר ... יו]נׂי
271	C3.7GR2:22	למצרין דוגי קנרתשירי	1	זי שמ..הׂ.[...] [...] ..
272	C3.7GV5:14	[בקרו לימא ספינה	1	זי] [....].לן יׂוׂנׂיׂ]
273	C3.7GV5:17	[בקרו לימא ספינה	1	זי ....] [.... י]וני]
274	C3.7GV5:24	בקרו לי]מא ספינה	1	זי ....] יוני
275	C3.7JR1:27	בקרו [למצרין] [ספי]נ]ה	1	זי יוכלס בר ש[...]
276	C3.7JR1:3	למצרין [ס]פׂיׂנׂהׂ]	1	זי ...] כׂריסתן
277	C3.7JR2:6	[בקרו [למצרין] ספינה	1	זׂי פנסׂ ב[ר .... יוני
278	C3.7KR2:24	בקרו למצרין [ס]פינה	1	[ז]י תׂמׂכתס בר מכס
279	C3.7KR3:5	בקרו למצרין [ספינה	1	זי ....] בר .מן יוני
280	C3.7KR4:1	ספינה	1	זי[.... בר .... יוני
281	C3.7KR4:7	בקרו [למצרין] ספינה]	1	זי[.... בר ....
282	C3.7KV2:14	[בקרו לימא ספינה	1	זי ...] ...]מנׂ[..]. יוני
283	C3.7KV2:16	[בקרו לימא ספינה	1	זי ..] סׂפׂיׂתׂךׂ יוני
284	C3.7KV2:18	בׂ[קרו ל]ימא ספי]נה	1	זי ...]כׂלס יוני פסלרשי
285	C3.7KV2:20	בקרו ל[י]מא [ס]פינה	1	זי פרתוכלס יוני פסלרשי
286	C3.7KV2:22	בקרו לי[מא ספינה	[1	זי גלפרס י[ו]ני פסלרשי
287	C3.7KV2:3	בקרו לימא ספינה	1	זי ...סׂי יוני פסלרׂ]שי
288	C3.7KV2:5	בקרו לימא [ספינה	]1	זי תמׂ.[... יוני פס]לרשי
289	C3.7KV2:7	בקרו לימא ספינה	1	זי ...] .... יונ]י
290	C3.7KV2:9	בקרו לימא ספינה	1	זי .[.... יוני פס]לרשי
291	C3.7KV3:12	בקרו [ל]ימ[א] ספי]נה	1	זי] ....גׂלׂ[ס יוני
292	C3.7KV3:17	[בקר]ו לימא ס]פינה	1	זי .... יוני פסלרשי]
293	C3.7KV3:19	לפאוני בקרו לימא ספינה	]1	זי .... יוני

294	C3.7KV3:21	לפאוני בקרו לימא ספינה	1	זי [.... יוני פסלרשי]
295	C3.7KV3:24	לפאוני בקרו לימא ספינה	1	זי .[.... יוני פסלרשי]
296	C3.7KV3:2	בקרו לימא ס[פינה	1	זי ...]מרסלס [יוני
297	C3.7KV3:4	לפחנס בקרו [לימא ספינה	1	זי .... יוני פסלרשי]
298	C3.7KV3:7	לפחנס בקרו לימא ספינה	1]	זי ....]. יו[ני
299	C3.7KV3:9	לפחנס בקרו לימא ספינ[ה	1	זי .... יוני פסלרשי]
300	C3.7CR2:4	בקרו למצרין ספינה	1	זי שומן בר שמנדס
301	C3.8IIIB:5	בגו בגו [...]ספינה	1	זי ת.[...] [...].א כלא[
302	B3.12:16	כ	1	זנה תחומוהי ביתא זי זבן
303	D7.35:12	[....] גזירה [....]	1	זע[ירה [....]
304	D8.10:5	נפרנוב 3+3+2 מ 1 ג	1	זעירה [..]3+2 תפורתחם 3
305	C3.27:31	3 עלים צחא סבר	1	זפתא דמוקלס לגין 10
306	B3.8:14	1 זי נחש דמי כסף שקל	1]	ח 10] כס [1 דמי] כסף
307	B3.8:14	1 זי נחש דמי כסף שקל	1	ח 10 כס 1 זי נחש דמי כסף
308	D7.47:3	[...] [... א]לפן אושר	ˆ1ˆ	[...]ח הא אקבר [...] קמ.
309	B2.6:9	באבני מלכא שביט	1	חדת הוה ארך אמן 3+3+ˆ2ˆ
310	B3.8:17	תחת לבשיה ת.[.] זי גמא	1	חדת בה נעבצן זי אבן שש
311	B6.2:4	[... דמי כסף שקלן ...	1	חדת זי] אמן 3+2 פשכן
312	B6.2:5	דמי כסף שקלן 3 שביט	1	חדת זי אמן 3+3+1 ב 3+1
313	D7.57:8	1 וצפחא חדה ובית ח	1	חדת וזינא במשתלא חתם
314	B6.2:6	חלרן 20 מסחטה	1	חדתה זי קמר דמי כסף חלרן
315	D7.17:2	כען הלו חלם	1	חזית ומן עדנא הו אנה חמם
316	B3.8:10	[1] בלה שוה [כסף שקל	1	חלרן 20] שנטא 1 זי כתן
317	C3.5:6	[... שקלן ...	+]1	חלרן 20+2 [....
318	C3.5:10	[כרשן ...]3[+2 ש]קל	1	חלרן 20+3+3+1
319	C3.7FV2:10	כנדן[20+20]+20 כ	1	חמר זי שנת 10+1 כנ[דן
320	C3.7FV2:3	[10] כנדן 10+3+2 כ	1	חמר זי שנת 10+1 כנדן
321	C3.7FV3:5	כנדן 20+20+20 כ	1	חמר זי שנת 10+1 כנדן
322	C3.7GV2:3	[..] ח 10 ר	1	חמר כנדן
323	C3.14:40	ג	1	ח [...] וזי .[....
324	C3.18:12	[...] [...]כנתן א 2 ג	1	ח 3[...] [...]אופסתא
325	C3.18:17	א 3+2 .[.] כא 10+2 ג	1]	..]ח 2[...] כל כנתן א
326	C3.18:4	[ ]ן ברת פסמשך כא 1 ג	1	ח 3+2 [... ...]תפמ ברת
327	C3.18:5	ברת חנונית כא 1 ג	1	ח 3+2 [...]י [ב]רת
328	C3.18:6	[ב]רת חור כא 1 ג	1	ח 3+2 [...].[...]...א כא 3
329	C3.7AR2:13	[סתתרן 10+2 לזהב כרש	1	ח [3+3] כסף[כ]רשן
330	C3.7AR2:2	סתתרן 10+2 לזהב [כרש	1	ח [3+3] כסף כרשן
331	C3.7BR1:20	סתתרן 10+2 לזהב כר[ש	1	ח [3+3] כסף כרשן
332	C3.7DR3:14	10+2 ל[זהב כרש	1	ח [3+3] [כסף כרשן]
333	C3.7ER1:19	ל[זהב]כרש	1	ח 3+3 כסף כרשן
334	C3.7ER1:8	סתתרן 10+2 לזהב כרש	1	ח [3+3] [כ]סף כרשן
335	C3.7ER2:22	10+2 לזהב כר[ש	1	ח [3+3
336	C3.7ER2:5	לזהב כרש	1	ח[3+3] כסף כרשן
337	C3.7HR1:4	10+[2 לזהב כרש	1	ח [3+3] [כסף כר]שן[
338	C3.7JR1:20	[ ]10+2 לזהב[כרש	1	ח [3+3] [כסף כר]שן
339	C3.7JR1:9	[10+1]+1 לזהב כ[רש	1	ח [3+3] [כסף כרשן
340	C3.7JR2:10	[10+2 לזהב כרש	1	ח [3+3] כ[סף כרשן
341	C3.7JR2:20	[סתתרן 10+2 לזהב כרש	1	ח [3+3] [כסף כרשן
342	C3.7KR3:19	סתתרן 10+[2 לזהב כרש	1	ח [3+3] כסף כרשן
343	C3.7KR3:9	10+2 לזהב כרש	1	ח 3+3 [כסף כרשן
344	C3.7CR1:19	[סתתרן 10+2 לזהב כר]ש	1	ח 3+3 [כסף כרשן
345	C3.7CR1:8	[סתתרן 10+2 לזהב כרש	1]	ח 3+3 [כסף כרשן
346	C3.7CR2:20	10+2 ל[זהב כרש	1	]ח[3+3] כסף כרשן
347	C3.7CR2:8	[10]+1]+1 לזהב כרש	1	ח [3+3] [כס]ף כרשן
348	C3.7EV1:19	[....]כסף כרש 1 ש	[1]	ח 3+2 [....
349	C3.7EV1:4	כסף כרש 1 ש	1	ח 3+2 [....ש
350	C3.7KR2:3	[ ]ש	1	ח 10+1+3+3[ר 2] מנת
351	C3.7FR1:2	[כסף כרשן ..]ש	1	ח 20+3+1 ר [...]
352	C3.7JV2:24	[כרשן] 1×100+20+1 ש	1	ח 20+3+3+1[.]
353	D8.6:10	מ 3 ר 2 מ אומכס ר	1	חצי 1 חשוב זעירא מ 3+2
354	D8.7:3	√ יהדת ברת דלוי מ	1	חצי √ אליעזר מ 1 √
355	C3.28:78	בחנטן ס 1 [...]ר 2 מ	1	חשבן עבורא זי כתבת
356	D8.6:10	2 מ אומכס ר 1 חצי	1	חשוב זעירא מ 3+2
357	D14.7:1	עזר	1	חשל 2
358	C3.13:4	זי נחש 20+1 כס כסף	1	טלפח[ן] 3+1 [ק]נ[ן]
359	A6.3:4	1 פסמשך בר וחפרעמחי	1	[....]י בר וח[פרע 1] כל
360	B4.3:8	טלפחן ארדב	1	[יהבת על ידן וטיב לבבן
361	C3.12:15	קלבי 1 מצרין[קלול	1]	[יהיב ל....]בר פחה
362	D7.54:1	[..].ר	1	כ [...] סה.[...] [...]
363	A2.4:4	לחרוץ לה שבק אנה לה	1	כדי מטאה ידי וכעת עבד אנה
364	A4.10:5	1 הושע בר נתון שמה	1	כל גברין 3+2 סונכנן זי
365	A6.3:4	1 [....]י בר וח[פרע	1]	כל גברן 3+3+2 נכסי לקחו
366	A6.7:5	שמה 1 מוסרם שמה	1	כל גברן 10+3 אבשוכן
367	B2.11:2	נתן 1 ידניה בר נתן	1	כל 2 ארמין זי סון לדגל
368	B3.3:6	חפנא תקם חפנן 3+3 פיק	1	כל כספא ודמי נכסיא כסף
369	B3.8:12	ו[.... ד]מי כסף שקל	1	כל לבשן זי קמר וכתן
370	B3.8:19	[ ]2 זי עק 2 זי אבן	1	כל 3+2 קף זי עק 1 תחת
371	B7.1:8	ˆשערןˆ קב 1 לפרס	1	כל ירחן ושנ[ן
372	C3.14:25	[..]נכל בר אורי]שא	1	[כ]ל נפש
373	C3.7FR2:11	[....] ל[ק ע]תיק	1	כ[ל] מנדתא ומעשרא זי גבי
374	C3.7FV2:20	[ ]חדתן 20 לק עתיק	1	[כ]ל [מנד]תא[ואחרן
375	C3.7FV2:5	ופלג לק עתיק	1	כל מנדתא ואחרן זי גבי
376	C3.7GR2:2	[..]....ת 10 לק עתיק	1	כל מנדתא ˆואחרןˆ זי גבי
377	C3.8IIIB:18a	דו[גי]ת חנה.[...] בגו	1	כל 3 נגיד[ן ....]
378	D3.16:14	מבן פלג חפן 1 פרכס	1	כן אסריהם לבשיא
379	B3.13:6	לך כסף אבגרן כרש חד	1	כסף צריף אחר אנה ענני
380	D3.16:2	[... ...] צבען 2 לפם	1	כסף ש 2 [...]א 1 לכרשן
381	C3.7FR2:2	כ 1 לק עתיק	1	כסף גבריא זי עביד על [בית
382	B3.8:18	..]ירה 1 רמן זי סלק	1	כפן למנשא משח זי [חסף]2
383	A3.8:8	לך כתון שטטן [1] ואסה	1	כתון י[.]הה 1 זי קמר פעקס
384	B3.8:11	[ב 3+1] שוה כסף שק[ל	1	כתן 1 זי כתן חדת] ארך אמן
385	A2.1:6	מה אתרתן אתננה בתקבה	1	לאטי וכעת כתנה זי התתי
386	D2.12:3	בירתא עביד לדגל מרי	1	לידניה [בר נ]תן
387	B3.4:3	נמסו כל ˆגבר 1ˆ נשן	1	לענניה בר עזריה לחן
388	B4.2:2	[1+]1 באבני פתח כסף ש	1	לו 10 וירבה עלי כסף חלרן 2
389	A3.8:11	עלי כען הן נחת אנת	1	למנפי אל תשבק לאשנ].
390	B8.4:3	1 רעיאל 1 עדרי	1	[....]ל זי כחסן אתו על
391	B3.5:7	אמן בעשתא 3+3+1 כ	1	לאברת אמן

לבש 1 מעדר חדת [ל]אמן	1	1 לפס 1 שוה כסף כרש	B3.8:8	392
לגן 10[...] [...]י נחתמא	1	[ל]גן 10 [...]שאול כוא	D8.9:6	393
לירח 1 הוה כסף חלרן	1	עלי כסף חלרן 2 לתקל	B3.1:5	394
לירחא עד יום זי אשלמנהי	1	עלי כסף חלרן 2 לכסף ש	B4.2:3	395
לכיחך שנת 10[2+3+] [...	1	[שנת 10+3+1 הו יו]ם	C3.8IIIB:8	396
לכסף כרש 1 שקלן 3+1	1	כסף כרש[...] [...] שכר	C3.11:2	397
לכסף כרש 1 עבד משח זרע	1	3+1 [..]...י לחם טיק	C3.11:3	398
לכסף[...] כ[..]. מחא ל.חֹנ.	1	עבד משח זרע כתן איטשרי	C3.11:4	399
לכסף כרשן 3 [ש 3]+3 ח	1	רן ...] [...].ֹי	C3.7EV1:8	400
לכרשן 3+3 [...].. לכרשן	1	2 לפם 1 כסף ש 2 [...]א	D3.16:4	401
לכרשן 2 ר 2 [כל]כרשן	1	לכרשן 3+3+1 [...].	D3.16:6	402
[....].ללא מצרין	1	מצרין קלול	C3.12:12	403
למתנא וחׄענה אשל 1	1	זילה אש[...] פתחור אשל	D8.3:11	404
למתנ[א] פחי בר .[...]	1	אשל 1 למתנא וחׄענה אשל	D8.3:12	405
למתנא	1	[...] [...].. לפמן אשל	D8.3:16	406
למת[נא ...] שבתי בר ידלה	1	[.] פתו בר פתת אשל	D8.3:5	407
לניסן לשרתא קלולן 2 ב	1	לכיחך זי הו יום	C3.12:29	408
לנקיה ˆקדם ˆ אסי אלהתא	1	קדם אפתח אלהא רבא קלבי	C3.12:26	409
[ל..]עסן ג 1 ק 3 [לי]הדת	1	אׄ.[...] [ל]סׄפריא סׄ	D8.8:2	410
לפאפי לשרתא חמר צידן	1	נפקתה בירח פאפי ב	C3.12:7	411
לפם 1 שוה כסף כרש 1 לבש	1	3+1 חטיב צבע ידין פשך	B3.8:8	412
לפם 1 שוה כס[ף כ]רש 1.[.	1	[חטיב] [צבע ידין פשך]	B6.1:8	413
לפרס 1 כל ירחן ושנן[	1	[אביגרנ]א ˆשערןˆ קב	B7.1:8	414
[....]ל.[....	1	[ ]בר פחה מצרין קלול	C3.12:16	415
לק עתיק 1 כסף גבריא זי	i	10 כנדן iׄ0+3+2 כׄ	C3.7FR2:1	416
לק עתיק 1 ספן ריקנן	i	.... iׄ0 [סמ]כׄתׄ	C3.7GR2:12	417
לשא 20+2 [נ]פש 20+10	1	2 לשא 3 20+2 לחד שא	C3.14:28	418
לשרתא חמר צידן קלבי 1 ב	1	ˆקדםˆ אסי אלהתא קלבי	C3.12:27	419
מ 2 [...].ן בר תנפי ש 2 מ	1	כׄדׄ..ס מ 1 [..].פׄסיס ש	D8.4:10	420
מ 2 רבען 3 [... ...].דׄא	1	2 [... ...]3 [...]מן ש	D8.4:3	421
מ 2 [..]. אנתתה מ 1 רבען 2	1	[שמ]עׄוׄן בר דלוי . ש	D8.4:7	422
מ 1 √ יׄסׄלׄק בׄגנׄזא	1	1 פסי בר חורי כסף ש	D8.7:7	423
מאסרה .[...] [..] בשבה [...]	1	בידכם ומן[...] .שׄ 1 ר	D7.28:3	424
מהויהון 100×1 זי[של]חת	1	פחס גרבין 3+3 חל	C3.28:117	425
מחר או יום א[חר]ן ימות	1ˆ	חפנן 3+2 שנן משאן	B2.6:16	426
מלח בידכם ומן[...] .שׄ 1 ר	1	נתן כען חזי .[..] [..]א	D7.28:2	427
מן קצת כספא ונכסיא זי על	1	כסף ש 2 הו [כס]ף סתתרי	B4.6:4	428
מן תעבי [...]זי עבד	1	א מדׄן 20+10+2 [...]ל	D7.38:5	429
מן שבתי ישיב גרבין 2 מן	1	3 יוׄחנן כהנא גרב	C3.28:85	430
מן חגי דיפרס גרבין 2	1	גרבין 2 מן נתני גרב	C3.28:86	431
מעדר חדת [ל]אמן 3+3 ב	1	1 שוה כסף כרש 1 לבש	B3.8:8	432
מעשר סׄפׄן ..[...] עק סמכת	1	3̊+3̊+3̊+20̊ כׄ	C3.7KR2:19	433
מ 1 פ בב נכיס לגן 3+3	1	במ 1 פ יניא לגן 3 בר	C3.28:11	434
מ 1 פ יניא לגן 2 בר 1	1	1 {{1}} בב נכיס לג	C3.28:19	435
מ 1 פ יוניא לגן 2 בר 1	1	בכיס לגן 3+3+3 בש	C3.28:33	436
מ 1 פ רחבל לג 1 במ 1 פ	1	מ 1 פ יניא לגן 3 בר	C3.28:36	437
מ 1 פ ... בבית ישיב יקל	1	ארמיׄס לגן 3 [ב]ר	C3.28:45	438
מ 1 פ אנה לגן 10+2 בב	1	2 ססרתס[לגן]3 בר	C3.28:64	439
מ 1 פ שבתי בׄזׄנה לגן	1	[לג]ן 1[+1+]1 בר	C3.28:72	440
מצריא תודרס מ 2 תבא מ	1	[... ...]... מ 2 תודרס מ	D8.4:16	441
מׄר מצרי	1	[ש]מה	C3.19:33	442
משח בשם {{חפן 1}} פלג	1	3+3+1 פלג שנן משאן	B3.3:5	443
משח ספן 10 רבע נחש	1	1×100+20+3+2 כׄ	C3.7GR2:8	444
...ן .עׄל.. וצׄ..	1	יהכן פדׄרׄ	D8.1:2	445
נפקה אחרי עלימי ביתא	1	1 צחא 1 שם 1 פׄבׄי	C3.27:28	446
נשן 1 לענניה בר עזריה	1ˆ	לדגל נמסו כל ˆגבר	B3.4:3	447
נשן רבה [1 בנן 2] [...]ט	1	[כל נפש] 3+1 בגו יור	C3.9:12	448
[נשן] רבה 2 ב[רה 1]	[1	כל נפש 3+1 בגו[יור	C3.9:5	449
סחיק וכזי ינתן המו לך שלח	1	פדׄא כ 3+3+1 כתן	A3.8:10	450
[ספן ריקנן 20+10 בגו זי	i	[ ]ופׄ[לג] [ע]קׄ סמכת	C3.7AR2:9	451
ספן ריקנן 20+20+10	1	עק סמכת [3+2]+iׄ0	C3.7BR1:4	452
ספן ריקנן 20+10 בגו זי	1	עק סמכת [.] [...]3+10	C3.7DR1:2	453
ספן ריקנן 20+10[בגו	1	עק סמכת [3+ ופלג] 3+3	C3.7DR3:22	454
[ס]פן[ריקנן 20+10	[1	[עק סמכת 2̊+3̊+iׄ0	C3.7ER1:12	455
סׄפׄן ריקנן 20+10 בגו	[1	[ופ]לג [עק סמכת	C3.7ER1:5	456
סׄ[פ]ןׄ [ריקנ]ן[20]+10	[1	ופלג עׄקׄ[סמכת	C3.7ER2:2	457
ספן[ריקנ]ן 20+10 בגו	i	רׄבׄ[ע] עק [סמכ]ת	C3.7ER2:9	458
ספן ריקנן 20+10 בגו	1	[סמ]כׄתׄ i לק עתיק	C3.7GR2:12	459
[ספן ריקנן 20+10 בגו זי	[1	[ופלג] [עק ס]מׄ[כת	C3.7JR1:16	460
[ספן רי]קנ[ן 20]+10 .	1	[10+3+2] [עק]סמכת	C3.7JR1:24	461
[ספן ריקנן 20+10 בגו	[1	[3+3+3 ופלג] [עק סמכת	C3.7JR2:17	462
ספן[ריקנן 20+10 בגו	1	iׄ0[רבע] עק סמכת	C3.7JR2:24	463
סׄפׄן רׄ[יק]נׄ[ן	i	[ופלג] עק סׄמׄכׄתׄ	C3.7KR3:16	464
ספן ריקנן 20+10 בגו[	1	ספן 10 רבע עק סמכת	C3.7KR3:23	465
[ספן ריקנן 20+10 בגו זי	[1	[3+3+3 ופלג] [עק סמכת	C3.7CR1:15	466
ספן ריקנן 20+10 בגו	1	עק סמכת	C3.7CR2:1	467
ספן ריקנן 20+10 בגו[	[1	ופלג עׄקׄ[סמכת	C3.7CR2:16	468
ס 3 [...] [... ז]נׄא שפ 1	1	מהיתה ע[ל] [....] שפ	C3.16:3	469
ס 2+[...] [...] זנא שפ[	1	ס 3 [...] [... ז]נׄא שפ	C3.16:4	470
ס 2 [נ]פקתא כנתן פ 3	1	עזׄ[...] [....]תי ש פ	C3.17fragb:4	471
סרחלץ 1 [...] צביע וׄל[...]	1	י[.]הה 1 זי קׄמר פעקס	A3.8:9	472
עבד משח זרע כתן איטשרי 1	1	לחם טיק 1 לכסף כרש	C3.11:3	473
[עד יומא] זנה ז[י] מנעל	[1]	[ש]קלן 2 [הו] סתתרי	B4.6:7	474
עד אמטאנך כען חזׄי זי	1	[ל]ביתי וינתנו לכי ענז	D7.1:10	475
עד תאתה אמהם שלח לי אמת	1	גרס לחמהם לשו לחם קב	D7.6:7	476
על עליך [וטי]ב [לבב]ך בגו	[1	יהוישמˆעˆ כסף כר[ש	B3.8:5	477
על עליך וטיב לבבך בגו	1	מלכא כסף ר 2 לכר[ש	B6.1:5	478
]על [...]ואסרוהי	i[...	[....]שׄמׄה	B8.5:8	479
על מבׄן זי אבן שש 2	1	2 זלוץ זי גמא חדת	D3.16:11	480
על ינקיא עד תאת‖ה אחטב	1	אל הושעיה שלמך כען חזי	D7.6:2	481
עׄליׄא מׄ[....].א ומ i	i	ברכׄסׄא אׄ 3̊ אׄ	C3.28:88	482
עק סמכת[..] ספן ריקנ[ן	[1	ח[....] לק עתי[ק	C3.7FR3:23	483
ע[ק]סמכת 1+[1] ספן	1	חדתן[20]לק עתיק	C3.7FV3:15	484
פ [... ב]ר יחנן ש 2 מ 1	1	בר תנפי ש 2 מ 1 רבע	D8.4:11	485
פ חניה ספרא מ 2 פ בידיה	1	פתׄחׄרה שמעון מ	D8.6:2	486
פ אחיו שרׄעם מ 1 פ שיב	1	ר 2 [פ]תלמיס וׄחבוב מ	D8.6:5	487
פ שׄיב רבא ר 3	1	מ 1 פ אחיו שרׄעם מ	D8.6:6	488
פˆ [... ...]	1ˆ	כל כון 3+3 לגן 3+3	D8.9:16	489

490	C3.28:10	2 נתן נדבי לג 1 במ	1	פ יניא לגן 3 בר 1 מ 1 פ
491	C3.28:11	פ יניא לגן 3 בר 1 מ	1	פ בב נכיס לגן 3+3 בר 3
492	C3.28:19	{{1}} בב נכיס לג 1 מ	1	פ יניא לגן 2 בר 1 יניא
493	C3.28:21	לגן 2 בר 1 יניא כא	1	פ ב[ש 1+]1 ר 1 בגרב
494	C3.28:26	לגן 3+4 בר 3 מ	1	פ כסתס לגן 2+4 בר 3
495	C3.28:28	דכדרס לגן 1+4 בר 2 מ	1	פ אביתי נתינא רבען 2
496	C3.28:33	לגן 3+3 בש 1 מ	1	פ יוניא לגן 2 בר 1
497	C3.28:35	לגן 1+4 בר 2 מ	1	פ יניא לגן 3 בר 1 מ 1 פ
498	C3.28:36	פ יניא לגן 3 בר 1 מ	1	פ רחבל לג 1 במ 1 פ
499	C3.28:3	לגן 3+3 בר 3 שאר מ	1	פ בב נכיס לגן 3+3 בר 3
500	C3.28:37	1 מ 1 פ רחבל לג 1 במ	1	פ עבדי ס..ד
501	C3.28:42	3+{{2}}1 בר 2 {{מ	1	פ}}.... זפרה לגן 2 בר
502	C3.28:45	לגן 3 [ב]ר 1 מ	1	פ ... בבית ישיב יקל
503	C3.28:5	שאר 1 אפלניס יסן כא	1	פ בש 2 ר 1 יניא לגן
504	C3.28:57	כרשן ...] ש 3 {{מ	1	פ}} 1
505	C3.28:64	סרתס[לגן]3 בר 1 מ	1	פ אנה לגן 2+10 בב אנה
506	C3.28:72	[לג]ן 1[+1+]1 בר 1 מ	1	פ שבתי בנה לגן 1+3
507	B3.3:5	משאן 1 משח בשם {{חפן	{{1	פלג חפנא תקם חפנן 3+3
508	D8.4:9	בר כד..ס מ	1	[..].פסיס ש 1 מ 2
509	D3.16:13	מבן פלג חפן	1	פרכס 1 כן אסריהם
510	D3.26:4	אחרה אמן 2+3 פתי א[מה	1	פשך]1 דורה פש[ך ...]
511	B2.3:4	לעליה אמן 3+10 ופשך	1	פתי מן מועא למערב אמן
512	B3.12:21	ושוק מלכא ביניהן וכונה	1	פתיח לתרי רבתא ותרעא זילה
513	D8.8:3	ס 1 [ל..]עסן ג	1	ק 3 [לי]הדת במכלי ג 1
514	D8.8:4	ק 3 [לי]הדת במכלי ג	1	ק[...] [..].[..]ס 1 ק 2
515	D8.8:5	ג 1 ק[...] [..].[..]ס	1	ק 2 למכיה ק 3 לבזכה ק 3
516	C3.12:25	1 ב 1+3+20 לבגוד	1	קלבין 2 לנקיה קדם אפתח
517	C3.12:4	1 [... מצ]רין קלול	1	קלבין 2 [....] נפקתה בירח
518	C3.12:8	לשרתא מצרין קלול	1	קלבין 2 היב לצחא בר
519	C3.12:24	ב 3+20 לשרתא קלול	1	קלבי 1 ב 1+3+20 לבגוד
520	C3.13:14	זי נחש 1+20 כס כסף	1	קנן 2+3+10 טלפחן
521	C3.28:81	אברי חנטן ס	1	ק 2+3+3 פ ארסינה ברת
522	B2.6:12	1 זי נחש שויה כסף שקל	1	ר 2 כסן זי נחש 2 שוין
523	B2.6:12	1 זי נחש שוה כסף שקל	1	ר 2 תמסא 1 זי נחש שויה
524	D13.2:17	ר 1 ש 2+3+3 ש	1	ר 3 ש 2 ר 2 ש 3 ר 3 ש
525	D13.2:7	ר 1 ש 1+3+10 ר 2 ש	1	ר 2 ש 2 ר 3 ש 2+3 ר 2
526	D3.47fragb:6	[ ]פבי מ 3[...]3 לם	1	ר 2 [...]ס 1 [...]מ 1
527	D7.27:6	איתי לי [...] [...] ש	1	ר 2 והא שאר [....]ת
528	D7.28:3	מלח בידכם ומן[....] .ש	1	ר 1 מאסרה .[....] [..] בשבה
529	D8.4:25	ש 1 נתן בר אביתי מ	1	ר... סלפן מ 2+3 ...]
530	D7.9:15	מן יד נהרא וקפירא	[1]	רבא זי יהב [...]מלכיה
531	C3.7BR1:17	[יוני פסלרשי] ספינה	1	רבה] הי לק[בל משחתה] משחא
532	C3.7DR3:11	פסלרשי ספינה	1	רבה הי[לקבל משחתה] משחא
533	C3.7ER1:16	[יוני פסלרשי] [ס]פינה[	1	]רבה הי לקבל משחתה משח[א
534	C3.7ER2:19	[יוני פסלרשי] ספינה	1	רבה הי לקבל מ[שחתה]
535	C3.7HR1:1	[ס]פינ[ה	]i[	רבה הי ל[קב]ל
536	C3.7JR1:5	פס[לר]שי [ספי]נ[ה]	1	רב]ה הי לקב[ל משח]תה
537	C3.7JR2:7	[יוני פסלרשי] ס[פינה	1	רבה]הי לקב[ל משחתה]
538	C3.7KR3:6	יוני פסלרשי [ספינה	1	רבה]הי לקבל משח[תה]
539	C3.7CR2:5	יוני [פסלרשי] [ספינה	1	]רבה[הי]לקבל
540	D11.1:1	לפסמשך ר	1	רבכצרא
541	D8.4:11	2 [...].ן בר תנפי ש 2 מ	1	רבע 1 פ [... ב]ר יחנן ש 2
542	D8.4:12	פ [... ב]ר יחנן ש 2 מ	1	רבע 1 [... ...].א מ 1 [...
543	D8.4:23	מ 1 שמעאל מ 1 אברם ר	1	רבע 1 חונפרי ואנושה ש 1
544	D8.5:2	דלוי בר ידלה מ	1	רב[ע ...] שלום בר שבתי מ
545	D8.5:3	[...] שלום בר שבתי מ	1	רב[ע ...] דלוי בר חגי
546	D8.5:5	רבען 3 עבדיהו אסיא מ	1	רב[ע ...] [...]בר דלוי מ
547	D8.4:14	[...].א מ 1 [...]ידוע ר	1	רבען 3 [... ...] ... מ 2
548	D8.4:8	. ש 1 מ 2 [..]. אנתתה מ	1	רבען 2 עבדי
549	B3.8:18	זי סלק 2 בגו [..]ירה	1	רמן זי סלק 1 כפן
550	C3.14:16	חור בר יעולו שא	1	ר 2 ש .[...] ב[ר אדי
551	C3.14:27	בגו [2]לחד שא	1	ר 2 לשא 3 2+20 לחד שא
552	C3.14:7	שמו[בר ....]שא	1	ר 2 ש זתו.[...
553	C3.28:2	באפנא כלל כא 1 בש	1	ר 2 שאר ש 1 נכיס לגן
554	C3.28:24	2 בר 1 פרס כא 1 בש	1	ר 2 הרגלתי פלג בר 3
555	C3.28:70	יהודה לגן 2+10 בש	1	ר 2 שאר ר 3 בב א[נ]ה
556	C3.28:80	זי זבדיה חנטן ס	1	ר 1 שבתית ברת אברי
557	C3.7DV2:3	זהב כרש 1 ש 3+3+3 ח	1	ר 2 כסף כרשן
558	A3.10:5	עבור ליתמא כל כסף כרש	1	ש 2+3+3 הל[ן] זבנתון המו
559	B4.6:9	[3] הו כס[ף סתת]רי	1	[ש 1] [ואשלמן לכי א[נתי]
560	D13.2:15	ר 3+10	1	ש 2+3+3 ר 1 ש 3 ר 2 ש 2 ר
561	D13.2:5	ר 2 ש 2 ר 2 ש 3+1 ר	1	ש 1+3+10 ר 2 ש 1 ר 2
562	C3.14:11	[ ]הו ש [... בר]נתן ש]א	[1	ש [....] .אחלבני[ש]א 1
563	C3.14:12	[....].אחלבני[ש]א	1	ש ז.[ ]בר נורשוש
564	C3.14:13	[ ]בר נורשוש שא	1	ש ש[.].גוי בר בלבן שא 1 ש
565	C3.14:14	ש ש[.].גוי בר בלבן שא	1	ש ורד בר זותי חור
566	C3.14:1	[בר]אשמ[ר]ם שא	1	ש זבידו בר נבושלם שא 1
567	C3.14:17	ב[ר אדי הו שא	1	ש [.... ב]ר פחרי שא 1
568	C3.14:2	זבידו בר נבושלם שא	1	ש חגי בר שמעי[ה] שא 1
569	C3.14:3	חגי בר שמעי[ה] שא	1	ש אשמ[.]בר ..[...שא] 1 ש
570	C3.14:4	1 ש אשמ[.]בר ..[...שא]	1	ש פטסי בר חרוץ[ש]א 1 ש
571	C3.14:5	ש פטסי בר חרוץ[ש]א	1	ש צחא [ב]ר חור...[..
572	C3.28:69	אנה לגן 3+3 נכיס כא	1	ש 1 בר[2]שאר ר 2
573	C3.7DV2:3	בשנת 1+10 זהב כרש	1	ש 3+3+3 ח 1 ר 2 כסף
574	C3.7EV1:19	[גבריא ....]כסף כרש	1	ש [1] ח 2+3
575	C3.7EV1:4	כסף כרש	1	ש 1 ח 3 2+3[.... ש
576	C3.7FR2:8	על בית מלכא כסף כרש	1	ש 2 ח 3 חמר זי שנת 10[
577	C3.7FV2:1	כסף כרש	1	ש 2 ח 3 חמר כנדן 3+20
578	C3.7KR2:9	כסף כרש	1	ש 3+3 ח[3+3]ר 2 [חמר
579	B3.8:10	[צבע ידין] צבען 2 לפם	1	שוה כסף ש[ק]לן 2+3+3
580	B3.8:8	צבע ידין פשך 1 לפם	1	שוה כסף כרש 1 לבש 1 מעדר
581	B6.1:8	[צבע ידין פשך] 1 לפם	1	שוה כס[ף כ]רש 1.[.
582	B3.3:5	כסף שקלן 1+3+3 מחזי	1	שויה כסף חלרן 1+3+3 פלג
583	D8.4:21	מ 1 שלם מ 1 תשפור מ	1	שמעאל מ 1 אברם ר 1 רבע 1
584	B2.11:4	אמה תבא עבד יוד	1	שנית על ידה בימן שניתת
585	B2.11:5	אמה תבא עבד יוד	1	שנית על ידה בימן שניתת
586	B4.4:7	[כל] גברן 2 לגבר לגבר	1	שערן ארדבן 2 ג 2 ח]
587	A2.2:12	וכתן ואף לכי תקבת	1	שפרת ואף משח בשם לבת בנת

1

588	B2.6:6	בידה כס[ף] תכונה כרש	1	ˆשקלן 2ˆ באבני מלכא כסף ר
589	B3.12:5	דמי ביתן כסף כרש חד הו	1	שקלן תלתה הו 3 כסף יון
590	B3.3:16	לענני בידה כסף כרש	1	שקלן 3+2 ספר א[נתו זי
591	B3.4:22	פצלן ננתן לך כספך כרש	1	שקלן 3+1 ובנינא זי תבנה
592	B3.4:6	ויהבת לן דמוהי כסף כרש	1	שקלן 3+1 באבני מלכא כסף
593	B3.8:7	3+1 ר 2 שוה כסף כרש	1	שקלן 2 גמידה 1 זי קמר
594	C3.11:2	[...] שכר 1 לכסף כרש	1	שקלן 3+1 [..]...י לחם טיק
595	B2.1:4	ביתא זילך למבנה אגר	1	תמה אגרא זך זילך הי זי
596	B3.8:13	מחזי 1 דמ[י] כסף [שקל]	1	תמסא 1 זי נחש דמי כסף שקל
597	B3.8:20	3+1 משח מ[ב]שים חפן	1	תקם חפנן 3+2 מחר או יום
598	D3.16:8	ר 2 [מש]ח בשים חפן	1	תקם חפנן 3+2 שנן משאנן

2

001	C3.7ER1:11	[משח ס]פן 3+3+3 כ	2̊	# 3̊+2̊+10̊ [עק סמכת
002	A3.2:7	1 [....] צצנן	2	[....] ותפסה 1
003	C3.12:17	[ ]מצ̇ר̇ין̇ ק̇לול̇ן	2̊	[.... ה]וה תנה ....
004	C3.12:4	[מצ]רין קלול 1 קלבין	2	[....]. נפקתה בירח פאפי ב
005	C3.18:2	[ ]1 [...] ..כא	2	[....].[....]1 [...]ן̇
006	C3.19frag:4	[...] .רך ווהו̇כ̇..א̇	]ˆ2ˆ	[...] [.... נ]פש[ה ...]
007	C3.22:10	2×100+10+3+1 ר̇	]2̊	[...] זי יכשרון לעשך ..]
008	C3.23:1	[...] [.... א]שלן	2	.[...] [....]מ̇.. תחתי[ן
009	C3.26:10	[כ]א 10 חית.[...] כא	2	[....]..י̇מ.. טלפחן א 2
010	C3.26:11	2 [....]..י̇מ.. טלפחן א	2	[...]. [....]כ̇[א] 3̊
011	C3.26:19	כא 2 [....]ת.ח̇ כא	2̊	[....].[..10+3+2[...]
012	C3.28:121	[...] לח̇[...]צ̇עין רבה	]2	[... צעין] זע]ר̇ה 3+3 וי.]
013	C3.28:54	[לג]ן̇ 3+1 בר	2	[... ...]ה{{..}}
014	C3.28:54e	[... לגן 3+1] בר	2	[לגן 3+1] בר 2
015	C3.28:54x	[... לגן 3+1] בר	2	[... לגן 3+1] בר 2
016	C3.5:9	3+1×100+10+2 שקלן	]2	[....] [.... כסף כרשן ...
017	C3.7AV1:17	[....].[....] [..] כל	]2	[.... בגזושת בר
018	C3.7DR1:22	מ̇ן ספינה רבה	2	
019	C3.7DR2:13	[....] +3+3+3 כ̇	2̊	[..] 10̊+[2] [ע]ק̇[ן
020	C3.7DR2:14	10̊+[2] [ע]ק̇[ן	2[	[....]ספיתן[..]
021	C3.7DR2:24	[כס]ף כרשן 10 ח 2 ר	2	
022	C3.7FR1:7	[קנ]ר̇ת̇שׁי̇ר̇י̇	2	[....]גבי מנ̇ה̇[ם̇]
023	C3.7FV2:24	3 ש̇[2+]1̇[+3+1 ח	[2	
024	C3.7GR1:7	[20+10]+3̊+2̊ ר	2	[.... 10]+3̊+[2]
025	C3.7HR1:5	[2+10 ח ר	[2	
026	C3.7JV2:27	י̊ו̊ 2+10 ע̊ק סמכת	2	
027	C4.2:3	[...] זבעדרין [...] כל	2	[...] בוה [בר ....
028	C3.15:102	2 יהושמע ברת חגי כש	2	אבי[ה]י ברת נתון כש 2
029	C3.15:92	ברת פלטי בר יאוש כש	2	אביהי ברת אושע כש 2
030	C3.28:29	פ אביתי נתינא רבען	2	אביתי [נתינא]ר̇ב̇ען̇ 3̊
031	C3.28:52	1 פתפי לגן 2{{2}} בר	2	אביתי לבתנא ר̇ב̇ע̇ן̇ 3̊
032	C3.15:106	2 יהוטל ברת יסלח כש	2	אבעשר ברת הושע כש 2
033	C3.15:38	[ ]כש 2 צח̇[א בר .... כש	[2	אגרי ב[ר .... כש 2]
034	C3.15:45	2 מתן בר ידנ[יה כ]ש	2	און.. בר .... כש] 2 ענני[ן
035	C3.15:73	2 ענני בר מעוזי כש	2	[א]ושע בר

036	C3.15:118	בר נתן בר [....י]ה כש	2	אושע בר שלם ב[ר ....י]ה
037	C3.15:129	מיכיה בר יהוישמע כש	2	אושע בר נתן בר הודויה
038	C3.15:130	בר נתן בר הודויה כש	2	אחיו בר נתן בר ענני כש
039	D12.2:1	ב 20+3+1 לאב שנת	2	ארתחשס[ש ...]
040	D12.2:2	ב 20+3+1 לא̇ב שנת	2	ארתחש[סש ...]
041	D2.12:1	[בי]רח פאוני שנת	2	ארתחשסש מלכא אמר
042	C3.15:135	ברת כיה[כ]ש	2	בגפרן בר ושחי כש 2
043	C3.15:36	[כש] 2 [.... בר .... כש	[2	ד̇ע[ויה בר]√
044	C3.15:49	[כ]ש 2 ענני [בר .... כש	[2	הוש[ע]בר נתון[כש] 2
045	C3.15:63	[כש 2] [.... בר .... כש	[2	הושע בר סגרי כש 2 מנחם
046	C3.15:114	בר פלליה בר נתון כש	2	הצול ברת הודויה כש 2
047	C3.28:24	בר 1 פרס כא 1 בש 1 ר	2	הרגלתי פלג בר 3 לסמקס
048	C3.15:47	[כש] 2 ענני[בר ... כש	[2	זכ[ור בר ....
049	C3.15:2	בר מחסיה כסף ש	2	זכור [בר הוש]ע בר זכור
050	C3.15:66	כש 2 נתון בר חגי כש	2	חגי בר מיכא כש 2 מחסה
051	C3.15:81	בר מנחם בר פוסי כש	2	חג[י] בר מנחם [בר]
052	C3.15:42	[2] שלם בר הודו[ן כש]	2	חורי בר ונה [כש] 2
053	C3.9:12	יור 1 נשן רבה [1 בנן	[2	[...]ט בר פטוסרי יור
054	C3.28:17	לגן 3+3 בר 3 שאר ר	2	יהודה לגן 2 בר 1 {{1}}
055	C3.28:69	1 ש 1 בר[2]שאר ר	2	יהודה לגן 10+2 בׁש 1
056	C3.15:103	אבי[ה]י ברת נתון כש	2	יהוחן ברת גדליה כש 2
057	C3.15:94	2 נהבת ברת מחסה כש	2	יהוחן ברת יגדל כש 2
058	C3.15:105	כש 2 סלוה ברת נרי כש	2	יהוטל ברת יסלח כש 2
059	C3.15:107	2 אבעשר ברת הושע כש	2	יהועלי ברת עמניה כש 2
060	C3.15:101	ברת הושע בר זכור כש	2	יהושמע ברת חגי כש 2
061	C3.15:119	בר שלם ב[ר ....י]ה כש	2	יהושמע ברת קון כש 2
062	C3.15:86	מפתח ברת טסתי כש	2	יהושמע ברת נתן כש 2
063	C3.15:89	כש 2 רעיא ברת נרי כש	2	יהושמע ברת משלם כש 2
064	C3.15:91	מפתח ברת שלם כש	2	יחמול ברת פלטי בר יאוש
065	C3.15:99	ברת ה̇.... כש	2	יחמול ברת שלם כש 2
066	C3.28:31	3̊ יסדרס לגן 3+1 בר	2	יניא לגן 3+3 בר̊ 3
067	C3.28:38	ס̊..ד̊ לגן] 3+1 בר	2	יני̊א̊ לגן 2[1+1+]בר
068	C3.28:6	ר 1 יניא לגן 3+1 בר	2	יניא לגן 1[1+] בר̊ 1
069	C3.15:132	2 עזריה בר הצול כש	2	ישביה בר ברכיה [כ]ש 2
070	C3.15:134	2 [....]...י[ה̊ה̊[כש]	2	כ̇[לכל]יה ברת כיה[כ]שׁ
071	C3.15:96	2 משלמת ברת צפליא כש	2	[.]ל̇[.. בר]ת[.... כש 2]
072	C3.15:80	כש 2 [.... ב]ר מתן כש	2	√]מ̇[..]יא בר מנחם בר
073	C3.15:67	כש 2 חגי בר מיכא כש	2	מחסה בר אורי כש 2 שלום
074	C3.15:64	[2] הושע בר סגרי כש	2	מנחם בר מתן כש 2 נתון
075	C3.15:69	2 שלום בר זכריא כש	2	מנחם בר זכריא כש 2
076	C3.15:75	2 נ̇ת̇ן̇ בר הודיא כש	2	[מ]נ̇חם בר אורי בר
077	C3.15:83	פלוליה בר [הו]שע כש	2	מנחמת ברת ע[נני] בר
078	C3.15:97	[.]ל̇[.. בר]ת[.... כש	[2	מנ[ח]מת ברת[.... כ]ש 2
079	C3.15:108	יהועלי ברת עמניה כש	2	מפתח ברת צפליה כש 2
080	C3.15:111	ברת ידניה בר ענתי כש	2	משלם בר מעוזי כש 2
081	C3.15:121	ד̇עויה בר אורי כש	2	משלם בר שמעיה כש 2 כספא
082	C3.15:112	2 משלם בר מעוזי כש	2	משלמת ברת פנוליה כש 2
083	C3.15:1	אלהא לגבר לגבר כסף ש]	[2	משל[מ]ת ברת גמר[י]ה בר
084	C3.15:84	ע[נני] בר אסתח כש	2	משלמת ברת [...]ה כש 2

085	C3.15:95	2 יהוחן ברת יגדל כש	2	משלמת ברת צפליא כש 2
086	C3.15:44	2 שמוע בר שלם [כש]	2	מתן בר ידנ[יה כ]ש 2
087	C3.15:109	2 מפתח ברת צפליה כש	2	נהבת ברת זכור כש 2
088	C3.15:93	2 אביהי ברת אושע כש	2	נהבת ברת מחסה כש 2
089	C3.15:98	מנ[ח]מת ברת[.... כ]ש	2	נהבת ברת ה̇.... כש
090	C3.15:113	משלמת ברת פנוליה כש	2	נתון בר פלליה בר נתון
091	C3.15:65	כש 2 מנחם בר מתן כש	2	נתון בר חגי כש 2 חגי
092	C3.15:74	[א]ושע בר מנחם כש	2	נ̇תן בר הודיא כש 2
093	C3.28:54g	[... לגן 3+1] בר	2	נתן ....[....]
094	C3.28:9	לגן 3+3 בר 3 אנה לגן	2	נתן נדבי לג 1 במ 1 פ
095	C3.15:115	2 הצול ברת הודויה כש	2	[....] נתן כ[ש כ[ש 2]
096	C3.15:104	2 יהוחן ברת גדליה כש	2	סלוה ברת נרי כש 2
097	C3.28:63	לגן 3+1 .... בר	2	ססרתס] לגן]3 בר 1 מ 1
098	D8.4:8	2 [..]. אנתתה מ 1 רבען	2	ע̇ב̇די בר
099	C3.15:131	בר נתן בר ענני כש	2	עזריה בר הצול כש 2
100	C3.15:46	[כ]ש 2 או[.. בר .... כש]	2	ענני[בר ... כש 2] זכ[ור
101	C3.15:48	זכ[ור בר .... כ]ש	2	ענני [בר .... כש 2]
102	C3.15:72	כש 2 פמת בר סגרי כש	2	ענני בר מעוזי כש 2
103	C3.15:116	[....] נתן כ[ש כ[ש	[2	[....] פדיה [בר ....
104	C3.9:15	חור נשן רבה [כל נפש	[2	פחנום בר[.... יור]
105	C3.15:82	בר מנחם [בר] פוסי כש	2	פלוליה בר [הו]שע כש 2
106	C3.15:71	משלך בר אורי כש	2	פמת בר סגרי כש 2 ענני
107	C3.28:40	2 פתפי לגן 3+1 בר	2	פתו̇ לגן 3+3 בר 3
108	C3.28:39	לגן 2[+1+1]בר	2	פתפי לגן 3+1 בר 2
109	D8.6:4	ספרא מ 2 פ בידיה ר	2	[פ]תלמיס ו̇חבוב מ 1 פ
110	C3.15:37	]ד̇ע[ויה בר ....]כש	2	צח̇[א בר .... כש 2] אגרי
111	C3.15:88	ברת חורי בר שלם כש	2	רעיא ברת נרי כש 2
112	C3.15:87	2 יהושמע ברת נתן כש	2	שבית ברת חורי בר שלם
113	C3.15:39	[כש 2] אגרי ב[ר .... כש	[2	שבתי[בר .... כש 2] [10
114	D8.4:18	תודרס מ 2 תבא מ	2	שבתית תוא מ 1 שלם מ 1
115	C3.15:68	כש 2 מחסה בר אורי כש	2	שלום בר זכריא כש 2
116	C3.15:41	[10 א]שמ[.. בר .... כש	[2	שלם בר הודו[כש] 2
117	C3.15:117	פדיה [בר ....]כש	2	[של]מ[יה] בר נתן בר
118	C3.15:43	2 חורי בר ונה [כש]	2	שמוע בר שלם [כש] 2 מתן
119	C3.15:3	[הוש]ע בר זכור כסף ש	2	שריה̇[בר]ת̇ הושע בר
120	D8.4:17	מ 1 מצריא תודרס מ	2	תבא מ 2 שבתית תוא מ 1
121	D8.4:15	1 רבען 3 [... ...]... מ	2	תודרס מ 1 מצריא תודרס מ
122	C3.15:32	1+10 [.... בר .... כ]ש	2	[.... בר ....] כש 2 [.... בר
123	C3.15:33	[כ]ש 2 [.... בר ....] כש	2	[.... בר .... כש] 2 [.... בר
124	C3.15:34	כש 2 [.... בר .... כש]	2	[.... בר .... כש] 2 [.... בר
125	C3.15:35	[כש] 2 [.... בר .... כש]	2	[.... בר .... כש 2] [
126	C3.15:51	[....] בר שלם̇[כ]ש	2	[..].. בר נת[ן כ]ש 2 [....
127	C3.15:52	2 [..].. בר נת[ן כ]ש	2	[.... בר ..].. כש [1+]1
128	C3.15:54	[בר .... בר]ישביה [כש	[2	[.... בר .... כ]ש 2 [.... בר
129	C3.15:55	[כש 2] [.... בר .... כ]ש	2	[.... בר .... כש] 2 [.... בר
130	C3.15:56	[כ]ש 2 [.... בר .... כש]	2	[.... בר ... כש 1]+1 [...
131	C3.15:58	[כש 1]+1 [... בר ... כש]	2	[... בר]הושע כש 2 [...
132	C3.15:59	[כש] 2 [... בר]הושע כש	2	[... בר] יהוטל כ[ש 2]
133	C3.15:61	[.... ... בר ע]נני כש	2	[.... בר] ישביה[כש 2]

134	C3.15:62	2 [.... בר] ישביה[כש	[2	[.... בר .... כש 2] הושע
135	C3.15:76	בר אורי בר משל[ך] כש	2	[.... בר .... כש 2] [.... בר
136	C3.15:77	כש 2 [.... בר .... כש	[2	[.... בר ....] כש 2 [... בר]
137	C3.15:78	[כש 2] [.... בר ....] כש	2	[... בר] מתן כש 2 [....
138	C3.15:79	כש 2 [... בר] מתן כש	2	[.... ב]ר מתן כש 2 [
139	C3.26:18	א 2 פ [....]ורי כא	2	[....].ת.ח̇ כא 2̇ [....].[.
140	C3.28:87	1 מן חגי דיפרס גרבין	2	ת̇סא ברת חניה ברכ̇ס̇א
141	C3.15:40	[כש 2] שבתי[בר .... כש	[2	[10 א]שמ[.. בר .... כש 2]
142	C3.28:74	ב̇ז̇נה לגן 3+1 בר	2	
143	C3.15:60	2 [... בר] יהוטל כ[ש	[2	[10+20 .... בר
144	C3.15:100	2 יחמול ברת שלם כש	2	10+20+20+20 יהושמע
145	C3.15:120	2 יהושמע ברת קון כש	2	10+20+20+20+20
146	C3.15:110	2 נהבת ברת זכור כש	2	20+20+20+20 מנחמת
147	C3.15:90	2 יהושמע ברת משלם כש	2	20+20+20 מפתח ברת
148	C3.15:70	2 מנחם בר זכריא כש	2	20+20 משלך בר אורי כש
149	C3.15:50	הוש[ע]בר נתון[כש]	2	20 [....] בר שלם̇[כ]ש 2
150	D13.2:b	{1+3+20} {ר	{2	{2[...]}
151	B2.10:21	נתן ומחסיה אחוהי כל	2	
152	B6.2:1	[... ב ...]דמוהי כסף כ	2	[.... 1 זי קמר חדת זי אמן
153	B8.2:9	[....]	2̇	[....] מלכ̇א̇
154	D14.7:1	עזר 1 חשל	2	
155	D2.8:1	[ב] 20 לניסן הו יום	]2	... ...] [... ... .]ש
156	D4.18:1	[... כס]ף שקלן	2	[...] [...]. כספא ינתן[...]
157	D4.4:1	.[...]	2	[...] [...]..[...]. ו̇
158	D5.36:2	ו̇ש[...] [...]א	2	[...]
159	D5.41frags:2		2	.[...]
160	D5.46:2	[..].[..] [... וכ]נותה	2	[...]
161	D6.14frago:2	.[...]. [...] אלה	2	[...]
162	D6.7fragId:1	[...]ה כסף כרשן	2	[..].[..] [...
163	D7.23:4	עתי[קא ...] גץ יצלן	2	[...] [.]אחוך מיכי[ה ...]
164	D7.7:11	אחטב עמר ופכל̇ו̇ל̇	2̇	
165	D8.3:8	פשנפמוי וצ̇.. אשלן	2	[...] חשף̇ דחנא זילה
166	D8.4:1	[... ...]	2	[... ...]3 [...]מן ש 1 מ 2
167	D8.4:4	רבען 3 [... ...].ד̇א ר	2	[...]ש 2 מ 2 [... ...].ס ר
168	D8.4:5	...].ד̇א ר 2 [...]ש 2 מ	2	[... ...].ס ר 2 [...
169	D8.4:6	[ ]ש 2 מ 2 [... ...].ס ר	2	[... שמ]ע̇ו̇ן בר דלוי .
170	D8.4:7	בר דלוי . ש 1 מ	2	[..]. אנתתה מ 1 רבען 2
171	D8.9:2	[...] פ [... יש]יב לגן	2	[... י]שיב לגן 3+3+1 פ
172	D3.16:3	צבען 2 לפם 1 כסף ש	2	[...]א 1 לכרשן 3+3 [...]..
173	D3.16:12	על מב̇ן זי אבן שש	2	אחד̇י מב̇ן פלג
174	C1.1:37	[א]תור מני עמ̇ה גברן	2	אחרנן למחזה איך [....
175	C3.15:85	2 משלמת ברת [...]ה כש	2	אחת מחתוש̇ מפתח ברת
176	D7.27:5	[...] [.... ˆכ]סף˜ ש	2	איתי ל̇י̇ [...] [...] ש̇ 1 ר
177	B3.4:10	אנה בגזשת ואובל כל	2	אנחן זבן ויהבן לך ורחקן
178	C3.7DR1:12	ספינה רבה [....]	2	[א]סות כחמוש
179	C3.7JV2:5	....]בגו ספינה רבה	2̇	א̇ס̇ו̇ת כ̇[....]
180	B5.5:6	לכי אביגˆרˆן כסף כרשן	2	[א]פם אמרת [אסורי פתפא
181	B2.11:2	1 ידניה בר נתן 1 כל	2	ארמין זי סון לדגל
182	B8.4:13	בריכאל אחוהי כל	2	ארמין לנבושזב עם סנבנת

No.	Ref.			
183	B2.6:6	תכונה כרש 1 ^שקלן	^2	באבני מלכא כסף ר 2 ל10
184	C3.28:15	3 יניא לגן 1+3 בר	2	בב נכיס לגן 3+3 בר 3
185	B3.8:18	זלוען 2 פיק זי סלק	2	בגו [..]ירה 1 רמן
186	C3.9Rfraga:3	[.].. ברת[...] [כל נ]פש	2	ב[גו] [....].. [...]
187	B2.10:8	אנת ידניה ומחסיה כל	2	בני נתן עד עלם וזי בניך
188	B2.9:16	כפם מנחם וענניה כל	2	בני משלם בר שלומם ^שהד^
189	B2.9:19	כתב מנחם וענניה כל	2	בני מנחם בר שלומם
190	B2.9:20	[לידני]ה ומחסיה כל	2	בני אסחור בר צחא
191	B2.9:2	אמר מנחם וענניה כל	2	בני משלם בר שלומם
192	B2.9:3	לידניה ומחסיה כל	2	בני אסחור בר צחא מן
193	B3.5:18	פלטי ויהוישמע כל	2	בני המו שליטן בחלקי אחרנא
194	B3.12:16	ארך אמין 3+3+10 כ	2	בעשתא ומן עליה לתחתיא פתי
195	B3.12:7	ארך אמן 3+3+10 כ	2	בעשתא ומן תחתיא לעליא פתי
196	B3.12:8	לעליא פתי אמן 2+3 כ	2	בעשתא לאברת אמין
197	C3.13:47	שלום[...] ארך אמן 3 כ	2	בפ[תי] זכרן על עז[ר]יה
198	C3.12:29	1 לניסן לשרתא קלולן	2	ב 3+3+20 קדם א.[...]
199	C3.7BR1:14	[כס]ף כרשן 10 ח 2 ר	2	[ב ...]לכיחך בקרו למצרין
200	C3.7ER2:16	כסף כרשן 10 ח 2 ר	2	[ב 2+3+10]לפחנס בקרו
201	C3.7GR2:20	[כר]שן 10 ח 2 [ר	[2	[ב] 1+3+3 לאפף בקרו
202	C3.7JR2:4	[כסף כרשן]10 ח[2 ר	[2	[ב .... למסורע בקרו
203	C3.7KR3:3	כ[סף כר]שן 10 ח 2 ר	2	[ב 10 ... לפא]וני בקרו
204	C3.7KR4:5	כסף כרשן[10 ח 2 ר	[2	ב 20 לפאוני [בקרו
205	C3.7KV2:19	ש 2+3+3 ח 3 ר	2	ב [20]+3+3 ל[פר]מותי
206	C3.7KV2:21	ש 3+3 ח 3+3+20 ר	2	ב 10+20 לפרמ[ות]י בקרו
207	C3.7KV3:23	ש 3+3 ח 1+3+3 ר	2	ב 1+3+3+20 לפאוני
208	C3.28:48	2+3 בביתנא הלעתיך	2	ברא מן 2 פתחן נחשיא זי
209	C3.9:6	בגו[יור 1] [נשן] רבה	2	ב[רה 1] [.... יו]ר 3
210	C3.28:18	3 שאר ר 2 יהודה לגן	2	בר 1 {{1}} בב נכיס לג 1
211	C3.28:20	לג 1 מ 1 פ יניא לגן	2	בר 1 יניא כא 1 פ ב[ש
212	C3.28:23	חמשת[א] יסדרס לגן	2	בר 1 פרס כא 1 בש 1 ר 2
213	C3.28:34	בש 1 מ 1 פ יוניא לגן	2	בר 1 יהודה לגן 1+4 בר
214	C3.28:43	1 פ}} .... זפרה לגן	2	בר 1 ב<ב> פתו כאן 2 בש 3
215	C3.28:52	בש 1 פתפי לגן	2{{2}}	בר 2 אביתי לבתנא
216	C3.28:44	לגן 2 בר 1 ב<ב> פתו כאן	2	בש 3 שאר ^מ 2+3^
217	C3.18:12	ב...[...] [...]כנתן א	2	ג 1 ח 3[...] [...]אופסתא
218	B4.4:7	לגבר לגבר 1 שערן ארדבן	2	ג 2 ח]
219	B3.8:7	2 שוה כסף כרש 1 שקלן	2	גמידה 1 זי קמר חדת לאמן
220	D22.1:2	100×2+3 כודנן אף	2	גמלן ....[..]
221	B8.4:6	עם חפימן פטמיחוס כל	2	דמן קימן
222	D7.7:2	הושרו לי מלח קבן	2	דקק וחצף קפתא עלוהי אף
223	B8.4:5	3+3 ושקפוני רגלן	2	[....]..[..].[...]ה.[..]. יתב
224	B4.6:3	איתי לכי עלי כסף ש	2	הו [כס]ף סתתרי 1 מן קצת
225	B4.6:7	לכי כספא זנה [ש]קלן	2	[הו] סתתרי [1] [עד יומא]
226	D7.48:2	הושרי לי י.... יומא דך	2	הושרי לי זעיר לחמא יומא
227	C3.12:8	מצרין קלול 1 קלבין	2	היב לצחא בר פמון חמר
228	D2.10:5	[... ...] [... ... א]מן	2	ה...[..].[...]..לה כ[...] [...
229	D7.27:6	לי [...] [...] ש 1 ר	2	והא שאר [....]ת ה[...]
230	C3.28:107	זי משלם בר עזגד בש	2	וזיכא זילי בידה וזיכא רבא
231	D8.8:9	ק 3 ליהדת ב	2	ויזפ[...]
232	D7.57:7	וחד בעזכתיה ואגנן	2	וכדדן 1+3 ופינך 1
233	B2.6:24	כסף שקלן 1+3+3 ר	2	וכל זי הנעלת בידה תהנפק
234	B3.3:10	כסף שקלן 1+3+3 ^ר	^2	וכל זי הנעלת בידה תהנפק
235	B3.3:8	כסף תקלן 1+3+3 ^ר	^2	וכל זי הנעלת בידה תהנפק
236	C3.7FV2:2	ח 3 חמר כנדן 3+20 כ	2	ושתות בגו חמר זי[שנת
237	C3.7GR2:6	כ	2	ושתות בגו [חמר]יין
238	B3.8:26	כסף שקלן 1+3+3 ר	[2]	ותנפק מנה עם שארת תכונתה
239	B3.12:3	1 תפמת ברת פתו כל	2	זבן ויהבן לך ביתן זי זבן
240	B3.8:19	כפן למנשא משח זי [חסף	2[	זי עק 2 זי אבן 1 כל 2+3
241	B3.8:19	משח זי [חסף]2 זי עק	2	זי אבן 1 כל 2+3 קף זי
242	D20.3:1	ואחתבו ברת עדיה כל	2	זי חסתמח קריתא קדם אוסרי
243	C3.28:106	כסף 10 וחתו	2	זי כסף ביד נתן וזיכא זי
244	C3.7FR2:4	מן דוגי קנרתשירי	2	זי[....]א חמר זי שנת
245	A6.16:3	תחרו כתן 1 גלדי תולע	2	זך היתי עלי להן לא [....]
246	B2.6:13	זי נחש 2 שוין כסף שקלן	2	זלוע 1 זי נחש שוה כסף ר
247	B6.2:7	זי נחש[דמ]י כסף שקלן	2	זל[וע 1] [זי נחש דמי כסף
248	D3.16:10	חפנן 2+3 שנן משאנן	2	זלוע זי גמא חדת 1 על מבן
249	B4.4:7	לגבר 1 שערן ארדבן 2 ג	2	ח [....]
250	B3.8:9	לאמן 3+3 ב 3[+2] ר	2	[חטיב צבע ידין] צבען 2
251	B3.8:6	כסף כרשן תרין ש[ק]לן	2	חלרן 2+3 לבש 1 זי קמר
252	C3.11:7	3+3[...] כסף כרשן	2	חלרן 3 בגו כספא זי אתוסף
253	C3.5:7	כרשן 2+3 שק[ל]ן[	2	חלר]ן 2+3+10 זי מנדת
254	C3.7AR2:6	כסף ש 3+[2 ח 2+10 ר	[2	חמר כנדן 1+20
255	C3.7DR3:19	ש 2+3 ח[2+3+10 ר	[2	חמר כ[נד]ן 1+20[ופלג]
256	C3.7ER1:2	[ש 2+3 ח 2+[3+10 ר	2	[ח]מר כנדן[1+20
257	C3.7ER1:22	[ח] 2+[3]+10 ר	2	חמר כנ[ד]ן 1+20 ופלג
258	C3.7GR2:5	[ש 2]ח 1+3+3 ר[	[2	חמר [כ]נדן
259	C3.7JR1:13	[ש 2+3 [ח 2+]3+10 ר	[2	[חמר כנדן 1+20] ופלג
260	C3.7JR2:14	[ש 2+3 ח 2+3+10 ר	[2	חמר כנ[דן 1+20 ופלג]
261	C3.7	[ח 2+3+10]ר	2	[חמר]ספן [1+20
262	C3.7KR2:9	1 ש 3+3]ח 3+3]ר	2	[חמר כנד]ן[
263	C3.7CR1:12	[ש 2+3 ח 2+3+10 ר	[2	[חמר כנדן 1+20 ופלג]
264	C3.7CR2:13	[ ]ש 2+3 ח 2+10+]1 ר	[2	חמר ספן 1+20 ופלג
265	C3.14:37	ג	2	ח 2+3[...] ומן עבור
266	C3.7FR2:8	בית מלכא כסף כרש 1 ש	2	ח 3 חמר זי שנת 10]
267	C3.7FV2:1	כסף כרש 1 ש	2	ח 3 חמר כנדן 3+20 כ 2
268	C3.7GR2:5	[ש	2	]ח 1+3+3 ר[2] חמר
269	C3.7GV2:2	[....]ן 20[....]	2	ח 3+3+3 כסף כרשן 1 לף
270	B4.3:2	ואח[יאב בר גמריה כל	2	יהודין זי ביב] מה[חסנן
271	C3.15:133	ישביה בר ברכיה [כ]ש	2	[....]...[י]ה[כש] 2
272	C3.7AR2:16	[מ]ש[ח]ספן 3+[3+3 כ	2	יר]10+[2+3 עק סמכת 1
273	C3.7BR1:3	משח ספן 3+[3+3] כ	2	יר 10+[2+3] עק סמכת
274	C3.7FV3:7	ספן 10+3+3+3 כ	2	יר 10+2 קמר כפר צע
275	C3.7JR1:23	[משח ספן 3+]3+[3 כ	2	יר 10+[2+3] [עק]סמכת 1
276	C3.7KR1:13	[...] [משח ספן 3+3+3 כ	2	יר]10+3+2 ... [...
277	C3.7CR1:22	[משח ספן 3+3+3 כ	2	יר 10+3+2]
278	C3.1:1		]2	י]ן ..]נ[ ]..[.].[...] [2] ין
279	C3.1:2	2[י]ן ..]נ[ ]..[.].[...]	[2]	ין לשנאבאצ[ר ....
280	C3.1:3	[.... ע]ליד דנבו	2	ין לנבפד..]

281	C3.1:4	דנבו [...	2[	ין לפדפדצ.[...
282	C3.1:5	[....]בו עליד דנבו	2	ין לכנ..[.... ע]ליד
283	C3.13:28	....]. [...]..	2[	יסל[....]. [....
284	C3.7EV1:9	ר 2+[....]	2	[ירח אפף שנת 1+10] [ב
285	C3.28:114	בתמאסר 1+20 חל גרבין	]2	{{כ]הנא}} .... דלוי
286	B2.6:13	1 זי נחש שוה כסף ר	2	כל כספא ודמי נכסיא כסף
287	D3.16:6	[...]. 1 לכרשן 2 ר	2	[כל]כרשן 2+3+10 ר 2
288	C3.15:4	הושע בר חרמן כסף ש	2	כל 2[+1] הושע] בר
289	C3.7AR3:3	כֹ[סף כרשן 10 ח 2 ר	[2	[כל ספינתא זי בקרו
290	C3.7DR1:10	כסף כרשן 10 ח 2 ר	2	כל ספינתא זי בקרו למצרין
291	C3.7KV2:10	ש [+3]3+3 ח 3+20 ר	2	כל[....]ף
292	B2.6:12	נחש שויה כסף שקל 1 ר	2	כסן זי נחש 2 שוין כסף
293	C3.7DV2:3	כרש 1 ש 3+3+3 ח 1 ר	2	כסף כרשן
294	C3.7JV2:23	כרשן 3 ש 3+3+1 חֹ[	[2	[כסף כרשן] 1+20+100×1
295	C3.15:122	2 משלם בר שמעיה כש	2	כספא זי קם יומא הו ביד
296	C3.7GV5:21	[בירח חתחור] [ספינה	[2	כספא תש]י דמי נתרא זי
297	B3.12:11	זי משלם בר זכור כל	2	כפם חד לענני בר חגי בר
298	B3.12:33	ברת פתו אנתתה כל	2	כפם חד שהד משלם בר
299	B5.5:11	[לכי אביגרן כסף כרשן	2	כתב .... בר ....] ספרא זנה
300	D2.1:1	[... ...]	2	לאחשירש מלכא אמר [... ...
301	C3.15:136	2 בגפרן בר ושחי כש	2	לאנדם ושחי בר זרמר כש
302	C3.15:138	לה חגי בר מפטחיה כש	2	לטבשל[ם] [....]א למנחת]
303	D8.8:5	ק[...] [.].[...]סֹ 1 ק	2	למכיה ק 3 לבזכה ק 3
304	B2.6:14	2+3 חלרן 20 כסף ר	2	לס10 באבני מלכא על עלי
305	B2.6:7	2ˆ באבני מלכא כסף ר	2	לס10 הנעלת לי בידה לבש 1
306	B3.8:32	באבני [מלכא] כסף ר	2	לס10 ויעבד [לה] דין ספרא
307	B5.3:5	[לך כסף כרשן . כסף]ר	2	לס10 באב[ני מלכא
308	B3.12:16	לתחתיא פתי אמן 2+3 כ	2	ˆלˆאברת ˆאמן
309	B4.4:7	[.... כל] גברן	2	לגבר לגבר 1 שערן ארדבן 2
310	C3.15:10	בר יהוט[ל כסף] ש	2	לה [....] בר נה[ב בר
311	C3.15:11	[בר מח]סה [כסף ש]	2	לה [10 נ]תן בר ענני
312	C3.15:12	ענני ב[ר .... כסף ש	2	לה] [..]י [ב]רת זבדי[ה
313	C3.15:13	[ב]רת זבדי[ה כסף ש	2	לה] [.... בר]ת [.... כסף ש
314	C3.15:137	ושחי בר זרמר כש	2	לה חגי בר מפטחיה כש 2
315	C3.15:14	[.... בר]ת [.... כסף ש	2	לה] [... ב]רת פלול[יה כסף
316	C3.15:15	[ב]רת פלול[יה כסף ש	2	לה] [....] ברת [.... כסף ש
317	C3.15:16	[....] ברת [.... כסף ש	2	לה] [....]. ב[רת .... כסף ש
318	C3.15:17	[....]. ב[רת .... כסף ש	2	לה] [....]ברת [.... כסף ש
319	C3.15:18	[....]ברת [.... כסף ש	2	לה] כל מאת שנדן [3+10]
320	C3.15:20	שלום בר מנחם[כסף ש	2	לה]פ משלם בר שמוח כש 2
321	C3.15:21	[ ]פ משלם בר שמוח כש	2	לה פלטי בר מיכה כש 2 לה
322	C3.15:22	2 לה פלטי בר מיכה כש	2	לה מלכיה בר יתום בר
323	C3.15:23	יתום בר הדדנורי [כ]ש	2	לה 20 שלמיה בר ישוב כש
324	C3.15:24	20 שלמיה בר ישוב כש	2	[ל]ה גדול בר משלם בר
325	C3.15:25	משלם בר מבטחי[ה כ]ש	[2]	לה מנחם בר הצול הו בר
326	C3.15:26	הצול הו בר שמע[יה כש	[2	לה סימך בר משלם הו כש 2
327	C3.15:27	סימך בר משלם הו כש	2	לה גדול בר שמוח הו כש 2
328	C3.15:28	גדול בר שמוח הו כש	2	לה משלם בר חגי בר הצול
329	C3.15:29	בר חגי בר הצול כש	2	לה הצול בר חגי בר הצול
330	C3.15:30	בר חגי בר הצול כש	2	לה כל [מאת נבועקב]
331	C3.15:6	[בית]אלנורי הו כסף ש	2	ל[ה] הוש[עיה בר נתן] בר
332	C3.15:7	בר צפניה כסף ש	2	לה נתן ב[ר ....].[.]ה כסף
333	C3.15:8	ב[ר ....].[.]ה כסף ש	2	לה [... בר ע]נני [..]מֹתל
334	C3.15:9	[ע]נני [..]מֹתל כסף ש	2	לה [מחס]ה בר יהוט[ל
335	C3.14:27	בגו 1+3+10+20+20	2]	]לחד שא 1 ר 2 לשא 3
336	D1.11:2	[... יה]בת לא[...]דבלן	2	לחם תמ[רן ... ...] [...]
337	B5.1:1	בי[ו]ם	2	ל[י]רח אפף שנת
338	C3.7BR1:7	i+10 .[..].[...] ב	2̇	לכיחך[ב]קֹרֹוֹ
339	B2.7:1	ב	2	לכסלו הו יום 1+10 לירח
340	B4.2:2	וירבה עלי כסף חלרן	2	לכסף ש 1 לירחא עד יום זי
341	B2.10:16	עשרה הו כרשן 10 כסף ר	2	לכרש 1 באבני מלכא וביתא
342	B2.9:15	עשרה באבני מלכא כסף ר	2	לכרש 1 והו אפם רחיק מן
343	B3.5:15	חמשה באבני מלכא כסף ר	2	לכרש 1 ולא דין והן גבר
344	B3.5:22	10 באבני מלכא כסף ר	2	לכרש 1 וביתי זילהם אפם
345	B6.1:5	[1 באבני] מלכא כסף ר	2	לכר[ש 1 על עליך וטיב לבבך
346	C3.12:25	לבגוֹד 1 קלבין	2	לנקיה קדם אפתח אלהא רבא
347	C3.29:4	לדמכֹלס לגן 10 ב	2	לסון נקדרוס אפרודיתס
348	B2.2:15	עשרן באבני מלכא כסף ר	2	לעשרתא וארקא זך אפם זילך
349	B2.3:14	עשרה באבני מלכא כסף ר	2	לעשרתא ולא דין ולא דבב
350	B2.3:21	10 באבני מלכא כסף ר	2	לעשרתא ולא דין ולא דבב
351	B2.4:15	10 באבני מלכא כסף ר	2	לעשרתא ולא דין ולא דבב
352	B3.7:17	10 [באבני מלכא כסף ר	2	לעשרתא ולא דין] הן תמות
353	B6.3:11	[....] באבני מלכא רֹ[	2	לעשרתא ויעבד דין ספרא זנה
354	C3.12:8	1 מצרין[קלול 1] ב	2	לפאפי לשרתא מצרין קלול 1
355	B3.8:10	[חטיב צבע ידין] צבען	2	לפם 1 שוה כסף ש[ק]לן
356	D3.16:2	[... ...] צבען	2	לפם 1 כסף ש 2 [...]א 1
357	C3.14:27	בגו [2]לחד שא 1 ר	2	לשא 3 2+20 לחד שא 1
358	C3.14:29	לחד שא 1[+1 ר	2	ל]שא כֹל נפקתא יו.[..]. שֹׁא
359	B4.4:8	[זי]מאת נבושלו גברן	2	לשערן ארדבן [.... נתנת
360	B3.1:5	ירבה עלי כסף חלרן	2	לתקל 1 לירח 1 הוה כסף
361	D8.4:11	1 מ 2 [...].ן בר תנפי ש	2	מ 1 רבע 1 פ [... ב]ר יחנן
362	D8.4:12	רבע 1 פ [... ב]ר יחנן ש	2	מ 1 רבע 1 [... ...].א מ 1
363	C3.28:28	דֹכֹדֹרֹס לגן 1+4 בר	2	מ 1 פ אביתי נתיֹנא רבען
364	C3.28:35	1 יהודה לגן 1+4 בר	2	מ 1 פ יניא לגן 3 בר 1 מ
365	C3.28:42	לגן 3+{{2}}1 בר	2	{{מ 1 פ}}.... זפרה לגן
366	C3.28:78	[ ]3 בחנטן ס 1 [...]ר	2	מ 1 חשבן עבורא זי כתבת
367	D8.4:5	[...].דֹא ר 2 [...]ש	2	מ 2 [... ...].ס ר 2 [...
368	D8.6:9	3. ידלה שמעון מ 3 ר	2	מ אומכס רֹ 1 חצי 1
369	B3.12:13	אחד גשורן כון ודשן	2	מבני בי תחתי הו תרי רבתא
370	C3.28:86	1 מן שבתי ישיב גרבין	2	מן נתני גרב 1 מן חגי
371	C3.7AR2:3	[ח 2+10 ר	[2	מנת משחא זי אשתכח [בה משח
372	C3.7BR1:21	ח 2+10 ר	2	מנת משחא זי אשתכח [בה משח
373	C3.7DR1:18	חֹ 20+3+3+i רֹ	2̇	מנת משחא זי אשתכח בהם
374	C3.7ER1:20	ח i̇0+[1+]i ר	2̇	מנת משח[א ז]י[א]שת[כח
375	C3.7JR1:10	[ח 2+10 ר	[2	[מנת]מ[שחא זי אשתכח בה
376	C3.7JR2:11	[ח 2+10 ר	[2	[מנת משחא זי אשתכח בה משח
377	C3.7KR2:3	[ ]ש 1 ח i̇0+3+3[ר	[2	מנת משחא זי אשתכח בהם
378	C3.7KR3:10	ח 2+10 ר	2	[מנת משחא]זי אשתכֹחֹ

2

379	C3.7CR1:9	[ח 10+2 ר	[2	[מנת משחא זי אשתכח בה]
380	C3.7CR2:9	חׄ] 10+2 ר	[2	מנת משחא זי אשת[כח בה]
381	B3.8:20	זי צל פרסין מש[ח חפ]נן	2	משח זית חפנן 3+1 משח
382	D3.16:7	[כל]כרשן 10+3+2 ר	2	[מש]ח בשים חפן 1 תקם חפנן
383	D8.4:10	מ 1 [..].פׄסיס ש 1 מ	2	[...].ן בר תנפי ש 2 מ 1
384	B8.4:5	ולקחו מני [..]נׄיׄ אסרן	2	נחשן מׄנׄין 10 וכתשוני
385	C3.17fragb:4	[...] [...]תי ש פ 1 ס	2	[נ]פקתא כנתן פ 3 [...]
386	B3.13:3	מנך ויהבת לי כנתן פרסן	2	סאן 3 אחר אנה ענני בר
387	B3.13:4	אלך כפ	2	סאן 3 מן פתפא זי יתנתן לי
388	C3.13:37	ברת זכריה ש פ	2	סאן 3+1 [....]
389	C3.13:8	[....] זי ב[ס]תתרין	2	סכ[.]ה למאכל 3+3 לתנׄ[.]ן
390	C3.7DR2:5	10+3[+3]+3 עק סמכת	2	ספן ריקנן 20+20]+20
391	C3.7FR1:4	20+20+20 עק סמכת	2̊	[ספן ריקנן 20+20+20
392	B8.2:14	1 [...]יׄ כל	2	עבדיא [....] ביתא
393	D8.6:3	מ 1 פ חניה ספרא מ	2	פ בידיה ר 2 [פ]תלמיס
394	B3.8:18	[....]מין זלוען	2	פיק זי סלק 2 בגו [..]ירׄה
395	C3.26:14	3̊ [...]שׄנׄ.אׄ כא	2	פ [...]יו שושנא כא 2 פ
396	C3.26:15	כא 2 פ [...]יו שושנא כא	2	פ [...] .[.]שׄ...ן כא 2[פ]
397	C3.26:16	כא 2 פ [...] .[.]שׄ...ן כא	]2	פ] [....]תי אחוהי א 2 פ
398	C3.26:17	2[פ] [....]תי אחוהי א	2	פ [....]ורי כא 2
399	B2.6:16	3+1 פק 1 זי סלק כפן	2	פרכס 1 זי חצן חדת ˆתקם
400	C3.28:48	הלעתיׄךׄ 2 ברא מן	2	פתחן נחשיא זי יהבו על
401	C3.18:17	.[.] כא 10+2 ג 1 [..]חׄ	]2	...] כׄל כנתן א 20+20+2
402	C3.12:10	מאנן 3+2 בגו קלולן	2	קלבין 3 עליד זׄער ש..אׄ
403	D13.2:11	ש 3+2 ר 2 ש 3+3 ר	2	ר 1
404	D13.2:18	ש 3+3+2 ש 1 ר 3 ש	2	ר 2 ש 2 ר 3 ש 3+1 ר 1
405	D13.2:19	ש 1 ר 3 ש 2 ר 2 ש	2	ר 3 ש 3+1 ר 1
406	D13.2:4	20+20 ש 3+3 ר 2 ש	2	ר 2 ש 3+1 ר 1 ש
407	D13.2:8	ר 2 ש 1 ר 2 ש	2	ר 3 ש 3+2 ר 2 ש 3+3 ר
408	D3.16:6	3+3+1 [...]. 1 לכרשן	2	ר 2 [כל]כרשן 10+3+2 ר
409	D8.7:8	√ יׄסׄלקׄ בגנזׄא רׄ	2	ר 1 [....].ציׄתא מ 1
410	D8.4:3	[...]3 [...]מן ש 1 מ	2	רבען 3 [... ...].דׄא ר 2
411	D3.47fragb:6	מ 3 [...]3 לם 1 ר	2	[...]סׄ 1 [...]מ 1
412	C3.28:110	זי יׄ.... חׄנׄטׄן א	2	ר 1 בידה חרשא זי נחש
413	C3.28:5	אפלניס יסן כא 1 פ בש	2	ר 1 יניא לגן 3+1 בר 2
414	C3.7AR3:3	כׄ[סף כרשן 10 ח	2	ר 2] [כל ספינתא זי בקרו
415	C3.7BR1:14	[כס]ף כרשן 10 ח	2	ר 2 [ב ...]לכיחך בקרו
416	C3.7DR1:10	כסף כרשן 10 ח	2	ר 2 כל ספינתא זי בקרו
417	C3.7DR2:24	[כס]ף כרשן 10 ח	2	ר 2
418	C3.7DR3:7	כסף כרשן 10 ח	2	ר 1+[1] ב 20 למחיר בקרו
419	C3.7ER2:16	כסף כרשן 10 ח	2	ר 2 [ב 10+3+2]לפחנס
420	C3.7GR2:20	[כסף כר]שׄןׄ 1ׄ0ׄ חׄ	2̊	[ר 2] [ב] 3+3+1 לאפף
421	C3.7JR2:4	[כסף כרשן]10 ח]	2	ר 2] [ב .... למסורע בקרו
422	C3.7KR3:3	כ[סף כר]שן 10 ח	2	ר 2 [ב 10 ... לפא]וׄני
423	C3.7KR4:5	כסף כרשן] 10 ח	2	ר 2] ב 20 לפאוני [בקרו
424	D13.2:18	ש 1 ר 3 ש 2 ר	2	ש 2 ר 3 ש 3+1 ר 1
425	D13.2:3	20+20 ש 3+3 ר	2	ש 2 ר 2 ש 3+1 ר 1 ש
426	D13.2:4	ש 3+3 ר 2 ש 2 ר	2	ש 3+1 ר 1 ש 10+3+1 ר
427	D13.2:6	ר 1 ש 10+3+1 ר	2	ש 1 ר 2 ש 2 ר 3 ש 3+2
428	D13.2:7	ש 10+3+1 ר 2 ש 1 ר	2	ש 2 ר 3 ש 3+2 ר 2 ש
429	D13.2:9	ר 2 ש 2 ר 3 ש 3+2 ר	2	ש 3+3 ר 2 ר 1
430	C3.28:2	כׄלׄלׄ כא 1 בש 1 ר	2	שאר ש 1 נכיס לגן 3+3
431	C3.28:69	נכיס כא 1 ש 1 בר[	2	]שׄאר ר 2 יהודה לגן
432	C3.28:70	לגן 10+2 בׄשׄ 1 ˆר	ˆ2	שאר ר 3 בב אׄ[נ]הׄ לגן
433	B3.8:7	פשכן 3 פתי אמן 3+1 ר	2	שוה כסף כרש 1 שקלן 2
434	B2.6:12	שקל 1 ר 2 כסן זי נחש	2	שוין כסף שקלן 2 זלוע 1
435	C3.13:61	ל...נׄ.[...] [....]. ר	2	ש פטמ[ון בר]אשמ[ר]ם שא
436	C3.14:16	חורׄ בר יעולו שא 1 ר	2	ש .[...] ב]רׄ אדׄי הו
437	C3.14:7	[בר ....]שׄא 1 רׄ	2	ש זׄתוׄ.[...
438	C3.7AR3:23	[20+10+2 לזהב כרשן	2	ש 3+3 ח 20+10+3+3]
439	C3.7EV1:18	[מנפקה לימ]אׄ כסף כרשן	2	שׄ 3+2̊ [כסף גבריא ....
440	C3.7EV1:3	[מנפקה לימא כ]סף כרשן	2	ש 3+2 [....]
441	C3.7EV2:20	[מנפ]קה ל[ימא]כסף כרשן	2	ש 3+2
442	B2.6:8	ב 3+2 שוה כסף כרשן	2	שקלן ˆ3+3+2ˆ באבני מלכא
443	B2.6:12	זי נחש שוה כסף שקל 1 ר	2	תמסא 1 זי נחש שויה כסף
444	B1.1:12	לי פמ[טן]חקלי כסף ש	2	תקל אבד ות[ק]ל קים ותשא
445	C3.16:4	[...] [... ז]נׄא שפ 1 ס	]+2	...] [...] זנא שפ[...]
446	C3.16:6	[...] [....]ןׄ[כ]נתן פ	]+2	...] [ש]נת 3+2 יהי[תה]
447	C3.28:13	3+3 בר 3 יניא לגן	1[+1]	נבס לגן 3+3 בר 3
448	B8.6:9	תסרׄי אמה כל	1[+1]	א[ר]מיׄן לדגל אׄלׄ[..]..
449	B4.2:2	לי כסף שק[לן 3 ר	1[+1	באבני פתח כסף ש 1 ל10
450	C3.7DR3:7	כסף כרשן 10 ח 2 ר	[1]+1	ב 20 למחיר בקרו
451	C3.28:7	3+1 בר 2 יניא לגן	1[+1]	ברׄ 1 בׄבׄ נׄכׄיׄסׄ
452	C3.7GR1:22	על בית [....	1[+1	ח 3[...] [....
453	C3.7FV3:16	[ ]לק עתיק 1 ע[ק]סמכת	[1]+1	ספן ריקנן 20+20+20
454	C3.14:29	[נ]פש 20+10 לחד שא	1[+1	ר 2 ל]שא כׄל נפקתא
455	C3.28:21	1 יניא כא 1 פ בׄ[ש	1[+1	ר 1 בגרב חמשת[א] יסדרס
456	D7.41:1	....]	ב]2	בק[....] [... בי]תאל<נ>תן
457	A4.2:7	נדחל בזי זעירן אנחנה	ב2	כען הא סברו[....] הנלו
458	C3.15:53	[כ]ש 2 [.... בר ..].. כש	1[+1]	[.... בר .... בר]ישביה
459	C3.15:57	[כש] 2 [.... בר ... כש	1+[1	[... בר ... כש] 2 [... בר

3

001	C3.13:32	[....] [....]	]3	3[+3]+3 [....] [....
002	C3.13:9	למאכל 3+3 לתנ[.]ן	3	[...] זכרן[מ]אני
003	C3.16:3	ע[ל] [....] שפ 1 ס	3	[...] [... ז]נׄא שפ 1 ס
004	C3.17fragb:5	1 ס 2 [נ]פקתא כנתן פ	3	[...]
005	C3.18:12	[...]כנתן א 2 ג 1 ח	]3	...] [...]אופסתא לפכמי .]
006	C3.18:7	ח 3+2 [...].[...]...א כא	3	...]
007	C3.19:8	נפשה יהיב לתבא רעי	]3̊	[....
008	C3.24:4	[א]שלן 20+3+3+2 ר	3	.... חלף .... חלף
009	C3.5:2		]3	[...
010	C3.7DV3:2	פק 10[....] מלות	]3	....] סי 3+2
011	C3.7EV2:11	כל כסף כרשן[....	]3[	....] ירח מ[ס]ורע שנת
012	C3.7HR2:18	כׄרׄשׄן 2 לף ..[...].תׄאׄ	3	....
013	D8.11:8	ברת חורׄ בגפה √ ק	3	√ לשמעון בגפה ק 3+3
014	B3.11:1	יום 3+3+2 לכיחך שנת	3	ארתחשסש מלכא אדין אמר

015	C3.28:32	2 יניא לגן 3+3 בר̇	3	בכיס לגן 3+3+3 בש 1 מ
016	B3.7:1	2+3+3 לתמוז שנת	3	דריהוש מלכא אדין [ביב
017	C3.28:27	1 פ כסתס לגן 2+4 בר	3	ד̇כ̇ד̇ר̇ס לגן
018	B4.3:1	ל[ירח פאפי שנת	3	חשירש מלכא אמר הושע]
019	B4.4:1	לירח פאפי שנת	3	חשירש [מ]לכ[א אמר הושע]
020	D8.6:8	רבא ר 3 [כ]יה שהדא	3.	ידלה שמעון מ 3 ר 2 מ
021	C3.28:85	מ̇ן ..[.]…. גרבן	3	יו̇חנן כהנא גרב 1 מן
022	C3.28:41	2 פתו̇ לגן 3+3 בר	3	יוניא לגן 3+{{2}}1 בר
023	C3.28:12	פ בב נכיס לגן 3+3 בר	3	יניא לגן 1[1+] נבס לגן
024	C3.28:14	נבס לגן 3+3 בר	3	יניא לגן 3+1 בר 2 בב
025	C3.28:30	אביתי [נתינא]ר̇ב̇ען	3̇	יסדרס לגן 3+1 בר 2
026	D8.6:7	מ 1 פ ש̇יב רבא ר	3	[כ]יה שהדא .3 ידלה
027	D8.12:3	1 זוזן 3+1ˆ פבא מ	3	כרתרס מ 3 שבי בר בחי מ 3
028	C3.28:25	1 ר 2 הרגלתי פלג בר	3	לסמקס לגן 3+4 בר 3 מ 1
029	C3.28:53	אביתי לבתנא ר̇ב̇ע̇ן̇	3̇	ל̇ס̇מקס̇[לג]ן̇ 3+1 בר
030	D8.12:1	אותכס בר תודרס מ	3	מנאס מ 3 ˆלחמר אותכס 1
031	D8.5:4	[...] דלוי בר חגי רבען	3	עבדיהו אסיא מ 1 רב[ע ...]
032	C3.28:116	בני ידלה אביתי גרבין	3	עבדיהו פחס גרבין 3+3
033	D8.12:4	3+1ˆ פבא מ 3 כרתרס מ	3	שבי בר בחי מ 3
034	D8.6:1	נתן עבדיהו ר	3	פת̇ח̇רה שמעון מ
035	C3.14:27	[2]לחד שא 1 ר 2 לשא	3	2+20 לחד שא 1 לשא
036	C3.5:3	ש]קלן	3	ˆ1+3ˆ. [...] [....]אדגסתא
037	D8.10:6	1 זעירה [..]2+3 תפורתחם	3	3+3+3. כל צפעה
038	D3.47fragb:5	[... ...]10 [...]פבי מ	3	[...]3 לם 1 ר 2 [...]ס̇
039	B4.3:7	לגברן [.].. ח	3	
040	D1.32:6	[...]…. [...]ת[...]	3	.[...] [... ...] [...].. 3 על
041	D3.47fragb:10	השכחו בצפרא [...]לם	3	[...] ב̇ר̇ה .[...]
042	D4.27:2	[.]ה.[...] [...] ... 3 כל	3	[...]
043	D7.50:3	שלח̇ ..ו שער̇ו̇ן̇ א	3	
044	D8.12:5	כרתרס מ 3 שבי בר בחי מ	3	
045	D8.4:14	1 [...]ידוע ר 1 רבען	3	[... ...]... מ 2 תודרס מ 1
046	D8.4:3	[...]מן ש 1 מ 2 רבען	3	[... ...].ד̇א ר 2 [...]ש
047	B3.13:3	לי כנתן פרסן 2 סאן	3	אחר אנה ענני בר חגי
048	D1.12:7	ל[...]ˆ [...]זבנו .כסף ש	3	אחרי לעלא̇[...]ינת
049	C3.28:8	נ̇כ̇י̇ס̇ לגן 3+3 בר	3	אנה לגן 2 נתן נדבי לג
050	C3.28:88	ברת חניה ברכ̇ס̇א א̇	3̇	א̇ 1̇ ע̇ליא̇ מ̇[....].א ומ
051	D1.32:8	..[...] [.]י.... ...]	3	א̇ל ...ה ל..י...[...]
052	C3.28:70	ב̇ש̇ 1 ˆר 2ˆ שאר ר	3	בב א̇[נ]ה̇ לגן 3+1
053	C3.11:7	[...] כסף כרשן 2 ח̇לרן	3	בגו כספא זי אתוסף על מכס
054	C3.7FR1:6	[ס]פ̇ינת כ̇ז̇די	3	ב̇גו̇ [....
055	D7.36:3	ביד פטחנם בחנתא מובלן	3	בהם עקן 20+20+20+0̇1̇
056	C3.28:75	...]	3̇[	בחנ[ט]ן ס 1 [...]3 מ 1
057	C3.28:77	...] 1 מ 3[...] 1 ס	3[	בחנטן ס 1 [...]ר 2 מ 1
058	C3.27:21	[ ]תי נפקן 3+3+2 ק̇ב̇.ה	3	בעלי פתורא צחא 1 פטנתר
059	C3.28:11	לג 1 במ 1 פ יניא לגן	3	בר 1 מ 1 פ בב נכיס לגן
060	C3.28:36	בר 2 מ 1 פ יניא לגן	3	בר 1 מ 1 פ רחבל לג 1 במ
061	C3.28:45	ˆמ 3+2ˆ ארמ̇י̇ס לגן	3	[ב]ר 1 מ 1 פ ... בבית
062	C3.28:64	בר 2 ססרתס[לגן	3[	בר 1 מ 1 פ אנה לגן
063	D8.13:2	פ̇ שוד̇ת ואנתתה כסף ר	3	בשם כסף מלחא כתב יו̇ס̇ף
064	B3.10:13	תחתי אחד גשורן וכון בה	3	דש חד בה אחד ופתח אף
065	B3.11:3	תחתי אחד גשורן ודששן	3	הו תרי רסי מבני דרגה
066	B4.6:9	כספכי [הוה] כסף שק[לן	3]	הו כס[ף סתת]רי 1 [ש 1]
067	D7.35:8	[...] ביד משלם נונן	3	ו̇[...] ביד בעדי 3
068	B5.6:5	[...].רנף ברה כל	3	זי לך המו עם [.... מן יומא
069	D1.17fragb:10	ח.[... ...] [... ... חל]קן	3	זי תודה לפלטה אחתה ל.[...
070	D6.1:4	.[...] אנתה רבה בגו	3	זי אד̇ת [...] אוסירי
071	C3.7FR2:8	מלכא כסף כרש 1 ש 2 ח	3	חמר זי שנת 10[
072	C3.7FV2:1	כסף כרש 1 ש 2 ח	3	חמר כנדן 20+3 כ 2 ושתות
073	D4.27:2	[.]ה.[...] [...] ...	3	כל 3 [...]
074	B3.12:14	דמוהי כסף כרש חד שקלן	3	כסף יון במנין סתתרי 3+3
075	B3.12:5	חד הו 1 שקלן תלתה הו	3	כסף יון סתתרי 3+3 שקל
076	D1.17fragb:7	[...]א ואחריא לקבל חלקן	3	כען ד̇ת̇א[.... ...] [...
077	C3.13:47	בר שלום[...] ארך אמן	3	כ 2 בפ[תי] זכרן על
078	D8.8:3	ס̇ 1 [ל..]עסן ג 1 ק	3	[לי]הדת במכלי ג 1 ק[...]
079	D8.8:8	3 {שלמעון}<לשמעון> ק	3	ליהדת ב 2 ויז̇פ[...]
080	D3.17:4	מחתוש בר נריה כל	3	לנריה זי עבדו חמי
081	D8.11:6	אכרא זי √ אבא ק	3	לתשא ברת חו̇ר̇ בגפה √
082	D8.8:6	[ ]ס̇ 1 ק 2 למכיה ק	3	לבזכה ק 3
083	D8.12:2	בר תודרס מ 3 מנאס מ	3	ˆלחמר אותכס 1 זוזן 3+1ˆ
084	C3.8IIIB:15	[ש]נת 10+3+1 הו יום	3	לכיחך שנת [10+3+2]
085	C3.7EV2:8	ספ[ינת יו]ניא פסלר̇שי	3	לכסף כרשן 20+2[....]
086	C3.7EV2:9	[....]י̇א̇ ....יא	3̇	לכסף כרשן 1[....] ד̇ו̇ג̇[י
087	C3.15:1	[..].[.. ...] היתי [...] ב	3	לפמנחתף שנת 3+2 זנה שמהת
088	D22.8:2	קדם מ̇[..]. אלהא שנת	3	מלכא
089	B3.13:4	כפ 2 סאן	3	מן פתפא זי יתנתן לי מן
090	C3.7KR2:7	[מלכא] [מן ספינה ר]ב̇ה̇	3	מ̇ן̇[...]
091	C3.28:26	3 לסמקס לגן 3+4 בר	3	מ 1 פ כסתס לגן 2+4 בר
092	C3.28:57	חמר כ̇ר̇[שן ...] ש ·	3	{{מ 1 פ}}
093	C3.28:76	[ ]3̇ בחנ[ט]ן ס 1 [...	3[	מ 1 [...]3 בחנטן ס 1 [...
094	C3.8IIIB:19	חנה.[...] בגו 1 כל	3	נגיד[ן ....]
095	C3.9:7	ב[רה 1] [.... יו]ר	3	נשן [רבה] [....].[.... יור]
096	C3.7KR2:12	[משח ספן ...] [עק]סמכת	3	[ספן ריקנן
097	C3.7KR2:20	ס̇פ̇ן̇ ..[...] עק סמכת	3	[ספן ריקנן
098	B2.2:5	אנת ואנתתך וברך כל	3	על ארקא זילי זי אנה קבלת
099	C3.12:10	בגו קלולן 2 קלבין	3	עליד ז̇ער ש..א̇ [....
100	C3.27:30	אחרי עלימי ביתא ס̇ב̇רן	3	עלים צחא ס̇ב̇ר̇ 1 זפתא
101	C3.7GV3:3	20+20+10 לקן עתיקן	3	עק סמכת 0̇1̇+3+3+3 ספן
102	B3.8:6	חדת לאמן 3+3+1 פשכן	3	פתי אמן 3+1 ר 2 שוה כסף
103	C3.7DV2:10	3+3+2 ע̇ק ס̇מ̇כ̇ת̇	3	קמ[ר]כפר צע[....]
104	B4.2:2	נתנת לי כסף שק[לן	3	ר 1[+1] באבני פתח כסף ש
105	D8.6:9	שהדא .3 ידלה שמעון מ	3	ר 2 מ אומכס ר̇ 1 חצי 1
106	D7.35:9	3ו̇[...] ביד בעדי	3	רבר̇[בן] ויהבת לה ה̇[...
107	C3.7KV2:19	10+1 ש 3+3+2 ח	3	ר 2 ב [20]+3+3
108	D13.2:17	ר 1 ש 3+3+2 ש 1 ר	3	ש 2 ר 2 ש 2 ר 3 ש 3+1
109	D13.2:19	ש 1 ר 3 ש 2 ר 2 ש 2 ר	3	ש 3+1 ר 1
110	D13.2:8	ר 2 ש 1 ר 2 ש 2 ר	3	ש 3+2 ר 2 ש 3+3 ר 2 ר
111	C3.28:16	בב נכיס לגן 3+3 בר	3	שאר ר 2 יהודה לגן 2 בר
112	C3.28:3	ש 1 נכיס לגן 3+3 בר	3	שאר מ 1 פ בב נכיס לגן

3

113	*C3.28:44*	בר 1 ב<ב> פתו כאן 2 בש	3	שאר ^מ 3+2^ ארמיס לגן
114	*C3.28:4*	פ בב נכיס לגן 3+3 בר	3	שאר 1 אפלניס יסן כא 1
115	*B6.2:5*	1+3 דמי כסף שקלן	3	שביט 1 חדת זי אמן
116	*B3.8:12*	[חדת] ארך אמן 3+3 ב	3	שוה כס[ף שקל]1 [...]...
117	*D8.8:7*	2 למכיה ק 3 לבזכה ק	3	{שלמעון}<לשמעון> ק 3
118	*C3.26:13*	א 2 [...] .[....] כ̇[א]	3̇	[...]שנ̇.א̇ כא 2 פ [...]יו
119	*C3.7EV1:8*	[...] [...]י̇. 1 לכסף כרשן	3	[ש 3]+3 ח 2+3
120	*C3.7FR2:14*	על בית מלכ[א] כסף כרשן	3	ש 3+3̇ ח̇ 2̇+10 חמר
121	*C3.7FV2:23*	לזהב כרשן	3	ש[2+]i̇[+3+1 ח 2]
122	*C3.7FV2:8*	על בית מלכא כסף כרשן	3	ש 3+3 ח 2+i̇0[חמר
123	*C3.7GR1:6*	ע̇ל̇ [....] [....	3̇[	ש̇] [....] [....
124	*C3.7GR2:4*	2+20+20 לזה[ב]כרשן	]3	ש 3]+2̇[ח 1+10] [כסף
125	*C3.7JR3:20*	כ̇[ס]ף̇ כרשן	3	ש] [ח]מר זי שנת̇]
126	*C3.7JV2:12*	ס[תררן ....]כרשן	3̇	ש̇] [....] כ̇[סף
127	*C3.7JV2:23*	לזהב כרשן	3	ש 1+3+3 ח̇] [2] [כסף
128	*B8.6:11*	1+[1]+2 [....]ב̇	3̇	ת̇מו̇ז אחר יהיב לב̇ת...ת
129	*B4.6:13*	[בכספ]כי [כסף] שקלן	3	[....]תנק[....] [ולא
130	*C3.19:12*	{ל}לפטסבק [....	]3+.[	...] לפמסח ב̇ר̇ שחפימו
131	*C3.28:72*	1+3 יהודה[לג]ן	1[+1+]1	בר 1 מ 1 פ שבתי
132	*C3.15:5*	בר חרמן כסף ש 2 כל	2[+1]	הושע[בר בית]אלנורי
133	*B6.2:5*	אמן 2+3 פשכן 1+3	ב3	ופשכן 1+3 דמי כסף שקלן

4

001	*B8.6:10*	וחיבונ̇י̇ .מ̇ן	1+[1]+2	[....]ב̇ 3̇ ת̇מו̇ז
002	*C3.13:31*	[....] [....	]1+3[	....] [....] 3[
003	*C3.13:35*	אנתת אחרטיס ש פ	1+3	[....]. [....
004	*C3.13:37*	ברת זכריה ש פ 2 סאן	1+3	[....] למשלמת ש] פ
005	*C3.13:38*	למשלמת ש] פ	]1+3	[....] פ 1
006	*C3.28:62*	ר 1 ערביא לגן	1+3	.... בר 2 ססרתס]
007	*C3.5:3*	ש]קלן 3	^1+3^	.[...] [....]אדגסתא
008	*D3.26:1*	[...]... .[...]	1+3	.[.].[...] בגו חדה אמן
009	*C3.28:50*	כרשן 1+3+3 ש	1+2[+1]	בב פתו לגן 2+3+3
010	*C3.9:23*	פטסבק [ברה] כל נפש	2]1+1+	בגו] .ש .. .. [...] [...] .ה
011	*C3.28:39*	בר 2 יני̇א לגן	2]1+1+	]בר 2 פתפי לגן 1+3
012	*B3.12:10*	ב 2+10 לתחות שנת	1+3	ארתחשסש מלכא אדין אמר
013	*B3.12:1*	ב 2+10 לתחות שנת	1+3	ארתחשסש מלכא אדין אמר
014	*B3.13:1*	ירח תחות שנת	1+3	ארתחשסש מלכא אדין בסון
015	*B7.2:1*	לפאפי שנת	1+3	ארתחשסש מלכ[א] ב[י]ב
016	*B2.9:1*	אלול הו פאו[ני] שנת	1+3	דריוהוש מלכא אדין ביב
017	*B3.8:1*	תשרי הו אפף [ש]נת	1[+3]	דריוהוש [מלכא אדין]
018	*C3.28:71*	ר 3 בב א̇[נ]ה̇ לגן	1+3	יהודה[לג]ן 1[+1+]1
019	*D8.9:13*	דלוי בר אביתי לגן	1+3[.]	נתן אסיפא לגן 2[...]
020	*D8.12:2*	^לחמר אותכס 1 זוזן	^1+3	פבא מ 3 כרתרס מ 3 שבי
021	*C3.13:35*	לתע̇[...] [....	3+1[	תויא אנתת אחרטיס ש פ
022	*D3.40:2*	עזרבעל צידני [...] כל	1+3	
023	*D9.9:5*	[...] פטחנום[...] כל	1+3	[...]. [....]ף [...]ל [...
024	*B7.2:10*	לך בין מקמיא אלה	1[+3]	אף אק[....]
025	*B6.2:5*	[חדת זי] אמן 2+3 פשכן	1+3	ב 3 ופשכן 1+3 דמי כסף
026	*B3.4:6*	דמוהי כסף כרש 1 שקלן	1+3	באבני מלכא כסף זוז לכרש
027	*C3.28:66*	לגן 2+10 בב אנה לגן	1+3	בב אנה לגן 3+3 בב אנה
028	*D3.26:2*	פתי אמה 1 ד̇ור̇ה פשכן	1+3	בגו לוח אחרה אמן 3+3+3
029	*C3.7JV2:10*	[ ]יוניא פסלר̇שי	i̇+3̇	ב̇[גו]
030	*C3.9:12*	ברה תחת מסתא [כל נפש]	1+3	בגו יור 1 נשן רבה]1
031	*C3.9:5*	ברתה ח.[....] כל נפש	1+3	בגו[יור 1] [נשן] רבה 2
032	*C3.28:15*	3+3 בר 3 יניא לגן	1+3	בר 2 בב נכיס לגן 3+3
033	*C3.28:31*	[ ]ר̇ב̇ע̇ן 3̇ יסדרס לגן	1+3	בר 2 יניא לגן 3+3 בר̇
034	*C3.28:38*	ס̇..ד̇ ל[גן]	1+3	בר 2 יני̇א לגן
035	*C3.28:40*	[ ]בר 2 פתפי לגן	1+3	בר 2 פתו̇ לגן 3+3 בר
036	*C3.28:42*	בר 3 יוניא לגן	3+{{2}}1	בר 2 {{מ 1 פ}}....
037	*C3.28:54*	3̇ ל̇ס̇מקס̇[לג]ן̇	1+3	בר 2 [... ...
038	*C3.28:54e*	בש 1 [... לגן	[1+3	בר 2 [... לגן
039	*C3.28:54g*	בר 2 [... לגן	[1+3	בר 2 נתן
040	*C3.28:54x*	בר 2 [... לגן	[1+3	בר 2 [... לגן
041	*C3.28:6*	פ בש 2 ר 1 יניא לגן	1+3	בר 2 יניא לגן 1[+1]
042	*C3.28:73*	1 פ שבתי ב̇ז̇נה לגן	1+3	בר 2
043	*B3.8:8*	חדת [ל]אמן 3+3 ב	1+3	דמי כסף שקלן 3+3+1
044	*B6.2:5*	פשכן 1+3 ב 3 ופשכן	1+3	דמי כסף שקלן 3 שביט 1
045	*B3.1:4*	יהבת לי זפת כסף שקלן	1+3	הו ארבעה באבני מלכא
046	*C3.28:120*	....] כ[....	]1+3	היר ח[...] לח̇[...
047	*B3.4:22*	לך כספך כרש 1 שקלן	1+3	ובנינא זי תבנה בה וכל
048	*D7.57:7*	ואגנן 2 וכ̇דדן	1+3	ופינך 1 וצפחא חדה ובית ח
049	*C1.2:26*	שנן 20+20	1+3	ות[....]נתה בפלג ....
050	*D23.1.XII:9*	[...].[.].לם ..[...]יומן	1+3	זי א̇מו̇ן ו̇אנ. .[.].סת
051	*D5.38:1*	[...].ו ש	1+3	זי כתב[...] [...] שנת
052	*C3.11:12*	זרע [...] נגדי קתן	1+3	זי שמהתהם לא̇ ידע̇[ן
053	*B3.8:7*	קמר חדת לאמן 3+3 ב	1+3	חטיב צבע ידין פשך 1 לפם
054	*B6.2:6*	וזרת דמי כסף שקלן	1+3	חלרן 20 מ̇ס̇ח̇ט̇ה 1
055	*C3.11:2*	1 לכסף כרש 1 שקלן	1+3	[..]...י לחם טיק 1 לכסף
056	*D20.3:3*	אמה אחתבו כן אמר בשנת	1+3	ירח מחיר חשיארש מלכא
057	*C3.25:20*	כא 3+10[...] לכסף ש	1+3	כל כסף כרש[1]
058	*C3.7KV2:11*	ספינה]	1+3	כספא תשי דמי נתרא] [זי
059	*B7.2:8*	אלהא בין [מ]קמן	1+3	לא[מר] כחסן בביתך [לא]
060	*B3.1:1*	ב 3+3+1 לכסלו הו יום	1+3	לירח תחות שנת 3+3+3
061	*C3.7EV1:7*	[ספינת יוניא פסלר̇]שי	1+3	לכסף כרשן 3+3+i̇0 ח
062	*C3.27:1*	חי̇ו̇ף בר [...] ב	1+3	לתעבי מטא צחא מנפי ב
063	*C3.28:96*	שטר 1 בחלכין	1+3	מדלא 20 וירחין 2+10
064	*B3.8:20*	[חפ]נן 2 משח זית חפנן	1+3	משח מ[ב]שים חפן 1 תקם
065	*D5.41fragff:1*		1+3	ס̇.[..]
066	*C3.14:33*	[ל]מ̇חיר שנת	1+3	עד יום] 1+3+20 לאיר
067	*B2.6:16*	גמא בה נעבצן זי אבן	1+3	פק 1 זי סלק כפן 2 פרכס
068	*C3.13:5*	כס כסף 1 ט̇לפ̇ח[ן]	1+3	[ק]נן̇[....]קנה̇]
069	*B3.8:7*	פשכן 3 פתי אמן	1+3	ר 2 שוה כסף כרש 1 שקלן
070	*D13.2:20*	3 ש 2 ר 2 ש 2 ר 3 ש	1+3	ר 1
071	*D13.2:5*	3+3 ר 2 ש 2 ר 2 ש	1+3	ר 1 ש 1+3+10 ר 2 ש 1
072	*B3.8:11*	חדת ארך] אמן 3+3 ב	[1+3	שוה כסף שק[ל 1 כתן 1
073	*C3.7GVEx1:1*	למ̇ר̇ ב	1+3	שנן למרא מלכן ס̇נח[אריב
074	*C3.7KR2:1*	[לז]ה̇[ב כר]ש̇ן̇	[1+3	[ש 3]+3̇+1 ח

075	C3.7KR2:15	לזהב כרשן	3[1+]	ש 3+3+1 ח
076	B6.2:6	חדת זי אמן 3+3+1	ב3+1	וזרת דמי כסף שקלן 3+1
077	B2.6:11	הוה ארך אמן 3+3	ב3+1	שוה כסף שקלן 3+3+1

5

001	C3.13:30	[....] .[....]	]2+3̊[	[....] [....]]1+3[
002	C3.14:34	[יום] 20 למח]יר שנת	2+3	...]. זי יהיב במכלא̊[...]
003	C3.14:37	ג 2 ח	]2+3	...] ומן עבור [מדינת
004	C3.14fragaV:2	[...]. קמר̊[...] [...	2+3}}[	.}}[...] [...] [....] ...]
005	C3.18:14	.[...] [...]כנתן א	2+3	[...].ר̊קחא זי משח.[...]
006	C3.18:16	משח.[...] [...]כנתן א	2+3	.[.] כא 2+10 ג 1 [..]ח̊
007	C3.18:4	פסמשך כא 1 ג 1 ח	2+3	[... ...]ת̊פ̊ם̊ ברת
008	C3.18:6	חור כא 1 ג 1 ח	2+3	[...].[...]...א כא 3 [...
009	C3.19:29	רע̊י̊	2+3	[....] ...
010	C3.7DV3:3	[....] מלות 3[....] סי	2+3	
011	C3.7EV1:19	[ ]כסף כרש 1 ש [1] ח	2+3	[....]ש̊ 3+3
012	C3.7EV1:20	[ ]ש̊ 3+3 ח	2+3	
013	C3.7EV1:3	[לימא כ]סף כרשן 2 ש	2+3	[....] כסף כרש
014	C3.7EV2:20	ל[ימא]כסף כרשן 2 ש	2+3	
015	C3.7	[בית מל̊כא] [כסף]ש	2+1]+2	ח 2+3+10]ר 2 [חמר
016	A6.15:2	למנתן חלכין [גברן	1[+1+3	ובבל [....] לי חלכין
017	B3.8:23	ש]קלן תמניה חלרן	1+]1+3	ושארת נכסיא זי כתיבן
018	A6.15:4	חלכיא זי מלכו לי גברן	2+3	[....] הב למספת חלכיא
019	C3.7EV1:8	כרשן 3 [ש 3]+3 ח	2+3	[....]+2 ר 2
020	B4.6:1	ב 3+20 לפמנחתף שנת	2+3	אמורטיס מלכא אדין אמר
021	B4.6:6	10+20 לפרמתי שנת	2+[1+]2	אמו[ר]טיס מלכא ה̊ן
022	C3.28:44	כאן 2 בש 3 שאר ˆמ	ˆ2+3	ארמ̊יס לגן 3 [ב]ר 1 מ
023	A4.1:2	[עדן] וכעת שנתא זא שנת	2+3	דריוהוש מלכא מן מלכא
024	C3.18:5	ח̊נונית כא 1 ג 1 ח	2+3	[...]י̊ [ב]ר̊ת̊ חור כא
025	D8.9:11	[...] שבתי חורי לגן	2+3	שבתי בר משלם לג[ן ...]
026	C3.26:5	פחנס תחא [כא	2+2[+1	תנרי כא 2+3+20 בני
027	D8.4:26	אביתי מ 1 ר... ס̊לפן מ	2+3	[... ...].2....
028	D8.6:11	1 חצי 1 חשוב זעירא מ	2+3	
029	B8.6:6	2+3 כסן 10 מא̊נ̊ן	2+3̊	אחר [יהיב ל.. ו]כנותה
030	C2.1.8:62	[זי חי]לי קטלו [ואחדו	2+3[	אחר מת[א לי הות זנה]
031	A2.4:12	וכעת תקם יתו לי חפנן	2+3	אל תצפו לי לכן אנה יצף
032	A6.15:5	זי יהבו בבבאל גברן	2+3	אף קבילה שלח עליך חמרא
033	B2.1:7	אנתן לך כסף כרשן	2+3	באבני מלכא כסף צריף
034	B2.6:5	מפטחיה [כסף] שקלן	2+3	באבני מלכ[א] על עליך וטב
035	B2.8:10	למ<ב>טחיה כסף כרשן	2+3	באבני מלכא ולא דין ולא
036	B3.8:16	תמניה הו 2+3+3 חלרן	2+3	באבני מלכא כסף זוז
037	C3.28:47	ישיב יקל ה̊לעתיך	2+3	ב̊ביתנא הלעתי̊ך̊ 2
038	C3.12:9	פמון חמר מצרין מאנן	2+3	בגו קלולן 2 קלבין 3
039	C3.7EV1:6	בירח פאוני ספינה	2+3	בגו [ספינת יוניא
040	B3.2:3	לאמר יהבת לי כסף שקלן	2+3	בדמי הירא זילך זי קבלת
041	C3.29:6	משח לגין 10+3+1 ב	2+3	בה נקדרוס שיטא מש לגין
042	A4.7:10	אף הוה תרען זי אבן	2+3	בנין פסילה זי אבן זי הוו
043	A4.8:9	[אף הוה] תרען רברבן	2+3	בנין פסלה זי אבן זי הוו
044	C3.28:124	קר̊ה̊[..] ...ה	2+3	ב[...] [...]הרגלתי בש]
045	B3.5:15	ואנתן לכי כסף כרשן	2+3	הו חמשה באבני מלכא כסף ר
046	B3.2:8	מנך אנתן לך כסף כרשן	2+3	הן גרך אח ואחה קרב
047	A2.2:14	הושרי לי תקם חפנן	2+3	והוי יהבת עבר לוחפרע
048	B4.4:4	... ...] ח	2+3	וטלפחן ארדב 1+10
049	B2.7:6	אלך דמי כסף כרשן	2+3	ויהבת לכי ספרא עתיקא זי
050	A3.8:4	[י]נתן לך כסף כ[ר]שן	2+3	וכתב להם ספר עליהם והן
051	B5.1:7	לכי ינתן לכי כסף כרשן	2+3	ומנתכי זילכי תוב שהדיא
052	B3.2:7	ל[י] דמוהי כסף שקלן	[2+3]	ורחקת מנך אנתן לך כסף
053	B3.8:27	[שקלן 2+]1+3+2 ח	2+3	ושארת נכסיה זי כתיבן
054	C3.13:16	2+3+10 טלפ̊ח̊ן̊	2+3	זלו[חן 1+]2+3+1[
055	C3.15:1	[...] ב 3 לפמנחתף שנת	2+3	זנה שמהת חילא יהודיא זי
056	B2.6:14	כסף כרשן 3+3 שקל	2+3	חלרן 20 כסף ר 2 ל10
057	C3.5:8	שקלן 20+20+20	2+3	חלרן 2+3+10
058	C3.7AR2:14	[כ]רשן 10+20+20 [ש	2+3	ח 20]+3+[1]+2[+2]
059	C3.7AR2:6	[על בית מלכא] כסף ש	2]+3	ח 2+10 ר 2] חמר
060	C3.7BR1:1	[ש	]2+3[	]ח 2̊0̊+[3+10] [חמר
061	C3.7DR3:19	[על בית מלכא] כסף ש	2+3	ח] 2+3+10 ר 2] חמר
062	C3.7ER1:22	[ע]ל בית מ[לכא כסף ש	3]+2̊[	ח] 10+[3]+2 ר 2
063	C3.7ER1:2	על בית [מל]כא[כסף ש	2+3	ח 3+10]+2 ר 2 [ח]מר
064	C3.7ER1:9	כרשן 20+20+10 [ש]	2+3	ח̊ 20+[2+3+3] [חמר̣
065	C3.7ER2:6	ש 10[+20+20]	2+]3	ח 20+3+3+2] [חמר
066	C3.7GR2:4	לזה[ב]כרשן 3[ש	3]+2̊[	ח 10+1] [כסף כר]שן]
067	C3.7JR1:13	[על בית מלכא] [כסף ש	2+3	ח] 10+3]+2 ר 2] [חמר
068	C3.7JR1:21	[כר]שן 20+20+10 ש	2]+3	ח 20+3+3+2] [חמר
069	C3.7JR2:14	[על בית מלכא] [כסף ש	2+3	ח 2+3+10 ר 2] חמר
070	C3.7JR2:21	[כרשן 20+20+10 ש	2+3	ח 20+3+3+2] חמר]
071	C3.7KR3:20	ש]1̊0̊+2̊0̊+2̊0̊	2+3	ח 20]+3+3+[2] חמר
072	C3.7KV2:17	[בה כסף כ]רשן 1+10 ש	2+3	ח 10 ב 1+20
073	C3.7KV2:23	[כס]ף כרשן 2+3+3 ש	2+3	ח 10 [כל
074	C3.7KV2:8	בה כסף כרש[ן ...]ש	2+3	ח 20+[...] ב 10+20
075	C3.7CR1:12	[על בי]ת מלכא [כסף ש	2+3	ח 2+3+10 ר 2] [חמר
076	C3.7CR1:20	[כרשן 20+20+10 ש	2[+3	ח 20+3+3+[2] [חמר
077	C3.7CR2:13	על ב[ית מלכא] [כסף]ש	2+3	ח 10+2+]1 ר 2] חמר
078	C3.16:7	פ 2+[...] [ש]נת	2+3	יהי[תה] [.]ל ביד
079	B3.12:16	עליה לתחתיא פתי אמן	2+3	כ 2 ˆלˆאברת ˆאמןˆ
080	B3.12:8	תחתיא לעליא פתי אמן	2+3	כ 2 בעשתא לאברת אמין
081	A6.15:2	ובבל [....] לי חלכין	2+3	כל גברן [10] אחר חלכיא
082	B3.8:15	ˆ[מ]אנ[ן]ˆ זי נחש]	2+3	כל לבשיא ומאני נ]חש[א]
083	D7.19:6	הו[שרת] ואמלא נפש	2+3	כל [...] ע̊ד̊ כען [....]
084	C3.7EV1:5	[1]+2+3 ח	2+3	[כל ספינתא זי בקרו]לימא
085	B8.6:6	זי נחש	2+3	כסן 10 מא̊נ̊ן 2+3̊ אחר
086	C3.7EV1:18	[לימ]א̊ כסף כרשן 2 ש̊	2̊+3	[כסף גבריא ....]כסף
087	C3.7KV2:24	ספינה	2+3	כספא תשי דמי נת[ר]א זי
088	C3.7KV3:14	בירח [פ]ח̊נ̊ס̊ ספינה[	2+3	כספא תשי] דמי נתרא זי
089	A3.8:3	ה[ש]כחת כ[..] כסף כרשן	2+3	כען [....] עמך על
090	B3.3:14	אנתן לענני כסף כרשן	ˆ2+3	כתב נתן בר ענניה ספרא
091	D23.1.XIII:2	זן ...א נדרא כללה בשנת	2+3	כתב ס̊נתאמ̊לבת
092	C3.7GR2:15	[שנת]1̊0̊+1̊ [ב	2+3[	לא[פף בקרו למצ]רין

5

093	A3.9:8	ב [....]	2+3	לאפף כתיב אגרתא ז[א]
094	B3.8:6	תרין ש[ק]לן 2 חלרן	2+3	לבש 1 זי קמר חדת לאמן
095	D1.19:2	לן[... ...] [...]. ב	2+3	לםׄ[... ...] [...] אנ]ה
096	B3.8:13	זי קמר וכתן 2+3+3	ˆ2+3ˆ	מאני נחש מחזי 1 דמ[י]
097	B3.8:21	חפן 1 תקם חפנן	2+3	מחר או יום אחרן יקום
098	C3.27:3	מטא צחא מנפי ב	2+3	מן פטאסי חׄלפן א
099	A3.11:3	שושנן	2+3	[...]ן מדׄען מן
100	A4.10:5	נתון שמה 1 כל גברין	2+3	סונכנן זי ביב בירתא
101	B3.3:16	בידה כסף כרש 1 שקלן	2+3	ספר א[נתו זי כתב ענני
102	C3.7FR2:25	בגו עק ארז סי	2+3	עק ארז מלות 20+20+10
103	C3.7GV2:21	בגו עק ארז סי	2+3	עק ארז מלות 20+20+10
104	C3.7DV1:17	מלות 20+20+10 סי	2+3	[פק] 20+20+10+3̊
105	B6.2:5	[שקלן ... 1 חדת זי] אמן	2+3	פשכן 1+3 ב 3 ופשכן 1+3
106	D3.26:4	לוח אחרה אמן [...]	2+3	פתי א[מה 1 פשך]1
107	B3.8:19	זי עק 2 זי אבן 1 כל	2+3	קף זי עק 1 תחת חמריה שנן
108	B3.8:9	חדת לאמן 3+3 ב	[2+]3	ר 2 [חטיב צבע ידין]
109	D13.2:9	ש 2 ר 1 ש 2 ר 3 ש	2+3	ר 2 ש 3+3 ר 2 ר 1
110	A6.15:3	[10] אחר חלכיא גברן	2+3	שאל מן [נח]תחור ולא יהב
111	A6.15:5	הב למספת חלכיא אלך	2+3	שטר מן זי יהבו בבבאל
112	B2.6:16	זי חצן חדת ˆתקם חפנן	2+3	שנן משאן 1ˆ מחר או יום
113	D3.16:9	בשים חפן 1 תקם חפנן	2+3	שנן משאנן 2 זלוף זי גמא
114	C3.7EV1:4	כסף כרש 1 ש 1 ח	2+3	[....ש 1]+2+3 ח
115	C3.5:7	[.... כס]ף כרשן	2+3	שקׄ[ל]ן 2 חלר]ן
116	C3.5:10	[.... כסף כרשן ...	2+]3[	ש]קל 1 חלרן
117	C3.28:28	דׄכׄרׄס לגן	1+4	בר 2 מ 1 פ אביתי
118	C3.28:35	2 בר 1 יהודה לגן	1+4	בר 2 מ 1 פ יניא לגן 3
119	B2.6:8	הוה ארק אמן 3+3+2	ב2+3	שוה כסף כרשן 2 שקלן
120	B2.6:9	ארך אמן ˆ2ˆ+3+3	ב2+3	שוה כסף שקלן 3+3+2

6

001	C3.11:6	כספא זי קים בשנת	3+3]	[... כסף כרשן 2 חלרן 3
002	C3.20:2	[...]פמ.ן קריתא אשלן	3+3	[...] [....]... אשלן
003	C3.7ER2:22	לזהב כר[ש 1 ח	3+3]	
004	C3.7	[מש]ח סׄפׄן] ...	3+]3	[...]. .[...] .[...]. .[...].
005	C3.28:83	ק 1+]2+3+10 א	3+1[+2	[..].[..].[..] בׄרׄתׄ ..מ.
006	B3.8:18	בה נעבצן זי אבן שש	3+1+[2]	[....]מין זלוען 2 פיק
007	B2.3:1	[20+]1 למסורע שנת	3+3	ארתחשסש מלכא אמר מחסיה
008	B2.4:1	[20+]1 ל[מס]ורע שנת	3+3	ארתחשסש מלכא אמר מחסיה
009	C3.29:13	הוביותוס משח לגין	3+3	זנון ודמוקלס שיטיא
010	C3.28:68	לגן 3+3 בב אנה לגן	3+3	נכיס כא 1 ש 1 בר]2
011	C3.13:44	בפ[אונ]י שנת	3+3]	[... עזריה לחנא סגדא
012	C3.29:7	מש לגין 3+3+2 ב	3+3	פלוקיתס שיטא משח לגין
013	D8.9:16	[...] כל כון 3+3 לגן	3+3	ˆ1 פ̂ ...] [...]
014	D3.16:4	ש 2 [...]א 1 לכרשן	3+3	[...]..לכרשן 1+3+3 [...].
015	D3.36:4	[...] צפא [...] כל	3+3]	[...
016	D3.47fragb:3	[...]3 [...]. [...]מי... מ	3+3	[... ...]10 [...]פבי מ 3
017	D8.11:9	3 √ לשמעון בגפה ק	3+3	
018	B1.1:1	למלכא דרוש ירח מחר	3+3	אמר פדי בר דג[נ]מלך
019	C3.27:5	חׄלפן א 2+3+20 ב	3+3	א 20+3+2 ב 3+3+1 א
020	B2.6:11	עמר נשחט הוה ארך אמן	3+3	ב 1+3 שוה כסף שקלן
021	B3.8:11	1 זי כתן חדת ארך] אמן	3+3	ב 1+3] שוה כסף שק[ל 1
022	B3.8:12	[1 זי כתן חדת] ארך אמן	3+3	ב 3 שוה כס]ף שקל]1
023	B3.8:7	1 זי קמר חדת לאמן	3+3	ב 1+3 חטיב צבע ידין פשך
024	B3.8:8	לבש 1 מעדר חדת [ל]אמן	3+3	ב 1+3 דמי כסף שקלן
025	B3.8:9	[1 זי]קמ[ר] חדת לאמן	3+3	ב 3[+2] ר 2 [חטיב צבע
026	C3.28:67	לגן 1+3 בב אנה לגן	3+3	בב אנה לגן 3+3 נכיס כא
027	C3.7EV2:7	בירח א[פ]ף ספינה]	3+3	בגו] ספ[ינת יו]ניא
028	C3.7FV3:25	ספינת כׄזׄרׄיׄ	3+3	בׄפ...[...]
029	C3.28:12	1 מ 1 פ בב נכיס לגן	3+3	בר 3 יניא לגן 1[+1]
030	C3.28:14	לגן 1[+1] נבס לגן	3+3	בר 3 יניא לגן 1+3 בר
031	C3.28:16	בר 2 בב נכיס לגן	3+3	בר 3 שאר ר 2 יהודה לגן
032	C3.28:3	2 שאר ש 1 נכיס לגן	3+3	בר 3 שאר מ 1 פ בב נכיס
033	C3.28:32	1+3 בר 2 יניא לגן	3+3	בׄר 3 בכיס לגן 3+3+3
034	C3.28:41	1+3 בר 2 פתוׄ לגן	3+3	בר 3 יוניא לגן
035	C3.28:4	מ 1 פ בב נכיס לגן	3+3	בר 3 שאר 1 אפלניס יסן
036	C3.28:8	1 בׄבׄ נׄכׄיׄסׄ לגן	3+3	בר 3 אנה לגן 2 נתן
037	C3.25:18	בי[ן ...] בגו כסף ש	3+3	דמי כא 3+10[...] לכסף
038	B5.5:3	אנה יהבת לכי כסף שקלן	3+3	הו שתה באבני מלכא כסף
039	A2.2:6	תבי אחת נבושה כסף ש	3+3	וזוז כסף זוז וכעת שלחי
040	A2.6:4	[ ]חתנה זי נבשה כסף ש	3+3	וזוז אׄ[....]
041	C3.28:122	2[...] צעין[זע]רׄה	3+3	וי.[...] [..]חׄלא חד קרׄהׄ[..]
042	B4.7:2	[....]+3 לכסף שקלן	3+3	וירבה עלי ולא ...[....]
043	B8.4:5	בכפׄיׄדׄ 10 בכפרגל	3+3	ושקפוני רׄגלן 2
044	C3.28:105	ביד יונתן רכיסה	3+3	זי חמרין תפלה זי כסף 10
045	C3.7EV1:5	ח 3+2 [....ש	3+2+[1	ח 3+2 [כל ספינתא זי
046	C3.7AR3:23	[לזהב כרשן 2 ש	3+3	ח 20+10+3+3]
047	C3.7EV1:13	לימא בה [כסף כרשן ...	3+3[	ח 10+2]...[.]ב ....
048	C3.7EV1:20	שׁׄ[....]	3+3	ח 3+2
049	C3.7EV1:8	1 לכסף כרשן 3 [ש	3+[3	ח 3+2 [....]+2
050	C3.7FR2:14	מלכׄ[א] כסף כרשן 3 ש	3̊+3	חׄ 10+2̊ חמר כ]נדן
051	C3.7FV2:8	בית מלכא כסף כרשן 3 ש	3+3	ח 10̊+2] חמר כנדן]
052	C3.7KR2:9	כסף כרש 1 ש	3+3	ח] 3+3]ר 2]חמר
053	C3.7KV2:15	[בה כס]ף כרשן 10 ש	3+3	ח 10+3+3+2 ב]..[
054	C3.7KV2:21	[בה כ]סף כרשן 3+3 ש	3+3	ח 20+3+3 ר 2 ב
055	C3.7KV3:23	[כרשן [.... ש	3+3	ח 3+3+1 ר 2 ב
056	C3.28:115	דלוי זערא גנבין	3+3	חל 1 בני ידלה אביתי
057	C3.28:117	3 עבדיהו פחס גרבין	3+3	חל 1 מהויהון 1×100 זי]
058	C3.11:1	[כספ]אׄ זי קׄים בשנת	3+3	כסף כרשׁ[...] [...] שכר 1
059	C3.11:9	איטשרי זי בכצת שנת	3+3	כסף חלׄ[רן] מכס גבריא זי
060	C3.7AR2:13	[10+2 לזהב כרש 1 ח	[3+3	כסף[כ]רשן 20+20+10
061	C3.7AR2:2	10+2 לזהב [כרש 1 ח	[3+3	כסף כרשן [20+20+10
062	C3.7BR1:20	10+2 לזהב כר[ש 1 ח	[3+3	כסף כרשן 20+20+10 ח
063	C3.7DR3:14	לׄ[זהב כרש 1 ח	[3+3	[כסף כרשן]
064	C3.7ER1:19	לׄ[זהב]כׄרש 1 ח	3+3	כסף כרשן 2̊0+2̊0+1̊0
065	C3.7ER1:8	10+2 לזהב כרש 1 ח	[3+3]	[כ]סף כרשן 20+20+10
066	C3.7ER2:5	לׄזׄהׄבׄ כׄרׄשׄ 1 ח]	[3+3	כסף כרשן [20+20]+10
067	C3.7HR1:4	10+]2 לזהב כרש 1 ח	[3+3	[כסף כר]שׁׄןׄ]

068	C3.7JR1:20	לזהב] כרש 1 ח	[3+3	[כסף כר]שן 10+20+20
069	C3.7JR1:9	לזהב כֿ[רש 1 ח	[3+3	[כסף כרשן 10+20+20
070	C3.7JR2:10	2+10] לזהב כרש 1 ח	[3+3	כֿ[סף כרשן 10+20+20
071	C3.7JR2:20	2+10] לזהב כרש 1 ח	[3+3	[כסף כרשן 10+20+20
072	C3.7KR3:19	2]+10 לזהב כרש 1 ח	[3+3	כסף כֿרשֿן
073	C3.7KR3:9	2+10 לזהב כרש 1 ח	3+3	[כסף כרשן 20+20]+10
074	C3.7CR1:19	2+10] לזהב כר]ש 1 ח	3+3	[כסף כרשן 10+20+20 ש
075	C3.7CR1:8	2+10] לזהב כרש 1] ח	3+3	[כסף כרשן 10+20+20 ח
076	C3.7CR2:20	ל]זהב כרש 1]חֿ	[3+3	כסף כרשן 10+20+20
077	C3.7CR2:8	לזהב כרש 1 ח]	[3+3	[כס]ף כרשן
078	D3.28:2	[...] [... ...]	3+3	כען קדם המרכריא[...]
079	C3.8IIIA:1	ב] [...]אמֿרֿ[...]	3+3	לאדר שנת 1+3+10 הו]
080	C3.15:126	בגו ליהו כ 2+10 ש	3+3	לאשמביתאל כרשן 1+3+3
081	D8.9:16	[...]ל...] [...] כל כון	3+3	לגן 3+3 ^1 פֿ^ [... ...]
082	D5.25:3	אֿתרכנהי [...]ירחן]	3+3	[...]לי [...] א.[...] ב[...]
083	A4.2:15	וחורי זי כלו ביום	3+3	לפאפי מטו אגרתא]
084	C3.13:9	2 סכ[.]ה למאכל	3+3	לתנ[.]ן 3 [...] זכרן]
085	B3.9:1	ב	3+3	לתשרי הו יום 2+20
086	D1.32:3	[...]ב.[.].. במשאלתא	3+^3^	[...]פד..מ....
087	B3.3:6	1{ } פלג חפנא תקם חפנן	3+3	פיק 1 כל כספא ודמי נכסיא
088	D13.2:10	2 ר 3 ש 2+3 ר 2 ש	3+3	ר 2 ר 1
089	D13.2:3	ש 20+20 3+10 ש	3+3	ר 2 ש 2 ר 2 ש 1+3 ר 1
090	C3.7KR2:9	כסף כרש 1 ש 3+3 ח]	3+3	ר 2 [חמר כנד]ן]
091	C3.7KV2:21	ל]ימא בה כ]סף כרשן	3+3	ש 3+3 ח 3+3+20 ר 2
092	B2.6:14	ודמי נכסיא כסף כרשן	3+3	שקל 2+3 חלרן 20 כסף ר
093	B3.12:14	כסף יון במנין סתתרי	3+3	שקל 1 וטיב לבבן בדמיא זי
094	B3.12:5	הו 3 כסף יון סתתרי	3+3	שקל חד וטיב לבבן בגו זי
095	B3.8:27	וקניגה] דמי כסף כרשן	3+3	שקלן 2+]2+3+1 ח 2+3
096	C3.28:27	בר 3 מ 1 פ כסתס לגן	2+4	בר 3 דֿכֿדֿרֿס

7

001	C3.13:17	2+3 זלו[חן	]1+3+2[+1	.[...].[..]. סכן]
002	C3.7FV2:24	לזהב כרשן 3 ש]	1+3+]1[+2	ח 2]
003	C3.13:7	זלוחֿ[ן	1+1[+1+]1+3[	למנסך נסֿכֿן]
004	C3.14:39	אלפֿן 2[...]ח	1+1[+1+]1+3	.[.]רנא 1×לןף ....
005	B3.7:4	]אמן בעשתא שבע הו]	1+3]+3	.... תרבצא] אמרן לה
006	D3.16:5	3+3 [...].. לכרשן	1+3+3	[...]. 1 לכרשן 2 ר 2
007	B4.5:3	] הו סת]תרי במנין	1+]3+3	איתי לך] עלי מן קצת
008	C3.27:6	3+3 א 2+3+20 ב	1+3+3	א 2+3+20 ב 2+3+3
009	B6.2:6	שביט 1 חדת זי אמן	1+3+3	ב 1+3 וזרת דמי כסף
010	B3.10:7	ומן מועה למערב אמן	1+3+3	בעשתא לאברת אמן
011	B1.1:4	בזרע נפשך בשנן	1+3+3	ותפלג עמי בשנן 2+3+3
012	B3.3:6	נכסיא כסף כסף שקלן	1+3+3	חלרן 1+3+3 פלג מחר
013	C3.7JV2:23	לזהב כרשן 3 ש	1+3+3	חֿ[2] [כסף כרשן]
014	C3.7KR2:16	לזהב כרשן 3[+1] ש	1+3+3	ח 2+3+3+10 כסף
015	C3.7KR2:17	ש	1+3+3	ח 3+20 חמר] כנ]דֿן
016	C3.7KR2:2	] כר]שֿ[ן 3+1] [ש	1+3ֿ+[3	ח 3+10]+3+2] [כסף
017	B3.5:7	עד מערב אמן בעשתא	1+3+3	כ 1 לאברת אמן
018	C3.13:34	[זכרן ב]. שנת]	[1+]3[+3	כסה נֿהרֿא לתעֿ[...]
019	A3.8:9	קטא[..] פדֿא כ	1+3+3	כתן 1 סחיק וכזי ינתן
020	B3.4:1	ב	1+3+3	לאלול הו יום 3+3+3
021	C3.7GR2:21	חֿ 2ֿ [ר 2] [ב]	1+3+3	לאפף בקרו למצרין דוגי
022	B4.2:4	מרבית כספך חלרן	1+3+3	לירח 1 וירחא זי לא
023	B3.1:1	ב	1+3+3	לכסלו הו יום 1+3 לירח
024	B1.1:1	בשנן	1+3+3	למלכא דרוש ירח מחר
025	C3.15:127	3+3 לאשמביתאל כרשן	1+3+3	לענתביתאל כסף כרשן
026	C3.7ER1:14	[ ]ס[פי]תן] 10] [ב	1+3+3[	לֿ[פ]חנס בקרו
027	B3.6:1	ב 20 סיון הו יום	1+3+3	לפמנחתף שנת
028	B2.6:11	ב 1+3 שוה כסף שקלן	1+3+3	מחזי 1 זי נחש שוה כסף
029	B3.3:5	זי עמר שוה כסף שקלן	1+3+3	מחזי 1 שויה כסף חלרן
030	D8.9:3	2 [...]'שיב לגן	1+3+3	פ [... ל]גן 3+3+10 פ
031	B3.3:5	1 שויה כסף חלרן	1+3+3	פלג שנן משאן 1 משח בשם
032	B3.3:7	שקלן 1+3+3 חלרן	1+3+3	פלג מחר או יום אחרן
033	B3.8:6	1 זי קמר חדת לאמן	1+3+3	פשכן 3 פתי אמן 1+3 ר
034	B2.6:24	לאסחור כסף שקלן	1+3+3	ר 2 וכל זי הנעלת בידה
035	B3.3:10	לענני כסף שקלן	1+3+3	^ר ^2 וכל זי הנעלת
036	B3.3:8	ינתן לתמת כסף תקלן	1+3+3	^ר ^2 וכל זי הנעלת
037	B3.8:26	ענניה כסף שקלן	1+3+3	ר [2] ותנפק מנה עם
038	C3.21:1	.[....] [...]	1+3+3	רסתכֿה במיע קרי[תא]
039	C3.7GR2:5	ח[2 ש]	1+3+3	ר] [2] חמר [כ]נדן
040	C3.7KV3:23	ח 3+3 ש	1+3+3	ר 2 ב 1+3+3+20
041	B3.8:9	ב 1+3 דמי כסף שקלן	1+3+3	שביט [1 זי]קמ[ר] חדת
042	C3.28:50	שנתא זא במכס כרשן	1+3+3	ש [1+]2+1 בב פתו
043	D5.41fragee:1	כר]שן ...]	1+3+3	ש[קל ...] [...].דֿן
044	B3.8:16	כסף כרשן שבעה הו]	1+3+3	ש[ק[ל]ן תמניה הו
045	C3.28:26	פלג בר 3 לסמקס לגן	3+4	בר 3 מ 1 פ כסתס לגן

8

001	B3.8:27	כרשן 3+3 שקלן]	2+3+1[+2	ח 2+3 ושארת נכסיה
002	C3.28:54d	לגן ...]	1+2[+2+3	בש 1 [... לגן
003	C3.11:10	זי יתוספו בשנת	[1+]1+3+3	.[.]דֿסניו בר
004	C2.1:4:10	קטלו לחילא מרדיא]	1]+1+3[+3	לא]יר [עבדו]
005	B3.9:1	2+20 לפאוני שנת	2+3+3	דריוהוש מלכא אדין
006	C3.29:16	פליקראתס משח לגין	2+3+3	הרמונקתוס ותדורס
007	C3.29:15	אמנתס לגין	2+3+3	פליקראתס משח לגין
008	B3.8:13	כל לבשן זי קמר וכתן	2+3+3	^2+3^ מאני נחש מחזי
009	B6.2:2	ב ... דמי כסף] שקלן]	2+3+3	....] 1 זי קמר חדת זי
010	C3.27:7	א 2+3+20 ב	2+3+3	א 2+20[+1+2] ב
011	B2.6:8	ידין הוה ארך אמן	2+3+3	ב 2+3 שוה כסף כרשן 2
012	B2.6:9	1 חדת הוה ארך אמן	^2^+3+3	ב 2+3 שוה כסף שקלן
013	B2.6:10	ב 2+3 שוה כסף שקלן	2+3+3	באבני מלכא לבש אחרן זי
014	B2.6:8	כסף כרשן 2 שקלן	^2+3+3^	באבני מלכא שביט 1 חדת
015	C3.28:94	1 בכרשן 2+10 ש	2+3+3	בֿב שמעון שטר 1]
016	C3.15:125	שקלן 1+10+20	2+3+3	בגו ליהו כ 2+10 ש
017	C3.29:6	שיטא מש לגין	2+3+3	ב 3+3 פלוקיתס שיטא
018	C3.28:51	בב פתו לגן	2+3+3	בש 1 [...] לגן

8

019	C3.28:51a	1 [...] לגן	2+3+3	בש 1 פתפי לגן {{2}}2
020	B2.10:1	ב 3 לכסלו שנת	2+3+3	הו יום 2+10 לתחות
021	A3.10:5	כל כסף כרש 1 ש	2+3+3	ה[ן] זבנתון המו עבור
022	B3.10:6	מן תחתיא לעליא אמן	2+3+3	ופלג בעשתא ומן מועה
023	C3.7GR3:8	[1[+10 כֹּנֹּדְן	2+3+3	ופלג כל מעשׂרא זי גבי
024	B3.8:16	[ש]ק[ל]ן תמניה הו	2+3+3	חלרן 2+3 באבני מלכא
025	B1.1:5	ותפלג עמי בשנן	2+3+3	חמר קבל חמר פר[ס קבל
026	C3.7AR3:2	[סתתרן 10 לזהב ש	2+3+3	ח 2+3+10] כֹ[סף
027	C3.7BR1:13	סתתרן 10 לזהב ש	2+3+3	ח 10+[2+3] [כס]ף
028	C3.7DR3:6	סתתרן 10 לזהב[ש	2+3+3	ח 2+3+10] כסף כרשן
029	C3.7ER2:15	סתת[ר]ן 10 לזהב ש	2+[3+3	ח 2+3+10] כסף כרשן
030	C3.7GR2:19	סתתרן 10 לזהב ש	2+]3+3	ח 3+10]+2̊ [כסף
031	C3.7JR2:3	i0̊ ל̊[זהב ש	2+3+3	ח 2+3+10] [כסף כרשן
032	C3.7KR3:2	[סתתר]ן 10 לזהב]ש	2+3+3	ח 10+3+[2] כ]סף
033	C3.7KR4:10	10[לזהב ש	2+3+3	ח 2+3+10] כ]סף
034	C3.7KR4:4	סתתרן 10[לזהב ש	2+3+3	ח 2+3+10] כסף כרשן[
035	C3.7KV2:19	כסף כרשן 1+10 ש	2+3+3	ח 3 ר 2 ב [20]+3+3
036	A3.10:4	על ידה איתי כסף ש	2+3+3	יהבת ל... למנתן בעבור
037	B6.3:16	[שהד .... בר ....] כל	2+3+3	כתׄ[ב .... בר ....
038	B6.1:1	ב	2+3+[2+]1	לאיר הו יום 20
039	B3.8:10	1 שוה כסף ש[ק]לן	2+3+3	לב[ש 1] בלה שוה [כסף
040	B3.1:5	לירח 1 הוה כסף חלרן	2+3+3	לירח חד הן מטת מרביתא
041	B3.11:1	ב 20 לאדר הו יום	2+3+3	לכיחך שנת 3 ארתחשסש
042	C3.8IIIB:23	1+3+10 הו יום	2+3+3	לכיחך שנת] 2+3+10]
043	B3.7:1	ב	2+3+3	לפרמותי הו י[ו]ם
044	B3.7:1	לפרמותי הו י[ו]ם	2+3+3	לתמוז שנת 3 דריהוש
045	C3.13:18	סכן[....]	2[+3]+3	[....]..לתקס̊[..]
046	D8.10:5	1+3+20 נפרנוב	2+3+3	מ 1 ג 1 זעירה [..]2+3
047	A6.3:5	וה̊[פרע 1] כל גברן	2+3+3	נכסי לקחו וקרקו מני
048	C3.7DV2:9	נג[....] ז̊י̊ ספן	2+3+3	ע̊ק ס̊מ̊כ̊ת̊ 3 קמ[ר
049	C3.28:81	א̊ברי חנטן ס 1 ק	2+3+3	פ ארסינה ברת יחנן
050	C3.27:20	[...]תי נפקן	2+3+3	ק̊ב̊.ה 3 בעלי פתורא
051	D13.2:16	3+10 ר 1 ש	2+3+3	ש 1 ר 3 ש 2 ר 2 ש 2
052	C3.7KV2:23	[לימא בה כס]ף כרשן	2+3+3	ש 2+3 ח 10 [כל
053	D7.26:8	חו̊ר̊ם̊ [...].ה̊ם̊	2+3+3	

9

001	C3.7DR2:13	משח[....]	3+3+3+	כ̊ 2̊ [..] i0̊[+2]
002	C3.7EV2:13	שנת 10+[1] [ב	3+3+2+[1	למס[ורע]בקרו לימא
003	C3.7ER1:4	[ופ]לג [מש]ח ספן	1+]2+3+[3]	ופ]לג [עק סמכת 1]
004	C2.1.5:16	למר[ד]יא [ק]טלו	1]+2+3+3	לסיון] [עבדו קרב
005	D8.11:4	פתרס̊א חנטן √ ק	3+3+3	√ לאספליון אכרא זי
006	B3.1:1	1+3 לירח תחות שנת	3+3+3	ארתחשסש מלכא אמרת
007	B2.10:1	2+10 לתחות שנת	3+3+3	דריוהוש מלכא אדין
008	D11.19:1	לסלק עם לבושא ח	3+3+3	
009	D3.47fraga:3	[...] [...]....[ ]	3+3+3	ם[...] [...].
010	C3.27:8	א 20+2+[2+1] ב	3+3+3	א 20[2+3+] ב 10 א
011	C3.28:33	בר̊ 3 בכים לגן	3+3+3	בש 1 מ 1 פ יוניא לגן
012	D3.26:3	בגו לוח אחרה אמן	3+3+3	ופלג פתי אמה 1 דור̊[ה̊
013	C3.7AR2:8	ו̊פ̊לג מש[ח] ספן	3+]3+3	]ו̊פ̊[לג] [ע]ק̊ סמכת
014	C3.7DR3:21	[ופלג] משח ס̊פ̊ן̊	3+]3+3	ופלג] עק סמכת 1 ספן
015	C3.7ER2:1	משח [ספן	3+[3+3	ופלג ע̊ק̊] סמכת 1]
016	C3.7JR1:15	ופלג [משח ספן	3+3+3	ופלג] [עק ס]מ̊[כת 1]
017	C3.7JR2:16	[ופלג] [משח ספן	3+3+3	ופלג] [עק סמכת 1] [ספן
018	C3.7KR3:15	[ופלג] מש̊[ח ספן	3+3+3	ופלג] עק ס̊מ̊כ̊ת̊ i
019	C3.7CR1:14	[ופלג] [משח ספן	3+3+3	ופלג] [עק סמכת 1] [ספן
020	C3.7CR2:15	ופלג משח ספן	3+3+3	ופלג ע̊ק̊] סמכת 1] ספן
021	C3.13:33	[....] [....]3	3[+3]+3	[זכרן ב]. שנת]
022	C3.7DV2:4	ש	3+3+3	חמר יון ספן
023	C3.7DV2:3	1+10 זהב כרש 1 ש	3+3+3	ח 1 ר 2 כסף כרשן
024	C3.7KV2:10	בה כ[סף כרשן ...]. ש	3+3[+3]	ח 3+20 ר 2 כל]
025	C3.7KV3:11	[כרשן ....] ש	3+3+3	ח 1+3+10] .. [ב
026	D8.10:7	[..]2+3 תפורתחם 3	.3+3+3	כל צפעה 100 i[...]
027	C3.7DR1:1	[משח] ספן	3+3+3	כ..ן 3+10[...] [.] עק
028	C3.7GV2:2	20[....] 2 ח	3+3+3	כסף כרשן 1 לף
029	C3.7AR2:16	[מ]ש[ח]ספן	3+]3+3	כ 2 יו]i0̊[+2+3 עק
030	C3.7BR1:3	[ופלג] משח ספן	[3+3]+3	כ̊ 2 י̊ו̊
031	C3.7ER1:11	ופלג [משח ס]פן	3+3+3	כ 2̊ # i0̊+3̊+2̊
032	C3.7JR1:23	ופלג̊ [משח ספן	3]+3[+3	כ 2 יו 2+3+10] [עק
033	C3.7KR1:13	[... ...] [משח ספן	3+3+3	כ 2 יו]2̊+3̊+10 ...
034	C3.7CR1:22	[ופלג] [משח ספן	3+3+3	כ 2 יו 2+3+10]
035	C3.7GR3:15	לקן חדתן 10+20 ב	3+3+3	ל̊א̊פ̊ף̊ בקרו
036	B2.11:1	שנת 3+10 הו יום	3+3+3	לחתחור שנת 1+3+10
037	B3.4:1	לאלול הו יום	3+3+3	לירח פאוני שנת
038	D2.4:1	אר[תבנו ...] [... ...	3+3+[3	לירח חת[חור ... ...] [...
039	C3.8IIIB:29	הו יום	3+3+3	לכ[י]חך שנת 2+3+10
040	C3.7KR2:23	[ש]נת 1+10 ב	3+3+[3]	לפ̊א̊[ו]נ̊י̊ בקרו
041	B8.2p:4	[....]כ[...] כל נפש	3+3+3	.ל..תא [...]נה לה ל.מר
042	C3.7FV3:1	[1×100+20+3+1] ש	]3+3+3	....] חמר כ̊נ̊ד̊ן̊]
043	C4.4:10	בר ענר כל גברן	3+3+3	
044	C3.7KV2:4	לימא בה כסף כרשן	3+3+3	ש[...] ב 3+3+10

10

001	C3.15:41	שבתי[בר .... כש 2]	10]	א]שמ[.. בר .... כש 2]
002	C3.29:8	משח לגין 3+10 ב	10	זנון שיטא משח לגין
003	C3.26:9	כא 10 תורא[כ]א	10	חיח.[...] כא 2 [....
004	C3.15:12	[מח]סה [כסף ש] 2 לה	10]	נ]תן בר ענני ב[ר ....
005	C3.28:99	זכור שטר 1 בחנטן א	10	שבתי חגי תתו̊ שטר 1
006	C3.26:8	תרי זי[....]ת כא	10	תורא[כ]א 10 חיח.[...]
007	D22.51:8	זא ב.. לפחנס שנת	10	[.] כתב כתיב[תא ...]
008	D3.27:8	[... ...] [...]..[...].	i0̊	[... ...]
009	D5.28:2	על [..] [...]בר צחי	i0̊	[...]
010	D7.47:2	[...] [...]ד̊ שאר	]10	...] [... א]לפן אושר ^1^
011	D8.9:5	3+3+10 פ [... ל]גן	10	[...]שאול כוא 1 לגן 10]
012	D8.9:6	[...]שאול כוא 1 לגן	]10	...] [...]י נחתמא בר י.[...]
013	C3.14fragbR:2	[...].מ.[...]	10	[...] לפת[...] סכ.[...]

No.	Ref.			
014	C3.23:4	[...] [...].תחק אשׁלן	10	[...] .[....] [...].
015	C3.5:8	חלרן 1+3+10ˆ	ˆ10	כסף כר]שן ....
016	C3.7DV3:1	פק	]10	סי [....]3 מלות ....]
017	C3.7FR2:9	1 ש 2 ח 3 חמר זי שנת	]10	חמֹר ....]
018	C3.7GR1:4	ספיתן [....]	10	מֹנֹחֹם ....]
019	C3.7GV5:4	ן[....]	10	...[....] [....]ש[.]ת
020	C3.7KR3:4	[כר]שן 10 ח 2 ר 2 [ב	10	... לפא]וֹני בקרו למצרין
021	C3.7KR4:11	כ]סף כ]רשן [2+3+10]	]10	ב 20[....
022	C3.7KR4:20	ן[....] [....]	וֹ1	נֹחֹשׁ [....]
023	C4.6:8	בר מתן כשי בר עזור	]10	פטחנם בר חורי [...
024	D3.27:1	רג]ליך [...	10	אפקת[...] [...]ק[...].
025	A6.15:2	חלכין 2+3 כל גברן	[10]	אחר חלכיא גברן 2+3 שאל
026	D3.27:5	צבעת כפ[ין] רֹגליך	וֹ1	איאב אנת.[...] [...].אגפא]
027	C3.27:9	א 20[+3+2] ב	10	א 2+3+20 ב 1+10 א
028	B2.3:21	אנה אנתן לכי כסף כרשן	10	באבני מלכא כסף ר 2
029	B2.4:15	אנה אנתן לך כסף כרשן	10	באבני מלכא כסף ר 2
030	B3.5:21	ינתן להם כסף כרש]ן	10	באבני מלכא כסף ר 2 לכרש
031	B3.7:17	ברתי אביגרן כסף כרשן	10	[באבני מלכא כסף ר 2
032	D2.14fragb+c:2	[כרשן ... ...] [...]	10	ˆב[אבני] מלכאˆ [ובי]תא
033	B8.4:5	10 וכתשוני בכפּיֹד	10	בכפרגל 3+3 ושקפוני
034	C3.29:3	ובמרשא לדמכלס לגן	10	ב 2 לסון נקדרוס
035	C3.7AR2:18	בגו[זילא]ספיתן	10	ב 10+20 לחתחור בקרו
036	C3.7ER1:13	[ב]גו[זילא]ס[פי]תן	[10	[ב]3+3+1 לֹ[פ]חנס
037	C3.7ER2:10	בגו זילא סֹ[פיתן	[10	ב 10 [לפח]נֹס בקרו
038	C3.7JR1:25	ב[גו זיל]א ספיתן]	10	[ב .... למסורע] בקרו
039	C3.7KR1:15	[בגו זילא ספי]תן	10	[ב ... לפחנס בקרו
040	C3.7KR3:24	בגו] זילא ספיתן	[10	ב 1+3+3+10 לפאוני
041	C3.7KV2:17	[כ]רשן 10+1 ש 2+3 ח	10	ב 20+1 ל[פרמו]תׄיׄ
042	C3.7CR2:2	בגו זילא ספיתן	וֹ1	ב 10+3+3 לתעבי בקרו
043	B2.3:14	לכי ולבניכי כסף כרשן	10	הו עשרה באבני מלכא כסף ר
044	D7.19:5	לי [...] [.]עד כען לחם	10	הו[שרת] ואמלא
045	B2.7:11	ינתן לכי כסף כרשן	10	ובית אם דילכי אף לא יכל
046	C3.29:2	1 זפתא דמוקלס לגין	10	ובמרשא לדמכֹלס לגן 10
047	C3.28:106	זי חמרין תפלה זי כסף	10	וֹחתוֹ 2 זי כסף
048	A3.8:2	שלמן כסף כרשן	10	וכרש 1 [....]
049	B8.4:5	אסרן 2 נחשן מֹנֹיֹן	10	וכתשוני בכפּיֹד 10
050	C3.7AR3:3	[2+3+10] כֹ[סף כרשן	10	ח 2 ר 2[[כל ספינתא זי
051	C3.7BR1:14	[כס]ף כרשן	10	ח 2 ר 2 [ב ...]לכיחך
052	C3.7DR1:10	[....] כסף כרשן	10	ח 2 ר 2 כל ספינתא זי
053	C3.7DR2:24	[כס]ף כרשן	10	ח 2 ר 2
054	C3.7DR3:7	[ח 2+3+10] כסף כרשן	10	ח 2 ר 1+[1] ב 20
055	C3.7ER2:16	ח 2+3+10] כסף כרשן	10	ח 2 ר 2 [ב 2+3+10
056	C3.7GR2:20	[כסף כר]שׁׄן	וֹ1	חׄ 2[ר 2] [ב] 1+3+3
057	C3.7JR2:4	[2+3+10] [כסף כרשן	10[	ח]ו 2 ר 2] [ב ....
058	C3.7KR3:3	כֹ[סף כר]שן	10	ח 2 ר 2 [ב 10 ...
059	C3.7KR4:5	[2+3+10] כסף כרשן]	10	ח 2 ר 2] ב 20 לפאוני
060	C3.7BR1:5	בגו זילא ספ[יתן	[10	ירח כיחך שׁנֹת 10+וֹ1
061	C3.7GR2:13	בגו זילא ספיתן	10	יֹ[ר]חֹ אפף] שנת
062	A3.1:R5	הן אית לך חמרן	10	ישבקון המו א[.] לא[....]
063	C3.7AR2:10	[בגו זי לא ספיתן	[10	[כל מנדתא ואחרן זי גבי
064	C3.7AR3:18	בֹ[גו זי לא ספיתן	[10	[כל מנדתא ו]אֹחֹרֹן [זי
065	C3.7DR3:23	[בגו זילא ספיתן	[10	כל מנֹדֹתֹא ואח]רן זי
066	C3.7ER1:6	בגו זילא ספיתן	10	כל מנדתא ואחרן זי גבי
067	C3.7ER2:3	בגו זילא]סֹפיתן]	[10	כל מנֹדתא ואחרן זי
068	C3.7JR1:17	[בגו זי לא ספיתן	[10	[כל מנדתא ואחרן] זי גבי]
069	C3.7JR2:18	[בגו זילא ספיתן	[10	[כל מנדתא ואחרן זי גבי
070	C3.7KR3:17	[בגו זילא ספיתן	[10	כל מֹנֹדֹתֹא ואחרן] זי
071	C3.7KV2:23	ח 2+3 ש 2+3+3	10	[כל ....]
072	C3.7CR1:16	[בגו זי]לֹא ספיתן	10	[כל מנדתא ואחרן זי גבי
073	C3.7CR2:17	בגו] זילא ספיתן	[10	כל מנדתא ואח[רן] זי [גבי
074	C3.7FR2:1	חמר זי שנת	10	כנדן 10+3+2 כֹ 1 לק
075	C3.7FR2:16	[....] חמר זי שנת	10	כֹנֹדן
076	C3.7FV2:10	[1] בֹגֹו חמר זי שנת	10	כנדן [20+20+]20 כ 1
077	C3.7FV2:3	ושתות בגו חמר זי[ן] שנת	[10	כנדן 2+3+10 כ 1 חמר
078	C3.7FV3:5	כ 1 בגו חמר זי שנת	10	כנדן 20+20+20 כ 1
079	C3.7GR3:19	[....] [....]ש]נֹתֹ	10	כנדן[.. ל]ףֹ 20 פרזל
080	C3.7GV2:7	בג[ו] חמ[ר זי]שנת	10	כנדן [3+]100×3 חמר זי
081	B3.8:14	נחש דמי כסף שקל [1 ח	[10	כס [1 דמי] כסף חלרן 20
082	B3.8:14	נחש דמי כסף שקל 1 ח	10	כס 1 זי נחש דמי כסף שקל
083	B6.2:7	זי קמר דמי כסף חלרן	10	כס 1 זי נחש דמי כסף חלרן
084	B2.10:15	כסף כרשן עשרה הו כרשן	10	כסף ר 2 לכרש 1 באבני
085	D7.19:11	כזי יכתבון [...]	וֹ1	לֹ[...] [יכ]תֹבונה מחר
086	A3.1:V2	כעת הו לי חמרן	10	ל[.]ל[....] א
087	C3.7AR3:2	[מלכא] זֹהֹ[ב סתתרן	10	לזהב ש 2+3+3 ח
088	C3.7BR1:13	מלכא [זה]ב סתתרן	10	לזהב ש 2+3+3 ח
089	C3.7DR1:9	[בית מלכא] זהב סתתרן	10	לזהב] .... כסף
090	C3.7DR2:23	מלכא [זה]ב סתתרן	וֹ1	לֹזֹהֹבֹ] ....
091	C3.7DR3:6	[בית מלכא] זהב סתתרן	10	לזהב] ש 2+3+3 ח
092	C3.7ER2:15	[מלכא] [זהב] סתת[ר]ן	10	לזהב ש 3+3]+2 ח
093	C3.7GR2:19	[בית מלכא זהב סתתרן	10	לזהב ש 3+3]+2 ח
094	C3.7JR2:3	[זהב]סֹתֹתֹרֹן	וֹ1	לֹ[זהב ש 2+3+3 ח
095	C3.7KR3:2	בית מלכא זה[ב סתתר]ן]	10	לזהב]ש 2+3+3 ח
096	C3.7KR4:10	[מלכא] זהב ס[ת]ת[ר]ן	]10	לזהב ש 2+3+3 ח
097	C3.7KR4:4	[בית מלכא] זהב סתתרן	]10	לזהב ש 2+3+3 ח
098	C3.7GV5:10	[זי]בקרון לימא בשנת	[10	ל[י]מֹא בהם [כסף כרשן]
099	C3.7DR3:1	]ב	10	ל]מֹחֹיֹ[ר בקרו למצרין]
100	C3.7EV2:15	[בה כסף כרשן ...] ב	]10	ל]מסורע בקרו לימ[א]
101	A5.4:4	צחא זך להיתיה ביום	10	לפאוני כעת
102	C3.7ER2:11	זילא סֹ[פיתן 10] ב	10	[לפח]נֹס בקרו למצרין
103	C3.7KV2:3	פמנח[תף שנת 10+1] ב	10	לפמנחתף בקרו לימא ספינה
104	C3.7GR2:1	תׄ....[.]	10	לק עתיק 1 כל מנדתא
105	B8.6:6	זי נחש 2+3 כסן	10	מאֹנ[ן 2+3 אחר [יהיב
106	C3.7GR2:11	[כר]שן 1 לק	וֹ1	[סמ]כֹתֹ 1 לק עתיק 1
107	C3.7DV2:1	זי הוה יתיר בשנת	10	עֹ[ל מ]נֹדתא זי הוה בשנת
108	D3.27:3	ב.[..] [.... ....] רֹגליך	וֹ1	פסק א.... [...] [.... ...]ׄיׄ
109	C3.7ER2:8	[ופלג] מֹשֹׁחֹ[ספן	וֹ1[	רֹבֹ[ע] עק [סמכ]ת 1
110	C3.7GR2:9	כֹ 1 משח ספן	10	רבע נחש שלמֹ[וא כר]שן 1
111	C3.7JR2:23	[ופלג] משח סֹפֹן	]וֹ1	רבע] עק סמכת 1 ספן]

רבע עק סמכת 1 ספן ריקנן	10	1+20 ופלג משח ספן	C3.7KR3:22	112
ר 1 חמר כנ̇ד̇ן	10	[..] ח	C3.7GV2:3	113
ש 3+3 ח 2+3+3+10	10	[לימא בה כס]ף כרשן	C3.7KV2:15	114
[...]..תה צבע .[...]	iȯ	[...].נ̇תי̇	D3.35:1	115
תהא....[...]מ̇שי̇א̇]	iȯ	[...] [... ...]י̇ ר̇גליך	D3.27:4	116
.[...] [...]ומחין. [...].	10	[...]..א בקפ̇ס ב	D1.30:2	117
באבני מלכא על עלי וטיב	10ל	חלרן 20 כסף ר 2	B2.6:14	118
באב[ני מלכא	10ל	[כסף כרשן . כסף]ר 2	B5.3:5	119
הנעלת לי בידה לבש 1 זי	10ל	באבני מלכא כסף ר 2	B2.6:7	120
וביתא זילך אם וזי בניך	10ל	כסף כרשן 20 כסף זוז	B3.4:18	121
ויעבד [לה] דין ספרא זנה	10ל	באבני [מלכא] כסף ר 2	B3.8:32	122
וירבה עלי כסף חלרן 2	10ל	באבני פתח כסף ש 1	B4.2:2	123

11

[.... בר .... כ]ש 2 [....	1+10	לה כל [מאת נבועקב]	C3.15:31	001
.[..].[...] ב 2̇ לכיחך]	i+10	ירח כיחך ש̇נ̇ת̇	C3.7BR1:6	002
[....]ל̇ן....	i+iȯ	[[..] [....]ש̇נ̇ת̇	C3.7DR2:16	003
[.... כל] גברן 2	1+10	זי מאתה זי ביתאלתקם	B4.4:6	004
א 2+3+20 ב 2+10 א	1+10	ב 10 א 2+3+20 ב	C3.27:10	005
בעשתא תחומוהי עליה לה	1+10	מן מועא למערב אמן	B2.3:5	006
בעשתא כען אנה מחסיה	1+10	זך אמן 3+10 ופשך ב	B2.4:5	007
בפתי אמן מן מועה עד	1+10	עד תחתיה אמן בעשתא	B3.5:7	008
[ב .... לאפף ב]קרו לימא	[1+10	ר 2 [ירח אפף שנת	C3.7EV1:10	009
[ב 1]+3+3+2 למס[ורע	[1]+10	ירח מ[ס]ורע שנת	C3.7EV2:12	010
[ב]2+3 לא[פף בקרו	i+iȯ[	י̇[ר]ח̇ אפף[שנת	C3.7GR2:14	011
[ב]1+3+3+10	[1+10	י[ר]ח̇ חת̇[חור שנת	C3.7GV5:13	012
ב [20] ל̇[כ]י̇ח̇ך̇	[1+10	[י]ר̇ח כ̇יחך[שנת	C3.7GV5:23	013
[ב .... למסורע] בקרו	1+10	[ירח מסורע ש]נת	C3.7JR1:1	014
ב [3]+3+3	1+10	[ירח פאו]נ̇י̇[ש]נת	C3.7KR2:22	015
[ב .... לפרמותי בקרו	[1+10	[...] [ירח פרמותי שנת	C3.7KV2:13	016
ב 10 לפמנחתף בקרו	[1+10	[י]רח פמנח[תף שנת	C3.7KV2:2	017
ב[.. לפ]חנס בקרו לימא	[1+10	[ירח] פחנס[שנת	C3.7KV3:1	018
ב 1+3+3+10 לפאוני	[1+10	ירח פאוני[שנת	C3.7KV3:16	019
זהב [....] כסף	[1+10	[מנד]תא זי הוה בש[נת	C3.7DV1:1	020
זהב כרש 1 ש 3+3+3 ח	1+10	[מ]נ̇דתא זי הוה בשנת	C3.7DV2:2	021
כנ[ד]ן[....] ל̇[ק	1+10	ח̇מ̇ר̇ ז̇י̇ שנת	C3.7FR2:10	022
כנדן	1+10	חמר זי שנת	C3.7FR2:17	023
כנדן[....] כל כסף	1+10	[....]א̇ חמר זי שנת	C3.7FR2:5	024
כנ[דן 20+20+3+3+2]	1+10	כ 1 חמר זי שנת	C3.7FV2:11	025
כנדן 10+3+3+2 ופלג	1+10	כ 1 חמר זי שנת	C3.7FV2:4	026
כנדן 20+20+3+3+2	1+10	כ 1 חמר זי שנת	C3.7FV3:6	027
כנדן 3+3+2×100 טין	1+10	[חמר] זי שנת	C3.7GR2:24	028
כנדן	1+10[	מלכא [חמר זי שנת	C3.7GR3:11	029
[כנ]דן 20+20+20+20	1+10	[בית מ]לכא חמר זי שנת	C3.7GR3:2	030
כ̇נ̇ד̇ן̇ 3+3+2 ופלג	1[+10	[....] חמר זי ש[נת	C3.7GR3:8	031
כנדן 2×100+3+3+2	1+10	חמר זי שנת	C3.7GV2:8	032
כ[נ]ד̇ן̇ [....]	1+10	[מל]כ̇א̇ [חמר זי]שנת	C3.7JV1:22	033
[כסף כר]שן]	[1+10	3[ש 3]+2̇[ח	C3.7GR2:4	034
לדרי[והוש] מלכא	i+iȯ	[ב .. לפאו]ני שנת	B7.1:1	035
לירח מסורע שנת	1+10	ב 2 לכסלו הו יום	B2.7:1	036
לש[ער]ן ארדבן	1+10	ח 2+3 וטלפחן ארדב	B4.4:4	037
ש 2+3 ח 10 ב 1+20	1+10	[לימא בה כסף כ]רשן	C3.7KV2:17	038
ש 2+3+3 ח 3 ר 2 ב	1+10	[ל]ימא בה כסף כרשן	C3.7KV2:19	039

12

לזהב כ̇[רש 1 ח 3+3]	1+[1+10	[מלכא] [זהב סתתרן	C3.7JR1:9	001
לזהב כרש 1 ח 3+3]	1+]1+[10	[זהב סת]ת[ר]ן[	C3.7CR2:8	002
ר 2̇ מנת משח[א ז]ין]	i[+1]+iȯ	ח	C3.7ER1:20	003
דריו[הוש מלכא] מן	2+10	[ל]טבת שנת	A6.2:28	004
מיכיה בר יהוישמע כש 2	2+10	לענתביתאל כסף כרשן	C3.15:128	005
א 2+3+20 ב 3+10 א	2+10	ב 2+3+20 א 1+10	C3.27:11	006
בב אנה לגן 1+3 בב אנה	2+10	בר 1 מ 1 פ אנה לגן	C3.28:65	007
ב 1+3+10 לדמוקלס	2+10	פתרתוס משח לגין	C3.29:9	008
ב̇ש̇ 1 ˆר 2ˆ שאר ר 3	2+10	[ ]שאר ר 2 יהודה לגן	C3.28:70	009
ג 1[..]ח̇ 2[...] כ̇ל	2+10	[ ]כנתן א 3+2 .[.] כא	C3.18:17	010
[...]ד̇א אר̇ה	2+10	[....]עבדן	D7.46:5	011
וחדה מנה[....]	2+10	ויהב לי כסף סתתרן	A4.2:12	012
חמר כ[נדן ....]	2̇+10	כרשן 3 ש 3̇+3 ח̇	C3.7FR2:14	013
חמר כנדן[	]2+iȯ	כרשן 3 ש 3+3 ח	C3.7FV2:8	014
לאיר]עבדו קרבא [ק]טלו	2+10	[ ]לחילה[זי ויזדת	C2.1.7:43	015
לזהב כרש 1 ח 3+3]	2+10	[בית מלכא] [זהב סתתרן	C3.7AR2:13	016
לזהב [כרש 1 ח 3+3]	2+10	בית מלכא זהב סתתרן	C3.7AR2:2	017
לזהב כר[ש 1 ח 3+3]	2+10	[בית מלכא] זהב סתתרן	C3.7BR1:20	018
ל̇[זהב כרש 1 ח 3+3]	2+10	[בית מלכא] זהב סתתרן	C3.7DR3:14	019
לזהב כרש 1 ח [3+3]	2+10	[מל]כא ז[ה]ב סתתרן	C3.7ER1:8	020
לזהב כר[ש 1 ח 3+3]	2̇+10	זה[ב סת]ת̇[ר]ן	C3.7ER2:22	021
לזהב כרש 1 ח 3+3]	2]+10	ז̇ה̇[ב]ס̇ת̇ת̇ר̇ן̇	C3.7HR1:4	022
לזהב[כרש 1 ח 3+3]	2+10]	[מלכא] [זהב סתתרן	C3.7JR1:20	023
לזהב כרש 1 ח 3+3]	2+10	[זהב]ס̇ת̇ת̇ר̇ן[	C3.7JR2:10	024
לזהב כרש 1 ח 3+3]	2+10	[בית מלכא] זה[ב סתתרן	C3.7JR2:20	025
לזהב כרש 1 ח 3+3]	2]+10	[מלכ]א̇ זהב סתתרן	C3.7KR3:19	026
לזהב כרש 1 ח 3+3 [כסף	2+10	בית מלכא זהב [סתת]רן	C3.7KR3:9	027
לזהב כר]ש 1 ח 3+3	2+10	[מלכא] [זהב סתתרן	C3.7CR1:19	028
לזהב כרש 1] ח 3+3	2+10	[בי]ת מלכא [זהב סתתרן	C3.7CR1:8	029
ל[זהב כרש 1]ח̇]	2̇+10	בית מלכא זהב סתתרן	C3.7CR2:20	030
למסורע[בקרו	2+10	[זי]לא ספיתן 20 ב	C3.7JR2:26	031
לתחות שנת 3+3+3	2+10	שנת 3+3+2 הו יום	B2.10:1	032
לתחות שנת 3+1	2+10	ב	B3.12:1	033
לתחות שנת 3+1	2+10	זי יהוישמע{} ב	B3.12:10	034
מדלא עבדיהו זכור שטר	2+10	3+1 מדלא 20 וירחין	C3.28:97	035
[ע]ק̇[....]2	[2+]iȯ	כ̇ 2̇ [..]	C3.7DR2:13	036
ע̇ק סמכת 2	2+10	[....]1 י̇ו̇	C3.7JV2:26	037
פתי אמה 1 ד̇ור̇ה פשכן	2+10	.[.].[...] בגו חדה אמן	D3.26:2	038
קמר כפר צע כרשן 2 לף	2+iȯ	כ 2 י̇ו̇	C3.7FV3:7	039
ר 2] מנת משחא זי אשתכח	2+10	כרשן [20+20+10 ח	C3.7AR2:3	040
ר 2] חמר כ̇נ̇ד̇ן̇	2+10	[מלכא] כסף ש 3+]2 ח	C3.7AR2:6	041

12

042	C3.7BR1:21	כרשן 10+20+20 ח	2+10	ר 2 מנת משחא זי אשתכח
043	C3.7HR1:5	] 10+20+20 ח	2+10	ר 2]
044	C3.7JR1:10	] כרשן 10+20+20 ח	2+10	ר 2] [מנת [מ]שחא זי
045	C3.7JR2:11	] כרשן 10+20+20 ח	2+10	ר 2] [מנת משחא זי אשתכח
046	C3.7KR3:10	] כרשן 10+[20+20 ח	2+10	ר 2 [מנת משחא]זי
047	C3.7CR1:9	] כרשן 10+20+20 ח	2+10	ר 2] [מנת משחא זי אשתכח
048	C3.7CR2:9	20+20+1̊0̊ ח̊]	2+10	ר 2] מנת משחא זי אשת[כח
049	B8.7:8	ב̇י̇ן יומן	2+10	שאיל מנכי לק[בל מלי
050	C3.15:126	2+3+3 בגו ליהו כ	2+10	ש 3+3 לאשמביתאל כרשן
051	C3.28:93	שמעון שטר 1 בכרשן	2+10	ש 2+3+3 בֹּבֹ שמעון

13

001	C3.8frag:1	...שנ]ת	[1+]2+10	א[..]. [...]
002	C3.8I:7	] יום 1+20 לאפף שנת	[3+10	אחמנש אזל [...] ב 20
003	C3.29:8	זנון שיטא משח לגין	3+10	פתרתוס משח לגין 2+10
004	D13.2:1	ש	3+10	ש 20+20 ש 3+3 ר 2 ש
005	D1.34fraga:1	...] פחנס[שנ]ת	3̊+1̊0̊	[...]. [...] פמנחתף שנת
006	C3.13:51	בר אושע באפף שנת	[3+10	...] ולא יהב לרמנדין
007	C3.25:19	כסף ש 3+3 דמי כא	[3+10	...] לכסף ש 1+3 כל כסף
008	C3.8I:12	] יום 3+20 לאפף שנת	[3+10	
009	C3.8I:1	לאפף שנת]	[3+10	....] ה
010	C3.8I:5	] י]ום [20 לאפף שנת	3+10	
011	D7.53:2	כענת ת̊[...]	3+10	.[...] [...]+100 [...
012	A6.7:5	מוסרם שמה 1 כל גברן	3+10	אבשוכן ממנין הוו בין
013	C3.27:12	2+10 א 2+3+20 ב	3+10	א 2+3+20 ב 1+3+10
014	C3.29:10	לדמוקלס משח לגין	3+10	ב 1+20 בעֹנֹו
015	C3.29:7	שיטא משח לגין	3+10	ב 10 זנון שיטא משח
016	C3.8I:9	] יום 2+20 לאפף שנת	[3+10	[ד]וגית [...] [..].אׄ]
017	B2.11:1	1+3+20 לשבט שנת	3+10	הו יום 3+3+3 לחתחור
018	B2.3:0	ארך	3+10	ופשך ב 1+20 לכסלו הו
019	B2.3:4	מן תחתיה לעליה אמן	3+10	ופשך 1 פתי מן מועא
020	B2.4:4	משחת ביתא זך אמן	3+10	ופשך ב 1+10 בעשתא כען
021	C3.14:32	סונכניא מׄ[ן יום	3+1̊0̊	לאיר] הו י[ום
022	C2.1.8:56	]	3+10	לטבת] עבדו קרב אהורמזד
023	A6.2:28	נבועקב ספרא ב	1+2+10	[ל]טבת שנת 2+10
024	C3.8IV:4	לניסן ה[ו יום	3+10	לתעבי שנת 2+3+10]
025	C3.15:19	] 2 לה] כל מאת שנדן	[3+10]	מאת נבועקב שלום בר
026	D13.2:15		3+10	ר 1 ש 2+3+3 ש 1 ר 3
027	C3.7CR2:13	[כסף]ש 2+3 ח	1]+2+10	ר 2] חמר ס̇פׄן

14

001	C3.8IIIB:29	לאדר שנת]	1+2[+1+10	הו יום 3+3+3
002	B2.6:1	לירח אפף [ש]נת	[1+3+10	ארתחשס]ש מלכ[א] אמר
003	A4.7:19	אף מן ירח תמוז שנת	1+3+10	דריהוש מלכא וע^ד^זנה
004	A4.5:2	לא אשתכח לן בשנת	1+3+10	דריוהוש [מל]כא כזי
005	A4.7:4	אמרן בירח תמוז שנת	1+3+10	דריוהוש מלכא כזי
006	A4.8:19	] מן ירח תמוז] שנת	1+3+10	דריוהוש מלכא ועד זנה
007	A4.8:4	] בירח תמוז] שנת	1+3+10	דריוהוש מלכא כזי
008	A4.9:7	לחיא זך נדש בשנת	1+3+10	דריוהוש מלכא למבניה
009	B2.11:1	3+3+3 לחתחור שנת	1+3+10	דריוהוש מלכא ביב
010	D1.34fraga:2	...] פמנחתף שנת	1+3+10	.[...] [... אר]בעה עליד
011	C3.7KV3:11	ש 3+3+3 ח	]1+3+10	..] ב 10+20 לפחנס
012	C3.27:13	א 2+3+20 ב	1+3+10	א 2+3+20 ב
013	C3.29:5	אפרודיתס משח לגין	1+3+10	ב 2+3 בה נקדרוס
014	C3.8II:3	] ... שנת	1+3+10	הו יום ...]לפאפ[י]
015	C3.8IIIA:1	ב] 3+3 לאדר שנת	1+3+10	הו] יום 1+20
016	C3.8IIIB:15	לא[דר ש]נת	1+3+10	הו יום 3 לכיחך שנת
017	C3.8IIIB:23	ב 3+20 לאדר שנת	1+3+10	הו יום 2+3+3 לכיחך
018	C3.8IIIB:8	] 3+3+10 לאדר שנת	1+3+10	הו יו]ם 1 לכיחך שנת
019	C3.5:8	חלרן 2+3+10	1+3+10	חלרן 10^ [....
020	B2.8:1	ב	1+3+10	לאב הו יום
021	B3.2:1	יום 20 לסיון שנת	1+3+10	לארתחשסש ^מלכא^ אמר
022	C3.29:10	משח לגין 2+10 ב	1+3+10	לדמוקלס משח לגין
023	A4.1:7	....] מן יום	1+3+10	לניסן ב]מערב שמשא עד
024	D13.2:6	ר 2 ש 1+3 ר 1 ש	1+3+10	ר 2 ש 1 ר 2 ש 2 ר 3

15

001	C3.8IIIB:29	לכ[י]חך שנת	2+3+10	בגפרן זי על נוׄזׄ..[..]
002	B2.1:1	לפחנס שנת	2+3+10	חשיארש מלכא אמר
003	C3.26:7	בני חפיׄעׄנח כא	2+3+10	תרי זי[....]ת כא 10
004	C3.7EV1:13	] כרשן ...]3+3 ח	]2+3+10	...]. [ב .... לאפף בקר]ו
005	C3.7GR1:9	ר 2 [....	[2+]3̊+[10	
006	C3.7KR1:13	] 3+3+3 כ 2 יו	2̊+3̊+10[	... [... ...] [ספן
007	C3.7CR1:22	] 3+3+3 כ 2 יו	[2+3+10	
008	C3.8II:3	] ...]לפאפ[י] שנת	2+3+]10	
009	C3.8IIIA:1	1+20 לחתחור] שנת	2+3+10	[....]
010	C3.8IIIB:8	] יו]ם 1 לכיחך שנת	[2+3+]10	[...]. ..חלא זי קדם
011	C3.8IV:1	] .... לתע]בי שנת	2+3+10	
012	C3.8fragb:1	...] שנת]	2+3+10	[....]עבידו
013	C3.8fragb:4	1 [....]שנת	2+3+10	[....]לׄ[...]
014	C3.5:8	שקלן 2+3 חלרן	2+3+10	^1+3+10 חלרן 10^
015	C3.8IIIB:23	2+3+3 לכיחך שנת]	[2+3+10	אופכרתא זי עב[דו ע]ל
016	C3.27:14	א 2+3+20 ב	2+3+10	א 2+3+20 ב
017	C3.8IV:4	] 3+10 לתעבי שנת	[2+3+10	דׄוׄגׄיׄתׄ 1 .. .[...]
018	B8.6:10	100×1 בכפרגל	2+3+10	וחׄיׄבונׄיׄ .מׄן
019	C3.5:7	שקׄ[ל]ן[2 חלר]ן	2+3+10	זי מנדת חילא .[...]
020	B6.2:7	נחש דמי כסף חלרן	2+3+10	זלוע 1 זי נחשׄ[דמ]י
021	C3.13:15	כס כסף 1 קנן	2+3+10	טלפׄחׄן 2+3 זלו[חן
022	C3.7AR3:2	] לזהב ש 2+3+3 ח	[2+3+10	כׄ[סף כרשן 10 ח 2 ר
023	C3.7BR1:13	לזהב ש 2+3+3 ח	[2+3]+10	[כס]ף כרשן 10 ח 2 ר
024	C3.7DR3:6	לזהב[ש 2+3+3 ח	[2+3+10	כסף כרשן 10 ח 2 ר
025	C3.7ER2:15	לזהב ש 3+3]+2 ח	[2+3+10	כסף כרשן 10 ח 2 ר 2
026	C3.7GR2:19	לזהב ש 3+3]+2 ח	2̊+[3+10	[כסף כר]שׄןׄ 1̊0̊ חׄ
027	C3.7JR2:3	לׄ[זהב ש 2+3+3 ח	[2+3+10	[כסף כרשן]10 ח] 2 ר
028	C3.7KR3:2	] לזהב]ש 2+3+3 ח	[2]+3+10	כ[סף כר]שן 10 ח 2 ר
029	C3.7KR4:10	] לזהב ש 2+3+3 ח	[2+3+10	כ[סף כ]רשן 10]

15

No.	Ref	Preceding	Number	Following
030	C3.7KR4:4	] לזהב ש 2+3+3 ח	[2+3+10	כסף כרשן] 10 ח 2 ר
031	C3.7FR2:1	חמר זי שנת 10 כנדן	2+3+1̇0	כ̇ 1 לק עתיק 1 כסף
032	C3.7FV2:3	זי[שנת [10 כנדן	2+3+10	כ 1 חמר זי שנת 1+10
033	C3.8IIIB:15	יום 3 לכיחך שנת	[2+3+10]	לזכרן על בגפרן [ב]ר
034	B5.5:1	ב	2+3+10	לפאו[ני ...
035	C3.7ER2:17	10 ח 2 ר 2 [ב	2+3+10	]לפחנס בקרו למ[צרין]
036	A4.1:4	]....עב[דו ומן יום	2+3+10	עד יום 1+20 ל[ניסן
037	C3.7AR2:16	3+]3+3 כ 2 יו	2+3+]1̇0[	עק סמכת 1 .[.] ספן
038	C3.7BR1:3	כ̇ 2 יו̇	[2+3]+1̇0	עק סמכת 1 ספן ריקנן
039	C3.7ER1:11	3+3+3 כ 2̇ #	2̇+3̇+1̇0	]עק סמכת 1] [ס]פן
040	C3.7JR1:23	] 3+]3+[3 כ 2 יו	[2+3+10	]עק]סמכת 1 [ספן
041	D3.16:7	2 ר 2 [כל]כרשן	2+3+10	ר 2 [מש]ח בשים חפן 1
042	C3.7DR3:19	כסף ש 3+2 ח]	2+3+10	ר 2] חמר כ[נד]ן]
043	C3.7ER1:2	] כסף ש 3+2 ח	2+[3+10	ר 2 [ח]מר כ̇נ̇ד̇ן]
044	C3.7ER1:22	] כסף ש 3+]2 [ח	2+[3]+10	ר 2 חמר כ̇נ̇[ד]ן̇]
045	C3.7JR1:13	[כסף ש 3+2 [ח	2+]3+10	ר 2] [חמר כנדן
046	C3.7JR2:14	כסף ש 3+2 ח]	2+3+10	ר 2] חמר כנ[דן 1+20
047	C3.7	[כסף]ש 2+]1+2 ח	2+3+10	]ר 2 [חמר]ספן
048	C3.7CR1:12	מלכא [כסף ש 3+2 ח	2+3+10	ר 2] [חמר כנדן 1+20

16

No.	Ref	Preceding	Number	Following
001	C3.28:83	ארסינה שׂערן א	1+]2+3+10	ק 2+]1+3 .מ..
002	C3.29:14	שיטיא לגין	3+3+10	אמנתס לגין 2+3+3
003	B3.3:1	לירח פרמותי שנת	3+3+10	ארתחש מלכא אמר
004	C3.29:17	ותדורס לגין	3+3+10	לקינוס ארסתודמוס
005	D1.34frage:3	למנת[ן ...] [...].	]3+3+10	...] [...] [...]
006	C3.27:15	ב 2+20+3 א	3+3+10	א 2+20+3 ב
007	C3.7EV1:7	1+3 לכסף כרשן	3+3+1̇0	ח 1̇+3+3+20 ר]
008	B3.12:16	שמש למערב ארך אמין	3+3+10	כ 2 בעשתא ומן עליה
009	B3.12:7	שמש} ארך אמן	3+3+10	כ 2 בעשתא ומן תחתיא
010	C3.8IIIB:8	] ...] [ש]ים טעם [ב	3+3+10	לאדר שנת 1+3+10 הו
011	C3.7KV2:5	3+3+3 ש[...] ב	3+3+10	ל[פמנחת]ף בקרו לימא
012	C3.7CR2:3	זילא ספיתן 1̇0 ב	3+3+10	לתעבי בקרו למצרין
013	D8.9:4	1+3+3 פ [... ל]גן	3+3+10	פ [... ל]גן 10 ...]
014	C3.29:18	ארסתודמוס לגין	3+3+10	
015	C3.7KR2:3	] [ש 1 ח	]3+3+1̇0	ר 2] מנת משחא זי

17

No.	Ref	Preceding	Number	Following
001	C3.7FV3:24	ספינה רבה	[1+3+1]+2+1̇0	ספינת כ̇ז̇ר̇י̇
002	B4.5:1	בירח מסורע שנת	[1+1+]2+3+10	דריוהוש מלכא
003	A4.7:21	זכי ועד יום שנת	1+3+3+10	דריהוש מלכא מנחה
004	A4.7:30	ב 20 למרחשון שנת	1+3+3+10	דריהוש מלכא
005	A4.8:20	ועד ז[נה יומא שנת	1+3+3+10	דריוהוש מלכא] מנחה
006	A4.8:29	ב 20 למרחשון שנת	1+3]+3+10	דריוהוש מלכא]
007	C3.7GV5:14	] שנת 1+10] ב	1+3+3+10[	ל[ח]תחור] בקרו
008	D2.10:1	זכור [....]יום	]1+3+3+10	ל]מ[חיר
009	C3.7KR3:25	] זילא ספיתן 10] ב	1+3+3+10	לפאוני ב]קרו
010	C3.7KV3:17	] שנת 1+10] ב	1+3+3+10	לפאוני [בקר]ו לימא
011	B2.2:1	לכסלו הו י[ום	1+3+[3+10	לתחות שנת 1+20
012	C3.8I:1	ב]	1+3+3+10	לתש]רי הו יום
013	D3.29:1	ב	]1+3+3+10	...] עד יום[...]

18

No.	Ref	Preceding	Number	Following
001	C3.8IIIB:15	פחה בר[...] ב	1+[1+]3+3+10	לא[דר ש]נת
002	B4.5:5	] ירח פחנס שנת	2+3+3]+10	ד]ריוהוש מלכא
003	D5.38:2	[...] [...] שנת	2̇+3̇+3+10	דרי[והוש ...]
004	C3.7KV2:15	כרשן 10 ש 3+3 ח	2+3+3+10	ב[..] לפרמו[תי בקרו
005	C3.7FV2:4	שנת 1+10 כנדן	2+3+3+10	ופלג לק עתיק 1 כל
006	C3.7KR2:16	ש 1+3+3 ח	2+3+3+10	כסף כרשן
007	C3.7KR2:2	[ש 3]+3+1 ח	[2+3+]3+10	[כסף]כ̇ר̇ש̇ן̇]
008	B3.3:1	ב]	2+3+3+10[	ל[א]ב[הו יום
009	C2.1.5:13	קטלו למרדיא ב̇	2+3+3+10	לאיר עבדו קרב קטלו
010	B2.1:1	ב	2+3+3+10	לאלול הו יום
011*	B8.4:1	ב]	2̇+2̇+[1+3+1̇0	לחתחור
012	B2.2:1	ב	2+3+3+10	לכסלו הו י[ום
013	B7.2:1	ב	2+3+3+10	לפאפי שנת 1+3
014	C3.7KV3:4	] כרשן ....] [ב	2+3+3+10[	לפחנס בקרו [לימא
015	C3.7DR1:4	לא ספיתן 2+20 ב	2+3+3+10	לתעבי בקרו למצרין
016	C3.8I:5	ב]	2+3+3+10	לתשרי הו י[ום [20

19

No.	Ref	Preceding	Number	Following
001	B2.7:1	לירח מסורע שנת	3+3+3+10	ארתחשסש מלכא אמר
002	B6.1:1	שנת]	3+3+3+10	ארתחשסש מלכא
003	C3.7FV3:7	משח ספן	3+3+3+1̇0	כ 2 יו̇ 1̇0+2
004	C3.8I:1	] לתש]רי הו יום	3+3+3+10	לאפף שנת] [3+10
005	C3.14:33	הו י[ום	3+3+3+1̇0	ל]מ̇חיר שנת
006	A6.1:7	אזדכרא כנתהם ב	3+3+3+10	למרחשון שנת
007	B2.8:1	לאב הו יום	3+3+3+10	לפחנס שנת 2+3+20
008	C3.8I:7	ש[...] ב	3+3+3+10	לתש]רי הו יום 1+20
009	C3.28:84	א̇[.]...א זילי	3+3+3+10	מ̇ן̇ ..[.]..... גרבן 3
010	C3.7DV1:21	ס̇]מכת	3+3+3+10	ס̇פ̇ן̇] ריקנן
011	C3.7GV3:4	עתיקן 3 עק סמכת	3+3+3+1̇0	ספן ריקנן
012	C3.7DR2:4	משח ספן	3+[3+]3+10	עק סמכת 2 ספן ריקנן
013	B8.1:18	מן שנת	[....]3+3+3+10	...ת ב̇עה

20

No.	Ref	Preceding	Number	Following
001	D13.1:1	תנ̇א טאיא	20	####
002	C3.15:24	בר הדדנורי [כ]ש 2 לה	20	שלמיה בר ישוב כש 2
003	B3.8:10	שוה [כסף שקל 1 חלרן	20	] שנטא 1 זי כתן חדת ארך]
004	B4.3:5	טלפחן ארדבן	]20	
005	C3.14fragbV:1	כסף[...] מש[...] [...]	20[	...].י̇ן
006	C3.15:51	] בר נתון[כש] 2	20	....] בר שלמ̇[כ]ש 2
007	C3.2:7	שמאד̇ד̇ ש ת̇[...]	]2̇0̇	...] .[...]
008	C3.7FR1:5	] בגו]זילא ספיתן	2̇0̇	....] ס]פ̇ינת כ̇ז̇ד̇י
009	C3.7KR4:12	] ....] ב	]20	... לפאוני בקרו למצרין]

010	C3.7CR2:11	מׂשׂחׂ חׂמׂוש יו	20[	....] כסף גבריא זי עביד
011	D2.7fraga:1	ב	20[	... ...] יהודי .[... ...]
012	B2.6:34	למפטחיה כסף כרשן	20	באבני מלכא ולא אכל
013	B2.6:36	למפטחיה [כס]ף כרשן	20	באבני מלכא כתב נתן בר
014	B3.12:30	אביגרן כסף כרשן	20	באבני מלכא כסף צרף וביתא
015	B5.4:6	לך אנתן לך כסף כרשן	20]	באבני מלכא ולא דין ואהך]
016	B8.2:17	זי קמר [....]תוגן	20	בׂנׂאי [....].[....]
017	C3.7JR2:25	[בגו זי]לא ספיתן	20	ב 2+10 למסורע] בקרו
018	D7.54:2	סׂהׂ.[...] [...] עקן	20	ג..[..] [...] [...] [...
019	B2.2:14	זך ינתן לך כסף כרשן	20	הו עשרן באבני מלכא כסף ר
020	B3.13:7	זי מנעל כתיב בין יומן	20	הו עשרן ולא דן והן מאתת
021	B3.5:16	דין ינתן לכי כסף כרשן	20	וביתא אפם זילכי להן הן
022	B2.6:31	ינתן לה כסף כרשן	20	ויעבד לה דין ספרא זנה
023	C3.28:96	1 בחלכין 1+3 מדלא	20	וירחין 2+10 מדלא
024	B3.8:14	כס [1 דמי] כסף חלרן	20	זלוע 1 דמי כסף ח 20
025	D3.32:1	[...]מׂן	20	ח.[...]
026	B3.8:15	20 זלוע 1 דמי כסף ח	20	כ[ל] ^[מ]אנ[ן]^ זי נחש]
027	C3.7DR2:6	[ ]בגו זילא ספיתן	20	כל מנד[תא]ואח[רן
028	C3.7FV3:17	בגו זילא ספיתן	20	כל ספינתׂאׂ ז[י] בקרו
029	C3.7JV2:21	ב[גו] זילא ספיתן{	20{	כל מנדתא ו[אחרן] זי גבי
030	B2.6:14	3+3 שקל 2+3 חלרן	20	כסף ר 2 לׂ10 באבני מלכא
031	B3.4:15	אנחן ננתן לך כסף כרשן	20	כסף זוז לעשרתא וביתא
032	B3.4:18	לך ינתנון לך כסף כרשן	20	כסף זוז לׂ10 וביתא זילך
033	D11.24:2	לנבו [...]ב	20	ל....שׂ[...]
034	B3.11:1	ב	20	לאדר הו יום 2+3+3
035	C3.8I:5	[לתשרי הו י]ום	20]	לאפף שנת 3+10
036	C3.7GV5:24	כׂיחך[שנת 1+10] ב	[20]	לׂ[כ]יׂחׂךׂ בקרו לי[מא
037	C3.14:34	[לאיר הו יום]	20	למח[יר שנת 2+3 ...]. זי
038	C3.7DR3:8	10 ח 2 ר 1+[1] ב	20	למחיר בקרו ל[מצרין]
039	A4.7:30	^כלא^ ארשם לא ידע ב	20	למרחשון שנת 1+3+3+10
040	A4.8:29	עביד לן ארשם לא ידע ב	20	למרחשון שנת
041	D2.8:1	[...] אח[... ...] [ב]	20	לניסן הו יום 2[... ...]
042	B3.2:1	לפמנ[ח]תף הו יום	20	לסיון שנת 1+3+10
043	C3.7KR4:6	כרשן[10 ח 2 ר 2] ב	20	לפאוני [בקרו למצרין]
044	C3.7FV2:19	[לקן]חׂדׂתן	20	לק עתיק 1 [כ]לׂ
045	C3.7FV3:15	ל[ק]ןׂ חדתן[	20	]לק עתיק 1 ע[ק]סמכת
046	B6.1:1	לאיר הו יום	20	לתעבי שנת] 3+3+3+10
047	C3.8I:9	אחמנש אזל [...] ב	20	לתשרי הו] יום 2+20
048	B6.2:6	כסף שקלן 1+3 חלרן	20	מׂסׂחׂטׂה 1 חדתה זי
049	D3.22:2	[...]. פתור ה[...] [...]	20	משח [...]
050	B8.6:5	אמר הנצלני כסף כרשן	20	[....]ןׂ זי
051	B3.6:1	ב	20	סיון הו יום 1+3+3

21

001	C3.29:11	משח לגין 3+10 ב	1+20	בעׂנׂו נקדרוס
002	C3.7AR2:15	חמר כׂנׂדׂןׂ	1̇+2̇0̇	וׂפׂלׂגׂ [מ]ש[ח]ספן
003	C3.7AR2:7	[ר 2] חמר כׂנׂדׂןׂ	1+20	וׂפׂלׂג מש[ח] ספן
004	C3.7BR1:2	[חמר כנדן	1+20	ופלג] משח ספן 3+[3+3]
005	C3.7DR3:20	[ר 2] חמר כ[נד]ן	1+20]	ופלג] משח סׂפׂןׂ
006	C3.7ER1:10	[חמר]ספן	1+20	ופלג [משח ס]פן 3+3+3
007	C3.7ER1:23	ר 2 חמר כׂנׂ[ד]ןׂ	1+20	ופלג
008	C3.7ER1:3	ר 2 [ח]מר כׂנׂדׂןׂ[	1+20	ופ]לג [מש]ח ספן
009	C3.7ER2:7	[חמר כנדן	1]+2̇0̇[	ופלג] מׂשׂחׂ] ספן
010	C3.7GR2:7	[חמר]יון כנ[דן	1+20[	ופלג [חמ]ר צׂיׂדׂנׂיׂן
011	C3.7JR1:14	[ר 2] [חמר כנדן	[1+20	ופלג [משח ספן 3+3+3
012	C3.7JR1:22	[חמר כנדן]	1̇+2̇0̇	ופלגׂ [משח ספן
013	C3.7JR2:15	[ר 2] חמר כנ[דן	1+20	ופלג] [משח ספן 3+3+3
014	C3.7JR2:22	חמר[כנדן	1+20	ופלג] משח סׂפׂןׂ 0̇1̇]
015	C3.7	[ ]ר 2 [חמר]ספן	1+20]	ו]פׂלׂ[ג] [מש]חׂ
016	C3.7KR3:14	חמׂ[ר כנדן	1+20	ופלג] משׂ[ח ספן 3+3+3
017	C3.7KR3:21	חמר [כ]נׂדׂןׂ	1+20	ופלג משח ספן 10 רבע עק
018	C3.7CR1:13	[ר 2] [חמר כנדן	1+20	ופלג] [משח ספן 3+3+3
019	C3.7CR1:21	[חמר כנדן	1+20	ופלג] [משח ספן 3+3+3
020	C3.7CR2:14	[ר 2] חמר סׂפׂןׂ	1̇+2̇0̇	ופלג משח ספן 3+3+3
021	C3.7CR2:22	[....] חמר ספן	1+20	[ו]פלג
022	C3.28:114	כׂהנא בתמאסר	1+20	חל גרבין 2[{{כ]הנא{{
023	C3.13:13	[מלכא] כסין זי נחש	1+20	כס כסף 1 קנן 2+3+10
024	C3.13:3	[...] כסין זי נחשׂ	1+20	כס כסף 1 טׂלׂפׂח[ן]
025	C3.8I:7	לתש[רי הו יום	1+20	לאפף שנת 3+10] אחמנש
026	C3.8IIIA:1	[1+3+10 הו] יום	1+20	לחתחור[שנת 2+3+10
027	B2.3:1	ארך 3+10 ופשך ב	1+20	לכסלו הו יום [1[+20
028	B2.4:1	ב	[1]+20	ל[כס]ל[ו הו יו]ם
029	B2.3:1	לכסלו הו יום	1[+20]	למסורע שנת 3+3
030	B2.4:1	ל[כס]ל[ו הו יו]ם	1[+20]	ל[מס]ורע שנת 3+3
031	A4.1:4	יום 2+3+10 עד יום	1+20	ל[ניסן ....] [....] דכין
032	A4.1:7	[ב]מערב שמשא עד יום	1+20	לניס[ן במערב] [שמשא
033	C3.7KV3:19	[....] ב	1+20	לפאוני בקרו לימא ספינה
034	C3.7KV2:18	ש 2+3 ח 10 ב	1+20	ל[פרמו]תׂיׂ בׂ[קרו
035	C3.8I:12	[...] [..].אׂ [...] [ב	1+20	]ל[תשרי הו יום 3+20
036	B2.2:1	לתחות שנת	1+20	ראש מלוכתא כזי ארתחששש

22

001	C3.7ER1:19	[מלכא] זהב [ס]תתרן	1+[1+]20	ל[זהב]כׂרש 1 ח
002	C3.28:82	ברת יחנן חנטן א	2+20	בב ארסינה שׂערן א
003	C3.7DR1:3	בגו זי לא ספיתן	2+20	ב 2+3+3+10 לתעבי
004	C3.8I:9	ב 20 לתשרי הו] יום	2+20	לאפף שנת 3+10]
005	C3.7ER2:5	[בית מלכא] זהב סתתרן	2[+20]	לׂזׂהׂבׂ כׂרׂשׂ 1 ח]
006	C3.14:28	]לחד שא 1 ר 2 לשא 3	2+20	לחד שא 1 לשא 2+20
007	C3.7EV2:17	[כ]סף כרשן [...]. ב ´	[2+]20	למסורע בקרו לימא ספינה
008	B3.9:1	ב 3+3 לתשרי הו יום	2+20	לפאוני שנת 2+3+3
009	C3.7KV3:7	[....] [ב	2+20[	לפחנס בקרו לימא ספינה
010	C3.14:28	2+20 לחד שא 1 לשא	2+20	[נ]פש 10+20 לחד שא
011	C3.5:6	[... שקלן ...+]1 חלרן	2+20	[.... כס]ף כרשן
012	C3.7EV2:8	פסלׂרׂשׂי 3 לכסף כרשן	2+20]	....] [....]יׂאׂ

23

001	D3.37:1	[....]	]3+20	[...
002	C3.7KV2:12	[כסף כרשן ...]i ה̇	]3̇+2̇0	[...] ירח פרמותי שנת
003	C3.7KR2:17	ש 1+3+3 ח	3+20	חמר[כנ]דן
004	C3.7FV2:2	1 ש 2 ח 3 חמר כנדן	3+20	כ 2 ושתות בגו חמר זי]
005	C3.8IIIB:23	יה̇[...]ה̇נ̇ה̇ ב	3+20	לאדר שנת 1+3+10 הו
006	C3.8I:12	[ ]ל[תשרי הו יום	3+20	לאפף שנת [3+10
007	C2.1.7:33	[ק]טלו למרד[יא] אלך	3+20	לכסלו עבדו קרב [קטלו
008	B4.6:1	ב	3+20	לפמנחתף שנת 2+3
009	C3.12:24	1 [.... ס]פינתא ב	3+20	לשרתא קלול 1 קלבי 1 ב
010	C3.7KV2:10	[...] .ש [3+]3+3 ח	3+20	ר 2 כלן]

24

001	D8.10:4	זעירה 1 יתקום	1+3+20	נפרנוב 2+3+3 מ 1 ג
002	D12.2:1	ב	1+3+20	לאב שנת 2 ארתחשס[ש
003	D12.2:2	ב	1+3+20	לא̇ב שנת 2 ארתחשו[סס
004	C3.8IIIB:29	[ ]..א ס.ר [...] ...א ב	1+3+20	לאדר שנת]
005	C3.14:33	שנת 1+3 עד יום]	1+3+20	לאיר הו יום] 20
006	C3.12:25	קלול 1 קלבי 1 ב	1+3+20	לבגוד 1 קלבין] 2
007	B3.10:1	ב	1+3+20	למרחשון הו יום
008	C3.7DV1:19	פעמי]	1+3[+20	לקן]
009	C3.7FV2:18	[ע]ק ארז פעמי	[1]+3̇+2̇0	[לקן] ח̇ד̇ת̇ן 20 לק
010	C3.7FV3:14	עק ארז פעמי	1+3+20	ל[ק]ן̇ חדתן] 20]לק
011	B2.11:1	ב	1+3+20	לשבט שנת 3+10 הו
012	C3.7BV1:17	[....] ב	1+3+20	לתשרי[....]
013	A5.2:2	מהחסן לה מן שנת	1+3+20	ע[ד] שנת 1+10+20
014	A5.2:6	[....] מן שנת	1+3+20	עד שנת 1+10+20
015	C3.7GV2:24	עק ארז פעמי	1+3+20	
016	C3.7JV1:25	[עק ארז]פעמין	1[+3+20	
017	C3.28:61	לתחות .{{..}} זוזן	1+3+20	ר 1 ערביא לגן 1+3
018	C3.7FR1:2	[כסף כרשן ..]ש 1 ח	1+3+20	ר [...] [....]+1
019	D13.2:a		{1+3+20}	{ר 2} {[...]2}

25

001	C3.7EV2:19	[כרשן ...] ב	1+[1+1+]2+20	למסורע בק[ר]ו
002	C3.27:7	ב 2+3+3 א	[2+1]+2+20	ב 3+3+3 א
003	B2.8:1	לפחנס שנת	2+3+20	ארתחשסש מלכא אמר
004	B8.2:5	א̇יר שנת [....]	2+3+20	[....]. יהיבת
005	C3.27:18	ב 3+3+3+20 א	2+3+20	[...]תי נפקן 2+3+3
006	C3.28:101	חגי שטר 1 בחנטן א	2+3+20	בידה שטריה יחנן בר
007	C3.26:6	[2+2[+1 תנרי כא	2+3+20	בני חפ̇יענח כא
008	C3.27:10	ב 1+10 א	2+3+20	ב 2+10 א 2+3+20
009	C3.27:11	ב 2+10 א	2+3+20	ב 3+10 א 2+3+20
010	C3.27:12	ב 3+10 א	2+3+20	ב 1+3+10 א
011	C3.27:13	ב 1+3+10 א	2+3+20	ב 2+3+10 א
012	C3.27:14	ב 2+3+10 א	2+3+20	ב 3+3+10 א
013	C3.27:15	ב 3+3+10 א	2+3+20	ב 1+3+3+20
014	C3.27:17	ב 2+3+3+20 א	2+3+20	ב 3+3+3+20 א
015	C3.27:4	מן פטאסי ח̇לפן א	2+3+20	ב 3+3 א 2+3+20 ב
016	C3.27:5	א 3+3 ב 2+3+20	2+3+20	ב 1+3+3 א 2+3+20
017	C3.27:6	ב 1+3+3 א	2+3+20	ב 2+3+3 א
018	C3.27:8	ב 3+3+3 א	[2+3+]20	ב 10 א 2+3+20 ב
019	C3.27:9	ב 10 א	2+3+20	ב 1+10 א 2+3+20
020	B3.5:1	לתשרי הו יום	2+3+20	לירח אפף שנת
021	C3.12:29	חמר צידן קלבי 1 ב	2+3+20	לכיחך זי הו יום 1
022	D22.26:1	ב	2+3+20	למ[חיר
023	C2.1.5:26	[פרורת ק]טלת ב̇	[2+3+20]	[לניסן עבדן קרב קטלת
024	C3.7KV2:7	כסף כר[שן ....] ב	2+3+20	לפמנחתף בקרו לימא
025	B3.2:1	ב	2+3+20	לפמנ[ח]תף הו יום 20
026	B3.5:1	ב	2+3+20	לתשרי הו יום
027	B8.7:1	עבדי אלך כסף כרשן	2+3+20	שאיל פתחנ̇ופי לקבל

26

001	C3.7GV5:17	[....] ב	3+3+20	לחת[חור בקרו לימא
002	B2.6:1	[ל]תשרי [הו יום	3+3+[20	לירח אפף [ש]נת
003	C3.7KV3:21	[כרשן ....] ב	3+3+20	לפאוני בקרו לימא
004	C3.7KV2:20	ח 3 ר 2 ב	3+3+[20]	ל[פר]מותי בקרו
005	B2.6:1	ב	3+3+20	[ל]תשרי [הו יום
006	C3.12:30	לשרתא קלולן 2 ב	3+3+20	קדם א.[...] עליד
007	C3.7KV2:21	ח 3+3 ש 3+3	3+3+20	ר 2 ב 10+20

27

001	C3.5:10	[ש]קל 1 חלרן	1+3+3+20	
002	C3.7JV2:24	ש i ח	]1+3+3+20	.] [....]3
003	D8.10:1	אביתי צפעה	1+3+3+20	זעירה 10+20 מ 1 ג
004	C3.7DR2:10	[....]+1 ח	1+3+3+20	כ̇ס̇[ף
005	B5.1:1	2 ל[י]רח אפף שנת	1+3+3+20	לדריוש מלכא אמרת
006	C2.1.4:5	[קטלו למרדיא אלך	1+3+3+20	לטבת עבדו קרבא קטלו]
007	C3.7KV3:24	ח 1+3+3 ר 2 ב	1+3+3+20	לפאוני בקרו לימא
008	C3.7KV3:9	[....] ב	1+3+3+20	לפחנס בקרו לימא
009	A3.8:14	לאי̇תי עלי כתב ב	1+3+3+20	לתעובי [אל] א[חי]
010	C3.27:16	א 2+3+20 ב	1+3+3+20	לת̇ח̇ו̇ת ב
011	C3.7DR1:18	[...]+i0 ח̇	i+3+3+20	ר̇ 2̇ מנת משחא זי
012	C3.7EV1:7	ח 3+3+i0	i+3+3+20	ר[...] [...].י̇ 1

28

001	C3.7AR2:14	[ש 2+3 ח	[2+]2+[1]+3+[20	חמר כ̇נ̇ד̇ן
002	B3.4:1	לירח פאוני שנת	2+3+3+20	ארתחשסש מלכא אמר
003	C3.29:12	שיטיא לגין	2+3+3+20	הוביותוס משח לגין
004	C3.27:17	לתחות ב	2+3+3+20	א 2+3+20 ב
005	C3.7ER1:9	[ש] 2+3 ה̇	[2+3+3]+20	[חמר]ספן 1+20
006	C3.7ER2:6	ש 3[+2 ח	[2+3+3+20	[חמר כנדן]1+2̇0[1
007	C3.7JR1:21	ש 3+[2 ח	[2+3+3+20	[חמר כנדן] i+20
008	C3.7JR2:21	[ש 2+3 ח	[2+3+3+20	חמר[כנדן 1+20
009	C3.7KR3:20	[ש 2+3 ח	[2]+3+3+[20	חמר [כ]נ̇ד̇ן

010	C3.7CR1:20	[ש 3+]2 ח	[2]+3+3+20	[חמר כנדן 1+20
011	B4.3:1	ב	2+3+3+20	ל[ירח פאפי שנת 3
012	B4.4:1	ב	2+3+3+20	לירח פאפי שנת 3
013	B2.1:1	לאלול הו יום	2+3+3+20	לפחנס שנת 2+3+10
014	C3.12:32	אחומי [...] ב	2+3+3+20	לש[רתא] ב
015	C3.24:4	[...] [כל א]שלן	2+3+3+20	ר 3 .... חלף

29

001	A5.1:5	[ב.... ל....] שנת	3+3+3+20	ארתחשסש מ[לכא
002	C3.7FV3:23	[כל]ספינה רׄבה	3+3+3+2̊0	אסות כחמוש ספינה
003	C3.27:18	א 2+3+20 ב	3+3+3+20	א 2+3+20 [...]תי
004	C3.7KR2:19	[משח]ספן	3̊+3̊+3̊+2̊0	כׄ 1 מעשר ספׄןׄ
005	D22.29:3	בר ערוד למן בשנת	3+3+3+20	למלכא
006	B3.10:1	למרחשון הו יום	3+3+3+20	למסורע שנת 1
007	C3.12:33	לשׄ[רתא] ב	3+3+3+20	ל[שרתא] עחמנוי ה.]
008	B8.2:8	הוה	3̊+3+3+20בׄ[....]	[....]

30

001	C3.14fragc:2	[... ...]חרׄא [...	]10+20[	...]
002	C3.15:61	[בר] יהוטל כ[ש 2]	10+20]	.... בר ע]נני כש 2
003	C3.7GR3:6	לקן חד[תן	]10[+20	....] כׄסׄףׄ
004	D2.33:4	[...].וט סׄ	10+20	[...].תה וח[... ...]וׄ
005	D7.38:1	[...]חנם וסדׄן	10+20	[...]זׄי חנם עליד
006	D21.6:1	בים	10+20	אפלנס ....
007	B3.10:20	לכי אביגרן כסף כרשן	10+20	באבני מלכא כסף צריף
008	B3.11:14	אביגרן כסף כרשן	10+20	באבני מלכא ואנתי אם
009	C3.7AR2:10	סמכת וׄ [ספן ריקנן	10+20	בגו זי לא ספיתן 10]
010	C3.7AR2:18	[סמכת 1 .[.] ספן ריקנן	10+20	בגו[זילא]ספיתן 10 ב
011	C3.7AR3:18	[ספן ריקנ]ןׄ	10+20	בׄ[גו זי לא ספיתן 10]
012	C3.7DR1:3	עק סמכת 1 ספן ריקנן	10+20	בגו זי לא ספיתן 2+20
013	C3.7DR3:23	עק סמכת 1 ספן ריקנן	]10+20	בגו זילא ספיתן 10] כל
014	C3.7ER1:13	[1] [ס]פן[ריקנן	10+20	ב]ג[ו זילא]ס[פי]תן[
015	C3.7ER1:6	[1] סׄפׄןׄ ריקנן	10+20	בגו זילא ספיתן 10 כל
016	C3.7ER2:10	וׄ ספן[ריקנ]ן	10+20	בגו זילא סׄ[פיתן 10]
017	C3.7ER2:3	[1] סׄ[פ]ןׄ [ריקנ]ן[	10+[20	בגו [זילא]סׄפיתן[
018	C3.7GR2:13	לק עתיק 1 ספן ריקנן	10+20	בגו זילא ספיתן 10
019	C3.7JR1:17	[1] [ספן ריקנן	10+20	בגו זי לא ספיתן 10]
020	C3.7JR1:25	1 [ספן רי]קנ[ן	10+[20	ב[גו] זיל[א ספיתן 10
021	C3.7JR2:18	[סמכת 1] [ספן ריקנן	10+20	בגו זילא ספיתן 10]
022	C3.7JR2:25	סמכת 1 ספן[ריקנן	10+20	בגו זי]לא ספיתן 20 ב
023	C3.7KR1:15	[... ...] [ספן ריקנן	10+20	בגו זילא ספי]תן 10 [ב
024	C3.7KR3:17	סׄפׄןׄ רׄ[יק]נׄ[ן	]10+20[	בגו זילא ספיתן 10]
025	C3.7KR3:24	עק סמכת 1 ספן ריקנן	10+20	בגו[זילא ספיתן 10] ב
026	C3.7CR1:16	[סמכת 1] [ספן ריקנן	10+20	בגו זי]לׄאׄ ספיתן 10
027	C3.7CR2:17	[סמכת 1] ספן ריקנן	10+20	בגו[זילא ספיתן 10]
028	C3.7CR2:2	עק סמכת 1 ספן ריקנן	10+20	בגו זילא ספיתן 1̊0 ב
029	C3.7GR3:14	[2]×100 לקן חדתן	10+20	ב 3+3+3 לׄאׄפׄףׄ
030	B3.4:20	וננתן לך בין יומן	10+20	והן לא פצלן אנחן ובנין
031	A6.11:2	שמה אבי בית זרע א	10+20	זׄ[ך] אשתבק בגו בזי
032	A6.11:4	זך אבוהי בית זרע א	10+20	זך אשתב[ק
033	C3.7KR2:21	בגו[זילא ספ]יׄתׄןׄ	10+2̊0	[ירח פאו]נׄיׄ[ש]נת
034	C3.7KR2:13	[בגו ז]ילא ספיתן	[10+20]	כל מנדתא ואחרן זי
035	B3.11:10	אביגרן כסף כרשן	10+20	כסף צרף באבני מלכא
036	C2.1.5:22	קרבׄ[ע]בדו קרבא	[10+20]	לאיר עבׄ[דו קרב]
037	C3.14:29	1 לשא 2+20 [נ]פש	10+20	לחד שא 1[+1 ר 2 ל]שא
038	C3.7AR2:19	[זילא]ספיתן 10 ב	10+20	לחתחור בקרו למצרין
039	B3.3:1	ל[א]ב[הו יום	[10+20	לירח פרמותי שנת
040	C3.8IV:4	זי ה.[...] ..[....].. ב	10+20	לניסן ה[ו יום 3+10
041	C3.7EV1:2	כ[רשן ....]+1 [ב	10+20	לפאוני בקר]ו לימא דוגי
042	C3.7KV3:12	ח 1+3+10[..] ב	10+20	לפחנס בקרו [ל]ימ[א
043	C3.7KV2:9	2+3 ח 20+[...] ב	10+20	לפמנחתף בקרו לימא
044	C3.7KV2:22	ח 3+3+20 ר 2 ב	10+20	לפרמ[ות]י בקרו לי[מא
045	B4.6:6	ואשלמן לכי עד	10+20	לפרמתי שנת 2[+1]+2
046	C3.28:59	בׄזפה נכיס ח[...]	10+20	לתחות .{{..}} זוזן
047	D8.13:4	כתב יוׄסׄף ספרא ב	10+20	לתעב[י] שנת 3+10+20
048	D8.10:2	זעירה 1+3+3+20	10+20	מ 1 ג 1 נוכדׄו

31

001	A5.2:2	1+3+20 ע[ד] שנת	1+10+20	[ארתחשסש] [מלכא ....]
002	B3.5:1	לירח אפף שנת	1+10+20	ארתחשסש מלכא אמר
003	C3.7FR2:27	10+20+20 לקן	[1+]10+20	בגו
004	A5.2:6	1+3+20 עד שנת	1+10+20	ובגפרן ונפין
005	C3.15:125	פמנחתף כסף כרשן	1+10+20	שקלן 2+3+3 בגו ליהו

32

001	D7.38:4	וׄ א מדׄן	2+10+20	[...]ל 1 מן תעבי [...
002	C3.7AR3:23	זהב סתת[רן	2+10+20	לזהב כרשן 2 ש 3+3 ח
003	C3.21:6	קריׄ[תא] כל אשלן	]2+10+20	...] תני אמה .] ...]

33

001	D8.13:4	לתעב[י] שנת	3+10+20	
002	C3.7BR1:1	[ש]2+3[ ]ח	[3+10]+2̊0	[חמר כנדן 1+20

34

001	C3.7DR2:9	זהב ס[ת]ת[רן	20]+1+10+[1+2	....]כׄרׄשׄן
002	B8.4:1	לחתחור שנת	1+3+10+20	במנפי נבׄושזב

35

001	D7.46:4	[....]	2+3+10+20	[....]עבדן 2+10
002	C3.7GR1:7	....]	2̊+3̊+[10+20	ר 2 [....

36

בגו] [כל]ספינה	3+3]+10+20	פסלרש[י]	C3.7FV3:22	001
יעקף כספך ומרביתה	3+3+10+20	עד ירח תחות שנת	B4.2:8	002
	[3+3+10+20	כרשן 2 ש 3+3 ח]	C3.7AR3:23	003

38

ארתחשסש [מלכא]	2+3+3+10+20	למרחשון שנת	A6.1:7	001
ארתחשסש מלכא אדן	2+3+3+10+20	לפמנחתף שנת	B3.6:1	002

40

משלך בר אורי כש 2	20+20	בר זכריא כש 2	C3.15:71	001
1+3 ות[....] נתה	20+20	שנן .[....]..	C1.2:26	002
[.......] [..].[.	20+20	להם ..ב. 20+20	D23.1.VIII:13	003
..ב. להם 20+20 [...	20+20	...[....]...	D23.1.VIII:12	004
בב שמעון שטר 1 בכרשן	20+20	שטר 1 בחמר כאן	C3.28:92	005
והן לתפשר .מ .א.ה	20+20	.ל.עי כ.... א	D23.1.Va:12	006
זי ליאתו	20+20	[...]ג	D23.1.Va:10	007
ש 3+3 ר 2 ש 2 ר 2 ש	20+20	3+10 ש	D13.2:2	008

42

לזהב]כרשן 3[ש	2+20+20	בית מלכא זהב סתתרן	C3.7GR2:4	001
הנע]לו בגנזא גויא ..[	2+20+20	כל כנתן א [...]2	C3.18:18	002

43

....]ל....[..] חמ]ר	]3+20+20	חמר[יון כנד]ן	C3.7FV3:3	001

44

לזהב כרשן 3 ש]	[1+3+20+20]	מלכא זהב סתתרן	C3.7FV2:23	001
לזהב כרשן 3 ש	1+3+<20>{10}+[20]	זהב סתתרן	C3.7JV2:23	002

48

משח ספן	2+3+3+20+20	שנת 1+10 כנדן	C3.7FV3:6	001
קמר כפר צע כרשן 2	[2+3+3+20+20	כנ[דן 1+10	C3.7FV2:11	002

50

תחי ברתהז[...]	10+20+20	חור ברה [...]	C3.9:20	001
מנת [....]	10+20+20	[כסף כרשן]	C3.7DR3:15	002
חמר ספן [....]	10+20+20	] 3+3] כסף כרשן	C3.7CR2:21	003
באבני מלכא כסף צריף	10+20+20	אבגרן כסף כרשן	B3.6:15	004
באבני מלכא ואנתי	10+20+20	לך אבגרן כסף כרשן	B3.6:8	005
בגו זילא ספ[יתן 10	10+20+20	סמכת 1 ספן ריקנן	C3.7BR1:5	006
ח 2+10 ר 2] מנת	10+20+20]	] ח 3+3] כסף כרשן	C3.7AR2:3	007
ח 2+10 ר 2 מנת	10+20+20	] ח 3+3] כסף כרשן	C3.7BR1:21	008
ח 10+[1+]1 ר	10+20+20	ח 3+3 כסף כרשן	C3.7ER1:20	009
ח 2+10 ר 2]	10+20+20	[כסף כר]שן]	C3.7HR1:5	010
ח 2+10 ר 2] [מנת	10+20+20	] ח 3+3] [כסף כרשן	C3.7JR1:10	011
ח 2+10 ר 2] [מנת	10+20+20	] 3+3] כ]סף כרשן	C3.7JR2:11	012
ח 2+10 ר 2 [מנת	10+[20+20	ח 3+3 [כסף כרשן	C3.7KR3:10	013
ח 2+10 ר 2] [מנת	10+20+20	ח 3+3 [כסף כרשן	C3.7CR1:9	014
ח] 2+10 ר 2] מנת	10+20+20	כס]ף כרשן]	C3.7CR2:9	015
לקן 20+10[1+] בגו	10+20+20	2+3 עק ארז מלות	C3.7FR2:26	016
לקן עתיקן 3 עק סמכת	10+20+20	בגו לקן חדתן	C3.7GV3:2	017
מנדתא זי גבי מנה	[10+20+20	בה מ[שח ספן	C3.7BR1:18	018
מנדתא זי גבי מנ[ה	[10+20+20	] בה משח ספן	C3.7DR3:12	019
מנדת[א]זי גבי מנה]	[10+20]+20	בה משח ספן	C3.7ER1:17	020
מנדתא ז[י]גבי מנה	[10+20+20	בה מ[שח ספן	C3.7ER2:20	021
מנדתא זי גבי מנה]	[10+20+20	] ב[ה] [משח]ספן	C3.7HR1:2	022
מנדתא זי גבי מנה]	[10+20+20	בה [משח]ספן]	C3.7JR1:7	023
מנדתא זי גבי מנה]	[10+20+20	] בה משח ספן	C3.7JR2:8	024
[מנדתא]ז[י גבי מנה]	10+20+20	בה משח ספן	C3.7KR3:7	025
מנדתא זי גבי מנה]	[10+20+20	] בה משח [ספן	C3.7CR2:6	026
סי 2+3 [פק]	10+20+20	] 3+3+]×100 מלות	C3.7DV1:16	027
עק ארז מלות	10+20+20	בגו עק ארז סי	C3.7GR3:24	028
עק ארז פק	10+20+20	2+3 עק ארז מלות	C3.7GV2:22	029
ש] 2+3 ח	10+20+20	] 3+3] כסף[כ]רשן	C3.7AR2:14	030
ש] 2+3 ח	10+20+20	[3+3] [כ]סף כרשן	C3.7ER1:9	031
ש 3[+2 ח	10[+20+20]	] 3+3] כסף כרשן	C3.7ER2:6	032
ש 3+]2 ח	10+20+20	] 3+3] [כסף כר]שן	C3.7JR1:21	033
ש 2+3 ח	10+20+20	] ח 3+3] [כסף כרשן	C3.7JR2:21	034
ש 2+3 ח	]10+20+20	כסף כרשן	C3.7KR3:20	035
ש 3+]2 ח	10+20+20	ח 3+3 [כסף כרשן	C3.7CR1:20	036

52

זנה זי אנה בפרס	2+10+20+20	[קטלו ואחדו]	C2.1.8:50	001
	2+10+20+20	רעי	C3.19:28	002

53

ס]מכת	3+10+20+[+20]	] 1+3[+20 לקן	C3.7DV1:20	001
בגו לקן חדתן	3+10+20+20	לקן	C3.7GV3:1	002
[ע]ק ארז פעמי	[3+]10+20+20	עק] ארז פק	C3.7FV2:17	003
עק ארז פעמי	3+10+20+20	בגו עק ארז פק	C3.7FV3:13	004
עק ארז פעמי	3+10+20+20	עק ארז פק	C3.7GV2:23	005
[עק ארז]פעמי]	[3+10]+20+20	....] פק	C3.7JV1:24	006
פעמי[20+]3+1	3+10+20+20	סי 2+3 [פק]	C3.7DV1:18	007

54

בגו [2]לחד שא 1	1+3+10+20+20	]שא 1 [כ]ל נפש	C3.14:26	001

56

לז[ה]ב כר[שן]	3+]3+10+20+20	[זהב]ס[תתרן]	C3.7KR2:1	001
לזהב כרשן 3[+1]	3+3+10+20+20	מלכא זהב סתתרן	C3.7KR2:15	002

60

001	C3.15:91	ברת משלם כש 2	20+20+20	מפתח ברת שלם כש 2
002	C3.7DR2:6	סמכת 2 ספן ריקנן	20+]20+20	]בגו זילא ספיתן 20
003	C3.7FR1:5	½ [ספן ריקנן	20+20+20	בגו]זילא ספיתן 2̊0
004	C3.7FV3:17	1+[1] ספן ריקנן	20+20+20	בגו זילא ספיתן 20
005	C3.7JV2:21	[...] ספן ריק[נן	[20+20+]20[	ב[גו] זילא ספיתן]
006	C3.19:16	בר חפּימן	20+20+20	כל רֿעֿי
007	C3.7FV2:10	זי שנת 10 כנדן]	2̊0+[20+20	כ 1 חמר זי שנת
008	C3.7FV3:5	זי שנת 10 כנדן	20+20+20	כ 1 חמר זי שנת
009	C3.19:15	רעי	20+20+20	לאחרטיס בר חפּימן
010	C3.7FR1:4	[משח ספן ....].	20+20+20	עק סמכת ½ [ספן
011	C3.5:8	[כסף כרש]ן	20+20+20	שקלן 2+3 חלרן

64

001	C3.7KR2:10	2 [חמר כנד]ן	1+3+[20+20+20	וּפֿלֿגֿ [משח
002	C3.7KR2:18	חמר] כנ]דן	i+3+2̊0+2̊0+2̊0	וּפֿ[ל]ג [משח

65

001	D13.2:14	{2[...]}	2+3+{{20}}+20+20+20	ש 1 ר 3+10
002	C3.28:126	בש]...[ ]... [.	2+3+20+20+20	ר 1]... [ ]...

70

001	C3.15:101	ברת שלם כש 2	10+20+20+20	יהושמע ברת הושע
002	D7.36:5	עקן	i0+20+20+20	
003	C3.7BR1:1	[כסף]כֿרֿשֿן	10+]2̊0+2̊0+2̊0	ש]2+3[ח[ ]

75

001	C3.19:34		2+3+10+20+20+20	לצחא [....]

80

001	C3.15:111	ברת זכור כש 2	20+20+20+20	מנחמת ברת ידניה
002	C3.7GR3:2	1+10 [כנ]דן	20+20+20+20	טין [שמ]ש כר]שן

81

001	B3.5:8	כ 1 לאברת אמן	1+20+20+20+20	בנה בי תחתי חדת
002	C3.7HR2:12	... ...]	]i+2̊0+2̊0+2̊0+2̊0[	...] [... ...].

84

001	C3.7GR2:5	[כסף כר]שן	1+3+20+20+20+20	ש 2]ח 1+3+3

86

001	C3.7FR2:24	עקן במנין	3+3+20+20+20+20	בגו עק ארז סי

88

001	C3.7GR3:11	כנדן	2+3+3+20+20+20+20	וּפֿל[ג] טין

90

001	C3.15:121	קון כש 2	10+20+20+20+20	דֿעויה
002	C3.7KR2:13	3 [ספן ריקנן	10+20+20+20+20	בגו ז]ילא ספיתן
003	C3.7KR2:21	[ספן ריקנן	i0+2̊0+2̊0+[20+20	בגו] זילא
004	C3.26:3	[...] כא	10+20+20+20+20	פרסא [ביר]ה̊

92

001	C3.7DV2:8	משח ספן	2+10+2̊0+20+20+20	נג[....] זֿי

97

001	D13.2:13	ר 2 ר 1	1+3+3+10+20+20+20+20	{1+3+20}

98

001	C3.7FV2:16	במנין	2]+3+3+10+20+20+20+20	ב]גו [עק]
002	B3.10:7	אמן	2+3+3+10+20+20+20+20	בעשתא ופלג

100

001	B3.5:18	ענני אמות בר שנן	100×1	פלטי ויהוישמע כל 2
002	B3.7:18	יהוישמע ברת ש[נן	100×1	[....
003	C3.23:3	[...] [....]ומ.ת אשלן	100×]1	...] [...].תחק אשלן 10
004	D23.1.II:14	לכי כסף כרשן	100×1	...].]עם ...]עלימא
005	C3.7DV2:16	[ ]שמו[ש כרש]ן	]100×1	[....
006	B6.3:2	שלומם בר שנין	100×1]	.... ובר דכר ונקבה
007	C3.7FV3:12	[2 לך] [עק]ן] במנין	100[×1	בגו עק ארז פק
008	C3.28:103	דלוי ערבא בזוזן	100×1	ביד] יו]נתן חנטא] ז]י
009	B8.6:10	[כתש]וני בכפיד	100×1	בכפרגל 2+3+10
010	B3.5:17	להן הן מיתתי ברת שנן	100×1	בני זי ילדתי לי המו
011	C3.7KR4:21	שלמוא] כרשן	[100×1	זות.[...]בית[...
012	C3.28:118	3+3 חל 1 מהויהון	100×1	זי[של]חת לטבה
013	B8.2:20	כתן אמן.[....]	100×1	יה]יב ל....]
014	C3.14:31	כל נפקתא יו.[..]. שא	100×1	כל נפק]תא זי י]היב
015	B4.4:15	נחוב לך כסף כרשן	100×1	כסף זו[ז
016	C3.22:3	]יא 100×2 בגו [...].	100[×.]	לא יכשרון [.].[...]

102

001	C3.7FR1:11	][....]	[1+]i+100×1	][....]

108

001	C3.7FV2:9	[חמר כנדן	2+[3]+3+100[×1	כ]ן 1 [בגו חמר
002	C3.7FV3:4	חמ]ר צידני]ן	2+3+3+100×1	כ 1 בגו חמר זי שנת

110

110

001	C3.7HR2:13	[... ...]. כ͘נ͘דן	]i0+100×i	[... ...

116

001	C3.20:5	קריתא אשלן [...	]3+3+10+100[	...] [....].[

120

001	C3.28:98	זכור שטר 1 בזוזן	20+100×1	בב עבדיהו זכור שטר
002	A4.4:9	למרא[יהם כסף [כרשן	20+100×1	עוד טעם לא עד יהוי

121

001	C3.7JV2:24	[2] [כסף כרשן]	1+20+100×1	ש i ח

124

001	C3.7FV3:1	כסף כר[שן	[1+3+20+100×1	ש 3+3+3[....]

125

001	C3.7GR2:8	כנדן	2+3+20+100×1	כ͘ 1 משח ספן 10
002	C3.19:13	שחפימו רעי	]2+3+20+100×1	נפקת מדינתא [...
003	C3.7GR1:23	....]	2+3+20+100[×1	i[...]

129

001	C3.7DV2:5	חמר יון ספן	3+3+3+2̊0+100×1	ופלג חמר צידנין

131

001	C3.18:10	]כנתן א	1+10+20+100×1	ג͘[...] [...

143

001	C3.7FR1:12		1+[2+20+20+]100×1	....]

146

001	C3.7GR2:6	חמר [כ]נדן	3+3+20+20+100×1	כ 2 ושתות בגו

150

001	B3.12:8	לאברת אמין	10+20+20+100×1	והא זנה תחומי
002	C3.7DV2:6	כ͘נ͘ד͘ן	10+20+20+100×1	כנ]דן

151

001	B3.12:16	אמ͘ן	1+10+20+20+100×1	כ 1 זנה תחומוהי
002	C3.7FV3:2	כ͘נ͘ד͘ן]	1+[10+20+20+100×1	כ 1 בגו חמר]

152

001	C3.7DV2:4	ר 2 כסף כרשן	2+10+20+20+100×1	ש 3+3+3 חמר
002	C3.14:40	....לף×1	2+10+20+20+100×[	ג 1 ח] ...] וזי

160

001	C3.7FR2:17	1+10 כנדן	20+20+20+100×1	[נח]ש של͘]מוא

170

001	C3.7KR2:3	[ ]כ͘ר͘ש͘ן	10+20+20+20+100]×i	ש 1 ח[

171

001	C3.7KR2:17	כרשן	1+10+2̊0+[20]+2̊0+100×1	ש 1+3+3

177

001	C3.14:45	]	]i+3+3+10+20+20+20+100[×	[...

190

001	C3.7DV1:23	[ס]פיתן	10+2̊0[+20+20+20+100×1	
002	C3.7GV3:6	ספיתן	10+20+20+20+20+100×1	

195

001	C3.7DV1:7		2̊+3̊+1̊0+2̊0+2̊0+[20+20+100×]1	נחש
002	C3.7GV2:9	ספן	2+3+10+20+20+20+20+100×1	פרזלן]

200

001	C3.20:4	קריתא אשלן	]100×2	[... [....] קריתא
002	C3.7GR3:5	עקי אכר͘[פ]ך כרשן	100×2	.... לקן חד]תן
003	C3.22:1	[אש]ל[ן ...] יא	100×2	בגו [...].[.×]100 ל͘א
004	C3.7FR2:21	א͘פ͘ץ כרשן	100×[1+]1	כ͘[...] ..]....]
005	C3.7GR3:13	עקי אכר͘פך כרשן]	100×[2	לקן חדתן 10+20 ב
006	C3.7DV1:10	לף 100×1 אפץ כרשן	100×2	קמר כפר צע כרשן 2 לף

204

001	C3.7GV2:20	עקן במנין	1+[3+100×]2	בגו עק ארז סי 2+3

208

001	C3.7GV2:8	שנת 1+10 כנדן	2+3+3+100×2	משח ספן

214

001	C3.22:10	ב.חעא[...] אשלן	1+3+10+100×2	ר͘ 2̊[...] זי

280

280

No.	Ref.	Before	Number	After
001	C3.7DV2:7	כנ]דן	2̊0+2̊0+2̊0+20+100×2[	משח ספן

300

No.	Ref.	Before	Number	After
001	C2.1.4d:2	...]	100×3[	1[...]
002	C3.7GR3:1	לׅ[קן ח]דׄתׄ[ן	[100×3	מעשׂרא[זי ג]בי מנה

303

No.	Ref.	Before	Number	After
001	C3.7GV2:7	[זי]שנת 10 כנדן	[3+]100×3̊	חמר זי שנת 1+10

376

No.	Ref.	Before	Number	After
001	C2.1.8:58	אחדו	3+3+10+20+20+20]+100×+3	אחר] גברא
002	C2.1.8:56	[אחדו]	3+3+10+20+20+20+100×1[+2]	[ב

398

No.	Ref.	Before	Number	After
001	C3.7GV2:1		2[+3+3+10+20+20+20+20+100×]3	

400

No.	Ref.	Before	Number	After
001	C3.28:95	בׄב שמעון שטר 1[	100×1+3	[בב]שׂמׄעׄוׄן שטר 1

404

No.	Ref.	Before	Number	After
001	C2.1.7:44		[1+3]+100×[1+3]	וחין] אחדו אחר

408

No.	Ref.	Before	Number	After
001	C3.7DV1:5	....]	2+3+3+100×1+1[+2	ופלג חמר כנדן
002	C3.7GV2:5	כׄ[נדן	2+3+3+]100×1+3	....] חמר

412

No.	Ref.	Before	Number	After
001	C3.5:9	כסף כר]שן]	2+10+100×1+3	שקלן 2[....]

472

No.	Ref.	Before	Number	After
001	C2.1.5:17	ב]הם]	2+10+20+[20]+20+100×1+3	וׄחין

500

No.	Ref.	Before	Number	After
001	D22.1:2	[...] הו עמי סוסא	100×2+3	כודנן אף 2 גמלן
002	C3.7GR3:25	עק ארז מלות	100×2+3	

511

No.	Ref.	Before	Number	After
001	C3.7GV2:6	כנדן]	[1+]10+100×2+3[	בג[ו] חמ]ר זי
002	C3.7DV1:6	ופלג חמר כנדן	1+1̊0+100×[2]+3	משח ספן

520

No.	Ref.	Before	Number	After
001	C2.1.5:14	וחין אחדו]	[20+100×2+3	בתלת רגליא מרדיא]
002	C3.5:6	כסף כרשן]	]20+100×2[+3]	... שקלן ...+]1

550

No.	Ref.	Before	Number	After
001	C3.7GR3:23	עקן במנין	10+20+20+100×2+3	בגו עק ארז סי

570

No.	Ref.	Before	Number	After
001	C3.7DV1:22	ריקנן]	[10+20+20+20+]100×[2+3	בגו זי]ל[א]
002	C3.7GV3:5	ספן ריקנן	10+20+20+20+100×2+3	בגו זילא

600

No.	Ref.	Before	Number	After
001	C3.14:20	שא 1 הו [.... שא	100×3+2[+1	[.... בר]ענחפי
002	C3.7DV1:15	טין שמוש כרשן]	100×[+3+3	מלות 10+20+20 סי
003	C3.7GR3:12	טין שמ[וש]כרשן]	100×[3+3	עקי אכׄרׄפׄך כרש[ן
004	C3.7FR2:23	טין שמוש כׄרׄ[ש]ן[	100×3+3	עקן במנין
005	C3.7GV2:19	טין שמוש כרשן	100×3+3	עקן במנין
006	C3.7DV2:13	פרז[ל]כרשן	]100×3+3	....] שבׄ..]כרש[ן
007	C3.7DV2:14	שבׄ..]כרש[ן	]100×3+3	....]

605

No.	Ref.	Before	Number	After
001	C3.20:3	[....]... אשלן	2+3+100×3+3	[.]. ת[...]

715

No.	Ref.	Before	Number	After
001	C3.7FR1:17	]	1+[1+2+]1+10+100×1+3+1+[2	
002	C3.7FR2:22	[....]	2+1+[1+]1+1̊0+100×1+3+3	טין שמוש
003	C3.7GV2:16	100×1	2+2+[1+]1̊0+100×[1+3+3	
004	C3.7DV1:12	כפר .בׄן כרשן	2+3+10+100×1+3+3	עקי אׄכׄרׄפׄךׄ

800

No.	Ref.	Before	Number	After
001	C3.7GR2:24	שנת 1+10 כנדן	100×2+3+3	טין שמוש כרשן 3+3

815

No.	Ref.	Before	Number	After
001	C3.19:17	כל רׄעׄיׄ	]2+3+10+100×2+3+3	...] רׄ[עי ...]

827

No.	Ref.	Before	Number	After
001	C2.1.5:11	קטלו בהם]	1+3+3+20+100×2+3+1[+2	וׄחין אחדו

900

No.	Ref.	Before	Number	After
001	C3.20:1	]קׄ[ריתא אשל]ן	100×]3+[3+1+]2	...] [....]..
002	C3.7FR1:15	... [....	100×3+3+1[+2	[....]
003	C3.7DV1:13	אׄכׄרׄפׄךׄ כרשן	100×[3+3+]+3	[....]
004	C3.7GV2:17		100×3+3+3̊	[....] טין

904

001	C3.7DV2:12	שלמוא כרשן	1+2+[1+]100×3+3+3	פרז[ל]כרשן

919

001	C3.7GV2:4	חמר כנ̇ד̇ן	3+3+3+10+100×3+3+3	ופלג בגו חמר
002	C3.7DV1:4	....]	]3̇+3+3+1̇0+1̇00×[3+3+3	[....

cf. אלף in *Words KWIC*

1000

001	A4.7:28	דמן כדמי כסף כנכרין	לף×1	ועל זהב על זנה שלחן
002	C3.14:40	1+1[+1+]1+3 [.].רנא	ל[ף×1	....
003	C3.7FV2:14	3 לף בגו סני כרשן	לף×1	פ̇כ̇ר̇ן כרשן 2̇
004	C3.7FV3:10	לף ב̇ג̇ו̇ סני כרשן	לף×[1]	פ̇כ̇[רן כרשן 2
005	C3.7GV2:11	[ב]גו סני כר[שן	לף×1	פ̇כ̇ר̇ן כרשן
006	C3.7JR3:24	לף[...] [...]כרשן	לף×1̇	פ̇[כרן]כרשן 2
007	C3.7GR2:10	נחש של̇מ̇[וא כר]שן	לף×1	1̇0 ..... [סמ]כ̇ת̇ 1̇
008	D1.34fragb:2	[...] [... א]רדבן	לף×1	שע̇[רן ...]

1020

001	C3.7GR3:19	ש]נ̇ת̇ 10 כנדן[..	ל[ף̇×1+2̇0	פרזל פ̇כ̇ר̇ן

1100

001	C3.7FR1:13	כר]ש̇ן̇ ....]	ל[ף×1+100×1]	....] לף 100×1
002	C3.7DV2:15	כרש[ן]	לף×1+100×1	ט̇י̇[ן]ש̇מ̇ו̇[ש
003	C3.7FR2:18	ש̇ל̇[מוא]כ̇ר̇ש̇[ן	ל̇ף̇×1[+1̇00×1	פרזל פ̇כ̇ר̇ן

1135

001	C3.7GV2:3	כסף כרשן	לף×1+1̇[×100+20+10+]3+2	
002	C3.7DV1:3	כסף כרשן	לף×1+1̇×100]+20+10+3+2	...]

1410

001	C3.22:8	.[...] אשלן	לף×1+3+1×100+10[	...] ..ח̇ר̇ן

1446

001	C3.14:37	] שא	ל[ף×1+4×100+20+20+3+3	ג 2 ח 3+2[

1578

001	C2.1.5:23		לף×1+3+2×100+20+20+20+10+3+2+[1+2]	אחר

1690+

001	C3.14:42	תשט̇[רס ...×]לף+3+3×100+20+20+20+10[...		

2000

001	C3.7JR3:25	פ̇[כרן]כרשן	ל[ף]×2	
002	C3.7FV2:15	פ̇כ̇ר̇ן כרשן	לף×2̇	[עקן] במנין
003	C3.7FV3:11	פ̇כ̇[רן כרשן	ל[ף]×2	[עק]ן̇ במנין 1×]100
004	C3.7GR2:26	לף עקי אכ̇ר̇פ̇ך כרשן	לף×2	
005	C3.7HR2:17	א̇כ̇ר̇פ̇ך̇ כ̇ר̇ש̇ן̇	לף×2	..[...].ת̇א̇ 3 ....

2034

001	C2.1.5:21	קטל בהם	1+3+10+20+לף×2	]בתרתי רגליא

2046

001	C2.1.5:23	[קטלו בהם	3+3[+20+20+לף×2	[ו]ח̇י̇ן אחדו

2100

001	C3.7DV1:11	קמר כפר צע כרשן	100×1+לף×2	כפר .ב̇ן̇ כרשן
002	C3.7DV1:8	נחש שלמוא כרשן	100×1+לף×2	פרזל[כ]רשן]3+2
003	C3.7FR1:14	1 לף[...] [....	100×1+לף[×2	...]....
004	C3.7FR2:19	פ̇כ̇ר̇ן כרשן[...	100×1+לף[×2	עקי אכ̇ר̇פ̇ך[
005	C3.7FV2:12	קמר כפר צע כרשן	100×1+לף×2	פרזל כרשן 3 לף בגו
006	C3.7FV3:8	קמר כפר צע כרשן	100×1+לף×2	פרזל כרשן 3 לף
007	C3.7GV2:15	[ ]כ̇פ̇ר̇ צ̇ע̇[כר]שן	100×1+לף×2	....]

2850

001	C3.19:5	[...]..	10+20+20+100×2+3+3+לף×2	[...].[..] ..פ

3000

001	C3.7FV2:13	לף 100×1 פרזל כרשן	לף×3	בגו סני כרשן 1 לף פ̇כ̇ר̇ן
002	C3.7FV3:9	לף 100×1 פרזל כרשן	לף×3	ב̇ג̇ו̇ סני כרשן [1] לף
003	C3.7JR3:23	[פרז]ל כרשן	לף]×3	...] [...]כרשן 1̇ לף

4000

001	C3.19:36	[..]. לפרמותי רע̇י̇	לף×1+3	ל̇[...] רעין[...] שלן[...]

4100

001	C3.7GV2:12	כרשן	[100×]1̇+לף×1+2+[1]	נחש שלמוא

4329

001	C2.1.4:6	] וחין אחדו	3+3+3+20+100×3+לף×1+3	אחר ודרן

4579

001	C2.1.8:56	בהם	3+3+3]+10+20+20+20+100×2+2+[1+]ל̇ף̇×1+1+[2]	וחין
002	C2.1.8:58		3+3+3+10+20+20+20+100×2+3+לף×1]+3	

5046

001	C2.1.5:13	בהם	[3+2+]1+20+20+לף×2+3	[וחין אחדו

5100

001	C3.7DV1:9	פרזל] כ[רשן	100×1+לף×2+3[	אפץ כרשן 2×100
002	C3.7GV2:10	פרזל] כרשן]	]100×1+לף×2+3	ב]גו סני כר[שן] 1

5827

001	C2.1.4:6		1+3+3+20+100×2]+3+3+[ף]ל×1+i+3	וחין

6000

001	C3.7GR2:25	טין שמוש כרשן	3+3×לף	עקי אכרפך כרשן 2 לף
002	C3.7GR3:21	שלמ[וא כרשן	3+3×לף	עקי אכרפך כרשן

6972

001	C2.1.7:34	[ ]	2+10+20+20+[20]+100×3+3+3+לף×3+3	[אחר

7000

001	C3.7GR3:22	[כרשן	[1+]1+3+2[+1]×לף[	...] עקן במנין

18010

001	C2.1.5:27	אחדת	[....]10+לף×2+3+3+10000×1	

20000

001	C3.7GR3:20	פכרן כרשן	10000×2	[1] לף נחש שלמ[וא

21000

001	C3.7GR3:20	כרשן	לף×[1]+10000×2	נחש שלמ[וא כרשן 3+3

33887

001	C3.19:3	הו	1+3+3+20+20+20+20+100×2+3+3+לף×3+10000×[3]	בגו

34425

001	C2.1.5:27	[בהם	2+3[+20+100×1+3+לף×1+3+10000×3	[וחין]

35000

001	C2.1.7:43	[ק]טלו בהם	[לף×2]+3+10000×3	

55243

001	C2.1.7:34	]	[3+20]+20+100×2+לף×2+3+[10000×2+3	וחין

unclear

001	C3.7FR1:21	לקן עתיקין בתן	i0+.	[....] על בית מלכא
002	C3.7KV2:25	[בה כסף כרשן	....]+3+1	
003	D8.9:14	נתן אסיפא לגן	[...]2	חגי[...]ל...[...] כל
004	C3.28frag		i[...]	זער
005	D1.33fragb:1	[...] שנת]	2[...	חשיארש] מ]לכא שערן[...]
006	C3.26:20	כא 2 [....].[.	[...]2+3+10[..	..פין[...] תרט
007	D8.3:9	דחנא זילה אש{ד}<ל>	[...]1	פתו בר פכיף דחנא זילה
008	D1.17fragc:12	[...]אבהון ישו חלק	...]+1	[...
009	D2.22:1	[...] .... זך כרשן	...]+1	... כתב נתן בר] ענני
010	D3.24fraga:1	[...]שנת	[...]10	
011	D3.47fragb:4	[...]מי... מ 3+3 [...	10[...	[...]פבי מ 3 [...]3 לם
012	D5.23:1	[...]..ן	...[...]..[..]10	[...]. שנא לעיני נפא
013	D5.54fragc:1		10[...]	.[...]...[..] [...] .[..].
014	C3.7DR1:1	ספן 3+3+3 כ..ן	[...]3+10	[.] עק סמכת 1 ספן
015	C3.14:39	לח[ילא] מן אלפן	...]2	]ח 3+1[+1+]1+1 [.].רנא
016	D7.53:3	ת[...] 3+10 .[...]	[...]+100	[...]מובל 1
017	D8.10:8	3+3+3. כל צפעה	[...]i 100	
018	C3.7JV2:25	[.]1+3+3+20	3[....]	[....]1 יו
019	D8.5:6	[...] [...]בר דלוי מ	פ[...]1	
020	D2.33:4	10+20 [...].תה וח[...	i[...	
021	D13.2:c	{1+3+20} {ר 2}	{2[...]}	
022	D3.46frage:1		2[...]	.[...] [...] דוג]יתא [...]
023	D4.4:3	i .[...] [...]. וחטה	[...]2	[... ל]בש משך 1 ג[...]
024	D6.6fragb:1		2[...]	[...] [...]. .[...]
025	D8.4:27	סלפן מ 3+2 [...	....2.[...	
026	C3.7FR3:7	ח[מר]כנדן	[....]+2.	[.... י]ון כנ[דן
027	D6.9fragd:1		3+2[...]	[...]
028	C3.7GV2:2	ן[....]	[....]20·	2 ח 3+3+3 כסף כרשן
029	D5.54fraga:3	ב.[..]. [...]^א^ ש	i[.]20+20	[...]2 [...].חתא
030	D3.24fragb:3	ב.[...] [...] בל[...]	[...]3[...]	[...].[...]
031	D3.47fragb:1		3[...]	[...]. [...]מי... מ 3+3
032	D8.4:2	[... ...] 2 [...	3[...	[...]מן ש 1 מ 2 רבען 3
033	C3.7GR1:22	[.... 1+]1 ח	[...]3	....]
034	C3.7HR2:16	.[....] [....]3[.. ..]ן[	3[...	..[....] עקי
035	D3.38fragd:2	[ ]כסף[...] [... שק]לן	[...]1+3	
036	C3.7GV5:6	[....]...	[....]..[...]3+3[....]	
037	C3.7	[....]. [...]..	[....]3+3[....]	[....]..
038	D1.34frage:1	[... כר]שן	[...]4	[...]. למנתן[...] [...].
039	C2.1.5:17	וחין אחד[ו	2+100×[...	אחר דדרש מנ[דעם
040	C3.7FR2:20	עקי אכרפך[	100×3+3+[....	אפץ כרשן
041	C3.7EV1:1	לימא[בה]כסף כ[רשן	1+[....	[ב 10+20 לפאוני
042	C3.7KV2:8	כרש[ן ...]ש 2+3 ח	[...]+20	ב 10+20 לפמנחתף בקרו
043	D5.54fraga:2	לימחו[ת ...]	2+20[...]	ב.[..]. [...]^א^ ש
044	C3.7JV1:23		2+[..]2+10+20+20+20+[....]	בגו
045	C3.7FR1:10	[....]	2+3+[....]	[בג]ו
046	C3.7FR1:19		2+3+[....]	בגו
047	C3.7FV3:21	[...] ..[..]ח[...	i[...	בגו # ספ[ינ]ת[י]וניא
048	D1.15:2	כן [...] [... ...	..2+10+[...	בית חש[...] [... ...

unclear

049	D1.2:3	[...]. לאמר[...] [... ...	4+[...	במ[...] [...]אחי [... ...]
050	A6.3:3	פסמשכחסי שמה [בר	1	בר ....]טוי 1 עחחפי בר
051	B8.4:23		ב[....]2	בֿרֿ .[....]
052	C2.1.5:11	ו̇חין אחדו	3+3+100×[..]	בתרתי רגליא מרדיא
053	B4.4:5	מערב ארדבן	..]1+3+10+20+20̊	[... ...
054	C3.7EV2:9	....יא 3̊ לכסף כרשן	1[....]	דוגן ... ...
055	D3.36:1		1[...]	[...]ה.[...] [...] [...]
056	C3.7JV1:20		3̊+3+[....]	ופלג [....]א
057	C3.7JV2:11	ספינה[ר]בה	[...]2̊	זהב ס[תררן ....
058	B8.2:29	ביתשכן	1[....]	זי
059	D4.15fraga:1		2[...]	זי מאת [...] .. [...].
060	D5.54fragc:3	[...] [..]...[...]. [...]	2[...]	זיל[...] [...]2.[..]
061	C3.7DR2:10	[..]כרשן [	1+[....]	ח 1+3+3+20
062	C3.7DR1:18	[כס]ף כרשן	10̊+[...	ח̊ 1̊+3+3+20 ר 2̊
063	C3.7KV2:12	לימא בהם כסף כרשן [	1̊[...	ח̊ 20̊+3̊[...] [...] ירח
064	C3.7FR2:16	10 כנדן	10̊+100×1[....]	חמר זי שנת
065	C3.7KR3:13	[....]	[....]20[....]	חמ[ר כנדן 1+20
066	D3.46frage:4	[...]ן פצן [...]	20[...]	חרמן [...] [...]לם א.[...]
067	D5.54fraga:3	ש̇ 20+20̊[.]1̊	[...]2̊	[...].חתא א.[.]20.[..]
068	C3.7JV2:26	[.] [....]3	1[....]	יו 2+10 עק
069	C3.7FR1:1	[.... ל]זהב כרשן	1+3+[....	[כסף כרשן ..]ש 1 ח
070	C3.7FR3:5	[....]ש	[....]1̊+3̊+[....	כס[ף]כרשן]
071	D1.32:12	אנחנה ל.[...] [... ...]	[...]3	[...]....[...]ל[...].
072	C3.7EV2:5	[כסף כרשן [.... ב]	1[....	לאפף בקרו לימא דוגי
073	D6.8fragc:5	שמה 1 [...]	2+10....[...]	לגבר[...]
074	B4.7:2	לאמר יהבת לי]	3+[....	לכסף שקלן 3+3 וירבה
075	D1.12:9	ה.[...]ש ל[...].ן כרשן]	3+[...	לכסף ש[קלן ...] [... ...
076	D3.47fragb:6	[...]10 [...]פבי מ 3	3[...]	לם 1 ר 2 [...]ס 1
077	C3.7FR1:21	בגו	10+[....]	לקן עתיקין
078	D8.11:1	...]	2[...	לתעבי [√] לבית בכיא זי
079	C3.7FR1:3	[...] ר 1+3+20	1+[....]	[משח ספן ....].
080	C3.7FR3:11	חמר זי שנת	[....]+10	מש[ח]ספן
081	C3.7JV2:16	רבה	...+]2	[עק] 3̊[....] ן.[....
082	C3.7HR2:16	.[....] .[....]	.]3[....]	..[ן[...]3 ..[....]
083	D3.38fragb:2	[... כס]ף כרשן	1[...]	[...]ס חדה [...]
084	C3.7FR3:12	מש[ח]ספן	10̊[....]	נחש של]מוא
085	C3.7JV2:16	רבה 2[+....]ן.[	3̊[....	[עק] סמכת[...] ספן
086	D5.26:1		3[...]	פלש[...]
087	D8.3:6	שבתי בר ידלה אשלן	1[...]	פשנפור בר פתו למתנא
088	C3.7EV1:9	[3 +3 ח 3+2	2+[....]	ר 2 [ירח אפף שנת
089	C3.7DR1:17	[....] [....]	[....]1+3+	[כס]ף כרשן]
090	D3.11:1		3+3[...]	ש[...] [...]ק.[...] לאלפ[...]
091	D6.8fragc:3	[...]עבור כ[....]	...]10̊[..]	שמה 1 תירנ[...] [...] [...].
092	D5.52fragd:1		20[...]	
093	D5.30:1		1[...]	ת[...]
094	D3.23:1	[...]או	10+1+[...]	[...]תין [...] [...]
095	D8.10:5	מ 1 ג 1 זעירה	2+3[..]	תפורתחם 3 3+3+3. כל
096	D23.1.XI:5	ומטא[...]שנן	1[..]..לף	[...]רחם

Notes on Entries Marked by Asterisk *

Ambiguities

Words KWIC

The form]ואחדׄ at B8.1:15 could be read as]ואחרׄ, to wit the conjunction *waw* joined to the adverb אחר.

The form אחדׄ at B8.12:1 could be read as the adverb אחרׄ.

The form אחרׄהׄ at D1.33fragc:2 could be read as אחדׄהׄ, from the verb אחד.

The form]אחרׄהׄ at D3.38fraga:1 could be read as]אחדׄה, either a noun or a verb.

The form כׄתׄבׄ at D7.19:9 could be a passive participle instead of a 3rd person masc singular perfect.

The noun ארחא could be interpreted as ארח 'way, road' instead of as #2 ארח 'fetter' at C1.1:175.

The noun ספר in לספרן at D7.11:9 could be interpreted as ספר 'scribe'.

The verb ע[בדׄ at D7.49:7 could be read as ע[ברׄ.

The verb ע[בדת] at C1.1.182 could be read as ע[ברׄת].

The verb עבדו at C1.1:98 could be read as עברׄו.

The verb אעבדׄ[at D7.12:10 could be read as אעברׄ[.

The verb תעבדׄ at D7.24:10 could be read as תעברׄ.

The form עבד at A3.1:R1, interpreted as a noun, could be interpreted as a verb.

The form עבד at D6.3fraga:7, interpreted as a verb, could be interpreted as a noun.

The form עבד[at D6.3fraga:7, interpreted as a noun, could be interpreted as a verb.

The reading לעבדׄ[at D7.48:7 could be read לעבעׄ[.

The form]הפׄשרו at D1.26fragb:6 could be read]הוׄשרו.

The reading צׄדׄיק at C3.6:3 could be read קׄרׄיק, the meaning of which is unclear.

The verb יתקים[could be read as יתקׄדׄם[at D1.17fragb:6.

Reconstructions

Words KWIC

The reading למאׄ[זל could be reconstructed as למאׄ[תה, i.e. a peal infinitive from the verb אתי, at D7.25:2.

The reading אחתׄ[י could be reconstructed as אחתׄ[ה at C1.1:6.

The reading יהי[תה] could be reconstructed as יהי[בה] at C3.16:7.

The reading בניח[רן] '(as) free men' could be reconstructed as בניח[א] 'in tranquility' at C1.1:92.

The reading יה[בת could be reconstructed as כת[בת at B8.10:1.

The reading לחיה[could be restored as כ]לחיה at C1.1:181 and interpreted as 'any animal'.

The reading מלי[ך] could be reconstructed as the singular מלת[ך] at C1.1:83.

The reading מ[לך] could be reconstructed as מ[ן ...] at C1.1:89.

The reading מׄןׄ at D22.7:1 and D23.1.XVIB:1 could be read פׄ.ןׄ.

The reading של[חת could be restored as הנ[חת, *hafel* of נחת, at C3.28:119.

The verb תעב[ד at D7.19:3 could be reconstructed as תעב[ר.

The verb תעב[ד] at D7.24:4 could be reconstructed as תעב[ר].

The verb נִעְבֹּ[ד at D5.15:2 could be reconstructed as נִעְבֹּ[ר.

The noun עו[יר at C1.1:213 could be reconstructed as עו[יל.

The noun פת[ג]ם[at D1.28:5 could be reconstructed as a Personal Name פת[נ]ם[.

The noun רב[||חי]לא at B4.4:10 could be reconstructed רב[||דג]לא.

The noun קרב[at D23.1.XI:9 could be restored as קרב[ן.

The readings לו[ת] at C1.1:81 could be restored as לה[ן].

The reading ש[מעת] at C1.1:82 could be restored as ש[אל].

The reading כ[מרן D2.30:3 could be reconstructed ח[מרן, a plural absolute from #2 חמר.

Numbers KWIC

18, entry 011: alternatively reconstruct 20 instead of 10, with the resulting total of 28.

Months KWIC

The reading ל[מ]חיר could be reconstructed ל[מ]סורע at D2.10:1.

The reading למ]חיר could be reconstructed למ]סורע or למ]רחשון at D22.26:1.

Gentilics KWIC

The reading מצרי[א] at A4.6:12 could be reconstructed as the Geographic Name מצרי[ן].

Reverse Index of Personal Names

כנבוזי
מעוזי
ארתוזי
ברזי
ארתורזי
בחי
נבחי
לוחי
פסמשכמחי
וחפרעמחי
חרמחי
פחי
תפחי
צחי
ושחי
תחי
ארתחי
אטי
פלטי
פטי
יחיי
נטיי
אכי
ככי
עתרמלכי
מכי
סמכי
נכי
מנכי
דלי
ינבולי
אפולי
זלי
אבסלי
יהועלי
קלי
רלי
אתרלי
אמי
תרבמי
הומי

חרחבי
כלבי
חדוסבי
חרוסבי
פבי
שבי
תבי
ור.בי
חגי
דרגי
נרגי
אדי
זבדי
עבדי
בגמרזדי
דידי
אנדי
תענדי
מסדי
בעדי
פדי
ארדי
עתרדי
אבהי
בגוהי
ורוהי
דתוהי
זתוהי
ארתוהי
אביהי
ש..גוי
חוי
לוי
דלוי
פשנפמוי
נוי
ענחמנוי
עחמנוי
תוי
בוזי
נבוזי

ושהז
גדעזוז
סדסבנז
סרמנז
פיתרענז
ורז
כרז
וסרז
פטאח
נחמסאח
פאח
סמוח
שמוח
תרוח
מבטח
מפטח
חיח
יסלח
וחענח
חפיענח
פמסח
אסתח
מפתח
פשנפתח
ח.[...].
ח.ת.[...]
יחוט
סנאבלט
נבוחבלט
כמשפלט
פמט
אספמט
פטחרפחרט
תטחרפחרט
פרט
תרט
ט...
בבי
שגבי
נדבי
שובי

רסניו..
חפיו
הריו
עזריו
נכו
עכו
ויזבלו
יעולו
לילו
יעלו
נבושלו
שחפימו
חנמו
צחפמו
שחפמו
שמו
ארתבנו
קינו
נסנו
פרנו
תנו
נמסו
פסו
פשנתסו
תחותמעו
ינחרו
סנחרו
חירו
נוכרו
עבדעמרו
ברזנרו
בגסרו
תרו
אסכישו
איתו
סמתו
סנתו
פתו
תתו
א.ו
פשגז

הרגלתי
נבותכלתי
שמתי
ענתי
פטובסתי
פשובסתי
חתובסתי
פטבסתי
אחתבסתי
טסתי
שרתי
..י
[...].י
[..].י
[...]י
חרבך
מרדך
זיוך
רוך
במלך
ארימלך
דגנמלך
נצרמלך
משלך
שמשלך
סימך
פוסמך
עסנך
איסך
נבוברך
גדרך
סרך
דשך
סמשך
פסמשך
רשך
ספיתך
שזבאל
רעיאל
בריכאל
שכאל

שמשנורי
אסורי
פטסורי
שורי
נישורי
עתרשורי
פטתורי
....ורי
פחרי
אוסירי
פטוסירי
מרי
עתרדמרי
נרי
נבונרי
אחנרי
תענרי
תנרי
סרי
פטוסרי
תטוסרי
פטסרי
תטסרי
פסרי
תסרי
פרי
אפרי
תונפרי
רנפנפרי
קצרי
תרי
סתרי
כשי
שמשי
תשי
בתי
שבתי
אבותי
זותי
אביתי
שמיתי

אחופי
פתחנופי
כנופי
חרנופי
[...]בזפי
חנזפי
קמוחפי
אחחפי
ענחחפי
עחחפי
פחפי
תחפי
ארמפי
שמינפי
ארנפי
תנפי
ועספי
תטחרפי
פתפי
ערקי
ארי
בארי
אברי
גברי
עכברי
ברברי
אגרי
סגרי
נבוכדרי
אשמכדרי
עדרי
זבעדרי
מרדכעדרי
נשכעדרי
אתעדרי
...עדרי
אורי
חורי
הדדנורי
אחנורי
ביתאלנורי

אחומי
פכמי
פסמי
רמי
..מי
[...]מי
אחלבני
וסתרבני
וני
בוני
מרדוני
אחוני
אליועיני
נבודלני
נני
כנני
ענני
אספטנסני
נתני
נרתני
פרתני
פטאסי
פטנאסי
פוסי
פסמשכחסי
פטסי
ניסי
חרסיסי
כסי
אחמסי
טמסי
פמסי
פסי
נפסי
תסי
[...].סי
ענחפמעי
נבורעי
ביתאלרעי
ועדפי
[...]בופי

רמנדין
שוין
פלין
תמין
נפין
שלמצין
אשין
מסשין
חרשין
נתין
כוסכן
נבוסמסכן
עבססכן
פכן
גמלן
קלקלן
פ..תלן
זבמן
דרגמן
פומן
שומן
חמן
אחמן
מנחמן
מרחמן
פטמן
וימן
חפימן
כמן
אסמן
פמן
חפמן
נקמן
חרמן
שמן
תמן
מן.
מן[...]
אנן
חנן
יהוחנן

גשם
ארשם
תם
פנפתם
שפתם
א..ם
ם.[...]
נבוזראבן
בלבן
פבן
עקבן
בגבגן
אדן
אסרחאדן
נרגלאדן
בגדן
אדלדן
נדן
נבונדן
שנדן
תדן
ביתאלתדן
פמהן
אספליון
אמון
פטמון
פמון
זנון
שמעון
פון
קון
נתון
יאזן
יזן
מזדיזן
מתריזן
פרתנזן
ארתברזן
שתברזן
יהוחן
בגין

ביתאלתקום
פטתום
יתום
נתום
פתום
נניחם
מנחם
פתופעחם
תפורתחם
פחים
פריתכם
מחלם
שלם
טבשלם
נבושלם
משלם
שלומם
שלמם
פטחנם
פחנם
[...]חירנם
פרנם
פתנם
שבעם
קמעם
שרעם
[...]תפם
ביתאלתקם
אברם
יההרם
שוהרם
יהורם
חנדסירם
כנדסירם
כנזסירם
אשמרם
מוסרם
כנזסרם
מערם
פרם
שם

שמעאל
שאל
אבל
אובל
ויזבל
רחבל
יבל
גלגל
גדל
יגדל
שאול
גלגול
גדול
פלול
יחמול
אצול
הצול
יהוטל
שאיל
וביל
אוביל
דוכל
רוכל
..נכל
כלל
עזרבעל
נתבעל
בנתסרל
אנדם
נחום
ינעמיום
שלום
צחחנום
פטחנום
סחנום
אסחנום
פחנום
תחנום
פנום
תפנום
יתקום

שרתית
אבלת
תשחלת
גומת
מנחמת
משלמת
תפממת
פמת
ספמת
אספמת
תפמת
בנת
מכבנת
סנבנת
ארתהנת
ארתונת
למנת.
עבדאבסת
בגפת
תריפת
תחמפת
מספת
פרורתפת
נפעורת
ארורת
פרורת
פ.שורת
מתרוהשת
בגזושת
בגזשת
רשת
אסרשת
בגו.שת
תת
פתת
[...].ורתת
בת...ת
כת...ת
פת...ת
הו..ת
[...]ת

אבערש
סינערש
בנתרש
נאהבת
נהבת
סנתאמלבת
ננתאנלבת
בגדת
יהדת
פ.שודת
ויזדת
דמידת
אשידת
ארמתידת
ארמנתידת
הומדת
פרנדת
מעדת
סעדת
מתרדת
ספנתדת
ימחות
[...]...מחות
רות
אסרשות
וריזת
פטמיחת
ימחת
וחפרענחת
עתחת
שבית
מית
חנונית
פפטעונית
וחפרמנית
פסמסנית
פנית
שפנית
תנית
אסכשית
שבתית

סרצר
הקר
אחיקר
תאשר
סינכשר
סנכשר
אבעשר
קשר
ששר
אתר
[.]כתר
פטנתר
אב.ר
ר..
ר....
יאוש
ויגוש
דריוהוש
דריהוש
דריוש
אברמוש
דרוש
נורשוש
מחתוש
בחש
בגבוחש
תברחש
ארתחש
אליש
פרניש
חנבנש
והנש
פונש
אחמנש
ארתחשסש
ורפש
חשיארש
דדרש
חשירש
אחשירש
כרש

עזור
חור
פטחור
אסחור
פחור
וצחור
נחתחור
פתחור
זכור
מלנור
פשנפור
תשפור
תטחרור
[...]ור
אחתיזר
עזר
הדדעזר
אליעזר
בעלעזר
חר
חחר
אסחר
חרמעחר
עשחר
[...]חר
אטר
יאיר
חיר
פסמשכמר
זרמר
ארוסתמר
עסנר
ענר
עבדאסר
בנתסר
זער
ונפר
שנאבאצר
בלסראצר
מרדכשראצר
נבוכצר

Titles and Occupations

אבשוך presser (?)
אזדכר herald
אכר farmer
אמן artisan, skilled worker
אסי physician
ארדיכל builder, architect
בדיכר artisan
בעל טעם chancellor
בר בי house-born, prince
גושך a Persian official: 'hearer'
גנן gardener
גרד domestic staff
גרה (unclear)
#2 **דין** judge
דתבר judicial official
המרכר accountant
הפתחפתא 'guardian of the seventh'
ורשבר plenipotentiary
חר (plural) magnates, nobles
יעט counselor, adviser
כהן priest
כמר pagan priest
לחן temple servitor
לחנה wife of temple servitor
מגוש magus
מלח sailor, boatman
מלך king
מקם official, oath administrator
מרא lord, master
נגד chief
נגר carpenter
נופת shipmaster
נחתום baker
סגן prefect
ספיתכן whitener (?)
ספר scribe
סריס 'eunuch'
פחה governor
פסחמצנותי 'scribe of the book of god'
פקיד official
פרמנכר foreman
פרעה Pharaoh
פרתך the foremost officer
פרתרך governor, chief
פתיפרס interrogator, investigator
פתכרכר sculptor
קצן officer
קצץ woodcutter
רב commander
רב דגל detachment commander
רב חיל troop commander
רב כצר cohort commander
רעי shepherd
שושן an official
תיפתי overseer, supervisor

Weights and Measures

אמה cubit (measure of length)

ארדב ardab (measure of capacity)

גריו griv (measure of capacity) = 1/3 ardab

זוז half shekel (weight)

זרת span (measure of length)

חלר ḥallur (weight) = 1/40 shekel

חמר ḥomer (measure of capacity)

חפן handful (measure of capacity)

יו liquid measure of capacity

כא liquid measure of capacity = 12 logs

כו liquid measure of capacity (= **כא**)

כנכר talent (weight)

כף palm (measure of length), 1/3 cubit (measure of length), 1/3 jar (measure of capacity)

כרש karsh (weight) = 10 shekels

לג log (liquid measure of capacity)

מעה maah (weight) = 1/12 shekel

מנא mina

סאה seah (measure of capacity)

סתתרי stater (weight) = 2 shekels

עשה measuring rod (measure of length)

עשרה ten-weight

פרס peras (measure of capacity)

פשך handbreadth (measure of length) = 1/6 cubit

צבע fingerbreadth (measure of length)

קב qab (measure of capacity)

קלבי liquid measure of capacity

קלול liquid measure of capacity

רבע a fourth (weight)

שקל = תקל shekel (weight)

TAD Sigla and Corresponding CAL File Numbers

TAD	CAL FILE
A1.1	21550101
A2.1	22550201
A2.2	22550202
A2.3	22550203
A2.4	22550204
A2.5	22550205
A2.6	22550206
A2.7	22550207
A3.1	22551301
A3.2	22551302
A3.3	22551303
A3.4	22551304
A3.5	22551305
A3.6	22551306
A3.7	22551307
A3.8	22551308
A3.9	22551309
A3.10	22551310
A3.11	22551311
A4.1	23550401
A4.2	23550402
A4.3	23550403
A4.4	23550404
A4.5	23550405
A4.6	23550406
A4.7	23550407
A4.8	23550408
A4.9	23550409
A4.10	23550410
A5.1	23550501
A5.2	23550502
A5.3	23550503
A5.4	23550504
A5.5	23550505
A6.1	24550601
A6.2	24550602
A6.3	24550603
A6.4	24550604
A6.5	24550605
A6.6	24550606
A6.7	24550607
A6.8	24550608
A6.9	24550609
A6.10	24550610
A6.11	24550611
A6.12	24550612
A6.13	24550613
A6.14	24550614
A6.15	24550615
A6.16	24550616
A7.1	300002
A7.2	31000
A7.3	31000
A7.4	31000
A7.5	31000
A7.6	31000
A7.7	32000
A7.8	32000
B1.1	23301101
B2.1	23302201
B2.2	23302202
B2.3	23302203
B2.4	23302204
B2.5	23302205
B2.6	23302206
B2.7	23302207
B2.8	23302208
B2.9	23302209
B2.10	23302210
B2.11	23302211
B3.1	23303301
B3.2	23303302
B3.3	23303303
B3.4	23303304
B3.5	23303305
B3.6	23303306
B3.7	23303307
B3.8	23303308
B3.9	23303309
B3.10	23303310
B3.11	23303311
B3.12	23303312
B3.13	23303313
B4.1	23304401
B4.2	23304402
B4.3	23304403
B4.4	23304404
B4.5	23304405
B4.6	23304406
B4.7	23304407
B5.1	23305501
B5.2	23305502
B5.3	23305503
B5.4	23305504
B5.5	23305505
B5.6	23305506
B6.1	23306601
B6.2	23306602
B6.3	23306603
B6.4	23306604
B7.1	23307701
B7.2	23307702
B7.3	23307703
B7.4	23307704
B8.1	23308801
B8.2	23308802
B8.3	23308803

B8.4	23308804
B8.5	23308805
B8.6	23308806
B8.7	23308807
B8.8	23308808
B8.9	23308809
B8.10	23308810
B8.11	23308811
B8.12	23308812
C1.1	23600
C1.2	23601
C2.1	24500
C3.1	23356301
C3.2	23356302
C3.3	23356303
C3.4	23356304
C3.5	23356305
C3.6	23356306
C3.7	23350307
C3.8	23351308
C3.9	23356309
C3.10	23356310
C3.11	23356311
C3.12	23356312
C3.13	23356313
C3.14	23356314
C3.15	23356315
C3.16	23356316
C3.17	23356317
C3.18	23356318
C3.19	23356319
C3.20	23356320
C3.21	23356321
C3.22	23356322
C3.23	23356323
C3.24	23356324
C3.25	23356325
C3.26	23356326
C3.27	23356327
C3.28	23355328
C3.29	23356329

C4.1	23352401
C4.2	23352402
C4.3	23352403
C4.4	23352404
C4.5	23352405
C4.6	23352406
C4.7	23352407
C4.8	23352408
C4.9	23352409
D1.1	22554101
D1.2	22554102
D1.3	22554103
D1.4	22554104
D1.5	22554105
D1.6	22554106
D1.7	22554107
D1.8	22554108
D1.9	22554109
D1.10	22554110
D1.11	22554111
D1.12	22554112
D1.13	22554113
D1.14	22554114
D1.15	22554115
D1.16	22554116
D1.17	22554117
D1.18	22554118
D1.19	22554119
D1.20	22554120
D1.21	22554121
D1.22	22554122
D1.23	22554123
D1.24	22554124
D1.25	22554125
D1.26	22554126
D1.27	22554127
D1.28	22554128
D1.29	22554129
D1.30	22554130
D1.31	22554131
D1.32	22554132

D1.33	22554133
D1.34	22554134
D2.1	23315201
D2.2	23315202
D2.3	23315203
D2.4	23315204
D2.5	23315205
D2.6	23315206
D2.7	23315207
D2.8	23315208
D2.9	23315209
D2.10	23315210
D2.11	23315211
D2.12	23315212
D2.13	23315213
D2.14	23315214
D2.15	23315215
D2.16	23315216
D2.17	23315217
D2.18	23315218
D2.19	23315219
D2.20	23315220
D2.21	23315221
D2.22	23315222
D2.23	23315223
D2.24	23315224
D2.25	23315225
D2.26	23315226
D2.27	23315227
D2.28	23315228
D2.29	23315229
D2.30	23315230
D2.31	23315231
D2.32	23315232
D2.33	23315233
D2.34	23315234
D2.35	23315235
D3.1	23357301
D3.2	23357302
D3.3	23357303
D3.4	23357304

D3.5	23357305
D3.6	23357306
D3.7	23357307
D3.8	23357308
D3.9	23357309
D3.10	23357310
D3.11	23357311
D3.12	23357312
D3.13	23357313
D3.14	23357314
D3.15	23357315
D3.16	23357316
D3.17	23357317
D3.18	23357318
D3.19	23357319
D3.20	23357320
D3.21	23357321
D3.22	23357322
D3.23	23357323
D3.24	23357324
D3.25	23357325
D3.26	23357326
D3.27	23357327
D3.28	23357328
D3.29	23357329
D3.30	23357330
D3.31	23357331
D3.32	23357332
D3.33	23357333
D3.34	23357334
D3.35	23357335
D3.36	23357336
D3.37	23357337
D3.38	23357338
D3.39	23357339
D3.40	23357340
D3.41	23357341
D3.42	23357342
D3.43	23357343
D3.44	23357344
D3.45	23357345
D3.46	23357346
D3.47	23357347
D4.1	23358401
D4.2	23358402
D4.3	23358403
D4.4	23358404
D4.5	23358405
D4.6	23358406
D4.7	23358407
D4.8	23358408
D4.9	23358409
D4.10	23358410
D4.11	23358411
D4.12	23358412
D4.13	23358413
D4.14	23358414
D4.15	23358415
D4.16	23358416
D4.17	23358417
D4.18	23358418
D4.19	23358419
D4.20	23358420
D4.21	23358421
D4.22	23358422
D4.23	23358423
D4.24	23358424
D4.25	23358425
D4.26	23358426
D4.27	23358427
D4.28	23358428
D4.29	23358429
D4.30	23358430
D4.31	23358431
D4.32	23358432
D4.33	23358433
D4.34	23358434
D5.1	23359501
D5.2	23359502
D5.3	23359503
D5.4	23359504
D5.5	23359505
D5.6	23359506
D5.7	23359507
D5.8	23359508
D5.9	23359509
D5.10	23359510
D5.11	23359511
D5.12	23359512
D5.13	23359513
D5.14	23359514
D5.15	23359515
D5.16	23359516
D5.17	23359517
D5.18	23359518
D5.19	23359519
D5.20	23359520
D5.21	23359521
D5.22	23359522
D5.23	23359523
D5.24	23359524
D5.25	23359525
D5.26	23359526
D5.27	23359527
D5.28	23359528
D5.29	23359529
D5.30	23359530
D5.31	23359531
D5.32	23359532
D5.33	23359533
D5.34	23359534
D5.35	23359535
D5.36	23359536
D5.37	23359537
D5.38	23359538
D5.39	23359539
D5.40	23359540
D5.41	23359541
D5.42	23359542
D5.43	23359543
D5.44	23359544
D5.45	23359545
D5.46	23359546

D5.47	23359547
D5.48	23359548
D5.49	23359549
D5.50	23359550
D5.51	23359551
D5.52	23359552
D5.53	23359553
D5.54	23359554
D5.55	23359555
D5.56	23359556
D5.57	23359557
D5.58	23359558
D5.59	23359559
D5.60	23359560
D5.61	23359561
D5.62	23359562
D5.63	23359563
D5.64	23359564
D5.65	23359565
D5.66	23359566
D6.1	23360601
D6.2	23360602
D6.3	23360603
D6.4	23360604
D6.5	23360605
D6.6	23360606
D6.7	23360607
D6.8	23360608
D6.9	23360609
D6.10	23360610
D6.11	23360611
D6.12	23360612
D6.13	23360613
D6.14	23360614
D7.1	22555701
D7.2	22555702
D7.3	22555703
D7.4	22555704
D7.5	22555705
D7.6	22555706
D7.7	22555707
D7.8	22555708
D7.9	22555709
D7.10	22555710
D7.11	22555711
D7.12	22555712
D7.13	22555713
D7.14	22555714
D7.15	22555715
D7.16	22555716
D7.17	22555717
D7.18	22555718
D7.19	22555719
D7.20	22555720
D7.21	22555721
D7.22	22555722
D7.23	22555723
D7.24	22555724
D7.25	22555725
D7.26	22555726
D7.27	22555727
D7.28	22555728
D7.29	22555729
D7.30	22555730
D7.31	22555731
D7.32	22555732
D7.33	22555733
D7.34	22555734
D7.35	22555735
D7.36	22555736
D7.37	22555737
D7.38	22555738
D7.39	22555739
D7.40	22555740
D7.41	22555741
D7.42	22555742
D7.43	22555743
D7.44	22555744
D7.45	22555745
D7.46	22555746
D7.47	22555747
D7.48	22555748
D7.49	22555749
D7.50	22555750
D7.51	22555751
D7.52	22555752
D7.53	22555753
D7.54	22555754
D7.55	22555755
D7.56	22555756
D7.57	22555757
D8.1	23361801
D8.2	23361802
D8.3	23361803
D8.4	23361804
D8.5	23361805
D8.6	23361806
D8.7	23361807
D8.8	23361808
D8.9	23361809
D8.10	23361810
D8.11	23361811
D8.12	23361812
D8.13	23361813
D9.1	23362901
D9.2	23362902
D9.3	23362903
D9.4	23362904
D9.5	23362905
D9.6	23362906
D9.7	23362907
D9.8	23362908
D9.9	23362909
D9.10	23362910
D9.11	23362911
D9.12	23362912
D9.13	23362913
D9.14	23362914
D9.15	23362915
D10.1	23362101
D10.2	23362102
D11.1	223531101
D11.2	223531102

D11.3	223531103
D11.4	223531104
D11.5	223531105
D11.6	223531106
D11.7	223531107
D11.8	223531108
D11.9	223531109
D11.10	223531110
D11.11	223531111
D11.12	223531112
D11.13	223531113
D11.14	223531114
D11.15	223531115
D11.16	223531116
D11.17	223531117
D11.18	223531118
D11.19	223531119
D11.20	223531120
D11.21	223531121
D11.22	223531122
D11.23	223531123
D11.24	223531124
D11.25	223531125
D11.26	223531126
D12.1	223541201
D12.2	223541202
D13.1	223541301
D13.2	223541302
D13.3	223541303
D13.4	223541304
D13.5	223541305
D14.1	223551401
D14.2	223551402
D14.3	223551403
D14.4	223551404
D14.5	223551405
D14.6	223551406
D14.7	223551407
D14.8	223551408
D15.1	223551501
D15.2	223551502
D15.3	223551503
D15.4	223551504
D15.5	223551505
D16.1	223551601
D16.2	223551602
D17.1	223551701
D18.1	223551801
D18.2	223551802
D18.3	223551803
D18.4	223551804
D18.5	223551805
D18.6	223551806
D18.7	223551807
D18.8	223551808
D18.9	223551809
D18.10	223551810
D18.11	223551811
D18.12	223551812
D18.13	223551813
D18.14	223551814
D18.15	223551815
D18.16	223551816
D18.17	223551817
D18.18	223551818
D19.1	223551901
D19.2	223551902
D19.3	223551903
D19.4	223551904
D19.5	223551905
D19.6	223551906
D19.7	223551907
D20.1	223552001
D20.2	223552002
D20.3	223552003
D20.4	223552004
D20.5	223552005
D20.6	223552006
D21.1	223552101
D21.2	223552102
D21.3	223552103
D21.4	223552104
D21.5	223552105
D21.6	223552106
D21.7	223552107
D21.8	223552108
D21.9	223552109
D21.10	223552110
D21.11	223552111
D21.12	223552112
D21.13	223552113
D21.14	223552114
D21.15	223552115
D21.16	223552116
D21.17	223552117
D22.1	223552201
D22.2	223552202
D22.3	223552203
D22.4	223552204
D22.5	223552205
D22.6	223552206
D22.7	223552207
D22.8	223552208
D22.9	223552209
D22.10	223552210
D22.11	223552211
D22.12	223552212
D22.13	223552213
D22.14	223552214
D22.15	223552215
D22.16	223552216
D22.17	223552217
D22.18	223552218
D22.19	223552219
D22.20	223552220
D22.21	223552221
D22.22	223552222
D22.23	223552223
D22.24	223552224
D22.25	223552225
D22.26	223552226
D22.27	223552227
D22.28	223552228

D22.29	223552229
D22.30	223552230
D22.31	223552231
D22.32	223552232
D22.33	223552233
D22.34	223552234
D22.35	223552235
D22.36	223552236
D22.37	223552237
D22.38	223552238
D22.39	223552239
D22.40	223552240
D22.41	223552241
D22.42	223552242
D22.43	223552243
D22.44	223552244
D22.45	223552245
D22.46	223552246
D22.47	223552247
D22.48	223552248
D22.49	223552249
D22.50	223552250
D22.51	223552251
D22.52	223552252
D22.53	223552253
D22.54	223552254
D23.1	23203
D24.1	223562401
D24.2	223562402
D24.3	223562403
D24.4	223562404
D24.5	223562405
D24.6	223562406
D24.7	223562407
D24.8	223562408
D24.9	223562409

NOTE: Biblical Aramaic (A7.1-8) and Aramaica Dubiosa (D24.1-9) are not included in the concordance.

Supplemental Bibliography

The following bibliography supplements J. A. Fitzmyer, S. J., and S. A. Kaufman, *An Aramaic Bibliography*, Part I: *Old, Official, and Biblical Aramaic* (Baltimore and London: The Johns Hopkins University Press, 1992), as it pertains to Aramaic documents from Egypt contained in B. Porten and Y. Yardeni, *Textbook of Aramaic Documents from Ancient Egypt* (4 vols.; Jerusalem: Academon, 1986-99).

Azzoni, A. 2000. "Un giuramento ebraico ad Elefantina d'Egitto," *ACME: Annali Della Facoltà Di Lettere e Filosofia Dell'Università Degli Studi 'Statale' Di Milano* 53:265-71.

Azzoni, A., and S. L. Lippert. 2000. "An Achaemenid Loanword in the Legal Code of Hermopolis: *3bykrm*," *Enchoria* 26:20-30.

Becking, B. 1998. "The Times They Are A-Changing: An Interpretation of Jeremiah 30:12-17," *Scandinavian Journal of the Old Testament* 12:3-25.

Bolin, T. M. 1995. "The Temple of יהו at Elephantine and Persian Religious Policy," in: D. V. Edelman, ed., *The Triumph of Elohim: From Yahwisms to Judaisms*, Contributions to Biblical Exegesis and Theology 13, Kampen: Kok Pharos and Grand Rapids: Eerdmans, 127-42.

Bresciani, E. 1995. "L'Egypte des satrapes d'après la documentation araméenne et égyptienne," *Comptes rendus de l'Académie des inscriptions et belles-lettres*, 97-108.

Brewer, D. I. 1997. "Three Weddings and a Divorce: God's Covenant with Israel, Judah and the Church," *Tyndale Bulletin* 47:1-25.

Briant, P., and R. Descat. 1998. "Un registre douanier de la satrapie d'Égypte à l'Époque achéménide (TAD C3,7)," in: N. Grimal and B. Menu, eds., *Le commerce en Égypte ancienne*, Institut Français d'Archéologie Orientale: Bibliothèque d'étude 121, Cairo: Institut Français d'Archéologie Orientale, 59-104.

Eyre, C. J. 1992. "The Adoption Papyrus in Social Context," *Journal of Egyptian Archaeology* 78:207-21.

Fales, F. M. 1994. "Riflessioni sull' Ahiqar di Elefantina," *Orientis Antiqui Miscellanea*, 1:39-60.

_____. 1996. "Ahiqar e Boccaccio," in: *Acquaro, Enrico, ed. Alle soglie della classicità. Il Mediterraneo tra tradizione e innovazione. Studi in onore di Sabatino Moscati*, Pisa/Rome: Istituti Editoriali e Poligrafici Internazionali, 1:147-67.

Folmer, M. L. 1993. "Een 'nieuwe' armaese tekst uit Elephantine," *Phoenix* 39:26-29.

Gass, E. 1999. "Der Passa-Papyrus (Cowl 21) - Mythos oder Realität?," *Biblische Notizen* 99:55-68.

Green, A. R. W. 1990. "The Date of Nehemiah: A Reexamination," *Andrews University Seminary Studies* 28:195-209.

Greenfield, J. C. 1995. "The Wisdom of Ahiqar," in: J. Day, R. P. Gordon, and H. G. M. Williamson, eds., *Wisdom in Ancient Israel: Essays in Honour of J. A. Emerton*, Cambridge: Cambridge University Press, 43-52.

Grelot, P. 1990. "Review of *Textbook of Aramaic Documents from Ancient Egypt* B, by B. Porten and A. Yardeni," *Revue Biblique* 97:270-76.

_____. 2001. "Les Proverbes d'Aḥîqar," *Revue Biblique* 108:511-28.

Grillot-Susini, F., C. Herrenschmidt, and F. Malbran-Labat. 1993. "La version élamite de la trilingue de Behistun: Une nouvelle lecture," *Journal asiatique* 281:19-59.

Gropp, D. M. 2000. "The Wadi Daliyeh Documents Compared to the Elephantine Documents," in: G. Marquis, ed., *The Dead Sea Scrolls Fifty Years after Their Discovery: Proceedings of the Jerusalem*

Congress, July 20-25, 1997, Jerusalem: Israel Exploration Society and the Shrine of the Book, Israel Museum, 826-35.

_____. 2001. *Wadi Daliyeh II. The Samaria Papyri from Wadi Daliyeh*, Discoveries in the Judaean Desert 28, Oxford: Clarendon Press, 1-116.

Harmatta, J. 1959. "Irano-Aramaica: Zur Geschichte des frühhellenistischen Judentum in Ägypten," *Acta Antiqua Academiae Scientiarum Hungaricae*, 337-409.

Hesterman, K. 1993. "צורה דקדוקית 'חדשה' בארמית של יב," *Leshonenu* 57:7-15.

Hillmann, A. 1990. "Zu den Scheidungsklauseln im Ehevertrag zwischen Ananyah bar Azaryah und der Sklavin Tamut, Papyrus Kraeling BMAP 2," in: E. Blum and others, ed., *Die hebräische Bibel und ihre zweifache Nachgeschichte: Festschrift für Rolf Rendtorff zum 65. Geburtstag*, Neukirchen-Vluyn: Neukirchener, 469-78.

Hoftijzer, J. 1988. "An Unpublished Aramaic Fragment from Elephantine," *Oudheidkundige Mededelingen Uit Het Rijksmuseum Van Oudheden Te Leiden*, 68:45-48.

Holtz, S. E. 2001. "'To Go and Marry Any Man That You Please': A Study of the Formulaic Antecedents of the Rabbinic Writ of Divorce," *Journal of Near Eastern Studies* 60:241-58.

Israel, F. 1990. "La datazione del proverbio no 110 di Aḥiqar," *Semitica* 38:175-78.

Kalimi, I. 1998. "Könnte die aramäische Grabinschrift aus Ägypten als Indikation für die Datierung der Chronikbucher fungieren?," *Zeitschrift für die alttestamentliche Wissenschaft* 110:79-81.

Lemaire, A. 1991. "Recherches d'épigraphie araméenne en Asie Mineure et en Égypte et le probleme de l'acculturation," in: H. Sancisi-Weerdenburg and A. Kuhrt, eds., *Achaemenid History*, Vol. 6: *Asia Minor and Egypt. Old Cultures in a New Empire*, Proceedings of the Groningen 1988 Achaemenid History Workshop, Leiden: Nederlends Instituut voor het Nabije Oosten, 199-206.

_____. 1992. "La stèle araméenne d'Assouan (RES 438, 1806): Nouvel examen," in: J. Z. Kapera, ed., *Intertestamental Essays in Honour of Jósef Tadeusz Milik*, Cracow: Enigma, 289-303.

_____. 1995. "Les inscriptions araméennes de Cheikh-Fadl (Egypte)," in: M. J. Geller and others, ed., *Studia Aramaica: New Sources and New Approaches: Papers Delivered at the London Conference of the Institute of Jewish Studies, University College, London, 26th-28th June 1991*, Journal of Semitic Studies Supplement 4, Oxford: Oxford University for University of Manchester, 77-132 + 2 figs. + 21 pls.

Lévêque, J. 1993. "La sagesse araméenne," in: J. Lévêque, ed., *Sagesses de Mésopotamie augmentées d'un dossier sur le 'Juste souffrant' en Egypte*, Supplément au Cahier Evangile 85, Paris: Editions du Cerf, 115-24.

Limet, H. 1996. "Traditions juridiques en contact dans le Proche-Orient achéménide," *Transeuphratène* 12:163-79.

Lindenberger, J. M. 2001. "What Ever Happened to Vidranga? A Jewish Liturgy of Cursing from Elephantine," in: P. M. M. Daviau, J. W. Wevers, and M. Weigl, eds., *The World of the Aramaeans* III: *Studies in Language and Literature in Honour of Paul-Eugène Dion*, Journal for the Study of the Old Testament Supplement 326, Sheffield: Sheffield Academic Press, 134-57.

Lipiński, E. 1991. "Marriage and Divorce in the Judaism of the Persian Period," *Transeuphratène* 4:63-71.

_____. 1994. "Aramaic Documents from Ancient Egypt (Review Article)," *Orientalia lovaniensia periodica* 25:61-8.

_____. 1994. *Studies in Aramaic Inscriptions and Onomastics*, II, Orientalia Lovaniensia Analecta 57, Leuven: Peeters.

Lozachmeur, H. 1995. "Un exemple de ville-garrison judéo-araméenne au Ve siècle: Yeb, la forteresse," *Semitica* 43-44:67-74.

_____. 1996. "Note d'information: De l'édition des ostraca de la collection Charles Clermont-Ganneau," *Comptes rendus de l'Académie des inscriptions et belles-lettres*, Janvier-Mars Fascicle, I:427-34.

_____. 1998. “Deux épigraphes sur jarre d’Éléphantine (Collection Charles Clermont-Ganneau, no 272 et X5),” in: C.-B. Amphoux and others, eds., *Études sémitiques et samartitaines offertes à Jean Margain*, Lausanne: Editions du Zèbre, 53-61.

Maraqten, M. 1987. “Neue aramäische Ostraka aus Elephantine,” *Mitteilungen des Deutschen Institute für Ägyptische Altertumskunde in Kairo* 43:170-71.

Mitchell, T. C. 1996. “Furniture in West Semitic Texts,” in: G. Herrmann, ed., *The Furniture of Western Asia: Ancient and Traditional: Papers of the Conference Held at the Institute of Archaeology, University College London June 28 to 30, 1993*, N. Parker, Assistant ed., Mainz am Rhein: Philipp von Zabern, 49-60.

Muraoka, T. 1997. “Notes on the Aramaic of the Achiqar Proverbs,” in: E. Wardini, ed., *Built on Solid Rock. Studies in Honour of Professor Ebbe Egede Knudsen on the Occasion of his 65th Birthday April 11th 1997*, Serie B: Skrifter 98, Oslo: Instituttet for sammenlignende forskning, 206-15.

Naveh, J. 1999. “בשולי הכתובות מדן ומעקרון” [Marginalia on the Inscriptions from Dan and Ekron], *Eretz Israel*, 26:119-22.

Noeske, H. C. 1993. “Prämonetäre Wertmesser und Münzfunde aus Elephantine,” *Mitteilungen Des Deutschen Institute Für Ägyptische Altertumskunde in Kairo* 49:203-9.

Porten, B. 1990. “P. Berlin 13607: An Aramaic Papyrus Fragment from the First Half of the Fifth Century B.C.E.,” *Journal of Near Eastern Studies* 49:291-92.

_____. 1992. “Aramaic-Demotic Equivalents: Who Is the Borrower and Who the Lender?,” in: J. H. Johnson, ed., *Life in a Multi-Cultural Society: Egypt from Cambyses to Constantine and Beyond*, Studies in Ancient Oriental Society 51, Chicago: Oriental Institute of the University of Chicago, 259-64.

_____. 1992. “Elephantine Papyri,” in: D. N. Freedman and others, eds., *The Anchor Bible Dictionary*, 6 vols., New York: Doubleday 2:445-55.

_____. 1993. “A Survey of Aramaic Ostraca Letters” (Hebrew), *Eretz Israel* 24:164-74.

_____. 1993. “Elephantine Aramaic Contracts and the Priestly Literature,” in: M. Brettler and M. Fishbane, eds., *Minḥah le-Naḥum: Biblical and Other Studies Presented to Nahum M. Sarna in Honour of his 70th Birthday*, Journal for the Study of the Old Testament Supplement 154, Sheffield: JSOT Press, 257-71.

_____. 1995. “Did the Ark of the Covenant Stop at Elephantine?” *Biblical Archaeology Review* 21:54-67, 76-77.

_____. 1995. “Glossary of New Readings from TADAE C,” in: J Hoftijzer and K. Jongeling, *Dictionary of the North-West Semitic Inscriptions*, Leiden: Brill, 1237-48.

_____. 1997. “Egyptian Aramaic Texts,” in: E. M. Meyers, ed., *The Oxford Encyclopedia of Archaeology in the Near East*, 5 vols., New York: Oxford University Press, 2:213-19; 5:393-410.

_____. 1998. “The Revised Draft of the Letter of Jedaniah to Bagavahya (TAD A4.8 = Cowley 31),” in: M. Lubetski, C. Gottlieb, and S. Keller, eds., *Boundaries of the Ancient Near Eastern World: A Tribute to Cyrus H. Gordon*, Journal for the Study of the Old Testament Supplement 273, Sheffield: Sheffield Academic, 230-42.

_____. 1999. “Materials for a Namebook of Aramaic Documents from Ancient Egypt,” in: A. Demsky, ed., *These Are The Names: Studies in Jewish Onomastics*, Ramat-Gan: Bar-Ilan University Press, II:159-69.

_____. 1999. “The Status of the Jewish Woman at Elephantine” (Hebrew), in: Y. Ahituv, N. Ilan, M. Ben-Sasson, G. Zivan, A. Sagi, eds., *A Good Eye: Dialogue and Polemic in Jewish Culture: A Jubilee Book in Honor of Tova Ilan*, Jerusalem: Mosad Bialik, 135-41.

_____. 2000. “The Aswan Dedicatory Inscription,” “The Tell el-Mashkuta Libation Bowls,” and “ Aramaic Mortuary Texts from Egypt,” in: W. W. Hallo and K. L. Younger, eds., *The Context of Scripture: Monumental Inscriptions from the Biblical World*, Leiden, II:163, 175-76, 185-91.

_____. 2000. "Boundary Descriptions in the Bible and in Conveyances from Egypt and the Judean Desert," in: G. Marquis, ed., *The Dead Sea Scrolls Fifty Years after Their Discovery: Proceedings of the Jerusalem Congress, July 20-25, 1997*, Jerusalem: Israel Exploration Society and the Shrine of the Book, Israel Museum, 852-61.

_____. 2000. "Elephantine Texts," in: L. H. Schiffmann and J. C. VanderKam, eds. *Encyclopedia of the Dead Sea Scrolls*, Oxford: Oxford University Press, 1:241-46.

_____. 2001. "Jews of Elephantine who were Named after their Ancestors," in Z. Talshir, S. Yona, and D. Sivan, eds., *Homage to Shmuel: Studies in the World of the Bible*, Jerusalem, 332-61.

_____. 2002. "Elephantine and the Bible," in: L. H. Schiffman, ed., *Climate of Creativity: Semitic Papyrology in Context, Papers from a New York University conference honoring Baruch A. Levine*, Leiden: Brill.

_____. 2002. "Theme and Structure of Ezra 1-6: From Literature to History," *Transeuphratène* 23:27-44.

_____. 2002. "The Jedaniah Archive from Elephantine," "Appeal of Adon King of Ekron to Pharaoh," "The Mibtahiah Archive," "The Ananiah Archive," and "Aramaic Ostraca," in: W.W. Hallo and K.L. Younger, eds., *The Context of Scripture: Archival Documents from the Biblical World*, Leiden, III:116-32, 132-34, 141-67, 168-98, 207-18.

_____. 2002. "The Settlement of the Jews at Elephantine and the Arameans at Syene," in: O. Lipschits, ed., *Judah and Judeans in the Neo-Babylonian Period*, Leiden: Brill.

_____. 2003. "Elephantine," in: R. Westbrook, ed., *A History of Ancient Near Eastern Law*, Leiden: Brill.

Porten, B., and others. 1996. *The Elephantine Papyri in English: Three Millennia of Cross-Cultural Continuity and Change*, Documenta et Monumenta Orientis Antiqui 22, Leiden, New York, Köln: Brill.

Porten, B., and J. Gee. 2001. "Aramaic Funerary Practices in Egypt," in: P. M. M. Daviau, J. W. Wevers, and M. Weigl, eds., *The World of the Aramaeans* II. *Studies in History and Archaeology in Honour of Paul-Eugène Dion*, Journal for the Study of the Old Testament Supplement 325, Sheffield: Sheffield Academic Press, 270-307.

Porten, B., with the consultation of G. Vittmann. 2002. "Egyptian Names in Aramaic Texts," in K. Ryholt, ed., *Acts of the Seventh International Conference of Demotic Studies Copenhagen 23-27 August 1999*, Copenhagen: Museum Tusculanum Press, 283-327.

Porten, B., and A. Yardeni. 1991. "Three Unpublished Aramaic Ostraca," *Maarav* 7:207-27.

_____. 1993. "Ostracon Clermont-Ganneau 125(?): A Case of Ritual Purity," *Journal of the American Oriental Society* 113:451-56.

_____. 2000. "The Restoration of a Dozen Elephantine Aramaic Fragments from the Beginning of Contracts," in: G. Galil and M. Weinfeld, eds., *Studies in Historical Geography and Biblical Historiography presented to Zecharia Kallai*, VTSup 81, Leiden: Brill, 239-47; fig.1-16.

Ribera i Florit, J. 1996. "Características y variantes lingüísticas del arameo durante el imperio persa de la dinastía aqueménida," *Anuari De Filología* 19:21-33.

Scherer, A. 1997. "Vielfalt und Ordnung: Komposition in den biblischen Proverbien und in der aramäischen Ahiqarsprüchen," *Biblische Notizen* 90:28-45.

Segert, S. 1995. "Recent Editions of Imperial Aramaic Texts [Review article: J. M. Lindenberger, *The Aramaic Proverbs of Ahiqar*; J. C. Greenfield and B. Porten, *The Bisitun Inscription of Darius the Great: Aramaic Version*; B. Porten and A. Yardeni, *Textbook of Aramaic Documents from Ancient Egypt*; J. B. Segal, *Aramaic Texts from North Saqqâra with Some Fragments in Phoenician*; F. M. Cross, *Samaria Papyrus I: An Aramaic Slave Conveyance of 335 B.C.E. Found in the Wâdi ed-Dâliyeh]*," *Archiv orientální* 63:217-32.

_____. 1997. "The Elephantine Papyri in English [Review article: B. Porten et al., The Elephantine Papyri in English: Three Millennia of Cross-Culture Continuity and Change]," *Archiv orientální* 65:396-98.

Shaked, S., and B. Porten. 2002. "Persian Names in Aramaic Documents from Ancient Egypt," in: A. Netzer and S. Shaked, eds., *Irano-Judaica* 5.

Steiner, R. C. 1991. "The Mountains of Ararat, Mount Lubar, and הר הקדם," *Journal of Jewish Studies* 42:247-49.

Strugnell, J. 1999. "Problems in the Development of the Aḥîqar Tale," *Eretz Israel* 26:204*-11*.

Szubin, H. Z., and B. Porten. 1992. "An Aramaic Joint Venture Agreement: A New Interpretation of the Bauer-Meissner Papyrus," *Bulletin of the Schools of Oriental Research* 288:67-84.

_____. 1995. "The Status of the Handmaiden Tamet: A New Interpretation of Kraeling 2 (TAD B3.3)," *Israel Law Review* 29:43-64.

_____. 2001. "The Status of a Repudiated Spouse: A New Interpretation of Kraeling 7 (TAD B3.8)," *Israel Law Review* 35/1.

Tavernier, J. 1999. "The Origin of DB Aram. 66-69," *Nouvelles assyriologiques brèves et utilitaires* 4:83-84.

_____. 2001. "An Achaemenid Royal Inscription: The Text of Paragraph 13 of the Aramaic Version of the Bisitun Inscription," *Journal of Near Eastern Studies* 60:161-76.

Tepstad, G. 1989. *Contributions to the Study of the Aramaic Legal Papyri of Elphantine*, Ph.D. dissertation, Los Angeles: UCLA.

_____. 1991. "Idioms in Egyptian Aramaic Legal Papyri," in: R. Skarsten, ed., *Understanding and History in Arts and Sciences*, Acta Humaniorum Universitatis Bergensis 1, Oslo: Solum Forlag, 51-58.

VanderKam, J. C. 1992. "Ahiqar, Book of," in: D. N. Freedman and others, eds., *The Anchor Bible Dictionary*, 6 vols., New York: Doubleday; 1:119-20.

Watson, W. G. E. 1997. *Traditional Techniques in Classical Hebrew Verse*, Journal for the Study of the Old Testament Supplement 170, Sheffield: Sheffield Academic.

Weigl, M. 2001. "Compositional Strategies in the Aramaic Sayings of Ahikar: Columns 6-8," in: P. M. M. Daviau, J. W. Wevers, and M. Weigl, eds., *The World of the Aramaeans* III. *Studies in Language and Literature in Honour of Paul-Eugène Dion*, Journal for the Study of the Old Testament Supplement 326, Sheffield: Sheffield Academic Press, 22-82.

Weitzman, S. 1997. *Song and Story in Biblical Narrative. The History of a Literary Convention in Ancient Israel*, Indiana Studies in Biblical Literature, Bloomington and Indianapolis: Indiana University Press.

Wisehöfer, J. 1991. "*prtrk*, *rb ḥyl'*, *sgn* und *mr'*: Zur Verwaltung Südägyptens in achaemenidischer Zeit," in: H. Sancisi-Weerdenburg and A. Kuhrt, eds., *Achaemenid History*, vol. 6: *Asia Minor and Egypt. Old Cultures in a New Empire*, Proceedings of the Groningen 1988 Achaemenid History Workshop, Leiden: Nederlends Instituut voor het Nabije Oosten, 305-9.